Boris Zabarko · Margret Müller · Werner Müller (Hrsg.)

Leben und Tod in der Epoche des Holocaust in der Ukraine

Boris Zabarko · Margret Müller · Werner Müller (Hrsg.)

Leben und Tod in der Epoche des Holocaust in der Ukraine

Zeugnisse von Überlebenden

Mit einem Geleitwort von Dieter Pohl

Berichte der Überlebenden aus dem Russischen übersetzt
von Natalia Blum-Barth und Christian Ganzer

Ⓜ METROPOL

Gedruckt mit freundlicher Unterstützung
der Hamburger Stiftung zur Förderung von Wissenschaft und Kultur

Die Berichte der Überlebenden hat Boris Zabarko 2006/2007
in 3 Bänden in Kiew veröffentlicht:
»ЖИЗНЬ И СМЕРТЬ В ЭПОХУ ХОЛОКОСТА«
Свидетельства и документы
»LEBEN UND TOD IN DER EPOCHE DES HOLOCAUST«
Zeugnisse und Dokumente
© Boris Zabarko

ISBN: 978-3-86331-475-0
ISBN (E-Book): 978-3-86331-924-3

© 2019 Metropol Verlag
Ansbacher Str. 70 · D–10777 Berlin
www.metropol.verlag.de
Alle Rechte vorbehalten:
Druck: buchdruckerei.de, Berlin

Inhalt

Dieter Pohl
Geleitwort 17

Margret und Werner Müller
Einführung der Herausgeber der deutschen Ausgabe 23

Boris Zabarko
Leben und Tod in der Epoche des Holocaust 27

Werner Müller
Verwaltungsgliederung der Ukraine 1941–1944 55
Reichskommissariat Ukraine 55
Distrikt Galizien 61
Gebiet der Ukraine unter deutscher Militärverwaltung 63
Transnistrien 65

Ghettos, Vernichtungsorte und Überlebensberichte 69

I. Gebiet (Oblast) Lemberg 73
1. Gebietshauptstadt Lemberg 74
Edmund Borissowitsch Baumwald: »Erinnerungen an die Geschehnisse
  in der Ukraine während der deutschen Besatzung« 79
Ewgenija Ruda (Gisel Bogner): »Über edle und mutige Menschen« .. 86
Alexandr Schwarz: »Tote erzählen nicht« 89
2. Bezirk (Rajon) Brody 94
Wladimir Alschteter: »Ich blieb alleine« 96
3. Bezirk (Rajon) Solotschew 98
Leonid Wugman: »Ich habe gesehen. Ich habe überlebt. Ich werde es nie vergessen« .. 101

II. Gebiet (Oblast) Wolhynien 105
1. Bezirk (Rayon) Kowel 105
Michail Schafir: »Mein Vater, meine Mutter und Schwester
  wurden von den Nazis erschossen« 108

2. Bezirk (Rayon) Ljuboml 109
Riwa Matjuschina: »Von meiner Familie überlebte niemand« 110
3. Bezirk (Rayon) Luzk 111
Anatoli Krut: »Die Not wird geteilt« 117
Josef Rezeptor: »Einmal gab es eine Stadt, die Luzk hieß« 120
Ewgenija Schwardowskaja: »Wenn jemand überlebt, denkt an uns, rächt uns« 125
4. Bezirk (Rayon) Roshischtsche 126
Elena Pusan: »Die Straße des Todes« 128

III. Gebiet (Oblast) Iwano-Frankowsk 135
1. Gebietshauptstadt Stanislau (Iwano-Frankowsk) 135
2. Bezirk (Rayon) Kolomea 138
3. Bezirk (Rayon) Kossow 141
Marija Popowizkaja (Ljarisch): »Die Gestapomänner kamen und erschossen alle« ... 143

IV. Gebiet (Oblast) Rowno 151
1. Gebietshauptstadt Rowno 151
2. Bezirk (Rayon) Korez 153
Grigori Charbasch: »Im September 1942 wurden alle Juden des Ghettos erschossen« ... 155
3. Bezirk (Rayon) Ostrog 156
Wassili Waldman: »Mit jedem Tag wurde das Leben immer schwieriger« 158
4. Bezirk (Rayon) Rokitno 160
Alexandr Lewin: »Die nie verlöschenden Kerzen
    der Erinnerung an den Holocaust« 162
5. Bezirk (Rayon) Sdolbunow 167
Semen Welinger: »Nur das Weinen der Kinder zerriss die Todesstille« 170
6. Bezirk (Rayon) Wladimirez 175
Grigori Schirman: »Alle unsere Verwandten wurden erschossen« 176

V. Gebiet (Oblast) Ternopol 179
1. Bezirk (Rayon) Butschatsch 179
David Aschkenase: »Dreimal erschossen« 182
Wiktor Hecht: »Im Andenken an die Juden der Stadt Butschatsch« 194
2. Bezirk (Rayon) Podwolotschisk 206
Juri Wainberg: »Alle, die mich retteten, gingen das Risiko ein,
    erschossen zu werden« 207

VI. Gebiet (Oblast) Czernowitz 211
1. Gebietshauptstadt Czernowitz 211

Rachel Filip: »In meinem Leben gab es keinen lichten Tag« 214
Semen Kirmaier: »Wir wurden über zwei Wochen zu Fuß getrieben« 217
Maria Krupijewskaja: »Mein Vater wurde verhaftet und als einer
   der 96 jüdischen Geiseln erschossen« 219
Beno (Ben-Zion) Mortman: »Die Hüllen der Sprachlosigkeit« 220
2. Bezirk (Rayon) Chotin 226
Alexandr Trachtenberg: »Großmutter Dascha: Gerechte unter den Völkern« 227
3. Bezirk (Rayon) Kizman 229
Henrich Haber: »Ich lege für meine jüdischen Mitbürger die Hand ins Feuer« 230
4. Bezirk (Rayon) Nowoseliza 231
Rosa Feldman: »Es war nur erlaubt, aus den Pfützen zu trinken« 232
5. Bezirk (Rayon) Sokirjany 233
Alexandr Wainer: »Die Leichen wurden in den Dnjestr geworfen« 234
David Werzman: »Wir wurden durch die Ukraine getrieben« 235

VII. Gebiet (Oblast) Chmelnizki 239
1. Bezirk (Rayon) Dunajewzy 240
2. Bezirk (Rayon) Jarmolinzy 241
3. Bezirk (Rayon) Winkowzy 243
Anna Stoljartschuk: »Unter fremden Namen« 244
4. Bezirk (Rayon) Gorodok 247
5. Bezirk (Rayon) Letitschew 248
6. Bezirk (Rayon) Wolotschisk 250
Leonid Podlesny Die Albtraumbaracke Nr. 13 251
Andrei Surmi: »Die Menschen verrieten uns nicht an die Deutschen« 252
7. Bezirk (Rayon) Kamenez-Podolski 254
Bronja Tiljatizkaja: »Um den Graben lagen die Leichen der Aufständischen« 256
8. Bezirk (Rayon) Nowa Uschiza 261
Galina Wdowina: »Der schwarze Tag in Nowa Uschiza« 264
9. Bezirk (Rayon) Polonnoje 265
Alwian Chramow (Raisberg): »Sie rettete die Familie ...« 266
10. Bezirk (Rayon) Schepetowka 270
11. Bezirk (Rayon) Slawuta 273
12. Bezirk (Rayon) Starokonstantinow 275
Leonid Bilyk: »Wer dieses Kind rettet, wird von Gott errettet« 277

VIII. Gebiet (Oblast) Shitomir 281
1. Gebietshauptstadt Shitomir 281
Tsch. A. Gilbowskaja: »Erinnerung, die wir bewahren« 284

2. Bezirk (Rayon) Baranowka	285
Ewgenija Wainerman (Worona): »Verlorene Jugen, verloreses Lebens«	287
Bronislawa Wassiltschenko: »Die Menschen wurden aus dem Städtchen gebracht und erschossen«	289
3. Bezirk (Rayon) Berditschew	292
Sofija Jakubowa: »Weder ich, meine Kinder, noch meine Enkelkinder werden meine Retter vergessen«	295
4. Bezirk (Rayon) Dsershinsk	298
Jakow Rudjuk: »Das Umherirren«	300
5. Bezirk (Rayon) Korostyschew	313
Swetlana Kononowa (Gerschoig): »Der Krieg nahm mir alles«	315
Ewa Korytnaja: »Mein Mann war Kommunist. Ich war Jüdin.«	316
6. Bezirk (Rayon) Nowograd-Wolynski (Zwiahel)	318
Pawlo Janowitsch: »Juden! Ins Ghetto!«	320
Ewgenija Peleschok: »Das ganze Dorf versteckte unsere Mutter«	322
7. Bezirk (Rayon) Rushin	323
Sofija Baru (Larskaja): »Das Ghetto wurde von allen Seiten bewacht«	325
IX. Gebiet (Oblast) Winniza	329
1. Gebietshauptstadt Winniza	330
Chaima Owsjannikowa: »Niemand hat die Kraft, das alles auszuhalten«	332
Polina Rabotskaja: »Mitfühlende, herzliche Menschen riskierten ihr Leben«	337
Iosif Rubinschtein: »Man trieb uns zur Erschießung«	339
Adelja Schtschegolewa: »Tötet mich nicht!«	342
Rachil Seliwanowa (Tenzer): »Mutter und Brüder wurden erschossen«	346
Isaak Tartakowski: »Juden und politische Führer, kommt heraus!«	348
2. Bezirk (Rayon) Bar	350
Rachil Abelis-Fridman: »Man wollte leben«	356
Fira Belfer: »Der Kriegsausbruch veränderte mein Leben«	357
Semen Dodik: »Der Junge aus dem erschossenen Ghetto«	362
Ruwim Gitman: »Angst ums Leben«	382
David Krachmalnikow: »Wunden, die nicht heilen«	385
Abram Kuperman: »Viele starben an Hunger und Kälte«	388
Alexandr Lasutra: »Die Angst ließ sich in unseren Häusern nieder«	388
Efrem Tarlow: »Die Tragödie der jüdischen Gemeinde der Stadt Bar«	391
3. Bezirk (Rayon) Berschad	394
Ewgenija Eshowa: »Man floh, floh buchstäblich vor dem Tod«	398
Alexandr Gelman: »Kindheit und Tod«	402
Marija Krut: »Es ist unmöglich, dies zu vergessen«	407

Inhalt

Alexandr Ljubman: »Das Ghetto von Berschad«	408
Raissa Ostaschewskaja (Ainbinder): »Die Häftlinge starben im Ghetto«	409
Julija Pensjur-Wexler: »Meine erschossene Kindheit blieb für immer«	413
Arkadi Schuster: »Mutterseelenallein auf der ganzen Welt«	416
4. Bezirk (Rayon) Chmelnik	**417**
Igor Ziperfin: »Wie die Juden in Chmelnik ermordet wurden«	419
5. Bezirk (Rayon) Gaissin	**421**
Manja Ganijewa-Sandler: »Das Recht, am Leben zu bleiben«	424
6. Bezirk (Rayon) Iljinzy	**448**
Sonja Fridman: »In der Zentrale pflegte ich die Verwundeten«	450
7. Bezirk (Rayon) Jampol	**456**
Klara Fleider (Herzenschtein): »Krieg mit 16 Jahren«	458
Bassja Golowatjuk: »Hinter dem Stacheldraht«	459
Iosif Schkolnik: »Wir lebten in Erdlöchern, in Hunger und Kälte«	460
8. Bezirk (Rayon) Kalinowka	**462**
9. Bezirk (Rayon) Litin	**463**
Wladimir Dilman: »Im Pferdestall unter der Bewachung der Deutschen«	465
Olga Rewitsch: »Was passiert, wenn ich dich denunziere?«	466
Arkadi Schwarzburd-Prudki: »Ich komme zu Dir, mein Volk!«	467
10. Bezirk (Rayon) Kryshopol	**473**
Lew Fux (geb. 1930): »Von unserer Familie überlebte nur ich allein«	476
Georgi Tabatschnikow: »Das Problem zu überleben verdrängte die Angst«	477
11. Bezirk (Rayon) Lipowez	**479**
Grigori Bartaschnik: »Im Dorf begannen die Massenerschießungen der Juden«	480
Iosif Fridman: »Man gab mir ein Gewehr und brachte mir das Schießen bei«	482
12. Bezirk (Rayon) Mogiljow-Podolski	**485**
Boris Bucharski: »So blieb ich alleine«	493
Lidija Gerasko: »Meine Oma erzählte mir meine Geschichte«	495
Arkadi Glinez: »Das darf sich nie wiederholen«	495
Sonja Goichberg: »Das Problem des Überlebens verdrängte die Angst«	502
Boris Gru: »Wir litten unter Angst, Hunger und Kälte«	503
Manfred Hilsenrath: »Deportation ins Ghetto Mogiljow-Podolski«	505
Abram Kaplan: »Durch die Hölle der Konzentrationslager und Ghettos«	512
Boris Milschtein: »Wir waren am Rande des Todes«	519
Anjuta Tkatschenko (Faiketman): »Ich verbrachte Eintausendeinhundert Tage unter der Okkupation«	523
13. Bezirk (Rayon) Murowani Kurilowzy	**526**
Efim Dumer: »Hunger als Hauptfeind im Ghetto Lutschinez«	529
Leonid Gurfinkel: »Die Überlebenden des Infernos«	532

Wladimir Sdanowski: »Das Gedenken und die Erinnerung
   an die Zeiten bewahren« 536

14. Bezirk (Rayon) Nemirow 543
Michail Atlasman: »Es war sehr schwer zu leben« 548
Michail Mostowoi: »Meine zerstörte Jugend« 549
Ewgenija Satanowskaja (Krutowskaja): »Nachts ging ich und tagsüber
   versteckte ich mich« 556

15. Bezirk (Rayon) Pogrebischtsche 558
Grigori Sirota: »Die Deutschen erschossen fünf Tage lang Juden« 561

16. Bezirk (Rayon) Schargorod 563
Jakow Chelmer: »Das Unvergessliche« 567
Fira Hechtman: »Die Menschen begannen zu sterben« 571
Grigory Rosenblum: »Und dann kamen die rumänischen Besatzer« ... 573
Chaika Sirota-Wolditor: »Das Leben im Ghetto war eine wahrhaftige Hölle« 578
Tetjana Wengrenowska (Schustirman): »Wir schwollen vor Hunger an« 581

17. Bezirk (Rayon) Shmerinka 582
Fanja Ermolowa: »Die Überlebenden der Katastrophe nennt man
   nicht Häftlinge, sondern Märtyrer« 587
Leonid Groisman: »Die Tragödie meiner Familie« 591
David Judtschak: »In Stanislawtschik lebten Juden« 595
Boris Orenboim: »Auf dem Weg ins Ghetto wurde ich misshandelt« . 601
Lija Schechtman: »Ich fühlte mich allen gegenüber schuldig, dass ich lebte« 603

18. Bezirk (Rayon) Teplik 604
Marija Winnik: »An jedem Telegrafenmasten auf der Zentralstraße
   hingen Hingerichtete« 606

19. Bezirk (Rayon) Tomaschpol 617
Sofija Budman (Heuchman): »Meine Ester« 619
Arkadi Jurkowezki: »Die Deutschen erschossen 126 Menschen« 623
Ada Woronzowa: »Juden wurden in Gruppen zu 200 bis 300 Personen
   an den Stadtrand gebracht und dort in den Gräben erschossen« 626

20. Bezirk (Rayon) Trostjanez 629
Nellja Bekker: »In Obodowka überlebte kein einziger Jude« 632
Benzion Goldwug: »Der Lageralltag« 636
Klara Gorlatschewa (Schwarz): »In der Todesschleife sollten wir krepieren« 638
Gita Masur: »Das vom Krieg gebrandmarkte Leben« 643
Iosif Rauchwerger: »Niemand kannte seine Zukunft« 649

21. Bezirk (Rayon) Tschetschelnik 651
Alexandr Wischnewezki: »Gab es Juden in Tschetschelnik?« 652

22. Bezirk (Rayon) Tultschin 657

Inhalt

Anatoli Agres: »Dank eines Zufalls blieben wir dort am Leben«	661
Abram Krischtein: Konzentrationslager »Todesschleife«	662
Semen Loschtschakow-Leiderman: »Ich war erst 11 Jahre alt«	683
Polina Murachowskaja: »Das Dorf der Gerechten«	687
Chanzja Salganik: »Die Flucht aus dem Lager Petschora«	690
Michail Seifman Im Lager: »Todesschleife«	691
Edit Spektor: »Jeden Tag starben Hunderte Menschen«	692
Sinowi Zukerman: »In Petschora gab es keine Gaskammer«	694
23. Bezirk (Rayon) Tywrow	706
Ijulija Fraiberg: »Im Haus wohnten 30 Menschen, darunter 13 Kinder«	707
Mark Kuris: »Das Leben im Ghetto war schwer«	710

X. Gebiet (Oblast) Kiew — 717
1. Gebietshauptstadt Kiew — 717
2. Bezirk (Rayon) Jagotin — 721

Larissa Bagautdinowa: »Eine sehr lange und gefährliche Reise«	722
Mara Brodskaja (Lipnizkaja): »Jeden Tag lauerte der Tod«	723
Elena Gorodezkaja: »Wir wollen nicht sterben!«	724
Jakow Petrowitsch Jekel: »Vor meinen Augen wurden meine Mutter und Großmutter erschossen«	727
Antonina Schikas: »Die Schüsse aus Babi Jar konnte man ständig hören«	729
Georgi Sokolski: »Die gestohlene Kindheit«	733
Wiktor Stadnik (geb. 1933): »Gewidmet einer unbekannten Gerechten«	737
Jakow Stejuk (Schtein): »Die Flucht«	745
Sofija Tschepurkowskaja: »Im Angesicht der Lebensgefahr«	749

3. Bezirk (Rayon) Belaja Zerkow — 751

Soja Gawrilowa: »Wir wurden von Einheimischen aufgenommen«	754

4. Bezirk (Rayon) Boguslaw — 755

Emma Wassiljewa: »Im heimatlichen Boguslaw«	756
Elena Witenko: »Alle Verwandten meiner Mutter wurden von den Faschisten bestialisch ermordet«	758

5. Bezirk (Rayon) Perejaslaw-Chmelnizki — 759

Michail Butnik: »Meine Mutter sah ich nie wieder«	759

6. Bezirk (Rayon) Stawischtsche — 761

Beila Kagan (Goldguberg): »Und nur der Schmerz der Erinnerungen«	761
Tatjana Kagan: »Erinnerungen, die nicht vergessen werden dürfen«	763

XI. Gebiet (Oblast) Odessa — 767
1. Gebietshauptstadt Odessa — 767

Efim Nilwa: »Unvergesslich« 770
Ljubow Pazula: »Wir fielen zu Boden und wurden von Leichen bedeckt« 788
Wiktor Ryklis: »Das Unvergessliche« 791
Lidija Sliptschenko: »Die Wahrheit über das Unglaubliche« 799

2. Bezirk (Rayon) Balta 810

3. Bezirk (Rayon) Sawran 812

Sofja (Chaja) Bolschaja: »Ein furchtbares Leid kam auf uns zu« 813
Isaak Goichman: »Überall lagen die Leichen der ermordeten Männer,
    Frauen und Kinder« 818
Menasche Karp: »Ich erinnere mich, wie sie uns zur Erschießung führten« 823
Semen Raschkowski: »Von zehn Ghettohäftlingen überlebten nur zwei« 824
Michail Pustilnik: »Meine Schwestern hielten die Kälte nicht aus« 826

4. Bezirk (Rayon) Beresowka 827

Wladimir Mendus: »Ich wurde ohnmächtig und fiel vor dem Schuss in die Grube« .. 828

5. Bezirk (Rayon) Kodyma 832

I. Gaissinskaja: »Der Polizist, der die Juden rettete« 834
Arkadi Schuchat: »Der ewige Ruf« 835

6. Bezirk (Rayon) Kotowsk 839

Semen Bessarabski: »Es war ein Lager, in dem die Menschen
    weder zu essen noch zu trinken bekamen« 840

7. Bezirk (Rayon) Krasni Okny 843

Fanja Kaschnizkaja: »Es ist so schwer, sich daran zu erinnern« 843

XII. Gebiet (Oblast) Tscherkassy 847

1. Bezirk (Rayon) Kamenka 847

Sosja Jablunowskaja: »Es macht mir Angst, an die Vergangenheit
    und an die Gegenwart zu denken« 849
Nuchim Wereschtschazki: »Es ist furchtbar,
    an die Qualen meiner Familie zu denken« 850

2. Bezirk (Rayon) Monastyrischtsche 853

Marija Lawrenjuk: »Hätte man mich gefunden, wäre die ganze Familie,
    die mich versteckt hatte, erschossen worden« 855

3. Bezirk (Rayon) Solotonoscha 856

Schifra Goldbaum: »Am 22. November begann für uns das Jüngste Gericht« 857
Tamila Iwaschina: »Man stahl uns unsere Kindheit« 861

4. Bezirk (Rayon) Swenigorodka 865

Elisaweta Goldowskaja: »Die Einheimischen halfen uns« 867
Tatjana Schnaider (Pilkina): »Mit gelben Davidsternen« 872
Assja Selexon: »Das Gedächtnis des Herzens« 873

5. Bezirk (Rayon) Uman	879
Gertruda Gerenschtein-Mostowaja: »Ihr seid hier zur Vernichtung«	881
Alexander Schkodnik: »Wer nicht arbeiten konnte, wurde vernichtet«	885

XIII. Gebiet (Oblast) Nikolajew ... 889

1. Gebietshauptstadt Nikolajew	890
1. Bezirk (Rayon) Domanewka	892
Rimma Galperina: »Alle im Ghetto sind zu erschießen«	895
Efim Gelfond: »Die Deutschen verbrannten Meine Großmutter und die Frau meines Bruders mit ihren beiden Töchtern bei lebendigem Leib«	900
David Tscherwinski: »Im Lager Akmetschetka«	901
2. Bezirk (Rayon) Kriwoje Osero	903
Anna Pobedennaja: »Wir machten alle Höllenqualen durch, aber wir überlebten«	904
3. Bezirk (Rayon) Nowaja Odessa	904
Arkadi Bykowski: »Der Widerhall jener Tage«	905
4. Bezirk (Rayon) Wosnessensk	908
Ita Terlezkaja: »Anfang Sommer 1943 tobten die Deutschen in unserer Stadt«	909

XIV. Gebiet (Oblast) Dnjepropetrowsk ... 913

1. Gebietshauptstadt Dnjepropetrowsk	914
Moisei Greiman: »Ich sah alles und hörte alles und werde dies bis zu meinem Tod nicht vergessen«	915
Nelli Zypina (Gordon): »Am tragischen Punkt«	917
2. Bezirk (Rayon) Nikopol	921
Lidija Kusnezowa: »Die Erschießung der Juden begann im September«	921
3. Bezirk (Rayon) Pawlograd	923
Leonid Winokurow: »Das Leben wurde zum Albtraum«	924
4. Bezirk (Rayon) Pjatichatki	928
Galina Stepanenko: »Die Menschen wurden lebend in den Schacht geworfen«	928
5. Bezirk (Rayon) Sofijewka	929
Slawa Krawtschinskaja: »Meine Eltern wurden bestialisch ermordet und ich konnte wie durch ein Wunder fliehen«	929

XV. Gebiet (Oblast) Cherson ... 933

1. Gebietshauptstadt Cherson	933
Ljudmila Burlaka: »Ich wanderte von einer Familie zur anderen«	936
Fanja Moisejenko: »Ich wurde von einer einheimischen Frau aufgenommen«	937
2. Bezirk (Rayon) Welika Alexandrowka	938
Tamara Turtschenjuk: »Von der Bestialität der Faschisten wussten wir«	939

XVI. Gebiet (Oblast) Kirowograd 941
1. Gebietshauptstadt Kirowograd 941
2. Bezirk (Rayon) Malaja Wiska 942
3. Bezirk (Rayon) Nowoukrainka 943
Galina Polinskaja: »Das ganze Dorf wusste, dass wir Juden sind,
    aber keiner hat uns verraten« 943
Walentin Schnaiderman: »Die Faschisten haben keine Rücksicht
    auf Alte und Kinder genommen« 945

XVII. Gebiet (Oblast) Poltawa 947
1. Gebietshauptstadt Poltawa 947
Soja Aisina: »So blieben wir am Leben« 948
2. Bezirk (Rayon) Lubny 951
Donata Kaidasch: »Mein Bruder und ich wurden Waisenkinder« 952
Shanna Korshenko: »Man jagte uns Angst ein, man würde uns ermorden« 953
3. Bezirk (Rayon) Pirjatin 955
Leonid Brochin: »Wir wurden von Partisanen befreit« 956

XVIII. Gebiet (Oblast) Tschernigow 961
1. Bezirk (Rayon) Korop 961
Ljudmila Ljaschenko: »Meine Kindheit wurde mir gestohlen …« 962
2. Bezirk (Rayon) Nowgorod-Sewerski 965
Jakow Sokolski: »Wie sehr wollten wir leben« 966
3. Bezirk (Rayon) Priluki 971
Josif Entin: »Das Schicksal meiner Familie war traurig und tragisch« 973

XIX. Gebiet (Oblast) Saporoshje 979
1. Gebietshauptstadt Saporoshje 979
Ljudmila Andrjuschtschenko: »Mama wurde erschossen,
    weil sie unser Leben gerettet hat« 980
Alla Eremenko: »Damals wurden nur Juden ermordet« 981

XX. Gebiet (Oblast) Sumy 985
1. Bezirk (Rayon) Achtyrka 985
Alexandr Kriwitski: »Mein Vater wurde abgeführt, und wir sahen ihn nie wieder« 986
2. Bezirk (Rayon) Belopolje 987
Wadim Diew: »In den Tagen der Besatzung« 988
3. Bezirk (Rayon) Konotop 989
Georgi Tetera: »Wir alle versteckten uns an verschiedenen Orten« 990

Inhalt

4. Bezirk (Rayon) Putiwl	991
Ljubow Motschalowa: »Juden und Kriegsgefangene wurden erschossen«	991
5. Bezirk (Rayon) Romny	992
Olga Kiritschenko: »Die lebendige Erinnerung«	993

XXI. Gebiet (Oblast) Donezk (früher Stalino) 999
1. Gebietshauptstadt Donezk (Stalino) 1000
2. Kreisfreie Stadt Gorlowka 1002
3. Kreisfreie Stadt Makejewka 1002
Jakow Karlin: »Mein Bruder, meine Schwester und meine Großmutter
 wurden in den Schacht geworfen« 1003
Marija Kogan und Michail Kogan: »Das Ghetto Jusowskoje« 1005
4. Kreisfreie Stadt Mariupol 1008
Elisaweta Kremer: »In den Nachkriegsjahren
 sollte man über das Erlebte nicht sprechen« 1009

XXII. Gebiet (Oblast) Charkow 1013
1. Gebietshauptstadt Charkow 1013
Olga Bondarewa (Mjadler): »Für mich persönlich ist der Krieg nicht vorbei!« 1016
Lidija Glusmanowa: »Wir wurden von Furcht ergriffen« 1019
S. S. Kriworutschko: »Der letzte Tag des Ghettos von Charkow« 1024
Elena Schtscherbowa: »Für immer verband uns jener furchtbare Krieg« 1027
Erinnerungen von Uljana Filipowna Kwasenko 1035

XXIII. Autonome Republik Krim 1039
1. Bezirk (Rayon) Belogorsk (Karasubasar) 1041
Moisei Berman: »Ich wurde verhört« 1042
2. Kreisfreie Stadt Feodossija 1043
Rachil Andrussenko (Lewi): »Die Gefahr, erschossen zu werden« 1045
Lidija Sidelkina: »Im Dezember 1941 wurden alle Juden erschossen« 1046
3. Kreisfreie Stadt Jalta 1048
Igor Tolmatsch: Der Polizist sagte: »Ich schicke diese Juden ins Gefängnis« 1050
4. Bezirk Perwomaiski 1055
Alexandr Pismenny: »Anfang Winter 1942 kam ein Sonderkommando ins Dorf« .. 1055
5. Kreisfreie Stadt Simferopol 1057
Alexandr Schmajewski: »Das letzte Verhör bei der Gestapo« 1059

XXIV. Stadt Sewastopol 1067
Galina Sazjuk (Sluzkaja-Davidenko): »Pass auf die Tochter auf!« 1067

XXV. Gebiet (Oblast) Transkarpatien 1071
1. **Bezirk (Rayon) Beregowo** 1072
Juli Richter: »Es war die Hölle auf Erden« 1073
2. **Bezirk (Rayon) Mukatschewo** 1081
Ernest Galpert: »Aber das Unvorhersehbare geschah« 1082
Tilda Galpert: »Holocaust in den Transkarpaten« 1087

XXVI. Gebiet (Oblast) Lugansk (Woroschilowgrad) 1093
1. **Gebietshauptstadt Lugansk (Woroschilowgrad)** 1093
Olga Silko: »Es gab viele gute Menschen« 1094
2. **Kreisfreie Stadt Altschewsk (Woroschilowsk, Kommunarsk)** 1097
Wladimir Pinson: »Die Dankbarkeit für die Rettung
    der unschuldigen Menschen ist unermesslich« 1097

Anhang 1101
Glossar 1103
Literaturverzeichnis 1107
Verzeichnis der Zeitzeugen 1119
Verzeichnis der Karten 1123
Ortsverzeichnis 1125
Zu den Herausgebern und Autoren 1152

Dieter Pohl

Geleitwort

Der Holocaust in der Ukraine ist weit weniger bekannt als etwa jener in Polen oder in den westlichen Ländern. Lediglich Babi Jar, der Ort des Massakers an den Kiewer Juden, gilt hier als emblematischer Erinnerungsort, gelegentlich noch das Ghetto in Lemberg und das Lager an der Janowskastraße in der gleichen Stadt. Erst in den letzten drei Jahrzehnten, vor allem nach der Unabhängigkeit der Ukraine von der Sowjetunion, hat sich ein tiefer gehendes Wissen über die deutschen Verbrechen in der Ukraine entwickelt, sowohl in Deutschland als auch in der Ukraine selbst. Dennoch steht die historische Forschung, vielerorts auch die Erinnerung, bei vielen Themen und in vielen Regionen erst am Anfang. Boris Zabarko war einer der ersten, der auf das Schicksal der Juden unter Besatzung in der Ukraine aufmerksam gemacht hat, mit seinem mehrbändigen Werk, das 1999 in der Ukraine erschien, und seinem ersten Buch auf Deutsch 2004.

Holocaust in der Ukraine – das Thema ist nicht so leicht zu definieren, wie es auf den ersten Blick scheint. Existierte das Land doch im Zweiten Weltkrieg noch gar nicht; es gab lediglich die Ukrainische Sozialistische Sowjetrepublik, die jedoch fester Bestandteil der Sowjetunion war und deren Gebiet nicht mit jenem der heutigen Ukraine identisch ist. Etwa die Hälfte der Juden, die nach heutigem Verständnis dem Holocaust in der Ukraine zum Opfer fielen, lebte tatsächlich in den östlichen Teilen Polens, in Westwolhynien und Ostgalizien, die 1944 endgültig an die Sowjetunion abgetreten werden mussten. Rumänien verlor die nördliche Bukowina an die Ukrainische SSR, die Tschechoslowakei die Karpato-Ukraine. Und schließlich gehörte die Krim bis 1954 zur Russischen Sowjetrepublik und wurde erst dann an die Ukraine übergeben. Dennoch ist es sinnvoll, vom Holocaust in der Ukraine in den heutigen Grenzen (incl. der Krim!) zu sprechen, wenn man auch berücksichtigen muss, dass dies zugleich zur Geschichte Polens, Rumäniens und der Tschechoslowakei gehört.

So kann man auch nicht schlichtweg von den ukrainischen Juden sprechen, sondern sieht sich mit einer Reihe unterschiedlicher Benennungen konfrontiert: Juden waren damals Staatsbürger der Sowjetunion, Polens usw., in der Sowjetunion als Nationalität bezeichnet, in Ostmitteleuropa hingegen nach ihrer Glaubenszugehörigkeit. Die deutschen Besatzer wiederum mit ihren rassistischen Anschauungen sahen alle Personen als jüdisch an, die jüdische Vorfahren hatten, einerlei ob sie selbst noch dem Judentum angehörten oder nicht.

Die Geschichte der Juden im Gebiet der heutigen Ukraine ist also die Geschichte der Juden in der Sowjetunion, in Teilen Polens, der Tschechoslowakei und Rumäniens. Das waren bei Kriegsbeginn 1939 etwa 2,5 Mio. Menschen, die in sehr unterschiedlichen Welten lebten. Die meisten von ihnen, etwa 1,5 Mio., lebten in der Ukrainischen SSR unter den

Bedingungen der Sowjetunion. Das bedeutete einerseits eine weitgehende rechtliche und auch soziale Gleichberechtigung, andererseits eine Existenz in einer radikalen Diktatur. Die Gesellschaft der Sowjetukraine und damit auch die dortigen Juden durchlebten in den 1930er-Jahren verheerende Katastrophen und Wellen der Gewalt, 1929/30 die Zwangskollektivierung, die auch die wenigen jüdischen Bauern in der Südukraine betraf, dann 1932/33 die politisch veranlasste Hungerkatastrophe. Dieser fiel fast jeder zehnte Einwohner zum Opfer. Nach einer kurzen Beruhigung folgte dann 1937/38 der »Große Terror«, eine stalinistische Kampagne des Massenmordes, die sich vor allem gegen Nationalitäten wie Polen und Deutsche, aber auch gegen andere Bevölkerungsgruppen richtete. Jüdische Kultureinrichtungen waren größtenteils schon um 1929/30 geschlossen worden, im Terror wurde dann jeder verfolgt, der als Zionist galt. Somit war die Gesellschaft der Sowjetunion schwer zerrüttet, als der Krieg begann.

Ungleich anders entwickelte sich die Lage in jenen Gebieten, die später zwangsweise an die Sowjetukraine angeschlossen wurden. In Polen und Rumänien litten die jüdischen Minderheiten zwar unter Diskriminierung, etwa durch den Ausschluss von weiten Teilen des öffentlichen Dienstes. Sie hatten aber insgesamt ein viel freieres Leben, eigene Gemeindestrukturen, Kulturorganisationen und Parteien. Dennoch verschlechterte sich ihre Lage nicht nur durch die Weltwirtschaftskrise, sondern in der zweiten Hälfte der 1930er-Jahre auch durch einen zunehmend aggressiven Antisemitismus. Geschäftsboykotte und Gewaltaktionen von Antisemiten, besonders von faschistischen Gruppen häuften sich. Die antisemitische Presse blühte in beiden Ländern. 1937 war Rumänien das erste Land außerhalb NS-Deutschlands, das antisemitische Gesetze erließ. Deutlich anders gestaltete sich die Situation in der Karpato-Ukraine, die zur Tschechoslowakei gehörte. Hier bestand bis 1938 die letzte Demokratie in Ostmitteleuropa. Obwohl auch hier Antisemiten ihr Unwesen trieben, waren die Juden deutlich besser geschützt als anderswo. Dies sollte sich im Frühjahr 1939 ändern, als Hitler die Tschechoslowakei zerstörte und Ungarn die Region besetzte. Auch die ungarische Regierung betrieb schon zu dieser Zeit einen antisemitischen Kurs.

Alles änderte sich mit dem Hitler-Stalin-Pakt von 1939 und der zwangsweisen Annexion zunächst Ostpolens, 1940 dann auch der Nordbukowina durch Stalin. Nun fegten Wellen des Terrors durch diese annektierten Gebiete, von denen die jüdischen Minderheiten besonders betroffen waren. So deportierte die sowjetische Geheimpolizei 1940 fast 70 000 Juden aus Ostpolen, die aus dem Westteil des Landes vor Hitler geflüchtet waren. Gemeindestrukturen wurden zerstört, jüdische Unternehmer enteignet, echte oder angebliche Zionisten verhaftet und oft umgebracht. Anzumerken bleibt, dass die Karpato-Ukraine unter ungarischer Herrschaft verblieb. Als Hitler im März 1944 auch Ungarn besetzen ließ, deportierten ungarische und deutsche Stellen gemeinsam die dortigen Juden zur Ermordung nach Auschwitz.

Aus der Sicht der nationalsozialistischen deutschen Eliten gab es keine Besonderheit der ukrainischen Juden, sie galten als Teil der Ostjuden, der angeblichen »Brutstätte des Weltjudentums«, und pauschal als Träger eines imaginierten »jüdisch-bolschewistischen«

Systems. Als die Wehrmacht 1941 in der Ukraine einfiel, hatte die deutsche Besatzung bereits eineinhalb Jahre lang die Juden im Westteil Polens terrorisiert. Entrechtung, Enteignung und soziale Isolierung wurden hier viel schneller durchgesetzt als in Deutschland und Österreich vor dem Krieg. Erst im deutschen Krieg gegen Polen wurden erstmals Juden massenhaft ermordet, wie auch Angehörige der polnischen Intelligenzschichten und Patienten der Psychiatrie. Die deutsche Herrschaft richtete in Polen die ersten Ghettos für Juden ein, nicht nur zur Enteignung und Isolierung, sondern auch zur Ermordung der Juden. Bereits um die Jahreswende 1940/41 starben im Warschauer Ghetto Zehntausende Menschen an Hunger und Krankheit.

Und doch markiert der deutsche Angriff auf die Sowjetunion den Beginn des systematischen Massenmordes an den Juden, in der NS-Tarnsprache »Endlösung der Judenfrage«. Zwar ist bis heute in der Geschichtswissenschaft umstritten, wann die endgültige Entscheidung zum Massenmord an allen Juden unter deutscher Hegemonie erfolgte, die Eskalation in diese Richtung fiel jedoch eindeutig mit dem Krieg gegen die Sowjetunion zusammen. Die SS und die deutsche Sicherheitspolizei stellten eigene Spezialverbände auf, die sogenannten Einsatzgruppen, die wiederum von Polizeibataillonen der Ordnungspolizei unterstützt wurden.

Die deutsche Vernichtungspolitik unterschied nicht zwischen der Ukraine und den anderen sowjetischen Gebieten. Sie richtete sich zunächst gegen jüdische Männer, die sozusagen als potenzielle Träger von Widerstand, vor allem aber als soziale Basis des sowjetischen Kommunismus angesehen wurden. Doch schon einige Wochen nach dem deutschen Angriff wurden auch Frauen und Kinder ermordet. Mit dem Einmarsch in Kiew im September 1941 begann dann die sofortige systematische Ermordung aller Juden, die in neu eroberten Gebieten angetroffen wurden; dafür steht Babi Jar. Diese allmähliche Radikalisierung der Morde hatte zur Folge, dass die meisten Juden im westlichen Teil der besetzten Ukraine um die Jahreswende 1941/42 noch lebten, also nicht von den mobilen SS- und Polizeieinheiten ermordet wurden. Im Laufe des Jahres 1942 wurden jedoch auch diese ermordet, nun von ortsfesten Stellen der Polizei. Ende 1942 waren die meisten Juden in der Ukraine nicht mehr am Leben. Lediglich in Ostgalizien, das der deutschen Besatzungsstruktur in Polen, dem Generalgouvernement angeschlossen worden war, dauerten die Mordaktionen bis Oktober 1943.

Die Hauptverantwortung für die Massenmorde tragen – neben der deutschen Staatsführung – die SS und Polizei, nicht nur Einsatzgruppen, sondern auch Polizeibataillone, Sicherheitspolizei und Gendarmerie auf dem Lande. Es waren jedoch alle Teile der deutschen Besatzungsapparate daran beteiligt, an erster Stelle Zivil- und Militärverwaltung. Diese trieben SS und Polizei regelrecht dazu an, die Juden in ihrem Bereich möglichst schnell zu ermorden. Auch die Sicherungsverbände der Wehrmacht und die Oberkommandos haben bereitwillig beim Morden mitgeholfen, vereinzelt auch Fronttruppen. Daneben sind auch noch andere Verwaltungsstrukturen zu nennen, Wirtschaftsverwaltung, Arbeitsämter, Reichsbahn bis hin zu deutschen Unternehmen, die in der Ukraine eingesetzt waren. Nur wenige deutsche Besatzer haben sich für das Leben der Juden eingesetzt.

Nicht unerwähnt sollte bleiben, dass Rumänien, das als Verbündeter des Deutschen Reiches mit seinen Truppen ebenfalls in der Sowjetunion einmarschierte, seinen eigenen antijüdischen Vernichtungskrieg führte. Dieser begann noch Ende Juni 1941 in Rumänien selbst, mit dem Massaker an fast 14 000 Juden in und um die Stadt Jassy. Dann trieben rumänische Einheiten Zehntausende Juden ins deutsche Operationsgebiet, wo sie ermordet wurden. Schließlich massakrierten rumänische Militärs und Polizisten von Anfang an die jüdischen Gemeinden in ihrem Bereich, insbesondere im Großraum Odessa. Etwa 10 Prozent der jüdischen Opfer in der Ukraine gingen auf das Konto rumänischer Mörder.

Die Juden selbst waren denkbar schlecht auf den Vernichtungsfeldzug vorbereitet. Da Stalin mit Hitler 1939 gemeinsame Sache machte, wurden alle Informationen über die deutsche Judenverfolgung in der sowjetischen Presse unter den Tisch gekehrt. Auch gab es beim deutschen Angriff keine spezielle Evakuierungspolitik für die Juden. Die westliche Ukraine wurde ohnehin binnen einer Woche von der Wehrmacht überrannt, hier eröffneten sich kaum Möglichkeiten zur Flucht. Immerhin konnten aus den zentralen, südlichen und östlichen Teilen des Landes viele Menschen evakuiert werden, sodass die deutschen Eroberer insgesamt etwa zwei Drittel, also etwa 1,5 von 2,5 Mio. Juden antrafen.

Auch verfügten die Menschen jüdischer Nationalität in der Sowjetunion über wenig materielle und soziale Ressourcen. Größeres Privateigentum gab es in der Sowjetunion nicht, in den von Stalin annektierten Gebieten folgte die Enteignung meist 1940/41. Zum anderen waren die Juden nur recht begrenzt in der Gesellschaft integriert. Insbesondere in den Westgebieten war die kulturelle Kluft zwischen Juden und Christen traditionell groß. Sie verschärfte sich noch durch die sowjetische Besatzung seit 1939/40. Vielerorts wurden die Juden für die sowjetische Herrschaft verantwortlich gemacht, der Antisemitismus, der schon vor dem Krieg vorhanden war, steigerte sich 1940/41 in erheblichem Ausmaß. Doch auch die altsowjetischen Gebiete waren nicht frei von Judenfeindschaft. Einerseits hatte das sowjetische Regime die Abneigung gegen kapitalistische Schichten gefördert, andererseits sahen viele antikommunistisch eingestellte Einwohner Juden als Anhänger des Stalinismus.

Unter deutscher Herrschaft war die Situation der jüdischen Gemeinschaft dann aussichtslos, sofort isoliert, öffentlich gekennzeichnet und mit einer Welle präzedenzloser Gewalt überzogen. Fluchtmöglichkeiten gab es nun kaum mehr. Zudem war die sowjetische Widerstandsbewegung in der Ukraine sehr schwach, es existierten kaum Waldgebiete als Infrastruktur. Als die deutschen Besatzer dann mit der endgültigen Zerstörung der Ghettos und der Ermordung ihrer Einwohner begannen, regte sich allerdings vor allem in der Westukraine der Widerstand, mancherorts in kleinen Ghettorevolten, und das lange vor dem Aufstand im Warschauer Ghetto.

Ein besonders heikles Kapitel ist das Verhalten der nichtjüdischen Gesellschaft, vor allem der Ukrainer, aber auch der Polen, Russen usw., die in der Ukraine lebten. Insbesondere in der Westukraine waren auch Einheimische an der Verfolgung und Beraubung, vereinzelt auch an der Ermordung beteiligt. Systematisch gilt das für die von den Deutschen eingerichtete ukrainische Hilfspolizei, die nahezu bei jeder Mordaktion beteiligt war. Aber auch die ukrainische Kommunalverwaltung hat an der Verfolgung mitgeholfen, etwa durch Volkszählungen, Auswahl der Ghettogelände, vor allem aber durch die Ausplünderung.

Der antikommunistische Widerstand gegen das Sowjetregime, die Organisation Ukrainischer Nationalisten (OUN), war 1941 weitgehend antisemitisch eingestellt. Zahlreiche ihrer Akteure waren an den Pogromen Ende Juni/Anfang Juli 1941 beteiligt. Vor allem aber gingen viele OUN-Mitglieder in die Hilfspolizei, die dann die Deutschen beim Massenmord unterstützte. Ebenso waren viele der Untergrundkämpfer der Ukrainischen Aufstandsarmee, die sich 1943 als militärischer Arm der OUN etablierte, ehemalige Hilfspolizisten, an deren Hände Blut klebte.

Die Befreiung, die 1943/44 durch die Rote Armee kam, half nur noch wenigen Juden. Immerhin hatte sich die rumänische Regierung 1943 von ihrer Vernichtungspolitik abgewandt, sodass in Transnistrien ab da ein Überleben möglich war. Doch auch die Situation bei Kriegsende war deplorabel: Die meisten Verwandten waren tot, viele Überlebende wurden mit offener Feindseligkeit aufgenommen, als sie in ihre Heimat zurückkehrten und ihr geraubtes Eigentum wieder einforderten. Für eine kurze Zeit war es in den 1940er-Jahren möglich, des Holocaust zu gedenken. Dann erstickte der stalinistische Staat die Kriegserinnerung insgesamt. Als Opfer galten nicht mehr Juden, sondern »friedliche Sowjetbürger«, wie auf den seit den 1960er-Jahren errichteten Denkmälern nachzulesen ist. Viele Juden verließen seit 1971 die Sowjetunion.

Erst mit Gorbatschows Reformpolitik war allmählich wieder eine öffentliche Erinnerung an den Holocaust möglich, vor allem dann in der unabhängigen Ukraine. Hier sind viele Initiativen zu nennen. Freilich kollidiert dies im letzten Jahrzehnt zunehmend mit einer anderen, nationalistischen Erinnerungserzählung. Insbesondere in den letzten Jahren rückt die OUN immer mehr ins Zentrum dieser staatlichen Erinnerungspolitik. Während es nur wenige, zum Teil eher versteckt gelegene Denkmäler für den Massenmord gibt, hat sich vor allem in der Westukraine ein OUN-Kult breitgemacht. Nicht selten wird dabei auch OUN-Mitgliedern gedacht, die an Massenmorden beteiligt waren, mancherorts steht auf dem ehemaligen Gelände eines Ghettos heute ein Denkmal für die OUN oder die UPA. Diese unkritische Betrachtung der Vergangenheit ist sicher typisch für jene Staaten, die ihre Nation erst einrichten müssen. Doch gilt es, in der Zukunft auch angemessen der Hauptopfer der deutschen Besatzung zu gedenken und auch von staatlicher Seite kritisch mit der eigenen Geschichte umzugehen. Dazu kann das vorliegende Buch einen bedeutenden Beitrag leisten.

Margret und Werner Müller

Einführung zur deutschen Ausgabe

*Dem Gedächtnis der Opfer des Holocaust
ist dieses Buch gewidmet*

Der vorliegende Band schließt an die 2004 erschienene Publikation »Nur wir haben überlebt« an.[1] Er soll dazu beitragen, den in Deutschland weitgehend unbekannten »Holocaust in der Ukraine« bekannt zu machen, denn dieser kommt bislang in der Erinnerungskultur in Deutschland kaum vor. Die Erinnerung beschränkt sich vorwiegend auf Auschwitz-Birkenau, das nach dem Zweiten Weltkrieg zum Synonym für den Völkermord an den Juden wurde, der jedoch auch an vielen weiteren Orten stattfand. Ziel der Nationalsozialisten war die Ermordung aller Juden Europas. In den von der Wehrmacht besetzten Gebieten der Sowjetunion wurden die Juden vor allem Aug in Aug umgebracht – erschossen, erschlagen, verbrannt, durch Hunger und Krankheiten vernichtet und nicht in den deutschen Vernichtungslagern in Polen vergast.

Als ehrenamtliche Mitarbeiter des Maximilian-Kolbe-Werks haben wir 1996 bei einem Begegnungsaufenthalt in Warschau und Krakau eine Gruppe von 19 Überlebenden des Holocaust aus Kiew kennengelernt. Drei Teilnehmer hatten Babi Jar überlebt. Für diese Begegnung hatten wir uns mit den Büchern »Die Schoah von Babij Jar« von Erhard Roy Wiehn und »Das Schwarzbuch. Der Genozid an den sowjetischen Juden«, herausgegeben von Wassili Grossman und Ilja Ehrenburg, vorbereitet. Durch die persönliche Begegnung entstand bei uns ein Bewusstsein für die Verantwortung den Opfern gegenüber. Wir spürten die Verpflichtung, als Deutsche dazu beizutragen, dass die Verbrechen benannt und die Opfer nicht vergessen werden.

Zu der Gruppe, die wir damals trafen, gehörte auch Boris Zabarko, ein Historiker, der das Ghetto Schargorod überlebt hat. Damals erfuhren wir von ihm wesentliche Daten über den Holocaust in der Ukraine: dass die Zahl der jüdischen Opfer etwa 1,6 Millionen beträgt und dass bis zu diesem Zeitpunkt über 600 Vernichtungsorte in der Ukraine bekannt waren.

Während des Aufenthalts erzählten uns Mitglieder der Gruppe, was sie erlebt und wie sie überlebt haben. Das Erzählen fiel ihnen nicht leicht, weil die Erinnerungen übermächtig wurden. Andererseits gelang es ihnen zu sprechen, weil sie unser Interesse an ihrem Schicksal spürten. Das Bewusstsein, als Einzige ihrer Familien überlebt zu haben, ist für sie eine große seelische Belastung. Viele mussten mitansehen, wie ihre Eltern, Geschwister und

---

1   Boris Zabarko (Hrsg.), »Nur wir haben überlebt«. Holocaust in der Ukraine, Zeugnisse und Dokumente, Herausgeber der deutschen Ausgabe: Margret und Werner Müller, Köln 2004.

Familienangehörigen ermordet wurden. Wenn sie sprechen, vergegenwärtigt sich für sie das Vergangene. Wir können dankbar sein, wenn sie trotz der großen psychischen und physischen Belastung die Kraft finden, sich zu erinnern. Da ihre Epoche unweigerlich zu Ende geht, wird es nur noch Zeugen der Zeitzeugen geben.

Nach unserer Begegnung, im Jahr 1996, begann Boris Zabarko, systematisch Berichte von Überlebenden der Ghettos zu sammeln und auf Russisch zu veröffentlichen. Ganz auf sich allein gestellt, hat er die Berichte, die die Überlebenden ihm größtenteils handschriftlich zugesandt haben, abgetippt, darüber hinaus hat er einige Interviews geführt und verschriftlicht. Wir haben sein erstes Buch mit diesen Berichten auf Deutsch unter dem Titel »Nur wir haben überlebt« herausgegeben. Sein Anliegen ist es, die Schoah so konkret wie möglich zu vermitteln. Die Ergebnisse der geschichtswissenschaftlichen Forschung sind in Sachbüchern wiedergegeben, in denen der millionenfache Mord an den Juden meist sachlich-nüchtern mit Tabellen, Befehlen, der Beschreibung von Todesstätten abgehandelt wird. Sie lassen den Terror ahnen, können aber die Wirklichkeit nicht so unmittelbar vor Augen führen wie Berichte von Zeugen des Geschehens. Boris Zabarko geht es darum, den Ermordeten, Verhungerten und Entehrten mit seinen Publikationen ein Denkmal zu setzen. Sie sollen nicht namenlos vergessen werden, ihr Tod nicht unbemerkt bleiben.

Zabarko beklagt immer wieder die verlorene Zeit, weil bis zur Perestroika das Thema Holocaust in der Sowjetunion ein Tabu war. Auf allen Mahnmalen aus jener Zeit war immer nur zu lesen, dass dort friedliche Sowjetbürger von den Faschisten ermordet wurden, ohne Hinweise darauf, dass es sich um Juden handelte. Wenn zur Sowjetzeit Juden in Kiew am 29. oder 30. September zum Gedenken nach Babi Jar gehen wollten, wurden sie von der Miliz aufgehalten und daran gehindert.

Ein Gedicht des russischen Dichters Jewgeni Jewtuschenko aus dem Jahr 1961 beginnt in der Übersetzung von Paul Celan mit der Zeile »Über Babi Jar, da steht keinerlei Denkmal«. Mitte der 1970er-Jahre wurde ein monumentales »Mahnmal für sowjetische Bürger und für die von den deutschen Faschisten erschossenen Kriegsgefangenen, Soldaten und Offiziere der Sowjetischen Armee« errichtet. Juden wurden nicht erwähnt. Erst seit 1991 erinnert eine bronzene Menora an die jüdischen Opfer des Massakers. Inzwischen ist Babi Jar zu einem Synonym für die Massenerschießungen in der Ukraine geworden.

Bei späteren Besuchen in der Ukraine haben wir unsere Freunde nach Babi Jar begleitet und sind dort auch Rettern begegnet. Jeder Überlebende hat sein Leben einem oder meist mehreren Rettern zu verdanken. Sie haben für ihre Hilfe für Juden ihr eigenes Leben und das ihrer Familien in Gefahr gebracht, da für das Verstecken und Versorgen mit Nahrung und Kleidung der ganzen Familie Gefängnis oder sogar die Todesstrafe drohten. Immer wieder beklagen die Überlebenden, dass sie die Namen ihrer Retter nicht kennen und sich bei ihnen nicht bedanken können. Zudem leiden sie darunter, dass ihre Erlebnisse kaum jemanden interessieren und darum nicht zur Kenntnis genommen werden. Als Kinder haben sie im Versteck überlebt, erschöpft und krank, in Scheunen und Kellern, auf Dachböden, im

Einführung zur deutschen Ausgabe

Wald und auf dem freien Feld, bei Frost, Regen und Hitze. Sie waren traumatisiert durch den Verlust der Eltern, völlig auf sich allein gestellt und ständig in der Gefahr, denunziert und von den Mordkommandos erbarmungslos gejagt zu werden. Der Unvollkommenheit der Berichte und der Schwierigkeit, das Geschehen in Worte zu fassen, muss man sich beim Lesen der Berichte immer bewusst sein. Die Wirklichkeit lässt sich nur in Ansätzen vermitteln.

Nachdem Boris Zabarko in den Jahren 2006 und 2007 in Kiew die drei Bände seines Buches »Leben und Tod in der Epoche des Holocaust« auf Russisch veröffentlicht hatte, bat er uns um eine deutsche Ausgabe.

In der russischen Vorlage sind die einzelnen Berichte alphabetisch angeordnet. Bei dieser Vorgehensweise bekommt der Leser allerdings nur eine sehr unvollkommene Vorstellung vom Holocaust in der Ukraine. Es erschien uns sinnvoller, die Berichte den jeweiligen Oblasten (Gebieten) und Orten zuzuordnen und sie dann in der Reihenfolge der Besetzung durch die Wehrmacht im Buch anzuordnen. So entstand das Konzept einer »Geografie des Holocaust in der Ukraine«. Da viele der Überlebenden nicht nur in einem Ghetto waren, werden ihre Erinnerungen jeweils dem Ghetto zugeordnet, in dem der Schwerpunkt der Erlebnisse lag. Bei den anderen Ghettos wird dann auf diese Berichte verwiesen.

Über die in den Berichten genannten Ghettos und Vernichtungsorte wurden Informationen aus der Sekundärliteratur und Quellenpublikationen herangezogen. Nach Möglichkeit sind bei den einzelnen Orten aufgeführt: die Zahl der Ghettobewohner, von wann bis wann das Ghetto existierte und wie viele Menschen wann, durch wen, wo und wie ermordet wurden. Diese Tatsachen untermauern und bestätigen zugleich die Aussagen in den Überlebensberichten.

Die Berichte sind in Bezug auf Umfang und Informationsgehalt sehr unterschiedlich. Einige enthalten keine ausführlichen Erinnerungen. Es werden aber Orte und Namen genannt, die einen weiteren Mosaikstein zum Bild der flächendeckenden Ermordung der Juden in der Ukraine bilden. Sie sind deshalb genauso wichtig wie die umfangreichen Berichte, die persönliche Empfindungen schildern. Wenn wir von 1,6 Millionen ermordeten Juden in der Ukraine sprechen, so ist das in erster Linie »Statistik«. Erinnerung erfordert aber, dass die Ermordeten ihre Namen wiederbekommen und nicht in Vergessenheit geraten. In den Berichten der Zeitzeugen sind Hunderte Namen genannt. In erster Linie handelt es sich um Familienangehörige oder Freunde. Oft sind es nur die Vornamen oder Kosenamen. Eine weitere wichtige Personengruppe sind die Retter. Alle diese Namen sind wichtig in den Zeitzeugenberichten. Wir haben jedoch von der Erstellung eines Namensverzeichnisses abgesehen, weil besonders bei den Vornamen oder Kosenamen ein Register kaum eine weiterführende Zuordnung möglich machen würde.

Die Übertragung der Namen und Ortsnamen aus der kyrillischen in die lateinische Schrift geschieht nach der Transkription des Duden. Da die Berichte im Original auf Russisch geschrieben sind, haben wir die russischen Ortsnamen beibehalten. Bei Orten, für die es im Deutschen geläufige Namen gibt, wie z. B. Lemberg oder Czernowitz, werden diese Namen verwendet. Ukrainische, polnische oder rumänische Schreibweisen der Ortsnamen sind ins Ortsverzeichnis aufgenommen, mit einem Hinweis auf die im Buch gebrauchten Namen. Manche der genannten Orte dürften in Westeuropa weitgehend unbekannt sein. Deshalb ist jedem Gebiet eine Übersichtskarte vorangestellt. Für das Zeichnen der Karten danken wir herzlich Peter Siebers aus Köln. Ein besonderer Dank gilt Natalia Blum-Barth und Christian Ganzer für ihr großherziges Engagement bei der Übersetzung der Zeitzeugenberichte.

Unser großer Dank gilt der Hamburger Stiftung zur Förderung von Wissenschaft und Kultur, die die Veröffentlichung des Buches großzügig unterstützt hat. Ohne diese Förderung wäre das Projekt nur schwer zu realisieren gewesen.

Köln, im August 2019
Margret und Werner Müller

Boris Zabarko

Leben und Tod in der Epoche des Holocaust in der Ukraine

Der vorliegende Band vereint Zeugnisse und Erinnerungen ehemaliger Häftlinge der nationalsozialistischen Konzentrationslager und Ghettos sowie jener, die mit einer fremden Identität in den von den Deutschen besetzten Gebieten der Ukraine von 1941 bis 1944 überlebten. Das Buch schließt an die Publikation »Nur wir haben überlebt« an, die auf Russisch im Jahr 1999 in Kiew veröffentlicht wurde, als die Bevölkerung der Ukraine den 55. Jahrestag der Befreiung des Landes von den nationalsozialistischen Eroberern beging. Im Jahr 2004 ist dieser Band auch in Deutschland erschienen. Im Vorwort habe ich damals grundsätzliche Aussagen zum Problem der Erinnerung und der Leugnung des Holocaust gemacht, aber auch ausführlich dargestellt, wie die Rote Armee als Befreier in eine »Ukraine ohne Juden« kam und was die Befreiung für die wenigen überlebenden Juden bedeutete.[1]

Es war die Rettung vor der vollständigen Vernichtung. Eine ganze Zivilisation, die einen Beitrag von unschätzbarem Wert zum Kulturerbe Europas und der Welt geleistet hat, wurde ausgelöscht, zerstört, vernichtet. Für diese Verbrechen gibt es in der Geschichte der Menschheit kein vergleichbares Ereignis. Daher ist der Holocaust, auch Katastrophe oder Schoah genannt, nicht nur Teil der jüdischen Geschichte. Er ist ein Phänomen der Weltgeschichte.

***

Als die deutsche Wehrmacht auf Befehl Hitlers am 22. Juni 1941 in die UdSSR einfiel, lebten auf dem Gebiet der sowjetischen Ukraine, in den Grenzen, die durch den Hitler-Stalin-Pakt festgelegt wurden, ungefähr 2,7 Millionen Juden. Während des Vernichtungskrieges, der unendlich lange drei Jahre anhielt, ermordeten die Nationalsozialisten und ihre Helfer auf dem Gebiet der Ukraine etwa 1,5–1,6 Millionen Juden – Männer, Frauen und Kinder: nahezu ein Viertel der europäischen Holocaustopfer.

Die Vernichtung der Juden in den besetzten ukrainischen Gebieten erfolgte nicht ununterbrochen. Neben Perioden maximaler Entfesselung der Massenmorde waren durch verschiedene Faktoren bedingte Zeiträume relativer Ruhe zu beobachten. In Übereinstimmung mit den Phasen der intensivsten Aktionen wird der Prozess der Vernichtung der ukrainischen Juden von Historikern in drei Etappen unterteilt. In der ersten, vom 22. Juni 1941 bis zum Winter 1941/1942, ermordeten die Nazis die überwiegende Mehrheit der Juden des Reichskommissariats Ukraine. Im Zuge der zweiten Etappe, während des Jahres 1942, wurden fast alle Juden des Distrikts Galizien, des Generalbezirks Wolhynien-Podolien,

---

1   Zabarko, »Nur wir haben überlebt«, S. 17 ff.

des Reichskommissariats sowie der »Kampfzone« (sie umfasste einen bedeutenden Teil der Ukraine östlich des Dnjepr), der »linksufrigen Ukraine« und der Krim) ermordet. In der dritten Etappe, von Anfang 1943 bis zur Befreiung der Ukraine im Oktober 1944, wurden alle Juden getötet, die bis dahin noch am Leben geblieben waren.

In der zweiten Hälfte des Jahres 1941 wurden Forschungen des ukrainischen Historikers Alexander Kruglow zufolge 509 190 Juden getötet, ungefähr ein Drittel aller Opfer. 1942 wurden 773 700 Juden ermordet, ungefähr die Hälfte der Gesamtopferzahl, 1943 weitere 150 000 Juden.

Zu Beginn des Jahres 1944 lebten in diesen Gebieten noch 185 000 bis 190 000 Juden, die es geschafft hatten, der Vernichtung zu entgehen – in erster Linie in den rumänisch besetzten Territorien Transnistrien und im Raum Czernowitz. Es waren ungefähr 65 000 bis 70 000 deportierte und 15 000 einheimische Juden. Im ungarisch besetzten Gebiet Transkarpatien hielten sich noch fast alle 100 000 Juden der Vorkriegsbevölkerung auf. Unter direkter deutscher Kontrolle in der Ukraine lebten noch ungefähr 4000 bis 5000 Juden, größtenteils in Galizien: 1500 in Lagern in Drohobycz und Borislaw, mehrere Hundert in Lemberg und in Towste im Gebiet Ternopol und einige Dutzend in Stanislau. 1300 von ihnen wurden ermordet, bevor die nördliche Ukraine von der Roten Armee befreit wurde.

Im März 1944, als die Deutschen Ungarn besetzten, fielen auch die Juden von Transkarpatien den Deutschen in die Hände. Im Laufe der nächsten drei Monate wurden mehr als 500 000 Juden aus Ungarn in die deutschen Vernichtungslager in Polen deportiert, darunter ungefähr 95 000 Juden aus Transkarpatien.[2]

Die Vernichtung der Juden in der Ukraine erfolgte hauptsächlich durch Massenerschießungen, denen teilweise innerhalb von ein bis zwei Tagen Zehntausende Juden zum Opfer fielen. So erschoss im August 1941 im Verlauf von drei Tagen ein Kommando des Höheren SS- und Polizeiführers Russland-Süd Friedrich Jeckeln unter Mithilfe des Polizeibataillons 320 in Kamenez-Podolski 23 600 Juden.[3] Dies war das erste Blutbad eines solchen Ausmaßes.

Am 15. September 1941 umzingelte deutsche und ukrainische Polizei das Ghetto von Berditschew. An fünf von Kriegsgefangenen bereits vorbereiteten Gruben auf einem Feld in der Nähe des Flugplatzes wurden 18 600 Juden vom Polizeiregiment Süd, dem Reservepolizeibataillon 45 und der Stabskompanie Friedrich Jeckelns erschossen.[4]

---

2   Alexander Kruglow, Jewish Losses in Ukraine, 1941–1944, in: Ray Brandon/Wendy Lower (Hrsg.), The Shoah in Ukraine. History, Testimony, Memorialization, Bloomington 2008, S. 278 ff.
3   Klaus-Michael Mallmann/Andrej Angrick/Jürgen Matthäus/Martin Cüppers (Hrsg.), Die »Ereignismeldungen UdSSR« 1941. Dokumente der Einsatzgruppen in der Sowjetunion, Darmstadt 2011, S. 444 (Ereignismeldung UdSSR Nr. 80 vom 11. 9. 1941).
4   Christopher Browning, Die Entfesselung der »Endlösung«. Nationalsozialistische Judenpolitik 1939–1942, München 2003, S. 425; Richard Rhodes, Die deutschen Mörder. Die SS-Einsatzgruppen und der Holocaust, Bergisch-Gladbach 2004, S. 219 f. Andere Quellen geben die Zahl der Opfer mit 12 000 und bis zu 15 000 an.

Am 19. und 20. September 1941 begingen eine Einheit des Einsatzkommandos 6 zusammen mit den Polizeibataillonen 45 und 314 ein Massaker in Winniza und ermordeten ungefähr 15 000 Juden.[5]

Vom 21. bis 23. September 1941 erschoss das Sonderkommando 11a in Nikolajew 7000 Juden.[6] In Cherson ermordete das Sonderkommando 11a mit Unterstützung des Sonderkommandos 10a am 24. und 25. September 1941 5000 Juden.[7] An der Erschießung nahmen auch Soldaten der 72. Infanteriedivision teil.[8]

Nach offiziellen Berichten hat das Sonderkommando 4a an zwei Tagen, am 29. und 30. September 1941, in Kiew, Babi Jar, 33 771 Juden ermordet.[9] Das war die größte Massenerschießung auf dem Territorium der Sowjetunion.

In Dnjepropetrowsk erschossen Angehörige der Stabskompanie von Friedrich Jeckeln und des Polizeibataillons 314 am 13. Oktober 1941 etwa 10 000 Juden.[10]

Am 6. und 7. November 1941 wurde in Rowno die schon länger geplante »Judenaktion« durchgeführt, bei der etwa 15 000 Juden erschossen wurden. Die Organisation lag in den Händen der Ordnungspolizei. Das Außenkommando Rowno des Einsatzkommandos 5 war an den Erschießungen maßgeblich beteiligt.[11]

Dies sind einige Zahlen für die Massaker in den großen und kleinen Städten, die alle in der zweiten Hälfte des Jahres 1941 stattfanden. Diese furchtbare Aufzählung ließe sich fortsetzen.

Der Völkermord an den Juden in der Ukraine nahm entsetzliche Formen an. Juden wurden bei Pogromen, die ukrainische Kollaborateure und Antisemiten verübten, bestialisch ermordet. Diesen Pogromen, die selbst im Kontext des Holocaust unvergleichlich an Grausamkeit waren, fielen 25 000 bis 30 000 Juden in der Westukraine zum Opfer. Sie wurden im Dnjestr und im Südlichem Bug ertränkt, in Häusern, Synagogen, Baracken und Schweine-

---

5   Dieter Pohl, The Murder of Ukraine's Jews under German Military Administration and in the Reich Commissariat Ukraine, in: Brandon/Lower, The Shoah in Ukraine, S. 23–76, hier S. 37.

6   Die Verfolgung und Ermordung der europäischen Juden durch das nationalsozialistische Deutschland 1933–1945, Bd. 7 (VEJ 7). Sowjetunion mit annektierten Gebieten I. Besetzte sowjetische Gebiete unter deutscher Militärverwaltung, Baltikum und Transnistrien, bearb. v. Bert Hoppe/Hildrun Glass, München 2011, S. 453, Anm. 5; Alexander Kruglow, Chronika Cholokosta w Ukraine 1941–1944, Dnjepropetrowsk/Saporoshje 2004, S. 38.

7   Encyclopedia of Camps and Ghettos, 1933–1945, vol. II, The United States Holocaust Memorial Museum, Ghettos in German-Occupied Eastern Europe, Part A, Geoffrey P. Megargee (General Editor), Martin Dean (Volume Editor), Bloomington 2012, S. 1617, Anm. 9.

8   Dieter Pohl, Die Herrschaft der Wehrmacht. Deutsche Militärbesatzung und einheimische Bevölkerung in der Sowjetunion 1941–1944, München 2008, S. 265.

9   Mallmann u. a., Die »Ereignismeldungen UdSSR«, S. 615 (Ereignismeldung UdSSR Nr. 101 vom 2. Oktober 1941).

10 Die Verfolgung und Ermordung der europäischen Juden (VEJ 7), S. 316, Anm. 5.

11 Mallmann u. a., Die »Ereignismeldungen UdSSR«, S. 860 f. (Ereignismeldung UdSSR Nr. 143 vom 8. Dezember 1941).

ställen verbrannt, in Steinbrüchen oder Alabastergruben eingemauert, lebendig in die Kohlenschächte des Donbass und in Brunnen geworfen.[12] Sie starben qualvoll an Hunger, Kälte, Krankheiten, Quälereien und der alle Kräfte übersteigenden Zwangsarbeit in den Ghettos.

***

Mehrere europäische Länder gingen Bündnisse mit Deutschland ein und beteiligten sich an der Judenverfolgung. Sie verhafteten unschuldige Bürger und Flüchtlinge, konfiszierten deren Eigentum, praktisch alles, was diese Menschen besaßen, bevor sie sie in andere Teile Europas transportierten, wo sie ein unbekanntes Schicksal und meistens der Tod erwartete.

Aber auch das Schweigen und die Gleichgültigkeit der Welt haben zum Holocaust beigetragen. Das Ausmaß des Völkermords hätte zumindest verringert werden können, wenn die westlichen Staaten sich zu der Zeit eingemischt hätten, als Hitler die Tschechoslowakei und Österreich besetzte, wenn Amerika mehr Flüchtlinge aus Europa aufgenommen hätte, wenn Großbritannien mehr Juden nach Palästina gelassen hätte oder wenn die Alliierten die nach Auschwitz-Birkenau führenden Gleise bombardiert hätten, als die ungarischen Juden dorthin gebracht wurden.Die Einwanderungsbehörden der USA und anderer Länder verweigerten Tausenden europäischen Juden die Einreise, obwohl ihnen bekannt war, welch ungeheurer Diskriminierung, Entrechtung und Ausgrenzung die Juden durch die Nazis ausgesetzt waren.

Nachrichten über das gigantische Ausmaß des Mordes an den europäischen Juden erreichten Großbritannien und die USA bald nach Beginn der Vernichtungsaktionen. Der nichtjüdische Verbindungsmann des polnischen Untergrunds und der Exilregierung, Jan Karski (richtiger Name Jan Kozielewski), ging auf Bitten jüdischer Untergrundorganisationen zweimal in das Warschauer Ghetto, wo er mit eigenen Augen die schrecklichen Szenen beobachten konnte, die sich dort zutrugen. In der Uniform eines ukrainischen Wachmanns hielt er sich im Oktober 1942 im Lager Izbica Lubelska, einem Außenlager des Vernichtungslagers Belzec (Bełżec), auf. Über Frankreich, Spanien, Gibraltar erreichte er im November 1942 Großbritannien, wo er unter anderem mit dem Außenminister Anthony Eden zusammentraf. Von Juni bis August 1943 hielt er sich in den USA auf, wo er von Präsident Franklin D. Roosevelt empfangen wurde. In Großbritannien und in den USA berichtete er, wie die Deutschen ihren Plan der vollständigen Vernichtung der Juden umsetzten, und erklärte den Alliierten, dass allein ihre Einmischung die »Endlösung der Judenfrage« stoppen könne. Die Informationen, über die er verfügte, übergab er auch den Repräsentanten des amerikanischen Judentums, unter anderen dem Rabbiner Stephen Wise und dem Richter Felix

---

12 Raul Hilberg, Täter, Opfer, Zuschauer. Die Vernichtung der Juden 1933–1945, Frankfurt a. M. 1992, S. 66; Enzyklopädie des Holocaust, Hrsg. v. Israel Gutman, Herausgeber der deutschen Ausgabe: Eberhard Jäckel/Peter Longerich/Julius H. Schoeps, 4 Bde., München/Zürich 1995, S. 227 f., 1058.

Frankfurter. Aber alles war vergebens – so schätzte Karski selbst die Resultate seiner diplomatischen Bemühungen ein.[13]

Auch die Kirchen schwiegen, als es erforderlich gewesen wäre, gegenüber dem Völkermord unüberhörbar Stellung zu beziehen. Die christliche Welt habe sich mit Schande bedeckt, gab Papst Johannes Paul II. offen zu. Die Deutsche Bischofskonferenz hat am 27. Januar 1995 aus Anlass des 50. Jahrestages der Befreiung des Vernichtungslagers Auschwitz mit Verweis auf den Beschluss »Unsere Hoffnung« vom 22. November 1975 mit folgenden Worten darauf hingewiesen:

»Versagen und Schuld der damaligen Zeit haben auch eine kirchliche Dimension. Daran erinnern wir mit dem Zeugnis der Gemeinsamen Synode der Bistümer in der Bundesrepublik Deutschland: ›Wir sind das Land, dessen jüngste politische Geschichte von dem Versuch verfinstert ist, das jüdische Volk systematisch auszurotten. Und wir waren in dieser Zeit des Nationalsozialismus, trotz beispielhaften Verhaltens einzelner Personen und Gruppen, aufs Ganze gesehen doch eine kirchliche Gemeinschaft, die zu sehr mit dem Rücken zum Schicksal dieses verfolgten jüdischen Volkes weiterlebte, deren Blick sich zu stark von der Bedrohung ihrer eigenen Institutionen fixieren ließ und die zu den an Juden und Judentum verübten Verbrechen geschwiegen hat […]. Die praktische Redlichkeit unseres Erneuerungswillens hängt auch an dem Eingeständnis dieser Schuld und an der Bereitschaft, aus dieser Schuldgeschichte unseres Landes und auch unserer Kirche schmerzlich zu lernen‹. Wir bitten das jüdische Volk, dieses Wort der Umkehr und des Erneuerungswillens zu hören.«[14]

In diesem Zusammenhang muss anerkannt werden, dass in manchen Ländern einige Geistliche gegen den grausamen Umgang mit den Juden protestierten und sich an Aktionen zur Rettung von Juden, besonders von Kindern, beteiligten.

Angesichts der Vernichtung der Juden im Verlauf des Zweiten Weltkrieges wurde auch das Rote Kreuz seiner humanitären Mission nicht gerecht, bemerkte die französische Zeitung *Le Monde*. Das Internationale Komitee vom Roten Kreuz bewahrte lange Zeit sein Schweigen, obwohl es über Wissen aus erster Hand über die »Endlösung der Judenfrage« verfügte. Erst 1990 wurde die ungeheuerliche Tatenlosigkeit der humanitären Organisation zugegeben.[15]

---

13 Henryk Świebowski (Hrsg.), »London wurde informiert …«, Staatliches Museum Auschwitz-Birkenau, Oświęcim 1997, S. 91 ff.
14 Wort der deutschen Bischöfe aus Anlaß des 50. Jahrestages der Befreiung des Vernichtungslagers Auschwitz am 27. Januar 1995, 23.1.1995, http://www.liturgie.de/liturgie/index.php?datei=pub/op/gedenke/wortdtbischoefe&bereich=publikationen [15. 5. 2019].
15 Im Sommer 1942 legte der Direktor des Genfer Büros des Jüdischen Weltkongresses, Gerhart M. Riegner, dem Internationalen Komitee vom Roten Kreuz Beweise für die Umsetzung der »Endlösung« vor. Das Komitee beschloss, keine öffentliche Erklärung dazu abzugeben. Siehe Le Monde, 28. September 2007.

Leider waren unter den »unbeteiligten Beobachtern« auch internationale jüdische Organisationen und jüdische Gemeinden in der freien Welt. Im Kapitel »Und die Welt schwieg« des Buches »Damit man weiß und erinnert. Das Gedenken an die Katastrophe in Yad Vashem«, das 2007 erschienen ist, wird eine Erklärung dessen versucht:

> »Der Krieg zerriss praktisch alle Verbindungen mit den Gemeinden in den besetzten Gebieten. Darunter litten besonders die jüdischen Zentren. Internationale jüdische Organisationen konnten keinen Kontakt zu ihnen herstellen, keine materielle Hilfe leisten, geschweige denn Versuche zur Rettung von Menschen unternehmen. […] Als die vollständige Vernichtung der Juden begann und Nachrichten, die einem das Blut in den Adern gerinnen ließen, in die freie Welt durchzusickern begannen, stellte sich heraus, dass die Juden in diesen Ländern, aber auch in Palästina, nicht darauf vorbereitet waren, umfangreiche Aktionen zur Rettung ihrer Glaubensgenossen zu organisieren. Die Juden der europäischen Länder fanden sich in einer Situation, in der sie sich selbst überlassen waren, ohne jede Hilfe von außen.«[16]

Während der Gedenkveranstaltung anlässlich des 60. Jahrestages der Befreiung des KZ Auschwitz bemerkte der israelische Präsident Mosche Katzaw bitter: »Als in Europa, dem Herzen der Zivilisation, sich ein Volk gegen ein anderes Volk erhob, um dieses zu vernichten und vom Antlitz der Erde zu fegen, […] sah die Gemeinschaft der übrigen Völker dieser Vernichtung zu und blieb gleichgültig. Die Welt ertaubte.«[17]

Weil sie die Herausforderungen der Katastrophe nicht ertragen, die Probe auf Menschlichkeit nicht bestanden haben, wollten viele, sehr viele, die Aufmerksamkeit nicht auf das Thema des Holocaust lenken und hüllten den Genozid an den Juden in Schweigen.

***

Die Tragödie der Schoah, die schrecklichen Bilder, die sich den Alliierten während der Befreiung der Konzentrations- und Vernichtungslager, der Ghettos und anderer Haftorte boten, riefen im Westen Erschütterung, Schock und Bestürzung hervor. Einige Jahre später fand die Schoah sich jedoch im Schatten des »Kalten Krieges« und des ideologischen Ost-West-Konflikts wieder. So gerieten der Massenmord und seine Opfer für einige Jahrzehnte in Vergessenheit. Zudem wandten sich Sieger und Besiegte nach dem Krieg von der Vergangenheit ab und der Zukunft zu. Von den Überlebenden, ihren Geschichten und Problemen wollte niemand etwas wissen. Man versuchte, die Erinnerungen durch Schweigen

---

16 Bella Gutman/Avner Šalev (Redaktion), Čtoby znali i pomnili. Pamjat' o Katastrofe v Jad Vašem, Jerusalem 2007, S. 206.
17 Ebenda, S. 29 f.

vergessen zu machen. Die Welt war noch nicht bereit, ihnen Gehör zu schenken. Lange Zeit schwieg auch die jüdische Welt. Die Grauen der Vergangenheit waren durch Erzählungen des unmittelbar Erlebten nicht fassbar. Sie ließen sich in keinerlei logische oder andere Vorstellung einordnen, sie eigneten sich nicht für vernünftige Erklärungen. »Das Blutvergießen war noch zu frisch, als dass man es ruhig hätte diskutieren können.«[18] Die Überlebenden des Zweiten Weltkrieges und des Holocaust waren psychologisch lange nicht in der Lage, über die Vergangenheit zu sprechen. Sie lehnten es ab, bemerkte Elie Wiesel, »in die Dunkelheit zu schauen, die sie einmal gesehen hatten«.

Nicht alle Überlebenden, die ihre Erinnerungen mit sich trugen, konnten die Erfahrungen der Schoah weitergeben. Viele von ihnen hielten es nicht aus. Sie verzweifelten an der Unmöglichkeit, die Last der Vergangenheit loszuwerden. Wenn sie ihr Schweigen brachen, bezahlten sie diesen Schritt teilweise mit dem Leben. Jean Améry, Tadeusz Borowski, Bruno Bettelheim, Primo Levi und Paul Celan konnten nicht damit leben. Nicht nur mit der Wahrheit darüber, wie sie überlebten, sondern auch mit den Erzählungen über diese Wahrheit. Die Last, die nach der Befreiung von den Schultern gefallen zu sein schien, verschwand nicht – schrittweise erstickte und tötete sie die zufällig aus der Todeszone Entkommenen. Es war eine Art »verzögerter Genozid« – die nachträgliche Wirkung der Leichenhölle aus der Epoche des Massenmordes.

Andere schwiegen bis an ihr Lebensende. Sie fanden sich unter Menschen, die die Schrecken der Katastrophe nicht kannten oder kennen wollten, und verstummten für immer. Die Last des Erlebten nahm ihnen die Gabe zu sprechen. Bis in die Gegenwart, bemerkte Michael Dorfman in seinem Artikel »Immer im Kreis« zu den Mythen über das Ghetto, seien die Überlebenden mit Fragen konfrontiert:

> »Warum haben die Holocaustüberlebenden, die Untergrundkämpfer aus den Ghettos, die Partisanen, die KZ-Häftlinge und überhaupt die Mehrheit der vor der Vernichtung Geretteten zwei bis drei Jahrzehnte, einige sogar fünfzig oder sechzig Jahre lang geschwiegen? Warum konnten sie ihre Wahrheit nicht aussprechen, weder in Israel noch in Amerika, weder in der Sowjetunion noch in Polen? Warum konnten sie nicht einmal ihren Kindern erzählen? Ihre Geschichte wurde zum Symbol des jüdischen Widerstandes, indem sie aber Symbol wurde, wurde sie Mythos. Der Mythos verdeckte die lebenden Menschen. […] Weil es niemanden gab, dem man die eigene Wahrheit erzählen konnte? Oder weil ohnehin die, die nicht dort waren, nicht in der Lage sind zu verstehen? Oder weil der Mythos verlangte, dass sie ›wie die Schafe zur Schlachtbank‹ gegangen sind, dass alle getötet wurden, dass die Ghettokämpfer sich alle wie ein Mann auf den Altar eines neuen Masada legten? Sie konnten nicht

---

18 Steven T. Katz, Jewish Faith After the Holocaust. Four Approaches, in: ders., Post-Holocaust Dialogues. Critical Studies in Modern Jewish Thought, New York 1983, S. 141–173.

einfach am Leben bleiben, ließ der totale Mythos doch nur die totale Katastrophe zu, totale Vernichtung, totales Heldentum. Jene, die überlebten, sah man bestenfalls als ›Widerspruch‹ zum Geschehen an.«[19]

Es musste erst eine Nachfolgegeneration geboren werden, die den Blick in die Hölle und ihre Bodenlosigkeit richtete, um zur historischen Wahrheit zu gelangen, um zu erfahren, wie alles wirklich geschah, und um die Mechanismen der Verdrängung und die Gründe zu untersuchen, weshalb man wünschte und wünscht, den Holocaust in Schweigen zu hüllen. In den 1970er- bis in die 1990er-Jahre wurde das Thema der nationalsozialistischen Verbrechen und Gräueltaten und der Verantwortung für das Geschehen von Vertretern westlicher Länder und Israels aus Archiven und Erinnerungen ans Tageslicht geholt. Möglich wurde dies, wie manche Forscher bemerken, zu großen Teilen dank jüdischer Aktivitäten, der Tätigkeit des Dokumentationszentrums des Bundes Jüdischer Verfolgter des Naziregimes unter der Leitung von Simon Wiesenthal, des Internationalen Instituts für Holocaust-Forschung in Jerusalem, Yad Vashem, der »Gedenkstätte der Märtyrer und Helden des Staates Israel im Holocaust« und anderer.

Nachdem man es in Deutschland lange Zeit vorgezogen hatte, nicht über den Holocaust zu sprechen, begannen in den 1960er-Jahren sporadische Beschäftigungen mit dem Thema. Dies geschah in erster Linie im Zusammenhang mit dem Eichmann-Prozess in Jerusalem 1961 und dem Frankfurter Auschwitz-Prozess (1963 bis 1965). In Frankfurt wurden auf der Grundlage von Zeugenaussagen ehemaliger Opfer des Nationalsozialismus, Archivmaterialien und von Historikern angefertigten Expertengutachten die Mechanismen der Massenvernichtung der Juden rekonstruiert.

1970 kniete Willy Brandt am Warschauer Ghettodenkmal nieder. Das war nicht allein eine Geste der Anerkennung ungeheurer Schuld, für deren Ausdruck die Worte fehlten, es war auch ein politisches Bekenntnis. 1979 wurde erstmals die amerikanische Fernsehserie »Holocaust« in Deutschland ausgestrahlt. Sie führte den erschütterten Deutschen die Tragödie vor Augen, die die »Endlösung der Judenfrage« in Nazideutschland und den besetzten Ländern darstellte, das Schweigen und die Tatenlosigkeit Millionen gleichgültiger Mitbürger, die Zeugen oder Mittäter der Verbrechen wurden. Der Film hat dem Mord an den europäischen Juden einen Namen gegeben und wurde, nach den Worten von Marion Gräfin Dönhoff, »eine Lektion in Geschichte für alle Deutschen«. Wie die Prozesse in den Jahren 1963 bis 1965 über die Massenverbrechen in Auschwitz, Belzec, Treblinka und Sobibor sowie die öffentlichen Äußerungen und Publikationen der weltweit anerkannten Wissenschaftler und Schriftsteller Karl Jaspers, Theodor W. Adorno, Peter Weiß, Heinrich Böll, Wolfgang

---

19 Michael Dorfman, Vokrug da okolo' mifov o getto, in: Zametki po evrejskoj istorii. Internetžurnal evrejskoj istorii, tradicii, kul'tury (August 2003) 32, 30, http://berkovich-zametki.com/Nomer32/Dorfman1.htm [24. 11. 2008].

Koeppen und Günter Grass trug der Film dazu bei, die Geschichte des Holocaust dauerhaft und allgemein im gesellschaftlichen Bewusstsein zu verankern.

Nach Meinung westlicher Forscher hat sich in dieser Zeit die Einsicht von der Einzigartigkeit des Holocaust als des absoluten Bösen fest etabliert. Daraus entsprang auch das Eingeständnis der in weiten Teilen der Bevölkerung anerkannten, unauslöschlichen deutschen Schuld. Der Holocaust wurde eines der grundlegenden Themen für die Geschichtsbetrachtungen der vergangenen Jahrzehnte und verdrängte »deutsches Leiden« in die Peripherie des gesellschaftlichen Bewusstseins. Dieser Prozess verlief nicht ohne Schwierigkeiten und Widersprüche. Es sei auf den bekannten »Historikerstreit« 1986–1987 hingewiesen, als um Ernst Nolte gruppierte Historiker versuchten, die nationalsozialistische Vergangenheit zu normalisieren, indem sie sie in einen Ursache-Wirkung-Zusammenhang mit ihrer Zeit stellten und forderten, sie heute entsprechend zu behandeln, d. h. die NS-Vergangenheit aus der »Pflicht der Erinnerung« zu lösen.[20]

Hier und auch in anderen Ländern Europas spielte das »Nachdenken über die Geschichte« in Deutschland eine wichtige Rolle und diente häufig als Beispiel für analoge Prozesse in den post-kommunistischen Ländern Europas. Das heißt aber nicht, dass hier der Prozess der Bewusstmachung der eigenen Schuld an den Verbrechen ohne Schwierigkeiten ablief. 1967, während der Einweihung eines Denkmals in Auschwitz, sprach der polnische Premierminister Józef Cyrankiewicz, der selbst ehemaliger KZ-Häftling war, über die ermordeten Slawen, Polen und über Angehörige anderer Völker Europas, ohne die Juden zu erwähnen, die unter den Ermordeten 90 Prozent ausmachten. Auch der polnische Präsident Lech Wałęsa erwähnte in seiner Rede in der Krakauer Jagiellonen-Universität 1995, die er am ersten Tag der Gedenkveranstaltung zum 50. Jahrestag der Befreiung von Auschwitz hielt, die Juden mit keinem Wort. Der Jüdische Weltkongress führte eine eigene Feierstunde in Auschwitz-Birkenau durch. Um die Wogen etwas zu glätten, fügte Wałęsa auf Drängen des Leiters der amerikanischen Delegation dem Satz seiner Rede in Krakau »Dieses Konzentrationslager stellt ein Denkmal für das Leiden aller Völker dar« drei Worte hinzu: »szczególnie narodu żydowskiego – besonders des jüdischen Volkes«.

Während der deutschen Besatzung war Polen Schauplatz des Holocaust und der grausamsten Verbrechen in der Geschichte des Landes. In den nationalsozialistischen Konzentrationslagern Auschwitz, Belzec, Sobibor, Treblinka, Majdanek, Chelmno (Kulmhof) und in den Ghettos, die auf polnischem Territorium bestanden, verlor Polen einen bedeutenden Teil seiner intellektuellen und politischen Elite sowie drei bis dreieinhalb Millionen Juden. Letztere wurden – zum Teil unter Mitwirkung von Polen – vernichtet. Im Jahr 2001, anlässlich des 60. Jahrestages des Massakers von Jedwabne, bei dem Polen die »entscheidende Rolle« gespielt hatten (davon zeugen nicht nur das Buch von Jan Gross, „Nachbarn", sondern

---

20 Reinhard Kühnl (Hrsg.), Vergangenheit, die nicht vergeht. Die Historiker-Debatte. Darstellung, Dokumentation, Kritik, Köln 1987.

auch die Nachforschungen des polnischen Instituts für nationales Gedenken), entschuldigte sich der polnische Präsident Alexander Kwaśniewski offiziell im Namen der Polen beim jüdischen Volk. Sein Auftritt läutete eine Periode der Umwertung nationaler Werte ein, die sich im Laufe der Jahrzehnte sozialistischer Herrschaft, als der Holocaust ein Tabuthema war, in das Bewusstsein der Menschen eingeschrieben hatten.

An dieser Stelle soll aber auch an die Polen mit großer Charakterstärke erinnert werden, die während des grausamen Krieges Beispiele von Tapferkeit und Solidarität mit dem jüdischen Volk zeigten:

- an die Aktivisten des Rates für die Unterstützung der Juden »Żegota«,
- an Irena Sendler, die das Leben Tausender jüdischer Kinder rettete,
- an Jan Karski, der als Erster den Ländern der Anti-Hitler-Koalition Informationen über die Schoah übergab,
- an Henryk Sławik, dessen Wirken mehr als 5000 Juden vor der nationalsozialistischen Vernichtungsmaschinerie rettete.

***

In einer Reihe von Ländern war viel Zeit erforderlich, um die Komplexität der eigenen Verwicklung zu erfassen, um zu verstehen, dass man nicht nur Komplize war, sondern sogar als Opfer aktiv mit den Nazis zusammengearbeitet oder zumindest schweigend zugestimmt hat, als diese ihre Verbrechen an unschuldigen Menschen begingen. Auf diese Weise fügte man dem eigenen Land und der Menschheit im Ganzen nicht wiedergutzumachende Verluste zu.

In den 1980er-Jahren ereignete sich nach der Meinung des französischen Historikers Jean-Charles Szurek »ein zweifacher Wandel, ein historischer und ein generationeller, der die westlichen Gemeinschaften veranlasste, das Symbol Auschwitz einer erneuten Interpretation zu unterziehen«.[21]

Während der 50-jährigen Jahrestage der Landung der Alliierten in der Normandie und der Befreiung der Konzentrationslager in Europa wurden alte und neue Filme wie *Der Nürnberger Prozess*, *Schindlers Liste* (USA), *Korczak* (Polen), *Nacht und Nebel* (Frankreich), *It Happened Here* (Großbritannien), die Dokumentarfilme *Schoah* von Claude Lanzmann (Frankreich) und *Der gewöhnliche Faschismus* von Michail Romm (UdSSR) ausgestrahlt. Führende Persönlichkeiten Deutschlands, Litauens, Polens, Frankreichs, der Ukraine[22] und

---

21 Jean-Charles Szurek, Pamjat' i totalitarizm: Francuzskie debaty, in: Neprikosnovennyj zapas 22 (2002) 2, http://magazines.russ.ru/nz/2002/22/shurek-pr.html [28. 11. 2008].

22 Der erste Präsident der Ukraine, Leonid Krawtschuk, dessen Eltern für die Rettung von Juden als »Gerechte unter den Völkern« ausgezeichnet wurden, bat beim Besuch der Gedenkstätte Yad Vashem offiziell um Entschuldigung für die Beteiligung ukrainischer Bürger an der Vernichtung der Juden.

einiger anderer Staaten bekannten sich zur Schuld für die Vergehen ihrer Vorgänger. Hierdurch wurde der »Abgrund der Erinnerung« wieder freigelegt, den viele Opfer zugeschüttet hatten, um aus der bitteren Vergangenheit in die Gegenwart gelangen zu können. Das geschah aber auch dank der Anstrengungen der Opfer des Nationalsozialismus selbst, der lebenden Zeugen und ihrer Kinder und dank allgemeiner Anerkennung der Einzigartigkeit des Genozids am jüdischen Volk.

Die Welt trat in eine neue Phase der Wahrnehmung des Holocaust ein, als in verschiedenen Ländern die Legenden, die gleich nach dem Krieg entstanden waren, ins Wanken gerieten. In Frankreich spricht man heute nicht mehr ausschließlich über die Résistance, sondern auch über die Kollaboration, es tauchten neue Fakten über die Zusammenarbeit der neutralen Schweiz mit Nazi-Deutschland auf wie die Geschäfte des Landes mit Deutschland oder die Aneignung von jüdischem Eigentum. Vertreter aus Wissenschaft und Politik aus Österreich, Belgien,[23] Ungarn, Norwegen, Rumänien, Polen, Schweden und anderen europäischen Ländern sowie der Kirchen haben die Rolle ihrer Länder bei der Verbreitung von Antisemitismus und der Durchführung des Genozids an den Juden einer erneuten Untersuchung unterzogen.

Der ehemalige Staatssekretär im Bundeskanzleramt Österreichs, Franz Morak, bemerkte, dass heute im Land ein doppeltes Gefühl vorherrsche: einerseits die Trauer darüber, dass mehr als 65 000 österreichische Juden vom nationalsozialistischen Regime ermordet wurden, andererseits die schmerzliche Erkenntnis, dass zu viele Österreicher sich bei der Umsetzung dieses grauenhaftesten aller Verbrechen beteiligt haben. Eine kritische Analyse der Geschichte wird auch in Rumänien unternommen, wo sich herrschende Kreise bis in die jüngste Zeit weigerten, die ganze Wahrheit jener tragischen Jahre anzuerkennen, als viele rumänische, bessarabische, bukowinische und ukrainische Juden ums Leben kamen. Was Rumänien in den Jahren des Zweiten Weltkrieges in Bezug auf die eigene jüdische Bevölkerung erlebte, die Tatsache, dass seine Bürger Opfer des Holocaust wurden, darf und kann nicht vergessen oder in seiner Bedeutung heruntergespielt werden. Der Bericht »Der Holocaust in Rumänien«, der Ende 2004 von einer internationalen Kommission unter der Leitung von Elie Wiesel vorgelegt wurde, bietet neue Informationen und bestätigt die Ergebnisse früherer Forschungen. Über die moralische Verantwortung wird nun auch in Ungarn und anderen europäischen Ländern gesprochen. Ein Teil der ungarischen Bevölkerung trug wesentlich dazu bei, dass etwa 400 000 Ungarn in Konzentrationslagern gequält oder

---

23 Belgien hat einen Bericht veröffentlicht, der seine Zusammenarbeit mit Nazi-Deutschland bei der Umsetzung des Holocaust in den Jahren des Zweiten Weltkrieges bestätigt. Als Grund wird der Antisemitismus rechter Kreise genannt. »Belgien kooperierte gehorsam mit der unheilvollen Politik gegenüber den belgischen und ausländischen Juden«, heißt es in dem 1114 Seiten starken Bericht »Das gefügige Belgien« des »Zentrums zur Erforschung und Dokumentation Krieg und Gesellschaft« (CEGES/SOMA). Der belgische Premierminister hat angeordnet, die Ergebnisse dieser Forschung in die Schulbücher des Landes einfließen zu lassen.

ermordet wurden und die Zahl der Opfer des Holocaust in Ungarn auf über 500 000 Menschen anwachsen konnte.

Wer historische Verantwortung nicht anerkennt, wird Mittäter. Wenn für ein Verbrechen niemand die Verantwortung übernimmt, kann es sich wiederholen. In den letzten Jahren wurde der Holocaust eines der wichtigsten Themen der westlichen Historiografie, er wird weltweit breit diskutiert. Der Umgang mit dem Gedenken an ihn ist Teil der politischen Agenda geworden, obgleich die Prognosen lauteten, dass Auseinandersetzungen und Konflikte um das Gedenken mit dem Sterben der Generation, die diese Ereignisse selbst erlebt hat, verstummen werden. Wir stehen nun an der Grenze, an der die Katastrophe aus der persönlichen Erinnerung endgültig in die Geschichte eingeht. Die Erinnerung an den Holocaust gerät in immer stärkerem Maße in das allgemeine Bewusstsein und wird damit global. Weltweit kommt eine größer werdende Zahl von Menschen zu dem Schluss, den der Generalsekretär der Vereinten Nationen, Kofi Annan, in seinem Grußwort zum internationalen Holocaustgedenktag 2006 formulierte: »Erinnerung ist auch ein Schutz für die Zukunft. Der Abgrund, der mit den nationalsozialistischen Vernichtungslagern erreicht wurde, begann mit Hass, Vorurteil und Antisemitismus. Sich diese Ursprünge ins Gedächtnis zurückzurufen ermahnt uns, immer wachsam nach Warnsignalen Ausschau zu halten.«[24]

In den letzten zwei Jahrzehnten gab es eine Reihe von Bemühungen, den Stellenwert der jüdischen Katastrophe im kollektiven Gedächtnis der Völker zu unterstreichen:

- das Stockholmer Internationale Forum über den Holocaust, das im Januar 2000 in der schwedischen Hauptstadt abgehalten wurde,
- die Entscheidung des Europarates über die Durchführung eines jährlichen »Tages des Gedenkens an den Holocaust und der Verhütung von Verbrechen gegen die Menschlichkeit«,
- die historisch zu nennende Sondersitzung der Generalversammlung der Vereinten Nationen anlässlich des 60. Jahrestages der Befreiung der nationalsozialistischen Todeslager (Januar 2005),
- die den Opfern des Holocaust gewidmete Plenartagung der Generalversammlung der UN im November 2005, die speziell zur Beschließung der Resolution »Gedenken an den Holocaust« einberufen worden war,
- die internationale Gedenkfeier zum 60. Jahrestag der Befreiung des Konzentrationslagers Auschwitz-Birkenau und
- die internationalen Foren zum Gedenken an die Opfer des Holocaust »Let My People Live!« in Kraków (Januar 2005) und in Kiew (September 2006).[25]

24 »Remembering is also a safeguard for the future. The abyss reached in the Nazi deathcamps started with hatred, prejudice and anti-Semitism. Recalling these origins can remind us to be ever on the lookout for warning signs«, https://www.un.org/en/holocaustremembrance/2006/2006/message.html [15. 5. 2019].
25 Am Forum, das dem 65. Jahrestag der Tragödie von Babi Jar gewidmet war, beteiligten sich mehr als 1000 Teilnehmer aus 60 Ländern. Unter ihnen waren 41 Regierungsdelegationen, Zeugen der Tragödie von

Leben und Tod in der Epoche des Holocaust in der Ukraine

***

Ungeachtet dessen, dass die Holocaustforschung heute zu einem weltweit bedeutenden Themenfeld der Geschichtswissenschaft geworden ist, hat sich in den Inhalten der Forschung ein erstaunliches Ungleichgewicht ergeben. Das Territorium der ehemaligen UdSSR, in dem etwa die Hälfte aller Opfer getötet worden ist, nimmt in der Forschung einen merkwürdig bescheidenen Raum ein, und dies nicht nur in der Wissenschaft, sondern auch in der gesellschaftlichen und politischen Aufmerksamkeit. Selbst in den grundlegenden Untersuchungen westlicher Historiker wird der Holocaust in den besetzten Gebieten der Ukraine, von Belarus, Russland und anderen ehemaligen Sowjetrepubliken nur selten als eigenes Forschungsgebiet behandelt. Bei der Analyse von Arbeiten über die nationalsozialistische Okkupation der Ukraine hat der deutsche Historiker Dieter Pohl 1994 festgestellt, dass ungeachtet der Tatsache, dass die Opfer der Eroberer in erster Linie Juden waren und über ihr schreckliches Schicksal bereits Publikationen in großer Zahl vorliegen, »bis auf den heutigen Tag keine Geschichte des Holocaust in der Ukraine geschrieben wurde […] und die Beleuchtung der Ereignisse jener Jahre in den verschiedenen Regionen noch äußerst fragmentarisch ist. Selbst die Massenvernichtung der friedlichen Bevölkerung in Babi Jar hat noch keine detaillierte Beschreibung gefunden.«[26]

Mehr als fünfundzwanzig Jahre sind vergangen, seit diese Worte geschrieben wurden, aber in der westlichen Historiografie hat sich wenig geändert. »Während Auschwitz mit seinen Gleisanlagen, Rampen, Ruinen von Gaskammern und Kilometern von Stacheldraht in den vergangenen zwei Jahrzehnten immer mehr zum Symbol der Vernichtung schlechthin geworden ist, scheinen die Vernichtungsorte jenseits der polnischen Ostgrenze wie hinter einem unsichtbaren Vorhang der historischen Wahrnehmung verborgen zu bleiben.«[27]

Davon konnte ich mich 2005 und 2006 während der Präsentation der englischen und deutschen Übersetzung meines Buches »Nur wir haben überlebt« an den Beispielen Englands und Deutschlands überzeugen. Der Deutschlandfunk bemerkte:

»Wir meinen, bereits sehr viel über den Holocaust zu wissen. Ungezählte wissenschaftliche Arbeiten sind erschienen, Autobiografien, Filme. Es gab Symposien,

Babi Jar, ehemalige KZ- und Ghettohäftlinge, Teilnehmer an der Befreiung Kiews, »Gerechte unter den Völkern« und ihre Nachkommen, Leiter von Gemeinden und Vertreter verschiedener religiöser Konfessionen, Vertreter internationaler Jugendorganisationen, herausragende Wissenschaftler sowie Kultur- und Kunstschaffende.

26 Dieter Pohl, Fašysts'ka okupacija Ukraïy v 1941–1944 rr. v pracjach zachidnych včenych, in: Ukraïns'kyj istoryčnyj žurnal (1994) 5, S. 130. Im Jahr 2009 erschien in Deutschland eine Sammlung von Zeugnissen: Patrick Desbois, Der vergessene Holocaust: Die Ermordung der ukrainischen Juden. Eine Spurensuche, Berlin 2009.
27 Henning Langenheim, Mordfelder. Orte der Vernichtung im Krieg gegen die Sowjetunion, Berlin 1999, S. 12.

Ausstellungen, Gedenkfeiern. Aber wer das Buch von Boris Zabarko mit Berichten von überlebenden ukrainischen Juden zur Hand nimmt, erkennt sein Wissen als regional fast ausschließlich auf die Vernichtung in Deutschland, Polen, Ungarn oder der Tschechoslowakei bezogen.

Einige mögen noch von Babi Jar gehört haben, jener Schlucht bei Kiew, in der in den letzten zwei Septembertagen des Jahres 1941 33 771 Juden durch Genickschuss umgebracht wurden. Aber wer kennt Luzk, Pinsk, Tarnopol, Kamenka, Mogiljow-Podolski, Winniza, Shitomir? Wer weiß überhaupt, welches Gebiet das ›Reichskommissariat Ukraine‹ umfasste, in dem Zabarkos Zeugen damals lebten? Jenes Kernland der ehemals Ukrainischen Sowjetrepublik, die nach dem Überfall der deutschen Wehrmacht Mitte 1941 um Ostgalizien, Bessarabien, die Bukowina und Transnistrien schrumpfte, da diese Gebiete dem Generalgouvernement und Rumänien zugeschlagen wurden? Wer weiß, dass schließlich fast 1,5 Millionen Juden in der Ukraine umkamen?«[28]

Der Holocaust in der Ukraine – und in der UdSSR – wird leider in vielen Museen weltweit nur am Rande behandelt. Der in Deutschland geborene Papst Benedikt XVI., der sich an die Epoche des Nationalsozialismus gut erinnert und auch eine Zeit lang Mitglied der Hitlerjugend war, führte 2005, als er sich mit den Rechercheergebnissen des französischen Priesters Patrick Desbois über die Orte von Massenerschießungen von Juden in der Ukraine vertraut machte, aus: »Ich war erschüttert, als ich erfuhr, bis zu welchem Grade die Macht des Bösen unsere Menschen beherrschte, die sich solche ungeheuerlichen Dinge erlaubten, von denen diese Dokumente zeugen. Bis jetzt hatte ich niemals von den systematischen Morden in der Ukraine gehört, die alle Grauen der Vernichtungslager übertreffen.«

Das lückenhafte Wissen war nicht allein auf den »Eisernen Vorhang«, den fehlenden Zugang zu Archivmaterial oder die mangelnde Kenntnis des Russischen zurückzuführen. Der grundlegende Bestand an Erinnerungen an den Holocaust stammt von jüdischen Überlebenden der Katastrophe aus Ländern West- und Mitteleuropas sowie aus Polen und Rumänien. Aus ihrer Mitte kristallisierte sich auch der Kreis von jüdischen Historikern heraus, die sich damals dem Thema des Holocaust widmeten. Unter ihnen war praktisch niemand, der aus der Sowjetunion stammte. In der UdSSR selbst stieß der Genozid an den Juden auf wenig Interesse, ja er wurde sogar konsequent totgeschwiegen. Die Katastrophe der sowjetischen Juden wurde weder in Lehrbüchern noch in wissenschaftlichen Arbeiten oder Quelleneditionen in irgendeiner Form erwähnt. Der Holocaust blieb zumindest bis zum Zerfall der Sowjetunion, teilweise mit Ausnahme der kurzen Chruschtschow-Ära, aus dem Gedenken an den Krieg verdrängt.

---

28 Helga Hirsch, »Nur wir haben überlebt« – Holocaust in der Ukraine. Zeugnisse und Dokumente. Deutschlandfunk – Politische Literatur, 21. März 2005, https://www.deutschlandfunk.de/nur-wir-haben-ueberlebt-holocaust-in-der-ukraine-zeugnisse.730.de.html?dram:article_id=102418 [15. 5. 2019].

Leben und Tod in der Epoche des Holocaust in der Ukraine

In den ersten Nachkriegsjahren wurden Versuche der Überlebenden, das Andenken an den Holocaust zu bewahren, von den Regierenden vereitelt. Nachdem sie die schrecklichen Qualen und Verluste in den Okkupationsjahren überstanden hatte, schrieb Manja Ganijewa-Sandler ein halbes Jahrhundert später in ihren Erinnerungen »Das Recht, am Leben zu bleiben«, die auch in diesem Buch publiziert sind:

»Nach dem Krieg habe ich oft von den deutschen Lagern in Polen und Deutschland lesen müssen. Das waren die Lager Buchenwald, Majdanek, Ravensbrück, Auschwitz, Dachau, Treblinka, Sachsenhausen, Mauthausen und viele andere, wo viele tausend Juden vernichtet und verbrannt wurden. Aber in all diesen Jahren habe ich nirgends etwas über die Lager gelesen, in denen ich war, in die viele tausend Juden aus der ganzen Ukraine, Bessarabien und der Nordbukowina getrieben wurden. In diesen Lagern waren Juden aus Uman, Gaissin, Kiew, Tultschin, Mogiljow und Teplik. Man kann gar nicht alle Städte und Dörfer aufzählen, aus denen die Juden kamen. Was man in diesen Todeslagern erleben und sehen musste, stellt man sich nicht in den schlimmsten Albträumen vor.«

Mit Bitterkeit müssen wir feststellen, dass viele Versäumnisse nie mehr aufgeholt werden können. Es wird nicht möglich sein, all die menschlichen Schicksale, alle Umstände der Katastrophe in allen erforderlichen Details zu rekonstruieren.

***

Die finsteren Jahre des Krieges und der Besatzung ziehen bis heute unsere Aufmerksamkeit auf sich. Das ist nicht nur der Angst vor einer Wiederholung solcher Verbrechen geschuldet, sondern auch der Tatsache, dass sie oft von Kindern und Jugendlichen erlebt wurden. Die Jahre der Jugend und die in dieser Zeit gemachten Erfahrungen haben eine besondere Bedeutung, weil sie häufig das weitere Leben eines Menschen beeinflussen. Daher sind die Erinnerungen und die mit ihnen verbundenen Gefühle, die man einfach nicht vergessen kann, so wichtig für diese Menschen. Sie verfügten noch nicht über viel Lebenserfahrung. Daher muss man annehmen, dass die Verfolgungen und Internierungen anders aufgenommen und verarbeitet wurden als von älteren und erfahreneren Häftlingen.

Es ist nicht ausgeschlossen, dass die Autorinnen und Autoren von Erinnerungsberichten, oft vollkommen unbewusst, Wissen und Episoden eingearbeitet haben, die nicht aus eigener Erfahrung stammen, sondern aus anderen Quellen – zum Beispiel aus Erzählungen von Familienmitgliedern und anderen Menschen, aus Dokumentar- und Spielfilmen. Wir wissen außerdem, dass das menschliche Gedächtnis höchst unvollkommen ist: Es lässt Tatsachen, Ereignisse und Augenblicke völlig willkürlich fallen oder bewahrt sie, oft unabhängig von ihrer Wichtigkeit. Zu den Besonderheiten der Zeugenaussagen gehört auf der einen

Seite auch die Neigung, die Vergangenheit mit den Augen der Gegenwart zu sehen, die vergangenen Ereignisse nicht so erzählen, wie sie sich dem Menschen damals, im Augenblick des Geschehens darstellten, sondern so, wie sie ihm heute erscheinen. Andererseits bieten die Zeugnisse nicht nur einen Blick in die Vergangenheit, sondern auch einen spezifischen Blick aus der Gegenwart, und das kann ein erstaunlich tiefes und überraschendes Eintauchen in die Komplexität des Verhältnisses zwischen Geschichte und Gegenwart sein.

Die Opfer des Holocaust haben Leiden und Grauen durchlebt, den Verlust von Angehörigen und Freunden, Erschießungen, Hunger, Kälte, Krankheiten, permanente Angst, die bis heute nicht vergangen ist, den Menschen restlos überfordernde Erschütterungen und seelische Qualen, die mit Sicherheit das heutige Leben beeinflussen. All das kann manchmal die Wahrheit verdecken, die immer eine subjektive bleibt. Man kann nicht ausschließen, dass sie, ohne es zu wollen, die Wahrheit nicht wiedergeben – was nicht weniger schädlich ist als die bewusste Fälschung. Nicht alle Zeugnisse sind genau, manche sind verschwommen, die Jahrzehnte des Schweigens haben Details aus dem Gedächtnis gelöscht. Alles, was an die Oberfläche der Erinnerung getragen wurde, ist unbewusst mit dem Band der Fantasie umhüllt, Mythen und Stereotypen machen sich bemerkbar, die lange Zeit in der Gesellschaft vorherrschten. Sie bekommen einen statischen und abgeschlossenen Charakter und erweisen sich als immun gegen Veränderung. So ist es nicht verwunderlich, dass die Erinnerungen der Zeitzeugen an die durchlebten Ereignisse nicht immer den historischen Fakten entsprechen.

All diese Umstände müssen bei Betrachtungen der Vergangenheit berücksichtigt werden, der Vergangenheit, die nicht vergangen ist, die immer noch Schmerzen bereitet und um die es so viele Diskussionen, Kämpfe und Konflikte gibt. Wenn aber eine bedeutende Anzahl unterschiedlicher Zeitzeugen über gleiche oder ähnliche Ereignisse berichtet, wenn ähnliche Zeugnisse zu verschiedenen Zeiten, in verschiedenen Ländern publiziert wurden, so bestätigt das ihre Wahrhaftigkeit.

Die vorliegende Sammlung von Zeitzeugenberichten enthält die Erinnerungen unterschiedlicher Menschen, die heute weit voneinander entfernt wohnen, in verschiedenen Städten und Ländern, auf unterschiedlichen Kontinenten, die aber während des Krieges zur selben Zeit am selben Ort waren. Es ist bemerkenswert, wie unterschiedlich jeder und jede über ein und dasselbe Ereignis erzählt. Die Fakten werden dabei in der Regel nicht verzerrt, aber die Einzelheiten, die Details, die Logik des Ereignisses, Akzente und Zahlenangaben weichen manchmal voneinander ab. Das hängt unter anderem von der Persönlichkeit des Menschen ab, von seiner Erziehung, seinem Wertesystem, seinem Intellekt und Horizont. Alle Zeitzeugen erzählen ihre eigene Geschichte. Und dennoch ist es verblüffend, dass im Gedächtnis die Übereinstimmungen deutlich hervortreten – das individuelle wird zum kollektiven Gedächtnis.

Obwohl persönliche Erinnerungen noch nicht »die Geschichte« ausmachen, kann man Vergangenheit und Gegenwart ohne die Erinnerungen kaum verstehen. Sie erlauben es nicht, das Vergangene zu löschen, fügen neue Informationen hinzu und erweitern den historischen Horizont. Das Problem besteht in der Frage, wie die von den Zeitzeugen erlangten Informationen zu überprüfen sind, damit die auf ihrer Grundlage gezogenen Folgerungen der Wahrheit so nahe wie möglich kommen. Es müssen also die Gesamtheit der Umstände, die Zusammenhänge, unter denen das eine oder andere Ereignis stattgefunden hat, bedacht werden. Die Lösung dieser Aufgabe erfordert den Rückgriff auf weitere Quellen, damit eine sorgfältige vergleichende Analyse vorgenommen werden kann. Es ist zudem erforderlich, dass auf die Einhaltung von Objektivitätskriterien geachtet wird.

Die Reflexion über die Geschichte des Holocaust legt eine Beschäftigung mit Problemen unserer heutigen Gesellschaften nahe, beispielsweise im Bereich der historischen Bildung. Das betrifft die Aufklärung über Intoleranz, Rassismus, nationalen und religiösen Hass, Nationalismus, Antisemitismus und Neonazismus, aber auch Fragen von Demokratie und Menschenrechtsverletzungen. Unser Bemühen, Erinnerungen in einem breiteren Kontext zu betrachten, sie in eine umfassendere, teilweise europäische Auseinandersetzung mit der Geschichte einzubeziehen, entspringt der Notwendigkeit, den Blick auf die Vergangenheit zu richten, und den Anforderungen der Zukunft.

Die Achtung vor der Erinnerung der Holocaustüberlebenden bedeutet nicht nur das Bewahren der Zeugnisse, sondern zugleich die Einordnung und Analyse der Berichte. Die historische Forschung muss den Kontext, den Hintergrund, die Komplexität der Begleitumstände herausarbeiten. Es geht darum, eine Welt zu rekonstruieren, aus der die Menschen gewaltsam herausgerissen wurden und die gemeinsam mit ihnen größtenteils zu existieren aufgehört hat. Auf diese Weise soll das Gedenken im kollektiven Bewusstsein verankert werden. Das ist aber unser aller Anliegen, nicht nur eine Aufgabe für Historiker.

***

Die grausamen Tatender Nationalsozialisten und ihrer Helfer betrafen nicht allein die von ihnen ermordeten Menschen. Sie verwandelten das Leben jener, die der Hölle entkamen, und ihrer Familien in eine Tragödie, sie fügten ihnen unheilbare Wunden und nicht wiedergutzumachende seelische Verletzungen zu.

Ziel unserer Publikationen ist es daher nicht allein, über die Tragödie des ukrainischen Judentums während des Zweiten Weltkrieges als Teil der jüdischen Gemeinschaft in der Welt und der ukrainischen Gesellschaft zu berichten, sondern darüber hinaus über unmenschliches Leiden, über Menschen, die zum Untergang verurteilt waren, jedoch den Tod besiegten, indem sie unter schwierigsten Bedingungen Widerstand leisteten und für ihre Existenz kämpften. »Ich werde nicht sterben, ich werde leben«, heißt es im Psalm, und dies wurde auch die jüdische Antwort im Angesicht des Todes. Zehntausende Juden überstanden unter der nationalsozialistischen Okkupation ein Jahr, in manchen Fällen bis zu zwei Jahren, und in Transnistrien gelang vielen sogar die Rettung vor dem Tod. Ihre Lebenswege zu rekonstruieren, die Weisen ihres Überlebens und nicht allein die des Sterbens, ihren Überlebensmut, ihre Kraft und Willensstärke zu würdigen, ist uns ein ebenso großes Anliegen.

Erst in den letzten Jahrzehnten drangen die Überlieferungen vom Leben und nicht nur Berichte über den Tod zu uns durch. Dies ist in erster Linie den Zeugnissen jener Menschen zu danken, die erzählen und deren Wahrheit wir erst spät anhören konnten.

Es ist schwer, mit Worten wiederzugeben, welchen seelischen Schmerz diese Erinnerungen bis zum heutigen Tag hervorrufen und wie viel Kraft es kostet, den Schmerz zu überwinden, der von Verlust und Leid erzählt. »Es ist nicht leicht oder angenehm, in diesem Abgrund des Bösen zu graben. Man ist versucht, sich erschaudernd abzuwenden und sich zu weigern, zu sehen und zu hören. Das ist die Versuchung, der man widerstehen muss«, schreibt Primo Levi.

Sie alle wollten überleben. Viele von ihnen nicht bloß aus einem Selbsterhaltungstrieb heraus, sondern auch, weil sie darüber, was sie ertragen mussten, berichten wollten. Ihre Zeugnisse sollten dazu beitragen, eine Wiederholung der Verbrechen in der Zukunft zu verhindern. Aber es gab noch einen weiteren Grund: IhreErlebnisse sollten nicht dem Vergessen anheimfallen. Sie wollten jedes Stückchen Leben im Gedächtnis verankern, wie unerträglich und schmerzhaft die Erinnerungen auch sein mochten. Und sie wollten Zeugnis ablegen im Namen derer, die stumme Opfer geblieben sind. Sie sehen dies als ihre heilige Pflicht an, die sie an ihre Kinder und Kindeskinder weitergeben.

Das Bestreben der Überlebenden, das Andenken an das Vergangene zu bewahren, ist auch ein Akt des Widerstandes gegen den Nazismus, ein Akt jener, die vernichtet werden sollten. Es ist ein Akt des Widerstandes gegen heutige Neonazis und Holocaustleugner. Es ist unsere moralische Pflicht gegenüber denen, die umkamen, die Zeugnisse über den Holocaust zu bewahren und weiterzutragen. Erzählend erfüllen wir, wenn auch nur im Rahmen unserer begrenzten Möglichkeiten, den letzten Willen der unschuldig Umgekommenen, die gehofft hatten, dass die Überlebenden der Welt die Wahrheit mitteilen würden.

Wer die Gelegenheit hat, die Berichte aus der Zeit der Schoah zu hören, trägt die Verantwortung, diese Zeugnisse künftigen Generationen weiterzugeben und so das Gedenken zu bewahren. Wenn wir dies heute tun und an die »Pflicht zur Erinnerung« mahnen, die eine unerlässliche Bastion im Kampf mit der Versuchung des Vergessens ist, müssen wir uns auch der »Pflicht zur Aufklärung« widmen, die in Zukunft noch wichtiger werden wird. Wir hoffen, dass die Erinnerungen der Menschen, die die Epoche des Holocaust überlebt haben, ihren Beitrag zu dieser Mission leisten werden.

***

Der Gedanke, die Erinnerungen ehemaliger Lager- und Ghettohäftlinge in einem Buch zusammenzutragen, kam mir, als ich im Jahr 1994 an einem vom Dokumentationszentrum der Universität Yale, dem US Holocaust Memorial Museum in Washington und der

Leben und Tod in der Epoche des Holocaust in der Ukraine 45

israelischen Gedenkstätte Beit Lochamei HaGetaot gemeinsam durchgeführten Projekt teilnahm, bei dem es darum ging, Berichte von Juden, die den Holocaust in der Ukraine überlebt hatten, auf Tonband und Video aufzuzeichnen, um ihre Erinnerungen als historische Zeugnisse für die Nachwelt aufbewahren zu können.[29]

Es war traurig und beschämend, dass die Berichte der Überlebenden der großen Katastrophe nicht von uns, die wir selbst Zeugen und Beteiligte gewesen waren, und nicht von unseren Wissenschaftlern gesammelt und veröffentlicht wurden, sondern von Personen aus dem Ausland, denen an dieser Stelle unser herzlichster Dank dafür ausgesprochen werden soll. Dank ihrer Hilfe konnte ein Teil des kollektiven Gedächtnisses des ukrainischen Volkes gerettet werden. Zu bedauern ist auch, dass es bis auf den heutigen Tag weder ein Babi Jar-Museum noch eine nationale Holocaust-Gedenkstätte oder ein Holocaustmuseum in Kiew gibt, obwohl derartige Museen in vielen Ländern der Welt eingerichtet wurden. Und es betrübt uns, dass sich die größten Forschungszentren in Israel, in den USA, in Deutschland und anderen Ländern befinden, nicht aber in der Ukraine, wo eine riesige Menge Archivmaterial lagert und wo an den Orten der Tragödie immer noch Zeugen und an den Ereignissen einst Beteiligte leben.[30]

Die Arbeit an diesen Büchern erstreckte sich über viele Jahre. Bei Treffen Mitte der 1990er-Jahre versuchten wir in Zusammenarbeit mit dem Leiter der russischen Abteilung des Beit Lochamei HaGetaot, Dr. Pinchas Agmon, einige charakteristische Besonderheiten der Katastrophe der ukrainischen Juden herauszuarbeiten.

Die hier veröffentlichten Erinnerungen bestätigen unsere damaligen Ergebnisse im Großen und Ganzen. Die wichtigsten Thesen aus unserem damals veröffentlichten Artikel habe ich in meiner Einführung »Leben im Schatten des Todes« in dem Band »Nur wir haben überlebt« dargestellt.

***

---

29 Die Ergebnisse unserer Forschungen wurden in den Sammelbänden Vinnickaja oblast'. Katastrofa (ŠOA) i Soprotivlenie. Tel Aviv, Kiev 1994; Verspätete Zeugnisse (1997 auf Iwrit) und V ogne Katastrofy (Šoa) na Ukraine. Svidetel'stva evreev-uznikov konclagerej i getto, učastnikov partizanskogo dviženija. Lochamei haGeta'ot 1998 veröffentlicht.

30 Seit dem Jahr 2000 arbeitet in Dnipropetrovs'k der Zentrale Ukrainische Fonds der Geschichte des Holocaust »Tkuma« (»Auferstehung«). 2002 wurde am Institut für politische und ethnische-nationale Forschungen der Nationalen Akademie der Wissenschaften der Ukraine das Ukrainische Zentrum zur Erforschung der Geschichte des Holocaust gegründet. Es gibt die wissenschaftliche Zeitschrift zur Geschichte des Holocaust »Holokost i sučasnist'« (»Der Holocaust und die Gegenwart«) heraus. Seit 2004 ist das wissenschaftliche Forschungszentrum »Gedenken an die Katastrophe« der Allukrainischen Assoziation der jüdischen ehemaligen Häftlinge der Ghettos und nazistischen Konzentrationslager tätig. In Charkiv und L'viv existieren Zentren zur Erforschung des Holocaust bei den jüdischen Gemeindeorganisationen.

Bis dato unbekannte Zeugnisse und Erinnerungen von Juden, die den nationalsozialistischen Genozid überlebt haben, wurden in den letzten Jahren innerhalb und außerhalb der Ukraine gesammelt und veröffentlicht. Sie ergänzen und präzisieren unsere bisherigen Vorstellungen sowohl vom Holocaust in der Ukraine als auch von den Umständen, unter denen Alltag und Überlebenskampf in den besetzten Gebieten stattfanden. So ist es möglich, viele »weiße Flecken« in der Geschichte des Holocaust und des Krieges zu füllen und Erfahrungen zu vermitteln, die durch keine anderen Quellen zugänglich wären.

Die Besonderheiten, Etappen und Dynamiken des nationalsozialistischen Genozids, der mit den ersten Tagen des Krieges begann und mehr als drei Jahre in den verschiedenen Regionen der Ukraine (Reichskommissariat Ukraine, Distrikt Galizien, die sogenannte Kampfzone, Transnistrien, Karpato-Ukraine) andauerte, lassen sich mithilfe dieser Zeugnisse besser nachvollziehen. Die Durchführung des Holocaust, die in der militärisch und der zivil verwalteten Besatzungszone, aber auch im unter rumänischer Kontrolle stehenden Transnistrien unterschiedlich war, beeinflusste das Schicksal der ukrainischen Juden unmittelbar, ebenso wie die Erfolge und Misserfolge an den Fronten des Krieges, das Erstarken der Partisanenbewegung, die Tätigkeit antijüdischer Organisationen und Kräfte sowie Hilfeleistungen und Unterstützungen der nichtjüdischen Bevölkerung.

Die Erinnerungen Überlebender individualisieren die Zahlen des Verlustes in den großen und kleinen Städten, in den Schtetln und Dörfern unseres Landes und geben ihnen Gestalt. Sie ermöglichen es, das Panorama der Judenvernichtung in seiner ganzen Breite darzustellen, die Orte der blutigen Massaker zu benennen, von denen bis in die jüngste Zeit niemand etwas gewusst noch gehört hat. Sie vermitteln die Geschichte so, wie sie durchlebt wurde und sich in das Gedächtnis eingebrannt hat. Die gesammelten Erinnerungen erlauben es zudem, Fragen des Holocaust nicht nur im Kontext der politischen Geschichte zu untersuchen, sondern eine Analyse der Katastrophe auf der persönlichen Ebene, auf der Ebene der Überlebenden vorzunehmen. Als Gegengewicht zur nationalsozialistischen Ideologie, die versuchte, den Opfern ihre menschliche Würde zu rauben, ermöglichen die Erinnerungen, jedem Menschen seine Persönlichkeit zurückzugeben, seinen Namen nicht in Vergessenheit geraten zu lassen, der tragischen Wege derer zu gedenken, die umkamen, und über die Erfahrungen der Überlebenden zu berichten.

Ursprünglich sollten nicht alle Erinnerungen Eingang in dieses Buch finden. Dass wir uns dennoch dafür entschieden, erklärt sich nicht allein aus der Absicht, einer möglichst großen Zahl ehemaliger Opfer des Nationalsozialismus die Möglichkeit zu geben, Zeugnis abzulegen, sondern aus der Erkenntnis, dass das Schicksal eines jeden Überlebenden einzigartig ist.

***

Leben und Tod in der Epoche des Holocaust in der Ukraine

Das komplexe Beziehungsgeflecht zwischen den deutschen Besatzern in Transnistrien, den Rumänen und den Juden (den ukrainischen und denen, die aus anderen Gebieten und Ländern in die Ukraine verschleppt wurden) sowie der örtlichen nichtjüdischen Bevölkerung wird in den Erinnerungsberichten besonders deutlich – deutlicher als selbst in den Erinnerungen, die vor Glasnost und Perestroika bei uns und im Ausland veröffentlicht wurden. Das betrifft vor allem Fragen der Unterscheidung der Schicksale der Holocaustopfer von denen anderer Opfer der nationalsozialistischen Verbrechen. Gleiches gilt aber auch für Fragen der neutralen oder sogar anti-jüdischen Haltung mancher Vertreter unseres Landes sowie von Hilfe für Juden durch Teile der nichtjüdischen Bevölkerung der besetzten Gebiete.

Auch die nichtjüdische ukrainische Bevölkerung erlitt in den Jahren des blutigen Vernichtungskrieges unvorstellbare Verluste. Die Besatzungsherrschaft in der UdSSR zeichnete sich durch extreme Unmenschlichkeit aus. Sie verstieß gegen die elementarsten Normen jedes Gemeinwesens, zerriss sogar Blutsbande, und nicht alle Bürger des Landes konnten oder wollten in sich die Kraft und den Mut finden, offen gegen den Mord an den Juden zu protestieren – gegen den Mord an ihren Nachbarn, Genossen, Arbeitskollegen, Kommilitonen und manchmal auch ihren Angehörigen.

Die Gleichgültigen beteiligten sich nicht an den Morden – aber auch nicht an der Rettung. Sie standen abseits. Aber, und dies beweist die Geschichte, neutrale, gleichgültige Menschen spielen stets den Aggressoren, den Unterdrückern und Henkern in die Hände, nicht den Opfern.[31] Ohne diese so passiven und gegenüber dem Schicksal der Juden gleichgültigen »außenstehenden Beobachter« hätte die Zahl der Ermordeten geringer sein können. Das ist noch eine wichtige Lehre aus der Tragödie des Holocaust. Ohne ihre Enttäuschung zu verbergen, finden die Autoren der Erinnerungen eine Erklärung für solches Verhalten. Aber erinnern wir uns an die Worte Albert Einsteins: »Die Welt ist viel zu gefährlich, um darin zu leben – nicht wegen der Menschen, die Böses tun, sondern wegen der Menschen, die daneben stehen und sie gewähren lassen.«

Die Berichte von Augenzeugen und Kriegsteilnehmern, das vorliegende Dokumentationsmaterial sowie die Presseberichte jener Jahre lassen deutlich werden, dass es den Nazis nicht gelungen wäre, ihr menschenverachtendes Programm der »Endlösung der Judenfrage« umzusetzen, hätten sie nicht Unterstützung bekommen von Kollaborateuren, die ihre Hoffnung auf den Sieg des nationalsozialistischen Deutschland setzten, von Denunzianten, die Juden verrieten, von den Kämpfern der OUN-UPA, die anti-jüdische Strafaktionen durchführten, von lokalen Polizisten, die die Deutschen für die Organisation und Durchführung von Pogromen, zur Ausplünderung und zum Mord an der jüdischen Bevölkerung benutzten. Ukrainer führten diese Funktionen nicht nur auf ukrainischem Boden, sondern auch

---

31 Das Schweigen und die Tatenlosigkeit der »Beiseitestehenden« nannte der Historiker Michael Marrus »negative Geschichte«. Das sei die Geschichte dessen, was sich nicht ereignet hat, die Geschichte von Tatenlosigkeit, Gleichgültigkeit, Gefühllosigkeit; eine Geschichte, die man leicht verurteilen, aber viel schwerer erklären könne. Michael R. Marrus, The Holocaust in History, Toronto 1987, S. 157.

in den Ghettos in Polen, Belarus und Litauen aus, und teilweise stellten sie auch die Wachen in Konzentrationslagern.³²

Der Opfer wegen erinnern wir. Aber auch, um mit besonderer Dankbarkeit jene Nicht-Juden zu würdigen, die in einem Meer aus Hass, Gleichgültigkeit und Gefühllosigkeit, ungeachtet der Gefahren und schweren Prüfungen, den risikoreichen Weg des Nicht-Schuldig-Werdens gegangen sind und alles für die Rettung von Menschen getan haben, die Ausgestoßene in der eigenen Heimat waren.

Es ist eine unleugbare Tatsache (und von ihr ist in diesem Buch häufig die Rede), dass sehr viele Juden, deren Rettung und Überleben in den besetzten Gebieten gelungen ist, dies ihren Landsleuten – Ukrainern, Russen und anderen – zu verdanken haben. Es sind Hunderte und Tausende von Fällen bekannt, in denen diese Menschen trotz des Terrors und der Repressionen der Nazis und ihrer Helfer, oft unter Gefährdungdes eigenen Lebens und des Lebens ihrer Angehörigen, Juden zu Hilfe kamen, ihnen Mitgefühl und Güte entgegenbrachten, Pogrome verhinderten, vor bevorstehenden Erschießungen warnten, von Dorf zu Dorf ziehenden Flüchtlingen aus den Ghettos rieten, welche Wege sie gehen sollten, ihnen halfen, zu den Partisanen oder ins zeitweilig weniger gefährliche Transnistrien zu gelangen, die Lebensmittel ins Ghetto schmuggelten, Juden zu Hause versteckten und ihnen falsche Ausweispapiere beschafften. So erklärten sie den Nazis den Krieg – einen Krieg ohne Manifeste, Theorie und Rhetorik. Manchmal war es dabei auch nötig, die Voreingenommenheit der sie umgebenden Menschen zu überwinden. Sogar in dieser schrecklichen Zeit bewahrten diese Menschen die Ehre und die Würde des Volkes.³³

---

32 A. Wais, Otnoschenie nekotorych krugow ukrainskogo nazionalnogo dwischenija k ewrejam w period wtoroi woiny, in: Westnik Ewreiskogo uniwersiteta w Moskwe (1995) 2, S. 104–113; Hratschowa Sofija, Wony shyly sered nac?, in: Krytyka (2005) 4; Hryzak Jaroslaw, Ukrajinzi w anty-ewrejskich akzijach u roky Druhoji switowohji wijy, in: Ji (Lwiw 1996) 3, S. 60–68; Dean C. Martin, The German Gendarmerie, the Ukrainian Schutzmannschaft and the »Second Wave« of Jewish Killings in Occupied Ukraine: German Policing at the Local Level in the Zhitomir Region, 1941–1944, in: German History 14 (1996) 2, S. 168–192; John Paul Himka, Ukrainian Collaboration in the Extermination of the Jews in the Second World War: Sorting Out the Long Term and Conjunctural Factors. The Fate of European Jews, 1939–1945, Continuity and Contingency, hrsg. v. Jonathan Frankel, New York 1997, S. 170–189; B. I. Maslowskyj, Cholokost jewrejiw Ukrajiny. Potschatok. Halytschna. Utschbowyj posibnyk, Kyjiw 2005; Ju. W. Smiljanskaja, Otrashenie Cholokosta w presse okkupazionnogo perioda na territorii Ukrainy, in: Katastrofa jewropejskoho jewrejstwa pid tschas Druhoji switowoji wijny. Materialy VII naukowoji konferenziji. - Kyjiw, Instytut judajiky, 2000, S. 300–304; M. I. Tjaglyi, K. woprosu o nazistskoi antisemitskoi propagandena okkupirowannych territorijach SSSR. Nowye istotschniki, in: Holokost i sutschasnist (bjuleten Ukrainskogo zentra isytschenija istorii Cholokosta) (awgust 2002) 4, S. 6 f.; M. Tyaglyy, The Role of Antisemitic Doctrine in German Propaganda in the Crimea, 1941–44, in: Holocaust and Genocide Studies 18 (Winter 2004) 3, S. 421–459; M. I. Tjaglyi, Antisemitskaja propaganda na okkupirowannych nazistami sowetskich territorijach. Istoriografija i metodika isutschenija woprosa, in: Holokost i sutschasnist (bjuleten Ukrainskogo zentra isytschenija istorii Cholokosta) (2005) 1; Ja. Chonigsman, Katastrofa ewrejstwa Sapadnoi Ukrainy: ewrei Wostotschnoi Galizii, Sapadnoi Wolyni, Bukowyny i Sakarpatja w 1933–1945 godach, Lwow 1998.

33 Bis zum 1. Januar 2018 haben nach Angaben der Gedenkstätte Yad Vashem 26 973 Personen den Titel

Leben und Tod in der Epoche des Holocaust in der Ukraine

Bis in die jüngste Vergangenheit hinein war es in der Ukraine nicht üblich, dieser Menschen zu gedenken. Vielleicht deshalb, weil ihr Mut zugleich ein Vorwurf gegenüber den Passiven ist, ein Beweis, dass es selbst im Dunkel des Holocaust möglich war, ein anständiger Mensch zu bleiben und eine andere Entscheidung zu treffen als die bedingungslose Unterordnung unter das verbrecherische Regime oder gar die Kollaboration. Wassili Grossman nannte die Taten dieser Mutigen »ewige, unauslöschliche Sterne der Vernunft, der Güte und des Humanismus« inmitten der »finsteren Wolken des Rassenwahns«.[34]

Die Geschichte der Judenrettung ist eine Botschaft des Humanismus und der Hoffnung. Sie gehört nicht nur denen, die uns retteten und halfen, ins Leben zurückzukehren. Leider ist die Mehrheit der Retter bereits aus dem Leben geschieden oder sehr alt. Geblieben sind ihre Nachkommen, geblieben sind wir, die dankbaren Erretteten und Tausende Nachkommen, die für immer das Gedenken an die guten Taten bewahren und die nicht allein über die »Gerechten unter den Völkern«, die vor aller Welt diesen Ehrentitel erhalten haben, berichten, sondern auch über die »unbekannten Gerechten«, die man nicht mehr ehren konnte, weil die historische Erinnerung an sie verloren gegangen ist. Auch diesem Anliegen, so glauben wir, dienen unsere Bücher.

Einige Überlebende sprechen vielleicht zum ersten Mal auch von »guten Deutschen«, die den Juden nicht feindlich und zuweilen sogar freundlich gesinnt waren:

Als am 22. Juli 1941 die Deutschen in die Stadt Schargorod (Oblast Winniza) einmarschierten, quartierte sich ein Offizier der Wehrmacht in einer Hälfte unseres Hauses ein. Mein Großvater David Iosifowitsch Zak, meine Großmutter Chasja Borisowna, mein siebzehnjähriger Onkel Isja, meine Mutter Faina Davidowna Zak-Zabarko (sie war eine junge schöne Frau; um älter und weniger attraktiv zu erscheinen, kleidete sie sich ganz in Schwarz), mein Bruder Sascha, der 20 Tage vor Kriegsbeginn geboren worden war, und ich, damals fünfeinhalb Jahre alt – wir alle bemühten uns, ihm nicht unter die Augen zu treten. Der Offizier versuchte mehrmals, mit uns ins Gespräch zu kommen, sagte, er sei Kommunist, und blätterte in den auf dem Regal stehenden Büchern. Wir hatten die Fotos des Vaters und des älteren Onkels, die in die Rote Armee einberufen worden waren (Vater ist verschollen, der Onkel verbrannte bei der Befreiung Budapests im Panzer), nicht von den Wänden genommen. Großvater sagte, sie seien bereits vor dem Krieg gestorben. Ich glaube, der Deutsche verstand alles sehr gut. Als die Wehrmacht in der Nacht aus Schargorod abrückte und weiter nach Osten zog, hat der Offizier Brot, Fleischkonserven und Geld für uns dagelassen.

»Gerechter unter den Völkern« zuerkannt bekommen, darunter sind 2573 Vertreter der Ukraine. Der Jüdische Rat der Ukraine, der seit 1988 nach Judenrettern sucht, verleiht den Titel »Gerechter der Ukraine«. Ihn haben mehr als 4100 Personen erhalten, von denen 553 Vertreter aus 14 Nationen Juden in Kiew gerettet haben. Babi Jar. Spasiteli i spasënnye, Kiew 2005, S. 18.

34   Wassili Grossman/Ilja Ehrenburg/Arno Lustiger (Hrsg.), Das Schwarzbuch. Der Genozid an den sowjetischen Juden, Reinbek b. Hamburg 1995, S. 37.

Nicht alle Deutschen beteiligten sich an den Grausamkeiten. Es gibt eine Reihe von Fällen (auch davon ist in unseren Büchern zu lesen), in denen Deutsche zeigten, dass sie den Idealen der Menschlichkeit treu geblieben waren und Juden retteten.[35]

***

Dieses Buch muss auch erscheinen, um den Menschen die Gelegenheit zu geben, schwarz auf weiß nachzulesen, wohin Hass und Feindschaft führen. Auch um Zweifel am Holocaust zu widerlegen, sind nachhaltige Beweise und vor allem wahrhaftige Zeugnisse und Erinnerungen der Augenzeugen notwendig. »Nur wer dort war, weiß«, betont Elie Wiesel. Es fällt schwer sich vorzustellen, was dort geschehen ist. Schriftsteller wenden spezielle literarische Mittel an, um den Lesern das Grauen nahezubringen. Aber das, was sich wirklich zugetragen hat, können nur die Augenzeugen wissen und erzählen. Ihre Erinnerungen an den Abschnitt ihres Lebens, der mit Verfolgung und Genozid verbunden ist, mit jener Zeit, als der Tod die Norm und das Leben ein Wunder waren, wühlen unsere Erinnerung auf und klopfen an unsere Herzen.

Wenngleich diese Bücher von jüdischen Frauen und Männern geschrieben wurden, wenden sie sich nicht vorrangig an jüdische Leser. Die Erinnerungen stellen eine direkte Antwort auf jedweden rassistischen, religiösen oder ethnischen Hass dar – vergangenen und gegenwärtigen. Sie zeigen, was geschieht, wenn Menschenrechte verletzt werden und niemand die Stimme zu ihrem Schutz erhebt. Unsere Texte rufen nicht zu Rache und Hass auf. Erinnerung und Gedenken geben Hoffnung. Wäre das anders, würde es diese Bücher vielleicht nicht geben.

In unserer konfliktreichen Zeit ist es besonders wichtig, die Wahrheit über den Holocaust zu vermitteln und die Lehren aus diesem Menschheitsverbrechen zu ziehen. Es droht eine Wiederholung des Grauens, von dem anzunehmen war, dass es für immer vergangen ist. Aggressiver Nationalismus, Neofaschismus, Extremismus, Fremdenfeindlichkeit, Rassismus, Intoleranz, »ethnische Säuberungen« und Antisemitismus sind erneut auf dem Vormarsch. Zeugnisse über Diskriminierung und Verfolgung gewinnen besondere Bedeutung angesichts der Gefahr, die von der in ihrem Umfang stetig anwachsenden neonazistischen und antisemitischen Literatur ausgeht, die das Ausmaß der Katastrophe kleinzureden oder sogar völlig zu leugnen sucht. Als habe es dieses vernichtende Feuer nicht gegeben, dem sechs Millionen jüdische Leben zum Opfer fielen. »Viele Jahre nach der Katastrophe beginnt die neue Generation, die die Kriegsgräuel nicht selbst erlebte, die Frage des Holocaust zu

---

35 Werner Müller (Hrsg.), Aus dem Feuer gerissen. Die Geschichte des Pjotr Ruwinowitsch Rabzewitsch aus Pińsk, Köln 2001; Samson Madievski, The other Germans. Rescuers' Resistance in the Third Reich, Aachen 2008; Wolfram Wette, Retter in Uniform. Handlungsspielräume im Vernichtungskrieg der Wehrmacht, 3. Aufl., Frankfurt a. M. 2003; Wolfram Wette, Zivilcourage. Empörte, Helfer und Retter aus Wehrmacht, Polizei und SS, Frankfurt a. M. 2004.

überdenken«, schreibt Jakow Sokolski in seinen in diesem Buch veröffentlichten Erinnerungen »Wie sehr wollten wir leben«.

»Leider gibt es in unserem Rechtsstaat auch Menschen, die die Lektion von Babi Jar und Treblinka vergessen zu haben scheinen. Sie behaupten, dass die Faschisten die physische Vernichtung des jüdischen Volkes nie beabsichtigt hätten und es nie den Holocaust, die Gaskammern und die Konzentrationslager gegeben habe. [...]
Als einer, der die Katastrophe überlebte, der von den Opfern nicht nur vom Hörensagen weiß, sondern sie mit eigenen Augen gesehen hat, möchte ich mahnen: ›Kehrt um! Hört dem Bericht über die Ereignisse jener Zeit zu.‹«

Bis heute werden Forderungen laut, doch endlich einen Schlussstrich zu ziehen, um die Verbrechen aus dem Gedächtnis zu tilgen und den Nationalsozialismus zu rehabilitieren. Ebenso unannehmbar sind Versuche, die Geschichte umzuschreiben, die Opfer in eine Reihe mit den Henkern zu stellen, die Helfershelfer der Nazis zu heroisieren, seien es ehemalige Legionäre der Waffen-SS oder andere Kollaborateure und Antisemiten, die aktiv oder durch Beihilfe an der Ermordung Hunderttausender friedlicher Bürger und Häftlinge von Konzentrationslagern und Ghettos teilgenommen haben. Die in manchen Ländern Verbreitung findenden Aufrufe zur »gesellschaftlichen und staatlichen Anerkennung« ehemaliger Helfer des Faschismus sowie das Abrücken von den klaren historischen und moralischen Kriterien zur Bewertung des Nationalsozialismus verunglimpfen das Andenken an Millionen Opfer.

**

Der Holocaust ist kein rein jüdisches Ereignis. An der Auseinandersetzung mit ihm und der Bewältigung seiner Folgen beteiligen sich Vertreter zahlreicher Länder und Völker, auch die Deutschen, für die die Verbrechen der Nationalsozialisten wesentlicher Teil ihrer Geschichte geworden sind. Für die meisten von ihnen sind die Worte des damaligen Bundespräsidenten Richard von Weizsäcker von grundlegender Bedeutung, die dieser in seiner berühmten Rede am 8. Mai 1985 in der Gedenkstunde des Deutschen Bundestages sprach: »Es geht nicht darum, Vergangenheit zu bewältigen. Das kann man gar nicht. Sie läßt sich ja nicht nachträglich ändern oder ungeschehen machen. Wer aber vor der Vergangenheit die Augen verschließt, wird blind für die Gegenwart. Wer sich der Unmenschlichkeit nicht erinnern will, der wird wieder anfällig für neue Ansteckungsgefahren.«[36]

Während einer Begegnung zwischen ukrainischen und polnischen ehemaligen KZ- und Ghettohäftlingen mit dem deutschen Ehepaar Margret und Werner Müller in Warschau,

---

36 http://www.bundespraesident.de/SharedDocs/Reden/DE/Richard-von-Weizsaecker/Reden/1985/05/19850508_Rede.html [22.10.2016].

der Stadt, die symbolisch für die Tragik und Größe des jüdischen Widerstands und Heldentums steht, fasste das Ehepaar, das ehrenamtlich für das Maximilian-Kolbe-Werk tätig ist, seine Empfindungen in folgende Worte:

»Zwischen uns stehen sechs Millionen ermordete Juden. Wir tragen an diesen Morden keine persönliche Schuld, da wir damals noch Kinder waren, aber dieses für uns unfassbare Verbrechen erfüllt uns mit tiefem Schmerz und tiefer Scham. Obwohl es uns alles andere als leicht fällt, mit diesen von Deutschen begangenen Verbrechen konfrontiert zu werden, halten wir es für unsere Pflicht, das, was geschehen ist, nicht zu vergessen. Es ist ein Teil unserer Geschichte, und somit haben wir auch die Pflicht, uns zu ihr zu bekennen, denn mit dem Haus unserer Eltern erben wir auch die Geschichte dieses Hauses.«

Ohne irgendeine persönliche Schuld, jedoch belastet mit dem schweren Erbe der Generation ihrer Väter und Großväter, wollen Margret und Werner Müller gemeinsam mit Freunden und Gleichgesinnten auch in Zukunft diese Last nicht von sich werfen. Die Idee, in der Ukraine einen Band mit den Erinnerungen überlebender ukrainischer ehemaliger KZ- und Ghettohäftlinge zusammenzustellen, stieß bei ihnen auf großes Interesse, und sie trugen viel zur Realisierung des Projektes bei. Margret und Werner Müller haben alles getan, damit unser Buch »Nur wir haben überlebt« 2004 ins Deutsche übersetzt und in Deutschland veröffentlicht werden konnte. Auch organisierten sie Buchpräsentationen mit mir in Berlin, Bonn, Dresden, Düsseldorf, Erfurt, Frankfurt, Freiburg, Halle, Hamburg, Kassel, Köln, Mainz, Rostock, Tübingen, Wuppertal und in Riehen in der Schweiz. Dafür sind wir, die Autoren, ihnen außerordentlich dankbar.

***

Ich verhehle nicht, dass die Arbeit an diesen Büchern, die zur Hauptbeschäftigung in meinem Leben geworden ist, mir einigen seelischen Druck und schwere Sorgen aufbürdete. Jedes Zeugnis rief tiefe persönliche Erinnerungen über die schrecklichste Periode meines Lebens hervor. Dieses Leid und dieser Schmerz werden uns immer begleiten. Es besteht aber die Hoffnung, dass Leid und Schmerz nicht zu völliger Verzweiflung an der Unmöglichkeit, sich ihrer zu entledigen, führen, sondern umgekehrt uns verantwortungsvoll und großherzig machen, unseren Willen, unsere Hoffnung und unseren Glauben stärken. Ohne Hoffnung gebiert das Gedenken an den Holocaust im Menschen Verzweiflung. Aber Gedenken zusammen mit Hoffnung fördert Glauben. Glauben daran, dass auch nach dem Ableben des letzten Zeugen des Holocaust das ewige Feuer der Erinnerung nicht verlischt und von Generation zu Generation weitergereicht wird. Bücher wie das vorliegende sind auch ein Triumph des Gedächtnisses über das Vergessen, sind Beweis dafür, dass Zeugenschaft des

Leben und Tod in der Epoche des Holocaust in der Ukraine

Vergangenen, wie weit es auch von uns entfernt sein mag, eine jener Kräfte ist, die uns in unserem gegenwärtigen Suchen vorantreibt.

Es ist mir eine angenehme Pflicht, allen Verfassern und Gesprächspartnern der hier vorliegenden Berichte, die die Kraft fanden, ihre tragische Vergangenheit noch einmal, vielleicht zum letzten Mal, hervorzuholen, und die Begegnung mit ihrem leidvollen Schicksal nicht scheuten, um in ihrer eigenen Sprache (die Berichte wurden in fast unverändertem Wortlaut übernommen) der heutigen Generation über den Holocaust Zeugnis abzulegen und die Welt vor einer Wiederholung zu warnen. Allen, die ihnen und mir bei dieser Arbeit helfen, spreche ich meine aufrichtige Anerkennung und tiefe Dankbarkeit aus. Namentlich möchte ich nennen: Anna Alekseewa, Semen Belman (Tschernigow), Wladimir Bogak (Saporoshje), Faina Winokurowa (Winniza), Mark Goldenberg (Feodossija), Klawdija Kolesnikowa (Korsun-Schewtschenkowski), Alexandr Kruglow (Charkow) und Wassili Michailowski.

Möge dieses Buch den Opfern, den Toten und den Überlebenden der Katastrophe, ein Denkmal setzen – und allen, die sich ihrer erinnern.

Werner Müller

Verwaltungsgliederung der Ukraine 1941–1944

Während der Okkupation der Ukraine von 1941 bis 1944 war das Gebiet in verschiedene Regionen eingeteilt, die jeweils eine andere Verwaltungsstruktur hatten. Das größte Verwaltungsgebiet war das Reichskommissariat Ukraine. Hinzu kamen der Distrikt Galizien, Transnistrien, Transkarpatien und die sogenannte Kampfzone unter deutscher Militärverwaltung. (Siehe die Karte auf der folgenden Doppelseite).

Reichskommissariat Ukraine

Zwischen 1941 und 1944 bestand in den westlichen und zentralen Teilen der Ukraine das Reichskommissariat Ukraine (RKU),[1] die deutsche Zivilverwaltung. Verwaltet wurde es vom Reichsministerium für die besetzten Ostgebiete (RMfdbO) unter Leitung von Alfred Rosenberg. Reichskommissar wurde der Gauleiter Ostpreußens, Erich Koch. Hauptziele des Ministeriums waren die vollständige Vernichtung der jüdischen Bevölkerung und die Germanisierung von großen Bevölkerungsteilen. Die Entscheidung zur Bildung des Reichskommissariats war am 16. Juli 1941 auf einer Führerbesprechung gefallen.

Am 20. August 1941 übergab Hitler die ersten Gebiete der Kontrolle des Reichskommissariats Ukraine, darunter die ukrainischen Oblaste (Gebiete) Wolhynien, Rowno und Kamenez-Podolski. In Rowno richtete Erich Koch einen zweiten Amtssitz neben Königsberg ein. Entsprechend dem Fortgang der Kampfhandlungen wurde das Reichskommissariat am 20. Oktober 1941, am 15. November 1941 und am 1. September 1942 räumlich erweitert. Im Reichskommissariat wurden sechs Generalkommissariate oder Generalbezirke gebildet: Wolhynien-Podolien, Shitomir, Kiew, Nikolajew, Dnjepropetrowsk und Taurien. Taurien war ein Teilbezirk der Krim. Vom 1. September 1942 bis zum 23. Oktober 1943 unterstand Taurien als Generalbezirk Krim dem Reichskommissariat Ukraine. Hauptstadt des Bezirks war Melitopol. Die restliche Krim blieb unter Militärverwaltung.

Die deutschen Aufteilungen folgten größtenteils den früheren ukrainischen Abgrenzungen. Im Allgemeinen blieb es bei den russischen Ortsnamen.

Für die vollständige Vernichtung der jüdischen Bevölkerung war in der deutschen Bürokratie der Begriff »Endlösung der Judenfrage« oder nur »Endlösung« gebildet worden. In der Ukraine bestand die Vernichtungsphase aus zwei großen Tötungswellen. Die erste wurde am 22. Juni 1941 mit dem Überfall auf die Sowjetunion eingeleitet. In Begleitung der vorrückenden Heeresgruppen befanden sich kleine motorisierte Tötungskommandos der SS und Polizei, die sogenannten Einsatzgruppen. Sie hatten den Auftrag, jüdische Bewohner

---

1 Enzyklopädie des Holocaust, S. 1204 f.; Encyclopedia of Camps and Ghettos, S. 1313.

Werner Müller

Reichskommissariat Ukraine

Verwaltungsgliederung der Ukraine 1941–1944

gsgrenzen des Reichskommissariats Ukraine sowie die anderen unter
Zivil- bzw. Militärverwaltung stehenden Gebiete in der südlichen
on, Sommer 1942   (Belorussisches Nationalarchiv Minsk, 391-1-4, Bl. 80)

auf der Stelle zu töten. Schon am 26. März 1941 waren zwischen dem Heer und dem Reichssicherheitshauptamt (RSHA) die Bedingungen vereinbart worden, unter denen die Einsatzgruppen in der besetzten Sowjetunion operieren durften. Es hieß: »Die Sonderkommandos sind berechtigt, im Rahmen ihres Auftrages in eigener Verantwortung gegenüber der Zivilbevölkerung Exekutivmaßnahmen zu treffen.« Taktisch unterstanden sie den Militärbefehlshabern, ansonsten hatten sie bei der Erledigung ihres Sonderauftrags freie Hand und durften sich in den rückwärtigen Gebieten der Heeresgruppen frei bewegen. Das Militär hatte die Einsatzgruppen mit Quartier, Treibstoff, Lebensmitteln und, sofern erforderlich, Funkverbindungen zu versorgen. Aufgrund dieser Absprachen operierten diese mobilen Tötungseinheiten im Frontgebiet in »einzigartiger« Partnerschaft mit der Wehrmacht.[2]

Die erste Tötungswelle[3]

Als die Einsatzgruppen in die Sowjetunion einfielen, lebten fünf Millionen Juden im sowjetischen Staatsgebiet, davon etwa vier Millionen fast ausschließlich in Städten der Gebiete, die in der Folgezeit von der deutschen Wehrmacht überrannt wurden.

Vor dem Einmarsch in die Sowjetunion hatten alle Einsatzgruppen die Weisung erhalten, unauffällig großangelegte Ausschreitungen der Bevölkerung gegen Juden zu »inspirieren«. Indizien für eine solche Anstiftung gibt es in Lemberg, Luzk, Solotschew und Ternopol.

Als später Zivilverwaltungen die Militärverwaltung ablösten, wurden die Gebiete Lemberg, Ternopol und Stanislau (heute Iwano-Frankowsk) nicht Teil des Reichskommissariats Ukraine, sondern am 1. August 1941 als Distrikt Galizien in das Generalgouvernement für die besetzten polnischen Gebiete eingegliedert.

In den ersten zwei Wochen des Feldzugs kam es in der Westukraine nahezu flächendeckend zu antijüdischen Pogromen mit brutalsten Massenmorden. Die Einsatzgruppe C war jedoch nur für einige dieser Massenmorde direkt verantwortlich. Eine Schlüsselrolle spielten hierbei die Organisation Ukrainischer Nationalisten (OUN) und die von ihr aufgestellten Milizen. Zusammen mit fanatisierten Bevölkerungsteilen gingen sie vereinzelt bereits vor dem deutschen Einmarsch gegen Juden vor. Auslöser der Pogrome waren oft die massenhaften Funde vom NKWD ermordeter Gefangener in der Westukraine. Für diese Morde wurde die jüdische Minderheit verantwortlich gemacht. Die zahllosen Pogrome in Kleinstädten entwickelten sich weitgehend ohne deutsche Mithilfe. Opfer dieser Welle der Gewalt wurden wahrscheinlich 24 000 Juden, meist Männer.[4]

Um möglichst viele Städte möglichst rasch zu erreichen, folgten die Einsatzgruppen den vorrückenden Truppenverbänden auf den Fersen und riegelten die großen jüdischen Wohn-

---

2 Hilberg, Die Vernichtung der europäischen Juden, S. 287 ff.
3 Ebenda, S. 304–350.
4 Dieter Pohl, Die Einsatzgruppe C 1941/42, in: Peter Klein (Hrsg.), Die Einsatzgruppen in der besetzten Sowjetunion 1941/42. Die Tätigkeits- und Lageberichte des Chefs der Sicherheitspolizei und des SD, Berlin 1997, S. 71 ff.

gebiete ab, ehe den Opfern überhaupt bewusst wurde, welche Gefahr ihnen drohte. Bei der Einnahme von Shitomir fuhren z. B. unmittelbar hinter den ersten Panzern drei Wagen des Einsatzkommandos 4a und rückten in die Stadt ein.[5]

Die Einsatzgruppen operierten nicht als kompakte Einheiten. In der Regel lösten sich die Kommandos von den Gruppenstäben und gingen unabhängig vor. Oft teilten sie sich noch einmal in Vorkommandos, die mit der vorrückenden Truppe Schritt hielten, und Teilkommandos, die in entferntere, abseits der Hauptstraßen gelegene Gebiete vordrangen.

Anfangs unternahmen die Kommandos keine Massenerschießungen, und es fielen ihnen auch keine ganzen Familien zum Opfer. Einerseits hatten sie sich noch nicht an routinemäßiges Töten gewöhnt, andererseits verstanden sie in ihren Befehlen das Wort »Juden« nicht als allumfassend, sondern hieß für sie im Großen und Ganzen lediglich Männer. Erst seit August 1941 kam es dann zu Massentötungen.

Je weiter die Einsatzkommandos im Gefolge der Armeen nach Osten vorrückten, umso weniger trafen sie auf Juden. Das hatte zwei Gründe. Zum einen aufgrund der geografischen Verteilung. Im Oktober/November 1941 hatte man die dichtesten jüdischen Siedlungsgebiete bereits hinter sich gelassen. In der östlichen Ukraine waren die jüdischen Gemeinden kleiner und verstreuter. Der zweite Grund war der immer geringer werdende Anteil von Juden, die an ihrem Wohnsitz blieben. Mit zunehmender Entfernung von der westlichen Grenze der Sowjetunion konnten Industrie- und Landarbeiter evakuiert werden oder fliehen. Am 12. September 1941 meldete die Einsatzgruppe C: »Bei den Juden scheint sich auch jenseits der Front herumgesprochen zu haben, welches Schicksal sie bei uns erwartet. Während in den ersten Wochen noch beträchtliche Zahlen an Juden anfielen, konnten in den mittel-ostukrainischen Gebieten festgestellt werden, dass in vielen Fällen 70–90 Prozent der jüdischen Bevölkerung, in manchen Fällen 100 Prozent geflüchtet waren. Hierin kann ein direkter Erfolg der Arbeit der Sicherheitspolizei erblickt werden, denn die kostenlose Abschiebung von Hunderttausenden von Juden – dem Vernehmen nach in den meisten Fällen über den Ural hinüber – stellt einen beachtlichen Beitrag zur Lösung der Judenfrage in Europa dar.«[6]

Die meisten Juden aber konnten den Einsatzkommandos nicht entkommen. Vom 22. Juni bis 31. Dezember 1941 wurden in der Ukraine insgesamt 509 190 Juden ermordet.[7]

Es stellte sich jedoch bald heraus, dass zahlreiche jüdische Gemeinden nahezu unversehrt geblieben waren. Man hatte sie im Zuge des raschen Vormarsches einfach übersehen. Um auch diese Juden zu ergreifen, solange sie noch überrascht und hilflos waren, folgte den Einsatzgruppen in kurzem Abstand eine zweite Welle mobiler Tötungseinheiten.

---

5 Mallmann u. a., Die »Ereignismeldungen UdSSR«, S. 745 (Ereignismeldung Nr. 128 vom 3. November 1941).
6 Mallmann u. a., Die »Ereignismeldungen UdSSR«, S. 452 (Ereignismeldung Nr. 81 vom 12. September 1941).
7 Kruglov, Jewish Losses in Ukraine, S. 272–290.

Mit der ersten Tötungswelle ermordeten die mobilen Einheiten annähernd 100 000 Opfer pro Monat. Der Tötungsvorgang war standardisiert. In allen Städten folgte man dem gleichen Verfahren. Die Erschießungsstätte befand sich außerhalb der Stadt am Rande eines Massengrabs. Meist waren diese Gräber tiefe Panzergräben oder Granattrichter oder wurden eigens ausgehoben. Die Juden wurden in Gruppen von der Sammelstelle zum Massengrab geführt, die Männer zuerst. Vor ihrem Tod mussten sie ihre Wertsachen aushändigen und sich entkleiden. Einige Einsatzkommandos ließen die Opfer am Rand des Grabes Aufstellung nehmen und schossen ihnen sodann mit Maschinenpistolen oder anderen Handfeuerwaffen ins Genick, sodass die tödlich Getroffenen ins Massengrab fielen. Nach einer anderen Tötungsmethode musste sich die erste Gruppe der Opfer mit dem Gesicht nach unten auf den Boden des Grabes legen. Daraufhin wurden sie vom Grabesrand aus erschossen. Die nächste Gruppe musste sich auf die Leichen legen, jeweils den Kopf an die Füße der zuvor Erschossenen. Nach fünf bis sechs Gruppen wurde das Grab zugeschaufelt. Unbeteiligten war der Zugang zu den Tötungsstätten nicht gestattet.

Zur Vorbereitung der zweiten Tötungswelle bestand für die militärische und die zivile Verwaltung eine vordringliche Aufgabe in der Errichtung von Ghettos. Die Ghettos sollten in erster Linie verhindern, dass die Juden verstreut lebten. Ihre spätere Ergreifung zum Zwecke der Erschießung sollte erleichtert werden. Insbesondere das Militär ordnete die Kennzeichnung der Juden in Form von Armbinden oder auf Brust und Rücken zu tragenden Abzeichen an, die Registrierung der Juden, die Bildung von Judenräten sowie Ghettopolizeien. Juden durften sich nicht frei bewegen, und Nichtjuden hatten keinen Zutritt zu den Ghettos.

Während sich das Interesse der mobilen Tötungseinheiten darauf beschränkte, die Juden zu konzentrieren, um auf diese Weise die zweite Tötungswelle zu erleichtern, beschlossen Militär- und Zivilverwaltung, sich die Situation zunutze zu machen. So wurden wirtschaftliche Maßnahmen, sowohl die Ausbeutung von Arbeitskraft als auch die Beschlagnahme von Eigentum, zu einem wesentlichen Aspekt der Zwischenphase.[8]

Die zweite Tötungswelle[9]

Die erste Tötungswelle kam gegen Ende 1941 nahezu zum Stillstand, außer in den neu besetzten Gebieten der Krim und des Kaukasus, wo sie bis zum Frühjahr 1942 andauerte. Während im Süden noch die erste Welle wütete, rollte von Norden bereits die zweite Welle heran. Die eingesetzte Maschinerie war größer und leistungsfähiger und wurde offen von Wehrmachtspersonal unterstützt. Ziel war die völlige Auslöschung der noch verbliebenen Juden. Die Zahl der Polizeiregimenter wurde beträchtlich erhöht, und die Einsatzgruppen verstärkten ihre Kommandos durch ortsansässige Hilfskräfte. Im Süden des Reichskommissariats Ukraine waren die Einsatzgruppen C und D im Einsatz.

---

8 Hilberg, Die Vernichtung der europäischen Juden, S. 372.
9 Ebenda, S. 386–410.

Während die erste Tötungswelle die Juden noch überrascht hatte, wurde die zweite Welle von jedermann erwartet. Die Auslöschung der Ghettos wurde in aller Offenheit und mit brutalster Rücksichtslosigkeit durchgeführt. Niemand besaß eine Überlebenschance.

Die fieberhafte Aktivität des Tötungspersonals bewirkte in der Bürokratie einen seltsamen Wandel. Zuvor hatten die Gebietskommissare wegen des Verlusts der jüdischen Arbeitskräfte gegen die Methoden der SS und der Polizei protestiert. Jetzt schlossen sie sich Himmlers Leuten an und übertrafen sich mitunter selbst dabei, ihr Gebiet »judenfrei« zu machen.

Der Ablauf der Ghettobeseitigungsaktionen war immer gleich. Zuerst mussten die Gräber ausgehoben werden. Diese Arbeit hatte für gewöhnlich eine jüdische Arbeitsgruppe zu verrichten. Am Vorabend einer »Aktion« breitete sich daher über dem Judenviertel eine beklemmende Atmosphäre aus. Gelegentlich nahmen jüdische Gemeindevertreter Kontakt zu deutschen Geschäftsleuten auf und baten sie, etwas zu unternehmen. Jüdische Mädchen boten sich Polizisten an, um auf diese Weise ihr Leben zu retten. In der Regel wurden diese Frauen in der Nacht missbraucht und am folgenden Morgen ermordet.

Die eigentliche »Aktion« begann mit der Umstellung des Ghettos durch einen Polizeikordon am frühen Morgen oder schon in der Nacht. Sodann drangen kleine Trupps von Polizisten und Beamten des Kommissariats, bewaffnet mit Brecheisen, Gewehren, Handgranaten, Äxten und Pickeln, in das Ghetto ein. Die Mehrheit der Juden begab sich umgehend zum befohlenen Sammelplatz. Viele blieben jedoch in ihren Häusern, verriegelten die Türen und versteckten sich in Kellerräumen oder unter den Dielen. Die Rollkommandos drangen in die Häuser ein und warfen Handgranaten in die Keller.

Die Juden, die sich am Sammelplatz eingefunden hatten, wurden oft gezwungen sich niederzusetzen, damit sie leichter überwacht werden konnten. Mit Lastwagen wurden sie dann zu den Massengräbern transportiert oder mussten zu Fuß dorthin gehen, wo sie oft mit Gewehrkolben und Peitschen geprügelt wurden. Sie mussten sich ausziehen und sich nach Wertgegenständen durchsuchen lassen. Schließlich wurden sie am Grabesrand oder im Grab liegend erschossen. Die Mehrheit der Schützen war zumeist betrunken.

Insgesamt wurden im Jahr 1942 auf dem Gebiet der Ukraine 770 000 Juden ermordet, davon 362 700 im Reichskommissariat Ukraine.[10]

Distrikt Galizien

Das Generalgouvernement für die besetzten polnischen Gebiete war unterteilt in die vier Distrikte Radom, Warschau, Lublin und Krakau. Am 1. August 1941 kam noch der Distrikt Galizien[11] hinzu, er bestand aus den früheren polnischen Woiwodschaften Lemberg, Stanislau (heute Iwano-Frankowsk) und Ternopol (poln. Tarnopol), die als Folge des

---

10 Kruglov, Jewish Losses in Ukraine, S. 281.
11 Encyclopedia of Camps and Ghettos, S. 744–749.

Hitler-Stalin-Paktes Ende September 1939 von der Sowjetunion annektiert und in die Sozialistische Sowjetrepublik Ukraine eingegliedert worden waren. Zu Beginn der deutschen Okkupation lebten im Distrikt Galizien ungefähr 540 000 Juden.

Einige offene Ghettos waren schon im August 1941 eingerichtet worden. Dieser Prozess wurde durch die Deportation der Juden aus den kleineren Städten und Dörfern in die größeren Städte begleitet, in denen Ghettos waren. Die Umsiedlungen wurden von groß angelegten Mordaktionen begleitet. Im Distrikt Galizien wurden 1941 insgesamt 55 900 Juden ermordet.[12]

Die meisten der über 50 Ghettos wurden erst im Herbst 1942, einige sogar erst im Dezember 1942 eingerichtet. Am 19. Juli 1942 befahl Heinrich Himmler die Liquidierung aller Juden im Generalgouvernement bis Ende des Jahres 1942. In den letzten fünf Monaten des Jahres 1942 ermordeten die deutschen Machthaber mehr als 250 000 Juden im Distrikt Galizien, die meisten in den Gaskammern des Vernichtungslagers Belzec. Insgesamt wurden 1942 im Distrikt Galizien 338 000 Juden ermordet.

Der Höhere SS- und Polizeiführer (HSSPF) Friedrich Wilhelm Krüger ordnete am 10. November 1942 an, dass Juden in nur 32 Ghettos im Distrikt Galizien unterzubringen sind. Die Absicht war, die ganze Region von Juden zu »säubern«, mit Ausnahme der Juden in den offiziellen Ghettos und Arbeitslagern. Jeder Jude, der außerhalb dieser Orte angetroffen wurde, sollte erschossen werden.

Ende 1942 waren noch 161 500 Juden im Distrikt Galizien registriert, entweder in Arbeitslagern oder in den verbliebenen Ghettos, die mehr Arbeitslagern ähnelten. In den 17 Ghettos des Gebiets Lemberg waren es ungefähr 87 000 Juden, in den 13 Ghettos des Gebiets Ternopol ungefähr 40 000 und in den drei Ghettos des Gebiets Stanislau 7000. Außerhalb der Ghettos arbeiteten 23 000 bis 24 000 in Arbeitslagern.[13]

Im Dezember 1942 wurden die Transporte nach Belzec und die Ermordung in den Gaskammern eingestellt. Um die Juden in den Ghettos zu ermorden, wurden 1943 wieder Massenerschießungen durchgeführt. Im Sommer 1943 wurden schließlich auch die meisten Insassen der Arbeitslager ermordet.

Selbst nach der Auslöschung aller Ghettos suchten deutsche Gendarmen und ukrainische Polizisten offiziell weiter nach überlebenden Juden. Wer gefasst wurde, wurde auf der Stelle erschossen. Wer Juden denunzierte, erhielt eine Belohnung. Wer Juden unterstützte, brachte sein eigenes Leben und das seiner Familie in Gefahr, weil für das Verstecken von Juden und für das Versorgen mit Nahrung und Kleidung für die ganze Familie die Todesstrafe drohte. Doch trotz der deutschen Drohungen gibt es im Distrikt Galizien eine Anzahl »Gerechter unter den Völkern«, darunter mehrere Polen. Für Juden, denen es gelungen war, in die Wälder zu fliehen, bildeten ukrainische nationalistische Partisanen eine zusätzliche Gefahr.

---

12   Kruglov, Jewisch Losses in Ukraine, S. 278.
13   Ebenda, S. 282.

In Borislaw wurden viele Juden durch das Eingreifen des deutschen Managers der »Karpathen« Öl-Gesellschaft, Berthold Beitz, gerettet. In Lemberg versteckte der Metropolit und Erzbischof der griechisch-katholischen Kirche Andrey Sheptytsky ungefähr 150 Juden.

Gebiet der Ukraine unter deutscher Militärverwaltung

In der Ostukraine standen die Gebiete Tschernigow, Sumy, Charkow, Stalino (heute Donezk) und die Autonome Republik Krim unter Militärverwaltung.[14] Da diese Gebiete erst im September oder Oktober 1941 von der Wehrmacht besetzt wurden, konnte ein großer Teil der jüdischen Bevölkerung evakuiert werden oder fliehen. Im Ort Dshankoi auf der Krim zum Beispiel waren beim Einmarsch der Wehrmacht von den 1397 Juden der Vorkriegsbevölkerung nur 44 Juden geblieben.

Die Militärverwaltung errichtete ungefähr 19 Ghettos, in denen sie etwa 19 000 Juden unterbrachte. Die meisten dieser Ghettos existierten nur wenige Wochen oder Tage bis zur schnellen Ermordung der Juden. Im Gebiet Tschernigow gab es sechs Ghettos, zwei im Gebiet Sumy, vier im Gebiet Stalino und drei oder vier im Gebiet Charkow. Auf der Krim gab es vier Ghettos oder Lager für Juden. Anderen Quellen zufolge wurden im Gebiet Charkow an 15 Orten Ghettos errichtet.[15] Die beiden größten Ghettos hatte die Militärverwaltung in Charkow mit ungefähr 10 000 Juden und in Stalino mit 3000 Juden eingerichtet. In vielen größeren Städten waren keine Ghettos eingerichtet worden. Stattdessen wurden die Juden bei Massenerschießungen sofort ermordet. Die meisten Massenerschießungen, die ausgeführt wurden, um die Ghettos leer zu morden, wurden von den jeweiligen Einheiten der Einsatzgruppen C und D organisiert, unterstützt von lokal stationierten Einheiten der SS, der Wehrmacht, der Ordnungspolizei und Ukrainern, Tartaren oder anderen einheimischen Hilfskräften. In den meisten Fällen wurden große Gräben oder Schluchten für die Erschießungen benutzt.

Im Juli 1942 waren alle Juden in diesen Ghettos ermordet.

Transkarpatien (Karpato-Ukraine)

Das Gebiet ist auch bekannt unter den Namen Podkarpatska Rus und Ruthenien. 1939 betrug die Bevölkerung eine halbe Million. Etwa die Hälfte waren Ukrainer, ein Drittel Ungarn und ungefähr 15 Prozent Juden. Vor dem Ersten Weltkrieg gehörte Transkarpatien[16] zu Ungarn. Nach dem Ersten Weltkrieg wurde es der Tschechoslowakei einverleibt. Nach einem gescheiterten Versuch, sich unabhängig zu machen, fiel das Gebiet im März 1939 wieder an Ungarn. Nach dem Zweiten Weltkrieg wurde Transkarpatien von der Sowjetunion annektiert und der Sozialistischen Sowjetrepublik Ukraine angegliedert.

14 Encyclopedia of Camps and Ghettos, S. 1756 ff.
15 I. A. Altman (Hauptredakteur), Cholokost na territorii SSSR enziklopedija (Holocaust auf den Territorien der UdSSR Enzyklopädie), Moskau 2009, S. 1030.
16 Enzyklopädie des Holocaust, S. 1419–1421; Gideon Hausner, Die Vernichtung der Juden. Das größte Verbrechen der Geschichte, München 1979, S. 179 ff.

Ungarn nahm seit dem 27. Juni 1941 am Krieg Deutschlands gegen die Sowjetunion teil. 1941 wurden mit der Waffenbrüderschaft mit Deutschland zugleich die Nürnberger Gesetze eingeführt, und zwar in einigen Fällen, besonders im Fall von Halbjuden, noch strenger als in Deutschland.

In Transkarpatien gab es nicht nur große einheimische jüdische Gemeinden, sondern auch Tausende jüdische Flüchtlinge aus dem Deutschen Reich und Polen. Nach dem deutschen Überfall auf die Sowjetunion sahen ungarische Bürokraten hier eine gute Gelegenheit, die meist fremden und unerwünschten Juden nach Osten zu deportieren. Schließlich kamen weit über 10 000 Juden aus Transkarpatien nach Kamenez-Podolski, der ersten großen Stadt östlich von Transkarpatien. Sie konnten nur notdürftig in der Stadt untergebracht werden. Diplomatische Bemühungen, die Ungarn zu bewegen, die Juden zurückzunehmen, scheiterten. Bei einer Konferenz am 25. August 1941 im Hauptquartier des Generalquartiermeisters OKH in Winniza versicherte daraufhin SS-Obergruppenführer Jeckeln den Teilnehmern, dass er die »Liquidierung« der Juden bis zum 1. September 1941 erledigt haben werde. An diesem Tag sollte dieser Teil der Ukraine an die deutsche Zivilverwaltung übergeben werden.

Angehörige des Polizei Bataillons 320 erschossen in Kamenez-Podolski am 26. August 4200 Männer, Frauen und Kinder. Am 27. August wurden 11 000, und am 28. August 7000 Juden ermordet. Jeckeln meldete nach Berlin, 23 600 Juden seien getötet worden, davon ungefähr 14 000 Juden aus Transkarpatien. Nach dem Massaker errichteten die Deutschen für die überlebenden 4800 Juden ein Ghetto in Kamenez-Podolski.[17]

Als Berichte von dem Massaker nach Budapest drangen, intervenierten die dortigen Juden bei der ungarischen Zentralregierung. Daraufhin nahm man Abstand von weiteren Deportationen. Sieben Transporte, die zur Grenze unterwegs waren, wurden zurückgeschickt. Die Passagiere dieser Züge wurden freigelassen und durften in ihre Wohnorte zurückkehren.

Bis 1944 konnten in Ungarn 750 000 Juden überleben.

Im Dezember 1943 erschien Deutschland ein »gründliches Anpacken der Judenfrage in Ungarn« ein Gebot der Stunde und die Voraussetzung für die Einschaltung Ungarns in den Abwehr- und Existenzkampf des Reiches. Unter größter Geheimhaltung schickte Reichsführer SS Heinrich Himmler SS Obersturmbannführer Adolf Eichmann in das Lager Mauthausen geschickt, um dort ein Sonderkommando aufzustellen. Seine Weisung an Eichmann war: Die Juden in Budapest zu ghettoisieren, sämtliche Juden aus Ungarn zu evakuieren, das Land von Osten nach Westen zu durchkämmen und alle Juden nach Auschwitz zu befördern. Der ehemalige Kommandant des Lagers Auschwitz, Rudolf Höß, wurde nach Mauthausen gerufen, um ihn auf die neue große Aufgabe vorzubereiten.[18] Höß wurde von

---

17 Pohl, The Murder of Ukraine's Jews, S. 23–76.
18 Hausner, Die Vernichtung der Juden, S. 183 ff.

Himmler zum Beauftragten für die Vernichtungsaktion der ungarischen Juden ernannt und kehrte im Mai 1944 nach Auschwitz zurück.

Als Ungarn am 19. März 1944 von der Wehrmacht besetzt wurde, begann Eichmann mit dem Programm einer vollständigen Deportation der ungarischen Juden zuerst in Transkarpatien. Die Juden aus den kleinen Ortschaften und Provinzstädten wurden zusammengetrieben und in den Bezirksstädten in Ghettos zusammengepfercht. Mitte Mai 1944 begannen die großen Deportationen nach Auschwitz. An manchen Tagen trafen fünf Züge mit 14 000 Menschen in Auschwitz-Birkenau ein. In der ersten Hälfte des Jahres 1944 wurden mehr als 500 000 Juden aus Ungarn, einschließlich 95 000 Juden aus Transkarpatien in deutsche Vernichtungslager in Polen deportiert.[19] Eine kleine Zahl von Juden entkam in die Berge oder vorbereitete Verstecke. Nur 20 Prozent der transkarpatischen Juden überlebten den Krieg.

Transnistrien

Aufgrund der Beteiligung am Überfall auf die Sowjetunion erhielt Rumänien durch die deutsch-rumänische Vereinbarung von Tighina vom 30. August 1941[20] einen Landstrich der südlichen Ukraine, der Transnistrien[21] genannt wurde. Es war die Region zwischen dem Südlichen Bug im Osten und dem Dnjestr im Westen, dem Schwarzen Meer im Süden und jenseits von Mogiljow-Podolski im Norden. Diesen Teil der Ukraine hatten deutsche und rumänische Truppen im Sommer 1941 erobert. Das Gebiet hatte vor dem Krieg in den zahlreichen Marktflecken und Städten eine jüdische Bevölkerung von 300 000 Menschen.

Bevor die offizielle Übergabe an Rumänien erfolgte, hatten das Einsatzkommando 10 b der Einsatzgruppe D der Sicherheitspolizei unter dem Befehl von Otto Ohlendorf und des Sicherheitsdienstes (SD) sowie deutsche und rumänische Streitkräfte während der Eroberung des Gebietes in vielen Ortschaften Zehntausende Juden ermordet.

Die rumänische Zivilverwaltung unterteilte die Region in 13 Landkreise (judeţ), die wiederum in 64 (später 65) Bezirke gegliedert waren. Jeder Landkreis unterstand einem Präfekten (prefect), jeder Bezirk einem Prätor (pretor). Die Präfekten waren ehemalige Offiziere der Armee oder Gendarmerie im Rang eines Obersten. Die Prätoren waren ehemalige Armeeoffiziere, Juristen oder Staatsbeamte aus dem rumänischen Altreich. Die 13 Landkreise waren: Mogiljow, Jampol, Tultschin, Rîbniţa, Balta, Dubăsari, Ananjew, Golta, Tiraspol, Beresowka, Ovidiopol, Odessa und Oceacow. Am 7. Dezember 1941 wurde Odessa zur Hauptstadt des Gebiets Transnistrien erklärt.

Am 16. Oktober 1941 war Odessa von rumänischen Truppen erobert worden. Die Zahl der jüdischen Bevölkerung betrug noch zwischen 80 000 und 90 000. Vom 18. Oktober 1941

---

19 Kruglov, Jewish Losses in Ukraine, S. 283.
20 Wolfgang Benz/Brigitte Mihok (Hrsg.), Holocaust an der Peripherie. Judenpolitik und Judenmord in Rumänien und Transnistrien 1940–1944, Berlin 2009, S. 243 ff.
21 Enzyklopädie des Holocaust, S. 1421–1425.

bis Mitte März 1942 ermordete das rumänische Militär mit Unterstützung von Gendarmerie und Polizei bis zu 25 000 Juden und deportierte über 35 000 Juden.[22] (Siehe XI. Gebiet Odessa, Gebietshauptstadt Odessa.)

Während der Besatzungszeit nutzte die rumänische Verwaltung das Gebiet als Deportationsareal. Der Gouverneur Gheorghe Alexianu ließ in über 175 Ortschaften Ghettos und Arbeitslager errichten, unter anderem in Mogiljow-Podolski, Schargorod, Kopaigorod, Obodowka und Berschad. In diese Lager wurden von Oktober 1941 bis August 1942, nach Unterlagen der rumänischen Gendarmerie und Armee, 118 847 Juden aus dem Norden Rumäniens (Bukowina, Nordmoldau und Bessarabien) deportiert. Nur etwa ein Drittel von ihnen überlebte das Jahr 1943. Grundlage für die Deportationen war der Befehl Nr. 1, unterschrieben vom Kommandeur der 9. Rumänischen Infanteriedivision, Brigadegeneral Hugo Schwab, ein Rumäne deutscher Abstammung. Der Befehl wurde im August 1941 in den Straßen plakatiert und richtete sich auf Rumänisch, Deutsch und Russisch an die rumänischen Militärangehörigen:

> »Die Juden werden in Ghettos, Kolonien und Arbeitslagern leben. Alle Juden, die sich derzeit in Transnistrien befinden und sich nicht innerhalb von zehn Tagen nach der Veröffentlichung dieses Befehls zum Zwecke der Festlegung ihres Wohnorts bei den Behörden melden, werden exekutiert. Den Juden ist es verboten, die Ghettos, Arbeitslager und Transporte ohne Zustimmung der Behörden zu verlassen. Jene, die sich nicht an diesen Befehl halten, werden mit dem Tode bestraft. [...] Jeder nach Transnistrien gebrachte Jude, der ohne Genehmigung der Behörden nach Rumänien kommt oder dies versucht, wird exekutiert. Jeder, der den Juden Unterkunft bietet, [...] wird mit drei bis zwölf Jahren Gefängnis sowie einer Strafe von 100 bis 200 Mark belegt.«[23]

1942 wurden über 5000 Deportierte als Arbeitskräfte an die deutschen Behörden in der besetzten Ukraine jenseits des Bug ausgeliefert. Sie arbeiteten vor allem beim Straßenbau. Die meisten von ihnen wurden anschließend erschossen.

1942 erfolgte die Deportation rumänischer Roma, Ukrainer und Angehöriger bestimmter religiöser Gemeinschaften wie Zeugen Jehovas und Adventisten. Alle Deportierten litten unter Entbehrungen, Seuchen, Misshandlungen, Zwangsarbeit und willkürlichen Exekutionen. Die Deportationsaktionen wurden vom Generalstab der rumänischen Armee organisiert und von der rumänischen Gendarmerie durchgeführt und überwacht. Die Gesamtzahl der Deportierten betrug wahrscheinlich 150 000.

22 International Commission on the Holocaust in Romania (București), Final Report/International Commission on the Holocaust in Romania; president of the commission: Elie Wiesel; ed. Tuvia Friling/Radu Ioanid/Mihail E. Ionescu, Iași 2004, S. 150.
23 Benz, Holocaust an der Peripherie, S. 50.

Die Lage der Deportierten in Transnistrien war sehr unterschiedlich. Anfangs war überall willkürlicher Mord an der Tagesordnung. Später gelang es Vertretern der Deportierten an einigen Orten, durch Bestechung der Bewacher zumindest einem Teil der Deportierten das Überleben zu sichern. So verhinderte zum Beispiel ein wertvoller Diamant die bereits beschlossene Umsiedlung einer Gruppe aus Schargorod in das Todeslager Petschora.[24]

Im November 1943 hielten sich im Bezirk Mogiljow-Podolski 35 826 Deportierte in 53 Ghettos und einem Lager auf. 26 der Ghettos hatten weniger als 150 Bewohner, in 15 Ghettos lebten je 150 bis 300 Personen, in fünf Ghettos 300 bis 500 und zwei Ghettos zählten 500 beziehungsweise 1000 Menschen. Nur in fünf Ghettos waren mehr als 1000 Juden, das größte davon war Schargorod, das im September 1943 eine Bevölkerung von 2971 Juden hatte. In Mogiljow-Podolski wurden im September 1943 mehr als 13 000 Deportierte gezählt, von denen es vielen gestattet war, außerhalb des Ghettos zu leben, da im Ghetto selbst nicht genug Platz war. Das Ghettoleben in Transnistrien war entsetzlich. Im Winter 1941/42 lag die Sterberate zwischen 30 und 50 Prozent.[25] Eine Zählung der Juden in Transnistrien im März 1943 ergab, dass von den 150 000 bis 170 000 Deportierten nur 72 214 überlebt hatten.

Transnistrien war ein Friedhof für 220 000 bis 260 000 Juden und 10 000 bis 20 000 Roma. Mehrere Tausend wurden zwischen 1941 und 1943 von Rumänen, SS-Einheiten und Volksdeutschen erschossen. Die meisten von ihnen starben aber an Unterernährung und Krankheiten in den Lagern und Ghettos.[26]

---

24 Mariana Hausleitner in: Wolfgang Benz/Juliane Wetzel (Hrsg.), Solidarität und Hilfe für Juden während der NS-Zeit, Regionalstudien 1, Polen, Rumänien, Griechenland, Luxemburg, Norwegen, Schweiz, Berlin 1996, S. 120.
25 Benz, Holocaust an der Peripherie, S. 52 f.
26 Dennis Deletant, Transnistria and the Romanian Solution to the »Jewish Problem«, in: Brandon/Lower (Hrsg.), The Shoah in Ukraine, S. 156–189.

Werner Müller

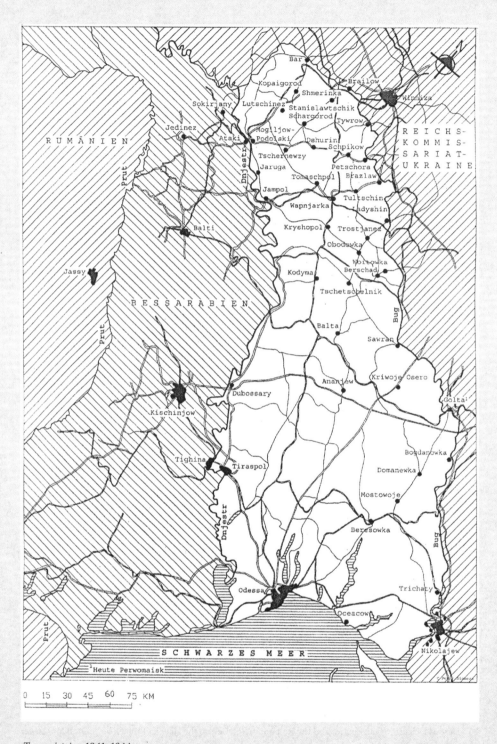

Transnistrien 1941–1944

Ghettos, Vernichtungsorte und Überlebensberichte

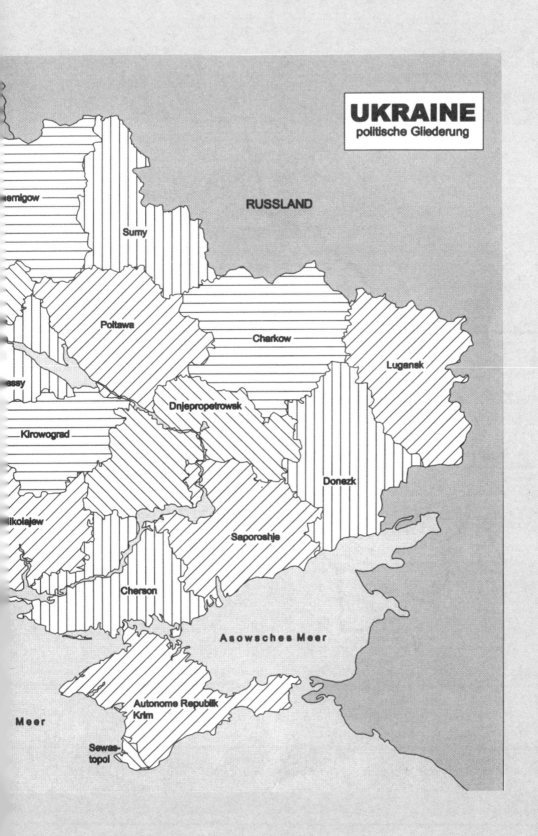

I. Gebiet (Oblast) Lemberg

I. Gebiet (Oblast) Lemberg
(ukr. Lwiw, russ. Lwow, poln. Lwów)

Vor 1939 war das Gebiet Lemberg[1] eine Woiwodschaft Polens. Am 17. September 1939 begann die Sowjetunion, wie im Geheimabkommen zum Hitler-Stalin-Pakt vereinbart, Ostpolen zu besetzen. Am 4. Dezember 1939 bildete die Sowjetunion aus den östlichen Teilen der bis dahin bestehenden polnischen Woiwodschaften Lwów und Tarnopol die Oblast Lwow als Teil der Ukrainischen Sozialistischen Sowjetrepublik. Zunächst wurden die ehemals polnischen Bezirke (Powiate) beibehalten. Erst am 10. Januar 1940 wurden sie aufgelöst und die Oblast neu gegliedert in Rayone und die kreisfreien Städte Lwow, Brody, Gorodok, Solotschew und Rawa Ruska. Nach dem Überfall der deutschen Wehrmacht auf die Sowjetunion am 22. Juni 1941 wurde die Oblast wieder aufgelöst. Das Gebiet ging großenteils im Distrikt Galizien im Generalgouvernement auf und konnte erst nach der Rückeroberung des Gebiets durch die Rote Armee im Jahre 1944 wiederhergestellt werden. Seit 1991 ist das Gebiet Lemberg eine Oblast der Ukraine.

1931 wohnten in diesem Gebiet 191 165 Juden. Durch zahlreiche Flüchtlinge aus Polen stieg bis zum Überfall der Wehrmacht auf die Sowjetunion am 22. Juni 1941 die Zahl der Juden auf etwa 260 000. Nur wenige Juden waren zur Armee einberufen worden, konnten evakuiert werden oder waren geflohen. Die direkt hinter der deutsch-sowjetischen Demarkationslinie am Bug gelegene Stadt Sokal wurde am 22. Juni 1941 von Truppen des XXXXVIII. Armeekorps, das zur Panzergruppe 1 gehörte, besetzt. In Sokal lebten vor dem deutschen Einmarsch ungefähr 6000 Juden, etwa die Hälfte der Einwohnerschaft. Schon am 22. Juni wählten Offiziere der ersten deutschen Truppen, die nach Sokal kamen, unter den Juden elf Personen aus, misshandelten sie und erschossen sie anschließend an der Wand der römisch-katholischen Kirche.[2] Dies waren die ersten Opfer der Schoah in der Ukraine. In 12 Städten des Gebiets wurden Ghettos errichtet. Viele Ghettos wurden später in Arbeitslager umgewandelt.

Während der deutschen Besatzung in der Zeit von 1941 bis 1944 wurden im Gebiet Lemberg insgesamt 215 000 einheimische Juden ermordet.[3] Ungefähr 117 000 Juden wurden in die Vernichtungslager, hauptsächlich nach Belzec, deportiert und dort ermordet, 64 000 wurden in Ghettos und bei den Deportationen ermordet, etwa 30 000 starben durch Hunger, Krankheit und Kälte in den Ghettos und Arbeitslagern. Tausende Juden sind bei den von ukrainischen Nationalisten organisierten Gemetzeln ums Leben gekommen.

---

1 Altman, Cholokost, S. 550; Kruglow, Enziklopedija Cholokosta, S. 106 ff.
2 Kruglow, Chronika Cholokosta, S. 6; Kai Struve, Deutsche Herrschaft, ukrainischer Nationalismus, antijüdische Gewalt. Der Sommer 1941 in der Westukraine, Berlin/Boston 2015, S. 234 f.
3 Kruglov, Jewish Losses in Ukraine, S. 272–290, hier S. 284.

1. Gebietshauptstadt Lemberg

Vor 1939 war Lemberg[4] Kreis- und Woiwodschaftszentrum in Polen. Im September 1939 wurde die Stadt zunächst von deutschen Truppen eingenommen, dann aber aufgrund des Hitler-Stalin-Pakts der Sowjetunion überlassen. Am 20. September 1939 besetzte die Rote Armee die Stadt. Lemberg wurde als Bezirks- und Gebietshauptstadt in die Ukrainische Sozialistische Sowjetrepublik eingegliedert. Während der deutschen Besatzungszeit 1941–1944 war Lemberg die Hauptstadt des Kreises Lemberg-Land und des Distrikts Galizien als Teil des Generalgouvernements. Seit 1991 ist Lemberg Gebietshauptstadt in der Ukraine.

1939, als Lemberg noch zu Polen gehörte, zählte die jüdische Gemeinde 110 000 Mitglieder. Nach dem 20. September 1939 kamen aus den von Deutschland besetzten westpolnischen Gebieten zahlreiche jüdische Flüchtlinge in die Stadt, sodass die jüdische Bevölkerung auf 230 000 bis 240 000 anwuchs. Viele wurden im Sommer 1940 in abgelegene Gebiete der Sowjetunion deportiert. Als die deutsche Wehrmacht am 22. Juni 1941 die Sowjetunion überfiel, flohen Tausende Juden nach Osten.

Am 30. Juni 1941 besetzten Einheiten der 1. Gebirgs-Division und das Bataillon Nachtigall, das aus ukrainischen Nationalisten bestand und zum Regiment z.b.V. 800 »Brandenburg« gehörte, die Stadt Lemberg.[5] In der Stadt lebten noch etwa 160 000 Juden.[6]

Bevor die Sowjets sich aus Lemberg zurückzogen, ermordeten sie in den Gefängnissen der Stadt über 2000 Gefangene, Polen, Juden und Ukrainer. Nach sowjetischen Dokumenten wurden insgesamt 2464 Gefängnisinsassen getötet, 808 Häftlinge seien freigelassen und 1546 seien in den Gefängnissen zurückgelassen worden, darunter 1366 im Brygidki-Gefängnis. Diese Zahlen geben jedoch nicht die genaue Zahl der Opfer des sowjetischen Massakers in Lemberg wieder, da darin einerseits die über 600 im Gefängnis Nr. 3 in Solotschew ermordeten Häftlinge enthalten waren, andererseits aber die im NKWD-Untersuchungsgefängnis in der ul. Łąckiego ermordeten Gefangenen fehlten.[7] Deutsche und Ukrainer verbreiteten das Gerücht, Juden seien an der Hinrichtung von ukrainischen politischen Gefangenen beteiligt gewesen, deren Leichen man in den Kerkern des NKWD

---

4   Enzyklopädie des Holocaust, S. 851 ff.; Altman, Cholokost, S. 545 ff.; Encyclopedia of Camps and Ghettos, S. 802–805; Yakov Honigsman, The Catastrophe of Jewry in Lvov, Lvov 1997; Filip Friedman, Die Vernichtung der Lemberger Juden, in: Frank Beer/Wolfgang Benz/Barbara Distel (Hrsg.), Nach dem Untergang. Die ersten Zeugnisse der Shoah in Polen 1944–1947. Berichte der Zentralen Jüdischen Historischen Kommission, Dachau/Berlin 2014, S. 27–63; The Yad Vashem Encyclopedia of the Ghettos during the Holocaust, 2 Bde., Yad Vashem, Jerusalem 2009, S. 437–443.

5   Susanne Heim/Ulrich Herbert/Hans-Dieter Kreikamp/Horst Möller/Gertrud Pickhan/Dieter Pohl/Hartmut Weber (Hrsg.), Die Verfolgung und Ermordung der europäischen Juden durch das nationalsozialistische Deutschland 1933–1945, Bd. 7 (VEJ 7), Sowjetunion mit annektierten Gebieten I. Besetzte sowjetische Gebiete unter deutscher Militärverwaltung, Baltikum und Transnistrien, bearb. v. Bert Hoppe/Hildrun Glass, München 2011, S. 152, Anm. 6.

6   The Yad Vashem Encyclopedia, S. 437 ff.

7   Struve, Deutsche Herrschaft, S. 252.

gefunden hatte. Am selben Tag noch begann die Ermordung der Juden durch die Einsatzgruppe C, die Einsatzgruppe z.b.V., Wehrmachtsangehörige, ukrainische Nationalisten und durch die Bevölkerung. Während des vier Tage andauernden Pogroms wurden etwa 4000 Juden, nach anderen Quellen 7000 Juden[8], auf der Stelle oder in den Sandgruben Piaski hinter dem Janowski-Friedhof, im Wald von Belgory und an anderen Orten ermordet.

In den Abendstunden des 3. Juli 1941 startete das Sonderkommando z.b.V. einen Einsatz gegen die Lemberger Hochschullehrer. Im Zuge dieser »Aktion« wurden 52 Personen in ihren Wohnungen festgenommen und 45 von ihnen in derselben Nacht und in den folgenden Tagen ermordet.[9]

Nach den Erschießungen am 1. Juli 1941 im Brygidki-Gefängnis fand der erste größere, geplante Massenmord durch die Sicherheitspolizei am 5. Juli statt. Bereits am 3. Juli wurden etwa 2000 bis 3000 männliche Juden verhaftet und auf Sportanlagen versammelt, die unweit der von der Einsatzgruppe C übernommenen NKWD-Zentrale lagen. Bei der Mehrzahl von ihnen handelte es sich um gezielt nach Absprachen zwischen der Einsatzgruppe und der ukrainischen Miliz verhaftete Personen, die als besonders sowjetfreundlich galten. Am 5. Juli wurde der weitaus größte Teil von ihnen mit den Lastkraftwagen der Einsatzgruppe in ein Waldgebiet beim Ort Lewandiwka außerhalb Lembergs gebracht und hier durch die Einsatzkommandos 5 und 6 und wohl auch durch das Einsatzkommando Lemberg erschossen. Darüber, wie viele Menschen erschossen wurden, liegen keine sicheren Informationen vor. Es dürften etwa 2000 gewesen sein.[10]

Seit dem 8. Juli 1941 mussten alle Juden im Alter von über 14 Jahren am rechten Arm eine weiße Armbinde mit einem blauen Davidstern tragen. Am 12. Juli 1941 wurden alle jüdischen Männer, insgesamt ungefähr 80 Personen, aus mehreren, vorwiegend von Juden bewohnten Häusern geholt, heftig geschlagen, zur Gestapo gebracht und vermutlich am gleichen Tag erschossen.[11] Am 22. Juli 1941 richtete der Militärkommandant einen Judenrat ein. Vorsitzender wurde der bekannte Rechtsanwalt und Professor der Universität Lemberg M. Allerhand.[12]

Während der Okkupation wurden der jüdischen Gemeinde drei Kontributionen auferlegt. Am 28. Juli 1941 verkündet der Präsident der jüdischen Gemeinde, die Juden der Stadt müssten 20 Millionen Rubel bis zum 6. August 1941 an die Militärverwaltung zahlen.[13] Um der Forderung Nachdruck zu verleihen, waren mehr als 100 prominente Mitglieder der jüdischen Gemeinde als Geiseln verhaftet worden. Obwohl die Forderungen rechtzeitig erfüllt

---

8   Peter Longerich, Politik der Vernichtung. Eine Gesamtdarstellung der nationalsozialistischen Judenverfolgung, München 1998, S. 337 ff.; Die Holocaustchronik, München 2002, S. 241.
9   Dieter Schenk, Der Lemberger Professorenmord und der Holocaust in Ostgalizien, Bonn 2007, S. 114 ff.
10 Struve, Deutsche Herrschaft, S. 394–402.
11 Ebenda, S. 417 f.
12 Honigsman, The Catastrophy of Jewery, S. 8.
13 VEJ 7, S. 216.

worden waren, wurden die Geiseln erschossen. Die zweite Kontribution in Höhe von 10 Millionen Złoty wurde im Oktober 1941 auferlegt. Da sie nur teilweise bezahlt wurde, verhafteten die Behörden die Führung des Judenrats und deportierten junge Juden in Arbeitslager. Eine dritte Kontribution in Höhe von 10 Millionen Złoty wurde im Juli 1942 verhängt. Diese Forderung überstieg die Möglichkeiten der Gemeinde. Der Judenrat sammelte Möbel, Geschirr und andere Werte als Schmiergeld für die Polizei und die Administration, von denen das Schicksal der jüdischen Gemeinde abhing. Edelmetalle, Geld und Wertpapiere gingen an das Schatzamt der Reichsbank, das weniger wertvolle Eigentum wurde an die lokale Bevölkerung verkauft. Der Verkaufserlös diente der Finanzierung des Besatzungsregimes.

In einem drei Tage andauernden Pogrom vom 25. bis 27. Juli 1941 (Petljura-Pogrom) ermordeten pro-deutsche ukrainische Nationalisten etwa 2000 bis 3000 Juden in Lemberg als Vergeltung für den Freispruch Schwartzbards. 1926 hatte Scholom Schwartzbard in Paris Symon Petljura erschossen, der als Oberkommandierender der Ukrainischen Nationalarmee für den Tod Tausender Juden verantwortlich war, die seine Truppen 1918/1919 bei Pogromen getötet hatten. Schwartzbard war von einem Pariser Gericht freigesprochen worden.[14]

Ende Juli 1941 wurde zunächst ein provisorischer Gemeindevorstand gebildet, der später zu einem Judenrat erweitert wurde.

Während des Sommers 1941 verübte die SS Massenexekutionen in den Wäldern östlich der Lychakowska (poln. Łyczakowska)-Straße, im Lesienice Wald oder in den Sandgruben Piaski in der Nähe der Janowska-Straße.[15]

Im August 1941 wurde Lemberg die Hauptstadt des Distrikts Galizien des Generalgouvernements.

Es kam immer wieder zu Plünderungen und Verschleppung von Juden zur Zwangsarbeit beim Bau von Straßen, Brücken und Kasernen. Im September 1941 hatte ein SS-Kommando auf einem Fabrikgelände in der Janowska-Straße in Lemberg ein Arbeitslager errichtet (Janowskalager)[16]. Das Gebiet, auf dem die Fabrik lag, wurde eingezäunt, sodass die Juden das Gelände nicht verlassen konnten.[17]

Am 8. November 1941 ordneten die deutschen Besatzungsbehörden an, dass alle Juden bis zum 15. Dezember in das errichtete Ghetto umsiedeln mussten. Es wurde das größte Ghetto in der Westukraine und umfasste insgesamt 34 Straßen und Gassen auf einem wenig

---

14   Enzyklopädie des Holocaust, S. 1108; Longerich, Politik der Vernichtung, S. 342.
15   Encyclopedia of Camps and Ghettos, S. 802.
16   Jakov Honigsman, Janower Lager (Janower Zwangsarbeitslager für Juden in Lemberg), Lemberg 1996; Michał Maksymilian Borwicz, Die Universität der Mörder, in: Frank Beer/Wolfgang Benz/Barbara Distel (Hrsg), Nach dem Untergang. Die ersten Zeugnisse der Shoah in Polen 1944–1947. Berichte der Zentralen Jüdischen Historischen Kommission, Dachau/Berlin 2014, S. 65–129; Leon Weliczker Wells, Ein Sohn Hiobs. Mit 4 Karten, München 1979, Karte des Janowska Lagers.
17   Enzyklopädie des Holocaust, S. 657 ff.; Schenk, Der Lemberger Professorenmord, S. 182 ff.; Altman, Cholokost, S. 1133.

1. Gebietshauptstadt Lemberg

bebauten Gelände im Nordostteil der Stadt in den Stadtbezirken Zamarstynów und Kleparów, zu beiden Seiten der Bahnlinie.[18] Die deutschen Behörden befahlen 80 000 Juden, in diese Bezirke zu ziehen, in denen bereits 25 000 Juden lebten. Auf dem Weg ins Ghetto wurden 5000 alte und kranke Menschen ermordet.

Am 15. November 1941 fand eine Selektion statt. Alte und Kranke wurden in eine alte Baracke gebracht und ermordet. Andere wurden in einem Wald in der Nähe der Stadt ermordet. Während dieser »Aktion«, bekannt als die »Todesbrückenaktion«, wurden etwa 5000 Juden ermordet.[19] Am 26. Dezember 1941 brachte die Gestapo 100 Juden, die am Ghettotor darauf warteten, zur Arbeit geführt zu werden, zum jüdischen Friedhof und erschoss sie dort.[20] Am 1. Januar 1942 wurde bei der Rückkehr ins Ghetto eine Arbeitsbrigade von 60 Juden ins Gefängnis gebracht und dort am nächsten Tag erschossen.[21]

Im Winter 1941/42 begannen die Transporte in Arbeitslager. Am 25. Februar 1942 erhielten die jüdischen Arbeiter Passierscheine und mussten Armbinden mit dem Davidstern und einem A in der Mitte tragen. Nur dieser Passierschein bedeutete vorläufige Sicherheit.

Im März 1942 sollte der Judenrat eine Liste mit 20 000 unbeschäftigten Deportationskandidaten anfertigen, die angeblich nach Osten deportiert werden sollten. Am 19. März begann die Mordaktion. Bis zum 1. April 1942 wurden etwa 15 000 Juden, hauptsächlich Kinder, Frauen und alte Menschen, in das Vernichtungslager Belzec deportiert.[22]

Seit August 1941 gab es im Ghetto eine illegale Zeitung auf Polnisch »Tygodnik Łwowski«. Sie erschien bis zur Massendeportation der Juden im März 1942. Danach wurde ein Flugblatt verbreitet, das die Juden aufrief, Bunker und Verstecke zu bauen, Waffen zu beschaffen und sich auf einen Kampf vorzubereiten. Ziel war es, aus dem Ghetto auszubrechen und zu den Partisanen zu gehen. Am 24. Juni 1942 stürmte eine SS-Einheit das jüdische Wohngebiet und trieb 2000 Juden ins Janowskalager. 130 wurden als Arbeiter ausgewählt und die anderen in den Sandgruben Piaski ermordet.[23] Am 8. Juli 1942 wurden 7000 Juden, die keine Arbeitserlaubnis hatten, in das Janowskalager deportiert und dort ermordet.

Als die Deportation der Juden aus Ostgalizien in das Vernichtungslager Belzec begann, wurden gelegentlich Gruppen von Juden im Janowskalager interniert, bevor sie weiter nach Belzec deportiert wurden. Im Lager wurden Selektionen durchgeführt, und nur die Arbeitsfähigen blieben im Lager, die anderen wurden in Belzec ermordet.

In einer am 10. August 1942 beginnenden »Aktion«, die bis zum 23. August dauerte, wurden in zehn Transporten 40 000 Juden von der Bahnstation Kleparów in das Vernichtungs-

---

18 Jakob Honigsman, Juden in der Westukraine. Jüdisches Leben und Leiden in Ostgalizien, Wolhynien, der Bukowina und Transkarpatien 1933–1945, Konstanz 2001, S. 198 ff.
19 The Yad Vashem Encyclopedia, S. 441.
20 Simon Wiesenthal, Jeder Tag ein Gedenktag, Chronik jüdischen Leidens, Gerlingen 1989, S. 282.
21 Ebenda, S. 32.
22 Die Holocaustchronik, S. 310.
23 The Yad Vashem Encyclopedia, S. 441.

lager Belzec deportiert und dort ermordet. Die übrig gebliebenen Juden, etwa 50 000, wurden in einem Ghetto zusammengedrängt, das an einer Seite von einem Bahndamm, an den anderen Seiten von einem Holzzaun mit Stacheldraht eingegrenzt war.[24] Die Grenzen des Ghettos waren im Norden der Pełtew Fluß, im Osten die Kleparówska-Straße, im Westen die Zamarstynów-Straße und im Süden die Rapaport- und die Szpitalna-Straße.

Am 1. September 1942 ließ der Gestapochef von Lemberg, SS-Hauptsturmführer Erich Engels, als Vergeltung für die Tötung eines SS-Mannes elf Mitglieder des Judenrats an einem Balkon erhängen und weitere 175 Juden erschießen. Die Rechnung für die Stricke schickte Engels an den Judenrat.[25] Am 18. November 1942 wurden zwischen 5000 und 7000 »Arbeitsunfähige« ins Janowskalager oder nach Belzec deportiert und ermordet. Das Ghetto war praktisch ein Arbeitslager geworden. Wer keinen Beschäftigungsnachweis hatte, wurde ermordet.[26] Einigen Juden gelang es, sich zu verstecken, oder sie wurden von Einheimischen gerettet. Das Oberhaupt der griechisch-katholischen Kirche, Metropolit Sheptyrsky, berichtete dem Vatikan von dem Massenmord an den Juden und leitete eine Operation, um etwa 150 Juden zu verstecken. Elf römisch-katholische Klöster in Lemberg sind bekannt, die jüdische Kinder versteckten.[27]

Im Januar 1943 wurde das Ghetto offiziell in ein Arbeitslager, ein sogenanntes »Julag« (Judenlager), umgewandelt. Am 5. Januar 1943 wurden in einer zweitägigen »Aktion« 15 000 bis 20 000 Juden in den Sandgruben Piaski erschossen, eine kleinere Anzahl wurde in das Todeslager Sobibor deportiert.

Jeden Tag marschierten ungefähr 20 000 Juden unter Begleitung eines jüdischen Orchesters zur Arbeit. Häufig wurden Frauen exekutiert. Die Anwesenheit von Kindern war absolut verboten.

Der Judenrat wurde aufgelöst und die meisten Mitglieder des Judenrats wurden ermordet.

Am 13. Februar 1943 wurde im Lager eine Selektion durchgeführt. Etwa 200 Juden durften im Lager bleiben, die anderen wurden mit ihren Familien ermordet. Anfang März 1943 wurden etwa 1600 Erwachsene und ihre Kinder ermordet, weil sie als arbeitsunfähig eingestuft wurden. Am 17. März 1943 wurden 1000 Juden aus dem Ghetto als Vergeltungsmaßnahme für die Tötung eines SS-Mannes erschossen. Ende März 1943 wurden 600 Juden nach Auschwitz-Birkenau deportiert. Am 20. April 1943 wurden »zur Feier von Hitlers Geburtstag« in den Sandgruben Piaski 30 Juden erschossen. Es waren Ärzte, Anwälte und Ingenieure.[28] Am 23. Mai 1943 wurden 2000 Gefangene des Janowskalagers ermordet, um Platz für Deportierte des Judenlagers zu schaffen. Am 1. Juni 1943 begannen deutsche und

---

24 Wiesenthal, Jeder Tag ein Gedenktag, S. 184, 195.
25 Ernst Klee, Das Personenlexikon zum Dritten Reich. Wer war was vor und nach 1945, 2. Aufl., Frankfurt a. M. 2007, S. 136.
26 Wiesenthal, Jeder Tag ein Gedenktag, S. 263; Enzyklopädie des Holocaust, S. 852.
27 Encyclopedia of Camps and Ghettos, 1933–45, S. 804.
28 Wiesenthal, Jeder Tag ein Gedenktag, S. 99.

ukrainische Polizeieinheiten, das Ghetto zu räumen. Die Ghettoinsassen wehrten sich mit Handgranaten und töteten neun Polizisten. 7000 Juden wurden ins Janowskalager deportiert und dort ermordet. Auf dem Ghettogelände selbst wurden etwa 3000 Juden umgebracht. Diese Mordaktion dauerte bis zum 28. Juni 1943. Mitte 1943 wurde das Janowskalager zusätzlich auch Vernichtungslager. Neuankömmlinge wurden meistens sofort an die Mordstätten, zu den Sandhügeln, den Piaski, gebracht und dort ermordet.

Am 19. November 1943 lösen die Deutschen das Arbeits- und Vernichtungslager Janowska auf. Etwa 3000 Juden wurden zusammen mit 2000 jüdischen Zwangsarbeitern der Ostbahn ermordet. Unter den Gefangenen, die als Sonderkommando der »Aktion 1005« die Aufgabe hatten, die Leichen der Opfer zu exhumieren und zu verbrennen, brach eine Revolte aus. Mehrere Wachen wurden getötet, einige Gefangene konnten entkommen. Die meisten allerdings wurden gefasst und ermordet.

Die genaue Zahl der Opfer im Janowskalager ist nicht bekannt. Insgesamt dürften 35 000 bis 40 000 Juden ermordet worden sein. Die von den sowjetischen Behörden genannte Zahl von 200 000 hält einer genauen Prüfung nicht stand.[29]

Als die Rote Armee Lemberg am 27. Juli 1944 befreite, lebten noch etwa 200 bis 300 Juden.

Edmund Borissowitsch Baumwald (geb. 1901)
»Erinnerungen an die Geschehnisse in der Ukraine während der deutschen Besatzung«
Stenografischer Bericht vom 22. Januar 1946

Ich wurde 1901 in Lemberg geboren, habe keine abgeschlossene Hochschulausbildung und bin von Beruf Chemiker. Meine Nationalität ist jüdisch, ich gehöre keiner Partei an.

Vor dem Krieg arbeitete ich als Lagerleiter im städtischen Warenhaus. Auf diesem Posten wurde ich vom Krieg überrascht. Ende Juni 1941 griffen die Deutschen Lemberg an und marschierten am 1. Juli in die Stadt ein. Wir hatten Informationen, dass sie rauben und töten. Deshalb versteckten wir uns in den Kellern, aber das half nicht. Bereits am ersten Abend wurden die Viertel umstellt. Sie warfen Menschen aus den Häusern, nahmen die Wertsachen, Matratzen und Decken.

Am nächsten Tag begann die Plünderung. Menschen wurden auf die Straße getrieben und unter dem Vorwand eines Arbeitseinsatzes auf Lkw geladen. Das machte man mit den Einwohnern der Stadt unabhängig von der Nationalität. Sie wurden auf den Straßen geschnappt, aus den Häusern gejagt und in östliche Richtung außerhalb der Stadt auf den »Sand« abtransportiert. In erster Linie wurde die Intelligenz »genommen«. Man fragte: »Was für einen Schulabschluss?« Es reichte zu antworten: »Hochschulabschluss« und die Person wurde abgeholt.

In jenen Tagen gab es keine organisierte Polizei. Diese Operationen wurden von den Truppen der Wehrmacht durchgeführt. Zwei Tage später kam eine SS-Brigade und organisierte die Massenverhaftung der Menschen, sodass nach zwei bis drei Tagen auf dem »Sand« ein paar Tausend

---

29 Dieter Pohl, Nationalsozialistische Judenverfolgung in Ostgalizien 1941–1944, München 1996, S. 338.

Menschen versammelt waren. Dort wurden Massentötungen durchgeführt. Das wussten alle Einwohner von Lemberg.

In jenen Tagen wurden nach den im Vorfeld zusammengestellten Listen Universitätsprofessoren, qualifizierte Lehrer, Ärzte und andere festgenommen. Man sagte ihnen, sie seien als Geiseln festgenommen, aber sie wurden auch auf den »Sand« abtransportiert und ermordet. Es wurden folgende Professoren abtransportiert: Professor Tschitinski, die Professoren Ostrowski, Nowicki, Sieradzki, der Schriftsteller Boy-Zelenski, Longchamps de Berier, die Chirurgen Dr. Ruff, Dr. Margulis, Dr. Wolner, Professor Rencki und andere.

Danach kamen Gestapo, SS, SD und Schupo in die Stadt und begannen ihre systematische Arbeit in der ganzen Stadt. Kleinkinder, alte Menschen, Kranke wurden massenhaft, in anderen Städten einzeln, gefangen und zum »Sand« abtransportiert.

Sie veranstalteten den Petljura-Tag. Er zeichnete sich dadurch aus, dass die Intelligenz, besonders die jüdische, aus den Kellern unter dem Vorwand eines Arbeitseinsatzes gesammelt und mit Lkws zur Peltschinska-Straße, in der das Gestapogebäude stand, abtransportiert wurde. Dort wurden ein paar Tausend Menschen gesammelt, sie wurden rund um die Uhr gequält und gefoltert. Jene, die keinen handwerklichen Beruf vorweisen konnten wie Tischler, Schuhmacher usw., wurden zur Zitadelle gebracht und dort erschossen.

Ein paar hundert Handwerker wurden freigelassen. Danach wurde eine Gestapo-Truppe gebildet. Den Juden wurde unter Todesandrohung befohlen, eine weiße Armbinde mit dem Davidstern zu tragen. Die Binde gab jedem Einwohner das Recht, die Juden zu vernichten. Menschen, die diese Binde trugen, standen außerhalb des Gesetzes. Aus der Perspektive der Nazis galt jemand, der einen Juden tötete, als Held. Seitdem begann die Vertreibung der Juden aus allen Stadtvierteln in zwei Bezirke: Shelesnodoroshni und Schewtschenkowski. Den Juden wurde eine Kontribution in Höhe von ein paar Millionen Rubel auferlegt. Die Frist betrug 2–3 Tage. Die Stadt wurde in eine arische und nichtarische Seite aufgeteilt. Von der arischen Seite kam zur Bezahlung der Kontribution eine heimliche Hilfe. Die Bevölkerung anderer Nationalitäten wollte den Juden helfen, weil die Kontribution so hoch war. Es war offensichtlich, dass die Juden nicht imstande waren, sie zu bezahlen.

In dieser Zeit wurde verkündet, dass es verboten sei, den Juden zu helfen, mit Juden zu sprechen, und wenn jemand das täte, würde er zum Gegner des deutschen Volkes erklärt werden. So endete das Jahr 1941.

Bereits Anfang 1942 wurde ein Lager eingerichtet. Zunächst war es nur ein Arbeitslager. Jeder sollte eine feste Beschäftigung haben. Die deutschen Machthaber versicherten, wenn jemand Arbeit habe, werde ihm nichts passieren. Zur Arbeit wurden Menschen im Alter von 12 bis 60 Jahren beiderlei Geschlechts herangezogen. Die Deutschen beschlagnahmten schon wieder ein Wohnviertel, wo früher Juden leben durften. Jeder wollte seinen Besitz mitnehmen. Nur eine Straße wurde zu diesem Wohnviertel befahrbar gemacht. Diese Straße passierten Fuhrwerke mit dem Eigentum. Unterwegs raubten die Deutschen. Alte, Kinder und alle, die sie festnahmen, brachten sie zum »Schlachthof«. Dort wurden die Menschen ermordet. Vor dem Tod wurden sie gefoltert.

In anderen Stadtteilen fanden Massenfestnahmen statt. Es gab keine Nationalität, die in einer besseren Lage gewesen wäre. Polen und Juden wurden aus den Straßen Listopad und Engels herausgeworfen, nachdem bekannt gegeben wurde, dass dort ein deutsches Viertel entstehen sollte. Man hatte fünf Minuten Zeit. Es war nicht erlaubt, die Möbel mitzunehmen. Dort waren Schilder »Für Juden, Polen und andere ist der Eingang verboten!« Es wurde ein SS-Wohnviertel mit dem SS-Gruppenführer und Generalleutnant der Polizei Katzmann an der Spitze eingerichtet. Die SS-Mannschaften gingen durch die Häuser. Sie hielten Ausschau nach guten Möbeln, um die frisch zugeteilten Wohnungen einzurichten. Tagelang dauerten der Raub und die Plünderung. Sie sperrten den Zugang zu den Straßen von beiden Seiten und fingen an zu rauben. Sie gingen durch die Häuser und holten die Menschen. Wenn jemand nicht mitkam – die Menschen wussten, dass sie zum Sterben abgeführt würden –, wurde er an Ort und Stelle erschossen oder mit Granaten beworfen.

In manchen Vierteln gab es folgende Provokationen. Auf der Straße lag die Leiche eines Deutschen. In dieser Straße drangen die SS-Mannschaften in die Wohnungen ein und erschossen alle Anwesenden. In einer halben Stunde wurden alle Menschen in der Straße ermordet. Dann kam ein Sonderkommando und holte alle Wertsachen.

Im April 1942 fingen die organisierten antijüdischen Massenaktionen an. Ganze Viertel wurden umzäunt. Jene, die keinen Arbeitsausweis besaßen, bekamen eine weiße Binde mit einem Stern und einer Nummer. Ich hatte die Nummer 718. Eine Straßenbahn mit freier Plattform kam angefahren, die Menschen wurden aufgeladen und nach Belzec, in der Nähe von Lemberg, gebracht. Dort wurde ein Lager eingerichtet, ein »Sonderschlachthof«, wo die Menschen mit Gas getötet wurden.

Es gab Juden, die Papiere besaßen, die sie als türkische, argentinische oder Schweizer Staatsbürger auswiesen. Wenn die SS-Mannschaften kamen, zeigten sie ihre Papiere. Die SS zerriss sie, misshandelte die Juden und führte sie ab.

Einige Arier versuchten zu helfen, als sie sahen, dass die Menschen der Wissenschaft und Kunst sterben. Dann wurde ein Befehl erlassen, dass im Falle der Hilfe Strafmaßnahmen zu erfolgen haben. Es folgten Massenerschießungen und Massenerhängungen jener, bei denen Juden gefunden wurden. Viele Menschen wurden dafür festgenommen und sind im Gefängnis umgekommen.

In jener Zeit wurde das zweite jüdische Lager in der Janowskastraße 134 eröffnet. Dort wurden ein hoher Zaun mit Stacheldraht und Wachposten errichtet. Dieses Lager erstreckte sich über ein paar Hektar. Ein Teil des Lagers waren Werkstätten, im anderen Teil wurden Unterkünfte eingerichtet. Dort wurden alle, unabhängig von der Nationalität, untergebracht, wenn sie etwas »begangen« hatten. Wenn man die Mütze vor dem SS-Mann nicht zog, war es bereits ein Vergehen. Wenn man nach 18 Uhr auf der Straße erwischt wurde, war es ebenso ein Vergehen.

Gleichzeitig wurde der Zaun für das Ghetto errichtet. Ein Teil der Jugendlichen floh in die Wälder. Da die Nazis und SS-Mannschaften die Menschen vernichteten, die den Juden halfen, war eine Unterstützung unmöglich. In der Bevölkerung hatten sie Spitzel und Spione, die informierten, wer Waffen besitzt. Die zweite und dritte »Aktion« fingen an.

Die größte »Aktion« war im August 1942. Damals wurden Juden an Treppengeländern erhängt. Erneut wurde eine Kontribution auferlegt, die fünfte. 60 000 Menschen wurden vernichtet. Die

Sobieski-Schule war ein Umschlagplatz für die Transporte nach Belzec. Diese »Aktion« dauerte 14 Tage. Zwei Tage gab es Pause, weil die Menschen sich in den Kellern und unter den Aborten versteckten, und die Nazis sie nicht finden konnten. Nach diesen 14 Tagen wurde mitgeteilt, es gebe jetzt nur noch Arbeiter. Alle anderen Juden könnten nur im Ghetto leben. Für das Ghetto wurde ein großer Platz bestimmt, wo 100 000 Menschen lebten. Dort wurde eine jüdische Polizei organisiert, die für die Ordnung zuständig war und ein bestimmtes Kontingent der Menschen zum Arbeitseinsatz zur Verfügung stellen musste. Mit der Verpflegung sah es sehr schlecht aus. Krankheiten brachen aus. Die Nazis fürchteten, dass die Krankheiten die ganze Stadt erfassten. Einmal kamen die Mitarbeiter vom Hospital ins Ghetto und holten alle Kranken und Toten. Sie brachten sie zur Janowskastraße auf den jüdischen Friedhof. Damit es keinen Gestank gab, machten sie Folgendes: Sie schaufelten eine Grube, legten Holz auf den Boden, legten die Leichen darauf, begossen sie mit Erdöl und verbrannten sie. Da die Knochen nicht verbrennen, stand daneben ein Gerät, das die Knochen brach. Die Asche wurde gesiebt, das Gold (Zähne, Ringe) wurde aussortiert und die Asche auf das Feld gestreut. Aber sie konnten nicht alle verbrennen.

Auf den Straßen wurden die Menschen Tag und Nacht ohne Weiteres ermordet und erhängt.

Wie sah das Ghetto aus? Das Territorium wurde mit einem hohen Zaun und Stacheldraht umzäunt. Das erste Ghetto war 1,5 Quadratkilometer groß. Das zweite war nur 0,5 Quadratkilometer groß. Im ersten Ghetto waren über 100 000 Menschen, im zweiten fast 30 000 Menschen. Das letzte Ghetto hieß bereits KZ und nicht Ghetto.

Am frühen Morgen wurden die Gruppen zusammengestellt, die zur Arbeit gingen. Das Orchester spielte Marschmusik, vor dem Eingang stand ein SS-Mann und musterte alle. Er kommandierte: »Rechts, links«. Wer ihm nicht gefiel, musste nach links. Wer nach rechts kam, durfte zur Arbeit gehen, wer links war, wurde ermordet.

Ein typischer Fall. Es gab einen blinden Juden, der im Ersten Weltkrieg mit einer goldenen Medaille und anderen Auszeichnungen ausgezeichnet worden war. Er wurde von Ariern versteckt. Aber er hielt es nicht aus, dass er seine Frau und Kinder verließ, und ging in seine Wohnung. »Wo ist meine Familie?«, fragte er und zeigte Papiere, die ihn als Offizier der österreichischen Armee auswiesen. Man antwortete ihm auf eine Weise, dass alle seine Knochen gebrochen waren. Er bettelte: »Tötet mich zu Ende«. Man ließ ihn von selbst sterben.

Die Juden wurden zu schweren Arbeiten gezwungen. Es gab kein Essen, keine Bezahlung.

Wenn an der Arbeitsstelle ein menschlicher Umgang herrschte, so erhielt man 100 g Brot und ein bisschen Suppe. Wenn jemand nicht schnell genug arbeitete, wurde er erschossen.

Im Mai 1943 wurde die Lage besonders schwierig. Auf allen Plätzen wurden Menschen erschossen und erhängt. Nach der Niederlage in Stalingrad begann die Offensive der Roten Armee, und die Nazis wurden noch grausamer. Man riskierte erhängt zu werden, wenn man nicht zur Arbeit kam, nicht nach Deutschland fahren wollte, Juden half, Juden versteckte, von der Arbeit floh. Im Mai 1943 gab es 30 000 Juden von ehemals 200 000 zu Beginn des Krieges. Im Mai wurde verboten, den Juden Arbeit zu geben. Ich kam ins Lager. Am 24. Mai wurde ich ins Lager am Platz des Todes gebracht. Mein Kind und meine Frau lebten im Versteck. Was aus ihnen wurde, weiß ich nicht.

1. Gebietshauptstadt Lemberg

Meine Mutter, vier Brüder und drei Schwestern starben. Zu jener Zeit gab es Repressalien in Stryj, Drohobycz, alle wurden ins Lager nach Lemberg gebracht. Vorher waren die Menschen über den jüdischen Friedhof zu den Sandhügeln gebracht worden. Jetzt gab es eine Straße direkt aus dem Lager zum »Sand«.

Auf dem Platz des Todes waren wir 10 000 Menschen. 200 davon wurden für den Arbeitseinsatz ausgemustert. Andere wurden zu fünft in der Reihe aufgestellt. Vor uns entstand ein Gang, gebildet von SS-Männern mit Gummiknüppeln. Die Menschen mussten durch diesen Gang, und jeder SS-Mann sollte sie auf den Kopf schlagen. Jeder erwartete den Tod. Wenn die Menschen in den Reihen zu fünft zu einer bestimmten Stelle kamen, schoss man mit einer Maschinenpistole. Sie fielen tot oder lebend in eine Grube.

Ich sagte, dass ich Tischler bin. Sie brauchten einen Tischler, und so kam ich zum Arbeitseinsatz ins Lager. Ich arbeitete innerhalb des Lagers als Tischler. Oft arbeitete ich in den Werkstätten des Lagers. Manchmal wurde ich zum Arbeitseinsatz in die Stadt gefahren. Ich wurde beim Barackenbau eingesetzt.

Am 10. Juli war erneut eine Lagersäuberung. Es wurde ein Todeslauf durchgeführt. Wer schnell laufen konnte, durfte am Leben bleiben. Wer langsam lief, war dem Tod geweiht. Wenn ein Mensch dem SS-Mann nicht gefiel, kam der zu ihm und stellte ihm ein Bein, dass er hinfiel. Die SS-Mannschaften ritten auf Pferden, und Juden sollten hinter ihnen herlaufen. Wenn jemand nicht schnell genug lief, war er dem Tod geweiht.

Damals ging ich zum zweiten Mal auf den Platz des Todes. Das zweite Mal rechnete ich mit dem Tod. Man suchte Schneider. Da war ein Bekannter von mir, der Schneidermeister war. Sie riefen die Namen aus. Ich lief, wobei nicht mein Name ausgerufen wurde. Der Chef der Produktionsabteilung wollte mich erschießen, aber mein Bekannter sagte, dass ich ein guter Schneider sei, und man ließ mich gehen. Ich blieb in der Werkstatt und arbeitete als Tischler an der Werkbank.

Morgens oder nachts um 2 Uhr weckte man die Menschen, trieb sie auf den Platz und stellte sie im Viereck auf. Dann kam der SS-Mann Heiner, ein Menschenfresser, und wer ihm nicht gefiel, den rief er zu sich. Wenn er 10 zusammen hatte, erschoss er sie hinter dem Abort. Entkräftete Menschen fielen in den Matsch, standen wieder auf, das dauerte bis 6 Uhr morgens. Um 6 Uhr wurden wir zur Arbeit getrieben. Am Tor standen der Arbeitschef und sein Helfer. Wer nicht fest genug auf den Beinen stehen konnte – hier gab es noch einen Todesstreifen –, wurde zu diesem Streifen geschickt. Wer in diesen Streifen geriet, gehörte zu den Toten.

Zum Mittagessen gab es warmes Wasser, das sehr stark nach Leichen roch. Wenn etwas nicht stimmte, ratterte das Maschinengewehr, und wen es erwischte, der war tot. »Die Suppe« musste man unterwegs im Laufen austrinken. Wenn bei der Arbeit ein Sandberg rutschte und jemandem die Füße verletzte, kam der SS-Mann und fragte: »Geht es dir schlecht?« Dann erschoss er ihn. Zum Zaun in der Nähe des Platzes des Todes brachte man alle, die man aus ihren Verstecken geholt hatte. Oft waren es Angehörige der »Intelligenzija«. Sie wurden auch in Reihen zu zehnt aufgestellt, beschimpft und misshandelt. Ein SS-Mann stand da und schoss. Innerhalb einer halben Stunde wurde ein Leichenberg produziert.

Im Lager gab es einen Galgen, an dem Menschen erhängt wurden. Einmal gingen wir durch die Straßen. An der Straßenseite stand ein SS-Mann. Er rief zu einem: »Warum hast du nicht die Mütze gezogen?« Später behauptete er, dass jener ihn angegriffen hatte. Dafür brachte der SS-Mann ihn auf den Platz, rief alle dazu und fing an, aus der Maschinenpistole zu schießen. Viele starben. Jenen, der angeblich den SS-Mann angegriffen hatte, erhängte man mit dem Kopf nach unten. Er konnte nicht schreien. Er war schwarz von Schlägen. Dann kam ein SS-Mann, knöpfte seine Jacke auf, krempelte die Ärmel hoch, schnitt ihn in zwei Teile und schnitt ihm die Arme ab. Der Mann lebte noch, als er zerschnitten wurde.

Solche Bestialitäten veranstalteten die SS-Mannschaften auch in anderen Orten. Da erhängte man Menschen, dort erschoss man sie mit der Maschinenpistole, und woanders misshandelte man sie auf andere Weise. In diesem Ghetto wurden die Juden von Anfang an vernichtet, verbrannt. Mit Wasser wurden die Keller geflutet, Kinder wurden aus dem fünften Stockwerk geworfen. Einer schlägt das Kind mit dem Kopf an die Ecke, der andere sagt: »Nein, das ist schlecht. Schlag es an den Bürgersteig.« Der eine vervollkommnete den anderen. Die Bestialitäten waren endlos. Man experimentierte in dieser Hinsicht.

Ich arbeitete im technischen Lager. Man rief eine Frau: »Heb den Rock hoch!« Sie hat das getan. Man schoss ihr auf die Geschlechtsorgane. Dann legte man sie auf eine Schubkarre und fuhr sie durch das ganze Lager, bis sie starb.

Im Lager gab es Hochbetten. Wenn man lag, berührte man sich mit den Köpfen. Man konnte nur auf der Seite liegen. Man durfte sich nicht hinsetzen. Es war nur erlaubt zu liegen. Es war nicht erlaubt, nachts auf die Toilette zu gehen. Auf dem Wachturm standen Wachmänner. Wenn ein Wachmann irgendeine Schuld auf sich geladen hatte, konnte er diese ausgleichen, indem er 10 Menschen tötete. Der Wachmann stand auf dem Wachturm und glich seine Schuld aus. Jeder, der auf die Toilette ging, wurde getötet. In der Baracke durfte man nicht seine Notdurft verrichten. Man starb an der Vergiftung mit eigenen Exkrementen.

Jeden Tag wurden die Leichen auf flachen Wagen abtransportiert. Die Leichen wurden aufgehäuft. Wenn der Arm oder das Bein eines Kindes an der Seite herunterhing, wurde die Seitenwand des Wagens hochgeklappt und der Arm oder das Bein gebrochen. Jeden Tag wurden 15 bis 20 Wagen mit Leichen abtransportiert.

Am 15. August floh ich aus dem Lager.

In der Werkstatt versteckten wir uns zwischen den Brettern. In der Nacht flohen wir trotz der Bewachung des Zauns auf den polnischen Friedhof und dann weiter auf den jüdischen Friedhof und warteten auf die anderen. Wir waren insgesamt etwa 80 Personen. Lange durften wir dort nicht bleiben. Wir gingen zu den Häusern. Ich ging zu meinem polnischen Bekannten Jusef. Er hatte keine Angst und verschaffte uns für dreißig Personen ein Versteck und gab uns Essen. Dort blieben wir bis zum 5. Dezember 1943. Am 5. Dezember denunzierte jemand Jusef. Dann kam eine ganze SS-Kompanie und fand uns. Ein Teil von uns war unten, ein anderer Teil war oben auf dem Speicher. Einige waren auf dem Friedhof. Dort wurden ca. 15 Personen gefunden. Drei von ihnen hatten Waffen, konnten zurückschießen und fliehen.

Wir warteten bis zum Morgengrauen. Ich bin als Erster nach unten gekrochen und mit mir drei weitere. Andere hatten Angst. Am nächsten Tag kamen auch sie herunter. Dann gingen wir in den Wald. Jusef wurde erhängt. Wir entschieden uns, in das nahe gelegene Städtchen zu gehen. Dort kauften wir ein paar Revolver. Als wir alle bewaffnet waren, gingen wir nach Brody. Wir waren 12 Personen. Ein paar Mal schraubten wir an den Eisenbahnschienen die Muttern ab. Wir konnten keine Explosionen erzeugen, weil wir keinen Sprengstoff hatten. Für eine Kugel zahlten wir 50 Zloty.

Zuerst gingen wir Richtung Bobrka. Wir hatten keine Landkarte. Dort blieben wir ein paar Tage. Wir erhielten dort gutes Essen, und man informierte uns, dass die Deutschen den Wald durchsucht hatten. Darum gingen wir in Richtung Sosy zurück nach Lemberg. In Sosy trafen wir ein paar Hundert Bewaffnete, fast alle waren Juden. Aber wegen Mangel an Wasser, Seife und Nahrungsmitteln gab es dort viele Kranke. Wir hatten Angst, an Typhus zu erkranken, und gingen wieder Richtung Brody. Wir waren etwa 30 Personen und hatten keine Hilfe. Die Deutschen waren auf dem Rückzug aus Ternopol, und wir gingen zurück nach Lemberg. Acht Personen gingen auf den Friedhof und einige in die russische Partisanentruppe. Von acht, die auf dem Friedhof waren, blieben nur fünf am Leben.

Ich hatte kein Geld, ich sammelte Essensreste aus den Mülltonnen. Ich versteckte mich in Wäldern, ein paar Tage hatte ich eine Anstellung als Lehrer in einem Haus, aber dann musste ich wieder auf den Friedhof oder in den Wald gehen.

Bis zur letzten Minute bauten die Nazis in Lemberg Galgen, erhängten und erschossen Hunderte Menschen. Es gab schon keine Juden mehr in Lemberg, aber die Bestialitäten dauerten an. Es tobten die SS-Gruppenführer Katzmann und Wächter. Ein paar Mal kamen persönlich der Distriktgouverneur von Galizien Frank und auch Himmler. Lagerchef waren Willhaus und später Warzok. Stellvertreter war Rokita.

In Lemberg selbst wurden ca. 400 000 Menschen ermordet und in Belzec ca. 1,5 Millionen.[30]

Vor dem Einmarsch der Roten Armee konnte ich kaum auf den Beinen stehen, ich ging mit Krücken. In diesem Zustand fand mich die Rote Armee vor. Der ehemalige Direktor des Handelsbetriebes erkannte mich, bot mir Geld an. Er richtete mich auf, als ich mich aufgab, das Leben war nicht mehr wertvoll für mich.

Jetzt trete ich als Augenzeuge im Prozess über die Bestialitäten der Nazi-Gruppe Wiking[31] in der Ukraine auf.

Veröffentlichung von Shanna Kowba, Holocaust und Gegenwart, in: Untersuchungen in der Ukraine und im Ausland, Kiew 2005, Nr. 1, S. 66–73.

---

30 Nach neueren Erkenntnissen wird die Zahl der Opfer in Belzec auf 600 000 geschätzt.
31 5. SS Panzerdivision Wiking.

Ewgenija Ruda (Gisel Bogner) (geb. 1942)
»Über edle und mutige Menschen«

Mein Bericht stellt keine Erinnerung im engeren Sinne dar. Die Hauptkriegsereignisse konnte ich mir nicht einprägen, weil ich damals ein Baby war. Sie wurden mir viele Jahre später, als ich schon erwachsen war, bekannt.

Ich wurde am 25. Mai 1942 in der Stadt Solotschew, Gebiet Lemberg, im Krankenhaus auf dem Ghettogebiet geboren. Mein Vater war Mechel Wolfowitsch Bogner, geboren 1904, und meine Mutter war Regina Berkiwna Bogner (Rot), geboren 1914.

Einiges aus den Erinnerungen meiner Landsleute: Vor dem 2. Weltkrieg war Solotschew eine sehr schöne Stadt. Für die jüdische Bevölkerung der Stadt gab es ein kommunales Komitee, ein Rabbinat, ein Gericht, Krankenhäuser, Synagogen, Schulen und soziale Einrichtungen. Vor dem Krieg lebten in Solotschew 9000 Juden.

Am frühen Morgen des 1. Juli 1941 marschierten die deutschen Besatzer in Solotschew ein. Den ganzen Tag wurde die jüdische Bevölkerung ausgeplündert, die Menschen versteckten sich in Kellern und Schutzräumen. Es gab viele Tote.

Während der Besatzung wurden alle Juden aus den benachbarten Dörfern in die Stadt ins Arbeitslager getrieben. Die Zahl der Juden stieg auf 14 000. Den Krieg überlebten nur etwas mehr als 100 von ihnen.

Mein Vater war Mitglied einer Selbstschutztruppe. Unsere ganze Familie und ich mit der Mutter mussten ins Ghetto. Ende Oktober 1942 wurde die vollständige Isolation des Ghettos befohlen. Mein Vater wurde im Dezember 1942 erschossen, als er ins Ghetto kam, um mich und die Mutter herauszuholen. Das erfuhren unsere alten Freunde Katharina und Mikola Petriw, die in Lemberg lebten.

1922, als in manchen galizischen Dörfern die Pest grassierte, nahm die Schwester meiner Mutter, Golda Kalisman, das 10-jährige Mädchen Kasja (Katharina) Ratuschnjak in ihre Familie auf. Fast 20 Jahre lebte Kasja in der jüdischen Familie, kümmerte sich liebevoll um ihren jüngeren »Bruder«, Goldas Sohn Manek. Als sie Mikola Petriw heiratete, stellte ihnen die Familie Kalisman eine Wohnung in ihrem Haus in der St.-Marcin-Straße zur Verfügung.

Mit dem Einmarsch der Deutschen, als die Massenverfolgung der Juden anfing, besprach die Familie Petriw diese Situation mit meiner Tante und zog in eine andere Wohnung um, weit weg vom ehemaligen Wohnsitz. Sie zogen zusammen mit ihrer Tochter Olga und dem Sohn Manek um. Später, als die Nachbarn den gefährlichen Verdacht schöpften, mussten sie öfter ihren Wohnsitz wechseln. Katharina und Mikola verstanden sich mit meinen Eltern sehr gut. Als Mikola von der Erschießung meines Vaters erfahren hatte, bat meine Tante Golda ihn, uns aus dem Ghetto zu retten. Er kam nach Solotschew, und es gelang ihm (ich weiß nicht, mit welchen Mitteln), mich und die Mutter zu befreien und zu meiner Tante Golda nach Lemberg zu bringen. Nach ein paar Tagen wurden wir denunziert, und meine Tante, meine Mutter und ich mussten ins Ghetto. Familie Petriw stand mit uns in ständigem Kontakt, besuchte uns im Ghetto, brachte uns Essen und warme Kleidung, erzählte Tante Golda von Manek und schlug sogar vor, unsere Flucht aus dem Ghetto zu organisieren. Meine Mutter und Tante lehnten es ab, da sie Angst hatten, Mikola und seine Familie dadurch in Gefahr zu bringen. Sie baten nur, mich zu retten.

Im Mai 1943 erfuhr Mikola Petriw, dass die Kinder von den Eltern getrennt und das Ghetto »liquidiert« werden sollte. Es gelang ihm, den Wachmann, der bei dem Lebensmittelschmuggel ins Ghetto geholfen hatte, durch Bestechungsgeld zu gewinnen, mich aus dem mit Stacheldraht umzäunten Ghetto zu befreien.

Damals starb die jüngere Tochter der Familie Petriw. Ihre kirchliche Geburtsurkunde diente als Bestätigung, ich sei Ukrainerin und heiße Petriw Ewgenija Mikolajewna. Nichtsdestotrotz zog die Familie aus Angst, denunziert zu werden, gleich in die Mickiewiczstraße 3 um. Einige Zeit später stand der nächste Umzug in die Dsherelna-Straße 51 an. Hier kam es zu einem großen Unglück. Eine Frau erkannte Manek und zeigte ihn bei der deutschen Polizei an. Mein Cousin wurde abgeführt. Sein weiteres Schicksal ist bis heute unbekannt. Familie Petriw musste schon wieder umziehen, in die Dolinski-Straße 6.

Mikola Petriw wurde von den Deutschen verfolgt, weil er Mitglied der ukrainischen nationalistischen Organisation war. Bei uns zu Hause gab es oft Razzien. Ich wurde ständig im Keller versteckt, wo Olga immer bei mir war. Außerdem sah ich trotz der kirchlichen Geburtsurkunde nicht nur wie ein jüdisches Kind aus, sondern bewahrte auch in meinem Gedächtnis Jiddisch und verwendete oft jiddische Wörter. Dies veranlasste meine Mutter Kasja, meinen Umgang mit den Nachbarn und anderen Kindern zu verhindern. Natürlich hielt ich Katharina für meine Mutter, Mikola für meinen Vater und Olga für meine leibliche Schwester.

Dies alles erfuhr ich in den 1960er-Jahren, als Mutter Kasja sehr schwer erkrankte. Sie befürchtete ihr Lebensende, rief mich zu sich und sprach: »Tochter, ich will dir etwas beichten …«

1966 reichte ich den Antrag auf die Feststellung meiner Geburt in der jüdischen Familie von Mechel und Regina Bogner beim Lemberger Bezirksgericht Schewtschenko ein. Katharina und Olga Petriw traten als Zeugen auf, wobei es ihnen klar war, dass sie alle rechtlichen Ansprüche auf mich verlieren würden.

Ich zitiere einen Auszug aus dem Gerichtsbeschluss:

»Die Antragstellerin wurde am 25.5.1942 in einer jüdischen Familie geboren. In Angst um die Vernichtung ihrer Familie, einschließlich des Kleinkindes, durch die Faschisten, vereinbarte die Mutter der Antragstellerin mit der Familie Petriw, die im Juli 1942 ebenfalls eine Tochter bekam, die allerdings einige Monate später starb, dass Familie Petriw die Antragstellerin, die Tochter der Familie Bogner, zu sich aufnimmt und sie so vor der sicheren Vernichtung rettet. Familie Petriw tat dies und gab die Antragstellerin als ihre leibliche Tochter aus. Sie berief sich dabei auf die Geburtsurkunde ihrer leiblichen verstorbenen Tochter. Die leiblichen Eltern der Antragstellerin wurden während der deutschen Besatzung ermordet. Die Antragstellerin bittet um die Feststellung der Tatsache, dass sie Tochter der Eltern Bogner Mechel und Bogner Regina Berkiwna ist. Das Gericht trifft eine positive Entscheidung über diesen Antrag.«

Wenn ich an meine persönlichen Erinnerungen denke, so beziehen sie sich auf die Zeit, als Lemberg von der Nazibesatzung befreit wurde. Eine Episode prägte sich in meinem Gedächtnis ein. Ich laufe zum Tor und sehe auf der Straße Soldaten mit den Mützen, die ganz anders aussehen als die der deutschen Soldaten. Einer von ihnen kommt zu mir, reicht mir eine Brotscheibe und hängt um meinen Hals einen Zwiebelkranz. Wahrscheinlich war das am Tag der Befreiung der Stadt Lemberg durch die Rote Armee. Ich erinnere mich auch, wie Olga und ich auf dem Gelände des ehemaligen Ghettos (wir wohnten in der Nähe) Kinderspielzeug und leere Koffer mit jüdischen Namen fanden. Viel später tauchte in meinem Gedächtnis das Gespräch mit einer Nachbarin auf, einer kinderreichen Frau. Sie sprach mich auf der Straße an und fragte: »Shenja, du weißt doch, dass Katharina nicht deine Mutter ist? Du bist eine Jüdin.«

Damals glaubte ich das natürlich nicht und missachtete dieses »Blödsinngerede«. Als ich dann die Wahrheit erfuhr, wurde mir klar, dass es in Lemberg Menschen gab, die von dem Geheimnis der Familie Petriw wussten und sie nicht denunziert hatten.

Und noch eine schreckliche Erinnerung. Im Februar 1945 kamen in unser Haus einige NKWD-Männer und verhafteten Mutter Kasja wegen der angeblichen Verbindung zur Untergrundorganisation OUN. Mikola verschwand im Dezember 1944, sein Schicksal ist bis heute unbekannt. Olga und ich blieben alleine ohne jegliche Mittel. Sie ist 10 Jahre älter als ich. Es war sehr schwer für uns, wir mussten buchstäblich betteln, bis es Olga gelang, illegal eine Arbeit anzunehmen. Aber trotz allem trennten wir uns noch nicht mal für einen Tag voneinander. Katharina Petriw musste 3 Jahre im Gefängnis verbringen. Sie starb 1983.

Familie Petriw rettete mich aus Dankbarkeit, weil die Familie Kalisman ihr in sehr schweren Zeiten geholfen hatte. Nach dem Krieg wurde ich von jüdischen Ärzten behandelt, und Olga, die Tochter der Familie Petriw bat ihre Mutter Katharina, mich an niemanden abzugeben. Ich hatte keine Verwandten.

1998 hat die Gedenkstätte Yad Vashem auf meinen Antrag hin den Titel »Gerechte unter den Völkern« an Katharina, Mikola und Olga Petriw verliehen. Dieser Antrag stützte sich auf die Aussagen der Freunde meiner Eltern aus Polen, den USA und Israel sowie auf die Veröffentlichungen des Journalisten Boris Komski in den Lemberger und israelischen Zeitungen. Leider waren die »Eltern« schon längst tot, und nur Olga konnte diese Auszeichnung entgegennehmen. Auch heute leben wir beide wie zwei leibliche Schwestern. Sie hat eine Tochter, eine Enkelin und eine Urenkelin. Aber ihre Gesundheit trägt die Spuren des Krieges.

Mein Elternhaus in Solotschew wurde im Krieg geplündert und zerstört. Die Erinnerung an meine Eltern verewigte ich mit einer kleinen Gedenktafel, die mit Erlaubnis des Rabbinats an der Gedenkstätte für die Opfer des Lemberger Ghettos angebracht wurde. Während der feierlichen Eröffnung dieser Gedenkstätte 1992 fand eine bewegende Begegnung mit Leonid Wugman statt. Er kam aus Odessa, und im Gespräch stellten wir fest, dass er mein Cousin ist; unsere Mütter waren Schwestern und wir beide sind die Enkel von Abraham Rot. Aus der zahlreichen Familie der Solotschewer Juden Rot, Wugman, Bogner, Kalisman waren wir beide – Lenja und ich – die einzigen Überlebenden.

Mein Bericht wäre unvollständig, wenn ich eine Episode, die ich einmal von Mutter Kasja erfuhr, nicht erwähnen würde. Gleich nach der Befreiung der Stadt Lemberg kam zu Petriws ein Mann in der Offiziersuniform der Roten Armee. Katharina war schockiert, als sie in ihm den deutschen Wachmann erkannte, der damals Mikola half, mich aus dem Ghetto zu schmuggeln. Später stellte sich heraus, dass dieser Mann (wahrscheinlich gehörte er zu einer Untergrundorganisation oder war ein sowjetischer Geheimagent) sehr viele jüdische Kinder rettete und sie in christlichen Familien untergebracht hatte. Jetzt suchte er diese Kinder, da er beauftragt war, ihre Reise nach Palästina zu organisieren. In dieser Absicht kam er auch zu Petriws. Aber Mikola und Katharina weigerten sich, mich wegzugeben. Sie argumentierten, sollte jemals einer meiner Verwandten zurückkehren, würden sie mich nur dieser Person anvertrauen. In Wirklichkeit wollten sie sich einfach nicht von mir trennen.

Meine Familie und ich werden diese edlen und mutigen Menschen, meine Adoptiveltern Mikola und Katherina Petriw und ihre Tochter Olga, nie vergessen! Sie retteten mich vor dem sicheren Tod im Feuer des von den Nazis entflammten Holocaust.

Alexandr Schwarz (geb. 1924)
»Tote erzählen nicht«

Demografische Statistiken besagen, dass in vielen Ländern die durchschnittliche Lebensdauer eines Mannes 60 Jahre beträgt. Und das nicht nur in den Ländern der Dritten Welt. Es ist eine sehr lange Zeit, glauben Sie es einem Menschen, der auf seinen 80. Geburtstag zusteuert. Wie viele verschiedene Ereignisse fanden in den letzten Jahren statt! Kein menschliches Gedächtnis kann sie alle behalten … Es gibt allerdings Ereignisse, die sich der Zeit nicht unterordnen. Selbst wenn man es wollte, würde man sie nicht vergessen, sie lassen sich nicht vergessen, und die Erinnerung an sie begleitet uns unser ganzes Leben lang. Für die Menschen meiner Generation sind es der Zweite Weltkrieg, die faschistische Okkupation, der Holocaust.

Dieses Jahr 2004 ist für mich ein ganz schwieriges: eine gefährliche Krankheit, zwei schwere Operationen, eine langwierige Reha-Maßnahme. In einem kritischen Augenblick, als es schien, dass mein Leben zu Ende geht, spulte das Bewusstsein (oder das Unterbewusstsein?) den Horrorfilm, wie man heute sagt: den Thriller ab, in dem die kleinsten Details meiner Jugend rekonstruiert wurden. Ich konnte es selber nicht glauben! Und ich konnte es nicht verstehen: Was war das – ein Albtraum? Oder eine krankhafte Fantasie?

Nein, das alles war eine grausame Realität, die in den Tiefen meines Gedächtnisses eingeprägt worden war und in einem dramatischen Lebensmoment an die Oberfläche kam.

1941 war ich 16 Jahre alt. Das ganze Leben lag vor mir! Und es versprach ein glückliches und erfolgreiches Leben zu werden. Mein Vater, Ingenieur-Geologe David Schwarz, stand an der Spitze einer erfolgreichen Straßen- und Brückenbaufirma und genoss großen Respekt in ganz Galizien. Unsere Zukunft schien wolkenlos und gesichert zu sein.

Aber dann brach der Krieg aus, und Lemberg wurde von den Nazis besetzt.

Im Oktober 1941, als ich mit meinem Vater auf der Straße war, gerieten wir in eine Razzia und wurden die ersten Häftlinge des Janowskalagers. In jener Zeit verbreiteten diese zwei Worte noch keinen Schreck unter den Menschen. »Arbeitslager für die Juden«. Was soll's, wir arbeiten ein paar Wochen und kehren zurück zu unseren Familien. Diese Hoffnung pflegten viele Menschen, die sich noch nicht als Häftlinge wahrnahmen. Überfordert von der schwersten Arbeit beim Bau immer neuer Baracken, konnten wir noch nicht begreifen, dass wir an der Entstehung der »Infrastruktur« der künftigen Todesfabrik beteiligt waren, dass diese Baracken für unzählige »Kontingente« von tausend und abertausend Juden, todgeweiht wie wir selbst, bestimmt waren.

Von Tag zu Tag stieg das »Kontingent«, und jeden Morgen, nach dem Appell, wurden Trupps von 120 Personen, begleitet von Wachpersonal und Hunden, zum »Arbeitsplatz« auf Baustellen unmittelbar im Lager, in »Sbroiowka« (Waffenarsenal), zum Entladen der Züge usw. geschickt. Mein Vater und ich arbeiteten am häufigsten auf dem jüdischen Friedhof auf dem goldenen Berg. Wir zerstörten die Grabplatten und schleppten sie mit unseren Händen ins Lager, wo Straßen und Plätze damit gebaut wurden. Diese schwerste Arbeit wurde von der Gewissen zerreißenden Erkenntnis begleitet, dass wir mit eigenen Händen die Gräber unserer Vorfahren zerstörten. Selbst sehr junge und starke Männer konnten kaum die vorgegebene Arbeitsnorm erfüllen, geschweige denn ältere Menschen oder jene, die an die körperliche Arbeit nicht gewohnt waren. Ich strengte meine Kräfte bis ans Unmögliche an, um meinem Vater zu helfen, der nicht fähig war, seine Arbeitsnorm zu erfüllen. Dazu kam der Hunger, den wir litten. Auf dem Friedhof schickten wir uns an, Raben zu fangen, und sie dann unbemerkt vom Wachmann in einer Dose »zu kochen«. Wir verzehrten diese »Delikatesse« ohne Salz. Es ist fürchterlich, sich daran zu erinnern ...

So verging das ganze Jahr. Wir hatten keine Illusionen mehr bezüglich unseres Schicksals. Jeden Tag erschossen SS-Leute und ihre Helfer Dutzende Häftlinge: für jeden kleinsten Ungehorsam, für die unerfüllte Arbeitsnorm, einfach dafür, dass man den Wachmann so oder so anschaute oder dass ihm das Äußere des Häftlings »nicht gefiel«. Ortsbezeichnungen »Todestal«, »Sand« gehörten zum alltäglichen Wortschatz.

An einem düsteren Oktobertag 1942 kehrte unsere Truppe wie gewöhnlich vom Friedhof zurück. Vom Eingangstor schickten uns die SS-Leute zum Appellplatz. Nach der zu Tode ermüdenden Arbeit konnten die Menschen kaum auf den Beinen stehen. Dazu regnete es wie aus Kübeln. Der SS-Mann Blum, ein Ungarndeutscher, ging langsam an den Reihen vorbei und schaute musternd in die erschöpften Gesichter der Häftlinge. Er blieb vor uns stehen, musterte meinen Vater und entschied wahrscheinlich, dass er kein Arbeiter mehr sei. Er fasste ihn an der Hand und zog ihn aus der Reihe. Ich verstand, was folgen würde, und versuchte, meinen Vater zu halten. Aber zugleich erfolgte ein Schlag mit dem Pistolenknauf auf meinen Kopf. Ich hörte den Schuss, Vater fiel tot zu Boden, und sein Blut bespritzte meine Kleidung.

24 Jahre später begegnete ich noch mal dem grausamen Henker Blum. 1966 fand in Stuttgart ein Prozess gegen 12 SS-Männer statt, denen Verbrechen gegen die Menschlichkeit vorgeworfen wurden. Einer von ihnen war der Mörder meines Vaters. Ich war als Zeuge anwesend und berichtete, was mir über dieses Monster bekannt war.

Glauben Sie, über ihn wurde die Todesstrafe verhängt? Nein, Blum saß sechs Jahre ab, und vielleicht ist er heute noch am Leben …

Die Wunde, die mir dieser Unmensch zufügte, war ziemlich kompliziert. Ich habe immer noch eine Narbe. Damals konnte ich mich kaum auf meinen Beinen halten. Aber ich musste es schaffen! Wenn Blum meinen wahren Zustand bemerkte, hätte ich das Schicksal meines armen Vaters teilen müssen.

Die jüdischen Ärzte, die unter den Häftlingen des Lagers waren, retteten mir das Leben. Ich weiß nicht, wie es ihnen gelang, denn sie hatten weder Medikamente noch Verbandszeug. Aber sie päppelten mich auf. Der junge Körper besaß viel Heilungskraft.

Jene Ärzte retteten mich zum zweiten Mal, als ich an Typhus erkrankte. Diese Seuche plagte das ganze Lager. Gefährlicher als die Krankheit selbst waren die Kugeln der SS-Männer, die für Typhuskranke bestimmt waren. Mit Fieber über 40 Grad ging ich täglich zur Arbeit. Es war im Winter, und wir mussten Eisvorräte für die Lagerkommandanten für den Sommer vorbereiten. Es gab damals keine Kühlschränke, und die Deutschen sorgten sich sehr um die Qualität ihrer Lebensmittel. Die Eisbrocken wurden mit Holzspänen abgedeckt, um sie so lange wie möglich aufbewahren zu können.

Die nächste Folge meines »Thrillers« ereignete sich Anfang 1943. Die Nazitruppen erlitten eine schwere Niederlage in der Schlacht von Stalingrad. Die Regeln im Lager wurden noch strenger. Die Massenvernichtung der Häftlinge wurde zu einem planmäßigen und konsequenten Morden. Die Menschen wurden nicht nur im »Todestal« und auf dem »Sand« erschossen, sondern auch unmittelbar im Lager. In der Nähe der Küche wurde eine große Grube für die Leichen der Ermordeten geschaufelt. Sie war ringsherum mit Stacheldraht umzäunt.

An einem Januartag wurde auch unsere Brigade hinter den Stacheldrahtzaun gebracht. Etwa 20 bewaffnete SS-Männer umringten uns von allen Seiten. Uns wurde befohlen, alle Kleider abzulegen. Wie kann man die Gefühle beschreiben, die einen Menschen angesichts des Todes erfüllen? Mein Gott, ich bin so jung … Ich habe noch nicht wirklich gelebt! Warum soll ich sterben? … In jenem Augenblick erinnerte ich mich an eine Lehre, die ein Freund meines Vaters, ein Mathematikprofessor, mir einmal ans Herz legte. Wir waren Pritschennachbarn in der Baracke, und er erzählte mir alte Mythen, verschiedene Geschichten. Und er belehrte mich auch: »Bis zur letzten Minute verlier deine Selbstbeherrschung nicht! Sogar im Augenblick der Erschießung. Wenn sie einen erschießen, falle zusammen mit ihm in die Grube …«

Als »die letzte Minute« kam, tat ich, wie er mich belehrt hatte: Ich fiel in die Grube. Die SS-Männer schossen auch auf die Leichen in der Grube, aber ihre Kugeln gingen an mir vorbei. Später kroch ich aus der Leichengrube, nackt lief ich im Zick Zack bis zur nächsten Baracke, dann zu meiner Baracke und versteckte mich unter der Pritsche. Auch diesmal ging der Tod an mir vorbei. Genauer: Ich ging an ihm vorbei!

Die Lagerchefs witterten die unvermeidliche Vergeltung und fingen an, die Spuren ihrer blutigen Verbrechen zu verschleiern. Zu diesem Zweck wurde das Sonderkommando 1005, »das Todeskommando«, wie man es im Lager nannte, ins Leben gerufen. Ich gehörte zu diesem

Sonderkommando. Unter der unermüdlichen Bewachung der SS-Leute mussten wir die Leichen der Häftlinge, die im »Todestal« erschossen worden waren, ausgraben und verbrennen. Ich arbeitete zusammen mit Simon Wiesenthal, einem heute weltbekannten Forscher, der bestrebt war, die Naziverbrechen aufzuklären. Wir waren uns sehr bewusst, dass keiner von uns das »Todestal« lebendig verlassen würde, wenn wir nicht selbst etwas unternehmen würden. Aber dafür musste ein Wunder geschehen. Und das Wunder ist geschehen!

Ich habe schon erwähnt, dass die Häftlinge sich vor der Erschießung entkleiden mussten. Ihre Kleidung wurde »verwertet«: Ein Teil wurde an Wachleute verschenkt, und die besten Kleider schickte man ins Vaterland. Aus dem »Todestal« wurde die Kleidung mit Lkws abtransportiert. An einem Tag war der Wachmann für ein paar Sekunden nicht bei der Beladung der Lkws anwesend, und ich nutzte diesen Augenblick. Ich stieg in den Wagen und verkroch mich in den Kleiderhaufen. Vor der Ausfuhr nach Deutschland wurde die Kleidung desinfiziert. Also landete ich mit dieser »Secondhandware« in der Desinfektionsabteilung.

Und hier (ist es kein Wunder?) arbeitete der Cousin meiner Mutter Benjamin Oberländer. Er war genauso ein Häftling wie wir alle. Aber er hatte einen »privilegierten« Arbeitsplatz. Die Kleider, die zur Desinfektion kamen, konnte man heimlich gegen Brot und andere Lebensmittel tauschen. Also, die Desinfektionsarbeiter mussten nicht hungern.

Drei, vier Tage versteckte mich der Onkel in seinem Bereich und päppelte mich auf. Meine Lagernummer ersetzte ich durch eine andere, die ich von der Jacke eines ermordeten Häftlings abriss. Dann sollte ich aus der Desinfektionsabteilung auf die öffentliche Lagerfläche gelangen. Bei der Durchführung dieser »Operation« half Richard Akser, einer der Führer der antifaschistischen Bewegung. Sein Arbeitsplatz war am Eingangstor. Wir kannten uns sehr gut.

Es gelang mir, dem »Todestal« zu entkommen, und mein Lagerleben setzte sich fort. Die Truppe, in die ich mich dann »eingliederte«, führte ihren Einsatz auf der Eisenbahnstation Kleparów durch. Mit Autogen-Geräten schnitten wir alte Lokomotiven in Stücke. In Deutschland herrschte ein akuter Metallmangel. Wir hatten selbstverständlich nur einen Gedanken im Kopf: fliehen! Die Jungs in unserer Truppe waren jung, entschlossen, und sehr schnell hatten wir eine gemeinsame Sprache. Nach langen Diskussionen wurde auch unser Fluchtplan festgelegt.

Nach der Arbeit gaben wir unsere Autogen-Geräte im Magazin ab, das in einer entlegenen Ecke der Station war. Normalerweise wurden die Träger der Autogen-Geräte von nur einem SS-Mann bewacht. Dies wollten wir auch ausnutzen.

Sechs Männer trugen wie immer die Geräte zum Magazin. Es war schon dunkel. In der Nähe war niemand zu sehen. Dann kam der Befehl, und wir überfielen den Wachmann. Blitzschnell haben wir ihn erwürgt, nahmen ihm die Pistole ab, zogen ihn aus und warfen den Leichnam in einen Waggon.

Einer von uns zog seine Uniform an und »führte« mit der Pistole unsere fünf, wie es auch sonst jeden Abend nach der Arbeit war. Wir kamen nach Sknilow. Plötzlich traten wir auf den Signalstreifen: Die ganze Gegend wurde in grelles Licht getaucht! Überstürzt liefen wir ins Feld, versteckten uns im Korn. Wir blieben dort den ganzen Tag. Wir aßen die unreifen Weizenähren. Es war im Juli 1943.

Benjamin führte uns weiter – er stammte aus dem Nachbardorf und kannte sich in der Gegend gut aus. Wir erreichten Glinna-Nawaria. Wir waren sehr hungrig! Der bärtige Sigmund fasste Mut, in ein Haus am Dorfrand zu gehen. Er stellte sich als polnischer Offizier vor, der aus dem Lager geflohen war. Die warmherzige Polin gab ihm Brot und Sauermilch. Von der Sauermilch bekamen wir alle einen furchtbaren Durchfall. Wir waren stets gezwungen, im Feld das stille Örtchen zu suchen: Sie verstehen schon … Und gerade in so einem Augenblick wurden wir von einem ukrainischen Polizisten erwischt. Mit Mühe und Not konnten wir uns von ihm befreien.

Wahrscheinlich unter diesem Schock gingen wir nicht in die Richtung der Karpaten, sondern in eine andere Richtung. Wir gingen nur nachts, tagsüber schliefen wir im Versteck. So erreichten wir Borislaw. Unsere »Kundschafter« erfuhren, dass ein Teil der Juden, die in der Ölindustrie tätig waren, noch am Leben geblieben waren. Unter ihnen waren auch mein Cousin Alexandr und seine Mutter. Fast alle gingen mit uns in die Berge. Unterwegs gesellten sich zu uns viele andere, darunter auch Flüchtlinge aus dem Janowskalager. In den Karpaten hoben wir die Bunker aus. Unsere Selbstverteidigungstruppe, die anfangs nur aus neun Personen bestand, zählte mittlerweile fast einhundert. Unter den Flüchtlingen waren Frauen und Kinder. Leider konnten nicht alle überleben. Die einheimischen Kollaborateure entdeckten unsere Verstecke und zeigten uns bei den SS-Männern an. Die Nazis erschienen plötzlich und bewarfen uns mit Granaten. Überleben konnten nur 25 Personen, die in den besonders sicheren, gut getarnten Bunkern versteckt waren.

Dieses Blutbad ereignete sich drei Monate vor der Befreiung der Gebirgsregion. Selbst während ihrer ehrlosen Flucht aus den ukrainischen Gebieten ließen die Nazis keine Gelegenheit aus, ein paar Dutzend am Leben gebliebene Juden zu töten. Drei Tage später brachte der Kundschafter Hermann Kulbinker eine lang ersehnte Nachricht: »Russen – sind in Borislaw!«

Wir waren gerettet …

Das Inferno, das über drei Jahre gedauert hatte, war zu Ende. Es war nur für mich zu Ende. Und was passierte mit meiner Familie? Der Vater starb vor meinen Augen im Janowskalager. Und wo waren die anderen? …

Wie qualvoll war es für mich zu erfahren, dass meine Mutter und Schwester am 23. Februar 1944, an meinem 19. Geburtstag, im Ghetto erschossen worden waren. Mein älterer Bruder Ignaz starb in der Gaskammer in Belzec. Der jüngere Bruder Jakob-Wilhelm war verschollen.

Konnte ich dies alles aushalten?!

Aber man musste leben, um die Erinnerung an die schuldlos Ermordeten zu bewahren, um den Sieg des Guten über das Böse zu verewigen.

Schofar. Ausgabe des Vereins für jüdische Kultur »Scholem Alejchem« in Lemberg, November 2003, Nr. 11 (146), S. 5 f.

2. Bezirk (Rajon) Brody

1939 lebten im Bezirk Brody[32] 10 360 Juden.

Ort: Brody

Vor 1939 war Brody[33] Bezirkshauptstadt in der polnischen Woiwodschaft Tarnopol, von 1939 bis 1941 Bezirkshauptstadt im Gebiet Lemberg der Ukrainischen Sozialistischen Sowjetrepublik. In der Zeit von 1941 bis 1944 gehörte Brody zum Kreis Solotschew, Distrikt Galizien im Generalgouvernement. Seit 1991 ist Brody Hauptstadt des Bezirks im Gebiet Lemberg der Ukraine. 1939 waren von 18 020 Einwohnern der Stadt 8365 Juden. Die Zahl der jüdischen Bewohner stieg 1940 durch Flüchtlinge aus Polen auf 12 617 und betrug Mitte 1941 noch 10 070 bei 22 218 Einwohnern. Der Rückgang der jüdischen Bevölkerung bis 1941 ist auf Deportationen des NKWD zurückzuführen. Als Brody am 29. Juni 1941 von deutschen Truppen besetzt wurde, lebten dort 9000 Juden, denn nur wenigen war es gelungen, die Stadt Richtung Osten zu verlassen. Bereits am 1. und 2. Juli wurden 40 jüdische Persönlichkeiten des öffentlichen Lebens festgenommen und wegen sowjetischer Aktivitäten angeklagt.

In Brody war ein Büro der deutschen Gendarmerie, das die ukrainische Hilfspolizei beaufsichtigte.

Am 10. Juli wurden 250 jüdische Intellektuelle verhaftet. Sie wurden von der lokalen Gestapo gefoltert und am 12. Juli in Gräben neben dem jüdischen Friedhof ermordet. Diese Morde wurden von Einheiten der Sicherheitspolizei, des SD und Mitgliedern der Einsatzgruppe z. b. V. verübt.

Einige Tage später ermordete das Einsatzkommando 5 unter Leitung von Erwin Schulz jüdische Kriegsgefangene zusammen mit 300 Juden aus Brody und der Umgebung. Ebenfalls im Juli 1941 wurden 60 Juden durch die Nachrichtenabteilung 2 des Höheren SS und Polizeiführers (HSSPF) Russland-Süd ermordet.

Am 20. Juli 1941 wurde ein Judenrat gebildet unter Vorsitz von Dr. Jakow Blech.

Die deutsche Militärverwaltung wurde im August 1941 durch eine Zivilverwaltung abgelöst. Die Deutschen erließen sofort antijüdische Anordnungen. Die Juden wurden angewiesen, eine Armbinde mit dem Davidstern zu tragen. Sie mussten sich zur Arbeit registrieren lassen, und der größte Teil ihres Vermögens wurde eingezogen. Jeder Jude musste 750 Rubel bei der Bank in Brody einzahlen. Wer dieser Verpflichtung nicht nachkam, wurde schwer bestraft.

Im Oktober 1941 wurde den Juden der Umgebung befohlen, nach Brody zu ziehen. Einige Juden aus Brody wurden gezwungen, zur Arbeit nach Solotschew zu gehen. Am 19. Oktober 1941 wurden mehrere Gruppen junger arbeitsfähiger Juden ins Arbeitslager in Kosaki geschickt. Am 27. Dezember 1941 begann die Gestapo, jüdische Jugendliche auf der Straße

---

32 Kruglow, Enziklopedija Cholokosta, S. 106 ff.
33 Altman, Cholokost, S. 111 f.; Enzyklopädie des Holocaust, S. 243 ff.; Encyclopedia of Camps and Ghettos, S. 757 ff.; The Yad Vashem Encyclopedia, S. 75–78.

festzunehmen und in Arbeitslager zu verschleppen, die in der Gegend in Lackie Wielkie, Jaktorow, Pluhow und Zborow eingerichtet worden waren. In der ersten Hälfte des Jahres 1942 betrug die Zahl der jüdischen Häftlinge in diesen Lagern etwa 1500. Aufgrund schlechter Behandlung, schwerer Arbeit, Hunger und Krankheiten nahm ihre Zahl in der zweiten Jahreshälfte deutlich ab.

Im Januar 1942 wurde in Brody ein offenes Ghetto eingerichtet, und die Juden mussten ihre Winterkleidung, Pelze und Winterschuhe abgeben.

Im Juni 1942 lebten zahlreiche Juden in den Dörfern rund um Brody: in Toporów 734, in Leszniów 321, in Sokolówka 269, in Koniuszków 236, in Suchowola 452 und in Stanisławczyk 626.

Am 19. September 1942 verhafteten deutsche und ukrainische Polizei Juden auf der Straße, trieben sie aus ihren Häusern und Verstecken. 2500 Juden wurden in das Vernichtungslager Belzec deportiert, 300 wurden auf der Stelle ermordet.[34] Bei einer weiteren »Aktion« Ende November 1942 wurden weitere 2500 Juden nach Belzec deportiert. Auf Befehl der Deutschen waren an den »Aktionen« jüdische Polizisten, deutsche Sicherheitspolizei, Gendarmerie und ukrainische Hilfspolizei beteiligt. Die Sipo-Außendienststelle in Sokal unter Befehl des SS-Offiziers Oswald Heyduk organisierte die erste »Aktion«. Die zweite »Aktion« wurde unter dem Befehl des SS-Offiziers Carl Wöbke ausgeführt.

Am 2. Dezember 1942 wurden etwa 2000 Juden aus den umliegenden Ortschaften in das Ghetto von Brody deportiert. Das Ghetto wurde nun zu einem geschlossenen Ghetto. Es war mit Stacheldraht umzäunt und hatte nur einen Eingang.[35] Die Zustände im Ghetto waren fürchterlich. In einem kleinen Raum mussten 25 bis 30 Personen hausen. Die Zahl der Ghettobewohner stieg auf über 5000. Im Winter 1942/1943 starben über 1000 Menschen an Hunger, Krankheiten, besonders Typhus. Juden, die einen speziellen Arbeitsausweis für die Wehrmacht (»W«) oder die Rüstungsindustrie (»R«) hatten, wurden in kleinen Arbeitslagern außerhalb des Ghettos untergebracht.

Am 21. Mai 1943 gab der HSSPF des Distrikts Galizien, Friedrich Katzmann, den Befehl, das Ghetto Brody zu »liquidieren«. Sofort wurden 100 Juden erschossen. Als Polizeieinheiten in das jüdische Viertel von Brody eindrangen, trafen sie auf bewaffneten Widerstand. Ende 1942 hatte sich in Brody eine jüdische Widerstandsgruppe gebildet, die Kontakte zu einer jüdischen Widerstandsgruppe in Lemberg und zu Partisanen hatte. Nach einem blutigen Gemetzel zogen sich die Einheiten zurück. Mit einem erneuten Angriff überraschten sie die Ghettoinsassen. Mehr als 3000 Juden wurden wahrscheinlich ins KZ Majdanek deportiert, Hunderte wurden noch im Ghetto ermordet.[36]

Im April 1943 gelang es 70 Juden, aus dem Ghetto zu entkommen.

In der Stadt Brody arbeiteten noch 40 jüdische Arbeiter. Sie wurden am 19. Juli 1943 ermordet.

---

34 Honigsman, Juden in der Westukraine, S. 253.
35 Plan des Ghettos, The Yad Vashem Encyclopedia, S. 76.
36 Enzyklopädie des Holocaust, S. 244; Pohl, Nationalsozialistische Judenverfolgung, S. 258.

Um die Juden, die sich versteckt hatten zu finden, setzten SS-Angehörige und ukrainische Polizisten jüdische Häuser in Brand. Viele Juden verbrannten im Feuer.

Nach der Befreiung am 18. Juli 1944 kehrten etwa 250 Juden nach Brody zurück.

Wladimir Alschteter (geb. 1934)
»Ich blieb alleine«

Über sechzig Jahre sind seit dem Kriegsausbruch vergangen. Die Kinder sind erwachsen, die Enkelkinder werden groß. Vieles verdunkelte sich im Gedächtnis: Namen, Familiennamen, Ortsnamen, Ereignisse der vergangenen Jahre. Ich erinnere mich an einzelne Ereignisse, an Bilder, die das Bewusstsein des sieben- bis achtjährigen Jungen wahrgenommen hatte.

Meinen echten Familiennamen kenne ich nicht, auch keinen Namen und Vatersnamen, kein Geburtsdatum und Geburtsjahr. In der Geburtsurkunde, die 1950 ausgestellt wurde, steht bei Eltern ein Strich, als Geburtsdatum steht der 23. August, als Andenken an die Befreiung der Stadt Charkow. Ich erinnere mich, dass wir früher in einer großen Stadt lebten, deshalb sagte ich, ich sei in Charkow geboren worden.

1939 wurde mein Vater wahrscheinlich zur Arbeit in die kleine Stadt Brody, Gebiet Lemberg geschickt. Dort wurden wir auch vom Krieg überrascht. Meine erste Erinnerung an den Krieg sind die Tränen meiner Mutter, die sie um den verstorbenen Vater vergoss. Mein Vater war einer der Ersten, die an die Front gingen. Im Haus waren viele Menschen, die weinten. Man hörte die Kanonade, und am Stadtrand stand ein ausgebrannter sowjetischer Panzer. Dann war es ruhig. Am nächsten Morgen: riesige deutsche Panzer und Soldaten in grauen Uniformen und Helmen auf der Straße. Wir Jungs liefen ganz nah zu ihnen, schauten uns ihre Kanonen an und bettelten um die schönen leeren Zigarrenkisten.

Das erste Unruhegefühl erfasste die Erwachsenen, als sie das brennende Synagogengebäude sahen. Dann habe ich einen völligen Blackout in meinem Gedächtnis. Ich kann mich nicht erinnern, wie wir im Ghetto der Stadt Brody landeten … Es waren große Häuser, unbekannte Menschen und Straßen, die mit Stacheldraht umzäunt waren, das ständige Hunger- und Kältegefühl. Mein Bruder und ich sammelten Holzsplitter und Brettchen aus dem halb zerstörten Haus, um Feuer machen zu können. Aller Wahrscheinlichkeit nach überlebten wir so den Winter 1942. Dann verschwanden rings um uns herum im Ghetto alle Menschen. Wir versteckten uns in einem leeren Haus in einem kleinen Zimmer ohne Türen. Nachts krochen wir auf den Dachboden durch die Luke in der Decke.

Einmal sagte Mutter, dass wir nichts mehr zu essen hätten und in ein Dorf zu irgendwelchen uns bekannten Menschen gehen müssten. Am heilllichten Tag gingen wir durch die Haupttür auf die Straße. Mutter mit der kleinen Schwester auf dem Arm ging vorne und mein Bruder und ich Hand in Hand ihr hinterher. Mutter warnte uns, dass wir diesen Abstand einhalten sollten, und, wenn sie plötzlich von Deutschen oder Polizisten angehalten würde, sollten wir an ihr vorbeigehen. Wir waren schon am Stadtrand, als Mutter mit meiner Schwester von der Polizei angehalten wurde. Ich wollte auf die Mutter zulaufen, aber ihr Blick, der Selbsterhaltungsinstinkt und der

Lebenswille zwangen uns, an ihr vorbeizugehen. Ich habe meine Mutter und Schwester nie wieder gesehen. Wahrscheinlich teilten sie das Schicksal aller Ghettohäftlinge.

So begann das lange Leben als Straßenkinder. Einmal stießen wir im Wald auf Menschen, die uns aufnahmen. Wir lebten in einer Erdhöhle. Feuer zündeten wir nur in der Nacht an, damit man den Rauch nicht sehen konnte. Mein Bruder und ich gingen einzeln in die benachbarten Dörfer und bettelten. Die Menschen gaben uns nach ihrer Möglichkeit Lebensmittel und alte Kleider. Einmal ging mein Bruder ins Dorf, und ich blieb auf der Waldwiese und wartete auf ihn. Ich wartete bis zum Abend, aber er kehrte nicht zurück. Man erzählte später, er sei von der Polizei gefasst worden. So blieb ich alleine.

Der Winter kam. An einem Tag führten die Deutschen eine Razzia durch. Als ich auf dem Weg aus dem Dorf war, hörte ich eine Schießerei und stolperte auf der Straße über einen Mann mit zerschmettertem Kopf. Ich rannte in die entgegengesetzte Richtung, wohin mich meine Füße trugen. Ich verlor meine Schuhe und rannte barfuß im Schnee einige Kilometer. Ich fand in einem Stall im Heu Zuflucht und wurde ohnmächtig. Ich wachte in einem Haus auf und sah eine über mich gebeugte ältere Frau, die mir das Leben rettete und mich pflegte. Ich konnte nicht lange bei ihr bleiben und ging nach Osten, der Front entgegen.

Ich entwickelte einen besonderen tierischen Selbsterhaltungsinstinkt. Mit dem sechsten Sinn unterschied ich die Meinen von den Fremden. Eineinhalb Jahre vagabundierte ich durch das besetzte Territorium der Ukraine. Ich durchkreuzte Dörfer und ländliche Regionen, vermied Städte und übernachtete in Ställen zusammen mit den Tieren. Manchmal hatte ich Glück mit guten Menschen, die ihr Leben riskierten und mich für einige Zeit in ihrem Haus aufnahmen, ernährten und pflegten. Aber es gab auch andere Menschen. Einmal hielt ich mich an einem vorbeifahrenden Schlitten mit Heu fest. Der Bauer bemerkte mich und schlug mich mit der Peitsche. Ich rutschte in den Schnee ins freie Feld, und nur durch ein Wunder entkam ich dem Erfrieren.

Einmal sah ich am Dorfrand eine große Kolonne bewaffneter Menschen auf Pferdewagen. Wie es sich später herausstellte, waren es Partisanen, und ich hätte gewünscht, von ihnen aufgenommen zu werden. Plötzlich kamen aber deutsche Flieger. Das Feuer wurde eröffnet, die Bomben explodierten, überall lagen Gefallene und Verwundete. Ich verließ dieses Inferno und schlug mich weiter alleine durch.

Es war der Spätherbst 1943. Die Front kam näher. Es regnete ununterbrochen, war kalt, und ich hungerte. Ich hatte keine Kraft mehr weiterzugehen. In einer Nacht sah ich in einem Haus ein schwaches Licht. Ich kroch bis zur Eingangstür, öffnete die Tür und sah bewaffnete Menschen um einen Rohrofen sitzen. Instinktiv versuchte ich wegzulaufen, aber fiel zu Boden. Das Letzte, was ich sah, waren die Sternchen auf den Mützen der Rotarmisten. Für mein ganzes Leben blieb mir der Geschmack von Brot mit amerikanischem Konservenfleisch in Erinnerung. So begann mein neues Leben als Sohn der Truppe. Aber das ist das Thema für einen anderen Bericht.

Eineinhalb Jahre war ich in der Truppe und erreichte mit ihr die Elbe in Deutschland, traf die Amerikaner, kehrte nach Charkow zurück, machte eine Ausbildung in einer Flugfachschule, studierte, arbeitete fünfzig Jahre am wissenschaftlich-technischen Komplex für Luftfahrt O. K. Antonow.

In meinem Leben gab es viel Böses und Gutes. Vom Guten gab es mehr. Ich erinnere mich an einen Zwischenfall in der Stadt Torgau, der sich ein paar Tage nach dem Kriegsende ereignete. In einem der leer stehenden Gebäude fand ich zufällig einen Ausweis der Hitlerjugend. Plötzlich hörte ich Schritte, und vor mir erstarrte ein Junge, dessen Foto auf dem Ausweis war. Als er seinen Altersgenossen in der Uniform eines sowjetischen Soldaten erblickte, beschimpfte und verfluchte er die Russen. Mein erster Wunsch war, diesen kleinen Faschisten einfach zu töten. Aber in meiner Seele, in der Seele des kleinen Waisenkindes, das so viel Tod gesehen hatte, seine ganze Familie verlor, siegte nicht das Rachegefühl, sondern das Mitleid mit dem Menschen. Vielleicht lebt noch irgendwo in Deutschland dieser Mensch und erzählt seinen Kindern und Enkelkindern von der Begegnung mit einem kleinen sowjetischen Soldaten, der ihm das Leben geschenkt hatte.

Ich habe zwei Söhne und zwei Töchter. Die Enkelkinder wachsen auf. Nie wieder sollen sich die Gräuel des Krieges wiederholen. Ich schrieb meine Erinnerungen nieder, damit viele Generationen am Beispiel eines Lebens wissen und verstehen, was Krieg und Faschismus bedeuten.

3. Bezirk (Rajon) Solotschew

(ukr. Solotschiw, poln. Złoczów)

Vor dem Beginn des Zweiten Weltkriegs 1939 lebten im Bezirk Solotschew[37] 10 230 Juden, davon 7800 in der Stadt Solotschew.

Ort: Solotschew

Vor 1939 war die Stadt Solotschew[38] Bezirkshauptstadt in der polnischen Woiwodschaft Tarnopol, von 1939 bis 1941 Bezirkshauptstadt im Gebiet Ternopol der Ukrainischen Sozialistischen Sowjetrepublik. In der Zeit von 1941 bis 1944 war Solotschew Hauptstadt des Kreises, Distrikt Galizien im Generalgouvernement. Seit 1991 ist Solotschew Hauptstadt des Bezirks im Gebiet Lemberg der Ukraine. Infolge des Hitler-Stalin-Paktes marschierte am 17. September 1939 die Rote Armee in die Stadt ein. Hunderte jüdischer Flüchtlinge, besonders aus den von den Deutschen besetzten Teilen Polens, kamen in der Folgezeit in die Stadt. Die Zahl der jüdischen Bevölkerung war auf etwa 14 000 angewachsen, als die Stadt am 2. Juli 1941 von deutschen Truppen besetzt wurde.[39] Zunächst regierte eine Ortskommandantur, die im August 1941 durch eine Zivilverwaltung ersetzt wurde, die Stadt.

Am 3. Juli 1941 begann eine Gruppe der »Organisation Ukrainischer Nationalisten« (OUN) ein Pogrom. Ukrainische Miliz trieb als »Vergeltung für die Unmenschlichkeit der Bolschewiken« mit Billigung der Wehrmacht und der Einsatzgruppe C Juden zusammen. Sie wurden aus ihren Häusern gezerrt und auf den Hof des Burggefängnisses getrieben.

---

37 Kruglow, Enziklopedija Cholokosta, S. 106 ff.
38 Encyclopedia of Camps and Ghettos, S. 849–852; Enzyklopädie des Holocaust, S. 1336 ff.; Altman, Cholokost, S. 335 f.; Kai Struve, Deutsche Herrschaft, S. 563–585; The Yad Vashem Encyclopedia, S. 986 f.
39 Wiesenthal, Jeder Tag ein Gedenktag, S. 149.

3. Bezirk (Rajon) Solotschew

Dort war das NKWD-Gefängnis gewesen. Vor dem Rückzug der sowjetischen Truppen hatte der NKWD etwa 700 Häftlinge erschossen und in Massengräbern verscharrt. Die Juden wurden beschuldigt, diese Morde begangen zu haben. Es wurden zwei Massengräber im Hof und im Obstgarten der Zitadelle entdeckt. In eines der Massengräber, das direkt an der Mauer des Gebäudes lag, waren die Opfer offenbar aus einem Fenster im ersten Stock geworfen worden. Nach dem Öffnen der Massengräber wurden 649 Leichen gezählt, davon im Gefängnishof unterhalb des Fensters 217 und im Obstgarten 432.[40]

Die Juden wurden gezwungen, mit den Händen die Gräber zu öffnen und halb verweste Leichen für die Identifizierung in Reihen zu legen. Dann wurden alle, die diese Arbeit machten, vor den gleichen Gruben erschossen. Die Hinrichtung auf dem Burghof ging schnell in ein Pogrom auf den Straßen der Stadt über. Dieses dauerte drei Tage. Zwischen 300 und 500 Juden wurden ermordet.[41] Die genaue Zahl ist schwer zu ermitteln. An den Morden sollen sich auch Angehörige der SS-Division Wiking und eines Vorauskommandos des von Günter Herrmann befehligten Sonderkommandos 4b beteiligt haben.[42]

Das Einsatzkommando 6 erschoss am 8. Juli 1941 16 kommunistische Funktionäre und Zubringer, darunter drei Jüdinnen.[43] Am 10. Juli 1941 erschoss das Einsatzkommando z. b. V. unter Eberhard Schöngarth weitere 300 Juden, vorwiegend Angehörige der Intelligenz.[44] Außer den Einwohnern von Solotschew fielen auch viele Juden, die aus den 1939 von Deutschen besetzten Gebieten geflohen und deshalb nicht registriert waren, dem Pogrom zum Opfer. Zwischen dem 2. und dem 16. Juli 1941 wurden in Solotschew 3500 Juden ermordet.[45]

Mitte Juli 1941 wurde ein Judenrat eingerichtet. Vorsitzender wurde Sigmund Meiblum. Juden mussten eine weiße Armbinde mit einem Davidstern tragen, und der größte Teil ihres Besitzes wurde konfisziert. Sie mussten sich registrieren lassen und Zwangsarbeit ohne oder nur gegen geringe Bezahlung leisten. Das Stadtgebiet durften sie nicht verlassen.

Im August 1941 wurden die Juden zur Zahlung einer Kontribution von vier Millionen Rubel aufgefordert. Im Herbst 1941 wurden alle jüdischen Wohnungen beschlagnahmt und Juden, die an der Hauptstraße der Stadt wohnten, wurden vertrieben. Von 6.00 Uhr abends bis 6.00 Uhr morgens bestand eine Ausgangssperre für Juden. Im Herbst 1941 begann die SS Juden zu verhaften und in nahe gelegene Arbeitslager zu deportieren.

Im November 1941 wurden 200 Juden in das Arbeitslager in Lackie Wielkie verschickt. Anfang 1942 gab es Deportationen in die Lager in Kosaki, Pluhow, Sassow, Jaktorow. Im

---

40 Struve, Deutsche Herrschaft, S. 567.
41 The Yad Vashem Encyclopedia, S. 986 f.; Mallmann, Die »Ereignismeldungen UdSSR«, S. 133 (Ereignismeldung Nr. 24 vom 16. Juli 1941).
42 VEJ 7, S. 159, Anm. 6.
43 Mallmann, Die »Ereignismeldungen UdSSR«, S. 104 (Ereignismeldung Nr. 19 vom 11. Juli 1941).
44 VEJ 7, S. 182, Anm. 32.
45 Martin Gilbert, Endlösung. Die Vertreibung und Vernichtung der Juden. Ein Atlas, Hamburg 1995, Karte 73.

April 1942 blieben in der Stadt noch 5833 Juden. Die meisten Juden hatten kein Einkommen und konnten nur ihren letzten Besitz gegen Nahrungsmittel tauschen. Im Frühjahr 1942 organisierte der Judenrat daher eine Suppenküche, um den Ärmsten zu helfen. Ebenso wurde ein kleines Hospital eingerichtet.

Im Juli 1942 wurde wieder eine Gruppe junger Juden zusammengetrieben und in Arbeitslager deportiert. Am 28. August 1942 wurden über 2700 Juden nach Belzec deportiert. 4172 Juden blieben noch in Solotschew. Nach dieser »Aktion« wurden Juden aus Bialykamien, Holohori, Krasne, Sassow (insgesamt über 1500 Menschen) nach Solotschew umgesiedelt. Am 2. November 1942 werden 2500 Juden aus Solotschew in das Vernichtungslager Belzec deportiert.[46] Viele Juden wurden bei dieser »Aktion« in Solotschew ermordet.

Dank der Hilfe des Kreislandwirts Josef Meyer konnte eine Gruppe Juden bis November 1942 überleben. Meyer konnte nicht glauben, dass die deutschen Besatzer Juden in Gaskammern ermorden. Als er die Wirklichkeit begriff, setzte er alles daran, den Juden zu helfen. Meyer wurde nach dem Krieg von Yad Vashem als »Gerechter unter den Völkern« geehrt.

Am 1. Dezember 1942 wurde in der Stadt ein geschlossenes Ghetto eingerichtet, in das alle Juden der Stadt und aus den benachbarten Gemeinden Gologory, Sassow und Bialykamien zusammengepfercht wurden. Insgesamt waren es über 4000 oder zwischen 7500 und 9000. Die Quellen geben verschiedene Zahlen an.[47] Viele starben an Hunger und Erschöpfung.[48] Am 2. April 1943 wurde das Ghetto aufgelöst. Der Vorsitzende des Judenrats, Sigmund Meiblum, wurde aufgefordert, ein Dokument zu unterzeichnen, in dem behauptet wurde, das Ghetto sei aufgrund einer Typhusepidemie geschlossen worden; er verweigerte die Unterschrift und wurde auf der Stelle erschossen. Etwa 5000 Juden[49] wurden bei dem Dorf Jelechowice erschossen. Andere Quellen nennen die Zahlen 3500 oder 6000.[50]

Viele Juden hatten im Ghetto Verstecke vorbereitet. Mehrere Wochen lang spürten ukrainische Polizei und deutsche Gendarmerie versteckte Juden auf und erschossen sie.

Nach der Auflösung des Ghettos blieb in Solotschew ein Arbeitslager. Hier bildeten sich zwei Untergrundgruppen. Einer der Gruppen, bestehend aus 30 Personen, gelang es in die Wälder zu fliehen, wo sie versuchten, Bunker vorzubereiten. Sie wurden jedoch von Bauern der umliegenden Dörfern an die Deutschen verraten und erschossen. Auch die andere Gruppe wurde verraten. Der Leiter dieser Gruppe, H. Safran, entriss einem Deutschen die Pistole, wurde aber hinterrücks von einem ukrainischen Polizisten erschossen. Das Arbeitslager wurde am 21. Juli 1943 aufgelöst. Die verbliebenen Häftlinge wurden ins Janowskalager in Lemberg gebracht.

Solotschew wurde am 21. Juli 1943 durch die Rote Armee befreit.

46 Wiesenthal, Jeder Tag ein Gedenktag, S. 254; Gilbert, Endlösung, Karte 166.
47 The Yad Vashem Encyclopedia, S. 987.
48 Wiesenthal, Jeder Tag ein Gedenktag, S. 271.
49 Ebenda, S. 87.
50 The Yad Vashem Encyclopedia, S. 988.

Leonid Wugman
»Ich habe gesehen. Ich habe überlebt. Ich werde es nie vergessen«

Es bleiben immer weniger Menschen, die die Tragödie des Zweiten Weltkriegs überlebt haben, die sich an die Albträume der Junitage 1941 erinnern können, als die bis an die Zähne bewaffneten Nazi-Truppen unser Heimatland angriffen. Ich gehöre zur Zahl der wenigen, die das Ganze überlebt haben und nie die Albträume der Nazi-Besatzung vergessen werden.

Unsere kleine Stadt Solotschew, Gebiet Lemberg, wo schon immer Ukrainer, Juden und Polen lebten, wurde am 1. Juli 1941 von Deutschen besetzt. Der erste Angriff galt gleich den Juden. Ein schreckliches, kaum zu beschreibendes Leben fing an. Gleich am ersten Tag der Besatzung der Stadt Solotschew wurden von den Nazis ein paar Hundert jüdische Mitbürger verschiedenen Alters erschossen. Danach begannen Massenpogrome.

An den Mauern der Häuser hingen Befehle, die alle Juden verpflichteten, sich registrieren zu lassen und »Arbeit« aufzunehmen. Diese »Arbeit« bestand in der Zerstörung der Grabdenkmäler auf dem jüdischen Friedhof und im Straßenbau, bei dem diese Grabplatten verwendet wurden. Viele jener, die morgens zur Fronarbeit gingen, kamen abends nicht zurück. Sie wurden für jede Kleinigkeit, oft sogar ohne jeden Anlass, erschossen.

Die gesamte jüdische Bevölkerung, die am Arbeitseinsatz nicht beteiligt war, wurde in einem Ghetto eingepfercht. Das Ghetto wurde mit Stacheldraht umzäunt und sorgfältig von Polizisten bewacht. Alle Insassen des Ghettos mussten weiße Binden mit dem sechseckigen Stern am Ärmel tragen. Im Ghetto wurden systematisch Frauen, Alte und Kinder vernichtet und ihre Leichen in den Wald Jelechowice gebracht.

1942 begann eine allgemeine Vernichtung der jüdischen Bevölkerung in den benachbarten Dörfern. Die Mehrheit meiner Verwandten lebten in den Dörfern Remisiwzy und Schpiklosy. Dort starben von der Hand der Nazi-Henker meine Großeltern, meine Tanten und Onkel, meine Cousins und Cousinen. 1943 wurde die Liquidierung des Ghettos von Solotschew beendet, wo meine Mutter Sara Rot, Schwester Klara, viele andere Verwandte und Bekannte vernichtet wurden.

Nach der Liquidierung des Ghettos wurde auf der Fläche der ehemaligen polnischen Kaserne eine Abteilung des Janowskalagers errichtet. Dorthin wurden junge, überlebende, arbeitsfähige Männer und männliche Jugendliche verschickt, die Berufe hatten, derer die deutsche Besatzung bedurfte. Die Insassen reparierten Schuhe, Kleidung und wurden zu anderen besonders schweren Arbeiten herangezogen. Mein Vater reparierte den Nazis die Uniformen, und ich putzte Toiletten, Baracken, die Fläche des Lagers und Räume, in denen das einfache Bewachungspersonal lebte.

Wir alle trugen auf unseren Lumpen (auf der rechten und linken Seite) gelbe Flicken: Symbol der Vernichtung und der Verurteilung. In die Baracken kamen jeden Tag immer weniger Menschen zurück. Besonders SS-Obersturmführer Warzok und sein Helfershelfer Gefreiter Becker misshandelten die Häftlinge. Diese Henker aus der Bande Oberländers schlugen die Unglücklichen mit Gummiknüppeln, Peitschen und Stacheldraht, sie zwangen sie, halb nackt im Frost zu arbeiten, hängten sie mit dem Kopf nach unten auf.

Folgende Episode prägte sich für mein ganzes Leben ein: Nach der Arbeit wurde den Häftlingen verboten, sich die Füße zu waschen. In der Nacht erschien »die Kommission«, um die Hygiene zu prüfen. Die Füße waren natürlich schmutzig, und alle, die kontrolliert wurden, wurden mit 25 Schlägen mit dem Gummiknüppel bestraft. Viele von ihnen überlebten diese Bestrafung nicht …

1943 erschien in Solotschew nach der Liquidierung des Ghettos und des Konzentrationslagers das Schild »Judenfrei«, d. h. die Stadt war ohne Juden.

Der Leser mag sich schon längst gefragt haben: Wenn die gesamte jüdische Bevölkerung der Stadt vernichtet war, wie konnte ich überleben und nach sechzig Jahren (mit Tränen in den Augen) von diesen tragischen Ereignissen berichten?

Ich hatte einen älteren Freund Schwarz. Wir hatten schon lange eine kaum realisierbare Fluchtidee. Am Tag, als aus dem Lager die letzte Gruppe der Häftlinge zum Tod abtransportiert wurde, entschieden wir uns endlich dazu. Wir versteckten uns in der Toilette (ich verzichte auf die Details) und blieben in den Fäkalien, bis das Lager geräumt war. Als wir uns versicherten, dass dort kein einziger Wachmann, kein einziger Hund mehr geblieben war, stiegen Schwarz und ich aus unserem Versteck, wuschen uns einigermaßen ab und gingen ins Dorf Chmelewo. Dort versteckte uns drei Monate lang auf dem Dachboden des Stalls eine wirklich heilige Frau. Sie hieß Hanja (nach ihrem Familiennamen fragten wir nicht). Sie war eine tief religiöse Christin. Natürlich wusste sie, dass ihr und ihren beiden Töchtern für die Rettung von Juden der sichere Tod drohte. Aber wahrscheinlich gab ihr Gott Kraft und Mut. Nachts stieg sie zu uns auf den Dachboden, um uns Essen und Getränke zu bringen …

Und wie ging es uns, die wir nicht nur Angst um uns selbst, sondern auch um das Leben unserer Retterinnen hatten? Am Ende des dritten Monats hielt mein Leidensgenosse die schreckliche Spannung nicht aus und drehte durch. In der Nacht sprang er aus dem Dachboden und rannte auf die Straße. Am Dorfrand fiel er tot zu Boden. Zum Glück konnte wohl keiner merken, aus welchem Haus er gekommen war.

Um unsere gute Bäuerin nicht in Gefahr zu bringen, entschied ich mich, Chmelewo zu verlassen. Im für mich unbekannten Wald stieß ich zu einer Gruppe Menschen verschiedener Nationalitäten, die sich im Wald vor den Nazis versteckten. Aber leider wurden wir von den Deutschen gestellt, umzingelt und dann in den Wald Jelechowice zur Erschießung gebracht. Aber auch diesmal war das Schicksal mir zugetan. Der SS-Mann schoss mit seiner Pistole, und ich fiel, ohne ein Lebenszeichen zu zeigen. Die Henker prüften nicht nach. Als sie weggingen, befreite ich mich in der Nacht aus dem Leichenhaufen.

Manchmal ging ich in die Dörfer Chmelewo, Bsowo, Kupzewo, wo die Einheimischen mich mit Lebensmitteln unterstützten. So überlebte ich, bis die Rote Armee im Juli 1944 unsere Gegend von den Okkupanten befreite. Ich wurde sofort eingezogen und nahm an den Kämpfen um Polen, die Tschechoslowakei und Deutschland teil. Ich bin glücklich, dass ich Hunderte Franzosen, Polen, deutsche Antifaschisten und Menschen anderer Nationalitäten aus den Konzentrationslagern befreien konnte. Nie werde ich unser fröhliches Treffen mit den amerikanischen Verbündeten an der Elbe vergessen.

An all dies erinnerte ich mich an jenem Augusttag, als ich aus Odessa nach Lemberg kam, um bei der Enthüllung des Denkmals für die Opfer des Ghettos von Lemberg teilzunehmen. Dieses Denkmal gilt auch meiner Familie und meinen Verwandten. Aus der Familie, die vor dem Krieg aus über siebzig Personen bestand, bin ich der Einzige, der überlebte.

Und was für ein Wunder: 45 Jahre versuchte ich erfolglos, jemanden, zumindest aus der entfernten Verwandtschaft, zu finden, aber gerade bei dieser feierlich-traurigen Zeremonie der Enthüllung des Denkmals fand ich wie durch ein Wunder meine Cousine Ewgenija, verheiratete Ruda, die, wie sich später herausstellte, als Baby von der ukrainischen Frau Katharina Petriw gerettet, adoptiert und großgezogen worden war. Lieber Gott, ich danke dir für dieses Glück! Vergelt's Gott auch euch, gute Menschen, die mir meine einzige verwandte Seele retteten!

In den heutigen Tagen, wo in vielen Ecken unserer Erde eine angespannte Situation herrscht und Blut vergossen wird, müssen wir, ehemalige Häftlinge von Ghettos und Konzentrationslagern, mit allen Kräften für den Frieden, gute Nachbarschaft und glückliches Leben auf unserem so viel geschundenen Planeten kämpfen. Nur Freundschaft und Verständigung zwischen den Menschen der verschiedenen Nationalitäten und Religionen werden die Menschheit retten!

Schofar. Odessa, 1999, Nr. 17, S. 3

Siehe auch den Zeitzeugenbericht von Ewgenija Ruda (Gisel Bogner)

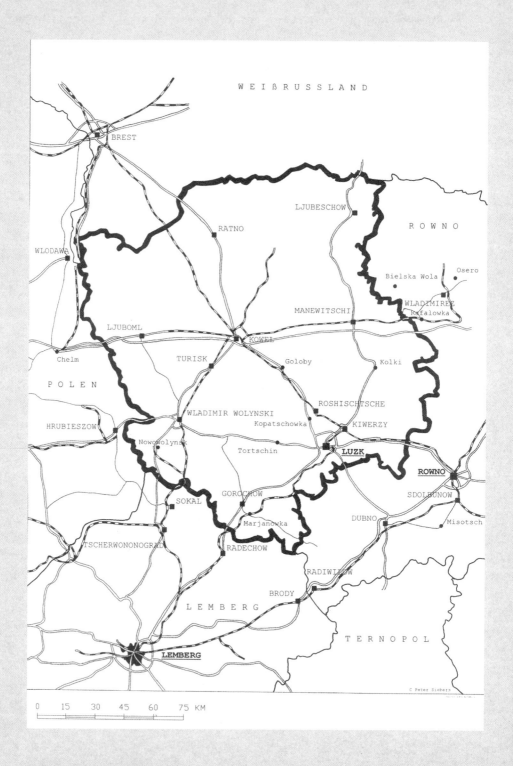

II. Gebiet (Oblast) Wolhynien

II. Gebiet (Oblast) Wolhynien
(ukr. und russ. Wolyn, poln. Wołyń)

1931 lebten im Gebiet Wolhynien[1] 95 377 Juden. Bis September 1939 war das Gebiet ein Teil Polens. Die Zahl der dort lebenden Juden stieg bis 1941 auf 108 000. Unter Berücksichtigung der jüdischen Flüchtlinge wohnten mehr als 130 000 Juden im Gebiet Wolhynien.

Zwischen dem 22. Juni und dem 8. Juli 1941 wurde das gesamte Gebiet von der deutschen Wehrmacht besetzt. Bereits am 23. Juni 1941 wurden in Drushkopole die ersten fünf Juden erschossen. In den Monaten Juni und Juli 1941 wurden insgesamt etwa 3000 Juden in Wolhynien ermordet. Am 1. September 1941 gaben die Militärbehörden die Verwaltung ab, und das Gebiet wurde Teil des Reichskommissariats Ukraine.

Während der deutschen Besetzung in der Zeit von 1941 bis 1943 wurden im Gebiet Wolhynien insgesamt 109 000 einheimische Juden ermordet.[2]

1. Bezirk (Rayon) Kowel

Am 1. September 1941 wurde das Kreisgebiet Kowel[3] im Generalbezirk Brest-Litowsk (später umbenannt in Wolhynien-Podolien) im Reichskommissariat Ukraine gebildet. Das Kreisgebiet bestand aus den Rayons Goloby, Kowel-Stadt, Kowel-Land, Manewitschi, Mazejewo, Ratno, Sabolotje, Sedlischtsche und Turisk. Verwaltungszentrum war die Stadt Kowel.

Ort: Kowel

Vor 1939 gehörte die Stadt[4] zur polnischen Woiwodschaft Wolhynien. Von 1939 bis 1941 war Kowel Bezirkshauptstadt im Gebiet Wolhynien der Ukrainischen Sozialistischen Sowjetrepublik. Von 1941 bis 1944 gehörte die Stadt nach der Errichtung der Zivilverwaltung als Sitz eines Gebietskommissariats zum Generalbezirk Wolhynien und damit zum Reichskommissariat Ukraine. Seit 1991 ist Kowel Bezirkshauptstadt im Gebiet Wolhynien der Ukraine.

Vor Beginn des Zweiten Weltkriegs lebten in der Stadt etwa 13 200 Juden, das war ungefähr die Hälfte der Bevölkerung. Durch viele jüdische Flüchtlinge aus dem von den Deutschen besetzten Teilen Polens stieg die Zahl bis Mitte 1941 auf ungefähr 15 000.

Die Stadt wurde am 28. Juni 1941 von der Wehrmacht besetzt und im Juni und Juli 1941 von der deutschen Militärverwaltung regiert. Im Juli und August 1941 war eine SD-Einsatztruppe, die von der Einsatzgruppe z.b.V. abgeordnet war, in Kowel stationiert. Von Mitte Juli bis Anfang September 1941 waren außerdem das Hauptquartier des 314. Polizei-

---

1 Altman, Cholokost, S. 180; Kruglow, Enziklopedija Cholokosta, S. 28 ff.
2 Kruglov, Jewish Losses in Ukraine, S. 284.
3 Kruglow, Enziklopedija Cholokosta, S. 28 ff.
4 Altman, Cholokost, S. 428 ff.; Enzyklopädie des Holocaust, S. 803; The Yad Vashem Encyclopedia, S. 357; Encyclopedia of Camps and Ghettos, S. 1388–1391.

bataillons und dessen 3. Kompanie in Kowel stationiert. Ab Oktober 1941 übernahm der deutsche Gendarmerieposten in Kowel die Befehlsgewalt über die ukrainische Polizei. Im Oktober 1942 wurde eine Außenstelle der Sicherheitspolizei in der Stadt eingerichtet, die dem Kommandeur der Sicherheitspolizei und des SD in Rowno unterstand.

Kurz nach der Besetzung wurden 60 bis 80 Juden aus der Intelligenz festgenommen und später erschossen. Erschießungen fanden auch in den folgenden Wochen statt. Insgesamt wurden im Sommer 1941 etwa 1000 Juden erschossen.

Die ukrainischen Behörden quälten die Juden, indem sie die Wasser- und Stromversorgung unterbrachen und die Belieferung mit Nahrungsmitteln verweigerten. Dem Rabbiner Velvele schlugen sie den Kopf ab und zeigten ihn in einem Fenster der ukrainischen Genossenschaft.

Am 21. Juli 1941 wurden aus allen Synagogen 200 Thorarollen eingesammelt und in einer besonderen Zeremonie verbrannt.[5]

Obwohl das jüdische Viertel der Stadt nicht eingezäunt war, hatte es den Charakter eines Ghettos. Die Häuser, in denen Juden wohnten, mussten gelb markiert werden, Juden mussten zunächst eine weiße Armbinde mit einem blauen Davidstern und später auf Brust und Rücken einen gelben Davidstern tragen. Sie durften die Stadt nicht verlassen und von 18.00 Uhr bis 10.00 Uhr die Straßen nicht betreten. Ein Judenrat, bestehend aus 12 Personen, wurde eingerichtet, dem die jüdische Polizei unterstand. Die Juden mussten eine große Geldsumme an die Deutschen zahlen, ihre Wertsachen abgeben und Zwangsarbeit leisten. Während der Arbeit wurden sie von der örtlichen ukrainischen Polizei geschlagen und misshandelt.

Am 27. Mai 1942[6] wurden zwei Ghettos in der Stadt eingerichtet. Für das erste Ghetto erhielten Arbeiter einen Arbeitsausweis und wurden mit ihren Familien, insgesamt etwa 3500 Personen, in einem neueren Teil der Stadt, zwischen der Eisenbahn und der Warschauer Straße, untergebracht. Die übrigen Juden, einschließlich der jüdischen Bevölkerung aus den umliegenden Dörfern, mehr als 10 000 Menschen, wurden als »Nutzlose« in einem zweiten Ghetto in der Altstadt untergebracht.[7] Beide Ghettos wurden jeweils mit einem über zwei Meter hohen mit Stacheldraht bewehrten Bretterzaun eingezäunt.

Vom 3. bis 5. Juni 1942 organisierte eine Abteilung der Sicherheitspolizei aus Luzk eine »Aktion« gegen das zweite Ghetto in der Altstadt. Nur wenige konnten sich verstecken oder entkommen. Am 2. Juni hatte der Vorsitzende des Judenrats einen Befehl bekommen, alle Juden im Ghetto der Altstadt, die nicht deportiert werden sollten, in das Ghetto im neueren Teil der Stadt umzusiedeln. Am selben Abend wurde der Judenrat um 20.00 Uhr zum deutschen Gendarmerieposten in der Luzker Straße bestellt. Die Mitglieder des Judenrats mussten in das Ghetto in der Altstadt gehen und alle Juden auffordern, sich sofort mit leichtem Gepäck auf den Straßen zu versammeln, da sie nach Osten zur Arbeit geschickt würden.

5   Simon Wiesenthal, Jeder Tag ein Gedenktag, S. 167.
6   Verschieden Quellen nennen unterschiedliche Daten. Genannt werden der 17., der 21. und der 27. Mai.
7   Andere Quellen nennen 8000 arbeitsfähige Juden für das Ghetto in der Neustadt und 6000 Juden ohne Arbeitspapiere in der Altstadt, The Yad Vashem Encyclopedia, S. 357.

Wer versuchte, sich zu verstecken oder zu fliehen, sowie Alte, Kranke und Kinder wurden an Ort und Stelle erschossen. Ungefähr 300 Juden wurden auf diese Weise ermordet. Eine Arbeitsgruppe aus dem Ghetto in der Neustadt musste die Leichen in einer Grube auf dem Jüdischen Friedhof begraben. Später haben Bauern aus der Umgebung die Leichen ausgegraben und ihnen Ringe, Uhren, Goldzähne und Kleidung geraubt. Die nackten Leichen ließen sie verstreut auf dem Friedhof liegen.

Die zusammengetriebenen Juden mussten sich in Reihen aufstellen und wurden unter Bewachung zum Bahnhof geführt. Hier wurden sie in einem Güterzug zusammengepfercht und zum Erschießungsort in einer Sandgrube in der Nähe von Bachów, sieben Kilometer nördlich von Kowel, gebracht. Die Männer mussten sich nackt ausziehen und die Frauen bis auf die Unterwäsche. Dann mussten sie in Gruppen in die vorbereiteten Gruben steigen, sich auf den Bauch legen und wurden erschossen. Der Güterzug wurde mit der Kleidung der Opfer beladen und fuhr nach Kowel zurück. Die Kleidung wurde entladen und der Zug mit neuen Opfern gefüllt. Diese Massenerschießung dauerte drei Tage. Jeden Tag wurden etwa 3000 Männer, Frauen und Kinder ermordet, insgesamt etwa 9000 Juden. Mehr als 3500 Juden, hauptsächlich Handwerker, wurden verschont. Etwa 1000 Juden konnten sich in der Stadt verstecken, und weiteren 1000 Juden gelang es, in die umliegenden Dörfer oder Wälder zu fliehen. Nach dieser Mordaktion mussten die jüdischen Handwerker aus dem Ghetto im neuen Teil der Stadt in das nun leergemordete Ghetto in der Altstadt umsiedeln.

Am 9. Juni 1942 forderten die deutschen Behörden eine Kontribution von 1,5 Millionen Rubel sowie Schmuck und Edelsteine von den überlebenden Juden, die bis zum 15. Juni zu leisten waren. Dem Judenrat gelang es, das geforderte Geld und ein Kilogramm Gold aufzubringen. In der Folgezeit wurden mehrmals kleinere Gruppen Juden im Ghetto erschossen.

Am 19. August 1942 wurde auch das Ghetto mit den Arbeitern aufgelöst. Einheiten der Sicherheitspolizei und des SD aus Luzk erschossen etwa 6500 Juden und 150 »Zigeuner« auf dem Jüdischen Friedhof. Viele Juden versuchten zu flüchten, wurden aber gefasst und mehrere Tage ohne Nahrung und Wasser in die große Synagoge gesperrt. Immer wieder holten sich Polizisten Gruppen junger jüdischer Mädchen aus der Synagoge und vergewaltigten sie, bevor sie in die Synagoge zurückgebracht wurden. Dann wurden die Juden in kleinen Gruppen zum jüdischen Friedhof geführt und dort erschossen. Auf die Wände der Synagoge schrieben sie ihre Wünsche nach Rache und den starken Willen zu überleben. Diese Inschriften wurden nach dem Krieg gefunden und kopiert, ehe sie übermalt wurden.[8]

8   Susanne Heim/Ulrich Herbert/Michael Hollmann/Horst Möller/Dieter Pohl/Simone Walther/Andreas Wirsching (Hrsg.), Die Verfolgung und Ermordung der europäischen Juden durch das nationalsozialistische Deutschland 1933–1945, Bd. 8 (VEJ 8). Sowjetunion mit annektierten Gebieten II, bearb. v. Bert Hoppe, Mitarbeit: Imke Hansen/Martin Holler, Berlin/Boston 2016, S. 411–416.

Am 6. Oktober 1942 fanden die letzten Erschießungen auf dem römisch-katholischen Friedhof statt. Nach der Befreiung der Stadt wurden dort Gräber mit mehr als 2000 Leichen gefunden. Nach ukrainischen Quellen sollen etwa 6500 Juden ermordet worden sein.

Bevor das Ghetto aufgelöst wurde, war es jüdischen Jugendlichen gelungen, mit Waffen, die sie aus Lagerhäusern herausschmuggelten, zu einer sowjetischen Partisaneneinheit zu fliehen. Nachdem die Juden den Partisanen ihre Waffen übergeben hatten, wurden sie alle bis auf einen von den Partisanen ermordet.

Am 6. Juli 1944 wurde Kowel befreit. In den folgenden Tagen kehrten etwa 40 Juden nach Kowel zurück, die sich in den Wäldern versteckt hatten.

Ort: Goloby

(ukr. Holoby, poln. Hołoby)
Am Vorabend des Krieges lebten in Goloby 350 Juden.

Ende 1941 wurden die Juden aus Goloby in das benachbarte Dorf Melniza deportiert, wo vor dem Krieg über 1000 Juden lebten. Am 4. September 1942 wurden sie zusammen mit den einheimischen Juden erschossen.[9]

Michail Schafir (geb. 1926)
»Mein Vater, meine Mutter und Schwester wurden von den Nazis erschossen«

Ich, Schafir Michail Berkowitsch, wurde 1926 im Dorf Goloby, Bezirk Goloby (heute Bezirk Kowel), Gebiet Wolhynien geboren. Ich lebte zusammen mit meinen Eltern.

Bereits am dritten Tag nach dem Kriegsausbruch wüteten bei uns Nazis, und Misshandlungen und Erschießungen standen auf der Tagesordnung.

Das Verhältnis der Nazis zu Juden ist allgemein bekannt. Misshandelt und zu Schwerstarbeit gezwungen, lebte ich mit meinen Eltern auf dem besetzten Gebiet bis Oktober 1942. Am 14. Oktober wurden meine Eltern und meine Schwester von den Nazis erschossen. Ich konnte mich retten. Ich lebte im Untergrund, verfolgt von allen. Ich wurde von barmherzigen Menschen – Klimowitschi und Jankowskije – versteckt.

Im Februar 1944 geriet in unseren von deutschen Truppen umschlossenen Bezirk die Kavallerietruppe 21 der Roten Armee. Ich bat, mich in die Truppe aufzunehmen. Nach einiger Zeit konnte die Truppe in Kämpfen diese Umklammerung aufbrechen. Ich wurde Mitglied der Truppe, legte den Eid ab und kämpfte in vielen Schlachten. Ich wurde verwundet.

Ich bin mit dem Orden »Glorie der 3. Stufe«, mit der Medaille »für Tapferkeit« und mit dem Orden »Vaterländischer Krieg der 1. Stufe« ausgezeichnet worden.

---

9   Altman, Cholokost, S. 223, 578.

2. Bezirk (Rayon) Ljuboml

Ort: Ljuboml
(jidd. Libiwne)

Vor 1939 gehörte Ljuboml[10] zur polnischen Woiwodschaft Wolhynien. Von 1939 bis 1941 war Ljuboml Bezirkshauptstadt im Gebiet Wolhynien der Ukrainischen Sozialistischen Sowjetrepublik und von 1941 bis 1944 Bezirks- und Gebietshauptstadt im Generalbezirk Wolhynien und Podolien. Seit 1991 ist Ljuboml Hauptstadt des Bezirks im Gebiet Wolhynien der Ukraine.

Die jüdische Gemeinde des polnischen Städtchens Ljuboml geht bis ins 14. Jahrhundert zurück. 1937 lebten in Ljuboml 3162 Juden. Als Folge des Hitler-Stalin-Paktes war Ljuboml von 1939 bis 1941 von der Sowjetunion besetzt. Hunderte jüdische Flüchtlinge aus dem von Deutschen besetzen Polen kamen in die Stadt. Am 23. Juni 1941 marschierte die deutsche Wehrmacht in Ljuboml ein. Die Stadt wurde von einer Ortskommandantur verwaltet. Die Juden wurden gezwungen, eine weiße Armbinde mit einem blauen Davidstern zu tragen, später ein gelbes Abzeichen. Es wurde eine Ausgangssperre von 7.00 Uhr abends bis 7.00 Uhr morgens verhängt, und die Juden mussten bei Androhung der Todesstrafe Gold und andere Wertgegenstände abliefern. Der Stadtkommandant befahl, einen Judenrat zu bilden, der eine jüdische Polizeieinheit aufstellte und ein Arbeitsamt einrichtete.

Während des Sommers 1941 führten deutsche Sicherheitskräfte mit Unterstützung der ukrainischen Polizei mehrere »Aktionen« gegen die Juden von Ljuboml durch, in deren Verlauf etwa 900 Juden ermordet wurden. Am 2. Juli wurden fünf Juden erschossen. Bei einer zweiten »Aktion« am 22. Juli 1941 erschossen zwei Züge des 314. Polizeibataillons und ukrainische Polizei etwa 300 Juden. Eine weitere große »Aktion« begann am 21. August 1941 und dauerte mehrere Tage. Da sich die meisten Männer verstecken konnten, trieben die Deutschen Frauen und Mädchen zusammen. Der Judenrat versuchte, sie freizukaufen. Es wurden aber nur ganz wenige freigelassen. Wahrscheinlich wurden bei dieser »Aktion« 400 Juden ermordet.

Im September 1941 übernahm eine Zivilverwaltung die Herrschaft in Ljuboml. Die Stadt wurde Verwaltungszentrum des Gebiets Ljuboml. Die deutsche Besatzungsmacht richtete in der Stadt auch eine örtliche ukrainische Verwaltung ein, mit einer ukrainischen Polizeieinheit, die direkt dem deutschen Gendarmerieposten in Ljuboml unterstand.

Die deutsche Verwaltung befahl den Juden, alles Vieh an die deutsche Armee abzuliefern. Juden, die in Straßen wohnten, in denen auch Häuser von Nicht-Juden standen, wurden gezwungen, in Straßen zu ziehen, in denen nur Häuser von Juden waren. In diesen Straßen entstand sehr schnell eine große Enge. Juden im Alter von 12 bis 60 Jahren mussten Zwangsarbeit leisten. Wer arbeitete erhielt eine kleine Brotration. Bald litten viele Juden an

---

10   Altman, Cholokost, S. 555; The Yad Vashem Encyclopedia, S. 426 f.; Encyclopedia of Camps and Ghettos, S. 1410–1414.

Unterernährung und verhungerten schließlich. Ende September 1941 forderten die Deutschen eine Kontribution von 250 000 Rubel, 30 Goldstücken und 30 Paar Lederstiefel, die bis zum nächsten Morgen angefertigt werden mussten.

Am 6. Dezember 1941 wurde auf Befehl des Gebietskommissars Uhde ein Ghetto eingerichtet, das aus zwei Teilen bestand. Es war nicht eingezäunt, wurde aber bewacht. Der eine Teil war für die Handwerker und ihre Familien bestimmt, die eine rote Ausweiskarte erhalten hatten. Dieser Teil des Ghettos war entlang der Koleowa-, Chelm- und Ludmir- Straße. Im Ghetto mussten sich 12 bis 15 Personen einen Raum teilen. Wer das Ghetto ohne Erlaubnis verließ oder Befehle der Deutschen verletzte, wurde mit dem Tode bestraft.

Zwei kleine Untergrundgruppen hatten sich im Ghetto gebildet. Sie stellten Ausweise her, mit denen man das Ghetto verlassen konnte, beschafften Waffen, organisierten Fluchten und planten einen Aufstand. Zu der Zeit, als das Ghetto aufgelöst werden sollte, flohen beide Gruppen zu den Partisanen. Nur von wenigen Mitgliedern dieser Widerstandsgruppen ist bekannt, dass sie den Krieg überlebt haben.

Am 1. Oktober 1942 begannen die Deutschen, das Ghetto zu »liquidieren«. In den Monaten zuvor hatten die Juden etwa dreieinhalb Kilometer außerhalb der Stadt, bei dem Dorf Borki, vier große Gruben ausheben müssen. Als die »Aktion« begann, trieben eine Einheit des SD aus Kowel, deutsche Gendarmerie und ukrainische Polizei aus den umliegenden Städten die Juden auf dem Marktplatz zusammen und führten sie zu den Gruben. Die Deutschen befahlen den Juden sich auszuziehen und sammelten die Kleidung ein. Die nackten Juden mussten sich am Rand der Gruben aufstellen und wurden erschossen. Hunderte konnten entkommen und sich verstecken, aber im Laufe der folgenden Tage und Wochen wurden die meisten aufgestöbert und getötet. Bei dieser »Aktion« wurden 3000 bis 4000 Juden aus Ljuboml und der Umgebung ermordet.

Am 19. Juli 1944 wurde Ljuboml befreit. Nur eine kleine Zahl der Juden aus Ljuboml konnte im Versteck überleben. Anderen gelang es, zur Roten Armee oder den Partisanen zu fliehen. 35 Juden aus Ljuboml haben den Holocaust überlebt.

Riwa Matjuschina (geb. 1919)
»Von meiner Familie überlebte niemand«

Als der Große Vaterländische Krieg ausbrach, wohnte unsere Familie im kleinen Städtchen Ljuboml, Gebiet Wolhynien. Während der Besatzung wurden alle aus ihren Häusern vertrieben und im Ghetto eingepfercht. Für das Ghetto wurde ein Viertel der Stadt zur Verfügung gestellt. In polnischen, ukrainischen und jüdischen Häusern wohnten mehrere Familien zusammen. Man verkaufte irgendwelche Habseligkeiten oder tauschte diese gegen Lebensmittel. Die einheimischen Ukrainer halfen uns, so gut sie es konnten.

Die ersten Erschießungen begannen am frühen Morgen des Jom Kippur 1941. Der erste Schuss traf unser Fenster. Ich nahm das sechs Monate alte Baby in den Arm und wollte hinausgehen, aber die Deutschen standen schon an unserer Tür. Man fragte mich auf Deutsch, wohin ich wollte. Meine Mutter antwortete ihnen, ich sei die polnische Besitzerin des Häuschens, ich sei Polin. Man ließ mich durch. Mit dem Kind im Arm ging ich in die Stadt. Die Straßen waren leer. Ringsherum gab es keine Menschenseele. Ich ging zu Schidlowski, es waren einheimische Ukrainer. Sie sagten, dass die Juden, die sich bei ihnen in der Speisekammer versteckt hatten, gerade abgeführt worden seien. Mit großer Angst begleiteten sie mich zum Bahnhof. Auf dem Weg zum Bahnhof begegneten wir in der Sawalskaja-Straße einer älteren Frau, die mich kannte. Sie denunzierte mich, indem sie einem Deutschen sagte, ich sei Jüdin. Der Deutsche, er hieß Hans, saß auf dem Pferd. Das Pferd schlug mich mit dem Huf an den Kopf. Ein anderer Deutscher rief »Hans, schneller, komm her!« Dieser ließ von mir ab, drehte das Pferd um und war weg.

In der Zwischenzeit floh ich mit dem Kind. Ich ging in ein Haus in der Wladimirskaja-Straße. Eine Frau gab mir dort Papiere und einen Ausweis auf den Namen Anna Sazjuk und schickte mich zu ihren Verwandten in ein Dorf in der Nähe von Kowel. In dieser Familie verbrachte ich drei Wochen, bis der Dorfälteste mir den Ausweis abnahm. Mit Mühe und Not gelang es mir, den Ausweis vom Dorfältesten zurückzubekommen. Mit dem Kind im Arm ging ich zur Eisenbahnstrecke und bat einen Lokführer, mich mitzunehmen. Ich fuhr nach Brest. In Brest irrte ich bis Februar umher. Dann fuhr ich nach Pinsk. Von Pinsk ging ich nach Solniki. Dort wohnte ich längere Zeit bei einer Polin. Ich hütete ihre Kinder. Ich begegnete im Wald Partisanen, aber sie wollten mich wegen des Kindes nicht aufnehmen.

Als Ljuboml befreit wurde, kehrte ich dorthin zurück. Von meiner Familie überlebte niemand. Alle in Ljuboml wurden erschossen.

Mit Horror erinnere ich mich daran, was ich im Krieg erleiden und erleben musste.

3. Bezirk (Rayon) Luzk
(poln. Łuck)
Bis 1939 gehörte der Bezirk Luzk[11] zu Polen und wurde im September 1939 ein Teil der Sowjetunion. 1931 lebten dort 17 366 Juden. Die Zahl stieg bis 1941 auf 19 500.

Ort: Luzk[12]
Im September 1939 besetzte die Rote Armee als Folge des Hitler-Stalin-Paktes die Stadt Luzk. Von 1939 bis 1941 war Luzk Bezirks- und Gebietshauptstadt des Gebiets Wolhynien der Ukrainischen Sozialistischen Sowjetrepublik und von 1941 bis 1944 Bezirks- und Gebietshauptstadt im Generalbezirk Wolhynien und Podolien. Seit 1991 gehört Luzk zum Gebiet Wolhynien in der Ukraine.

---

11 Kruglow, Enziklopedija Cholokosta, S. 28 ff.
12 Enzyklopädie des Holocaust, S. 913 ff; Altman, Cholokost, S. 544; Encyclopedia of Camps and Ghettos, S. 1411–1414. The Yad Vashem Encyclopedia, S. 428 ff.

Nach dem Überfall Deutschlands auf Polen am 1. September 1939 flohen mehrere Tausend Juden aus West- und Zentralpolen nach Luzk. Nachdem die Rote Armee am 17. September 1939 von Osten in Polen einmarschiert war, wurden einige Juden zur Roten Armee eingezogen. Viele Juden, hauptsächlich Mitglieder der zionistischen Parteien und Organisationen, sowie Eigentümer und Großgrundbesitzer wurden durch die Organe der sowjetischen Macht Repressalien ausgesetzt und nach Kasachstan oder Sibirien deportiert. Dadurch konnten sie dem Tod durch die Nationalsozialisten und ihrer Handlanger entgehen.

Gleich zu Beginn des Überfalls der deutschen Wehrmacht auf die Sowjetunion am 22. Juni 1941 wurde Luzk bombardiert. Über sechzig Prozent der Gebäude wurden zerstört und viele Einwohner getötet.

Am Abend des 25. Juni 1941 wurde die Stadt von deutschen Truppen besetzt. Zu der Zeit lebten in Luzk etwa 19 500 Juden. Am nächsten Tag führten ukrainische Nationalisten ein Pogrom durch, raubten, mordeten und misshandelten Juden. Am 27. Juni 1941 kam ein Vortrupp des Einsatzkommandos 4a nach Luzk. Sie fanden im städtischen Gefängnis zahlreiche Leichen. Der NKWD hatte vor seinem Abzug von den 4000 eingekerkerten Ukrainer insgesamt 2800 erschossen.[13] Diese Morde wurden den Juden angelastet. Als Vergeltung nahmen ein Vorkommando des Sonderkommandos 4a und ukrainische Nationalisten 300 Juden fest und erschossen sie am 30. Juni.

Am 3. Juli 1941 wurden alle Männer zwischen 16 und 65 Jahren durch Plakatanschläge aufgefordert, sich für Erdarbeiten zur Verfügung zu stellen. Sie wurden zur Festungsruine von Ljubart gebracht, wo 1160 Juden an einer von ihnen selbst ausgehobenen Grube durch Angehörige des Sonderkommandos 4a und je eines Zuges Ordnungspolizei und Infanterie sowie durch Freiwillige anderer Wehrmachtseinheiten erschossen wurden.[14] Am 4. Juli 1941 tötete die SS 3000 Juden, die sie in der Festung Ljubart gefangen gehalten hatte.[15] Nach anderen Angaben wurden 7000 Juden getötet.[16]

Das Leben der Juden wurde streng reglementiert. Sie wurden in allen Rechten eingeschränkt. Juden verloren massenhaft ihre Arbeitsplätze.

Am 19. Oktober 1941 errichtete die SS ein jüdisches Arbeitslager für 500 Personen.[17] Am 11. und 12. Dezember 1941 wurde in Luzk auf dem Gelände der Altstadt ein Ghetto für 15 000 Menschen errichtet. Auf diesem kleinen Gelände wurde in unhygienischen Bedingungen über die Hälfte der Einwohner der Stadt untergebracht. Das Ghetto wurde mit Stacheldraht umzäunt, und an den Eckpunkten wachten Posten der ukrainischen Hilfspolizei. Zur Umsetzung der Anordnungen der Besatzungsmacht wurden ein Judenrat und eine

---

13 VEJ 7, S. 181.
14 Longerich, Politik der Vernichtung, S. 339; Wolf Kaiser (Hrsg.), Täter im Vernichtungskrieg. Der Überfall auf die Sowjetunion und der Völkermord an den Juden, Berlin/München 2002, S. 42.
15 Wiesenthal, Jeder Tag ein Gedenktag, S. 152.
16 Die Holocaustchronik, S. 244.
17 The Yad Vashem Encyclopedia, S. 428.

jüdische Polizei aufgestellt. Im Ghetto herrschten schreckliche Zustände. In einem Raum wurden 30 bis 40 Personen zusammengepfercht. Die tägliche Brotration war für Arbeiter 150 Gramm, für andere Erwachsene 75 Gramm und für Kinder 30 Gramm. Viele starben an Kälte, Hunger und Typhus.

Im Frühjahr 1942 versuchte eine Gruppe Jugendlicher, in die Wälder zu fliehen, aber die meisten von ihnen wurden von einheimischen Einwohnern gefangen und ermordet. Nur wenige konnten zur Partisaneneinheit unter dem Kommandeur Sidor Artemjewitsch Kowpak gelangen. Die Vernichtung der großen jüdischen Gemeinde von Luzk wurde durch die massive Kollaboration der städtischen Ukrainer erleichtert.[18]

Im März 1942 wurden ca. 300 Juden in das jüdische Arbeitslager im Dorf Kolo-Michailowka im Gebiet Winniza deportiert. Am 18. März 1942 wurden viele Hunderte jüdischer Männer nach Winniza zum Bau von Hitlers Hauptquartier deportiert. Nach dem Abschluss der Bauarbeiten wurden sie alle erschossen. Nur drei konnten nach Transnistrien fliehen und wurden dort von rumänischen Juden gerettet.

Vom 19. bis 23. August 1942 wurde das Ghetto auf Befehl des HSSPF Russland-Süd, Hans-Adolf Prützmann, aufgelöst, und die meisten Insassen, etwa 15 000 Menschen, wurden von SS-Angehörigen mit Unterstützung ukrainischer Schutzmänner in einem Wald bei Hirka Polonka erschossen, einem Dorf etwa acht Kilometer südwestlich der Innenstadt Luzk.[19] Zunächst wurde der jüdischen Polizei befohlen, alle versteckten Juden aufzuspüren. Die jüdischen Männer wurden in den Wald bei Hirka Polonka gebracht, wo sie einen Graben von 150 Metern Länge und sechs Metern Breite graben mussten, mit Stufen, die in den Graben hinabführten. Die Deutschen sagten ihnen lachend, sie sollten sorgfältig graben, denn sie würden die Gräber ihrer Frauen und Töchter vorbereiten. Dann wurden die Männer zur Festungsruine Ljubart gebracht und dort am nächsten Tag erschossen.

Die Frauen und Kinder wurden nach Hirka Polonka gebracht. Die erste Gruppe musste nackt am Grubenrand niederknien, wurde erschossen und fiel in die Grube oder wurde hineingestoßen. Die folgenden Gruppen mussten sich mit dem Gesicht nach unten auf die Toten legen. Kleinere Kinder wurden lebend in die Grube geworfen. Während dieser »Aktion« wurden ungefähr 14 000 Menschen ermordet. Weitere 4000 wurden in den folgenden Tagen von der ukrainischen Polizei aus ihren Verstecken gezerrt und erschossen.[20]

Es lebten nur noch die Insassen des Arbeitslagers.

Am 11. Dezember 1942 erfuhr der Lagerälteste von der für den nächsten Tag geplanten Exekution. Zwei Gefangene organisierten eine Revolte. Als die Deutschen am 12. Dezember 1942 das Lager zu stürmen versuchten, setzten sich die Gefangenen mit einigen Revolvern und Gewehren, Äxten, Messern, Eisenstangen, Ziegelsteinen und ätzenden Chemikalien zur

---

18 Reuben Ainsztein, Jüdischer Widerstand im deutschbesetzten Osteuropa während des Zweiten Weltkriegs, Oldenburg 1993, S. 134.
19 VEJ 8, S. 435, Anm. 4.
20 Encyclopedia of Camps and Ghettos, S. 1413.

Wehr. Die Deutschen eröffneten aus Panzern heraus das Feuer.[21] Die meisten Gefangenen fielen in diesem Kampf. Nach mehreren Stunden drangen die Deutschen in das Lager ein und ermordeten 500 jüdische Handwerker. Nur 150 Juden, die sich verstecken konnten, überlebten bis zum Kriegsende.[22]

Am 5. Februar 1944 wurde Luzk durch sowjetische Truppen befreit. An der Stelle, wo die Häftlinge des jüdischen Ghettos und die Juden der benachbarten Ortschaften erschossen wurden, errichtete man 1990 das Memorial für die Genozidopfer und enthüllte ein Denkmal. Die Aufschriften auf Ukrainisch, Jiddisch und Hebräisch lauten: »An dieser Stelle wurden im August 1942 von deutschen faschistischen Besetzern 25 658 Bürger jüdischer Nationalität, Einwohner von Luzk und Vororten, erschossen. Wir verbeugen uns in Trauer vor den unschuldigen Opfern. Ewiges Gedenken!«

Ort: Tortschin

(ukr. Tortschyn, poln. Torczyn)

Tortschin[23] liegt 88 Kilometer nordwestlich von Rowno. Vor 1939 war Tortschin ein Ort in der polnischen Woiwodschaft Wolhynien. Von 1939 bis 1941 und von 1944 bis 1990 war die Stadt Bezirkszentrum im Gebiet Wolhynien der Ukrainischen Sozialistischen Sowjetrepublik. Seit 1991 gehört Tortschin zum Gebiet Wolhynien, Bezirk Luzk in der Ukraine. In Tortschin lebten vor dem Zweiten Weltkrieg 1758 Juden,[24] was die Mehrheit der Bevölkerung darstellte.

Am 25. Juni 1941 wurde Tortschin von Einheiten der 6. Armee der Wehrmacht besetzt. Im Juli und August 1941 wurde die Stadt von der Ortskommandantur verwaltet. Im September 1941 übernahm eine deutsche Zivilverwaltung die Kontrolle. Tortschin wurde Bezirkszentrum im Gebiet Luzk im Generalbezirk Wolhynien und Podolien. Im Herbst 1941 wurde in Tortschin eine örtliche ukrainische Verwaltung gebildet mit einer Einheit ukrainischer Hilfspolizisten, die der deutschen Gendarmerie unterstanden. Im Sommer und Herbst 1941 wurde ein Judenrat gebildet, und zahlreiche antijüdische Maßnahmen wurden eingeführt. Juden mussten eine Armbinde mit einem Davidstern tragen und ab September 1941 je einen gelben Fleck auf der Brust und auf dem Rücken. Sie mussten ihre Wertsachen abgeben und wurden zur Zwangsarbeit gezwungen. Die Grenzen der Stadt durften sie nicht verlassen, und sie waren ständigen Übergriffen der ukrainischen Polizei ausgesetzt.

Am 2. August 1941 wurden in Tortschin 284 Männer, darunter viele Juden, unter dem Vorwand, sowjetische Aktivisten zu sein, in einem Wald in der Nähe des Dorfes Bujaniw erschossen.

---

21 Die Holocaustchronik, S. 397 f.
22 Wiesenthal, Jeder Tag ein Gedenktag, S. 276.
23 Altman, Cholokost S. 984 f.; Encyclopedia of Camps and Ghettos, S. 1484; The Yad Vashem Encyclopedia, S. 842
24 Gilbert, Endlösung, Karte 72.

Im Februar 1942 ordneten die deutschen Behörden die Einrichtung eines Ghettos in Tortschin an. Den ungefähr 1500 Juden wurden nur zehn Minuten Zeit gegeben, um sich anzukleiden und etwas von ihrem Eigentum zu ergreifen, bevor sie in einigen wenigen jüdischen Häusern im Zentrum des Ortes zusammengepfercht wurden. Diese Häuser waren mit Stacheldraht umzäunt. Aus den umliegenden Dörfern wurden weitere Juden in das Ghetto getrieben, sodass die Zahl auf über 2000 stieg. Fünf oder sechs Familien mussten sich eine Wohnung teilen. Zwar floss ein Bach durch das Ghetto, aber das Wasser war nicht trinkbar.

Im Mai 1942 wurden 150 junge jüdische Männer zusammengetrieben, angeblich um in ein Arbeitslager geschickt zu werden.

Am 22. August 1942 kam eine Abteilung der Sicherheitspolizei und des SD aus Luzk, um das Ghetto zu »liquidieren«. Sie wurden von Gendarmerie und ukrainischer Polizei unterstützt, die das Ghetto umstellten. Vierzehn Facharbeiter wurden ausgewählt und in einem Lagerhaus untergebracht. Die übrigen Juden wurden auf Lastwagen verladen und zum alten jüdischen Friedhof am Ende der Sadowskaja-Straße gebracht. Hier waren am Vortag große Gruben ausgehoben worden. Etwa 2000 Juden mussten sich entkleiden und wurden in den Gruben erschossen.

Einigen Juden war es in der Nacht vor der »Aktion« gelungen, aus dem Ghetto zu entkommen oder sich zu verstecken. Unglücklicherweise wurden die meisten von ihnen nach und nach von der ukrainischen Polizei aufgegriffen und erschossen. Einige Juden konnten überleben, weil sie von ukrainischen Familien versteckt wurden, zum Beispiel der Familie Krut.

Tortschin wurde am 25. Februar 1944 durch die sowjetische Armee befreit.

Am alten jüdischen Friedhof wurde ein Mahnmal errichtet, die Inschrift auf Hebräisch und Ukrainisch lautet: »Hier ruhen die sterblichen Überreste von ca. 4000 Juden, Einwohner Tortschins und seiner Vororte, die im August 1942 von deutschen Besatzern und ihren Handlangern erschossen wurden. Ewiges Andenken den unschuldigen Opfer!«.

Ort: Sofijewka

(poln. Sofjówka)

Das Dorf Sofijewka[25], das heute nicht mehr existiert, lag 35 Kilometer nordöstlich von Luzk. Vor 1939 gehörte es zur polnischen Woiwodschaft Wolhynien und von 1939 bis 1941 zum Gebiet Wolhynien der Ukrainischen Sozialistischen Sowjetrepublik. Von 1941 bis 1944 lag es im Bezirk Zumanski im Gebiet Luzk im Generalbezirk Wolhynien und Podolien. Der Bezirk Zumanski wurde 1962 aufgelöst. Seit 1991 gehört der Ort, wo das Dorf war, zum Gebiet Wolhynien, Bezirk Kiwerzi der Ukraine.

1939 lebten in Sofijewka zwischen 1500 und 2000 Juden. Nach dem Beginn des Zweiten Weltkriegs am 1. September 1939 flohen Juden vor der Wehrmacht nach Sofijewka. Als sich

---

25 Altman, Cholokost, S. 988; Ecyclopedia of Camps and Ghettos, S. 1507 f.

Ende Juni 1941 die Rote Armee aus Sofijewka zurückzog, flohen viele Juden, die mit dem kommunistischen Regime zusammengearbeitet hatten, nach Osten. Mitglieder der örtlichen ukrainischen Polizei zogen von Haus zu Haus und stahlen und plünderten. Ukrainer aus den umliegenden Orten beschuldigten Juden, sie seien Kommunisten und drohten, sie den Behörden zu übergeben, wenn sie nicht »Schweigegeld« zahlen würden. Wer nicht zahlen konnte, musste sich verstecken.

Die deutschen Besatzer richteten einen Judenrat ein und konfiszierten alle Kühe und Pferde. Damit zerstörten sie die Grundlage der örtlichen Landwirtschaft. Außerdem forderten sie mehrere Hunderttausend Rubel, die innerhalb von fünf Stunden aufgebracht werden mussten. Danach musste der Judenrat Gruppen für die Zwangsarbeit zusammenstellen. Jede dieser Gruppen wurde für 17 Tage zur Zwangsarbeit geschickt. Oft waren die Arbeitsstellen einen halben Tagesmarsch entfernt. Wenn die Arbeiter nach 17 Tagen zurückkehrten, waren sie bis auf die Knochen abgemagert. Viele kehrten jedoch nicht zurück, sie waren den Strapazen erlegen oder von den deutschen und ukrainischen Wachen ermordet worden.

In Sofijewka war ein offenes Ghetto eingerichtet worden, das die Juden nicht verlassen durften. Nur unter Lebensgefahr konnten sie das Ghetto verlassen, um ihr Hab und Gut gegen Nahrungsmittel einzutauschen. Die Zwangsarbeiter erhielten einen Laib Brot pro Woche.

Im September 1941 übernahm eine deutsche Zivilregierung die Macht. Im Herbst 1941 kam ein Deutscher namens Dr. Klinger, der die Verantwortung für die Lederindustrie übernehmen sollte. Er habe Papiere eines Volksdeutschen gehabt. Schon bald verbreitete sich das Gerücht, dass er in Wirklichkeit ein Jude war. Er behandelte die Juden gut und hielt die ukrainische Polizei davon ab, die Juden zu quälen. Im Dezember 1941 hatte Klinger wahrscheinlich das Gefühl, dass seine Tarnung brüchig wurde, und er verkündete, er würde nach Warschau gehen. Die Juden baten ihn zu bleiben, und er blieb bis Anfang März 1942. Der Judenrat organisierte ein Abschiedsfest in Anwesenheit deutscher Offizieller. Als Klinger das Fest verließ, wurde er von ukrainischen Polizisten in einen Hinterhalt gelockt und ermordet.

Klingers Nachfolger wurde der ukrainische Polizist Panchenko mit seinem Sohn. Er forderte und erhielt wöchentliche Zahlungen von den Juden. Nachdem die jüdische Gemeinde nach einem Massenmord im Juli 1942 kleiner geworden war, wurde Panchenko von Partisanen ergriffen und zum Tode verurteilt. Herschel Neiden, ein »geschützter« Lederarbeiter, befürchtete, einen schlimmeren Nachfolger zu bekommen, und überredete die Partisanen, Panchenko laufen zu lassen.

Am 25. Juli 1942 wurden die Juden von Sofijewka und Umgebung von der ukrainischen Polizei auf der Hauptstraße zu einer »Versammlung« zusammengetrieben. Den Lederarbeitern und ihren Familien wurde befohlen, in die nahe gelegene Stadt Szaliszcze zu gehen und dort ihre Arbeit fortzusetzen. Den Juden der Nachbardörfer Ignatowka und Marjanowka wurde befohlen, in ihre Wohnungen zurückzukehren und innerhalb von zwei Stunden mit ihren persönlichen Sachen wieder nach Sofijewka zu kommen. Alte und Kranke, die nicht so schnell gehen konnten, wurden an Ort und Stelle erschossen. Als die Juden die Schüsse hörten, sind viele davongerannt.

Am 26. Juli 1942 begann der Massenmord in Sofijewka. Einige Juden wurden auf ein Feld geführt und mussten zwei Gräben von jeweils 30 Metern Länge ausheben. Dann wurden die übrigen Juden, jeweils 200, auf Lastwagen und zu Fuß zu dem Erschießungsort gebracht. Sie mussten sich ausziehen und in die Gruben steigen, wo sie von den Deutschen mit Maschinengewehren erschossen wurden. Etwa 3000 bis 4000 Juden wurden ermordet. Weitere 1000 Juden, die in ihren Verstecken aufgestöbert worden waren, wurden am 21. September 1942 ermordet. Die »geschützten« Lederarbeiter wurden Ende Dezember 1942 ermordet. Insgesamt wurden auf dem Feld in der Nähe der Dörfer Sofijewka und Ignatowka bis zu 6000 Juden ermordet.

Einigen Juden gelang es, zur Partisanengruppe von Sidor Kowpak zu gelangen.[26] Etwa 200 überlebende Juden aus dem Ghetto Sofijewka und der umliegenden Dörfer fanden Unterschlupf im Dorf Klobuczyn. Am 2. November 1942 erschossen die Deutschen mit Unterstützung der örtlichen Polizei 137 Bewohner des Dorfes, darunter Frauen, Alte und Kinder als Vergeltung dafür, dass die Partisanen Juden aus Sofijewka geholfen hatten.

Nur etwa 40 Juden aus Sofijewka überlebten den Krieg, weil sie von Einheimischen versteckt worden waren.

Anatoli Krut
»Die Not wird geteilt«

Der Sommer 1942 war furchtbar und düster. Die Nazi-Stiefel traten schon das zweite Jahr den ukrainischen Boden. Die Besatzer verschleppten unsere Menschen zu schwerster Zwangsarbeit nach Deutschland. In Lagern starben unsere Kriegsgefangenen an Hunger. In den Städten, in kleinen wie großen, wurden die Juden in Ghettos eingepfercht.

In Tortschin ging die Grenze des Ghettos an unserem Garten vorbei. Dort waren über 3000 Menschen eingesperrt. Unter ihnen waren Menschen mit verschiedenen Berufen und Ausbildungen: Ärzte, Lehrer, Kaufleute und andere. Wie kaum jemand anderer sahen wir das Leiden der unglücklichen Menschen, die von einem Tag auf den anderen mit ihrem Tod rechneten. Vorübergehend erlaubten die Deutschen den Juden, die Schmiede, Tischler, Schornsteinfeger waren oder ein anderes Handwerk ausübten, außerhalb des Ghettos zu bleiben. Unter ihnen war auch Aron Katko, ein hübscher 18-jähriger Junge, der sehr kunstvoll Pferdegeschirre herstellen konnte. Mit Aron, dessen Familie in der Nachbarschaft lebte, sprach mein Vater Olexander Ostapowitsch, das schmerzhafte Thema an: Warum warte er, Aron, warum unternähme er nichts, um sich retten zu können, bevor eine böse Stunde einträte.

---

26 Ainsztein, Jüdischer Widerstand, S. 161 ff.

Man beriet sich mit anderen jungen jüdischen Burschen und entschied, ein geheimes Versteck zu bauen. Nach einiger Überlegung gab mein Vater unser Grundstück dafür frei. Aber es war sehr gefährlich, das Versteck im Haus einzurichten, weil die Deutschen von Zeit zu Zeit alles durchsuchten. Ein Loch auf der Erdoberfläche zu schaufeln wäre umso riskanter gewesen. Nach langen Überlegungen und Beratungen entschieden die Jungs, dass sie einen Tunnel unter der Erde von ihrem Haus in unseren Garten graben wollten. Nachts wurde die ausgeschaufelte Erde in den Keller gebracht. Zu dritt, zu viert kamen in der Nacht aus dem Ghetto erschöpfte, hungrige, gequälte Männer heraus. Sie schmuggelten sich ins Haus und gruben und gruben. Aron Katko war ihr Gruppenführer. Als die Keller voll mit der Erde waren, entschieden wir, sie in unserem Garten zu deponieren. Um bei den Besatzern und ihren Handlangern keinen Verdacht zu wecken, spannte mein Vater das Pferd ein und pflügte den Garten.

Die Arbeit dauerte sehr lange. Man musste überlegen, wo der Eingang in den Tunnel sein sollte und wie er getarnt werden konnte. Endlich hatten wir eine geniale Lösung: Wir stellten im Garten einen Abort auf, und unter ihm war der Einstieg ins Versteck. Als das Versteck fertig war, wurden dort Doppelpritschen aufgebaut. Wir verlegten sogar Strom. Trotz des Anlasses freuten sich die Jungs über das gelungene Versteck.

Es war sehr still. Aber nicht lange. Es kam der Tag, jene furchtbare Stunde, in der alle Juden, alt und jung, krank und gesund zu Gräben getrieben und dort erschossen wurden. Jene, die den Tunnel gebaut hatten, konnten auf irgendeine Art und Weise rechtzeitig davon erfahren und versteckten sich noch in der Nacht im Untergrund, wo sie für keine feindliche Kraft greifbar waren. Das Versteck war ungefähr vier Meter in der Tiefe. Dort waren 12 Menschen versteckt. Ich habe meine Erinnerungen nicht früher niedergeschrieben, weil ich nur die Namen von vier Personen kannte. Jetzt kenne ich die Namen aller, die dort versteckt waren. Das sind: Aron Katko, Josip Rosenfeld, Jankel Kolonitschnik, Schika Rosengut, Shenja Auchman, Freida Kolonitschnik, Isaak Oleinik, Froim Schuster, Moschko Schuster, Belik Katko, Josip Oksman, Jakiw Terenbaum. Nach einigen Tagen, als alles vorbei war und im Tunnel Todesstille herrschte, ging mein Vater in der Nacht zum Abort, klopfte dreimal an die Wand und entriegelte den Ausgang. Die Menschen, die im Bunker saßen, waren schwärzer als die Erde. Einstimmig wandten sie sich an meinen Vater: Sjanko, rette uns, wir sind hungrig. Wir sterben hier den Hungertod. (Sjanko nannte man in Tortschin meinen inzwischen verstorbenen Vater.) – Ihr sterbt nicht, sagte mein Vater. Wenn wir euch verstecken, dann werden wir die Not schon irgendwie teilen.

Ab dieser Zeit packten meine Eltern und ich zu. Meine Mutter backte das Brot, kochte, wusch die Lumpen. Jede Nacht trug ich zwei Eimer voll mit Essen zum Abort. Mein Vater hielt Wache. Wenn er das Essen trug, hielt ich Wache und horchte beunruhigt auf jedes kleinste nächtliche Geräusch.

Während der Massenerschießung wurden im Ghetto nur wenige Juden am Leben gelassen: Schmiede, Tischler, Schlosser, Dachdecker und andere Handwerker. Unter ihnen war auch der Schmied Mot Oleinik. Sein Sohn Izko versteckte sich auf dem Dachboden seines Elternhauses und konnte so wie durch ein Wunder überleben. Sein Vater brachte ihm Essen.

Aber einige Zeit später wurden auch die jüdischen Handwerker zur Erschießung weggeführt. Sie holten auch den Schmied Oleinik. Da er wusste, wohin man ihn führte, rief er auf Jiddisch: »Ich gehe zum Graben«, um seinen Sohn auf dem Dachboden zu informieren. Izko verstand alles: Sein Vater würde zur Erschießung weggeführt, und ihm stünde der Hungertod bevor. Ohne lange nachzudenken, stieg Izko vom Dachboden herunter und ging, ohne sich zu bücken, durch die Straße direkt zu unserem Hof. Ich sah ihn und fragte beunruhigt: »Was machst du hier, warum bist du gekommen?« Izko brach in Tränen aus und sagte: »Ich will nicht leben. Ich kam hierher, um zu sterben.«

Ich rannte ins Haus, um meinem Vater darüber zu berichten, und Izko ging in unseren Stall.

Mein Vater rannte schnell aus dem Haus und stürzte in den Stall, wo unsere Kühe waren. Izko stand da mit der Schlinge, die er von der Wand genommen hatte, um den Hals. Mein Vater nahm ihm die Schlinge ab und schubste ihn unter die Krippe, bedeckte ihn mit Stroh, das im Stall lag, und ging hinaus. Einige Minuten später waren auf unserem Hof Deutsche. Jemand denunzierte uns und berichtete, dass zum Sjanko ein großer Jude gegangen war. Man fing an, alles zu durchsuchen. Man durchsuchte den ganzen Hof, überprüfte die Speisekammer, den Pferdestall, ging in den Kuhstall. Ins Haus gingen sie nicht hinein, weil mein Vater sagte: »Ich schwöre bei meinem Leben, dass dort niemand ist.«

Man fand Izko nicht. Er lag im Stall bis zum Abend. In der Nacht stieg mein Vater in den unterirdischen Tunnel und konsultierte die anderen, was man mit Izko machen sollte. Im Tunnel war es schon sehr eng, aber man entschied, ihn aufzunehmen. Das Versteck nahm noch einen Leidensgefährten auf.

Dann kam der Herbst. Anfang Dezember schneite es. Es war unmöglich, dass die Menschen in diesem unterirdischen Versteck blieben. Man entschied, dass mein Vater den Kontakt zu den einheimischen Partisanen aufnimmt, und mein Vater vereinbarte dies mit Grigori Onischtschenko, der mit ihnen in Verbindung war.

1944, nach der Befreiung der Ortschaft Tortschin von den Faschisten, besuchten uns Oleinik und Katko. Das Schicksal der anderen kannten damals weder sie noch wir. Jeder schlug seinen eigenen Lebensweg ein. Im Frühling 1945 wanderten Oleinik und Katko aus Tortschin aus.

Nach 46 Jahren, 1991, erhielt ich einen Brief aus den USA von Isaak Oleinik. Er schrieb, dass er zu uns kommen wollte, aber erkrankt sei und sich nicht getraut habe, so eine weite Reise anzutreten.

Vor Kurzem war Aron Katko der Überraschungsgast in unserer Familie. Er kam aus den USA, um uns zu besuchen und die ihm vertrauten Orte wiederzusehen. Es ist unmöglich, dieses Treffen zu beschreiben. Wir weinten und freuten uns, dass, obwohl so spät, dennoch das Schicksal es uns ermöglichte, uns nach 48 Jahren wiederzusehen. Von Aron erfuhr ich, dass Shenja Auchman bereits auf dem Weg zu den Partisanen umkam. In den USA leben jetzt Josip Rosenfeld und Jakiw Kolonitschnik. Sie versprachen, uns in drei Monaten zusammen mit Oleinik zu besuchen. Zusammen mit Katko kamen auch Enkelkinder eines Juden, der hier in Tortschin ermordet wurde. Zusammen mit ihnen war auch unser Landsmann Nudelman, der bereits 1940 ausgewandert war.

Wir waren überall. In erster Linie fuhren wir zu dem Graben und legten Blumen an der Erschießungsstelle nieder. Wir waren auch im Bujaniwski-Wald, wo ein Denkmal für die Opfer des Nazi-

Regimes aufgestellt worden war. Zusammen mit anderen ruhen dort der Bruder und Vater von Aron. Die Gäste besuchten auch das Grab meiner Eltern. Aron Katko legte auf ihr Grab die aus den USA mitgebrachten nicht welkenden Blumen. So wie diese soll auch die Erinnerung an die Menschen, die ihre Landsleute vom Tod gerettet hatten, dauerhaft bleiben.

Josef Rezeptor (1904–1986)
»Einmal gab es eine Stadt, die Luzk hieß«

Zum Andenken an unsere Väter und Mütter, Schwestern und Brüder, Verwandte und Freunde, deren Lebensfaden unter grausamen Umständen von der Hand der Nazis zerrissen wurde. Ihre Seelen ruhen in Frieden!

Abgesehen davon, wie viel über die Schoah geschrieben wurde, bleibt immer noch viel Ungesagtes über die Gräuel und das Inferno, in das unser Volk von Nazis und ihren Verbündeten geschickt wurde.

Es war eine Stadt, in der die Musiker und die Familien den Bräutigam und die Braut unter dem Baldachin in die Synagoge begleiteten. Es war eine Stadt, in der am Anfang eines jeden Monats der Jude den neuen Mond offen ohne jegliche Hindernisse feiern konnte. Am Tag Simchat Thora feierten Chassidim und tanzten auf den Straßen von einer Synagoge zur nächsten. Und dann kam eine Tragödie, eine Tragödie, die schlimmer war als die Pest. Der Nazismus kam auf und mordete, misshandelte und verbrannte die Juden …

Die Welt, die eine so furchtbare Vernichtung zulassen konnte, wird ohne Zweifel sehr bald jene Fluten des unschuldig vergossenen Blutes vergessen haben. Wenn nicht wir uns die Erinnerung an die brutale Vernichtung und Verbrennung von Millionen Menschen durch eine »zivilisierte« Nation im 20. Jahrhundert, nur weil sie Juden waren, zu unserer Aufgabe machen, wer dann?

Einmal gab es eine Stadt, die Luzk hieß …

Wenn ich an Luzk denke, schlägt mir das Herz in meiner Brust. Im Gedächtnis tauchen die Bilder des Infernos auf, durch das unsere lieben Eltern, Schwestern und Brüder hindurchgingen, und die Bilder jenes schrecklichen Endes, das sie aus den Händen der Nazis und ukrainischen Mörder im Monat Elul (August/September) 1942 erwartete. Auch andere Bilder tauchen in meinem Gedächtnis auf: eine stille, bescheidene Stadt, in der ich als kleiner Junge und Jugendlicher schöne, sorglose Tage verbrachte. Ich sehe mich an kalten, frostigen Wintertagen in den Cheder gehen mit einer Pelzmütze und der Kapuze auf dem Kopf und in Gedanken vertieft, wie ich die 20 Kopeken, die mir meine Mutter gab, um etwas zum Essen zu kaufen, ausgeben werde …

Am Abend, auf dem Weg nach Hause durch die dunklen Alleen mit der Taschenlampe in der Hand, wiederholte ich die Zitate aus den Psalmen, die mein Herz als Mittel gegen erschreckende Geräusche und Schatten in der Dunkelheit wusste. Im Sommer verbrachte ich Tage auf der Wiese, spielte Fußball oder fuhr mit dem Boot auf dem Fluss Styr entlang des Bergwerkes Bene. Ich sehe mich am Lag baOmer (einem jüdischen Frühlingsfest) unter der weiß-blauen Fahne im Rhythmus unserer Musik durch die Jagiellonska-Straße (heute Straße Lesi Ukrainka, Jagiellonen waren eine Dynastie litauischer Fürsten) gehen, in der weißen Uniform der Jugendbewegung Hashomer Hatzair.

Ich sehe mich neben meinem Vater (Er ruhe in Frieden!) am Sabbat-Mittag in der Synagoge Triskera vor dem Katheder aus massiver Eiche Pirqe Abot (die Sprüche der Väter) lernen. Während des späten Mahls am Sabbat saß ich unter den Chassidim am langen Tisch mit den Resten der kleinen Challot, die zum Brotsegen verwendet wurden. Die Chassidim sangen chassidische Lieder, in denen jeder Jude seinen Glauben zum Ausdruck bringt und Hoffnung und Trost findet.

Nach ein paar Jahren, als ich einigermaßen »emanzipiert« war, verbrachte ich die Sabbate in den Vorlesungen zu den Arbeiten von Leiwik, Bialik und Scholem Asch im Gemeindesaal oder im Stadttheater in der Shabtinskij-Straße oder ich spielte den Augenzeugen in den Literaturprozessen nach der Erzählung Bonze Shwaig von Perez. Oder ich besuchte die Proben des Schauspiels, das unser Lehrer mit uns zur jährlichen Chanukka-Veranstaltung in der Schule vorbereitete. Während Pessach nahm ich an der Veranstaltung zum Todestag von Perez teil. Während der langen Sommertage saß ich zusammen mit meinen Freunden auf den Bänken im Stadtpark oder wir gingen (besonders am Sabbatabend und Feiertagsabenden) durch die Jagiellonska-Straße spazieren, in der nur einige christliche Händler in der langen Reihe der jüdischen Geschäfte geöffnet hatten, was das Verhältnis der jüdischen und christlichen Einwohner der Stadt widerspiegelte.

Da waren die lange Jagiellonska-Straße, Wilke-Straße, Nowostroenija-Straße (diese endete am jüdischen Friedhof), Doline-Straße, Jarowize-Straße, Krasnaja-Straße, Mizraim-Straße, Karaimskaja-Straße und Nidew-Straße, Bolnitschnaja-Straße, Trinitarskaja-Straße, Dominikanskaja-Straße und der Markt, wo in der Sommerzeit jüdische Frauen heiße Maiskolben aus den riesigen Blechtöpfen verkauften und wo besonders donnerstags, am Markttag, das Schmalz von Janischtsch und Heringe unter den Bauern beliebt waren, die in die Stadt kamen, um Holz, Getreide, Obst, Geflügel, Fisch, Eier und Heu zu verkaufen. Straßen, Chedder, Synagoge, Schule, Kommilitonen, Freunde: Das alles war so heimatlich und so herzlich jüdisch.

Was für Sabbate und Feiertage hatten wir! Die Freitage und Abende vor den Feiertagen hatten einen anderen Geschmack und ein anderes Aussehen als alle anderen Tage. Das Aroma des Freitagbratens und der Duft der frisch gebackenen Challot und der Kichlech (Gebäck) füllten die Straßen. Die Sabbate und Feiertage wurden nicht nur zu Hause, sondern auch außerhalb gefeiert: Die Geschäfte waren geschlossen, der Markt war leer, es gab nur wenige Pferdewagen. Dies alles signalisierte der nichtjüdischen Bevölkerung, dass Juden Sabbat oder ein anderes Fest feierten.

Nichtjuden: Unsere Nachbarn waren Polen, Russen und Ukrainer. Es gab auch ca. 30 oder 40 Karaimen. Alle Nichtjuden zusammen stellten eine unwesentliche Minderheit dar: Von über 30 000 Einwohnern von Luzk waren fast 30 000 Juden. Man konnte sie eine jüdische Stadt nennen. Es gab über zwanzig Synagogen und Lehrhäuser, Jeschiwa, Talmud-Thora, eine hebräische Schule, Tarbut, jiddische Volksschule, jüdische Schule, ein jüdisches Krankenhaus, eine jüdische Commerzbank, Sportklub, Literaturgesellschaft usw.

Es sind viele Jahre vergangen, aber die bunten Erinnerungen an unser zerstörtes Haus, besonders an Sabbate und Feiertage, werden für immer in meinem Gedächtnis bleiben.

Es war ein angenehmes jüdisches Leben. Es wurde zerstört … Luzk wurde nicht durch Erdbeben oder eine Epidemie zerstört … Der Hitler-Wahn vernichtete das jüdische Leben in Hunderten Städten und Schtetl in Polen, Russland, den baltischen Ländern, Ungarn, Rumänien, Tschechien und an anderen Orten. Die große Schoah erreichte auch unsere Stadt.

Das Inferno kam im Juni 1941 (der jüdische Monat Siwan 5701) über die Juden von Luzk, als die Stadt von Nazi-Truppen besetzt wurde. Drei Tage lang wurde auf Plakaten befohlen, dass die Männer im Alter von 16 bis 60 Jahren zur freiwilligen Arbeit verpflichtet seien. Sie sollten ihre eigenen Äxte, Schaufeln, Hämmer und Hacken mitbringen. Sie sollten sich auf dem Schloss Ljubart sammeln.

Zur »Arbeit« erschienen ca. 3000 Männer. Leider wurde keiner von ihnen je wiedergesehen. Ukrainische und deutsche Mörder töteten sie mit den Werkzeugen, die die Juden mitgebracht hatten. Die ganze Stadt trauerte und beweinte die unschuldigen Opfer, grübelte gleichzeitig, ob es der Anfang der totalen Vernichtung gewesen wäre. Das normale Leben endete für die jüdische Bevölkerung der Stadt Luzk. Das Leben voller Leiden, Schmerzen, Repressalien, Scham und Beleidigung begann. Ohne Zweifel, die Vernichtung begann.

Auf den Straßen jagten sie Juden und schlugen sie halb tot. Ihre Hunde rissen, im wahrsten Sinne des Wortes, den Juden Fleisch aus dem Körper. Juden wurden bespuckt und beleidigt. Es wurde unmöglich, auf den Straßen zu erscheinen. Juden wurde verboten, irgendeine Tätigkeit auszuüben und sich zu versammeln. Sie wurden der Gnade der blutgierigen Deutschen und Ukrainer überlassen. Nach Wochen der vollständigen Tyrannei wurde ein Ghetto errichtet. Im Regenmonat Elul (August/September) 1941 wurden Juden aus ihren eigenen Häusern vertrieben und wie eine Viehherde ins Ghetto in der Gegend der Dominikanska-Straße und des Marktes, zwischen der Basilika-Straße und der Nidew-Brücke getrieben.

Abgeschnitten von der Außenwelt, ohne die Möglichkeit, jemanden um Hilfe zu bitten, eingepfercht in Zimmern, Kellern und Geschäften, unter Bedingungen, die schlimmer als im Gefängnis waren, machten die Ghetto-Juden alles Mögliche, damit sie und ihre Kinder am Leben blieben, denn sie hofften, dass ein Wunder passierte und sie frei werden könnten. Wochen und Monate vergingen, und nur traurige Nachrichten wanderten von Tür zu Tür: Ein Mann wurde auf der Straße erschossen, einer wurde zu Tode geprügelt, jemand wurde verhaftet, er verschwand spurlos und ein anderer wurde auf brutalste Weise gezwungen, auf der Straße zu tanzen, und so weiter … Überall nur Angst.

Außerdem herrschten im Ghetto Hunger, Kälte und Krankheiten. Das Leben wurde zur Folter, zum Chaos und zur dunklen Nacht ohne jegliche Hoffnung auf Licht am Ende des Tunnels. Jeden Gedanken an individuellen oder organisierten Widerstand gegen den brutalen Feind gab man schnell auf, sobald man verstand, dass es einfach eine unrealisierbare Fantasie war: in erster Linie wegen der überwiegenden Stärke des Feindes und der völligen Unmöglichkeit, ihm mit nackten und geschwächten Händen zu widerstehen.

Zweitens: Weil der kleinste Versuch, sich zu rächen, die Ermordung der Familien- oder Gemeindemitglieder bedeuten konnte, während die Mehrheit immer noch eine kleine Hoffnung auf Rettung, wenn auch nicht die eigene, dann doch die des Kindes, der Frau, des Vaters oder der Mutter, hegte.

Der Judenrat und die jüdische Polizei waren für das alltägliche »Leben« (Was war das für ein Leben!) im Ghetto verantwortlich. Sie wurden von den Deutschen ins Leben gerufen und kontrolliert. Dieser Judenrat konnte nicht viel bewegen. Seine Hauptfunktion bestand darin, montags und donnerstags den von den Nazis verlangten finanziellen Tribut zu zahlen: Pelze, Gold, Silber und Wertsachen, sowie Arbeiter für verschiedene Arbeitseinsätze zu stellen. Unter den Mitgliedern des Judenrates und der jüdischen Polizei gab es solche, die selbstaufopfernd versuchten, bei den Deutschen einige Erleichterungen für ihre hungrigen und geschwächten Mitbrüder zu erreichen. Aber leider gab es auch solche, die ihre böse Mission mit noch größerem Eifer, als es die Nazis verlangten, um ihrer eigenen Interessen und ihres Profits willen erfüllten.

Es passierte, dass Christen mit einem Stück Brot halfen, manche riskierten sogar ihr Leben und versteckten in ihren Häusern Juden, die aus dem Ghetto flohen. Aber solche Flüchtlinge gab es sehr wenige. Die überwiegende Mehrheit – oder genauer: fast die gesamte Bevölkerung des Ghettos – war absolut hilflos. Sie hatte keine Mittel und Möglichkeiten, um sich zu verstecken und der bevorstehenden Katastrophe zu entkommen. Ihre Lage entwickelte sich aus einer schlechten in eine noch schlimmere. Die Brotnormen wurden gekürzt. Pelze, Gold, Wertsachen und Geld waren aufgebraucht. Die Menschen kämpften mit Hunger und Kälte, so gut sie konnten. Am schwierigsten war es, gegen die Krankheiten zu kämpfen. Die Apotheke von Slozki war für die Ghettoeinwohner vorgesehen und immer noch geöffnet, aber es gab absolut keine Medikamente. Für die physisch geschwächten und moralisch unterdrückten Menschen wurde das Leben im Ghetto immer unerträglicher. Die Sterblichkeit war sehr hoch und die Widerstandskraft der Überlebenden sehr niedrig.

Die letzte Hoffnung auf Rettung verschwand. Der Abgrund wurde immer tiefer, und die totale Vernichtung nahm immer klarere Formen an. Man spürte den Schatten des Todesengels auf der Schwelle. Bald wird es unmöglich sein zu atmen. Leider irrten sie sich nicht.

In der Nacht zum 10. Elul 5702 (August 1942) endete das Kapitel »Ghetto«, und das Leben der Juden in Luzk wurde ausgerottet. In jener dunklen Nacht rollte eine große Zahl leerer Lkw, die mit deutschen und ukrainischen Fahrern besetzt waren, mit Lärm ins Ghetto. Die Fenster und Türen wurden aufgebrochen, die Menschen wurden aus ihren Betten geworfen und auf leere Lkw geladen. Kleine Kinder und Jugendliche weinten und schrien, aber vergebens. Keiner konnte sich retten. Der Todesengel war da. Keiner rannte weg, keiner rettete sich oder sein Kind oder seine Frau: Es war unmöglich. Jedes Haus wurde durchsucht, und wenn man ein Kind im Keller oder auf dem Dachboden fand, wurde es auch in den voll gestopften Lkw geladen, begleitet von Schlägen mit Gewehrkolben, so als ob es Hunde wären. Früher wurden normalerweise am frühen Morgen auf den Straßen herrenlose Hunde aufgelesen. Sie wurden auf den Pferdewagen geworfen, der aussah wie ein Hühnerkäfig. Man brachte sie zum Schlachthof. Manche Hunde konnten dieses Schicksal vermeiden, wenn ihre Besitzer kamen und sie freikauften. Es gab niemanden, der Juden freigekauft hätte, es gab niemanden, der sie verteidigt hätte, der gegen das Unrecht protestiert hätte, das sie erleiden mussten. Hier gab es nur Mörder. Sie schauten in jede Ecke, um sich zu vergewissern, dass sich keine Seele dort versteckt hätte, die in ihrem Versteck kaum hätte atmen können.

Die Mörder verfolgten die Geflohenen wie hungrige Tiere und steckten sie eilig in die voll beladenen Lkw. Je schneller sie sich von den Juden befreiten, desto schneller könnten sie ihre Häuser plündern und das Geraubte teilen, das Letzte, das von den Juden geblieben war.

Als alle Juden von Luzk gesammelt waren, wurden sie unter starker Bewachung in den Tod gefahren. Die Strecke war nicht lang, und es nahm nicht viel Zeit in Anspruch. Der Transport überquerte die Nidew-Brücke, den Wall neben dem Nidew-Hügel und gelangte auf die Straße, die zum Dorf Polonka führte. Er hielt neben drei tiefen Gräben an, jeder etwa 200 Meter lang und 8 bis 10 Meter breit. Es waren Gräber, die die Juden unter der Bewachung und unter den Schlägen der Deutschen und ukrainischen Polizisten am Vortag für ihre Eltern, für ihre Kinder, für ihre Brüder, für ihre Frauen geschaufelt hatten.

Diese Massentötung wurde auf eine besonders zynische und bestialische Art vorbereitet. Sogar Stufen waren vorbereitet, damit die Opfer nach unten ins Grab steigen konnten, wo sie erschossen wurden. Die unglücklichen Menschen standen versteinert dem Tod gegenüber und begriffen, dass man nichts machen konnte, um das eigene Kind, die eigene Frau, die eigene Mutter oder sich selbst zu retten. Ihre Herzen platzten vor Hilflosigkeit und Verzweiflung. Jede Hoffnung verschwand, die letzte Rettungsillusion entschwand. Hier waren die Gräber, hier war der Todesengel mit seiner Sense, die er ihnen vor die Kehle hielt. Alle heulten und jammerten, schrien mit letzter Kraft in der Hoffnung, dass jemand ihren letzten Hilferuf erhören könnte. Am lautesten schrien die Mütter, die hofften, dass ihre fast unmenschlich herzzerreißenden Schreie irgendwelches Mitleidsgefühl in den Mördern ihrer Kinder wecken würden. Aber umsonst! Das Trommelfeuer und der Kugelhagel durchlöcherten die Köpfe und Leiber der vom Elend um den Verstand gebrachten Mitglieder der jüdischen Gemeinde und waren die einzige Antwort der Mörder.

Die Leichen, durchlöchert von Kugeln, wurden in den Gräben wie Baumstämme, einer über den anderen, gelegt. Mit durchschossenen Schädeln und gebrochenen Gliedmaßen lagen sie durchnässt von Blut, das aus ihren Leibern sickerte. Nicht alle starben sofort. Jene, die noch lebten, erstickten unter denen, die über ihnen lagen, den Leichen der frisch Erschossenen. Die Gräben waren voll. Man konnte sehen, wie in den oberen Schichten manche Leiber jener, die noch nicht ganz tot waren, sich bewegten, als ob sie versuchten, aus der blutigen Masse der aufgehäuften Leichen auszubrechen. Aber die Helfershelfer waren noch nicht gegangen, sie waren noch da, um ihre Arbeit auf teuflische und blutgierigste Weise zu beenden. Sie warfen auf ihre Opfer, die teilweise noch atmeten und mit dem Tod rangen, gelöschten Kalk und Erde.

So wurde das jüdische Luzk vernichtet, so beendeten die Juden von Luzk ihren Weg. Wer schafft Gerechtigkeit in dieser Geschichte des Elends, des Schmerzes und des Leidens? Wer bringt ihre furchtbare Tragödie in Worte? Wer rächt sie und bestraft die Mörder für das Vergießen unschuldigen Blutes? Wer erinnert die Welt an das große Unrecht und die Verluste, die wir Juden erlitten, um das Monster Nazi-Deutschland zu befriedigen? Wer erinnert die Welt daran, dass nicht nur die deutschen Henker und ihre Helfershelfer für unsere große Katastrophe verantwortlich waren – sie realisierten die Morde –, sondern auch die Staatsoberhäupter und religiösen Führer, die wussten, dass unschuldige Menschen starben, und ihre Proteststimme nicht erhoben, um die Zahl der Opfer zu verringern. Wer erinnert die Welt daran, dass tief verwurzelter und immer wieder gelassen wahrgenommener Antisemitismus und Judenhass von Generation zu Generation zu Pogromen und Massenmorden führten?

Solange wir leben, wird es unsere Pflicht bleiben, unsere heilige Pflicht. Wir müssen diese Pflicht an unsere Kinder übertragen, um diese Erinnerung von Generation zu Generation weiterzutragen. Dies war sicher der letzte brennende Wunsch unserer Märtyrer im Augenblick, als sie ihr Blut vergossen und ihr Leben in den Gräben von Gorkaja Polonka verloren.

Geven a Shtot Luzk, geven un umgekumen
Übersetzung aus dem Englischen von Eduard Dolinskij

Ewgenija Schwardowskaja (geb. 1923)
»Wenn jemand überlebt, denkt an uns, rächt uns«

Vor dem Zweiten Weltkrieg lebte unsere Familie im Dorf Sofijewka, Gebiet Wolhynien. Der Krieg begann im Dorf Sofijewka mit Schüssen. In unserem Ort gab es nur drei nichtjüdische Familien. Der Lehrer, der Polizist und seine Frau, die die Chefin des Postamtes war, waren Polen.

Als Deutsche in unser Dorf einmarschierten, ermordeten sie Schulem Schwarz, einen sehr angesehenen Herrn, der sehr religiös und gebildet war. Die Deutschen organisierten den Judenrat. Sie gingen von Haus zu Haus und nahmen jeder Familie die Wertsachen ab. Der Ort wurde von Schutzmännern bewacht. Keiner durfte den Ort verlassen. Einmal verließ ein Jude auf seinem Fuhrwerk den Ort. Er wurde ermordet, und die Pferde brachten seine Leiche in der Nacht nach Hause. In der Nacht gingen wir aufs Feld und suchten Kartoffeln. Die Männer wurden zur Arbeit abgeholt, und nicht alle kehrten zurück.

Diese Verhältnisse dauerten ein bis eineinhalb Jahre.

Im Juni 1942 wurden junge, gesunde Männer ausgesucht und gezwungen, Gruben am Dorfrand zu schaufeln. Als dies im Dorf bekannt wurde, versuchten viele zu fliehen. Später wurde verlangt, dass alle Brot und Kleidung mitnehmen und zur Gestapo gehen. Mein Vater flüchtete mit mir und meinem Bruder. In der Nähe war Wald, wo man sich verstecken konnte.

Meine Mutter mit ihren zwei Schwestern, zwei Brüdern, alle Nachbarn und viele Verwandte wurden mit Lkw an den Dorfrand gebracht und dort erschossen. Sie alle liegen in den Gruben, die die jungen Männer geschaufelt hatten. Viele waren geflüchtet. Wahrscheinlich wären noch mehr Menschen geflüchtet, aber der Rebbe sagte: »Juden, wir gehen in den Tod auf Gottes Geheiß.« Dann sagte er: »Wenn jemand überlebt, denkt an uns, rächt uns.« Es war Izik Schuster.

Wir flüchteten uns in den Wald. Mein Bruder wurde unterwegs ermordet. Mein Vater brachte uns zu seinem Freund Wassili. An seinem Familiennamen erinnere ich mich nicht. Er versteckte uns auf seinem Dachboden. Dort lebten wir drei Monate im Versteck.

Im Städtchen war eine römisch-katholische Kirche, und unser Wohltäter ging hin. Er erzählte uns, dass in Sofijewka einige Juden überlebt hatten. Die Juden, die die erste Erschießung überlebt hatten, wurden von den Deutschen gesammelt und an einem mit Stacheldraht umzäunten Ort untergebracht. Das war ein Ghetto.

Mein Vater sagte, dass wir nach Sofijewka zurückkehren und zusammen mit anderen Juden bleiben sollten. Wir gingen zurück und gerieten ins Ghetto. Wir schliefen angezogen in ständiger Angst. Von allen benachbarten Dörfern wurden die Juden ins Ghetto gebracht. Zum Fest Jom Kippur 1942 begann die zweite Erschießungswelle. Die Schutzmänner trieben die Menschen zusammen und erschossen sie am Grubenrand. Die Menschen jammerten, schrien, weinten. Sie wurden entkleidet und geschoren. Man warf sie in die Gruben und schoss danach auf sie. Auf einmal erhob sich ein junger jüdischer Mann, entriss dem Polizisten die Schaufel und erschlug ihn damit. Es war Josif Glus. In diesem Moment konnten viele die Grube verlassen. Ich schnappte mir aus dem Haufen Kleidung eine Bluse und einen Rock und rannte auch in den Wald. Dem Schutzmann gab ich meinen Ring von der Hand, und er ließ mich durch.

Im Wald versammelte sich eine kleine Gruppe von Menschen, denen es gelungen war, lebendig aus der Grube zu fliehen. Wir lebten im Wald unter offenem Himmel. Die Leute aus den benachbarten Dörfern brachten uns Essen. Nachts gingen wir zu den ukrainischen Familien und bettelten um Essen. Wenn im Dorf viele Deutsche waren, legte man das Essen auf einen vereinbarten Platz.

Im Herbst 1943 begegneten wir den Partisanen, sie nahmen uns in ihre Truppe auf. Dort traf ich auch meine Verwandten. Wir alle lebten in der Partisanentruppe.

Als sich die Truppen von Medwedew und Kowpak vereinten, gingen sie zu einem Auftrag in die Karpaten, und ich sollte die Verwundeten und Kranken ins Hospital nach Alewsk begleiten. Als ich meine Schutzbefohlenen im Hospital abgeliefert hatte, war die Truppe schon entfernt, und ich konnte sie nicht einholen. Ich ging zum Kriegskomitee, das mich zur Arbeit ins Infektionshospital nach Rowno schickte, wo ich bis zum Kriegsende arbeitete.

Auf diese Art und Weise konnte ich überleben. Meine ganze Familie und alle meine Verwandten verlor ich im Krieg.

4. Bezirk (Rayon) Roshischtsche

(ukr. Roshyschtsche, poln. Rożyszcze)

Ort: Roshischtsche

Vor 1939 gehörte Roshischtsche[27] zur polnischen Woiwodschaft Wolhynien. Von 1939 bis 1941 war Roshischtsche Bezirkshauptstadt im Gebiet Wolhynien der Ukrainischen Sozialistischen Sowjetrepublik und von 1941 bis 1944 Bezirkshauptstadt im Gebiet Luzk, Generalbezirk Wolhynien und Podolien. Seit 1991 ist Roshischtsche Hauptstadt des Bezirks im Gebiet Wolhynien der Ukraine.

---

27 Altman, Cholokost, S. 861; The Yad Vashem Encyclopedia S. 667 f.; Encyclopedia of Camps and Ghettos, S. 1461 ff.

4. Bezirk (Rayon) Roshischtsche

1921 lebten 2686 Juden in der Stadt. Nach dem Überfall der Wehrmacht auf Polen am 1. September 1939 kamen Hunderte jüdische Flüchtlinge in die Stadt. Einige von ihnen wurden von den Sowjets nach Sibirien deportiert, was ihnen das Leben rettete. Die sowjetischen Behörden enteigneten Land rings um die Stadt und errichteten eine Kolchose. Mitte 1941 lebten in Roshischtsche 4070 Juden.[28]

Am 25. Juni 1941 wurde Roshischtsche von Einheiten der 6. Armee besetzt. Im Juli und August 1941 stand Roshischtsche unter Militärverwaltung. Unmittelbar nach der Besetzung ermordeten die Deutschen mehrere Juden, und ukrainische antisemitische Nationalisten erpressten und raubten Juden aus.

Im Juli 1941 erfolgte eine Reihe von Razzien, bei denen Juden angeblich für Arbeiten außerhalb der Stadt rekrutiert wurden. Zuerst wurde eine Gruppe von 80 wohlhabenden und einflussreichen Juden aus der Stadt weggeführt. Man hat nie wieder etwas von ihnen gehört. Ein paar Tage später ergriffen Deutsche und die einheimische Polizei mehrere Hundert jüdische Männer, die ebenfalls spurlos verschwanden. Bei einer weiteren Razzia wurden alte Menschen, Frauen und Kinder weggeführt, weil alle Männer sich versteckt hatten. Alle wurden in einer Grube außerhalb der Stadt ermordet und begraben. Bei diesen »Aktionen« im Juli 1941 ermordeten die Deutschen insgesamt 430 Juden.[29] Diese Morde wurden wahrscheinlich von einer Einheit der Sicherheitspolizei und des SD aus Luzk mit Unterstützung einheimischer ukrainischer Polizisten verübt. Im Oktober 1941 wurden 600 jüdische Männer und drei Jüdinnen erschossen.

Im Sommer und Herbst 1941 bildeten die deutschen Behörden einen Judenrat und verhängten mehrere antijüdische Maßnahmen. Juden mussten einen gelben Davidstern, später einen gelben Kreis, tragen und Pferde, Kühe, Fahrräder und Radioapparate abliefern. Sie wurden gezwungen, vom Judenrat organisierte Zwangsarbeit zu leisten. Während der Arbeit wurden sie geschlagen und misshandelt. Im September 1941 verbot die deutsche Zivilverwaltung den Juden, die Stadt ohne besondere Erlaubnis zu verlassen.

Am 15. Februar 1942 wurde in Roshischtsche ein Ghetto errichtet. Man ließ den Juden nur zwei Stunden Zeit, ins Ghetto zu ziehen. Nur was sie tragen konnten, durften sie mitnehmen. Das Ghetto lag im Norden der Stadt »Oyfn Barg« (Auf dem Hügel) und bestand aus 60 einstöckigen Häusern. Im Ghetto wurden nicht nur die Juden der Stadt untergebracht, sondern auch Juden aus den umliegenden Dörfern, wie z.B. aus Kopatschowka und Wolnjanka, was eine erhebliche Überbelegung zur Folge hatte. Mehrere Familien mussten sich einen Raum teilen. Insgesamt waren ungefähr 4000 Juden in dem mit Stacheldraht umzäunten Ghetto.

Die tägliche Brotration im Ghetto betrug 50 Gramm. Nur wer außerhalb des Ghettos arbeitete, konnte Lebensmittel, die er im Tauschhandel erworben hatte, ins Ghetto schmuggeln.

---

28 Gilbert, Endlösung, Karte 72.
29 The Yad Vashem Encyclopedia, S. 668.

Die deutschen Behörden forderten von den Juden Kontributionen in Form von Geld und Lederwaren. Im Sommer 1942 wurde der Judenrat festgenommen, um eine zusätzliche Kontribution zu gewährleisten. Obwohl die Kontribution am 10. August 1942 abgeliefert wurde, wurden die meisten Mitglieder des Judenrats erschossen.

Am 23. August 1942 wurde das Ghetto aufgelöst. Ein SD-Kommando aus Luzk, unterstützt von deutscher Gendarmerie und ukrainischer Polizei,[30] transportierte etwa 3000 Juden aus dem Ghetto, den umliegenden Kolchosen und Arbeitslagern mit Lastwagen zu Gruben an der Straße zum Dorf Kopatschowka, wo sie erschossen wurden. Da die Juden eine Warnung vor der bevorstehenden Mordaktion bekommen hatten, konnten sich einige Hundert verstecken. Etwa 400 wurden von der ukrainischen Polizei aufgespürt und anschließend auf dem jüdischen Friedhof erschossen. Ungefähr 80 Juden entkamen und überlebten in den Wäldern durch die Hilfe polnischer Bauern und von Siebenten-Tags-Adventisten, die in der Nähe lebten.

Am 2. Februar 1944 wurde Roshischtsche durch sowjetische Truppen befreit. Eine kleine Gruppe Juden kehrte nach der Befreiung nach Roshischtsche zurück und lebte in einem Haus zusammen.

Innerhalb weniger Jahre nach dem Krieg lebten keine Juden mehr in Roshischtsche.

Elena Pusan (1936)
»Die Straße des Todes«

> Zum Andenken an unsere Eltern
> Schlojme und Rachil Chechman-Odwak
> von ihren dankbaren Töchtern
>
> Ich blicke entschlossen zu den Hügeln,
> wo ich selbst schon seit vielen Jahren liegen könnte.
> Hier ruhen meine Großmutter, Tante und mein Großvater.
> Nach der Sitte der Ahnen lege ich den Stein
> als Erinnerung an jene, die 1942 starben.

Wir sind Kriegskinder. Wir, das sind jene, die während des Zweiten Weltkriegs Hunger, Kälte und Zerstörung überlebten.

Aber noch schlechter ging es jenen, die auf den besetzten Gebieten vom Krieg erwischt wurden. Diese gingen zusammen mit den Erwachsenen durch die Straße des Todes in die Lager, in die Ghettos, nach Babi Jar.

---

30 Kruglow, Chronika Cholokosta, S. 119.

Vor dem Krieg war unsere Familie die glücklichste. Unsere Eltern heirateten, weil es eine große Liebe war.

Mein Vater Schlojme Jukelewitsch Chechman stammte aus dem Dorf Roshischtsche, Bezirk Roshischtsche, Gebiet Wolhynien. Die Familie meines Vaters war groß: Vater, Mutter und acht Kinder. Nach dem Tod seines Vaters musste er als der Älteste in der Familie mit dreizehn Jahren die Schule verlassen und in der Wassermühle bei dem Gutsbesitzer arbeiten. Die Westukraine gehörte damals zu Polen, und er ging ins Dorf Iwantschizy.

Er wanderte von einem Gutsbesitzer zum anderen und kam 1930 in das Dorf Staromylskoje zum Gutsbesitzer Tischtschenko. Ein hübscher, junger, lebensfroher Bursche, der sehr gut singen und tanzen konnte, dazu noch Gitarre und Mandoline spielte, wurde sofort von den einheimischen Jugendlichen ins Herz geschlossen. Dort begegnete er meiner Mutter. Sie heirateten aus Liebe, denn meine Mutter hatte keine Mitgift. Ihre Liebe bewahrten sie sich ihr ganzes Leben lang.

Unsere Mutter Rachil Isaakowna Odwak stammte aus einer sehr anständigen Familie. Sie war eine kluge, fleißige, zärtliche Frau und sorgte für Geborgenheit im Haus. Sie strahlte immer Vertrauen und Lebensfreude aus. Sie stammte aus Sdolbunow, Gebiet Rowno.

Unser Großvater war Müller in der Mühle des Dorfes Staromylskoje. Wir alle lebten später in der Staromylskaja-Straße am Rande des Dorfes. Unsere Großmutter Kreslja Isaakowna war eine strenge, aber sehr liebevolle Frau. Alle Nachbarn in der Straße und die Einwohner des Dorfes wandten sich an sie mit Fragen, Bitten, und sie konnte allen helfen. Man nannte sie liebevoll Izikowna. In den schwersten Jahren unseres Lebens im Wald ermöglichten uns diese Menschen das Überleben.

Vor dem Kriegsausbruch kamen Dworka und Meier, Schwester und Bruder unserer Tante Chaika, zu uns zu Besuch nach Rowno. Chaika war die Frau von Onkel Jascha, eines Bruders meiner Mutter. Nach ein paar Tagen begann der Krieg. Das Leid fing mit der ersten Besetzung der Stadt durch die Nazi-Truppen im Sommer 1941 an.

Im September wurde in Roshischtsche die vielköpfige Familie meines Vaters erschossen. Dann wurde in Rowno auch die Großfamilie der Tante Chaika erschossen. Meier und Dworka blieben bei uns.

In Sdolbunow begann die Judenjagd. Man jagte Erwachsene und Jugendliche. Großvater, Vater, Meier und Jascha versteckten sich die ganze Zeit auf dem Dachboden oder im Keller. Ich saß mit meiner Schwester und Cousine Ester zu Hause, und wir beobachteten neidisch, wie unsere Freundinnen auf der Straße spielten.

Einmal kamen Deutsche mit einem Dolmetscher zu uns ins Haus und registrierten uns alle. Nach einiger Zeit wurden wir hinter den Stacheldraht getrieben. Später richteten die Deutschen am Stadtrand, zwischen dem Sumpf und unserem Haus in der Sadowaja- und Lewanewskogo-Straße, ein Ghetto ein. Unser Ghetto bestand aus ein paar Straßen, die mit Stacheldraht umzäunt waren. Ein Tor diente als Eingang ins Ghetto, aber wir durften das Ghetto nicht verlassen. Für das kleinste Vergehen wurde man bestraft. Wir alle wurden gezwungen, auf dem Rücken und auf der Brust einen gelben Davidstern zu tragen. Es war nicht erlaubt, auf dem Bürgersteig zu gehen. Es gab sehr viele Menschen, viele Familien wohnten auf engstem Raum.

Dann gehörten Plünderungen, Vergewaltigungen und Ermordung Unschuldiger zum gewöhnlichen Tagesablauf. Es gab keinen Tag, an dem nicht junge Mädchen verschwanden oder ermordet wurden. Für das kleinste Vergehen wurde man strengstens bestraft. Einmal wurde von dem Ältesten der Gemeinde für irgendein Verschulden die Auslieferung von vierzig kleinen Kindern verlangt. Es war ein Horror, den man schlecht in Worte fassen kann. Wir, die Kinder, saßen während dieser Verhandlung im Versteck und durften nur nachts kurz in den Hof. Nach langwierigen Verhandlungen willigten die Deutschen ein, den Tribut von vierzig Kindern durch eine Menge Schmuck und zehn Erwachsene zu ersetzen. Unter diesen Erwachsenen war auch unsere Tante. Ich erinnere mich, wie sie hoch und schlank, gekleidet ganz in weiß, zu uns kam, um sich zu verabschieden. Sie ging in den Tod mit erhobenem Haupt.

In jener für uns sehr schwierigen Zeit halfen uns Paraskowja Piliptschuk, ihre Tochter Antonia Iwanowna und ihre Schwester Marina.

Unser Vater beherrschte gut Deutsch, Polnisch und Tschechisch. Er war ein guter Schreiner und wurde sehr oft ins Verwaltungsgebäude gerufen, um Särge herzustellen. Jedes Mal, wenn er von einem Polizisten abgeholt wurde, nahmen wir von ihm Abschied, als ob wir uns nie wiedersehen würden. Keiner konnte morgens wissen, ob er bis zum Abend leben wird. Und abends wusste keiner, ob er morgens aufwachen würde.

Jetzt, als ältere Frau, kann ich mich nicht an alle Einzelheiten des Lebens im Ghetto erinnern, aber ich werde nie die Angst vergessen, die ich angesichts des deutschen Soldaten mit der Maschinenpistole in der Hand verspürte. Diese Angst verfolgte mich mein ganzes Leben lang.

Mein Vater hatte viele Freunde unter den Polen, die uns mit Lebensmitteln halfen. Sie schlugen vor, ihm bei der Flucht aus dem Verwaltungsgebäude zu helfen. Aber er erwiderte, dass es unmöglich sei, die Familie zu retten, und ohne seine Familie wollte er nicht leben. Von den Freunden erfuhr er, dass die Liquidation des Ghettos geplant war. Nachts reparierten Vater, Mutter und Großvater den Keller im Stall, wo wir wohnten. Nach einiger Zeit hatte man aufgehört, den Vater ins Verwaltungsgebäude zu rufen. Er verstand alles. Meine Schwester und ich schliefen angezogen. In den Keller brachte man Wasser und Brot. Großmutter verzichtete darauf, in den Keller zu gehen, mit den Worten: »Rettet die Kinder!«

Großvater, der fünfzig Jahre in der Mühle gearbeitet hatte, hustete die ganze Zeit. Tante Sonja, die Schwester meiner Mutter, sagte, dass sie die Eltern nicht alleine lassen würde.

Der Erschießungstag fiel auf den 13. Oktober 1942. Das Ghetto wurde umstellt. Als am frühen Morgen von allen Seiten geschossen wurde, packten Mutter und Vater uns Kinder und rannten zum Stall. Das Letzte, was ich an jenem Morgen sah, war die Großmutter, die an der Schwelle des Hauses lag, und Tante Sonja, die sich über sie beugte. Im Stall waren schon viele Menschen. Mein Vater schob schnell das Heu von der Luke, und wir alle schlüpften in den Keller. Unter uns war auch eine ältere Frau mit zwei Töchtern. Kurz vor dem Abend wollte sie kurz herausgehen, um frische Luft zu schnappen. Plötzlich schauten in den Stall zwei Soldaten mit Maschinenpistolen. Die Frau wurde auf der Stelle erschossen und das Heu mit Kugeln durchsiebt. Aber sie entdeckten die Luke nicht. Alle saßen wie versteinert da. Die Töchter der Frau schrien lautlos. In der Nacht verließen die

Menschen den Keller. Die Angst war so groß, dass wir weder nach Brot noch nach Wasser fragten. Es war sehr gefährlich, in die eigenen Häuser zurückzukehren.

In der Nacht kehrten wir über den gefrorenen Matsch in unser Haus zurück. Unser Nachbar hatte einen großen Stall mit Heu und Stroh. In diesem Stall versteckten wir uns. Ich weiß nicht, wie lange wir da saßen, aber unsere Situation war schrecklich. Wir hatten kein Wasser und kein Essen. Unsere Füße froren langsam ab. Was sollten wir tun? Uns blieb nichts anderes übrig, als zu den Deutschen zu gehen und aufzugeben. Die Eltern fragten uns nach unserem Einverständnis. Meine Schwester war älter und verstand alles. Sie willigte ein, aber ich konnte nicht verstehen, warum ich sterben sollte. Durch die Ritzen im Stall sah ich meine Freundinnen und andere Menschen. Ich sagte, dass ich leben will. Ich war sechs Jahre alt. Dann stahl mein Vater zum ersten Mal in seinem Leben den Teller mit den Pellkartoffeln vom Nachbarhund. Nach ein paar Tagen erwischte der Nachbar »den Dieb«. Unser lieber Nachbar Anton Bendartschik gab uns Essen, Kleidung, Brot für unterwegs, einen Spaten, ein großes Messer und führte uns in der Nacht zum Wald.

Jeder unserer Schritte verriet uns. Wir wurden oft von einheimischen Kindern entdeckt und mussten unseren Ort wechseln, unsere Spuren tarnen. Wer je eine Erdhöhle in der tief gefrorenen Erde geschaufelt hat, der weiß, was für eine schwere Arbeit es für einen halb verhungerten und halb nackten Menschen ist. Mein lieber Vater! Du hast sogar gescherzt, dass jede neue Erdhöhle besser, breiter und schneesicherer als die vorherige sei.

Unsere Mutter ging ins Dorf Staromylskoje, das am nächsten zum Wald lag, zu Menschen, die sie gut kannte. Dort wohnten ihre Freundinnen Lida Woron, Marina und Antonina mit der Mutter und dem Bruder Wassili. Diese Menschen halfen uns, so gut sie konnten, und verheimlichten dies voreinander. Einmal begegnete meine Mutter bei Lida ihrem Bruder, unserem Onkel Jakow. Seine Frau Chaika, Tochter Ester und Tante Dworka wurden von dem Nachbarn denunziert. Sie wurden erschossen und ins Massengrab geworfen. Wir zogen in die Erdhöhle des Onkels um.

Im Winter 1943 wurde meine Mutter von der Polizei erwischt, als sie mit dem Sack voll mit Lebensmitteln auf dem Weg in den Wald war. Sie wurde in den Schlitten gesetzt und sollte in die Stadt gebracht werden. Draußen war es dunkel. An einer Straßenkurve – die Straße führte am Wald entlang – rutschte meine Mutter vom Schlitten und rollte in den tiefen Schnee. Dies rettete ihr das Leben. Wir warteten die ganze Nacht auf sie, und erst beim Morgengrauen fand Vater sie. Sie war halb erfroren, weit entfernt von unserer Erdhöhle. Wir wärmten sie mit unserem Atem und unseren Tränen. Die ganze Woche mussten wir alle hungern. Wir aßen nur Schnee. Meine Mutter ging danach seltener ins Dorf, und wir ernährten uns von Weizenkörnern, die wir im Schnee einweichten.

Im Sommer ging es uns gut. Vater sammelte Pilze und briet sie auf dem Lagerfeuer. Er aß zuerst und gab dann uns. Wir sammelten Beeren und Nüsse als Wintervorräte. Ein paar Mal kam Onkel Meier zu uns in den Wald. Er kam jedes Mal anders gekleidet und brachte uns Lebensmittel. Einmal kam er zu uns auf einem weißen Pferd in der Uniform eines deutschen Offiziers und brachte einen Sack mit Kürbissen. Die Eltern erzählten uns Kindern nichts von ihm.

Der Sommer verging sehr schnell, und dann kam der Herbst. Jetzt ging die Mutter sehr selten ins Dorf und wenn, dann nur zu Paraskowja Kusminitschna und Marina. Wir hungerten öfter, als dass wir Weizenkörner kauten und rohe Kartoffeln oder Rüben naschten. Ende Januar 1944 hörte man von überall den Lärm der Explosionen und der Bomben. Wir hatten schon längst nichts mehr zu essen. Das Wetter war gut, und meine Mutter ging zusammen mit meiner Schwester, beladen mit Kleinholz wie die Dorfbewohner, ins Dorf zu Marina. Sie kamen weder an diesem noch am nächsten Tag zurück. Wir waren sehr aufgeregt, blieben tags und nachts draußen. Der Wald, in dem wir lebten, war sehr groß und schön. Er wuchs auf einem Hügel. Es gab dort Eichen, Birken, Buchen und auch junges Fichtengewächs. Mein Vater hatte ein großes Fernglas. Aus dem Fichtengewächs konnte man bei guter Sicht die Straße und das Dorf sehen. Am Morgen des dritten Tages erblickte mein Vater auf der Straße viele Soldaten mit Schulterklappen. Er dachte, es seien deutsche Truppen. Dann sah er Mutter und Schwester, die zusammen mit den Soldaten und Offizieren in die Richtung des Waldes gingen. Ich wusste das alles nicht. Vaters Augen und den Blick, mit dem er mich anschaute, kann ich bis heute nicht vergessen. Sobald ich die Augen schließe, sehe ich alles so klar wie an jenem Tag. Je älter ich werde, desto mehr spüre und verstehe ich seinen seelischen Schmerz. Shenja rannte ganz vorne und schrie etwas. Später konnten wir verstehen, dass sie: »Es sind unsere!« schrie. Das war am 2. Februar 1944. Befreiung! Wir waren neu geboren!

Wir gingen aus dem Wald und machten uns zu Fuß auf den Weg in unsere Heimatstadt.

Das erste Denkmal an der Erschießungsstelle ließ mein Onkel Odwak Jankel Isaakowitsch 1946–1947 errichten.

Wir wurden erwachsen, ergriffen einen Beruf, wurden selbst Großmütter. Schon sechzig Jahre lang ist unsere zweite Geburt das größte Familienfest. Wir bedanken uns herzlich bei all jenen, die ihr Leben und das Leben ihrer Kinder und Verwandten riskierten und uns zu überleben halfen, uns nicht den Hungertod sterben ließen.

Wir sind unseren Eltern, Mutter und Vater, unbeschreiblich dankbar, dass sie uns während der Kriegsgräuel nicht verließen. Sie führten uns aus dem Ghetto weg und ermöglichten uns das Überleben im Wald. In diesem Jahr wäre mein Vater 100 Jahre alt geworden.

> Umfasse die vergangenen Jahre,
> entzünde das Feuer der Erinnerung,
> und gleich erscheinen vor Dir
> all jene, die einmal waren.

Dieses Gedicht schenkte mir Elena Mazur, eine wunderbare Frau.

III. Gebiet Iwano-Frankowsk

III. Gebiet (Oblast) Iwano-Frankowsk
(ukr. Iwano-Frankiwsk)

Das Gebiet Iwano-Frankowsk[1] hieß bis zum 9. November 1962 Stanislau (ukr. Stanislawiw, russ. Stanislawow, poln. Stanisławów). Bis 1939 gehörte es zu Polen. 1931 lebten 117 342 Juden im Gebiet Stanislau, über neun Prozent der Bevölkerung. Durch den Hitler-Stalin-Pakt kam das Gebiet im September 1939 zur Sowjetunion. Nach dem Überfall der Wehrmacht auf Polen stieg die Zahl der jüdischen Bevölkerung durch die Flüchtlinge aus Polen auf 130 000 bis 150 000.

Der Hauptteil des Gebietes wurde zwischen dem 24. Juni und 9. Juli 1941 durch ungarische Truppen besetzt, außer dem Bezirk Rogatin, der sofort Teil der deutschen Besatzungszone wurde. Im Juli 1941 wurden etwa 7000 bis 8000 ungarische Juden in das Gebiet deportiert.

Am 1. August 1941 übernahm die deutsche Militärverwaltung das Gebiet, und der Distrikt Galizien, zu dem auch das Gebiet Stanislau gehörte, wurde in das Generalgouvernement eingegliedert. Damit begann die organisierte und systematische Vernichtung der Juden. Das erste Opfer war die jüdische Intelligenz. Am 3. und 4. August 1941 wurden 600 Juden ermordet. Viele der Mordaktionen wurden speziell an jüdischen Feiertagen durchgeführt. Am 6. Oktober 1941 (Sukkot) in Nadwornaja 2000, am 12. Oktober 1941 (Rosch Haschana) in Stanislau 7300 Juden, am 21. September 1942 (Jom Kippur) in Rogatin 700 Juden, in Burschtyn 200 Juden, in Bukatschjowzy 200 Juden und in Bolschowzy 200 Juden.[2]

Im Oktober 1941 wurden im Gebiet Stanislau etwa 20 000 Juden ermordet.

Während der deutschen Besetzung in der Zeit von 1941 bis 1944 wurden im Gebiet Stanislau (Iwano-Frankowsk) insgesamt 132 000 einheimische Juden ermordet.[3]

1. Gebietshauptstadt Stanislau (Iwano-Frankowsk)

Bis 1962 hieß die Stadt Stanislau[4]. Vor 1939 war Stanisławów (Stanislau) Kreis- und Woiwodschaftszentrum in Polen, von 1939 bis 1941 durch den Hitler-Stalin-Pakt Bezirks- und Gebietszentrum der Ukrainischen Sozialistischen Sowjetrepublik, und während der Zeit der deutschen Besatzung von 1941 bis 1944 war Stanislau Kreiszentrum des Distrikts Galizien im Generalgouvernement. Seit 1962 heißt die Stadt Iwano-Frankowsk und ist seit 1991 Gebietszentrum in der Ukraine.

Bei Ausbruch des Krieges lebten etwa 25 000 Juden, ungefähr ein Drittel der Bevölkerung, in der Stadt. Nur einer geringen Zahl Juden gelang es, in den Osten der Sowjetunion

---

1 Altman, Cholokost, S. 941 ff.; A. I. Kruglow, Enziklopedija Cholokosta, S. 71 ff.
2 Kruglow, Chronika Cholokosta, S. 44, 46, 127.
3 Kruglov, Jewish Losses in Ukraine, S. 284.
4 Altman, Cholokost, S. 937–941; Encyclopedia of Camps and Ghettos, S. 831–834; Kai Struve, Deutsche Herrschaft, S. 632–638; The Yad Vashem Encyclopedia, S. 749–754.

zu entkommen oder sich bei der Roten Armee einschreiben zu lassen. Am 3. Juli 1941 besetzten ungarische Truppen die Stadt. Auch in Stanislau hatte der NKWD vor seinem Rückzug etwa 1000 Gefängnisinsassen erschossen. Während des Monats Juli wurde die Stadt von Tausenden jüdischen Flüchtlingen überflutet, die von den Ungarn deportiert worden waren. Hinzu kamen zahllose Flüchtlinge aus den umliegenden Orten und Dörfern, die aus Furcht vor ungarischen Pogromen flohen. Ende Juli waren mehr als 40 000 Juden in der Stadt. Die meisten von ihnen wurden in einer im Bau befindlichen dreistöckigen Mühle (Rudolfsmühle) eingesperrt.

Am 20. Juli übernahmen die Deutschen die Kontrolle über die Stadt. SS-Hauptsturmführer Hans Krüger wurde Chef des neu eingerichteten Grenzpolizeikommissariats Stanislau. Als Judenreferent brachte er Heinrich Schott mit. Ab September 1941 war Heinz Albrecht Kreishauptmann. Es ist bedeutungsvoll, dass alle drei leitenden Personen der Verwaltung radikale Antisemiten waren. Krüger stellte eine Hilfspolizeitruppe auf, bestehend aus Volksdeutschen, Rumänen und Ungarn.

Auf Befehl der Gestapo wurde am 26. Juli 1941 ein Judenrat eingerichtet. Vorsitzender wurde Israel Seibald, der vor dem Krieg in der jüdischen Gemeinde aktiv war. Sein Vertreter war der Rechtsanwalt Michael Lamm. Der Judenrat organisierte einen jüdischen Ordnungsdienst.

Zu Beginn der Besatzungszeit griffen Teile der ukrainischen und polnischen Bevölkerung Juden an. Am 2. August 1941 befahl Krüger dem Judenrat, eine Liste mit den Juden anzufertigen, die zu den freien Berufen gehörten. Etwa 800 Juden und Polen mussten ins Gestapo-Hauptquartier kommen. Hier wurden sie gefoltert. 200 wurden wieder nach Hause geschickt, die restlichen wurden am nächsten Tag in einem Wald in der Nähe von Pawelce erschossen.

Juden mussten eine Armbinde mit einem Davidstern tragen und Zwangsarbeit leisten.

Im September 1941 plante der SS- und Polizeiführer Galizien, Friedrich Katzmann, die »Judenfrage« in Galizien zu lösen. Am 12. Oktober 1941 ermordete die deutsche Polizei mit Unterstützung durch Ukrainer zwischen 10 000 und 12 000 Juden auf dem alten Friedhof von Stanislau. Dieser Tag wurde später »Blutsonntag« genannt.

Nach diesem Massenmord begannen die Vorbereitungen, die Juden in ein Ghetto umzusiedeln. Der älteste Teil der Stadt wurde zum Ghetto bestimmt. Die genaue Zahl der umgesiedelten Juden ist nicht bekannt. Etwa 28 000 bis 30 000 Juden wurden gezwungen, in diesem winzigen, überfüllten Gebiet zu leben. Viele Juden mussten in Lagerhallen, Garagen oder der Synagoge leben. Juden, die außerhalb dieses Bezirks wohnten, mussten zwischen dem 1. und 15. Dezember 1941 ins Ghetto ziehen. Während des Monats November mussten alle Nichtjuden, die im Ghetto wohnten, ausziehen. Am 20. Dezember wurde das Ghetto mit einem zweieinhalb bis drei Meter hohen, mit Stacheldraht bewehrten Holzzaun vom übrigen Teil der Stadt abgetrennt. Das Ghetto hatte drei Tore, die von deutscher Schutzpolizei und ukrainischer Miliz bewacht wurden. Im Innern des Ghettos waren 100 Angehörige des jüdischen Ordnungsdienstes verantwortlich. Die Juden durften das Ghetto nur zur Zwangsarbeit verlassen. Die Lebensbedingungen im Ghetto waren katastrophal. Die Essensrationen waren zu klein. Mehr und mehr Menschen verhungerten. Nur wenige Juden konnten die horrenden Preise für ins Ghetto geschmuggelte Lebensmittel bezahlen.

Ende März 1942 teilte Krüger dem neuen Vorsitzenden des Judenrats Lamm mit, dass nur 8000 Juden im Ghetto bleiben könnten. Die übrigen, alte und kranke Menschen oder Bettler kämen in ein Arbeitslager. Lamm solle ihm diese Menschen überstellen. Da Lamm sich weigerte, umstellten deutsche und ukrainische Polizisten in der Nacht zum 31. März 1942 das Ghetto. In einem brutalen Überfall trieben sie die Juden aus ihren Häuser, zündeten die Häuser an, um versteckte Juden aus ihren Verstecken zu vertreiben. Dann wurden die Juden zur Bahnstation getrieben, in Güterwaggons verladen und in das Vernichtungslager Belzec deportiert. Danach wurde das Ghetto verkleinert, und die Juden wurden in drei Kategorien eingeteilt. A: Junge und gesunde Juden, die in wichtigen Fabriken oder Einrichtungen arbeiteten. B: Juden, die arbeitsfähig waren, aber im Moment keine Beschäftigung hatten. C: Schwache, alte oder kranke Juden. Nach dieser Registrierung wurden Tausende Juden der Kategorie C ermordet, wahrscheinlich erschossen. Das Leben wurde immer unsicherer. Nur Juden, die arbeitsfähig waren, durften in Stanislau bleiben. Die Deutsche Polizei durchsuchte immer wieder das Ghetto nach Juden der Kategorie B, die noch keine Arbeit gefunden hatten.

Die Zivilverwaltung konzentrierte auch die Juden aus kleineren Gemeinden der Umgebung wie Kałusz, Nadwórna oder Tłumacz in Stanislau. Die meisten von ihnen wurden während der folgenden »Aktionen« ermordet. Krüger hatte angeordnet, alle kranken Juden in der Rudolfsmühle zu ermorden. Die Mühle stand unter der Kontrolle des Judenreferenten Schott, der zusammen mit Polizeileutnant Ludwig Grimm an vielen Erschießungen persönlich teilnahm. Ab August 1942 fanden die Erschießungen im Hof des Polizei-Hauptquartiers statt.

Wann Lamm ermordet wurde, ist nicht bekannt. Sein Nachfolger Goldstein wurde am 22. August 1942 ermordet. Er wurde öffentlich gehängt, als erstes Opfer einer Vergeltungsmaßnahme. Bei dieser Vergeltungsmaßnahme für die angebliche Ermordung eines Ukrainers wurden mehr als 1000 Juden erschossen. Goldsteins Nachfolger wurde Schönfeld, der skrupellos und ein loyaler Diener der Deutschen war.

Etwa 11 000 Juden lebten noch in Stanislau. An Rosch Haschana, am 12. September 1942, wurden 3000 oder 4000 Juden nach Belzec deportiert. Am 15. Oktober 1942 war die jüdische Bevölkerung nahezu ausgelöscht. Ab Januar 1943 gab es keine Transporte mehr nach Belzec. Am 22. oder 23. Februar 1943 ordnete Brandt, der im August 1942 Nachfolger von Krüger geworden war, an, das Ghetto zur endgültigen Vernichtung zu umstellen. Die Juden wurden brutal aus ihren Häusern zum Jüdischen Friedhof getrieben und dort erschossen. Viele Juden hatten Verstecke vorbereitet. Durch Mangel an Wasser und Nahrung waren sie jedoch gezwungen, ihre Verstecke zu verlassen, und wurden ergriffen. Vier Tage nach dem Beginn der »Aktion« hängten die Deutschen Plakate auf, um anzuzeigen, dass Stanislau »judenfrei« sei, obwohl noch etwa 500 Juden für verschiedene Aufgaben in der Stadt waren. Aber auch sie wurden nach und nach erschossen.

Als die Rote Armee am 27. Juli 1944 Stanislau befreite, waren noch ungefähr 100 Juden am Leben, die im Versteck überlebt hatten.

Am 6. Mai 1968 verurteilte das Landgericht Münster (5 Ks 4/65) Krüger zu lebenslanger Haft, 1986 wurde er allerdings freigelassen. Krüger ging nach München und starb 1988 in Wasserburg am Inn.

2. Bezirk (Rayon) Kolomea

(ukr. Kolomyja, poln. Kołomyja)

1931 lebten im Kreis Kolomea 20 880 Juden.

Von den etwa 70 000 Juden, die während des Krieges im Bezirk Kolomea lebten, wurden 60 Prozent in Kolomea und im Wald von Scheparowze und 40 Prozent im Vernichtungslager Belzec ermordet

Ort: Kolomea

Vor 1939 war Kolomea[5] eine Stadt in der polnischen Woiwodschaft Stanisławów. 1939 bis 1941 war die Stadt Bezirkszentrum im Gebiet Stanislau der Ukrainischen Sozialistischen Sowjetrepublik. Von 1941 bis 1944 war Kolomea Kreiszentrum im Distrikt Galizien, Generalgouvernement. Seit 1991 ist Kolomea Hauptstadt des Bezirks im Gebiet Iwano-Frankowsk, Ukraine.

1939 lebten in der Stadt Kolomea 15 660 Juden, 59 Prozent der Bevölkerung.[6] Im September 1939 kamen Tausende jüdischer Flüchtlinge aus den von Deutschen besetzten Gebieten Polens hinzu. Am 17. September 1939 wurde Kolomea infolge des Hitler-Stalin-Paktes von der Roten Armee besetzt. Bis 1941 stieg die Zahl der jüdischen Bewohner auf ungefähr 20 000.

In der Nacht vom 21. zum 22. Juni 1941 bombardierte die deutsche Luftwaffe die Stadt.

Ein Großteil jüdischer Kommunisten, junger Leute und Studenten versuchten, in das Innere der Sowjetunion zu fliehen. Der überwiegende Teil der jüdischen Bevölkerung blieb jedoch aus verschiedenen Gründen in der Stadt. Vor allen Dingen, weil es keine Transportmittel und keinen Befehl zur Evakuierung gab.

Am 1. Juli 1941 verließen die letzten Einheiten der Roten Armee die Stadt, und einheimische Ukrainer errichteten eine eigene Verwaltung. Am 3. Juli 1941 besetzten ungarische

---

5   Enzyklopädie des Holocaust, S. 780 ff.; The Yad Vashem Encyclopedia, S. 333 f.; Altman, Cholokost, S. 443 ff.; Encyclopedia of Camps and Ghettos, S. 790–793.
6   Honigsman, Juden in der Westukraine, S. 339.

Panzer die Stadt. Am 4. Juli 1941 organisierten Ukrainer ein Pogrom. Sie trieben Juden aus ihren Häusern, schlugen und demütigten sie. 300 Juden wurden gezwungen, auf dem Piłsudski-Platz eine Leninstatue ohne Hilfsmittel abzureißen. Eine andere Gruppe Juden musste im Stadtpark die Statuen von Stalin und Lenin zerstören. Juden wurden gezwungen, sich mit dem Gesicht an einen Zaun zu stellen, und die Ukrainer bereiteten ihre Erschießung vor, als ein stellvertretender Bürgermeister erschien und die »Aktion« stoppte.

Die Ukrainer waren mit der ungarischen Militärverwaltung nicht zufrieden und bereiteten Listen mit den Namen der jüdischen Intelligenz für Zwangsarbeiten vor, um sich den Deutschen anzudienen und ihre Fähigkeiten zu beweisen.

Am 16. Juli 1941 kam eine mobile Einheit der Sicherheitspolizei aus Stanislau nach Kolomea. Die Ukrainer trieben 110 Juden von ihrer Liste zusammen und führten sie in Richtung des früheren Dorfes Korolówka. Den Juden war befohlen worden, Schaufeln mitzubringen. Hinter der Marschkolonne fuhr ein deutsches Auto mit einem Maschinengewehr. Als sie in Korolówka ankamen, sollten sich die Juden entkleiden und beginnen, eine Grube auszuheben. Als den Juden bewusst wurde, was ihnen bevorstand, begannen sie zu beten, einige legten sich auf den Boden. Im letzten Moment kam der Kommandant der ungarischen Garnison, der informiert worden war, was die Ukrainer und die Deutschen vorhatten, und stoppte die »Aktion«.

Am 1. August 1941 erklärte Generalgouverneur Hans Frank die Eingliederung Ostgaliziens in das Generalgouvernement, und Kolomea ging in deutsche Hände über. Antijüdische Repressalien nahmen zu. Der neue Kreishauptmann Claus Peter Volkmann befahl, dass alle Juden ab dem sechsten Lebensjahr eine Armbinde mit einem Davidstern tragen mussten. Alle Juden zwischen 12 und 60 Jahren mussten Zwangsarbeit leisten. Er ernannte einen Judenrat und befahl, alle Juden Kolomeas zu erfassen. Ende September 1941 ernannten Volkmann und Peter Leideritz, Chef der Gestapo, den angesehenen Industriellen Mordechai Markus Horowitz zum Vorsitzenden des Judenrats. Der Judenrat von Kolomea war auch für die umliegenden Orte Kuty, Kossow, Jabłonów, Gorodenka, Zabłotów, Sniatyń und Żabie zuständig. Horowitz übernahm das Amt aus Verantwortung für die jüdische Gemeinde.

Die deutschen Behörden und besonders die Gestapo benutzten den Judenrat als Werkzeug für ihre repressive Politik. Zur Aufgabe des Judenrats gehörte auch das Konfiszieren von Wertgegenständen, die Organisation der Zwangsarbeit und Unterstützung bei der Deportation der Juden. Die Juden waren gezwungen, Gold und Silber sowie Winterkleidung für den Gebrauch an der Ostfront abzugeben. Oft hatte es den Anschein, dass der Judenrat sich beugte, um die deutschen Forderungen zu erfüllen. Beim Judenrat waren 300 Personen beschäftigt, die in sechs Abteilungen arbeiteten: Arbeitsamt, Beschaffungsamt, Abteilung für die Verteilung der kargen Lebensmittel, Wohnungsamt, Registrationsabteilung und Postamt.

Das Gebäude des Judenrats wurde zum Zentrum jüdischer Aktivitäten. Markus Horowitz zog in das Gebäude des Judenrats, gab sein ganzes Geld dem Judenrat, aß nur in einer Suppenküche und weigerte sich nach einer Razzia sogar, um die Freilassung seiner Frau zu bitten. Im November 1942 beging er mit seiner Schwester Selbstmord.

Am 21. September 1941, dem Vorabend des jüdischen Neujahrsfestes, trieben die Deutschen die Juden aus den umliegenden Dörfern in die Stadt Kolomea. In den folgenden drei Wochen waren diese Juden dem Terror der Gestapo ausgesetzt. Sie mussten vom jüdischen Friedhof Grabsteine holen und damit Straßen pflastern.

Am 11. Oktober 1941 wurden nach der von den Ukrainern vorbereiteten Liste viele jüdische Lehrer, Rabbiner, Ärzte und Rechtsanwälte vom SD ins Gefängnis gesperrt. Am Abend trieb man sie in den Wald von Scheparowze, wo sie alle ermordet wurden. Am 12. Oktober 1941, dem letzten Tag des jüdischen Festes Sukkot, fand die erste große »Aktion« statt. Deutsche und ukrainische Polizisten trieben etwa 3000 Juden aus den Synagogen und ihren Häusern und führten sie unter verstärkter Bewachung ins Gefängnis. Später wurden sie auf Lastwagen in den etwa acht Kilometer entfernten Wald bei Scheparowze gebracht. Dort wurden 2850 Juden ermordet. Die große Synagoge in Kolomea wurde bei dieser Mordaktion niedergebrannt. Am 6. November 1941 wurden an der gleichen Stelle erneut 800 Juden erschossen.[7] Am 11. November noch einmal einige Hundert. Am 23. Dezember 1941 mussten die Juden alle Pelze, Skiausrüstungen, Pullover und Hüte abliefern. Am selben Tag bestellte die Gestapo alle Juden mit ausländischen Pässen (hauptsächlich ungarische und deutsche) in ihre Dienststelle. 4849 Personen (nach anderen Angaben 1200) befolgten diese Anordnung. Sie alle fanden den Tod im Wald bei Scheparowze. Am 22. Januar 1942 wurden 400 Juden erschossen, hauptsächlich Intellektuelle. Im Februar und März 1942 wurden jede Woche im Wald bei Scheparowze etwa 1000 Juden ermordet. Im März 1942 lebten nur noch 17 000 Juden in Kolomea.

Am 25. März 1942 wurde ein Ghetto eingerichtet, das aus drei Teilen in drei Stadtbezirken bestand. Jeder Teil wurde mit einem Zaun eingegrenzt, und die Fenster an den Ghettogrenzen wurden mit Brettern zugenagelt. In 520 Ghettohäusern wurden etwa 16 000 Menschen zusammengepfercht.[8] Vom 3. bis 6. April 1942 wurden aus dem Ghetto über 5000 Juden ins Vernichtungslager Belzec deportiert, etwa 250 auf den Straßen des Ghettos ermordet, 86 verbrannten bei lebendigem Leib in ihren in Brand gesetzten Häusern. Am 24. April 1942 wurden 600 Juden aus Kossow und mehrere Hundert Juden aus Kuty, die man für zu alt oder zu krank zum Arbeiten hielt, ins Ghetto von Kolomea deportiert. Viele starben bereits auf dem Marsch. Auch aus Zabłotów wurden alle noch dort lebenden Juden bis auf 20 in das Ghetto deportiert.

Im Mai und Juni kehrte ein Teil der Juden nach Kossow und Obertyn zurück. Insgesamt befanden sich im Juni 1942 in Kolomea 15 832 Juden (nach anderen Angaben über 18 000 bis 20 000). Am 7. September 1942 mussten sich alle Juden um 6 Uhr morgens auf dem großen Platz versammeln. Im Ghetto fand eine Razzia statt. Wer versucht hatte, sich zu verstecken, wurde auf der Stelle erschossen. Vor dem Arbeitsamt des Judenrats versammelten sich mehr

---

7 Thomas Sandkühler, »Endlösung« in Galizien. Der Judenmord in Ostpolen und die Rettungsinitiativen von Berthold Beitz 1941–1944, Bonn 1996, S. 154.
8 Sandkühler, »Endlösung« in Galizien, S. 242.

als 10 000 Juden. 1300 von ihnen wurden als Arbeitskräfte ausgewählt. Die anderen waren für die Deportation nach Belzec bestimmt. 4769 Juden wurden in 48 Güterwaggons nach Belzec deportiert und etwa 1000 im Ghetto umgebracht.[9] Nach anderen Quellen wurden 8700 Juden aus Kolomea nach Belzec deportiert.[10] Am 11. September 1942 wurden 4000 Juden nach Belzec deportiert und dort ermordet. Zwischen dem 7. und 11. September 1942 wurden 17 300 Juden aus Kolomea und den umliegenden Orten in Belzec ermordet. Am 11. Oktober 1942 wurden die Kinder aus dem Waisenhaus geholt und zusammen mit 4000 Juden nach Belzec deportiert.[11] Am 4. November 1942 wurden 1000 Juden nach Scheparowze getrieben und dort erschossen. Nach diesen »Aktionen« wurden Ghetto 2 und 3 aufgelöst. Während der ersten »Aktionen« begingen einige Mitglieder des Judenrats Selbstmord. Mitte Dezember 1942 waren im Ghetto noch 1500 Juden am Leben. Sie wurden im verbrannten Ghetto untergebracht.

Am 2. Februar 1943 begann die endgültige Vernichtung der Juden von Kolomea. 2200 Juden wurden brutal im Ghetto ermordet. Am 14. Februar 1943 wurden die letzten 1500 Insassen des Ghettos im Wald bei Scheparowze ermordet. Die Stadt Kolomea wurde für »judenfrei« erklärt.

Als Kolomea am 28. März 1944 durch die sowjetischen Truppen befreit wurde, kamen zwei Dutzend Juden aus ihren Verstecken. Sie überlebten dank der Hilfe von Ukrainern und Polen.

Kreishauptmann Claus Peter Volkmann, während dessen Amtszeit 30 000 Juden deportiert und ermordet wurden, änderte nach dem Krieg seinen Namen in Peter Grubbe. 1947 war er Korrespondent der *Frankfurter Allgemeinen Zeitung* in London, später für *Die Welt*. In der Bundesrepublik war er bei *Stern* und *Zeit*. Er gehörte dem Beirat der Gesellschaft für bedrohte Völker an. Er starb am 25. Februar 2002, ohne dass er sich jemals vor Gericht hatte verantworten müssen.[12]

3. Bezirk (Rayon) Kossow
(ukr. Kossiw, poln. Kosow)
1931 lebten im Kreis Kossow 7820 Juden. Der Bezirk wurde im Juli 1941 von ungarischen Truppen besetzt.

Ort: Kossow
Vor 1939 war Kossow[13] die Kreishauptstadt in der polnischen Woiwodschaft Stanisławów. Von 1939 bis 1941 war die Stadt Bezirkszentrum im Gebiet Stanislau der Ukrainischen

---

9 Ebenda, S. 245 f.
10 Gilbert, Endlösung, Karte 145.
11 Enzyklopädie des Holocaust, S. 781.
12 Klee, Das Personenlexikon, S. 644.
13 The Yad Vashem Encyclopedia, S. 350 f.; Altman, Cholokost, S. 466; Encyclopedia of Camps and Ghettos, S. 797 f.

Sozialistischen Sowjetrepublik. Von August 1941 bis 1944 gehörte Kossow zum Kreis Kolomea im Distrikt Galizien, Generalgouvernement. Seit 1991 ist Kossow die Bezirkshauptstadt im Gebiet Iwano-Frankowsk, Ukraine.

1939 lebten in Kossow 2166 Juden, 51,2 Prozent der Bevölkerung.[14] 1941 war die Zahl der Juden durch Flüchtlinge aus dem von Deutschland besetzten Polen und Ungarn auf 3700 angewachsen. Bereits in den ersten Tagen der Besetzung Kossows am 1. Juli 1941 durch ungarische Truppen führte der ukrainische Bürgermeister Zwangsarbeit für Juden ein. Die ukrainische Miliz konnte die Juden straflos schlagen und ausrauben. Gegen Ende Juli wurde ein Judenrat gebildet.

Im September 1941 wurde Kossow an die Deutschen übergeben. Die Lage der Juden verbesserte sich dadurch nicht. Sie wurden weiterhin als Zwangsarbeiter zur Reparatur von Straßen und Brücken eingesetzt. Der Kreishauptmann Claus Peter Volkmann forderte von den Juden Möbel für die Einrichtung seiner Villa zum privaten Gebrauch und befahl ihnen, alles Gold und persönliche Wertgegenstände abzuliefern.

Sieben Juden wurden beschuldigt, Kommunisten zu sein, und deswegen erschossen. Als die Gefahr der nächsten »Aktion« drohte, versuchte der damalige Vorsitzende des Judenrats Chaim Schteiner, sie zu verhindern, indem er den Nazis versprach, eine zusätzliche Kontribution zusammenzutragen. Aber die Besatzer bestanden auf der geplanten »Aktion«.

Am 22. September 1941, am Fest Rosch Haschana, kamen 300 jüdische Flüchtlinge aus Ungarn und der Karpaten-Region nach Kossow.

Am 16. und 17. Oktober 1941 wurden die Juden nach einer Massenrazzia in das Gerichtsgebäude getrieben. Angesichts des unvermeidlichen Todes brachen die Frauen in schreckliches Jammern aus. Es wurde befohlen, Frauen und Kinder wegzuführen. Sie wurden als Erste zu den zwei vorbereiteten Gruben auf dem »Berg« hinter der Moskalowka-Brücke zur Erschießung getrieben. 2088 Menschen wurden von einer Einheit der Sicherheitspolizei aus Kolomea unter Führung von SS-Obersturmführer Erwin Gay und ukrainischer Polizei ermordet. Die Kinder bis zehn Jahre wurden nicht erschossen, sie wurden lebendig in die Grube zu ihren Müttern geworfen. Juden, die sich vor der Razzia zunächst retten konnten, wurden eingefangen und in die Synagoge getrieben. Alle Türen und Fenster wurden verriegelt, das Gebäude wurde mit Benzin begossen und in Brand gesetzt.

Nach diesem Massenmord plünderten Ukrainer und Polen die jüdischen Häuser. Juden, die im Versteck überlebt hatten, wurden gezwungen, in einen jüdischen Wohnbezirk zu ziehen, der zu einem offenen Ghetto wurde.

Im November 1941 ermordeten Ukrainer alle Juden aus dem benachbarten Dorf Riczka.

Am 24. April 1942 wurden etwa 1000 Juden aus Kossow, die keine Arbeitserlaubnis hatten, ins Ghetto Kolomea umgesiedelt. Einigen gelang es, im Mai und Juni illegal nach Kossow zurückzukehren. Nach dieser »Aktion« wurde für die verbliebenen Arbeiter, die für die

---

14 Honigsman, Juden in der Westukraine, S. 339.

Wehrmacht oder andere deutsche Büros arbeiteten, und ihre Familien, insgesamt etwa 1200 Juden, ein Ghetto eingerichtet. Etwa 200 Männer, die in Kossow bleiben durften, schlossen mithilfe der Rabbiner Mosche Schizel, Schimschon und Jehoschua Gertner Scheinehen, sodass auch die Frauen in Kossow bleiben konnten. Neben dem Ghetto war ein Markt. Wer versuchte, heimlich zu diesem Markt zu gehen, wurde mit dem Tode bestraft. So herrschte bald eine große Hungersnot im Ghetto, und viele verhungerten.

Am 7. September 1942 wurden alle Juden unter dem Vorwand einer Registrierung im Stadion zusammengetrieben. 56 Handwerker wurden ausgewählt. Die verbliebenen 500 Juden wurden ins Gefängnis gebracht. Etwa 150 Juden, die sich versteckt hatten und aufgespürt wurden, hat man sofort erschossen.[15] Am 8. September 1942 wurden alle Juden aus Kossow und die Juden von Kuty, insgesamt etwa 1500, nach Kolomea transportiert. Von hier aus wurden sie zusammen mit anderen Juden aus den umliegenden Orten in das Vernichtungslager Belzec deportiert. Etwa 100 Juden blieben illegal im Versteck in Kossow. Die jüdischen Handwerker kamen in ein Gefängnis, wo sie von ukrainischer Polizei bewacht wurden. Sie mussten das jüdische Eigentum aus den verlassenen Häusern holen. Ende September 1942 verbreiteten die Nazis die Nachricht, versteckten Juden werde kein Leid geschehen, wenn sie sich selbst stellten. Dies war jedoch nur eine List, und alle Juden, die sich daraufhin stellten, wurden ermordet. Ende Oktober 1942 lebten in Kossow noch 240 Juden, davon 40 legal. In einer »Säuberungsaktion« am 31. Oktober und 1. November 1942 erschoss die Sicherheitspolizei einige an Ort und Stelle, während die anderen nach Kolomea deportiert und dort erschossen wurden.

Insgesamt gelang es ungefähr 100 Juden aus Kossow zu überleben, weil sie von der einheimischen Bevölkerung versteckt wurden oder über die Grenze nach Rumänien entkommen konnten. Die Rote Armee befreite Kossow am 31. März 1944.

Marija Popowizkaja (Ljarisch) (geb. 1923)
»Die Gestapomänner kamen und erschossen alle«

Ich, Popowizkaja, Marija Abramowna, geb. Ljarisch, wurde am 28. Dezember 1923 in der Stadt Kossow, Gebiet Stanislau (heute Iwano-Frankowsk) geboren. Damals gehörte die Stadt zu Polen. Mein Vater Abram Moisejewitsch Ljarisch und meine Mutter Zipora Davidowna Tauch hatten zwei Kinder: mich und einen ein Jahr jüngeren Sohn, Michael.

Mein Vater war Viehhändler. Er kaufte Vieh bei Bauern und verkaufte es auf dem Markt. Jeden Mittwoch fand in Kossow ein großer Markt statt. Die meisten Händler waren Juden. Sie brachten das Vieh nach Gorodenka und auf andere Märkte. Mein Vater war sehr froh, er besaß eine Thora. Er war ein Chasn (Kantor). In der Synagoge zog er jeden Tag den Taleß (Gebetsmantel) an und sang die Gebete. Die Juden versammelten sich am Sabbat und an den Feiertagen in der Synagoge bei

---

15 Wiesenthal, Jeder Tag ein Gedenktag, S. 209.

dem Bruder des Vaters, Wassil Ljarisch. Die Kleidung meines Vaters war bürgerlich. In der Synagoge trug er jedoch einen langen schwarzen Mantel. Jeden Tag trug er einen Hut, und im Winter hatte er einen Mantel und eine Wintermütze an.

Meine Mutter wurde im Dorf Samagory, Bezirk Kossow geboren. Ihr Vater, David Tauch, und ihre Mutter, Sara Tauch, waren Grundbesitzer und hatten einen Bauernhof. Sie hatten Leute angestellt und arbeiteten selbst mit. Man baute Kartoffeln, Mais, Tomaten und Gurken an. Sie hatten auch einen großen Garten. Meine Mutter hatte drei Brüder und eine Schwester. Der ältere Bruder, Ioan, lebte in Wishniza, Gebiet Czernowitz, der zweite in Kossow und der dritte, Moses, und die Schwester Berta Funt (Ehename) im Dorf Samagory. Die Brüder der Mutter leisteten Wehrdienst in der österreichischen Armee in Wien. Die Eltern meines Vaters waren während des Krieges nach Österreich evakuiert und starben dort 1941.

Wir hatten ein großes Eigenheim: Flur, Küche, Speisekammer, zwei große Zimmer und ein kleineres Zimmer. Die Familie betrieb Landwirtschaft, besaß eigenes Vieh und viel Boden. Wir hatten auch eine Haushaltshilfe. Später kündigte diese, und wir kamen alleine zurecht. Neben dem Haus gab es Kleintiere, wir bauten alles Gemüse selbst an. Man kaufte nur Mehl für Challe. Wenn es erforderlich war, nahmen wir für ein paar Tage Tagelöhner. Diese arbeiteten auf dem Feld. Ständig hatten wir für den eigenen Bedarf zwei Kühe und die, die gekauft wurden, wurden weiterverkauft. Wir gehörten zur Mittelschicht. Es gab auch viel reichere Familien, zum Beispiel die Fabrikanten Gilman. Sie besaßen Fabriken und vergaben Teppichweberaufträge als Heimarbeit. Neben uns lebte eine sehr arme Familie, Moische Leib. Sie hatten viele Kinder. Die Gemeinde bekam aus den USA Dollar und gab sie ihnen an Feiertagen.

In unserer Familie sprach man Jiddisch. Zeitungen und Zeitschriften las man auch auf Jiddisch. Ich erinnere mich, die Zeitung hieß »Express«. Unsere Familie feierte immer traditionell die jüdischen Feiertage. Chanukka, Purim, Pessach waren unsere Lieblingsfeiertage. Die Mazzen wurden selbst gebacken. Zehn bis zwanzig Familien kamen zusammen, und Männer und Frauen kneteten den Teig. Dann wurden die Mazzen in den Öfen gebacken.

Koscher Essen wurde im Alltag streng befolgt. Wir besaßen Geschirr für »Fleischiges« und »Milchiges«. Nach Fleischspeisen verzehrte man Milchprodukte erst nach sechs Stunden und nach Milchprodukten Fleischspeisen erst nach einer halben Stunde. Das Geschirr stand im Küchenschrank getrennt voneinander. Nach Feiertagen wurde das Geschirr abgewaschen, eingepackt und in einem Flechtkorb bis zum nächsten Feiertag auf dem Dachboden aufbewahrt. Vater tat alles nach Vorschrift. Mutter zündete die Kerzen an, man betete. Zu Besuch kamen die Brüder meiner Mutter und andere Gäste. Zu Tisch hatten wir alles aus eigenem Anbau. Man schlachtete viele Hühner, es gab viele Eier. Wir mussten nichts kaufen. In Kossow gab es einen Schojchet (Schächter), der Hühner, Ziegen und Schafe nach den religiösen Vorschriften für die Juden schlachtete.

Mit sieben Jahren ging ich in die Schule. Es war eine polnische Schule. Mein Bruder besuchte sie auch. Wir lernten Polnisch und Deutsch. Außerdem gingen mein Bruder und ich in die jüdische Schule und lernten Hebräisch. Im Cheder lernten wir alle Gebete. Mein Bruder besuchte diese Schule länger als ich. Später betete er zusammen mit Vater in der Synagoge. In der Schule waren

Kinder verschiedener Nationalitäten. Man war miteinander befreundet. Meine Freundinnen waren Ukrainerinnen und Polinnen. Die Kinder verschiedener Nationalitäten lernten jeweils ihre Religion. Die jüdischen Kinder wurden von Rusja Krumganz unterrichtet. Die polnischen Kinder wurden vom römisch-katholischen und die ukrainischen Kinder vom ukrainischen Pfarrer unterrichtet. Der Unterricht fand der Reihe nach statt: Wenn Juden unterrichtet wurden, hatten polnische und ukrainische Kinder frei, und umgekehrt. Andere Fächer wurden von Polen und Ukrainern unterrichtet. Jüdische Lehrer gab es nur im Religionsunterricht. Die Deutschlehrerin hieß Miller. Wahrscheinlich war es eine Deutsche. Ukrainisch wurde von Wyschiwatschuk unterrichtet. Andere Lehrer waren Polen. Obwohl es auch Kinder aus armen Familien gab, machte man in der Schule keinen Unterschied. In den Pausen spielten die Lehrer zusammen mit uns z. B. Reigen. Für die älteren Schüler gab es verschiedene Zirkel. Die Polen organisierten die Pfadfindergruppen und die Juden Chaluzim (Pioniere). Wir trugen blaue Halstücher. Wir sangen, tanzten, trieben Sport. Oft kamen Gruppen aus Lemberg und organisierten »Kibbuz«. Man sagte, dass man dort sechs Monate arbeiten und danach nach Israel fahren sollte.

Die Juden besuchten entweder die polnische oder die jüdische Schule. In Kossow gab es eine jüdische Bibliothek. In der Stadt lebten überwiegend Polen. Die Verhältnisse zwischen den Menschen waren kultiviert. Die Juden lebten mit allen sehr friedlich zusammen. Man half sich gegenseitig. Jede Nationalität feierte ihre Feiertage.

Kossow war damals eine größere Stadt. Dort lebten ungefähr 10 000 Juden sowie Polen, Ukrainer und Armenier. In der Stadt gab es viele Synagogen und eine Hauptsynagoge. Die Kaufhäuser in Kossow waren sehr groß. Dort verkaufte man Kleidung, Schuhe, Lebensmittel, also alles. Ich erinnere mich an die Geschäfte von Gaber, Ljambs und zwei Bäckereien von Herschel Moschkowitz. Es gab sogar einen Juden aus Kolumbien. Ich erinnere mich nicht an seinen Namen. Er wurde Kolumbus genannt und besaß einen eigenen Laden. Er kam nach Kossow mit seiner Frau und zwei Kindern. Die Mehrheit der Läden war jüdisch, zwei waren polnisch und einer ukrainisch. So lebten wir bis 1939.

1939 kamen im Herbst die Russen. Die Polen zogen ab. Die Russen sprachen eine unverständliche Sprache. Sie organisierten Zusammenkünfte und klärten die Massen auf. Ihr Kommen hatte keinen Einfluss auf unsere Familie. Man hat uns nichts weggenommen und nichts gegeben. Die Familien der reichen Juden, Ukrainer und Polen wurden aus Kossow deportiert. Ihr Reichtum wurde unter den Armen verteilt. Von den reichen Juden wurde, wie ich mich erinnere, Familie Reichman deportiert. Die Russen konfiszierten alle privaten Geschäfte und verstaatlichten sie.

Zu der Zeit beendete ich die siebte Klasse. In Kossow gab es das Sanatorium namens Tarnawskij. Dort errichteten die Russen eine zehnklassige Gesamtschule. Ich ging zum Unterricht dorthin, besuchte die Schule aber nur ein paar Tage. Unterrichtet wurde auf Russisch und Ukrainisch. Es war sehr schwer für mich, ich konnte nichts verstehen, deshalb brach ich den Schulbesuch ab. Mein Bruder und ich blieben zu Hause und halfen den Eltern auf dem Hof.

Im Sommer 1941 fuhren durch unsere Stadt die Grenzsoldaten mit ihren Familien. Alle waren sehr erschrocken. Dann wurde das Feuer eröffnet. Flugzeuge warfen Flugblätter ab, auf denen auf

Ukrainisch folgender Text abgedruckt war: »Tötet Komsomolzen, Kommunisten und Shidy. Nehmt ihr Eigentum für euch!« Am dritten Tag wurde bei uns schon die ukrainische Polizei organisiert. Alle warteten auf die Deutschen und trugen blaugelbe Fahnen. Aber es kamen nicht die Deutschen, sondern die Ungarn. In Kossow war die ungarische Kommandantur. Die Juden wurden gut behandelt. Aber man erließ eine Anordnung, den Menschen, darunter auch uns, die Kühe wegzunehmen. Später gab man uns eine Kuh zurück, weil man bei uns die Milch holte. Ein Ungar lud meine Eltern ein, bei ihm zu arbeiten. Er versprach, einen Passierschein für jene zu besorgen, die zur Arbeit nach Ungarn fahren wollten. Meine Mutter wollte es nicht. Die Ungarn blieben eineinhalb Monate bei uns.

In jener Zeit verließen mein Bruder und viele Juden gemeinsam mit Russen Kossow. Sie wussten, dass Deutsche kommen und alle vernichten würden. Darüber erfuhren wir aus den jüdischen Zeitungen und aus dem Buch »Das braune Buch«[16]. Mein Vater las das alles und erzählte es meiner Mutter. Er wollte alles verkaufen und zusammen mit der Familie nach Argentinien auswandern. Er stritt mit Mutter, aber sie willigte nicht ein. Sie sagte, wir seien einfache Bauern, die nichts mit Politik zu tun hätten, deshalb würde uns niemand anrühren. So blieben wir dort.

Viele Juden wanderten nach Palästina aus, andere nach Russland, Argentinien und in die USA. In jener Zeit verstand ich nichts. Auch unsere entfernten Verwandten, Familie Bieder, wanderten aus.

Die erste »Aktion« der Nazis in Kossow hieß »Stadtberg«. Die einheimischen Polizisten trieben die Juden auf einen Hügel, und die aus Kolomea angereisten 24 Gestapo-Männer erschossen sie. Von den Juden wurde verlangt, weiße Armbinden mit dem blauen Davidstern und von den Polen schwarze Binden mit dem gelben Buchstaben »P« zu tragen. Ohne diese Binden war es verboten, das Haus zu verlassen.

In Kossow waren drei Deutsche die Vorgesetzten der einheimischen ukrainischen Polizisten, die eine Uniform trugen und bewaffnet waren. Sie trieben alle Juden zur Erschießung. Wir gingen in verschiedene Richtungen. Ich sagte zu niemandem ein Wort und ging zum Fluss, überquerte ihn und versteckte mich im Gebüsch. Dort verbrachte ich die ganze Nacht. Es war Herbst und sehr kalt. Ich ging zum Dorf Roshniw und übernachtete dort bei irgendwelchen Menschen. Meine Mutter übernachtete auch bei einer Frau. In jener Nacht wurden mein Vater, Onkel Abram, seine Frau und ihre vierjährige Tochter Chana ermordet. Von dieser schrecklichen Tragödie erfuhr ich auf folgende Weise: Meine Mutter bat mich zu schauen, wo Onkel Abram war. Ich ging zu seinem Haus, das schon geplündert war, und alle Bewohner waren ermordet. Das Mädchen Chana lag tot in der Ecke und hielt Maisbrei in der Hand. Zwei Tage davor war Onkel Abram bei uns gewesen und holte Milch, Mais …

Die Deutschen verboten uns, Geschäfte zu betreten. Es war für Juden verboten, Gold, Pelze oder Wolle zu tragen. Diese Dinge wurden entweder weggenommen, oder man zwang die Menschen, sie abzugeben. Es war für Juden verboten, durch die Hauptstraße zu gehen, etwas zu kaufen oder zu verkaufen. Beim Judenrat musste man eine gewisse Menge Gold abgeben. Die Polizisten überwachten das. Dann kamen Gestapo-Männer und holten alles ab.

---

16 Wahrscheinlich ist das Buch »Mein Kampf« gemeint.

3. Bezirk (Rayon) Kossow

Einmal trieben Polizisten Menschen weg und zwangen sie, Gräben auszuheben. Die Menschen wurden mit Äxten angetrieben. Man nahm ihnen alles weg. Dann kamen Gestapo-Männer aus Kolomea und erschossen alle. Sehr viele Menschen, ungefähr 1000, wurden ermordet. Damals wurden diese Menschen nicht besonders ausgewählt, sondern einfach weggetrieben.

Die zweite »Aktion« fand an Ostern statt. Die Menschen wurden in der Synagoge verbrannt. Am 1. oder 15. März wurde eine Anordnung erlassen, die besagte, dass alle Juden ins Ghetto nach Kolomea kommen sollten. Wer den Erlass nicht befolge, würde erschossen.

In jener Zeit war die Schwester meiner Mutter mit ihrer Tochter bei uns zu Besuch.

Die Juden, die am Leben blieben, versuchten irgendwie wegzufahren. Im Dorf Werbowez lebte Froim Schor. Er hatte zwei Söhne, die in Wien lebten und eine Tochter Chaja mit Mann. Manche bezahlten Geld, damit man sie versteckte und ernährte. Sogar die Geschäftsleute konnten nichts machen. Man nahm von ihnen das Geld, versprach Arbeit und fuhr sie irgendwohin. Wir konnten uns nur verstecken.

Jene Ukrainer, die Juden denunzierten, waren meiner Meinung nach Nationalisten. Andere sagten, es sei von Gott so gewollt, und die dritten hatten Mitleid mit uns. Sie gaben uns alles und retteten uns. Manche sagten, wir hätten es verdient: Wir werden getötet und sie nehmen sich unser Eigentum. Der Jude Kaufman wurde von einfachen Ukrainern, die sich bereichern wollten, ausgeraubt.

Das Ghetto wurde von der ukrainischen Polizei bewacht. Die großen »Aktionen« führten die Deutschen durch. Sie vertrieben Juden aus Snjatin, Kossow und Kolomea. Die Leichen lagen am Straßenrand. Die Menschen starben vor Hunger. Es war sehr schrecklich.

Während einer Razzia verließen wir das Haus durch den Hinterhof, um keine Spuren auf dem Schnee zu hinterlassen. Meine Mutter und die Tante mit ihrem Mädchen gingen zur Nachbarin, ich kletterte auf den Stall. Wir gaben dieser Nachbarin viele Wertsachen und Geld. Sie ging zu den einheimischen Polizisten Buz und Myzkanjuk und sagte ihnen, wo wir uns versteckten. Sie wusste nicht, dass ich auf dem Dach ihres Stalles saß. Ich sah, wie Mutter und die Tante mit dem Kind auf die Straße getrieben wurden. Im Stall muhte unsere Kuh und meine Mutter drehte sich um. Der Polizist schlug ihr wütend mit dem Gewehrkolben ins Gesicht. Sie wurden ins Ghetto getrieben. Es war Winter und sehr kalt.

In der Nacht ging ich zum Förster Michail Rudy. Man gab mir zu essen. Ich übernachtete im Wald, da auch er Angst hatte. Im Wald zog ich mir Erfrierungen an den Beinen zu, ging aber trotzdem nach Kolomea. Die Frau des Försters Paraska gab mir einige Lebensmittel, Brot und ukrainische Kleidung. Ich wollte in Kolomea bleiben und meine Mutter und Tante etwas unterstützen.

In Kolomea kam auf der Straße eine Frau zu mir (ich kannte sie nicht) und sagte, dass in der Westentasche meines Vaters eine goldene Uhr war und ich ihr diese geben solle. Ich antwortete der Frau, dass ich keine Uhr habe, dann rief sie zwei Polizisten und sagte, ich sei eine verkleidete Jüdin. Ich wurde zum deutschen Polizeirevier abgeführt. Drei Gestapo-Männer fragten mich, woher ich komme und warum ich nach Kolomea kam. Ich log, fantasierte einen Namen und sagte, dass ich zu Volkmann kam (er war dort der Kreishauptmann), um einen Passierschein zu bekommen. Das ganze Gespräch wurde übersetzt. Ich verstand alles, tat aber so, als ob ich nichts verstehen würde. Der Deutsche wurde darauf aufmerksam, wie ich »Volkmann« aussprach, und sagte dies dem Dolmetscher. Ich verstand, dass ich aufgeflogen war, aber zeigte es nicht und verhielt mich weiter unverändert. Ich wurde ca. zwei Stunden verhört. Dann wurde ich in ein Zimmer gebracht, und man befahl mir, das Kopftuch abzulegen. Ich hatte lange Zöpfe, und die Deutschen prüften, ob sie echt waren. Ich musste mich bis aufs Unterhemd ausziehen. Aus Versehen verrutschte mir die »Opaska« (es ist ein Gürtel zum huzulischen Hemd) und es fielen ein paar Zloty zu Boden. Das Geld wurde mir weggenommen, und ich wurde in einem Gefängnis eingekerkert.

Wir waren ungefähr 30 Frauen und Kinder im Gefängnis. Dort war auch eine Frau aus Kossow, die mich kannte, mich aber nicht verriet. Da saß auch eine Frau aus Werchowina. Sie gebar im Gefängnis ein Kind und wurde am dritten Tag entlassen. Später traf ich sie wieder. Wir bekamen sehr wenig zu essen. Morgens gab es ein Stück Zwieback und eine halbe Tasse schwarzen Kaffee. Zu Mittag gab es Brennnesselsuppe, in der Würmer und Abfall schwammen. Wir hatten keinen Ausgang. Das Klo war in der Zelle. Dort verbrachte ich ungefähr einen Monat.

Einmal kam der Chef des Gefängnisses und rief: »Ljarisch! Komm heraus!« Man wusste schon, woher ich stamme und wie ich richtig heiße. Ich tat so, als ob nicht ich gemeint wäre. Dann kam er zu mir und schlug mich sehr stark auf die rechte Kopfseite. Bei Wetterwechsel habe ich noch heute Kopfschmerzen. Sie trieben mich in den Hof. Dort stand eine Gruppe Juden, die zur Erschießung geführt werden sollten. Vor mir stand eine Frau aus dem Dorf Smodny. Sie hieß Lea, aber ich kam mit ihr nicht ins Gespräch.

Wir wurden in Begleitung ukrainischer Polizisten irgendwohin getrieben. Mich rettete meine huzulische Kleidung. Ich entfernte mich aus dieser Gruppe und verschwand. Ich überquerte den Fluss und geriet ins Ghetto. Dort fand ich meine Mutter und Tante. Sie waren sehr verändert, aufgeschwemmt vom Hunger. Das Kind meiner Cousine, ein Junge im Alter von eineinhalb Jahren, war wie ein Skelett, nur Haut und Knochen.

In einem kleinen Zimmer waren wir zwanzig Personen. Im Zimmer gab es weder Fußboden, noch Fenster, noch Ofen. So verging ein Monat. Alle wurden sehr schwach. Man durfte das Ghetto nicht verlassen, ringsherum standen Polizisten.

Mich rettete schon wieder meine huzulische Kleidung, und ich konnte wie durch ein Wunder das Ghetto verlassen. Zusammen mit mir war meine Cousine Rita Sainer. Wir gingen ins Dorf, pflückten Kräuter und bettelten.

Auf diese Art und Weise konnten wir meine Mutter und die anderen unterstützen. Dann traute ich mir zu, mich unserem Haus zu nähern. Dort war alles geplündert. Auf der anderen Straßenseite lebte unsere Nachbarin. Sie gab mir zu essen. Dann ging ich zu Anna Lajuk. Sie kannte einen Pfarrer sehr gut. Sie gaben mir Kleidung, Lebensmittel und stellten mir eine ukrainische Geburtsurkunde aus. Diese Frau ging mit mir zum Ghetto und gab meinen Verwandten Lebensmittel. Sie ist noch am Leben und bestätigte meinen Aufenthalt im Ghetto. (Die Behörden verlangten von mir jetzt eine Bestätigung darüber, dass ich im Ghetto war. Das heißt, ich sollte damals von den Polizisten eine Bestätigung darüber verlangen, dass ich im Ghetto war, um sie jetzt vorzulegen. Es ist Schwachsinn.)

Bei Anna Lajuk übernachtete ich noch einmal im August 1943. Dann kam ich nach Hause. Ich hatte niemanden und nichts. Es war sehr schwer, ich habe viel geweint und wollte mich ertränken. Aber diese Frau rettete mich. Später kam ich nach Weißrussland. Ein Zug fuhr dort hin, und ohne zu wissen wohin, fuhr ich mit allen anderen mit. Dort gab es viele Juden, Polen und Partisanentruppen. Ich erinnere mich an die Brüder Kalman und Simon Kotscher, an Friedman und andere. Ich kannte diese Menschen bis zum Kriegsende.

In Weißrussland fand ich Arbeit. Es war in der Nähe der Stadt Wileika, ungefähr 100 Kilometer von Wilnius. Ich erinnere mich daran, dass dort sehr viele Polen waren. 1948 fuhr ich in meinem Urlaub nach Kossow. Damals lebten dort noch die jüdischen Familien Kuschnir, Wider, Aifman. In der Gegend kämpften die Bandera-Truppen, sie mordeten, und es war sehr schrecklich. Ich fuhr zurück nach Weißrussland, wo ich eine Ausbildung zur Telefonistin machte. Die Menschen dort waren sehr gut.

Das zweite Mal kam ich 1951 nach Iwano-Frankowsk.

In Werchowina arbeitete ich von 1951 bis zu meiner Pensionierung als Telefonistin beim Postamt. 1952 heiratete ich. Mein Mann Popowizki Wjatscheslaw Semjonowitsch ist ein Russe aus Moskau. Er war Soldat in einer Bautruppe in Werchowina. Vor dem Krieg arbeitete er als Schlosser im Straßenbahndepot. Der Vater meines Mannes fiel an der Front bei Wolchowsk. Mein Mann absolvierte die Lemberger Automobilbauhochschule und arbeitete als leitender Angestellter bei der Holzfabrik und einige Zeit bei der Musterungsbehörde. Wir haben keine Kinder. Wir leben im eigenen Häuschen. Das Grundstück gehörte Lasar Eibert, dem Bruder meiner Großmutter. Ich kaufte dieses Häuschen, baute es um, und wir leben auf eigenem Grund und Boden. Keiner sollte sagen, dass ich jemandem etwas weggenommen hätte. Wir sind Selbstversorger. Was wir anbauen, das kommt auf den Tisch. So leben hier viele.

In Werchowina bin ich jetzt die einzige Jüdin. Nach dem Krieg lebten hier noch mein Cousin Funt, die Familien Gelfet, Epelbaum und Winer. Jetzt sind sie alle tot. Das Ehepaar Mors wanderte zuerst nach Polen und dann nach Israel aus.

Allen guten Menschen wünsche ich, dass sie nie im Leben so etwas erleben müssen, dass es keinen Faschismus und Nationalismus mehr gibt. Sie sind gleich. Und vielleicht ist der zweite noch schlimmer.

Ich wünsche allen Regierungschefs, dass sie gegen das Böse ankämpfen, damit sich nie wieder die von mir erlebten Gräuel wiederholen. Ich wünsche allen alles Gute!

IV. Gebiet Rowno

IV. Gebiet (Oblast) Rowno
(ukr. Riwne, poln. Równe)

Am 1. September 1941 wurde der Generalbezirk Brest-Litowsk im Reichskommissariat Ukraine gebildet, in den auch Rowno[1] eingegliedert wurde. Am 1. Januar 1942 wurde der Generalbezirk Brest-Litowsk in Wolhynien-Podolien umbenannt.

Von Juli bis Dezember 1941 wurden im Gebiet Rowno 24 500 Juden ermordet. Im Jahr 1942 weitere 70 000. In der Zeit von 1941 bis 1944 sind im Gebiet Rowno insgesamt 95 000 einheimische Juden ermordet worden.[2]

Im August 1941 sammelte die Militärverwaltung im Gebiet Rowno mehr als 2500 Kilogramm silberne Gegenstände bei den jüdischen Gemeinden ein.[3] Am 6. September 1941 verfügte der Generalkommissar für Wolhynien-Podolien, Heinrich Schoene, dass die jüdische Bevölkerung im Gebiet des Generalkommissariats anstelle der zunächst eingeführten Armbinde mit dem Davidstern an sämtlichen Kleidungsstücken ein Kennzeichen in Form eines gelben Kreises mit acht Zentimeter Durchmesser tragen muss, und zwar über der linken Brustseite und in der Mitte des Rückens. Das Kennzeichen muss aus Stoff oder haltbarem Papier angefertigt sein. Verstöße gegen diese Verordnung werden mit 1000 Rubel bestraft. Im Gebiet Rowno muss bis Freitag, den 19. September, vormittags 12.00 Uhr die gesamte jüdische Bevölkerung mit neuen Kennzeichen versehen sein.[4]

Sowjetische Agenten schlugen am 3. September 1942 dem Zentralstab der Partisanenbewegung vor, die in die Wälder um Rowno geflüchteten Juden zu bewaffnen und aus ihnen Kampfeinheiten zu bilden.[5]

1. Gebietshauptstadt Rowno

In der Zeit zwischen den Weltkriegen gehörte Rowno[6] zur polnischen Woiwodschaft Wolhynien (poln. Wołyń). Von den 57 000 Einwohnern der Stadt waren etwa 25 000 Juden.[7] Im September 1939 wurde Rowno als Folge des Hitler-Stalin-Paktes von der Sowjetunion besetzt. Rowno wurde Gebiets- und Bezirkszentrum in der Ukrainischen Sozialistischen Sowjetrepublik. Tausende jüdische Flüchtlinge aus dem von Deutschen besetzten Polen fanden dort Zuflucht. Im Juni 1941 war die jüdische Bevölkerung auf über 30 000 Menschen angewachsen.

1 Altman, Cholokost, S. 857 ff.
2 Kruglov, Jewish Losses in Ukraine, S. 278 ff.; Ilja Altman, Opfer des Hasses. Der Holocaust in der UdSSR 1941–1945, Gleichen 2008, S. 356.
3 Encyclopedia of Camps and Ghettos, S. 1316.
4 VEJ 8, S. 90.
5 Ebenda, S. 403.
6 Enzyklopädie des Holocaust, S. 1246 ff.; The Yad Vashem Encyclopedia, S. 665 ff.; Altman, Cholokost, S. 857 ff.; Encyclopedia of Camps and Ghettos, S. 1459–1461.
7 Martin Gilbert, Endlösung, Karte 72.

Nach dem deutschen Angriff auf die Sowjetunion flohen mehrere Tausend Juden aus der Stadt in die östlichen Regionen der Sowjetunion. Etwa 23 000 Juden blieben in der Stadt.

Am 28. Juni 1941 wurde die Stadt von Einheiten der deutschen 6. Armee besetzt. Auf Befehl der Militärverwaltung wurde ein Judenrat gebildet. Die Juden wurden zur Zwangsarbeit herangezogen, mussten ihre Wertsachen abgeben und hohe Summen in Geld und Gold als »Lösegeld« zahlen, insgesamt 12 Millionen Rubel (1,2 Millionen Reichsmark).

Am 9. Juli 1941 ermordeten Mitglieder des Sonderkommandos 4a und Einheiten der ukrainischen Hilfspolizei 130 Juden. Die Juden wurden am Abend des 8. Juli festgenommen, mussten die Nacht im Hof der Staatsbank verbringen und wurden am 9. Juli am Stadtrand erschossen. Die in Rowno stationierte Einsatzgruppe C erschoss am 12. Juli 1941 etwa 100 Juden in einer Ziegelei, ungefähr zwei Kilometer außerhalb von Rowno. Mehrere Hundert Juden wurden von der Sicherheitspolizei, dem SD und der Einsatzgruppe z. b. V. erschossen. Insgesamt wurden im Sommer und Herbst 1941 etwa 1000 Juden ermordet.

Polikarp Bulba, ein Apotheker, war vom 3. Juli 1941 bis 1944 ukrainischer Bürgermeister von Rowno. Am 16. August 1941 ordnete er die Kennzeichnung jüdischer Geschäfte an und erließ antijüdische Handelsbestimmungen. Unternehmen, die von Juden geführt wurden, mussten im Fenster durch ein Schild mit der deutlichen Aufschrift »Jüdisches Unternehmen« gekennzeichnet sein und auch am Samstag geöffnet haben. Der Handel begann um 7 Uhr, Juden war es aber verboten, vor 10 Uhr etwas zu kaufen.[8]

Im September 1941 wurde die Militärverwaltung durch eine Zivilverwaltung abgelöst. Am 1. September 1941 wurde die Ukraine der Kontrolle des Reichskommissariats Ukraine unterstellt. Der Reichskommissar Erich Koch errichtete in Rowno sein Hauptquartier und versuchte, die »Säuberungsaktionen« voranzutreiben. Von 1941 bis 1944 war Rowno Bezirks- und Gebietszentrum im Generalbezirk Wolhynien und Podolien und Hauptstadt des Reichskommissariats Ukraine.

Am 5. November 1941 informierte der Gebietskommissar den Judenrat, dass Juden ohne Arbeitserlaubnis an andere Orte zur Arbeit geschickt würden. Am 7. und 8. November 1941 wurden 21 000 Juden zusammengetrieben, zu einem sechs Kilometer entfernten Pinienhain bei Sossenki gebracht und an zuvor ausgehobenen Gräben erschossen.[9] Nach anderen Quellen wurden etwa 17 000 Juden durch die Polizeibataillone 69, 315 und 320 sowie eine Abteilung des Einsatzkommandos 5 ermordet.[10] In der Ereignismeldung 143 vom 8. Dezember 1941 ist ausgeführt: »Am 6. und 7. November 1941 wurde die schon länger geplant gewesene Judenaktion in Rowno durchgeführt, bei der rund 15 000 Juden erschossen werden konnten.«[11] Der Höhere SS- und Polizeiführer z. b. V. Gerret Korsemann war bei diesem Massenmord der rangmäßig Hauptverantwortliche und der eigentliche Initiator des

---

8   VEJ 7, S. 251f.
9   Enzyklopädie des Holocaust, S. 1247.
10 Pohl, The Murder of Ukraine's Jews, S. 43.
11 Mallmann, Die »Ereignismeldungen UdSSR«, S. 860.

Verbrechens.¹² Die 5200 überlebenden Juden, darunter 1182 Kinder unter 14 Jahren, wurden in einem im Wola-Viertel von Rowno eingerichteten Ghetto zusammengepfercht. Sieben Familien mussten sich eine Wohnung teilen. Die Juden waren zur Zwangsarbeit verpflichtet.

Am 13. und 14. Juli 1942 wurden in einer zwei Tage dauernden »Aktion« von Einheiten der Ordnungspolizei und ukrainischen Hilfskräften 5000 Juden des Ghettos mit der Eisenbahn in einen Wald bei Janowa Dolina, nordwestlich von Kostopol, gebracht und an vorbereiteten Gräbern in einem Steinbruch erschossen.¹³ Mehreren jungen Leuten gelang es, in die Wälder zu fliehen und sich den Partisanen anzuschließen. Der Vorsitzende des Judenrats Dr. Moshe Bergmann und Leon Suchartschuk begingen Selbstmord, um nicht zu Helfershelfern der Nationalsozialisten zu werden.¹⁴

Am 5. Februar 1944 wurde Rowno in einer gemeinsamen Operation der Roten Armee und einer Partisaneneinheit befreit. Nur einige Dutzend Juden hatten überlebt. Zu ihnen stießen aber auch Überlebende aus kleinen Städten des Gebiets, wo ihr Leben durch ukrainische nationalistische Partisanen der UPA gefährdet war.

Zwischen 1941 und 1943 wurden in Rowno zwischen 22 000 und 23 000 Juden ermordet.

2. Bezirk (Rayon) Korez

(russ. Korezki, poln. Korzec)
Nach Unterlagen der Außerordentlichen Staatlichen Kommission (TschGK) wurden im Bezirk Korez¹⁵ zwischen 1941 und 1944 insgesamt 5090 Juden ermordet.¹⁶

Ort: Korez

Vor 1939 war Korez¹⁷ eine polnische Stadt in der Woiwodschaft Wolhynien. Aufgrund des Hitler-Stalin-Paktes wurde die Stadt im September 1939 von der Sowjetunion besetzt und Bezirkszentrum im Gebiet Rowno in der Ukrainischen Sozialistischen Sowjetrepublik. Vom 1. September 1941 bis 1944 gehörte Korez zum Reichskommissariat Ukraine, Generalbezirk Brest-Litowsk, der am 1. Januar 1942 in Generalbezirk Wolhynien-Podolien umbenannt wurde. Korez wurde Bezirkszentrum. Seit 1991 gehört Korez zum Gebiet Rowno der Ukraine.

1937 waren von den 6560 Einwohnern 4895 Juden. Nach Beginn des Zweiten Weltkriegs am 1. September 1939 kamen viele jüdische Flüchtlinge aus den von der Wehrmacht besetzten

---

12 Andrej Angrick, Besatzungspolitik und Massenmord. Die Einsatzgruppe D in der südlichen Sowjetunion 1941–1943, Hamburg 2003, S. 567.
13 Pohl, The Murder of Ukraine's Jews, S. 48; Gilbert, Endlösung, Karte 131; Wiesenthal, Jeder Tag ein Gedenktag, S. 162.
14 Encyclopedia of Camps and Ghettos, S. 1460.
15 Altman, Cholokost, S. 463 f.
16 Encyclopedia of Camps and Ghettos, S. 1386.
17 The Yad Vashem Encyclopedia, S. 350; Encyclopedia of Camps and Ghettos, S. 1385 ff.

Gebieten Polens nach Korez. Als die Rote Armee Mitte September 1939 nach Korez kam, wurde sie von den meisten Juden begrüßt, weil sie sich Sicherheit vor den Deutschen versprachen.

Nach einem heftigen Bombardement der Stadt am 7. und 8. Juli 1941 besetzten Einheiten der deutschen 6. Armee die Stadt. Etwa 500 Juden war es gelungen, vor Ankunft der Deutschen nach Osten zu fliehen. Im Juli und August 1941 regierte die Ortskommandantur die Stadt.

Unmittelbar nach Ankunft der Wehrmacht organisierten antisemitische ukrainische Nationalisten ein Pogrom. Juden wurden ermordet, Synagogen geplündert, Thorarollen verbrannt und jüdische Häuser geplündert. Gleich nach der Besetzung begannen die Deutschen, die neue »Ordnung« durchzusetzen und antijüdische »Aktionen« durchzuführen. Jüdische Geschäfte und Häuser wurden geplündert, ein Ghetto wurde eingerichtet, der Judenrat und die ukrainische Polizei wurden organisiert. Die Juden mussten Zwangsarbeit leisten bei der Reinigung der Straßen vom Schnee, im Wald und an anderen Orten.

Laut Zeugenaussagen von Njuma Anapolski[18] erhielten am vierten Tag der Besatzung 120 namentlich in einer speziellen Liste erfasste Juden den Befehl, sich bei der Stadtverwaltung zu melden. Niemand von ihnen kehrte zurück. Sie wurden zwei Kilometer von der Stadt Korez entfernt, in der Nähe des Dorfes Schitnja, erschossen. Anfang Juli 1941 wurden in Korez sieben Juden als sowjetische Aktivisten erschossen. Bei »Aktionen« am 8. und 20. August 1941 wurden 460 Juden in einem Wald bei Suchowola, 10 Kilometer nordöstlich von Korez ermordet, darunter drei Mitglieder des Judenrats.

In der Nacht zum 21. Mai 1942 fing man an, Juden aus dem Ghetto nach Kosak zu bringen. Hier wurden in einem Wald von Einheiten des SD, deutscher Gendarmerie, ukrainischer Polizei und einem Zug der 1. Kompanie des 33. Polizeibataillons 2200 Juden erschossen, 1600 Frauen und Kinder und 600 Männer. Etwa 1000 Juden überlebten.

Am 25. September 1942 wurde das Ghetto, in dem die Juden aus Korez und den benachbarten Ortschaften untergebracht worden waren, vernichtet. Dem Mitglied des Judenrats Moshe Gildenman gelang es nicht, den Vorsitzenden, Moshe Krasnostawski, zur Befürwortung der Flucht in die Wälder zu überreden. Am Tag der Auflösung jedoch steckten der Vorsitzende und seine Kollegen das Ghetto in Brand.[19] Moshe Krasnostawski nahm sich während der Auflösung des Ghettos das Leben. Mehreren Dutzend Juden gelang die Flucht in die Wälder, oder sie konnten sich dank der Unterstützung durch Ukrainer und Polen verstecken.

Im Februar 1944 wurde Korez durch sowjetische Truppen befreit.

Ort: Kosak

(poln. Kozak)

Insgesamt wurden bei Kosak[20] 4500 Juden ermordet.

18 Zabarko, »Nur wir haben überlebt«, S. 39 ff.
19 Leni Yahil, Die Shoah. Überlebenskampf und Vernichtung der europäischen Juden, München 1998, S. 646.
20 Staatskomitee der Archive der Ukraine, Ukrainische Nationalstiftung »Verständigung und Aussöhnung«

Grigori Charbasch (geb. 1922)
»Im September 1942 wurden alle Juden des Ghettos erschossen«

Ich, Grigori Jakowlewitsch Charbasch, wurde 1922 in der Stadt Korez, Gebiet Rowno geboren. Ich besuchte eine jüdische Schule.

Im Juni 1941 überfiel Nazideutschland die Sowjetunion. Am neunten Tag nach dem Überfall wurde die Westukraine von den Faschisten besetzt. Die deutschen Truppen marschierten in unsere Stadt ein, und schon am nächsten Tag herrschte »die neue Ordnung«: Jeder Jude ab 12 Jahren musste auf der linken Brustseite ein gelbes Band tragen. An jedem jüdischen Haus und an jeder jüdischen Wohnung musste ein Davidstern hängen. Den Juden wurde verboten, die Stadt ohne die Erlaubnis der Stadtverwaltung zu verlassen. Die Fahrzeuge, das Vieh, die Pferde usw. mussten zum Marktplatz gebracht und an die Deutschen übergeben werden. Den Bauern wurde verboten, über die Schwelle eines jüdischen Hauses zu treten. Den Juden wurde verboten, donnerstags von 8.00 Uhr bis 10.00 Uhr auf dem Markt einzukaufen. Die Komsomolzen und andere Aktivisten jüdischer Nationalität mussten sich bei der Kommandantur melden. Nie wieder kehrten sie von dort zurück.

Für die Nichtbefolgung dieses Befehls drohte der Tod.

Der Judenrat, der den Forderungen der Nazis nachkam, wurde organisiert. Die jüdischen Intellektuellen wurden zur Reinigung der Straßen, Wohnungen und Toiletten eingesetzt.

Am 22. Mai 1942 wurden im Dorf Kosak, Bezirk Korez, Gebiet Rowno etwa 3000 jüdische Kinder, ältere Menschen und Frauen aus unserem Ghetto erschossen.

Am nächsten Tag, dem 23. Mai 1942, wurden wir – die am Leben geblieben – ins Ghetto in die Stadt Korez zurückgeschickt.

Im September 1942 wurden alle Juden des Ghettos erschossen, und Korez galt als »judenfrei«.

Mir gelang es, aus dem Ghetto in den Wald zu fliehen und dann das Dorf Kruglik, Bezirk Korez, zu erreichen und bei der polnischen Familie Eismunt Unterschlupf zu finden. Diese Familie nahm mich sehr freundlich auf.

Ich suchte Partisanen und wollte alle und alles rächen. Im Juni 1943 gelang es mir, der Partisanentruppe des Obersten Melnik zu begegnen. Auf meine Bitte wurde ich in die Truppe »Für die Heimat« aufgenommen. In unserer Division mangelte es an Munition und Verbandsmaterial.

Mit Mühe und Not gelangten wir nach Weißrussland, wo wir auf dem Flughafen Saburowski alles erhalten konnten. Schwerverwundete und Kranke wurden zum Stab geschickt.

Auf Befehl des ukrainischen Stabs der Partisanen-Bewegung wurde unsere Division ins Gebiet Shitomir, in die Bezirke Gorodniza, Owrutsch, Galitsch, Malin, Nowograd-Wolynski und andere Orte verschickt. Unser Auftrag waren Sabotageaktionen.

Nach der Befreiung der Stadt Kiew wurde unsere Division nach Westen, ins Gebiet Winniza geschickt. Wir sollten die Straße Kiew–Lemberg und die Eisenbahnverbindung nach Schepetowka,

beim Ministerkabinett der Ukraine, Handbuch der Lager, Gefängnisse und Ghettos auf dem besetzten Territorium der Ukraine (1941–1944) (Ukrainisch und Deutsch), Kiew 2000, S. 139.

die von den Deutschen gut bewacht wurden, unter unsere Kontrolle bringen. Es gelang unserer Division, diese Aufgabe zu erfüllen. Die Zahl der Opfer war relativ niedrig. Ich wurde auch verwundet.

So gelangten wir ins Gebiet Winniza, wo wir Kontakt mit den einheimischen Partisanen aufnahmen und gemeinsam gegen die Besatzer kämpften. Die Wälder im Gebiet Winniza sind nicht groß. Wir mussten uns in kleinere Gruppen aufteilen, denn es war sehr schwierig für Partisanen, in dieser Umgebung zu wirken: Jeder kleinste Fehler des Obersten konnte uns den Händen des Feindes ausliefern.

Die sowjetische Armee war auf dem sicheren Weg nach Westen. Die Nazitruppen mussten sich zurückziehen und hatten hohe personelle und technische Verluste. Unerwartet für uns traf die Division des Obersten Melnik im März/April 1944 auf die Truppen der sowjetischen Armee.

In Winniza meldete ich mich freiwillig bei der sowjetischen Armee und kämpfte gegen die Nazis in Polen, Deutschland und Tschechien.

Nach dem Krieg leistete ich Militärdienst in der Bergschutzdivision der Stadt Chust im Gebiet Transkarpatien. Ende 1946 wurde ich aus dem Militärdienst entlassen. Bis zu meiner Pensionierung arbeitete ich als Zahntechniker im Zahnprothesenlabor in Chust.

3. Bezirk (Rayon) Ostrog
(ukr. Ostroh, poln. Ostróg)

Ort: Ostrog
Vor 1939 war Ostrog[21] eine polnische Stadt in der Woiwodschaft Wolhynien. Aufgrund des Hitler-Stalin-Paktes wurde die Stadt im September 1939 von der Sowjetunion besetzt und gehörte bis 1941 zum Gebiet Wolhynien in der Ukrainischen Sozialistischen Sowjetrepublik. Vom 1. September 1941 bis 1944 gehörte Ostrog als Bezirkszentrum zum Gebiet Sdolbunow, Generalbezirk Wolhynien-Podolien. Seit 1991 ist Ostrog Bezirkszentrum im Gebiet Rowno der Ukraine.

In der Stadt Ostrog lebten vor dem Krieg 9240 Juden,[22] was die Hälfte der Gesamtbevölkerung der Stadt ausmachte. Nach dem Überfall der Wehrmacht auf die Sowjetunion gelang es vielen Juden, nach Osten zu fliehen. Etwa 7000 Juden blieben in der Stadt. Am 28. Juni 1941 besetzten deutsche Truppen den westlichen Teil der Stadt, aber die Rote Armee verteidigte weiterhin den östlichen Teil. Die Kämpfe dauerten bis zum 3. Juli. Bei diesen Kämpfen wurde die Stadt schwer beschädigt. Gleich nach der Besetzung der Stadt hat die deutsche Sicherheitspolizei am 3. Juli 1941 300 Juden aus den Reihen der Intellektuellen auf dem

---

21 Altman, Cholokost, S. 706; Encyclopedia of Camps and Ghettos, S. 1438 f.; The Yad Vashem Encyclopedia, S. 557 f.
22 Gilbert, Endlösung, Karte 72.

3. Bezirk (Rayon) Ostrog

alten jüdischen Friedhof erschossen. Am 17. Juli 1941 traf die Gestapo in der Stadt ein, am 20. Juli wurde eine zunächst unbewaffnete ukrainische Polizei aufgestellt. Ab dem 20. Juli 1941 erhielten die Juden täglich 250 Gramm Brot und die Christen 500 Gramm.[23] Im Juli und August 1941 wurde die Stadt von der Militärverwaltung regiert, die eine Reihe antijüdischer Maßnahmen einführte. Alle Juden, Männer und Frauen im Alter von 16 bis 60 Jahren, mussten sich bei Androhung der Todesstrafe zur Zwangsarbeit melden. Ein Judenrat wurde gebildet. Die Juden durften die Stadt nicht verlassen.

Nach eigenen Berichten hat das 3. Bataillon der 10. Infanterietruppe der 1. SS-Infanterie-Brigade (mot.) am 4. August 1941 in Ostrog 957 Juden (732 Männer und 225 Frauen) erschossen. Tatsächlich müssen aber mehr als die von der Brigade angegebenen 957 Männer und Frauen getötet worden sein. Die jüdische Gemeinde vermisste nach diesem Massaker 3000 Männer, Frauen und Kinder.[24]

Am 19. August 1941 wurde den Juden eine erste Abgabe in Höhe von 100 000 Rubel auferlegt, und die arbeitenden Juden erhielten keinen Lohn mehr. Es waren 2900 Juden verblieben, von denen 1200 Männer älter als 16 Jahre waren. Am 22. August wurde ein Ghetto im Gebiet um die große Synagoge herum eingerichtet.[25] Das Ghetto war für die Juden aus der Stadt und den benachbarten Dörfern. Das Ghetto war mit einem Stacheldrahtzaun umgeben. Zu Beginn lebten etwa 3000 Juden im Ghetto. Nach Angaben des Staatsarchivs der Russischen Föderation befanden sich von 1942–1943 im Ghetto 6400 Juden. Sie wurden alle vernichtet.[26]

Am 2. September 1941 trieb das Reserve-Polizeibataillon 45 am frühen Morgen in Ostrog die jüdischen Männer zusammen, die sich auf die tägliche Zwangsarbeit vorbereiteten. Man sagte ihnen, sie würden für 10 Tage außerhalb von Ostrog zur Arbeit eingesetzt. Die ukrainische Polizei brachte sie zu einem Sägewerk außerhalb der Stadt. Viele Juden ließen sich durch die List der Deutschen nicht täuschen und flohen. Mitglieder des Reserve-Polizeibataillons 45 brachten die Männer mit Lastwagen zu Gruben im Wald, wo sie erschossen wurden. Während der »Aktion« intervenierten christliche Führer bei den Deutschen zugunsten der Juden. Vermutlich wurden daraufhin 500 Juden freigelassen. 2500 Juden wurden ermordet. In der zweiten Hälfte 1941 wurden in der Stadt insgesamt 3500 Juden ermordet.

Am 12. Oktober 1942 wurden alle Juden aus den umliegenden Dörfern ins Ghetto Ostrog getrieben. Ein Trupp Sicherheitspolizei, SD aus Rowno mit Unterstützung der ukrainischen

---

23 VEJ 8, S. 498.
24 Martin Cüppers, »Befriedung«, »Partisanenbekämpfung«, Massenmord. Waffen-SS-Brigaden des Kommandostabes Reichsführer-SS in der ersten Phase des Rußlandfeldzuges. Wissenschaftliche Arbeit zur Erlangung des Grades Magister Artium (M. A.) im Fach Neuere und Neueste Geschichte am Institut für Geschichtswissenschaften der Philosophischen Fakultät I der Humboldt-Universität zu Berlin, Abgabedatum 20. Dezember 2000, S. 50; Wiesenthal, Jeder Tag ein Gedenktag, S. 180.
25 VEJ 8, S. 499.
26 Staatskomitee der Archive der Ukraine, S. 141.

Polizei und deutscher Gendarmerie trieben am 15. Oktober 1942 etwa 3000 Juden aus dem Ghetto in einen Wald bei Nowogo, wo sie ungefähr 2000 von ihnen erschossen. Ungefähr 800 Juden konnten sich zunächst verstecken oder in die Wälder fliehen. Viele wurden von ukrainischen Bauern aufgespürt und an die Nazis ausgeliefert. Andere wurden von Bandera-Banden gefasst und ermordet. Nur 60 Juden, von denen 30 zu den Partisanen geflohen waren, überlebten den Krieg.[27]

Am 13. Januar 1943 wurde Ostrog durch eine Partisanentruppe besetzt und am 5. Februar 1943 endgültig durch die sowjetischen Truppen befreit.

Wassili Waldman (geb. 1930)
»Mit jedem Tag wurde das Leben immer schwieriger«

Ich, Waldman Wassili Moisejewitsch, wurde am 7. Mai 1930 im Dorf Stadniki, Bezirk Ostrog, Gebiet Rowno geboren. Vor dem Kriegsausbruch bestand unsere Familie aus acht Personen. Wir waren langjährige Einwohner des Dorfes Stadniki. Mein Großvater Awraam stand an der Spitze unserer Familie. Er war Geschäftsmann und besaß in unserem Dorf einen kleinen Laden. Er handelte mit den Waren, die die Dorfeinwohner in ihrem Alltag brauchten. Außerdem handelte er mit Vieh. Aus Ostrog kam ein Mann, der das Vieh schlachtete (Schächter). Das koschere Fleisch wurde an die Juden der benachbarten Dörfer verkauft, das nichtkoschere an die Nichtjuden.

Meine Eltern pachteten Boden bei Frau Mogilnizka, der Grundbesitzerin unseres Dorfes. Auf unserem Bauernhof waren Pferde, Vieh, Geflügel. Die ganze Familie arbeitete auf dem Feld und auf dem Bauernhof mit. Der Krieg veränderte unser Leben.

Anfang Juli 1941, als unser Gebiet besetzt wurde, wurde unsere Familie auf Befehl der deutschen Besatzungsmacht aus dem Dorf ins Ghetto Ostrog vertrieben. Am 4. August 1941 führten die Nazis in der Stadt Ostrog die erste Massenerschießung der Juden durch … Während dieser barbarischen »Aktion« wurden mein Großvater Awraam, mein Vater Moisei und zwei Brüder meines Vaters, Peisja und Mejer, erschossen. Unser ganzes Eigentum wurde geraubt und geplündert. Meine Großmutter, meine Mutter, mein jüngerer Bruder und ich konnten ins Ghetto zurückkehren. Das Ghetto wurde von deutschen Gendarmen und Polizisten bewacht. Im Ghetto, in diesem Inferno, verbrachten wir 10 Monate: Kälte, Hunger, unvorstellbarer Schmutz, Misshandlungen und Vernichtung durch die Nazis … Mit jedem Tag wurde das Leben schwieriger und unerträglicher. Wahrscheinlich hätten wir nicht überlebt, wenn die Einwohner unseres Dorfes und unsere ukrainischen Bekannten aus der Stadt uns nicht unterstützt hätten. Es gelang ihnen, uns ab und zu Lebensmittel ins Ghetto zu bringen. Mit der Hilfe und Unterstützung unserer Nachbarn und Landsleute konnten meine Großmutter Basja und mein Bruder Gersch das Ghetto verlassen.

Nach einiger Zeit konnten meine Mutter und ich durch einen glücklichen Zufall aus dem Ghetto fliehen und dazu noch das Waisenkind Lisa Rondel mitnehmen. Im Ghetto wohnten wir

---

27 Wiesenthal, Jeder Tag ein Gedenktag, S. 239; The Yad Vashem Encyclopedia, S. 558.

3. Bezirk (Rayon) Ostrog

im Hause ihrer Eltern. Ihre ganze Familie wurde erschossen. Wir beschlossen, in unser Dorf Stadniki zurückzukehren, und hofften, dort Mitleid, Unterschlupf und Hilfe zu finden. So kam es auch. Im Juni 1942 nahm die Familie von Motra Pawljuk meine Mutter, meinen Bruder und mich in ihrem Haus auf. In unserem eigenen Haus richtete sich meine Großmutter Basja ein: Sie hatte kranke Beine und wollte ihr Haus nicht verlassen. Lisa Rondel wurde von der kinderlosen Familie Gnat Mironowitsch Polischtschuk aufgenommen. Lisa versteckte sich bei dieser Familie und blieb dort nach dem Krieg bis zu ihrer Volljährigkeit. Sie heiratete und lebt jetzt in Israel.

Morgens kamen wir in unser Haus zum Frühstück, das unsere Großmutter uns zubereitete. Tagsüber arbeiteten wir im Feld, trieben das Vieh zum Weiden auf die Wiese und in den Wald, passten auf die Kinder unserer Nachbarn und Freunde auf. Aber das dauerte nicht lange.

Im September 1942 begannen neue Erschießungen der Juden. Der Tod ging auch an unserer am Leben gebliebenen Familie nicht vorbei. Am 21. Oktober 1942 gegen 10.00 Uhr erschienen in unserem Dorf Polizisten (Gendarmen) und fragten die Einwohner, wo die Juden lebten. Unsere Dorfeinwohner informierten uns darüber. Meine Mutter war an jenem Morgen nicht mehr zu Hause. Mein Bruder und ich verließen das Haus und rannten durch den Hof auf die Nachbarstraße, die entlang des Flusses Goryn verlief. Die Polizisten bemerkten uns und liefen hinter uns her. Im Laufen eröffneten sie das Feuer und schossen auf uns. Ich war älter und rannte vorne. Mein kleiner Bruder konnte nicht so schnell laufen. Er wurde verletzt und dann natürlich erschossen … Die Polizisten verfolgten mich weiter und schossen auf mich. Es gelang mir, das Flussufer zu erreichen, und ich sprang vom steilen Ufer in den Fluss, ins eiskalte Wasser. Zum Glück war das Ufer mit Gebüsch bewachsen, und ich tauchte auf und versteckte mich unter dem Gebüsch. (Ich konnte sehr gut schwimmen). Mein ganzer Körper war im Wasser, nur den Kopf versteckte ich unter dem Gebüsch. Die Polizisten suchten mich, aber da mein Kopf im Gebüsch steckte, konnten sie mich vom Ufer aus nicht entdecken. Wahrscheinlich dachten sie, sie hätten mich verwundet und ich sei im Fluss ertrunken. Ich konnte ihr Gespräch untereinander hören.

Am gleichen Tag führten sie meine Großmutter Basja aus unserem Haus zum Dorfrand und erschossen sie dort. Unsere Dorfnachbarn sahen es. Die gesamte Zeit verbrachte ich im Wasser unter dem Gebüsch. Ich weiß nicht, wie lange es dauerte. Ich spürte, dass ich meine Finger und Zehen nicht mehr bewegen konnte. Ich verließ das Gebüsch und bewegte mich in die Richtung der Strömung.

Zu meinem großen Glück war am Flussufer Marija Furmanjuk, die kam, um Wäsche zu waschen. Als sie mich erblickte, rief sie ihren Mann Ewdokim. Sie schleppten mich in ihr Haus (alleine konnte ich nicht gehen), das nicht weit vom Fluss war. Sie leisteten mir erste Hilfe: zogen meine nasse Kleidung aus, gaben mir trockene, warme Sachen und versteckten mich im Heu in ihrem Stall. Als Marija und Ewdokim erfuhren, dass die Nazis nach ihrem blutigen Geschäft das Dorf verließen, holten sie mich aus dem Stall ins Haus. Sie gaben mir zu essen und trinken und legten mich auf den warmen Bauernofen. Dort verbrachte ich die ganze Nacht. Am nächsten Morgen fand mich meine Mutter und holte mich ab. Von unserer großen Familie überlebten nur wir beide …

Familie Furmanjuk ist schon lange tot, aber ich erinnere mich sehr oft mit tiefer Dankbarkeit an diese Menschen. Mit welchem Verständnis und Mitleid begegneten sie mir in meinem Unglück.

Dabei riskierten sie ihr Leben! Es waren einfache Bauern, mit wenig Bildung, aber mit welcher Seele! Nach dieser Tragödie kehrten meine Mutter und ich nicht mehr in unser Haus zurück. Es war zu gefährlich. Erneut fanden wir Unterschlupf bei der Familie von Motra Pawljuk und ihrem Sohn Iwan. Diese Familie war sehr arm, das Häuschen war sehr klein und alt. Man versteckte uns im Kellerloch, auf dem Speicher, im Stall, je nachdem, wie das Wetter war.

Der Winter 1942 begann sehr früh und zeichnete sich durch starken Frost aus. Im Haus der Familie Pawljuk gab es keine Möglichkeiten für unseren weiteren Aufenthalt dort. Im Dezember 1942 nahm uns Familie Tarassow in ihr Haus auf. Bei dieser Familie versteckten wir uns und lebten bis zur Befreiung durch die sowjetische Armee. Wie wir in der Familie Tarassow lebten und uns versteckten, schildert in ihren Memoiren unsere Retterin Nikolaitschuk (geb. Tarassow) Sofija Semenowna, die Tochter von Semen Tarassow. Von allen unseren Rettern ist sie die Einzige, der zu Lebzeiten am 10. August 1997 von Yad Vashem in Israel der Titel »Gerechte unter den Völkern« verliehen wurde. Der Titel »Gerechte unter den Völkern« wurde posthum an unsere Retter Furmanjuk Ewdokim, seine Frau Marija, an Pawljuk Motra, ihren Sohn Iwan und an Tarassow Semen verliehen.

Nach der Befreiung kehrten wir in unser eigenes Haus zurück. Wir lebten sehr bescheiden. Meine Mutter und ich entschieden, dass ich die Dorfschule in Osheninsk besuchen sollte. 1947 beendete ich die siebte Klasse und begann meine Ausbildung als Buchhalter in der Berufshandelschule in Rowno.

Seit Januar 1956 lebe ich in Ostrog und arbeite dort als Hauptbuchhalter.

4. Bezirk (Rayon) Rokitno

(ukr. Rokytne, russ. Rokitnoje)

Ort: Rokitno

Vor 1939 war Rokitno[28] eine polnische Stadt in der Woiwodschaft Polesien. Sie war nach dem Ersten Weltkrieg 1921 zu Polen gekommen. Bis dahin trug sie den Namen Ochotnykowe und gehörte zum russischen Gouvernement Wolhynien[29]. 1922 wurde sie in Rokitno umbenannt. Aufgrund des Hitler-Stalin-Paktes wurde die Stadt am 17. September 1939 von der Sowjetunion besetzt und war bis 1941 Bezirkszentrum im Gebiet Rowno der Ukrainischen Sozialistischen Sowjetrepublik. Von 1941 bis 1944 war sie Bezirkszentrum im Gebiet Sarny, Generalbezirk Wolhynien-Podolien. Seit 1991 ist Rokitno Bezirkszentrum im Gebiet Rowno der Ukraine.

Zwischen den beiden Weltkriegen lebten etwa 3000 Juden in Rokitno, ungefähr ein Fünftel der Bevölkerung. Am 10. Juli 1941 zogen sich die Sowjets nach Osten zurück. Mit ihnen gingen einige Hundert Juden. Die Ukrainer errichteten ein eigenes Regime mit Polizeikräften in der Stadt. Es herrschte Anarchie. Marodierende Banden überfielen und

---

28 The Yad Vashem Encyclopedia, S. 662; Encyklopedia of Camps and Ghettos, S. 1457 ff.
29 https://de.wikipedia.org/wiki/Rokytne_(Rokytne,_Riwne) [12.5.2019].

4. Bezirk (Rayon) Rokitno

raubten jüdische Häuser aus. Mitte Juli 1941 besetzten Einheiten der deutschen 6. Armee die Stadt und übernahmen die Herrschaft. Am 5. August 1941 richtete die Ortskommandantur einen Judenrat ein, die Juden mussten eine Armbinde mit dem Davidstern tragen und Kontributionen zahlen. Im September 1941 übergab die Ortskommandantur die Macht an eine deutsche Zivilverwaltung. Rokitno wurde Teil des Gebietes Sarny.

Im Sommer und Herbst 1941 führten die deutschen Behörden eine Anzahl antijüdische Maßnahmen ein. Juden mussten die Eingänge ihrer Häuser mit einem blauen Davidstern kennzeichnen. Für die schwere Zwangsarbeit, die sie leisten mussten, erhielten sie täglich einen halben Laib Brot. Es war ihnen verboten, in Lebensmittelgeschäften, die von Nichtjuden geführt wurden, einzukaufen, sodass sie im Vergleich zur übrigen Bevölkerung nur die halbe Lebensmittelration hatten. Besonders litten sie unter den Misshandlungen der ukrainischen Polizei. Auf Befehl des Gendarmeriechefs mussten Juden alles Gold, Silber und andere Wertgegenstände abliefern. Im Herbst 1941 bestand in Rokitno ein örtlicher Gendarmerieposten, der auch die örtliche ukrainische Polizei kontrollierte.

Im April 1942 wurden die Grenzen des Ghettos festgelegt. Am 1. Mai 1942 mussten die Juden von Rokitno in das offene Ghetto übersiedeln. Das Ghetto bestand aus 50 Häusern an der Hauptstraße und etwa 10 Häusern am Marktplatz, der Teil des Ghettos wurde. Da auch Juden aus den umliegenden Orten ins Ghetto getrieben wurden, war es bald überfüllt. In jedem Raum lebte mindestens eine Familie. Die Essensrationen bestanden aus 40 Gramm Brot täglich und 400 Gramm Hafer oder Hirse wöchentlich. Um die Überfüllung des Ghettos zu lindern, wurde ein zweites kleines Ghetto eingerichtet. Nur mit Genehmigung des Judenrats konnte man in dieses kleine Ghetto ziehen.

Weil sowjetische Partisanen rund um Rokitno Anschläge verübten und die Deutschen die Befürchtung hatten, Juden aus dem Ghetto würden zu den Partisanen gehen, wurden auf dem Marktplatz Zählappelle durchgeführt. Nach dem ersten Appell wurden die Juden wieder ins Ghetto zurückgeschickt. Am 25. August 1942 war der dritte Zählappell. Den Juden wurde befohlen, sich am nächsten Morgen auf dem Marktplatz registrieren zu lassen. Fast alle kamen. Nach der Registrierung durften sie nicht ins Ghetto zurückkehren. Die Deutschen teilten sie in zwei Gruppen auf. Eine Gruppe Männer, die andere Gruppe Frauen und Kinder. Als einige Juden unruhig wurden, feuerten die Deutschen in die Menge. Von den 1649 Menschen wurden 411 in Rokitno ermordet, 238 gelang die Flucht und 800 wurden mit Lastwagen nach Sarny gebracht, wo sie am 27. August 1942 ermordet wurden. In Sarny ermordeten die Deutschen am 27. und 28. August 1942 etwa 14 000 Juden[30].

Die meisten von denen, die fliehen konnten, wurden von Ukrainern den Deutschen übergeben und ebenfalls ermordet. Die anderen gingen zu den Partisanen oder wurden von polnischen Bauern und ukrainischen Baptisten gerettet.[31]

---

30 Encyklopedia of Camps and Ghettos, S. 1458, Anm. 11.
31 The Yad Vashem Encyclopedia, S. 662.

Alexandr Lewin
»Die nie verlöschenden Kerzen der Erinnerung an den Holocaust«

Am 22. Juni 1941 fiel die erste Bombe auf die Eisenbahnstation unserer Heimatstadt Rokitno in der Ukraine. Der Zweite Weltkrieg begann, genauer gesagt, er wurde auf dem Gebiet der Sowjetunion fortgesetzt.

Der Abzug der sowjetischen Truppen war sehr chaotisch. Die Mitglieder der Stadtverwaltung besetzten (wenn sie konnten) die Züge. Manche bepackten ihre Fuhrwerke mit Hab und Gut, manche gingen zu Fuß nach Osten. Die Züge waren überladen mit Zivilisten, Soldaten, Vieh und Gepäck. Es herrschte ein großes Chaos.

Mein älterer Bruder Nathan kam mit einem Fuhrwerk zu unserem Haus. Er hatte Mehl- und Brotvorräte mitgenommen und bat meinen Vater, unsere ganze Familie zusammen mit ihm und anderen Flüchtlingen solle ins Innere Russlands fahren. Aber mein Vater, wie auch die anderen »Weisen«, die sich an den Ersten Weltkrieg erinnern konnten, waren der Meinung, dass »zivilisierte Deutsche« der jüdischen Gemeinde nichts Böses antun würden. Es war ein großer Irrtum, denn, wie Augenzeugen berichteten, Nazis und ihre Helfershelfer praktizierten schon in den ersten Kriegstagen ihre Bestialitäten.

Nathan fand in seinem Cousin einen Gleichgesinnten, und gemeinsam machten sie sich umgehend auf den Weg nach Osten, trotz der Luftangriffe und vieler anderer Schwierigkeiten. Seine Geschichte, sein Kampf ums Leben, sein Treffen mit dem zweiten Bruder, Samuil, und später auch mit mir gehören zu besonderen Stationen in der Geschichte unserer Familie.

Der schnelle Rückzug der sowjetischen Truppen hinterließ ein rechtliches und politisches Vakuum. Eine neue Welle des Antisemitismus überschwemmte unser stilles »Paradies«. Es herrschte Anarchie: Die einheimischen polnischen und ukrainischen Kollaborateure stürmten jüdische Häuser und raubten alles, was irgendwelchen Wert darstellte.

Während des ersten Pogroms wurde der Einwohner unserer Stadt Abraham Holod ermordet. Unsere Männer bewaffneten sich mit Äxten, Spaten, Mistgabeln und gingen auf Streife. Es gelang, die Situation unter Kontrolle zu bekommen, aber nach einer Woche besetzten die Deutschen die Stadt. Sie wurden von den einheimischen Verrätern mit Brot und Salz begrüßt. Eine neue Ordnung wurde eingeführt. Man organisierte Polizei, deren Chef Sokolowski wurde. Der Verwaltungsleiter der Polizei wurde Ditsch. Den Posten des Leiters der Kommandantur »Ukrainische Hilfspolizei« bekam Denes. Die Führung der ukrainischen Verwaltung von Rokitno wurde Sagorowski anvertraut. Nach ein paar Tagen wurde der Judenrat organisiert. Es war der Rat der jüdischen Gemeinde, zu dessen Aufgaben die Durchführung der Anordnungen der Kommandantur gehörte.

In der Stalinstraße wurde ein Ghetto errichtet. Alle Juden über 10 Jahre mussten auf der Kleidung Kennzeichen tragen (gelbe Kreise im Durchmesser von 10 Zentimeter, in der Mitte des Kreises der Davidstern, einen auf der Brust, ein anderer auf dem Rücken). Juden wurde verboten, den Bürgersteig zu benutzen und ohne Erlaubnis das Ghetto zu verlassen. Für das Verlassen des Ghettos, den Kontakt zu Einheimischen und den Tausch des Eigentums gegen Lebensmittel drohte die Erschießung an Ort und Stelle.

4. Bezirk (Rayon) Rokitno

Es wurde beschlossen, Uniformen für die ukrainischen Polizisten nähen zu lassen. Wenn es am schwarzen Gabardine-Stoff mangelte, wurden Sonntagsanzüge umgenäht. In der Ukraine gab es viele überzeugte Anhänger des Nazismus, da der ukrainische Antisemitismus eine fast dreihundertjährige Geschichte vorweist. Man denke an die Hajdamaken[32] und das Blutbad von Nemirow von 1632.

Unter Androhung von Hinrichtung wurde die Abgabe von insgesamt 30 Kilogramm Gold sowie Schmuck, Pelz und Vieh angeordnet. Alle diese Befehle verursachten bei den Einwohnern des Ghettos den Ausbruch von Krankheiten und verfestigten die Hungersnot. Die Lebensmittel wurden immer weniger, und immer mehr Menschen starben an Hunger. Ich, das kleine Kind, schaffte es trotz des hohen Risikos, das Ghetto zu verlassen und Dinge gegen Brot und Eier zu tauschen.

Täglich mussten die Juden auf das Polizeirevier gehen und wurden dort für die Arbeitseinsätze eingeteilt. Das waren Autostraßen- und Eisenbahnbau sowie Holzfällen. Wir Kinder im Alter von 10 bis 14 Jahren mussten in der Glashütte arbeiten. Es gab keine Bezahlung, bestenfalls erhielten wir 100 g Brot.

Samuil ging zur Organisation Todt, um dort zu arbeiten. Er putzte Schuhe, hackte Holz, half dem polnischen Koch bei der Zubereitung des Essens und trug das Essen für die Offiziere auf. Dies erlaubte ihm, manchmal etwas zu essen und Abfälle nach Hause mitzunehmen, wo unsere Mutter unter Beimischung von Spänen und Unkraut ein »Mittagessen« zubereitete. Er wurde vom polnischen Koch oft geschlagen, aber er erduldete all die Erniedrigungen. Einmal hörte Samuil von dem deutschen Offizier Lemel, dem er die Schuhe putzte: »Wenn man die Juden töten wird, komm zu uns, wir töten dich nicht.« Es war klar, dass die Ermordung der Juden bevorstand. Mein Bruder informierte den Judenrat von diesem Gespräch, aber dieser ignorierte diese beunruhigende Nachricht.

Der »Neuen Ordnung« folgend, belegten die Nazis mit Unterstützung ihrer Helfershelfer und durch den Missbrauch des Judenrates die jüdische Gemeinde mit unglaublich hohen Kontributionen. Um alle in ständiger Angst zu halten und die ganze Situation zu kontrollieren, führte man erniedrigende Überprüfungen durch. Diese fanden auf dem Marktplatz in der Neustadt statt. Nach dem Antreten zum Appell, den der Kommandant durchführte, wurden die Insassen wieder zurück ins Ghetto geschickt. Es sei betont, dass Kranke und Kinder von diesen Überprüfungen ausgenommen waren. Eine große Katastrophe zeichnete sich ab.

Die tragische Auflösung ereignete sich am 26. August 1942. An diesem Tag wurde die gesamte jüdische Bevölkerung unserer Stadt, von Klein bis Groß, auf den Marktplatz getrieben. Es gab keine Ausnahmen, kein Erbarmen: weder für Schwerkranke, noch für sehr Alte. Viele Menschen wurden auf Tragbahren und auf den Armen gebracht. Der Marktplatz war von Deutschen und Polizisten umstellt. Dann begann die »Arbeit«: Männer wurden von Frauen getrennt, Kinder von Alten. Das Gejammer war unerträglich. Die Menschen gerieten in Panik, die Frauen drückten ihre Kinder an sich. Man versuchte, so gut man konnte, den Alten und Kranken zu helfen.

---

32 Bauern und Kosaken, die in der Ukraine rechts des Dnjepr 1768 an dem sog. Hajdamakenaufstand teilnahmen.

Plötzlich vernahm man auf dem Marktplatz einen lauten Ruf: »Juden, gleich wird man uns töten!« Das war Mindl Aisenberg, eine große, kräftige und mutige Frau mit dem Spitznamen Kasatschka (Kosakin). Sie bemerkte hinter dem Eisenbahndamm die Truppe der Polizisten und alarmierte die Menge. In Todesangst stürzten die Menschen von ihrem Platz. Die Männer liefen zu ihren Frauen, Kindern, Alten, und jeder rannte vom Platz weg. Die Wachmänner eröffneten das Feuer, und Dutzende Menschen fielen zu Boden.

In diesem höllischen Gemetzel fand mich mein Bruder, der siebzehnjährige Samuil, und wir rannten weg … Es war der letzte Tag, an dem wir unsere Eltern und unseren jüngeren Bruder Moisej, der nur 5 Jahre alt war, gesehen haben. Wie wir später erfahren konnten, wurde unser Vater gefasst und nach Sarny, 60 Kilometer von Rokitno entfernt, gebracht und dort in einem Graben neben der Ziegelei erschossen. An diesem schrecklichen Ort fanden 18 000 Juden ihren Märtyrertod. Die Augenzeugen berichteten, dass sich die Erde, die auf die Berge der erschossenen Menschen geschüttet wurde, noch lange bewegte: Die Bestien begruben die Menschen noch lebendig! Wo der Tod unsere Mutter und den kleineren Bruder ereilte, konnten wir leider nicht erfahren …

So rannten mein Bruder und ich weg vom Marktplatz in den Wald. Wir überquerten die Eisenbahn unter den Waggons, die für den Transport der Juden nach Sarny bereitgestellt waren. Am Anfang wussten wir nicht, wohin wir liefen, wir wollten nur möglichst weit weg von jenem schrecklichen Ort sein. Unterwegs begegneten wir anderen Flüchtlingen, die uns rieten, in kleinen Gruppen in Richtung der Dörfer Netreba und Okopy zu gehen. Man begründete es damit, dass dort große Wälder und Sumpfgebiete beginnen und es bei Verfolgung einfacher wäre, sich dort zu verstecken. Ich erinnere mich, dass man uns auch warnte, in die Dörfer zu gehen, wenn es nicht unbedingt erforderlich sei. Wir sollten uns immer in der Nähe des Waldes aufhalten: Sehr schnell könnte man an Polizisten geraten, und auch die einheimischen Einwohner begegneten den Juden oft mit Äxten und Mistgabeln.

Der von uns eingeschlagene Weg war sehr schwer und gefährlich. Es gibt zwei Namen, die ich für immer in meiner Erinnerung behalten werde: der römisch-katholische Pfarrer Bronislaw Wrodarczyk und die polnische Lehrerin Felicia Massojan aus Okopy. Sie versteckten uns im Kleiderschrank in ihrem Haus während einer Razzia, gaben uns Nahrungsmittel und Kleidung. Später erfuhren wir, dass diese herzlichen Menschen, wirklich Gerechte, für ihre Wohltaten bestraft wurden. Ihr Leben wurde von Augenzeugen geschildert, darunter Janek Bronislaw, Oberst der Polnischen Armee in Reserve, in seinem Buch »Es waren drei« und Leon Shur im Buch »Mein Wolhynien-Epos«. Der Mut und die Treue zu den humanistischen Idealen, die Herr Wrodarczyk und Frau Massojan bewiesen, sind ein Beispiel für die Erziehung der jungen Generation.

Nach einiger Zeit weigerten sich die einheimischen Einwohner, uns über längere Zeit zu verstecken. Dies stellte für sie selbst eine große Gefahr dar. Da wir nicht wussten, wohin wir gehen sollten, entschieden wir uns, nach Rokitno zurückzukehren. Auf dem Weg sahen wir aus unseren Verstecken in Gebüschen und im Wald, wie die Dorfbewohner in unsere Stadt eilten, um in jüdischen Häusern nach Wertsachen zu suchen. Mit Äxten zerstörten sie die Wände der Häuser in der Hoffnung, dort versteckten Schmuck und andere Wertsachen zu finden. Wir dachten, dass sie uns verteidigen, uns aus unserem Elend befreien würden, aber in Wirklichkeit wurden sie zu Plünderern.

Der Mensch funktioniert so, dass man sich an das Böse länger erinnert als an das Gute. Im Buch »Bittere Wahrheit« schreibt Wiktor Polischtschuk: »Ich schäme mich dafür, was meine Landsleute während des Krieges taten. Ich schäme mich für jene, die die Juden in den Tod führten. Ich habe sie erkannt, ich kenne sie, die Nationalisten und Bandera-Anhänger, ich sah, wie sie töteten, und weiß, wozu sie fähig sind!«

Wir begegneten einem Fuhrwerk, das aus der Stadt kam. Als die Menschen uns, zwei erschrockene Jungs, erblickten, riefen sie uns an und fragten: »Jungs, was macht ihr?! Versteckt euch im Wald, man tötet alle Juden!« Das war für uns ein rettendes Zeichen. Wir liefen in den Wald, begegneten unterwegs anderen Juden, die auch auf der Flucht waren … Jede Nacht versteckten wir uns heimlich in einem Heuhaufen, gruben uns dort ein und ließen nur ein kleines Loch zum Atmen frei. Manchmal fanden wir einen heimlichen Unterschlupf in den Ställen.

Während unseres Umherirrens gerieten wir zu einem polnischen Bauern, der uns zu essen gab. Dafür musste Samuil ihm auf dem Hof helfen, und ich sollte um vier Uhr morgens seine kleine Viehherde aus elf Tieren zum Weiden auf die Waldwiese treiben. Aus Angst vor falschen Partisanen gab mir der Bauer eine Scheibe Brot und ein Stück Speck und befahl mir, das Vieh tief in den Wald zu treiben, damit es nicht von Partisanen oder Banditen entführt werden konnte. Öfters blieb das Vieh auch über Nacht im Wald, wofür es ein umzäuntes Waldstück gab. Der Wald lebte nach seinen, relativ komplizierten, Gesetzen. Dort waren Bandera-Anhänger zu Hause, die sowohl Deutsche als auch Russen als auch Juden hassten.

Nicht lange hielten wir uns bei dem polnischen Bauern auf. Wir mussten unser Umherirren von einem Dorf zum anderen auf der Suche nach sowjetischen Partisanen fortsetzen. Wir gingen in Richtung des Dorfes Karpilowka, aber man warnte uns, dass die Einheimischen schon ein paar jüdische Jungen ans Messer geliefert hatten. Wir liefen weiter in die Gegend des Dorfes Netreba und dann nach Okopy, wo die überwiegende Zahl der Einwohner Polen waren, die von ukrainischen Nationalisten verfolgt wurden.

Am Abend sahen wir ein Feuer im Wald. Wir näherten uns vorsichtig der Stelle und erkannten Rachel Wasserman, ihre Schwester Dozju mit Sohn, Dwosl mit Sohn und Tochter, Schmuel Bagel, Abram Eisengard und Lin. In der Nacht hörten wir Geräusche und sahen vor uns drei bewaffnete Männer, die sich als Partisanen vorstellten. Sie brachten uns Lebensmittel und gingen weg. Am nächsten Tag kamen sie zurück und sagten, dass sie nur eine Frau mitnehmen könnten. Dozju ging mit. Später erfuhren wir, dass es Banditen waren, aber es gelang uns nicht herauszubekommen, was mit Dozju geschah.

Der Tod wurde zum Bestandteil unseres Lebens im Wald. Wir beerdigten zwei Personen: Dwosl und später auch ihre Tochter, erfroren in der Nacht. Wir gingen ins Waldinnere und gruben dort eine Erdhöhle, in der etwa zehn Personen lebten: mein Bruder und ich, Chaim Swetschnik, seine Mutter und Schwester, Rachel Wasserman mit zwei Töchtern Bljuma und Taibele, Gitl Hamulka mit Sohn Lewa. So verwandelten wir uns in »Waldjuden«.

Die Erdhöhle war unser Zuhause. Alle Bewohner bemühten sich, sie so gut wie möglich zu tarnen, damit es unmöglich war, sie zu entdecken. Dadurch war es manchmal für uns selbst schwierig, sie nach unseren nächtlichen Lebensmittelbeschaffungen zu finden. Nur die alte Eiche mit einem merkwürdig gebogenen Ast war das Orientierungs- und Erkennungszeichen. In der Erdhöhle standen an beiden Seiten Hochpritschen, in der Mitte des Raumes machten wir ein Lagerfeuer. So kochten wir unser armseliges Essen. Das Feuer machten wir in der Regel nur nachts, damit man keinen Rauch bemerkte.

Im Herbst 1942 starben langsam und qualvoll die Mutter und Schwester von Chaim. Beide starben an Hunger und Kälte. Ihre Körper waren aufgedunsen, die Haut war rissig. Bis heute verfolgen mich diese Albträume. Trotzdem war der Wald unser Retter. Auf dem fruchtbaren Boden von Polessje war er ein wahres Geschenk der Natur. Im Wald wuchsen tausend Jahre alte Eichen und neunzigjährige Kiefern. In diesen gewaltigen Wäldern suchten wir Zuflucht und Schutz, denn jeder Baum dort war wie ein Bollwerk.

Leider bin ich kein Dichter und kein Sänger, um den geliebten Wald, meinen Retter, meinen treuen Freund zu lobpreisen. »Alles vergeht: die Kindheit und die Märchen des winterlichen Waldes ... Alles vergeht. Nur die grauen Wölfe – oh, wie ewig sind sie – begegnen uns auf unserem Lebensweg.« Diese Worte des Dichters Naum Sagalowski illustrieren sehr treffend den Überlebenskampf, den wir, Waldlandstreicher, leisteten.

Wir passten uns an das Leben unter extremen Bedingungen an. Sogar Wildschweine »lehrten« uns, wie man an Kartoffeln kommt. Weißen Rettich und Rüben, die als Viehfutter angebaut wurden, mussten wir bei den Bauern einfach stehlen, um nicht den Hungertod zu sterben. Oft »begleiteten« uns Wölfe und Füchse, was immer ein sehr mulmiges Gefühl hinterließ, geschweige denn Schlangen, auf die wir immer wieder stießen, wenn wir Weidenruten für unsere Flechtschuhe beschafften. Dann gab es auch Eulen, die nachts »heulten«. Muss ich erzählen, welche Angst uns dann befiel? Und es gab noch Läuse, die uns in den Wahnsinn trieben. Aber die Anpassungsfähigkeit half uns, auch diese Parasiten loszuwerden: Wir zogen unsere Kleidung aus und begruben sie im Ameisenhaufen. Die Ameisen fraßen sowohl die Läuse als auch die Nissen.

Wir brachten uns bei, Schuhe aus Weidenruten zu flechten und Sohlen aus der Rinde der jungen Eichen anzunähen. Als Fußlappen benutzten wir Säcke, in denen die Bauern Sauerrahm aufhängten, um die Molke zu trennen. Im Winter wickelten wir unsere Füße ganz dünn in Heu ein, das ausgetrocknet sehr weich war. Wir brachten uns bei, wie man Birkensaft zapft, Pilze, Blaubeeren, Himbeeren und andere Waldbeeren sammelt. Manchmal fanden wir sogar den Honig der wilden Bienen. So gelang es uns, einer Handvoll der Glücklichen, zu überleben. Wir gewannen dieses »russische Roulette« ...

Darüber wollte ich der jungen Generation erzählen. Erzählen, wie wir Kinder, isoliert und von den Nazis zum Tod verurteilt, im Wald anderthalb Jahre lebten und überlebten.

Ich möchte meinen Bericht mit einem kleinen Auszug aus einem Gedicht eines Freundes abschließen, den ich auf der Militärschule in Woronesh kennenlernte. Er schrieb dieses Gedicht während seines Besuches in der Stadt Rokitno:

Der dunkle Wald ist unsere Rettung,
Das Wasser ist kniehoch, aber wir leben!
Vom Vergessen gerettet fürs Leben.
Die Erdhöhle ist unser Daheim.
Bloß nicht von Deutschen mit Hunden
in diesem Dickicht entdeckt werden!
Dass bloß nicht ihr scharfes Auge
den Rauch im Dunst erblickt!
Jeder ist soviel wert wie eine Packung Salz.
Ein Kilo misst mein ganzes Leben:
meine Seele, mein Herz und mein Blut
und das nur, weil du bist ein Jud! ...

Die unabhängige Zeitung für neue Kanadier, 5. 2. 2005. A

5. Bezirk (Rayon) Sdolbunow
(ukr. Sdolbuniw, poln. Zdołbunów)

Ort: Sdolbunow

Vor 1939 war Sdolbunow[33] eine polnische Stadt in der Woiwodschaft Wolhynien. Aufgrund des Hitler-Stalin-Paktes wurde die Stadt im September 1939 von der Sowjetunion besetzt, sie wurde Bezirkszentrum im Gebiet Rowno in der Ukrainischen Sozialistischen Sowjetrepublik. Von 1941 bis 1944 war Sdolbunow Bezirks- und Gebietszentrum im Generalbezirk Wolhynien und Podolien. Seit 1991 ist Sdolbunow Bezirkshauptstadt im Gebiet Rowno der Ukraine.

Mitte 1941 lebten in Sdolbunow ungefähr 1500 Juden, ein Fünftel der Bevölkerung.

Einheiten der deutschen 6. Armee besetzten am 30. Juni 1941 Sdolbunow. Im Juli und August 1941 verwaltete die militärische Ortskommandantur die Stadt. Sie errichtete eine örtliche ukrainische Verwaltung und eine Hilfspolizei. Im September 1941 übernahm die deutsche Zivilverwaltung die Macht, und Sdolbunow wurde Verwaltungszentrum. Hundertschaftsführer Georg Marschall wurde Gebietskommissar. Von Juni 1942 bis Januar 1943 war Otto Köller sein Vertreter. Im Herbst 1941 übernahm ein deutscher Gendarmerieposten die Kontrolle über die ukrainische Hilfspolizei.

Im Sommer und Herbst 1941 ergingen eine Anzahl antijüdischer Befehle. Nach vier Wochen wurde ein Judenrat eingerichtet. Juden mussten eine Armbinde mit einem David-

---

33 Altman, Cholokost, S. 329; The Yad Vashem Encyclopedia, S. 972; Encyclopedia of Camps and Ghettos, S. 1504 f.

stern tragen, später einen gelben Fleck auf ihrer Kleidung. In den ersten Tagen wurden Juden von der Straße weg ergriffen und zur Zwangsarbeit gezwungen. Sie durften die Stadt nicht verlassen und die Bürgersteige nicht benutzen. Die Polizei plünderte Juden aus, schlug sie und unterwarf sie systematischem Terror.

Am 7. August 1941 wurden 380 Juden (nach Altman 450) nach einer Liste der ukrainischen Polizei ausgewählt, festgenommen und von einer Einheit des Sonderkommandos 4a erschossen. Unter den Ermordeten waren auch die meisten Mitglieder des Judenrats, sodass ein neuer Judenrat gebildet wurde, dessen Vorsitzender Symcha Shleifstein wurde, der erhebliche Anstrengungen unternahm, um die jüdische Gemeinschaft zu schützen.

Im Mai 1942 wurde in Sdolbunow ein Ghetto errichtet, der Judenrat wirkte bei der Registrierung aller Juden mit. Nach Angaben der Außerordentlichen Staatlichen Kommission des Bezirks Sdolbunow vom 3. Dezember 1944 waren hier 2000 Juden untergebracht. Während der totalen »Säuberung« des Gebietes von Juden wurde das Ghetto aufgelöst. Am 12. oder 13. Oktober 1942 erschossen SS und ukrainische Polizei nach Akten der Außerordentlichen Staatlichen Kommission 1700 Juden in Sdolbunow, nach anderen Angaben 1000. In den Akten des Stadtarchivs des Gebietes Rowno ist vermerkt, dass aus dem Ghetto in der Sadowaja-Straße am 13. Oktober 1942 zwischen 2000 und 2500 Juden ins Dorf Staro-Milsk, einen Kilometer von der Stadt entfernt, abtransportiert und erschossen wurden.

»Juden, Männer, Frauen, Kinder wurden aus den Häusern vertrieben. Wer sich weigerte, wurde brutal misshandelt. Die Häuser wurden in Brand gesetzt. Wer versuchte zu fliehen, wurde vom SD sofort erschossen. Auf den Straßen des Ghettos lagen Leichen. Die Juden wurden auf Lkw geladen und zum Hinrichtungsort abtransportiert. Sie mussten sich entkleiden, ins Massengrab springen und sich mit dem Gesicht zum Boden hinlegen. Danach erschossen die SD-Mitglieder die Menschen mit Genickschuss. Die nächsten Juden mussten sich auf die Leichen legen. So schichtete man die Juden Transport für Transport, bis der letzte Jude aus dem Ghetto von Sdolbunow ermordet war. Manche wurden durch den Schuss nicht getötet. Sie wurden nur verletzt und starben, indem sie im Blut erstickten und durch den Druck der oben liegenden Leichen.«

Die Archivakten stützen die Behauptung, dass die ukrainische Polizei an der Vernichtung der Juden beteiligt war.

Von September 1941 bis Januar 1944 war der deutsche Ingenieur Hermann Friedrich Gräbe in Sdolbunow leitender Ingenieur und Geschäftsführer einer Zweigstelle der Baufirma Josef Jung, Solingen.[34] Er wurde Zeuge der Judenmorde in Rowno und Dubno. Tausende

---

34 Douglas K. Huneke, In Deutschland unerwünscht. Hermann Gräbe. Biographie eines Judenretters, Lüneburg 2002; Der Prozess gegen die Hauptkriegsverbrecher vor dem Internationalen Militärgerichtshof

Juden schützte er vor der Verfolgung und Vernichtung und rettete viele von ihnen. 1944 stellte Gräbe einen langen Eisenbahnzug zusammen, in dem er nicht nur seine jüdischen Arbeiter, sondern auch seine persönlichen Aufzeichnungen über die Morde in der Ukraine nach Westen beförderte. Es gelang ihm, die verfolgten Menschen in amerikanische Obhut und damit in Sicherheit zu bringen.

Am 3. Februar 1944 wurde Sdolbunow befreit.

Ort: Misotsch
(poln. Mizocz)

Vor 1939 war Misotsch[35] eine polnische Stadt in der Woiwodschaft Wolhynien. Aufgrund des Hitler-Stalin-Paktes wurde die Stadt im September 1939 von der Sowjetunion besetzt, sie gehörte zum Gebiet Rowno in der Ukrainischen Sozialistischen Sowjetrepublik. Von 1941 bis 1944 war Misotsch Bezirkszentrum im Gebiet Sdolbunow, Generalbezirk Wolhynien und Podolien. Seit 1991 gehört Misotsch zum Gebiet Rowno der Ukraine.

Im Juni 1941 lebten mehr als 2000 Juden in der Stadt, einschließlich zahlreicher Flüchtlinge, die aus den von Deutschen besetzten Gebieten Polens geflohen waren.

Misotsch wurde am 27. Juni 1941 von deutschen Truppen besetzt. Am 29. Juni 1941 ermordeten Ukrainer aus Misotsch mehrere Juden. Das deutsche Militär stoppte die Morde. Sofort wurde eine Sperrstunde eingeführt, Juden mussten eine Armbinde mit einem blauen Davidstern tragen, der später durch einen gelben Kreis ersetzt wurde, der auf Brust und Rücken der Kleidung aufgenäht werden musste. Begegneten Juden einem Deutschen, mussten sie den Bürgersteig verlassen und den Hut ziehen. Ein Judenrat wurde eingerichtet, Tafeln mit der Aufschrift »Nicht für Juden« wurden in der Stadt aufgestellt.

Im Mai 1942 wurde ein Ghetto errichtet, in das alle Juden aus Misotsch und den benachbarten Dörfern getrieben wurden. Die genaue Zahl der Juden im Ghetto ist nicht bekannt. Vermutlich waren es 2200, andere Quellen sprechen von 3500. Das Ghetto grenzte an den Marktplatz und auf der anderen Seite an den Fluss Stubła. Es war ein offenes Ghetto ohne Mauer oder andere Barrieren. Die Juden konnten es verlassen, Lebensmittel kaufen oder Habseligkeiten verkaufen. Dadurch herrschte keine Hungersnot. Die Juden waren jedoch gezwungen, Zwangsarbeit zu leisten, unter anderem in Sdolbunow bei der Firma Jung aus Solingen.

Am frühen Morgen des 13. Oktober 1942 wurde das Ghetto von Einheiten des SD aus Rowno, deutscher Gendarmerie und ukrainischer Hilfspolizei umstellt. Mit Hunden wurden alle Juden auf dem Marktplatz zusammengetrieben. Am Nachmittag trieb man die Juden unter Bewachung ans Ende der Stadt zu einer Anhöhe gegenüber der Zuckerfabrik. An einer zwei Meter tiefen Grube mussten sie sich ausziehen und sich in kleinen Gruppen

---

Nürnberg, 14. November 1945–1. Oktober 1946, Nürnberg 1948, Bd. XXXI, Dokument 2992-PS; Wolfram Wette in: »Die Zeit« vom 08. November 2009, Nr. 46, S. 96.

35 Altman, Cholokost, S. 587; The Yad Vashem Encyclopedia, S. 486 ff.; Encyclopedia of Camps and Ghettos, S. 1427 f.

mit dem Gesicht nach unten in die Grube legen, wo sie von einem SS-Mann mit Unterstützung eines ukrainischen Polizisten erschossen wurden. Die Ermordung dauerte bis spät in die Nacht und wurde am nächsten Tag fortgesetzt. Nach zwei Tagen existierte das Ghetto von Misotsch nicht mehr. Mindestens 2000 Juden wurden erschossen, etwa 200 starben in den Flammen im Ghetto, einer unbekannten Anzahl gelang die Flucht.[36]

Im Sommer und Herbst 1942 hatte sich eine kleine Widerstandsgruppe in Misotsch gebildet, die vergeblich versucht hatte, in Sdolbunow Waffen zu kaufen. Bei der Räumung des Ghettos zündeten sie als Zeichen des Widerstandes Häuser im Ghetto an. In der entstehenden Verwirrung gelang es vielen Juden zu entkommen. Die meisten wurden jedoch wieder ergriffen und erschossen. Am 14. Oktober 1942 lagen viele Leichen verstreut am Flussufer und entlang der Straßen, die aus Misotsch hinausführten. In den Flammen des Ghettos kamen auch etwa 200 Juden in ihren Verstecken ums Leben.

Am 6. Februar 1944 wurde Misotsch durch sowjetische Truppen befreit. Sehr wenige Juden hatten überlebt. Sie hatten sich in den Wäldern versteckt, waren zu den Partisanen gegangen oder von ihren polnischen, tschechischen oder ukrainischen Freunden gerettet worden.

Semen Welinger
»Nur das Weinen der Kinder zerriss die Todesstille«

Als der Krieg ausbrach, lebten wir im Städtchen Annopol, Bezirk Slawuta, Gebiet Chmelnizki. Vater wurde gleich nach Kriegsausbruch eingezogen. Zu Hause blieben wir zu viert: Mutter und die drei Kinder. Mutter war schwanger und erwartete noch ein Kind. Natürlich veränderte sich alles, aber wie konnte es anders gewesen sein. Es war sehr schwer, vor allem wegen der Ungewissheit und Unsicherheit: Die Menschen wussten nicht, was morgen auf sie zukommen würde. Die Informationen und Gerüchte waren sehr beunruhigend.

Wer konnte, verließ die Stadt, auch zu Fuß. Wir konnten es nicht: Mein Bruder erkrankte, aber auch meine Muter konnte es in ihrer Lage nicht. Bald kehrte unser Vater, dem es gelang, sich aus der Einkesselung zu befreien, nach Hause zurück. Die Freude über das Wiedersehen dauerte nicht lange an: Alle wussten, dass die Nazis bald in Annopol einmarschieren würden.

Und sie kamen. Sie besetzten die Stadt an dem Tag, an dem in unserer Familie noch ein Junge, mein jüngster Bruder, geboren wurde. Wir alle gerieten unter die Herrschaft der Nazis. Bald organisierten sie eine Polizei aus den einheimischen Bauern. Der einheimische Deutsche Satschik wurde Polizeichef. Vor dem Krieg arbeitete er in der Spirituosenfabrik.

Die Juden bekamen sehr schnell die Gemeinheit und Brutalität Satschiks und seiner Truppe zu spüren. Die Polizisten rissen die Türen der jüdischen Häuser auf und nahmen alles, was ihnen gefiel. Wenn solche wie Glowatski und Loschtschinski kamen, dann musste man sich glücklich

---

36 VEJ 8, S. 459, Anm. 7.

schätzen, wenn man überlebte. Diese Bestien konnten jeden verprügeln und misshandeln. Dies war der Anfang der »neuen Ordnung«. Und weiter: O Herr, erbarme dich!

Etwa zwei Monate nach der Besetzung der Stadt durch die Nazis wurden alle Juden aus ihren Häusern auf die Straße getrieben, und man befahl ihnen, gelbe Davidsterne auf die Kleidung zu nähen. Das Gesetz ist eine Absurdität auf dem besetzten Gebiet, und die Juden standen außerhalb des Gesetzes. Der gelbe Davidstern wurde zur Zielscheibe für die Nazis.

Die Gruppe der Polizisten erschien plötzlich, fasste 25 Männer und erschoss sie im Feld, nicht weit vom Dorf Ponora.

Kaum trockneten die Tränen der Mütter und verhallten die Schreie und das Jammern der unschuldig Getöteten, überfiel uns ein neues Elend.

Die vereinten Kräfte der Polizei nahmen 200 junge Männer fest und führten sie zu einem Krater in der Nähe der Ziegelei. Im andauernden Rattern der Maschinenpistolen hörte man herzzerreißende Schreie der zum Tode verurteilten Menschen. Jetzt warteten wir, bis wir an die Reihe kämen, bis wir dem Tod geweiht würden.

An einem kalten Januartag wurden wir alle, die am Leben geblieben waren – Alte, Frauen, Kinder –, mit dem, was wir auf dem Leibe trugen, auf den Marktplatz getrieben. Es war verboten, etwas mitzunehmen. Für uns bedeutete es unser Ende. Aber die Wachmänner mit Satschik an der Spitze fuhren uns mit den Fuhrwerken nach Slawuta.

In Slawuta war ein Ghetto. Hinter dem Stacheldraht wurden Tausende Menschen eingepfercht. Es herrschte Jammern und Schreien. Die Neuangekommenen wurden in Reihen aufgestellt und auf das Gebiet des Ghettos gebracht. Der SS-Kommandant befahl, alle Gold-Gegenstände abzugeben. Nachdem die Wertsachen weggenommen worden waren, prüfte man die Zähne. Die Goldzähne und Kronen wurden an Ort und Stelle mit Zangen gezogen. Hatte jemand viel Gold im Gebiss, wurde mit einem Nudelholz solange auf den Hinterkopf geschlagen, bis das Gebiss ganz herausfiel. Dann wurden sie totgeschlagen. Die Kranken und Alten wurden an den Mauern der Häuser erschossen. Das Blut floss zu den Füßen der noch am Leben Gebliebenen. Man stand in der Blutlache jener, die noch vor Kurzem neben einem gestanden hatten und jetzt tot waren.

Die am Leben Gebliebenen wurden auf die Häuser verteilt. In jedes Haus wurden so viele Menschen hineingepfercht, dass es unmöglich war zu liegen oder zu sitzen. Man konnte nur stehen. Man drückte sich aneinander, um einen Meter Boden für die kleinen Kinder freizubekommen und ihnen die Möglichkeit zu schlafen zu geben. Sie verstanden überhaupt nicht, was auf dieser Welt geschah, warum ihre Mütter und Väter weinten. Vor ihren Augen wurden junge Mädchen, Töchter vergewaltigt und nach dieser Bestialität mit dem Bajonett erstochen.

Später kam der Hungertod. Keiner konnte hinter den Stacheldraht, um irgendwo ein Stück Brot zu beschaffen. In der Stadt hingen Plakate, die informierten, dass bei Hilfe für Juden die Todesstrafe verhängt werde. Die Säuglinge starben im Arm ihrer Mütter.

Der Frühling kam, man sammelte Gras und aß es. Die Massenerkrankungen der Kinder ließen nicht lange auf sich warten. Die Polizisten schlugen die Kinder gegen die Mauer, um sie zu töten, und warfen sie in den Brunnen. Solches Schicksal stand meinem jüngsten Bruder bevor.

Die Eltern versuchten, mich zur Flucht aus dem Ghetto nach Misotsch zu überreden. Es gab Gerüchte, dass die Juden dort nicht getötet würden. Aber ich weigerte mich zu fliehen und wollte bis zum Ende bei meinen Eltern bleiben. Außerdem brachte ich mir bei, unbemerkt durch den Stacheldraht zu kriechen, und brachte so das bei den Bauern Erbettelte ins Ghetto. Aber dann musste ich doch aus dem Ghetto fliehen, als die Massenerschießungen der Juden begannen. Mein Vater sagte: »Du musst überleben und berichten, was geschah …«

Entkräftet, mich kaum auf den Beinen haltend, betrat ich das Haus der Familie Gusow, mit der wir verwandt waren. Ich erzählte ihnen alles, was in Annopol und Slawuta geschah, und versuchte, mich bei ihnen zu retten. Aber ich durfte nicht bei ihnen bleiben. Jeder, besonders Juden, mussten bei der Stadtverwaltung angemeldet werden. Andernfalls drohte jenen, die dem Fremden Unterschlupf gewährten, sowie dem Fremden selbst die Erschießung.

Die Verwandten empfahlen mir, ins Nachbardorf zu befreundeten Bauern zu gehen. Meine neuen »Eltern« – so sollte ich sie nennen – kleideten ihren »Sohn« in Bauernkleidung und ließen mich das Vieh weiden. Es gab Tage, an denen ich nachts nach Misotsch gelangte und den Verwandten Brot und Kartoffeln brachte, die ich von dem Bauern für meine Arbeit bekam.

Das letzte Mal ging ich im September 1942 nach Misotsch, aber ich konnte nicht ins Haus meiner Verwandten gelangen. Alle Juden von Misotsch standen auf der Straße, umringt von Polizisten und Deutschen. Ich versuchte zu fliehen, aber von einem Kolbenschlag wurde ich aufgehalten und in die Menschenmenge geschubst. Dann wurden wir alle zum Graben geführt. Die Menschen wussten, dass sie dort sterben würden, und versuchten zu fliehen. Sie wurden sofort erschossen.

Als die Kolonne der Todgeweihten den Ort der Hinrichtung erreichte, sprang ich vom Hang des Grabens und rannte in den Wald. Ich hörte Schüsse, aber die Kugeln gingen an mir vorbei. Aus dem Graben hörte man herzzerreißende Schreie. Misotsch stand in Flammen. Die jüdischen Häuser brannten. Sie waren von ihren Eigentümern in Brand gesetzt worden, bevor diese zur Hinrichtung geführt wurden.

In der dunklen Nacht ging ich ins Dorf Mosty, wo vor dem Krieg die Familie unserer Verwandten aus Misotsch lebte und dort viele christliche Freunde hatte. Die Dorfbewohner rieten mir, nicht im Dorf zu bleiben. Die Polizisten suchten nach Juden, Kommunisten und Komsomolzen. Man riet mir, ins Sumpfgebiet zu fliehen. Da sei es sicherer.

Im Sumpfgebiet fand ich eine Erdhöhle der Frontsoldaten und darin zwei halb tote Menschen. Es waren meine Cousins aus Misotsch, Boris und Srulik. Sie konnten auch aus Misotsch fliehen, als die Erschießung der Juden begann.

Zu uns in die Erdhöhle kamen die Kinder der Bauern, die im Sumpfgebiet das Vieh weideten. Sie brachten uns Brot und alles, was sie von zu Hause für unterwegs als Proviant bekamen. Dies gab uns nicht nur Lebenskraft, sondern auch Lebenshoffnung.

Aber jemand denunzierte die Flüchtlinge aus Misotsch, und wir mussten unsere Erdhöhle verlassen. Die Stille des Sumpfgebietes wurde von den Schüssen der Maschinenpistolen zerrissen. Es stellte sich heraus, dass die Henker das Feuer auf die Hirten eröffneten, die sich beeilten, uns vor der Gefahr zu warnen.

5. Bezirk (Rayon) Sdolbunow

Wir flüchteten auf dem dünnen Eis des Flusses. Die Nacht verbrachten wir im Wald unter freiem Himmel und wärmten uns mit unseren abgemagerten Körpern aneinander. Am Morgen gingen wir zum Bauern Semen, bei dem ich noch vor Kurzem als Hirte war. Er gab uns zu essen, gab uns Flechtschuhe, Lebensmittel für unterwegs und begleitete uns zu den Höhlen in Chinewsk. Leider war es unmöglich, längere Zeit in den Höhlen zu wohnen: Furchtbare Kälte und Feuchtigkeit brauchten unsere letzten Kräfte auf. Außerdem gingen uns die Lebensmittel aus. Wir entschieden uns, zum alten Ort im Sumpfgebiet in die Erdhöhle zurückzukehren. Unterweges stieß zu uns noch eine Person. Er hieß Wolf, seinen Familiennamen kenne ich nicht. Er sagte, dass er vor dem Krieg als Friseur in Sdolbunow gearbeitet hatte.

In der Erdhöhle blieben wir nicht lange. Wir hofften auf die Unterstützung der ehemaligen Freunde, der Dorfhirten. Aber ringsherum war Stille, kein Mensch, kein Vieh. Boris erkrankte und starb kurz darauf. Die Erdhöhle wurde zu seinem Grab. Wolf sprach das Kaddisch, und ich wiederholte jedes Wort des Gebetes. Srulik konnte nicht sprechen. Er saß in der Ecke der Höhle, es verschlug ihm die Stimme.

Wir kamen ins Dorf zum Bauern Fedor. Srulik kannte diesen Mann, er war öfter bei ihm zu Hause mit seinen Eltern.

Unter dem Misthaufen errichtete Fedor ein Versteck für uns. Ab und zu gingen wir heraus, um frische Luft zu schnappen, oder trauten uns sogar, ins Dorf Butki Nishnije zu gehen, um Lebensmittel zu beschaffen. Einmal begegnete uns auf dem Rückweg ein polnischer Jude. Er bat uns, ihn mitzunehmen. Er irrte schon zwei Jahre durch die Wälder und Sümpfe umher, um sich vor den Nazis zu retten. Wir waren wieder zu viert. Unser neuer Freund war ein sehr herzlicher Mensch und kannte die Heilkräuter. Das Wissen über die Heilkraft der Waldkräuter bewahrte ihn in dieser Zeit vor Krankheiten und vor dem Hungertod. Als Srulik erkrankte, riskierte er sein eigenes Leben, ging in den Wald und brachte für meinen Cousin irgendwelche Kräuter.

Eines Tages sagte Fedor, dass jemand unser Versteck entdeckt habe und wir es verlassen müssten. Wir entschieden uns, in den Wald zu gehen, dort einen Ort vorzubereiten und den kranken Srulik hinüberzubringen. Er hatte das Gefühl in seinen Beinen verloren und konnte nicht mehr gehen. Kaum erreichten wir den Wald, donnerten ohrenbetäubende Explosionen: Die Polizisten bewarfen das Versteck mit Handgranaten. So starb mein zweiter Cousin.

Im Wald, an der Grenze zum Gebiet Ternopol, stießen wir auf eine große Gruppe Juden. Es waren etwa 100 Personen. Es stelle sich heraus, dass eine jüdische Partisanentruppe zustande kommen sollte. Sie hatten keine Waffen und beschlossen, sich mit den Partisanentruppen in Rowno zu vereinen, um gemeinsam die sowjetischen Menschen zu rächen.

Wir wurden in die Truppe aufgenommen, und der Partisanenalltag begann. Wolf und ich wurden als Ortskundige ins Dorf Butki zum Treffen mit den Verbindungsleuten der Partisanentruppe von Rowno in der Wohnung der Polin Jadsi geschickt.

Aber als wir den Wald verließen, sahen wir, dass deutsche Flugzeuge die Dörfer Mosty und Butki bombardierten und auf dem Feld eine Kolonne der Henker in unsere Richtung unterwegs war. Wir rannten zurück, um unsere Truppe vor dem feindlichen Angriff zu warnen. Uns entgegen lief die Krankenschwester Bronja mit ihren beiden kleinen Kindern. Sie erzählte uns, dass unsere Truppe von Bandera-Männern überfallen worden war.

Nach ein paar Tagen kamen Wolf, Bronja mit ihren Kindern und ich an den Ort, an dem unsere Truppe stationiert war. Keiner hatte überlebt. Überall lagen Leichen, darunter auch der polnische Jude. Die Bauern aus dem Dorf Butki beerdigten die Gefallenen. Wir hatten keine Kraft, den Spaten zu heben. In tiefer Trauer nahmen Juden und Ukrainer Abschied von ihren Brüdern, von Menschen, die auf diesem Boden geboren worden waren und jahrhundertelang in guter Nachbarschaft gelebt hatten. Nur das Weinen und Jammern der Kinder von Bronja zerrissen die Todesstille. Es war unmöglich, ohne Seelenschmerz mit anzusehen, wie ein kleines Mädchen und ihr Bruder im Haufen der Ermordeten nach ihrem Vater suchten.

Nach der Beerdigung gingen wir, drei Erwachsene und zwei Kinder, ins Dorf Borschtschewka. Dort lebten Tschechen. Bronja war dort öfter vor dem Krieg. Wir wurden wie Verwandte aufgenommen. Es stellte sich heraus, dass die Tschechen ein paar jüdische Familien versteckten. Wir blieben bis zum Winter 1944, als die Truppen der Roten Armee das Dorf befreiten, bei den Tschechen. Tschechen, Ukrainer und Juden begrüßten ihre Befreiung. Es war ein großer und unvergesslicher Feiertag.

Als Rowno außerhalb der Frontlinie lag, nahmen wir Abschied von unseren Rettern und gingen nach Sdolbunow. Vom Schicksal zusammengeführt, um die Vernichtung durch die Nazis zu überleben, kehrte jeder von uns nach der Befreiung in seinen Heimatort zurück. Auf dem Weg nach Annopol besuchte ich Slawuta. Ich ging durch die Straße, durch die wir ins Ghetto getrieben worden waren. Die Erinnerungen an das Erlebte schnürten mir den Hals zu und lähmten meine Beine. Es schien mir, als würde jemand gleich »Halt!« rufen und mich mit dem Gewehrkolben in die Menschenmenge hinter den Stacheldraht schubsen.

»Junge, wen suchst du?«, hielt mich eine fremde Stimme neben dem ehemaligen Ghetto auf.

Als ich berichtete, wer ich bin und woher ich komme, sagte die gleiche Stimme:

»Dort und hier …«

»Dort« hieß außerhalb der Stadtgrenze, neben dem Wasserturm. »Hier« bedeutete im Brunnen. Dort wurden Männer, Frauen und Kinder ermordet und hier im Brunnen – 300 Säuglinge.

»Ein fremdes Kind war am Haus der Familie Welinger«, hörte ich eine Frauenstimme. Es gab kein Haus mehr, es standen nur noch Ruinen. Früher saßen dort Kinder und hörten das Morgengebet des Vaters: »Ich preise Dich, o lebendiger und ewiger Herr, dass Du in Deiner Barmherzigkeit mir meine Seele gabst. Groß ist mein Glaube an Dich.«

Man hatte den Glauben, man hatte die Hoffnung, aber das alles platzte in einem Augenblick wie eine Geigensaite. Nur das dumpfe Echo des unterbrochenen Liedes hallte nach.

Dieses Lied drängte sich in meine junge Seele und drehte sich wie ein Wirbel hin und her.

»Was willst du?«, fragte mich eine Bäuerin auf einer anderen Straße von Annopol, wo früher vor dem Krieg meine Altersgenossen lebten.

»Ich kenne keine Welinger. Geh weg …« Das war ihre Antwort auf meine Bitte, mich ins Haus einzulassen.

Ich, ein hungriger und in Lumpen gekleideter Junge, wurde von dem Milizionär angehalten und ins Gebäude des Dorfrates gebracht.

»Du sagst, du seiest der Sohn von Welinger?«, fragte mich der Vorsitzende des Dorfrates Iwanjuk, nachdem mich der Milizionär vorgestellt hatte. »Ja, ich kannte deinen Vater ... Vorübergehend kannst du im Gebäude des Dorfrates wohnen, und danach schauen wir weiter.«

Tagsüber hackte ich Holz für ein Stück Brot, in der Nacht kauerte ich mich auf der blanken Bank im Gebäude des Dorfrates zusammen.

»Senja, bald findet in der Berufsschule die Aufnahmeprüfung statt«, sagte einmal Iwanjuk. Diesem Gespräch wohnte ein Mann in Militäruniform bei. Der Vorsitzende des Dorfrates erzählte ihm von meinem Schicksal.

»Ich heiße Gaschunin«, väterlich legte er seinen Arm um meine abgemagerte Schulter und fragte, ob ich zur Armee möchte.

»Ja«, sagte ich unsicher und war endlos glücklich.

So wurde ich Sohn der Truppe der 2. Aufklärungsdivision. Der russische Offizier Gaschunin wurde zu meinem Paten. Zusammen mit ihm erreichte ich Berlin und feierte dort den Sieg.

Meine Qualen begannen, als ich 13 war. Nicht alles Erlebte blieb im Gedächtnis des alten Mannes, dessen Kopf bereits im Alter von 13 mit Reif bedeckt wurde.

Veröffentlicht von Dawid Goschkis, in: Was bläst der Schofar, Slawuta 1992, S. 18–26

Siehe auch den Zeitzeugenbericht von Elena Pusan

6. Bezirk (Rayon) Wladimirez
(ukr. Wolodymyrez, poln. Włodzimierzec)

Ort: Rafalowka
(ukr. Rafaliwka, poln. Rafałówka)

Vor 1939 gehörte Rafalowka[37] zu Polen. Zwischen den Kriegen lebten hier ungefähr 600 Juden, etwa ein Drittel der Bevölkerung. Im September 1939 wurde Rafalowka als Folge des Hitler-Stalin-Paktes von der Sowjetunion besetzt. Die Stadt gehörte nun zum Gebiet Wolhynien der Ukrainischen Sozialistischen Sowjetrepublik. In dieser Zeit kamen viele jüdische Flüchtlinge aus dem westlichen Polen nach Rafalowka. Am 4. Juli 1941 zogen sich die Sowjets aus Rafalowka zurück. Einer Anzahl Juden gelang es nach Osten zu fliehen. Eine ukrainische Verwaltung und Polizei wurden eingerichtet. Juden wurden ausgeraubt, zur Zwangsarbeit gezwungen und auch ermordet.

---

37 Altman, Cholokost, S. 838; The Yad Vashem Encyclopedia, S. 643; Encyclopedia of Camps and Ghettos, S. 1454f.

Ende Juli 1941 besetzten Einheiten der deutschen 6. Armee die Stadt und richteten eine Militärverwaltung ein. Im September 1941 übernahm eine deutsche Zivilverwaltung die Verantwortung für die örtlichen Angelegenheiten. Die Stadt wurde in das Gebiet Sarny, Generalbezirk Wolhynien und Podolien eingegliedert. Gebietskommissar wurde Kameradschaftsführer Huala. Die örtliche ukrainische Hilfspolizei wurde der deutschen Polizei unterstellt. Die Juden mussten Zwangsarbeit leisten und durften die Stadt nur mit besonderer Erlaubnis verlassen. Der von den Deutschen eingerichtete Judenrat unter Vorsitz von Hershel Bresniak versuchte, die Lage der Juden zu verbessern. Auf Befehl der deutschen Verwaltung musste jeder Jude eine Kontribution in Höhe von fünf Goldrubel oder 5000 Rubel leisten. Weitere Forderungen folgten: Silbergegenstände, Pelze und sogar Kaffee und Pfeffer, die Mangelware waren, mussten abgeliefert werden. Socken, Handschuhe und Pullover mussten für deutsche Soldaten gestrickt werden.

Am 1. Mai 1942 wurde in Rafalowka ein Ghetto rund um die Synagoge und die Schule eingerichtet und mit Stacheldraht eingezäunt. Etwa 2500 bis 3000 Juden aus der Stadt und den benachbarten Städtchen und Dörfern Nowaja Rafalowka, Olisarka, Wielkie Soluds und Bilska Wolja wurden im Ghetto eingepfercht. Jede Familie bekam nur einen Wohnraum.

Nach Angaben der Überlebenden wurden sie zu schwerster Arbeit gezwungen, eingespannt in die Fuhrwerke zum Transport von Gütern. Am 24. August 1942 wurde das Ghetto von ukrainischer Polizei umstellt. Wenige Hundert Juden versuchten zu entkommen oder sich zu verstecken. Am 29. August 1942 wurde das Ghetto aufgelöst. 2250 Juden wurden an Gruben an der Straße nach Suchowola erschossen. Dutzende entkamen in die Wälder und Dörfer, wo polnische Bauern und ukrainische Baptisten sie unterstützten. Einige junge Leute gingen zu den Partisanen. Eine Gruppe Juden aus Rafalowka griff den Ort an und nahm Rache an ukrainischen Kollaborateuren.[38]

Am 5. Februar 1944 befreite die Rote Armee das Gebiet. Etwa 30 Juden aus Rafalowka überlebten den Krieg.

Grigori Schirman (geb. 1924)
»Alle unsere Verwandten wurden erschossen«

Ich, Grigori Moisejewitsch Schirman, wurde 1924 im Dorf Staraja Rafalowka, Bezirk Wladimirez, Gebiet Rowno geboren. Vor dem Krieg besuchte ich die siebte Klasse einer polnischen Schule. Im April 1942 wurden meine Familie und ich während der deutschen Besatzung von Nazis ins Ghetto im Dorf Nowaja Rafalowka deportiert. Zusammen mit mir waren meine Mutter Basja Selikowna Schirman, Tante Schifra Selikowna Schirman, Großvater Selik Schirman und Großmutter Freida Schirman.

Junge Menschen, darunter auch ich, wurden zum Holzfällen gemustert und abgeholt. Täglich mussten wir zur Arbeit im Wald. Ich hatte einige Arbeitserfahrung als Schuhmacher, deshalb nahm

---

38 The Yad Vashem Encyclopedia, S. 643.

mich der Förster hin und wieder mit zu sich nach Hause. Bei der Arbeit im Wald bat ich meine Kumpel um Lebensmittel und brachte diese meinen Verwandten ins Ghetto. Sie litten Kälte und Hunger und vegetierten zu viert in einem kleinen Kämmerchen … Ich half ihnen, wie ich konnte.

1943 erfuhren wir, dass die Deutschen Orte zur Massenerschießung der Juden bestimmt hatten. Ich wusste, dass die Tochter des Försters vorhatte, nach Rafalowka zu fahren, und bat sie, mich mitzunehmen. (Ich wollte erfahren oder erkunden, was dort passierte.) Nach einiger Zeit fuhr ich mit ihr mit dem Fuhrwerk und dann mit der Fähre über den Fluss Styr. Am anderen Ufer des Flusses erblickte ich einige Polizisten. Ich sprang vom Fuhrwerk herunter und rannte ins Feld. Sie eröffneten das Feuer. Ich versteckte mich im Kartoffelfeld, und sie dachten, sie hätten mich getötet. Als sie weg waren, rannte ich zurück in den Wald und teilte den Juden mit, sie sollten weglaufen und sich verstecken, sonst würden sie alle von Nazis erschossen. Wir zerstreuten uns im ganzen Wald …

Später erfuhren wir, dass alle unsere Verwandten zwischen April 1942 und Oktober 1943 erschossen wurden.

Nach der Befreiung wurde ich in die Rote Armee eingezogen. Bis Juli 1944 war ich Soldat, dann fand ich Arbeit in Lemberg als Wachmann und arbeitete dort 40 Jahre. Jetzt bin ich pensioniert.

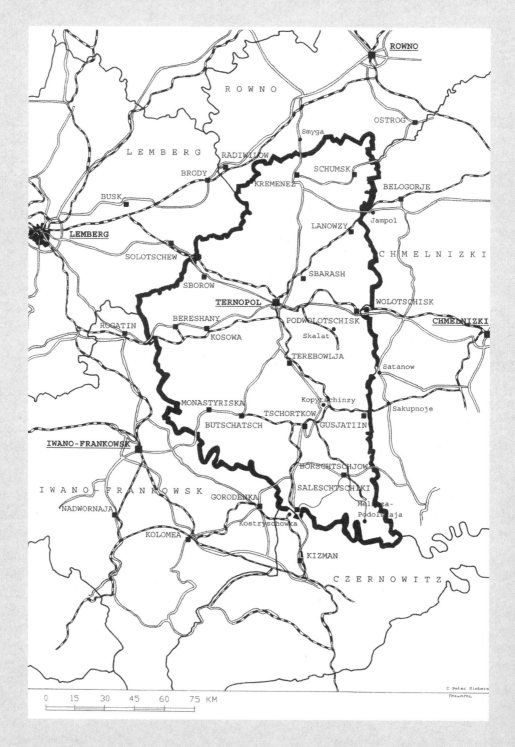

V. Gebiet Ternopol

V. Gebiet (Oblast) Ternopol
(ukr. Ternopil, poln. Tarnopol)

1939 lebten im Gebiet Ternopol[1] 113 726 Juden. Bis Mitte 1941 war ihre Zahl auf mehr als 125 000 angewachsen. Bereits am 2. Juli 1941 wurde das Gebiet von deutschen und ungarischen Truppen besetzt. Angehörige des 10. ungarischen Jägerbataillons schoben über 1000 ungarische Juden über den Dnjestr nach Galizien ab. Die Deutschen schickten diese Juden sofort wieder zurück.[2]

Die Besetzung des Gebietes durch deutsche Truppen war für lokale antisemitische Elemente das Signal zum Beginn von Pogromen gegen die jüdische Bevölkerung. Die deutsche Sicherheitspolizei und die Wehrmacht unterstützten die Morde und nahmen aktiv daran teil. Einige ländliche jüdische Gemeinden wurden vollständig zerstört. In diesen ersten Wochen wurden 4600 bis 4700 Juden ermordet. Insgesamt wurden im Jahr 1941 ungefähr 12 000 Juden im Gebiet Ternopol ermordet, davon etwa 9000 im Juli.[3]

1942 wurden etwa 20 000 Juden in den Ghettos des Gebiets zusammengepfercht. Etwa 17 500 von ihnen wurden im August 1942 ermordet. Im September und Oktober 1942 wurden weitere 2000 Juden ermordet, die sich im August hatten verstecken können. In der Zeit vom 27. August bis 4. Dezember 1942 wurden etwa 40 000 Juden in das Vernichtungslager Belzec deportiert.

1943 existierten im Gebiet Ternopol 13 Ghettos mit ungefähr 40 000 Juden. Alle Ghettos wurden zwischen Februar und Juni 1943 aufgelöst und die Juden ermordet. Außer den Ghettos existierten im Gebiet Ternopol mindestens 12 Arbeitslager für Juden; im Juni und Juli 1943 wurden 6300 Juden dieser Arbeitslager ermordet.

Während der Zeit der deutschen Besetzung von Juli 1941 bis Dezember 1944 sind mindestens 5000 Juden an Hunger oder Krankheiten gestorben. Insgesamt wurden 132 000 einheimische Juden im Gebiet Ternopol ermordet.[4]

1. Bezirk (Rayon) Butschatsch
(poln. Buczacz)
1939 lebten im Bezirk Butschatsch 10 570 Juden.[5]

---

1   Altman, Cholokost, S. 980; Kruglow, Enziklopedija Cholokosta, S. 156–169.
2   Mallmann, Die »Ereignismeldungen UdSSR«, S. 364 (Ereignismeldung Nr. 66 vom 28.8.1941).
3   Kruglov, Jewish Losses in Ukraine, S. 278.
4   Ebenda, S. 284.
5   Kruglow, Enziklopedija Cholokosta, S. 156.

Ort: Butschatsch

Vor 1939 war Butschatsch[6] Bezirkshauptstadt in der polnischen Woiwodschaft Tarnopol und von 1939 bis 1941 Bezirkszentrum im Gebiet Ternopol der Ukrainischen Sozialistischen Sowjetrepublik. Von 1941 bis 1944 gehörte Butschatsch zum Kreis Tschortkow, Distrikt Galizien, Generalgouvernement. Seit 1991 ist die Stadt Bezirkshauptstadt im Gebiet Ternopol, Ukraine.

1930 lebten in der Stadt Butschatsch 7500 Juden, ein Drittel der Bevölkerung.

Als Folge des Hitler-Stalin-Paktes besetzte die Sowjetunion im September 1939 Butschatsch. Die sowjetische Besetzung lähmte den wirtschaftlichen Aufschwung. Nach dem 22. Juni 1941 flohen etwa 500 Juden mit den abziehenden Sowjets nach Osten. Eine Anzahl junger Juden wurde zur Roten Armee eingezogen. Nach dem Abzug der Roten Armee besetzte am 5. Juli eine Kampfgruppe ukrainischer Ultranationalisten die Stadt und kontrollierte sie bis zur Besetzung durch die deutsche Wehrmacht am 6. Juli 1941. Zeitzeugen berichteten, dass es zunächst kein dauerhaftes Ortskommando gegeben habe, sondern dies alle paar Tage gewechselt habe. Mal seien es Deutsche, dann Slowaken und schließlich Ungarn gewesen. Bis Ende Juli, Anfang August 1941 erschoss ein Kommando der Sicherheitspolizei im Boruski-Wald ungefähr 60 Personen, Juden, Polen und Ukrainer, die staatliche Funktionen in der Zeit der sowjetischen Herrschaft innegehabt hätten.[7]

Ende Juli 1941 richteten die Deutschen einen Judenrat ein.

Im August 1941 schickten ungarische Behörden Tausende Juden aus Transkarpatien nach Butschatsch. Etwa zwei Monate später wurden sie nach Kamenez-Podolski deportiert und dort in der Zeit vom 28. bis 31. August 1941 durch das Polizeibataillon 320 erschossen. Am 25. August wurde den jüdischen Männern befohlen, zu einer Überprüfung zu erscheinen. Eine Selektion wurde durchgeführt, bei der die Deutschen 350 Männer auswählten, hauptsächlich Kaufleute und Mitglieder der Intelligenz. Sie wurden zum Fedor-Hügel außerhalb der Stadt gebracht und dort vom Teilkommando z. b. V. aus Ternopol erschossen.[8]

Auf Befehl der Deutschen musste der Judenrat täglich mehrere Hundert Zwangsarbeiter stellen, die unter schwersten Bedingungen außerhalb der Stadt arbeiten mussten. Viele kamen dabei um.

Nach einer Zeugenaussage sei der ukrainische Bürgermeister von Butschatsch, Iwan Bobyk, außerordentlich menschlich mit den Juden umgegangen. Auf seine Intervention sei es zurückzuführen, dass erst spät im Jahr 1942 ein Ghetto in Butschatsch eingerichtet wurde.[9]

Von Mai bis Juli 1942 konzentrierten die Deutschen alle Juden der umliegenden Dörfer in Butschatsch, sodass die Zahl der jüdischen Einwohner auf über 10 000 stieg. Ende

---

6 Altman, Cholokost, S. 120 ff.; Encyclopedia of Camps and Ghettos, S. 761–765; The Yad Vashem Encyclopedia, S. 86 ff.
7 Kai Struve, Deutsche Herrschaft, S. 519–522.
8 Pohl, Nationalsozialistische Judenverfolgung, S. 111.
9 The Yad Vashem Encyclopedia, S. 87.

1. Bezirk (Rayon) Butschatsch

Sommer, Anfang Herbst 1942 begriffen die Juden, dass ihre Deportation in die Todeslager bevorstand, und sie begannen, Verstecke vorzubereiten.

Am 5. Oktober 1942 wurden 1500 Juden in das Vernichtungslager Belzec deportiert und 200 oder 500 (es werden unterschiedliche Zahlen genannt) von Deutschen und Ukrainern an Ort und Stelle ermordet.[10] Am gleichen Tag wurden auch Juden aus den umliegenden Dörfern nach Belzec deportiert. Die in sechs Dörfern von der Deportation verschonten Juden wurden nach Butschatsch gebracht und in Kirchen und anderen öffentlichen Gebäuden untergebracht. Bald brach eine Typhusepidemie aus. Am 27. November wurden noch einmal 2500 Juden nach Belzec deportiert und 250 an Ort und Stelle erschossen.[11] Die Massaker fanden auf dem Berg Fedor statt.[12] Es gab Gerüchte, dass ukrainische Ärzte diese »Aktion« gefordert hatten, weil sie die Ausbreitung der Typhusepidemie befürchteten.

Im Dezember 1942 wurden 5200 Juden aus der Stadt und den umliegenden Dörfern in einem Ghetto zusammengepfercht.

Am 2. Februar 1943 rückte die Sicherheitspolizei aus Tschortkow nach Butschatsch aus und erschoss 3600 Juden auf dem Fedor-Hügel.[13] Nach dieser Operation wurden die verbliebenen Juden nach Belzec deportiert, und der Bezirk wurde mit Ausnahme der Stadt Butschatsch für »judenrein« erklärt. Am 13. April 1943 begann die Sicherheitspolizei, das Ghetto aufzulösen, und erschoss innerhalb von 72 Stunden zwischen 2800 und 3600 Juden. Die meisten Juden wurden am Fedor-Hügel erschossen, etwa 600 in den Straßen der Stadt.[14] Mitte Mai 1943 wurde das Ghetto nach einem Massaker aufgelöst und die Stadt am 15. Mai für »judenrein« erklärt. Die Juden wurden in die nahe gelegenen Städte Tschortkow, Tłuste und Kopytschinzy gebracht, wo sie nach kurzer Zeit ermordet wurden.

Danach wurde ein »Arbeitsghetto« mit einem kleinen Arbeitskommando für die Wehrmacht eingerichtet, das aber nur bis Juni 1943 bestand.[15]

Am 23. März 1944 eroberten reguläre Verbände der Roten Armee Ortschaften im Kreis Ternopol. In Butschatsch und Umgebung verließen etwa 800 Juden ihre Verstecke. Doch die Freude über die Befreiung war nur von kurzer Dauer. Die Rote Armee musste Butschatsch am 7. April nach einer deutschen Gegenoffensive wieder räumen, und ein großer Teil der Juden kam in den Gefechten beim Gegenangriff der deutschen Wehrmacht ums Leben oder wurde ermordet. Als die Rote Armee am 21. Juli 1944 Butschatsch befreite, lebten nur noch 100 Juden.[16]

---

10 Altman, Cholokost, S. 121.
11 Omer Bartov, White Spaces and Black Holes: Eastern Galicia's Past and Present, in: Brandon/Lower (Hrsg.), The Shoah in Ukraine, S. 318–353, hier S. 332.
12 Sandkühler, »Endlösung« in Galizien, S. 253.
13 The Yad Vashem Encyclopedia, S. 87.
14 Ebenda, S. 88.
15 Pohl, Nationalsozialistische Judenverfolgung, S. 255, 262, 345, 353.
16 Bartov, White Spaces and Black Holes, S. 332.

David Aschkenase (geb. 1933)
»Dreimal erschossen«

Es ist sehr schwer, sich an jene furchtbaren Jahre meiner Kindheit zu erinnern. Wenn man in Israel versucht, mit ehemaligen minderjährigen Ghettohäftlingen, wie mir selbst, über das Vergangene ins Gespräch zu kommen, wollen sie davon nichts hören und lassen sich auf das Thema nicht ein. Das Erinnern bedrängt zu stark.

Wenn ich meinen Söhnen von dem Erlebten erzähle, können sie es nicht glauben. Die Enkelkinder nehmen meine Erzählungen wie einen Abenteuerroman oder ein schreckliches Märchen wahr. Ich fuhr mit ihnen in die Stadt Butschatsch, Gebiet Ternopol, und in die Umgebung. Erst dann konnten sie es glauben. Manchmal kann ich auch selbst nicht glauben, dass dem Schicksal eines Menschen, eines Kindes, so viel Last aufgeladen werden konnte. Und dieser Mensch lebt heute noch.

Meine Eltern stammen aus der Westukraine. In den 20er-Jahren gingen sie nach Deutschland, nach Hamburg. Sie arbeiteten, schufteten, ohne jemandem etwas Böses anzutun. Sie mieteten eine Wohnung in der Altstadt. Die Verfolgung der Juden durch die Nationalsozialisten begann 1933, ein Jahr vor meiner Geburt. Wir wurden aus der Innenstadt an den Stadtrand umgesiedelt. Mein Vater verlor seine Arbeit. Am 28. Oktober 1938 brach in tiefer Nacht eine Gruppe junger Männer in braunen Hemden in unsere Wohnung ein. In der Wohnung waren alle erschreckt. Die Männer suchten nach Wertsachen und Geld. Meine Mutter Regina und meine Schwester Rita (geb. 1937) schliefen in jener Nacht nicht zu Hause. Ich versteckte mich unter der Kommode und lag dort ganz still. Großmutter Maria und Vater Max wurden von den jungen Männern abgeführt. Man erlaubte ihnen nicht einmal, die persönlichen Dinge mitzunehmen. Als sich alles beruhigte, kroch ich (ein erschrecktes Kind im Alter von vier Jahren) aus meinem Versteck, stand inmitten des langen Flurs und weinte und jammerte bis zum frühen Morgen. Noch heute höre ich dieses schreckliche Kinderschreien. Nur die Ankunft meiner Mutter ließ mich zu mir selbst kommen.

Wir packten schnell das Nötigste ein und wurden illegal, indem wir uns außerhalb der Stadt niederließen.

Meine Großmutter und mein Vater wurden zusammen mit anderen Juden polnischer Herkunft in Viehwaggons hinter die polnische Grenze in den Ort Zbąszyń gebracht und dort gelassen: ohne Geld, ohne Hab und Gut, praktisch ohne Papiere. Die Polen wollten sie lange nicht aufnehmen, die Menschen lebten mit mehreren Personen in kleinen Zimmern, hungerten und erkrankten. Meine Mutter lebte mit mir und meiner Schwester eher schlecht als recht, in ewiger Angst, entdeckt zu werden, bis zur Nacht vom 9. auf den 10. November 1938. Das war die »Kristallnacht«. Das war faktisch die erste offizielle »Aktion«, ein Pogrom zur Vernichtung der Juden und ihrer Kultur. In den Medien ist ausführlich beschrieben, was in jener Nacht geschah. Deshalb werde ich nicht darauf eingehen. Ich sage nur, dass in jener Nacht viel mehr Juden starben, als damals in den Medien berichtet wurde und auch noch heute berichtet wird. Das bestätigen selbst Deutsche.

Wir versteckten uns in einem Keller. Die »Jungen in Braun« fanden uns und führten uns zur Sammelstelle. Als wir auf die Straße kamen, sahen wir ein schreckliches Bild. Die Schaufenster der

Geschäfte waren zerschmettert, die Fenster in den Häusern kaputt. Die Bürgersteige und Straßen waren voll von Glasscherben. Die Feuer der verbrannten Bücher glühten noch.

Uns, eine Frau mit zwei kleinen Kindern (vier und ein Jahr), wollte man ins Konzentrationslager schicken. Aber meine Mutter erbettelte die freiwillige Deportation nach Polen zu ihrem Mann.

Eine lange, qualvolle und erniedrigende Vorbereitung der Deportation begann.

Vor Kurzem bekam ich vom Bürgermeister der Stadt Hamburg freundlicherweise die Kopien all jener Papiere. Es waren nicht wenige, die man vorweisen musste. Unter den Papieren war auch die Liste mit den Sachen, die man uns erlaubte mitzunehmen. Alles wurde aufgelistet: Kinderhemden 10 Stück, Kleider 4 Stück usw. Es gibt auch eine Bescheinigung von der Bank darüber, dass wir kein Geld besaßen und dass wir in der letzten Zeit nichts erworben hatten. In der Liste werden keine Wertsachen aufgeführt, denn die hatte man uns weggenommen. Und wohin verschwanden die Möbel und anderen Sachen?

Erst Anfang Mai 1939 wurden wir zur polnischen Grenze, nach Zbąszyń geschickt. Mein Vater war immer noch dort. Es verging noch viel Zeit, bis die Polen uns erlaubten einzureisen. Dort landeten wir in der Heimat der Großmutter und des Vaters: in der Stadt Butschatsch, Gebiet Ternopol.

Bis 1939 war Butschatsch polnisch. 1939 wurde die Stadt von der Roten Armee befreit. Butschatsch ist durch ein paar Sehenswürdigkeiten bekannt: der Fluss Strypa, die alte Burg (Schloss), die »goldene Linde«, der Baum, unter dem nach einer Legende der Frieden zwischen Bogdan Chmelnizki und Polen unterschrieben wurde. Es gibt dort noch das Kloster der Basilianer-Brüder, wo nach dem Krieg eine ukrainische Schule untergebracht wurde. In dieser Schule erwarb ich 1950 den Hauptschulabschluss. Auf dem Berg Fedor liegt ein Stadion. Dieser Berg wurde 1941–43 zum Grab vieler Tausender Juden. In Butschatsch wurden auch einige prominente Persönlichkeiten geboren, darunter der Nobelpreisträger für Literatur 1966 Samuel Joseph Agnon und der Naziverfolger Simon Wiesenthal (geb. 1908).

Die Stadt Butschatsch hatte 1941 ca. 30 000 Einwohner: Es war ungefähr die gleiche Einwohnerzahl an Ukrainern, Polen und Juden (11 000 Personen). Die Stadt lebte ein ganz normales friedliches Leben. Die Ukrainer züchteten Geflügel und Vieh und brachten ihre Produkte auf den Markt, donnerstags auf den Wochenmarkt. Es gab auch einige jüdische Bauern. Die Hauptkäufer waren die Stadtjuden.

Die Juden waren Händler, Handwerker (Schuhmacher, Uhrmacher, Schneider und Friseure). Ärzte, Lehrer und andere Intellektuelle waren ebenfalls Juden. Unter den Juden waren auch Ingenieure und einfache Arbeiter. Die Polen waren hauptsächlich in der Verwaltung tätig.

Man lebte friedlich zusammen, weil man voneinander abhängig war. Konnte zum Beispiel ein Bauer die Eier auf dem Markt nicht vorteilhaft verkaufen, brachte er sie zu Bljum, und jener kaufte sie, um sie in einer speziellen Flüssigkeit bis zum Winter aufzubewahren. Hier bestellten die Bauern für sich auch Waren, die am nächsten Donnerstag für sie zur Abholung bereitstanden. Alle waren zufrieden. Butschatsch war ein echtes jüdisches Schtetl. In der Stadt gab es Synagogen, katholische und orthodoxe Kirchen. Sie befanden sich 500 Meter entfernt voneinander. Niemand warf Steine auf diese Gebäude, niemand beschmierte sie mit Beschimpfungen. Jeder betete, wo er wollte. So dauerte es bis 1941. Es ist unvorstellbar, wie es passieren konnte, dass Nationalismus und Chauvinismus den größten Teil der Ukrainer und Polen verblendeten und sie Petitionen an die deutschen Machthaber unterschrieben mit der Bitte, ein Pogrom oder eine antijüdische »Aktion« durchzuführen, und sich daran noch aktiv beteiligten.

Menschen aller Nationalitäten, fürchtet euch vor Nazismus und Faschismus!

In Butschatsch mieteten wir ein kleines Zimmer in der Koltschewastraße. Wir konnten weder Polnisch noch Ukrainisch. Alle nannten uns Deutsche.

Hier begann eine neue Odyssee. Als die Stadt sowjetisch wurde, teilte man meinem Vater mit, dass wir deutsche Spione seien und nach Sibirien deportiert werden sollten. So wurde die gesamte Familie des Bruders meiner Mutter deportiert. Dies rettete sie vor der Vernichtung durch die Nazis. Für uns sprachen die ganze jüdische Gemeinde und die zahlreichen Verwandten vor.

Es war eine sehr schwierige Zeit für unsere Familie. Mein Vater arbeitete in einem Lager. Im Herbst 1940 wurde ich eingeschult. Aber im September 1941 konnte ich nicht mehr in die Schule gehen. Der Schulbesuch war den Juden während der deutschen Besatzung verboten.

An meinem Geburtstag, am 5. Juli 1941, wurde die Stadt von deutschen Truppen besetzt. Viele begrüßten sie mit Brot und Salz als Befreier. Die Juden erlebten dies mit Angst und Unsicherheit.

Die Soldaten fuhren durch die Hauptstraße mit den Fahrrädern, wie bei einem Spaziergang. Unsere Familie beobachtete sie hinter den Gardinen unseres Fensters und wusste nicht, was auf uns zukommen würde. Selbst die Besetzung der Stadt durch die Deutschen hatte auch einen Vorteil: Endlich hörten der Terror gegen die Juden und die Plünderungen durch die Ukrainer und Polen auf.

So begann die deutsche Besatzung. In der Stadt wurden Verwaltung, deutsche Gendarmerie, ukrainische Polizei, Judenrat sowie im benachbarten Tschortkow auch die Gestapo organisiert. Die Stadt wurde in »jüdische Parzellen«, kleine Ghettos aufgeteilt. Der Übergang von dem einen in das andere wurde verboten. Die Juden waren gezwungen, einen Davidstern auf der Kleidung zu tragen. Man startete die Sammelaktion der Juwelen und Wertsachen für die deutsche Armee. Später begann »die Sammlung« der warmen Sachen.

Die Sammler gingen normalerweise immer freitagabends. Wir Jungs organisierten in unserer Parzelle eine Informationskette und gaben die Meldung vom Erscheinen des Polizisten oder des Jungen aus dem Judenrat weiter. Einmal wurde ich von einem der Sammler erwischt und brutal verprügelt. Auf meine Schreie hin kam mein Vater und kaufte mich frei. Danach erkrankte ich schwer. Die Krankheit verlief mit Komplikationen. Es gab keine Medikamente, und es mangelte an Lebensmitteln.

Im September verkündeten die deutschen Machthaber die Registrierung der Intellektuellen und Jugendlichen für die angebliche Verschickung zu einem Arbeitseinsatz. 350 Juden wurden hinter den Berg Fedor gebracht und im Wald erschossen. Den Menschen wurde mitgeteilt, dass sie zur Arbeit verschickt worden waren. So fand die sogenannte Nullaktion statt, die in allen Ortschaften der Ukraine durchgeführt wurde. Heute steht an der Erschießungsstelle eine Gedenktafel. Sie wurde schon zweimal zerstört, aber auch wieder neu aufgestellt. Jährlich kommen dorthin Gruppen aus Israel, Frankreich und den USA. Man zündet Kerzen an, betet und erinnert sich. Auch ich werde zu diesen Gedenkfeiern eingeladen.

Die Nazis und ihre Helfershelfer bereiteten die Massenvernichtung der Juden vor. Am 5. Oktober 1942 fand in der Stadt die erste »Aktion«, ein Pogrom, statt. Heimlich kamen die Gestapomänner aus dem benachbarten Tschortkow in die Stadt und viele Polizisten aus anderen Ortschaften. Jede »Aktion«, jedes Pogrom fand angeblich nach einer schriftlichen »Bitte« der ukrainischen oder polnischen Intellektuellen statt. Das wurde erst später bekannt. Eine der Unterschriften unter so einem Antrag war die Unterschrift des bekannten Arztes Hamerski. Ohne zu wissen, wo wir uns während des Pogroms versteckten, kam unsere Familie in das große Haus dieses Arztes. Die ganze »Aktion« überstanden wir in seinem Behandlungszimmer.

Die Juden wurden in den Häusern, auf den Straßen und in ihren Verstecken ermordet. Die meisten aber wurden hinter den jüdischen Friedhof geführt und dort an den zuvor geschaufelten Gräben erschossen. Geschossen haben hauptsächlich die Polizisten. Die Deutschen standen an der Seite und beobachteten. Sie töteten einzelne Menschen mit Kopfschüssen aus der Pistole, so als ob es bei einem Schießwettbewerb auf einem Schießplatz wäre.

1500 Juden wurden ins Todeslager nach Belzec (Polen) verschickt. Diese »Aktion« versetzte die Juden der Stadt in einen großen Schockzustand. Die Menschen fühlten sich hilflos und ausgeliefert.

Nach dieser »Aktion« reduzierte sich die Zahl der Parzellen. Sehr auffällig nahm jegliche Geschäfts- und Arbeitstätigkeit ab. Die Menschen beeilten sich, Verstecke unter dem Fußboden, in den Toiletten, zwischen den Wänden, über den Decken einzubauen und einzurichten.

Die zweite »Aktion« fand Ende November 1942 statt. Bekannte Bauern versuchten, unsere Familie in ihr Dorf zu schmuggeln. Die Stadt war umstellt. Wir kehrten in die Stadt zurück. Unser Retter versteckte uns bei seinen Verwandten auf dem Dachboden im alten Heu. Das Fenster ging auf die Koliewastraße. Wir saßen und hörten, wie die Juden in Kolonnen zum Bahnhof zum Abtransport nach Belzec geführt wurden. Wir hörten und sahen teilweise auch, wie eine junge Frau aus der Kolonne ausbrach und in den vorbeifließenden Bach sprang. Das Ufer war sehr steil, der Wachmann schoss und tötete die Frau. In der Kolonne entstand Geschrei und Gejammer. Uns wurde es noch mehr bange ums Herz. Wir wollten auch schreien und jammern. Vater drückte mir seine Hand sehr stark auf den Mund.

Nach dieser »Aktion« kehrten wir in unsere Wohnung zurück, aber nach einigen Tagen wurden wir und alle am Leben gebliebenen Juden an einen anderen Ort umgesiedelt. So wurde ein echtes Ghetto errichtet. Sein Zentrum war auf dem Gelände der Bezirksmolkerei. Ein- und Ausgang war verboten. Hier war eine große Ansammlung von Menschen, die dem Hunger und der Kälte ausgesetzt waren. Es gab kein Wasser und kein Essen. Viele Menschen erkrankten und starben. Es herrschten ständige Beschimpfungen, nicht nur durch die Polizisten, sondern auch durch viele Jungen von außerhalb des Ghettos. Am Rand des Ghettos war ein Brunnen, den man »drei Rohre« nannte. In der Nähe war der Polizeiposten. Um einen Eimer Wasser zu holen, mussten die Ghettoinsassen ein goldenes Schmuckstück (Ring, Ohrringe, Uhr oder Ähnliches) an den Polizisten abgeben.

Zwischen den »Aktionen« wurde mein Vater, manchmal auch ich mit ihm zur Arbeit in den Steinbruch geführt. Wir arbeiteten sehr schwer, aber man konnte von dort etwas Essbares und irgendwelche Heilmittel ins Ghetto mitbringen. Außerdem konnte man dort genug trinken. Manchmal gelang es sogar, etwas gegen Lebensmittel umzutauschen. Aber dieser Tausch war natürlich nicht zu unserem Vorteil.

Am 2. Februar 1943 begann die längste und von ihren Folgen her schrecklichste »Aktion«. In die Stadt kamen sehr viele Gestapo-Männer und Polizisten. Die Stadt (das Ghetto) wurde umstellt. Die Nazis wollten mit einem Schlag das Judentum von Butschatsch erledigen und die Stadt als »judenfrei« deklarieren. Die Vernichtung fand überall statt: in den Häusern, in den Verstecken, auf den Straßen.

Die »Aktion« begann plötzlich. Unsere Familie konnte sich nirgendwo im Ghetto verstecken. Die Nachbarn hatten ein kleines geheimes Versteck für 3–4 Personen. Unsere Familie fand, zwar mit Streit, aber dennoch Unterschlupf in diesem Versteck. Jetzt waren wir zu acht. Außerdem hatten meine Schwester und ich Mumps. Die Luke wurde von einem der Bekannten des Nachbarn mit einem Deckel zugedeckt. Auf den Deckel schob man den Schrank. Wir hörten, wie die Menschen durch das Zimmer gingen und den Boden abhörten. Sie schimpften laut. Nach ein paar Stunden litten wir unter Atemnot, da es an Sauerstoff mangelte. Normalerweise dauerte die »Aktion« nur einen Tag. Diesmal verging schon der zweite Tag, aber die Luke wurde nicht geöffnet. Die Großmutter und wir Kinder waren ohnmächtig, als endlich nach zwei Tagen die Luke geöffnet wurde. In der Wohnung war alles geplündert und ausgeraubt. Die Fotoalben der Familie waren vernichtet. Im Verlauf dieser »Aktion« wurden in Butschatsch 2400 Menschen erschossen: auf dem Berg Fedor und im Tal des Flusses Strypa. Nach Augenzeugenberichten konnte man noch lange das Stöhnen aus den Gruben hören, und der Fluss war zwei Tage rot von Blut.

Bei dieser »Aktion« starben fast alle unsere Verwandten. Wita Anderman, die in Israel lebt, versteckte sich in der Toilette. Vor ihren Augen ereignete sich Folgendes: Die Polizisten fanden zwei alte und in der Stadt sehr geachtete Juden. Dem Großvater Moische Aschkenasi schlug der Polizist vor, zu Hause zu bleiben. Der Großvater bat, dass auch die Großmutter bleiben dürfe. Der Polizist willigte nicht ein, und so gingen beide Greise Hand in Hand in den Tod.

Nach dieser »Aktion« lebten viele Juden illegal: Sie gingen in den Wald, in die Dörfer, versteckten sich in der Stadt.

Die vierte »Aktion« im April 1943 überstand unsere Familie im Versteck unter dem Boden bei Nachbarn, die schon das Ghetto verlassen hatten.

Nach ein paar Tagen entschieden die Nazis, eine Kontrollaktion, das heißt, eine »Aktion« mit Kräften der heimischen Polizei und Gendarmerie, durchzuführen. Alle, die ihnen vor die Augen kamen, wurden gefasst. Die, die Widerstand leisteten, wurden an Ort und Stelle erschossen. Um etwas Wasser zu beschaffen, verließ ich das Ghetto. An mir vorbei ging ein deutscher Offizier. Er nahm mich an die Hand (er hatte Handschuhe an) und führte mich friedlich ins Zentrum. Nicht weit von dem Gebäude der Polizei standen ein paar Lkw, auf die Juden aufgeladen wurden. Ringsherum standen Polizisten mit Waffen auf dem Rücken. Man sagte, dass man jene beerdigen würde, die vor ein paar Tagen während der vierten »Aktion« erschossen worden waren.

1. Bezirk (Rayon) Butschatsch

Ich saß direkt an der Wand der Ladefläche. Mir gegenüber saß ein Polizist. Als der Lkw bergauf fuhr, hob mich plötzlich der neben mir sitzende Mann, schubste mich aus dem Lkw und sprang hinterher. Vor Angst lief ich zu den Häusern. Die Polizisten eröffneten das Feuer. Aber das Schicksal meinte es gut mit mir. Ich habe mir sehr stark das rechte Knie verletzt, es schmerzt noch immer, mein ganzes Leben lang. Als ich nach Hause kam, verprügelte mich mein Vater. Dabei war ich nur zwei oder zweieinhalb Stunden nicht zu Hause.

Mitten im Sommer 1943 begann in Butschatsch die Liquidierung des Ghettos. Allen Ghettoinsassen wurde befohlen, in ein anderes Ghetto (in die Stadt Kopytschinzy) umzusiedeln. Meine Eltern entschieden, nicht hinzugehen, sondern illegal zu werden. Die Großmutter Mariam weigerte sich ganz entschieden, zusammen mit uns in den Wald zu gehen, um uns nicht zur Last zu fallen. Sie sagte, dass sie nach Kopytschinzy gehen würde. Aber nach zwei Monaten fand die fünfte »Aktion« statt. Die »geschätzten« Nachbarn denunzierten die Großmutter, und sie wurde neben dem Haus, wo wir im Ghetto lebten, erschossen. Nach der Befreiung der Stadt berichteten mir die Augenzeugen darüber.

Gegen eine Bezahlung an die Polizisten konnten wir das Ghetto verlassen. So landeten wir in der Umgebung der Dörfer Subriz und Sbarashskije Gai. Im Sommer versteckten wir uns im Weizenfeld. Als Dach über dem Kopf diente uns eine kleine Plane. Wir ernährten uns hauptsächlich von den Ähren. Wir sammelten das Regenwasser von der Plane. Es ist erstaunlich, aber so konnten wir, ständig unseren Aufenthaltsort wechselnd, bis zur Ernte überleben. Nach der Ernte versteckten wir uns im Wald und im Gehölz. Wir sahen und hörten, wie die Jungen, die das Vieh weideten, Kartoffeln im Lagerfeuer brieten. Abends konnten auch wir zwei, drei Kartoffeln ergattern.

Mit dem Frosteinbruch schlief unsere Familie heimlich in den Heulagern der Bauern. Es waren hohe, einfache Heulager auf vier Stelzen.

In der Nacht zum 10. November 1943 stießen bewaffnete Banditen in deutschen Uniformen zu uns. Ich wandte mich auf Deutsch an sie und bat, uns nicht zu töten. Aber Deutsch verstanden sie nicht, sie sprachen miteinander auf Ukrainisch. Sie verlangten Wertsachen, suchten alles durch, kontrollierten alle Papiere meines Vaters. Meine Mutter sagte, das Gold sei im Wald vergraben. Zwei Banditen führten meine Mutter und Schwester Rita in den Wald, um es zu holen. Die verbliebenen zwei Banditen führten meinen Vater und mich in den Wald. In diesem Augenblick hörten wir zwei Schüsse. Vater sagte zu mir auf Deutsch, ich sollte in die Dunkelheit des Waldes laufen. Ich lief los. Mein Vater hatte noch aus dem Steinbruch ein verwundetes Bein. Hinter meinem Rücken hörte ich Schüsse, und etwas sauste ganz nah an mir vorbei. Ich fiel zu Boden, und nach einiger Zeit lief ich, so schnell ich konnte. Ich war damals neun Jahre alt.

Im Wald lief ich, ohne nach rechts und links zu schauen. Vom Schicksal meiner Familie wusste ich nichts. Ein paar Tage irrte ich im Wald umher, ohne irgendetwas zu verstehen. Ich wurde von zwei Jungen gestellt. Sie fragten mich: »Bist du Jude?« Ich antwortete bejahend. Dann fragten sie, ob meine Mutter Deutsche genannt wird. Ich antwortete bejahend. Am Abend führten sie mich durch die Gemüsegärten in ein Dorfhaus, dort traf ich meine Mutter und Schwester. Diese Menschen weigerten sich, uns zu verstecken. Sie erzählten, dass unser Vater ermordet wurde und dass seine Leiche zwischen dem Dorf und dem Wald liege. Wir gingen dort hin, aber die Leiche war nicht mehr da. Wer ihn wo beerdigte, weiß ich bis heute nicht. Deshalb ist für mich jedes Denkmal für erschossene Juden auch ein Denkmal für meinen Vater.

Meine Mutter erzählte, was mit ihnen in jener tragischen Nacht passierte. Zwei Banditen führten sie in den Wald, um das Gold zu holen. Als sie tief im Wald waren, rannten meine Mutter und Schwester in verschiedene Richtungen. Bis die Banditen ihre Waffen betätigten, waren meine Mutter und Schwester schon weit genug weggelaufen. So blieben sie am Leben. Die Banditen unterließen es, die beiden in der Dunkelheit zu verfolgen. Aber diese Schüsse zwangen die anderen Banditen, auf meinen Vater und mich zu schießen. Mein Vater wurde getötet, ich blieb zum wievielten Mal am Leben. Einer der Bauern erzählte, dass es im Wald drei Bunker gebe, in denen man sich verstecken könnte. Nach langer Suche fanden wir diese Verstecke im tiefen Kiefernwald. In einem von ihnen lebten bereits Menschen. Es waren zwei jüdische Familien und zwei Partisanen mit Sprengstoff aus der Partisanentruppe von Kowpak. Diese Partisanentruppe wurde in den Karpaten vernichtet. Nur wenigen gelang es, aus der doppelten Umzingelung zu entkommen. Die Partisanen waren verwundet und konnten nicht mehr weitergehen. Deshalb versteckten sie sich in diesen Bunkern zusammen mit den Juden. Wir bekamen einen Platz unter der Ausgangsluke, es war dort sehr kalt, aber es war immer noch besser als im Wald ohne ein Dach über dem Kopf.

Nach der Vernichtung der Partisanentruppe von Kowpak verstärkten Deutsche und Polizisten ihre Kontrolle all jener, die aus dem Wald kamen. Im Bunker mussten wir hungern. Aus Schnee schmolzen wir Wasser. Wir aßen Kieferzapfen, Baumrinde und Harz. Rita und ich bekamen große Probleme mit dem Magen. Meine Mutter entschloss sich, ins Dorf zu gehen und etwas Essbares zu beschaffen.

Sie brachte etwas Mohn mit. Ich aß meine Portion sofort, und dies rettete mich faktisch vor dem Tod. Ich bekam einen sehr starken Durchfall. Ein paar Mal musste ich in der Nacht raus. Am frühen Morgen war ich zum erneuten Mal draußen. In der Ferne sah ich im Morgengrauen eine Gruppe sich nähernder Polizisten und Zivilisten mit vorgehaltener Waffe. Sie gingen halb gebückt und lautlos. Ich rannte zur Luke und schrie: »Mama, Polizei!« Ich rannte in den Wald. Direkt hinter dem Bunker gab es einen Stapel gefällter Bäume. Das Feuer wurde eröffnet, aber das Holz schützte mich vor den Kugeln. So konnte ich zum wievielten Mal meiner Erschießung entkommen.

Das war am 4. Februar 1944. In jenem Jahr gab es sehr viel Schnee. Ich lief barfuß durch den tiefen Schnee, die Schüsse donnerten hinter meinem Rücken. Aber ich kämpfte gegen das Echo. Ich rannte um die Erschießungsstelle herum. Ich zählte neun Schüsse. Aber im Bunker waren zehn Personen. Ich dachte, dass noch jemand sich retten konnte. Später erzählte man mir, dass meine Schwester Rita es noch schaffte, aus dem Bunker herauszukommen, und sie, ein Kleinkind, mit Bajonetten erstochen wurde.

Zu Mittag verirrte ich mich zu einem einsamen Haus im Wald. Es war das Haus des Försters. Man verband mir schnell die Füße mit Lappen, gab mir ein Stück Brot und schickte mich wieder in den Wald. Nach ein paar Stunden gelangte ich zu einem der Bauernhöfe in Sbarashskije Tschajew. In diesem Haus wurde ich großzügig aufgenommen. Man wärmte mich auf, gab mir Suppe zu essen, die ich schon seit fast einem Jahr nicht mehr zu essen bekam. Man gab mir auch irgendwelche Kleider und legte mich zum Schlafen ins Heu. Sobald ich es mir auf meinem Lager bequem gemacht hatte, sah ich von oben, wie ein junger Mann eilig aus diesem Haus wegging und irgendwohin fuhr. Ich spürte etwas Ungutes. Es gab keine Treppe, ich rutschte vom Heu herunter, verletzte mich am Bein und rannte zum Haus auf der entgegengesetzten Seite des Dorfes. Ich vergrub mich im Heu. Im Schlaf hörte ich das Geräusch der sich nähernden Schlitten. In den Schlitten saßen jener junge Mann und ein Polizist. Ich kam aus dem Heu heraus und rannte weit weg von diesem Ort.

Es war eine tiefdunkle Nacht, tiefer Schnee, und der Junge im Alter von neuneinhalb Jahren irrte durch ein Feld in die Ungewissheit. Plötzlich landete ich in einem Bach und wurde nass bis zum Bauch. Aber ich ging weiter. Um Mitternacht sah ich vor mir einen einsamen Lichtpunkt. Ich ging zu diesem Lichtpunkt. Nach einiger Zeit gelang ich zu einem Bauernhof. Die Tür wurde lange nicht geöffnet. Ich fing an, laut zu schreien. Der Hund riss sich von der Kette. Endlich wurde ich ins Haus eingelassen, ein warmes, gemütliches Haus. Was für eine Wonne! Der Bauer war ein guter Bekannter meiner Eltern. Ich war im Dorf Subriz. Man erkannte mich und wusste Bescheid von der Tragödie im Wald, von der man mir auch berichtete. Man gab mir zu essen, irgendwelche Kleidung, aber weigerte sich entschieden, mich zu verstecken. Ich bat, mich nach Butschatsch zu bringen. Unsere Nachbarin, Frau Gruzanska, war vor dem Krieg sehr nett zu mir. Ich hoffte, mich in unserem Versteck zu verstecken und bei Frau Gruzanska Essen zu bekommen. Am Morgen ging der Bauer zu seinen Verwandten (es waren auch gute Bekannte unserer Familie), erzählte von mir und lieh sich das zweite Pferd aus. Man legte mich mit Heu bedeckt in den Schlitten, auf dem zwei Männer saßen, und brachte mich nach Butschatsch.

Man brachte mich auf den Bahnhofsplatz und ließ mich aussteigen. Es war ein Markttag und sehr viele Menschen ringsherum. Ich ging die Hauptstraße entlang zu unserem Haus. Ein paar Jungen entdeckten mich und fingen an: »Jude, Jude!« zu schreien. Ich ging wie durch einen Kugelhagel. Plötzlich sah ich vor mir einen Polizisten, der die Schreie der Jungen hörte und in meine Richtung einlenkte. Ich sprang an der Kreuzung in ein leer stehendes Haus. Aus dem Fenster sprang ich auf die andere Straße. Ich konnte mich im tiefen Schnee verstecken. Ich weiß nicht, wie lange ich dort lag. Lange rannte man durch das Haus und suchte nach mir.

Als sich alles beruhigte, ging ich weiter. Ich ging nicht mehr die Hauptstraße entlang, sondern am Ufer des Baches, durch den das Abwasser in den Fluss Strypa fließt.

Vor mir winkten zwei Jungen auf Skiern mit den Händen und schrien mir zu. Ich hielt an. Es stellte sich heraus, dass ich direkt vor einem Bach anhielt, der mit dünnem Eis bedeckt und mit Schnee überdeckt und somit kaum zu sehen war. Dann kam die traditionelle Frage:

»Bist du Jude?«

»Ja!«

»Hast Du Hunger?«

»Ja!«

Einer von ihnen führte mich in ein Haus. Man wärmte mich auf, wusch mich, gab mir zu Essen und legte mich unter das Bett. Ich wurde ohnmächtig und lag dort so ein paar Tage. In einer Nacht kamen zwei Männer. Ich, halb lebendig, wurde in einen Sack gelegt, und man trug mich weg. Unterwegs redete man mir zu, ich sollte ruhig bleiben und mich nicht aufregen. Nach einiger Zeit wurde ich aus dem Sack befreit und auf meine Füße gestellt. Ringsherum waren große Bäume. Die Männer griffen einen jungen Baum mit ihren Händen und hoben ihn zusammen mit dem Deckel einer Luke an. Aus dem Untergrund kam warme und verbrauchte Luft. Man nahm mich an die Hände und ließ mich in die Luke hinein und sagte: »Haltet ihn, weil er nicht gehen kann.« Man nahm mich auf den Arm und trug mich weg. Als ich zu mir kam und wieder denken konnte, sah ich einen großen Keller. An einer Wand lagen Strohmatten, auf denen Menschen saßen. Ich wurde etwas abseits auf so eine Strohmatte gelegt. Meine ganze verlauste Kleidung wurde mir abgenommen und weggeworfen. Man schnitt mir die Haare, rieb mich mit Kerosin ab und wusch mich. Man zog mich an und gab mir zu essen. Ich schlief ein paar Tage. Ich kam zu mir von sehr starken Schmerzen in den Beinen. Meine Arme und Beine waren sehr stark erfroren. Man behandelte mich, so gut man konnte. Ich bin diesen fürsorglichen Menschen sehr dankbar. Leider kenne ich ihre Namen nicht.

Vor dem Krieg gab es in der Spiritusfabrik von Butschatsch vier große Lagerkeller. Von ihnen wussten sehr wenige. Und dass es vier und nicht nur zwei Keller gab, wusste nur der Besitzer selbst. Irgendein Grizan, der etwa 120 Juden dort versteckte, sie aber dann an die Nazis verriet, versteckte und rettete danach im gleichen Keller auch die reichsten jüdischen Familien, wahrscheinlich, um davon zu profitieren und ein Alibi zu haben. Auch seine Frau war eine getaufte Jüdin. Die Rote Armee näherte sich, und er gab der Bitte seines Neffen nach und versteckte auch mich in diesem Keller.

Im Keller führte man ein Nachtleben, wobei es dort tags und nachts dunkel war und man Kerzen anzünden musste. Tagsüber schlief man, nachts bereitete man das Essen zu, man kochte sogar.

Nach zwei Wochen konnte ich auf den Beinen stehen und sogar selbstständig gehen. Ich konnte auch auf die Toilette gehen. Die Toilette war im vierten Keller der Spiritusfabrik.

Ein paar Mal spürte ich ungute Blicke irgendeiner Person auf mir. Sie befand sich in der Dunkelheit, und ich war im Hellen und konnte sie deshalb nicht sehen.

Als ich selbst gehen konnte, erkannte ich in dieser Person jenen Jungen aus dem Judenrat, der mich einmal dafür halb tot prügelte, weil wir Jungen ihn störten, die Juden zu berauben. Er erkannte mich auch.

Einmal ging ich alleine auf die Toilette, ohne Begleitung. Die Toilette war in der Tiefe des Kellers, und wir entleerten uns oben. Plötzlich war hinter meinem Rücken dieser Verräter. Er wollte mich nach unten in die Fäkalien stoßen. Aber da kam der Mann, der mich betreute, und rief nach mir. Der Verräter rannte weg. Ich erzählte dem Mann meine Geschichte. In der Nacht verschwand dieser Junge für immer aus dem Keller. Nach der Befreiung der Stadt durch die jüdische Truppe von H. Dunaer, zwei Tage vor dem Einmarsch der Roten Armee, suchte man ihn, konnte ihn aber nicht finden. Auf dem Konto dieses Verräters waren viele Sünden. Es gab Gerüchte, dass man ihn in Polen erkannte und ihm den Prozess machte (dass man ihn sogar tötete). Hier, in der Gemeinschaft dieser wunderbaren Menschen, erlebte ich die Befreiung der Stadt.

Ich ging aus dem Keller und war ein Waisenkind, halb nackt, barfuß, krank, ohne Papiere und obdachlos. Ein paar Tage später landete ich im Gebäude der ehemaligen Gendarmerie. Dunaer, ein

1. Bezirk (Rayon) Butschatsch

entfernter Verwandter, erlaubte mir, im ersten Stock im Raum mit den Partisanen zu übernachten. Ich erledigte für ihn kleine Aufträge.

Wir schliefen auf dem Fußboden auf Stroh. An einem Abend saß ich auf dem Boden, angelehnt an die Wand. Einer der Soldaten reinigte seine Pistole, und plötzlich hörte man einen Schuss. Die Kugel flog an meinem Ohr vorbei und ging in die Wand. Ich war betäubt und befand mich im Schockzustand. Vom zweiten Stock rannte Dunaer mit der Pistole in der Hand herunter. Er sah mich »tot« und erschoss beinahe den Schuldigen. Aber als er wohl merkte, dass ich am Leben war, beschimpfte er nur diesen Unglücklichen, der auch selbst ganz schockiert war. So entging ich zum wievielten Mal wieder dem Tod.

Im April unternahmen die Deutschen eine Gegenoffensive auf Butschatsch.

Am Abend des 6. April bat mich Dunaer, zum Stab der Roten Armee zu laufen, um zu erfahren, was an der Front und in der Stadt passiere. Der Stab befand sich im Haus des Arztes Hamerski (im selben Haus, wo sich meine Familie während einer der »Aktionen« versteckte).

Als ich zum Gebäude kam, sah ich, dass es leer war. Die Fenster und Türen standen offen, der Wind fegte Papiere durch die Räume. So schnell ich konnte, rannte ich zum Stab von Dunaer, aber auch dort war keiner mehr. Dort begegnete ich einem der Truppenmitglieder, der mir sagte, die Deutschen seien vor der Stadt und die Partisanentruppe sei der Roten Armee hinter die »schwarze Brücke« in die Richtung von Tschortkow gefolgt.

Wir rannten durch die ganze Stadt zu dieser Brücke. Auf dem anderen Ufer stand ein Panzer, und die Soldaten machten etwas. Als sie sahen, dass wir uns der Brücke näherten, fingen sie an zu schreien und mit den Armen zu winken. Sie hinderten uns, die Brücke zu betreten. Aber hinter uns waren Deutsche, und wir liefen auf die Brücke. Mir entgegen rannte ein Soldat, nahm mich auf den Arm und trug mich ganz schnell auf die östliche Seite des Flusses. Er stellte mich hinter einem Panzer auf die Füße. Plötzlich gab es eine ohrenbetäubende Explosion, und die Brücke flog in die Luft.

Die Soldaten setzten uns auf den Panzer, und wir fuhren los. Nach ca. vier Kilometer erreichten wir das Dorf Selena, wo die neue Frontlinie verlief. So holte ich eine große Gruppe jüdischer Flüchtlinge ein. Alle bewegten sich in Richtung der Stadt Terebowlja. Die Kolonne bewegte sich sehr langsam. Man ging tags und nachts. Winter und Frühling 1944 waren sehr schneereich. Die Straßen und Wege waren Schlamm. Die Straßengräben waren voller Wasser. Mit meinen kranken Beinen schlich ich am Ende dieser Kolonne.

Plötzlich hörte ich ein dumpfes Stöhnen einer Frau und Hilferufe. Neben mir ging ein mir unbekannter Mann. Wir hielten an und gingen der Stimme nach. Im Graben sahen wir im Wasser eine junge und, wie es mir schien, schöne Frau. Sie strampelte in Wasser und Schnee und konnte nicht herauskommen. Wir reichten ihr unsere Arme, und sie ergriff meine. Ich landete auch im Wasser. Irgendwie kamen wir wieder auf die Straße. Unsere Kleidung und Schuhe waren nass. Wir erreichten das erste Haus des Dorfes und baten, uns hereinzulassen, um uns zu trocknen. Gute Menschen ließen uns herein, trockneten unsere Lumpen, gaben uns etwas zu essen, und nach ein paar Stunden gingen wir drei weiter. Die Kolonne war nicht weit entfernt. Am späten Abend erreichten wir den Stadtrand von Terebowlja. Wir gingen in ein leer stehendes Haus, fielen ohne Kraft und ohne jeden Wunsch, irgendetwas zu tun, zu Boden und schliefen ein. Ich wachte von einem fürchterlichen Geschrei und Lärm auf. In diesem und anderen Häusern gab es viele Flüchtlinge. Jemand verbreitete das Gerücht, dass die Deutschen die Stadt besetzten. In Panik und Schock liefen alle in Richtung Osten, soweit wie möglich weg von den Deutschen.

Nach einem Tag erreichten wir die Stadt Skalat. Als ich dort landete, waren schon alle leer stehenden Häuser von Flüchtlingen besetzt. Unter einem Tisch war noch Platz, und dies wurde zu meiner Behausung für die nächsten vier Monate.

Die Stadt Skalat lag an der Frontlinie. Durch die Straßen fuhr pausenlos Kriegsgerät zur Front Richtung Ternopol, und von dort kamen Lkw mit Verwundeten von der Front. An der Kreuzung im Zentrum der Stadt hielten die Wachposten die Wagen an und kontrollierten die Papiere. Währenddessen liefen wir Jungen zu den Wagen und bettelten bei den Soldaten um Kleingeld, Zucker und Zwieback. Es gaben hauptsächlich jene, die zur Front unterwegs waren.

Einmal war ich nicht schnell genug, vom Trittbrett des Wagens abzuspringen. Ich hatte vor, dann an einem steilen Abschnitt abzuspringen. Aber ich war nicht geschickt genug. Zum wiederholten Mal verletzte ich mir das Knie des rechten Beins. Fast einen ganzen Monat blieb ich unter dem Tisch liegen. Die Jungen unterstützten mich, so gut sie konnten.

In Skalat gab es ein großes Fronthospital, das mit Stacheldraht umzäunt war. Es war verboten, sich in der Nähe des Stacheldrahtes aufzuhalten. Wir durften unsere leeren Behälter, Konservendosen und Ähnliches vor das Tor des Hospitals stellen. Wir lagen etwas entfernter und warteten. Die kranken Soldaten gaben ihre Essensreste in dieses Geschirr. Dann gingen wir zum Tor und holten das Geschirr. Wenn man Glück hatte, war der Behälter voll. Was für eine Glückseligkeit! Aber ein Teil des Essens musste man »nach Hause« tragen, um die Kranken zu unterstützen. Einmal gingen zwei junge Frauen, Krankenschwestern in Uniform, an uns vorbei. Eine von ihnen fragte, ob ich Zucker möchte. Ich glaube, allen ist klar, was ich antwortete. Sie lud mich ein, ihr zu folgen. So landete ich im »Paradies«. Gardinen, Decken, Tischdecke: Alles war aus Mull. Ich war schockiert. Ich, dreckig, in Lumpen, unfrisiert unter diesem Weiß! Ich wurde gezwungen, die Hände mit Seife zu waschen, und jede von ihnen schenkte mir einen Zuckerwürfel. Wie viele hungrige Menschen tranken in unserem Zimmer an diesem Tag wahrscheinlich zum ersten Mal nach vielen Monaten heißes Wasser mit Zucker!

1944/45 wurden alleinstehende Frauen ohne Kinder von den Machthabern »gejagt« und zum Aufbau von Donbass eingesetzt. Vielen solcher jüdischen Frauen waren wir kleinen Waisenkinder als Alibi vor dem Einsatz in Donbass notwendig. Auch ich wurde von so einer Frau »adoptiert«. Zusammen mit ihr kehrte ich nach seiner wiederholten Befreiung nach Butschatsch zurück. Aber nach der Ankunft in Butschatsch landete ich wieder auf der Straße. Ich schlief in leer stehenden Häusern oder auf der Straße. Wir dreckigen, verlausten, fast nackten und unnützen Jungen waren den Menschen auf dem Markt ein Albtraum. Wir verdienten unser tägliches Brot mit kleinen Diensten: schleppten Wasser, hackten Holz, manchmal klauten wir, besonders Brot.

Es war eine gut organisierte Operation, von der ich berichten möchte. Wir zwei, die Kleinsten, gingen über den Markt und schauten, wo Brot verkauft wurde. Die Bäckerei war außer Betrieb. Das

Brot wurde selbst gebacken. Im günstigen Augenblick rissen wir die Brotlaibe vom Tisch und rannten davon. Unsere Aufgabe war, die zerstörte Mauer zu erreichen und das Brot auf die andere Seite zu werfen. In der Regel wurden wir gefangen und brutal geschlagen. Hinter der Mauer warteten zwei Jungen, die älter waren als wir. Sie fingen die Brotlaibe auf und rannten zum nächsten Haus und warfen das Brot ebenso über eine Mauer. Diese wurden auch gefangen, aber seltener. Hinter dieser Mauer waren schon ältere Jungen und rannten mit dem Brot zu unserer »Behausung«. Am Abend wurde das Brot »nach Verdiensten« geteilt.

Als die Bäckerei wieder öffnete, gingen wir den ganzen Tag vom Brotladen zum Pavillon. Wir halfen, das Brot abzuladen und zu schleppen. Dafür durften wir den leeren Pavillon am Abend fegen, was wir sehr fleißig taten: Man hatte dann eine Handvoll Brotkrümel. Das war unser Mittag- und Abendessen.

In der Stadt gab es fast keine Fensterscheiben. Diese waren Mangelware. Einmal entfernten mein Freund und ich aus einem leer stehenden Geschäft ein großes dickes Schaufenster. Wir brachten es zur Besitzerin eines kleinen Cafés. Dafür bekamen wir dreimal Abendessen, und man erlaubte uns, drei Nächte im warmen Raum neben der Eingangstür zu schlafen.

In der Stadt stand an der Stelle des Ghettos eine Kaserne. Ich ging hin und bediente die Soldaten: Putzte die Kaserne, brachte die während des Spiels weit geflogenen Bälle zurück. Die Soldaten gingen täglich zum »Angeln«. Sie stellten sich in eine Reihe und schossen mit ihren Gewehren ins Wasser, während sie am Schilf entlanggingen. So betäubten sie die Fische und warfen sie auf das Ufer. Ich sammelte diese Fische und legte sie in die Rucksäcke. Ich schlief sehr oft in der Kaserne. Die Soldaten brachten mir Essen aus der Kantine. Ich gefiel ihnen, und sie baten den Kommandeur, mich als »Sohn der Truppe« aufzunehmen. Aber es gelang nicht. Die Truppe wurde zur Front beordert, und es war verboten, Kinder mitzunehmen. Ich kehrte wieder zu meinem Straßenleben zurück.

Einmal sah ich eine Frau, die meine entfernte Verwandte Dora Topol war. Sie überlebte in Butschatsch die ganze Tragödie des Ghettos, geriet außerdem in die zweite Besatzung der Stadt und blieb wie durch ein Wunder am Leben. An Krankheiten und Kälte starb ihr kleiner Sohn im Ghetto. Dora nahm mich zu sich, wusch mich, vernichtete meine Kleidung und gab mir etwas anderes. Sie schickte mich in die Schule. So landete ich in der Familie Topol, wo ich bis 1950, bis zum Hauptschulabschluss lebte. Dann kamen: Fachschule in Iwano-Frankowsk, Schlosser in einer Fabrik, Militärfachschule in Charkow, Militärdienst im Süden und im Norden, Entlassung zur Reserve, freiwilliger Polizeidienst. Ich tauschte meine Wohnung im Baltikum gegen eine in der Ukraine. Ich führe das Leben eines aktiven Rentners in der jüdischen Gemeinde. Ich habe so viele Krankheiten und Leiden, wie sie kaum in einem Lexikon aufgezeichnet sind.

Ich hatte Glück mit meiner Lebensgefährtin. Bald bin ich fünfzig Jahre mit meiner Nina, der schönsten, der besten und der zärtlichsten Frau der Welt zusammen. Wir haben zwei Söhne und drei Enkel. Alle haben ihren Platz im Leben gefunden, sind anständig und fleißig. Oma und Opa werden jährlich besucht.

Ich wiederhole es noch einmal: Das Schlimmste auf der Welt ist Nazismus. Fürchtet euch davor, lasst ihn nicht zu!

Wiktor Hecht (geb. 1931)
»Im Andenken an die Juden der Stadt Butschatsch«
Alle neuen Zeugnisse über die Wahrheit der Tragödie verhindern hoffentlich die Wiederholung dieser menschlichen Schande

Die Gefahr, dass das Schicksal eines Jungen aus dem jüdischen Ghetto im Städtchen Butschatsch, Gebiet Ternopol, der wie durch ein Wunder überlebte und den Fleischwolf der faschistischen Erniedrigungen und Vernichtung seiner Familie und Verwandtschaft überstand, ins Vergessen geraten könnte, sowie die Erinnerung an Tausende Erniedrigte, Erschossene, von den Faschisten zu Tode gequälte Kinder, Frauen und Alte zwang mich, die Feder in die Hand zu nehmen.

Die langjährige Suche nach meinen Rettern und überlebenden Verwandten, Korrespondenzen und Treffen mit überlebenden Landsleuten, die in der ganzen Welt verstreut sind, die Besuche im heimatlichen Butschatsch und an den Massengräbern, wo die Erschießungen stattfanden, Gespräche mit den ehemaligen Kameraden im Feldhospital, wo ich der »Sohn der Truppe« war, dies alles unterstützte mich bei der Niederschrift dieser Erinnerungen. In meiner Arbeit stütze ich mich auf die Akten des Staatsarchivs der Russischen Föderation, des Zentralarchivs des Verteidigungsministeriums, des russischen Staatsarchivs für sozialpolitische Geschichte. Ich benutzte in meiner Arbeit auch Materialien, die ich aus den Archiven in Polen, Israel und der Ukraine bekam.

Dies alles half mir, die Tragödie der Vernichtung der Juden im Städtchen Butschatsch, darunter auch meine Familie, zu rekonstruieren und von meinem Schicksal zu berichten.

Es ist erstaunlich, dass das Gedächtnis nach so vielen Jahren fast alle Ereignisse, Handlungen, die Umgebung, die Ausdrücke der Gesichter, jedes Brotstückchen, jeden Flicken auf der Kleidung bewahrte, aber leider einige Vornamen und Familiennamen verloren gingen.

Das Städtchen Butschatsch
Das kleine Städtchen Butschatsch im Gebiet Ternopol in Galizien gehörte bis September 1939 zu Polen. Zuvor aber war es ein Teil der österreichisch-ungarischen Monarchie.

Butschatsch liegt am rechten Ufer des tiefen Tals des kleinen Flusses Strypa, umgeben von nicht besonders hohen Bergen, was ihm ein unverwechselbares landschaftliches Gesicht verleiht. Auf einem der Gipfel stehen halb zerstörte Mauern der Burg und Befestigungen des altertümlichen Schlosses aus dem 16. Jahrhundert. Im Zentrum des Städtchens steht immer noch auf dem kleinen viereckigen Platz das schöne, hohe Rathaus mit den Skulpturen aus dem Jahr 1751. Butschatsch ist eine der schönsten Städte Galiziens.

Butschatsch war bekannt für seine jüdische Tradition. Hier lebten etwa 10–13 Tausend Juden bei einer Gesamtbevölkerung von 25–30 Tausend.

Es ist bemerkenswert, dass 1888 in Butschatsch der erste israelische Nobelpreisträger für Literatur (1966) Samuel Joseph Agnon (eigentlich Samuel Josef Czaczkes) geboren wurde. 1908 wurde in Butschatsch Simon Wiesenthal geboren, der später der ganzen Welt als »Jäger der Nazi-Verbrecher« bekannt wurde und eine führende Rolle bei der Suche und Festnahme des Nazi-Verbrechers Adolf Eichmann spielte.

Während der Nazi-Besatzung gehörte Butschatsch zum Generalgouvernement, Distrikt Galizien. Heute liegt Butschatsch im Gebiet Ternopol in der Ukraine.

Familie. Kindheit

Meine Mutter, Pepa Hecht (geb. Hirschhorn), wurde 1899 geboren. Sie war Lehrerin für Biologie und Geografie am Gymnasium und später in einer Mittelschule. Mein Vater, Samuel Hersch (Herman) Hecht, wurde 1895 geboren. Er war Getreidekaufmann. Ich, Wiktor (Isidor) Hecht, wurde am 31. Oktober 1931 in Butschatsch geboren. Die Eltern wurden auch in Galizien geboren. Die Großmutter, Rosa (Reisa Schuschana) Hirschhorn, wurde 1880 geboren und starb 1963 in Israel. Der Großvater, Schimon Hirschhorn, war zehn Jahre älter als Großmutter. Er verstarb im Herbst 1941 an einem Herzinfarkt. Die Großeltern erzogen vier Töchter, denen sie eine gute Ausbildung ermöglichten. Drei von ihnen – Pepa, Malja und Jana (Chana) – starben im Inferno des Holocaust. Überlebt hatte nur Betti, die 1935 mit ihrem Mann nach Palästina auswanderte.

Ich war Einzelkind in der Familie. Unsere Familie besaß ein einstöckiges Eigenheim am Stadtrand, zu dem auch ein kleiner Garten und Hof gehörten. In der Nachbarschaft lebten Polen und Ukrainer. Meine Kindheit war glücklich, fröhlich und »unbewölkt«. In der Stadt lebten noch zwei Schwestern meiner Mutter und die Großeltern: Opa Schimon und Oma Rosa.

Tante Jana, nach der Heirat Kanner, war die beste Schneiderin in der Stadt. Ihr Mann war Uhrmacher. Sie hatten ein Kind, eine Tochter im Alter von 5–6 Jahren. Die zweite Tante (sie lebte in Scheidung), Malja, wohnte mit ihrer Tochter im Alter von 3–4 Jahren beim Opa. Sie war Grundschullehrerin. Das Besondere an Opa Schimon und Oma Rosa war, dass sie beide vor der Heirat den gleichen Familiennamen hatten: Hirschhorn. Mein Cousin witzelte: »Wir stammen aus der Familie Hirschhorn im Quadrat.« Im Städtchen gab es viel Verwandte mit dem Namen Hirschhorn. Die meisten waren Lehrer und Ärzte sowie bis 1939 Laden- und Lagerbesitzer für Lebensmittel, Kohle, Petroleum (Strom gab es damals noch nicht), Farben, Pferdegeschirre und Ähnliches. Mein Großvater hatte auch einen kleinen Laden. Ich kam manchmal zu ihm in den Laden und erinnere mich noch heute an den spezifischen Geruch von Petroleum und Kohle. Als ich fünf war, ging ich zum Opa, und er brachte mir das Lesen auf Jiddisch bei. Seine Hände rochen immer nach Petroleum. Ich erinnere mich, dass er mir anhand der Bilder in einem Buch von Schöpfung und Sintflut erzählte. Mein Opa besuchte regelmäßig die Synagoge und war dort der Älteste.

Meine Eltern waren mäßig religiös. Die Familie befolgte die Speisegesetze. Es gab Geschirr für Milch- und Fleischspeisen. Zum Sabbat backte meine Mutter selbst Challa und zündete die Kerzen an. Die wichtigsten religiösen Feiertage feierten wir zu Hause. Man deckte feierlich den Tisch mit Speisen, Wein und Silbergeschirr. Zu Chanukka brannten nicht die Kerzen, sondern die Öllampen. Der Vater zog den Tales an, band sich die schwarzen Tefillin mit den Riemen an die Stirn und um den Arm und betete. An Purim kaufte man mir eine Holzratsche.

Die Hauptsprachen waren Polnisch und Jiddisch. Wir konnten auch Ukrainisch, aber alle diese Sprachen habe ich fast vergessen, weil ich seit 1944 nur Russisch spreche, schreibe, denke. Ich wuchs in einer russischsprachigen Umgebung auf.

Sehr gut erinnere ich mich an die glücklichen Sabbate, als wir schick angezogen zu meiner Oma zum Mittagessen gingen. Wie glücklich war mein Herz! Es schien, als spränge es vor Freude aus meiner Brust. Wie schade, dass dieses Glück so kurz dauerte.

Mein Vater hatte zwei Brüder und vier Schwestern. Eine Schwester war Dorflehrerin. Die zweite Schwester, Salli Klinsberg (Ehename), lebte in Wien, und es gelang ihr, zusammen mit ihrem Mann 1939 nach China auszuwandern und von dort 1947 nach Los Angeles (USA). 1968 starb sie dort. Die ältere Schwester lebte in Butschatsch. Sie erzog zwei Kinder. Ihr Mann, Schlomo Axelrad, arbeitete in der Mühle und später im Getreidelager. Noch eine Schwester wohnte auf dem Land, ihr Mann arbeitete auch in der Mühle. Sie alle, außer Tante Salli, starben.

Ich rechnete ganz grob: Mit den Verwandten, die in Stanislau (Iwano-Frankowsk) lebten, waren es 40–50 Personen. Sie alle starben, wurden erschossen oder zur Vernichtung ins Lager Belzec deportiert. Dorthin gingen aus Butschatsch und ganz Galizien unzählige Transporte.

Jetzt gibt es in Butschatsch keinen einzigen Juden. Dort ist die Judenfrage endgültig gelöst, kurz gesagt, Butschatsch ist »judenfrei«.

In der Ukraine und in Russland lebt jetzt jeweils nur ein Jude, der in Butschatsch den Holocaust überlebte. In Russland bin ich es, in der Ukraine Aschkenase David Maksimowitsch, geboren 1934. Es gibt noch einige wenige Juden in Israel und den USA. Andere Ermordete, Erschossene und oft auch lebendig Verscharrte ruhen in den vierzehn Massengräbern in der Umgebung von Butschatsch. (Dies sind über 7000 Personen.) Über 7000 Juden waren nach Belzec deportiert und dort ermordet worden. Diese Zahlen sind in Butschatsch in den Protokollen der Außerordentlichen Staatlichen Kommission festgehalten. Das Protokoll enthält auch eine Karte, auf der alle vierzehn Massengräber mit den Zahlen der Ermordeten verzeichnet sind.

Die Befreiung der verbrüderten Völker
Es ist unmöglich, den September 1939, die Befreiung der Westukraine von der polnischen Okkupation, als in Butschatsch sowjetische Panzer erschienen, zu vergessen. In den Panzerluken saßen Soldaten mit roten Sternchen auf ihren Mützen. Wir Jungen hüpften zwischen ihnen hin und her. Manche Soldaten schenkten uns rote Sternchen oder Kleingeld.

Später, nach einigen Tagen, führten die Rotarmisten eine Kolonne polnischer Kriegsgefangener durch unsere Stadt. Ich erinnere mich an folgendes Ereignis: Aus der Kolonne wurde unser polnischer Nachbar nach Hause entlassen. Er ging durch die Straße, wir Kinder überholten ihn, kamen zu seiner Familie und sagten, dass er käme. Er war ein sehr guter Mensch und ein ausgezeichneter Handwerker. In der ersten Zeit der deutschen Besatzung, als wir noch in unserem Haus lebten, half er uns ein bisschen mit Lebensmitteln. Nach dem September 1939 verschwanden viele Lebensmittel und Kleidung aus den Regalen. Man musste immer Schlange stehen. Privathandel und Privatunternehmen waren strengstens verboten. Ich weiß nicht warum, aber mir prägte sich ein, dass es unmöglich war, Strümpfe und Socken zu bekommen.

Obwohl unserer Familie die Deportation erspart blieb, wurden sehr viele wohlhabende polnische und jüdische Familien deportiert. In der Stadt gab es sehr viel Militär, ringsherum waren

1. Bezirk (Rayon) Butschatsch

Kasernen, am Stadtrand wurde ein Militärflughafen gebaut. Auch motorisierte Truppen wurden stationiert. In den ersten Kriegstagen zerbombten die Deutschen den Militärflughafen.

Nach dem September 1939 kamen einige jüdische Familien nach Butschatsch, die wie durch ein Wunder aus Deutschland flüchten konnten. Eine solche Familie mietete sich im Hause meiner Tante, der Schwester meines Vaters, ein. Es war eine sehr angenehme, gebildete Familie. Ich freundete mich mit dem Sohn der Familie an und spielte mit ihm. Aber diese Leute blieben nicht lange in Butschatsch. Einmal kam ich zu ihnen, doch sie waren nicht mehr da. Meine Tante sagte mir flüsternd, dass sie in der Nacht weggebracht worden seien. Fast alle diese Familien wurden deportiert. Man brachte sie dorthin, wohin viele Bürger in der sowjetischen Zeit verschickt wurden.

Ich glaube, dass viele von ihnen diese Deportationen überlebt haben. In Butschatsch wären sie alle von den Nazis vernichtet worden. Alle diese Fakten sorgen für ein ambivalentes Gefühl in meiner Seele.

Besatzung. Erste Verluste

Ich, ein kleiner Junge, war Augenzeuge des Rückzugs. Die Rotarmisten zogen tags und nachts nach Osten. Wir, die Zivilbevölkerung, hatten Angst, viele weinten, weil man das bevorstehende Elend spürte. Bald kam es zu Plünderungen in Wohnungen, die vom Militär oder den Evakuierten verlassen wurden. In den Gärten fanden wir oft Soldatenuniformen, Helme und Atemschutzmasken, die von den Deserteuren, die aus unserer Gegend eingezogen worden waren, weggeworfen wurden. Diese jungen Männer zogen sehr schnell die Uniform der ukrainischen Polizei an. Später führte man Massen von kriegsgefangenen Rotarmisten unter einer »dünnen« Bewachung vorbei.

Die Stadt Butschatsch wurde zweimal von den Nazis besetzt: am 5. Juli 1941 und am 6. April 1944. Befreit wurde die Stadt auch entsprechend zweimal: am 24. Februar 1944 und am 21. Juni 1944.

Ich erinnere mich, wie die einheimischen ukrainischen Nationalisten in unserem Städtchen die »Befreier«, die Hitlerarmee, feierlich mit Orchester begrüßten. Sie bauten am Stadtrand, nicht weit von unserem Haus, einen mit Blumen geschmückten Laubbogen. Sie hofften, mithilfe der Nazis »die unabhängige« Ukraine zu etablieren.

Mit dem ersten Besatzungstag endete unsere Kindheit. Wir Kinder wurden Erwachsene.

In der Nachbarschaft, auch in einem eigenen Haus, lebte die Familie der älteren Schwester meines Vaters. Sie hatte zwei Kinder, der Junge war 14/15 Jahre alt und hieß Isja, das Mädchen war im Alter von 10/11 Jahren, aber an ihren Namen kann ich mich leider nicht mehr erinnern. Am ersten Tag der Besatzung wurde von Deutschen Schlomo Axelrad ermordet, der Mann der älteren Schwester meines Vaters, als er seine Nachbarn, eine polnische Familie, zu retten versuchte. Während der Beschießung brach in ihrem Haus, in dem die Frau des Nachbarn und zwei Kinder waren, ein Feuer aus. Er wurde von den Deutschen direkt vor dem Eingangstor dieses Hauses erschossen. Seine Frau und zwei Kinder verwaisten, verloren den Ernährer.

Unsere Familie wollte ihnen helfen, das Brennholz für den Winter, das sie schon hatten, zu sägen und zu spalten. Plötzlich kam ein deutscher Soldat. Nicht weit von ihrem Haus war die Feldküche der Deutschen stationiert. Mit einem Grinsen nahm er das ganze Brennholz bis auf das letzte Scheit, obwohl man ihm erklärte, dass in dieser Familie der Ernährer ermordet wurde und die Frau alleine mit kleinen Kindern verblieb. Es war die erste Lektion, die wir von den Nazis bekamen. In jenen ersten Tagen der Besatzung konnten wir uns das ganze Ausmaß der grausamen Tragödie nicht vorstellen, deshalb passten diese Anfänge nicht in unsere Köpfe. Vielleicht war die Tat dieses durchschnittlichen deutschen Soldaten, auch wenn es sehr schrecklich und zynisch klingt, die humanste Tat in den Jahren des Nazismus.

Dann zogen durch die Stadt einige ungarische Truppen.

In den ersten Wochen der Besatzung wurden die lokale ukrainische Verwaltung und Polizei organisiert. Auf ihr Konto gingen Tausende jüdischer Leben.

Die Hoffnung der Nationalisten auf das Geschenk Deutschlands in Form des »unabhängigen ukrainischen Staates«, der von Hitler versprochen worden war, ging nicht in Erfüllung, obwohl sie sich sehr anstrengten und schon das Blut Hunderttausender unschuldiger Kinder, Frauen und Männer vergossen hatten.

Wer erlaubte ihnen diese schwere Sünde des Menschenhasses?!

Während der Nazi-Besatzung gab es in Butschatsch sechs große Judenvernichtungsaktionen, nicht zu reden von den Morden ohne jegliche Begründung, nur weil man jüdisch war.

Es ist unmöglich zu berechnen, wie viel Leben die Typhusepidemie forderte und wie viele den Hungertod starben.

Nach der ersten allgemeinen Registrierung der Juden im Juli 1941 wurden dreihundert Männer und zwanzig Frauen erschossen. Diese waren hauptsächlich die Intellektuellen und Gebildeten der Stadt. Ihren Verwandten wurde mitgeteilt, dass alle diese Menschen zu einem Arbeitseinsatz verschickt worden waren.

Anfang Herbst 1941 führte man durch unsere Straße unter Bewachung eine große Kolonne rumänischer Juden. Die Grenze mit Rumänien war nur ein Katzensprung von Butschatsch entfernt. Es war eine Masse erschöpfter, hungriger Greise, Kinder und Frauen in Lumpen. Die Menschen konnten kaum gehen. Sie sagten, dass sie zu einer Umsiedlung geführt würden. Später erfuhren wir, dass unter dieser Umsiedlung die Verschickung ins Jenseits gemeint war.

Meine Mutter brachte einer Familie etwas Essen zum Tor. Es waren alte Großeltern mit ihrem von Geburt an kranken Enkel im Alter von dreizehn Jahren. Es wurde ihnen verboten, ins Haus hineinzugehen. Wir gaben ihnen einige Lebensmittel und Wasser mit. Meine Mutter weinte. Diese erschöpfte und hilflose Kolonne löste bei mir eine grenzenlose Traurigkeit und ein tiefes Mitgefühl aus. Ich hätte zum Himmel heulen können. Wofür? Worin bestand ihre Schuld? Es gab keine Antwort. So wurden wir schon vor dem Tod vernichtet.

Raus aus dem eigenen Haus

Mein Vater arbeitete im Winter 1941/42 einige Zeit auf dem Gut des Grafen Potocki in der Viehhaltung. Er pflegte Kühe und war dort nachts als Wachmann. Die Kühe, die auf diesem Gut untergebracht wurden, waren bei den jüdischen Familien der Stadt und der Umgebung konfisziert worden. Ich erinnere mich sehr gut, wie sie von allen Seiten hingetrieben wurden. Als mein Vater dort arbeitete, konnte er etwas zum Essen beschaffen. Ich kam zu ihm und half ihm. Es war dort sehr warm und irgendwie »heil«, besonders nachts: Die Kühe kauten ihr Futter, und es schien, dass alles, was außerhalb des Kuhstalls stattfand, ein Albtraum sei.

Im März/April 1942 verlor mein Vater diese Arbeit, und unsere Familie wurde unter Zwang aus dem eigenen Haus vertrieben. Das Haus mit dem ganzen Eigentum wurde von der Bedienung besetzt, die auf dem deutschen landwirtschaftlichen Hof, der im ehemaligen Gut lag, beschäftigt wurde. Es ist unmöglich zu vergessen, mit welcher Bosheit jene, die unser Haus besetzten, uns drängten. Sie verboten, irgendwelche Kleinigkeiten wie Kissen oder Töpfe aus dem eigenen Haushalt mitzunehmen. Die Straße, in der wir wohnten, hieß bis 1939 Potockaja-Straße, dann wurde sie in Tschapajew-Straße umbenannt, und jetzt heißt sie Stepan-Bandera-Straße. Wir hausten vorübergehend in irgendeinem leeren Zimmer ohne Möbel bei befreundeten Polen. Ich glaube, es war die Familie des Lehrers, mit dem meine Mutter früher zusammengearbeitet hatte.

Während der ersten Massenvernichtungsaktion im August 1942 wurde unsere Familie von einer orthodoxen Familie im Stall auf dem Heuboden versteckt. Wahrscheinlich waren es Freunde der Eltern oder von Verwandten. An jenem Tag wurden 500 Menschen ermordet. Die Leichen lagen in der ganzen Stadt.

Nach Belzec zur Vernichtung, »zur Umsiedlung«, wie man damals sagte, wurden 1500 Menschen verschickt. Wir konnten in unserem Versteck im Stall die Schreie der Sterbenden, hauptsächlich der Kranken, Alten und Kinder hören, sowie das dumpfe Raunen der Menge und die Schreie der Wachmänner, die diese Menge zur Eisenbahnstation zur Verschickung in die Todesfabrik trieben.

1942 (in der zweiten Jahreshälfte) wurden einige Male Juden aus Butschatsch auf Lkw in die Stadt Monastyriska gebracht und dort auf dem jüdischen Friedhof erschossen. Insgesamt wurden dort nicht weniger als 500 Personen erschossen.

Am 27. November 1942 fand die zweite »Aktion« statt. Damals wurden 740 Juden ermordet. Hauptsächlich waren es Alte und Kinder. Sie wurden an der Stelle, wo sie erwischt wurden, sofort getötet. 1600 Menschen wurden nach Belzec zur Vernichtung verschickt. Unserer Familie gelang es, auf dem Land in der Umgebung von Butschatsch Unterschlupf zu finden. Es war auf dem Gut einer polnisch-ukrainischen Familie: Josip und Warwara Sariwnyje.

Durch irgendwelche mir, einem kleinen Jungen, unbekannten Umstände konnten die Erwachsenen von den bevorstehenden »Aktionen« erfahren.

Ghetto

Nach dieser Vernichtungsaktion wurden die am Leben gebliebenen Juden, darunter auch unsere Familie, unter Zwang in ein in Butschatsch eingerichtetes Ghetto umgesiedelt. Unsere Bündel wurden kleiner und kleiner. Das Ghetto bestand aus einer kleinen Straße mit zweistöckigen Gebäuden, die ganz eng aneinander gereiht auf einer Seite der Straße standen, die andere Seite war dagegen leer, ohne Häuser.

Die Fassadenseite dieser Straße konnte von allen Himmelsrichtungen überwacht werden. Die Rückseite der Häuser grenzte an einen steilen Felsen, den schwache, erschöpfte und hungrige

Menschen unmöglich erklimmen konnten. Dieser Ort wurde nicht zufällig ausgesucht. Hier konnten die Menschen sehr schnell gefunden und zu Erschießungen getrieben werden.

Wir hausten zusammen mit ein paar anderen Familien in einem Durchgangszimmer im zweiten Stockwerk. Überall waren viele abgemagerte, hungrige und in Lumpen gehüllte Kinder und Erwachsene. Viele Menschen lagen zusammengekrümmt da und waren vom Hunger aufgeschwemmt. Viele von ihnen waren an Typhus erkrankt. Es gab sehr viele Läuse und Flöhe. Essen und Wasser gab es fast nicht. Fast alle Sachen aus unseren Bündeln waren schon gegen Essen eingetauscht. Es war sehr kalt, und ich war oft krank. Ich glaube, dass ich in jenem Winter die ganze Zeit krank war. Ich kann mir überhaupt nicht vorstellen, wie es meinen Eltern gelang, etwas Essbares zu beschaffen. Ich erinnere mich an folgendes Mittagessen: ein Teller mit einer roten Flüssigkeit, mit einem Stück roter Beete und 5–6 Bohnen.

Wie heute erinnere ich mich, dass ich krank war und auf irgendeinem Bett lag. Meine Mutter wollte sich auf den Weg machen. Sie war kein besonders sentimentaler Mensch, aber sie umarmte mich damals, drückte mich an sich, streichelte mir über den Kopf und blickte tief in meine Augen. In ihren großen Augen standen Tränen. Wahrscheinlich spürte sie ihren nahenden Tod. Ich habe sie nie wiedergesehen. Wahrscheinlich war das kurz vor der dritten Vernichtungsaktion im Februar 1943. Es wurde schon dunkel, und sie war allein auf der Straße. Vor dem Eingang ins Ghetto wurde sie von einem Polizisten der einheimischen Ukrainer gerufen. Sie versuchte zu fliehen und sich zu verstecken, aber er schoss und verletzte sie am Bauch.

Dann wurde sie in ein Gefängnis gebracht, wo sie mit meinem Namen auf ihren Lippen, wie wir später von den anderen Insassen des Gefängnisses erfahren hatten, einen martervollen Tod starb. Mein Vater und ich hörten diese Schüsse und warteten die ganze Nacht auf sie.

Später zeigte man mir ihren Mörder. Es war ein Polizist mit dem Dreizack auf seiner Mütze. Solche Henkermorde ereigneten sich ständig, ohne jeglichen Anlass.

So wurde ich Halbwaise und blieb bei meinem Vater.

Als der Krieg begann, wurde mein Vater nicht eingezogen, weil er eine ernsthafte Krankheit hatte. Außerdem wurden nur die Jahrgänge ab 1903 eingezogen, und er war 1895 geboren. Mein Vater hatte eine Wirbelsäulenerkrankung. Er konnte sich schlecht bücken und stöhnte bei jeder Bewegung. Im Ersten Weltkrieg war er in die österreichisch-ungarische Armee eingezogen worden.

Die schlimmste, dritte »Aktion« fand im Ghetto von Butschatsch am 1./2. Februar 1943 statt. Es war geplant, alle Juden zu vernichten. Das Ghetto wurde von einer großen Zahl von Gestapo-Männern aus der Stadt Tschortkow, Gendarmen und Polizisten aus dem ganzen Gebiet umstellt. 2400 Juden wurden erschossen. Die Alten wurden an Ort und Stelle, andere am Berg Fedor oder am Hang des Flusses Strypa erschossen.

Hätte man das Ghetto nicht eingerichtet, wäre es unmöglich gewesen, so eine große Zahl an Menschen in einer so kurzen Zeit, in eineinhalb Tagen, zu vernichten. Der eingegrenzte Raum und die große Zusammenballung von Menschen halfen den Henkern, die zum Tode Verurteilten zu finden und zu erschießen. Jene, die sich nicht bewegen konnten, wurden an Ort und Stelle erschossen.

1. Bezirk (Rayon) Butschatsch

Während dieser »Aktion« konnten wir uns in ein Versteck im Ghetto retten. Im Treppenhaus war zwischen dem ersten und zweiten Stockwerk eine kleine, dunkle Kammer. Schon zuvor wurde die Tür dieser Kammer wie eine alte Mauer gestrichen und getarnt. Der Eingang war über die Toilette ermöglicht. Etwa 20–30 Menschen versammelten sich in dieser Kammer und standen eng aneinandergedrängt. Die Deutschen und die Polizei fanden das Versteck nicht. Sie gingen, nur durch eine dünne Wand von uns getrennt, an uns vorbei. Wir hörten ihre Schritte, Schreie, Stimmen und Schüsse. Im Haus wurden einige Kranke und Alte erschossen, andere Ghetto-Insassen wurden zur Erschießung abgeführt. Als man nach uns suchte, war bei uns im Versteck eine Mutter mit einem Baby. Seine Mutter, die befürchtete, sein Schreien würde uns alle verraten, legte dem Baby ein Kissen auf den Kopf. Nach einiger Zeit (die Zeit verging nicht, es dauerte eine Ewigkeit), als draußen alles still wurde, hob sie das Kissen: Das Kind war tot. Alle standen und weinten still. Diesen tragischen Preis zahlten wir in der dritten »Aktion« für unser Überleben im Versteck. Hätte man uns gestellt, wären alle sofort erschossen worden.

Während des Treffens im Jahr 2000 in Butschatsch mit den Landsleuten, die aus Israel zu Besuch waren, erzählte ich dieses tragische Erlebnis. Einer der Besucher, Willi (Zeev) Anderman, sagte, er sei auch in jenem Versteck gewesen.

Am 13. April 1943 fand im Ghetto die nächste, diesmal nächtliche »Aktion« statt. In der Stadt, besonders im Ghetto, waren schreckliches Jammern und Schreien zu hören. Die Menschen wurden zum Berg Fedor geführt und dort erschossen. 1250 Menschen wurden ermordet.

Während dieser »Aktion« gelang es unserer Familie und noch ein paar anderen Juden, sich in ein anderes Versteck, ebenfalls im Ghetto, zu retten. Dieses Versteck wurde im Treppenhaus im Erdgeschoss unter den ersten Treppen gebaut. Die Erde wurde von dort in der Nacht weggetragen, man schaufelte im Liegen. Man schaufelte einen horizontalen Tunnel mit Stützen, um das Einstürzen der Treppenhausfläche zu verhindern. Der Eingang in dieses Versteck war draußen unter dem Gitter für abfließendes Wasser. Während der »Aktion« lagen die Menschen in diesem Untergrund eng aneinandergepresst, ohne zu atmen und ohne sich zu bewegen. Über uns hörten wir Schritte, Schreie und Schüsse. Auch dieses Mal wurden wir nicht entdeckt. Auch diesmal ging der Tod an uns vorbei. Das Gefühl, wenn der Tod ganz nah an dir, über dir vorbeigeht, ist unmöglich zu beschreiben. Man wollte die Augen schließen, sich in eine Ameise verwandeln und möglichst tief in die Höhle kriechen. Es schien, das Herz schlage wie eine Glocke und dort oben höre man sein Schlagen. Es war unglaublich, dass es dort oben heller Tag war und die Frühlingssonne schien. Es schien, dass man sich aus diesem Versteck nie wieder befreien könnte. Sogar heute bekomme ich Gänsehaut bei diesen Erinnerungen.

In Butschatsch wurde während der April-Aktion ein ukrainischer Polizist von einem jungen Juden erschossen und ein Deutscher verletzt. Dafür wurde er mit Benzin übergossen und lebendig verbrannt.

Vor Kurzem rief mich Willi (Zeev) Anderman an, der in der Stadt Cholon (Israel) lebt. Er ist dort Vorsitzender der Landsmannschaft Butschatsch. Von ihm erfuhr ich, dass dieser junge Jude sein 1921 geborener Bruder Janek Anderman war.

Flucht

Im Frühling 1943 wurde bei uns in der Stadt neben dem Ghetto noch ein Arbeitslager für die überlebenden jüdischen Männer errichtet. Dort wurden Menschen gesammelt, die noch einigermaßen arbeitsfähig waren. In diesem Lager landete auch ich mit meinem Vater.

Mein Vater und andere Männer wurden unter Bewachung zum Arbeitseinsatz geführt, der darin bestand, Kies und Schotter im Tal des Flusses Strypa am Berg Sokol zu beschaffen. Man arbeitete mit speziellen Hämmern und Vorschlaghämmern. Mein Vater nahm mich mit, und ich half ihm. Die Arbeit war sehr schwer, man bekam nur eine dünne Rübensuppe. Die vorgegebenen Arbeitsnormen waren unmöglich. Jeder Arbeiter schüttete seine Norm der Kieselsteine an eine Stelle und bildete eine Pyramide. Am Ende des Tages kam ein Deutscher und maß die Pyramide. Danach wurde sie mit einem Besen mit gelöschtem Kalk markiert, damit die Arbeiter am nächsten Tag von dem Haufen nichts nehmen und als eigene Leistung ausgeben konnten.

Ungefähr im Mai/Juni 1943 gelang es einer kleinen Gruppe, zu der mein Vater und ich gehörten, in einer dunklen Nacht im Regen aus diesem Arbeitslager zu fliehen. Der Stacheldraht wurde durchtrennt, wir gelangten auf die andere Seite, verschwanden in der Dunkelheit und rutschten in den Graben.

Wir wurden im Haus einer polnischen Familie, die am Straßenrand lebte, versteckt. Im Durchgangszimmer wurde neben dem Ofen ein Loch ausgegraben, wo mein Vater und ich die fünfte »Aktion« überlebten. Leider konnte mein Gedächtnis die Namen dieser Polen nicht behalten, und später konnte ich diese Familie nicht finden. Diese Familie bestand aus einem Mann, einer Frau und einem Kind im Alter von zwei Jahren. Leider wurden wir von den Verwandten dieser guten Menschen entdeckt und mussten in der Nacht die Stadt verlassen, indem wir uns von einem Graben in den anderen Graben schlichen. Hätten die Verwandten uns denunziert, wären nicht nur wir, sondern auch unsere Retter erschossen worden. Danach versteckten wir uns wie gejagte Tiere in der Umgebung der Stadt, in Gräben, Löchern, im Weizen- und Roggenfeld, im Wald. Wir hatten kaum Essen und Wasser. Ich wurde vor Erschöpfung und Hunger immer wieder ohnmächtig. Die Tautropfen leckten wir von Ähren und Blättern ab. Manchmal verschwand Vater in der Nacht, und es gelang ihm, etwas Essbares zu beschaffen. Ich erinnere mich, dass er einmal ein paar schwarze Rettiche, ein paar gekochte Eier, einen Laib Brot und ein paar Wasserflaschen mitbrachte. Von diesem Essen lebten wir zwei bis drei Wochen. So überlebten wir in den Verstecken auch alle weiteren Vernichtungsaktionen.

Am 11. Juni 1943 wurde im Ghetto noch eine »Aktion« durchgeführt. 500 Menschen wurden gestellt und hinter dem jüdischen Friedhof erschossen. Nach dieser »Aktion« existierte das Ghetto in Butschatsch nicht mehr und wurde liquidiert. Am 27. Juli 1943 wurde noch eine »Aktion« in der gesamten Stadt und ihrer Umgebung durchgeführt. Ungefähr 1000 Menschen wurden gefangen und getötet.

Am 30. Juni 1943 wurden an die Stelle, wo früher das Ghetto von Butschatsch war, viele Juden aus den benachbarten Ortschaften gebracht. Am gleichen Tag wurden sie zum Fluss geführt, und hinter dem jüdischen Friedhof wurden 5200 Menschen erschossen.

Insgesamt wurden in der Stadt bis Juli 1943 über 7000 Juden aus Butschatsch und 5200 aus der Umgebung erschossen, über 3000 Menschen wurden zur Vernichtung nach Belzec verschickt. Dies wurde im Protokoll der Außerordentlichen Staatlichen Kommission der Stadt Butschatsch festgehalten. Außerdem wurden sehr viele Juden in den Wäldern, Feldern, Gräben und Gärten getötet. Man tötete zu jeder Zeit und an jeder Stelle.

Viele wurden von den einheimischen Einwohnern und Nachbarn denunziert. Es genügte bereits, mit dem Finger oder durch Kopfnicken die Stelle anzudeuten, wo die Juden versteckt waren. So wurden am 4. Februar 1944 im Wald neben dem Dorf zehn Menschen erschossen, darunter auch die Mutter und Schwester meines Freundes David Aschkenase.

Die Retter

Der Herbst näherte sich. Es wurde immer kälter und immer schwieriger, sich zu verstecken. Die Felder wurden abgeerntet. Das Laub fiel von den Bäumen. Es fing an zu regnen. Ungefähr im Oktober 1943 ging mein Vater mit mir bei sehr starkem Regen in der dunklen Nacht, um nicht erwischt zu werden, in ein Dorf in der Umgebung der Stadt Butschatsch. Nicht weit von der Eisenbahnstation dieses Dorfes waren wir schon einmal versteckt. Im Dorf waren schon Oma Rosa und Tante Malja mit der Tochter im Alter von drei bis vier Jahren. Ich denke, dass dies mit den Bauern schon vereinbart worden war. Über der Kuh wurde im Stall eine doppelte Decke eingezogen, die mit Heu und Stroh gestopft war. Dort lagen wir in der Dunkelheit ohne jede Bewegung. Wir sprachen nichts, man kommunizierte mit Gesten. Bei Dunkelheit schoben wir das Heu von der oberen Luke weg, rutschten von der Decke und gingen ganz kurz heraus. Etwas Essbares bekamen wir von den Bauern einmal am Tag: Borschtsch, Suppe oder Kartoffeln, manchmal mit einem Stück Brot. Die Bauern waren nicht reich, sie aßen das Gleiche. Das Essen und das gute Verhältnis zu uns waren für uns eine große Unterstützung. Vielen Dank euch!

Man machte alles heimlich. Die Nachbarn durften nicht mal Verdacht schöpfen, dass im Stall Menschen versteckt worden waren. Alle waren sehr erschöpft und an der Grenze ihrer Kraft. Ein paar Mal im Winter, als es sehr kalt war, wurden wir in der Nacht ins Haus eingelassen. Alle schliefen zusammen: Die Bauern und wir. Sie riskierten ständig ihr Leben, während sie uns retteten.

Die Deutschen zogen ab, und man hörte schon sehr weit weg im Osten das Grollen der Kanonaden. Am fatalen Tag des 18. Februar 1944, als es dämmerte und alle entspannt waren, denn nichts deutete auf Unheil, griffen plötzlich die abziehenden Deutschen und Polizisten an. Mein Vater war zusammen mit Tante Malja und ihrer Tochter unten im Stall. Ich und meine Oma waren im Haus. Wir hörten Lärm und Schreie und rannten die Treppe hoch auf den Dachboden, zogen die Leiter hoch und versteckten uns im Heu. Die Bauern waren nicht zu Hause. Mein Vater rannte mit Tante Malja und ihrer Tochter weg vom Bauernhof. Sie wurden 50–100 Meter vom Bauernhof entfernt erschossen. Meine Oma und ich hörten auf dem Dachboden die Schüsse und ihre Schreie vor dem Tod.

Die Bauern wurden nicht bestraft, weil man bei ihnen niemanden fand, und die Henker sahen nicht, aus welchem Bauernhof die Menschen flohen. Auf den Dachboden, wo ich und Oma versteckt waren, war niemand hochgestiegen. Hätte man uns entdeckt, wären diese gute, mutige Familie und wir an Ort und Stelle sofort getötet worden.

Ich bin sicher, dass mein Vater und Tante Malja bewusst vom Bauernhof flohen, um die Henker vom Bauernhof abzulenken. Mit ihrem Tod retteten sie uns alle. Wir begruben sie dort im Feld in der Nacht.

So blieben meine Oma und ich dank ihres Todes und der Heldentat unserer Retter – Josip und Warwara Sariwnych – am Leben. Vielen Dank euch!

Meine Retter sah ich nach der Befreiung der Stadt leider nicht mehr.

Erst 1950 fuhr ich nach dem ersten Jahr meiner Berufsfachschule mit vom Stipendium gesparten Geld nach Butschatsch, in der Hoffnung, jemanden von den Verwandten zu finden und über das Schicksal meiner Retter etwas zu erfahren. Leider konnte mir keiner etwas über sie erzählen. An der Stelle, wo früher ihr Bauernhof war, wuchs Unkraut. Es gab kein Haus mehr. Von den Traktoristen, die in der Nähe arbeiteten, konnte ich aber erfahren, dass der Bauernhof abbrannte und die Eigentümer nach Polen gingen. Ihre Adresse konnte ich nicht erfahren. Es gelang mir auch nicht, den Ort, wo Vater und Tante mit ihrer Tochter beerdigt waren, zu finden.

In der Nachkriegszeit wurden alle Polen aus der Westukraine offiziell »freiwillig«, in Wirklichkeit aber zwangsweise nach Polen umgesiedelt und die Ukrainer aus Polen in die Ukraine.

Befreiung

Am 23. März 1944 wurden die Stadt Butschatsch und ihre Umgebung durch die Rote Armee befreit. Endlich kam der lang erwartete Tag der Erlösung. Es war der Tag unseres Auftauchens aus der Nicht-Anwesenheit in die Welt. Nur eine Woche trennte meinen Vater, meine Tante und meine kleine Cousine von der Befreiung.

So endete die erste Besatzung Butschatschs durch Faschisten, die 32 Monate dauerte, unmenschliches Elend brachte und zahlreiche Opfer forderte.

Als meine Oma und ich aus dem Bauernhof in die Stadt zurückkehrten, stellten wir fest, dass wir völlige Habenichtse waren. Das Haus der Eltern war während der Schlacht um die Befreiung der Stadt abgebrannt, und in der Mietwohnung meiner Oma lebten andere Mieter.

Von unseren Sachen hatten wir nur das, was wir an unserem Körper trugen. Ich erinnere mich an die Augen und Tränen, Verlorenheit und Ausweglosigkeit von Oma Rosa, die wie durch ein Wunder mit mir am Leben blieb und deren drei junge Töchter samt Kindern vernichtet waren. Dieser Blick verfolgt mich mein ganzes Leben lang.

Wir hausten in der Innenstadt zusammen mit Menschen wie wir in irgendeinem halb zerstörten Zimmer ohne Fenster. Die Fenster waren mit Kleidern zugehängt. Wir schliefen auf einem Eisenbett, das aus dem ehemaligen Nazi-Hospital, das in der Schule untergebracht worden war, gebracht wurde.

Mit ihren 63 Jahren sah meine Oma in ihren geflickten Kleidern, die jede Farbe verloren hatten, sehr gebrochen, verkrümmt und alt aus. Von unseren Verwandten meldete sich niemand nach der Befreiung dieser Ortschaften durch die Rote Armee. Es war für einen Juden unmöglich gewesen, in der Ukraine zu überleben. Nur besonderes Glück und ein Wunder konnten Rettung versprechen. Nach einiger Zeit wurde Butschatsch erneut besetzt. Fast alle am Leben gebliebenen Juden gingen zusammen mit den abziehenden Truppen in den Osten.

Der Krieg ging durch Butschatsch viermal (zweimal hin und zweimal zurück). Wir kamen zuerst in die Stadt Tschortkow, später in die Stadt Skalat, es sind ungefähr 80–90 Kilometer. Wir gingen zwei, drei Tage bei einem unvorstellbaren Unwetter. Die Straßen und Felder hatten tiefe Wasserrillen von den Kriegsmaschinen. Die Schuhe waren kaputt. Was von den Schuhen auf den Füßen blieb, wurde mit Lappen zusammengebunden. Wir kamen kaum noch lebend an. Die Beine meiner Oma waren sehr geschwollen und blau.

Der Sohn der Truppe
In der Stadt Skalat musste ich, um zu überleben, betteln gehen. Ich wurde sehr von den Rotarmisten und Offizieren unterstützt. Ich war sehr abgemagert, verlaust, halb nackt und barfuß. Aus Mitleid nahm man mich auf und behielt mich als Sohn der Truppe im Feldhospital für Leichtverwundete Nr. 3424 der 3. Panzerarmee der 1. Ukrainischen Front. Das Hospital gehörte zur Panzerarmee.

Im Hospital schnitt man mir die Haare und wusch mich. Die Krankenschwestern nähten sehr schnell ein Hemd und Soldatenhosen um. Man fand auch kleine Schuhe für mich, schnitt für mich einen Fußlappen in zwei Teile und gab mir einen Gürtel. So verwandelte ich mich aus dem verlausten, kaum lebenden Lumpenträger in den Zögling der Front, in den Sohn der Truppe. Meine verlauste, dreckige und kaputte Kleidung wurde verbrannt.

Nach der Direktive des Hospitaldirektors Major Ruman Pawlo Iosifowitsch wurden mir die Aufgaben des Funkers und Läufers übertragen. Ich war ständig neben dem Diensthabenden des Hospitals und sollte seine Aufträge erfüllen. Ich half auch den Krankenschwestern und Pflegerinnen, die Verwundeten und Kranken zu pflegen. Jede Hand, sogar die des Jugendlichen, war damals notwendig. Als die Offensive vorbei war, begann der Kampf um das Leben der Verwundeten. Eine besondere Kategorie der Verwundeten stellten die Panzerfahrer mit Verbrennungen aus den getroffenen Panzern dar. Sie waren hilflos und rund um die Uhr pflegebedürftig. Oft musste ich sie pflegen. Ich fütterte sie mit dem Löffel, half beim Toilettengang, führte sie an der Hand, wenn die Augen zugebunden waren, half, die Medikamente einzunehmen, brachte Wasser in Eimern und das Geschirr.

Ich erledigte jede Arbeit auf Augenhöhe mit dem Personal des Hospitals. Oft musste ich Dienstärzte und Dienstkrankenschwestern zu den Verwundeten und Kranken rufen, die ohnmächtig wurden und manchmal auch vor meinen Augen starben.

Viele gebrauchte und gewaschene Mullbinden wurden wieder aufgerollt, weil es an neuen mangelte.

Obwohl der Krieg kein Kinderkram ist, gab es solche Jugendliche wie mich Tausende an der Front und im Hinterland. Viele gerettete jüdische Kinder fanden Unterschlupf in der Armee.

Bei der Vorbereitung der Operation Lemberg-Sandomir wurde das Hospital aus Skalat in das Dorf Kurniki Iwantschanskije, Bezirk Sborow, verlegt. Meine Oma blieb in Skalat.

So wurde die Verbindung mit dem einzigen verwandten Menschen, mit dem ich die schreckliche Tragödie der Vernichtung unserer großen Familie überlebte, abgebrochen. Ich sah sie nie wieder, und das Schuldgefühl ihr gegenüber bleibt mein ganzes Leben.

Im Sommer 1944 war ich fast Analphabet. Ich hatte nur zwei Jahre Schulbildung in der ukrainischen Schule. Von 1941 bis 1944 konnte ich keine Schule besuchen. In meinem Alter hätte ich schon die fünfte Klasse absolviert haben sollen. Die Führung der Truppe entschied, dass ich eine Ausbildung im Hinterland machen sollte, und schickte mich in die Fachschule Suworow. Ich wurde von dem Direktor des Hospitals gerufen, und im Befehlston sagte er mir: »Du hast uns gut geholfen, weiter geht es auch ohne dich. Jetzt ist es Zeit für dich zu lernen, sonst bleibst du Analphabet. Du bist wie durch ein Wunder am Leben geblieben und ein Waisenkind. Jetzt tragen wir für dich Verantwortung.«

Zum Schluss möchte ich sagen, dass auf meinem Lebensweg während meiner Kriegs- und Nachkriegskindheit mehr gute als schlechte Menschen an meiner Seite standen. Ich war nicht verbittert.

Natürlich sind die Henker, die es sehr viele auf meinem Weg gab, und ihre Handlanger eine besondere Kategorie. Meine Zunge kann sie nicht mal als Menschen bezeichnen.

Im Krieg gibt es keine Kinder, und jene, die den Krieg erleben, verabschieden sich von der Kindheit für immer, ohne je in sie zurückzukehren. Wir, die Kriegskinder, schritten tragisch über unsere Kindheit hinweg!

Langsam vergeht das noch nicht erklärbare Schuldgefühl gegenüber den Ermordeten, aber die Angst, dass Ähnliches sich wiederholen könnte, bleibt.

Ich möchte auch betonen, dass ich erst jetzt, nach so vielen Jahren, ganz langsam in kleinen Schritten meine Rückkehr ins Judentum vollziehe, denn ich bin in einer russischen Umgebung groß geworden.

Ich bin glücklich, dass es mir gelang, den Tag zu erleben, an dem es möglich wurde, von den Erlebnissen meiner Landsleute, meiner Familie und meinen eigenen während des Holocaust, der größten Tragödie und des schlimmsten Menschheitsverrates, zu berichten.

2. Bezirk (Rayon) Podwolotschisk

(ukr. Pidwolotschysk, poln. Podwołoczyska)

Ort: Podwolotschisk

1931 wohnten in Podwolotschisk[17] 2334 Juden. Sie bildeten die Mehrheit der Bevölkerung. Im September 1939 besetzte die Sowjetunion als Folge des Hitler-Stalin-Paktes den Ort. Eine Reihe führender Juden der Gemeinde wurden ins Innere der Sowjetunion deportiert. Im Juli 1941 lebten noch 1200 Juden in der Stadt.

---

17 Altman, Cholokost, S. 756; The Yad Vashem Encyclopedia, S. 605.

2. Bezirk (Rayon) Podwolotschisk

Am 4. Juli 1941 wurde Podwolotschisk von deutschen Truppen besetzt. Einige Tage später begannen Ukrainer mit Billigung der Deutschen, die Juden zu terrorisieren. Sie zündeten Gebetshäuser an, und die Rabbiner und zwei rituelle Schlachter wurden öffentlich gedemütigt. Etwa 40 Juden wurden in den Straßen mit Steinen und Stöcken tot geprügelt.

Die Deutschen ordneten die Bildung eines Judenrates an. Kurze Zeit später wurde ein Ghetto eingerichtet und mit Stacheldraht umzäunt. Es bestand bis September 1942. Dann wurden die Juden ins Ghetto Sbarash deportiert. Am 17. Oktober 1941 wurde in Podwolotschisk ein jüdisches Arbeitslager errichtet für Bauarbeiten an der Durchgangsstraße IV. Das Lager hatte Filialen in den Dörfern Romanowo und Skalat. Die Durchgangsstraße IV sollte von Berlin über Winniza und Kirowograd bis nach Stalino (heute Donezk) und weiter über Taganrog in den Kaukasus führen. Die Bauleitung oblag der Organisation Todt, die private Firmen mit der Durchführung beauftragte. Als Arbeitskräfte waren zunächst sowjetische Kriegsgefangene vorgesehen, bald nach Beginn der Arbeiten im Sommer 1941 wurden aber auch andere Zwangsarbeiter, vor allem jüdische Einwohner Galiziens herangezogen. Der SS-Gruppenführer Fritz Katzmann hatte für diese Arbeitslager das Prinzip »Vernichtung durch Arbeit« entwickelt.[18] Am 29. Juni 1943 wurde das Lager in Podwolotschisk nach der Erschießung von 500 Juden aufgelöst. Eine kleine Gruppe wurde nach Kamenki gebracht. Das Arbeitslager Kamenki wurde am 10. Juli 1943 aufgelöst. 1020 Juden, einschließlich der Juden aus dem Lager Romanowo, wurden erschossen.[19]

Am 7. März 1944 wurde Podwolotschisk durch die sowjetische Armee befreit.

Juri Wainberg (geb. 1936)
»Alle, die mich retteten, gingen das Risiko ein, erschossen zu werden«

Ich, Wainberg, Juri Martynowitsch, wurde 1936 in der Stadt Ternopol geboren. Damals war Ternopol polnisch, und mein Familienname wurde auf folgende Weise geschrieben: Weinberg Jerzy syn Marcelli. Mein Vater war Apotheker und meine Mutter Hausfrau.

Als Polen von deutschen Truppen besetzt wurde, lebte ich mit meinen Eltern bis zur Errichtung des Ghettos in Ternopol, in der Kopernikusstraße.

Im Ghetto wurden wir zusammen mit einer anderen Familie untergebracht. Die Eltern meines Vaters lebten in der Stadt Podwolotschisk, Gebiet Ternopol. Mein Großvater mütterlicherseits, Schoichet Eli, wurde zusammen mit seinem Sohn, meinem Onkel, im August 1941 dafür erschossen, dass sie Mitglieder der jüdischen orthodoxen Gemeinde und in der Synagoge von Ternopol Synagogendiener waren.

Dann wurden wir in die Wohnung umgesiedelt, in der meine Großmutter mit ihren drei Töchtern, den Schwestern meiner Mutter, wohnte.

---

18 Pohl, Nationalsozialistische Judenverfolgung, S. 342.
19 Altman, Cholokost, S. 384.

Im Ghetto überlebte ich einige Vernichtungsaktionen. Während einer »Aktion« wurden die drei Schwestern meiner Mutter erschossen. Meine Eltern und ich blieben am Leben, weil die Deutschen das medizinische Personal und ihre Familien als Letzte erschossen. Aus dem gleichen Grund waren meine Großeltern in der Stadt Podwolotschisk noch Anfang 1943 am Leben.

Mein Großvater Zwilling Gustek (August) war Major der Reserve des medizinischen Dienstes in Österreich und arbeitete als Apotheker. Die Apotheke wurde von den deutschen Machthabern konfisziert und von Slawa Grigoroschtschuk verwaltet. Sie wurde zusammen mit den deutschen Machthabern evakuiert. 1977 erfuhr ich, dass Slawa Grigoroschtschuk in den USA lebt.

Anfang des Jahres (März/April 1943) fuhr Frankiw Teklja Prokopowna aus dem Dorf Dorofijewka – sie war Haushälterin meines Großvaters in Podwolotschisk – nach Ternopol, um mich aus dem Ghetto abzuholen. Es gelang ihr, den Wachmann mit Schmuck zu bestechen, und er willigte ein, mich freizulassen. Mir wurde strengstens befohlen, ihr in einigem Abstand zu folgen und mich nicht umzuschauen. Sie brachte mich zu meiner Großmutter nach Podwolotschisk. Die Wohnung war geplündert. Mir wurde erklärt, dass nach dem Befehl des Leiters der deutschen Besatzungstruppen, die in Podwolotschisk stationiert waren, der ganze Hausrat als Geschenk an einen deutschen SS-Offizier übergeben wurde. Der Name des Leiters der deutschen Besatzungstruppen in Podwolotschisk war (Major?) Wagner. Er persönlich koordinierte die Erschießungsaktionen.

Dann ereignete sich das Schlimmste: In einer Nacht erwachte ich vom Weinen meiner Großmutter. Ich sah im Zimmer den besagten Wagner in der Begleitung von zwei Soldaten mit Maschinenpistolen. Teklja Frankiw erklärte ihnen, dass das Kind (das heißt ich) ihr eigenes sei, und zeigte ihren Anhänger mit dem Kreuz, um zu beweisen, dass sie Christin sei und in dieser jüdischen Familie als Haushälterin arbeite. Der Nazi glaubte ihr. Dies war wahrscheinlich Gottes Wille. Dann führte mich Teklja (so nannte ich sie) in den benachbarten Garten und versteckte mich in einem Johannisbeerenstrauch. Ich saß dort bis zum Abend. Am Abend wurde ich ins Haus geholt und in einem der Nebenräume der Apotheke versteckt. Es war ungefähr Ende Mai – Anfang Juni. Die Kartoffeln blühten.

Teklja wollte mich zu sich ins Dorf Dorofijewka, wo sie damals lebte, mitnehmen, aber sie konnte das aus folgenden Gründen nicht: Erstens lebte Teklja in der Familie ihres Bruders Salyba Nikolai Prokopowitsch und hatte kein eigenes Haus; zweitens konnte sie mich nicht einfach so aus Podwolotschisk mitnehmen, denn sowohl sie als auch mich kannten die Einwohner der Stadt sehr gut. Die Familie des Apothekers war allen in der Stadt wohl bekannt.

Deshalb bat Teklja Prokopowna ihre Nichte, Marija Pundyk, mich aus der Stadt ins Dorf Dorofijewka zu führen. Marija zog mir Mädchenkleidung an und führte mich am Abend ins Dorf Dorofijewka zu sich nach Hause. Das Haus der Familie Punkdyk war ein Zweifamilienhaus. Es war eine kinderreiche Familie (7 Kinder). Man setzte mich auf den Dachboden und, damit ich mich nicht langweile, schickte man zwei Töchter von Maria, Tekljusju (Ljusju) und Zilju, zu mir. Sie waren ungefähr in meinem Alter, und auf dem Dachboden entstand Kinderlärm. Dies bedeutete eine gefährliche Situation: Die Nachbarn konnten von mir erfahren. Die Familie Pundyk schlug Teklja vor, mich abzuholen.

2. Bezirk (Rayon) Podwolotschisk

Ich wurde auf dem Dachboden des Stalls von Zjubtschik Domka untergebracht, in der Nachbarschaft zum Haus, wo Familie Salyba und Teklja Frankiw lebten. Das Dach des Stalls war aus Blech, deshalb war es auf dem Dachboden unvorstellbar heiß (es war Erntezeit). Dieser Ort galt als sicher. Der Sohn von Domka, Franek, war bei der Polizei.

Um meine Situation zu verbessern und meine Einsamkeit zu lindern, besuchte mich oft der Neffe von Teklja Frankiw, Miroslaw Salyba. Er war damals 15 (9 Jahre älter als ich). Er brachte mir Essen, führte mich abends im Gemüsegarten spazieren und beruhigte mich. Es war sogar abends sehr gefährlich, im Gemüsegarten spazieren zu gehen, weil das Dorf Dorofijewka am Fluss Sbrutsch, der Staatsgrenze zwischen Polen und der UdSSR, lag. Diese Grenze wurde von den deutschen Besatzungstruppen rund um die Uhr kontrolliert. Kurz gesagt, dieser junge Mann, Salyba, Miroslaw (nach seinem Ausweis Jaroslaw) Nikolajewitsch war mein Dachbodenwärter. Er starb am 21. November 1996. Alle, die mich retteten, erhielten keine Belohnungen, obwohl sie riskierten, erschossen zu werden.

Nach dem Kriegsende blieb ich in der Familie Frankiw-Salyba, weil alle meine Familienmitglieder und Verwandten im Holocaust umgekommen waren. Ich genoss alle Rechte eines Familienmitgliedes. Man bewahrte mir den Familiennamen Wainberg, aber anstatt des Vornamens Jerzy gab man mir den Vornamen Jura, anstatt des Vaternamens Marcelli nannte man mich Martynowitsch. In dieser Familie wurde ich großgezogen und bekam meine Ausbildung. Ich lebte dort 17 Jahre bis 1960. Zurzeit bin ich in Kontakt mit den Verwandten, die überlebt hatten.

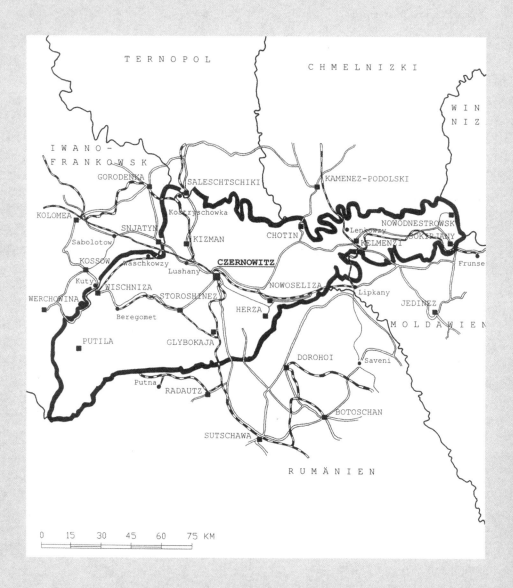

VI. Gebiet Czernowitz

VI. Gebiet (Oblast) Czernowitz
(ukr. Tscherniwzi, russ. Tschernowzy, poln. Czerniowce, rumän. Cernăuți)

Im November 1918 wurde die Bukowina von Rumänien annektiert; dies wurde am 10. September 1919 im Vertrag von St. Germain bestätigt. Czernowitz[1] hieß jetzt offiziell Cernăuți.

In einem geheimen Zusatzprotokoll zum Hitler-Stalin-Pakt wurden die territorialen Interessenbereiche der beiden Diktatoren in Nord-, Ost- und Südeuropa festgelegt. In diesem Zusatzprotokoll war zwar nur die Rede von Bessarabien,[2] aber die Sowjetunion besetzte am 28. Juni 1940 neben dem Territorium Bessarabiens auch den nördlichen Teil der Bukowina und Czernowitz. 1930 wohnten in diesem Gebiet 85 380 Juden. Bis Mitte 1941 war ihre Zahl auf 102 000 bis 103 000 gestiegen. Nach dem Überfall der Wehrmacht auf die Sowjetunion gelang es nur wenigen Tausend Juden, sich evakuieren zu lassen.

Zwischen dem 2. und 7. Juli 1941 wurde das Gebiet durch rumänische Truppen besetzt. Sofort begannen die Morde an Juden durch ukrainische Nationalisten, deutsche Sicherheitspolizei und das Sonderkommando 10b unter Leitung von Sturmbannführer Alois Persterer.

Während der Besatzungszeit von 1941 bis 1944 wurden im Gebiet Czernowitz insgesamt 66 000 einheimische Juden ermordet.[3]

1. Gebietshauptstadt Czernowitz

Zwischen den beiden Weltkriegen lebten in Czernowitz[4] 45 000 Juden, ungefähr vierzig Prozent der städtischen Bevölkerung. Von 1939 an kam ein ständiger Strom jüdischer Flüchtlinge aus Polen nach Czernowitz. 1941 war die Zahl auf ungefähr 60 000 gestiegen.

Nach dem Überfall der deutschen Wehrmacht auf die Sowjetunion am 22. Juni 1941 evakuierten die Sowjets Tausende Juden und rekrutierten einige Tausend Juden für die Rote Armee. Am 23. Juni 1941 zogen sich die Sowjets aus Czernowitz zurück. Am 5. Juli 1941 übernahmen die Rumänen die Kontrolle über die Stadt. Bis 1944 gehörte Czernowitz wieder zu Rumänien.

Der Hauptteil des Einsatzkommandos 10b der Einsatzgruppe D, das der 3. rumänischen Armee zugeordnet war,[5] erreichte am 6. Juli 1941 Czernowitz. Ein Vorauskommando hatte bereits die ersten Verbindungen zu den rumänischen Militärs hergestellt und für das Gros des Kommandos das Hotel »Schwarzer Adler« besetzt.

Am 6. Juli lösten Einheiten der rumänischen Armee zusammen mit ukrainischen Bewohnern der Stadt und rumänischer Polizei Unruhen aus, zündeten jüdische Häuser und

---

1 Altman, Cholokost, S. 1062; Kruglow, Enziklopedija Cholokosta, S. 193–201.
2 Gerhard Hass, 23. August 1939. Der Hitler-Stalin-Pakt. Dokumentation, Berlin 1990, S. 200 f.; Altman, Opfer des Hasses, S. 201.
3 Kruglov, Jewish Losses in Ukraine, S. 284.
4 Altman, Cholokost, S. 1063 ff.; The Yad Vashem Encyclopedia, S. 131–136.
5 Longerich, Politik der Vernichtung, S. 344.

Geschäfte an, plünderten und ermordeten innerhalb von 24 Stunden mehr als 2000 Juden.[6] Auf Befehl von Ohlendorf, Führer der Einsatzgruppe D, wurde die Synagoge der Stadt niedergebrannt. Oberrabbiner Mark, Oberkantor Gurmann, Kantor Tofstein und der Tempeldiener Hochstädt wurden im Liftschacht des Hotels Schwarzer Adler gefangen gehalten. Nach dem Brand wurden jüdische Gefangene gezwungen, mit Spitzhacken die Steine der Ruine abzutragen, damit von dem Gebäude nichts übrigblieb.

Ersten Verhaftungen von Kommunisten und Juden am 7. Juli 1941 folgte am 8. Juli eine »Großaktion«, die sich in erster Linie gegen die jüdische Intelligenz richtete. Mehrere Hundert männliche Juden unterschiedlichen Alters, Ärzte, Rechtsanwälte und Lehrer wurden festgenommen. Die Gefangenen wurden von Polizisten in den Kinoraum des Kulturpalastes gebracht. Nach Vernehmungen wurden die meisten Juden wieder entlassen, während 101 Personen zurückbehalten wurden. Unter Bewachung wurden sie mit Lastwagen zu einem Gebäude am Stadtrand gebracht, dessen Grundstück durch dichte Baumbepflanzung nicht einzusehen war. Hier wurden sie in kleine Gruppen aufgeteilt und von Angehörigen des Polizeireservebataillons 9 und der Waffen-SS erschossen. Ein einziger Mann blieb am Leben, der für die Beerdigung der Toten sorgen musste. Am 8. Juli berichtete das Deutsche Verbindungskommando 1 (DVK 1) beim 3. Rumänischen Armeeoberkommando: »Im Laufe des 8. 7. wurde das Judenviertel von Czernowitz vom dem DVK 1 unterstellten Einsatzkommando der Sicherheitspolizei durchgekämmt. Bei dieser »Aktion« wurden etwa 100 Juden erfasst, deren Erschießung aufgrund der sicherheitspolizeilichen Bestimmungen durchgeführt wurde.«

Am 9. Juli 1941 erschoss die rumänische Wehrmacht in Zusammenarbeit mit dem Einsatzkommando 10b mehr als 500 Juden. Zu den Opfern gehörte auch die jüdische Geistlichkeit, die im Hotel Schwarzer Adler gefangen gehalten und vom Einsatzkommando 10b an die Rumänen ausgeliefert worden war. Ihre Ermordung erfolgte noch am selben Tag in den Auen des Grenzflusses Pruth. Mit ihnen starben 160 weitere Menschen, die in einem Massengrab verscharrt wurden.[7] Bis zum Ende des Monats wurden, organisiert vom Sonderkommando 10b, nach Angaben des Bürgermeisters 2000, nach Angaben der jüdischen Gemeinde 5000 Juden ermordet. Die Opfer wurden in Massengräbern auf dem jüdischen Friedhof begraben.

In der Ereignismeldung UdSSR Nr. 40 vom 1.8.1941 meldet die Einsatzgruppe D: »In Czernowitz wurden von etwa 1200 festgenommenen Juden 682 im Zusammenwirken mit der rumänischen Polizei erschossen.«[8]

6   Deletant, Transnistria, S. 163; Mariana Hausleitner, Rumänische Sonderwege. Pogrome und Hilfsaktionen. Überlebenschancen unter dem antisemitischen Regime, in: Wolfgang Benz/Juliane Wetzel (Hrsg.), Solidarität und Hilfe für Juden während der NS-Zeit, Regionalstudien Teil 1: Polen, Rumänien, Griechenland, Luxemburg, Norwegen, Schweiz, Berlin 1996, S. 99–134, hier S. 115.
7   Angrick, Besatzungspolitik und Massenmord, S. 148–153.
8   Mallmann, Die »Ereignismeldungen UdSSR«, S. 220.

1. Gebietshauptstadt Czernowitz

Am 30. Juli 1941 wurden die Juden durch Dekrete des rumänischen Gouverneurs der Bukowina gezwungen, einen gelben Fleck zu tragen und ihre Häuser mit dem Wort »Jude« zu kennzeichnen; jüdische Geschäfte wurden geschlossen; Juden war es verboten, sich auf der Straße in größeren Gruppen als drei Personen zu versammeln, und sie durften die Straßen nur zwischen sechs Uhr morgens und acht Uhr abends betreten; auf dem Markt durften sie nur zwischen neun und elf-dreißig Uhr einkaufen; Brot für Juden wurde rationiert; jüdische Frauen und Männer wurden zur Zwangsarbeit für die deutsche und rumänische Armee gezwungen. Zahlreiche Juden, die für die deutsche Armee arbeiteten, wurden ermordet.

Von August 1941 an durften jüdische Ärzte nur noch Juden behandeln, jüdische Schulen und Synagogen wurden geschlossen, Banken und Post durften kein Geld an Juden auszahlen. Wohnungen, Geschäfte, Büros und Fabriken wurden beschlagnahmt.

Im September befahlen die Deutschen dem Gouverneur der Bukowina, ein Ghetto einzurichten. Am 10. Oktober 1941 wurden mehr als 50 000 Juden in das Ghetto getrieben, das mit einem drei Meter hohen Zaun umgeben war. Das Stadtviertel, das alte Judenviertel, fasste normalerweise 10 000 Menschen. Die Juden hausten in Treppenhäusern, Kellern, Garagen und unter Brücken,[9] sie verloren die Erlaubnis, außerhalb des Ghettos zu arbeiten, und wurden bei Androhung der Todesstrafe gezwungen, ihr gesamtes Geld an die rumänische Nationalbank zu überweisen.

Nach einiger Zeit wurden männliche Juden im Alter von sechzehn bis sechzig Jahren in Arbeitslager in Rumänien deportiert.

Mitte Oktober 1941 begann eine zweite, systematisch angelegte Deportationswelle, die auch die Czernowitzer Juden erfasste. Rumänische Gendarmen trieben am 11. Oktober zunächst 50 000 Juden in einen abgesperrten Bezirk beim Bahnhof, pferchten zwei Tage später 30 000 ohne Nahrung und Wasser in Güterwaggons und deportierten sie nach Transnistrien. Dutzende, vor allem kleine Kinder, Kranke und Alte starben auf dem Weg.[10] Bürgermeister Traian Popovici sprach sich dagegen aus. Am 15. Oktober konnte Popovici den Premierminister Ion Antonescu überzeugen, 20 000 Juden von den Deportationslisten zu streichen. Popovici versteckte Juden, die in Gefahr waren, deportiert zu werden, in seinem eigenen Haus.

Am 17. Oktober 1941 begannen wieder drei Wochen lang die täglichen Deportationen. Als Tausende der Deportierten in Marculesti, einer jüdischen Bauerngemeinde, eintrafen, war der Ort verlassen. Die Einwohner waren offensichtlich getötet worden[11]. Am 15. November 1941 verließ der letzte Transport Czernowitz nach Ataki. Die Hälfte des Transports wurde am Ufer des Dnjestr erschossen. An diesem Tag befahl Rumäniens Diktator Ion Antonescu auf Druck der Deutschen, die Deportationen einzustellen. Bis zu diesem Zeitpunkt waren

---

9 Hilberg, Die Vernichtung der europäischen Juden, S. 828.
10 VEJ 7, S. 66.
11 Hilberg, Die Vernichtung der europäischen Juden, S. 827.

28 391 Juden deportiert worden, 16 569 blieben mit Genehmigung in Czernowitz.[12] Weitere 4000 lebten in Verstecken.[13]

Die Sterblichkeitsrate der nach Transnistrien deportierten Kinder betrug 100 Prozent, bei den Erwachsenen lag sie bei 70 Prozent.[14]

Im März und April 1942 befahl Antonescu die Deportation der verbliebenen Juden. Im Juni 1942 entließ der Gouverneur den Bürgermeister Popovici. (Popovici wurde am 21. September 1969 von Yad Vashem als »Gerechter unter den Völkern« geehrt.) Am 17. Juni 1942 wurden 4000 Juden, die bis dahin von Popovici geschützt worden waren, über den Südlichen Bug deportiert. 2500 von ihnen wurden von den Deutschen umgebracht.[15] Am 28. Juni 1942 wurden 4530 Juden in das überfüllte Ghetto von Tultschin in Transnistrien deportiert.[16]

Im November 1943 lebten in Czernowitz noch ungefähr 15 000 Juden.

Anfang Februar 1944 zogen die Rumänen sich aus Czernowitz zurück, die Stadt blieb in den Händen der Deutschen. Die Gestapo setzte ein Datum fest, alle Juden zu ermorden, aber einen Tag vorher, am 30. März 1944, besetzte die Rote Armee kampflos die Stadt.

Rachel Filip (geb. 1932)
»In meinem Leben gab es keinen lichten Tag«

Ich wurde 1932 in Czernowitz geboren. Mein Vater war Händler und meine Mutter Hausfrau. Vor dem Krieg lebten wir sehr gut. Zwei Jahre, 1938–1939, besuchte ich die Schule, die an der Kreuzung der Schewtschenko-Straße und der Holownastraße war. 1940, als die Russen kamen, besuchte ich noch ein Jahr die jüdische Schule. Also, ich hatte in meinem Leben nur drei Jahre Schulbildung. Meine Familie war sehr groß, wir lebten alle zusammen, meine Eltern und Großeltern. Zu Hause und mit anderen Kindern sprach ich Jiddisch und Deutsch. In der Schule lernte ich etwas Rumänisch.

Meine Kindheit war zu Ende, als ich neun wurde. In Czernowitz wurden wir in ein Ghetto getrieben und dann nach Transnistrien deportiert. Von 31 Personen überlebte ich als Einzige. Ich war mutterseelenallein. Alle anderen starben. Die Verwandten meiner Eltern wurden erschossen.

Ich erinnere mich an einen Fall, als wir haarscharf dem Tod entgingen. Meine Mutter ging mit mir durch die Straße, als wir plötzlich von einigen bewaffneten Männern in einen Hinterhof gezogen wurden. Dort waren noch weitere fünf oder sechs Personen. Man zielte mit Maschinenpistolen auf uns, und es fehlte nur noch, den Abzug durchzuziehen. Zum Glück hatte meine Mutter ein Papier bei sich, das sie als rumänische Staatsbürgerin auswies. Man ließ uns gehen, aber unterwegs hörte ich, wie alle anderen erschossen wurden.

---

12 Deletant, Transnistria, S. 168.
13 Gerald Reitlinger, Die Endlösung. Hitlers Versuch der Ausrottung der Juden Europas 1939–1945, Berlin 1992, S. 454.
14 Enzyklopädie des Holocaust, S. 298.
15 Wiesenthal, Jeder Tag ein Gedenktag, S. 135.
16 Reitlinger, Die Endlösung, S. 456.

1941 wurden alle Juden ins Ghetto getrieben, wo wir etwa zwei Monate verbrachten. Das Ghetto war mit Stacheldraht umzäunt, es war unmöglich, es zu verlassen. Wir wären wahrscheinlich verhungert, wenn nicht gutmütige Menschen uns ab und zu eine Brotscheibe oder eine Kartoffel zugeworfen hätten.

Im Herbst fingen die Deportationen an. Ich erinnere mich, dass es damals sehr stark geregnet hatte. In Viehwaggons wurden wir nach Ataki gebracht. Dort wurden wir in der Nacht mit Booten über den Dnjestr nach Mogiljow-Podolski übergeführt. Viele Menschen ertranken. Damals waren wir noch alle zusammen: meine Eltern, Großeltern und ich. Wir mussten viele Dörfer zu Fuß durchqueren, bis wir endlich Murafa erreichten, wo die Mehrheit meiner Familie vor Hunger und Kälte starb. Die Familie meiner Mutter – zwei Brüder mit Frauen und Kindern – lebten damals in Stanislau, heute Iwano-Frankowsk. Dort war die deutsche Hauptverwaltung. Sie alle wurden von Deutschen erschossen.

Wir wurden nicht in einem Lager gehalten, sondern von einem Ort zum anderen getrieben, von Schargorod nach Dshurin und dann nach Murafa. In jedem Lager verbrachten wir ungefähr ein Jahr. Wer keine Kraft hatte zu gehen, wurde erschossen. Regelmäßig kamen Gendarmen und schrien: »Vorwärts«. Wir wurden schlechter als Hunde behandelt.

Keiner wusste, wo sich die Schwestern, Brüder oder Bekannte aufhielten. Häufig wurden aus den Dörfern Kolonnen von 200 bis 300 Menschen weggetrieben. Dabei wurden die Kinder von den Müttern getrennt. Nach dem Krieg konnten viele einander nicht wiederfinden.

Das Lager war mit Stacheldraht umzäunt. Jedes Lager war eine kleine Stadt, in der 5000 Einwohner, einschließlich der einheimischen Juden, untergebracht waren. Manche von ihnen ließen uns zu sich herein, wenn sie Mitgefühl hatten. Sie hatten ein Dach über dem Kopf und ein Bett, wir dagegen nichts.

Wir wurden in der Schule untergebracht, 100 Menschen in einem Raum. Alle waren von Kopf bis Fuß von Flöhen befallen. Jeden Tag wurden Tote weggetragen und auf die Fuhrwerke geladen. Ihre Beine und Arme hingen bis zum Boden. Wir lebten in ständiger Angst, erschossen zu werden, und versteckten uns oft auf dem Dachboden oder im Keller. Es war schrecklich, schlimmer kann es nicht sein. Später wurden wir in einen Stall getrieben, der nur aus einem Dach bestand. Dort verbrachten wir den ganzen Winter.

Meine Mutter hatte viel Kummer mit mir. Ich war sehr mager und wog nicht mehr als 20 Kilo. Außerdem erkrankte ich an Typhus, meine Haare waren ausgefallen. Es mangelte an Lebensmitteln und Kleidung. Das größte Problem war, etwas Essbares zu beschaffen. Ich ging betteln. Als wir Czernowitz verließen, wurde uns erlaubt, einen Sack mit Kleidung mitzunehmen. Meine Mutter hatte einen Pelzmantel, und es war ihr gelungen, diesen einem einheimischen Bauern zu verkaufen. Von diesem Geld konnten wir uns einige Zeit über Wasser halten. Nachdem die Menschen alles, was sie hatten, verkauft hatten, starben viele vor Hunger. Den wenigen, die am Leben blieben, halfen ukrainische Bauern. Manchmal brachten sie uns Kartoffeln oder Brot, manchmal nur Kartoffelschalen, die wir in der Pfanne anbrieten und aßen. Wahrscheinlich fühlten sie mit uns, denn sie gaben uns Lebensmittel ohne jegliche Bezahlung. Außerdem konnte meine Mutter nähen, für jeden Rock und jede Bluse wurde sie entlohnt. So konnten wir uns drei Jahre lang durchschlagen. Als ich an Typhus erkrankte, rief meine Mutter den Arzt. Ihn musste man auch bezahlen. Es war ein jüdischer Arzt. Viele an Typhus Erkrankte starben. Jeder, der konnte, versuchte, dem anderen zu helfen.

Ich hatte noch Glück, aber meine Mutter erlitt Erfrierungen an den Füßen und verlor ihre Zehen. Ich hatte auch Probleme mit den Beinen und konnte lange nicht gehen. Wir wurden in einem Spital, das von Juden organisiert wurde, behandelt. Da stand ein Bett ohne Bettwäsche, man bekam etwas zu essen. Die Bauern verkauften im Lager wie auf dem Markt Milch und Brot. Nur wenige Juden hatten Geld, um sich etwas zu leisten. Manchmal suchten wir im Müll nach etwas Essbarem.

Den ganzen Tag über hielt im Lager die Polizei in Uniform Wache. Sehr oft wurden wir von den Polizisten brutal misshandelt, viele wurden erschossen, weil sie etwas Unerlaubtes taten. Die Polizei bestand hauptsächlich aus Rumänen, aber es waren auch Deutsche dabei.

Bereits 1942, nach Stalingrad, wussten die Rumänen, dass der Krieg nicht zu ihren Gunsten ausgehen würde. Aber wir wussten nichts. Es gab Gerüchte, dass die Russen siegen würden. Ich war zu klein, um zu verstehen, worum es ging, aber ich werde nie vergessen, wie am 19. März 1944 die Russen kamen und die Rumänen flohen. Viele von ihnen wurden erschossen, ebenso die Deutschen. Wir machten uns zu Fuß auf den Weg nach Czernowitz. Es waren ungefähr 300 bis 400 Kilometer. Ich weiß nicht, wie ich es schaffte, aber ich ging. Viele Kinder starben unterwegs. Als wir im Mai 1944 zu Hause ankamen, wurden uns Papiere ausgehändigt, und die Russen sorgten für Ordnung in der Stadt. Die Menschen bekamen Arbeit und Geld. Die Russen waren gut zu uns, verglichen mit den Deutschen im Krieg.

Ich kam nach Hause, angezogen in einem Sack, und mein größter Wunsch war, etwas zu essen, mich zu waschen und auszuschlafen. Die Wasserleitung war in Czernowitz während des Krieges intakt, aber ein ganzes Jahr lang gab es keinen Strom.

Damals war ich noch nicht 16, aber ich habe schon gearbeitet. Meine Mutter starb gleich nach der Rückkehr aus dem Lager. Ich verdiente mein Geld als Putzfrau. Als ich 16 wurde, arbeitete ich in der Nachtschicht in der Nähfabrik. Es war das traurige Hungerjahr 1946/47, in dem es angeblich keine gute Ernte gab. In Wirklichkeit wollte Stalin die Bevölkerung der Westukraine und der Moldau vernichten.[17] Wir kauften auf dem Markt Kartoffelschalen und brieten sie in der Pfanne. Das war unser Mahl.

Als wir zurückkehrten, war die Stadt fast menschenleer. In unserem Haus waren 10 oder 12 Wohnungen leer. Wir suchten nach unseren Freunden und Bekannten, und es gelang uns, einige zu finden. Später kamen unsere Nachbarn, ein paar Familien aus dem Lager. Es waren nur wenige, die zurückkehrten. Von 100 000 starben 60 oder 70 Tausend. Vor dem Krieg lebten in unserem Haus 34 Personen. Zurückgekehrt waren fünf oder sechs. Es sah so aus, als ob alles ausgestorben wäre. Als wir zurückkehrten, wohnten schon andere Menschen in unserer Wohnung. Sie kamen aus dem

---

17 Anmerkung Boris Zabarko: Das ist eine Vermutung der Autorin.

Lager und sahen, dass die Wohnung leer stand, deshalb zogen sie ein. Aber meine Mutter hatte eine Bescheinigung, die besagte, diese Wohnung sei unser Eigentum. Also waren sie gezwungen auszuziehen.

1952 habe ich geheiratet. Meinen Mann habe ich über die Bekannten meiner Mutter kennengelernt. Er ist Ukrainer und sieben Jahre älter als ich. Wir haben eine Tochter.

Nach dem Krieg sprach ich oft mit meinen Freunden und Bekannten über das Lager. Ich habe eine Freundin, die jetzt auch 65 ist. Wir telefonieren oft:

– Was machst du? Erinnerst du dich? ...

– Ja, gewiss, ich erinnere mich an alles.

Manche bevorzugten den Freitod, einige erhängten sich. Bei vielen ging das Leben entzwei. Jetzt sind viele ausgewandert. Mein Cousin wanderte 1980 nach Israel aus. Aber ich kann nicht emigrieren. Meine Tochter will nicht auswandern, und mein Schwiegersohn ist militärverpflichtet, er ist ein Kommandeur. Dort würde er keine Arbeit finden. Auch der Sprache ist er nicht mächtig. Gleich nach dem Krieg durften wir nicht auswandern.

In der Fabrik, wo ich arbeite, gab es auch viele Juden, die in den Lagern inhaftiert worden waren. Sie alle sind schon längst nach Israel oder in die USA ausgewandert. In der Fabrik arbeiteten Christen und Juden, Ukrainer, Russen und Polen. Nach der Arbeit unternahmen wir oft etwas gemeinsam. Wir lebten damals relativ gut, es gab zwischen uns keine wesentlichen Unterschiede. Wir alle waren jung. Wir gingen oft ins Kino oder Theater, wenn wir Geld und Zeit hatten.

Noch heute habe ich diese Albträume. Wahrscheinlich werden sie mich mein ganzes Leben lang verfolgen. So etwas kann man nicht vergessen. Manchmal denke ich, wie konnte ich das alles aushalten? Aber was konnte man machen? Wenn ich daran zurück denke, stehen mir die Tränen in den Augen. Warum ist mein Leben so verlaufen? Wem habe ich etwas Böses angetan? Alle wurden erschossen, alle. Die Familien meines Vaters und meiner Mutter wurden erschossen, alle wurden erschossen. Warum? In meinem Leben gab es keinen lichten Tag.

Czernowitz war einst eine jüdische Stadt ... Berichte der Augenzeugen, Czernowitz 1998, S. 65–68

Semen Kirmaier (geb. 1930)
»Wir wurden über zwei Wochen zu Fuß getrieben«

Ich, Kirmaier Semen Michailowitsch, wurde am 27. November 1930 in der Stadt Kizman, Gebiet Czernowitz, in einer Handwerkerfamilie geboren. Mein Vater war Schneider und meine Mutter Weberin.

Vor dem Krieg lebten meine Eltern und ich in Czernowitz, wo ich die vierte Klasse der rumänischen Schule beendet hatte. Im Juni 1941 wurde mein Vater in die Rote Armee einberufen und ist verschollen. Sobald die Deutschen unsere Stadt besetzt hatten, wurden meine Mutter und ich sowie viele andere Juden innerhalb von zwei Wochen im Czernowitzer Ghetto interniert. Es befand sich in der Altstadt an der Kreuzung der jetzigen Wolgogradskaja- und Schepetowskaja-Straße. Dort wurden wir bis September 1941 in unhygienischen Verhältnissen, 10 Menschen in einem kleinen Zimmer fast ohne Wasser und Essen, untergebracht.

Jetzt wurde an einem der Häuser, das im ehemaligen Ghetto ist, eine kleine Gedenktafel als Erinnerung an das jüdische Ghetto enthüllt.

Im Oktober 1941 wurden wir aus dem Ghetto zum Güterbahnhof getrieben und je 100 Menschen in Viehwaggons geladen. Fast ohne Wasser und Essen schlimmer als das letzte Vieh vegetierten wir in diesen unhygienischen Verhältnissen. Wir wurden zum Bahnhof im Dorf Ataki gebracht. Dort wurden wir ausgeladen und unter verstärkter Bewachung rumänischer Gendarmen in den Wald in der Nähe des Dorfes Merkuleschta in Moldawien getrieben. Ich erinnere mich, dass es im Wald in der Nacht wie aus allen Kübeln regnete und meine Mutter eine Decke über mich hielt. Immer wieder wrang sie diese aus, aber wir waren trotzdem pitschenass.

Am Morgen des nächsten Tages trieb man uns zu Fuß über den Fluss Dnjestr in die Ukraine. Wir wurden über zwei Wochen lang zu Fuß getrieben, waren hungrig, hatten fast kein Essen und kein Trinkwasser dabei. Wir tranken aus den Pfützen.

Unterwegs wurden wir von den Gendarmen mit Peitschen und Gewehrkolben geschlagen und konnten kaum noch unsere Füße bewegen. Wer nicht weitergehen konnte, wurde aus der Kolonne entfernt, mit den Gewehrkolben totgeschlagen oder erschossen. Ihre Leichen blieben am Straßenrand liegen, keiner konnte sie beerdigen. Endlich wurden wir zu je 150 bis 200 Menschen in Pferdeställen eingepfercht, die am Rande des Dorfes Woitowka, heute Tschapajewka, Bezirk Berschad, Gebiet Winniza, standen . Die Pferdeställe wurden mit Stacheldraht umzäunt und von Gendarmen bewacht, sodass keiner hätte fliehen können.

Ohne Essen und Trinkwasser erkrankte ich dort sofort an Typhus. Ich lag auf dem nackten Boden mit hohem Fieber ohne jegliche Behandlung. Ich erinnere mich sehr gut, dass 1941/42 sehr starker Frost war. Ich wurde mit einer Kinderjacke zugedeckt. Sie gefror auf mir und wurde wie aus Metall. Ich lag über ein halbes Jahr, meine Sehnen waren zusammengeschrumpft, sodass ich nicht mehr gehen konnte.

Jede Nacht starben im Pferdestall 15 bis 20 Menschen. Die Leichen wurden aus dem Pferdestall weggeschleppt und im Schnee verscharrt. Im Frühling, als der Schnee taute, wurden diese Leichen von den Hunden angefressen. Keiner wurde beerdigt, die Leichen wurden einfach auf einen Haufen geschleppt und mit Erde bedeckt. Nach meiner Typhuserkrankung war ich bis auf die Knochen abgemagert, ich sah wie ein Skelett aus: Nur Knochen, und die Rippen ragten heraus.

Im Frühling 1942 wurde meine Mutter zur Arbeit in der Sowchose gezwungen. Von dort brachte sie für mich eine gefrorene Zuckerrübe, gefrorene Kartoffeln und ein paar Weizenkörner. Davon haben wir vegetiert. Dann habe ich über ein halbes Jahr gebraucht, um wieder gehen zu lernen. Nach der Befreiung bin ich mit meiner Mutter, wie auch viele andere Juden, die überlebt hatten und gehen konnten, zu Fuß nach Hause in die Stadt Kizman, Gebiet Czernowitz, gegangen.

Maria Krupijewskaja (geb. 1941)
»Mein Vater wurde verhaftet und als einer der 96 jüdischen Geiseln erschossen«

Ich, Krupijewskaja Maria Sergejewna (Mädchenname Nisman Maria Srulowna), wurde am 25. Dezember 1941 in der Stadt Czernowitz auf dem Ghettogelände, das am 11. Oktober 1941 von Deutschen errichtet worden war, geboren. Meine Mutter Sura-Dora Wohl (Mädchenname Waisman) verlor 1935 ihren Mann Kubi Wohl, einen bekannten jüdischen Schriftsteller (sein Nachlass erschien vor Kurzem in Israel in einer dreibändigen Ausgabe), der an Tuberkulose starb. Im Februar 1941 heiratete sie meinen Vater Srul Jakowlewitsch Nisman.

Nach der Besetzung der Stadt Czernowitz durch die Deutschen wurde mein Vater Anfang Juli verhaftet und als einer der 96 jüdischen Geiseln erschossen. Sein Name steht auf der Gedenktafel, die an der Erschießungsstelle angebracht wurde. An jenem Tag wurden alle Männer abgeführt. Mein Großvater war nicht zu Hause, er war in der Synagoge. Meine Mutter war damals im fünften Monat der Schwangerschaft. Sie versteckte sich immer mit ihren Eltern und ihrer Schwester auf dem Dachboden. Am 11. Oktober wurde in Czernowitz die Errichtung des Ghettos bekannt gegeben. Am 16. Oktober wurden wir während einer Razzia entdeckt und ins Ghetto eingewiesen. Das Ghetto war im Stadtviertel untergebracht, das an den Schillerpark angrenzte. In einem kleinen Zimmer waren vier Familien zusammengepfercht.

Ich wurde am 25. Dezember 1941 geboren. Der Winter war in jenem Jahr schneearm, aber sehr kalt. Meine Mutter gebar mich auf einer baren Pritsche. Die Nachbarn riefen den Arzt. Er band Handtücher an das Gestell der Pritsche, und meine Mutter zog an ihnen. Meine Mutter erinnert sich, dass ich die ganze Zeit schrie, denn sie hatte keine Milch. Meine Großmutter versorgte mich. Man fütterte mich mit Maisbrei oder mit Maismehlbrühe. Mais ist sehr verbreitet in der Bukowina. Wir hatten überhaupt kein Brot. Mein Großvater, ein tiefreligiöser Jude, wurde von rumänischen Soldaten gezwungen, die Toiletten in der Kaserne zu putzen.

Meine Mutter und ihre Schwester, Ester Waisman, waren ausgebildete Schneiderinnen (sie schlossen ihre Berufsausbildung in Bukarest ab). Deshalb wurden sie zum Arbeitseinsatz in der Schneiderei gezwungen und mussten Unterwäsche für die deutschen Soldaten herstellen. Jeden Morgen wurde sie, eine stillende Mutter, am Ghettotor abgeholt und musste bis zum späten Abend im Packhaus oder auf dem Wäschelager schuften.

Ende Februar 1942 berichtete die Rumänin Lodi meiner Mutter (an ihren Familiennamen kann sich meine Mutter, die mittlerweile 91 Jahre alt ist, nicht mehr erinnern), dass das Ghetto in absehbarer Zeit evakuiert werden solle und man sich verstecken müsse. Meine Mutter und ihre Schwester kehrten an jenem Abend nicht ins Ghetto zurück, sondern versteckten sich in dem von der Rumänin angebotenen Unterschlupf. Eine Woche später konnten sich meine Großeltern mit mir, einem dreimonatigen, vor Hunger und vom Schreien angeschwollenen Baby, zu den beiden gesellen. Die nächsten zwei Jahre sollten wir in diesem Versteck verbringen. Gott sei Dank konnte meine Mutter illegal für die Freundinnen unserer Retterin nähen, und dies half uns zu überleben.

Das Ghetto wurde Ende 1942 nach Transnistrien evakuiert. Dort starben unsere Nachbarn, die Brüder meiner Mutter und sehr viele Juden unserer Stadt.

Meine Mutter und mich versteckten ihre rumänischen Bekannten, für die sie noch vor dem Krieg genäht hatte. Ich erinnere mich sehr schwach an jene Zeit. Ich weiß nur, dass es sehr dunkel war und man mir den Mund mit der Hand zuhielt, damit ich nicht weinte, denn die Deutschen »säuberten« alle Häuser auf der Suche nach den Juden, die sie nicht gefunden hatten. Manche Juden wurden von den Einheimischen denunziert. Wir hatten Glück: Wir wurden nicht entdeckt. Aber bis zum vierten Lebensjahr konnte ich überhaupt nicht sprechen. Erst 1944 meldete sich bei uns der Bruder meiner Mutter Chaim Waisman, dem es glückte, zusammen mit dem anderen Bruder bis nach Samarkand zu gelangen (insgesamt waren in der Familie acht Kinder, nach dem Krieg blieben nur drei).

Ich habe zwei Hochschulabschlüsse: Ich absolvierte die Technische Universität Lemberg und die Hochschule für Patentanwälte in Moskau. Ich und mein Mann, geboren 1938, sind jetzt Rentner. Unser Sohn, geboren 1974, lebt in Israel. Meine Mutter und ich können die deutsche Rente nicht erhalten, weil laut Gesetz der Bundesrepublik Deutschland Voraussetzung ist, dass man mindestens 18 Monate im Ghetto leben oder sich »unter unmenschlichen Bedingungen« auf dem von Nazis besetzten Gebiet aufhalten musste. Die gesamte Zeit der Besatzung haben wir im Versteck gelebt. Natürlich ist dies nicht mit dem Leben im Ghetto gleichzusetzen, aber die Folgen des Lebens im Versteck sprechen für sich: Bis zum fünften Lebensjahr konnte ich nicht gehen, nur auf den Knien, wie es im Versteck möglich war. Die Folgen des »dunklen« Lebens sind mir bis heute erhalten: Ich hatte drei Augenoperationen, kann nur sehr schlecht sehen. Meine Mutter lebt nach dem Tod ihres Mannes alleine in Lemberg. Sie will nicht auswandern, weil sie sich wünscht, neben ihrem Mann beerdigt zu werden. Sie lebt von einer sehr niedrigen Rente. So gut es uns Kindern möglich ist, unterstützen wir sie.

So viel zu meinen »Erinnerungen«, zu dem, woran ich mich nach den Erzählungen meiner Großeltern, meiner Mutter und Tante erinnere. Aber der Einmarsch der sowjetischen Armee hat sich bei mir sehr genau eingeprägt. Da ich nur Jiddisch und Rumänisch sprach, machte ein sowjetischer Offizier eine böse Bemerkung zu meiner Mutter: »Wenn sie nicht Russisch sprechen will, soll sie bereuen, dass sie nicht zusammen mit allen Juden gegangen ist«.

Beno (Ben-Zion) Mortman (geb. 1927)
»Die Hüllen der Sprachlosigkeit«

Die Erinnerungen an die Kindheit
Ich heiße Beno (Ben-Zion) Mortman. Ich bin 1927 in der Stadt Czernowitz in einer traditionellen jüdischen Familie geboren. Mein Großvater besaß eine Konditorei, die sich im Stadtzentrum, am Platz, der seinerzeit Ringplatz hieß, befand. Nach dem Tod meines Großvaters erbte mein Vater, Leon Mortman, das Geschäft und führte es bis zu unserer Deportation ins Konzentrationslager.

Ich war das fünfte Kind in der Familie. Nach mir wurde meine Schwester Leja geboren, die vier Jahre jünger war als ich. Ich wuchs auf und wurde erzogen, wie es damals üblich war. Im Alter von vier Jahren wurde für mich ein Lehrer für Hebräisch und Gebet engagiert. Mit fünf Jahren ging ich in einen Kindergarten, wo ich Rumänisch lernte, denn zu Hause sprachen wir nur Deutsch. Bis dahin hatte ich ein normales Leben und eine glückliche Kindheit.

Meine Eltern verwöhnten mich sehr, und manchmal störte mich das. Ich war ein sehr sensibler Junge, und es schien mir, dass es ungerecht in Bezug auf meine Brüder war. Den Grund für diese bevorzugte Behandlung kenne ich bis heute nicht. Ich glaube auch, dass meine Eltern mehr von mir erwartet hatten als von meinen Brüdern. Sie hofften, dass ich durch die Erfolge in der Schule etwas Besonderes erreichen würde. Sogar unser Hausmädchen Marija, die zehn Jahre bei uns angestellt war, fast bis zum Kriegsbeginn, sagte immer, wenn ich groß und ein Rechtsanwalt sei, sollte ich sie in ihrem Dorf mit einem schicken Auto besuchen, was das ganze Dorf neidisch auf sie machen würde.

Mein Vater war ein sehr ruhiger, lustiger, gutmütiger und anständiger Mann. Ich glaube, dass Handel nicht sein Metier war. Er war viel weniger erfolgreich als der Großvater, dem das Geschäft im Blut lag. Mein Vater beendete die Mittelschule mit guten Noten. Seine Leidenschaft war die Politik, und er abonnierte immer zwei Tageszeitungen.

Als ich sechs wurde und in Deutschland Hitler an die Macht kam, spürte man in der Luft eine Spannung, die mir nicht ganz klar war.

Als ich eingeschult wurde, war es noch ein ganz normales Leben. Nur in der zweiten Klasse wurde ich zum ersten Mal mit dem Antisemitismus konfrontiert. Der Lehrer Sidorowitsch war nicht nur ein Antisemit, sondern auch ein Alkoholiker. Er schimpfte bösartig und nannte mich nicht anders als »Judenkind« …

Das Czernowitzer Ghetto
Ich konnte nicht wirklich verstehen, was uns erwarten würde, aber die mulmige Angst ließ nicht nach. Meine Eltern packten das Nötigste, Wertsachen und Handarbeiten, die für Rosa bestimmt waren. Wir hatten einen Onkel, der eine Wohnung in der zum Ghetto zugehörigen Steingasse hatte. Diese Wohnung stand leer, weil der Onkel, Josef Kaufman, in Bukarest lebte. Der größte Teil der Familie meiner Mutter quartierte sich in dieser Zweizimmerwohnung ein.

Nachdem wir unser Haus verlassen hatten, begann unsere Leidensodyssee. Zwanzig Erwachsene und Kinder hausten in einer kleinen Zweizimmerwohnung. Uns mangelte es an den einfachsten Dingen, um halbwegs hygienische Normen einzuhalten. Langsam fingen wir an, unsere menschliche Erscheinung zu verlieren.

Nach einiger Zeit entschieden die Machthaber, das Ghetto sei zu geräumig, und reduzierten es um einige Straßen. Die Steingasse lag außerhalb der neuen Grenzen, und wir siedelten zum Cousin meines Vaters in die Wolfson-Straße 65 um. Sie hieß auch Judengasse. Wir waren sechs Personen auf einer Veranda. Wir schliefen auf dem Fußboden.

Die Situation war schrecklich. Unter den Juden gab es Gerüchte, dass wir in die Dörfer verschickt werden, deren Einwohner nach Russland flüchteten, und dass wir dort ihre Häuser bekommen würden und Äcker bebauen könnten. Bis zum Ende des Krieges würden wir somit keine Schwierigkeiten bekommen. Es war sehr eng in unserer Behausung. Krankheiten und Läuse plagten uns dermaßen, dass die Menschen bereit waren, überall hinzufahren, sogar in die Hölle, nur um dieses Ghetto verlassen zu können.

Wir wussten nicht, was auf uns zukommen würde. Alles geschah plötzlich, und die Menschen glaubten jedem Gerücht, das von den Deutschen verbreitet wurde. Sie taten es absichtlich, um den Widerstand der Jugendlichen zu verhindern. Alle hatten Angst, dass, wenn jemand irgendeine Widersetzlichkeit unternähme, die ganze Familie und viele andere Juden erschossen würden.

An einem Morgen hörte ich von meinen Eltern, dass die Einwohner einiger Straßen, darunter auch der unseren, am Bahnhof erscheinen müssten. In jener Nacht konnten wir, wie auch unsere Nachbarn, nicht schlafen. Unsere Verwandten, die Familie von Porper Wolf, bereitete sich auf den Weg zum Bahnhof vor. Die Eltern sagten, man müsste früher hingehen, um bessere Plätze in den Zügen zu bekommen.

Viele Familien wanderten von einer Straße in die andere in der Hoffnung, den Transport zu vermeiden und bis zum Kriegsende in Czernowitz zu bleiben. Einigen Familien wurde erlaubt zu bleiben, weil ihre Arbeit von den Deutschen gebraucht wurde. Aber auch unter jenen Familien gab es solche, die es vorzogen, zusammen mit den anderen wegzufahren, als alleine zu bleiben, ohne zu wissen, was mit ihnen geschehen könnte, wenn sie ihre Arbeit erfüllt haben würden.

Ende 1941 wussten die Einwohner der Bukowina und Bessarabiens noch nicht, dass Hitler eine totale Vernichtung des europäischen Judentums geplant hatte. Alle mutmaßten, dass man sie wie in Ägypten erniedrigen, berauben und durch Sklavenarbeit ausnutzen wolle.

Wir hatten ein besonderes Problem mit unserem Hund, weil es verboten war, Haustiere mitzunehmen. Es war ein sehr kluger Hund, Rasse Spitz, schwarz wie Pech mit zwei braunen Flecken um die Augen und braunem Fell an den Pfoten. Wir Kinder hingen sehr an diesem Hund. Er wurde in unserem Haus geboren und wuchs mit uns auf. Mein Bruder Erich sagte, dass er ohne den Hund nicht mitführe. Dann entschieden wir, den Hund mitzunehmen, für den Fall, dass es möglich wäre, ihn heimlich in den Waggon zu schmuggeln. Am frühen Morgen verließen wir das Haus Nr. 65 in der Wolfson-Straße. Wir hatten einen Karren, auf den wir unsere Sachen luden, und jeder hatte einen kleinen Rucksack. So gingen wir zum Bahnhof.

In der Nähe des Bahnhofs hörten wir Lärm und verstanden, dass wir nicht die Ersten waren. Ganze Familien kamen in der Nacht hierher, mit allem Hab und Gut, das sie mitnehmen konnten. Die Menschen fielen in Ohnmacht, man hörte Schreie und das Jammern der Kinder. Keiner sorgte sich um Ordnung und keiner wusste, wohin man gehen und was man machen sollte.

Auf den Gleisen standen Dutzende leere Viehwaggons. Die besonders Entschlossenen besetzten Plätze. Mein Bruder Erich besetzte auch einen Platz im Waggon. Wir waren müde von der schlaflosen Nacht und litten unter der Hitze, weil wir viele Kleider anhatten. Die Kinder waren hungrig, und die Mutter gab uns Kekse, die sie gebacken hatte, als sie unseren Proviant zubereitete.

Tausende Menschen suchten nach Verwandten und Bekannten. Mutter bestand darauf, dass wir beisammen blieben, weil nicht bekannt war, wann die Züge abfahren.

Als es dunkel wurde und die Waggons gänzlich gefüllt waren, gingen in unserem Kopf beunruhigende Gedanken umher. Wir konnten Martschela Kraniza und seine Familie nicht finden,

1. Gebietshauptstadt Czernowitz

deshalb machte sich Rosa große Sorgen. Sie verstand, dass es keine Möglichkeit geben würde, ihn zu finden, und dass ihr Schicksal entschieden sei.

Unser Hund Pufi wartete geduldig neben dem Waggon. Es mangelte an Wasser, deshalb bekam jeder nur wenige Schlucke. Mein Vater war sehr bedrückt, obwohl er ein sehr optimistischer Mensch war. Er war sehr stark von dem Leid beeindruckt, das er ringsherum sah, und besonders von dem Leid seiner Kinder, die er über alles in der Welt liebte. Ihn beunruhigte auch der Gedanke, wie es meiner älteren Schwester erginge, die verheiratet war und zwei kleine Kinder hatte. Im Ghetto lebte sie mit der Familie ihres Mannes. Diese war mit dem vorherigen Transport abgefahren, und keiner wusste wohin.

Um Mitternacht kamen rumänische Soldaten und verschlossen die Waggons fast hermetisch. Im Waggon war es sehr schwer zu atmen, weil nur zwei kleine, vergitterte Fenster offen blieben, durch die die Luft nur schwer eindringen konnte.

Manche schliefen eng aneinander angelehnt. Es herrschte eine nichts Gutes versprechende Stille. Draußen fiel ein leichter Herbstregen. Ich und mein Bruder konnten nicht schlafen und betrachteten unseren Hund Pufi. Mir schien, dass unsere Mutter auch nicht schlief, obwohl ihre Augen geschlossen waren.

Am frühen Morgen setzte sich unser Zug in Bewegung. Wir wussten nicht, ob wir uns freuen oder weinen sollten. Werden wir Czernowitz irgendwann wiedersehen? Der Zug fuhr sehr langsam, als ob er nicht vorhätte, irgendein Ziel zu erreichen.

Uns schien, dass diese Fahrt ewig dauerte. Wir fuhren an grünen Feldern, an Dörfern mit kleinen ruhigen Häusern, die zu einer anderen Welt zu gehören schienen, vorbei.

Der Gestank störte uns immer mehr. Die Kinder erledigten ihr Geschäft direkt im Waggon, manche Erwachsene auch. Nach 24 Stunden hielt der Zug an, und die Soldaten, die uns begleiteten, öffneten die Türen. Als Erstes wurden die Toten herausgetragen, dann die Kinder. Es wurde befohlen, die Waggons zu reinigen.

Die größte Erniedrigung für die Menschen war, dass sie gezwungen waren, ihre Notdurft im offenen Feld vor den Augen aller zu verrichten. Die Soldaten schauten uns zu und lachten laut.

Nach zwei Tagen war unser kleiner Proviant, den Mutter mitgenommen hatte, zu Ende. Vater wusste nicht, wo er ein wenig Essen beschaffen könnte. Mutter fand eine Lösung: Sie tauschte ihren Ehering gegen zwei große Brotlaibe. Das bedrückte Vater sehr. Er sagte nichts, aber Mutter verstand es und sagte, dass, wenn der Krieg zu Ende sei, wir uns alles wieder beschaffen würden.

Auf der Straße regnete es. Es war immer noch der Herbstregen, aber nachts froren wir bis auf die Knochen.

Nach vier Tagen erreichten wir unser Ziel. Die rumänischen Wachleute öffneten die Türen und drängten die Menschen auszusteigen. Es regnete, und alle wurden sehr schnell nass. Viele Menschen fielen in Ohnmacht, die Kranken und hungrige Kinder jammerten, aber es gab keinen Arzt. Die Leichen, die man aus den Waggons herausgetragen hatte, lagen in den Pfützen. Die Einwohner der benachbarten Dörfer standen auf beiden Seiten des Gleises und warteten, bis wir abgeführt würden, denn sie hatten es auf das Hab und Gut in unseren Koffern, die neben dem Zug standen, abgesehen. Es war klar, dass keiner von uns imstande war, etwas zu tragen. Wir ließen einen großen Teil unserer Sachen, die wir auf dem Karren hatten, liegen. Jeder nahm seinen Rucksack, und wir machten uns auf den Weg. Meine jüngere Schwester schleppte tapfer ihren Rucksack und versuchte sogar, noch etwas in die Hand zu nehmen. Plötzlich hörten wir einen fröhlichen Schrei meines Bruders Erich: Pufi, unser Hund war da. Es stellte sich heraus, dass er die ganze Zeit dem Zug nachgelaufen war. Einmal in der Nacht, als der Zug anhielt, schmuggelte mein Bruder den Hund in den Waggon, und er konnte die ganze Nacht mit uns fahren.

Nach dieser langen Fahrt mussten wir noch einige Kilometer zu Fuß zum Städtchen Ataki gehen. Wie ich schon erwähnte, war die Straße sehr glitschig, und jedes Mal, wenn wir unsere Füße aus dem Matsch hoben, bestand die Gefahr, dass unsere Schuhe stecken blieben. Die Soldaten trieben uns die ganze Zeit an. Die Schreie der Menschen waren über große Entfernung zu hören. Besonders laut schrien jene, deren Verwandte unterwegs starben und deren Leichen jetzt im Matsch neben dem Zug lagen und die man hinderte, von den Toten Abschied zu nehmen.

Wer nicht Schritt halten konnte, wurde erschossen. Man schoss auch in die Luft, um uns zu erschrecken. Wegen dieser Schüsse und der Panik verlor sich unser Hund in der Menschenmasse. Am späten Abend kamen wir bei leichtem Regen nach Ataki. Wir wurden im ehemaligen jüdischen Viertel untergebracht, das geplündert und zerstört war. Von jedem Haus blieben eine oder zwei Wände stehen. Juden, die nicht erschossen worden waren, waren geflüchtet. Wir fanden ein Gebäude, das früher eine Synagoge gewesen sein musste. Da standen drei Wände ohne Dach und Fußboden. An den Wänden waren Inschriften, die die Juden hinterließen, die an diesem Ort vorbeigegangen waren: »Juden rächt uns!«, »Hier wurde dieser und jener ermordet. Rächt sie!«, oder »Hier wurde XY vorbeigetrieben. Seine Frau und Kinder wurden ermordet.«

Es regnete die ganze Nacht, wir wurden nass bis auf die Haut.

Am frühen Morgen sagte man uns, dass wir in die Richtung des Flusses Dnjestr gehen sollten. Das war ein sehr breiter, Angst erregender Fluss, und das Erste, woran ich dachte, war, dass man uns ertränken wollte. Als wir näher an den Fluss kamen, sah ich zusammengebundene Baumstämme, die ein Floß darstellen sollten. Die Menschen stiegen mit ihren Habseligkeiten auf dieses Floß. Von einem Flussufer zum anderen war ein Seil gespannt, mit seiner Hilfe konnte man das Floß bewegen.

Auf dem Floß gab es weder Haltemöglichkeiten noch Geländer, die einen Fall ins Wasser hätten verhindern können. Die Wellen überspülten das Floß. Die Menschen und ihre Habseligkeiten waren pitschnass. Es war schon sehr gefährlich, auf diese Baumstämme zu steigen. Wenn man ungeschickt mit dem Bein auftrat, riskierte man, das Gleichgewicht zu verlieren und zusammen mit Hab und Gut ins Wasser zu fallen. So starben zum Beispiel die Eltern meines Onkels. Seine Mutter fiel in den Dnjestr. Ihr Mann versuchte, sie zu retten, aber am Ende ertranken sie beide.

Wir banden uns mit einer Schnur aneinander, und mein Bruder Erich, der ein ausgezeichneter Schwimmer war, sorgte dafür, dass wir vorsichtig auf das Floß aufstiegen. Gott sei Dank konnten wir glücklich das andere Flussufer erreichen, wo die Stadt Mogiljow lag.

In Mogiljow wurden wir alle in einem großen dreistöckigen Gebäude gesammelt, das früher wahrscheinlich eine Schule war. Zum Gebäude gehörte ein großer Hof, der jetzt mit Stacheldraht

1. Gebietshauptstadt Czernowitz

umzäunt war. Jede Familie fand eine Ecke, um die Sachen abzustellen und sich ein bisschen auszuruhen.

Hunger und Durst meldeten sich. Uns wurde erlaubt, jeweils eine Person von jeder Familie zum benachbarten Markt zu schicken, um etwas Essbares zu beschaffen. Unsere Mutter ging als Erste. Es gelang ihr, ein schickes Kleidungsstück gegen etwas zu essen umzutauschen. Nach der Rückkehr berichtete sie, dass es hier eine jüdische Gemeinde gab. Es waren sehr arme Menschen, denen die Einheimischen, die mit den Deutschen kollaborierten, das ganze Hab und Gut weggenommen hatten. Außerdem gab es hier Juden aus Bessarabien, die vor uns angekommen waren. Sie wurden zum Arbeitseinsatz gezwungen. In Mogiljow durften nur die bleiben, die arbeitsfähig waren.

Es war kurz vor Wintereinbruch, und die Nächte waren sehr kalt. Mein Vater und meine jüngere Schwester konnten nicht mehr weitergehen. Meine Eltern entschieden, dass wir aus diesem Lager herauskommen und nach Mogiljow gelangen sollten. Wir sahen, wie andere Juden die rumänischen Soldaten bestachen, das Lager verließen und nie wieder zurückkamen. Meine Mutter sprach Ukrainisch, deshalb sprach sie mit einer Ukrainerin im mittleren Alter, deren Haus an das Ghetto grenzte. Sie hatte zwei Zimmer und erklärte sich bereit, ein Zimmer zu vermieten, wofür sie irgendwelche Kleidungsstücke bekam. Als wir das Lager verließen, zogen wir so viel wie möglich an und schmuggelten auf diese Weise alle unsere Sachen ins neue Zimmer, das uns wie ein Paradies erschien. Ein paar Stunden vor unserer Flucht aus dem Lager erschien unser Hund Pufi.

Es war unvorstellbar, wie es diesem Hund gelang, von Ataki nach Mogiljow zu gelangen und uns unter Tausenden Menschen wiederzufinden. Wir waren sehr froh, dass der Hund wieder bei uns war. In unserem neuen Zimmer schliefen wir nach langer Zeit auf dem Holzfußboden und deckten uns mit einer Decke zu. Am nächsten Tag verkaufte mein Vater seinen Anzug und kaufte Brennholz, Brot, etwas Käse und Kartoffeln. Obwohl wir uns irgendwie eingerichtet hatten und hofften, das Schlimmste überstanden zu haben, ließen neue Schwierigkeiten nicht lange auf sich warten.

Die Vermieterin erfuhr, dass die Juden aus Rumänien eine Genehmigung brauchten, um in Mogiljow zu bleiben. Sie fragte, ob wir so eine Genehmigung hätten, und mein Vater antwortete, dass wir sie in Bälde erhalten sollten.

Die Zeit verging, der erste Schnee fiel. Jeden Tag kamen neue Transporte, und die Berichte jener Neuankömmlinge ließen uns Schauder über den Rücken laufen. Von Mogiljow gingen die Transporte weiter.

Der Schnee fiel immer dichter, und oft mussten die Menschen dreißig, vierzig oder fünfzig Kilometer zu Fuß in Schnee und Matsch zurücklegen. Die Kälte und Feuchtigkeit gingen durch die Knochen. Sehr viele starben unterwegs, besonders Kinder und Alte. Die Gerüchte, die von anderen Orten nach Mogiljow kamen, ließen vermuten, dass die Verhältnisse dort noch schlimmer waren. Die Menschen wurden in Kuhställen eingepfercht. Viele erkrankten an Magen-Darm-Infekten und Typhus und starben massenhaft. Es gab weder Ärzte noch Medikamente. Die Menschen benutzten die Methoden der Volksmedizin. Wer schwächer war, der starb. Außerdem starben sowohl Kinder als auch Erwachsene an Kälte und mangelhafter Ernährung.

Der erste Winter war am schlimmsten.

Ich schreibe weiter. Ich fühle, ich bin verpflichtet zu vollenden, was ich begonnen habe. Es sind fünfzig Jahre vergangen, aber ich spüre die Notwendigkeit, jedes Detail festzuhalten, um es vor dem Vergessen zu bewahren.

МЕГ – Международная еврейская газета [Internationale jüdische Zeitung], 15. 8. 2007

2. Bezirk (Rayon) Chotin
(ukr. Chotyn, rumän. Hotin)

Ort: Chotin

1930 lebten in Chotin[18] 5788 Juden.

Am 28. Juni 1940 besetzten sowjetische Truppen als Folge des Hitler-Stalin-Paktes Chotin. Nur wenige Juden wurden zur Roten Armee eingezogen oder konnten vor der Okkupation nach Osten fliehen. Am 6. Juli 1941 wurde die Stadt von rumänischen Truppen besetzt. Mit Unterstützung lokaler Kollaborateure haben die rumänischen Behörden sofort die Juden der Stadt in einem Raum des Gymnasiums zusammengetrieben und einige Tage ohne Wasser und Nahrung festgehalten. Die Menschen schliefen auf dem Boden. In den Nächten ergriffen deutsche und rumänische Soldaten junge Mädchen und verschleppten sie. Sie wurden nie wiedergesehen. In der Nacht vom 7. auf den 8. Juli 1941 ermordete ein Teilkommando des Einsatzkommandos 10b der Einsatzgruppe D 150 führende jüdische Persönlichkeiten der Stadt: Rechtsanwälte, Lehrer, Rabbiner, Intellektuelle, Parteivertreter und Männer, die andere öffentliche Ämter bekleideten. Nur jüdische Ärzte wurden verschont.[19]

Zwischen dem 22. Juni und 16. Juli 1941 wurden in Chotin 2000 Juden ermordet. 558 Opfer sind namentlich bekannt. Zwischen dem 17. Juli und 31. August 1941 sind weitere 3000 Juden ermordet worden.[20]

Am 1. August 1941 wurden die überlebenden Juden und Juden aus den umliegenden Dörfern, insgesamt etwa 4300 Menschen, in der Stadt zusammengetrieben, um sie über den Dnjestr abzuschieben. Auf dem Weg wurden 200 (nach anderen Angaben 500) in einem Wald bei Sokirjany ermordet. Am 8. August 1941 meldete die Gendarmerie Inspektion Czernowitz, 20 000 Juden aus dem Bezirk Chotin seien über den Dnjestr getrieben worden, aber die Deutschen hätten am 7. August begonnen, alle Personen aus Bessarabien und der nördlichen Bukowina, ohne Ansehen ihres ethnischen Hintergrundes, zurückzuschicken.[21] Die

---

18   Altman, Cholokost, S. 1037.
19   Angrick, Besatzungspolitik und Massenmord, S. 159 ff.
20   Gilbert, Endlösung, Karten 73, 74.
21   Deletant, Transnistria, S. 164.

Rumänen trieben die Juden in das Durchgangslager Sokirjany. Von dort wurden sie am 3. Oktober 1941 nach Transnistrien deportiert. Nur wenige überlebten.[22]

In Chotin blieben 559 Juden im offenen Ghetto. Im Oktober 1941 wurden 400 von ihnen nach Transnistrien deportiert.

Am 20. Mai 1942 lebten in Chotin noch 126 Juden. Fast alle wurden im Juni 1942 auch nach Transnistrien deportiert.

Am 3. April 1944 wurde Chotin befreit.

Alexandr Trachtenberg (geb. 1931)
»Großmutter Dascha: Gerechte unter den Völkern«

Ich war erst zehn Jahre alt, als ich am frühen Morgen des 22. Juni 1941 vom betäubenden Dröhnen der Flugzeuge aufwachte. Sie flogen, um Kischinjow und Kiew zu bombardieren, zerbombten unterwegs aber auch unser Städtchen Chotin. Einen Monat später marschierten deutsch-rumänische Truppen ein. Chotin hatte damals ungefähr 40 000 Einwohner. Die Hälfte waren Juden. Am zweiten Tag der Besatzung fuhren rumänische Gendarmen durch die Straßen und befahlen per Lautsprecher, dass alle Juden ins Jungengymnasium zu kommen haben.

Nach einem Monat wurden die nach täglichen Erschießungen am Leben gebliebenen Juden 200 Kilometer über Felder getrieben, um sie über den Dnjestr überzusetzen und weiter ins Gebiet Winniza zu deportieren. Wer nicht mehr gehen konnte, wurde unterwegs erschossen.

Unsere Familie landete im Dorf Lutschinez. Es war mit Stacheldraht umzäunt und wartete schon auf seine neuen Einwohner. In kleine Zimmer wurden mehrere Familien eingepfercht. Man schlief auf blanken Pritschen, ohne sich auszuziehen. An Hunger und unhygienischen Verhältnissen begannen die Menschen massenhaft zu sterben. Besonders anfällig waren die Kinder. Bereits im ersten Winter starb die Hälfte der Kinder im Ghetto. Zum nächsten Frühling blieb nicht mal ein Drittel der Kinder am Leben. Als Arzt erinnere ich mich heute an die Symptome der Krankheit, unter der die Kinder litten, und verstehe, dass sie Tuberkulose hatten. Die Ghettoeinwohner waren auch dem Typhus und der Dysenterie ausgeliefert.

Ab Anfang 1942 durften die Bauern aus den benachbarten Dörfern ins Ghetto kommen, um Lebensmittel gegen Kleidung und Wertgegenstände zu tauschen. Im Zentrum von Lutschinez entstand plötzlich ein Schwarzmarkt. Manche Ghettoeinwohner konnten einigen Schmuck (Goldketten, Ringe und Ohrringe) verstecken. Gegen diese tauschten sie Kartoffeln, Mehl, Korn und andere Lebensmittel. Gleichzeitig wurden die Männer zur Arbeit in Torffeldern und Frauen als Helferinnen auf Bauernhöfen eingesetzt. Für jeden Arbeitstag bekamen die Frauen ein Kilogramm Kartoffeln. Meine Mama landete bei einer alleinstehenden, etwa 70 Jahre alten Frau, Daria Michailowna Rudko, im benachbarten Dorf Ploskoje. Sie nahm auch mich mit. Oma Dascha sagte, dass ich ihrem Enkel, der mit ihrer Tochter in Charkow lebte, sehr ähnlich sehe. Im Frühling erkrankte ich, und

---

22 Enzyklopädie des Holocaust, S. 1300.

mein Zustand verschlechterte sich mit jeder Stunde. Zu der Zeit starben neun Mitglieder unserer Familie. Als Mama einige Tage im Dorf Ploskoje ohne mich war, fragte Oma Dascha nach mir. Als sie von meinem Zustand hörte, kam sie mit einer Gruppe Bauern unter dem Vorwand, Lebensmittel umzutauschen, zu uns ins Ghetto und holte mich zu sich. Wie ich ins Dorf gelangte, daran kann ich mich kaum erinnern, denn ich konnte selbst im Zimmer kaum ein paar Schritte tun.

Das Häuschen von Daria Michailowna war typisch für arme Bauern: ein einziges Zimmer, an das sich eine kleine Küche mit Lehmboden und einem russischen Ofen anschloss. Der russische Ofen wurde für mich zum Bett. Nach dem Ghetto kam mir dieses Häuschen wie ein Schloss vor. Oma Dascha hatte eine Kuh. Mit der Milch dieser Kuh pflegte sie mich gesund. Zum Sommer war ich gesund und half der alten Frau: Ich weidete die Kühe. Den Nachbarn sagte Daria Michailowna, dass ich ihr Enkel aus Charkow sei. Sie habe mich zu sich geholt, weil ihre Tochter nach Deutschland verschleppt worden sei. Die Nachbarn glaubten es und glaubten es doch nicht. Obwohl ich perfekt Ukrainisch sprach, konnte man doch einen schwachen Akzent wahrnehmen. Aber niemand denunzierte mich. Nach einiger Zeit weidete ich auch die Kühe der Nachbarn. Dafür bekam ich von den Besitzerinnen der Kühe vier Kilo Kartoffeln pro Monat. Diese Kartoffeln brachte Oma Dascha unserer Familie ins Ghetto. Oft nahm sie mich mit. Das Wachpersonal hielt mich für einen Ukrainer, weil ich wie ein ukrainischer Junge gekleidet war. So wurde ich faktisch zum Ernährer unserer Familie, die sonst verhungert wäre. Nur meinen dreijährigen Bruder Chaskel konnte man nicht retten. Er wurde im Ghetto beerdigt.

Im April 1944 wurde das Gebiet Winniza von der Roten Armee befreit. Unsere Familie kehrte ins heimatliche Chotin zurück. Der Abschied von Oma Dascha war sehr rührend. Sie wurde für uns zu einer richtigen Oma. Dank ihr konnte sich unsere Familie vor dem sicheren Tod retten.

1945 bekam ich die Nachricht von meinem Freund Mikola, dass Daria Michailowna verstorben war. Ich habe sie nie vergessen. Ich ergriff die erste Möglichkeit und fuhr 1964 nach Lutschinez und Ploskoje, um die Gräber von Oma Dascha und von meinem Bruder aufzusuchen. Leider konnte ich weder ihr noch sein Grab finden.

Vor Kurzem erhielt ich aus Yad Vashem endlich ein Schreiben, auf das ich schon seit vielen Monaten gewartet hatte. In diesem Schreiben wurde mir mitgeteilt, dass an Daria Rudko posthum der Titel »Gerechte unter den Völkern« verliehen worden war. »Der Name der Gerechten wird an der Ehrentafel in Yad Vashem eingraviert.« Der Ehrentitel »Gerechte unter den Völkern« wurde 1951 von der israelischen Knesset ins Leben gerufen, um jene auszuzeichnen, die während des Zweiten Weltkrieges unter dem Risiko für das eigene Leben Juden retteten. Daria Rudko wurde die Elftausendzweihundertdreiundneunzigste in dieser Liste.

Siehe auch den Zeitzeugenbericht von Alexandr Wainer

3. Bezirk (Rayon) Kizman
(poln. Kicmań, rumän. Cozmeni)

Ort: Kizman
Die Stadt gehörte bis 1918 zu Österreich-Ungarn. Nach dem Ende des Ersten Weltkriegs kam sie zu Rumänien (Vertrag von St. Germain, 1919). 1930 lebten in Kizman[23] 640 Juden.

Am 28. Juni 1940 wurde die Nordbukowina von sowjetischen Truppen besetzt, obwohl dies nicht im deutsch-sowjetischen Nichtangriffspakt vorgesehen war. Ein Jahr später hatte die rumänische Armee das Gebiet zurückerobert.[24]

Am 9. Juli 1941 erreichte eine Welle der Vernichtung, ausgeführt von deutsch-rumänischen Kräften, jüdische Siedlungen in der Nordbukowina, darunter auch Kizman. Hier wurden 27 Juden ermordet.[25] Dutzende kleine Dörfer wurden »judenrein«.[26]

Ab dem 30. Juli 1941 mussten die Juden in der Bukowina den gelben Stern tragen. Ab September 1941 begann die Ghettoisierung zwecks Deportation nach Transnistrien, die ab Oktober 1941 erfolgte.[27]

Ort: Lushany
(ukr. Lushani, poln. Łużan, rumän. Lujeni)

Ende 1930 lebten in Lushany[28] 381 Juden.[29] Nach dem Kriegsausbruch wurden Anfang Juli 1941 zwei Juden umgebracht. Die anderen wurden ins Lager getrieben und am 18. Juli von rumänischen Gendarmen Richtung der deutschen Besatzungszone verschickt. Wegen des Widerspruchs der Deutschen wurden die Juden nach Osten Richtung Dnjestr deportiert. Nach erschöpfendem Marsch kamen die Juden in Transnistrien an, wo viele von ihnen umgebracht wurden.

Ort: Oroschany
Alle Juden des Dorfes Oroschany wurden nach der Besetzung des Dorfes durch rumänische Truppen im Juni 1941 Richtung Dnjestr deportiert.

---

23 Altman, Cholokost, S. 418.
24 Enzyklopädie des Holocaust, S. 258.
25 Kruglow, Chronika Cholokosta, S. 13.
26 International Commission on the Holocaust in Romania, S. 131.
27 Wolfgang Benz (Hrsg.), Dimensionen des Völkermords. Die Zahl der jüdischen Opfer des Nationalsozialismus, München 1996, S. 400.
28 Altman, Cholokost, S. 541.
29 Gilbert, Endlösung, Karte 79.

Henrich Haber (geb. 1932)
»Ich lege für meine jüdischen Mitbürger die Hand ins Feuer«

Vor dem Krieg lebte unsere ganze Familie mit meinem Vater Isak Haber an der Spitze im Dorf Oroschany, Gebiet Czernowitz. Unsere Familie bestand aus meinem Vater, meiner Mutter, meiner Schwester und mir, einem neunjährigen Jungen. Außerdem gehörten zur Familie die Eltern meines Vaters und die Schwester der Großmutter.

Kurz vor der Besetzung des Dorfes durch die deutsch-rumänischen Truppen ging der weibliche Teil unserer Familie zusammen mit mir aus Angst vor der Beschießung auf den Bauernhof zur Bäuerin Salisko Maria Wassiljewna, einer Mutter von fünf Kindern. Vater und Großvater blieben in unserem Haus, um es zu bewachen.

In der Nacht kamen ins Haus von Salisko zwei rumänische Soldaten. Sie brachten Maismehl und Fisch mit und befahlen den Frauen, das Essen zuzubereiten. Als alles fertig war, befahl der im Rang Ältere dem Jüngeren mit einem Zeichen unsere Vernichtung. Dieser stellte uns vor die Mauer, um uns dort zu erschießen. Die Bäuerin ergriff ihren Sohn Iwan, der ein Säugling war, stellte sich vor meine Mutter und schrie: »Jesus, Maria!« und sprach zu dem rumänischen Soldaten: »Das ist die Mutter meiner Kinder. Schießt zuerst auf mich und dann auf sie!« Die Soldaten erschraken, fingen an, sich zu bekreuzigen, und verließen schnell das Haus, ohne zu essen. Am frühen Morgen kehrten wir in unser Haus zurück.

Wir waren im zweiten Stock, als meine Schwester Hunger bekam. Mein Vater ging hinunter, um eine Petroleumlampe zu holen. Als er dort war, wurde er von einem rumänischen Offizier gerufen. Als dieser sich der jüdischen Abstammung meines Vaters versichert hatte, haute er ihm auf den Mund und schlug ihn zu Boden. Danach befahl er, alle Juden unseres Dorfes neben unserem Haus zu versammeln. Rumänische Soldaten trieben die Juden aus ihren Häusern und stellten sie in Reihen vor unserem Haus auf. Nach einiger Zeit brachte mein Vater einen bärtigen Mann im Mantel (es regnete). Der Offizier griff den bärtigen Mann und schubste ihn in die Menge der Juden, auf die zwei Maschinenpistolen gerichtet waren. Ringsherum standen rumänische Soldaten mit Gewehren.

Plötzlich trat der Bärtige aus der Menge und öffnete seinen Mantel. Unter dem Mantel war ein schwarzer Talar, und auf seiner Brust hing ein großes Kreuz. Der Offizier erschrak und stand vor ihm still. Das war Priester Schtscherbanowitsch Iwan Stepanowitsch (1884–1956). Er fragte: »Was habt ihr vor, mit meinen Menschen zu tun?« Der Offizier antwortete: »Sie töteten zusammen mit den roten Kommissaren die einheimische nichtjüdische Bevölkerung und schießen auf rumänische und deutsche Soldaten.« Darauf antwortete Schtscherbanowitsch: »Für meine jüdischen Mitbürger lege ich meine Hand ins Feuer. Ihr könnt die Klärung des Falles in Auftrag geben, führt aber zuerst die Gruppe in irgendeinen großen Raum.«

Der Offizier befahl, die Juden in einer großen Kornkammer unterzubringen. Auf diese Art und Weise wurde in Oroschany kein einziger Jude getötet. Nur der Greis Fried, der in die Synagoge zu einem Morgengebet ging, wurde von einem rumänischen Soldaten ermordet. Aber kurz danach wurden alle Juden des Dorfes zwangsweise ins Lager Lushany, Gebiet Czernowitz, umgesiedelt. Darunter war auch unsere Familie. Das Lager existierte ein paar Monate auf der Fläche der von

Bomben zerstörten Zuckerfabrik. In diesem Lager waren auch Juden aus benachbarten Dörfern untergebracht, ungefähr 1500 Menschen.

Nach einiger Zeit wurden wir alle nach Polen getrieben, kurz darauf aber zurück nach Lushany. Dann wurden zu uns ins Lager noch ungefähr genauso viele Juden gebracht. Nach einiger Zeit wurden wir alle in einer Kolonne nach Transnistrien, in die Stadt Mogiljow-Podolski getrieben. Unterwegs wurde ungefähr die Hälfte der Kolonne im Lager der Ortschaft Edinzy zurückgelassen. In den Lagern und Ghettos von Transnistrien machte unsere Familie alle Qualen des Nazi-Infernos durch. Wir waren einige der wenigen, die wie durch ein Wunder die Tragödie der Judenvernichtung anfangs des Krieges überlebten. Wir waren die wenigen, die durch die sowjetische Armee im Jahr 1944 befreit und gerettet wurden.

E. Steinbarg-Gesellschaft für jüdische Kultur/Verband der Gefangenen faschistischer Ghettos und Konzentrationslager/Staatsarchiv der Oblast Czernowitz (Hrsg.), Вестник [Westnik – Der Bote], 5 Hefte, hier Heft 4/Teil 1: Zeugnisse der Gefangenen der faschistischen Lager-Ghettos, Czernowitz 1995, S. 63 f.

4. Bezirk (Rayon) Nowoseliza
(ukr. Nowoselyzja, poln. Nowosielica, rumän. Noua Suliţă, deutsch Nowosielitza)

Ort: Nowoseliza
Vor dem Krieg lebten in der Stadt Nowoseliza[30] 4154 Juden.

Am 7. Juli 1941 besetzte das 16. Bataillon der rumänischen Armee, unmittelbar gefolgt vom 9. und 10. Bataillon, die Stadt. Nach nur einem Tag lagen 930 Juden und fünf Christen tot auf den Höfen und in den Straßen. Am 8. Juli kam die 7. Rumänische Division in die Stadt und fand sie in einem beklagenswerten Zustand vor. Prätor Vartic übernahm das Kommando und setzte 3000 Juden in einer Brennerei gefangen. Darüber hinaus wurden 50 Juden erschossen, angeblich als Vergeltung dafür, dass ein nicht identifizierter Jude mit einem Gewehr auf die rumänischen Truppen geschossen habe. Da Leutnant Emil Costea, Kommandeur der Militärpolizei, und ein anderer Offizier sich weigerten, Juden zu erschießen, wurden 87 Juden von Gendarmen aus Chotin erschossen.

In der zweiten Julihälfte begannen die Rumänen mit der »Säuberung« des Gebietes von Juden. Am 20. Juli 1941 trieben rumänische Gendarmen die Juden aus Nowoseliza zum Dnjestr, um sie auf das von deutschen Truppen besetzte Territorium zu verschicken. Wegen des Widerstandes der Deutschen wurden die Juden ins Lager nach Sokirjany getrieben. Im Herbst 1941 wurden die Juden aus Nowoseliza nach Transnistrien deportiert, wo die meisten umkamen. Am 1. (2.) April 1944 verließen die Besatzungstruppen die Stadt Nowoseliza.

---

30 Altman, Cholokost, S. 661; International Commission on the Holocaust in Romania, S. 130.

Nach der Befreiung der Bukowina wurde im Bericht an das Zentralkomitee der Kommunistischen Partei der Ukraine mitgeteilt: »In den Bezirkszentren des Gebietes sind alle Juden vernichtet. In den Städten wie Storoshinez, Wyschnyzja, Herza, Nowoseliza wurde von den Soldaten der Roten Armee kein einziger Jude entdeckt.«

Rosa Feldman
»Es war nur erlaubt, aus den Pfützen zu trinken«

Vor dem Krieg lebten wir in der Stadt Nowoseliza, Gebiet Czernowitz. Am 22. Juni fing der Krieg an, und am 6. Juli 1941 ab 6 Uhr morgens begann ein Pogrom in unserer Stadt, das den ganzen Tag dauerte. Am frühen Morgen rissen die rumänischen Soldaten unsere Haupteingangstür auf (wir hatten zwei Eingangstüren) und führten meinen Vater ab. Im Feld in der Nähe des Dorfes Strojenzy wurde er erschossen. Meine Mutter und ich rannten in den Hof und wollten uns im Keller unserer Nachbarn verstecken. Meine Mutter ließ mich durch, und das Brett des Zauns trennte uns. In diesem Augenblick wurde auf sie, bereits eine ältere Dame, geschossen, sie starb. Sie hieß Inda Ionowna Hekt (Feldmann), geboren 1886. Gegenüber unserem Haus lebte die jüngere Schwester meiner Mutter mit ihrem zwölfjährigen Sohn. Das Kind sagte zu den Soldaten auf Rumänisch: »Das ist mein Haus.« Es wurde kaltblütig erschossen.

Seine Mutter blieb am Leben und begann mit mir einen langen leidvollen Marsch ins Lager im Gebiet Winniza. Unterwegs wurde es nicht erlaubt, aus Brunnen zu trinken. Wir konnten nur aus den Straßenpfützen trinken. Wir schliefen, wo uns gerade die Nacht erwischte: im Wald, im Feld, auf dem nackten Boden, im Stall. Wir gingen nur tagsüber. Die Füße waren blutig, wir mussten zu Fuß gehen. Man ging und dachte: »Wofür dieser Leidensweg?« Die Bilder dieses »Kreuzweges« sind bis heute in meiner Erinnerung. Wer in den letzten Reihen ging, wurde erschossen. Wer stolperte und nicht sofort aufstehen konnte, wurde ebenso erschossen ... Die Soldaten erschossen die Eltern und ließen die minderjährigen Kinder am Leben: Es war ihnen schade um die Kugeln für sie.

In meiner Erinnerung blieb bis heute der Abschied eines Sohnes von seinen Eltern. Er konnte nicht mehr weitergehen, und sie konnten ihn unmöglich tragen. Wie viele Menschen begegneten auf diesem Weg ihrem Tod!

8000 Juden wurden aus Nowoseliza verschleppt, nur etwa 500 kamen 1944 zurück.

Im Bezirk Berschad, Gebiet Winniza, wurden wir in Gruppen eingeteilt und auf die Dörfer aufgeteilt. Ich war im Dorf Koscharinzy, das in der Nähe vom Bug lag. Man hörte überall nur: »Ihr dürft nicht«. Wir durften nicht das Wasser aus dem Brunnen holen, wir durften uns nicht dem Fluss nähern, wir durften nicht ins Innere des Dorfes gehen. Trinken durften wir nur aus der Viehtränke.

Einmal trieb der Dorfvorsteher alle Juden ins Dorfinnere. Sie wurden in den Bug getrieben. Wir standen einige Zeit bis zum Hals im eiskalten Wasser (es war schon Spätherbst). Die rumänischen Soldaten waren am Flussufer und amüsierten sich über uns. Dann wurden wir ins Lager zurückgeschickt. Wir schliefen im Stall. Nach dem schweren Hungerwinter blieb ich mutterseelenallein. Meine Tante starb. Man musste durchhalten. Man musste immer auf den Beinen bleiben. Im Frühling grub ich den Menschen die Gärten um. Bei einer Bäuerin grub ich einige Tage den Garten um, und sie fragte, was sie mir geben sollte. Ich bat sie, mir zu erlauben, mich und meine Lumpen zu waschen, denn seit Juli 1941 durften wir dies nicht. Ich erinnere mich an die Tränen in den Augen dieser ukrainischen Frau. Sie hat nicht nur das Wasser warm gemacht, sondern schickte auch ihre Tochter zum Bug, meine Wäsche zu waschen, denn ich durfte mich nicht dem Fluss nähern.

Wir lagen auf dem feuchten Boden im Stall und hörten die Kanonade immer näher und näher kommen. Wir spürten, dass die Befreiung bald kommen würde. Einmal schickten uns Rumänen, einen Graben zu schaufeln. Plötzlich sahen wir auf dem gegenüberliegenden Flussufer unsere Späher. Wir spürten sehr stark, dass wir nur um Haaresbreite vom Tod entfernt waren. Die Rumänen (es waren ein paar Wachmänner), die die sowjetischen Soldaten erblickten, fingen an zu diskutieren, ob sie uns erschießen sollten. Der gesunde Verstand eines Rumänen siegte, und er sagte zu uns: »Dort, auf dem anderen Ufer, sind eure.« So blieb ich am Leben.

Zurück zu Hause konnte ich mich lange Zeit nicht meinem Hause nähern: Zu sehr erinnerte alles an das Vorkriegsleben. Die Eltern lebten nicht mehr, der Bruder kehrte von der Front nicht zurück. Von der gesamten Verwandtschaft überlebten nur eine Cousine und ein Cousin, heute Verstorbene, die in anderen Städten lebten.

E. Steinbarg-Gesellschaft für jüdische Kultur/Verband der Gefangenen faschistischer Ghettos und Konzentrationslager/Staatsarchiv der Oblast Czernowitz (Hrsg.), Вестник [Westnik – Der Bote], 5 Hefte, hier Heft 4/Teil 1: Zeugnisse der Gefangenen der faschistischen Lager-Ghettos, Czernowitz 1995, S. 59 f.

5. Bezirk (Rayon) Sokirjany
(ukr. Sokyrjany, poln. Sokiriany, rumän. Secureni)

Ort: Sokirjany
Bis 1940 gehörte die Stadt zu Rumänien. Dann wurde sie von der Sowjetunion besetzt.

1930 lebten in Sokirjany[31] (Secureni) 4216 Juden.[32] 1940 wurden Dutzende Juden nach Sibirien deportiert. Ein kleiner Teil wurde zur Roten Armee eingezogen. Kurz vor der Okkupation gelang es einigen Juden, nach Osten zu fliehen. Am 6. Juli 1941 wurde die Stadt von rumänischen Truppen besetzt. Am 9. und 10. Juli 1941 sind 98 Juden ermordet worden. Nach anderen Berichten wurden in den ersten vier Tagen der Okkupation 150 Juden ermordet.

Die rumänischen Truppen und die Gendarmen misshandelten die Juden und raubten ihre Häuser aus. Vielen Juden rissen sie die Goldzähne aus und vergewaltigten die Frauen. Beide Synagogen wurden zerstört.

---

31 Altman, Cholokost, S. 896; Enzyklopädie des Holocaust, S. 1299.
32 Gilbert, Endlösung, Karte 77.

Viele Juden wurden während der Besetzung der Stadt durch rumänische und deutsche Truppen und von ukrainischen Ortsansässigen umgebracht. Etwa 4000 Juden wurden von rumänischen Gendarmen am 13. Juli nach Osten getrieben und in der Stadt Ataki auf das andere Dnjestr-Ufer nach Transnistrien ausgewiesen, wo die Mehrheit von ihnen umgekommen ist. Unterwegs wurden Hunderte Juden umgebracht und einige in den Fluss geworfen.

Ende Juli 1941 wurde in der Stadt ein Durchgangslager für Juden aus Bessarabien eingerichtet, die nach Transnistrien deportiert wurden. Zu verschiedenen Zeiten befanden sich bis zu 30 000 Juden im Lager. Am 11. August 1941 waren es 20 652.[33]

Am 3. Oktober 1941 wurden alle Juden des Lagers nach Transnistrien deportiert. Nur etwa 500 überlebten.

Alexandr Wainer
»Die Leichen wurden in den Dnjestr geworfen«

Unsere Familie wurde im Dorf Moschanez, Bezirk Kelmenzi, Gebiet Czernowitz vom Krieg überrascht. Hier lebten noch vier weitere jüdische Familien, in der Bezirksstadt waren es über 50 Familien. Sie alle wurden von den Nazis in den ersten Besatzungstagen vernichtet. In der Nähe von Lenkowzy gibt es ein eigenes namenloses »Jar«[34], wo die Erschossenen ruhen. In vielen Städten des Bezirks Kelmenzi gibt es solche Gräber. Es gibt jetzt kaum noch einen Menschen, der zeigen könnte, wo sie sich befinden. Alles wurde umgepflügt oder ist mit Gras bewachsen.

In unserem Dorf erschienen die Nazis einige Tage später als in den benachbarten Dörfern.

Als Erstes wurde alles geplündert und verwüstet. Sie verprügelten meinen Vater, und meine Mutter ging nicht leer aus. Aber niemand wurde ermordet. Später gab es die Militärverwaltung: einen Chef und ein paar Gendarmen.

Man sammelte Juden und verschickte sie unter Bewachung nach Chotin. Wir lebten in Chotin länger als einen Monat. Dann wurden wir über Moldawien ins Städtchen Ataki getrieben. Man wollte uns über den Dnjestr übersetzen, aber aus irgendeinem Grund ließ man unsere sehr lange Kolonne umkehren und trieb uns in die entgegengesetzte Richtung. Unterwegs wurden viele ausgeraubt, getötet, vergewaltigt. So erreichten wir das Städtchen Sokirjany. Wir wurden in halb zerstörten, geplünderten jüdischen Häusern untergebracht, deren Eigentümer vor unserer Ankunft ermordet worden waren. Die Räume waren rappelvoll, die Menschen besetzten Ställe und Dachböden. Die Straßen wurden mit Stacheldraht umzäunt und von Gendarmen bewacht. Ein paar Menschen, die versucht hatten, über den Zaun zu kommen, wurden ermordet. Zweimal in der Woche wurde jeweils für zwei Stunden erlaubt, zum Stacheldrahtzaun zu kommen, um Lebensmittel zu kaufen oder sie gegen Kleidung zu tauschen. Zur Außenseite kamen die Einheimischen oder die Bauern aus der Umgebung. Die Menschen zogen das letzte Hemd von ihrem Körper, um

---

33 Kruglow, Enziklopedija Cholokosta, S. 196.
34 Jar ist eine tiefe Schlucht.

ein Stück Brot oder ein Dutzend Kartoffeln zu bekommen. Wenn die vorgegebene Zeit abgelaufen war, hörte man das Pfeifen der Gendarmen, und dann musste man so schnell wie möglich laufen, denn über den Köpfen hörte man die Peitsche und spürte die Schläge der Gewehrkolben.

Wir blieben in Sokirjany etwas länger als zwei Monate. An einem frühen Morgen wurden wir mit Schreien und Schlägen der Gendarmen auf die Straße getrieben, und eine Kolonne wurde aufgestellt. Als die Kolonne Sokirjany verließ, wurde die Hälfte der Menschen, vielleicht auch mehr, erschossen. Jetzt gibt es an dieser Stelle ein Massengrab. Dort ruhen zusammen mit allen anderen auch meine Tante Brana, mein Onkel Schmil und ihr kleiner Sohn Sender.

Unsere Familie ging an der Spitze der Kolonne. Wir waren schon einige Kilometer unterwegs und hörten noch regelmäßige Schüsse. So erreichten wir zum zweiten Mal Ataki. Diesmal wurden wir über den Dnjestr übergesetzt. Die Fähre war braun von Blut. Von den Einwohnern der Stadt Mogiljow-Podolski erfuhren wir, dass bei dem Transport der vorausgegangenen Gruppe jemand versuchte, auszubrechen und von der Fähre ins Wasser zu springen. Die verärgerten Gendarmen prügelten mit den Gewehrkolben drauflos, stachen mit den Bajonetten und warfen die Leichen ins Wasser. Von Mogiljow-Podolski ging es weiter. Unsere Familie geriet zuerst nach Schargorod, dann ins Dorf Murafa, von dort nach einiger Zeit ins Dorf Iwaschkowzy, wo wir unter freiem Himmel im Feld hausten. Dann gingen wir zurück nach Schargorod. Andere landeten in Dshurin, Popowzy, Kopaigorod, Berschad und Tultschin.

Überall, wo wir waren, starben Menschen vor Hunger, Kälte und Krankheiten. Überall lauerten Typhus, Ruhr, Hauterkrankungen. Die Läuse waren unerträglich. Vor ihnen gab es keine Rettung.

Zusammen mit uns waren viele prominente, berühmte Ärzte: sich selbst aufopfernde, mutige, entschlossene Menschen. Bewusst gingen sie das Risiko ein, halfen anderen zu überleben, starben selbst. Einer von ihnen heilte meine Schwester, die an Typhus erkrankt war.

Der Genozid kostete in meiner großen Familie 22 Personen das Leben, darunter auch mein Vater.

Als die Nazis Schargorod verließen, folgten wir der angreifenden Roten Armee und kehrten in unsere Heimatorte zurück…

E. Steinbarg-Gesellschaft für jüdische Kultur/Verband der Gefangenen faschistischer Ghettos und Konzentrationslager/Staatsarchiv der Oblast Czernowitz (Hrsg.), Вестник [Westnik – Der Bote], 5 Hefte, hier Heft 4/Teil 1: Zeugnisse der Gefangenen der faschistischen Lager-Ghettos, Czernowitz 1995, S. 121 f.

David Werzman (geb. 1932)
»Wir wurden durch die Ukraine getrieben«

Als der Krieg ausbrach, war ich neun Jahre alt. Ich erinnere mich, wie meine Mutter ohne Mann, alleine mit fünf Kindern, ins Konzentrationslager getrieben wurde. Wir lebten im Städtchen Britschany. Im Juli 1941 wurden wir aus dem eigenen Haus hinausgeworfen und über den Dnjestr nach Mogiljow-Podolski, Koslow und Osarinzy, Gebiet Winniza, getrieben.

Zwei Wochen lang wurden wir durch die Ukraine getrieben. Ich erinnere mich, wie wir dann später zurück über den Dnjestr nach Sokirjany getrieben wurden. Zwei Straßen wurden mit Stacheldraht abgetrennt, dort wurden wir untergebracht. Die erwachsenen Männer wurden zur Arbeit abgeholt. Sie bauten die Straße zwischen Sokirjany und Lipkany. In Sokirjany blieben wir im Ghetto-Lager bis Oktober. Dadurch, dass auf dem Gelände des Ghettos ein Lager für Sonnenblumen war, konnten wir überleben …

Im Oktober wurden wir wieder durch die Ukraine getrieben. Gerade in jener Zeit erkrankte ich an Typhus. Kalte, andauernde Niederschläge hörten nicht auf. Die Menschen waren müde und fielen zu Boden. Die Wachmänner auf den Pferden prügelten die Menschen mit Peitschen. Wer von der Kolonne zurückgeblieben war, wurde erschossen. Als wir einen Wald erreichten, konnte ich nicht mehr weitergehen. Mutter konnte mich nicht auf den Arm nehmen, denn außer mir hatte sie noch vier Kinder. Sie konnte auch nicht bei mir bleiben, denn so hätte sie alle anderen verloren. Deshalb entschied meine Mutter, mich, einen neunjährigen Jungen, alleine im Wald zurückzulassen. Die Kolonne zog weiter …

Es war schon Abend. Ich fand einen Stock und schlich durch die Straße ins Dorf. Plötzlich hielt mich eine Frau auf und sagte: »Junge, du gehörst wahrscheinlich zur Kolonne, die in den Pferdeställen untergebracht wurde?« Ich verstand Ukrainisch sehr schlecht. Dann nahm sie mich an die Hand und führte mich zum Pferdestall. Dort traf ich meine Mutter, meine Schwestern und meinen Bruder. Es war wahrscheinlich mein Schicksal. Meine Mutter weinte natürlich sehr und umarmte mich die ganze Zeit.

Am nächsten Morgen wurden wir über Schargorod und Kopaigorod nach Dshurin getrieben. Dort errichteten die Besatzer ein Lager. Wir blieben in diesem Lager bis zur Befreiung durch die sowjetischen Truppen.

Wir, Kinder in meinem Alter, schmuggelten uns aus dem Lager und gingen betteln. Einmal klopfte ich an der Tür eines Hauses, um ein Stück Brot zu erbitten. Ein Mann kam zu mir heraus, schaute mich an und sagte: »Weißt du was, Junge, bleib bei mir, hilf mir bei der Arbeit und ich gebe dir zu essen.« Ich antwortete, dass ich im Lager meine Mutter und meine Geschwister habe und dass sie auch hungrig seien. Er sagte, dass er auch ihnen helfen würde. So blieb ich in jenem Haus und half bei der Arbeit.

Als wir von sowjetischen Truppen befreit wurden, erfuhr ich, dass mein Brotgeber Jusip Konowaltschuk ein Partisan war. Er ist schon gestorben, aber seine Familie lebt im Gebiet Winniza, Bezirk Schargorod, Dorf Pokutano.

E. Steinbarg-Gesellschaft für jüdische Kultur/Verband der Gefangenen faschistischer Ghettos und Konzentrationslager/Staatsarchiv der Oblast Czernowitz (Hrsg.), Вестник [Westnik – Der Bote], 5 Hefte, hier Heft 2: Menschen bleiben Menschen. Augenzeugenberichte, Czernowitz 1992, S. 24 f.

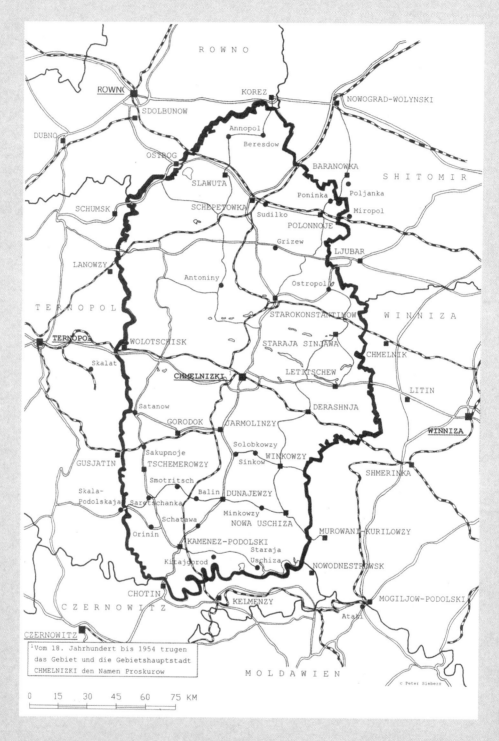

VII. Gebiet Chmelnizki

VII. Gebiet (Oblast) Chmelnizki
(ukr. Chmelnyzkyj)

Das Gebiet Chmelnizki[1] entstand 1937 aus Bezirken des Gebiets Winniza. Zunächst hatte es den Namen Kamenez-Podolski nach der gleichnamigen Stadt, die das Verwaltungszentrum war. 1941 wurde das Verwaltungszentrum in die Stadt Proskurow[2] verlegt, die 1954 in Chmelnizki umbenannt wurde.

1926 lebten auf dem Territorium des zukünftigen Gebietes Chmelnizki 140 660 Juden. Bei der Volkszählung 1939 waren es noch 121 335. Der Rückgang der jüdischen Bevölkerung ist wahrscheinlich auf die Übersiedlung in andere Gebiete und den Holodomor zurückzuführen.

Zwischen dem 1. und 17. Juli 1941 wurde das Gebiet von der Wehrmacht besetzt. Bereits am 5. Juli 1941 begannen die ersten Morde an den Juden. Ende Juli waren bereits mehrere Tausend Juden ermordet. Im August 1941 wurden etwa 33 000 Juden ermordet. Bis zum Ende des Jahres 1941 stieg die Zahl der ermordeten Juden auf über 37 000. Im Juni 1942 wurden an vier Tagen in verschiedenen Orten etwa 25 000 Juden ermordet.

Am 18. August 1942 erinnerte der Kommandeur der Sicherheitspolizei in Wolhynien und Podolien daran, einige Juden für die Arbeit an der Durchgangsstraße IV (DG IV) am Leben zu lassen. Er schrieb: »Habe durch persönliche Rücksprachen mit SD-Außenstelle Kamenez Podolski und den zuständigen Gebietskommissaren aus Kamenez Podolski 500 Juden, aus Dunajewzy 600 Juden, aus Bar 800 Juden für Zwecke der DG IV sichergestellt. [...] Ich musste allerdings feststellen, dass ohne mein Dazwischentreten diese Juden exekutiert worden wären, z. B. waren Exekutionen im Dunajewcer Gebiet und Bar bereits angesetzt. Ich bitte darauf hinwirken zu wollen, dass an den der DG IV angrenzenden Gebieten zukünftig alle noch arbeitsfähigen Juden der DG IV zugeführt und nicht mehr exekutiert werden.«[3]

Am 1. September 1941 wurde der Generalbezirk Brest-Litowsk im Reichskommissariat Ukraine gebildet, zu dem auch das Gebiet Kamenez-Podolski gehörte. Am 1. Januar 1942 wurde der Generalbezirk Brest-Litowsk in Wolhynien-Podolien umbenannt.

Im Gebiet der heutigen Oblast Chmelnizki befanden sich mindestens 33 Ghettos.[4]

Zwischen Juli 1941 und 1944 wurden im Gebiet Chmelnizki (Proskurow) 115 000 einheimische Juden ermordet.[5] Nach Unterlagen der Außerordentlichen Staatlichen Kommission kamen in vier Städten und 36 Bezirken des Gebiets Chmelnizki 227 555 Zivilisten ums Leben, davon 214 205 Juden.[6]

1 Altman, Cholokost, S. 1034, hier 381; Kruglow, Enziklopedija Cholokosta, S. 179–188.
2 Altman, Cholokost, S. 819.
3 VEJ 8, S. 365 f.
4 Altman, Opfer des Hasses, S. 109.
5 Kruglov, Jewish Losses in Ukraine, S. 284.
6 Kruglow, Enziklopedija Cholokosta, S. 184.

1. Bezirk (Rayon) Dunajewzy

(ukr. Dunajiwzi; poln. Dunajowce; jidd. Duniwits)
Im Bezirk Dunajewzy wurden während der Zeit der Okkupation 8000 Juden ermordet.[7]

Ort: Dunajewzy

Vor 1941 war Dunajewzy[8] das Bezirkszentrum im Gebiet Kamenez-Podolski der Ukrainischen Sozialistischen Sowjetrepublik und von 1941 bis 1944 Gebietszentrum im Generalbezirk Wolhynien und Podolien. Seit 1991 ist die Stadt Bezirkszentrum im Gebiet Chmelnizki der Ukraine.

1939 lebten in Dunajewzy 4478 Juden, 68 Prozent der Bevölkerung.

Nach dem Überfall der Wehrmacht auf die UdSSR ging eine kleine Gruppe Juden zur Roten Armee. Andere konnten sich evakuieren lassen. Ungefähr 4000 Juden blieben in Dunajewzy.

Am 10. Juli 1941 besetzte die 17. Armee der Wehrmacht die Stadt und errichtete eine Militärverwaltung. Im September 1941 ging die Macht an eine Zivilverwaltung über, und die Stadt wurde das Verwaltungszentrum des Gebiets, zu dem auch die Bezirke Solobkowzy, Winkowzy und Minkowzy gehörten. In der Stadt waren ein deutscher Gendarmerieposten und eine Einheit örtlicher ukrainischer Polizei.

Bereits einige Tage nach der Besetzung wurden die Juden zu schwerer Zwangsarbeit verpflichtet. Am 3. Oktober 1941 wurde befohlen, Gold und Juwelen abzuliefern. Im November wurde die Beschlagnahmepolitik auf warme Kleidung, Nähmaschinen, Betten, Tische und anderes ausgedehnt. Im November 1941 wurden 19 Juden erhängt, weil sie sich nicht zur Zwangsarbeit gemeldet hatten.

Im Frühjahr 1942 wurde in Dunajewzy auf einem Gelände, das der Distriktsverwaltung zum Abstellen von Autos und Traktoren diente, ein Ghetto errichtet. Das Gelände wurde mit Stacheldraht umzäunt und von ukrainischer Polizei bewacht. Auch Juden aus anderen Orten wurden in dieses Ghetto gepfercht. Das Ghetto hatte einen Judenrat. Die Insassen litten unter Kälte und Hunger. Es war ihnen nur sonntags für eine Stunde erlaubt, auf dem Markt Lebensmittel einzukaufen. Jeden Morgen wurden sie unter Misshandlungen zur Arbeit getrieben.

Am 8. Mai 1942 wurde im Ghetto eine »Aktion« durchgeführt. Alle Juden wurden im Hof der Maschinen-Traktoren-Station (MTS) von Dunajewzy, einem Depot für Landwirtschaftsmaschinen, zusammengetrieben. Dort wählten die Deutschen eine Anzahl »Spezialisten« (Schneider, Zimmerleute und andere) und Männer, die sie für schwere Arbeit geeignet hielten, aus und gaben ihnen besondere Pässe. Die übrigen Juden, etwa 2300 bis 2500, führten

---

7 Kruglow, Enziklopedija Cholokosta, S. 184.
8 Altman, Cholokost, S. 286; The Yad Vashem Encyclopedia, S. 184 f.; Encyclopedia of Camps and Ghettos, S. 1356 f.

sie zu einer etwa fünf Kilometer östlich gelegenen Phosphatgrube in der Nähe des Dorfes Demjankowzy. Etwa 300 sehr alte und sehr junge Juden wurden auf dem Weg von örtlichen Polizisten erschossen, weil sie zu fliehen versuchten oder dem Tempo des Marsches nicht folgen konnten. An der Phosphatgrube befahl Gebietskommissar Eggers den Juden, sich zu entkleiden. Dann wurden sie in Gruppen von 15 oder mehr Personen in die Grube getrieben. Die Polizisten schlugen sie mit Gewehrkolben und schossen in die nackte und wehrlose Menge. Als alle Juden in der Grube waren, wurde der Eingang der Grube gesprengt. Die Juden starben einen langsamen, qualvollen Tod durch Ersticken oder Verhungern. Zeitzeugen berichten, man habe fünf Tage lang Stöhnen und Schreien gehört. Die an der Mordaktion beteiligten Polizisten erhielten als Belohnung die Kleidung der Ermordeten.

Die »Spezialisten« unter den Juden von Dunajewzy, insgesamt ungefähr 2000, wurden ins Ghetto zurückgebracht. Einige an der »Aktion« beteiligte Polizisten berichteten später, 500 seien in der MTS von Dunajewzy festgehalten und 1500 seien ins Ghetto gebracht worden.

Nach dieser »Aktion« wurden die verbliebenen Juden der umliegenden Städte und Dörfer im Ghetto von Dunajewzy konzentriert.

Am 18. Oktober 1942 wurde das Ghetto aufgelöst. Die Juden wurden auf den Platz des Ghettos getrieben. In Gruppen von 200 oder 300 wurden sie durch örtliche Polizei in einen Wald in der Nähe des Dorfes Solonitschnik getrieben und an vorbereiteten Gruben durch Genickschuss ermordet, nachdem sie sich hatten entkleiden müssen. Kinder wurden von den Polizisten lebend in die Gruben geworfen und durch Mitglieder der Gestapo erschossen. Es wurden 1820 Juden ermordet. Andere Quellen nennen die Zahl der Opfer zwischen 3000 und 5000.[9]

Am 31. März 1944 wurde Dunajewzy durch die Rote Armee befreit. Einige Juden hatten durch die Hilfe ukrainischer Bewohner überlebt.

2. Bezirk (Rayon) Jarmolinzy

(ukr. Jarmolynzi, poln. Jarmolińce)
Im Bezirk Jarmolinzy wurden während der Zeit der Okkupation 15 000 Juden ermordet.[10]

Ort: Jarmolinzy

Vor 1941 war Jarmolinzy[11] Bezirkszentrum im Gebiet Kamenez-Podolski der Ukrainischen Sozialistischen Sowjetrepublik und von 1941 bis 1944 Bezirks- und Gebietszentrum im Generalbezirk Wolhynien und Podolien. Seit 1991 ist die Stadt Bezirkszentrum im Gebiet Chmelnizki der Ukraine.

---

9   The Yad Vashem Encyclopedia, S. 185.
10 Kruglow, Enziklopedija Cholokosta, S. 184.
11 Altman, Cholokost, S. 1136; Encyclopedia of Camps and Ghettos, S. 1366 ff.

1939 lebten in Jarmolinzy 1264 Juden, 60 Prozent der Bevölkerung.

Nach dem Überfall der Wehrmacht auf die UdSSR ging eine kleine Gruppe Juden zur Roten Armee. Andere konnten sich evakuieren lassen. Mehr als 1000 Juden blieben in der Stadt.

Am 8. Juli 1941 wurde Jarmolinzy von deutschen Truppen besetzt. Bereits am 9. Juli wurden 16 sowjetische Aktivisten und einige Juden erschossen. Die Stadt wurde von der Ortskommandantur regiert. Sie richtete eine örtliche Verwaltung ein und bildete aus Bewohnern der Stadt eine Hilfspolizei. Im September 1941 wurde die Macht an eine deutsche Zivilverwaltung übergeben. Die Stadt wurde das Zentrum des Gebiets Jarmolinzy, zu dem auch die Bezirke Satanow, Gorodok und Michalpol gehörten.

Im Sommer 1941 wurde ein Judenrat gebildet. Die Juden wurden gezwungen, Zwangsarbeit zu leisten. Sie wurden dabei geschlagen und missbraucht. Juden war es verboten, die Stadt zu verlassen.

Im Herbst 1941 wurde in Jarmolinzy ein Gendarmerieposten eingerichtet, der auch für die örtliche ukrainische Polizei verantwortlich war, die in »Schutzmannschaft« umbenannt worden war.

Wahrscheinlich im April 1942, das genaue Datum lässt sich nicht feststellen, musste der Judenrat 10 Juden benennen, die als Vergeltung für die Tötung eines Deutschen gehängt werden sollten. Im Juni 1942 wurde ein Ghetto auf dem Gelände der Militärsiedlung eingerichtet (nach anderen Quellen im Oktober). Es war mit Stacheldraht umzäunt. Im Ghetto herrschte großer Hunger. Die tägliche Brotration betrug 200 Gramm. Juden durften nur am Sonntag eine Stunde auf den Markt.

Im August 1942 wurden 400 Juden ins Arbeitslager nach Lesnewo, östlich von Proskurow, deportiert. Nach Unterlagen des Staatsarchivs des Gebiets Chmelnizki wurden im Herbst 1941 12 000 Juden aus der Stadt Gorodok nach Jarmolinzy getrieben. Sie wurden in verfallenen Baracken mehrere Tage ohne Nahrung und Wasser festgehalten. In der Nähe der Baracken wurden mehrere große Gruben ausgehoben. Im Oktober seien dort 14 000 Juden aus den Bezirken Jarmolinzy, Michailowka und Gorodok festgehalten worden.[12]

Während einer ersten »Aktion« leisteten die Juden bewaffneten Widerstand. 16 Polizisten, einschließlich des Polizeichefs, und fünf SS-Männer wurden getötet.[13] Danach steckten die Deutschen die Baracken in Brand, um die Juden auszuräuchern. Die aus den Baracken entkommenen Juden mussten sich auskleiden und wurden in Gruppen zu 50 Personen an die Gruben geführt und erschossen. Wahrscheinlich wurden ungefähr 6400 Juden erschossen.

Nach Unterlagen der Außerordentlichen Staatlichen Kommission wurden während der Zeit der Okkupation 15 000 Juden ermordet.[14] Berücksichtigt man die Zahl der jüdischen Einwohner vor dem Krieg in diesen Bezirken, erscheint die Zahl zu hoch. Nach Kruglow

---

12 Staatskomitee der Archive der Ukraine, S. 87.
13 Grossman, Das Schwarzbuch, S. 75.
14 Kruglow, Enziklopedija Cholokosta, S. 184.

wurden 5000 bis 6000 Juden aus den Bezirken Jarmolinzy, Satanow, Gorodok und Michalpol ermordet.[15]

Am 27. März 1944 wurde Jarmolinzy durch sowjetische Truppen befreit.

3. Bezirk (Rayon) Winkowzy

(ukr. Winkiwzi)

Im Bezirk Winkowzy wurden während der Zeit der Okkupation 4835 Zivilpersonen ermordet, davon waren 4804 Juden.[16]

Ort: Sinkow

Vor 1941 war Sinkow[17] eine Stadt im Gebiet Kamenez-Podolski der Ukrainischen Sozialistischen Sowjetrepublik. Von 1941 bis 1944 gehörte die Stadt zum Bezirk Winkowzy im Gebiet Dunajewzy, Generalbezirk Wolhynien und Podolien. Seit 1991 ist Sinkow eine Stadt im Gebiet Chmelnizki der Ukraine.

1939 lebten in Sinkow 2248 Juden, mehr als ein Drittel der Bevölkerung.

Nach dem Überfall der deutschen Wehrmacht auf die Sowjetunion wurden einige Bewohner der Stadt zur Roten Armee eingezogen. Einige Hundert konnten sich in östliche Teile der Sowjetunion evakuieren lassen. Am 12. Juli besetzten die Deutschen Sinkow. Ein Jude empfing sie mit Brot und Salz. Ein deutscher Soldat erschoss diesen Juden auf seiner Türschwelle. Mit Unterstützung örtlicher Ukrainer begannen sofort Raub, Misshandlung und Mord an den jüdischen Einwohnern. Anfang August 1941 wurde ein Ghetto eingerichtet, in dem die Juden unter unmenschlichen Bedingungen lebten.

In der Zivilverwaltung waren relativ wenige Deutsche beschäftigt. 1942 waren nur ein SS-Mann vom Büro des Gebietskommissars und ein Landwirtschafts-Kommissar in Sinkow tätig. Alle anderen Offiziellen waren Ukrainer.

Im August 1941 bestimmten die örtlichen ukrainischen Behörden einige Würdenträger der jüdischen Gemeinde als deren Vertreter und als Geiseln. Juden ab zehn Jahre mussten einen gelben Stern tragen, durften die Gehwege nicht mehr benutzen und kein Wasser vom zentralen Brunnen holen. Durch Enge, Hunger und schlechte sanitäre Bedingungen breiteten sich Krankheiten aus. Einigen Handwerkern wurde erlaubt, ihr Handwerk weiter auszuüben, sie mussten aber für die Arbeitserlaubnis bezahlen.

Im Sommer 1941 wurde eine Kontribution von 1 Million Rubel verlangt, die der Judenrat innerhalb von zwei Wochen abliefern sollte. Kaum ein Drittel der angeforderten Summe

---

15 Kruglow, Chronika Cholokosta, S. 130.
16 Kruglow, Enziklopedija Cholokosta, S. 184.
17 Altman, Cholokost, S. 332; The Yad Vashem Encyclopedia, S. 985; Encyclopedia of Camps and Ghettos, S. 1505 f.

konnte eingesammelt werden. Diejenigen, die nicht zahlen konnten, wurden zur Stadtverwaltung zitiert und von einheimischen Polizisten brutal zusammengeschlagen.[18]

Am 9. Mai 1942 ermordeten Einheiten des SD aus Kamenez-Podolski zusammen mit deutschen Gendarmen und ukrainischer Polizei in der Nähe des Dorfes Stanislawowka, drei Kilometer von Sinkow entfernt, 588 zumeist Alte, Kranke und Kinder. Nach dieser Mordaktion wurde das Ghetto verkleinert, und mehr als 100 Juden wurden in das Arbeitslager Lesnewo deportiert. Am 4. August 1942 fand ein zweiter Massenmord statt. Nach Angaben der Außerordentlichen Staatlichen Kommission wurden 1882 Juden ermordet. Diese Zahl ist aber vermutlich zu hoch. 200 Handwerker blieben im Ghetto zurück, das nunmehr nur noch aus einem mit Stacheldraht umzäunten Gebäude bestand. Am 7. Oktober 1942 wurden 150 von ihnen ermordet. Die verbliebenen 50 Juden wurden nach Dunajewzy deportiert, wo sie anschließend getötet wurden.

Insgesamt wurden während der Okkupation 2000 Juden des Ghettos in Sinkow ermordet. Nur 27 Juden aus Sinkow haben die Okkupation überlebt.

Anna Stoljartschuk (geb. 1927)
»Unter fremden Namen«

Laut Personalausweis bin ich Anna Stepanowna Stoljartschuk. Aber in Wirklichkeit heiße ich Anna Anatoljewna Nowoshenaja. Ich bin im jüdischen Städtchen Sinkow, Bezirk Winkowzy, Gebiet Chmelnizki geboren. Mein Vater hieß Anatoli Chaskelewitsch Nowosheny, meine Mutter Esfir Isaakowna Nowoshenaja. Mein Großvater, der Vater meiner Mutter, Isaak Wigdorowitsch war Rabbiner in der Synagoge von Sinkow. Ich wohnte zusammen mit meinen Eltern und meinem älteren Bruder Alexandr. Mein Bruder wurde 1939 in die Rote Armee eingezogen und kam Anfang des Krieges in der Stadt Lijepaja, Lettland, um.

Wir konnten nicht evakuiert werden, weil die Eisenbahn sehr weit weg war. Zwei Wochen nach Ausbruch des Krieges rollte in der ganzen Breite der Straße eine Motorrad-Kolonne in unser Städtchen Sinkow. Die Motorradfahrer hatten ellbogenlange Ärmel und Helme auf dem Kopf. Sie gingen in die Häuser hinein, musterten alles und jagten uns Angst ein. Die allererste Frage wurde mit Überraschung und Entsetzen im Gesicht vernommen: »Alle Juden? Alle Juden?« Sie schauten uns mit Hass und Verachtung an, als wären wir irgendwelche Insekten.

Bald erschienen Polizisten und Schutzmänner. Wir versteckten uns in den Kellern, auf den Dachböden bei den Ukrainern. Die Häuser wurden geplündert und wir ins Ghetto getrieben. Das geschah im August 1941. Wir wurden gezwungen, auf der Brust und auf dem Rücken gelbe Davidsterne aufzunähen. Das Ghetto zu verlassen, war strengstens verboten. Es waren nur wenige Deutsche in der Stadt. Schutzmänner (ukrainische Polizisten) drängten sich den Deutschen auf, ihnen zu helfen, und misshandelten uns schrecklich. Sie prügelten, raubten, töteten und veranstalteten

---

18 Altman, Opfer des Hasses, S. 174.

3. Bezirk (Rayon) Winkowzy

Pogrome. Sie waren ständig betrunken. Der Polizeichef war die Bestie Lysjuk. Ich erinnere mich, wie er den kleinen Jungen Isja Vogelman aus dem Schrank holte, wo sich dieser versteckt hatte, ihm die Arme ausrenkte und ihn anschließend erschoss.

Die schönste Frau von Sinkow, Rosa (ich erinnere mich nicht an ihren Familiennamen), zwang man, sich zu entkleiden, und so wurde sie nackt, begleitet vom Pfeifen der Peitschen, durch die ganze Stadt getrieben. Dann, befriedigt von dieser Quälerei, erschoss man sie.

Im Mai 1942 kamen sie, um meinen Vater hinzurichten. Ich hängte mich an seinen Hals und bat um Gnade für ihn. Man riss mich von ihm weg, warf mich zu Boden und tötete meinen Vater. Wie alle Insassen des Ghettos trieb man uns auf die Hauptstraße der Stadt, befahl uns, uns auf den Boden zu setzen und so auf den Abmarsch zur Erschießung zu warten. Meine Mutter und ich wurden von Jusik Sawizki zu dieser Exekution geführt. Früher war er oft bei uns zu Hause, denn er war ein Klassenkamerad meines Bruders. Hoffnungsvoll wandte sich meine Mutter an ihn mit der Bitte, mich zu entlassen. Aber er antwortete, er sei bei der Arbeit, und trieb uns weiter.

Meine Verwandten und Bekannten ruhen im Graben, der auf dem Weg von Sinkow nach Winkowzy liegt. Wir wurden zu diesem Graben getrieben, und man begann, uns zu erschießen. Meine Mutter begann zu schreien und zu bitten, mich gehen zu lassen. Ich sei ein russisches Mädchen und nur zufällig hierher geraten. Ein Soldat, wahrscheinlich war es ein Rumäne (er hatte eine graue Uniform), denn Rumänen erschossen die Juden nicht, zog mich aus dem Graben. Ich stemmte mich hoch, schrie, geriet in Panik, aber es gelang mir, meine Mutter mitzuziehen. Die ganze Zeit hielt ich ihre Hand fest in meiner.

Wir wurden zusammen mit ein paar anderen Juden ins KZ in Dunajewzy, Gebiet Chmelnizki, gebracht. Das Lager wurde mit einem drei Meter hohen Zaun mit einer dreifachen Reihe Stacheldraht umzäunt. Wir wurden in einem verlassenen Warenlager untergebracht. Wir schliefen auf dem Zementboden. Die Häftlinge des Lagers wurden zum Arbeitseinsatz auf der Eisenbahnstation gezwungen: Waggons reinigen, ent- und beladen. Die Nazis transportierten aus der Ukraine Getreide, Leder, Vieh, Heu und Baumaterialien ab. Der fruchtbare ukrainische Schwarzboden wurde auch nach Deutschland verschickt. Wenn jemand einem Befehl nicht folgte, wurde er geprügelt, oft bis zum Tode. Im Lager tobte Kommandant Krause, die Oberbestie. Jeden Abend stellten er und seine Kollegen alle Häftlinge in Kolonnen auf und führten die Hinrichtungen der »Schuldigen« durch. Man riss Menschen die Zunge aus, zog mit der Zange die Goldzähne aus dem Mund, folterte mit glühendem Eisen. Die Leichen wurden hinter das Lager gebracht und in einen Graben geworfen.

Ich erinnere mich an folgendes Ereignis: Wir beluden die Waggons mit Getreide. Zwei Frauen aus dem Ort boten uns den Tausch eines Eimers Sauerkirschen gegen einen Eimer Getreide an. Zwei junge jüdische Männer ließen sich auf den Tausch ein. Krause erfuhr davon. Er stellte alle Häftlinge in Reihen auf und befahl den »Schuldigen«, ein Grab zu schaufeln. Vor den Augen aller Anwesenden wurden sie an Ort und Stelle getötet und begraben. Uns ließ man verprügeln.

November 1942. Der unheimliche Frost durchdrang unsere abgemagerten Körper. Frostwind und Kälte zehrten an unseren Lebenskräften. In den Baracken waren wir der Läuseplage ausgesetzt. Die Kranken wurden mit Schubkarren weggebracht und erschossen.

Mit dem Einbruch der Kälte und der Explosion der grassierenden Krankheiten entschied Krause, die Häftlinge loszuwerden. Jene, die noch gehen konnten, wurden zur Erschießung geführt. Die Kranken wurden direkt in der Baracke getötet. Es gelang mir, mich in das Getreidelager zu schleichen und mich dort im Getreide einzugraben. Wie lange ich dort lag, weiß ich nicht. Ich hatte Angst, und es war sehr kalt. Ich entschloss mich zu fliehen und wartete, bis es Nacht wurde. Es gelang mir, das schmale Fenster zu erreichen, und ich quetschte mich nach draußen durch. In der Dunkelheit kroch ich durch den Stacheldraht. Das Lager war nicht mehr bewacht, denn alle waren erschossen. Im dünnen Lumpenkleid lief ich in die Dunkelheit. Woher bloß nahm ich, erschöpft und abgemagert, diese Kraft?! Ich ging und ging. Es vergingen viele Tage. Ich musste mich verstecken. Mich rettete mein slawisches Aussehen: blaue Augen, hellbraune Zöpfe, ich sprach ein perfektes Ukrainisch.

Ich erinnerte mich, dass mein Vater irgendwann sagte, man sollte zu den entfernten Verwandten in die Stadt Frampol gehen. Dort waren Rumänen.

Als ich in Frampol ankam, ging ich zu dem Haus, wo meine Verwandten sein sollten, und fragte, ob sie hier wären. Die Frau, die mir öffnete, erschrak und rief ihre Untermieterin. Aus dem Zimmer kam meine Mutter heraus. Auch ihr war es gelungen zu fliehen. Als wir einander erblickten, wurden wir ohnmächtig. Wir blieben nicht lange in diesem Ort, da die Nazis sich entschieden, alle Juden im Gebiet zu vernichten.

Ich erinnere mich, wie wir schon wieder irgendwohin getrieben, misshandelt und ermordet wurden. Auf der Station Jarmolinzy befahl man uns einen Halt.

Wir wurden ein paar Tage in einer Kaserne in Dunkelheit, ohne Essen und Wasser festgehalten. Die Kaserne wurde mit Handgranaten beworfen. Es gab Tote und Verwundete. Einige Menschen erhängten sich mit ihren Gürteln, manche sprangen mit dem Kopf voran nach unten, um sich umzubringen. Endlich wurden wir zur Erschießung geführt. Meine Mutter bat wieder die Polizisten, mich zu entlassen: Ich sei ein russisches Mädchen und nur zufällig hierher geraten. Ich und noch ein paar andere Personen, die russisches Aussehen hatten, wurden entlassen. Meine Mutter wurde mit allen anderen weitergetrieben. Sie konnte mir nur kurz mit der Hand winken. Das war's. Ich hörte Schreie und Schüsse.

Wir, die Ausgewählten, wurden hinter das Tor der Kaserne geführt. Dort standen viele ukrainische Frauen. Sie weinten und rissen uns aus den Armen der Polizisten. Als wir uns zusammen mit unseren Rettern auf den Weg machen wollten, wurde ich von einem Polizisten aufgehalten. Das Herz schlug mir bis zum Hals: Es war »unser« Polizist Lysjuk. Er hielt die Frauen auf, die mich wegführen wollten, und sagte, obwohl er sehr betrunken war: »Diese Jüdin sah ich in Sinkow.« Alle schrien, es sei falsch, und baten ihn, mich gehen zu lassen. Wankend drohte er mir mit dem Finger und knurrte: »Wenn ich dich in Sinkow erwische, erhänge ich dich am erstbesten Pfosten.«

Ich befreite mich und rannte weg. Ich ging nur nachts, versteckte mich tagsüber in Heuhaufen, aß gefrorene Kartoffeln und Rüben. Endlich gelangte ich zu einer großen Straße. Dort begegnete ich den Flüchtlingen aus Woronesh. Mein Körper war sehr durchfroren. Ich wurde ohnmächtig und fiel zu Boden. Man schüttelte mich. Über mir bückte sich eine Frau, hob mich hoch und zog mich hinter sich her. Sie hieß Olga Wassiljewna Sawtschuk. Wir erreichten das Dorf Kormylotsche, Bezirk Oryninsk. Sie wärmte mich auf, entlauste mich und gab mir neue Kleidung. Ich verbrachte bei ihr ungefähr drei Wochen. Länger bei ihr zu bleiben war unmöglich. Der Mann von Olga trank und beschimpfte sie, dass sie einen zusätzlichen Esser nach Hause brachte. Ich musste weggehen und lebte bei den Nachbarn, indem ich jede Woche in ein anderes Haus wanderte. Man riet mir, zu Jekaterina Sawwitschna Kuschnir, einer lieben, einsamen Frau zu gehen. Bei ihr lebte ich von Dezember 1942 bis September 1944. Sie wusste nicht, dass ich Jüdin bin. Da sie keine Kinder hatte, nahm sie mich wie ihr eigenes Kind auf.

Ich arbeitete viel, ging zur Arbeit auf den gemeinsamen Hof, arbeitete auf dem Feld und übernahm den Haushalt. Aber die Angst verließ mich weder tags noch nachts. Ich hatte Angst, denunziert zu werden.

Nach der Befreiung von den deutschen Besatzern 1944 begann ich mit der Erzieherinnenausbildung in der Pädagogischen Fachschule in Kamenez-Podolski. Jekaterina Kuschnir half mir die ganze Zeit. Ich beendete die Fachschule mit Auszeichnung und nahm das Studium an der Pädagogischen Hochschule von Kamenez-Podolski auf. Ich heiratete einen Juden, Arkadi Samuilowitsch Pelzman. Ich arbeitete als Lehrerin, stellvertretende Schuldirektorin und Schuldirektorin.

Während des Krieges verlor ich alle meine Verwandten. Jetzt blieb ich absolut alleine. Mein Sohn, Architekt, lebt in St. Petersburg. Zu ihm zu ziehen erlaubt mir mein gesundheitlicher Zustand nicht. Ich hatte drei Herzinfarkte, einen Schlaganfall und leide an Arthrose in allen Gliedern. Ich kann nicht gehen.

Ich erlebte ein langes Leben. Ich bin jetzt 76. Ich möchte, dass meine Erinnerungen ins künftige Museum gelangen und künftige Generationen erreichen. Die Menschen sollen wissen, was das jüdische Volk in der Nazi-Zeit erlitten hat. Nie wieder soll sich dies wiederholen.

Jüdische Nachrichten. Beilage zur Zeitung des ukrainischen Parlaments »Stimme der Ukraine«, in: Zeitung der ukrainischen Gesellschaft für jüdische Kultur, 2003, Nr. 7–8 (267–268), S. 7

4. Bezirk (Rayon) Gorodok
(ukr. Horodok, poln. Gródek)
Der Bezirk Gorodok[19] war vom 8. Juli 1941 bis 25. März 1944 von der Wehrmacht besetzt.

Ort: Satanow
(ukr. Sataniw)
1939 lebten in Satanow[20] 1516 Juden, fast 50 Prozent der Bevölkerung.

---

19 Kruglow, Enziklopedija Cholokosta, S. 179 ff.
20 Altman, Cholokost, S. 890.

Am 6. Juli 1941 wurde die Stadt von deutschen Truppen besetzt. Am 5. August 1941 fand in Satanow die erste antijüdische »Aktion« statt. Mitglieder des Bataillons »Nachtigall« erschossen 20 männliche Juden. Erschießungen, Plünderungen und Erniedrigungen wurden zum Alltag. Ende 1941 wurden bei der Synagoge einmal 180 Juden und ein anderes Mal 407 Juden ermordet. Während einer »Aktion«, die am 15. Mai 1942 stattfand, wurden 240 Juden, hauptsächlich Frauen, Kinder und Alte, in einen gemauerten Keller unter einer Ruine am Marktplatz getrieben und lebendig eingemauert, wo sie später erstickten.[21]

Die Kommission zur Untersuchung der Nazi-Verbrechen in der Stadt Satanow stellte fest: »Neben dem geöffneten Keller wurden auf dem Territorium der Stadt viele weitere Gruben und Gräben mit Leichen der ermordeten und gequälten Zivilisten der Stadt[22] festgestellt: Neben der Kirche, an der Ecke des Platzes, wurden 7 Menschen erschossen, im Zentrum der Stadt wurden 30 Menschen erschossen und an der gleichen Stelle begraben, im südwestlichen Teil der Stadt, neben der Synagoge, wurden ca. 180 Menschen erschossen.«

Während der deutschen Besatzung wurden in Satanow ungefähr 600 Juden ermordet, viele wurden deportiert und getötet. Im Herbst 1942 wurden die noch am Leben gebliebenen Juden der Stadt nach Jarmolinzy vertrieben und dort erschossen.

Am 25. März 1944 wurde Satanow von sowjetischen Truppen befreit.

5. Bezirk (Rayon) Letitschew

(ukr. Letytschiw, poln. Leticzew)
Im Bezirk Letitschew wurden während der Zeit der Okkupation 7200 Juden ermordet.[23]

Ort: Letitschew

Vor 1941 war Letitschew[24] eine Stadt im Gebiet Proskurow der Ukrainischen Sozialistischen Sowjetrepublik und von 1941 bis 1944 Bezirks- und Gebietshauptstadt im Generalbezirk Wolhynien und Podolien. Seit 1991 gehört die Stadt zum Gebiet Chmelnizki, Ukraine.

Zu Beginn des 20. Jahrhunderts lebten in Letitschew 4000 Juden, mehr als die Hälfte der Bevölkerung. Während der Sowjetherrschaft schmolz die jüdische Bevölkerung auf 2000 zusammen. Bis 1938 gab es eine jiddisch-sprachige staatliche Schule. 1939 lebten in Letitschew 1946 Juden.

Die Deutschen besetzten Letitschew am 17. Juli 1941. Kurz danach riefen sie den Rabbiner und 25 junge und prominente Juden zu sich. Sie wurden in einem Massengrab in Sawolk, in den Außenbezirken von Letitschew erschossen.

---

21 Kruglow, Chronika Cholokosta, S. 100.
22 Dies war die übliche Formulierung in der Sowjetunion, ohne den Hinweis, dass es Juden waren.
23 Kruglow, Enziklopedija Cholokosta, S. 184.
24 Altman, Cholokost, S. 521; The Yad Vashem Encyclopedia, S. 394; Encyclopedia of Camps and Ghettos, S. 1403 ff.

5. Bezirk (Rayon) Letitschew

Am 22. September 1941 wurde aus einigen Dutzend jüdischen Häusern ein Ghetto gebildet. Die Juden mussten einen gelben Fleck mit einem Davidstern auf ihrer Kleidung tragen und Gold, Juwelen und warme Kleidung als Kontribution abliefern. Das Ghetto war mit Stacheldraht umzäunt, aber während der ersten Woche blieb das Ghettotor offen. So konnten die Juden noch Kleidung gegen Lebensmittel tauschen. Im Ghetto waren etwa 7500 Juden zusammengepfercht. Es herrschte großer Hunger. Ukrainische Bauern erhielten Erlaubnisscheine, um ins Ghetto zu gehen und Dienstleistungen jüdischer Handwerker gegen Lebensmittel zu erwirken.

Die meisten Juden wurden zur Arbeit in einen Steinbruch 10 bis 12 Kilometer von der Stadt entfernt geschickt. Sie wurden in einem Arbeitslager auf dem Grundstück der katholischen Kirche untergebracht. Die Zahl der Zwangsarbeiter schwankte zwischen 200 und 1500. Sie wurden von litauischen Polizisten bewacht. Zwangsarbeiter, die zu schwach waren, wurden erschossen. Jeden Tag starben mehrere Gefangene auf dem Weg von und zur Arbeit.

1941 wurden 200 Facharbeiter aus Derashnja in das Arbeitslager gebracht.[25] Im September 1942 kamen nach der Auflösung des Ghettos in Bar auch Juden aus Bar in dieses Arbeitslager.[26] Ebenso kamen einige Tausend Juden aus Bessarabien und der Bukowina in das Arbeitslager. Die Arbeiter wurden an einem Bauabschnitt der Durchgangsstraße IV (Winniza–Kamenez-Podolski) eingesetzt. Sie unterstanden der Organisation Todt. Je acht bis zehn Arbeiter hausten in halb verfallenen Klosterzellen und Baracken. Nicht einmal ein Stück Brot wurde täglich ausgegeben. Sie ernährten sich von rohen Kartoffeln, die sie auf dem Rückweg von der Arbeit einsammelten.[27] Hunger und unmenschliche Arbeitsbedingungen führten zu einer hohen Sterblichkeit.

Am 20. September 1942 ermordeten die Deutschen und ihre Kollaborateure 3000 Juden in einem Massengrab in Saletitschewka. Nach Augenzeugenberichten mussten die Mütter ihre Kinder lebend auf den Boden der Grube legen. Nachdem die Kinder erschossen waren, sollten sich die Mütter auf ihre Kinder legen. Dann wurden sie erschossen. Im November 1942 wurden an derselben Stelle 4000 Juden erschossen. Damit war das Ghetto von Letitschew ausgelöscht. Im November 1942 wurden innerhalb des Arbeiterlagers 200 Menschen erschossen. Am 30. Januar 1943 wurden die letzten jüdischen Handwerker des Arbeitslagers ermordet.

Am 23. März 1944 wurde Letitschew befreit.

---

25 The Yad Vashem Encyclopedia, S. 160
26 Ebenda, S. 18.
27 Altman, Opfer des Hasses, S. 223.

6. Bezirk (Rayon) Wolotschisk

(ukr. Wolotschysk)

Im Bezirk Wolotschisk wurden während der Zeit der Okkupation 9275 Zivilpersonen ermordet, davon waren 8895 Juden.[28]

Ort: Wolotschisk

Vor 1941 war Wolotschisk[29] das Bezirkszentrum im Gebiet Kamenez-Podolski der Ukrainischen Sozialistischen Sowjetrepublik und von 1941 bis 1944 Bezirkszentrum im Gebiet Proskurow, Generalbezirk Wolhynien und Podolien. Seit 1991 ist Wolotschisk Bezirkshauptstadt im Gebiet Chmelnizki der Ukraine.

1939 lebten in der Stadt Wolotschisk 753 Juden und im gesamten Bezirk 2926 Juden.

Am 5. Juli 1941 wurde die Stadt von Einheiten der 6. Armee besetzt. Die Ortskommandantur kontrollierte die Stadt, ernannte einen Bürgermeister und rekrutierte eine ukrainische Hilfspolizei. Im September 1941 übernahm die deutsche Zivilverwaltung die Herrschaft, und die Stadt wurde Bezirkszentrum im Gebiet Proskurow, Generalbezirk Wolhynien und Podolien. Dem deutschen Gendarmerieposten wurde die ukrainische Hilfspolizei unterstellt.

Im Sommer und Herbst 1941 erging eine Reihe antijüdischer Anordnungen. Juden mussten zunächst eine Armbinde mit einem Davidstern tragen, später einen gelben Fleck. Es wurde ein Ghetto eingerichtet. Etwa 20 Häuserblocks wurden mit Stacheldraht eingezäunt und von ukrainischer Polizei bewacht. Juden durften das Ghetto nur zur Zwangsarbeit verlassen.

Die deutschen Sicherheitskräfte führten mindestens zwei große »Aktionen« gegen die Juden aus. Bei der ersten »Aktion« wurden die Juden aus dem Ghetto in einem leer stehenden Fabrikgebäude gesammelt. Sie wurden gezwungen, sich zu entkleiden und ihre Wertsachen abzugeben. Dann wurden sie in einer Kolonne zu einem Platz außerhalb der Stadt geführt und dort erschossen.

Im August 1942 wurden Juden aus den umliegenden Ortschaften Kupel, Fridrichowka und Woitowtsy ins Ghetto Wolotschisk getrieben. Am 11. September 1942 wurde das Ghetto durch Sicherheitspolizei des Außenpostens Starokonstantinow mit Unterstützung deutscher Gendarmerie und ukrainischer Polizei leer gemordet.[30] Etwa 3000 Juden, hauptsächlich Frauen und Kinder, wurden in den Tongruben einer Ziegelei erschossen. Die Außerordentliche Staatliche Kommission gibt die Zahl der Opfer mit 8000 an. Im Laufe des Herbstes nahmen ukrainische Polizisten weitere hundert Juden, die sich hatten verstecken können, fest und erschossen sie.

Am 6. März 1944 wurde die Stadt befreit.

28 Kruglow, Enziklopedija Cholokosta, S. 184.
29 Altman, Cholokost, S. 180; The Yad Vashem Encyclopedia, S. 891; Encyclopedia of Camps and Ghettos, S. 1489–1490.
30 Ein Begriff, den Wolfgang Benz anstelle des NS-Begriffs »liquidieren« benutzt.

Leonid Podlesny
Die Albtraumbaracke Nr. 13

Über mich, über meine Familie, über das, was ich hörte und woran ich mich erinnere.

Ich wurde vor dem Krieg in der Familie der Dorflehrer Brana Lipowna Lerner und Iosif Wiktorowitsch Podlesny geboren. Mein Vater wurde im Hinterland mit der Organisation des Partisanenwiderstandes beauftragt. Bis zur Befreiung unseres Gebietes versteckten wir uns bei den Verwandten meines Vaters. Meine Großeltern und andere Verwandte, die im kleinen Städtchen Derashnja, Gebiet Kamenez-Podolski (heute Chmelnizki), wohnten, wurden von Nazis in die Stadt Letitschew deportiert und dort erschossen. Meine Mutter, mein mittlerer Bruder und ich versteckten uns bei der Großmutter väterlicherseits. Meinen älteren Bruder holten unsere entfernten Verwandten zu sich. Bei ihnen versteckte er sich bis zum Ende des Krieges.

Im August 1941 kamen zwei Polizisten und ein Deutscher auf einem Pferdewagen, um uns im Dorf Skiptsche, Bezirk Gorodok, Gebiet Chmelnizki, wo wir uns versteckten, zu holen. Sie wurden vom Dorfältesten des Dorfes Rudka, Bezirk Dunajewzy, wo meine Eltern vor dem Kriegsausbruch wohnten und arbeiteten, geschickt. Die Nazis erfuhren also von unserem Aufenthaltsort.

Mama und ich wurden mit einem Pferdewagen in das Städtchen Smotritsch gebracht, in dem die deutsche Verwaltung war. Nach einigen Tagen wurden wir mit einer Kolonne ins Ghetto Kamenez-Podolski deportiert. Wir wurden in der Baracke Nr. 13 in der Nähe des polnischen Vorwerks untergebracht. Leider weiß man von dieser Baracke sehr wenig. Sie wurde verstärkt bewacht und war vom Ghetto, in dem Erwachsene interniert waren, etwas entfernt. Laut Erzählungen meiner Mama waren in dieser Baracke Kinder im Alter von zwei bis zwölf Jahren, die von Deutschen als Blut- und Hautspender benutzt wurden. Die Kinder wurden in kleinen Gruppen von fünf bis sechs Personen an deutsche medizinische Einrichtungen (manche sagten nach Rumänien) gebracht. Das Schicksal dieser Kinder ist unbekannt.

Die Eltern wurden gleich erschossen. In meiner Erinnerung blieb die riesige Figur eines Deutschen, der große schwarze Stiefeln anhatte und eine Peitsche bei sich trug. Normalerweise folgten dem Deutschen in Schwarz zwei kleine Kinder und ein großer Hund. Es ist wahrscheinlich das Einzige, was in meiner Erinnerung blieb.

1942 war das Ghetto für Erwachsene in Kamenez-Podolski praktisch vernichtet. Die Albtraumbaracke Nr. 13 bestand dagegen weiterhin.

Im gleichen Jahr griff die Partisaneneinheit, zu der auch mein Vater gehörte, diese Baracke an und befreite eine Gruppe der Häftlinge. Unter ihnen waren auch ich und Mama. Der Organisator und Teilnehmer dieser »Aktion«, Iosif Iosifowitsch Syrowatski, der Kommissar der Partisanentruppe, lebt noch.

Nach dem Krieg begann der Alltag. Ich ging zur Schule, leistete meinen Militärdienst und arbeitete. Das alles war nicht einfach. Es gab auch sehr schwere Phasen. Ich bin mit zwei Orden und sechs Medaillen ausgezeichnet. Ich arbeite noch heute. Nach meinen Kräften und Möglichkeiten nehme ich am Leben der jüdischen Gemeinde teil. Ich helfe meinen Kindern und Enkelkindern.

Andrei Surmi (geb. 1935)
»Die Menschen verrieten uns nicht an die Deutschen«

Mein Vater Matwei Moisejewitsch Stemberg wurde 1905 in der Stadt Satanow geboren. Während des Bürgerkrieges und der Pogrome kam seine ganze Familie um. Er war der Einzige, der auf irgendeine Weise überleben konnte. Er irrte durch die Dörfer und gelangte irgendwann in unser Dorf, wo es eine kleine jüdische Gemeinde gab. Er blieb in unserem Dorf. Mit der Zeit nahm er sehr aktiv am gesellschaftlichen Leben des Dorfes teil. 1933 oder 1934 heiratete er meine Mutter, die Ukrainerin Maria Andrejewna Surmi. 1935 wurde ich, Andrei, geboren. 1938 kam mein Bruder Arkadi auf die Welt. Vor dem Krieg war mein Vater Vorsitzender des Dorfrates. 1933 fasste er einen deutschen Spion und wurde dafür mit der Medaille »Für Kriegsverdienste«, Nr. 1289 ausgezeichnet, die ihm Michail Iwanowitsch Kalinin persönlich überreichte.

Als der Krieg ausbrach, konnten wir nicht nach Osten evakuiert werden. Zwar waren wir mit den Pferdewagen losgefahren, kehrten aber nach einiger Zeit von Proskurow[31] (Gebiet Chmelnizki) in unser Dorf zurück.

Die Deutschen besetzten unser Dorf Satanow sehr schnell. Im Dorf und im ganzen Bezirk wurden neue Ordnungen eingeführt. Ich denke, dass Juden, darunter auch mein Vater, nicht wahrhaben wollten, dass Deutsche sie vernichten würden. Irgendwann im Juli wurde mein Vater in die Bezirksverwaltung gerufen. Er fuhr hin. Er wurde dort brutal geprügelt, aber zurück ins Dorf gelassen. Irgendwie gelangte er nach Hause. Ich erinnere mich, wie meine Mutter ihn behandelte. Sein ganzer Rücken war mit schrecklichen Wunden und Blasen bedeckt. Sie behandelte ihn mit einer Salbe, und nach einiger Zeit wurde mein Vater gesund. Als es ihm besser ging, versteckte er sich irgendwo außerhalb unseres Hauses. Als er sich entschlossen hatte, das Dorf zu verlassen, und kam, um sich von uns zu verabschieden, wurde er gefasst. Ich erinnere mich sehr genau an dieses Ereignis. Es war an einem Sonntagmorgen. Vater schlief noch, Mutter schnitt mir die Haare. Es war in der Diele. Man konnte von dort die Straße sehen, und wir erblickten eine Gruppe: Es waren Deutsche und Schutzmänner. Sie kamen zu uns in den Hof.

Meine Mutter glaubte, dass Vater von den Nachbarn in unserer Straße denunziert wurde, weil die Deutschen genau wussten, wo er sich befand. Wer genau ihn denunzierte, weiß ich nicht, aber das ist auch nicht wichtig. Ich persönlich hatte nie den Wunsch, mich bei jemandem dafür zu rächen.

Sie misshandelten und prügelten ihn. Dann führten sie ihn aus dem Haus auf die Straße und banden ihn an ihrem Pferdewagen fest. Sie warfen meinen Vater zu Boden und zogen ihn so hinter dem Pferdewagen in Richtung des Dorfes Tarnorudy. Das ist westlich von unserem Dorf. Der Ort Tarnorudy befindet sich am Fluss Sbrutsch, etwa fünf Kilometer entfernt von unserem Dorf. Es gibt keine genauen Angaben über seinen Tod, obwohl viele Menschen berichteten, dass Deutsche und Polizisten ihn misshandelten, brutal prügelten, ihn letztendlich töteten und irgendwo in einem Graben im Gebiet Ternopol begruben.

---

31 Vom 18. Jahrhundert bis 1954 trug die Stadt Chmelnizki den Namen Proskurow.

Dies geschah im August. Zuvor wurden alle Juden aus unserem Dorf abtransportiert und irgendwo bei Wolotschisk ermordet.

Warum wurden alle Juden unseres Dorfes, einschließlich des Vaters, ermordet, und nur wir beide, mein Bruder Arkadi und ich, Andrei, haben überlebt? Natürlich hatten wir einen Schutzengel, unsere Mutter Maria Andrejewna Surmi. Sie beschützte und behütete uns während der gesamten Besatzung unseres Dorfes durch Nazis. Auch später sorgte sie sich um uns bis zu ihrem Tod.

Mutter ließ uns taufen, und der orthodoxe Pfarrer beschützte uns auch die ganze Zeit. Mutter gab uns ihren Mädchennamen Surmi. Und außerdem haben uns die Menschen einfach nicht an die Deutschen verraten.

Wir hatten eine große Verwandtschaft, und alle beschützten und behüteten uns, so gut sie es konnten. Vor dem Krieg bewohnten wir ein eigenes Dorfhaus. Als Deutsche kamen, wurden wir aus dem Haus vertrieben und zogen zur Großmutter Solomija Petrowna Surmi. In diesem Haus wohnte noch ihre Schwiegertochter Adelja Frankowna mit zwei kleinen Jungen. Im kleinen Häuschen waren wir dann auf einmal ganz viele: Großmutter, unsere Mutter und unser Vater, als er noch lebte, Tante Adelja und wir vier Jungs, von denen ich der älteste war. Mein Vater wurde später ermordet. Im Herbst brachte Tante Adelja ihren Mann, Afanasji Andrejewitsch Surmi, zu uns. Er war eingezogen worden, war an der Front, wurde verwundet und war gelähmt. Er war im Kriegsgefangenenlager in Uman. Dank dieser großen Familie, diesen Menschen, die uns so liebevoll behüteten, wurden wir nicht denunziert. So konnten mein Bruder und ich überleben.

Und trotzdem denke ich die ganze Zeit nach, warum man uns nicht denunziert hat? Es gibt keine Antworten und es gibt doch Antworten, sogar viele. Meine Großmutter hatte vier Kinder. Sie war Witwe. Mein Großvater wurde 1916 oder 1917 ermordet. Natürlich war die Familie sehr arm, aber ehrlich und gutmütig. Die Töchter der Großmutter, meine Mutter und Tante Tanussja, eine selbstlose und hilfsbereite Person, arbeiteten, so viel sie konnten, und ermöglichten dadurch ihren Brüdern, Arkadi und Iosif, das Studium. So konnten die beiden die Pädagogische Hochschule absolvieren und waren Lehrer, sehr geachtete Menschen im Dorf.

Mein Vater war wahrscheinlich ein gebildeter Mensch. Er besuchte eine jüdische Schule. Was er beruflich machte? Er besaß einen Pferdewagen, tauschte Garn und Nadeln gegen Stoffe um. Ich weiß nicht viel darüber. Wahrscheinlich war er ein Autodidakt. Er arbeitete in der Dorfkooperative, wo später auch Mutter arbeitete. Es ist gut möglich, dass mein Vater, als er noch ledig war, mit Afanasji und Iosif bekannt und vielleicht sogar befreundet war. Sicherlich war mein Vater eine gütige, freundliche und umgängliche Person. Ich zähle dies auf, um die Begründung dafür zu finden, warum die Menschen um uns herum uns nicht denunziert hatten.

So lebten wir bis März 1944. Das Familienoberhaupt unserer großen Gemeinschaft war Afanasji Andrejewitsch. Obwohl er gelähmt war, konnte er mit dem Stock etwas gehen. Wir waren Patrioten und glaubten, dass wir befreit werden. Diesen Glauben haben wir hauptsächlich unserem Onkel zu verdanken. Alle meine Altersgenossen besuchten die Schule. Nur ich nicht, weil ich es nicht durfte. Man hätte mich in die Schule nicht aufgenommen. Ich wurde Autodidakt, las viel und musste mich die ganze Zeit verstecken.

Als die Nazis sich aus unserem Dorf infolge der Offensive der sowjetischen Truppen zurückziehen mussten, verbrannten sie das Dorf und töteten praktisch alle Männer, darunter auch den Kriegsinvaliden Afanasji Andrejewitsch. Ich erinnere mich sehr genau daran. Es ist, als ob es gestern gewesen wäre. Sie schossen aus Pistolen von zwei Seiten aus einer Entfernung von etwa 50 Metern. Wir standen und warteten. Der Onkel sagte, wir sollten uns umdrehen und nicht zu ihm hinschauen. Dann hörten wir Schüsse, und er fiel tot zu Boden auf unserem Hof. In diesem Augenblick rettete mich meine Mutter. Ich war neuneinhalb Jahre alt und ziemlich groß. Mutter zog mir ein Frauenkleid über. Ich weiß nicht, was genau half, aber auch diesmal war ich am Leben geblieben.

Wir lebten unter deutscher Besetzung vom Juli 1941 bis März 1944, bis wir durch die sowjetische Armee befreit wurden.

1944 ging ich in die Schule, in die erste Klasse. 1953 beendete ich die Mittelschule in Wolotschisk, nahm das Studium der Chemie an der Technischen Universität Lemberg auf, promovierte und habilitierte mich. Über 40 Jahre war ich im Hochschulbereich tätig. Mein Sohn Sergei und mein Enkel Anton leben seit 1992 in Israel. Ich besuche sie dort. Mein Bruder Arkadi lebt in Russland. Er hat dort Familie, Kinder, Enkelkinder.

Unsere Mutter starb 1978 im Dorf Ripna. In ihrem Leben hat sie viel erlitten und wollte, dass wir unseren Namen Stemberg in Surmi ändern.

Als ich im Mai 2003 in Israel war, besuchte ich Yad Vashem. Als ich nach Slawjansk, Gebiet Donezk, zurückkam, wo ich heute lebe, füllte ich die Augenzeugenformulare für meinen Vater und noch drei Juden aus, von denen ich weiß, dass sie auch ermordet wurden.

7. Bezirk (Rayon) Kamenez-Podolski

(ukr. Kamjanez-Podilskyj; poln. Kamieniec Podolski; rumän. Camenița; jidd. Kamniz)
1939 lebten im Bezirk Kamenez-Podolski 15 051 Juden, 13 796 in der Stadt und weitere 1255 auf den Dörfern.[32]

Ort: Kamenez-Podolski

Vor 1941 war Kamenez-Podolski[33] Bezirks- und Gebietshauptstadt der Ukrainischen Sozialistischen Sowjetrepublik, von 1941 bis 1944 Bezirks- und Gebietshauptstadt im Generalbezirk Wolhynien und Podolien. Seit 1991 ist es Bezirkshauptstadt in der Ukraine. Bereits im 17. Jahrhundert bestand in Kamenez-Podolski eine jüdische Gemeinde. 1939 lebten in der Stadt 13 796 Juden, über 38 Prozent der Bevölkerung.

Nach dem Überfall der Wehrmacht auf die Sowjetunion am 22. Juni 1941 wurde eine kleine Zahl jüdischer Männer zur Roten Armee eingezogen, einige konnten evakuiert

---

32 Encyclopedia of Camps and Ghettos, S. 1374.
33 Altman, Cholokost, S. 381; Encyclopedia of Camps and Ghettos, S. 1374 ff.; The Yad Vashem Encyclopedia, S. 280 ff.

werden. Die Stadt wurde am 10. Juli 1941 von ungarischen Truppen besetzt. Etwa 12 000 Juden waren in der Stadt geblieben.³⁴ Einige Tage nach ihrem Einmarsch ermordeten die Ungarn 400 Juden. Ende Juli 1941 übernahm die deutsche Wehrmacht, die Feldkommandantur 183 (FK 183), die Kontrolle über die Stadt. Der jüdischen Gemeinde wurde eine Kontribution in Höhe von 40 000 Rubel und acht Kilogramm Gold auferlegt.³⁵

Bald nachdem Ungarn am 27. Juni 1941 der Sowjetunion den Krieg erklärt hatte, entwickelten zwei führende Offiziere des nationalen Fremdenkontrollbüros (KEOKH) einen Plan, die polnischen und russischen Juden in den von Ungarn verwalteten Teil des »befreiten« Galizien »umzusiedeln«. Unter den verhafteten »ausländischen« Juden befand sich auch eine beträchtliche Zahl ungarischer Juden, die ihre Staatsangehörigkeit nicht nachweisen konnten. Die Juden wurden in Güterwaggons geladen und nach Kőrösmező nahe der polnischen Grenze gebracht. Von da schob man täglich jeweils etwa 1000 Juden über die Grenze ab. Bis zum 10. August 1941 waren der SS rund 14 000 Juden übergeben worden. Weitere 4000 wurden Ende des Monats ausgeliefert, womit die Deportation abgeschlossen war. Von Kőrösmező wurden die Juden zunächst nach Kolomea gebracht. Von dort mussten sie in Gruppen von je 300 bis 400 Personen nach Kamenez-Podolski laufen. Bei einer Konferenz am 25. August 1941 im Hauptquartier des Generalquartiermeisters OKH in Winniza versicherte SS-Obergruppenführer Jeckeln den Teilnehmern, dass er die »Liquidierung« der Juden bis zum 1. September 1941 erledigt haben werde. An diesem Tag sollte dieser Teil der Ukraine an die deutsche Zivilverwaltung übergeben werden. Die »Aktion« wurde vom 26. bis 28. August 1941 in der Nähe der Stadt an riesigen Bombentrichtern durchgeführt. Am 26. August wurden 4200, am 27. August 11 000, am 28. August 7000 Juden ermordet. Nach der Ereignismeldung UdSSR Nr. 80 vom 11. September 1941 wurden 23 600 Juden ermordet.³⁶

Die Opfer wurden durch ein Spalier von Ordnungspolizisten des Polizeibataillons 320, den sogenannten Schlauch, an die Bombentrichter herangeführt. Dort warfen sie ihre Habseligkeiten an die Seite, teilweise hatten sie sich auch zu entkleiden. Als Letztes mussten sie in den Bombentrichter treten und sich auf die Leichen der bereits Ermordeten legen, um sogleich durch Genickschuss getötet zu werden. Wenn Schützen, die der Stabskompanie des HSSPF angehörten, nicht oder nicht mehr in der Lage waren, Kleinkinder zu töten, durften sie sich ablösen lassen, Schnaps trinken, Pause machen, um nach Möglichkeit wieder in die Grube zurückzutreten. Jeckeln selbst stand zusammen mit Wehrmachtsoffizieren auf einer Anhöhe und überwachte die »Arbeit« seiner Untergebenen. Mit diesem Massaker hatte der staatlich befohlene Massenmord eine neue Dimension erreicht.³⁷ 14 000 bis 18 000 Juden

---

34 Pohl, The Murder of Ukraine's Jews, S. 29.
35 Altman, Cholokost, S. 382.
36 Enzyklopädie des Holocaust, S. 731 f.; Mallmann, Die »Ereignismeldungen UdSSR«, S. 444; Kruglow, Chronika Cholokosta, S. 28; Kaiser, Täter im Vernichtungskrieg, S. 44.
37 Angrick, Besatzungspolitik und Massenmord, S. 204.

kamen aus Ungarn, die anderen stammten aus der Region.[38] Die *New York Times* berichtete am 26. Oktober 1941 über diese Verbrechen.[39]

Erst nach dem Massaker vom August 1941 wurde in Kamenez-Podolski ein Ghetto eingerichtet, in dem etwa 4800 Juden lebten. Jede Familie, unabhängig von ihrer Größe, bekam ein Bett für Kinder. Die Erwachsenen mussten auf dem Fußboden schlafen. Juden war es bei Todesstrafe verboten, das Ghetto zu verlassen. Ebenso drohte Nichtjuden, die es wagten, ins Ghetto zu gehen, um mit Juden zu handeln, die Todesstrafe. Täglich zogen die Deutschen Juden zur Arbeit außerhalb des Ghettos heran. Als Bezahlung erhielten sie Nahrung. Viele Menschen starben an Hunger, Misshandlung und der schweren Zwangsarbeit. Der bekannte Arzt Dr. Goldentrester wurde am Balkon seines Hauses aufgehängt. Auf Befehl der Deutschen musste der Leichnam tagelang hängen bleiben.

Von Juli bis September 1942 wurden ein paar Tausend jüdische Handwerker mit Familien aus den benachbarten Ortschaften Balin, Saretschanka, Kitajgorod, Orinin, Smotritsch, Staraja Uschiza, Tschemerowzy und Schatawa ins Ghetto gebracht. Am 11. August 1942 wurden 813 Juden aus Smotritsch und Tschemerowzy hingerichtet.[40]

Am 30. Oktober 1942 erschossen deutsche Sicherheitskräfte mehr als 4000 Juden. Die Gräber waren von sowjetischen Kriegsgefangenen ausgehoben worden. Etwa 500 Juden war es gelungen zu fliehen oder sich zu verstecken. Die Mehrzahl von ihnen wurde jedoch gefasst und im Laufe der kommenden Wochen und Monate erschossen. Im Oktober und November 1942 wurden in mehreren »Aktionen« mehr als 6000 Juden ermordet.[41] Im Frühling 1943 wurden 65 Handwerker aus dem Ghetto erschossen.

Am 27. März 1944 wurde Kamenez-Podolski von den sowjetischen Truppen befreit.

Bronja Tiljatizkaja (geb. 1934)
»Um den Graben lagen die Leichen der Aufständischen«

Unsere Familie lebte vor dem Krieg in der Stadt Kamenez-Podolski. Meine Eltern – Anton Karlowitsch Tiljatizki und Lyba Aronowna Tiljatizkaja – waren taubstumm. Meine Mutter war Jüdin und mein Vater war Pole. Vor dem Krieg arbeitete mein Vater als Schuhmacher, meine Mutter war Hausfrau. Wir waren zwei Kinder: ich, Bronja, geboren 1934 und meine jüngere Schwester Rosa, geboren 1937. Mutter war Malerin und Bildhauerin (vor dem Krieg machte sie die Ausbildung an einer Kunstschule). Sie konnte hervorragend nähen und machte kunstvolle Handarbeit. Vater und Mutter waren Mitglieder des Taubstummenvereins, besuchten das Kulturhaus, waren aktive Mitglieder der Kulturvereine. Mutter konnte hervorragend tanzen, spielte zusammen mit Vater Theater. Das Erstaunliche war aber, dass diese taubstumme Frau Klavier spielen konnte.

---

38 Enzyklopädie des Holocaust, S. 731 f.
39 VEJ 7, S. 328 f.
40 Altman, Cholokost, S. 382.
41 The Yad Vashem Encyclopedia, S. 281 f.

Als der Krieg ausbrach, blieb unsere ganze Familie im besetzten Gebiet.

Ein paar Tage nach der Besetzung der Stadt Kamenez-Podolski ereignete sich ein Zwischenfall, bei dem unsere Mutter beinahe ermordet worden wäre. Durch unsere Straße wurde eine Kolonne Kriegsgefangener geführt. Ich erinnere mich, wie aus unserem Hof Kinder und Erwachsene zur Straße rannten. Wir alle sahen die Kriegsgefangenen erschrocken an. Sie waren hungrig, erschöpft, unter ihnen waren Verwundete und Verletzte. Sie wurden von bewaffneten deutschen Soldaten geführt. Plötzlich erschien unsere Mutter. Sie hatte in den Händen ein Paket mit irgendwelchen Lebensmitteln und gab es einem der Männer in der Kolonne. Aber der deutsche Wachmann kam schnell zu diesem Kriegsgefangenen und riss ihm das Paket aus den Händen. Danach zielte er mit seinem Gewehr auf unsere Mutter. Uns allen, die in der Nähe standen, stockte vor Angst der Atem. Wahrscheinlich hatte der Wachmann Mitleid mit der Frau, deshalb schlug er sie nur sehr heftig mit dem Gewehrkolben auf den Rücken. Vor Schmerzen krümmte sie sich und konnte kaum zurück ins Haus gehen.

Nach einiger Zeit, im Juli, wurde unsere Familie ins Ghetto deportiert, das in der Altstadt eingerichtet worden war. Durch Bombardierungen war die ganze Altstadt zur Ruine geworden. Neben den einheimischen Juden aus der Stadt und dem Bezirk Kamenez-Podolski brachte man Juden aus Jugoslawien, der Tschechoslowakei und Polen hierher. Man lebte so, wie man sich einrichten konnte. Manche hausten in den Ruinen, manche lebten unter freiem Himmel.

Ab 27. August 1941 begannen die Erschießungen der ausländischen Juden auf dem Gebiet, wo die Munitionsvorräte lagerten (jetzt ist dort das Wohnviertel »Showtnewy«). Später folgten die Erschießungen der einheimischen Juden. Als sie begannen, wurde unsere Familie vom Freund des Vaters Tschepurnjak gerettet, der zusammen mit seiner Familie in der Nähe des Flusses neben der Altstadt lebte. Tschepurnjak hatte eine große Familie. Ich erinnere mich, dass in unserer Anwesenheit noch das fünfte oder sechste Kind geboren wurde. Man versteckte uns in einem Hühnerstall, der tief in einen Felsen hineingebaut war. Unvergesslich blieb ein Zwischenfall, der beinahe uns allen das Leben kostete. Ein bewaffneter, betrunkener Schutzmann riss die Tür ins Haus auf und schrie laut etwas. Er suchte nach uns, war aber so betrunken, dass man noch Zeit hatte, uns zu verstecken. Aus Ärger schoss der Schutzmann eine ganze Maschinenpistolensalve in die Kommode.

Nach diesem Ereignis waren wir gezwungen, unser Versteck zu verlassen. Unsere ehemaligen Nachbarin Elena Iosifowna Ru holte uns zu sich. Elena Iosifowna lebte zusammen mit ihren drei Töchtern: Stanislawa (geb. 1928), Bronislawa (geb. 1929) und Galina (geb. 1937). Sie war alleinerziehend, da ihr Mann 1937 Repressalien zum Opfer fiel und erschossen wurde. Sie riskierte nicht nur ihr eigenes Leben, sondern auch das Leben ihrer Kinder und versteckte uns trotzdem bei sich.

Meine Mutter erwartete das dritte Kind, das Anfang 1942 geboren wurde. Es war ein Junge. Für uns alle war das eine große Freude, aber unser konspiratives Leben erschwerte sich. Mutter war gezwungen, zusammen mit dem Baby zur Familie Tschepurnjak zurückzukehren. In dieser Familie war auch ein Säugling, und so war es einfacher, Mutter mit dem Baby zu verstecken.

So versteckte man uns bis September 1942. Ich erinnere mich nicht warum, aber Mutter und Bruder waren gezwungen, Familie Tschepurnjak für ein paar Tage zu verlassen und sich in unserem

Hause zu verstecken. In jenen Tagen, als Mutter zu Hause war, rannte ich mit meiner Schwester Rosa über die Straße zu unserer Mutter.

Einer dieser Tage wurde für uns fatal. Als wir alle in unserer Wohnung waren, sahen wir durch das Fenster, dass Schutzmänner vor unserem Haus waren. Sie waren zu zweit. Es war schon zu spät wegzurennen, und es gab keine Möglichkeit, sich zu verstecken. Die Schutzmänner kamen in die Wohnung und verlangten ruhig nach den Papieren, die wir nicht hatten. Hinter ihnen her kam auch die Nachbarin M. Swidsinskaja in die Wohnung (wie wir später erfuhren, hatte sie uns denunziert). Sie brachte das Hausbuch. Einer der Schutzmänner schaute hinein und sagte, dass wir ihm alle folgen sollten, angeblich, um neue Papiere zu erhalten. Unterwegs waren Mutter und Vater sehr nervös. Ich glaube, sie wussten, wohin man uns führte. Ich erinnere mich, wie Vater, das Baby im Arm, mit der anderen Hand immer wieder den Schutzmann am Arm zog, aber dieser reagierte nicht, ignorierte meinen Vater und ging weiter.

Man brachte uns zum Ghettotor. Das Ghetto war auf dem Gelände der ehemaligen Kaserne in der Suworowstraße. Die Schutzmänner übergaben uns dem Ghettowachmann und gingen. So begann erneut unser Ghettoleben. Ich wurde acht und konnte mir viele Ereignisse des Ghettolebens sehr genau merken. Wir wurden vom Tor zu einem der Häuser gebracht, und man befahl uns, dort zu warten. Wir blieben vor diesem Haus bis zum nächsten Morgen, aber niemand kam, um unseren Aufenthaltsort zu bestimmen. Diese Nacht verbrachte der Vater zusammen mit uns. Ich erinnere mich, wie meine Mutter ihn am nächsten Morgen überzeugte wegzugehen (in seinen Papieren war er als Pole ausgewiesen, und das gab ihm die Möglichkeit, das Ghetto zu verlassen und unsere Rettung vorzubereiten). Als Vater sich von uns verabschiedete, weinte er (wahrscheinlich hatte er eine böse Vorahnung …).

Mutter blieb mit uns bis zum nächsten Morgen vor dieser Baracke sitzen. Als es wieder dunkel wurde, ging Mutter mit uns durch das Gelände, um nach einem Unterschlupf zu suchen. Wir gingen durch alle Baracken des Ghettos, aber nirgendwo fand sich ein Plätzchen, wo wir uns hätten niederlassen können. Überall gab es sehr viele Menschen, auf beiden Seiten der Baracken lebten Häftlinge mit Familien. Die Familien waren mit Decken oder Bettlaken voneinander getrennt. Selbst in den Gängen saßen und lagen die Menschen. Eine einzige Birne beleuchtete schummrig den Gang. Die Luft in den Baracken war sehr schlecht. Noch heute erinnere ich mich an diesen furchtbaren Gestank. Mit Mühe und Not durchquerten wir diese Baracken, denn man musste über die am Fußboden sitzenden und liegenden Menschen gehen.

Als wir zu unserer Stelle zurückkamen, erwartete uns schon der Wachmann. Er war einer der Ghettohäftlinge, auch ein Jude. Er erlaubte uns, in den Vorraum zu gehen und uns dort vorübergehend niederzulassen. Mutter musste mit uns ein paar Tage in diesem Vorraum auf dem Zementboden verbringen. Ich erinnere mich, dass Elena Iosifowna sich heimlich ins Ghetto schlich. Sie brachte uns eine Kinderdecke, Kleidung, ein Kindertöpfchen und Lebensmittel. Der Vorraum füllte sich mit immer neuen jüdischen Familien, die aus allen Bezirken von Kamenez-Podolski gebracht wurden. Ich erinnere mich nicht, wie viele Tage wir noch in diesem Vorraum verbrachten, aber nach einiger Zeit wurden wir alle im zweiten Stock untergebracht. Es war eine Kaserne. Dort standen Eisenbetten in einer Reihe. Jeder Familie wurde unabhängig von der Zahl der Personen ein Bett zur Verfügung gestellt. So »verbesserten« sich unsere Wohnverhältnisse.

Mutter legte uns ins Bett und schlief selbst auf dem Fußboden.

Ich erinnere mich, dass alle Männer sich jeden Morgen im Hof sammelten. Sie hatten Spaten, Brecheisen und anderes Werkzeug dabei und wurden irgendwohin abgeführt. Am späten Abend kehrten diese Männer mit dem Werkzeug und Bündeln mit Lebensmitteln zurück. Sie veranstalteten eine Art Minimarkt. Sie stellten sich entlang der Wand im Vorraum auf und verkauften bei einer sehr schummrigen Beleuchtung ihre Lebensmittel. Am besten erinnere ich mich, wie ich Kürbiskerne und Milch für unser Baby kaufte. Ich weiß nicht, von welchem Geld ich diese Lebensmittel kaufte, aber ich vermute, dass unsere Nachbarin, die uns mit ihren Mädchen Stanislawa und Bronja das Essen schickte, auch das Geld zusteckte.

Später erfuhr ich, dass diese Männer Gräben am Stadtrand schaufelten. Man plante eine Erschießung. Die Lebensmittel kauften sie auf dem Wochenmarkt (der Weg vom Ghetto zum Einsatzort führte durch den Markt) und verkauften sie dann weiter an die Ghettobewohner.

Nicht alle Männer kehrten nach der Arbeit zurück. Jene, die zu erschöpft waren und nicht mehr arbeiten konnten, wurden an Ort und Stelle erschossen.

Wir sahen auch, wie jeden Morgen Leichen weggebracht wurden. Diese Leichen wurden mit einem sehr großen, tiefen Fuhrwerk weggebracht. Der Wagen wurde von einem großen, schweren deutschen Pferd gezogen. Das Pferd war rot und hatte eine sehr flauschige Mähne und einen sehr flauschigen Schwanz.

Die Frauen wurden auch jeden Tag irgendwohin geführt. Unsere Mutter, obwohl sie drei Kinder hatte, wurde für den ganzen Tag abgeholt. Ich blieb alleine mit meiner jüngeren Schwester und meinem kleinen Bruder. Erst vor Kurzem erfuhr ich, dass die Frauen ins Gebäude auf der anderen Straßenseite gebracht wurden und sie dort etwas nähen mussten (heute ist dort die Fachschule für Nahrungsmittel untergebracht).

Im Ghetto war auch ein Platz auf dem Gelände, wo man das Essen zubereiten konnte. Es war ein kleines Viereck unter freiem Himmel, das besonders stark umzäunt war. Zu bestimmten Zeiten wurde erlaubt, dort Feuer anzuzünden und das Essen zu kochen. Aber wenn man bis zu einem bestimmten Zeitpunkt nicht fertig war, wurde man mit Steinen beworfen, die oft die Menschen verletzten und die Töpfe umstürzten.

Der Herbst kam. Es regnete oft und wurde sehr kalt. An einem solchen Tage gelang es, meine Schwester aus dem Ghetto zu befreien. Die Flucht war erfolgreich. Meine Mutter führte die Schwester zum Stacheldrahtzaun, wo Elena Iosifowna auf sie wartete. Sie nahm meine Schwester über den Zaun und ging schnell über die Straße, wo hinter einem Haus unser Vater sie erwartete. Er nahm Rosa auf den Arm, deckte sie mit einem Kopftuch ab und verschwand.

Nach ein paar Tagen wurde auch ich aus dem Ghetto befreit. Die Schwester meines Vaters, Ewgenija Tiljatizkaja, auch taubstumm, kam, um mich zu holen. Sie wurde von Stanislawa und Bronislawa, den Töchtern von Elena Iosifowna, begleitet. Sie beobachteten das Ghetto und passten auf, damit wir nicht von Schutzmännern erwischt wurden (das Ghetto wurde von Schutzmännern bewacht).

Mutter brachte mich zum Stacheldrahtzaun. Im Arm hielt sie das Baby. Wir blieben einige Zeit stehen. Wahrscheinlich beobachtete Mutter die Situation und wollte verhindern, erwischt zu werden. Dann erschien Tante Genja. Meine Mutter verabschiedete sich sehr schnell von mir und schubste mich zum Zaun. Ich wusste nicht, dass ich damals meine Mutter und meinen Bruder zum letzten Mal sah. So blieb mir für mein ganzes Leben das Bild meiner Mutter mit dem Kind im Arm: Noch jung, sah sie sehr erschöpft und grau aus. Mutter und Baby konnten wir nicht retten. Die Nazis beeilten sich, alle Juden möglichst schnell zu vernichten.

In der ersten Novemberhälfte 1942 wurden an einem frühen Morgen alle Ghettoinsassen zur Erschießung abgeführt. Am gleichen Morgen ging mein Vater zum Ghetto, so berichtete Tante Ewgenija Tiljatizkaja. Er wollte die Lage prüfen, um Mutter und Bruder aus dem Ghetto zu retten. Aber das Ghetto war schon leer. Er rannte auf die Straße und sah eine Kolonne, bewacht von reitenden SS-Männern und Schutzmännern. Vater rannte hinter der Kolonne her und suchte nach Mutter mit dem Baby. Aber er konnte sie in der Kolonne der Menschen nicht entdecken. Dann musterte er Lkws, mit denen sehr Kranke, Alte und Frauen mit Säuglingen transportiert wurden. Vater hob das Gesicht und erblickte seine Frau Lyba mit dem Sohn im Arm. Blicke begegneten sich. Mutter sagte etwas mit Gesten und verabschiedete sich …

Vater war im Schockzustand, als Bekannte ihn nach Hause brachten. Am nächsten Tag schloss er sich in der Wohnung ein und wollte sich erhängen, wurde aber rechtzeitig gerettet. Einige Zeit litt er unter Gedächtnisverlust. Als er wieder zu sich kam, bat er die ihn Pflegenden, sie möchten uns Mädchen von dem Geschehenen nichts erzählen.

Mit jedem Tag wurde es immer schwieriger und gefährlicher, sich zu verstecken. Die Deutschen führten Nachtrazzien durch. Wir hatten auch Angst, von den Nachbarn denunziert zu werden. Einmal in der Nacht, als die Mädchen Stasja und Bronja mich und meine Schwester mit den Schlitten in die frische Luft fuhren, hörten wir plötzlich Schreie: »Juden, Juden!« Wir konnten uns schnell verstecken, aber es war sehr gefährlich, weiter bei Elena Iosifowna zu bleiben. Nach ein paar Tagen brachte Vater uns zu seinen Bekannten Anton Michajlowitsch und Maria Dmitriewna Afizkije, die drei eigene Kinder hatten (sie lebten im Dorf Slobidka-Kultschiewezkaja, Bezirk Kamenez-Podolski). Wir lebten in dieser Familie von Ende 1943 bis zur Befreiung unserer Stadt durch die sowjetische Armee.

Noch lange wussten wir nicht die Wahrheit über das Geschehene. Immer noch warteten wir auf unsere Mutter und den Bruder (er wurde nie angemeldet, wir nannten ihn mal Arontschik, mal Antoscha). Wir glaubten, dass sie sich, wie wir, in einem Dorf versteckten und bald nach Hause kommen würden. Ich erinnere mich, wie wir uns oft auf das Fensterbrett setzten und auf die Straße schauten. Stundenlang konnten wir so sitzen und jede Frau mit einem Kind, die vorbeiging, ganz genau mustern. Wir erschraken, wenn jemand ins Haus hereinkam … Aber unsere Mutter und unser Bruder kehrten nie wieder nach Hause zurück.

Nach einiger Zeit erfuhren wir die ganze Wahrheit über das Geschehene. Darüber erzählte uns eine Frau (wahrscheinlich war sie die Ehefrau eines der Schutzmänner, die an der Erschießung teilnahmen). Die Opfer wurden entkleidet und so an den Rand des Grabens gestellt, dass ihre Leichen gleich in den Graben hineinfallen sollten. Zum Graben wurde eine Frau mit ihrem Kind, einem Jungen im Alter von 8–9 Monaten, geführt. Ganz fest drückte sie das Kind an ihre Brust, aber der Kleine weinte und schrie sehr laut (die Frau war taubstumm). Ein Schutzmann rannte zu dieser Frau, entriss ihr das Kind, spießte es auf das Bajonett und warf es in den Graben. In diesem Augenblick passierte das Unvorhersehbare: Die Mutter des Kindes, eine taubstumme Frau, griff in ihrem Zorn den Schutzmann an und biss ihn in den Arm. Der Schutzmann schrie vor Schmerzen auf, sein Arm blutete. Er war unfähig, seine »Henkerarbeit« zu machen. Aber andere Schutzmänner fielen über die Frau her und erlegten bestialisch ihr Opfer.

Es kam zu einem Aufstand. Um den Graben lagen die Leichen derer, die sich gewehrt hatten.

Die Nazis vollbrachten ihr blutiges Geschäft. Sie brachten die Menschen nur deshalb um, weil sie Juden waren.

Die Zeit vergeht. Gesenkten Hauptes gedenken wir der Ermordeten. Das Leben geht weiter, und wir sollten dafür kämpfen, dass sich Auschwitz, Theresienstadt, Mauthausen, Babi Jar, Drobizki Jar … nie wiederholen. Einen neuerlichen Genozid gegen das friedliche, freundliche und begabte jüdische Volk darf man nicht zulassen.

Trotz allem, was wir erlebt und überlebt haben, bewahrten wir uns menschliche Würde und eine große Lebensfreude.

Meine Schwester und ich absolvierten eine pädagogische Hochschule und widmeten unsere berufliche Tätigkeit der Erziehung und Ausbildung der heranwachsenden Generation. Meine Schwester und ihre Familie lebten in Moskau. 1991 schied sie aus dem Leben. Ihr Mann wanderte nach ihrem Tod in die USA aus. Die Söhne, Michail und Leonid Brogun, beide Ärzte, leben in Moskau. Ich wohne in der Stadt Kamenez-Podolski. Ich habe drei Kinder und sechs Enkelkinder und bin eine glückliche Mutter und Großmutter.

Siehe auch die Zeitzeugenberichte von Leonid Podlesny und Jakow Stejuk

8. Bezirk (Rayon) Nowa Uschiza

(ukr. Nowa Uschyzja; russ. Nowaja Uschiza)
Im Bezirk Nowa Uschiza wurden während der Zeit der Okkupation 3222 Zivilisten ermordet, darunter 3160 Juden.[42]

Ort: Nowa Uschiza

Vor 1939 war Nowa Uschiza[43] Bezirkshauptstadt im Gebiet Chmelnizki der Ukrainischen Sozialistischen Sowjetrepublik und von 1941 bis 1944 Bezirkshauptstadt im Gebiet Bar,

---

42 Kruglow, Enziklopedija Cholokosta, S. 184.
43 Altman, Cholokost, S. 652; Encyclopedia of Camps and Ghettos, S. 1433 ff.; The Yad Vashem Encyclopedia, S. 523.

Generalbezirk Wolhynien und Podolien. Seit 1991 ist es Bezirkshauptstadt im Gebiet Chmelnizki, Ukraine.

1939 lebten in Nowa Uschiza 1547 Juden, 55 Prozent der Bevölkerung. In den umliegenden Dörfern lebten 1059 Juden.

Nach dem Überfall der Wehrmacht auf die Sowjetunion gingen einige Juden zur Roten Armee oder flohen nach Osten. Mehr als 1000 Juden blieben in der Stadt. Die Zahl der Juden stieg durch Flüchtlinge aus Bessarabien.

Das Städtchen wurde am 14. Juli von den Deutschen besetzt. Im Juli und August 1941 kontrollierte die Ortskommandantur die Stadt. Sie setzte einen Bürgermeister ein und rekrutierte ukrainische Hilfspolizisten. Im September 1941 übernahm die Zivilverwaltung die Macht in der Stadt. Die ukrainische Hilfspolizei wurde dem deutschen Gendarmerieposten unterstellt.

Ab Sommer 1941 mussten Juden ab dem Alter von 12 Jahren eine Armbinde mit einem Davidstern tragen. Im Herbst wurde die Armbinde durch einen gelben Fleck auf Brust und Rücken ersetzt. Während der ersten Monate der Okkupation wurden einige Juden ermordet. Ein Mann wurde gehängt, ein 16 oder 17 Jahre alter Junge, Itzek, wurde von deutschen oder örtlichen Polizisten erschossen, als er sie beobachtete, wie sie die Wohnung eines Juden ausraubten. Eine Anzahl Juden wurde gefangen genommen, darunter Rabbi Schai Ruwa. Für ihre Freilassung wurde eine hohe Summe Lösegeld gefordert. Als Roitman, der das Geld einsammeln sollte, zu fliehen versuchte, wurde er gefangen, und alle eingesperrten Juden wurden erschossen.

Neuer Bürgermeister wurde Chaim Dinits. Er machte seine Söhne Yankel und Mosche sowie andere Verwandte zu seinen Gehilfen. Seine erste Aufgabe war es, die Juden ins Ghetto zu treiben, das im September 1941 eingerichtet worden war. Es umfasste einen Teil des Marktplatzes bis zur Schlucht, einschließlich des Hinterhofes der Synagoge und die Pochtowaia-Straße, und war mit einem zwei Meter hohen Stacheldrahtzaun umgeben. Das Tor zum Ghetto wurde ständig von ukrainischer Polizei bewacht. Ukrainische Familien, die auf dem Gebiet des Ghettos wohnten, mussten ihre Wohnungen verlassen. Die Überfüllung des Ghettos war so groß, dass viele Menschen in Kellern hausen mussten. Sobald das Ghettotor geschlossen war, brachen Polizisten und örtliche Bewohner in die verlassenen jüdischen Wohnungen ein und stahlen, was sie nur finden konnten.

Junge Juden wurden in ein Zwangsarbeitslager in Letitschew geschickt, wo sie beim Straßenbau eingesetzt wurden. Jeden Morgen wurden Juden zur Zwangsarbeit geführt.

Im Frühjahr 1942 wurden die Juden der umliegenden Dörfer ebenfalls im Ghetto Nowa Uschiza konzentriert. Dadurch stieg die Zahl der Ghettobewohner auf 1500, meist Frauen, Kinder und Alte.

Auf das Verlassen des Ghettos stand die Todesstrafe. Ebenso mit dem Tode bestraft wurde, wer am Abend oder frühen Morgen ein Feuer machte oder erlaubte, dass Kinder schrien. Am Sonntag durften die Juden das Ghetto verlassen, um auf dem Markt ihre

Habseligkeiten gegen Essen zu tauschen. Sie mussten zu viert in einer Kolonne gehen und sich an den Händen halten. Bevor sie das Ghetto verließen, wurden sie kontrolliert, und alle Wertgegenstände wurden ihnen abgenommen. Einmal am Tag wurde den Juden erlaubt, für 15 oder 20 Minuten das Ghetto zu verlassen, um an einer Quelle in der Schlucht Wasser zu holen. Die arbeitsfähigen Juden verließen morgens um 7 Uhr das Ghetto zu verschiedenen Zwangsarbeiten und kehrten abends um 6 Uhr zurück. Die Arbeit wurde nicht bezahlt, aber sie bot Gelegenheit, etwas gegen Nahrung einzutauschen.

Innerhalb des Ghettos wurde eine Gruppe sogenannter »Konkubine-Mädchen«, Flüchtlinge aus Bessarabien, festgehalten zum Vergnügen der Polizei und der Deutschen. Diese Mädchen wurden nicht zur Zwangsarbeit herangezogen. Sie erhielten Nahrung und Kleidung.

Im Winter 1941/42 nahmen Offiziere und Polizisten mehrere Juden fest. Sie wurden gefoltert und dann in einem nahe gelegenen Wald ermordet.

Es gab keinen organisierten Widerstand im Ghetto, doch wurden russische Zeitungen ins Ghetto geschmuggelt. Eine Gruppe Männer wurde erschossen, weil sie illegal Radio gehört hatten, nachdem die Deutschen alle Radioapparate beschlagnahmt hatten.

Die Ghettobewohner erfuhren von der Ermordung der Juden in Minkowzy, Kamenez-Podolski und anderen Orten, was sie sehr beunruhigte.

Am 20. August 1942 führten die Deutschen eine »Aktion« durch. Die Mordaktion wurde von Sicherheitspolizei aus Kamenez-Podolski, deutscher Gendarmerie und ukrainischer Polizei ausgeführt. Die ukrainische Polizei umstellte in der Nacht das Ghetto. Am Morgen trieben Dinits und seine Gehilfen die Ghettobewohner aus ihren Häusern. Die Deutschen führten an der Pochtowaia-Straße eine Selektion durch. Einige Hundert junge kräftige Männer wurden in das Arbeitslager Letitschew geschickt. Handwerker aus für die Deutschen wichtigen Berufen wurden ausgewählt und durften mit ihren Familien wieder in die Häuser zurückkehren. Die übrigen Juden wurden aus dem Ghetto geführt. Ihnen wurde gesagt, dass sie nach Palästina geschickt würden. Zunächst gingen sie auf der Straße nach Dunajewzy. Als sie aber hinter dem katholischen Friedhof von der Straße in den Wald abbogen, wussten sie, dass sie erschossen würden. Die ukrainische Polizei war aktiv an der Erschießung beteiligt. Die Juden mussten sich entkleiden und wurden in Gruppen zu fünft erschossen. Die Kinder wurden lebend in die Gräben geworfen, um Munition zu sparen.

Nach einem Bericht des Gendarmerie-Gebietsführers in Bar, Hauptmann Willi Petrich, vom 27. August 1942 wurden 707 Juden erschossen. Nach der Erschießung vom 20. August 1942 lebten im Ghetto noch 600 jüdische Handwerker mit ihren Familien, die am 15. Oktober 1942 erschossen wurden.[44] Kruglow zufolge wurden 2620 Juden ermordet.[45] Diese Zahl ist wahrscheinlich zu hoch.[46] Andere Quellen nennen sogar die Zahl 2647.[47]

44 VEJ 8, S. 375.
45 Kruglow, Enziklopedija Cholokosta, S. 183.
46 Encyclopedia of Camps and Ghettos, S. 1434, Anm. 7.
47 The Yad Vashem Encyclopedia, S. 523.

Im Ghetto blieben die ausgewählten Handwerker mit ihren Familien, wenige Hundert, und einige Juden, die sich hatten verstecken können. Sie lebten im sogenannten Kleinen Ghetto, das aus 15 Häusern bestand. Alle Juden wurden während einer zweiten Mordaktion am 15. Oktober 1942 im Wald von Trichow erschossen. Die letzten 30 Juden, die sich im Ghetto hatten verstecken können, wurden von den Deutschen ergriffen und hingerichtet.

Vermutlich haben nur 15 Bewohner des Ghettos die Besatzungszeit überlebt, einschließlich derer, denen es gelungen war, in die rumänisch besetzte Zone Transnistrien zu entkommen.

Am 27. März 1944 wurde Nowa Uschiza von der Roten Armee befreit.

Galina Wdowina (geb. 1942)
»Der schwarze Tag in Nowa Uschiza«

Ich bin im Januar 1942 im Ghetto Nowa Uschiza im Gebiet Chmelnizki geboren. Meine leiblichen Eltern waren Juden. Mein Vater hieß Boris Moisejewitsch Bytenski und meine Mutter – Bronislawa (an ihren Vaternamen kann sich keiner erinnern). Sie hatten einen älteren Sohn, meinen Bruder (an seinen Namen kann sich auch niemand erinnern).

Als der Zweite Weltkrieg ausbrach, wurde mein Vater umgehend an der Front eingesetzt. Er war Arzt. Meine Mutter war mit mir schwanger und wollte evakuiert werden, aber es gelang nicht.

Als die deutschen Besatzer kamen, wurde ein Ghetto errichtet. Dort brachte meine Mutter mich auf die Welt. Man kann sich ihre Situation vorstellen. Im Ghetto gab es kein Wasser. Um das Wasser aus dem Brunnen holen zu dürfen, verlangten Deutsche und Schutzmänner Gold und Wertsachen.

So lebten wir, genauer gesagt, quälten uns bis zum 20. August 1942. Dieser Tag blieb als »der schwarze Tag« in der Erinnerung der Einwohner von Nowa Uschiza. Deutsche und Polizisten befahlen allen Juden, zu den Sammelplätzen zu kommen, um, wie man damals sagte, nach Palästina auszuwandern. Man befahl ihnen, nichts außer Wertsachen und Gold mitzunehmen. Die Kolonne, die aus Alten, Frauen und Kindern bestand, war ca. ein Kilometer lang. Vor dem Krieg lebten in Nowa Uschiza über 1500 Juden, weitere 1000 Juden lebten in den Dörfern des Bezirks. Als die Kolonne in die Richtung des Waldes Trichowskoj abbog, verstanden die Menschen, dass es ihr letzter Weg war.

Meine Mutter legte mich unbemerkt vom Wachpersonal unter einen Strauch. Zusammen mit meinem Bruder und anderen Juden aus Nowa Uschiza wurde sie erschossen. Ich wurde kurz darauf von Ukrainern gefunden und versteckt. Elena Iwanowna, geboren 1911, und Wassili Wassiljewitsch, geboren 1907, meine Adoptiveltern, nahmen mich zu sich. Sie hatten keine Angst, erschossen zu werden, weil sie ein jüdisches Kind retteten. Sie wurden nicht denunziert.

Unter den schweren Kriegs- und Besatzungsbedingungen und dann in der schweren Nachkriegszeit erzogen sie nicht nur mich, sondern später auch meine Kinder. Als mein Vater 1945 von der Font zurückkehrte und von der schrecklichen Tragödie erfuhr, wollte er mich wahrscheinlich zu sich nehmen, aber man sagte ihm, er sei ein Habenichts und die Adoptiveltern seien sehr anständige Menschen, die das Kind, also mich, sehr liebten. Und so verließ er seine Tochter, Gott sei sein Richter.

Ich bin in einer ukrainischen Familie erzogen und groß geworden. Ich habe die staatliche Universität Czernowitz absolviert und arbeitete 42 Jahre als Lehrerin. Mit 58 Jahren erfuhr ich, dass ich Jüdin bin. Meine jüdischen Bekannten berichteten mir davon.

Meine Adoptiveltern hatten keine Papiere. 1951 beantragten sie meine Geburtsurkunde und ließen eintragen, dass sie meine Eltern seien. Mir fehlen die Worte, um ihnen meine Liebe und tiefe Dankbarkeit zum Ausdruck zu bringen. 2003 erhielten sie vom Jüdischen Rat der Ukraine die Auszeichnung »Gerechte der Ukraine«.

9. Bezirk (Rayon) Polonnoje

(ukr. Polonne; poln. Połonne)

1939 lebten in der Stadt Polonnoje 4171 Juden, 30 Prozent der Bevölkerung. Hinzu kamen 675 Juden in der Stadt Poninka und weitere 883 Juden verstreut im Bezirk, die meisten in der Siedlung Nowolabun, einem jüdischen Zentrum.

Im Bezirk Polonnoje[48] wurden während der Zeit der Okkupation 8679 Zivilisten ermordet, darunter 8237 Juden.[49]

Ort: Polonnoje

Vor 1941 war Polonnoje[50] Bezirkshauptstadt im Gebiet Kamenez-Podolski der Ukrainischen Sozialistischen Sowjetrepublik, von 1941 bis 1944 Bezirkshauptstadt im Gebiet Schepetowka, Generalbezirk Wolhynien und Podolien und seit 1991 Bezirkshauptstadt im Gebiet Chmelnizki, Ukraine. Nach dem Überfall der Wehrmacht auf die Sowjetunion am 22. Juni 1941 wurden einige Juden zur Roten Armee eingezogen, anderen gelang es, nach Osten zu fliehen. Etwa 4000 Juden blieben zurück.

Polonnoje wurde am 6. Juli 1941 von der deutschen 17. Armee besetzt. Zunächst herrschte die Ortskommandantur in der Stadt. Sie bildete eine örtliche Verwaltung und eine ukrainische Hilfspolizei.

Anfang August 1941 erschossen die deutschen Besatzer 19 Juden, die sie beschuldigten, kommunistische Agenten zu sein. Am 23. August 1941 ermordete eine deutsche Polizei-Kavallerieeinheit, die dem Höheren SS- und Polizeiführer Russland Süd Friedrich Jeckeln unterstand, 113 Juden in der Stadt. Am 2. September 1941 führte das deutsche Polizeiregiment Süd mit Unterstützung der örtlichen Polizei eine Massenerschießung durch. Die Juden wurden zusammengetrieben, auf Lastwagen verladen und zu einem Wald in der Nähe des

---

48 Encyclopedia of Camps and Ghettos, S. 1446.
49 Kruglow, Enziklopedija Cholokosta, S. 184.
50 Altman, Cholokost, S. 774; Encyclopedia of Camps and Ghettos, S. 1446 f.; The Yad Vashem Encyclopedia, S. 608.

Bahnhofs gefahren. Bevor sie getötet wurden, mussten sie sich nackt ausziehen. Die Goldzähne wurden ihnen ausgerissen. Nach deutschen Aufzeichnungen wurden 2000 Menschen ermordet. Zur gleichen Zeit wurden vom gleichen Polizeiregiment aus Poninka etwa 500 Juden ermordet. Am 13. September 1941 wurden 15 Familien, ungefähr 50 Menschen aus Polonnoje zusammen mit 1199 Juden aus Ljubar, 130 Flüchtlingen aus anderen Orten und 147 Kriegsgefangenen in Ljubar durch das Reserve-Polizeibataillon 45 erschossen.[51]

Im Oktober und November 1941 wurde in drei oder vier Baracken im Granitsteinbruch ein Ghetto eingerichtet, das mit Stacheldraht umzäunt war. Nach und nach wurden alle Juden aus der Umgebung in das Ghetto gebracht. Die Juden durften das Ghetto nicht verlassen und wurden unter Bewachung zur Arbeit geführt. Die Lebensbedingungen waren schrecklich. Es herrschten Kälte und Hunger.

Am 25. Juni 1942 umstellten deutsche Polizei aus Schepetowka und örtliche Kollaborateure das Ghetto. Zuerst erschossen sie einige Menschen, um die Juden einzuschüchtern. Dann wählten sie 15 junge Männer und Frauen aus, die eine Woche später als Handwerker ins Ghetto Schepetowka geschickt wurden. Die übrigen, hauptsächlich Frauen, Kinder und Alte, insgesamt 1270, wurden in der Nähe von Poninka erschossen.

Am 9. Januar 1944 wurde die Stadt befreit.

Alwian Chramow (Raisberg) (geb. 1937)
»Sie rettete die Familie und schied früh aus dem Leben …«

Die Erinnerungen an die Gräuel und Leiden, die man im Zweiten Weltkrieg erlebte, dem Schrecklichsten in der Geschichte der menschlichen Zivilisation, sind selbst nach vielen Jahrzehnten noch sehr schwer. In jenem Krieg kamen viele meiner Verwandten um: Manche wurden an der Front getötet, viele starben in den von Deutschen besetzten Gebieten. Diese Erinnerungen widme ich dem Gedenken meiner Mutter Sara Nachmanowna, die unsere Familie in den von Deutschen besetzten Gebieten der Westukraine rettete. Die in der Zeit der Entbehrungen strapazierte Gesundheit führte zum frühen Tod dieser schönen, klugen, begabten und selbstlosen Frau.

Der Krieg begann für unsere Familie in Klesow, Gebiet Rowno, mit den Bombenangriffen der Nazi-Luftwaffe. Mein Vater, Offizier der sowjetischen Armee, hatte wie viele andere Militärdienstleistende in den Grenzgebieten der Ukraine in der Nacht zum 22. Juni Dienst in seinem Truppenteil. Mit dem Ausbruch des Krieges erschien er nicht mehr zu Hause. Am 24. Juni wurden unser Haus und unser ganzes Eigentum durch eine Bombe zerstört. Während des Angriffs der deutschen Luftwaffe konnten wir uns in einem Keller im Hof verstecken, was uns das Leben rettete.

Vom Schicksal unseres Vaters wussten wir nichts. Meine Mutter hatte vier Kinder: Der älteste Sohn war damals gerade 14 geworden, die jüngste Tochter war zweieinhalb Monate alt. Im kleinen Städtchen Polonnoje, Gebiet Chmelnizki, lebte unsere Oma Brucha Seilekowna Raisberg, die

---

51 Encyclopedia of Camps and Ghettos, S. 1446.

9. Bezirk (Rayon) Polonnoje

damals 62 Jahre alt war. Unsere Mutter wollte zu ihr gehen, um sich gemeinsam mit ihr nach Osten evakuieren zu lassen. Sie verstand, dass eine jüdische Familie, deren Familienoberhaupt Offizier der sowjetischen Armee war, kaum die Möglichkeit haben würde, die deutsche Besatzung zu überleben.

Wie Mutter und wir Kinder Polonnoje erreichten, weiß ich nicht im Einzelnen. Um den Nachschub mit Soldaten und Waffen aus dem Hinterland für die mutig kämpfenden sowjetischen Truppen zu behindern, bombardierte und beschoss die deutsche Luftwaffe systematisch nicht nur Eisenbahnstrecken und -stationen, sondern Autostraßen und Landwege. Die deutschen Piloten schossen mit besonderem Sadismus in die Kolonnen der Zivilisten, die versuchten, möglichst schnell und weit vor den angreifenden deutschen Truppen zu fliehen. Für immer behielt mein Gedächtnis das Dröhnen der Flugzeuge, das Pfeifen der fallenden Bomben, das Feuern der Bordwaffen auf die Menschen, die in verschiedene Richtungen, weit weg von der Straße rannten. Für immer blieben in meinem Gedächtnis Jammern und Weinen der Menschen, die nach den Angriffen der deutschen Luftwaffe die Leichen ihrer Verwandten beweinten.

Nach dem ersten Tag unterwegs gingen wir nur abends und am frühen Morgen weiter, um bei den Angriffen der deutschen Luftwaffe nicht umzukommen. Nachts ruhten wir uns in den Dörfern oder im Schilf am Wasser aus. In den Dörfern gaben uns die Menschen zu essen, halfen der Mutter und gaben warmes Wasser, um das Baby zu waschen und zu wickeln. Damals zeigten sehr viele Menschen Mitgefühl und Hilfsbereitschaft, die von der gemeinsamen Notlage und dem Hass gegen die Feinde herrührten.

Die schnell angreifenden deutschen Truppen besetzten Polonnoje bereits am 5. Juli 1941. Es gelang uns nicht, den Ort bis dahin zu erreichen. Wir blieben im Dorf Poninka stecken, weil meine Schwester, die gerade drei Monate alt wurde, sehr schwer erkrankte. Unsere Familie wurde von der wunderbaren Frau Ekaterina Shmak aufgenommen. Sie half uns mit Lebensmitteln, half, meine kranke Schwester mit den ihr und ihrer Freundin Ljudmila Woinarowska bekannten Heilkräutern zu behandeln. Zum Glück hatten meine Mutter und auch Großmutter ein Äußeres, das ihre jüdische Abstammung nicht verriet. Wahrscheinlich wurden sie deshalb einige Zeit von den Polizisten in Ruhe gelassen, nachdem sie geglaubt hatten, was Ekaterina Shmak ihnen erzählte. Sie stellte unsere Familie als ihre Verwandten vor, Flüchtlinge aus Klesow, die ihr Dach über dem Kopf verloren hatten. Mutter und wir älteren Kinder halfen Ekaterina Shmak im Haushalt, standen ihr sehr nahe, und nach außen stimmte, was sie erzählte.

Nach ein paar Wochen wurde auf Befehl der Besatzungsmacht die Zählung aller Einwohner des Dorfes durchgeführt, einschließlich der vor Kurzem angekommenen Flüchtlinge. Man suchte nach Soldaten der Roten Armee und nach Juden. Um das Leben der drei Familien nicht zu gefährden, entschieden Ekaterina Shmak und Ljudmila Woinarowska, dass sie uns abwechselnd in ihren Kellern verstecken würden. Nachts schlichen wir uns vorsichtig aus einem Keller in den anderen. Bis heute kann ich mir nicht vorstellen, wie es unserer Mutter gelang, das Weinen des Säuglings, das unseren Aufenthaltsort verraten hätte, zu verhindern. Nach dem Krieg erzählte Mutter, dass sie der kleinen Schwester gesüßten Minze- und Melissentee gab, damit diese länger schlief. Den gleichen Tee vermischte sie auch mit Ziegenmilch, die sie der Schwester gab, weil sie wegen der schlechten Ernährung und vieler Stresssituationen keine Milch mehr hatte und das Baby nicht stillen konnte. Als einer der Polizisten, dem unsere Abwesenheit aufgefallen war, Ekaterina Shmak fragte, wo wir seien, sagte sie, dass ein Verwandter aus Polonnoje, der ein größeres Haus besäße, uns zu sich genommen habe.

Unsere Mutter wollte damals versuchen, nach Polonnoje zu gehen, um zu erkunden, wie es der Oma ging, und sie eventuell aus dem Ort abholen. Als meine Schwester gesund wurde, schlich sich Mutter Anfang August 1941 nach Polonnoje. Gott sei Dank war es nicht weit, und es gelang ihr, unsere Oma zu finden. Mutter und Großmutter waren sehr wohl erzogene, gebildete, anständige und nette Menschen. Ihr Benehmen weckte bei anderen Menschen Mitgefühl und Bereitschaft zu helfen. Dies war für die beiden und unsere ganze Familie oft sehr dienlich. Mithilfe der Tochter der Nachbarin, die unsere Großmutter in ihrem Keller versteckt hatte, kehrten Mutter und Großmutter nach zwei Tagen nach Poninka zurück.

Dort passierte folgendes Unglück: Aus einem Lager flüchtete eine große Gruppe der Kriegsgefangenen. Die deutschen Soldaten und Polizisten suchten nach ihnen in den benachbarten Dörfern und behandelten die Einheimischen äußerst brutal. Es wurde bekannt, dass man im Dorf Poljanka versteckte Juden und Kriegsgefangene fand, die dann zusammen mit den Menschen, die ihnen Unterschlupf gewährten, erschossen wurden. In der gleichen Nacht führte Ljudmila Woinarowska unsere Familie über Hinterhöfe aus dem Dorf zum sumpfigen Teil des Waldes. Sie brachte uns zur Stelle, wo eine kleine Jagdhütte stand. Dort waren eine Axt, ein Spaten, ein paar alte Töpfe, ein Eimer, zwei Holzpritschen und ein kleiner Vorrat an Brennholz. In jener Situation war dies alles ein großer Reichtum. Später kam Ljudmila ein paar Mal zu uns und brachte Lebensmittel und warme Kleidung, die sie zusammen mit Ekaterina Shmak für uns gesammelt hatte. Sie brachte uns auch Streichhölzer und Petroleum für die Lampe. Einige Zeit lebten wir in dieser Hütte und tarnten uns, so gut es ging. Ältere Kinder sammelten Reste von Kartoffeln und Rüben im Feld und machten Vorräte für den Winter. Davon lebten wir. Kälte, Hunger und Angst zeichneten unsere Existenz aus. Einige Kleidungsstücke und Haushaltsgegenstände fanden ältere Kinder auf den Straßen, wo viele Menschen auf der Flucht aus den besetzten Gebieten nach Osten starben. Wir waren oft erkältet und krank. Wir behandelten uns mit den Kräutern, die uns Ljudmila Woinarowska und Ekaterina Shmak mitgaben und lernten, diese selbst im Wald zu sammeln.

Anfang November 1941 bemerkte mein älterer Bruder einen bewaffneten Polizisten, der eilig an unserer Hütte vorbeifuhr. Obwohl er zum Glück unsere Anwesenheit in der Hütte nicht bemerkt hatte, entschied meine Mutter, dass wir diesen Ort sofort und ohne jede Spur unserer Anwesenheit verlassen sollten. Mein älterer Bruder Naum fand einen abgeschiedenen und gut getarnten Ort auf der anderen Seite des Sumpfgebietes. In ein paar Tagen gruben wir dort eine Art Erdhöhle und brachten Holzbretter aus der Hütte sowie unsere Kleidung, Haushaltsgegenstände und den Gemüsevorrat dorthin. In dieser Höhle versteckte sich unsere Familie bis Ende 1942 unter großen Entbehrungen. Ich kann mir jetzt selbst nicht erklären, woher wir damals Kraft und Geduld nahmen, um die Schwierigkeiten jenes schrecklichen Lebens zu überwinden und die Hoffnung auf die Rettung nicht zu verlieren. Wegen der schlechten Ernährung und des Vitaminmangels bekam meine kleine Schwester einen Buckel auf dem Rücken. Oft wurden auch andere Kinder krank. Mutter und Großmutter litten sehr stark an Lungen- und Magen-Darmkrankheiten. Aber alle kämpften für das Überleben. Der Glaube unserer Mutter, dass der Krieg bald zu Ende sein würde und unser Vater zurückkehre, gab uns Hoffnung und Kraft. Unsere Mutter hatte eine sehr feine und sensible Natur. Oft hatte sie prophetische Träume und konnte Ereignisse voraussehen, die später in der Tat eintraten. So begab sie sich einmal plötzlich zusammen mit den älteren Kindern auf die Suche nach mir, weil sie befürchtete, mir würde etwas passieren. Und tatsächlich: Wegen Hunger hatte ich eine lecker aussehende Pflanze im Wald gegessen, vergiftete mich damit und lag schon bewusstlos. Dank der Intuition meiner Mutter wurde ich noch rechtzeitig gefunden und gerettet.

Anfang 1943 stieß eine Partisanengruppe mit Samgin an der Spitze (seinen Vor- und Vatersnamen kannten nur Mutter und Großmutter, ich kann mich an ihn leider nicht erinnern) auf uns. Nach der Vernichtung eines großen Waffentransportes war die Partisanengruppe auf der Flucht vor deutschen Verfolgern. Erneut begab sich unsere Familie auf eine Rettungsflucht, diesmal mit den Partisanen nach Osten, in die Waldgebiete von Rowno, an die Grenze zu Weißrussland. Mutter, Großmutter und die älteren Kinder bereiteten das Essen zu, wuschen Wäsche und erledigten andere Haushaltsarbeiten im Partisanenlager. Zusammen mit den Partisanen erlebte unsere Familie alle Schwierigkeiten ihres Krieg- und Kampfdaseins, das von andauernder Lebensgefahr gekennzeichnet war. Mehrmals mussten wir unseren Aufenthaltsort wechseln und unter Bombardierungen und Beschuss ausharren. Die deutschen Truppen bekämpften systematisch Partisanenverbindungen, da diese ihnen schwere Verluste verursachten.

Nach der Befreiung der Ukraine von den deutschen Besatzern wurde mein älterer Bruder Naum zur Arbeit im Gremium des Komsomol in die Stadt Korosten geschickt. Er brachte Mutter, Großmutter und die anderen Kinder nach Korosten. Dem Rat einer Kräuterfrau folgend, rieb unsere Großmutter mehrmals täglich den Buckel meiner Schwester mit einem Tuch, das in Milch getunkt wurde. Langsam verschwand der Buckel für immer. Die Ärzte staunten und konnten nicht glauben, dass es möglich war.

Unser Vater überlebte, feierte das Kriegsende in Prag und wurde nach dem Krieg in den Sicherheitsdienst im Gebiet Lemberg abkommandiert. Für die aktive und selbstlose Unterstützung der Partisanen auf den besetzten Gebieten wurde unsere Mutter 1946 mit der Medaille »Für den Sieg über Deutschland im Zweiten Weltkrieg 1941–1945« ausgezeichnet.

Man könnte glauben, alles wäre mehr oder weniger gut überstanden. Aber die schwierigsten Lebensbedingungen während der Besatzung, schlechte Ernährung und in der Folge viele chronische Krankheiten beeinträchtigten die Gesundheit aller Mitglieder unserer Familie. 1951 starb nach einer langen und schweren Krankheit unsere Großmutter. 1956 starb im Alter von 46 Jahren unsere wunderbare Mutter, die in der schwierigsten Zeit unsere ganze Familie gerettet hatte. Auch unser Vater schied aus dem Leben. Im Krieg erlitt er einige Verletzungen. Während der vier Kriegsjahre wusste er nichts vom Schicksal seiner Frau und seiner Kinder und litt sehr unter dieser Ungewissheit. Auch mein älterer Bruder lebt nicht mehr. Alle meine Brüder und Schwestern und auch ich waren schwer krank, und jene, die noch leben, werden oft krank und mussten sich mehreren Operationen unterziehen. Da mein Vater nach dem Krieg im Sicherheitsdienst tätig war, wurde uns empfohlen, nicht ohne Weiteres von dem Aufenthalt unserer Familie auf dem besetzten Gebiet zu erzählen oder zu schreiben. Viele Staats- und Parteifunktionäre hielten in der ersten Nachkriegsphase Menschen, die in den von Deutschen besetzten Gebieten geblieben waren, für unzuverlässig.

Für die Rettung unserer Familie, für die Solidarität und Hilfe, für die große Menschlichkeit und Humanität, Mut und Geduld, die sie uns trotz der eigenen Lebensgefahr und der Gefahr für ihre eigenen Familien während der deutschen Besatzung zeigten, wurde Ekaterina Stepanowna Shmak und Ludmilla Antonowna Woinarowska vom jüdischen Fonds der Ukraine die Ehrenauszeichnung »Gerechte der Ukraine« verliehen.

10. Bezirk (Rayon) Schepetowka
(ukr. Schepetiwka)
1939 lebten im Bezirk Schepetowka 6465 Juden.

Ort: Schepetowka
Vor 1941 war Schepetowka[52] Bezirkshauptstadt im Gebiet Kamenez-Podolski der Ukrainischen Sozialistischen Sowjetrepublik, von 1941 bis 1944 Bezirks- und Gebietshauptstadt, Generalbezirk Wolhynien und Podolien. Seit 1991 ist es Bezirkshauptstadt im Gebiet Chmelnizki, Ukraine.

1939 lebten in Schepetowka 4844 Juden, etwa 20 Prozent der Bevölkerung. Nach dem 22. Juni 1941 gelang es etwa 1500 Juden, nach Osten zu fliehen. Einige Männer wurden zur Roten Armee eingezogen. Ungefähr 3200 Juden blieben in Schepetowka. Einheiten der 6. Armee besetzten am 5. Juli 1941 die Stadt. In den Tagen kurz davor und danach strömten Juden aus der Westukraine und der Umgebung in die Stadt. Im Juli und August 1941 stand die Stadt unter Kontrolle der Ortskommandantur, die eine örtliche Verwaltung einrichtete und ukrainische Hilfspolizisten rekrutierte.

In der letzten Juliwoche 1941 übermittelte der Befehlshaber des Polizeiregiments Süd dem Kommandeur des Reserve-Polizeibataillons 45, Major Franz, Himmlers Befehl zur Ermordung der Juden von Schepetowka. Franz konnte sich später gut an den Befehl erinnern, weil es der erste Befehl gewesen sei, der ausdrücklich auch Frauen und Kinder betroffen habe.[53] Am 28. Juli 1941 befahlen die Deutschen der jüdischen Bevölkerung, sich auf dem Marktplatz zu versammeln. Mitglieder des Reserve-Polizeibataillons 45 und ukrainische Polizei führten eine Selektion durch. Sie wählten 800 kinderlose junge Männer und Frauen aus, angeblich,

---

52 Altman, Cholokost, S. 1089; Encyclopedia of Camps and Ghettos, S. 1467 f.; The Yad Vashem Encyclopedia, S. 702.
53 Rhodes, Die deutschen Mörder, S. 176.

um sie in ein Arbeitslager zu bringen. Mit Lastwagen wurden sie in einen nahe gelegenen Wald gebracht und ermordet. Am 23. August 1941 erschoss dasselbe Polizeibataillon 61 Juden in Schepetowka und Korzec und am 1. September noch einmal 45 Juden.

Im September 1941 übernahm die deutsche Zivilverwaltung die Herrschaft in der Stadt.

Am 20. oder 21. Dezember 1941 wurde in Schepetowka ein Ghetto eingerichtet.[54] Drei Straßen wurden mit Stacheldraht eingezäunt und von ukrainischer Polizei bewacht. Im Januar 1942 wurden mehr als 600 Juden aus dem Dorf Sudilkow und Dutzende aus den umliegenden Dörfern zu Fuß ins Ghetto getrieben. Die Zahl der Ghettobewohner stieg auf über 6000, darunter 4000 Kinder.[55]

Die Erwachsenen mussten Zwangsarbeit außerhalb des Ghettos leisten. Nichtjuden war es verboten, das Ghetto zu betreten, um Handel mit den Ghettoinsassen zu treiben. Im überfüllten Ghetto herrschte eine große Sterblichkeit durch Hunger und Krankheit. Der ukrainischen Ärztin Olga Stezjuk war es verboten, die Kranken mit Medikamenten zu versorgen. Trotz dieses Verbotes stellte sie Rezepte auf ukrainische Namen aus und lieferte die Medikamente ins Ghetto. Die Lebensbedingungen waren grauenhaft. In jedem kleinen Haus lebten fünf bis sechs Familien, 35 bis 45 Menschen. Bei Todesstrafe war es verboten, das Ghetto zu verlassen. Im Ghetto brach Typhus aus. Statt medizinischer Versorgung erschossen die Deutschen die Kranken.

Fünf bis sechs Angehörige der Gendarmerie kamen zweimal täglich ins Ghetto. Jedes Mal nahmen sie so viele Kinder und Alte mit, wie sie wollten, 10 bis 15 Personen, und erschossen sie sogleich auf dem Platz neben der Synagoge. Wenn sie weg waren, stürzten sich die Eltern, die weinend und voller Furcht von der Arbeit zurückkehrten, auf ihre Kinder. Die Leichen wurden direkt im Lager neben der Synagoge bestattet.[56]

Am 25. Juni 1942 ermordeten deutsche und vor allem ukrainische Polizei die meisten Bewohner des Ghettos, ungefähr 3000 Menschen.[57] Kruglow zufolge wurden über 5000 Menschen ermordet, einschließlich der Juden aus Sudilkow, die im Januar 1942 ins Getto Schepetowka umgesiedelt worden waren, und der Juden aus anderen umliegenden Orten.[58] Nur Fachleute wichtiger Berufe und ihre Familien, etwa 500 Menschen, wurden zunächst verschont. Sie wurden am 6. und 10. September 1942 ermordet, als das Ghetto endgültig ausgelöscht wurde. In Schepetowka wurden in den Jahren 1941 und 1942 insgesamt 4000 Juden ermordet. Sowjetische Quellen sprechen von 9000 ermordeten Juden. Diese Zahl ist wahrscheinlich zu hoch.[59]

Am 11. Februar 1944 wurde Schepetowka befreit.

54 Altman, Cholokost, S. 1089.
55 VEJ 8, S. 407 ff.
56 Ebenda.
57 The Yad Vashem Encyclopedia, S. 702.
58 Kruglow, Chronika Cholokosta, S. 108.
59 Encyclopedia of Camps and Ghettos, S. 1468, Anm. 10.

Ort: Grizew

(ukr. Hryziw, poln. Hryzów)

Vor 1941 war Grizew[60] Bezirkshauptstadt im Gebiet Kamenez-Podolski der Ukrainischen Sozialistischen Sowjetrepublik, von 1941 bis 1944 Bezirkshauptstadt im Gebiet Starokonstantinow, Generalbezirk Wolhynien und Podolien. Seit 1991 gehört die Stadt zum Bezirk Schepetowka, Gebiet Chmelnizki, Ukraine.

1939 lebten in Grizew 1095 Juden, 36 Prozent der Bevölkerung.

Da der Ort 15 Kilometer von der nächsten Bahnstation entfernt war, gelang es nur wenigen Juden, nach Osten zu fliehen. Am 5. Juli 1941 besetzten die Deutschen den Ort. Viele Juden, die es nur geschafft hatten, sich einige Kilometer von der Stadt zu entfernen, wurden von den Deutschen gezwungen zurückzukehren. Den Juden wurde befohlen, ihre Häuser durch einen großen Davidstern zu kennzeichnen.

Zehn junge jüdische Männer und Frauen wurden festgenommen und in das Wasser eines großen Sees in der Nähe von Grizew geworfen. Die Polizei benutzte Ruder, um diejenigen zu töten, die versuchten, aus dem Wasser zu entkommen. Nur einer konnte sich retten und überlebte. Eine Woche später wurden noch einmal 10 junge Juden festgenommen, in einem Keller festgehalten und 24 Stunden später in der Nähe des Dorfes Gora erschossen.

Anfang August 1941 wurde an einer der Straßen, die zum See führte, ein Ghetto eingerichtet, das mit Stacheldraht umzäunt war und von ukrainischer Polizei bewacht wurde. Alle Juden der Stadt wurden dort zusammengepfercht. Die Bewohner des Ghettos konnten Nahrung nur im Tausch gegen ihren Besitz bekommen. Diese Tauschgeschäfte fanden hauptsächlich durch den Stacheldraht statt. Manchmal schlichen sich auch Kinder aus dem Ghetto, um Nahrung zu beschaffen.

Im Morgengrauen des 4. August 1941 kam ein Teil des 10. SS-Infanterie Regiments der 1. SS-Infanterie Brigade in Grizew an und trieb alle Juden des Ghettos in einem Schulgebäude zusammen. Sie wählten eine Gruppe Juden aus, die 15 Jahre und älter waren, und transportierten sie mit Lastwagen in einen etwa zweieinhalb Kilometer von der Stadt entfernten Wald. Die Polizei trennte die Männer und Frauen, stellte die Männer in einem Steinbruch auf und erschoss sie. Dann erschossen sie die Frauen. Insgesamt wurden 286 Menschen ermordet.

Den in der Schule zurückgelassenen Juden wurde befohlen, ins Ghetto zurückzukehren. Hier mussten sie feststellen, dass Ukrainer mit Billigung der Deutschen ihre Häuser ausgeraubt hatten. Über das Schicksal der abtransportierten Männer und Frauen erfuhren sie nichts. Die Frauen und Kinder wurden täglich aus dem Ghetto geführt und mussten die Häuser der Polizisten reinigen, im Winter Schnee räumen. Eine Gruppe von 12 jungen Männern musste Holz hacken und die Straßen reparieren. Viele starben an Erschöpfung und durch die Kälte.

---

60 Altman, Cholokost, S. 239; Encyclopedia of Camps and Ghettos, S. 1359f.

Bei der Selektion in der Schule konnten sich einige Männer im Ghetto verstecken. Unter Führung von Isaak Bialik gelang es ihnen später, sich den Partisanen anzuschließen und gegen die Deutschen zu kämpfen. Bialik überlebte, bis die Rote Armee kam, der er sich anschloss.

Enge, Hunger, Kälte und Zwangsarbeit führten zu einer großen Sterblichkeit. Die monatliche Lebensmittelration bestand aus einem Kilogramm Gerste, Mais, Kartoffeln, Hirse und einem Glas Sonnenblumenöl.

Am 4. September 1941 führte die Polizei eine erneute Selektion durch, nachdem sie alle Juden in das städtische Kulturzentrum gebracht hatte. In der Nacht davor hatte ein Deutscher die Juden vor der bevorstehenden »Aktion« gewarnt. Aber viele Juden trauten ihm nicht und machten deshalb keine Versuche, aus dem Ghetto zu entkommen. Die Deutschen verschonten die Kinder, erschossen aber einige Hundert der Frauen. Im Mai 1942 wurden die überlebenden Juden aus Grizew in das Ghetto von Starokonstantinow gebracht und Ende 1942 dort ermordet.

Am 6. März 1944 befreite die Rote Armee Grizew.

11. Bezirk (Rayon) Slawuta

(poln. Sławuta)
Vom 28. bis 30. Juli 1941 zog die 1. SS-Infanterie-Brigade (mot.) durch den Bezirk Slawuta und erschoss in verschiedenen Dörfern mehrere Dutzend Juden, angeblich, weil diese das bolschewistische System unterstützten.[61]

Ort: Slawuta

Vor 1941 war Slawuta[62] Bezirkszentrum im Gebiet Kamenez-Podolski der Ukrainischen Sozialistischen Sowjetrepublik, von 1941 bis 1944 Bezirkszentrum im Gebiet Schepetowka, Generalbezirk Wolhynien und Podolien. Seit 1991 ist Slawuta Bezirkshauptstadt im Gebiet Chmelnizki, Ukraine.

Im Januar 1939 lebten in der Stadt Slawuta 5102 Juden und weitere 1410 Juden im Bezirk Slawuta, hauptsächlich in Annopol. Hinzu kamen 2106 Juden im Bezirk Beresdow, der heute zum Bezirk Slawuta gehört. In Slawuta und Umgebung lebten 1939 somit 8600 Juden.

Nach dem 22. Juni 1941 wurden einige Hundert jüdische Männer zur Roten Armee eingezogen, oder es gelang ihnen, nach Osten zu fliehen. Etwa 8000 Juden blieben zurück.

Die Stadt wurde am 4. oder 7. Juli 1941 von der deutschen Wehrmacht besetzt. Vom 15. August bis zum 3. September 1941 war die 2. Kompanie des Reserve-Polizeibataillons 45

---

61 Encyclopedia of Camps and Ghettos, S. 1469.
62 Altman, Cholokost, S. 908; Encyclopedia of Camps and Ghettos, S. 1469 f.; The Yad Vashem Encyclopedia, S. 722.

in Slawuta stationiert. Kommandeur war Oberleutnant der Polizei und SS-Obersturmführer Engelbert Kreuzer. Diese Kompanie führte mehrere Mordaktionen in Slawuta durch. Am 18. August 1941 erschossen sie 322 jüdische Bewohner der Stadt, am 29. August 65 Juden und am 30. August 911 Juden. Insgesamt 1298 jüdische Opfer. Im August 1941 erschoss hauptsächlich das Reserve-Polizeibatallion 45 Juden an anderen Orten des Bezirks. In Beresdow 152 Menschen, in Annopol über 100, in Kilikiew mehrere Dutzend und in Krasnostaw fast alle Juden, ungefähr 800. Insgesamt wurden im Sommer 1941 in Slawuta und Umgebung 2500 Juden ermordet.

Das Reserve-Polizeibatallion 45 erschoss am 14. und 15. September 1941 in Peschtschannoje, zwei Kilometer von Ljubar entfernt, ungefähr 50 Juden aus Polonnoje zusammen mit 1199 Juden aus Ljubar, 130 Flüchtlingen aus den Orten Grizew, Ostropol und Slawuta und 147 Kriegsgefangenen.[63]

Am 2. März 1942 wurde in Slawuta ein Ghetto eingerichtet, in das auch Juden aus Annopol, Beresdow und Krasnostaw eingesperrt wurden. Insgesamt etwa 5000 Menschen. Die Juden mussten eine Armbinde tragen, alle Wertgegenstände im Hauptquartier der Deutschen abgeben und Zwangsarbeit leisten. Im überfüllten Ghetto verloren viele durch Hunger und Krankheit ihr Leben.

Am 25. Juni 1942 wurden die meisten Bewohner des Ghettos und Juden aus den umliegenden Orten Beresdow, Krasnostaw und Annopol in einer tiefen Höhle in der Nähe des Wasserturms am Rande der Stadt von einer SD-Einheit mit Unterstützung deutscher und ukrainischer Polizei erschossen. Etwa 300 Kinder wurden in einem Brunnen im Ghetto ertränkt. Insgesamt wurden etwa 5000 Juden ermordet.[64]

Einige Handwerker und ihre Familien blieben bis zum 10. September 1942 im Ghetto. Dann wurden auch sie ermordet.

Am 15. Januar 1944 wurde die Stadt durch Partisanen befreit.

Am 5. August 1971 wurde der frühere Kommandeur der 2. Kompanie des Reserve-Polizeibataillons 45, Engelbert Kreuzer, vom Landgericht Regensburg zu sieben Jahren Gefängnis verurteilt.

Ort: Annopol

(ukr. Hannopil)

Vor 1941 gehörte der Ort Annopol[65] zum Bezirk Slawuta, Gebiet Kamenez-Podolski der Ukrainischen Sozialistischen Sowjetrepublik, von 1941 bis 1944 zum Bezirk Slawuta, Gebiet Schepetowka, Generalbezirk Wolhynien und Podolien und nach 1991 zum Bezirk Slawuta, Gebiet Chmelnizki, Ukraine.

---

63 Altman, Cholokost, S. 553 f.
64 Encyclopedia of Camps and Ghettos, S. 1470.
65 Altman, Cholokost, S. 24; Encyclopedia of Camps and Ghettos, S. 1322 f.

Nach der Volkszählung von 1926 hatte Annopol 2823 Bewohner, davon 1278 Juden. In den folgenden Jahren ging hauptsächlich durch den Holodomor und die Übersiedlung in andere Regionen die Zahl der Juden zurück.

Nach dem Überfall der Wehrmacht auf die Sowjetunion floh ein Teil der jüdischen Bevölkerung nach Osten, andere gingen zur Roten Armee. Der rasche Vormarsch der deutschen Truppen zwang einige Juden, die versucht hatten zu fliehen, nach Annopol zurückzukehren. Als am 7. Juli 1941 deutsche Truppen das Dorf besetzten, waren dort noch etwa 800 Juden. Die deutsche Militärverwaltung bestimmte einen Dorfältesten und rekrutierte ukrainische Hilfspolizisten.

Juden mussten einen gelben Fleck auf ihrer Kleidung tragen, Zwangsarbeit gegen geringe oder keine Bezahlung leisten und durften das Dorf nicht verlassen.

Im Sommer und Herbst 1941 fanden mindestens zwei »Aktionen« gegen die Juden statt. Bei der ersten nahmen die örtlichen Polizisten 20 junge jüdische Männer fest. Einige konnten fliehen, die anderen wurden an der Straße zum Dorf Ponora erschossen. Bei einer zweiten »Aktion« Anfang Herbst 1941 erschoss das Reserve-Polizeibatallion 45 mit Unterstützung der ukrainischen Polizei mehr als 100 Juden in einem Steinbruch der Ziegelei.

Im Herbst 1941 errichteten die Deutschen ein Ghetto in einer Straße, in der bereits Juden lebten. Dutzende Juden aus den umliegenden Dörfern wurden ebenfalls in das überfüllte Ghetto gepfercht. Die Juden mussten Zwangsarbeit leisten, Schnee räumen, wurden beim Straßenbau eingesetzt und mussten den Boden einer Alkoholbrennerei reinigen.

Am 2. März 1942 »liquidierten« die Deutschen das Ghetto von Annopol. Sie zwangen die Juden, sich auf dem Marktplatz zu versammeln. Die Kinder wurden auf einige Karren geladen, dann trieb man sie nach Slawuta. Dort wurden Alte und Behinderte sofort erschossen. Die übrigen Juden wurden ins Ghetto getrieben. Am 25. Juni 1942 erschossen die Deutschen und ihre Kollaborateure sie zusammen mit anderen Juden aus der Umgebung.

Einige jüdische Handwerker konnten am 2. März in Annopol bleiben. Drei Männer und eine Frau von ihnen flohen am 10. August 1942. Als Vergeltung erschossen die Deutschen zwei Tage später 10 Juden zusammen mit vier jüdischen Frauen, die eine ansteckende Krankheit hatten, und vier wegen angeblicher Faulheit.

12. Bezirk (Rayon) Starokonstantinow

(ukr. Starokostjantyniw)
Im Bezirk Starokonstantinow wurden während der Zeit der Okkupation 16 700 Zivilisten ermordet, darunter etwa 16 000 Juden.[66]

---

66 Kruglow, Enziklopedija Cholokosta, S. 184.

Ort: Starokonstantinow

Vor 1941 war die Stadt Starokonstantinow[67] Bezirkszentrum im Gebiet Chmelnizki der Ukrainischen Sozialistischen Sowjetrepublik, von 1941 bis 1944 Bezirks- und Gebietszentrum im Generalbezirk Wolhynien und Podolien. Seit 1991 gehört die Stadt zum Gebiet Chmelnizki, Ukraine.

Am Beginn des 20. Jahrhunderts lebten in Starokonstantinow 9200 Juden. Während der Sowjetzeit ging die Zahl stark zurück. 1939 lebten in Starokonstantinow noch 6743 Juden, 31 Prozent der Bevölkerung.

Nach dem Überfall der Wehrmacht auf die Sowjetunion wurden einige Juden zur Roten Armee eingezogen, anderen gelang es, nach Osten zu fliehen. Etwa 6000 Juden blieben in der Stadt zurück.

Am 8. Juli besetzten Einheiten der 17. Armee die Stadt. Im Juli und August regierten verschiedene Ortskommandanturen die Stadt, bildeten eine örtliche Verwaltung und rekrutierten ukrainische Hilfspolizisten. Am 18. oder 19. Juli 1941 wurden die Gemeindeverwaltung von Starokonstantinow und der Judenrat gegründet.

Am 3. August 1941 lud das 8. Regiment der 1. SS-Panzergrenadier-Brigade 1404 Juden (812 Frauen und 592 Männer) auf Lastwagen und fuhr sie zu einem großen früheren sowjetischen Armee-Lager. Hier misshandelten sie die Juden, wählten Alte und Kranke aus und erschossen 302 Männer und 187 Frauen. Die Überlebenden wurden Arbeitskommandos zugeordnet. Während einer weiteren Mordaktion im August 1941 wurden durch Deutsche und ukrainische Polizisten etwa 800 Juden im nahe gelegenen Nowogorodski Wald ermordet.[68] Andere Quellen sprechen von 150 jungen jüdischen Männern und Frauen.[69] Am 2. September 1941 erschoss das Polizeibataillon 304 mindestens 500 Juden.[70]

Ende September/Anfang Oktober 1941 wurde in der Stadt ein Ghetto eingerichtet. Es bestand aus einer Gruppe Häuser, die mit Stacheldraht umzäunt waren und von ukrainischer Polizei bewacht wurden. Das Ghetto lag hinter der Mittelschule Nr. 8 und erstreckte sich bis zum Fluss. Juden mussten einen gelben Stern tragen. Nur Handwerker durften das Ghetto verlassen. Sie mussten zusätzlich zum gelben Stern mit einem schwarzen Band gekennzeichnet sein. Anfang 1942 wurde das Ghetto verlagert. Das neue Ghetto war etwa dreimal so groß wie das alte Ghetto.

Vor dem 20. Mai 1942 forderten die Deutschen vom Judenrat eine Kontribution in Höhe von 10 Kilogramm Gold und 30 Kilogramm Silber. Am 20. Mai 1942 führten Sicherheitspolizei und SD unter Leitung von Hauptscharführer Graf mit Unterstützung deutscher Gendarmerie und ukrainischer Polizei eine weitere Mordaktion durch. Die Juden wurden zu

---

67 Altman, Cholokost, S. 945; Encyclopedia of Camps and Ghettos, S. 1474 ff.; The Yad Vashem Encyclopedia, S. 755; VEJ 8, S. 571–574.
68 The Yad Vashem Encyclopedia, S. 755.
69 Encyclopedia of Camps and Ghettos, S. 1474 f.
70 Altman, Cholokost, S. 945.

der »roten Kaserne« in der Nähe der Maschinen-Traktoren-Station getrieben, wo ein großer Graben ausgehoben worden war. Handwerker mit ihren Familien wurden ausgesondert und in die Stadt zurückgeschickt. Die anderen wurden gezwungen, sich in Gruppen zu zehn in den Graben zu legen, wo Graf und ein anderer SS-Mann, Werner, sie mit Maschinenpistolen erschossen. An diesem Tag wurden 6500 Menschen ermordet.

Nach der Mordaktion vom 20. Mai wurden Juden aus Grizew, Ostropol, Staraja Sinjawa und Polonnoje in das Ghetto von Starokonstantinow gebracht. Ein deutscher Offizieller im Ghetto erklärte den ankommenden Juden, die Juden des Ghettos seien erschossen worden, weil sie die Arbeit verweigert hätten.

Im Ghetto gab es kein Wasser. Trinkwasser durfte einmal am Tag aus dem Fluss geholt werden.

Während des Sommers wurden häufig Juden im nahen Wald erschossen.

Am 28. November 1942 wurde das Ghetto endgültig leer gemordet. Alle Juden wurden zu einem Feld in der Nähe des Waldes geführt. Dort mussten sie in Gruppen zu zehn zu einem 300 Meter langen Graben gehen, sich entkleiden und in den Graben legen. Deutsche und ukrainische Polizisten erschossen sie mit Karabinern und Maschinenpistolen. Hauptscharführer Graf überwachte das Morden. Das 101. Ukrainische Schutzmannschaftsbataillon sperrte den Platz der Erschießungen ab. Ungefähr 4000 Juden wurden ermordet.

Am 9. März 1944 wurde Starokonstantinow befreit.

Leonid Bilyk
»Wer dieses Kind rettet, wird von Gott errettet«

Das kleine Städtchen Grizew, Gebiet Chmelnizki, wurde am 4. Juli 1941 von deutschen Truppen besetzt. Die erste Massenerschießung der Juden im Ghetto Grizew fand genau einen Monat nach der deutschen Besetzung, am 4. August 1941, statt. Alle Juden wurden in der Schule versammelt und auf die Klassenräume verteilt. Dann ließ man die Menschen aus den Räumen heraus. Am Ausgang der Schule standen zwei Deutsche und befahlen, wer nach rechts und wer nach links, nach Hause, gehen sollte. Zuvor wurde allen Juden im Alter von 16 bis 50 Jahren befohlen, Spaten – angeblich für die Straßenreparatur – mitzunehmen. Alle, die nach rechts mussten, wurden in den Wald gebracht, wo sie zuerst ein Grab ausheben mussten. An diesem Tag wurden sie, darunter auch meine Mutter Maria Lasarewna, in jenem Wald erschossen.

Alle, die nicht zur Erschießung abgeführt wurden, sowie Kinder und Alte blieben im Ghetto. Entkommen waren auch einige Männer, die sich versteckt hatten, weil sie überzeugt waren, dass die Henker Frauen und Kindern nichts antun würden. Bei dieser ersten Erschießung wurden unsere Verwandten ermordet: der Bruder und die Schwester meines Vaters, Motja mit seiner Frau und Rosa mit ihrem Mann. Ihre Kinder blieben als Vollwaisen im Ghetto zurück. Meinen Vater Isaak Moisejewitsch kostete es unheimlich viel Kraft, die acht Waisenkinder irgendwie zu versorgen.

Wir, die noch am Leben gebliebenen Juden, wurden am 24. April 1942 aus dem Ghetto Grizew auf die frei gewordenen Plätze im Ghetto Starokonstantinow gebracht. Mein Vater erzählte mir, dass seine Schwestern dort nicht dabei waren, dass sie zuvor ermordet wurden. Am Ort der Erschießung mussten die Juden einen Graben ausheben, die Erweiterung des Grabens, der bei der früheren Exekution ausgehoben worden war. Als sie hingeführt wurden, wussten alle, was sie erwartete. Es ist schwierig, sich das alles vorzustellen! Ich habe gelesen, dass die Menschen in den Transporten, die nach Auschwitz und Treblinka kamen, nicht wussten, dass sie in Gaskammern gebracht werden, denn man sagte ihnen, es sei eine Desinfektion.

Das Ghetto Starokonstantinow wurde am 29. November 1942 aufgelöst. Vor diesem tragischen Tag kamen die Freunde meines Vaters, Partisanen, die sich deutsche Armbinden anlegten, zum Tor des Ghettos und holten meine Schwester und mich. Wir waren zuvor über den Zaun geklettert und hatten uns in einem Heuhaufen versteckt. Auf entlegenen Wegen wurden meine Schwester und ich nachts ins Haus des Försters gebracht. Mithilfe meines Vaters wurde bei diesem Förster eine kleine Partisanentruppe organisiert. Mein Vater Isaak Moisejewitsch war für die politische Arbeit in der Gruppe zuständig. Später wurde diese Truppe mit der Partisanenverbindung von Medwedew vereint.

Ein paar Tage später wurde ich in der Nacht in ein etwa 30 Kilometer entferntes Dorf gebracht, wo mich garantiert niemand kannte, und als Findelkind ausgegeben. Ich war damals fünf Jahre und sieben Monate alt. Es war an einem frühen Morgen. Ich wurde bei voller Geschwindigkeit des Pferdewagens ausgesetzt, fiel zu Boden, verletzte mich am ganzen Körper, das Gesicht war zerkratzt. Gefunden haben mich Männer vom Pferdestall, die dort ihren Wachdienst hatten. Ich wurde in der Nähe einer Kolchose ausgesetzt. Sie fanden mich, versorgten meine Verletzungen und fragten mich aus. Vor dieser »Aktion« wurde ich »belehrt«. Ich sprach Ukrainisch ohne Akzent, hatte blaue Augen und glatte helle Haare. Dann kam der Dorfälteste, und die Dorfbewohner versammelten sich. Ich wurde durchsucht. Ich stellte mich mit dem Namen Stepan Koschtschuk vor. In meiner Hosentasche war ein Zettel: »Wer dieses Kind rettet, wird von Gott errettet.« Der Dorfälteste befragte mich und las den Zettel laut vor. Dann fragte er die Menschen, wer bereit sei, ein Waisenkind aufzunehmen. Eine Frau, Katarina, die in der Nähe wohnte, meldete sich. Sie hatte zwei Söhne, einer wurde nach Deutschland verschleppt, der andere war in der Roten Armee. Beide kehrten gesund und unversehrt zurück. Im Auftrag des Dorfältesten brachte mich ein Bauer in die Kreisstadt Antoniny zum Verhör bei einem deutschen Kommandanten. Gott bewahre, dass es kein jüdisches Kind ist! Dort wurde ich von dem Kommandanten und zwei Dolmetscherinnen befragt. Man entkleidete mich, roch an mir, fragte mich aus: »Wo ist deine Mutter? Wo ist dein Vater?« Ich antwortete: »Mein Vater ist an der Front, meine Mutter verließ mich.« Ich weiß nicht, warum ich dies ausgedacht hatte. Vermutlich wurde ich belehrt, dies zu behaupten. Man glaubte mir und wollte mich in ein Kinderheim stecken. Ich wiederholte hartnäckig, dass ich zur Tante Katarina wollte. Der Deutsche willigte ein und gab dem Dorfältesten einen schriftlichen Bescheid mit, in dem auch stand, dass meine Gastmutter Lebensmittel – Kartoffeln, Buchweizen, Weizen und Honig – bekommen sollte. Die Menschen, die mich aufnahmen, hatten nicht den geringsten

Verdacht, wer ich in Wirklichkeit war. Sonst hätte ich keinen einzigen Tag überlebt. Das Wichtigste war, dass ich lebte.

Nach der Ankunft der Roten Armee und der Befreiung des Ortes schickte mein Vater eine ehemalige Partisanin, die damals an der Aussetzungsaktion teilnahm, um mich zu finden. Nach einiger Zeit kam mein Vater. Die Menschen versammelten sich. Manche brachten Eier, andere – Milch und noch andere – Speck. Man fand mich auf dem Feld. Ich war gewachsen und weidete die Kühe. Ich erkannte meinen Vater, setzte mich zu ihm und fragte in Anwesenheit aller, ob ich sagen dürfte, dass ich Jude bin. Ich muss zugeben, dass es mir ein großes Anliegen war. Manche im Dorf hatten mir »Shid« hinterhergerufen. Es kam zu einer Schweigeszene wie in Gogols »Revisor«. Heute steht an der Stelle der Hinrichtung der Juden aus Starokonstantinow ein bescheidenes Mahnmal.

Siehe auch den Zeitzeugenbericht von Semen Welinger

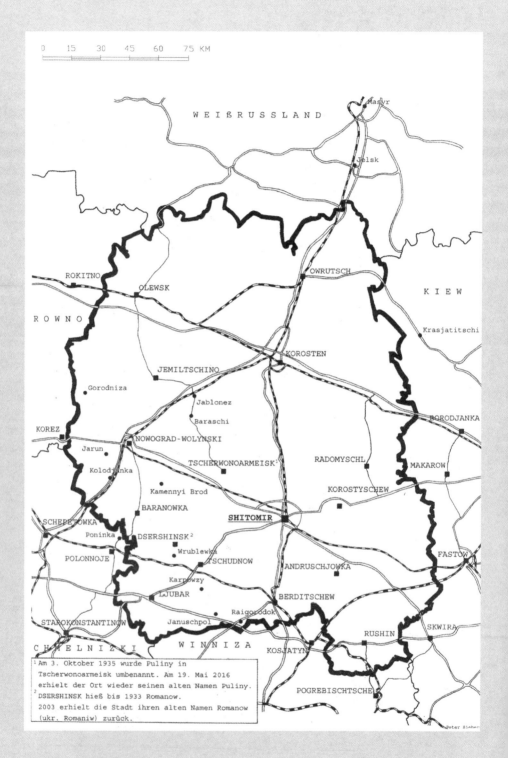

VIII. Gebiet Shitomir

VIII. Gebiet (Oblast) Shitomir
(ukr. Shytomyr, poln. Żytomierz)

1939 lebten im Gebiet Shitomir[1] 125 007 Juden. Mehr als 100 000 von ihnen lebten in 29 städtischen Siedlungen. Viele konnten evakuiert werden, sodass zu Beginn der deutschen Okkupation noch etwa 110 000 Juden im Gebiet Shitomir lebten.

Das Gebiet wurde zwischen dem 2. Juli und 24. August 1941 von der Wehrmacht besetzt. Die Ermordung der Juden begann am 9. Juli 1941. An diesem Tag wurden in Shitomir 100 Juden erschossen, in Baranowka 74 und in Gorodniza 21.

1941 wurden im Gebiet Shitomir im Juli 3000 Juden, im August 10 000 Juden, im September ungefähr 27 000 Juden, im Oktober 5500 Juden und im November 3000 Juden ermordet.

1942 wurden über 4000 Juden ermordet. Von 1941 bis 1944 wurden insgesamt 55 000 einheimische Juden aus 135 Städten, Siedlungen und Dörfern ermordet.[2] 1943 wurden im Gebiet Shitomir etwa 1000 ungarische Juden ermordet.

Von 1941–1944 war Shitomir als Generalbezirk Bestandteil des deutschen Reichskommissariats Ukraine und rückwärtiges Heeresgebiet. Die Periode der Ghettoisierung dauerte von Juli 1941 bis zum Frühjahr 1942. Insgesamt wurden 58 Ghettos eingerichtet. Davon mindestens 21 offene Ghettos, zum Beispiel in Tschudnow, Baranowka und Radomyschl. Die Überreste der letzten Ghettos, die mehr Zwangsarbeitslagern ähnelten, wurden im Winter 1942–1943 leer gemordet. Nur kleine Gruppen von Spezialisten überlebten an einigen Orten bis Ende 1943.

1. Gebietshauptstadt Shitomir

Vor 1941 war Shitomir[3] Bezirks- und Gebietszentrum der Ukrainischen Sozialistischen Sowjetrepublik, von 1941 bis 1943 war die Stadt Bezirks- und Gebietszentrum und Hauptstadt des Generalbezirks Shitomir. Seit 1991 ist sie Bezirks- und Gebietszentrum der Ukraine.

Vor Beginn des Zweiten Weltkriegs lebten in der Stadt Shitomir 29 503 Juden, 31 Prozent der Gesamteinwohnerzahl.[4] Mit dem Beginn des Krieges flohen viele Juden aus der Stadt oder wurden zur Roten Armee eingezogen. Als die 1. Panzerdivision am 9. Juli 1941 die Stadt besetzte, waren nur etwa 7000 Juden in der Stadt geblieben. Die Wehrmacht setzte eine Stadtverwaltung ein und rekrutierte ukrainische Hilfspolizisten. Ende Oktober 1941 ging die Macht an die Zivilverwaltung über. Von Juli bis September 1941 war das Sonder-

---

1 Altman, Cholokost, S. 313; Encyclopedia of Camps and Ghettos, S. 1510–1513; Kruglow, Enziklopedija Cholokosta, S. 52–64.
2 Kruglov, Jewish Losses in Ukraine, S. 278–284.
3 Altman, Cholokost, S. 312; Encyclopedia of Camps and Ghettos, S. 1579 ff.; Enzyklopädie des Holocaust, S. 1308; The Yad Vashem Encyclopedia, S. 980 ff.
4 Altman, Cholokost, S. 312.

kommando 4a unter Befehl von SS-Standartenführer Paul Blobel in Shitomir eingesetzt. Ihm folgte im Oktober 1941 das Einsatzkommando 5 unter Befehl von SS-Hauptsturmführer Herbert Meyer. Im Januar 1942 wurde ein Teil des Einsatzkommandos 5 umgewandelt in das Büro des Kommandeurs der Sicherheitspolizei und des SD im Generalbezirk Shitomir unter SS-Sturmbannführer Dr. Franz Razesberger. Am 18. oder 19. Juli 1941 richtete die Einsatzgruppe C in der Stadt ihr Hauptquartier ein. Das Sonderkommando 4a und die 1. SS-Infanterie-Brigade mit Unterstützung von Wehrmachtseinheiten begannen mit der Ermordung der Juden in der Stadt und der Umgebung.[5]

Am 26. Juli 1941 töteten die Einheiten 363 Menschen, zwischen dem 27. Juli und 9. August 1941 1015 Menschen und zwischen dem 10. August und 23. August 1941 weitere 266 Menschen. Insgesamt 1644, in der Mehrzahl Juden. Weitere Massenexekutionen von Juden fanden Ende Juli 1941 durch die 3. Kompanie des Reserve-Polizeibataillons 45 statt. Viele der Erschießungen wurden in einem Waldgebiet etwa neun Kilometer westlich der Stadt durchgeführt. Am 7. August 1941 wurden auf dem Heumarkt in Shitomir durch das Einsatzkommando 4a unter Leitung von Paul Blobel der »Volksrichter« Kieper und sein Gehilfe Kogan öffentlich gehängt. 402 Juden wurden gezwungen, sich die Hinrichtung anzusehen. Im Anschluss daran wurden sie auf dem Pferdefriedhof erschossen. Nach gerichtlichen Ermittlungen haben sich an der Erschießung mindestens einzelne Wehrmachtsangehörige beteiligt.[6] Insgesamt wurden im Juli und August 1941 in der Stadt Shitomir etwa 2000 Juden ermordet. Andere Quellen nennen die Zahl von 5000 ermordeten Juden.[7]

Im August 1941 wurde in Shitomir ein Ghetto errichtet. Einige Straßen wurden mit Stacheldraht umzäunt. Das Ghetto war etwa 500 mal 400 Meter groß. Im Ghetto waren die größte Synagoge und das frühere Gefängnis. Beide Gebäude wurden genutzt, um Juden unterzubringen. Das Ghetto war überfüllt, etwa fünf Personen mussten sich einen Raum teilen. Die Juden durften das Ghetto nicht verlassen und mussten die schwersten und schmutzigsten Arbeiten verrichten. Am 5. September 1941 lebten 4820 Juden im Ghetto.

Am 10. September 1941 wurde bei einem Treffen zwischen Paul Blobel, dem Leiter des Sonderkommandos 4a, und der Feldkommandantur beschlossen, alle Juden zu ermorden.[8] Am 19. September 1941 führte das Sonderkommando 4a eine groß angelegte »Aktion« gegen die Juden durch. Einzelheiten ergeben sich aus der Ereignismeldung UdSSR Nr. 106 vom 7. Oktober 1941.[9] »Am 19. 9. 41 wurde das Judenviertel ab 4.00 Uhr früh geräumt, nachdem es am Abend vorher von 60 Mann ukrainischer Miliz umstellt und abgesperrt worden war. Der Abtransport erfolgte mit 12 LKW, von denen ein Teil die Feldkommandantur bzw. die

---

5   Pohl, The Murder of Ukraine's Jews, S. 34 ff.
6   Helmut Krausnick, Hitlers Einsatzgruppen. Die Truppe des Weltanschauungskrieges 1938–1942, Frankfurt a. M. 1993, S. 163, 206.
7   Enzyklopädie des Holocaust, S. 1308.
8   Pohl, The Murder of Ukraine's Jews, S. 35.
9   Mallmann, Die »Ereignismeldungen UdSSR«, S. 642.

1. Gebietshauptstadt Shitomir

Stadtverwaltung von Shitomir zur Verfügung gestellt hatte. Nachdem der Abtransport erfolgt war und die notwendigen Vorbereitungen mithilfe von 150 Gefangenen getroffen worden waren, wurden insgesamt 3145 Juden registriert und exekutiert. Dem Beauftragten der NSV in Shitomir, Boss, konnten ca. 25–30 Tonnen an Wäsche, Bekleidung, Schuhwerk, Geschirr usw., welche bei der ›Aktion‹ beschlagnahmt worden waren, zur Verwertung zugeführt werden. Beschlagnahmte Wertgegenstände und Geld wurden dem Sonderkommando 4a zugeführt.«

Die Erschießungen fanden an vorbereiteten Gruben im Bogun Wald, etwa 10 Kilometer außerhalb der Stadt an der Straße nach Nowograd-Wolynski statt.[10] Auf Betreiben der Militärverwaltung blieben 240 Juden am Leben.

Im Oktober 1941 erschossen das Einsatzkommando 5 und ukrainische Polizei die meisten der noch im Ghetto lebenden Juden. Am 5. Oktober 1941 berichtete eine örtliche Zeitung, dass noch 340 Juden in der Stadt Shitomir leben. Es waren Ärzte, Handwerker und qualifizierte Arbeiter, die in ein spezielles Arbeitslager umgesiedelt worden waren. Im April 1942 wurden einige Hundert Handwerker und Arbeiter aus Winniza in dieses Arbeitslager deportiert. Diese Arbeitskräfte waren verantwortlich für die Gebäude von Himmlers Feldkommandostelle Hegewald, sein Hauptquartier in der Ukraine, ein paar Kilometer südlich der Stadt. Es wurde auf einem ehemaligen russischen Militärflugplatz errichtet. Mit dem Bau wurde im Herbst 1941 begonnen, im Sommer 1942 war es bezugsfertig. Neben dem Militärflugplatz bestand das Hauptquartier aus mehreren Kasernen, Bunkern, einer Villa für Himmler und einem Soldatenfriedhof. Von Hegewald aus kontrollierte Himmler die deutsche Kolonisation der Ukraine.[11]

Am 19. August 1942 wurden 237 jüdische Zwangsarbeiter erschossen. Ende Oktober und November 1942 fanden zwei weitere Massenerschießungen statt. Die SS-Feldgendarmerie Kompanie unter dem Kommando von SS-Obersturmführer Karl Gillner erschoss bei der ersten »Aktion« 60 und bei der zweiten »Aktion« etwa 300 Juden.

1943 wurde die kleine Gruppe der noch lebenden Handwerker ermordet.

Vom 15. September 1941 bis zum 26. November 1943 wurde eine Anzahl sowjetischer Kriegsgefangener des Kriegsgefangenen-Stammlagers 358, westlich von Shitomir, erschossen. Friedrich Buck, ein früherer Chauffeur des Lagers bezeugte, dass er 1200 bis 1400 jüdische Kriegsgefangene zu den Erschießungsorten transportierte.

Von den 7000 Juden, die im Juli 1941 in Shitomir lebten, haben etwa 20 die Befreiung der Stadt durch die Rote Armee am Dezember 1943 erlebt.

---

10 Enzyklopädie des Holocaust, S. 1308; Kruglow, Chronika Cholokosta, S. 36; The Yad Vashem Encyclopedia, S. 982.
11 http://www.battlefieldsww2.com/Feldkommandostelle_Hegewald.html [12.5.2019].

Tsch. A. Gilbowskaja (geb. 1927)
»Erinnerung, die wir bewahren«

Ich, Tsch. A. Gilbowskaja, wurde am 20. März 1927 in der Stadt Shitomir in der Smoljanka-Str. 35 geboren. Mein Vater hieß Aron Izko-Schmulewitsch Gilbowski, meine Mutter Sura Moschkowna Gilbowskaja. 1941 beendete ich die 7. Klasse der ukrainischen Schule Nr. 33.

Am 22. Juni 1941 begann der Krieg mit Deutschland. Meine Eltern und ich hatten es nicht geschafft, uns evakuieren zu lassen. Auch mein Großvater Moschko Moschkowitsch Firenschtein und meine Großmutter Enta Schulimowna Firenschtein sowie die Schwester meiner Mutter Chaika mit zwei Kindern und die Schwägerin meiner Mutter Malka mit den fünf Kindern Sjunja, Milja, Ida, Njusja und Raja blieben im Ort.

Am 8./9. Juli 1941 wurde Shitomir von deutschen Truppen besetzt. Kurz darauf folgte das Massaker an den Juden, das die Deutschen zusammen mit den ukrainischen Polizisten Musyka, Ljuz und Lisowski durchführten. Meine Großmutter wurde mit einem Joch und Steinen erschlagen. Auch die alte Ruchlja und ihre Tochter Chaika wurden geschlagen. Noch halb lebend wurden sie in Soljanka auf dem jüdischen Friedhof begraben: drei Personen in einem Grab.

Danach wurde der Befehl erlassen, dass alle Juden einen Davidstern tragen und sich in der Tschudnowskaja-Straße, wo das Ghetto errichtet war, aufhalten mussten. Dorthin wurden alle Juden getrieben. Sie wurden von Polizisten und Deutschen bewacht.

In den Herbsttagen, im September/Oktober 1941 wurde befohlen, alle Juden aus dem Ghetto wegzubringen. Die Polizisten sagten, dass die Juden in den westlichen Teil der Stadt gebracht würden, aber man transportierte sie in den Stadtteil Bogunija, wo sie erschossen wurden.

Ich hörte dies, erschrak und entschloss mich, aus dieser Umzäunung herauszukommen. Ich ging zum Ausgang, und der Polizist fragte mich: »Wohin gehst du?« Ich sagte, dass ich auf der anderen Straßenseite wohne und hierher gekommen war, um zu schauen, wie die Juden abtransportiert würden. Der Polizist dachte, ich sei eine Ukrainerin, und sagte zu mir: »Mädchen, komm nicht mehr hierher, sonst wirst du getötet.« So konnte ich der Erschießung entkommen.

Halb nackt, barfuß und hungrig irrte ich durch die Dörfer, bettelte und strich umher. Ich musste oft auch im Wald übernachten. Nach einiger Zeit ging ich nach Shitomir zurück, um zu erfahren, wer von meiner Familie noch am Leben sei. Ich ging zur Nachbarin Maria Nikolajewna Saitschuk, geb. 1927. Einen ganzen Monat verbrachte ich bei ihr. Dann musste ich verschwinden, um nicht von Nachbarn denunziert zu werden.

Ich ging zurück in die Dörfer, diesmal in die Richtung Berditschew. Dann kehrte ich wieder nach Shitomir zurück. Keiner von meiner Familie überlebte, alle wurden erschossen. Ich begegnete der Nachbarin Larissa Grigorjewna Kosjukewitsch, die 1928 geboren wurde. Sie fragte mich, wohin ich gehen wollte, und warnte mich, zur Smoljanka zu gehen, denn ich könnte dort gesehen und getötet werden. Sie nahm mich zu sich und gab mir Obdach. Ich konnte mich nicht lange bei ihr verstecken. Sie gab mir ihre Geburtsurkunde, und ich ging damit zum Kinderheim, das in der Stadt Shitomir (»Chutor Satischje« in Smokowka) war. Dort war ich bis zur Befreiung der Stadt durch die sowjetischen Truppen.

Als ich vom Kinderheim wegging, gab ich die Urkunde an Larissa zurück und ließ mir eine Geburtsurkunde auf den Namen Gilbowskaja ausstellen. Danach konnte ich eine Anstellung als Schneiderin in einer Kaserne finden. 1946 heiratete ich.

Ich hatte ein sehr schweres Leben. Meine Kindheit war fürchterlich. Sehr früh verwitwete ich und blieb mit drei Kindern alleine. Dies blieb nicht ohne Einfluss auf meine Gesundheit. Aufgrund meiner Allgemeinerkrankung habe ich einen Behindertenausweis. Ich wandte mich ans Kinderheim, um eine Bescheinigung zu erhalten, dass ich während der Besatzung dort war. Leider blieb das Archiv nicht erhalten. Ich war im Staatsarchiv des Gebietes Shitomir und suchte nach Informationen über mich und meine Eltern in der Zeit von 1941–43. Aber auch hierzu sind keine Unterlagen vorhanden …

Die Gräuel des in der Kindheit Erlebten sind nicht spurlos an mir vorbeigegangen. Mit dem Alter zeigt sich dies an meiner Gesundheit und meinem Gedächtnis. Einiges radiert die Zeit aus dem Gedächtnis. Wahrscheinlich habe ich einiges vergessen und nicht erwähnt.

Aber das Schlimmste werde ich nie vergessen. Woher nahm ich die Kraft? Wie konnte ich überleben? Es gibt nur eine Antwort: durch Menschen, ihre Hilfe, ihre Unterstützung und ihr Mitleid. All diesen Menschen danke ich ganz herzlich.

Vielen Dank auch Ihnen, dass Sie diese Zeilen lesen. Vielen Dank, dass Sie die Erinnerung an unschuldig Ermordete aufrechterhalten. Wir und unsere Nachfahren werden ihrer und der Geschichte unseres Volkes, das viel gelitten hat, gedenken.

2. Bezirk (Rayon) Baranowka

(ukr. Baraniwka, poln. Baranówka)

Ort: Baranowka

Von 1938 bis 1941 war Baranowka[12] Bezirkszentrum im Gebiet Shitomir der Ukrainischen Sozialistischen Sowjetrepublik, von 1941 bis 1944 Bezirkszentrum im Gebiet Zwiahel (Nowograd-Wolynski), Generalbezirk Shitomir. Seit 1991 ist Baranowka Bezirkszentrum im Gebiet Shitomir, Ukraine.

1939 lebten in Baranowka 1447 Juden, etwa 30 Prozent der Bevölkerung. Hinzu kamen 839 Juden in den umliegenden Dörfern.

Nach dem Überfall der Wehrmacht auf die Sowjetunion konnte eine Anzahl Juden fliehen oder wurde zur Roten Armee eingezogen. Etwa 70 Prozent der jüdischen Bevölkerung blieben in der Stadt. Am 6. Juli 1941 besetzten die Deutschen die Stadt und richteten Ende Juli in einigen kleinen Häusern in der Shaborizkaja-Straße ein offenes Ghetto ein, in das alle Juden ziehen mussten. Die Juden mussten eine weiße Armbinde mit einem Davidstern

---

12 Altman, Cholokost, S. 53; Encyclopedia of Camps and Ghettos, S. 1515 f.; The Yad Vashem Encyclopedia, S. 18.

tragen. Morgens wurden sie zur Zwangsarbeit aus dem Ghetto geführt. Kontakte zur ukrainischen Bevölkerung waren strikt verboten. Der Hungertod wütete im Ghetto.

Von Juli bis Oktober 1941 herrschte die Ortskommandantur in der Stadt. Im Oktober wurde die Zivilverwaltung eingerichtet.

Am 19. Juli 1941 wurden 74 Juden von Einheiten des Sonderkommandos 4a in der Stadt erschossen.[13] Am 29. Juli 1941 wurden 100 Juden in der Nähe des Ortes Poninka, südlich von Baranowka, erschossen.[14] In einer dritten »Aktion« wurden am 24. August 1941 sieben Kilometer außerhalb der Stadt 180 Juden ermordet. Im Oktober und November 1941 fanden weitere Massenerschießungen statt.

Im November 1941 wurden arbeitsfähige jüdische Männer in ein Zwangsarbeitslager in Nowograd-Wolynski deportiert. Nur Frauen, Kinder und alte Menschen blieben im Ghetto zurück.

Am 6. Januar 1942 wurden die letzten 594 Juden aus dem Ghetto getrieben und von ukrainischer Polizei an der Straße nach Nowograd-Wolynski ermordet.[15] Es waren die letzten Juden aus Baranowka und den nahe gelegenen Dörfern.

Zwischen Juli 1941 und Januar 1942 wurden mehr als 1000 Juden in Baranowka ermordet.

Ort: Rogatschow
(ukr. Rogatschiw, russ. Rogatschew, poln. Rohaczów)
Vor 1941 war Rogatschow[16] ein Dorf im Bezirk Baranowka, Gebiet Shitomir der Ukrainischen Sozialistischen Sowjetrepublik, von 1941 bis 1944 gehörte der Ort zum Bezirk Baranowka im Gebiet Zwiahel (Nowograd-Wolynski), Generalbezirk Shitomir, und seit 1991 zum Bezirk Baranowka im Gebiet Shitomir, Ukraine.

1923 lebten im Dorf 265 Juden in einer jüdischen Kolchose. Im Juni 1941 lebten im Dorf etwa 300 Juden.

Zwei Wochen nach der deutschen Invasion in die Sowjetunion wurde Rogatschow Anfang Juli 1941 von der Wehrmacht besetzt. Vorher war es einigen Juden gelungen zu fliehen. Etwa 70 Prozent der jüdischen Bevölkerung waren in Rogatschow geblieben.

Ende Juli 1941 richtete die deutsche Militärverwaltung im Zentrum des Dorfes ein offenes Ghetto ein. Die Juden mussten in einer einzigen Straße wohnen, einen gelben Stern als Erkennungszeichen tragen und Zwangsarbeit leisten. Es war ihnen verboten, ohne Erlaubnis das Ghetto zu verlassen oder Lebensmittel von den Ukrainern zu kaufen. Wer gegen diese Auflage verstieß, wurde von der ukrainischen Polizei erschossen.

---

13 Kruglow, Enziklopedija Cholokosta, S. 53.
14 Altman, Cholokost, S. 53; Kruglow, Chronika Cholokosta, S. 18.
15 Ebenda, S. 73; The Yad Vashem Encyclopedia, S. 19.
16 Altman, Cholokost, S. 861; Encyclopedia of Camps and Ghettos, S. 1565 f.; The Yad Vashem Encyclopedia, S. 660.

Im August 1941 wurden männliche Juden im Alter von 15 bis 50 Jahren ermordet.

Am 1. Oktober 1941 (Jom Kippur) wurden alle Juden mit ihren Familien im Clubhaus des Ortes zusammengetrieben. Nachdem 20 oder 25 Handwerker mit ihren Familien abgesondert worden waren,[17] wurden die Erwachsenen von den Kindern getrennt und in einem nahe gelegenen Wald an der Straße nach Kamennyi Brod ermordet. Zwei Tage später führten die Deutschen mit Unterstützung der ukrainischen Polizei die Kinder aus dem Clubhaus und ermordeten sie.

Die Handwerker wurden im November 1941 in das Ghetto von Nowograd-Wolynski deportiert. Einigen gelang es, zu fliehen und zu den Partisanen zu gehen.

Ewgenija Wainerman (Worona) (geb. 1930)
»Verlorene Jugen, verlorenes Lebens«

Ich, Ewgenija Aronowna Wainerman (Worona), wurde am 28. Juni 1930 im Städtchen Rogatschow, Bezirk Baranowka, Gebiet Shitomir, in einer kinderreichen Familie geboren. Wir waren acht Kinder. Mein Vater war Schuhmacher und meine Mutter Hausfrau. Zwei ältere Brüder waren Artillerie-Offiziere. Sie waren in den ersten Kriegstagen in der Nähe der Stadt Belostok verschollen. Nur ich und meine zwei Jahre ältere Schwester haben überlebt.

Der Krieg begann am 22. Juni 1941. Am 1. Juli kamen in unser Städtchen die ersten deutschen Soldaten. Aus unserem Städtchen hatte sich keiner evakuiert, denn erstens war die nächste Eisenbahnstation 20 Kilometer von uns entfernt, und zweitens wurde Propaganda verbreitet, damit keine Panik ausbricht. Im Städtchen lebten ca. 2000 Juden, hauptsächlich Handwerker und Mitglieder der Kolchose. Vor Ort war die Kolchose »Neues Leben«. Für die jüdische Bevölkerung begannen tragische Tage: Plünderungen und Tötungen. Im Städtchen herrschte die neue Macht der ehemaligen Gefängnisinsassen, Säufer, Diebe und anderer Parasiten. Sie alle wurden Polizisten. Außerdem gab es noch einen Kommandanten und Ältesten.

Alle Juden wurden in zwei Straßen eingepfercht, und es wurde ihnen befohlen, einen Davidstern auf dem Ärmel anzubringen. Wer sich weigerte, wurde an Ort und Stelle erschossen. Das Leben wurde fürchterlich. In den ersten Tagen wurden alle jungen Männer unter dem Vorwand »Arbeitseinsatz« weggebracht und erschossen. Dies dauerte bis zum 20. September 1941 an. Dann wurden alle im lokalen Kulturzentrum gesammelt. Man musste Schmuck und Wertsachen mitnehmen, weil angeblich wegen des Arbeitseinsatzes ein Umzug in eine andere Stadt bevorstand. Zum Kulturzentrum kamen viele Lkw, deutsche Soldaten und Polizisten. Alle Juden wurden auf diese Lastwagen geladen, in den Wald gebracht, wo schon ausgeschaufelte Gräben vorbereitet waren, und dort erschossen. Die Schießerei dauerte den ganzen Tag an.

Im Kulturzentrum wurden ca. 50 Handwerkerfamilien – Schumacher, Glaser, Schneider, Friseure und andere – für die Bedienung der Stadteinwohner ausgesucht. Zu diesen Handwerker-

---

17   Kruglow, Chronika Cholokosta, S. 42.

familien gehörten auch wir, weil unser Vater Schuhmacher war. Aber man sollte nicht lange arbeiten.

Anfang Dezember 1941 wurden alle Handwerkerfamilien nach Nowograd-Wolynski (Gebiet Shitomir), ca. zwei Kilometer von Rogatschow entfernt, vertrieben. Dort, an der Stelle des früheren Kriegsgefangenenlagers, war ein Arbeitslager. Nach der Flucht der Kriegsgefangenen zu den Partisanen, wurden Juden in diesen Holzbaracken untergebracht. Alle Baracken waren mit Stacheldraht umzäunt und wurden von Wachtürmen aus beobachtet. Wir arbeiteten ohne Pause vom frühen Morgen bis zum späten Abend. Wir mussten Waggons mit Holz und Heu zum Abtransport nach Deutschland beladen. Zu essen bekamen wir 500 Gramm Ersatzbrot, Rübensuppe und faule Pellkartoffeln.

Der Winter war 1942 sehr kalt: minus 25–30 Grad. Die Menschen konnten diese Temperaturen kaum aushalten. Jeden Samstag wurden Kranke erschossen. Wir quälten uns in diesem Lager bis Ende 1943, als es Partisanen gelang, einen Teil der Menschen zu befreien. Die meisten Menschen wurden aber erschossen.

Mein Vater war zwei Jahre bei den Partisanen. Alle anderen Mitglieder meiner Familie starben. Meiner Schwester und mir gelang es, ins Dorf Kikowo zu fliehen. Im Sommer versteckten wir uns dort im Wald in den Heuhaufen und im Winter in den benachbarten Dörfern, bis wir von der sowjetischen Armee befreit wurden.

Schmutzig, hungrig, barfuß, ohne Papiere und Obdach hatten wir es nicht leicht in den Nachkriegsjahren, aber wir hatten keine Angst mehr, erschossen zu werden. Bis 1948 arbeitete ich als Tagelöhnerin. 1948 konnte ich eine Anstellung in der Keramikfabrik in Baranowka bekommen und arbeitete dort bis zu meiner Hochzeit. 1953 heiratete ich meinen Nachbarn, als er demobilisiert wurde. Er war während der deutschen Besatzung zusammen mit mir im Lager. Nach der Heirat zogen wir in die Stadt Polonnoje, Gebiet Chmelnizki, und arbeiteten dort in der Keramikfabrik. Bis zu meiner Pensionierung aus gesundheitlichen Gründen (Behinderung aufgrund einer Berufserkrankung) arbeitete ich 30 Jahre in dieser Keramikfabrik.

Es ist sehr schwer, sich an all das zu erinnern, was wir erlebt und überlebt hatten. Es ist unmöglich, dies in ein paar Sätzen zu beschreiben oder zu erzählen. Wir lebten sehr arm, gingen aber alle zur Schule und träumten, dass es irgendwann besser würde. Aber es kam nicht zustande. Ich bekam keine Ausbildung, hatte keine glückliche Kindheit, keine Jugend und habe jetzt keinen leichten Lebensabend. Seit 25 Jahren bin ich krank. Auch in meiner Familie rumort es immer wieder. Mein Sohn ist 38 und von Kindheit an behindert. Für das erste Buch »Nur wir haben überlebt« konnte ich nicht schreiben, aber jetzt möchte ich mit meinem Bericht erreichen, dass die junge Generation erfährt, welchen Preis unser kluges, geduldiges, anständiges jüdisches Volk bezahlt hat.

Ich möchte als Gerechte unter den Völkern nennen: Pelageja Timoschtschuk und Fedor Petrowitsch Timoschtschuk. Sie riskierten ihr Leben und das Leben ihrer Familien, um uns und viele andere zu retten.

Es gab mehr gute, als schlecht Menschen, sonst hätten wir nicht überlebt.

Bronislawa Wassiltschenko (geb. 1928)
»Die Menschen wurden aus dem Städtchen gebracht und erschossen«

Ich, Bronislawa Wassiljewna Jakussewitsch-Wassiltschenko, wurde am 7. Juni 1928 im Städtchen Baranowka, Gebiet Shitomir, geboren. Mein Vater hieß Wassili Jakowlewitsch Jakussewitsch, meine Mutter hieß Marija Samoilowna. Sie hatten vier Mädchen: Bella, Manja, Ljuba und mich. Wir waren eine große Familie. An meinen Vater erinnere ich mich schlecht. Er wurde 1937 Opfer der Repressalien. Meine Mutter arbeitete in der Nähfabrik, sie war Meisterin. Die ältere Schwester Bella heiratete und zog nach Czernowitz. Wir, die anderen drei Schwestern, blieben bei der Mutter. Manja half der Mutter mit den Näharbeiten.

Als der Krieg ausbrach, war ich im Pionierlager im Dorf Tokarowka. Manja kam mich abholen. Da wurden Shitomir und Baranowka schon bombardiert. Mit einem Auto gelang es uns, Tokarowka zu verlassen und nach Baranowka zu kommen. Wir gerieten in ein Bombardement. An unserem Haus wurde eine Wand zerstört. Die Menschen, die Geld hatten, begannen, das Städtchen zu verlassen. Wer arm war, blieb. Wir blieben auch. Nach ein paar Tagen erschienen in der Ortschaft deutsche Straftruppen. Gleich darauf erscheinen auch Polizisten. Einer von ihnen hieß Mitka Belogus, ein anderer – German. Früher waren sie Holzfäller im Städtchen. Es war ein jüdisches Städtchen, deshalb kannten sie alle Juden, die in den Läden oder als Meister in den Fabriken arbeiteten, kurz gesagt, die höhergestellt waren. Meine Mutter gehörte auch dazu, denn sie war Meisterin, und ihr waren 12 Näherinnen unterstellt. Nach ein paar Tagen wurden alle Juden in das Gebäude getrieben, in dem früher ein Miliz-Revier untergebracht war. Menschen, die nicht gehen konnten, wurden mit einer Heugabel aufgespießt und auf den Lastwagen geworfen. Kleine Kinder wurden auf die Pferdewagen geworfen. Die Säuglinge wurden aus den Armen der Mütter gerissen und auch auf die Pferdewagen geworfen. Die Eltern wurden geschlagen. Die Menschen wurden aus dem Städtchen gebracht und erschossen.

Wir wurden auf die ukrainische Straße umgesiedelt. Unsere Mutter nähte und wurde am Leben gelassen. Aber nach einiger Zeit waren auch wir an der Reihe. Meine Mutter wurde zum Verhör gerufen. Sie wurde schlimm misshandelt, unter den Augenringen waren Fleischstücke ausgerissen, und die ganze Kleidung war voller Blut. Als sie ins Haus kam, mussten wir aufschreien und weinen. Am nächsten Morgen kamen Polizisten zu uns und brachten einen Jungen. Er hieß Garik. Sein Vater war Ukrainer und seine Mutter Jüdin. Der Junge wurde vorübergehend am Leben gelassen.

Manja war schwanger. Ihr Mann war an der Front, und sie entschloss sich, aus dem Städtchen zu fliehen. Als sich eine passende Möglichkeit bot, packte Manja ihre Sachen und ging. Wir wussten nicht, wohin sie gegangen war. Nach dem Verhör erkrankte unsere Mutter sehr schwer und wurde bettlägerig. Erneut kamen Polizisten und wollten wissen, wo die Nähmaschinen seien, an denen die Näherinnen gearbeitet hatten. Ein Polizist setzte sich auf das Bett und begann mit dem Messer, das Kissen aufzuschneiden, das auf Mutters Beinen lag. Danach richtete er seine Pistole auf Garik. Meine Mutter sagte ihm, wenn er töten wolle, solle er mit den Älteren anfangen. Wir standen an der Wand. Der Polizist griff nach einer Tasse auf dem Tisch, warf sie auf uns, und sie zerbrach. Danach gingen sie.

Als meine Mutter spürte, dass sie nicht mehr lange leben würde, entschloss sie sich, uns aus dem Städtchen wegzubringen. Aus dem Dorf Jawnoje kam eine Bekannte zu uns, als ob sie eine Marktfrau wäre, und holte uns ab. Sie legte uns auf den Boden des Pferdewagens, bedeckte uns mit Heu und schaffte uns aus dem Städtchen. Den ganzen Winter verbrachten wir auf dem Dachboden bei dieser Frau im Heu. Sie brachte uns regelmäßig Essen und einen Eimer für die Notdurft. An einem Abend kam unsere Wirtin zu uns auf den Dachboden und sagte, dass wir nach Kiew gehen sollten, denn sie hatte erfahren, dass unsere Mutter erschossen worden war, sagte uns aber nichts davon. Ljuba und ich sagten, wenn unsere Mutter erschossen würde, dann würden wir ins Dorf gehen, damit man uns ebenso tötete. Deshalb verheimlichte diese Frau uns die Wahrheit und sagte, unsere Mutter sei nach Kiew gegangen und wir sollten ihr folgen.

In der Nacht brachte sie uns in den Wald und zeigte uns, wie wir gehen sollten, um zur Hauptstraße zu kommen. Sie gab uns Brot und Milch mit. Wir hatten einige Kleider bei uns. Im Wald war es sehr kalt, es lag noch Schnee. Wir warteten auf den Morgen und gingen los. Als wir die Straße erreichten, wurde es wärmer. Wir zogen unsere Schuhe aus und gingen barfuß. Am Straßenrand bemerkten wir auf den Baumzweigen irgendwelche Holzsplitter, die mit Fäden angebunden waren. Jemand signalisierte damit etwas, aber wir Kinder dachten, dass unsere Mutter uns ein Zeichen gab, und gingen schneller. Unsere Füße bluteten vom Gehen.

Am Abend gingen wir in einem Dorf in ein Haus. Dort waren ein Mann, eine Frau und ein Kind. Wir baten, uns im Haus übernachten zu lassen. Der Mann sagte zu seiner Frau: »Wasch die Kinder, gib ihnen zu essen und leg sie schlafen!« Wir schliefen der Reihe nach, weil wir Angst hatten, dass Deutsche oder Polizisten reinkommen könnten. Am nächsten Morgen gaben sie uns zu essen, gaben uns Brot und Speck mit, und wir machten uns auf den Weg. Am zweiten Tag legten wir eine viel kürzere Strecke zurück, da unsere Füße sehr wehtaten. Am Abend klopften wir an eine Haustür. Der Hausherr kam heraus und sagte: »Oh, Juden kommen. Gleich rufe ich den Polizisten.« Wir sprangen aus der Haustür und rannten in den Wald. Bis zum Morgen waren wir im Wald und gingen am nächsten Tag weiter.

Es war nicht weit von Shitomir. Wir kamen zur Kreuzung der Straße Shitomir–Kiew. Dort stand ein deutsches Auto, das die Menschen nach Kiew bringen sollte. Wir baten, uns mitzunehmen, aber man musste für die Fahrt 30 Rubel bezahlen. Weil wir kein Geld hatten, gingen wir ins Dorf, verkauften zwei Kleider, jedes für 30 Rubel, und kauften uns die Fahrkarten. Wir hatten unterwegs sehr große Angst, dass die Deutschen uns in den Wald bringen und erschießen würden. Aber bis Kiew war es sehr weit, und wir mussten fahren. Als wir im Wagen saßen, fragten uns die Menschen, wohin wir führen. Wir sagten, dass wir nach Kiew zu unserer Schwester wollten. Wir erzählten, dass unser Haus und unsere Papiere verbrannt seien. Unsere Schwester Manja war damals in der Tat in Kiew, aber wir wussten es nicht. Ein Mann aus einem Dorf gab uns Speck und Brot und sagte, dass wir etwas zu essen bräuchten, bis wir unsere Schwester finden würden, denn in Kiew herrsche Hungersnot. Wir stiegen im Kiewer Vorort Swjatoschin aus dem Auto.

Ljuba hatte ein sehr jüdisches Aussehen. Bei mir war es anders. Ljuba musste die ganze Zeit ihr Gesicht mit einem Kopftuch verbergen und sprach wenig. Fragen, bitten, sprechen musste ich. Sobald wir das Auto verließen, begegneten uns zwei von Kiew kommende Frauen. Sie gingen nach Swjatoschin, um Kleidung gegen Lebensmittel umzutauschen. Wir kamen ins Gespräch, lernten uns kennen, wir erzählten ihnen von uns und verabredeten uns neben der Molkerei. Wir trafen uns dort, und sie holten uns zu sich. In Swjatoschin konnten wir eine Tasche voll Lebensmittel erbetteln. Diese Frauen waren aus Kiew. Eine von ihnen nahm uns zu sich nach Hause. Sie hieß Rosalija Felixowna Gaile. Sie lebte zusammen mit ihrer Schwester. Sogleich machten sie Wasser warm, badeten uns, aber es gab keine Kleider zum Wechseln. Eine der Frauen ging zu den Nachbarn und brachte uns einige Kleidungsstücke. Wir blieben eine Woche lang bei diesen Frauen. Ein paar Mal gingen wir zum Einwohnermeldeamt, um angeblich unsere Schwester zu suchen. Als wir einmal auf dem Rückweg waren, gerieten wir in eine Razzia.

Wir wurden in einen Raum getrieben und mussten dort den ganzen Tag bleiben. Als wir zur medizinischen Untersuchung mussten, saßen dort zwei junge russische Frauen. Die eine sagte zur anderen: »Juden!« Die andere antwortete: »Willst du leben? Sie wollen auch leben. Schweige!« Mit großer Angst überstanden wir diese medizinische Untersuchung. Wir hatten große Angst, jemand erführe, dass wir jüdisch sind. Und wir hatten auch große Angst, getrennt zu werden. Am nächsten Morgen wurden wir mit einer Straßenbahn zum Bahnhof geschickt. Wir bekamen eine Wurst, einen Laib Brot und wurden in Viehwaggons wie Tiere verladen.

Wir waren etwa eine Woche unterwegs. Wir schliefen in den Waggons auf dem blanken Boden. Unterwegs bekamen wir irgendwelche Suppe: Essensreste, die mit Wasser aufgegossen waren. In Deutschland wurden wir 75 Menschen gleich auf einen Bauernhof zur Erbsenernte geschickt. Den ganzen Monat arbeiteten wir im Feld: durchnässt und hungrig. Es regnete, und es gab keine Möglichkeit, sich zu trocknen. Wir arbeiteten vom frühen Morgen bis zum späten Abend. Wir lebten in einem Stall. Oben waren Tauben, ihr Schmutz fiel uns direkt auf die Köpfe. Im Heu auf dem Boden waren Ratten. Zu essen bekamen wir eine Erbsensuppe mit Maden. Die Maden sammelten wir an der Oberfläche der Flüssigkeit und warfen sie weg. Die Flüssigkeit aßen wir dann. Wir hatten Hunger und bekamen nichts anderes.

Nachdem wir mit der Arbeit auf dem Bauernhof fertig waren, wurden wir ins Sammellager geschickt. Dorthin kamen deutsche Frauen und suchten sich saubere, hübsche Mädchen aus. Ljuba war hübsch, sie hatte einen dicken Zopf, dicke schwarze Haare. Sie wurde ausgesucht, ich aber nicht. Wir weinten und baten, uns zusammen zu nehmen. Auch andere Mädchen baten für uns: »Herr, Herr, zwei Schwestern!« Die deutsche Frau schubste Ljuba von sich weg und wir blieben zusammen.

Nach der Auslese blieben 57 Mädchen zurück. Dann kam eine Deutsche mit dem Fahrrad. Sie hatte einen weißen Kittel an und führte uns zum Fabriktor. Aus der Fabrik kamen Mädchen. Es waren Russinnen. Sie waren schmutzig, verstaubt, mit Maschinenöl befleckt. Später erfuhren wir, dass es eine Weberei in der Stadt Wolfenbüttel war. Wir wurden sehr schlecht behandelt. Man beschimpfte uns: »Russisches Schwein!« Auf dem Ärmel hatten wir eine Binde mit der Aufschrift: »Ost«, am Hals trugen wir auf einem Band eine Nummer. Ljuba hatte die Nummer 54 und ich 57. Wir mussten dort sehr schwer arbeiten. Wir entluden Waggons, schoben Wagen mit Leinenrollen und arbeiteten an den Maschinen. Wir bekamen sehr schlechtes Essen und wurden geschlagen, besonders die Kleineren. Man brachte uns oft zur Reinigung der Stadt Braunschweig, 12 Kilometer entfernt von Wolfenbüttel. Wenn das Bombardement anfing, wurden wir nicht in die Keller eingelassen. Man sagte: »Die Russen sollen die Russen töten.« Im Bombardement rannten wir 12 Kilometer zu unserem Lager. Es war aber verboten, früher ins Lager zurückzukehren. Man wurde dafür geschlagen. So blieben wir bis zum Abend im Wald und gingen dann ins Lager. Keinen kümmerte es, ob du krank oder gesund warst, man wurde gezwungen, zur Arbeit zu gehen. Der Meister in der Fabrik hieß Schtruba. Zusammen mit uns arbeiteten auch Deutsche. Eine hieß Elsa. Sie hasste uns. Die andere, Antschi, half uns: Sie gab uns Kohl, Rüben, Karotten, ohne dass jemand es sah. Mal gab sie uns einen Apfel, mal ein Butterbrot und zeigte uns ihr Mitgefühl. Wir freuten uns darüber. Wir hielten die Rüben unter heißes Wasser, und das war eine kleine Abwechslung zu unserem schlechten Essen.

So arbeiteten und lebten wir bis zur Befreiung. Wir wurden von den Amerikanern befreit. Die ganze Zeit hatten wir Angst, dass jemand von unserer Nationalität erführe und wir erschossen würden. Nach drei Monaten wurden wir in Richtung Elbe, ich weiß nicht, wie die Stadt hieß, geschickt. Alle wurden kontrolliert und nach Hause geschickt. Einen ganzen Monat waren wir unterwegs. Wir erkrankten an Krätze. Die Beine schwollen an und waren mit Wunden bedeckt. Als wir nach Baranowka kamen, erfuhren wir, dass unsere Mutter erschossen und unser Haus zerstört worden war. Wir hofften die ganze Zeit, dass unsere Mutter überlebte.

Einige Zeit lebten wir bei den Nachbarn. Wir gingen arbeiten. Dann wurde Ljuba von einem Onkel nach Luginy, Gebiet Shitomir, abgeholt, ich blieb in Baranowka. Nach Baranowka kehrte nach dem Krieg ein Cousin meiner Mutter, Samuil, zurück. Seine Frau und zwei Kinder waren von den Deutschen erschossen worden. Er holte mich zu sich. Nach ein paar Monaten kam Manja nach Baranowka und holte mich zu sich nach Saporoshje, wo ich noch heute lebe.

Alle vier Schwestern blieben am Leben, und wir waren sehr froh, wieder zusammen zu sein.

Bella lebt jetzt nicht mehr, sie verstarb. Ljuba lebt zusammen mit ihrer Familie in Israel. Manja lebt zusammen mit ihrer Familie in den USA und ich in der Ukraine.

3. Bezirk (Rayon) Berditschew

(ukr. Berdytschiw, poln. Berdyczów)

In einem Rundschreiben des Gebietskommissars in Berditschew, Erwin Göllner, vom 27. November 1941 an den Bürgermeister von Berditschew und die Rayonchefs von Berditschew, Andruschjowka und Januschpol wurde eine Judenabgabe je Person von 10,- Reichsmark (100 Rubel) festgesetzt. Der Jurist Erwin Göllner war von September 1941 bis November 1943 Gebietskommissar in Berditschew. Von 1954 an war er im hessischen Innenministerium tätig, dort seit 1962 Leiter der Abteilung Ziviler Bevölkerungsschutz.[18]

---

18 VEJ 8, S. 138.

Ort: Berditschew

Vor 1941 war Berditschew[19] Bezirkszentrum im Gebiet Shitomir der Ukrainischen Sozialistischen Sowjetrepublik. 1941 bis 1944 war die Stadt Bezirks- und Gebietszentrum im Generalbezirk Shitomir. Seit 1991 ist Berditschew Bezirkszentrum im Gebiet Shitomir, Ukraine.

1939 lebten in Berditschew 23 266 Juden bei einer Gesamtbevölkerung von 66 306 Menschen.

Am 7. Juli 1941 wurde die Stadt von der deutschen Wehrmacht besetzt. Nur einem Drittel der jüdischen Bevölkerung war es gelungen, den Ort zu verlassen. 20 000 Juden waren in der Stadt geblieben. Schon nach drei Tagen erlegte der Stadtkommandant den Juden eine Kontribution von 100 000 Rubel in Bargeld, 15 Paar Chromlederstiefel und sechs Perserteppiche auf. Es dürfte sich um einen Akt persönlicher Bereicherung gehandelt haben. Juden wurden gejagt, ermordet und Synagogen angezündet. Am 10. Juli 1941 ermordete das Sonderkommando 4a 300 Juden, am 28. Juli noch einmal 148 Juden,[20] und Ende Juli ermordeten die Deutschen etwa 850 jüdische Männer.

Am 26. August 1941 erließ die Ortskommandantur einen Befehl zur Einrichtung eines Ghettos. Die Juden mussten in ein offenes Ghetto im Stadtteil Jatki, einem der ärmsten Teile der Stadt, umsiedeln. Es war den Juden verboten, Möbel mit ins Ghetto zu nehmen. In kürzester Zeit war das Ghetto völlig überbelegt.

Der Stab des Höheren SS- und Polizeiführers Russland Süd unter Leitung von SS-Obergruppenführer Friedrich Jeckeln richtete in Berditschew sein Hauptquartier ein.

Am 25. August 1941 ermordeten SS und eine Polizeistabskompanie mehr als 500 Juden. Am 27. August 1941 ermordete die gleiche Einheit noch einmal 2000 Juden aus dem Ghetto.[21] Am 4. September 1941 wurde eine »Reinigungs«-Aktion gegen die Juden im Ghetto durchgeführt. Jeckeln ließ 1303 Juden festnehmen. Sie wurden alle noch am gleichen Tag erschossen. Russische Kriegsgefangene hatten in der Nähe des Dorfes Chashino entlang der Bahnlinie zwei tiefe Gruben ausgehoben. Jeckeln bezifferte in seinem Bericht nach Berlin die Zahl der Opfer auf 1303 Juden, darunter 876 Jüdinnen über 12 Jahren.[22] Am 15. September 1941 umzingelte deutsche und ukrainische Polizei das Ghetto. An fünf von Kriegsgefangenen bereits vorbereiteten Gruben auf einem Feld in der Nähe des Flugplatzes erschossen das Polizeiregiment Süd, das Reservepolizeibataillon 45 und Jeckelns Stabskompanie 18 600 Juden.[23] 400 Handwerker mit ihren Familien, insgesamt 2000 Menschen, blieben verschont. Die Außen-

---

19 Altman, Cholokost, S. 76 ff.; Grossman, Das Schwarzbuch, S. 59–71; Enzyklopädie des Holocaust, S. 185; Encyclopedia of Camps and Ghettos, S. 1517–1520; The Yad Vashem Encyclopedia, S. 35 f.
20 Kruglow, Chronika Cholokosta, S. 17.
21 The Yad Vashem Encyclopedia, S. 36.
22 Rhodes, Die deutschen Mörder, S. 218; Kruglow, Enziklopedija Cholokosta, S. 56.
23 Browning, Die Entfesselung der »Endlösung«, S. 425; Rhodes, Die deutschen Mörder, S. 219 f. Andere Quelle geben die Zahl der Opfer mit 12 000 und 12 000 bis 15 000 an.

stelle des Generalquartiermeisters der Wehrmacht lieferte für das Massaker 100 000 Schuss Munition an Jeckeln.[24]

Am 30. Oktober 1941 begannen die Nazis, das Ghetto leer zu morden. Bis zum 1. November trieb die ukrainische Polizei alle Juden in ein nahe gelegenes Karmeliter-Kloster, das als Gefängnis diente. Am 3. November wurden zuerst etwa 800 Männer erschossen, danach die Frauen und Kinder. Die Erschießungen der etwa 2000 Menschen wurden vom Einsatzkommando 5 zusammen mit der ukrainischen Polizei außerhalb der Stadt im Gebiet der Sowchose Sakulino durchgeführt.[25] Nur noch 150 Handwerker blieben am Leben.

Am 25. Februar 1942 wurden die etwa 350 in Berditschew verbliebenen Juden in ein Arbeitslager in den Kasernen von Kranaja Gora umgesiedelt. Von Mai bis Juni 1942 kamen weitere 700 Juden aus den liquidierten Ghettos der Umgebung hinzu. Am 16. Juli 1942 wurde das Arbeitslager aufgelöst. Lediglich 60 Handwerker wurden ausgesucht und ins Gefängnis der Sicherheitspolizei gebracht. Die übrigen etwa 1000 jüdischen Handwerker wurden auf dem früheren Schießplatz der 14. Kavallerie-Division erschossen. Die 60 Handwerker wurden am 13. November 1943 und am 3. Januar 1944 erschossen. Am 27. April 1942 wurden 70 Jüdinnen, die mit Nichtjuden verheiratet waren, außerhalb des Ghettos zusammen mit ihren Kindern ermordet.[26]

Berditschew wurde am 15. Januar 1944 durch die Rote Armee befreit. 15 Juden hatten in der Stadt überlebt.

Ort: Januschpol (ukr. Iwanopil)

Vor 1941 war die Stadt Bezirkszentrum im Gebiet Shitomir der Ukrainischen Sozialistischen Sowjetrepublik. Zwischen 1941 und 1943 war Januschpol[27] Bezirkszentrum im Gebiet Berditschew im Generalbezirk Shitomir. Seit 1991 gehört die Stadt zum Gebiet Shitomir, Ukraine.

1939 lebten in der Stadt Januschpol 721 Juden, etwa zehn Prozent der Bevölkerung. Im gesamten Bezirk lebten nur 963 Juden.

Die Stadt wurde am 3. Juli 1941 von deutschen Truppen besetzt. Im Juli führte eine Abteilung des Einsatzkommandos 5 erste antijüdische »Aktionen« durch. In der Ereignismeldung UdSSR Nr. 58 vom 20. August 1941 ist über Januschpol vermerkt: »In Januschpol, einer Stadt mit etwa 25 Prozent Juden, haben in den letzten Tagen vor allem die jüdischen Frauen ein freches und anmaßendes Verhalten an den Tag gelegt wegen der ihnen auferlegten Beschränkungen. Sie rissen sich und ihren Kindern hierbei die Kleider vom Leibe. Als vorläufige Vergeltungsmaßnahme sind von dem erst nach Wiederherstellung der Ruhe eingetroffenen Kommando zunächst 13 männliche Juden erschossen worden. Weitere Vergeltungs-

---

24 Pohl, Die Herrschaft der Wehrmacht, S. 270.
25 Kruglow, Chronika Cholokosta, S. 53.
26 Gilbert, Endlösung, Karte 118.
27 Altman, Cholokost, S. 1135; Encyclopedia of Camps and Ghettos, S. 1529.

maßnahmen folgen.«[28] Bereits im Juli 1941 wurde in der Stadt ein offenes Ghetto eingerichtet. Die Juden mussten einen gelben Davidstern auf ihrer Kleidung tragen und Zwangsarbeit leisten. Im Winter 1941/42 litten die Bewohner des Ghettos unter Hunger und Kälte.

Am 20. Mai 1942 wurden 680 Juden in Januschpol ermordet.[29] Etwa 80 arbeitsfähige Juden wurden ausgewählt und in ein Arbeitslager in Berditschew deportiert. Anderen Quellen zufolge erschossen die deutschen Einheiten in Januschpol 520 einheimische Juden und etwa 400 Juden aus umliegenden Orten, zusammen mit 60 Roma. Von den wenigen Juden, die entkommen konnten, gingen einige zu den sowjetischen Partisanen.[30]

Die anderen Juden des Bezirks Januschpol lebten hauptsächlich in den Dörfern Raigorodok, Krasnopol und Stetkowzy. Dort wurden die Juden am 10. September 1941 und im Juli 1942 ermordet.

Am 7. Januar 1944 wurde Januschpol befreit.

Ort: Raigorodok

Vor 1941 gehörte das Dorf[31] zum Bezirk Januschpol im Gebiet Shitomir der Ukrainischen Sozialistischen Sowjetrepublik. Seit 1991 gehört Raigorodok zum Bezirk Berditschew im Gebiet Shitomir, Ukraine.

1926 lebten in Raigorodok 665 Juden, das waren 28,7 Prozent der Bevölkerung.

Am 9. Juli 1941 wurde der Ort von der deutschen Wehrmacht besetzt. Schon in den ersten Tagen wurden Juden verprügelt, ausgeraubt und zur Zwangsarbeit herangezogen. Auf der Brust mussten sie einen gelben Stern tragen.

Am 15. Juli wurden die Juden in das in halb zerstörten Häusern eingerichtete Ghetto getrieben. Am 10. September 1941 trieben deutsche Sicherheitspolizei und ukrainische Polizisten die Juden aus ihren Häusern in einen Wald und erschossen sie. Zeugenaussagen zufolge wurden 140 Juden ermordet. Am 25. Juli 1942 wurden 47 Juden aus Januschpol ins Ghetto getrieben und am nächsten Tag zusammen mit einheimischen Juden erschossen.

Zwischen 1941 und 1942 wurden in Raigorodok 157 Juden ermordet.[32]

Im Januar 1944 wurde Raigorodok befreit.

Sofija Jakubowa (geb. 1922)
»Weder ich, meine Kinder, noch meine Enkelkinder werden meine Retter vergessen«

Ich, Sofija Borissowna Jakubowa, geborene Gleiser, wurde 1922 im Dorf Raigorodok, Bezirk Berditschew, Gebiet Shitomir, geboren. Vor dem Kriegsausbruch arbeitete ich als Grundschullehrerin im

---

28 Mallmann, Die »Ereignismeldungen UdSSR«, S. 319.
29 Altman, Cholokost, S. 1135.
30 Encyclopedia of Camps and Ghettos, S. 1529 f.
31 Altman, Cholokost, S. 836.
32 Encyclopedia of Camps and Ghettos, S. 1529.

Dorf Teterka, Bezirk Tscherwonoarmeisk,[33] Gebiet Shitomir. Mein Vater Boris Samoilowitsch wurde 1886 geboren, meine Mutter Bella Borissowna 1885. Meine Schwester Zilja war Krankenschwester und leitete die Entbindungsstation im Städtchen Januschpol im Gebiet Shitomir.

Am 9. Juli 1941 wurde die Ortschaft Raigorodok von Nazi-Truppen besetzt. Am 11. Juli, als die deutschen Soldaten Januschpol besetzten, konnte meine Schwester Zilja mit Müh und Not nach Hause kommen. Die deutschen Besatzer gingen von Haus zu Haus, plünderten die Wohnungen, warfen die Einwohner auf die Straße und zwangen sie, die Löcher auf den Straßen auszubessern und ihre schweren Wagen zu schieben. Die nationalistischen Verräter aus der einheimischen Bevölkerung denunzierten die Juden. Sie baten die Nazis, die Juden mit den Knäufen zu schlagen, mit den Füßen zu treten und ihnen die schwerste Arbeit aufzuerlegen.

Um die Juden von der einheimischen Bevölkerung zu isolieren, befahlen die Machthaber den Juden, auf der linken Brustseite einen gelben Davidstern zu tragen. Am 15. Juli 1941 wurden alle Juden aus ihren Häusern geworfen und ins Ghetto getrieben. Das Ghetto bestand aus halb zerstörten Häusern weit entfernt von der einheimischen Bevölkerung. Diese Deportation wurde von der Beraubung der Juden begleitet. Die Juden durften nicht ohne Erlaubnis auf der Straße erscheinen, und wenn jemand es riskierte, wurde er an Ort und Stelle erschossen. Nachts gingen die deutschen Soldaten Streife. Einheimische Polizisten missbrauchten jüdische Mädchen und Frauen. Wir jungen Menschen wurden zur Arbeit in die Kornkammer der Kolchose getrieben und mussten das Korn reinigen. Abends brachte man uns zurück ins Ghetto. Am schlimmsten hatten es Alte, Kranke und Kinder. Neben dem ständigen Hunger waren sie Opfer der betrunkenen Polizisten, die die Türen eintraten und sie fast totschlugen.

Am 10. September 1941 wurden um 6 Uhr morgens die unschuldigen Menschen, Alte und Kinder, von deutschen Henkern und einheimischen Polizisten aus dem Ghetto abgeführt. Man führte sie in ein leer stehendes Haus. Im Ghetto zu bleiben, erlaubte man nur Fachkräften, den Handwerkern. Mein Vater, der Schuhmacher, und meine Mutter, eine Näherin, durften bleiben. Meine Schwester Zilja stand neben mir und sagte: »Flieh! Ich werde getötet. Mich kennt hier jeder. Rette dich!« Ich konnte fliehen. Alle anderen Juden wurden im Fußmarsch in den Wald von Raigorod geführt. Dort warteten von unseren Kriegsgefangenen geschaufelte Gruben auf sie. Die Todgeweihten wurden an den Grubenrand gestellt und mit der Maschinenpistole erschossen. Manche wurden lebendig in die Grube geworfen. Ich konnte dieser Erschießung entkommen, schlich mich auf den Dachboden eines verlassenen Hauses und lag dort zwei Tage. Da ich wusste, dass meine Eltern im Ghetto waren, versuchte ich mit Müh und Not, nachts das Ghetto zu erreichen.

Polizisten brachten jeden Tag Juden aus Berditschew und benachbarten Ortschaften ins Ghetto. Diese Menschen hatten den Erschießungen entkommen können und in Verstecken gelebt. Ins Ghetto kamen auch Juden aus den benachbarten Ortschaften, wo sie vor einer totalen Vernichtung flohen und hofften, im Ghetto zu überleben.

---

33 Am 19. Mai 2016 wurde der Bezirk im Zuge der Entkommunisierung der Ukraine auf seinen alten Namen »Puliny« zurückbenannt.

Man zwang uns zur Landarbeit in der lokalen Kolchose. Viele arbeiteten im Straßenbau, schleppten Steine und Sand. Ich erinnere mich, dass der Winter 1942 sehr kalt war. Es gab viel Schnee. Den ganzen Winter mussten wir die Straßen von Schnee reinigen, damit die deutschen Wagen vorwärtskommen konnten. Wir wurden gewarnt, dass, wenn jemand fliehen würde, alle Juden des Ghettos erschossen würden. Man brauchte keine Bewachung für uns, denn diese Warnung war effektiver als jede Wache.

Dankbar bin ich vielen Einheimischen. Sie hatten Mitleid mit uns, brachten uns Brot und anderes Essen. In den ersten Kriegsmonaten war die Mehrheit der Bevölkerung uns gegenüber sehr feindlich eingestellt. Aber ich möchte von guten Menschen berichten, die uns Juden halfen.

Ich erinnere mich, dass am 25. Juni 1942 um 10 Uhr abends von Deutschen und Polizisten eine neue Gruppe Juden ins Ghetto gebracht wurde. Es waren junge Menschen, Alte, Frauen und viele Kinder aus Januschpol. Die Erwachsenen weinten, die Kinder baten um Essen.

Wir spürten, was uns erwartete ... Diese Stunde kam. Am 26. Juli 1942 fand die totale Vernichtung der verbliebenen Juden statt. Die Gruben wurden im Voraus von unseren Kriegsgefangenen auf dem jüdischen Friedhof im Dorf Raigorodok geschaufelt. Die todgeweihten Opfer wurden von deutschen Soldaten und ukrainischen Polizisten umstellt und dann erschossen, die Kranken und Kinder warf man lebendig in die Gruben. Meine Mutter Bella Borissowna wurde bei dieser »Aktion« ermordet.

Mein Vater und ich konnten fliehen. Ich versteckte mich im Garten von Maria Matkowskaja, jetzt Dsjubenko, in einem Graben. Mein Vater versteckte sich im Garten der Kolchose. Der Vater von Maria Matkowskaja war Wachmann in diesem Garten und half ihm. In der Nacht traf ich meinen Vater in der Wohnung der Familie Matkowskij. Nachts irrten wir umher auf der Suche nach einer Bleibe. Fremde Menschen gaben uns zu essen. In der Nacht erreichten wir das Dorf Klitenka, Bezirk Chmelnik, Gebiet Winniza. Wir klopften an der Tür von Janina Cholkowskaja, die zusammen mit ihren drei Töchtern wohnte. Mein Vater nähte und reparierte Schuhe. Wir wohnten dort illegal: mal auf dem Dachboden, mal im Keller. Janina warnte ihre Kinder, niemandem von uns zu erzählen, denn es bedeutete Tod. Manchmal übernachteten wir im Feld in einem Heuhaufen.

Danach gelangten wir ins Dorf Osytschna, Bezirk Chmelnik, Gebiet Winniza. Wir fanden Unterschlupf bei Familie Belezkij. Der Hausherr Metschislaw, seine Frau und seine Tochter Wazislawa lebten in der Stadt Berditschew. Sie wussten, dass wir Juden waren. Mein Vater weinte und sagte, er sei ein Schuhmacher, würde Schuhe nähen und reparieren und möchte seine Tochter Sofia in die Freiheit bringen.

Anfang 1943 waren wir im Dorf Krishanowka, Bezirk Chmelnik, Gebiet Winniza. Uns begegnete der Hausherr Iosyp Poljak. Wir sagten ihm, dass wir Juden seien und Angst zu sterben hätten. Er lud uns in sein Haus ein, wo er mit seiner Frau und drei Töchtern lebte.

Danach gelangten wir ins Dorf Sloboda-Kustowedka, Gebiet Winniza. Von anderen Menschen erfuhren wir, dass in diesem Dorf Kriegsgefangene und andere jüdische Familien mit ukrainischen Pässen Unterschlupf gefunden hätten. Wir übernachteten auf dem Friedhof und gingen ins Dorf. Wir sprachen den Hausherren Marko Ilkowitsch Stojunda, geb. 1917, an. Wir erzählten ihm alles von uns. Er lud uns in sein Haus ein. Seine Frau Nina, geb. 1924, begegnete uns mit Respekt. In ihrem Haus schlief ein Junge Wassili, geb. 1934. Wir lebten bei ihnen illegal. Mein Vater nähte und reparierte Schuhe. Selbst dann, als im Dorf ein deutscher Stab stationiert war, gaben sie uns Obdach.

Marko Stojunda empfahl uns sichere Unterkünfte. Wir kamen zu Iwan Nikiforowitsch Polischtschuk und seiner Frau Ewa, die zwei Söhne, Wassili und Stanislaw, hatten. Wir sagten, dass wir von Marko kämen. Er nahm uns auf. Nach Empfehlung von Stojunda und Polischtschuk fanden wir Unterschlupf auch in der Familie Stepan Stojunda, der mit seiner Frau und seinem Sohn Iwan zusammenlebte. Alle diese Gastgeber leben nicht mehr. Ihr Sohn Iwan Stepanowitsch lebt in der Stadt Berditschew. Seine ganze Familie nahm uns in Schutz vor Deutschen und Polizisten, von denen es sehr viele im Dorf gab.

1943, die Frontlinie kam näher. Die deutschen Kommandeure vermeldeten, dass unser Dorf ins Dorf Popowka, Gebiet Winniza, evakuiert werden sollte. Wir bekamen Angst. Wir hatten Angst, vor die Augen der Deutschen und Polizisten zu kommen. Die Familie von Marko Stojunda und Iwan Polischtschuk entschloss sich, uns ins Dorf Popowka mitzunehmen. Keiner der Polizisten und Deutschen bemerkte uns. Wir fanden alle zusammen Unterschlupf im Dorf Popowka beim Hausherrn Serdjuk, der am Dorfrand lebte. Sie sagten ihm, dass wir Einwohner des Dorfes Sloboda-Kustowedka seien.

Dort feierten wir unsere Befreiung. Vielen Dank ihnen allen! Ich erinnere mich, dass ich um fünf Uhr morgens zusammen mit Lena, der Tochter des Hausherrn, beobachtete, wie sich die letzten deutschen Soldaten zurückzogen. Dann rannten wir in den Wald. Am Dorfrand rief ein Soldat auf Russisch: »Halt, wer kommt?« Wir freuten uns sehr und überzeugten uns, dass endlich die lang ersehnte Befreiung von den Nazi-Henkern und ihren Handlangern gekommen war.

Mein Vater Boris Samojlowitsch Gleiser lebt nicht mehr. Mein Mann Iosif Jakubow, Kriegsinvalide, lebt auch nicht mehr. Ich habe zwei Söhne. Sie haben schöne Familien, und ich habe drei Enkelkinder. Weder ich, meine Kinder noch meine Enkelkinder werden meine Retter vergessen. Trotz des Risikos, erschossen zu werden, retteten sie uns.

4. Bezirk (Rayon) Dsershinsk

Vor 1939 Romanow, seit dem 9. Juli 2003 wieder Romanow (ukr. Romaniw).
1933 wurde durch das Zentrale Exekutivkomitee der UdSSR der Bezirk Romanow in Dsershinsk umbenannt. Zwölf Jahre nach der Unabhängigkeit der Ukraine, im Jahr 2003, erhielt der Bezirk wieder den Namen Romanow.

Während der Zeit der deutschen Okkupation wurden im Bezirk Dsershinsk 4384 Zivilisten ermordet, davon waren 4001 Juden.[34]

---

34 Kruglow, Enziklopedija Cholokosta, S. 59.

Ort: Dsershinsk

Bis 1933 hieß die Stadt Romanow. Sie war Bezirkszentrum im Gebiet Shitomir der Ukrainischen Sozialistischen Sowjetrepublik. Von 1941 bis 1943 war Dsershinsk[35] Bezirkszentrum im Gebiet Tschudnow des Generalbezirks Shitomir. Nach 1991 war Dsershinsk Bezirkszentrum im Gebiet Shitomir, Ukraine. 2003 erhielt die Stadt ihren alten Namen Romanow (ukr. Romaniw) zurück.

1939 lebten in Dsershinsk 1720 Juden, 24 Prozent der Bevölkerung.

Am 7. Juli 1941 wurde der Ort von Einheiten der deutschen 6. Armee besetzt. Wenige Hundert Juden konnten vorher noch nach Osten evakuiert werden oder wurden zum Militärdienst einberufen. Etwa drei Viertel der jüdischen Bevölkerung blieben in Dsershinsk. Durch jüdische Flüchtlinge stieg die Zahl wieder auf 1800 bis 2000.

Kurz nach der Besetzung befahl die Ortskommandantur, alle Juden zu registrieren. Juden mussten eine Armbinde tragen und Zwangsarbeit leisten.

Ende Juli 1941 erklärte die Ortskommandantur zwei Straßen zu einem offenen Ghetto, das durch die örtliche Polizei bewacht wurde. Juden durften das Ghetto nicht verlassen und auch keine Lebensmittel bei Ukrainern kaufen, was sehr schnell eine Hungersnot zur Folge hatte. Von Juli bis Oktober 1941 war die Ortskommandantur für die Verwaltung des Ortes zuständig. Sie richtete eine örtliche Verwaltung ein und rekrutierte ukrainische Polizisten. Ende Oktober 1941 übernahm eine deutsche Zivilverwaltung die Verantwortung in der Stadt, die Teil des Gebietes Tschudnow wurde. HJ-Oberstammführer Dr. Blümel wurde Gebietskommissar.

Am 25. August 1941 wurden in einer ersten »Aktion« an zwei Gruben im Wald in der Nähe des Ortes durch das 45. Reserve-Polizeibataillon 549 Juden erschossen.

Nach diesen ersten Erschießungen wurden Ende des Sommers bis Anfang Herbst über 100 Fachleute mit ihren Familien in ein Viertel hinter dem Sägewerk getrieben, wo sie bis Mitte Juni 1942 blieben.[36]

Mitte Oktober 1941 erschossen ukrainische Polizisten in einem öffentlichen Park mehr als 100 Juden. Am 23. Oktober 1941 wurde das Ghetto aufgelöst. Ukrainische Polizei erschoss etwa 850 ältere Männer, Frauen und Kinder in einem Wald nahe der Stadt. Nach dieser »Aktion« blieben nur noch jüdische Handwerker mit ihren Familien am Leben, etwa 300 Personen. Am 7. Dezember 1941 erschoss ukrainische Polizei 168 von ihnen auf dem Militärflugplatz von Dsershinsk. Die übrigen 122 Juden wurden am 15. Juni 1942 im Park des Ortes erschossen.

Insgesamt wurden in den Jahren 1941 und 1942 etwa 1800 Juden an verschiedenen Stellen in Dsershinsk ermordet. Am 28. September 1941, im Dezember 1941 und im Januar 1942 wurden in den umliegenden Dörfern 294 Juden ermordet.

---

35 Altman, Cholokost, S. 270; Encyklopedia of Camps and Ghettos, S. 1525 f.
36 Altman, Opfer des Hasses, S. 110.

Jakow Rudjuk
»Das Umherirren«

An jenem sonnigen Tag, dem 1. September 1939, spielten wir, eine Kinderschar im Alter von zehn bis zwölf Jahren, wie immer im Hof der Mühle, die nicht weit von unserem Haus hinter dem Kartoffelfeld war. So mit dem Spielen beschäftigt, waren wir nicht auf die Flugzeuge aufmerksam geworden, die über uns flogen. Plötzlich hörten wir das Heulen der fallenden Bombe und dann die Explosion: Die Bombe traf die Ecke der Mühle. Uns rettete die Tatsache, dass wir auf der gegenüberliegenden Seite spielten. Dies erfuhr ich erst später. Damals schossen wir tief erschrocken in alle Himmelsrichtungen auseinander, was uns auch rettete. Die nächste Bombe fiel genau auf die Stelle, wo wir gerade gespielt hatten. Wir lagen aber an einem sicheren Ort, im Kartoffelfeld. Die heiße Explosionswelle, Asche und Splitter flogen über uns hinweg, ohne jemanden von uns zu verletzen. Auf diese Art und Weise entkam ich an jenem Tag dem Tod um 20 Meter.

Als ich nach Hause kam, fand ich meine Mutter weinend vor. Sie wusste, wo wir normalerweise spielten, und sah, dass die Mühle bombardiert wurde, sodass sie nicht mehr damit rechnete, mich lebend wiederzusehen. Während dieser Bombardierung waren mein Bruder Genoch und mein Vater bei der Arbeit. Mein Vater arbeitete in der Ziegelei, mein Bruder in der Mühle, etwa einen halben Kilometer von unserer Straße Mlynna entfernt. Als meine Mama mich lebend und unverletzt sah, beruhigte sie sich und schickte mich mit Gerschko zur Erkundung. Ich ging zur Ziegelei und mein Bruder zur Mühle. Der Weg zur Arbeit meines Vaters wurde für mich zum zweiten furchtbaren Erlebnis an jenem Tag. Nicht weit von der Ziegelei sah ich die ersten Toten. Über der Erde stand noch der Rauch der Explosionen, die Häuser brannten, ringsherum lagen Tote und die Menschen halfen den Verletzten. Dies alles sah ich wie im Nebel, denn ich lief und weinte aus Angst, meinen Vater nicht mehr lebend wiederzusehen.

Plötzlich hielt ich vor einem furchtbaren Bild an: Vor mir lag eine tote Frau, auf ihr krabbelte ein Säugling, der an der Brust der toten Mutter saugte. Das zweite kleine Kind saß daneben und weinte laut. Jener Tag zerriss den Himmel über unseren Köpfen, stellte unser ganzes Leben auf den Kopf – und nicht nur das Leben unserer Familie. Diesmal ging es für uns glimpflich aus.

Am Abend jenes Tages gingen wir sehr spät zu Bett. Wir saßen noch lange in der Dunkelheit, ohne Licht einzuschalten. Genoch übernachtete nicht zu Hause. Er kam erst am frühen Morgen zurück und sagte, dass die Deutschen spätestens in zwei Tagen in der Stadt seien. Es wurde entschieden, aufs Land zu gehen, um den Krieg dort abzuwarten. Meine Großmutter weigerte sich, mit uns zu gehen. Sie blieb zu Hause. Genoch verabschiedete uns und blieb auf Anweisung seiner Untergrundorganisation in der Stadt.

Zwei Tage verbrachten wir im Dorf bei der Schwester meiner Mama. Ihr Haus stand direkt an der Hauptstraße. In einer großen Kolonne gingen und fuhren Flüchtlinge aus den westlichen Regionen. Sie erzählten von solchen Bestialitäten der Faschisten, dass man es kaum für wahr halten konnte. Aber sehr bald sollten wir uns selbst davon überzeugen und erfahren, was Faschismus war. Mehrmals am Tag wurden die Zivilisten-Kolonnen der todmüden Menschen von Flugzeugen beschossen. Es war eine Menschenkette, eine weinende, schreiende, wimmernde Menschenmasse, die sich vor den Schüssen der Maschinengewehre und der Explosionen der Bomben zu retten versuchte. Unzählige Tote und Verletzte: Dies alles kann man nicht aus dem Gedächtnis löschen.

Kurz darauf erfuhren wir, dass unsere Stadt Zamość von den Deutschen besetzt worden war. Nach einiger Zeit marschierten die Truppen der Roten Armee ein. In dieser Zeit kam Genoch mit einem Lastwagen, um uns zu holen. Mein Bruder hatte eine rote Armbinde am Ärmel und ein Gewehr in der Hand. Er sagte, dass er bei der Polizei sei. Es schien uns, dass wir dem Schlimmsten entkommen waren und uns des sicheren Schutzes der Roten Armee sicher sein konnten. Aber es dauerte nicht lange, ich meine ungefähr zehn oder fünfzehn Tage.

Wie freuten sich die Menschen über den Einmarsch der Roten Armee! Ich erinnere mich an die freundlichen Rotarmisten, die uns neugierigen Jungs erlaubten, alles anzufassen. Diese Tage waren für uns wie ein Feiertag, und ich hoffte, dass sie nie enden würden.

Genoch war nur selten zu Hause. In einer Nacht tauchte er plötzlich auf und teilte uns eine schreckliche Nachricht mit: Laut Abkommen zwischen Stalin und Hitler verlief die neue Grenze entlang des Flusses Bug, sodass unsere Stadt zu den Deutschen gehörte.

Ich erinnere mich, dass wir unsere beste Kleidung anzogen und zwei Gepäckstücke mit den wichtigsten Dingen packten. Wir mussten uns beeilen: Der Zug mit Emigranten ging noch in der gleichen Nacht, da am Morgen in der Stadt mit den Deutschen zu rechnen war. Meine Großmutter weigerte sich mitzufahren. Sie meinte, dass sie, eine alte Frau, von niemandem etwas zu befürchten habe. Der Abschied von ihr fiel uns sehr schwer. Wir spürten wahrscheinlich, dass wir sie zum letzten Mal sahen. In einem der Güterwaggons verließ unsere Familie bis auf Genoch Zamość für immer. Genoch blieb in der Stadt, weil er durch seinen Polizeidienst dazu verpflichtet war.

Wir erreichten Sdolbunow, Gebiet Rowno in der Ukraine. Dort blieb unser Zug zwei Tage stehen, und dort wurden wir auch von Genoch gefunden. Er ging mit seiner roten Armbinde und seinem Gewehr hin und her und gab Befehle.

Die Flüchtlinge aus Polen wurden untergebracht. Unsere Familie bekam im kleinen Städtchen Dsershinsk ein Dach über dem Kopf.

Bis zum Kriegsausbruch wurden wir an unserem neuen Ort heimisch und gewöhnten uns an unser neues Leben. Niemals benutzte irgendjemand das Schimpfwort »Shid«, wie es in Polen üblich war. Man half uns, so gut es ging. So ging es bis zum 22. Juni 1941.

Der Anfang der Besetzung
Und wieder brach der Krieg aus. Der erste Kriegstag blieb in meiner Erinnerung als ein großes Hin- und Herrennen der Erwachsenen. Dann rollten Panzer und andere Militärfahrzeuge an unseren Fenstern vorbei. Dem Lärm der Gliedketten waren wir tagelang ausgesetzt. Wir konnten uns nicht einmal vorstellen, dass diese Technik die Faschisten nicht aufhalten würde. Deshalb ließen wir uns nicht evakuieren. Von denen, die sich evakuieren ließen, konnten nur jene, die sich in den ersten zwei Tagen auf den Weg gemacht hatten, wirklich entkommen. Die sich später auf den Weg machten, mussten zurückkehren, weil sie von deutschen Truppen eingeholt wurden.

Am vierten Kriegstag wachten wir von starkem Getöse auf. Es handelte sich um die Bombardierung des Flugplatzes im Dorf Wrublewka, fünf oder sechs Kilometer von uns entfernt. Später, am Abend, wurde auch unser Ort angegriffen. Wie damals 1939 wurden wir bombardiert. In der Stadt gab es viele Tote und Verletzte, aber unsere Familie blieb verschont.

Am nächsten Morgen wachten wir vom Rattern der Maschinengewehre und vom Getöse der Motorräder auf. Es stellte sich heraus, dass Deutsche in Dsershinsk waren. So wurden wir bereits am vierten Kriegstag besetzt. Wir konnten unsere Truppen, die auf dem Rückzug waren, nicht sehen. Wo waren die Panzer und die anderen Militärfahrzeuge? Wir hatten uns so sehr auf sie verlassen.

In den ersten Tagen der Besetzung wurde unsere Familie aus dem heimisch gewordenen Zimmer hinausgeworfen. Wir wurden von einer benachbarten ukrainischen Familie aufgenommen. Der Sohn unserer früheren Vermieter wurde Polizist, und sie hatten oft Besuch von Polizisten, die aus Galizien stammten. Es waren furchtbare Menschen, schlimmer als die Faschisten. Um ihnen nicht unter die Augen zu geraten, zogen wir in den Stall. Die Vermieter halfen uns mit Lebensmitteln, so gut sie es konnten. Manchmal brachte ich Essensreste, die die Deutschen wegwarfen, und manchmal besuchten uns polnische Freundinnen meiner Mutter und halfen uns mit Essen aus.

Besonders schwer hatte es mein Vater. Er aß nichts außer rohem Gemüse und Obst. Er nahm bis zur Unkenntlichkeit ab und war sehr entkräftet. Zusammen mit Gerschko wurde er wie auch andere arbeitsfähige Juden jeden Tag zur Zwangsarbeit beim Straßenbau und zum Räumen des Flughafens getrieben. Eines Tages kehrte Gerschko ohne meinen Vater nach Hause zurück. Er war so sehr erschüttert, dass wir von ihm nicht herausbekommen konnten, was passiert war. Das Einzige, das wir verstanden, war, dass mein Vater noch am Leben war, aber Hilfe brauchte. Es stellte sich Folgendes heraus: Als mein Vater bei der Arbeit völlig entkräftet war, fiel er zu Boden. Er wurde sofort mit Peitschen und Gewehrkolben geschlagen. Die Wachmänner gossen ihm unter lautem Gelächter hochprozentigen Alkohol aus einer Flasche in den Mund. Mein Vater kam zu sich. Die Faschisten befahlen den Juden, ein tiefes Loch auszuheben, in dem der Sohn den Vater so begraben sollte, dass nur der Kopf an der Oberfläche blieb. Am Abend, nach der Arbeit, wurde nicht erlaubt, Vater zu befreien, sondern man überließ ihn unter Bewachung dem Todeskampf.

Mama lief sofort zum Judenrat, wo ihr erklärt wurde, dass nur Gold meinen Vater retten könnte. Aber woher sollten wir denn Gold nehmen? Von den Wertsachen hatten wir nur noch unser Familiensilber. Es waren sechs Gläser und Gabeln, Mamas Mitgift. Mama nahm das Silber und rannte zum Vorsitzenden des Judenrates. Ich ging hinter ihr her. Der Judenrat willigte ein, uns zu helfen. Er nahm das Silber und ging weg. Es schien, wir würden ihn nicht wiedersehen, da die Zeit so langsam verstrich. Dann kam er auf einem Pferdewagen, auf dem noch ein Deutscher und ein Polizist saßen. Wir fuhren mit ihnen, gruben Vater aus und brachten ihn nach Hause. Der Polizist schärfte uns noch ein, dass von unserer Familie wie früher zwei Menschen zur Arbeit erscheinen müssten. Dabei sah er, dass mein Vater eine lebende Leiche war. Anstelle meines Vaters ging ich zur Arbeit.

Meinem Vater ging es sehr schlecht. Seine Kräfte reichten nur noch dazu, selbst ins Jenseits hinüberzugleiten. Jener furchtbare Weg stellte sich als der letzte für viele Juden unseres Ortes heraus. Auch ich war in der Kolonne dieser Todgeweihten.

Auf der Straße waren sehr viele deutsche Polizisten. Alle Juden wurden aus ihren Häusern hinausgeworfen und in einer Kolonne aufgestellt. Dann setzte sich die Kolonne Richtung ehemaliges Militäramt, das am Stadtrand in der Nähe des Waldes lag, in Bewegung. Auf beiden Seiten der Straße standen Deutsche mit Helmen, Ledermänteln und angeleinten Hunden. Es regnete, es schüttete wie aus Eimern. Wir stützten unseren Vater und halfen ihm, seine Beine zu bewegen. Er betete. Um ihn bildete sich ein Kreis betender Menschen. Dann wechselten sie zum leisen Gesang. Von überall hörte man Kinder und Frauen weinen.

Das Gelände des Militäramts war mit Stacheldraht umzäunt. Unsere Familie landete in einem Raum, der so mit Menschen vollgestopft worden war, dass wir uns noch nicht einmal auf dem Boden niederlassen konnten. Noch lange nicht alle konnten in einen Raum. Sehr viele mussten im kalten Regen stehen.

Alle arbeitsfähigen Männer mussten zum Arbeitseinsatz. Auch ich wollte mit meinem Bruder gehen, aber Vater bat mich zu bleiben, um mich um Mama und meine kleine Schwester Genetschka zu kümmern. Er wankte selbst zum Ausgang. Ihm folgte mein Bruder Gerschek. Wir sahen sie nie wieder. Wir hörten das Rattern der Maschinenpistolen und die Schüsse der Gewehre. Uns war alles klargeworden. Zuerst wurde den angeblich zu einem Arbeitseinsatz abgeführten Männern befohlen, einen großen Graben auszuheben. Es war ein Grab für alle, die an jenem Tag erschossen wurden. Diese bestialische Hinrichtung der Zivilisten fand im Wald in der Nähe des Militäramtes statt. Junge Männer, darunter auch mein Bruder Gerschek, wurden im Feld in der Nähe des Waldes erschossen. Vermutlich befürchteten die Henker, dass die Jugendlichen im Wald in alle Himmelsrichtungen fliehen würden. Dann kamen alleinstehende Frauen und Mütter mit nur einem Kind an die Reihe. Die meisten Mütter ließen ihre Kinder zurück und gingen alleine in den Tod.

An jenem Tag brachten die Henker ihr Teufelswerk nicht zu Ende, da sie müde waren. Am Abend wurde bekannt gegeben, dass Mütter, die drei und mehr Kinder hatten, nach Hause gehen dürften. Dann geschah ein Wunder: Zu Mama kam ein kleines Mädchen, vier oder fünf Jahre alt, und bat Mama, sie mitzunehmen, um zusammen nach Hause gehen zu können. Sie war unser rettender Engel. Mama nahm sie auf den Arm, wir hielten uns an Mamas Mantel fest und gingen zum Ausgang. Wir wurden nicht aufgehalten.

Die noch am Leben Gebliebenen wurden auf einer Straße in ein paar Häusern zusammengepfercht. Heute verstehe ich, dass es ein Ghetto war. Damals kannten wir dieses Wort nicht. Die Häuser waren leer. Wir hatten nur die Kleider, die wir am Leib trugen. In jedem Haus waren sehr viele Menschen, besonders Kinder. Man schlief direkt auf dem Fußboden, eng aneinander geschmiegt. Die Mitglieder des Judenrates beruhigten uns, dass wir in Ruhe gelassen würden, dass die Anstifter der Erschießung bestraft würden und die deutsche Besatzungsmacht uns nun ein ruhiges Leben garantiere. Der Judenrat organisierte sogar eine Feldküche, sodass wir täglich einen Teller Suppe und eine Scheibe Brot bekamen.

Nach einiger Zeit fand uns eine polnische Freundin meiner Mama. Sie brachte uns Brot, Kartoffeln, Milch und Äpfel. Sie unterhielt sich lange mit Mama, und dann weinten beide verstohlen. Später erzählte uns Mama, dass es darum ging, Genetschka an jene herzliche Frau abzugeben. Meine

Schwester weinte bittere Tränen. Es fiel uns sehr schwer, uns von ihr zu trennen, aber wir hatten keinen anderen Ausweg. Mit schwerem Herzen nahmen wir Abschied.

Nach 20 oder 25 Tagen hörten wir wieder Schüsse und den Befehl, die Häuser zu verlassen. Mama reagierte blitzschnell: »Flieh!« Aber wie konnte ich ohne sie fliehen? Ich weigerte mich und erinnerte sie an den Schwur, den ich meinem Vater vor seinem Tod leistete: auf meine Schwester und Mama gut aufzupassen. Mama hörte aber nicht auf mich, sie öffnete das Fenster, zwang mich und schubste mich mit Gewalt aus dem Fenster. Sie rief nur noch hinter mir her, dass ich für Genja verantwortlich sei.

Mama sah ich nie wieder.

Die letzten Worte meiner Mama vergaß ich nie. Die Ereignisse jenes Tages kommen mir wie ein Albtraum vor. Ich wurde festgenommen, irgendwohin gebracht, dann flüchtete ich. Auf mich wurde geschossen. Dann wurde ich zusammen mit anderen wieder irgendwohin gebracht, jemand flüchtete, ein anderer wurde getötet. Dies dauerte den ganzen Tag, bis in die Nacht.

In der Nacht wurden wir, eine große Gruppe von Erwachsenen und Kindern, es waren nicht nur Juden, sondern auch Ukrainer, Russen, Kommunisten und Komsomolzen, unter starker Bewachung, auch mit Hunden, an den Ort unserer Hinrichtung gebracht. Es war im Wald hinter dem See.

Man hatte keinen Gedanken, alles geschah mechanisch. Alle zogen sich aus, ich auch. Über einen Graben legte man Bretter. Alle gingen über diese Bretter, auch ich. Wie Nähmaschinen ratterten Maschinengewehre und Maschinenpistolen. Daran erinnere ich mich sehr gut. Aber ich erinnere mich nicht mehr, wie ich in den Graben fiel. Wahrscheinlich fielen andere, und auch ich fiel.

Als ich zu mir kam, war es dunkel und still. Ich spürte eine schwere Last auf mir. Als ich begriff, dass ich lebte, begann ich verzweifelt, mich von den Toten zu befreien. Es war mir sehr schwer zumute, und ich hatte Angst. Das entfernte Bellen der Hunde trieb mich zur Eile. Ich hatte ein Gefühl, als ob die Henker mit ihren Hunden zum Graben zurückkehren würden.

Ich erinnere mich nicht, wie ich in das dichte Schilf an dem versumpften See gelangte. Und wieder eine Lücke in meinem Gedächtnis. Mehrmals wurde ich ohnmächtig und kam dann wieder zu mir. Später, als meine Retter mir geholfen hatten, das Geschehene zu rekonstruieren, begriff ich, dass ich mindestens drei Tage im Schilf verbracht hatte.

Endgültig kam ich nachts zu mir. Sterne am Himmel. Mond. Es war sehr kalt, besonders in meiner Kleidung, die voll Blut war, das trocknete und hart wurde. Ich verspürte großen Hunger. Was sollte ich machen? Wohin sollte ich gehen? Wer würde mir helfen? Und überhaupt: Soll man leben, um sich so zu quälen? Dann aber die Erinnerung an Mamas letzte Worte, an ihren Befehl, mich um meine kleine Schwester zu kümmern. Dies half mir, mich zu zwingen, nach einem Ausweg aus dieser Situation zu suchen.

In der Nacht klopfte ich ans Fenster meines Schulfreundes Wolodja. Vor dem Krieg war ich oft bei ihm zu Hause. Auf mein leises Klopfen öffnete mir die Mutter von Wolodja mit einer Lampe in der Hand die Tür. Ich war kaum am Leben, halb nackt, meine Unterwäsche war mit braunen Blutflecken und Schlamm verschmiert. Mein Aussehen erschreckte die arme Frau. Ohne Zeit zu verlieren, machte sie sich an die Arbeit. Im Ofen hatte sie noch warmes Wasser. In ein paar Minuten wusch sie mich und cremte mich mit Gänsefett ein. Dann verband sie mir die Wunde am Bein. Ich war also verletzt worden. Sie gab mir trockene Kleidung von Wolodja. Dann setzte sie mich an den Tisch und gab mir zu essen. Danach unterhielten wir uns lange und überlegten, was man machen könnte, um zu erfahren, was mit meiner Mama war und wie es meiner kleinen Schwester in der polnischen Familie ging. Es wurde entschieden, dass ich ein paar Tage heimlich bei ihnen bleiben sollte und die Mutter von Wolodja versuchen würde, sich nach dem Schicksal meiner Mama und meiner Schwester zu erkundigen.

Im Hof wurde für mich in einem Heuhaufen eine Höhle eingerichtet. Der Sonnenaufgang entging mir. In meinem Versteck saß ich in vollständiger Dunkelheit mit einer Flasche Milch und einem Stück Brot. Einige Zeit schlief ich. Als ich wach wurde, verging die Zeit sehr langsam. Nur nachts durfte ich mein Versteck kurz verlassen. Über das Schicksal meiner Mutter konnte die gütige Frau nichts erfahren. Die Nachricht über meine Schwester war für mich niederschmetternd: Es stellte sich heraus, dass sie, als sie von der Erschießung in der Stadt erfuhr, ihre Gastfamilie tränenreich bat, sie zu ihrer Mutter gehen zu lassen. Da man sie nicht gehen ließ, floh sie. Wo war sie? Wie ging es ihr? Lebte sie? Für mich war diese Nachricht eine schwere Last.

In der Stadt war es unruhig, obwohl die Erschießungen aufhörten. Noch drei Tage blieb ich in meinem Heuhaufen gefangen.

Ich konnte nicht mehr länger im warmen Heu sitzen bleiben, ohne zu wissen, wie es Mama und meiner Schwester ging. Ich entschloss mich, auf die Suche zu gehen. Ich ging am frühen Morgen, als alle noch schliefen. Ich wollte die gütigen Menschen, die mir so geholfen hatten, nicht in Gefahr bringen. Ich versteckte mich im Gebüsch und ging mit dem Sonnenaufgang durch die stillen Stadtstraßen. Plötzlich begegnete ich Ljussja, meiner ehemaligen Klassenkameradin. Ihr Vater, ein Schneider, war Vorsitzender des Judenrates. Sie lud mich zu sich nach Hause ein, da sie hoffte, dass ihr Vater mir irgendwie helfen könnte. Aber die Mutter von Ljussja ließ mich nicht mal an die Schwelle ihres Hauses. Sie schrie, sie hätten selbst nichts zu essen und noch etwas, was ich aber nicht mehr hörte, weil ich wegging. Es war bitter und beleidigend. Ljussja holte mich ein, entschuldigte und rechtfertige sich und steckte mir einen Geldschein zu. Für dieses Geld etwas zu kaufen, schaffte ich nicht. Erst später, nach dem Krieg erfuhr ich, dass die Mitglieder des Judenrates – sie arbeiteten mit den Besatzern zusammen und wurden privilegiert – unsere Eltern und alle anderen Juden unseres Städtchens nur um wenige Monate überlebten. Sie und ihre Familien wurden im Frühling 1942 erschossen. Damals aber hatten sie noch Hoffnung und zugleich Angst, dass der Besuch von einem wie mir ihnen schaden könnte. Gott soll über sie urteilen. Ich verstand sie bereits damals mit meinem nicht mehr kindlichen Verstand und urteilte nicht über sie.

Ich irrte durch die Stadt und hoffte, jemanden zu treffen oder etwas zu erfahren. Eines Tages holte mich der Polizist Tkatschuk auf der Straße ein und sagte leise, ich sollte, sobald es dunkel wird, unbemerkt zu ihm nach Hause zu einem Gespräch kommen. Ich kannte diese Familie gut, da wir früher sogar Nachbarn waren und ihre Tochter in einer Klasse mit meiner Schwester

Genetschka war. Nichtsdestotrotz ging ich mit einer gewissen Unsicherheit in das Haus. Aber gleich an der Schwelle – Oh Gott! – ich wurde beinahe ohnmächtig: meine Schwester, mein kleines, liebes Schwesterchen fiel mir um den Hals! Ich weiß nicht, wie lange wir so umschlungen stehen blieben. Tkatschuk, seine Frau und Kinder beobachteten dieses Bild mit Tränen in den Augen. Man hat uns gut zu essen gegeben, und als die Kinder, einschließlich meiner Schwester, einschliefen, setzte sich Tkatschuk zu mir an den Tisch, und wir unterhielten uns die ganze Nacht.

Das Furchtbarste, was mir Tkatschuk mitteilte, war der Tod meiner Mama an jenem Morgen, als sie mich mit Gewalt zur Flucht durch das Fenster zwang. Mit den Rufen: »Wo sind meine Kinder?!« rannte sie auf die Straße und wurde sofort erschossen. Zusammen mit anderen Opfern der zweiten Massenerschießung wurde sie in einem Massengrab auf dem Gelände der ehemaligen Ziegelei begraben.

Man kann nicht in Worte fassen, in welchem Zustand ich nach dieser Nachricht war. Meine Schwester aber lebte. Mama hatte mir befohlen, mich um sie zu kümmern, und das motivierte mich, vernünftig zu bleiben und zu überlegen, wie es weitergehen könnte. Der Hausbesitzer erklärte mir, dass man der Propaganda der Faschisten nicht trauen sollte, dass die Besatzung sehr lange dauern könnte und dass man diese furchtbare Zeit überleben müsste. Wir sollten das Städtchen, in dem uns alle kannten, verlassen und versuchen, den Besatzern nicht unter die Augen zu kommen. Man dürfte nur einfachen Menschen vertrauen. Dann schlug er den Plan unserer Rettung vor. Dabei gab er mir als dem Älteren (ich war damals zwölf Jahre alt) die Verantwortung auch für zwei andere Jungen: den elfjährigen Sascha und den zehnjährigen Grischa, die auch Waisen waren. Sie wurden bei den Freunden Tkatschuks, ebenfalls Polizisten, versteckt.

In jener denkwürdigen Nacht wurde mir klar, dass meine Kindheit zu Ende war und dass von den Entscheidungen, die ich treffen werde, nicht nur mein Schicksal abhängen wird. Wäre ich damals nicht grau gewesen (und dies mit 12 Jahren!), wäre ich vermutlich in jener Nacht von all dem Gehörten grau geworden.

Um den Bericht über Tkatschuk und andere »Polizisten« zu beenden, möchte ich erwähnen, dass sie nicht lange den Deutschen »dienten«. Sie gingen zu den Partisanen und kämpften später in der regulären Armee. Leider konnten nicht alle den Sieg erleben. Tkatschuk traf ich 1954 noch einmal. Ich fuhr damals zu den Gräbern meiner ermordeten Familie und Verwandtschaft. Das Treffen mit Tkatschuk war sehr bewegend. Als wären wir Vater und Sohn und hätten uns länger nicht gesehen.

Ich möchte gleich vorwegnehmen, dass Genja und ich auf unserem langen und gefährlichen Irrweg durch die von den Faschisten besetze Ukraine sehr viel Glück mit gütigen und hilfsbereiten Menschen hatten. Viele riskierten ihr eigenes Leben und das Leben ihrer Kinder, indem sie uns halfen. Wir sind heute nur deshalb am Leben, weil sie uns retteten, ohne sich die Frage zu stellen, was passieren würde, wenn die Faschisten sie erwischen würden. Dieses Handeln war für sie selbstverständlich, sie konnten nicht anders. Dies dürfen wir nie vergessen. Damals begriff ich, dass Hilfsbereitschaft und Herzlichkeit jedem Menschen unabhängig von Rasse, Nationalität oder religiöser Zugehörigkeit immanent sind. Das Böse kommt und geht, das Gute ist ewig. Auch in der

Zeit schlimmster Verfolgungen und Unterdrückungen gab es hilfsbereite Menschen, die das Gute taten.

Alles verlief nach dem von Tkatschuk ausgeklügelten Plan. Wir überquerten die Eisenbahnschienen und erreichten das Dorf Woitowzy am späten Abend. Wir klopften an der Tür des ärmlichsten Hauses und baten, uns übernachten zu lassen. Wir wurden hereingelassen, bekamen zu essen und einen warmen Schlafplatz auf dem russischen Ofen. Aber am frühen Morgen weckte uns die Frau des Hauses und riet uns, möglichst schnell das Dorf zu verlassen: Die Deutschen überfielen plötzlich das Dorf.

Über Felder, die der Regen in eine sumpfige Masse verwandelte, verließen wir Woitowzy und kamen ins benachbarte Dorf. Tagsüber hatten wir Angst, auf der Straße aufzutauchen, und verbrachten den ganzen Tag in einem Heuhaufen, eng aneinander geschmiegt. Am Abend kam uns jedes Haus reicher vor als das andere. Wir versuchten, solche Häuser zu meiden. Am Dorfrand entdeckten wir ein kleines ärmliches Häuschen ohne Zaun und den in der Ukraine obligatorischen Kirschgarten. Nur ein Licht flimmerte in einem kleinen Fenster. Ich ließ die Kinder in einem Straßengraben zurück und ging alleine zur Erkundung. Ich klopfte an die Tür und an das Fenster. Niemand antwortete. Ich vernahm einen stillen Gesang und jugendliches Lachen. Ich öffnete die Tür und landete in einer Diele. In der Dunkelheit tastete ich nach der Türklinke, um ins Zimmer einzutreten. Ich stolperte, und etwas viel laut herunter. Die Tür wurde geöffnet. Die Wärme und der Duft des frischen Brotes schlugen mir ins Gesicht. Ich trat ins Zimmer ein. Das Zimmer war von ein paar Kerzen erleuchtet. Es waren viele junge Leute im Zimmer. Junge Frauen webten und junge Männer aßen Sonnenblumenkerne. Meine Aufmerksamkeit richtete sich auf ein Gewehr in der Ecke. Ich war wie geblendet von ihm und konnte nichts anderes wahrnehmen. Eine junge Frau kam zu mir und versuchte, mich zu beruhigen: »Das Gewehr gehört jenem Jungen. Man kann doch vor ihm keine Angst haben, oder?« Sie sagte dies so lebhaft und überzeugend, dass meine Angst schwand. Wie ich später erfuhr, hieß die junge Frau Sonja Rudjuk.

Man fragte mich, woher ich komme. Dann bot man mir an, meinen Mantel abzulegen. Ich gewann Vertrauen zu diesen Menschen, obwohl man mir den Besitzer des Gewehrs als Polizisten vorstellte. Er hieß Mykola Popsui. Ich sagte, dass ich nicht alleine sei, dass Kinder bei mir seien und wir Hilfe brauchten. Sofort rannten sie in die Dunkelheit und den Regen und trugen meine Schutzbefohlenen buchstäblich auf Händen ins Haus. Dann diskutierten sie lange, bei wem von ihnen es uns besser gehen würde.

In jenem Haus wohnte eine alleinstehende ältere Frau, die ab und zu den Jugendlichen ihr Häuschen zum gemütlichen Beisammensein überließ. Bei so einem Beisammensein platzte ich damals ins Häuschen.

Wir landeten im Dorf Weliki Bratalow, Bezirk Ljubar, Gebiet Shitomir. Das Dorf trug seinen Namen »brüderlich« zu Recht: Man zeigte sich uns gegenüber wirklich sehr brüderlich. Wir verbrachten über zwei Monate im Dorf, und fast alle Dorfbewohner trugen dazu bei, dass wir satt und sauber waren und einen warmen Schlafplatz hatten. Man brachte uns das Vertrauen in die Menschheit aufs Neue bei. Man gab uns die Hoffnung, dass es möglich sei, in jenem »Fleischwolf«

zu überleben. Man müsse nur den Menschen vertrauen. Es gab in diesem Dorf keine einzige Familie, die sich nicht an unserer Rettung beteiligt hatte. Tante Marika wollte sogar Genetschka adoptieren. Der Dorfpfarrer predigte in der Kirche Herzlichkeit und Nächstenliebe in Bezug auf uns und ließ keine Möglichkeit aus, um uns mit irgendwelchen Leckereien zu verwöhnen. Der Pfarrer gab uns Hinweise, wo im Dorf Hochzeit, Taufe oder Beerdigung war und wir uns satt essen konnten. Ich war sogar auf der Hochzeit des älteren Dorfpolizisten Wassili. Man brachte mir Weihnachtslieder bei, und ich ging von Haus zu Haus und sang Weihnachtslieder.

Aber am 14. Januar 1942, an Silvester nach altem Kalender, geschah etwas, was uns zwang, das gastfreundliche Dorf zu verlassen.

In den ersten Tagen unseres Aufenthaltes sagte man uns: Man solle bei ihnen vor niemandem Angst haben. Niemand würde denunzieren. Vermeiden sollte man aber, unter die Augen des Dorfältesten zu geraten. Nicht dass er ein böser Mensch sei, ganz im Gegenteil, er sei ein netter Mensch, und gerade deshalb sollte man ihn nicht in Schwierigkeiten bringen. Die Dorfbewohner waren sehr darauf bedacht, dass gerade Kowal der Dorfälteste war. Sie hatten Angst, dass ein anderer aus einem anderen Dorf als Dorfältester eingesetzt werden könnte.

Kowal stammte aus dem Dorf, man kannte ihn und hatte Respekt vor ihm. Er war Schmied wie seine Vorfahren und ein Künstler. In früheren Zeiten kamen Menschen von weit her mit Schmiedeaufträgen zu ihm und seinem Vater. Die Meisterschaft und der Fleiß der Familie brachten ihnen nicht nur Respekt, sondern auch Reichtum. In der Zeit der Enteignung wurde seine Familie nach Sibirien deportiert. Kurz vor dem Ausbruch des Krieges kehrte er ins Dorf zurück. Als sich bei den neuen Machthabern die Frage stellte, wer der neue Dorfälteste werden sollte, erinnerte man sich, dass er am meisten von den Sowjets geschädigt worden war und besser als jemand anderer der neuen Ordnung dienen würde. So geschah es auch: Die Machthaber waren zufrieden mit ihm, und die Dorfbewohner hatten keinen Anlass, sich über ihn zu beschweren.

Diesen Menschen, klein und fast ohne Haare, zeigte man mir von Weitem. Man zeigte mir auch sein Haus und legte mir nahe, ihn möglichst in großem Abstand zu umgehen. Auch drei meiner Schutzbefohlenen waren darüber unterrichtet. Nichtsdestotrotz kam es zu einer Begegnung mit ihm.

Es war Silvester 1942. Die Bäuerin, bei der ich übernachtete, gab mir ganz viel Getreide, damit ich beim Singen der Weihnachtslieder die Häuser mit Getreide beglückwünschen konnte. Ich nahm eine Umhängetasche und ging von Haus zu Haus. Die Menschen begegneten mir sehr freundlich. Sehr schnell war meine Umhängetasche voll. Ich war zufrieden und stellte mir vor, wie ich Genja und Tante Marika, bei der sie wohnte, mit all den Leckereien erfreuen würde. Ich wollte noch ein Haus besuchen und dann zu Tante Marika zurückkehren.

Das am nächsten liegende Haus war das von Sirko, dem Brigadier der Kolchose. Ich war schon mehrmals in seiner Familie und hatte sogar in seinem Haus übernachtet. Seine Frau war immer sehr freundlich zu mir. Ich freute mich schon auf eine reiche Bescherung. Am Tor seines Hauses rauchte der Polizist Mikola Popsui, den ich noch von meinem ersten Abend in diesem Dorf kannte. Mit einem Lächeln antwortete er auf meinen Gruß und folgte mir ins Haus. Er blieb hinter mir stehen, so als ob er mir den Fluchtweg versperren wollte. Ich begriff es aber erst später, als die Handlung sich sehr gefährlich für mich, aber auch für alle anderen unserer Vierergruppe zu entwickeln begann.

Das Erste, was ich im Zimmer sah, war ein reich gedeckter Tisch. Um den Tisch saßen viele Männer und in der Mitte der Dorfälteste. Einen Augenblick lang war ich unsicher. Dann aber hatte ich mich gefangen und begann, ohne die Augen von dem Dorfältesten abzuwenden, das Weihnachtslied zu singen und die Anwesenden mit dem Getreide zu beglückwünschen.

Der Dorfälteste unterbrach mich abrupt mit seiner betrunkenen Stimme: »Wer bist du?« Ich dachte nicht einmal daran zu lügen, denn das ganze Dorf wusste, wer wir waren, und sagte das, was alle, bestimmt auch er, wussten.

Der Dorfälteste befahl dem ältesten Polizisten Wassili, uns vier in die Stadt zu bringen und in der Kommandantur abzugeben. Die Frau des Hauses brach in Tränen aus. Die Männer taten so, als ob sie auf einmal schnell nach Hause müssten. Es waren insgesamt acht Männer: Brigadiers und Polizisten. Aber plötzlich erschallte die Stimme des Dorfältesten: »Sitzen bleiben!« Die Männer setzten sich hin. Das Weinen der Frau des Hauses wurde zum Heulen. Der Dorfälteste schenkte allen ein volles Glas des Selbstgebrannten ein und befahl auch mir zu trinken. Dann schrie er die Frau des Hauses an: »Hör auf zu heulen! Reiche lieber dem Jungen etwas zum Essen!« Aber mir war nicht nach Essen. Ich weinte und bat ihn, uns gehen zu lassen. Als Antwort hörte ich nur seine Schreie. Plötzlich warf er sich auf die Bank, vergrub seinen Kopf in seinen Händen und brach in Tränen aus. Alle waren bestürzt. Die Männer zündeten sich Zigaretten an, putzten sich die Nasen und verließen den Tisch. Selbst die Frau des Hauses beruhigte sich, setzte sich zu mir auf die Bank, streichelte mir zärtlich den Kopf und beruhigte mich.

Dann hob Kowal seinen Kopf, richtete sich auf, nahm ein paar Schlucke aus dem Glas, zündete sich eine Zigarette an und sprach plötzlich sehr leise und heiser. Er sprach sehr lange und überzeugend. Man kann nur den Sieg erleben und sich retten, wenn man sich vorsichtig und überlegt verhält. Wir hätten jegliche Vorsicht verloren, und alle Dorfbewohner seien dadurch zu Geiseln geworden. Falls die Faschisten uns im Dorf finden würden, würden das ganze Dorf und vor allem er, der Dorfälteste und seine Familie, bestraft werden. Wegen uns vieren könnte das ganze Dorf in Brand gesetzt werden.

Die Besatzer verfolgten und vernichteten nicht nur Juden, sie würden auch Ukrainer für minderwertige Menschen halten. Im Dorf würde jedes Kind wissen, wer wir seien. Dies verspräche nichts Gutes. Wir müssten das Dorf verlassen und uns auch in Zukunft davor hüten, anderen unsere Seele zu offenbaren.

Der Dorfälteste riet uns, wir sollten uns eine Geschichte ausdenken, uns trennen und einzeln von Dorf zu Dorf gehen, ohne jemandem die Wahrheit zu verraten. Die Menschen würden vermuten, wer wir seien, aber sie würden uns diese Lüge nicht übel nehmen. Ganz im Gegenteil: Diese Lüge könnte die Menschen retten, die uns in unserer Not helfen würden.

Wir trennten uns im Guten. Der Dorfälteste entschuldigte sich, dass er so grob mit mir umgegangen war. Er überzeugte mich, dass, wenn er sich anders verhalten hätte, ich nichts verstanden hätte und nicht nur mich selbst, sondern auch meine befreundeten Waisenkinder und die Dorfbewohner der Gefahr ausgesetzt hätte.

Ich erinnerte mich oft an jenen Tag und versuchte, das Verhalten des Dorfältesten Kowal zu analysieren. Im Rückblick so vieler Jahre kann ich behaupten, dass er sich damals absolut richtig verhalten hat. Er hatte keinen anderen Ausweg. Hätte er mir damals seine Ratschläge in ruhigem Ton vorgetragen, hätte ich sie vielleicht ignoriert. Wir hatten uns daran gewöhnt, dass wir überall gut aufgenommen wurden, und waren unvorsichtig geworden. Erst in der Konfrontation mit dem Tod konnte ich die ganze Gefahr dieses Verhaltens begreifen. Bis heute bin ich überzeugt, dass der Dorfälteste keine bösen Absichten hatte. Mein ganzes Leben lang war ich ihm für diese harte, aber sehr nützliche Lektion dankbar.

Das Dorf Weliki Bratalow verließen wir an einem frostigen Tag und begaben uns wieder in die Unsicherheit. Der Frost beherrschte unsere Körper, als wir endlich einen kleinen Weiler erblickten. In einem Heuhaufen im Feld hielten wir Rat. Ich half Sascha und Grischa, sich Geschichten auszudenken, und kontrollierte, wie überzeugend diese klangen. Wir gingen in verschiedene Richtungen, nachdem wir einander alles Gute und viel Glück gewünscht hatten. Von Genja konnte ich mich nicht trennen: Sie war noch sehr klein und hilflos.

Das Dorf Karpowzy, Bezirk Tschudnow, war groß, hatte drei Kolchosen und eine Sowchose. Ich hoffte, dass wir in so einem Ort einfacher untertauchen und überwintern könnten.

Eines Nachts durften wir bei einem älteren, aber sehr herzlichen Ehepaar übernachten. Als meine Schwester, das einzige Familienmitglied, das ich noch hatte – an sie dachte ich mehr als an mich selbst –, einschlief, stieg ich vom russischen Ofen herunter, setzte mich zu der Frau des Hauses und erzählte ihr mit Tränen in den Augen die ganze Wahrheit über uns. Sie legte ihre Weberei zur Seite, umarmte mich schweigend und brach in Tränen aus. Ihr alter Mann setzte sich zu uns. Der Opa hielt den Dorfältesten für einen klugen Mann und riet uns, den vorsichtigen Umgang der Menschen mit uns nicht übel zu nehmen. Als Bestätigung seiner Worte erzählte er von einem Zwischenfall, der sich vor Kurzem in einem Dorf in der Nähe von Karpowzy ereignet hatte.

Seine Erzählung über den Zwischenfall im Nachbardorf machte mich sehr skeptisch. Dort wurde eine Familie denunziert, die einen jüdischen Jungen über Nacht aufgenommen hatte. Die Polizei überfiel das Dorf. Die Besitzerin des Hauses, ihre drei Kinder und das arme Waisenkind, das in jener Familie Obdach gefunden hatte, wurden in den Hof getrieben. Die Kinder wurden an Ort und Stelle erschossen, das Haus wurde in Brand gesetzt, die Frau wurde brutal verprügelt und nach Deutschland verschleppt. Was sollten Genja und ich tun? Wie sollten wir überleben? Sie hatte helle Haare und sprach Ukrainisch, während mein Äußeres und meine Aussprache keine Zweifel an meiner jüdischen Herkunft ließen. In der Westukraine konnte ich mich noch für einen Polen ausgeben, denn ich beherrschte Polnisch perfekt.

Die gütige Frau brachte Genja bei ihrer Tochter, die mit einem Polizisten verheiratet war, als Kindermädchen unter. Am nächsten Morgen erzählte ich meiner Schwester davon. Sie weinte bitter, als sie unsere Trennung vernahm. Es fiel mir nicht leicht, sie zu überzeugen, dass es keinen anderen Ausweg gab. Ich zwang meine Schwester mehrmals, die ausgedachte Geschichte zu wiederholen, gab ihr Ratschläge, wie sie sich verhalten sollte, und empfahl ihr wegzugehen, wenn es zu gefährlich werden sollte. Ich versprach ihr, dass ich sie finden würde, sobald es möglich sei.

Zwei Tage blieben wir bei diesen gütigen Menschen. Sie ließen uns allein, damit wir alles besprechen konnten. Am dritten Tag brachte die Frau Genja zu ihrer Tochter.

Jetzt musste ich an mich denken. Bei dem älteren Paar zu bleiben, worauf sie bestanden, war zu gefährlich: Ich hätte auf meine Schwester aufmerksam machen können. Ich entschied mich für das Irren von Haus zu Haus. Sascha und Grischa bat ich, sich auf andere Dörfer zu verteilen, um das Risiko, entdeckt zu werden, für meine Schwester zu reduzieren. Danach sah ich Grischa nie wieder und wusste auch nichts von ihm. Sascha dagegen traf ich 1945 auf dem Bahnhof in Berditschew. Er hatte eine Militäruniform an und einen Orden an der Brust. Wir konnten uns nicht länger als fünf Minuten unterhalten, da seine Truppe nach Osten fuhr. Er konnte mir erzählen, dass er von einer Panzertruppe adoptiert worden war und mit seinem Schicksal zufrieden sei.

Ich wurde jede Nacht von Albträumen gequält. Ich träumte von der Erschießung, von dem Graben, der voll mit Leichen war. Ich schrie im Schlaf, schrie laut, unklar, aber einzelne jüdische Wörter konnte man vernehmen. Meine Albträume und meine lauten Schreie im Schlaf stellten für mich eine direkte Gefahr dar, entdeckt zu werden.

Im Dorf gab es Gerüchte, ich sei kein Zigeuner, für den ich mich ausgab, sondern ein Jude, da ich nachts meine Mutter auf Jiddisch, das man im Dorf verstand, rief. Dies erzählte mir ein Kriegsgefangener aus dem Lager, das in der alten Baracke der Tabakfabrik untergebracht war. Die Gefangenen wurden von einheimischen Polizisten, die nicht sehr streng waren, bewacht. Ab und zu hielt sich dieser Kriegsgefangene bei einer Frau aus dem Dorf auf. Zu ihr brachte er auch mich, als er erfuhr, dass ich kein Dach über dem Kopf hatte. Etwa einen Monat verbrachte ich in diesem Haus. Tagsüber versteckte ich mich unterm Ofen, nachts ging ich in den Hof, um frische Luft zu schnappen. Als ich von der Nachbarin gesehen wurde, riet mir die Frau des Hauses, in die Baracke zu den Kriegsgefangenen zu gehen. Dort stellte sich die Frage des Essens besonders extrem dar.

Gegenüber dem Haus, in dem Genja wohnte, wuchsen große Weiden. In ihren Kronen waren Nester von Elstern und Sperbern. Es waren ganze Vogelkolonien. Den Tipp gaben mir Kriegsgefangene: Dort seien wertvolle Kalorien! Ich kletterte auf hohe Weiden und holte betäubt vom Lärm der Vögel Eier aus ihren Nestern. Manchmal konnte ich meine Schwester von den hohen Bäumen sehen. Meine Beute teilte ich mit den Kriegsgefangenen.

Dann kam der Frühling, und es wurde Zeit, mich auf den Weg zu machen. Auf meine Bitte arrangierte die alte Frau für mich und Genja unser Abschiedstreffen. Sie nahm ihre Enkelin und das Kindermädchen zu sich. Das Schicksal schenkte uns zwei Stunden Wiedersehen.

Auf den Rat der Kriegsgefangenen hin gesellte ich mich zu einer Frauengruppe, die nach Schepetowka ging, da dort ein großes Lager für Kriegsgefangene war. Am Anfang ließen die neuen Machthaber die Kriegsgefangenen nach Hause, wenn sie von ihren Verwandten – Frau, Mutter oder Schwester – abgeholt wurden. Es kam vor, dass die Frauen, wenn sie den eigenen, Gesuchten nicht vorfanden, auch einen Fremden mitnahmen. In den ukrainischen Dörfern gab es dafür ein treffendes Wort: Adoptierte.

Wir machten uns auf den langen Weg. Ich gab mich als polnisches Waisenkind Janek Bystrizki aus. Ich dachte mir eine Geschichte aus. Polnisch konnte ich sehr gut. Im Ort Labun gerieten wir in eine Razzia. Weil ich keine Papiere hatte, wurde ich bis zur Ankunft des deutschen Kommandanten festgehalten. Er erschien erst am Abend. Ich wurde zum Verhör geholt. Am Tisch saßen vier Offiziere, an der Seite ein Dolmetscher, und hinter meinem Rücken stand ein Polizist. Ich bestand auf meiner Geschichte als polnisches Waisenkind. Aus irgendeinem Grund interessierte sich der Kommandant für alles, was mit der Stadt Zamość zu tun hatte: Wo genau wir wohnten, welche Gebäude während der Bombardierung zerstört worden waren, wann und wie das Städtchen von den Roten besetzt worden war. Ich war so perfekt in meiner Rolle, dass man mir glaubte, mich freiließ und dem Polizisten befahl, mir Unterkunft und Essen zu organisieren.

Wir verließen das Zimmer, als ich plötzlich eine Schnapsidee bekam: hier irgendeinen Ausweis zu bekommen. Ich ging ins Zimmer zurück, entschuldigte mich, bedankte mich für die großzügige Behandlung und bat, mir einen Ausweis auszustellen, damit ich problemlos Wladimir-Wolynsk erreichen könnte. Natürlich war das sehr riskant, aber mein Bauchgefühl ließ mich nicht im Stich: Nach einiger Zeit hielt ich meinen Ausweis in der Hand. Dieser half mir mehrmals in schwierigen Situationen.

Mein weiteres Umherirren durch die besetzte Ukraine werde ich nur zusammenfassen. Ich erreichte den Fluß Wilii, der bis 1939 die Grenze zwischen Polen und der Sowjetunion war. Dort, in der Stadt Ostrog, wurde ich Hilfsarbeiter bei einem polnischen Sympathisanten von Piłsudski. Ich verbrachte bei ihm eine kurze Zeit. Nachdem er mich, ohne dass ich etwas verbrochen hätte, brutal verprügelt hatte, floh ich von ihm. Als Erinnerung an ihn blieb mir ein stechender Schmerz in der Schulter, auf die er mich mit einer Eisenkette geschlagen hatte.

Nach ein paar Monaten des Umherirrens durch die Dörfer des Gebietes Rowno ließ ich mich in Taikury, einem Dorf zwischen Sdolbunow und Rowno, bei der Familie Subatsch nieder. Onkel Fedja und Tante Xenia waren nett zu mir. Onkel Fedja brachte mir das bäuerliche Handwerk bei. Es gab viel Arbeit in jenem Weiler. Ich arbeitete gerne auf dem Feld, säte und mähte. Manchmal musste ich Kämpfer der ukrainischen Nationalarmee von Dorf zu Dorf fahren. Es kam vor, dass wir unter Beschuss gerieten, Erschießungen und Brandstiftungen erlebten. Einmal saß ich tagelang in Rowno fest, wo bei Razzien nach Partisanen gesucht wurde.

Anfang Februar 1944 war die Kanonade zu hören, und wir rechneten jeden Tag mit unserer Befreiung. Im Dorf waren noch Deutsche, während bei uns im Weiler bereits sowjetische Soldaten auftauchten. Zwei Tage lang dauerte das Artillerieduell. Am dritten Tag wurden alle Einwohner des Ortes ins Hinterland gebracht. Nach vier Tagen wurden die Faschisten aus Taikury verjagt, und wir durften in den Ort zurückkehren.

Es war eine bittere Rückkehr. Vom Dorf blieb nur verbrannte Erde. Ich verzichte darauf, mein Leben nach der Befreiung in allen Einzelheiten zu beschreiben. Erwähnen möchte ich nur, dass ich dann in der Gebietsorganisation OSOWIACHIM (Gesellschaft zur Förderung der Verteidigung, des Flugwesens und der Chemie) tätig war. Ich nahm mir frei, um meine Schwester zu finden. In Karpowzy war sie aber nicht. Sie verließ das Haus, in dem sie arbeitete, weil eine Frau, die aus

Dsershinsk gekommen war, sie mit ihrem echten Namen angesprochen hatte. Viele Dörfer musste ich durchqueren, bis ich Genja im Dorf Molotschki fand. Es war sehr hilfreich, dass wir im Voraus vereinbart hatten, unter welchem Namen sie sich verstecken würde.

In jenen zwei Jahren war sie in die Höhe geschossen, hatte sehr abgenommen. Wäre sie mir nicht um den Hals gefallen, als ich das Haus, in dem sie nun wohnte, betreten hatte, hätte ich sie wahrscheinlich nicht erkannt!

Wir kehrten nach Weliki Bratalow zurück und wurden von Rudjuk aufgenommen. Genja wurde Kindermädchen bei der Nachbarin von Rudjuk, Tante Wera, und ich musste zurück nach Rowno, auf meinen Arbeitsplatz. Da ich noch ein paar Tage frei hatte, fuhr ich zuerst nach Dsershinsk, um die Gräber unserer Verwandten zu besuchen.

Als ich nach Rowno zurückkam, fand ich meinen Betrieb nicht: Das Gebäude war zerbombt.

Ich machte mir Gedanken um meine Schwester. Sie kam zuerst in ein Kinderheim. Später besuchte sie eine Fachschule in Andruschjowka. Ich geriet auf Abwege und kam in eine kriminelle Clique, die sich auf Taschendiebstahl spezialisiert hatte. Ich brach meine Ausbildung ab. Mit der Zeit raffte ich mich auf. Ich schwor mir, dass ich niemals, unter keinen Umständen mehr stehlen würde. Ich beichtete alles meiner lieben Schwester, obwohl ich mich sehr schämte. Mein Wort konnte ich halten.

Die Umstände wollten es, dass Genja und ich uns für immer trennten. Von Rudjuk erfuhr ich, dass unser älterer Bruder Genoch sie aus Andruschjowka abholte. Zusammen fuhren sie in unsere Heimat, nach Polen, zurück, und von dort wanderten sie nach Israel aus. So wurden wir durch die Grenzen getrennt.

Die letzten Augenzeugen. Berichte von Überlebenden des Holocaust in der UdSSR, Moskau 2002, S. 288–303.

5. Bezirk (Rayon) Korostyschew

(ukr. Korostyschiw)

Ort: Korostyschew

Vor 1941 war die Stadt[37] Bezirkszentrum im Gebiet Shitomir der Ukrainischen Sozialistischen Sowjetrepublik, von 1941 bis 1943 Bezirks- und Gebietszentrum im Generalbezirk Shitomir. Seit 1991 ist Korostyschew Bezirkszentrum im Gebiet Shitomir, Ukraine.

Zu Beginn des 20. Jahrhunderts lebten in Korostyschew etwa 4000 Juden, ungefähr die Hälfte der Bevölkerung. Gegen Ende des Ersten Weltkriegs und durch den russischen Bürgerkrieg (1919–1920) ging die jüdische Bevölkerung stark zurück. 1939 lebten in der Stadt

---

[37] Altman, Cholokost, S. 465; Encyclopedia of Camps and Ghettos, S. 1538 f.; The Yad Vashem Encyclopedia, S. 349.

2170 Juden, etwa 19 Prozent der Bevölkerung. Weitere 83 Juden lebten in den Dörfern des Bezirks.

Am 9. Juli 1941 besetzte die Wehrmacht Korostyschew. Einigen Juden gelang es, sich zu evakuieren, oder sie gingen freiwillig zur Armee. Etwa zwei Drittel der jüdischen Bevölkerung blieben in der Stadt. Vom Juli bis Oktober 1941 regierte die Ortskommandantur in der Stadt. Sie richtete eine Stadtverwaltung und eine ukrainische Polizei ein, die eine aktive Rolle bei den Maßnahmen gegen die Juden spielte.

Ende Juli 1941 ermordete das Sonderkommando 4a der Einsatzgruppe C, kommandiert von Paul Blobel, 40 Juden wegen des Vorwurfs der Sabotage, Spionage, Plünderung und Kontakten zu Partisanen. Nach diesen ersten Erschießungen sperrte der Ortskommandant eine Straße ab und richtete dort ein offenes Ghetto ein. Die Juden wurden in dieses Ghetto getrieben. Immer wieder kamen Deutsche ins Ghetto und raubten den Juden ihre Wertsachen. Den Juden war es verboten, die als Ghetto eingerichtete Straße ohne Erlaubnis zu verlassen, um sich Lebensmittel zu kaufen. Sie mussten eine Armbinde mit einem gelben Davidstern tragen. Den Ukrainern war es verboten, Kontakte zu Juden aufzunehmen.

Die Juden wurden zu schwerer Zwangsarbeit gezwungen. Dabei waren sie den Quälereien der ukrainischen Polizei ausgesetzt. Im August 1941 wurden einige jüdische Zwangsarbeiter erschossen. Im September 1941 wurde das Ghetto aufgelöst. Das Sonderkommando 4a erschoss auf einem Feld südlich des Ortes alle Juden des Ghettos und aus den umliegenden Dörfern. Die sowjetische Außerordentliche Staatliche Kommission gab die Zahl der ermordeten Juden zunächst mit ungefähr 2000 an, darunter 198 Kinder. Anschließend wurde die Zahl auf 2486 erhöht. Am 20. Oktober 1941 wurde das Kreisgebiet Korostyschew im Generalbezirk Shitomir, Reichskommissariat Ukraine, gebildet. Gauhauptstellenleiter Dankbar wurde Gebietskommissar.

Nach den Unterlagen der sowjetischen Außerordentlichen Staatlichen Kommission fand im Mai 1942 eine weitere Massenerschießung in Korostyschew statt. Im Zuge der »Reinigung des Generalbezirks Shitomir von Juden« erschoss die Sicherheitspolizei aus Shitomir, unterstützt durch Gendarmerie, bis zu 1000 Juden einschließlich 102 Kinder, die aus den umliegenden Orten nach Korostyschew gebracht worden waren.

Ort: Kamennyi Brod

1939 lebten in Kamennyi Brod[38] 857 Juden, etwa 37 Prozent der Bevölkerung.

Am 8. Juli 1941 wurde Kamennyi Brod von deutschen Truppen besetzt. Am 9. August 1941 hat das 1. Bataillon des 10. Polizeiregiments in Kamennyi Brod und einigen anderen Dörfern alle männlichen Juden ermordet. Im Herbst 1941 wurden die Frauen und Kinder ermordet.

Am 2. Januar 1944 wurde Kamennyi Brod durch die Rote Armee befreit.

---

38   Altman, Cholokost, S. 384.

Swetlana Kononowa (Gerschoig) (geb. 1937)
»Der Krieg nahm mir alles«

Durch den Wohltätigkeitsfonds »Chesed Dorot« in Tscherkassy wurde ein Klub für Ghettohäftlinge und Menschen, die den Holocaust erlebten, ins Leben gerufen. Wir konnten unsere Erinnerungen austauschen. Ohne Tränen zu vergießen, war es unmöglich, all den Grausamkeiten zu lauschen, die manche Menschen in den Kriegsjahren erleben mussten. Wir weinten. Wir erfuhren, dass Sie, Boris Michailowitsch Zabarko, die Berichte der Holocaustüberlebenden sammeln. Ich entschied mich, Ihnen von mir zu schreiben.

Ich wurde am 10. Juli 1937 in Kiew geboren. Wir wohnten in der Stepan-Rasin-Straße im Bezirk Staro-Kiew. Anfang Juni 1941 fuhren meine Eltern zu meiner Großmutter in die Stadt Korostyschew, Gebiet Shitomir. Mama war mit dem zweiten Kind schwanger. Plötzlich kam die schreckliche Nachricht: Krieg! Von Anfang Juli bis August 1941 begannen die Massenerschießungen der Juden. Im Massengrab im Steinbruch »Dolina« in der Stadt Korostyschew wurden über 3000 Juden erschossen. In der Stadt lebten über 5000 Einwohner. Unter den Erschossenen war auch die große Familie meiner Großmutter Chana Abramowna Gerschoig. Ich weiß, dass die ganze Familie erschossen wurde. Dies bezeugte der stellvertretende Vorsitzende des Stadtrates, Idel Geschkowitsch Raich. Er wohnte in der Karl-Marx-Straße 7 und kannte unsere Familie sehr gut.

Wie durch ein Wunder blieb ich am Leben. Auf meinen Beinen verblieben Narben von Kugeln.

Jemand rettete mich. Nach jenem Schock war ich schwer krank und konnte lange Zeit nicht sprechen. Ich hatte qualvolle Kopfschmerzen, die ich manchmal noch heute habe.

Die Menschen, die mich retteten und pflegten, hießen Tante Nastja und Onkel Wasja. Sie hatten eine Tochter, Walja. Ihren Familiennamen kenne ich nicht. Ich war sehr klein. Die schrecklichen Erinnerungen, das grausame Bellen der Schäferhunde, die ständige Angst, Bombardierungen verfolgten mich lange Jahre. »Steh auf! Die Deutschen kommen!«, rief ich nachts und erschreckte die Kinder im Kinderheim, in dem ich nach der Befreiung landete.

Ich erinnere mich, wie ich mich zusammen mit anderen Kindern in den Kellern des jüdischen Marktes neben dem Bahnhof in Kiew versteckte. Wir aßen Kartoffelschalen, durchstöberten Mülltonnen, rösteten Kastanien. Gleich nach der Befreiung Kiews kam ich in das Sonderkinderheim Nr. 10 für Waisenkinder im Stadtbezirk Swjatoschino und war dort bis 1950. Im Kinderheim wurde bei mir die Tuberkulose diagnostiziert. Mein ganzer Körper war von Läusen blutig zerstochen und von Krätze bedeckt. Ich erinnere mich an die jüdischen Kinder, die zusammen mit mir im Kinderheim Nr. 10 waren: Mira Kogut, Ljalja Geilik, Sascha Gaidamaka, Wolodja Korsunski, Lida Pronitschewa. Ihre Mama hat zufällig Babi Jar überlebt.

Der Krieg nahm mir alles: meine Familie, meine Verwandten, meine Freunde, meine Gesundheit, mein Zuhause. Ich kannte keine Lebensfreude, ich fühlte mich ständig einsam.

Die Gräuel des überlebten Krieges verfolgen mich bis heute.

Ewa Korytnaja (geb. 1912)
»Mein Mann war Kommunist. Ich war Jüdin. Dies bedeutete die sofortige Erschießung«

Ich, Ewa Awramowna Korytnaja, wurde am 6. Juli 1912 im Dorf Gonoryno, Bezirk Baraschi, Gebiet Shitomir in einer jüdischen Familie geboren. Mein Vater war Landwirt, meine Mutter Hausfrau. In der Familie waren zwei Kinder: meine ältere Schwester und ich.

Als ich acht Jahre alt war, ertrank meine Schwester. Unsere Familie konnte nicht mehr dort wohnen, und wir zogen in eine andere Ortschaft im gleichen Bezirk um. Dort kauften meine Eltern ein kleines Häuschen und begannen, auf dem Feld zu arbeiten. Mein Vater hatte ein Pferd. Wir hielten eine Kuh, Gänse und Hühner. Mein Vater arbeitete sehr gerne auf dem Feld. Besonders interessierte ihn die Blumenzucht. Diese Begeisterung gab er an mich, seine einzige Tochter Chawa, wie er mich nannte, weiter.

Unsere Ortschaft war nicht weit von den deutschen Kolonien. Meine ganze Freizeit verbrachte ich mit den deutschen Kindern und erlernte sehr schnell die deutsche Sprache. Die Familie meiner besten Freundin Ewa Kujatsch wurde 1931 nach Kasachstan deportiert. Als ich die sechste Klasse beendet hatte, meldete ich mich zu einer Fortbildung als Pionierführerin in Kiew an.

1925 starb mein Vater. Ich blieb allein mit meiner Mutter. Wir konnten unseren Bauernhof nicht mehr bewirtschaften und zogen nach Baraschi um. Dort lernte ich den Leiter der lokalen Schule Wassili Michailowitsch Onischtschenko kennen. 1934 heirateten wir. 1935 wurde unsere Tochter Raja, 1938 unser Sohn Witali und 1940 unser Sohn Wladimir geboren. Meine Mutter Schiwa Paltewna Korytnaja lebte die ganze Zeit bei uns.

Der Krieg überraschte uns im Bezirk Baraschi. Mein Mann war Kommunist, ich war Jüdin. Dies bedeutete die sofortige Erschießung. Deshalb entschlossen wir uns, in die Heimat meines Mannes, ins Dorf Kamennyi Brod, Bezirk Korostyschew, Gebiet Shitomir, umzuziehen. Wir ließen uns im Hause der Taufpatin meines Mannes nieder, die am Dorfrand lebte. Leider wurde dieses Haus inzwischen abgerissen. Wir kamen in der Nacht, und die Dorfbewohner wussten nichts von meiner Mutter. Wir versteckten sie sofort auf dem Dachboden.

Aber jemand von den Dorfbewohnern meldete in der Kommandantur von Korostyschew, dass eine jüdische Familie gekommen sei. Mein Mann ging zur Arbeit, und der einheimische Polizist kam zu uns nach Hause, setzte meine Kinder und mich auf den Pferdewagen und brachte uns nach Korostyschew. Es war etwa 30 Kilometer entfernt. Es war Ende September. Als wir die Stadt erreichten, konnte ich Gespräche hören, denen ich entnehmen konnte, dass viele Juden erschossen und ihre Häuser geplündert wurden. In dem Augenblick kam mir die Idee, mich mit dem Namen meiner Freundin vorzustellen. Als wir zur Kommandantur kamen, hielt ich entschlossen Wolodja im Arm, die anderen beiden Kinder hielten sich an meinem Rock fest. Ich schubste andere Menschen an die Seite, sprach laut Deutsch und riss die Tür zum Kommandanten auf. Meine Entschlossenheit hatte ihn richtig überrascht. Ich dagegen war über riesige Hunde vor den Türen entsetzt. Der Kommandant war verunsichert. Er wusste nicht, was er sagen sollte. Mein Verhalten brachte ein Kind zum Weinen. Der Deutsche sprach nicht lange mit mir und befahl sofort, mir einen Ausweis auf den Namen Ewa Kujatsch auszustellen.

So rette ich mir und meinen Kindern das Leben. Aber die ganze Zeit verfolgte mich die Angst um meine Mutter. Die Deutschen hielten sich nicht ständig im Dorf auf. Im Sommer war meine Mutter auf dem Dachboden. Dann begann aber der Winter. Es waren im Winter 1941/42 fürchterliche Fröste. In einer Nacht holte ich meine Mutter ins Haus. Sie saß eingewickelt in einen dunklen Schal neben dem Ofen hinter einem Vorhang. Sie saß nun dort die ganze Zeit. Wenn die Deutschen kamen und man sie mit Essen versorgen musste, setzte ich Wolodja und Witalik in die Nähe des Ofens, damit sie dort als Tarnung spielten, für den Fall, dass meine Mutter hustete oder sich bewegte. So verging der erste Winter.

Ich lauschte den Gesprächen der Deutschen und vernahm, dass sie junge Leute zur Arbeit nach Deutschland verschleppen wollten. Ich schickte meine ältere Tochter Raja zur Warnung in die Familien, in denen es junge Leute gab. Wenn Raja jemanden besuchte, war es für die Menschen ein Signal, dass junge Leute sich in Sicherheit bringen mussten. So konnte ich viele Menschen aus Kamennyi Brod retten. Es war eines der wenigen Dörfer, in dem fast keine Häuser in Brand gesetzt wurden. Hier wurden keine Zivilisten erschossen. In gewissem Sinne war es wahrscheinlich auch mein Verdienst.

Als das Dorf von der deutschen Besetzung befreit wurde, wurde mein Mann Wassili Michailowitsch Onischtschenko eingezogen. Ich blieb mit den Kindern und meiner Mutter zurück und musste die Schwierigkeiten des Alltags alleine meistern. Und auch hier war mein Selbstbewusstsein sehr hilfreich. Ich ging in die Bezirksverwaltung und erzählte meine Geschichte. Mir wurden sowjetische Papiere ausgestellt. Die Kinder gingen in die Schule. Mein Mann kehrte als Invalide aus dem Krieg zurück. Dann begannen neue Schwierigkeiten. Da er sich auf dem besetzten Gebiet aufgehalten hatte, konnte er nicht mehr in seinem alten Beruf arbeiten. Ich erkrankte sehr schwer: Krampfadern.

1950 zog unsere Familie nach Korostyschew. Wir mieteten eine Wohnung. Mein Mann arbeitete im Bergbau und ich als Zeitungsverkäuferin in einem Kiosk. Ich las sehr viel, erzählte den Menschen von interessanten Artikeln in Zeitungen und Zeitschriften. Zu Hause gab es viel zu tun: Wir hielten Schweine, eine Kuh, Geflügel und hatten einen Garten. Das alles lag auf meinen Schultern. Meine Mutter erkrankte. Meine Mutter begann zu trinken und zu zanken. Eine jüdische Frau, Toiba Cholodenko, holte meine Mutter zu sich. Eine andere jüdische Frau, Chasja Moros, trieb in der Stadt Spenden für die alte Dame auf. Mit großer Freude teilten die Menschen jeden Freitag ihre Speisen mit dieser Familie. Dazu kamen auch andere Kinder, um zu essen.

Noch schlimmer wurde es, als mein Mann wegen angeblicher Schiebungen ins Gefängnis kam. Die ältere Tochter arbeitete schon als Weberin in einer Weberei, der jüngere Sohn machte seine Lehre an einer Berufsfachschule. Der mittlere Sohn, der für hervorragende Leistungen in der Schule mit der goldenen Medaille ausgezeichnet worden war, studierte Medizin in Lemberg. Ich hatte große Angst um ihn. Er wurde in die Medizinische Militärakademie in Leningrad nicht aufgenommen, weil ich eine Jüdin bin. Meine Beine bereiteten mir große Schwierigkeiten. Ich konnte nicht mehr laufen und bekam einen Behindertenausweis. Und wieder wurden wir von der Stadt unterstützt. Jeden Monat sammelten die Juden in der Synagoge Geld und gaben es mir als

Hilfe, damit ich meinen Sohn unterstützen konnte. Der Jude Moische Feldman vermittelte mir eine Stelle als Geschirrwäscherin in der Mensa einer Erzieherinnenschule, die direkt neben unserem Haus war. So konnte unsere Familie über die Runden kommen.

Mein Mann kehrte aus dem Gefängnis mit der offenen Form der Tuberkulose zurück und starb nach ein paar Jahren. Meine Mutter starb auch. Mein jüngerer Sohn und meine Tochter starben auch. Der mittlere Sohn konnte sein Ziel nicht erreichen und ist der Meinung, dass meine Nationalität ihn daran gehindert habe. Er ist allen gram. Ich werde von der Gemeinde versorgt, bekomme Lebensmittel, Heizmaterial für den Winter, Kleidung und Schuhe. Ich besuche das Tageszentrum unserer jüdischen Wohltätigkeitsorganisation. Ich habe eine kleine Hausgemeinschaft: drei Hühner und einen Hahn, einen Hund und eine Katze. Obwohl ich schon 94 bin, führe ich ein vollwertiges Leben.

6. Bezirk (Rayon) Nowograd-Wolynski (Zwiahel)

(ukr. Nowohrad-Wolynskyj, poln. Nowogród Wołyński)

Am 20. Oktober 1941 wurde der Generalbezirk Shitomir im Reichskommissariat Ukraine aus den Oblasten Shitomir und Teilen von Gomel und Polessie gebildet. Der Bezirk Nowograd-Wolynski wurde in Zwiahel umbenannt.[39] Diesen Namen hatte die Stadt vor 1796, und sie wurde auch im Volksmund so genannt.[40]

Ort: Nowograd-Wolynski

Vor 1941 war Nowograd-Wolynski[41] Bezirkszentrum im Gebiet Shitomir der Ukrainischen Sozialistischen Sowjetrepublik. 1941 wurde die Stadt wieder umbenannt in Zwiahel und war bis 1944 Bezirks- und Gebietszentrum im Generalbezirk Shitomir. Seit 1991 ist Nowograd-Wolynski Bezirkszentrum im Gebiet Shitomir, Ukraine.

1939 lebten in Nowograd-Wolynski 6839 Juden, 29 Prozent der Bevölkerung.

Bei Beginn des Krieges konnte eine Anzahl Juden nach Osten evakuiert werden. Männer wurden zum Wehrdienst eingezogen. Etwa zwei Drittel der Juden blieben in Nowograd-Wolynski. Am 10. Juli 1941 (nach Altman bereits am 6. Juli 1941) wurde Nowograd-Wolynski von deutschen Truppen besetzt. Nach dem 6. Juli machte das Sonderkommando 4a der Einsatzgruppe C zunächst Rowno und einige Tage später Nowograd-Wolynski zu seinem Standort. Es operierte von hier aus in der näheren und weiteren Umgebung (Baranowka, Schepetowka, Berditschew und möglicherweise auch in Proskurow und Winniza).[42] Von Juli bis Oktober 1941 herrschte in der Stadt die Ortskommandantur, die eine örtliche Verwaltung und ukrainische Hilfspolizei einrichtete.

---

39 http://territorial.de/ukra/shit.htlm [3.2.2012].
40 https://de.wikipedia.org/wiki/Nowohrad-Wolynskyj [12.5.2019].
41 Altman, Cholokost, S. 654; Encyclopedia of Camps and Ghettos, S. 1552f.; The Yad Vashem Encyclopedia, S. 523.
42 Krausnick, Hitlers Einsatzgruppen, S. 163.

6. Bezirk (Rayon) Nowograd-Wolynski (Zwiahel)

Kurze Zeit nach der Besetzung der Stadt ordnete die Ortskommandantur die Registrierung und Kennzeichnung der Juden durch eine Armbinde mit dem Davidstern an. Die Juden mussten Zwangsarbeit leisten und wurden im August in ein offenes Ghetto getrieben, das sie nicht verlassen durften. Ihnen war es verboten, Lebensmittel bei Ukrainern zu kaufen. Bald herrschte Hungersnot im Ghetto. Nach einer Meldung des Einsatzkommandos 4a aus Zwiahel werde dort fortgesetzt Sabotage getrieben. Die Wehrmacht treibe nunmehr sämtliche Zivilisten zusammen und führe als Vergeltungsmaßnahme Exekutionen durch.[43]

Ende Juli 1941 fanden die ersten Massenmorde an der jüdischen Bevölkerung statt. Die ersten Opfer waren Juden, die der Sabotage beschuldigt wurden. In einem Bombenkrater nahe der Maschinen- und Traktoren-Station wurden 800 Juden erschossen. Im Hinterhof des Invalidenhauses wurden ebenfalls in einem Bombenkrater weitere 200 Juden erschossen. Im Hof einer Brotfabrik wurden in einem früheren Graben für Getreide weitere 100 Juden ermordet. Wahrscheinlich wurden einige dieser Morde durch die 8. motorisierte SS-Brigade ausgeführt. Zu der Zeit war auch eine Einheit des Sonderkommandos 4a in der Stadt.

Mitte August 1941 führte das Sonderkommando 4a weitere Mordaktionen durch. Die Wehrmacht übergab dem Sonderkommando 230 Zivilisten. 161 Personen wurden erschossen. Sie waren beschuldigt worden, Juden, Kommunisten, Plünderer und Saboteure zu sein. Ende August 1941 wurde in einem Hain in der Nähe des früheren Hauses der Roten Armee ein weiterer Massenmord verübt. Es gab mehr als 700 Opfer, einschließlich Frauen und Kinder. Die Erschießungen nahm die Polizei-Brigade Süd vor.

Im September 1941 wurde das offene Ghetto von Nowograd-Wolynski endgültig ausgelöscht. Auf einem ehemaligen militärischen Schießplatz wurden 3200 Juden erschossen, einschließlich der Juden aus den benachbarten Dörfern. Wahrscheinlich wurden die Erschießungen von der Stabskompanie des Höheren SS- und Polizeiführers Russland-Süd unter dem Kommando von SS-Obergruppenführer Friedrich Jeckeln ausgeführt. Am 13. September 1941 erschoss die 1. SS-Infanterie-Brigade 319 Juden in Nowograd-Wolynski, die von der Wehrmacht im Gefängnis als Arbeitskräfte festgehalten worden waren.[44]

Von November 1941 bis November 1942 existierte in der Stadt ein Arbeitslager. Arbeitsfähige jüdische Männer aus Baranowka, Rogatschow, Jarun und anderen Städten und Dörfern waren dort untergebracht und wurden beim Bau der Eisenbahnlinie eingesetzt. Ihre Ernährung bestand aus 500 Gramm Brot, Kohlrüben und verfaulten Kartoffeln. Jeden Samstag wurden die Kranken und Schwachen erschossen.

Anfang November 1942 gelang es einigen Zwangsarbeitern mit Unterstützung von Partisanen, aus dem Lager zu fliehen. Viele wurden jedoch wieder ergriffen und erschossen.

Am 3. Januar 1944 wurde die Stadt durch die Rote Armee befreit.

---

43 Mallmann, Die »Ereignismeldungen UdSSR«, S. 207 (Ereignismeldung Nr. 38 vom 30. Juli 1941).
44 Kruglov, Jewish Losses in Ukraine, S. 276.

Ort: Jarun

1939 lebten in Jarun[45] 386 Juden, etwa 19 Prozent der Bevölkerung.

Am 6. Juli 1941 wurde der Ort von deutschen Truppen besetzt. Nach dem 22. Juni 1941 war es einigen Juden gelungen, nach Osten zu fliehen. Etwa 80 Prozent der jüdischen Bevölkerung blieb in Jarun.

Kurz nach der Besetzung des Dorfes ordnete die Ortskommandantur die Registrierung und Kennzeichnung der Juden durch eine Armbinde mit dem Davidstern an. Die Juden mussten Zwangsarbeit leisten, und es war ihnen verboten, bei Ukrainern etwas zu kaufen.

Im Herbst oder November 1941 wurde in Jarun ein Ghetto eingerichtet, in das auch Juden der umliegenden Dörfer deportiert wurden. Das Ghetto war mit Stacheldraht umzäunt. Es herrschte Hunger, denn die Juden hatten nur das an Nahrung, was ihnen die Bevölkerung durch den Stacheldraht zuwarf.

Einige Juden konnten sich bei ukrainischen Familien verstecken. Juden, die sich hatten verbergen können, verließen nach und nach das Dorf und gingen zu den Partisanen oder blieben im Versteck bis zur Befreiung durch die Rote Armee

Im November 1941 wurden ein paar Dutzend arbeitsfähige Juden in ein Arbeitslager in Nowograd-Wolynski geschickt. Einem Teil von ihnen gelang die Flucht.

Am 5. Mai 1942 wurden in Jarun 580 jüdische Männer, Frauen und Kinder erschossen.[46] Einige der Opfer wurden lebendig begraben.

Am 7. Januar 1944 wurde Jarun durch die Rote Armee befreit.

Pawlo Janowitsch
»Juden! Ins Ghetto!«

Unsere Familie lebte seit den 20er-Jahren in Nowograd-Wolynski und verließ die Stadt fast nie. Mein Großvater väterlicherseits war ein einfacher Arbeiter in der Maschinenbaufabrik Silhospmaschin. Sein Gehalt reichte nicht aus, um eine Frau und fünf Kinder zu ernähren. Zu Hause verdiente er als Schuhmacher etwas dazu (er nähte und reparierte Schuhe). Meine Eltern heirateten 1928. Meine Mutter, Lisa Wolfiwna Saisberg, stammte aus der Stadt Jemiltschino im Gebiet Shitomir und kam in den 20er-Jahren auf der Flucht vor Pogromen oder vor Typhus nach Nowograd-Wolynski. Sie arbeitete als Küchenhilfe in der Kantine der Maschinenbaufabrik namens Pagel, in der mein Vater als Schlosser arbeitete. Im September 1939 wurde mein Vater eingezogen und kehrte 1945 zurück.

Am 23. Juni 1941 wurde Nowograd-Wolynski von der deutschen Luftwaffe angegriffen. In Nowograd-Wolynski waren eine Panzerdivision und ein großer militärischer Reparaturbetrieb stationiert. Diese sowie der Bahnhof waren das Ziel der nicht besonders erfolgreichen Bombardierungen der Deutschen.

---

45   Altman, Cholokost, S. 1137; Encyclopedia of Camps and Ghettos, S. 1530.
46   Kruglow, Chronika Cholokos, S. 98.

Es gab nur wenige Autos und keine Busse. Wir luden unsere Habseligkeiten auf die Pferdewagen und machten uns nach einer Woche auf den Weg nach Kiew. Die Landstraße Nowograd–Shitomir war voll von Flüchtlingen, schwerer Technik und Fußgängern. Unweit von Shitomir wurden wir von den Deutschen eingeholt. Sie befahlen uns, nach Hause zurückzukehren.

Bei der Einfahrt nach Nowograd stand neben der Shitomirskij-Brücke eine Gruppe Deutscher. Wir wurden von einem Deutschen bemerkt. Er rief uns zu: »Juden! Ins Ghetto in der Kusnetschnaja-Straße!« Wir kamen dort hin. Es war neben dem Fluss Slutsch und neben dem alten Stadtbad. Praktisch war es nur eine Straße, ohne Zaun und ohne Bewachung. Es gab hier viele Juden: Kinder, Frauen, junge und alte Menschen, Rasierte und mit Schläfenlocken, mit Hüten und mit Mützen, Grauhaarige und Schwarzhaarige, Glatzköpfe und mit üppigem Haar.

Dort lebten wir lange Zeit. Die einheimische Bevölkerung brachte uns zu essen. Wir hatten überhaupt keine Vorräte bei uns.

Der Fluss Slutsch war an dieser Stelle sehr flach, und wir konnten ihn überqueren. Im Fluss wuschen wir unsere Wäsche und uns selbst. Die Kälte brach ein. Wir schliefen im Flur eines Gebäudes auf dem Boden eng aneinander gelehnt. Der Hof roch nach Urin und Fäkalien.

Ende September oder vielleicht früher wurde an einem frühen Morgen eine Kolonne aufgestellt (wie viele Menschen es waren, weiß ich nicht), und man führte diese durch den Fluss Slutsch nach Roschtsch. Nach ein oder zwei Stunden hörten wir das Rattern der Maschinenpistolen. Im Ghetto brach Panik aus: »Erschießung«. Auf der Straße standen Wachmänner mit aufgepflanzten Bajonetten. So ging es vor sich hin: an einem Tag ein paar Kolonnen, am anderen Tag ein paar Kolonnen … Wir waren in der letzten Kolonne. Wir standen als Letzte. Plötzlich hörte man Schüsse am Kopf der Kolonne. Die Wachmänner, die hinter uns standen, rannten nach vorne. Meine Mutter zog mich am Ärmel und rannte mit meinem Bruder links zum Stadtbad. Im Laufen zog sie ihre Jacke aus, drehte sie auf links und zog sie wieder an (auf der Jacke war am Rücken ein angenähter gelber Kreis). Hinter uns rannten noch ein paar Fliehende, aber ich sah sie nicht. Wir verschwanden zwischen den Häusern, obwohl die Wachleute schossen. Es wurde dunkel. Wir änderten unsere Richtung und schleppten uns zum Stadtrand. Dann ging es über den Fluss Umowka und in den Wald. Dort blieben wir in der Familie unseres Verwandten Oleksija Janowitsch.

Wir lebten heimlich und ruhig: mal auf dem Dachboden, mal im Keller, mal im Vorratsraum. Aber wir Kinder trauten uns herauszugehen. Tagsüber hielten wir uns bei den Nachbarn Paschkowskich auf.

Im Winter 1941/42 herrschte eine fürchterliche Hungersnot. Im Sommer wurde ich Tagelöhner, da mich keiner kannte. Ich ging in die Kantine »Soldatenheim«, wo man eine kleine Scheibe Brot bekam. Im Herbst wurde ich als Helfer in die Schmiede einer deutschen halb zivilen Einrichtung übernommen. Ich verdiente täglich zwei Mark. Ein Laib Brot kostete zwanzig Mark (oder zehn Mark, ich weiß es nicht mehr genau). Es waren zweihundert Karbowanez. Ein Glas Salz kostete auch 200 oder 300 Karbowanez. Dort kam Kolesnikow zu mir und gab mir einen Zettel, den ich in die Apotheke zu Orlow bringen und ihm persönlich überreichen sollte. Der Zettel war zugeklebt. Es war unmöglich, den Inhalt zu lesen. Nach ein paar Tagen geschah das Gleiche. So brachte ich regelmäßig irgendwelche Zettel zu Orlow. Mit der Zeit kapierte ich, dass ich ein Verbindungsmann war. In der Gruppe war ein Verräter: Schkurinski. Er denunzierte alle. Mich kannte er wahrscheinlich nicht, denn ich kommunizierte nur mit Orlow. Oder er vergaß mich einfach. Es waren insgesamt acht Personen. Im Dezember 1942 wurden alle, darunter auch Schkurinski, erhängt. Die Leichen hingen auf den Stricken bis März 1943. Dann wurden sie abgenommen.

Meine Organisation »Brauzemstelle« ging nach Finnland. Ich wurde arbeitslos. Im Sommer 1943 flogen über Nowograd täglich sechs Motorflugzeuge im Tiefflug mit fürchterlichem Lärm in Richtung Kiew. Man sagte, dass sie Güter nach Stalingrad flögen.

Im Herbst, im November, wurden alle Menschen im Kino versammelt und einer in deutscher Uniform vermeldete: »Wir verkürzten die Front bis zum Dnjepr.« Im Dezember begannen die Kämpfe in Nowograd.

Meine Mutter lebte die ganze Zeit im Keller, im Vorratsraum oder auf dem Dachboden. Sie kam nur heraus, um sich die Offensive anzuschauen: Die Panzer schossen, die Kugeln pfiffen durch die Luft.

Nach dem Krieg kehrte mein Vater nach Hause zurück. Es herrschte eine fürchterliche Hungersnot. Mein Vater hatte einen guten Freund in Wladimir-Wolynski, Gebiet Wolhynien. Wir zogen in diese Stadt und blieben dort. Meine Mutter starb an Blutkrebs. Mein Vater starb 1958 an seinen Kriegsverletzungen.

Ewgenija Peleschok (geb. 1937)
»Das ganze Dorf versteckte unsere Mutter«

Ich, Ewgenija Gerasimowna Peleschok, geborene Antiptschuk, wurde am 20. März 1937 im Dorf Orepy, Bezirk Nowograd-Wolynski, Gebiet Shitomir geboren. Unsere Familie bestand aus fünf Personen. Meine Mutter Ewgenija Borissowna Antiptschuk, geborene Winokurowa, wurde 1905 geboren und war jüdischer Herkunft. Mein Vater Gerassim Mitrofanowitsch Antiptschuk wurde 1903 geboren und war Ukrainer. Wir waren drei Kinder: meine Schwester Galja, geb. 1935, mein Bruder Wolodja, geb. 1939, und ich. Wir alle wohnten sehr friedlich im Dorf Orepy.

Vor dem Einmarsch der Deutschen ins Dorf konnten viele Juden evakuiert werden. Wir hatten es nicht geschafft, weil meinem Vater beide Beine amputiert und wir drei kleine Kinder waren.

Im Juli 1941 wurde unser Dorf von Deutschen besetzt. Die verbliebenen Juden – Alte, Frauen und Kinder – wurden in den Dörfern Kolodjanka und Jarun erschossen.

Als die Deutschen erfuhren, dass die Frau unseres Vaters eine Jüdin war, kamen sie in die Dorfverwaltung, wo er arbeitete, nahmen ihn fest und brachten ihn ins Gefängnis nach Nowograd-Wolynski. Dort wurde er erschossen.

Wir mussten uns verstecken. Das ganze Dorf versteckte unsere Mutter. Trotz des hohen Risikos bemühte sich besonders die Familie Iwanowych, der später die Auszeichnung »Gerechte der Ukraine« verliehen wurde, unsere Mutter in Sicherheit zu bringen. Wir Kinder übernachteten und hielten uns an allen möglichen Orten auf. Wir gingen von einem Haus zum anderen. Wir hatten keine Bleibe. Die Deutschen brachten unseren ganzen Hausrat weg und zerstörten unser Haus durch eine Explosion.

Wo wir uns überall versteckten: unter der Holzbrücke, in den Heuhaufen, in den Büschen, auf fremden Dachböden. Wir hungerten, die Läuse fraßen uns auf, wir hatten Lumpen an, man konnte uns kaum erkennen. Tagsüber versteckten wir uns, wo wir nur konnten, und nachts baten wir die Nachbarn, uns ins Haus hineinzulassen. Einige Menschen hatten Angst, wegen der Hilfe für die Juden erschossen zu werden, und wollten uns nicht in ihre Häuser hineinlassen. Wenn wir bei jemandem im Stall oder im Flur übernachten durften, war es für uns ein großer Feiertag. Die Menschen halfen uns, wie sie nur konnten. Wir sind allen Einwohnern des Dorfes Orepy sehr dankbar. In den Kriegsjahren unterstützten sie uns und halfen uns, der Erschießung und dem Tod zu entkommen.

Über 60 Jahre sind seitdem vergangen, aber wir Kinder erinnern uns an die Gräuel des Krieges. Seit 17 Jahren ist unsere Mutter tot, aber wir kennen ihre Retter namentlich und gedenken ihrer. Dazu gehört die ganze Familie Iwanowych. Ewiges Gedenken ihrer Mutter, einer Ukrainerin, die eine jüdische Mutter gerettet hatte. An unseren Vater erinnert ein Denkmal, das im Zentrum des Dorfes aufgestellt wurde.

Das, was unsere Familie während des Krieges erlebte, kennt das ganze Dorf und könnte dies bestätigen.

Siehe auch den Zeitzeugenbericht von Ewgenija Wainerman

7. Bezirk (Rayon) Rushin

(ukr. Rushyn)

1939 lebten im Bezirk Rushin 2056 Juden, etwa vier Prozent der Bevölkerung. Nur einer kleinen Zahl Juden gelang es nach dem Rückzug der Roten Armee, nach Osten zu fliehen.

Am 1. März 1943 forderte der SS- und Polizei-Gebietsführer in Rushin, Leutnant der Gendarmerie Gustav Dutkowski, den örtlichen Gendarmerie-Posten auf, Vorbereitungen für die Ermordung der Juden zu treffen. Er schrieb: »Betrifft: Feststellung der noch vorhandenen Juden. Ich ersuche, die im Rayon Rushin vorhandenen Juden namentlich unauffällig festzustellen und die Berufe zu ermitteln. Ferner ist festzustellen, ob die Grube in Ordnung ist.«[47]

Ort: Rushin

Vor 1941 war Rushin[48] Bezirkszentrum im Gebiet Shitomir der Ukrainischen Sozialistischen Sowjetrepublik. 1941 bis 1944 war die Stadt Bezirks- und Gebietszentrum im Generalbezirk Shitomir. Seit 1991 ist Rushin Bezirkszentrum im Gebiet Shitomir, Ukraine.

---

47 VEJ 8, S. 586, Dok. 245.
48 Altman, Cholokost, S. 878; Encyclopedia of Camps and Ghettos, S. 1566 f.

1939 lebten in Rushin 1108 Juden, 26 Prozent der Bevölkerung.

Am 17. Juli 1941 wurde der Ort von der deutschen Wehrmacht besetzt. Sofort wurden die Juden ausgeraubt und gedemütigt. Ein Vorfall wurde sogar gefilmt. Die Juden wurden zu Zwangsarbeiten herangezogen und gezwungen, das Lenindenkmal abzureißen.

Die Erschießungen begannen am 10. September 1941. Einheiten des Polizeiregiments Süd erschossen 750 Juden in einem Wald bei Rushin. Die überlebenden etwa 80 Handwerker und ihre Familien wurden am Flussufer in einem Ghetto untergebracht. Etwa ein Dutzend Häuser waren mit Stacheldraht umzäunt worden. In dieses Ghetto wurden auch Juden aus den umliegenden Dörfern gebracht. Die Deutschen bestimmten einen Judenältesten namens Jankel. Dieser organisierte mehrere Handwerkszünfte, vor allen Dingen Schneider und Schuster, die Aufträge für die Polizei ausführen mussten. Gegen Nahrung arbeiteten sie auch für die ukrainische Bevölkerung. Die Handwerker teilten ihre Nahrung mit den anderen Ghettobewohnern, weil diese kein Essen bekamen. Junge kräftige Männer wurden zur Zwangsarbeit auf Baustellen eingesetzt. Die örtlichen Polizisten gaben ihnen manchmal die Reste ihrer Mahlzeiten. Im Dezember 1941 und Januar 1942 wurden den Juden hohe Geldkontributionen auferlegt.

Am 30. April 1942 trieb die örtliche Polizei 90 jüdische Männer aus dem Ghetto zusammen und sagte ihnen, sie sollten Pferde an die Front bringen. Einem gelang die Flucht. Von den anderen hat man nie wieder etwas gehört. Zur gleichen Zeit drang die örtliche Polizei in das Ghetto ein und nahm alles mit, was die Handwerker angefertigt hatten, einschließlich der noch nicht fertigen Produkte. Dies löste große Angst bei den Ghettobewohnern aus, und sie begannen, sich Verstecke herzurichten. Aber am nächsten Tag kamen bereits Deutsche mit ukrainischer Polizei und wählten 250 bis 300 Menschen aus. Diese Gruppe Juden wurde in einer Marschkolonne zu einem Getreidespeicher geführt und dort eingeschlossen. Die Kinder wurden auf Pferdekarren dorthin gebracht. Dann wurden sie in Gruppen zu 25 oder 30 zu einem vorbereiteten Graben auf dem Gelände einer Kolchose geführt. Dort mussten sie sich auf den Boden des Grabens oder auf die Körper der bereits Erschossenen legen und wurden von deutscher Sicherheitspolizei, Gendarmerie und ukrainischer Polizei in den Hinterkopf geschossen. Mehrere Deutsche fotografierten diese Massenerschießung.

Auf Befehl der Deutschen waren einige Handwerker und ihre Familien von der Erschießung verschont worden. Einige von ihnen wurden in andere Zwangsarbeitslager deportiert. Ungefähr 200 Juden mussten in Rushin und Umgebung den Besitz der erschossenen Juden sortieren oder als Spezialisten arbeiten und Ukrainer anlernen.

Im Sommer 1942 führte die Polizei eine weitere Razzia gegen die Juden durch. Etwa 100 Spezialisten wurden ausgewählt und in ein abgesondertes Wohngebiet in der Nähe des Dorfes Balamutowka gebracht. Sie mussten sich täglich bei der Gendarmerie melden. Die übrigen 100 Juden wurden von deutschen Polizeikräften erschossen.

Im September und Oktober 1942 erhielt die örtliche Polizei in Rushin den Befehl, alle Juden festzunehmen und zu töten. Ende September wurden mehr als 60 Juden im Büro der Gendarmerie in Balamutowka zusammengetrieben und später auf dem Friedhof von Rushin erschossen. Als die Juden erkannten, dass sie erschossen werden sollten, begannen sie, durch die Obstgärten Richtung Wald zu fliehen. Viele wurden auf der Flucht erschossen, zwanzig wurden wieder eingefangen und dann erschossen. Nur ungefähr zehn Juden konnten entkommen und in den Wald fliehen. Der SS- und Polizei-Gebietsführer in Rushin berichtete, dass der SD aus Berditschew am 1. Oktober 1942 in Rushin 44 Juden erschossen habe.

Die letzten Erschießungen fanden im August 1943 statt. Opfer waren 35 noch am Leben gebliebene Juden, die in einer Schneiderei gearbeitet hatten.

Die Rote Armee befreite Rushin am 28. Dezember 1943.

Sofija Baru (Larskaja)
»Das Ghetto wurde von allen Seiten bewacht«

Der 22. Juni 1941 erwischte uns im Dorf Nemorenzy, Bezirk Rushin, Geblet Shitomir. Nachdem unsere Gegend von den Deutschen besetzt worden war, kamen in einer Nacht sehr viele Lastwagen mit Soldaten. Unser Ort wurde umstellt, und die Deutschen, begleitet von Hunden, führten eine Razzia durch. Sie luden Alte und Kinder auf die Lastwagen, während ein Teil der Jugendlichen fliehen und sich in den benachbarten Ortschaften verstecken konnte. Die Festgenommenen wurden in den Wald gebracht und dort erschossen. Dies war das erste Judenpogrom.

Die Nazis erließen den Befehl, alle Juden aus den Dörfern und benachbarten Ortschaften an einen Ort zu bringen, um sie zu bewachen. Damals wurde auch unsere Familie, die aus fünf Personen bestand, abgeholt. Wir wurden in das Bezirkszentrum Rushin gebracht und dort in kleinen Häusern untergebracht, deren frühere Besitzer erschossen worden waren. Dorthin wurden Juden aus der ganzen Umgebung gebracht. Es waren sehr viele Menschen, vielleicht 300. So wurde das Ghetto errichtet und mit Stacheldraht umzäunt.

Uns wurde befohlen, gelbe jüdische Abzeichen auf dem Rücken und der Brust zu tragen. Jeden Morgen kamen ein Deutscher und ein Polizist mit der Peitsche. Wir wurden unter Bewachung zur Arbeit geführt (zum Räumen von Straßen und Gebäuden). Auch zurück wurden wir unter Bewachung geführt. Das Ghetto wurde von allen Seiten bewacht. Für uns begann ein sehr unruhiges Leben. Jeden Tag rechneten wir mit der Ankunft von Lastwagen und mit dem Beginn des Pogroms. Nachts schlief in jeder Familie eine Person nicht und horchte auf die Geräusche, um im Notfall die Flucht der Familie zu ermöglichen.

Einmal hörten wir das Geräusch der näher kommenden Lastwagen und krochen durch das Kellerfenster nach draußen. Ich hatte eine kleine Schwester, die vier Jahre alt war. Ich nahm sie auf den Rücken und kroch zusammen mit ihr hinaus. Unweit von uns war ein Wald. Dort verbrachte ich die ganze Nacht. Unsere Familie zerstreute sich im ganzen Wald. Ich ging zu unseren Bekannten und wurde mal im Keller, mal auf dem Dachboden versteckt. Ab und zu erbettelte ich eine Scheibe Brot.

Als der Befehl erlassen wurde, dass für jeden versteckten Juden dem Retter die Erschießung drohte, wurde es unerträglich: Uns brannte der Boden unter den Füßen, keiner wollte uns hereinlassen. Unsere Familie zerfiel in drei Gruppen. Ich und mein jüngerer Bruder zogen ukrainische Kleidung an und gingen von Haus zu Haus und bettelten um einen Löffel Suppe. Einige Zeit lebten wir im Wald. Mutter und Vater lebten auch im Wald, auf dem Feld und gingen nachts in die Dörfer und bettelten.

Es ist unmöglich, dies alles auf einem Blatt Papier zu schildern. Aus meiner Verwandtschaft wurden 40 Personen ermordet. Nur unsere Familie konnte überleben. Leider gelang es mir nicht, meine kleine Schwester zu retten. Die Polizisten töteten sie am Ende des Krieges.

Ich schreibe dies nieder, alles ist mir frisch im Gedächtnis, aber meine Hände zittern dabei.

IX. Gebiet Winniza

IX. Gebiet (Oblast) Winniza
(ukr. Winnyzja, poln. Winnica)

1939 hatte das Gebiet Winniza[1] 2 344 736 Einwohner, davon waren 141 825 (6 Prozent) Juden.

Während der Zeit der Besetzung von 1941 bis 1944 wurden im Gebiet Winniza insgesamt 115 000 einheimische Juden ermordet.[2]

Am 14. Juli 1941 begann die Besetzung des Gebiets durch deutsche und rumänische Truppen. Am 30. August 1941 erhielten die Rumänen als Belohnung für die Teilnahme am Krieg das östlich des Dnjestr gelegene Gebiet als Besatzungszone zugesprochen. Das Gebiet hieß fortan Transnistrien. Es erstreckte sich vom Dnjestr bis zum Südlichen Bug im Osten und vom Schwarzen Meer im Süden bis jenseits Mogiljow-Podolski im Norden.[3] Die Einzelheiten wurden in der Vereinbarung von Tighina am 30. August 1941 festgelegt.[4] Transnistrien umfasste auch Teile des Gebietes Winniza. Von den 141 825 Juden des Gebietes Winniza lebten 43 444 Juden in dem von den Deutschen besetzten Teil.[5]

Die rumänische Zivilverwaltung unterteilte die Region in 13 Landkreise, die wiederum in 64 (später 65) Bezirke gegliedert waren. Die Landkreise waren Ananjew, Balta, Beresowka, Dubossary, Golta (heute Perwomaisk), Jagustra, Mogiljow-Podolski, Oceacow, Odessa, Ovidiopol, Rybniza, Tiraspol und Tultschin. Der Gouverneur der rumänischen Zivilverwaltung, Gheorge Alexianu, ließ in mehr als 175 Städten, Kleinstädten, Dörfern, ländlichen Niederlassungen und Kolchosen Ghettos, Lager, Arbeitskolonien und Zwangsarbeitslager einrichten. Die rumänischen Behörden nutzten diese Region als Deportations-Areal.[6]

Die Vernichtung der jüdischen Bevölkerung begann sofort nach der Besetzung des Gebiets, hauptsächlich durch deutsche Sicherheitspolizei, aber auch durch deutsche und rumänische Soldaten. Bereits am 15. Juli 1941 haben deutsche und rumänische Soldaten in Jaryschew 25 Juden ermordet.

Winniza gehörte während der Okkupation zum Generalbezirk Shitomir, der wiederum Bestandteil des Reichskommissariats Ukraine war.

Im Juli 1941 wurden im Gebiet Winniza 850 Juden ermordet, im August etwa 3000 und im September 19 000. Während zu Beginn der Massenmorde in erster Linie männliche Juden ermordet wurden, waren es ab Mitte August 1941 auch alte Menschen, Frauen und Kinder. Nicht nur die Anzahl der Erschießungen nahm zu, sondern mit logistischer und organisatorischer Unterstützung der Wehrmacht wurden Zehntausende Juden in »Aktionen«

---

1 Altman, Cholokost, S. 160; Kruglow, Enziklopedija Cholokosta, S. 9–27.
2 Kruglov, Jewish Losses in Ukraine, S. 284.
3 VEJ 7, S. 65.
4 Benz/Mihok (Hrsg.), Holocaust an der Peripherie, S. 243 ff.
5 International Commission on the Holocaust in Romania, S. 178, Anm. 410.
6 Benz, Holocaust an der Peripherie, S. 71 ff.

ermordet, die nur ein paar Stunden oder Tage dauerten.[7] Im September 1941 begann die systematische Vernichtung der Juden im Gebiet Winniza. Die ersten großräumigen »Aktionen« wurden von Unterabteilungen des Polizeiregiments Süd und dem 304. Polizei-Bataillon durchgeführt. Zum Polizeiregiment Süd gehörten die Polizei-Bataillone 45, 303 und 314.[8]

Die Zahl der jüdischen Todesopfer im Gebiet Winniza betrug 1941 insgesamt 35 020. 1942 stieg die Zahl der ermordeten Juden um 90 000, und 1943 noch einmal um 4400.[9]

1. Gebietshauptstadt Winniza

Vor 1941 war Winniza[10] Bezirks- und Gebietshauptstadt in der Ukrainischen Sozialistischen Sowjetrepublik und von 1941 bis 1944 Bezirks- und Gebietshauptstadt im Generalbezirk Shitomir. Seit 1991 ist Winniza Gebietshauptstadt in der Ukraine.

1939 lebten in der Stadt Winniza 33 150 Juden, etwa 35 Prozent der Bevölkerung. In den ersten Tagen nach dem deutschen Überfall auf die Sowjetunion gelang es einem Teil der jüdischen Bevölkerung, aus der Stadt nach Osten zu fliehen. Viele jüdische Männer wurden in die Rote Armee eingezogen oder meldeten sich freiwillig. Als die Wehrmacht am 19. Juli 1941 die Stadt besetzte, lebten dort noch ungefähr 18 000 Juden.

Am 22. Juli 1941 organisierte die deutsche Feldkommandantur eine örtliche Verwaltung und ukrainische Hilfspolizei. Im Oktober 1941 bekam Winniza eine eigene Stadtverwaltung im Generalbezirk Shitomir. Fritz Margenfeld wurde Stadtkommissar.

Im Sommer 1941 waren verschiedene Polizeieinheiten einschließlich des Einsatzkommandos 6 und Teilen des Einsatzkommandos 5 in Winniza stationiert. Eine Serie antijüdischer Maßnahmen wurde durchgeführt. Ein Judenrat wurde berufen, und Juden mussten für das Militär und die Zivilverwaltung Zwangsarbeit leisten. Schon nach wenigen Tagen ermordeten Sicherheitspolizei und SD die Mitglieder des Judenrats und setzten einen neuen Judenrat ein. Juden mussten eine Armbinde mit einem Davidstern tragen und durften ihren Wohnsitz nicht verlassen. Der ukrainischen Bevölkerung waren Kontakte zu Juden verboten, und Juden durften keine Lebensmittel auf dem Markt kaufen.

Die deutsche Polizei führte im Sommer und Herbst 1941 eine Reihe von Massenerschießungen durch. Zuerst ermorden sie die Jüdische Intelligenz und dann die gewöhnlichen jüdischen Bürger. Am 28. Juli 1941 erschoss das Einsatzkommando 6 in Winniza 146 Juden.[11] Am 4. September 1941 erschoss das Restkommando des Einsatzkommandos 6

---

7   Kruglov, Jewisch Losses in Ukraine, S. 272–290.
8   Kruglow, Enziklopedija Cholokosta, S. 12 ff.
9   Kruglov, Jewisch Losses in Ukraine, S. 272–290.
10 Altman, Cholokost, S. 159; Encyclopedia of Camps and Ghettos, S. 1576 f.; Enzyklopädie des Holocaust, S. 1604.
11 Mallmann, Die »Ereignismeldungen UdSSR«, S. 208 (Ereignismeldung Nr. 38 vom 30. Juli 1941); Kruglow, Chronika Cholokosta, S. 17.

etwa 600 Juden.[12] Am 19. und 20. September 1941 beging eine Einheit des Einsatzkommandos 6 zusammen mit den Polizeibataillonen 45 und 314 eines der größten Massaker des Krieges und ermordeten in Winniza ungefähr 15 000 Juden.[13] Ende September 1941 wurden die Facharbeiter mit ihren Familien, etwa 5000 Personen, von den anderen Juden getrennt. 2000 alte Menschen, Frauen und Kinder wurden am Stadtrand erschossen. Am 5. Dezember 1941 mussten sich alle Juden aus Winniza in das Stadion in der Nähe des Parks begeben. Sie wurden vom Morgen bis zum späten Abend auf dem Hof festgehalten, dann aber wieder freigelassen. Ihre Pässe wurden mit den Buchstaben »A«, »B« und »C« gekennzeichnet.[14]

Die Sicherheitspolizei in Winniza drängte im Januar 1942 darauf, die örtlichen Juden zu ermorden. Die Beamten schoben Sicherheitsgründe vor, weil unweit der Stadt Hitlers neues Hauptquartier entstehen sollte. Die in unmittelbarer Nähe der Anlage »Werwolf« wohnenden Juden wurden sofort erschossen. Die Erschießung der letzten Juden von Winniza verzögerte sich. Der zuständige SS- und Polizeistandortführer Major Pomme bedauerte, dass »eine Umlegung« nicht stattfinden könne, solange kein Ersatz für die jüdischen Facharbeiter bereitstünde.[15] Unter den 5000 Handwerkern befanden sich 1700 Fachleute, die insbesondere in allen lebenswichtigen Betrieben beschäftigt waren.[16]

Am 16. April 1942 wurde in Winniza die letzte große »Aktion« durchgeführt. Am Vortag wurden in der Stadt durch den Befehl des Gebietskommissars die Juden aufgefordert, am 16. April mit Wertsachen und Lebensmitteln für ein paar Tage im Stadion zu erscheinen. Hier mussten die Juden zu einer Selektion antreten. Handwerker mit einer Arbeitserlaubnis der obersten Kategorie wurden nach links gewiesen und konnten in die kleinen Konzentrationslager neben ihren Werkstätten zurückkehren. Die übrigen etwa 5000 Menschen, Alte, Frauen und Kinder, wies man nach rechts. Anschließend wurden sie unter deutscher Aufsicht von den ukrainischen Hilfstruppen zu Fuß oder per Lastwagen zu der Gärtnerei gebracht, auf deren Gelände im Norden der Stadt sieben Monate zuvor bereits 10 000 Menschen ermordet worden waren.

Das anschließende Massaker wurde mit unvorstellbarer Grausamkeit durchgeführt.

»In der Anlage klaffte eine große Grube; ein mit Brettern ausgelegter Pfad und ein lächelnder deutscher Offizier, der den Damen seine stützende Hand bot, sollten den Abstieg zum Grubenboden erleichtern. Am Grubenrand saß ein Ukrainer mit einem Maschinengewehr, rauchte eine Zigarette und ließ die Beine baumeln. In drei Meter Abstand von dieser langgestreckten großen Todesgrube hatten die Deutschen noch

---

12 Mallmann, Die »Ereignismeldungen UdSSR«, S. 477.
13 Pohl, The Murder of Ukraine's Jews, S. 37.
14 VEJ 8, S. 252 f.
15 Heim, Die Verfolgung und Ermordung der europäischen Juden VEJ 8, S. 30, 183 ff., 189 ff., 322.
16 Altman, Opfer des Hasses, S. 211.

eine kleinere, quadratische Grube von vielleicht vier Metern Seitenlänge angelegt. Bei jedem Schub von Opfern, den sie zur großen Grube trieben, verlangten sie die Herausgabe der Kinder. Sie übernahmen die Kleinen, zerrten den Müttern die Babys aus den Armen, stießen, schlugen und brüllten die jammernden Mütter an – und erschlugen oder erschossen dann die Kinder an der kleinen Grube, während sie mit den Erwachsenen in der großen eine ›Sardinenpackung‹ machten. Die ukrainische Historikerin Faina Winokurowa vermochte nicht zu sagen, warum die Deutschen die Kinder in Winniza getrennt von den Erwachsenen umbrachten, es bieten sich dafür aber zwei Erklärungsmöglichkeiten an: Erstens ließen sich auf diese Weise die Körper der Erwachsenen möglichst dicht neben- und übereinander packen, und zweitens stellten die Deutschen sicher, dass die kleinen Juden, die sonst von ihren Müttern nicht selten mit dem eigenen Leib vor den Kugeln geschützt wurden, tatsächlich tot waren, bevor man die Gruben mit Erde abdeckte. In gleicher Absicht hatten Männer des Einsatzkommandos an jenem Morgen auch das Entbindungsheim von Winniza aufgesucht. Jüdische Mütter, die gerade erst ihr Baby bekommen hatten oder noch in den Wehen lagen, wurden in einen Wald geschleppt und erschossen. Die Neugeborenen packten die Männer wie unerwünschten Katzennachwuchs in zwei Jutesäcke und warfen sie im zweiten Stock aus dem Fenster.«[17]

In Winniza blieben nur etwa 1000 Handwerker. Die Mechaniker und Techniker unter ihnen wurden sofort nach Shitomir transportiert. Sie wurden dort im August 1942 ermordet. Etwa 150 Juden wurden in ein Arbeitslager der Organisation Todt überstellt, das in der Krasnoarmeiskaja-Straße war. Die Mehrzahl der jüdischen Handwerker lebte im »Ghetto«, das aus einer abgetrennten Straße bestand. Das Ghetto war überfüllt, mindestens 12 Personen lebten in einem Raum. Nach Zeugenaussagen waren die Bedingungen im Ghetto trotzdem etwas besser als in den anderen Arbeitslagern.

Am 15. Mai 1942 wurden in Winniza noch 801 Handwerker registriert.

Ein Teil der in Winniza verbliebenen Juden wurde am 25. August 1942 erschossen, andere 1943 nach einer Reihe Razzien.[18]

Am 20. März 1944 wurde Winniza befreit. Nur etwa 20 Juden hatten im Versteck überlebt.

Chaima Owsjannikowa (geb. 1924)
»Niemand hat die Kraft, das alles auszuhalten«

Ich, Chaima Mejerowna Owsjannikowa, geborene Klara Markowna Nirenberg, wurde am 15. Dezember 1924 in Winniza geboren. Mein Vater Mejer Nirenberg arbeitete als Bürstenmacher in

---

17 Rhodes, Die deutschen Mörder, S. 377 f.; Pohl, The Murder of Ukraine's Jews, S. 47.
18 Altman, Cholokost, S. 159.

einer Fabrik. Er starb 1930. Meine Mama Rachil Nirenberg, geborene Bogomolnaja, arbeitete in der gleichen Fabrik. Nach dem Tod ihres Mannes blieb meine Mama alleine mit drei Töchtern: meine ältere Schwester Rosa, ich und meine jüngere Schwester Betja.

1933 überlebten wir eine große Hungersnot. Es war eine sehr grausame Zeit. Wir sind nur um ein Haar dem Tod entronnen.

Vor dem Krieg besuchte ich eine jüdische Schule und hatte die siebte Klasse beendet. Der Krieg überraschte unsere Familie in Winniza. In den ersten Kriegstagen wurde Winniza sehr heftig bombardiert. Es war sehr schwirig, sich evakuieren zu lassen. Um uns vor den Bombardierungen zu retten, gingen wir in das Städtchen Priluki (ca. 30 Kilometer von Winniza entfernt), wo die Schwiegereltern meiner älteren Schwester lebten. Der Ehemann von Rosa, Boris, meldete sich freiwillig an die Front.

Drei Tage später wurde Priluki von Deutschen besetzt. Sie sammelten alle jüdischen Männer und befahlen ihnen, Gruben zu schaufeln. Danach wurden sie erschossen und in die Gruben geworfen. Zusammen mit meiner Mutter und meinen Schwestern sowie der kleinen Tochter von Rosa, Musenka (sie war drei Jahre alt), und Rosas Schwiegermutter flüchtete ich zurück nach Winniza. Rosas Schwiegervater wurde zusammen mit anderen jüdischen Männern in Priluki ermordet.

Der erste Pogrom fand in Winniza am 19. September 1941 statt. Zusammen mit Polizisten gingen die Deutschen am frühen Morgen, zwischen 4 und 5 Uhr, als die Menschen noch schliefen, in die jüdischen Häuser und holten alle heraus, auch Kinder und Alte, brachten sie mit Lastwagen in die Gegend der heutigen Maksimowitsch-Straße und erschossen sie dort. Damals wurden 10 000–12 000 Menschen erschossen.

Während dieses Pogroms konnten die Deutschen die Krasnoarmejskaja-Straße, wo unsere Familie wohnte, nicht erreichen, weil sie auf den anderen Straßen viel »Arbeit« hatten.

Von diesem Pogrom wussten wir nichts. Ein Mädchen, dem es gelang, der Vernichtung zu entkommen, kam am Tag des Pogroms zu uns und berichtete davon.

Im Dezember 1941 sammelten die Deutschen die Juden (ca. 6000–7000 Menschen), entließen sie später aber wieder. Sie sagten, das Ghetto sei noch nicht fertig. Wahrscheinlich wollten sie wissen, wie viele Juden noch in Winniza waren.

Im Frühling 1942 erschienen in der Stadt Plakate mit der Aufforderung der deutschen Machthaber an Juden, sich am 16. April im Stadion im Park der Kultur einzufinden. Es wurde befohlen, Wertsachen mitzunehmen. Für das Nichterscheinen drohte Erschießung. Ich ging mit meiner Mutter und jüngeren Schwester zum Stadion. Meine ältere Schwester Rosa versteckte sich zusammen mit ihrer Tochter Musenka im Keller unserer nichtjüdischen Nachbarin. In diesem Keller versteckten sich insgesamt 20 Personen.

Im Stadion sammelten sich 6000–7000 Juden. Die Menschen wurden auf Lkw geladen und zur Maksimowitsch-Straße gefahren, wo man sie erschoss. Die Menschen im Stadion verstanden alles. Es kam zu einem furchtbaren Schreien. Ich wurde taub von diesem Schreien. Seitdem höre ich ganz schlecht. Meine Mama und Schwester verlor ich im Stadion und habe sie nie wieder gesehen. Im Stadion bemerkte ich meine Freundin Olja. Ich sagte zu ihr: »Olja, lass uns in den Wagen kriechen. Man möge uns schnell töten, niemand hat die Kraft, das alles auszuhalten.« Sie antwortete, ich sollte mich nicht beeilen, denn es sei gut, noch mindestens eine Stunde zu leben. Ich hörte auf sie und fuhr mit dem letzten Lkw.

Als ich gezwungen wurde, in den Wagen einzusteigen, sagte ich dem Polizisten, ich sei eine Ukrainerin und zufällig hier. In der Maksimowitsch-Straße ließen mich die Polizisten neben dem Wagen warten. Dort war noch ein Mädchen. Es ist unmöglich zu vergessen, was ich dort sah. Man befahl den Menschen, sich auszuziehen, erschoss sie und warf sie in die Gruben. Viele wurden lebendig in die Gruben geworfen und mit Erde überschüttet. Die Erde bewegte sich an der Stelle, wo die Gruben waren. Außerdem war dort ein Brunnen, in den kleine Kinder lebendig hineingeworfen wurden.

Der Polizist fragte mich noch mal, wie ich dorthin gelangt war. Ich sagte, ich sei eine Ukrainerin, sei unterwegs in die Schule und zufällig ins Stadion gekommen. Ich und das andere Mädchen wurden entlassen, aber der Polizist sagte, wenn wir Jüdinnen seien, würden wir sowieso gefunden und erschossen. Zusammen mit diesem Mädchen (es hieß Fira) ging ich zu unserer Straße. Als wir in der Krasnoarmejskaja-Straße waren, sah ich zwei deutsche Autos. Dort saßen SS-Männer und Polizisten. Sie suchten nach Juden, die nicht im Stadion erschienen waren. Wir machten uns unbemerkbar. Auf dieser Straße war eine leere Kaserne, und Fira und ich versteckten uns dort auf dem Dachboden. Von dort sah ich, wie die Deutschen die Juden fanden, die sich im Keller versteckt hatten, darunter auch meine Schwester Rosa und ihre dreijährige Tochter Musjenka. Sie wurden von einem Nachbarjungen denunziert, der von dem Versteck wusste. Später wurde er Polizist. Sie wurden alle weggebracht und erschossen.

Meine Schwester bat die Nachbarn, das Mädchen zu nehmen, aber keiner wollte es. Als unsere Nachbarin sich bereit erklärte, das Mädchen zu sich zu nehmen, erlaubten es die Deutschen und die Polizisten nicht mehr. Sie sagten, dass man es früher hätte machen sollen.

Auf dem Dachboden verbrachten Fira und ich ein paar Tage ohne Essen und Wasser. Wir waren kaum noch am Leben. Meine Beine schwollen an. Durch das Fenster sahen wir, wie die Menschen in ihren Gärten arbeiteten und wir gezwungen waren, uns hier zu verstecken, nur weil wir Juden waren. Es war nicht mehr möglich, noch länger ohne Wasser und Essen zu bleiben, und Fira ging los, um etwas zu essen zu beschaffen. Nach einiger Zeit kehrte sie mit zwei Kesseln mit Suppe zurück. Sie sagte, dass irgendwelche Menschen, die in der Nähe arbeiteten, ihr diese Suppe gaben. Diese Menschen waren nicht vom Ort. Aber wer sie waren, wusste Fira nicht.

Als Fira und ich auf dem Dachboden waren, sahen wir, wie eine junge jüdische Frau vom Lkw floh. Aber jener Junge, der die Juden denunzierte, holte sie ein. Sie hatte einen schönen Pelzmantel an und sagte zu ihm: »Sergei, lass mich gehen. Ich will leben. Nimm meinen Mantel.« Er antwortete: »Du wirst nicht nur auf den Mantel, sondern auch auf dein Leben verzichten«, und ließ sie nicht gehen.

Am nächsten Tag stieg ein deutscher Offizier auf den Dachboden. Er sah Fira und neben ihr zwei Kessel. Mich hatte er nicht gesehen. Auf Deutsch fragte er, wo die zweite Person sei, da er zwei Kessel sehe. Fira antwortete, sie würde ihn nicht verstehen. Aber ich entschloss mich herauszukommen. Ich dachte mir, es ist besser, man tötet mich, denn ich hatte keine Kraft mehr zu leben. Der Deutsche sagte, dass er zu Hause auch solche Kinder habe. Er gab jeder von uns Butterbrot und Ei und sagte, wir sollten weggehen, weil die Kaserne abgerissen würde. Außerdem sagte er, dass in der Nähe eine Kantine sei und wir hingehen und sagen sollten, uns habe Oskar geschickt. So könnten wir dort Arbeit bekommen.

Wir verließen die Kaserne, riskierten es aber nicht, in die Kantine zu gehen. Fira sagte, dass sie eine gute Bekannte habe, und wir gingen zu ihr. Diese Frau gab uns zu essen und führte uns in den Stall. Sie sagte, dass, wenn wir gefunden würden, wir sagen sollten, wir seien selbst in den Stall hineingegangen und sie habe nichts davon gewusst. Wir verbrachten dort ca. eine Woche.

Bei ihrem Nachbarn ging ein Huhn verloren, und er suchte nach ihm. Er wollte im Nachbarstall nachschauen, ob das Huhn nicht dort sei. Dort entdeckte er uns. Er sagte zu unserer Retterin: »Was machst du? Du kannst dafür erschossen werden.« Unsere Retterin sagte uns, wir müssten weggehen, und gab uns einige Lebensmittel mit.

Wir mussten weggehen, übernachteten auf dem Friedhof in einer heruntergekommenen Gruft zusammen mit Ratten. Wir wurden zufällig von unserer Nachbarin gesehen, bei der meine Mutter unsere Sachen gelassen hatte. Sie sagte, dass ihr Bruder im Gebiet wohne, das von rumänischen Soldaten besetzt war. Dort, wo er wohnte, in Woroschilowka (ca. 30 Kilometer von Winniza), war ein jüdisches Ghetto. Heute würde ihr Bruder zurück nach Woroschilowka gehen, und sie empfahl uns, mit ihm zu gehen.

Ich entschloss mich, mit ihm zu gehen, weil 10 Kilometer von Woroschilowka entfernt in Krasnoje der ältere Bruder meiner Mutter Chaim Leiser Bogomolni lebte. Fira wollte nicht mitkommen, weil sie dort niemanden hatte. Sie blieb in Winniza und ging zu den Partisanen.

Vor Woroschilowka war eine Brücke über den Fluss. Das Territorium auf der einen Flussseite war von den Deutschen besetzt und auf der anderen Flussseite von den Rumänen. Auf der Brücke war ein rumänischer Kontrollposten. Der Bruder unserer Nachbarin hatte einen Passierschein und wurde durchgelassen. Ich hatte keinen Passierschein. Ich wusste nicht, was ich tun sollte. Eine Ukrainerin sagte mir, dass sie dem Soldaten zwei Mark gibt, damit er uns durchlässt. So gelangte ich nach Woroschilowka.

Von dort ging ich nach Krasnoje, wo auch ein jüdisches Ghetto war. Dort fand ich meinen Onkel, Chaim Leiser Bogomolni. Die Mutter von Chaim, meine Oma, war eine sehr herzliche und gläubige Frau. Als sie starb, waren in Krasnoje als Zeichen des Respekts ihr gegenüber alle jüdischen Geschäfte geschlossen. Sie hieß Chaika, und ich war nach ihr benannt worden. Vielleicht überlebte ich deshalb.

Im Ghetto lebten zusammen mit Bogomolni seine Frau Frima und ihre zwei Töchtern Sisl und Basja mit ihren Kindern. Sisl hatte zwei Kinder, die Tochter Sima im Alter von 9–10 Jahren und den Sohn Igor, 5–6 Jahre. Basja hatte auch zwei Kinder: Der Sohn Mora war etwa 13 Jahre alt und die Tochter Riwa war ungefähr 9 Jahre. Der Onkel und seine Familie nahmen mich zu sich, obwohl es bei ihnen sehr eng war und sie selbst nichts zu essen hatten. Dabei riskierten sie ihr Leben, denn es war verboten, die Juden aus Winniza aufzunehmen, weil sie erschossen werden sollten.

Beim Onkel lebte ich bis zur Befreiung des Ghettos durch die sowjetische Armee. Wir wurden gezwungen, in der ehemaligen Kolchose zu arbeiten. Die Arbeit war sehr schwer, wir hungerten und waren sehr oft krank. Die Frau des Onkels, Frima, erlebte die Befreiung nicht. Im Gebäude, in dem wir wohnten, war es sehr kalt, sie starb an Lungenentzündung.

Außer zwei Töchtern hatte mein Onkel noch zwei Söhne. Einer von ihnen, Srul Bogomolni, lebte vor dem Krieg in Kiew. Seine Familie wurde in Babi Jar ermordet. Er selbst überlebte wie durch ein Wunder, und es gelang ihm, zu den Eltern nach Krasnoje zu kommen.

Er lebte aber nicht beim Onkel, sondern war in einer Partisanentruppe. Heimlich kam er hin und wieder zu den Eltern. Oft brachte er Handschuhe und Socken der Partisanen, die ich und die Töchter des Onkels wuschen und stopften. Diese nahm er dann wieder mit zu den Partisanen. Niemand im Ghetto außer uns wusste davon, denn dafür konnte man mit dem Leben bezahlen.

Er starb zwei Wochen vor der Befreiung. Er kam über Nacht zu seinen Eltern. Da er wusste, dass die Rote Armee schon ganz nahe war und bald die Befreiung kommen würde, war er gut gelaunt, sang Lieder und versteckte sich nicht. Am nächsten Morgen sahen wir, dass das Gebäude, in dem wir wohnten, von rumänischen Soldaten umstellt war. Sie brachen die Tür ein und führten ihn ab. Nur seine Armbanduhr konnte er der Mutter übergeben. Er leistete Widerstand, aber die Kräfte waren nicht gleich. Am Friedhof des Ortes wurde er erschossen. Es wurde verboten, seinen Leichnam abzuholen, damit alle sahen, was einen erwartet, der zu den Partisanen geht. Erst drei Tage später durfte mein Onkel seinen Leichnam abholen und auf dem jüdischen Friedhof beerdigen.

Der zweite Sohn des Onkels kam an der Front um.

Ungefähr zwei Monate vor der Befreiung wurden ich und die Tochter des Onkels Sisl mit den Kindern Sima und Igor zwangsweise nach Tywrow (ca. 12 Kilometer von Krasnoje entfernt) umgesiedelt. Zuvor hatte dort ein Pogrom stattgefunden, und es gab praktisch keine Juden mehr.

In Tywrow waren Deutsche und später Rumänen. Wir hatten es dort sehr schwer. Wir schliefen auf dem Boden, es war sehr kalt, und wir hatten nichts zu essen. Viele erkrankten an Typhus. Einmal flogen über dem Ort sowjetische Flugzeuge, und es begann eine große Bombardierung. Die Wache kümmerte sich nicht um uns. Wir nutzten diesen Augenblick, und es gelang uns, zurück nach Krasnoje zu fliehen. Nach einiger Zeit, im März 1944, wurden wir von den Partisanen und von der Roten Armee befreit.

Als wir befreit wurden, wollte die Tochter des Onkels, Sisl, mit ihren Kindern Sima und Igor vom Ghetto in ihr Haus zurückkehren, aber das Haus war zerstört: Es wurde während der Besatzung für Brennholz verwendet. Der Mann von Sisl war an der Front gefallen. Sie blieb allein mit zwei Kindern und hatte kein Dach über dem Kopf.

Nach der Befreiung von Krasnoje und Winniza ging ich, trotz der Überredungsversuche meines Onkels und seiner Töchter, bei ihnen zu bleiben, zurück nach Winniza. Ich hatte nichts mitzunehmen. Ich hatte ein Kleid an, das aus einem Sack gemacht war.

In Winniza lebte ich ein paar Tage bei der ukrainischen Nachbarin Kylyna Kuprienko. Die Menschen nannten sie »jüdische Mutter«, weil sie sehr nett zu Juden war, besonders zu Kindern. Sie hatte Mitleid mit ihnen und gab ihnen während des Krieges immer etwas zu essen.

Nach ein paar Tagen ging ich ins Kriegshospital arbeiten und pflegte Verwundete. Dort arbeitete ich fast bis zum Kriegsende. Für die Arbeit in diesem Hospital wurde mir die Auszeichnung »Für die Verdienste im Zweiten Weltkrieg« verliehen.

Nach dem Kriegsende arbeitete ich in der 45. Waffenfabrik. Dort arbeitete ich fast 42 Jahre, bis zu meiner Pensionierung.

Polina Rabotskaja (geb. 1936)
»Mitfühlende, herzliche Menschen riskierten ihr Leben und retteten uns und andere Juden«

Der Zweite Weltkrieg brachte großes Leid für viele Menschen, aber besonders das jüdische Volk litt in diesem Krieg.

Ich, Polina Nikolajewna Rabotskaja, geborene Nedswedskaja, wurde 1936 in Winniza geboren, wo ich bis 1963 mit meinen Eltern lebte. Vor und während des Krieges lebte unsere Familie – mein Vater Nikolai Alexandrowitsch Nedswedski, meine Mutter Ida Wolfowna, meine Großmutter (die Mutter meiner Mutter) Rachil Abramowna Gladschtein, mein Bruder Sascha und ich – in Winniza auf dem Gelände der medizinischen Universität.

Als der Krieg ausbrach und die Deutschen Winniza besetzten, war mein Vater auf einer Geschäftsreise in Moskau. Ich war fünf Jahre alt, aber nichtsdestotrotz blieb mir einiges im Gedächtnis. In erster Linie waren es die Brände nach den ersten Bombardierungen, der Einmarsch der Deutschen, die deutsche Besatzung der Stadt und später die Vernichtung der Juden. Die Menschen versteckten sich in den Häusern und Kellern, und jene, die gezwungen waren, auf die Straße zu gehen, kehrten oft nicht mehr zurück. Auf der Straße wurde auch ein Verwandter von uns ermordet. Seiner Frau gelang es, in der Nacht seinen Leichnam abzuholen und ihn unter ihrem Bett zu verstecken. Es war unmöglich, ihn offen zu beerdigen. Diese Angst vor einem unter dem Bett versteckten toten Mann blieb für mein ganzes Leben in meiner Erinnerung.

Ich hatte eine wunderbare Großmutter Rachil. Wir Kinder liebten sie sehr. Unsere Nachbarin (an ihren Namen erinnere ich mich nicht) bot an, unsere Großmutter in dem Dorf, in dem ihre Verwandten lebten, zu verstecken. Meine Mutter freute sich sehr und gab ihr für die Rettung ihrer Mutter alle wertvollen Sachen, die sie hatte. Sie war aber eine gemeine Banditin und denunzierte unsere Großmutter bei den Nazis. Davon erfuhren wir erst nach zwei Jahren.

Unsere Verwandte Rosa Isaakowna geriet mit ihren zwei Töchtern, 15 und 5 Jahre alt, während einer Razzia in die Hände der Nazis. Man führte sie alle durch die Kozjubinskij-Straße. Sie hielt ihre kleine Tochter an der Hand. Die Wachmänner waren unaufmerksam, und sie trat mit der kleinen Tochter aus der Kolonne und verschwand in der Menschenmasse. So rettete sie sich mit ihrer kleinen Tochter. Die ältere wurde mit der Kolonne zum Abschlachten abgeführt. Dies konnte sich die Mutter nie verzeihen. Sie kam zu uns, weinte, schrie, aber man musste leben und die jüngere Tochter retten. Mit dem Geschehenen konnte sie sich nicht abfinden. Nach dem Krieg brachte sie sich um, in dem sie sich die Adern aufschlitzte.

Gegenüber unserem Haus in der Blok-Straße lebte in einem Privathaus Familie Schostakowski. Während der Razzien und anderen gefährlichen »Aktionen« versteckten wir uns bei ihnen im Keller oder auf dem Dachboden. Diese Familie versteckte auch andere Juden. Es war aber sehr gefährlich, weiter in diesem Viertel wohnen zu bleiben, wo alle wussten, dass wir Juden waren. Wir zogen in ein anderes Stadtviertel um, in die Sawodskaja-Straße 2, wo uns niemand kannte. Einige Zeit wohnten wir da relativ ruhig. Aber es dauerte nicht lange.

Einmal kam zu uns der frühere »gute« Bekannte. Er fand uns. Meine Mutter war nicht zu Hause. Mich fragte er nach meiner Mutter und Großmutter aus. Der Mutter habe ich von diesem Besuch nicht erzählt, weil sie bei der Erwähnung der Großmutter immer sehr weinte.

Dieses Scheusal brachte nach einer Stunde einen Polizisten, und ich wurde zusammen mit meiner Mutter zur Polizei abgeführt (mein Bruder war nicht zu Hause, er spielte mit den Jungs auf der Straße). Ich weinte, meine Mutter weinte nicht.

Ein Polizist kam herein und sagte, dass der Lkw, der die Menschen zur Erschießung fährt, bereit stünde: »Ich würde sie noch reinquetschen!«

Auf einmal ... ereignete sich ein Wunder! Von oben (so blieb es in meiner Erinnerung) stieg ein großer deutscher Offizier mit roten Haaren herab und fragte, wer gebracht wurde. Man antwortete ihm, dass Juda gebracht wurde, die sich zusammen mit ihren Kindern versteckte. Er blickte auf das weinende Mädchen mit roten Haaren, auf die Mutter, lächelte und fragte:

»Was Juda, hast du Angst zu sterben?« Meine Mutter antwortete: »Ich habe keine Angst, aber das Weinen meiner Kinder wird mich bis zu meinem Grab verfolgen.«

»Hast du noch andere Kinder?« Meine Mutter antwortete ihm. »Wer brachte sie?« Man zeigte ihm den Polizisten und unseren »Wohltäter«.

»Geht, ich werde es selbst aufklären.« Dann sagte er zu meiner Mutter:

»Geh und erzieh deine Kinder.« Diesem Deutschen, diesem Menschen, verdanken wir unsere Rettung. Nach Hause sind meine Mutter und ich gerannt. Mein Bruder war nicht da. Meine Mutter hinterließ einen Zettel, und wir rannten zu unseren Freunden Schostakowski. Diese guten herzlichen Menschen nahmen uns wie ihre Verwandten auf. Sie gaben uns zu essen und versteckten uns auf dem Dachboden.

Elena Anatoljewna Schostakowskaja ging zu uns in die Wohnung, um nach meinem Bruder Sascha zu suchen. Dort waren aber schon die Deutschen. Sie schlugen meinen Bruder, folterten ihn und wollten wissen, wo ich und meine Mutter seien. Sie hatten eine Falle eingerichtet. Erst nach drei Tagen gelang es meinem Bruder zu fliehen. Wir vereinten uns alle in der Wohnung der Familie Schostakowski.

Mit großem Risiko für ihre eigene Familie versteckten Irina Konstantinowna und Elena Antonowna Schostakowskaja, diese meinem Herzen teure Menschen, meine Mutter, meinen Bruder und mich. Sie mussten arbeiten, Unterricht geben, um uns zu ernähren. Im Zimmer hinter dem Vorhang stand ein Bett, wir lagen zu dritt in diesem Bett, das abgedeckt war, und hatten Angst, uns zu bewegen oder den kleinsten Laut von uns zu geben, wenn jemand in die Wohnung hereinkam oder wenn die Schüler zum Unterricht kamen.

Während der Razzien versteckte man uns im Keller. Es gab Fälle, dass die Deutschen zur Kontrolle in das Haus der Familie Schostakowski hereinkamen, während sich unsere Familie im Keller versteckte und die Schwestern Schwarzman auf dem Dachboden saßen. Was erlitten in diesen Augenblicken unsere Retter?! Diese mitfühlenden, herzlichen Menschen riskierten ihr Leben und retteten uns und andere Juden.

Manchmal versteckten wir uns bei anderen Menschen, die gegenüber der Psychiatrie wohnten, im Stall im Stroh, wo ein Schwein war. So leckere Kartoffeln wie die, die dieses Schwein bekam und von denen wir aßen, habe ich nie wieder gegessen. Diese Menschen sind nach dem Krieg ausgewandert, und ich erinnere mich nicht mehr an ihre Namen.

Die Zeit verging, und die Front, unsere Befreiung, näherte sich Winniza. Die Nazis tobten. Es wurde sehr gefährlich. Menschen wurden auf den Straßen festgenommen und erschossen.

Wir wurden auf einem Fuhrwagen, versteckt im Stroh, in irgendein Dorf gebracht. An seinen Namen kann ich mich nicht erinnern. Dort erfuhren wir sehr viel Mitgefühl von vielen guten Menschen. Meine Mutter war eine hervorragende Hauswirtin, sie konnte alles im Haushalt machen, und so konnten wir uns ernähren. Dann zogen wir weiter.

Als Winniza am 20. März 1944 befreit wurde, war unsere Familie im Dorf Sutiski. Dort am Dorfrand wohnte eine alte Frau, wir lebten einige Zeit bei ihr. Am 22. März zogen wir per Anhalter auf Pferdewagen nach Winniza. Wir erreichten Winniza durchnässt und verdreckt. Unsere Wohnung war zerstört und geplündert. Dort wohnten andere Menschen. Für uns gab es keinen Platz. Wir blieben fast nackt und barfuß auf der Straße und unter freiem Himmel.

Den Frühling verbrachten wir bei Bekannten, den Sommer auf der Straße, und zum Herbst bekamen wir eine Ruine in der Timirjasew-Straße 66. Unter dieser Adresse lebte ich mit meinen Eltern bis 1963.

1979 starb meine Mutter. Auf dem Sterbebett fantasierte sie die ganze Zeit: »Wie retten wir uns vor den Deutschen, wer führt uns hinaus …«

Meine Mutter hatte vier Brüder. Zwei Brüder waren im Krieg gefallen, zwei andere kehrten vom Krieg als Invaliden zurück. Beide sind in Winniza beerdigt. Mein Bruder Alexandr wurde 62. Der erlebte Krieg verkürzte sein Leben.

Alle, die die Jahre der deutschen Besatzung überlebt hatten, die die Nazi-Bestialitäten am eigenen Leib oder am Beispiel von Verwandten und Bekannten erfahren hatten, werden das Erlebte bis zu ihrem Tod mit sich tragen. Für immer wird es eine bittere Erinnerung bleiben.

Iosif Rubinschtein (geb. 1930)
»Man trieb uns zur Erschießung«

Ich, Iosif Aisekowitsch Rubinschtein, wurde am 4. Februar 1930 im Ort Litin, Gebiet Winniza, geboren. Unsere Familie bestand aus fünf Personen: Vater, Mutter und drei Brüder. Ich war der Jüngste. Mein älterer Bruder Lew nahm vor dem Kriegsausbruch das Studium der Pädagogik in Winniza auf. Der mittlere Bruder, David, arbeitete nach dem Hauptschulabschluss in einer Fabrik. Ich besuchte vor dem Krieg die Schule. Von den nächsten Verwandten lebten damals noch unsere Großeltern. Mein Großvater war sehr gläubig und hatte die Funktion des Ältesten in unseren Ort inne.

Litin war kein großer Ort. Vor dem Krieg lebten hier ca. 4000 Juden. Es war eine ausschließlich jüdische Stadt. Dort waren wir keine nationale Minderheit, denn 60 Prozent der Kinder in der Schule waren jüdisch. Früher gab es sogar eine jüdische Schule im Städtchen, aber diese wurde 1937 oder 1938 geschlossen. Die Synagoge wurde noch früher, 1936 oder 1937 zugemacht. Ich erinnere mich noch an die Einrichtung in der Synagoge und wie gebetet wurde. Seitdem die Synagoge zu war, diente das Haus meines Großvaters als Synagoge. Mein Vater war auch sehr religiös. Vor dem Krieg war er nicht besonders fromm, aber nach dem Krieg, in dem unsere ganze Familie ermordet wurde und nur er und ich überlebten, wurde er sehr fromm, befolgte alle jüdischen Vorschriften und Gesetze und betete. Ich kann Jiddisch sprechen, aber ich kann es nicht schreiben.

In Litin lebte meine Halbschwester Lisa, die Tochter meines Vaters aus erster Ehe. Die zweite Schwester, Sima, lebte in Romny zusammen mit ihrer Familie. Nach dem Krieg habe ich erfahren, dass sie und ihre zwei Kinder erschossen wurden, aber ich kenne keine Einzelheiten.

Sechs Monate vor dem Kriegsausbruch zog unsere Familie nach Winniza um. Mein Vater arbeitete in einem Eisenwarengeschäft, Mutter war Hausfrau. Wir lebten sehr bescheiden. Mein älterer Bruder Lew machte Abitur und nahm sein Studium der Pädagogik in Winniza auf. Er war sehr begabt. Der Klassenlehrer nannte ihn bei der Abiturfeier die Wissensleuchte der Klasse. Dem mittleren Bruder verschafften meine Eltern eine Stelle in der Fabrik.

Vom Kriegsausbruch erfuhr ich im Radio ... Ich kann mich noch an meine Reaktion erinnern. Ich habe mehr gespürt als verstanden, dass ein großes Unglück passieren würde. Ich erinnerte mich an den sowjetischen Film »Professor Mamlock«, in dem thematisiert wurde, wie die Nazis Juden behandelten.

Mein Vater war im Ersten Weltkrieg in deutscher Kriegsgefangenschaft und wollte den Erzählungen, dass die Deutschen angeblich die Juden schlecht behandeln, nicht glauben. Ich erinnere mich an die unruhige Situation jener Zeit. Jede Nacht gab es Luftangriffe und Bombardierungen. Gegenüber unserer Wohnung war ein Park. Am 17. oder 18. Juli fing man an, die Bäume zu fällen. Wahrscheinlich wollte man den Ort verbarrikadieren, und dies hat mir zu verstehen gegeben, dass die Deutschen ganz in der Nähe sind.

Am 18. Juli, dem Vortag des Einmarsches der Deutschen, versteckten sich meine Mutter und ihre Schwester in einem Keller am Ufer des Südlichen Bug, wohingegen wir Männer in unserem Haus blieben. Winniza wurde am 19. Juli 1941 besetzt. Während der Beschießung des Verstecks, in dem meine Mutter und ihre Schwester waren, wurden die Tochter und der Mann meiner Tante getötet.

Am zweiten oder dritten Tag nach der Besetzung wurden in der Stadt deutsche Flugblätter verbreitet. Den Juden wurde verboten, in der Öffentlichkeit zu erscheinen, und sie wurden verpflichtet, den Davidstern auf ihrer Kleidung zu tragen. Am dritten Tag sah ich an einem Pfosten eine Bekanntmachung, dass die Telefonkabel durchschnitten worden waren. Dies führte zur Geiselnahme von zwanzig Juden. Später wurden sie erschossen.

Nach einiger Zeit flammte der ukrainische Antisemitismus auf. Besonders schlimm war er am Anfang. Wahrscheinlich kannten die Ukrainer noch nicht all die Unterdrückungen, die sie später unter den deutschen Besatzern erfahren sollten. Vielleicht dachten sie, dass sich die ganze Feindseligkeit nur gegen die Juden richten würde. Antisemitische Stimmung und üble Äußerungen waren an der Tagesordnung. Ich möchte nicht, dass der Eindruck entsteht, alle Ukrainer wären so gewesen. Obwohl ich noch ein Kind war, konnte ich unterscheiden und habe sowohl das Gute als auch das Schlechte im Umgang mit uns als Nation wahrgenommen. Die feindselige Stimmung Juden gegenüber war hauptsächlich unter den jungen Menschen verbreitet. Ich wusste, dass ältere und arme Menschen uns gegenüber wohlwollend waren.

Ab Anfang August wurden junge Juden systematisch gejagt. Man trieb sie auf Lastwagen und brachte sie unter dem Vorwand des Arbeitseinsatzes zur Erschießung.

Am 19. September 1941 fand der erste Pogrom statt. An jenem Tag gingen mein Vater und der ältere Bruder ins Feld, um Kartoffeln und anderes Gemüse als Wintervorrat für die Familie zu ernten. Ich, mein zweiter Bruder David und unsere Mutter blieben zu Hause. Am frühen Morgen sah ich vor unserem Haus deutsche Soldaten mit Helmen. Sie klopften an unserer Tür. Ich verstand, dass es eine Razzia war, und versuchte, mich aus dem Staub zu machen. Man schoss auf mich. Ich konnte aber fliehen und versteckte mich auf dem Friedhof, der nicht weit von unserem Haus war. Ich hatte eine leichte Verletzung am rechten Bein. Auf dem Friedhof wartete ich, bis es dunkel wurde. Die ganze Zeit hörte ich Schüsse.

Zum Abend wurde es ruhiger, und ich traute mich aus meinem Versteck. Ich begegnete unserer Nachbarin Frau Terentjewna. Sie sagte mir, dass meine Mutter lebe und mein Bruder David verschleppt worden sei. Meine Mutter wurde von Frau Terentjewna gerettet.

Mein Vater und der ältere Bruder kamen zurück, und wir alle verbrachten die Nacht auf dem Friedhof, denn wir hatten Angst vor der Polizei. Am nächsten Tag gingen wir nach Litin. Wir hatten dort ein Häuschen, und vorübergehend ließ man in Litin die Juden in Ruhe. Wir lebten zusammen mit meinen Großeltern. Der ältere Bruder sammelte im Feld die Reste des geernteten Gemüses und beschaffte Brennholz, weil es sehr kalt war.

Ende Dezember wurde den Juden eine Kontribution auferlegt. Man stellte den Judenrat auf, der mit dem Sammeln der Wertsachen beauftragt wurde.

Am 18. Dezember wurde mitgeteilt, dass alle Juden verpflichtet seien, sich am 19. Dezember auf dem Platz zu sammeln. In der Nacht zum 19. Dezember konnte niemand schlafen. Man hörte Schreie. Am frühen Morgen wurden alle zusammen mit ihren Kindern zum Platz getrieben (es waren ca. 4000 Menschen). Und man führte uns zur Erschießung.

Auf unserem Weg war eine Brücke. Es gelang mir, mich unter einem der Trägerpfosten dieser Brücke zu verstecken. Als die Kolonne die Brücke passiert hatte, versteckte ich mich im Schilf und blieb dort, bis die Erschießung zu Ende war.

Vor der Massenerschießung sortierte der Verwalter Romanow alle Handwerker und ihre Familien aus, weil diese zur Bedienung der Deutschen notwendig waren. Es waren Schneider, Schuhmacher und andere, insgesamt 150 Personen und ihre Familien. Sie wurden in die Urizkij-Straße gebracht. Dort blieben wir bis September 1943. Mit dem Näherrücken der sowjetischen Truppen wurden alle diese Handwerker und ihre Familienmitglieder erschossen. Auch in meiner Familie wurden fast alle erschossen. Nur der Vater, der während des Pogroms in Winniza war, überlebte.

Ende August oder Anfang September gelang es mir, aus dem Ghetto herauszukommen. Ich konnte erfahren, dass 60 Kilometer von Winniza entfernt, bei Shmerinka, das Territorium war, das die Rumänen für ihre Teilnahme am Krieg erhielten. Dort waren jüdische Lager: Shmerinka, Murafa, Shulin, Schargorod und andere. Es waren kleine Schtetl, in denen Ghettos errichtet wurden. Während meiner Flucht überquerte ich den Fluss Bug und erreichte das Ghetto Shmerinka. Dort traf ich den Leiter des Ghettos. Er fragte mich, welche Sprachen ich könnte: Jiddisch, Rumänisch, Russisch, Deutsch. Er beherrschte alle diese Sprachen. Er ließ mir Essen bringen. Dann erklärte er mir, dass ich nicht im Ghetto bleiben dürfte, weil er sich verpflichtet habe, niemanden aufzunehmen, der nicht im Ghetto gemeldet sei. Er sagte: »Bestimmt wollen Sie nicht uns alle in Gefahr bringen.« Er begleitete mich zur Straße und riet mir, nach Murafa zu gehen. Dort sei ein offenes Lager (ein Ghetto), und es sei einfacher, sich unter den Menschen zu verlieren und sogar »den Tag X« zu erleben.

Im Ghetto des Städtchens Murafa waren Tausende Juden. Man hatte nichts zum Leben. Die Menschen vegetierten in furchtbaren Verhältnissen. Es gab keinen Platz zum Schlafen. In einem Zimmer waren 20–30 Menschen zusammengepfercht. Täglich starben Hunderte Menschen. Im Ghetto befolgte man jüdische Traditionen.

In diesem Ghetto blieb ich bis zur Befreiung durch die sowjetische Armee, also bis März 1944.

Adelja Schtschegolewa (geb. 1930)
»Tötet mich nicht!«

Man kann sich kaum vorstellen, was die jüdischen Kinder in den besetzten Gebieten erlebt haben. Nach der Erschießung der Eltern waren viele von ihnen gezwungen, Landstreicher zu werden. Sie mussten sich auf dem Dachboden, im Wald oder an Flussufern verstecken. Man hatte Glück, wenn man Menschen begegnete, die, trotz des Risikos für das eigene Leben und das Leben ihrer Familien, solch einem Kind ein Stück Brot oder eine Schüssel Suppe gaben. Am wichtigsten war es aber, dass sie sich bereit erklärten, Unterschlupf zu gewähren. Diese Schwierigkeiten musste auch ich, nachdem ich meine Eltern verloren hatte, mit meinen zwölf Jahren durchstehen.

Vor dem Krieg lebten wir in Winniza in der Dsershinskij-Straße 12. Meine Eltern erhielten bereits in den ersten Kriegstagen den Schein zur Evakuierung. Wir konnten uns aber nicht evakuieren lassen, weil mein Vater Invalide des Bürgerkriegs war, meine Schwester eine Gehbehinderung ersten Grades hatte und meine jüngere Schwester erst zweieinhalb Jahre alt war. Ich war 1941 elf Jahre alt.

Am 8. Juli 1941 gingen wir zum Bahnhof. Als wir im Zug saßen, begann die Bombardierung. Die deutschen Flugzeuge griffen die Stadt an und zerbombten den Zug. Wir mussten nach Hause zurückkehren, aber schon ohne unser Gepäck: Unsere Sachen wurden geplündert und vernichtet. Am 20. Juli 1941 besetzten die Deutschen die Stadt Winniza.

1. Gebietshauptstadt Winniza

In den ersten Tagen waren die Deutschen mit sich selbst beschäftigt und stellten ihre Verwaltungseinrichtungen auf. Die Juden beobachteten dies schweigend, wobei man schon wusste, welche Gräueltaten die Nazis verüben.

Nach ein paar Tagen meldete der lokale Rundfunk, dass die erwachsenen Juden verpflichtet seien, Armbinden mit dem gelben sechseckigen Davidstern zu tragen. Meine Eltern verließen das Haus nicht und trugen keine Armbinden. Unser Hof lag gegenüber der Gestapo. Auf der anderen Straßenseite wurden die Telefonzentrale und die Krankenstation untergebracht. Von zwei anderen Seiten wurde der Hof mit Stacheldraht umzäunt. Man hatte Angst, auf die Straße hinauszugehen: Überall waren Nazis.

Unsere ehemalige Mieterin, die vor dem Krieg bei uns gelebt hatte, brachte uns Brot, sie arbeitete in einer Mensa. Unsere Bekannten aus dem Dorf Sarwanzy brachten uns ab und zu Milch, und unsere Hausnachbarn – Ukrainer, Ungarn, Moldawier – teilten mit uns das Wenige an Lebensmitteln, das sie selbst zur Verfügung hatten.

Anfang 1942 litten wir Hunger, unsere Glieder schwollen an, wir wurden blass und kraftlos. Meine Eltern trauten sich nicht, das Haus zu verlassen. Die kleine Tanja, die gerade sprechen lernte, wiederholte immer wieder: »Ich bin doch keine Juda (so wurden die Juden von Deutschen genannt), ich bin Ukrainerin, man tötet mich nicht«.

Im April 1942 wurden in der ganzen Stadt Bekanntmachungen verbreitet, die besagten, dass die Juden verpflichtet seien, am 16. April mit allen Wertsachen im Parkstadion zu erscheinen. Vom frühen Morgen an zog am 16. April 1942 eine lange Menschenkette zum Stadion. Die Juden verschiedenen Alters gingen und führten ihre Kinder mit sich.

Von unserem Haus zur Straße, die zum Stadion führte, war es nur ein Katzensprung. Obwohl ich sehr große Angst hatte, ging ich hinaus, um zu schauen, und verlor mich in der Menschenmasse. Ich ging zusammen mit anderen, aber am Rande der Kolonne. Ein Deutscher, der Franz hieß, bemerkte mich und sagte, ich sollte schnellstens nach Hause gehen. Franz arbeitete in irgendeiner Einrichtung, die auf unserem Hof untergebracht war.

Niemand aus unserer Familie ging zum Stadion, alle blieben zu Hause. Ich wurde an jenem Tag von unserer ehemaligen Mieterin Olja Karpowitsch abgeholt. An jenen furchtbaren Tagen lag ich bei ihr unter dem Bett, damit mich keiner entdeckte. Der Stadtteil, in dem Olja lebte (Seljanskij pereulok), hieß vor dem Krieg Jerusalimer. Nach dem 16. April streiften hier die Deutschen umher und durchsuchten alle Wohnungen nach Juden, die am Leben geblieben waren. Mein Herz pochte, und ich bekam Gänsehaut, wenn jemand das Haus betrat.

Zu Hause blieben meine Eltern und meine Schwestern. An einem Abend kam ich auf meine Straße und erfuhr von den Nachbarn, dass meine Mutter und Schwestern auf einen Lastwagen gestoßen und zur Erschießung weggebracht wurden. Als die Nachbarn mich sahen, weinten sie. Aber sie konnten mir überhaupt nicht helfen: Überall waren Deutsche. Mein Vater blieb am Leben. Er versteckte sich auf dem Dachboden des Nachbarhauses. Es war zwar April, aber es war noch sehr kalt. Er war leicht bekleidet und zitterte vor Kälte. Außerdem hatte er schon ein paar Tage nichts gegessen.

Die Zeit verging, und ich blieb bei Olja unter dem Bett liegen. Nur manchmal ging ich abends zum Fluss, um mich zu waschen. Es wurde immer gefährlicher, bei ihr zu bleiben. Während meines Besuches bei Vater auf dem Dachboden riet er mir, zu unserer Vorkriegsbekannten Tante Katja zu gehen und sie zu bitten, mich zu verstecken. Ich folgte seinem Rat. Am Abend des nächsten Tages ging ich in die Litwinenko-Straße, wo sie mit ihrer Tochter Walja lebte. Sie hatte keinen Ehemann. Sie lebten sehr arm, aber diese Frau hatte ein sehr großzügiges Herz und nahm mich auf. Mein Aufenthaltsort war auf dem Zementboden unter ihrem schmalen Sofa. Es war unmöglich, dort zu sitzen, ich konnte nur liegen. So verbrachte ich dort einen Monat.

Manchmal ging ich abends auf den Dachboden des kleinen Lehmhauses, wo Papa versteckt war. Ich stellte Ziegelsteine aufeinander und kletterte zu ihm. Ich musste am Gestapo-Gebäude und an den Wachsoldaten vorbeigehen. Damit sie keinen Verdacht schöpften, ich wäre »Juda«, trug ich ein grelles ukrainisches Kopftuch. In der Hand hatte ich eine Tasche, in der ein Stück Brot und eine Zwiebel für meinen Vater lagen.

Jedes Mal waren diese Besuche mit sehr viel Aufregung verbunden. Jeden Augenblick konnte der Gestapo-Mann mit dem Gewehr mich anhalten und fragen, wohin ich ginge. Aber – wie man so sagt – Gott hat mich bewahrt.

An einem Abend besprach sich Vater mit mir, und wir entschieden, Winniza zu verlassen und in ein Dorf zu gehen. Tante Katja warnte mich, dass sie mich nicht mehr lange verstecken könnte, da in der zweiten Haushälfte (es war ein kleines Lehmhaus) ihr Bruder lebte, mit dem sie auf Kriegsfuß stand. Jeden Augenblick könnte er sie und mich denunzieren, wenn er erfahren hätte, dass seine Schwester ein kleines jüdisches Mädchen versteckte.

Es war Ende Mai 1942. An einem frühen Morgen gingen mein Vater und ich in den Wald. Der Weg kam mir sehr lange vor, da wir vor Hunger und Erschöpfung sehr schwach waren. Wir gingen und drehten uns ständig um, weil wir Angst hatten, gesehen zu werden.

Durch den Wald erreichten wir das Dorf Sarwanzy. Hier lebten unsere Bekannten, Familie Marzenjuk: Oma und zwei ihrer Töchter Anja und Dascha. Ihr Sohn war Offizier in der Roten Armee und an der Front.

Als sie uns sahen, waren sie überrascht und weinten. Jeden Augenblick könnten wir denunziert werden, und sie selbst würden bestraft werden.

Aber was konnte man machen? Es waren sehr großzügige Menschen, die Mitleid mit uns hatten, denn sie hatten viel über den Mord an den Juden in Winniza gehört. Als sie erfuhren, dass meine Mutter und meine Schwestern Katja und Tanja erschossen worden waren, weinten sie pausenlos. Sie gaben uns zu essen und Milch zu trinken. Sie versteckten mich auf dem Dachboden und meinen Vater im Stall. Aber am nächsten Tag wurde mein Vater denunziert und in diesem Dorf erschossen. Am Abend ging ich alleine in der Dunkelheit durch den Wald in das Dorf Misjakowskije Chutora. Dort wusste keiner, dass ich Jüdin war. Ich dachte mir einen neuen Namen aus, Olja Krawtschuk. So stellte ich mich einer jungen Frau vor, die mich aufnahm, um auf ihr zweijähriges Kind aufzupassen, während sie selbst auf dem Feld arbeiten war. Diese Frau, Nadja Panassjuk, lebte ohne Mann mit ihrem Söhnchen Kolja.

1. Gebietshauptstadt Winniza

Im Frühling 1943 hatte sie überhaupt keine Lebensmittel mehr. Wir hatten nichts mehr zu essen. Im Dorf erzählte man sich, dass ich nicht aus dem Kinderheim sei, wie ich von mir erzählt hatte, sondern angeblich eine Jüdin sei. Es war sehr gefährlich, in diesem Haus zu bleiben, und mit Tränen in den Augen ging ich in ein anderes Dorf. Ich ging durch das Feld und durch den Wald und erreichte das Dorf Daschkowzy.

Ich ging von Haus zu Haus und bat, mich aufzunehmen. Ich erzählte, dass ich aus einem Kinderheim sei, das liquidiert wurde. Einen neuen Namen hatte ich ja bereits: Olja Krawtschuk. Mich nahm Familie Wolynez auf. Der Mann war Dorfältester und seine Frau, Tante Peklja, war Hausfrau. Ihre Söhne Peter und Paul waren an der Front. Die Frau brauchte eine Haushaltshilfe, und ich blieb bei ihr. Jetzt musste ich nicht mehr hungern: Es gab Brot und einiges dazu.

In einer Nacht hörten wir ein Klopfen an der Tür. Es wurde unruhig. Aus dem Wald in der Nähe kamen Partisanen. Sie baten um Essen. Tante Peklja gab ihnen Brot, Speck und Milch. Sie verabredete mit ihnen, dass sie das Essen für sie im Keller deponieren würde. So kamen sie in jenem kalten Winter noch mehrmals und holten sich, was man ihnen bereitstellte.

Ich war abgeschirmt von der Außenwelt, wollte aber unbedingt wissen, was in Winniza auf unserem Hof los war.

Aber es schien unmöglich: Es war Krieg, überall waren deutsche Soldaten. Meine »Gasteltern« fragten mich immer wieder: »Stimmt es wirklich, dass du aus einem Kinderheim bist und dein Name Olja Krawtschuk ist?« Ich bestand darauf, dass dies alles wahr sei.

Einmal kam zu unserem Dorfältesten ein Polizist aus dem Nachbardorf Litin. Es war ein Ukrainer. Der Dorfälteste sagte ihm, dass ich, also das Mädchen, das sie aufgenommen hatten, aus einem Kinderheim in Winniza sei. Der Polizist rief mich zu sich, fasste mich am Kinn und sagte: »Schau mir in die Augen. Du bist Jüdin, oder?« Er zielte mit seiner Pistole auf meine Schläfe und sagte: »Wenn du es nicht zugibst, schieße ich auf deine Stirn!« Vor Schreck wurde ich sprachlos. Der Dorfälteste lenkte ihn ab, führte ihn zur Seite, schenkte ihm ein Glas Wodka ein und versuchte, ihn in ein Gespräch zu verwickeln. Tante Peklja gab mir ein Zeichen mit den Händen, ich sollte mich aus dem Staub machen. So konnte ich meinem Tod entkommen.

Es wurde gefährlich für mich, auch dort weiter zu bleiben. Als die Nachbarmädchen nach Winniza gingen, ging ich mit ihnen. In Winniza kehrte ich nicht in unseren Hof ein, weil es zu gefährlich war. Ich ging zu Olja. Wir sprachen und sprachen. Ich erzählte ihr von meinen Schwierigkeiten, und sie schlug vor, mich nach Dshurin zu bringen, wo eine alleinstehende Verwandte von ihr lebte. Dshurin lag in der rumänischen Besatzungszone. Die Juden, die nicht evakuiert werden konnten, durften dort in Familien bleiben. Die Juden wurden hier nicht massenweise getötet. Einige wurden zum Arbeitseinsatz gezwungen, und alle vegetierten vor sich hin. So blieb ich bis zur Befreiung der Stadt Winniza bei Tante Maria.

Am 20. März 1944 wurde Winniza befreit. Ich träumte davon, in meine Heimatstadt, zu unserem Hof zu gelangen und etwas von meiner ermordeten Familie zu erfahren. Per Anhalter kam ich nach Winniza. Bald kamen unsere ehemaligen Nachbarn, Familie Schwarz (Ewgenija Isaakowna und Lew Sacharowitsch mit der Tochter Mara), aus der Evakuierung zurück. Zufällig begegnete ich ihnen. Sie wollten mich nicht gehen lassen und nahmen mich zu sich. So begann für mich eine neue Lebensphase in der befreiten Stadt Winniza.

Es war eine sehr hilfsbereite Familie. Sie konnten sich noch gut an meine Eltern und meine Schwestern erinnern. Sie wandten sich an andere Nachbarn und baten diese, mir das Eigentum meiner Familie zurückzugeben. So konnte ich einige Sachen zurückbekommen.

Zusammen mit Lew Sacharowitsch fuhr ich ins Dorf Daschkowzy, und er bedankte sich bei der Familie Wolynez für meine Rettung. Im Dorf sammelten sich viele Nachbarn und staunten, wie ich so lange schweigen und mich nicht als Jüdin verraten konnte. Tante Peklja kam regelmäßig nach Winniza und brachte mir Geschenke: Süßkirschen, Speck, Nüsse. Es war eine sehr schwierige Zeit: Winniza war erst vor Kurzem befreit worden.

Als Vollwaise bekam ich eine staatliche Unterstützung in Höhe von 5 Rubel monatlich.

Im Herbst 1944 ging ich in die vierte Klasse. Als meine Tante aus der Evakuierung zurückkehrte, lebte ich bei ihr. Meine Tante hatte keine eigene Wohnung, so teilten wir uns ein Zimmer zusammen mit einer anderen Familie.

Später lud mich mein Cousin, der im Dorf Schalygino, Gebiet Sumy, lebte, zu sich ein. Das Schicksal trieb ihn bis dorthin. Seine Frau und zwei Töchter wurden in Winniza ermordet. Als er wieder heiratete, kehrte ich zu meiner Tante zurück.

In Winniza absolvierte ich meine Krankenschwesterausbildung. Ich bekam eine Arbeitsstelle in der Krankenstation im Dorf Wenditschany, Bezirk Mogiljow-Podolski. Parallel zur Arbeit machte ich mein Abitur nach. Nach dem Abitur und der ersten Berufserfahrung nahm ich das Medizinstudium in Winniza auf. Ich studierte und arbeitete in der Nachtschicht auf der Station für Bluttransfusionen. Am Ende meines Studiums, 1957, heiratete ich einen Mann, der ein Konzentrationslager und drei Ghettos – in Dshurin, Derebtschinsk und Mogiljow-Podolski – überlebt hatte.

Nach dem Studium arbeitete ich im Krankenhaus der Eisenbahngesellschaft in Kasarin und 25 Jahre im Flugverbund in Winniza. 1989 wurde ich aus gesundheitlichen Gründen pensioniert. Aufgrund der Allgemeinerkrankung besitze ich einen Behindertenausweis der zweiten Gruppe.

Ganz herzlich danke ich all jenen Ukrainern, die mich vor dem Tod retteten: Olja Markowna Karpowitsch, Tante Katja, Nadja Panassjuk aus Misjakowskije Chutora, Peklja Wolynez und ihrem Mann aus dem Dorf Daschkowzy, Maria aus Dshurin, Familie Marzenjuk, Anja und Dascha.

Winnizkaja Ierusalimka, Mai–Juni 2003, Nr. 9–12, S. 3

Rachil Seliwanowa (Tenzer) (geb. 1921)
»Mutter und Brüder wurden erschossen«

Am 22. Juni 1941 brach der Krieg aus. Unsere Familie bestand aus Papa Viktor Markowitsch Tenzer, Mama Rosa Iosifowna, Bruder Abram, Samuil und den Zwillingsbrüdern Jura und Boris. Abram wurde in den ersten Kriegstagen eingezogen. Samuil konnte mit der Fabrikschule evakuiert werden. Papa, Mama, die dreijährigen Zwillingsbrüder Jura und Borja und ich konnten evakuiert werden. Unterwegs wurde mein Vater eingezogen. Mama, die Zwillingsbrüder und ich setzten unseren Weg mit einem Pferdewagen fort. Kurz vor der Stadt Uman wurde ich während einer Bombardierung, bei dem Versuch, meinen Bruder zu retten, am linken Oberschenkel verletzt. Nach Uman gelangten wir zu Fuß. Die Stadt wurde von den Deutschen besetzt. Nach einiger Zeit in Uman erfuhren wir, dass Winniza auch von Deutschen besetzt war, und kehrten zu Fuß nach Hause zurück.

Unsere Wohnung war von Deutschen besetzt. Wir wurden vom Großvater in einem Keller untergebracht. Am nächsten Tag begannen die Gräuel. Polizisten erschienen und beschimpften uns als »Shidy«. Täglich wurden wir zu schwersten Arbeiten eingeteilt. Ich erklärte mich bereit, auch für meine Mama zu arbeiten, und erbettelte bei den Polizisten, dass sie bei meinen kleinen Brüdern bleiben durfte. Ich arbeitete auf der Baustelle und in der Gärtnerei, jeweils unter Bewachung von Deutschen und Polizisten, die uns mit Peitschen und Schreien antrieben. Ich arbeitete vom frühen Morgen bis zum späten Abend. Wir bekamen nichts zu essen und kein Geld für unsere Arbeit. Nachts rissen die Deutschen und die Polizisten die Türen der Wohnungen auf und führten Pogrome durch. Wir liefen aus dem Haus in alle vier Himmelsrichtungen. Wir hungerten und litten unter der Kälte. Wir ernährten uns von den Almosen, die man uns gab.

Ende März 1942, als ich von der Arbeit nach Hause zurückkehrte, fand ich eine Benachrichtigung vor, die mich verpflichtete, mich am nächsten Tag bei der Polizei zu melden. Als ich am nächsten Morgen zur Arbeit kam, berichtete ich meinem Chef davon. Er gab mir einen großen Briefumschlag, klebte ihn zu und schrieb auf ihn: »Geheim, an Gestapo zustellen.« Zum bestimmten Zeitpunkt erschien ich im Polizeirevier. Man begegnete mir mit Schimpfworten, Schlägen und mit den Rufen: »Du jüdische Fresse, du betreibst Agitation für die Bolschewiken.« Als die Polizisten den Briefumschlag sahen, sagten sie, ich solle ihn irgendwohin bringen und zurückkehren. Ich rannte zu meiner Mama, erzählte ihr alles und lief zu meinen Verwandten. Die Polizisten suchten nach mir und beschimpften meine Mama.

Ich versteckte mich bei den Verwandten bis zum 16. April 1942, bis zu dem Zeitpunkt, an dem die Kommandantur befahl, dass alle Juden samt Wertsachen und Papieren am Stadion erscheinen sollten. Sie sollten in eine andere Stadt gebracht werden. Die Juden glaubten daran und erschienen sehr pünktlich. Am 16. April kam meine Mama am frühen Morgen zu mir. Sie sagte mir, ich solle nicht mitkommen, denn die Polizisten könnten mich erkennen und erschießen. Sie versprach, dass sie sich melden und mir ihre neue Adresse mitteilen würde. Ich rannte meiner Mama und den Kindern nach, konnte sie aber nicht einholen.

Ich lief zum Stadion. Als ich mich durch die Menschenmasse vorwärts bewegte, sah ich einen Lastwagen, in den Kinder hineingeworfen und Erwachsene hineingestoßen wurden, und dass die Männer von ihren Familien getrennt wurden. Die Menschen schrien und weinten. Ich versuchte immer noch, meine Mutter zu finden. In diesem Augenblick hörte ich »Wir werden erschossen« und jemand schubste mich mit dem Ausruf »Flieh«. Wie gelang es mir herauszukommen? Meine Mama und meine Brüder wurden erschossen. Vom Schock bekam ich graue Haare, und noch heute wird es mir schlecht, wenn ich daran zurückdenke.

Den ganzen Tag irrte ich durch die leeren Straßen. Die Polizisten durchsuchten leere Wohnungen auf der Suche nach Juden. Auf mich wurden sie nicht aufmerksam, denn ich hatte nichts in den Händen, und mein Äußeres verriet mich nicht als Jüdin. Den ganzen Tag irrte ich umher, bis es dunkel wurde.

Am späten Abend entschloss ich mich, zu meiner Schulfreundin Galina Borissowna Parfenjuk (Petrowa) zu gehen. Ihre Mama öffnete die Tür. Noch heute erinnere ich mich an ihren erschrockenen Ausruf: »Du? Komm herein.« Ich brachte diese Familie in Gefahr. Wegen mir drohte ihnen der Tod. Ich erzählte ihnen alles. Ich erzählte, woher ich kam, wo ich meine Mama und Geschwister verlor. Jedes Geräusch löste bei uns Panik aus. Die Polizisten durchsuchten weiterhin Wohnungen und verfolgten Juden. Ich verbrachte bei dieser Familie drei Tage. Sie teilten mit mir ein Stück Brot, obwohl sie selbst hungerten. Galina Borissowna vereinbarte mit einem befreundeten Zugführer, dass dieser mich nach Shmerinka bringen würde. In einem leeren Güterwaggon brachte er mich am 19. April 1942 nach Shmerinka und zeigte mir, wo das Ghetto war. Ich ging ins Ghetto und stellte mich vor. Ich hatte keine Papiere, diese waren bei meiner Mutter geblieben. Hier traf ich den Schneider Roitman, der mich aus Winniza kannte, und er bestätigte meine Identität.

Sie gaben mir Kleidung, damit ich mich umziehen konnte, und gaben mir am Anfang zu essen. Gleich wurde ich auch zu einem Arbeitseinsatz unter der Bewachung der rumänischen Gendarmen und Polizisten eingeteilt. Wir wurden gezwungen, Eisenbahngleise zu verlegen, Müll wegzuräumen, Kohle zu transportieren und manchmal die Straßen zu reinigen. Meine Qualen hatten kein Ende: Alleine, ohne Hab und Gut, ohne Geld. Ich schlug mich durch, so gut ich konnte. Später wurde ich in einen Raum zu den Alten eingeteilt, und wieder kamen die gleichen Gespräche auf: »Wir werden erschossen.« Nachts konnte ich nicht schlafen.

Noch heute zittern meine Hände, und ich breche in Tränen aus, wenn ich mich daran erinnere. Noch zwei Jahre, zwei qualvolle Jahre, verbrachte ich im Ghetto. Im Ghetto blieb ich bis zur Befreiung der Stadt Shmerinka durch die sowjetische Armee am 18. März 1944.

Isaak Tartakowski (geb. 1912)
»Juden und politische Führer, kommt heraus!«

Ich wurde 1912 im Städtchen Wolotschisk, Gebiet Chmelnizki geboren. Nach dem Tod meiner Mutter zog mein Vater 1917 mit zwei kleinen Kindern nach Kiew um. Ich absolvierte die Fachschule für industrielle Gestaltung und bekam eine Stelle in Enakiewo (Donbass), wo ich auch drei Jahre tätig war. Zurück in Kiew nahm ich das Studium der Filmwissenschaft auf. Der Betreuer meiner Diplomarbeit war Alexandr Petrowitsch Dowshenko höchstpersönlich. Die Beratungsgespräche ließ er bei sich zu Hause stattfinden. Sie verliefen sehr lebendig. Nach dem Abschluss des Studiums arbeitete ich im Filmstudio zusammen mit M. Sarizki und M. Umanski an der Produktion der Kinofilme »Großes Leben« und »Alexandr Parchomenko«.

Im August 1939 nahm ich an den Befreiungskämpfen der Westukraine teil. Nach der Demobilisierung im November 1940 setzte ich meine Arbeit im Filmstudio fort, aber im Juni 1941 wurde ich

1. Gebietshauptstadt Winniza

wieder eingezogen und im Rang eines Leutnants nach Dubno, Gebiet Rowno, in die 295. Division der Luftwaffe abkommandiert. Gleich in der ersten Nacht nach der Ankunft wurde infolge eines schweren Luftangriffes der Deutschen ein wesentlicher Teil unserer Kriegsgeräte auf dem Boden zerstört. Trotz der nicht aufzuhaltenden Angriffe und des dauernden Beschusses gelang es unserer Führung, den Beobachtungs- und Mitteilungsdienst einzurichten.

Zwei Wochen blutiger Kämpfe folgten schwere Tage des Rückzuges. Für mein ganzes Leben behielt ich das herzzerreißende Brüllen der »Junker« und das Pfeifen der Bomben im Gedächtnis. Ich hatte das Gefühl, als ob jede Bombe gegen mich persönlich gerichtet wäre. Während der Bombardierung wurde der Wagen mit der Radiostation zerstört, und ein Lastwagen, besetzt mit Soldaten, verbrannte. Weiter machten wir uns zu Fuß auf den Weg nach Charkow. In der Gegend um Orshiza, Gebiet Poltawa, gerieten wir in den berüchtigten Kessel, in dem der größte Teil der Armee der südwestlichen Front umkam.

In einem Wäldchen am Ufer der Sula bezogen wir Verteidigungsstellungen. Am gegenüberliegenden Flussufer waren Deutsche, die pausenlos aus Kanonen und Granatwerfern feuerten. Ein paar tapfere Versuche, aus der Umzingelung auszubrechen, scheiterten. Am 18. September wurden unsere Kämpfer und Kommandeure, darunter auch ich, von deutschen Panzern umstellt.

Weiter folgten die Gräuel der Kriegsgefangenschaft, die Befehle »Juden und politische Führer, kommt heraus!« Ich ignorierte diesen Befehl. Das Inferno der deutschen Kriegsgefangenschaft war vom langsamen und qualvollen Sterben an Hunger, Krankheiten und unerträglichem Umgang geprägt. In endlosen Kolonnen der Kriegsgefangenen wanderte ich von einem Lager zum anderen. Nach dem Lager Chorolsk kam ich ins Lager Krementschug. Diesem folgten dann die Lager Alexandriski und Kirowograd. Am furchtbarsten war es im Lager Kirowograd. Auf einem verwahrlosten Grundstück, das mit Stacheldraht umzäunt war, standen Menschen nackt und barfuß eng aneinander gereiht unter dem freien Himmel. Nach dem Sommer kam der Herbst, und mit ihm Regen und Kälte. Täglich starben Dutzende Menschen.

Mir wurde klar, dass ich dort dem Tod geweiht wäre, und ich entschloss mich zu fliehen. Zu diesem Zeitpunkt ließen die Deutschen aus unbekannten Gründen die gefangenen Ukrainer frei, die aus den besetzten Gebieten stammten. In der Nacht kroch ich unter dem Stacheldraht durch und schloss mich der Gruppe der freigelassenen Kriegsgefangenen an, die nach Winniza abtransportiert werden sollten. In Winniza übernachtete ich in den Kellern der zerstörten Wohnhäuser.

Im September 1942 kam ich in den Hof eines kleinen einstöckigen Hauses, in dem Familie Sawtschuk lebte. Ich sagte, ich sei aus der Kriegsgefangenschaft freigelassen worden, und bat um Essen. Dann fragte ich, ob ich einige Zeit bei ihnen wohnen dürfte. Aus Mitleid willigten sie ein. Aus den Gesprächen erfuhr ich von ihrem guten Umgang mit den Juden und dass sie immer viele jüdische Freunde hatten. Ich sagte, dass ich auch jüdisch sei, aber der Ausweis auf den Namen Iwan Wasilijewitsch Wetrow ausgestellt sei. Dies machte ihnen Angst, aber nach einer kurzen Überlegung waren sie einverstanden, mich aufzunehmen.

Man versteckte mich in einem drei Quadratmeter großen Speicherraum, in dem der Eingang zum Dachboden war. Bei Razzien versteckte ich mich auf dem Dachboden und zog die Leiter hoch.

Im April 1943 befahlen die Deutschen allen, die Häuser zu verlassen. Der Vater meines Gastgebers überredete die polnische Bäuerin Bogotskaja, die am Ortsrand in der Nagornaja-Straße lebte, seine Familie aufzunehmen. Ich zog mit ihnen um. Der alte Mann stellte mich der neuen Vermieterin als seinen Verwandten vor. Auch hier musste ich mich bei den Razzien auf dem Dachboden, im Keller oder in der Speicherkammer verstecken.

Am 20. März 1944 wurde Winniza befreit. Ich wurde wieder in die sowjetische Armee eingegliedert. Nach der Demobilisierung im November 1945 nahm ich das Studium an der Hochschule für Gestaltung in Kiew auf. 1951 legte ich meine Diplomarbeit zum Thema »Hüttenarbeiter – Bewahrer des Friedens« vor, die ich mit Auszeichnung präsentierte. Die Arbeit gehörte zu einer der besten zum Thema Industrie jener Zeit, wie die Presse schrieb.

Ich schuf eine Reihe von Gemälden, in denen ich das Thema des Zweiten Weltkrieges thematisierte: »Im befreiten Kiew«, »Kiew ist frei, Taras«, »Auf dem Berg von Taras«, ein Gruppenbild der Helden der Sowjetunion, die am Dnjepr kämpften und an der Befreiung der Stadt Kiew teilgenommen hatten. Die Presse schrieb: »I. Tartakowski schuf tiefenpsychologische Charaktere der ukrainischen Menschen, der interessanten, herausragenden, künstlerisch begabten Helden des Zweiten Weltkrieges, Helden der sozialistischen Arbeit, der Arbeiter, Bauern und einfach der Menschen.« Mir standen viele bekannte Menschen Modell, Künstler, Schriftsteller, Gelehrte, Architekten, Schauspieler und Regisseure, Offiziere, Journalisten und Angehörige ganz einfacher Berufe.

Mit großem Interesse wandte ich mich dem Thema des Genozids am jüdischen Volk zu. Meine Erinnerungen an die Gräuel der Kriegsgefangenschaft und des Lagerlebens verarbeitete ich im zyklischen Requiem, zu dem die hochexpressiven Gemälde »Juden und politische Führer, kommt heraus!« und »Juden in der Gefangenschaft« gehören. Sie stellen nicht nur eine gestalterische Offenbarung dar, sondern erheben eine gewaltige Anklage gegen das stumpfe, bestialische Wesen des Faschismus.

Für die Teilnahme an der Erstellung der Porträtgalerie, die die besten Arbeiter der Fabrik »Bolschewik« darstellt, wurde mir die Auszeichnung »Meister Goldener Hände« verliehen. 1976 wurde mir die Auszeichnung »Verdienstvoller Maler der Ukraine« und 1994 »Volksmaler der Ukraine« verliehen.

1953 begegnete ich auf der Post in Kiew zufällig Lidija Sawtschuk. Im Mai 1953 heirateten wir. 1954 wurde unser Sohn und 1958 unsere Tochter geboren. Jetzt haben wir zwei Enkel, ein Mädchen und einen Jungen.

Siehe auch den Zeitzeugenbericht von Leonid Winokurow

2. Bezirk (Rayon) Bar

Im September 1941 übernahm eine deutsche Zivilverwaltung die Befehlsgewalt im Bezirk Bar. Die Stadt Bar wurde das Verwaltungszentrum des Gebiets im Generalbezirk Wolhynien und Podolien, das die benachbarten Bezirke Jaryschew, Nowa Uschiza und Murowani-Kurilowzy einschloss.

2. Bezirk (Rayon) Bar

Nach der Volkszählung von 1939 lebten in diesen vier Bezirken 10 671 Juden. Im Bezirk Bar 5405, im Bezirk Jaryschew 581, im Bezirk Nowa Uschiza 2606 und im Bezirk Murowani-Kurilowzy 2079 Juden.[19]

Am 27. August 1942 meldete der Gendarmerie-Gebietsführer in Bar dem Kommandeur der Sicherheitspolizei und des SD im Generalbezirk Wolhynien und Podolien, dass in der Zeit vom 19.–21. August 1942 in seinem Bezirk 4304 Juden exekutiert wurden, die sich wie folgt auf die von Juden bewohnten Orte verteilen: in Bar 1742, in Jaltuschkow 233, in Nowa Uschiza 707, in Kalus 240, in Murowani-Kurilowzy 1170 und in Jaryschew 212.[20]

Am 15. Dezember 1941 ordnete die Rayonverwaltung an, im Bezirk Bar Ghettos einzurichten. Ab dem 20. Dezember 1941 wurde die jüdische Bevölkerung des Bezirks in abgesonderten Orten (Ghettos) untergebracht – und zwar in den Städten Bar und Jaltuschkow.[21] Die Dorfverwaltung von Jaltuschkow entschied, wo das Ghetto für die jüdische Bevölkerung des Orts eingerichtet wird.

In den Jahren 1941–1943 wurden im Bezirk Bar 8579 Zivilisten ermordet, darunter 8487 Juden.[22] Mehrere Hundert Juden wurden im August 1942 zum Bau der Durchgangsstraße IV in ein Arbeitslager in Letitschew deportiert.

Ort: Bar

Vor 1941 war Bar[23] Bezirkszentrum im Gebiet Winniza der Ukrainischen Sozialistischen Sowjetrepublik und von 1941 bis 1944 Bezirks- und Gebietszentrum im Generalbezirk Wolhynien und Podolien. Seit 1991 ist Bar Bezirkszentrum im Gebiet Winniza, Ukraine.

1939 lebten in der Stadt Bar 3869 Juden, etwa 41 Prozent der Bevölkerung.

Nach dem Überfall der Wehrmacht auf die Sowjetunion ging eine Anzahl Juden zur Roten Armee, einige konnten evakuiert werden.

Weniger als 3000 Juden blieben in Bar.

Am 16. Juli 1941 besetzten Einheiten der 17. Armee die Stadt. Im Juli und August 1941 regierte die Ortskommandantur II/757 die Stadt, richtete eine Bezirksverwaltung ein und rekrutierte Hilfspolizisten aus der nicht-jüdischen Bevölkerung. Sofort waren die Juden einem Programm des Missbrauchs, der Plünderung, der Zwangsarbeit und des Mordens ausgesetzt, an dem sich die ukrainische Bevölkerung beteiligte. Ab August 1941 mussten die Juden eine weiße Armbinde mit einem blauen Davidstern tragen. Im September wurde die Armbinde durch gelbe Abzeichen ersetzt, die vorne und auf dem Rücken der Kleidung getragen werden mussten.

---

19 Encyclopedia of Camps and Ghettos, S. 1328, Anm. 1.
20 VEJ 8, S. 375, Dok. 161.
21 Ebenda, S. 161, Dok. 39.
22 Kruglow, Enziklopedija Cholokosta, S. 20.
23 Altman, Cholokost, S. 45 ff.; Encyclopedia of Camps and Ghettos, S. 1326 ff.; The Yad Vashem Encyclopedia, S. 17 f.

Anfang September 1941 übernahm die deutsche Zivilverwaltung die Stadt. Die Stadt wurde geteilt. Das Gebiet um den Bahnhof kam zum von Rumänien kontrollierten Transnistrien. Die übrige Stadt blieb unter deutscher Verwaltung.

Am 15. Dezember 1941 erließ der Leiter der Bezirksverwaltung von Bar, Kolwepryk, den Befehl Nr. 21, in der die Errichtung von Ghettos in Bar und Jaltuschkow verfügt wurde.[24]

Am 20. Dezember 1941 sollten in Bar drei Ghettos eingerichtet werden. Ghetto Nr. 1 in der Scholem-Alejchem-Straße in der Nähe der alten Synagoge. Ghetto Nr. 2 in der früheren 8. März-Straße, Komsomolskaja-Straße und Kooperatywna-Straße. Ghetto Nr. 3 in einem Teil der früheren 8. März-Straße in der Nähe des Stadions. Das Ghetto Nr. 3 sollte reserviert sein für Handwerker, die vom Judenrat eine spezielle Bescheinigung erhalten hatten.

Den Juden wurde verboten, ihr Eigentum zu zerstören, wenn sie ihre Wohnungen verlassen müssen, um ins Ghetto zu ziehen, denn sie durften ihr Eigentum nicht mit ins Ghetto nehmen.

Ein Judenrat und ein jüdischer Ordnungsdienst wurden eingerichtet.

Die Bewohner der Ghettos litten unter Hunger und der Enge. Die Deutschen lieferten keine Nahrung ins Ghetto. Die Menschen konnten nur durch Tauschhandel und Schmuggel überleben.

Die Juden mussten Zwangsarbeit in Fabriken, in der Landwirtschaft und beim Straßenbau leisten. Von jedem Haus im Ghetto musste täglich mindestens eine Person Zwangsarbeit leisten. Die Kolonne der Arbeiter wurde von örtlicher Polizei und Deutschen mit Hunden zur Arbeit geführt.

Im Herbst 1941 wurden Juden aus der Umgebung und deportierte Juden aus der Bukowina nach Bar gebracht. Die meisten waren Handwerker.

Im Winter 1941/1942 wurden viele Juden der Ghettos ermordet.

Im August 1942 verbreitete sich in einem der Ghettos das Gerücht einer bevorstehenden »Aktion«. Einige Dutzend Familien glaubten dem Gerücht und flohen in das rumänisch kontrollierte Kopaigorod.

Der Kommandeur der Sicherheitspolizei in Wolhynien und Podolien erinnerte am 18. August 1942 in einem Schreiben an die Außenstelle der Sicherheitspolizei und des SD in Kamenez-Podolski daran, einige Juden für die Arbeit an der Durchgangsstraße IV am Leben zu lassen. Die angeordnete »Judenumsiedlung« sei planmäßig und ungestört weiter durchzuführen.[25]

Am 19. August 1942 umstellten deutsche und ukrainische Polizei und Angehörige der Wehrmacht das Haupt-Ghetto. Die Juden wurden aus ihren Häusern getrieben und im Stadion gesammelt. Man hatte ihnen gesagt, sie würden in ein Arbeitslager gebracht. Der Gebietskommissar führte eine Selektion durch und trennte etwa 3000 arbeitsfähige jüngere

---

24 Abgedruckt in Encyclopedia of Camps and Ghettos, S. 1327.
25 VEJ 8, S. 365 f., Dok. 153.

Juden von den Älteren und den Kindern. Die Juden mussten ihr Eigentum abgeben, und einige wurden auf der Stelle erschossen. Die arbeitsfähigen Juden wurden vorübergehend in einer noch nicht fertig gestellten Kaserne untergebracht und später ins Ghetto Nr. 3 zurückgeschickt. Einige Hundert junge Juden wurden aus dem Stadion nach Jakuschinzy zum Straßenbau geführt, wo die meisten durch die schlechten Bedingungen ums Leben kamen. Die übrigen Juden wurden auf das Gelände der Frunse-Kolchose, etwa zwei Kilometer nordwestlich der Stadt, geführt. Hier erschossen Sicherheitspolizei und SD aus Kamenez-Podolski mit Unterstützung der Gendarmerie und ukrainischer Polizei 1742 Juden.

Anfang September 1942 wurden 80 junge Juden aus Murowani-Kurilowzy ins Ghetto gebracht, um am Bahnhof Kohlen zu entladen. Kurze Zeit später wurde das Ghetto aufgelöst. Die Bewohner wurden in ein Arbeitslager in Letitschew deportiert.

Am 15. Oktober 1942 wurden ungefähr 2000 Juden aus dem Ghetto Nr. 2 zu Gruben im Iwanowetski Wald geführt und erschossen. Einige Juden vertrauten ihre Kinder Christen an, aber nicht alle überlebten.

Bar wurde am 21. März 1944 durch sowjetische Truppen befreit.

Ort: Jaltuschkow

(ukr. Jaltuschkiw, poln. Jołtuszkow)

Vor 1941 war Jaltuschkow[26] ein Dorf im Gebiet Winniza der Ukrainischen Sozialistischen Sowjetrepublik. Von 1941 bis 1944 gehörte der Ort zum Bezirk und Gebiet Bar im Generalbezirk Wolhynien und Podolien. Seit 1991 gehört Jaltuschkow zum Gebiet Winniza, Ukraine.

1939 lebten in Jaltuschkow 1212 Juden, 20 Prozent der Bevölkerung.

Nach dem Beginn des deutschen Überfalls auf die Sowjetunion gelang es nur sehr wenigen Juden, nach Osten zu fliehen. Am 15. Juli 1941 besetzten Einheiten der 17. Armee Jaltuschkow. Einige Bewohner begrüßten sie mit Brot und Salz. Sofort begannen die Angriffe auf die Juden. Sie wurden ihrer Wertsachen und aller Rechte beraubt. Die Synagoge wurde beschlagnahmt, und die Thora-Rollen wurden verbrannt. Die Juden wurden zur Zwangsarbeit bei der Reparatur von Straßen und Brücken und in der Landwirtschaft herangezogen. In einigen Fällen kehrten Gruppen von jüdischen Zwangsarbeitern nicht von der Arbeit zurück, man hat nie wieder etwas von ihnen gehört.

Im Juli und August 1941 kontrollierte die deutsche Militärverwaltung das Gebiet und rekrutierte Hilfspolizisten. Im September 1941 übernahm die deutsche Zivilverwaltung das Kommando. Jaltuschkow wurde in den Bezirk und das Gebiet Bar im Generalbezirk Wolhynien und Podolien eingegliedert.

Aufgrund der Weisung Nr. 21 der Bezirksverwaltung Bar vom 15. Dezember 1941 wurde am 20. Dezember 1941 in der Nähe des Marktplatzes ein Ghetto eingerichtet und

---

26 Altman, Cholokost, S. 1131; Encyclopedia of Camps and Ghettos, S. 1365 f.; The Yad Vashem Encyclopedia, S. 951 f.

mit Stacheldraht eingezäunt. In dieses Ghetto wurden alle Juden des Ortes und der umliegenden Ortschaften getrieben. Durch Hunger, Krankheit und Enge war die Todesrate sehr hoch. Der deutsche Stadtkommandant ritt gelegentlich auf seinem Pferd durch das Ghetto und schoss in die Fenster der Häuser und auf Juden, die ihm begegneten. Auch die ukrainische Polizei quälte die Juden.

Am 19. August 1942 wurden alle Juden des Ghettos zusammengetrieben. Wer den Aufruf nicht befolgte, wurde erschossen. In einer Selektion wurden die Männer und Frauen, die als Arbeitskräfte geeignet erschienen, von den Kindern, Alten und Schwachen getrennt. Am 20. August 1942 trieben die Deutschen 233 Juden zu Gruben einige Kilometer nordwestlich von Jaltuschkow. Hier mussten sie sich entkleiden. Um Munition zu sparen, legten die Deutschen jeweils vier Personen übereinander und erschossen sie. Einige wurden dann lebendig begraben.[27] Nach dieser Mordaktion trieben die Deutschen Gruppen junger Männer und Frauen aus dem Ghetto in Arbeitslager bei den Dörfern Guli und Jakuschinzy.

Bei der Auflösung des Ghettos von Jaltuschkow am 15. Oktober 1942 wurden 1194 Juden ermordet.[28]

Am 25. März 1944 ist Jaltuschkow befreit worden.

Ort: Karyschkow

Im Juli 1941 wurde das Dorf von deutschen Truppen besetzt. Am 1. September 1941 wurde Karyschkow[29] ein Teil Transnistriens, das unter rumänischer Verwaltung stand.

Ab Oktober 1941 gab es ein Lager für deportierte Juden aus der Bukowina und Bessarabien. Etwa 500 Juden wurden im Schweinestall der Kolchose untergebracht und zu schwerer Arbeit in der Landwirtschaft herangezogen. Da sie fast keine Nahrung erhielten, wurden sie von ukrainischen Bewohnern unterstützt. Als Typhus ausbrach, war keine medizinische Versorgung möglich. Im Winter und Frühjahr 1942/43 starben 280 Juden an Hunger und Krankheit. Im Frühjahr 1943 wurden einige Gefangene in das Arbeitslager Nesterwarka im Bezirk Tultschin deportiert.

Am 1. September 1943 lebten noch 227 Juden in Karyschkow, das am 26. März 1944 befreit wurde.

Ort: Kopaigorod

(ukr. Kopaygorod, poln. Copaigorod)

1939 lebten in Kopaigorod[30] 1075 Juden, 37 Prozent der Bevölkerung.

Am 20. Juli 1941 besetzten deutsche Truppen den Ort. In Kopaigorod lebten noch 300 Juden. Sofort begann die Plünderung jüdischer Wohnungen.

27 Grossman, Das Schwarzbuch, S. 88.
28 Kruglow, Chronika Cholokosta, S. 133.
29 Altman, Cholokost, S. 390.
30 Ebenda, S. 458; The Yad Vashem Encyclopedia, S. 343 f.

Am 1. September 1941 wurde Kopaigorod ein Teil Transnistriens, das unter rumänischer Verwaltung stand.

Bis Ende 1941 kamen etwa 6000 deportierte Juden aus der Bukowina und Bessarabien in die Stadt. Etwa 4000 von ihnen wurde erlaubt, in Kopaigorod zu bleiben. Ein Teil dieser Juden hatte den rumänischen Gendarmen dafür Schmiergeld gezahlt. Sie wurden in Häusern örtlicher Juden zusammengepfercht. Im Winter 1941/42 brach eine Typhusepidemie aus, Hunderte Juden starben an der Krankheit und an Hunger.

Im Frühjahr 1942 richteten die Gendarmen einen Judenrat und einen jüdischen Ordnungsdienst ein. Hauptaufgabe des Judenrats war es, die Gendarmen mit Arbeitskräften zu versorgen. Viele Juden leisteten Zwangsarbeit beim Straßenbau und in der Landwirtschaft.

Am 5. Juli 1942 wurden die einheimischen und die deportierten Juden in ein Lager überführt, das in einem Wald in der Nähe der Stadt lag. Nur die Mitglieder des Judenrats und des jüdischen Ordnungsdienstes durften mit ihren Familien in der Stadt bleiben. Das Lager war mit einem doppelten Stacheldrahtzaun umgeben. Juden, die sich ohne Erlaubnis außerhalb des Zauns aufhielten, wurden erschossen. Hunderte Juden kamen im Lager durch die extremen Bedingungen und durch Hunger um. In den Jahren 1941 und 1942 sind insgesamt 2800 Juden an Hunger, Kälte und Krankheiten gestorben.

Kurze Zeit nach der Deportation in das Lager durften einige junge Handwerker und Ärzte in die Stadt zurückkehren und dort arbeiten. Gegen Zahlung von Schmiergeld konnten sie am Abend bei der Rückkehr Nahrung ins Lager schmuggeln.

Im September 1942 konnten die etwa 2500 überlebenden Juden des Lagers in die Stadt zurückkehren. Sie wurden in einem mit Stacheldraht umzäunten Ghetto zusammengepfercht. Ein neuer Judenrat wurde gewählt, dessen Leiter Fabius Orenstein aus Winniza wurde. Er tat sein Möglichstes, um Juden zu retten, die aus der von Deutschen besetzten Zone nach Kopaigorod geflohen waren. Der Judenrat eröffnete eine Bäckerei, eine Suppenküche, die zweimal täglich für 500 Personen eine Mahlzeit ausgab, ein Waisenhaus für etwa 100 Kinder mit einer Schule für 20 Kinder, die etwa sechs Wochen existierte. Von einem Hilfskomitee in Bukarest erhielten sie Medizin und konnten eine Apotheke und ein Krankenhaus mit zehn Betten einrichten.

Am 1. September 1943 lebten im Ghetto 2200 Juden, darunter 1295 aus der Bukowina und aus Bessarabien deportierte Juden. Im Herbst 1943, vor dem Ende der Okkupation, wurden Kinder aus dem Ghetto nach Rumänien gebracht, von wo sie nach Israel emigrieren konnten.

Der Judenrat hatte auch Verbindung zu Partisanen in der Umgebung und versteckte zwei Partisanen.

Als die Front im März 1944 näher rückte, organisierte Orenstein eine Selbstverteidigungseinheit im Ghetto, um die Juden vor den sich zurückziehenden Deutschen zu retten.

Am 22. März 1944 wurde Kopaigorod durch die Rote Armee befreit.

Ort: Koscharinzy

Heute gehört der Ort zum Bezirk Berschad, Gebiet Winniza.

Von 1941 bis 1944 existierte in Koscharinzy[31] ein Lager für deportierte Juden aus der Bukowina und Bessarabien. Einige von ihnen lebten in einem Stall und schliefen auf dem nackten Boden. Einmal, im Spätherbst, trieb der Dorfvorsteher alle Juden zuerst ins Dorfinnere. Dann wurden sie in den Bug getrieben und mussten einige Zeit bis zum Hals im eiskalten Wasser stehen. Die rumänischen Soldaten waren am Flussufer und amüsierten sich darüber.

Von 428 Juden im Lager sind 317 Menschen gestorben. Nach anderen Angaben sind von 800 nach Koscharinzy deportierten Juden 750 an Hunger, Krankheiten und Misshandlungen gestorben.[32]

Ort: Popowzy

(ukr. Popiwzi)

Mitte Juli 1941 wurde Popowzy[33] von der deutschen Wehrmacht besetzt. Am 1. September kam es zu Transnistrien, das unter rumänischer Verwaltung stand.

Von 1941 bis 1944 bestand ein Lager, in dem die rumänischen Behörden die einheimischen Juden und Juden aus der Bukowina und Bessarabien unterbrachten. Die Menschen lebten in Ställen und je 15 bis 18 Personen in halb zerstörten Räumen. Um zu überleben, suchten die Juden Arbeit außerhalb des Ghettos, und die Kinder bettelten in den umliegenden Dörfern. Ein Teil der Gefangenen wurde zur Zwangsarbeit nach Trichaty und Tultschin geschickt.

Im Januar 1943 lebten 1200 Menschen im Ghetto. Am 1. September 1943 lebten noch 752 Juden aus Bessarabien, von den 829 Juden aus der Bukowina lebten noch 77.

Laut Akte der Außerordentlichen Staatlichen Kommission vom 14. April 1945 starben von 1941 bis 1944 im Lager 790 Menschen an Misshandlungen, Krankheiten und Hunger.[34]

Rachil Abelis-Fridman (geb. 1927)
»Man wollte leben«

Ich wurde am 28. August 1927 in Kopaigorod, Gebiet Winniza, Bezirk Bar, in einer sehr armen Familie geboren. Meine Mutter war Analphabetin. Wir wohnten bei meiner Oma. Meine Mutter war Putzfrau und nahm jede Arbeit an. In solchen Verhältnissen wurde ich großgezogen, denn mein Vater starb noch vor meiner Geburt. 1937 beendete ich die jüdische Schule, die ich sieben Jahre besuchte. 1938 bekam ich eine Stelle als Kontrolleurin in der Sparkasse von Kopaigorod. 1940 wurde ich als Buchhalterin für die Nachkontrolle angestellt.

---

31 Altman, Cholokost, S. 470.
32 Kruglow, Enziklopedija Cholokosta, S. 19.
33 Altman, Cholokost, S. 779.
34 Staatskomitee der Archive der Ukraine, S. 37.

Als der Krieg ausbrach, wurde mir angeboten, zusammen mit der Sparkasse, dem Finanzamt und der Staatsbank evakuiert zu werden. Aber ich wollte meine Mutter und Großmutter nicht alleine in Kopaigorod zurücklassen. Als die deutschen Soldaten die Stadt besetzten, wurden alle Einwohner zur Reinigung der Straßen gezwungen. Im Juli wurden alle jungen Menschen zum Anstreichen der Pferdeställe gezwungen. Man sammelte uns und schickte uns nach Hause, um Sachen mitzunehmen und wieder auf dem Platz zu erscheinen. Wir wurden in Reihen aufgestellt und weggetrieben. Aber wohin, wusste keiner von uns. Wir erreichten die Eisenbahnstation Kopai. Man trieb uns in einen Wald, der mit zwei Reihen Stacheldraht umzäunt war. Natürlich gab es auch Wachmänner. Als wir im Wald waren, fing es an, in Strömen zu regnen, und wir stellten uns unter die Bäume. Später errichteten wir uns eine Überdachung, wo drei Familien Zuflucht fanden. Am nächsten Morgen gingen wir Wasser suchen und fanden ein Bächlein. So lebten wir. Später brachten einheimische Einwohner uns Lebensmittel, für die sie unsere Kleidung bekamen.

An einem »wunderschönen« Tag kamen Deutsche mit zwei Maschinengewehren, stellten uns in Reihen auf und teilten uns mit, dass wir nicht lange warten müssten, sie würden uns schnell erschießen. Nachdem sie acht Personen erschossen hatten, bekamen sie den Befehl, uns am Leben zu lassen. So hausten wir dort bis September 1941. Dann wurden wir alle in die Stadt Kopaigorod getrieben, wo ein Ghetto, umzäunt mit Stacheldraht, errichtet wurde. Vier Familien lebten jeweils in einem Haus.

Bald brachte man Juden aus Rumänien zu uns. Auch sie wurden bei uns im Ghetto untergebracht. Man wollte leben, und meine Mutter und ich mussten von etwas leben. Meine Tante hatte ihre eigene Familie. Wir ernährten uns getrennt, man lebte von dem, was man erbettelt oder gegen andere Sachen eingetauscht hatte. Ich konnte so nicht mehr leben und flüchtete zusammen mit einem anderen Mädchen aus dem Ghetto. Wir gingen in die Dörfer und nahmen dort jede Arbeit an. Einmal wurden wir erwischt, man nahm uns die verdienten Lebensmittel ab und verprügelte uns noch dazu. Das Unglück hatte kein Ende. Und dann erkrankte ich noch im Ghetto an Typhus. Ich dachte, dass ich daran sterben würde, aber Gott half mir. Ich, meine Mutter, die Schwester meiner Mutter und ihre Familie konnten überleben.

Im März 1944 kamen unsere Truppen, und wir wurden befreit. Ich fand meine ehemaligen Kollegen von der Sparkasse, und am 1. April 1944 eröffneten wir die Sparkasse. Ich arbeitete als Kontrolleur und ab 1945 als Inspektor. Vier Monate später wurde ich Oberbuchhalterin der Sparkasse.

Fira Belfer (geb. 1920)
»Der Kriegsausbruch veränderte mein Leben«

Ich, Fira Iljinitschna Belfer, wurde am 15. September 1920 in der Stadt Bar, Gebiet Winniza, geboren. In dieser Stadt ging ich in die Schule, in dieser Stadt arbeiteten meine Eltern. Am 18. Juni 1941 absolvierte ich die chemietechnische Hochschule in Charkow und bekam eine Stelle in der Koksfabrik in Nowo Makejewka. Ich sollte am 1. August 1941 meine Arbeitsstelle antreten. Bis dahin hatte ich Urlaub und fuhr in meine Heimatstadt Bar, um meine Eltern zu besuchen. Unsere Freunde, Familie

Rywatschenko, bewahrten im Laufe des Krieges mein Diplom und meinen Ausweis E 1382, der vom Volkskommissariat der Schwarzen Metallurgie der UdSSR ausgestellt wurde, sowie andere meiner Papiere auf.

Aber der Kriegsausbruch veränderte mein Leben. Mitte Juli 1941 wurde Bar von den Deutschen besetzt. Kurz darauf wurde die Kommandantur errichtet, ein Bürgermeister und die Polizei wurden eingesetzt. Die Straßen um das Stadion wurden gesperrt, und diese Gegend wurde zum jüdischen Ghetto erklärt. Dieser Stadtteil wurde mit Stacheldraht umzäunt und von Deutschen und Polizisten mit Wachhunden bewacht. Man befahl den Juden, einen gelben Kreis auf der linken Brustseite und einen gleichen gelben Kreis mit dem Davidstern auf dem Rücken zu tragen. Danach wurde das Ghetto in drei Zonen eingeteilt. Die Bewohner des Ghettos arbeiteten in verschiedenen Einrichtungen, darunter auch in der jüdischen Kolchose, die in »Wirtschaft« umbenannt wurde. Wir arbeiteten vom frühen Morgen bis zum späten Abend. Zur Arbeit wurden wir in Kolonnen geführt. Die Deutschen und Polizisten bewachten uns, zählten uns beim Ausgang und Eingang ins Ghetto.

Zusammen mit meiner Schwester Nina arbeitete ich im Feld, jätete, erntete Korn und Tabak und arbeitete in der Gemüseverarbeitung. Unser Bruder Semen arbeitete mit Pferden. Da im Ghetto jegliche hygienischen Einrichtungen fehlten, wurden Hunderte Menschen Opfer von Epidemien (Typhus) und starben vor Hunger und Kälte. Wenn einer der Arbeiter versuchte, ein Stück Brot für das eigene Kind ins Ghetto zu schmuggeln, wurde er erschossen.

Einige Hilfe leisteten uns die Bauern und die einheimische Bevölkerung. Sie warfen Brot und andere Lebensmittel über den Zaun und riskierten dadurch ihr eigenes Leben.

Da die Deutschen sehr große Angst vor Infektionskrankheiten hatten, erlaubten sie gleichzeitig mit der Organisation des jüdischen Gemeinderates, dem »Judenrat«, auch den jüdischen medizinischen Dienst einzurichten, in dem jüdische Ärzte arbeiteten. Unter ihnen waren auch meine früheren Klassenkameraden Tanja und Ljoscha Awerbuch, die nach dem Abschluss ihres Medizinstudiums in Winniza auf Urlaub bei ihren Eltern waren. Später wurden sie von den Deutschen erschossen.

Die Leitung des Judenrates musste alle Forderungen der Deutschen erfüllen. Anfang August 1941 mussten sie auf Verlangen der Deutschen eine Kontribution in Höhe von 10 000 Mark in Gold erfüllen. Die Deutschen nahmen zehn Männer aus dem Ghetto als Geiseln unter der Androhung der Erschießung, wenn ihre Forderung nicht erfüllt würde. Die Leitung des Judenrates inspizierte zusammen mit den Deutschen die Insassen des Ghettos und kontrollierte den hygienischen Zustand. Manchmal unterstützten die Mitglieder des Judenrates Kranke und Kinder mit Brot. Der Vorsitzende des Judenrates war Baljushnikow, unter den Mitgliedern waren Krochmalnik und andere. Die Deutschen befahlen, ihnen die besten Gemälde, Teppiche und Geschirr zu bringen. Dies zu erfüllen, gehörte zu den Aufgaben des Judenrates. Aber auch nach der Erfüllung aller Forderungen der Deutschen wurden alle Mitglieder des Judenrates erschossen.

Am 19. August 1941 führten die Deutschen den ersten Pogrom durch. Um 4 Uhr morgens trieben sie alle Juden ins Stadion. Meine Mutter, meinen Bruder Semen, meine Schwester Nina und mich rettete Wassili Krajewski vor der Erschießung. Er war Polizist und kannte unsere Familie, da er vor dem Krieg zusammen mit meinem Bruder auf eine Schule ging. Er holte uns aus der Menschenmasse, die zur Erschießung bestimmt war. Während dieses Pogroms wurden mein Vater Ioil Belfer und meine ältere Schwester zusammen mit ihrem Säugling erschossen. (Krajewski hatte ihr angeboten, das Baby meinem Vater zu übergeben, aber sie lehnte es ab.) Nach dieser Erschießung nahm uns über Nacht die Freundin meiner Mutter, die Ukrainerin Sina Rywatschenko, in ihrem Haus auf.

1933, während der Hungersnot in der Ukraine, hatten meine Eltern die Familie dieser Frau vor dem Hungertod bewahrt. In jener Zeit arbeitete mein Vater in der Ziegelei in einer leitenden Position. Er bekam eine Brotration, die in der Bäckerei der Ziegelei für die Mitarbeiter gebacken wurde. Meine Mutter teilte dieses Brot mit der Familie Rywatschenko. So erklärte sich diese ukrainische Familie bereit, uns einige Nächte bis zum Sonnenaufgang bei sich aufzunehmen. Danach kehrten wir ins Ghetto zurück. Zum Morgenappell mussten alle anwesend sein, sonst wäre die ganze Familie erschossen worden.

Nach dem Pogrom wurde unsere Kolonne unter Bewachung von Deutschen und Polizisten mit Wachhunden in die Ostkaserne, ein Rohbau ohne Fenster und Türen, gebracht. Wir hörten die Schüsse von der Erschießung der Menschen, die vom Stadion abgeführt worden waren. Wir weinten sehr laut.

Danach schickten uns die Nazis zu den Gräbern, in denen unsere Familienmitglieder, Verwandte und Freunde lagen, und wir mussten sie zuschütten. Sehr viele Verletzte wurden lebendig begraben. Von ihren Wunden bildeten sich an der Oberfläche der Gräber große Blutpfützen.

Am Abend wurden wir wieder ins Ghetto gebracht. Wir lebten in einem Haus zusammen mit Familie Klischkowski: Rosa, ihr Mann und zwei Kinder (ein Mädchen und ein Junge) und Aron, der Bruder von Rosa, der aus Odessa kam.

Zusammen mit uns lebte auch mein älterer Bruder Iosif mit Frau und Tochter, die aus Wolkowinez kamen. Mein Bruder Iosif arbeitete an verschiedenen Stellen. Einmal, als der Chef der ukrainischen Polizei Andrjussew einen Arbeiter schikanierte, versuchte mein Bruder, ihn zu verteidigen. Dafür bekam er 25 Schläge mit einem eisernen Ladestock. Unser höllisches Leben setzte sich fort.

Anfang Juli 1942 wurde mein Bruder Semen, der damals erst 15 Jahre alt war, wie auch viele andere Ghettobewohner, darunter auch Aron und sein Neffe, ins Konzentrationslager in die Stadt Letitschew, Gebiet Winniza, deportiert. Dort arbeiteten sie unter starker Bewachung in einem Granitsteinbruch. Im Laufe des Tages erhielten sie eine Schüssel Suppe. In diesem Konzentrationslager waren auch sehr viele sowjetische Kriegsgefangene. Der Steinbruch befand sich ca. fünf bis sechs Kilometer vom Lager entfernt und lag am Ufer des Flusses Bug. Diese Gegend wurde von den Nazis kontrolliert. Nach einem Monat gelang es meinem Bruder Semen sowie Aron, Pascha und einigen anderen Häftlingen, aus dem Lager nach Bar zu fliehen, wo sie wieder im Ghetto lebten.

Beim ersten Pogrom starb neben meinem Vater, meiner Schwester und ihrem Säugling auch meine Cousine Klara mit ihren beiden Kindern. Ihr Mann wurde am Leben gelassen, aber er bat einen Deutschen, auch ihn umzubringen. Viele unserer Freunde wurden umgebracht: Familie

Riwtschuk: Tante und zwei ihrer Söhne mit ihren Familien, Familie Berschtein: Mann, Frau und Tochter, Familie von Onkel Moiseja Belfer und die Cousine meiner Mutter Mascha Kodner.

Bei diesem Pogrom starb auch die beste Freundin meiner Schwester Nina, die Ukrainerin Nadja Polomartschuk. Sie war Leiterin der Komsomol-Organisation.

Der zweite Pogrom fand am 5. Oktober 1942 statt. Die Faschisten und die ukrainischen Polizisten umstellten das Ghetto und trieben alle Menschen aus ihren Häusern. Wer sich wehrte oder sich weigerte, dem Befehl zu folgen, wurde an Ort und Stelle erschossen. Große Menschenmassen wurden in den Wald Monastyrski, sechs Kilometer vom Ghetto entfernt, getrieben.

Meine Schwester, mein Bruder und ich verbrachten diese furchtbare Nacht im Hause der Familie Rywatschenko. Als wir die Schießerei und die Schreie hörten, verstanden wir, dass es das Ende des Ghettos war. Tief in der Nacht half uns der Mann von Sina, die Stadt zu verlassen, und wir verbrachten einige Tage auf der Baustelle ihres neuen Hauses. Sinas Mann brachte uns das Essen. Faschisten und Polizisten durchsuchten alle Gebäude nach Juden und erschossen sie an Ort und Stelle. So wurden meine Mutter und Tante Sara umgebracht, die von der Tochter des katholischen Organisten als Nonnen verkleidet worden waren, um sie so zu retten. Die Frau unseres Freundes, des Rechtsanwaltes Skorotowski, konnten sie auf diese Art und Weise retten, sie berichtete mir später davon.

Nach zwei Tagen gingen meine Schwester und ich in die Stadt Kopaigorod. Semen nahmen wir nicht mit, weil wir nicht wussten, was mit uns passieren würde. Die Felder wurden von Deutschen mit Hunden durchsucht, aber man fand uns nicht. Als wir durch das Dorf Mytki gingen, begegneten wir einer ukrainischen Frau, die unsere Eltern kannte. Sie nahm uns zu sich nach Hause, gab uns zu essen und versteckte uns ein paar Tage vor der Polizei. Ihr Sohn begleitete uns in einer Nacht durch den Wald nach Kopaigorod, die Stadt, die von den Rumänen kontrolliert wurde. Unterwegs begegneten wir rumänischen Gendarmen, und diese schickten uns ins Ghetto.

In diesem Ghetto gab es viele Juden, die aus den rumänischen Gebieten vertrieben wurden. Die einheimischen Juden leisteten ihnen Hilfe, teilten mit ihnen alles, so gut sie konnten. Auch uns, die versuchten, sich vor den deutschen Besatzern zu retten, leisteten sie Hilfe. Wir arbeiteten in diesem Ghetto sehr schwer, aber es gab hier keine Massenmorde. Einmal schickten Rumänen eine Gruppe junger Männer nach Odessa zum Arbeitseinsatz an einer Eisenbahnstrecke, und diese kehrten nicht zurück. Hier gab es auch eine Gemeinde, zu deren Mitgliedern rumänische und einheimische Juden gehörten. Der Vorsitzende der Gemeinde war der rumänische Jude Orenstein, es gab auch eine jüdische Polizei, deren Chef Tranchteibroit hieß. Ich kann mich an zwei Polizisten erinnern, Sali und Riza, rumänische Flüchtlinge und den russischen Polizisten Njuntschik. Neben uns gab es im Ghetto von Kopaigorod noch ein paar andere Juden, die sich vor den Pogromen in Bar retten konnten. Unter den rumänischen Juden gab es auch Ärzte, die praktisch ohne Medikamente versuchten, den Ausbruch von Seuchen zu verhindern. Aber die Menschen erkrankten, hungerten und starben hauptsächlich an Hunger und Kälte. Ende März 1944 wurden wir von der Roten Armee befreit und kehrten nach Bar zurück.

Im Ghetto lernte ich den Juden Asrail Moskowitsch kennen. Er war ein rumänischer Zahnarzt. Im Ghetto war seine Familie, die aus fünf Personen bestand: Mutter, Vater, Bruder, Schwester und er. Sein Vater starb an Lungenentzündung, da die Medikamente fehlten und die Ernährung schlecht war. Seine Mutter sowie die Schwester und der Bruder kehrten nach Rumänien in ihre Heimat zurück. Mein Freund Asrail entschied sich, an die Front zu gehen. Die Musterungsstelle war in Kamenez-Podolski, aber er wurde nicht genommen, da er ein rumänischer Staatsbürger war. Er blieb im Hinterland. Er ging nach Bar und arbeitete ab dem 1. Mai 1944 als Zahnarzt im städtischen Krankenhaus in Bar. Am 17. Mai 1944 heirateten wir. Im April 1944 trat ich eine Stelle als Chemieingenieurin in der Spirituosenfabrik der Stadt Bar an. Meine Schwester Nina arbeitete als Laborantin in der Molkerei von Bar. Mein Bruder Semen ging im September 1944 in den Krieg.

Die Deutschen richteten Menschen hin, die Juden unterstützten und ihnen Hilfe leisteten. Aber es gab trotzdem ehrliche Menschen, Ukrainer, Russen und Polen, die Heldentaten vollbrachten.

Es gab leider auch andere, die zu Handlangern der Deutschen wurden. Während des Krieges litt ich unter dem Verrat vieler Freunde und Bekannten. Einer meiner Lehrer, Wladimir Andrejewitsch Koliweprik, der Werken und Zeichnen unterrichtete, arbeitete mit den Faschisten zusammen. Der Vater eines befreundeten Mädchens, Susanne Malo, ein Feldscher, half, Menschen nach Deutschland zu verschleppen. Kowaljew, der ehemalige Mitarbeiter des Finanzamtes, kooperierte mit den Deutschen und ging mit der deutschen Armee bei deren Rückzug. Andrjussew, der ehemalige Wachmann der Weberei von Bar, wurde zum Chef der Polizei und zeichnete sich durch besondere Grausamkeit aus. Um seine Treue zum faschistischen Regime zu demonstrieren, warf er jüdische Kinder lebendig in die Grube, in der die erschossenen Menschen lagen. Es waren das Kind von Anna Schor, der ehemaligen Erzieherin des Kindergartens, und zwei Kinder von Jascha Shiljawski. Der Polizist Bruschnizki sah im Hause seines Nachbarn ein Mädchen, das dort Unterschlupf und Rettung vor den Pogromen suchte. Er sagte zu dem Mädchen, er würde es zu seinen Eltern bringen. Stattdessen erschoss er es direkt auf dem Hof.

Ich möchte aber auch ein Beispiel eines mutigen Menschen anführen. Diese Person hieß Waldik. Er war ein Deutscher und seine Frau eine Polin. Sie hatten keine eigenen Kinder und adoptierten ein Mädchen. Waldik lebte nach dem Ersten Weltkrieg in Bar und arbeitete als Mechaniker in der Bäckerei. Vor dem Einmarsch der Nazis in die Stadt warnte Waldik viele Juden vor der Gefahr. Er informierte meinen Vater und Onkel Kodner über Massenerschießungen von Juden und riet ihnen, die Stadt zu verlassen.

Wir erlebten alle Gräuel des Krieges, verloren unsere Verwandten und Bekannten und blieben am Leben dank der Hilfe der einfachen Ukrainer. Wir gedenken ihrer aller, sie werden für immer in unseren Herzen bleiben. Wie mutig musste die Familie Rywatschenko sein! Sie wussten genau, was sie riskierten. Ihnen drohte für unsere Rettung der Tod. Sie hatten zwei kleine Kinder, Nadetschka und Jurik. In der zweiten Haushälfte lebte ihre Schwester Dunja mit Mann und Kind. Ihr Neffe Grischa Rywatschenko wurde zu einem gemeinen Verräter. Er wurde Polizist, ein sehr grausamer. Er denunzierte seine eigene Tante Nina Krajewska, indem er ihren Mann, einen Leutnant, der ins besetzte Gebiet zur politischen Arbeit geschickt wurde, an die Faschisten verriet. Er wurde von den Deutschen abgeführt und erschossen.

Semen Dodik (geb. 1926)
»Der Junge aus dem erschossenen Ghetto«

Ich wurde im Januar 1926 in der jüdischen Familie von Dowid Dodik und seiner Frau Sure-Feige im Städtchen Kaljus, Bezirk Nowa Uschiza, Gebiet Chmelnizki, geboren. Ich bekam den jüdischen Namen Schmil-Obe. In der Familie gab es außer mir noch drei weitere Kinder: der ältere Bruder Moische und die Schwestern Eige und Gitl. Wir lebten im Haus meiner Großmutter, die einen kleinen Krämerladen besaß. Mein Vater arbeitete in einer Tabakfabrik. In der Zeit der neuen Wirtschaftspolitik (NEP) wurde meine Großmutter enteignet und musste hohe Steuern zahlen. Oft kamen »Gäste« von der Wirtschaftprüfungsbehörde und suchten das Gold. Die Familie konnte diesen Hohn nicht mehr aushalten und sah sich in den 30er-Jahren gezwungen, in die Stadt Bar, Gebiet Winniza, umzuziehen, wo mein Vater eine Stelle in der Ziegelei bekam. Zusammen mit uns zog auch Tante Maika Bondarewska mit ihren drei Töchtern nach Bar. Als die Kinder in die Schule kamen, wurden ihre Namen ukrainisiert: Mein Bruder hieß Mischa, ich – Sema, die Schwestern – Inna und Genja. Die Töchter der Tante Maika bekamen die Namen Zilja, Raja und Polja. Alle Kinder besuchten eine ukrainische Schule. Ich ging gerne in die Schule und war ein guter Schüler. Vor dem Krieg, 1941, beendete ich die achte Klasse, mein älterer Bruder Mischa schloss das zweite Semester der Universität in Lemberg ab. Meine ältere Schwester Inna absolvierte die neunte Klasse und verbrachte ihre Ferien bei unseren entfernten Verwandten in Saporoshje. Die jüngere Schwester Genja beendete die vierte Klasse. Sie war auf der gleichen Schule wie ich. Zilja arbeitete in der Apotheke, Raja studierte in Odessa und Polja beendete die neunte Klasse.

Als der Krieg ausbrach, rechnete niemand mit so einer schnellen Fortbewegung der Deutschen. Wir waren mit den Filmen wie z. B. »Wenn morgen der Krieg beginnt« groß geworden, in dem wir die Angreifer waren. Die Zeitungen und der Rundfunk predigten ständig, dass die Rote Armee die stärkste sei und im Falle eines Angriffs den Feind noch auf seinem Gebiet mit wenig Aufwand besiegen würde. Die Rede unseres Idols Stalin Anfang Juli 1941 im Rundfunk, in der er vom Rückzug unserer Truppen und von der Stärke der Nazitruppen sprach, rief besonders bei Juden eine große Angst hervor. Wir wussten, wie die Nazis mit den Juden umgehen würden …

Viele Juden ließen sich evakuieren, aber noch mehr blieben.

Einige Tage vor dem Einmarsch der Deutschen hörte man schwere Kanonaden, aber dann wurde alles ruhig, und am 16. Juli 1941 besetzten die Deutschen die Stadt Bar ohne Kampf. Ich erinnere mich, wie durch die Straße, die nach Winniza führt, gebräunte lächelnde junge Männer in grauen Uniformen mit hochgekrempelten Ärmeln gingen. Durch die Straße rollten Motorräder und große Lastwagen französischer und tschechischer Hersteller.

Dann fand die erste antisemitische »Aktion« statt: Am Tag der Besetzung der Stadt wurden zwei Juden festgenommen und gezwungen, wie Pferde ein Motorrad durch die Stadt zu ziehen. Zum Glück gab es noch keine Morde.

Ein paar Tage nach dem Einmarsch der Deutschen wurden die Kriegskommandantur und die Feldgendarmerie stationiert sowie die Stadtverwaltung eingesetzt. An die Spitze der Stadtverwaltung wurde Koliweprik, der Zeichenlehrer unserer Schule, berufen. Früher war er ein unauffälliger, ruhiger Mensch. Darüber hinaus wurde die örtliche Polizei neu strukturiert. Den Posten des Polizeichefs bekam der ehemalige Wachleiter der Zuckerfabrik Andrussjew. Die einheimischen Polizisten hießen Schutzmänner. Sie trugen sowjetische Halbmilitäruniform und eine weiße Binde mit der deutschen Aufschrift »Schutzmann« am linken Ärmel.

Durch Verordnung der deutschen Machthaber und der Verwaltung wurden die Juden gezwungen, sich registrieren zu lassen. Dies betraf auch die gemischten Ehen. Wir mussten eine weiße Binde mit dem Davidstern am rechten Arm tragen. Später wurde diese weiße Binde durch die gelben Flicken am Rücken und auf der Brust ersetzt.

Die Juden wurden zur Zwangsarbeit in deutschen Kasernen, in der Kommandantur, Gendarmerie, Verwaltung, Polizei, im Straßenbau sowie in landwirtschaftlichen und industriellen Betrieben verpflichtet. Für deutsche und einheimische Machthaber wurden Betten, Möbel, Bettwäsche, Kissen, Pelzmäntel, Schuhe und andere Sachen konfisziert. Außerdem wurde eine Kontribution in Geld, Gold und Juwelen auferlegt.

Um sich zu ersparen, es mit jedem einzelnen Juden zu tun zu haben, wurde der Judenrat einberufen. Dieser musste die Menschen für die Zwangsarbeit organisieren sowie die Gegenstände und Wertsachen sammeln. Zum Vorsitzenden des Judenrates machten die Deutschen Iosif Krachmalnik. Er konnte etwas Deutsch. Die Juden arbeiteten ohne Bezahlung. Oft wurden sie verprügelt und misshandelt. Manchmal bekamen die Juden einige Lebensmittel. Manchmal bedienten wir uns selbst, wenn es niemand sah. Hauptsächlich lebten wir von alten Vorräten und vom Tausch der Kleidung und der Möbel gegen die Lebensmittel bei den einheimischen Bauern.

Ständig herrschte eine große Unruhe, es gab furchtbare Gerüchte über die Erschießungen der Juden in den benachbarten Städten. Bei uns gab es noch keine Morde. Im Herbst entfernte sich die Front in östlicher Richtung. Die Stadt Bar wurde ein Kreiszentrum – Gebietskommissariat Bar – und der deutschen Zivilverwaltung unterstellt. Ein Teil des Bezirkes Bar auf dem rechten Ufer des Flusses Row gehörte zur rumänischen Verwaltung. Die deutschen Zivilbeamten und selbst der Gebietskommissar trugen eine besondere braune Uniform. Mit der Zeit tauchten verschiedene Gauleiter auf: Sie leiteten die einzelnen Industrie- und Landwirtschaftsbetriebe sowie andere Abteilungen, deren Zweck darin bestand, möglichst viele Produkte nach Deutschland zu transportieren. Dabei bedachten sie auch ihre eigenen Interessen. In Bar waren eine Zucker-, Mechanik- und Alkoholfabrik sowie eine Weberei. Auch alle Kolchosen blieben im ursprünglichen Zustand, wobei die Deutschen am Anfang versprochen hatten, den Boden an die Bauern zu verteilen. Aber warum sollten sie den Boden verteilen? War es nicht vernünftiger, wie früher bei den Sowjets, die Arbeiter nicht zu bezahlen und die ganze Produktion nach Deutschland zu schicken? Zugegeben, die Bauern bedienten sich manchmal, wie früher, selbst …

Ein Teil der Juden arbeitete in den Industriebetrieben und in den Kolchosen. Mein Vater wechselte in die Weberei, wo er auch vor dem Krieg zusammen mit dem Deutschen Waldek arbeitete. Waldek bekam damals den Status »Volksdeutscher«, leitete die Fabrik und war gleichzeitig Dolmetscher im Gebietskommissariat. Als Arbeiter eines deutschen Betriebes hatte mein Vater eine Mitarbeiterkarte, die ihm einige Lebensmittel verschaffte.

Die Juden wurden auch in entlegene Ortschaften zum Arbeitseinsatz abtransportiert. So wurde zum Beispiel eine Gruppe junger Juden beauftragt, Pferde an die Front zu treiben. Diese Jugendlichen kehrten nicht zurück. Wie ich später erfuhr, wurden sie in der Nähe der Front erschossen. Ein Teil der jüdischen Jugend wurde auch zum Arbeitseinsatz im Granitsteinbruch in der Nähe der Stadt Litin verschleppt. Die Menschen für diesen Arbeitseinsatz wurden auf den Straßen festgenommen und an die Deutschen übergeben. Die jüdischen Kinder gingen nicht in die Schule. Alle ahnten etwas Furchtbares, aber hofften auf ein Wunder, auf Erlösung, wie die Juden sagten, auf »Ischie« (vom Wort Ieschua – Jesus, Erlöser). Bis zur Erlösung war es noch sehr weit. Die Deutschen standen vor Moskau und planten ihren Einmarsch in den Kaukasus. Die Ukraine, Weißrussland, Baltikum und ein Teil Russlands waren bereits besetzt. Als ich im Herbst 1941 bei einem Deutschen arbeitete, fand ich einmal einen Zeitungsfetzen, in dem ich die Überschrift »Wieder Bomben auf Moskau« las. Ich spürte Stechen in meinem Herzen, denn Moskau war unsere letzte Hoffnung!

Im Herbst 1941 kamen sehr viele von den Rumänen deportierte Juden aus Bessarabien. Sie wurden in einem Lager untergebracht, das in den ehemaligen Kasernen im Dorf Balki, nur einen Kilometer von Bar entfernt, errichtet wurde. Obwohl die Rumänen keine Erschießungen durchführten, starben im kalten Winter 1941–1942 sehr viele Menschen an Hunger und Kälte.

1941 gab es nach der deutschen Besetzung in Bar noch kein Ghetto, das mit Stacheldraht umzäunt war. Die Juden lebten hauptsächlich in ihren eigenen Häusern. Am 15. Dezember 1941 erließ der Verwaltungsleiter Koliweprik eine Verordnung über die Errichtung des Ghettos im jüdischen Viertel. Aber auch nach dieser Verordnung wurden wir bis zur ersten »Aktion« weder umgesiedelt, noch wurde jemand anderer bei uns in der Wohnung einquartiert.

Den Sommer und Herbst 1941 überlebten wir mit Mühe und Not. Unsere Lebensmittelvorräte gingen langsam aus, wir tauschten unsere Hausratsgegenstände und Möbel gegen Lebensmittel und versuchten Vorräte für den Winter zu sammeln. Die Mitglieder des Judenrates besuchten jedes jüdische Haus und verlangten dem Befehl der Deutschen und der Verwaltung folgend die Herausgabe der Wertsachen, der Hausratsgegenstände und das Erscheinen der Menschen zur Zwangsarbeit. Mein Vater arbeitete weiterhin in der Weberei und ich wurde zum Arbeitseinsatz im Straßenbau verpflichtet. Später arbeitete ich in der Kolchose und half bei der Ernte. Meine Mutter und Schwester Genja waren zu Hause. Aber auch sie wurden manchmal zum Arbeitseinsatz gezwungen.

1941/42 herrschte ein sehr kalter Winter. Wir hatten nur wenig Brennholz vom vergangenen Jahr und konnten nur ganz wenig Holz im Sommer als Wintervorrat beschaffen. Nur selten heizten wir den Ofen und versuchten dort das Essen zu kochen, um Petroleum für die Öllampe zu sparen. Ausgerechnet als draußen klirrende Kälte herrschte, ereignete sich in unserer Familie ein großes Unglück. Meine Mutter und ich erkrankten an Typhus, der in der Stadt Bar grassierte. Uns blieb nichts anderes übrig, als den Arzt zu rufen. Es war ein Ukrainer und hieß Doktor Maly. Er war sehr barmherzig zu uns, wollte von uns kein Geld für die Untersuchung, verschieb uns Medikamente und informierte uns über die Krankheit. Aber das Wichtigste war, dass er unsere Krankheit nicht bei der deutschen Verwaltung gemeldet hatte, womit er ein großes Risiko einging. Langsam

2. Bezirk (Rayon) Bar

konnten meine Mutter und ich dank der Pflege meines Vaters und meiner kleinen Schwester, die damals erst 12 Jahre alt war, genesen.

Mit Mühe und Not überlebten wir jenen Winter. Dann kamen der Frühling und der Sommer 1942. Ich arbeitete in der ehemaligen jüdischen Kolchose zusammen mit meinem Freund Fima Tarlo, dessen Vater schon vor dem Krieg in dieser Kolchose arbeitete. Wir arbeiteten im Feld Tschepeliwka, das hinter dem Dorf lag. Dort arbeiteten nur Juden. Manchmal erschien dort auch der Ukrainer Sidor, der die Deutschen hasste und Jiddisch sprach. Frei von Kontrolle sprachen wir von allem, was uns bewegte, vor allem, wie es an der Front war und wie es bei jedem von uns zu Hause ging. Die Situation an der Front schien hoffnungslos, denn die Deutschen standen vor Stalingrad und auf allen von Deutschen besetzten Gebieten fand die Massenvernichtung jüdischen Lebens statt. Manche, die sich retten konnten und nach Bar kamen, berichteten von furchtbaren Erschießungen der Frauen, Kinder, Alten und Erwachsenen. Bar war dies noch erspart geblieben und lag wie eine Insel im Ozean dieser Gewalt, aber wie lange noch?

Mitte August 1942 wurden Gerüchte über die bevorstehende Katastrophe verbreitet. Davon berichteten Personen, die Mitleid mit den Juden hatten: Verwaltungsbeamte, manche Deutsche und Schutzmänner. Viele Juden verschwanden. Unter Juden erzählte man sich, dass die Verschwundenen wahrscheinlich über die Grenze auf das »rumänische« Territorium gelangten, wo keine Judenmorde stattfanden. Diese Grenze verlief durch den Fluss Row, der durch Bar und die benachbarten Ortschaften floss.

Am 18. August wurde deutlich, dass am kommenden Tag etwas Furchtbares passieren würde. Davon berichteten manche Polizisten und Personen, die in deutschen Behörden tätig waren. Man erzählte, dass Sonderkommandos und die Polizeitruppen aus anderen Städten nach Bar kämen. Diese Informationen waren sehr beunruhigend und unklar. Obwohl der gesunde Verstand das Schlimmste voraussehen ließ, hofften die Menschen auf etwas wie z. B. darauf, dass alle Menschen hinter dem Stacheldraht eingepfercht und keine Erschießungen stattfinden würden …

Aber die Wirklichkeit war anders. Am frühen Morgen des 19. August wurden alle jüdischen Viertel von Polizisten umstellt. Die Polizisten riefen, alle Juden, einschließlich der Bettlägerigen und Kranken, sollten das Notwendigste mitnehmen und sich auf der Straße in einer Kolonne aufstellen. Man trieb alle hinaus. Die Verwandten und Nachbarn mussten die Kranken und Alten tragen. Nach einiger Zeit trieb man die Kolonne zum Stadion, das in der Nähe unseres Hauses war. Im Stadion waren Juden aus Bar und den benachbarten Ortschaften. Das Stadion war dicht von Polizisten umstellt.

In der Mitte des Feldes standen der Chef der einheimischen Gendarmerie, der Polizeichef Andrussjew und drei andere mir unbekannte Deutsche, die ein sehr grausames Äußeres hatten. Diese drei blieben sehr genau in meinem Gedächtnis haften. Sie alle hatten auf dem Kopf Mützen mit einem Totenkopf. Einer war sehr groß von Wuchs, mager und mit Brille. Der zweite war klein, mit breiten Schultern und einem frechen Grinsen. Der dritte hatte ein intellektuelles Äußeres, war jung und gut gelaunt. Es schien unvorstellbar und glich einem Albtraum, dass solche normal aussehende Menschen Tausende andere unschuldige Menschen in den Tod schicken würden.

Der große Magere teilte die Menschen in zwei Gruppen auf. In eine Gruppe kamen Alte, Kranke, Kinder und Frauen mit Kindern: also, jene, die vom Standpunkt der Naziherrscher arbeitsunfähig waren. In die zweite Gruppe schickten sie junge Erwachsene, die arbeitsfähig waren. Manchen gelang es, aus der ersten Gruppe in die Gruppe der Arbeitsfähigen hinüber zu laufen. Auch ich, mein Vater, Tante Maika und ihre Töchter wurden in die Arbeitergruppe eingeteilt. Meiner zwölfjährigen Schwester Genja, die für ihr Alter ziemlich groß war, gelang es, aus der Gruppe der Arbeitsunfähigen in die Arbeitergruppe hinüber zu laufen. Unsere arme Mutter, die vom schweren Leben besonders in der letzten Zeit sehr gealtert war, wurde zu unserem großen Unglück in die Gruppe der Arbeitsunfähigen aussortiert …

Diese Gruppe, die wesentlich größer war als die Arbeitergruppe, wurde unter verstärkter Bewachung der Polizisten zur Erschießung an den im Voraus ausgehobenen Gräbern im Tal in der Nähe des Dorfes Harmaki (ein Kilometer vom jüdischen Friedhof entfernt) abgeführt. Nach Berichten der Augenzeugen wurde den zum Tode Verurteilten befohlen, sich auf den Boden in der Nähe der Gräber hinzusetzen. Sie wurden von bewaffneten Deutschen und Polizisten mit Hunden umstellt. Zu Gräbern wurden die Menschen dann in kleinen Gruppen von 30–40 Personen herangeführt, und man befahl ihnen, sich ganz auszuziehen. Die Opfer wurden mit dem Gesicht zum Grab an den Rand hingestellt und aus geringer Entfernung mit Schüssen aus den Maschinengewehren getötet.

Einige Juden waren dafür da, die Leichen ordentlich ins Grab zu legen. Die Kinder bis drei Jahre wurden lebendig ins Grab geworfen oder vorher mit dem Kopf an den Wagen geschlagen und so getötet. Neben dem Grab stand ein Tisch mit einer großen Karaffe voll mit Schnaps, mit dem sich die Henker bei Laune hielten.

Man erzählte, dass sich die Erde über den Gräbern noch einige Tage bewegte, denn viele waren »nur« verwundet und lebten noch. Manchen gelang es sogar, sich in der Nacht aus dem Grab zu befreien. Einigen von ihnen begegnete ich später. Nach Angaben der Sonderkommission wurden an jenem Tag über 3000 Juden sowie einige nichtjüdische Parteimitglieder erschossen, darunter auch meine Bekannte, die Leiterin der Komsomolabteilung unseres Bezirks, Nadja Palamartschuk.

Die Arbeiterkolonne wurde nach einiger Zeit unter Bewachung zurück in das jüdische Viertel in der Nähe der zwei Brücken über den Fluss Row gebracht. Dieser Stadtteil war schon mit Stacheldraht umzäunt, und die Nicht-Juden waren umgesiedelt. So entstand dort ein Ghetto, das von bewaffneten Polizisten bewacht wurde. Sie kontrollierten den Ein- und Ausmarsch der Arbeiterkolonnen. Einzelne Ghettoeinwohner durften nur mit einer Sondererlaubnis den Wachposten passieren.

Unsere Familie und Tante Maika mit ihren Töchtern bekam ein Zimmer in einem kleinen Haus. Niedergeschlagen saßen wir auf dem Boden und unterhielten uns über das Schicksal meiner Mutter und anderer Verwandten, die nicht mehr bei uns waren. Am gleichen Tag, kaum waren wir angekommen, rollten am Abend große Lastwagen durch das Tor des Ghettos. Unsere Herzen schmerzten: Wir befürchteten unser Ende! Die Polizisten trieben die Menschen aus ihren Häusern. Junge Menschen wurden aussortiert und in den Lastwagen gepfercht. Auf einem solchen

Lastwagen landeten auch ich und meine Cousinen Zilja und Polja. Wir konnten nicht mal Abschied von unseren Verwandten nehmen, so blitzschnell fuhren uns diese Lastwagen in die neue Ungewissheit …

Nach anderthalb Stunden Fahrt kamen wir am Abend des 19. August an einem Gebäude an, das mit Stacheldraht umzäunt war. Alle, Männer und Frauen, wurden zusammen in einem Gebäude eingeschlossen. Wir waren ein paar Hundert junge Menschen aus Bar. Aus den Fenstern konnten wir sehen, dass das Gebäude mit ein paar Reihen Stacheldraht umzäunt war und von Polizisten bewacht wurde. Später erfuhren wir, dass in diesem Gebäude früher die Schule des Dorfes Jakuschinzy im Bezirk Winniza untergebracht war. Das Dorf lag 70 Kilometer östlich von Bar und ein paar Kilometer von der Stadt Winniza entfernt. Dort wurde ein Arbeitslager errichtet, dessen Häftlinge im Straßenbau beschäftigt waren. Sie bauten die Straße, auf der oft schwer bewachte Pkws fuhren. Es gab Gerüchte, dass diese Straße, die von festen und mobilen Posten bewacht wurde, zum Geheimquartier der deutschen Wehrmacht – später stellte sich heraus zum berüchtigten »Werwolf« – führte. Die Bewachung des Lagers oblag ukrainischen Nationalisten aus der Westukraine.

Am nächsten Morgen wurden wir nach einem spärlichen Frühstück in Kolonnen aufgestellt und zur Arbeit getrieben. Wir wurden von Litauern in grünen Militäruniformen bewacht. Sie waren sehr grausam. Über der Schulter trugen sie ihre Gewehre und hatten Stöcke in der Hand. Aus jedem Anlass schlugen sie die Häftlinge mit dem Stock auf den Kopf. Manchmal schlugen sie die Menschen tot. Wir arbeiteten auf der Straße, klopften große Steine, schleppten Sand und Kies und bauten die Straße Abschnitt für Abschnitt. Die Bauarbeiten leiteten ukrainische Handwerker, die sehr nett zu uns waren. Manchmal erzählten sie uns heimlich Neuigkeiten. Ab und zu wandten sich Deutsche, die zur Bauleitung gehörten, an uns, damit wir ihnen sprachlich bei der Verständigung mit den ukrainischen Handwerkern halfen. Ich konnte Deutsch besser als die anderen und nahm oft an solchen Vermittlungsgesprächen teil. Diese Deutschen behandelten uns sehr korrekt. Niemals wurden wir von ihnen beleidigt. Viel mehr: In ihrer Anwesenheit waren sogar die bösen Litauer unglaublich friedlich zu uns.

Zum Essen bekamen wir morgens und abends eine Suppe. Täglich arbeiteten wir von morgens bis abends und hatten nie frei. An einem Sonntag, ca. einen Monat nach unserer Ankunft, wurden wir nicht zur Arbeit getrieben. Dies beunruhigte uns und warf die Frage auf, ob es nicht unser Ende bedeuten würde. Aber es war nur eine Verschnaufpause. Wir alle wurden in den Hof getrieben und man befahl uns, sich zu entkleiden. In der Mitte des Hofes stand ein Gerät zur Desinfizierung unserer Kleidung. Es war Ende September und relativ kühl, sodass es für die erschöpften, abgemagerten Lagerhäftlinge sehr anstrengend war, stundenlang nackt draußen zu stehen.

Wir waren am Ende unserer Kraft, denn die Arbeit war sehr schwer und wir litten unter ständigem Hunger. Nicht weit vom Lager war ein sehr großer Apfelgarten. Es war ein sehr ernteiches Jahr und auf dem Boden lagen viele reife Äpfel, wie ich trotz des Stacheldrahtes gut sehen konnte. An einem Abend als ich zur Toilette ging, bemerkte ich, dass vom Stacheldrahtzaun zum Boden ein relativ großer Abstand war. Als es dunkel wurde, gelang es mir, unter dem Stacheldraht hindurch zu kriechen und ich war draußen, in der Freiheit. Ich konnte fliehen, aber der Gedanke, meine Cousinen alleine im Lager zu lassen, erschreckte mich. Anstatt zu fliehen, ging ich in den Garten, sammelte die Äpfel und kehrte zurück ins Lager. Später unternahm ich noch ein paar Mal solche »Ausflüge« in den Garten und brachte Äpfel ins Lager.

Ich hatte einen Traum: aus dem Lager zu flüchten, einen Pferdewagen zu finden und meine Cousinen aus dem Lager zu befreien. Es war unmöglich zu dritt zu fliehen, denn Zilja hatte ein typisches jüdisches Äußeres und es hätte uns sofort tödlich verraten. Die Cousinen unterstützten meinen Fluchtplan und ich musste nur warten, bis es dunkel wurde, um dann unter dem Stacheldraht hinaus zu kriechen. Nach der Arbeit stellte ich mich unweit des Lagertors und beobachtete den Wachposten. Er schritt hin und zurück entlang des Tores, ohne sich umzuschauen. Immer, wenn er sich im vorderen Teil des Tores aufhielt, konnte er etwa 10 Sekunden lang den hinteren Teil des Tores einschließlich der geöffneten Tür nicht sehen. Durch meinen Kopf schoss der Gedanke, dass ich unbemerkt vom Wachposten in 2 bis 3 Sekunden es schaffen würde, durch die Tür hinauszugehen. Blitzschnell fasste ich diesen Entschluss. Sobald der Wachposten zum wiederholten Mal mit dem Rücken zur Tür schritt, ging ich schnell durch die Tür hinaus, machte einige Schritte, hielt an und schaute in eine andere Richtung. Der Wachposten drehte sich um, schaute gleichgültig auf mich, machte ein paar Schritte nach vorne und dann wieder zurück. Ich drehte mich mit dem Rücken zum Lager und musste mich beherrschen, um nicht zu rennen, sondern mich im normalen Schritttempo vom Lager zu entfernen. Erst dann konnte ich nachvollziehen, welcher Gefahr ich mich selbst vor ein paar Minuten ausgesetzt hatte. Es hätte gereicht, wenn der Wachposten etwas bemerkt oder gehört hätte! Es hätte mein Lebensende bedeutet! Warum ich dieses Risiko einging, kann ich mir nicht erklären. Ich hätte doch viel einfacher am Abend unter dem Stacheldraht, wie ich es schon mehrmals machte, hinauskriechen können.

Also, ich war in der Freiheit. Was sollte ich weiter machen? Wohin sollte ich gehen? Ich entschloss mich, nach Bar zu gehen und am Abend vorsichtig in die Stadt zu gelangen. Ich wollte, wenn das Ghetto nicht vernichtet wäre, zu meinem Vater gehen und ihn und Tante Maika um Rat fragen, was ich weiter machen und wie ich Zilja und Polja retten sollte. Man musste ca. 70 Kilometer gehen. Den Weg kannte ich nicht. Ich entschloss mich zur Eisenbahn zu gehen, die von Winniza nach Süden, Richtung Shmerinka führte. Weiter ging ich nach Süden entlang der Eisenbahn, zwei bis drei Kilometer von den Gleisen entfernt und achtete darauf, keinem Wachposten zu begegnen. Ich war ein paar Tage unterwegs, denn ich vermied es, durch die Dörfer zu gehen. Wenn mein Hunger nicht mehr auszuhalten war, kehrte ich in ein Häuschen am Dorfrande ein, meistens in ein ganz armes, weil ich so sicher sein konnte, dass es nicht das Haus des Dorfältesten oder des Dorfpolizisten war. Ich bat, mir etwas zu essen zu geben und erzählte, ich sei aus dem Zug geflüchtet, mit dem die Jugendlichen zur Zwangsarbeit nach Deutschland verschleppt wurden. Normalerweise bekam ich immer etwas zu essen und sogar eine kleine Verpflegung für unterwegs. Die freundlichen Dorfbewohner fragte ich auch nach dem Weg. Alle hatten Mitleid mit mir, denn in jeder Familie gab es Mitglieder, die genauso wie ich woanders umherirren konnten. Mein Äußeres und meine Sprache ließen keine Zweifeln daran, dass ich ein ukrainischer Junge war. Meine schmutzige zerrissene Kleidung entsprach dem Bild von den armen Jugendlichen, die man nach Deutschland verschleppte.

Endlich konnte ich aus der Richtung des Dorfes Iwanowzy, das an der Schnellstraße Winniza-Bar liegt, die Stadt Bar erreichen. Um ins Ghetto zu gelangen, musste ich die ganze Stadt durchqueren, was sehr gefährlich war. Deshalb wartete ich im kleinen Wald in der Nähe. Am Abend ging ich zum Ghetto. Am Tor standen Polizisten und in manchen Häuschen brannte Licht. Ich kam etwas näher heran und hörte Jiddisch. Also, das Ghetto war noch nicht vernichtet und vielleicht lebten noch einige Verwandte. Ich schaute umher: anscheinend war niemand in der Nähe. Ich legte mich auf den Boden und kroch unter dem Stacheldrahtzaun auf das Gelände des Ghettos. Endlich war ich im Ghetto!

Ich stand auf, schaute mich um und ging ruhig zu unserem Häuschen. In unserem Fenster sah ich Licht brennen. Leise klopfte ich ans Fenster. Kurz darauf sah ich meinen Vater im Fenster, der mir schnell die Tür öffnete. Wir umarmten uns und gingen ins Zimmer hinein, wo Tante Maika und meine kleine Schwester Genja ängstlich auf die Tür schauten. Gleich kam die Frage nach Zilja und Polja, die im Lager geblieben waren. Ich erzählte alles und sagte, dass ich vorhatte, einen Pferdewagen zu beschaffen, um die Cousinen aus dem Lager zu befreien. Mein Vater sagte aber, dass es keinen Sinn machen würde, sich zu beeilen, denn dem Ghetto würde die Vernichtung bevorstehen, sodass es sinnlos wäre, die Cousinen dorthin zu bringen.

Mein Vater riet mir, tagsüber nicht im Ghetto zu bleiben, sondern zur Arbeit zu gehen, am besten in die Kolchose, wo ich früher gearbeitet hatte. Vater erzählte mir, dass mein Freund Fima Tarlo die erste Erschießung überleben konnte und später in die Arbeitstruppe für die Kolchose aussortiert wurde. Seine Eltern und seine jüngere Schwester wurden wie auch meine Mutter bei der ersten Erschießung ermordet. Ich ging zu Fima, der unweit von uns, bei Freunden seines Vaters Unterschlupf gefunden hatte. Er erzählte mir, dass es ein Kolchosen Kommando gab, die morgens aus dem Ghetto hinaus durfte. Er sagte, ich könnte zu dieser Truppe stoßen.

Ein paar Tage arbeitete ich in diesem Kolchosen Kommando. Mitte Oktober wurde es sehr unruhig im Ghetto. Es gab Gerüchte von der zweiten, wahrscheinlich der letzten Vernichtungsaktion. Es wurde sogar bekannt, dass diese »Aktion« am 15. Oktober stattfinden sollte, aber keiner wusste, ob man noch irgendwelche Menschen am Leben lassen würde.

Am 14. Oktober war ich zum Arbeitseinsatz in der Kolchose. Am Morgen verabschiedete ich mich von den Verwandten, da ich nicht wusste, was weiter käme, ob wir uns noch einmal sehen würden. Es war unmöglich, an eine gemeinsame Flucht zu denken. Und vor allem, wohin sollte man fliehen? Es war einfach unmöglich, das Ghetto in Gruppen zu verlassen, denn jede Anwesenheit der Juden außerhalb der Arbeitstruppe war hochriskant und verdächtig. Außerdem hegte man tief in der Seele die Hoffnung, dass man vielleicht doch noch am Leben bleiben würde. Am Abend blieb ich auf dem Gelände der Kolchose und entschloss mich, nicht mehr ins Ghetto zurückzukehren. Auch mein Freund Fima Tarlo blieb in der Kolchose. Wir gelangten in den Keller eines zur Hälfte fertig gestellten Hauses, das in der Nähe der Zuckerfabrik stand. Ein Kilometer von dieser Fabrik entfernt war der Fluss Row, der die Grenze zwischen der deutschen und der rumänischen

Besatzungszone markierte. Es gab Gerüchte, dass die Rumänen die Juden unterdrückten, aber es dort keine Massenmorde gab.

Nachdem wir die ganze Nacht im Keller verbracht hatten, schauten wir am Morgen des 15. Oktober vorsichtig aus der Kelleröffnung und sahen auf der Straße eine große Masse bewaffneter Polizisten, wie es auch während der ersten »Aktion« am 19. August war. Uns wurde klar, dass die zweite Vernichtungsaktion begann. Wir entschlossen uns, den Keller einzeln, der Reihe nach zu verlassen, um unbemerkt näher zum Fluss zu gelangen. Am anderen Flussufer war schon das rumänische Territorium und wir wollten bei erster Gelegenheit den Fluss durchqueren. Wie durch ein Wunder konnte ich zu einem alleinstehenden Heuhaufen gelangen, der am Weg zwischen der Zuckerfabrik und dem Dorf Iwanowzy stand. Ich grub mich tief ins Heu ein und wartete, bis es dunkel wurde. Gegen 11–12 Uhr mittags hörte ich Schüsse der Maschinengewehre und Schreie der Menschen. Später stellte sich heraus, dass die im Voraus vorbereiteten Gräber für die Juden der zweiten »Aktion« auf einem Hügel lagen in der Nähe des Dorfes Iwanowzy und nur etwa einen Kilometer vom Heuhaufen entfernt, in dem ich versteckt war. Ich litt unter dieser furchtbaren Lärmkulisse. Am frühen Abend gegen 17 Uhr kam ein Pferdewagen, um das Heu zu holen. Ich grub mich noch tiefer ein, konnte aber trotzdem das Gespräch zwischen zwei Männern hören: »Man tötet alle: sowohl Ärzte, als auch Schmiede«. Dies bedeutete, dass alle Juden ermordet wurden, unabhängig davon, ob sie Handwerker, Ärzte oder Schmiede waren. Mir wurde klar, dass das Ghetto ganz und endgültig vernichtet wurde.

Man hörte immer noch Schüsse und Schreie. Zum Abend wurde es still. Vorsichtig kroch ich aus dem Heuhaufen und ging durch das gemähte Feld zum Fluss, den ich zu Fuß durchquerte. Ich machte einen Bogen um Bar und ging auf Umwegen in den jüdischen Ort Popowzy, der 15 Kilometer von Bar entfernt in der rumänischen Zone lag. Ich kannte den Weg in diesen Ort von der Eisenbahnstation Bar aus. Zum frühen Morgen erreichte ich diesen Ort und bemerkte nach einiger Zeit eine Gruppe Juden. Ich kam näher an sie heran und erzählte, dass gestern das Ghetto von Bar ganz vernichtet wurde. Das Städtchen Popowzy gehörte früher zum Bezirk Bar und viele Juden hatten in Bar ihre Verwandten und Freunde, sodass meine Erzählung sie alle sehr beunruhigte. Außerdem lag Bar in der unmittelbaren Nähe und keiner wusste, wie sicher diese provisorische Grenze noch war …

Ich war der erste Flüchtling aus Bar. Zum Abend erschienen auch andere Flüchtlinge und erzählten ihre Geschichten. Viele von ihnen konnten überleben, indem sie sich in Kellern oder woanders versteckten, andere fanden Unterschlupf bei ukrainischen Nachbarn. Diese riskierten natürlich ihr Leben, denn für die Hilfe für Juden verhängte man die Todesstrafe. In Popowzy hatte ich weder Verwandte, noch Bekannte. Eine fremde jüdische Frau lud mich zu sich, gab mir zu essen und ließ mich in ihrem Haus auf einem alten Mantel, den sie für mich auf den Boden legte, übernachten. So blieb ich mit 16 Jahren ganz alleine, ohne Geld, ohne Dach über dem Kopf, ohne Verwandte und Bekannte, ganz alleine auf dem von Rumänen besetzten Gebiet.

Es war Ende Oktober 1942. Das Wetter war kalt. Ich war hungrig und hatte keine warme Kleidung. Ich übernachtete immer noch bei jener guten jüdischen Frau. Am frühen Morgen ging ich weg, weil ich vermeiden wollte, zum Essen eingeladen zu werden, denn diese herzliche Frau und ihre Kinder hatten selbst kaum etwas zu essen und hungerten oft. Ich versuchte Arbeit zu finden, aber es war sehr schwer in einer kleinen Stadt, die voll mit Juden war. Neben den einheimischen Juden, deren Zahl relativ klein war (ca. 200 Menschen) gab es in Popowzy sehr viele Juden, die die Rumänen aus Bessarabien und der nördlichen Bukowina deportiert hatten. Ihre Zahl war höher, als die der einheimischen Juden. Außerdem waren sie sehr geschäftig und konnten Rumänisch, denn die Orte, aus denen sie deportiert wurden, gehörten vor 1940 zu Rumänien. Manchmal half ich einem bessarabischen Kaufmann, der mir dafür zu essen gab. Manche Juden, besonders die einheimischen, kannten mich, halfen mir so gut sie konnten und teilten mit mir oft ihr Essen. Ich war hungrig, aber ich schämte mich sehr, diese Almosen anzunehmen. Betteln gehen konnte ich überhaupt nicht. Mich quälten die Gedanken, was ich machen, wohin ich gehen und wie ich überwintern sollte.

Ein ehemaliger Einwohner der Stadt Bar, dem vor der zweiten Erschießung die Flucht aus dem Ghetto nach Popowzy gelang, machte mir einen sehr gefährlichen, aber attraktiven Vorschlag. Er schlug mir vor, in der Nacht ins Ghetto von Bar zu gelangen, in sein ehemaliges Haus hineinzugehen und an einer bestimmten Stelle (unter der Schwelle eines der Zimmer) einen versteckten Schatz mit Juwelen und Wertsachen auszugraben. Wenn ich diesen fände, würden wir ihn unter uns aufteilen. Ich war in einem katastrophalen Zustand und das Leben nach dem Tod meiner Familie und meinen Verwandten hatte keinen Wert mehr für mich. Außerdem war ich zu jung, um einschätzen zu können, wie gefährlich dieses Vorhaben war, deshalb willigte ich ein.

Am Abend ging ich los. Circa drei Stunden ging ich den mir schon vertrauten Weg bis zur Eisenbahnstation Bar. Um nach der »Grenze« über den Fluss Row näher am Ghetto zu sein, ging ich von der Eisenbahnstation Bar in die Richtung des Dorfes Balki, das auf einem Berg in der Nähe der Stadt Bar lag. Unten im Tal war der Fluss Row, den ich in der Dunkelheit zu Fuß überqueren konnte. Das Ghetto lag nicht weit, ca. 300 m entfernt. Ich schlich mich von Haus zu Haus und erreichte schließlich das Ghetto. Ringsherum war Stacheldrahtzaun, die Glasfenster spiegelten sich in der Dunkelheit und mich erfüllte ein mulmiges Gefühl. Ich fand ein Loch unter dem Stacheldrahtzaun, kroch hindurch und war auf dem Gelände des Ghettos. Es war sehr kalt. Dazu kam noch, dass meine Hose nach dem Überqueren des Flusses ganz nass war. Endlich fand ich das richtige Haus, wie ich glaubte, das richtige Zimmer und die richtige Schwelle. Mit dem Messer bohrte ich in der Erde, konnte aber nichts finden …

Plötzlich hörte ich Lärm und Schritte auf der Straße. Wahrscheinlich bewachten die Polizisten das Ghetto. Was sollte ich tun? Würden sie mich erwischen, wäre ich an Ort und Stelle tot … Krampfhaft überlegte ich, was ich unternehmen konnte. Ich erinnerte mich, dass in der Diele eine Leiter stand, die auf den Dachboden führte. Ich entschied mich, auf den Dachboden zu steigen, die Leiter hoch zu ziehen und dort auszuharren. So tat ich auch. Nass saß ich auf dem Dachboden und zitterte vor Kälte. Besonders froren meine Füße, denn draußen war Frost. Außerdem hatte ich große Angst, dass die Polizisten etwas bemerkt hätten. Aufmerksam horchte ich, ob die Schritte sich entfernten und atmete langsam auf. Aber dann kam das nächste Problem. Die Hähne krähten, es wurde hell und gefährlich, das Ghetto zu verlassen. Ich war gezwungen, bis zum Abend im Ghetto zu bleiben. Es war unheimlich kalt, besonders froren meine Füße, und mit der Zeit verlor ich das Gefühl in meinen Zehen ... Im Delirium verbrachte ich den ganzen Tag. Mein Körper wurde unbeweglich und ich glaubte, dass ich nicht mehr gehen könnte. Es wurde dunkel, aber ich wartete weiter. Ich schaute durch die Löcher im Dach hinaus und sah, dass das Licht in den Stadthäusern gelöscht wurde. Also, es wurde Zeit für mich wegzugehen. Vorsichtig kroch ich aus dem Ghetto hinaus, überquerte den Fluss zu Fuß und ging bergauf.

Ich bewegte mich mit letzter Kraft, ohne meine Füße zu spüren. Dann hörte ich Hunde bellen. Links lag das Dorf Golodki. Es war sehr gefährlich, aber mir war schon alles egal ... Ich kam zum Haus am Dorfrand und klopfte ans Fenster. Ein Mann schaute heraus. Ich bat ihn, mich ins Haus hineinzulassen, um mich zu wärmen. Man ließ mich hinein, ohne etwas zu fragen, denn es gab in jener Zeit viele solche, die wie ich umherirrten ... Die Bäuerin stöhnte auf: »Vielleicht irrt auch mein Sohn so durch die Gegend ...« Ich sagte der Bäuerin, dass ich meine Zehen nicht spürte, dass sie wahrscheinlich erfroren waren. Sie riet mir, die Schuhe auszuziehen, und gab mir eingeweichte Erbsen, um die Füße damit zu reiben. So tat ich auch. Mit der Zeit konnte ich die meisten Zehen spüren, aber in den großen Zehen an beiden Füßen hatte ich immer noch kein Gefühl. Die Haut schälte sich, und man konnte rohes Fleisch sehen. Ich hatte unvorstellbare Schmerzen. Die Bauern gaben mir zu essen und rieten, das Dorf zu verlassen, solange es noch etwas dunkel war.

Mit Mühe und Not zog ich meine Schuhe an und ging langsam nach Popowzy. Bei der herzlichen Frau, die mir Unterschlupf gewährte, konnte ich kaum die Schuhe ausziehen. Die Füße schwollen an, die Zehen entzündeten sich, und die drei Zehen waren eine riesige Wunde. Meine Schuhe konnte ich nicht mehr anziehen. Ich musste mich an den aus Bessarabien deportierten Arzt wenden. Um zu ihm zu gelangen, wickelte ich meine Füße in irgendwelche Lumpen ein, die ich von der barmherzigen Frau bekam. Der Arzt gab mir etwas Rivanolpulver, das man in warmem Wasser auflösen und als Kompresse auf der kranken Stelle verwenden sollte.

In meinem Leben begann eine schwere Phase. Ich konnte kaum auf den Füßen stehen, die in irgendwelche Lumpen eingewickelt waren. Meine Füße stanken bestialisch, sodass ich mich gezwungen sah, dass Haus der barmherzigen Jüdin, bei der ich Unterschlupf fand, zu verlassen. Ein Ladenbesitzer, der mich auch früher unterstütze, nahm mich auf und gewährte mir Unterschlupf in einer Abstellkammer ohne Fenster. Ich war dort ganz alleine. Es war sehr unangenehm, sich in meiner Nähe aufzuhalten, denn meine Füße stanken unerträglich. Ich kann bis heute nicht verstehen, dass keine Sepsis bei jenen unhygienischen Verhältnissen meine Füße befiel. Trotz dieses Zustandes musste ich mich auf den Weg machen, um mir etwas zu essen zu beschaffen. Die großen Zehen konnten über ein Jahr nicht heilen.

So vegetierte ich in Popowzy an der Grenze meiner Lebenskraft in unvorstellbaren Verhältnissen bis Ende Dezember 1942. In jener Zeit gab es Gerüchte, dass die jüdische Gemeinde des Städtchens Kopaigorod, das ca. 10 Kilometer von Popowzy entfernt war, auf Anordnung der rumänischen Machthaber eine jüdische Arbeitsgruppe zum Holzfällen bildete. Die Freiwilligen sollten von der Gemeinde eine Geldsumme in deutscher Besatzungsmark, die als Währung galt, sowie alte aber warme Kleidung erhalten. Für mich schien diese Option eine Lösung zu sein: Ich könnte irgendein Dach über dem Kopf, Essen und Gemeinschaft bekommen! Ich wollte arbeiten trotz meiner kranken Füßen, denn ich konnte mein Bettlerleben nicht mehr aushalten.

Ich entschloss mich für diese Option und ging langsam nach Kopaigorod. Für die zehn Kilometer der verschneiten Straße brauchte ich ungefähr fünf Stunden. Ich fand die jüdische Gemeinde, erzählte von mir und bat, mich zum Holzfällen mitzunehmen. Eigentlich war ich für die Gemeinde ein Glücksfall, denn niemand wollte im Frost seine Bleibe verlassen und sich in die Ungewissheit wagen. Ich bekam etwas Geld und Lebensmittel für die ersten Tage (man sagte mir, dass mit dem Arbeitsbeginn die Verpflegung gesichert würde) und einen alten, aber warmen Kaftan. Neben mir waren in der Gruppe der Waldarbeiter auch andere, hauptsächlich wie ich obdachlose Männer, denen es gelang, sich vor den deutschen Erschießungen in den jüdischen Städtchen im Gebiet Winniza und Kamenez-Podolski zu retten. Unter ihnen war auch ein aus Bessarabien deportierter Jude, Elyk, der auch obdachlos war.

Man brachte uns mit dem Zug ins Dorf Mytki, von wo wir zu Fuß ins Nachbardorf Matikowe gingen. Wir wurden in einem leer stehenden Bauernhaus untergebracht, in dem früher Zigeuner wohnten. Deshalb nannte man dieses Haus im Dorf »Zigeunerhaus«. Dort war ein russischer Ofen, mit dem wir heizten und unser Essen kochten. Das Haus gehörte der alten ukrainischen Bäuerin Fedora, die in der Nachbarschaft in einem anderen kleinen Häuschen wohnte und mit der ich mich später sehr anfreundete.

1943 waren die Waldarbeiten beendet, aber wir Obdachlosen wollten unsere Bleibe nicht verlassen. Der Förster Golezki hatte Mitleid mit uns und ließ uns in diesem Haus weiter leben. Im Übrigen waren wir uns selbst überlassen. Um zu überleben, kauften wir für das Geld, das wir von der Gemeinde der Stadt Kopaigorod bekamen, einige Kurzwaren, wie Stecknadeln, Zwirn und Nähgarn, um diese dann bei den Bauern gegen Lebensmitteln zu tauschen. Zumindest sollte dieser Tausch das Betteln verhindern. Wir waren auch bereit, uns als Helfer bei verschiedenen Arbeiten anzubieten. Am Anfang gingen wir nur im Dorf Matikowe von Haus zu Haus und boten unsere Hilfe an. Später »eroberten« wir auch die Dörfer in der Nachbarschaft. Besonders nett waren zu mir die Einwohner im Dorf Maltschewzy, das zwei bis drei Kilometer von Matikowe entfernt ist. Sie baten mich in ihre Häuser, gaben mir zu essen und kauften meine Ware, aber hauptsächlich, um mich nicht zu beleidigen. Unter jenen, die sich in Matikowe zu uns gesellten, waren auch einige Handwerker. Sie arbeiteten bei den Bauern, und es ging ihnen viel besser als uns.

Wir hatten schmutzige Lumpen an, denn wir schliefen auf dem Boden, ohne uns auszuziehen. Praktisch lebten wir von den Almosen, aber wir boten immer unsere Waren, Nadeln, Zwirn und andere Kleinigkeiten, als Tauschmittel an. Meistens gab man uns etwas Kartoffeln, aber manchmal auch ein Stück Brot, ein Glas Korn oder Mehl sowie gekochtes Gemüse. Es ist offensichtlich, dass wir ohne die Unterstützung der Bauern nicht überlebt hätten, dass wir vor Hunger gestorben wären.

Tagsüber gingen alle Einwohner unseres »Zigeunerhauses« in die Dörfer, um unser »tägliches Brot« zu verdienen. Abends heizten wir in der Dunkelheit unseren Ofen, kochten unser einfaches

Abendbrot, saßen dann bis spät in die Nacht auf dem Boden und unterhielten uns über dies und jenes. Wir besprachen die Situation an der Front, die sich langsam zum Besseren veränderte. Es war nach der Schlacht von Stalingrad. Die Rote Armee ging in die Offensive. Wir wussten darüber aus den Erzählungen von Elyk, der ab und zu rumänische Zeitungen ergatterte, aus denen er viel Wahrheit erfahren konnte. Manche Informationen erfuhren wir auch von den einheimischen Einwohnern, in erster Linie vom Förster Golezki. Offensichtlich hatte er Zugang nicht nur zu den deutschen und rumänischen Informationsquellen, sondern auch zu den sowjetischen. Über den furchtbaren Mord an unseren Familien sprachen wir normalerweise nicht, weil es ein sehr schmerzliches Thema für jeden von uns war ... Wir lebten hauptsächlich mit der Hoffnung auf unsere Befreiung, denn wir alle verstanden, dass es unmöglich wäre, sich längere Zeit in der rumänischen Besatzungszone über Wasser zu halten. Wir befürchteten, dass die Deutschen auf ihrem Rückzug alle übrig gebliebenen Juden erschießen würden.

Im Sommer und Herbst 1943 wurde es leichter. Die Rote Armee verstärkte ihre Offensive und die einheimischen Bauern behandelten uns immer besser. Es war warm und wir verdienten unseren Lebensunterhalt, indem wir den Bauern auf dem Feld und im Hof halfen. Meine Füße heilten langsam. Ende Herbst konnte ich schon meine Schuhe anziehen, worüber ich mich sehr freute ... Wahrscheinlich hätten wir unsere sehnsüchtig erwartete Befreiung erlebt, aber im März 1944 geschah ein großes Unglück ...

Um unseren Vorrat an Tauschwaren zu erneuern, mussten wir regelmäßig Kartoffeln nach Popowzy bringen und sie dort verkaufen, um für das verdiente Geld wieder Kurzwaren zu kaufen. Ende Dezember ging ich mit einem Sack Kartoffeln nach Popowzy. Zu jenem Zeitpunkt befreite die Rote Armee die Stadt Kiew und in unserer nicht besonders bewaldeten Gegend erschienen Partisanen, wie die Bauern erzählten. Früher hörten wir wenig von den Partisanen. Auf dem Rückweg von Popowzy wurde ich von einem rumänischen Wachposten angehalten, der mir den Weg mit ein paar Schlitten blockierte. Die rumänischen Rufe übersetzte ein Dolmetscher: »Wer bist du? Woher kommst du?« Ich erzählte dem Dolmetscher, dass ich zu den jüdischen Waldarbeitern gehörte, die nach der Verordnung der rumänischen Machthaber von der jüdischen Gemeinde der Stadt Kopaigorod zum Holzfällen geschickt wurden und dass wir im Dorf Matikowe wohnten. Die Rumänen wechselten einige Worte miteinander und dann sagte der Dolmetscher zu mir, die Gendarmeriewache sei im Dorf Mytki (zwei bis drei Kilometer von Matikowe entfernt) und kontrolliere diese Dörfer, wüsste aber nichts von Waldarbeitern. Wahrscheinlich seien wir Partisanen. Man setzte mich auf den Schlitten und befahl mir, den Weg zu unserem Haus zu zeigen. Bald standen wir vor unserem »Zigeunerhaus«. Elyk, der gut Rumänisch sprach, erzählte unsere Geschichte dem rangältesten Gendarmen auf Rumänisch. Aber das half nichts. Uns allen wurde befohlen, sich anzuziehen und in den Schlitten zu steigen, den sie aus der örtlichen Kolchose bestellten (die Rumänen, wie auch die Deutschen, behielten die Kolchosen).

Man brachte uns ins Dorf Mytki und sperrte uns in einen kalten Keller, der als Gefängnis der rumänischen Gendarmen diente. Bald wurde Elyk vom rumänischen Wachposten zum Verhör gerufen. Nach einiger Zeit kam Elyk ganz blass und verängstigt zurück. Er erzählte, dass der rumänische Polizeichef keinem seiner Worte geglaubt hätte. Er hätte ihn nach Partisanen gefragt und gesagt, dass wir bald alle als Partisanen erschossen würden. Die Nacht war sehr unruhig. Es war kalt und wir hatten Angst. Die Befreiung schien ganz nah zu sein; wir hatten so viel überstanden, konnten dem Tod durch die deutschen Henker entkommen, hatten Hunger und Kälte überlebt und dann dies …

Das Leben ging weiter und man musste auf die Toilette. Zusammen mit uns waren noch zwei Schwestern aus Bar: Lisa und Klara. Wir klopften an die Tür. Elyk erklärte dem Wachposten unsere Notdurft. Dieser willigte ein, dass wir der Reihe nach in kleinen Gruppen zu 3 Personen hinaus geführt würden. Zuerst gingen die Frauen zu zweit. Als sie zurück kamen, erzählten sie, dass die Toilette an der Ecke des Gefängnisgebäudes sei und dass der Erste in der Zweier- oder Dreiergruppe, der um die Ecke ginge, vom Wachmann für kurze Zeit nicht gesehen würde. Die Flucht wäre möglich, aber keiner erklärte sich dazu bereit, denn es war unsicher, ob nicht auch hinter der Toilette ein Wachmann stünde. Ich sollte in der letzten Dreiergruppe gehen. Ich erinnerte mich an meine Flucht aus dem Lager Jakuschinzy, dachte an die bevorstehende Befreiung und entschloss mich zu fliehen. Blitzschnell unterhielt ich mich mit Elyk, der mir im Falle der geglückten Flucht riet, nach Kopaigorod in die jüdische Gemeinde zu gehen, die uns vor einem Jahr zu Waldarbeiten schickte. Ich sollte ihnen sagen, wir seien in Lebensgefahr und sie bitten, dass sie zum rumänischen Ortsvorsteher gehen. Dem sei der Wachposten untergeordnet. Sie sollten ihm Schmiergeld zahlen, damit er vermittelt, dass wir frei kommen würden.

Ich ging als Erster in der Dreiergruppe. Zu jenem Zeitpunkt waren meine Füße gut geheilt, ich hatte meine Schuhe an und konnte sogar laufen. Sobald ich hinter der Ecke des Gefängnisses und vom Wachmann ungesehen war, rannte ich nach vorne, umkreiste die Toilette, um unbemerkt zu bleiben, und rannte weg, so schnell ich konnte. Wahrscheinlich dachte der Wachmann, ich sei auf der Toilette, deshalb schlug er zuerst keinen Alarm. Als er aber kapierte, dass ich weggelaufen war, war es schon zu spät. Ich war nicht mehr zu finden.

Die Stadt Kopaigorod, die 15 Kilometer von Mytki entfernt war, erreichte ich in etwa drei Stunden. Ich ging gleich zum Vorsitzenden der jüdischen Gemeinde. Er war zum Glück vor Ort. Ich erzählte ihm alles. Er wusste von unserem Aufenthalt in Matikowe. Es passte ihm, dass wir dort lebten, denn wenn wir uns nicht selbst versorgt hätten, müsste die jüdische Gemeinde uns unterstützen …

Formal waren die Waldarbeiten nicht beendet und unser Auftrag war immer noch gültig. In der Gemeinde gab es viele Juden aus Bessarabien, die gut Rumänisch sprachen und den Polizeichef der rumänischen Gendarmerie kannten. Wie auch andere rumänische Verwalter war er sehr korrupt. Dazu kam noch, dass die Rumänen ihren bevorstehenden militärischen Niedergang vorausahnten. Deshalb war er verhandlungsbereit. Als die Vertreter der jüdischen Gemeinde bei ihm anklopften und er eine gute Belohnung ahnte, rief er gleich den Chef des Wachpostens an, der ihm unterstellt war, und veranlasste, die Menschen, die nach seiner eigenen Anordnung in Matikowe für die Waldarbeit stationiert und versehentlich festgenommen worden waren, sofort zu entlassen.

Er befahl der Gemeinde, uns aus Matikowe abzuziehen, denn dort waren Partisanen und er könnte unsere Sicherheit nicht mehr garantieren. Deshalb waren alle Einwohner des »Zigeunerhauses« gezwungen, diese Bleibe zu verlassen und nach Popowzy, Kopaigorod oder in die anderen Ortschaften zu gehen. Aber zuerst wurden sie alle mit Schlitten nach Kopaigorod gebracht, wo wir uns in der Gemeinde trafen. Alle waren mir sehr dankbar, besonders die Schwestern aus Bar, die nach dem Krieg in Bar wohnten und meiner Schwester, die auch dort lebte, von meiner heldenhaften Flucht aus dem Gendarmeriegefängnis und unserer Rettung erzählten.

Schon wieder war ich arbeitslos und obdachlos unter fremden Menschen. Unsere Wohngemeinschaft aus Matikowe konnte mir nicht helfen, denn alle diese Menschen hatten, wie auch ich, kein Dach über dem Kopf, keine Verwandten, waren obdachlos, ohne Arbeit und hielten selbst Ausschau nach einer Bleibe. Der Junge Rachmil und ich wollten zusammen bleiben. Wir suchten eine Antwort auf die Fragen, wie es weiter gehen sollte. Ein paar Tage konnten wir uns über Wasser halten. Wir übernachteten im Gebäude der jüdischen Gemeinde und lebten von den Essensresten, die wir noch hatten, sowie von der Hilfe der Gemeinde. Wir konnten uns überhaupt nicht beschweren, denn auch die einheimischen Einwohner lebten in Kälte und litten Hunger. Man musste das letzte Hab und Gut verkaufen, um einen Eimer Kartoffeln oder etwas Brennholz zu kaufen.

Es gab Gerüchte, dass die jüdische Gemeinde der Stadt Kopaigorod von den rumänischen Machthabern eine Anordnung erhalten hatte, einige Dutzend Juden ins Lager »Petschora« zu schicken. Ich und Rachmil wurden in die Gemeinde gerufen und man bot uns an, in dieses Lager zu fahren. Man sagte uns, dass jenes Lager unseren Waldarbeiten glich, wo man ein Dach über dem Kopf, Arbeit und Essen hat. Da wir keine Ahnung und Ausrede hatten, willigten wir ein, was wir bald sehr bereuten. Man gab uns irgendwelche Kleidung, etwas Geld und zusammen mit anderen Unglücklichen wurden wir unter Bewachung in die Stadt Mogiljow-Podolski geschickt, wo der Transport zustande kam. Dort erfuhr ich Genaueres über dieses Lager. Es waren wenig erfreuliche Informationen, denn unter uns waren Männer, die schon in jenem Lager waren, aber fliehen konnten. Es wurde bekannt, dass das Lager in Mogiljow-Podolski sehr stark bewacht wurde, sodass die Flucht unmöglich wäre.

Wie wurden in Viehwaggons geladen, und der Zug fuhr los. Im Waggon war es sehr eng und schwül trotz des Winters. Es gab nur ein kleines offenes Fenster. Nur mit Mühe und Not konnte man sich durch dieses Fenster hinausquetschen. Nach etwa drei Stunden hielt der Zug in Shmerinka an.

Die Tür wurde etwas geöffnet. Vor der Tür des Waggons schritt der Wachmann von einer Seite zur anderen. Würde man sich im Voraus mit den Füßen ans Fenster stellen, was aber nur mithilfe der anderen gelingen konnte, so könnte man, sobald der Wachmann mit dem Rücken zum Fenster geht, hinausrutschen und sich unter dem Waggon verstecken. Dieser Plan erinnerte mich sehr stark an meine Flucht aus dem deutschen Arbeitslager in Jakuschinzy. Wie damals war es auch jetzt ein hochriskantes Unternehmen, aber auch das bevorstehende Leben im Lager wäre kein Zuckerlecken… Ich war fest entschlossen, das natürliche Angstgefühl war entschärft, denn die Befreiung war so absehbar, und ich saß im Transport ins nächste Arbeitslager! Also, ich entschloss mich zu fliehen.

Ich bat Rachmil und andere Mitfahrer, mich hochzuheben und durch die Tür des Waggons zu schauen, wann der Wachmann mit dem Rücken zum Fenster stand. Als der Wachmann sich umdrehte, schob man mich mit den Füßen durch das Fenster. Ich sprang hinunter, hielt mich mit den Händen am Fenster und wollte unter den Waggon rutschen. Zum Glück ging in diesem Augenblick eine Gruppe Eisenbahnarbeiter vorbei. Sie schirmte mich vor dem Wachmann ab und rissen mich mit sich. Zwei von ihnen hielten mich an den Oberarmen und flüsterten mir ins Ohr: »Hab keine Angst, Brüderchen!« Sie führten mich mit sich weit weg vom Zug und sagten: »So, jetzt kannst du allein weiter«.

Wahrscheinlich dachten sie, dass ich ein Kriegsgefangener oder einer der nach Deutschland zur Zwangsarbeit Verschleppten war, oder sie wussten Bescheid, dass ich aus dem jüdischen Transport flüchtete.

Was sollte ich weiter machen? Wohin sollte ich gehen? Ich bemerkte einen Mann, der sehr jüdisch aussah. An seiner Brust war ein gelber Stofffetzen angenäht. Ich ging zu ihm und fragte, ob er ein Jude sei. Er antwortete, dass er jüdisch sei. Wir unterhielten uns auf Jiddisch. An einem sicheren Ort erzählte er mir, dass alle Juden der Stadt Shmerinka in einem umzäunten Ghetto lebten, und verriet mir, wie ich unbemerkt von Polizisten, Deutschen oder Rumänen ins Ghetto gelangen könnte. Ich entschloss mich, ins Ghetto zu gehen, um zu versuchen, dort ein Dach über dem Kopf und irgendwelche Arbeit zu bekommen.

Ich fand das Ghetto und ging durch das Tor hinein, das von einheimischen jüdischen Polizisten bewacht wurde. Die Polizisten fragten mich, wer ich sei und was ich wollte. Ich erzählte ihnen kurz meine Geschichte. Sie rieten mir, mich unmittelbar an den Vorsitzenden der jüdischen Gemeinde, an Dr. Herschman zu wenden. Sie sagten, dass er ein Jude aus Bessarabien sei, ein Jurist von Beruf und Kenner der menschlichen Psychologie, der jeden Menschen wie mit Röntgenaugen durchleuchten konnte. Ich ging zu ihm. Ich war klein und mager; nach der Zugfahrt war meine Kleidung alles andere als adrett, und nach der Flucht war ich sehr verängstigt. Wahrscheinlich sah ich damals aus wie der Vagabund Mustafa, der Hauptheld im berühmten Vorkriegsfilm »Das Ticket ins Leben«. Ziemlich freundlich fragte er mich aus. Ich erzählte ihm ganz ehrlich von der tragischen Erschießung meiner Familie in Bar, vom Arbeitslager in Jakuschinzy und von meiner Flucht aus jenem Lager, von den Erfrierungen an den Füßen, die ich mir im Ghetto von Bar zugezogen hatte, von unserem Leben in Matikowe, von meiner Flucht aus der Gendarmerie in Mytki und schließlich von meiner Flucht aus dem jüdischen Transport in Shmerinka. Er sah mich mit Neugierde und gewissem Misstrauen an. Und dann stellte er mir etwas merkwürdige Fragen zu meinem Vorkriegsleben, wie alt ich war, wo ich zur Schule ging, und welche Noten ich hatte. Als ich ihm auf seine letzte Frage antwortete, dass ich in meiner gesamten Zeit immer der beste Schüler war, sagte er: »Du hast mir alles von Anfang bis Ende vorgelogen. Es ist unmöglich, der Klassenbeste mit so einem idiotischen Gesichtsausdruck zu sein. Verschwinde von hier.«

Ich war schockiert von seinen Worten. Mich schockierte nicht so sehr die Tatsache, dass er mich wegschickte – ich hatte dies nicht ausgeschlossen –, sondern seine Begründung! Mir blieb nichts anderes übrig, als das Ghetto zu verlassen.

Also, ich musste das Ghetto von Shmerinka verlassen. Angestrengt überlegte ich, wohin ich gehen und was ich weiter machen sollte. Plötzlich schoss mir ein Gedanke durch den Kopf, der mein Leben retten sollte. Ich erinnerte mich an die alte ukrainische Bäuerin Großmutter Fedora, der das »Zigeunerhaus« in Matikowe gehörte, wo wir noch vor Kurzem bis zur Festnahme durch die rumänischen Gendarmen lebten. Manchmal half ich ihr und sie war sehr nett zu mir. Sie sagte sogar: »Semen, du bist für mich wie ein Sohn«. Sofort wusste ich, dass ich versuchen sollte, dorthin zu gelangen, und aufhören sollte, auf das jüdische Ghetto zu hoffen! Ich musste nur noch ein paar Monate überstehen, denn unsere Truppen waren schon in der Nähe. Außerdem gab es auch Partisanen und ich hoffte, mich bald zu ihnen zu gesellen.

Es war um die Mittagszeit. Von Shmerinka nach Matikowe waren es ca. 30 Kilometer und ich musste mindestens 20 Kilometer bei Tageslicht schaffen. Die restliche Strecke in der vertrauten Gegend traute ich mir auch in der Dunkelheit zu, umso mehr, als im Winter der Schnee gewisse Helligkeit bewirkte. Den Weg kannte ich nur schlecht, aber ich orientierte mich an der Eisenbahnstrecke von Mogiljow-Podolski nach Bar. Von dort waren es nur acht Kilometer nach Matikowe.

So ging ich von Dorf zu Dorf und hielt mich in der Nähe der Eisenbahnstrecke auf, die hauptsächlich nach Süden verlief. Die Eisenbahnstation Bar erreichte ich bei Einbruch der Dunkelheit. Ich machte einen Bogen um sie und ging durch den Wald ins Dorf. Nach ca. 90 Minuten erreichte ich das Haus von Großmutter Fedora. Es war so gegen 22 Uhr. Im Fenster brannte kein Licht. Ich klopfte ganz leise an das Fenster. Nach einiger Zeit sah ich Licht. Großmutter Fedora schaute heraus und erkannte mich:

Ach, Semen! Da bist du ja. Komm herein.

Ich begrüßte sie und fragte, wie es ihr ginge. Wir unterhielten uns kurz. Ich erklärte ihr, dass ich keine Bleibe hätte und hoffte, zumindest bis zum Frühling bei ihr zu bleiben. Sie antwortete ganz kurz und menschlich:

Bleib bei mir. Es gibt genug Platz. Auch Kartoffeln.

Dies bedeutete, dass ich bei ihr bleiben durfte, dass sie ihr Haus und ihr Essen mit mir teilen würde.

Das war in den letzten Dezembertagen 1943. Ich war wieder in Matikowe, im Lehmhaus der alten Bäuerin Fedora. Ich half ihr im Haushalt und im Hof und hörte abends die Erzählungen dieser alten weisen Frau. Wir ernährten uns hauptsächlich von Kartoffeln. Ab und zu brachten uns die Verwandten der Großmutter Fedora auch etwas Mehl oder Korn, und manchmal sogar Fleisch und Speck. Die Großmutter Fedora hatte auch einen kleinen Vorrat an Maiskolben, die aus ihrem Garten stammten. Ich mahlte Mais zu Mehl, und wir kochten leckere Mamaliga, Maisbrei.

Dann kamen das Jahr 1944 und das orthodoxe Weihnachtsfest. An diesem Feiertag ging Großmutter Fedora zusammen mit ihren Verwandten immer in die Kirche ins Dorf Mytki. Ihre Verwandten wussten von mir, taten aber so, als ob sie nichts wüssten. Der Januar war zu Ende. Aus den Dorfgerüchten, die die gesprächige Großmutter Fedora mir erzählte, wusste ich, dass unsere Truppen westlich von Kiew, in den Städten Fastow und Kasatin, die ca. 100 Kilometer von uns entfernt waren, kämpften.

An einem Tag Anfang Februar 1944 kam Großmutter Fedora ins Haus und rief: »Semen, Semen, auf der Straße sind Bolschewiken!« Ich ging hinaus und sah zwei zivil gekleidete Reiter, aber mit roten Bändern auf den Kappen. Es waren Partisanen! Die Reiter entfernten sich durch die Straße Pritschepinowka, in der das Haus von Großmutter Fedora stand, in die Richtung des Dorfes Slobodka Matikowska, das nur eineinhalb Kilometer von uns entfernt war.

Mein Herz klopfte schneller und unruhig! Es war meine erträumte Zeit! Die Zeit, auf die ich seit dem 16. Juli 1941, also seit der Besatzung meiner Heimatstadt Bar durch die Deutschen gewartet hatte. Es war meine Erlösung, meine Rettung! Leider konnten meine Familie und Millionen anderer Menschen meines Volkes diesen Tag nicht erleben …

Es waren doch Partisanen, von denen ich all jene Jahre der grausamen Besatzung und des schwersten Lebenskampfes geträumt hatte. Würde ich zu ihnen gelangen, würde meine Existenz als ein verängstigter Hase, den alle jagten und den jeder töten konnte, endlich aufhören? Ich würde eine Waffe bekommen und kämpfen. Ich war fest entschlossen: Ich gehe zu den Partisanen! Ich ging ins Haus, bedankte mich bei Großmutter Fedora, umarmte sie und nahm Abschied von ihr. Wir blieben noch einen Augenblick so sitzen und ich spürte Tränen in meinen Augen. Ich ging auf die Straße hinaus und dann in die Richtung des Dorfes Slobodka Matikowska.

Unweit des Dorfes, etwa 500 Meter von Slobodka Matikowska entfernt, hörte ich Rufe: »Stopp! Wer kommt?« Aus dem Gebüsch sprangen zwei junge bewaffnete Männer und fassten mich an den Armen. Ich erzählte ihnen kurz von mir, sagte, dass ich zu Partisanen möchte, um gegen Nazis zu kämpfen und mich zu rächen. Ich bat sie, mich zur Militärleitung zu begleiten. Die Jungs ließen meine Arme frei und einer von ihnen begleitete mich zum Kommissar der Partisanentruppe. Ich erzählte ihm ausführlich von mir, von meinem Schicksal und bat ihn, mich aufzunehmen. Der Kommissar Fedorow, der gleichzeitig der politische Leiter der Truppe war, brachte mich nach einem langen Gespräch ins benachbarte Haus, in dem die militärische Leitung untergebracht war. Er stellte mich vor und empfahl, mich in die Truppe aufzunehmen. Mir wurden einige Fragen gestellt, und danach wurde ich gebeten, kurz hinauszugehen. Nach ein paar Minuten wurde ich hineingebeten, und es wurde bekannt gegeben, dass ich in die Partisanentruppe aufgenommen sei.

Die Partisanentruppe, in die ich aufgenommen wurde, war nach Karmaljuk benannt, einem ukrainischen Volkshelden, der vor über 100 Jahren gegen die Feinde gekämpft hatte. Die Truppe war Mitglied der Partisanenverbindung, der Brigade der Kavalleristen, die nach Lenin benannt war. Diese Verbindung versuchte damals im Gebiet Winniza zu verhindern, dass die Deutschen und Rumänen auf ihrem Rückzug die Menschen, das Vieh, die Ausrüstung und anderes Eigentum verschleppen. Major Schewljakow war der Kapitän der Truppe, und Saran war der Stabschef. Wladimirow war Kapitän der Brigade der Kavalleristen, Nishnik war Kommissar dieser Brigade. Nishnik, der einen sehr hohen Posten in der kommunistischen Partei der Bolschwiken im Gebiet Winniza innehatte, war ein Jude.

Ich kam in die Kompanie, deren Leitung Sabaschtanski, einem kleinen Mann im Alter von 35 Jahren, anvertraut wurde. Er war sehr nett zu mir, nannte mich Semka, und ich mochte ihn auch. Ich wurde der Kompanieeinheit zugeteilt, an deren Spitze Wassja, ein junger Soldat aus Sibirien, stand. In jeder Kompanieeinheit waren sieben Soldaten. Ich bekam ein altes französisches Gewehr aus der Zeit des Bürgerkriegs, drei Kugeln und ein mageres Pferd aus der Kolchose mit einem Kissen anstatt des Sattels. Man sagte mir, dass ich eine bessere Waffe und Ausrüstung mir selbst im Kampf beschaffen sollte.

Die Partisanen waren hauptsächlich nachts unterwegs. Tagsüber blieben sie in den besetzten Ortschaften und sicherten die Verteidigungsstellungen.

Während eines Aufenthaltes im Dorf Nossikowka im Bezirk Schargorod wurde unsere Einheit alarmiert und zur Unterstützung der Truppe gerufen, die gegen die deutsche Offensive ankämpfen musste. Unsere Einheit war die erste, die als Verstärkung erschien. Ich lag im Schützengraben neben Wassja, zielte angesichts der beschränkten Kugelzahl sehr genau und traf die vorbei laufenden deutschen Soldaten gut. Nach einiger Zeit spürte ich einen dumpfen Schlag in meiner linken Schulter. Zuerst verstand ich nicht, was los war und sah erst später das Blut fließen. Ich war verwundet. Plötzlich hörte ich neben mir ein lautes Stöhnen. Ich sah zu Wassja hinüber: Er rollte seine Augen und streckte sich. Aus seinem Kopf floss Blut. Die Krankenschwester Lelja kroch in unsere Richtung. Sie sah Blut an meinem linken Ärmel, schnitt den Ärmel meines Hemdes auf, untersuchte den Arm und die Schulter und verband meinen Oberarm.

Nach ein paar Minuten schloss sich unsere ganze Truppe dem Kampf gegen die Nazis an. Der Kommandeur Sabaschtanski führte uns an. Unsere Feinde waren nicht zahlreich und wir konnten sie schnell überwinden.

Bald kamen die Schlitten unserer Krankenstation zur der Stelle, wo ich und der tote Wassja lagen. Ich war ganz schwach, weil ich so viel Blut verloren hatte. Man legte Wassja und mich auf die Schlitten und brachte uns in unsere Zentrale. Dort untersuchte Lelja aufmerksam meinen Arm und stellte fest, dass der Knochen nicht verletzt wurde. Sie versorgte die Wunde mit Streptozid Pulver und verband den Arm.

Als der Kampf beendet war, kamen die Jungs unserer Truppe zurück. Zum Glück hatten wir keine weiteren Verluste. Die Jungs und selbst der Kommandeur Sabaschtanski lobten mich für den Mut in meinem ersten Kampf. Ich war der Meinung, ich hätte keinen besonderen Mut gezeigt, ich habe nur geschossen. Aber die Jungs wussten es besser.

Nach der Beerdigung von Wassja wurde mir feierlich sein Gewehr und sein ganzer Patronensatz überreicht. Dieser Kampf wurde folgenderweise in der mir ausgestellten Bescheinigung erwähnt: »… Während des Kampfes im Dorf Nossikowka im Bezirk Schargorod zeigte er seinen Mut im Kampf, den er fortsetzte trotz der schweren Verletzung …«

Während der Streifzüge wurde ich in den nächsten zwei Nächten wegen der Verletzung im Schlitten gefahren. Später wurde ich vom Chefarzt unserer Krankenstation untersucht. Er sagte, dass meine Wunde keine offene war und ich wieder reiten durfte. So tat ich es auch. Mit unseren nächtlichen Streifzügen verhinderten wir, dass die Deutschen und Rumänen Korn, Vieh und andere Waren verschleppten. Ich lag im Hinterhalt und überfiel zusammen mit anderen Partisanen feindliche Kolonnen, die auf dem Rückzug waren. Der Feind war verängstigt, oft liefen die Rumänen weg und ließen sich manchmal gefangen nehmen.

2. Bezirk (Rayon) Bar

Die Front kam immer näher. Es war schon März 1944. Die Unbefahrbarkeit der Straßen stand bevor und wir mussten die Schlitten durch Pferdewagen ersetzen. Das Tempo unserer Truppen nahm ab. Nach einem der Streifzüge Ende März stellten wir fest, dass wir sowjetischen Soldaten begegnet waren. Wir begrüßten uns und besuchten uns gegenseitig in unseren Zentralen. Mit großem Interesse betrachteten die Partisanen die Uniformen der Rotarmisten, die wir später sowjetische Soldaten nannten. Wir warteten auf den Befehl, die Frontlinie zu überqueren, um im deutschen Hinterland unseren Partisanenkrieg fortzusetzen. Aber dieser Befehl ließ auf sich warten.

Anfang April 1944 wurde unsere Partisanenverbindung in die Stadt Winniza geschickt. Dort fand die Kriegsparade unserer Partisanenverbindung statt. Wir wurden feierlich von den neu aufgestellten sowjetischen Parteistrukturen des Gebiets Winniza begrüßt. Kurz darauf fanden in den Truppen Abschiedsfeiern statt, denn unsere Partisanenverbindung sollte aufgelöst werden.

Jeder Partisan bekam eine Bescheinigung. Die älteren Partisanen wurden in die sowjetische Armee übernommen. Die Angehörigen des Jahrgangs 1925 und später, darunter auch ich, sollten an ihren Wohnort zurückkehren. Mit der Bescheinigung der Partisanentruppe, die meinen einzigen Ausweis darstellte, erreichte ich per Anhalter mit einem Militärwagen meine Heimatstadt Bar, die in der zweiten Märzhälfte befreit wurde. Sobald wir in der Altstadt waren, bat ich den Fahrer anzuhalten, bedankte mich bei ihm und ging in die Straße des 8. März. Dort hatte meine Familie im Haus Nr. 12 bis zum 19. August 1942 gelebt. Anstelle des Hauses standen nur Ruinen … Auch die Nachbarhäuser waren in diesem jüdischen Viertel zerstört. Ich ging durch die Straßen, durch die ich als Jude vor Kurzem noch nicht gehen durfte. Ich ging auf das Gelände des ehemaligen Ghettos, das nach der ersten »Aktion« stehen blieb und noch von den Resten des Stacheldrahtes umzäunt war.

In manchen Häusern waren Juden, die sich vor den Erschießungen hauptsächlich durch die Flucht in die rumänische Besatzungszone retten konnten. Manche von ihnen kannte ich sogar. Von ihnen erfuhr ich, dass auch die Schwestern Lisa und Klara, die zusammen mit mir in Matikowe lebten und von rumänischen Gendarmen verhaftet wurden, nach Bar zurückgekehrt waren. Auch mein Freund Fima Tarlo, mit dem ich mich in der Nacht vor der zweiten Vernichtungsaktion versteckt hatte, kehrte nach Bar zurück. Ich traf mich mit Fima Tarlo. Wir umarmten uns und erzählten einander, wie unser Leben seit der letzten gemeinsamen Nacht vom 14. auf den 15. Oktober 1942 verlaufen war. Am frühen Morgen war er in die andere Richtung gegangen und hatte sich auf dem jüdischen Friedhof versteckt, wo er meinem Klassenkameraden begegnet war, mit dem er dann zusammen die rumänische Besatzungszone erreicht hatte. Nach einem langen Leidensweg fand er Unterschlupf in einem Dorf in einer ukrainischen Familie und konnte so überleben. Sein Elternhaus stand im ukrainischen Viertel und wurde nicht zerbombt. Fima konnte die ungebetenen Gäste, die das Haus nach dem Mord an den Juden besetzt hatten, erfolgreich vertreiben. Die Eltern von Fima und seine jüngere Schwester waren noch während der ersten Erschießung ermordet worden. Fima schlug mir vor, bei ihm zu bleiben, bis wir in die sowjetische Arme eingezogen würden (dies stand uns beiden bevor). Wir meldeten uns im Kriegskommissariat unseres Bezirkes. Fima bekam einige Lebensmittel von seinen Nachbarn. Einige Lebensmittel konnte auch ich mit meinem Partisanenausweis erhalten, sodass wir nicht hungerten.

In Bar besuchte ich die Gemeinschaftsgräber, in denen meine Familienmitglieder, Freunde und Nachbarn ruhten. Die Gräber, in denen die Opfer der ersten »Aktion« vom 19. August 1942 ruhten, darunter auch meine Mutter, lagen in einem tiefen sumpfigen Tal, rechts von der Straße, die ins Dorf Harmaki führte, ungefähr ein Kilometer davon entfernt. Es gab ein paar solcher Gemeinschaftsgräber. Neben meiner Mutter ruhten dort auch viele meiner Schulfreunde: Fima Stoljar, Jascha Kodner und viele andere …

Die Gräber, in denen die Opfer der zweiten »Aktion« vom 15. Oktober 1942 ruhten, als mein Vater, meine jüngere Schwester, Tante Maika und viele meiner Freunde ermordet wurden, lagen auf einem Hügel mitten auf einer Waldwiese. Diese Stelle lag rechts von der Straße, die ins Dorf Iwanowzy führte, und war einen Kilometer vom Stadtrand entfernt. Es gab noch keine Denkmäler an diesen Stellen, nur eine handgeschriebene Tafel. Dabei lagen in diesen Gräbern insgesamt über fünftausend erschossene Juden der Stadt Bar.

Später wurden diese Gräber mit damals üblichen quadratischen Gedenksteinen gekennzeichnet. Die Inschrift auf den Tafeln informierte, dass dort sowjetische Bürger ruhten, die von nazistischen Besatzern erschossen wurden … Mit keinem einzigen Wort wurde erwähnt, dass dort Menschen ruhten, Männer, Frauen, Kinder und Alte, die nur deshalb erschossen wurden, weil ihre Eltern, zumindest ein Elternteil jüdisch waren! Diese Inschriften beweisen den staatlichen Antisemitismus, der nach 1945 bis vor Kurzem in der ehemaligen Sowjetunion üblich war. Erst in den 90er-Jahren des 20. Jahrhunderts erschienen Gedenktafeln mit der Angabe der jüdischen Herkunft dieser Opfer. Im Gespräch vor meiner Aufnahme in die Partisanentruppe sagte der Kommissar, dass die Juden sich wie eine Schafherde zur Erschießung treiben ließen, und warnte mich, jenen Angsthasen ähnlich zu sein. Jene Angsthasen waren aber Frauen mit Kindern und alte, kranke Menschen … Ich sah ganze Kolonnen von Kriegsgefangenen, die nur von wenigen Soldaten bewacht wurden. Warum hatten diese keinen Widerstand geleistet? Die Frauen dagegen wollten, dass ihre Kinder am Leben bleiben, deshalb glaubten sie der deutschen Lüge, man würde sie an einen anderen Ort umsiedeln. Außerdem gab es genug Beispiele des jüdischen Heldentums sowohl an der Front als auch im Ghetto.

Nachdem ich zur Armee eingezogen worden war, kämpfte ich an der ersten ukrainischen Front und beendete den Krieg in Österreich. Nach dem Krieg studierte ich, promovierte und veröffentlichte ein Dutzend Bücher über elektronische Halbleiter. Ich machte 25 registrierte Erfindungen.

Ruwim Gitman
»Angst ums Leben«

Im Oktober 1941 deportierten die rumänischen Machthaber viele Juden aus Moldawien und der Bukowina in unser Dorf Karyschkow, Gebiet Winniza, wie auch in andere Nachbardörfer unseres Bezirks. Sie waren die Ersten in den Konzentrationslagern. Es waren unglückliche Menschen, und ihr Anblick war herzzerreißend. Ihre Gesichter, ihre Augen verrieten Ausweglosigkeit und eine allumfassende Angst: Angst um ihr Leben, Angst um ihre Kinder, Angst um ihre Eltern, Angst ums

Dach über dem Kopf und Angst um ihre Existenzgrundlage. Später beherrschte diese Angst, dieser permanente Ohnmachtszustand, auch unsere Familie.

Anfang 1942 wurde allen Juden befohlen, den Davidstern zu tragen. Für die Verletzung dieses Befehls drohte die sofortige Erschießung. Viele bezahlten mit ihrem Leben dafür. Ihre Namen sind meinem Gedächtnis entschwunden.

Der größte Teil der deportierten Juden wurde im Schweinestall der Kolchose untergebracht. Viele einheimische Ukrainer litten auch sehr stark unter der neuen Ordnung. Es mangelte am Notwendigsten: Salz, Petroleum für die Lampen, von Kleidung und Schuhen ganz zu schweigen. Der Vorteil der Einheimischen bestand darin, dass sie Gärten an ihren Häusern hatten und dort einiges Gemüse anbauen konnten. Sie teilten, was sie nur konnten, mit den Juden und halfen uns mit Lebensmitteln, wodurch sie vielen von uns das Überleben ermöglichten. Für dieses Mitgefühl und ihr Mitleid mit uns Juden verneige ich mich vor ihnen als Zeichen meiner tiefen Dankbarkeit. Sehr aktiv beteiligten sich an der Hilfe für die Juden Iosif Jaremtschuk, Palagija Gagaljuk, Alexandra Schataljuk, Feodosij Ljaschek und viele andere, fast alle Einwohner des Dorfes.

Trotzdem geschah das Schlimmste im Winter und Frühling 1942–1943. Im Winter starben die Menschen massenhaft an Hunger, Kälte und unhygienischen Verhältnissen. In diesem Schweinestall lebten 350–400 Menschen. Im Frühling eskalierte die Situation durch eine Typhusepidemie. Diese kostete viele Menschen das Leben. Ohne Ärzte, ohne Medikamente, ohne Essen und unter unmenschlichen Bedingungen starben auch viele Jugendliche. Es gab Tage, an denen man nicht schnell genug die Gräber schaufeln konnte, um die Leichen zu beerdigen. Es war ein furchtbares Bild, das nie meinem Gedächtnis entweichen wird.

So »löste« Rumänien praktisch endgültig die »Judenfrage«. Nichtsdestotrotz hegten wir die Hoffnung auf unsere baldige Befreiung. Leider ließ diese auf sich warten.

Im Folgenden berichte ich von meiner »Bekanntschaft« mit den rumänischen Amtsinhabern im November 1941. Ich ging durch die Straße zu meinem Onkel Moiseju Srulewitsch Gitman. Von Weitem erblickte ich einen Pferdewagen, der mir entgegenkam und von zwei gut genährten Pferden gezogen wurde. Ich ging weiter am Straßenrand entlang. Als der Pferdewagen mich einholte, hielt er an. Ein großer, dicker Mann mit einem roten, fetten Gesicht und einem langen Stock in der Hand stieg herab. Er sagte etwas in einer für mich unverständlichen Sprache und winkte mich mit der Hand zu sich. Als ich zu ihm herantrat, übergoss mich plötzlich eine Flut von Schlägen auf Kopf, Arme, Beine und Rücken. Der andere Mann, der im Pferdewagen saß, war ein Dolmetscher und sagte mir, dass der Prätor mich dafür bestrafen würde, dass ich als Jude vor ihm die Straße überquert hätte. Zu spät reagierte mein Instinkt, aber dann rannte ich weg. So war der Prätor vom Bezirk Kopaigorod. Bis zu meinem Lebensende werde ich dies nicht vergessen, denn wegen dieser Schläge konnte ich mich lange nicht bewegen und hatte starke Kopfschmerzen.

Im Winter 1942, ungefähr im Februar, wurden wir von den rumänischen Gendarmen vollständig ausgeraubt. Zu dritt betraten sie unser Haus und nahmen alles mit. Meinen Vater verprügelten sie noch. Ich danke den Bauern, die uns ein bisschen selbst gewebten Stoff gaben, aus dem unsere Mutter uns Kleidung schneiderte. Wir färbten sie mit blauer Farbe und trugen sie.

Das Furchtbarste begann für unsere Familie wie auch für viele andere am Ende des Frühlings 1943. Ende April wurde unsere Familie mit vielen anderen aus dem Lager Karyschkow zur Eisenbahnstation Kopai getrieben. Wir wurden in die Waggons gepfercht und in eine für uns unbekannte Richtung verschleppt. Alle dachten, dass man uns in die deutsche Besatzungszone zur Erschießung bringen würde. Man transportierte uns ohne Essen, ohne Wasser, und bei jedem Halt verweigerte man uns, unsere Notdurft zu verrichten. In den Waggons gab es keine Pritschen und kein Stroh. Wir lagen auf dem Boden – schlimmer als das Vieh. Alle lagerten übereinander auf dem Boden: Alte und Junge, Frauen und Männer, Kinder und Kranke. Wer keinen Platz auf dem Fußboden fand, musste stehen bleiben. Im Waggon waren eine unvorstellbare Schwüle und ein unerträglicher Gestank von den Exkrementen. In diesen zwei Tagen, die wir unterwegs waren, nahmen wir mehrmals voneinander Abschied. Wir fuhren schweigend, jeder verkroch sich in sein Inneres, machte sich seine eigenen Gedanken. Nur ein Gedanke bohrte sich pausenlos in unser Gehirn: Es ist unser letzter Weg, wir werden erschossen.

Nach zwei Tagen wurden wir an einer Eisenbahnstation ausgeladen. Diese Station hieß Shurawlewka. Wir wurden in einer Kolonne aufgestellt, und unter Bewachung der Gendarmen brachte man uns ins Lager Tultschin. Wir wurden im Pferdestall im Dorf Nesterwarka, nur einen Kilometer von der Stadt entfernt, untergebracht. Wir wurden in Brigaden aufgeteilt und mussten im Tal, in unmittelbarer Nähe der Stadt Tultschin Torf stechen. Meine Eltern wurden zu dieser Arbeit eingeteilt. Mein jüngerer Bruder und ich landeten in der sogenannten Baubrigade. Wir wurden nach Tultschin transportiert, wo wir das Gebäude der Synagoge abreißen mussten. Wir bekamen zwei Mal am Tag halb gekochte Mamaliga aus Maismehl, das aus ganzen Maiskolben gemahlen war. Einmal am Tag bekamen wir eine »Suppe« aus verfaultem Gemüse. Meine neunjährige Schwester und mein dreizehnjähriger Bruder gingen zusammen mit den Eltern zum Arbeitseinsatz und bekamen dort dieses Viehfutter.

Jede Brigade wurde von einem Rumänen in Zivil geleitet. Er wurde Ingenieur genannt. Es waren Menschen, die einen pathologischen Hass gegen Juden hegten. Sie bemängelten jede Kleinigkeit und verprügelten die Menschen dafür. Die Gründe waren zum Beispiel, dass man nicht tief genug gegraben hatte, dass man den Spaten nicht sauber genug gemacht hatte. Der Ingenieur Shiliu leitete unsere Baubrigade. Er war ein großer, magerer, blonder, einäugiger Mann. Sein rechtes Auge war mit einer schwarzen, runden Lederklappe abgedeckt.

Unsere Arbeitsbrigade wurde oft zum Ausladen der Waggons mit Baumaterialien – Sand, Kies, Bruchstein – auf der Eisenbahnstation Shurawlewka eingesetzt.

Die Einwohner des benachbarten Dorfes hatten mit uns Mitleid. Wir waren erschöpft, abgemagert, in Lumpen gehüllt, schmutzig und unrasiert. Sie brachten uns, so gut sie konnten, etwas zu essen. Ein Bauer opferte einem von uns eine Tasse Milch, ein anderer Pellkartoffeln, noch jemand ein Stück Brot. Dieses Mitgefühl löste bei Shiliu jedes Mal einen Tobsuchtsanfall aus. Er überfiel jene, die ihr Essen noch nicht hinuntergeschluckt hatten, nahm es ihnen ab und zertrat es mit den Füßen. Dabei beschimpfte er uns, indem er das ganze Arsenal der in rumänischer Sprache vorhandenen antisemitischen Schimpfwörter verwendete.

Nach diesem Tobsuchtsanfall befahl er uns, uns in Reihen aufzustellen. Kaltblütig rief er uns dann der Reihe nach zu sich und gab uns mit seinem versteinerten Gesicht das Zeichen, die Arme vor uns auszustrecken. Wir hielten unsere Arme mit den Handflächen nach oben ausgestreckt, und er schlug darauf mit seinem Gummistock mit solcher Kraft und solchem Hass, dass viele von uns es nicht aushielten und ohnmächtig zu Boden sanken. Er schlug zuerst auf die rechte und dann auf die linke Handfläche. Er perfektionierte sich und entwickelte seine Methode, uns zu schlagen: Er schlug uns nach einem gewissen Rhythmus und zählte jene zehn Schläge, die wir pro Hand bekamen. Unter solchen Bedingungen mussten wir bis zum späten Herbst 1943 arbeiten und ausharren.

Im Lager brachen Magen- und Darmkrankheiten, Dysenterie und Hautkrankheiten aus. Hunderte Menschen starben und wurden in den Torfsümpfen der Stadt Tultschin begraben. Die Regenzeit fing an, und die Rumänen unterbrachen den Arbeitseinsatz. Wir wurden auf gleiche Art und Weise dorthin zurückgeschickt, woher man uns geholt hatte.

Als Dorfeinwohner uns sahen, wunderten sich viele von ihnen, dass wir am Leben waren, dass man uns nicht erschossen hatte. Mit Mühe und Not überstanden wir den Winter und wurden am 26. März 1944 von der sowjetischen Armee befreit.

E. Steinbarg-Gesellschaft für jüdische Kultur/Verband der Gefangenen faschistischer Ghettos und Konzentrationslager/Staatsarchiv der Oblast Czernowitz (Hrsg.), Вестник [Westnik – Der Bote], 5 Hefte, hier Heft 4/Teil 1: Zeugnisse der Gefangenen der faschistischen Lager-Ghettos, Czernowitz 1995, S. 47–49.

David Krachmalnikow
»Wunden, die nicht heilen«

Ich verbrachte meine Kindheit im Städtchen Jaltuschkow, Bezirk Bar, Gebiet Winniza. Unsere Familie bestand aus vier Personen. Meine Eltern waren Schneider. In unserem Ort lebten hauptsächlich Handwerker: Schneider, Schuhmacher, Glaser, Friseure, die in Zünften organisiert waren und die benachbarten Dörfer bedienten, wo hauptsächlich Ukrainer wohnten. Viele Juden waren untereinander verwandt oder befreundet. Es gab 600–700 jüdische Einwohner in der Stadt. Zwischen den Ukrainern und Juden herrschten freundschaftliche und gute nachbarschaftliche Verhältnisse. Dies gilt auch für uns Kinder, denn wir waren alle auf einer Schule, spielten und verbrachten zusammen unsere Freizeit.

Nach dem Kriegsbeginn 1941 strömten durch Jaltuschkow auf ihrem Weg mit den Stationen Winniza – Jaltuschkow – Kamenez-Podolski rund um die Uhr Truppen zur westlichen Grenze der UdSSR. Aus westlicher Richtung – Polen und Bessarabien – zogen dagegen jüdische Flüchtlinge, die sich im Osten vor den heranrückenden deutschen Truppen in Sicherheit bringen wollten. Aber nicht viele Familien konnten über Jaltuschkow hinauskommen. Durch die zugezogenen Flüchtlinge stiegen die Einwohnerzahlen enorm.

Im Juli wurde unser Bezirk von deutschen Truppen besetzt. Terror, Plünderungen und Misshandlungen wurden zum Alltag. Aus dem »Untergrund« krochen die Gegner des sowjetischen Staates und meldeten sich zu den Polizeistrukturen, die von Deutschen neu aufgestellt wurden. Um bei den neuen Machthabern zu punkten, demonstrierten sie ihren Judenhass, indem sie auch Alte und Kleine misshandelten. Die neue Ordnung begrenzte die Bewegungsfreiheit und reglementierte die Zeiten und Orte, zu denen und an denen der Aufenthalt gestattet war. Es wurde befohlen, einen gelben »Davidstern« am Rücken und auf der Brust zu tragen.

Mit dem Beginn der Landarbeit wurden aus den arbeitsfähigen Juden, einschließlich der Minderjährigen, Arbeitsbrigaden gebildet. Diese wurden in die Kolchosen zur Feldarbeit geschickt. Man arbeitete vom Sonnenaufgang bis zum Sonnenuntergang. Die Menschen übernachteten im Stall. Die Arbeit wurde keineswegs entlohnt, man bekam nur etwas zu essen.

Nachdem die Feldarbeit beendet war, ließ man uns nach Hause gehen, aber nicht für lange. Für den Bau einer Brücke und andere Straßenbauarbeiten benötigte man 100 Menschen. Auch ich wurde für die Arbeitsbrigade ausgesucht. Man baute die Straße nach Kamenez-Podolski. Die Arbeit dort war sehr schwer. Wir mussten Pflastersteine klopfen, diese auf eine Trage laden und sie dann schnell 40–50 Meter weit schleppen. Die Wachleute passten auf, dass die Trage voll beladen war. Sie sparten nicht mit Stockschlägen auf unsere Rücken.

Mit dem Einbruch des Winters 1941–42 mussten wir während des Schneefalls und Schneesturms rund um die Uhr die Straße Jaltuschkow–Bar reinigen. Aber das Schlimmste kam noch. Zu jenem Zeitpunkt wurde ein Teil der jüdischen Bevölkerung – Alte, Kranke und Arbeitsunfähige – erschossen. An einem frühen Morgen im August 1942 wurden alle Juden auf den Marktplatz von Jaltuschkow getrieben und in zwei Gruppen aufgeteilt. Eine Gruppe wurde ins Dorf Magaliwzy gebracht, wo sie erschossen wurden.

Verletzte wurden zusammen mit den Toten lebendig begraben. Die andere Gruppe, die hauptsächlich aus den Handwerkern bestand, wurde auf einer Straße untergebracht, die mit Stacheldraht umzäunt wurde. So entstand das Ghetto. Die Rund-um-die-Uhr-Bewachung leisteten Polizisten, die von deutschen Henkern angeführt wurden. Man verbot den Menschen, jegliche Habseligkeiten aus ihren Häusern mitzunehmen. Die verlassenen jüdischen Häuser wurden geplündert und manche dann verbrannt.

Einige Zeit rettete uns im Ghetto der Umstand, dass mein Vater, der Schneider war und viele Bekannte hatte, von seinen Kunden, die ihr eigenes Leben riskierten, Lebensmittel unter dem Stacheldrahtzaun hindurch geschmuggelt bekam.

Fast alle Menschen schliefen angezogen, denn man rechnete jeden Augenblick mit einer Katastrophe. Es gab Gerüchte, dass man in den benachbarten Bezirken alle Juden erschossen hätte. Am 15. Oktober 1942 wurden am frühen Morgen alle Juden auf einen kleinen Platz getrieben. Meine Mutter sagte mir, dass ich mich auf dem Dachboden des Hauses verstecken sollte. Vielleicht hoffte sie noch zurückzukehren. Zusammen mit mir versteckte sich auch die Tochter unserer Nachbarn. Ohne uns zu bewegen, verbrachten wir dort den ganzen Tag. Wir hörten, wie die Menschen aus anderen Verstecken, zum Beispiel aus den Kellern, getrieben wurden.

Am späten Abend hörten wir die Stimmen der Polizisten, die auf der Bank vor dem Haus saßen. Es war gerade unter der Stelle, wo wir uns auf dem Dachboden versteckten. Das Mädchen hielt es nicht aus und hustete. Einer der Polizisten schoss in unsere Richtung und verletzte das Mädchen am Bauch. Sie schrie. Die Polizisten stiegen auf den Dachboden und holten uns. Wir wurden ins Gebäude der ehemaligen Sparkasse abgeführt, wo in einem Zimmer schon 35 Menschen waren. Den Worten eines Polizisten konnten wir entnehmen, dass wir morgen zusammen mit anderen Juden nach Bar gebracht und dort erschossen würden. In der Nacht bekam ich den Tipp, durch das vergitterte Fenster hinauszuklettern, was mein kleiner Wuchs ermöglichen würde. Mein Versuch glückte. Als ich draußen war, ging ich zu unserem Haus und versteckte mich im Schilf in der Nähe des Brunnens.

Unsere Nachbarn waren Ukrainer. Mit ihrem Sohn war ich in einer Klasse, und wir waren befreundet. Als dieser Junge zum Brunnen kam, bat ich ihn, mir ein wenig Essen zu bringen. Nach einiger Zeit holte mich sein Vater zu sich, gab mir zu essen und versteckte mich auf dem Dachboden. Nach ungefähr zehn Tagen vereinbarte er mit einem Bekannten, dass dieser mich in die rumänische Besatzungszone bringen und mir den Weg nach Kopaigorod zeigen würde. Dort war ein Ghetto, aber die Deutschen schafften es nicht, alle Juden zu erschießen, bevor dieses Territorium an die Rumänen übergeben wurde. Aus irgendwelchen Gründen verzichteten die Rumänen auf die Erschießung der am Leben gebliebenen Juden. Im Ghetto von Kopaigorod landete ich bei einer Verwandten, der Frau meines Onkels. Dieser war an der Front.

Die Lebensbedingungen waren schrecklich: Wir waren hungrig und halb nackt. Die Räume, in denen ein paar Familien hausten, waren kalt. Der Typhus grassierte, und die Läuse fraßen uns auf. Sehr viele Waisenkinder starben, denn sie mussten auf den Dachböden hausen, betteln und waren auf die Gnade der anderen angewiesen.

Auch hier waren wir zur täglichen Zwangsarbeit beim Straßenbau, Schneeräumen und dem Wassertransport für Polizei und Verwaltung verpflichtet. Auch hier herrschten Misshandlungen und Unterdrückungen. Die Tatsache, dass ein Teil der Juden von Kopaigorod überlebte, kann wahrscheinlich dadurch erklärt werden, dass die jüdischen Flüchtlinge aus Bessarabien und Rumänien, die ja für die Rumänen Landsleute waren, den Freikauf vieler Menschen bewirken konnten. Die Menschen sammelten die Wertsachen, Juwelen und Geld, und brachten diese den Rumänen. Wir flehten Gott um Hilfe an, beteten darum, am Leben zu bleiben und die Befreiung zu erleben.

Die Befreiung kam im März 1944.

Ewiges Gedenken den Gefallenen! Verflucht seien der Faschismus, seine Erfinder und jene, die versuchen, ihn wieder zu beleben! Verflucht seien auch seine Handlanger, jene, die den Besatzern bei ihren Misshandlungen, Verbrechen und Bestialitäten zur Seite standen!

E. Steinbarg-Gesellschaft für jüdische Kultur/Verband der Gefangenen faschistischer Ghettos und Konzentrationslager/Staatsarchiv der Oblast Czernowitz (Hrsg.), Вестник [Westnik – Der Bote], 5 Hefte, hier Heft 4/Teil 1: Zeugnisse der Gefangenen der faschistischen Lager-Ghettos, Czernowitz 1995, S. 129 f.

Abram Kuperman (geb. 1937)
»Viele starben an Hunger und Kälte«

Ich, Abram Kopilewitsch Kuperman, wurde am 7. Juni 1937 im Dorf Schirowzy, Bezirk Chotin, Gebiet Czernowitz geboren. Nach dem Kriegsbeginn wurden alle jüdischen Familien ins Gebäude der Dorfverwaltung bestellt, und von dort wurden wir in Kolonnen ins Gebiet Winniza getrieben. Nach der Sortierung landete unsere Familie im Dorf Popiwzi. Zuerst wurden viele Menschen in der Schule untergebracht und später im ganzen Dorf verteilt. Unsere Familie und noch eine Familie landeten in einem Stall. Mein Vater baute einen Ofen in diesem Stall.

Morgens wurden die Eltern zur Arbeit getrieben, wir Kinder blieben hungrig alleine zurück. Was machten wir? Wir gingen betteln. Dafür wurde ich ein paar Mal geschlagen, denn ich verletzte mit meinem Betteln die herrschenden Vorschriften. Viele starben an Hunger und Kälte. Auch mein mittlerer Bruder starb. Woran ich mich am besten erinnern kann, ist unsere Befreiung. Zum ersten Mal in meinem Leben hatte ich in meinem Mund etwas Süßes: Es war ein Bonbon, das mir ein sowjetischer Soldat gab.

Alexandr Lasutra (geb. 1937)
»Die Angst ließ sich in unseren Häusern nieder«

Ich wurde am 28. September 1937 im Ort Kopaigorod, Bezirk Bar, Gebiet Winniza geboren. Dort lebte Anfang des Krieges unsere Familie. Mein Vater war Lehrer, und meine Mutter arbeitete in der Typografie. Ich hatte zwei Schwestern. In der Erinnerung des vierjährigen Jungen, der ich damals war, blieb nicht viel aus dem Leben jener Jahre. Einiges konnte ich nach Erzählungen meiner Mutter und in Gesprächen mit den überlebenden Verwandten rekonstruieren.

Im Juni 1941 lebten in unserem Ort etwa 3500 Einwohner. Zwei Drittel der Einwohner waren Juden. Außer Juden wohnten in diesem Ort auch Ukrainer, Polen und Moldawier. Alle lebten sehr freundschaftlich zusammen. Es gab damals noch keine Spur vom nationalen Hass.

Vor dem Einmarsch der Deutschen am 3. Juli 1941 fanden die Evakuierungen statt. Ich erinnere mich, wie neidisch wir auf die Familien der Abreisenden waren – hauptsächlich waren es die Beamten verschiedener Dienstgrade. Um die übrige Bevölkerung kümmerte sich niemand. Die jüdischen Frauen, Kinder und Alten waren dem sicheren Tod überlassen. Junge Männer waren eingezogen, und ihre Familien, ihre Verwandten blieben da ...

An einem heißen Julitag rollten deutsche Soldaten in Hemden mit hochgeschlagenen Ärmeln auf Fahrrädern mit Soldatenliedern und Mundharmonikaspiel und ohne jeden Widerstand der Roten Armee in die Stadt Kopaigorod. Anfangs gab es noch keine Erschießungen, aber die Angst ließ sich von selbst in unseren Häusern nieder. Täglich gab es Befehle, Anordnungen und Bedrohungen. Alle spürten, dass es uns bald viel schlimmer ergehen würde, aber die Hoffnung, dass es doch nicht so schlimm käme, gab keiner auf. Es gab Verräter unter der einheimischen Bevölkerung. Unglaublich! Zu Handlangern der Deutschen wurden sogar manche Pädagogen, Angestellte und hoch geachtete Menschen. Aus ihnen wurden Polizeieinheiten gebildet. Sie kannten jede jüdische Familie.

Nach einiger Zeit wurde in der Nähe von Kopaigorod, fünf Kilometer von uns entfernt, im Wald ein Konzentrationslager gebaut. Hier wurden unter schrecklichen Bedingungen die aus der ganzen Umgebung deportierten Juden interniert. Zum Herbstbeginn wurden diese in das errichtete Ghetto von Kopaigorod umgesiedelt. Dort befanden sich neben den einheimischen Juden auch Hunderte Juden, die aus Bessarabien und Rumänien deportiert worden waren.

Ich erinnere mich, dass bei uns Familie Renet Meier aus Konstanz wohnte. Es gab keine Massenvernichtungen von Juden, weil unser Ort zur rumänischen Besatzungszone, dem sogenannten Transnistrien (Süd- und Zentralukraine sowie ein Teil von Moldawien), gehörte, aber es wurden viele Strafmaßnahmen durchgeführt. Es war strengstens verboten, das Ghettogelände zu verlassen oder in Kontakt mit der einheimischen nichtjüdischen Bevölkerung zu treten. Wir waren an der Grenze zur deutschen Besatzungszone. Die Stadt Bar, 30 Kilometer von uns entfernt, lag schon im deutschen Protektorat.

»Besuche« der Henker bedeuteten Massenexekutionen und Erschießungen unschuldiger Menschen. Ich erinnere mich, wie alle Juden, angeschrien und misshandelt von rumänischen Soldaten und ihren Handlangern, auf einen Platz getrieben wurden. In meiner Erinnerung blieb die Episode haften, als hübsche jüdische Mädchen »zu Diensten« der Chefs verschleppt wurden. Ich erinnere mich auch an ständige Plünderungen und Durchsuchungen mit der Aufforderung, alle Wertsachen abzugeben, und Razzien.

Alle Gegenstände, die uns blieben, tauschten wir bei Einheimischen gegen Lebensmittel. Kälte, Armut, Angst, Bedrohung, Tod: Diese gehörten untrennbar zu meiner frühen Kindheit. Unser Essen waren gefrorene Rüben und eine dünne Suppe. Meine ältere Schwester und ich suchten auf der Straße nach gefrorenen Rüben, die von Pferdewagen gefallen waren; wir bettelten bei Einheimischen, die wir kannten und die in der Küche in der rumänischen Kaserne arbeiteten, um ein kleines Stück Brot, das sie entbehren konnten. Wir waren neidisch auf jene, die die Reste von Offizierstischen aufessen durften. Wir waren sogar auf die Hunde, die etwas davon abbekamen, neidisch.

Fast täglich starben viele Menschen: Die älteren starben an Krankheiten und Hunger, die Kinder starben vor Erschöpfung. An unserer Kleidung musste unbedingt der Davidstern angebracht sein. Der Kommandant, der rothaarige Rumäne mit der Peitsche in der Hand, versetzte die Menschen schon durch seine Anwesenheit in Panik, denn er konnte nach Belieben jeden, der ihm nicht passte, zu Tode prügeln.

Wie kann ich die Zeit vergessen, als unsere ganze Familie (nur die Mutter wurde davon Gott sei Dank bewahrt) im Winter 1943 an Typhus erkrankte. Wir wärmten uns im Stroh und tranken »Tee« aus Rüben. In unserem Ort lebten noch drei Schwestern und ein Bruder meiner Mutter sowie ihre Familien. Diese waren etwas besser situiert und halfen uns, so gut sie konnten.

Die Isolation von der Außenwelt setzte zu. Wir wussten nichts von der Außenwelt, hatten keine Ahnung, wie die Situation an der Front war. Den Ghettoeinwohnern wurden ständig der Gedanke von der Unbesiegbarkeit der Deutschen und ihrer rumänischen Verbündeten eingeimpft. Aber einmal erzählte uns die Mutter, dass sie von einem rumänischen Polizisten von der Niederlage der Deutschen bei Stalingrad gehört habe. Seitdem flehte sie jeden Abend Gott um unsere baldige

Befreiung an. Vom ersten und bis zum letzten Tag hofften die meisten Ghettoinsassen auf ihre Befreiung und glaubten fest daran, dass sie diesen Tag erleben würden.

Nach grober Zählung überlebten von über 2000 Juden in unserem Ghetto nur etwa 300 Menschen.

Man wird jetzt oft gefragt: »Wie habt ihr überlebt?« Es ist schwer, diese Frage zu beantworten. Wahrscheinlich war es unser Schicksal, diese Hölle durchzumachen und den Tag unserer Befreiung am 23. März 1944 zu erleben. Die Folgen jener Zeit bekam meine ganze Familie zu spüren: Früh, sehr früh schieden meine Mutter und meine Schwestern aus dem Leben. Ich trage an meiner Brust »die Siegel« des Ghettos, habe sehr kranke Beine (bereits damals deformierten sich die Zehen an meinen Füßen) und bin stark kurzsichtig.

Jeder, der die Gräuel des Krieges durchlebte, hat mit dem Krieg, mit Nazis und ihren Handlangern seine Abrechnung gemacht. Wir sind ein Teil der großen Tragödie des jüdischen Volkes, des Holocaust. Wir möchten, dass auch unsere Kinder und Enkelkinder von unserer schweren, verlorenen Kindheit, von den großen Verlusten in jeder Familie, von Vernichtungen und Misshandlungen, denen wir nur deshalb, weil wir Juden waren, ausgesetzt wurden, wissen und es nicht vergessen.

Als meine Mama noch lebte, sagte sie oft, dass der Krieg die Menschen ihr wahres Gesicht zeigen ließ. Viel Gutes erzählte sie von Anastasija Iwanowna Gorbulskaja, die trotz des großen Risikos für ihr eigenes Leben und das Leben ihrer Familie in ihrem Haus am Stadtrand ein paar jüdische Familien versteckte. Die Tochter des Hauptpolizisten Kruschinski versorgte ihre jüdische Freundin mit Lebensmitteln. Einige einheimische Ukrainer (es waren wenige) kamen zur Station Kopai, wo vorübergehend ein Konzentrationslager war, um die armen Häftlinge zu unterstützen, so gut sie konnten. Aber es gibt auch andere Beispiele. Mit Tränen in den Augen erinnerte sich meine Mama an Verrat, Plünderungen, Beleidigungen und Misshandlungen durch die einheimische Bevölkerung. Manche von ihnen, die wir für nette und liebe Freunde und Nachbarn hielten, zeigten ihr wahres Gesicht. Als der Altersgenosse meiner Mutter Wassil Balinski Polizist wurde, schlug er unsere Haustür ein und schrie laut: »Ihr Juden, eure Zeit ist zu Ende!« Dann lief er durch unsere Wohnung und holte sich alles, was er wollte. Witali Bassenko, der frühere Schuldirektor und ein geachteter Bürger der Stadt Kopaigorod, wurde als einer der Ersten Polizist. Seine Mutter, eine verdiente Lehrerin, stand am Gebäude der Kommandantur und rief: »Dank dem lieben Adolf Hitler für unsere Befreiung von Bolschewiken und Juden!« Viele geachtete Menschen in der Stadt versuchten, so gut sie konnten, ihren »bescheidenen Beitrag« zur Lösung der »jüdischen Frage« auf lokaler Ebene zu leisten.

Wenn die Leser meine Erinnerungen und die Erinnerungen anderer Menschen lesen, werden sie ihnen nicht unbedingt chronologisch und oft fragmentarisch erscheinen. Diese Erinnerungen sind mit Herzen und in Schmerzen entstanden. Mögen die Leser nicht nur für die Gefallenen und die an Qualen vor Hunger, Krankheiten und Entkräftung Verstorbenen Respekt verspüren, sondern auch für die Ausdauer und Kraft der Überlebenden! Sie sollen wissen, dass der Krieg nicht nur eine blutige Episode unseres Lebens war, sondern auch eine ewige Mahnung für alle ist: »Menschen, verhindert Kriege! Menschen, seid wachsam!«

Die von mir niedergeschriebenen Erinnerungen beanspruchen keine Vollständigkeit. Ich hoffe, dass dies, was ich und meine Generation erleben und erleiden mussten, sich nie wieder im Schicksal unseres Volkes wiederholen wird.

Heute lebt im Ort Kopaigorod kein einziger Jude mehr. Die fast 400-jährige Geschichte des jüdischen Schtetl Kopaigorod ist zu Ende.

Efrem Tarlow (geb. 1926)
»Die Tragödie der jüdischen Gemeinde der Stadt Bar«

Am 16. Juli 1941 etwa um 13 Uhr marschierten die Deutschen und Ungarn in die Stadt Bar, Gebiet Winniza ein. Am Vortag wurde die Stadt von den Truppen der Roten Armee verlassen. Die Stadt wurde von keiner einzigen Bombe, von keiner einzigen Granate beschädigt. Die Besatzer bekamen bis auf die evakuierte Maschinenfabrik für die damaligen Verhältnisse sehr viel Industrie: die Zuckerfabrik, die Spirituosenfabrik, die Weberei, ganz zu schweigen von kleineren Betrieben und drei Kolchosen: der jüdischen »der Jiddische Pojer (Bauer)«, der ukrainischen »Frunse« und der russischen »Lenin«. Alle diese Betriebe waren voll funktionsfähig. Unter die Stiefel der Nazis gerieten über 7000 Juden, die 65 Prozent der Gesamtbevölkerung dieser alten Stadt darstellten.

Die Besatzer wurden von einer kleinen Gruppe mit dem Schullehrer Koliweprik an der Spitze mit Brot und Salz begrüßt. Dieser wurde später zum Bürgermeister und Verwaltungsleiter ernannt. Kurz darauf wurde die ukrainische Polizei (sogenannte »Schutzmänner« – »ukrainische Hilfspolizei«) mit Andrussjew, dem späteren Verbrecher gegen die Menschlichkeit und Kriegsverbrecher, an der Spitze aufgestellt. Das Gebiet, zu dem Letitschew und ein Teil vom Bezirk Murowani-Kurilowzy gehörten, nannte man Gebietskommissariat Bar. Bereits am gleichen Abend wurden in der Stadt in deutscher und ukrainischer Sprache ein »Aufruf an die Bevölkerung« und ein »Aufruf an die Juden« veröffentlicht. Eine Ausgangssperre wurde verhängt.

Es wurde verlangt, jegliche Waffen, Explosivstoffe, Munition und Rundfunkempfänger abzugeben und über die versteckten Rotarmisten, besonders Kommissare und politische Agitatoren zu informieren. Bei Missachtung des Befehls drohte die Erschießung.

Im zweiten Aufruf wurde bestimmt, wer als Jude verstanden wird: wer einen jüdischen Großvater oder eine jüdische Großmutter hatte, wer einen jüdischen Elternteil hatte, wer sich zum Judentum bekannte. Diese mussten das Geld, die Wertsachen, Antiquariats- und Kunstobjekte sowie Pelze abgeben und sich in der Verwaltung und beim Judenrat melden. An der Spitze des Judenrates stand Krachmalnik. Die Juden waren verpflichtet, auf der linken Brust und auf dem Rücken einen gelben Davidstern zu tragen. Es wurde verboten, Kontakt zu Nichtjuden aufzunehmen, sich bei den nichtjüdischen Ärzten behandeln zu lassen, Geschäfte und Märkte zu besuchen, in irgendeinem öffentlichen Gebäude zu arbeiten, am Schulunterricht teilzunehmen und auf den Straßen außerhalb des späteren Ghettos zu erscheinen, die im Aufruf nicht benannt worden waren.

Ab diesem Augenblick begann das nie gesehene und nie gehörte Verbrechen der Nazis gegen das jüdische Volk, der Versuch seiner vollständigen Vernichtung.

Auf Befehl der Besatzer wurden mit den Händen der Juden die jüdischen Friedhöfe zerstört und die Grabplatten im Straßenbau verwendet. Die alten religiösen Juden wurden gezwungen, mit der Thora in der Hand zur Belustigung der Deutschen, der Schutzmänner und anderer Schaulustiger zu tanzen. Um das Stadion herum entstand langsam ein Ghetto, das aus drei Kontingenten bestand: 1. Fachwerker und Facharbeiter, 2. Arbeitsfähige, 3. Alte, Kinder und Arbeitsunfähige. Alltägliche Repressalien und Misshandlungen wurden zur Normalität. Aber die Juden glaubten immer noch nicht den Flüchtlingen aus Galizien, die sich zu Hunderten nach Bar retteten und von der vollständigen Vernichtung der Juden im Westen der Ukraine berichteten. Dies passte nicht in unsere Köpfe. Aber sehr bald überzeugten wir uns von der Wahrheit ihrer Berichte. Täglich mussten wir schwerste Arbeit leisten, hauptsächlich auf dem Feld und in der Landwirtschaft. Wir arbeiteten unter der Bewachung von Schutzmännern, die mit Stöcken und Peitschen bewaffnet waren, die sie sehr oft benutzten.

Während des frühen und kalten Winters 1942 starben im Ghetto an Misshandlungen, Hunger, Kälte und Typhus über 500 Menschen.

Unsere Familie, die aus meinem Vater, geb. 1901, aus meiner Mutter, geb. 1905, mir, geb. 1926, und meiner Schwester, geb. 1934, bestand, lebte im eigenen Haus außerhalb des jüdischen Viertels. Im August 1941 wurden wir ins Ghetto deportiert, unser Haus und das gesamte Eigentum, einschließlich des Viehs, wurden requiriert. Jetzt ist an dieser Stelle das Gebäude der Kfz-Berufsschule.

Mein Vater und ich als ehemalige Kolchosearbeiter wurden wie auch alle anderen täglich unter Bewachung auf die Kolchosefelder getrieben. Anfang Juli 1942 wurde ich zusammen mit neun anderen Jugendlichen ins Arbeitslager nach Litinsk verschleppt, wo wir in einem riesigen Granitsteinbruch arbeiteten. Die Arbeiten dort überwachten und leiteten Deutsche von der Organisation Todt, bewacht und geschlagen wurden wir von erbarmungslosen litauischen Schutzmännern.

Am 15. August wurden wir zurück nach Bar gebracht. Bis auf Mischa Kremer, den die Litauer zu Tode prügelten, hatten wir alle überlebt. Meine Mutter und meine Schwester waren an Typhus erkrankt und lagen in der Krankenbaracke, die in der ehemaligen Seilfabrik untergebracht war. Heimlich schlich ich mich an dieses Krankenhaus und konnte zum letzten Mal in meinem Leben meine unglaublich magere, kahlgeschorene Mutter, die früher eine Schönheit war, und meine kleine Schwester sehen. Gleich nach der ersten Erschießung am 19. August 1942 in der Nähe des Dorfes Garmaki wurden am 9. Aw (jüdischer Monat) fünftausend Häftlinge des Ghettos von Bar einschließlich meines Vaters, meiner Mutter und meiner Schwester zusammen mit dem medizinischen Personal mit Doktor Galperin an der Spitze und hundert Typhuskranken lebendig verbrannt. Am Leben blieben im Ghetto ungefähr 1500 Menschen, darunter auch ich.

Unser Martyrium dauerte bis zum 15. Oktober 1942, dem Jom Kippur-Tag, an dem die Erschießung auch dieser Häftlinge begann. Als sich die Kolonne der Häftlinge zum Dorf Iwanowzy bewegte, flohen zehn Jugendliche, darunter auch ich, und versteckten sich in der Heide. Die Fliehenden wurden ins Kreuzfeuer genommen. Fast alle wurden getötet oder verletzt. Nur ein paar von uns, darunter Nusik Terk und ich, konnten sich retten. Dank Terk konnte ich nach Transnistrien gelangen. Am 15. Oktober wurden auch 1800 Bewohner der Ghettos von Jaltuschkow und Jaryschew vernichtet. Insgesamt wurden im Gebietskommissariat Bar, das danach für »judenfrei« erklärt wurde, ungefähr 9000 Juden vernichtet.

Am Morgen des 16. Oktober brachte Nusik mich ins Ghetto von Kopaigorod. Dort hatte er Verwandte. Der Ghettovorsteher, der Jude Orenschtein aus der Bukowina, wollte mich nicht aufnehmen. Er erklärte seine Absage mit dem Fehlen eines Abkommens zwischen den Deutschen und den Rumänen, das die Auslieferung der Flüchtlinge aus dem deutschen Ghetto regeln würde. Er riet mir, mein Glück in der Stadt Lutschinez, 15–17 Kilometer von Kopaigorod entfernt, zu versuchen. Barfuß, furchtbar durchfroren und hungrig, machte ich mich auf und erreichte auf Umwegen am nächsten Morgen Lutschinez. Aber auch dort schickte mich der Ghettovorsteher, der Jude Samberg aus Belz, verheiratet mit einer einheimischen Jüdin, weg, weil er wie auch sein Kollege in Kopaigorod Angst vor Komplikationen mit den Rumänen hatte. Samberg sagte, dass er mir illegal Unterschlupf gewähren würde, wenn ich mich bereit erklärte, Briefe an die Vorsteher der Ghettos in Mogiljow-Podolski, Schargorod, Kopaigorod und anderen zu überbringen. Mir blieb nichts anderes übrig, als einzuwilligen.

So dauerte es bis Ende Oktober, bis ich von einem rumänischen Gendarmen erwischt wurde. Mich rettete die Tatsache, dass in meiner Tasche eine Scheibe Speck und Maisbrei waren. Ich sagte, dass ich im Dorf Ploskoje wohne und nach einem entlaufenen Pferd suche. Hätte er mich als Juden identifiziert, wäre ich an Ort und Stelle erschossen worden. Er schlug mich sehr stark, sodass ich nur auf allen Vieren die Stadt Lutschinez erreichen konnte.

Mit dem Einbruch der Kälte im November entschloss ich mich, mein Glück in den ukrainischen Dörfern zu suchen. Ich hoffte, dass sich jemand finden würde, der mit dem jüdischen Jungen, dessen ganze Verwandtschaft von Nazis und ihren Handlangern vernichtet wurde, Mitleid hätte. So ein gütiger Mensch fand sich in der Person von Iwan Semjenowitsch Krawtschuk (1910–1963) und seiner Mutter Agafja (1882–1954). Der Dorfverwalter Iwan Semjenowitsch stellte mich als seinen verwaisten Verwandten aus dem Dorf Mankiwzy, Bezirk Bar vor und gewährte mir Unterschlupf im Dorf Mlinowka, Bezirk Murowani-Kurilowzi, Gebiet Winniza. Bei diesen wohltätigen Menschen versteckte ich mich vom 30. Oktober 1942 bis 19. März 1944. Der Ukrainer Iwan Semjenowitsch Krawtschuk riskierte sein eigenes Leben und rettete einen jüdischen Jugendlichen. 2001 wurde ihm vom Staat Israel die Auszeichnung »Gerechter unter den Völkern« postum verliehen. Die Urkunde und die Medaille nahm seine Witwe Krawtschuk Olga Pawlowna entgegen. Zu dieser Familie habe ich einen sehr herzlichen Kontakt seit dem Ende des Vaterländischen Krieges bis zum heutigen Zeitpunkt.

Am 21. März 1944, genau 32 Monate nach dem Beginn der Nazibesatzung und 18 Monate nach der totalen Liquidierung des Ghettos und der Vernichtung seiner Bewohner, kehrte ich in meine Heimatstadt zurück. Außer mir überlebte kein einziger Jude dieser Stadt.

Am 12. Mai 1944 wurde ich eingezogen und am 8. August 1980, also nach 36 Jahren und 4 Monaten demobilisiert. In jener Zeit kämpfte ich im Krieg, machte meine Ausbildung an einer Militärfachschule in Leningrad und studierte Ingenieurwissenschaften an der Kuibyschew-Militärakademie in Moskau. Ich wurde zum Augenzeugen vieler epochaler Ereignisse des 20. Jahrhunderts: der Hungersnot in der Ukraine (Holodomor), des Stalin-Hitler-Abkommens, des Holocaust, des Sieges der Sowjetunion im Großen Vaterländischen Krieg, der Gründung des Staates Israel, der antijüdischen Hetze gegen die »Mörder in weißen Kitteln« des Jahres 1953, des Todes Stalins, Afghanistan, des Todes von drei Genseken (Hauptsekretären der kommunistischen Partei), die hintereinander in kürzester Zeit starben, der Präsidentschaft von Michail Gorbatschow und des Abzugs der sowjetischen Truppen aus Afghanistan, des Staatskomitees für den Ausnahmezustand (GKTschP) und des Zerfalls der Sowjetunion, der Gründung der unabhängigen Staaten, darunter auch der Ukraine, worüber ich mich sehr freue.

Ich weiß nicht, für welche Verdienste ausgerechnet ich, selbst nach einer schweren onkologischen Erkrankung, vom Schicksal zum Leben auserwählt wurde. Wahrscheinlich, damit ich als einer der ganz wenigen Überlebenden des Ghettos von Bar über die Tragödie der jüdischen Gemeinde dieser Stadt schreibe und so die kommenden Generationen warne: »Seid wachsam!« »Vergesst nicht die Lektion, die uns der Holocaust erteilt hat!«

Siehe auch die Zeitzeugenberichte von Rosa Feldman und Leonid Gurfinkel

3. Bezirk (Rayon) Berschad

(poln. Berszade, rumän. Berşad)
In den Jahren 1941 bis 1943 wurden im Bezirk Berschad 28 758 Zivilisten ermordet, darunter 28 660 Juden.[35]

Ort: Berschad

1939 lebten in der Stadt Berschad[36] 4271 Juden, 73 Prozent der Bevölkerung.

Am 29. Juli 1941 wurde die Stadt von ungarischen Truppen besetzt, die bald durch die Wehrmacht ersetzt wurden. Vorher konnte etwa die Hälfte der jüdischen Bevölkerung evakuiert werden. Den Juden wurde verboten, ihre Häuser zu verlassen oder Kontakt zur nichtjüdischen Bevölkerung aufzunehmen. Es wurde ein Judenrat aus drei Personen gebildet. Juden mussten ein Abzeichen mit einem weißen Davidstern auf Brust und Rücken tragen, ihre Wertsachen an die Deutschen abgeben und Zwangsarbeit leisten.

Anfang September 1941 kam Berschad zu Transnistrien. Berschad wurde das größte Ghetto in Transnistrien mit bis zu 25 000 Juden, die meisten davon Deportierte. Als Berschad von der Roten Armee befreit wurde, lebten nur noch 7000 von ihnen.

Im September 1941 wurde ein Ghetto in der Stadt eingerichtet. Es bestand aus 12 Gassen und 337 Häusern. Die Menschen wurden in Zimmern ohne Heizung, in Kellern und

---

35 Kruglow, Enziklopedija Cholokosta, S. 20.
36 Altman, Cholokost, S. 86; The Yad Vashem Encyclopedia, S. 41 ff.

auf Dachböden zusammengepfercht. Obwohl das Ghetto nicht eingezäunt war, durften die Juden bei Todesstrafe das Gebiet des Ghettos nicht verlassen.

Die Rumänen brachten 20 000 Juden nach Berschad, hauptsächlich aus der Bukowina und Bessarabien, aber auch aus Odessa.

Zahllose Juden aus dem von den Deutschen besetzten Gebiet suchten in Berschad Zuflucht. Den Juden war es jedoch verboten, sie aufzunehmen. Wen die Behörden fassten, den schickten sie auf das von den Deutschen besetzte Gebiet zurück.

Die Rumänen ernannten einen neuen Judenrat, bestehend aus einheimischen und deportierten Juden, und richteten einen jüdischen Ordnungsdienst ein.

Im strengen Winter 1941/42 herrschten im Ghetto entsetzliche Zustände. Durch Kälte, Hunger, Überfüllung und eine Typhusepidemie starben täglich bis zu 200 Menschen. Die Leichen konnten erst im Frühjahr 1942 in sechs großen Gruben begraben werden. Von den 25 000 Juden, die im Herbst 1941 im Ghetto waren, lebten im August 1942 nur noch 10 000.

Das Ghetto stand unter der Aufsicht der rumänischen Gendarmerie. Der Distriktkommandeur Petrescu bemühte sich bis August 1942, die Lebensbedingungen der Juden zu verbessern und sie davor zu schützen, ausgeraubt zu werden. Er versuchte Nahrung zu bekommen und sie beim Kampf gegen den Typhus zu unterstützen. Als er abgelöst wurde, verschlimmerten sich unter seinen Nachfolgern Grigorescu und Generaru die Zustände im Ghetto wieder. Sie verboten den Bauern, Nahrung ins Ghetto zu bringen, und isolierten das Ghetto generell.

Ende 1942 kam vom Hilfskomitee in Bukarest Unterstützung für das Ghetto Berschad. Eine Apotheke und ein Hospital mit 65 Betten konnten eingerichtet werden, ebenso eine Suppenküche für 450 Personen und ein Waisenhaus für 122 Kinder. 135 Waisen wurden in Familien untergebracht, und 70 Waisen konnten in ein Waisenhaus in Balta geschickt werden.

1942 bildete sich auch eine Widerstandsgruppe in Berschad unter Leitung von Nachman Farstendinger und Jakow Talis. Die Gruppe hatte mehr als 40 Mitglieder, betrieb eine heimliche Druckerei für Flugblätter, organisierte Waffen und nahm Kontakt zu den Partisanen auf. Ein Teil der Gruppe unter Leitung von Talis floh in die Wälder zu den Partisanen.

Im Frühjahr 1943 richtete die Gestapo ihr Hauptquartier in Berschad ein. Im August 1943 wurden 1203 Juden zur Zwangsarbeit in den Bezirk Nikolajew geschickt. Nur wenige von ihnen überlebten.

Als 1943 die Front näher rückte, verstärkte sich die Zusammenarbeit mit den Partisanen. Im Januar 1944 wurde ein Mitglied der Widerstandsgruppe von der Gestapo gefasst und gefoltert, sodass er eine Liste mit Namen preisgab. Alle Mitglieder auf der Liste zusammen mit ihren Familien und Nachbarn, insgesamt 148 Menschen, wurden am 2. Februar 1944 in der Nähe von Berschad erschossen. Am 7. Februar 1944 wurden noch einmal 80 Juden beschuldigt, die Partisanen zu unterstützen, und deshalb erschossen.

Bevor sich die rumänischen Truppen zurückzogen, ermordeten sie etwa 30 bis 40 Insassen des Gefängnisses, darunter Mitglieder des Judenrats und religiöse Führer.

Nach einer Statistik des Hilfskomitees in Bukarest lebten im März 1944 in Berschad noch 9220 Juden, 2250 einheimische Juden, ungefähr 3200 Juden aus Bessarabien, etwa 3500 aus der Bukowina und 250 oder 260 aus dem Altreich Rumänien.

Bei der Befreiung Berschads am 14. März 1944 lebten dort noch etwa 5000 deportierte Juden und ungefähr 2000 einheimische Juden.

Ort: Dshulinka

(ukr. Dshulynka, poln. Dziulinka)

Vor 1941 war der Ort Bezirkszentrum im Gebiet Winniza der Ukrainischen Sozialistischen Sowjetrepublik. Von 1941 bis 1944 war Dshulinka[37] Bezirkszentrum im Gebiet Gaissin im Generalbezirk Shitomir. Seit 1991 gehört Dshulinka zum Bezirk Berschad im Gebiet Winniza, Ukraine.

1939 lebten in Dshulinka 212 Juden, etwa fünf Prozent der Bevölkerung.

Deutsche Truppen besetzten den Ort am 28. Juli 1941. Nach dem 22. Juni waren einige jüdische Männer zur Roten Armee eingezogen worden. Nur eine geringe Anzahl Juden konnte evakuiert werden. Von Juli bis Oktober 1941 herrschte die in Gaissin stationierte Ortskommandantur über Dshulinka. Im November 1941 löste eine deutsche Zivilverwaltung die Ortskommandantur ab. In Dshulinka wurde ein Gendarmerieposten stationiert, dem eine Einheit ukrainischer Polizei unterstand.

Kurze Zeit nach der Besetzung des Ortes wurde der Teil, in dem die meisten Juden wohnten, zum »Judenviertel«, einem offenen Ghetto, erklärt. Nach einigen sowjetischen Quellen existierte das Ghetto nur einige Wochen. Im August 1941 umstellten die Deutschen das Ghetto und erschossen alle 156 Juden in einem Kiefernwald in der Nähe des Ortes.

Dshulinka wurde am 12. März 1944 befreit.

Ort: Ternowka

(ukr. Terniwka, poln. Ternówka)

Vor 1941 gehörte Ternowka[38] zum Bezirk Dshulinka im Gebiet Winniza der Ukrainischen Sozialistischen Sowjetrepublik. Von 1941 bis 1944 war Ternowka Teil des Bezirks Dshulinka im Gebiet Gaissin im Generalbezirk Shitomir. Seit 1991 gehört Ternowka zum Bezirk Berschad im Gebiet Winniza, Ukraine.

Mitte der 1920er-Jahre lebten in Ternowka ungefähr 3000 Juden. In den 1930er-Jahren war Ternowka das Zentrum des jüdischen nationalen Siedlungsrates. Mitte der 1930er-Jahre wurden die Synagogen der Stadt geschlossen. 1939 lebten 1276 Juden in Ternowka.

---

37 Altman, Cholokost, S. 269; Encyclopedia of Camps and Ghettos, S. 1526 f.
38 Altman, Cholokost, S. 977; Encyclopedia of Camps and Ghettos, S. 1572 f.; The Yad Vashem Encyclopedia, S. 821.

Nach dem Überfall der Wehrmacht auf die Sowjetunion konnte eine Anzahl Juden nach Osten fliehen. Einige Dutzend jüdische Männer gingen zur Roten Armee. Als am 26. Juli 1941 deutsche Truppen den Ort besetzten, waren etwa 1000 Juden zurückgeblieben. Die deutsche Ortskommandantur kontrollierte den Ort. Ab dem 4. August 1941 übernahm die Armee-Gefangenensammelstelle 15 die Aufgabe der Ortskommandantur. Ende Oktober 1941 übernahm eine deutsche Zivilverwaltung die Kontrolle bis zur Befreiung im März 1944. Ternowka wurde in den Bezirk Dshulinka im Gebiet Gaissin des Generalbezirks Shitomir eingegliedert. Gebietskommissar war Kreisleiter Becher. Gendarmerie-Gebietsführer war Leutnant der Gendarmerie Pössel. Ihm unterstanden mehrere Gendarmerieposten. Der Gendarmerieposten Ternowka befehligte mehrere ukrainische Polizisten.

Am 19. August 1941 durchsuchten auf Befehl der Ortskommandantur Angehörige des 602. Wachbataillons und des 414. Landesschützenbataillons jüdische Wohnungen nach Waffen und verstecktem Eigentum. Waffen wurden nicht gefunden, aber sie nahmen Kleidung und Stoffballen mit. Zu der Zeit befahl die Ortskommandantur den Juden, weiße Armbinden mit einem Davidstern zu tragen. Später mussten sie gelbe Sterne auf der linken Seite ihrer Kleidung tragen und ihre Häuser mit einem Davidstern kennzeichnen.

Im Sommer oder Herbst 1941 richteten die Deutschen ein offenes Ghetto, den »Jüdischen Wohnbezirk«, in Ternowka ein. Alle Juden mussten in zwei oder drei Straßen im Zentrum umziehen. Sie durften einige Sachen mit ins Ghetto nehmen. Ukrainer durften das Ghetto nicht betreten, und Juden durften es nur verlassen, um zu den ihnen zugewiesenen Arbeitsstellen zu gehen. Das Ghetto war überfüllt. In jeder Wohnung lebten mehrere Familien. Trotz des Verbots tauschten Ukrainer Lebensmittel gegen Schuhe und Kleidung der Juden.

Überlebende der Massaker in Uman, Teplik, Gaissin und anderen Orten kamen nach Ternowka ins Ghetto. Im Herbst und Winter 1941 ermordeten Deutsche und ukrainische Polizei mehrere Ghettobewohner. Mehrere Männer wurden zur Arbeit in das Arbeitslager in Krasnopolka geschickt. Sie kehrten nicht mehr zurück.

Im Winter 1941/42 mussten kräftige Juden unter Aufsicht von ukrainischen Polizisten Schnee räumen. Im Frühjahr 1942 wurde eine Gruppe junger Juden in ein Arbeitslager deportiert. Einige jüdische Familien flohen in die von Rumänen besetzte Zone. Vor Sommer 1942 gab es keine Massenmorde.

Am 27. Mai 1942 wurde die erste große »Aktion« gegen das Ghetto durchgeführt. Deutsche und ukrainische Polizisten ermordeten 2400 Bewohner des Ghettos an einer Grube etwa drei Kilometer außerhalb der Stadt.[39] Am folgenden Tag ermordete der deutsche Stadtkommandant 45 Juden, die sich versteckt hatten. Einige Handwerker, die beiden Leiter des Ghettos mit ihren Familien und ein paar Juden, denen es gelungen war, sich während der Erschießungen zu verstecken, überlebten. Sie wurden in zwei Häusern untergebracht.

---

39 Die Zahl 2400 erscheint zu hoch, obwohl sie Juden einschließt, die aus anderen Orten nach Ternowka gebracht worden waren (Encyclopedia of Camps and Ghettos, S. 1573, Anm. 9).

Am 2. März 1943 (nach anderen Berichten am 2. April 1943) wurde das Ghetto endgültig »liquidiert«.

In den Jahren 1942–1943 wurden mindestens 756 Juden aus Ternowka ermordet. Nur wenige Juden überlebten. Sie konnten sich mithilfe örtlicher Ukrainer verstecken oder flohen in die von Rumänien besetzte Zone.

Ort: Woitowka

Das Dorf trägt heute den Namen Tschapajewka.

Woitowka[40] wurde im Juli 1941 besetzt. Es kam zu Transnistrien. Von 1941 bis 1944 existierte im Ort ein Lager für deportierte Juden aus der Bukowina und Bessarabien. Sie wurden in Ställen untergebracht, die mit Stacheldraht umzäunt waren, und mussten Zwangsarbeit bei Reparaturen und in der Landwirtschaft leisten. Durch Hunger und Krankheiten starben 2500 Menschen. Am 1. September 1943 waren noch 993 Juden im Lager. Die meisten von ihnen wurden im März 1944 durch die Rote Armee befreit.

Ewgenija Eshowa (geb. 1933)
»Man floh, floh buchstäblich vor dem Tod«

Ich beginne meine Aufzeichnungen mit dem Krieg. Meine glückliche Vorkriegskindheit mit den Liedern über Stalin war zu Ende. Wir wussten nichts von Repressalien. Unsere Familie war davon nicht betroffen. Ich wohnte zusammen mit meiner Mutter im Dorf Krasnoselka, Gebiet Winniza. Meine Mama arbeitete in der Zuckerfabrik, und ich ging in die Schule. Mein Vater starb noch 1933, im Jahr meiner Geburt. Ich kann mich sehr gut an den Krieg erinnern. Ich war schon 8 Jahre alt, als der Krieg ausbrach. Wir konnten uns nicht evakuieren lassen, weil ich krank war und es mit unseren bescheidenen Ersparnissen nicht mehr ging.

Die Deutschen besetzten Krasnoselka Mitte August 1941. Zuerst ließen sie uns in Ruhe. In Krasnoselka waren noch ein paar andere jüdische Familien geblieben, darunter auch meine Tanta Anjuta, die Schwester meiner Mutter, mit ihren zwei Kindern Ida und Nelja. Ida lebt jetzt in Chmelnizki und Nelja in Winniza.

Am Anfang der Besatzung lebten wir noch im Frieden und dachten, dass es so bleiben würde. Am 1. September begann sogar das neue Schuljahr. Aber in der ersten Septemberhälfte (am 8.–9. September) wurde unser Dorf von einer Einsatzgruppe aufgesucht. Durch das Fenster erblickten wir SS-Männer mit Kokarden und irgendwelchen Armbinden. Sie gingen zum Dorf-ältesten Lysenko (dieser wurde nach dem Krieg verurteilt). Meine Mama und ich packten unsere Sachen und gingen zur Tante Anjuta. Sie wohnte in der Nähe des Marktes. Bei ihr versammelten sich schon sehr viele Juden. Alle waren sehr verängstigt und wussten nicht, was man machen oder wo man sich verstecken sollte.

---

40 Altman, Cholokost, S. 177.

Meine Mama entschied sich, nach Berschad zu gehen. Dort wohnten unsere Verwandten, der Bruder meiner Mama, Sborowski Samuil Chaimowitsch, und seine Familie. Da dieser Ort zur rumänischen Besatzungszone gehörte, ging meine Mutter hin, um ihnen zu sagen, dass wir zu ihnen ziehen würden. Es war nicht weit von Krasnoselka. Man musste über den Fluss Bug ins Dorf Mankowka gelangen, und von dort waren es nur 20 Kilometer.

Wir Kinder blieben bei meiner Tante. Die Juden kehrten in ihre Häuser zurück. Die ersten Nachbarn meiner Tante waren der alte Jude Lachman und seine Frau. Am nächsten Tag um die Mittagszeit kam unsere ukrainische Nachbarin gerannt und sagte ganz außer Atem zu uns: »Oh, warum sitzt ihr? Die Deutschen sind da und prügeln den alten Lachman. Gleich sind die auch bei euch!« Nach diesen Worten rannten wir aus dem Haus, ohne etwas mitzunehmen. Man floh, floh buchstäblich vor dem Tod. Die Tante führte uns zu den Gemüsebeeten, und wir versteckten uns im Mais und im Kartoffelkraut. Kurz darauf konnten wir die vorbeigehenden Jugendlichen hören: »Schau, die Juden verstecken sich. Komm, wir gehen zu den Deutschen und erzählen es ihnen.«

Meine Tante sagte, dass wir fliehen müssten, und wir rannten zum Bug. Dies alles spielte sich in der Nähe vom Markt ab. Das andere Flussufer konnte man nur mit einem Boot erreichen. Man kannte uns in der Stadt, denn wir lebten sehr friedlich mit den Ukrainern zusammen. Meine Tante bat den Fährmann (ich kann mich an seinen Namen nicht erinnern), uns an das andere Flussufer überzusetzen, und er erlaubte uns, ins Boot zu steigen. Wir Kinder – Ida und Nelja waren jünger als ich (geboren 1935 und 1937) – schrien laut. Der Bug war sehr unruhig.

Endlich erreichten wir die rumänische Besatzungszone. Meine Mama kehrte aus Berschad zurück. Sie traf uns in Mankowka und war sehr enttäuscht, dass wir halb nackt und barfuß waren. Aber was konnten wir denn tun? Zu Fuß gingen wir nach Berschad. Auch andere Juden gelangten dorthin. Vermutlich führte jeden ein anderer Weg in die Stadt. Als wir in Berschad ankamen, gab es noch kein Ghetto. Es wurde Mitte Oktober errichtet, denn als wir dort einzogen, war es sehr kalt.

Kurz vor dem Kriegsausbruch erbaute sich Onkel Samuil ein Haus. (Vermutlich steht es noch heute.) Vor der Errichtung des Ghettos wohnten wir bei ihm und seiner Familie in diesem Haus. Da es aber außerhalb des Ghettos stand, mussten wir es verlassen. Noch vor der Errichtung des Ghettos gingen irgendwelche Frauen von Haus zu Haus und sammelten Wertsachen, Bettwäsche, Schmuck. Wahrscheinlich war dies als Kontribution für den Kommandanten und Prätor gedacht.

Im Ghetto wohnten wir in einem Haus, dessen Besitzer sich hatten evakuieren lassen. Es war das Haus Nummer 11 in der Straße, die nach dem Krieg Sowjetische Straße hieß und parallel zur Hauptstraße, der Leninstraße, verlief. Vor dem Krieg waren in der Leninstraße das Gebäude der Bezirksverwaltung und das Einkaufshaus und im Krieg die Kommandantur, die Prätur und die rumänische Gendarmerie. Wir alle zogen zusammen in dieses Haus ein.

Wir waren sehr viele: mein Onkel und seine Familie: seine Frau und zwei Kinder, der noch nicht verheiratete Bruder Schaja, die Schwester von Riwka Wudja mit ihrer Familie, Anjuta mit Kindern und meine Mama mit mir.

Ehrlich gesagt, hatte ich – wahrscheinlich, weil ich noch ein Kind war – nicht so große Angst vor unseren Feinden, sondern viel mehr Panik vor den wilden unmenschlichen Bedingungen, in denen wir vegetierten: Enge, Hunger, Kälte und ständiges Streiten. Natürlich konnten wir Kinder vieles nicht verstehen. Als man uns befahl, den gelben Davidstern zuerst an der linken Brustseite und dann auch am Rücken zu tragen, schnitten wir sie uns selbst aus und eiferten noch, wer einen besseren hinbekommen hatte. Die Kinder trugen den Stern nur an der Brust, die Erwachsenen dagegen auch am Rücken. Ich erinnere mich, wie Männer ihren Spaß damit trieben: »Vielleicht noch tiefer?«

So begann das Leben im Ghetto, wenn man es als Leben bezeichnen kann. Der Winter 1941 war sehr kalt. Krankheiten grassierten. Den ganzen Winter verbrachte ich im Bett. Man dachte, dass ich nie mehr würde gehen können. Es war eine vollständige Erschöpfung des Körpers. In der Stadt brach eine Typhusepidemie aus. Die Juden aus Czernowitz strömten in Massen nach Berschad. Sie wurden zu den einheimischen Juden eingewiesen.

In Berschad gab es eine jüdische Gemeinde. Ich kann mich an den Namen des Vorsitzenden erinnern: Korn. Sein Stellvertreter hieß Krenzl. Sie wurden später erhängt. Die Gemeinde regelte alle Fragen, die mit dem Prätoren und dem Kommandanten verbunden waren. Es gab drei Polizisten, die Brüder Rudyki, die weiße Armbinden trugen. Sie vertrieben immer die Juden, die auf dem »Trödelmarkt« mit Gebäck, Pfannkuchen und Seife handelten. Es gab noch einen Polizisten, Badika. Es gab Gerüchte, dass er ein Zigeuner sei. Auf jeden Fall: Er sah wie ein Zigeuner aus. Wahrscheinlich war er aber nur ein Rumäne. Alle hatten Angst, ihm unter die Augen zu kommen. Man erzählte sich, dass er die Menschen dem Tode weihen würde. Es gab Erschießungen, die Leichen hingen an den Galgen, und wir wurden gezwungen, uns mehrmals in Kolonnen aufzustellen, um abgeführt zu werden. Die Menschen weinten, nahmen Abschied voneinander, aber später wurden die Befehle aus irgendwelchen Gründen zurückgenommen.

Alle Jugendlichen der Stadt wurden in einem Keller zusammengepfercht und später erschossen. Unter ihnen waren unsere Bekannten und unser Nachbar Mischa Boiderman. Danach wurden alle noch am Leben gebliebenen Männer versammelt und auch erschossen. Onkel Samuil und Schaja versteckten sich auf dem Dachboden. Eine ganze Menschenmenge wurde nach Nikopol deportiert. Viele konnte fliehen und erzählten furchtbare Geschichten: Ein abgenagter Knochen sei vor zwei Männer geworfen worden. Jeder von ihnen habe diesen an sich reißen wollen, und das Ganze sei fotografiert worden. Ein paar Mal packten wir unsere Habseligkeiten und wurden aus unserer Behausung vertrieben. Später wurde dies alles aus irgendwelchen Gründen rückgängig gemacht. Das Leben im Ghetto war unerträglich: Hunger, Dreck, Läuse, Krätze, Armut.

Die einheimischen Einwohner konnten noch irgendwelche Wertsachen gegen Lebensmittel – Kartoffeln und Mehl – tauschen. Den Ukrainern wurde erlaubt, das Ghetto zu betreten. Am meisten traf man sich in Flerina, am Ortsrand von Berschad, wo auch das Ghetto endete. Flerina existiert noch heute.

Die Erwachsenen wurden zur Arbeit gezwungen. Sie reinigten die Straßen, gruben etwas um und erfüllten die Befehle der rumänischen Gendarmen. Die Kinder wurden nicht zur Arbeit gezwungen, aber sie starben auch ohne dies an Hunger und Krankheiten. Es gab überhaupt nichts zu essen. Aber, wie gesagt, im Ort gab es eine funktionierende jüdische Gemeinde. Ich weiß nicht, auf welche Kosten, aber diese Gemeinde organisierte für uns eine sogenannte Suppenküche.

3. Bezirk (Rayon) Berschad

In Berschad gibt es einen Stadtteil, der Dolyna heißt. Er ist vergleichbar mit dem Stadtteil Podol in Kiew. Dort lebten die Ärmsten von uns. Im Sommer saßen sie am Flussufer, jagten ihre Läuse und kochten etwas über dem Feuer.

Also in diesem Tal wurde in einem Keller eine Suppenküche eröffnet. Durch das Fenster konnte jeder eine Schüssel Suppe und ein Stück Mamaliga bekommen. Diese war quadratisch geschnitten und wurde direkt in die Suppe gelegt. Wir kamen mit unseren Tellern und stellten uns in einer langen Schlange an, um eine Portion Suppe zu ergattern. Für uns war es der einzige Ausweg, um dem Hunger zu entkommen.

Die Gemeinde kümmerte sich um den hygienischen Zustand im Ort. Überall war Karbolsäure. Die Leichen wurden aus den Wohnungen abgeholt. Ich erinnere mich, wie wir im Winter durch das Fenster beobachteten, wie die Leichen das vereiste Treppenhaus hinuntergerollt wurden. Es waren sehr viele. Dann wurden sie auf die Pferdewagen geladen und weggebracht.

Eine besonders große Angst hatten wir vor dem Einmarsch der Roten Armee. Die Erschießungen fingen an. Die Menschen wurden buchstäblich auf der Straße festgenommen, in die Keller und Ställe eingesperrt und später erschossen.

Unser Haupteingang wurde mit Brettern zugenagelt. Die Fenster wurden mit Fensterläden verschlossen. So entstand der Eindruck, als ob im Haus niemand wohnte. In einer schmalen Gasse gab es eine andere versteckte Eingangstür. In den letzten Tagen hatten wir sogar Angst, auf die Straße zu gehen. Vor dem Einmarsch der Roten Armee saßen wir die ganze Nacht, ohne ein Licht anzuzünden. Im Ort fanden Razzien statt.

Am nächsten Morgen kamen die Rotarmisten. Sie ritten auf Pferden und schrien »Hurra!« Es wurde viel geschossen, aber wir waren glücklich, uns gerettet zu haben. Insgesamt behaupteten die Juden, dass Berschad trotz der Erschießungen, Misshandlungen, furchtbaren Bedingungen im Ghetto »a gebengte«[41] Schtetl gewesen sei, denn ringsherum in allen Dörfern und Städtchen – Tultschin, Obodowka, Tschetschelnik – überlebte kein einziger Jude.

Am 13. Februar 1944 entschieden meine Mama und ich, nach Krasnoselka zurückzukehren. Wir hatten nichts anzuziehen, keine Schuhe, und – ob Sie es glauben oder nicht – wir machten uns barfuß auf den Weg. Meine Mutter machte sich Sorgen um meine Füße, aber ich hatte es gut überstanden. Meine Mutter dagegen starb kurz darauf. Ich wurde in ein Kinderheim eingewiesen, das in Jaltuschkow eröffnet wurde.

Ich machte dort meine Mittlere Reife und nahm 1952 mein Studium an der Universität in Kiew auf. Es war eine sehr schwierige Zeit, die Juden wurden äußerst selten zum Studium zugelassen. Nichtsdestotrotz konnte ich mein Studium beenden. Danach heiratete ich. Meinen Mädchenname Albert gab ich auf und nahm den Namen meines Mannes Eshowa an. Bis zu meiner Verrentung arbeitete ich im Kindergarten. Ich bin unserer jüdischen Gemeinde in der Stadt Kiew für die Unterstützung sehr dankbar, denn in dieser schweren Zeit ist es unmöglich, von der Rente zu überleben. Vielen Dank für alles!

---

41 Jiddisch: bentschn = segnen, »ein gesegnetes«.

Alexandr Gelman
»Kindheit und Tod«

Ich bin kein Gelehrter und ich habe das Thema »Kindheit und Tod« nicht besonders studiert. Viel aber darüber nachgedacht. Ich hatte eine Menge Fragen an mich selbst, und bis heute konnte ich sie nicht alle beantworten. Immerhin habe ich – hoffentlich – etwas davon begriffen.

Bis zum Krieg habe ich ein einziges Mal den Tod gesehen, einen einzigen Menschen als Toten gesehen. Danach, während eines einzigen Winters, habe ich Dutzende, Hunderte tote Menschen gesehen, einschließlich meiner Mutter, meines Bruders, meiner Großmutter, meiner Tante, ihres Mannes und Sohnes, meines Onkels, seiner Frau und ihres Sohnes … Der Tod war nicht nur in meiner Kindheit anwesend – er spazierte durch meine Kindheit wie ein mächtiger Hausherr[42] und trieb mit meiner Seele alles, was ihm gefiel. Ich weiß nicht und werde nie wissen, was er mit ihr gemacht hat.

Nachdem der Mensch geboren wurde, bis zu einer gewissen Zeit während seiner ersten Jahre, weiß er nichts über den Tod, der Tod existiert einfach nicht für ihn. Der Tag kommt aber, der Tag seiner ersten Begegnung mit dem Tod, an dem er zum ersten Mal in seinem Leben einen toten Menschen sieht. Ich zum Beispiel habe zum ersten Mal einen toten Mann gesehen, als ich kaum sieben war, es war im Herbst 1940. Unser Nachbar war gestorben, ein betagter Mann, allen bekannt und von allen geachtet, der früher als Kassierer bei der Eisenbahn war. Er war Russe, konnte sich aber auch auf Moldauisch[43] und auf Jiddisch – das heißt in den Sprachen, die von den Bewohnern von Dondjuschani gesprochen wurden – verständigen. So hieß damals und so heißt bis heute der kleine Ort mit einem Bahnhof im Norden Bessarabiens, aus dem auch ich stamme. Bessarabien heißt jener Teil Rumäniens, der im selben Jahr 1940, aber drei Monate vor dem Tod unseres Nachbarn, von der UdSSR, gemäß dem von Ribbentrop und Molotow unterzeichneten Abkommen, annektiert wurde.[44] In Dondjuschani stand schon zu jener Zeit ein Regiment der Roten Armee, dessen Kapelle unter anderem auch bei der Beerdigung unseres Nachbarn spielte. Es war eine unvergessliche Beerdigung. Der Tag war hell und sonnig. Der Verstorbene lag in einem großen, geräumigen Sarg mitten im Hof. Das ganze Dorf mit allen dort vertretenen Volkszugehörigen war gekommen, um von ihm Abschied zu nehmen. Ich habe mit Angst auf das tote Gesicht eines Mannes geschaut, den ich noch drei Tage vorher lebendig und fröhlich gesehen hatte. In meinen Ohren klang noch seine Stimme, während meine Augen dicht geschlossene Lippen und einen auf immer geschlossenen Mund sahen. Damals konnte ich noch nicht meine komplexen Gefühle durch Worte ausdrücken, allerdings wenn ich mich jetzt an den Tag erinnere, würde ich meinen Eindruck vom ersten Treffen mit dem Tod wie folgt formulieren: Ich spürte die Tatsache, fühlte, dass es keinen schärferen Unterschied, keine tiefere Kluft auf der Welt gibt, als zwischen einem

---

42 Im Original »Hausherrin«, da der Tod als Substantiv in russischer Sprache weiblich ist.
43 D. h. Rumänisch.
44 Gemeint ist das geheime Zusatzprotokoll zum Deutsch-Sowjetischen Nichtangriffspakt vom 23.8.1939, in dem die Interessensphären des Deutschen Reichs und der Sowjetunion in Osteuropa festgelegt wurden. In Punkt 3 des Zusatzabkommens wurde das Interesse der UdSSR an Bessarabien anerkannt.

lebenden und einem toten Menschen. Ich habe damals diesen ungeheuren Unterschied gespürt – und war entsetzt. Wie konnte ich damals ahnen, dass in einem Jahr, sogar früher, meine Augen sich daran gewöhnen würden, die toten Gesichter genauso ruhig wie die lebenden zu betrachten?

Der Machtwechsel in Dondjuschani hatte in der Nacht stattgefunden: Die Leute gingen mit den Russen schlafen und sind mit den Deutschen aufgewacht. Dazu noch mit den Rumänen, weil gleichzeitig auch die frühere rumänische Staatsgewalt zurückgekommen war. Es gab zwei Kommandeure, das letzte Wort aber – bei allen Fragen – hatte im Endeffekt der deutsche. Aus diesem Grund führte der rumänische Kommandeur, als der deutsche Kommandeur den Befehl gab, alle Juden zu sammeln, den Befehl sofort aus. Als alle versammelt waren – und hier muss man betonen, dass kein Jude sich versteckt hat oder abgehauen ist –, hat man uns in eine Marschkolonne zu viert aufgestellt, gezählt, ein Fuhrwerk für die Alten und Kranken zur Verfügung gestellt (auf das es uns gelang, auch unsere Oma Ziopa, die sich kaum auf den Füßen halten konnte, aufzuladen) und uns ins Ungewisse geführt. Unterwegs haben wir erfahren, dass man uns in ein jüdisches Ghetto irgendwo in der Ukraine bringt.

Ich weiß nicht, wie viele Tage oder vielleicht Wochen diese traurige Reise gedauert hat. Ich erinnere mich trotzdem, dass wir nicht nur in der Nacht angehalten, sondern manchmal auch drei, vier oder mehrere Tage gerastet haben. Nach dem Krieg habe ich niemals versucht, irgendwelche zusätzlichen Informationen über diese »Reise« zu bekommen, ich habe nie versucht, den Verlauf unseres Weges genau zu klären, genauso wenig wie andere Details. Sogar meinen Vater, solange er noch lebte, habe ich nie danach gefragt. Von jener Zeit will ich nicht mehr wissen, als ich jetzt davon weiß, mich interessieren keine neuen Details, mir genügen die, die sich von selbst in meiner Erinnerung einprägten.

Wir gingen, gingen weiter, hielten an, dann scheuchte man uns hoch und trieb uns wieder weiter, bis wir die Stadt Berschad im Gebiet Winniza erreichten. Ich erinnere mich an die ersten Fröste, die gerade begonnen hatten: Die ersten Nächte haben wir auf einem eisigen Fußboden in einem vollgeschissenen Raum mit hoher Zimmerdecke verbracht – durchhaus möglich, dass das eine frühere Synagoge war. Es begann der kälteste, grässlichste und schrecklichste Winter meines Lebens – der Winter 1941–1942 –, nach dem von unserer vierzehnköpfigen Familie nur zwei am Leben geblieben sind. Einer davon war ich. Es fing an mit anderen Beerdigungen, ein anderer Tod kam. Als Erster starb mein Bruder Welwele, Wolodja. Er war genau vor Beginn des Krieges geboren, meine Mutter stillte ihn noch. Beim dritten oder vierten Marschabschnitt war ihre Milch zu Ende, und das Baby starb. Es starb auf dem Weg, Mutter trug seinen kleinen Leichnam bis zum nächstgelegenen Rastplatz, der noch auf dem rechten (rumänischen) Ufer des Dnjestr lag. Ich erinnere mich noch daran, dass Vater keine Schaufel finden konnte, dann fand er eine Schaufel ohne Griff und fing an zu graben. Inzwischen kam jemand vorbei und teilte uns mit, dass eine Frau, die Mutter unserer Bekannten, gerade gestorben war. Man beschloss, alle zusammen zu beerdigen, und grub ein nicht zu tiefes Grab unweit vom Ufer, zuerst legten sie die Frau – so wie sie angezogen war – hinein und dann auf ihre Brust, in einen Lappen gewickelt, mein Brüderchen. Danach sind wir alle eingeschlafen und dann weiter fortgegangen.

Nach einigen Tagen, beim nächsten Aufenthalt in einer Stadt namens Jampol (wenn ich mich nicht irre) in der Ukraine, ließen wir auf der Erde eine sterbende Frau liegen, die Oma Ziopa, die noch am Leben war. Sie lag bewegungslos, stimmlos. Mit offenen Augen. Man hat uns nicht erlaubt, bei ihr zu bleiben, noch, sie auf den Armen (das Fuhrwerk gab es nicht mehr) weiterzutragen. Die Wachmänner schlugen uns zwei Varianten vor, entweder sie dort liegenzulassen oder sie zu erschießen. Meine Mutter wusch mit einem Taschentuch den Schmutz von Oma Ziopas faltigem Gesicht, küsste sie zum Abschied, und wir gingen weiter …

Das Ghetto in Berschad umfasste eine Hälfte der Stadt. Unsere Familie zusammen mit zwei anderen Familien aus der Bukowina geriet in ein Kellergeschoss, wir verteilten uns: einige auf dem Zementboden, andere auf in aller Eile zusammengezimmerten Pritschen. Je nachdem, wenn einige starben, zogen andere, die lebten, vom Boden auf die Pritschen um. Von Heizung konnte keine Rede sein, die Leute wärmten sich selbst durch ihre eigene Atmung und die Berührung ihrer in Lappen gewickelten, ungewaschenen, hungernden, von Läusen befallenen Körper. Im ersten Kriegswinter hatten wir solche Fröste, dass sogar die dicken Ziegelwände völlig durchgefroren waren.

Unter den Ersten, die in diesem Kellergeschoss starben, war meine Mutter. Sie war damals halb so alt wie ich jetzt bin – einunddreißig Jahre alt. Ich lag auf der Pritsche, neben ihrem toten Körper, Schulter an Schulter, eine ganze Woche lang. Ich schlief daneben, aß irgendwas neben dem Leichnam meiner Mutter. Fünf Tage lang. Oder vier Tage lang. Oder sechs Tage lang. So, wie sie früher lebend neben mir gelegen hatte, lag sie jetzt als Verstorbene neben mir. Am ersten Abend war sie noch warm, ich berührte sie. Dann wurde sie kalt, ich hörte auf, sie zu berühren. Bis Leute kamen, sie abzuholen – nicht nur sie, sondern auch einige andere, die während jener Woche in unserem Kellergeschoss starben. Mal wurden die Leichen einmal, mal zweimal in der Woche gesammelt – das hing aber nicht von der Menge der Leichen ab, man wusste nicht warum. Keiner von meinen Verwandten wurde getötet – die Menschen starben von selbst. Starben vor Hunger, vor Kälte, durch die unheimliche Umgebung, an seelischem Schmerz, an Hoffnungslosigkeit, an allem zusammen. Im Frühjahr wurde es in vielen Wohnungen geräumiger … Bei mir war aber alles in Ordnung. Alle diese Jahre habe ich dort im Ghetto irgendwas gespielt, viel und leidenschaftlich, mit Inspiration, ich spielte Krieg. Die ganze Zeit lebte ich in meinen Fantasien und nicht in einer unheimlichen Realität. Mein Kopf gebar ständig erfundene Ereignisse, Situationen, ich nahm an großen Schlachten teil – und das als hoher Oberbefehlshaber, der General aller Generäle. Nicht einmal diese Grausamkeiten konnten meine pulsierende Fantasie löschen oder vernichten. Bis heute weiß ich nicht, ob das etwas Gutes oder etwas Schreckliches war. Ich habe Angst, darüber nachzudenken – vielleicht war ich nicht ganz normal, und dieses unendliche Spiel, der ununterbrochene Zustand der aufgeregten Fantasie waren wahrscheinlich meine Verrücktheit. Im Alter von acht Jahren wurde ich verrückt.

Unser Kellergeschoss lag in der Mitte zwischen dem Fluss und der Landstraße. Ich hatte mein »Hauptquartier« in einer Hütte am Flussufer eingerichtet und ging auf Aufklärungseinsatz zur Landstraße: Dort bewegte sich immer etwas Militärisches – Autokolonnen mit deutschen oder rumänischen Soldaten, Artillerie, Panzer. Zuerst ging alles in Richtung Ost, später in Richtung West.

Das waren richtige deutsche Verbände, standen aber unter meinem persönlichen Kommando. Ich schaltete in meine Spiele richtige, auf der Straße verkehrende Streitkräfte ein, ich kehrte sie in die Richtung um, die mir gerade passte, und sie führten diskussionslos meine Befehle aus. In meinem Krieg durfte alles Vorstellbare passieren: Zum Beispiel konnten ukrainische Partisanen unter deutschem Kommando gegen rumänische Gendarmen kämpfen. Ich selbst war mal deutscher, mal russischer, mal rumänischer General, und als eine italienische Einheit auf der Landstraße marschierte, wurde ich sofort zum italienischen General. Vom realen Krieg wusste ich zu wenig und wollte auch nichts wissen – mich interessierte und begeisterte nur mein eingebildeter Krieg.

Das Leben vor dem Krieg und das Leben im Ghetto waren so unterschiedlich, einander fremd, dass sie in meiner Seele keinen gemeinsamen Platz finden konnten. Deswegen, sobald ich ins Ghetto kam, habe ich mein ganzes Leben vor dem Krieg plötzlich vergessen, es flog aus meiner Erinnerung heraus – und das schien für immer zu sein. Kein einziges Mal habe ich vom Leben vor dem Krieg geträumt. Das Einzige, das von einem Leben ins andere übergegangen war, das war das Spiel, der Geist des Spiels. Ich habe ununterbrochen, leidenschaftlich gespielt. Ich stellte fest, dass ich dafür nicht unbedingt laufen, hüpfen, schreien musste, wie es in Dondjuschani war. Ich habe gelernt, schweigend mit mir selbst zu spielen.

Ich empfinde komplizierte Gefühle, wenn ich mich heute an die Spiele in Berschad erinnere. Obwohl ich verstehe, dass eben diese Spiele mich gerettet haben. Und wenn ich heute ein mehr oder weniger normaler Mensch bin – jedenfalls nicht ganz, nicht vollkommen verrückt –, ist es nur, weil ich damals im Ghetto ständig, wie ein Besessener, ein Verrückter spielte und spielte –, die ganzen drei Jahre spielte ich ununterbrochen, und danach spielte ich noch lange nach meiner Rückkehr und nach Kriegsende ... Die menschliche Psyche ist sehr elastisch, gefügig, deswegen kann der Mensch sich an jede Situation anpassen und sich in alles Mögliche verwandeln. Es ist schrecklich, daran zu denken, in was ein Mensch sich verwandeln kann und das ruck, zuck, ohne Umstände. Es bedarf besonderer Vorsichtsmaßnahmen, wenn man sich dieser grauenhaften Eigenschaft der Psyche bewusst wird.

Vom Ghetto bin ich zurückgekehrt, nicht irgendwie, sondern auf einem sowjetischen Panzer. Dieser Panzer war einer der ersten, die in Berschad hineinstürmten. Plötzlich hielt er an, die Raupenkette war kaputt. Eine Menge entkräfteter Menschen umringte das Fahrzeug. Aus dem Panzerturm erschien ein junger, unrasierter Panzersoldat, der lächelte. »Na, wie ist es, ihr Juden, lebt ihr noch?«, fragte er laut, einfach so und sprang herunter, um zu sehen, was los war. Die Leute nahmen es ihm nicht übel, sie umarmten ihn, drückten ihm die Hände, er aber lachte. Zwei Stunden hat er mit der Reparatur verbracht – dabei habe ich ihm auch geholfen. Er hat mich dann mitgenommen. Wir bewegten uns mit der Front. Ich weiß nicht mehr, um welche Front es ging, es könnte die 2. Ukrainische Front gewesen sein, die, wenn ich mich nicht irre, den Marschall Konjew als Oberbefehlshaber hatte. Ich aber war derjenige, der dem Marschall Konjew die Befehle gab ... Als wir den Dnjestr überquerten, suchte der Panzersoldat auf der Karte nach der Ortschaft Dondjuschani, und dabei verdrehte er verärgert den Kopf – es stellte sich heraus, dass der Panzer neben der Kampfmarschroute lag. »Ich schaffe es nicht, dich bis zu deinem Ort zu fahren«, sagte er und war schon bereit herunterzusteigen, als er plötzlich ein Handzeichen gab und wieder in den Panzerturm hinuntertauchte; und nachdem er in einer verrückten Geschwindigkeit an die dreißig Kilometer zurückgelegt hatte, stellte er mich am Rande meines Heimatortes ab.

Ich kam bis zum Halse bewaffnet nach Dondjuschani zurück. Ich brachte zwei Pistolen mit – eine russische und eine deutsche, einen Dolch, zwanzig Maschinengewehrpatronen, zwei Handgranaten. Meinen Heimatort habe ich nicht wiedererkannt, mühsam unser Haus wieder gefunden, ein Haus, das jetzt winzig wie ein Spielzeug erschien. Mir rief die Nachbarstochter Klawa Russu etwas zu. Sie war so froh, ich aber konnte mich nicht an sie erinnern, ich hatte vergessen, dass es sie überhaupt auf der Welt gab. Damals war ich elf, ich konnte weder lesen noch schreiben.

Die Erwachsenen, die diesen Krieg entfesselt haben, Erwachsene, die heute unzählige sogenannte kleine Kriege entfesseln, denken nie an Kinder. Sie setzen sich selbst irgendwelche absurden, idiotischen Ziele, die aber tatsächlich Ziele sind. Denen scheint es, dass sie etwas davon verstehen, in wessen Namen sie die Menschen hinschicken, einander zu töten. Sie erinnern sich an irgendeine Vergangenheit, haben eine vage Vorstellung von irgendeiner Zukunft. Bei den Kindern aber, während der Kriege, gibt es so etwas nicht. Sie können sich so etwas überhaupt nicht vorstellen. Ich zum Beispiel konnte überhaupt nicht verstehen, wer gegen wen und warum kämpft. Ich hatte keine Ahnung davon, was Faschismus oder Sozialismus bedeutet, wer recht hat, Stalin oder Hitler. Ich kann mich auch jetzt nicht daran erinnern, ob ich damals diese Namen kannte. Anscheinend kannte ich sie, das war aber ohne Bedeutung für mich. Ich kann mich sehr gut erinnern, dass ich, während ich im Ghetto war, kein anderes Leben kannte, mich an kein anderes Leben erinnerte oder auf kein anderes Leben wartete. Ich war mir sicher, dass es so immer, ewig sein würde. Man soll nicht vergessen, im Vergleich zum Leben in den Zeiten vor dem Krieg, jedenfalls zu meinem Leben in jener Zeit in Dondjuschani, war der Krieg wie ein Spektakel – ein interessanter und vielfältiger Augenschmaus: Panzer und Militärfahrzeuge waren unterwegs, Truppenverbände marschierten – zuerst hin, danach zurück. Alles rundum rauschte, surrte, donnerte, grollte. Es war kein Problem, sich eine Handgranate oder eine Pistole zu besorgen. Wir waren Kinder – wir brauchten etwas Interessantes, Gefährliches, Seelenergreifendes. Für die Kinder ist Krieg so wie Krieg für die Menschen ohne Verstand. Genauso wenig verstehen sie etwas davon: Blut fließt, sie aber lachen dazu, die Häuser fallen zusammen, die wertvollsten Sachen werden vernichtet, sie aber sind begeistert – gut gemacht! Ich hatte noch nicht verstanden, was Tod bedeutet, sah aber Dutzende, Hunderte tote Körper, in der Tat lebte ich drei Jahre lang in einer Leichenhalle. Ich werde Ihnen jetzt etwas Ungeheuerliches sagen: Sollten Sie sich als Erwachsene dazu entscheiden, einen Krieg zu beginnen, dann bitte töten Sie zuerst alle Kinder, weil sonst die Kinder, die nach dem Krieg am Leben bleiben würden, verrückt werden, zu Monstern werden, weil es unmöglich ist, weiter ein normaler Mensch zu bleiben, wenn zu der Zeit, als man noch nicht verstanden hat, was Tod bedeutet, die Bibel oder die Thora noch nicht in den Händen gehalten hat, man einfach aß, sich kratzte, sich die Nase putzte – das alles neben dem Körper der toten Mutter – und, um aus dem Haus zum Pinkeln zu gehen, über ein paar Leichname stolpern musste, die am Vortag oder sogar noch vor einer Stunde lebende Menschen waren.

Unter normalen, friedlichen Umständen nehmen Kinder allmählich, langsam, im Laufe der Jahre die Unvermeidlichkeit des Todes wahr. Auf instinktive Weise sind die Kinder bestrebt, diese wichtigste und gefährlichste Grenze zu überschreiten, diese Erfahrung zu machen. Die Kinderseele sucht vorsichtig, voll Aufregung den Weg einer würdigen Versöhnung mit dem eigenen sterblichen Schicksal.

Als Schriftsteller, der sein ganzes Leben in der UdSSR gelebt hat, weiß ich sehr gut, was politische Zensur ist, gegen die ich nach Kräften viele Jahre lang gekämpft habe. Es gibt aber auch eine andere Zensur – eine biologische; wenn der Körper selbst – Muskel, Gehirn, Neuronen, selbst das Blut –, wenn alles sich dagegen widersetzt, dass man die ganze Wahrheit über sich erfährt. Gegen diese Art von Zensur muss man aber sehr vorsichtig kämpfen. Deswegen hüte ich mich vielleicht davor, alles zu klären, was damals mit mir im Ghetto passierte. Ich befürchte eine Aufhebung der biologischen Zensur, denn es ist nicht auszuschließen, dass sie vor uns das zu verstecken versucht, was unerträglich ist, was tödlich sein kann.

»Мы здесь« (»My zdes'« – »Wir sind hier«), 10.–16. Mai 2012, Nr. 354
Übersetzt von Alexander Timoschenko

Marija Krut (geb. 1921)
»Es ist unmöglich, dies zu vergessen«

Ich, Marija Krut, wurde 1921 in der Stadt Berschad, Gebiet Winniza, geboren.

Am 22. Juli 1941 wurden wir bombardiert, und die Menschen begannen, so gut sie es konnten, sich zu evakuieren. Unser Nachbar hatte ein Pferdegespann und nahm uns mit. Leider konnten wir nicht weit fahren. Wir mussten zurückkehren. Uman, wohin wir wollten, war schon von Deutschen besetzt. Als wir nach Hause zurückkehrten, herrschten dort schon die Ungarn. Unsere Häuser waren geplündert. Kurz darauf wurde die rumänische Ordnung eingeführt. Die Straße, in der wir lebten, wurde mit einem Zaun abgegrenzt, und so entstand ein Ghetto. Dort lebten wir bis zu unserer Befreiung am 14. März 1944.

Ich kann mich an all das, was wir in jenen furchtbaren Tagen und Jahren erlebt haben, gut erinnern. Wenn ich alles beschreiben würde, würde auch ein dickes Buch nicht reichen. Ich erwähne nur einige Episoden.

In unserem Haus lebten 25 Juden aus der Bukowina und Bessarabien. Wir alle hielten zusammen wie eine Familie. Selbst, als wir an Typhus erkrankten, starb in unserem Haus kein einziger Mensch. Der erste rumänische Kommandant war im Vergleich mit den anderen noch sehr human. Er sagte uns, dass der Krieg noch lange dauern würde, und riet uns, alle denkbaren Wintervorräte zu besorgen. Einmal verfolgte mich ein betrunkener Soldat. Ich wäre vor Angst beinahe gestorben. Zum Glück konnte ich fliehen.

Nach einem Brand kamen zu uns Polizisten und verprügelten meinen Vater und meinen Bruder. Der Polizist hieß Tus. Der nächste Kommandant von Berschad hieß Dsheneralow. Das war eine

Bestie. Einmal band er einen Jugendlichen an sein Motorrad und zog diesen durch die ganze Stadt. Dies tat er nur, weil der Jugendliche über die Brücke (die Grenze) gegangen war.

Wir hatten auch eine Untergrundorganisation, die gegen die Besatzer kämpfte. Aber es gab einen Verräter, der uns denunzierte und die Listen mit den Namen der Mitglieder, die die Partisanen vor allem mit Lebensmitteln und Kleidung unterstützten, an den Feind auslieferte. Die Deutschen ließen ein Sonderkommando kommen, und dieses führte jede Nacht die Menschen, die auf der Liste waren, ab. Die erste Gruppe wurde am 11. Februar und die zweite am 7. März 1944 erschossen. Es war nur noch eine Woche bis zur Befreiung.

Mein Vater stand auch auf der Liste, aber er war zum Glück noch nicht abgeführt worden.

Im Anschluss an diese kurze Erinnerung möchte ich sagen: Gott bewahre unsere Kinder und Enkelkinder vor solchen Erlebnissen. Wir haben auch für sie gelitten, und noch heute beschäftigen mich diese Gräuel in meinen Träumen. Es ist unmöglich, dies zu vergessen.

Alexandr Ljubman
»Das Ghetto von Berschad«

(Aus den Berichten der ehemaligen Häftlinge des Ghettos von Berschad Sinaida Krawez, Michail Ljubman, Arkadi Ferera, Leonid Slawuter)

Das Jahr 1944 kam näher... Die Faschisten waren auf dem Rückzug nach Westen, und zusammen mit ihnen waren die Truppen der »Schwarzen Hundert«, einheimische Verräter und verschiedene Banden, die sich vor der gerechten Rache der sowjetischen Roten Armee zu retten versuchten. Von zehntausend Juden im Ghetto von Berschad waren noch 400–500 Menschen am Leben. Die Faschisten und ihre Handlanger tobten und liquidierten die Noch-Lebenden. Sie legten Minen in die Zufahrtsstraßen zur Stadt.

Im Ghetto am anderen Flussufer wurde Sonnenblumenöl hergestellt. Dort arbeitete ein junger, mutiger Untergrundkämpfer, der mit den Partisanentruppen von Jakow Talis und Lewa Slawuter kooperierte. Heimlich versorgte er die Partisanentruppen mit Sonnenblumenöl und anderen Lebensmitteln. Im Ghetto waren noch andere Untergrundkämpfer, die den Partisanen mit Informationen und Lebensmitteln aushalfen...

Im Dezember 1943 wurde ein Untergrundkämpfer festgenommen. Er konnte die Folter nicht aushalten und zeigte den Keller, in dem in einer Flasche eine Liste mit den Namen der Juden versteckt war, die die Partisanentruppe unterstützten. Infolgedessen wurde ein Sonderkommando ins Ghetto geschickt. Es ist unmöglich, in Worte zu fassen, was damals im Ghetto geschah. Folterungen und Misshandlungen sowie alle denkbaren sadistischen Methoden hatten das Ziel, den Verrat von wichtigen Informationen herbeizuführen.

Auf der Liste aus der Flasche im Keller stand auch der Name von Lewa Slawuter. Seine Schwiegermutter riet ihm, zu den Partisanen zu fliehen. Er lehnte es ab, weil er wusste, wenn man ihn nicht findet, würde man seine ganze Familie (seine Frau und zwei kleine Kinder, die fünfjährige Polja und den dreijährigen Lenja) als Geiseln vernichten.

Spät in der Nacht brachen die Deutschen die Eingangstür auf, nahmen ihn fest und schlugen auf ihn ein. Man hetzte Hunde auf ihn, die ihm Fleischstücke aus dem Leib rissen, aber er schwieg und verriet keinen. Er und andere Untergrundkämpfer wurden abgeführt. Währenddessen wurden in der Stadt alle ermordet, die in irgendeiner Weise verdächtig waren. Auch die jüdischen Jugendlichen Busja und Jascha Alewitsch wurden ermordet. Der Jugendliche Schafir Libor wurde gezwungen, sich selbst ein Grab zu schaufeln. Alle, die in irgendeiner Weise mit den Partisanen in Kontakt standen, wurden vernichtet oder verschwanden. Der Direktor der jüdischen Schule Sjatkowezkij wurde ermordet. Lewa Slawuter wurde nach furchtbaren Folterungen zusammen mit den anderen jüdischen Untergrundkämpfern erschossen.

Dies alles fand am 11. Februar 1944 statt. Einen Monat später, am 14. März 1944, wurde Berschad von der sowjetischen Armee befreit. Kurz darauf wurde das Gemeinschaftsgrab geöffnet, um die dort Begrabenen, die von den Nazis erschossen wurden, zu identifizieren. Lewa Slawuters Frau konnte nur mit Mühe und Not und nur anhand der Kleidung ihren Mann identifizieren.

Viele Menschen starben weiterhin an Typhus, Hunger, Krankheiten und infolge der Entbehrungen.

Augenzeugen berichteten, dass im Ghetto von Berschad in der Leninstraße an jedem Pfosten erhängte Menschen mit dem Schild »Partisan« zu sehen waren. Neben dem Marktplatz wurde ein vierzehnjähriger jüdischer Junge, Mischa Ljubman, von einem Gendarmen an das Motorrad gebunden und bei großer Geschwindigkeit so zur Kommandantur geschleift. Der Junge rannte zuerst dem Motorrad hinterher, später fiel er zu Boden, wurde über den Boden geschleift und so ganz verunstaltet ... Am nächsten Morgen sollte er erschossen werden. Aber er wurde von der Ukrainerin Galina Kryshanowskaja gerettet. Ihr Mann war Polizist und half, Mischa zu befreien.

Die Deutschen und ukrainische Polizisten, die auf dem Rückzug waren, schossen auf die an den Pfosten hängenden gefrorenen Leichen, damit die Eiszapfen auf die darunter stehenden Jugendlichen fielen. Es war die letzte grausame »Belustigung« der Faschisten.

Außer den Juden aus Berschad starben im Ghetto noch ungefähr 20 000 Juden aus Bessarabien. Sie wurden mit Pferdewagen auf den Friedhof gebracht und dort in ein Gemeinschaftsgrab gerollt.

In unseren Tagen wurde auf diesem Gemeinschaftsgrab ein Mahnmal errichtet.

Die jüdische Welt. Zeitung für das russischsprachige Amerika, 15. März 2004

Raissa Ostaschewskaja (Ainbinder) (geb. 1933)
»Die Häftlinge starben im Ghetto zu Zehntausenden an Hunger, Kälte und Typhus«

Ich, Raissa Samoilowna Ostaschewskaja (Ainbinder), wurde im Jahre 1933 geboren. Vor dem Krieg lebte unsere Familie im Dorf Mogilno (Rayon Gaiworon, Oblast Kirowograd). Mein Vater arbeitete als Schmied in der Sowchose, meine Mutter war Hausfrau. Wir Kinder waren in der Familie zu fünft. Vater und ein Bruder wurden eingezogen, während wir jüngeren mit Mutter zu Hause blieben (meine Schwestern Nadja, geb. 1924, Polina, geb. 1938, mein Bruder Lenja, geb. 1928, und ich). Die Leitung der Sowchose, in der mein Vater gearbeitet hatte, entschloss sich, uns bei der Evakuierung zu helfen, und stellte unserer Familie im Juni 1941 einen Karren und zwei Ochsen zur Verfügung. Natürlich kamen wir mit einem solchen »Transportmittel« nur sehr langsam voran, besonders, wenn man bedenkt, dass mein Bruder Lenja (13 Jahre) und meine Schwester Nadja (16 Jahre) als Ochsentreiber fungierten. Die Ochsen scheuerten sich am Zaumzeug wund, und nur mit großer Mühe gelang es, sie in irgendeinem Dorf gegen gesunde auszutauschen. Wir hatten nur das Nötigste mitgenommen, an den Wagen hatten wir noch eine Kuh gebunden.

Unterwegs gerieten wir mehrfach in Bombardements. Etwa 15 Kilometer vor Kirowograd gerieten wir in einen Kessel einer SS-Vorausabteilung. Außer unserem wurden noch etwa acht bis zehn solcher Fuhrwerke aufgehalten. Als es Nacht wurde, konnten wir den Feuerschein des brennenden Kirowograd sehen. Die Deutschen scheuchten alle von den Wagen. Unsere Mutter war unterwegs schwer krank geworden, sie kam nicht ohne Hilfe vom Wagen herunter, da fing man an, sie zu schlagen. Wir wurden in einen Pferdestall getrieben, wo wir einige Tage ohne Essen und Trinken festgehalten wurden. Dann, nachdem uns alle Habseligkeiten abgenommen worden waren, wurden wir mit einer Kolonne Kriegsgefangener auf den Weg geschickt. Lebensmittel und Wasser wurden uns nicht gegeben. Wir tranken Wasser aus Pfützen. Wenn wir durch Dörfer kamen, gelang es den Bewohnern manchmal, Brot, Zwieback, Obst oder Gemüse in die Kolonne zu werfen.

Abwechselnd trugen wir Polina (sie war drei Jahre alt) und halfen unserer kranken Mama zu gehen. Eines Tages kam während einer Rast ein älterer Deutscher, der die Kolonne bewachte, zu Mama. Er konnte etwas Russisch und fragte, wie es käme, dass sie mit ihren Kindern in der Kolonne der Kriegsgefangenen sei. Mama erklärte es ihm, so gut sie konnte. Tief in der Nacht half er uns zu fliehen, er gab uns etwas Brot und riet uns, über Nebenstraßen nach Hause zu gehen, abseits der großen Ortschaften. Das war kein Faschist, sondern ein gewöhnlicher Arbeiter, der zur Armee eingezogen worden war.

Ausgemergelt und abgerissen kehrten wir in unser Dorf zurück. Unser Haus war leer. Alles war gestohlen worden (die Bibliothek, Möbel, Bettzeug, Geschirr …). Die Nachbarn halfen uns, womit sie konnten. Die Deutschen waren bereits in unserem Rayon. Anfangs waren die Verhältnisse in unserem Dorf »erträglich«. Der Starost des Dorfes schickte uns jeden Tag zu landwirtschaftlichen Arbeiten (Getreideernte, Strohbereitung, jäten der Gemüsegärten). Das war im August.

Anfang September kamen eines frühen Morgens der Dorfstarost Rengold, ein einheimischer Polizist und zwei Deutsche mit riesigen Schäferhunden. Sie wiesen uns an, das Haus zu verlassen. Dabei verboten sie uns, Kleidung und Essen mitzunehmen, und begleiteten uns zum ehemaligen Dorfsowjet, wohin auch alle anderen Juden unseres Dorfes getrieben wurden. Sie ließen uns in einer Marschkolonne antreten und schickten uns unter Bewachung zu Fuß 10–12 Kilometer ins Dorf Sawalje. Sie ließen die Männer »Stühlchen« aus ihren Armen machen, um die Alten, die nicht mehr gehen konnten, zu tragen.

Im Dorf Sawalje richteten die Deutschen ihre Kommandantur im Verwaltungsgebäude des Graphitwerkes ein. Uns zwangen sie, Fenster und Türen zu putzen und zu streichen sowie den Müll wegzuräumen. Wir arbeiteten bis zum späten Abend, dann wurden wir wieder zu einer Marschkolonne formiert und unter durch Hunde verstärkte Bewachung zu einer Fähre gebracht, die die Aufgabe hatte, Menschen über den Südlichen Bug zu setzen. An dieser Stelle des Flusses ist das Ufer von hohen Felsen gesäumt.

Es war stockdunkel, und kalter Regen fiel. Die Deutschen befahlen uns, an Bord der Fähre zu gehen, und stießen sie vom Ufer ab. Als die Fähre sich dem anderen Ufer näherte, begannen die Deutschen, vom hohen Ufer herab auf sie zu schießen. Panik breitete sich auf der Fähre aus, Schreie, Stöhnen, die Leute begannen hin und her zu rennen. Auf der Fähre waren viele Kinder und alte, oft kranke Leute. Viele sprangen ins Wasser, warfen die Kinder hinein. Die Hunde heulten, die Deutschen schossen und lachten.

Meine große Schwester Nadja hatte Polina auf dem Arm und hielt uns in ihrer Nähe. Als die Fähre das Ufer erreichte, ging sie mit uns an Land. Viele hatten Angehörige verloren. Wir verloren den Bruder Lenja. Wir suchten ihn die ganze Nacht in der Dunkelheit, hinter jedem Busch sahen wir nach, wir riefen ihn, und erst am Morgen, als die Sonne bereits aufging, fanden wir ihn in einem fernen Strohhaufen.

Die entkleideten und hungrigen Leute versammelten sich und begannen zu beraten, wohin man nun gehen sollte. Sie entschieden, in das 15 Kilometer entfernte Städtchen Sawran zu gehen. Es war Sonntag, die Bewohner der umliegenden Dörfer kehrten vom Markt zurück und warnten uns, als sie uns sahen, dass es besser sei, nicht nach Sawran zu gehen, weil die Deutschen dort bereits alle Juden in ein Ghetto gesperrt hatten. Dann tauchten rumänische Soldaten auf. Sie sammelten uns alle und schickten uns in die Stadt Berschad, in der sich ein großes Konzentrationslager-Ghetto befand. In diesem Ghetto blieb unsere Familie bis zum 14. März 1944. Das Lager war mit Stacheldraht umzäunt. Außer den jüdischen Einwohnern der Stadt befanden sich hier 20 000 bis 25 000 Juden aus der Bukowina, Bessarabien, sogar aus Balta und anderen Orten der Oblast Odessa. Insgesamt waren im Ghetto von Berschad etwa 25 500 Juden konzentriert, von denen etwa 12 500 an Typhus und Erschöpfung starben.

Wir wurden in einem alten, halb verfallenen Haus mit herausgeschlagenen Fenstern und ohne Heizung untergebracht. Wir schliefen auf dem Lehmboden. Außer uns lebten in dieser Bude (10 Quadratmeter) noch acht weitere Personen. Das waren junge Mädchen von etwa 14 bis 17 Jahren aus Czernowitz, die ihre Eltern während der Ereignisse in der Ukraine verloren hatten. Sie waren sehr erschöpft und standen nur selten auf. Meine Mutter half, wie sie nur konnte. Trotzdem starben sie bald. Nach ihrem Tod bekamen wir irgendwelche Injektionen, dann wurde niemand mehr bei uns einquartiert.

Schon bald erkrankte meine Schwester Nadja an Flecktyphus, lag bewusstlos da; sie war fast den ganzen Winter 1942 krank. Ohne warme Decken, Medikamente, Nahrung, warmes Essen und überhaupt Wärme in der Unterkunft brachte die Krankheit nach der Krise eine weitere Verschlimmerung: Nadja hörte auf zu gehen, ihre Beine versagten.

Der Winter 1942 war außerordentlich streng. Zehntausende Ghettohäftlinge verhungerten, erfroren oder starben an Typhus. Es gelang kaum, die Verstorbenen zu beerdigen (es war eine

Beerdigungsbrigade gegründet worden). Die Leichen lagerten auf den Straßen, wie Brennholz gestapelt, und warteten im gefrorenen Zustand darauf, dass sie »an der Reihe« wären, beerdigt zu werden. In der Nähe des Ghettos war eine Zuckerfabrik. Im Winter wurden Zuckerrüben auf Schlitten an unserem Lager vorbei vom Feld dorthin gefahren. Mein Bruder Lenja machte aus Draht einen Haken, und manchmal gelang es ihm, wenn die Schlittenführerin es nicht bemerkte, Rüben damit zu angeln. Aber meistens bekam er die Peitsche auf die Hand. Gleich neben dem Lagerzaun gab es eine Ölmühle, und manchmal konnten wir von den Bauern etwas Makuch (Rückstände beim Ölpressen) bekommen. Das war für uns schon ein »Bauchfest«.

Als wir im Winter 1942 bereits einige Tage lang nichts gegessen hatten, entschied sich Nadja, das Lager zu verlassen (es gab ein Schlupfloch), aber sie hatte Pech – eine Patrouille erwischte sie und nahm sie mit auf die Kommandantur. Eine Woche später wurde sie mit anderen solchen »Delinquenten« nach Tiraspol abgeschoben. Dort fand ein Prozess statt, und sie wurde zu drei Monaten Gefängnis verurteilt. Nach vier Monaten kam sie zurück. Das war für uns ein wahrhaft glücklicher Tag. Wir hatten geglaubt, sie verloren zu haben und sie nie wiederzusehen.

Der Winter 1944 war eine sehr beunruhigende Zeit. Auf dem Rückzug kamen deutsche Truppen und Wlassow-Leute durch Berschad. Sie ließen ihre Wut über ihr Scheitern an den Menschen aus. Es begannen Razzien im Ghetto. Partisanen wurden erwischt. Mehrere Personen wurden gefangen und im Zentrum des Städtchens an Masten aufgehängt. Vorübergehende wurden einfach auf der Straße erschossen. Noch im Februar wurden im Ghetto 327 Menschen erschossen, am 14. März befreite uns dann die Rote Armee.

Nach der Befreiung blieben wir noch einige Monate in Berschad. Mama und Nadja arbeiteten in der Finanzverwaltung des Rayons. Wir bekamen ein kleines Zimmer zugewiesen. Im Oktober 1944 fuhr Nadja zum Studium nach Shitomir, und wir anderen kehrten in unser Dorf Mogilno zurück. Mein Bruder und ich begannen, zur Schule zu gehen. Aber die Lebensbedingungen im Dorf waren äußerst schlecht. Das Haus war zerstört, es gab kein Brennmaterial, und so nahm Mamas Schwester, Genja Mejerowna Fridner, trotz aller Schwierigkeiten, die das Leben auch ihr bot, Mama, Polina und mich zu sich. Sie war aus der Evakuierung nach Kiew zurückgekehrt.

Wir sind dank unserer lieben Mama Sonja Mejerowna Fridner (geb. 1898), die unter den schwersten und ausweglosesten Situationen des Lagerlebens um unser Leben gekämpft hat, am Leben geblieben.

Während des Großen Vaterländischen Krieges verlor unsere Familie 26 Personen. Von ihnen fielen sechs an der Front, 20 wurden an verschiedenen Orten der Ukraine von den Deutschen erschossen. Vier im Ghetto des Schtetls Obodowka (Oblast Winniza), sechs in Odessa und neun im Dorf Taushna.

Unser Vater, Samuil Iljitsch Ainbinder (geb. 1898), war an der Front, geriet bei Odessa in Gefangenschaft, floh, kehrte in unser Dorf zurück, suchte uns und hielt sich versteckt. Er wurde im Februar 1942 gefasst und im Wald nicht weit von unserem Dorf erschossen.

Pfadfinder der Dorfschule spürten die Hinrichtungsstelle auf, an der auch andere Juden des Dorfes erschossen worden waren, und errichteten dort ein Denkmal. Das wurde uns mitgeteilt, und ich fuhr im Jahre 2004 zum Grab meines Vaters. Mein älterer Bruder (geb. 1922) hatte in Odessa studiert. Dort wurde er auch eingezogen. Er verteidigte Odessa bis zum letzten Tag, kämpfte dann in Stalingrad, Sewastopol und Kaliningrad. Er wurde schwer verwundet und starb 1947 in der Stadt Pensa. Mama starb 1974 in Kiew. Mein Bruder Leonid hat in Kiew bei der Eisenbahn gearbeitet und ist 1989 gestorben. Ich habe das Fremdsprachinstitut absolviert und unterrichte in der Mittelschule Nr. 88. Ich habe zwei Söhne und drei Enkel. Meine Schwestern Nadja und Polina, mit denen ich diese Erinnerungen geschrieben habe, leben in Kiew. Wir nehmen an der Arbeit der Kiewer jüdischen Organisation »Pamjat Katastrofy« teil, der ehemalige Häftlinge der Ghettos und nazistischen Konzentrationslager angehören.

Julija Pensjur-Wexler (geb. 1936)
»Meine erschossene Kindheit blieb für immer in meinem Gedächtnis«

Ich, Julija Chunowna Pensjur-Wexler, wurde am 15. September 1936 im Dorf Tyrlowka, Bezirk Dshulin (heute Bezirk Berschad), Gebiet Winniza, geboren.

1941 wurden mein Vater und mein Bruder eingezogen. Beide sind an der Front gefallen. Ich erinnere mich gut an all das. Meine schreckliche Kindheit blieb für immer in meinem Gedächtnis. Sie verlief auf den Dachböden, in den Gräben, in den Gruben, in der verlassenen Kapelle am Dorfrand, im Gebüsch und auf dem Dorffriedhof. Sie dauerte von 1941 bis 1944. Ich bin allen meinen Rettern dankbar, die ihr Leben riskierten, um mir, einem sechsjährigen Mädchen, und meiner Mama das Überleben zu ermöglichen. Ihnen wurde in unseren Tagen die Auszeichnung »Gerechte unter den Völkern« verliehen … Leider gab es auch Menschen, die uns jagten. Jetzt verleben sie ihren Lebensabend im Ausland, wohin sie sich als angebliche Opfer des kommunistischen Regimes abgesetzt hatten.

Da, wo meine Kindheit in der faschistischen Zeit stattfand, gab es weder ein Ghetto noch ein Konzentrationslager. Nichtsdestotrotz waren es Orte der Massenvernichtung von Juden: im Dorf Ternowka 2500 Menschen, im Dorf Dshulinka 400 Menschen, im Dorf Udytsch 300 Menschen, die in den besetzten Gebieten geblieben waren und lebendig in den Steinbrüchen begraben wurden. Und so war es in jedem Dorf bis zur Stadt Uman.

In meinem kleinen Dorf Tyrlowka (7 Kilometer von Ternowka entfernt) lebten zwei Schwestern meiner Mutter und unsere Familie. Am 14. September 1943 wurden alle zehn Menschen erschossen. Später starben auch Familie Schwager, Familie Arbitman, meine ältere Schwester Lisa Fleischman, die Schwestern meiner Mutter mit ihren Kindern, die Cousine meiner Mutter Olga Djatschenko, deren Mann Ukrainer war und an der Front gefallen war. Sie starben, weil ihr Versuch, über den Südlichen Bug ins Ghetto von Berschad überzusetzen, wo die Rumänen herrschten, scheiterte. In Berschad hätte es vermutlich eine Hoffnung auf Überleben gegeben, weil die Rumänen nicht mit ihrer Brutalität auffielen.

Nach einem nächtlichen Besäufnis wollten die Polizisten tagsüber »arbeiten«, indem sie eine Menschenjagd veranstalteten. Ein Landsmann aus unserem Dorf, der sich von seiner besten Seite zeigen wollte, um als Polizist aufgestellt zu werden, half ihnen eifrig dabei. Sie hielten am Haus an, in dem Familie Arbitman wohnte. Es war die jüngste Schwester meiner Mutter mit ihrem kranken Mann und drei kleinen Kindern: der Tochter im Alter von dreizehn Jahren und zwei Söhnen im Alter von neun und zwei Jahren. Während die Mörder den Hof durchsuchten, retteten die Nachbarn den Mann, das Mädchen und den jüngsten Sohn. (Die Tochter wohnt jetzt in St. Petersburg, der Sohn in Tomsk und der Mann starb kurz nach der Befreiung.)

Unsere Familie wohnte damals bei der ukrainischen Bäuerin Hanna. Sie war für uns wie unsere leibliche Oma. Selbst schutzlos, schaffte sie es, uns zu retten. Sie wurde von einem Verräter als Strafe dafür, dass sie uns nicht denunziert hatte, brutal verprügelt. Auf der Straße begegnete er meiner Schwester und denunzierte sie bei der Polizei. Danach fuhr er zusammen mit den Polizisten zum Dreschplatz, um meine Mama zu holen. Aber die Menschen wussten Bescheid und versteckten sie im Maisfeld. Ich war etwa hundert Meter vom Tod entfernt und zwei Minuten von meiner Ermordung. Ich spielte am Zaun unserer Nachbarin Nastasija. Vor einiger Zeit war in einer Lehmgrube ihre einzige Tochter umgekommen. Diese Frau fand ihren Trost in fremden Kindern, in mir und meiner Schwester, die mit ihrer verstorbenen Tochter befreundet war. Blitzschnell realisierte sie, dass mir eine Todesgefahr drohte. Sie zog mir eine Bauernweste über, und die Schwestern Galina und Jawdocha brachten mich in den Stall der Kolchose, der im Feld lag. Wahrscheinlich retteten sie mir das Leben.

In jenem Augenblick führten die Mörder noch eine Familie ab. Es waren die Verwandten meiner Mutter: Mann, Frau und ihre zwei Töchter (eine von ihnen war Olga Djatschenko, die ich schon erwähnte) sowie drei Enkelkinder: zwei Mädchen (17 und 19 Jahre alt), ein Junge (zwei Jahre alt, der Sohn von Olga). Die Oma Antonina Djatschenko riss ihren Enkel aus den Händen des Polizisten. Dieser, ganz besoffen, dachte, dass er ein falsches Kind mitgenommen hätte. (Igor lebt heute in der Ukraine.) Oma Antonina Djatschenkos Sohn Hryz kehrte vom Krieg nicht zurück, und ihre jüdische Schwiegertochter Olga teilte das Schicksal ihrer Verwandtschaft.

Kurz darauf raste am Stall ein Auto vorbei. Aus dem Auto hörte ich Schreie. Nach 2–3 Minuten gab es Schüsse, und danach wurde alles still. Bis heute erinnere ich mich an diese Geräusche und an jene furchtbare Stille. Manchmal wache ich in der Nacht von dem, was ich hörte und sah, auf.

Augenzeugen erzählten später, wie die Polizisten, nachdem sie ihre Hände von der schweren Arbeit gewaschen hatten, ihr Besäufnis fortsetzten. Der Tod meiner Verwandten wird auf dem Gewissen jener bleiben, die die Mörder großzügig mit Schnaps und Essen bewirteten. Sie wussten ganz genau, dass dieser Mord geplant worden war.

Ich weiß nicht, wie ich zu meiner Mutter gelangte. Ich kann mich nur erinnern, dass wir beide an einem Grab saßen, neben dem der Boden voll mit Blut war. Bis zum Abend saßen wir dann im Maisfeld und weinten. Meine Mutter musste sehr stark husten und spuckte Blut. Nie werde ich dies vergessen können. Nie werde ich weder Babi Jar, das Grab in Tyrlowka, noch jedes von Bestien vernichtete Leben verzeihen können.

Am Abend fand uns die Freundin meiner Mutter Xenja Herasymtschuk und holte uns zu sich. Ein halbes Jahr wurden wir damals von barmherzigen Menschen versteckt, die mit uns das wenige teilten, was sie selbst besaßen. Ich erinnere mich an drei Waisenkinder Pawlo, Tymisch und Jawdonja Troskotiw. Auch sie versteckten uns.

Viel Gutes taten für uns auch andere Familien. Davon berichte ich etwas später.

Kurz vor der Befreiung wurden wir von Osseten abgeholt. Später verstand ich, dass sie in deutsche Gefangenschaft geraten waren und die Faschisten aus ihnen eine Truppe für den Dienst im Dritten Reich gebildet hatten. Aber diese Menschen halfen den Einwohnern der Dörfer, durch die sie zogen. Uns nahmen sie mit sich, wie ihre Verwandten. Als die Deutschen auf dem Rückzug waren, brachte man uns nach Tyrlowka zurück.

Die Rotarmisten begrüßten wir im Ort Kawkuly. Ich erinnere mich an einen Offizier, der mich im Arm hielt und umarmte. Ich weinte, weil ich dachte, er wäre mein Vater.

Jetzt gibt es neue Helden. Aber in meinem Gedächtnis werden für immer jene Helden bleiben, die mich und die ganze Menschheit vom »gewöhnlichen Faschismus« gerettet hatten. Seine Wiederholung sehe ich in unserer Zeit, wenn ich von Pogromen höre, die von Mördern unter der Tarnung politischer Parolen durchgeführt werden. Das Schicksal von Flüchtlingen ist mir nicht gleichgültig. Wenn ich an die Osseten denke, die mich damals gerettet haben, muss ich zum Himmel rufen, wenn ich höre, dass die Flüchtlinge aus Ossetien um Aufnahme betteln. In jedem von ihnen sehe ich mich selbst und meine Familie.

Nach dem Krieg stellte meine Mama am Grab ihrer Verwandten einen Zaun auf. Aber später wurde er von jemandem entfernt. Trotzdem zerstörten die Menschen das Grab nicht. Ich besuchte es zusammen mit meinem Mann, mit meinen Töchtern und später auch mit meinen Schwiegersöhnen.

Niemand suchte nach den Mördern meiner Verwandten. Sie bleiben unbestraft. Vielleicht geben sie sich irgendwo im Ausland als Opfer des Systems aus. Dies ist modern geworden. Ihre Kinder und Enkelkinder wissen nicht, dass sie von Verbrechern abstammen. Alles ist möglich.

Es war Holocaust ohne Ghetto und ohne Konzentrationslager. Nur Gräber, wenn sie erhalten blieben, Schweigen. Sie sind stumme Zeugen der Bestialität. Heutzutage glaubt man, dass die Opfer jene sind, die die Konzentrationslager und Ghettos durchmachten. Es ist nicht schwer festzustellen, wie viele Juden auf den von Deutschen besetzten Gebieten überlebt haben. Ich behaupte, ohne zu zweifeln, dass es Einzelne waren. Dort konnte keine einzige jüdische Familie überleben. Es war ein Genozid. Wenn man sich die ganze Situation vor Augen führt, so muss man erkennen, dass meine ganze Generation, all jene, die vor dem Krieg geboren wurden, von den Faschisten zum Sterben, zur Ausrottung vorgesehen waren.

Während der Evakuierung wurden zwei Töchter und die Frau meines Onkels erschossen. Sie gerieten in einen Hinterhalt. Von selbst drängt sich der Gedanke auf, dass mit der Vernichtung aller Juden, die vor dem Krieg geboren wurden, die Existenz unseres Volkes aufhören musste. Ich will nicht der Frage nachgehen, wer sich daran beteiligt hatte … Wir haben überlebt, wir Augenzeugen des Genozids. Man muss auf jene hören, die das Inferno des Holocaust überstanden haben. Die ganze Generation musste nur deshalb leiden, weil sie als Juden geboren worden waren.

Die Jahre sind vergangen. Zusammen mit meinem ukrainischen Mann erzog ich zwei Töchter, und wir haben vier Enkelkinder. Ich, ihre Mutter und Großmutter, bleibe alleine. Die Vergangenheit lebt in mir. Ich kann mich von ihr nicht trennen. Weil ich mein eigenes Babi Jar habe. Es war in meiner Kindheit und es wird in mir bis zu meinem Lebensende bleiben. Meinen Kindern vererbe ich das Erinnern.

Eine Frage quält mich immer wieder neu: Warum? Wofür? Wie viele Gemeinschaftsgräber gibt es? Verstehen die Menschen, dass unter diesem oder jenem Stein das abgerissene Leben ruht?

Und das Letzte. Das Einzige, was ich für den Erhalt der Erinnerung an meine ermordete Verwandtschaft machen kann, ist, darüber zu berichten und ihre Namen meinen Kindern und Enkelkindern zu wiederholen. Meine Familie und meine Verwandten, das sind die Biografien des ganzen jüdischen Volkes. All dies ist sehr tragisch, wenn man den Krieg, den Genozid und den Antisemitismus überstanden hat. Man muss sich daran erinnern, »es ist unsere gemeinsame Biographie«.

Berschadskij kraj, 2. Juli 1993, Nr. 51; Winnizkaja Jerusalimka, Juni 2001, Nr. 12

Arkadi Schuster (geb. 1928)
»Mutterseelenallein auf der ganzen Welt«

Ich, Arkadi Jakowlewitsch Schuster, wurde am 20. Dezember 1928 im Dorf Ternowka, Bezirk Dshulin (heute Bezirk Berschad), Gebiet Winniza, geboren. Ich lebte zusammen mit meinen Eltern, meinen drei Schwestern und einem Bruder. Ich war in der Familie das älteste Kind. Ich war 13, das jüngste Kind war vier Jahre alt.

Am dritten Tag nach dem Kriegsausbruch wurde mein Vater eingezogen. Wir sahen ihn nie wieder. Er blieb verschollen. Einen Monat nach dem Kriegsausbruch wurde das Dorf Ternowka von Deutschen besetzt. Mitten im Winter wurden alle Juden an einer Stelle gesammelt. Uns wurden ein paar Häuser zugewiesen, in die wir dann alle einzogen. Unser ganzes Eigentum tauschten wir gegen Brennholz und Korn um. Wir waren insgesamt fünf Familien in einem Haus. Gemeinsam bauten wir ein Versteck.

Am 27. Mai 1942 schaute unsere Mutter um 4 Uhr morgens aus dem Fenster und sah, dass die Deutschen in schwarzen Uniformen alle Menschen aus den Häusern hinaustrieben. Die Menschen weinten und schrien. Sie wurden mit Gummiknüppeln geschlagen. Alle wurden auf den Parkplatz getrieben. Wir gingen in unser Versteck, und so konnte unsere ganze Familie den ersten Pogrom überleben. Drei Kilometer von unserem Dorf entfernt wurde im Wald ein großes Grab geschaufelt. An jenem Tag wurden damals 2300 Menschen erschossen.

Am Tatort waren auch einheimische Einwohner, die beauftragt waren, zehn Fachmänner auszusuchen, damit diese ihnen das Schneider- und Schuhmacherhandwerk beibrächten. Diese zehn Fachmänner standen abseits und mussten zusehen, wie die anderen Juden zu zehnt auf der Treppe, die im Grab eingebaut war, aufgestellt und mit Maschinenpistolen erschossen wurden. Sie waren Augenzeugen, wie ihre Eltern, Frauen und Kinder erschossen wurden.

Die einheimischen Einwohner erzählten, dass sich die Erde über dem Grab noch drei Tage lang bewegte. Um 11 Uhr war der Pogrom zu Ende. Die SS-Männer fuhren weg. Am nächsten Tag fand der Kommandant unseres Dorfes, der Deutsche Emil, 43 Juden, die sich in verschiedenen Verstecken retten konnten. Er erschoss sie eigenhändig mit einer Pistole.

Die am Leben Gebliebenen (es waren ungefähr 60 Personen) wurden in vier Häusern untergebracht, wo sie bis zum 2. April 1943 lebten. Man lebte in Kälte und litt Hunger, aber die Deutschen ließen die Menschen in Ruhe. Man musste irgendwie die Familie ernähren. Ein Freund meines Vaters nahm mich als Aushilfe im Pferdestall auf. Er hieß Petro Kusyk.

Der Pogrom begann um zehn Uhr morgens. Onkel Petja sah, dass die Juden zum Graben getrieben wurden, und versteckte mich auf dem Dachboden des Pferdestalls. Dort verbrachte ich drei Tage. Er brachte mir zu essen. Er erzählte mir, dass alle Juden ermordet waren und ich, der Einzige aus meiner Familie, am Leben geblieben war. Es war sehr gefährlich, das Versteck zu verlassen. Alle Juden, die man entdeckte, wurden erschossen. Mein Retter nahm mich mit zu sich nach Hause. Bis zum 11. März 1944 sah ich kein Tageslicht. Tagsüber versteckte ich mich im Keller und nachts wurde ich ins Haus geholt.

Am 11. März 1944 wurde unser Dorf befreit. Onkel Petja nahm mich mit in die Kolchose.

So blieb ich mutterseelenallein auf der ganzen Welt. Die Familien der vier Brüder meiner Mutter waren erschossen worden, sie selbst kehrten von der Front nicht zurück.

Ich kann von all den Gräueln, die ich erlebt hatte, nicht berichten. Noch heute bereiten sie mir sehr viel Schmerz und zerreißen mein Herz.

Siehe auch den Zeitzeugenbericht von Semen Kirmaier

4. Bezirk (Rayon) Chmelnik

(ukr. Chmilnyk, poln. Chmielnik)

Ort: Chmelnik

Vor 1941 war Chmelnik[45] Bezirkszentrum im Gebiet Winniza der Ukrainischen Sozialistischen Sowjetrepublik und von 1941 bis 1944 Bezirkszentrum im Gebiet Litin, Generalkommissariat Shitomir. Seit 1991 ist Chmelnik Bezirkszentrum im Gebiet Winniza, Ukraine.

1939 lebten in der Stadt Chmelnik 4793 Juden, etwa zwei Drittel der Bevölkerung. In den Dörfern des Bezirks lebten weitere 906 Juden.

Nach dem Überfall der Wehrmacht auf die Sowjetunion am 22. Juni 1941 wurden einige Juden zur Roten Armee eingezogen oder meldeten sich freiwillig. Einigen Hundert Juden gelang es, nach Osten zu fliehen. Zu Beginn der Okkupation lebten noch mehr als 4000 Juden in Chmelnik. Am 17. Juli 1941 besetzten Einheiten der deutschen 17. Armee die Stadt. Im Juli und August 1941 herrschte die Ortskommandantur in Chmelnik. Sie rekrutierte Einheimische als

---

45 Altman, Cholokost, S. 1033; Encyclopedia of Camps and Ghettos, S. 1535 ff.; The Yad Vashem Encyclopedia, S. 306; Grossman, Das Schwarzbuch, S. 77–85.

Hilfspolizisten und für die örtliche Verwaltung. Juden berichten, dass ihre früheren Lehrer feurige ukrainische Nationalisten wurden und sich aktiv an der Verfolgung der Juden beteiligten.

Am 19. Juli 1941 wurde den Juden befohlen, einen Judenrat, bestehend aus vier Personen, zu wählen. Juden durften auf dem Markt nur Kartoffeln und Erbsen kaufen. Doch bald stellte ein anderer Befehl klar, dass ein auf dem Markt gefasster Jude mit 25 bis 50 Schlägen bestraft werden würde. Damit war die jüdische Bevölkerung dem Hunger preisgegeben. Ein Befehl verbot den Bauern, irgendwelche Beziehungen zu Juden zu unterhalten. Wenn ein Bauer das Haus eines Juden betrat, erhielt er 25 bis 50 Schläge, die sofort ausgeführt wurden.[46] Den Juden war es verboten, nach sechs Uhr abends in die umliegenden Dörfer zu gehen. Sie mussten Zwangsarbeit leisten, und alle Juden über fünf Jahre mussten eine weiße Armbinde mit einem blauen Davidstern tragen. Ukrainische Hilfspolizisten plünderten gelegentlich jüdische Häuser.

Am 12. August 1941 kam eine Einheit des Einsatzkommandos 5 unter dem Kommando von SS-Hauptsturmführer Wadel [?] nach Chmelnik und ermordete 229 Juden, hauptsächlich Männer, und 40 ukrainische Kommunisten. Sie wurden außerhalb der Stadt an der Straße nach Ulanow begraben. In der Ereignismeldung UdSSR Nr. 86 vom 17. 9. 1941 wird gemeldet: »Die Reaktion der Bevölkerung auf diese Erlösung von den Juden war hier sehr stark, sodass es schließlich zu einem Dankgottesdienst kam.«[47] Ende Oktober 1941 übernahm eine Zivilverwaltung die Herrschaft in Chmelnik. Die Stadt wurde Bezirkszentrum im Gebiet Litin. Gebietskommissar war SA-Standartenführer Traugott Volkhammer. Die ukrainische Polizei wurde dem deutschen Gendarmerieposten in Chmelnik unterstellt. Am 25. Dezember 1941 wurde den Juden befohlen, warme Kleidung, besonders Pelze zum Gebrauch für die deutschen Soldaten an der Front abzuliefern. Um die Einhaltung des Befehls zu gewährleisten, wurden 11 Juden als Geiseln genommen.

Am 2. Januar 1942 forderte Gebietskommissar Volkhammer eine große Summe Geld als »Kontribution« von den Juden. Zugleich ordnete er an, die Juden in ein Ghetto in der Altstadt umzusiedeln. Die Russen und Ukrainer mussten ihre Häuser mit einem Kreuz kennzeichnen. Wer Juden in sein Haus ließ, wurde schwer bestraft. Schätzungsweise zogen etwa 4500 Juden in das Ghetto. Am 9. Januar 1942 ermordete das Einsatzkommando 5 der Einsatzgruppe C unter Beteiligung ukrainischer Polizei etwa 3000 Juden in Gruben in der Nähe des Dorfes Ugrinowka. Facharbeiter und ihre Familien wurden verschont, und einer relativ großen Anzahl von Ghettobewohnern gelang es, sich zu verstecken. Am 16. Januar 1942 ermordete das Einsatzkommando 5 in einer weiteren Operation 1240 Juden. Die Überlebenden dieser beiden Operationen und die Facharbeiter mit ihren Familien wurden in einer einzigen Straße untergebracht. Diese Straße wurde »das kleine Ghetto« genannt. Es war nicht hermetisch abgeschlossen, sodass die Bewohner Nahrungsmittel bekommen oder

---

46 Grossman, Das Schwarzbuch, S. 78.
47 Mallmann, Die »Ereignismeldungen UdSSR«, S. 477.

auch Zuflucht in einem ukrainischen Haus finden konnten. Am 12. Juni 1942 ermordeten deutsche und ukrainische Polizisten, unterstützt von einer Einheit der ungarischen Armee, 360 jüdische Kinder und alte Menschen in der Nähe des Ortes.

Das Ghetto Chmelnik wurde am 3. März 1943 »liquidiert«. Nach den Unterlagen der Außerordentlichen Staatlichen Kommission der Sowjetunion wurden an diesem Tag ungefähr 1300 Juden ermordet. Die 135 Handwerker, die das Massaker überlebten, 127 Männer und acht Frauen, wurden in einem Schulgebäude untergebracht, das in ein Arbeitslager umgewandelt wurde. Die Juden mussten Ukrainer ausbilden, die sie ersetzen sollten. Etwa 67 Personen gelang es, aus diesem Lager zu fliehen.

Am 26. Juni 1943 wurden die verbliebenen Juden in zwei Gruppen geteilt. 14 Personen wurden ausgewählt, die am Leben bleiben sollten. Die anderen 54 Personen wurden in einen Wald geführt, um dort erschossen zu werden. 13 Juden versuchten zu fliehen, aber nur vier Juden gelang die Flucht. Die übrigen 50 Juden wurden erschossen.

14 Juden, die im Ghetto geblieben waren, konnten im Dezember 1943 entkommen.

Während der Zeit des Ghettos hatten einige Jungen im Alter von 14 bis 16 Jahren eine Widerstandsgruppe gebildet, die von Josef Wagner angeführt wurde. Obwohl es ihnen gelang, Waffen zu bekommen, wurde fast die ganze Gruppe gefasst und exekutiert.

Es wird geschätzt, dass die Deutschen und ihre Kollaborateure zwischen 1941 und 1943 mehr als 5000 Juden in Chmelnik ermordet haben. Einige Dutzend Juden überlebten, weil sie sich mithilfe einheimischer Ukrainer verstecken konnten. Anderen gelang die Flucht nach Transnistrien.

Am 9. (10.) März 1944 wurde Chmelnik durch sowjetische Truppen befreit. Aus dem Stadtteil auf dem rechten Ufer des Bugs wurden die deutschen Truppen am 18. März 1944 endgültig vertrieben.

Igor Ziperfin
»Wie die Juden in Chmelnik ermordet wurden«

Als Vertreter der älteren Generation halte ich es für meine Pflicht zu berichten, wie die jüdische Bevölkerung in der Ukraine vernichtet wurde.

Im Gebiet Winniza liegt das kleine Städtchen Chmelnik. Heute ist es ein Kurort mit Heilquellen. Vor dem Krieg war es ein hauptsächlich von Juden bewohnter Ort. Als der Krieg ausbrach, konnten sich nicht alle aus Chmelnik evakuieren lassen. Mischa Gil, der Bruder meiner Frau, schrieb darüber: »Als die Faschisten Chmelnik besetzten, begann die Jagd auf die Juden. Zu unserer großen Überraschung waren die Lehrer unserer Schule ihre ersten Unterstützer. Sie entpuppten sich als wahre Antisemiten und riefen in den Versammlungen dazu auf, die Stadt so schnell wie möglich von Juden zu säubern. In der lokalen Zeitung, die Kolodi, der ehemalige Sekretär der Komsomolorganisation der Gesamtschule im Dorf Katschanowka, redigierte, wurden alle Einwohner des Bezirks aufgerufen, die Juden zu verfolgen und an die Polizei auszuliefern.«

Kurz darauf wurde in der Altstadt ein Ghetto errichtet und das Gebäude der ehemaligen Stadtmiliz an die ukrainische Polizei übergeben. Die erste »Aktion« beinhaltete die Erschießung von 400 Juden. Die Angst beherrschte die Ghettobewohner, die jeden Tag mit neuen Repressalien rechnen mussten. Am 9. Januar 1942 kam dieser dramatische Tag: Um vier Uhr morgens, als alle Ghettobewohner noch schliefen, begann eine plötzliche Jagd auf Frauen, Alte und Kinder. Die deutschen Gendarmen und ukrainische Polizisten mit Polizeichef Tarnawski an der Spitze gingen von Haus zu Haus und nahmen die unglücklichen, todgeweihten Menschen fest.

Jenes furchtbare Bild steht noch heute vor meinen Augen: Der Polizist Lischtschuk verfolgt mit einem Messer in der Hand eine Mutter mit ihrem Säugling im Arm. Von überall hörte man Schreien, Stöhnen und Weinen. Die Tür unserer Wohnung riss der Polizist Belous auf und stach mit dem Bajonett seines Gewehrs auf die im Bett liegende gelähmte Tante Chana. Dann trieb er mit dem Kolben seines Gewehrs meine Mutter auf die Straße und zerschmetterte buchstäblich vor meinen Augen mein dreijähriges Schwesterchen, indem er es an den Füßen fasste und mit dem Kopf an die Wand schlug.

An jenem furchtbaren Tag ermordeten die Nazis und Polizisten über 6000 Juden. Bei klirrender Kälte wurden die Juden in Kolonnen zu den im Voraus geschaufelten Gräbern in den drei Kilometer von der Stadt entfernten Wald getrieben. Neben meiner Mutter gingen meine Cousine Esterka und ihre Mutter Olta. Esterka war 20 Jahre alt und unglaublich hübsch. Janko, der Chef der Gendarmerie, wurde aufmerksam auf sie und erlaubte ihr, die Kolonne zu verlassen und ins Ghetto zurückzukehren. Esterka blieb aber in der Kolonne. Sie ruht zusammen mit ihrer Mutter und Tausenden anderen unschuldigen Opfern im größten Grab im Wald von Chmelnik. Die Juden mussten sich vor der Erschießung entkleiden. Die Verletzten wurden totgeschlagen. Noch lange bewegte sich die Erde auf dem Grab. Während der Besatzung vernichteten die deutschen Gendarmen und ukrainische Polizisten insgesamt über 12 000 Juden.

Die am Leben gebliebenen Ghettohäftlinge begannen fieberhaft, Rettungsmöglichkeiten zu suchen. Eine Chance bekamen auch mein Vater, sein Bruder Solman und ich. Solman stellte Seile für die lokale Verwaltung her. Er erfand eine besondere Konstruktion und konnte so das umständliche Herstellungsverfahren vereinfachen. Dafür bekam er vom Verwaltungsleiter einen Brotlaib und durfte das Ghetto kurz verlassen. Solman kehrte nicht mehr zurück. Im Dorf Masurowka fand Solman den befreundeten Ukrainer Ilko und vereinbarte mit ihm unsere Befreiung aus dem Ghetto. Mein Vater und ich wurden in einem leeren Fass, in dem Ilko Wasser ins Lager brachte, aus dem Ghetto geschmuggelt. Über sechs Monate lebten wir in einem Erdloch. Mit der Zeit wurde es gefährlich, dort weiter zu bleiben. In einer Nacht machten wir uns zu Fuß auf den Weg durch den Wald und die Schluchten und gingen nach Murafa, wo wir in einem Versteck das Kriegsende erlebten. Dort war es auch nicht einfach: Oft führte die rumänische Verwaltung Razzien durch, um die Juden an die Deutschen auszuliefern. Als Chmelnik von der Roten Armee befreit wurde, war ich gerade 16 Jahre alt geworden.

Der Wunsch, mich zu rächen und die Nazis zu bestrafen, ließ mich nicht los, und ich bat das Kriegskommissariat, mich einzuziehen. Ein paar Monate später kämpfte ich dann gegen die Nazis und rächte mich für das Leid, das sie uns antaten. Ich nahm auch an den Kämpfen um Berlin teil. Nach dem Sieg wurde ich demobilisiert, kehrte in meine Heimatstadt zurück und machte dort meinen Schulabschluss. Ich wollte mich an der Universität Kiew immatrikulieren und dort Journalistik studieren. Meine Bewerbung um den Studienplatz wurde abgelehnt, und ich bekam im Klartext zu hören, dass dieses Fach nur den Vertretern der Hauptethnie vorbehalten sei. Damals war ich kein schüchterner Junge mehr. Ich zog meine Militäruniform mit all den Medaillen und Orden an und erkämpfte mir mit Mühe und Not einen Termin beim Rektor der Universität. Ich berichtete ihm, was ich alles erlebt hatte. Der Rektor verordnete umgehend meine Aufnahme zum Studium der Journalistik. Nach dem vierten Semester heiratete ich eine Frau aus Moskau, setzte mein Studium der Journalistik an der Universität Moskau fort und schloss es dort ab.

Auf dem besetzten Territorium konnte ich mich ausreichend überzeugen, dass es nur einzelne Menschen wie Ilko gab, der uns das Leben rettete.

Nach dem Krieg besuchten meine Frau und ich Chmelnik oft. Wir gingen zusammen mit den einheimischen Einwohnern zu den Gräbern der Ermordeten in den Wald.

Alef. Internationale jüdische Monatszeitschrift, 2005, Nr. 1, S. 6 f.

Siehe auch den Zeitzeugenbericht von Fanja Ermolowa

5. Bezirk (Rayon) Gaissin

(ukr. Haissin)

In den Jahren 1941 bis 1943 wurden im Bezirk Gaissin 4121 Zivilisten ermordet, darunter 3951 Juden.[48]

Ort: Gaissin

Vor 1941 war Gaissin[49] Bezirkszentrum im Gebiet Winniza der Ukrainischen Sozialistischen Sowjetrepublik und von 1941 bis 1944 Bezirks- und Gebietszentrum im Generalbezirk Shitomir. Seit 1991 ist Gaissin Bezirkszentrum im Gebiet Winniza, Ukraine.

1939 lebten in der Stadt Gaissin 4109 Juden, 28 Prozent der Bevölkerung, und weitere 380 Juden im Bezirk Gaissin.

Nach dem Überfall der deutschen Wehrmacht auf die Sowjetunion wurden einige Hundert jüdische Männer zur Roten Armee eingezogen. Einer Anzahl Juden aus der Stadt gelang es, evakuiert zu werden. Etwa 2000 Juden blieben in der Stadt. Am 25. Juli 1941 wurde Gaissin von den Deutschen besetzt. Die Ortskommandantur I (V) 275 unter dem Kommando von

---

48 Kruglow, Enziklopedija Cholokosta, S. 20.
49 Altman, Cholokost, S. 195; Encyclopedia of Camps and Ghettos, S. 1527 f.; The Yad Vashem Encyclopedia, S. 205 f.

Major Heinrich regierte die Stadt. Eine Bezirksverwaltung und eine Hilfspolizei wurden eingerichtet. Im Herbst 1941 übernahm eine deutsche Zivilverwaltung die Stadt. Gaissin wurde das Verwaltungszentrum des Gebiets Gaissin, zu dem auch die Bezirke Teplik und Dshulinka gehörten, im Generalbezirk Shitomir. Kreisleiter Becher wurde Gebietskommissar.

Im Sommer und Herbst 1941 wurden eine Reihe antijüdischer Maßnahmen ergriffen. Es wurde ein Judenrat gebildet, und die Juden mussten eine Armbinde mit einem Davidstern tragen. Juden mussten schwere Zwangsarbeit leisten und durften die Stadt nicht verlassen. Es war ihnen verboten, Lebensmittel auf dem Markt einzukaufen. Ukrainer durften keinen Kontakt zu Juden haben.

Im Sommer oder Herbst 1941 ordnete Major Heinrich die Bildung eines offenen Ghettos an. Die Rabotschaja-Straße wurde zu diesem Zweck abgesperrt. Alle Juden wurden namentlich registriert und mussten in das Ghetto umsiedeln. Die Deutschen und die ukrainische Polizei raubten die Juden aus, quälten sie und ermordeten Einwohner des Ghettos.

Am 12. September 1941 durchsuchten deutsche und ukrainische Polizisten die Häuser des Ghettos und ermordeten einige Juden. Am 15. September 1941 markierte ein ukrainischer Polizist die Häuser, in denen Juden wohnten. Am nächsten Morgen um sechs Uhr trieben Mitglieder des Polizei-Bataillons 304 die Juden aus ihren Häusern zum Marktplatz. Die arbeitsfähigen Juden wurden ins Ghetto, in die Rabotschaja-Straße, zurückgeschickt. Die anderen Juden wurden in den etwa zwei Kilometer entfernten Wald von Belendinka geführt. Hier wurden 1409 Juden aus Gaissin und 29 Juden aus Ladyshin, wo am 13. September eine »Aktion« stattgefunden hatte, erschossen.[50] Jeweils zehn Personen mussten sich in einer vorbereiteten Grube mit dem Gesicht nach unten hinlegen. Deutsche Polizisten erschossen sie dann mit Maschinenpistolen. Die Mordaktion dauerte bis vier Uhr nachmittags. Major Heinrich berichtete am 17. September, als Ergebnis der »Juden-Aktion« in Gaissin habe ihm die ukrainische Polizei Gold und Juwelen ausgehändigt.

Mit diesem Massenmord war das Ghetto Gaissin praktisch ausgelöscht. Nur etwa 150 Handwerker lebten noch im Ghetto. Die meisten von ihnen wurden zwischen dem 7. und dem 10. Mai 1943 ermordet.

Im Sommer 1942 wurde in Gaissin ein Arbeitslager für Juden eingerichtet. Juden der umliegenden Dörfer und etwa 4000 deportierte Juden aus der Bukowina und Bessarabien wurden ins Arbeitslager Gaissin getrieben. Sie wurden als Arbeitskräfte für den Brückenbau eingesetzt. Die Mehrheit starb bei dieser Arbeit. Nachdem die Bauarbeiten beendet waren, wurden die Juden erschossen und unter der Brücke begraben. Am 14. Oktober 1942 wurden 230 Juden erschossen, hauptsächlich Frauen, Kinder und Kranke, die zu schwach gewesen waren für schwere Arbeiten oder krank. Am 6. November 1942 wurden weitere 1000 Juden ermordet.[51] Die Erschießungen wurden von Polizisten des 7. Litauischen Schutzmannschaft-

---

50 Kruglow, Chronika Cholokosta, S. 36.
51 Angrick, Annihilation and Labor, S. 210.

Bataillons durchgeführt. Die 4. Kompanie des Bataillons war von April bis Dezember 1942 in Gaissin stationiert. Den Befehl gab der in Gaissin stationierte SS-Hauptsturmführer Franz Christoffel, der von März bis November 1942 Leiter der zweiten Straßenbausektion von Winniza nach Uman war.

Anfang Mai 1943 wurde das Ghetto endgültig ausgelöscht. Die letzten 120 Bewohner wurden ermordet.

Am 14. Februar 1944 wurden 24 Russen und Ukrainer und die letzten drei Juden ermordet.[52]

Ort: Michailowka

Am 3. November 1941 wurden in Michailowka[53] die ersten 30 Juden erschossen.

Seit Mai 1942 war Michailowka ein Zwangsarbeitslager für Juden. Als im Juli 1941 die Juden aus der von Deutschen besetzten Zone ermordet waren, schlossen die Deutschen mit den rumänischen Besatzern eine Vereinbarung, Juden aus der rumänischen Besatzungszone zum Bau und zur Reparatur von Straßen einzusetzen. Die Juden wurden in einem Pferdestall untergebracht.

Am 14. September 1942 wurden im Lager 25 alte Menschen und Kinder ermordet. Vor November 1942 wurden 500 ukrainische und rumänische Juden ermordet. Im November 1942 wurden weitere 107 jüdische Häftlinge ermordet. 330 überlebende Juden wurden in drei Klassenräumen mit Etagenbetten einer ländlichen Schule einquartiert. Kranke wurden erschossen. Dank der Unterstützung durch die einheimische Bevölkerung konnten die Gefangenen überleben. Im März 1943 mussten sie wieder in den Pferdestall zurückkehren.

Im April 1943 wurden Vorbereitungen getroffen, das Lager zu vernichten. Der rumänische Kommandant verhinderte das, die Hälfte der Häftlinge wurde dennoch ermordet.

Im August 1943 befreiten Partisanen 100 Häftlinge.

Im Dezember 1943 wurden die letzten 350 Häftlinge erschossen. Danach wurde das Lager aufgelöst.

Ort: Tarassowka

(ukr. Tarassiwka)

1942/43 war im Dorf Tarassowka[54] ein jüdisches Zwangsarbeitslager, in dem etwa 1000 Juden aus Nemirow, Teplik, Gaissin, Uman, Raigorod und Bessarabien in Schafställen untergebracht waren. Die Juden wurden im Straßenbau eingesetzt. Die Arbeits- und Lebensbedingungen waren sehr schwer. Die Menschen schliefen auf dem Boden. Das Lager war mit Stacheldraht umzäunt und wurde von einheimischen und litauischen Polizisten bewacht. Einigen Gefangenen gelang es, in die rumänisch besetzte Zone zu fliehen.

---

52 Kruglow, Chronika Cholokosta, S. 178.
53 Altman, Cholokost, S. 606.
54 Ebenda, S. 965.

Im Dezember 1943 wurde das Lager nach der Erschießung von 438 Häftlingen aufgelöst. Am 15. März 1944 wurde Tarassowka durch die Rote Armee befreit.

Manja Ganijewa-Sandler
»Das Recht, am Leben zu bleiben«

Nach dem Krieg habe ich oft von den deutschen Lagern in Polen und Deutschland lesen müssen. Das waren die Lager Buchenwald, Majdanek, Ravensbrück, Auschwitz, Dachau, Treblinka, Sachsenhausen, Mauthausen und viele andere, wo viele Tausend Juden vernichtet und verbrannt wurden. Aber in all diesen Jahren habe ich nirgends etwas über die Lager gelesen, in denen ich war, in die viele Tausend Juden aus der ganzen Ukraine, Bessarabien und der Nordbukowina getrieben wurden. In diesen Lagern waren Juden aus Uman, Gaissin, Kiew, Tultschin, Mogiljow und Teplik. Man kann gar nicht alle Städte und Dörfer aufzählen, aus denen die Juden kamen. Was man in diesen Todeslagern erleben und sehen musste, stellt man sich nicht in den schlimmsten Albträumen vor.

Gleich nach dem Krieg wollte ich über alles schreiben, aber das Leben hat sich so gefügt, dass daraus nichts geworden ist. Ein halbes Jahrhundert ist vergangen, doch in meinem Gedächtnis ist vieles bewahrt geblieben, das man einfach nicht vergessen kann. Und im Namen der vielen Tausend Juden und meiner Landsleute, die in diesen Lagern umgekommen sind, muss ich alles aufschreiben. Ich werde viele Vor- und Nachnamen meiner Landsleute nennen, die in diesen Lagern an Hunger, Kälte, Schmutz, Krankheiten, Krätze und schwerer Arbeit im Straßenbau an der Strecke Gaissin–Uman ums Leben kamen. Viele starben in den Steinbrüchen, als mit Dynamit Felsen gesprengt wurden. Alle drei bis vier Monate veranstalteten deutsche SS-Männer Pogrome. Diese Lager waren Umschlagbasen. Die einen Juden wurden ermordet, andere brachte man herbei – zu Qualen, Hunger und schwerer Arbeit. Juden bauten die Chaussee, sprengten Gestein in den Steinbrüchen, luden Steine auf Waggons und im Winter befreiten sie die Straße vom Schnee.

Beginne ich also meine Erinnerungen. Meine Heimatstadt ist Tultschin. Ich erinnere mich an eine Kleinstadt vor dem Krieg, sie war sehr fröhlich, ganz grün, und an die kleinen Plätze entlang der Leninstraße. Manchmal bin ich mit meinen Freundinnen auf die Berge gestiegen, von dort lag die Stadt vor einem wie auf dem Präsentierteller.

Die Stadt hat eine reiche Geschichte. Es gibt dort noch viele unterirdische Gewölbe aus der Zeit des Türkeneinfalls. Suworow war dort, im Stadtzentrum steht ein Suworow-Denkmal. Dort lebten der Dekabrist Pestel und andere. Im Hause Pestels war vor dem Krieg eine Kinderkrippe, in der auch ich war. Der wichtigste Erholungsort der Stadtbewohner Tultschins war der städtische Garten, den man an arbeitsfreien Tagen kaum betreten konnte, so viele Besucher gab es. Im städtischen Garten gab es ein Sommertheater, ein Freiluftkino, einen Schießstand, einen Tanzplatz und viele Sommerlokale. Die Leute arbeiteten, und an den freien Tagen gingen sie spazieren und freuten sich des Lebens. Niemand dachte an Krieg. Obwohl vieles durch die Flüchtlinge aus Polen bekannt war, die in unserer Stadt einquartiert wurden. Sie erzählten, was die Deutschen mit den Juden in den besetzten polnischen Städten anstellten. Aber nicht alle schenkten dem Gehör. Jeder lebte sein Leben und hatte Pläne für die Zukunft. Unsere Familie bestand aus fünf Personen. Mama, Anna Moisejewna Sandler, war eine ausgezeichnete Näherin und arbeitete im Atelier des Wojentorg. Vater, Gersch Abramowitsch Sandler, war Leiter des kommunalen Verkehrsbetriebes. Außerdem waren da noch ich und zwei Brüder, der zehn Jahre alte Boris und Petja, der ein Jahr und vier Monate alt war.

Es kam das Jahr 1941, der Winter ging zu Ende, die Sommerferien begannen, alle waren mit ihren Angelegenheiten oder der Arbeit beschäftigt. Meine Freundinnen und ich erholten uns, gingen in den Wald oder liefen zum Baden an den Teich. An den Wochenenden gingen wir in den Sommergarten, ins Kino und bereiteten uns auf das nächste Schuljahr vor, aber, O weh, für mich sollte das neue Schuljahr nicht beginnen. Es begann der Krieg.

Krieg
Im Radio wurde ununterbrochen über den Kriegsbeginn berichtet. Alle Militäreinheiten, die in Tultschin stationiert waren, begannen, die Stadt zu verlassen. Als Rotarmisten verkleidete Spione tauchten auf. Überall spähten sie alles aus, wo sich welche Objekte befanden. Sie fragten Kinder und Jugendliche aus. Viele Spione wurden gefasst und verhaftet. Aber vielen gelang es auch, großen Schaden anzurichten. Mein Vater wurde am ersten Tag des Krieges mobilisiert, aber dann erhielt er eine zweimonatige Freistellung für die Evakuierung der Stadt. Jeden Morgen verließ er früh das Haus, und abends kam er erst spät zurück. Er riet uns, wir sollten uns evakuieren lassen. Es war aber nicht so einfach, sich einverstanden zu erklären, das eigene Haus zu verlassen, wo man sich im Laufe der Jahre mit großer Mühe etwas aufgebaut hatte, und dann auch noch mit einem kleinen Kind auf dem Arm. Jeder neue Tag begann mit einem großen Alarm. Die Meldungen waren unzuverlässig. Es gab schwere Kämpfe. Die Deutschen waren auf diesen Krieg gut vorbereitet. Die Situation wurde mit jedem Tag alarmierender. Und Vater begann, darauf zu bestehen, dass wir wegfahren sollten. Schließlich nahmen wir alles Notwendige und machten uns mit großer Bitternis und großem Schmerz auf den Weg.

Die Bahnstation Shurawlewka, 15 Kilometer von Tultschin entfernt, war mit Militärangehörigen überfüllt. Vater entschied, uns zur Station Kirnosowka zu bringen und dort in den Zug zu setzen. Wir stiegen alle auf ein Fuhrwerk, verriegelten Fensterläden und Türen und fuhren los. Unterwegs trafen wir Fuhrwerke mit Leuten, die uns rieten, nicht nach Kirnosowka zu fahren. Sie erklärten uns, dass man dort keinen Zug besteigen könne. Es gebe dort einen Haufen Verletzter. Ein Zug sei bombardiert worden. Sie zeigten uns eine Zeitung mit Berichten darüber, dass gekämpft werde, dass die deutschen Truppen an der Grenze der Sowjetunion zurückgeworfen worden seien und man nach Hause zurückkehren solle.

Wir drängten Vater, uns nach Hause zurückzufahren. Wir kehrten um und waren sehr froh, wieder zu Hause zu sein und im eigenen Bett schlafen zu können. Schlafen konnte aber niemand. Jeden Tag wurde es schlimmer und schlimmer. Durch die Stadt zogen schwer angeschlagene Truppen, in der Stadt waren viele Verletzte. Es tauchten viele Deserteure auf. Die Leute begannen, alles Mögliche zu stehlen und nach Hause zu schleppen. Manche schleppten auch Lebensmittel aus den Geschäften. In unserer Nähe befanden sich eine Schuh- und eine Kleiderfabrik. Von dort wurde alles säckeweise weggetragen. Die Stadt war ohne Autorität, es wurde klar, dass die Lage an der Front schlecht aussah und dass man doch wegfahren muss, aber wohin – das weiß nur Gott.

Alle, besonders die Juden, begannen, die Stadt zu verlassen und – womit auch immer – wegzufahren. Wieder verrammelten wir die Läden, alle Haushaltsdinge warfen wir im Keller zusammen, vernagelten die Türen und machten uns mit Tränen in den Augen daran, unser Haus zu verlassen, auf eine baldige Rückkehr hoffend. Alle setzten sich auf das Fuhrwerk, die Mutter mit dem kleinen Kind auf dem Arm, das ununterbrochen weinte, mein jüngerer Bruder und ich. Dieses Mal brachte Vater uns zur Station Demkowka, dort wollte er uns in einen Zug setzen, uns ins Hinterland schicken und selbst mit der erstbesten Militäreinheit an die Front gehen.

Aber als wir zur Station Demkowka kamen, herrschte dort das reinste Chaos. Ein durchgehender Zug war mit Flüchtlingen, Soldaten und Verwundeten völlig überfüllt. Fahrkarten waren nicht zu bekommen. Wer alleine war, keine Kinder und keine Sachen dabeihatte, der sprang auf die Trittbretter des Zuges und zwängte sich in den Windfang des Waggons. Die anderen, darunter auch unsere Familie, kamen nicht in den Zug. Auf dem Bahnhof herrschten Lärm, Geschrei und das Weinen der Kinder. Über Lautsprecher wurde dazu aufgefordert, den Bahnhof zu verlassen, damit keine großen Menschenansammlungen entstünden, weil solche Orte oft bombardiert würden. Vater war noch für einen Monat freigestellt und entschied, mit uns zu fahren. Und mit diesem Tag begannen unser Umherirren und unsere Qualen.

Wir fuhren durch kleine Städte und Dörfer und überall sahen wir Gesetzlosigkeit. Man schleppte alles Mögliche aus Geschäften, Werken und Fabriken. Die Deutschen folgten uns buchstäblich auf den Fersen. An manchen Stellen gab es Kämpfe und es gelang, die Deutschen für ein paar Tage aufzuhalten. In den Dörfern fand sich kaum noch jemand, der für sowjetisches Geld Essen verkaufen wollte. So mussten wir unterwegs Sachen gegen Lebensmittel eintauschen.

In diesem Sommer gab es eine sehr gute Ernte. Auf den Feldern stand hoch das reife Getreide. Es gab aber niemanden, der die Ernte hätte einbringen können. Die Flüchtlinge walzten beim Versuch, sich vor Bombenangriffen zu verstecken, mit ihren Fuhrwerken das Getreide nieder. Viele schafften es nicht, rechtzeitig von der Straße zu kommen, und wenn wir, nachdem die deutschen Flugzeuge wieder weg waren, auf die Straße zurückkehrten und weiterfuhren, bot sich nach der Bombardierung ein grauenhaftes Bild. Verbrannte Fuhrwerke, verstümmelte menschliche Körper, tote Pferde. Menschen waren in Stücke gerissen. Nach der Bombardierung kamen die deutschen Flieger weit herunter und feuerten aus Maschinengewehren, niemand sollte am Leben bleiben. Das war ein grauenhaftes Schauspiel: Alles brennt, Leichen liegen herum, niemand ist da, die Toten zu begraben.

Und so bewegten wir uns einige Tage auf unserem Fuhrwerk vorwärts. Auf dem Weg haben wir alle möglichen Schrecken gesehen. Wie sich die sowjetischen Truppen zurückzogen. Aber die Straßen waren schlecht. Wenn es geregnet hatte, waren die unbefestigten Landstraßen nicht passierbar. Sehr häufig blieben nach Bombardierungen militärisches Gerät und Feldküchen auf den

Straßen. Es gab niemanden, der sie aus dem Schlamm ziehen konnte. Und gleichzeitig rückten die Deutschen vor, und man musste mit aller Kraft vorankommen.

Vor Nowoukrainka bemerkten wir am Straßenrand sitzend unseren Nachbarjungen, wir waren sogar verwandt, Schmul Lipowezki, der sehr weinte. Hungrig und abgemagert wie er war, erzählte er uns, dass sie auf dem Weg schwer bombardiert worden und alle in verschiedene Richtungen auseinandergelaufen waren. Nach dem Bombardement kamen die Überlebenden auf die Straße zurück und suchten die Ihrigen. Es gab viele Tote, Verstümmelte. Er fand seine Mutter und seine Schwester nicht und ging los, in der Hoffnung, sie unterwegs zu treffen. Aber dann setzte er sich müde und hungrig an die Straße und beobachtete die vorbeifahrenden Fuhrwerke. Als wir ihn bemerkten, riefen wir ihn. Er war sehr froh, uns getroffen zu haben, und fuhr mit uns mit. Wir fuhren einige Tage, bis wir vor Kirowograd kamen.

Wir fuhren nicht in die Stadt hinein, von der Landstraße aus war zu sehen, wie stark Kirowograd bombardiert worden war. Die ganze Stadt brannte, und wir umfuhren sie auf Nebenstraßen und hielten am Rande eines Dorfes. Dort stand ein leerer Pferdestall, wo wir uns ein bisschen ausruhten und Kartoffeln buken, die wir unterwegs eingetauscht hatten. Wir aßen und fuhren weiter. Auf dem Weg schlossen sich viele Fuhrwerke mit Flüchtlingen an. Jeder erzählte von seinem Leid. Bei den einen war unterwegs die Mutter umgekommen, bei anderen waren es die Kinder, bei wieder anderen war es die ganze Familie.

Endlich kamen wir nach Alexandrija. Wir dachten, vielleicht würden die Deutschen aufgehalten und zurückgeworfen werden. Aber die Lage war nicht besonders gut. In der Stadt Alexandrija herrschte die gleiche Panik, wie überall: Aus Geschäften und von überall her wurden Sachen geschleppt. Völlige Gesetzlosigkeit. Ich erinnere mich, dass es dort eine große Butterfabrik gab. Bewohner der Stadt gaben uns Butter und Käse zu essen.

Wir berieten uns, wohin wir weiterfahren sollten. Geradeaus führte die Straße nach Dnjepropetrowsk, nach links, über eine Eisenbahnlinie, führte eine unbefestigte Landstraße zum Dnjepr, in Richtung Krementschug. Etwa 20 oder 25 Kilometer vor dem Dnjepr sahen wir vor uns ein kleines Gehöft; und hier zeigten sich plötzlich deutsche Flugzeuge am Himmel und begannen ein schreckliches Bombardement. Wir warfen alles auf die Straße und liefen in die Gärten, wo hohe Sonnenblumen standen, um uns zu verstecken. Mit uns versteckten sich auch Rotarmisten, die auf dem Rückzug waren. Die Flugzeuge kamen so tief herunter, dass man die faschistischen Piloten sehen konnte, die aus Maschinengewehren feuerten. Unser kleiner Bruder schrie und weinte so laut, dass es schien, der Deutsche könnte ihn hören. Bald darauf flogen die Flugzeuge zum Dnjepr, wo sie die Brücke mit allem Lebenden darauf und den Fahrzeugen bombardierten. Wir alle dachten, das sei nur ein Feuerüberfall gewesen, aber das war die Spitze der regulären deutschen Truppen, die sich auf den Dnjepr zu bewegten.

Kein einziger deutscher Soldat ging zu Fuß. Alle fuhren sie mit Autos, Motorrädern, manche mit Fahrrädern. Unsere Soldaten hingegen zogen sich zu Fuß zurück, erschöpft, schmutzig, verletzt, mit verdreckten Verbänden. Die deutschen Frontsoldaten beachteten uns gar nicht. Vom Dnjepr kehrten viele Flüchtlinge zurück: Ukrainer und Russen. Manche, die ein bisschen mehr

Mitleid hatten, nahmen uns ein bisschen auf ihren Fuhrwerken mit, und dann mussten wir wieder zu Fuß weiter. Müde, hungrig und erschöpft erreichten wir erneut Kirowograd. Was ich bis jetzt geschrieben habe, war die Evakuierung, jetzt kommt die Rückkehr, als ständig unklar war, was im nächsten Augenblick mit uns geschehen würde.

Als wir nach Kirowograd hineingingen, lagen überall Glasscherben herum, alles war zerschlagen und geplündert. Wir kamen auf einen Markt, wo wir ein paar Juden trafen. In der Mehrheit hatten die Juden die Stadt verlassen. Wir beschlossen, nach Hause zurückzukehren.

Aber der Weg nach Hause war noch sehr weit und gefährlich. Auf Schritt und Tritt lauerte der Tod auf uns. Irgendwoher bekamen wir einen zweirädrigen Karren, auf den wir alles luden, was wir hatten retten können, auch den kleinen Bruder setzten wir darauf, der ganz abgemagert und verstört war. So verließen wir Kirowograd. Abwechselnd zogen wir den Karren.

Als wir an einem Dorf vorbeikamen, erbettelten wir uns etwas zu essen, dann machten wir in einem Winkel bei einer Hütte Halt. Eine nicht mehr junge Frau, die an einem Schulterjoch zwei Eimer Wasser trug, kam vorbei. Sie sah sich um, ob niemand uns sehen würde, dann hielt sie vor uns an, gab uns Wasser zu trinken und sagte, dass wir rechtzeitig aus Kirowograd weggegangen seien, dass am Abend ein »Strafbataillon« der SS dort ein Pogrom veranstaltet und alle noch dagebliebenen Juden ermordet habe. Diese Frau brachte uns später Brot und für das Kind Milch, der kleine Bruder tat ihr sehr leid. Sie segnete uns und wünschte uns eine gute Reise.

Und wir gingen weiter. Die Welt ist nicht ohne gute Menschen. Es fanden sich gute Menschen, Ukrainer, die uns den Weg wiesen und Lebensmittel gaben. Wir mussten noch lange über die Straßen wandern. Wir gingen durch Wälder und Felder. Überall das gleiche, schreckliche Bild. Viele Felder waren verbrannt. Beim Rückzug verbrannte man die Felder, damit den Deutschen keine Ernte blieb. Auf den Straßen lagen zerschossene Fahrzeuge und Waffen herum. Irgendwie mussten wir durch einen Wald ziehen, wo wir viele Getötete sahen, abgerissene Arme und Beine und verstümmelte Körper von noch ganz jungen Soldaten lagen herum. In der Luft hing der unheimliche Gestank verwesender Leichen …

Wir kamen aus dem Wald, schon völlig müde und hungrig, und da, als hätte Gott sie geschickt, bemerkten wir am Straßenrand eine im Schlamm zurückgelassene Feldküche. Wir gingen hin und öffneten den Kessel, der halbvoll mit Reisgrütze war. Wir überlegten, dass der Reis vergiftet sein könnte, aber der Hunger forderte das seine. Wir füllten Grütze in ein Feldgeschirr, das wir im Wald eingesammelt hatten. Wir aßen uns satt, fütterten den Kleinen und füllten noch Grütze ins Geschirr. Dann machten wir noch ein bisschen Pause und gingen weiter.

Auf dem Weg schlossen sich uns weitere Juden an, die ebenfalls zu Fuß nach Hause gingen. Bevor wir zur Stadt Talnoje kamen, beschlossen wir, bei einem Strohschober auf dem Feld zu übernachten. Zwei andere Familien gingen in der Hoffnung, jemand würde sie zum Übernachten einlassen, in die Stadt. Am Morgen standen wir mit Unruhe im Herzen auf und beschlossen, in die Stadt zu gehen. Aber auf dem Weg trafen wir örtliche Ukrainer, die erzählten, dass in Talnoje alle Juden zusammengetrieben und zur Ermordung weggefahren würden. Sie zeigten uns eine andere Straße, die an Talnoje vorbeiführte. Wir umgingen die Stadt. Wir gingen lange, machten nur kurze Pausen, um Luft zu holen, abwechselnd zog jeder den Karren, auf dem die Reste unserer Sachen und der Kleine lagen.

Am Handgelenk trug ich eine Uhr, die ich zum Geburtstag bekommen hatte. Ich nahm sie ab, band sie um den Knöchel am Fuß und wickelte etwas Stoff darum, als hätte ich dort einen Verband. Vor Uman mussten wir am Straßenrand gehen, es gab keinen Ausweg, da uns auf der Straße Autos mit Deutschen, Panzer und andere Militärtechnik entgegenkamen. Sie beeilten sich, zum Dnjepr zu kommen. Ein Deutscher stieg aus einem Auto aus, kam zu uns und begann, uns zu befragen, wohin wir gingen. Dann fragte er, was mit meinem Fuß sei. Ich antwortete, dass er verletzt ist. Der Deutsche nahm den Verband ab und sah die Uhr. Die nahm er natürlich an sich und schlug mich ins Gesicht. Auf Deutsch sagte er, dass er uns nicht töten wird, aber wenn wir an ein Strafbataillon geraten, kämen wir bestimmt nicht nach Hause.

Endlich kamen wir nach Uman. Auch diese Stadt war zerstört und geplündert. Auf den Straßen war niemand zu sehen. Nur mit Schwierigkeiten gelang es uns, von einem Passanten zu erfahren, über welche Straße wir Uman verlassen sollten. Er zeigte uns den Weg und riet uns, möglichst schnell wegzugehen, weil am nächsten Tag alle Juden in ein Ghetto gesperrt werden sollten.

Als wir an einer Stelle vorbeikamen – ich weiß nicht mehr, ob es ein Markt oder ein Bahnhof war – sahen wir hinter Stacheldraht unsere Soldaten als Kriegsgefangene sitzen. Sie wurden von Deutschen mit Hunden bewacht. Viele waren verwundet. Der eine hatte einen verbundenen Kopf, ein anderer verbundene Arme oder Beine. Das war ein schrecklicher Anblick. Sie saßen unter freiem Himmel, die Sonne brannte gnadenlos. Die Gefangenen verschmachteten vor Durst und verloren vor Hunger und wegen der Wunden das Bewusstsein. Viele von ihnen blieben für immer dort. Unter diesen Gefangenen bemerkten wir zwei Landsleute aus Tultschin. Einer von ihnen war Jude, ich erinnere mich sogar noch an seinen Namen: Bakman. Wir haben ihn nie wiedergesehen. Er ist umgekommen und kam nicht mehr nach Hause. Wir verließen Uman mit großer Bitternis auf der Seele. Wir dachten an diese Kriegsgefangenen und wussten nicht, was uns noch auf dem Wege erwartete.

Wieder die Straße, wir gingen Richtung Gaissin. Auf den Straßen tauchten bereits einheimische Polizisten auf, einer von ihnen verpasste jedem von uns einige Peitschenhiebe und schrie auf uns ein, dabei sagte er uns, dass müsse so sein, riet uns aber, nicht nach Gaissin hineinzugehen, und wies uns einen anderen Weg. Wir gingen an Gaissin vorbei und gelangten über eine Nebenstraße nach Ladyshin. Auf dem Weg erfuhren wir von einheimischen Bauern, dass an diesem Tag in Gaissin Juden ermordet worden waren.

Und so gelangten wir unter großen Qualen nach Ladyshin. Schon am Stadtrand warnte man uns vor, dass eine Strafabteilung im Ort sei. Sie töteten, stahlen und vergewaltigten, aber vom Morgen an begannen sie abzurücken. Einige Juden waren am Leben geblieben, fürchteten sich aber, auf die Straße zu gehen. Sie verbargen sich an verschiedenen Orten.

Als wir nach Ladyshin kamen, herrschte dort tödliche Stille. Wir kamen zu einem Haus und klopften an die Tür. Wir trugen unsere Päckchen ins Haus und gingen hinein. Jeder legte sich hin, wo er gerade Platz fand, und wir schliefen nach der anstrengenden Reise gleich ein. Wir wachten vom Weinen unseres Kleinen auf. Er hatte Hunger. Die Hausherrin gab ihm eine kalte Kartoffel, mehr hatte sie nicht. Und der Kleine beruhigte sich. Wir dachten darüber nach, wie wir den weiteren Weg nach Hause, nach Tultschin, bewältigen würden.

In Ladyshin stand auf der Brücke über den Bug bereits eine Wache. Es standen da ein Deutscher mit Maschinenpistole und ein einheimischer Polizist. Sie ließen niemanden auf die andere Seite des Flusses. Manche erschlugen sie, andere ertränkten sie einfach im Fluss. Wir riskierten alles und gingen zur Brücke, einen anderen Ausweg hatten wir nicht. Wir erklärten dem Deutschen, dass wir auf die andere Seite müssten, dass wir aus Tultschin seien. Der Deutsche war kein SS-Mann, er guckte in unsere Pässe, schlug jeden von uns und ließ uns über die Brücke.

Es blieben 15 bis 20 Kilometer. Unsere Reise zum Dnjepr und zurück dauerte mehr als einen Monat. Am Abend kamen wir nach Tultschin und wir gingen zu unserem Haus. Wir wohnten damals in der Stalinstraße 16. Unsere Wohnung war verwüstet, die Möbel zerschlagen, alles Übrige aus der Wohnung geholt. So war uns zu Hause nichts geblieben. Und das, was wir mitgenommen hatten, hatten wir am Dnjepr gelassen. Uns blieb nur das, was wir in unseren Säcken hergeschleppt hatten.

In Tultschin herrschten bereits die Rumänen. Alle Juden wurden ins Ghetto gesperrt.

Das Ghetto von Tultschin
Dem Ghetto wurden mehrere Straßen zugewiesen: Die Garashnaja-, die Wolodarskij-Straße und zwei weitere, die an den alten Markt grenzten. Wir zogen in eine fremde Wohnung in der Garashnaja-Straße ein. Ihre früheren Bewohner – ich erinnere mich an ihren Namen: Shornizkij – waren evakuiert. Die Wohnung war leer, dort standen nur zwei alte Betten. Einer der ehemaligen Nachbarn gab uns ein Paar Kissen, eine Decke und etwas Geschirr. Im Vergleich mit den Qualen, die wir unterwegs zu ertragen hatten, erschien uns diese Wohnung wie das Paradies. Aber der Tag kam, und wir mussten etwas essen und das kleine Kind füttern, das nach der schweren Reise ganz ausgetrocknet war, wie ein Skelett.

Mutter war als ausgezeichnete Schneiderin bekannt, sie ging morgens weg, arbeitete den ganzen Tag, für jeden Preis, und brachte uns Lebensmittel mit.

In den ersten Tagen der Besatzung hatte sich eine jüdische Gemeinde gebildet, deren Räume sich in der Nähe des Busbahnhofs, neben dem Museum, befanden. Zwei reiche Juden leiteten diese Gemeinde: Rudow und Sabokrizkij. Allen Juden wurde befohlen, gelbe, sechszackige Sterne zu tragen, die Grenzen des Ghettos nicht zu verlassen und sich täglich bei der Gemeinde zu melden. Aus jeder Familie sollten morgens zwei Personen zur Gemeinde kommen, von wo sie zu verschiedenen Arbeiten geschickt wurden: Straßen kehren, Böden wischen, Sachen auf- oder abladen. Für diese Arbeit bezahlte uns niemand etwas, aber wenn wir in eine Hauswirtschaft geschickt wurden, kam es vor, dass wir dort eine Tomate oder Gurke essen und ein paar Kartoffeln mitnehmen konnten. So ging das jeden Tag. Aber wir waren schon zufrieden damit, dass wir abends nach Hause kamen und uns nicht unter freiem Himmel schlafen legen mussten. In Tultschin war unser ehemaliger Sportlehrer, Herr Stojanow, zum Polizeichef ernannt worden. Er war ein guter Lehrer, und alle Schüler schätzten ihn. Es war unvorstellbar, dass dieser gute Mensch zu einem schrecklichen Scheusal werden könnte.

Als mein Vater für schmutzige Arbeiten auf die Polizeiwache beordert wurde, schlug Stojanow ihn halb tot, ließ ihn dann auf die Straße werfen, damit er dort von selbst krepiert. Aber auch damals fanden sich gute Menschen – Ukrainer: Sie sammelten Vater ein, verbanden alle seine Wunden und brachten ihn am Morgen nach Hause. Zwei Wochen lang pflegten wir ihn, er hatte überall etwas abbekommen.

So begannen Mama und ich, zu zweit zur Arbeit zu gehen. Manchmal gelang es Mama, bei Sabokrizkij oder Rudow zu erreichen, dass wir zu Hause bleiben konnten. Wir mussten irgendwie etwas verdienen, um uns durchzubringen. Ich erinnere mich daran, dass es oft vorkam, dass wir zur Gemeinde mussten, gezählt wurden, aber bevor man zu Ende gezählt hatte, uns nach Hause zurückschickte. Solche Fälle gab es häufig, praktisch täglich. Aber dieses »Paradies« im Ghetto dauerte nicht lange an. Der Herbst brachte Regen und Kälte. Der Winter kam. Wir hatten nichts zum Heizen, aber manchmal fand sich etwas, was wir in den Ofen stecken konnten. Wir gewöhnten uns allmählich an unser Elend, wir lebten hungrig, aber erfreuten uns daran, dass wir wenigstens ein Dach über dem Kopf hatten. Aber eines schrecklichen Tages, wie ein Blitz aus heiterem Himmel, kam der Befehl, alle Juden in ein Konzentrationslager zu schicken.

Im Ghetto blieben 20 bis 30 Familien – Handwerker, Schuster, Schneider, Zuschneider und andere. Am Abend legten wir alles, was uns geblieben war, in Säcke – für jeden einen. Aber was konnte man schon tragen? Sogar das, was nach der Evakuierung geblieben war, mussten wir da lassen. Wir mussten ja auch noch ein kleines Kind tragen, das es nicht geschafft hatte, nach der Evakuierung an den Dnjepr und der Rückkehr wieder etwas zu Kräften zu kommen.

Am Morgen wurden wir mit Peitschen aus den Wohnungen getrieben. Sie trieben uns in die Schule in der Krassina-Straße. In der Schule setzten sich alle auf den Boden und warteten auf den Abtransport ins Lager. Die Nacht hindurch lagen wir dort, am Morgen trieb man uns in die Banja, wo wir in die Desinfektion sollten. In der Banja zogen wir uns nackt aus und warteten in der Kälte, bis uns unsere Kleidung nach der Desinfektion zurückgegeben wurde. Diese Prozedur dauerte zwei Tage. Danach wurden wir in ein Lager getrieben.

Der Weg ins Lager Petschora

Der Regen gefror, es war sehr kalt, wir wurden auf die Landstraße getrieben. Selbst Vieh wird nicht so getrieben, wie man uns trieb. In der Kolonne schleppten sich Alte, kleine Kinder, viele Kranke, die sich kaum bewegen konnten. Die, die nicht weitergehen konnten, erschoss man unterwegs; wer langsam ging bekam die Peitsche auf den Kopf oder die Beine oder andere Körperteile. Hungrig und müde schleppten wir uns in Richtung des Lagers Petschora. Wir tranken Wasser aus Pfützen, aßen Zwieback, den wir gerade noch so hatten mitnehmen können.

Auf dem Weg blieben viele Erschlagene zurück, die nicht mehr hatten weitergehen können. Unterwegs starben unser Verwandter, Efim Eikalis, und noch viele andere, an deren Namen ich mich nicht mehr erinnere. Der Abend kam, und wir gingen in ein Dorf; das war der erste Halt auf dem Weg ins Lager. Ich erinnere mich an den Namen des Dorfes: Torkow. Hier wurden wir in einen Pferdestall getrieben, wo wir die Nacht durchlitten. Am Morgen wurden wir wieder auf den Weg getrieben. Gegen Abend trieb man uns, Gequälte, Hungrige, Müde und Geschlagene ins Lager Petschora im Rayon Tultschin, dem ehemaligen Rayon Schpikow der Oblast Winniza. Hier begannen unsere Qualen.

Das Lager Petschora

Vor dem Krieg war es ein Sanatorium mit einem sehr schönen Gelände gewesen. Vor dem Sanatorium war ein großer Springbrunnen, der zur Zeit unserer Ankunft aber nicht mehr funktionierte, drumherum gab es schöne Alleen. Über Treppen kam man hinunter an den Bug. Der Hauptweg führte über 100–120 Stufen, genau erinnere ich mich nicht. Die Gebäude hatten drei Etagen. Wir wurden ins zweite Stockwerk getrieben, in einen Raum, in dem sich zu Friedenszeiten drei Menschen erholten. Von uns wurden in diesem Raum ganze 40 untergebracht.

Unsere Familie bestand aus fünf Personen, die Familie Josel Krasners ebenfalls: Der alte Mann, drei Töchter und ein Bruder. Shenja Wulichscher war mit Mutter und einem kleinen Kind da; Lisa Grinberg mit zwei kleinen Zwillingen, ihre Eltern waren alt und hielten sich kaum noch auf den Beinen. Lisa lebte in Leningrad, aber in diesem Sommer war sie zu ihren Eltern nach Tultschin gefahren und kam zusammen mit ihnen ins Lager. Außerdem war noch die Familie von Marjasi Belser in diesem Raum. Sie, ihr Mann, ein kleines Kind und zwei alte Leute. Und noch drei Familien – das sind noch mal zwölf Personen. An die Namen erinnere ich mich nicht. Zwei Familien waren aus Brazlaw und eine aus Trostjanez.

Wir legten uns auf den Fußboden und schliefen in den Kleidern, die wir anhatten. In der Nacht konnte man sich nicht einmal umdrehen, so eng war es. Der Raum war schmal, sodass man nicht einmal die Beine ausstrecken konnte, auch zum Ausgang kam man kaum. Wenn nachts jemand aufstehen musste, trat er auf die anderen. Im Raum war es kalt, in jenem Winter herrschte grimmiger Frost. Das Leben wurde zur reinsten Hölle. Im Vergleich mit dem Konzentrationslager Petschora erschien uns das Ghetto von Tultschin das Paradies auf Erden gewesen zu sein.

Nach ein paar Monaten war dieses Sanatorium nicht wiederzuerkennen. Die Juden hungerten und froren, es gab kein Wasser. Um Wasser zu beschaffen, musste man die hundert Stufen zum Bug hinabgehen. Die kalten Stufen waren vereist. Oft fielen die geschwächten und erschöpften Häftlinge die Treppen hinunter und standen nicht mehr auf. Eine Typhusepidemie brach aus. Hunderte von Juden starben an Typhus, Hunger und Schmutz. Uns Frauen und Mädchen schnitt man die Köpfe kahl, wir wurden Teufeln ähnlich.

Im Lager Petschora gab es einheimische Polizisten: Smetanski, Semerenko, Rushilo, den Leiter der Polizei Kabenez, den stellvertretenden Wirtschaftsleiter Brinsjuk. Der Kommandant der Gendarmerie war der Rumäne Stratulat. Ich weiß nicht mehr, ob das sein Vor- oder Nachname war. Sein Stellvertreter war ein Rumäne mit dem Spitznamen Lew. Er war auch wie ein richtiger Löwe, dauernd ging er mit seinem Hund und einer Peitsche umher, jeden Moment konnte er den Hund loslassen, damit er einen in Fetzen riss. Brinsjuk nahm alles Mögliche für einen Laib Brot. Das Lager war von einer hohen Steinmauer umgeben. Die Juden versuchten mit allen Mitteln, ab und zu ins Dorf zu kommen. Der eine kletterte über die Mauer, ein anderer schaffte es durch den Bug ins Dorf, um ein Stück Brot zu erbetteln. Aber wer in die Hände der Polizisten geriet, besonders in Smetanskis, der kletterte halb totgeschlagen zurück über die Mauer ins Lager und starb bis zum Abend an Hunger und den Schlägen.

Die Juden hatten durch den Hunger aufgeblähte Bäuche. Die nur noch halb lebendigen Skelette warf man in eine Scheune, dann kamen Schlitten, und die gefrorenen Skelette wurden wie Feuerholz abgefahren.

Wer nicht verhungern wollte, riskierte sein Leben und schlug sich ins Dorf durch. Die ukrainischen Dorfbewohner halfen, wie sie konnten. Ohne sie hätte in diesem Winter niemand aus dem Lager Petschora überlebt. Die Juden gingen auch in die Nachbardörfer von Petschora: Sapushne, Wygnanka, Wyschkowzy, Rogosna und Dankowka. Sie gingen auch in entferntere Dörfer – nach Bortniki, Tarassowka, manchmal auch über den Bug bis nach Sokolez.

Wem es gelang, zurück ins Lager zu kommen, brachte etwas für seine Familie mit. Viele aber kehrten nicht zurück. Entkräftete und Erschöpfte erfroren auf den Straßen. Ich erinnere mich, dass Manja Arbitman und ihre Freundin Chana Garber auf der Landstraße erfroren, und ihre Mutter, die auf die Töchter wartete, verhungerte. Auf dem Weg nach Petschora wurde Kandjobman mit Peitschen totgeschlagen, er hatte vor dem Krieg in der Sparkasse von Tultschin gearbeitet. Er lag auf der Straße und wurde von den Hunden gefressen, während seine Familie den Hungertod starb. Auch Welwl Rojtberg und sein älterer Sohn kamen nicht ins Lager zurück. Sie wurden unterwegs im Dorf Nesterwarka umgebracht, seine Tochter und seine Frau verhungerten. Nur ihr jüngster Sohn blieb übrig, ich weiß nicht durch welches Wunder er überlebte. Jetzt wohnt er in Israel.

Im Dorf Bortniki gab es den Polizisten Mucha, ein wirkliches Scheusal. Wer ihm in die Hände fiel, den prügelte er zu Tode und warf ihn dann in den Fluss. Im Lager Petschora waren zwei Schwestern, gute Schneiderinnen aus Moldawien. Vom Hunger gequält, gingen sie ins Dorf Bortniki, um sich dort ein Stück Brot zu erbetteln oder zu erarbeiten. Unterwegs erwischte Mucha sie, führte sie in einen Wald und hängte sie auf.

In Bortniki gab es einen Keller, über dem sich die Residenz des Polizeichefs Nowakowskij befand. Wenn ein Jude Nowakowskij in die Hände geriet, warf er ihn in diesen Keller, wo der Unglückliche bei lebendigem Leib von den Ratten gefressen wurde.

In diesem schweren Winter erkrankte unsere ganze Familie an Typhus. Ich weiß nicht, wie wir das überlebten. An Stelle von Wasser nahmen wir Eiszapfen von den Fenstern und leckten an ihnen. Außerdem gelang es, die letzten Stiefel gegen Brot zu tauschen. Meinen kleinen Bruder verpflegten auch unsere Nachbarn, die Krasners, ein bisschen. Sie bekamen manchmal etwas aus dem Ghetto Tultschin, wo ihr Bruder, ein Handwerker, zurückgeblieben war.

In diesem Winter kamen der Arzt Belezkij und der Arzthelfer Grizenko aus Tultschin ins Lager Petschora. Es war ihre Initiative, die Juden aus Tultschin ins Lager umsiedeln zu lassen. Als sie in Petschora ankamen, sahen sie das Grauen: Schmutz, Krankheiten, Hunger, viele Häftlinge konnten sich nicht einmal mehr aufrichten. Jeden Tag wurden Hunderte gefrorener Skelette aus dem Lager gefahren. Vor Hunger verloren Häftlinge den Verstand. Eine Frau aus unserer Stadt hielt den Hunger nicht mehr aus, schlich sich in die Scheune, wo auf einem Haufen die Leichen lagen, schnitt einer Toten die Brüste ab, brach auf dem Hof Zweige ab, kochte die Brüste in einer schmutzigen Dose und aß sie. Nach einigen Tagen starb aber auch sie.

Belezkij und Grizenko halfen nicht, sondern machten sich daran, eine Quarantänezone einzurichten, damit kein Jude mehr in die andere Hälfte des Lagers gehen konnte. Daraufhin starben noch mehr.

Im Lager gab es jüdische Starosten (Älteste oder Vorsteher), die für Ordnung sorgen sollten. Da waren der Starost Zimerman und der Arzt Wischnewskij, der mit niemandem Mitleid hatte. Die schutzlosen, kranken Häftlinge, die nicht mehr aufstehen konnten, verrichteten ihr Geschäft natürlich am Ort, wo sie lagen. Diese Häftlinge erschlug der Arzt Wischnewskij mit einer Peitsche. Und wenn man ihn ansprach, ihn anflehte, dass er die Leute nicht so schikanieren möge, dass er doch Arzt sei, antwortete er: »Ich bin kein Arzt, sondern Henker.«

Der Winter war voll von Sorgen, Nöten und Krankheiten. Dann wurde es wärmer. Wer am Leben geblieben war, ging hinunter an den Bug, wusch sich und die letzten verbliebenen Lumpen, und wieder brach man auf, um sich in die Dörfer durchzuschlagen. Wenn es jemandem gelang, aus dem Dorf Bohnen oder Erbsen mitzubringen, wurde im Freien ein Feuer angezündet und in Kesseln irgendeine Brühe gekocht. Wenn jemand von einem Polizisten dabei erwischt wurde, wie er Reisig abbrach, um dieses Zeug zu kochen, wurde er oft totgeprügelt. Manchmal, wenn die Brühe schon gar war, kam der Wirtschaftsleiter Brinsjuk, trat gegen den Kessel, und alles floss auf den Boden. Die unglücklichen, hungrigen Häftlinge sammelten diese Erbsen oder Bohnen vom Boden auf, um den Hunger wenigstens ein wenig zu betäuben. Das blühende Sanatorium Petschora verwandelte sich in einem Winter in ein schmutziges Lager. Die verhungerten, erfrorenen oder auf den Straßen umgekommenen Juden wurden durch solche ersetzt, die aus der nördlichen Bukowina, Czernowitz und Bessarabien herbeigebracht wurden. Platz gab es für diese neuen Häftlinge im Hauptgebäude des Lagers keinen mehr. Sie wurden in die Pferdeställe getrieben, wo sie allmählich starben.

Uns waren absolut keine Sachen mehr geblieben, die wir hätten gegen Brot eintauschen können, und vor Hunger verloren wir manchmal das Bewusstsein. Da suchte meine Mutter unter Lebensgefahr Wege, um ins Dorf zu gelangen, einfach um uns vor dem Hungertod zu bewahren. Oft kehrte sie geschlagen zurück, aber etwas brachte sie mit.

Aber dann kam ein Tag, an dem niemand aus dem Lager kam, an jeder Ecke waren Wachen aufgestellt. Unsere Familie stand am Rande des Verhungerns. Da taucht der Polizist Smetanski im Lager auf und fragt nach einer guten Näherin – aber niemand traute sich, ihm zu antworten oder auch nur in seine Richtung zu schauen. Aber meine Mutter sah, wie sehr wir Hunger litten, und ging zu Smetanski, sagte, dass sie Näherin und bereit sei, für ihn zu arbeiten. Mutter ging zu ihm nach Hause. Wir alle glaubten, dass sie nicht mehr zurückkommt und wir alle untergehen.

Meine Mutter arbeitete eine ganze Woche bei diesem Schurken. Man verpflegte sie natürlich und brachte uns etwas ins Lager. Als sie die Arbeit beendet hatte, gab Smetanski ihr Lebensmittel und brachte sie zurück ins Lager. An einem frostigen Tag beschlossen meine Mutter und ihre

Nachbarin im Zimmer, sich nach Tultschin durchzuschlagen, um unsere Nachbarn um alte Kleidung zu bitten. Aber in Tultschin ließ sie im Ghetto niemand in die Wohnung. Während sie so durchs Ghetto irrten, wurden sie von Polizisten gefasst und auf die Wache gebracht. Dort verprügelte sie der Polizeichef Stojanow und befahl ihnen, zurück nach Petschora zu gehen. Auf dem Weg bemerkten einheimische Ukrainer sie und brachten ihnen alte Kleidung. Sie nannten ihnen Wege um die Dörfer herum, und sie schafften es gerade so zurück nach Petschora.

In unserem Zimmer stand der alte Krasner morgens immer auf, legte den Gebetsmantel, den Tallit, an und betete zu Gott. Er betete morgens und abends, jeden Tag, aber seine Gebete erreichten Gott offensichtlich nicht. Seine drei Töchter und seine Schwester nahmen die Deutschen zur Arbeit und töteten sie dort. In unserem Zimmer blieben 13 Personen von 40 am Leben.

Im Lager gab es einige Familien von Privilegierten. Der Lagerälteste Zimerman, der Arzt Wischnewskij und Polja Selzer, sie war Dolmetscherin beim Kommandanten. Polja war eine sehr schöne Frau aus der nördlichen Bukowina, sie sprach gut Rumänisch. Der stellvertretende Kommandant hatte ein sehr gutes Verhältnis zu ihr. Diese drei Familien wohnten in Häuschen gleich neben dem Lagertor. Sie hungerten nicht, sie hatten genügend zu essen, sie lebten in Sauberkeit und ohne Mitgefühl.

Im Sommer 1942 gelangten schreckliche Nachrichten ins Lager. Die Bewohner Petschoras und der umliegenden Dörfer wurden zum Ausheben von Gruben herangezogen. Einer sagte, dass die Gruben für die Juden gegraben würden und dass bald ein Pogrom beginnen würde. Aber Genaues wusste niemand. Wir lebten in Angst und Erwartung.

Im Lager gab es auch neugeborene Kinder. Nach der Ankunft im Lager gebar meine Tante, die Schwester meiner Mutter, einen Sohn. Die älteren Kinder meiner Tante Freidy gingen ins Dorf und tauschten die letzten Sachen ein, um den Kleinen und die Mutter ernähren zu können. Ein jeder mühte sich ab, wie er nur konnte, um zu überleben. Nicht vielen gelang es, nachzukommen, auch dort war ein Ghetto.

Und dann kam dieser schwarze Tag. SS-Männer kamen mit Autos ins Lager und begannen, mit Peitschen alle Juden aus den Zimmern ins Freie zu treiben. Und sie schrien, alles ist schon für euch bereit. Der rumänische Kommandant wusste, dass die SS kommen würde, aber er wusste nicht, an welchem Tag genau. Polja Selzer und ihrer Familie, dem Arzt Wischnewskij und seiner Familie und noch zwei weiteren Familien gelang es, sich im Dorf zu verstecken, aber ihren Onkel, den alten Selzer, warnte sie nicht einmal vor.

Viele Juden suchten sich im Gebüsch und in Kellern zu verstecken. Aber die, die sich versteckten, erschossen die Deutschen gleich am Ort, dann begannen sie, die Häftlinge zu sortieren: die einen zur einen Seite – die wurden zur Arbeit gebraucht, die anderen zur anderen Seite – die sollten zur Ermordung weggebracht werden. Kleine Kinder entrissen die SS-Männer den Müttern, nahmen sie an den Ärmchen oder Beinchen und erschossen sie aus nächster Nähe. Um solches Grauen nicht ansehen zu müssen, ließ meine Tante den Kleinen im Gebüsch. Man verlud uns auf fünf Fahrzeuge. Ich kam auf eins, das voll mit Häftlingen war. Alle standen zusammengedrängt. Mein Vater geriet auf einen anderen Wagen. Die Fahrzeuge setzten sich in Bewegung, uns wurde gesagt, dass wir zur Arbeit fahren. Die Häftlinge, die im Lager geblieben waren, wurden zu einer Kolonne formiert und sollten zur Erschießung gebracht werden.

Zu diesem Zeitpunkt hielt sich Stratulat, der Kommandant der Gendarmerie, im Rayonzentrum Schpikow auf. Als die Deutschen kamen, um den Pogrom zu veranstalten, rief der stellvertretende Kommandant sofort Stratulat in Schpikow an. Und dieser befahl dem Kutscher, die Pferde für die schnelle Ankunft in Petschora anzutreiben. Als Stratulat beim Lagertor ankam, waren die Pferde von dieser Hetze ganz mit Schaum bedeckt. Die Häftlingskolonnen sollten das Lager schon verlassen haben, aber Stratulat stoppte die Deutschen und sagte ihnen, dass er den Oberkommandierenden, Antonescu, anrufen müsse. Einige Minuten später sagte er den Deutschen, dass er die Juden, die schon abgefahren waren, nicht zurückhole, es aber nicht zulasse, dass sie auf rumänischer Seite getötet würden. Die Deutschen fuhren sofort ab und der Kommandant schrie die Juden an: »Geht ins Lager, schreit, weint und dankt Gott, dass ihr am Leben geblieben seid.« Wäre er auch nur zehn Minuten später gekommen, wären alle Häftlinge von Petschora umgebracht worden.

Alle begannen zu weinen, zu beten und wieder ins Lager zurückzugehen. Meine Tante trug das Kind, das sie im Gebüsch gelassen hatte, aber es lebte nicht mehr. Nach diesem Überfall der Deutschen waren fast keine Säuglinge mehr im Lager. Meine Mutter kehrte mit zwei Kindern ins Lager und ihr Zimmer zurück – der Kleine war zweieinhalb Jahre alt, das andere zwölf. Aus unserem Zimmer hatten die Deutschen zwölf Personen zur Arbeit mitgenommen: Mich, meinen Vater, Dora Krasner und ihre Mutter, Gedal Krasner, drei Töchter Josel Krasners (Ita, Betja, Mola), die Schwester Krasners (Boba), Lisa Grinberg und noch zwei Mädchen aus Trostjanez. Mit Lisa Grinberg waren die Alten, Mutter und Vater, und zwei kleine Zwillinge in Petschora geblieben. Die Kinder trockneten aus, waren wie kleine Skelette, und wurden, die sie noch halb am Leben waren, in das Zimmer für die Toten geworfen. Nach einem Monat starben auch die Alten einen qualvollen Hungertod.

In dem Wagen, in den ich gestoßen worden war, war auch meine Schulfreundin Musja Rabinowitsch, ihre Tante Surka und die Tochter Tanja, außerdem noch jemand aus Tultschin, Raja Sandler. Am Rande Petschoras hielten die Fahrzeuge. Die Deutschen machten eine Rauchpause. In diesem Moment sprang mein Vater von seinem Fahrzeug und wollte auf den Wagen zu mir kommen, aber ein SS-Mann erschoss ihn sofort. Die Wagen fuhren weiter, trennten sich und fuhren in verschiedene Lager.

Das war das Ende des Sommers 1942.

Das Lager Krasnopolka

Am Abend brachte man uns in das Lager Krasnopolka im Rayon Gaissin (Gebiet Winniza). Verängstigt und hungrig wie wir waren, trieb man uns von den Wagen. Das Lager war ein langer Pferdestall, in dem Vieh gehalten wurde. Neben dem Stall war faules Stroh aufgehäuft. Jeder von uns griff sich einen Arm voll Stroh und legte sich einen Platz im Stall damit aus.

Das Lager war von Stacheldraht umgeben. Am Eingang hingen zwei Tafeln. Auf der einen war geschrieben: »Jedem für seine Arbeit«, auf der anderen:

»Wer es wagt, von hier zu flüchten, wird in Stücke gerissen.«

Im Freien stand unter einem großen Netz eine Küche mit zwei Kesseln. In einem kochte Wasser, im anderen irgendeine Brühe. An diesem Abend gab man jedem von uns ein Kilogramm Brot. Dieses Brot war aus allen möglichen Abfällen gebacken. Man sagte uns, dass das die Ration für die ganze Woche sei. Als wir uns auf unseren Plätzen niederließen, begann jeder, sein Brot zu teilen. Ich teilte es in sieben Stücke. Aber noch an diesem Abend aß ich das ganze Brot mit heißem Wasser. Was weiter sein würde, wusste ich nicht.

Wir legten uns schlafen, müde, gequält und getrennt von den Unsrigen. Und wir wussten ja nicht, was in Petschora geschehen war. Alle dachten wir, dass dort keiner am Leben geblieben war. Die Nacht schliefen wir durch, der Morgen war kaum angebrochen, da wurden wir schon aus dem Stall gejagt, gezählt und unter Bewachung zur Arbeit getrieben. Wir wurden aufs Feld getrieben, wo es eine unbefestigte Straße gab. Die sollten wir säubern und für den Bau einer Chaussee vorbereiten.

Ich hatte mein ganzes Brot schon am Abend gegessen, und nun musste ich den ganzen Tag mit einer Spitzhacke und einem Spaten in den Händen arbeiten. Zum Mittag wurde uns eine dünne Brühe mit Linsen gebracht. Abends wurden wir zurück in den Pferdestall getrieben, wieder gezählt, ob auch niemand geflüchtet war.

Am nächsten Tag wurde eine neue Partie Juden herbeigetrieben – aus Uman, Teplik, Christinowka und anderen Orten. Innerhalb von zwei Tagen war der Pferdestall bereits mit Häftlingen überfüllt. Und so wurden wir jeden Tag beim ersten Sonnenstrahl ins Freie getrieben. Auf der anderen Straßenseite war ein Feld, auf dem Rüben und Sonnenblumen wuchsen. Manchmal gelang es, eine Zuckerrübe auszureißen und sie auf einem Strohfeuer zu backen. So eine Rübe teilte ich in mehrere Stücke, um sie in heißem Wasser zu trinken.

Aber für eine solche »Leckerei« zahlten viele mit dem Leben. Mola Krasner ertrug den Hunger nicht, riss eine Rübe aus, um roh ein Stück abzubeißen. Sie wurde aufs Feld geführt, gezwungen, dort eine Grube zu graben, und erschossen. Ihre Schwestern, Betja und Ita, konnten auf dem Weg ins Lager nicht mehr weitergehen, sie schleppten sich mühsam vorwärts, da wurden auch sie erschossen. Aus der Familie der Krasners waren nur noch die Schwestern Boba und Dora Krasner sowie die Mutter am Leben.

Bobas Mann und ihre zwei Söhne waren an der Front. Boba hielt noch zwei Wochen aus. Wir bemühten uns, sie mit zur Arbeit zu schleppen, es war verboten, im Lager zu bleiben. Die deutschen Vorarbeiter, die die Straßenarbeiten leiteten, bemerkten, dass viele Häftlinge nicht mehr arbeiten konnten. Krank und erschöpft konnten sie kaum noch die Spitzhacken in den Händen halten. Die Deutschen beschlossen, solche Häftlinge loszuwerden. Am Morgen, als wir zur Kolonne aufgestellt wurden, um zur Arbeit getrieben zu werden, schlug der Lagerkommandant sehr »höflich« vor: Wer sich nicht gut fühlt oder krank ist, kann sich einen Tag erholen und braucht nicht zur Arbeit zu gehen. Etwa 15 Personen blieben im Lager, darunter auch Boba Krasner. Am Abend, als wir zurück ins Lager getrieben wurden, waren diese Häftlinge tot. Sie alle waren an den Wänden des Pferdestalls erschossen worden, nur Blutlachen waren noch zu sehen. Von diesem Tag an blieb niemand mehr im Lager, alle bemühten sich zur Arbeit zu gehen und mit aller Kraft zu arbeiten. Aber die Deutschen beobachteten sowieso jeden und notierten sich, wer wie arbeitete. Wenn jemand dem Meister nicht gefiel, wurde sein Name aufgeschrieben. In der Nacht wurden solche Gefangenen herausgerufen und erschossen.

Hunger und die schwere Arbeit töteten viele Häftlinge. In Krasnopolka gab es auch gute Menschen unter der einheimischen ukrainischen Bevölkerung. Wenn die Kolonne an einem Dorf vorbeizog, warf manchmal jemand eine gekochte Kartoffel oder ein Stück Brot herüber. Ich erinnere mich, wie mir eines Tages eine alte Frau ein kleines Bündel zuwarf, in dem ein paar gekochte Kartoffeln waren. Diese Kartoffeln habe ich mir für zwei Tage eingeteilt, aber als wir ins Lager zurückkamen, sah ich, dass der alte Selzer aufgedunsen daliegt, nicht mehr aufstehen kann und auf den Tod wartet. Er rief mich zu sich und fragte, ob ich nicht etwas zu essen hätte. Ich gab ihm zwei gekochte Kartoffeln. Eine aß er, aber dann, während er die andere noch in der Hand hielt, starb er. Das war ein schreckliches Bild. Aber das wirklich Schreckliche lag noch vor mir.

Ein Junge, der zusammen mit uns ins Lager gekommen war und dessen Mutter und zwei Schwestern in Petschora zurückgeblieben war, weinte sehr in den Nächten. Alle versuchten, ihn irgendwie zu beruhigen, der Koch ließ für ihn sogar ein Schälchen Suppe zum Abendbrot übrig. Eines Tages aber beschloss er, aus dem Lager zu fliehen und sagte niemandem etwas davon. Als wir von der Arbeit ins Lager zurückkamen, wurden wir gezählt. Einer fehlte. Wir sahen sofort, dass der Junge fort war. Man sagte uns, dass, wenn er nicht gefunden wird, am Morgen zehn Häftlinge erschossen werden. Aber niemand wusste, wo dieser Junge war. Die Deutschen nahmen mit Hunden die Verfolgung auf. Am Morgen wurde der Flüchtling gefunden und ins Lager gebracht. Und um alle Gefangenen davon zu überzeugen, dass die Deutschen in ihren Verbrechen Genauigkeit bewahrten, und um alle ein für alle Mal von der Flucht abzuschrecken, lösten sie ihr Versprechen ein, das auf der Tafel am Lagertor aufgeschrieben war. Sie trieben alle Häftlinge aus dem Pferdestall und brachten zwei Autos herbei. Ein Bein des Jungen banden sie an eines, das andere an das andere – die Autos fuhren gleichzeitig los. Der Junge wurde zerrissen. Wer dieses Grauen nicht mit ansehen konnte, den traf die Peitsche. Diese schreckliche Hinrichtung des Jungen war eine Demonstration der Deutschen für uns Häftlinge, damit wir nicht einmal im Traum daran dachten, aus dem Lager zu flüchten. Und so verging Tag für Tag. Gerüchte, dass die Juden in Petschora nicht zur Erschießung gebracht worden waren, sondern Dank des rumänischen Kommandanten Stratulat gerettet worden waren, drangen zu uns. Jeder dachte an seine Verwandten, die in Petschora geblieben waren. Mein Vater war tot, ich dachte an Mutter und die Brüder.

Neben mir war eine nicht mehr junge Frau, die ebenfalls aus Tultschin war. Ihr Name war Kolodenker. Ihr Mann und ihre Tochter Chawa waren noch in Tultschin geblieben. Ihr Mann war Schmied. Gerade einmal zwei Tage, bevor die Deutschen kamen, war er mit der Tochter ins Dorf gegangen. Seine Frau nahmen die Deutschen mit. Sie konnte noch ein Bündel Winterkleidung packen. Es wurde Winter und ich hatte absolut nichts, worin ich zur Arbeit gehen konnte, im Lager zu bleiben war aber sehr gefährlich. Kolodenker hatte Mitleid mit mir und gab mir einen alten Halbpelz ihrer Tochter, sie selbst konnte nicht mehr zur Arbeit gehen, aber ich bemühte mich, sie in der Kolonne zu stützen und zur Arbeit zu schleppen. Dort half ich ihr auch noch, die Norm zu erfüllen. An den Füßen trug ich Sommerschuhe. Um diese Schuhe wickelte ich Lappen mit Stroh und band sie mit Schnüren fest. Als Schnee fiel, wurden wir zum Schneeschippen auf die Straße geschickt. Der Pferdestall wurde nicht beheizt, in den Nächten froren wir fürchterlich, Waschgelegenheiten gab es nicht. Dem Vieh wird jede Woche das Stroh getauscht. Uns tauschte man es den ganzen Winter nicht. Wir schüttelten das alte Stroh auf und legten uns schlafen. Wegen der schweren Arbeit und des Hungers fielen viele Häftlinge auf der Straße hin – sie wurden sofort erschossen. Am Straßenrand wurden Gruben gegraben und die Erschossenen dort hineingeworfen. Gegen den Frost wickelten wir alle möglichen Lappen um unsere Hände.

Lange nach dem Krieg hörte ich im Traum noch immer die Schreie der deutschen Meister: »Arbeit, schnell! Verfluchter Jude! Sakrament! Donnerwetter!«[55] So schrien und schimpften sie, wenn die schon müden Häftlinge sich nicht einmal mehr aufrichten konnten. Im Lager Petschora habe ich immer beobachtet, wie der alte Krasner morgens und abends zu Gott betete. Ich kannte natürlich keine Gebete, aber als ich mich alleine, ohne meine Familie, im deutschen Lager wiederfand, da begann ich zu beten.

Zum Neuen Jahr 1943 beschlossen SS-Männer, etwas Spaß zu haben und einen Pogrom zu veranstalten. Am Abend fuhren sie mit Autos ins Lager. Sie hatten Hunde dabei. Alle in schwarzen Uniformen, hohe Schirmmützen mit dem Totenkopfsymbol. Jeder hatte eine lange Gerte. Wir legten uns bereits schlafen, hatten gerade begonnen, uns etwas zu wärmen, indem wir uns aneinanderdrückten, als wir die Schreie der SS-Leute hörten: »Steht auf, verfluchte Juden!«[56] Sie trieben uns auf den Hof des Stalls. Ich begann sofort zu beten und bat Gott, dass er mich retten möge. Die SS-Männer zählten etwa die Hälfte der Gefangenen des Lagers ab, die anderen wurden zurück in den Stall gejagt. Die Abgezählten luden sie auf Fahrzeuge, fuhren sie in einen Wald und erschossen sie. Ich überlebte damals zusammen mit den zurückgebliebenen Gefangenen. An diesem Abend wurden viele Leute aus meiner Stadt erschossen: Rosa Sigal und ihre Mutter, Tamara Chmelinskaja und ihre Mutter, Suja Krasniker, Raja Rachman und ihre Mutter, Schmul Zukerman und viele andere, an deren Namen ich mich nicht erinnere. In diese Gruppe der Todgeweihten geriet auch Frau Kolodenker.

Die Nacht verbrachten wir in Angst. Am Morgen trieb man uns wieder zur Arbeit. Der ganze Hof neben dem Pferdestall war blutbedeckt. Am Morgen kam der deutsche Kommandant und befahl uns, den Hof zu reinigen.

Einige Tage später brachte man uns in ein anderes Lager.

Das Lager Michailowka

Nach Neujahr brachte man uns in das Konzentrationslager Michailowka. Hier brachte man uns in einem Gebäude mit zweistöckigen Pritschen unter. Wieder kamen neue Gruppen von Juden an, und wieder wurden wir zum Schneeschippen getrieben. In diesem Gebäude war es etwas wärmer

---

55 Im Original auf Deutsch – in kyrillischer Schrift. Anm. d. Übers.
56 Im Original auf Deutsch – in kyrillischer Schrift. Anm. d. Übers.

als im Pferdestall, aber furchtbar dunkel. Manche Gefangenen bekamen die Krätze. Wenn die Deutschen erfuhren, dass jemand die Krätze hatte, warteten sie nicht auf die SS, sondern riefen die Betreffenden nachts heraus und erschossen sie.

Dieses Konzentrationslager befand sich in einem Dorf. Einheimische kamen zum Lager und brachten oft etwas zu essen. Eines Abends, als wir nach der Arbeit zurückgebracht wurden, erschien beim Lager eine nicht mehr junge Frau. Sie rief mich zu sich, steckte mir ein Bündel zu und verschwand schnell, damit der Polizist sie nicht bemerkte. In diesem Bündel befanden sich Kartoffeln und Brot. Ich hielt mich vor Hunger kaum noch auf den Beinen. An diesem Tag schien es, dass Gott selbst diese Retterin zum Lager geschickt habe. Danach kam sie oft. Als wir näher bekannt wurden, erzählte sie mir, dass ihr Sohn mit einer Jüdin verheiratet sei und sie zwei Enkelinnen habe, die im Donbass lebten. Ihr Sohn ist an die Front gegangen und sie wusste nicht, wo seine Frau und die Enkel nun waren.

Damals bekam auch ich die Krätze, nicht nur zwischen den Fingern, sondern auch an den Armen und am Körper. Mit jedem Tag wurde sie unerträglicher. Jemand könnte verraten, dass ich die Krätze hatte, das würde die sofortige Erschießung bedeuten. Da kam diese Frau wieder und ich ging, vom Polizisten unbemerkt zu ihr, begann zu weinen und erzählte ihr alles. Sie versprach mir, Schwefelsalbe zu besorgen. Meine Qualen waren unerträglich, die Arme juckten so schlimm, dass ich nicht mehr einschlafen konnte. Und am Morgen hieß es wieder: Aufstehen und zur Arbeit.

Die Frau hielt ihr Wort. Die Salbe beschaffte sie zwar nicht, aber sie brachte mir gelbe Stücke Schwefel. Ich löste diesen Schwefel in warmem Wasser auf und rieb ihn mir zwischen die Finger. Mit der Zeit ging das Jucken weg, und alles fing an zu trocknen. Diese Frau bewahrte mich damals vor dem sicheren Untergang.

Im März 1943 trieb man uns wieder zurück in den Pferdestall. Wieder wurden neue Judentransporte herbeigetrieben, unter ihnen waren sogar Juden aus Deutschland, die nach Rumänien geflüchtet waren, nachdem Hitler an die Macht gekommen war. Diese Juden kamen mit Sachen an. Manche hatten sogar goldenen Schmuck. Auf rumänischem Territorium würde man sie nicht töten.

Im April kam gleich am Morgen wieder SS mit Autos. Sie begannen mit Peitschen alle Häftlinge aus dem Stall in den Hof zu jagen. Alle wurden gezählt, wie das normalerweise vor Hinrichtungen geschah. Aber da erschien der Lagerkommandant, der kein SS-Mann war. Er sprach mit den SS-Leuten, sagte ihnen, man müsse eine gewisse Arbeit an der Straße beenden und sie sollten 100–120 Häftlinge übriglassen. Ich erinnere mich, als sei es erst heute gewesen, wie sich ein dicker, riesiger SS-Mann breitbeinig aufstellte und begann, seine Opfer zu prügeln: Hundert nach rechts, zur Erschießung, und zwei nach links – die noch zur Arbeit bleiben sollten. Nach links waren schon 60 oder mehr Häftlinge gezählt worden, als ich an die Reihe kam. Er schlug mich und schleuderte mich nach rechts. Dann schleuderte er noch andere nach rechts. Ich hörte die ganze Zeit nicht auf, zu Gott zu beten. Die Häftlinge weinten, schrien, schnitten sich die Venen auf, ich aber sprang zwischen den Beinen des SS-Mannes hindurch zu denen, die nach links gezählt worden waren. Ich weiß nicht, woher ich so einen Mut genommen habe. Nach rechts waren schon etwa 100 Häftlinge abgezählt. Der SS-Henker

5. Bezirk (Rayon) Gaissin

schrie: »Wo ist die Kleine!«[57] Aber die 100 verdeckten mich, und er hörte auf, mich zu suchen. Die SS-Männer luden die Häftlinge auf zwei Fahrzeuge, die übrigen trieben sie zu Fuß los. Bei diesem Pogrom quälten die Nazis ihre Opfer auf alle erdenkliche Weise. Schöne Mädchen vergewaltigten sie, zogen sie nackt aus, sie brachen Häftlingen goldene Zähne und Kronen aus, erst dann töteten sie sie. Bei diesem Pogrom starben viele Leute aus meiner Stadt: Sima Byk und ihre Mutter, Klara Kobeliwker und ihre Mutter, Mutter und Tochter Tschudinowskij, meine Freundin und Klassenkameradin Musja Rabinowitsch und ihre Tante, und fast alle Juden aus der Bukowina.

Nach dem Pogrom kamen der deutsche Kommandant und zwei Polizisten ins Lager. Der Kommandant befahl, uns in eine Ecke zu treiben, damit wir uns nicht von der Stelle rührten – schließlich waren wir ja völlig abgerissen, besaßen keine Kleidung zum Wechseln, sodass jeder Grund gehabt hätte, Sachen an sich zu nehmen, die von den Bukowiner Juden dageblieben waren. Die Polizisten luden die Sachen auf Fahrzeuge. Als alles eingesammelt war, wurde uns nur erlaubt, Stroh zum Unterlegen zu nehmen.

Surka Schnaider, die auch in die Gruppe der Todeskandidaten gekommen war, wurde beim Pogrom an der Schulter verletzt und fiel zusammen mit den Getöteten in die Grube. Nach dem Pogrom gelang es ihr, sich aus dieser Grube herauszuarbeiten. Sie irrte durch den Wald, wo sie, halb tot, von einem Einheimischen entdeckt wurde. Er legte sie auf den Schlitten, bedeckte sie mit Stroh und allem möglichen Reisig und nahm sie mit zu sich nach Hause. Man versteckte sie im Keller und pflegte sie. Diese Leute, Ukrainer, taten unter Lebensgefahr alles Mögliche, um sie zu retten. Aber als sie gesund wurde und wieder zu sich kam, fiel ihr ein, dass sie in der Menge der Verurteilten ihre Tochter Tanja nicht gesehen hatte.

Wie ich war ihre Tochter Tanja bei diesem Pogrom am Leben geblieben. Nach dem Pogrom lagen wir nebeneinander: Tanja, Raja Sandler und ich. Zwei Tage vor dem Pogrom war jedem ein kleiner Laib Brot für die Woche zugeteilt worden. Wer es nicht aushielt, hatte ihn an einem Tag aufgegessen. Die Bukowiner Juden hatten Brot übrigbehalten, in Lappen eingewickelt und unter dem Stroh versteckt. Als wir das Stroh austauschten, fanden wir Brotstücke. So gelangten wir übriggebliebenen Gefangenen an ihre Brotrationen. So hatten wir einen kleinen Brotvorrat und begannen, Brot mit zur Arbeit zu nehmen.

Noch etwa zwei Wochen lang wurden wir zur Arbeit an der Straße getrieben. Über die Straße wurden Kriegsgefangene getrieben, Erschöpfte, Verwundete, sie schleppten sich mühsam vorwärts, und wir Häftlinge warfen ihnen unsere letzten Stückchen Brot zu. Sie fingen, hungrig wie wir, diese Stücke. Aber die deutschen Wachen rissen ihnen das Brot aus den Händen und warfen es in den Straßenschmutz.

Einige Tage später wurden wir in das Lager Iwangorod verlegt. Hier wurden wir auf Pritschen in einem Gebäude untergebracht. Hier waren meine Nachbarinnen wieder aus meiner Stadt: Raja Sandler und Tanja Schnaider, deren Mutter man in Michailowka zur Erschießung gebracht hatte. Tanja weinte in der Nacht oft wegen ihrer Mutter und der Cousine Musja Rabinowitsch. Mit großer

---

57 Im Original auf Deutsch – in kyrillischer Schrift. Anm. d. Übers.

Mühe gelang es uns, sie zu beruhigen, denn sie musste ja wenigstens ein bisschen schlafen. Früh um sechs wurden wir geweckt und hinaus zur Arbeit getrieben.

In Iwangorod wurden wir zur Arbeit auf der Eisenbahnstation geführt, zu der Steine aus einem Steinbruch gebracht wurden. Und wir Hungrigen und Entkräfteten sollten diese Steine auf Waggons verladen. Häftlinge, die zwei- bis dreimal so alt waren wie wir, nahmen die großen Steine und uns blieben die kleineren. Oft wurden Hände und Füße schwer verletzt, aber die Norm musste erfüllt werden, ansonsten hatten wir bis in den späten Abend zu arbeiten.

Das Essen war wie in den vorherigen Lagern: Ein Kilo Brot aus allen möglichen Abfällen pro Woche, zum Mittag eine Wassersuppe mit Linsen darin. Auch hier starben Häftlinge am Hunger. Wenn wir zur Arbeit getrieben wurden, warfen Einheimische oft Brot oder Kartoffeln in die Kolonne. Oft konnte ich solche Brotstücke fangen. Ich war klein, mager und ich tat den Leuten irgendwie sehr leid. Diese Stücke teilte ich mit meinen beiden Nachbarinnen.

Eines Tages wurde Raja Sandler krank, bekam hohes Fieber, sie brannte wie Feuer. Ich sah, dass auf ihrer Brust ein großer Abszess entstanden war. Solange er klein war und sie kein Fieber hatte, ging sie zur Arbeit, aber als das Geschwür wuchs und sie Fieber bekam, blieb sie auf den Pritschen liegen. Ich wusste nicht, wie ich ihr helfen sollte, aber ich wusste, dass sie nicht krank sein und im Lager bleiben durfte. Als wir zur Arbeit getrieben wurden, ging ein Einheimischer an mir vorbei, der auch auf der Station arbeitete. Ich bat ihn, er möge etwas Selbstgebrannten besorgen und sagte ihm, dass im Lager ein Mädchen stirbt und ihr geholfen werden müsse. Es stellte sich heraus, dass er ein sehr guter Mensch war. Er ging zum Mittagessen nach Hause und brachte dann ein bisschen Selbstgebrannten, etwas Essen und ein altes Hemd mit.

Als wir an diesem Abend ins Lager zurückkamen, lag Raja da und konnte nicht einmal mehr aufstehen. Ich ließ sie etwas Selbstgebrannten trinken, gab ihr zu essen und sagte ihr dann, wenn sie durchhalte, könne es sein, dass ich ihr helfen kann. Raja war mit allem einverstanden, um nur diese Qualen loszuwerden. Die anderen Häftlinge mochten nicht einmal in die Richtung sehen, wo Raja lag und stöhnte. Ich riss Lappen aus dem Hemd und wusch Rajas Brust, bis aller Eiter heraus war und sich Blut zeigte. Dann bearbeitete ich diese Stelle nochmals mit Selbstgebranntem und verband sie mit einem sauberen Lappen. Als ich diese ganze Prozedur beendet hatte, beruhigte sich Raja etwas und schlief ein.

Am Morgen trieben sie uns wieder auf die Station, Steine verladen, aber Raja war so geschwächt, dass sie nicht einmal aufstehen konnte. Die Schmerzen waren beruhigt und sie lag schweigend da. An diesem Tag blieben viele Häftlinge, die krank und erschöpft waren, auf den Pritschen liegen. Als wir abends von der Arbeit zurück getrieben wurden, traf ich meine Freundin nicht mehr an. Die Deutschen hatten alle auf Autos verladen und gesagt, sie würden ins Krankenhaus gefahren. Tatsächlich wurden alle in einen Wald gebracht und erschossen.

Neben mir auf der Pritsche war nur noch Tanja Schnaider. Nachts weinte sie und dachte an ihre Mutter. Sie wusste ja nicht, dass die Mutter am Leben geblieben war, dass es ihr gelungen war, sich aus der Grube herauszuarbeiten, und dass fremde, unbekannte, aber gute Menschen sie gesundgepflegt hatten. Tanjas Mutter wusste, dass im Lager etwa 100 Menschen geblieben waren und sie in der Menge der Todeskandidaten ihre Tochter nicht gesehen hatte. Als Tanjas Mutter zu Kräften, gesund geworden und wieder zu sich gekommen war, galten alle ihre Gedanken nur der Tochter. Sie entschied sich, wieder ins Lager zu kommen, damit sie mit Tanja zusammen sein konnte, obwohl sie wusste: Die SS veranstaltete alle drei bis vier Monate ein Pogrom in den Lagern. Und so schloss sich eines Tages, als wir zur Arbeit getrieben wurden, eine Frau der Kolonne an. Das war Tanjas Mutter.

Jeden Tag wurden neue Gruppen von Häftlingen herbeigetrieben. Unter ihnen war ein Jude aus der nördlichen Bukowina, ein guter Zahnarzt und Techniker. Der Nachname war, soweit ich mich erinnere, Gait. Die Deutschen nahmen ihn zur Arbeit in ihr Krankenhaus. Zum Schlafen kam er ins Lager. Er sprach hervorragend Deutsch. Eines Abends sagte er seinen Bekannten im Lager unter dem Siegel der Verschwiegenheit, dass ein paar Tage später wieder ein Pogrom stattfinden würde.

An diesem Tag flüchteten einige Häftlinge aus dem Lager. Im Lager brach Panik aus, alle Häftlinge erwarteten ihren Tod, aber an diesem Tag kam die SS nicht. Der deutsche Kommandant und seine Untergebenen kamen ins Lager, trieben uns ins Freie und stellten den verprügelten Arzt Gait vor uns hin. Der deutsche Kommandant hielt eine Rede, in der er sagte, dass Gait ein Provokateur sei und falsche Gerüchte über ein Pogrom in Umlauf gebracht habe, dass deswegen einige Häftlinge geflohen seien. Sie würde man sowieso wieder einfangen. Aber der Arzt Gait werde zu einem qualvollen Tod verurteilt. Dann stießen zwei Männer den Arzt in ein Auto, mir und zwei anderen Mädchen wurde befohlen, ebenfalls einzusteigen. Beim Auto handelte es sich um einen geschlossenen Transporter. Drinnen nahmen wir schon vom Leben Abschied. Man brachte uns auf ein Feld, ließ uns aussteigen und befahl uns, zuzusehen.

Gait war so schlimm verprügelt worden, dass er sich kaum noch bewegen konnte, er wurde aus dem Wagen gezogen. Den Männern gab man Spaten, damit sie ein Loch für einen Mann in voller Größe gruben. Mit zitternden Händen gruben sie, während wir wie versteinert standen, es hatte uns die Sprache verschlagen. Als das Loch fertig war, wurden die Männer gezwungen, den Arzt hineinzustellen und zuzuschaufeln, nur der Kopf ragte noch heraus. Wir mussten das alles mit ansehen. Sie ließen uns lange so stehen, und diesen qualvollen Tod ansehen, dann trieben sie uns ins Auto und fuhren uns zurück ins Lager. Wir konnten selbst nicht glauben, dass wir am Leben waren. Uns schien, dass das alles ein Albtraum gewesen war, aber alles war real. Als ich auf die Pritsche kletterte, schüttelte es mich so sehr, als ob mich jemand hin und her werfen würde. Alle versuchten, irgendwelche Lumpen auf mich zu werfen, damit mir etwas wärmer würde. Am Morgen trieben sie uns wieder zur Station, Steine verladen. Wir hielten uns noch mehr als einen Monat in Iwangorod auf. Dann trieb man uns in ein anderes Lager, nach Talalajewka im Rayon Christinowka.

Das Lager Talalajewka

Am Abend wurden wir in das Lager – einen Pferdestall am Rande des Dorfes getrieben. Um das Lager herum war eine Absperrung aus Stacheldraht. Das war im Sommer 1943. In dieses Lager wurden die letzten Gruppen jüdischer Handwerker getrieben, die noch in den Ghettos lebten. Außerdem kamen noch Häftlinge aus der nördlichen Bukowina. Viele von ihnen sprachen gut Deutsch, unter ihnen waren auch welche aus Deutschland. Unter ihnen war eine sehr schöne Frau mit dem Namen Silwa, die im Lager die Dolmetscherin des Kommandanten wurde. Ein weiterer deutscher Jude namens Ostfeld wurde Lagerältester. Ein deutscher Jude (sein Name war Busch) war ein hervorragender Schneider, ihm erlaubte der deutsche Kommandant, im Dorf zu arbeiten. Im Dorf arbeitete auch noch eine Schneiderin namens Paula, ebenfalls eine deutsche Jüdin.

Jeden Tag trieb man uns zur Arbeit, eine Straße bauen. Hungrig und abgerissen wie wir waren, aßen wir unsere Brotration sofort auf – was danach kam, war uns egal. Aber wir waren schon abgehärtet und hatten gelernt, zu riskieren. Wenn unsere Häftlingskolonne durch ein Dorf zog, versteckte ich mich hinter dem erstbesten Haus und blieb im Dorf. Und so gelang es jeden Tag jemandem, im Dorf zu bleiben. Die Dorfbewohner gaben jedem Häftling, der zu ihnen ins Haus kam, etwas zu essen, und gaben ihnen auch noch mit, was sie nur konnten. Abends, wenn die Kolonne ins Lager getrieben wurde, bemühte ich mich, an einer Stelle zu stehen, wo die Kolonne dicht gedrängt vorbeiging, um unbemerkt in sie hineinzuschlüpfen. Auch andere riskierten das, viele wurden erwischt, viele auf den Straßen getötet.

Im Lager Talalajewka zeichnete sich ein Polizist, er wurde Sokira gerufen, durch seine Grausamkeit besonders aus. Er war groß, mager, semmelblond und hatte wässrige Augen. Wenn er uns zur Arbeit trieb, ließ er alle singen. Wer nicht sang, bekam die Peitsche zu spüren. Wenn es in Strömen regnete und die Straße verschlammt war, vergnügte er sich mit den Häftlingen und schrie: »Hinlegen! Aufstehen!« Wir mussten uns in den Dreck legen und wieder aufstehen. Bis wir bei der Arbeitsstelle ankamen, waren wir schon nass und schmutzig. So sollten wir bis zum Abend arbeiten. Die deutschen Vorarbeiter lachten uns aus und fragten, wer uns so hübsch verziert habe, und der Polizist Sokira stand stolz da, als habe er eine große Tat vollbracht. Die Einheimischen beobachteten alle diese Schikanen, aber ein jeder fürchtete sich, ihm etwas zu sagen. Aber nach kurzer Zeit wurde der Polizist Sokira in der Mühle getötet. Es gab Gerüchte, dass Partisanen mit ihm abgerechnet hatten. Später bewachten Wlassow Leute das Lager. Manche von ihnen hatten Mitleid mit uns und ließen manchmal jemanden aus der Kolonne ins Dorf. Aber als eine deutsche Patrouille zwei weibliche Gefangene auf der Straße im Dorf Schukai-Wody tötete, wurden die Wlassow-Leute als Wache abgelöst und in ein Strafbataillon gesteckt.

Die Bedingungen im Lager waren schrecklich: Dreck, Kälte, Hunger und Krankheiten. Als wir die Arbeiten an der Straße beendet hatten, wurden wir in das Dorf Oradowka, nicht weit von Talalajewka, getrieben. Dort gab es einen Steinbruch.

In den wurden wir getrieben, die Männer legten Sprengladungen an und alle mussten weglaufen und sich in Deckung begeben. Wenn das Gestein gesprengt wurde, flogen die Steine in alle Richtungen, und wer es nicht schaffte, blieb unter den Steinen liegen – tot oder verletzt. Danach mussten wir die Steine auf Loren laden. Hierher, in den Steinbruch, wurde uns eine Suppe gebracht, die ein bisschen dicker war, als in den anderen Lagern. Die Arbeit im Steinbruch war schwer, jeden Tag starben Häftlinge an der die Kräfte übersteigenden Arbeit und am Hunger.

Ich erinnere mich, wie sich ein deutscher Vorarbeiter zum Mittagessen genau vor uns hinsetzte – während wir in seine Richtung schielten und uns das Wasser im Munde zusammenlief.

Manchmal warf er mir Brotreste oder Speckschwarte vor die Füße auf die Erde. Viele Häftlinge starben im Steinbruch von Oradowka.

Der Sommer des Jahres 1943 ging zu Ende, die Situation im Lager verschärfte sich. Der Winter kam, es fiel Schnee und gab klirrenden Frost. Es begab sich einen Monat vor dem Jahreswechsel. An diesem Tag wurden wir nicht zur Arbeit getrieben. Der Schneider Busch und die Schneiderin Paula kamen nicht ins Lager zurück, auch die Übersetzerin Silwa war irgendwohin verschwunden. Offenbar wussten sie, dass es ein Pogrom geben würde. Den ganzen Tag rannten wir im Pferdestall auf und ab. Polizei umstellte das Lager. Manche Häftlinge schnitten sich die Pulsadern auf, andere verloren den Verstand, rissen sich die Haare aus und zerfetzten sich die Kleidung.

Am Abend kam der deutsche Kommandant zum Lager. Da verließ unser Lagerältester Ostfeld den Pferdestall, ging zum Kommandanten und begann, mit ihm etwas zu besprechen, er konnte sehr gut Deutsch. Dann kam er ins Lager zurück und sagte, wenn jemand irgendwelche Sachen aus Gold habe, sollten sie ihm die geben, dann wäre beim deutschen Kommandanten etwas zu erreichen. Von den Juden aus der Bukowina hatten einige noch etwas: der eine einen Ring, der andere eine Kette oder eine Goldmünze. Ostfeld nahm etwas Gold und ging nach draußen zum Kommandanten, der daraufhin den Polizisten irgendwelche Instruktionen erteilte. Durch Spalten in der Wand konnten wir alles sehen. Der deutsche Kommandant nahm Ostfeld das Bündel mit dem Gold aus der Hand, schlug ihn ins Gesicht und befahl ihm, zurück ins Lager zu gehen. Wir beobachteten alles und verstanden, dass Ostfeld dem Kommandanten das Bündel übergeben hatte, damit dieser ihn allein aus dem Lager ließe. Er wollte schon in Richtung Ausgang gehen, da bekam er eine Maulschelle und kehrte ins Lager zurück. Er sagte uns Häftlingen, dass er alles dem Kommandanten gegeben habe, der aber den Befehl habe, niemanden aus dem Lager zu lassen und es morgen ein Pogrom geben werde.

Diese Nacht war der reinste Albtraum – Häftlinge liefen im Stall auf und ab, einer versuchte, die Stalltür zu öffnen, um auf den Hof hinauszugehen, aber es ertönte sofort ein Schuss und der Häftling kam nicht mehr zurück. Der Lagerälteste sagte, dass niemand mehr versuchen solle, die Tür zu öffnen, weil das ohnehin schon das Ende sei.

Doch in dieser Nacht geschah ein Wunder. Ich hatte gerade die Augen geschlossen, als ich einen Traum hatte, an den ich mich mein ganzes Leben lang erinnern werde. Es war, als hätte sich im Himmel ein kleines Fensterchen geöffnet, und in ihm steht ein alter Mann mit Bart und spricht zu mir: »Ich bin Gott. Wach auf und laufe, und du wirst am Leben bleiben.« Ich wachte auf, ich weiß nicht woher ich diesen Mut und diese Energie hatte. Es war, als hätte mir jemand einen Stoß gegeben. Im Lager schliefen alle in Erwartung des Todes. Ich ging zur Tür des Pferdestalls und öffnete sie einen kleinen Spalt. Die Nacht war sehr kalt, und anscheinend döste der Polizist gerade, während ich am Pferdestall entlang schlich, auf die Stacheldrahtumzäunung zu – und an einen Menschen stieß. Der hielt mir sofort den Mund zu, sodass ich keinen Ton herausbringen konnte. Das war ein Klempner, der es auch riskiert hatte, den Stall zu verlassen. Mit einer Schere durchtrennte er den unteren Draht und flüsterte mir zu, ich solle hindurchkriechen und laufen. Das war die Gelegenheit – laufen! Ich legte mich auf die Erde und kroch unter dem Stacheldraht hindurch. Meine

Füße waren mit Lappen umwickelt und ich lief lautlos. Der Schnee ging mir bis zu den Knien, aber ich rannte und rannte. Ich weiß nicht, woher ich die Kraft nahm, die Angst trieb mich – unklar wohin. Da begann auch noch ein Schneegestöber, und dann waren ferne Schüsse zu hören.

In dieser Nacht gelang es noch einigen Häftlingen zu fliehen. Anscheinend hatte der Polizist etwas getrunken und war eingedöst. Als er aufwachte, löste er Alarm aus und viele Häftlinge wurden vor dem Lager getötet. Am Morgen kamen die SS-Männer. Als sie die Häftlinge zählten, stellte sich heraus, dass in dieser Nacht 50–60 Häftlinge aus dem Lager geflohen waren.

Die wütenden SS-Männer schickten alle Häftlinge des Lagers lebendig in die Gruben. Später machten in den Dörfern Gerüchte die Runde, dass dort, wo die Juden des Lagers Talalajewka bei lebendigem Leibe begraben worden waren, die Erde zwei Tage gebebt habe.

Ich lief die ganze Nacht, so schnell mich die Beine trugen, so weit vom Lager weg wie möglich. Meine Spuren deckte der Schnee zu. Am Morgen fand ich mich am Rande eines Dorfes wieder. Es wurde gerade hell, als ich an die Tür einer kleinen Hütte klopfte. Eine alte Frau kam heraus und ließ mich in die Hütte. An meinem Aussehen erkannte sie gleich, wer und woher ich war. Ich aber fiel gleich hin und brachte nicht mal mehr ein Wort heraus. Die Alte legte mich auf den Ofen. Ich schlief wie tot. Am Abend weckte mich die Alte auf und gab mir zu essen. Als ich sie fragte, wie viele Kilometer es von diesem Dorf bis zum Lager Talalajewka seien, stellte sich heraus, dass ich in dieser einen Nacht ungefähr 25 Kilometer gelaufen war. Ich lag ein paar Tage auf dem Ofen bei dieser Alten und kam ein bisschen zu mir. Dann gab sie mir einen alten langen Pelzmantel sowie ein Kopftuch und sagte, ich müsse weggehen, weil Deutsche im Dorf seien.

Von diesem Tag an begann ich, über die Dörfer zu wandern. Ich musste in kalten verlassenen Scheunen und auch Dachböden übernachten. Unterwegs traf ich ein Mädchen aus Tultschin, das mit seiner Schwester ebenfalls aus einem Lager geflohen war, aber unterwegs hatten sie einander verloren. Ich erinnere mich an den Nachnamen des Mädchens, Bekelman. An den Vornamen kann ich mich nicht erinnern. Am Tag nahm man uns in einem Haus auf, gab uns zu essen, aber die Leute fürchteten sich, uns auch über Nacht dazubehalten. Sie rieten uns, aufs Feld zu gehen, wo Strohhaufen lagen. So gingen wir zu den Haufen auf dem Feld. Einheimische, die zum Strohholen gekommen waren, machten uns Vertiefungen ins Stroh, und wir krochen hinein. Die Nacht war eisig kalt und wir kniffen uns gegenseitig, um nicht einzuschlafen. Aber abgezehrt und müde wie wir waren, schliefen wir dennoch ein. Als ich aufwachte, stieß ich das Mädchen an, aber sie gab keinen Ton von sich. Ich dachte, dass sie schläft, und begann sie zu schütteln, aber sie war erfroren und für immer eingeschlafen.

Es war gerade Morgen geworden, da schaufelte ich das Stroh von mir, sprang von dem Haufen und lief einfach los. Aber in der Nacht kehrte ich wieder auf das Feld zu den Strohhaufen zurück. Es war kalt und grausig, aber wo sollte ich hin? Wieder gruben mir Einheimische ein tiefes Loch ins Stroh, ich kroch hinein um die Nacht über dort zu sitzen. Sie versorgtem mich mit Brot und Kartoffeln, mit Essen geizte im Dorf niemand. In dieser Nacht saß ich im Strohhaufen und rupfte am Brot herum, um nicht einzuschlafen. Ich war schon dabei einzudösen, als ich plötzlich ferne Stimmen und Pferdegewieher hörte. Ich drückte das Stroh beiseite und sah in der Ferne Deutsche. Sie alle saßen auf Schlitten und kamen auf den Strohhaufen zu, in dem ich mich befand. Da verstand ich, dass ich nach allen Pogromen und Fluchten jetzt keinen Ausweg mehr hatte und mein Ende gekommen war. Ich verlor die Sprache, aber als die Schlitten näher kamen, hörte ich russische und ukrainische Wörter.

Es waren Partisanen, fast alle hatten deutsche Uniformen an, sie kamen gerade von einer Mission zurück. Als sie beim Strohhaufen ankamen, stöhnte ich ungewollt laut auf. Sie zogen das Stroh auseinander und zogen mich hervor – aber ich brachte kein Wort heraus. Sie setzten mich auf einen Schlitten und brachten mich in ein Dorf. Das war das Dorf Uchosha. Sie ließen mich bei einer jungen Frau zurück, ich erinnere mich an ihren Namen: Jawdocha Poworosnjuk. Sie lebte mit ihrem Bruder Archip zusammen. Jawdocha schickte mich gleich auf den Ofen, ich war stark erkältet und brachte immer noch kein Wort heraus. Vom ersten Tag an pflegte sie mich. Sie rieb mir die Brust mit einem heißen Fett ein, rieb mich mit Selbstgebranntem ab und gab mir warme Milch zu trinken. Nach einer Woche begann ich mich etwas zu erholen und auch zu sprechen. Dann fing ich an, ihr im Haushalt zu helfen. Die Partisanen kamen oft zu ihr und brachten Neuigkeiten über ihre Operationen im Kampf gegen die Deutschen mit. Jawdocha verpflegte die Partisanen, diese schliefen ein wenig und gingen, ihre Missionen zu erledigen. Die Deutschen zogen sich bereits zurück, die Partisanen verfolgten sie auf allen Wegen. Später traf ich in diesem Dorf noch ein Mädchen aus meiner Stadt, die auch aus einem Lager geflüchtet war: Ester Bronfman. Hier, in diesem Dorf Uchosha, warteten wir bis zur Befreiung und machten uns dann auf den Weg nach Hause, nach Tultschin.

Als wir schon auf dem Weg nach Tultschin waren, erfuhr ich, dass meine Mutter und die Brüder am Leben waren und sich noch in Petschora befanden. Ich machte mich zu Fuß auf den Weg dorthin und dort trafen wir uns auch. Wir hatten die Hoffnung, uns wiederzusehen schon verloren. Der kleinere Bruder war damals vier Jahre alt. Von den Kindern des Jahrgangs 1940 waren bei der Befreiung des Lagers Petschora nur noch vier am Leben: Das waren Lewa Winokur, Arkadij Belser, Mora Fux und mein Bruder, Petja Sandler. Mein älterer Bruder war schon 14 Jahre alt. Wir kehrten nach Tultschin zurück, unsere Wohnung war zerstört. Wir mussten das Leben von Null beginnen.

Das, woran ich mich erinnere und was ich aufgeschrieben habe, ist nicht ein Tausendstel dessen, was ich während des Krieges in diesen Lagern durchleben musste. Nur wenige Häftlinge dieser Lager haben überlebt. Das Mädchen, mit dem ich nach Tultschin zurückgekehrt bin, Ester Bronfman, lebt jetzt in Amerika, in Brooklyn. Drei Frauen aus diesen Lagern leben in Tultschin, eine in Winniza, eine in Israel. Tausende von Juden sind in diesen Lagern verhungert, erfroren, an Krankheiten, Schlägen und Schikanen gestorben. Tausende starben bei den Pogromen.

Allen Juden, die auf ewig in den Lagern Michailowka, Krasnopolka, Iwangorod und Talalajewka geblieben sind – ewiges Gedenken. Wir, die wir überlebt haben, haben die Pflicht, uns ihrer zu erinnern und sie zu ehren.

Nowoje Russkoje Slowo [Das Neue Russische Wort], 3.–10. September 2007

Siehe auch den Zeitzeugenbericht von Marija Winnik

6. Bezirk (Rayon) Iljinzy

(ukr. Illinzi, poln. Ilińce)

Am 20. Oktober 1941 wurde der Generalbezirk Shitomir im Reichskommissariat Ukraine gebildet mit dem Kreisgebiet Iljinzy, das aus den ukrainischen Regionen Iljinzy, Lipowez und Pliskow entstand. Am 1. April 1943 wurde der Generalbezirk neu gegliedert. Teile des Kreisgebiets Iljinzy kamen zum neuen Kreisgebiet Lipowez, der Rest zum Kreisgebiet Monastyrischtsche.[58]

Während der Zeit der deutschen Okkupation wurden im Bezirk Iljinzy 4829 Zivilisten ermordet, darunter 4742 Juden.[59]

Ort: Iljinzy

Vor 1941 war Iljinzy[60] Bezirkszentrum im Gebiet Winniza der Ukrainischen Sozialistischen Sowjetrepublik. Von 1941 bis 1943 war die Stadt Zentrum des Kreisgebiets Iljinzy im Generalbezirk Shitomir und wurde am 1. April 1943 in das Kreisgebiet Lipowez eingegliedert. Seit 1991 ist Iljinzy Bezirkszentrum im Gebiet Winniza, Ukraine.

1939 lebten in Iljinzy 2217 Juden, über 63 Prozent der Bevölkerung, und in den umliegenden Dörfern 375 Juden.

Nach dem 22. Juni 1941 flohen viele Juden aus der westlichen Ukraine nach Iljinzy. Die einheimischen Juden organisierten eine Suppenküche für die Flüchtlinge. Einige Juden gingen zur Roten Armee oder flohen ins Innere der Sowjetunion, als die Front näher rückte. Am 23. Juli 1941 besetzten Einheiten der deutschen 6. Armee die Stadt. Etwa 2000 Juden waren noch in der Stadt. Sofort begann die Verfolgung der Juden. Unter den ersten Opfern waren männliche Juden, die aus Iljinzy ins Städtchen Turbow geflüchtet waren. Bewaffnete Truppen der ukrainischen Nationalisten töteten sie und wollten die Frauen mit den Kindern lebendig verbrennen. Aber die Nazis stoppten sie.[61]

Die deutsche Militärverwaltung richtete einen Judenrat aus drei Personen ein und forderte von der jüdischen Gemeinde eine Kontribution in Gold und Silber. Ein Mitglied des Judenrats kollaborierte mit den Nazis und veranstaltete sogar üppige Mahlzeiten mit der ukrainischen Polizei. Ende August 1941 mussten die Juden in ein offenes Ghetto im ärmsten Viertel am Stadtrand ziehen und eine weiße Armbinde mit einem blauen Davidstern tragen. Die Häuser der Juden wurden mit einem Schild »Jude« gekennzeichnet. Am 20. Oktober 1941 übernahm eine deutsche Zivilverwaltung die Herrschaft in Iljinzy. Kreisleiter war Heinrich Scholdra, Bürgermeister wurde der örtliche deutschstämmige Arzt Dr. Heine. Im Winter 1941/42 übernahm Meister Andreas Wagner das Kommando über die Gendarmerie

---

58 http://www.territorial./ukra/shitomir/shit.htm [12.5.2019].
59 Kruglow, Enzyklopedija Cholokosta, S. 21.
60 Altman, Cholokost, S. 347; Encyclopedia of Camps and Ghettos, S. 1530 f.; The Yad Vashem Encyclopedia, S. 247.
61 Altman, Opfer des Hasses, S. 271.

und die örtliche ukrainische Polizei. Am 5. November 1941 wurde eine »Aktion« gegen örtliche Juden durchgeführt. Sie wurden beschuldigt, Kommunisten zu unterstützen. 43 Juden wurden festgenommen, geschlagen und im nahe gelegenen Wald von Iljinzy durch deutsche Sicherheitskräfte mit Unterstützung örtlicher ukrainischer Polizei erschossen.

Am 24. April 1942 erschoss eine Einheit des SD mit deutschen Gendarmen und ukrainischer Polizei ungefähr 1000 Juden aus dem Ghetto in der Nähe des benachbarten Dorfes Golikowo. Am 27. und 28. Mai 1942 trieben deutsche und ukrainische Polizisten die überlebenden Juden in der Synagoge zusammen. Einige Tage später wurden sie außerhalb der Stadt erschossen. Die Zahl der ermordeten Juden variiert zwischen 434 und 800. Der Generalkommissar in Shitomir, Kurt Klemm, meldete am 3. Juni 1942 in seinem Lagebericht für den Monat Mai:[62] »Die Judenfrage ist in meinem Generalbezirk zum größten Teil geklärt. Dass bei den Umsiedlungen vielfach wertvolle Arbeitskräfte beseitigt wurden, ist bekannt. Im Kreis Illinzy wurden 434 Juden und in Rushin 606 Juden umgesiedelt.« Am 15. Dezember 1942,[63] anderen Quellen zufolge am 23. Dezember 1942, umstellten erneut deutsche Polizei und ihre ukrainischen Kollaborateure das Ghetto, rissen das Ghetto nieder und zündeten ein Fabrikgebäude an, in dem sich Juden versteckt hatten. Als die Juden versuchten, aus dem brennenden Gebäude zu entkommen, wurden etwa 100 erschossen. Einigen Juden gelang es, zu den Partisanen zu gehen. Nur 17 Handwerker überlebten, die Ende 1942 in ein nahe gelegenes Arbeitslager deportiert worden waren.

Am 13. März 1944 wurde Iljinzy durch die II. Ukrainische Partisanenbrigade befreit.

Ort: Shornischtsche

Vor 1941 war Shornischtsche[64] ein Dorf im Bezirk Iljinzy, im Gebiet Winniza der Ukrainischen Sozialistischen Sowjetrepublik. Von 1941 bis 1944 gehörte Shornischtsche zum Bezirk und Gebiet Iljinzy, Generalbezirk Shitomir. Seit 1991 gehört das Dorf zum Bezirk und Gebiet Winniza, Ukraine.

1923 lebten in Shornischtsche 951 Juden. Nach der Volkszählung von 1939 lebten in den Dörfern des Bezirks Iljinzy insgesamt 375 Juden, die meisten von ihnen in Shornischtsche.

Nach dem 22. Juni 1941 flohen eine Anzahl Juden ins Innere der Sowjetunion. Am 16. Juli 1941 besetzten Einheiten der 6. Armee das Dorf. Die deutschen Besatzungskräfte ernannten Gordienko zum Ortsvorsteher, Kosowenko zum Vorsitzenden des Dorfrates und zwei ukrainische Polizisten. Gordienko wurde nach dem Krieg zu 15 Jahren Haft in einem Arbeitslager verurteilt, Kosowenko wurde 1943 von Partisanen getötet.

Im August 1941 wurden die ersten 13 Juden gefoltert und erschossen. An den Misshandlungen und Tötungen der Juden beteiligten sich auch Volksdeutsche. Sie vertrieben die

---

62 VEJ 8, S. 293, Dok. 112.
63 Kruglow, Chronika Cholokosta, S. 144.
64 Altman, Cholokost, S. 316; Encyclopedia of Camps and Ghettos, S. 1581 f.; The Yad Vashem Encyclopedia, S. 984 f.

Juden aus ihren Häusern und zwangen sie, sich nackt auszuziehen und einen Hügel, der mit Dornen übersät war, hinabzurollen. Im September 1941 wurde ein Ghetto eingerichtet. Im Ghetto waren über 500 Juden, darunter auch jüdische Flüchtlinge aus Winniza. Die Juden mussten eine weiße Armbinde mit einem blauen Davidstern tragen. Im Oktober 1941 übernahm eine Zivilverwaltung die Macht in Shornischtsche. Am 27. Mai 1942 wurde das Ghetto aufgelöst. Alle Bewohner, etwa 200 bis 300, wurden nach Iljinzy deportiert, wo sie zusammen mit den dortigen Juden ermordet wurden.

Am 14. März 1944 wurde Shornischtsche befreit. Nur etwa 20 überlebende Juden aus Shornischtsche sind bekannt.

Sonja Fridman (geb. 1929)
»In der Zentrale pflegte ich die Verwundeten«

Ich, Sonja Fridman (geb. Karlizkaja), wurde am 14. April 1929 im Städtchen Iljinzy, Gebiet Winniza geboren.

Es war blauer Himmel. Es war unglaublich warm und lustig, da die Nachbarin am Brunnen mich an jenem Morgen daran erinnerte, dass ich morgens meine Augen waschen sollte, weil sie sehr schwarz waren. Ich war zwölf Jahre alt. Ich lachte immer, sprang herum und amüsierte mich. Dafür bekam ich den Spitznamen »Zicklein«.

Plötzlich hörte man das furchtbare Wort »Krieg«, und die panischen Gesichter der Erwachsenen verrieten, dass etwas Schlimmes passiert war. Bereits am 24. Juli 1941 wurde unser Städtchen Iljinzy von Deutschen besetzt. Zwei Tage später brachen die Deutschen in unser Haus ein und nahmen irgendwelche Gegenstände mit, darunter auch eine alte Geige meines Bruders, das Gemälde »Mosche-Rabeina« auf Marmor und das silberne Besteck. Kurz darauf veranstalteten die einheimischen Einwohner einen Pogrom, an dem sogar meine ehemaligen Mitschülerinnen teilnahmen. Eine von ihnen nahm mein ukrainisches Volkskostüm mit. In diesem Kostüm trat ich an den Schulabenden auf. Es war eine schöne finnische Pelzweste mit aufgestickten Blumen. Dabei sagte sie mir frech ins Gesicht, dass sie jetzt auch so hübsch wie ich sein würde und beschimpfte mich als Jüdin. Sie nahmen alles, was sie nur tragen konnten. In den Räumen blieben auf den Böden Scherben von den zerbrochenen Spiegeln und Federn von den zerrissenen Decken.

Im Oktober wurden alle Juden in den Häusern untergebracht, die in der Nähe des Flusses standen. Unser Haus war auch dort. In unserem Haus wurden ein paar fremde Familien untergebracht. An jedem Haus hing ein Schild »Jud«, »Shid« und auf dem Ärmel mussten wir eine Armbinde mit dem Davidstern tragen. Die Deutschen nahmen vierzig jüdische Männer als Geiseln und verpflichteten uns durch eine polizeiliche Verordnung, bis zum Ende des Tages neue Stiefel, Seife und andere Gegenstände zu sammeln. Die Juden erfüllten alle diese Anforderungen und trotzdem wurden die Geiseln in der Nacht erschossen. Es war ein furchtbarer Anfang …

Täglich wurden wir zum Arbeitseinsatz getrieben: Wir mussten die Straßen fegen, Toiletten putzen, Straßen reparieren usw.

Am 7. November 1941 wurden die Juden gezwungen, aus der Druckerei alle Zeitungen und Papierrollen auf den Marktplatz zu schleppen. Danach wurde ein Feuer entzündet und den Juden wurde befohlen, sich an den Händen zu fassen, das Lied »Für Heimat, für Stalin« zu singen und um das Feuer herumzutanzen. Die Deutschen knipsten mit ihren Fotoapparaten, lachten, amüsierten sich und verlangten, dass wir die Hände hoch hoben und den Kreis enger zogen. Das Feuer aus Menschen kam nicht zu Stande. An jenem Tag rettete uns ein Zufall. In unserem Ort war zu jenem Zeitpunkt eine Truppe ungarischer Funker. Sie sprachen mit den Deutschen und uns wurde die Möglichkeit zur Flucht eingeräumt.

Wir hatten ein großes Haus, das aus sechs Zimmern bestand. Unter dem Haus war ein großer Keller, ein Weinkeller. Eines der Eckzimmer wurde von meinen Eltern in ein Versteck verwandelt. Die Tür wurde zugemauert und auch von der Seite des Dachbodens wurde ein Eingang zugemauert.

Als die SS-Truppen nach Iljinzy kamen, wussten wir, dass keiner von uns am Leben bleiben würde. In jener Nacht gingen wir, alle Hausgemeinschaften unseres und der Nachbarhäuser in unseren Keller. Mein Vater und sein Freund schütteten den Eingang mit Holzstämmen zu. Über die Luke im Dach gelangten sie in das getarnte Zimmer.

Alle, die von SS-Männern gefasst worden waren, wurden in die Synagoge gebracht und am frühen Morgen des nächsten Tages an unserem Haus vorbei ins Feld getrieben und dort erschossen. In unserem Versteck konnten wir die herzzerreißenden Schreie und das Schluchzen, die von draußen zu uns drangen, hören. Eine der Mütter hatte Angst, dass man auf der Straße das Weinen ihres Babys hören könnte. Sie drückte es so sehr an ihre Brust, dass das Kind für immer still blieb. Zum Glück waren mein Vater und sein Freund am Leben geblieben. Als die »Aktion« zu Ende war und die SS-Männer die Stadt verließen, gelang es ihnen, uns aus dem Keller zu befreien, der fast unser Grab geworden wäre.

In der Nacht liefen wir alle in die benachbarten Dörfer. Ich fand Unterschlupf bei einer befreundeten Familie, die mich als Nichte ausgab. Der Dorfälteste, Nikolaj Iwanowitsch Scherewera, wusste, dass mein Vater und mein Bruder Bauernstiefel nähten. Er half unserer Familie und informierte uns über die bevorstehenden Gefahren.

Ich wurde von einem Jungen, Fedja, verfolgt, weil ich mich weigerte, zusammen mit ihm Pilze zu sammeln und angeln zu gehen. Als er erfuhr, dass ich Jüdin war, entschloss er sich, mich zu denunzieren. Er fand mich im Haus einer armen Frau, einer alleinstehenden Mutter. Sie wohnte in einem kleinen Haus und lebte vom Betteln. Mein Vater schaufelte in der Ecke ihres Stalles eine kleine Grube, setzte mich da hinein, bedeckte mich mit Stroh und Ästen und überschüttete dies mit Müll. Fedja riss in der gleichen Nacht die Tür ihres Hauses auf und schrie: »Hier ist diese Jüdin!«. Er durchsuchte das ganze Haus, aber konnte mich nicht finden. Es ist unmöglich, meine Angst zu beschreiben.

Ich musste ins Dorf Krasnenki fliehen. Mit zwölf Jahren ging ich alleine durchs Feld und durch den Wald. Jeder Schritt hallte wie mit einem Hammerschlag in meinem Herzen. Jedes Bellen der Hunde zwang mich, Hals über Kopf wegzurennen. Ich kam zur Tante Wassilissa. Sie nahm mich auf.

Sie hatte eine 25-jährige Stieftochter, die die Möglichkeit, mit einem Schlag ihre Stiefmutter und mich loszuwerden, gleich wahrgenommen hatte, indem sie uns denunzierte. Die Nachbarin sah, wie sie zur Polizei lief. Aber sie war schneller und führte mich über die Gärten zu ihren Verwandten, bei denen ich einige Zeit hinter dem Ofen lebte. Leider bekamen sie andere Gäste aus einem anderen Dorf und man führte mich aus dem Stall, wo ich mittlerweile lebte, in der Nacht in den Wald in die Richtung des Dorfes Borissowka. Ich ging zum Dorfältesten, da ich wusste, dass er mich nicht denunzieren würde.

Man brachte mich zu einer Frau mit einem sechsjährigen Mädchen.

Jetzt verstehe ich sehr gut, dass viele Familien ihr Leben und das Leben ihrer Kinder riskierten, um uns Juden zu retten.

In der Nacht kamen Männer in dieses Haus und fragten die Frau, wo sie die Juden verstecken würde. Sie antwortete, dass sie gesehen hatte, wie sich diese bei ihr im Stall verstecken wollten, aber sie hätte sie weggejagt. Ihr Mädchen kroch zu mir in den Ofen, um zu verhindern, dass die Männer auf den Gedanken kämen, dass sich darin jemand verstecken könnte. Die Banditen prüften den Dachboden und den Stall. Dann vergewaltigten sie die arme Frau und riefen laut, dass man mit der Frau eines Kommunisten noch viel schlimmer umgehen sollte. Ich musste mich wieder auf die Suche nach einem Unterschlupf begeben.

Ich kehrte zur Bettlerin Maria zurück. Ich war nicht alleine, sondern mit meinem älteren Bruder. Mein Bruder kroch in die Grube, ich setzte mich auf seine Arme und Vater bedeckte uns mit Stoff und überschüttete uns mit Müll. Erst nach zwei Tagen konnte Vater uns von dort abholen. Jede Tür, an die er anklopfte, blieb verschlossen. Wir mussten zwei Tage ohne Essen und ohne Wasser sitzen bleiben. Es ist unmöglich, unsere Qualen zu beschreiben.

Endlich fand unser Vater einen Bauern, der ihm versprach, dass er seine ganze Familie sicher verstecken würde. Dieser Bauer lebte in einer Hütte am Dorfrand. Mein Vater glaubte ihm und wir alle vier gingen in der Nacht in die Hütte dieses Bauern. Er gab uns zu essen und Decken. Tief im Schlaf wurden wir von diesem Bauern und noch zwei anderen Männern aus dem Dachboden in die stockdunkle Nacht und den Schlamm hinausgeworfen. Mein Vater stellte sich in die Eingangstür und bat ihn, sich der Kinder zu erbarmen. Während dessen konnte mein 16-jähriger Bruder fliehen und ich stürzte und fiel in den Schlamm.

Mein Bruder hörte hinter sich Schritte und dachte, dass ich ihn einholen würde. Er hielt an. Er wurde gefasst und zusammen mit meinem Vater ins Haus gebracht. Meine Mutter rannte gegen einen Baum und sank bewusstlos zu Boden. Als sie zu sich kam, sah sie wie mein Bruder mit dem Kochlöffel verprügelt wurde und meinem Vater die Finger gebrochen wurden. Mein Vater erzählte später, dass diese Menschen von ihm Gold verlangten. Mein Bruder und Vater wurden auf das Polizeirevier in Iljinzy gebracht. Ich wollte mich ins Dorf Krasnenki flüchten. Leider war die Nacht sehr dunkel und ich konnte den Weg nicht finden. Ich irrte im Feld umher und gelangte wieder ins Dorf Borissowka, von wo ich geflohen war.

Dann kehrte ich ins Feld zurück und grub mich in einem Heuhaufen ein. Erst in der nächsten Nacht ging ich durch den Wald ins Dorf Krasnenki. Dort lebte Xenja, eine Frau, bei der meine

Mutter und mein Bruder einige Zeit Unterschlupf gefunden hatten. Ich hoffte, dass sie auch mich aufnehmen würde. Ich war schon dreizehn Jahre alt und war klug genug, eine Bäuerin nicht nach dem Weg zu Xenja zu fragen, sondern nach dem Weg zu ihrer Nachbarin. Die Bäuerin bekreuzigte sich, als sie das Mädchen sah, das in der Nacht alleine unterwegs war, aber sie zeigte mir den Weg. Am Morgen erzählte sie die nächtliche Neuigkeit ihrer Nachbarin und am gleichen Tag wurde schon nach mir bei der Familie Ostaptschuk gesucht, wie mir Xenja erzählte. Sie riet mir, in der gleichen Nacht wegzugehen und ihr meine Jacke zu lassen, weil ich sie nicht lange brauchen würde, weil man mich sowieso töten würde.

Wieder nachts durch das Feld, durch den Wald und wieder durch das Feld erreichte ich das Dorf Borissowka. Ich ging sehr lange und plötzlich stand ich vor einem deutschen Wachposten. Nur die dunkle Nacht und sehr schnelle Beine wie bei einem Hirsch konnten mir das Leben retten. Kaum am Leben ging ich in das erste Haus. Zum Glück war es eine sehr nette Familie, Familie Buskewitsch. Sie wärmten mich auf, gaben mir zu essen und brachten meine Mama. Meine Mama erzählte mir, dass Vater und mein Bruder in der Gendarmerie in Iljinzy seien und dass uns nichts anderes bliebe, als uns zu ertränken. Ich fing an zu weinen und sagte, dass ich noch leben wollte. Mama gab mir ihre Galoschen, da meine Stiefel ganz kaputt waren, und sagte, dass sie sich alleine ertränken würde. Die Bauern versuchten, sie von diesem Vorhaben abzubringen. Wir weinten und weinten und gingen dann ins Bett.

Nicht umsonst sagt man: Der Morgen ist klüger als der Abend. Solange ich lebe, hege ich die Hoffnung.

Vor dem Krieg war mein Vater Direktor eines Kaufhauses, in dem man Brot, Geschirr, Möbel und Kleidung kaufen konnte. Wenn Lieferungen mit lebensnotwendigen Waren kamen, versuchten Spekulanten alles aufzukaufen. Das waren zum Beispiel Galoschen, wattierte Jacken und andere billige Waren. In Iljinzy war eine Landwirtschaftsschule und die Lehrlinge hatten sehr großen Bedarf an Bekleidung. Mein Vater verkaufte diesen Jungs sehr oft Bekleidungswaren ohne, dass sie anstehen mussten, und half ihnen oft mit Geld aus.

Einer dieser ehemaligen Lehrlinge war damals Polizist. Dieser Junge versprach, meinen Vater und meinen Bruder zu retten. Nach dem Gespräch mit Vater vereinbarte er einen Termin mit dem Dorfältesten und ließ diesen eine schriftliche Erklärung verfassen, dass im Dorf Schuhmacher gebraucht würden. Es gelang ihm, vom Kommandanten die Genehmigung für die Übergabe der beiden ins Dorf zu bekommen, für ein paar Monate, bis die Ernte beendet sein würde.

So wurden mein Vater und mein Bruder für einige Zeit ins Dorf gelassen. Mein Vater vereinbarte mit Tatjana Iwanowna Bryshak, dass er in ihrem Keller ein Versteck für mich und meine Mutter einrichten würde. Aus ihrem Keller trugen wir alle Kartoffeln hinaus und teilten den Raum im Keller in zwei Hälften. Die Hälfte des Kellers unterm Haus wurde abgetrennt und mit einer Treppe von draußen versehen. Die zweite Hälfte wurde mit den Kartoffeln gefüllt. Tags über quälten wir uns in der feuchten Grube und mussten Kälte und Sauerstoffmangel aushalten. Nachts krochen wir hinaus, öffneten die Luke und lüfteten unser Kellerverlies bis zum Morgen. Wir legten uns auf den Lehmboden im Zimmer schlafen.

Über zwei Monate lebten wir in Ruhe.

Doch in einer Nacht klopfte der Verfolger Onufrutschuk ans Fenster des Hauses. In ein paar Sekunden rutschten wir zusammen mit unseren Lumpen in die Grube. Der Sohn der Bäuerin Serjosha legte auf die Luke ein Gitter und zwei Holzscheite, während seine Mutter sich anzog und die Tür öffnete. Onufrutschuk verlangte, die Juden auszuliefern, und durchsuchte das ganze Haus. Auf dem Dachboden durchstach er mit einer Mistgabel das ganze Heu. Er band die Säcke mit Korn auf und prüfte sie. Er schrie, er wisse genau, dass sie Juden verstecken würden. Das alles endete ähnlich wie schon einmal: Er vergewaltigte die Bäuerin und verprügelte ihren Sohn. Dann warf er den Jungen auf die Straße. Aber unsere Tante Tanja und Serjosha hielten alle Misshandlungen und Prügeleien aus. Sie verrieten uns nicht. Vergelt's Gott!

Tante Tanja erfuhr, dass die einheimischen Polizisten zusammen mit den Banditen eine Razzia planten, um die noch am Leben gebliebenen Juden festzunehmen. Wir durften nicht länger im Dorf bleiben.

Mein Vater entschied, dass es höchste Zeit für uns war, in den Wald zu gehen und zu versuchen, mit den Partisanen Kontakt aufzunehmen. Der Dorfälteste gab uns ein paar Laibe Brot und drei warme Decken mit. Am frühen Morgen machten wir uns auf den Weg.

Nach einem langen Aufenthalt in einer feuchten Grube konnte ich meine Beine kaum noch bewegen. Mit Mühe und Not konnte ich gehen. Als plötzlich ein Pferdewagen mit Deutschen auftauchte, konnte ich nicht wegrennen. Zum Glück waren es als Deutsche verkleidete Partisanen. Die Gruppe war nicht groß. Es waren kaum zwanzig junge, ehemalige Kriegsgefangene Rotarmisten. Sie wurden von Stepan Aleksejewitsch Koroljow geführt. Mein Vater bat Koroljow, uns in die Truppe aufzunehmen. Einige Partisanen äußerten sich negativ bezüglich unserer Aufnahme. Sie meinten, sie hätten keine Möglichkeit, sich mit uns zu beschäftigen. Aber Stepan Aleksejewitsch war anderer Meinung. Er schlug vor, sich an einer Stelle niederzulassen. Die Frau würde das Essen kochen und dem Mädchen würde man das Schießen beibringen und es zur Erkundung einsetzen. Alle würden beschäftigt. Bald wurde noch ein Schmied mit seiner Tochter Anke in die Truppe aufgenommen. Den beiden war es gelungen, sich in einem anderen Dorf zu retten.

Als Bauernmädchen gekleidet hatte ich in meiner Tasche ein Stück Brot, Speck, eine Zwiebel und in den Jackentaschen ein bisschen Tabak zum Selbstdrehen. Ich ging zu den Jungs, die die Kühe weideten, und nach meiner gastfreundlichen Begrüßung erzählten sie, wie man in dieses oder jenes Dorf gelangte, wo die Deutschen stationiert waren, wie viele es waren und welche Waffen sie hatten. Diese überall anwesenden Jungs wussten immer alles.

Ich weiß nicht, wie wertvoll meine Informationen waren, aber man schenkte mir eine Pistole, von der ich mich erst 1945 trennte. Nach einer erfolgreichen Entwaffnung einer Gruppe von Polizisten bekam ich sogar ein Gewehr.

Bald darauf landete bei uns ein russischer Fallschirmspringer, der beauftragt war, alle kleineren Untergrundtruppen in eine große Brigade zusammenzuführen. Bei der winterlichen Kälte machten wir uns auf dem Pferdewagen und Schlitten auf den Weg in den Wald Schabeljansk. Dieser Stellungswechsel war nicht einfach, aber wir erreichten unsere neue Zentrale ohne Verluste.

Man gründete die zweite ukrainische Partisanenbrigade, zu der auch unsere Truppe namens Kirow gehörte. Diese Truppe wurde zuerst von Kornjewski (er wurde von Partisanen als Verräter erschossen) und später Juri Schtscherbakow angeführt. In dieser Truppe war ich zusammen mit meinen Eltern, meinem Bruder und begegnete dort meinem künftigen Mann, dem 17-jährigen Iwan Winnitschuk, dessen echter Name Iosif Fridman war. Wir trennten uns nach der Befreiung. Er ging als Freiwilliger an die Front und kehrte nach der Demobilisierung 1947 zurück. 1951 heirateten wir.

In der Zentrale pflegte ich in einer großen Erdhöhle Verwundete und Verletzte. In der Mitte der Höhle wurde ein enger Gang gegraben und am Eingang stand ein Benzinfass. Ich schob einen Holzklotz da hinein, der größer war als ich selbst, und kochte Apfelkompott für die Verwundeten. Dreimal am Tag brachte ich jedem eine Schüssel heißer Fleischsuppe. Es war sehr schwirig, die Verletzten mit dem deutschen Verbandsmaterial zu versorgen, weil dieses zwischen den Fingern zerfiel und sehr schmal war. Es gab keine Medikamente, nur Kaliumpermanganat für jeden Fall.

Der Partisan Mischa Holowko ging alleine nach Iljinzy. Es gelang ihm, aus dem OP-Raum des Krankenhauses einen ganzen Sack voll mit Medikamenten und medizinischen Geräten zu entwenden. Am schwersten war Viktor verletzt. Ich kann mich nicht an seinen Nachnamen erinnern. Ein paar Nächte lang verlangte er, dass ich sein Bein an die Decke binde und fünf Minuten später sollte ich es wieder herunterlassen. Er hatte hohes Fieber und ich kochte ihm Apfelkompott, da er sehr starken Durst hatte. Der zweite Verletzte Titow wurde durch eine Gewehrsalve unter dem Gürtel verletzt. Er konnte kaum aufstehen, aber seine Geduld und sein Durchhaltevermögen waren wie auch er selbst sibirisch, d.h. endlos.

In der Nacht hielt ich Wache zusammen mit Pascha, einer jungen Krankenschwester. Normalerweise waren ich oder Anka Schnaiderman in der Nacht der Reihe nach bei den Verletzten. Die Krankenschwestern gingen abends zu ihren Männern und Familien.

Nach dem Beschuss bekamen wir in jener Nacht neue Verletzte, mit denen wir bis tief in die Nacht zu tun hatten. Wir mussten Polikarp mit der Axt den Oberarm abhacken, weil der Knochen zerschossen war. Wir machten das Ganze unter der Leitung des Dorffeldschers. Am schwersten hatte ich es, da ich keine Ahnung von Medizin hatte.

Einmal meldete unsere Erkundung, dass am Wald entlang eine Pferdewagenkolonne mit Deutschen unterwegs sei. Jeder, der eine Waffe besaß, wurde zum Angriff aufgefordert. An jenem Tag musste ich nicht meinen Pflegedienst leisten und ging zusammen mit den anderen zum Waldrand. Der Kampf dauerte nicht lange und wir kehrten mit einer guten Beute zurück. Wir verloren allerdings einige Partisanen und ein sehr nettes Liebespaar: Sascha und Saschenka. Beide wurden Opfer einer Minenexplosion.

Durch einen Splitter wurde auch meine Schulter verletzt. In jenem Augenblick zog ich einen Verletzten, konnte mich aber zusammen mit ihm in den Graben fallen lassen.

In den letzten Tagen des Aufenthaltes in der Partisanentruppe blieb ich rund um die Uhr bei den Verletzten. Wir hatten auch einige Verletzte aus der Truppe namens Lenin.

Meine Eltern wollten mich mitnehmen, aber der Kommandeur sagte, er hätte keine Kinder, bei ihm seien alle Kämpfer.

Nur Anka und ich blieben bei den Verletzten im Wald. Anka war damals 17 und ich 14. Dann wurde der Wald bombardiert, aber zum Glück nicht lange. Der Partisan Titow rief mich zu sich und erzählte, wo unsere Posten stehen sollten. Er beauftragte mich zu prüfen, wo und mit wem wir im Wald geblieben waren. Leider konnte ich bis auf schwarze Raben keine einzige lebende Seele entdecken. Ich meldete ihm die Lage. Er verlangte, dass ich, ohne jemandem etwas zu sagen, mich auf den Weg ins benachbarte Dorf machte, um zu erfahren, wo die Partisanen und die Front waren.

Bewaffnet mit einem Gewehr und einer Handgranate ging ich mutig diesen Befehl ausführen. Als ich an eine Wiese gelangte, bemerkte ich einen deutschen Lastwagen, der sich in meine Richtung bewegte. Die »mutige« Partisanin rannte in den Wald zurück und sprang in einen Schneehaufen, in dem sie samt dem Kopf versank. In jenem Winter gab es sehr viel Schnee, so viel wie in allen vergangenen Jahren insgesamt. Zum Glück blieb der Lastwagen stecken und ich hörte die Stimme unseres Kommandeurs Tarnawski. Ich rief nach ihm und er befreite mich aus dem Schneehaufen. Als ich ihm erzählte, warum ich da war, bedankte er sich bei mir und befahl mir, alle Erdhöhlen aufzusuchen und warme Decken und Kissen für die bevorstehende Evakuierung zu sammeln.

Dann kamen Pferdewagen und die Verletzten wurden aufgeladen. Ich verzichte darauf zu beschreiben, wie wir mit zwanzig Pferdewagen den Wald verließen. Anka und mir gelang es, die Ärzte des ersten Feldhospitals zu überzeugen, besonders Schwerverletzte von uns zu übernehmen. Mit den Verbliebenen waren wir noch drei Tage unterwegs. Nichtsdestotrotz gelang es uns, unterwegs Essen zuzubereiten und alle zu versorgen. Die letzten Verletzten ließen wir im Hospital in Potschtowa Wita, in der Nähe von Kiew. Die Besitzer der Pferdewagen durften, sobald die Verletzten vom Hospital übernommen waren, nach Hause zurückkehren.

Anka war, wie ich heute verstehen kann, ein phlegmatischer Mensch. Trotzdem wurde sie in die Truppe für Luftabwehrraketen »Zenit« aufgenommen. Mich dagegen warnte der Kommandeur, dass, wenn ich ihn mit meinem Bitten darum belästigen würde, er mich erschießen müsste. So endete für mich der Krieg.

Siehe auch den Zeitzeugenbericht von Ewgenija Satanowskaja

7. Bezirk (Rayon) Jampol

(ukr. Jampil)
Vor dem Überfall der deutschen Wehrmacht auf die Sowjetunion lebten in der Stadt Jampol 1753 Juden und in den Dörfern des Bezirks weitere 1495 Juden.

Ort: Jampol

Am 17. Juli 1941 besetzten die Deutschen Jampol[65]. Nur wenigen Juden gelang es vorher zu fliehen. Ende Juli und im August wurden 50 Juden durch das Sonderkommando 10a ermordet.

---

65 Altman, Cholokost, S. 1132; The Yad Vashem Encyclopedia, S. 952f.

Am 1. September 1941 wurde Jampol ein Teil Transnistriens und kam unter rumänische Verwaltung. Jampol wurde das Zentrum des neu gegründeten Kreises Jagustra. Die Stadt wurde ein Durchgangspunkt für die von Rumänien nach Transnistrien deportierten Juden. Bereits vorher hatten die Rumänen damit begonnen, Juden aus Rumänien in das deutsche Militärgebiet abzuschieben. Am 29. Juli 1941 schoben sie einen Tross von 5000 bis 6000 Juden, die bereits seit Wochen von rumänischen Einheiten von Ort zu Ort getrieben worden waren, über die Brücke von Jampol ostwärts über den Dnjestr ab.[66] Dort angekommen, wurden sie »ihrem Schicksal überlassen«, da es für sie keine Möglichkeit gab, Nahrung zu beschaffen. Unterkunft fanden sie in verlassenen Häusern. Am 30. Juli wurden 5400 Juden von den Deutschen wieder über die Brücke von Jampol nach Soroki abgeschoben.[67] Aus Jampol sandte eine deutsche Feldgendarmerie zwei Berichte, nach denen 18 000 Juden am 17. August und weitere 2000 wenige Tage später zurückgebracht wurden.[68]

Obwohl die Behörden den deportierten Juden nicht erlaubten, in Jampol zu bleiben, ließen sich im November/Dezember 1941 etwa 500 Spezialisten in der Stadt nieder. Ende Oktober, Anfang November 1941 wurde eine Gruppe Juden, einschließlich Kindern, von Jampol in das Lager Trostjantschik deportiert. Einige kamen dort ums Leben, während andere später nach Petschora deportiert wurden. Die Spezialisten und ihre Familien, denen es gelang, das Lager zu überleben, kehrten nach der Befreiung der Stadt nach Jampol zurück.

Im Herbst 1941 wurde ein Ghetto im Zentrum der Stadt eingerichtet, in einem Viertel, in dem vor dem Krieg hauptsächlich Juden gewohnt hatten. Die Juden mussten ein Abzeichen mit einem gelben Davidstern tragen. Die Juden, darunter Frauen und vierzehn Jahre alte Kinder, mussten Zwangsarbeit leisten. Nach einem Jahr wurden sie aus diesem Stadtviertel ausquartiert und mussten in ein neues Ghetto gehen, das mit Stacheldraht umzäunt war. In der Anfangszeit dieses Ghettos behandelten die rumänischen Behörden die Juden anständig. Die Spezialisten bekamen die Gelegenheit, unter erträglichen Bedingungen zu arbeiten. Gewalt gegen Juden war streng verboten. Die Ausbreitung einer Typhusepidemie im Ghetto wurde durch angemessene medizinische Versorgung und die Erlaubnis, dass jüdische Patienten im allgemeinen Krankenhaus, in dem jüdische Ärzte arbeiteten, aufgenommen werden durften, weitgehend verhindert.

Die Errichtung einer Militärverwaltung in Jampol veränderte die Zustände zum Schlechteren. Die Gendarmen kamen regelmäßig ins Ghetto und führten Appelle durch. Der neue rumänische Kommandeur befahl, alle Juden, die sich Befehlen widersetzen, zu exekutieren. Er nahm persönlich an den Morden teil. Im November 1942 deportierte er eine große Anzahl Juden nach Cariera de piatră, wo die meisten ermordet wurden. Einigen Wenigen gelang es zu entkommen. Im Januar 1943 wurden noch einmal 72 Juden in Cariera de piatră ermordet.

---

66 Angrick, Besatzungspolitik und Massenmord, S. 194.
67 VEJ 7, S. 768 f.
68 Hilberg, Die Vernichtung der europäischen Juden, S. 824.

Auf Anordnung der Gendarmen wurde im Ghetto ein Judenrat eingerichtet, der Arbeitskräfte bereitstellen musste. Ein Jahr später erhielt der Judenrat Unterstützung vom Hilfskomitee aus Bukarest und konnte eine Suppenküche einrichten. Im Ghetto existierte eine kleine Synagoge.

Im September 1943 lebten in Jampol 156 Juden aus Bessarabien und 348 aus der Bukowina.

Mitte März 1944, als die Juden die Ankunft der deutschen befürchteten, weil die Rumänen sich zurückzogen, flohen sie aus dem Ghetto und versteckten sich bei Bauern in den umliegenden Dörfern.

Am 17. März 1944 wurde Jampol befreit.

Ort: Dsygowka
(ukr. Dsygiwka)

Vor dem Einmarsch der deutschen Wehrmacht in die Sowjetunion lebten in Dsygowka[69] weniger als 1000 Juden.

Am 18. Juli 1941 besetzte die Wehrmacht den Ort. Innerhalb weniger Tage wurden alle Juden in einem Ghetto konzentriert. Im Ghetto gab es einen jüdischen Ordnungsdienst. Am 1. September 1941 kam Dsygowka zu Transnistrien, unter rumänische Verwaltung. Etwa 100 aus der Bukowina und Bessarabien deportierte Juden wurden nach Dsygowka gebracht. Sie mussten Zwangsarbeit leisten. Eine Gruppe wurde nach Nikolajew gebracht, wo sie beim Bau einer Brücke eingesetzt wurden.

Am 1. September 1943 lebten noch 105 Juden in Dsygowka, das Mitte März 1944 befreit wurde.

Klara Fleider (Herzenschtein) (geb. 1925)
»Krieg mit 16 Jahren«

Ich, Klara Weniaminowna Fleider (Herzenschtein), wurde 1925 im Bezirk Jampol, Gebiet Winniza geboren.

Während des Krieges lebte ich von Ende Juli 1941 bis Juni 1944 im Dorf Dsygowka dieses Bezirkes. Nach der Befreiung wurde ich eingezogen und war von Juni 1944 bis 31. Mai 1945 in der Schützendivision 116 der regulären Armee. Dies sind nicht nur Erinnerungen, sondern auch ein erlebtes Leben. Krieg mit 16 Jahren … Es war etwas Unverständliches: Was erwartet uns und wie lange?

Aus Bessarabien kamen Tag und Nacht Flüchtlinge. Das Dorf wurde dunkler. »Deutsche heißt Tod«, hörte man von allen Seiten. Auch unsere Familie wollte fliehen, aber wohin? Kaum verließen wir die Grenzen des Dorfes, begegneten wir den Deutschen. Wir kehrten alle zurück.

Dann erinnere ich mich, dass man uns alle hinter Stacheldraht zwang. Alle Juden mussten eine weiße Armbinde mit Davidstern tragen. Wer die Verordnung ignorierte, das umzäunte Gelände

---

69 Altman, Cholokost, S. 270; The Yad Vashem Encyclopaedia, S. 190.

nicht zu verlassen, wurde erschossen. Es war schrecklich. Wir wurden wie wilde Tiere von anderen Menschen separiert. Man schaute durch Stacheldraht auf uns.

Wir hungerten und fasst alle waren vom Gedanken nach Essen besessen. Meine Schwester und ich waren glücklich, wenn es unserer Mama gelang, eine Handvoll Gras zu finden und uns zu bringen. Meine Mama hatte einen angeborenen Herzfehler und vor Hunger schwollen ihre Beine unheimlich an. Mich und meine Schwester (sie war damals 13 Jahre alt) nahm man zum Arbeitseinsatz in die Kommandantur, wo wir den ganzen Tag Wasser schleppten und Fußböden säuberten. Meinen Vater (er war Invalide und hatte nur ein Auge) nahm ein ukrainischer Bauer als Arbeiter zu sich. Dies wurde den Bauern erlaubt. Mein Vater brachte uns immer heimlich Brot. Aber einmal gelang es ihm nicht und er wurde erwischt. Man zog ihn aus, zwang ihn auf den Boden, befahl uns auf die Knie zu fallen und schlug auf unseren Vater ein. Sie schlugen unseren Vater und wir weinten und beteten. Wir vergaßen, wie hungrig wir waren und wollten nur, dass unser Vater am Leben bleibt. Vieles was ich erlebte, vergaß ich schon, aber jenes Schreien meines Vaters werde ich nie vergessen. Meinen bewusstlosen Vater warf man dann in den Keller, wo er ohne Wasser und Essen einige Tage verbrachte. Aber er überlebte.

Gott behüte, dass meine Kinder und andere Kinder das erleben, was ich mit meinen 16 Jahren erleben musste.

Bassja Golowatjuk (geb. 1932)
»Hinter dem Stacheldraht«

Ich, Bassja Solomonowna Golowatjuk, geborene Shenker, wurde am 15. August 1932 im Dorf Welika Kosniza, Bezirk Jampol, Gebiet Winniza geboren. Ich lebte zusammen mit meinen Eltern, zwei Brüdern und einer älteren Schwester.

Im Juli 1941 bestand Gefahr, dass unser Dorf von Deutschen überfallen würde, und meine Eltern versuchten zu fliehen. Sie setzten uns auf den Pferdewagen, nahmen einige Habseligkeiten und machten sich zusammen mit anderen Familien auf den Weg. Aber der Fluchtversuch scheiterte. Der günstige Zeitpunkt war verpasst, wir wurden umstellt und mussten unter der Bewachung der Deutschen und der einheimischen Polizisten in unser Dorf zurückkehren. Als wir durch das Dorf Shabokritsch fuhren, erschraken wir: Die Erde unter unseren Füßen bewegte sich und zitterte wie bei einem Erdbeben. Es war ein Gemeinschaftsgrab, in dem die von Deutschen und Polizisten ermordeten Juden zum Teil lebendig verschüttet waren.

Nachdem wir in unserem Dorf angekommen waren, versteckte mein Vater mich, meine Schwester und meinen Bruder bei seinem Bekannten Iwan Brik. Mein Papa, meine Mama und der jüngere Bruder gingen zur deutschen Kommandantur. Die einheimischen Polizisten sollten uns unter Bewachung nach Jampol bringen. Aber mein Vater versprach, ihnen unsere Wertsachen zu geben, und sie drückten ihm einen Brief in die Hand und erlaubten uns, alleine nach Jampol zu fahren. Die Nacht verbrachten wir in einem Graben auf dem Friedhof. Es war sehr kalt. Meine Mama war damals an Typhus erkrankt.

Als wir nach Jampol kamen, gingen wir zum jüdischen Gemeindevorsteher und überreichten ihm den Brief, den er dann öffnete. In diesem Brief stand: »Wir schicken euch einen Juden und Kommunisten, verfahrt mit ihm entsprechend.« Dies bedeutete, dass man unsere ganze Familie zu vernichten empfahl. Dieser Brief war für den deutschen Kommandanten bestimmt, aber zum Glück waren wir in Jampol zum jüdischen Gemeindevorsteher geschickt worden. Der Gemeindevorsteher und meine Eltern versteckten diesen Brief in einer Dose und vergruben sie neben der Latrine.

Nach ein paar Tagen wurden auf Befehl der Deutschen alle Juden hinter Stacheldraht gesammelt, eine Wache wurde aufgestellt und so entstand das Ghetto von Jampol. Ich erinnere mich, dass in unserem Zimmer viele Familien lebten. Es war sehr kalt, wir hungerten und alle schliefen auf dem Boden. Regelmäßig, hauptsächlich in der Nacht, wurden alle Ghettoinsassen auf den Appellplatz getrieben. Kinder, Frauen und Männer mussten sich getrennt aufstellen. Wir alle mussten eine gelbe Armbinde tragen. Jeden Morgen wurden junge Männer und Frauen abgeholt. Viele von ihnen kamen nie wieder zurück. Jene Ghettoinsassen, die noch irgendwelche Gegenstände besaßen und diese (durch den Stacheldraht) bei den einheimischen Einwohnern gegen eine Scheibe Brot oder ein paar Kartoffeln umtauschen wollten, wurden von den Deutschen an Ort und Stelle erschossen.

Wir alle lebten ständig in Kälte, litten Hunger, hatten verschiedene Krankheiten und wurden von den Läusen geplagt. Aber das Schlimmste war die ständige Angst vor dem erwarteten Tod. Im Ghetto war aufgrund von Erschießungen, Hunger und Krankheiten eine sehr hohe Sterblichkeit. Mit dem Heranrücken der Roten Armee bereiteten sich die Deutschen auf die Liquidierung des Ghettos vor. Allen Ghettoinsassen drohte der unvermeidliche Tod. Diesen verhinderte der Angriff sowjetischer Flugzeuge. Auch das Ghetto wurde bombardiert. Die Bomben fielen auf das Gelände des Ghettos. Die Wache verließ das Ghetto und rannte weg. Auch die Ghettoinsassen rannten weg. Viele Menschen starben am Vortag ihrer Befreiung. Nach der Befreiung unserer Gegend durch die Truppen der Roten Armee kehrte unsere ganze Familie in unseren Heimatort, ins Dorf Welika Kosniza zurück.

Die Folgen des Ghettoaufenthaltes gingen nicht an unserer Familie vorüber: Sehr früh verstarb unser Vater, sehr jung und vorzeitig verstarben meine beiden Brüder. Meine ältere Schwester, die in Israel lebt, ist sehr schwer krank. Ich leide an verschiedenen Krankheiten und bin zurzeit Invalide der zweiten Gruppe.

Iosif Schkolnik (geb. 1940)
»Wir lebten in Erdlöchern, in Hunger und Kälte«

Ich, Iosif Efimowitsch Schkolnik, wurde am 1. März 1940 in der Stadt Kopaigorod im Gebiet Winniza geboren.

Meine Mutter, Ester Donewna Schuster, heiratete 1939 Efim Iosifowitsch Schkolnik (geb. 1914), gebürtig aus der Stadt Jampol im Gebiet Winniza. Nach der Hochzeit zog Mutter zu ihrem Mann nach Jampol. Dort lebten wir gemeinsam mit der Mutter meines Vaters und ihrer Schwester. Vor dem Krieg arbeitete meine Mutter als Pharmazeutin in einer Apotheke, Vater arbeitete in einer Druckerei.

Anfang Juni 1941 kamen uns Verwandte aus Kopaigorod besuchen: Meine Großmutter (die Mutter meiner Mama), Bas-Scheiwa Benzionowna Schuster, und Mamas Bruder Boris. Bei uns wurden sie vom Krieg überrascht. Mein Vater wurde sofort zur Roten Armee eingezogen und an die Front geschickt.

Als die deutschen Truppen Winniza und das ganze Gebiet Winniza besetzten, wurden alle Juden Jampols aus ihren Häusern vertrieben und in einen Pferdestall gesperrt. Das ganze Ghettogelände wurde von deutschen Soldaten und einheimischen Polizisten umstellt und bewacht.

So geriet unsere ganze Familie ins Ghetto: Ich, Iosif Efimowitsch Schkolnik (geb. 1940), Ester Donewna Schuster (geb. 1917), meine Großmutter Bas-Scheiwa Benzionowna Schuster (geb. 1898), mein Onkel (Bruder meiner Mutter) Boris Danilowitsch Schuster (geb. 1927), meine andere Großmutter Sosja Schkolnik und meine Tante (Schwester meines Vaters) Chona Iosifowna Schkolnik (geb. 1920).

Wir blieben ungefähr ein Jahr im Ghetto, 1942 wurde Mutter von uns getrennt und zur Arbeit ins Lager Petschora geschickt. Ein Teil der Leute aus dem Ghetto wurde zur Arbeit ins Lager Ladyshin im Gebiet Winniza deportiert. Dort mussten alle im Steinbruch von Ladyshin arbeiten. Dann wurden wir ins Lager des Dorfes Scharapanowka getrieben. Dort lebten wir in Erdlöchern, in Hunger und Kälte. Mein Onkel Boris Schuster war bei Kriegsbeginn 14 Jahre alt, aber ein ziemlich kleiner und magerer Junge. Dank dieses Umstandes gelang es ihm manchmal, aus dem Lager zu fliehen und bei der einheimischen Bevölkerung in den benachbarten Dörfern etwas Essbares zu erbetteln.

Das ganze Lager musste regelmäßig – zwei bis drei Mal in der Woche – zu Erschießungen antreten. Nachdem uns Mama weggenommen worden war, war ich sehr lange krank. Ich erinnere mich, dass eines Tages, als ich mich an den Zaun hockte, um meine Notdurft zu verrichten, ein Motorrad mit deutschen Soldaten vorbeikam. Unter Gelächter feuerten sie eine Salve über meinen Kopf ab. Nach diesem Schrecken hörte ich auf zu sprechen und wurde für eine gewisse Zeit stumm.

Nachdem Mama aus dem Lager Petschora geflohen war, versuchte sie, sich nach Hause durchzuschlagen. Auf dem Weg traf sie Leute aus Jampol, die ihr sagten, dass wir im Dorf Scharapanowka seien. Dort fand sie uns auch. Da sie im Gesundheitswesen gearbeitet hatte, ließ der Starost sie seine kranke Frau pflegen. Nur deswegen haben wir in diesen schweren Jahren überlebt.

Anfang 1943 wurden Mama, Großmutter Sosja, Tante Chona und ich zurück ins Ghetto von Jampol gebracht. Dort blieben wir auch bis zur Befreiung durch die Rote Armee.

Meine Großmutter Bas-Scheiwa und Onkel Boris wurden in Scharapanowka behalten, wo sie von der Roten Armee befreit wurden.

Als die sowjetischen Truppen das Gebiet Winniza befreit hatten, zogen Mama und ich nach Kopaigorod. Dort wohnten wir bis 1950.

Mein Vater gilt seit 1944 als verschollen, ich habe überhaupt keine Erinnerung an ihn. Meine Mama starb 1950. Nach ihrem Tod zog ich zu meiner Großmutter nach Kiew.

Diese Erinnerungen sind mir aus Erzählungen von Mama und Großmutter, Tante und Onkel im Gedächtnis geblieben, die all diese schweren Jahre in Ghettos und Lagern verbracht haben. Meine Verwandten haben mich, den Vollwaisen, großgezogen, erzogen und mir geholfen, auf eigenen Beinen zu stehen. Heute ist von ihnen nur noch mein Onkel, der Bruder meiner Mutter, Boris Danilowitsch Schuster, am Leben. Er wohnt in Amerika.

Siehe auch die Zeitzeugenberichte von Benzion Goldwug, Gita Masur und Iosif Rauchwerger

8. Bezirk (Rayon) Kalinowka
(ukr. Kalyniwka, poln. Kalinówka)
1939 lebten im Bezirk Kalinowka 2214 Juden.

Am 20. Oktober 1941 wurde der Generalbezirk Shitomir im Reichskommissariat Ukraine mit dem Kreisgebiet Kalinowka gebildet, das aus den ukrainischen Rayonen Kalinowka, Machnowka (früher Komsomolskoje) und Ulanow entstand. Gebietskommissar wurde Regierungsrat Dr. Seelemeyer. Am 1. April 1943 wurde der Generalbezirk neu gegliedert, und Kalinowka wurde Teil des Kreisgebiets Chmelnik.[70]

Während der Zeit der deutschen Okkupation wurden im Bezirk Kalinowka 2711 Zivilisten ermordet, davon waren 2242 Juden.[71]

Ort: Kalinowka
Vor 1941 war die Stadt Kalinowka[72] Bezirkszentrum im Gebiet Winniza der Ukrainischen Sozialistischen Sowjetrepublik, von 1941 bis 1943 Zentrum des Kreisgebiets im Generalbezirk Shitomir. Seit 1991 ist Kalinowka Bezirkszentrum im Gebiet Winniza, Ukraine.

1939 lebten in der Stadt 979 Juden, ein Fünftel der Bevölkerung.

Nach der Invasion der Deutschen in die Sowjetunion versuchten zahlreiche Familien nach Osten zu gehen, aber nur wenige hatten Erfolg. Am 22. Juli 1941 wurde die Stadt nach einigen Scharmützeln von der Wehrmacht besetzt. Sofort begannen die Deutschen und ihre örtlichen Kollaborateure ein Regime der Zwangsarbeit und der Verfolgung der Juden zu errichten. Juden mussten eine weiße Armbinde mit einem gelben Davidstern tragen. Innerhalb kurzer Zeit wurden die Juden in einer Art Ghetto konzentriert, das sie nicht verlassen durften. Ukrainische Polizei bewachte das Ghetto. Weil das Ghetto von der Außenwelt abgeschnitten war, wurden die Bewohner Opfer von Krankheiten und Mangel an Nahrung.

Im Oktober 1941 übernahm eine deutsche Zivilverwaltung die Herrschaft. Im Dezember 1941 wurde in Kalinowka ein Gendarmerieposten eingerichtet, zunächst unter dem

---

70 http://www.territorial.de/ukra/shitomir/shit.htm [12.5.2019].
71 Kruglow, Enziklopedija Cholokosta, S. 21.
72 Altman, Cholokost, S. 377; Encyclopedia of Camps and Ghettos, S. 1532 ff.; The Yad Vashem Encyclopedia, S. 273 f.

Kommando vom Meister der Gendarmerie Max Lohbrunner. Die ukrainische Polizei wurde in Schutzmannschafts-Einzeldienst umbenannt und Zugführer Roman Holdetzki übernahm das Kommando. Der 1942 ernannte SS- und Polizei-Gebietsführer in Kalinowka war Leutnant der Gendarmerie Konrad Lange.

Mitte Mai 1942 wurden etwa 100 junge jüdische Männer und Frauen zum Bau eines Flugplatzes in den Außenbezirken von Kalinowka verschickt. Dort arbeiteten auch Juden aus den umliegenden Orten, insgesamt 400 bis 500 Menschen. Sie waren in Schuppen und Baracken untergebracht, die mit Stacheldraht umzäunt waren. Von den Juden, die von anderen Orten nach Kalinowka deportiert wurden, erreichten nur die Arbeitsfähigen das Lager. Frauen mit Kindern oder Arbeitsunfähige wurden bereits auf dem Marsch oder bei der Ankunft im Lager erschossen.

Außer den jüdischen Arbeitern waren auch sowjetische Kriegsgefangene zum Bau des Flugplatzes eingesetzt. Sie waren in getrennten Baracken untergebracht. Das Arbeitslager für die Juden existierte bis Mitte 1943, als die letzten Gefangenen erschossen wurden. Als der Flugplatz fertig war, wurden die letzten 100 Gefangenen in einen Stall im Dorf Kordelewka, etwa fünf Kilometer von Kalinowka entfernt, getrieben und dort auf höheren Befehl bei lebendigem Leib verbrannt.

Am 30. Mai oder 30. Juni 1942 wurde das Ghetto von Kalinowka am frühen Morgen von deutscher und ukrainischer Polizei umstellt. Etwa 500 Juden aus Kalinowka wurden in einem Stall der nahe gelegenen Kolchose zusammengetrieben. Hinzu kamen ungefähr 200 Juden aus der Umgebung. In der Nähe des jüdischen Friedhofs wurde eine Selektion durchgeführt und alle, mit Ausnahme von 33 Handwerkern, wurden exekutiert. Die Handwerker wurden im August ermordet. Die Deutschen machten weiter, versteckte Juden zu suchen und zu jagen. Für die Ergreifung eines Juden war eine Belohnung von 100 Rubel ausgesetzt und eine Reihe versteckter jüdischer Familien wurde verraten.

Im Ghetto arbeitete eine Untergrundgruppe unter Leitung von Efim Kamenetskiy, die Waffen sammelte und Kontakt zu sowjetischen Partisanen hatte. Die Vorbereitungen zu einem bewaffneten Aufstand wurden jedoch durch die »Liquidierung« des Ghettos beendet.

Kalinowka wurde am 14. März 1944 von der sowjetischen Armee befreit.

9. Bezirk (Rayon) Litin
(ukr. Lityn)

Am 20. Oktober 1941 wurde der Generalbezirk Shitomir gebildet mit dem Kreisgebiet Litin, das aus den ukrainischen Rayonen Brailow, Chmelnik und Litin entstand. Am 1. April 1943 wurde der Generalbezirk neu gegliedert und ein Teil Litins wurde in das Kreisgebiet Chmelnik eingegliedert, der Rest Litins mit Brailow wurde Teil des Kreisgebiets Winniza.[73]

---

73 http://www.territorial.de/ukra/shitomir/shit.htm [12.5.2019].

In den Jahren 1941 bis 1943 wurden im Bezirk Litin 3615 Zivilisten getötet, darunter 3314 Juden.[74]

Ort: Litin

Vor 1941 war Litin[75] Bezirkszentrum im Gebiet Winniza der Ukrainischen Sozialistischen Sowjetrepublik und von 1941 bis 1943 Zentrum des Kreisgebiets im Generalkommissariat Shitomir. Seit 1991 ist Litin Bezirkszentrum im Gebiet Winniza, Ukraine.

1939 lebten in Litin 1410 Juden, etwa 28 Prozent der Bevölkerung.

Am 17. Juli 1941 besetzten die Wehrmacht und ungarische Truppen die Stadt. Nur etwa 20 oder 30 Bewohner der Stadt konnten evakuiert werden und ungefähr 200 Juden wurden zur Roten Armee eingezogen. Nach deutschen Angaben waren im Ort 3000 Einwohner, darunter 800 Juden.

Sofort nach der Besetzung begannen deutsche und ungarische Soldaten mit der ukrainischen Verwaltung und ukrainischen Nationalisten die Juden zu verfolgen. Die jüdische Bevölkerung hatte besonders unter den ungarischen Polizisten zu leiden, die Frauen vergewaltigten und älteren Männern die Bärte ausrissen. Die Juden mussten eine Armbinde mit dem Davidstern tragen und auch ihre Häuser mit dem Davidstern markieren. Jüdische Handwerker mussten oft unbezahlte Arbeit leisten. Hunger breitete sich aus, obwohl viele versuchten, ihr Eigentum gegen Nahrung einzutauschen.

Kräftige Juden wurden zu einem ungefähr 20 Kilometer von Litin entfernten Steinbruch gebracht oder mussten in der Landwirtschaft arbeiten.

Juden mussten hohe Kontributionen an die Besatzungstruppen zahlen, die damit drohten, die Juden zu töten, wenn sie nicht für ihre Sicherheit zahlten.

Am 18. August 1941 nahm die Sicherheitspolizei vom Einsatzkommando 5 mehr als 100 Juden im Alter über 15 Jahren fest, wählte einige von ihnen für spezielle Aufgaben aus und erschossen 57 junge Männer, weil sie offenbar keine »nützlichen« Fähigkeiten besaßen.

Im Herbst 1941 wurde das Gebiet um Litin der deutschen Zivilverwaltung übergeben. Die Stadt wurde das Zentrum des Gebiets Litin, zu dem die Bezirke Litin, Brailow und Chmelnik gehörten. SS-Standartenführer Traugott Volkhammer wurde Gebietskommissar in Litin.

Am frühen Morgen des 19. Dezember 1941 umstellte eine Einheit der deutschen Sicherheitspolizei aus Winniza, unterstützt durch einheimische Gendarmerie und ukrainische Polizei die Straßen, in denen Juden wohnten. Sie trieben die Juden aus ihren Häusern auf die Straßen. Einige Dutzend Juden wurden dabei ermordet. Die anderen brachten sie zu einem in der Nähe gelegenen Armeelager der Roten Armee, zusammen mit Hunderten Juden aus den umliegenden Dörfern. In vorbereiteten Gräben, etwa zwei Kilometer vom

---

74 Kruglow, Enziklopedija Cholokosta, S. 20 f.
75 Altman, Cholokost, S. 535; Encyclopedia of Camps and Ghettos, S. 1542 ff.; The Yad Vashem Encyclopedia, S. 402 f.

Lager entfernt, wurden 1986 Juden erschossen, 300 Männer, 500 Frauen und 1186 Kinder. Ungefähr 300 Juden überlebten. Es waren Handwerker in wichtigen Positionen mit ihren Familien und Juden, die sich versteckt hatten. Alle wurden in einem Ghetto zusammengetrieben, das aus ungefähr 20 Häusern bestand. Obwohl das Ghetto nicht eingezäunt war, durften es nur Arbeiter verlassen.

Am 29. Dezember 1941 wurden 116 Juden (10 Männer, 35 Frauen, 71 Kinder) erschossen, die bei einer Durchsuchung des Ghettos keine Arbeitserlaubnis vorweisen konnten.

Im Sommer 1942 wurde in Litin ein jüdisches Arbeitslager eingerichtet. Am 11. Juni 1942 erschossen ungarische Soldaten und Polizisten 167 Menschen auf dem Gelände des Armeelagers. Es waren Männer, Frauen und Kinder, die nicht arbeiten konnten.

Im September und Oktober 1942 fanden im Ghetto eine Reihe weiterer Mordaktionen statt. Am 12. September wurden 580 Juden ermordet, am 20. September 520, am 10. Oktober 260 und am 25. Oktober 96.[76]

Am 18. September 1943 wurden in den Wäldern in der Nähe von Litin 86 Juden ermordet. Damit war die Jüdische Gemeinde von Litin ausgelöscht.

Nach der Auflösung des Ghettos wurden etwa 130 Fachleute in das Arbeitslager auf dem ehemaligen Militärgelände umgesiedelt. Hier waren sie mit etwa 250 jüdischen Jugendlichen aus der Tschechoslowakei, Ungarn und Rumänien untergebracht und mussten im Steinbruch arbeiten. Das Lager bestand bis zum Herbst 1943.[77]

Am 20. März 1944 wurde Litin durch die sowjetische Armee befreit. Nur ein paar Dutzend Juden aus Litin hatten an verschiedenen Orten überlebt. Einige davon bei den Partisanen.

Wladimir Dilman (geb. 1916)
»Im Pferdestall unter der Bewachung der Deutschen«

Ich, Wladimir Samoilowitsch Dilman, wurde am 16. September 1916 im Dorf Sapushne, Bezirk Chmelnizk (heute Bezirk Litin), Gebiet Winniza geboren.

Vor dem Kriegsausbruch arbeitete ich als Agronom-Entomologe in der Transportzentrale Ulanow, Bezirk Chmelnizk, Gebiet Winniza. Ich war in der Reserve und wurde nicht eingezogen. Ich schaffte es nicht, mich evakuieren zu lassen, und blieb auf dem von Deutschen besetzten Gebiet in meinem Heimatdorf Sapushne.

Am Abend des 5. Dezembers 1941 klopften an unsere Tür Deutsche und einheimische Polizisten, um meinen Vater, meinen Bruder und mich zu verhaften. Ich konnte durch den zweiten Eingang fliehen und mich verstecken. Mein Vater und mein Bruder wurden von Deutschen abgeführt und nach Chmelnik verschleppt. Dort wurden sie am nächsten Tag getötet.

---

76 Kruglow, Enziklopedija Cholokosta, S. 15.
77 Altman, Opfer des Hasses, S. 227.

An jenem verfluchten Abend wurden alle jüdischen Männer verschleppt. Die Frauen ließ man zurück.

In der ersten Phase versteckte mich der Bauer Iosyp Golub. Ich blieb bei ihm bis Ende des Monats. Dann wurden alle jüdischen Frauen des Dorfes (darunter auch meine Mutter und meine Frau) ins acht Kilometer von unserem Dorf entfernte Städtchen Pikow, Bezirk Kalinowka, Gebiet Winniza umgesiedelt. Golub half mir, meine Familie zu finden. In Pikow lebten wir alle zusammen. Da ich noch jung war – 27 Jahre – wurden ich und andere Juden zum Arbeitseinsatz gezwungen.

Im März 1942 trieben die Deutschen alle jungen Männer und Frauen aus dem Dorf und brachten uns unter Bewachung ins Dorf Janow, Bezirk Kalinowka. Wir wurden im Ghetto von Janow untergebracht und unter Bewachung durch einheimische Polizisten beim Holzfällen im Wald Guschtschinezk eingesetzt. Im Mai wurden wir wie Vieh nach Kalinowka getrieben.

Dort wurden wir in den Pferdeställen der ehemaligen Kolchose untergebracht. Das Gelände wurde mit Stacheldraht umzäunt und von Deutschen bewacht. Nach Kalinowka wurden nicht nur die Juden aus Janow und Pikow, sondern auch aus Berditschew verschleppt.

Aus diesem Lager (wenn man jenen Ort so bezeichnen kann) wurden wir zum Arbeitseinsatz beim Bau des Flughafens Kalinowka getrieben. Im Lager Kalinowka war ich bis Ende April 1943. Ich konnte fliehen. Ab dem Zeitpunkt begann mein Umherirren durch die unbewohnten Orte. Ich hatte Angst vor jedem Geräusch. Ich übernachtete im Wald, im Feld, in den Heuhaufen. Meine Kleidung war kaputt, ich war barfuß und hatte ständig Hunger.

Es kam vor, dass die Bauern mir zu essen gaben und mich in ihren Wohnungen übernachten ließen. Ich vagabundierte, bis ich auf die Partisanentruppe »Stalin« stieß, die im Großraum Winniza tätig war. Bei den Partisanen war ich vom 15. September 1943 bis zum 18. Februar 1945. Am 23. Februar wurde ich eingezogen. Ich wurde dreimal verwundet und kämpfte bis 5. Mai 1945. Ich wurde mit dem Orden »Vaterländischer Krieg« 1. Grades, mit der Medaille »Für Tapferkeit« und anderen Orden ausgezeichnet.

Nach dem Kriegsende arbeitete ich als Agronom in der Zuckerfabrik in Ulanow. Dann zog ich nach Chmelnik um und arbeitete dort bei der Eisenbahn. Ab Januar 1948 arbeitete ich als Agronom in der Gebietsbehörde für Landwirtschaft, dann in der landwirtschaftlichen Abteilung des Bezirks Jaroslaw und in der Transportzentrale in Medshibosh. Von Oktober 1955 bis Anfang 1962 arbeitete ich in der Kolchose »Lenin« und dann weitere 16 Jahre in der Kolchose auf dem Posten als Brigadier. 1976 wurde ich verrentet, arbeitete aber noch bis August 1987 im Ort Medshibosh, Bezirk Letitschew, Gebiet Chmelnizki.

Olga Rewitsch (geb. 1926)
»Was passiert, wenn ich dich denunziere?«

Ich, Olga Musijewna Rewitsch, wurde im Dorf Tscherepaschinzy, Bezirk Kalinowka, Gebiet Winniza, geboren. Meine Familie waren: Vater, Mutter, Bruder und ich. Als der Zweite Weltkrieg ausbrach, konnten wir uns nicht evakuieren lassen. Mein Bruder studierte an einer Flugfachhochschule. In den Kriegsjahren wurde er eingezogen und kämpfte an der Front. Meine Eltern und ich blieben im Dorf. Im Dorf gab es keinen einzigen Deutschen, nur Polizisten. In Kalinowka wurden Erschießungen durchgeführt, worüber es zwei Wochen später Gerüchte in unserem Dorf gab.

Die Polizisten verschleppten uns, das heißt meine Eltern und mich, und wir mussten 12 Kilometer zu Fuß gehen, bis wir bei der Gestapo abgeliefert wurden. Bei der Gestapo saß ein Deutscher und fragte: »Warum Kinder?« und schubste mich auf die Straße. Ich ging ins Dorf Guliwzy, wo mir ein ehemaliger Klassenkamerad meines Bruders begegnete. Er sagte: »Was passiert, wenn ich dich denunziere?« Ich antwortete, dass wir dann alle erschossen würden. Man setzte mich auf den Pferdewagen und brachte mich ins Ghetto Kalinowka.

Meine Mutter und mein Vater wurden erschossen. Im Ghetto war ich vom Mai bis Dezember 1942. Ich floh aus dem Ghetto. Die Latrine war im Hof. Ich legte mich auf den Boden neben der Latrine und kroch unter dem Stacheldraht hindurch.

Ich ging von Dorf zu Dorf. Ich hatte keinen Ausweis und sagte, dass ich Ukrainerin sei. Ich ging auch in die Kirche.

Meine Großeltern wurden in der Zeit von Petljura erschossen. Meine Eltern wurden in der Zeit von Hitler erschossen. Und ich bin Gott sei Dank noch am Leben.

Arkadi Schwarzburd-Prudki
»Ich komme zu Dir, mein Volk!«

Im Dorf Pikow, Gebiet Winniza, gab es vor dem Krieg eine große jüdische Gemeinde. Man arbeitete auf dem Feld und lebte von der Ernte. In der Familie des Sattlers Godel und der Näherin Manja Schwarzburd wurde 1919 ein Mädchen Gelja (Galja) geboren. Im Dorf Schabelniki, Gebiet Tscherkassy, wurde in der Bauernfamilie von Iwan und Chimka Prudki 1912 der Sohn Wanja geboren.

Wie ein Tornado zog die Revolution über das Land. Auch der Bürgerkrieg forderte seinen blutigen Tribut ... Die Jahre vergingen. Das jüdische Mädchen Gelja und der ukrainische Junge Wanja wuchsen auf. Sie wussten noch nicht, dass das Schicksal sie für immer, bis zum Tod, füreinander vorgesehen hatte.

1935 fand in Letitschew die Konferenz der kommunistischen Jugend (Komsomol-Konferenz) statt. Der Komsorg (Komsomol-Organisator) des Gesundheitsbataillons verspätete sich und konnte den Namen der jungen Frau, die eine Rede hielt, nicht vernehmen. Die Pionierführerin der lokalen Schule sprach von der Notwendigkeit, Schulchöre zu gründen. Die große Überraschung aber zum Schluss ihres Auftritts: Sie sang. Die helle starke Stimme klang berauschend, und der Saal reagierte blitzschnell: Ein halbes Tausend junger Menschen sangen mit. Sie sangen im Stehen. Zusammen mit allen anderen sang auch der Komsorg des Gesundheitsbataillons, der Militärarzt. Nach der Konferenz lernten sie sich kennen. Sie verliebten sich. Es waren mein Papa und meine Mama.

Sie heirateten, nachdem sie die Erlaubnis der Eltern bekommen hatten. Großmutter Chimka nannte meine Mama ihre eigene Tochter. Mit Freude nahm auch die Familie Schwarzburd ihren ukrainischen Schwiegersohn auf. Papa erzählte, dass er vieles von ihren Sitten und ihrem Glauben am Anfang nicht verstand. Dann wurde ihm aber klar, dass sie Arbeitsbienen waren, wie man sie selten trifft. Großvater Godel fertigte den ganzen Tag Pferdegeschirre an, während Großmutter Manja mit ihrer »Singer« nähte. Was meinen Papa besonders freute, war die Tatsache, dass die ganze Familie sang. Man sang russische und ukrainische Lieder. Mein Vater mochte auch jüdische Lieder und bat sie zu singen. Dann sangen Galja und ihr Bruder Jascha mit. Papa erzählte, dass er solchen herrlichen Gesang nie mehr hörte. Großmutter Manja nähte für Papa ein paar Hemden mit jüdischer Symbolik, die er sehr gerne trug.

Die größte Freude war für sie natürlich meine Geburt. Ich erinnere mich nicht an ihr Gesicht, aber tief in meinem Unbewussten blieben ihre weiche Stimme und helles Lachen wie mit Glöckchen. Und natürlich ihre Hände: warm und zärtlich, die mein Kinderköpfchen liebkosten.

Das Leben unserer Familie ging vor sich hin. 1939 war mein Vater dabei, als die Westukraine befreit wurde. 1940 eröffnete er das Feldhospital in der Nähe von Wyborg. Im gleichen Jahr nahm er am Finnischen Krieg teil. Mama blieb mit mir in Stary Pikow. Großmutter Manja brachte mir Jiddisch bei. Onkel Jascha trug mich auf dem Arm. Papa wurde an der Westgrenze, in Rawa Ruska stationiert. Mama und ich zogen zu ihm.

Dann kam der 22. Juni 1941. Die Grenzstation wurde von Faschisten angegriffen. Mama und ich wurden von einem Soldaten aus dem brennenden Haus gerettet. Er zeigte uns, in welche Richtung wir fliehen sollten. Und wir flohen. Meine Mama hatte nur einen Morgenmantel und Hausschuhe an. Ich trug nur ein Unterhemd und eine Unterhose. Die Deutschen bombardierten die Kolonnen der Flüchtlinge. Elf Mal schützte mich meine Mutter mit ihrem Körper. Mit Mühe und Not erreichten wir die Eisenbahn. Dort fasste Mama den Entschluss, ihre Eltern in Stary Pikow um jeden Preis zu erreichen.

Und wir schafften es. Unterwegs mussten wir betteln. Gütige Menschen teilten mit uns ihr Stück Brot, böse Menschen versuchte Mama zu meiden. Großmutter Manja wärmte uns mit ihrer Liebe und Fürsorge. Großvater Godel meldete sich freiwillig in die Volksarmee. Zu Hause blieben nur Frauen und der 14-jährige Jascha. Die Deutschen standen vor Winniza. Meine Großmutter Manja hatte ihre bettlägerige Mutter Sara, die nach einem Schlaganfall pflegebedürftig wurde. Großmutter Manja lehnte es kategorisch ab, sich evakuieren zu lassen, da sie ihre Mutter nicht alleine lassen konnte. Man verschob die Abreise von einem Tag auf den anderen und hoffte, dass die Deutschen noch gestoppt werden könnten.

Mein Vater kämpfte, musste aber den Rückzug antreten. Dann geriet er in eine Einkesselung. Er sagte, dass 1941 ein purer Kampf war, in dem man nicht immer wusste, wo der Feind und wo der Freund war. Man kämpfte um Winniza. Der Feind wurde zurückgedrängt und man hatte ein paar Stunden Ruhe. Etwas zog meinen Vater nach Stary Pikow. Nachdem die Verletzten evakuiert wurden, setzte er sich in einen Krankenwagen und fuhr dorthin. Dort fand er uns vor. Nach einem Augenblick saßen Mama und ich im Auto. Mein Vater flehte Großmutter Manja an, mitzufahren. Sie sagte Folgendes: »Wanja, mein Sohn, ich fahre nicht mit. Rette deine Familie und rette Jascha. Ich bleibe bei meiner Mutter. Gott segne euch.« Mich, meine Mutter und Onkel Jascha verabschiedete sie mit den Worten: »Gott behüte euch! Lebt wohl!« Sie blieb, um zu sterben. Nie wieder sah ich meine Großmutter. Als der Vater uns in den Zug nach Kiew einsteigen ließ, fuhren deutsche Panzer in den Westen von Winniza ein.

Am 30. Mai 1942 erschossen die Faschisten meine Großmutter und die ganze jüdische Gemeinde von Stary Pikow. Sie ruht, wie auch 2500 ihrer Verwandten – angesichts des Todes sind wir alle Brüder und Schwestern – im jüdischen Massengrab. Der Augenzeuge jener furchtbaren Tage, Morosowski, erzählte mir, dass er aus der Kolonne der Todgeweihten Lieder vernahm, die die Juden an ihren Feiertagen singen. Diese Lieder sang eine starke schöne Stimme wie eine Lerche. Es war eine Frau. Selbst Ungarn, die Wachmänner dieser Kolonne, trauten sich nicht, diese Lieder zu verbieten. Nur Großmutter Manja konnte so singen. Sie sang Davidpsalmen und das Hohelied und half so ihren Mitbrüdern, geistige und physische Kräfte für den letzten Schritt in ihrem Leben zu sammeln. Meine liebe Großmutter Manja, wie oft erwache ich nachts aus dem gleichen Traum: Du stehst bereits am Rande des Grabes und die Henker sind kurz davor, dich zu erschießen, während ich von der Straße am Dorfrand gelaufen komme, ich laufe zu dir. Ich feuere vier Schüsse ab, hole eine Handgranate heraus, ziehe sie ab, kann dich aber nicht erreichen. Verzeih mir meine liebe Großmutter Manja, dass ich dich vor diesem grausamen Tod nicht retten konnte. Das Schicksal ließ es nicht zu, denn ich war damals ein kleines Kind. Von dir erbte ich das Gefühl, das du verspürtest, als du alleine, ganz alleine auf der ganzen Welt, am Rand des Grabens standest, du, die Einzigartige, die Liebste und wartetest auf den Augenblick des Todes. Du warst so schutzlos und dennoch so furchteinflößend für jene Henker, denn wieso hätten sie dich sonst getötet? Mit deinem Tod lehrtest du mich, nicht zu verzweifeln, sich nicht erniedrigen zu lassen, sondern mich und mein Volk zu beschützen.

Wir fuhren im Zug. Nach ungefähr 40 Kilometer wurde unser Zug von den Faschisten bombardiert. Nach Kiew mussten wir zu Fuß gehen. Manchmal bettelten wir, manchmal verdingte sich Mama als Tagelöhnerin. Es war sehr unterschiedlich. Mama hungerte, wir schliefen in Heuhaufen unter dem freien Himmel. Als wir Kiew erreichten, waren die Deutschen schon auf der anderen Seite des Dnjepr.

Wir waren abgeschnitten von unseren Truppen. Zu Fuß erreichten wir entlang des Flusses den Ort Schabelniki, wo Familie Prudki wohnte. Man wusch uns, gab uns saubere Kleidung und zu essen. Dann berieten wir uns, wie man uns retten könne. Im Dorf waren Polizei und ein neuer Dorfältester. Auch Gestapo-Männer kamen vorbei. Am Haus des Dorfältesten hing eine Bekanntmachung mit folgendem Inhalt: »Achtung, Achtung! Zur Kenntnisnahme der Einwohner von Schabelniki! Wer in seinem Haus den Kommandierenden, Kommissaren der zerschlagenen Bolschewikenarmee, sowie Zigeunern und Juden Obdach gewährt, wird mit seiner ganzen Familie erschossen und das Haus wird verbrannt. Einwohner, die der deutschen Kommandantur bei der Suche und Vernichtung der oben genannten Personen behilflich sind, erhalten folgende Belohnung:

– eine trächtige Kuh

– ein zwei Hektar großes Grundstück.«

Alle, die am Familienrat teilnahmen, wussten, dass die positive Lösung die Errettung aller und die negative – die Vernichtung aller ist. An der Lösung dieser Aufgabe waren meine Großeltern Iwan und Chimka sowie die Eltern meines Großvaters Platon und Ewdokija Prudki beteiligt. Später kam auch mein Vater Iwan dazu. Nachdem er bei Kiew erneut eingekesselt worden war und fast alle Angehörigen des Gesundheitsbataillons verloren hatte, versuchte er, sich mit einer kleinen Gruppe der Kommandierenden des General Kirponos zu unseren Truppen durchzuschlagen. In der Nähe von Lochwiza wurde diese Truppe von Panzern des Generals Guderian teilweise vernichtet. Die Kolchose-Arbeiter, die von den Faschisten angeheuert wurden, um unsere gefallenen Soldaten zu begraben, fanden meinen schwer verletzten Vater. Sie pflegten ihn und schickten ihn noch ganz schwach über den Dnjepr nach Hause.

Die Freude und die Sorge meines Vaters kannten keine Grenzen, als er uns im Hause seiner Eltern vorfand. Großmutter Chimka schlug Folgendes vor: Onkel Jascha, der ein sehr jüdisches Äußeres hatte, unter der Mistgrube im Kuhstall zu verstecken, während Mama und ich als Besuch aus der Westukraine ausgegeben würden. Mama bekam typische ukrainische Bauernkleidung und die von der Großmutter selbstgestickte Bluse. Um den Hals trug sie eine dicke Münzenkette, deren Läuten von Weitem zu hören war. Der größte Reichtum meiner Mama waren ihre Haare: dicke, pechschwarze Haare, die sie immer in einen Zopf geflochten trug. So einen langen Zopf hatte ich bei niemandem gesehen. Sie legte ihren Zopf um den Kopf und trug ihn wie einen Kranz. Die perfekten Russischkenntnisse, besonders die Kenntnisse des Ukrainischen mit einer typischen galizischen Sprachmelodie erlaubten es meiner Mama, sich nicht verstecken zu müssen.

Natürlich vorausgesetzt, man würde nicht denunziert. Diese Gefahr wurde ebenfalls berücksichtigt. Mein Vater kam nicht mit leeren Händen nach Hause. Er brachte ein paar Granaten, eine Pistole und eine »Parabellum« sowie Patronen dazu. Diese Munition war für den Fall eines direkten Angriffs der Gestapo-Männer oder der Polizisten auf unser Haus gedacht. Danach konnte man sich über Sandhügel, die direkt an unser Haus angrenzten, auf das Sumpfgebiet, auf die Insel, begeben. Es war ein kleiner fester Platz mitten im Sumpf. Meine Großeltern konnten dorthin selbst in der Nacht gelangen. Mein Vater richtete dort ein Erdloch für uns ein, baute einen Feuerplatz und eine Holzpritsche. Ein vorübergehendes Versteck war bereit. Onkel Jascha ließ man nachts aus der Grube heraus, damit er frische Luft schnappen konnte. Aufgepasst hatten dabei alle: Urgroßmutter Jawdoschka und Urgroßvater Platon, meine Großeltern und natürlich meine Eltern.

Dies alles erzählte mir mein Vater. Und plötzlich sagte er mitten in diesem traurigen Bericht: »Weißt du, wie sehr wir uns damals liebten? In jener furchtbaren Zeit, in der wir eine Haaresbreite vom Tod entfernt waren, wusste ich, dass wir füreinander geschaffen waren, dass es keine wunderschönere Frau als meine Gelja irgendwo auf der Welt gab. Wenn ich für sie sterben sollte, dann würde ich dies mit Freude tun. Ich liebe sie noch heute, obwohl sie nicht mehr lebt. Erinnerst du dich an unsere Mama Gelja?« Erinnerte ich mich an meine Mama? Natürlich! Sie hatte ein zärtliches etwas rundliches Gesicht, sehr große Augen. Mir kam es vor, als ob ihre großen schwarzen Augen die Hälfte ihres Gesichts ausgemacht hätten. Ihre Nase ragte etwas hervor, schmale ausdrucksvolle Lippen, ein sympathisches Kinn. Ihr wunderschöner Kopf thronte auf einem weißen zarten Hals.

Meine Mama hielt ihren Kopf immer gerade und stolz. Sie war nicht sehr groß, ihr Körper strahlte die Kraft und Energie einer Sportlerin aus. Nach dem Krieg, als sie 50 Jahre alt war, überholte sie mich und meinen Bruder beim Laufen und machte sich lustig über uns: »Schneller, ihr Schwächlinge!« Vater, natürlich erinnere ich mich an unsere Mama Gelja und weiß, wie sehr du sie liebtest.

Ich erinnere mich auch, dass ausgerechnet ich damals uns allen so viele Sorgen bereitete. Wer hätte gedacht, dass die wenigen Worte, die mir Großmutter Manja auf Jiddisch beigebracht hatte, uns Angst machen würden, uns zu verraten. Deshalb band man mir mit einem Tuch den Mund fest zu und nahm das Tuch nur während der Mahlzeiten ab. Den Nachbarn sagte man, ich hätte »eine sehr ansteckende Mundkrankheit.« Die neugierigen Nachbarn ließen mich in Ruhe. Nach einiger Zeit vergaß ich nicht nur alle jiddischen Wörter, sondern verlernte das Sprechen generell. Erst 1947 lernte ich neu sprechen.

So verging in Angst und Stress das Jahr 1941. Am 15. Februar 1942 gingen mein Vater und Großvater am frühen Morgen, um Brennholz zu besorgen. Gegen Mittag wurde Mama von zwei Polizisten festgenommen und zusammen mit mir in die Kommandantur gebracht. Zusammen mit uns ging auch Großmutter Chimka. Urgroßvater Platon konnte meinen Vater und Großvater Iwan über das Geschehene durch die Kinder informieren. Sie kehrten nicht nach Hause zurück. Als sie erfuhren, dass die Gestapomänner, sie waren zu zweit, mit Schlitten gekommen waren, gingen mein Vater und Großvater zum Hang Borowizk. Sie hatten vor, die Gestapo-Männer zu töten, mich und Mama zu befreien und uns dann zusammen mit Onkel Jascha auf der Insel zu verstecken. Sie saßen mit Waffen in der Hand da und warteten.

Währenddessen wurde Mama verhört. Neben ihr stand Großmutter Chimka. Zu Füßen des älteren Faschisten lag ein Schäferhund. Über eine Dolmetscherin fragte er Mama, wie sie heiße und wer ihre Eltern seien. Mama antwortete, er nickte, stand auf und befahl ihr die Wörter »rak« (Krebs) und »ryba« (Fisch) auszusprechen. Und wieder war er mit Mamas Antwort zufrieden. Der jüngere Faschist ging zu ihr, inspizierte ihre Ohren, fühlte ihre Haare und dann befahl er ihr mit scharfer Stimme, meine Hose herunterzulassen und mich auf den Tisch zu setzen. Der ältere Faschist kam zu mir und starrte lange darauf, was sich seinem Blick offenbart hatte. Dann grinste er zufrieden, rief den Polizeichef, und als dieser herantrat, griff er ihn mit den Fäusten an: »Schwein, großes Schwein!«[78] Er zeigte mit dem Finger auf die Schläfe. Zu Mama sagte er: »Wir lassen dich frei. Der Dorfälteste sagte uns, dass du gut arbeitest. Sei auch weiter so fleißig. Geh!« Großmutter Chimka nahm mich an die Hand. Ihre Hand war ganz feucht und zitterte. Als wir das Zimmer, in dem die Polizisten saßen, passierten, sagte der stellvertretende Polizeichef zu meiner Großmutter: »Na, seid ihr vorübergehend frei? Macht nichts, wir schaffen es noch.« Großmutter antwortete ihm: »Ihr habt die Suppe gekocht, ihr sollt sie essen.«

Als mein Vater und Großvater sahen, dass wir nicht im Schlitten waren, kehrten sie nach Hause zurück. Im Familienrat wurde entschieden: Diesmal hatten wir Glück im Unglück: Der Nasenlose mit der Sense war sehr nah, ging aber an uns vorbei. Dass wir auch nächstes Mal so viel Glück haben,

---

78 Im Original sind die deutschen Worte mit kyrillischen Buchstaben wiedergegeben.

durften wir nicht hoffen, deshalb wurde entschieden, Mama und mich bis zur Ankunft unserer Truppen im Loch unter der Mistgrube zu verstecken. So begann unser unterirdisches Leben. Den Nachbarn wurde gesagt, dass die Schwiegertochter mit dem Kind nach Galizien zurückgefahren sei.

Dort im Loch unter der Kuh Muska feierten wir unsere Feste, Mama unterhielt sich flüsternd mit ihrem Bruder Jascha über das Vergangene und wir warteten auf das Kommende. Die Geschwister weinten sehr oft, da sie spürten, dass sie keine Mama mehr hatten.

Es war unter der Erde, in der Dunkelheit. Dort oben herrschte ein anderes Leben. Jeden Tag brachten uns Großmutter Chimka im Eimer mit dem bescheidenen Essen auch etwas Leben und Hoffnung. Dies wiederholte sich jeden Tag, zwei Jahre und vier Monate lang. In jener Zeit stand das Leben der ganzen Familie wie auf Messers Schneide. Zwei Jahre und vier Monate lebten wir alle mit einer Pistole an unserer Schläfe. Was motivierte diese Menschen, den Tod jeden Augenblick in Kauf zu nehmen? Ich dachte mein ganzes Leben darüber nach und erst im fortgeschrittenen Alter wurde mir klar, dass es Liebe und Hass waren. Es waren Liebe zu uns und ein ungeheuerlicher Hass auf die Faschisten.

Wir wurden am 12. Dezember 1943 befreit. Als die Deutschen vertrieben wurden, krochen wir aus unserem Versteck heraus und sahen das Tageslicht und Menschen mit roten Sternen an den Mützen. Es waren unsere Soldaten. Unser Warten hatte ein Ende! Wir haben es überlebt! Unsere Haut war unnatürlich blass. Als der Kommandeur der Fallschirmjäger Onkel Jascha fragte, was er sich am sehnsüchtigsten wünsche, antwortete dieser: »Eine Maschinenpistole!« Seine Bitte wurde erfüllt. Er wurde von den Fallschirmjägern an die Front mitgenommen und kämpfte bis zum Sieg, bis zum 9. Mai 1945.

Nach dem Krieg arbeiteten meine Eltern auf dem Land: Mama arbeitete in der Schule und mein Vater als Arzt. Das Erlebte hinterließ seine Abdrücke im Leben meiner Mama. Sie hatte Angst, Papiere ausgestellt zu bekommen, in denen in der Spalte »Nationalität« erneut »Jude« gestanden hätte. Mama hatte Angst um mich und meinen Bruder. Denn es gibt nichts Schlimmeres als Alltagsantisemitismus. Es scheint, man würde den Menschen kennen, stellt aber immer wieder fest, dass die Ideologie des Faschismus ihm nicht fremd ist. Wenn ich dieses verfluchte Wort höre, muss ich unwillkürlich an die Bekanntmachung an der Tür der Dorfverwaltung aus dem Jahr 1941 denken. Selbst heute, wenn Sie nach mir im Dorf fragen und meinen Namen und Vornamen nennen würden, könnte Ihnen niemand sagen, wo ich wohne, denn man kennt diesen Menschen nicht. Aber fragten Sie anders: »Wo wohnt hier der Jude?«. Sie bekämen sofort eine Auskunft. Dieses Wort verfolgte mich mein ganzes bewusstes Leben und bereitete mir viele Unbequemlichkeiten. Als ich jünger war, verteidigte ich meine Nationalität mit Fäusten. Das Merkwürdigste bestand darin, dass man wirklich nicht verstehen konnte, wofür man geschlagen wurde.

Ich verstand meine Mama Gelja und verzieh ihr. Erst als Mama spürte, dass ihre letzten Tage auf dieser Erde gekommen waren, bat sie mich, alles rückgängig zu machen. Sie erzählte mir von ihr, von ihren Eltern, von all den Verfolgungen während des Krieges. Ich schwor ihr, dass in meiner Geburtsurkunde in der Spalte »Nationalität der Mutter« zumindest jetzt »Jüdin« stehen würde.

»Schäme dich nicht, dass du Jude bist. Es ist ein von Gott auserwähltes Volk. Dein Volk ist begabt, stolz und schön. Dein Volk hat die schönsten Frauen und die klügsten Männer. Geh zu ihm, mein Sohn. Sollte es dir möglich sein, gedenke meiner an der Klagemauer.« Es waren ihre letzten Worte. Mama, meine gute Beraterin in allem, schied aus dem Leben. Meine Welt wurde eingeengt, die Erde wurde leer ohne sie.

Liebe Mama, ich erfüllte nur den ersten Teil deiner letzten Bitte. Liebe Mama Gelja, du bist wieder Jüdin und ich der Sohn einer Jüdin. Ich schreie ganz laut: »Hört alle, ich bin Sohn einer Jüdin! Hört ihr, ich bin Jude und bin stolz darauf!«

Wie ich es erreichte, wissen nur mein Sohn und mein Vater. Wir alle verbeugen uns in tiefer Dankbarkeit vor dem jüdischen Volk und insbesondere vor den Mitarbeitern der Abteilung »Gerechte unter den Völkern« Esther Woloschina, Katja Gusarewa sowie der Botschafterin des Staates Israel in der Ukraine Frau Anna Asari und allen Mitarbeitern der Botschaft für die im Jahr 2000 an meine Großmutter Chimka verliehene Auszeichnung »Gerechte unter den Völkern«.

Das Volk, das sich an das Gute erinnert, das seinen Angehörigen getan wurde, verdient Respekt.

Ich komme zu dir, mein Volk!, in: Hoffnung, Februar 2002, S. 4f.

Siehe auch den Zeitzeugenbericht von Iosif Rubinschtein

10. Bezirk (Rayon) Kryshopol

(ukr. Kryshopil, poln. Krzyzopol, rumän. Crijopol)
In den Jahren 1941 bis 1943 wurden im Bezirk Kryshopol 1728 Zivilisten ermordet, darunter 1700 Juden.[79]

Ort: Kryshopol

1939 lebten in Kryshopol[80] 1400 Juden, 37 Prozent der Bevölkerung. Am 22. Juli 1941 wurde Kryshopol von der Wehrmacht besetzt, die sofort 14 Juden ermordete. Die Deutschen setzten im Zentrum der Stadt Häuser in Brand, konzentrierten die Juden in einem kleinen Viertel in der Budgos-Straße und befahlen ihnen, eine Armbinde mit dem Davidstern zu tragen.

Am 1. September 1941 kam Kryshopol zu Transnistrien. In den ersten sechs Monaten der Okkupation stand an der Spitze der Stadt ein Ukrainer, Iwan Iwanowitsch Paraschtschuk, der sich bemühte, die Juden vor Schaden zu bewahren. Dann wurde er durch einen Mann mit antisemitischen Tendenzen ersetzt.

Im Herbst 1941 wurden einige Hundert Juden aus der Bukowina und Bessarabien nach Kryshopol deportiert. Sie wurden in den Häusern der einheimischen Juden untergebracht.

---

79 Kruglow, Enziklopedija Cholokosta, S. 20f.
80 Altman, Cholokost, S. 483; The Yad Vashem Encyclopedia, S. 374f.

Das jüdische Viertel wurde zum Ghetto erklärt, mit Stacheldraht umzäunt und durch Ukrainer bewacht. Auf Befehl der rumänischen Gendarmerie wurde ein Judenrat eingerichtet, dessen Hauptaufgabe es war, Arbeitskräfte zur Verfügung zu stellen. Juden, die nicht zur Zwangsarbeit eingesetzt wurden, versuchten, gegen Nahrungsmittel in der Landwirtschaft zu arbeiten. Kryshopol diente als Transitstation für Tausende Juden aus der Bukowina und Bessarabien. Sie wurden unter schrecklichen Bedingungen in Lagern gehalten. Viele starben an einer Typhusepidemie. Nur ganz selten konnte das Hilfskomitee aus Bukarest Unterstützung leisten. Nach Angaben des Hilfskomitees lebten 1943 in Kryshopol 1300 Juden, einheimische und deportierte.

Im Sommer 1943 wurde eine Reihe jüdischer Familien beschuldigt, Kontakte zu Partisanen in der Umgebung aufgenommen zu haben. Sie wurden exekutiert.

Eine große Gruppe Juden aus Kryshopol wurde im Frühjahr 1943 zur Zwangsarbeit nach Deutschland gebracht. Die Bevölkerungszahl des Ghettos fiel im August 1943 auf 74 deportierte Juden und eine unbekannte Anzahl einheimischer Juden. In einem Arbeitslager, in einem Wald zehn Kilometer von Kryshopol entfernt, waren 700 deportierte Juden.

Kryshopol wurde am 17. März 1944 befreit.

Ort: Mjastkowka (Gorodkowka)
(ukr. Horodkiwka)
Seit 1946 heißt der Ort Gorodkowka.

Vor dem Überfall der Wehrmacht auf die Sowjetunion lebten in Mjastkowka[81] 832 Juden. Nur wenige Familien konnten evakuiert werden. Die Wehrmacht besetzte Mjastkowka am 21. Juli 1941 und begann sofort, Juden zu terrorisieren und zu ermorden.

Am 1. September 1941 kam Mjastkowka zu Transnistrien. Im November/Dezember 1941 erreichten etwa 200 deportierte Juden aus Bessarabien und der Bukowina die Stadt. Die meisten von ihnen waren aus verschiedenen Lagern und Ghettos geflohen. Ein Ghetto wurde eingerichtet und mit Stacheldraht eingezäunt. Den Juden war es verboten, das Ghetto zu verlassen, außer zur Zwangsarbeit. Überfüllung des Ghettos, schlechte sanitäre Bedingungen und eine Typhusepidemie forderten im Winter 1941/42 viele Todesopfer. Das Ghetto hatte keinen Judenrat, und von außerhalb kam keine Hilfe.

Nach Angaben des Hilfskomitees aus Bukarest vom März 1943 waren 820 Juden im Ghetto. Im März 1944, bevor die rumänischen Gendarmen sich zurückzogen, trieben sie die Ghettobewohner ins Gefängnis der Stadt in der Absicht, sie dort zu ermorden. Im letzten Moment kam Wladimir Kershner, ein Mitglied der jüdischen Untergrundbewegung aus Kryshopol, und gab sich als deutscher Offizier aus. Er gab den Befehl, die Juden freizulassen und das Ghetto aufzulösen.

Mitte März 1944 wurde Mjastkowka durch die Rote Armee befreit.

---

81 Altman, Cholokost, S. 633; The Yad Vashem Encyclopedia, S. 506.

Ort: Olschanka

Das Dorf Olschanka wurde am 28. Juli 1941 von deutschen Truppen besetzt. Während der Besatzung 1941 bis 1944 gab es in Olschanka ein Lager für Juden aus der Bukowina und Bessarabien. Laut Materialien der Außerordentlichen Staatlichen Kommission starben in Olschanka vor Hunger und Krankheiten 1250 Menschen. Am 1. September 1943 waren im Lager nur noch 29 Juden.

Ort: Pawlowka

Im Juli 1941 wurde Pawlowka[82] von deutschen und rumänischen Truppen besetzt. Ab 1. September 1941 gehörte es zu Transnistrien. Im Dorf wurde ein Ghetto (Lager) für deportierte Juden aus Bessarabien und der Bukowina eingerichtet. Von den 1005 deportierten Juden sind bis März 1942 an Krankheit und Hunger 892 gestorben.

Ort: Shabokritsch

1939 wohnten in Shabokritsch[83] 679 Juden.

Nach dem Überfall der Wehrmacht am 22. Juni 1941 auf die Sowjetunion wurden viele Juden zur Armee eingezogen, während andere evakuiert wurden oder ins Hinterland der Sowjetunion flohen. Andererseits kamen Flüchtlinge aus anderen Orten des Gebiets Winniza oder der westlichen Ukraine nach Shabokritsch. Am 20. Juli 1941 besetzte die Wehrmacht Shabokritsch. Bis zum 27. oder 29. Juli 1941 ermordeten die Deutschen 435 Juden, darunter mindestens 230 einheimische Juden und 61 Kinder. Die jüdischen Bewohner wurden ausgeplündert.

Am 1. September 1941 kam Shabokritsch zu Transnistrien. Zu den 200 Juden, die sich während der Mordaktionen versteckt hatten, kamen deportierte Juden aus der Bukowina und Bessarabien, die in die Häuser der ermordeten Juden zogen. Die jüdischen Häuser wurden zum Ghetto erklärt und mit Stacheldraht eingezäunt. Den Juden wurde verboten, ihre Grundstücke zu verlassen. Überfüllung, Hunger, Kälte und eine Typhusepidemie im Ghetto forderten viele Todesopfer. Die Juden mussten Zwangsarbeit leisten, gelegentlich an weit entfernten Orten.

Auf Befehl der rumänischen Gendarmerie wurden ein jüdischer Ordnungsdienst und ein Judenrat eingerichtet, dem zwei deportierte Juden, Ziess und Anchel, sowie ein einheimischer Jude namens Toywle Bogner, vorstanden. Die Ghettobewohner, einschließlich der Frauen, wurden Opfer des unkorrekten Verhaltens eines Teils der Judenratsvorsitzenden. Einer der Leiter des Judenrats wurde dafür von den Partisanen exekutiert.

Am 1. September 1943 lebten in Shabokritsch 245 Juden, 175 aus der Bukowina und 70 aus Bessarabien. Über die Zahl der einheimischen Juden gibt es keine Unterlagen.

---

82 Altman, Cholokost, S. 717.
83 Ebenda, S. 303; The Yad Vashem Encyclopedia, S. 980.

Ein Versuch, im Frühling die gesamte Bevölkerung des Ghettos umzubringen, wurde dadurch verhindert, dass Partisanen das Gerücht verbreiteten, die Rote Armee nähere sich der Stadt.

Mitte März 1944 wurde Shabokritsch befreit.

Lew Fux (geb. 1930)
»Von unserer Familie überlebte nur ich allein«

Ich, Lew Leontewitsch Fux, wurde am 6. Juni 1930 in dem ruhigen Städtchen Shabokritsch, Bezirk Kryshopol, Gebiet Winniza in einer Familie von Kolchosenarbeitern geboren. Unsere Familie bestand aus meinem Vater, Leonid Leibowitsch Fux, geb. 1902, meiner Mutter, Zipa Schansowna, geb. 1902, meiner Großmutter, der Schwester meiner Mutter und vier Kindern (ich war der Älteste). 1937 wurde ich in die ukrainische Dorfschule eingeschult. 1941 wurde meine Schulzeit unterbrochen, da der Krieg ausbrach.

Am 22. Juni 1941 wurde mein Vater eingezogen. Am 22. Juli 1941 wurde Shabokritsch von den Faschisten besetzt. Das Städtchen bestand aus vier Straßen und vier Kolchosen. In einer der Kolchosen, »Auf dem Weg Lenins«, arbeiteten vor dem Krieg meine Eltern.

Am 25. Juli 1941 wurden alle Juden auf eine Straße getrieben. Diese wurde mit Stacheldraht umzäunt. So entstand das Ghetto. Vom 27. bis 29. Juli 1941 trieben die Faschisten alle Alten, Frauen und Kinder in die Keller und erschossen sie mit Maschinengewehren. Meine Mutter begriff unterwegs, dass wir zur Erschießung geführt würden und sie sich mit drei kleinen Mädchen, meinen Schwestern, nicht retten könnte. Sie schubste mich aus der Menschenmasse und sagte: »Flieh«! Ich floh aus dem Dorf in die Felder. Von unserer Familie, sieben Personen, überlebte nur ich allein.

Der Horror dauerte drei Tage lang: die Durchsuchungen und Razzien, die Jagd nach Juden, zu denen auch ich, ein elfjähriger Junge, gehörte. Wir versteckten uns in den Gräben, im Gebüsch, im Wald, auf den Dächern der fremden und eigenen Häuser. Die Dorfbewohner halfen ihren ehemaligen Nachbarn und Freunden, aber es gab auch welche, die den rumänischen Soldaten, die den Deutschen folgten, halfen, ihr teuflischen Werk zu vollbringen. Die Leichen lagen bis Mitte August 1941 in den Gräben und auf den Straßen. In der zweiten Augusthälfte hoben die am Leben gebliebenen Juden unter Aufsicht der rumänischen Soldaten Massengräber aus und beerdigten an drei Orten die Leichen der Erschossenen. Nach dem Krieg wurden Gedenksteine aufgestellt.

Von 400 jüdischen Familien, die vor dem Krieg in unserem Städtchen wohnten, wurden nach verschiedenen Quellen 322 Menschen jeden Alters, vom Säugling bis zum Greis erschossen. Die nach dieser Exekution überlebenden Juden wurden im Ghetto eingepfercht. Dieses existierte bis März 1944, bis zur Befreiung des Städtchens durch die Rote Armee.

Ich wurde im Ghetto von entfernten Verwandten aufgenommen. Wie ein Erwachsener arbeitete ich im Frühling, Sommer und Herbst auf dem Feld. Die Faschisten behielten die Kolchosen bei. Im Winter verbrachte ich alle Tage im Pferdestall. Ich floh aus dem Ghetto, um eine Scheibe Brot bei den Dorfbewohnern zu verdienen.

Nach der Befreiung erreichte der Schuldirektor für mich eine Überweisung in ein Kinderheim für die Kinder der Frontsoldaten. Das Kinderheim war in Sokolowsk. Dort blieb ich von Mai 1944 bis Juli 1945. Im Juli 1945 wurde mein Vater wegen einer Verletzung demobilisiert und holte mich aus dem Kinderheim nach Shabokritsch, wo ich die Schule besuchte. 1947 beendete ich die 7. Klasse und machte eine Lehre an einer Berufsfachschule für Industrie und Verkehr in Charkow. 1951 beendete ich diese und bekam eine Stelle in Kusbass, in der Stadt Prokopjewsk. In Kusbass wohnte ich bis 1980. Ich arbeitete bei der Bahn. Seit 1980 wohne ich in der Stadt Gorlowka, Gebiet Donezk. Bis 2002 arbeitete ich beim Transport.

Meine Frau, Nadeshda Grigorjewna, geb. 1932, ehemalige Ghettobewohnerin von Kryshopol, Gebiet Winniza, arbeitete als Lehrerin. Heute ist sie Rentnerin. Unsere Kinder, zwei erwachsene Töchter, leben mit ihren Familien in Russland. Beide sind Lehrerinnen.

Georgi Tabatschnikow
»Das Problem zu überleben verdrängte die Angst«

Ich war im Ghetto von 1941 bis 1944. Ich wurde in Kryshopol, Gebiet Winniza geboren und von den Großeltern, den Eltern meines Vaters, der an der Front kämpfte, großgezogen.

Als die Deutschen heranrückten, fuhren wir ins Dorf Torkaniwka, das 20 bis 25 Kilometer von Kryshopol entfernt ist. Im Oktober wurde auch dieses Dorf nach einem kurzen Kampf von den Faschisten besetzt.

An einem regnerischen Herbstabend hörten wir im Haus, in dem wir vorübergehend wohnten, den Lärm von Soldatenstiefeln. Die hereinstürzenden bewaffneten Gendarmen schrien etwas, aber das Wort »Shidy« »Juden« prägte sich mir sehr gut ein. Besonders genau gravierte sich in meinem Gedächtnis ein, wie sie meinen Großvater am Bart zogen. Dann wurde er am Arm irgendwohin abgeführt. Ich fiel in den Schlamm und blieb unbemerkt liegen, während alle anderen verschleppt wurden.

Kurz darauf rannte ich vor Angst zitternd in den Hof und versteckte mich im Heu, das im Stall gelagert war. Nach einer kurzen Bewusstseinstrübung hörte ich Stöhnen. Meine verprügelte Großmutter kroch ans Haus. Sie weinte und jammerte, dass Großvater ermordet worden sei.

Im Dorf lebten noch zwei weitere jüdische Familien. Die Männer wurden von den Faschisten erschossen, die Frauen brutal verprügelt, aber am Leben gelassen. Nach ein paar Tagen wurde Frauen und Kindern befohlen, nach Kryshopol zurückzukehren, wo schon ein Ghetto errichtet worden war. Das mit Stacheldraht umzäunte Gelände bestand aus ein paar Straßen. Dort wurden in Häusern jeweils drei bis vier aus den benachbarten Dörfern und Städtchen verschleppte Familien, die die Erschießungen der Juden überlebt hatten, untergebracht. Das Leben verlief nach folgendem Schema: Tägliche Verschleppungen zur Zwangsarbeit, Durchsuchungen und Raub, systematische Abgabe von Wertsachen für die Schmiergelder an den Dorfältesten, die Gendarmen und andere Vertreter der Besatzungsmacht als Gegenleistung dafür, dass man nicht irgendwohin verschleppt wird. »Irgendwohin« hieß an das Ufer des Flusses Bug, von wo es kein Zurück gab.

In mein kindliches Gedächtnis prägten sich Haufen von erschöpften, kranken, in Lumpen gehüllten Menschen ein, die unter Bewachung aus Bessarabien und anderen Orten verschleppt worden waren. Das Problem zu überleben, nicht zu sterben verdrängte die Angst. Das ständige Hungergefühl trieb uns Jungs hinter den Zaun, ins Feld, wo man im Herbst Kartoffeln, Rüben oder Karotten finden konnte. Mein großes Glück war die Möglichkeit, bei einer ukrainischen Bäuerin, die in der Nachbarstraße lebte, zwei Kälber zu weiden. Ich trieb die Kälber am frühen Morgen hinaus und ließ sie den ganzen Tag weiden. Dafür bekam ich eine Flasche Milch, eine Scheibe Brot mit Speck und Zwiebeln. Ich war nicht nur selbst satt, sondern brachte noch etwas Essen für meine Großmutter mit.

So vergingen der Frühling, der Sommer und der Herbst 1942. Aber mein sattes Leben war dann zu Ende: Die Bäuerin sagte, dass sie keinen Hirten mehr brauchen würde. Den hungrigen und kalten Winter 1942–1943 verbrachte ich zu Hause. Anfang 1943 wurde ich in die Schuhmacherwerkstatt aufgenommen. Dort reparierten alte jüdische Schuhmacher die Schuhe für deutsche Soldaten und einheimische Machthaber. Mit Dankbarkeit erinnere ich mich an den kranken Schuhmacher Jankel. Er gab mir von seinem bescheidenen Mittagessen ab.

Ich erinnere mich an das Jahr 1943. Die Faschisten plünderten die Synagoge und setzten sie dann in Brand. Eine Welle von Repressalien und Raub erschütterte das Ghetto. Wie ich es jetzt verstehe, war es offensichtlich mit der Niederlage der Nazis in der Schlacht um Kursk verbunden. Die Fälle der Verprügelungen und Verschleppung zur Zwangsarbeit nahmen zu.

Natürlich hatten wir Kinder es einfacher als die Erwachsenen. Zumindest schon deshalb, weil wir von den Ukrainern, die in den dem Ghetto angrenzenden Straßen lebten, Essen zugesteckt bekamen. Immer werde ich mich an meine Wohltäter Maria und Regina Tschaikowski, wunderbare Ukrainerinnen, erinnern, dank denen unsere Familie überleben konnte.

Anfang 1944 mussten wir Ghettoinsassen viele unruhige Nächte verbringen wegen der ständigen Angst, dass wir alle vor dem Rückzug der Besatzer erschossen würden. Wie es sich später herausstellte, war es auch die Taktik der Faschisten. Aber in diesem Fall wurden sie vom schnellen Angriff der Roten Armee davon abgehalten. Der Frühling 1944 brachte uns die Befreiung. Wie viel Freude und Tränen waren in den Gesichtern der Menschen, die die schrecklichen Jahre der Faschisten-Zeit im Ghetto verbracht hatten! An diesem ereignisreichen Tag entschied ich, der vierzehnjährige Junge, Soldat zu werden. 1951 erhielt ich meinen ersten Offiziersrang. 29 Jahre diente ich in der sowjetischen Armee. Jetzt bin ich Oberstleutnant im Ruhestand.

Das im Ghetto Erlebte wird nie aus meinem Gedächtnis gelöscht werden.

E. Steinbarg-Gesellschaft für jüdische Kultur/Verband der Gefangenen faschistischer Ghettos und Konzentrationslager/Staatsarchiv der Oblast Czernowitz (Hrsg.), Вестник [Westnik – Der Bote], 5 Hefte, hier Heft 4/Teil 1: Zeugnisse der Gefangenen der faschistischen Lager-Ghettos, Czernowitz 1995, S. 61 ff.

Siehe auch die Zeitzeugenberichte von Gita Masur und Semen Bessarabski

11. Bezirk (Rayon) Lipowez

(ukr. Lypowez, poln. Łypowiec)

Am 20. Oktober 1941 wurde der Generalbezirk Shitomir im Reichskommissariat Ukraine gebildet, und Lipowez wurde in das Kreisgebiet Iljinzy eingegliedert. Am 1. April 1943 wurde der Generalbezirk neu gegliedert und das Kreisgebiet Lipowez aus Teilen der Kreisgebiete Iljinzy und Nemirow gebildet. Am 1. Juni 1943 wurde das Kreisgebiet Lipowez in Nemirow umbenannt.[84]

In den Jahren 1941 bis 1943 wurden im Bezirk Lipowez 2867 Zivilisten getötet, darunter 2600 Juden.[85]

Ort: Lipowez

Vor 1941 war Lipowez[86] Bezirkszentrum im Gebiet Winniza der Ukrainischen Sozialistischen Sowjetrepublik. Von 1941 bis 1944 gehörte die Stadt zum Generalbezirk Shitomir. Seit 1991 ist Lipowez Bezirkszentrum im Gebiet Winniza, Ukraine.

1939 lebten in Lipowez 1353 Juden, 52 Prozent der Bevölkerung. In den Dörfern des Bezirks lebten weitere 993 Juden.

Vor dem 23. Juli 1941, als die Wehrmacht die Stadt besetzte, konnte ein Teil der jüdischen Bevölkerung nach Osten evakuiert werden, einige jüdische Männer wurden zur Roten Armee eingezogen. Am Beginn der deutschen Okkupation waren noch etwa 1000 Juden in Lipowez. Eine deutsche Ortskommandantur herrschte, bis im Oktober 1941 eine deutsche Zivilverwaltung die Macht übernahm. Der Bezirk Lipowez wurde in das Gebiet Iljinzy eingegliedert, das wiederum ein Teil des Generalbezirks Shitomir war. Kreisleiter Heinrich Scholdra war Gebietskommissar und Meister Andreas Wagner war Gendarmerie-Gebietsführer. In Lipowez wurde ein Gendarmerieposten eingerichtet, dem die örtliche ukrainische Polizei unterstand. Die Gendarmerie und die ukrainische Polizei spielten eine aktive Rolle bei den Maßnahmen gegen die Juden. Die Juden mussten sich registrieren lassen, wurden verpflichtet eine Armbinde mit dem Davidstern zu tragen und mussten schwere Arbeit gegen geringe Bezahlung leisten. Auch ihre Wohnungen mussten mit einem Davidstern und dem Wort »Jude« gekennzeichnet werden. Die Besatzer und die Polizei raubten die Wohnungen der Juden aus und zwangen die Juden zur Zwangsarbeit.

Im September 1941 wurde mit der systematischen Vernichtung der Juden begonnen. Am 12. September 1941 wurden 183 Juden und 17 sowjetische Kriegsgefangene in der Nähe des Dorfes Beresowka erschossen, hauptsächlich junge Männer und Frauen. Sie waren beschuldigt worden, sowjetische Aktivisten und Kommunisten zu sein. Im Herbst 1941 errichteten die Deutschen ein offenes Ghetto. Außer zur Arbeit durften die Juden das Ghetto nicht

---

84 http://www.territorial.de/ukra/shitomir/shit.htm [12.5.2019].
85 Kruglow, Enziklopedija Cholokosta, S. 20 f.
86 Altman, Cholokost, S. 528; Encyclopedia of Camps and Ghettos, S. 1541 f.

verlassen. Ende April 1942 umstellte die Polizei das Ghetto. Wer zu fliehen versuchte, wurde auf der Stelle erschossen. Sie führten mehr als 700 Juden weg und ermordeten sie in der Nähe des Bahnhofs.[87] Einige Handwerker wurden ausgewählt und überlebten den Massenmord. Sie und ihre Familien wurden in einem kleinen Restghetto untergebracht.

Im Oktober 1942 wurden 65 Juden ermordet und 80 Juden im November.[88] Im Juni 1943 wurden 60 Juden ermordet.

Am 12. (13.) März 1944 wurde Lipowez durch die Rote Armee befreit.

Ort: Wachnowka

1923 lebten im Dorf Wachnowka[89] 1994 Juden. Viele wurden evakuiert oder zur Roten Armee eingezogen.

Das Dorf wurde im Juli 1941 von der Wehrmacht besetzt. Im Dorf lebten noch ungefähr 500 Juden. Ab dem Alter von 14 Jahren wurden sie zur Zwangsarbeit auf die Kolchose getrieben. Am 27. Mai 1942 begann eine »Aktion« zur Vernichtung der Juden. SS-Männer und Polizei gingen durch die Häuser und suchten die Juden. Am 3. Juni 1942 wurden von einer SD Einheit aus Winniza mit Unterstützung der Gendarmerie und der ukrainischen Polizei einige Hundert Juden des Dorfes Wachnowka erschossen. Die Juden wurden zuerst in der Kirche eingesperrt, während 20 Juden etwa zweieinhalb Kilometer außerhalb des Ortes ein Massengrab ausheben mussten. Unter den Opfern waren 150 Frauen, 100 Kinder und mehr als 20 Männer. Einige Kinder wurden in das Grab geworfen und lebend begraben.[90] Nach Angaben von Kruglow wurden 413 Juden ermordet.[91] Ein Teil der Handwerker wurde ins Ghetto getrieben. Sie wurden am 12. August 1942 ermordet.

Grigori Bartaschnik (geb. 1927)
»Im Dorf begannen die Massenerschießungen der Juden«

Ich, Grigori Leiserowitsch Bartschnik, wurde am 25. Oktober 1927 im Dorf Wachnowka, Bezirk Lipowez, Gebiet Winniza geboren. Mein Vater, Leiser Grigorjewitsch Fritz, wurde 1888 geboren. Er war Schneider und starb am 20. Januar 1941 im Dorf Wachnowka. Meine Mutter, Bronja Meerowna Fritz, wurde 1890 geboren. Sie war Hausfrau und starb am 16. September 1951 in der Stadt Belaja Zerkow. Unser Dorf Wachnowka wurde am 20. Juli 1941 besetzt. Ich war bei meiner Mutter, wogegen meine drei älteren Brüder ihren Militärdienst leisteten und alle an der Front gefallen sind. Unser Haus wurde von den Faschisten beschlagnahmt, und wir wohnten bei unseren Verwandten Chuna und Feiga Sandlerski.

---

87 Kruglow, Enziklopedija Cholokosta, S. 23, Anm. 45.
88 Ebenda, S. 15.
89 Altman, Cholokost, S. 133.
90 Encyclopedia of Camps and Ghettos, S. 1542.
91 Kruglow, Chronika Cholokosta, S. 105.

In der ersten Zeit mussten wir unterschiedliche Arbeit in der Kolchose verrichten. Obwohl ich erst 14 war, zwangen mich die Deutschen zu schwerer körperlicher Arbeit. Da meine Mutter krank war, musste ich den Arbeitseinsatz für uns beide leisten. Während der gesamten Zeit verschleppten die Besatzer ständig einige Juden, die nie wieder zurückkehrten. Im Dorf gab es Gerüchte, dass sie ermordet wurden.

Am 27. Mai 1942 begannen im Dorf die Massenerschießungen der Juden. Die SS-Männer und Polizisten gingen von Haus zu Haus und suchten nach Juden. Im Haus meiner Tante war in der Diele ein Versteck, in das wir uns alle retten konnten. Bei der Durchsuchung des Hauses konnten die Faschisten uns nicht finden. In diesem Versteck verbrachten wir zwei Tage. Ab diesem Zeitpunkt bis zum Herbstfrost versteckten wir uns im Wald und im Feld. Einige Einwohner des Dorfes Wachnowka wussten von uns und halfen uns mit Lebensmitteln.

Wir gingen von Dorf zu Dorf. Wir waren auch in den Dörfern Jasenka und Brizkoje. An keinem Ort hielten wir uns längere Zeit auf, sondern blieben dort nur ein paar Tage. Am 5. August 1942 kehrten wir in unser Dorf zurück. Ich begann, in der Kolchose zu arbeiten. Eine Woche später, am 12. August holten die Faschisten ein paar der dort gebliebenen Juden, weil ihnen Handwerker fehlten. Zu jenem Zeitpunkt arbeitete ich außerhalb des Dorfes, deshalb fand man meine Mutter und mich nicht. Wieder mussten wir uns im Feld verstecken. Im Dorf Wachnowka half uns Familie Domaschewski mit Lebensmitteln. Andrei Iwanowitsch war vor dem Krieg Hauptbuchhalter einer Verkehrszentrale. Seine Frau Jelisaweta war Hausfrau. Sie hatten drei Kinder: die Tochter Ljusja, den Sohn Wolodja und den vor dem Krieg geborenen Sohn Lenja.

Danach gingen wir ins Dorf Rotmistrowka, Bezirk Lipowez, wo man uns bis zur Befreiung versteckte. Der Vorsitzende der Kolchose hieß Prokop Dubowy und der Dorfälteste war Efim Tkatschuk. Mit ihrem Wissen und Einverständnis halfen uns die Dorfbewohner. Im Winter gingen wir von Haus zu Haus und versteckten uns im Sommer auf dem Feld. Vor den Razzien wurden wir von den Dorfbewohnern gewarnt. Dadurch war es für meine Mutter und mich möglich, uns bis zum 20. März 1943 zu verstecken. Dann kamen Polizisten und Deutsche aus Lipowez und verschleppten die letzten Juden. Meiner Mutter und mir gelang es wieder durch den Schnee ins Feld zu entkommen. Am 23. März kamen die Polizisten, um uns beide zu holen, denn irgendjemand hatte uns denunziert. Zu jenem Zeitpunkt versteckten meine Mutter und ich uns im Stall des Vorsitzenden der Kolchose. Dann gingen wir ins Feld, wo wir uns bis zum Einbruch der Kälte versteckten. Mit dem Winterbeginn lebten wir ein oder zwei Tage bei den Evangelisten (im Dorf gab es eine Evangelisten-Gemeinde, deren Prediger der Vater des Vorsitzenden der Kolchose war).

Am 2. Januar 1944 wurde das Dorf befreit. Am 19. Januar unterbrachen die deutschen Truppen den Angriff der sowjetischen Truppen, um die Frontlinie Korsun–Schewtschenko zu entlasten.

Wir zogen mit den sich zurückziehenden Truppen. Wir gingen zu Fuß und kamen dann per Anhalter nach Belaja Zerkow. Am 27. Januar 1944 erreichten wir die Stadt. Wir wandten uns an die Miliz, weil wir keine Papiere hatten. Wir hatten gar nichts. Auf die Zuweisung der Miliz hin arbeitete ich ab dem 2. Februar 1944 in der Landmaschinenfabrik »1. Mai«. Dort war ich bis zum 31. Dezember 1992 beschäftigt.

Iosif Fridman (geb. 1925)
»Man gab mir ein Gewehr und brachte mir das Schießen bei«

Ich, Iosif Lwowitsch Fridman, wurde am 10. Oktober 1925 im Städtchen Lipowez, Gebiet Winniza geboren. 1941 beendete ich die 9. Klasse der Gesamtschule in Lipowez. Am 21. Juni fuhr ich mit dem Zug nach Kiew. Am Bahnhof holte mich der ältere Bruder meines Vaters ab. Darüber, dass der Krieg ausgebrochen war, erfuhr ich noch im Zug. In Kiew verbrachte ich 10 Tage. Dort studierte mein älterer Bruder Michail Medizin. Keiner dachte und glaubte, dass die Deutschen so schnell die Ukraine besetzen würden. Mit Mühe und Not konnte mein Onkel mich mit einem Zug nach Winniza zurückschicken. Er drängte darauf, dass meine Eltern dringend ins Innere Russlands fahren, und überzeugte meinen Großvater und die Schwestern des Bruders, mit ihren Familien sofort wegzufahren.

Ich war leider sehr lange, über eine Woche, mit vielen Hindernissen unterwegs nach Hause und kam natürlich zu spät: Vor zwei Tagen waren meine Eltern und meine Schwester weggefahren. Im Ort blieben mein Großvater und seine drei Töchter mit den Kindern. Mein Großvater weigerte sich den Ort zu verlassen und überzeugte auch seine Töchter zu bleiben. Er sagte, dass die ganze Panik grundlos wäre. Die Deutschen würden niemanden töten, er wisse es aus dem Ersten Weltkrieg.

Einen Monat nach Kriegsausbruch besetzten die Deutschen nach schweren Kämpfen das Städtchen Lipowez. In der Nähe von Lipowez erlitten sie hohe Verluste, besonders viele Slowaken, die an der Seite der Deutschen kämpften, waren gefallen. In Lipowez gibt es ein Denkmal für Slowaken. Aber an zwei Gräbern, die an der Stelle sind, wo Tausende Juden aus Lipowez erschossen wurden, gibt es kein Denkmal.

Als erstes ließen die Deutschen die einheimische Polizei organisieren und erließen den Befehl, der alle Juden zum Tragen einer Armbinde mit dem Davidstern verpflichtete. Für das Nichtbefolgen des Befehls drohte die Erschießung. Erst dann verstanden wir, dass alles, was man von den Faschisten erzählte, keine Fantasie, sondern Wahrheit war. Unsere Häuser wurden von Deutschen ausgeraubt. Sie nahmen alle Wertsachen: Gemälde, Familiensilber, Kleidung und Geschirr. Jeden Tag wurden die Juden zum Arbeitseinsatz abgeholt: Straßenbau, Feldarbeit, Bau etc. Wir bekamen kein Geld und kein Essen.

Ende August wurden sehr viele junge Männer und Frauen gesammelt, angeblich zu einem Arbeitseinsatz. Aber in Wirklichkeit wurden sie in der Nähe von Winniza erschossen. Im September wurden alle Juden ins Ghetto getrieben. An jedem Haus mussten ein Davidstern und die Aufschrift »Shid« und »Jude« angebracht sein.

Anfang Mai 1942 umstellte die Polizei am Abend das Ghetto und ließ keinen mehr heraus. Zwei Jugendliche, meine Klassenkameraden Isja Rosenfeld und Grischa Sandlirski, wurden bei dem Fluchtversuch aus dem Ghetto erschossen. Wir verstanden, dass uns eine Massenvernichtung bevorstand. Zum Morgen begannen die Polizei und die SS-Männer, alle Menschen aus dem Ghetto auf die Straße zu treiben, die zur Eisenbahnstation führte. Im Haus, in dem ich zusammen mit meinem Großvater wohnte, war ein russischer Ofen. Mein Großvater befahl mir, in den Ofen hineinzukriechen. Er schloss den Ofen nicht mit dem Deckel, sondern stellte einen Topf an der Seite des Fensters darauf, sodass sein Schatten auf die Öffnung des Ofens fiel. Auf die Frage des Polizisten: »Wo ist der Junge?« antwortete mein Großvater, ich sei noch am Abend des gestrigen Tages ins Dorf Lebensmittel holen gegangen und noch nicht zurückgekehrt. Der Polizist antwortete: »Kein Problem, er wird uns nicht weglaufen.« Im Ofen blieb ich liegen, bis es dunkel wurde.

In der Nacht beobachtete ich vom Dachboden aus die Straße und sah, dass die Polizisten auf den Straßen patrouillierten. Tagsüber kroch ich wieder in den Ofen, und als es dunkel wurde, gelang es mir, unbemerkt auf die andere Straßenseite zu robben und das Ghetto zu verlassen. Ich verließ Lipowez und lief über die Felder ins Dorf Strutynki zum Traktoristen Iwan Tschaban und dann in andere Dörfer.

Im September, als ich aus einem Dorf ins andere ging, wurde ich von einem Polizisten festgenommen. Er setzte mich auf den Pferdewagen, der einem Bauern gehörte, den ich kannte. Er bewegte den Polizisten dazu, mich freizulassen. »Gut, er soll laufen«, sagte der Polizist. Ich begann zu laufen, aber bemerkte, dass er eine Pistole herauszog, und lief dann im Zickzack. Er verschoss alle Patronen, aber ich hatte Glück, und er traf mich nicht. In der Nacht ging ich ins Dorf Napadowka zu einem Bekannten meines Vaters, dem Traktoristen Wassil. Mein Vater arbeitete in der Transportzentrale als Lagerverwalter. Ich half ihm oft, deshalb kannte ich alle Traktoristen und Fahrer und wusste, wo sie wohnten. Sie waren alle sehr freundlich zu meinem Vater. Im Dezember 1942 besorgte Wassil für mich über seinen Freund Nikolai aus dem Dorf Choroscheje eine rettende Bescheinigung.

Sein Sohn, mein Jahrgang, fuhr freiwillig zur Arbeit nach Deutschland. 1941 fuhr man nach Deutschland mit Tanz und Gesang. Die Bescheinigung wurde von dem Dorfältesten auf den Namen seines Sohnes Iwan Nikolajewitsch Winnitschuk ausgestellt. Er gab mir diese Bescheinigung und sagte, dass es gefährlich wäre, bei ihm zu bleiben, und dieses Papier würde mir wahrscheinlich helfen. Er sagte: »Geh in andere Bezirke, sag, dass du aus dem Transport nach Deutschland geflohen wärest. (Ende 1942 wollte schon keiner mehr freiwillig nach Deutschland fahren.) Aber vergiss nicht: Lass dich nicht von Polizisten oder Deutschen erwischen, sie schauen nicht auf die Bescheinigung, sondern ziehen dir die Hosen runter und schauen auf die Nationalität.«

Dank dieser Bescheinigung versteckte ich mich bei den Bauern in den Bezirken Oratow und Pliskowez. Ich versuchte sogar, in der Sowchose in Sologubowka zu arbeiten. Aber ich musste von dort fliehen, weil die Arbeiter mich festhielten, mir die Hosen herunterzogen und anfingen, mich zu prügeln und zu schreien: »Das ist ein Shid, der sich vor dem Transport nach Deutschland versteckt, und nicht einer von uns.«

Aber es gab auch andere Ukrainer, die mir halfen, mich zu verstecken. Da es noch kalt war, versteckten sie mich tagsüber unter dem Ofen. Aber es gab in den Dörfern Razzien und es gab auch Denunzianten, sodass die Polizisten mich unter dem Ofen fanden. Man setzte mich auf einen Pferdewagen, auf dem schon drei andere Jungen saßen. Als wir nur von einem Polizisten bewacht wurden, rannten wir alle in verschiedene Himmelsrichtungen. Er verletzte einen Jungen, aber ich konnte in den Wald fliehen.

In der Nacht ging ich ins Dorf Sologubowka, wo ich mich bei bekannten Bauern versteckte, bis die Sonnenblumen und das Getreide hoch genug waren, um sich darin zu verstecken. Im Juli 1943 wurde ich im Getreide festgenommen, aber es waren die Partisanen der Kirow-Truppe der 2. Ukrainischen Partisanenbrigade. Sie nahmen mich in den Wald in Schebeljan mit und Anfang August 1943 wurde ich in die Truppe aufgenommen. Man gab mir ein Gewehr und brachte mir das Schießen bei. Ich nahm an vielen Kampfeinsätzen zur Liquidierung von Deutschen und Polizisten teil. Man brachte mir bei, wie man Aufklärungseinsätze durchführt und verschiedene Waffenarten benutzt. Ende Dezember 1943 nahm ich an den Kämpfen der sowjetischen Truppen in den Bezirken Iljinez und Pliskowez teil, die den Durchbruch der Deutschen abwehrten.

Bei den Partisanen begegnete ich einem netten Mädchen, Sonja Karlizkaja. Sie war erst 14 Jahre alt und pflegte die Verwundeten. In dieser Truppe war ihre ganze Familie: ihr Vater Moisei Izkowitsch, der Gedichte und Flugblätter schrieb und den Partisanen die Schuhe reparierte, ihre Mutter Sima Benzionowna, die kochte, und ihr Bruder Schunja, der Kämpfer war.

Wie meine Eltern mich während des Krieges fanden, kann man sich kaum vorstellen. Sie lebten während der Evakuierung im Dorf Troizkoje, Bezirk Troizk, Gebiet Tschkalow, in der Wohnung des Herrn Marko. Marko wurde eingezogen und als er ging, bat meine Mutter ihn, nicht zu vergessen, dass ihr Sohn auch kämpfe, und dass er mir möglicherweise an der Front begegnen würde. Unglaublich ...

Marko geriet in Gefangenschaft, floh und landete in der Partisanentruppe, in der ich war. Er war der Chefkoch in der Kirow-Truppe und die Mutter von Sonja seine Hilfe. Manchmal kam ich zu ihnen, sodass Marko mich vom Sehen kannte, aber er wusste, dass ich Iwan Winnitschuk hieß.

Kurz nach der Partisanenzeit verlor Marko an der Front sein Bein und kehrte nach Hause zurück. Er erzählte, dass er im Gebiet Winniza bei den Partisanen war. Dann zeigte meine Mutter ihm mein Foto und fragte, ob er nicht ihren Sohn Iosif Fridman gesehen hätte. Er schaute auf das Foto und sagte, dass er den Jungen kenne, aber als Wanja, der mit dem Mädchen Sonja Karlizkaja aus dem Dorf Iljinez bei den Partisanen befreundet war. Meine Eltern konnten dieses Glück kaum glauben. Mein älterer Bruder fand Sonja in Kiew und sie bestätigte ihm, dass Iosif Fridman und Iwan Nikolajewitsch die gleiche Person seien. Als ich 1947 aus der Armee entlassen wurde, begegnete ich wieder diesem netten Mädchen Sonja Karlizkaja. 1951 heirateten wir.

Übrigens zum Namen Iwan Nikolajewitsch Winnitschuk: Während der Besatzung half er mir einigermaßen zu überleben. Im Januar 1952 wurde ich dagegen von der sowjetischen Regierung vom Studium an der Polytechnischen Hochschule suspendiert, weil mir die Fälschung von Urkunden vorgeworfen wurde. Der Vorwurf bestand darin, dass ich auf dem von Deutschen besetzten Gebiet ohne die Erlaubnis der Machthaber den Namen geändert hatte. Anderthalb Jahre konnte ich deshalb keine Arbeit bekommen. Erst nachdem ich in einem Gerichtsverfahren die Bestätigung erhalten hatte, dass I. N. Winnitschuk und I. L. Fridman die gleiche Person sei, und alle meine Papiere auf den ursprünglichen Namen änderte, konnte ich mit Mühe und Not eine Stelle als Zeichner antreten. Danach wurde mir erlaubt, mein Studium an einer Technischen Fernuniversität fortzusetzen. 1956 beendete ich mein Studium.

Im Januar 1944, nach der Vereinigung der Partisanen mit der sowjetischen Armee wandte ich mich an die Kriegsverwaltung des Bezirks Pliskowez mit der Bitte, mich in die Armee aufzunehmen. Ich wurde der 45. Kavalleriedivision zugewiesen. Als ehemaliger Partisan wurde ich zur Aufklärung eingesetzt. Mit dieser Division feierte ich den Sieg in den Alpen. Unsere Division nahm an der Befreiung der Ukraine, Moldaus, Rumäniens, Ungarns und Österreichs teil. Wir erreichten auch Jugoslawien. Besonders schwer waren die Kämpfe bei der Offensive und Vernichtung der gegnerischen Truppen im Raum Jassy-Kischinjow, beim Durchbruch über Transsilvanien nach Ungarn, bei der Schlacht um Budapest und im Großraum des Balaton.

Für Tapferkeit und Mut, die ich in Kämpfen bei der Befreiung Rumäniens zeigte, für die Teilnahme bei der Festnahme von Spionen (russischer Spitzname »Zungen«) wurde ich mit der Medaille »Für Tapferkeit« ausgezeichnet.

Für die Teilnahme an den Kämpfen zur Befreiung Transsilvaniens sowie für die Tapferkeit, die ich bei den Kämpfen zum Durchbruch des Deutschen Ringes am Balaton zeigte, wurde ich mit dem Orden »Gloria« des 3. Grades ausgezeichnet.

Für Mut und Tapferkeit in den Kämpfen um Budapest bekam ich den Orden »Roter Stern«.

12. Bezirk (Rayon) Mogiljow-Podolski

(ukr. Mohyliw-Podilskyj)

Am 16. Juni 1942 wurde für den gesamten Bezirk Mogiljow-Podolski die Errichtung von Ghettos angeordnet. In Transnistrien gab es neben sehr großen Ghettos wie Mogiljow-Podolski mit etwa 12 000 deportierten und 5000 einheimischen Juden im Sommer 1942 oder Berschad mit rund 11 000 Insassen im Frühling 1942 eine Vielzahl kleiner Ghettos. So lebten im September 1943 im Landkreis Mogiljow-Podolski in 24 Ghettos unter 100 Personen, in 22 Ghettos unter 500 Personen und in sieben Ghettos über 1000 Juden.[92]

Am 24. Dezember 1941 lebten im Bezirk Mogiljow-Podolski 56 000 Juden aus Rumänien.[93]

Ort: Mogiljow-Podolski

1939 lebten in Mogiljow-Podolski[94] 8703 Juden, etwa 40 Prozent der Bevölkerung. Am Beginn des Krieges wurde ein Teil der Juden zur Roten Armee eingezogen, ein anderer Teil wurde evakuiert. Als Mogiljow-Podolski am 19. Juli 1941 von deutschen und rumänischen Truppen besetzt wurde, lebten noch etwa 5000 Juden in der Stadt. Schon am ersten Tag wurden 60 Juden ermordet.

---

92 Svetlana Burmistr, Ghettos, Arbeitslager, Arbeitskolonien – Typologie und Problematik der Zwangslager in Transnistrien, in: Wolfgang Benz/Barbara Distel/Angelika Königseder (Hrsg.), Nationalsozialistische Zwangslager. Strukturen und Regionen – Täter und Opfer, Berlin/Dachau 2011, S. 112–136, hier S. 122.
93 International Commission on the Holocaust in Romania, S. 142.
94 Enzyklopädie des Holocaust, S. 960 ff.; The Yad Vashem Encyclopedia, S. 493–496; Altman, Cholokost, S. 607.

Mogiljow-Podolski wurde ein Sammelpunkt für Juden, die aus der Bukowina und Bessarabien vertrieben worden waren. Außerdem war es der wichtigste Durchgangsort von fünf Durchgangsorten in die Ukraine. Die vertriebenen Juden mussten die rumänische Stadt Ataki am gegenüberliegenden Ufer des Dnjestr passieren. Ende Juli 1941 wurden ungefähr 25 000 Juden aus Bessarabien deportiert und einige Tage in einem Durchgangslager in Mogiljow-Podolski konzentriert. Sie wurden später in das Lager Skasinzy weitergeleitet. Danach deportierten die Deutschen sie zurück nach Bessarabien. Etwa 12 000 Menschen starben auf dem Weg vor Hunger, Erschöpfung und durch die Gewehre der Gendarmen.

Im Juli 1941 war das Sonderkommando 10b in Mogiljow-Podolski stationiert. Es hatte in erster Linie die Aufgabe, die von den Rumänen abgeschobenen Juden wieder über den Dnjestr zurückzutreiben. Alle, die den Fußmarsch nicht durchstehen konnten, wurden erschossen. So wurden Tausende ermordet. Ende August 1941 wurde die Gesamtzahl der zurückgetriebenen Juden mit etwa 27 500 angegeben.[95]

Im September 1941, im Zuge der Entscheidung Mogiljow-Podolski in Transnistrien einzugliedern, begannen die Rumänen erneut, Zehntausende Juden aus der Bukowina und Bessarabien nach Mogiljow-Podolski zu deportieren. Vom 15. September 1941 bis zum 15. Februar 1942 passierten nach einer offiziellen Statistik 55 913 Juden die Stadt. Sie wurden unter schrecklichen Bedingungen in einem Lager untergebracht, das in zerstörten Baracken am Rande von Mogiljow-Podolski eingerichtet worden war. 15 000 Deportierte blieben in Mogiljow-Podolski, ungefähr 9000 mit Erlaubnis der Behörden und der Rest illegal. Wer keine Zuflucht fand, wurde ostwärts in andere Städte oder Dörfer deportiert.

Von Ende Oktober 1941 bis Januar 1942 wurden 3500 Juden, die aus der Bukowina und Bessarabien in das Durchgangslager von Mogiljow-Podolski deportiert worden waren, nach Dshurin gebracht.

Am 21. November 1941 wurde ein zentraler Judenrat gebildet. Vorsitzender wurde der Ingenieur Siegfried Jägendorf. Er bekam die Genehmigung, das Elektrizitätswerk, eine Gießerei und einige Fabriken wieder aufzubauen. Diese Fabriken waren der sicherste Ort für die Juden. Jägendorf errichtete im Ghetto verschiedene soziale Einrichtungen.

Am 30. November 1941 ordnete der rumänische Gouverneur des Mogiljow-Podolski Distrikts an, alle Juden ohne Aufenthaltserlaubnis zu deportieren. Obwohl Hunderte Juden deportiert wurden, verringerte sich die Zahl der Juden in der Stadt nicht, weil immer wieder deportierte Juden ankamen, die aus anderen Orten Transnistriens geflohen waren. Am 15. Januar 1942 lebten nach einer Zählung der Gendarmerie ungefähr 15 000 Juden in Mogiljow-Podolski.

Zu Beginn der rumänischen Herrschaft wurden die Juden zur Zwangsarbeit eingesetzt, ohne dafür Bezahlung oder Nahrung zu bekommen. Der Judenrat richtete ein Büro für die Arbeitsvermittlung ein. Die Juden waren in 30 offiziellen Einrichtungen der Stadt aktiv. Zusätzlich zu den Rumänen überwachten eine Einheit der Wehrmacht und die Organisation

---

95 Krausnick, Hitlers Einsatzgruppen, S. 174.

Todt (OT) die beim Bau einer Brücke eingesetzten Juden. Die Mitglieder dieser Einheiten quälten die Juden und oft töteten sie auch Juden.

Im Dezember 1941 brach in Mogiljow-Podolski eine Typhus-Epidemie aus. Der Judenrat konnte wegen der schlechten Bedingungen in der Stadt die Epidemie nicht eindämmen. Hunderte Juden starben jeden Monat, einschließlich der Ärzte, die in der Stadt praktizierten. Wegen der extremen Kälte im Winter konnten die Toten nicht begraben werden, wodurch sich die Epidemie weiter ausbreitete. Die hygienischen Bedingungen waren in der Stadt sehr schlecht. Am 25. April 1942 wurden 4491 Typhusfälle registriert, von denen 1254 tödlich verliefen. Die Gesundheitsabteilung der Stadt vermutete, dass es im gesamten Stadtgebiet 7000 Typhusfälle gab.[96] Man geht davon aus, dass 3500 Menschen der Krankheit, die bis Juni 1942 andauerte, zum Opfer fielen.

Im Juni war es dem Judenrat gelungen, eine Seifenfabrik einzurichten und die Stadt systematisch zu desinfizieren.

Trotz der vielen Toten blieb die Zahl der Juden in Mogiljow-Podolski nahezu konstant, weil Tausende Juden versuchten, in der Stadt Unterschlupf zu finden.

Anfang Februar 1942 wurden Männer und Jugendliche bei einer Razzia festgenommen und an die Deutschen übergeben. Alle, die Goldzähne und Kronen hatten, wurden von litauischen Polizisten unter dem Kommando eines deutschen Offiziers erschossen.

1942 wurde in Mogiljow-Podolski ein Waisenhaus eröffnet. Im August und Dezember 1942 wurden zwei weitere Waisenhäuser eingerichtet. Anfang 1943 waren mehr als 1100 Waisen im Ghetto.

Am 16. Mai 1942 ordnete der rumänische Gouverneur von Transnistrien die Überführung von 4000 Juden von Mogiljow-Podolski in das Lager Skasinzy an. Das Lager für einheimische Juden und aus der Bukowina und Bessarabien deportierte Juden existierte von Mai 1942 bis zum 12. September 1942. Etwa die Hälfte der Lagerinsassen starb. Die überlebenden 1500 Juden wurden zurück nach Mogiljow-Podolski oder in andere Lager gebracht.[97]

Weitere 1000 Juden wurden in weiter östlich gelegene Ghettos deportiert, zum Beispiel nach Tywrow.

Ab 1. Juli 1942 durften Juden nur noch in bestimmten Straßen der Stadt wohnen. Dieser Bezirk, er umfasste 16 Straßen, wurde zum Ghetto erklärt. Im Ghetto waren 3733 einheimische Juden. Juden ab dem Alter von fünf Jahren waren verpflichtet, auf der Brust einen gelben Davidstern zu tragen. Da die meisten Häuser zerstört waren, hatten Hunderte Familien kein Dach über dem Kopf. Die Juden wurden gezwungen, aus den Trümmern der Häuser eine Mauer mit Stacheldraht um das Ghetto zu errichten. Mogiljow-Podolski war das größte Ghetto in Transnistrien. Am 12. Oktober 1942 wurden erneut Juden aus Mogiljow-Podolski deportiert. Am 8. November hatten die Rumänen 1500 der 3000 für den Transport

---

96 International Commission on the Holocaust in Romania, S. 143.
97 Burmistr, Ghettos, Arbeitslager, Arbeitskolonien, S. 129.

nach Petschora bestimmten Juden deportiert. Die Anderen hatten sich versteckt oder waren verschwunden. Nahezu alle Juden, die Petschora erreichten, starben innerhalb kürzester Zeit unter den schweren Bedingungen. Durch Bestechung konnte der Judenrat eine weitere Deportation im Februar 1943 verhindern.

Am 8. Mai 1943 wurden 555 deportierte Juden aus dem Ghetto zum Brückenbau bei Nikolajew geschickt, wo sie alle erschossen wurden.

Im November 1943 wurden 280 Juden zur Arbeit in das Gebiet Odessa verschickt.

Der Judenrat kämpfte darum, eine möglichst große Zahl von Juden in der Gießerei und in anderen Fabriken, die er eingerichtet hatte, zu beschäftigen. Im Oktober 1943 waren es 650 Deportierte und 50 einheimische Juden mit ihren Familien, insgesamt etwa 3000 Menschen. Sie wurden in einem separaten Viertel in der Nähe der Gießerei untergebracht und hatten Bescheinigungen, dass sie sich frei in der Stadt bewegen konnten.

Im Dezember 1943 erlaubte die rumänische Regierung den Bewohnern des Dorohoi Distrikts in Nordrumänien in ihre Heimat zurückzukehren. 3198 Deportierte nahmen das Angebot an.

Im Ghetto waren noch 12 836 Deportierte aus der Bukowina, 348 aus Bessarabien und 3000 einheimische Juden.

Am 6. März 1944, als die Gefahr bestand, dass die sich zurückziehenden Deutschen ins Ghetto kommen würden, holte das Bukarester Hilfskomitee 1400 Ghettowaisen nach Rumänien.

Nach den Akten der Rayon-ASK vom 17. 4. 1945 starben im Ghetto 4394 Juden.[98] Nach anderen Angaben waren es viel mehr. Trotz des Hungers, der Epidemien, der unzureichenden sanitären Bedingungen und Unterkünfte, der Verschickungen von Juden in Todeslager, unterblieben in Mogiljow-Podolski Massentötungen, und ein großer Teil der Deportierten überlebte.[99]

Am 19. März 1944 wurde Mogiljow-Podolski durch die Rote Armee befreit. Viele jüdische Männer wurden zur Roten Armee eingezogen und nach einer Kurzausbildung an die Front geschickt oder in die Kohlenbergwerke nach Archangelsk deportiert.

Ort: Jaruga

In den frühen 1920er-Jahren lebten weniger als 1000 Juden in Jaruga.[100] Etwa 150 Familien gehörten zu einer örtlichen, jüdischen Kolchose.

Nach der deutschen Invasion in die Sowjetunion wurden einige Juden zur Roten Armee eingezogen, andere versuchten, ins Innere der Sowjetunion zu fliehen. Wegen des schnellen Vorrückens der deutschen Truppen hatten sie keinen Erfolg und wurden gezwungen zurückzukehren.

---

98 Staatskomitee der Archive der Ukraine, S. 27.
99 Burmistr, Ghettos, Arbeitslager, Arbeitskolonien, S. 124.
100 Altman, Cholokost, S. 1136; The Yad Vashem Encyclopedia, S. 955.

Am 18. (19.) Juli 1941 besetzten die Deutschen den Ort. Eine Woche später wurden alle Juden in einer Straße in den Außenbezirken des Ortes konzentriert. Am 28. Juli ermordeten SS-Männer in der Nähe des Ortes 100 Juden, die von den Rumänen aus der Bukowina und aus Bessarabien nach Jaruga deportiert worden waren. Anfang August 1941, als die deutsche Sicherheitspolizei die von Rumänen deportierten bessarabischen Juden aus Mogiljow-Podolski nach Jampol transportierten, wurden bei Jaruga ca. 500 Menschen erschossen.

Anfang September 1941 kam Jaruga zu Transnistrien. Anfang Oktober 1941 waren 370 Juden im jüdischen Viertel des Ortes. Seit Beginn der Okkupation waren die Juden gezwungen, einen gelben Fleck auf der Brust und dem Rücken zu tragen. Ihre Wertsachen wurden beschlagnahmt. Der Leiter der Kolchose wurde »Judenältester« genannt. Die Juden setzten ihre Arbeit auf der früheren Kolchose fort.

Im Oktober/November 1941 deportierten die Rumänen ungefähr 500 Juden aus der Bukowina und Bessarabien nach Jaruga. In Jaruga gab es keinen rumänischen Kommandeur. Die Rumänen beauftragen die ukrainische Polizei mit der Bewachung. Die Polizei behandelte die Juden gut.

Von den ersten Tagen der deutsch-rumänischen Besatzung an gab es in Jaruga ein Untergrundkomitee für die Rettung der Juden. Leiter des Komitees war der Kommandeur der Polizei, Fedor Petrowitsch Krishewsky (1903–1970). Vor dem Krieg war er Vorsitzender einer Kolchose. Im Komitee arbeiteten auch die Dorfältesten Iwan Korowjanko, Nikolai Mratschkowski, Nikolai Taranowski und andere. Das Komitee sorgte dafür, dass die deportierten Juden Unterkünfte bekamen und die einheimischen Juden in ihre Häuser zurückkehren konnten. Ein Judenrat und eine jüdische Selbstverteidigungs-Organisation wurden gegründet. Die Bewohner des Ghettos und Bauern von der anderen Seite des Flusses arbeiteten zusammen beim Schmuggel von Lebensmitteln von Bessarabien nach Transnistrien. Dadurch verbesserten sich die Lebensbedingungen im Ghetto. Wenn SS-Einheiten kamen, um das Grenzgebiet zu kontrollieren, versteckten Ukrainer Ghettobewohner in ihren Häusern. Wie die überlebenden Juden berichten, hatte jede jüdische Familie eine ukrainische Familie als Pate. In jedem Bauernhaus gab es Verstecke, wohin sich die Juden während der Razzien retten konnten. Der örtliche Priester warnte die Juden vor bevorstehenden »Aktionen«. Die Juden wurden mit Lebensmitteln, Medizin und anderen Hilfsgütern versorgt. Man half ihnen, den Schmerz und das Leid zu überstehen und zu überleben. Es galt das Motto »alle retten alle«.[101]

Das Ghetto hatte ein Hospital mit 16 Betten und eine öffentliche Suppenküche.

Am 30. Mai 1942 wurden alle Juden in das Arbeitslager in Skasinzy geschickt. Noch im gleichen Jahr kamen die meisten Juden zurück.

Viele Jugendliche wurden vom Ghetto in Arbeitslager in der Umgebung geschickt. Nach offiziellen Angaben der Rumänen lebten im Januar 1943 im Ghetto 369 einheimische und

---

101 Boris Chandros, Местечко, которого нет, Чатъ II, Киев, 2003, S. 69–97.

416 deportierte Juden. Am 1. September 1943 waren es 478 deportierte Juden. Sechs aus Bessarabien und 472 aus der Bukowina. Während der Zeit der Okkupation sind mehr als 100 Juden aus Jaruga ums Leben gekommen.

Jaruga wurde am 20. März 1944 befreit.

Ort: Osarinzy

Am 19. Juli 1941 erschienen deutsche Soldaten auf Motorrädern in Osarinzy[102]. Sie trieben alle Juden, sowohl die Einheimischen als auch Flüchtlinge aus Mogiljow-Podolski, insgesamt 400 Personen, im Gebäude der alten Synagoge zusammen. Dann wählten sie 43 Männer aus und erschossen sie außerhalb des Dorfes.[103]

Am 26. Juli 1941 trieben fünf rumänische Soldaten jüdische Männer auf den Marktplatz und töteten 28 von ihnen mit Messern. Im Herbst 1941 wurden alle Juden des Dorfes und die aus der Bukowina und Bessarabien nach Osarinzy Deportierten in ein Ghetto getrieben. Im Winter 1941/42 starben viele Juden im Ghetto. Im Januar 1943 waren 850 Juden im Ghetto, 300 einheimische und 550 aus Rumänien deportierte. Am 1. September 1943 lebten von den aus Rumänien deportierten Juden noch 87. Am 17. März 1944 haben die sich zurückziehenden deutschen Truppen im Dorf eine kleine Gruppe Juden ermordet.

Ort: Skasinzy

Im Juli 1941 wurde Skasinzy[104] besetzt. Am 1. September 1941 wurde es Teil von Transnistrien. Von Mai bis September 1942 gab es in Skasinzy ein Lager. Als Lager dienten zwei baufällige, mit Stacheldraht umgebene Gebäude einer früheren Militärschule. Es war als Todeslager gedacht, in dem die Menschen dem Hungertod ausgeliefert waren. Im Lager waren einheimische und aus der Bukowina und Bessarabien deportierte Juden inhaftiert. Es war den Juden verboten, das Lager zu verlassen. Von Zeit zu Zeit durften Bauern im Lager Lebensmittel gegen Waren eintauschen. Wenn keine Bauern kamen, aßen die Juden Blätter und Gras, was vielfach den Tod bedeutete. Als das Lager am 12. September 1942 aufgelöst wurde, konnten ein Teil der Juden in ihre ehemaligen Wohnorte zurückkehren. 1000 Juden wurden nach Tywrow und in Dörfer im Bezirk Tywrow umgesiedelt. Aus den Akten der Siedlungs-ASK vom 15. April 1945 geht hervor, dass von 1941 bis 1944 in Skasinzy 25 000 Juden gefangen gehalten wurden.[105]

Ort: Tschernewzy

1939 lebten in Tschernewzy[106] 1455 Juden, etwa 19 Prozent der Bevölkerung. Am 21. Juli 1941 wurde das Dorf von rumänischen Truppen besetzt. Die rumänischen Soldaten sind in die

---

102 Altman, Cholokost, S. 678.
103 Kruglow, Chronika Cholokosta, S. 15.
104 Altman, Cholokost, S. 904.
105 Staatskomitee der Archive der Ukraine, S. 41.
106 Altman, Cholokost, S. 1060.

Synagoge eingedrungen, haben die Bücher verbrannt, die Thorarollen zum Fluss gerollt, zerrissen und mit Füßen getreten. Von Mitte Juli bis Anfang August 1941 wurden im Dorf 27 Juden erschossen. Am 24. Juli 1941 hat eine Abteilung der Sicherheitspolizei 12 Juden als Geiseln erschossen. Am 27. Juli 1941 haben rumänische Soldaten (nach anderen Quellen ungarische Soldaten) unter dem Kommando eines deutschen Offiziers 13 Juden von einer Brücke in den Fluss Murafa gestürzt und ertränkt.

Nach dem Anschluss Tschernewzys an Transnistrien wurden die Juden zusammen mit deportierten Juden aus der Bukowina und Bessarabien ins Ghetto getrieben. Die Juden mussten auf der Kleidung einen Davidstern tragen. Männer ab 14 Jahre wurden zur Zwangsarbeit geführt. Auf dem Weg zur Arbeit wurden sie geprügelt. Nur einmal am Tag erhielten sie etwas zu essen. Ein Teil der Juden ist im Ghetto an Hunger und Krankheiten gestorben. Der Vorgesetzte der Polizei, Shmud, verprügelte die Gefangenen und vergewaltigte die Frauen. Die Besatzer und ihre Helfer inszenierten Scheinerschießungen, um Lösegelder zu fordern.

Am 1. September 1943 waren im Ghetto noch 170 Juden aus Bessarabien und 279 aus der Bukowina.

Nach der Befreiung des Ghettos am 18. März 1944 wurde Shmud erschossen.

Ort: Wenditschany

Wenditschany[107] wurde am 19. Juli 1941 okkupiert. Am 1. September 1941 kam es zu Transnistrien. Bis 1944 existierte im Dorf ein Ghetto für die einheimischen Juden und aus der Bukowina und Bessarabien deportierte Juden. Ende Mai 1942 wurden die Juden aus dem Ghetto Wenditschany zusammen mit 3000 Juden aus Mogiljow-Podolski und anderen Ortschaften des Bezirkes in ein Lager im Dorf Skasinzy gebracht. Der größte Teil dieser Juden starb durch Hunger und Krankheit. Als das Lager in Skasinzy am 12. September 1942 aufgelöst wurde, kehrte ein Teil der Juden nach Wenditschany zurück. Im Januar 1943 waren 750 Juden im Ghetto. Nach offiziellen rumänischen Angaben lebten am 1. September 1943 noch 262 Juden im Ghetto.

Am 22. (21.) März 1944 wurde Wenditschany befreit.

Ort: Woronowiza

1939 lebten in Woronowiza[108] 860 Juden, 23 Prozent der Bevölkerung. Hinzu kamen 70 Juden in den umliegenden Dörfern.

Am 21. Juli 1941 wurde der Ort von Einheiten der 17. Armee der Wehrmacht besetzt. Die Mehrheit der Juden war in der Stadt geblieben. Von Juli bis Oktober 1941 kontrollierte die deutsche Ortskommandantur die Stadt. Sie errichtete eine örtliche Verwaltung und bildete

---

107 Ebenda, S. 142.
108 Ebenda, S. 183; Encyclopedia of Camps and Ghettos, S. 1577 ff.

eine Hilfspolizei-Einheit. Im August 1941 wohnten nach Angaben der Besatzungsmächte 2000 Menschen im Ort, darunter 1000 Juden. Am 20. Oktober 1941 kam Woronowiza zum Kreisgebiet Nemirow im Generalbezirk Shitomir, Reichskommissariat Ukraine. Danach wurden die Juden der umliegenden Dörfer nach Woronowiza deportiert. Kameradschaftsführer Sittig wurde zum Gebietskommissar ernannt. 1942 diente Leutnant der Gendarmerie Karl Heinze als SS- und Polizei-Gebietsführer in Nemirow. Ihm unterstand der Gendarmerieposten in Woronowiza mit vier Gendarmen und 40 örtlichen Schutzmännern.

Im Sommer und Herbst 1941 wurden eine Reihe antijüdischer Maßnahmen durchgeführt. Ein Judenrat musste große Kontributionen einsammeln, Juden mussten eine Armbinde mit dem Davidstern tragen, später auf Brust und Rücken einen gelben Kreis. Juden wurden täglich zu schwerer Zwangsarbeit herangezogen.

Im August 1941 wurde im südwestlichen Teil der Stadt ein Ghetto eingerichtet. Das aus zwei Straßen bestehende Ghetto war nicht eingezäunt. Die Juden durften es aber nicht verlassen. Besonders die Polizisten Kostiuk, Kondratiuk, Mudrik und Krawtschuk quälten und missbrauchten die Juden. Es gab aber auch anständige Menschen in der Bevölkerung, die ihr Leben riskierten, um Lebensmittel ins Ghetto zu schmuggeln.

Am 11. November 1941 wurden die Juden in das Gebäude der früheren katholischen Kirche getrieben. Die Deutschen wählten 30 Handwerker aus. Die übrigen Juden wurden am nächsten Tag mit Lastwagen zu großen Silagegruben hinter einer Zuckerfabrik im fünf Kilometer entfernten Stepanowka gefahren. Dort erschossen Mitglieder des Einsatzkommandos 5 am 12. November 630 Juden, darunter Frauen, Kinder und alte Menschen.[109] Einigen Juden gelang es in die Wälder zu fliehen, aber Hunger und Kälte trieben sie ins Ghetto zurück. Am 3. Dezember 1941 wurden noch einmal 380 Juden erschossen.

Am 27. Mai 1942 wurde das Ghetto leer gemordet. 270 Juden wurden in einer Grube in der Nähe der Zuckerfabrik in Stepanowka erschossen. Die Massenerschießung wurde von Angehörigen der Sicherheitspolizei und des SD-Postens aus Winniza mit Unterstützung ukrainischer Polizisten durchgeführt. Die meisten Schützen waren ehemalige Mitglieder des Einsatzkommandos 5. Im August 1942 wurde ein Zwangsarbeitslager für etwa 500 Juden eingerichtet. Die meisten der Gefangenen kamen aus Mogiljow-Podolski. Sie wurden im Straßenbau eingesetzt. Am 20. Januar 1943 wurden 280 Juden in der Nähe der Maschinen- und Traktoren-Station in Stepanowka erschossen, weil sie nicht mehr arbeitsfähig waren. Am 24. Mai 1943 wurden alle 270 noch lebenden Juden des Lagers ermordet.

Insgesamt wurden etwa 2000 Juden ermordet.

Am 23. März 1944 wurde Woronowiza durch sowjetische Truppen befreit.

---

109 Kruglow, Chronika Cholokosta, S. 56.

Boris Bucharski
»So blieb ich alleine«

Als die deutschen Truppen die Ukraine angriffen, waren meine Mutter Feiga Lipowna Bucharskaja und ich in der Stadt Czernowitz, wo wir unseren Onkel Herman Schpinrad besuchten. Die rumänischen Machthaber befahlen die Umsiedlung der Juden ins Ghetto, das in der Altstadt errichtet wurde. Meine Mutter, ich, Onkel Herman mit seiner Frau Sali sowie die Schwestern von Sali Gusta und Moris Geller mit den Jungen Jankel und Norbert wurden ins Ghetto deportiert und lebten alle zusammen auf dem Dachboden bei Rosa Nosenfraz, der Nichte von Sali, in der L. Kobyliza-Straße.

Gleich brachen aufgrund der unhygienischen Verhältnisse Krankheiten unter den Insassen des Ghettos aus, und die Zahl der Toten stieg an. Die einzige Möglichkeit, Lebensmittel zu beschaffen, war der Umtausch von Dingen bei Bauern, die zum Tor des Ghettos in der Russkaja-Straße kamen. Meine Mutter und ich besaßen keine Sachen, weil wir auf Besuch bei unserem Onkel waren. Meine Mutter entschloss sich, das Ghetto zu verlassen, um zu unserem Haus in der Stadt Nowoseliza zu gelangen und warme Kleidung und andere Sachen für den Umtausch gegen Lebensmittel mitzubringen. Seit der Nacht, in der meine Mutter das Ghetto verließ, sah ich sie nie wieder. Nach dem Krieg erfuhr ich, dass sie auf dem Weg nach Hause von Gendarmen festgenommen und kurz darauf erschossen worden war. So blieb ich alleine. Damals war ich 13 Jahre alt.

Ende Oktober 1941 veranstalteten die Gendarmen eine Razzia im Ghetto und trennten junge Männer und heranwachsende Jungen, darunter auch mich, von den anderen Insassen des Ghettos, um uns dann in einer Kolonne ins Lager der Stadt Jedinzy zu bringen.

In jenem Lager blieb ich von November bis Dezember 1941.

Ende Dezember wurden die halb toten Menschen nach Ataki getrieben und dort mit der Fähre über den Dnjestr in die Stadt Mogiljow-Podolski übergesetzt. Unterwegs nach Jedinzy stießen zu unserer Kolonne Gruppen von Juden aus verschiedenen Städten Bessarabiens.

Unterwegs wurden Alte und Kranke, die nicht schnell genug gehen konnten, von Gendarmen erschossen oder mit Stöcken totgeschlagen. Übernachten ließ man uns immer im Feld unter der Bewachung der einheimischen Gendarmen. Das einzige Nahrungsmittel waren die gefrorenen Kartoffeln und anderes Gemüse, das nach der Ernte im Feld geblieben war. Morgens blieben immer Dutzende Leichen auf dem Feld liegen, denn die Menschen starben durch Kälte, Hunger, Krankheiten und Schläge. Oft kam es vor, dass die Einwohner der benachbarten Dörfer uns überfielen und verprügelten.

Der schlimmste Raub fand auf der Fähre statt, als man uns über den Fluss Dnjestr übersetzte. Wenn jemand sich gegen den Raub wehrte, ja sogar ohne jeglichen Anlass, wurden die Menschen von Gendarmen in den Dnjestr geworfen, wo sie vor den Augen aller im kalten Wasser ertranken.

In Mogiljow-Podolski wurden wir in einem Schulgebäude untergebracht. Die Schule war mit Stacheldraht umzäunt. Die Wände und Fußböden waren mit einer Eisschicht bedeckt, die sich aus Wasser gebildet hatte, das nach der Überflutung im Gebäude geblieben war. Nach ein paar Tagen traf ich meine Verwandten aus Czernowitz: Onkel Schpinrad mit seiner Frau und Familie Geller.

Man erlaubte uns, im Ghetto von Mogiljow-Podolski zu bleiben. Ende Februar 1942 wurde ich bei einer Razzia festgenommen und alle Männer und heranwachsenden Jungen wurden in einer Kolonne in die Stadt Bar, Gebiet Winniza gebracht. Rumänische Gendarmen brachten uns zum Fluss Bug und übergaben uns an einen deutschen Offizier, dem litauische Wachmänner unterstellt waren. Die Litauer erschossen gleich jene, die Goldzähne oder Goldkronen hatten. Durch besondere Grausamkeit zeichnete sich der SS-Offizier Maass aus.

Anfang März 1942 half mir Nathan Segal, ein Mitglied der jüdischen Gemeinde aus Czernowitz, das Lager zu verlassen und den Bug zu überqueren. Nachdem ich den Bug überquert hatte, ging ich nach Kopaigorod, Gebiet Winniza, wo ich ins örtliche Lager geriet. Dort war auch Familie Beron aus dem Dorf Klischkowzy, Bezirk Chotin, die mich mit Unterkunft und Essen versorgte.

Ende Dezember 1942 erfuhr ich von den Häftlingen, die aus Mogiljow-Podolski kamen, dass mein Onkel Herman Schpinrad zusammen mit seiner Frau Sali im Ghetto im Dorf Osarinzy, Bezirk Mogiljow-Podolski sei. Anfang Januar 1943 erreichte ich Osarinzy. In dieser Zeit lag mein Onkel wegen Dystrophie im Sterben. Zuvor starben in diesem Ghetto der Verwandte Moris Geller und seine Söhne Jankale und Norbert an Hunger und Typhus. Sie alle lebten in einem Zimmer, das sie bei dem einheimischen Lehrer Chandros gemietet hatten. Tante Sali konnte nähen und bekam Aufträge vom Dorfältesten Kosak und seinen Verwandten. Ich arbeitete auch auf dem Bauernhof des Dorfältesten Kosak. In diesem Lager befand ich mich bis Januar 1944.

Im Januar 1944 wurden alle Waisenkinder aus der Bukowina und Bessarabien in Mogiljow-Podolski gesammelt, um in die Kinderheime in Czernowitz abtransportiert zu werden. Zusammen mit anderen Kindern landete ich in Mogiljow-Podolski, wo wir in einer Schule untergebracht wurden. Hier wurden wir von dem Mitglied der jüdischen Gemeinde Shagendorf besucht. Als er erfuhr, dass ich ein Neffe von Herman Schpinrad sei, freute er sich und brachte mir am nächsten Tag Kleidung und Schuhe sowie den Arzt Rabinowitsch, den ich kannte, weil er auch aus Nowoseliza stammte.

Ende 1944 wurden wir mit dem Zug nicht nach Czernowitz, sondern in die Stadt Botoschany in Rumänien gebracht. Dort wurden wir in einem vorübergehenden Kinderlager untergebracht. Es war strengstens verboten, das Lager zu verlassen. Kurz darauf wurden wir in Gruppen jeweils zu 10–15 Personen aufgeteilt und zur Arbeit für die einheimische rumänische Obrigkeit zur Verfügung gestellt. Wir mussten 12–14 Stunden täglich arbeiten. In diesem Lager war ich bis zur Ankunft der sowjetischen Truppen, also bis April 1944.

Nach einiger Zeit wurde uns erlaubt, nach Czernowitz zurückzukehren. So verbrachte ich insgesamt 31 Monate als Häftling in Ghettos und Lagern.

E. Steinbarg-Gesellschaft für jüdische Kultur/Verband der Gefangenen faschistischer Ghettos und Konzentrationslager/Staatsarchiv der Oblast Czernowitz (Hrsg.), Вестник [Westnik – Der Bote], 5 Hefte, hier Heft 3: Zeugnisse der Gefangenen der faschistischen Lager-Ghettos, Czernowitz 1994, S. 6 ff.

Lidija Gerasko (geb. 1941)
»Meine Oma erzählte mir meine Geschichte«

Ich, Lidija Iwanowna Gerasko, wurde am 16. Mai 1941 im Städtchen Woronowiza, Gebiet Winniza geboren. Mein Vater hieß Nuchim Gerschewitsch Tabatschnik und meine Mutter Maria Pinchusowna Tabatschnik (geb. Osilenker). In der Familie waren noch zwei Söhne, meine Brüder Abram, geboren 1929, und Leonid, geboren 1932. Bei meiner Geburt bekam ich den Namen Faina. Von meiner Herkunft und darüber, wie ich Lidija Iwanowna Galaganjuk wurde, erfuhr ich nach dem Krieg als fünfjähriges Mädchen. Die Kinder beschimpften mich und riefen »Jüdin«. Meine Tante, Enja Gerschewna, kam nach dem Krieg wieder.

Die Oma, Uljana Galaganjuk, erzählte mir meine Geschichte.

Unser Städtchen Woronowiza, das 22 Kilometer von Winniza entfernt liegt, wurde sofort besetzt. Meine Eltern konnten sich nicht evakuieren lassen. Mein Vater arbeitete in der Konservenfabrik. Meine Mutter versteckte mich dort in einem leeren Gurkenfass. Im Oktober und November 1941 begannen erste Razzien auf Juden. Meine Mama, verfolgt von einem Polizisten, lief ins Haus der Familie Galaganjuk. Dort waren Ungarn stationiert. Sie halfen, meine Mutter vor diesem Polizisten zu verstecken, und ließen ihn wieder abziehen. Meine Mama ließ mich bei Oma Uljana und ihren Töchtern Akulina und Nadeshda. Sie ging nach Hause, um meinen Bruder Lenja zu holen. Am Morgen des nächsten Tages sah Nadeshda Galaganjuk beide gefesselt in einem Lastwagen, der die Juden zur Erschießung fuhr.

Familie Galaganjuk ließ mich taufen und gab mir den Namen Lidija (auf bitten der Ungarn, wie sie sagten). Ich bekam eine Geburtsurkunde als uneheliches Kind von Nadeshda Iwanowna Galaganjuk. Der Vorsitzende des Bezirkes Kuzjuk half ihnen dabei.

Zu jenem Zeitpunkt fanden mich mein Vater und mein Bruder Abrascha, und Vater sagte meinen Retterinnen, dass ich sein Kind sei. Aber mein Vater und mein Bruder wurden im Herbst 1942 erschossen. Ein paar Mal kamen in die Kommandantur Menschen, darunter war auch unser Nachbar, der Polizist Majuk, die behaupteten, dass Familie Galaganjuk ein jüdisches Kind verstecken würde. Meine Taufurkunde rettete mich. Als die Gestapo-Männer in den Ort kommen sollten, wurde Oma Uljana von einem bekannten Polizisten gewarnt. Es war im Winter 1943. In der Nacht ging sie zusammen mit mir ins Dorf Schewderow am Waldrand, 12 Kilometer von Woronowiza entfernt, zur Schwester der Oma Jewdokija Karpus. Die Deutschen waren nur selten da, weil sie Angst vor Partisanen hatten. Ihre Ankunft erklärte meine geliebte Großmutter dadurch, dass das Haus zerbombt und es kalt sei. Mich stellte sie als das uneheliche Kind von Nadja vor.

Dort lebten wir bis zum Herbst 1944, bis zur Befreiung durch die Rote Armee.

Arkadi Glinez
»Das darf sich nie wiederholen«

Ich, Arkadi Glinez, wurde in der kinderreichen Familie von Simcha und Feiga Glinez in der Stadt Mogiljow-Podolski, die am Dnjestr liegt, geboren. Ich war das siebte, das jüngste Kind in der

Familie. Das älteste war mein Bruder Motja (Michail). Er war Berufsoffizier der Roten Armee und höherer politischer Führer. Die Schwestern Manja und Channa waren 1941 schon verheiratet und hatten ihre Kinder geboren. Diese waren etwas jünger als ich. Meine Schwester Polina studierte an der pädagogischen Hochschule in Odessa. Meine jüngeren Schwestern Ida und Mina waren wie ich noch Schulkinder.

Mein Vater Simcha Glinez war Invalide des Ersten Weltkriegs. Aber er war ein ausgezeichneter Handwerker. Die geerbte Ruine in der Stawiskaja-Gasse verwandelte er in ein schönes Haus, das er selbst renoviert hatte. Vor dem Krieg war er ca. 60 Jahre alt und arbeitete als Wachmann in einer Druckerei. Unsere Mutter arbeitete als Näherin im Betrieb »Bolschewik«. Meine Eltern waren sehr religiöse Menschen. Zweimal am Tag ging mein Vater in die Synagoge und las in den heiligen Büchern.

Man könnte sehr viel Interessantes über das Vorkriegsleben eines jüdischen Städtchens erzählen, denn es gibt immer weniger Menschen, die sich daran erinnern können. Leider muss man feststellen, dass eine ganze Schicht der jüdischen Kultur zusammen mit ihren Trägern vernichtet wurde.

Ich möchte vom Krieg berichten, dem ich als ein 13-jähriger Junge begegnete, und wie ich in jenen unmenschlichen Zeiten überleben konnte. An dem sonnigen Morgen des 22. Juni ging ich zusammen mit meinem Bruder Motja, der von seiner in der Westukraine stationierten Truppe Urlaub bekam, auf den Markt. Plötzlich kam im Radio die Mitteilung über den Ausbruch des Krieges. Mein Bruder packte seine Sachen und fuhr sofort zu seiner Truppe. Nie wieder sahen wir ihn. Und wir hörten nichts von ihm. Wo und wie er gefallen ist, konnten wir nicht erfahren.

Wir versuchten, uns Richtung Osten evakuieren zu lassen, aber die Deutschen griffen leider sehr schnell an, sodass wir nicht weit genug fliehen konnten. Meine Eltern und meine Schwester Channa mit ihrem kleinen Sohn erreichten die Bezirksstadt Tschernewzy. Kurz darauf gesellten sich vom Ort Sloboda Jaryschewska kommend meine Schwestern Mina und Ida sowie ich zu ihnen.

Am 21. Juli 1941 wurde unsere Heimatstadt von Deutschen besetzt. Sofort zeigten sie ihr wahres Gesicht. Nur einige Tage nach der Besetzung der Stadt ließen Deutsche 13 jüdische Geiseln von der hohen Holzbrücke in den Fluss Murafa stürzen. Man schoss auf sie im Fallen und dann tötete man sie im Flussbett. Danach stürmten die Faschisten die Synagoge. Aus den Büchern machten sie ein Lagerfeuer, die Rollen der heiligen Thora warfen sie auf den Boden, rollten diese bis zum Fluss, traten und beschmutzten diese und urinierten sogar auf sie. Ich kann mich sehr gut daran erinnern, weil das Häuschen, in dem wir wohnten, direkt am Flussufer in der Nähe der Synagoge stand.

Als erste aus unserer Familie wurde meine Schwester Manja mit ihrer fünfjährigen Tochter Bellotschka umgebracht. Vor dem Kriegsausbruch lebte sie in Jampol, in der Heimatstadt ihres Mannes. (Vor dem Krieg wurde er als Mitglied einer zionistischen Organisation von den sowjetischen Machthabern verfolgt und versteckte sich einige Zeit bei uns im Keller.) Die Deutschen trieben die Juden der Stadt Jampol zuerst ins Dorf Shabokritsch, Bezirk Kryshopol, Gebiet Winniza und dann wurden sie alle erschossen. Die Augenzeugen erzählten, dass die unglücklichen Opfer mit Maschinengewehren von oben in einem Keller beschossen wurden und dann wurden die, die noch am

Leben geblieben waren, mit Granaten beworfen. Aber noch einige Tage danach hörte man Stöhnen aus dieser Erschießungsstelle.

Kurz darauf wurden die Deutschen von den rumänischen Besatzungskräften abgelöst, und wir konnten zu uns nach Hause nach Mogiljow-Podolski zurückkehren. Meine Eltern waren der Meinung, dass uns selbst die Wände zu Hause helfen würden. Dreißig Kilometer gingen wir zu Fuß, gingen meistens nachts, denn nach den Ereignissen in Tschernewzy konnten wir unsere Angst nicht ablegen.

Unser Haus war geplündert und zerstört. Kaum hatten wir einiges wieder hergestellt, wurden wir im August von einem neuen Leid, vom Hochwasser, heimgesucht. Wir Jugendliche rannten nach Moika (ein Stadtteil) und rannten um die Wette zurück mit den Wellen des Flusses Dnjestr. Mit Booten wurden wir aus den Hochwassergebieten von ungarischen Soldaten – auch das passierte, sonst wären wir alle ertrunken – in sichere Orte übergesetzt. Nach ein paar Tagen ging das Wasser zurück, und wir kehrten heim.

Zu jenem Zeitpunkt wurde in der Stadt die rumänische Verwaltung aufgestellt, es gab eine ukrainische Polizei, unter der alle Juden, die die Mehrheit der Stadt darstellten, litten.

Am 15. August 1941 wurde ein Ghetto errichtet. Es bestand aus 16 Straßen und Gassen und wurde mit Brettern und Stacheldraht umzäunt. Die Erwachsenen wurden von rumänischen Gendarmen gezwungen, gelbe Davidsterne umsäumt mit schwarzem Garn auf die linke Brust zu nähen. Der Markt gehörte zum Ghettogelände. Dort war sogar der Haupteingang ins Ghetto. Bald erschien an diesem Tor ein Schild mit ukrainischer Inschrift, die ich für mein ganzes Leben nicht vergessen werde: »Zuerst kaufen die Menschen und dann die Shidy.« Die Ghettoeinwohner durften nur zweimal in der Woche und auch dann erst nach 12 Uhr auf den Markt gehen. Sie mussten die Reste kaufen. Einmal wurden auf der Marktseite von einem Lkw Tomaten und Gurken für sowjetisches Geld verkauft. Ich stellte mich in die Schlange und hielt das Geld fest in der Hand. Ich streckte das Geld dem Verkäufer entgegen und hörte plötzlich den Schrei: »Das ist doch ein Judenkind!« Und auf meinen Kopf schüttete man das Gemüse.

Im Frühling wurden erwachsene Männer und Jugendliche zum Arbeitseinsatz gezwungen. Sie mussten eine Holzbrücke über den Dnjestr bauen, anstelle der alten, die von der sowjetischen Luftwaffe zerbombt worden war. Unter Bewachung der Gendarmen und Polizisten schleppten sie bis zum Bauch im kalten Wasser vom Ufer große Steine für die Pfeiler der Brücke. Nur wenige von ihnen überlebten. Auch mein Onkel Iosif Dyscher erkrankte und starb an einer Erkältung.

Mein Cousin Gersch (Grigori) Starkman versuchte zusammen mit seinem Freund Kanter von dieser schrecklichen Stelle aus zu fliehen. Aber sie wurden in der Nähe des Dorfes Osarinzy, auf dem Weg ins Dorf Konewaja von den Henkern festgenommen. Man zwang sie, sich selbst ein Grab zu schaufeln. Dann befahl man ihnen, sich zu entkleiden. Als mein Cousin und sein Freund nicht schnell genug mit dem Ausziehen der Schuhe waren, wurden ihnen die Füße abgehackt. Dann warf man sie lebend ins Grab.

Im Herbst 1941 wurden bessarabische Juden in die Stadt deportiert. Zehntausende von ihnen wurden über den Fluss Dnjestr getrieben. Ein Teil von ihnen wurde im Lager im Dorf Skasinzy untergebracht und ein anderer Teil in Mogiljow-Podolski. Die Enge war furchtbar. Es herrschten Dreck, Hunger und viele Krankheiten, weil viele Läuse hatten. Besonders grassierten Typhus und Dysenterie.

Die rumänischen Juden hatten im Vergleich mit uns einen kaum zu bestreitenden Vorteil: Sie sprachen Rumänisch. Im Endeffekt konnte ihr Komitee die Besatzungsmacht durch Schmiergelder dazu bewegen, das Ghetto von einheimischen Juden freizumachen. Diese Ghettoinsassen wurden ins Konzentrationslager Petschora, Bezirk Tultschin, Gebiet Winniza deportiert. Die jüdische Polizei, die für die Ordnung innerhalb des Ghettos zuständig war, erstellte die Listen und organisierte den Transport nach Petschora.

Im Juli 1942 wurde unsere Familie im Zuge des ersten Transports, der aus 500 Ghettobewohnern bestand, zum Bahnhof Nemija getrieben und in Viehwaggons gestoßen. In jedem waren etwa 100 Menschen. (Insgesamt wurden 5000 Juden, Einwohner von Mogiljow-Podolski, ins Konzentrationslager Petschora deportiert.) Es war ja eine kurze Strecke, aber wir waren ein paar Tage unterwegs. Es war die Julihitze, die Waggons waren abgeriegelt, es war ein unerträglicher Gestank, die Menschen wurden ohnmächtig und starben. Unter uns gab es sehr viele Kranke, Alte und Kinder.

Man ließ uns am Bahnhof Rachny aussteigen und wir mussten zehn Kilometer zu Fuß nach Schpikow laufen. Die Alten und Kranken wurden auf Pferdewagen gefahren. In Schpikow übernachteten wir in einem verlassenen Pferdestall. In jener Nacht wurden wir von einheimischen Banditen brutal verprügelt und ausgeraubt. Unsere Bewachung ließ es geschehen. Am frühen Morgen wurden wir in einer Kolonne von Schpikow nach Petschora getrieben. Die Kolonne der unglücklichen Märtyrer ging 20 Kilometer durch Städtchen und Dörfer, bevor sie die Insel des Todes erreichte.

Als wir in Petschora ankamen, erblickte ich Menschen, die wie lebendige Skelette aussahen. Es waren Juden aus Tultschin, Brazlaw, Schpikow, die hier schon seit Oktober 1941 festgehalten wurden. Man hörte überall: »Ich bitte um ein Stück Brot, rettet mich.« Gleich, nachdem sie das sehnsüchtig gewünschte Stück Brot heruntergeschluckt hatten, starben sie unter großem Zucken.

Wir wurden in einem verlassenen Pferdestall mit einem kaputten Dach untergebracht. Wenn es regnete, gab es keine Möglichkeit, sich zu verstecken und trocken zu bleiben. Wir bekamen einmal am Tag eine sogenannte Suppe, in der ein oder zwei Stückchen fauler Rüben schwammen. Wer Kleidung oder Wertsachen besaß, konnte sie noch einige Zeit bei den einheimischen Bauern gegen Lebensmittel umtauschen. Ich erinnere mich, welche Delikatesse für uns Suppe aus Maismehl darstellte. Aber die größte Näscherei waren in der Sonne getrocknete Kartoffelschalen. Aber ich muss erwähnen, dass der Prozess des Umtauschens sehr gefährlich war. Sehr vielen kostete es das Leben.

Die Polizisten tobten am Lagerzaun und verprügelten jene Häftlinge brutal, die versuchten, den letzten ihnen verbliebenen Gegenstand gegen ein Stück Brot umzutauschen. Besonders brutal verhielt sich der ukrainische Polizist Smetanski. Viele behielten seine Lederpeitsche mit einer Metallspitze in Erinnerung, mit der er sich amüsierte, indem er schutzlose Häftlinge, hauptsächlich Frauen, Kinder und Alte, misshandelte. Oft waren seine Schläge tödlich. Unter vielen anderen wurde auch Reisl, die Großmutter meiner künftigen Frau Rosa Kalichman ermordet. Smetanski zertrümmerte ihr den Schädel mit nur einem Schlag.

Es sei erwähnt, dass das Wasserholen aus dem Fluss Bug noch gefährlicher war als der Umtausch der Wertsachen gegen Lebensmittel. Die Schwierigkeit bestand darin, dass auf der anderen Flussseite Deutsche waren, die sich damit amüsierten, dass sie auf jeden Menschen, der versuchte Wasser zu schöpfen, regelrecht Jagd machten und schossen. Wie viele Menschen fanden ihren Tod beim Versuch etwas Wasser zu schöpfen! Aber später klügelten wir trotzdem einen Weg aus. Die Deutschen sind doch sehr pünktlich und wir gingen während ihrer Mittagszeit, als sie beim Essen waren, Wasser schöpfen. Es war trotzdem ein großes Risiko und man hätte jeden Augenblick getötet werden können.

An einem Tag im August fuhr eine Kolonne Lastwagen, die mit Planen bedeckt waren, auf das Gelände des Lagers. Aus den Wagen sprangen Soldaten heraus, die eine Uniform wie Rotarmisten trugen, aber auf ihren Mützen war das Abzeichen ROA. Es waren die Wlassow-Anhänger. Sie kamen von der anderen, der deutschen Bug-Seite, um bei den Rumänen Arbeitskräfte für den Straßenbau in der Nähe von Winniza zu »leihen«. Die Wlassow-Soldaten rannten durch das ganze Gelände und trieben die Häftlinge zum Appellplatz, der vor dem Gebäude des ehemaligen Sanatoriums war. Dabei verprügelten sie die Menschen. Danach begann die Selektion.

Sie suchten ungefähr 800 junge Männer, Frauen und Jugendliche aus und schubsten diese in die Lastwagen. Unter den Unglücklichen landeten auch meine Schwestern Ida und Mina, unser Onkel Seidl Kreimerman und ich selbst. Ich weiß nicht, ob es mein sechster Sinn war, aber ich wusste, dass wir in den Tod fahren würden und entschloss mich zu fliehen. Bald ergab sich auch der passende Augenblick. Kurz vor Nemirow hielt die Kolonne an. Ich trat an einen Wachmann heran – es gab immer zwei Wachmänner pro Lastwagen – schnitt eine Grimasse und fragte, ob ich kurz austreten dürfe. Der Wlassow-Mann rümpfte seine Nase und schubste mich mit dem Schlagstock vom Lastwagen. Ich wartete ab, bis sich die Lastwagenkolonne in Bewegung setzte und rannte schnell ins Gebüsch. Ich hörte Schüsse, die Kugeln flogen direkt über meinem Kopf. Zum Glück gab es eine Unterbrechung und dann zog die Kolonne weiter, mit ihr meine Schwestern und unser Onkel.

Nach der Befeiung von Mogiljow-Podolski fuhr Ljubow Mejerowna Kalik, die Mutter meines Freundes Ilja Kalik, an die Stelle in der Nähe von Winniza, um mehr über das Schicksal ihrer damals 20-jährigen Tochter Manja, die zusammen mit uns verschleppt wurde, zu erfahren.

Tanta Ljuba kehrte nach Mogiljow-Podolski schwarz vor Trauer zurück. Die Augenzeugen, die Einwohner des Dorfes Strishawka, erzählten ihr vom bitteren Schicksal der Häftlinge aus Petschora, die in jener Kolonne waren. Diese wurden unter freiem Himmel auf einem mit Stacheldraht umzäunten Feld zwischen den Dörfern Strishawka und Kolo-Michailowka untergebracht. Ein paar Monate arbeiteten sie beim Straßenbau. Sie wurden brutal misshandelt und bekamen einmal am Tag die sogenannte Suppe und ein Stück Ersatzbrot. Junge Mädchen und Frauen wurden abends von Polizisten zum Vergnügen abgeschleppt und wurden morgens zurückgebracht und zur Arbeit getrieben. Im späten Herbst, als die Straße fertig gestellt worden war, wurden alle erschossen. Der Stacheldraht, die Reste vom Lager und die Leichen wurden irgendwohin gebracht und die Stelle wurde der Erde gleich gemacht, sodass es keine Spuren gab.

Ich kehre zu meiner Flucht zurück. Ich war geflohen, aber was sollte ich weiter machen? Ich war damals eigentlich noch ein Kind. Im Lager waren meine Eltern und meine Schwester Channa mit ihrem Sohn Ljenetschka geblieben. Ich entschied mich, ins Lager zurückzukehren. Am Abend setzte ich in der Nähe von Sokolezk über den Bug und landete wieder im Lager. Dort erfuhr ich, dass am Tag unserer Verschleppung aus dem Lager die ukrainische Polizei und die rumänischen Gendarmen mit besonderer Brutalität tobten, die Menschen verprügelten, ausraubten und misshandelten. Auf dem Dachboden der Lagerbäckerei wurde die Familie Esterlis aus Mogiljow-Podolski, zwei Erwachsene und sechs Kinder, erschossen. Einer der Polizisten nahm dem alten Esterlis, der seine Familie auf dem Dachboden verstecken wollte, die Wertsachen ab und versprach, ihm und seiner Familie das Leben zu retten. Aber er schickte die Henker dorthin, die die ganze Familie töteten. Ich sah die blutverschmierten Leichen dieser Menschen.

Von brutalen Schlägen wurde meine Tante Etja wahnsinnig. Die Polizisten schlugen sie mit dem Schlagstock auf den Kopf. Ihr Verstand hielt es nicht aus und sie wurde wahnsinnig. Sie weinte die ganze Zeit.

Langsam zogen sich die Tage im Lager hin, die von Angst, Hunger, Krankheiten, Misshandlungen und allgegenwärtigem Tod geprägt waren. Die Juden von Mogiljow-Podolski tauschten gegen Lebensmittel alles, was sie hatten. Es blieb nichts mehr übrig. Man existierte nur von der sogenannten Suppe. Der Typhus grassierte und wir wurden von den Läusen beinahe aufgefressen. Der Pferdewagen musste täglich 40 bis 50 Leichen wegbringen.

Das braune Pferd trottete mühsam zwischen dem Lager und dem Grab im Wald hin und her. Die Brutalität der Polizisten kannte keine Grenzen. Als einer von ihnen im Februar 1943 21 Jahre alt wurde, machten ihm seine betrunkenen Waffenfreunde ein ordinäres Geschenk, in dem sie an jenem Tag 21 Menschen erschossen, deren Leichen sie dann einfach in den Bug warfen.

Im Frühling 1943 erkrankten meine Eltern und meine Schwester sowie ihr Kind an Tuberkulose. Uns war klar, dass wir alle sterben würden, wenn wir es nicht schafften, uns aus jenem Inferno zu befreien. Zu jenem Zeitpunkt gab es schon Schmuggler, die kleinere Gruppen aus dem Lager wegführten. Unsere Rettung kam in der Person des Schmugglers, Monja Roisman, unseres ehemaligen Nachbarn aus dem Ghetto in Mogiljow-Podolski. Es war sein dritter »Ausflug« aus dem Lager. Er kehrte zurück, um seine Verwandten zu befreien, aber sie alle waren schon tot, und er erklärte sich bereit, uns zu retten. Mithilfe von Monja konnte unsere Familie im April 1943 aus dem Lager in Petschora fliehen. In einer dunklen Nacht schlichen wir (meine Eltern, meine Schwester Channa mit ihrem Sohn, meine Tante Etja und ich) durch eine kleine Öffnung in der Mauer (wahrscheinlich vereinbarte Monja dies mit einem der rumänischen Gendarmen, die zu jener Zeit, als die Situation an der Front sich verändert hatte, bereit waren, sich schmieren zu lassen) und verließen das Lager. Wir gingen durch das Dorf Petschora in Richtung Schargorod und dann nach Murafa.

Unser Weg war von Angst und Verzweiflung gekennzeichnet: Besser hier getötet werden, als in jenem Inferno im Lager von Petschora zu vegetieren. Unterwegs tranken wir das Wasser aus den Pfützen und aßen gefrorene Rüben. Bald darauf verstarb Ljenetschka, der fünfjährige Sohn meiner Schwester Channa. Er erlosch still, wie eine Kerze. Nur einmal seufzte er kurz. Die Erde war gefroren, und wir konnten ihm kein Grab schaufeln. Wir mussten seinen Leichnam mit Laub und Baumzweigen überdecken. Meine Schwester riss den Ärmel von ihrer Bluse ab und band ihn an den Baum, um dieses kleine Zeichen zu haben und den Leichnam ihres Sohnes später zu finden.

Wir setzten unseren Weg fort und kehrten ins Ghetto von Mogiljow-Podolski zurück. Unser Haus war damals schon von anderen Ghettoinsassen besetzt. Wir mussten alle zusammen auskommen und kamen in einem kleinen Zimmer unter, das wir zurückerobern konnten.

Im August 1943 wurde ich während einer Razzia festgenommen. Damals wurden die Häftlinge von Mogiljow-Podolski, hauptsächlich Jugendliche, zum Arbeitseinsatz im Lager Ananjew in der Nähe von Odessa deportiert. Wir 100 Personen wurden wie früher in Viehwaggons in Nemija eingeladen. Zum Glück gab es unterwegs kurz vor Kotowsk einen Unfall auf dem Gleis. Während dieser beseitigt wurde, gelang es mir und meinen Freunden Musja Dinowez und Sema Palatnik, den Augenblick zu nutzen und durch die halb offene Tür zu fliehen. Ich brauche nichts zu sagen, was uns erwartet hätte, wenn der Wachmann sich umgedreht hätte. Eine Kugel wäre uns sicher gewesen. Es war meine dritte Flucht.

Ich kehrte wieder zu meinen Eltern zurück, weil ich keine andere Möglichkeit hatte. Im Januar 1944 starb an Hunger und Lungenentzündung mein Vater. Im Februar verstarb meine Schwester Channa. Eine Woche danach erlosch meine Mama. Und im März starb die Schwester meines Vaters, Tante Etja.

Ich blieb ganz allein ... Alte Männer brachten mir das Kaddisch bei. Bis heute bete ich es für meine Verwandten.

Nach all dem konnte ich dank Tante Dina Starkman und Familie Kalik, die in unserem Haus wohnten, aushalten und überleben. Manchmal wundere ich mich selbst, woher ich die Kraft hatte zu leben.

Kurz nach dem Krieg kehrte meine Schwester Polina zurück. Sie erlebte den ganzen Krieg als Krankenschwester in einem Lazarett. Nur sie und ich waren als einzige von unserer großen Familie am Leben geblieben. Polina zwang mich, in die Schule zu gehen, indem sie sagte, dass unser Leben das beste Gedenken an unsere Eltern und Geschwister sei. Mithilfe von Polina absolvierte ich die Abendschule und konnte mich für Tiermedizin in Kiew immatrikulieren. 1956 beendete ich mein Studium und wurde Tierarzt. Sehr viel Hilfe leisteten mir auch meine Cousine Tscharna Starkman (verheiratete Golger) und ihre Familie aus Jampol.

1955 heiratete ich. Meine Frau, Rosa Kalichman, stammt aus Mogiljow-Podolski. Auch ihre Familie erlebte all die Gräuel in der Kriegszeit. Wir haben zwei Söhne, Alexandr und Wjatscheslaw, und jetzt schon zwei Enkelinnen und zwei Enkel. Vor Kurzem feierten wir unsere goldene Hochzeit. Das Leben geht weiter, wie auch der Name Glinez fortgesetzt wird.

1998 wurde in der Stadt Mogiljow-Podolski der Verein der ehemaligen minderjährigen Faschismus-Opfer gegründet. Ähnliche Vereine wurden auch in anderen Städten der Ukraine gegründet. Sie alle gehören zur ukrainischen Union der ehemaligen minderjährigen Häftlinge des Faschismus.

Dank der Arbeit des Komitees der minderjährigen Häftlinge des Faschismus in Mogiljow-Podolski, das von Abram Davidowitsch Kaplan geleitet wird, wurde viel zum Gedenken an die ermordeten Juden in Mogiljow-Podolski und anderen Städten gemacht. Einen bescheidenen Beitrag zu dieser heiligen Arbeit konnte auch ich leisten. Von der Gründung des Komitees der ehemaligen Häftlinge des Faschismus in Mogiljow-Podolski im Januar 2002 bis zu meiner Auswanderung in die USA war ich ein aktiver Mitarbeiter dieser Organisation.

Wir haben Denkmäler in der Stadt Mogiljow-Podolski in der Stawiska-Straße und am Friedhof sowie im Dorf Petschora an der Ruhestätte der ermordeten Häftlinge und in den Dörfern Tschernewzy, Skasinzy, Sledy, Konjewaja, Osarinzy, Mojewka, Borowka, Jaryschew (allein im Dorf Jaryschew erschossen die Nazis am 21. August 1942 355 Menschen) errichtet. Ein Mahnmal wurde auch an der Erschießungsstelle im Dorf Sadowaja errichtet.

Die Gedenktafeln wurden in der Stadt Mogiljow-Podolski in der Stawiska-Straße an der Stelle angebracht, wo das Haupttor des Ghettos war, und am Busbahnhof, wo während des Krieges der Verladeplatz war. Jedes Jahr unternehmen die Mitglieder des Komitees Fahrten zu diesen Orten und beten das Kaddisch. Alle diese Maßnahmen finden dank der finanziellen Unterstützung unserer Sponsoren statt: Die Verwaltung des Bezirks Mogiljow-Podolski, der Stadtrat und Bezirksrat von Mogiljow-Podolski und die Dorfverwaltungen jener Dörfer, in denen Denkmäler errichtet wurden. Einen wesentlichen Beitrag leisten auch die Landsmannschaft »Dnjestr« in Israel unter der Leitung von Rosa Aronowna Kuzyk und die Landsmannschaft von Mogiljow-Podolski in den USA unter der Leitung von B. Krischtul.

Zum Schluss meiner Erinnerungen an das Erlebte möchte ich den Wunsch äußern, dass die Menschen jene furchtbaren Ereignisse nicht vergessen und ihre Wiederholung nicht zulassen.

Sonja Goichberg
»Das Problem des Überlebens verdrängte die Angst«

Ich besuchte die Gesamtschule in Jaruga, Gebiet Winniza. Während der Besatzung war ich im Ghetto in Jaruga und im Lager in Skasinzy. In Jaruga gab es etwa 500 Juden, die in der Kolchose arbeiteten. In den ersten Tagen nach Kriegsbeginn wurden die meisten Männer eingezogen. Für die verbliebene Bevölkerung – Frauen, Alte, Kinder – begannen schwarze Tage der Besatzung: Verhaftungen, Erschießungen, Plünderungen. Eine der Straßen der Stadt wurde zum Ghetto. Das Verlassen des Ghettogeländes wurde strengstens bestraft. Man musste mit regelmäßigen Razzien rechnen. Unser ganzes Eigentum wurde uns geraubt. Bald kamen die aus Bessarabien und der Bukowina deportierten Juden und wurden im Ghetto untergebracht. In jedem Haus lebten drei Familien. Es wurde uns verboten, auf den Markt zu gehen. Für die Verletzung dieser Regel drohten Festnahme und Erschießung. Die Bedingungen im Ghetto – Hunger, Kälte, Krankheiten und Überbevölkerung – ergaben ein schreckliches Bild.

Auf Befehl der rumänischen Kriegsverwaltung wurde 1942 die gesamte jüdische Bevölkerung der Stadt ins Lager im Dorf Skasinzy, Bezirk Mogiljow-Podolski deportiert. Das Lager wurde mit einem hohen Stacheldrahtzaun umzäunt. Es wurde von rumänischen Soldaten und einheimischen Polizisten bewacht. Trotz des Verbotes, sich dem Lager zu nähern, warfen Einheimische einige Lebensmittel über den Zaun ins Lager.

Nach ein paar Wochen, die wir dort verbrachten, verkauften wir unsere letzten Habseligkeiten und erkauften uns mit dem Schmiergeld die Erlaubnis, nach Hause nach Jaruga zurückzukehren. Dort mussten wir wieder ins Ghetto. Von unserem Hausrat blieb nichts übrig: Alles wurde geraubt und geplündert. Wir mussten Schwerstarbeit verrichten. Die Männer wurden nach Tultschin zur Torfförderung und ins Gebiet Nikolajew zum Brückenbau verschickt. Nur wenige kehrten zurück.

Wir konnten im Ghetto überleben, weil es viele gute Menschen gab; die Ukrainer halfen uns und hatten Mitleid mit uns. Sie riskierten ihr Leben, brachten nachts Eimer voll Essen und reichten es uns in die Ställe, in die Keller und auf die Dachböden. Besonders halfen uns die Familie von Alexandr Grembowski und sein Sohn Grischa, Alexandr Korowjanko, der Polizeichef Fedor Krishewski (später stellte sich heraus, dass er mit Partisanen in Verbindung stand), sein Sohn Witali (er war mein Klassenkamerad), mein Klassenkamerad Nikolai Berda, gefangene Soldaten und ihr Kommandeur Leutnant Trofimow. Geholfen wurde uns auch von den Polizisten Justin Schewzow und Simon Grembowski sowie vom einheimischen Pfarrer. Mehrmals retteten sie uns, indem sie uns über die bevorstehenden Pogrome und Razzien informierten. Wir flohen und versteckten uns in den Schutzgräben und bei den befreundeten Einheimischen. Tagelang saßen wir bei ihnen in unseren Verstecken in den Kellern oder auf den Dachböden.

Herzlichen Dank diesen wohltätigen Menschen für alles.

E. Steinbarg-Gesellschaft für jüdische Kultur/Verband der Gefangenen faschistischer Ghettos und Konzentrationslager/Staatsarchiv der Oblast Czernowitz (Hrsg.), Вестник [Westnik – Der Bote], 5 Hefte, hier Heft 4: Zeugnisse der Gefangenen der faschistischen Lager-Ghettos, Czernowitz 1995, S. 452.

Boris Gru (geb. 1936)
»Wir litten unter Angst, Hunger und Kälte«

Als die Erwachsenen auf der Straße vom Kriegsausbruch sprachen, nahm ich es praktisch nicht wahr. Die Gesichter der Erwachsenen sahen sehr streng und hilflos aus. Es war Sommer, ein warmer Tag. Der Himmel war blau, fast wolkenlos. Einige Flugzeuge zogen vorbei. Ich war fünf Jahre alt. Unser Haus war in der Krasnoarmeiska-Straße (später Melnikowa-Straße), nicht weit vom heutigen Hotel »Drushba« am Dnjestr-Ufer in Mogiljow-Podolski, Gebiet Winniza. Dorthin zogen wir etwa ein halbes Jahr vor Kriegsausbruch aus der Stadt Osarinzy.

Im Juni 1941 begann die Bombardierung der Stadt. Meine Mama, mein jüngerer Bruder Schura, meine Schwester Fanja und meine Großmutter Ita kehrten nach Osarinzy zurück. Aber nach einem Monat brachen auch hier furchtbare Verhältnisse aus, wie die Älteren später erzählten.

In meinem Gedächtnis blieb folgendes Bild haften: Alle Juden unseres Städtchens wurden in der Synagoge, die die Deutschen in Brand setzen wollten, eingepfercht. Die Frauen jammerten laut, und ich verstand nicht, warum sie so schrien. Die jüngeren Männer wurden unter dem Vorwand eines Arbeitseinsatzes in einen Steinbruch gebracht und dort erschossen. Nachdem wir den ganzen Tag eingepfercht worden waren, wurden schließlich Frauen, Kinder und Alte freigelassen.

Kurz darauf, Mitte Juli 1941, fand in Osarinzy der von Rumänen und Deutschen veranstaltete »Blutsabbat« statt. Alle Juden wurden auf den Marktplatz getrieben. Meine Mama hielt Schura im Arm, während ich mich an ihrem Rock festhielt. Wir mussten zusehen, wie die Menschen bestialisch ermordet wurden. Einer von ihnen war mein Onkel, Mamas Bruder Isak Entin. Er war ein früherer Seemann. Zuerst wurden ihm beide Arme abgetrennt, dann die Augen ausgestochen und schließlich wurde er auf den Lkw, der voller Leichen war, geworfen. Wie früher in der Synagoge, konnten sich auch hier reiche Juden mit Schmiergeldern freikaufen und dadurch am Leben bleiben. Besonders die Rumänen waren sehr empfänglich für Gold.

Im Frühling 1942 gingen wir trotz der Gefahr zu Fuß nach Mogiljow-Podolski, wo Mamas Schwestern Manja Borissowna Beliz und Chaja Borissowna Stoljar wohnten. Wir landeten aber nicht bei ihnen, sondern im Ghetto, das in der Nähe der Straße Stawizkaja (später Dsershinskaja-Straße), nicht weit vom Markt, eingerichtet worden war. Über ein Jahr mussten wir dort bleiben. In meinem Gedächtnis blieb der Name des Henkers Burbulesku. Die ungehorsamen Kinder versuchte man mit seinem Namen zu bändigen, aber nicht nur die Kinder.

Da das Ghetto nicht besonders streng bewacht wurde und wir mitbekamen, dass in den umliegenden Wäldern Partisanen tätig waren, gingen wir zusammen mit anderen Landsleuten das Risiko ein und kehrten eines Nachts über Hinterhöfe und Gräben nach Osarinzy zurück. Besonders oft wurde der Partisan Iwan Kuliwar, der aus Osarinzy stammte, erwähnt. Wahrscheinlich war es im Sommer oder im frühen Herbst 1943, als wir nach Osarinzy zurückkehrten. Wir versteckten uns bei einem sehr alten Ehepaar, Ester und Aisek Goldenberg. Tagsüber saßen wir in einem Keller, der nur ein kleines, niedriges Loch in einem Stall war. Ein Holzbrett diente als Deckel und wurde mit Stroh getarnt. Bei einer Durchsuchung öffneten die Nazis sogar diesen Deckel, sie warfen brennendes Papier ins Loch, aber wir drückten uns so sehr an die Ränder des Lochs, dass wir nicht gesehen wurden. Mein Bruder war damals nicht einmal zwei Jahre alt. Kurz gesagt, wir litten unglaublich unter Angst, Hunger und Kälte.

Ende März 1944 wurden wir von sowjetischen Truppen befreit. Durch die zentrale und einzige gepflasterte Straße des Städtchens zogen Soldaten, Panzer und riesige Pferde. Sie bewegten sich nach Wenditschany.

Wir bekamen Briefe von der Front von Onkel Jan. Ende des Jahres bekam meine Großmutter Ita die Nachricht, dass ihr Sohn, der Leutnant Jakow Borissowitsch Etim in der Schlacht um das Baltikum gefallen war.

Dann ging ich in die Schule. Es war eine jüdische Schule. Meine ersten Lehrer waren Naum Borissowitsch Chandros und seine Frau Mina Borissowna.

Manfred Hilsenrath (geb. 1929)
»Deportation ins Ghetto Mogiljow-Podolski«

Ich bin in Leipzig geboren. Als ich zwei Wochen alt war, sind meine Eltern nach Halle umgezogen. Die ersten sieben Jahre habe ich dort verbracht.

Als ich mit sechs Jahren in die Schule kam, war Hitler schon an der Macht. Ich habe nicht viel verstanden, was der Nationalsozialismus ist. Aber in der Schule habe ich auf einmal Antisemitismus gefühlt. Ein Lehrer, er hieß Koch, hat die anderen Schüler aufgehetzt, mich zu schlagen, wenn wir auf den Schulhof gegangen sind. Für ihn gab es nur: »Jude, steh auf! Jude, setz dich hin!« Ich bin immer blutig nach Hause gekommen. Meinem Bruder Edgar ist es auch so ergangen. Er war drei Jahre älter. Ich erinnere mich, dass meine Eltern versucht haben, irgendwohin ins Ausland auszuwandern.

Unser Vater war österreichischer Offizier im Ersten Weltkrieg gewesen. Er war Österreicher, weil er in Kolomea in Galizien geboren wurde. Als nach dem Ersten Weltkrieg das Stück Galizien zu Polen kam, wurde mein Vater polnischer Staatsbürger. So waren auch Edgar und ich polnische Staatsbürger. 1938 hat meine Mutter endlich ein Besuchsvisum für Rumänien erhalten. Mein Großvater mütterlicherseits hat dort ein kleines Gut gehabt. Da sind wir hingefahren. Der Vater hat die Mutter, Edgar und mich nach Leipzig zum Bahnhof gebracht. Als der Zug abgefahren ist, ist Vater dem Zug nachgerannt und hat bitterlich geweint und gewinkt und gewinkt, bis wir ihn aus den Augen verloren haben. Ich kann mich immer noch daran erinnern. Wir sind mit dem D-Zug von Leipzig über Lemberg, Czernowitz und Bukarest bis Dornești gefahren, wo uns Großvater mit einem Pferdewagen abgeholt und nach Sereth gebracht hat. Wir waren also in Sereth. Vater fuhr nach Berlin, um ein Visum für die Ausreise nach Amerika zu holen. Aber es wurde ihm verweigert.

Während des Krieges wussten wir nicht, wo Vater ist. Wir wussten nur, er ist nach Frankreich gegangen. Auch wir wollten nach Frankreich. Wir haben versucht, Visa für Frankreich zu bekommen, aber erfolglos. Dann hat Deutschland Frankreich angegriffen, der Krieg mit Russland begann, und wir sind in Rumänien geblieben.

Das Leben in Sereth war wirklich sehr angenehm. Nachdem wir anderthalb Jahre dort waren, kam eine rumänische Militärdivision ins Städtchen. Zuvor haben die Russen einen Teil von Rumänien besetzt, Bessarabien und die Hälfte der Bukowina. Einige von den russischen Panzern sind dann nach Sereth reingefahren. Die Russen haben sich am nächsten Tag aber wieder auf die andere Seite des Flusses zurückgezogen. Die Grenze war dann der Serethfluss.

Die Großmutter in Sereth ist während der drei Jahre, in denen wir dort lebten, gestorben. Ich war damals untröstlich, dass die Großmutter, die so lieb zu uns war, auf einmal unter der Erde lag. Ich konnte das nicht verstehen, dass man Menschen unter die Erde legt. Ich hatte den ganzen Tag geheult und geschrien, bis ich mich endlich doch am nächsten Tag beruhigt hatte. So war ich schon etwas an den Tod gewöhnt.

Ich bin eines Morgens in die Stadt gegangen, um dem Großvater seine Zeitung zu holen. Da war der Trommler, und Leute haben sich um ihn hingestellt, um zu hören, was er zu sagen hat. Nach ein paar Minuten hat er aufgehört mit der Trommel und gesagt, morgen früh müssen alle Juden in der Stadt sich auf dem Marktplatz versammeln, keiner darf mehr als zwanzig Pfund Gepäck auf dem Rücken haben, wir würden aus der Stadt rausgeführt und an einen Ort im Süden Rumäniens geschickt. Wohin, wussten wir nicht. Die Leute, die am nächsten Tag noch zu Hause gefunden werden, würden sofort erschossen.

Ich rannte nach Hause und hab der Familie erzählt, was ich gehört hatte. Also am nächsten Morgen sind wir auf dem Platz erschienen, und man hat uns rausgeführt. Als zehn-, elfjähriger Junge hat mich das gar nicht so erschreckt. Ich dachte, das ist ein bisschen wie ein Abenteuer. Ich hatte auch ein kleines Stück Gepäck auf dem Rücken. Wir sind dann ungefähr zwölf Kilometer bis Dornești marschiert, wo die Eisenbahn war, wo man uns mit vielen Leuten zusammen in Güterwaggons gesteckt hat. Das war so eng, dass die Leute dicht aneinandergedrängt waren. Es war noch nicht einmal Platz, sich irgendwo hinzusetzen. Wir haben den ganzen Tag und die ganze Nacht so dagestanden, bis die Leute sich doch irgendwie arrangiert haben, ein bisschen zusammenrückten, damit man sich auf den Boden setzen und doch ein bisschen schlafen konnte. Es gab kein Wasser, es gab kein Essen. Wir hatten ein bisschen Essen von zu Hause mitgebracht, aber das hat uns nicht viel geholfen. Es waren auch ältere Leute in dem Waggon, denen es furchtbar ergangen ist. Jeder musste auf die Toilette gehen, aber es war keine Toilette da. Jeder musste machen, was er zu machen hatte, auf dem Platz, wo er stand. Und dann haben wir da reingetreten, und der Gestank in dem Wagen war fürchterlich. Einige ältere Leute wurden ohnmächtig und sind am nächsten Tag nicht mehr aufgewacht, sind ganz einfach gestorben. Auch ich stand so lange, bis ich auf einmal zusammengesackt bin und auch ohnmächtig wurde. Am nächsten Morgen ist der Zug abgefahren. Irgendwie in die Berge hoch in die Karpaten. Dann sind wir nach Dorna-Watra gekommen, das war ein Kurort. Wir waren zwölf Tage in dem Waggon. Am dritten oder vierten Tag hat man die Türen von dem Waggon aufgemacht, und wir durften rausgehen, aber uns nicht weiter als drei, vier Meter von dem Waggon entfernen. Soldaten haben neben uns gestanden, zielten mit dem Gewehr auf uns. Man hat uns aber die Gelegenheit gegeben, den Wagen etwas aufzuräumen und ein bisschen sauber zu machen. Die Leute aus der Umgebung haben uns einige Eimer Wasser gebracht, sodass wir etwas zu trinken hatten. Manche haben sogar etwas Brot gebracht.

Wir sind dann weitergefahren und endlich nach mehreren Tagen in Craiowa angekommen, eine Gartenstadt im südlichen Rumänen. Dort gab es eine große jüdische Bevölkerung. Viele hatten Villen mit schönen Gärten. Es wurde uns erlaubt, in den Häusern Quartier zu suchen. Wir sind zu einer Familie Mendelsohn in eine schöne Villa gekommen. Die haben uns sehr nett aufgenommen. Nach ungefähr zwei Monaten hat man uns gesagt, wir können wieder in die Bukowina zurück. Die Rumänen und die Deutschen haben die Russen bis tief in die Ukraine vertrieben, und das Städtchen Sereth ist jetzt vollkommen in rumänischen Händen, auf beiden Seiten des Flusses.

Dieses Mal haben wir einen Zug gemietet. Das mussten wir alles selbst bezahlen. Die Leute hatten etwas Geld in den Schulterstücken ihrer Mäntel eingenäht gehabt und haben alles eingesammelt. Wenn der Zug mal stehen blieb, konnten wir runter gehen und von den Bauern etwas Essen kaufen. In ungefähr vier Tagen waren wir wieder in Dornești. Alle sind ausgestiegen und zusammen als Gruppe von ungefähr zweitausend Menschen, die aus Sereth kamen, zurückmarschiert. Auf dem Weg nach Sereth, wir waren noch nicht lange unterwegs, sind wir von der Polizei angehalten worden: Wir dürften nicht nach Sereth rein. Die Bevölkerung und die Polizei hätten entschieden, die Juden kommen nicht nach Sereth zurück. Der Grund war natürlich, dass uns die Leute beraubt hatten, jedes Haus war ausgeräumt worden.

Man hat uns nach Radautz geführt. Das waren bloß acht Kilometer in die andere Richtung vom Dornești-Bahnhof. Das war die Bezirkshauptstadt, ein Städtchen mit ungefähr drei-, viertausend Einwohnern, etwas größer als Sereth. Wenigstens die Hälfte oder drei Viertel der Bevölkerung in der Bezirkshauptstadt waren Juden. Wir sind bei anderen Leuten einquartiert worden. Wir waren bei einem Mann, dessen Frau gestorben war und der allein in seinem Haus wohnte. Die Mutter, Edgar und ich haben zusammen ein Zimmer bekommen. Da waren wir bloß zwei Monate, von August bis Oktober.

Es war der 13. Oktober, da ging ich wieder in die Stadt rein, da war der Trommler wieder auf dem Marktplatz. Da habe ich dieselbe Nachricht gehört wie damals in Sereth, dass die Juden sich auf dem Marktplatz versammeln sollen und dass wir am nächsten Tag in ein Lager geschickt werden. Wohin wussten wir nicht. Es hat zu regnen angefangen am Nachmittag des 13. Oktober. Dieses Mal war die Deportation für mich kein Abenteuer mehr. Ich hab mein Gesicht zum Himmel gehoben und gebetet: »Gott, bitte, bitte, nicht noch mal, nicht noch mal!« Aber es hat nichts geholfen. Am nächsten Morgen sind wir zum Marktplatz gegangen, zum Bahnhof marschiert und sind wieder in die Waggons gekommen. Am 14. Oktober waren wir am Bahnhof und sind wieder in die Waggons reingedrängt worden. Und erst am nächsten Morgen ist der Zug abgefahren.

Der Zug fuhr nordwärts, wir wussten nicht wohin, ungefähr vier Tage. Bis an den Dnjestrfluss. Der Dnjestrfluss war die alte rumänisch-russische Grenze. Als wir ankamen, war die Brücke gesprengt. Der Zug konnte nicht rüberfahren. Er fuhr ein bisschen zurück bis zu einem kleinen Städtchen, Ataki. Dort hat man uns aus den Waggons rausgeholt. Da war ein riesiges Feld, und es hat geregnet, das Feld war tiefer Schlamm und Kot. Wir haben uns da irgendwie hinsetzen müssen oder blieben stehen, weil wir nicht wussten, wann und wie es weitergehen wird. Der ganze Zug wurde ausgeräumt und ist dann leer wieder zurückgefahren. Zwei Stunden später ist noch ein Zug gekommen. Und dann ein dritter, der kam aus Czernowitz. Noch ungefähr vier, fünf Züge sind gekommen. Und jeder Zug hat zwei-, dreitausend Menschen gebracht. Also am Ende, in der Nacht, müssen wir wahrscheinlich fünfzehn- bis zwanzigtausend Menschen gewesen sein, die in dem Schlammfeld draußen saßen. Wir hatten eine Decke. Ich weiß nicht, woher die Decke kam, aber wir hatten viel gelernt von der ersten Deportation, was wir brauchen und was wir zum Überleben nicht brauchen. Auch einen Eimer, weil wir wussten, wenn man Wasser haben will, braucht man einen Eimer. Und wir haben die Decke in den Schlamm gelegt und uns draufgesetzt. Und neben uns war eine andere Familie, auch auf einer Decke, das war der Apotheker von Radautz. Er saß da mit seiner Frau und drei Kindern. Am frühen Abend sagte mir der Großvater, wir müssen Wasser haben. Unbedingt. Da ist ein kleiner Bach. Aber wir sind umzingelt von rumänischen Soldaten mit Gewehren. Du musst dich irgendwie heimlich durchdrängen und einen Eimer Wasser vom Bach holen. Ich bin an das Ende des Schlammfelds gegangen, und als der Soldat sich rumdrehte, in die andere Richtung ging, bin ich schnell runter an den Fluss und hab den Eimer mit Wasser gefüllt. Zurück das Gleiche, bis ich mit dem Eimer Wasser ankam. Jetzt hatten wir etwas zu trinken. Und ich glaube, wir hatten noch etwas Brot, das wir von Radautz mitgenommen hatten. Der Apotheker neben uns kam später am Abend zu uns, fragte, ob er ein bisschen Wasser von uns haben könnte. Wir gaben ihm etwas. Am nächsten Morgen lagen sie da. Alle fünf – Mutter, drei Kinder und der Vater hatten sich vergiftet.

Nach zwei Tagen kamen wir nach Ataki. Die Leute sind in Häuser einquartiert worden, die nicht abgebrannt waren. Wir hatten eine alte Schule gefunden. Die Fenster waren zerbrochen, und ein Teil des Daches war weg, alles war ja bombardiert worden. Wir waren zwanzig oder dreißig Leute in einem Klassenzimmer. Eine Toilette war draußen. Die war nach einem Tag schon furchtbar schmutzig, dass die Leute nicht mehr da reingehen konnten und sich irgendwo in der Ecke auf dem Schulhof hingesetzt haben, um zu machen, was sie machen mussten. Nach ungefähr zwei, drei Tagen hat man uns dort rausgeholt, und wir sind zum Fluss runtermarschiert. Kolonnen von Juden sind da runtergegangen, und Soldaten mit Gewehren neben uns. Ungefähr zehn Minuten, nachdem wir dort runtermarschiert sind, hat ein Soldat mich am Kragen gezogen und hat mich aus der Gruppe rausgeholt. Nicht nur mich, auch einige Freunde von mir und noch drei, vier andere Jungs. Wir mussten zurück zur Schule marschieren und den Hof saubermachen. Aber wir hatten keine Schaufel, nichts, wir mussten den Hof mit unseren Händen oder mit dem, was wir finden konnten putzen, den ganzen Dreck im Hof zur Toilette bringen oder auf einen Misthaufen schmeißen. Das war eine verstunkene und schwere, unangenehme Arbeit. Aber wir mussten es tun. Zwei, drei Stunden später hatten wir alles ziemlich sauber gekriegt, und die Soldaten haben uns dann wieder runter zum Fluss gebracht. Jetzt standen wir am Fluss. Ich wusste nicht, wo meine Familie war, hatte furchtbare Angst, allein zu bleiben. Die Leute wurden mit einem kleinen Floß über den Fluss gebracht, und ich wusste nicht, ob meine Familie nicht schon auf der anderen Seite war. Ich bin rumgerannt und rumgerannt und hab meine Leute nicht gefunden. Aber dann sah ich ein Gesicht, das mir bekannt vorkam. Da habe ich den Mann gefragt: »Haben Sie die Hönigsberg-Familie irgendwo gesehen?« – »Ja, noch ein Stückchen weiter oben, da hab ich deinen Großvater gesehen und deinen Onkel«. Ich war überglücklich, wieder bei meiner Familie zu sein.

Am nächsten Morgen wurden wir über den Fluss gebracht. In der Nacht war es unglaublich kalt, es hat geregnet und geschneit, und wir haben die ganze Zeit gefroren. In der Früh hat man uns auf das Floß gebracht und rüber zum Städtchen Mogiljow, an der nördlichen Seite des Dnjestrs. Die Stadt war vollkommen zerstört. Die meisten Häuser waren ausgebrannt. Da war ein altes Schulgebäude. Wir sind da rein und haben uns in einem großen Saal auf den Boden gesetzt, so hatten wir wenigstens ein Dach über dem Kopf. Irgendwo haben mein Onkel Moscu und Großvater Brot bekommen. Die ukrainischen Bauern haben genau gewusst, dass sie Essen in das Ghetto bringen könnten und dafür gut bezahlt werden. In dem Schulgebäude waren wir vielleicht vierzehn Tage. Die meisten Leute sind von dort weitermarschiert. Es waren Todesmärsche. Fast keiner kam am Ziel an. Besonders die älteren Leute nicht.

Wir haben uns mit ein paar Familien aus Sereth zusammengetan. Wir hatten großes Glück. Die Familie Satzinger und unsere Familie waren Nachbarn. Mit den Satzingers sind wir im Ghetto zusammengeblieben, um uns gegenseitig zu helfen. Und auch mit den Abrahams. Die Abrahams waren fünf, die Satzingers waren vier, und wir waren sechs. Und dann gab es noch eine Familie Kreisler, die kam aus Czernowitz. Die haben sich auch unserer Gruppe angeschlossen. Lonju Abraham war ein eigenartiger Kerl, aber er hatte ungeheure Kraft und Energie und die Begabung, jeden zu überzeugen. Was er sagte war richtig. Er hat die Führung unserer Gruppe übernommen, sprach mit rumänischen Offizieren, hat denen gesagt: »Hört mal, wenn wir in Mogiljow bleiben können und nicht auf den Todesmarsch geschickt werden, dann werden wir hier mit den Bauern aus der Umgebung einen Schwarzmarkt machen, Essen ins Ghetto bringen und das hier verkaufen. Den Profit teilen wir mit euch. So sind wir in Mogiljow geblieben. Wir zogen aus dem Schulgebäude aus und haben auf der anderen Seite des Ghettos ein kleines Haus gefunden. Wir waren achtunddreißig Menschen, die in das kleine Häuschen gezogen sind. Es gab keine Betten, und wir schliefen auf dem Fußboden. Es war kalt, schon November. In der Nacht hatten wir keine warmen Decken, uns zuzudecken. Ich habe eine Blasenentzündung bekommen. Nach ungefähr vierzehn Tagen in diesem Haus haben wir eine alte Schule gefunden, wo wir alle einziehen konnten, in ein kleines und zwei größere Klassenzimmer. Da war eine große Küche mit einem Brotofen, den man benutzen konnte. Hinter der Schule war ein großer Garten. Wir fanden auch einen kleinen eisernen Ofen, den wir in unser Zimmer stellten. Die meisten Fenster waren zerbrochen. Wir hatten ganz einfach Karton oder Papier draufgenagelt, um den Wind abzuhalten. Wir dachten, dass wir da bleiben könnten, um irgendwie den Krieg zu überleben.

Wir hatten keine Betten. Es gab Schulbänke. An den Fenstern hingen außen noch die hölzernen Fensterläden. Die haben wir über die Bänke gelegt, und da konnten wir uns hinlegen. Wir haben uns mit alten Mänteln, die wir mitgebracht hatten, nachts zugedeckt und immer ein bisschen gefroren. Wir haben Glück gehabt, wir hatten wenigstens ein Dach über dem Kopf. Die Leute, die draußen geblieben sind, sind dann in den nächsten paar Wochen in der furchtbaren Kälte ganz einfach auf der Straße erfroren. Jeden Morgen hat man tote Leute auf der Straße gefunden, die man ganz einfach auf einen Pferdewagen aufgeladen und ins Massengrab gebracht hat. Das mussten die Juden alles selbst organisieren.

Es brach eine Typhusepidemie aus. Typhus bekommt man von Läusen. Natürlich hatten wir keine Seife, wir konnten uns nicht richtig waschen. Wir konnten unsere Wäsche nicht waschen und waren alle ziemlich schnell verlaust. Jeden Abend haben wir dagesessen und die Läuse aus unseren Hemden geholt, weil wir wussten, wenn man von einer kranken Laus gebissen wird, dann bekommt man Typhus. Die zweite Krankheit, die ausgebrochen ist, war der sogenannte »Hungertyphus«, den man von den Latrinen bekam. Nach vierzehn Tagen kriegt man furchtbare Kopfschmerzen und hohes Fieber, und man sackt zusammen. Ich habe das bekommen. Ich hatte die Aufgabe, die Latrinen sauber zu halten. Und eines Tages ist mir der Kopf fast zerplatzt. Wir konnten kein Fieber messen, aber meine Mutter musste mir bloß die Hand auf die Stirne legen, und sie wusste, dass ich hohes Fieber hatte. Wir haben Doktor Goldstein gerufen. Er ist gekommen, hat mich angeguckt und hat der Mutter gesagt, der Junge hat Hungertyphus. Und? Wird er es überleben oder nicht? Die meisten Leute, die Typhus kriegen, sterben. Bisher habe er nicht gehört, dass hier jemand überlebt habe.

Gewöhnlich hat man Leute, die Typhus bekommen haben, sofort in das Spital gebracht. Es war ein Häuschen am Rande des Ghettos. Man hat ihn dort auf den Boden gelegt, und ein paar Tage später war er tot. Natürlich haben die Leute gesagt, der Manfred hat Typhus, er muss in das Spital, sonst kriegen wir alle Typhus. Die Leute in unserem Zimmer aber haben gesagt, nein, wir lassen den Manfred dort nicht hin, dort wird er bestimmt sterben. Man hat mich in die Ecke des Zimmers gelegt, und nur die Mutter konnte irgendwie nah an mich rankommen, die anderen mussten alle wenigstens zwei Meter von mir wegbleiben. Mutter ist auch nicht zu oft zu mir gekommen, mit etwas Abstand hat sie mir meine Stückchen Kartoffeln gegeben und etwas Wasser zu trinken. Der Hungertyphus dauert drei Wochen, mit hohem Fieber. Nach drei Wochen steigt das Fieber auf weit über 40 Grad. Die Mutter und der Doktor Goldstein wussten genau, wann dieser Tag sein wird. Er war da und hat mich angeguckt, hat sich rumgedreht zur Mutter und hat den Kopf geschüttelt, ja, Hoffnung ist da leider nicht, aber wir werden sehen. Mein Fieber ist höher und höher gegangen. Ich habe von der Realität überhaupt nichts mehr mitbekommen. Ich habe nur von Essen gesprochen, ein Stückchen Brot, und hab geträumt vom Essen. Aber ich hörte, dass der Großvater nicht weit von mir saß und die ganze Nacht Tillim gebetet hat. Das sind hebräische Gebete zu Gott, den Kranken überleben zu lassen. Und am nächsten Morgen machte ich die Augen auf. Ich war nicht tot. Das Fieber war gesunken, ich hatte es überlebt.

Es war meine Arbeit, zum Brunnen rauszugehen, um Wasser zu holen, im Ghetto rumzurennen, um zu sehen, ob da irgendwelche alten, zerbrochenen, halb verbrannten Häuser sind, wo ich einen Arm voll mit Holz rausholen könnte und das Holz nach Hause bringen, dass wir dann den Ofen im Zimmer ein bisschen heizen könnten.

Nach einiger Zeit hatten wir die Rumänen – mit Bakschisch – überzeugt, Kälber und Rinder über den Dnjestrfluss ins Ghetto zu bringen, die bei uns unten im Keller geschlachtet wurden. Den größten Teil des Fleisches haben wir im Lager anderen Leuten entweder verkauft oder gegeben. Wir mussten etwas verkaufen, da wir doch das Geld brauchten, um den Rumänen Bakschisch zu geben und um die Bauern zu bezahlen, um ein Rind zu bekommen. Wir haben von den Ukrainern auch etwas Mehl bekommen. Ich hab das Holz gebracht und Mutter, die Tante, die Frau Sattinger und die Frau Abraham haben den Teig gemacht und dann Brote davon gebacken. Das Unangenehme war aber, dass das Mehl gestunken hat, etwas war an dem Mehl vollkommen verdorben. Aber wir dachten, es ist doch Mehl, wir machen Brot draus. Und dann hat man mich rausgeschickt, das Brot zu verkaufen. Ich erinnere mich noch genau, da war ein kleiner Marktplatz im Ghetto, und da war ein Junge, der keine Beine hatte, der sich irgendwie mit den Händen vorwärtsgeschoben hat. Und er hat mich angeguckt: »Bitte, bitte, bitte, gib mir doch ein Stückchen Brot!« aber das durfte ich nicht tun, ich musste es verkaufen. Ich kann noch heute seine vorwurfsvollen Augen sehen, dass ich das Brot für Geld verkaufen wollte, aber ihn ganz einfach verhungern ließ. Das Gesicht habe ich immer noch vor meinen Augen. Warum sind wir nicht auch gestorben? Darauf wird man nie eine Antwort erhalten. Diese Überlebensschuld, die haben die meisten von uns. Wir sind da, und die andern sind gestorben – warum?

Wir hatten doch immer etwas zu essen, besonders im zweiten und dritten Jahr, im ersten Jahr nicht. Im ersten Jahr wären wir fast verhungert.

Im Ghetto konnten wir uns normal bewegen. Die Angst, die wir im Ghetto hatten, war, dass plötzlich rumänische Soldaten auftauchen. Die haben Leute ganz einfach am Kragen genommen und sie auf einen Lastwagen geworfen. Und die Leute sind zum Bahnhof gebracht worden und dann rübergeschickt worden auf die deutsche Seite, Straßen zu bauen, Brücken zu bauen und so weiter. Die Leute, die auf die deutsche Seite geschickt wurden, von denen ist fast nie jemand zurückgekommen. Sie mussten so schwer arbeiten, kriegten so wenig zu essen, dass sie nach ein paar Wochen ganz einfach zusammengeklappt sind, und dann wurden sie erschossen.

Es gab Gerüchte, dass die SS von einem Lager ins andere geht, um die Leute umzubringen, die noch am Leben sind, bevor die Deutschen sich aus der Gegend zurückziehen. Ein Lager nicht weit von uns, das wurde von der SS umzingelt und ausgebrannt. Die Leute sind aus den brennenden Häusern gerannt, und dann hat man sie mit Maschinengewehren erschossen. Unser Ghetto war natürlich kein kleines Lager, da konnten sie uns nicht umzingeln, die konnten bloß von Haus zu Haus gehen und die Leute, die sie finden, erschießen. Also, was machen wir, was machen wir! Wir sind in den Keller der Schule gegangen. Da war eine steinerne Treppe und oben war ein Gitter davor, eine Klapptür, die man zumachen konnte. Und wir haben uns gesagt, wenn deutsche Soldaten oder SS da die Treppe runterkommen, nachdem nun das Ende des Krieges für uns so nahe war, würden wir uns verteidigen, würde man sie angreifen mit den Holzknüppeln, die man hatte, ihnen die Gewehre wegnehmen und sie erschlagen. Und wir saßen da mit Angst im Keller. Ungefähr um zwei Uhr früh hörten wir, dass jemand die Klappe zur Treppe aufmachte. Und dann hörten wir Stiefel. Da wussten wir, das sind Soldaten. An der letzten Stufe blieben sie stehen. Der eine hatte eine Taschenlampe und hat sie auf unsere Gesichter gerichtet. Und da sagte eine Stimme hinter der Taschenlampe: »Um Gottes Willen, das sind doch unsere Juden!« und er hat es auf Jiddisch gesagt, nicht auf Russisch. Und wir wussten, das muss ein russischer Soldat sein. Und er hat die Taschenlampe ausgemacht, hat sein Gewehr hingelegt, und wir waren gerettet. Statt der SS war es eine russische Patrouille, die da runtergekommen ist. Bei dem russisch-jüdischen Soldat waren zwei Mongolen. Die haben überhaupt nicht gewusst, was ein Jude ist, die haben das überhaupt nicht verstanden. Aber sie haben da gestanden und gelächelt. Und wir haben uns alle umarmt und geweint.

Na ja, die Russen waren da und die Deutschen waren weg. Aber wir haben sehr schnell herausgefunden, dass die Freiheit bei den Russen eine eigenartige Freiheit ist. Man hat uns umzingelt und alle Männer mit runter zum Fluss genommen. Wir mussten Steine tragen und die Brücke wieder aufbauen. So haben wir die nächsten zwei, drei Monate als russische Gefangene gearbeitet. Wir waren frei, aber wie kommen wir jetzt wieder nach Rumänien zurück? Es ist mir gelungen, über Czernowitz nach Sereth zu kommen. Im Haus des Großvaters wohnten Volksdeutsche. Die Frau fragte, »Was willst du denn?« – »Ich will in unser Haus.« – »Das ist nicht euer Haus. Es ist unser Haus.

Das hat uns der Führer gegeben.« Der Mann hatte sofort begriffen, dass sie keinen Zank machen dürfen und sagte: »Wir geben euch das Haus zurück.«

Als unsere Familie wieder in Sereth war, war die Frage, wie macht man jetzt weiter. Ich wollte gar nicht mehr nach Amerika, ich hatte nur den Traum gehabt, dass wir meinen Vater finden und dass die Familie irgendwie wieder zusammenkommt. Wir hatten ans Rote Kreuz geschrieben und Vater hatte sich in Frankreich ebenfalls ans Rote Kreuz gewendet. So haben wir uns gefunden. Vater hat uns geschrieben, dass wir nach Frankreich kommen sollen. Es ist uns schließlich gelungen, einen Weg zu finden, um zum Vater zu fahren. Nach einer langen, abenteuerlichen Reise mit Mutter konnte ich nach acht Jahren Vater in Lyon wieder umarmen und wir haben erzählt und erzählt und erzählt.

Erst am nächsten Tag ist es mir richtig bewusst geworden, was wir geschafft haben, wie viel Glück wir hatten, uns wiedergefunden zu haben.

Auszüge aus: Volker Dittrich, Zwei Seiten der Erinnerung. Die Brüder Edgar und Manfred Hilsenrath, Berlin 2012

Abram Kaplan (geb. 1933)
»Durch die Hölle der Konzentrationslager und Ghettos«

Am 2. Mai 1933 wurden ich und mein Zwillingsbruder Lew in der Stadt Mogiljow-Podolski, Gebiet Winniza geboren. Mein Vater David Abramowitsch Kaplan war Arbeiter und meine Mutter Maria Wolkowna Kaplan (geb. Kaz) war Grundschullehrerin. Vor dem Ausbruch des Zweiten Weltkriegs bestand unsere Familie aus fünf Personen. Mein Vater arbeitete im Betrieb »Der rote Chemiker« als Arbeiter in der Seifenproduktion. Meine Mutter arbeitete in der russischen Mittelschule Nr. 5. Der ältere Bruder Wladimir besuchte die 7. Schulklasse. Mein Bruder Lew und ich waren noch nicht eingeschult. Wir sollten im September 1941 in die Schule gehen, aber der am 22. Juni 1941 ausgebrochene Krieg brachte seine tragische Veränderung in unser Leben.

Unsere Stadt wurde zwei Wochen lang ständig von deutschen Flugzeugen bombardiert. Am 16. Juli 1941, nach einem sehr schweren Bombardement der Stadt, der Eisenbahnstrecke und der Brücken über den Fluss Dnjestr wurden die Einwohner der Stadt über den örtlichen Rundfunk zum sofortigen Verlassen der Stadt aufgerufen angesichts des Heranrückens der faschistischen Truppen auf Mogiljow-Podolski, einem wichtigen Eisenbahnknoten an der Grenze zu Moldawien.

Unsere Familie machte sich direkt aus dem Luftschutzbunker, der sich in den alten, noch aus der türkischen Zeit stammenden Katakomben befand und in der Nähe des Flusses Dnjestr lag, zusammen mit Dutzenden anderen Familien um 6 Uhr morgens zu Fuß auf den Weg zum Berg Schargorodsk, in Richtung der Stadt Tultschin. Wir gingen nicht nach Hause zurück, nahmen keine Lebensmittel, keine Kleidung mit, sondern begaben uns in aller Eile mit der ganzen Familie auf den Berg hinter der Stadt. Wir strömten in einer riesigen Masse von Flüchtlingen (so nannte man mit einem Schlag die Zivilisten) und waren fast 24 Stunden unterwegs. Wir gönnten uns nur kleine Pausen.

12. Bezirk (Rayon) Mogiljow-Podolski

In dieser Zeit wurden wir ein paar Mal in den Dörfern Beresowka, Bezirk Tschernewzy und Rachny, Bezirk Schpikow bombardiert. Während der Bombardements versteckten wir uns im Gebüsch und im Wald. Unsere Eltern kauften in den Dörfern Brot und Obst, und so ernährten wir uns. Einmal bekamen wir auf der Eisenbahnstation Wapnjarka als Flüchtlinge eine warme Mahlzeit. Mein Bruder Lew und ich konnten nur schlecht den Erwachsenen folgen, sodass unser Vater und unsere Mutter uns abwechselnd auf den Arm nahmen. So erreichten wir in einer großen Kolonne von Flüchtlingen am frühen Morgen des 18. Juli die Stadt Tultschin. Hier mussten wir eine längere Pause machen, weil wir vom langen Weg, von der Julihitze und vom Hunger total entkräftet waren.

Das örtliche Komitee zur Evakuierung der Zivilisten brachte Hunderte Flüchtlinge im Kulturzentrum und in den Schulen des Ortes unter. Die Situation war sehr angespannt und unruhig. Die Einheimischen erzählten, dass die Faschisten auf Tultschin und Wapnjarka vorrücken und dass die Hälfte der Bevölkerung von Tultschin die Stadt verlassen hätte. Heute, sechzig Jahre danach denken wir anders, bewerten die Ereignisse jener Jahre anders und bestimmen, was richtig und was falsch war. Damals handelten unsere Eltern, die erschrocken und in eine komplizierte Situation geraten waren, nach einem einzigen Prinzip: Möglichst schnell vor den Faschisten zu fliehen. Wir wussten schon, dass überall, wo die Besatzungsmacht herrschte, SS-Männer und ihre Handlanger sofort Ghettos errichteten, die Juden sammelten und sie erschossen, vernichteten, sie für die schwersten Arbeitseinsätze benutzten usw.

Am zweiten Tag wurde die Kolonne der Flüchtlinge vollständig aufgestellt und die Kommission zur Evakuierung versprach, uns mit Wagen in Richtung der Stadt Winniza zu schicken. Aber am frühen Morgen marschierten die faschistischen Truppen in die Stadt Tultschin ein. Unsere Truppen (unweit von Tultschin waren Truppen stationiert) leisteten keinerlei Widerstand. Sie wurden gefangen genommen.

In meinem kindlichen Gedächtnis blieben die in der schwarzen Uniform auf ihren Wagen und Motorrädern durch die Straßen von Tultschin fahrenden SS-Soldaten haften, manche von ihnen mit Helmen. Sie alle waren mit Gewehren und Maschinenpistolen ausgerüstet. Wir verstanden, dass wir umzingelt und gefangen waren. Tags über versammelten sich ältere Menschen und besprachen zusammen mit unseren Eltern die Situation, in der wir alle steckten. Es wurde entschieden, nach Hause, nach Mogiljow-Podolski zurückzukehren. Einige Familien aus Mogiljow-Podolski legten Geld zusammen und kauften ein Pferd und einen Pferdewagen. Zum Abend besorgte man einige Lebensmittelvorräte und Wasser, setzte Alte und Kinder auf den Pferdewagen und verließ Tultschin in Richtung Mogiljow-Podolski.

Wir fuhren und gingen am Waldrand über Waldwege. Beim Anblick der Militärkolonnen, der Wagen und Panzer, entfernten wir uns sofort ins Waldesinnere. In der Nacht versteckten wir uns im Wald in der Nähe des Dorfes Borowka. Fast niemand schlief. Die ganze Zeit lauschten wir und passten auf, ob sich nicht jemand uns näherte. Wir machten kein Lagerfeuer. Mein älterer Bruder Wladimir ging in den Wald, um nach Beeren zu suchen, aber er verlief sich und wir konnten uns erst nach einer langen Suche wiederfinden. Am frühen Morgen machte sich unser »Transport« weiter auf den Weg. Bei der Einfahrt ins Dorf Borowka wurden wir von einem deutschen Offizier gesehen, der in einem Pkw das Dorf verließ. Er kehrte sofort ins Dorf zurück und berichtete von unserem Transport in der Kommandantur. Als wir ins Dorf einfuhren, wurden wir von den Polizisten, Mitgliedern der Dorfpolizei, gestoppt und sie befahlen uns, vom Pferdewagen herunterzusteigen und uns auf den Boden zu setzen. Nach drei bis fünf Minuten kam zu uns ein junger, großer Deutscher mit einer Pistole an der Seite. In unserer Gruppe war Riwa Abramowna Goldenberg. Sie konnte Deutsch und wandte sich an den Kommandanten mit der Bitte, uns gehen zu lassen und sich so der Alten und Kinder zu erbarmen. Er besprach etwas mit dem dienstältesten Polizisten und ließ uns gehen.

Als unser Transport das Dorf verließ, begannen die Polizisten, in unsere Richtung zu schießen. Wir verließen unsere Pferde und den Wagen und rannten in den Wald. Meinen Zwillingsbruder Lew und mich hielt meine Mutter an der Hand und wir waren die ganze Zeit zusammen. Mein älterer Bruder Wladimir und mein Vater versteckten sich im Waldesinneren. Es dauerte ein paar Stunden, bis wir uns alle wieder gefunden hatten. Als wir alle zusammen waren, standen wir da ohne Pferde und Wagen und gingen weiter zu Fuß, ohne Vorräte an Essen und Kleidung. Dieser Zwischenfall zeigte unseren Eltern, aber auch uns Kindern, dass man noch vorsichtiger sein sollte. Für uns Kinder war es ein Zeichen dafür, dass man noch geduldiger Hunger und andere Unbequemlichkeiten erleiden musste. Wir Kinder wussten, dass wir verfolgt werden, dass wir Juden waren und, wenn die Faschisten uns finden, sie uns töten würden.

Mogiljow erreichten wir nach einem Tag der Quälerei. Wir gingen in die Stadt von der Seite des Berges Schargorod, auf dessen Hängen damals wie heute Fichtenwald wächst. Auf einem der Hänge des Berges war eine Stelle, wo die Tierfänger die gefangenen Hunde töteten und dort in großen Kesseln das Fett, das in der Seifenproduktion verwendet wurde, aus ihnen auskochten. An dieser Stelle machten wir eine Pause, denn wir wussten, dass weder Deutsche noch die Polizisten hierher kommen würden, weil sie Angst vor einer Infektion hatten. Im Juli war an dieser Stelle ein unvorstellbarer Gestank, Tausende große, grüne Fliegen sausten durch die Gegend und auf den Hängen des Berges und auf den Bäumen krochen dicke Maden. Es war die Hölle, aber für uns war es ein Versteck. Meine Mutter und noch eine Frau schrubbten von den Seiten der Kessel das Hundefett ab, kochten es in den herumliegenden Eimern und wir aßen es mit dem Brot, das unser Vater und der ältere Bruder vom »Ausflug« in die Stadt mitgebracht hatten. Die Wohnung, in der wir vor dem Krieg wohnten, war geplündert worden, die Fensterscheiben waren kaputt.

Nach einigen »Ausflügen« in die Stadt entschieden mein Vater und Michail Goldenberg (sein Vater war mit uns zusammen), dass wir nach Hause zurückkehren sollten, bevor wir uns angesteckt hätten und erkrankt wären. In der Nacht kehrten wir nach Hause zurück, still gingen wir in unsere Wohnung. Wir dichteten die Fenster mit Karton ab. Hier begann unser neues Martyrium: Hunger, Angst vor den Nachbarn, die die Juden denunzierten, Angst vor der Gefahr, gesehen und verprügelt zu werden und Angst, getötet zu werden.

Unsere Nachbarin Ustinja Sbetschina kam zu uns und sagte, dass wir zu ihr kommen sollten und ihre Familie uns einen Unterschlupf gewähren würde. Wir versteckten uns über zwei Wochen auf dem Dachboden des Stalles.

12. Bezirk (Rayon) Mogiljow-Podolski

Am 15. August 1941 wurde auf den Befehl des Gouverneurs von Transnistrien (Gebiete Odessa, Nikolajew und Winniza) in Mogiljow-Podolski ein Ghetto errichtet. Gleich darauf begannen Razzien. Obwohl wir uns bei der Familie Sbetschina und im Graben des Gartens, der zum Pionierlager gehörte, versteckten, wurden wir schließlich doch von der Polizei festgenommen, brutal verprügelt und im Ghetto hinter Stacheldraht eingepfercht.

Im Ghetto herrschte ein sehr strenges Regime. In der Stadt waren rumänische Truppen, eine rumänische Verwaltung wurde aufgestellt, einheimische Polizei patrouillierte in der Stadt und überwachte die Befolgung der aufgestellten Ordnung. Alle Ghettoinsassen, einschließlich der Kinder ab dem fünften Lebensjahr, mussten einen gelben Davidstern auf der Brust und am Rücken sowie blaue Armbinden tragen. Das Verlassen des Ghettos wurde strengstens verboten: Dafür drohte die Erschießung.

Im Ghetto gab es damals über viertausend Insassen, die auf sechzehn Straßen und Gassen aufgeteilt waren. Das Ghetto wurde mit einem Zaun umgeben und mit Wachtürmen versehen. Ständig gingen rumänische Wachposten mit Hunden und einheimische Polizisten von einer Ecke des Ghettos zur anderen. Täglich starben im Ghetto an Hunger, Krankheiten und Misshandlungen Dutzende Menschen. Alle waren mit dem Gleichen beschäftigt: der Suche nach Essen. Mitleidige, herzliche Ukrainer versuchten auf allen denkbaren Wegen, Brot, Kartoffeln, Kohl, Rüben, Mamaliga etc. ins Ghetto zu werfen. Die Ghettoinsassen durchsuchten den Müll, um etwas Essbares zu finden, suchten in den Gärten nach Fallobst und nach Beeren. Man aß Unkraut, verschiedene Kräuter, die Kinder kratzten Harz von den Obstbäumen. Ich erinnere mich sehr gut, wie wir braune Akazienzweige sammelten und aßen, wie wir das weiche Innere dieser Zweige leckten. Manchmal gelang es, das zu fangen, was gütige Menschen über den Zaun warfen. An Hunger verstarb die Schwester meines Vaters, die ganz aufgedunsen war. Es stellte ein großes Problem dar, sie zu beerdigen. Mein Vater brachte sie zusammen mit den Nachbarn in der Nacht in einem Sack auf den Friedhof und sie wurde dort still begraben. Bis heute wissen wir nicht, wo sie ruht.

Im Winter 1941 erkrankten wir alle außer unserer Mutter an Typhus. Meine Mutter hatte diese Krankheit als Kind, deshalb erkrankte sie nicht. Mein Bruder Lew und ich lagen im Kinderbett eingewickelt in verschiedene Lumpen, in alte Klamotten, ohne Essen, ohne Medizin. Bei meinem Vater und meinem älteren Bruder verlief die Krankheit mit Komplikationen, sie halluzinierten und wurden immer wieder ohnmächtig.

Nur dank der befreundeten Ukrainer – Familie Loskujewy, Sbeginy, Marjana Kutschuruk –, die mithilfe ihnen bekannter Polizisten ins Ghetto gelangten und uns Mehl, Kartoffeln, Brot und Obst mitbrachten, konnten wir durchhalten. Sie machten das regelmäßig einmal in der Woche, vielleicht auch seltener, ich weiß es nicht mehr genau. Aber ich weiß ganz genau, dass es Hunderte Ghettoinsassen gab, die nicht mal das hatten.

Täglich starben Dutzende Menschen, viele erfroren, viele wurden für den Versuch, das Ghetto zu verlassen, von Rumänen erschossen. Der Winter 1941 war sehr hart, es gab sehr viel Schnee. Im Januar 1942, als im Ghetto Razzien stattfanden, die die Deportationen ins Todeslager im Dorf Petschora, Bezirk Tultschin zum Ziel hatten, versteckten wir uns in den Gräben auf dem Berg

Osarinezk. In Folge von Kälte und Unterkühlung erkrankte meine Mutter sehr schwer. Sie wurde Invalide, weil ihre Wirbelsäule sich verkrümmte und sie einen Buckel bekam. Mein Vater musste Schwerstarbeit im Steinbruch leisten. Dort bekam er einmal am Tag eine Schüssel Suppe und ein Stück Brot. Das Brot aß er nicht, sondern brachte es uns Kindern.

Die Rumänen bauten eine Eisenbahnbrücke über den Fluss Dnjestr und verschleppten jeden Tag zu dieser Schwerstarbeit Männer im Alter von 14–65 Jahren. Mein älterer Bruder Wladimir ging auch jeden Morgen zusammen mit solchen Jugendlichen wie er unter Bewachung von Polizisten zur Arbeit auf der Brücke. An einem Tag wurde ihm befohlen, die Kisten mit den Muttern zur Brückenplattform zu schleppen. Da er völlig entkräftet war, ließ er die Kiste zu Boden fallen und die Muttern flogen auseinander. Zwei Deutsche verprügelten ihn, banden ihm ein Seil um den Leib und tauchten ihn so mehrmals von der Brücke ins kalte Wasser des Dnjestr. Dann warfen sie ihn ans Ufer. Er war ohnmächtig und lag dort verletzt und blutend, halb erfroren und ganz blau. Ein ukrainischer Jugendlicher Anatoli Petrowitsch Borowik, damals 17–18 Jahre alt, der in der Nähe angelte, bemerkte ihn. Er brachte ihn von dort weg und ließ ihn zu Bewusstsein kommen. Als er endlich erfuhr, wo er wohnte, brachte er ihn am späten Abend halb tot ins Ghetto. Wir alle hielten unseren Bruder schon für tot. So etwas passierte oft. Bevor Borowik ging, gab er uns zehn Lei (rumänische Währung), damit wir am nächsten Morgen Essen für meinen Bruder kaufen konnten.

Am Morgen des nächsten Tages kam der Polizist Sarabun, um meinen Bruder zur Arbeit zu holen. Er sah, dass er kein Arbeiter war. Mein Bruder hatte 40° Fieber, Blessuren am ganzen Körper und eine beiderseitige Lungenentzündung. Da sagte der Polizist zur Mutter, wenn mein Bruder nicht zur Arbeit gehen könne, müsse sie für ihn gehen. Meine Mutter ging und wir Kinder blieben bei Wladimir. Mein Vater war zu jenem Zeitpunkt im Dorf Jurkowzy, wohin er während einer Razzia im Ghetto verschleppt wurde. Eine Woche lang ging meine Mutter zusammen mit der Nachbarin Masja Tscherner anstatt ihres Sohnes zur Arbeit auf der Brücke. Es war eine sehr schwere Prüfung für sie, aber auch für uns Kinder.

Ende 1941 – Anfang 1942 begannen Razzien im Ghetto, die die Verschleppung der Juden ins Konzentrationslager im Dorf Petschora zum Ziel hatten. Die Menschen wurden auf dem Marktplatz, auf den Straßen verschleppt sowie aus den eigenen Wohnungen von Polizisten und Rumänen weggezerrt. Die Kinder und Erwachsenen wurden verprügelt, auf Lastwagen geworfen und ins Dorf Serebriju gefahren. Von dort wurden sie dann mit Viehwaggons nach Petschora gebracht. Ein paar Mal konnten wir diesem Schicksal entkommen, indem wir uns bei der Familie Sbetschiny versteckten.

Aber im Februar 1943 wurden wir beim Versuch, die Stadt zu verlassen und ins Dorf Slidy zu gelangen, um dort bei befreundeten Bauern Unterschlupf zu finden, von rumänischen Soldaten festgenommen. Mein Vater wurde sehr schwer verprügelt. Mein Bruder Wladimir ebenso. Außerdem rasierte man ihm auf dem Kopf ein Kreuz aus. Die Rumänen übergaben uns an die Polizisten. Über einen Monat lang mussten wir mit anderen Häftlingen im rumänischen Hospital Gruben schaufeln und dort verbrauchtes Verbandsmaterial, Watte, aber auch Arme, Beine und andere Glieder des menschlichen Körpers, alles Operationsreste, begraben. Vom Hospital wurden wir zurück ins Ghetto geschickt. Wir mussten weiter hungern, frieren und an verschiedenen Krankheiten leiden. Aber die Kinder blieben Kinder: Wir sammelten uns in Gruppen, spielten verschiedene Spiele vom Krieg und vom Konzentrationslager.

Als im Februar 1944 sich eine Bandera-Truppe über Mogiljow-Podolski zurückzog, litten viele Menschen darunter. Sie verprügelten und töteten alle, die ihnen den geringsten Widerstand leisteten. Mein Vater konnte erreichen, dass Wassili Loskujew uns bei sich versteckte. An einem späten Abend gingen wir mit zwei anderen Familien in den Garten von Wassili und warteten dort auf ihn. Er kam und gab uns ein Zeichen, ihm zu folgen. Wir gingen zur Seifenfabrik, in der früher mein Vater gearbeitet hatte. Dort stand eine lange Holzleiter, die den Zugang auf den Dachboden der Fabrik ermöglichte. Leise stiegen wir alle der Reihe nach auf den Dachboden. Dort gab es viele geflochtene Körbe von den Säureflaschen. Diese Körbe waren groß und auf dem Boden waren Holzspäne. Jeder von uns besetzte so einen Korb. Loskujew überschüttete uns mit Holzspänen und warnte uns davor, dass jemand sprach, weinte oder irgendwelche Geräusche machte. Auf dem Dachboden war es schwarz von Ratten und Mäusen. Wir hatten Angst. Wenn jemand nieste, ermahnten ihn die Älteren und machten den Kindern Angst vor Polizisten und Rumänen, sie schärften ein, wenn man uns fände, würde man uns sofort auf dem Dachboden töten. So verbrachten wir dort drei Tage. In jener Zeit kam einmal in einer Nacht Loskujew und brachte uns etwas Essen und Wasser. Unsere Notdurft verrichteten wir auch in den Körben. Unten hörten wir Polizisten, die schrien und festgenommene Menschen verprügelten. Diese drei Tage sind bei allen für immer im Gedächtnis geblieben. Dann holte uns Loskujew in einer Nacht vom Dachboden und wir versteckten uns lange Zeit im Stall bei Familie Sbetschiny.

Das Ghetto Mogiljow-Podolski war Anfang 1944 das größte in Transnistrien. Dort waren ungefähr 19 000 Juden eingepfercht, einheimische und die aus der Bukowina, Bessarabien und Rumänien deportierten. Im Ghetto herrschten Hunger und eine Typhusepidemie. In einer der größten Umsiedlungsstationen starben täglich Dutzende Menschen, viele erfroren in den harten Wintern 1941 bis 1943. Während der Besetzung von Mogiljow-Podolski verloren wir vier Mitglieder unserer Familie, und unsere Mutter wurde Invalidin.

Am 19. März 1944 wurde Mogiljow-Podolski durch die Truppen der Roten Armee befreit. Für viele Tausende Häftlinge des furchtbaren Todesghettos kam die Befreiung. Dabei gab es einen Plan (dies bestätigen die Archivmaterialien), am 22. März 1944 das Ghetto und alle seine Insassen vollständig zu liquidieren. Ein Wunder geschah, und die Menschen wurden vor dem sicheren Tod bewahrt. In der Stadt blieben etwa 19 000 kranke, gequälte Menschen, Hunderte Waisenkinder, Hunderte Behinderte, viele mit erfrorenen Gliedern und schweren Krankheiten. Im Kinderheim gab es ungefähr 600 Kinder, die ihre Eltern verloren hatten. Mein Bruder Lew und ich waren mit unseren zehneinhalb Jahren Analphabeten. Mit 11 Jahren wurden wir eingeschult.

Endlich kam die Freiheit. Die Menschen mussten nicht mehr auf ihre Vernichtung warten. Noch lange mussten wir Hunger leiden. Mein Vater kehrte in die wiedererrichtete Fabrik (Der rote Chemiker) zurück und meine Mutter, obwohl schwer krank, arbeitete als Lehrerin in der Schule. Und wir drei Söhne gingen in die Schule. Ich erinnere mich, wie ich einen Mantel und ein paar

Schuhe zusammen mit meinem Bruder Lew teilen musste, als wir im Herbst mit der Schule begannen. Noch ein ganzes Jahr lang trugen wir Holzschuhe anstatt echter Schuhe, waren mit Lumpen und Resten von Erwachsenenkleidern angezogen. Das Essen war sehr bescheiden. Es gab keine Hefte und Schreibmaterial. Wir schrieben auf den Rändern der Zeitungen und alter Bücher. Jeder richtete es sich ein, wie er konnte. Aber wir gingen sehr gerne in die Schule und waren sehr fleißige Schüler. In den Sommerferien nahmen wir den Stoff des nächsten Schuljahres durch und legten im August die Prüfungen ab. So konnten wir in zwei Jahren drei Schulklassen schaffen. Die Schulen waren voll mit älteren Kindern, die das Inferno der Konzentrationslager und Ghettos durchlebt hatten und als Waisen zurückgeblieben waren.

Ich wurde im Mai 1952 eingezogen. Mein Bruder setzte seine Schulbildung fort und wurde nach dem Abitur in die Militärfachschule in Lemberg aufgenommen. Er wurde Offizier der sowjetischen Armee. Nach meinem Militärdienst blieb ich als Berufssoldat in der Armee. In den dreißig Jahren meines Militärdienstes war ich in acht Garnisonen und erlernte ein paar Militärberufe. Bevor ich eingezogen wurde, besuchte ich eine Abendschule und arbeitete in einer Fabrik als Elektriker. Während meines Dienstes bekam ich über hundert Auszeichnungen. Mein Dienst war sehr interessant, ereignisreich und vielfältig, denn auch die Ausbildung der jungen Soldaten gehörte dazu. Dies alles bereicherte meine Erfahrung und half mir in verschiedenen Lebenssituationen.

1959 heiratete ich. Meine Frau Marija Andrejewna Grabskaja arbeitete in einer Fabrik in der Elektroabteilung. Meine Tochter Irina, geb. 1960, Betriebswirtin hat einen Universitätsabschluss. Mein Sohn Dmitri, geb. 1963, ist beim Militär Hauptmann und dient in der russischen Armee. Mein Enkel Wladimir ist Student der Hochschule für Innere Verteidigung in Charkow. Meine Enkel Lena und Anton sind Schüler eines Gymnasiums in Barnaul. Seit 1987 bin ich nach 30 Jahren Militärdienst pensioniert.

1989 wurde in unserer Stadt die regionale Abteilung der ehemaligen minderjährigen Häftlinge des Faschismus gegründet. Diese wurde gleich nach ihrer Gründung in die ukrainische Union der ehemaligen minderjährigen Häftlinge des Faschismus aufgenommen. Auf der Generalversammlung wurde ich zum Mitglied des Komitees gewählt und 1990 wurde ich Vorsitzender des Rates der Abteilung der Häftlinge des Nationalsozialismus in Mogiljow-Podolski.

Seit unserem Bestehen beantragten wir für Hunderte der ehemaligen Häftlinge gewisse Privilegien und zusätzlichen sozialen Schutz. Wir halfen Hunderten Menschen Bestätigungen über ihre Arbeit in den faschistischen Lagern einschließlich der Zwangsarbeit in Deutschland zu erhalten. Unsere Abteilung ist international. Unter unseren Mitgliedern sind Ukrainer, Russen, Juden, Polen und Moldawier. Zurzeit sind wir 205 Mitglieder. Viele verstarben und einige wanderten aus der Ukraine aus. Im Jahr 2000 beerdigten wir 18 ehemalige Häftlinge des Nationalsozialismus. Seit unserem Bestehen wurden unter der Ägide des Rates 12 Denkmäler den unschuldigen Opfern des faschistischen Genozids errichtet: zwei in der Stadt, im Dorf Osarinzy, Majewka, Borowka, Jaryschew, Skasinzy, Konewaja, Slidy, in Petschora an der Stelle des Konzentrationslagers »Werwolf«, wo über 1000 Bürger von Mogiljow ermordet wurden. Gedenktafeln wurden in der Stadt an der Stelle des Umschlagplatzes und des ehemaligen Haupteingangs des Ghettos angebracht. Es wurden das

Buch des Gedenkens an die Opfer des Faschismus und die Monografie Dr. A.I. Kruglows über die Vernichtung der Juden in der Ukraine und im Gebiet Winniza herausgegeben. Die Gebäude unseres Rates beherbergen viele Ausstellungen, Archivmaterialien, Fotoalben und Fotovitrinen (über 550 Fotografien der ehemaligen KZ- und Ghettohäftlinge und Sklaven des Reiches). Wir haben guten Kontakt zu zahlreichen Landsmannschaften in den USA, Israel, Deutschland, Russland und mit den Organisationen der ehemaligen Häftlinge in Auschwitz, Sachsenhausen und Majdanek. Jährlich feiern wir den Tag der Befreiung der Stadt, den Tag des Sieges, Tage, an denen Denkmäler an den Stellen der Massenerschießungen der unschuldigen Opfer errichtet wurden. Wir haben oft Delegationen der ehemaligen Häftlinge aus Österreich, Deutschland, Polen, den USA, Israel und Russland zu Besuch.

Für die geleistete Arbeit zur Bewahrung der Erinnerung an die Opfer des Nationalsozialismus, für soziale und andere Tätigkeiten des Rates wurde ich auf Antrag der ukrainischen Union der ehemaligen Opfer des Nationalsozialismus mit der Auszeichnung »Für Verdienste« dritten Ranges ausgezeichnet. 2000 wurde ich ins Büro der ukrainischen Union gewählt.

Boris Milschtein (geb. 1935)
»Wir waren am Rande des Todes«

Ich, Boris Abramowitsch Milstein, wurde 1935 im Ort Tschernewzy, Bezirk Mogiljow-Podolski, Gebiet Winniza geboren.

Während des Zweiten Weltkriegs verbrachte ich zwei Jahre und acht Monate im Ghetto, das in meiner Heimatstadt, die zum besetzten Transnistrien gehörte, errichtet wurde.

In der zweiten Julihälfte 1941 wurde das Städtchen Tschernewzy von rumänischen Truppen besetzt. Die Besatzer verkündeten, dass alle jüdischen Einwohner ab sofort ins Ghetto müssten. Das Ghetto wurde mit Stacheldraht umzäunt. Es wurde strengstens verboten, in die Nachbardörfer zu gehen. Für die Nichtbefolgung dieser Regel wurde man von ukrainischen und rumänischen Polizisten zu Tode geprügelt. Alle Einwohner des Ghettos wurden verpflichtet, einen gelben Davidstern zu tragen. Auch jüdische Flüchtlinge aus der Bukowina wurden in die Häuser der einheimischen Juden einquartiert. Wir bekamen einmal am Tag zu essen. Vor der Feldküche bildete sich eine lange Schlange. Der rumänische Koch schöpfte in den Napf einen Brei aus Weizenspreu und manchmal ein Stück Maisbrei pro Familie. Wir waren ständig hungrig. Manchmal hatte ich Glück. Ich half dem Koch, den Kessel zu spülen, und holte dazu das Wasser. Dafür wurde ich belohnt. Er gab mir den Rest des Breies zusammen mit dem Spülwasser. Mein Magen war voll, aber ich hatte immer noch Hunger.

Im Herbst 1941 kamen deutsche Offiziere in schwarzer Uniform ins Ghetto. Sie trugen weiße Kittel über der Uniform. Mir und anderen Jugendlichen machten sie Impfungen. Ein paar Tage hatte ich danach sehr hohes Fieber, über 40 Grad, und einen unerträglichen Durst. Das war Fleckthyphus. Es gab keine Medikamente. Dem Feldscher, einem älteren Ukrainer Baranow, der sich um die Kranken kümmerte, wurde verboten, uns zu untersuchen und zu behandeln. Er war ein besonders gütiger Mann, ein wahrer Gerechter unter den Völkern. Leider wurde ihm diese Auszeichnung nicht verliehen. Der Polizeichef, ein Ukrainer, der Shmud hieß, war ständig im alkoholisierten Zustand. Er verprügelte die älteren Juden und vergewaltigte die Frauen. Mit einer Metallstange brach diese Bestie dem jungen Antschal Kesselbrener die Wirbelsäule. Er war damals nicht einmal 13 Jahre alt … Womit hatte der Arme denn das verdient?

Die rumänischen Garnisonen wurden von den Offizieren Stantsche und Duza kommandiert. Stantsche war ein richtiger Faschisten-Sadist. Einmal, als er betrunken war, rief er mich zu sich: »Du, Shid, komm her!« Ich gehorchte und bekam einen Tritt mit dem schweren Stiefel in den Bauch. Ich landete ein paar Meter weiter und konnte kaum atmen. Ich war damals nicht mal sieben Jahre alt. Stantsche quälte die Juden sehr oft.

Der zweite Offizier, Duza, war etwas menschlicher. Er schlug niemanden. Oft besuchte er unsere Nachbarin. Natürlich brachte er immer Geschenke mit. Sie setzten ihren behinderten Mann vor die Tür, um sich wahrscheinlich mit Liebesspielen zu vergnügen. Es ging so mehrere Jahre.

Erwachsene Männer, die für kriegsuntauglich befunden worden waren, und Jugendliche im Alter von 14–16 Jahren wurden täglich unter Bewachung zu verschiedenen Feld- oder Waldarbeiten gebracht. Sie mussten in der Kolonne singen. Für die Nichtbefolgung der Regel wurden sie geschlagen. Zu essen bekamen sie den ganzen Arbeitstag nichts.

An einem heißen Sommertag 1941 rückte ein ungarisches Sonderkommando mit einem deutschen SS-Offizier an der Spitze in das Ghetto ein. Die betrunkenen Soldaten nahmen 12 Menschen fest, erklärten sie zu Geiseln und führten sie zur Brücke über den Fluss Murafa. Den zwölf Todgeweihten wurden Füße und Hände gebunden und dann wurden sie von der acht Meter hohen Brücke in den Fluss geworfen.

Später als Erwachsener schrieb ich ein Gedicht über dieses Ereignis:

Geiseln
Erzähl mir, Fluss-Murafa,
wie vor vielen Jahren
in meinem jüdischen Städtchen
ein Sonderkommando erschien.

Im Herbst während der Kartoffelernte erlaubte man den jüdischen Frauen des Ghettos ins Dorf zu gehen und den ukrainischen Bauern bei der Ernte zu helfen. Einen ganzen Arbeitstag entschädigten die Bauern, mit denen die Juden vor dem Krieg zusammen in die Schule gingen, arbeiteten und befreundet waren, mit einem Eimer Kartoffeln. Für uns waren es Feiertage. Es kam auch vor, dass die Ukrainer das Risiko bestraft zu werden eingingen und nachts zum Stacheldraht krochen, um ihre jüdischen Freunde und Bekannten mit Lebensmitteln zu versorgen. Das gab es …

Im Sommer 1943, ich weiß nicht mehr in welchem Monat es war, wurden alle Ghettoeinwohner auf dem Marktplatz neben der katholischen Kathedrale gesammelt. Die Rumänen warnten uns, keinen Hausrat mitzunehmen. Die Menschen spürten natürlich, dass es nicht gut ausgehen würde. Am Marktplatz angekommen wurden die Menschen von bewaffneten Soldaten auf eine umzäunte Fläche getrieben. An allen vier Ecken dieser Fläche standen Henker mit Maschinengewehren. Bis heute höre ich das Weinen der Menschen, die sich von ihren Familien verabschiedeten. Die Mütter drückten ihre kleinen Kinder an sich, um sie zu schützen. Es war unmöglich zu fliehen, denn die Hunde passten auf. Es blieben Sekunden bis zur Hinrichtung. Aber es gibt Gott auf dieser Welt. Plötzlich erschien ein Reiter auf einem Braunen. Er hatte einen schwarzen Talar an. An einer Goldkette hing ein großes Kreuz, vermutlich aus Gold. Er ritt an den deutschen Offizier heran und übergab ihm irgendein Papier. Der Reiter drehte sich um und ritt zurück.

Wie es sich später herausstellte, war dieser heilige Mann ein Partisanenaufklärer. Er rettete etwa 500 Menschen. Nach einiger Zeit durften wir in unsere Häuser zurückkehren und sahen ein bedrückendes Bild. Viele Ukrainer aus den benachbarten Dörfern wussten wahrscheinlich von unserer geplanten Erschießung und kamen ins Ghetto, um unsere Häuser zu plündern. Da es uns verboten worden war, die Häuser abzuschließen, schleppten sie alles, was nur ging, weg: Kleidung und Schuhe, Stühle, Betten, Tische, Schränke etc. Während der Plünderung standen die Besatzer abseits ... Dies ging sie nichts an.

Während der Besatzung ging es der ukrainischen Bevölkerung ziemlich gut. Viele arbeiteten in den Kolchosen mit den alten Vorkriegsnamen: »Lenin«, »Bolschewik« etc. Sie holten sich aus der Kolchose alles, was sie nur klauen konnten. Viele hatten ihre eigenen Bauernhöfe. Sie lebten, wie Gott in Frankreich. Glauben Sie mir, es ist eine Wahrheit, die man nicht verleugnen kann. Man muss betonen, dass unter der ukrainischen Bevölkerung auch gewissenhafte Menschen waren, die Mitleid mit uns hatten, und uns Juden im Ghetto halfen.

Wir waren am Rande des Todes. All die Misshandlungen, die wir von der rumänischen Besatzungsmacht erlitten, lassen sich nicht kurz beschreiben. Darüber wurden viele Bücher geschrieben. Ich glaube, Folgendes ist traurig: Die rumänischen Machthaber ernannten zwei Juden aus dem Ghetto zu Ältesten: einer von ihnen, Sobel (seinen Vornamen kenne ich nicht), der andere Lipa Furman. Sie versuchten auf alle erdenkliche Weise, die Einwohner des Ghettos, darunter auch ihre Familien, zu retten. Sie bezahlten Schmiergelder an die Besatzer, von denen unser Schicksal abhing. Die Rumänen nahmen Schmiergelder. Es ist kein Geheimnis, dass es auch in unserem Städtchen vor dem Krieg reiche Juden gab. Einige von ihnen hatten Ohrringe, Ringe und anderen Schmuck. Unsere jüdischen Ältesten schmierten die Rumänen, so gut sie es konnten.

Im März 1944, als die Rote Armee unseren Ort befreite, wurde die sowjetische Ordnung wiederhergestellt. Beide, Sobel und Furman, die betagt waren, wurden für die Verbindung zu den Besatzern verurteilt und mit jeweils zehn Jahren Gefängnis bestraft. Beide starben im Gefängnis. Kein einziger ehemaliger Ghettohäftling verteidigte diese Menschen!

Am 18. März 1944 wurde mit einem großen Angriff der Roten Armee unser Städtchen Tschernewzy von den rumänischen Besatzern befreit. Dieser Tag prägte sich für immer in meinem Gedächtnis ein. Es war an einem Freitag. Der Panzer der Aufklärungstruppe kam zur Brücke im Dorf Borowka und hielt an. Die Aufklärungssoldaten gingen zum Fluss Murafa und vergewisserten sich, dass der abziehende Feind die Brücke nicht vermint hatte. Viele Ghettohäftlinge liefen unseren Soldaten mit Tränen der Freude in den Augen entgegen. In der Menge war auch der ehemalige Polizeichef Shmud. Der Kommandeur der Aufklärungstruppe war unser Landsmann. Er hieß Iosif. An seinen Familiennamen erinnere ich mich nicht. Man erzählte ihm, wie dieser faschistische Handlanger die Ghettohäftlinge, darunter auch den Vater von Iosif, terrorisierte. Kurz darauf wurde die Besatzung des Panzers in einer Reihe aufgestellt. Dem betrunkenen Polizeichef wurde der Prozess gemacht und ein Urteil gesprochen. Er wurde sofort erschossen. Die Leiche von Shmud warf man in den Fluss. Die Menschen jubelten: »Dem Hundesohn – ein Hundetod!« Dann setzte der Panzer seine Fahrt ins Städtchen Tschernewzy fort. Alle Rumänen flohen zwei Tage vor der Befreiung. Die Menschen freuten sich. Die bis auf die Knochen Abgemagerten trugen ihre Befreier auf Händen.

Drei, damals 18-jährige Jungen stiegen auf den Panzer und gingen freiwillig an die Front. Viele Männer, ehemalige Ghettohäftlinge, wurden 1944 eingezogen. Es war März. Ein befreiter Jude hielt in der Hand Blumen, die er bei sich zu Hause gezüchtet hatte. An jenem Tag zogen durch unseren Ort bis zum späten Abend Partisanen auf Pferden, darunter auch Frauen, manche mit Säuglingen …

Dann zogen die Militärtruppen und die Artillerie durch unseren Ort. In unserem Städtchen hatten viele Soldaten eine Ruhepause. Partisanen, die Kriegserfahrung hatten, zogen sich in den Wald zurück.

Am Samstag, am zweiten Tag nach unserer Befreiung, schien die Sonne und versprach nichts Böses. Zum Mittag hörte man über dem Städtchen das verfluchte Nahaufklärungsflugzeug der deutschen Luftwaffe »Focke-Wulf«. Kurz darauf erschien eine Gruppe Focke-Wulf mit schwarzen Kreuzen, die zielgenaue Schüsse abfeuerten. An jenem Samstag starben 200 Menschen: 150 Soldaten, der Rest waren Einwohner des Städtchens und der benachbarten Dörfer. Auch sehr viele Lastpferde, die Kanonen zogen, wurden getötet. Die im Städtchen Tschernewzy getöteten Soldaten wurden in einem Gemeinschaftsgrab gegenüber dem Parteikomitee beerdigt. Drei Wochen später zogen durch das Städtchen Tschernewzy die Kolonnen der Gefangenen. Unter ihnen erkannten die Juden auch den Faschisten Stantsche. Ehemalige Ghettohäftlinge wollten ihm selbst den Prozess machen, aber es wurde nicht erlaubt.

Unsere Qualen waren zu Ende. Im Gebietsarchiv von Winniza gibt es Akten und Listen aller Ghettohäftlinge von Tschernewzy. Über einer Akte steht der Vermerk: »Im Mai 1944 das Ghetto von Tschernewzy liquidieren.« Der plötzliche und schnelle Angriff der Roten Armee hinderte den Feind an der Durchführung der Liquidierung des Ghettos. Im März 1944 wurden wir gerettet!

Die sowjetische Ordnung wurde wiederhergestellt. Mit zehn Jahren wurde ich in Pawliwsk eingeschult. 1951 beendete ich die siebte Klasse und begann meine Berufsausbildung an einer Fachschule in Czernowitz. Abends besuchte ich während meiner Ausbildung zusätzlich einen sechsmonatigen Kurs und machte meinen Führerschein der Klasse 3. Ich arbeitete als Schlosser im Autopark in Mojewsk. Am 2. März 1954 fuhr ich mit anderen Komsomolzen nach Kasachstan, um dort zu arbeiten. Im Oktober 1954 wurde ich in Kustanaja zum Militärdienst eingezogen. 1957 kam ich nach Podmoskowje. Ich arbeitete und studierte. Ich absolvierte eine technische Berufsschule und eine Universität. Ich hatte führende Positionen im Verkehrsministerium inne. Ich bin verheiratet, habe eine Tochter und eine Enkelin. Meine Enkelin studiert an der Universität Potsdam. Seit Oktober 2001 hat unsere Familie einen dauerhaften Wohnsitz in Deutschland.

Die Jahre sind unbemerkt vergangen. Viele glauben nicht daran, was wir ehemalige Ghettohäftlinge erlebt haben und dass wir zufällig am Leben geblieben sind.

Anjuta Tkatschenko (Faiketman) (geb. 1926)
»Ich verbrachte Eintausendeinhundert Tage unter der Okkupation«

Ich wurde am 26. August 1926 in der Stadt Tomaschpol, Gebiet Winniza, in einer jüdischen Familie geboren. Mein Vater starb 1937. Ich, meine Mutter und meine Schwester lebten im Dorf Wenditschany, Bezirk Mogiljow-Podolski, Gebiet Winniza. 1941 studierte meine Schwester Klara an der Universität in Odessa.

Als der Krieg ausbrach, war ich im Pionierlager in der Stadt Mogiljow-Podolski, etwa 20 Kilometer von unserem Dorf entfernt. Als meine Mutter mich aus dem Pionierlager abholte und wir auf dem Weg nach Hause waren, begegneten wir vielen Soldaten, die uns rieten, nach Osten zu fahren. Auf den Straßen lagen Flugblätter mit dem Aufruf: »Ukrainer, habt keine Angst; Kommunisten, hegt die Hoffnung, und ihr Juden, macht euch aus dem Staub!«

Es war nicht nötig, lange nachzudenken. Wir packten unsere Habseligkeiten und stellten uns an die Straße, die voll mit Flüchtlingen war, die auf Pferdewagen unterwegs waren. Weinend bettelten wir bei den Vorbeifahrenden, uns mitzunehmen. Niemand beachtete uns. Ein paar Tage hintereinander stellten wir uns so an die Straße. Aber es war vergeblich.

Wir entschlossen uns, nicht zu Fuß zu gehen. Unsere ukrainischen Nachbarn beruhigten uns und versprachen, uns in einer Notsituation zu helfen. So blieben meine Mutter und ich im Dorf Wenditschany. Wir waren die einzigen Juden im ganzen Dorf. Unsere Familie war während der Hungersnot 1933 nach Wenditschany gezogen. Dort bezogen wir ein Häuschen, das einer Hütte glich. Früher war dort eine Kornkammer. Ein paar Tage nach dem Kriegsausbruch wurde unser Dorf von deutschen Truppen besetzt. Es war sehr gefährlich im Dorf zu bleiben. Ich ging zusammen mit meiner Mutter in den Schrebergarten, in dessen Nähe unsere ukrainischen Freunde, Familie Wysozkij, wohnten. Sie riskierten ihr Leben, aber sie versteckten uns in einer kleinen Speisekammer, deren Eingang sie mit irgendwelchen Säcken zugestellt hatten. Dort verbrachten wir ein paar Tage. Aber einmal betraten zwei deutsche Soldaten in der Begleitung des Polizisten Jankowski, einem Bewohner unseres Dorfes, das Haus. Sie schrien Wysozkij an: »Wo sind die Juden?« Besonders Jankowski tobte.

Sie suchten uns, durchsuchten den Dachboden, den Keller, die ganze Wohnung, aber sie konnten uns nicht finden, weil der Eingang in die Speisekammer zugestellt war. Sie gingen weg und so blieben wir am Leben. Es war das erste der Wunder in der Kette unseres Überlebensglücks.

Es versteht sich von selbst, dass Jankowski uns denunziert hatte. Wir mussten so schnell wie möglich unser Versteck verlassen.

Wysozkij gab uns Bauernkleidung, etwas Brot und Wasser und wir gingen ins Feld, wo auch unsere Parzelle war. Dies war ein paar Kilometer von unserem Dorf entfernt. Wir lebten den ganzen Monat unter freiem Himmel im Feld. Manchmal kam Wysozkij und brachte uns das Essen. Wir hatten viel zu wenig zu essen und kauten deshalb verschiedene Pflanzen. Besonders schwer war es ohne Wasser.

Als man keine Schüsse mehr aus dem Dorf hörte, entschieden wir uns, in unsere Hütte zurückzukehren, um nicht zu verhungern.

Als wir ins Dorf kamen, wurden wir von deutschen Soldaten umstellt, die »Juda, Juda!« schrien. Wir dachten, es wäre unser Ende, denn wir hatten keine Kraft wegzulaufen. In diesem Augenblick kam unsere Nachbarin Xenija Swerjanskaja. Sie war eine sehr tapfere Frau. Sie trug ein Militärhemd und einen breiten Gürtel. Sie fing an, uns zu verteidigen. Sie stellte sich vor uns und erklärte den Polizisten, wir seien sehr arm und hätten unter Stalin gelitten.

Sie führte die Soldaten in unsere Hütte und zeigte ihnen, wie arm wir lebten. Dort geschah das zweite Wunder: Die Soldaten gingen weg. Unsere Hütte war leer: alles war weg, nur ein schwerer Tisch, den man nicht wegtragen konnte, war geblieben.

Meine Mutter und ich übernachteten auf dem Boden und am nächsten Morgen kam Xenija und brachte uns etwas Essen. Sie führte uns in den Wald, der fünf Kilometer vom Dorf entfernt war.

Im Wald fanden wir Unterschlupf in einem Loch, das bei einer Bombenexplosion entstanden war.

Wir hatten sehr wenige Lebensmittel. Ab und zu kam Xenija zu uns und brachte uns zu essen. Sie kam selten, um die Polizisten, hauptsächlich waren es die Einheimischen aus dem Dorf, nicht Verdacht schöpfen zu lassen.

Xenija erzählte uns, dass es im Dorf keine Deutschen gäbe, sondern nur Polizisten. Der Winter 1941 kam sehr früh und war sehr kalt, sodass wir nicht mehr lange im Loch bleiben konnten. Außerdem erkrankten meine Mutter und ich an Typhus und wir hatten ein paar Tage sehr hohes Fieber. Meine Mutter hatte Erfrierungen an den Beinen und ihre Zehen waren schwarz und faul. Auf den Oberschenkeln bildeten sich furchtbare Wunden.

Wir konnten kein Lagerfeuer machen, um uns zu wärmen, weil es sehr gefährlich war.

Ich weiß nicht, wie viel Zeit vergangen war, aber als Xenija das nächste Mal kam, überzeugte sie uns, ins Dorf zurückzukehren. Leider konnte meine Mutter nicht mehr gehen. Dann beschaffte Xenija einen Pferdewagen und brachte uns ins Dorf. Einige Zeit hausten wir bei Xenija, auf dem Dachboden oder im Keller. Wir hatten Angst, dass wegen uns ihre ganze Familie bestraft würde, weil überall Plakate hingen, die für die Hilfe für Juden die Erschießung androhten. Deshalb kehrten wir in unsere Hütte zurück.

Mithilfe von Xenija verstellten wir die Fenster mit Ziegelsteinen, fanden ein Bett und brachten es hinein. So lebten wir. Zuerst half uns Xenija, aber mit der Zeit halfen auch andere Dorfbewohner. Ich erinnere mich, wie wir von den Familien Tschechowitsch, Wysozkij, Shukotanskij, Markowy und anderen begrüßt und umarmt wurden. Sie dachten schon, dass wir nicht mehr leben würden. Die Nachbarn brachten uns, was sie konnten: Essen und Kleidung. Sie unterstützten uns, obwohl sie selbst in Armut lebten, denn man hatte ihnen das ganze Vieh, selbst die Hühner weggenommen.

So verging der Winter 1941/42. Im Frühling kamen Soldaten, die wieder von Jankowski angeführt wurden, zu uns. Er fing an zu schreien und konnte nicht verstehen, dass es uns noch gab.

Er gab uns 24 Stunden, um das Dorf zu verlassen. Meine Mutter war sehr erschrocken, fing an zu schreien und zog ihre Kleidung, die nur aus Lumpen bestand, aus. Die Soldaten sahen ein schreckliches Bild: Verfaulte Zehen und Oberschenkel. Sofort verließen sie das Haus. Jankowski schubste meine Mutter vom Tisch, auf dem sie lag, auf den Boden und ging weg. Bevor er wegging, wiederholte er, dass wir das Dorf verlassen sollten.

Zu dem Zeitpunkt war ich nicht zu Hause. Ich sah nicht wie eine Jüdin aus und ging ab und zu betteln. Als ich nach Hause kam und das ganze sah, rief ich Xenija. Sie half mir, meine Mutter auf den Tisch zu legen, und riet mir, zu Jankowski zu gehen und ihn zu bitten, uns zu erlauben, im Dorf zu bleiben. Ich lehnte es ab und rannte zum Fluss. Ich hatte nur einen Gedanken im Kopf: dieses Leben zu beenden. Xenija holte mich ein und trug mich buchstäblich nach Hause. Sie überzeugte mich, dass ich meiner kranken Mutter zu Liebe, leben sollte.

Am nächsten Morgen ging Xenija zu Jankowski und erbettelte bei ihm die Erlaubnis für uns, im Dorf zu bleiben. Jankowski kam nie mehr wieder.

Meine Mutter und ich hatten kein Auskommen. Ich ging ins Feld und half den Bauern bei der Ernte. Dafür bekam ich von ihnen einige Lebensmittel. Besonders freundlich war zu mir Petro Stezjuk. Er gab uns Gemüse, Kartoffeln und anderes.

Einmal wurde ich von den Polizisten direkt vom Feld auf den Platz abgeführt, auf dem die Deutschen die im Dorf lebenden jungen Frauen in Listen eintrugen.

Nach den Erfrierungen hatte ich Wunden an den Füßen, sodass ich nicht weglaufen konnte. Obwohl ich nicht wie eine Jüdin aussah, wurde ich von jemandem als Jüdin denunziert und ich kam in einen Viehwaggon. Dort waren sehr viele Menschen und es war sehr schwül. Und wieder geschah ein Wunder. Die Tür war nicht abgeschlossen und, als der Zug sich in Bewegung setzte, schubste mich jemand hinaus. Als ich wieder zu mir kam, sah ich, dass der Zug schon weg war und ich ganz allein auf dem Boden lag.

Ich ging ins Dorf zurück, weil ich keine andere Alternative hatte. Es waren ungefähr fünf Kilometer bis zum Dorf. Als ich nach Hause kam, weinte meine Mutter, weil ihr jemand gesagt hatte, dass ich von Deutschen abgeführt worden sei.

Meine Mutter und ich schliefen die ganze Nacht nicht und überlegten, was wir unternehmen sollten. Meine Mutter konnte nicht gehen und war bettlägerig. Aber wir mussten weggehen, weil es Gerüchte gab, dass es Razzien geben würde, um junge Frauen nach Deutschland zu verschleppen und Juden zu vernichten. Wir verließen das Dorf nicht, aber tagsüber ging ich mit anderen jungen Frauen ins Feld oder in den Wald, wo wir uns versteckten. Wir lebten in ständiger Angst, in Kälte und Armut und litten Hunger. Ich erinnere mich an eine furchtbare Begegnung mit den Don-Kosaken (das war im Juni 1944). Die Kosaken gehörten zur deutschen Armee und waren in einer Kosaken-Truppe zusammengefasst. Zu jener Zeit flüchteten sie zusammen mit den Deutschen nach Westen. Zwei Kosaken traten in unsere Hütte und leuchteten mit ihren Taschenlampen. Als sie meine Mutter sahen, die ganz erschöpft in ihren Lumpen lag, fingen sie an zu schreien: »Juda, Juda! Auf der anderen Bug-Seite gibt es keinen einzigen Juden mehr.« Meine Mutter zeigte ihre Wunden und sagte, dass sie auf den Tod warte.

Die Kosaken verstanden, dass sie in der Tat bald sterben würde, und zum erneuten Mal geschah ein Wunder: Sie zogen ab. Ich lag die ganze Zeit unter einem Wäscheberg und blieb von den Kosaken unbemerkt. Die Dunkelheit rettete mich.

Am nächsten Morgen marschierten die sowjetischen Truppen ins Dorf und befreiten es.

Obwohl bereits ein paar Jahrzehnte vergangen sind, tauchen die furchtbaren Bilder von damals immer wieder in meinem Gedächtnis auf.

Für immer bin ich den Menschen dankbar, die ihr Leben riskiert hatten, um das Leben meiner Mutter und mein eigenes zu retten.

Meine Mutter blieb Invalidin und war ihr ganzes Leben danach schwer krank. Ich verbrachte 1100 Tage unter der Okkupation. Ich bin der Meinung, dass jeder unter der deutschen Okkupation überlebte Tag als Heldentum gelten kann.

Siehe auch den Zeitzeugenbericht von Beno Mortman

13. Bezirk (Rayon) Murowani Kurilowzy

(ukr. Murowani-Kuryliwzi, russ. Murowanyje-Kurilowzy)
1939 lebten im Bezirk Murowani Kurilowzy 2079 Juden.
Im September 1941 wurde der Bezirk Teil des Gebiets Bar.[110]

Ort: Murowani Kurilowzy

Vor 1941 war Murowani Kurilowzy[111] Bezirkszentrum im Gebiet Winniza der Ukrainischen Sozialistischen Sowjetrepublik, von 1941 bis 1944 Bezirkszentrum im Kreisgebiet Bar, Generalbezirk Wolhynien und Podolien. Seit 1991 ist die Stadt Bezirkszentrum im Gebiet Winniza, Ukraine.

1939 lebten in Murowani Kurilowzy 1014 Juden, etwa ein Viertel der Bevölkerung.

Nach dem 22. Juni 1941 gingen viele Juden zur Roten Armee. Einigen Hundert Juden gelang es, nach Osten zu fliehen. Etwa 600 Juden blieben in der Stadt.

Am 17. (19.) Juli 1941 besetzten Truppen der Achsenmächte die Stadt. Im Juli und Anfang August 1941 wurde die Stadt von sieben ungarischen Soldaten und einer örtlichen ukrainischen Miliz verwaltet. Die Ungarn verhinderten Pogrome ukrainischer Gruppen gegen die Juden. Zu der Zeit war die Feldkommandantur 675 in Winniza für die militärische Verwaltung der Region zuständig. Anton Kornitzki wurde zum Bezirkschef ernannt und war für die örtliche ukrainische Verwaltung verantwortlich. Ende Juli 1941 registrierte die deutsche Militärverwaltung 4800 Einwohner in Murowani Kurilowzy, einschließlich 600 Juden.

---

110 Encyclopedia of Camps and Ghettos, S. 1326, 1328, Anm. 1.
111 Altman, Cholokost, S. 632; Encyclopedia of Camps and Ghettos, S. 1431 ff.; The Yad Vashem Encyclopedia, S. 506.

13. Bezirk (Rayon) Murowani Kurilowzy

Im Sommer und Herbst 1941 führte die deutsche Verwaltung eine Reihe antijüdischer Maßnahmen ein. Juden mussten eine Armbinde mit einem blauen Davidstern tragen. Später wurde die Armbinde durch gelbe Kreise auf Brust und Rücken ersetzt. Ein Judenrat wurde unter Leitung von Iosik Gas eingerichtet. Seine Aufgabe war es, Geld, Wertgegenstände und Kleidung für die Gendarmerie einzusammeln. Er wurde dabei von unbewaffneter jüdischer Polizei unterstützt.

Im September 1941 wurden die Behörden von einer deutschen Zivilverwaltung übernommen. Die Ungarn zogen ab. Der deutsche Regierungsassessor Steffen wurde Gebietskommissar in Bar. Leutnant der Gendarmerie Petrich übernahm die deutsche Gendarmerie in Bar, der auch der Gendarmerieposten in Murowani Kurilowzy unterstand.

Im November 1941 mussten die Juden in ein Ghetto ziehen. Es war ein kleines Gebiet in der Nähe des Marktplatzes, das mit Stacheldraht umzäunt war und von ukrainischer Polizei bewacht wurde. Das Ghetto war überfüllt und drei oder vier Familien mussten sich ein kleines Haus teilen. Die Juden des Ghettos mussten Zwangsarbeit leisten. Nur wer im Büro der Kommandantur arbeitete, bekam etwas zu essen. Einmal in der Woche durften die Juden für eine Stunde auf dem Markt Lebensmittel kaufen. Wer später zurückkehrte wurde von den ukrainischen Polizisten ausgeraubt und geschlagen. Essen war knapp und die Menschen aßen verfaulte Kartoffeln und andere Abfälle.

Im Winter 1941/42 erreichten einige Juden aus der Bukowina und aus Bessarabien das Ghetto.

Am 20. August 1942 wurde das Ghetto von Snitkow aufgelöst. Die Juden wurden in das Ghetto von Murowani Kurilowzy deportiert. Die Kinder und alten Menschen wurden mit Pferdewagen transportiert. Es war ihnen befohlen worden, genug Nahrungsmittel für zwei Tage mitzunehmen. In Murowani Kurilowzy wurden sie in wenigen Häusern zusammengepfercht, in jedem Haus 50 bis 60 Personen.

Am 21. August 1942 organisierte die deutsche Polizei eine groß angelegte »Aktion« gegen das Ghetto von Murowani Kurilowzy. Alle Juden mussten sich auf einem zentralen Platz sammeln und Lebensmittel für drei Tage sowie alle Wertsachen mitbringen, da sie angeblich umgesiedelt werden sollten. Als erstes mussten sie ihre Wertsachen an die örtlichen Polizisten übergeben. Etwa 120 junge Männer und Frauen wurden als arbeitsfähig zurück ins Ghetto geschickt. Die übrigen 1170 Juden wurden in den etwa drei oder vier Kilometer entfernten Wald von Iankowo geführt. Hier wurden sie an drei vorbereiteten Gruben von einem SD-Kommando aus Kamenez-Podolski unter Leitung von SS-Hauptscharführer Andreas Fermer ermordet. Männer, Frauen und Kinder wurden jeweils an gesonderten Gruben erschossen.

Am 27. August 1942 meldete der Gendarmerie-Gebietsführer in Bar dem Kommandeur der Sicherheitspolizei und des SD im Generalbezirk Wolhynien und Podolien, dass in der Zeit vom 19.–21. August 1942 in seinem Bezirk 4304 Juden exekutiert wurden, die sich auf die von Juden bewohnten Orte wie folgt verteilen: in Bar 1742, in Jaltuschkow 233, in

Nowa Uschiza 707, in Kalus 240, in Murowani Kurilowzy 1170 und in Jaryschew 212.[112] Nach Unterlagen der ASK wurden 2314 Juden umgebracht: 978 einheimische und 1336 Flüchtlinge, wahrscheinlich aus Bessarabien und der Bukowina.

Am 16. Oktober 1942 wurden die letzten 120 Juden des Ghettos Murowani Kurilowzy erschossen.

Nur wenigen Juden war es gelungen, den verschiedenen »Aktionen« zu entkommen und in der Umgebung unterzutauchen oder in das von Rumänien besetzte Gebiet zu entkommen.

Am 24. März 1944 wurde Murowani Kurilowzy durch sowjetische Truppen befreit.

Ort: Lutschinez

(ukr. Luchynets, russ. Luchinets, poln. Łuczyniec)
Lutschinez[113] gehört heute zum Bezirk Murowani Kurilowzy, Gebiet Winniza.

Mitte der 1920er-Jahre lebten in Lutschinez 700 Juden. Es gab eine jüdische Schule, in der auf Jiddisch unterrichtet wurde.

Mitte Juli 1941 wurde Lutschinez von der deutschen Wehrmacht besetzt. Am 1. September kam es zu Transnistrien, das unter rumänischer Verwaltung stand.

Im Ort wurde ein Ghetto für die einheimischen Juden und etwa 3500 Juden aus der Bukowina, Bessarabien und dem nördlichen Moldawien eingerichtet. Im Ghetto waren auch einige Juden, die aus der von den Deutschen besetzten Zone geflohen waren. Einige Monate später wurden noch einmal mehrere Tausend Juden nach Lutschinez deportiert. Die Zahl der jüdischen Bevölkerung stieg auf 6500 bis 7000. Das Ghetto war mit Stacheldraht umzäunt. Wegen der Überfüllung schliefen die Menschen in Synagogen, Ställen, zum Teil auf dem nackten Boden oder in aufgegebenen Häusern. Ohne Erlaubnis durften die Juden das Ghetto nicht verlassen. Einige wohlhabende Juden unter den Deportierten konnten durch Bestechung für einige Zeit erreichen, dass sie außerhalb des Ghettos leben durften. Die Juden wurden zur Zwangsarbeit in anderen Orten herangezogen. Bewohner der umliegenden Dörfer brachten den Gefangenen Nahrung. Unhygienische Bedingungen und ein kalter Winter führten zu Ausbrüchen von Ruhr und Typhus. Viele junge Frauen und Mädchen wurden Opfer von Gewalt. Im Winter 1941/42 kamen viele Juden durch Hunger und Kälte um. Die Todesrate in Lutschinez war die höchste in ganz Transnistrien.

Sofort nach der Errichtung des Ghettos war ein Judenrat gebildet worden, der jedoch nichts bewirkte. Im Frühjahr 1942 wurde ein neuer Judenrat gebildet, der große Anstrengungen unternahm, die Lebensbedingungen im Ghetto zu verbessern. Bis November 1942 betrieb er eine Suppenküche. Als 1943 Unterstützung von einem Hilfskomitee aus Bukarest kam, wurde die Suppenküche wieder eröffnet. Ein Hospital, eine Apotheke und ein Waisenhaus wurden eingerichtet.

---

112 VEJ 8, S. 375, Dok. 161.
113 Altman, Cholokost, S. 544; The Yad Vashem Encyclopedia, S. 427.

Im Januar 1943 lebten 2897 Juden im Ghetto. Nach Unterlagen des Hilfskomitees aus Bukarest lebten im März 1943 in Lutschinez 2469 Juden, 1162 einheimische und 1307 deportierte. Am 1. September 1943 lebten noch 1007 Juden im Ghetto.

Im März 1944 wurde Lutschinez befreit.

Efim Dumer (geb. 1935)
»Hunger als Hauptfeind im Ghetto Lutschinez«

Meine Eltern, mein Vater Moisei Dumer und meine Mama Klara, arbeiteten auf der Telegrafenstation in der Stadt Jaltuschkow, Bezirk Bar, Gebiet Winniza. Meine Mutter war Telefonistin und mein Vater war Elektromonteur. Seine Aufgabe war es zu kontrollieren, dass die Kabel an den Masten immer hängen blieben. Wenn ein Kabel abgerissen war, musste er es sofort reparieren. Dazu musste er mithilfe von »Krallen« auf den Telegrafenmast klettern. Man kann sagen, dass dieser Beruf ihm während der deutschen Besatzung das Leben rettete. Immer, wenn man ihn zur Arbeit holen kam, sagte Mama, dass er irgendwo die Leitung reparieren muss. Mein Vater war von Kind an kurzsichtig und trug eine Brille, deshalb wurde er nicht eingezogen. Meine Mutter war eine große (größer als Vater), gut gebaute und sehr schöne Frau. Bis heute erinnere ich mich an ihre langen, braunen Haare, die sehr dicht waren.

Ich wurde 1935 geboren. Bei Beginn des Krieges war ich sechs Jahre alt, aber in meinem Kindheitsgedächtnis sind die Erinnerungen an das friedliche Leben erhalten. So erinnere ich mich z. B., dass mein Großvater mütterlicherseits Froika (ich wurde nach ihm Efim genannt) ein Schmied war und zwar der einzige im ganzen Ort und in der gesamten Umgebung. Ich erinnere mich an seine Schmiede und an die Pferde, die er beschlug. Ich erinnere mich auch, dass er einen eigenen Pferdewagen mit einem Pferd hatte. Es kam vor, dass er mich mitnahm, wenn er einen Auftrag im benachbarten Dorf hatte. Während einer solchen Fahrt überschlug sich einmal der Pferdewagen bei dem Versuch, eine Pfütze zu umfahren, und ich landete im Wasser. Es war Herbst und bis wir unser Haus erreichten, erkältete ich mich und erkrankte an einer Lungenentzündung. Ich genas und mein Großvater kaufte mir einen Schlitten. Es war ein sehr teures Geschenk. Mein Großvater war ein sehr guter Mensch, immer gut gelaunt, lehnte keinen Auftrag ab, aber auch dies half ihm nicht, sich während des Pogroms zu retten.

Als der Krieg ausbrach, ließ sich aus irgendeinem Grund keiner unserer Verwandten evakuieren. Wahrscheinlich waren sie Patrioten und glaubten, dass die Deutschen Jaltuschkow nicht besetzen würden. Das Städtchen hatte einen Schutzwall, der aus drei Betonschichten bestand, dahinter befanden sich Geschütze und Maschinengewehre. Wie würde es möglich sein, diese Schutzmauern zu überwinden?

Meine Familie (Mama, Papa, Schwester Genja und ich) wurden nur dank eines Zufalls gerettet. Unser Haus war am Stadtrand und stand am Fluss Ljadowa. Hinter unserem Haus war ein Militärobjekt. Mit dem Näherrücken der Frontlinie wurde unser Haus abgerissen, weil es den Beschuss der Brücke über den Fluss störte. Meine Eltern, meine Schwester und ich nahmen das Notwendigste und fuhren mit dem Pferdewagen nach Bar, um uns von dort evakuieren zu lassen. Aber wir waren zu spät: Der letzte Zug war gerade abgefahren. Uns blieb nichts anderes übrig, als den Pferdewagen in die Stadt Lutschinez zu lenken. Dort lebten die Eltern meines Vaters: seine Mutter und meine Großmutter Mesja, sein Vater und mein Großvater Boroch, der Bruder meines Vaters Ljusik und seine Schwester Shenja. Zwei andere Brüder meines Vaters Sinaid und Tolja kämpften an der Front. Die Großmutter Mesja war eine kleine, gebrechliche Frau. Nie ruhte sie sich aus und war die ganze Zeit mit irgendetwas beschäftigt. Vor dem Krieg verließ sie kein einziges Mal die Stadt Lutschinez, aber alle Einwohner aus den benachbarten Dörfern kannten sie. Sie war eine sehr kommunikative Frau und dies half uns, während der Besatzung zu überleben. Großvater Borja, ein großer, hübscher Mann wurde in der Stadt Bar geboren und »brachte« gute Manieren nach Lutschinez. Er kämpfte im Ersten Weltkrieg und wurde verwundet. In der Folge wurde er gehörlos. An der rechten Hand hatte er nur zwei Finger. Deshalb wurde er 1941 nicht eingezogen. Ljusik und Shenja waren damals noch Jugendliche und gingen in die Schule. Der Großvater arbeitete in der jüdischen Kolchose und die Großmutter war Hausfrau.

Das Haus meines Großvaters war ein typisches jüdisches Stadtgebäude. Es bestand aus zwei Stockwerken. Das erste Stockwerk war ein großer Raum, wo das Pferd und der Pferdewagen standen. Im zweiten Stockwerk waren drei Durchgangszimmer und eine kleine Küche. In dieses Gebäude gesellten sich zu den vier Bewohnern noch weitere vier, nämlich unsere Familie. Kurz darauf kam zu uns eine entfernte Verwandte Rachil aus Bar. Sie hatte dunkle Haut, deshalb nannte man sie »schwarze Rachil«. Sie flüchtete aus dem Ghetto von Bar.

Das Städtchen wurde von deutschen und rumänischen Truppen besetzt und kurz darauf wurde ein Ghetto errichtet. Alle Juden wurden registriert und waren verpflichtet, einen gelben Davidstern zu tragen. Es war strengstens verboten, das Ghetto zu verlassen, und Ukrainer durften nicht ins Ghetto hinein. Es wurden absichtlich Gerüchte verbreitet, dass die Juden Christen töten, ihr Blut trinken und ihr Fleisch essen würden. Nichtsdestotrotz gelangten Ukrainer ins Ghetto, sie gingen nicht in die Häuser hinein, aber tauschten Lebensmittel, hauptsächlich Kartoffeln, Maismehl und Bohnen gegen Kleidung.

Ich erinnere mich daran, wie die Juden aus Bessarabien ins Ghetto gebracht wurden. Etwa 10 Personen wurden bei uns untergebracht. Sie schliefen direkt auf dem Fußboden. Solange man Dinge für den Tausch hatte, konnte man existieren. Viele von ihnen starben an Hunger. Der Hunger war der Hauptfeind der Juden im Ghetto Lutschinez.

Oft veranstalteten die Rumänen Razzien, um junge Menschen und starke Männer zur Arbeit nach Tultschin zu rekrutieren. Nur wenige kehrten von dort zurück. Auch der Mann meiner Tante Shenja, Wewa Samberg (geboren in Bessarabien) und zwei seiner Brüder kehrten nicht zurück. Ich weiß nicht, wer warnte, aber die Menschen wussten meistens von der bevorstehenden Razzia.

Bei uns zu Hause gab es ein »Versteck«, in dem sich mein Vater, Ljusik und Wewa, also der männliche Teil der Familie, verstecken konnte. Trotzdem wurde während einer Razzia auch mein Vater, Moische Dumer, festgenommen. Meine Mutter, meine Schwester Genja und ich gingen zum Ort, an dem die Festgenommenen inhaftiert waren, um meinem Vater einige Lebensmittel für unterwegs mitzugeben. Aber keiner durfte näher an die Festgenommenen herankommen. Meine Mutter versuchte durchzukommen, wurde aber mit Peitschen verprügelt. Man verletzte ihr den Knochen eines Beins, und aufgrund der schlechten Ernährung erkrankte sie 1944 an Tuberkulose und starb während der Operation. Da bis zum Abend keine Lastwagen kamen, wurden mein Vater und seine Leidensgenossen bis zur nächsten Razzia entlassen. Nie werde ich diesen Moment vergessen. Dies rettete meinem Vater das Leben.

Das Leben im Ghetto war immer von Angst und Ungewissheit vor dem morgigen Tag gekennzeichnet. Aber Kinder bleiben unter allen Umständen Kinder. Wahrscheinlich nahmen sie die Situation anders wahr als die Erwachsenen. Schulen, Kindergärten und Krippen waren geschlossen. Die Kinder spielten miteinander nur auf der Straße. Bei schönem Sommerwetter spielten sie »Zurki«. Zuerst zählte man die Spielteilnehmer. Dann suchte man auf dem Boden Stöckchen für jeden Spieler. Danach suchte man ein Brettchen und stellte es auf einen Stein. Auf eine Seite dieses Brettchens legte man die Stöckchen. Die Kinder stellten sich in einer Reihe auf, und mithilfe eines Zählreimes bestimmte man jenen, der alle anderen Kinder suchen sollte. Der Spielleiter schlug mit dem Fuß auf die andere Seite des Brettchens, und die Stöckchen fielen herunter. Der Suchende musste sie schnell sammeln und auf das Brettchen legen. Erst danach durfte er nach den Kindern suchen. Besondere Freude bereitete es den Kindern, wenn jemand unbemerkt zum Brettchen laufen und alle Stöckchen in die Hand nehmen konnte.

Natürlich hatten die Kinder keine Bälle und konnten weder Fußball noch Volleyball spielen. Aber die Kinder mussten sich austoben. Nicht weit von unserem Haus war ein Hügel, und im Winter sammelten sich dort abends viele Kinder. Nur wenige hatten Schlitten, normalerweise benutzte man ein Brett, um zu rutschen. Auch ich hatte keinen Schlitten. Ich bat meinen Großvater, mir einen Schlitten zu basteln. Er schien sehr stabil zu sein. Aber am Ende des Hügels war ein Abhang. Schon beim ersten Rutschen hielt der Schlitten nicht und ging entzwei.

Ich erinnere mich an noch eine Episode, die mit dem Schlitten verbunden ist. Irgendwo bekam Onkel Ljusik einen echten großen Schlitten mit Eisenkufen und schlug vor, auf die Landstraße von Lutschinez zum Schlittenfahren zu gehen. Im Winter wurde dort eine Strecke in eine zwei Kilometer lange Piste verwandelt. An einem Abend gingen wir hin. Kaum saßen wir im Schlitten, als von irgendwo zwei betrunkene Rumänen kamen. Ich saß hinten, und einer von ihnen fasste mich am Ärmel. Ich befreite mich und der Schlitten rutschte den Hügel hinunter. Der Rumäne nahm sein Gewehr und drückte auf den Abzug. Zum Glück war der Schlitten schon um eine Kurve gefahren und die Kugel konnte uns nicht erreichen. Nach Hause kehrten wir erst bei Einbruch der Dunkelheit zurück, da wir Angst hatten, den Hügel wieder hochzusteigen.

Hauptsächlich sprachen sowohl Kinder als auch Erwachsene auf Jiddisch, obwohl man auch Ukrainisch konnte. Trotz der schwierigen Situation dachten die Eltern an die Zukunft ihrer Kinder. An einem Abend sagte mein Vater, dass ich und meine Schwester Genja Privatunterricht natürlich in Jiddisch erhalten würden. Ich erinnere mich, wie ein Rebbe zu uns nach Hause kam, uns an den Tisch setzte und seinen Unterricht begann. Dafür sollte er eine Mahlzeit erhalten. Dies dauerte nicht lange, weil es wahrscheinlich an Mahlzeiten mangelte.

Die Synagogen waren geschlossen, aber alle jüdischen Traditionen wurden befolgt. Ich kann dies nach der Situation in unserem Haus einschätzen. Jeden Morgen zog Großvater Borja seine Tefillin und den Tales an, schlug das Gebetbuch auf und betete. Am Freitagabend schloss man in der Küche die Fensterläden und zündete am Fenster zwei Kerzen an. Meine Tante Shenja lernte Wewa Samberg kennen und heiratete ihn kurz darauf. Die Hochzeit wurde nach jüdischem Ritus mit einer Chupa gefeiert, die bei uns im großen Zimmer stattfand. In dieser Ehe wurde 1943 ein Junge geboren, den sie Max nannten und der heute in Israel lebt.

Ich habe schon geschrieben, dass der schlimmste Feind im Ghetto der Hunger war. Zum ersten Mal habe ich mich satt gegessen, als die Rote Armee nach Lutschinez kam. Es geschah folgendermaßen: In der kleinen Küche meiner Großmutter war die größte Fläche der Ofen, auf dem ich schlief. Als unsere Truppen in die Stadt einmarschierten, brachten sie ein großes Stück Fleisch und Mehl, damit meine Großmutter eine Suppe für die Rotarmisten kochen konnte. Als die Suppe fertig war, holten sie sie, aber ließen etwas auch für uns übrig. Dies war auch der Augenblick, in dem die ganze Familie zum ersten Mal nach vier Jahren der deutschen Besatzung sich satt essen konnte.

Besonders gefährlich wurde es vor dem Einmarsch der Roten Armee. Alle rechneten mit einem Pogrom. Alle, die bei uns wohnten, wollten sich in unserem Versteck in Sicherheit bringen, aber dort war nicht so viel Platz. Einige von ihnen fanden Unterschlupf bei dem Ukrainer Nikolai Rabski. Im Haus blieb nur unsere Großmutter Mesja.

Der schnelle Angriff der Roten Armee verhinderte das von den Deutschen Geplante. Am Morgen eines Tages öffnete unsere Großmutter den Deckel zum Keller und sagte zu uns: »Kommt heraus, Unsere sind da.« So haben wir überlebt. Dies haben wir unserer Großmutter zu verdanken, die dank ihres Charakters und ihrer fast familiären Verhältnisse zu den einheimischen ukrainischen Bauern unser Überleben ermöglichte und uns dadurch das Schicksal vieler anderer Ghettoeinwohner, die an Hunger starben, ersparte.

Nach der Befreiung 1944 kehrte unsere Familie nach Jaltuschkow zurück. Hier mussten wir erfahren, dass kein einziger Verwandter mütterlicherseits überlebt hatte. Alle Juden des Ghettos von Jaltuschkow wurden von Deutschen und ihren Handlangern ermordet. Nur Einzelne konnten überleben. An einen von ihnen kann ich mich erinnern: Sein Nachname war Woloch, den Vornamen kenne ich nicht ...

Leonid Gurfinkel (geb. 1940)
»Die Überlebenden des Infernos«

Bis heute verheilten nicht die Wunden unserer Erde, unserer Landsleute, die jenen furchtbaren Krieg der Nazihenker überlebten, der wie ein Feuer spuckender Drache unser Land durchquerte und verwüstete.

Wie schön war das Leben bis zu jenem Morgen des 22. Juni 1941! Meine Mutter Ljuba war eine junge hübsche Frau. Sie war 25 Jahre alt und arbeitete als Buchhalterin in der Bezirksbehörde für

13. Bezirk (Rayon) Murowani Kurilowzy

Bildung. Aus Liebe heiratete sie einen jungen hübschen Mann, Natan, der seinen Militärdienst im gleichen Bezirk leistete. Sie lebten nicht in Saus und Braus, aber waren glücklich. Man hoffte auf eine glückliche Zukunft …

Am 17. September 1940 wurde ich geboren. Meine Eltern liebten mich über alles. Aber dann, neun Monate später, überrollte eine große Tragödie unseren Ort und unser ganzes Land: Der Krieg brach aus.

Nachdem die deutschen Truppen in Murowani Kurilowzy, Gebiet Winniza einmarschiert waren, wurde in der Altstadt neben dem Marktplatz eine Reihe der zerstörten Häuser mit Stacheldraht umzäunt. Hierher wurden alle Juden getrieben. So entstand das sogenannte Ghetto. Dort begann jene schreckliche Tragödie, die von den faschistischen Seelenquälern veranstaltet wurde. Davon berichteten mir meine Eltern und ihre Freunde, die Opfer jener unbeschreiblichen Verbrechen wurden und nur wie durch ein Wunder überlebt hatten.

Mit der Übernahme der Macht durch die Faschisten wurden viele Ukrainer ihre Handlanger. Sie bekamen Posten als Schutzmänner und halfen den Faschisten, die Juden zu jagen. Wenn die Deutschen die jüdischen Häuser plünderten, luden sie die einheimische ukrainische Bevölkerung zu dieser Schau ein. Diese erschienen sehr zahlreich, erfreuten sich an dem Schauspiel und durften sich oft auch selbst an den Plünderungen des fremden Eigentums beteiligen.

Die Juden wurden aus ihren Häusern vertrieben und in ein paar Halbruinen eingepfercht. Der Raum, in dem unsere Familie unterkam, glich kaum einem Wohnhaus. Es war ein Gebäude mit Pritschen anstatt Betten. In diese paar Häuser trieben die Deutschen etwa 3000 Erwachsene, Kinder, Alte und Frauen. Die Lebensbedingungen waren unerträglich. Im Ghetto herrschte Zwangsarbeit: jeden Morgen wurden Menschenkolonnen unter Bewachung zur schwersten Arbeit abgeführt und am späten Abend auch unter Bewachung zurückgebracht.

Meine Eltern, wie auch alle anderen Juden, wurden zu Schwerstarbeit im Straßenbau, in Steinbrüchen und auf anderen Objekten unter der Bewachung der bewaffneten Schutzmänner und der Faschisten mit Schäferhunden verpflichtet. Die Häftlinge wurden oft misshandelt, sie bekamen praktisch kein Essen, nur irgendwelche Reste, alten Zwieback und faule Kartoffeln. Ich war damals neun Monate alt. Während der Arbeit band meine Mutter mich mit irgendwelchen Lumpen auf ihren Rücken. So vegetierten die Menschen auf engstem Raum, Hunger und Kälte erleidend, gezwungen tägliche Schwerstarbeit zu verrichten und in der allgegenwärtigen Todesangst.

Aber dies war den faschistischen Kannibalen noch nicht genug. Sie lechzten nach menschlichem Blut und bereiteten akribisch die Massenerschießung der unschuldigen Menschen vor. Zwei Kilometer von Murowani Kurilowzy schaufelte man Tag und Nacht riesige Gräber. Auch in der Nähe des Dorfes Popowo entstanden große Gräber. Der Tag, an dem das unvorstellbare Blutbad stattfinden sollte, kam bald.

Dies geschah am 20. September 1942. Am frühen Morgen wurde das Lager von Faschisten und Schutzmännern mit Schäferhunden umstellt. Ihr Verhalten verriet, dass sich etwas Furchtbares ereignen würde. Die verängstigten Menschen liefen hin und her, aber es gab keine Hoffnung auf Rettung. Wohin sollte man fliehen? Überall stand das verdoppelte Wachpersonal. Die Nacht verging. In jener Nacht konnte niemand schlafen. Jeder wurde von schweren Gedanken gequält: Was soll man tun? Wie kann man sich retten? Aber alles war umsonst, denn man durfte nicht mal die Tür öffnen: Gleich folgten die Schüsse der Wachleute.

In jener Nacht kam die Gruppe der Mörder in die Stadt, das sogenannte Sonderkommando der Faschisten. Am Morgen um 6 Uhr begann eine furchtbare »Aktion«: Die tobenden Faschisten und Polizei trieben die Menschen mit Gewehrkolben aus ihren Häusern und brachten sie auf den Marktplatz. Dort wurden die Frauen von den Männern, die Kinder von den Müttern getrennt. Das Weinen und Schreien hörte man in der ganzen Stadt: »Lebt wohl, meine Lieben! Auf Wiedersehen, Vater!«

Kurz darauf zog über die Landstraße eine lange Menschenkolonne. Die Menschen schritten ihrem furchtbaren qualvollen Tod entgegen. Der Mord an Frauen, Kindern und Alten eröffnete das Blutbad, weil sie am wenigsten arbeitsfähig waren. Jeweils vier Personen wurden zum Rand des großen Grabes geführt, man befahl ihnen, sich zu entkleiden und sich nackt auf den Bauch ins Grab zu legen. Im Liegen wurden sie mit der Maschinenpistole erschossen. Furchtbares Schreien und Stöhnen hallte durch die Gegend und es schien, die Sonne würde es nicht aushalten und müsste auf die Köpfe der verfluchten Bestien fallen. Die Menschen flehten Gott um Hilfe an. Kleine Kinder, die das Ganze nicht verstehen konnten, drückten sich an ihre Mütter. Aber die Henker rissen sie von den Müttern los und wollten nicht mal Kugeln für sie verschwenden: Lebend warfen sie die Kinder ins Grab und verschütteten sie mit Erde. In jenem Grab waren auch meine Tanten und Onkel, Cousinen und Cousins. Nur wenigen gelang es, diesem Reich des Todes zu entkommen. Auch meine Mama und ich standen am Rande so eines Grabes. Aber dann geschah ein Wunder: Ein Schutzmann schubste uns an die Seite, riss mich von meiner Mama und schickte sie zur Gruppe der Häftlinge, die für den Arbeitseinsatz vorgesehen waren.

Um 11 Uhr am Vormittag war alles zu Ende. Jeder Erdbrocken dort wurde durchtränkt mit Menschenblut. Noch lange atmete die frische Erde auf den Gräbern der Erwachsenen und Kinder. Ein Meer aus Tränen und Blut durchsickerte an jenem Tag die Erde. »Das Tal des Todes« nennt man die zwei Kilometer von Murowani Kurilowzy entfernte Furt, wo die Nazivandalen Tausende unschuldige Opfer ermordeten. Von Jahr zu Jahr, von Mensch zu Mensch berichten die Einwohner unseres Bezirks von jener bestialischen Erschießung.

Gott rettete meine Mutter und mich vor jenem furchtbaren Grab. Später, nach der Arbeit, brachte jener Schutzmann mich zu meiner Mutter, und man trieb uns wieder in die Baracke.

Kurz darauf, in der Nacht vor der nächsten bevorstehenden »Aktion«, erschien eine Ukrainerin in der Baracke, die sich heimlich durchgeschmuggelt hatte. Sie kannte meine Eltern bereits vor dem Krieg und half ihnen bei der Flucht nach Kopaigorod. Dort war auch ein Ghetto, aber es war auf rumänischem Gebiet. Dort fanden keine Massenerschießungen statt, allerdings wurden die Menschen auch misshandelt und litten Hunger.

Es gab viele Erschießungen in verschiedenen Ortschaften des Gebiets Winniza, aber sie alle fanden vor dem berühmten Abkommen zwischen Deutschland und Rumänien statt, das zur Gründung des Gebiets Transnistrien führte. Es ist praktisch so, dass hauptsächlich jene Juden überlebten, die in Transnistrien waren.

Mein Vater versuchte zweimal zu fliehen, aber ohne Erfolg. Er wurde jedes Mal festgenommen, zurückgebracht und bestialisch mit Gummischläuchen und Stöcken verprügelt.

Meine Mutter erkrankte in diesem Ghetto an Typhus und konnte um ein Haar dem Tod entkommen. Mutter erzählte mir später, dass ich irgendwelche Spritzen bekam. Wahrscheinlich war ich deshalb später oft krank, meine Zähne waren in einem katastrophalen Zustand, ich hatte große Probleme mit dem Magen und Herzen. Mein Kreislauf und Nervensystem waren auch in einem desolaten Zustand. Jetzt bin ich ein schwer kranker Mensch, obwohl ich erst 63 bin. Gewiss beeinflusste der Aufenthalt im Ghetto auch die Gesundheit meiner Eltern. Meine Mutter starb später an einem Hirnschlag und mein Vater an Krebs.

Wir überlebten im Ghetto in Kopaigorod und wurden im März 1944 von der Roten Armee befreit. Ich war damals vier Jahre alt, aber ich erinnere mich sehr genau, wie gleich nach der Befreiung das berittene Militär in Uniform, das auf dem Rückzug war, in der Nacht mit viel Lärm durch unsere Stadt sauste. Meine Mutter sagte mir später, dass es die Verräter, die Wlassow-Truppen waren. Manche von ihnen rissen die Haustüren auf, plünderten die Wohnungen, vergewaltigten die Frauen, nahmen die Pferde. Sie waren fast alle stark betrunken. Diese Eindringlinge glichen einem Wirbelsturm, der die Stadt verwüstete. Alle dachten, es wäre ein neuer Krieg. Die Menschen bekamen eine furchtbare Angst und legten sich auf den Fußboden, denn die Banditen schossen um sich. Für alle Einwohner war es eine schreckliche Nacht.

Ich, der kleine Junge, wurde von diesen Ereignissen so sehr beeindruckt, dass ich eine Phobie gegen Männer in Militäruniform entwickelte. Als am nächsten Morgen durch Kopaigorod die Lastwagen der Roten Armee fuhren, bekam ich große Angst und rannte so schnell ich konnte weg.

Anfang April wurde mein Vater eingezogen und kam an die Front. In der Nähe von Krakau wurde er schwer verwundet. Er bekam viele Kriegsorden.

1945 kehrte mein Vater aus dem Krieg zurück und wir lebten zusammen in Murowani Kurilowzy. Zwei Jahre später ging ich in die Schule und litt schon ab der ersten Klasse unter dem Antisemitismus, der sich sehr verstärkte: Ich wurde von meinen ukrainischen Klassenkameraden verprügelt und oft beleidigt. Wahrscheinlich war das Beispiel der Faschisten sehr ansteckend gewesen. Kinder können nicht so einen Hass gegen Juden haben, wenn ihre Eltern keine Antisemiten sind. Ich hatte genug von all den Prügeleien und nahm Boxunterricht, sodass sich in der Oberstufe keiner mehr traute, mich zu verprügeln.

Nach der Schule arbeitete ich. 1965 beendete ich die Zahntechnische Fachschule in Kalininsk und arbeitete als Zahnarzt auf dem Land. 1982 lud man mich nach Moskau ein, wo ich in einer Zahnklinik arbeitete. Ich interessierte mich für Zahnimplantationen. Ich führte eine Reihe Zahnimplantationen in der Abteilung der Zahnchirurgie an der Medizinischen Universität durch. Später gelang es mir, eine Abteilung für Zahnimplantationen in einer eigenen Zahnklinik zu gründen. Es war eine der ersten Abteilungen für Zahnimplantationen in der Sowjetunion.

Ich schreibe das alles auf, weil ich immer daran denke: Wenn wir 1944 von der Roten Armee nicht befreit worden wären, gäbe es dies alles nicht. Für viele und aber viele gäbe es kein Leben! Ich möchte sagen: Lasst uns der Gefallenen gedenken und den noch lebenden Helden danken!

Wladimir Sdanowski (geb. 1940)
»Das Gedenken und die Erinnerung an die Zeiten bewahren«
Über die Schwierigkeiten der Kriegszeit, das Leben während der Besatzung, die Brutalität, die Erschießungen der Juden, die Bestialität und den Hunger im Ghetto wurde viel geschrieben und gesagt. Aber vieles vergisst man mit der Zeit.

Die Berichte der Augenzeugen ergänzen die schon bekannten Fakten der Massenexekutionen und die Panik des täglichen Wartens auf den Tod, sowohl von Erwachsenen als auch von Kindern in Ghettos und anderen Orten der Internierung. Diese Menschen, jeder seinem bitteren Schicksal überlassen, lebten auf den Tag und die Stunde auf den Zeitpunkt hin, an dem die grausamen Nazis sie zur Hinrichtung abführen würden.

Obwohl ich viele Studien über die Katastrophe der Juden in der Ukraine im Zweiten Weltkrieg kenne, begegnete ich keinen Erinnerungen von Augenzeugen aus dem Ghetto im ehemaligen Bezirk Kopaigorod, Gebiet Winniza.

Vor Kurzem, während eines Treffens der ehemaligen Häftlinge der nazistischen Ghettos und Konzentrationslager, tauschten die Mitglieder der Kiewer Gruppe ihre Eindrücke über ihren Besuch im Anne-Frank-Haus in Amsterdam aus. Wir alle kennen ihre Tagebucheinträge, die durch ihre kindliche Unmittelbarkeit in der Schilderung der grausamen Vernichtungsmaschine, die von Adolf Hitler und seinen Anhängern geschaffen wurde, erschüttern. Obwohl im Museum nur wenige Fotografien und Textseiten ausgestellt sind, besteht das Wichtigste darin, die Erinnerung an jene Zeit zu bewahren.

Wir leben in einem Land, in dem Zigtausende solcher Kinder wie Anne Frank ermordet wurden. Bis auf das einzige Denkmal, das an die in Babi Jar erschossenen Kinder erinnert, haben wir keine Denkmäler! Solche Zeugnisse wie Erinnerungen, Tagebücher, Briefe gab es nach dem Krieg noch sehr viele. Aber angesichts des allumfassenden Leides, das alle Völker, insbesondere aber das jüdische Volk, erfahren hatten, waren diese Zeugnisse unwichtig. Der Stalinismus mit seiner Praxis des staatlichen Antisemitismus leistete auch seinen Beitrag zum schnellen Vergessen des Holocaust und der Vernichtung der Juden in der Ukraine. Deshalb weiß man so wenig über die Tragödie der osteuropäischen und insbesondere der ukrainischen Juden.

Es gibt viele »weiße Flecken« und die Zeit vergeht. Vieles vergisst man und es verliert sich. Dabei erlitt das ukrainische Judentum den größten Verlust: über 1 600 000 Juden wurden ermordet. Die in Polen und in unserem Land ermordeten Juden stellen die Hälfte der jüdischen Bevölkerung dar, die in Europa vernichtet wurde.

Natürlich unterscheidet sich das Geschehen in den sogenannten kleinen Ghettos im Bezirk Kopaigorod wenig vom Geschehen in anderen Orten der Internierung. Aber das ist eine Schicht der Geschichte, die das gesamte Bild des Holocaust mit mindestens 30 000 Juden aus Winniza, Bessarabien und der Nordbukowina ergänzt, die geschunden, erschossen und von Hunger und Krankheiten gemartert wurden. Leider kann man die Zahl der Ermordeten nur ungefähr einschätzen. Das ist einer der am wenigsten untersuchten Aspekte in der Tragödie der ukrainischen und der aus den rumänischen Besatzungsgebieten deportierten Juden.

13. Bezirk (Rayon) Murowani Kurilowzy

Im »Handbuch der Lager, Gefängnisse und Ghettos auf dem besetzten Territorium der Ukraine (1941–1944)«, das vom Staatskomitee der Archive der Ukraine in Zusammenarbeit mit der ukrainischen nationalen Stiftung »Verständigung und Aussöhnung« beim Ministerkabinett der Ukraine im Jahr 2000 in Kiew herausgegeben wurde, wird die Zahl der Ghettos im Bezirk Kopaigorod (heute Murowani Kurilowzy) mit 14 angegeben, gefolgt vom Bezirk Berschad mit 10 Ghettos, die von den rumänischen Besatzern errichtet wurden. Demnach gab es nur in 14 von 26 Ortschaften Ghettos. Aber der ganze Bezirk bestand aus Ghettos! Einige von ihnen wurden für die aus Bessarabien und der Nordbukowina deportierten Juden errichtet, die meisten waren aber gemischt, das heißt, die einheimischen und deportierten Juden wurden zusammen untergebracht.

Es wird oft von der beinahe humanen Behandlung der Juden durch die rumänischen Besatzer, vom Ausbleiben des Genozids und der Massenvernichtung erzählt. Dies widerlegen aber nicht nur Massenaktionen der rumänischen Machthaber in Odessa (diese werden im Buch »Transnistrien: Juden in der Hölle« von L. P. Suschon, erschienen 1998 in Odessa, beschrieben), sondern auch viele ukrainische und ausländische Forscher sowie Akten über Ghettos im Bezirk Kopaigorod. Nach unvollständigen Angaben sind z.B. im Ghetto der Stadt Kopaigorod an Misshandlungen, Hunger und Erschießungen 2808 Menschen gestorben, im Ghetto des Dorfes Winosh – 802 Menschen, in Popowzy – 790 Menschen, im Dorf Ukrainskoje – 315, in Schewtschenkowe – 350 Juden. Auf dem jüdischen Friedhof im Dorf Lutschinez wurden 24 Massengräber mit Ghettoinsassen gefunden. Insgesamt wurden in Lagern und Ghettos in der rumänischen Besatzungszone im Gebiet Winniza innerhalb von 2 Jahren (Ende 1941 – Dezember 1943) ca. 70 000 Juden ermordet (Siehe: A. Kruglow, Die Enzyklopädie des Holocaust, Kiew 2000, S. 16–21).

Eines solcher Ghettos, die von rumänischen Besatzern mit Antonescu an der Spitze entworfen wurden, war das Ghetto im alten Städtchen Lutschinez, 30 Kilometer von Mogiljow-Podolski entfernt. In diesem Städtchen, wie auch in Hunderten anderer Orten, überwog die jüdische Bevölkerung, die Jahrhunderte lang in guten nachbarschaftlichen und freundschaftlichen Beziehungen mit ukrainischen Bauern aus den Dörfern Witrjanki, Gromiwka, Ploskoje, Lutschintschik, Jusyn lebte. In Lutschinez waren vor dem Krieg etwa 100 Familien mit typisch jüdischen Namen: Barschtein, Lindwor, Schmuner, Blechman, Zwokbenkel, Milerman, Berlin, Schmischkis, Ruchwarger, Palatnik, Bljumkin, Hendelman, Schwarzur, Kaz, Kleinerman, Feferman. Aber es gab auch Familien mit den Namen Schuljazkich, Tomaschpolskich, Sadezkich. Auch gemischte Ehen, jüdisch-ukrainisch, kamen vor, wie zum Beispiel die meiner Eltern: Ruchwarger und Sdanowski.

Die erste Vernichtungswelle der deutschen Faschisten blieb uns erspart, weil ihre Truppen sehr schnell nach Osten vorstießen und die Gebiete Odessa und Winniza entlang des Flusses Dnjestr von Rumänen, den Verbündeten von Nazideutschland, besetzt wurden. Ihnen trat Hitler ein Teil der Ukraine ab, wie man damals sagte, ein Geschenk an Antonescu für seine Beteiligung am Überfall auf die UdSSR.

In Lutschinez wurde eine neue Verwaltung aufgestellt. Dort bekam auch die rumänische Kommandantur ihren Sitz mit Major Buker an der Spitze, der sich als ein wahrer Faschist mit sadistischen Vorlieben offenbarte. Er war Richter und Henker für den gesamten Umkreis und wurde unterstützt von der ukrainischen Polizei. Zusammen mit dem Bürgermeister jagte, liquidierte und verschleppte er das »sowjetische Element«, das waren die Kommunisten und jene, die sich am Aufbau der Kolchosen beteiligten oder aktive Anhänger des sowjetischen Staates waren, in deutsche Lager.

Gleichzeitig vergaß er nicht die Juden, die es, wie Antonescu sagte, in Rumänien »nicht geben sollte«. Zuerst trieb man uns in die Kuh- und Schweineställe der Kolchosen und ließ uns dort schwer bewacht an Hunger sterben. Dies weckte bei der einheimischen ukrainischen Bevölkerung, die in ihrer absoluten Mehrheit unseren Tod nicht wünschte und uns half, so gut sie konnte, Mitleid mit uns.

Trotz Unterdrückung und Überwachung gelang es uns, etwas Essbares zu beschaffen, vor allem Gemüse und Obst, aber manchmal sogar brotähnliche Backwaren, etwa vergleichbar mit Fladenbrot. Aber wir hatten keine Möglichkeit zu kochen, denn wir wurden aus unseren Häusern einfach vertrieben. Wie es sich später herausstellte, war es dadurch für rumänische Soldaten und ukrainische Polizisten einfacher, unser Eigentum zu rauben und unsere Häuser zu plündern. Über dem Städtchen schwebten Daunenfedern, denn Rumänen und Polizisten zerrissen unsere Decken und Kissen auf der Suche nach dem dort angeblich versteckten Gold und Geld. Die Menschen litten Hunger und dieses Leiden äußerte sich im Schreien der Kinder, im Weinen der Mütter, in Bitten der Alten, die das Wachpersonal anflehten, sie kurz nach Hause gehen zu lassen, um Lebensmittel zu holen. Die rumänischen Machthaber versagten angesichts der Aufgabe, so eine Menschenmasse, die dem Hunger überlassen wurde, zu verwahren. Die Situation verschlimmerte sich durch den ständigen Zuzug der aus Bessarabien deportierten Juden. Viele von ihnen, die vor dem Krieg Privatbesitz hatten, verfügten zumindest am Anfang über einige Ersparnisse. Deshalb konnten sie sich auch einige Lebensmittel kaufen.

Im Herbst gesellte sich zu Hunger und Krankheiten noch die Kälte. Durch kaputte Dächer und Fenster regnete es herein und der Wind wehte durch die Räume. Es herrschten katastrophale hygienische Verhältnisse und es mangelte an Wasser. Die Gruben in der Ecke des Stalls dienten als Abort und stellten eine große Gefahr für die Kinder dar, die oft hineinrutschten. Der Schlamm auf dem Boden war nur leicht mit dem Stroh bedeckt. Dies alles summierte sich zu einem unerträglichen Zustand. Fast alle litten an Dysenterie.

Um den Schein der Ordnung zu schaffen und das nicht endende Weinen und Flehen zu unterbinden, gingen die Rumänen gegen die Menschen ohne Rücksicht auf Geschlecht und Alter mit Gewalt vor und schlugen diese brutal mit Peitschen (man nannte sie Kantschuk) und Gewehrkolben oder traten sie einfach mit den Füßen. Zur Abschreckung der anderen erschoss Kommandant Buker zwei alte Männer, die besonders beharrlich um Essen und Gnade baten. Man warf ihnen die Anstiftung zum Ungehorsam vor. Einige Menschen starben, viele lagen krank und erschöpft herum. Sie wurden insbesondere Opfer der Unterdrückung und Misshandlung, da von den Häftlingen verlangt wurde, täglich zum Arbeitseinsatz – Putzen, Straßenbau, Feldarbeit und anderen Arbeiten – zu erscheinen. Dabei wurde strengstens kontrolliert, dass wir während des Arbeitseinsatzes nichts entwendeten. Dafür wurden wir besonders geschlagen und beschimpft.

Anfang Oktober kam ein Befehl aus Bukarest. Kurz darauf wurden wir in Gruppen zu 15–20 Personen in die Häuser in der Altstadt von Lutschinez umgesiedelt. Zuvor wurde das ganze Gelände mit Stacheldraht umzäunt, ein Eingangstor wurde eingebaut und Wachpersonal aufgestellt. Nach der Hölle, die wir in den Tierställen durchmachen mussten, kam uns die Unterbringung in den Häusern als wesentliche Verbesserung vor. Dort konnten wir Feuer machen und uns etwas kochen. Auch wenn es nur eine dünne Suppe oder Tee ohne Zucker – aber ein echter Kräutertee! – waren, hatten wir schon etwas Heißes am Tag. Wir hatten noch einige, natürlich sehr minimale, aber doch Vorräte aus der Vorkriegszeit. In der Nähe war ein Marktplatz und sonntags boten Bauern aus benachbarten Dörfern Lebensmittel zum Kauf an. Fast keiner hatte Geld. Als Währung galten rumänische Lei und deutsche Besatzungsmark. Der Reihe nach versuchten die Menschen, aus dem Ghetto auf den Markt zu gelangen und dort etwas gegen Lebensmittel zu tauschen. Es war nicht einfach, denn man musste dafür das Wachpersonal bestechen. Als Brotersatz galten Kartoffeln, als Binde- und Dickmittel kaufte man Maismehl und Getreidespreu. Manchmal konnte man sogar etwas Milch ergattern.

Besonders schwer war es im Winter 1941–1942 und 1942–1943. Zur systematischen Unterernährung (manchmal bekamen wir 3–4 Tage kein Essen, tranken nur Kräutertee, der den Hunger etwas stillte) kam strenger Frost hinzu. Wir alle schliefen angezogen und in Schuhen und deckten uns mit allem, was wir hatten, zu. Von unserem Atem entstand Dampf. Die Fenster waren so stark zugefroren, dass Tageslicht kaum hereindringen konnte. Das Wasser im Eimer gefror und man musste die in der Nacht gebildete Eisschicht durchbrechen.

Die Kinder legte man in die Mitte, um sie zu wärmen. Alle schliefen zusammen, auch die Kranken. Manchmal starb jemand an der Seite des Schlafenden, aber man merkte dies erst, wenn es von der Leiche kälter wurde ...

Praktisch gab es jeden Tag Todesfälle im Ghetto, wo über 1000 Menschen eingepfercht waren. Im Winter hatte man keine Kraft, die Verstorbenen zu begraben, deshalb brachte man die Leichen auf den Friedhof und warf sie in die im Voraus geschaufelten Gräber, die man dann im Frühling mit Erde zuschüttete. Keiner wusste, wo die Leichen der aus Bessarabien deportierten Juden waren. Es gab Gerüchte, dass man ihnen bei der Deportation die Papiere abgenommen hatte. Deshalb bleibt es bis heut unbekannt, wo die »fremden« Juden ruhen.

»1995, über fünfzig Jahre nach all den Gräueln, kam eine Gruppe der Nachfahren der rumänischen Juden nach Lutschinez, die nach ihren Verwandten suchten. Sie wussten auch nicht, wo ihre Familienmitglieder gestorben waren. Die einzige Person aus dem ehemaligen Ghetto, die damals in Lutschinez noch lebte, war meine Mama Betja Selmanowna. Lange unterhielten sie sich mit meiner Mama und drehten einen Video-Film vom Gespräch. Diesen zeigte man mir in Israel.

Aber, was konnte ihnen diese alte Frau nach so vielen Jahren erzählen? Was wusste sie noch von der Zeit, als Menschen zu Hunderten namenlos vor ihren Augen starben? Nach dem Krieg suchte auch meine Mama nach den Spuren ihrer im Ort Wolkowinzy, Gebiet

Winniza erschossenen Brüder Mojscha und Jankel Ruchwarger. Aber sie konnte ihre Gräber nicht finden. Man zeigte ihr nur den ungefähren Ort und sagte: ›Dort wurden die Juden erschossen.‹«

Unterdrückungen und Misshandlungen waren ein Teil des Systems, deshalb gab es kaum Menschen, die nicht geschlagen wurden. Selbst die Kinder wurden brutal verprügelt. Oft kam es auch zu Konflikten mit den deportierten Juden, die keine Existenzgrundlage mehr hatten, nach dem sie ihre Ersparnisse verbraucht hatten. Wir lebten alle zusammen auf engstem Raum: Sogar schlafen konnten wir nur der Reihe nach. Natürlich war es für uns Einheimische viel einfacher sich zu retten, als für die aus Bessarabien deportierten Juden. Der Hunger ist, wie man sagt, kein Zuckerschlecken. Er zwang Menschen zu allem. Es kam vor, dass man nicht nur voneinander stahl, sondern sogar einem fremden Kind sein letztes Stück Brot wegriss oder den letzten Löffel einer dünnen Suppe wegnahm. Auch verschiedene Sprachen trugen zu Missverständnissen bei. Die Juden aus Bessarabien sprachen einen moldawischen Dialekt der rumänischen Sprache. Sie konnten Jiddisch kaum verstehen, geschweige denn Ukrainisch.

Besonders setzten uns Läuse und Wanzen zu. Man konnte sich kaum vorstellen, woher all die Parasiten kamen. Sie fraßen uns auf. Die verbreitetste Methode, sich von ihnen zu befreien, bestand darin, dass man die Kleidung einige Zeit über das Lagerfeuer hielt. Die Mütter machten es täglich, wenn man sich ein Lagerfeuer leisten konnte. Das Schlimmste war, dass diese Blutsauger Typhus übertrugen. Typhus und Hunger, diese zwei furchtbaren Plagen, grassierten in den Ghettos in der rumänischen Besatzungszone, genannt Transnistrien, und verschuldeten nicht weniger Tote als die deutschen Erschießungen. Die rumänischen Besatzer hatten auch andere Mittel, das Problem mit der Übervölkerung im Ghetto zu lösen. Alle 2–3 Monate veranstalteten sie im Ghetto Pogrome und in den benachbarten Dörfern Razzien. Die Flüchtlinge wurden zu Tode geprügelt und manche wurden zur Abschreckung der anderen in die deutschen Konzentrationslager deportiert. Starke und arbeitsfähige Männer wurden vermutlich nach einer Verordnung regelmäßig ausgemustert und in den deutschen Besatzungszonen dem Gebietskommissariat zur Verfügung gestellt. Keiner von ihnen kehrte je zurück, weder während des Krieges noch nach dem Krieg.

Die Pogrome im Ghetto leitete der Kommandant, Major Buker, höchstpersönlich. Er tobte besonders, wenn jemand den gelben Davidstern nicht an der Kleidung trug.

Noch schlimmer war es für Mädchen und junge Frauen: Sie wurden buchstäblich gejagt und in die Kommandantur gebracht, um abends den höheren Diensträngen zum Vergnügen zu dienen. Danach wurden sie in die Kasernen weitergegeben. Viele von ihnen fehlten wochenlang. Wenn sie zurückkehrten, waren sie niedergeschlagen, verwüstet und erschüttert. Man konnte sie kaum ansehen. In kurzer Zeit verwandelten sich diese Frauen in Geister, und viele von ihnen brachten sich um. Die Menschen flüsterten es sich zu, wenn bekannt wurde, dass es junge Ertrunkene aus der Anzahl der vergewaltigten Frauen gab. Für diese Gespräche drohte eine strenge Strafe. Um diesem Schicksal zu entkommen, trugen die meisten Frauen im Sommer und im Winter Kopftücher, die sie tief ins Gesicht zogen, beschmierten ihr Gesicht mit Asche und hatten in der Tasche immer einen Wattebausch, beschmiert mit etwas Rotem, um ihn dann dem Vergewaltiger zu zeigen. Aber selbst diese Methode rettete sie nicht immer. Außerdem kam es vor, dass die Menschen ihre einheimischen und fremden Ghettobewohner denunzierten, um sich bei der Bewachung einen Vorteil zu verschaffen. Auch dies kam leider vor.

Dies alles hörten und sahen nicht nur Erwachsene, sondern auch wir Kinder, die damals im Alter zwischen vier und zwölf Jahren waren. Obwohl unsere kindlichen Herzen voll Hass gegen die Polizisten und Rumänen waren, verboten uns unsere Mütter strengstens unseren Hass auszusprechen und in die Nähe der Rumänen zu kommen. Aber wir wollten Aufmerksamkeit auf uns lenken und unseren Mut demonstrieren. Deshalb tauschten wir die Neuigkeiten aus, veranstalteten Spiele und Kämpfe, lernten sehr schnell Ausdrücke und Befehle auf Rumänisch, die, wie es sich später herausstellte, gar nicht für das Ohr eines Kindes geeignet waren. Obwohl wir Mütter hatten, sahen wir wie Straßenkinder aus, schmuggelten uns auf den Markt, stahlen und bettelten. Die älteren Jungs hatten Zigaretten und Streichhölzer (diese bekamen sie hauptsächlich im Tausch) und boten sie auf dem Markt gegen Lebensmittel an. Dabei sangen sie die damals sehr berühmte Melodie »Freunde, kauft Zigaretten!«. Wir Kinder, alle, kleine und große, rauchten, obwohl wir uns am Rauch verschluckten und husteten. Oft wurden wir zur Krankenstation gebracht, wo man uns Blut abnahm und irgendwelche Injektionen gab. Dies alles und der andauernde Hunger zeigten sich später in unserer körperlichen Entwicklung und unserem Gesundheitszustand. Viele minderjährige Ghettobewohner waren später behindert.

Im Sommer 1942 gelang es den Partisanen (unter ihnen waren auch Juden) einen Anschlag auf den Kommandanten Buker zu verüben. Er wurde buchstäblich von Kugeln durchsiebt, während seine Wachmänner flüchteten. Aber die Rache beschränkte sich nicht nur darauf. Seine Leiche wurde an den Schwanz eines Pferdes gebunden, das sie zur Kommandantur schleifte. Es gab daraufhin furchtbare Repressalien im Ghetto, aber dieser Fall zwang die Besatzer, sich vorsichtiger zu verhalten und keinen Anlass zum Hass zu geben, nicht nur den der Juden, sondern auch der ukrainischen Bevölkerung. Die Rumänen änderten ihre Strategie. Die neue bestand darin, dass sie ständig drohten, uns an die Deutschen zu übergeben, oder die SS-Männer zu rufen, wenn wir uns nicht fügen würden. Alle Stadtbewohner hatten unheimliche Angst davor, denn dies hätte unser Ende bedeutet.

Im Herbst 1942 erkrankte ich an Typhus. Es hätte keine Möglichkeit gegeben, mich im Ghetto zu retten, deshalb flehte mein Großvater den Polizisten an, uns aus dem Ghetto zu entlassen. Zu dem Zeitpunkt waren die rumänischen Truppen fast komplett zur Schlacht um Stalingrad eingesetzt. Großvater schickte mich und meine Mutter in ein weit entlegenes Dorf, wo er einige katholische Ukrainer, denen er vor dem Krieg viel geholfen hatte, gut kannte. Er nahm aus dem unantastbaren Vorrat eine »solotuschka« (so nannte man goldene 5 Rubel Münzen aus der Zarenzeit) und kaufte für dieses Geld das benötigte Medikament beim rumänischen Arzt. Meine Mutter gab mir Spritzen und so konnte ich gerettet werden.

Nach der Schlacht um Stalingrad verbesserte sich langsam die Situation im Ghetto. Es gab keine weiteren Deportationen der Juden aus Bessarabien, sodass sich die Enge im Ghetto langsam entspannte. Die strenge Bewachung wurde nur tagsüber und bei den Besuchen der Polizeichefs im Ghetto gewährleistet.

Die Lehrerin Klara Naftaljewna organisierte Unterricht und brachte den Kindern im Ghetto Lesen und Schreiben bei. Ohrenbetäubend sangen wir das Lied »Antonescu schickte alle Rumänen in den Kaukasus, aber der Rumäne ist nicht doof. Der Rumäne will auf den Pferdewagen und nach Hause fahren.« Großvater Selmann, der sehr religiös war, zog Tallit und Tefillin an und betete um unsere Errettung. Regelmäßig versammelte sich ein Minjan, der aus den am Leben gebliebenen alten Juden bestand. Auch unsere Mütter versammelten sich manchmal, hauptsächlich am Vorabend der jüdischen Feiertage und sangen leise ihre Lieder. Sie machten dies heimlich. Der Wunsch Mensch zu bleiben, war selbst in jener Situation nicht zu unterdrücken.

Das Ghetto bestand weiter, auch die Passierscheine wurden nicht abgeschafft. Aber einmal erschien im Ghetto der Primar (Bürgermeister) höchstpersönlich. Ich glaube, sein Name war Kuchar. Er fragte nach unserem Leben, als ob er nicht gewusst hätte, wie wir dort vor uns hin vegetierten. Wahrscheinlich befürchtete er als ein Handlanger angesichts des Heranrückens unserer Truppen Rache und hoffte so, sich Straferlass zu verschaffen. Die Großzügigkeit des Primars äußerte sich für uns in Form von Kartoffeln, Karotten und manchmal sogar Milch. Im Winter 1943/44 wussten wir, dass es unser letzter Winter in der Besatzungszone sein würde und wir bald von all den Gräueln befreit würden. »Nur durchhalten!« träumten alle.

Im Februar 1944 war klar, dass die Rumänen fliehen würden, denn ihre Wagenzüge rollten nach Westen. Dies stellte für uns eine große Gefahr dar, denn uns stand bevor, den Rückzug der Deutschen zu überstehen, die noch die Stellung an der Front hielten. In der Tat waren die Deutschen bald in unserem Ort. Wir versteckten uns, wo wir nur konnten, aber es waren nicht mehr die Deutschen, die wir kannten. Es gab nicht viele SS-Männer und die Wehrmachtssoldaten hatten etwas Besseres zu tun. Zwei Wochen später, Mitte März 1944, konnten wir unsere Befreier, die Truppen der Roten Armee, begrüßen. Wir waren begeistert, als wir sie erblickten. Alle konnten sich noch gut erinnern, wie demoralisiert und schlecht bewaffnet die Rotarmisten im Juli 1941 auf ihrem Rückzug waren. Und jetzt! Wir sahen Studebaker, Raketenwerfer (Stalinorgel) und andere Kriegsmaschinen. Alle Soldaten hatten Gewehre in den Händen. Durch die Straße nach Mogiljow-Podolski rollten unaufhaltsam Panzer und großkalibrige Geschütze. Überall hörte man die so lange ersehnten Rufe: »Sieg!« und »Hitler kaputt!«. Mit Tränen in den Augen schaute meine Mama zu, wie die jungen sibirischen Soldaten die ihnen unbekannte Mamaliga zum Soldatenbrot aßen. Noch nie kosteten die achtzehnjährigen Soldaten diesen exotischen Brei.

Leider wurde die Freude über unsere Befreiung sehr getrübt. Im Dorf Nemertschi, das 12 Kilometer von Lutschinez entfernt liegt, wurde die Kolonne der Truppe, die den Bezirk Kopaigorod befreite, aus einem Versteck beschossen. Der Kommandeur der Truppe, den wir am Vortag mit Blumen begrüßten, wurde tödlich verletzt. Er hatte eine Rede gehalten und den Menschen Worte gesagt, die wir fast drei Jahre nicht gehört hatten …

Langsam normalisierte sich das Leben in der ehemaligen Besatzungszone. Aber wir werden das Ghetto nie vergessen. So lange wir leben, werden wir die Erinnerung daran unseren

Nachfahren weitergeben. Leider sind nur sehr wenige materiell fassbare Zeugnisse der früheren Generationen der ukrainischen Juden in den ehemaligen Besatzungszonen erhalten geblieben.

Wenn wir die zahlreichen Menschenopfer beweinen, dürfen wir auch die Verluste unserer geistigen und kulturellen Werte nicht vergessen. Die materiell fassbare Kultur des ganzen Volkes verschwand praktisch vollständig!

Ich erinnere mich an eine riesige Bibliothek, die im Laufe vieler Jahrhunderte in der Familie meiner Mutter entstanden war. Unter diesen Büchern gab es echte Folianten aus der Mitte des 18. Jahrhunderts bis Anfang des 20. Jahrhunderts. Die meisten von ihnen waren auf Hebräisch, das Papier war schwer, die Buchbindung war alt und wertvoll. Es ist schwer für mich, alle Autoren zu nennen, aber ich kann behaupten, dass diese Bibliothek einen richtigen Schatz Jahrhunderte langer Weisheit des jüdischen Volkes darstellte. Um nur einige von ihnen zu nennen: Thora, Talmud, Geschichtsbücher der jüdischen und altjüdischen Staaten Israel und Judäa, vielbändige Ausgaben zum Judentum, sowie zionistische Literatur von Theodor Herzl und seinen Anhängern, Werke Scholem Alejchems und vieler anderer jüdischer Schriftsteller. Dies alles wurde mit den Füssen getreten, zerrissen, verbrannt, Vandalismus pur. Und dies alles Mitte des 20. Jahrhunderts.

In der Innenstadt von Lutschinez wurde ein Mahnmal errichtet, wo an einer Gedenktafel ein paar Hundert Namen meiner Landsleute aufgelistet wurden, die im Krieg, den unser Volk als den Großen Vaterländischen Krieg bezeichnet, ermordet wurden. Insgesamt starben laut Archivakten vom Juli 1941 bis März 1944 im Ghetto 1698 Juden.

Dank der großen Bemühungen Aron Schmuners, des Vorstandsvorsitzenden der Landsmannschaft Lutschinez in Israel, wurde in der Stadt Aschdod ein Denkmal für die im Ghetto Lutschinez ermordeten Juden errichtet. Die Landsmannschaft veranstaltet Fahrten der in Israel lebenden Nachfahren nach Lutschinez und Besuche der Gräber der ermordeten Juden. Die Juden, die heutigen Israelis und die in der Ukraine lebenden, spenden Geld für die Pflege der jüdischen Gräber. Der jüdische Friedhof in Lutschinez ist gepflegt, obwohl in dieser Stadt nur eine jüdische Familie lebt. Die Lebenden erinnern sich und gedenken der Toten, die in der Erde ruhen.

Ewiges Gedenken!

Siehe auch die Zeitzeugenberichte von Efrem Tarlow und Alexandr Trachtenberg

14. Bezirk (Rayon) Nemirow

(ukr. Nemyriw, poln. Niemirów)

Am 20. Oktober 1941 wurde der Generalbezirk Shitomir im Reichskommissariat Ukraine gebildet mit dem Kreisgebiet Nemirow, das aus den ukrainischen Rayonen Nemirow, Sitkowzy und Woronowiza entstand. Am 1. April 1943 wurde der Generalbezirk neu gegliedert und ein Teil des Kreisgebiets Nemirow wurde in das Kreisgebiet Gaissin eingegliedert. Aus dem Rest des Kreisgebiets wurde mit Teilen des Kreisgebiets Iljinzy das neue Kreisgebiet Lipowez gebildet, das am 1. Juni 1943 in Nemirow umbenannt wurde. Am 1. November

1943 bestand das Kreisgebiet Nemirow aus den Rayonen Lipowez, Nemirow, Pliskow und Woronowiza.[114]

In den Jahren 1941 bis 1943 wurden im Bezirk Nemirow 7835 Zivilisten getötet, darunter 7540 Juden.[115]

Ort: Nemirow

Vor 1941 war Nemirow[116] Bezirkszentrum im Gebiet Winniza der Ukrainischen Sozialistischen Sowjetrepublik und von 1941 bis 1944 Bezirks- und Gebietszentrum im Generalbezirk Shitomir. Seit 1991 ist Nemirow Bezirkszentrum im Gebiet Winniza, Ukraine.

Bei der Volkszählung 1939 lebten 3001 Juden in Nemirow, fast 37 Prozent der Bevölkerung, und 161 Juden in den Dörfern des Bezirks.

Nach dem 22. Juni 1941 versuchten viele Juden, nach Osten zu fliehen. Sie wurden jedoch von der Wehrmacht eingeholt und gezwungen, nach Nemirow zurückzukehren. Am 22. Juli 1941 besetzten Einheiten der deutschen 17. Armee Nemirow. Nach einer Meldung der Feldkommandantur 675 vom 25. August 1941 hatte Nemirow 8000 Einwohner, davon waren 3000 Juden. Die Juden wurden sofort gezwungen, Zwangsarbeit zu leisten. Die Ortskommandantur richtete eine örtliche Verwaltung ein und bildete eine Hilfspolizei. Am 20. Oktober 1941 übernahm eine deutsche Zivilverwaltung die Herrschaft in der Stadt.

Am 7. August 1941 wurde der jüdischen Gemeinde von Nemirow eine Kontribution von 100 000 Goldrubel auferlegt, die innerhalb von drei Tagen aufgebracht werden musste.[117] Nachts drangen Deutsche und Polizisten in jüdische Häuser ein, plünderten und verspotteten die Bewohner.

Am 19. September 1941 wurde in Nemirow ein Ghetto eingerichtet. Es umfasste einige wenige Straßen am Rande der Stadt, die mit Stacheldraht umzäunt waren. Die Umsiedlung hatte innerhalb von fünf Tagen zu erfolgen. Wegen der Überfüllung des Ghettos waren die Menschen gezwungen, auf Dachböden, in Kellern und in Fluren zu leben. Zehn bis zwölf Personen mussten in einem Raum leben, das Ghetto war ständig überfüllt. Juden mussten eine Armbinde mit dem Davidstern tragen und Erwachsene mussten jeden Tag Zwangsarbeit leisten. Kontakte zu Personen außerhalb des Ghettos waren verboten. Kräftige Männer und Frauen wurden jeden Tag aus dem Ghetto zur Zwangsarbeit an einem Teilabschnitt der Durchgangsstraße IV von Nemirow nach Gaissin geführt. Sie konnten Lebensmittel, die sie von der einheimischen Bevölkerung bekamen, ins Ghetto bringen. Dadurch war der Hunger im Ghetto nicht so weit verbreitet.

---

114 http://www.territorial.de/ukra/shitomir/shit.htm [12.5.2019].
115 Kruglow, Enziklopedija Cholokosta, S. 20 f.
116 Altman, Cholokost, S. 641; Encyclopedia of Camps and Ghettos, S. 1550 f.; The Yad Vashem Encyclopedia, S. 518 f.
117 Altman, Opfer des Hasses, S. 178.

14. Bezirk (Rayon) Nemirow

Am 24. November 1941[118] (nach anderen Quellen am 7. November) erfolgte die erste Massenerschießung. Angehörige einer Luftwaffen-Kompanie, der Gendarmerie, örtlicher Polizei, 20 Angehörige der Sicherheitspolizei und des SD trieben die Juden des Ghettos in den örtlichen Kulturpalast. Handwerker und ihre Familien wurden zurück ins Ghetto geschickt. Die übrigen Juden wurden teils zu Fuß teils mit Lastwagen zu vorbereiteten Gruben hinter dem Polnischen Friedhof gebracht und dort erschossen. Ein Trupp des Einsatzkommandos 5 aus Winniza unter Leitung von SS-Oberleutnant Theodor Salmanzig soll 2680 Juden erschossen haben.[119] Dem Haupttruppführer der Organisation Todt Willi Ahrem, der mit der Firma Fix an der Durchgangsstraße IV (Lemberg – Winniza – Dnjepropetrowsk) arbeitete, gelang es, den Leiter des SS-Einsatzkommandos dazu zu bewegen, wenigstens die beim Bautrupp der Firma Fix beschäftigten Juden freizulassen. Zwanzig der »am dringendsten benötigten« Arbeiter wurden ihm überstellt und konnten ins Ghetto zurückkehren. Ahrem schätzt die Zahl der am 23. November 1941 ermordeten Juden auf 1200.[120]

Nach dieser ersten »Aktion« lebten im Ghetto nur noch einige Handwerker mit ihren Familien und einige Juden, die sich im Ghetto oder bei Ukrainern versteckt hatten. Im Winter 1941/42 wurde eine Gruppe Juden von Nemirow in das Ghetto Brazlaw überstellt, wo sie bis zu ihrer Ermordung für die Wehrmacht arbeiteten.

Bei einer zweiten Operation am 26.–27. Juni 1942 wurden die Juden in der großen Synagoge zusammengetrieben. Etwa 200 oder 300 junge, kräftige Männer und Frauen wurden ausgewählt und in das auf dem Gelände des Ghettos errichteten Arbeitslager gebracht. Die restlichen 500 Juden wurden mit Lastwagen zu vorbereiteten Gruben hinter dem Polnischen Friedhof gefahren und dort erschossen.

Alle Juden, die in der Umgebung von Nemirow aufgegriffen wurden, einschließlich der Kinder und Alten, wurden in das Arbeitslager gebracht, das mit Stacheldraht umzäunt war und von ukrainischen und litauischen Wachmännern bewacht wurde. Am 19. August 1942 wurden etwa 360 Juden aus Bessarabien und der Bukowina ins Lager gebracht. Durch Epidemien und die schweren Lebensbedingungen starben viele Lagerinsassen. Am 3. September 1942 wurden 160 alte Menschen, Frauen und Kinder im Arbeitslager ermordet. Am 21. September 1942 wurden 200 Juden in das Lager Bugakow verschickt, wo sie fast alle umkamen. Weitere »Aktionen« wurden im Dezember 1942 und am 5. Februar 1943 durchgeführt. Alle Arbeitsunfähigen wurden ermordet. Die letzten, etwa 250 jüdischen Gefangenen, wurden am 8. Mai 1943 ermordet.

Am 15. März 1944 wurde Nemirow durch die Rote Armee befreit.

---

118 Kruglow, Chronika Cholokosta, S. 60.
119 Wahrscheinlich ist diese Zahl zu hoch.; Encyclopedia of Camps and Ghettos, S. 1551, Anm. 8.
120 Beate Kosmala, Willi Ahrem, Haupttruppführer der Organisation Todt, in: Wolfram Wette (Hrsg.), Zivilcourage, Empörte, Helfer und Retter aus Wehrmacht, Polizei und SS, Frankfurt a. M., 2004, S. 152 ff.

Ort: Brazlaw
(poln. Bracław)

Zu Beginn des 20. Jahrhunderts lebten in Brazlaw[121] etwa 6000 Juden, mehr als die Hälfte der Bevölkerung. Von Mai 1919 bis April 1921 verübten ukrainische Banden 14 Pogrome in Brazlaw und ermordeten mehr als 450 Juden. Viele Juden flohen daraufhin aus der Stadt. 1939 lebten in Brazlaw noch 1010 Juden, ein Viertel der Bevölkerung. Vor der Besetzung durch die Wehrmacht gelang es Hunderten Juden aus Brazlaw zu fliehen.

Am 22. Juli 1941 besetzte die Wehrmacht den Ort. Am 1. September kam Brazlaw zu Transnistrien und deportierte Juden aus der Bukowina und Bessarabien wurden nach Brazlaw gebracht.

Im September 1941 wurde für die einheimischen und die deportierten Juden ein Ghetto in der Nähe des Gefängnisses eingerichtet. Es war ihnen erlaubt, einmal in der Woche das Ghetto zu verlassen, um Wasser zu holen, denn im Ghetto gab es keinen Brunnen. Das Wasserholen war meist Aufgabe der Kinder. Einmal in der Woche durften sie auch den Markt besuchen.

Ende Dezember 1941 lebten etwa 750 Juden im Ghetto. Am 1. Januar 1942 wurden die meisten Juden des Ghettos nach Petschora deportiert, 50 wurden am Ufer des Südlichen Bugs ermordet. Im Winter 1941/42 wurde eine Gruppe Juden aus Nemirow nach Brazlaw deportiert. Sie verrichteten verschiedene Arbeiten für die Wehrmacht, bis sie ermordet wurden.[122]

Obwohl Brazlaw zur rumänischen Besatzungszone gehörte, wurden im August 1942 in Brazlaw zwei deutsche Arbeitslager für die deutschen Bauunternehmer Dohrmann aus Remagen und Horst & Jüssen aus Sinzig am Rhein eingerichtet, die für die Organisation Todt arbeiteten. Hier wurden 1200 aus der Bukowina, Bessarabien und Rumänien deportierte Juden sowie 300 ukrainische Juden untergebracht. Sie wurden zu Arbeiten im Steinbruch und im Straßenbau an der Durchgangsstraße IV eingesetzt. Die Arbeitszeit dauerte vom Sonnenaufgang bis zum Sonnenuntergang mit einer halbstündigen Mittagspause. Es gab keine freien Tage.

Im August 1942 ersuchte Loghin, der Präfekt von Tultschin, bei Gheorge Alexianu, dem Gouverneur von Transnistrien, um die Erlaubnis, 5000 Juden an die SS zu übergeben, für den Bau an der Durchgangsstraße IV. Alexianu stimmte zu. Am 18. August 1942 wurden die ersten 3000 Juden an eine SS-Einheit übergeben. Es waren hauptsächlich aus Czernowitz nach Brazlaw deportierte Juden. Die SS-Einheit unter Führung von SS-Hauptsturmführer Franz Kristoffel brachte die Juden auf die deutsche Seite des Südlichen Bug. Die Kinder und die älteren Juden wurden sofort ermordet. Bis Oktober 1943 waren die meisten Juden getötet.[123] Am 23. September 1942 wurden Alte und Kinder im nahe liegenden Wald erschossen. Die »Aktionen« zur Vernichtung der arbeitsunfähigen Juden dauerten an. Im April 1943

---

121 Altman, Cholokost, S. 105; The Yad Vashem Encyclopedia, S. 75.
122 The Yad Vashem Encyclopedia, S. 519.
123 International Commission on the Holocaust in Romania, S. 166.

wurde das Lager Dohrmann geschlossen. Die Häftlinge wurden in das Lager Horst & Jüssen verlegt.

Während der Besatzungszeit waren 16 Personen als Untergrundorganisation in Brazlaw aktiv. Sie wurden entdeckt und alle wurden hingerichtet.

Bei der Befreiung Brazlaws im März 1944 lebten noch 200 einheimische und 30 rumänische Juden.

Ort: Raigorod
(ukr. Raihorod)

Im Juli 1941 besetzten deutsch-rumänische Streitkräfte das Dorf Raigorod[124]. Die einheimischen Juden wurden in einigen Häusern zusammengetrieben und anschließend ermordet.

1942 bis Januar 1943 war in Raigorod ein Arbeitslager für Juden. Das Lager war im Zentrum von Raigorod und bestand aus etwa fünf bis sechs Häusern, die mit Stacheldraht eingezäunt waren. An den Ecken standen Wachtürme. Das Lager wurde von litauischen Polizisten bewacht. Etwa 2000 Juden waren im Steinbruch beschäftigt. Es gab zwei Mahlzeiten am Tage, am Morgen und am Nachmittag Kaffee-Ersatz und Suppe, aber kein Wasser im Lager. Brot gab es alle fünf Tage. Die unhygienischen Verhältnisse hatten in den Sommermonaten eine hohe Todesrate zur Folge.[125] Im April 1942 wurden 100 junge Juden aus dem Ghetto Sobolewka nach Raigorod geschickt.[126] Am 27. Juni 1942 wurde in einem Wald bei Raigorod etwa 1000 Juden aus Czernowitz erschossen und eine unbestimmte Anzahl Juden, die jünger als 16 und älter als 40 Jahre waren. Am 28. Dezember 1942 wurde eine unbekannte Anzahl Juden ermordet, die an Typhus erkrankt waren.[127]

Im Lager Raigorod wurden insgesamt 2758 Juden ermordet. Es wurde im Januar 1943 aufgelöst.[128]

Ort: Rogosna
(ukr. Rohisna)

Rogosna[129] gehört heute zum Bezirk Tywrow.

Am 6. Dezember 1941 wurde im Dorf Rogosna ein Lager für Juden des damaligen Bezirks Schpikow eingerichtet. Im Lager waren 855 Juden. Laut Protokoll der Außerordentlichen Staatlichen Kommission vom 25. November 1944 wurden von 31 im Dorf Juljaltol verhafteten

---

124 Altman, Cholokost, S. 836.
125 Altman, Opfer des Hasses, S. 225.
126 The Yad Vashem Encyclopedia, S. 732.
127 Angrick, Annihilation and Labor. Jews and Thoroughfare IV in Central Ukraine, in: Brandon/Lower (Hrsg.), The Shoah in Ukraine, S. 190–223, hier S. 210.
128 Ebenda, S. 222, Anm. 88.
129 Altman, Cholokost, S. 861.

Juden, darunter auch drei Kinder, 13 im Dorf Rogosna ermordet.[130] Am 19. August 1942 wurden die noch im Lager lebenden Juden nach Petschora deportiert. Im August 1943 wurde das Arbeitslager für Juden in Rogosna aufgelöst und nach Petschora verlegt.

Im Lager Rogosna wurden in der Zeit von 1941 bis 1943 insgesamt 539 Juden ermordet, darunter 166 Kinder.[131]

Michail Atlasman (geb. 1932)
»Es war sehr schwer zu leben«

Ich, Michail Michailowitsch Atlasman, wurde am 29. Oktober 1932 im Dorf Petschora, Bezirk Schpikow (heute Bezirk Tultschin), Gebiet Winniza, geboren.

Als der Krieg ausbrach, lebten wir, meine Eltern und vier Kinder, im Dorf Petschora. Nach einiger Zeit wurden alle Juden gesammelt und zu Fuß ins Ghetto von Schpikow getrieben. Es war am 24. September 1941. Zwei Monate später wurde das ganze Ghetto mitten in der Nacht in einem Fußmarsch ins Dorf Rogosna, Bezirk Nemirow, direkt am Bug, deportiert. Während dieser Nachtaktion starben sehr viele Alte und Kinder. Es waren jene, die nicht mehr gehen konnten. Als wir am frühen Morgen schon in der Nähe des Dorfes Rogosna waren und uns dem Fluss Bug näherten, wurde uns befohlen, zum Gemeindehaus zu gehen. Jene, die am Anfang der Kolonne waren, wurden im Gemeindehaus untergebracht. Die anderen landeten im Keller. Vom 25. November 1941 bis 25. September 1942 waren wir im Dorf Rogosna. In dieser Zeit starben sehr viele Menschen an Kälte, Misshandlungen und Hunger.

Am 25. September 1942 wurden wir (auch in der Nacht) ins Konzentrationslager »Die Todesschleife« in Petschora getrieben. Wir wurden in einem Gebäude untergebracht, in dem vor dem Krieg ein Sanatorium war. Es war ein vierstöckiges Gebäude.

Ein paar Stunden später kamen die Deutschen mit Lastwagen. Man trieb uns aus den Gebäuden hinaus, nahm uns alle Gegenstände weg und wollte uns mit diesen Lastwagen zur Erschießung fahren. Später erzählten die Menschen, dass Kommandant Stratulesku kam und verhinderte, dass wir zur Erschießung abtransportiert würden, bevor er darüber mit dem König telefoniert habe. Der König soll gesagt haben, er würde die Erschießung nicht billigen, da die Gegend ab der Buglinie zu Rumänien gehöre. So waren wir am Leben geblieben.

Im Konzentrationslager »Die Todesschleife« waren die Juden aus der Bukowina, Bessarabien, aus den Bezirken Jampol, Tomaschpol, Dshurin, Schpikow, Tultschin, Trostjanez, Brazlaw und Berschad interniert. Es war sehr schwer zu leben. Wir bekamen nur einmal am Tag zu essen, und das auch nicht jeden Tag. Man musste das Lager heimlich verlassen und betteln gehen. Ich ging 1–2 Mal in der Woche betteln und versorgte so meine Familie. Kurz vor der Befreiung des Bezirks, in dem das Konzentrationslager war, wurde das Lager von Wlassow-Soldaten umstellt. Wer versuchte, aus

---

130 Staatskomitee der Archive der Ukraine, S. 41.
131 Ebenda, S. 51, 53.

dem Lager zu fliehen, wurde an Ort und Stelle erschossen. Später, kurz bevor die Truppen der Roten Armee das Lager befreiten, ermutigten mich meine Eltern zur Flucht aus dem Lager. Ich floh und hatte Glück. Ich blieb am Leben. Im Lager kamen sehr viele Juden um.

Michail Mostowoi (geb. 1926)
»Meine zerstörte Jugend«

Ich habe nie verheimlicht, dass ich Jude bin. Immer und in allen Situationen, in allen Papieren und Akten nannte ich stolz meine Nationalität. Man riet mir mehrmals, das nicht zu machen, aber ich hörte nicht auf diese Ratschläge, sondern handelte nach meinem Gewissen gegenüber der Erinnerung an die Ermordeten: Vater, Bruder, Schwester, Großeltern und viele andere Verwandte.

Ich wollte schon immer das niederschreiben, was ich in meiner Jugend erlebt hatte. Nachts hörte ich ständig das Schreien und Weinen Tausender und Abertausender Ermordeter. Ich sah ihre Gesichter, und dies ließ mich nicht einschlafen. Mit weit aufgerissenen Augen lag ich in meinem Bett und erinnerte mich.

Nach dem Zerfall der Sowjetunion, als die Ukraine unabhängig wurde, wollte ich alles, was ich als Jugendlicher erlebt hatte, niederschreiben, damit meine Kinder, Enkelkinder und Urenkel, meine Freunde und Verwandten darüber Bescheid wissen und es nie vergessen. Ich schreibe es auch auf ihre Bitte hin.

Hinter den Worten »Holocaust«, »Katastrophe«, »Schoah« steht für mich das faschistische Tier, das mit seiner ganzen Brutalität und Maßlosigkeit das jüdische Volk angegriffen hatte.

In die Pranken dieses Tiers geriet ich, als ich kaum 15 Jahre alt war, im Juli 1941 zusammen mit meinen Eltern, Verwandten und Freunden. Ich überlebte vier Ghettos und zwei Konzentrationslager, ich wurde »erschossen« und lag lebendig in einem Massengrab. Und nur durch Wunder überlebte ich. Vor meinen Augen wurden die Juden in den podolischen Städten Nemirow, Raigorod, Brazlaw und Sitkowzy vernichtet; ich musste zusehen, wie Tausende Alte, Frauen und Kinder aus Moldowa, Rumänien und der Bukowina nur deshalb erschossen wurden, weil sie Juden waren.

Als Erinnerung an alle, die nicht überlebt haben, muss ich berichten, wie es war.

Ich, Michail Naumowitsch Mostowoi, wurde am 19. August 1926 in der Stadt Nemirow, Gebiet Winniza geboren. Dort lebten vor dem Krieg über 14 000 Juden. (Boris Zabarko: Laut Volkszählung 1939 lebten in Nemirow 3001 Juden.)

Unsere Familie lebte in der Altstadt, wo traditionell die meisten Juden lebten. Mein Vater hieß Naum Dawidowitsch, meine Mama hieß Sofja Ruwinowna. Mein älterer Bruder Naum (er war acht Jahre älter als ich) schloss 1940 sein Medizinstudium an der Universität Winniza ab und wurde zum Militärdienst eingezogen. Ich war ein gesunder kräftiger Junge, trieb viel Sport und sah älter aus, als es mein tatsächliches Alter angab.

Am 22. Juni 1941 brach der Krieg aus. Von Anfang an war mein Bruder an der Front. Später konnten wir erfahren, dass er im September im Operationssaal eines Feldhospitals in der Nähe von Smolensk durch eine feindliche Bombe getötet wurde.

Am 9. Juli wurden die Jahrgänge 1926–1927 eingezogen. Am nächsten Tag wurden wir, etwa 350 Jungen, in einer Kolonne aufgestellt. Die Lehrer meiner Schule und als Hauptverantwortlicher der Direktor der pädagogischen Fachschule Arsentschuk wurden als unsere Begleiter abkommandiert. Unsere Route lautete: Nemirow – Gaissin – Monastyrischtsche – Uman.

Am 12. Juli landeten auf der Straße, die auf unserer Route lag, deutsche Fallschirmjäger. Man konnte kaum den Himmel sehen: So viele Fallschirmjäger waren es. Sie hielten unsere Kolonne an und fragten mithilfe des Dolmetschers, wohin wir gehen würden. Man erklärte ihnen, dass wir eingezogen wurden. Die Lehrer, die uns begleiteten, erschossen sie gleich vor unseren Augen und befahlen uns, die Leichen am Straßenrand zu begraben. Der Kommandeur der Fallschirmjäger befahl uns durch Dolmetscher eine sofortige Rückkehr nach Nemirow.

Am 15. Juli kam ich zu Hause an. Meine Eltern freuten sich, dass wir wieder zusammen waren. Sie kauften ein Pferd und einen Pferdewagen und hatten vor, sich evakuieren zu lassen. Aber wir schafften es nicht. Am 22. Juli wurde Nemirow von Deutschen besetzt. Für uns begann die grausame Besatzungszeit. Gleich wurde die deutsche Gendarmerie aufgestellt; ihr folgte die freiwillige ukrainische Polizei. Die gestrigen Nachbarn plünderten die Wohnungen der evakuierten Juden, warfen die in Nemirow gebliebenen Juden aus ihren Häusern heraus, verprügelten sie, verlangten von ihnen Geld, Gold, Wertsachen und töteten sehr viele. Dies hielt bis Anfang August an, bis die Besatzer die lokale Verwaltung aufgestellt hatten.

Der erste Stellvertreter des Bürgermeisters wurde Heller, der deutsche Bäcker aus Nemirow. Er kannte alle einheimischen Juden gut. Jene Juden, die vor der Besatzung leitende Funktionen innehatten, wurden auf Anweisung der Verwaltungsmitglieder festgenommen und erschossen. Auch ihre Familien wurden erschossen. Der Chef der ukrainischen Polizei wurde Denissjuk, der vor dem Krieg im Handel tätig war.

Der Bürgermeister Heller und Denissjuk befahlen den Polizisten, die gut betuchten Juden der Stadt, Chachan, Milschtein, Berman, Stepankowski und noch drei andere, in die Gendarmerie zu bringen. Sie wurden Vorsteher der jüdischen Gemeinde; Schulim Chachan wurde Vorsitzender der Gemeinde.

Auf Anweisung des Reichskommissars Koch beauftragte Witting, der Gebietskommissar des Bezirks Nemirow, am 7. August Heller und Denissjuk, die den Juden auferlegte Kontribution einzutreiben. Die Juden von Nemirow mussten innerhalb von drei Tagen für ihre Wohnerlaubnis 100 000 Rubel in Gold bezahlen. Um diese Summe aufzubringen, wurden Juden alle Wertsachen abgenommen. Die Kontribution wurde Witting überreicht.

Ab und zu trieben SS-Männer und Polizisten die Juden, Männer und Frauen, zum Arbeitseinsatz. Keiner von ihnen kehrte nach Hause zurück: Sie wurden erschossen. Jede Nacht brachen die Gendarmen und Polizisten jüdische Häuser und Wohnungen auf, verprügelten die Menschen, plünderten und raubten die Wohnungen aus, vergewaltigten die Frauen und Mädchen. Dies dauerte bis zum 19. September 1941 an.

Am 19. August ordneten der Gebietskommissar Witting, der Polizeichef SS-Major Schulz und der Chef der ukrainischen Gendarmerie Denissjuk die Errichtung des Ghettos in Nemirow an.

14. Bezirk (Rayon) Nemirow

Zu diesem Zweck wurden einige Straßen am Ortsrand ausgesucht. Innerhalb von fünf Tagen mussten Juden ihre Wohnungen im Zentrum der Stadt verlassen und ins Ghetto ziehen. Ihre Wohnungen und Häuser bekamen die Ukrainer, die ihre Häuser fürs Ghetto am Ortsrand freigegeben hatten.

In den angewiesenen Häusern wurden die Juden nicht nur in den Wohnräumen, sondern auch in Kellern, Ställen, auf den Dachböden etc. untergebracht. In einem Raum waren mehrere Familien. Die Enge, mangelnde Hygiene, Krankheiten etc. spielten keine Rolle.

Die männlichen Ghettoeinwohner und Kriegsgefangenen wurden gezwungen, Holzpfosten aufzustellen und Stacheldraht daran zu befestigen, sodass es nur einen Ein- und Ausgang im Ghetto gab. Der Stacheldraht wurde an Strom angeschlossen.

Alle Ghettoeinwohner mussten gelbe Aufnäher auf der Brust und auf dem Rücken tragen. Für die Nichtbefolgung dieser Anweisung drohte die sofortige Erschießung. Es waren keine leeren Drohungen, sondern es gab konkrete Fälle.

Kein Essen, kein Wasser, keine medizinische Versorgung waren für die Juden vorgesehen. Wenn befreundete Ukrainer etwas vorbeibrachten, wurden sie dafür brutal verprügelt. Es gab sogar Fälle, dass ukrainische Helfer von betrunkenen Polizisten erschossen wurden.

Man lebte von Vorräten, die man mitgenommen hatte. Jene, die solche Vorräte nicht hatten, starben an Hunger.

Die einheimischen Polizisten verprügelten und misshandelten regelmäßig die Einwohner des Ghettos. Besonders brutal tobten Belkin, Derewjanko, Sliwko und Antonjuk. Sie brachen nachts ins Ghetto ein und verlangten alle Wertsachen, die man noch hatte, abzugeben.

Im September selektierten die Deutschen 3460 Nichtarbeitsfähige und brachten diese in zwei Gruppen an den Ortsrand. Dort wurden sie im Steinbruch einer Ziegelei erschossen.

Täglich wurden Männer, Frauen und Jugendliche unter Bewachung der Polizisten und Deutschen zum Arbeitseinsatz abgeführt. Der hauptsächliche Einsatzort war im Straßenbau der Route Nemirow–Gaissin–Uman. Jeden Morgen wurden um sechs Uhr mit Lastwagen 200 bis 300 Menschen weggebracht und am Abend gegen 20.00 oder 21.00 Uhr wurden sie zurückgebracht, aber es waren immer 30 bis 40 Menschen weniger. Die Kranken und Schwachen wurden unterwegs, am Straßenrand, im Wald erschossen.

Ich war im Ghetto zusammen mit meinen Eltern und meiner Cousine, die vor dem Krieg vier Semester Medizin an der Universität Winniza studiert hatte.

An einem Oktobertag wurden 40 Menschen ins Dorf Sokolez (15 Kilometer von Nemirow entfernt) weggebracht. Auch ich war in dieser Gruppe. Vom frühen Morgen bis zum späten Abend beluden wir Lastwagen mit Kartoffeln und Gemüse. Die Lastwagen fuhren zum Bahnhof nach Rachny und von dort wurde das Geraubte mit Zügen nach Deutschland gebracht. Wir wurden ständig von Deutschen und Polizisten bewacht. Zu essen bekamen wir nur Kartoffeln. Wir arbeiteten dort über einen Monat.

Am späten Abend des 23. November kam der landwirtschaftliche Kommandant von Krips zusammen mit einem Dolmetscher und befahl allen, sich umgehend auf den Weg zu machen. Er verordnete unsere von Gendarmen und Polizisten bewachte Rückkehr nach Nemirow ins Ghetto. Wir wurden mit Peitschen und Stöcken getrieben und jene, die nicht gehen konnten, wurden unterwegs getötet. Gegen zwei Uhr in der Nacht erreichten wir das Ghetto.

Dort geschah etwas Unvorstellbares. Mütter und Väter rannten mit ihren Kindern hin und her, Alte und Kranke sammelten sich in den Häusern. Alle wussten schon, dass eine »Aktion«, die Vernichtung der Juden, bevorstand. Als ich zum Haus kam, in dem wir wohnten, war dort niemand. Ich konnte nicht hineingehen und wartete bis zum Morgen. Das Ghetto wurde von SS-Männern mit Hunden umstellt und von sehr vielen Polizisten bewacht. Am 24. November 1941 genau um sechs Uhr am Morgen begann die Operation zur Vernichtung der Juden von Nemirow. Polizisten und SS-Männer trieben alle aus ihren Häusern. Alte, Schwangere, Kranke und Schwache, die nicht gehen konnten, wurden auf der Stelle erschossen. Alle anderen trieb man ins Gemeindehaus. Unterwegs wurden die Menschen geschlagen, misshandelt, ausgeraubt. Man verlangte von ihnen Geld, Gold und Wertsachen. Viele wurden dort erschossen.

Zum Morden der Juden kam ein SS-Sonderkommando mit dem SS-Leutnant Krüger an der Spitze. Diese Henker führten die Erschießungen im Steinbruch der Ziegelei durch. Die Gräben mussten Kriegsgefangene im Vorfeld ausheben.

Ich wurde als einer der ersten ins Gemeindehaus gestoßen. Dort hielt ich ständig Ausschau nach meinen Eltern, konnte sie aber nicht finden. Man hörte die Lastwagen hintereinander kommen. Mit Stöcken, Peitschen und Gewehrkolben wurden die Menschen auf die Lastwagen gezwungen und in den Steinbruch gebracht. Wahrscheinlich mangelte es an Lastwagen, denn man stellte Kolonnen von 60 bis 80 Menschen auf und trieb sie durch die ganze Stadt zum Erschießungsort. Dies dauerte den ganzen Tag an.

Ich konnte das Gespräch zwischen Denissjuk, seinem Stellvertreter und den Mitarbeitern der Stadtverwaltung mithören und entnahm diesem, dass die »Aktion« um 18.00 Uhr zu Ende sein sollte. Die Nazis machten alles nach Protokoll.

Man brachte immer mehr Juden ins Gemeindehaus und ich befürchtete jede Minute auch meine Eltern in der Menschenmenge zu entdecken. Plötzlich fassten mich ein Polizist und SS-Mann an Armen und Beinen und warfen mich auf einen Lastwagen.

Der Wagen näherte sich dem Steinbruch. Von Weitem hörte man Schüsse und Schreie. Es wurde dunkel. Ich sah, wie die Wachposten ihre Positionen verließen.

Man führte uns, 18 oder 20 Personen, an den Rand des Grabens. Ohne den Schuss abzuwarten, fiel ich in den Graben, in dem die Ermordeten lagen. Einige aus meiner Gruppe wurden verletzt, einige erschossen, jemand fiel auf mich. Ich hörte, dass die Schießerei aufgehört hatte. Dann hörte ich irgendwelche Gesprächsfetzen: Es waren Kriegsgefangene, die den Graben zuschütten mussten. (Am nächsten Tag wurden sie ebenso dort erschossen.)

Ich fühlte, dass ich nicht verletzt war. Ich blieb im Graben so lange liegen, bis alles still wurde. Dann kroch ich aus dem Graben heraus. Zuerst kroch ich auf dem gefrorenen Boden (es gab noch keinen Schnee). Ich bewegte mich in die Richtung der jüdischen Kolchose. Ich konnte überhaupt nicht klar denken. Dann stand ich auf und begann zu rennen, ohne zu wissen wohin. Ich fiel hin.

14. Bezirk (Rayon) Nemirow

Dann hörte ich einen Pferdewagen und das Klirren der Milchkannen. Es war der Kutscher der Molkerei in Nemirow. Er trat an mich heran: »Bist du geflohen? Jetzt kannst du zurückgehen. Jetzt werden die Juden nicht mehr getötet.«

Ich überlegte, dass ich noch bei Dunkelheit nach Hause gelangen musste. Am frühen Morgen kam ich im Ghetto an. Ringsherum war alles geplündert und zerstört; die Einheimischen schleppten die Habseligkeiten der Ermordeten – Möbel, Kissen, Decken, Töpfe – zu sich nach Hause. Und in der Tat wurde niemand mehr ermordet. Die Polizisten befahlen uns, selbst alles aus den Häusern wegzutragen. Ich trat ins Haus, in dem wir wohnten. Ich sah, wie auch unsere Sachen weggetragen wurden. Ich sagte nichts. Meine Eltern waren nicht da; alles herum war leer. Ein paar Stunden später erschienen meine Eltern. Es stellte sich heraus, dass jenes Haus früher ein Gasthof war und einen riesigen Keller hatte. In diesem Keller versteckten sich viele Menschen, darunter auch meine Eltern, und wurden von Deutschen und Polizisten nicht gefunden.

Im Mai 1942 brachten die Deutschen aus der rumänischen Besatzungszone (Transnistrien) etwa 1000 Juden nach Nemirow und erschossen sie dort.

Im umstellten Ghetto sammelten sich ungefähr 2800 am Leben gebliebene Juden aus Nemirow. Wieder begann der qualvolle Arbeitseinsatz im Straßenbau der Route Nemirow–Gaissin–Uman. Diesmal arbeiteten wir auf den Strecken in benachbarten Städtchen Brazlaw und Raigorod sowie in den Dörfern Tschukow, Bugakow und Osero. Das Wachpersonal tötete regelmäßig ganze Familien und kleine Gruppen unter dem Anschein, sie zum Arbeitseinsatz weggebracht zu haben.

Nach Brazlaw wurden über 400 Menschen verschleppt. Mein Vater musste dort in einem Steinbruch schuften. Andere arbeiteten entweder im Steinbruch oder im Straßenbau. Sie wurden in Schweine- und Pferdeställen untergebracht. In Osero wurde im ehemaligen Schulgebäude ein Arbeitslager für die Beschäftigten im Straßenbau errichtet.

Am 26. Juni 1942 wurden sowohl diese Juden, als auch die Juden aus Brazlaw erschossen. Heute ist dort ein Gemeinschaftsgrab mit einem Granitmahnmal und einer Tafel, die berichtet, dass dort unschuldige Menschen, Alte und Frauen ermordet wurden. Für mich ist es ein heiliger Ort. Ich beteilige mich an der Pflege des Grabes und tue es zur Erinnerung an meinen Vater.

An jenem schwarzen Tag, dem 26. Juni 1942, führten die Deutschen und Polizisten im Ghetto von Nemirow die zweite »Aktion« durch. Vor Beginn der »Aktion« gelang es mir, meine kranke Mama und meine Cousine Bassjunja in einem Keller zu verstecken. Für mich dachte ich: »Wenn mir schon das erste Mal die Flucht gelang, dann werde ich auch das zweite Mal fliehen.«

Schon wieder wurden alle Menschen zusammengepfercht, aber nicht im Gemeindehaus, sondern in der Synagoge. Schon wieder fuhren Lastwagen vor und holten Alte, Kranke und Kinder. Auch diesmal brachte man die Menschen in den Steinbruch, in dem am 24. November 1941 die Erschießungen stattfanden. Damals wurden in Nemirow 8300 ermordet. Diesmal sollten es 1200 werden.

Ich war auch dort in der Synagoge. Als über 600 Menschen im Raum waren, begann die Selektion. Es wurden etwa 200 kräftigere Menschen ausgesucht, die als Tischler, Schuhmacher, Schneider, Friseure, Schlosser etc. arbeiten sollten. Alle anderen wurden auf die Lastwagen verladen und zum Erschießungsort gefahren. Ich dachte die ganze Zeit über die Flucht nach. Ich überlegte: der Wald, eine Abbiegung, ein steiler Weg hinunter: Dort müsste ich runterspringen.

Es wurde Abend und dunkel. Diesmal dauerte die »Aktion« bis 22.00 Uhr. Als der Lastwagen zum Erschießungsort abgebogen war, streckte ich ein Bein aus. Ein Polizist mit Maschinengewehr saß mir gegenüber und rauchte. Als der Wagen bergab fuhr, streckte ich das zweite Bein aus und sprang dann herunter. Ich hörte zwei Schüsse. Ein Schuss war ganz in der Nähe. Ich rannte weg. Wohin sollte ich rennen? Ich kehrte wieder ins Ghetto zurück.

Ich fand meine Mutter und Cousine im Versteck. Aber das Ghetto war schon liquidiert. Für die übrig gebliebenen Handwerker und solche »Überlebenden« wie ich, errichteten die Deutschen ein Konzentrationslager. Man hielt uns unter verstärkter Bewachung. Das Gelände des Lagers wurde mit einem drei Meter hohen Zaun und Stacheldraht mit Stromzufuhr von der Außenwelt abgetrennt.

Der Lagerdirektor war der SS-Major Enig, sein Stellvertreter SS-Leutnant Kroschke. Aber als Hauptbestie entpuppte sich der ukrainische Dolmetscher. Die Deutschen nannten ihn Willi, aber sein echter Name war Wiktor. Er stammte aus dem Ort Woronowiza. Willi konnte fließend Deutsch. Jeden Tag verprügelte er uns vor und nach der Arbeit mit dem Stock und genoss das Weinen und Schreien der Juden. Auch ich wurde von diesem Sadisten misshandelt. Unter ukrainischen Polizisten sah ich auch meine ehemaligen Schulkommilitonen Wolodja Krupski und Grischa Dolinsky. Zusammen mit ihnen wurde ich 1940 in den Komsomol aufgenommen.

Als meine Mutter zum erneuten Arbeitseinsatz abgeführt wurde, begegnete sie dort einer ehemaligen Bekannten Marija Petrowna Lawrenjuk. Diese Frau organisierte unsere Flucht aus dem Konzentrationslager. Sie vereinbarte mit Darja, einer Einwohnerin von Nemirow, die fließend Jiddisch sprach, und ihrem Mann Stepan, dass meine Mama und Cousine Bassja sich nach einem Arbeitseinsatz in einem benachbarten Wald verstecken und am Abend zu ihnen kommen sollten.

Am Abend des 23. Februar versteckten uns Darja und Stepan in ihrem Stall. Kurz darauf erschien ein Mann (seinen Namen kenne ich leider nicht) aus dem Dorf Kudlai und nahm uns mit. Kudlai erreichten wir gegen 22.00 Uhr. Der Mann brachte uns in einen leeren Stall, in dem wir übernachteten und begleitete uns am nächsten Morgen ins Dorf Nikiforowzy. Dort überquerten wir den gefrorenen Südlichen Bug und gelangten so auf das rumänisch besetzte Territorium, wo man Juden nicht erschoss. So wurden wir gerettet.

Später erfuhren wir, dass sich nach einigen Fluchtversuchen außer uns auch Semen und Lisa Strishewskije, die Schwestern Rosenhaft und Rachil Schanschein retten konnten. Es war sehr schwierig, weil man uns immer gut bewacht zum Arbeitseinsatz abführte. Die Menschen bekamen kein Essen mehr und litten an verschiedenen Infektionen. Am 24. Mai 1943 wurden sie im schon erwähnten Steinbruch erschossen. So wurde die Vernichtung der Juden von Nemirow vollbracht. Zusammen mit ihnen wurden auch Kriegsgefangene und Partisanen umgebracht.

Marija Petrowna Lawrenjuk, unsere Retterin, der wir unser Leben verdanken, ist schon über 80 Jahre alt. Ihr wurde der Ehrentitel »Gerechte unter den Völkern« verliehen. Zu ihrer Ehre wurde in der Allee der Gerechten in Jerusalem ein Baum gepflanzt …

14. Bezirk (Rayon) Nemirow

Am rumänischen Bug-Ufer nahmen sich unser die Grenzsoldaten an: Sie verprügelten uns, verlangten von uns Geld und drohten uns mit Tywrow, wo die Zentrale der Gendarmerie war. In Tywrow kamen wir ins Gefängnis. Dort waren wir drei Tage und lebten von Mais und Wasser. Wir waren Augenzeuge, dass auch andere Juden hingebracht wurden. Von uns allen verlangte man Geld, Gold und Wertsachen. Und wir alle wurden verprügelt.

Aus dem Gefängnis brachte man uns in einem Fußmarsch nach Krasnoje. Dort war auch ein von Rumänen bewachtes Ghetto, aber die Menschen lebten in ihren Häusern, in denen dann auch »die Neuzugänge« untergebracht wurden. Die Rumänen führten ständig Razzien durch und kontrollierten, ob ein Neuer auf ihrem Territorium auftauchte. Dann verlangten sie Löse- und Schmiergelder. Sehr oft fanden diese Razzien nachts statt.

Im August 1943 wurde auch ich während einer Nachtrazzia festgenommen. Zuerst wurde ich zusammen mit zwei anderen Juden im Polizeigebäude in Krasnoje eingesperrt. Zwei Tage lang wurde ich verprügelt und am Abend des dritten Tages band man mir die Füße zusammen und brachte mich zur Eisenbahnstation in Jaroschenko. Dort wurde ich den ganzen Tag in einem Güterwaggon, in dem noch einige Menschen waren, eingesperrt. Der Güterwaggon wurde dann an einen Zug angehängt, und wir waren vier Tage in einer ungewissen Richtung unterwegs. Einmal am Tag bekamen wir eine Scheibe Maisbrot und eine Tasse Wasser. Man brachte uns nach Trichaty, etwa 60 Kilometer von Nikolajew in Richtung Cherson entfernt. Dort landeten wir schon wieder hinter Stacheldraht.

Das Lager in Trichaty war in Güterwaggons auf den etwas abseits des Bahnhofs verlaufenden Schienen untergebracht. Es wurde ausschließlich von Gestapo-Männern bewacht. Dorthin wurden Juden aus Rumänien, Bessarabien, der Bukowina sowie Kriegsgefangene und Zigeuner gebracht. Wir mussten die Brücke über den Südlichen Bug ausbauen. Die 120 Meter lange und 60 Meter hohe Brücke war für die Deutschen von großer strategischer Bedeutung: Über diese Brücke lieferte man den Nachschub und die großen Kriegsgeräte an die Front und brachte Verwundete von der Front zurück.

Wir arbeiteten sehr schwer. Die Kranken und die Schwachen wurden erschossen oder die Deutschen warfen sie von der Brücke ins Wasser. Wir alle waren todgeweiht und hatten keine Hoffnung zu überleben.

Mitte Dezember 1943 konnte man schon die sowjetische Artillerie hören. Als ich einmal aus dem Waggon herauskam, sah ich wie sich langsam ein Zug mit verwundeten Deutschen bewegte. Ich dachte mir, dass ich so oder so heute oder morgen getötet würde und entschied mich, es zu riskieren. Ich kroch auf die Lokomotive und vergrub mich in der Kohle. Am Morgen erreichte der Zug eine größere Stadt. Ich sprang herunter. Es stellte sich heraus, dass wir in Odessa waren. Deutsche mit Schäferhunden umzingelten alle ankommenden Züge. Es gelang mir, mich in einer Mülltonne zu verstecken. In der Nacht kroch ich aus der Mülltonne heraus. Ich fragte, in welcher Richtung Winniza lag. Ich entschloss mich, zu Fuß parallel zur Eisenbahn zu laufen. Ich ging nur nachts, weil es tagsüber zu gefährlich war. Nach sieben Tagen erreichte ich Winniza und ging dann nach Krasnoje. Meine Mutter und Bassja erkannten mich nur an meiner Stimme.

Ab Januar wurden die Juden in Krasnoje nicht mehr zum Arbeitseinsatz getrieben, und die Menschen versteckten sich ständig aus Angst vor den Deutschen, die auf dem Rückzug waren. Man konnte die sowjetische Artillerie immer deutlicher hören. Am 19. März 1944 wurde Krasnoje befreit.

Meine Mutter, meine Cousine und ich kehrten zu Fuß nach Nemirow zurück. Dort fanden wir unser zerstörtes und geplündertes Haus vor. Wir begannen bei Null. Am 17. April wurde ich eingezogen und ging an die Front.

Nach dem Krieg trat ich 1947–1948 vier Mal bei den Kriegsgerichten Prikarpatski und Kiew in den Prozessen wegen Kriegsverbrechen der Faschisten und ihrer Handlanger während der Besatzung auf. Im Staatsarchiv des Gebiets Winniza wird das Protokoll der Sonderkommission über die Verbrechen der Besatzer in der Stadt und im Bezirk Nemirow aufbewahrt. In diesen Unterlagen wird festgehalten, dass die Nazis 7785 Menschen, hauptsächlich Zivilisten jüdischer Herkunft, erschossen haben. Insgesamt wurden 18 Gräber gefunden.

In einem Grab wurde ein Teil der Menschen bei lebendigem Leib begraben. In einem anderen Grab wurden sterbliche Überreste von 1200 Menschen, die nackt im Stehen per Genickschuss ermordet und im Stehen begraben worden waren, identifiziert. Im dritten Grab waren die Leichen von Menschen, die misshandelt und dann lebendig begraben wurden. Es waren hauptsächlich Juden, Partisanen und Kriegsgefangene. In einem anderen Grab ruhen fast 3000 ermordete jüdische Kinder.

In Wirklichkeit kann niemand sagen, wie viele Juden ermordet wurden: wie viele vor dem Beginn der Massenerschießungen auf den Straßen, in den Häusern, beim Arbeitseinsatz getötet wurden, wie viele in Ghettos an Hunger, Krankheiten und Misshandlungen umgekommen waren, wie viele ihr Leben während der tausendfachen »Aktionen« verloren hatten. Die Faschisten führten darüber keine Statistik, die Nachkriegsangaben über Exhumierungen sind unvollständig. Meine Frau und ich bezeugen und behaupten, dass jegliche Angaben über die Zahl der Ermordeten niedriger sind, als die Zahl der in Wirklichkeit Ermordeten.

Man könnte glauben, die SS-Männer und Polizisten hätten alles einkalkuliert. Sie dachten, dass sie unser Volk vernichten würden. Aber jene, die überlebt hatten, zeigten ihren Mut und ihre Kraft, indem sie über das Erlebte und Überlebte berichteten und so halfen, die Mörder zu finden und zu bestrafen.

Ewgenija Satanowskaja (Krutowskaja) (geb. 1928)
»Nachts ging ich und tagsüber versteckte ich mich«

Jeder Mensch hat sein Gedächtnis- und Erinnerungsbuch. Aber mit dem Alter ändert sich die Wertung des Vergangenen. Ich möchte von meinen Erlebnissen aus der Perspektive eines kleinen Mädchens, das ich damals war, berichten.

Ich, Ewgenija Borissowna Satanowskaja (geborene Krutowskaja), wurde am 4. August 1928 im Dorf Shornischtsche, Bezirk Iljinzy, Gebiet Winniza, in einer jüdischen Familie geboren. Unsere

Familie bestand aus sechs Personen: meinem Vater Boris Grigorjewitsch Krutowski, meiner Mutter Dina Dawidowna, meinem Bruder Grischa (geboren 1922), meiner Schwester Sonja (geboren 1925), meinem Bruder David (geboren 1931) und mir. Mein Vater arbeitete im Dorf als Schuhmacher, meine Mutter war Hausfrau. Mein älterer Bruder Grischa leistete seinen Militärdienst. Wir kannten keine Not und waren zufrieden mit unserem Leben.

Als der Krieg ausbrach, wurde mein Vater eingezogen. Meine Mutter, meine Schwester und mein Bruder waren zu Hause, und ich half in den Sommerferien einer ukrainischen Familie aus, indem ich auf das Baby aufpasste. Ich wohnte bei dieser Familie.

Im August 1941 gab es eine Verordnung, die alle Juden des Ortes Shornischtsche verpflichtete, sich im Zentrum des Dorfes zu versammeln, um zum Arbeitseinsatz abtransportiert zu werden. Juden, die keine Möglichkeit hatten sich zu verstecken, darunter auch meine Mutter und meine Geschwister, gingen zu diesem Sammelplatz. Sie wurden auf die Lastwagen geladen, an den Dorfrand gebracht und dort erschossen. Als ich nach Hause zurückkehrte, berichteten mir meine Landsleute davon.

Die Familie, bei der ich als Kindermädchen arbeitete, konnte mich nicht mehr beschäftigen und ich musste weggehen. Ich erinnerte mich, dass im Dorf Krasnenkoje meine Tante Bassja mit ihrem Mann und ihrer Tochter Shenja lebten. Später stellte sich heraus, dass auch meine Tante und ihre Tochter verschleppt und erschossen wurden. Den Mann von Tante Bassja ließ man am Leben, weil man ihn als Schuhmacher brauchte. Er musste den Deutschen und Polizisten Schuhe nähen und reparieren. Aber später wurde auch Onkel Leiser ermordet.

Aus dem Dorf Shornischtsche ging ich nachts und versteckte mich tagsüber. Als ich in Krasnenkoje ankam, erzählten mir die Nachbarn, was passiert war. Es war sehr gefährlich, dort zu bleiben, und ich verließ das Dorf. Aber am nächsten Morgen wurde ich bei einer Razzia festgenommen und zusammen mit anderen Menschen zu einem Arbeitseinsatz ins Dorf Raigorod verschleppt. Wir wurden in einem Lager untergebracht. Ich blieb dort bis zum August 1942. Die Arbeit war furchtbar schwer: Ich musste Steine und Erde für den Straßenbau schleppen. Einmal am Tag bekamen wir eine Scheibe Schwarzbrot und eine Schüssel Rübensuppe. Die Straßenarbeiten standen kurz vor ihrem Abschluss und ich konnte zufällig einem Gespräch zwischen Deutschen und Polizisten entnehmen, dass alle nach dem Ende der Straßenarbeiten erschossen würden. Es sollte sogar bereits ein Grab geschaufelt worden sein. Ich war am Rande eines Kornfeldes. Es gelang mir, von einem unbekannten ukrainischen Jugendlichen zu erbetteln, mich im Feld zu verstecken. Nicht sofort – aber – er willigte ein. Durch das Feld begleitete er mich dann bis zum Wald und verschwand dann. Ich sah ihn nie wieder.

Am Abend entschloss ich mich, ins Dorf zurückzukehren. Ich kam an ein Haus am Ortsrand, in dem die Melkerin Xenija zusammen mit ihrem Mann, der Traktorist war, und ihren Kindern lebte. Sie gaben mir zu essen und ich blieb kurz bei ihnen. Xenija sagte mir, dass der Bruder ihres Mannes, der Dorfälteste, ein sehr brutaler Mensch sei und uns alle denunzieren würde. Ich ging weg und versteckte mich in einem Heuhaufen. Während der Razzia hörte ich, wie die Deutschen und Polizisten an diesem Heuhaufen standen. Später erinnerte ich mich, dass Xenija von einer alleinstehenden, älteren Frau erzählte, die am anderen Dorfrand lebte. Ich ging zu ihr und sie nahm mich auf. Leider kann ich mich nicht mehr an ihren Namen erinnern. Sie versteckte mich von September 1942 bis März 1944. Ich lebte in einer kleinen Grube. Sie brachte mir dorthin das Essen. Tagsüber hatte ich Angst, mein Versteck zu verlassen, weil ringsherum Deutsche waren. Ich blieb dort bis zur Befreiung durch die Rote Armee.

Dann fuhr ich ins Bezirkszentrum Lochwiza, Gebiet Poltawa, wo ich meine Tante fand. Ich blieb bei ihr. Dorthin kehrte auch mein Vater nach dem Krieg zurück. Mein Bruder Grischa war an der Front gefallen. So konnte ich dank gütiger Menschen, die ihr eigenes Leben riskiert und andere gerettet haben, überleben. Vielen Dank für ihre Güte!

Siehe auch den Zeitzeugenbericht von Marija Winnik

15. Bezirk (Rayon) Pogrebischtsche
(ukr. Pohrebyschtsche, poln. Pohrebyszcze)
Am 20. Oktober 1941 wurde der Generalbezirk Shitomir im Reichskommissariat Ukraine gebildet. Aus den ukrainischen Rayonen Kasatin, Pogrebischtsche und Samgorodok entstand das Kreisgebiet Kasatin.[132]

In den Jahren 1941 bis 1943 wurden im Bezirk Pogrebischtsche 2198 Zivilisten getötet, darunter vermutlich 1800 Juden.[133]

Ort: Pogrebischtsche
Vor 1941 war Pogrebischtsche[134] Bezirkszentrum im Gebiet Winniza der Ukrainischen Sozialistischen Sowjetrepublik. Von 1941 bis 1944 war die Stadt Bezirkszentrum im Kreisgebiet Kasatin des Generalbezirks Shitomir. Seit 1991 ist die Stadt Bezirkszentrum im Gebiet Winniza, Ukraine.

1939 lebten in der Stadt Pogrebischtsche 1445 Juden, das waren 15 Prozent der Bevölkerung, und in den Dörfern des Bezirks weitere 259 Juden. Durch Presse und Rundfunk wussten die Juden von Pogrebischtsche von den Judenverfolgungen der Deutschen in Polen, hielten diese Meldungen jedoch für sowjetische Propaganda. Nach dem 22. Juni 1941 versuchten einige Juden, vor den Deutschen zu fliehen. Die Mehrheit blieb jedoch in der Stadt. Unmittelbar nach der Besetzung der Stadt durch deutsche Truppen am 22. Juli 1941 wurde eine ukrainische Hilfspolizei eingerichtet. Der deutsche Gebietskommissar war Hundertschaftsführer Steudel. Chef des deutschen Gendarmeriepostens in Pogrebischtsche wurde Meister der Gendarmerie Bruno Mayerhofer. Am zweiten Tag der Besetzung wurden die

132 http://www.territorial.de/ukra/shitomir/shit.htm [12.5.2019].
133 Kruglow, Enziklopedija Cholokosta, S. 20f.
134 Altman, Cholokost, S. 755; Encyclopedia of Camps and Ghettos, S. 1561f.; The Yad Vashem Encyclopedia, S. 606.

Juden gezwungen, weiße Armbinden mit einem blauen Davidstern zu tragen. Deutsche Soldaten vergewaltigten Frauen. Eine Ausgangssperre nach 21 Uhr wurde verhängt. Ukrainische Polizisten gingen in die Häuser der Juden und raubten sie aus.

Weil die jüdische und die nicht-jüdische Bevölkerung meistens in getrennten Stadtvierteln wohnten, existierte bereits eine Art offenes Ghetto. Die Deutschen verboten den Juden auf dem Markt Lebensmittel zu kaufen oder Kontakte zu Nicht-Juden aufzunehmen. Trotzdem versorgten einige Ukrainer die Juden mit Lebensmitteln. Alle Juden, die älter als 13 Jahre waren, mussten Zwangsarbeit leisten. Nur wer arbeitete war berechtigt, Nahrung zu erhalten.

Im August 1941 kamen deutsche Beamte in schwarzen Autos nach Pogrebischtsche und nahmen 20 Juden angeblich zur Arbeit mit. Ein SS-Sonderkommando erschoss auf dem polnischen Friedhof die 20 jüdischen Männer und einige jüdische Kommunisten aus dem Dorf Pliskow. Ein solcher Vorfall wiederholte sich zwei Wochen später noch einmal. Es waren »Aktionen« der Sicherheitspolizei gegen angebliche Kommunisten und sowjetische Aktivisten. Als die Juden die Gefahr erkannten, bereiteten sie sich darauf vor, sich beim nächsten Erscheinen der Deutschen zu verstecken oder zu fliehen.

Im September oder Oktober 1941 führten deutsche und ukrainische Polizei, wahrscheinlich unter Leitung des Einsatzkommandos 5 der Einsatzgruppe C, eine Massenerschießung in einem Wald bei Pawlowka, zwei Kilometer von Pogrebischtsche entfernt, durch. Ermordet wurden hauptsächlich Kinder, Alte und Menschen, die nicht mehr arbeiten konnten. Von den etwa 1000 Juden in Pogrebischtsche überlebten ungefähr 200. Eine sowjetische Quelle nennt 1360 ermordete Juden und datiert die Erschießung auf den 18. Oktober 1941.

Kurze Zeit danach wurden 200 Juden aus Pogrebischtsche und den umliegenden Dörfern, die den Mordaktionen hatten entkommen können, in einem Ghetto, bestehend aus einigen Häusern, konzentriert. Dort litten sie unter Hunger, Durst und Kälte. Das Ghetto durften sie nur verlassen, wenn sie zur Zwangsarbeit geführt wurden. Einige Schneider und Schuhmacher arbeiteten in ihren Häusern für die Deutschen und deren ukrainische Helfer. An Stelle der weißen Armbinde mussten die Juden jetzt einen gelben Davidstern auf Brust und Rücken tragen.

Im Februar 1942 wurde eine Gruppe Juden zur Arbeit nach Winniza deportiert. Im April 1942 wurden sechs Juden aus dem Dorf Kuleschowa erschossen. Im Mai oder Juni 1942 erfuhren die Juden von einem Dolmetscher, der bei den Deutschen arbeitete, von einer bevorstehenden Mordaktion. Einige Juden versteckten sich oder konnten fliehen. Im Juni 1942 ordnete der SS- und Polizei-Gebietsführer Heinrich Behrens die Ermordung der verbliebenen Juden des Gebiets Kasatin an, die zeitweise in einer Kaserne in Pogrebischtsche festgehalten wurden. Die Juden wurden zu einer Grube getrieben, gezwungen, sich zu entkleiden und sich vor einer SD-Einheit aus Berditschew aufzustellen, von der sie erschossen wurden.

Nach intensiver Suche durch ukrainische Polizei und deutsche Gendarmerie wurden 200 Juden eingefangen und in die Kaserne gebracht. Behrens telefonierte mit dem SD-Posten in Berditschew und vereinbarte, dass der SD bei der Tötungsaktion durch 40 ukrainische

Polizisten und einige deutsche Soldaten, die in der Nähe stationiert waren, unterstützt würde. Als die SD-Einheit aus Berditschew ankam, führte Behrens sie zur Talymyniwka Schlucht, dem Exekutionsort in der Nähe der Kaserne. Alle Juden wurden ermordet, bis auf sechzehn oder achtzehn Juden, denen es gelungen war zu entkommen.

Am 1. März 1943 berichtete der Gendarmerie-Postenführer in Pogrebischtsche, Gendarmeriegebiet Kasatin, an den SS- und Polizei-Gebietsführer in Kasatin über eine Judenaktion. In der Nacht vom 27. auf den 28. Februar 1943 wurden acht Juden, die sich versteckt gehalten hatten, festgenommen. Es waren drei Männer, vier Frauen und ein acht Jahre altes Kind. Sie wurden am Tag ihrer Festnahme erschossen.[135]

Am 13. Mai 1943 berichtete der Gendarmerie-Postenführer in Pogrebischtsche, Gendarmeriegebiet Kasatin, an den SS- und Polizei-Gebietsführer in Kasatin, dass am Abend des 7. Mai 1943, nach einem vertraulichen Hinweis, acht Juden in einem auf freiem Feld gut getarnten Erdloch aufgestöbert wurden, und zwar drei Männer, zwei Frauen und drei Kinder. Alle wurden auf der Flucht erschossen. Es handelte sich um Juden, die fast ein Jahr in diesem Erdloch gehaust hatten.[136]

Am 2. Januar 1944 wurde Pogrebischtsche durch die Rote Armee befreit.

Ort: Pliskow

Vor 1941 war Pliskow[137] Bezirkszentrum im Gebiet Winniza der Ukrainischen Sozialistischen Sowjetrepublik und von 1941 bis 1944 Bezirkszentrum im Kreisgebiet Iljinzy, Generalbezirk Shitomir. Seit 1991 gehört der Ort zum Bezirk Pogrebischtsche im Gebiet Winniza, Ukraine.

1939 lebten in Pliskow 793 Juden, etwa ein Viertel der Bevölkerung.

Nach dem 22. Juni 1941 wurden einige Juden eingezogen oder gingen freiwillig zur Roten Armee. Am 22. Juli 1941 wurde Pliskow von der Wehrmacht besetzt. Eine kleine Anzahl Juden hatte versucht, in östliche Teile des Landes zu fliehen. Sie wurden jedoch gezwungen zurückzukehren. Auf dem Rückweg wurden sie auf den Straßen von ukrainischen Polizisten ausgeraubt. Bei ihrer Rückkehr stellten sie fest, dass ihre Häuser geplündert worden waren.

Von Juli bis Oktober 1941 war eine deutsche Ortskommandantur für den Ort verantwortlich. Die Militärverwaltung ernannte einen Bürgermeister und bildete eine ukrainische Hilfspolizei. Im Oktober 1941 übernahm eine deutsche Zivilverwaltung die Herrschaft. In Pliskow wurde ein Gendarmerieposten eingerichtet, dem etwa 30 ukrainische Polizisten unterstanden.

Juden mussten eine Kennzeichnung tragen und Zwangsarbeit leisten. Sie mussten Kartoffeln und Rüben anbauen, durften aber nichts davon mit nach Hause nehmen. Deutsche

---

135 VEJ 8, S. 585, Dok. 244.
136 VEJ 8, S. 611, Dok. 253.
137 Altman, Cholokost, S. 753; Encyclopedia of Camps and Ghettos, S. 1559 ff.

drangen oft in jüdische Häuser ein und nahmen Wertgegenstände mit. Ursprünglich lebten die Juden weiterhin in ihren eigenen Häusern. Da sie fast alle in einem Stadtteil lebten, war eine Art offenes Ghetto entstanden.

Im Sommer 1941 trieben die Deutschen etwa 30 jüdische Männer weg, angeblich zur Arbeit. Es wurde aber bald bekannt, dass sie erschossen worden waren. Am 22. Oktober 1941 wurden 513 Juden von einer Einheit des Einsatzkommandos 5 mit Unterstützung durch ukrainische Polizisten erschossen. Am 24. Oktober 1942 sollen weitere 365 Juden erschossen worden sein.[138] Am 23. Mai 1942 umstellten deutsche und ukrainische Polizisten das Ghetto und luden am folgenden Morgen die Juden auf Lastwagen. Insgesamt 250 Juden wurden zu einer nicht weit entfernten Grube gebracht und zusammen mit Juden aus anderen Ghettos der Umgebung erschossen.

Am 3. Januar 1944 wurde Pliskow befreit.

Grigori Sirota (geb. 1927)
»Die Deutschen erschossen fünf Tage lang Juden«

Ich, Grigori Michailowitsch Sirota, wurde am 2. Juni 1927 im Städtchen Pogrebischtsche, Gebiet Winniza geboren. Dort wohnte ich zusammen mit meinem Vater Sirota Michail Ternikowitsch, meiner Mutter Sirota Riwa Wolkowna und meiner älteren Schwester Ewgenia.

1941, als der Krieg ausbrach, wurde mein Vater, der damals 41 Jahre alt war, sofort eingezogen. Meine Schwester Ewgenia, sie war damals 19, arbeitete in der Schule als Pionierführerin und konnte sich zusammen mit den Parteimitgliedern des Bezirkes evakuieren lassen. Mein Vater bat meine Mutter sehr, sich zusammen mit mir evakuieren zu lassen, weil die Deutschen die Juden vernichten würden. Aber meine Mutter hörte nicht auf ihn und argumentierte damit, dass die Deutschen auch 1918 in der Ukraine waren und sogar in Pogrebischtsche und sehr nette Menschen seien.

Ich und meine Mutter blieben zusammen. Einen Monat nach Kriegsausbruch, in der zweiten Julihälfte 1941, besetzten die Deutschen Pogrebischtsche und befahlen gleich am zweiten Tag allen Juden, weiße Armbinden mit dem sechseckigen blauen Stern zu tragen. Man raubte die Juden aus und holte sich Kleidung, gute Schuhe und Wertsachen. Obwohl ich damals erst vierzehn Jahre alt war, erinnere ich mich, wie meine Mutter von zwei Deutschen vergewaltigt wurde.

Im August 1941 kam nach Pogrebischtsche ein SS-Sonderkommando und nahm zwanzig jüdische Männer mittleren Alters angeblich für einen Arbeitseinsatz fest. Später erfuhren wir, dass sie auf dem polnischen Friedhof in Pogrebischtsche erschossen worden waren.

Mitte September 1941 schickte mich meine Mutter ins Dorf Pawlowka, das etwa zwei Kilometer von Pogrebischtsche entfernt lag, um bei unserem Bekannten Adam Kapitun Lebensmittel zu holen. Dort übernachtete ich und wollte zurückkehren, aber Familie Kapitun erfuhr, dass die Deutschen alle Juden in Pogrebischtsche zusammentreiben und auf dem jüdischen Friedhof in der

---

138 Altman, Cholokost, S. 753.

Nähe des Fichtenwaldes, der eineinhalb Kilometer vom Dorf Pawlowka entfernt lag, erschießen würden. Ich blieb bei Adam Kapitun. Sie versteckten mich im Stall, im Keller und auch in der Wohnung.

Die Deutschen erschossen die Juden fünf Tage lang. Jene, die sie am 6. Tag erwischten, wurden nicht mehr erschossen, sondern auf eine Straße in Pogrebischtsche gebracht. In dieser Straße waren ca. zehn Häuser und wir nannten sie »Bugdy«. Wir, die verbliebenen Juden, wurden dort untergebracht.

Das war unser Ghetto. Man befahl uns, einen gelben Kreis an der linken Brust von vorne und von hinten zu tragen. Wir nannten dies »Geils lote«.

Ich war bei Adam Kapitun vom 15. September bis zum 15. Oktober 1941. Dann ging ich ins Ghetto von Pogrebischtsche. Ich wusste, dass die Deutschen meine Mutter festgenommen und auf dem jüdischen Friedhof erschossen hatten.

Ich war im Ghetto vom 15. Oktober 1941 bis Mai 1942. Die Einwohner des Ghettos waren zum Beispiel eine Frau, deren Kinder und Mann erschossen worden waren, oder Kinder, deren Eltern erschossen worden waren. Etwa ein halbes Jahr quälten wir uns im Ghetto. An einem Abend im Mai 1942 bemerkte ich, dass ein SS-Sonderkommando mit ihren großen, schwarzen Wagen, auf deren Türen ein Totenkopf und überkreuzte Knochen mit der Überschrift in deutscher Sprache »Tod«, nach Pogrebischtsche einfuhr. Mir wurde klar, dass sie die Reste der Juden in unserem Ghetto ermorden würden. Damals gab es schon Gerüchte, dass Ghettos in den Städtchen Pliskow, Samgorodok, Kasatin und anderen vernichtet worden waren.

In der Nacht floh ich und ging ins Dorf Pawlowka zurück zu Adam Kapitun. Ich versteckte mich bei ihm im Stall, im Keller und manchmal in der Wohnung hinter dem Ofen. Dort blieb ich vom Mai 1942 bis Mai 1943.

Mein Retter Adam Kapitun hatte eine Frau, Melanja, und drei Kinder: Danilo Kapitun, geb. 1925, gestorben 1984, Oleksa Kapitun, geb. 1930, jetzt im Altersheim in Winniza, und Anja Kapitun, geb. 1936. Sie wohnt jetzt im Dorf Pawlowka, Bezirk Pogrebischtsche, Gebiet Winniza. Ihre Eltern, meine Retter, Adam und Melanja Kapitun, sind verstorben.

Manchmal versteckte ich mich bei den Nachbarn, Roman Iwanowitsch und Anna Jakimowna Kebalo, die Verwandte der Familie Kapitun waren. Manchmal versteckte ich mich drei oder vier Tage im Monat auch bei ihrer Tochter Maria.

Ich erinnere mich, dass Ende Mai 1943 bei Adam Kapitun seine ganze Familie, darunter auch Familie Kebalo, zu Besuch waren. Danach sagte sie mir: »Du musst der Roten Armee entgegen gehen.« Sie rasierten mir den Kopf kahl, gaben mir Leinenkleider und ich ging. Auf jedem Schritt lauerte der Tod auf mich. Ich ging nachts. Tagsüber versteckte ich mich in Heuhaufen oder im Feld. Manchmal kehrte ich in Häuser ein und bat die Menschen um ein Stück Brot. Manchmal gaben sie mir auch eine Tasse Milch. Da ich sehr gut und ohne Akzent Ukrainisch sprach, fragten sie mich: »Woher bist du, Sohn?« Ich sagte, dass ich von den Deutschen nach Deutschland verschleppt worden war. Aus jeder Familie verschleppten die Deutschen junge Menschen nach Deutschland. Man antwortete mir: »Mein Sohn (meine Tochter) ist auch in Deutschland.«

Anfang September 1943 erreichte ich das Dorf Gogolew, Bezirk Mirgorod, Gebiet Poltawa. Dort traf ich auf unsere Truppen und ging in den Kampf. Ich wurde zweimal schwer verletzt.

1946 wurde ich gemäß der Verordnung des Präsidenten des Obersten Sowjet der UdSSR aufgrund der zwei Verletzungen demobilisiert. Ich wurde als für den Militärdienst untauglich ausgemustert.

So durchlebte ich diese vier schweren Jahre meines Lebens.

16. Bezirk (Rayon) Schargorod
(ukr. Scharhorod, poln. Szarogród, rumän. Şargorod)

Ort: Schargorod
Anfang des 20. Jahrhunderts lebten etwa 4000 Juden in Schargorod[139], mehr als die Hälfte der städtischen Bevölkerung. Während des Russischen Bürgerkriegs (1918–1920) wurden ungefähr 100 Juden durch ukrainische Soldaten getötet.

In den 1930er-Jahren, während der Periode der Sowjetherrschaft, wurden die Synagogen der Stadt geschlossen. In der Zeit zwischen den Weltkriegen verließen viele Juden die Stadt infolge der wachsenden Industrialisierung und Urbanisierung. Bei der Volkszählung 1939 lebten 1664 Juden in der Stadt, etwa 75 Prozent der Bevölkerung.

Vor der deutschen Invasion lebten noch 1600 Juden in Schargorod (Altman nennt die Zahl 1800).

Am 22. Juli 1941 besetzten deutsche Truppen Schargorod. Nur eine kleine Zahl Juden konnte evakuiert werde, denn der Bahnhof war 27 Kilometer entfernt. Von den ersten Tagen der Besatzung an verspotteten Soldaten der Wehrmacht Juden, plünderten ihre Häuser und forderten zusätzlich Entschädigungszahlungen. Rabbi Olter Lopata wurde anstatt eines Pferdes vor einen Wagen gespannt und musste ein Wasserfass ziehen. Man riss ihm die Haare aus dem Bart aus und er wurde aufs brutalste geschlagen und misshandelt. Juden, die an Jom Kippur zum Beten in die Synagoge wollten, wurden ebenfalls brutal geschlagen.

Anfang September 1941 wurde Schargorod Teil Transnistriens, das unter rumänischer Verwaltung stand. Den Juden wurde befohlen, ein gelbes Abzeichen auf ihrer Kleidung zu tragen und ihre Häuser mit einem gelben Davidstern aus Metall zu kennzeichnen. Sie wurden in einem Ghetto konzentriert, das nicht eingezäunt war.

Anfang Oktober 1941 wurden etwa 3000 Juden aus der Bukowina und Bessarabien nach Schargorod deportiert. Nach Altman sollen es 5000 gewesen sein. Sie wurden in den Häusern der örtlichen Juden, der Synagoge und öffentlichen Gebäuden untergebracht. Das Ghetto bestand aus 337 Privathäusern mit 842 Zimmern. Insgesamt waren etwa 7000 Juden im Ghetto zusammengepfercht. Die hygienischen Verhältnisse waren katastrophal. Das Ghetto

---

139 Altman, Cholokost, S. 1084; The Yad Vashem Encyclopedia, S. 699 ff.

von Schargorod war das drittgrößte in Transnistrien nach Mogiljow-Podolski und Berschad.

Die Lage der Deportierten in Transnistrien war sehr unterschiedlich. Anfangs war überall willkürlicher Mord an der Tagesordnung. Später schafften es Vertreter der Deportierten an einigen Orten durch Bestechung der Bewacher zumindest einem Teil der Deportierten das Überleben zu sichern. So verhinderte zum Beispiel ein wertvoller Diamant die bereits beschlossene Umsiedlung einer Gruppe aus Schargorod in das Todeslager Petschora.[140]

Die Ghettobewohner handelten mit alter Kleidung, Zigaretten, Streichhölzern oder trugen Wasser. Viele versuchten trotz der Gefahr beim Verlassen des Ghettos, in den umliegenden Dörfern Nahrungsmittel zu bekommen.

Zu Beginn der Okkupation war der örtliche Schächter Schlomo Kleiman Vorsteher des Ghettos. Später organisierten sich die deportierten Juden selbst auf der Basis ihrer Herkunftsorte. Im November 1941 wurde ein 25-köpfiger Judenrat gegründet. Ihm gehörten drei oder vier Vertreter der einzelnen Herkunftsorte und drei Vertreter aus Schargorod an. Der Judenrat wählte aus seinen Mitgliedern ein sechsköpfiges Komitee, das von Dr. Meir Teich und seinem Vertreter Awraham Reicher geleitet wurde. Beide kamen aus der Bukowina. Sie organisierten einen jüdischen Ordnungsdienst, bestehend aus 17 jungen Männern, der von dem Rechtsanwalt Dr. Koch geleitet wurde. Der Ordnungsdienst schützte die Ghettobewohner vor einheimischen Schlägern. Der Judenrat richtete eine Bäckerei und eine Suppenküche ein, die 1500 Mahlzeiten pro Tag verteilte. Später wurden eine Farm, sowie Kleidungs- und Nahrungsmittelgeschäfte eröffnet. In einem Registrierungsbüro wurden die Ghettobewohner erfasst, Steuern wurden erhoben und ein Arbeitsbüro stellte Listen auf, in denen Alter, Gesundheitszustand und Familienstand berücksichtigt wurden.

Im frühen Stadium des Ghettos erhielt das örtliche Komitee Unterstützung von einer örtlichen ukrainischen Genossenschaft. Der Leiter der staatlichen Mühle, Julius Andrejewitsch Mohr, ein in Bessarabien geborener Deutscher aus Schargorod, unterstützte den Judenrat heimlich mit großen Mengen Mehl. Im Februar 1942 erreichte Hilfe aus Bukarest das Ghetto. Im Juni wurde regelmäßige Hilfe arrangiert. Auch die Gruppen der Deportierten erhielten Hilfe aus Bukarest, sowie von Juden verschiedener Städte und zionistischer Organisationen. Im Dezember 1941 wurde im Ghetto ein Desinfektionsofen errichtet, um die Ausbreitung einer Typhusepidemie zu verhindern. Das öffentliche Badehaus wurde wieder geöffnet und im Februar 1942 ein Spital mit 100 Betten eingerichtet. Später wurden ein Kraftwerk, um Wasser ins Ghetto pumpen zu können, sowie eine Seifenfabrik und eine Apotheke eingerichtet. Diese Initiativen hatten einen gewissen Erfolg, die Auswirkungen der Epidemie im Ghetto zu mildern. Aber die Todesrate war trotzdem hoch. Im Januar 1942 breitete sich die Typhusepidemie in Schargorod weiter aus. Von den 9000 Juden in der Stadt erkrankten 2414 und 1449 starben an der Krankheit, einschließlich der Hälfte aller im

---

140 Hausleitner, Rumänische Sonderwege, hier S. 120.

16. Bezirk (Rayon) Schargorod

Ghetto tätigen Ärzte. Die Epidemie endete im Juni 1942, brach aber im Oktober 1942 erneut aus. Die Stadt war jedoch besser darauf vorbereitet. Es erkrankten 92 Ghettobewohner, von denen nur wenige starben. 1250 Menschen litten unter schwerer Mangelernährung. 50 von ihnen starben.[141] Für 600 Waisen wurde mit rumänischer Hilfe ein Waisenhaus eingerichtet, das sich zum kulturellen Zentrum des Ghettos entwickelte. Im Herbst 1942 wurde die große Synagoge wieder geöffnet.

Juden aus der Umgebung und aus der deutschen Besatzungszone geflohene Juden kamen nach Schargorod. Trotz des Verbotes sie aufzunehmen waren am 30. Juni 1942 mehr als 400 Juden, die nicht in den Registrierungslisten standen oder unter falschen Namen registriert waren, heimlich in Schargorod.

Das Bukarester Hilfskomitee zählte im März 1943 1800 einheimische Juden und 3500 deportierte Juden im Ghetto. Ende Dezember 1943 konnten 650 deportierte Juden nach Dorohoi zurückkehren und von dort in ihre Heimatorte gehen.

Das Ghettokomitee unterhielt Kontakte zu den Partisanen. Als die rumänische Armee sich zurückzog, besetzten die Partisanen das Ghetto, um im Notfall die Vernichtung der Juden zu verhindern.

Das Ghetto von Schargorod war das am besten organisierte und sicherste Ghetto. Es fanden keine Massenerschießungen in Schargorod statt. Viele jüdische Flüchtlinge aus den von Deutschen besetzten Regionen fanden hier Zuflucht.

Im März 1944 wurde Schargorod durch die Rote Armee befreit.

Ort: Dshurin

(ukr. Dshuryn, poln. Dżurin)

1939 lebten in Dshurin[142] 1027 Juden, etwa ein Fünftel der Bevölkerung.

Am 22. Juli 1941 besetzten deutsche und rumänische Truppen Dshurin. Am 1. September 1941 wurde es ein Teil Transnistriens und kam unter rumänische Verwaltung. Noch bevor der Ort unter rumänische Kontrolle kam, verhinderten die Ukrainer die Vernichtung der Juden durch eine deutsche Einheit aus Dankbarkeit für die Unterstützung, die Juden in der Zeit der stalinistischen Repressionen geleistet hatten.[143]

Ein Ghetto, das nicht eingezäunt war, wurde errichtet, in dem auch Nicht-Juden lebten. Die Häuser der Juden wurden mit einem Davidstern gekennzeichnet und die der Nicht-Juden mit einem Kreuz. Die Juden mussten eine Armbinde mit dem Davidstern tragen und durften für zwei Stunden das Ghetto verlassen, um Nahrungsmittel zu kaufen und am Abend und am Morgen Wasser aus einem Brunnen zu holen.

---

141 International Commission on the Holocaust in Romania, S. 143.
142 Altman, Cholokost, S. 269; Wolf Rosenstock, Die Chronik von Dschurin. Aufzeichnungen aus einem rumänisch-deutschen Lager, in: Dachauer Hefte (November 1989) 5, S. 40–86; The Yad Vashem Encyclopedia, S. 187 ff.
143 Altman, Opfer des Hasses, S. 528.

Von Ende Oktober 1941 bis Januar 1942 wurden 3500 Juden aus Mogiljow-Podolski nach Dshurin gebracht. Es waren Juden, die von Bessarabien und aus der Bukowina nach Mogiljow-Podolski deportiert worden waren. Auf Anweisung des Rabbiners Herschel Koralnik nahmen die einheimischen Juden die Vertriebenen in ihre Häuser auf. Etwa 1000 Menschen, für die kein Platz in den Häusern war, wurden im Gebäude der »Großen Synagoge«, in Ställen und Lagern untergebracht.

Die schwierigen Lebensbedingungen im Ghetto bewirkten allmählich eine Verschlechterung der Beziehungen zwischen den einheimischen und deportierten Juden, vor allem, weil etwa 300 wohlhabenden Juden unter den Deportierten erlaubt wurde, außerhalb des Ghettos in ukrainischen Häusern und unter besseren Bedingungen zu leben. Sie wurden von Steuern und anderen antijüdischen Erlassen verschont.

Männer und Frauen mussten Zwangsarbeit leisten, und viele wurden in Arbeitslager geschickt. Einheimische Ukrainer halfen und unterstützten die Juden. Einige von ihnen konnten heimlich bei örtlichen Bauern arbeiten. Ein gewalttätiger Überfall der rumänischen Polizei unter ihrem Kommandanten Floranu zerstörte die Beziehungen zwischen den Bauern und den Juden. Die Rumänen überfielen auf dem Markt im Ghetto die Bauern und verprügelten sie und die Juden. Die Bauern kamen nicht mehr auf den Markt, und es wurde für die Juden schwierig, Nahrungsmittel zu bekommen.

Im Oktober 1942 wurde ein Judenrat eingerichtet, dem der deportierte Jude Dr. Rosenstrauch vorstand. Sein Vertreter Mosche Katz war jedoch der eigentliche Leiter. Eine Suppenküche versorgte zwischen 800 und 1000 Menschen. Ebenso wurde ein Hospital mit 56 Betten und ein Waisenhaus für 250 Kinder eingerichtet.

Das religiöse Leben war erlaubt. Die Juden versammelten sich in den Gebetshäusern. Diese Treffen dienten nicht nur religiösen Zwecken, sondern halfen auch, notwendige Informationen über das Leben im Ghetto und die Lage an der Front zu bekommen.[144]

Bei einer Typhusepidemie starben etwa 400 Menschen.

Nach einem Bericht des Bukarester Hilfskomitees lebten im Frühjahr 1943 in Dshurin 4050 Juden, 997 einheimische Juden und 3053 deportierte Juden.

Im Mai 1943 wurden 150 Juden nach Trichaty zur Zwangsarbeit geschickt. Die Überlebenden kamen Ende 1943 nach Dshurin zurück.

Während der Zeit der Okkupation wurden ungefähr 500 Juden ermordet oder kamen um.

Am 19. März wurde Dshurin durch die Rote Armee befreit.

Ort: Murafa

(poln. Morachwa)
1931 lebten in Murafa[145] 1247 Juden.

---

144 Altman, Opfer des Hasses, S. 201.
145 Altman, Cholokost, S. 631.

Am 20. Juli 1941 wurde Murafa von deutschen und rumänischen Truppen besetzt. Vielen Juden gelang die Flucht, es blieben etwa 850 im Ort zurück. Im September 1941 kam Murafa zu Transnistrien unter rumänische Verwaltung.

Vom Herbst 1941 bis Frühling 1944 gab es in Murafa ein Ghetto.

Im Herbst und Winter 1941 wurden 4000 Juden aus Bessarabien und der Bukowina nach Murafa deportiert. Die meisten wurden in jüdischen und ukrainischen Häusern sowie in öffentlichen Gebäuden untergebracht. In einem Raum hausten 10 bis 15 Menschen. Wegen der Überfüllung und der unhygienischen Verhältnisse brach im Winter 1941 eine Typhusepidemie aus, die viele Menschenleben kostete.

Anfang 1942 wurde ein Judenrat gegründet. Die Juden mussten ein weißes Armband mit einem schwarzen Davidstern tragen. Von 18 Uhr bis 9 Uhr war Ausgangssperre. Auf einem illegalen Markt wurden die Juden bei Razzien brutal geschlagen. Polizisten drangen in die Häuser ein und raubten Wertsachen und warme Kleidung. Mithilfe rumänischer jüdischer Organisationen konnte der Judenrat eine Suppenküche, ein Krankenhaus mit 25 Betten und eine Apotheke einrichten. Eine Schule und ein Kinderheim für 30 Kinder wurden gegründet.

Im Frühjahr 1943 war in Murafa ein ukrainisches Mädchen verschwunden, und die Einheimischen haben versucht, die Juden eines Ritualmordes zu beschuldigen. Mithilfe von Schmiergeldern an die rumänischen Behörden wurde die Pogromstimmung gestoppt, und das Mädchen wurde gefunden. Im Januar 1943 lebten im Ghetto 4500 Juden, 800 einheimische und 3700 aus Rumänien deportierte. Im Mai 1943 wurden 120 Juden zur Arbeit in ein Lager nach Trichaty geschickt. Ein Teil von ihnen konnte Ende 1943 zurückkehren.

In der Umgebung von Murafa wurde eine Arbeitsgruppe eingerichtet. Die Juden mussten mit Spitzhacken im Steinbruch Steine aus Blöcken schlagen. Wenn die Tagesnorm von 1,5 m³ nicht erfüllt wurde, wurde auch die tägliche Essensration, Erbsensuppe und ein Stück Brot, nicht ausgegeben. Viele Häftlinge starben an Erschöpfung.[146]

Nach offiziellen rumänischen Angaben lebten am 1. September 1943 noch 2605 Juden in Murafa.

Am 19. März 1944 wurde Murafa von einer Partisaneneinheit, die von zwei einheimischen Juden geführt wurde, besetzt und am 20. März durch die Rote Armee befreit.

Jakow Chelmer
»Das Unvergessliche«

Immer weiter in die Vergangenheit, in die Tiefe der Jahrhunderte, drängen sich die Ereignisse des Zweiten Weltkriegs. Es war ein Wechselbad der Gefühle: Gräuel und Ängste, Aufregung und Funken der Freude und Stolz auf den Mut und die Ausdauer unseres Volkes, Solidarität, Mitgefühl und brüderliche Hilfe, Humanität und Unterstützung, die so vielen Menschen half zu überleben.

---

146 Altman, Opfer des Hasses, S. 225.

Aus der Tiefe des Gedächtnisses, wie Funken aus dem Abgrund, tauchen immer wieder neue Ereignisse auf, die ich erleben musste.

Der Vergangenheit gehören die Qualen und Gräuel im Konzentrationslager Petschora sowie meine geglückte Flucht von dort. Darüber berichtete ich in meinem Buch »Geschichte des Erlebten«. Hier möchte ich von zwei bedeutenden Ereignissen aus meinem Leben berichten.

Das erste Ereignis geschah am 19. März 1944. Das war die Befreiung des Ghettos im kleinen Städtchen Dshurin, im Gebiet Winniza.

Am Vortag gab es bereits am Abend Gerüchte, dass wir am nächsten Tag befreit würden. Wir wussten nicht, ob wir uns freuen oder trauern sollten. Es gab zwei Gründe. Eine Woche zuvor entschied sich die deutsche Kriegsführung, eine Schutzlinie in der Stadt aufzubauen. Ausschlaggebend dafür waren die Bergregion und die Tatsache, dass man vom höchsten Punkt des Städtchens (einem Tiersanatorium) die Straße Moskau–Kischinew beobachten konnte.

Durch das Städtchen zog die deutsche Artillerie. Wir Jungen konnten sie unbemerkt beobachten. Die Deutschen hatten etwas anderes zu tun, als uns wegzuscheuchen. Die Artillerie zog weiter, aber die Soldaten ließen sich im Städtchen nieder, und zwar mitten unter den Juden, um sich so wahrscheinlich vor Partisanen zu schützen.

Bei uns wurden drei deutsche Soldaten einquartiert. Einer von ihnen konnte etwas Russisch und der andere war NSDAP-Mitglied. Es waren nicht mehr die Deutschen, die wir 1941 erlebten, sondern niedergeschlagene, entmutigte Männer, die sich sehr genau darüber im Klaren waren, was auf sie zukommen würde. Tagsüber gingen sie, um Schützengräben auszuheben und abends kamen sie zum Übernachten. Sie stellten ihre Maschinengewehre und Granaten in die Ecke, was für uns Jungen ein großes Neid-Objekt darstellte. Ein Deutscher nahm meine kleine Schwester Polina auf den Arm und ihm traten die Tränen in die Augen. Er sagte, dass er in Deutschland eine Frau und zwei Kinder hätte, die er wahrscheinlich nicht mehr wiedersehen würde. Er schenkte meiner Schwester eine Halskette, die er für seine Tochter vorgesehen hatte. Dann sagte er zu uns, dass wir bezüglich des rothaarigen Deutschen, der die Juden hasste, vorsichtig sein sollten.

Sie gingen am Morgen des 18. März 1944 weg und sagten, dass ihr Offizier sie verlassen hatte, um Panzer anzufordern. Sie waren aber nicht weit gelaufen. Am 20. März wurden sie, diesmal als Gefangene, zurückgebracht und im Pferdestall untergebracht. Mein Bruder Mischa teilte freudig meiner Mutter mit: »Mutter, ich sah, wie man die Gefangenen trieb und unter ihnen war auch der gute Deutsche!« Er nahm ein Stück Brot und rannte weg, um das Brot jenem Deutschen zu bringen.

Der zweite Grund, der unsere Freude bremste, war die Angst vor Provokationen. Es gab Fälle in anderen Städtchen, dass man Gerüchte über die Befreiung verbreitete und als die Menschen ihrer Freude freien Lauf ließen, kamen die Rumänen und Polizisten und töteten die Jubelnden.

In unserem Ort verlief alles ohne Zwischenfälle. Die Nacht war ruhig. Nichtsdestotrotz krochen die Menschen nur ganz vorsichtig aus ihren Verstecken heraus und schauten sich nach rechts und links um, auf jeden Laut horchend. Der Tag war sehr bewölkt. Es gab keinen Schnee mehr, aber immer noch Frost. Die Menschen sammelten sich im Zentrum des Städtchens und warteten auf ein Wunder.

Und dann erschienen unsere Befreier! Es war eine Gruppe von 10 bis 12 Männern, schlecht gekleidet (alte, wattierte Jacken und deutsche Wehrmachtsmäntel), schmutzig und müde. Es waren Partisanen aus dem benachbarten Wald mit ihrem halb blinden Pferd. Wir waren zuerst entsetzt. Besonders bemerkbar machte es sich in den Gesichtern der rumänischen Juden. Sie waren Flüchtlinge, die aus Rumänien und der Bukowina nach Dshurin deportiert worden waren. Sie konnten einfach nicht begreifen, vor wem die bis an die Zähne bewaffnete deutsche Armee geflohen war. Erst später zogen über die Straße nach Kischinew die regulären Truppen der Roten Armee, die alle Zweifel und Fragen auflösten.

Das Städtchen jubelte! Man gratulierte einander, umarmte sich und freute sich über die glückliche Befreiung. Mit Tränen in den Augen bedankte man sich bei den Befreiern.

Obwohl der Tag bewölkt war, war es für mich der hellste, wärmste, freundlichste und einfach unvergesslichste Tag. Ich halte ihn für meinen zweiten Geburtstag.

Aber es gab auch Kuriositäten. Die Partisanen nahmen einen Italiener fest. (Dass es ein Italiener war, wussten wir von seiner Uniform her, die heller war als die der Deutschen.) Sie brachten ihn in das provisorische Quartier. Eine ältere Frau, die gar nicht verstand, wer wer war, umarmte den Gefangenen und bedankte sich bei ihm. Der echte Partisan sagte zu ihr: »Babuschka, das ist doch ein Deutscher!« »In der Tat?!«, fragte sie und ohrfeigte den Gefangenen unter dem lauten Gelächter der Menge. Die weitere Selbstjustiz verhinderte der Partisan, in dem er ihr erklärte, dass der Italiener ein Kriegsgefangener sei und mit ihm entsprechend verfahren würde.

Viele Menschen wollten aus dem Städtchen herausgehen, was ja früher unter Todesstrafe verboten war. Sie alle (auch ich) gingen über die Brücke. Aber dieser Drang wurde sehr schnell durch die 28 Flieger gestoppt, die am Himmel erschienen. Viele wollten diese Tatsache ignorieren und sagten zueinander: »Lasst uns weitergehen, das sind doch unsere Flieger!« Aber die Intuition und die Erfahrung, die wir Jugendliche schon hatten und die Flugzeuge nach ihrem Brummen unterscheiden konnten, ließen uns zurückkehren. Und es war nicht vergeblich.

Die Flugzeuge bogen über dem Städtchen ab, ordneten sich in eine Reihe und nahmen die Gebäude der Zuckerfabrik ins Visier. Ich konnte genau sehen, wie sich der »Bauch« des ersten Fliegers öffnete und etwas herausfiel. Es war eine faszinierende Schau, bis die Bombe die Erde erreichte. Dann hörte man eine starke Explosion und sah eine Säule aus Rauch und Staub aufsteigen. Ich drückte mein Gesicht auf die Erde und zitterte vor Angst. Die Flugzeuge beendeten ihren Einsatz, ohne den Schornstein der Fabrik getroffen zu haben, und flogen zurück. Während des Bombardements starb ein Mensch. Später erfuhren wir, dass wir irrtümlich bombardiert worden waren. Die Deutschen wollten die noch intakte Zuckerfabrik in 12 Kilometer Entfernung von uns, die sie bei ihrem Rückzug nicht in die Luft gesprengt hatten, zerstören.

Ein paar Tage später begann die Verlegung der Truppen. Man bereitete sich auf die Jassy-Kischinew-Operation vor. Es war eine grandiose Schau! Keiner stellte mehr die Frage: »Vor wem floh die deutsche Armee?« Wir Jugendlichen verbrachten Tage und Nächte an der Landstraße. Mit Stolz beobachteten wir die Verlegung der Truppen. Die Infanterie marschierte feierlich, fröhlich ratterten Panzer und Artillerie, erhaben rollten »Katjuschas«, die mit Planen überzogen waren. Es gab keinen Halt und keine Pausen. Die Truppen zogen Tag und Nacht vorüber. Wir hatten nichts, was wir den Soldaten schenken konnten, aber wir begrüßten sie mit Hurra-Rufen und winkten. Eine der Katjuschas musste repariert werden. Die Soldaten kehrten auf einem Hof ein. Jemand von unseren Einwohnern entdeckte, dass der Kommandeur jener Katjuscha ein Jude war. Es war gerade am Pessach-Fest und man lud ihn zum Sederabend ein. Er erzählte uns von seinem Kriegsalltag. Er bedankte sich sehr für die Einladung und sagte, dass er sich hier zu Hause gefühlt hätte. Leider blieben in meinem Gedächtnis weder der Name noch der Vorname jenes Offiziers.

Bis zum endgültigen Sieg blieb etwas mehr als ein Jahr!

Das Leben im Städtchen normalisierte sich langsam. Jeden Tag brachte die Post fröhliche und traurige Botschaften. Langsam kehrten die Verwundeten zurück. Folgender Fall erschütterte das ganze Städtchen. In Dshurin lebte Familie German. Vor dem Krieg heiratete Rosa, die Tochter der Familie, den Ukrainer Artem Swinoboj. Wie immer, schockierte dies das ganze Städtchen. Aber die Gefühle der jungen Menschen waren echt und gegenseitig und sie achteten nicht auf das Gemunkelte. Ihre Ehe war sehr liebevoll und glücklich und sie bekamen drei Kinder.

1941 wurde Artem eingezogen und es gab lange keine Nachrichten von ihm. Nach der Befreiung kam ein Brief von Artem aber ohne die Anschrift des Absenders. Im Brief beschrieb er die letzte Schlacht, an der er teilgenommen hatte. Sein Panzer geriet auf eine Mine und die Insassen konnten mit großer Gefahr für ihr eigenes Leben ihren Kommandeur retten. Aber sein ganzer Körper, besonders sein Gesicht waren stark verunstaltet. Deshalb wolle er ihr nicht zur Last fallen und bäte sie, ihn nicht zu suchen und nicht auf ihn zu warten. Rosa aber, eine Schönheit und ein sehr energischer Mensch, liebte ihn sehr. Sie fand die Adresse des Hospitals heraus, in dem ihr Mann lag und brachte ihn nach Hause. Langsam verbesserte sich sein Zustand, er ging arbeiten und das Familienleben normalisierte sich. Später beichtete er seiner Tochter Tamila, dass er sich umgebracht hätte, wenn er sich damals im Hospital im Spiegel gesehen hätte.

Artem und Rosa sind schon längst tot. Aber ihre Liebe und ihr Leben wurden ein Beispiel für ein liebevolles Miteinander für viele Generationen.

Noch lange war der Krieg in Dshurin zu spüren. Dshurin liegt 40 Kilometer vom Bahnhof Shmerinka und 30 Kilometer vom Bahnhof Wapnjarka entfernt. Es sind Umschlagbahnhöfe und dort stauten sich noch lange Militärzüge. Die Deutschen bombardierten diese Bahnhöfe und das Licht des Feuers konnte man stundenlang in unserem Städtchen sehen. Viel schlimmer war aber Folgendes: In dunklen bewölkten Nächten feuerten die Deutschen zuerst Leuchtraketen ab. Manchmal, je nach der Richtung des Windes, wurden diese Raketen bereits vor unserem Städtchen abgefeuert. Stellen Sie sich folgendes Horrorbild vor: Es ist Nacht und plötzlich wird es hell wie am Tag; man hört das Dröhnen der Flugzeuge, sieht sie aber nicht, aber man weiß, was in den nächsten Augenblicken geschehen wird. Am Anfang verließen wir unsere Häuser und rannten ins Feld, wo wir diese Horrorgeschehnisse abwarteten. Später aber gewöhnten wir uns an sie und blieben in unseren Häusern. Dies alles dauerte ziemlich lange.

Mit der Zeit entfernte sich die Front und es wurde immer ruhiger. Nichtsdestotrotz erinnerte sehr viel an den Krieg. Mit großer Aufregung hörten wir die von Jurij Borisowitch Levitan vorgelesenen Radioberichte über die Situation an der Front. Wir hatten damals bereits ein Radio und berichteten die Neuigkeiten unseren Nachbarn.

Endlich kam jener lang ersehnte und fröhliche Tag, der 9. Mai 1945! Er wurde zum zweitwichtigsten Ereignis in meinem Leben. Am frühen Morgen berichtete Levitan von der Kapitulation Nazi-Deutschlands und vom Ende des Krieges. Wir alle horchten am Radiogerät und wollten uns jedes Wort einprägen! Aber in unseren Ohren dröhnte das Wichtigste: »Sieg! Sieg! Sieg!«

Dann rannten wir zu unseren Nachbarn, um ihnen von der fröhlichen Mitteilung zu berichten. Es war ein sehr warmer und sonniger Tag. Der Flieder blühte damals und machte jenen Tag besonders fröhlich und schön. Folgendes möchte ich noch erwähnen: Unsere Nachbarn hatten einen kleinen Ziegelschuppen, in dem sie ihr Brennholz aufbewahrten. Da es ein kleines alleinstehendes Gebäude war, glaubten wir, dass es kein Ziel für eine Bombardierung sei, und benutzten es oft als Luftschutzkeller. Als ich am 9. Mai im Hof stand, hatte ich zuerst gar nicht gemerkt, dass der Schuppen fehlte. Er war einfach weg, er zerfiel, als ob er auf den Sieg gewartet hätte.

Das Städtchen jubelte. Alle gratulierten einander. Kurz darauf wurden wir eingeschult. In der Schule fand eine feierliche Versammlung statt. Es gab natürlich keinen Unterricht, denn wir haben den Sieg gefeiert! Langsam kehrten die siegreichen Soldaten heim. Schon wieder »besetzten« wir die Landstraße. Am Straßenrand spielte ein Militärorchester. Die Kavallerie ritt feierlich und erhaben. Die Artilleristen präsentierten sich auf ihren Kriegsmaschinen. Wir bewarfen sie mit Blumen und riefen ihnen unseren Dank zu, während die Soldaten uns Bonbons, Schokolade und Schreibstifte zuwarfen. Diese Feierlichkeiten dauerten ziemlich lange.

Viele Ereignisse und verschiedene Schicksale erlebte ich in meinem langen Leben, aber diese zwei Ereignisse, der 19. März 1944 und der 9. Mai 1945, werden für immer in meinem Gedächtnis bleiben.

Fira Hechtman
»Die Menschen begannen zu sterben«

Ich, Fira Grigorjewna Hechtman, wurde in Murafa, Bezirk Schargorod, Gebiet Winniza geboren. Dort wuchs ich auf, ging in die Schule, heiratete, bekam drei Kinder, die, Gott sei Dank, alle überlebten. Mein Mann, Abram Gedaljewitsch Hechtman, war vor dem Krieg Direktor der jüdischen Schule in Murafa. Auch ich arbeitete dort als Grundschullehrerin. Bei uns wohnte mein Vater, Hersch Bekker, geboren 1870.

Mein Mann wurde am 3. Juli 1941 eingezogen. Als er wegging und sich von uns verabschiedete, rollten dicke, bittere Tränen aus seinen gütigen, liebevollen und sehr traurigen Augen. Er wusste sehr gut, was auf uns wartete, aber er konnte uns nicht helfen. Die Obrigkeit in den Bezirken ließ ihre Familien und Verwandten evakuieren, aber die Familien der Parteimitglieder an der Peripherie hatten sie vergessen. Sie retteten einfach ihre eigene Haut. So wurden wir, fünf absolut schutzlose Menschen und noch viele andere wie wir, genau einen Monat nach Kriegsausbruch zu Ghettohäftlingen.

Bis September 1941 wurden wir noch nicht besonders drangsaliert und konnten sogar auf die Straße und in das benachbarte Dorf gehen, um Gegenstände gegen Lebensmittel zu tauschen. Aber im September kamen die aus der Bukowina und Bessarabien vertriebenen Juden. Sie wurden in den Häusern (10 bis 15 Personen in einem Zimmer), in den Schulen, in der Synagoge und im Gemeindehaus untergebracht. Es war ein unvorstellbares Gedränge. Dann begann das echte Ghettoleben.

Als erstes wurde allen Juden befohlen, Erkennungszeichen zu tragen. Es waren weiße, 15 Zentimeter breite Armbinden mit einem schwarz gestickten Davidstern in der Mitte. Ohne diese Binden durfte man nicht auf der Straße erscheinen. Dann wurde befohlen, das Ghettogelände grundsätzlich und die Häuser von sechs Uhr am Abend bis neun Uhr am Morgen nicht mehr zu verlassen. Einmal im Sommer verließ ich das Haus ohne meine Jacke, an der die Armbinde war und wurde von einem vorbeigehenden Polizisten erwischt. Er schaute auf meinen Arm und schlug mich mit einem Gummiknüppel so sehr auf den Rücken, dass ich kaum nach Hause kriechen konnte. Er sagte mir, wenn er mich das nächste Mal ohne Armbinde erwische, würde ich zu Tode geprügelt werden.

Im Ghetto entstand heimlich ein kleiner Markt. Die Menschen aus dem Dorf brachten Lebensmittel und tauschten sie gegen Gegenstände. Plötzlich kam eine Razzia. Die Polizisten umstellten den Markt und nahmen die Menschen fest. Die Bäuerinnen ließen sie dann frei und uns mit den weißen Armbinden schickten sie nach Sloboda zur Tabakernte. Ich flehte die Polizisten an, mich freizulassen, denn ich hatte drei kleine Kinder alleingelassen. Sie würden nicht wissen, wo ihre Mutter wäre, und würden weinen. Auch andere Menschen setzten sich für mich ein. Ich weinte und erklärte ihnen, dass ich nur kurz herauskam, um eine Flasche Milch für meine hungrigen Kinder zu besorgen. Die Polizisten wechselten einige Worte auf Rumänisch und erlaubten mir, nach Hause zu gehen. Sie gaben mir sogar noch ein Stück Brot und eine Scheibe Speck für meine Kinder. Sie sagten: »Gehe und lass dich nicht mehr erwischen!« Ich hatte Glück, dass es humane Polizisten waren. Es gab auch unter den Polizisten verschiedene Menschen.

Solange wir Gegenstände hatten und sie umtauschen konnten, ging es noch einigermaßen. Aber sehr schnell hatten wir nichts mehr umzutauschen. Dann kam die Kälte und wir litten Hunger. Die Polizisten gingen von Haus zu Haus und holten sich warme Sachen, Winterschuhe und Decken. Wir lebten im Dreck und im Gedränge. Es gab keine Seife, um sich und die Wäsche zu waschen. Eine Flecktyphusepidemie brach aus und grassierte unter den Menschen. Als erste starben die finanziell schwächeren Juden aus der Bukowina und Bessarabien, die in der Synagoge und im Gemeindehaus untergebracht worden waren. Man kam nicht hinterher, sie zu beerdigen. Später konnten sich auch die Reicheren gegen den Typhus nicht schützen. Sie waren ein Leben unter solchen Umständen überhaupt nicht gewohnt. Unsere Menschen, Einheimische, waren mit der Not vertraut, kannten keinen Luxus und wurden auch vom Typhus befallen. Kaum jemand von ihnen kehrte später nach Hause zurück. Die Menschen begannen zu sterben. Ich und viele andere, die sich dafür nicht zu schade waren, retteten die Familien vor dem Typhus mit Holzasche. Ich kochte die Asche, siebte dieses Wasser und wusch damit meinen Kindern die Köpfe und badete sie im Aschenwasser. Ich wusch auch die Wäsche mit Aschenwasser. Wir hatten keine Insekten, die Typhus übertrugen. Diese Methode brachte mir eine Bäuerin aus dem Dorf bei, und ich erzählte davon vielen anderen im Ghetto.

Ich hatte sehr gute Nachbarn: Rachil Grinblat und ihr Mann Uscher Grinblat. Sie waren schon ältere Menschen und hatten Mitleid mit mir und meinen Kindern. Sie halfen uns, wie sie es konnten. Gott vergelte ihnen, was sie für uns alles taten. Sie sind schon gestorben, ihre zwei Töchter Sonja und Raja leben jetzt in Israel.

Mein Vater starb am 15. August 1943. Er war nur Haut und Knochen und konnte nicht mehr die Kälte ertragen. Auch der Hunger und der Anblick unseres Leids setzten ihm zu. Wir mussten sehr lange Hunger und Kälte erleiden und lebten in andauernder Angst.

Wie ich und meine Kinder überlebten, weiß nur Gott allein. Ich glaubte nicht, dass ich und meine Kinder den Tag unserer Erlösung, den Sieg erleben würden. Am 19. März 1944 – das ist ein Datum, das ich nie vergessen werde – befreite unsere siegreiche Armee unser Dorf vom faschistischen Joch. Wir halb tote Menschen wurden frei. Wir begannen zu arbeiten und warteten mit Ungeduld auf den endgültigen Sieg über den verfluchten Feind der Menschheit und auf die Rückkehr meines Mannes und des Vaters meiner Kinder. Aber das Schicksal wollte es anders. Es gibt keinen Krieg ohne Opfer. Mein Mann kehrte vom Schlachtfeld nicht zurück. Er war im Namen unserer Befreiung gefallen.

Für mich begann ein neuer Kampf um die Erziehung meiner Kinder. Diesen Kampf trug ich auf meinen schwachen, mageren Schultern alleine. Nach dem Krieg stand ich mit meinen Kindern alleine da: barfuß und obdachlos. Aber wir hatten das Wichtigste: unsere Freiheit. Meine Kinder gingen in die Schule, und ich ging zur Arbeit. Der liebe Gott schenkte mir Geduld und Ausdauer. Dank hilfsbereiter Menschen und der Unterstützung der lokalen Verantwortlichen bekam ich eine Wohnung und Arbeit. Meine Kinder bekamen Waisenrente für ihren gefallenen Vater.

Die Nachkriegsjahre waren sehr schwer. Meine Kinder erfuhren viel Not, waren aber sehr gut in der Schule und halfen mir, so gut sie es konnten. Meine ältere Tochter arbeitet jetzt als Oberschwester in der Chirurgie, die mittlere Tochter bekam eine universitäre Ausbildung und war Pädagogin. Jetzt ist sie in Rente. Mein Sohn absolvierte die Technische Universität in Charkow und arbeitet als Konstrukteur für Landmaschinen. Alle meine Kinder haben Familien: Kinder und schon Enkelkinder. Jetzt leben wir in einer Übergangsphase. Wie auch andere Menschen fällt ihnen vieles nicht leicht. Man muss eben Geduld haben und auf bessere Zeiten hoffen. Es ist aber problematisch, da sie gesundheitlich angegriffen sind. Tschernobyl hinterließ seine Spuren. Das ist unser Hauptleid.

Grigory Rosenblum (geb. 1927)
»Und dann kamen die rumänischen Besatzer nach Schargorod«

Ich heiße Grigory (Gersch) Rosenblum und wurde im Jahre 1927 in der Ukraine in einem Schtetl namens Schargorod geboren, wo seit dem Mittelalter Juden gelebt haben. 1933 wurde ich eingeschult. Es gab zwei Schulen in Schargorod – eine jüdische und eine ukrainische. Ich ging in die ukrainische Schule. Aber unsere Familie war gläubig: Alle religiösen Regeln wurden eingehalten, der Schabbat wurde gefeiert ... Ich konnte Jiddisch nicht nur flüssig sprechen, sondern auch gut schreiben. In Schargorod gab es vor dem Krieg fünf oder sechs Synagogen. Die größte Synagoge hatte man zwar geschlossen, die anderen waren jedoch noch geöffnet. Die Handwerker hatten z. B. eine eigene Synagoge.

1939, als ich 12 Jahre alt war, ist meine Mama gestorben. Sie war schwer krank, magerte sehr stark ab und starb. Und dann wurden alle Bräuche bei uns vergessen. Mein Vater hat wieder geheiratet. Meine Stiefmutter Dora war noch recht jung. Und sie heiratete einen Witwer mit zwei Kindern (ich war der Älteste). Es war für sie nicht leicht.

Als der Krieg ausbrach, war ich 13 Jahre alt. Durch Schargorod marschierte die Rote Armee. Es waren sehr viele Soldaten. Deshalb wurde die Stadt von den Deutschen sofort bombardiert. Weil unser Haus neben der Hauptstraße stand, wurde es auch getroffen.

Als der erste deutsche Flieger kam und der Luftalarm ertönte, sind die Soldaten auseinandergelaufen und haben sich versteckt. Ich aber habe nie die Kreuze auf den Flügel der faschistischen Flugzeuge gesehen und war neugierig: Wie sehen sie aus? Ich stand vor dem Haus und guckte nach oben. Plötzlich sah ich, dass das Flugzeug irgendetwas verlor. Es war eine Bombe, und ich habe das nicht begriffen. Ich ging ruhig ins Haus, und in dem Moment schlug die Bombe ein. Sie explodierte etwa 15 bis 20 Meter von unserem Haus entfernt. Alle Fenster gingen zu Bruch, Scherben flogen mir ins Gesicht. Ein Splitter schlug ein Loch in den Fensterrahmen und verfehlte mich um Zentimeter. Er steckte in einem Bild, und ich stand darunter. Unglaublich!

Meine Familie hat einen großen Schrecken bekommen. Eine Hauswand stürzte ein. Wir lebten in einem einstöckigen Haus. Überall war es jetzt dunkel vom Staub. Alle versteckten sich in einem kleinen Zimmer: mein Vater (er wurde wegen seiner kranken Augen beim Militär als dienstuntauglich eingestuft), meine Stiefmutter und drei Kinder. Meine jüngste Schwester war im April 1941 geboren worden. Erstaunlicherweise war ich, obwohl noch nicht einmal vierzehn Jahre alt und ganz blutig, als Einziger aus irgendeinem Grund ruhig geblieben. Ich sagte, dass wir das Haus verlassen sollen. Wir stiegen runter zum Fluss. Und der Luftangriff ging weiter. Mein kleiner Bruder, der erst vier Jahre alt war, fürchtete sich am meisten. Als er die Flugzeuge hörte, fing er an zu weinen. Ich sagte ihm: »Hab keine Angst! Das sind doch Unsere!« – und er beruhigte sich.

Das war unsere Feuertaufe. Dann hörten die Luftangriffe auf, das Artilleriefeuer wurde aber lauter. Und später – etwa am 18 Juli – hörte man schon Gewehrschüsse und Maschinengewehrsalven. Nun, die jüdische Psychologie ist bekannt: alle müssen zusammen bleiben. Lass uns sterben – aber bitte zusammen. Einige Familien (ich weiß nicht wie viele, etwa zehn vielleicht) versteckten sich in einem Haus weiter entfernt von der Hauptstrasse, einige Hundert Meter von unserem Haus entfernt. Wir alle saßen in einem Keller, Erwachsene und Kinder. Wehklagen, Tränen ... Worauf warteten wir? Ich wusste es nicht.

Am darauf folgenden Morgen sagte mein Papa zu mir: »Wir müssen irgendwie leben. Geh nach Hause, mach uns Tee«. Und ich ging nach Hause. Es war kein Mensch zu sehen. Die Schießerei hörte nicht auf. Ich hatte das Gefühl, dass von allen Seiten geschossen wurde.

16. Bezirk (Rayon) Schargorod

Unser Haus war halb zerbombt. Kein einziges Fenster blieb heil. Ich nahm einen Eimer, ging zum Brunnen, holte Wasser und machte Tee. Dann ging ich zum Versteck und sagte: »Der Tee ist fertig«. Die Familie kehrte nach Hause zurück, wir haben Tee getrunken, aßen etwas – und gingen zurück in den Keller.

Es gab so gut wie keinen, der aus Schargorod fliehen konnte. Wie sich evakuieren? Es wurde nichts organisiert, kein Transport zur Verfügung gestellt. Schargorod lag 27 Kilometer von der Eisenbahnlinie entfernt, wie sollte man hinkommen? Zu Fuß etwa?

Die deutschen Soldaten marschierten einen Monat nach dem Hitler-Überfall am 22. Juli 1941 in Schargorod ein. Marschieren ist vielleicht das falsche Wort, denn keiner ging zu Fuß. Sie fuhren mit Autos, Pferdewagen, Motorrädern, Fahrrädern …

Am gleichen Abend war ich kurz draußen. Ich sah, wie drei oder vier ältere Leute und ein ukrainischer Junge meines Alters eine Karre zogen und obenauf, wie ein Kutscher, saß ein deutscher Soldat und trieb sie an. Er hatte mich gesehen und gab ein Zeichen: Komm auch mit! Wir kamen zu einem Feld mit Weißkohl. Der Weißkohl war noch gar nicht reif für die Ernte, wir sollten aber trotzdem die dicken Kohlblätter pflücken. Wahrscheinlich für die Pferde, das wusste ich nicht so genau.

Von den älteren Juden, die mit uns zusammen waren, erinnere ich mich an einen, den man »Olter Schoichet« nannte, das ist Jiddisch und bedeutet »Alter Fleischer«. Er war noch nicht sehr alt, trug aber einen Bart. Als wir mit den Kohlblättern fertig waren, fingen die Deutschen an, ihn zusammenzuschlagen, dann die anderen. Sie sagten: »Zieht die Stiefel aus!«. Ich dachte: »Jetzt werden wir erschossen.« Dann kam eine ukrainische Bäuerin und sagte, dass sie den anderen Jungen freilassen sollten: Er sei kein Jude, sondern Ukrainer. Ich flehte sie an: »Sagen Sie, dass ich auch Ukrainer bin.« Aber sie schwieg, nahm den anderen Jungen mit und verschwand. Die älteren hatten schon die Stiefel ausgezogen und ein deutscher Soldat schlug sie mit der Peitsche. Der andere stand daneben und lachte. Ich dachte: Du musst fliehen. Ich bin aber nicht in Richtung Schargorod gelaufen, denn ich wusste: Dort werden sie mich suchen. Ich bin in die entgegengesetzte Richtung gelaufen, zum Fluss, wo Bäume und dichtes Gebüsch waren. Die Deutschen waren zu beschäftigt und bemerkten es erst später. Erst nachts traute ich mich dann nach Hause.

Bald kamen verschiedene Verordnungen. Alle fingen gleich an: »An alle Shidy!« Es ging zuerst um Kontributionen. Ich weiß nicht mehr, wie hoch diese Zahlungen waren, sie waren aber sehr hoch. Man sammelte nicht nur Geld ein, sondern auch Schmuck. Eine der ersten Verordnungen bezog sich auf den Davidstern. Jeder Jude sollte eine zehn Zentimeter breite Armbinde mit dem Davidstern tragen.

Es gab noch die deutschen Erlasse. Dann zogen die Deutschen ab und es kamen stattdessen die rumänischen Besatzer nach Schargorod. Unser Städtchen lag im sogenannten Transnistrien. Nach einer Vereinbarung zwischen Hitler und dem rumänischen Diktator Antonescu fiel dieses Territorium an Rumänien. Wir alle hatten Angst, weil wir wussten, dass die rumänischen Besatzer in den umliegenden Städten Dutzende Juden erschossen.

Die erste Verordnung kam sofort: Ausgangssperre. Juden durften nach sieben Uhr abends nicht mehr auf die Straße. Unser Nachbar Frenkel stand an diesem Tag auf seiner Terrasse mit einem anderen Juden und beide unterhielten sich. Auf der eigenen Terrasse! Aber es war kurz nach sieben. Zwei Polizisten haben die beiden gesehen, sie sind verhaftet und ganz schlimm zusammengeschlagen worden. Frenkel hatte schwere innere Verletzungen und der andere hatte dabei ein Auge verloren. Das war gleich am ersten Tag, an dem diese Verordnung bekanntgegeben worden war!

Ein wichtiges Ereignis geschah am 7. November 1941. An diesem Tag kamen die ersten Juden, die man aus Rumänien deportiert hat. Sie kamen nach Schargorod aus verschiedenen rumänischen Städten, aus Bessarabien, Nordbukowina ... Das Wetter war furchtbar, es regnete in Strömen ... Man stoppte die Kolonne mitten auf der Straße. Alle waren zu Fuß unterwegs: Kranke, Alte, Kinder ... Vielleicht ein paar Pferdewagen – das war alles. Alle anderen gingen zu Fuß. Die Kinder haben geweint, geschrien ... Man hat dann angefangen, die Leute zu verteilen. Einige wurden auch in unserem Haus untergebracht. Es war genau genommen eine Haushälfte und sie war klein, aber die Armen mussten ein Dach über dem Kopf haben. Wir hatten ein relativ großes Wohnzimmer (etwa 15 Quadratmeter), ein Schlafzimmer (acht Quadratmeter) und einen dunklen Speicher. Mein Vater, der an einer schweren Augenkrankheit litt, seine zweite Frau, meine drei jüngeren Geschwister und ich – also zu sechst – haben wir uns den Speicher genommen. Zwei Familien rumänischer Juden richteten sich im Wohnzimmer ein: Das ältere Ehepaar Bogin mit drei Söhnen – dem Friedrich und den Zwillingen Siegfried und Bernhard, ferner das jüngere Ehepaar Mosche und Erika. Das Schlafzimmer war der Familie Seidler zugeteilt: Karl, Bruno und ihren Eltern.

Ich kann mir heute gar nicht mehr vorstellen, wie wir zusammengelebt haben, wie wir schliefen. Es gab zu wenig Platz, trotzdem ...

Abgesehen davon, verbesserte sich aber im Allgemeinen die Situation im Ghetto von Schargorod, als die rumänischen Juden kamen. Sie sprachen die Sprache der Besatzer, sie kannten ihre Psychologie, ihre Denkweise, sie wussten, wie sie mit den rumänischen Besatzern umgehen sollten. Sie waren außerdem gebildeter, selbstbewusster und besser organisiert, als die sowjetischen Juden. Es wurde eine neue jüdische Gemeinde ins Leben gerufen. Der Gemeindevorsteher war Dr. Meir Teich, ein rumänischer Jude, ein Mann mit einem tragischen Schicksal. Sein einziger Sohn war im Ghetto an Typhus gestorben und seine Frau hatte danach Selbstmord begangen.

Der Winter 1942 war ganz schlimm. Die schlimmste Zeit im Ghetto. Die Enge, der Hunger, die Kälte, kein fließendes Wasser, viel zu wenig Brennholz, kaum sanitäre Einrichtungen ... Es fehlte am Elementarsten. Die Folge war eine Typhus-Epidemie: Dutzende starben, dann Hunderte ... Die Leichen lagen auf der Straße, im Schnee.

Es gab im Ghetto den ehemaligen Lehrer namens Leiderman. Er hatte zwei oder drei Töchter, ein sehr intelligenter Mensch. Er hatte sich freiwillig bereit erklärt, die Leichen von der Straße zu schaffen und zu begraben. Jeden Morgen fuhr Leiderman mit einem Pferdewagen durch Schargorod, sammelte die Leichen auf und brachte sie zum Friedhof. Es war sehr kalt, die Erde war steinhart und es kostete viel Kraft, ein Gemeinschaftsgrab auszuheben. Aber die Leute wollten ihre Toten einigermaßen ehrenhaft begraben. Jeweils 20 bis 30 Menschen ruhen in jedem dieser Massengräber. Leiderman hatte sich später auch angesteckt und war dann gestorben.

16. Bezirk (Rayon) Schargorod

Ich habe mich auch angesteckt. Mein Vater pflegte mich, denn er hatte bereits 20 Jahre früher, während des Bürgerkriegs, Typhus schon durchgestanden und war immun. Bei mir hatte die Krankheit einen sehr schweren Verlauf. Ich hatte mehrere Tage ganz hohes Fieber, über vierzig Grad. Arzneimittel gab es keine. Man machte mir kalte Kompressen, mein ganzer Körper war in kalten, nassen Bettlaken eingehüllt. Ich war erst vierzehn und habe zwölf Kilo verloren. Ich sah wie ein mit Haut überzogenes Skelett aus. Aber ich hatte es überlebt.

Im Frühjahr versuchte jeder sein Leben irgendwie zu organisieren, sich einzurichten. Wir verkauften Habseligkeiten auf dem Flohmarkt. Mein Vater bastelte eine primitive Ölpresse. Wir kauften Sonnenblumenkerne, pressten Öl daraus und verkauften es auf dem Markt. Das brachte etwas Geld ein. Und aus dem Ölkuchen machten wir Fladenbrot und aßen es.

Mit wenigen Ausnahmen wurde es Juden verboten, das Ghetto zu verlassen. Es gab zum Beispiel einen Dachdecker, der die Erlaubnis bekam, das Dach der russisch-orthodoxen Kirche in der Stadt zu reparieren. Vor dem Krieg war die Kirche geschlossen, die große Synagoge auch. Nur die katholische Kirche (in Schargorod lebten viele Polen) blieb verschont. Während des Kriegs haben die Besatzer erlaubt, die russisch-orthodoxe Kirche wieder einzuweihen.

Die große alte Synagoge von Schargorod wurde auch geöffnet. Man hatte natürlich keine Möglichkeit sie zu renovieren, aber es wurden die Thora-Rollen gebracht und man feierte wieder Gottesdienste. Unter den vielen Juden, die man in das Ghetto von Schargorod deportiert hatte, waren auch Rabbiner. Man hat sogar einen Synagogen-Chor zusammengestellt. Dieses wiederbelebte religiöse Leben war der einzige Lichtblick im damaligen Leben.

Die rumänischen Besatzer haben das gebilligt. Man hat aber eine Ghetto-Polizei aufgestellt, die die Ordnung im Ghetto wahren sollte. Sie hieß »Jüdische Polizei von Schargorod«. Die ukrainischen Polizisten hatten allerdings viel mehr Machtbefugnisse. Sie durften jüdische »Kollegen« misshandeln und sogar umbringen. Es gab noch die rumänischen Gendarmen. Sie waren ganz schlimm. Ich erinnere mich an einen von ihnen. Sein Name war Liaze. Er war der Brutalste von allen. Liaze kam zum Markt und suchte sich ein Opfer aus. Wenn ihm jemand nicht gefiel, schlug er sofort mit einem Stock, den er immer bei sich trug. Keiner wurde von ihm verschont. Die Ukrainer, die zu unserem Markt kamen, haben auch Schläge von ihm bekommen.

So haben wir gelebt. Man feierte keine Hochzeiten. Es wurden keine Kinder geboren. Es gab ein Lied, das wir gesungen haben, das Lied über unser Leben. Ein jiddisches, ein trauriges Lied. Es klang ungefähr so: »Das ist das Leben in Schargorod. Glaub mir: Ich verstehe nicht, wie wir überhaupt so leben können. Gott, hilf uns, erlöse uns endlich von unserem Leiden.« Aber freche Antibesatzungslieder hat man auch heimlich gesungen.

Ich träumte davon wegzulaufen, aber wohin? In die Wälder zu den Partisanen? Keiner wusste, wo sie sind, und ich war nicht sicher, dass sie mich, einen kleinen Jungen, nehmen würden, wenn ich sie überhaupt finden würde. In den umliegenden Städtchen gab es keine Juden mehr: alle waren erschossen worden.

In Schargorod fanden keine Massenerschießungen statt. Man hätte natürlich jederzeit in dein Haus kommen können, dich verschleppen, zusammenschlagen, alles wegnehmen, aber die Leute waren schon glücklich, wenn sie am Leben blieben – nach dem Sprichwort: »Mach mir Angst, Gott, bestraf mich aber nicht.«

Und doch war jeder in Schargorod nur einen kleinen Schritt vom Tod entfernt. Einmal passierte mir Folgendes. Ich brachte im Winter einen Sack Gerstenmehl von der Mühle nach Hause. Es war den Juden verboten, Weizenmehl und Weizenbrot zu besitzen, und das wurde strengstens kontrolliert. Ein rumänischer Gendarm hatte von Weitem gesehen, wie ich den Schlitten mit einem Sack zog. Er war 150 bis 200 Meter entfernt. Kaum war ich zu Hause, stand schon dieser Gendarm da: »Was hast du im Sack gehabt?!« und schlug mich mit dem Gewehrkolben auf den Kopf. Mein Vater rief: »Das ist Gerste, Gerste!« und zu mir: »Lauf weg!« Irgendwie hat er den Gendarmen beschwichtigt und uns losgekauft.

Mein Vater hat den Krieg auch überlebt. Er ist viel später gestorben und ruht auf dem Friedhof von Schargorod. Die Rote Armee hat Schargorod im Jahre 1944 befreit. Ich meldete mich freiwillig und lebte dann nach dem Krieg in Moskau. Eine Schule hatte ich in der Besatzungszeit nicht besucht. Es gab im Ghetto keine Schule. Die Kinder ab 14 mussten nach dem Besatzungsrecht sowieso arbeiten. Ich hatte vor dem Krieg nur das sechste Schuljahr beendet, das war alles. Erst nach dem Krieg konnte ich eine Realschule besuchen. Ich reiste ziemlich oft mit meinen Kindern nach Schargorod. Ich wollte, dass sie wissen, was ich erlebt habe.

Übersetzt von Efim Schuhmann

Chaika Sirota-Wolditor (geb. 1914)
»Das Leben im Ghetto war eine wahrhaftige Hölle«

Ich, Chaika Wolkowna Sirota-Wolditor, wurde am 8. April 1914 in der kleinen Stadt Schargorod, Gebiet Winniza geboren.

Als der Krieg ausbrach, wurde mein Mann, Schlema Naftulowitsch Wolditor, eingezogen und fiel an der Front. Mit zwei kleinen Kindern – meine Tochter Ester war damals sieben und mein Sohn Tolja war vier Jahre alt – und einem erblindeten alten Vater – er war damals 76 Jahre alt – blieb ich auf dem von deutschen Faschisten besetzten Gebiet. Wir landeten im Ghetto. Unter deutscher Besatzung mussten wir weiße Armbinden mit dem blauen Davidstern tragen, und unter den Rumänen – schwarze Armbinden mit dem gelben Davidstern. Auch jüdische Häuser wurden mit dem Davidstern gekennzeichnet.

Jederzeit, nachts und tagsüber, musste man damit rechnen, dass die Faschisten sich aufs Ghetto stürzten und die Menschen verprügelten, ermordeten, vergewaltigten. Juden wurde verboten, die Hauptstraße der Stadt zu begehen. Es wurde auch eine Ausgangssperre verordnet und die Ghettobewohner durften nach 18 Uhr nicht mehr auf der Straße erscheinen.

In den Häusern gab es keinen Strom, wir hatten kein Petroleum, um das Zimmer irgendwie zu beleuchten. Wir machten ein Sternchen: In eine Kartoffel machten wir ein Loch, gossen ein bisschen Öl hinein und drehten aus Watte kleine Dochte. Wir zündeten diese Wattedochte an und hatten so etwas Licht im Zimmer. Aber die Fenster mussten verdunkelt sein. Hätte man ein ganz schwaches Licht im Fenster gesehen, wäre sofort geschossen worden.

Unsere Nachbarn im Ghetto waren: Chaika Bortniker, Mojsche Dsjubow (er starb nach dem Krieg an Thrombophlebitis), Berl Mugerman (er starb nach dem Krieg an einem Herzinfarkt), T. M. Nisenboim, Raisberg, Schepka Chait und andere.

Das Polizeipräsidium war im Gebäude des ehemaligen Exekutivkomitees (jetzt ist dort ein Jugendzentrum). Herr Kachanowski (der Sohn des Popen, der in der Sowjetzeit als Fahrer gearbeitet hatte) wurde unter den Deutschen Polizeichef. Herr Ljublinski war sein Stellvertreter.

Sie schikanierten die Ghettobewohner wo sie nur konnten. Ich erinnere mich, dass wir das jüdische Neujahr feierten und alle Juden unserer Straße sich im Haus von Schata Resnik versammelten, um zusammen zu beten. Als Deutsche diese Versammlung entdeckten, vertrieben sie alle und bestraften die ältesten Männer am meisten.

Meinen Vater, Welwla Sirota, banden sie an einen Pfosten und verprügelten ihn so brutal mit Putzstöcken, dass er ohnmächtig wurde und einige Stunden nach dieser Exekution verstarb. Er wurde auf dem Friedhof von Schargorod beerdigt. Rabbi Olter Lopata wurde anstatt eines Pferdes eingespannt und musste ein Wasserfass ziehen. Er wurde aufs brutalste geschlagen und misshandelt; man riss ihm die Haare aus dem Bart aus.

Ich erinnere mich, dass die Polizisten damals die Lehrerin Nissenboim, Beila Klezelman und auch andere Frauen sehr stark verprügelten.

Das Leben im Ghetto war eine wahrhaftige Hölle. Die Kinder waren hungrig, dreckig, in Lumpen gekleidet. Wir lebten in unhygienischen Verhältnissen, es gab keine Seife, um Wäsche zu waschen. Ich wusch die Wäsche mit weißem Lehm. Im Winter hatten wir nichts zum Heizen und nur selten machten wir den Ofen mit im Sommer getrocknetem Unkraut an. Man musste die Kinder irgendwie ernähren. Um das Essen zu verdienen, nahm ich jede Arbeit an: wusch Wäsche, schrubbte Böden, backte Brot.

Ich bediente das Haus unseres Nachbarn Schlomo Kleiman. Einmal sagte mir die Hausbesitzerin Zipaira Kleiman, dass sich bei ihnen im Haus der Untergrundkämpfer E. P. Draischpiz verstecken würde. Ich schwor, dass ich keinem darüber erzählen würde. Sie versteckten ihn in einem Keller. Von dort beauftragte er andere Mitglieder der Untergrundorganisation mit Aufgaben und verfasste Flugblätter. Als er erfuhr, dass mein Mann an der Front kämpfte, versicherte mir dieser nette Mensch mit den gütigen Augen, dass der Krieg bald zu Ende sei und alle Männer, Söhne, Brüder und Väter zu ihren Familien zurückkehren würden. Nach dem Gespräch mit ihm ging es mir emotional besser.

Die Faschisten stürzten in die Häuser, plünderten und töteten unschuldige Menschen. Sie ermordeten Ruchl Schtekkel nur deshalb, weil einem der Faschisten ihre hübsche Tochter Cheiwid ins Auge fiel. Er machte sich an sie heran, aber sie rannte weg. Der Faschist zog seine Pistole und erschoss ihre Mutter.

Wir lebten neben der Synagoge (jetzt befindet sich dort eine Saftkelterei). Einmal brachten die Deutschen eine Gruppe Kriegsgefangene in der Synagoge unter. Die Kinder und Erwachsenen warfen ihnen über den Zaun Kartoffeln und Brotstücke zu. Die deutschen Wachmänner verhinderten dies und trieben uns weg. Junge sowjetische Piloten kamen in deutsche Kriegsgefangenschaft und wurden am nächsten Tag verschleppt und ermordet. An den Wänden der Synagoge blieben die Abschiedsworte der jungen Burschen.

Die Situation im Ghetto verschlimmerte sich, als rumänische Juden kamen. Es waren sehr viele Menschen im Ghetto, man lebte in unhygienischen Verhältnissen und schließlich brach eine Typhusepidemie aus. Meine Tochter Ester erkrankte an Flecktyphus, mein Sohn an Bauchtyphus und ich an Paratyphus. Vom hohen Fieber und den Schmerzen waren die Kinder so abgemagert, dass sie nur noch Haut und Knochen waren und ihre Äuglein glänzten. Es gab keine Medikamente. Täglich kamen Gemeindemitglieder und fragten, ob es Tote gäbe. Die Toten wurden im Hof der Synagoge aufgeschichtet und dann auf den Friedhof gebracht. Dort wurden sie in einem Massengrab beerdigt. In unserem Städtchen gibt es bis heute das Massengrab der im Ghetto Verstorbenen.

Bis zu meinem Tod wird mich folgendes Bild verfolgen: Es war sehr kalt. Als ich an der Synagoge vorbeiging, sah ich auf dem Boden eine erfrorene junge Frau mit einem Säugling an der Brust. Ein Schwein knabberte schon am Füßchen dieses Kindes.

Es ist unmöglich, die Qualen der Menschen zu beschreiben, die aus ihren Häusern in die Hölle getrieben wurden. An der Spitze der jüdischen Gemeinde stand Doktor Teich. Seine Frau vergiftete sich nach dem Tod ihres Sohnes. Auf dem Friedhof sind die Gräber der Frau und des Sohnes von Doktor Teich. Die jüdische Gemeinde war im Gebäude des ehemaligen Hotels untergebracht.

Vor ein paar Jahren hatten wir Besuch vom Vorsitzenden der jüdischen Gemeinde in Venezuela. Während des Krieges war er im Ghetto von Schargorod. Seine Verwandten kamen damals um und ruhen in einem Massengrab. Er war auf dem Weg nach Kiew, um Babi Jar zu besuchen, erinnerte sich aber an Schargorod und kam zu uns. Er erzählte uns, dass er in Israel gewesen und dort Doktor Teich besucht hätte. Doktor Teich würde an einem Buch über das Ghetto von Schargorod arbeiten.

Von den rumänischen Chefs blieben mir Tschertus und Lazo in Erinnerung. Sie hatten immer Peitschen dabei und verprügelten die Ghettobewohner.

In Schargorod gab es eine Partisanenuntergrundorganisation. Die Lehrerin Fanja Lasarewna Giterman war die Verbindungsperson dieser Widerstandskämpfer. Die Mitglieder dieser Organisation töteten den Verräter Dratschinski, der in unserer Straße wohnte.

Die Polizisten fragten unsere ukrainischen Nachbarn, ob nicht die Juden ihn ermordet hätten. Hätten sie gesagt, dass es Juden waren, wären alle Ghettobewohner erschossen worden. Aber unsere ukrainischen Nachbarn behaupteten, dass Juden nicht töten könnten.

F. Stepanow, S. Lukasch, L. Ermisa, N. Malinski und andere Mitglieder der Untergrundorganisation, an deren Namen ich mich leider nicht mehr erinnern kann, wurden festgenommen. Ich erinnere mich, wie Stepanow in unsere Straße gebracht wurde, um zu zeigen, wie Dratschinski ermordet worden war. Er wurde geschlagen, man riss ihm die Haare vom Kopf. Aber er bat nicht um Gnade. Alle Ghettobewohner wurden zusammengetrieben, um anzusehen, wie Partisanen bestraft werden. Stolz hob Stepanow sein Haupt und sagte: »Für jedes mir ausgerissene Haar wird ein Faschist sterben.«

Die Ukrainer halfen uns im Ghetto. Maria Derkatsch brachte für meine Kinder Milch. Fronja, eine andere Frau aus dem Dorf Nossikowka – an ihren Namen kann ich mich leider nicht erinnern – brachte uns oft Brot und Kartoffeln.

Als die Faschisten ihren Rückzug antraten, herrschte die Angst, dass sie alle Ghettobewohner ermorden würden. Ich versteckte mich zusammen mit meinen Kindern in einem kalten und feuchten Keller. Mein Sohn erkältete sich, erkrankte an Tuberkulose und starb. Meine Tochter erkrankte an Lungenentzündung, konnte aber gerettet werden.

Der Krieg war gnadenlos zu meiner Familie: mein Mann und zwei Brüder sind gefallen, mein Sohn ist gestorben. Verflucht seien der Krieg und das Ghetto!

Tetjana Wengrenowska (Schustirman)
»Wir schwollen vor Hunger an«

Ich, Tetjana Schmuliwna Wengrenowska (Schustirman) wurde in der Stadt Dshurin, Gebiet Winniza, geboren. Nach einiger Zeit zogen wir in eine andere Stadt in der Ukraine um.

Als der Krieg ausbrach, wurde mein Vater eingezogen. Meine Mama, mein Bruder und ich ließen uns von der Stadt Proskurow nach Dshurin evakuieren. Da wir keine Verwandten mehr in dieser Stadt hatten, mussten wir einzeln bei fremden Menschen unterkommen.

Als im Sommer 1941 die Deutschen kamen, richteten sie ein Ghetto ein. Ein paar jüdische Häuser wurden mit Stacheldraht umzäunt und alle Juden wurden dort zusammengepfercht. Man musste auf engstem Raum miteinander auskommen. Es gab sehr wenig Platz, sodass ich als ein kleines Kind einen Platz in einer Hundehütte bekam.

Das Schlimmste begann aber, als man uns verboten hatte, das Gelände des Ghettos zu verlassen. Wir konnten noch nicht einmal gehen, um Wasser zu holen oder etwas Essbares wie ein paar Kartoffelschalen zu erbetteln. Wir schwollen vor Hunger und Kälte an.

Dann kam der Winter. Es gibt keine Worte, um zu beschreiben, was ich alles in jenen drei Jahren der deutschen Besatzung erlebt habe. Wenn ich nachts einschlief, konnte ich am nächsten Morgen meine Hundehütte nicht verlassen, weil meine Zöpfe am Boden angefroren waren. Irgendjemand riet mir, meine schönen langen Haare abzuschneiden. Es war sehr schade, aber es gab keinen anderen Ausweg. Danach konnte ich mich mit einem Kamm einigermaßen vor den Parasiten retten. Tagsüber trieben die Polizisten die Erwachsenen zum Arbeitseinsatz. Als Minderjährige ließ man mich im Lager. Dabei war der Arbeitseinsatz die einzige Möglichkeit, um etwas zu Essen zu bekommen. Ab und zu warfen uns Menschen ein Stück Brot oder eine Kartoffel aufs Gelände des Ghettos, aber die Polizisten bestraften sie dafür.

Der Winter schonte auch mich nicht. Es gab keine Schuhe, und ich musste meine Füße mit Lumpen umwickeln. Tagsüber wurden die Lumpen nass und gefroren in der Nacht. So zog ich mir Erfrierungen an den Füßen zu. Meine Füße wurden ganz schwarz und taten unglaublich weh.

Diese Schmerzen verspüre ich noch heute. Vor Hunger und Kälte stellte mein Magen seine Funktion ein. Ich schwoll an und konnte nicht mehr meine Hundehütte verlassen. Mitleidige Menschen zogen mich heraus und halfen, so gut sie es konnten. Damit jemand etwas Essbares teilte, musste man arbeiten. So ging ich tagsüber Wasser holen.

Die Eimer waren für mich viel zu groß. Wenn ich Wasser trug, stolperte ich oft und fiel hin. Das Wasser wurde verschüttet. Wer dieses Bild sah, weinte zusammen mit mir. Das Schlimmste waren die ukrainischen Jungen, die mich auslachten und verfolgten: »Die kleine Jüdin, Juda!« Dann musste ich so schnell wie möglich fliehen, sonst wurde man von Schutzmännern verprügelt. Wie wurde ich geschlagen! Man schlug mich mit Stöcken und trat mich mit den Füßen. Von allen Schutzmännern war ein Einheimischer besonders brutal. Seinen Namen werde ich nicht vergessen: Stepan Petruk. Man nannte ihn auch Judenschreck.

Jeden Tag musste ich Wasser schleppen. Warum schickte man mich Wasserschleppen? Weil ich nicht wie eine Jüdin aussah und noch ein Kind war. Wenn ich auf der Straße nicht erkannt wurde, legte ich meine Strecke sehr schnell zurück. Die erwachsenen Juden hatten Angst, den Befehl zu missachten. Obwohl ich nur ein kleines Kind war, gelang es mir, Wasser ins Ghetto zu holen.

Meine Mama, mein Bruder und ich hatten es sehr schwer, weil wir in der Stadt fremd waren. Damit jemand etwas mit einem teilte, musste man für ihn eine Gegenleistung erbringen. Wenn ich auf der anderen Seite des Stacheldrahtes war, holten mich manche Bauern zu sich ins Haus. Ich half ihnen im Haushalt. Viele Juden überlebten nicht. Sie konnten jene Erniedrigungen nicht aushalten. Viele wurden erschossen. Es ist unmöglich, jenes Leid und jene Qualen, die ich als Häftling des Ghettos in der faschistischen Zeit erleben musste, zu beschreiben. Nach all den erlebten Entbehrungen und dem erlittenen Hunger wurde ich für immer Invalide.

Siehe auch die Zeitzeugenberichte von Rachel Filip, Iosif Rubinschtein, Alexandr Wainer und David Werzman

17. Bezirk (Rayon) Shmerinka

(ukr. Shmerynka, poln. Zmierzynka)
In den Jahren 1941 bis 1943 wurden im Bezirk Shmerinka 2638 Zivilisten getötet, darunter 2099 Juden.[147]

Ort: Shmerinka

Vor dem deutschen Überfall auf die Sowjetunion lebten in Shmerinka[148] 4630 Juden, etwa 18 Prozent der Bevölkerung. Da Shmerinka an einer Eisenbahnlinie lag, gelang es dem größten Teil der Bevölkerung, einschließlich der Juden, ins Innere der Sowjetunion zu entkommen.

---

147 Kruglow, Enziklopedija Cholokosta, S. 20 f.
148 Altman, Cholokost, S. 314 ff.; The Yad Vashem Encyclopedia, S. 982 ff.

17. Bezirk (Rayon) Shmerinka

Am 17. Juli 1941 besetzten die Deutschen die Stadt und begannen sofort, jüdisches Eigentum zu rauben und Juden zu ermorden. Nach Angaben der deutschen Verwaltung lebten Ende August 1941 noch 600 Juden in der Stadt. In der zweiten Augusthälfte 1941 begannen die Deutschen, alle Juden der Stadt in einem Viertel in der Nähe des Marktplatzes zu konzentrieren. Die nicht-jüdische Bevölkerung hatte das Viertel räumen müssen. Das Gebiet verwandelte sich in eine Art Ghetto.

Am 1. September 1941 kam Shmerinka zu Transnistrien unter rumänische Verwaltung. Hunderte Juden aus der deutschen Besatzungszone drängten nach Shmerinka. Anfang Oktober 1941 lebten bereits 1200 Juden in Shmerinka und im Oktober wurden weitere 500 Juden aus der Bukowina und Bessarabien in das Ghetto deportiert. Anfang November 1941 wurde das Ghetto mit Stacheldraht umzäunt. Shmerinka war eines der größten und bekanntesten Ghettos im Gebiet Winniza. Es lag an der Grenze der deutschen Besatzungszone und war die letzte Hoffnung für viele Juden, die ihr Leben durch Flucht in die rumänische Zone retten wollten.[149]

Das Ghetto war total überfüllt, und es war den Juden bei Todesstrafe verboten, das Ghetto zu verlassen. Hunger breitete sich aus. Die ukrainische Bevölkerung tauschte gelegentlich Güter gegen Nahrungsmittel und Gemüse. Im Winter 1941/42 herrschte in Shmerinka eine fürchterliche Hungersnot.[150]

Ein Judenrat wurde eingerichtet, und nach der Ankunft der deportierten Juden aus Rumänien wurde der Rechtsanwalt Adolf Herschman aus Czernowitz Leiter des Judenrats. Er bekam den Titel »Ghetto-Präsident«. Er leitete das Ghetto mit starker Hand und richtete einen jüdischen Ordnungsdienst ein. Mit Zustimmung des Prätors Ionesco, dem Leiter der Rumänischen Verwaltung, war der jüdische Ordnungsdienst verantwortlich für die Bewachung des Ghettos. So konnten Pogrome der Ukrainer verhindert werden, und auch der deutschen Polizei war es nicht erlaubt, das Ghetto zu betreten. Der Judenrat organisierte die Zwangsarbeit. Herschman setzte sich dafür ein, dass die Arbeiter wieder ins Ghetto zurückkehren konnten. Viele Gefangenen arbeiteten auf dem Bahnhof von Shmerinka, der sich unter Kontrolle der deutschen Truppen befand. Es wurden Werkstätten eingerichtet, eine Suppenküche, ein Badehaus und ein Hospital. Durch diese Maßnahmen gelang es zu verhindern, dass Typhus im Ghetto ausbrach. 1942/43 konnten 250 Kinder eine russischsprachige Schule im Ghetto besuchen.

In Erwartung der »Liquidation« des Ghettos ordnete Herschman an, Tunnel zu graben, die in die nahen Wälder führten.

Auf Forderung der deutschen Behörden musste Herschman 286 Juden, die aus Brailow nach Shmerinka geflohen waren, in die deutsche Besatzungszone zurückschicken. Dort wurden sie am 25. August 1942 ermordet. Obwohl diese Entscheidung erzwungen war – die

---

149 Altman, Opfer des Hasses, S. 107.
150 Ebenda, S. 189.

Behörden drohten mit der Vernichtung des gesamten Ghettos –, wurde Herschman von einem sowjetischen Standgericht verurteilt und im Dezember 1944 erschossen.[151]

Im März 1943 besuchte eine Delegation des Hilfskomitees aus Bukarest das Ghetto. Zu der Zeit lebten 3274 Juden im Ghetto, 2074 rumänische Juden und 1200 einheimische Juden, davon 200 Waisen.

Im Ghetto war eine Untergrundgruppe tätig mit Verbindungen zu den Partisanen. Die Mitglieder der Gruppe wurden im Juli 1943 festgenommen und in Tiraspol ermordet.

Als die Front näher rückte, flohen im Februar/März 1944 viele Juden aus dem Ghetto.

Vor dem Rückzug der deutschen Truppen wurden am 17. und 18. März in Shmerinka 49 Menschen erschossen, darunter zwei Juden.[152]

Shmerinka wurde am 20. März 1944 befreit.

Ort: Brailow

(ukr. Brailiw, poln. Braiłów)

Vor 1941 war Brailow[153] Bezirkszentrum im Gebiet Winniza der Ukrainischen Sozialistischen Sowjetrepublik. Am 20. Oktober 1941 wurde der Rayon Brailow Teil des Kreisgebiets Litin im Generalbezirk Shitomir. Am 1. April 1943 wurde der Generalbezirk neu gegliedert, Brailow gehörte nun zum Kreisgebiet Winniza.[154] Seit 1991 gehört die Stadt zum Gebiet Winniza, Ukraine.

1931 lebten in Brailow und Umgebung etwa 2400 Juden, 96 Prozent der Bevölkerung.

Die deutsche 17. Armee besetzte am 17. Juli 1941 die Stadt. Eine Anzahl Juden konnte sich evakuieren oder wurde zur Roten Armee eingezogen. Die Mehrheit der Juden blieb in der Stadt. Schon am ersten Tag der Okkupation wurden 15 Juden ermordet. Die Deutschen ernannten Michail Barantschuk zum Chef der ukrainischen Polizei. In dieser Position demonstrierte er außerordentliche Grausamkeit gegenüber der jüdischen Bevölkerung.

Juden mussten auf der Brust und dem Rücken ihrer Kleidung einen gelben Davidstern tragen, durften die Stadt nicht verlassen und keinen Kontakt zu den Ukrainern der umliegenden Dörfer haben. Kurze Zeit später mussten die Juden ihr Eigentum und ihre Wertsachen abgeben und wurden in ein Ghetto getrieben. Ihnen wurde eine monatliche Kontribution auferlegt. Jüdischen Frauen wurde verboten zu gebären bei Androhung der Exekution ihrer ganzen Familie. Jeden Tag wurden etwa 1000 Juden zur Zwangsarbeit getrieben.

Im Juli 1941 forderte der Militärkommandant 800 gewebte Tücher, 120 Paar Stiefel, 500 Seidentücher mit aufgenähtem Hakenkreuz und 300 000 Rubel Bargeld von den Juden.

---

151 Altman, Opfer des Hasses, S. 153.
152 Kruglow, Chronika Cholokosta, S. 179.
153 Altman, Cholokost, S. 103; Encyclopedia of Camps and Ghettos, S. 1520 f.; The Yad Vashem Encyclopedia, S. 71 f.
154 http://www.territorial.de/ukra/shitomir/shit.htm [12. 5. 2019].

Im Herbst 1941 übernahm die deutsche Zivilverwaltung das Kommando in Brailow. In Brailow war eine deutsche Gendarmerieeinheit stationiert unter dem Kommando von Hans Graf, der die Kontrolle über die ukrainische Polizei übernahm. Er erlaubte den Juden, jeden Tag zehn Minuten lang auf dem Markt einzukaufen. Ein Polizist gab dazu mit einer Pfeife das Signal.

Im November 1941 wurde den Juden befohlen, 10 goldene Damenuhren, 12 goldene Armbänder, einen Flügel für das Offizierskasino, zwei Autos und drei Fässer Benzin abzuliefern. Der Befehl erging über den Judenrat, dem Iosif Kulik vorstand. Der Judenrat musste täglich 1000 Zwangsarbeiter für Arbeiten außerhalb des Ghettos benennen. Sie wurden bei Bauarbeiten und der Reparatur der Straßen eingesetzt. Die Wachen erschossen viele von ihnen, weil sie angeblich zu langsam arbeiteten.

Am frühen Morgen des 12. oder 13. Februar 1942 trieben Einheiten der Sicherheitspolizei und des SD aus Winniza etwa 1600 Bewohner des Ghettos auf dem Marktplatz vor der katholischen Kirche zusammen. Die Häuser der Juden wurden durchsucht, und wenn man Kranke, Kinder oder versteckte Juden fand, wurden sie auf der Stelle erschossen. Nach einer Selektion wurden 800 jüdische Handwerker und ihre Familien zurück ins Ghetto geschickt. Der Chef der Gendarmerie Hans Graf forderte die übrigen 800 Juden auf, ihr Gold, Silber und Geld in eine Aktentasche zu legen, die er neben sich gestellt hatte. Dann wurden die Juden in einer Kolonne zu vorbereiteten Gruben etwa zwei Kilometer außerhalb von Brailow in der Nähe des jüdischen Friedhofs an der Straße nach Demidowka geführt. An den Gruben mussten sich die Juden entkleiden und in kleinen Gruppen mit dem Gesicht nach unten in die Gruben legen. Angehörige der Sicherheitspolizei erschossen sie mit Maschinenpistolen. Die nächste Gruppe musste sich auf die Körper der bereits Ermordeten legen. Der Vorsitzende des Judenrats, Iosif Kulik, lehnte das Angebot der Deutschen ab, mit seiner Familie ins Ghetto zurückzukehren, und teilte das Schicksal der übrigen Juden. Die Handwerker blieben zusammen mit 200 Juden, die sich in Brailow versteckt hatten. Das Ghetto wurde erheblich verkleinert, und die Bewohner lebten unter schrecklichen Bedingungen.

Am 23. März und 18. April 1942 wurden 300 und 180 Juden ermordet.[155] Am 8. Juni 1942, nach anderen Quellen bereits am 25. April 1942, trieb Hans Graf alle Juden auf dem Marktplatz zusammen. Auf Befehl des Gebietskommissars Volkhammer wurden etwa 100 arbeitsunfähige Juden, hauptsächlich Kinder unter 16 Jahren, ausgewählt und in einen Keller geführt, wo sie von Deutschen erschossen wurden. Die Toten mussten im Ghetto begraben werden.

In einer letzten Mordaktion wurden am 25. Juni 1942[156] 503 Juden ermordet, einschließlich der 286 Juden, denen es gelungen war, in die rumänisch besetzte Zone nach Shmerinka

---

155 Kruglow, Chronika Cholokosta, S. 89, 95.
156 Kruglow, Enziklopedija Cholokosta, S. 14; The Yad Vashem Encyclopedia, S. 72, nennt den 25. August 1942.

zu entkommen und die zurückgeschickt worden waren. Am Abend dieser Mordaktion kam eine Abteilung der deutschen Gendarmerie unter Führung von Hans Graf nach Shmerinka und forderte von der rumänischen Verwaltung und dem Vorsitzenden des Judenrats Adolf Herschman eine Liste aller Juden von Brailow, die sich in Shmerinka aufhielten. Unter dem Vorwand einer Impfung gegen Typhus wurden sie nach Brailow zurückgebracht. Herschman konnte jedoch einige Juden verstecken, die so gerettet wurden.

Im Oktober oder Dezember 1943 wurden die letzten 17 Handwerker (Schneider) in Brailow erschossen.

Am 20. März 1944 wurde Brailow durch sowjetische Truppen befreit.

Ort: Stanislawtschik

(ukr. Stanislawtschyk)

Vor dem Überfall der Wehrmacht auf die Sowjetunion lebten in Stanislawtschik[157] 300 Juden. Der Ort wurde am 16. Juli 1941 von der Wehrmacht besetzt. Am 1. September kam der Ort zu Transnistrien.

Im Herbst 1941 wurden etwa 250 Juden aus Bessarabien und der Bukowina nach Stanislawtschik deportiert. Sie wurden in den Häusern der einheimischen Juden untergebracht. Später wurden alle Juden in einer einzigen Straße konzentriert. Es war eine Art offenes Ghetto. Ein jüdischer Arzt stand dem Ghetto vor. Die rumänischen Gendarmen erlaubten den Juden, einmal am Tag Wasser aus dem Brunnen der Stadt zu schöpfen. Die Juden wurden gezwungen, Zwangsarbeit zu leisten. Nur einer kleinen Anzahl gelang es, Arbeit in der Landwirtschaft zu bekommen. Im Winter 1941/42 kamen viele Ghettobewohner durch Hunger, schlechte sanitäre Einrichtungen und Typhus ums Leben. Im Sommer 1942 wurden alle Juden mit Ausnahme einiger Handwerker in ein Gebiet in der Nähe des Dorfes Satische gebracht. Einige Monate später kehrten einige Handwerker und Juden, die Offizielle bestochen hatten, ins Ghetto zurück.

Nach Angaben des Hilfskomitees aus Bukarest lebten im Januar 1943 in Stanislawtschik 120 einheimische Juden und 80 deportierte.

Ende 1943, Anfang 1944 fürchteten die Juden von Stanislawtschik, dass sie von einer deutschen Einheit, die kürzlich angekommen war, ermordet würden. Aber die deutsche Einheit verließ im Februar 1944 die Stadt, und im März zogen auch die Rumänen ab.

Am 14. März 1944 kamen Partisanen in den Ort, und am 18. März wurde Stanislawtschik durch die Rote Armee befreit.

---

157 Altman, Cholokost, S. 943; The Yad Vashem Encyclopedia, S. 748 f.

Fanja Ermolowa (geb. 1926)
»Die Überlebenden der Katastrophe nennt man nicht Häftlinge, sondern Märtyrer«

Ich wurde 1926 in der Stadt Chmelnik, Gebiet Winniza geboren, wo ich bis zum Kriegsausbruch lebte. Mein Vater fiel den Repressalien zum Opfer. Er wurde 1938 erschossen. Mein älterer Bruder leistete seinen Militärdienst, sodass unsere Familie zum Zeitpunkt des Kriegsausbruchs aus drei Personen bestand: meiner Mutter Ester Kissilewna Ermolowa, meiner Schwester Manja und mir.

Kaum einen Monat nach Kriegsbeginn wurde Chmelnik von Nazi-Truppen besetzt. Es gab Befehle, die die Juden zum Tragen einer weißen Armbinde mit dem aufgestickten blauen Davidstern verpflichteten. Später wurde befohlen, große runde gelbe Flicken mit dem aufgestickten blauen Davidstern auf dem Rücken und auf der Brust zu tragen. Alle Befehle bezüglich der Juden endeten immer gleich: Bei Nichtbefolgung drohte die Erschießung. Plünderungen, Vergewaltigungen, Misshandlungen, Folterungen und Denunziationen von Juden wurden zum Alltag. Menschen wurden an Strommasten erhängt. Später wurde allen Juden befohlen, auf ihren Arbeitsplatz zurückzukehren. Meine Mutter ging in die Schneiderei, wo sie als Modistin für Frauenkleidung arbeitete. In erster Linie musste sie zehn junge ukrainische Frauen in diesem Beruf ausbilden.

Am 18. August 1941 fand der erste Pogrom statt. Ein Einsatzkommando kam in die Stadt. Nur Männer wurden abgeführt. Es waren hauptsächlich Jugendliche und Männer über 50, die aufgrund ihres Alters nicht eingezogen worden waren. Sie wurden am Rand der Straße, die zur Eisenbahn führt, erschossen. Damals konnten wir noch nicht glauben, dass man unschuldige Menschen töten würde. Wir hatten angenommen, dass diese Männer zu einem Arbeitseinsatz gebracht würden. Es waren 367 Menschen.

Ende 1941 wurde ein Ghetto errichtet. Der Südliche Bug fließt durch die ganze Stadt Chmelnik und teilt sie so in zwei Teile: Altstadt (auch Altmarkt genannt) und Neustadt (Neumarkt). Die Altstadt glich damals einer Insel. Um sich in Sicherheit zu bringen, musste man über die Brücken gehen, die sehr streng bewacht wurden. Dieser kleine Stadtteil, der von allen Seiten mit Wasser umgeben war, wurde für uns zum ersten Ghetto. Unser Häuschen, das aus zwei kleinen Räumen bestand, lag innerhalb des Ghettos, sodass wir die Verwandten meiner Mutter bei uns aufnahmen. Es waren eine verwitwete Frau, ihr Bruder mit zwei Töchtern und einer zweijährigen Enkelin.

Am Freitag, den 9. Januar 1942 fand der zweite Pogrom statt. Das Ghetto wurde von den zahlreichen Mitgliedern des Einsatzkommandos und von sehr vielen Polizisten, die aus dem gesamten Gebiet dorthin geschickt worden waren, auf dem gefrorenen Fluss von allen Seiten umstellt. Wir hörten Schüsse. Jemand aus unserer Hausgemeinschaft kam auf die Idee, den Gemeindevorsteher zu fragen, warum geschossen wurde. Um den Mitgliedern des Einsatzkommandos voraus zu sein, rannten wir schnell zum Haus des Gemeindevorstehers Berka Elson. Er wohnte praktisch in unserer unmittelbaren Nachbarschaft. Berka Elson war ein sehr gütiger und anständiger Mensch. Auf unsere Fragen antwortete er kurz: »Wir müssen uns verstecken!« Er versteckte uns zusammen mit seiner Frau und seinem minderjährigen Sohn im Keller, den er dann tarnte. Er selbst versteckte sich auf dem Dachboden. (Seine achtzehnjährige Tochter Inna beging kurz vor dem Pogrom Selbstmord. Sie sprang von der Brücke in den Fluss.)

Kurz darauf hörten wir die Rufe der Henker: »Juda, komm heraus!« und »Shidy, kriecht heraus!« Die Haustür war nicht abgeschlossen und auf dem Schnee waren noch viele Fußspuren, die wir hinterlassen hatten. Deshalb dachten die Peiniger, man hätte uns schon abgeführt.

Es ist sehr schwer darüber zu schreiben, was am 9. Januar 1942 stattfand. Der Winter 1941–1942 war sehr kalt. Die Menschen wurden halb nackt aus ihren Häusern getrieben. Die Kinder und jene, die nicht selbst gehen konnten, wurden sofort oder unterwegs erschossen. Überall lagen Leichen. Der Schnee war rot vom reichlich vergossenen Blut. Man trieb die Menschen in den Wald, wo schon ein großes Grab geschaufelt worden war. An einer Stelle im Wald wurden sie entkleidet und durchsucht (man suchte nach Wertsachen). Die Kleidung wurde sortiert und die Menschen wurden nackt zur Stelle geführt, wo sie erschossen wurden. Viele Opfer wurden von diesen Gräueln ohnmächtig und fielen lebendig ins Grab. Viele Menschen im Grab waren »nur« verwundet. An jenem Tag wurden ungefähr 5800 Menschen ermordet. Das Grab, wie auch viele spätere Gräber, wurde nur mit einer dünnen Erdschicht zugeschaufelt. Nachdem die Erde sich gesenkt hatte, sammelte sich an der Oberfläche des Grabes sehr viel Blut und so entstand ein grauenvoller Blutsee. Die Augenzeugen berichteten, dass sich die Erde auf dem Grab noch lange nach der Erschießung bewegte.

Im Keller verbrachten wir ein paar Tage. Am fünften Tag kam zu uns der Hausbesitzer und erzählte, dass die Polizisten auf der Suche nach den Versteckten umherlaufen und alle dann ins Polizeirevier abführen würden. Kaum konnten wir überlegen, was wir machen sollten, da wurden wir von den Polizisten festgenommen, brutal verprügelt und in den Keller des Polizeireviers geworfen. Es ist unmöglich sich vorzustellen, wie in so einem kleinen Keller des Polizeireviers in einer Provinzstadt so viele Menschen eingepfercht werden konnten.

Auf Antrag der einheimischen Machthaber wurden die jüdischen Handwerker für einige Zeit am Leben gelassen, um die Ukrainer in verschiedenen Berufen auszubilden. Der Polizei wurden die Listen der jüdischen Handwerker vorgelegt. Diese sollten zusammen mit ihren Familien freigelassen werden. Unter ihnen war auch unsere Familie. Andere, Nicht-Handwerker, darunter auch die verwitwete Schwägerin meiner Mutter und ihre Tochter, der Gemeindevorsteher und seine Familie, wurden am nächsten Freitag, dem 16. Januar 1942 erschossen. Es waren 1240 Menschen. Wir wurden direkt neben der Polizei in einer kleinen Straße, die mit Stacheldraht umzäunt war, untergebracht. Jeden Morgen führte Kommandant Janke vor Arbeitsbeginn persönlich den Appell durch. Er war der Henker der Juden von Chmelnik.

Es ist nicht schwierig, sich vorzustellen, wie wir im Ghetto lebten. Wir wurden in den Häusern ermordeter Juden untergebracht. Diese Gebäude waren längst geplündert. Wir hatten nichts zum Heizen, keine Gegenstände, die wir gegen Lebensmittel umtauschen konnten. Unsere eigenen Häuser verließen wir Hals über Kopf und kehrten nie wieder zurück. Wir waren halb nackt und lebten nur davon, was uns unsere »Gesellen«, die wir unterrichteten, zusteckten.

Die befreundeten Ukrainer, die versuchten, uns zu helfen, wurden von Polizisten gejagt und brutal zusammengeschlagen. Unsere Häuschen wurden in Brand gesteckt, um den Ausbruch von Epidemien zu verhindern. In besseren Häusern siedelten sich Polizisten und Verräter, Handlanger der fremden Machthaber, an. Viele Häuser wurden abgerissen und die Baumaterialien aufs Land verkauft.

Wir wurden zur Ernte auf 10 bis 15 Kilometer entfernte Felder getrieben. Wir lebten in den leer stehenden Schweineställen. Bis zum Einbruch von Kälte und Schneefall mussten wir mit nackten Händen Rüben ernten. Außerdem »reinigten« wir die Häuser von Leichen nach stattgefundenen Pogromen, putzten Toiletten usw.

Am 12. Juni 1942 fand der vierte Pogrom statt. Damals sollten nur Kinder ermordet werden. Aber die Mütter der Kinder stiegen zusammen mit ihnen auf die Lastwagen. Es wurden 360 Menschen, Kinder und Frauen ermordet.

Am 3. März 1943 fand der fünfte Pogrom statt. Diesmal wurden die Familien der Facharbeiter ermordet. Dieser Pogrom begann sehr untypisch. Es war an einem Mittwoch. Wir wussten, dass die Mitglieder des Einsatzkommandos in der Stadt waren. Es war schon fast hell und das Ghetto war noch nicht umstellt. Meine Mutter half mir, durch den Stacheldraht hinauszukriechen und das Ghetto zu verlassen. Sie schickte mich zur befreundeten Familie Oljeksejuk. Ich musste über die Brücke gehen.

Zu diesem Zeitpunkt waren schon viele Menschen unterwegs. Manche gingen zur Arbeit, manche auf den Markt. Auf der Brücke durchsuchten zwei Polizisten den Korb einer Bäuerin, die auf den Markt wollte. Ich ging auf der gegenüberliegenden Straßenseite und folgte einer unbekannten Frau, um so den Eindruck zu erwecken, zu ihr zu gehören. Einer der Polizisten bemerkte mich und ging auf mich zu. Die Frau, der ich folgte, grüßte ihn und sagte zu ihm: »Wassil, lass das Kind. Unsere schlagen die Faschisten schon sehr gut.« Solange sie mit ihm sprach, passierte ich die Brücke. Die Familie Oljeksejuk wohnte in der Nähe und ich ging zu ihrem Haus.

Unsere Mutter versteckte meine ältere Schwester im Keller und ging dann alleine zum Appell. Erst als die Facharbeiter am Polizeirevier versammelt waren, umstellten die deutschen Besatzer das Ghetto und trieben die Familienmitglieder aus den Häusern. Der Kommandant fragte meine Mutter, wo ihre Töchter seien. Meine Mutter antwortete, dass sie es nicht wisse. Tobend verprügelte er unsere Mutter und sagte zu ihr: »Wenn du nicht weißt, wo deine Töchter sind, dann fährst du selbst anstatt ihrer.« Am gleichen Tag wurde sie erschossen. Drei Tage später fanden sie meine Schwester und töteten auch sie. Bei der Liquidierung des Ghettos wurden 1300 Menschen ermordet. Also: Das Ghetto wurde vernichtet. Die 135 noch am Leben gebliebenen Juden wurden in einem Konzentrationslager untergebracht und am 26. Juni 1943 auch vernichtet. Meine Rettung verdanke ich der Familie Oljeksejuk. Diese Familie bestand aus sechs Personen: Darja Danilowna Oljeksejuk, ihrer Tochter Nadeshda Stepanowna Bjalkowska, ihrem Mann Wassili Illjitsch, ihrem jüngeren Sohn, ihrer jüngeren Tochter und ihrer Schwiegermutter. Sie gingen das Risiko ein, dass die ganze Familie vernichtet werden könnte, gewährten mir aber trotzdem für einige Zeit Unterschlupf.

Das Haus der Familie Oljeksejuk war in der Innenstadt, die Fenster waren sehr tief und reichten bis zum Bürgersteig. Einmal ging ich zu nah ans Fenster heran und wurde von einem Polizisten bemerkt. Im Haus war nur die alte Oma. Als ich sah, dass der Polizist das Tor öffnete, rannte ich in den Hinterhof, in dem ein mit Müll verstellter Keller war. Ich stellte mich auf den Müll und rutschte in den Keller hinunter. Ich verbrachte dort ein paar Tage. An einem Tag kroch ich aus dem Müllkeller heraus und ging zum Direktor der Schneiderei, in der meine Mutter gearbeitet hatte. Er hatte Angst, mir bei sich zu Hause Unterschlupf zu gewähren und brachte mich in den Keller der Schneiderei, die er leitete. Ich hatte große Angst und großen Hunger. Ich bereute, nicht mit meiner Mutter und meiner Schwester ermordet worden zu sein. Nach einer Woche kam er und sagte, dass ich nicht länger dort bleiben dürfte, weil irgendeine Menschengruppe in den Keller kommen sollte. Er brachte mich aus dem Keller heraus. Die Schneiderei befand sich in der Nähe des Hauses der Familie Oljeksejuk, aber ich hatte Angst, zu ihnen zu gehen und machte mich auf den Weg in die benachbarten Dörfer.

Es ist schwierig zu beschreiben, wie ich vor den Polizisten und Dorfältesten flüchtete, die mir auf den Fersen waren. Nicht umsonst nennt man uns, die Überlebenden der Katastrophe, nicht Häftlinge, sondern Märtyrer. Mir blieb nichts anderes übrig, als zur Familie Oljeksejuk zurückzukehren. Sie halfen mir, nach Shmerinka, Gebiet Winniza zu fliehen. Diese Gegend war von Rumänen besetzt. Sie hielten die Juden im Ghetto hinter Stacheldraht, misshandelten sie, aber töteten sie nicht. Ich ging nach Shmerinka zusammen mit einer Frau, ihrer Tochter und einem jungen Mann. Nachts gingen wir auf kaum erkennbaren Pfaden und tagsüber ruhten wir uns an versteckten Plätzen aus.

Im Ghetto von Shmerinka wurde uns empfohlen, den Namen und Familiennamen sowie das Geburtsdatum zu verändern, um eine mögliche Deportation zu verhindern. (Solche Erfahrungen machten die Juden im Städtchen Brailow, Gebiet Winniza.) So wurde ich Nadeshda Gorochowa, geb. 1924.

Täglich wurden wir zum Arbeitseinsatz auf der Eisenbahnstrecke gebracht. Diese verlief auf dem von Deutschen besetzten Territorium. Für die geleistete Arbeit bekamen wir einmal am Tag eine Schüssel Erbsensuppe und ein Stück Brot. Die Frauen gruben den Graben bis zum Grundwasser, während die Männer dann im Grundwasser weitergruben und das Wasser durch Rohre ableiteten, damit das Grundwasser die Gleise nicht zerstörte.

Unsere Arbeit konnten wir nicht beenden, da am 24. März 1944 Shmerinka durch die sowjetische Armee von der faschistischen Besetzung befreit wurde. Zwei Monate später kehrte ich nach Chmelnik zurück und hoffte, dass mein Vater und mein Bruder von der Front nach Hause kommen würden. Mein Bruder ist an der Front gefallen und mein Vater wurde, wie ich schon erwähnte, in Folge von Repressalien erschossen.

Obdachlos, hungrig und halb nackt begannen wir, die auf den besetzten Gebieten am Leben gebliebenen Juden und die von der Evakuierung zurückgekehrten Juden mit der Pflege der Gräber unserer Landsleute, die den Märtyrertod gestorben waren. Die neu aufgestellte Regionalregierung unterstützte uns dabei. Es gibt dort kein Museum, es gibt kein Mahnmal, aber alle Gräber sind gepflegt. Die sterblichen Überreste der Opfer des ersten Pogroms wurden auf dem jüdischen Friedhof neu bestattet. Die anderen Gräber am und im Wald sind Grabhügel mit Holzbrettern verstärkt, damit sie nicht abrutschen.

Am dritten Augustsonntag, vor den jüdischen Feiertagen, ist es üblich, die Gräber der Familien und Verwandten zu besuchen. An dem Tag kommen nach Chmelnik die am Leben gebliebenen Verwandten. Leider werden sie mit jedem Jahr weniger. Auch der Rabbi kommt und betet um das Kommen des Reiches Gottes.

Die Zahlen der während der Besatzung der Stadt Chmelnik ermordeten Juden sind dem Bulletin der Organisation für Kultur und Aufklärung in Moskau (MEKTO), Nr. 150, 25. Dezember 1990, entnommen

Leonid Groisman (geb. 1940)
»Die Tragödie meiner Familie«

»Liebe Esterka, ich liebe dich mehr
als alle anderen auf dieser Welt«

Diese Worte aus dem Epigraf schrieb mein kleines Schwesterchen auf das Foto, das es dann seiner geliebten Tante Esterka/Fira schenkte.

Tanja (acht Jahre) wurde zusammen mit meinem Bruder Isja (neun Jahre), meiner Mama Ita (28 Jahre) und meinem Vater Motl Groisman (44 Jahre) im Mai 1942 in Brailow, Bezirk Shmerinka, Gebiet Winniza von Faschisten erschossen. So wurde ich im Alter von zwei Jahren zum Waisen. Mein ganzes Leben lang sammelte ich Bruchstück für Bruchstück die Erinnerungen der Augenzeugen, die den Mord an meiner Familie erlebt hatten. Als ich in der ersten Klasse war, erzählte mir meine neue Mutter Ester-Fira viel davon. Wie ein Schwamm sog mein Gedächtnis alle Details über das Leben und den Tod meiner Familie auf. Bis zu meinem Tod werde ich es nicht vergessen und mich immer wieder daran erinnern, denn die Geschichte meiner Familie ist auch ein Teil der Geschichte meines Volkes.

Vor dem Krieg lebte unsere Familie im Städtchen Brailow, das acht Kilometer vom Bezirkszentrum Shmerinka entfernt liegt. Mitten in der Altstadt am Marktplatz stand ein zweistöckiges Wohnhaus. Es war das einzige zweistöckige Gebäude in Brailow, das noch vor der Revolution von Ichil, dem Vater meiner Mutter, erbaut wurde. Ichil, ein Schuhhändler, hatte elf Kinder. Nur seine Tochter Feiga wanderte 1916 in die USA aus. Die anderen drei Töchter und sieben bildhübsche Söhne lebten zusammen mit ihren Familien in Brailow unter dem Dach des großen zweistöckigen Hauses.

Vor der Revolution führte mein Großvater in diesem Gebäude eine Herberge. An Markttagen war sie mit den Bauern aus den benachbarten Dörfern überfüllt. Dort standen ihnen Unterkunft und Verpflegung zur Verfügung. Im Erdgeschoss war eine Gaststätte, die immer, vom Arbeitsvolk und von der Intelligenz der Stadt überlaufen war. Das Warenangebot war riesig: von Schwarzmeersardinen in Rattankörben bis zum jüdischen Fisch. Lachs, Dorade, Kaviar, Hühner und andere Delikatessen wurden im riesigen Keller unter dem Haus aufbewahrt. Im Winter wurde der Keller mit Eisblöcken gefüllt die man mit Holzspänen bedeckte. So entstand damals in Brailow für den Sommer ein riesiger Kühlschrank.

Jeder Nachbar durfte den Kühlschrank mitbenutzen. Unsere gesamte Verwandtschaft zählte 150 Personen. Wir lebten im Wohlstand, ich würde sogar sagen: im Luxus. Wir halfen den Bedürftigen und besuchten die Synagoge. 1932 heiratete meine Mama im Alter von 18 Jahren meinen Vater Motl, der aus dem Städtchen Krasnoje in der Nähe von Tywrow stammte. Ins Haus kam ein 34 jähriger bildhübscher Schwiegersohn, der sehr flinke Hände und ein starkes wirtschaftliches Denken mitbrachte. Sehr schnell baute er am Fluss Row eine Mühle, die er dann lange leitete. Ich möchte vorausschicken, dass die Deutschen bei ihrem Rückzug diese Mühle sprengten und sie nie wieder aufgebaut wurde.

Mein Bruder Isja wurde als Erster geboren. Im folgte meine Schwester Tanjetschka und im April 1940 wurde ich als letztes Kind geboren. In der Mühle ging es nicht ohne Alkohol ab. Zum Mittagessen kam mein Vater nach Hause. Vor dem Mittagessen trank er in der Mühle ein Glas selbstgebrannten Schnaps und ging nach Hause. Zu Hause trank er noch ein Glas und aß nur heißen Borschtsch. Das war seine Gewohnheit und niemand konnte sie ändern. 1938 starb mein Großvater Ichil an Speiseröhrenkrebs. Vor dem Tod bat er meinen Vater, diese schädliche Gewohnheit aufzugeben. In der Tat hielt mein Vater sein Wort und trank bis zu seiner Ermordung keinen Alkohol.

In der Altstadt von Brailow war ein großer Platz mit einer angrenzenden großen Promenade.

In Friedenszeiten war diese abends und an Feiertagen sehr bevölkert. Die schick angezogenen Menschen gingen mit ihren Kindern und Enkelkindern spazieren und zeigten sich den anderen. Hier versammelten sich die jüdischen und ukrainischen Jugendlichen. Durch diese Straße gingen Gläubige zum Gebet ins Frauenkloster. An hohen Feiertagen kamen viele Pilger aus den benachbarten Dörfern. Dann standen am Eingang des Klosters Gruppen von Alten und Bedürftigen, Menschen die bettelten. Die Messen wurden mit großer Teilnahme gefeiert. Viele Menschen mussten draußen stehen und dort beten. Sie beteten um Frieden und Glück für ihre Familien. Viele andere beteten vor dem Kriegsausbruch um ein schnelles Ende der sowjetischen Herrschaft.

1939 wurde mein Vater für seine hervorragende Arbeit ausgezeichnet. Er bekam eine Einladung auf die Ausstellung der Volkswirtschaftlichen Errungenschaften der UdSSR in Moskau. In jener Zeit war es eine sehr hohe Auszeichnung. Mein Bruder Isja bekam damals von meinem Vater ein unvorstellbares Geschenk: Ein Kinderauto mit Pedalen der französischen Firma La-Pure. Die Aufregung unter den Kindern und Erwachsenen in Brailow war enorm. Alle Kinder durften mit diesem lackierten und verchromten Wunderwerk fahren.

Bei uns zu Hause gab es immer säckeweise Vorrat an Korn, Mehl, Sonnenblumen- und Kürbiskernen. Mein Vater war nicht geizig und versorgte sehr gerne seine ganze Verwandtschaft. Ständig hielten sich bei uns Verwandte auf, die hauptsächlich aus der Familie meines Vaters kamen. Manchmal missbrauchten sie seine Gastfreundschaft und lebten bei uns monatelang, indem sie »Vollpension« genossen.

Zu Hause hatten wir ein Dienstmädchen, Tante Dunja aus dem Dorf Semaki, das in der Nähe von Brailow lag.

Vor dem Krieg verstarb meine Großmutter Feiga. Sie war die Stammhalterin unserer Familie. Im Städtchen Krasnoje verstarb der Vater meines Vaters, der Schmied Leib. Noch heute erinnert man sich an ihn. Man zeigte mir das Fundament seiner Schmiede, die am Seeufer stand.

Die schwarzen Tage standen bevor. Die braune Gesinnung wurde zum fruchtbaren Boden für den Faschismus. In unserem Hause interessierte sich kein Mensch für Politik. Jeder hatte seine Arbeit, Familie und kümmerte sich um die Kinder. Onkel Luser und sein Bruder Israel (der Vater von Igor Kogan aus Kiew) wurden eingezogen. (Nach dem Krieg heiratete Luser, dessen Frau und Kinder in Brailow ermordet wurden, die Frau des gefallenen Israel, Sina, und erzog dessen Kinder Isja (Igor) Kogan und seine Schwester Sima.) Auch die Brüder meiner Mutter, Motl und Aaron, gingen an die Front.

Mein kluger intelligenter Vater sah sich vor vielen Fragen und verlor die Fassung. Sollte man sich evakuieren lassen oder dort bleiben? Die Gerüchte über die Verbrechen der Faschisten gab es schon vor der Besatzung der Stadt. Aber tief in der Seele hegte man die lebensgefährliche Hoffnung: Das kann nicht sein, denn es ist ein Volk in Westeuropa, eine Zivilisation, Goethe, Mozart … Man wollte glauben, dass es eine der sowjetischen Propagandageschichten war. Eine andere Meinung vertrat der Mann der Schwester meiner Mutter, Moische. Seine Frau, die bildhübsche Ester bettelte meine Mutter und meinen Vater an mitzufahren: »Wir haben ein Auto, fahrt mit uns!« Mit Tränen in den Augen machte sich Tante Ester zusammen mit ihrem Mann und ihrem Sohn Isja auf den Weg nach Kasachstan. Sie fuhren mit dem kleinen Lastwagen »Polutorka«, den die Fahrzeugbehörde, bei der Onkel Moische gearbeitet hatte, ihm zur Verfügung stellte. Es war sehr schwierig damals, ein Fahrzeug zu bekommen, denn die Kriegsbehörde verfügte über alle Fahrzeuge. Nur ein Mensch von hohem Rang konnte damals, als der Kriegszustand ausgerufen wurde, ein Fahrzeug bekommen. Beim Abschied heulten auch meine Mutter, mein Bruder Isja und mein Schwesterchen Tanjetschka. Sie liebte wahnsinnig unsere Tante Ester. Auf dem einzigen von meiner Schwester erhaltenen Foto steht auf der Rückseite folgende Widmung, verfasst mit ihrer unsicheren Kinderhandschrift: »Liebe Esterka, ich liebe dich mehr als alle anderen auf dieser Welt. Deine Tanjetschka.« Alle weinten, weil man wahrscheinlich spürte, dass man sich nie wiedersehen würde. So wurde ein großer Fehler begangen.

In der zweiten Julihälfte 1941 besetzten die Deutschen die Stadt Brailow. Über das Kopfsteinpflaster der Stadt rollten deutsche Motorräder, Panzer und andere schwere Kriegstechnik. Einige Vertreter der orthodoxen und katholischen Geistlichkeit empfingen die Besatzer mit Brot und Salz. Kurz darauf wurde die Polizei aufgestellt.

Da Brailow außerhalb von Transnistrien lag, wurde es von Deutschen besetzt. Hinter dem kleinen Fluss Row begann bereits am Stadtrand von Brailow der Ort Kosatschewka. Nur eine kleine Holzbrücke trennte den Tod von der Hoffnung auf das Überleben. In Kosatschewka begann Transnistrien. Dieses Gebiet war von Rumänen besetzt. Aber in Kosatschewka selbst lebten keine Juden. Die Juden lebten hauptsächlich in der Innenstadt. Die Innenstadt war durch entsprechende Gebäude geprägt: Marktplatz, Kloster, katholische Kirche, Synagoge und sonstige typische Altstadtarchitektur.

Es gab viele Schurken. Der Wettbewerb war sehr groß. Zum Polizeichef wurde ein kleiner, impulsiver, blonder Mann, M. Barantschuk, ernannt. Vor dem Krieg arbeitete er in der Abteilung für Politik in der Kaserne in Shmerinka. Er zeichnete sich durch eine seltene Aggressivität aus. Nicht viel besser als er war auch Dubina, der ehemalige Milizionär, den man zum Chef der Kripo ernannte. (Vorab möchte ich sagen, dass 1945 eine Einwohnerin von Brailow, Rosa Skalt, die zusammen mit ihrem Mann ein Geschäft in Lemberg betrat, in einem der Kunden Dubina erkannte. Er persönlich ermordete Hunderte Kinder und Alte in Brailow, darunter auch ihre Eltern und ihre Schwester. Der Mann von Rosa Skalt zeigte Dubina an, und eine Woche später wurde er verurteilt und gehängt.)

Weiter fand das statt, was in allen von Deutschen besetzten Ortschaften stattfand: Armbinden, Selektion der Facharbeiter …

Man gründete eine jüdische Gemeinde mit Kulik an der Spitze. Den Juden wurde eine hohe Kontribution auferlegt. Mein Vater war unter den Facharbeitern und weiterhin in der Mühle beschäftigt. Unser großes Haus mussten wir verlassen: Die Deutschen zogen dort ein. Unsere Familie zog ins Haus des Bruders meiner Mutter Choskel. Choskel ging nach Shmerinka, um den Umzug seiner Familie, der Frau Rosa mit zwei Töchtern, ins Ghetto zu vereinbaren. In der Zeit seiner Abwesenheit – es waren drei Tage – ermordete Dubina seine ganze Familie. Unsere Familie zog in dieses vom Tod heimgesuchte Häuschen ein. Es war November. Der Winter war sehr kalt. Die Deutschen verboten den Juden, ihre Häuser zu heizen. Für den Rauch, der aus einem Schornstein stieg, drohte die Erschießung.

Am 11. Februar 1942 wurde die erste »Aktion« durchgeführt. Am Vortag wurde mein Vater von seinem Freund Grigori Sabaschtanski gewarnt, dass unsere Familie erschossen und er als Facharbeiter am Leben gelassen würde. In der Nacht des 10. Februar führte Sabaschtanski meine Mutter und uns Kinder sowie die zwanzigjährige Schwester meiner Mutter Scheiwa mit ihrem Säugling nach Shmerinka.

Dr. Herschman, Vorsteher des Ghettos, ein rumänischer Rechtsanwalt, rettete viele Juden aus verschiedenen Ortschaften für Geld und ohne Geld. Dank ihm waren die Bedingungen im Ghetto von Shmerinka relativ besser als in anderen Ghettos. Für eine große Summe Schmiergelder erlaubte er uns, ins Ghetto einzuziehen. Isja und Tanja gingen in die Schule und mein Vater arbeitete in einer Lederwerkstatt. Der Tod wurde um drei Monate hinausgezögert.

Im Mai 1942 musste Dr. Herschman auf die Anforderung der Deutschen 300 Juden aus Brailow und Shmerinka zurückschicken. Unter dem Vorwand einer medizinischen Untersuchung wurden sie auf dem Appellplatz des Ghettos gesammelt und nach Brailow verschickt. Ich schlief. Eine Einwohnerin von Shmerinka, Frau Koifman, die bei uns war, überredete meine Mutter, mich schlafen zu lassen und ohne mich zu dieser medizinischen Untersuchung zu gehen. So blieb ich am Leben. Ich war damals zwei Jahre alt. Unterwegs nach Brailow verlor meine Tante Scheiwa den Verstand. Mit einem irren Blick drückte sie den Körper des toten Kindes an ihre Brust, das Dubina mit dem Kopf an die Ecke des Gebäudes schlug und so tötete. Meine Mutter weinte und flehte die Ukrainer an, ihren Sohn Ljonja zu retten. Auf ihrem Weg zum Tod verstreute sie das Geld. Mit einem tief gesenkten Haupt ging mein Vater, und meine kleine Schwester rief ihre geliebte Tante Esterka.

Aber man konnte mit keiner Hilfe rechnen. Ringsherum war eine feindliche Masse, durch die eine Kolonne der Todgeweihten auf ihr Golgatha zuschritt. Die Kolonne bewegte sich langsam zur Erschießungsstelle. Am Stadtrand von Brailow, auf dem Weg nach Demidowka wurde ein großes Grab geschaufelt. Um das Grab herum standen Wachtürme mit aufgestellten Maschinengewehren. Die Erschießungsstelle wurde von Polizisten umstellt. Einige einheimische Ukrainer kamen mit Säcken in der Hoffnung, irgendeinen mageren Schatz der Erschossenen zu ergattern. In der Luft roch es nach Tod. Selbst die Deutschen, die verstanden, dass sie ein Verbrechen begehen würden, betranken sich, um kaltblütig zu töten.

Die Kolonne kam näher. Es herrschte ein furchtbares Weinen und Schreien. Die Menschen verloren den Verstand angesichts des Leids und der Auswegslosigkeit. Nichts konnte sie retten. Gott verließ sie. Die Unglücklichen wurden gezwungen, sich zu entkleiden. Als erste wurde die Tochter von Kulik, des Vorstehers der Gemeinde von Brailow, erschossen. Sie spuckte auf den Kommandanten von Brailow. Nach zwei Stunden war alles vorbei. Das Grab wurde mit Kalkschlamm übergossen. Die einheimischen Einwohner gingen mit Säcken voller Kleidung ihrer Freunde und Nachbarn von gestern nach Hause.

So wurde meine Familie ermordet. Mit zwei Jahren wurde ich Waise. Bis zur Befreiung von Shmerinka hielt ich mich bei verschiedenen Menschen auf. Einige Zeit war ich bei Onkel Choskel. Dann einige Zeit bei Onkel Dusja, dem Bruder meines Vaters. Sehr lange Zeit war ich bei einem Freund meines Vaters, dem Schuhmacher Demjan, der vier Töchter hatte.

Über diese Phase meines Lebens könnte ich eine weitere Geschichte schreiben. 1944 suchte Tante Esterka nach mir, die aus der Evakuierung zurückkehrte. Ich erinnere mich, wie sie mich in einer Decke auf dem Rücken trug. Die Brücke über den Fluss Row war zerstört, und sie musste von einem Pfosten auf den nächsten springen. Vor jedem Sprung schloss ich vor Angst meine Augen.

So kehrte ich nach Brailow zurück. Dort wartete schon mein Cousin Igor Kogan auf mich. Tante Esterka-Fira heiratete bald. Ihr Mann Moischa war in der Nähe von Charkow gefallen.

Ich besuche oft das Gemeinschaftsgrab in Brailow. Ich bringe Blumen und zünde Kerzen an. Sie stehen für meine tiefe Trauer angesichts der verlorenen Schicksale. Und nur der Wind spricht mit den Seelen der vorzeitig gegangenen Menschen.

David Judtschak
»In Stanislawtschik lebten Juden«

Jeder Mensch auf dieser Erde hat einen Ort, der ihm sehr wichtig ist. Für mich ist das Dorf Stanislawtschik, Bezirk Shmerinka, Gebiet Winniza, meine kleine Heimat. Dort wurde ich geboren, dort wuchs ich auf, ging zur Schule. Dort wurden auch meine Mutter und meine Schwester geboren. Solange ich noch lebe, möchte ich meine Erinnerungen an dieses Städtchen und an das Leben der Juden dort aufschreiben, um sie kommenden Generationen zu hinterlassen.

Stanislawtschik ist eine der ältesten Siedlungen von Podolien in der Ukraine. Es liegt am Ufer des Flusses Murafa, etwa sieben Kilometer vom wichtigen Eisenbahnknotenpunkt Shmerinka entfernt an der Strecke Shmerinka – Schargorod. Laut historischen Quellen hieß das Dorf im 16. Jahrhundert Juschkow. Die Einwohner waren als Töpfer und Fischer bekannt. Vielleicht kommt der Name des Dorfes von »Juschka« (Fischsuppe), da Juschka und Juschkow sehr ähnlich klingen. Bei dem Angriff der Tataren wurde das Dorf vernichtet. Anfang des 17. Jahrhunderts entstand an dieser Stelle ein neuer Ort, Tschagarin. Nachdem die Prawobereshnaja Ukraine (Teile der Ukraine, die am rechten Dnjepr-Ufer lagen) Russland eingegliedert wurde, gehörte das Dorf dem Gouverneur Bachmetjew, der es als Geschenk von Stanislaw Potocki bekam. Als Andenken an Potocki nannte er das Dorf Stanislawtschik. Um die finanziellen Erträge seines Besitzes zu verbessern, lud Bachmetjew jüdische Handwerker und Händler aus den benachbarten Ortschaften – Bar, Schargorod, Kopaigorod, Brailow, Nemirow – in sein Dorf ein. Die Juden eröffneten dort ihre Werkstätten und Geschäfte. Stanislawtschik bekam den Status eines Städtchens. An der Ein- und Ausfahrt von Stanislawtschik war eine Schänke, in der man eine Kleinigkeit essen, ein Schnäpschen trinken und übernachten konnte. Die Schänke war ein Begegnungszentrum und glich einem Gasthaus. 1802 gab es in Stanislawtschik und seiner Umgebung ungefähr 18 Schänken. Im Dezember 1864 lebten im Städtchen 102 jüdische Männer und 100 jüdische Frauen. Laut der Volkszählung von 1897 lebten in der Stadt über 5000 Menschen, darunter 1205 Juden. 1905 gab es in Stanislawtschik zwei jüdische Gebetsschulen und die höhere jüdische Schule »Talmud Thora«. 1920 fand eine Schulreform statt, es entstanden Arbeiterschulen und nationale Schulen. In der jüdischen Arbeiterschule war Mirowitsch (vermutlich Mejerowitsch) Dora Moisejewna tätig. Am 1. Januar 1927 besuchten 40 Jungen und 51 Mädchen diese Schule. In jener Zeit leiteten Pinja Ruwinowitsch Goldschmidt und Esfir Lwowna Antonowskaja die Schule.

In der Sowjetzeit wurde ein jüdischer Nationalrat gegründet, zu dessen Vorsitzenden im Juni 1926 Mejer Dernis und zum Sekretär Wowsjaniker gewählt worden waren. In den 30er-Jahren war Ida Selzer Vorsitzende des jüdischen Rates. Später war es Pinja Ryshi. 1923 wurde Stanislawtschik zur Bezirksstadt. Regelmäßig fanden im Städtchen große Jahrmärkte um das Rathaus herum statt. Beim Rathaus waren sehr viele Geschäfte, die Eisen- und Landwaren sowie Lebensmittel verkauften. Die Jahrmärkte waren sehr laut und zogen sich bis zur Feuerwehr hin, wo das Vieh verkauft wurde.

1929 wurde die Ziegelsynagoge geschlossen und zum Lesehaus umfunktioniert. In den 30er-Jahren wurde die zweite Synagoge (unten, neben dem Brunnen) ins Haus der Kultur und später in ein Kino verwandelt. 2005 wurde das Kino an die orthodoxe Kirche des Kiewer Patriarchats übergeben.

Im Januar 1930 wurde in Stanislawtschik die nationale jüdische Genossenschaft »Der Jiddische Pojer« (Der jüdische Bauer) gegründet. Die Situation der Bevölkerung verschlechterte sich enorm. 1933, als die Hungersnot herrschte, ernährten wir uns von Pflaumenkernen, die wir in den Gärten sammelten. Es gab Fälle, dass man Kinder entführte und sie tötete, um ihr Fleisch zu essen. Die Eltern schärften uns ein, aufmerksam zu sein.

Die Jahre der Säuberungen gingen an den Juden nicht vorbei. 1938 wurden Mejer Dernis und Nison Wax Opfer der Säuberungen. Sie wurden ermordet. (1957 wurden sie rehabilitiert.)

1933 wurde ich in der jüdischen Schule eingeschult. Diese besuchte ich zwei Jahre. Meine Lehrer hießen Rosa Lwowna und Riwa Iosifowna. Die Schule lag in der Hauptstraße, in dem mittleren der drei gleich aussehenden Gebäude, die 1892 von drei Brüdern gebaut worden waren.

Nach einiger Zeit wurde die jüdische Schule geschlossen. Die Schüler kamen in die ukrainische Zehnklassenschule, mussten aber eine Klasse wiederholen. Vor dem Krieg waren Prichodko, Mowtschan und Sadunai Schuldirektoren sowie Dowgan der stellvertretende Schuldirektor. Das erste Absolventenjahr war 1937. Im zweiten Absolventenjahr waren relativ viele jüdische Kinder: Ja. Schamis, M. Kroitman, I. Koifman, T. Judtschak, Sh. Guralnik, S. Schteingrud, I. Mekabel. Fast alle studierten anschließend.

Vor dem Krieg wurde in den Schulen Kriegsvorbereitung als Schulfach eingeführt. Manche Familien besaßen Gasmasken. Im Park fanden Wettbewerbe statt, während derer man verschiedene Sportqualifikationen erreichen konnte.

1941 brach der Krieg aus.

Mit dem Kriegsausbruch begann die Mobilmachung. Man traf erste Vorbereitungen zur Evakuierung auch in unserem Städtchen. Die Pferde der Kolchose wurden an Familien verteilt. Die jüdischen Familien beeilten sich mit der Evakuierung nicht. Die Familie von Izik Wax und der Lehrerin Sarah Kroitman machten sich auf den Weg, wurden aber in Woroschilowka von den Deutschen überrascht und kamen um. Nur die Familie des Friseurs Izik Lemberg konnte sich erfolgreich evakuieren lassen.

Die Deutschen besetzten das Dorf am 17. Juli 1941. Ich stand zusammen mit meinem Lehrer Nikolaj Franzewitsch Minolowitsch im Zentrum des Dorfes und beobachtete das Geschehen. Eine Kolonne von Soldaten auf Motorrädern fuhr zum Park, eine andere in die Tierklinik. In der Nähe unseres Hauses, im Gebäude der ehemaligen Musterungsbehörde, wurde der deutsche Stab eingerichtet. Im Park hatten die Soldaten ihr Quartier. Das Gebäude des ehemaligen Bezirksrates und der Parteibezirkszentrale wurden ebenfalls besetzt. Ins zweistöckige Gebäude der Schule kam das Feldhospital. Im Hospital waren Deutsche und sowjetische Kriegsgefangene. Der Hof der Schule wurde zum Kriegsfriedhof. Er war wie überschüttet mit deutschen Birkenkreuzen. Laut Tafelüberschriften ruhten dort auch sowjetische Soldaten. Nach dem Kriegsende wurden die Reste der sowjetischen Soldaten in ein Massengrab umgebettet.

Im Ort herrschte das Regime der Besatzer. Die Menschen, besonders die Juden, hatten Angst, sich auf der Straße zu zeigen. Eine neue Verwaltung wurde aufgestellt. Zum Dorfältesten wurde Zuiman Guri Wassiljewitsch (der ehemalige Pfarrer und Tierarzt) benannt. Später hatte Petr Glawazki dieses Amt inne. Wassili Fedortschuk, der früher Feuerwehrmann war, wurde Polizeichef. Unter den Polizisten waren Iwan Boiko, Sawuljak und andere. Die Polizisten trugen eine blau-gelbe Armbinde am linken Arm. Noach Schteingrud stand an der Spitze der jüdischen Gemeinde.

Alle Juden, die älter als 11 Jahre waren, mussten eine weiße Binde mit dem blauen (gestickten oder gemalten) Davidstern am linken Arm tragen. Wir mussten verschiedene Arbeiten verrichten. In der ehemaligen Kolchose ernteten wir Gemüse und Zuckerrüben. Ich erinnere mich, dass ich auch Wasser mit dem Pferdewagen in die deutsche Küche lieferte.

Eines Tages, als ich das Wasser in die deutsche Küche lieferte, ging ein junger Mann, der mich von der Schule kannte, an mir vorbei. Er sagte zu einem Deutschen, ich sei Jude. Ich bekam Angst, floh und versteckte mich den ganzen Tag in einem Garten in der Nähe der Tierklinik.

Am 8. September 1941 fanden Razzien in jüdischen Häusern statt. An diesen Razzien waren die aus der Westukraine angekommenen Bandera-Anhänger sowie SS-Männer und Polizisten beteiligt. Sie raubten die Häuser aus, besonders Lebensmittel. Das ganze jüdische Eigentum wurde ins Polizeirevier gebracht.

Die ukrainischen Gebiete zwischen dem Dnjestr und dem Südlichen Bug wurden an Rumänien übergeben. Diese Gegend wurde Transnistrien genannt. Dort mussten alle Juden nicht die Armbinde, sondern einen schwarzen Kreis mit einem gelben Davidstern an der linken Brustseite tragen.

Im Gebäude der ehemaligen MTS (Maschinen-Traktoren-Station) wurde rumänische Gendarmerie untergebracht. Der Prätor (Bezirksverwalter) machte sich im Gebäude der ehemaligen Bezirksverwaltung breit.

Im Oktober 1941 kamen die Deportierten aus der Bukowina und Bessarabien nach Stanislawtschik. Sie wurden in den Häusern der einheimischen Juden untergebracht. Bei uns wohnte die Familie von Herman Drukman (fünf Personen) aus der Stadt Wishniza, Gebiet Czernowitz. Es war sehr eng, aber wir verstanden uns gut.

Im Frühling 1942 wurde das Ghetto errichtet. Es war im westlichen Teil der Stadt. Das Gelände für das Ghetto wurde mit Stacheldraht umzäunt. Unsere Familie musste umziehen, da unser Haus nicht zum Gelände des Ghettos gehörte. Im Ghetto durften nur Handwerker und Facharbeiter als Bedienung der einheimischen Bevölkerung bleiben.

Die restlichen Juden wurden auf das Gelände der ehemaligen Großviehfarm umgesiedelt. Jenes Gelände nannte man Satischje (Windstille). Die Farm selbst war zerstört, das Gebäude hatte keine Fenster und Türen. Die Menschen, die in Satischje waren, irrten von einem Dorf zum anderen, versuchten sich als Tagelöhner zu verdingen oder die letzten Habseligkeiten gegen Lebensmittel umzutauschen. Man suchte auf den Feldern die Reste der erfrorenen Kartoffeln und Zuckerrüben. Das Lager leitete Lewa Schtiwelman. Nach der Befreiung wurde ihm der Prozess wegen seiner Brutalität im Umgang mit den Insassen gemacht. Vor Hunger und Kälte starben sehr viele in jenem Winter. Manche versuchten ins Ghetto von Stanislawtschik zu kommen. Ich erinnere mich, wie der Chef, der Polizist Ljachezki, einen Mann, der von Satischje kam, mit einer Peitsche verprügelte. Dann trieb er ihn ins Wasser unter der Brücke in der Nähe der Feuerwehrwache. Ein zweiter Fall: Mein Freund aus der Kinderzeit, Njunja Schtendler, war unterwegs von Satischje nach Stanislawtschik. Es war im Winter 1943. Er bemerkte eine Gruppe rumänischer Soldaten, bekam Angst und versteckte sich im tiefen Schnee. Er holte sich eine Erkältung und starb daran. Nur sehr wenige Insassen von Satischje erlebten die Befreiung.

Jetzt kurz über das Ghetto von Stanislawtschik. Der Chef des Ghettos war Dr. Artur Kula, sein Stellvertreter Dr. Koch. Der zuständige Polizist war Badja. Sie alle stammten aus Czernowitz und konnten perfekt Rumänisch. Zum jüdischen Komitee gehörte unser ehemaliger Apotheker Iosif

Markowitsch Slobodjanski. Als Dolmetscher für die Gendarmerie wurde Aron Rosenberg bestellt. Im Ghetto herrschte eine strenge Ordnung. Niemand durfte das Ghetto ohne die Erlaubnis des Ghetto-Chefs verlassen. In der Nacht gab es eine Wache, die dem Ghetto-Chef alles meldete. Die Menschen aus dem Ghetto wurden zum Arbeitseinsatz in Shmerinka geschickt, wo sie im Waffenlager die Waffen sortierten und die Eisenbahnstrecke Shmerinka-Jaroschenka reparieren mussten. Außerdem räumten sie den Schnee und rissen die jüdischen Häuser, die von einheimischen Einwohnern nicht besetzt waren, ab. Diese Häuser standen an beiden Straßenseiten von der Apotheke bis zum heutigen Dorfrat und entlang der Straße bis zum Polizeirevier. Das Holz der abgerissenen Häuser benutzte man zum Heizen in der Gendarmerie und beim Prätor. Wir mussten auch Wasser schleppen. Um drei Uhr nachts verließen zwei Männer das Ghetto, um Wasser in einem Fass mit einem blinden Pferd, das früher der Kolchose gehörte, zu holen.

Einige Szenen aus unserem Leben: Einmal gab ich dem Pferd aus dem Eimer zu trinken, mit dem wir das Wasser ins Fass schöpften. Der Gendarm bemerkte dies, bestellte mich zu sich und befahl mir, die Hände auszustrecken. Mit einem Säbel schlug er mir auf beide Hände. Ein zweiter Fall: Ich fegte das Gelände der Gendarmerie. Ein Gendarm kam mit seinem Hund heraus und hetzte ihn auf mich.

Oft half ich meinem Vater. Als Maler musste mein Vater im Straßenbau arbeiten. Er musste Löcher für Telefonmasten entlang der Landstraße Mogiljow-Podolski–Moskau ausheben. Es kam vor, dass die Bauarbeiten sowohl von der Gendarmerie als auch vom Prätor befohlen wurden. Eines Tages wurde er bei der Arbeit fürchterlich verprügelt. Der Chef der Gendarmerie verprügelte meinen Vater mit einem Schlauch (innen war ein Kabel und am Ende eine Metallkugel) dafür, dass er nicht zu ihm, sondern zum Prätor zum Arbeiten gegangen war. Danach konnte mein Vater einige Wochen nicht mehr aufstehen, um zur Arbeit zu gehen.

Wir wussten von der Vernichtung der Juden im benachbarten Brailow und in anderen Orten, die von Deutschen besetzt waren. Manchmal tauchten in unserem Ghetto Juden auf, die die Pogrome überlebt hatten. Sie waren erschöpft, in Lumpen gekleidet, litten unter Erfrierungen und waren hungrig. Sie wollten in unserem Ghetto bleiben, aber dies war für alle einheimischen Juden des Ghettos sehr riskant. Die zugewanderten Juden zogen weiter, aber wohin? Am nächsten von uns war Shmerinka. Brailow lag acht Kilometer von Shmerinka entfernt und gehörte zur deutschen Besatzungszone. Shmerinka war unter rumänischer Besatzung. Deshalb versuchten die Juden vor den Pogromen in Brailow nach Shmerinka zu fliehen. Die Deutschen verlangten, dass man die geflohenen Juden nach Brailow zurückschickte. Die Juden aus den Ghettos in Shmerinka und Stanislawtschik versuchten ihren Glaubensbrüdern zu helfen. Ich erinnere mich, dass in unserem Haus ein Mann übernachtete, der vor einem Pogrom im Gebiet Kamenez-Podolski fliehen konnte. Wir versteckten ihn in einer Nische unter dem Ofen. Von jenen, die vor Pogromen fliehen konnten, war in unserem Ghetto nur Mischa Aisenberg aus Proskurow.

Mein Freund Jascha Schamis erzählte mir folgende Geschichte. Im Ghetto von Shmerinka begegnete er seinem ehemaligen Freund Izik Waisberg und dessen Freundin. Sie konnten den Pogromen in Brailow entkommen. Jascha riet ihnen nach Stanislawtschik zu gehen, wo es etwas sicherer war. Izik war einverstanden, aber seine Freundin war dagegen. In der Folge wurden sie beide gefasst und zusammen mit 286 Juden aus dem Ghetto in Shmerinka nach Brailow zurückgeschickt und dort erschossen. So tragisch war das Schicksal dieser zwei Verliebten. Retten konnte sich nur Isa Dachman. Er lag schon im Graben, konnte aber herauskriechen (es war am Abend) und über die Eisenbahngleise zu Ukrainern gelangen, die mit seinem Vater befreundet waren. In einem Sack brachten sie Isa ins Ghetto von Shmerinka. Er wurde nicht nach Brailow zurückgeschickt, weil er sich im Schornstein der Hühnerfabrik, in der die Juden von Brailow zusammengepfercht waren, verstecken konnte. So blieb er am Leben.

Eines Tages wurden wir auf dem Platz versammelt und befürchteten ein Pogrom. Alle Jahre unseres Ghettoaufenthaltes lebten wir in ständiger Angst und Unruhe. Sehr oft schliefen wir angezogen. Wir lebten in der Hoffnung, die Befreiung zu erleben. Bei der Begegnung miteinander fragte man: »Wann kommt die Befreiung?«

Lyndrik konnte die Verbindung zwischen den Ghettos in Stanislawtschik und Shmerinka herstellen. Ende 1943, Anfang 1944 wurde auch die Verbindung zu den Partisanen hergestellt. Michail Burdelny aus Stanislawtschik war in der Untergrundbewegung aktiv. Er wurde gefasst und musste den Märtyrertod sterben. Mit einem Wagen wurde er über den Boden geschleift und Hunde wurden auf ihn gehetzt. Dies alles geschah vor den Augen seiner Mutter. Nach dem Krieg wurden seine sterblichen Überreste in einem Massengrab beigesetzt.

Anfang 1944 sah ich, als ich auf dem Gelände der Gendarmerie arbeitete, den NKWD-Chef Safronow, der zu einem geheimen Treffpunkt unterwegs war. Die Einwohner des Ghettos bereiteten sich auf den Rückzug der Deutschen vor. Aus Angst vor Pogromen und Tötungen suchte jeder Ghetto-Insasse ein Versteck, um sich zu retten. Ohne Hilfe der einheimischen ukrainischen Bevölkerung war es unmöglich zu entkommen. Zu den Rettern unserer Familie zählen Wasil Zeply und Semen Schwez. Mit Lebensmitteln halfen den Ghetto-Insassen Terenti Slotjuk, Sachari Kosatschok und Onufri Satei. Unsere Familie unterstützte Jekaterina Kaduk. Es sei hervorgehoben, dass ich für die Zeit der Besatzung von Stanislawtschik keinen einzigen Fall von Antisemitismus nennen kann. Über die enge Nachbarschaft zwischen den Ukrainern und Juden in unserem Städtchen schrieb in seinen Memoiren »In unserem Dorf lebten Juden« mein Schüler, der Hauptmann der sowjetischen Armee Iwan Schkwarko. Er schreibt von der Freundschaft seines Großvaters Karpo Twerdochleb mit der Familie Lyba Balkarei.

Am 10. Januar 1944 verließen die Rumänen unter dem Angriff der sowjetischen Truppen das Dorf. Da die sowjetischen Truppen zurückgeschlagen wurden, kehrten die Rumänen zurück. Die Besatzung von Stanislawtschik dauerte 975 Tage. Am frühen Morgen des 17. März 1944 stellten wir fest, dass wir ohne »Besatzer« waren. In der Nacht hatten sich die Rumänen aus dem Staub gemacht, obwohl am Vorabend die Deutschen gegenüber der Sparkasse eine Panzerstellung aufgebaut hatten. Dort war ein Soldat, der von seiner Truppe zurückgeblieben war. Am 18. März liefen wir Jugendliche zum zweistöckigen Gebäude der Schule und hofften, aus den Fenstern auf der Straße, die nach Shmerinka führte, die Truppen der Roten Armee zu erblicken. Aber aus der Richtung des Dorfes Budki erblickten wir einen Reiter. Wir liefen ihm entgegen und trafen ihn neben

17. Bezirk (Rayon) Shmerinka

der Apotheke. Er fragte uns aus, ob im Dorf Deutsche seien. Wir entgegneten ihm mit Misstrauen, da er Schulterklappen und eine khakifarbene Uniform trug. (Vor dem Krieg trugen die Rotarmisten keine Schulterklappen.) Der Kundschafter kehrte zurück und gleich darauf zog eine Kolonne nach Süden, Richtung Schargorod.

Freitag, 18. März. Es war ein sonniger Frühlingstag, es war Tauwetter und die Straßen verwandelten sich in Matsch. Das Kriegsgerät konnte kaum vorankommen, die erschöpften Soldaten gingen zu Fuß. Zu beiden Seiten der Straße wurden die Befreier begrüßt, mit Tränen in den Augen bewirteten die Einwohner von Stanislawtschik die Soldaten. Am Abend fand im Gebäude der Sparkasse eine Versammlung statt. Auf dieser Versammlung ergriff mein Freund Isja Koifman das Wort und rief dazu auf, an den Deutschen Rache zu üben. Aus Shmerinka hörte man Artillerieschüsse. Die Verwaltungsangehörigen kehrten zurück und man erklärte die Mobilmachung. Viele gingen zur Armee. Es ist sehr schade, dass die Überlebenden der Besatzungszeit an der Front fielen: Die Brüder Srul und Iosif Mekabel, Milja Lanzman, Sejew Mirontschik, Abrascha Wax (der Sohn des Opfers von Repressalien).

Nach der Befreiung wurde in Stanislawtschik ein großes Kriegshospital untergebracht. Die Menschen kehrten langsam in ihre erhaltenen Häuser, in die Städte ihrer Bukowina zurück. Aber viele zogen in andere Städte. Ende der 90er-Jahre gab es in Stanislawtschik keinen einzigen Juden mehr. Das Schicksal brachte uns in verschiedene Länder und verschiedene Kontinente. Aber wir müssen die Erinnerung an die Vergangenheit, an den Ort, an dem unsere Kindheit stattfand und in dem die sterblichen Überreste unserer Vorfahren ruhen, bewahren.

Ja, wir können jetzt sagen, dass in unserem Dorf Juden lebten.

Boris Orenboim (geb. 1928)
»Auf dem Weg ins Ghetto wurde ich misshandelt«

Ich, Boris Danilowitsch Orenboim, wurde am 17. Februar 1928 in der Stadt Mogiljow-Podolski, Gebiet Winniza, geboren. Danach lebte ich in der Stadt Kasatin, Gebiet Winniza, und in der Stadt Shitomir, wo ich 1941 die sechste Klasse beendete. Meine Eltern waren Juden. Mein Vater, Danil Leiserowitsch Orenboim, langjähriges Mitglied der WKP(b) (russ. ВКП(б)), der Gesamtsowjetischen Kommunistischen Partei der Bolschewiken, gründete in den 30er-Jahren Kolchosen im Gebiet Winniza.

Vor dem Kriegsausbruch war ich zu Besuch bei meinem Onkel Aron Ryshawski in Mogiljow-Podolski. Gleich nach der Meldung über den Kriegsausbruch versuchte ich, zu meinen Eltern nach Shitomir zurückzukehren, aber mein Zug wurde bombardiert. Ich wurde verletzt und kehrte zwei Tage, nachdem sich meine Eltern aus der Stadt evakuieren ließen, nach Shitomir zurück.

In Shitomir fand ich mein ehemaliges Kindermädchen Fedora Lopatjuk. Ich war ihr Liebling, und sie rettete mich vor dem sicheren Tod, denn die deutschen Besatzer führten eine systematische Vernichtung der Juden durch. Ich lebte auf einer Baustelle in der Sanozki-Gasse, völlig isoliert von den Menschen. Nur mit Fedora durfte ich kommunizieren. Im Winter 1941/42 hungerten und froren wir unheimlich. Deshalb entschloss sich Fedora, mich mithilfe der Partisanen in ihr Heimatdorf Malaja Shmerinka zu schicken. Dort lebten ihre Verwandten Lopatjuk (Lobatjuk), Tschernyje und andere. Aber ich wurde von jemandem denunziert und man schickte mich unter Bewachung ins Ghetto Shmerinka. Auf dem Weg ins Ghetto wurde ich misshandelt. Ungefähr am 20. März 1942 kam ich im Ghetto an.

Das Ghetto Shmerinka war auf ein paar Straßen errichtet (Urizkaja-Str., Oktoberrevolution-Str. und Karl-Marx-Str.). Es wurde mit Stacheldraht umzäunt und am Ein- und Ausgang bewacht. Es grenzte an die Eisenbahnstation, die Eisenbahnwerkstatt und an den Markt. Im Ghetto waren die Juden aus den benachbarten Straßen und aus der ganzen Stadt Shmerinka, sowie die aus den rumänischen Besatzungszonen deportierten Juden eingepfercht. Das Leben im Ghetto war wegen der Überfüllung unerträglich. In einem Zimmer waren ein paar Familien untergebracht, sodass die Menschen nur der Reihe nach schlafen konnten. Das Zimmer, in das ich kam, bewohnten noch weitere 16 Personen.

Das Ghetto war auf dem Gebiet von Transnistrien, das unter rumänischer Besatzung stand. Ich erfuhr, dass dieses Ghetto ein besonderes war, da allen seinen Insassen das Überleben garantiert wurde. Nichtsdestotrotz wurden, wie ich beobachten konnte, die Menschen regelmäßig an andere Stellen gebracht und dort massenhaft ermordet. Für die Juden bestand Arbeitspflicht, und niemand durfte das Ghetto verlassen.

Im Ghetto wurde ich von der Angst beherrscht, mein Wille war gebrochen. Nach einiger Zeit besuchte mich im Ghetto ein Partisan aus dem Dorf Malaja Shmerinka. Er nannte seinen Namen nicht, aber er versprach, mich im Namen meines Vaters zu retten. Außerdem riet er mir, Kontakt mit den Schülern der Schule Nr. 1 in Shmerinka zu halten. Das waren Glusman Schunja, Derenschtein Abrascha, Teschizki Aron, Lewina Wera, Kipnis Boris und andere Häftlinge des Ghettos. Auch später sah ich Partisanen und einheimische Einwohner auf dem Gelände des Ghettos. Die Häftlinge des Ghettos waren gezwungen, schwere und schmutzige Arbeit an der Eisenbahnstrecke sowie in den deutschen Kasernen und Hospitälern zu leisten. Auch Kinder wurden zum Arbeitseinsatz gezwungen, besonders wenn es um landwirtschaftliche Arbeiten ging. Kranke und Kinder wurden regelmäßig vernichtet.

Mit meiner letzten Kraft musste auch ich mit meinen vierzehn Jahren diese Schwerstarbeit verrichten. Vor dem sicheren Tod rettete mich ein Vorsteher der jüdischen Gemeinde. Leider blieb sein Name nicht in meinem Gedächtnis. Er meldete, dass er mich für die Arbeit auf dem Gelände des Ghettos brauchte. Ich musste das Gelände des Ghettos reinigen und die Lebensmittel für die Häftlinge von den Einheimischen annehmen. Da ich sehr gut Deutsch konnte, leitete ich die gehörten Informationen über die Bewegung der deutschen Truppen an meinen Chef weiter. Wahrscheinlich taten es auch viele andere minderjährige Häftlinge. Ende Mai 1942 floh ich aus dem Ghetto zu den Partisanen in den Wald Brailow. Zusammen mit anderen kranken Kindern und verletzten Kämpfern schickten sie mich in den Ostkaukasus.

Aber bereits Mitte Juli 1942 wurde ich zur Erntearbeit eingezogen. Nach einem überraschenden Angriff der deutschen Truppen wurde der gesamte Ostkaukasus innerhalb weniger Tage besetzt. Ich wurde verletzt und hielt mich auf dem von Deutschen besetzten Gebiet bis Mitte Februar 1943 auf. Ich existierte unter dem fremden Namen Lopatjuk aufgrund des Ausweises, den Jascha (leider habe ich seinen Nachnamen schon vergessen) mir im Ghetto Shmerinka ausgestellt hatte. Seit März 1943 fand ich als Invalide eine Anstellung im Behindertenbetrieb »Jangi-Kadam« in der Stadt Namangane in der sowjetischen Republik Usbekistan.

Lija Schechtman (geb. 1932)
»Ich fühlte mich allen gegenüber schuldig, dass ich lebte«

Als der Krieg ausbrach, war ich noch ein Kind. Im Juli 1941 herrschte in Kiew Panik. Niemand wusste, wohin und wie lange man wegfahren sollte. Es war nur klar, dass das Wegfahren notwendig war. Die Einberufungsbehörde befahl meinem Vater, die Stadt nicht zu verlassen. Die Eltern entschieden, dass die Mutter zusammen mit mir versuchen sollte, nach Belaja Zerkow oder nach Korosten zu gelangen. Dort lebten die Eltern meiner Mutter und meines Vaters, und zusammen mit ihnen sollten wir uns weiterbewegen. Die Großeltern waren keine rüstigen Alten mehr.

Meine Mutter und ich erreichten Shmerinka. Dort herrschten Durcheinander, Wirrwarr und Panik. Alle rannten hin und her. Während meine Mutter versuchte, in einer beliebigen Richtung weiterzukommen, erkrankte ich. Ich war generell ein kränkliches Kind und hatte von Kindheit an ein schwaches Herz. In Shmerinka begegnete meine Mutter ihrer Freundin Anja.

Anja nahm uns zu sich. Am Anfang war ich sehr schwer krank und konnte schlecht nachvollziehen, was um mich herum geschah. Als ich zu mir kam, war die Stadt schon von Deutschen, den »neuen Machthabern«, besetzt. Der Alltag, das Leben, die Bedeutung der Wörter »Juda«, »Ghetto« und »Erschießung« bekamen einen neuen Stellenwert. »Erschießung« war etwas Neues und etwas Furchtbares. Ich habe verstanden, dass man für jede Kleinigkeit erschossen werden konnte. In erster Linie wurden die Juden erschossen. Sie waren an allem Schuld.

Auf jede erdenkliche Weise versuchten die Menschen, sich an die neue Situation anzupassen. Alle wollten leben. Ich kann keine Namen nennen, denn wir waren dort fremd, und ich war noch ein Kind.

Neue Verordnungen wurden erlassen. Man durfte nicht auf dem Bürgersteig, sondern nur am Straßenrand gehen, man musste eine Binde am Ärmel und später einen gelben Stern auf dem Rücken und auf der Brust tragen, um von allen Seiten als Jude erkennbar zu sein.

Wegen der Krankheit (10 Monate lang hatte ich eine Anschwellung über dem rechten Auge) durfte ich nicht das Haus verlassen. Ich wusste vom Erzählen, dass junge Mädchen zum Bedienen der Besatzer verschleppt und viele Menschen ins Lager Petschora deportiert wurden. Viele kehrten von dort nie wieder zurück. Später wurde ein Ghetto errichtet. Es waren gleich zwei Ghettos. Das eine war für die Handwerker und das andere für die »einfachen Menschen«.

Wie war das Ghetto? Die Gorki-Straße, sowie die parallel verlaufende Urizkij-Straße, waren mit Stacheldraht umzäunt. Es gab zwei Ausgänge, durch die man die Menschen zur Arbeit führte. Dem Ghetto gegenüber war die Gendarmerie.

Wir lebten im Versteck. Wir mussten uns ständig verstecken. Nur selten kamen wir heraus, um Luft zu schnappen. Meine Mutter nahm jede Arbeit an. Sie wusch die Wäsche, putzte, nähte, flickte usw. Manchmal (sehr selten) brachte ich die Sachen zu den Auftraggebern.

Im Ghetto gab es einen Essraum für Alleinstehende, eine Banja, einen Laden, eine Synagoge und eine Lederwarenproduktion. Es gab sogar ein Theater, aber die Sterblichkeit im Ghetto war sehr hoch und die Menschen versuchten, aus dem Ghetto zu fliehen. Ich hörte Erschießungen.

Im Oktober wurden Juden auf einem Platz gesammelt. Man sortierte sie, nahm ihnen das Gold weg und dann wurden sie erschossen. Wir saßen in einem Versteck. Meine Mutter erzählte später, dass man die Menschen zur Arbeit in die Firma »Walter Schiffler & Glöckler« schickte. Das Leben war sehr schwer. Ich bekam eine furchtbare Angst. Ich fühlte mich allen gegenüber schuldig, schuldig, dass ich lebte. Ich hatte Angst, den Menschen in die Augen zu schauen …

Besonders tobten die Polizisten aus den westlichen Regionen. Die Kleidungsstücke waren abgetragen, genauso die Schuhe. Die Schuhe konnte man mit Stücken von Bremsschläuchen neu besohlen. Einmal, als ich die Gorki-Straße entlang ging, sah ich, wie ein Junge mit einem Stück eines solchen Schlauchs festgenommen und an Ort und Stelle erschossen wurde. Es war furchtbar.

An sehr vieles erinnere ich mich nur nach den Worten meiner Mutter. Nach dem Krieg wurden alle, die »unter den Deutschen« geblieben waren, behandelt, als ob sie kriminell wären. Wir wurden als Verräter des Vaterlandes dargestellt. Man sprach wenig darüber, weil jeder versuchte, es zu verheimlichen.

Wir blieben in Shmerinka bis zur Befreiung 1944. Es gelang mir, bis zum Ende durchzuhalten. Von Shmerinka zogen wir wieder nach Kiew. Es war auch nicht einfach. Mein Vater war die ganze Zeit an der Front. Wir trafen uns erst 1946 wieder. 1972 siedelten meine Eltern nach Israel aus. Jetzt leben sie nicht mehr.

Siehe auch den Zeitzeugenbericht von Rachil Seliwanowa

18. Bezirk (Rayon) Teplik

(ukr. Teplyk)

Vor 1941 gehörte der Bezirk Teplik zum Gebiet Winniza der Ukrainischen Sozialistischen Sowjetrepublik. Am 20. Oktober 1941 wurde der Generalbezirk Shitomir im Reichskommissariat Ukraine gebildet, und Teplik wurde in das Kreisgebiet Gaissin eingegliedert.[158] Seit 1991 gehört Teplik zum Gebiet Winniza, Ukraine.

In den Jahren 1941 bis 1943 wurden im Bezirk Teplik 1819 Zivilisten getötet, darunter 1671 Juden.[159]

---

158 http://www.territorial.de/ukra/shitomir/shit.htm [12.5.2019].
159 Kruglow, Enziklopedija Cholokosta, S. 20 f.

Ort: Teplik

Vor 1941 war Teplik[160] Bezirkszentrum im Gebiet Winniza der Ukrainischen Sozialistischen Sowjetrepublik, von Oktober 1941 bis 1944 Bezirkszentrum im Kreisgebiet Gaissin des Generalbezirks Shitomir. Seit 1991 ist Teplik Bezirkszentrum im Gebiet Winniza, Ukraine.

1939 lebten in Teplik 1233 Juden, das war ungefähr ein Viertel der Bevölkerung.

Nach dem Überfall der Wehrmacht auf die Sowjetunion gelang es etwa 200 Juden, nach Osten zu fliehen. Einige Dutzend jüdische Männer wurden zur Roten Armee eingezogen oder dienten freiwillig beim Militär, um die Stadt zu verteidigen. Als die Wehrmacht am 26. Juli 1941 die Stadt besetzte, waren noch etwa 1000 Juden in der Stadt. Im August 1941 herrschte in der Stadt die deutsche Militärverwaltung, die im Herbst 1941 nach und nach die Macht an eine deutsche Zivilverwaltung übergab. Gebietskommissar war Kreisleiter Becher. Er war verantwortlich für die Bezirke Gaissin, Dshulinka und Teplik. Die ukrainische Hilfspolizei, die bei den »Aktionen« gegen die Juden eine aktive Rolle spielte, wurde dem Gendarmerieposten in Teplik unterstellt.

Kurz nach der Besetzung der Stadt führten die Deutschen verschiedene antijüdische Maßnahmen ein. Die Deutschen ernannten einen Judenrat und schränkten die Bewegungsfreiheit der Juden ein. Sie mussten eine Armbinde mit einem Davidstern tragen, Zwangsarbeit leisten und durften nicht auf den Markt gehen. Die Juden wurden verspottet und ausgeplündert, ihnen wurden die Haare und Bärte abgeschnitten, und sie wurden geschlagen.

Im Dezember 1941 mussten die Juden in ein Ghetto ziehen. Es bestand aus zwei Straßen zwischen der Hauptstraße und dem Fluss. Es war ein offenes Ghetto, in dem 1000 Juden, einschließlich der Juden aus den umliegenden Dörfern zusammengepfercht wurden. Die Juden wurden zur Zwangsarbeit außerhalb des Ghettos eingeteilt. Auf dem Weg zur Arbeit wurden sie von den Deutschen und der ukrainischen Polizei belästigt. Im Ghetto wurden keine Nahrungsmittel ausgegeben. Die Bewohner des Ghettos waren gezwungen, ihren Besitz gegen Nahrungsmittel einzutauschen. Immer wieder wurden Gold und Silber als Kontributionen gefordert. Im Winter 1941/42 mussten Juden im Alter zwischen 13 und 45 Jahren vor allen Dingen die Straßen vom Schnee räumen.

In den ersten Monaten des Jahres 1942 richteten die Deutschen in Teplik ein jüdisches Zwangsarbeitslager ein für 200 bis 300 rumänische Juden aus der Bukowina, einschließlich der Frauen und Kinder. Örtliche Polizisten bewachten das Lager, das unter dem Kommando des deutschen Polizeimeisters Otto Brettin stand. Im Ghetto und im Lager starben viele Menschen an Krankheiten oder verhungerten. Die Juden des Ghettos und des Arbeitslagers arbeiteten an der Durchgangsstraße IV, die von Winniza nach Uman führte. Andere Juden wurden in der Landwirtschaft beschäftigt oder arbeiteten als Bäcker oder Schneider.

---

160 Altman, Cholokost, S. 976; Encyclopedia of Camps and Ghettos, S. 1570 ff.; The Yad Vashem Encyclopedia, S. 820 f.

Am 2. März (nach anderen Angaben am 2. April) 1942 wurden 250 arbeitsfähige Bewohner des Ghettos im Alter zwischen 14 und 45 Jahren zusammengetrieben, auf Lastwagen verladen und in das Arbeitslager Raigorod deportiert, wo sie im Steinbruch arbeiten mussten. Die meisten starben an den schweren Bedingungen der Arbeitslager. Raigorod war zu der Zeit von Rumänien besetzt. Am Morgen des 27. Mai 1942 wurden 769 Juden aus dem Ghetto Teplik (279 Männer, 330 Frauen und 160 Kinder) an Gruben in der Nähe des Ortes erschossen. Bei einer Selektion in der Nähe der Gruben wurden zehn bis fünfzehn Handwerker, die wichtige Aufgaben zu erfüllen hatten, ausgewählt und unter Bewachung in ein Haus zurückgeführt. Zusammen mit einigen Juden, die sich hatten verstecken können, lebten in diesem Haus ungefähr 40 Juden. Sie wurden 1943 ermordet und durch Juden aus der Bukowina ersetzt. Ebenfalls am 27. Mai 1942 wurden 530 aus der Bukowina deportierte Juden (175 Männer, 280 Frauen und 75 Kinder) an denselben Gruben erschossen. Die deportierten Juden waren Gefangene eines im Herbst 1941 errichteten Lagers in Teplik gewesen. Am 14. September 1942 wurden im Lager die Kinder und die arbeitsunfähigen Juden erschossen.

Nach diesen ersten »Aktionen« wurden im Lager weitere Selektionen und Erschießungen durchgeführt, bis 1943 alle Juden getötet waren. Nur einigen wenigen war es gelungen, in die Wälder zu fliehen und sich den Partisanen anzuschließen.

Am 12. März 1944 wurde Teplik befreit.

Marija Winnik
»An jedem Telegrafenmasten auf der Zentralstraße hingen Hingerichtete«

In unser Schtetl Teplik, Oblast Winniza, kamen die Deutschen Ende Juli 1941. Wir konnten uns nicht evakuieren lassen: Vater war schwer krank, nur ein Bruder, er war drei Jahre älter als ich, wurde zusammen mit anderen Jugendlichen weggebracht. Meine ältere Schwester beendete damals die zahnärztliche Schule in Dnjepropetrowsk und heiratete. Sie wurde sofort mobilisiert, und wir wussten nichts von ihrem Schicksal.

Unser Schtetl kannte keine Kämpfe, aber die Deutschen beschossen uns. Offenbar aus Ferngeschützen. Vater hatte 1914 gekämpft, war verletzt worden, hatte Quetschungen erlitten. Er erkannte, dass unser Haus, das auf einer Anhöhe stand, als gute Zielscheibe dienen konnte. Daher verließen wir auf seinen Befehl hin das Haus und fanden uns schließlich in einer alten Schmiede wieder, die sich gleich am Eingang in unser Schtetl befand, in der nach Gaissin führenden Straße, auf der entlang die Deutschen kamen.

In der Schmiede versteckte sich bereits eine alte Frau mit ihrer Tochter. Gemeinsam mit ihnen warteten wir das Ende des Artilleriebeschusses ab, als es ruhig wurde, gingen wir zu Verwandten – dem Bruder meiner Mutter. Ihr Haus stand in einem Garten, ein wenig abseits von der Straße, und dort versammelten sich viele Leute – Nachbarn und einige Flüchtlingsfamilien mit Kindern. Wir alle saßen in einem dunklen Korridor und lauschten, was auf der Straße geschieht. Ich kletterte auf den Dachboden und sah durch eine Dachluke deutsche Motorradfahrer. Dann war ein starkes

Getöse zu hören: Die Panzer kamen. Als ich den Meinigen davon erzählte, waren alle sehr erschrocken. Nach einiger Zeit stieg ich wieder auf den Dachboden. Ich sah, wie auf der Straße ein Lastwagen mit unseren Soldaten erschien. Sie wussten wahrscheinlich nicht, dass die Faschisten schon im Schtetl waren. Die Deutschen eröffneten sofort das Feuer auf sie, töteten den Fahrer und den neben ihm sitzenden Offizier, dann bis zum letzten alle Rotarmisten. So, wie sie fielen, blieben sie auch auf der Straße liegen.

So war der erste Tag als die Deutschen kamen.

Als ich am Morgen, nach einer schlaflosen Nacht, wieder auf den Dachboden stieg, waren das Auto und die Leichen nicht mehr da. Offenbar hatte die einheimische Bevölkerung sie weggebracht.

Im Haus des Onkels saßen wir zwei Tage lang still, am dritten Tag ging das Wasser zu Ende. Die Erwachsenen fürchteten sich, das Haus zu verlassen, so mussten ein Flüchtlingsjunge und ich zum Brunnen gehen. Wir kamen unbemerkt zum Brunnen – durch die Gemüsegärten, weil über die Straße Kolonnen deutscher Fahrzeuge fuhren. Nicht weit von diesem Ort, bei den jüdischen Häusern, sahen wir eine Menschenansammlung und gingen hin. Es stellte sich heraus, dass am Haus ein Befehl hing: Sofort Waffen und Radioempfänger abgeben, versteckte Rotarmisten ausliefern ... Und die jüdische Bevölkerung sollte weiße Armbinden mit einem sechszackigen Stern tragen. Nach jedem Punkt hieß es: »Bei Nichtbefolgung – Tod.«

Wir brachten die Nachricht davon nach Hause, aber es stellte sich heraus, dass während unserer Abwesenheit dort bereits Deutsche gewesen waren. Unter ihnen war einer – mit einer Schere. Er schnitt allen Frauen einen Teil des Scheitels kahl, sogar denen, die Zöpfe trugen. Den alten Männern schnitt er den halben Bart ab, meinem Onkel eine Hälfte des Schnurrbartes. Er schnitt sogar Jugendlichen einen Teil der Haare ab. Ich kam nur davon, weil ich nicht da war.

Nach drei Tagen im Hause des Onkels hatten wir alle Vorräte aufgegessen und begannen still und leise, jeder nach Hause zurückzukehren. Nachdem wir einige Lebensmittel genommen hatten, entschieden wir, doch wieder wegzugehen, weil es zu gefährlich gewesen wäre, in unserem Haus zu bleiben, das so dicht an der Straße stand.

Als wir weggingen, bemerkten wir direkt im Zentrum des Schtetls auf dem Platz vor dem Geschäft eine Gruppe der lokalen ukrainischen Intelligenzija. Sie überreichten den Deutschen auf einem bestickten Tuch Brot und Salz. Unter ihnen war ein gewisser Schkurupa, der Buchhalter der Schule. Mein Vater, ein guter Tischler, hielt früher in der Schule Lektionen im Fach Arbeit ab und kannte ihn sehr gut. In der Gruppe waren die Lehrer für Literatur und Mathematik sowie einige Ärzte.

Von diesem Tag an erwarteten wir nichts Gutes mehr. Die Deutschen richteten eine Verwaltung ein und ernannten jenen Schkurupa zum Starosten. An die jüdische Bevölkerung wandte er sich durch einen angesehenen, langbärtigen Menschen, der zu einer Art Ältesten der Juden ernannt wurde. Um ihn waren noch einige Leute. Sie trugen die Forderungen der Deutschen an die Bevölkerung heran, eigentlich eher die Erpressungen, die »Kontributionen« genannt wurden. Beinahe jeden Tag wurde gefordert, schnell alle goldenen und silbernen Sachen abzugeben. Aber wer hatte welche? Wer sie hatte, war in der Lage gewesen, sich evakuieren zu lassen. Es blieben die Habenichtse. Aber jede Nacht gingen Leute von Haus zu Haus und baten, wenigstens irgendetwas zu geben. Ansonsten drohte ihnen die Erschießung!

Bald erreichte uns die Nachricht von der Erschießung aller Juden in Gaissin, Uman und Nemirow. Aber unser Schtetl war einstweilen davon nicht betroffen. Man trieb nur die Erwachsenen jeden Tag zur Arbeit. Eines Tages holten sie unseren kranken Vater direkt aus dem Bett zur Arbeit. Er kam völlig zerschlagen, mit blauen Flecken übersät und barfuß zurück. Seine Kleidung bestand nur noch aus Fetzen. Um uns nicht zu beunruhigen, erzählte er nichts.

Seit der Ankunft der Deutschen hatten wir uns kein einziges Mal ausgezogen – wir schliefen immer angezogen, weil wir jede Sekunde erwarteten: jetzt kommen sie, jetzt nehmen sie uns mit. Ich erinnere mich an ein schreckliches Getöse mitten in der Nacht – da kamen sie, um Mama zu holen. Sie musste Wasser zur deutschen Feldküche tragen: Dort wurde nachts gekocht. Wir schliefen natürlich nicht mehr, sondern zitterten, überlegten, ob sie wohl zurückkäme oder nicht.

Sie kam am Morgen, weinte schrecklich, bekam kein Wort heraus, sie betete nur zu Gott, dass sie nicht mich holen würden. Aber Schikanen und Leiden gingen weiter. Unsere Folterer erdachten solch eine Maßnahme für uns: Jeden Morgen musste sich die gesamte arbeitsfähige Bevölkerung unseres Schtetls vor der Feldgendarmerie versammeln, die sich in der Seuchenabteilung unseres Krankenhauses befand. Davor war ein großer Platz. Wir nannten ihn »Runda«. Hierher kamen alte Männer und Frauen, Jungen und Mädchen zur Arbeit. Aber vor der Arbeit wurden wir alle 15 bis 20 Minuten im Laufschritt im Kreis herumgetrieben, manchmal auch länger. Um uns herum standen Deutsche und Polizisten und schlugen uns mit Peitschen und Gerten. Es war schon zur Winterzeit, es gab Frost, und wenn jemand ausrutschte und hinfiel, schlugen sie ihn besonders grausam. Ich habe am Bein bis heute Spuren von einer Peitsche mit Bleienden. Diese Wunde verheilte während der ganzen dreieinhalb Jahre der Okkupationszeit nicht und eiterte ständig.

Bei den Arbeitszuweisungen herrschte Willkür, den einen schickten sie zum Beispiel zum Fußböden schrubben in einen Pferdestall, der in eine Schule umgewandelt worden war, ein anderer kam in eine Feldküche, ein dritter musste einfach Dreck von hier nach dort bringen – einfach nur um irgendetwas zu tun. Aber wir blieben wenigstens am Leben. Zu uns kamen sogar welche aus anderen Schtetlech, um sich zu retten, weil dort Erschießungen stattfanden. So verlief dieser Winter – Angst, Prügel Misshandlungen. Vater ging zu den Männerarbeiten, Mama und ich zu dem Scheusal die Stiefel putzen. Aber dass man uns verpflegt hätte, davon konnte gar nicht die Rede sein. Abends schleppten wir uns erschöpft nach Hause, aber auch dort gab es nichts zu essen. Auf den Markt zu gehen war uns schließlich verboten worden. Gott sei Dank vergaß uns die örtliche Bevölkerung nicht und brachte Sachen zum Tauschen. Wir gaben das letzte Hemd, um eine Schale Maismehl oder ein paar Kartoffeln zu bekommen. Aber bis zum 3. März schliefen wir wenigstens in unseren eigenen Betten.

Am 2. März verkündete man uns: Am folgenden Tag habe sich die gesamte Bevölkerung im Alter von 14 bis 45 Jahren bei der Verwaltung einzufinden. Man solle Wäsche zum Wechseln sowie Lebensmittel für drei Tage dabeihaben. Als wir hinkamen, standen dort Autos. Man lud uns auf, sagte, wir würden zur Arbeit gefahren werden, aber man sagte nicht, wohin. Wir durften uns nicht von den Verwandten verabschieden. Meine waren allerdings zu Hause geblieben, denn Mama war schon über 45. So kam sie diesmal noch um den Abtransport herum.

Wir wurden in Richtung Gaissin gefahren. Das war sehr beängstigend, denn dort waren keine Juden mehr übrig geblieben, nur einige wenige, die sich irgendwo verstecken konnten. Aber an Gaissin fuhren wir vorbei und kamen dann nach Nishnaja Krapiwna, direkt am Bug – 50 bis 60 Kilometer von unserem Schtetl entfernt. Hier wurden wir abgeladen und unter Bewachung nach Raigorod getrieben, in dessen Nähe sich Steinbrüche befanden.

Als wir so unter Bewachung in den Ort geführt wurden, sahen wir, dass dort alles kurz und klein geschlagen war. Das Zentrum war mit Stacheldraht umzäunt, an den Ecken standen Wachtürme. Am Tor stand ein Deutscher. Ich kann mich sehr gut an seine Worte erinnern: »Kinder Israels, kommt herein in das Haus Isaaks!«

In der Umzäunung standen 5–6 Häuschen mit Fußböden aus nackter Erde. In jedes wurden 50–60 Personen getrieben. Ich wurde in ein Zimmer gestoßen, in dem sich schon 15–16 Personen befanden, darunter zum Glück auch vier meiner Cousinen, die beinahe meine Altersgenossinnen waren. Wir legten uns sofort auf den Boden. Gut war auch noch, dass noch ein warmer Frühling herrschte. Uns zu verpflegen, daran verschwendete niemand einen Gedanken.

Früh am Morgen trieb man uns in einen Steinbruch, gab uns Hämmer und den Befehl, Gestein zu meißeln. Das, was wir abschlugen, luden die Männer auf Waggons einer Schmalspurbahn und schickten es nach Winniza, und von dort weiter nach Deutschland.

Wir arbeiteten von morgens bis abends, Waschmöglichkeiten gab es keine. Das Wasser, das unsere Männer von irgendwoher in Fässern herbeibrachten, war nur zum Trinken da. Wir wurden zweimal am Tag verpflegt. Morgens gab es irgendeine geschmacklose Plempe, die »Kaffee« genannt wurde, und mittags eine dünnflüssige Bohnensuppe. Brot wurde einmal in fünf Tagen ausgegeben – ein steinharter, kleiner Laib.

Damals bewachten uns Litauer, Deutsche waren auch da, aber weit weniger, und sie wohnten separat. Es gab natürlich reichlich Schläge und andere Schikanen, aber keine Erschießungen. Später war ich in anderen Lagern, wo es weit schlimmer war.

Dann wurde aus Teplik die zweite Fuhre Juden herbeigetrieben. Sie wurden in Nishnaja Krapiwna untergebracht, wo Sand abgebaut wurde. Dorthin geriet auch meine Mutter. Ich weiß nicht wie es gelungen ist, wahrscheinlich indem Litauer bestochen wurden, jedenfalls wurden einige Personen zwischen den Lagern ausgetauscht. So war ich wieder mit Mama zusammen.

Wir wohnten in einem ehemaligen Klub, in dem dreistöckige Pritschen aufgestellt wurden. Das Ganze war mit Stacheldraht umzäunt und die Wachmannschaften – Litauer und Deutsche – wohnten im Nachbarhaus.

Wir blieben nicht lange in diesem Lager. Am 26. Mai schrieb man uns eilig auf und jeder sollte selbst sein Alter angeben. Wir wussten nicht, was wir besser angeben sollten – so beließen wir es bei der Wahrheit: Mama war 45, ich 14. Am nächsten Tag mussten alle antreten und es wurde eine Liste verlesen: wer im Lager bleibt und wer zur Arbeit soll. Mama und ich blieben. Bald kamen gedeckte Fahrzeuge an. SS-Männer in schwarzer Uniform stiegen ab, und allen wurde sofort klar: Der Tod war gekommen uns zu holen. Man begann, uns aus dem Lager zu führen, ich war aber groß und kräftig, und die Deutschen zogen mich im letzten Moment an den Zöpfen aus dem Fahrzeug, sie meinten offenbar, dass ich noch arbeiten könnte. So blieb ich im Lager, die anderen wurden weggebracht. Mama konnte mir noch zurufen: »Töchterchen, du hast keine Mama mehr! Gott segne dich!«

Sie wurden in ein anderes Lager gebracht, wo erneut die Alten und die ganz jungen abgesondert wurden, die in den Wald von Raigorod gebracht und noch am selben Tag erschossen wurden. Dort hätte auch ich liegen sollen …

Vom Untergang unseres Schtetls erfuhren wir zufällig von einer Ukrainerin. Mit ihrem Sohn war sie auf dem Weg irgendwohin und zog eine Karre hinter sich her. Als sie auf gleicher Höhe mit unserem Steinbruch war, setzte sie sich hin, um auszuruhen. Wir arbeiteten nicht weit weg von ihr und begannen, uns flüsternd mit ihr zu unterhalten. Sie fragte: »Woher seid ihr, Leute?« Wir antworteten: »Aus Teplik.« Da sagte sie: »Mein Gott, ich komme aus Uman und bin durch Teplik gekommen, dort ist von den Eurigen niemand mehr übriggeblieben.«

Bald kamen wieder SS-Männer in schwarzen Uniformen auf einem Fahrzeug und setzten – eher stellten – uns auf die Ladefläche, wo wir uns umarmend standen, und brachten uns weg. Wir waren uns sicher: zur Grube. Aber wir fuhren nach Gaissin, zur Kommandantur. Der Wagen hielt an, aber die Wache blieb. Der Vorgesetzte verschwand lange in die Kommandantur – wir warteten etwa drei Stunden. Es war heiß, wir bekamen nichts zu trinken.

Nachdem der Vorgesetzte zurück war, setzte sich das Fahrzeug wieder in Bewegung. Wir fuhren auf der Straße, die nach Teplik führt. Aber der Wagen hielt in der Nähe irgendeines Dorfes an, direkt an einer Sandgrube. Man gab uns Hacken, Stemmeisen und Spaten und schickte uns zum Straßenbau auf der Straße Richtung Uman. Abends brachte man uns dann in das nun schon dritte Lager im Dorf Tarassowka. Dort trafen wir einige Leute aus Teplik, denen es am 27. Mai gelungen war, sich zu verstecken. Man hat sie später trotzdem gefunden und hierhergetrieben. Wir wurden auf einem Landwirtschaftsbetrieb untergebracht, in einem Pferch für Schafe, in dem bereits viele Leute aus verschiedenen Orten waren. Die Bedingungen dort waren schrecklich: Alle schliefen in einer Reihe dahingestreckt. Die Leute waren schrecklich verlaust. Nach dem ersten Arbeitstag bekamen wir weder zu essen noch zu trinken, man ließ uns nur zur Latrine hinaus, dort standen Eimer und Schüsseln.

In diesem Lager befanden sich schon mehr als 1000 Menschen. Es war von allen Seiten mit Stacheldraht umzäunt, an den Ecken standen Wachtürme mit Maschinengewehren. Die Wachmannschaften wurden nicht nur von Litauern, sondern auch von ukrainischen Polizisten gestellt, es gab auch Wachhunde.

Schon am ersten Tag verstanden wir, dass wir uns keine Hoffnung aufs Überleben machen können. Es keimten Gedanken an Flucht auf, um so mehr, als mir ein Landsmann erzählt hatte, dass mein Vater als Spezialist der Erschießung entronnen und in Teplik sei. Aber es war unmöglich, aus dem Lager zu flüchten, so entschieden meine Freundin und ich, von der Arbeitsstelle zu flüchten, obwohl auch das beinahe unmöglich schien. Es wurde bereits Herbst, das Getreide war gemäht, die Felder kahl und der Wald ziemlich weit weg. Aber eines Tages schlossen wir uns einer kleinen Brigade an, die gleich am Waldrand arbeitete. Wir beobachteten ein paar Tage die Situation und stellten fest, dass die Deutschen samstags nach Gaissin fuhren, und nur Litauer und Polizisten dablieben. Daher beschlossen wir, an einem Samstag zu flüchten.

An einem Samstag, als ein Litauer und ein Polizist auf Fahrrädern Essen holten und nur ein einziger Polizist bei uns blieb, schlugen wir uns ins Unterholz. Hinter uns herlaufen und die anderen unbewacht lassen – das konnte der Polizist nicht. Er begann zu schießen. Man hatte uns immer eingebläut, dass, wenn jemand flieht, alle anderen erschossen werden. Deswegen hatten alle Angst und passten aufeinander auf. Das hatte man ihm wahrscheinlich auch gesagt.

Ohne einen Weg zu sehen, rannten wir einige Stunden, mehrfach überquerten wir Bäche. Das half uns, als sie begannen uns zu suchen: Wir hörten entfernt einen Hund bellen, aber er fand uns nicht.

Als es allmählich dunkel wurde, fanden wir einen Graben, deckten uns mit Zweigen zu und blieben so bis tief in die Nacht liegen, dann begannen wir in der Finsternis durch den Wald zu streifen. Wir waren barfuß, und ich fand mit dem Fuß eine Wagenspur, einen Weg. Wir folgten ihm, und er führte uns beinahe zu unserem Lager. Und das rettete uns: Denn man suchte uns ja an einem ganz anderen Ort. Dann erfuhren wir, dass unsere ganze Brigade schrecklich verprügelt worden war, den Polizisten, dem wir entwischt waren, hatte man irgendwohin gebracht, und niemand hat ihn wiedergesehen.

In der Gegend des Lagers orientierten wir uns ganz gut. Wir umgingen den alten Friedhof, überquerten die Straße und kamen zu einem anderen Wald. Dort war ein Dorf. Aus einer Hütte rief uns eine junge Frau an: »Kommt herein, Mädchen. Woher seid ihr?« Mit meiner Freundin hatte ich verabredet, dass nur ich reden werde, da ich gut Ukrainisch sprach. Ich sagte, dass wir aus Uman seien, dass wir nach Gaissin gingen, um unter den Kriegsgefangenen unseren Bruder ausfindig zu machen. Damals waren Leute unterwegs und suchten ihre Angehörigen.

Die Frau bat uns in die Hütte, gab uns Milch und legte uns auf den Boden, gleich neben dem Eingang. Meine erschöpfte Freundin schlief sofort ein, aber ich schlief noch nicht, als ein Mann in die Hütte kam und ein Gewehr in die Ecke stellte. Ich gucke und sehe auf seinem Arm die Binde: Ein Polizist! Das war der Mann dieser Frau. Sie sagte ihm, wer wir sind, und er antwortete: »Sollen sie schlafen, wecke sie nicht.« Dann ging er hinaus. Ich stieß meine Freundin an. In dem Moment begann ein Kind zu weinen, und die Frau ging zu ihm. Wir liefen zum Fenster, kletterten hinaus, fanden uns im Gemüsegarten wieder und krochen durch die Beete. Beim Haus hörten wir Männerstimmen und Schritte …

Durch die Gemüsegärten kamen wir zu Melonenfeldern und stießen auf einen alten Aufseher bei einer Wärterbude. Er fing an zu schreien, weil er dachte, wir seien zum Stehlen gekommen. Er schleppte uns zu seiner Bude, als er uns aber genauer ansah, verstand er sofort, wer und woher wir waren. Er fragte uns nichts, sondern gab uns gleich zu essen: Er gab etwas Kuchen, schnitt eine Honigmelone auf, dann sagte er: »Mädchen, geht diese Straße entlang. Heute ist Sonntag, es ist Markt, mischt euch unter die Leute und geht.« Das sagte uns dieser weise Mensch. Und das taten wir auch. Der Markt wurde im Städtchen Kiblitsch abgehalten, wo es auch Pogrome gegeben hatte. Aber auf dem Weg nach Kiblitsch gingen wir in ein Dorf hinein. Dort bemerkten uns Polizisten. Sie riefen uns an. Aber ich kam auf eine Idee, wie ihrer Aufforderung zu entkommen sei: Da war eine orthodoxe Kirche und wir schritten stolz, die Zöpfe nach hinten geworfen, dorthin. Aber kaum waren wir hinter der Mauer verschwunden, rannten wir hinter die Kirche und über den Friedhof, bis wir wieder auf die Straße nach Kiblitsch kamen. Hier gingen viele Leute, es fuhren Karren, und wir gingen ruhig mit dem Volk bis zum Städtchen, betraten es aber nicht. Wir gingen weiter die Straße entlang und fragten lediglich nach dem Weg nach Teplik. Ich wusste ja, dass mein Vater da ist, und entschied nach Hause zu gehen.

Am Abend kamen wir an noch ein Dorf, Markowka, wo wir eine Frau um etwas zu trinken baten. Sie lud uns freundlich ein: »Kommt doch rein, Mädchen, erholt euch ein bisschen. Woher seid ihr?« Sie gab uns Wasser und ließ uns im Hof, während sie selbst in die Hütte ging. Vielleicht führte sie nichts Böses im Schilde, aber wir waren schon zu erschrocken und liefen wieder Hals über Kopf weg. Wir liefen bis zu einem verwilderten Garten am Dorfrand und versteckten uns im Gebüsch. Dort saßen wir bis tief in die Nacht, dann gingen wir wieder los, hauptsächlich über die Felder, damit wir, wenn wir auf Leute stießen, sofort im nächsten Graben verschwinden konnten.

So kamen wir zum Friedhof in Teplik. Dort schliefen wir ein bisschen, dann näherten wir uns dem Schtetl. Aus den Berichten derer, die sich hatten retten können, wusste ich, dass die Spezialisten (darunter mein Vater) im kleinen Ghetto, im Haus von Berschadskij, untergebracht waren. Wir gingen heimlich dorthin und betraten das Haus. Licht gab es in ihm nicht und die Gefangenen erkannten uns nicht. Zum Glück war die Wache gerade nicht da.

Als die Gefangenen verstanden, wer wir waren, erhob sich ein schrecklicher Tumult: Die Leute hatten Angst um sich selbst, weil jeden Moment der Kommandant Rudolf kommen sollte. Schnell brachten sie uns in ein verlassenes, halb verfallenes Haus und ließen uns bis zum Morgen dort, in der Hoffnung, jemandem würde in der Nacht etwas Kluges einfallen. Wir saßen in einem verschmutzten Keller und froren schrecklich, so sehr wir uns auch aneinanderdrückten. Früh am Morgen kam einer der Gefangenen und brachte uns in die Werkstatt, wo sie arbeiteten. Uns versteckten sie auf dem Dachboden, brachten Essen und sagten, dass sie uns irgendwo hinschicken würden, man müsse nur jemanden finden, der uns führen würde. Im Ghetto könnten wir keine Minute bleiben, weil sie dauernd gezählt würden. Es war schmerzhaft für uns, dass alles um uns herum so vertraut war, wir uns aber verstecken mussten.

Nach fünf Tagen fand sich ein Mensch, der den Weg auf die andere Seite des Bugs kannte, wo rumänisches Gebiet war – das gesegnete Transnistrien. Dem Führer zahlten sie viel Geld, das von allen eingesammelt worden war. Vater habe ich in diesen Tagen kein einziges Mal zu sehen bekommen, er arbeitete in einem anderen Haus und hatte nicht das Recht, dieses zu verlassen.

Bevor wir uns auf den Weg machten, brachte man uns Kleidung – Wattejacken und weite Röcke, alles, wie es Ukrainerinnen trugen. Wir konnten nur tagsüber unterwegs sein, weil nachts alles schrecklich bewacht wurde. Und dem Führer durften wir nur mit großem Abstand folgen, so, dass wir ihn gerade noch sehen konnten. Wir gingen einige Stunden, so etwa 30 Kilometer. Am Bug rief uns der Führer in ein Haus und sagte: »Wartet. Hier habt ihr Wasser und Brot. Jemand wird euch abholen.« Viel später erfuhren wir, dass eine Gruppe von solchen wie wir in diesem Haus von den Deutschen geschnappt worden war. Unser Führer hatte Angst: Er wollte Geld verdienen und hatte Angst.

Nahe diesem Ort (ich glaube das Dorf hieß Tschorna Greblja[161]) gab es eine Furt über den Bug, nicht weit entfernt war auch noch eine von den Deutschen bewachte Brücke. Wir gingen extra zum Fluss – wuschen unsere Sachen und uns selbst. Dann kam jemand zu uns, zeigte schnell die Stelle, an der wir hinübergehen könnten. Wir gingen sofort los. Als wir uns der Furt näherten, peitschten Schüsse. Aber die Kugeln trafen nur den Sand. Und wir gingen hinüber!

Auf dem anderen Ufer fielen wir entkräftet ins Gebüsch. Der Führer trieb uns nicht einmal an. Nach einer Weile kam ein anderer zu uns (sie arbeiteten bei dieser Schleusung zu dritt), er fragte gleich: »Wo ist das Geld?« Wir wussten, dass es in einer der Wattejacken eingenäht war, ich machte sie auf und übergab das Geld. Ich fürchtete nur, dass er uns nun nicht weiter führen würde. Aber er führte uns weiter. Wir gingen bei Nacht, bemühten uns durch Waldstücke zu gehen, Dörfer mieden wir. So kamen wir nach Berschad, ins Ghetto, wo auch meine Verwandten waren: Der Bruder meines Vaters mit seiner Familie. So kam ich ins gelobte Land.

Manche freuten sich über unsere Ankunft, andere nicht. Es wurden viele Tränen vergossen. Und uns erschien alles so seltsam: In diesem Ghetto wohnten alle in ihren eigenen Häusern, schliefen in ihren Betten, gingen frei Wasser holen (das Ghetto war überhaupt nicht eingezäunt, aber das Verlassen des Gebietes war natürlich verboten). Die Menschen hausten in schrecklicher Enge, weil sich auch viele Flüchtlinge aus der Bukowina und Bessarabien in Berschad befanden.

Vor meinen Verwandten stand sofort die Frage: Wohin mit uns? In jedem Haus hing eine vom Judenrat zusammengestellte Liste. In ihr waren alle Bewohner aufgeführt, sogar kleine Kinder. Die, die von der anderen Seite des Bugs kamen, wurden separat registriert, aber meine Verwandten hatten Bedenken dagegen. Deswegen wohnte ich illegal bei ihnen: Ich schlief dort nur, und den ganzen Tag hielt ich mich außerhalb des Hauses auf. Auch mit der Verpflegung war es sehr kompliziert: Nur der Onkel arbeitete (als Handwerker) und versorgte so die große Familie. Deswegen ging ich in etwas, was einer Küche oder Kantine ähnelte und von einigen Jungen aus Teplik organisiert wurde, die noch vor dem Pogrom hierher geflüchtet waren. Bei ihnen konnte man einmal am Tag etwas Warmes bekommen. Später gingen diese Jungen zu den Partisanen, nur einer von ihnen hat überlebt. In Berschad war sogar ein Kinderheim. In ihm lebten hauptsächlich Kinder der Übersiedler von der rumänischen Seite, die an Typhus gestorben waren.

Im ersten Winter erkrankte auch ich an Flecktyphus. Das Krankenhaus war in einer ehemaligen Apotheke untergebracht. Dorthin wurden Typhuskranke gebracht, die niemand heilte. Es gab keinerlei Medikamente. Wer überlebte, der überlebte. Ich überlebte, auch wenn ich danach einen Monat nicht auf den Beinen stehen konnte – ich musste wieder lernen, zu gehen. Zu Frühlings-

---

161 Unklar – vermutlich Krasnoselka oder Tschernjatka. Anm. d. Übers.

anfang kehrte ich aus dem Krankenhaus zurück. Inzwischen war bei meinen Verwandten eine Übersiedlerfamilie aus Moldawien einquartiert worden. Ich hatte keinen Platz zum Schlafen, so wanderte ich umher, übernachtete mal bei diesen, mal bei jenen. Das rettete mich auch, denn viele derer, die über den Bug gekommen und in den Listen des Judenrates registriert worden waren, wurden zurück auf das deutsche Ufer geschickt und dort erschossen. Dort starb auch meine beste Freundin Chaikele. Zu jener Zeit erschien mein Vater in Berschad. Vorher hatte er sich in Gaissin aufgehalten. Er flüchtete und ging über den Bug. Er kam völlig krank an und ich bin jeden Tag ins Haus des Onkels gegangen, um ihn zu pflegen. Vater litt schrecklich, er kam nicht über den Verlust Mamas hinweg. Er hoffte die ganze Zeit auf ein Wunder, dass sie am Leben sei …

Als ich wieder ein bisschen zu Kräften gekommen war, traf ich auf der Straße einen Landsmann, der mir vorschlug, Schwesternkurse zu besuchen, damit ich danach in eine Partisanenabteilung gehen könnte. Die Kurse führte die Arzthelferin Manja Billjar in ihrem Dorf durch. Auch eine Ärztin aus dem Dorfe Ustje kam regelmäßig dorthin, um zu unterrichten. Wir lernten, erste Hilfe zu leisten, Abschnürverbände anzulegen, Tetanusspritzen zu geben und Wunden zu verbinden. In diesem Kurs waren zehn bis zwölf Mädchen aus dem Ghetto. Ich war gerade 15 geworden und die Jüngste. Nach Abschluss des Kurses ging ein Teil der Mädchen tatsächlich zu den Partisanen, darunter zwei meiner Cousinen – Ljuba und Ewa. Ljuba fiel kurz vor der Befreiung: Sie wurde verwundet und erschoss sich aus Angst, den Faschisten in die Hände zu fallen. Ich konnte mich aus zwei Gründen nicht den Partisanen anschließen: Erstens war Vater krank, zweitens besaß ich überhaupt keine Schuhe: Im Sommer ging ich barfuß, im Winter wickelte ich mir alle möglichen Lumpen um die Füße. Manja Billjar und andere Bürger aus Berschad, die Verbindungen zu den Partisanen hatten, wurden später erschossen.

Auch mein Cousin Mischa Winnik gehörte dem Untergrund an. Er war in einer Untergrundgruppe, die ein Provokateur vollständig verriet und dann erschossen wurde. In einer Partisanenabteilung kämpften meine Landsleute Efim Kogan und Efim Ponarowski. Sie waren auch aus unserem Lager geflüchtet, obwohl das nach unserer Flucht sehr schwierig geworden war. Zwei Mädchen (eine von ihnen war meine Schulkameradin Klara Wanschtein), die bei einem Fluchtversuch gefasst worden waren, brachte man ins Lager, zwang sie, sich selbst eine Grube zu graben und erschoss sie vor den Augen aller. Dann begrub man sie eine Woche lang nicht, damit den übrigen die Lust zu fliehen verginge. Aber diese beiden Efims flohen trotzdem, genau wie wir, während der Arbeit.

Meine Untergrundtätigkeit führte dazu, dass mich eines Tages Mischa Winnik bat, ich solle einen Tag unbemerkt mit einem Verbindungsmann verbringen, der aus einer anderen Abteilung gekommen war. Schließlich konnte ja jeden Augenblick ein Rumäne oder ein örtlicher Polizist ins Ghetto kommen. Ich hatte Angst, aber dennoch führte ich ihn zu einem kleinen Fluss, wo wir den ganzen Tag verbrachten. Abends erwarteten uns bereits einige Leute im Ghetto, die meinen Schützling irgendwohin brachten.

Zwei Tage später bat mich mein Cousin, ich möge jemanden aus dem Ghetto bringen. Dazu musste eine Brücke überquert werden, die von ukrainischen Polizisten bewacht wurde. Unter ihnen befand sich einer, der für seine besondere Grausamkeit berüchtigt war: Seine Peitsche war besonders dick und er schlug mit ihr alle rechts und links. Ich bat meine Cousine um einen möglichst anständigen Rock, band ein Kopftuch um und ging mit dem herauszubringenden Mann Hand in Hand über die Brücke. Der Polizist schöpfte nicht den geringsten Verdacht. Ich ging dann aber nicht gleich wieder zurück, sondern wartete, bis dieses Scheusal abgelöst wurde. Auf diese Weise habe ich diesen Verbindungsmann noch einige Male ins und aus dem Ghetto gebracht. Und das war auch schon meine ganze Untergrundtätigkeit.

Als ein Provokateur die Untergrundorganisation verriet, begannen Verhaftungen. Auch das Hauptquartier wurde entdeckt, wo die Listen mit den zur Organisation gehörenden Leuten aufbewahrt wurden: Wer Sachen beschaffte, Lebensmittel und anderes. Nun wurden jede Nacht Leute aus den Häusern geholt. Eines Nachts kamen sie auch zu uns, aber weil ich ja keinen Schlafplatz hatte, übernachtete ich ganz woanders. Noch als ich auf das Haus zuging, wurde mir gesagt: »Geh nicht, bei euch haben sie alle mitgenommen.« Aber wie konnte ich nicht nach Hause gehen? Da war doch mein kranker Vater.

Ich komme zum Haus: Die Tür ist sperrangelweit geöffnet (es war Winter), Vater liegt an seinem Platz, über seinem Kopf ist die ganze Wand von Kugeln durchlöchert, aber er lebt. Außer ihm war im Haus noch der fünf Jahre alte Semotschka, der Sohn meines Cousins, zurückgeblieben. Seinen Vater und seine Mutter hatte man mitgenommen. Im Haus herrschte das reinste Chaos: Die Türen waren zerschlagen, Kissen zerrissen, alles lag auf dem Boden herum … Aber mein Onkel und seine Tochter hatten sich verstecken können. Vater drängte mich zum Gehen, weil er glaubte, die Polizisten würden noch einmal wiederkommen. Aber ich habe nicht auf ihn gehört, habe Wasser aufgesetzt, das Kind angezogen, Vater einen Aufguss aus getrockneten Möhren zu trinken gegeben … Und da kamen zwei Deutsche ins Haus, gleich auf mich zu, ich aber sagte ihnen auf Ukrainisch: »Ich bin eine Nachbarin! Ich bin eine Nachbarin!« Sie zeigen auf die Tür: Geh' raus! Aber in diesem Augenblick rief sie jemand von draußen, sie verließen das Haus und ich floh sofort durch einen geheimen Ausgang.

Kaum waren die Deutschen weg, kehrte ich zurück und verließ das Haus nicht mehr. Vater war schon in sehr schlechter Verfassung und jemand musste ihn und das Kind pflegen. Der Onkel und seine Tochter versteckten sich auf Dachböden und mussten auch ernährt werden. Ich besorgte Lebensmittel bei Verwandten und tauschte auch welche bei Bauern ein. Die Eltern von Semotschka versteckten sich in den Kellern, auch ihnen brachte ich Sachen. Die Deutschen fanden sie, brachten sie mit anderen Gefangenen aus dem Ort und erschossen sie.

Mein Vater starb drei Wochen vor der Befreiung. Wie hatte er sich gewünscht, die Befreiung zu erleben! Als ich ihn begrub, war es nicht mehr möglich, das Ghetto zu verlassen, es wurde nur noch erlaubt, die Toten herauszubringen. Es gab eine spezielle Karre für den Abtransport zum Friedhof, zwei Juden zogen sie. Hinter dem Karren durfte nur eine Begleitperson gehen. Vater wurde natürlich ohne Sarg, einfach so auf den Karren gelegt. Ich hatte ihm ganz saubere Wäsche angezogen, das Gesicht gewaschen und begleitete ihn bis zur Grube auf dem Friedhof … So begrub ich meinen Vater.

Er starb am 24. Februar 1944. Die Tage vor der Ankunft der Unsrigen waren voll von Angst und Erwartung. Die abrückenden Deutschen kamen immer öfter ins Schtetl. Praktisch jede Nacht gab es Erschießungen. An jedem Telegrafenmast auf der Hauptstraße hingen Hingerichtete. Sie abzunehmen oder sich ihnen auch nur zu nähern war verboten. Aber in jeder Nacht war nun schon klar die Artillerie zu hören, und die Angst war groß, dass wir jetzt gerade im letzten Moment noch umgebracht werden. Aber ob die Deutschen andere Sorgen hatten oder uns das Schicksal rettete, am 14. März, bei Sonnenaufgang, zogen unsere Truppen ins Schtetl ein. Mit welchen Worten soll man dieses Glück wiedergeben? Wir weinten, küssten den Soldaten die Stiefel, warfen uns ihnen an den Hals ... Am Abend befiel uns wieder Angst: Uns schien, dass die Unsrigen sich wieder zurückziehen könnten. Meine Freundin und ich schauten auf die Straße und bemerkten eine Gruppe unserer Soldaten mit einem Kommandeur an der Spitze, die, wie es uns schien, das Schtetl verließen. Ich warf mich vor ihnen auf die Knie und flehte sie an: »Nehmt uns mit! Lasst uns hier nicht alleine zurück!« Aber er sagte: »Mädchen, geht nach Hause, bemüht euch in den Tagen, in denen die Front noch hier ist, im Keller zu sitzen, wo auch immer. Es wird noch geschossen werden, es kann noch alles Mögliche kommen.« Das taten wir dann auch. Berschad wurde noch einige Male bombardiert, einige Bomben schlugen sehr nah am Zentrum des Schtetls ein.

Nach drei Tagen versammelten sich alle, die am Leben geblieben waren – insgesamt fünf oder sechs Personen – und machten sich auf den Weg ins heimatliche Teplik. Wir gingen ungefähr zwei Tage und Nächte, hielten in Dörfern an, wo man uns in die Hütten ließ, verpflegte und ansah, als kämen wir aus dem Jenseits. So kamen wir nach Teplik, gingen in die Häuser am Stadtrand, deren Bewohner ebenfalls glaubten, dass nicht ein einziger Jude habe überleben können. Aber dort half man uns, wie man nur konnte. Für mich fanden sich sogar alte Galoschen, vorher war ich im Märzmatsch barfuß gelaufen.

Am zweiten Tag gingen wir bei Sonnenaufgang zu den Massengräbern. Vom ersten, in dem die Opfer der Erschießungen vom 27. Mai 1942 lagen, waren keinerlei Spuren geblieben. Aber daneben war noch ein Grab. In ihm waren nicht vollständig zugeschaufelte Leichen zu sehen. Das waren bereits die Opfer der zweiten oder dritten Erschießung – Juden aus dem Konzentrationslager, Flüchtlinge, Umsiedler ... Gleich neben der Grube sprangen mir Kinderschuhe ins Auge.

Wir kehrten ins Schtetl zurück, erbaten uns von den Einwohnern Spaten und begannen, dieses Massengrab zuzuschaufeln. Wir ernährten uns in dieser Zeit von dem, was uns Schulkameraden und Bekannte gaben. Sie fanden für uns auch etwas Kleidung. Ich blieb den ganzen Frühling in Teplik, hierher kam bald auch meine Schwester, sie fand Arbeit, und ich ging zur Schule. Nach einiger Zeit fand sich auch unser Bruder ein, jener, der am Anfang des Krieges mit einer Gruppe von Kindern evakuiert worden war. Er hat während dieser ganzen Jahre in einem Rüstungsunternehmen gearbeitet. So hat es das Schicksal gefügt, dass wir, Kinder einer der vielen vernichteten jüdischen Familien, am Leben geblieben sind.

Jehulez. Chudoshnjo-publizystytschnyj almanach Institutu judajiky [Künstlerisch-publizistischer Almanach des Instituts für Judaistik], Kiev 2003, Nr. 9, S. 342–352

19. Bezirk (Rayon) Tomaschpol
(ukr. Tomaschpil)

Ort: Tomaschpol

1939 lebten in Tomaschpol[162] 1863 Juden, über 62 Prozent der Bevölkerung.
Nach dem Überfall der Wehrmacht auf die Sowjetunion wurden viele Juden zur Roten Armee eingezogen.

Am 20. Juli 1941 wurde Tomaschpol von der Wehrmacht besetzt. Ein paar Tage später wurde den Juden befohlen, eine weiße Armbinde mit einem schwarzen Davidstern zu tragen. Die Synagoge wurde sofort zerstört. Am 25. Juli 1941 wurden sechs Juden erschossen. Am 11. August 1941 wurden auf dem jüdischen Friedhof 150 Juden erschossen. Andere Quellen nennen die Zahl 240. Vor dieser »Aktion« soll der Vertreter einer SS-Einheit eine Versammlung der ukrainischen Bevölkerung abgehalten haben, um zu beraten, was mit den Juden geschehen solle. Bei dieser Versammlung sollen auch viele angesehene Menschen aus Tomaschpol gewesen sein. Ein Sprecher der Versammlung habe verkündet, dass man die Juden vernichten solle, da sie immer auf Kosten der Ukrainer gelebt hätten.

Ende August 1941 kam Tomaschpol zu Transnistrien. Im Dezember 1941 wurde ein Ghetto eingerichtet, das mit einem Stacheldrahtzaun umgeben war und in dem alle Juden unter unmenschlichen Bedingungen konzentriert wurden. Es wurde ein zwölfköpfiger Judenrat gebildet. Auch Juden aus den umliegenden Orten und aus Bessarabien mussten ins Ghetto und Zwangsarbeit leisten. Den Juden wurde erlaubt, in kleinen Gruppen das Ghetto zu verlassen, um Wasser zu holen. Viele starben an einer Typhusepidemie oder wegen der Überfüllung und dem Hunger. In jedem Zimmer im Ghetto lebten zehn bis zwölf Personen. Eine Gruppe jüdischer Frauen sammelte Spenden für die Bedürftigen und Kranken. Ukrainer halfen, indem sie Nahrungsmittel durch den Zaun des Ghettos steckten. Der Leiter der jüdischen Gemeinde, Moische Soiferman, unterrichtete in einem Haus die Schulkinder über Gebete und jüdische Tradition und feierte jeden Tag einen Gottesdienst.

1943 waren noch 1128 Juden im Ghetto, einschließlich der 281 spezialisierten Handwerker. Tomaschpol wurde am 16. März 1944 befreit.

Ort: Wapnjarka

Heute gehört Wapnjarka[163] zum Bezirk Tultschin.
1939 lebten in Wapnjarka 711 Juden, etwa 20 Prozent der Bevölkerung.

Am 22. Juli 1941 wurde die Stadt von der Wehrmacht besetzt. Am 1. September 1941 kam Wapnjarka zu Transnistrien. Im Oktober 1941 errichteten die Rumänen in den Gebäuden der ehemaligen sowjetischen Militärschule am Stadtrand ein Internierungslager. Zu

---

162 Altman, Cholokost, S. 983; The Yad Vashem Encyclopedia, S. 838.
163 Enzyklopädie des Holocaust, S. 1519; Altman, Cholokost, S. 130.

der Zeit waren die meisten einheimischen Juden entweder geflohen oder von den Deutschen und Rumänen ermordet worden. In das Lager wurden 1000 Juden gebracht. Die meisten kamen aus Odessa oder waren bessarabische Juden, die kurz vorher nach Odessa geflohen waren. Während einer Typhusepidemie starben etwa 200 Juden.

Im Juni 1942 wurden die überlebenden Gefangenen in die Lager Trichaty und Oceacow deportiert, dann weiter nach Kolosowka, wo sie erschossen wurden. 1942 wurden weitere 150 Juden aus der Bukowina nach Wapnjarka deportiert. Darunter waren auch Juden, die im Herbst 1939 nach Rumänien geflohen waren. Am 16. September 1942 wurden 1046 rumänische Juden nach Wapnjarka gebracht, viele wegen des Verdachts, Kommunisten zu sein. 554 waren jedoch ohne jede Beschuldigung von den Behörden der rumänischen Städte ergriffen und deportiert worden. Der Kommandant des Lagers, Oberst Ilie Murgescu hämmerte ihnen als »Ansprache« die Lagerordnung ein, voll Drohungen, beispielsweise, dass ein Fluchtversuch mit dem Tode durch Erschießen bestraft würde. Er schloss mit den Worten: »Auf zwei Beinen seid ihr in das Lager hereingekommen, aber wenn ihr noch am Leben seid, werdet ihr auf allen Vieren hinauskriechen!«[164]

De facto war Wapnjarka ein Konzentrationslager ausschließlich für Juden. Von den 1179 Juden im Lager waren 107 Frauen, die in zwei Baracken, umgeben mit einem dreifachen Stacheldrahtzaun, untergebracht waren.

Eine besondere Katastrophe war die Ernährung. Von September 1942 bis Ende Januar 1943 bestand sie fast ausschließlich aus Kichererbsen »Lathyrus sativus«, die bereits damals als giftig bekannt waren. Sie wurden in den südosteuropäischen Ländern als Viehfutterbeimischung angebaut. Diese Erbsen verursachen bei Menschen spastische Paraparese, eine Krankheit, die das Knochenmark angreift, die Muskeln der unteren Körperteile lähmt, die Funktion der Nieren und der Blase beeinträchtigt und schließlich zum Tode führt. 611 Gefangene wurden bald schwer krank, etwa 100 wurden teilweise gelähmt. Erst nach einem 21-tägigen Hungerstreik der Häftlinge wurde Ende Januar 1943 die Ernährung mit dem die Krankheit verursachenden Tierfutter eingestellt.[165] 117 Juden blieben ihr Leben lang gelähmt.

Im Mai 1943 wurden 127 Juden von Wapnjarka nach Sawran deportiert, wo sie in einem zweiten Ghetto untergebracht wurden. In diesem Ghetto herrschten bessere Verhältnisse als im Ghetto für die einheimischen Juden.[166]

Als sich im Oktober 1943 die Rote Armee näherte, wurde das Lager am 14. Oktober 1943 aufgelöst.[167] Über 500 Juden wurden in die Ghettos Transnistriens deportiert. Eine Gruppe von 54 Kommunisten wurde in ein Gefängnis in Râbnița gebracht, wo sie am 19. März 1944 in ihren Zellen von SS-Männern ermordet wurden. Die größte Gruppe, 565 Personen, wurde

---

164 Nathan Simon, »… auf allen Vieren werdet ihr hinauskriechen!«. Ein Zeugenbericht aus dem KZ Wapniarka, Berlin 1994, S. 64.
165 Benz/Distel/Königseder (Hrsg.), Nationalsozialistische Zwangslager, S. 134.
166 The Yad Vashem Encyclopedia, S. 695.
167 VEJ 7, S. 829, Anm. 4.

im März 1944 in das Lager Târgu-Jiu in Rumänien gebracht, wo sie bis zum 24. August 1944 festgehalten wurden, dem Tag nach dem Sturz der Regierung Antonescu.

Am 16. März 1944 wurde Wapnjarka befreit.

Sofija Budman (Heuchman)
»Meine Ester«

Meine Ester war keine legendäre Frau. Aber sie tat sehr viel für die Rettung der Kinder, die in jener furchtbaren Kriegszeit verwaisten. Sie musste selbst einen schrecklichen Schicksalsschlag erleiden, schloss tief in ihr Herz das unfassbare Leid und rettete uns, mich und meine jüngere Schwester, indem sie uns vom sicheren Hungertod bewahrte und bei sich im Hause aufnahm. Ich möchte gleich betonen, dass sie damals sehr vielen Notleidenden half, Hungrigen, Obdachlosen und vom Krieg gezeichneten Menschen. Aber darüber etwas später.

Zuerst einiges von ihr, meiner Tante Ester. Es ist unmöglich, in Worte zu fassen, welches Leid diese Frau im ersten Kriegsmonat erleiden musste. Sie verlor alles, was ihrem Herzen wertvoll war und was sie durch schwere Arbeit geschaffen hatte. Sie verlor ihre nächste Familie: den Ehemann Semlbeker Burecha und die Söhne Iosja, 19 Jahre alt, und Chaim, 13 Jahre alt, ihre Brüder Boris, Salmen und Motl Heuchman, ihre Schwägerin, meine Mutter Chaja und ihren Schwager, Aron Litwinskij, den Ehemann ihrer jüngeren Schwester.

Nicht einmal der Zeit ist es möglich, jenen furchtbaren Tag, den 5. August 1941, aus dem menschlichen Gedächtnis zu löschen. Es geschah zwei Wochen nach der Besetzung fast des gesamten Gebietes Winniza, vom Dnjestr bis zum Südlichen Bug durch die deutschen Besatzer.

Bereits am frühen Morgen zogen auf Befehl der Kommandantur Kolonnen von Ukrainern aus den benachbarten Dörfern ins Zentrum der Stadt Tomaschpol. Durch die Straßen rasten Polizisten mit Hunden. Die Gendarmen trieben alle Juden aus ihren Häusern. Im Zentrum des Städtchens hielt ein gewisser Pokintschereda, der zum Stadtältesten ernannt wurde, eine Rede. Er rief Standardphrasen, in denen er das Leid des ukrainischen Volkes den Juden vorwarf. Der orthodoxe Priester Romanenko versuchte, ihm zu widersprechen, indem er sagte, dass die Juden nicht schuld seien, dass selbst den Würmern Gott das Leben schenkte. Dadurch weckte er noch größeren Hass des Judophoben.

In diesem Augenblick erschienen die Henker, angeführt von SS-Männern. Sie umstellten die aus den Häusern gejagten Menschen und trieben sie alle zur Brücke, die zur Straße nach Jampol führt. Bewaffnet mit Gewehren und Maschinenpistolen schlugen sie die Unglücklichen mit Peitschen und hetzten die Hunde auf sie.

In jener Menschenmasse war die ganze Familie von Tante Ester: Sie, ihr Mann Semlbeker Burecha, der 13-jährige Sohn Chaim, ihre Schwester Doba mit dem vierjährigen Töchterchen Eva auf dem Arm. Von einem Schlag mit dem Gewehr auf den Rücken stolperte Doba, blieb aber stehen. Als sie sich umschaute, sah sie das rasende Gesicht des Wachmanns. Durch das Rollen seiner wilden Augen gab er ihr das Zeichen, in die nächste Gasse abzubiegen, und schubste sie,

»Schnell, schnell!« rufend, mit dem Kolben aus der Kolonne. Zu Tode geängstigt rannte sie weg und gelangte auf die Nachbarstraße, die menschenleer und ruhig war. Es ist schwer zu sagen, welche Motivation jener Wachmann hatte.

Burech merkte dies und flüsterte seiner Frau zu: »Diese Veranstaltung kann auf deine Teilnahme verzichten.« Und schubste sie auch in die nächste Gasse.

Man trieb die Menschen zum Friedhof. Man hob keine Gräber aus. Die Todgeweihten wurden am Rande eines tiefen Grabens aufgestellt und man mähte sie mit dem Bleiregen der Maschinenpistolen nieder. Danach bedeckten die einheimischen Ukrainer die Erschossenen mit Erde. Noch lange hörte man an jenem furchtbaren Tag Schreie und Stöhnen, noch lange bewegte sich die Erde über den Ermordeten. Viele waren nur verletzt und einigen gelang es sogar, den Kugeln zu entkommen.

Der zwölfjährige Junge Mischa Urman wurde von seiner Mutter Scheiwa mit ihrem Körper geschützt und in den schrecklichen Graben gerissen. In der späten Nacht konnte er sich halb tot, nach Luft schnappend und ganz mit Blut verschmiert aus dem Graben befreien, in dem seine Eltern und weitere 288 Landsleute liegenblieben. Noch zwei andere Mädchen krochen in jener Nacht aus dem Graben. Zwei weitere Menschen konnten noch vor der Erschießung aus der Kolonne fliehen und versteckten sich auf dem Friedhof. Alle anderen erblickten nie wieder das Tageslicht.

Ich weiß nicht, ob man das Leiden meiner armen Ester in Worte fassen kann. Selbst viele Jahre danach zitterte sie und weinte, wenn sie von jenem furchtbaren Tag erzählte, an dem erlaubt wurde, den Graben zu öffnen und die Reste der Ermordeten umzubetten.

Man hörte wieder Weinen und Klagen vieler, die von weit her zum Ort dieser Tragödie gereist waren. Die menschliche Vorstellungskraft versagt, um sich ein Bild von dem zu machen, was man zu sehen bekam, als die erste Erdschicht abgetragen wurde …

Nicht jeder, der zum Graben kam, konnte das Gesehene verkraften, viele wurden ohnmächtig. Auch meine arme Tante Ester wurde ohnmächtig. Unter den gekrümmten und verrenkten Leibern musste sie ihren Mann und Sohn identifizieren.

Die Leiche ihres Mannes erkannte sie an den Schuhen, in denen er an jenem Morgen das Haus verließ, und am Fehlen des großen Zehs am rechten Fuß. Für ihn wurde ein Grab am Rande, am Eingang des Friedhofs, ausgehoben. Ihr Sohn, wie auch viele andere, konnte nicht identifiziert werden. Seine Überreste wurden im Gemeinschaftsgrab beerdigt. Ihr ganzes Leben lang ging Tante Ester mit bitteren Tränen in den Augen und Schuldgefühl im Herzen auf den Friedhof, denn sie warf sich vor, das Leben ihres Mannes und ihres Sohnes nicht bewahrt zu haben.

Iosja, ihr älterer Sohn, wurde in den ersten Kriegstagen direkt von der Schulbank an die Front gebracht. Sie hat ihn nie wieder gesehen und bekam keine Nachricht von ihm. Am Kriegsende kam eine Standardmeldung: »Verschollen«.

Woher nahm diese zerbrechliche Frau, die über Nacht grau wurde und deren Gesicht sich vor Trauer verdunkelte, ihre Lebenskraft? Wie konnte sie mit noch einem Schicksalsschlag zurechtkommen, wie konnte sie noch einen Verlust aushalten? Noch vergoss sie ihre Tränen, noch verspürte sie die Wärme der Kinderhand ihres Sohnes, noch klangen die letzten Worte ihres Mannes in ihren Ohren, noch standen vor ihren Augen die furchtbaren Bilder der Umbettung der Erschossenen, als ein neues Leid sie überrollte. Halbtot kehrte meine Mutter mit mir und meiner zehnjährigen Schwester aus dem gescheiterten Evakuierungsversuch zurück und brachte eine traurige Nachricht vom Tod unseres Vaters Salmann, des jüngeren Bruders unserer Tante Ester.

Von tiefer Trauer erfasst erkrankte kurz nach der Rückkehr nach Tomaschpol meine Mama. Sie hatte ohnedies ein krankes Herz. Dazu kamen noch merkwürdige Schmerzen im Bauch. Nach drei Wochen schwerer Krankheit schied sie aus dem Leben. Meine Schwester und ich waren Vollwaisen.

Schon wieder musste unsere Tante Ester auf den Friedhof gehen und den Platz für ein neues Grab aussuchen. Dies geschah am 20. Oktober 1941. Bis dahin wurden alle am Leben gebliebenen Einwohner des Städtchens ins Ghetto, das auf einer Straße errichtet wurde, getrieben. Das Ghetto wurde mit Stacheldraht umzäunt und man durfte es ohne eine Erlaubnis des Ältesten und ohne den gelben Stern auf der Kleidung nicht verlassen. Mich und meine Schwester behielt unsere Tante bei sich.

In unserem Elternhaus ließ sich ein Verbrecher nieder, der mit der neuen Ordnung in unserem Ort auftauchte. Er ließ mich nicht mal an die Schwelle des Hauses, als ich versuchte hineinzukommen, um irgendwelche Reste unserer Habseligkeiten mitzunehmen. Er drohte mir, gleich zu verbreiten, dass mein Vater Parteimitglied war, und mich deswegen in der Kommandantur zu denunzieren.

Mit Tränen in den Augen kehrte ich zu Tante Ester zurück und erzählte davon. Sie streichelte mir nur schweigend über den Kopf.

Die Zahl der Einwohner im Haus von Tante Ester stieg immer weiter. Neben ihrer jüngeren Schwester Doba mit dem vierjährigen Töchterchen Eva und mir und meiner Schwester, lebten in den drei kleinen Zimmern noch acht andere Personen. Im zweiten Durchgangszimmer richtete sich Riwa, die Schwägerin unserer Tante, zusammen mit ihrem 9-jährigen Sohn Mulja und ihren hochbetagten Eltern ein. Im vorderen Zimmer wohnte eine Witwe mit ihren zwei Kindern, dem 9-jährigen Jungen Busja und dem 14-jährigen Mädchen Rachil, sowie der psychisch kranken Ida, die ihren 16-jährigen Sohn in jenem furchtbaren Graben verlor. In drei kleinen Zimmern hausten insgesamt 13 Personen.

Im kleinen Durchgangszimmer mit dem Lehmboden stand am Fenster ein Eisenbett, in dem wir schliefen: unsere Tante mit dem Kopf zum Fenster und ich und meine Schwester an der Fußseite des Bettes. Auf der engen Holzliege, die an der Wand gegenüber stand, schliefen Tante Doba und ihre kleine Tochter. Sie schlief immer auf der linken Seite, sodass Eva zwischen ihr und der Wand lag.

Es ist schwer, sich vorzustellen, wie wir lebten, wie wir überlebten, nicht an Hunger und Kälte gestorben sind. Möglich war es nur Dank der Arbeit und Sorge unserer unvergesslichen Mutter Ester. Sie nähte. Auf irgendwelche Weise gelang es ihr, ihre Nähmaschine zu retten, die für uns alle zur »Milchkuh« wurde. Wir alle lebten davon. Unsere Tante änderte und fertigte Kleidung für uns an und nähte für andere Menschen. Für ihre Arbeit bekam sie Lebensmittel: ein paar Gläser Maismehl oder Hirse. Manchmal bekam sie auch Geld. Dann kauften wir Roggenmehl und Doba buk

Brot. Am Vorabend setzte sie den Sauerteig an. Am nächsten Tag stand sie noch vor Sonnenaufgang auf, heizte den russischen Ofen an, knetete den Teig in einem Holzbottich, formte den Teig auf dem Küchentisch zu Brotlaiben, bedeckte diese mit einem sauberen Tischtuch und ließ sie aufgehen. Mit einem langen Schüreisen zog sie die Kohle aus dem Ofen und setzte die Brotlaibe mit einem Holzspaten in den Ofen. Manchmal buk sie dünne Fladenbrote, mit denen sie dann alle Kinder beglückte. Noch heute erinnere ich mich an den besonderen Geschmack der frischen knusprigen Brotkruste …

Der erste Winter unter der deutschen Besatzung war sehr kalt und schneereich. Die Insassen des Ghettos, sogar Kinder und Jugendliche wurden zur Zwangsarbeit in der Straßenreinigung getrieben. An einem solchen kalten Tag wurden wir alle zum Schneeräumen auf einer Eisenbahnstrecke geführt. Es war bewölkt und sehr kalt. Wir waren sehr leicht bekleidet und viele waren barfuß. Es schien, dass wir erfrieren würden. Zum Glück verbrannte nachts in der Nähe irgendein Gebäude. Als wir die Brandstelle erreichten, gruben wir in den zusammengefallenen Mauern noch warme Ziegelsteine aus.

In der Nacht kehrten wir in unsere Behausungen zurück und am nächsten Morgen klopfte der Älteste an die Fensterscheiben und rief zum neuen Arbeitseinsatz. Am schwersten hatte es Tante Ester. Sie saß noch abends beim schwachen Licht der Öllampe an einem Nähauftrag, um die Arbeit rechtzeitig abzuliefern und für uns, ihre Familie, Lebensmittel zu bekommen. Unsere gute Tante half nicht nur ihren Familienmitgliedern. Sie fand immer Möglichkeit, dem Hungrigen zu essen zu geben und gab oft den letzten Bissen, alles, was sie hatte.

Hungernde gab es immer mehr. Es waren jene »Glücklichen«, denen es gelang, aus Petschora, dem schrecklichen Konzentrationslager in der malerischen Landschaft am Ufer des Südlichen Bugs, unweit der Stadt Tultschin, zu fliehen. In diesem Konzentrationslager waren jüdische Einwohner aus den Regionen Winniza und Bessarabien, in denen deutsche Truppen stationiert wurden, zusammengepfercht.

In Tomaschpol waren Rumänen. Sie behandelten die Juden etwas loyaler: man trieb sie hinter den Stacheldraht ins Ghetto. Im Haus von Tante Ester bekamen die Flüchtlinge etwas zu essen und die Möglichkeit, im Warmen zu übernachten. Es ist unmöglich, sich an alle Menschen zu erinnern, denen meine Tante Ester half, die sie in schwierigen Augenblicken unterstützte, die sich in ihrem Hause aufhielten. Trotzdem sind einige Menschen für immer in meiner Erinnerung geblieben. Wie jetzt, sehe ich vor mir im kleinen Zimmer meiner Tante drei Personen am Tisch sitzen: eine junge, trotz der Magerkeit hübsche Frau und ihr gegenüber zwei heranwachsende Mädchen mit Puppengesichtern und mit lockigen kastanienbraunen Haaren. Beide Mädchen essen gierig, während die Frau sie betrachtet und lächelt. Auf die Frage, warum sie nichts essen würde, antwortete sie, dass sie fasten würde. Dieses »Fasten« galt nur als Vorwand, damit die Kinder sich satt essen konnten.

Genau so gut erinnere ich mich an den blonden Jüngling mit den blauen Augen. Man gab ihm zu essen, fand irgendwelche Kleidung für ihn und ließ ihn im Hause meiner Tante übernachten. Am nächsten Morgen, gleich nach Sonnenaufgang, führte man ihn durch die kleinen Gässchen aus der Stadt.

Es ist schwer und schmerzhaft sich an jene furchtbaren Jahre zu erinnern. Von jedem vorbeifahrenden Lastwagen konnte jeden Augenblick Maschinengewehrfeuer eröffnet werden. Besonders furchtbar wurde es, als Anfang Frühling 1944 deutsche Truppen durch die Offensive der Roten Armee zum Rückzug gezwungen worden waren. Um fliehen zu können, ließen sie die Stacheldrahtumzäunung abtragen. Und so begannen an den kleinen Häusern des Ghettos die deutschen Truppen auf ihrem Rückzug nach Westen vorbeizuströmen.

Die Kolonne der Lastwagen mit dem gedämmten Fahrlicht konnte man besonders gut aus dem Dachbodenfenster im Hause meiner Tante beobachten. Dort versteckte ich mich mit meiner Freundin vor Deutschen. Manche Lastwagen hielten am Straßenrand an. Die Soldaten sprangen herunter, gingen zu den Häusern und klopften an den Türen und Fenstern in der Hoffnung, dort Essen oder Übernachtung zu bekommen. Aber es war vergeblich. Essen im wörtlichen Sinne dieses Wortes gab es dort schon lange nicht mehr und es gab auch nichts mehr zu plündern. Jedes Haus war vollgestopft mit Menschen. Die Soldaten rissen die unzulänglich abgeschlossene Tür auf und traten ins Haus meiner Tante. Als sie grauhaarige Alte, weinende Kinder und erschrockene Frauen erblickten, sagten sie Worte, die für immer in meinem Gedächtnis blieben: »Verfluchte Juden …«. So überlebten wir die deutsche Besatzung.

Meine unvergessliche Tante Ester Semlbeker wurde 72 Jahre alt. Am 31. August 1966 starb sie an Herzversagen. Sie starb, ohne qualifizierte medizinische Hilfe erhalten zu haben, obwohl meine Schwester, die damals im Städtischen Krankenhaus arbeitete, und ich alles versuchten, um sie noch länger in dieser Welt zu erhalten. Aber damals gab es in unserer Stadt noch keinen Kardiologen, es fehlte an Medikamenten.

Meine Tante Ester wurde auf dem Friedhof im Ort Tomaschpol, Gebiet Winniza beerdigt, da, wo ihre Eltern, ihr Mann und ihr Sohn ruhen.

Die jüdische Welt. Zeitung der russischsprachigen Amerikaner, 28. November 2006

Arkadi Jurkowezki (geb. 1929)
»Die Deutschen erschossen 126 Menschen mit Maschinengewehren«

Vom teuflischen Plan der deutschen Faschisten, die Vertreter der »niedrigeren Rasse« zu vernichten, zu der nach der Bestimmung Hitlers auch die Juden gehörten, wusste in den Vorkriegsjahren in unserem Ort niemand. Im kleinen Städtchen Tomaschpol, Gebiet Winniza, das in der endlosen ukrainischen Steppe der gesegneten Gegend Winniza lag, war selbst der Begriff »niedrigere Rasse« unbekannt.

Nach dem Ribbentrop-Molotow-Abkommen berichteten von den Aggressionsabsichten Deutschlands, vom Terror im Inneren dieses Landes (besonders gerichtet gegen die Arbeiterklasse und die Kommunisten) weder die Zeitungen noch der Rundfunk.

Es war wie Schnee im Sommer. Am frühen Morgen des 22. Juni loderten Minsk und Kiew und aus Moskau berichtete um die Mittagszeit die Stimme Leviathans von einem überraschenden

Angriff der deutschen Faschisten auf die Sowjetunion. Es war an einem sonnigen Sonntag. An jenem Tag gab es in Tomaschpol viele Menschen: Die Bauern aus den benachbarten Dörfern kamen auf den Wochenmarkt. Als die Menschen im Radio hörten, dass der Krieg ausgebrochen war, herrschte eine furchtbare Panik.

Ein paar Tage später zog durch Tomaschpol eine lange Kolonne von Juden aus Bessarabien und Rumänien. Es waren hauptsächlich Alte, Frauen und Kinder, die mit ihren Habseligkeiten unterwegs waren. Von ihnen erfuhren wir, dass die Deutschen die Juden verfolgen würden, und sie deshalb nach Osten flöhen.

Obwohl ich damals erst 12 Jahre alt war und mein jüngerer Bruder erst sechs Jahre, blickten wir mit tiefer Sorge zu unseren Eltern auf. Nicht mit der Stimme, sondern mit den Augen flehten wir sie an, uns vor der Katastrophe zu retten, die unserem Tomaschpol vom Westen kommend drohte. Die Frontlinie näherte sich sehr rasch und die Fenster zitterten von der Artilleriekanonade.

Wir waren zu viert: Vater, Mutter und wir zwei Kinder. Wir verließen unser Haus und fuhren zur Schwester meines Vaters ins Dorf Mjastkowka, Bezirk Kryshopol. Ein paar Tage später kamen die Deutschen. Zu Fuß kehrten wir nach Tomaschpol zurück und erblickten unser geplündertes Haus ohne Fenster und Türen. Vom ganzen Ort wurden die Menschen auf zwei Straßen zusammengepfercht, die mit Stacheldraht umzäunt wurden. So entstand das Ghetto. Zum ersten Mal hörte ich das Wort »Ghetto« in meiner Heimatstadt. Mit eigenen Augen sah ich nicht die Lebensbedingungen, sondern das Vegetieren Hunderter Menschen, die in dieses verfluchte Ghetto getrieben worden waren. Die Polizisten, die aus den einheimischen Ukrainern rekrutiert worden waren, bewachten das Ghetto und sorgten dafür, dass niemand über den Stacheldraht kletterte und das Ghetto verließ. Man litt Hunger und nur wenige Bauern halfen mit Lebensmitteln.

Unter den Juden wurde als Ältester Moische Soifer gewählt und der Rat berufen. Nachts gingen die Kinder aus dem Ghetto in die benachbarten Dörfer, um irgendwelche Gegenstände gegen Lebensmittel zu tauschen.

In Tomaschpol war eine deutsche Kommandantur.

Sie kontrollierte, dass die vom Stadtkommandanten Theo bestimmte Ordnung befolgt wurde. Es war folgende Ordnung: In jedem Haus, wo früher eine Familie lebte, wurden fünf Familien untergebracht; man wurde zur Zwangsarbeit im Steinbruch oder in der Zuckerfabrik, die nicht zerbombt war, bereits um 6 Uhr morgens abgeführt und kehrte am späten Abend zurück. Zu essen bekam man nur ein Mal am Tag: eine Schüssel Erbsensuppe und 200 g Brot, das schwarz wie Erde war. Im Winter wurden alle (Alte und Kinder) zum Reinigen der Landstraße in Richtung Kiew getrieben. Wenn man Erfrierungen hatte, fiel man entkräftet in den Schnee und erfror.

Es war kein Leben, sondern ein schweres Joch. Es ist besser, sich an jene von Gott und den Menschen verfluchten Tage nicht zu erinnern!

Später wurden alle Juden auf dem Marktplatz gesammelt. Zwei Deutsche, Theo und Erwin, sowie bewaffnete ukrainische Polizisten trieben die Menschen zum jüdischen Friedhof. Dort war bereits ein tiefer Graben ausgehoben. Die Deutschen erschossen 126 Menschen mit Maschinengewehren. Darunter waren Frauen, Alte und Kinder.

Die Einzelheiten über die Erschießung der Juden in Tomaschpol erfuhr die jüdische Gemeinde von dem Mädchen Klawa Bluwschtein. Als die ersten Schüsse abgefeuert wurden, schützte die Mutter das Mädchen mit dem eigenen Körper und sie fielen zusammen mit den Getöteten und Verwundeten in den Graben. Die Verwundeten wurden von Deutschen totgeschlagen. Die Dunkelheit oder eine göttliche Schutzhand, das Schicksal, lenkten die tödlichen Kugeln von Klawa ab. In der Nacht kroch sie aus dem Graben heraus und kam in die Stadt. Dort wurde sie von Ukrainern versteckt und gerettet.

Mein Vater wurde von den Polizisten bemerkt, als er in der Nacht aus dem Keller unseres Hauses, in dem er sich versteckte, hinausging, um frische Luft zu schnappen. Wer von den Polizisten ihn ertappte und zur Kommandantur brachte, konnte meine Mutter nicht herausfinden. Alle Einwohner der Stadt Tomaschpol wurden auf den Marktplatz getrieben und verhört. Sie wurden gefragt, ob sie den Mann, der aus der Kommandantur gebracht wurde, und gestern im jüdischen Ghetto festgenommen worden war, kennen würden. Wer sei er: ein Partisan oder ein Kommunist? Womit sei Jefim Jurkowezki bis zur Ankunft der würdevollen deutschen Armee in Tomaschpol beschäftigt gewesen? Sei er von hier?

Bewacht von vier Polizisten schaute mein Vater auf die ihm gut bekannten Menschen und wartete. Mein Bruder und ich verneigen uns vor unseren Landsleuten in tiefer Dankbarkeit dafür, dass sie mit ihren Antworten und guten Worten über Jefim Jurkowezki uns den liebsten Menschen gerettet haben. Was haben wir damals auf dem Platz erlebt, als wir das Schlimmste, die öffentliche Erschießung, befürchtet hatten?!

So retteten die Ukrainer in der schlimmsten Stunde unseres Lebens uns Söhnen unseren Vater. Unsere tiefe Verneigung und unsere herzliche Dankbarkeit ihnen gegenüber!

Nach einiger Zeit kam unsere Gegend unter rumänische Besatzung. Wir bekamen eine neue Kommandantur. Man erlaubte Juden, sonntags für zwei Stunden auf den Wochenmarkt zu gehen. Die Handwerker (Schuhmacher, Schneider, Friseure und andere) durften die Ukrainer bedienen und konnten sich dadurch etwas verdienen.

Die Menschen brachten uns Lebensmittel. Monatlich verlangte die Kommandantur eine Kontribution von der jüdischen Bevölkerung. Anderenfalls drohte man uns mit Deportation in ein Konzentrationslager.

Kurz darauf wurden alle Ghettoeinwohner zu einem Arbeitseinsatz getrieben: im Straßenbau, im Steinbruch, zur Feldarbeit. Es war eine Unterjochung. Man sagte: »Arbeit macht frei«.

Ich musste Kühe weiden. Jeden Tag trieb ich um fünf Uhr morgens das Vieh auf die Weide. An einem spätherbstlichen Tag, als wir die Herde von der Weide zurücktrieben, verirrte sich ein Kalb im Fluss. Mit dem auf mich gerichteten Maschinengewehr zwang mich der Soldat, ins Wasser zu steigen und das Kalb aus dem Fluss herauszutreiben. Das Wasser war eiskalt. Ich erkältete mich sehr stark und war lange krank.

Vor der Erschießung der Juden trieben die Deutschen den ehrenwürdigsten Menschen, den Schojchet (Schächter) Hoichman, einen großen Mann mit einem Bart, auf die Straße und spannten ihn vor einen Pferdewagen. Auf dem Pferdewagen, den er zu ziehen gezwungen wurde, war ein riesiges Fass mit Wasser. Ringsherum standen die Bauern und schauten zu. Da das Fass voll mit Wasser war, war es unmöglich, den Wagen zu bewegen. Der unglückliche Schojchet hob die Hände zum Himmel und wandte sich an Gott: »Wie kannst du diese Strafe zulassen? Mein ganzes Leben betete ich zu Dir, ich glaube an Dich.« Das Maschinengewehrrattern unterbrach sein Gespräch mit Gott. Ich war damals 12 Jahre alt. Es gab keine Schule für Juden. Ein alter Jude Nuchim (an seinen Familiennamen kann ich mich nicht erinnern) sammelte die Kinder bei sich zu Hause und lehrte sie jüdische Gebete und Traditionen. Ich fragte ihn: » Rebbe Nuchim, wie konnte Gott zulassen, dass der Schojchet von den Deutschen erschossen wurde?« Er schaute mich an, dachte lange nach und dann antwortete er: »Wenn man das Gras mäht, kommen auch die Blumen dazwischen.« In ständiger Angst und vom Hunger gequält lebten wir Tag für Tag unter der deutschen Besatzung.

Unter dem Druck der Roten Armee zogen Deutsche und Rumänen sich mehr und mehr zurück. Immer öfter traf man auf Partisanen.

An einem Tag kam ein deutscher Offizier in die Schmiede und wollte sein Pferd beschlagen lassen. Ich war zu jenem Zeitpunkt in der Schmiede und kümmerte mich um den Blasebalg. Als der Schmied Chaskl Portnoi seine Arbeit beendete, rief ihn der Offizier zu sich und sagte: »Erkennst du mich nicht? Ich bin es, aus Jampol.« Als der vermeintliche deutsche Offizier seinen Namen nannte, wurde der Schmied beinahe ohnmächtig.

In der Nacht zog eine Partisanentruppe durch unseren Ort nach Mogiljow-Podolski. Die rumänische Kommandantur schickte Soldaten, um sie anzugreifen, aber diese kehrten gleich zurück.

Als wir befreit wurden, kam es zu folgendem Zwischenfall: Während der gesamten deutschen Besatzung lebten zwei junge Menschen ihre Beziehung heimlich, ohne dass es bekannt wurde. Sie liebten sich. Als Tomaschpol befreit wurde, begrüßten alle Ghettobewohner die Befreier. Einer der sowjetischen Offiziere fand Gefallen an der jungen Frau und trat an sie heran.

Diese Frau stand in der Menge zusammen mit ihrem Geliebten. Der Offizier griff die junge Frau am Arm und befahl ihr, ihm zu folgen. Ihr Freund, Ioska Portnoi, wollte sie schützen und sagte zum Offizier: »Während der Besatzung waren wir ein Paar, wir lieben einander.« Der Offizier zog seine Pistole und erschoss ihn.

Was war da passiert? Die Menschen waren völlig durcheinander. Während der Besatzung schossen die Deutschen auf uns, dann kamen die Befreier und schossen auch auf uns.

So sind meine Erinnerungen an mein Leben in unserem kleinen Städtchen.

Ada Woronzowa (geb. 1934)
»Juden wurden in Gruppen zu 200 bis 300 Personen an den Stadtrand gebracht und dort in den Gräben erschossen«

Ich, Ada Leonidowna Woronzowa (Krawzowa), wurde 1934 in Cherson geboren. Mein Vater, Leonid Iwanowitsch Krawzow, leistete dort seinen regulären zweijährigen Militärdienst in der Roten Armee. Meine Mutter, Ada Moisejewna Krawzowa (Elman), starb einen Monat nach meiner Geburt an einer Infektion im Krankenhaus, in dem ich geboren wurde. Ich wurde von meinem Vater und meiner Großmutter (der Mutter meines Vaters) großgezogen. Wir wohnten in Kiew, wohin mein Vater nach seinem Militärdienst zog.

Vor dem Krieg, als die Bukowina der Sowjetunion einverleibt wurde, wurde mein Vater von seiner Firma für längere Zeit von Kiew nach Czernowitz geschickt, wo wir auch vom Krieg überrascht wurden. Am Tag nach dem Kriegsausbruch wurde mein Vater eingezogen. Die Stadt Czernowitz wurde von Rumänen besetzt. Das Jahr verging relativ ruhig. Die rumänischen Besatzer tobten nicht besonders, zumindest ließen sie Alte und Kinder in Ruhe.

Im Herbst 1942 wurden meine Oma und ich mit den Rufen »Moskauerin, also Bolschewikin!« festgenommen und ins Hauptgefängnis der Stadt gebracht. Dort verbrachten wir 42 Tage. Jeden Tag wurde die Zelle, sie hatte nur ein winziges Fenster unter der Decke, mit immer neuen Häftlingen vollgestopft. Als die Zelle voll war (über 50 Menschen), wurden wir mit einem Lastwagen zum Bahnhof gebracht und in Güterwaggons verladen. Diese wurden dann verriegelt.

Dann begann ein langer Weg, voller Erniedrigungen und Grausamkeiten. An kleinen Bahnhöfen wurde unser Zug auf Nebengleisen für Güterzüge angehalten, wir bekamen eine Balanda, halb Suppe, halb Brei und durften der Reihe nach auf eine Latrine. Dreck, Gestank, Weinen der Kinder und Stöhnen der Erwachsenen, Hunger und Rufe der Wachsoldaten vermischten sich zu einer unvergesslichen »Atmosphäre«, die jenen Transport ausmachte.

Wir wurden nach Wapnjarka gebracht. Dort waren bereits Hunderte Menschen, meistens Juden, die aus der ganzen Region dorthin verschleppt wurden, aber auch Ukrainer, Polen, Russen, Roma und viele andere. Die Erwachsenen wurden in Reihen aufgestellt und, bewacht von Soldaten, irgendwohin getrieben. Die Kinder, die verzweifelt weinten, wurden von ihren Eltern getrennt. Auch ihre Mütter weinten und jammerten verzweifelt, bettelten darum, ihnen ihre Kinder zurückzugeben. Es gab keine humane Person, die ihnen verraten hätte, dass die Kinder mit Pferdewagen, damit der Transport nicht zu lange dauert, an den gleichen Ort gebracht würden, wohin auch ihre Eltern getrieben werden. Diese unbegründete Brutalität blieb für mich bis heute eine unheilbare Wunde. Mit großen Pferdewagen wurden wir Kinder ins Lager gebracht. Die Erwachsenen waren bereits auf Baracken verteilt. Einige zwei-, dreistöckige Gebäude standen mitten im Feld. Sie waren mit Stacheldraht umzäunt.

Hinter dem Stacheldraht waren Wachtürme, von denen Wachsoldaten das Lagergelände beobachteten. Unten liefen riesige Schäferhunde hin und her. Ringsherum gab es kein einziges Gebäude, nur Gräben, brach liegende Felder und Wälder. In den Baracken standen Pritschen in zwei Reihen über einander. Wir schliefen auf blanken Brettern. Zu essen bekamen wir zweimal am Tag Erbsenbrei. Die Menschen mussten lange anstehen und verschlangen das Essen an Ort und Stelle, unter freiem Himmel. Der Hunger war so groß, dass man keine Kraft hatte, mit dem Essen in die Baracke zu gehen. Es sei erwähnt, dass es auch menschliche Soldaten gab, die Mitleid mit uns Kindern hatten und uns einen Nachschlag gewährten.

Zur Arbeit trieb man die Erwachsenen – es waren ungefähr 11 000 – in 10 bis 15 Kilometer entfernte Ortschaften. Sie mussten Straßen nach den Bombardierungen räumen, Güterzüge beladen,

Gräben ausheben, Waggons mit Getreide beladen. Manchmal trieb man auch Kinder zur Arbeit: Wir mussten das Lager putzen, sauber machen und ähnliche Arbeiten verrichten. Wie sehr verlockte es uns, etwas Essbares zu klauen! Dafür drohte aber die Erschießung an Ort und Stelle.

Nach einem Jahr wurden wir in ein »Arbeitslager« in Perwomaisk gebracht. Es war wie ein Ghetto: mit Stacheldraht umzäunt, eine riesige Baracke, die früher vermutlich eine Fabrikhalle oder eine große Garage war. Es gab keine Fenster, aber ein großes Tor. Und wieder Pritschen und schwere Arbeit. Kranke, Erschöpfte sowie jene, die die Ordnung in irgendeiner Form verletzt hatten, wurden an Ort und Stelle erschossen. Sie wurden von anderen Häftlingen, den Baracken- und Pritschennachbarn begraben. Auch dort bekamen wir Brei, aber nicht Erbsen-, sondern Hirsebrei zu essen. Zum Arbeitseinsatz mussten wir nicht mehr so weit laufen. Wir arbeiteten in der Stadt und es war schon etwas leichter. Dies alles konnte man aushalten, besonders Kinder waren »desensibilisiert«, da sie keine Vergangenheit hatten und das, was mit ihnen geschah, als Norm wahrnahmen. Unsere Lage verschlechterte sich, als die Rote Armee näher rückte: Die Deutschen begannen mit Erschießungen. Sie fingen mit den Juden an. Meine Großmutter war Ukrainerin und tarnte mich mit ihrem Ausweis. Meine Geburtsurkunde verbrannte sie.

Juden wurden in Gruppen von 200 bis 300 Personen an den Stadtrand gebracht und dort in Gräben erschossen. Ich hatte Glück: Wir waren noch nicht an der Reihe.

An einem Tag setzten sich die Deutschen in die Lastwagen, auf ihre Motorräder und auf Pferdewagen, packten das Nötigste und machten sich blitzschnell aus dem Staub. Sie verließen die Stadt. Wir, halb tot, verschreckt und hungrig, liefen in alle Himmelsrichtungen. Es war März. Unsere Füße stapften durch den Schlamm und Schneematsch. Es war so kalt! Wir klopften an den Türen. Man hatte Mitleid mit uns, brachte uns Essen heraus, aber niemand wollte uns hineinlassen. Die Einwohner der Stadt hatten Angst, von Deutschen dafür erschossen zu werden, denn die Stadt war offiziell noch von Deutschen besetzt. Nach einigen Tagen des Umherirrens verloren meine Großmutter und ihre Schicksalsgenossin Anna Wassiljewna, die ehemalige Physikdozentin an der pädagogischen Hochschule Czernowitz, jegliche Hoffnung, hereingelassen zu werden. Dann klopften wir an der Tür eines kleinen Häuschens auf dem Marktplatz. Dort wohnte, wie es sich später herausstellte, ein sehr gläubiges altes Ehepaar. Auf Grund ihrer religiösen Überzeugungen ließen sie uns in ihr Häuschen hinein. Wie glücklich waren wir darüber! Es war wie eine Rückkehr ins Leben.

Einige Tage später kam die Rote Armee und beendete unsere Qualen. Als im Sommer 1945 mein Vater von der Front zurückkehrte, konnte ich verstehen, was meine Großmutter mit den Worten »Der liebe Gott schützt das Waisenkind!« meinte. Dieser Spruch wurde zu meinem Lebensmotto …

20. Bezirk (Rayon) Trostjanez

Ort: Trostjanez

1939 lebten in Trostjanez[168] 878 Juden, 16 Prozent der Bevölkerung.

Am 25. Juli 1941 wurde Trostjanez von der Wehrmacht besetzt. Am 1. September 1941 wurde Trostjanez ein Teil Transnistriens.

In Trostjanez existierten ein Ghetto und ein Lager. Ende September 1941 wurden 450 Juden nach Ladyshin deportiert und von dort im Januar 1942 nach Petschora, wo die meisten umkamen. Im Herbst 1941 kamen 90 deportierte Juden aus der Bukowina und 45 aus Jampol und Mogiljow-Podolski nach Trostjanez. Sie wurden auf einem Bauernhof am Rande des Ortes untergebracht. Auf dem Weg zur Zwangsarbeit wurden sie von den Polizisten misshandelt. Am 1. September 1943 lebten noch 95 Juden.

Am 13. März 1944 wurde Trostjanez durch die Rote Armee befreit. Es kamen nicht mehr als zehn Juden zurück, die aus dem Lager flüchten und sich in anderen Städten Transnistriens verstecken konnten.

Ort: Ladyshin

1939 lebten in Ladyshin[169] 720 Juden, etwa 13 Prozent der Bevölkerung.

Am 24. Juli 1941 wurde Ladyshin von der Wehrmacht besetzt. Seit dem 1. September 1941 gehörte der Ort zu Transnistrien. Am 13. September 1941 erschoss das 304. Polizeibataillon 486 Juden. 29 Juden wurden nach Gaissin verschleppt und dort am 16. September 1941 zusammen mit 1409 einheimischen Juden erschossen.[170] Danach brachte man 450 Juden aus dem Bezirk Trostjanez nach Ladyshin. Im Januar 1942 wurden die meisten von ihnen nach Petschora deportiert. Nur einige Handwerker mit ihren Familien blieben zurück.

Anfang Juli 1942 kamen 600 Juden aus Czernowitz und 400 Juden aus Dorohoi nach Ladyshin und mussten im Steinbruch arbeiten. Am 19. August 1942 wurde etwa die Hälfte der Juden für einen Arbeitseinsatz an die Deutschen übergeben. Die Deutschen brachten sie über den Südlichen Bug und erschossen dabei alle Alten und Kinder. In Ladyshin blieben 540 Juden zurück. Von den in Ladyshin gebliebenen Juden wurden am 26. August 1942 60 psychiatrische Patienten aus Czernowitz erschossen. Am 15. September 1942 wurden weitere 300 Deportierte und 250 einheimische Juden an die Deutschen übergeben. An ihrer Stelle wurden am 30. November 1942 aus Jampol 600 Juden gebracht. Am 1. September 1943 gab es im Ort und im Steinbruch keine Juden mehr.

Am 13. März 1944 wurde die Stadt durch die Truppen der Roten Armee befreit.

---

168 Altman, Cholokost, S. 987.
169 Ebenda, S. 507.
170 Kruglow, Chronika Cholokosta, S. 36.

Ort: Obodowka

Anfang des 20. Jahrhunderts lebten in Obodowka[171] mehr als 1500 Juden, etwa ein Drittel der Bevölkerung. Während des Bürgerkriegs 1918–1920 ermordeten ukrainische Banden 250 jüdische Männer im Ort, und viele Juden zogen weg.

1939 lebten in Obodowka noch 535 Juden, etwa sechs Prozent der Bevölkerung.

Die Wehrmacht besetzte Obodowka am 28. Juli 1941. Als sich die Rote Armee zurückzog, flohen viele Juden, nur 15 jüdische Familien blieben zurück. Am 1. September 1941 wurde Obodowka ein Teil Transnistriens.

Im November 1941 wurden etwa 10 000 Juden aus der Bukowina und Bessarabien nach Obodowka deportiert. Das jüdische Viertel, das im Zentrum der Stadt lag, wurde zum Ghetto erklärt und mit Stacheldraht eingezäunt. Wer den rumänischen Offizieren Schmiergeld zahlen konnte, wurde in den Häusern der einheimischen Juden zu 15–20 Personen in einem Zimmer untergebracht. Die anderen wurden in Ställen eingepfercht. Die Juden mussten Zwangsarbeit beim Bau und in der Landwirtschaft leisten. Viele wurden als Zwangsarbeiter in deutsche Arbeitslager geschickt, wo die meisten umkamen.

Die Todesrate im Ghetto war sehr hoch, besonders im Winter 1941/42, als Tausende an Hunger, Kälte und einer Typhusepidemie umkamen.

Auf Betreiben der Behörden wurden ein Judenrat und ein jüdischer Ordnungsdienst eingerichtet. Dem Judenrat gelang es, die Namen ukrainischer Juden, die aus der von den Deutschen besetzten Zone geflohen waren, in die Listen der deportierten Juden aufzunehmen, sodass sie den legalen Status eines Ghettobewohners bekamen. Im Frühjahr 1942 richtete der Judenrat eine Suppenküche für Bedürftige und ein Hospital mit 12 Betten ein. Im Herbst 1942 schickte das jüdische Hilfskomitee aus Bukarest Nahrungsmittel und Medikamente nach Obodowka. Nach Angaben des Hilfskomitees lebten im März 1943 insgesamt 1460 Juden in Obodowka.

1943 nahm eine in der Gegend aktive Partisanengruppe Kontakt zu den Ghettobewohnern auf.

Im Februar 1944 wurden die Ghettobewohner von sich zurückziehenden deutschen Soldaten ausgeraubt. Anfang März kam eine österreichische Truppe in die Stadt. Die Soldaten und Offiziere verteilten unter den Juden Lebensmittel und organisierten eine Bewachung des Ghettos vor Plünderungen.

Laut Bericht der Untersuchungskommission über Naziverbrecher in besetzten Gebieten wurden in Obodowka während des Krieges etwa 11 000 Juden vernichtet.

Am 14. März 1944 wurde Obodowka von der Roten Armee befreit.

---

171 Altman, Cholokost, S. 667; The Yad Vashem Encyclopedia, S. 539.

Ort: Trostjantschik

Trostjantschik[172] wurde im Juli 1941 von der Wehrmacht besetzt. Am 1. September 1941 kam es zu Transnistrien.

Ende Oktober, Anfang November 1941 wurde eine Gruppe Juden, einschließlich Kinder von Jampol nach Trostjantschik deportiert. Einige kamen dort ums Leben, die anderen wurden später nach Petschora deportiert. Handwerker und ihre Familien, die überlebten, kehrten nach der Befreiung Jampols dorthin zurück.[173]

1942 wurde ein Arbeitslager für deportierte Juden aus Bessarabien und der Bukowina und vertriebene Juden aus den Ghettos des Winnizaer Gebiets eingerichtet. Das Lager bestand aus drei Scheunen, die mit Stacheldraht eingezäunt wurden. Die Häftlinge litten unter Hunger, Wassermangel und viele starben an Typhus.

Am 1. September 1943 waren noch 70 Juden im Lager, hauptsächlich Fachkräfte mit ihren Familien. Trotz Drohungen und Schläge durch die Polizisten, die das Lager bewachten, versuchten die gläubigen Juden, den Sabbat und die Feiertage zu halten. Die einheimische Bevölkerung half den Juden mit Lebensmitteln zu überleben.

Am 24. März 1944 wurde Trostjantschik befreit.

Ort: Werchowka

Vor Beginn des Krieges lebten in Werchowka etwa 30 jüdische Familien.

Ende Juli 1941 besetzte die Wehrmacht Werchowka[174]. Am 1. September 1941 wurde die Ortschaft Teil Transnistriens. Im Herbst 1941 wurden 1200 Juden aus der Bukowina und Bessarabien nach Werchowka deportiert. Sie wurden unter schrecklichen Bedingungen in den Häusern der einheimischen Juden und in einem öffentlichen jüdischen Gebäude untergebracht. Die Ghettobewohner mussten ein gelbes Abzeichen tragen. Es war ihnen verboten, ihre Grundstücke zu verlassen. Einige wurden zur Zwangsarbeit in entfernten Lagern gezwungen. Im Winter 1941/42 kam ungefähr die Hälfte der Ghettobewohner durch eine Typhusepidemie, Hunger und Kälte ums Leben. Zwei Ärzte im Ghetto versuchten, die Epidemie einzudämmen. Eine Suppenküche für die Kranken und die Waisen wurde eingerichtet. Im Dezember 1942 lebten noch 800 Juden im Ghetto.

1943 erlaubten die rumänischen Behörden den Frauen, in den nahe gelegenen Dörfern im Austausch gegen Lebensmittel zu arbeiten. Im Sommer 1943 wurde eine Geldspende rumänischer Juden ins Ghetto gebracht und ein kleines Spital eingerichtet.

Am 1. September 1943 waren noch 69 Juden im Lager.

Werchowka wurde am 16. März 1944 befreit.

---

172 Altman, Cholokost, S. 988.
173 The Yad Vashem Encyclopedia, S. 952
174 Altman, Cholokost, S. 151; The Yad Vashem Encyclopedia, S. 874.

Nellja Bekker (geb. 1930)
»In Obodowka überlebte kein einziger Jude«

Ich, Nellja Romanowna Bekker (geborene Schnaiderman), wurde am 2. Januar 1930 im Dorf Staraja Obodowka, Gebiet Winniza, geboren.

Vor dem Krieg bestand unsere Familie aus meinem Vater Roman Sacharowitsch Schnaiderman, meiner Mutter Raissa Nochumowna, meinen zwei Brüdern Sachar (5 Jahre alt) und Efim (2 Jahre alt) und mir (damals 11 Jahre alt).

Ich erinnere mich, wie die Bombardierung begann. Am Morgen jenes Tages bekamen wir Ochsen, um uns evakuieren zu lassen. Meine Mutter war nicht zu Hause, sie musste arbeiten. Mein Vater wurde am ersten Tag des Krieges eingezogen und kämpfte an der Front. Mit dem kleinen Fima im Arm lief ich meine Mutter suchen. Unsere Straße wurde bombardiert. Die Häuser brannten. Die Menschen wurden panisch und rannten hin und her. Neben unserem Haus explodierte eine Bombe, und unser Haus wurde zur Hälfte zerstört. Wir wurden obdachlos. Unser Nachbar, Juchtim Krasko, nahm uns bei sich auf. Wir saßen in der Strohgrube. Dort verbrachten wir eine Woche.

Nach einer Woche wurde das Dorf von Deutschen besetzt. Sie gingen von Haus zu Haus und suchten nach Juden. Sie kamen auch zur Familie Krasko. Sie drohten, dass sie, wenn sie Juden finden würden, sie sowohl die Juden als auch die Familie, die ihnen Unterschlupf gewährte, erschießen würden. Aber unser Nachbar denunzierte uns nicht. An den Zaun hängte er eine Ikone der Mutter Gottes als Zeichen dafür, dass im Haus nur Christen wohnten und keine Juden zu finden wären. Am Abend ging seine Tochter Manja ins Dorf, um zu erfahren, wo die Juden waren. Am Dorfrand lebte der alte Jude Benzion. In seinem Stall sammelten sich alle Juden, die die Bombardierung überlebt hatten. (Sehr viele Menschen kamen bei der Bombardierung um.) Juchtim brachte uns zu den anderen Juden. Nach einiger Zeit brachte man zu uns nach Obodowka Juden aus Rumänien, Bessarabien und sogar aus Italien. Dann wurde in unserem Dorf ein Lager errichtet. Es wurden einige Baracken ohne Fenster und Türen gebaut, das Gelände wurde mit Stacheldraht umzäunt und Schutzgräben wurden ausgehoben.

Die Deutschen prügelten und misshandelten uns. Mädchen und junge Frauen schmierten sich Dreck ins Gesicht und versteckten sich vor dem Wachpersonal. In unserer Baracke wurden drei junge Frauen vergewaltigt. Besonders »tüchtig« waren die einheimischen Wachmänner. Sie waren richtige Henker ohne Herz und Gewissen. Sie hatten keinerlei Mitleid mit uns und behandelten uns noch schlimmer als die Faschisten selbst. Und dabei waren sie bis vor Kurzem mit Juden befreundet! Ich erinnere mich, dass ein Polizist, ein wahrhaftiger Bandit namens Negoda, oft ins Lager kam. Er spielte Akkordeon und sang ein Spottlied:

> Gebt mir einen Juden in die Hände,
> ich zerreiße ihn in Teile,
> damit es keine Shidy
> bei den Deutschen gibt.

Im Lager gab es nur einen Brunnen und in diesen warfen die Deutschen die noch lebenden Typhuskranken. Im Endeffekt blieb das ganze Lager ohne Wasser. Wir ernährten uns hauptsächlich von Gras und Baumzweigen. Manchmal bekamen wir einige geschmuggelte Lebensmittel von unseren ukrainischen Freunden. In einem Zimmer hausten 15–20 Menschen. Jede Familie hatte eine Ecke. Es war unmöglich, sich auf dem Boden hinzulegen: Es war so wenig Platz, dass man nur sitzen konnte. Direkt in der Diele war eine Toilette: Es war verboten, nach draußen zu gehen. Im Winter ging es noch. Aber im Sommer! Es stand ein bestialischer Gestank im Raum und man konnte kaum atmen. Die Würmer krochen über den Fußboden.

Zusammen mit uns waren im Lager drei Schwestern meiner Mutter: Sofja Nochumowna Schargorodska mit Kindern, deren Mann an der Front kämpfte, Ljubow Nochumowna Brondarbit mit Kindern, deren Mann an der Front gefallen war, und Tatjana Nochumowna Semidujerskaja mit einem Sohn. Auch ihr Mann war an der Front gefallen. Auch unsere Großmutter Ester war bei uns.

Ich kann mich sehr gut erinnern, wie ich einmal zusammen mit meinen Schwestern Gras in der Nähe des Ghettos holen ging. Wir hatten furchtbaren Hunger und vor allem die Kinder litten darunter. Dort wartete auf uns eine Falle: Auf dem Weg lagen Glasscherben. Wir hatten Angst, von Wachmännern gesehen und verprügelt zu werden, deshalb gingen wir durch die Glasscherben. Wir verletzten uns sehr. In meinem Fuß steckte ein Stück Glas, ich konnte es nicht herausziehen und rannte zu meiner Mutter. Meine Mutter befreite mich von dem Glas, bedeckte die Wunde mit Sand und Asche. Die Wunde begann zu eitern. Als wir befreit wurden, wollte man mir das ganze Bein amputieren. Ich verdanke sehr viel der Militärärztin, die sagte: »Wir versuchen, es zu retten!« und mein Bein rettete. Nur eine Narbe ist geblieben. Es ist eine Erinnerung für mein ganzes Leben. Und es ist nicht die einzige Erinnerung!

Einmal brieten wir Mädchen Baumzweige am Feuer. Sie waren so zäh, dass man sie nicht kauen konnte. Das Feuer war mitten im Zimmer und der Rauch verletzte die Augen. Plötzlich traten zwei junge deutsche Soldaten ins Zimmer, stellten uns alle an die Wand und offenbarten uns, dass sie Ukrainisch lernen wollten. Wie wollten sie denn Ukrainisch lernen? Jede von uns bekam den Anfangsbuchstaben ihres Namens auf den Arm tätowiert. Später eiterte diese Tätowierung sehr stark. Bis heute habe ich auf meinem linken Arm den Buchstaben N.

Zur Arbeit wurden wir ins Dorf Werchowskaja Dubina, in die Kolchose Kotowskij, ca. zwei Kilometer von unserem Ghetto entfernt getrieben. Wir arbeiteten ohne Wasser und Essen. Wir wurden brutal verprügelt.

Einmal fand man im Wald Fallschirmjäger. Drei von ihnen waren tot und einer lebte noch. Wir alle wurden zum Appellplatz getrieben und man verkündete, dass, wenn unter ihnen ein Jude wäre, das ganze Ghetto verbrannt würde. Auch die Ukrainer wurden zum Platz getrieben, um sich diese Hinrichtung anzuschauen. Als die Fallschirmjäger entkleidet wurden, stellte man fest, dass unter ihnen keine Juden waren. Der noch lebende Fallschirmjäger sagte, dass es unter ihnen keine Juden geben konnte, weil die Juden nicht ins Hinterland geschickt würden. Nichtsdestotrotz wurden einige Einwohner des Ghettos zusammen mit diesem Fallschirmjäger erschossen.

Die Leichen wurden jeden Tag – hundert Menschen und mehr – mit Pferdewagen weggebracht. Die Toten wurden entkleidet, man riss den Menschen die Goldzähne aus dem Mund und warf die Leichen in die im Voraus ausgehobenen Gräber. Dort lagen sie übereinander wie Holz.

Ich erinnere mich an folgenden Zwischenfall. Eines Tages im Winter wurden alle arbeitsfähigen Menschen zum Arbeitseinsatz geschleppt, während Alte und Kinder in den Hof getrieben wurden. Es war ein unglaublicher Frost. Ich hielt im Arm den zweijährigen Efim und neben mir stand der fünfjährige Sachar. Der kleine Bruder war in verschiedene Lumpen eingewickelt. Es schneite. Es war sehr windig und wir standen so von früh an. Der Schnee bedeckte uns. Vor Hunger und Kälte schliefen die Kinder ein. Wir hatten Durst, schnappten nach Schneeflocken und jedes Mal wurde jemand dafür verprügelt. Man prügelte uns halb tot. Neben mir stand eine Frau und sagte zu mir: »Schau, das Kind in deinem Arm schläft ein. Lass es nicht zu!«

Ich schüttelte meinen kleinen Bruder, rieb ihm Ärmchen und Beinchen. So standen wir bis zum Einbruch der Dunkelheit. Dann befahl man uns zurück in die Baracke zu gehen. Dort stellte ich fest, dass Efim an Füßen und Händen Erfrierungen hatte.

Den Erwachsenen teilte man mit, dass wir zur Erschießung abgeführt würden. Mit Jammern und Schreien liefen sie ins Lager. Zum Glück ging es glimpflich aus.

Viele Juden aus unserem Dorf waren bei den Partisanen: Jascha Schajewitsch, Mischa Choderow, Mika Feldman, Naum Sizer, Mejer Petscherski, Solzman (den Vornamen weiß ich leider nicht mehr). Es gab viele junge Menschen, die aus Moldawien und Bessarabien verschleppt wurden. Die Cousine meiner Mutter, Dora Israilewna Farber, war Verbindungsfrau. Sie wurde festgenommen und gefoltert. Unser Dorfältester, Iwantschenko, befreite sie aus dem Gefängnis. Er bezahlte dem Gefängnischef ein Lösegeld für Dora. Sie wurde entlassen. Dora kam ganz grau und gebrochen aus dem Gefängnis und lebte im Ghetto. Wir trafen sie erst nach der Befreiung. Um uns zu schützen, erzählte sie allen, dass sie niemanden hätte. Sonst wären wir alle erschossen worden.

Damit wir Juden uns von den anderen Einwohnern des Dorfes unterschieden, mussten wir weiße Armbinden mit blauen Davidsternen und später den gelben Davidstern am Rücken und an der Brust tragen.

Meine Mutter kleidete sich oft in ukrainische Kleidung und ging ins Dorf, um Essen zu erbetteln. Nicht selten wurde sie von Polizisten gefasst und verprügelt. Man schlug ihr die Zähne aus. Alles, was sie von gütigen Menschen bekam, wurde ihr weggenommen und mit den Füßen zertreten. Ganz blutverschmiert kam meine Mutter ins Ghetto, aber am nächsten Tag zog sie sich wieder um und ging wieder ins Dorf. Im Winter erkrankten wir an Typhus. Wir lagen auf dem kalten Boden. Hunger und Durst beherrschten uns. Natürlich gab es weder Medikamente noch einen Arzt. Meine Mutter ging ins Dorf und bekam dort ein viertel Liter Milch und ein paar Kartoffeln. Als sie schon fast zurück war und sich nur durch das kleine Loch im Zaun quetschen musste, wurde sie vom Polizisten Filka angesprochen: »Ryssja, was hast du?« Meine Mutter erklärte ihm, dass ihre Kinder an Typhus erkrankt wären und gütige Menschen ihr etwas Milch gegeben hätten. Sie wollte schon weiter gehen. Aber Filka griff nach ihr, verprügelte sie aufs brutalste, schüttete die Milch auf den Boden und zertrat die Kartoffeln. Meine Mutter weinte und flehte ihn an, es nicht zu machen, weil die Kinder sehr schwer krank seien. Darauf antwortete er: »Ihr Shidy werdet sowieso erschossen. Ihr alle werdet krepieren!« Dabei wurde Filka von Juden großgezogen. Er war ein Waisenkind und lebte vor dem Krieg in jüdischen Familien, die sich der Reihe nach um ihn kümmerten. Man versorgte ihn, erzog ihn, er ging zusammen mit uns in die Schule und sprach Jiddisch. Und als »Dankbarkeit« für all das wurde er Polizist und misshandelte uns so. An einem Tag kam er zu uns ins Ghetto mit ein paar anderen Polizisten und Deutschen. Er rief nach Riwa. Riwa war ein Mädchen, dessen Eltern ihn am meisten unterstützt hatten. Die Mutter von Riwa trat zu ihm und fragte ihn auf Jiddisch, was er von Riwa wolle. Er antwortete, dass er sie vergewaltigen wolle. Die Frau griff ihn an und trommelte auf ihn mit den Fäusten. Die Begleiter von Filka schauten sich das Ganze an und lachten nur, denn sie hatten nichts verstanden, weil das Gespräch auf Jiddisch verlief. Nach diesem Zwischenfall verschwand Riwa und tauchte in unserem Städtchen erst nach der Befreiung des Ghettos wieder auf. Filka flüchtete zusammen mit den Deutschen.

Ich erinnere mich noch an folgenden Zwischenfall: Meine Mutter und zwei ihrer Schwestern gingen ins Dorf, um etwas Essen zu beschaffen. Sie wurden von Polizisten gefasst, verprügelt und sollten in die Kommandantur gebracht werden. Auf dem Weg dorthin begegnete ihnen unser Dorfältester Iwantschenko. Es gelang ihm, meine Mutter und ihre Schwestern zu befreien. Iwantschenko war ein sehr guter Mensch. Er hatte Mitleid mit uns, half uns, informierte uns über bevorstehende Razzien und »Aktionen« und sagte uns »Versteckt euch, Mädchen!«.

Im Lager grassierten Typhus und Dysenterie. Zusätzlich quälte der Hunger die Menschen. Wir litten an allen Hautkrankheiten, die es nur gab: Furunkeln, Krätze, Pilzerkrankungen etc. Wir alle waren kahl rasiert. Es waren so viele Läuse, dass die ganze Haut von ihnen zerfressen war! Die Menschen starben an Krankheiten und am ständigen Prügeln.

Beim Rückzug der Deutschen und Rumänen wurde befohlen, das Ghetto zu vernichten. Wir alle wurden zum Hauptplatz getrieben. Ringsherum standen Wachsoldaten mit Maschinengewehren und Hunden. Die Erwachsenen stellten uns Kinder in die Mitte und sagten uns, wenn das Schießen losgeht, sollten wir uns auf den Boden fallen lassen, und sie würden uns mit ihren Körpern schützen. Man machte es, damit wenigstens einige Kinder überlebten.

Plötzlich tauchte ein Flieger mit deutschen Kennzeichen auf. Etwas wurde vom Flieger abgeworfen. Die Deutschen rannten in die Richtung des abgeworfenen Objektes. In jenem Augenblick fuhr ein deutscher Panzer mit deutschen Soldaten auf den Platz. Sie unterhielten sich kurz mit dem Wachpersonal. Danach zogen die Wächter mit den Maschinengewehren und Hunden ab. Der Panzer blieb auf dem Platz. Eine unerträgliche Stille herrschte auf dem Platz. Der alte Benzion sagte: »Jene Banditen zogen ab, diese Banditen sind gekommen! Lasst uns, Juden, voneinander Abschied nehmen!« Alle verabschiedeten sich und weinten. Als die Wachsoldaten nicht mehr zu sehen waren, verkündete man uns: »Geht nach Hause! Ihr seid frei!« Es stellte sich heraus, dass im Panzer in deutschen Uniformen verkleidete Partisanen waren. Aber niemand von uns glaubte, dass wir gerettet waren. Es gab schon früher Provokationen, als die Deutschen sich in sowjetische Uniformen kleideten und »Hurra!« schrien. Die Juden rannten ihnen entgegen und wurden erschossen. Deshalb befürchteten wir, dass es auch diesmal eine Provokation war und blieben stehen. Dann zog der Mann in der Offiziersuniform seinen Kittel aus und sagte: »Schaut! Ich bin es, Kolja Prokopenko!«

Sein Vater, Nikita Stepanowitsch Prokopenko war Arzt in Obodowka. Alle kannten ihn und auch er kannte alle. Erst dann glaubten wir, dass wir wirklich gerettet waren. Natürlich brach bei vielen Menschen nach all dem Erlebten Hysterie aus. Alle weinten und schrien.

Die Partisanen blieben noch ein paar Tage im Dorf und beschützten uns bis zur Ankunft der sowjetischen Armee. Unser Lager war das erste durch die sowjetische Armee befreite Lager in der Ukraine.

Obodowka wurde am 14. März 1944 befreit. Auf den Wagen waren Plakate »Wir begrüßen die jüdische Bevölkerung des Lagers 101! Sie überlebten in dieser Hölle!«

1946 kehrte mein Vater als Kriegsinvalide zurück. Ich sage meinen herzlichen Dank all den Menschen, die ihr Leben riskierten und uns halfen zu überleben. Es sind: der Dorfälteste Iwantschenko und unser Nachbar Krasko sowie Otschan, Tismanezki, Burdejny, Elzowa Natascha, Danila und Ira (ihren Familiennamen kenne ich leider nicht). Diesen Menschen danken wir für ihre Hilfe in für uns so schweren Zeiten.

In Obodowka gibt es drei Gräber, in denen 9000 Juden ruhen. Es gibt aber kein Mahnmal. Wir, die Überlebenden, können nichts machen: Alte Krankheiten lassen uns keine Ruhe. Aber wir behalten unsere Freunde, Verwandten und Nachbarn in Erinnerung. In Obodowka gibt es keinen Juden mehr. Dabei war es ein großes Städtchen!

Benzion Goldwug (geb. 1928)
»Der Lageralltag«

Der Krieg drang in unser Leben ein, wie auch in das Leben aller Bürger unseres Landes.

Vor dem Krieg wohnte ich in der Stadt Jampol, Gebiet Winniza. Es war eine Bezirksstadt. Dort lebten viele Juden. Es war ein echtes jüdisches Städtchen mit einer zweistöckigen Synagoge und eigenem jüdischen Friedhof. Unsere Familie versuchte, sich evakuieren zu lassen. Wir kauften einen Pferdewagen mit zwei Pferden. Auf den Wagen legten wir einige unserer Habseligkeiten und setzten die Kinder darauf. Als wir den Bahnhof in Wapnjarka erreichten, wurde er bombardiert. Wir mussten nach Hause zurückkehren. Unterwegs wurde uns ein Pferd von Rumänen weggenommen. Wir fuhren zuerst ins Dorf Dsygowka, wo meine Großeltern lebten. In diesem Dorf überraschte uns ein Pogrom. Es war am späten Abend. Man rannte weg, um sich zu retten. Am nächsten Morgen, als sich alle wieder sammelten, stellten wir fest, dass alle unsere Verwandten am Leben geblieben waren.

Nach ein paar Tagen kehrten wir nach Jampol zurück. Aber wir konnten nicht mehr in unser Haus gelangen, weil wir in der Hauptstraße wohnten und es den Juden verboten war, diese, wie auch einige andere Straßen, zu betreten. Das Ghetto wurde am Stadtrand errichtet. Wir fanden Unterschlupf bei unseren Verwandten. Die jüdischen Kinder durften die Schule nicht mehr besuchen. Wie alle anderen Juden mussten auch wir einen Davidstern tragen. Unsere Bewegungsfreiheit in der Stadt war reglementiert. Gendarmen und Polizisten kamen ins Ghetto und holten Menschen (oft auch Kinder) zum Arbeitseinsatz. Man erlaubte uns, auf den Markt zu gehen, um Gegenstände, die wir noch hatten, zu verkaufen und davon Lebensmittel zu kaufen.

So dauerte es bis zum Frühling 1942. Zuvor zogen durch unsere Stadt die Kolonnen der Juden aus Bessarabien, Moldawien und der Bukowina. In den bewachten Kolonnen gingen Frauen, Alte und Kinder. Es gab Fälle, dass jene, die sich nicht mehr bewegen konnten, am Straßenrand erschossen wurden.

Die Juden der Stadt Jampol wurden am Marktplatz gesammelt. Auch die einheimischen Einwohner kamen, um Abschied von uns zu nehmen.

Sie brachten sogar Brot mit und verteilten es an die Juden. Ich war zusammen mit meinen Eltern. Mein Vater war Invalide des Ersten Weltkriegs und des Bürgerkriegs. Zusammen mit uns waren auch zwei meiner Schwestern (Manja, geboren 1932 und Bronja, geboren 1937).

Als die Kolonne sich langsam in Richtung Bahnhof in Bewegung setzte, sah ich meine Schwestern nicht mehr. Meinen Eltern gelang es, die Schwestern an unsere ukrainischen Bekannten zu übergeben, in der Hoffnung, dass sie überleben würden. Auf dem Bahnhof wurden wir in offene Waggons getrieben und man brachte uns nach Wapnjarka.

In der Nacht wurden wir in die Viehwaggons verladen, um so zum Bestimmungsort zu gelangen. In der Nacht wurden wir vom Wachpersonal ausgeraubt.

Man brachte uns in den Ort Ladyshin. Dort war ein Steinbruch, in dem vor dem Krieg die Häftlinge eines Gefängnisses Granit abbauten. Zuerst ließ man uns duschen und dann wurden wir in Baracken untergebracht. Vor unserer Ankunft waren dort schon Juden aus Moldawien und der Nordbukowina. Wir waren in der letzten Baracke. In dem Gebäude gegenüber waren psychisch kranke Patienten aus Czernowitz. Es war sehr eng. Wir schliefen auf dem Fußboden.

Der Lageralltag begann. In der Kantine bekamen wir Rübensuppe. Wir wurden von den Polizisten auf den Wachtürmen bewacht. Den Bauern aus dem Dorf Tschetwertinowka wurde erlaubt, an den Zaun heranzugehen und die Lebensmittel zu verkaufen oder einzutauschen. Das Lager lag am Ufer des Südlichen Bugs. Zum Alltag der Lagerinsassen gehörte der Kampf gegen die Läuse. Ab und zu rollten auf das Gelände des Lagers deutsche Lastwagen. Sie holten Männer zum Schneeräumen auf der Straße, die zum Führerhauptquartier Werwolf führte. Diese Menschen kehrten nicht mehr zurück. Wir wurden schlecht ernährt. Die Menschen schwollen vor Hunger an, konnten nicht mehr arbeiten und wurden dann erschossen.

Dank der Nähe der psychisch Kranken wurde unsere Baracke von Deutschen nicht aufgesucht. Innerhalb des Lagers wurde eine interne Polizei aufgestellt, die sich um die Ordnung im Lager kümmerte. Täglich wurden sehr viele Menschen beerdigt. Der Friedhof war am Ufer des Südlichen Bug. Die Gräber waren hauptsächlich aus Stein.

Nach ein paar Monaten kam eine neue Kolonne in unser Lager. Ich ging mit meinen Eltern schauen, ob jemand von unseren Verwandten unter den Neuankömmlingen war. Und plötzlich sahen wir, dass meine jüngere Schwester Manja unsere jüngste Schwester Bronja an der Hand führte. Für unsere Freude gab es keine Grenze. Unsere Familie war wieder beisammen.

Im Frühling 1943 kamen wir in die Gruppe, die für die Landarbeit vorgesehen wurde. Man brachte uns in den Ort Trostjanez, Gebiet Winniza. Die Sowchose war am Ortsrand. Wir wurden in zwei Gebäuden untergebracht. So gut es ging, richteten wir uns ein. Unsere Familie machte sich auf den Pritschen, die aus einem Tor gemacht worden waren, breit. Auch dort war es sehr eng. Es gab keine Wache, aber wir wurden von den Feldgendarmen betreut. Morgens wurden uns entsprechende Arbeiten zugeteilt. Es gab eine Kantine und eine Backstube. Auch mussten wir verschiedene Arbeiten machen. Später bekam ich im Pferdestall zwei aussortierte Pferde und brachte mit ihnen das Mittagessen ins Feld. Hier ging es uns recht gut. Von der Arbeit, wo wir Mittagessen bekamen, konnten wir Kartoffeln und anderes Gemüse nach Hause mitbringen. Es wurde uns allerdings verboten, im Ort Trostjanez zu erscheinen. Dort waren wir bis zu unserer Befreiung. Wir hatten Angst, vor dem Rückzug der Deutschen erschossen zu werden.

Im März 1944 wurden wir befreit. Die Erkundungstruppen der sowjetischen Armee zogen durch unser Lager. Ein paar Tage nach der Befreiung der Stadt Jampol kehrte unsere Familie zusammen mit einer Soldatentruppe nach Hause zurück.

Aber die Internierung im Konzentrationslager ließ uns nicht los. Ich ging in die Schule. 1947, nach dem Realschulabschluss, ließ ich mich an der Militärfachschule einschreiben. Aber aufgrund der Tatsache, dass ich im Konzentrationslager war (und überlebte), wurde mir diese Ausbildung verwehrt. Mein Vater wandte sich mit einem Schreiben an den Verteidigungsminister Bulganin. Dieser empfahl mir, das Abitur zu machen und es erneut mit der Ausbildung an der Militärfachschule zu probieren.

Klara Gorlatschewa (Schwarz) (geb. 1938)
»In der Todesschleife sollten wir krepieren«

Vor dem Krieg bestand unsere Familie aus fünf Personen: Vater, Mutter, zwei ältere Brüder und ich. Wir lebten in Trostjanez, Gebiet Winniza. Am gleichen Tag, an dem der Kriegsausbruch bekannt gegeben wurde, verabschiedeten wir zwei meiner Brüder an die Front. Aron Iosifowitsch Schwarz, geboren 1923, hatte gerade sein Abitur gemacht und Ilja Iosifowitsch Schwarz, geboren 1925, seinen Realschulabschluss. Aron wurde in die Panzerschule aufgenommen, aber er floh von dort in die aktive Armee. An der Stalingradfront wurde er schwer verwundet. Er war in Nowosibirsk in einem Hospital. Als es ihm etwas besser ging, kehrte er an die Front zurück. 1944 ist er gefallen. Das genaue Datum und den Ort seines Todes sind uns unbekannt, weil diese in seiner Sterbeurkunde nicht angegeben wurden. Dies alles erfuhr ich von Grischa Neiman, dem Freund meines Bruders. Er erzählte es mir erst vierzig Jahre nach dem Krieg, weil er glaubte, wir seien alle ermordet worden.

Ilja, der aufgrund seines Alters noch nicht eingezogen werden konnte, kam in eine Fachschule. Dort plagte er alle mit Anträgen, an die Front abgeordnet zu werden, floh einige Male aus der Schule und wurde schließlich eingezogen, obwohl er noch nicht 18 Jahre alt war. Er kämpfte an der Front, beendete später die Fachschule und wurde 1953 aus gesundheitlichen Gründen demobilisiert. Er studierte, arbeitete und starb 1977, kaum 52 Jahre alt. Sein Herz hielt es nicht aus.

Das war es in Kürze über meine Brüder. Und jetzt zu uns. Mein Vater erhielt in der Kolchose einen Pferdewagen und wir – meine Eltern, meine Großmutter (die Mutter des Vaters), die Schwester meines Vaters und ich – ließen uns evakuieren, wie auch viele andere Juden der Stadt Trostjanez.

Wir erreichten Krasnodon. Man hörte Kanonaden und es war klar, dass die Front ganz in der Nähe war. Wir kamen an eine Kreuzung. Wohin sollte man weiterfahren? Uns entgegen kamen auf den Pferdewagen festlich gekleidete Menschen in ukrainischer Tracht. Auf unsere Frage »Wohin sollen wir fahren, um den Deutschen zu entkommen?« zeigten sie uns eine Richtung. Wir landeten direkt bei den Deutschen. Es stellte sich heraus, dass jene Menschen unterwegs waren, um die Deutschen nach der Tradition mit Brot und Salz zu begrüßen. Wir alle wurden in einem Kuhstall eingeschlossen und sollten am nächsten Morgen erschossen werden. Wahrscheinlich wollten sie sich den Abend nicht mit uns verderben.

Die Menschen fingen an zu weinen und zu jammern. Und ich, ein dreijähriges Kind soll gesagt haben: »Warum weint ihr jetzt? In der Nacht wird man uns nicht töten, erst am Morgen. Dann werden wir weinen.« In Extremsituationen werden die Kinder sehr früh reif. Man weiß bereits mit drei Jahren, was es heißt, getötet zu werden. Die Menschen weinten und schrien noch mehr. Aber wir hatten Glück. Am Morgen besetzten sowjetische Truppen jenes Dorf und wir wurden befreit. Nach einer kurzen Besprechung der Situation entschieden sich alle, nach Hause zurückzukehren.

Kaum waren wir zu Hause, wurde unser Ort von Deutschen besetzt. Zuvor vereinbarte meine Mutter mit einer Frau, dass sie mich adoptieren würde. Aber meine Eltern brachten es nicht übers Herz, sich von mir zu trennen. Es wurde auch vereinbart, dass ich bei der Taufe einen neuen Namen, Katharina, erhalten würde. Meine Mutter konnte mich aber immer noch nicht weggeben. Als wir von den Deutschen auf den Marktplatz getrieben wurden, hatte Maria, jene Frau, Angst mich aufzunehmen. Die Deutschen fragten die einheimischen Einwohner, was man mit den Juden machen sollte. Jene antworteten: »Wir wollen nicht ihren Tod. Bringt sie weg, wohin ihr wollt.« Man bildete aus uns eine große Kolonne und trieb uns nach Petschora. Wir passierten die Stadt Ladyshin. Dort hatten wir Angst. In der Stadt war kein einziger Jude mehr. Vor den Augen der einheimischen Bevölkerung waren alle Juden – Kinder und Erwachsene – auf Wunsch und mit der Unterstützung ihrer ehemaligen Nachbarn auf dem Marktplatz erschossen worden.

Unterwegs nach Petschora wurden viele erschossen, weil sie nicht mehr weitergehen konnten. Alle Menschen wollten in der Mitte der Kolonne sein, denn erschossen wurden hauptsächlich jene, die am Ende der Kolonne gingen. Es war ein Weg des Todes und für viele war es der letzte Weg. Man brachte uns nach Petschora. Es waren dort Unmengen von Menschen und sehr wenig Platz. Wir hatten nichts, was wir gegen Brot umtauschen konnten, weil meine Mutter ihren Ehering und die Armbanduhr meines Vaters im Kuhstall in Krasnodon vergraben hatte. Wir waren dem Hungertod ausgeliefert. Wir sammelten Pflaumen- und Sauerkirschkerne und ernährten uns davon. Der Winter 1942 war sehr kalt und wir waren fast nackt.

Mein Vater wollte eine gefrorene Rübe aus der Erde herausziehen. Da wurde er mit einem Schlag auf den Kopf getötet. Seine Leiche wurde in ein Massengrab geworfen und wir wissen, wo es ungefähr ist. Täglich brachten mehrere Pferdewagen die Leichen und noch lebende Menschen aus dem Konzentrationslager ins Massengrab auf dem Feld.

Unter den einheimischen Juden wurden die »Ältesten« bestimmt. Besonders brutal war Motemeilach aus Trostjanez. Er lebte in etwas privilegierten Verhältnissen zusammen mit seiner Frau und zwei Kindern. Nach dem Krieg kehrte er nach Trostjanez zurück, aber konnte dort nicht leben, weil er von allen verachtet wurde. Er zog nach Czernowitz, aber auch dort wurde er auf der Straße von einer Frau erkannt. Er wurde mit Steinen beworfen und wechselte wieder seinen Wohnort. Jetzt ist er schon tot.

Also, wir hatten »Glück«, dass so viele starben (manche hatten wirklich Glück und konnten fliehen) und meine Mutter und ich konnten in einem Gebäude Platz nehmen. Wir ergatterten einen Schlafplatz im Flur im zweiten Stock. Neben uns lag auf dem Boden eine junge Frau, die kaum noch am Leben war. Auf ihrem Körper kroch ein kleines Kind. Es hatte einen »Schwanz«, der sich bedingt durch Hunger aus dem Enddarm gebildet hatte. Das Kind weinte die ganze Zeit und bettelte um Essen. Motemeilach drehte seine »Runde« und sah dieses Bild. Er kam näher, schubste das Kind mit dem Stiefel und warf es dann aus dem Fenster des zweiten Stockwerkes. Der noch lebenden Frau befahl er, das Kind auf den Leichenwagen zu werfen und auf den Friedhof zu bringen.

Einmal trug jemand kochendes Wasser, rutschte im Flur aus und das Wasser kippte auf mein Bein. Ich hatte drei paar Socken und Schuhe an (so verließen wir das Haus und so war ich immer angezogen, weil wir Angst hatten, dass die Sachen sonst geklaut würden). Nach einiger Zeit vernahm man einen sehr üblen Geruch. Mein Bein begann zu faulen. Man musste mir die Schuhe zusammen mit der Haut auszuziehen. Aber ich weinte nicht. Wenn nicht der üble Geruch wäre, hätte man nicht mitbekommen, dass mein Bein faulte. Von den engen Schuhen waren alle meine Zehen zusammengewachsen. Danach musste man die Schuhe durch Stroh ersetzen.

Neben dem Gebäude war ein Fluss. Aber jene, die sich dort waschen oder etwas Wasser holen wollten, riskierten den Tod. Die Faschisten amüsierten sich so. Sie saßen am anderen Flussufer auf den Steinen und ließen ihr Opfer kommen und das Wasser schöpfen. Wenn sich das Opfer mit dem Wasser auf den Rückweg machte, eröffneten sie das Feuer und trainierten so ihre Treffgenauigkeit. Die Besseren schossen auf den Wasserbehälter, die Schlechteren auf den Menschen.

Die Einheimischen warfen uns ab und zu einige Lebensmittel über den Zaun, aber eigentlich sollten wir in der Todesschleife krepieren. So starb meine Großmutter Gitja Schwarz an Hunger. Ihre Tochter, Scheiwa Aronowna Brunfer, konnte fliehen. Aber sie hatte es einfacher, weil sie alleine war. Meine Mutter dagegen, die selbst sehr erschöpft war, hätte ein ganz schwaches Kind schleppen müssen. Im Lager verbreitete sich das Gerücht, dass unsere Armee viele Siege feierte und wir alle im Lager erschossen würden. Was war zu tun? Sollten wir auf den Tod warten? Und dann entschied man, dass alle, die sich noch bewegen konnten, aus dem Lager fliehen sollten. In jener Zeit wurde das Lager nicht von Deutschen, sondern von Rumänen bewacht. Das Problem waren die ukrainischen Polizisten, die tobten. Nichtsdestotrotz wurde entschieden zu fliehen.

Meine Mutter warf mich über den Zaun. Am Vortag wurden in der Ziegelmauer Stufen eingemeißelt, um sich halten zu können. Meine Mutter kletterte über die Mauer. Wir rannten ins Feld.

Im abgeernteten Mais- und Kartoffelfeld fanden wir einen Unterschlupf. Man hörte Schüsse und Schreie. Viele wurden an jenem Tag ermordet. Auch der 14-jährige Mischa Treiger wurde ermordet.

Ein kleiner Dorfjunge zeigte in die Richtung, in die sich eine Jüdin mit Kind geflüchtet hatte. Man schoss in unsere Richtung, aber zum Glück zischten die Kugeln an uns vorbei. Wir gruben uns in die Erde ein und blieben bis zum Einbruch der Dunkelheit im Feld. In der Nacht machten wir uns auf den Weg. Meine Mutter entschied sich nach Trostjanez zu gehen. Wir gingen durch Felder, Wälder und ließen die Dörfer abseits unseres Weges.

Wir hatten furchtbare Angst. Als wir durch den Wald gingen, rannte aus dem Häuschen des Försters ein Junge auf mich zu. Ich erschrak sehr. Als mein Bein zu faulen begann, weinte ich nicht. Als ein Hund mir aus dem Bein ein Stück Fleisch herausriss, weinte ich auch nicht. Ohne Tränen überstand ich meinen Scharlach. Aber hier erschreckte ich mich vor dem Jungen und fing an zu weinen. Ich war wie eine Feder ganz dünn, nur Haut und Knochen. Meine Mutter nahm mich in den Arm, presste mir ihre Hand auf den Mund und rannte mit mir weg. Meine Mutter hatte Angst, dass man denken würde, wir hätten dem Jungen etwas angetan. Wir hatten Angst vor jedem Schatten. Wir hatten Angst, ins Lager zurückkehren zu müssen.

Manchmal mussten wir in Dörfer einkehren: Mal bekamen wir etwas zu essen, mal wurden wir verjagt und mal drohte man uns. Endlich erreichten wir Trostjanez. Dort herrschten die Deutschen und die sehr brutalen einheimischen Polizisten. Der schlimmste unter ihnen war der ehemalige Hirte Solotar. Nach dem Krieg wurde er zu 10 Jahren Gefängnis verurteilt. Meine Mutter sagte gegen ihn vor Gericht als Zeugin aus.

Meine Mutter ging zu der Bekannten, die mich adoptieren wollte. Diese Frau empfahl ihr, sich sofort, noch in jener Nacht, an den Arzt Niswezki zu wenden, der allen Juden helfen würde. Meine Mutter hörte auf sie. Niswezki gab meiner Mutter ein paar Marken, Stricknadeln und ein paar andere Nadeln, ein bisschen Garn und riet ihr, ins Dorf Werchowka zu gehen. Er sagte, dass es dort ein von Rumänen errichtetes Ghetto gebe und man die Juden dort nicht töten würde.

Kurz bevor wir Trostjanez verließen, wurde meine Mutter von Polizisten festgenommen und so brutal mit den Spaten verprügelt, dass sie nicht mal aufstehen konnte. Sie waren sicher, dass meine Mutter auf der Stelle krepieren würde, und dachten nach, was sie mit mir machen sollten. Sie waren sich sicher, dass ich von selbst verenden würde. Meine Mutter lag da sehr lange und konnte nicht zu sich kommen. Als sie etwas Kraft verspürte, kroch sie auf allen Vieren nach Werchowka.

Im Vergleich mit Petschora war dort ein »Paradies«. Alle wohnten in Wohnungen, arbeiteten und verdienten ihren Lebensunterhalt. In Werchowka lebte bei ihrer Cousine meine Tante Scheiwa. Der Mann ihrer Vermieterin arbeitete als Handwerker. Die Tante bat ihre Cousine, uns in die zweite Haushälfte aufzunehmen. In zwei Zimmern wohnten die Vermieterin mit ihrem Mann und zwei Söhnen sowie meine Tante, und in den beiden anderen Zimmern hausten auf den Pritschen sehr, sehr viele Menschen. Im kleineren Zimmer war unter den Pritschen ein Versteck, in das sich junge Frauen währen der Nachtrazzien flüchteten.

Im zweiten großen Zimmer, wo meiner Mutter und mir ein Platz auf der Pritsche zugestanden wurde, lebten auch zwei Schwestern. Die Ältere, Anja, war verheiratet und bekam ein Kind. Die

Jüngere, Olja, eine Schönheit, war 17 Jahre alt. Mit meinem Kinderverstand konnte ich nicht kapieren, warum Olja abends zur »Erschießung« abgeführt und nicht ermordet, sondern am frühen Morgen zurückgebracht wurde. Aber einmal »streikte« Olja. Sie wollte nicht mit ihnen mitgehen. Trotz all der Bitten und Drohungen versteckte sie sich unter den Pritschen. Sie kamen. Sie fanden Olja nicht und wollten Anja mitnehmen. Ihr Mann ließ es nicht zu. Sie ergriffen das Kind und wollten es an die Wand schlagen. Olja hielt es nicht aus, kroch heraus und ging mit ihnen. Olja hatte Angst, dass sie für ihre Gänge bestraft würde, wenn unsere Truppen kämen.

Als ich im Hof spielte, fand ich ein kaputtes Kreuz, hing es mir um den Hals und war stolz, weil ich jetzt nicht mehr »Jüdin«, sondern Ukrainerin war und man mich nicht töten würde. Meine Mutter strickte Wollpullover und wir konnten uns sogar Brot leisten. Obwohl wir nicht jeden Tag Brot hatten, war es nach dem Konzentrationslager ein richtiges Paradies.

In Petschora waren zwei Schwestern aus Trostjanez und jede von ihnen hatte eine Tochter, die Chana hieß. Eine Schwester starb in Petschora an Hunger. Die Zweite, die mit meiner Mutter befreundet war, landete mit zwei Chanas in Werchowka. Die Tochter der verstorbenen Schwester begann, die Partisanen zu unterstützen. Ein Polizist, der in Chana verliebt war, erfuhr dies. Er drängte sie, seine Geliebte zu werden, wofür er ihre Verbindung zu den Partisanen verheimlichen würde. Aber sie lehnte es ab. Und in einer Nacht brachte er weitere Polizisten mit. Sie durchsuchten das ganze Haus, konnten sie aber nicht finden. Als sie schon im Weggehen waren, erblickte er Chana. Sie wurde erhängt.

In Werchowka waren wir bis zu unserer Befreiung durch die Rote Armee. Es war eine relativ kurze Zeit, da wir die meiste Zeit im Konzentrationslager Petschora inhaftiert gewesen waren. Die dort verbrachte Zeit hinterließ einen ewigen Abdruck in meinem Herzen, in meinem Gehirn und auf dem gesamten Körper. In den folgenden Jahren war ich pausenlos krank.

Viele Jahre nach dem Krieg schrie ich nachts und träumte, dass ich vom zweiten Stock hinunter geworfen oder lebendig begraben würde. Das Grab »atmete« noch, aber ich konnte nicht herauskriechen. Nach dem Krieg besuchte ich zusammen mit meiner Mutter Petschora und die einheimischen Menschen erzählten, dass die Gräber, nachdem sie mit Erde zugeschüttet worden waren, noch lange »atmeten« und man leises Stöhnen vernahm.

Nach dem Krieg kehrten wir nach Trostjanez zurück. Unser Haus gab es nicht mehr. Der Polizist Solotar hatte es abgetragen und baute sich aus diesen Steinen ein Haus. Unser ganzer Hausrat war zu ihm gezogen. Vor der Tür seines Hauses lag mein Kleid und diente als Fußabtreter.

Wir bekamen ein Zimmer in einer Wohnung von Evakuierten. Eine der Bäuerinnen brachte uns unser Bett und unsere Kissen zurück. Sie sagte, dass sie kein fremdes Eigentum wolle. Es war einfach so, dass alle etwas nahmen, so hatte sie auch etwas genommen.

Ich wurde 1938 geboren. Aber nach der Befreiung gab es in Trostjanez keine Kindergärten. Nur Schulen wurden eröffnet. Außerdem bekamen die Kinder in der Schule zu essen. Wir hatten keine Papiere, und meine Mutter gab 1937 als mein Geburtsjahr an, um mich einzuschulen. Ich will damit sagen, dass ich bei Kriegsanfang erst drei Jahre alt war. Man schenkte uns zwei leere Säcke, und meine Mutter nähte daraus ein Kleid für mich und eines für sich. Sie schrieb mich in der Schule ein und brachte mich täglich auf dem Arm dorthin: So schwach war ich damals. Dann begann das friedliche Leben mit endlosen Krankheiten.

4. 9. 1996

Gita Masur (geb. 1927)
»Das vom Krieg gebrandmarkte Leben«

Die Jahre vergehen, man vergisst vieles, aber manchmal tauchen vor den Augen jene furchtbaren Bilder des vergangenen Krieges auf. Wir wurden mit dem Gewehrkolben geschlagen und ins Lager getrieben. Ringsherum hörte man Menschen schreien, Kinder weinen und die Erschießungen jener, die total entkräftet nicht mehr der Kolonne folgen konnten. Jeden Abend wurden wir in verlassene Farmen getrieben, in denen wir die Nacht verbrachten. Wir schliefen im Dreck, denn man erlaubte uns nicht einmal, etwas Stroh zu benutzen. Am frühen Morgen wurden wir dann weitergetrieben.

Die Einheimischen nannten uns »rumänische Juden« und sagten, dass man uns zu irgendeiner Schwerstarbeit zwingen würde. Die Alten und Kranken ließ man am Straßenrand stehen, die anderen trieb man weiter. Ich erinnere mich, dass unterwegs der zweijährige Sohn unseres Nachbars Isaak Pinkus an Dysenterie starb. Um das Kind nicht am Straßenrand liegen zu lassen, trugen die Eltern das Kind noch den ganzen Tag bis zum Abend, bis wir die nächste Farm erreichten. Dort gelang es dem Ehepaar Pinkus, das Kind zu beerdigen. Normalerweise wurden die Toten in die Mistgrube, die auf jeder Farm war, geworfen.

So wurden wir von Juli bis November 1941 durch ganz Moldau, über den Dnjestr und durch das ganze Gebiet Winniza bis zur gefürchteten Milchfarm im Dorf Obodowka getrieben. Wir hatten nichts zu essen, aber wir waren schon froh, wenn man uns erlaubte, Wasser aus den Brunnen zu holen.

Nicht Dutzende, sondern Hunderte Menschen starben täglich. Sehr viele erkrankten an Flecktyphus. Vor Kälte bekamen viele dann entzündete Wunden an den Füßen. Es ist unmöglich, unser Martyrium zu beschreiben. Stellen Sie sich nur vor: Tausende und Abertausende Menschen, die vier Monate lang getrieben wurden, ohne sich umziehen, sich waschen oder die Schuhe ausziehen zu dürfen.

In unserer Kolonne war ein Arzt aus der Nähe von Czernowitz. Er hieß Rabinowitsch und war ein sehr willensstarker Mensch. Er hatte keine Medikamente, aber mit seinen Worten half er vielen. Ich erinnere mich, was er sagte: »Wir sind ein starkes Volk. Nicht alle von uns können sterben. Es werden noch einige am Leben bleiben und sie werden von unserem Martyrium berichten. Ein Mensch mit einem starken Lebenswillen ist stärker als Stahl.«

Wahrscheinlich hatte er Recht. Bevor ich von meinem Leidensweg berichte, möchte ich kurz über meinen Heimatort und über die Lebensbedingungen erzählen, in denen ich groß geworden bin. Meine Heimatstadt Soroki liegt am Ufer des Flusses Dnjestr. Vor 1940 verlief durch diese Stadt die Grenze zwischen der UdSSR und Rumänien. Die Stadt bestand aus drei Teilen: dem unteren Teil (das Zentrum der Stadt), dem Bergteil und dem Vorbergteil. Im Vorbergteil lebte eine sehr zahlreiche Gemeinde von Roma und Sinti, die fast ausschließlich im Schmiedehandwerk tätig waren. Das Schlagen der Schmiedehämmer bildete vom frühen Morgen bis zum späten Abend die Geräuschkulisse der Stadt.

Im Bergteil der Stadt waren eine Berufsfachschule, eine landwirtschaftliche Fachschule, zwei jüdische Mühlen, viele Geschäfte, Gastschänken und jüdische Häuser. Im Weinbau waren die einheimischen Moldawier beschäftigt. Unten, im Zentrum der Stadt, verliefen alle jüdischen Straßen, die sich bis zum Dnjestrufer erstreckten. Die Erste hieß Badestraße, auf Jiddisch »di budgos«. Das Stadtbad wurde übrigens zweimal dank der wohltätigen Spenden der reichen Juden gebaut, denn weder Zigeuner noch die Moldawier kümmerten sich ums Bad. Die zweite Straße hieß Schusterstraße, »di shistergos«. Wie der Name besagt, wohnten in dieser Straße fast ausschließlich die Schuhmacher. Die dritte Straße hieß Schneiderstraße, »di shnajdergos« usw.

Im Zentrum auf dem großen Platz war der Markt. Am Rand des Marktplatzes waren unzählige Kioske, voll mit den verschiedensten Waren. Ach, was man da nicht alles verkaufte!

Nicht weit vom Marktplatz lebten auch wir. Unweit von uns war auch die Straße der Synagogen, »di Schilngos«. In der Mitte stand die größte, die schönste Synagoge. Sie war blau-weiß und hatte zwei Löwen über dem Portal, was sehr beeindruckend aussah. Im Inneren der Synagoge war eine zweistöckige Halle: Oben waren die Frauen und unten die Männer. Die auswärtigen Kantoren veranstalteten dort Konzerte. Ganz in der Nähe vom Zentrum war auch die Petrogradskaja-Straße mit Chedern und Talmud-Thora Schule. Zu den Verwaltungsgebäuden im Zentrum der Stadt führten zwei Straßen: Dubowaja und Dworjanskaja. Am Ende dieser Straßen waren zwei Gymnasien: ein Knabengymnasium und ein Mädchengymnasium. Das Mädchengymnasium besuchte ich bis 1940.

Und jetzt noch kurz von meiner Familie. Wir wohnten in der Innenstadt in einem sehr großen Haus, das meinem Großvater gehörte. Ihm gehörte eine Limonaden- und Saftfabrik. Meine Eltern führten im gleichen Hof, aber in einem etwas kleineren Haus ein Restaurant. Im Hause meines Großvaters herrschte das absolute Kashrut. An Feiertagen wurden wir Kinder in die Synagoge mitgenommen. Mein Großvater war der Gemeindeälteste, »a gabe in shil«. An Werktagen spendierte er uns eine Fahrt in einer Kutsche und im Winter in einem schön bemalten Schlitten. In diesem bunten Lebensraum verbrachte ich meine sorglose Kindheit. Zu Hause sprachen wir nur Jiddisch und auf der Straße nur Rumänisch. Russisch konnte ich nicht, aber ich verstand etwas die Umgangssprache.

Am 28. Juni 1940 wurden wir durch die Rote Armee vom Joch – ich wüsste nicht von welchem – befreit. Man sagte, vom Bojarenjoch, aber wir wussten nichts von Bojaren. Alle Immobilien, Wertsachen und Geld wurden verstaatlicht. Mein Großvater wurde von seinem Haus direkt auf die Straße geworfen. Uns ließ man dagegen noch in unserem kleineren Haus wohnen. Die Gefängnisse waren voll mit den Eigentümern der Geschäfte, Chefs verschiedener Betriebe und reichen Menschen ... Es gab keine Betriebe, die Menschen waren arbeitslos. Das Leben war sehr schwer. Die Menschen verkauften ihr Hab und Gut.

In der Nacht zum 13. Juni 1941 wurden mein Großvater und seine Familie von einer NKWD-Brigade abgeführt. Er wurde nach Sibirien deportiert und sein ganzes Eigentum wurde konfisziert. Unsere kleine Familie ließ man vorübergehend in Ruhe.

Neun Tage später brach der Zweite Weltkrieg aus. Es war unmöglich, sich evakuieren zu lassen. Die Eisenbahnstrecke lag 40 Kilometer von unserer Stadt entfernt. Die Fähre, mit der man sich über den Fluss setzen konnte, wurde von der deutschen Luftwaffe zerbombt. Unter den explodierenden Bomben und Granaten liefen wir zu den Weinbergen. Drei Tage lang dauerte das Bombardement, das den Wäldern in der Umgebung und Fähren und Brücken über den Fluss galt. Die Kämpfe fanden in unserer unmittelbaren Nähe statt, die Kugeln und Granatensplitter flogen durch die Luft und keiner wusste, wo der nächste Splitter landet.

In diesem Durcheinander fanden uns deutsche Soldaten und trieben uns mit den Rufen »Jude! Jude!« auf den Marktplatz des Dorfes Sastynka, das drei Kilometer entfernt lag. Der Offizier war ein sehr gemeiner Mensch und befahl uns, ihn und seine Truppe aus dem Beschuss auf geheimen Wegen in die Stadt Soroki zu führen.

Vor uns gingen alle Häuser in Flammen auf. Wir bückten uns, krochen auf dem Boden und erreichten so durch die Weinberge und Gärten die Stadt. Im Zentrum der Stadt, nicht weit von unserem Haus, wartete auf uns schon die nächste Exekution. Eine Truppe rumänischer Soldaten stand schon mit den Gewehren in der Hand für die Erschießung einer Kolonne Juden, die kurz vor uns in der Stadt angekommen waren, bereit. Aber … es war Gottes Wille, dass wir an jenem Tag nicht starben. Plötzlich erschienen am Himmel russische Flugzeuge und wir alle – Rumänen, Deutsche und Juden – rannten, so schnell wir konnten, weg.

Wir liefen zu unserem Haus. Das Haus war geplündert, die Eingangstür war mit einer Axt zerstört, die Fensterscheiben waren kaputt. Überall flogen die Federn aus den Kissen und Daunendecken. Die Federn reichten uns bis zum Gürtel. Im Gerümpel fanden wir noch irgendwelche Lumpen, deckten die Federn damit ab, verbarrikadierten uns im hinteren Zimmer und verbrachten dort ohne Essen und Wasser sechs Tage. In der Stadt herrschte so eine Anspannung, dass man das Gefühl hatte, zu hören, wie jedes Herz schlug. Die Kinder weinten nicht. Niemand fragte nach etwas. Man betete, dass die Schießerei zu Ende geht.

Am siebten Tag erschienen die Menschen auf der Straße. Alle liefen hin und her, um Wasser zu holen. Die Nachbarn brachten uns eine Tasche voll mit Pfannkuchen und erzählten, dass in der Zeit, die wir in unserem Federversteck waren, ein SS-Einsatzkommando 50 Menschen, darunter alle Rabbiner, Schächter und Ehrenbürger der Stadt, erschossen hatte, auch die Brüder meines Vaters: Lew, David und Nuchim Masur. Nach ein paar Tagen rannte in unser Haus ein Nachbar mit den Rufen: »Geht schnell zur Kirche! Wir werden aus der Stadt getrieben. Nehmt Geld und Wertsachen mit, alles andere Gepäck wird abgenommen.«

Damals war ich etwas älter als 14 Jahre.

Vertrieben aus den eigenen Häusern wurden wir zu viert in Reihen aufgestellt und, bewacht von Gendarmen und Polizisten, die an beiden Seiten der Kolonne gingen, in den Wald Koseuzk, einem der furchtbarsten Aufenthaltsorte der Juden, getrieben.

Dort wurden wir geordnet, sodass in jeder Kolonne immer 200 Personen waren, und dann über die Brücke über den Dnjestr nach Jampol getrieben. Auf der Brücke standen Deutsche mit Säcken und nahmen uns Geld und Wertsachen ab. Mir nahm man eine goldene Armbanduhr weg, die ich von meinem Großvater zu meiner Bar Mizwa geschenkt bekommen hatte. Die Deutschen Kriegsreporter fotografierten uns beim Passieren der Brücke.

In Jampol wurden wir in die Häuser getrieben, deren Eigentümer sich hatten evakuieren lassen. Sofort trieben die Deutschen die Männer zum Arbeitseinsatz. Drei Tage später wurden wir über den Dnjestr nach Hause in die Stadt Soroki zurückgetrieben. Wir durften aber nicht in unsere Häuser zurückkehren, sondern wurden in der Synagogenstraße untergebracht. Hier erfuhren wir, dass in der Zeit unserer Abwesenheit alle Kranken und Alten aus der Stadt weggebracht und in einem Graben im Dorf Dombroweny erschossen wurden. Darunter waren auch meine Großmutter (die Mutter meines Vaters) und Onkel David, der sehr kranke Beine hatte. In die Synagogenstraße brachte man auch Juden aus den Städtchen und Dörfern, die noch nicht geplündert worden waren. Sie fuhren mit Pferdewagen auf den Synagogenplatz ein, warfen ihr ganzes Eigentum auf den Boden und baten uns, zu nehmen, was wir von den Hausratsgegenständen brauchten. Wir nahmen zwei dicke Decken, die wir mit Mühe und Not mitschleppten, die uns aber vorm Erfrieren auf unserem langen Leidensweg retteten. Fünf Tage später wurden wir wieder über die furchtbaren Feldwege durch ganz Moldau getrieben. Im Dorf Rakowez zwang man uns, mit je einem sehr schweren Stein in den Händen auf einen steilen Berg zu steigen. Die Menschen in jenem Dorf waren sehr böse und antisemitisch: Sie bewarfen uns mit Steinen und beschimpften uns »Armee der Bolschewiken«. Viele unserer Nachbarn, Freunde und Bekannten blieben für immer unter diesem Berg.

Von dort wurden wir, begleitet von Schlägen mit den Gewehrkolben, in die Stadt Wertjushany getrieben. Dort waren über 25 000 Juden versammelt. An Hunger und Dysenterie starben die Menschen wie die Fliegen. Durch die Gassen der Stadt trug man die Toten. Man sagte, dass täglich 50 Menschen beerdigt wurden. Die Männer kamen kaum damit nach, die Gemeinschaftsgräber zu schaufeln. In der Nähe des Lagers entstand ein kleiner Markt, wo man bei den Bauern Wertsachen gegen Kartoffeln und Mamaliga umtauschen konnte. In Wertjushany verbrachten wir 25 Tage und wurden wieder in den schon erwähnten Wald Koseuzk zum Neusortieren getrieben. Es fing an zu regnen. Die Menschen starben an Hunger und Erkältung, aber keiner beerdigte sie. Die Schreie der Menschen, das Weinen der Kinder konnte man nicht aushalten. Die Deutschen kamen mit Autos gefahren und holten die Männer zu irgendeinem Arbeitseinsatz.

Für immer blieben in meinem Gedächtnis drei schreckliche Bilder hängen.

Eine sehr hübsche Frau mit zwei Kindern, die sommerlich angekleidet sind. Die Jungen tragen lange Pejes und die Mutter ein schwarzes Chiffonkleid. Sie saßen vor einem Baum und die Kinder weinten und baten die Mutter, sie möge die Augen nicht schließen …

Eine alte Mutter bat ihre Kinder, sie sollten sie im Wald zurücklassen und nicht mehr hinter sich herziehen. Wie furchtbar war es anzusehen, wie die erwachsenen Kinder Abschied von ihrer noch lebenden Mutter nahmen. Eine Stunde später lag sie schon tot unter dem Baum.

Zu mir kam mein ehemaliger Lehrer und weinte wie ein kleines Kind: Unterwegs schnitt ihm irgendein Antisemit die Hälfte des Bartes ab und die andere Hälfte ließ er, damit es lustig aussähe. Ich erinnere mich an die Worte meines Lehrers: »Macht es Sinn, mit dieser Schändung zu leben?«

In diesem Wald verbrachten wir 10 Tage, die voller Gräuel und Angst waren. Dann wurden wir wie eine Schafherde gezählt, in Reihen aufgestellt und wieder durch die Straßen der Ukraine in das sogenannte Gebiet Transnistrien getrieben. Es ging ohne Rast von Jampol nach Kryshopol, nach Wapnjarka, dann nach Olschanka. Jede Nacht verbrachten wir auf den Farmen, von denen das Vieh weggetrieben worden war. Die Toten warf man direkt in die Mistgrube und jene, die unterwegs starben, konnten nicht beerdigt werden, weil es verboten war, sich irgendwo aufzuhalten. Es war verboten, Wasser aus den Brunnen zu holen, weil man Angst vor Sabotage hatte. Man sagte, dass wir böse, schwarze Menschen seien, »rumänische Shidy« und fähig zu jedem bösen Akt. Wir waren aber sehr friedlich und unglücklich.

In Olschanka wurden wir in einem Schulgebäude untergebracht, das so dreckig und marode war, dass die Farmen uns dagegen wie ein Naturschatz vorkamen. Dort waren sehr brutale Polizisten und Kommandanten. Mein Vater wurde unverschuldet so brutal mit Gewehrkolben verprügelt, dass er kaum noch gehen konnte.

Dieser Leidensweg dauerte bis November 1941, bis wir die befürchtete Milchfarm im Städtchen Obodowka erreichten. Als wir dort ankamen, beseitigten wir schnell den Mist und legten uns auf den Boden ohne uns auszuziehen. Jene, die schon vor uns da waren, warnten uns, dass einheimische Polizisten in der Nacht die Menschen ausraubten und jene töteten, die Widerstand leisteten, um nicht das Wenige, das ihnen noch im Sack übrig geblieben war, herzugeben.

So war es auch. Mit dem Einbruch der Dunkelheit riss eine Bande von Polizisten mit Taschenlampen die Tür auf und nahm uns das letzte Hab und Gut. Am nächsten Morgen wurden wir auf dem Platz vor der Farm zum Appell aufgestellt und zum Arbeitseinsatz eingeteilt. Wir bekamen ein Rübenfeld in der Sowchose »Dubina«. Dort waren sehr lange Baracken mit Pritschen. Wir hatten keine Mittel mehr, um Lebensmittel zu kaufen. Der Vorsitzende der Sowchose sah uns an, dass wir keine Arbeiter waren, und schickte uns in die Stadt Obodowka.

Dort wurden wir in einem Häuschen untergebracht, dessen Eigentümer sich hatten evakuieren lassen. In jedem Zimmer waren 35 bis 40 Menschen. Kaum reichte der Platz auf dem Boden für alle zum Schlafen. In der Stadt waren einige einheimische Juden, die sich nicht hatten evakuieren lassen, eine Gemeinde der reichen Juden aus Czernowitz, auch der Dorfälteste und Polizisten, die alle drangsalierten. Die Frauen wurden zu allen denkbaren Hilfsarbeiten gezwungen und die Männer bekamen Äxte und Sägen und wurden zum Holzfällen abgeführt. Niemand kam auf die Idee, dass man uns mindestens 200 Gramm Brot pro Person geben sollte. Wir hatten keine Möglichkeit zu heizen. Außerdem hätte man, um eine Mamaliga zu kochen, zwei Holzzäune verbrennen müssen. Später bekamen wir einen Röhrenofen und danach ging es uns besser: Man verbrauchte viel weniger Holz und auch die Männer konnten Brennholz aus dem Wald mitbringen.

In unserem Zimmer waren wir sechs Familien aus unserer Stadt. Obwohl wir es kaum konnten, versuchten wir einander zu unterstützen und uns gegenseitig zu helfen. Kaum hatten wir uns etwas aufgewärmt, brach die Pedikulose (Läusebefall) aus und ihr folgte die Epidemie des Flecktyphus. Dieser kostete einem Drittel der Menschen das Leben. Jeden zweiten Tag gingen die Menschen zum Arbeitseinsatz, der darin bestand, dass man die Leichen zum Gemeinschaftsgrab schleppte. In unserem Zimmer starben drei Männer. Alle anderen Zimmerbewohner blieben Gott sei Dank am Leben. Nicht weit von uns, im Nachbarhaus wurde meine Tante Zilja mit ihren zwei Töchtern untergebracht. Ohne Erlaubnis ging sie alleine ins Dorf, um etwas Brot zu beschaffen. Leider kehrte sie nie wieder, und ihre Mädchen starben an Hunger und Infektionen an den Beinen.

Man darf nicht vergessen, dass der Winter 1941–1942 sehr kalt war und viele, die keine Winterkleidung, besonders aber keine Winterschuhe hatten, bekamen schwere Infektionen an Füßen und Beinen. Daran starben besonders viele Kinder. Es gab keine Seife, wir benutzten leere Maiskolben statt Seife. Krätze und Furunkulose befielen uns. Ab Frühling 1943 bekamen wir einen halben Liter der sogenannten Suppe und 200 Gramm Mamaliga.

Anfang 1944 wurde mein Vater vom Holzfällen im Wald zu einem sehr schweren Arbeitseinsatz, dem Bau eines Dammes über den Fluss Bug in der Stadt Nikolajew, verschleppt. Dort wurde er auch ermordet.

Kurz darauf kam eine Kommission des Roten Kreuzes, um die Waisenkinder ins Kinderheim nach Rumänien zu holen. Von Obodowka wurden wir mit Schlitten nach Balta gebracht. Man brachte uns in einer Synagoge unter und teilte uns in zwei Gruppen auf. Die Kleineren, die Kinder bis 14 Jahren, wurden nach Rumänien in die Kinderheime gebracht.

Zwei Wochen lang mussten wir auf Befehl der Deutschen Munition zur Eisenbahnstation tragen. Die Deutschen gingen ins Ghetto, um junge jüdische Männer und Jugendliche zu töten. Am letzten Tag wurden 152 Menschen zum Bahnhof gebracht. Dort wurden sie in einem Holzstall abgesperrt, den man mit Benzin begoss und anzündete.

Am 16. März 1944 wurde Balta von Partisanen befreit. Viele Tote lagen noch auf dem Bürgersteig. Keine Erzieher kamen ins Kinderheim. Wir älteren Kinder entschlossen uns, Balta zu verlassen und in unsere Ghettos zurückzukehren, um nach unseren Eltern zu suchen. Meine Mama erkrankte vor Kummer sehr schwer. Nach vier Tagen zu Fuß erreichten wir endlich Obodowka.

Die Begegnung mit meiner Mama kann man kaum in Worte fassen. Mir fehlen einfach Worte, um diese Szene zu beschreiben. Am nächsten Tag machten sich meine Mama und ich, indem wir uns fest an der Hand hielten, zu Fuß entlang der Eisenbahnstrecke auf den Weg in unsere Heimatstadt. Dort fanden wir in unserem Haus unsere ehemaligen Hausarbeiter vor. Sie nahmen uns sehr freundlich auf. Ende 1945 erhielten wir einen Brief aus Jerusalem: von meiner Schwester. Es stellte sich heraus, dass sie damals, 1944, als ich im Kinderheim landete, nach Palästina gebracht wurde. Sie besuchte dort eine Jeschiwa. 1948, als der Staat Israel gegründet wurde, leistete sie dort ihren Militärdienst.

Mein Bericht geht zu Ende. Es ist ein Bericht von einem schweren und qualvollen Leben, das vom Krieg gebrandmarkt wurde.

Надежда [Nadeschda. Zeitung des Regionalverbandes der jüdischen Organisationen der Kleinstädte der Ukraine], Korsun-Schewtschenkowski, 1998, Nr. 9, 10; 1999, Nr. 1, 2

Iosif Rauchwerger (geb. 1940)
»Niemand kannte seine Zukunft«

Ich, Iosif Anatoljewitsch Rauchwerger, wurde am 11. März 1940 in der Stadt Jampol (Gebiet Winniza) geboren. Jampol war ein kleines Schtetl und liegt am Fluss Dnjestr, der Grenze zwischen der Ukraine und Moldawien.

Als der Große Vaterländische Krieg begann, wurde mein Vater, wie alle Männer, die Bürger der Sowjetunion waren, zur Verteidigung der Heimat einberufen. Meine Mutter Rosa (geb. 1909) blieb mit drei Kindern zurück: dem ältesten Sohn Sjunja (geb. 1933), der Tochter Schura (geb. 1937) und mir. Bei uns war die Schwester unserer Mutter, Ewa (geb. 1912), mit ihren beiden Kindern: Bella (geb. 1939) und Fira (geb. 1941). Unserer Mischpoche (Familie) standen Großvater Folik (geb. 1882) und Großmutter Enja (ihr Geburtsdatum kenne ich nicht, weil sie im Ghetto starb) vor. Alle Genannten liefen im Ghetto unter dem Namen Kolominskij.

Weil Jampol gleich zu Beginn des Krieges von Deutschen und Rumänen besetzt worden war, war eine Evakuierung praktisch unmöglich.

Von Anfang an lebten die Einwohner Jampols in Angst und Sorgen. Es wurde begonnen, jüdische Familien und Einzelpersonen zu registrieren. Örtliche Verräter spielten keine geringe Rolle in diesem Prozess. Einige von ihnen wurden Polizisten – und sie wussten genau, wo sich die jüdischen Familien befanden. Das ist in so einer kleinen Stadt überhaupt nicht kompliziert. Und sie erledigten ihre Aufgabe nicht schlecht.

Nach Erzählungen von Großvater, Mutter und meinem Bruder gab es in Jampol einen gewissen Gnatjuk, der von den ersten Tagen des Krieges an Handlanger der Deutschen war. Er kam zu uns ins Haus und sagte: »Die Familie Kolominskij ist eine Familie von Shidy und Kommunisten.« Er kannte uns gut, weil Mamas Bruder Jankel vor dem Krieg stellvertretender Vorsitzender der Bezirksverwaltung war. So gelangte der Name Kolominskij auf die Liste derer, die aus Jampol auszusiedeln waren. Anfangs gelang es noch uns freizukaufen. Wir gaben dafür Gold und andere Wertsachen.

Aber als uns diese Sachen ausgingen, wurde der Familie Kolominskij und anderen befohlen, sich bereitzumachen. Am Morgen wurden wir dann zur Eisenbahnstation »Rusawa« gebracht. Dort standen offene Güterwagen bereit. An jedem Wagen standen die Verräter – Polizisten – und nahmen allen die Taschen und Säcke mit den Sachen ab, die wir mitgenommen hatten. Wenn jemand sich wehrte, erwarteten ihn Schläge oder der Tod.

Wie Vieh wurden wir in diesen Wagen untergebracht und mit unbekanntem Ziel auf den Weg geschickt. Bekannt war nur eines: Lebend würde niemand zurückkehren.

Das war im Spätherbst. Es war sehr kalt und wir waren alle nur leicht bekleidet, es gab nichts, womit man sich hätte wärmen können. So drückten wir uns aneinander, um uns irgendwie aufzuwärmen. Unterwegs weinten die Kinder und heulten die Erwachsenen, aber niemand hörte uns.

Am Morgen des nächsten Tages kamen wir in der Stadt Trostjanez an, von dort wurden wir zu Fuß ins 18 Kilometer entfernte Dorf Trostjantschik gebracht. Dort gab es ein Ghetto, das mit Stacheldraht umzäunt war. Wir wurden in drei Kuhställen untergebracht. Dorthinein hatte man bereits zuvor Juden aus der Bukowina gepfercht. Die älteren verstanden, dass dies das Ende sein und wohl niemand überleben würde. Aber man musste sich einrichten und sich an die bestehenden Bedingungen anpassen.

Die ersten Tage waren sehr schwer, weil wir uns während der Fahrt nicht hatten umziehen können (man hatte uns ja alles genommen) und besonders die kleinen Kinder sehr durchgefroren waren.

Mir wurden die Gamaschenhose und Strümpfe zusammen mit der Haut abgenommen, weil die Kleidung an meinem Körper festgefroren war. Infolgedessen bildeten sich an meinem Körper Wunden, die nicht verheilen wollten. Ich konnte praktisch nicht gehen, sondern schob mich nur von hier nach da, weil es nichts gab, womit man die Wunden hätte behandeln können. Mama sah mich an und weinte, die anderen Häftlinge sprachen untereinander: »Es wäre besser, wenn das Kind sterben würde, es ist ja schrecklich mit anzusehen, wie er sich selbst, die Mutter und die Geschwister quält.« Wenn Mutter zur Arbeit ging, kümmerten sich mein älterer Bruder und meine Schwester um mich. Meine Schwester war von Geburt an behindert, sie war vier Jahre alt, auch sie konnte nicht gut gehen. Sie hatte ein verkürztes Bein. Unser Bruder ging durch das Ghetto und suchte Streu oder eine erfrorene Kartoffel, eine Rübe oder irgendetwas anderes Essbares, um uns unser Dasein zu erleichtern. Dank Gott und meiner Familie blieb ich am Leben.

Dreimal im Monat kamen Strafeinheiten, sammelten Häftlinge ein und brachten sie weg. Niemand von ihnen kam zurück.

Unsere Familie musste einige Male zur Deportation antreten, wurde aber jedes Mal dabehalten. Das lag daran, dass Großvater Schuster war, was die lokale Bevölkerung und die einheimischen Polizisten wussten. Soll er noch ein bisschen leben, solange er uns noch nützlich ist, deportieren können wir ihn auch später noch, dachten sie. Das alles geschah nur mit Gottes Hilfe.

Einmal geschah uns Folgendes: Als das Strafkommando uns wieder einmal auf dem Platz zum Abtransport antreten ließ, stand neben uns unsere Nachbarin aus Jampol, Klara Fischman, mit ihrem kleinen Sohn, Njusik (geb. 1940), der genau so alt war wie ich. Als man uns zurück in die Unterkunft schickte, sie aber zur Vernichtung bestimmte, stieß Klara Njusik zu meiner Mama. Mutter nahm ihn an sich und er lebte mit uns, bis wir ihn nach Jampol brachten, wo ihn sein Großvater und seine Großmutter an sich nahmen.

Natürlich wusste niemand, ob wir nach Jampol zurückkehren würden. Niemand kannte seine Zukunft und wer bis zum Sieg am Leben bleiben würde.

Das Leben im Ghetto war sehr schwer. Nur dank Gottes Hilfe und der Hilfe von Einheimischen gelang es zu überleben. Die lokale Bevölkerung warf Brot, kalte Kartoffeln, alle möglichen Lappen und Kleidungsstücke über den Draht. Im Ghetto wüteten Typhus und Malaria, wir wurden von Läusen gebissen, alles, weil wir in regelrecht antihygienischen Verhältnissen lebten und die Kranken neben den einigermaßen Gesunden schliefen. Wenn jemand etwas zum Unterlegen fand, gab er es einem Kranken oder den Kindern. Trinkwasser war eine seltene Mangelware. Wenn die Erwachsenen auf der Arbeit waren, blieben die Kinder sich selbst überlassen. Die Menschen starben wie die Fliegen, und jeden Morgen wurden neue Tote herausgebracht. Im Ghetto starben meine Großmutter Enja und viele andere Verwandte und ehemalige Nachbarn aus Jampol.

Mein Großvater Folik war gläubig, und sogar im Ghetto beteten er und andere Häftlinge zu Gott, obwohl das Beten verboten war.

Einmal geschah Folgendes: Eines Abends gingen einheimische Polizisten auf Streife durch das Ghetto und trafen den Häftling Pinja Kuperman beim Beten an. Die Männer hatten keine Gebetsmäntel, daher warfen sie Stoffstücke über ihre Schultern. Als die Polizisten Pinja nun mit diesem symbolischen Gebetsmantel erwischt hatten, verprügelten sie ihn und führten ihn durch das ganze Ghetto. Damit demonstrierten sie, was die Gläubigen erwartete. Trotzdem beteten die Häftlinge weiter.

Das sind nur einzelne Episoden aus unserem schweren Leben im Ghetto. Aber ungeachtet des Hungers, der Kälte, der Krankheiten und des Schmutzes gelang es mit Gottes Hilfe einigen Menschen, nicht sehr vielen (etwa 100 Personen), bis zur Befreiung zu überleben.

Unser Ghetto wurde am 24. März 1944 von Soldaten der Roten Armee befreit. Das war das größte Fest unseres Lebens. Soldaten und Offiziere kamen ins Ghetto und wunderten sich, dass man in solchen Verhältnissen überleben kann.

Nach der Befreiung gingen die ausgezehrten, kranken, hungrigen und kaum noch bekleideten Alten und Kinder zu Fuß zur Eisenbahn, um irgendwie nach Jampol zu gelangen – in der Hoffnung, dort die alten Wohnungen wieder in Besitz nehmen zu können. Aber außer Ruinen war dort nichts mehr. Als die Leute erfuhren, dass wir am Leben waren, brachten sie uns Decken, Kissen, Kleidung, was sie nur konnten.

So begann unser Leben nach der Befreiung schrittweise, wieder ein mehr oder weniger »menschliches Aussehen« zu bekommen.

Siehe auch die Zeitzeugenberichte von Anatoli Agres und Grigori Sirota.

21. Bezirk (Rayon) Tschetschelnik
(ukr. Tschetschelnyk)

Ort: Tschetschelnik

1939 lebten in Tschetschelnik[175] 1327 Juden, etwa 66 Prozent der Bevölkerung. Im gesamten Bezirk waren es 1474 Juden.

Am 24. Juli 1941 besetzte die Wehrmacht die Stadt. Dutzenden Familien war es gelungen, sich evakuieren zu lassen. Viele Männer waren zur Armee eingezogen worden. Nach einigen Wochen, in denen die Juden unter Plünderung, Misshandlung und Mord litten, wurde die Stadt an die rumänische Verwaltung von Transnistrien übergeben. Es wurde ein Ghetto eingerichtet, das mit Stacheldraht umzäunt war. Die Juden wurden gezwungen, einen gelben Davidstern auf der Kleidung zu tragen. Etwa 1000 Juden aus Tschetschelnik wurden

---

175 Altman, Cholokost, S. 1067; The Yad Vashem Encyclopedia, S. 100 f.

zusammen mit überlebenden Juden aus den Ortschaften Kodyma und Pestschanka im Ghetto zusammengepfercht.

Später brachten die Rumänen mehr als 1000 Juden aus der Bukowina und Bessarabien nach Tschetschelnik.

Auf Anordnung der Behörden wählten die Juden einen elfköpfigen Judenrat, der hauptsächlich aus wohlhabenden Personen bestand. Josef Saslawski wurde Vorsitzender des Judenrats. Es wurde auch ein jüdischer Ordnungsdienst eingerichtet.

Jüdische Männer bis 60 Jahre und jüdische Frauen bis 55 Jahre mussten Zwangsarbeit in der Stadt und in der Umgebung leisten. Es war ihnen verboten, gegen Bezahlung zu arbeiten. Viele trotzten aber dem Verbot, um etwas zum Leben zu verdienen.

Im Winter 1941/42 brach eine Typhusepidemie im Ghetto aus, die ein Drittel der Bewohner hinwegraffte. Im März 1943 war die Bevölkerung des Ghettos auf 1400 geschrumpft. Ein jüdischer Arzt und ein jüdischer Apotheker, die Anfang 1943 aus Rumänien gekommen waren, halfen im Hospital, die Zustände wesentlich zu verbessern. Durch die Unterstützung des Bukarester Hilfskomitees im Januar 1943 konnte eine Suppenküche eingerichtet werden.

1943 fielen einige Dutzend Ghettobewohner den harten Bedingungen der Zwangsarbeit zum Opfer. 60 junge Juden wurden zur Arbeit nach Nikolajew geschickt, von denen 15 ermordet wurden.

Im Ghetto war eine Untergrundgruppe aktiv, die mit den Partisanen zusammenarbeitete. Zahlreiche junge Juden flohen aus dem Ghetto und wurden Mitglieder der Partisaneneinheit.

Alexandr Wischnewezki
»Gab es Juden in Tschetschelnik?«

Das Städtchen Tschetschelnik, Gebiet Winniza in dem ich geboren wurde und aufgewachsen bin, war viele Jahrhunderte ein Ort, an dem das Leben nach alten jüdischen Traditionen gestaltet wurde. Die Hauptsprache des Städtchens war Jiddisch, das alle, einschließlich der Kinder, beherrschten. Unter den einheimischen Ukrainern gab es viele, die Jiddisch verstanden und es sogar sprachen. Die jüdischen Handwerker des Städtchens stellten alles her, was die Bauern aus den benachbarten Dörfern benötigten. Sie lebten vom Verkauf ihrer Erzeugnisse. Mit einem Wort, die Juden in Tschetschelnik waren, wie in vielen anderen Ortschaften der Ukraine, an die ethnografische und ökonomische Wirklichkeit angepasst.

Wenn man heute versucht herauszufinden, ob es in Tschetschelnik irgendwann Juden gegeben hat, wird man vor einer komplizierten Aufgabe stehen. Selbst in der »Kurzen jüdischen Enzyklopädie« fehlt ein Artikel über meine Heimatstadt. In anderen Nachschlagewerken findet man höchstens einen kurzen Verweis auf einen »Ort, das Bezirkszentrum im Gebiet Winniza«, in dem eine Eisenbahnstation und eine Zuckerfabrik sind. Vor Kurzem schaute ich mir im Internet alles auf Russisch und Ukrainisch an, was mit meiner Heimatstadt, Tschetschelnik, wo ich geboren wurde, während des Krieges im Ghetto eingepfercht war und nach dem Krieg zur Schule ging, zu tun hat. Auch dort fand ich keine ausführlichen Informationen über das jüdische Leben unseres Städtchens. Nur auf einem U.S.-amerikanischen Internetportal stieß ich auf das Foto unserer Synagoge.

Einer der im Internet gefundenen Artikel erstaunte und empörte mich. Auf dem Regionalportal der Stadt Winniza http://www.portal.vinnitsa.com gibt es zur Geschichte des Städtchens Tschetschelnik ausführliche historische Angaben, aber die Juden, mit denen die 500-jährige Geschichte des Ortes verbunden ist, werden mit keinem einzigen Wort erwähnt. 1939 lebten im Städtchen 1327 Juden, was 66 Prozent der Gesamtbevölkerung ausmachte. Wenn es heute im Städtchen keine Juden mehr gibt, bedeutet es, dass man dieses Thema gänzlich ignorieren soll? Wahrscheinlich ist jemand daran interessiert, unser tragisches jüdisches Schicksal in der Diaspora, insbesondere in der Zeit der Katastrophe, sowie unsere Verbindung mit der Ukraine, mit ihrem Volk und ihrer Geschichte zu verheimlichen. Diese Tendenz lässt sich aber auch in anderen Ländern beobachten und hängt mit dem wachsenden Antisemitismus und dem Judenhass zusammen. In erster Linie aber auch mit dem Versuch, die Katastrophe zu verschweigen, an der auch Länder, in denen Juden lebten, mitschuldig sind.

Nach einer ungeschriebenen Tradition hatten die Einwohner jedes Städtchens einen Spitznamen. Die Einwohner von Tschetschelnik nannte man »meschugge« (Dummköpfe), obwohl der einzige wirklich Verrückte bereits in den ersten Tagen nach der deutschen Besatzung, als er durch die Straßen lief und »Mama, Mama, die Deutschen sind anständige Menschen!« rief, erschossen wurde.

Für mein ganzes Leben blieben mir die Intelligenz und der Humor der Einwohner des Städtchens in Erinnerung. Sie waren sehr fleißig und immer bereit, einander zu helfen. Vielleicht konnten sie deshalb, trotz all des Erlebten, später ohne psychologische Rehabilitation weiterhin normal funktionieren. Selbst jetzt, nach vielen Jahren, spüre ich in Begegnungen mit meinen Landsleuten ihre Herzlichkeit und Verbundenheit. Im Städtchen lebten viele Generationen meiner Familie väterlicherseits.

Als der Krieg ausbrach und bekannt wurde, dass die Deutschen kurz vor unserem Städtchen sind, bekam mein Vater ein Pferd und einen Pferdewagen in der Kolchose und unsere Familie wollte sich in aller Eile evakuieren lassen. Aber wir konnten nur den Dnjepr erreichen, denn auf der anderen Dnjepr-Seite standen bereits deutsche Soldaten und verhinderten unsere weitere Flucht.

Wir mussten zurückkehren. Auf dem Rückweg gingen wir ins Dorf Pokotilowo, Gebiet Kirowograd, wo der Vater meiner Mutter und ihre zwei Schwestern mit ihren Familien lebten. Sie schlugen meinem Vater vor, dass unsere Familie in Pokotilowo bleibt, aber wir lehnten es ab. Dies rettete uns vor dem Tod. Erst nach der Befreiung erfuhren wir, dass alle Juden in Pokotilowo vernichtet worden waren. Außerdem wurde uns bekannt, dass die Faschisten den Vater meiner Mutter vor der Ermordung besonders brutal misshandelten.

Einen Monat nach Kriegsausbruch wurde das Städtchen Tschetschelnik besetzt. Bereits am zweiten Tag nach der Besatzung trieb man die Menschen aus ihren Häusern und führte sie zur Erschießung ab. Die Menschen wurden am Marktplatz zusammengepfercht und warteten auf ihre

Exekution. Diese wurde von einem Deutschen hohen militärischen Ranges, der gerade in unserem Städtchen angekommen war, verhindert. So konnten die Menschen gerettet werden. Seitdem gibt es eine Legende, dass der Deutsche hohen militärischen Ranges ein verkleideter Partisan war. Deutsche und rumänische Soldaten, unterstützt von ukrainischen Polizisten, die unter der einheimischen Bevölkerung rekrutiert worden waren, sowie von einigen jüdischen Verrätern, plünderten jüdische Häuser, warfen Menschen aus ihren Wohnungen hinaus und ermordeten Juden. Oft waren an diesen »Aktionen« auch ukrainische Bauern aus den benachbarten Dörfern beteiligt.

Ende August 1941 übergaben die Deutschen die Kontrolle über das Territorium zwischen Bug und Dnjestr sowie von Mogiljow-Podolski bis zum Schwarzen Meer an Rumänien. Diese Gebiete bekamen den Namen Transnistrien. Dort wohnten vor dem Krieg 300 000 Juden, von denen 185 000 von Deutschen und Rumänen vernichtet wurden. Die Rumänen deportierten Zigtausende Juden aus Rumänien und Moldawien nach Transnistrien. Die Ortschaften, die zum rumänischen Besatzungsgebiet gehörten, waren überfüllt mit Flüchtlingen.

Der furchtbar kalte Winter 1941/42, der Hunger und die enorme Konzentration der Menschen auf kleinstem Raum verursachten Epidemien wie Typhus und Dysenterie. Meine Mutter erzählte mir, dass die Sterblichkeit unter den Juden, besonders unter den Flüchtlingen, in jenem Winter besonders hoch war. Meine Mutter schloss 1933 ihre Krankenschwesterausbildung in Gaissin ab. (Die Unterrichtssprache war dort Jiddisch.) Selbst während unseres Aufenthalts im Ghetto arbeitete meine Mutter als Krankenschwester im lokalen Krankenhaus.

Hier gebe ich einen Auszug aus dem Bericht eines der aus dem Gebiet Czernowitz nach Tschetschelnik Deportierten wieder. Sein Name ist Israil Taigler, geboren 1918. Seine Archivakte in Yad Vashem hat die Nummer 03.246. (Die Übersetzung aus dem Deutschen – in dieser Sprache legte er seine Zeugnisse ab – ist von mir). Er stammt aus dem Dorf Kadobeschti, in dem vor dem Krieg 20 jüdische Familien lebten. Sie alle wurden deportiert. Die Befreiung erlebten nur die Vertreter von fünf Familien. Im November 1941 wurden sie in einem Fußmarsch nach Tschetschelnik getrieben. Unterwegs starb vor Hunger und Kälte seine Mutter. Sie wurde erschossen, weil sie nicht mehr gehen konnte. Nach Tschetschelnik kam er in der ersten Kolonne der Deportierten. Danach kamen weitere Gruppen aus der Bukowina und aus Bessarabien. Bereits seit 1939 lebten dort zehn Familien, die aus Polen geflüchtet waren.

Die früher leer stehenden Häuser waren mit deportierten Flüchtlingen überfüllt. Sehr schnell brach eine Typhusepidemie aus, der die Hälfte der Menschen zum Opfer fiel. Sein Vater starb an Typhus gleich nach der Ankunft. Der Leichnam blieb acht Tage im gleichen Zimmer, in dem Israil Taigler mit hohem Fieber lag. Als er zu Bewusstsein kam und aufstehen konnte, ging er in die jüdische Gemeinde und bat um Hilfe, um den Vater beerdigen zu können. Erst nach ein paar Tagen konnte sein Vater beigesetzt werden, da es sehr viele Tote gab und man nicht so schnell Gräber ausheben konnte. Es mangelte außerdem an der Transportmöglichkeit, um die Toten zum Friedhof zu bringen.

Zum Judenrat gehörten Iosif Saslawski, Bilenki und Granowski. An der Spitze der jüdischen Polizei stand Woloch. Die jüdischen Amtsinhaber waren der rumänischen Gendarmerie untergeordnet. Auf Anordnung der Gendarmerie wurden Juden zur Zwangsarbeit im Eisenbahnbau, in der Zuckerfabrik und in der Landwirtschaft verschleppt. Ein Teil der Deportierten wurde nach Nikolajew zum Brückenbau verschickt.

Für das Verlassen des Ghettogeländes drohte die Erschießung. Nichtsdestotrotz riskierten viele ihr Leben und gingen in benachbarte Dörfer, um etwas Essbares zu erbetteln oder es mit eigener Arbeit zu verdienen. Manchmal verteilten die Mitglieder der jüdischen Gemeinde Geld und Lebensmittel, die als Spenden von den Juden aus Rumänien kamen.

Unter den deportierten Juden waren auch viele Ärzte, die bereit waren, kostenlos zu helfen. Sie hatten aber keine Medikamente. So erinnert sich Taigler an das Ghetto in Tschetschelnik.

Sehr gemein verhielten sich jüdische Verräter, die zu Handlangern der Besatzer geworden waren. Zwei Einwohner des Städtchens, die Rotarmisten Jankel Tenzer und Motl Bljumental, konnten aus der deutschen Gefangenschaft fliehen und kamen ins Städtchen zurück. Jankel war zudem schwer am Kopf verwundet. Sie wurden von Iosif Saslawski denunziert, der sie an die Rumänen auslieferte. Vor den Augen einiger Dorfbewohner und der Frau von Jankel wurden die beiden von Rumänen erschossen. Die Deutschen kamen regelmäßig ins Städtchen und ermordeten Juden.

Auch durch die ukrainische Polizei waren wir täglichem Terror ausgeliefert. Eines der furchtbarsten Ereignisse in diesem Zusammenhang war der Versuch, die jüdische Bevölkerung des Städtchens durch eine Provokation zu vernichten. Bei einer Hochzeitsfeier seiner Familie tötete der lokale Polizist Pawel Gnida den Assistenten des Kommandanten der rumänischen Polizei und versuchte dann den Leichnam auf das Ghettogelände zu bringen. Zum Glück wurde er dabei von rumänischen Soldaten erwischt. Er wurde dann zusammen mit anderen Polizisten, die auf der Hochzeit waren, erschossen.

In meinen Erinnerungen – ich war damals ein kleines Kind – blieben die unbeschreibliche Angst, der Hunger und die Kälte. Für immer blieb in meinem Gedächtnis das hysterische Lachen meiner Mutter in besonders lebensgefährlichen Momenten. Oft saßen wir an solchen Tagen im Keller des eigenen Hauses und hatten Angst zu niesen oder zu husten. Kurz vor der Ankunft der sowjetischen Truppen versteckten wir uns bei einer ukrainischen Familie am Rande des Städtchens.

Insgesamt hatten meine Eltern ein gutes Verhältnis zu einheimischen Ukrainern, was zum großen Teil dem Beruf meines Vaters als Friseur und den Kenntnissen meiner Mutter als Krankenschwester zu verdanken war. Sie war zu jeder Tages- und Nachtzeit bereit, den Menschen des Städtchens und der benachbarten ukrainischen Dörfern zu helfen. In unserer Familie lebte seit 1935 unser ukrainisches Kindermädchen, Anna Boiko, die wie ein Familienmitglied behandelt wurde. Während der Besatzung blieb sie bei uns trotz der Gefahr, die für sie von unserer Familie ausging. Konnte sich diese Tatsache irgendwie positiv auf die Situation unserer Familie auswirken? Unsere Eltern, wie auch alle Juden des Städtchens, waren der ständigen Willkür der deutschen, rumänischen, ukrainischen Polizisten und selbst der jüdischen Verräter ausgeliefert. Ihr Leben wurde zum Inferno. Aber sie unternahmen alles, um uns Kinder vor all dem zu schützen, was sie aushalten mussten.

Selbst in jenen furchtbaren Jahren bekamen meine Schwester Dora und ihre Freundin Lisa Fischer von der Lehrerin Schura Spektor heimlich Unterricht, der nach den sowjetischen Lehrbüchern gestaltet wurde. Dies erlaubte ihnen nach der Befreiung gleich in die vierte und nicht in die erste Klasse eingestuft zu werden.

Zwei Neffen meines Vaters verloren ihre Gesundheit im Ghetto des Städtchens. Einer von ihnen, Sascha Makarewski, wurde zum Schiffbau nach Nikolajew verschickt. Nach einigen Monaten kehrte er halb tot zurück. Der zweite, Chananja Winokur, war von Polizisten so schwer misshandelt worden, dass er sein ganzes Leben stotterte. Sie starben beide sehr jung.

Es gab keine Hoffnung auf Rettung, obwohl eine jüdische Untergrundorganisation im Städtchen und Partisanen in den umliegenden Wäldern aktiv waren. Im Friseursalon meines Vaters arbeitete ein junger Mann, Monja Zukerman, der die Deutschen und Polizisten belauschte und die Informationen an Widerstandskämpfer weiterleitete. Den Widerstandskampf unseres Städtchens leitete Isaak Granowski. Ewgenija Boroda war seine rechte Hand. Sie hatten engen Kontakt zu den Partisanen, die in den umliegenden Wäldern aktiv waren. Von Granowski erfuhren meine Eltern vom Sieg der sowjetischen Truppen bei Stalingrad.

Nichtsdestotrotz hatten wir Glück, dass wir in Transnistrien waren, denn in den von deutschen besetzten Gebieten gab es nicht einmal Ghettos, sondern die jüdische Bevölkerung wurde sofort und gänzlich ausgerottet.

Am 17. März 1944 wurde unser Städtchen befreit. Den Überlebenden stand noch der Hunger 1947/48 in der Ukraine bevor. Die überstandene Katastrophe, Hunger, Antisemitismus, mangelnde Loyalität der lokalen Machthaber, der Wunsch, die Orte der Massenerschießung und Verfolgung zu verlassen und in größere Städte umzuziehen, um den Kindern eine gute Ausbildung zu ermöglichen, führten dazu, dass das jüdische Leben selbst in den Orten, in denen Juden am Leben geblieben waren, langsam ausgelöscht wurde. Die Auflösung der Sowjetunion und die Möglichkeit der Auswanderung vollendeten diesen Prozess.

Jüdische Städtchen wie Tschetschelnik verloren ihre letzten Juden. Aber das jüdische Leben dieser Städtchen wird fortgesetzt, obwohl die meisten Juden heute als Auswanderer in verschiedenen Ländern, vor allem in den USA und in Israel, wohnen.

Über 60 Jahre sind seit dem Ende des Zweiten Weltkriegs vergangen. Es gibt heute immer weniger Menschen, die trotz der furchtbaren Bedingungen in Konzentrationslagern und Ghettos überlebten. Eine besonders schwere und grausame Last der Erinnerung tragen die damals minderjährigen Opfer, die ihrer Kindheit beraubt wurden. Heute bilden sie den größten Teil der Überlebenden der Katastrophe. Sie sind im Alter von 65 Jahren und haben nicht mehr so viel Zeit, um Zeugnis vom Erlebten und Überleben abzulegen. Die Zeit vergeht sehr schnell. Als Repatriierter – seit Dezember 2004 wohne ich in Jerusalem – stoße ich im Rahmen meines gesellschaftlichen Engagements immer öfter auf Überlebende der Konzentrationslager und Ghettos während der Katastrophe. Viele von ihnen leben an der Grenze des Existenzminimums. Die Jahre und das Erlebte, was sie in jener furchtbaren Zeit durchmachen mussten, gingen an ihnen nicht spurlos vorbei. Unser Staat ist verpflichtet, einen Sonderstatus für Ghetto- und Konzentrationslagerhäftlinge zu verabschieden, um diese Menschen zu unterstützen und ihren schweren Lebensabend zu mildern. Außerdem muss man unbedingt alle Berichte und Zeugnisse über die Ortschaften, die früher ein reges jüdisches Leben hatten, sammeln. Mit jedem Jahr wird es immer weniger jener geben, die noch die Erinnerung an die Städtchen mit dem blühenden jüdischen Leben, das im Feuer des Holocaust ausgelöscht wurde, in sich tragen.

22. Bezirk (Rayon) Tultschin

(ukr. Tulzschyn, poln. Tulczyn)

Der Bezirk Tultschin wurde am 30. August 1941 offiziell an Rumänien übergeben und wurde ein Teil Transnistriens.[176]

Nach einem Bericht der Gouverneure der Bukowina und Bessarabiens vom 9. Dezember 1941 wurden 147 712 Juden deportiert, davon 108 002 in drei Verwaltungsbezirke (județe) in Transnistrien, nach Tultschin 47 545, nach Balta 30 981 und Golta (heute Perwomaisk) 29 476. Im Bezirk Tultschin wurden die deportierten Juden in Mitki, Petschora und Rogosna untergebracht.[177]

Ort: Tultschin

1939 lebten in der Stadt Tultschin[178] 5607 Juden, etwa 42 Prozent der Bevölkerung und 180 Juden in den Dörfern des Bezirks.

Die Wehrmacht besetzte den Ort am 23. Juli 1941. Viele Juden versuchten nach Osten zu fliehen, entdeckten aber bald, dass es kein Entkommen gab und sie gezwungen waren zurückzukehren. Im September 1941 wurde Tultschin zum Zentrum der gleichnamigen Verwaltung, die von einem Präfekten geleitet wurde. Im Sommer 1941 führten die rumänischen Machtinhaber die Anmeldung der Juden durch.

Am 1. Oktober 1941, dem jüdischen Feiertag Jom Kippur, wurden die Juden in einem Ghetto konzentriert, das im jüdischen Armenviertel Kapzanowka lag und aus vier Straßen bestand. Ein Judenrat und ein jüdischer Ordnungsdienst wurden eingerichtet. Die Juden wurden gezwungen, ein schwarzes Abzeichen mit einem gelben Davidstern auf ihrer Kleidung zu tragen und der Arbeitseinsatz wurde organisiert.

Am 7. Dezember 1941 mussten sich alle Juden mit Handgepäck und Proviant für drei Tage in der ehemaligen jüdischen Schule versammeln. In der Schule herrschten unvorstellbare Zustände. Die Leute konnten nur stehen, es gab keine Nahrung und kein Wasser, Toiletten durften nicht benutzt werden. 80 Personen begingen Selbstmord. Am 10. Dezember 1941 wurden 3005 Juden aus Tultschin nach Petschora deportiert. Die Kolonne aus Alten,

---

176 VEJ 7, S. 834.
177 International Commission on the Holocaust in Romania, S. 145, 177.
178 Altman, Cholokost, S. 990; The Yad Vashem Encyclopedia, S. 851.

Kindern, Frauen mit Säuglingen bewegte sich zu Fuß von Tultschin bis Petschora in Begleitung deutscher und rumänischer Soldaten mit Wachhunden und ukrainischen Polizisten. Wer in der Kolonne zurückblieb, wurde erschossen. Die Kolonne erreichte Petschora am 12. Dezember 1941. 20 bis 30 Handwerker (Schuster und Schneider) mit ihren Familien, insgesamt 118 Personen konnten in Tultschin bleiben. Ende Dezember 1942 wurden ungefähr 230 Juden aus der Bukowina und ukrainische Juden aus Jampol nach Tultschin deportiert. Im März 1943 lebten 500 Juden im Ghetto. Anfang 1943 schickte das jüdische Hilfskomitee aus Bukarest Kleidung und Medikamente nach Tultschin. Diese Hilfe erlaubte es dem Judenrat, eine Suppenküche und einige Werkstätten zu betreiben. Mit Erlaubnis der Behörden wurde auch eine Schule für 90 Kinder eingerichtet. Die Ghettobewohner wurden beim Torfabbau eingesetzt. Sie mussten bis zur Hüfte im Wasser stehend arbeiten. Ein paar Hundert Menschen starben im Lager an Hunger und Krankheiten.

Im April 1943 wurden erneut Juden zur Zwangsarbeit in deutsche Arbeitslager deportiert. Alle diese Deportierten wurden im Dezember 1943 ermordet.

Ende Januar 1944 umstellte eine deutsche Polizeieinheit das Ghetto, um es zu »liquidieren«. Der Kommandeur der rumänischen Gendarmerie, Feteka, widersetzte sich jedoch, und die Juden waren gerettet.

Am 15. März 1944 wurde Tultschin befreit.

Ort: Nesterwarka

Nesterwarka[179] ist ein Dorf, etwa ein Kilometer nördlich von Tultschin. Nach der Okkupation gehörte es zu Transnistrien. 1942/43 existierte dort ein jüdisches Zwangsarbeitslager. Jüdische Männer im Alter von 17 bis 50 Jahren aus verschiedenen Ortschaften Transnistriens lebten in Ställen und wurden beim Entladen von Lastkraftwagen, aber auch bei der Torfgewinnung eingesetzt. Der Torf wurde in einer Fabrik, die ihren Sitz in der Synagoge von Tultschin hatte, zu Briketts verarbeitet. Die Gefangenen erhielten täglich zweimal halb gebackene Polenta und einen Eintopf aus verfaultem Gemüse. Jede Arbeitsgruppe wurde von einem rumänischen Ingenieur geleitet. Sehr oft wurden die Juden von den Ingenieuren schikaniert.

Im Herbst 1941 wurden Juden aus der Bukowina und Bessarabien nach Nesterwarka deportiert. Im Dezember 1941 wurde das Lager wegen des sehr starken Frostes vorübergehend aufgelöst. Ein paar Hundert Juden starben infolge der unbeschreiblich schweren Arbeit sowie an Hunger und Krankheiten.

Im Frühjahr 1943 wurde eine Gruppe jüdischer Arbeiter aus Tywrow nach Nesterwarka deportiert.[180]

Am 1. September 1943 waren 1590 Juden im Lager, 1168 aus der Bukowina und 422 aus Bessarabien.

---

179 Altman, Cholokost, S. 646
180 The Yad Vashem Encyclopedia, S. 856.

22. Bezirk (Rayon) Tultschin

Ort: Petschora

(ukr. Petschera, poln. Peczara, rumän. Peciora)
Das Dorf Petschora[181] gehörte während der Zeit der Okkupation zum Bezirk Schpikow, heute ist es ein Stadtteil von Tultschin. Am 23. Juli 1941 wurde das Dorf durch deutsche und rumänische Truppen besetzt. Im September 1941 wurde es ein Teil Transnistriens.

Von Dezember 1941 bis März 1944 gab es in Petschora ein Ghetto/Lager für Juden.[182] Das Lager wurde manchmal »Todesschlinge« oder »Todesschleife« genannt, obwohl dieser Name in den Dokumenten aus der Kriegszeit nicht vorkommt.[183] Über dem Eingang war ein Schild angebracht mit der Aufschrift »Todeslager«.[184]

Nach General Iliescu, Inspektor der Gendarmerie in Transnistrien, sollten die Ärmsten nach Petschora geschickt werden, da sie sowieso sterben würden und das Lager Petschora für diese Zwecke geschaffen sei. In zwei umzäunten Gebäuden des ehemaligen Sanatoriums, die für 400 Personen Platz boten, wurden im Herbst 1942 über 3000 Juden aus dem Landkreis Tultschin und später weitere 3000 Juden aus Mogiljow-Podolski untergebracht. Die meisten mussten unter freiem Himmel leben und starben an Hunger.[185]

In Petschora herrschte ein solcher Hunger, dass sich die Lagerinsassen von Baumrinde, Blättern, Gras und dem Fleisch der Verstorbenen ernährte.[186] Petschora war das schrecklichste Lager in ganz Transnistrien.

Das Verlassen des mit einer Natursteinmauer umgebenen Geländes war verboten. Es wurde von ukrainischer Polizei mit Gewehren und Schlagstöcken bewacht. Die einheimische Bevölkerung warf Nahrung über die Mauer. Trotz des Verbots gingen Frauen und Kinder unter Lebensgefahr in die umliegenden Dörfer, um Nahrung zu erbetteln. Wasser konnte nur aus dem Fluss Südlicher Bug geholt werden.

Am 10. Dezember 1941 wurden 3005 Juden aus Tultschin nach Petschora deportiert. Die Kolonne bewegte sich zu Fuß und erreichte Petschora am 13. Dezember 1941. Am 31. Dezember erreichten 747 Juden aus Brazlaw das Lager.

Ende Oktober 1941 wurde eine Gruppe Juden, einschließlich Kinder, von Jampol nach Trostjantschik deportiert. Einige kamen dort ums Leben, währen die anderen später nach Petschora geschickt wurden.[187]

Im September 1942 übergab der rumänische Kommandant von Petschora 150 jüdische Mädchen zwischen 14 und 20 Jahren an den Oberfeldwebel Hans Rucker. Die Deutschen

---

181 Altman, Cholokost, S. 743.
182 In den offiziellen Dokumenten sind keine stringenten Bezeichnungen oder genauen Begriffsdefinitionen vorzufinden. Einige Orte werden abwechselnd »Kolonie« (colonie), »Ghetto« (ghetou) oder L »Lager« (lagär) genannt. Siehe: Benz, Holocaust an der Peripherie, S. 72.
183 Altman, Opfer des Hasses, S. 360.
184 International Commission on the Holocaust in Romania, S. 143.
185 Benz, Nationalsozialistische Zwangslager, S. 129.
186 Hilberg, Die Vernichtung der europäischen Juden, S. 834.
187 The Yad Vashem Encyclopedia, S. 952.

hatten die Mädchen angefordert mit der Begründung, sie würden als Krankenschwestern in Winniza benötigt. Sie kamen aber nie in Winniza an. In einem Wald zwischen Bar und Winniza wurden sie vergewaltigt und schließlich erschossen. Nur ein Mädchen namens Frida Koffler überlebte, weil sie von einem Mann in Uniform gerettet wurde.[188]

Zwischen August 1942 und Mai 1943 wurden 2500 Juden den Deutschen als Zwangsarbeiter ausgeliefert.

Am 8. November 1942 deportierten die Rumänen 1500 Juden aus Mogiljow-Podolski nach Petschora.[189]

Mitte März 1944 wurden in Petschora 1550 Überlebende durch die Rote Armee befreit. Über die Zahl der in Petschora an Hunger und Krankheit Gestorbenen gibt es verschiedene Schätzungen. Sie liegen zwischen 2500 und 4500.[190]

Ort: Schpikow

(ukr. Schpykiw, poln. Szpików)

1939 lebten in Schpikow[191] 895 Juden, etwa 18 Prozent der Bevölkerung und im ganzen Bezirk 1291 Juden.

Nach dem Beginn des Krieges kamen Flüchtlinge aus der westlichen Ukraine durch die Siedlung und riefen den Juden zu, den Ort zu verlassen. Aber die Leiter der Siedlung versicherten, dass der Feind angehalten werde. Am 6. Juli 1941 begann die Mobilisierung der Wehrpflichtigen und der Absolventen der neunten und zehnten Klassen. Am 22. Juli 1941 wurde Schpikow von der Wehrmacht besetzt. Die Familien von sowjetischen Partei-Aktivisten wurden kurz nach der Besetzung erschossen, darunter auch Juden.

Am 1. September 1941 kam Schpikow zu Transnistrien. Die rumänischen Behörden errichteten in einer der Straßen ein Ghetto und bildeten einen Judenrat. Im Ghetto wurden außer den einheimischen Juden auch die Juden der umliegenden Dörfer zusammengepfercht. Die Menschen schliefen in Scheunen und auf dem Fußboden. In einem Raum waren 15 bis 20 Personen. Die Juden wurden zur Zwangsarbeit gezwungen. Sie mussten Büros der Verwaltung säubern und wurden bei der Ernte in der Kolchose eingesetzt. Auf dem Weg zur Arbeit wurden sie von Rumänen eskortiert. Am 5. Dezember 1941 umstellten die Rumänen das Ghetto. Die Juden mussten alle Wertsachen bei der Kommunalverwaltung abgeben. Am 8. Dezember 1941 gab man den Juden eine halbe Stunde Zeit, sich abmarschbereit zu machen. Dann wurden 980 Juden in das Lager Rogosna deportiert. Auf dem Weg wurden sie von den sie begleitenden Hilfspolizisten ausgeraubt.[192]

---

188 Angrick, Annihilation and Labor, S. 208; Benz, Nationalsozialistische Zwangslager, S. 130.
189 The Yad Vashem Encyclopedia, S. 495.
190 Altman, Cholokost, S. 744.
191 Ebenda, S. 1094; VEJ 7, S. 834–837; The Yad Vashem Encyclopedia, S. 703.
192 The Yad Vashem Encyclopedia S. 703 nennt als Datum den 6. Dezember und beziffert die Zahl der Deportierten auf 850.

Im Lager Rogosna wurden die Juden im Klubraum, in der Ambulanz und im Pferdestall der Kolchose untergebracht. Am Anfang durften sie noch ins Dorf gehen, um Lebensmittel zu beschaffen. Nach einem Monat wurde eine Quarantäne verhängt, und sie durften das Lager nicht mehr verlassen. Die ukrainischen Polizisten misshandelten die Juden schwer, und viele starben durch Hunger oder Krankheit. Die Überlebenden wurden im Juli 1942 nach Petschora deportiert, wo ebenfalls viele starben oder von Deutschen zur Zwangsarbeit gezwungen wurden, von der sie nicht zurückkehrten. In Schpikow blieben 27 Juden zurück, von denen sechs 1942 erschossen wurden.

Nach offiziellen Angaben starben in Petschora 539 Juden aus dem Bezirk Schpikow und 409 aus der Stadt Schpikow selbst (94 Männer, 149 Frauen, 166 Kinder).

Schpikow wurde am 18. März 1944 befreit.

Anatoli Agres (geb. 1941)
»Dank eines Zufalls blieben wir dort am Leben«
Meine Erinnerungen beruhen fast vollständig auf Berichten meiner Mutter Klara Israilewna Agres, in deren Armen ich fast alle Monate und Jahre meines Lebens im Ghetto verbracht hatte.

Vor dem Krieg lebten wir in der Stadt Trostjanez, Gebiet Winniza. Wir lebten in einer Großfamilie: Großeltern, Tanten und Onkel, viele Cousinen und Cousins. Ich war das einzige Kind meiner Eltern.

Wahrscheinlich fehlten uns ein paar Stunden, um uns evakuieren zu lassen. In Ladyshin kam es vor der Brücke über den Bug-Fluss zu einer Verzögerung, die dadurch entstand, dass die sowjetischen Truppen auf ihrem Rückzug diese Brücke benutzten. Als die Bombardierung begann, wurde die Brücke zerstört. Kurz darauf kamen Deutsche auf ihren Motorrädern. Sie alle waren schnell und selbstsicher, gepflegt und sehr jung. Einer von ihnen kam an uns heran und klopfte mir auf die Schulter. Zu meiner Mutter sagte er aber: »Juda!«, indem er auf seine Hand pustete, als ob er den Staub loswerden wollte.

Dann kam Werchowka und das tragische Petschora. Nur Dank eines Zufalls blieben wir dort am Leben.

Nach dem Krieg fuhr meine Mutter jedes Jahr im Herbst nach Petschora. Dort gibt es ein paar lange Gräber. Zwei von ihnen sind offen. Sie waren für uns bestimmt. Bis 1982, bis zu ihrem Tod, standen vor den Augen meiner Mutter immer wieder die Bilder des Todes und des Sterbens ihrer liebsten Familienmitglieder. Mein Großvater verhungerte. Meine Großmutter, die unterwegs zu Boden fiel, wurde erschossen. Man konnte meine Mutter nur mit Mühe und Not von ihr losreißen. Ein Polizist kam zu meiner Mutter heran und schlug sie mit dem Gewehrkolben. Ich war in ihrem Arm, und ihr Schreien prägte sich mir für mein ganzes Leben ein.

Auch Tante Sonja war zusammen mit uns. Das war die jüngere Schwester meiner Mutter, die in den ersten Kriegstagen aus Odessa kam. Als sie, eine junge Frau im Alter von 23 Jahren, als etwas kräftigere zur Zwangsarbeit in Deutschland selektiert und von uns getrennt wurde, weinte sie und verabschiedete sich von uns allen, ohne zu wissen, dass sie sehr bald in der Nähe von Gaissin in einer Baracke für Typhuskranke landen und dort für immer jung bleiben würde. Auf dem Friedhof von Tairow wurde an die Gedenktafel meiner Mutter auch das Foto ihrer Schwester angebracht.

Wir flohen aus dem Lager und gütige Menschen riskierten ihr Leben, indem sie uns für einen oder für zwei Tage Unterschlupf gewährten. Sie boten meiner Mutter an, mich bei ihnen zu lassen, aber es war unser Schicksal, zusammen zu überleben. Nach dem Krieg sah ich unsere Retterinnen – Tante Kylyna und Tante Melanka – wieder. Sie kamen aus ihren Dörfern nach Trostjanez, und meine Mutter zeigte mich ihnen und lächelte. Der brutalste unter den Polizisten war Smetanski. Es machte ihm nichts aus, mit dem Maschinengewehr in die Menschenmenge zu schießen, um auf diese Art und Weise schnell Ordnung zu schaffen.

In Trostjanez wohnt auch die Freundin meiner Mutter, Tante Riwa, die zusammen mit uns das Ghetto überlebte. Auch Tante Sima wohnt dort. Natürlich könnten sie meinen Bericht über unsere tragische Geschichte mit vielen Details ergänzen.

Abram Krischtein (geb. 1932)
Konzentrationslager »Todesschleife«

Ich wurde am 19. April 1932 in der Stadt Tultschin, Gebiet Winniza geboren. Wir waren eine große Familie: Vater, Mutter, drei Schwestern und drei Brüder. Außerdem lebte der Bruder meiner Mutter bei uns, der bei seiner Geburt zum Waisen geworden war. Kurz vor Kriegsbeginn hatte ich die erste Klasse beendet. Mein Vater arbeitete als Schneider, meine Mutter war Hausfrau und erzog sieben Kinder. Meine ältere Schwester Schlima war Lehrerin im Dorf Ulyga im Bezirk Schpikow. Sie war bereits verheiratet und gebar am 23. April 1941 ihre Tochter Frida. Ihr Mann ging in den ersten Tagen des Krieges an die Front. Unser Bruder Moisei, Jahrgang 1922, arbeitete als Veterinär in einer Kavalleriebasis. Am Vorabend des Krieges war er in Kiew und stellte einen Antrag für ein Studium an der Medizinischen Militärakademie in Leningrad. Am Abend des 22. Juni 1941 bekamen wir ein Telegramm von ihm, dass er an die Front geht. Meine Schwester Rachil, geboren 1924, war Sekretärin. Der Bruder Jascha, Jahrgang 1926, beendete gerade die sechste Klasse. Die 1928 geborene Schwester Zilja beendete die fünfte Klasse. Der Bruder meiner Mutter, Iosif Furman, diente in einer Panzerbrigade in Tschernigow. Er besuchte uns oft in Tultschin.

Am 22. Juni 1941, es war ein Sonntag, ging mein Bruder Jascha mit seinen Schulkameraden und mir zum Baden an den See. Auf dem Rückweg gingen wir zu den Bezirkswettkämpfen ins Stadion. Wir wunderten uns, dass die Wettkämpfe vor beinahe leeren Tribünen stattfanden, zumal die Tribünen sonst brechend voll waren.

Zu Hause saßen unsere Eltern am Radio und hörten die Nachrichten aus Moskau. Viele, darunter auch unsere Nachbarn, verließen die Stadt in den ersten Tagen des Krieges, andere bezweifelten, dass es nötig sei wegzugehen.

Ein Verwandter, Onkel Motl Lepkiwker, der 1914 in deutscher Kriegsgefangenschaft gewesen war, überzeugte uns, dass es nicht notwendig sei, die Stadt zu verlassen, weil die Deutschen eine kultivierte und zivilisierte Nation seien und uns nichts Schlimmes passieren könne. In der ersten Kriegswoche kam Onkel Iosif zu uns. Er warnte die Eltern, die Stadt nicht zu verlassen, und meinte, dass er uns an einen sicheren Ort bringen könne, falls eine Gefahr bestünde. In Tultschin herrschte Panik, durch den Ort zogen die sich zurückziehenden Truppen. Soldaten zerschlugen die Schaufenster der Geschäfte, warfen Kleidung, Waren und Lebensmittel auf die Straße. Die Bevölkerung sammelte alles ein.

Man begann die Schüler in den Schulen zu versammeln und führte eine militärische Ausbildung mit den Kindern durch.

An einem der Tage, als Jascha und ich in der Schule waren, kam Onkel Iosif mit seinem EMKA-Auto. Er hatte auch seinen Politkommissar Tschernysch bei sich. Alle sollten schnell ins Auto einsteigen, aber Vater und Mutter weigerten sich, ohne uns wegzufahren. Schlima mit ihrem Baby, Rachil, Zilja und Nina, die Frau des Kommissars Tschernysch, stiegen ein und fuhren weg.

In der Schule verkündete die Lehrerin, dass die Deutschen bereits in der Stadt seien. Durch die Gärten schlugen wir uns nach Hause durch. Dort war schon die Schwester unseres Vaters mit ihren Kindern. Es wurde entschieden, das Stadtzentrum zu verlassen und sich ins Haus der Tanten meines Vaters, Rana und Ester zu flüchten. Unter ihrem Haus war ein Keller, dessen Eingang im Küchenfußboden eingelassen und unter einem Bastläufer verborgen war. Später, wenn es Razzien gab oder Deutsche in der Nähe waren, gingen alle in den Keller, nur die Tanten blieben im Haus.

Tultschin wurde am 18. Juli 1941 von den Deutschen besetzt. In den ersten Tagen rührten sie niemanden an. Sie forderten Schüsseln, Wasser und Seife. In den Häusern nahmen sie sich was ihnen gefiel, hauptsächlich Wertsachen.

Nach einer Woche wurde die sogenannte »Neue Ordnung« eingeführt. Auf jüdische Häuser wurden sechszackige Sterne gemalt. Es wurde eine lokale Polizei aus ukrainischen Nationalisten aufgestellt. In der Stadt waren auch eine rumänische Gendarmerie und eine rumänische Präfektur. Es wurden Bekanntmachungen aufgehängt, dass ein Ghetto gebildet würde und alle Juden aus den zentralen Straßen der Stadt in den Bezirk »Kapzanowka« umziehen müssten.

Die Polizei drangsalierte die jüdische Bevölkerung und trieb sie aus ihren Häusern. Dann wurde ein Befehl der Präfektur über die Ghettoordnung ausgegeben. Den Juden wurde verboten, das Ghetto zu verlassen und sich in den zentralen Straßen, in den Geschäften, auf dem Markt oder in öffentlichen Gebäuden zu zeigen. Der Besuch des Marktes war nur einmal in der Woche für eine Stunde am Donnerstag von 12.00 bis 13.00 Uhr erlaubt. Wer diese Ordnung verletzte und von den Polizisten dabei erwischt wurde, den verprügelten sie – oft bis zum Tod.

Die Leute wurden manchmal zu irgendwelchen »prophylaktischen« Maßnahmen versammelt. Ein Befehl wurde verlesen, jemand wurde öffentlich verprügelt, wie zum Beispiel der Rabbiner, oder vor aller Augen erschossen. Die Kinder gingen trotzdem heimlich ins Stadtzentrum nach Hause, um dort etwas von den eigenen Sachen mitzunehmen, aber alles war schon geplündert. In manche Häuser zogen Polizisten ein oder auch Angehörige der örtlichen »Intelligenzija« und Pfarrer. Auf dem Gebiet des Ghettos gab es auch Häuser, in denen Nicht-Juden wohnten. Auf diese Häuser waren Kreuze gemalt. Offiziell wurde das Ghetto nicht bewacht, aber es gingen Polizisten und deutsche Soldaten über das Gelände, betraten auch Häuser und nahmen nach Belieben Sachen mit. Junge jüdische Frauen versteckten sich, um nicht die Aufmerksamkeit der Soldaten und Polizisten zu erregen. Bald begann man, Menschen unter Bewachung aus dem Ghetto zur Straßenreinigung der Stadt und zu einem Torfstich ins Dorf Nesterwarka zu bringen. Zur Arbeit herangezogen wurden Sattler (sie fertigten Pferdegeschirre), Schmiede (sie beschlugen Pferde und machten Reifen für Räder) und Böttcher (sie stellten Wagenräder her).

Den Ghettobewohnern gingen die Lebensmittel aus und so waren die Leute gezwungen, in der erlaubten Zeit die ihnen gebliebene Kleidung, Geschirr und verschiedenes Gerät auf den Markt zu tragen und sie gegen Lebensmittel einzutauschen, die von der lokalen Bevölkerung ins Ghetto gebracht wurden. Oft rissen die Polizisten den Juden die Wertsachen aus den Händen und verprügelten sie.

Recht erfolgreich tauschten auch Jascha und ich kleine Knäuel aus Fäden, die wir von Spulen abgewickelt hatten, gegen Kartoffeln, Brot und Bohnen ein. Manchmal schlugen wir uns auch zu unseren Kameraden durch, die weit weg vom Stadtzentrum wohnten und uns halfen. Aber es kam auch vor, dass ihre Eltern uns wegjagten und drohten, uns an die Polizei auszuliefern.

Nach vier langen Monaten des Ghettoaufenthalts hatten wir alles, was uns verblieben war, gegen Lebensmittel eingetauscht. Eines Tages nahmen Jascha und ich das Letzte, was wir noch hatten, und gingen los. Es handelte sich um Jaschas Federmesser und eine Mandoline, die mir Tante Ester geschenkt hatte. Auf dem Weg zum Basar riss mir ein ungarischer Soldat die Mandoline aus den Händen. Auf dem Rückweg sah ich sie am Türgriff eines Autos hängen und wollte sie holen. Aber zum Glück hinderte mich mein Bruder daran.

Die Verhältnisse im Ghetto wurden schlechter und schlechter. Mit den ersten Frösten häuften sich Krankheitsfälle, hinzu kamen ständige Razzien und Übergriffe. Man brachte Leute weg, keiner wusste wohin, und oft kehrten sie nicht zurück.

Mein Cousin Grischa erkrankte schwer an Scharlach. Er war schon vor dem Krieg ein immer kränkelndes Kind, aber jetzt gab es nichts, womit man ihn hätte behandeln oder auch nur ernähren können. Nur dank der Hilfe von Jaschas Schulkameraden und ihrer Eltern (Kaduk, Kremenjuk, Tarassenko und Skrypnik, dessen Mutter im Krankenhaus arbeitete und Tabletten, Mixturen und Pülverchen besorgte) wurde Grischa gesund.

In Tultschin konnte jeder durchlebte Tag der letzte Tag gewesen sein, und von diesen Tagen durchlebten wir 135.

Das Schrecklichste stand uns aber noch bevor. Am 2. Dezember 1941 wurden alle Leute aus den Häusern des Ghettos auf die Straße getrieben. Kommandos wurden auf Ukrainisch und Russisch geschrien, es wurde geschossen, Schreie waren zu hören, manchen schleiften sie aus den Häusern, es wurde geprügelt und erschossen. Alle wurden in den Hof der ehemaligen jüdischen Schule getrieben. Entlang des Zaunes standen rumänische Soldaten. Als der Hof voll von Menschen war, wurde das Tor geschlossen. Denen, die direkt vor der Schule standen, wurde befohlen, in die zweite Etage zu gehen. Die Polizisten stießen die Leute in Klassenzimmer und andere Räume. Die Korridore, Treppenabsätze und so weiter waren bis zur zweiten Etage mit Menschen angefüllt.

Diejenigen, die rechts und links vom Gebäude zwischen der Schule und dem Zaun standen, wurden dann zum Haupteingang geführt. Es folgte das Kommando des Polizeichefs Stojanow (eines ehemaligen Abteilungsleiters einer Schule), alle Klassen und anderen Räume in der ersten Etage zu besetzen. Als die Etage und das Treppenhaus bis ins Erdgeschoss voll mit Menschen waren, wurde die Tür zur ersten Etage verschlossen.

Die dritte Gruppe, das war die größte von allen, die im Hinterhof der Schule gestanden hatte, musste nun ins Erdgeschoss gehen. Die Leute passten nicht hinein, man stieß sie mit Gewalt hinein, Alte, die kaum gehen konnten, wurden wie Säcke geworfen, andere liefen über sie hinweg, der ganze schreckliche Vorgang zog sich über fünf bis sechs Stunden hin. Dann wurde die Tür der Schule verriegelt und die Fenster im Erdgeschoss wurden mit Brettern vernagelt.

Im Hof war es kalt gewesen, aber im Gebäude war die reinste Hölle. Nach einigen Stunden war die Luft völlig verbraucht, man konnte sich nicht umdrehen und sich schon gar nicht setzen. Kranke stöhnten, Kinder weinten, manche Leute verloren das Bewusstsein. Gegen Morgen verschlug der Gestank einem den Atem, schnürte einem die Kehle zu. Unter diesen schrecklichen Bedingungen hielt man uns drei Tage und Nächte ohne Essen und Trinken gefangen. Kleine Kinder baten um Wasser, die Eltern reichten sie zu den Fenstern durch, stellten sie auf die Fensterbretter, damit sie die Scheiben ablecken konnten, an denen Kondenswasser in Strömen herabfloss.

Nach drei Tagen, am Morgen des 6. Dezember, wurden die Leute aus dem Erdgeschoss aus der Schule herausgelassen. Sie mussten sich im Hof in Reihen aufstellen. Der Polizeichef holte aus den Reihen, mit einem Schlagstock zeigend, ein Dutzend Männer heraus und befahl ihnen, die Leichen aus den nun leeren Räumen zu holen. Gleichlautende Kommandos ertönten für die Menschen in den anderen Etagen. Am 6. Dezember habe ich zum ersten Mal in meinem Leben eine so große Menge Leichen gesehen.

Auf ein Kommando des Polizeichefs Stojanow hin stellten Polizisten die Leute in mehreren Marschkolonnen auf. Es wurde ein Befehl des rumänischen Kommandanten verlesen, nach dem alle »Shidy«[193] der Stadt Tultschin an einen neuen Aufenthaltsort verbracht werden. Vorher sollten alle eine Hygienebehandlung in der städtischen Banja durchlaufen. Im Hof der Banja teilte man die Leute in Gruppen zu 100 Personen auf und trieb jede Gruppe einzeln in einen Gemeinschaftssaal.

Alle mussten sich zugleich ausziehen. Frauen, Männer, Alte und Kinder. Jeder band seine Kleidung zusammen und warf sie in die Desinfektionskammer. Da es kein Wasser gab, konnten sich die Menschen nicht waschen. Nach 15 bis 20 Minuten fischten Sanitäter mit langen Zangen, wie sie von Schmieden verwendet werden, die Kleiderbündel heraus. Die Leute griffen sich die Kleider und versuchten sich anzuziehen. Viele zogen sich draußen an, weil schon die nächste Gruppe in den Raum getrieben wurde. Wenn die Rumänen am Körper Schmuck entdeckten, rissen sie diesen den Leuten vom Leib. Nach dieser sogenannten »Desinfektion« war die ganze Kleidung mit Läusen bedeckt. Als mein Vater versuchte, die Kleidung etwas auszuschütteln, begann ein Sanitäter ihn mit der Zange auf die Hände zu schlagen. Das war offenbar der Beginn der »medizinischen Experimente«.

---

193 Schimpfwort für Juden. Übliche Bezeichnung ist Ewrei.

Diese Prozedur dauerte einen ganzen Tag und eine ganze Nacht. Stille herrschte, die erschöpften Menschen schwiegen, man hörte nur Husten und das Weinen der Kinder. Auf beiden Seiten des Weges vom Tor der Banja bis zur Leninstraße hatten sich rumänische Soldaten aufgestellt. Als wir durch dieses Spalier gingen, sah ich berittene und bewaffnete Gendarmen auf den Bürgersteigen, auf dem Rücken hatten sie Karabiner, in den Händen Peitschen. Langsam gingen die Alten, Kinder drückten sich an ihre Eltern. Und so füllte sich langsam die Straße mit Menschen, das Ende des Zuges war nicht zu sehen. Plötzlich wurde per Megaphon ein Kommando gegeben: »Achtung! Alle herhören! Ein Befehl!« Eine Gruppe von Offizieren und Polizisten in Begleitung von Dolmetschern verlas alle 30 bis 40 Meter folgenden Befehl: »Die rumänische Regierung hat entschieden, alle Shidy aus der Stadt Tultschin auszusiedeln und sie zu einem dauerhaften Wohnort zu bringen. Alle gehen langsam, ohne stehen zu bleiben, hinter den Pferdewagen her. Der erste Halt wird bei Einbruch der Dunkelheit eingelegt. Wer von der Kolonne zurückbleibt oder einen Fluchtversuch unternimmt, wird ohne Vorwarnung erschossen.«

Auf die vorderen Pferdewagen setzten sich einige rumänische Soldaten, die berittenen Gendarmen nahmen die Karabiner von der Schulter und hielten sie auf die Kolonne gerichtet. Diese setzte sich langsam in Bewegung. Wohin man uns führte, wusste niemand.

Im Zusammenhang mit den Ereignissen vom 7. Dezember 1941 möchte ich ein Dokument anführen:

»Staatsarchiv des Gebietes Winniza.
Anfrage vom 17. 9. 1988 (Archivauskunft)

In den chronologischen Unterlagen über die zeitweilige Besetzung von Ortschaften in der Oblast Winniza und ihrer Befreiung durch Einheiten der sowjetischen Armee gibt es eine Notiz über die Tätigkeit der deutschen und rumänischen Eroberer in der Periode 1941–1944 auf dem Territorium des Rayons Tultschin, mit der Unterschrift des Vorsitzenden des Gorispolkom[194], in der festgestellt wird, dass am 7. Dezember 1941 4340 Personen in das Konzentrationslager im Dorf Petschora (Rayon Schpikow) geschickt wurden. 4030 Personen wurden erschossen, zu Tode gefoltert oder starben auf andere Weise. Mehrfach wurden Verhaftungen ehemaliger leitender Arbeiter, Kommunisten und Komsomolzen vorgenommen. Grundlage: Formular und Register: 4422, op. 1, d. 37, l. 14.
Zugleich teilen wir mit, dass keine Häftlingslisten des Konzentrationslagers vorliegen.
Direktor des Staatsarchivs Loshkarew A. I.
Stellv. Abteilungsleiter Werchowjuk W. M.«

Die Bewohner der Stadt standen auf dem Bürgersteig auf der rechten Seite und schauten zu. Plötzlich schrie die neben uns gehende Tante Enja ihrer Nachbarin zu: »Tonja! Nimm den Hund! Er ist

---

194 Stadtexekutivkomitee.

sehr schön, pflege ihn gut!« Die Rufe aus der Kolonne und vom Bürgersteig wurden von häufigen Schüssen unterbrochen.

Die Kolonne zog am russischen Friedhof und am Krankenhaus vorbei über einen Feldweg, hinter dem umgepflügter Acker begann. Das Wetter war grau, es herrschte leichter Frost, zu beiden Seiten des Weges war die Erde mit einer Eisschicht bedeckt, und unter den Füßen hatten wir dicken Schlamm. Das Gehen fiel uns schwerer und schwerer.

Die Kolonne zog sich einige Kilometer in die Länge. Wer zurückblieb oder versuchte, zur Seite auf festeren Boden auszuscheren, wurde sofort erschossen. Wir waren sehr hungrig und durstig. Der Hals war trocken. Von Zeit zu Zeit nahm Vater mich auf den Arm und trug mich einige Schritte. Neben uns ging, meine Hand haltend, Jascha, der die ganze Zeit aufmunternde Bemerkungen machte – ein kleines bisschen gehen wir noch, nur noch ein kleines bisschen. Aber schon auf den ersten Kilometern gab es Leute, die nicht mehr konnten und starben.

Nach einiger Zeit hielten die ersten Reihen für ein paar Minuten an, damit die hinteren Reihen aufrücken konnten. In dieser kurzen Pause bohrte Vater mit dem Fuß eine kleine Mulde in den Schlamm, und als sich dort Wasser sammelte, stürzten mein Cousin Grischa und ich uns darauf. Vater legte ein Taschentuch auf die kleine Pfütze und bat uns »Trinkt nur zwei Schluck, nur zwei Schluck!« Es schien, dass wir schon viele Stunden über dieses Feld gingen, und es schien endlos. Rechts und links tauchten kleine Dörfer auf, aber man trieb uns an ihnen vorbei.

Am Abend, als es begann dunkel zu werden, waren wir am Rande des Dorfes Bortniki angekommen. Auf der einen Seite gab es einen Weiher, auf der anderen einen Viehstall. Der Weg vom Stall bis zum Teich war durch eine Wache abgesperrt. Man begann die Leute in den Teich zu treiben, und erst, nachdem sie ein Stück ins Wasser gegangen waren, erlaubte man ihnen, in den Stall zu gehen. Es war ein schreckliches Bild. Das Wasser war von einer dünnen Eisschicht bedeckt. Viele wurden mit Peitschen geschlagen.

Folgendes Ereignis veranlasste mich dazu, mich an diese Episode zu erinnern: Genau 50 Jahre später, am 7. Dezember 1991, besuchte eine Gruppe ehemaliger Häftlinge des Dorfes Petschora das Gelände des Konzentrationslagers und die Unzahl von Gräbern außerhalb des Dorfes. Anschließend fuhr man ins Dorf Bortniki. Am Denkmal für die ersten Opfer aus Tultschin kam es zu einer spontanen Versammlung und Gedenkfeier der Dorfbewohner. Eine nicht mehr junge Frau bat um das Wort: »Als der Krieg begann«, sagte sie, »war ich zwölf Jahre alt. Einmal, es war im Winter, draußen war es schon dunkel geworden, liefen Kinder meines Alters zum Weiher außerhalb des Dorfes, der neben dem Viehstall der Kolchose liegt. Auch ich ging dort hin. Was habe ich dort gesehen? Unzählige alte und junge Menschen trieb man mit Peitschen ins Wasser, nach diesem »Bad« trieb man sie in den Hof, wo früher die Schweineställe der Kolchose waren. Auf die, die nicht ins Wasser gehen oder nicht wieder herausgehen konnten, wurde geschossen. Erschrocken lief ich nach Hause und erzählte alles meiner Mutter. Den ganzen Abend weinte meine Mutter. Ich konnte lange nicht einschlafen und dachte daran, wie die nassen Leute in den Schweinestall getrieben wurden, wie sie sich trocknen könnten, wo sie wohl schlafen würden. Ich wachte auf – es war noch dunkel, aber Mutter kochte bereits einen ganzen Kessel Kartoffeln und sagte mir, dass sie losgehe, um diesen Menschen zu Essen zu geben. Als wir aus dem Dorf kamen, waren dort schon viele andere Dorfbewohner, aber die Polizisten ließen niemanden durch. Wir hörten lediglich die Schüsse und sahen, wie die Leute aus dem Hof getrieben und in einer Kolonne aufgestellt wurden. Die Leute wurden auf das Feld getrieben, danach wurde im Dorf viel über dieses Ereignis gesprochen. Man sagte, dass viele erschossen worden waren. Sie wurden an der Stelle beerdigt, an der dieses Denkmal steht. Das darf nie wieder passieren, nie wieder, nie wieder.«

So begann der zweite Tag unseres Zuges. Der Tag war sehr schwer. Nachts hatte es Frost gegeben, der Weg war glatt, das Gehen fiel sehr schwer, Leute blieben zurück. Die Gendarmen zogen aus der Kolonne die heraus, die sich nicht mehr rühren konnten – sie wurden mit den Gewehrkolben erschlagen oder erschossen. Alle waren durchnässt, schmutzig. Die Leute stolperten, erhoben sich und gingen, gingen aus letzter Kraft.

Zum Ende des Tages erreichten wir das Dorf Torkow. Am Rande gab es eine Koppel, die von einer Umzäunung aus Stangen umgeben war. Hinter diesen Zaun wurden wir nun getrieben und dort übernachteten wir auch. Alle setzten sich auf die nackte gefrorene Erde und drückten sich aneinander. Die Läuse zerbissen einen, der ganze Körper juckte, aber wir mussten es aushalten. Die Gendarmen auf der anderen Seite des Zaunes entzündeten Lagerfeuer, machten Konserven heiß, tranken selbstgebrannten Schnaps, schrien, fluchten und schossen. Kleine Kinder weinten. Mich nahm Vater in die Arme und drückte mich an sich, daneben lehnte sich mein Bruder Jascha an, ich erinnere mich nicht, wie ich eingeschlafen bin. Wie diese Nacht herumging, weiß ich nicht, was geschah, weiß ich auch nicht. Ich habe absolut nichts gehört.

Am Morgen, als man uns aus der Umzäunung führte, standen viele nicht auf. Sie kamen nicht hoch. Da gingen die rumänischen Gendarmen in der Koppel herum und erschossen sie. Die Kolonne war deutlich langsamer. Sehr viele Menschen blieben auf diesem Weg zurück. Heute steht dort ein Denkmal für die Opfer des zweiten Tages des Marsches.

Der dritte Tag des Marsches unterschied sich in nichts von den ersten beiden, nur das Gehen wurde immer schwerer. Es wurde öfter angehalten, die Kräfte wichen. Vor uns konnten sich unsere zwei alten Nachbarn Scholeib und Sara Golzman kaum noch bewegen. Scholeib drehte sich zu meinem Vater um und sagte: »Das Wichtigste ist weitergehen, das Wichtigste ist, nicht fallen, sondern durchhalten. Schließlich wollen sie uns nicht erschießen, sonst hätten sie das schon längst getan. Erschießen können hätten sie uns schon auf dem jüdischen Friedhof oder auf dem Hügel von Belousowska oder beim Torfstich von Nesterwarka. Offensichtlich gibt es ein anderes Ziel. Vielleicht werden sie uns mit der Eisenbahn wegbringen, auf jeden Fall glaube ich, dass wir länger als heute nicht mehr gehen werden, morgen wird keiner mehr den Weg schaffen.«

Am Abend kamen wir auf eine Chaussee, die uns ins Dorf Petschora führte. Vor einem Gittermetalltor wurden wir angehalten. Es kam ein rumänischer Offizier heraus, der Chef der örtlichen Polizei. Er erklärte, dass wir uns nun unter der Herrschaft der Präfektur Schpikow befänden, bewacht von der örtlichen Polizei und dass wir bis auf weitere Anordnungen hier bleiben würden. Wir sollten uns widerspruchslos den Anordnungen der lokalen Polizei unterwerfen und an Flucht oder das Verlassen des Geländes gar nicht erst denken.

Die Polizisten öffneten das Tor und befahlen uns, die Allee bis zum Brunnen entlangzugehen. Das erste was ich sah: Eine Frau mit langen Haaren lag auf dem Boden und neben ihr weinte ein kleines Kind. Es folgte der Befehl, uns auf die Gebäude zu verteilen. Man schubste uns herum und wir fanden uns im zweiten Stock wieder. Wir hielten uns aneinander fest. Ein Leid vereinte uns alle. Unsere Familie (ich, Vater, Mutter, der Bruder Jascha, Tante Enja, ihre Töchter Frima, Raja, Tema und der kleine Grischa) und die Familie Grinberg (die Cousine des Vaters und ihre Kinder) kamen in ein Zimmer, in dem außer uns noch einige andere Leute waren. Sie konnten sich nicht mehr bewegen. Neben mir lag der Junge Borja, der die ganze Zeit auf Ukrainisch wiederholte: »Ich will Speck, ich will Speck.« Zum Abend waren alle gestorben. Es waren sechs Personen. Auch Tante Sara starb, unsere Nachbarin in Tultschin.

Am Morgen zogen die Totengräber die Leichen an den Beinen heraus und diese Prozedur wiederholte sich in allen Räumen. Die Leichen wurden draußen aufgestapelt, dann ausgezogen und nackt auf einen Wagen geworfen. Das Beste von der Kleidung, was den Polizisten gefiel, gaben die Totengräber ihnen, das Übrige nahmen sie an sich. Sie spannten sich selbst vor den Wagen und fuhren die Leichen unter Begleitung durch die Polizisten vom Lagergelände.

Anfangs beerdigte man die Toten auf dem Gelände des alten jüdischen Friedhofs, später – weit vom Dorf entfernt im Wald. Nach ein paar Tagen starb auch der kleine Grischa einen schweren Tod. Er weinte »Ich will essen« und man sah, wie ihn mit jeder Stunde die Kräfte verließen. Er konnte sich nicht mehr auf den Beinen halten, sich später nicht einmal mehr hinsetzen. Noch einen Tag später erlagen Tante Enja und Rachil dem Hunger. Vater sagte, dass dieses Los uns alle erwarte.

Daher entschied er, zusammen mit Jascha das Lager zu verlassen. Als es dunkel wurde, verabschiedeten sie sich von uns und gingen fort. Am Morgen erwachte der kleine Grischa nicht mehr. Er und noch einige andere wurden aus dem Zimmer getragen. Mama bat mich liegen zu bleiben, damit ich keine Kräfte verliere, es könne ja sein, dass Vater kommt und Lebensmittel mitbringt. Und tatsächlich, nach zwei Tagen brachte Jascha Brot, Möhren, Zwiebeln, gekochte Kartoffeln, Bohnen und noch irgendwelches Gemüse. Jascha erzählte, dass Vater im Dorf Sapuschne bei irgendwelchen alten Leuten geblieben sei, die eine Nähmaschine haben. Er ändere ihnen Kleidung um. Dafür haben sie ihm die Lebensmittel gegeben.

Wir aßen ein bisschen und die Kräfte begannen langsam zurückzukehren. Tante Enja und Rachil konnten bereits nicht mehr essen und starben bald. Mutter besorgte von irgendwoher eine leere Konservendose, holte Wasser aus dem Bug, kochte es und gab uns zu trinken. So ging es bis zum Frühjahr.

Im Frühling 1942 fuhr eine Abteilung Deutsche auf das Lagergelände. Alle Häftlinge, die noch auf den Beinen waren, wurden nach draußen getrieben. Nachdem alle Aufstellung genommen hatten, begannen die Soldaten sie zu sortieren: Arbeitsfähige auf die eine Seite, Nichtarbeitsfähige auf die andere. Eine Reihe nach der anderen wurde durchgegangen. Jascha, die drei Töchter Lepkiwker, Retschister mit einem kleinen Kind auf dem Arm. Ein Deutscher riss das Kind fort, ein anderer die Mutter. Das Kind weinte, sie schrie. Ein Offizier nahm einem Soldaten den Karabiner ab, spießte das Kind mit dem Bajonett auf und warf es ins Gebüsch. Aber Fima Retschister überlebte.

Die Gruppe der Arbeitsfähigen wurde auf ein Auto verladen und weggefahren.

In unserem Zimmer blieben noch vier: Ich, meine Mutter und meine Cousinen Frima und Tamara (Tema). Schon einige Tage hatten wir keinen Krümel Brot. Im Kopf drehte sich alles, das Gehen fiel schwer und wir wussten nicht mehr, was wir tun sollten. Tema und ich gingen aus dem Gebäude in den Hof des Lagers. Durch das Gittertor sahen wir, wie die Bauern mit Körben und Säcken zum Markt gingen. Ich und Tamara gingen hinunter zum Bug. Dort waren schon einige Kinder, und wir beschlossen, ins Wasser und am Ende der steinernen Mauer zum Ufer zu gehen, wo wir wieder hochsteigen wollten.

Als wir das felsige Ufer hochkletterten kam uns mit dem Ruf »Sofort, zurück, ihr kleinen Shidy!« ein Polizist entgegengelaufen. Er erwischte mich mit drei Schlägen am Bein. Die, die hinfielen, erschlug er. Tema und ich kehrten, kaum noch lebendig, in unser Zimmer zurück. Wir hatten großes Glück gehabt. Alle im Lager wussten, dass der Polizist Smetanski sein Opfer erst nach dem letzten Atemzug loslässt. Diese Schläge beeinflussten noch später meine Gesundheit, die Narben sind heute noch sichtbar.

Es gab absolut nichts zu essen und der Ausgang war klar: der unumgängliche Hungertod. Aber ein weiteres Mal rettete uns das Schicksal. Unerwartet kam Vater und brachte Lebensmittel. Erneut kehrte das Leben in uns zurück und wir wurden wieder etwas kräftiger. Vater blieb einige Tage bei uns und sagte dann, wir sollten mit ihm das Konzentrationslager verlassen.

Als ich und Vater in Sapushne bei den alten Leuten ankamen, legten diese eine Hälfte des Stalls, in dem ein Pferd stand, mit Stroh aus und stellten die Nähmaschine dort auf. Vater bekam für seine Arbeit Lebensmittel. Ich bemühte mich, diese Lebensmittel ins Lager zu bringen. Jedes Mal, wenn ich kam, nahm Mutter das wie eine Wiederkehr aus dem Jenseits auf. So ging das mehrere Male im Monat. Meine Cousine Tema schlug sich auch in nahe Dörfer durch, erbettelte Lebensmittel und brachte sie ins Konzentrationslager.

Mit dem Kälteeinbruch im Herbst 1942 traf uns erneut ein Unglück. Ich erkrankte an Typhus, etwas später steckte sich auch Tamara an. Wir waren krank und hungerten. Vater war alarmiert, weil ich so lange abwesend war und entschied, ins Lager zurückzukehren und Lebensmittel zu bringen. Als er sich dem geheimen Loch in der Umzäunung, das uns als Zugang diente, näherte, erwischten ihn die Polizisten. Sie brachten ihn in das Wachhaus und verprügelten ihn mit Gewehrkolben. In der Nacht kam Vater in unser Zimmer gekrochen. Seine ganze Kleidung war blutgetränkt. Es war dunkel, er sprach nicht, brachte gerade drei Wörter heraus: »Mucha, Smetanski, Semerenko.« Das waren die Namen der Mörder, der grausamsten Sadisten des Konzentrationslagers. Mit letzter Kraft streckte Vater die Hand aus, zog meinen Kopf an sich und küsste mich. Das Gleiche tat er auch mit Mutter, dann röchelte er, aus seinem Hals schoss Blut und er starb. Am Morgen trugen die Totengräber Vaters Körper hinaus. Alle weinten.

Es schien, dass wir die nächsten sein würden. Tamara und ich waren noch sehr schwach und hatten hohes Fieber. Da entschlossen sich Mama und Fanja als Erste das Lager zu verlassen. Aber es gelang ihnen nicht durchzukommen. Sie schafften es, sich aus dem Konzentrationslager zu schleichen und das Dorf zu durchqueren, aber hinter dem Dorf wurden sie von rumänischen

Gendarmen mit Hunden gefasst. Sie nahmen den beiden die Schuhe weg und jagten sie mit Peitschen ins Lager zurück.

Fanja brach völlig zusammen und begann, vom Hunger aufzuquellen. Das war grauenhaft, weil die Haut aufplatzte, eine Flüssigkeit austrat, die Kleidung am Boden und die Haut an der Kleidung antrocknete, sodass sie nicht mehr aufstehen konnte. Fanja wurde immer schwächer. Tamara, die nach der Krankheit noch nicht wieder ganz zu Kräften gekommen war, brach aus dem Lager aus und ging über die Dörfer, um etwas zu Essen für die sterbende Fanja zu beschaffen. Tamara kam spät in der Nacht zurück und brachte mit Kleie gekochte Kartoffelschalen, ein paar Stücke Brot, sogar Wareniki mit Quark und ein Stück Wurst mit. In kleinen Portionen begann sie, Fanja zu füttern. So ging sie mehrere Male los. Und als es Fanja ein bisschen besser ging, schlug Tamara ihre gemeinsame Flucht vor. Erschreckt lehnte Fanja ab. Tamara sagte, dass sie das Gelände des Konzentrationslagers nicht mehr verlassen werde, weil sie beinahe den Polizisten in die Hände gefallen wäre, dass sie sich neben Fanja legen würde und sie dann beide langsam und qualvoll sterben müssten. Es sei besser durch Kugeln umzukommen, als hier so unterzugehen. Am Abend haben wir uns verabschiedet und sie sind fortgegangen. Bis zur Befreiung haben wir sie nicht wiedergesehen.

Ich war neun Jahre alt. Vielleicht habe ich nicht alles verstanden, aber ich spürte es – so also wird man aus dem Leben gerissen. Aber am meisten sorgte ich mich um Mama. Ich dachte, dass es mir vielleicht irgendwie gelingen könnte zu überleben, aber dass sie das nicht schaffen würde. Sie überredete mich, dass ich, falls irgendjemand in den Dörfern mich bei sich behalten würde, nicht ins Lager zurückkehren solle. Aber ich hätte niemals die eigene Mutter verlassen, obwohl es Momente gab, in denen ich zweifelte, ob es wirklich nötig wäre zurückzukehren. Es quält mich und tut mir leid, wenn ich mich heute an diese Zweifel erinnere.

Ich habe bislang nur über einen ganz kurzen Zeitabschnitt berichtet, aber sehr, sehr viel lag noch vor uns.

Vor allem möchte ich darüber berichten, was das Konzentrationslager im Dorfe Petschora war, das unter dem Codenamen »Mertwaja Petlja« (»Todesschleife«) bestand. Diesen Namen erfuhren wir erst 50 Jahre später aus Archivdokumenten.

Das Konzentrationslager war am malerischen Ufer des Flusses Bug, auf einem früheren Landgut des Grafen Potocki eingerichtet worden. An der Frontseite befanden sich eine hohe Granitmauer mit quadratischen Säulen und ein Tor aus Metallgitter sowie ein Wachhäuschen. Rechts war ebenfalls eine Granitmauer, die bis zum Bug reichte. Und auch links lief diese Mauer weiter. In der Mauer gab es Öffnungen mit Toren, die in den Wirtschaftshof des Gutes führten. Die Rückseite des Anwesens bildete das steile, offene Ufer des Flusses. Am steilen Ufer des Bugs waren künstlich aufgeschüttete Felshaufen, riesige Linden und eine Treppe, die zum Wasser hinabführte. Auch im Fluss selbst lagen große Steine. Die Stromschnellen und der Bug trennten das Territorium, das Hitler Rumänien überlassen hatte von der deutschen Besatzungszone. Das andere, flache Ufer wurde von deutschen Wachmannschaften kontrolliert. Besonders scharf wurde das Stück gegenüber dem Konzentrationslager bewacht.

Das ganze Gelände war ein riesiger Park, mit zweihundertjährigen Linden, noch aus der Zeit der Zarin Katharina. In der Mitte des Parks stand ein einstöckiges Gebäude mit Kellerräumen und Kesselraum, dort befanden sich auch noch irgendwelche Nebenräume. Näher am Seitentor stand eine polnische katholische Kirche. Alle Räumlichkeiten waren mit Juden regelrecht vollgestopft, die unterkamen, wo sie Platz fanden. (Ich erinnere mich nur nicht, ob sich auch irgendjemand in der Kirche befunden hat.) Das ganze Gelände wurde von rumänischen Gendarmen und Polizisten sorgfältig bewacht. Man konnte zwar an den Bug gelangen, um Wasser zu trinken oder sich zu waschen, aber es war gefährlich, über die Treppe hinunterzugehen, weil man sich die ganze Zeit im Visier der Deutschen befand. Wir fanden einen Pfad zwischen den Felsen hindurch und einen Platz am Ufer, gegenüber einem Felsen, der uns verdeckte und für die deutschen Wachen unsichtbar machte.

So ging ich eines heißen Tages mit meinem Schulkameraden Lenja Grinker baden und wir kletterten dann auf den Felsen, wo wir uns hinsetzten, um trocken zu werden. Alles in der Annahme, dass man uns nicht sehen könne. Aber was ergriff mich für ein Schrecken, als Lenja plötzlich ins Wasser rutschte und verschwand, im Wasser aber rote Ringe erschienen. Ich legte mich hin und hörte Schüsse. Ich begann zu weinen und wusste nicht, wie ich Lenjas Mutter das beibringen sollte, die schon verhungerte und sich kaum noch erheben konnte. Irgendjemand, der die schreckliche Szene vom Ufer aus beobachtet hatte, berichtete ihr davon.

Die Häftlinge des Lagers lagen auf dem Fußboden. Die Leute verhungerten, die einen blähten auf, andere trockneten aus. Der Tod nahm fast täglich Hunderte Menschen mit sich. Die Zimmer leerten sich, aber immer wieder wurden Juden aus Brazlaw, Mogiljow-Podolski und Lemberg herbeigetrieben. Überall krochen Läuse. Das ganze Gelände des Konzentrationslagers war verdreckt, im Hof lagen Leichen herum, manchmal konnte man sogar zwischen den Felsen auf Leichen stoßen.

Wir wurden nicht zur Arbeit herangezogen, nur die arbeitsfähigen wurden fortgebracht, die übrigen starben an Hunger und Krankheiten.

Aber einigen, insbesondere Kindern, gelang es, sich aus dem Lager zu stehlen und wieder zurückzukehren. Für alle war es gleich gefährlich. Man konnte überall erwischt werden: Beim Verlassen des Lagers, bei der Rückkehr oder einfach im Dorf, auf dem Feld oder im Wald. Sehr wenige blieben am Leben. Es gab kleine Jungen, die den Weg genau studiert hatten und nicht nur selbst gingen, sondern auch Erwachsene aus dem Konzentrationslager führten. Wie sie das taten, weiß ich nicht.

Ich kann davon berichten, wie mir das gelungen ist. Auf das Verlassen des Lagers bereitete ich mich immer rechtzeitig vor. Das Erste, was ich tat, war, mich von Mama zu verabschieden. Sie wünschte mir eine glückliche Rückkehr, gab mir Wegzehrung und küsste mich. Mit Einbruch der Dunkelheit verließ ich das Gebäude durch den hinteren Ausgang und kam auf den Pfad, der zwischen den Felsen hindurch zum Ufer des Bugs führte. Kurz vor Sonnenuntergang war der Moment, in dem ich zur Mauer ging und hinüberkletterte. Die Mauer hochzukommen bereitete mir einige Schwierigkeiten, aber es gelang immer und den Weg bis zum Wasser legte ich kriechend zurück.

Ungefähr 30 Meter von der Mauer entfernt stehen drei Felsen, die eine Art Zelt bilden. In diesem »Zelt« saß ich bis es völlig dunkel geworden war. Zwischen dem Steilufer und dem Wasser verlief eine Art Sims aus Granitgestein. Ich ließ mich auf diesen Weg hinunter und folgte ihm das Ufer entlang bis ich zur Straße kam. In Vollmondnächten habe ich es nie riskiert, das Lager zu verlassen. Bei Sonnenaufgang war ich schon auf dem steinernen Hügel des alten jüdischen Friedhofes. Hinter ihm beginnt ein Waldstreifen, der sich am Ufer entlang zieht. Hinter diesem ist die Straße, die ins Dorf Sapushne führt. In Sapushne traf ich immer auf solche Wanderer, wie ich einer war, die ebenfalls von Haus zu Haus gingen und um Lebensmittel bettelten. Manchmal gelang es auch, bis in die Dörfer Bortniki, Petraschewka, Alexandrowka und Torkow zu kommen.

In den Dörfern warnten die Bewohner einen, in welchen Häusern Polizisten oder schlechte Menschen wohnten, rieten zu älteren Häusern zu gehen, wo alte, nicht mehr so aktive Leute wohnten. Die alten Leute verhielten sich zu solchen wie mir barmherziger als andere, sie verweigerten seltener Hilfe. Gefährlich war es auf Kinder zu treffen, sogar wenn sie noch im Vorschulalter waren. Ohne jedes Verständnis dessen, was vor sich ging, stellten sie eine tödliche Gefahr dar. Hinter uns herlaufend riefen sie: »Juda, Juda!«

Abends, nachdem ich etwas Essbares gesammelt hatte, suchte ich einen Platz für die Nacht. Manchmal übernachtete ich auf dem Feld, in einem Schober, seltener in irgendeinem Stall oder Haus. Wenn es mir nach zwei oder drei Tagen gelungen war, mein Täschchen einigermaßen zu füllen, bemühte ich mich, zum Abend hin den alten jüdischen Friedhof zu erreichen, um mit Einbruch der Dunkelheit auf den Granitsims zu gelangen und vor Sonnenaufgang über die Mauer zu kommen. Öfter aber ging ich durchs Wasser, gelangte so auf das Gelände des Konzentrationslagers, wo ich dem Pfad durch die Felsen folgte und direkt zum Eingang auf der Gebäuderückseite kam. Jeder dieser Ausbrüche konnte der letzte sein, aber trotzdem gelangen mir während meiner Zeit im Konzentrationslager viele davon.

Ich bemühte mich, in entfernte Dörfer zu gehen, weil dort die Polizei nicht so sehr wütete und es überhaupt keine Gendarmen gab. Außerdem waren die Bewohner ganz anders, sie waren nicht so eingeschüchtert. In jedem Haus konnte man etwas bekommen. Du gehst in den Hof oder stehst neben der Pforte, und die Leute bringen dir bestimmt irgendetwas – ein Stück Brot oder eine gekochte Kartoffel. Alte Leute ließen einen sogar zum Aufwärmen ins Haus. Sie befragen dich, geben dir zu essen und sogar noch etwas Wegzehrung. Sie sagen, in welches Haus man besser nicht geht, welche Straße man meiden solle, wie man sich im Dorf verhalten sollte, wie hier die Lage ist.

Der Winter 1942 war kalt und reich an Schnee. In einem der Dörfer begannen Kinder meines Alters mit Schneebällen nach mir zu werfen und mich ins Spiel zu verwickeln. Mir war natürlich nicht danach. Plötzlich bekam ich einen hartgefrorenen Schneeball ins Gesicht, und mir platzten die Lippen auf. Die Kinder sahen das Blut und liefen auseinander. Ich spürte keinen Schmerz, und das Blut erschreckte mich nicht. Mir war furchtbar kalt. Ich wusste nicht wohin. An den Beinen trug ich die Ärmel eines Wintermantels, aber sie waren schon durchgescheuert, in den Händen hielt ich ein Säckchen mit Lebensmittel, dort steckte ich auch die Hände hinein, die aber trotzdem froren.

Eine alte Frau kam mir entgegen. Als sie meinen Zustand sah, sagte sie: »Komm mit mir, Kindchen.« Wir gingen beinahe bis an den Rand des Dorfes. Dort stand eine kleine, strohgedeckte Hütte. Die Tür war nicht verschlossen, hinter ihr waren eine kleine Diele und ein großes Zimmer, in dem ein russischer Ofen stand. Es war ungewohnt warm und es roch lecker. Das Erste, was sie sagte, war: »Zieh dich aus, auch die Schuhe, setze dich auf die Bank und ich kümmere mich um dich.« Meinen Mantel und die Schuhe legte sie neben den Ofen auf eine Bank, dann stellte sie eine Schale mit dicker Weizengrütze vor mich und goss Milch darüber. Ich aß ein bisschen und sagte, dass ich den Rest Mama bringen werde. »Iss auf. Für Mama gebe ich dir auch etwas mit.« Es verging einige Zeit, ich wärmte mich auf, und sie flickte meine Schuhe. Sie begann mich zu fragen, woher ich sei und wohin ich jetzt gehe. Sie riet mir, nicht ins Dorf zu gehen, das sich nahe der Station Shurawlewka befand. Dort gebe es viele Deutsche.

Als die Frau wieder einmal zum Ofen ging, bemerkte ich, dass auf dem Ofen jemand lag. Dort lag eine junge Frau, in der ich Nina Tschernysch erkannte. Ich fragte sie: »Tante Nina, wo sind meine Schwestern? Sie sind doch mit Ihnen zusammen weggefahren.« Und sie sagte erschreckt: »Nein, nein, du irrst dich, ich heiße nicht Nina, sondern Anja.« Ich zog die inzwischen getrockneten Sachen an. Die Frau gab mir noch Grütze und einige Pellkartoffeln mit. Ich dankte ihr für alles, ging hinaus und wandte mich dem nächsten Dorf zu.

Auf dem Feld holte mich Nina Tschernysch ein. Sie entschuldigte sich und sagte, dass ich mich nicht geirrt habe, dass sie mir aber nicht sagen konnte, wie sie hierher geraten sei. Sie erzählte mir, dass sie, als sie zusammen mit meinen Schwestern fuhr, in der Nähe von Uman in ein Bombardement geraten seien und die kleine Frida durch Glassplitter am Kopf verletzt worden sei. Sie sprangen aus dem Auto, und eine meiner Schwestern begann dem Kind zu helfen. Als nach der Bombardierung Stille eintrat, nahm sie, Nina Tschernysch, irgendwelche Sachen und ging in ein Dorf, um sie gegen Lebensmittel einzutauschen. Meine Schwestern blieben mit dem verletzten Kind dort. Als Nina aber mit Lebensmitteln aus dem Dorf zurückkam, war niemand mehr da. Das Auto stand da, die Sachen lagen auf der Straße verstreut. Dann sagte sie, dass sie noch den Kaninchenpelzmantel meiner Schwester habe, und schlug vor, ihn mir für Mutter zu geben. Ich lehnte ab.

Nach den langen Jahren der Besatzung kehrten die Schwestern nach Tultschin zurück. Sie bestätigten die Richtigkeit der Erzählung von Nina Tschernysch.

Als Nina ins Dorf gegangen war, um Lebensmittel zu holen, sprangen deutsche Fallschirmspringer ab, die das zuvor bombardierte Gebiet umstellten. So gerieten die Schwestern in die Einkreisung. Verletzte Soldaten trieben eine Rinderherde die Straße entlang, ihnen schlossen sich auch die Schwestern an. Und so durchbrachen sie mit dem Vieh die Umzingelung. Unglaublich, aber wahr: 62 Jahre nach diesen Ereignissen fand ich, als ich die Dokumente meiner Schwester durchsah, eine Bestätigung, dass das 1942 aus der Ukraine weggetriebene Vieh der Kolchose »Roter Partisan« im Rayon Derbent Dagestan übergeben wurde.

Nach einiger Zeit kam ich wieder in das Dorf und erfuhr, dass Nina Tschernysch nach Deutschland verschleppt worden war. Danach hat niemand mehr etwas von ihr gehört. Offenbar war ich der Letzte, der sie gesehen und mit ihr gesprochen hat.

Am meisten fürchtete ich, den Polizisten in die Hände zu fallen. Ihre Willkür war grenzenlos, besonders gegenüber Kindern.

So kletterten im Sommer 1942 zwei Jungen, Zwillinge, auf den Zaun. Wahrscheinlich war das ein Donnerstag, denn die Bauern gingen auf den Markt und gaben manchmal, am Zaun vorbeigehend, den Kindern etwas in die Hand. Die Jungen baten mit ausgestreckten Händen. Eine Frau ging zu ihnen und reichte ihnen an einem Stock ein Bündel Süßkirschen. Und in diesem Augenblick ertönten zwei Schüsse. Beide Jungen fielen vom Zaun. Der Polizist Semerenko hatte sie getötet.

Im Winter 1942 wurde eine Kolonne Juden aus Lemberg ins Lager gebracht. Ein Mädchen von sechs oder sieben Jahren lief aus der Kolonne, sofort schoss ein Polizist auf sie. Niemand hob das Mädchen auf, die Kolonne zog weiter. Den Körper des erschossenen Mädchens bedeckte der Schnee. Dieser Tragödie wurde mehr als 50 Jahre später gedacht. 1996, als wir, die ehemaligen Häftlinge des Konzentrationslagers zum wiederholten Male die Gräber der Umgekommenen im Dorf Petschora besuchten, erinnerten sich die Leute an verschiedene Momente ihres Lebens während des Aufenthalts im Konzentrationslager.

Die Erzählung rief Schrecken und Angst in mir hervor, besonders, weil ich Zeuge gewesen bin. Das war ein Dialog sehr alter Leute, die einst Akteure dieser schrecklichen Ereignisse gewesen sind. Ich saß vorne im Bus, neben mir Schlima Ulanezkaja. An der Tür saß Mirl, eine alte Frau. Sie hatte einen Buckel, weshalb sie nicht auf dem Sitz sitzen konnte und sich einen Platz auf den Stufen an der Tür gesucht hatte. Das Gespräch wurde auf Jiddisch geführt. Schlima Ulanezkaja fragte Mirl: »Tante Mirl, erinnern Sie sich, wie Sie uns etwas zu Essen brachten, als wir krank im Keller des Kesselhauses lagen? Sie sagten, ,Diese Suppe bedeutet Genesung, esst sie, und Gott gibt, dass ihr gesund werdet.' Da sah ich, dass in der Suppe ein Kinderfinger schwamm.« Im Bus wurde es still. Jemand rief dem Fahrer zu: »Halten Sie an!« Der Bus hielt. Tante Mirl stand von der Stufe auf, ließ sich auf die Knie nieder und wandte sich an alle: »Hört mich an, Leute, ich möchte euch die Geschichte erzählen, die mich mein Leben lang quält und wahrscheinlich nehme ich diese Qual auch noch mit mir in die andere Welt. Das geschah in diesem schrecklichen, kalten Winter des Jahres 1942. Der Typhusausbruch hatte fast alle Kinder niedergeworfen. Die meisten von ihnen hatten bereits ihre Eltern verloren. Es wurde entschieden, die erkrankten Kinder im Keller des ehemaligen Kesselhauses zu verstecken, denn wenn die Polizisten von der Typhusepidemie erfahren hätten, wären alle Kinder von ihnen erschossen worden. Die Kinder starben an der Krankheit und verhungerten unter schrecklichen Qualen. Niemand konnte ihnen helfen. Es gab weder Nahrung, noch Medikamente. Das Herz wollte mir schier versagen, da ergriff eine idiotische Idee Besitz von mir. Ich sah, wie die Polizisten ein Mädchen erschossen und wie es dann unter dem Schnee lag. In der Nacht habe ich den kleinen, schon steifgefrorenen Körper unter dem Schnee hervorgeholt und näher an das Gebäude gezogen. Am Tag hatte ich bereits die Kinder, die noch essen konnten, mit einer Suppe aus dem Arm des Mädchens gefüttert. So ging das einige Tage. Jetzt sage mir, Schlima, du hast doch überlebt, und wahrscheinlich hat noch jemand überlebt, es sind ja nicht alle gestorben, stimmt's? Vielleicht leben jetzt noch irgendwo welche von den Kindern, die damals überlebt haben. Leute ich bitte euch, antwortet mir – was habe ich getan?« Keiner von den im Bus Sitzenden brachte ein Wort hervor.

Nach vielen Jahren tauchen Fragen auf, auf die wir nicht antworten können, und nach uns, den lebenden Zeugen, wird sie niemand mehr beantworten.

Irgendwie wurde im Winter befohlen, dass alle, die noch gehen können, auf den Hof hinauskommen. Vor uns trat irgendein Mensch auf und sagte, er sei Geistlicher und aus Rumänien gekommen, um Häftlingen der Konzentrationslager Hilfe zu leisten und sie zu segnen. Sein Auftritt klang ungefähr so: »Es ist Krieg und unumgänglich sterben Menschen. Diejenigen, die in den Konzentrationslagern sind, sterben einen qualvollen Tod, sie schlafen auf dem nackten Boden, ihnen erkaltet das Blut – das alles wird als Schandfleck auf Deutschland kommen. Die Menschen verhungern und sterben an Krankheiten, man muss sie doch wenigstens mit etwas verpflegen.«

Nach einiger Zeit wurde Stroh ins Lager gebracht und in den Zimmern verteilt. Auf den Steinen wurde ein großer Kessel aufgestellt und einige Tage lang Erbsen darin gekocht. Einmal am Tag wurde jedem ungefähr ein halbes Glas voll Sud gegeben. Das ging nicht lange so, nur einige Tage, dann war Schluss damit. Es kam heraus, dass der Mann überhaupt kein Geistlicher war und alles ohne Wissen des Kommandanten der Verwaltung in Schpikow geschehen war. Der Kessel wurde weggebracht, es blieb nur das Stroh, das sich mit der Zeit in Mist verwandelte, weil die sterbenden Menschen ihr natürliches Bedürfnis an der Stelle erledigten, an der sie lagen, sodass alles faulte und stank.

Eines Tages brach bei Sonnenaufgang ein Feuer aus. Offenbar hatte jemand in einem der Zimmer das Stroh in Brand gesetzt. Die Deutschen bemerkten Rauch und Flammen auf unserer Seite des Bugs und schickten sofort eine Abteilung Soldaten auf das Gelände des Konzentrationslagers. Wer konnte, lief in den Hof. In einer Kette gingen die Deutschen vom Tor zum Gebäude. Die erschreckten Menschen liefen in Richtung Bug. Sie rissen mich um. Die Kette der Soldaten zog an mir vorbei, ich fand mich in ihrem Rücken wieder. Meine Mutter drehte um, wollte zu mir zurückkehren, aber dann fing sie zu rufen an, ich solle zum geöffneten Tor gehen. Ich lief zum Tor hinaus und ging lange, ohne mich umzudrehen. Mir schien, dass jemand hinter mir ging und mir gleich in den Rücken schießen würde. Als ich ins nächste Dorf kam, konnte ich die Angst noch lange Zeit nicht abschütteln.

Einige Zeit zog ich von Dorf zu Dorf, und ich hatte bereits nicht mehr den Wunsch, ins Konzentrationslager zurückzukehren. Ich nahm an, dass alle dort erschossen worden seien.

Ich weiß nicht mehr, wie lange ich in einem Schober auf einem Feld gelegen habe. Ich hatte keine Kraft mehr, mich zu bewegen, und wusste nicht mehr, was ich weiter tun sollte. Im Kopf drehte sich alles, das Atmen fiel mir schwer und mir schien, dass ich diesen Schober nie mehr verlassen würde. Ich hörte Stimmen, hörte, wie Stroh auf einen Schlitten geladen und fortgebracht wurde, ich wollte schlafen und konnte mein Versteck nicht verlassen. Eine Frau weckte mich und begann mich zu fragen, woher ich komme, was ich hier tue, ob ich gehen könne. Ich habe ihr alles erzählt. Sie sagte, dass ich mich im Moment nicht im Dorf blicken lassen dürfe, weil dort Rumänen einquartiert seien. Sie sagte, dass sie noch einmal kommt und mir etwas zu Essen bringt. Sie kam noch mehrere Male. Wie lange ich dort gelegen habe, weiß ich nicht mehr. Meistens schlief ich. Draußen war Frost, aber mir war in meinem Unterstand warm. Dann kam die Frau wieder, sagte, sie lebe nicht weit weg, und ich könne am Abend, wenn es dunkel wird, zu ihr kommen. Sie würde eine Petroleumlampe anmachen und ich könne das Licht im Fenster sehen. Als es dämmerte, kam ich zur Pforte ihrer Hütte. Im Hof schlug ein Hund an. Sie kam heraus und führte mich ins Haus. Sie gab mir heißen Tee aus Kräutern zu trinken. Ich sagte ihr, dass ich mich nicht erinnern könne, wann ich zuletzt etwas Warmes gegessen habe. Danach aßen wir Kartoffeln mit Speck. Nach dem Abendessen begannen wir zu erörtern, was weiter mit mir werden solle. Sie sagte, es würde sie nicht stören, wenn ich noch eine Weile bei ihr bliebe, aber das sei gefährlich, weil die Nachbarn sie verraten könnten.

Sie sagte, dass sie Verwandte in Sapushne habe, aber dort sei es auch gefährlich, weil das näher am Konzentrationslager sei und die Deutschen und Polizisten dort öfter Kontrollen durchführten.

Ich sagte ihr, dass ich gerne nach Sapushne möchte, weil ich dort Bekannte habe und herausfinden könnte, was im Lager vor sich geht.

In der Nacht packte sie Gemüse und Trockenfrüchte in einen kleinen Sack. Sie sagte, dass wir vor Morgengrauen die Hütte verlassen und über die Felder gehen müssten. »Aber wirst du das schaffen? Wir müssen an die zwölf Kilometer gehen.«

Als wir in Sapushne ankamen, dunkelte es schon. Ich ging zu den Alten, bei denen mein Vater gewohnt hatte. Sie erzählten mir, dass Razzien durchgeführt würden; der Brand im Lager sei in der Woche vorher gelöscht worden, manche seien erschossen worden, aber es gebe dort noch Leute, auch, weil man weitere Juden herbeigetrieben habe.

Ich war sehr müde und meine Last war sehr schwer, aber ich entschied, diese Lebensmittel ins Konzentrationslager zu bringen. Ich brauchte die ganze Nacht, bis ich in Petschora ankam. Zum Glück traf ich niemanden auf dem Weg. Auf dem Lagergelände war nachts auch niemand. Im Schutz der Dunkelheit schlich ich in das Zimmer und zu dem Platz, an dem früher Mama gelegen hatte. Sie war da. Im Zimmer waren noch einige andere Leute – die waren neu.

Ich bekam Fieber und wurde krank. Ich bekam Schüttelfrost und Hitzeanfälle. Mama litt sehr, sie weinte und fütterte mich. Mal gab sie mir ein Stück Mohrrübe, mal buk oder kochte sie eine Kartoffel. Wie viele Tage das so ging, weiß ich nicht. Die Lebensmittel gingen zu Ende, aufstehen konnte ich nicht. Mama konnte auch kaum noch gehen. Drei Tage hatten wir schon nichts gegessen. Da brachte Mama von irgendwoher zwei heiße, gebackene Kartoffeln und sagte: »Halte sie, wärme dich an ihnen. Iss eine, ich gehe inzwischen und hole Wasser, lass mir die zweite übrig.« Aber sie kam lange nicht wieder. Ich aß eine Kartoffel auf, dann begann ich einige Stückchen von der zweiten abzubrechen, dann noch ein paar – bis ich sie ganz aufgegessen hatte.

Als Mama wiederkam, begann ich zu weinen, es war mir peinlich und tat weh, dass sie hungerte und ich ihr nichts übrig gelassen hatte. Aber sie beruhigte mich: »Ich bin extra nicht gekommen, damit du die zweite Kartoffel isst.« Ich wusste, dass das nicht stimmte, und mich quält dieses Vergehen bis heute. Ich kann diesen Vorfall nicht vergessen, dieses Vergehen peinigt mein Gewissen für den Rest meines Lebens, ich kann mir das bis heute nicht verzeihen.

Im Herbst 1942 zogen an mehreren aufeinanderfolgenden Tagen Kolonnen von lokaler Bevölkerung mit Spaten am Lager vorbei – und sie riefen uns zu: »Lauft weg! Wir heben Gruben für euch aus!«

Eines Tages kamen morgens zwei riesige Autos mit hohen Wänden. Alle Juden wurden aus den Gebäuden gejagt. Beide Autos wurden mit Leuten beladen und fuhren durch das Tor. Nach einigen Stunden kamen sie zurück und wurden erneut mit Menschen beladen. Wir kamen in das zweite Auto. Die Leute standen dicht aneinander gedrängt. Neben mir stand Tante Tabl. Sie hielt die kleine Raja und Mischa an den Händen, daneben stand die ältere Tochter Fira. Irgendjemand warf ein Stück Brot durch das Tor, und es fiel auf die Ladefläche. Eine Frau griff das Stück und verbarg es schnell. Raja sah das und begann zu weinen. Tante Tabl wandte sich auf Jiddisch an diese Frau: »Lassen Sie das Kind doch vor dem Tod ein Stückchen Brot probieren.« Ich weiß nicht, wie diese Episode geendet hätte, aber in diesem Moment kam der Präfekt der Verwaltung von Schpikow angeritten und befahl den Deutschen, die Leute vom Wagen zu holen, da an ihnen medizinische Experimente durchgeführt werden sollten und die ausgehobenen Gruben nach zwei Wochen sowieso gefüllt sein würden. Die Seitenwände wurden heruntergeklappt, wir wurden von der Ladefläche gestoßen und die Autos fuhren weg.

Nach einiger Zeit schlug man den Leuten vor, zur Arbeit nach Tultschin zu fahren. Natürlich wollten viele eine Arbeit haben, besonders wenn dies in Tultschin wäre. Es stellte sich aber heraus, dass die Leute zum Torfstich ins Dorf Nesterwarka gebracht wurden – und dann, nach schwerster Arbeit, erschossen wurden.

Es kam der Winter 1943. Es gab sehr viel Schnee und stärkeren Frost als im Vorjahr. Vorher waren in 24 Stunden 80–90 Menschen gestorben. Doktor Bilezki sagte, dass das Lagerregime zu verschärfen sei, da täglich 100–120 Menschen sterben sollten. 1943 wurde dieser Wert weit überschritten.

Man brachte Menschen aus der Bukowina und Bessarabien, alle erwartete dasselbe Schicksal – Krankheiten und Hungertod. Kranke Kinder wurden in den Keller des Kesselhauses gebracht, damit Dr. Bilezki und die Polizisten sie nicht sahen, damit sie nicht lebendig mit den Leichen weggekarrt würden. Die meisten von ihnen waren bereits Waisen.

Und in diesem schrecklichen Winter erreichten uns Gerüchte, dass unser Jascha am Leben sei, dass er in den Dörfern des Rayons Tomaschpol gesehen worden sei. Wir beschlossen, dass einer von uns (Mama oder ich) ihn finden sollte. Ich entschied, dass ich das machen sollte, da ich wusste, wie man aus dem Lager kommt. Bevor ich mich auf die Suche nach Jascha machte, verließ ich das Lager noch mehrere Male, um Lebensmittel für Mama zu beschaffen.

Mein Weg führte mich in Richtung der Station Jurkowka und der Dörfer Wapnjarka und Gorischkowka. In Gorischkowka lebte vor dem Krieg Zipa, die Schwester meiner Mutter. Sie war älter als Mama, sie hatte zwei Kinder, den Sohn Moische-Iosl und die Tochter Sonja. Ihr Mann war Schuster und litt an Asthma – sonst wussten wir nichts weiter über sie.

Mit Einbruch der Dunkelheit begleitete mich Mama bis zum verdeckten Felsen, wo wir noch einige Stunden saßen. Dann zwang mich Mama eine Pellkartoffel und ein Stück Brot zu essen, und steckte mir für den Weg ein Stück Brot in die Tasche. Ich wollte das nicht annehmen, weil ich hoffte, auf dem Weg etwas erbetteln zu können, während sie unbekannt für wie lange alleine bleiben würde und unklar war, ob die Lebensmittel für sie reichen würden. Mama sagte, dass Jascha, wenn ich ihn finde, mich schützen würde. Wenn es die Möglichkeit gebe, und wir sie abholen kämen, dann wäre das ein großes Glück. Wenn ich ihn aber nicht treffen sollte und sich die Möglichkeit ergebe, irgendwo unterzukommen, so solle ich nicht riskieren, zurückzukommen.

Der Weg war sehr gefährlich. In einem Dorf erwischte mich ein Polizist. Als er mit mir an seinem Haus vorbeiging, rief seine Mutter ihn zum Mittagessen. Im Haus fragte die Mutter des Polizisten, wer ich sei. Er antwortete: »Ich habe da einen Juden gefangen und bringe ihn zum Amt.« Sie fragte mich, warum ich hier sei. Ich sagte ihr: »Ich bin aus Schpikow, meine Mutter ist schwer krank, sie hat Typhus. Und wenn ich ihr nicht etwas zu Essen bringe, wird sie sterben. Ich muss zurückkehren.« Sie wandte sich an den Sohn: »Belade deine Seele nicht mit Sünde, soll das Kind gehen, ich bringe ihn durch die Gärten, damit die Leute nicht sehen, dass er von unserem Hof kommt.«

Über die Felder kam ich zu einem anderen Dorf. Es wurde Abend. Ich ging in eine zufällig ausgewählte Hütte. Dort war eine alte Frau. Sie gab mir ein Glas Milch und sagte, dass sie mich nicht im Haus behalten könne, weil im Dorf Deutsche und Polizei seien, dass sie mir aber eine Unterkunft im Stall bereiten werde und dass, falls mich dort jemand aufspüren sollte, ich angeben müsse, dass sie nichts gesehen habe und nicht wissen könne, wie ich da hingeraten bin. Ich legte mich schlafen. Im Stall war es sehr kalt, durch die Ritzen pfiff der Wind hinein, und wie ich mich auch mit Stroh zudeckte, mir wurde nicht warm. Ich weiß nicht, ob und wie lange ich geschlafen habe. Die Beine wurden mir steif. Mir schien, dass ich bald ganz erfriere.

Da stand ich auf, verließ leise den Hof und wandte mich in Richtung des Dorfes Gorischkowka. Leute überholten mich. Ich fragte, wie weit es noch zu gehen sei. Etwa neun Kilometer bekam ich zur Antwort. Hunger plagte mich. Ich hielt am Straßenrand an und lehnte mich gegen einen Baum. So etwas hatte es vorher nie mit mir gegeben – ich schluchzte. Das Dorf war bereits zu sehen, aber ich konnte nicht mehr gehen. Eine Frau kam zu mir und gab mir ein Stück Brot und einen Apfel. Eine andere Frau gab mir eine Pirogge mit Mohn.

Vom Feld her wehte ein sehr kalter Wind. Ich fürchtete, wenn ich vom Baum wegginge, würde ich mitgerissen. Ein kleiner Alter kam zu mir und sprach: »Steh' nicht, Söhnchen, geh' noch ein Stückchen, das Dorf ist schon ganz nah, geh', du erfrierst ja.« Und ich ging weiter. Schließlich kam ich zur ersten Hütte. Ich klopfte an das Fensterchen und bat, hereinkommen zu dürfen, um mich aufzuwärmen. Meine Kleidung war völlig vereist, und als ich den Mantel auszog, zerbrach er. Man versorgte mich mit heißem Borschtsch. Ich erzählte, dass ich meinen Bruder suche. Mir wurde gesagt, dass im Dorf noch örtliche Juden lebten – hinter Stacheldraht. Einige hätten die Deutschen erschossen, die übrigen aber lebten im Ghetto. Vielleicht sei Jascha ja dort.

Auf dem Weg zum Ghetto überholte mich ein Schlittengespann. Von ihm sprang ein Polizist herab, packte mich am Ärmel, brachte mich aufs Polizeirevier und begann mich zu verhören. Er schlug mich nicht, sondern befragte mich nur. Ich erklärte ihm, ich käme aus dem Dorfe Wapnjarka und müsse nach Schurokopijewka, aber irgendwie sei ich hinter anderen hergegangen und so nach Gorischkowka geraten. Nach einer Weile kam der Küster der örtlichen Kirche auf das Revier. Er hörte sich meine Erzählung aufmerksam an und sagte: »Der lügt sich da was zusammen. Das ist Jojliks Bastard. Mal läuft er davon, mal kommt er wieder, man sucht ihn wahrscheinlich schon. Bring ihn ins Ghetto.« Der Polizist hielt mich am Kragen und brachte mich ins Haus von Onkel Jojlik. Als mich meine Cousine Sonja sah, sprang sie auf mich zu, umarmte mich, weinte und flehte den Polizisten an: »Wassil, lass den Jungen frei, das ist mein Bruder. Ich gebe dir ein Tischtuch, ich gebe dir ein Doppelfenster, du baust doch, ich gebe dir alle Rahmen.« Da antwortete er: »Sonja, wenn herauskommt, dass im Ghetto ein Fremder ist, dann wird man euch alle erschießen.« Sonja antwortete: »Wir haben einen sehr guten Bekannten in einem anderen Dorf, und wir schicken ihn dort hin. Mach dir keine Sorgen, Wassil, keiner wird davon erfahren.«

Als der Polizist weggegangen war, erschienen Tante Zipa, Onkel Jojlik und Meer Lepkiwker, der aus der Kriegsgefangenschaft geflohen war und sich im Ghetto versteckt hielt. Sonja sagte, dass Jascha bei ihnen gewesen war, aber in ein anderes Dorf gegangen sei. Er hatte versprochen nach einigen Tagen wieder ins Ghetto zu kommen. Alle waren von meinem Erscheinen verwundert, denn es gab Gerüchte, nach denen örtliche Bewohner Gruben in Petschora ausgehoben hätten und alle Juden erschossen worden seien. Auch Jascha war sicher, dass in Petschora niemand mehr am Leben sei. Man gab mir reichlich und lecker zu essen. Dann badete Zipa mich. Sonja wusch meine Kleidung, mich schickte man zum Schlafen auf den Ofen.

Ich träumte die ganze Zeit von Mama und den letzten Bewohnern in Zimmer Nummer acht.

Ich versuchte am Samstag wegzugehen, um Mama zu holen, aber die Tante ließ mich nicht gehen, weil, wie sie sagte, das eine Sünde sei, ich das an einem anderen Tag machen könne, ich würde ungehindert durchkommen und Mutter lebendig vorfinden und sie erfolgreich herbringen. Am Sonntag, früh am Morgen, packte mir Tante Zipa einen ganzen Kissenbezug mit Lebensmitteln voll. Ich zog Ärmel eines Mantels über die Beine. Sonja half mir, die Fußlappen um die Füße zu wickeln und zog mir ihre Gummistiefel an. Außerdem zog sie mir ihre warmen Handschuhe an. Sonja ging als Erste aus dem Haus. Sie ging bis zum Stacheldraht und überzeugte sich, dass dort niemand war, dann hob sie den Stacheldraht etwas an und ich verließ das Ghetto.

Auf dem Weg zurück nach Petschora mied ich sämtliche Dörfer und ging stattdessen über die Felder, obwohl es kalt und windig war, aber dort begegnete ich keiner Menschenseele. Halt machte ich nur zum Schlafen in irgendwelchen Schobern.

Ich bemühte mich, so schnell wie möglich in Petschora anzukommen, und nach nicht einmal drei Tagen und Nächten war ich bereits im Konzentrationslager. Im Zimmer waren nur noch Mama und zwei alte Frauen. Mama gab jeder ein Stück Brot und zwei Kartoffeln. Am Abend des nächsten Tages gelang es uns, das Lager zu verlassen. Wir mieden die Dörfer und erst unweit der Station Jurkowka waren wir gezwungen, in ein Dorf zu gehen, weil die Deutschen die Eisenbahnstrecke bewachten. Entlang der Eisenbahn waren alle Bäume abgeholzt worden. Nur am regulären Bahnübergang, an dem eine Sperre aufgestellt war, konnte man hinüber. Er wurde von deutschen Soldaten bewacht. Im Dorf nahe der Station Shurawlewka erklärte sich eine Frau damit einverstanden, dass Mutter für einige Tage bei ihr blieb, während sie mich über den Bahnübergang bringe.

Am nächsten Morgen nahm die Frau einen geflochtenen Korb mit Eiern. Und wir gingen los. Am Bahnübergang sah ein Soldat in den Korb: »Oh, Eier, Eier!«, nahm ein paar heraus und wir passierten.

Nach einigen Stunden kam ich in Gorischkowka an und gelangte unbemerkt auf das Ghettogelände. Im Haus von Tante Zipa erblickte ich Jascha am Tisch sitzend. Über den ganzen Kopf zog sich eine noch nicht ganz verheilte, rosa Narbe. Jascha sprang auf mich zu und drückte mich an sich. Beide weinten wir lange und bekamen kein Wort heraus.

Dann erzählte er mir von der schrecklichen Tragödie, die er erlebt hatte. Mit einer Gruppe arbeitsfähiger Juden aus Petschora, Tultschin, Brazlaw, Mogiljow-Podolski und Lemberg wurde er nach Winniza gebracht. Man brachte sie im Gefängnis unter. Sie führten Straßenbauarbeiten an der Chaussee von Winniza zum Flughafen in Gaissin aus, danach gruben sie Mieten.

Am letzten Tag, nach Abschluss der Arbeiten, kam ein deutscher Offizier zu Jascha und sagte auf Russisch: »Lauf weg. In der Nacht wird man euch alle bei lebendigem Leibe eingraben.« Erschreckt begann Jascha sich in der Grube hin und her zu werfen, da schleuderte ein deutscher Soldat einen Spaten nach ihm und verletzte ihn am Kopf. Blut verlierend blieb Jascha in der Grube liegen.

In der Nacht kam er zu sich und krabbelte aus der Grube.

»Nach 62 Jahren, am 5. September 2004, als ich mit Iosif Krakowski die Orte besuchte, an denen KZ-Häftlinge begraben liegen, fuhren wir unterwegs auch an der Station Woronowiza vorbei. Vor dem Gebäude der Verwaltung der Zuckerfabrik in Stepanky steht ein Obelisk auf einem riesigen Grab, wo die lebendig Begrabenen ruhen.
Unter ihnen sind die drei Lepkiwker-Schwestern (die Nichten des Meer Lepkiwker), die Mutter von Fima Retschister, die Mutter von Iosif Krakowski, viele Bekannte, Nachbarn und Freunde.«

Am selben Abend kamen nahe Verwandte zu Jojlik, Tante Zipa und Sonja: seine Schwester Chana-Lejka, deren Mann Motl Gurfinkel, ihre Töchter Manja und Klara sowie ihr kleiner Sohn Borja. Nachdem ich genau berichtet hatte, warum ich ohne Mama gekommen war, begannen alle die möglichen Varianten zu diskutieren, wie wir Mama nach Gorischkowka bekommen könnten.

Nach der Kopfverletzung war Jascha häufig schwindelig, daher war es gefährlich, ihn alleine loszuschicken, aber es gab keinen anderen Weg, denn zu zweit würde man nicht durchkommen.

Im Morgengrauen ging Jascha los. Nach ungefähr zwei Wochen brachte Jascha Mama. Aber dass wir nun zu dritt in Gorischkowka waren (ich, Jascha und Mama), hieß nicht, dass wir schon überlebt hätten: Es hieß, dass wir das Todeslager verlassen hatten. Nun musste entschieden werden, wie weiter zu leben sei. Auch hier erwartete uns tödliche Gefahr, aber das Schlimmste war, dass wir alle Bewohner des Ghettos der Gefahr aussetzten, weil alle Bewohner des Ghettos beim Starosten des Dorfes registriert waren, und durch das Auftauchen Außenstehender auf dem Ghettogelände drohte dem ganzen Ghetto die Erschießung. Daher musste Mama die ganze Zeit über im Haus bleiben und durfte gar nicht hinausgehen, weil niemand wissen durfte, dass sie da war. Jascha und ich sollten im Falle einer Razzia unbedingt aus dem Ghetto verschwinden. So waren wir also ins Ghetto des Dorfes Gorischkowka im Rayon Tomaschpol geraten.

Sechs Kilometer vom Dorf Gorischkowka entfernt lag eine Landwirtschaft namens Galewa, in der Sonnenblumen und Mais angebaut wurden, außerdem gab es ein Melonenfeld. Vor dem Krieg arbeitete hauptsächlich die jüdische Bevölkerung des Dorfes in dieser Landwirtschaft. Dort gab es Böttcher, Sattler, Schuster und Angehörige anderer Berufe, die im Dorf lebten.

Unter der Besatzung wurde im Dorf Polizei aufgestellt, außerdem war rumänische Gendarmerie hier stationiert. Die ganze jüdische Bevölkerung des Dorfes wurde in einige wenige Häuser gesperrt, das Gelände des Ghettos wurde mit Stacheldraht umzäunt und eine strenge Ordnung wurde eingeführt. Gleich nach der Einführung der rumänischen Ordnung wurden einige Juden erschossen. Die übrigen wurden zur Arbeit in der Landwirtschaft herangezogen. Die rumänischen Gendarmen drohten oft mit der Vernichtung des Ghettos, aber die Bewohner hatten Glück. Ein Rumäne, Nachfahre der früheren Eigentümer des Gutes Galewa, kehrte nach Gorischkowka zurück und nahm sich wieder dieses Eigentums an. Arbeitsfähige Juden arbeiteten umsonst in dieser Landwirtschaft. Am Montag wurden die Leute früh morgens unter Bewachung nach Galewa gebracht, wo sie die ganze Woche arbeiteten, und am Samstag brachte man sie zurück ins Ghetto. Diejenigen, die nicht hier arbeiteten, waren zu einem vom Hunger geprägten Dasein verdammt.

Jascha und ich gingen oft ins Dorf, baten um Arbeit oder Lebensmittel, öfter aber gingen wir in andere Dörfer. Wenn wir Lebensmittel bekamen, brachten wir sie ins Ghetto und teilten sie. Juden, denen es gelang, an Mehl heranzukommen, buken freitags Brot. Manche Eltern luden mich über ihre Kinder von Freitag auf Samstag zu sich ein und gaben mir etwas Brot, das ich nach Hause zu Onkel Jojlik brachte. Wir ernährten uns alle gemeinsam.

Wenn wir auf der Suche nach Lebensmitteln das Ghetto verließen, befanden wir uns immer in großer Gefahr. Jascha und ich blieben einige Tage im Dorf Schura-Kopiewka, weil im Ghetto eine Razzia mit Kontrollen stattfand. Das ist ein Dorf, das von einem Flüsschen geteilt wird; auf der einen Seite lebten Russen, auf der anderen Ukrainer. Einmal ging Jascha nach Schura hinein, um etwas zu besorgen, und ließ mich in einem Stall in Kopiewka zurück. Mein linkes Bein war angeschwollen. (Nach den Schlägen des Polizisten Smetanski war es nicht mehr gerade geworden.) Ich lag im Stroh und ohne die Hilfe des Bruders war ich nicht einmal in der Lage, mich umzudrehen. Plötzlich schlug ein Hund an, ich schloss die Augen. Ich wurde von einer Taschenlampe angestrahlt, dann ertönten drei MP-Salven, der Deutsche zog den Hund weg und verließ den Stall. Ich hörte nur: »Der Bengel ist kaputt.« Er hatte klar daneben gezielt. Die Hausherrin kam herbeigelaufen, nach einer Weile, völlig verweint, auch mein Bruder. Er brachte mich zurück nach Gorischkowka, in jenem Dorf aber ließen wir uns nie wieder sehen.

In Gorischkowka sprachen die Juden Ukrainisch und Jiddisch. Und sogar viele Bauern sprachen Jiddisch. Auch ich lernte, Jiddisch zu sprechen. Die Kinder im Dorf spielten, sie formten aus Lehm kleine Töpfe, Häuschen und anderes, aber wenn Polizisten oder Rumänen auftauchten, liefen sie schnell nach Hause.

Als sich die Front näherte, flüchtete der Eigentümer des Gutes Galewa. Die rumänische Gendarmerie verschwand. Die Ghettos sollten vernichtet werden.

Partisaneneinheiten nahmen Quartier im Dorf. Dann rückte Infanterie der Roten Armee ein. Das Dorf war befreit.

Am Morgen des nächsten Tages machten mein Bruder und ich uns auf den Weg nach Tultschin. Als wir das Dorf Masurowka erreichten, kam uns eine Kolonne deutscher Kriegsgefangener entgegen.

In Tultschin angekommen wollten wir zu unserem Haus gehen, aber es stellte sich heraus, dass es nicht mehr da war, wie auch die ganze Spartak-Straße. Dann gingen wir zum Haus der Tanten unseres Vaters, aus dem wir einst ins Ghetto verschleppt worden waren. Das Haus war leer. Auf dem Wehrkommando händigte man uns die Gefallenenmeldung für unseren älteren Bruder Mischa aus, aus der hervorging, dass am 29. November 1943 der Leutnant Michail Krischtein während der Befreiung der Stadt Tscherkassy gefallen ist.

Jascha bat um Aufnahme in die Armee. Man sagte ihm, er solle am nächsten Tag wiederkommen. Wir gingen zusammen zur Einberufungsstelle. Vor den frischen Rekruten wurde eine Vorlesung abgehalten, dann marschierte die Kolonne zur Station Wapnjarka. Als Mama aus Gorischkowka zurückkehrte, war mein Bruder bereits fort.

Ich bewahre einen einzigen Feldpostbrief von meinem Bruder Jascha auf, den ich von der Front bekommen habe, sowie eine offizielle Gefallenenmeldung, die besagt, dass der Gefreite Jakow Isakowitsch Krischtein an seinen Verletzungen gestorben ist. Er liegt in Pustelnik, einige Dutzend Kilometer östlich von Warschau begraben. Seine sterblichen Überreste wurden später auf einen Militärfriedhof in Warschau überführt. Leider ist mir nicht einmal eine Fotografie von Jascha geblieben …

Semen Loschtschakow-Leiderman (geb. 1930)
»Ich war erst 11 Jahre alt«

Meine Eltern, wie Tausende andere jüdische Familien, die sich aus verschiedenen Gründen nicht evakuieren lassen konnten, blieben in dem von den Faschisten besetzten Gebiet. Wie durch ein Wunder (eine andere Erklärung habe ich dafür nicht) konnte ein Teil unserer Familie in dem Fleischwolf, in den die Faschisten unser Volk hineinwarfen, überleben.

Wir (die gesamte jüdische Bevölkerung unserer Stadt) wurden zuerst im Ghetto eingepfercht und dann aus dem Ghetto ins Konzentrationslager mit dem Geheimnamen »Die Schlinge des Todes« im Dorf Petschora, Bezirk Schpikow, Gebiet Winniza verschickt. Unser Glück bestand darin, dass wir nicht gleich erschossen wurden, wie es die Faschisten in vielen anderen Ortschaften taten. Aber auch der Name des Lagers »Die Schlinge des Todes« sagt schon alles. Und in der Tat wurden dorthin sehr viele Menschen aus verschiedenen Städten zum Sterben verschickt. Vermutlich wollten die lokalen Machthaber Kugeln sparen. Nur ein Teil der dort eingepferchten Menschen, darunter auch einige Mitglieder unserer Familie, konnten überleben. Ich habe oben »lokale Machthaber«

geschrieben, weil das Gebiet, das Rumänien bekam, Transnistrien hieß. Alle Fragen der Deportation der Juden in die Konzentrationslager entschied man konkret vor Ort in jedem Städtchen oder Dorf. Dies zeigt auch, wie jeder Ort im Einzelnen seine Juden behandelte.

Jetzt, nach über 60 Jahren, sind sehr viele Einzelheiten verdrängt, und nur die wichtigsten Erlebnisse jenes Lebensabschnittes blieben noch fragmentarisch in der Erinnerung. Große Zeitphasen jener Vergangenheit sind aus meinem Gedächtnis überhaupt entschwunden. Manchmal habe ich den Eindruck, als ob es mich in jenen Erlebnissen gar nicht gegeben hätte. Es ist eine Art Gedächtnislücke, wie nach einer schweren Kopfverletzung. Es ist aber auch kein Wunder, denn damals war das Gehirn nur mit dem Gedanken an Essen und Überleben beschäftigt. Alles andere wurde außer Acht gelassen und ausgeblendet.

Ich fange mit dem Kriegsausbruch an. Damals, 1941, war ich 11 Jahre alt. Meine Familie lebte seit Generationen in der Stadt Tultschin, Gebiet Winniza. Dort erlebten wir auch den Kriegsausbruch. Es war unmöglich, sich evakuieren zu lassen, weil die Verwaltung vor Ort keine Genehmigungen zur Evakuierung ausstellte, jeden Antrag als Panikmacherei betrachtete und mit Strafen drohte. Man sagte, die Deutschen seien noch an der Grenze geschlagen worden und die Panikmacher würden nach Kriegsrecht bestraft werden. Später, kurz vor dem Angriff der Deutschen, war unser Gebiet eingekesselt, sodass selbst jene, die sich auf den Weg machten, zurückkehren mussten.

Ungefähr am 23. Juli 1941, also einen Monat nach dem Kriegsausbruch, wurde Tultschin von deutschen Truppen besetzt. Am Tag darauf wurden Polizei und eine neue Verwaltung aufgestellt. 15 bis 20 Tage später wurden alle Juden unserer Stadt, darunter auch unsere Familie, ins Ghetto gepfercht.

Ich verzichte darauf zu erklären, was ein Ghetto ist. Darüber wurde viel geschrieben. Ich glaube, es ist der Anfang vom Ende, eine Vorhölle. Als Gelände für das Ghetto wurde von den Deutschen ein Teil der Altstadt, der Altmarkt, bestimmt. Es wurde den Menschen verboten, das Gelände des Ghettos zu verlassen. Jeder Jude, unabhängig ob Mann, Frau oder Kind, musste einen »Davidstern« tragen.

Kurz darauf übergaben die Deutschen dieses Territorium am Südlichen Bug an die Rumänen. Ich kann mich erinnern, dass die Polizisten kamen, um die arbeitsfähigen Menschen zum Arbeitseinsatz zu holen. Wir Kinder versuchten aus dem Ghetto herauszukommen, um etwas zu essen zu beschaffen. Die Kinder sammelten Reste von Gemüse auf den Feldern und bettelten bei den Bauern. Manche gaben etwas, aber es gab auch solche, die uns mit den Hunden jagten oder verprügelten, beleidigten und uns bereits Erbetteltes wegnahmen.

Ich erinnere mich jetzt nicht genau, wann und wer es sagte und ob es schon nach der Befreiung war oder vorher, aber es gab Gerüchte, dass das Mitglied der Stadtverwaltung von Tultschin, ein Arzt namens Belezki (oder ähnlich) in der Verwaltung die Frage nach der Deportation der Juden stellte. Er argumentierte damit, dass wegen der Enge und der großen Menschenmassen verschiedene Infektionen und Epidemien in Tultschin ausbrechen könnten.

In der ersten Dezemberhälfte 1941, am frühen Morgen als es noch dunkel war, umstellten die Polizisten mit Hunden das Ghetto und trieben alle Menschen aus ihren Häusern auf die Straßen.

Niemand wusste, was und warum es mit uns passierte. Vorher gab es Gerüchte, dass man uns aus allen Bezirken des Gebiets an einen Ort zusammenführen wollte, um den Ausbruch von Epidemien zu verhindern. Andere behaupteten, dass man uns alle sammeln und erschießen würde. Erst später erfuhren die Menschen, dass wir alle in ein Konzentrationslager verschickt werden. Wo es sich befand, wusste noch niemand.

Aus den Erzählungen meiner Mutter weiß ich, dass ein Freund meines Großvaters, Herr Rabinowitsch, auf irgendeine Weise von dieser »Aktion« erfuhr und uns buchstäblich in letzter Minute vor der Umzingelung des Ghettos warnen konnte, sodass wir diesem Horror noch entkommen konnten. Einen Wohnblock vom Ghetto entfernt hörten wir die Schreie der Menschen, die man aus ihren Häusern trieb und das Bellen der Hunde. Zum Glück gab es auf dem Feld Heuhaufen, in denen wir uns versteckten und den Einbruch der Nacht abwarteten.

Als es dunkel wurde, führte uns Opa in irgendein Dorf, wo er gute Bekannte hatte. Dort übernachteten wir in einem Stall und noch vor Sonnenaufgang verließen wir den Ort. Es gab ein Gesetz, dass auch Menschen, die Juden versteckten, dafür zusammen mit ihren Familien erschossen oder ins Lager deportiert würden. Deshalb wollten nur wenige das Risiko eingehen. So irrten wir etwa eine Woche umher und übernachteten, wo uns die Dunkelheit gerade überraschte. Es gab Gerüchte, dass es in der Stadt noch einige Juden gebe, und wir entschlossen uns, in die Stadt zurückzukehren.

Es wurde sehr kalt und es war sehr schwer umherzuziehen. In der Tat ließen die Besatzer ca. 25 jüdische Handwerker und ihre Familien am Leben, damit diese sie bedienten. Wir wollten uns unter sie mischen. Jetzt kann ich verstehen, dass diese Entscheidung absurd war, aber der Ertrinkende greift immer nach dem Strohhalm. Großmutter, die Mutter meines Vaters, ging in die Stadt, um die Situation zu prüfen, und kehrte nicht zurück. Erst nach der Befreiung erfuhren wir, dass sie von jemandem denunziert worden war, als sie die Stadtgrenze überquerte. Um den Polizisten zu entkommen, sprang sie in der Pestelstraße, wo sie den größten Teil ihres Lebens lebte, in den Brunnen. Irgendwelche Menschen zogen sie aus dem Brunnen und brachten sie in einen verlassenen Raum, wo sie an Erfrierungen verstarb. Es sei erwähnt, dass dies alles im Dezember war. Die Stelle, wo sie begraben wurde, ist uns bis heute unbekannt. Wir haben längere Zeit die dort lebenden Menschen und ihre Nachbarn gefragt, aber keiner wusste Bescheid.

Ohne die Nachricht von Großmutter zu haben, entschieden wir uns zu riskieren, in die Stadt zu gehen. Auch wir alle wurden an der Stadtgrenze von einem ehemaligen Kommilitonen meines Bruders denunziert, indem er den Rumänen sagte: »Da kommen die Shidy!« Dort auf der Straße war eine Polizeipatrouille. Wir wurden festgenommen und auf die Polizeiwache gebracht. Von dort wurden wir nach dem Verhör des Großvaters ins Konzentrationslager »Die Schlinge des Todes« verschickt. Wir hatten großes Glück, weil der Polizeichef viele Jahre der Nachbar meines Großvaters gewesen war. Deshalb wurden wir nicht erschossen, sondern nur ins Lager verschickt. Dort trafen wir unsere zweite Großmutter Riwa und die Schwester meiner Mutter Rachel.

Im Januar oder Februar 1942 kam ins Konzentrationslager eine große Kolonne deutscher Lastwagen. Sie wurden mit noch arbeitsfähigen Menschen vollgestopft und in unbekannte Richtung verschickt. Man sagte, dass damals über 1000 Menschen abtransportiert wurden. Auch Rachel, die jüngere Schwester meiner Mutter, war unter ihnen. Das Schicksal dieser Menschen ist uns auch heute noch unbekannt. Es gab Gerüchte, dass sie zum Arbeitseinsatz auf dem Bauprojekt für das Führerhauptquartier Adolf Hitlers unter dem Decknamen »Werwolf« bei Winniza verschleppt worden waren. Alle, die dort arbeiteten, wurden später von den Deutschen erschossen.

Wegen der großen Enge im Konzentrationslager brachen bereits im ersten Winter eine Typhus- und eine Dysenterie-Epidemie aus. Vielleicht aber wurden wir mit diesen Krankheiten absichtlich angesteckt, damit man sich unserer schneller entledigte? Damals starben sehr viele Menschen, darunter auch unser Großvater. Man erzählte, dass am Tag bis zu 150 Menschen starben. Ich erkrankte an Dysenterie und mein Bruder Boris an Typhus. Ich war sehr lange und sehr schwer krank. Es gab fast keine Hoffnung auf Genesung. Man hielt mich schon für einen Todeskandidaten, denn ich war nur noch Haut und Knochen und konnte ohne fremde Hilfe nicht einmal aufstehen. Aber auch mein Bruder war nicht besser dran als ich. Unser Leben verdanken wir unserer Großmutter Riwa. Wie durch ein Wunder konnte sie uns heilen. Oder war es unser Schicksal? Vielleicht war es uns vorherbestimmt, zu überleben und unseren Nachfahren zu berichten, was damals geschah? Wie es auch sei, wir haben überlebt. Meine Großmutter war, wie man heute sagen würde, Heilpraktikerin. Sie kannte sich sehr gut mit Pflanzen aus und wusste viel über ihre heilende Kraft. Mir gab sie Wermuttee zu trinken. Es gab überhaupt keine Medikamente.

Aus der Erzählung meiner Mutter weiß ich, dass mein Großvater kurz vor seinem Tod einige Wertsachen (Eheringe, Schmuck, Münzen etc.) meiner Mutter übergab. Diese Wertsachen halfen uns nach der Krankheit zu Kräften zu kommen. Die Einheimischen aus den benachbarten Dörfern kamen zum Lager und tauschten Lebensmittel gegen Wertsachen. Wenn man keine Wertsachen hatte, starb man einfach an Hunger und Krankheiten.

Mein Bruder Boris erholte sich als Erster vom Typhus und schlich sich heimlich aus dem Lager in die Dörfer, um etwas Essbares zu beschaffen. Nach dem es mir einigermaßen besser ging, konnte ich ihn begleiten. Wir gingen und kehrten nur dann zurück, wenn jene Polizisten Wache standen, die auf die Kinder nicht schossen. Besonders human wurden die Polizisten, als die Deutschen ihre Niederlagen in der Schlacht um Moskau und Stalingrad hinnehmen mussten. Aber nicht alle.

Unter den Polizisten gab es eine Bestie namens Smetanski. Wenn er seine Schicht antrat, informierten wir uns gegenseitig und warnten einander, sich nicht mal dem Zaun zu nähern. Er war ein böser und furchtbarer »Hund«. Er schoss sogar auf jene Menschen, die mit dem bei den Einheimischen erbettelten Essen ins Lager zurückkehrten.

Wenn rumänische Gendarmen die Menschen erwischten, denen es gelungen war, sich aus dem Lager zu schleichen, um etwas Essen zu beschaffen, verprügelten sie diese und trieben sie zurück ins Lager. Jeder, der sich aus dem Lager schlich, riskierte jedes Mal sein Leben. Man wusste nie, wem man begegnet und wie man von dieser Person behandelt würde.

Ein Teil der Menschen, die das Lager verließen und in die umliegenden Dörfer gingen, um Essen zu beschaffen, kehrten nie wieder zurück und ihr Schicksal blieb unbekannt. Es ist möglich, dass manche von ihnen unter einem anderen Namen irgendwo bei Bekannten oder Verwandten

Unterschlupf fanden, aber wahrscheinlicher ist, dass viele von ihnen starben. Keiner interessierte sich für ihr Schicksal, nur ihre Verwandten, vorausgesetzt, sie waren damals noch am Leben. Aber auch ihnen blieb nichts anderes, als auf Gerüchte zu setzen. Es gab keine Statistiken, wer starb und wer noch am Leben war. Nicht umsonst war es ein Vernichtungslager.

Es gab keine Möglichkeit aus dem Lager zu fliehen, da es Gerüchte gab, dass in den Städtchen, wo Juden in Ghettos lebten (solche Städtchen gab es vereinzelt auf dem rumänischen Territorium), Flüchtlinge zusammen mit der Familie, die ihnen Unterkunft gewährte, festgenommen und erschossen würden. Manche Häftlinge des Konzentrationslagers, die aus den von Deutschen besetzten Gebieten ins Lager verschleppt worden waren, versuchten im Winter über den vereisten Südlichen Bug ins Freie zu gelangen. Aber auf dem anderen Flussufer waren schon Deutsche und nur wenige der Flüchtlinge konnten zurückkehren. Wir hörten ihre Schreie, Hilferufe und Schüsse. Ich weiß nicht, von wem sie gejagt worden waren: von Deutschen oder Polizisten.

So existierten wir die langen zweieinhalb Jahre ohne Hoffnung, dass wir überleben würden, dass wir nicht erschossen oder nicht an Hunger sterben würden. Es gibt doch Grenzen der menschlichen Leistungsfähigkeit und des Durchhaltevermögens. Im Sommer ernährten wir uns zusätzlich zum Erbettelten auch von Kräutern und Waldbeeren. Im Winter war es besonders hart; da schwoll man vor Hunger an.

Kurz vor der Befreiung dieser Gegend am 14. März 1944 verließen die Gendarmen und Polizisten das Lager. Die noch am Leben gebliebenen Häftlinge flohen aus dem Lager. Sie hatten Angst, dass die Nazis auf ihrem Rückzug das Lager liquidieren und die übrig gebliebenen Menschen erschießen würden. Wir hatten nicht so große Angst vor Rumänen als vielmehr vor Polizisten. Es waren keine Menschen, sondern Bestien.

Zurück in Tultschin lebten wir dort bis 1948. Dann zogen wir in die Stadt Saporoshje, wo wir bis heute leben.

Heute kommt mir das Erlebte wie ein furchtbarer Albtraum vor. Ich kann kaum glauben, dass dies alles mit mir geschah und ich es überlebte. Auf dem Papier bilden all diese Erlebnisse eine gewisse Reihenfolge, obwohl vieles aus dem Gedächtnis verblasste. Bis heute weiß ich nicht, was uns damals vor dem Tod bewahrte. War es etwas, was sich unserem Verständnis nicht erschließen kann, oder waren es die in unseren Genen veranlagten Lebenskräfte. Wie es auch sei: Wir überlebten jene furchtbare Zeit und sind noch heute am Leben. Leider nicht ganz gesund. Der Aufenthalt im Konzentrationslager hat seine Spuren sowohl in der Psyche als auch in der gesamten körperlichen Verfassung hinterlassen. Denn als dies alles begann, war ich erst 11 Jahre alt.

Polina Murachowskaja (geb. 1944)
»Das Dorf der Gerechten«

Meine Eltern, Brüder und Schwestern, alle Verwandte und Landsleute wurden ins Dorf Petschora, Gebiet Winniza, deportiert. Dort, im ehemaligen Landgut des Grafen Potocki und zur Sowjetzeit im Kurhaus, wurde von Deutschen das Konzentrationslager »Die Todesschlinge« errichtet. Dort wurden die Juden aus den benachbarten Städtchen und Dörfern sowie aus Rumänien und Bessarabien inhaftiert. Es herrschte das Gedränge von Tausenden Menschen. Es war unmöglich, das Lager zu verlassen: Ringsherum war eine vier Meter hohe Mauer mit Stacheldraht obendrauf. Später wurde das Lager von den Deutschen an die Rumänen übergeben.

Um etwas Essbares für uns Kinder zu beschaffen, schmuggelte sich meine Mama aus dem Lager und gelangte über den Südlichen Bug ins Dorf Silnizy.

Nach dem Krieg besuchten uns oft Tante Nadja und ihre Tochter Wera. Meine Familie nahm sie sehr herzlich auf und sagte, dass sie uns gerettet hätten.

Trotz des Risikos für ihr Leben und das Leben ihrer Tochter teilte Tante Nadja mit meiner Mutter Essen und Kleidung. Sie dachte damals nicht darüber nach, dass sie eine Heldentat beging. Diese edlen Menschen sind schon tot, auch meine Mutter, mein Vater, meine Brüder und Schwestern. Nur die Erinnerung bleibt.

Es gibt im Bezirk Tultschin das Dorf Cholodowka. Man könnte es das Dorf der Gerechten nennen. Fast alle seine Einwohner versteckten und unterstützten Juden.

Zum Beispiel Anna Artemjewna, geboren 1910. Ihr Mann kämpfte an der Front. Sie blieb im Dorf mit ihrer Tochter. Ihre Tochter Nina Maksimowitsch kann sich erinnern, wie an einem Wintermorgen jemand an die Haustür klopfte. Als sie die Tür aufmachte, sah sie zwei Jüdinnen. Sie ließ sie herein. Es waren zwei Schwestern, Chana und Sura. Vor dem Krieg arbeitete die Mutter dieser Frauen in Cholodowka als Verkäuferin in einem Geschäft. Sie stammten aus Tultschin und waren aus dem Lager Petschora geflohen. Einige Monate versteckte Anna Artemjewna sie nachts hinter dem Ofen und tagsüber in einer Grube für Kartoffeln. Dort erlebten sie auch ihre Befreiung. Auch diese Frauen leben nicht mehr.

Aus den Erinnerungen von Anja Bilitschenko, geb. Dudnik:

Sie war zehn Jahre alt, als im Winter 1943 zwei Frauen mit einem Kind an der Tür ihres Elternhauses klopften. Auch sie waren aus dem Konzentrationslager Petschora geflohen. Eine von ihnen, Hanna Hoppe, war sehr krank. In jener Zeit herrschten Temperaturen um Minus 30–35 Grad. Die Frauen waren barfuß und hungrig. Die Mutter von Anja, Paraska Ignatjewna Dudnik, gab ihnen Essen und Kleidung und ließ sie auf den Ofen. Die Männer dieser Frauen arbeiteten in der Nähe. Auf Anordnung der Rumänen mussten sie Bäume im Wald fällen. Manchmal kamen sie nachts zu ihren Frauen und brachten ihnen ihre Tagesration.

Im Frühling, als Anja auf der Wiese Kühe weidete, kam zu ihr ein Mädchen und sagte leise, dass sie sehr großen Hunger hätte. Sie war nicht alleine, sondern mit einem kleinen Jungen und einer Frau. Anja brachte sie nach Hause, gab ihnen Essen und Kleidung. Die Flüchtlinge wurden in der Kartoffelgrube versteckt und konnten nur nachts kurz frische Luft schnappen. Es waren Shenja Brawerman mit dem Sohn Leonid und mit der Schwester Fira. Nach dem Krieg lebten sie wie eine Familie zusammen.

Ljubow Isaakowna Nagornaja erinnert sich, was damals an einem Wintermorgen geschah. Ihre Mutter, Olga Afanasjewna, ließ sie alleine im Haus und ging Stroh holen. Plötzlich traten eine Frau und ein 8–9-jähriger Junge herein. Die Frau stellte sich als Etja vor und ihren Sohn als Petro.

In der Tür erschien Olga Afanasjewna. Tante Etja bat, ihren Sohn zu retten. Aber Olga Afanasjewna brach in Tränen aus und bettelte, die Frau solle weggehen und ihren Sohn mitnehmen. »Was machen Sie? Gleich kommt doch die Razzia und meine Familie wird getötet!« Mit Tränen in den Augen ließ Tante Etja ihren Sohn im Zimmer stehen und rannte selbst weg. Die Mutter von Ljubow ging ins Zimmer und bedeckte Petja mit Stroh. Der Junge hatte erfrorene Füße und konnte nicht aufstehen. Zum Glück blieb das Haus dieser Familie von der Razzia verschont. Tante Etja konnte sich verstecken und als alles vorbei war, bedankte sie sich bei Olga Afanasjewna für die Rettung ihres Sohnes. Olga Afanasjewna ließ sie in ihrem Haus und behandelte die Erfrierungen des Jungen mit selbstgemachten Salben und Joghurt. Mit der Zeit konnte er aufstehen und dann auch gehen. Mutter und Sohn lebten bei Olga Afanasjewna bis zu ihrer Befreiung. Sie stammten aus Tultschin und waren damals aus dem Konzentrationslager »Die Schlinge des Todes« geflüchtet.

Auch Tante Klara Sandler mit der Tochter Zilja versteckten sich bei Olga Afanasjewna. Die Bäuerin kleidete Klara Sandler in ukrainische Tracht und nannte sie Odarka. Sie half im Haushalt. Nach dem Krieg empfing Klara ihre Retterin und ihre Familie wie Verwandte. Sie starb 1985. Ihre Tochter Zilja lebt in den USA.

Auch Ekaterina Grigorjewna Brikuli, geborene Woitko, geb. 1942, erinnert sich an den Bericht ihrer Großmutter Ewgenija Charitonowna Iwanowa. Das Haus stand am Dorfrand. Ewgenija Charitonowna lebte dort zusammen mit ihren drei Kindern. Ihr Mann kämpfte an der Front. An einem Sommertag war sie draußen und sah, wie auf dem Feld einige Menschen von einem Rumänen gejagt wurden. Es waren Juden: Mann, Frau und ein kleiner dreijähriger Junge. Der Rumäne holte sie ein und schlug auf den Mann. Aber plötzlich erschienen Soldaten und schleppten den Rumänen weg. Die Großmutter rief die Unglücklichen und führte sie in den Keller. Am Abend ließ sie sie ins Haus, gab ihnen zu essen und eine Wundsalbe. Es waren Juden aus Tultschin, die aus dem Konzentrationslager Petschora geflohen waren. Die Großmutter gewährte diesen Menschen für ein halbes Jahr Obhut. Sie ging ein sehr großes Risiko ein, weil in der Nachbarschaft ein Polizist lebte. Tagsüber versteckten sich die Unglücklichen im Keller. An einem Abend sagten sie ihrer gastfreundlichen Retterin, dass sie weggehen würden, weil sie nicht wollten, dass sie ihre eigene Familie in Gefahr bringt.

Ekaterina Grigorjewna erinnert sich, wie Oma sie zu Besuch nach Tultschin mitnahm. Die Geretteten nahmen sie immer sehr freundlich auf und halfen ihnen oft. Mitte der 50er-Jahre wanderten sie aus, und Ekaterina Grigorjewna weiß nichts über sie.

Ich möchte, dass man sich an diese wunderbaren Menschen, die wahrhaft Gerechten, erinnert.

Ich verneige mich vor all jenen, die während des Krieges ihr eigenes Leben und das Leben ihrer Familien riskierten, aber die benachteiligten Töchter und Söhne unseres Volkes unterstützten und retteten.

Jüdische Nachrichten. Beilage zur Zeitung der Werchowna Rada der Ukraine »Stimme der Ukraine«, in: Zeitung der jüdischen Kultusgemeinde der Ukraine, 2003, Nr. 5–6 (256–266), S. 5

Chanzja Salganik (geb. 1922)
»Die Flucht aus dem Lager Petschora«

Ich, Chanzja Schmuljewna Salganik, wurde am 25. Juli 1922 im Städtchen Kodyma, Gebiet Odessa geboren. Mein Vater, Schmul Moschkowitsch Salganik, geb. 1884, war ein Handwerker, Küfer, und meine Mutter, Betja Wolkowna, geb. 1896, war Hausfrau. 1934 beendete ich die fünfte Klasse der jüdischen Gesamtschule und besuchte dann eine ukrainische Schule. Nach dem Hauptschulabschluss bekam ich 1938 eine Stelle im Einzelhandel in Kodyma. Dort arbeitete ich bis 1940, als ich auf Empfehlung der Einzelhandelszentrale in Odessa meine Ausbildung an der Handelsfachschule in Winniza begann. Ich war in Ausbildung bis zum 14. Juni 1941. Zwei Wochen später brach der Krieg aus.

Ich kehrte nach Kodyma zu meinen Eltern zurück. Im Juli 1941 wurde Kodyma von Deutschen besetzt. Bereits in den ersten Tagen der Besatzung wurde ein Sonderkommando nach Kodyma geschickt und ein Ghetto errichtet. Meine Eltern ließen sich nicht evakuieren. Sie begründeten es damit, dass 1918 die Deutschen niemanden umgebracht hätten.

Ende August 1941 floh ich aus Kodyma und versteckte mich bis Ende Sommer 1943 unter einem fremden Namen im Dorf Wradiwka, Gebiet Odessa bei sehr netten Menschen, denen ich erzählte, ich sei aus einem Kinderheim. Man versteckte mich in einem Keller. Aber im Sommer 1943 denunzierten mich die Einwohner des Dorfes und lieferten mich als Jüdin an die rumänischen Machthaber aus. Im Dorf Wradiwka war ein rumänischer Kommandant, und da ich keine Papiere hatte, deportierte er mich ins Lager Petschora, Gebiet Winniza.

Im Lager Petschora war ich bis August 1943. Dann floh ich aus dem Lager Petschora, wurde von rumänischen Soldaten festgenommen und im Gefängnis in der Stadt Tiraspol, Republik Moldawien inhaftiert. Im Herbst 1943 wurde ich aus dem Gefängnis erneut ins Lager Petschora deportiert. Dann verbrachte ich einige Zeit auf dem Polizeirevier der Stadt Gaissin, Gebiet Winniza. Im Oktober 1943 wurde ich von den Besatzungsmachthabern nach Österreich zur Zwangsarbeit deportiert. Im Lager »Liebenau« in Graz arbeitete ich in einer Fabrik.

Im Mai 1945 wurde ich von sowjetischen Truppen befreit und kehrte nach Odessa zurück. Da ich in Odessa über keinen Wohnraum verfügte, fuhr ich ins kleine Städtchen Tschetschelnik. Im März 1946 bekam ich eine Stelle als Buchhalterin in der Butterfabrik von Tschetschelnik.

Im Juli 1946 kam ich nach Kiew zu meinem Cousin. Dort fand ich eine Einstellung in einer Maschinenbaufabrik. 1955 heiratete ich und bekam 1956 eine Tochter. 1970 machte ich an einem Abendgymnasium mein Abitur. 1971–1973 studierte ich Buchwesen an der Handelsakademie in Kiew.

Ich war bis zum 31. Januar 1994 berufstätig. 1982 verstarb mein Mann. Zurzeit wohne ich zusammen mit meiner Tochter und Enkelin.

Michail Seifman (geb. 1934)
Im Lager »Todesschleife«

Meine Geburtsstadt Tultschin wurde im Sommer 1941 von den Deutschen besetzt. Ich war sechseinhalb Jahre alt. Dort, wo wir lebten, wurde das Ghetto eingerichtet. Alle Juden mussten einen gelben Stern tragen. Ungefähr Ende November 1941 hat man uns irgendwelche Injektionen verpasst. Anfang Dezember haben sie das Ghetto umstellt und alle Juden in das Gebäude der ehemaligen jüdischen Schule getrieben. Es war wie in einer Heringsbüchse, so viele Menschen waren da. Ich kam mit meiner Mutter dorthin. Man hielt uns einen oder zwei Tage fest. Es ging das Gerücht, dass man uns bei lebendigem Leibe verbrennen werde. Alle packte die Angst. Aber man verbrannte uns nicht. Am zweiten oder dritten Tag brachte uns ein Posten zu unserem Haus. Die Straßen waren leer. Die Türen der Häuser standen weit offen. Man erlaubte uns, ein Handtuch, Seife und einen Krug mitzunehmen. Dann wurden wir wieder zurück in die Schule geführt. Wir wurden aufgestellt und in die städtische Banja gebracht. Alle Kleidung wurde in die sogenannte Desinfektion geworfen. Nach der Banja zogen alle die feuchte Kleidung an und man trieb uns in ein Konzentrationslager, das war in der Nacht. Man trieb uns durch die Sümpfe. Vor der Stadt, in irgendeinem Dorf, war die erste Rast, einfach auf der Straße. Morgens trieb man uns weiter.

Neben der Kolonne, auf Wagen wurden kraftlose Alte und kleine Kinder gefahren. Das Gehen fiel mir schwer. Ich bat Mutter, mich auf den Wagen zu setzen. Wir machten einen Schritt aus der Kolonne zur Seite. In diesem Augenblick erschien auf einem Pferd ein Posten. In den Händen hielt er einen Revolver und eine Peitsche mit metallenem Ende. Er wollte mich und Mama vor den Augen der ganzen Kolonne erschießen. Es erhob sich Schreckensgeschrei. Das hielt ihn zurück, aber er schlug mit einem gezielten Hieb mit dem Peitschenende meiner Mutter ein Auge aus. Und wir gingen weiter.

Wir waren hungrig und durstig. Aber sie ließen nicht zu, dass wir Lebensmittel oder Wasser bekamen.

Im Lager »Todesschleife« im Dorf Petschora kamen Mama und ich in eine Art Kellerraum. Im Lager herrschte eine hohe Sterblichkeit wegen Hunger, Krankheiten und Schikanen. Abgezehrt und verlaust sollte ich sterben. Neben mir starben und verschwanden Juden. Ich aber, allem zum Trotz, überlebte – um den Preis des Lebens meiner Mutter. Von Verletzungen und Läusen sind mir bis zum heutigen Tage Narben und Vertiefungen am Kopf geblieben.

Nach der Befreiung im März 1944 war ich ohne Eltern und führte das Leben eines obdachlosen Kindes. Ich war vom Hunger aufgebläht.

1946, im Alter von elfeinhalb Jahren, habe ich begonnen, in einer Schuhmacherwerkstatt zu arbeiten. Von 1948 bis 1954 war ich dann am Fließband einer Schuhfabrik in Tultschin. Gleichzeitig habe ich es geschafft, gleich in die fünfte Klasse der Abendschule der werktätigen Jugend zu kommen, die ich 1954 abschloss. Von 1954 an war ich in der Schuhfabrik Nr. 6 in Kiew tätig und habe zugleich am Institut für Leichtindustrie studiert. Das Studium habe ich 1960 abgeschlossen. Anschließend wurde ich Ingenieur der Lederprodukttechnologie und bin bis zum Leiter der Abteilung für Arbeitsorganisation und Gehälter aufgestiegen. Ich habe mich durch stärksten

Antisemitismus durchschlagen müssen. Arbeitend und lernend habe ich 1981 meine Kandidatenarbeit[195] verteidigt. Am 20. Dezember 1991 erlangte ich den Titel eines Doktors der Wirtschaftswissenschaften. Meine wissenschaftlichen Arbeiten und Ergebnisse wurden durch Sonderverordnungen des Staatlichen Komitees für Arbeit und der Gewerkschaft zur Einführung in allen Zweigen der Volkswirtschaft der Ukraine empfohlen und mit Medaillen und Diplomen der UdSSR und der UkrSSR ausgezeichnet.

Jetzt bin ich Pensionär und blind. Als Folge des im Konzentrationslager Durchlebten bin ich Kriegsinvalide der ersten Gruppe.

Ich denke die ganze Zeit darüber nach, warum ich nach der pseudowissenschaftlichen Theorie der Nazis zu einer sogenannten niederen Rasse gehören soll. Wie konnte diese pseudowissenschaftliche Rassentheorie der Nazis überhaupt entstehen, die die Gewinnsucht der Verbrecher und Unmenschen deckte? Und warum hat man die Juden, völlig unschuldige Leute, für die Misserfolge und die Katastrophe Deutschlands im Ersten Weltkrieg verantwortlich gemacht? Im Interesse des Profits, mit dem Ziel der Ausplünderung hat man ein ganzes, altes Volk zur Vernichtung verurteilt. Aber am tragischsten und traurigsten ist, dass sich das vor den Augen der ganzen Welt, der orthodoxen Kirche und anderer Religionen abgespielt hat.

Und wenn in unseren Tagen erneut menschenverachtende Theorien auftauchen, die den Juden die Schuld an allen Misserfolgen zuweisen, muss man an die Lehren der Geschichte, die Schrecken und das Leiden von Millionen unschuldigen Opfern des Nationalsozialismus erinnern.

Edit Spektor (geb. 1926)
»Jeden Tag starben Hunderte Menschen«

Ich, Edit Michailowna Spektor (geborene Grobman), wurde im Städtchen Schpikow, Gebiet Winniza geboren. Wir waren eine große Familie: vier Schwestern und drei Brüder. Sie alle zogen 1929 aus dem Elternhaus aus. Vor dem Krieg lebten in Schpikow nur meine Eltern, mein Bruder und ich. Am 21. Juni hatte mein siebzehnjähriger Bruder seine Abiturfeier. Alle feierten bis zum Morgengrauen. Ein paar Stunden später kam im Radio die Nachricht über den Kriegsausbruch.

Nach ein paar Tagen kamen Flüchtlinge aus Lemberg und anderen Städten der Westukraine. Alle weinten und rieten uns, alle Juden und Kommunisten sollten wegfahren. Aber unser Vorsitzender des Exekutivkomitees und Chef der Miliz entschied, dass wir in der Stadt blieben. Die Flüchtlinge erzählten, dass die Deutschen Frauen, Kinder und Alte töteten. Die älteren Menschen lachten darüber und bezeichneten es als Fantasie. Sie sagten: »Zeigt uns, wen die Deutschen 1918 getötet haben!«

Langsam beruhigten sich die Menschen. Die Zeit verging und am 6. Juli wurden alle jungen Männer und Burschen, die gerade die neunte oder zehnte Schulklasse abgeschlossen hatten, eingezogen.

---

195 Kandidat der Wissenschaften ist ein akademischer Grad, der ungefähr dem deutschen Doktor entspricht. Der Doktor der Wissenschaften entspricht dem deutschen Professor.

Am 22. Juli 1941 besetzten deutsche Truppen die Stadt Schpikow und die benachbarten Dörfer. Gleich in den ersten Tagen wurden auf Befehl der Polizisten die Frauen und Kinder der früheren verantwortlichen Mitarbeiter erschossen. Auch alle Männer mit rasierten Kopfhaaren – ein Zeichen dafür, dass man Soldat war – wurden erschossen. Ein paar Tage später wurden die Straßen gekennzeichnet, in denen den Juden erlaubt wurde zu wohnen. So wurde das Ghetto errichtet. Außerhalb des Ghettos durften die Juden nicht erscheinen. Dann ging alles nach dem gut bekannten Szenario: Registrierung, Armbinde mit dem gelben Davidstern, Befehl innerhalb von 24 Stunden ins Ghetto umzuziehen. Man musste den Befehlen folgen. Als die Deutschen den Ort besetzten, konnten sich alle überzeugen, wie naiv man war, und schon ahnen, was sie erwarten würde.

Nach einiger Zeit wurden auch die Juden aus den benachbarten Städtchen und Dörfern im Ghetto eingepfercht. Man schlief auf dem Boden, in den Ställen. In kleine Zimmer wurden 15 bis 20 Menschen gestopft.

Jeden Morgen wurden junge Menschen zum Arbeitseinsatz im Straßenbau getrieben und wir Schüler mussten Fußböden schrubben, Wäsche waschen und später Obst und Gemüse in der Kolchose ernten. Es war strengstens verboten, eine Karotte oder einen Apfel zu nehmen. Die Polizisten überwachten dies. Wurde ein Stück Gemüse oder Obst bei jemandem gefunden, wurde dieser Unglückliche halb tot geschlagen. Jene Bestien banden das Opfer an den Schwanz eines Pferdes und ließen es laufen. Indessen verblutete das Opfer. Wir trugen bei der Arbeit Lumpen und schmierten uns Asche ins Gesicht, um nicht aufzufallen. In der Nacht wurden wir in unseren Häusern überfallen: Man raubte uns aus, suchte hübsche Mädchen und Frauen, die dann vor aller Augen vergewaltigt wurden. So »lebten« wir, wenn man es überhaupt als Leben bezeichnen kann.

Am 5. Dezember mussten sich alle auf dem Marktplatz einfinden und alle Wertsachen – Gold, Silber, Antiquitäten – mitbringen.

Alle wurden aus den Häusern getrieben. Das Schreien und das Weinen von damals höre ich noch heute in meinen Albträumen. Dann wurden wir alle nach Petschora getrieben.

Unterwegs nach Petschora starben sehr viele Menschen. Die Alten und Behinderten wurden am Wegrand erschossen. Man nahm den Menschen ihre Habseligkeiten weg (die einheimischen Polizisten wussten, wer welche Wertsachen besaß) und erschoss sie wie Hunde am Straßenrand. Die geraubten Gegenstände wurden auf die Schlitten geworfen, von denen die Kranken weggeschubst und dann mit Stöcken totgeschlagen oder von den Schäferhunden zerfetzt wurden. Die Menschen wurden ohnmächtig und wahnsinnig. Das Lager erreichten wir am späten Abend, die Hälfte der Alten blieb am Straßenrand liegen.

Das Lager »Die Todesschlinge« lag am Ufer des Südlichen Bugs. Auf der anderen Seite war das deutsche Territorium, und hier das rumänische. Die Deutschen kamen sehr oft mit Lastwagen und selektierten angeblich für den Arbeitseinsatz junge Mädchen, Frauen und Männer, aber man sah sie nie wieder. Mehrmals kam es auch vor, dass die Deutschen die Mütter selektierten und die Kinder in ihren Armen wie Holzscheite auf den Boden warfen.

Viele fragen, wie wir überlebten. Die ukrainischen Frauen warfen manchmal über den Stacheldraht Brot ins Lager und schmierten die Polizisten mit Selbstgebranntem, um etwas Brot, Mehl,

Zwiebeln, Knoblauch etc. ins Lager hineinzuschmuggeln. Unser Nachbar, ein Priester, kam alle zwei Wochen und brachte uns Brot, Mehl, Zwiebeln, Knoblauch. Er vereinbarte mit den Polizisten, dass sie mich in Ruhe ließen und ich das von ihm Gebrachte bekommen konnte. Ich aß es nie alleine, sondern teilte mit meinen Freunden.

An einem Tag im Sommer 1942 wurden wir alle in den Hof getrieben. Dann kamen Lastwagen und SS-Männer. Alle verstanden: Der Anfang vom Ende. Alle mitgebrachten Gegenstände wurden auf einen Haufen geworfen und die Menschen in die Lastwagen eingepfercht. Zwei vollgepfropfte Lastwagen fuhren ab. Dann geschah ein »Wunder«. In jenem Augenblick erschien der Wagen des Präfekten mit der Schönheit Polina Zimmerman. Alle verurteilten, beleidigten und beschimpften sie, aber sie rettete die noch verbliebenen Juden. Sie kam zusammen mit ihren Eltern aus Moldawien. Zusammen mit uns waren im Lager ihre Eltern und ihre jüngere Schwester. Es fällt mir schwer, ihren Vater zu loben: Er war ein schwieriger Mensch.

Nach einem furchtbaren Vorfall, als die Tochter die Brust der toten Mutter aß, kam wieder Polina zur Hilfe. Nach ihrer Intervention bekamen wir täglich ein Stück Brot und etwas Suppe.

Nichtsdestotrotz schwollen die Menschen vor Hunger an. Man starb an den Schlägen. Einem alten Mann wollte man die Goldzähne herausreißen, aber er weigerte sich. Man fasste ihn am Bart und zwang ihn zu Boden. Der Bart und die Kinnhaut blieben in der Hand der Bestie.

Jeden Tag starben Hunderte Menschen. Alle wurden nackt beerdigt. Man schichtete sie wie Holzscheite übereinander. Im Winter klirrten die Leichen wie Glas.

Unter diesen Bedingungen waren wir im Lager bis zum 16. März 1944.

Als unsere Truppen kamen, konnten wir kaum glauben, dass wir frei waren. Wir hatten Angst, unsere Verstecke zu verlassen, weil wir dachten, es seien verkleidete Polizisten, als wir die Schulterklappen auf ihrer Uniform sahen.

Man könnte noch vieles erzählen und schildern. Aber ich habe dazu keine Kraft. Die Seele explodiert. Den künftigen Generationen wünsche ich, dass sie es nie erfahren müssen und dass sie nie vergessen, um welchen Preis sie das Leben bekamen.

Man kann alles verzeihen, aber nie verzeiht man jenen, die das unschuldige Blut vergossen haben.

Sinowi Zukerman
»In Petschora gab es keine Gaskammer«

Im Frühling 1942 erstellte der Vorstand der jüdischen Gemeinde von Mogiljow-Podolski die Liste jener, die ins Lager deportiert werden sollten und jener, die im Ghetto bleiben konnten. Die Einwohner unserer Stadt nannten sie nur in offiziellen Fällen mit dem vollen Namen, sonst war die Abkürzung Mogiljow üblich. Die Verschiebung aus der ersten Liste in die zweite konnte für eine hohe Summe Schmiergeld erfolgen. Wenn ich mich richtig erinnere, wandte sich mein Vater an Ioska Tabatschnik mit der Bitte um Hilfe. Mein Vater kehrte von diesem Gespräch sehr betrübt zurück. Die Details kenne ich nicht, ich war beim Gespräch zwischen den Eltern nicht dabei. Da wir anfingen, uns auf die Deportation vorzubereiten, war klar, dass die Höhe des Schmiergeldes für meinen Vater unrealistisch war. Was konnte schon der Schlosser Izik Zukerman den ehrwürdigen, sprich den gut betuchten Mitgliedern des Gemeindevorstandes anbieten?

Nicht nur ich, ein zwölfjähriges Kind, sondern auch meine Eltern konnten wahrscheinlich kaum verstehen, was uns in Zukunft erwartete. Ich beurteile dies nach der Geschäftigkeit bei der Vorbereitung und nach dem, zumindest äußeren, Ausbleiben von Emotionen. Aber diese waren in unserem Haus auch nicht üblich.

Nach Petschora wurden wir im späten Frühling vertrieben. Von einem Bahnhof – es war entweder Shmerinka, oder Rachny – ging die Kolonne unter Bewachung durch Soldaten nach Schpikow. Auf dem Weg dorthin wurde meine Tante, die Schwester meines Vaters, wahnsinnig. Sie war sehr aggressiv, beschimpfte die Soldaten, drohte, dass bald Stalin kommen würde, erzählte, dass ihr Sohn in der Roten Armee sei, sich unweit aufhalte und bald an Ort und Stelle sei. Dann würde er den Deutschen zeigen, wo es lang ginge. Zum Glück verstanden die Soldaten kein Russisch. Bei dem Namen Stalin aber nahm ein Soldat sein Gewehr und ging auf meine Tante zu. Ihr Mann hielt ihn auf mit den Worten »krank, krank« Der Soldat gab auf und kehrte auf seinen Platz zurück.

Wir übernachteten in Schpikow. Die ganze Kolonne wurde auf dem Marktplatz untergebracht und bewacht. In der Nacht war es sehr kalt. Irgendwelche Menschen, wahrscheinlich Schutzmänner oder einheimische Bauern, raubten die erschrockenen Juden aus und verprügelten sie. Mehr als Kälte und Angst setzte mir der Gedanke zu, dass auch meine Mutter wahnsinnig werden könnte. Ich schaute ihr ins Gesicht und hatte Angst, Anzeichen des Wahnsinns zu entdecken. Innerlich flehte ich sie an, nicht wahnsinnig zu werden. Ich musste unbedingt Wasser lassen, aber ringsherum waren Menschen, und man konnte nicht ins Gebüsch gehen. Ich hielt es nicht aus und spürte, wie die warme Flüssigkeit an meinen Beinen herunterfloss. Für einen Augenblick erwärmten sich meine Beine, und ich schlief, angekuschelt an Mama, ein. Sie deckte mich zusätzlich mit der Bluse, die sie sich ausgezogen hatte, zu. Es ist möglich, dass Mama damals kurz davor war, wahnsinnig zu werden, und nur die Sorge um mich hielt sie in der realen Welt fest.

Um die Mittagszeit standen wir vor dem Tor des Lagers. Das Wachpersonal wurde ausgetauscht. An die Stelle der Soldaten kamen Schutzmänner, einheimische Ukrainer, die Polizisten geworden waren. Sie waren mit alten russischen Gewehren und mit Knüppeln aus dicken Elektrokabeln bewaffnet. Die Schläge mit diesen Knüppeln waren viel schmerzhafter als mit gewöhnlichen Stöcken.

Am Tor des Lagers gab es keine Schilder oder Überschriften. Der heutige in einigen Unterlagen vorkommende Name »Die Todesschleife« ist der modernen Fantasie eines nicht gewissenhaften und ungebildeten Menschen geschuldet, der nicht bedacht hatte, dass er auf das Lager den Namen einer der Figuren der Flugkunst übertragen hatte.

Einer der Polizisten holte sich aus der Menschenmenge meinen Vater, der ein charakteristisches semitisches Äußeres hatte, und führte ihn zur Seite. Mit Fußtritten und Knaufschlägen wollte er ihn zwingen, sich auf den Boden zu legen. Ich sah, wie mein Vater sich mit dem Rücken an ihn stellte und wegzurennen versuchte. Der Polizist schlug ihn aber mit dem Bajonett auf den Kopf.

In jenem Augenblick kamen aus dem Tor des Lagers ein paar Männer in der rot-braunen rumänischen Uniform, das Tor wurde geöffnet und wir alle wurden ins Innere des Lagers getrieben. Mein Vater, mit blutverschmiertem Gesicht und halb abgerissenem Ohr, aber zum Glück lebendig, ging an unserer Seite. Das Tor war in eine hohe Mauer eingebaut, die aus Platten roten Granits bestand. Vom Tor führte eine Allee zur ehemaligen Grünanlage, die jetzt in einen ausgetretenen Platz verwandelt war. Hinter dem Platz war ein drei- oder vierstöckiges Gebäude und links von ihm ein langes einstöckiges hauswirtschaftliches Gebäude, das früher als Pferdestall diente. Dort wurden die meisten der Neuangekommenen untergebracht. Die anderen wurden, wenn ich mich richtig erinnere, in einem anderen, auch sehr langen Gebäude untergebracht. Es gab keine Pritschen, weder im einem, noch im anderen Gebäude. Man schlief auf dem Betonboden, auf den man Lumpen legte, die man dabeihatte.

Das Lager war im Gebäude des ehemaligen Sanatoriums mit einer romantischen Parkanlage, die sich bis zum Bugufer erstreckte, untergebracht. Es versteht sich von selbst, dass nicht die Schönheit der Natur, sondern die Abgeschiedenheit und eine massive Mauer, sowie die Möglichkeit, eine sichere Bewachung zu gewährleisten, Kriterien bei der Auswahl des Platzes für das Lager waren. Man sagte, dass dort der ehemalige Familiensitz des Grafen Potocki war. Ich erinnere mich nicht genau, meine aber, dass auf der Familiengruft genau dieser Name auf Polnisch in den Marmor eingemeißelt war. Die Familiengruft befand sich in einer entlegenen Ecke des Geländes, in der Nähe der Außenmauer. Die Stelle wurde selten von den Inhaftierten besucht und auch die Schutzmänner suchten sie selten auf. Deshalb saß ich oft, angelehnt an die Linde, die neben der Gruft wuchs, und las das einzige Buch, das ich heimlich von den Eltern mitgenommen hatte: Jules Vernes: »Die geheimnisvolle Insel«. Bald kannte ich dieses Buch auswendig, las es aber trotzdem ab und zu von neuem. Ich war damals 12 Jahre alt und liebte das Lesen. Schon das Papier, die gedruckten Buchstaben, der Duft der Seiten, überzeugten mich von der Existenz einer anderen, nicht so furchtbaren Welt. Übrigens half mir mein gutes Gedächtnis, mich im Sommer und Winter 1943 zu ernähren. In den Dörfern waren die Bauernhäuser voller Männer, wenn ich irgendein Buch auswendig, fast fehlerfrei vortrug, bekam ich dafür zu essen. Ich erinnere mich, dass eines der Bücher »Die Große Renovierung« von Sobolew war. Manche Episoden musste ich mehrmals wiederholen. Erst später verstand ich, dass die Männer von manchen erotischen Szenen in diesem heute vergessenen Roman begeistert waren.

Die Neuangekommenen unterschieden sich massiv von den »Ureinwohnern« des Lagers. Wir sahen Menschen, die eine gelbbleiche Haut und ein wässrig angeschwollenes Gesicht hatten. Sie bewegten sich langsam und chaotisch. Die Kinder hatten sehr große Bäuche und sehr dünne Beine. Alle Lagerbewohner verbreiteten einen sehr starken, unangenehmen Geruch. Es stand uns bald bevor, genauso zu werden. Ungefähr einen Monat später sah ich einen Mann, der auf dem Boden in der Pfütze seiner eigenen Ausscheidungen mit heruntergelassener Hose und einem gleichgültigen Blick lag. Ich erkannte in ihm den eleganten Rechtsanwalt aus Mogiljow-Podolski, den meine Eltern bei den damals üblichen Abendspaziergängen auf der Stadtpromenade ehrwürdig grüßten.

Einige Zeit lebten wir vom Zwieback, den wir in kluger Voraussicht aus Mogiljow in Rucksäcken mitgebracht hatten. Die bittere Erfahrung, die mein Vater bei dem Versuch, sich evakuieren zu lassen, machte, lehrte ihn, sich auf den gesunden Verstand zu verlassen. Als wir damals 1941 zu Fuß aus Mogiljow flüchteten, nahmen wir nur Gasschutzmasken, Galoschen und das zusammengerollte riesige Bild von Karl Marx mit. Und dies im Juli! Das Bild wurde nach ein paar Kilometer am Straßenrand in einem Steinhaufen vergraben. Die übrige »Munition« schleppten wir weiter. Der Gerechtigkeit wegen muss ich sagen, dass mein Vater nicht das Foto retten wollte, sondern unser verlassenes Haus. Er dachte nämlich, dass die Abwesenheit des jüdischen Theoretikers des Kommunismus in unserem Haus es von der Plünderung und Verbrennung durch die Deutschen retten würde. Er hatte nur zur Hälfte recht behalten: Das Haus wurde nicht zerstört, und geplündert wurde es nicht von Deutschen, sondern von unseren Nachbarn.

Mein Vater bestand darauf, dass jeder von uns einen Rucksack mit Zwieback trug und den Platz nicht für unnötige Gegenstände verschwendete. Unnötig war alles außer Zwieback. Unter dem Zwieback, auf dem Boden seines Rucksacks, lag aber eingewickelt in ein Stoffstück sein Schlosserwerkzeug. »Meluche – Meliche« sagte er oft und übersetzte es gleich für mich: »Handwerk ist ein Segen.« Es dauerte, bis mein Vater diesen Segen zu spüren bekam. Außerdem war sein Versuch, etwas Geld zu verdienen, beinahe tragisch ausgegangen. Aber darüber etwas später.

Zuerst aß ich, soviel ich wollte. Später führte mein Vater aber eine Tagesnorm ein. Dann kam meine Mutter auf die Idee, aus dem Zwieback Suppe zu kochen. Jede Woche wurde sie immer dünner. Das ständige Hungergefühl zwang uns, nach alternativer Nahrung zu suchen. Dank der früher gelesenen Bücher über Abenteuer erinnerte ich mich, dass die Klette essbar wäre. Meine Mutter kochte eine köstliche Suppe aus den Wurzeln und Blättern dieser Pflanze. Leider wurde das Vorkommen der Klette sehr bald auf dem ganzen Gelände des Lagers vernichtet. Jene, die etwas zum Kochen hatten, machten dies auf einem kleinen Feuer vor der Baracke. Auf dem Weg zwischen unserer Baracke und dem Hauptgebäude wurde erlaubt, das Feuer zu machen. Aber wehe, wenn jemand Baumzweige zum Feuermachen verwendete. Dafür wurde man brutal verprügelt und was noch viel schlimmer war: Man kippte den Topf um. Es ist also kein Wunder, dass die Nachbarn vom Inhalt des Topfes genau wussten und die Klettesuppe sehr schnell zu einer beliebten und verbreiteten Speise wurde.

Indem ich vom Feuer und von Töpfen erzähle, kann fälschlicherweise der Eindruck von einem relativ satten Leben im Lager entstehen. In Wirklichkeit herrschte im Lager ein unerträglicher Hunger. Dort bekam man überhaupt kein Essen. Täglich starben Dutzende Menschen an Hunger. Die Leichen legte man auf einen Pferdewagen und brachte sie weg. Petschora war ein richtiges Vernichtungslager, aber man vernichtete hier nicht mit Gas und Kugeln, sondern mit Hunger. Ich weiß nicht, was milder ist. Aber uns stand noch eine Erschießungsaktion bevor, die das Leben sehr vieler Menschen kostete.

Der Hunger ist so lange unerträglich, bis der Gedanke ans Essen alles, buchstäblich alles andere aus dem Bewusstsein verdrängt. Zuerst schwillt man an, indem sich eine gelb-bläuliche Flüssigkeit unter der Haut ausbreitet, dann magert man so ab, dass das ganze Skelett unter der Haut zu sehen ist. Und dann verschwinden die Gedanken ans Essen und man stirbt. Ein lang anhaltender Hunger ist nicht nur durch die grausame physiologische Qual furchtbar, sondern auch dadurch, dass er alles Menschliche im Menschen vernichtet.

In Petschora war zusammen mit uns noch eine Familie aus unserer Straße. Ihren Familiennamen weiß ich nicht, kann mich aber an ihren Rufnamen erinnern: »Zicklein«. Vor dem Krieg hatten sie Ziegen. Zwei Mädchen, Zicklein, zeichneten sich durch ihre ungewöhnliche Schönheit aus. Es ist auch möglich, dass sie nur mir alleine so hübsch vorkamen. Einmal kamen meine Eltern auf sie zu sprechen, und als mein Vater merkte, dass ich nervös geworden war, fragte er mich, ob mir die hübsche Shenja gefallen würde. Ich wurde ganz rot im Gesicht und hörte, wie mein Vater »Oho!« sagte. Man muss sagen, dass meine Altersgenossin Shenja, geschweige denn ihre ältere Schwester, mich mit keinerlei Aufmerksamkeit würdigten, was ja angesichts der Hässlichkeit des Objekts kein Wunder war. In Petschora änderte sich alles aus einem einfachen Grund: Ich hatte zu essen. Die ganz ausgehungerten Nachbarinnen beglückte ich mit gestohlenem Zwieback. Letztendlich fanden meine Eltern heraus, wer schuld daran war, dass der Hungertod uns bevorstand. Ich hörte auf, Zwieback zu klauen, und vermied die Begegnung mit Shenja. Aber einmal, als ich unterwegs zum Bug war, lauerte ihre ältere Schwester mir auf. Sie stand vor mir, ihre Arme hingen herab und sie sprach ungewöhnlich langsam. Den dreijährigen Bruder hätten sie Gott sei Dank in der vergangenen Woche beerdigt. Er habe die ganze Zeit geweint und sogar nachts um Essen gebettelt. Ihre Mutter sei vorgestern gestorben. Sie hätten in ihren Kleidern ein Säckchen mit etwas Hirse gefunden und diese gleich aufgegessen. Jetzt hätten sie nichts mehr. Ihren nächsten Satz kann ich mein ganzes Leben nicht vergessen: »Gib mir einen Zwieback und du kannst mich ...« Sie sprach dieses Wort vollständig und deutlich. Obwohl ich damals die Bedeutung dieses Wortes nicht verstehen konnte, leuchtete mir die Grausamkeit des Gesagten sofort ein. Ich weiß nicht, ob ich irgendwas gesagt habe. Ich erinnere mich nur, wie ich ganz verstört zum Flussufer hinunterrannte und laut weinte. Ich vergaß ihr Gesicht und ihren Namen. An Shenja kann ich mich erinnern, aber nicht an ihre Schwester.

Zum Fluss führten ein paar Steinstufen, durch die man auf die Terrasse, die vom Gebüsch bewachsen war, auf weitere Steinstufen und schließlich zum Wasser gelangte. Der Fluss war der attraktivste, aber auch der gefährlichste Ort. Es war ein Sandufer, und im Sand waren viele kleine Muscheln mit bunten Mustern. Im flachen Wasser klebten an den Steinen ganze Kolonien der lebenden Weichtiere, die wie Muscheln aussahen. Bei uns in der Ukraine werden sie »shaburniza« genannt. Gekocht waren Muscheln trotz des üblen Geruchs unglaublich lecker. Mein Freund Wissja Meschman und ich brachten uns bei, sie auf dem Flussboden zu finden und von den Steinen zu entfernen.

Zweimal wurden wir von Polizisten – Smetanski und Mucha (an seinen Nachnamen kann ich mich nicht erinnern) – erwischt. Sie versteckten sich irgendwo und kamen immer plötzlich heraus. Besonders brutal war Smetanski. Mit seinem schweren Stock schlug er so, dass manche es nicht aushielten und starben. Nach einer solchen Exekution konnte Wissja erst nach Tagen wieder auf den Beinen stehen.

An jener Stelle waren im Fluss ein paar riesige Steine. Dadurch entstand ein gewaltiger Wasserwirbel. Einmal beobachteten wir, wie Smetanski in diesem Wirbel einen Mann ertränkte, der wahrscheinlich versucht hatte, auf das andere Flussufer und dann ins Dorf Sokolez oder Sokoljanka – ich erinnere mich nicht genau wie es hieß – zu gelangen.

Unser Nachbar aus der Baracke, der siebzehnjährige Sjunja Kreimerman, schwamm im Sommer ein paar Mal über den Bug und kehrte mit Brot, Speck und einmal sogar mit zwei großen Tomaten zurück. Ein Stück der Tomate bekam ich auch.

Das andere Flussufer gehörte nicht mehr zu Transnistrien. Es war schon deutsches Gebiet. Manchmal schossen sie aus Spaß auf die Lagerhäftlinge, die sie erblickten. Ich erinnere mich an ein Mädchen, das ca. 17 Jahre alt war, dem eine Kugel das Gesicht verletzte und die untere Lippe zerriss. Die Lippe hing herunter und der Arzt, einer der Häftlinge, der mit einem gewöhnlichen Zwirn die Lippe zusammennähte, beruhigte sie: »Macht nichts, bis zur Hochzeit heilt es. Du wirst noch mit deinen Lippen küssen!« Das Mädchen war wahrscheinlich unter Schock und reagierte weder auf seine Worte, noch auf die Schmerzen, die sie während dieser Operation gehabt haben musste.

Auf dem Gelände des Lagers, rechts vom Hauptgebäude aus gesehen, war ein lustiger architektonischer Bau. Er war aus den roten Steinen, hatte kleine Türmchen auf dem Dach und erinnerte an eine mittelalterliche Burg. Aus diesem Grund, aber auch wegen der Einwohner, es waren die Privilegierten, die in diesem Gebäude untergebracht worden waren, bekam er den Namen »Kreml«.

Wenn ich es richtig weiß, lebten dort ein paar Familien reicher rumänischer Juden, irgendein Arzt und wie man erzählte, Juden aus Europa. Im Unterschied zu den »sterblichen« Häftlingen kochten sie ihr Essen nicht über einem Feuer, sondern über einer Petroleumlampe. Auch Kartoffelschalen, eine unvergessliche Köstlichkeit, konnte man bei ihnen ergattern.

Nicht weit vom »Kreml« war der Zaun tiefer und bestand, wenn ich es richtig erinnere, nur aus Stacheldraht. Hierher kamen geschäftige Menschen aus nahe gelegenen und fernen Orten, um Lebensmittel gegen Gegenstände, die die Juden noch hatten, zu tauschen. Sie bezahlten den Polizisten und rumänischen Gendarmen Schmiergelder und diese billigten dann den Handel. Unser Nachbar Esterlis aus der Baracke tauschte gegen ein Glas Hirse eine gut erhaltene Pelzjacke und war sehr glücklich darüber.

Manchmal endete der Handel auch tragisch. Es kam vor, dass einer der Polizisten, der kein Schmiergeld bekommen hatte, auf die Menge schoss. Ich erinnere mich an einen Mann mit Kopfschuss, der in einer Blutlache lag. In diesem Blut lagen auch die Sauerkirchen.

Von den Rumänen waren im Lager öfter der stellvertretende Kommandant Leus und noch ein Gendarm, Wassiliu, zu sehen. Leus hatte immer einen großen Schäferhund dabei und alle Häftlinge hatten Angst vor ihm. Wassiliu war sehr gesprächig, und wie sich später herausstellte, hatte er Mitleid mit den Häftlingen.

Außer Smetanski und dem Polizisten Mucha erinnere ich mich nur an den Polizisten Beresjuk. Alle nannten ihn »Hausmeister«, weil es Gerüchte gab, dass er dort vor dem Krieg als Hausmeister gearbeitet hatte. Man erzählte sich, dass Beresjuk eingezogen und verletzt worden sei und sich dann bei der ersten Möglichkeit in Gefangenschaft begeben habe. Er drückte die ganze Zeit einen Gummiball, um so die Muskeln seines Armes nach der Verletzung zu trainieren. Ich kann mich nicht erinnern, dass Beresjuk jemand persönlich verprügelt hätte. Aber einmal, als er mich auf der Eiche erwischte, wo ich saß und Eicheln sammelte, rief er den Gendarmen. Jener verprügelte mich lachend mit einem Knüppel. Im Schicksal der Familie Esterlis spielte Beresjuk eine fürchterliche Rolle. Aber darüber etwas später.

Ich hatte im Lager zu verschiedener Zeit zwei erwachsene Freunde. Einer hieß Saschka. So nannte er sich selbst. Er war ein gefangener Leutnant. Der grauäugige, hellhaarige Saschka sah in keiner Weise jüdisch aus, aber mir bewies er überzeugend sein Judentum. Wie er in Petschora gelandet war, erzählte er mir, aber ich habe es vergessen. Aber ich kann mich dagegen sehr gut an die Umstände erinnern, wie er gefangen genommen wurde. Diese Umstände sind deshalb bemerkenswert, da sie die Grundlagen der humanistischen Erziehung illustrieren und den modernen Mythos über die Gemeinsamkeit der ideologischen Grundlagen beider totalitärer Systeme, des stalinistischen und des nationalsozialistischen, widerlegen.

Saschka war in der Nähe von Perwomaisk umstellt worden und versteckte sich in einem lichten Wald, der sich in diese Steppenlandschaft verirrt hatte. Für alle Fälle kontrollierten die Deutschen den Wald und feuerten ab und zu Schüsse aus den Maschinengewehren ab. Saschka saß im Gebüsch, hatte eine Pistole in der Hand und entdeckte als Erster einen auf ihn zukommenden deutschen Soldaten. Er konnte gut das Gesicht des jungen Soldaten sehen, der, wie er selbst, gestern noch Oberstufenschüler war. Jener sah ihn nicht, und es wäre für Saschka ein Leichtes gewesen, die Pistole abzudrücken. Die anderen hätten den Schuss nicht bemerkt. Aber er konnte nicht schießen. Ihn hinderten die proletarische Solidarität und der Humanismus, die ihm in der Schule vermittelt worden waren. Der junge Deutsche war dagegen frei von solchen Hemmungen. Fünf deutsche Altersgenossen brachten Saschka ins benachbarte Dorfhaus. Dort wurde er wie ein Boxsack verprügelt und dann in die Kolonne der Kriegsgefangenen gestoßen. Mein erwachsener Freund, er war damals nicht älter als 20 Jahre, träumte von einer Flucht und der Überquerung der Frontlinie. Er versuchte auch mich für seinen Plan zu begeistern: Zusammen mit einem Jugendlichen hätte er mehr Chancen, die besetzten Gebiete zu passieren. Kurz darauf verschwand der Leutnant.

Mein zweiter erwachsener Freund war der ehemalige Student der Bukarester Universität. Er war ein sportlicher aber sehr abgemagerter Jüngling und trug Shorts, die für uns sehr komisch waren. Er sprach mit mir Deutsch. Deutsch und Rumänisch waren seine Muttersprachen. Er konnte kein Jiddisch, geschweige denn Russisch. Er war ein überzeugter Kommunist und erzählte von den Schlägereien mit den Legionären der Eisernen Garde, den rumänischen Faschisten, und zeigte mir Narben von den Verletzungen mit dem Messer, die ihm angeblich im Hörsaal der Universität zugefügt worden waren. Für ihn war ich ein interessanter Gesprächspartner wegen … der Physik. Obwohl ich in der Schule noch keinen Physikunterricht hatte, hatte ich das Buch »Unterhaltsame Physik« von Perelman gelesen und war begeistert von dieser Lektüre. Mit ungewöhnlichen Aufgaben und Paradoxien, die in diesem Buch beschrieben wurden, weckte ich das Interesse des Studenten. Mein schlechtes Deutsch störte ihn nicht. Außerdem half mir mein Gedächtnis, meine

Deutschkenntnisse zu verbessern. Er äußerte sich auch über die Politik. Leider konnte ich nicht alles verstehen, aber ich kann mich an seine Abneigung gegen die sowjetischen Kommunisten, mit denen er in Mogiljow und hier in Petschora zu tun hatte, erinnern. Er hielt sie für Karrieristen und nicht für überzeugte Kommunisten.

Unter den Häftlingen fiel ein älterer Herr mit Brille, einem Schnurrbart und einem ordentlich gestutzten Bart auf. Ich kann mich an seinen Namen und Vornamen nicht erinnern. Alle nannten ihn Professor. Ich glaube, er war vor dem Krieg Dozent an einer Fachhochschule in Tultschin. Um ihn herum waren im Lager immer sehr viele Jugendliche. Wenn sich jemand der Gruppe näherte, unterbrachen sie ihr Gespräch und begannen zu singen. Sehr beliebt war ein melancholisches Lied zum Sklaventhema. Damals nahm ich den Inhalt aber anders wahr:

Warum hast du mich, liebe Mutter,
in diese Welt gesetzt?
Warum gabst du mir das unglückliche Schicksal,
warum nennt man mich »Jude«?

Wissja und ich kamen zu einer natürlichen Schlussfolgerung, dass es im Lager eine Untergrundorganisation gab. Zum Glück erkannte die Mitglieder dieser Gruppe trotz ihres blöden Verhaltens sonst niemand im Lager. Mit dem antifaschistischen Widerstand hatte ich früher nie zu tun gehabt. Auf den besetzten Gebieten verbreiteten sich aber verschiedene Gerüchte, wie z. B. von einem Seemann, der auf dem Weg zu seiner Hinrichtung das Lied »Unsere stolze Stadt Warjag beugt sich nicht vor dem Feind« sang, oder von dem geheimnisvollen Partisanen Kalaschnikow, der in deutscher Uniform erschien und Menschen vor dem sicheren Tod rettete.

Unter den leibhaftigen Untergrundkämpfern und Partisanen waren, wie es sich später herausstellte, viele meiner Bekannten, darunter auch mein älterer Freund, Musja Roitman, der nach dem Krieg unser Verwandter wurde. Es war erst nach Petschora in Murafa im April 1944, als die Frontlinie hinter dem Dnjestr lag. Wir begegneten auf dem Weg aus Murafa nach Mogiljow-Podolski einer Partisanentruppe. Zwei Reiter, die sich von der Kolonne entfernt hatten, kamen zu uns. Einer von ihnen rief überrascht: »Guck, Shidy!« »Mach Schluss mit ihnen und lass uns abziehen!«, antwortete der andere, indem er sich mit dem Pferd umdrehte. Der Partisan griff nach seinem Maschinengewehr, überlegte es sich aber anders und ritt weg zu seiner Kolonne.

Die Einwohner der Westukraine, die die Deutschen mit offener Freude begrüßt hatten, mussten sich langsam überzeugen lassen, dass die Besetzer überhaupt nicht darauf bedacht waren, ihre Wohltäter zu werden. Die Deutschen behielten die Kolchosen bei und die neuen Machthaber wurden noch schlimmer als die Sowjets. Deshalb kam bereits im Winter 1941 noch vor unserer Deportation ins Lager die »Folklore« auf, die die Besatzungsmächte verhöhnte. In jener Zeit unterschied ich mich weder mit meiner Sprache noch mit meinem Äußeren von meinen ukrainischen Altersgenossen. Deshalb konnte ich manchmal auch außerhalb des Ghettos umherirren. Irgendwo am Stadtrand hörte ich Spottlieder. Diese Lieder waren Kritik an der Wirtschaftspolitik der Besatzer oder verspotteten die rumänischen Machthaber. Es ist aber ein Unterschied, die antifaschistischen Spottlieder oder die Nachrichten von BBC zu hören und am wirklichen Widerstand teilzunehmen. Wissja und ich waren Kinder, die mehr als nötig die Last des Erwachsenenlebens erfuhren. Ich schreibe das Wort »Leben« und überlege: Man müsste ein anderes Wort finden, ein passenderes, aber mir fällt nichts ein. Wir wollten wie Karl Brunner sein. Vor dem Krieg gab es ein Buch über diesen deutschen Jungen, der Antifaschist war. Nach einiger Zeit gab Sjunja Kreimerman unseren Bitten nach und gab zu, ohne den Professor zu verraten, dass er alleine den Plan des Kampfes gegen die rumänischen Gendarmen und Schutzmänner erarbeitet hatte. Wir, genauer ich, aber hatten schon meinen Freund eingeweiht. Wir wurden mit der Aufgabe betraut, eine »Geheimwaffe« zu entwickeln. Zu diesem Zweck mussten wir ins Hospital (ein Gebäude für Typhuskranke) gelangen und möglichst viele Läuse auflesen. Die gewöhnlichen Läuse hatte jeder von uns im Übermaß. Es war für uns keine Besonderheit, einen auf dem Boden liegenden Menschen zu sehen, der von einer sich bewegenden grauen Masse Läuse bedeckt war. Es ging aber um Typhusläuse, die unsere Untergrundkämpfer in den feindlichen Raum einschleusen wollten. Ich erinnere mich an den Schock nach dem Besuch des Hospitals. Der unerträgliche Gestank verbreitete sich schon im Umfeld des Hospitals. Im Gebäude selbst lagen Kranke und Tote durcheinander auf dem Boden, der mit menschlichen Exkrementen verschmiert war. Nichtsdestotrotz erfüllten wir unsere Aufgabe. Kreimerman bekam die Streichholzschachtel mit der biologischen Todeswaffe. Ich weiß nicht, wie er diese Waffe einsetzte. Ich kann mich auch nicht erinnern, ob einer der Faschisten an Typhus erkrankte, aber ich weiß, dass Sjunja nach zwei Wochen schwer erkrankte.

Nach zwei Wochen änderte sich alles in Petschora. Das Schicksal teilte uns in jene auf, die sofort sterben werden, in jene, die noch ein paar Monate bis zum unumgänglichen Tod haben werden und in jene, die eine Überlebenschance hatten.

An jenem Tag, ich erinnere mich nicht genau an das Datum, aber ich glaube, es war Ende August oder Anfang September, ging mein Vater mit seinem Werkzeug unter dem Arm zum Lagertor. Dort am Tor wurde eine Arbeitsgruppe aufgestellt. Er sollte das Dach einer rumänischen Kaserne mit Blech decken. Er ging gerne zur Arbeit, weil die Handwerker zu essen bekamen. Außerdem kehrte er jedes Mal mit Jackentaschen voll Maiskörner zurück, die er im Maisfeld dank eines menschlichen rumänischen Wachmanns auflesen konnte. Ich glaube, dass mein Vater auf dem Dach der Kaserne abgelenkt durch die Arbeit, die ihm gewohnt war, sich frei fühlen konnte.

Wie er später erzählte, sah er vom Dach aus als Erster eine Autokolonne. Unter der offenen Plane saßen eng nebeneinander Soldaten und sangen das ukrainische Volkslied über »Galja«. Die sowjetischen Lastwagen und das ukrainische Volkslied überzeugten meinen Vater von der lang ersehnten Befreiung, von der Ankunft des von Juden erträumten Messias. So wurde euphemistisch die Rote Armee genannt. Er stieg vom Dach herab und rannte zur Straße. Der Wachmann rannte ihm hinterher und noch rechtzeitig genug holte er ihn ein und zwang ihn auf den Boden. »Bist du verrückt!?«, schrie der Wachmann flüsternd, »Das sind Sonderkommandos und sie werden dich als Ersten erledigen!« Der Wachmann war, wie mein Vater später erzählte, ein rumänischer Soldat aus Belzy und konnte deshalb ausgezeichnet Russisch. Mein Vater versteckte sich im Maisfeld und kehrte erst einige Tage später an den Ort zurück, an dem er keinen von uns lebend vorzufinden befürchtete. Die Henker verteilten sich auf das ganze Lager und trieben alle Ghettoeinwohner auf den Platz. Das Geschehene war für mich unverständlich und weckte meine Neugier. Solange man uns in Kolonnen aufstellte, versuchte ich zu verstehen, warum das ganze Morgengepolter stattfand. Die Gewehrschüsse, die mal ganz nah abgefeuert wurden, und ein anderes Mal sich in einem weiten ungefährlichen Rattern niederschlugen, sagten meiner Vorstellungskraft nichts Weiteres. Die Gespräche der Erwachsenen, die in Erwartung des Schlimmsten da standen, nahm ich irgendwie von außen wahr. Hinter meiner Mutter ging der Riese Owsjanikow, der selbst in jenem Augenblick mit seiner Größe beeindruckte. Er zeigte den Eisenbolzen, den er in seinem Hemdsärmel versteckt hatte, und versprach, dass er mindestens einen Deutschen mit sich ins Jenseits nehmen würde. Es gab aber wenige, sehr wenige Deutsche da. Fast alle Henker waren Ukrainer und Russen. Sie trugen eine komische Uniform: Offiziersstiefel aus Chromleder, blaue Galife-Hose (Breecheshose), eine khakifarbene Uniformjacke a là French mit aufgenähten Taschen und auf dem Kopf schwarze Kappen mit Nickelhakenkreuzen. Wie ich jetzt verstehe, war diese ganze Ausrüstung, einschließlich der Waffen, der alten Gewehre aus dem Bürgerkrieg, die Trophäe der Deutschen.

Die Kolonne bewegte sich schnell, und bald verstand ich auch, warum: Vorne stand ein deutscher Offizier, mittleren Alters, mit einem fleischigen Gesicht und mit einem goldenen Brillengestell. Ich glaube, ich könnte ihn noch heute auf einem Foto erkennen. Mit einer Peitsche sortierte er die Menschen in zwei Gruppen. In die erste Gruppe, nach rechts, kamen Männer, die nicht sehr abgemagert waren und einige Frauen; alle anderen mussten nach links. Meine Mama und ich landeten in verschiedenen Gruppen. Ich rannte zu meiner Mama, aber der deutsche Soldat stach mich mit dem Bajonett in die Handfläche, als ich meinen Arm instinktiv zum Schutz ausstreckte. Ich spürte keine Schmerzen. Der viel stärkere Wunsch, bei meiner Mama zu sein, beherrschte alle meine Gefühle. Meine Mama rannte in meine Kolonne und machte eine für sie natürliche Wahl. Es war absolut klar, was uns, Todgeweihten, erwarten würde. »Du schäbige Henne!«, rief der Soldat aus und zwang meine Mutter mit Fußtritten in die andere Gruppe. So wurden wir zu meinem großen Bedauern getrennt.

Auf dem Platz wurden sehr viele Menschen gesammelt, viel mehr, als mit den Lastwagen weggebracht werden konnten. Ich weiß nicht warum, aber damals waren alle überzeugt, dass diese zu einem Arbeitseinsatz in ein anderes Lager gebracht worden waren. Man nannte sogar den Namen des Lagers: Nemirow, in der Nähe von Winniza. Erst viel später, nach dem Krieg, erfuhren wir, dass sie die Straße zum Führerhauptquartier Adolf Hitlers in der Nähe von Winniza bauen mussten. Kein einziger Mensch kehrte von diesem Arbeitseinsatz zurück.

Im Rahmen meiner kurzen Arbeit im Vorstand des Sonderkomitees zur Verteilung der Schweizer humanitären Hilfe an die Holocaustopfer konnte ich die Akten der Überlebenden einsehen: Kein einziger Mensch aus Nemirow wandte sich an uns, um Hilfe zu bekommen. Es entsteht der Eindruck, dass alle, die dort beschäftigt waren, umgebracht wurden.

Es war sehr heiß. Ich kann mich weder an den Durst, noch an andere Gefühle erinnern. Wahrscheinlich wurden alle Gefühle von der Erwartung des Todes betäubt. Es ist merkwürdig: An meinen eigenen Tod glaubte ich nicht. Der Tod war das, was anderen passierte, aber nicht mir. Ich spreche von den Wahrnehmungen des dreizehnjährigen Jungen.

Neben mir saß auf dem Boden Sjunja Kreimerman. Er halluzinierte und litt nicht unter der Hitze, sondern unter dem Typhusfieber. Seine Mutter, eine rothaarige Kassiererin im Kotowskij-Kino stand hinter ihm, beugte sich hin und wieder zu ihm und flüsterte ihm etwas zu. Ich glaube, er konnte nichts hören. Mich hielt Shenja Korenfeld, die Grundschullehrerin, in ihrer Nähe. Neben ihr hockte ihr vierjähriger Sohn, der rothaarige Kima. Ich erinnere mich auch an die Freundin von Shenja, die todesbleiche Marina. Sie war Ehefrau des Dichters Ugarow. Shenja verband mir die Hand mit einem Taschentuch. Das Blut trocknete. Die Handfläche wurde ganz blau. Jemand sagte, dass hinter unseren Rücken, am Rande des Platzes, Maschinengewehre aufgestellt wurden.

Ein Mann entfernte sich von der Menge und ging hinter einen Baum. Ich sah, wie er seine Hose öffnete. Einer der Henker ging schnell zu ihm und, ohne ein Wort zu sagen, streckte er ihn mit einem Bajonettstich in den Rücken zu Boden. Der Mann setzte sich und fiel dann mit dem Rücken auf den Boden. Die Henker gingen auf den gepflasterten Wegen am Platzrand und durch die Menschenmenge hin und zurück. Ein junger und hübscher Soldat mit langen Haaren, wie bei den Deutschen, ging ein paar Mal an uns vorbei. Eine der Frauen fragte, woher er stamme. Er antwortete friedlich, dass er aus Shitomir sei. »Was passiert mit uns?«, folgte die nächste Frage. Er lächelte und antwortete: »Bald werdet ihr sehen.«

Als der hübsche Henker das nächste Mal an uns vorbeiging, blieb er vor Sjunja stehen und befahl ihm aufzustehen. Sjunja begann etwas schnell und undeutlich zu sprechen. Seine Mutter wiederholte entschuldigend, er sei krank. Mit der Außenseite seiner Handfläche fasste der Henker den kranken Sjunja an die Stirn, trat dann einen Schritt zurück und zerschmetterte ihm mit dem Gewehrkolben den Kopf. So nah trat der Tod noch nie an mich heran. Shenja fasste mich an der Schulter und sagte mit gewöhnlicher Stimme: »Wenn die Maschinengewehre zu schießen anfangen, fallt ihr, du und Kima, auf den Boden. Man erschießt uns und wir fallen auf euch. Schreit nicht und weint nicht! Bleibt ruhig liegen! Am Abend nimmst du Kima und verlässt zusammen mit ihm das Lager durch den Stacheldrahtzaun in der Nähe des Flusses. Versprich mir, dass du Kima nie alleine lässt. Gib mir dein Pionierehrenwort.« Ich ließ Kima nicht mehr aus den Augen.

Ich weiß nicht, wie lange wir auf dem Platz waren. Der Tag war noch nicht zu Ende, es war noch sehr heiß, als plötzlich eine Unruhe durch die Reihen ging. Alle drehten ihre Köpfe zu der Seite, woher die Schreie zu vernehmen waren. Endlich erblickten wir den laufenden Gendarmen Wassiliu. Er winkte mit der Mütze, die er in der Hand hielt und schrie: »Man wird euch nicht mehr töten! Man wird euch nicht mehr erschießen!« Das Gesicht von Wassiliu war verschmiert mit Schweiß und Tränen und er sprach von irgendeinem Telegramm. Später erzählte man, dass der Kommandant, empört über die Eigenmächtigkeit der Deutschen auf rumänischem Gebiet, dies an seine Chefs meldete. Diese sollen ihrerseits mit der deutschen Leitung das Problem gelöst haben. Ich weiß nicht, was in Wirklichkeit geschah, aber kurz darauf verschwanden die Henker.

Man erzählte, dass der Kommandant am Abend von Baracke zu Baracke gehe, sich beklagte, dass seine Soldaten und die ukrainischen Polizisten übermüdet seien und er ihnen allen drei Tage

Urlaub verordnet habe. An jenen drei Tagen, genauer in jenen drei Nächten, flohen sehr viele aus dem Lager Petschora. Ich kehrte in die Baracke zurück. Meine Eltern waren nicht da. Unsere Sachen blieben an ihrem Platz liegen, aber der Rest von Zwieback und Maismehl war weg.

Wissja und ich freuten uns, als wir einander wieder gefunden hatten. Wir gingen zum Fluss, um etwas Essbares zu suchen. Neben der letzten Tür der Baracke lag der tote vierjährige Schepel. Er wurde mit einem Schuss in den Rücken aus kurzer Distanz getötet: Auf der Brust riss ihm die Kugel ein Stück Hemdenstoff heraus und seine kurze Hose war bedeckt mit einer getrockneten schwarzen Blutkruste. Auf seinem wachsfarbenen Gesicht saßen Fliegen. Auf den Treppenstufen, unter den Bäumen, im Gebüsch, überall lagen Leichen der Männer, Frauen und Kinder, die wahrscheinlich versucht hatten, sich zu retten, als die Henker das Lager betraten. Die Getöteten waren gejagt und nicht immer gleich erschossen worden. Man erkannte dies an den Posen, an den Blutspuren im Gras und auf der Erde, wo sie verletzt gekrochen waren.

Große Fische, die im tiefen Wasser schwammen, retteten sich schnell vor unseren Händen und geworfenen Steinen. Wir holten Muscheln und fanden unter den Steinen drei Flusskrebse. Die Beute brieten wir über dem Feuer. Das Feuer machten wir mit den Wertpapieren, die auf dem Boden des Platzes herumlagen, wo man auf den Tod gewartet hatte. Der Platz war leer. Nur die Mutter von Sjunja saß an gleicher Stelle und schützte den Körper ihres Sohnes vor Fliegen. Aus dem großen Gebäude trug man die Menschen heraus, die man mit einem Schuss in den Mund getötet hatte. Man erschoss Kranke und Todgeweihte, die nicht rechtzeitig hinausgehen konnten. Man legte sie übereinander, damit es einfacher war, sie auf die Pferdewagen zu verladen. Denn diese ganze Arbeit mussten die ebenso Todgeweihten verrichten.

Aus dem Dachboden unserer Baracke wurden alle Mitglieder der Familie Esterlis der Reihe nach heruntergebracht. Der magere Familienvater war in einer schützenden Pose erstarrt: Sein linker, blutverschmierter Arm lag schützend vor dem Gesicht. Seine siebzehnjährige Tochter wurde mit dem Gesicht nach unten auf den Pferdewagen gelegt. Beresjuk, der diese »Aktion« leitete, zog ihr das hoch gerutschte Kleid herunter. Er hatte Familie Esterlis auf dem Dachboden versteckt und sie dann denunziert. In der Nacht erkrankte ich. Nur schlecht erinnere ich mich, dass Wissja kam und mich mitnehmen wollte. Seine Familie wollte in jener Nacht aus dem Lager fliehen. Ich konnte mich nicht bewegen. Ich war krank, wahrscheinlich sehr lange.

Ich war überzeugt, dass ich ohne Eltern geblieben war. Ich suchte meine Mutter, aber sie fand mich. Zum Glück überlebten wir beide, obwohl jeder von uns einige Zeit der Meinung war, dass die zwei anderen nicht mehr am Leben wären. Wir trafen uns in Murafa. Das Ghetto hieß dort »die Arbeitskolonie«, auf Rumänisch: »Kolonia de lucru Murafa«. Ich glaube, der Name war so. Als Letzter kam mein Vater dorthin. In Murafa erlebten wir am 19. März 1944 unsere Befreiung.

Letzte Zeugen, Ark Foundation, Sammlung „Top Secret", Moskau 2002, S. 350–362

Siehe auch die Zeitzeugenberichte von Michail Atlasman, Manja Ganijewa-Sandler, Ruwim Gitman, Arkadi Glinez und Michail Mostowoi

23. Bezirk (Rayon) Tywrow
(ukr. Tywriw)

Ort: Tywrow
1939 lebten in Tywrow[196] 397 Juden, etwa 12 Prozent der Bevölkerung.

Nach dem Überfall der Wehrmacht auf die Sowjetunion gelang es nur wenigen jüdischen Familien, in den Osten der Sowjetunion zu fliehen. Am 18. Juli 1941 besetzte die Wehrmacht den Ort. Die jüdische Bevölkerung war sofort Verfolgungen ausgesetzt.

Am 28. August 1941 wurden 28 jüdische Männer in einem nahe gelegenen Wald erschossen. Vor ihrer Ermordung wurden sie gezwungen zu singen, zu beten und zu tanzen.

Die Männer mussten Zwangsarbeit leisten und wurden dabei von den ukrainischen Wachen heftig verprügelt.

Am 1. September 1941 wurde Tywrow ein Teil Transnistriens. Die Deutschen und ihre ukrainischen Helfershelfer umstellten den Ort und befahlen allen Juden, sich in der Synagoge zu versammeln. Wer dem Befehl nicht gehorchte, wurde sofort erschossen. Am Ende des Tages wurden 392 mit Lastkraftwagen zu einer Brauerei gefahren und dort in Gruben ermordet. 16 jungen Juden gelang es, in die Wälder zu fliehen.

Am 11. November 1941 wurde im Zentrum des Ortes ein Ghetto eingerichtet. Es war nicht eingezäunt, aber es war den Juden verboten, das Ghetto zu verlassen oder Kontakte zur ukrainischen Bevölkerung zu unterhalten. Obwohl die Juden ein gelbes Abzeichen tragen mussten und vom Kommandeur der rumänischen Gendarmerie zur Zwangsarbeit geschickt wurden, war ihre Behandlung im Allgemeinen ordentlich.

Im Dezember 1941 wurden 450 Juden aus Dorohoi nach Tywrow deportiert. Im Februar 1942 kamen 850 Deportierte an, hauptsächlich aus der Bukowina. Im September 1942 erreichten mehrere Hundert Deportierte aus der Bukowina, Bessarabien und aus dem Lager Skasinzy, das ausgelöscht worden war, Tywrow. Immer wieder kamen jüdische Flüchtlinge aus der von den Deutschen besetzten Zone der Ukraine nach Tywrow.

Ein Judenrat und ein jüdischer Ordnungsdienst wurden eingerichtet. Die internen Angelegenheiten des Ghettos wurden vom Judenrat geregelt, dessen Vorsitzender ein Deportierter aus Dorohoi war. Der Ordnungsdienst wurde von drei Deportierten geleitet, die dafür bezahlt wurden.

Viele der Deportierten arbeiteten als Landarbeiter bei den Ukrainern im Austausch für Nahrungsmittel oder als Handwerker. Andere waren gezwungen zu betteln.

Die rumänische Regierung verbot den Juden für Ukrainer zu arbeiten, eine Direktive, die der Judenrat überwachen musste. Gegen Schmiergeld war er jedoch bereit zu schweigen.

Im Frühling 1943 wurde eine Gruppe jüdischer Arbeiter zur Arbeit nach Nesterwarka geschickt.

---

196 Altman, Cholokost, S. 994; The Yad Vashem Encyclopedia, S. 855 f.

23. Bezirk (Rayon) Tywrow

Im Herbst 1943 wurde eine Gruppe jüdischer Arbeiter in das deutsche Arbeitslager Otschakow deportiert. Nur wenige kehrten nach der Befreiung zurück.

Am 1. September 1943 lebten 418 Juden aus der Bukowina und 40 Juden aus Bessarabien im Ghetto von Tywrow.

Am 16. März 1944 wurde Tywrow befreit.

Ort: Krasnoje

Krasnoje[197] wurde im Juli 1941 von der Wehrmacht besetzt. Unter Leitung von Nuchimom Kogan wurde ein Judenrat gegründet. Es wurde eine Volkszählung durchgeführt, und die Juden wurden gezwungen, auf Brust und Rücken einen gelben Stern zu tragen.

Am 1. September 1941 kam der Ort zu Transnistrien. Bald wurden die Juden in zwei Gruppen aufgeteilt. Handwerker und ihre Familien blieben in Krasnoje in einer Straße im Zentrum. Die anderen Juden wurden nach Tywrow getrieben. Nach sieben Uhr am Abend durften die Juden das Ghetto nicht mehr verlassen.

Bis September 1942 wurde ein Teil der Juden ins Lager in Skasinzy verschickt, wo Juden aus Mogiljow-Podolski und Dörfern des Bezirks inhaftiert wurden. Ein großer Teil der Häftlinge starb an Hunger und Krankheiten. Nach der Schließung des Lagers Skasinzy konnten die Juden aus Krasnoje zusammen mit anderen Häftlingen heimkehren.

Von 1942 bis 1944 wurden Juden aus Bessarabien und der Bukowina nach Krasnoje deportiert. Am 1. September 1943 lebten 282 Juden in Krasnoje. In einem Zimmer lebten 25 bis 30 Personen. Viele starben an Krankheiten und Hunger. Die arbeitsfähigen mussten im Bahnhof Jaroschenka im Winter den Schnee von den Gleisen räumen. Als Verpflegung erhielten sie eine Erbsensuppe und 50 Gramm Brot. Viele Frauen wurden vergewaltigt und die Kinder wurden mit Gewehrkolben geschlagen. Eine deportierte Ärztin behandelte die an Typhus Erkrankten.

Am 14. März 1944 wurde Krasnoje befreit.

Ijulija Fraiberg (geb. 1932)
»Im Haus wohnten 30 Menschen, darunter 13 Kinder«

Ich, Ijulija Borissowna Fraiberg (Mädchenname Lechthojs), wurde 1932 geboren und wohnte 1941 zusammen mit meinen Eltern, dem Vater Boris Kissilewitsch Lechthojs und der Mutter Anna Dawidowna, den Großeltern Bakalejnik im Dorf Kobylezkoje, Bezirk Tywrow, Gebiet Winniza.

Im Juni bekam meine Großmutter Besuch aus Moskau von ihrem ältesten Sohn und seinen kleinen Kindern. Die Großmutter lud auch ihre mittlere Tochter mit Mann und ihren drei kleinen Kindern zu Besuch ein. Am 22. Juni fand das feierliche Mittagessen zu Ehren der versammelten Familienmitglieder statt. Um 16 Uhr erfuhren wir vom Kriegsausbruch. Am 23. Juni 1941 wurde mein

---

197 Altman, Cholokost, S. 475.

Vater eingezogen, und im Mai 1944 wurde er als verschollen gemeldet. Zusammen mit meiner Mutter blieben wir bei ihren Eltern und Verwandten im Dorf Kobylezkoje. Dass wir uns evakuieren ließen, kam nicht infrage, da unsere ganze Familie aus Alten, Frauen und sechs Kindern bestand.

Im Dorf wohnten 16 Juden. Im Sommer kamen noch sieben zu Besuch. Insgesamt waren im Dorf 23 Juden. Die Deutschen besetzten das Dorf kurz nach Kriegsausbruch. Sie blieben zwei bis drei Tage im Dorf. In dieser Zeit holten sie bei uns und anderen Dorfbewohnern Hühner, Eier, Schweine, Milch und anderes. Im Zentrum des Dorfes war ihre Feldküche. Alle geraubten Lebensmittel kochten sie, aßen, sangen, tanzten und schrien. Ihre Motorräder und Wagen stellten sie im Feld und in den Gärten ab, wodurch sie das Gemüse und Obst zerstörten. Der Lärm von ihrem Jubeln und die Angst vor ihnen steckten uns noch lange in den Knochen.

Nach ein paar Tagen kamen zwei Deutsche zu uns. Im Haus waren meine Großmutter und ihre sechs Enkelkinder. Ohne Respekt vor meiner 70-jährigen Großmutter, ohne Mitleid mit uns Kindern zu haben, zerbrachen sie das ganze Geschirr und nahmen die besten Kleidungsstücke und andere Gegenstände mit. Gleiche Pogrome führten sie auch in anderen jüdischen Familien durch.

Auf Befehl der Besatzer wurden wir aus dem Dorf Kobylezkoje vertrieben und ins Ghetto im Dorf Krasnoje, sieben Kilometer von unserem Dorf entfernt, eingepfercht. Das Ghetto bestand aus einer Straße. Die Juden aus dem Dorf Krasnoje und aus der Umgebung wurden dorthin getrieben. Wir wurden in einem alten morschen Haus untergebracht. Ringsherum gab es keinen Brunnen. In einem Zimmer waren acht bis neun Menschen. Die Zimmer waren sehr klein, mit winzigen Fensterchen. Im Haus, das aus drei Zimmern und einer Küche bestand, wohnten 30 Menschen, darunter 13 Kinder. In der Küche wurden zwei Familien, also acht Menschen untergebracht. Die Küche war ein Durchgangsraum und man gelangte von dort in alle drei Zimmer. Man schlief auf Pritschen: auf Ziegel, die man aus dem Schutt eines zerstörten Hauses holte, legte man Bretter. Im Haus gab es weder Tisch noch Stühle. Kochen konnte man nicht, weil die Küche besetzt war und weil man nichts zum Kochen hatte. Die kleineren Kinder aßen rohe Kartoffeln, wenn sie diese fanden. Im Sommer kochte man hinter dem Haus Erbsen in irgendwelchen verrußten Behältern auf Ziegeln. Das Zimmer, in dem meine Mutter und ich untergebracht waren, teilten wir uns mit meinem Onkel, seiner schwangeren Frau, zwei Kindern und drei rumänischen Jugendlichen: zwei Jungs im Alter von 18 Jahren und eine 13-jährige Schwester des einen von ihnen. Sie alle schliefen auf einer Pritsche. Für mich und meine Mutter gab es im Raum keinen Platz für eine Pritsche. Meine Mutter steckte Holzscheite in das Rohr des Ofens. Auf die Holzscheite legten wir dann die Tür und schliefen auf ihr. Morgens wurde diese Vorrichtung abgetragen.

Wir hatten nichts zu essen. Jene Habseligkeiten, die wir mitnehmen konnten, tauschte meine Mutter gegen das bittere Gerstenbrot oder gegen Zwieback bei den einheimischen Bauern, die sich heimlich ins Ghetto schlichen.

Die Erwachsenen wurden zur Arbeit in die jüdische Kolchose getrieben. Dort bekamen sie eine Suppe und Erbsengebäck. Das Erbsengebäck brachten die Frauen ihren Kindern. Ich erinnere mich, wie ich im Ghetto einmal den Duft einer Suppe wahrnahm. In all den Jahren, die ich im Ghetto verbrachte, verfolgte mich der Duft der Suppe.

Unter den rumänischen Juden waren auch gut betuchte Menschen, die unter besseren Bedingungen hausten und sich besser ernähren und kleiden konnten. Aber hauptsächlich waren es jene, die in Kolonnen aus Rumänien vertrieben wurden. Unterwegs verloren sie ihre Alten und Kinder. Sie alle waren schmutzig, hungrig, krank und befallen von Läusen. Damit steckten sie auch uns an.

Mein Cousin musste mit seinen 14 Jahren Wasser in die Gendarmerie schleppen. Dann wurde er zusammen mit anderen Jugendlichen zur Zwangsarbeit nach Pjatichatki abgeholt. Er kehrte von dort mit Gelbsucht und total abgemagert zurück. Wir alle weinten und hatten keine Medikamente, um ihn zu behandeln. Irgendwie konnte man ihn aufpäppeln, aber seine Gesundheit war durch diese Strapazen sehr geschwächt. Mit 53 Jahren starb er.

Aus dem Ghetto wurden wir zum Arbeitseinsatz in die Dörfer getrieben. Meine Mama wurde einmal zusammen mit anderen Frauen ins Dorf Stroinzy zur Begradigung eines Berges geschickt. Mama nahm mich mit. Wir wurden alle im Feld in einem kleinen Hühnerstall untergebracht. Wir schliefen auf dem Fußboden, der mit Stroh bedeckt war. Zu essen bekamen wir irgendeine Suppe. Ich bekam eine Magenverstimmung. Die Unterernährung war bei mir so fortgeschritten, dass ich mit meinen neun Jahren nicht mehr gehen konnte.

Eine Bäuerin erfuhr von diesem Unglück, kochte Kräuter, die sehr bitter waren und brachte mir diese zusammen mit dem Essen. Manchmal nahm sie mich zu sich nach Hause, obwohl es verboten und sehr gefährlich war. So päppelte sie mich langsam auf. Mein ganzes Leben lang blieben mir Stoffwechselerkrankung, Polyarthritis, Gallenblasenentzündung, Bluthochdruck und weitere Krankheiten.

Nach dem Abschluss der Arbeiten im Dorf Stroinzy schickte man uns, krank und schmutzig, zurück ins Ghetto. An einem Morgen brachte man uns zum Platz hinter dem Ghetto, damit wir uns die erhängten Partisanen anschauten. Als die Deutschen auf dem Rückzug vom Osten in den Westen waren, zogen die Rumänen zusammen mit ihnen ab, und wir flüchteten aus dem Ghetto, da die Deutschen auf ihrem Rückzug für uns nun den sicheren Tod bedeuteten. Meine Mutter, zusammen mit mir und ihren Eltern kamen zu einem Haus, über dessen Tor ein Plakat mit der Überschrift hing: »Wer einen Kommunisten oder Juden versteckt, wird erschossen!«. Wir wurden aufgenommen. Meine Großeltern wurden in einem Keller, in dem schon andere Juden waren, versteckt, und meine Mutter und mich gab man als die Schwester und Nichte des Hausbesitzers aus. Der Hausbesitzer war ein Einheimischer, der Elektriker Berdous.

Zwei oder drei Tage später kehrten die Rumänen zurück und wir gingen wieder ins Ghetto. Es war im Februar 1944. Im Haus war es sehr kalt. Die Kleidung war mir schon zu klein und wir hatten überhaupt keine Schuhe mehr. Von rumänischen Mädchen lernten wir, aus Lumpen sogenannte Stoffschuhe zu nähen. Das waren unsere einzigen Schuhe.

Zu jenem Zeitpunkt begannen im Ghetto Razzien. Die Rumänen und Polizisten suchten nach Kommunisten und Partisanen. Wir alle erstarrten, als wir sie mit den Hunden erblickten. In der Tat waren im Ghetto Kommunisten und Partisanen. Wir konnten sie warnen und verstecken. Selbst ich und meine zweijährige Cousine waren bei so einer Aktion beteiligt. Man beachtete uns Kinder nicht, während wir von Haus zu Haus gingen und die Gefährdeten vor der Razzia warnten.

Einer von ihnen, ein junger und sehr hübscher Mann, Bogomolny, wurde in der Nacht gefasst und erschossen. Ich glaube, er war ein Partisan.

Am 17. März 1944 ritten die Partisanen auf Pferden in das Dorf Krasnoje und am 20. März marschierten die Truppen der regulären Roten Armee ein. Jenes unvergleichliche Gefühl der Freude lebt in mir bis heute. Eine Woche später kehrte unsere Familie ins Dorf Kobylezkoje zurück. Das Haus meiner Großmutter war zerstört. Eine unbewohnbare Ruine ohne Fenster und Türen stand an der Stelle des Hauses. Die Schwester meiner Mutter blieb mit ihren drei Kindern im Dorf Krasnoje. Wir, acht Personen, ließen uns in unserem Haus nieder, das uns nach mehrmaligem Drängen unser Nachbar zurückgab. Die Bekannten kamen zu Besuch und teilten mit uns Lebensmittel. So überlebten wir bis zur neuen Ernte. Ich ging in die Schule, in die dritte Klasse. Meine Mutter und mein Onkel fanden Arbeit in der Stadt Jaroschenka. Aber nach dem Ghetto war sie sehr schwach und blieb sieben Monate krank. Mein Onkel unterstützte uns. Auf seinen Rat ging ich in die Schule in Penkowsk und absolvierte die vierte Klasse mit »ausgezeichnet«.

Im gleichen Jahr kehrte der Bruder meiner Großmutter aus dem Ort, wohin er evakuiert wurde, zurück. Drei andere Brüder meiner Großmutter wurden in Babi Jar ermordet.

Meine Mama fuhr zusammen mit mir nach Kiew. Der Onkel und seine Familie ermöglichten meiner Mama einen Krankenhausaufenthalt. Sobald es ihr gesundheitlich besser ging, kehrten wir in die Stadt Jaroschenka, Gebiet Winniza zurück. Mama arbeitete, und ich besuchte die Schule in Penkowsk.

1948 hatte ich meinen Realschulabschluss und begann mit der Ausbildung an der Technischen Fachschule für Lebensmittelindustrie, die ich 1952 beendete. Ich bekam eine Stelle und arbeitete von 1952 bis 1957 im Gebiet Woroschilowgrad, 1957 bis 1961 als Fachfrau für Technologie im Wasserkraftwerk in Krementschug und anschließend als Laborleiterin einer großen Bäckerei. 1962 zog ich nach Tscherkassy um. 1968 schloss ich das Studium an der Hochschule für Lebensmittelindustrie in Kiew in der Fachrichtung »Ingenieurtechnologie für Back-, Konditorei- und Nudelwaren« ab. In Tscherkassy hatte ich eine leitende Funktion in der Staatsinspektion inne und war für die Qualität der Backwaren zuständig. 1971 heiratete ich. Zusammen mit meinem Mann erwarben wir eine Eigentumswohnung. Meine Mutter lebte 19 Jahre bei uns. Leider sind die Eltern meines Mannes früh verstorben. Wir haben keine Kinder. Ich war 39 Jahre, 6 Monate und 13 Tage berufstätig. Seit 18 Jahren bin ich pensioniert. Ich bin Veteranin des Großen Vaterländischen Krieges.

Mark Kuris (geb. 1931)
»Das Leben im Ghetto war schwer«
(Vorausgesetzt man kann es Leben nennen)

Ich, Mark Isaakowitsch Kuris, wurde 1931 in dem kleinen Städtchen Krasnoje im Gebiet Winniza geboren.

Am 22. Juni 1941 versammelten sich bei uns zu Hause Nachbarn und spielten Domino. Mein Papa Isaak Kuris war ein sehr kommunikativer Mensch. Unsere Nachbarn Schmil Zirulnik, Froika

Lermann, Moische Glikman und andere versammelten sich immer bei uns. Um 12.00 Uhr mittags kam Tante Nesja und sagte, dass im Radio berichtet wurde, Krieg sei ausgebrochen. Natürlich glaubte ihr niemand, weil alle überzeugt waren, es könne nicht wahr sein, und lachten über sie. Aber als wir alle auf die Straße gingen, bestätigten uns dort viele Menschen, dass der Krieg begonnen hatte.

Nach einer Woche wurden mein Papa und andere Männer eingezogen, um bei einem Militärflughafen im Bezirk Sutisok Schützengräben auszuheben. Dort verbrachte er ca. 10 Tage und kehrte danach nach Hause zurück. Zwei Tage später wurde er zum Militär eingezogen (er war damals ca. 35–36 Jahre alt). Er kehrte nie wieder nach Hause zurück.

Durch das Städtchen Krasnoje zogen sich sowjetische Truppen zurück. In den Radionachrichten hörten wir, dass die Frontlinie in der Nähe von Schepetowka (200 Kilometer von uns) lag.

Da unser Papa in der Kolchose des Dorfes arbeitete, versprach der Vorsitzende der Kolchose, unserer Familie einen Pferdewagen zur Verfügung zu stellen, um uns evakuieren zu lassen. Das war am 18. Juli. Unsere Mama bereitete sich vor und buk Brot, um Zwieback zu machen.

Etwa um 4 Uhr begann ein sehr starker Artilleriebeschuss. Wir alle, Großvater, Großmutter, die Mutter von Igor Kogan, Sina, Igor und Sima, meine Mama Basja, ich und Riwa rannten in den Keller zur Tante Chana Berenson. Sie wohnte uns gegenüber und hatte einen aus Ziegeln gemauerten Keller. Im Keller waren schon ca. 40 Menschen, fast alle unsere Nachbarn. Ich habe schon erwähnt, dass unsere Mama Brot buk. Sie ging kurz auf die Straße, um zu schauen, kehrte aber gleich zurück und sagte, dass Deutsche schon bei uns seien. Wahrscheinlich wurde sie von Deutschen gesehen, denn sie folgten ihr in den Keller. Die Deutschen trieben uns alle aus dem Keller, legten Maschinenpistolen auf uns an und führten uns zum Hauptplatz (Marktplatz). Auf dem Platz waren schon ungefähr 200 Menschen. Die Deutschen umstellten uns alle und richteten ihre Maschinenpistolen auf uns. Ringsum stand alles in Flammen. In unserem Dorfladen waren alle Fensterscheiben eingeschlagen. Wahrscheinlich war er von einem Geschoss getroffen worden. Der Dolmetscher übermittelte uns den Befehl des deutschen Offiziers: Russen und Ukrainer sollten an die Seite treten und Juden, Zigeuner und Kommunisten sollten stehen bleiben. Aus der Gruppe traten 3–4 Ukrainer. Der deutsche Offizier hob seine Hand als Zeichen zu unserer Erschießung. Aber in diesem Augenblick kamen zwei sowjetische Flugzeuge und kreisten über uns. Während die Deutschen das Feuer auf die Flugzeuge eröffneten, rannten wir in verschiedene Richtungen davon.

Mit Großvater an der Spitze rannte unsere Familie in Richtung des Dorfes Swatschiwka. Wir versteckten uns in einem Stall. Der Hausbesitzer kam heraus (unser Großvater kannte ihn sehr gut) und fragte: »Was macht ihr hier?« Großvater erklärte ihm, dass wir vor den Deutschen aus der Stadt geflüchtet waren. Dann zeigte der Hausbesitzer sein wahres Gesicht. Er schrie: »Juden, raus! Weg von hier, weg von meinem Hof!« (In der Zeit, von der ich berichte, wurde noch bombardiert, weil sowjetische Truppen auf ihrem Rückzug schossen). Wir verließen seinen Hof und er ging in den Stall. In diesem Augenblick traf eine Granate den Stall und er starb zusammen mit seinen Kühen. Wir gingen zurück nach Hause zu unserem Großvater und blieben dort, wo wir alle zusammen lebten (hinter dem Haus war ein Anbau).

Der Rückzug der sowjetischen Truppen dauerte dann noch drei Tage lang mit Kämpfen neben den Dörfern Krasnoje und Krasnjanka. Nach zwei Tagen zogen sich die Deutschen zurück. Im Städtchen waren weder die Deutschen noch die Sowjets: Es herrschte Anarchie. Am nächsten Tag kamen Deutsche und durch unsere Stadt zogen weitere deutsche Truppen (die Paulus-Armee, wie man später erzählte). Sie zogen einen Monat lang durch unsere Stadt (Deutsche, Italiener, Ungarn u. a.).

Bei uns war eine ungarische Truppe stationiert. Sie waren noch schlimmer als die Deutschen. Sie nahmen junge Mädchen fest, brachten sie in den Wald und vergewaltigten sie dort. Abends gingen sie von Haus zu Haus und suchten Frauen. Unserem Haus gegenüber wohnte ein Ukrainer, Miron. Er brachte ein Kreuz an seiner Tür an als Zeichen, dass er kein Jude war. Wenn Deutsche oder Ungarn an unserer Tür klopften, stiegen die Frauen auf den Dachboden und zogen die Leiter hoch. In der Wohnung blieben nur der Großvater, Igor Kogan und ich. Damals gab es noch kein Ghetto.

Im August 1941 wurde ein Teil der Ukraine (die rechte Bugseite) an die Rumänen übergeben. Obwohl Tywrow unter rumänischer Besatzung war, wurden alle Juden von Deutschen erschossen. Tywrow war 12 Kilometer von Krasnoje entfernt. Sehr oft kamen zu uns Straftruppen. Wir flohen, wohin wir nur konnten. Sie nahmen sehr viele Menschen als Geiseln fest. Wir hatten einen sehr guten Dorfältesten, und er bat, uns in Ruhe zu lassen, da wir alle Handwerker seien (Schuhmacher, Schneider usw.) und er uns brauchen würde.

Im Oktober 1941 kehrte Onkel Israel zu uns zurück. Nach seinen Erzählungen geriet er unweit von Bojarka in Kriegsgefangenschaft. Er sah wie ein Russe aus. Nach seinen Erzählungen wurden in der Kriegsgefangenschaft alle Kommunisten, Juden und Frauen erschossen. Vor dem Krieg hatte er geheiratet und wohnte in Kiew. Er kehrte aus der Kriegsgefangenschaft zurück nach Kiew (am Anfang wurden alle Ukrainer entlassen). Er wollte wissen, was mit seiner Familie war. In jener Zeit wurden alle Juden aus Kiew in Babi Jar erschossen. Er wurde vom Hausmeister erkannt, aber es gelang ihm zu fliehen. Er entschloss sich, die Frontlinie zu überqueren. Die Front war nicht weit von Odessa. Als er an unserem Städtchen vorbeifuhr, entschied er sich, von der Station Krasnowka, drei Kilometer von uns entfernt, nach Krasnoje zu gehen. Er fand uns alle lebend vor und blieb bei uns.

Im Dezember 1941 versuchte er, einen Teil der Juden aus dem Konzentrationslager »Rogosna«, nicht weit von Schpikow, zu retten, aber auf dem Rückweg gerieten er und seine Freunde in einen Hinterhalt. Es kam zu einer Schießerei, und er wurde in die Arme getroffen. Er fiel vom Schlitten und wurde von Rumänen aufgelesen. Dann kam er vor Gericht, aber man hat ihn für viel Geld freigekauft.

Im Juni oder Juli 1942 wurden alle Juden auf den Hauptplatz getrieben, und man verkündete, dass ein Teil der Juden am Leben gelassen würde. Es seien die Fachleute und sie kämen ins Ghetto. Die anderen wurden später in einer Kolonne nach Tywrow zur Vernichtung geführt. Von unserer Familie blieben Großvater und Großmutter, Onkel Israel, Igor Kogan und meine Schwester Riwa. Das Ghetto erstreckte sich über zwei Straßen in der Gegend vom Postamt und der Schule. Unsere Wohnungen gehörten nicht zum Ghetto. Sie wurden von einheimischen Einwohnern, Ukrainern, besetzt. Als wir getrieben wurden, mit einem anderen Wort kann man das nicht bezeichnen, war es einfach grauenhaft: Von beiden Seiten gingen Rumänen und am Ende der Kolonne fuhr ein Pferdewagen mit Kranken und Alten. Wir alle wussten, dass man uns zur Vernichtung führte.

In Tywrow waren wir in einem Zimmer ca. 20–30 Menschen, einer über dem anderen. Ich blieb in Tywrow drei Tage, und am vierten Tag gelang mir die Flucht nach Krasnoje. Später kehrten meine Mama, die Mutter von Igor und Sima zurück. Im Ghetto lebte unsere ganze Familie in einem Raum von 13–14 Quadratmetern. Zusammen mit uns lebte noch die Nichte meines Großvaters Klara. Sie konnte direkt aus der Grube nach der Erschießung der Juden in Winniza fliehen. Keiner beschwerte sich über die Enge, weil alle wussten, dass wir früher oder später erschossen würden.

Im Ghetto in Krasnoje, und nicht nur dort, gab es sehr viele Juden aus Bessarabien und der Bukowina. Im Ghetto grassierte Typhus und täglich starben Dutzende Menschen. In unserer Familie erkrankte niemand an Typhus. Den Unterhalt verdiente man, wie man konnte. Ich zum Beispiel arbeitete zusammen mit Großvater und Onkel in der Spinnerei. Ich drehte das Rad. Um Garn herzustellen, musste man das Rad drehen. Ich war damals erst 12 Jahre alt. Pro Person bekam man folgende Ration: 1 l Sonnenblumenöl, 10 Kilogramm Kartoffeln, 5 Kilogramm Mehl. Da wir zu dritt arbeiteten, Großvater, Onkel und ich, konnten wir einigermaßen leben. Wir waren 13 Personen. 1943 starb unsere Großmutter. Neben der Arbeit in der Spinnerei handelten wir Kinder auf dem Markt mit Zeitungen, Streichhölzern, Nadeln und Feuersteinen. Ich stand um 3 oder 4 Uhr morgens auf, traf die Marktfrauen aus Shmerinka, kaufte bei ihnen die Ware billiger und verkaufte sie dann später auf dem Markt teurer.

Das Leben im Ghetto war schwer (vorausgesetzt es war ein Leben). Die Menschen wurden zur Arbeit im Straßenbau in Jaroschenka getrieben. Morgens um 8 Uhr wurden sie zur Arbeit getrieben und abends zurück nach Hause. Besonders schwer hatten es die rumänischen Juden. Sie konnten die Sprache nicht und waren nicht gewohnt, so schwer körperlich zu arbeiten wie unsere Juden. Noch vor der Errichtung des Ghettos, als die Juden aus Rumänien, Bessarabien und der Bukowina deportiert wurden, lebte bei uns zu Hause eine Familie aus Chotin, Petja mit ihrer Schwester. Ich glaube sie hieß Etja. Sie und noch eine Familie, deren Oberhaupt in der rumänischen Zeit ein Rechtsanwalt gewesen war, lebten zusammen mit uns. Später denunzierte dieser Rechtsanwalt unseren Onkel Israel bei den Rumänen. Der Onkel war im Untergrund bei den Partisanen.

Im Januar 1944 erreichten unsere Truppen den Fluss Bug. Die Rumänen verließen unsere Ortschaft. Unser Onkel war bewaffnet und verhinderte die Plünderung der Geschäfte (es herrschte Anarchie). Die Deutschen starteten mit großer Verstärkung einen Angriff, und unsere Truppen zogen sich zurück. Die Rumänen kehrten nach Krasnoje zurück. Jener verfluchte Rechtsanwalt denunzierte meinen Onkel als Partisanen. Um fünf Uhr am Morgen war unser Haus umstellt. Ein rumänischer Offizier, begleitet von zwei Soldaten, kam in unser Haus. Sie rissen meinen Onkel aus dem Bett und führten ihn in die Gendarmerie ab. Von dort brachten sie ihn hinter die Kolchose (heute ist es eine Wagenhalle) und erschossen ihn. An jenem Tag wurde er beerdigt.

Wir, die Kinder, wurden zu einer Bäuerin gebracht und blieben dort den ganzen Tag, weil unsere Mutter und unser Großvater Angst hatten, dass die Rumänen uns alle erschießen würden.

Nach der Befreiung am 18. März 1944 zeigten wir am gleichen Tag den Verräter an. Er wurde verhaftet und in einem morschen Stall ohne Bewachung eingeschlossen. In der Nacht flüchtete er durch das Fenster zuerst nach Mogiljow-Podolski und später nach Rumänien.

Im Februar 1944 kamen zu uns nach Krasnoje deutsche Truppen. Die Front war nicht weit von uns. Der Vorsteher des Dorfes Ujarizy berichtete ihnen, dass es im Dorf Menschen gibt, die die Partisanen unterstützten. Die Deutschen nahmen sie fest, brachten sie nach Krasnoje und erschossen sie öffentlich. Es waren fünf Personen.

Anfang März zogen sich die Deutschen zurück und schossen blind um sich. Nicht weit war eine rumänische Garnison, und die Rumänen dachten, es schössen Juden, die sich gegen sie erhöben. Sie umstellten das Ghetto und wollten uns vernichten. Man trieb uns auf den Platz des Ghettos. Dann kam aber der Dorfälteste und sagte, dass die Deutschen geschossen hätten und wir Juden in diesem Fall unschuldig seien. Man entließ uns.

Ich schreibe dies alles sehr kurz, weil, wenn ich das alles detailliert aufschriebe, würden auch zehn Hefte nicht reichen.

Am 18. März 1944 wurden wir befreit.

Siehe auch die Zeitzeugenberichte von Michail Mostowoi und Chaima Owsjannikowa

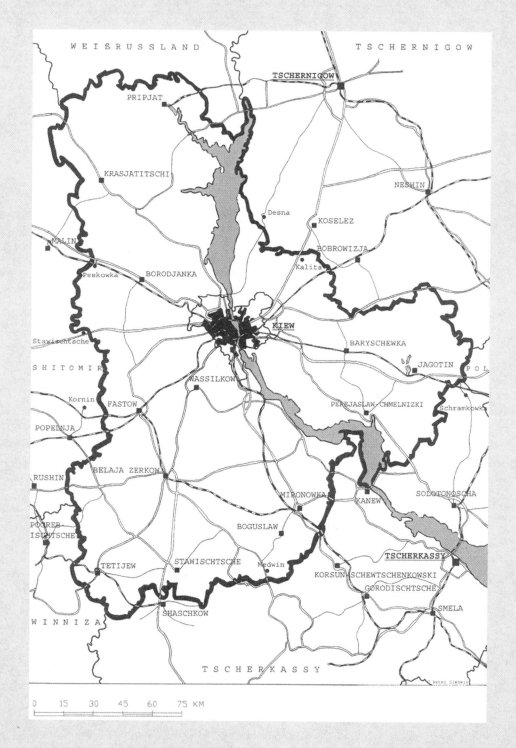

X. Gebiet Kiew

X. Gebiet (Oblast) Kiew
(ukr. Kyjiw)

1939 lebten im Gebiet Kiew 297 409 Juden.

In der Zeit von August 1941 bis September 1942 wurde das Reichskommissariat Ukraine errichtet. Es bestand aus den Generalbezirken Wolhynien und Podolien, Shitomir, Kiew, Nikolajew, Dnjepropetrowsk und einem Teil des Kommissariats Taurien. Der Generalbezirk Kiew wurde aus dem sowjetischen Vorkriegsgebiet Kiew und dem Gebiet Poltawa gebildet. Das östlich des Dnjepr gelegene Gelände des Generalbezirks Kiew blieb bis September 1942 weiter unter Militärverwaltung.[1]

Während der deutschen Besetzung wurden im Gebiet Kiew insgesamt 77 000 einheimische Juden ermordet.[2] Der Großteil der im Gebiet Kiew am linken Ufer des Dnjepr ermordeten Juden waren Kriegsgefangene, 3300 von 4000 Opfern.[3]

1. Gebietshauptstadt Kiew

1939 lebten in der Stadt Kiew[4] 224 236 Juden. Nach dem Überfall der Wehrmacht auf die Sowjetunion konnten etwa 100 000 evakuiert werden oder wurden zur Armee eingezogen. Am 17. September 1941 zog sich die Rote Armee zurück, und die deutsche Wehrmacht besetzte am 19. September die Stadt. Mit der kämpfenden Truppe rückte an diesem Tag ein 50 Mann starkes Vorkommando des Sonderkommandos 4a in die Stadt ein. Das Gros des Sonderkommandos erreichte Kiew am 25. September 1941. Ihm wurden zwei Abteilungen des Ordnungspolizeiregiments Süd zur Seite gestellt, das Polizeibataillon 303 und das Reservepolizeibataillon 45. Schon in den ersten Tagen wurden Juden festgenommen und ermordet.

In der »Meldung über die Ereignisse in der UdSSR« Nr. 97 vom 28. September 1941 wurde mitgeteilt, dass in Kiew angeblich 150 000 Juden seien, es aber vorübergehend unmöglich sei, diese Angaben zu überprüfen. Maßnahmen zur Erfassung des gesamten Judentums seien eingeleitet, Exekutionen von mindestens 50 000 Juden vorgesehen. Die Wehrmacht begrüße die Maßnahmen und erbitte radikales Vorgehen.[5]

Die sowjetischen Truppen hatten vor ihrem Rückzug einige Gebäude im Stadtzentrum vermint. Durch ausgelöste Explosionen wurden die Gebäude zerstört, und es entstanden beträchtliche Personen- und Sachschäden. Es waren ein Stabsgebäude der deutschen Armee, die Kommandantur und ein Hotel für deutsche Offiziere. Ein großer Brand loderte in der Kreschtschatik-Straße. Nach dem Krieg wurde bekannt, dass die Sabotageoperation

---

1 Encyclopedia of Camps and Ghettos, S. 1313, 1584.
2 Kruglov, Jewish Losses in Ukraine, S. 284.
3 Altman, Opfer des Hasses, S. 364.
4 Altman, Cholokost, S. 404; Kruglow, Enziklopedija Cholokosta, S. 82–85.
5 Mallmann, Die »Ereignismeldungen UdSSR«, S. 598.

das Werk einer NKWD-Abteilung gewesen war, die zu diesem Zweck in der Stadt zurückgelassen worden war. Diese Ereignisse benutzte man sofort als willkommenen Vorwand für entsprechende »Vergeltungsmaßregeln« und erließ nach einer Besprechung zwischen SS-Brigadeführer Otto Rasch, Führer der Einsatzgruppe C, SS-Standartenführer Paul Blobel, Führer des Sonderkommandos 4a, SS-Obergruppenführer Friedrich Jeckeln, HSSPF Russland-Süd, und dem Stadtkommandanten General Eberhard an die Juden von Kiew einen Aufruf, sich zur Umsiedlung einzufinden. Der Text hatte folgenden Wortlaut:

»Saemtliche Juden der Stadt Kiew und Umgebung haben sich am Montag, dem 29. September 1941 bis 8 Uhr Ecke der Melnik- und Dokteriwski-Strasse (an den Friedhöfen) einzufinden.
Mitzunehmen sind Dokumente, Geld und Wertsachen sowie warme Bekleidung, Wäsche usw.
Wer dieser Aufforderung nicht nachkommt und anderweitig angetroffen wird, wird erschossen.
Wer in verlassene Wohnungen von Juden eindringt oder sich Gegenstaende daraus aneignet, wird erschossen.«

Die der 6. Armee zugeteilte Propagandakompanie 637 hat am 27. September 1941 in der Druckerei der von ihr herausgegebenen Zeitung »Ostfront« 2000 entsprechende Maueranschläge herstellen lassen.[6] Der Text war in russischer, ukrainischer und deutscher Sprache abgefasst. Dem Aufruf wurde in so unerwartet großem Umfang Folge geleistet, dass das Sonderkommando 4a in der Lage war, am 29. und 30. September 1941 zusammen mit dem Stab der Einsatzgruppe C und zwei Kommandos des Polizeiregiments Süd 33 771 Juden in der nahe gelegenen Schlucht von Babi Jar zu erschießen. Den Menschen lag der Gedanke, dass alle zur Hinrichtung verurteilt waren, so fern, und die ungeheuerliche Vernichtungsaktion traf sie so überraschend, so unerwartet, dass sie sich nicht zum Widerstand gegen ihre Henker sammeln konnten.[7]

Die Mehrzahl der Einwohner Kiews wusste bis zur letzten Minute des Massakers nicht, was die Deutschen in Babi Jar taten. Die einen sprachen von einer Mobilisierung zum Arbeitseinsatz, die anderen von einer Umsiedlung, und die dritten erklärten, es gebe eine Absprache zwischen dem deutschen Oberkommando und einer sowjetischen Kommission über einen bevorstehenden Austausch: eine jüdische Familie gegen einen deutschen Kriegsgefangenen.[8]

Im Oktober 1941 wurde der Befehl Nr. 5 des »Ukrainischen Polizeikommandos der Stadt Kiew« mit der Unterschrift »Kommandant Orlik« verbreitet. Dort hieß es, dass alle Haus-

---

6 Krausnick, Hitlers Einsatzgruppen, S. 207.
7 Grossman, Das Schwarzbuch, S. 33.
8 Ebenda, S. 52.

1. Gebietshauptstadt Kiew 719

meister und Hausverwalter verpflichtet sind, bis zum 24. Oktober 1941 »alle Juden, NKWD-Mitarbeiter und Mitglieder der VKP(b)« in die nächstgelegenen Rayonkommissariate oder Stationen der ukrainischen Polizei zu schicken oder selbst dorthin zu bringen. Dabei wurde besonders betont, dass das »Verstecken dieser Leute mit der Todesstrafe geahndet wird«.[9]

Am 19. September 1943 erinnerte der ukrainische Bürgermeister von Kiew an den zweiten Jahrestag der Befreiung der Stadt Kiew von den jüdischen Bolschewisten und dem blutrünstigen Henker Stalin durch die Wehrmacht. Aus vollem Herzen dankte er dem deutschen Volk und seiner furchtlosen Armee für die Befreiung.[10]

Am 6. November 1943 wurde Kiew durch die Rote Armee befreit.[11]

Ort: Babi Jar

Die Tragödie von Babi Jar[12] ist zum Sinnbild der Vernichtung nicht nur der ukrainischen, sondern aller Juden der UdSSR geworden. Sie vollzog sich zehn Tage nach der Eroberung von Kiew. Ausgeführt wurde sie vom Sonderkommando 4a. Diese Einheit bestand aus Angehörigen des Sicherheitsdienstes und der Sicherheitspolizei, der 3. Kompanie des Waffen-SS-Bataillons zur besonderen Verwendung und einem Zug des Polizeibataillons 9. Die Einheit wurde durch die Polizeibataillone 45 und 303 vom Polizeiregiment Süd und durch Einheiten der ukrainischen Hilfspolizei verstärkt.

Auf Plakaten waren die Juden aufgefordert worden, sich am 29. September 1941 um 8 Uhr an der Ecke Melnik- und Dokteriwski-Straße (richtig: Melnikow- und Degtjarow-Straße) einzufinden. Wer dieser Aufforderung nicht nachkommt und anderweitig angetroffen wird, wird erschossen. Als die Juden sich an der angegebenen Stelle einfanden, wurden sie angewiesen, sich zum jüdischen Friedhof zu begeben, in ein Gebiet, das einen Teil der Babi Jar-Schlucht einschloss. Das Gebiet war mit Stacheldraht abgesperrt und wurde von Polizei des Sonderkommandos und Angehörigen der Waffen-SS sowie ukrainischen Polizisten bewacht. Als sich die Juden der Schlucht näherten, zwang man sie, ihre Wertgegenstände abzugeben, ihre Kleidung auszuziehen und in Zehnergruppen an den Rand der Schlucht zu treten. Dort wurden sie mit Maschinengewehren niedergeschossen. Es schossen mehrere Gruppen, die jeweils nach einigen Stunden abgelöst wurden. Am Abend wurden die Leichen mit einer dünnen Erdschicht bedeckt. Drei Tage nach der Exekution wurde die Schlucht zum Massengrab, indem eine Pioniereinheit die Wände der Schlucht durch Sprengladungen zum Einsturz brachten. Die Erdmassen bedeckten die Leichen nur notdürftig. Danach planierten etwa 100 Kriegsgefangene das Grab. Nach offiziellen Berichten der Einsatzgruppe

---

9 Altman, Opfer des Hasses, S. 518; VEJ 7, S. 304.
10 VEJ 8, S. 638 f.
11 Ainsztein, Jüdischer Widerstand, S. 61.
12 Altman, Cholokost S. 41; Enzyklopädie des Holocaust, S. 144 f.; Rhodes, Die deutschen Mörder, S. 262–275.

wurden an zwei Tagen (29. und 30. September 1941) 33 771 Juden ermordet.[13] Es erforderte mehr als 100 Lastkraftwagen, um die Kleidung der Ermordeten abzutransportieren, die der NS-Volkswohlfahrt zugeführt wurde.[14] In den folgenden Monaten wurden Tausende weitere Juden festgenommen und in Babi Jar erschossen. Die Bevölkerung half mitunter den Juden und versteckte sie, aber viele Einwohner verrieten sie auch an die Deutschen. Nach dem Krieg sagte der Befehlshaber der SiPo und des SD aus, sein Büro in Kiew habe aus der ukrainischen Bevölkerung »körbeweise« Denunziationen von Juden erhalten, sodass aus Mangel an Personal nicht alle hätten bearbeitet werden können.

Babi Jar diente auch als Erschießungsstätte für »Zigeuner« und sowjetische Kriegsgefangene. So wurden Ende November 1941 400 Personen erschossen, weil eine Telefonanlage zerstört worden war.[15]

Nach Schätzungen der sowjetischen Außerordentlichen Staatlichen Kommission zur Untersuchung der NS-Verbrechen wurden in Babi Jar 100 000 Menschen ermordet.

Anfang 1942 fiel in Berlin die Entscheidung, die Spuren des Mordes an Millionen Menschen im besetzten Europa zu verwischen. Es wurde das »Sonderkommando 1005« gebildet.[16] SS-Standartenführer Paul Blobel wurde zum Leiter der »Aktion 1005« ernannt. Im Juli 1943 kam Blobel nach Kiew zurück. Er bildete zwei Sondergruppen der »Aktion 1005«. Die Einheit 1005a bestand aus acht bis zehn SD-Leuten und 30 deutschen Polizisten unter dem Kommando eines SS-Obersturmbannführers namens Baumann und der Einheit 1005b. Mitte August ließ die Einheit in Babi Jar 327 Insassen des nahe gelegenen Lagers Syrez, darunter 100 Juden, die Leichen ausgraben und verbrennen. Die Gefangenen wurden in einem Bunker untergebracht, der in den Hang der Schlucht gegraben wurde. Sie waren an den Beinen angekettet. Wer krank wurde oder zurückblieb, wurde auf der Stelle erschossen. Die Massengräber wurden mit Baggern geöffnet, und die Gefangenen mussten die Leichen ausgraben. Einige der Gefangenen hatten die Aufgabe, den Leichen die Goldzähne herauszubrechen und ihnen Ringe und Uhren abzunehmen.

Wenn die Gefangenen etwa 2000 Leichen ausgegraben hatten, mussten sie einen Ofen bauen. Vom jüdischen Friedhof wurden Granitgrabsteine herangeholt und in Form eines Quadrats auf dem Boden angeordnet. Darauf wurden Eisenbahnschienen gelegt, auf die benzingetränkte Holzbalken gelegt wurden, auf denen man wiederum die Leichen in einer bestimmten Weise anordnete und verbrannte. Es blieben nur Knochen zurück, die nicht vollständig verbrannt waren und mittels spezieller Stampfwerkzeuge zermahlen wurden.

Jedes Mal, wenn der Stapel heruntergebrannt war, wurde der Ofen zerstört, denn die Schienen verbogen sich. Die Verbrennung der Leichen begann am 18. August 1943 und endete am 19. September 1943. Als das Sonderkommando seinen Auftrag erfüllt hatte, war von den

13 Mallmann, Die »Ereignismeldungen UdSSR«, S. 615 (Ereignismeldung Nr. 101 vom 2. Oktober 1941).
14 Krausnick, Hitlers Einsatzgruppen, S. 9.
15 Erhard Roy Wiehn (Hrsg.), Die Schoáh von Babij Jar, Konstanz 1991, S. 488.
16 Enzyklopädie des Holocaust, S. 10 ff.

Massengräbern keine Spur mehr zu finden. Während dieses Zeitraums wurden etwa 75 Öfen gebaut und ungefähr 70 000 Leichen verbrannt.[17] Die Asche wurde gesiebt, damit kein Gold oder Silber verloren ging. Dann wurde sie mit Erde vermischt und verstreut.

Am 29. September 1943 erfuhren die Gefangenen, dass sie am nächsten Tag ermordet werden sollten. Eine Gruppe beschloss, noch in der gleichen Nacht auszubrechen. Im Schutz der Dunkelheit stürmte eine Gruppe von 25 Männern gegen die Wachen vor und nutzte die entstehende Verwirrung. Etwa 15 von ihnen entkamen in die Freiheit.[18]

Erst lange nach dem Krieg wurde in Babi Jar ein Denkmal errichtet. Die Forderung nach einem Denkmal wurde zum ersten Mal unter Chruschtschow erhoben. Unter den Befürwortern des Denkmals waren die Schriftsteller Ilja Ehrenburg und Viktor Nekrassow. Doch ihr Appell blieb ungehört. 1961 veröffentlichte Jewgeni Jewtuschenko sein Gedicht »Babi Jar«, das mit den Zeilen beginnt:

Über Babi Jar steht kein Denkmal.
ein schroffer Hang – der eine,
unbehauene Grabstein.
Mir ist angst.

Ein Jahr später vertonte Dimitrij Schostakowitsch das Gedicht und nahm es in seine 13. Symphonie auf. Es häuften sich die Forderungen, in Babi Jar ein Denkmal zu bauen. Aber erst 1966 wurden Architekten und Künstler aufgefordert, Vorschläge einzureichen, und erst weitere acht Jahre später war das Denkmal fertig gestellt. Seit 1974 steht ein Denkmal in der Nähe der Schlucht Babi Jar, aber die Inschrift erwähnt nicht, dass Juden unter den Opfern waren. Juden, die am Jahrestag der Erschießungen kamen, wurde nicht erlaubt, Kränze niederzulegen. Erst 1991 wurde eine Menora am Rande der Schlucht als Denkmal errichtet und 2001 ein Denkmal für die ermordeten Kinder.

2. Bezirk (Rayon) Jagotin
(ukr. Jahotyn)

Ort: Jagotin
1939 lebten in Jagotin[19] 365 Juden, etwa acht Prozent der Bevölkerung.

Am 15. September 1941 wurde Jagotin von der deutschen Wehrmacht besetzt. In der Stadt waren etwa 300 Juden zurückgeblieben. Die Verhaftungen und Vorbereitungen zur

---

17 Heim, Die Verfolgung und Ermordung der europäischen Jude (VEJ 8), S. 657.
18 Dawid Budnik/Jakow Kaper, Nitschto ne zabyto. Jewrejskie sudby w Kiewe; Nichts ist vergessen. Jüdische Schicksale in Kiew; Nothing is Forgotten, Jewish Fates in Kiew, 1941-1943, Konstanz 1993.
19 Altman, Cholokost, S. 1129 f.

Erschießung der Juden wurden auf Befehl der Militärkommandantur durchgeführt. Am 8. Oktober 1941 fand die erste Massenerschießung statt. Das Sonderkommando 4a erschoss 125 Juden. Die Juden wurden zuerst im Bezirksclub zusammengetrieben und dann auf dem Gelände des städtischen Parks erschossen.

Im September 1942 gingen die Verwaltungsaufgaben von der Militärverwaltung an die dem Reichsministerium für die besetzten Ostgebiete unterstellte »Zivilverwaltung«, den Gebietskommissar über. Jagotin wurde dem Gebietskommissariat Pirjatin im Generalbezirk Kiew unterstellt.

Am 20. September 1943 wurde Jagotin befreit. Während der Zeit der Okkupation wurden 300 Juden ermordet.

Larissa Bagautdinowa (geb. 1939)
»Eine sehr lange und gefährliche Reise«

Ich schaue auf das Foto, auf dem ich auf einem der Hänge in Babi Jar sitze, und die Erinnerungen überfallen mich. (Das Foto machte mein Papa 1949.)

Ich, Larissa Michailowna Bagautdinowa (geborene Sadowskaja), wurde 1939 in Kiew geboren. Wir wohnten in der Krasnoarmejskij-Straße. Die Hausnummer weiß ich nicht mehr.

Das Jahr 1941 brachte Krieg. Kiew wurde von deutschen Truppen besetzt. Meine Mama Ida Naumowna Zeitlin und meine Großmutter Fanja wurden in Babi Jar erschossen. Mein Großvater Naum wurde direkt im Hof erschossen. Meine Mama nahm mich mit. Sie trug mich in ihren Armen. Als sie verstand, dass die Kolonne nicht zum Sammelpunkt, sondern zur Erschießung geführt wurde, nutzte sie den Augenblick aus, in dem sich der Polizist umdrehte und es nicht sah oder so tat, als ob er es nicht sehen würde, und reichte mich einer bekannten Frau, die sie zufällig am Straßenrand sah. Bald war ich zu Hause, aber schon ohne meine Mama. Ich wurde gerettet und konnte überleben.

Diese Geschichte erzählte mir mein Cousin Ippolit Davidowitsch Sobol, der jetzt in Israel lebt. Laut Berichten meiner Verwandten versteckten sie mich einige Zeit, dann musste Papa den Wohnort wechseln.

Nach jenen tragischen Ereignissen wohnten wir ohne Mama und ihren Eltern in der Saksaganskij-Straße, wenn ich mich nicht irre, im Haus Nummer 30. Dort wohnten seit 1942 auch meine Cousine, meine Tante und Großmutter väterlicherseits und mein Vater mit mir. Meine Mama hatte Klavier am Konservatorium studiert und dort meinen Vater kennengelernt. Er studierte dort Oboe. Meine Mama wurde Pianistin, und Papa nahm später noch das Architekturstudium auf. Er wurde Architekt. Nach seinen Entwürfen wurden das Seeleute-Denkmal auf dem Militärfriedhof in Sewastopol und viele Basreliefe errichtet. Mein Vater war bis zu seiner Pensionierung als Architekt tätig.

Während der Besatzung der Stadt Kiew durch die Deutschen gingen wir nur selten auf die Straße. Wir Kinder spielten hauptsächlich in der Wohnung. Ich war noch klein und kann mich an viele Einzelheiten nicht erinnern. Aus den Erzählungen meiner Cousine, die älter war, weiß ich aber, dass man vom Balkon unseres Hauses in der Saksaganskij-Straße viele Wagen und Menschengruppen sehen konnte, die aufgeregt etwas besprachen. Auf der Straße hörte man Lautsprecher. Ich erinnere mich an Luftalarme, an das grelle Licht der Scheinwerfer und an das Ausgangsverbot.

Im Oktober 1943 wurden wir nach Deutschland verschleppt. Ich erinnere mich an die Lastwagen, in denen die Menschen auf ihrem Gepäck saßen. Uns stand eine sehr lange und gefährliche Reise in den dreckigen Viehwaggons und unter Beschuss bevor. Da ich sehr klein war, konnte ich mir nur wenige Bilder aus der Zeit unseres Aufenthaltes in Deutschland einprägen. Nach einer langen »Reise« erreichten wir endlich irgendein Ziel in Deutschland. Dort wurden wir in zwei Gruppen aufgeteilt: Männer und Frauen mit den Kindern. Wir wurden gewogen und dann mussten wir uns waschen gehen. Alle weinten, weil man befürchtete, dass man die Verwandten zum letzten Mal sehen würde.

Nach den Worten meines Vaters war es das Konzentrationslager Ravensbrück. Ich weiß nicht, wie lange wir dort waren. Ich erinnere mich an die Baracken und Pritschen, auf denen wir angezogen schliefen. Papa beherrschte perfekt Deutsch, und dies rettete unsere Familie. Er arbeitete als Zeichner in irgendeiner Organisation. Später wohnten wir in der Stadt Essen. Gegenüber unserem Haus war ein Luftschutzkeller, in dem wir uns während der Luftalarme versteckten. Meine Familie hatte Angst, mich und meine Cousine draußen spielen zu lassen. Es kam vor, dass ein deutscher Junge meine Cousine ins Gesicht geschlagen hatte. Ich erinnere mich an sehr viele Tote, die nach den Luftangriffen, die sehr oft waren, auf den Straßen lagen. Das Geheul der Bomben und das Zischen der Kugeln prägten sich für immer in mein Gehirn ein. Als wir von den Alliierten befreit wurden, fühlten wir uns etwas sicherer, obwohl Angst und Unruhe uns noch lange nicht verließen. In Viehwaggons traten wir unsere Heimreise an. Die Reise war sehr lang und anstrengend.

Im August 1945 kamen wir an. Wir wohnten zuerst bei der Schwester meines Vaters, die aus der Evakuation zurückkehrte, und später im kleinen Häuschen bei der Schwester meiner Großmutter. Ich wurde eingeschult. Jedes Jahr am 29. September besuchten mein Vater und ich Babi Jar. Ich war immer sehr neidisch auf die Kinder, die eine Mutter hatten. Mich nannte man »das Waisenmädchen«. Mein Vater und ich warteten noch lange, dass ein Wunder passieren und meine Mutter zu uns zurückkommen würde.

Mara Brodskaja (Lipnizkaja) (geb. 1929)
»Jeden Tag lauerte der Tod«

1941 wurden meine Mutter, Lipnizkaja Tatjana Grigorjewna (geb. 1908), ich, Lipnizkaja (Brodskaja) Mara Samuilowna (geb. 1929), mein Bruder Lipnizki Arkadi Samuilowitsch (geb. 1938) nach Ordshonikidsewski, Stawropolski Krai evakuiert. Zusammen mit uns wurden die Verwandten meines Vaters evakuiert. Mein Vater ist seit Januar 1944 verschollen (wir erhielten die Benachrichtigung des Kriegskomitees). Da wir keine Mittel für eine weitere Evakuierung hatten, blieben wir in der von Deutschen besetzten Region. Unsere Verwandten folgten dem Befehl der Nazis und starben. Wir konnten uns wie durch ein Wunder retten. Als wir unterwegs zum Sammelpunkt waren, warnte uns ein Jude, dem die Flucht von dem Erschießungsplatz gelungen war, es sei das zweite

Babi Jar. Viele Flüchtlinge aus der Ukraine kehrten nach Hause zurück (man geriet ja sowieso in die deutsche Besatzungszone). Wir tauchten in diesem Menschenstrom unter.

Mit großen Schwierigkeiten gelang es uns, mit dem dreijährigen Brüderchen nach Kiew zurückzukehren. Wir waren absolut mittellos. Wir mussten uns durchbetteln. Müde, hungrig und schmutzig erreichten wir Anfang September 1942 Kiew. Wir hofften, uns in Kiew, wo Babi Jar vorbei war, retten zu können. In der Kreschtschatik-Straße begegnete uns eine ehemalige Nachbarin, die eine neue Wohnung in der Gorki-Straße bezog. Sie lud uns zu sich ein und bot uns die Übernachtung in ihrem Haus an, denn es war für uns sehr gefährlich, in unsere Wohnung zu gehen. Sie informierte unsere weiteren ehemaligen Nachbarn – Boiko Ewfrosinia Trofimowna und ihre Tochter Sofia Grigorjewna – über unsere Rückkehr. Sie kamen und brachten uns Essen.

Aber in der Nacht mussten wir die Wohnung verlassen. Als der Schwiegersohn unserer Nachbarin nach Hause zurückkehrte, forderte er uns auf – trotz der Sperrstunde –, die Wohnung zu verlassen. Wir gingen in die Gorki-Straße, wo in der Nähe in Krasnoarmeiski-Straße 127 unser Haus stand. Wir klopften bei Frau Boiko an der Tür. Sie nahm uns auf und versteckte uns einige Tage, so gut sie konnte. Sie päppelte uns auf, und ihre Tochter Sofia Grigorjewna brachte uns zu ihrem Onkel nach Wasilkow. Er empfahl uns, in die Richtung der Stadt Belaja Zerkow, nach Ksawerowka zu gehen. Es gab Gerüchte, dass dort der Vorsitzende der Kolchose solche Flüchtlinge, wie wir es waren, aufnahm.

Man kann lange von unserem geplagten Vagabundieren erzählen. Wir bettelten, gerieten in die Gendarmerie, flüchteten in der Nacht. Endlich erreichten wir Ksawerowka. Wir gaben an, dass unsere Papiere in Kiew verbrannt seien. Der Vorsitzende nahm uns auf. Sein Name war Kruglik. Er starb in den ersten Tagen nach der Befreiung, als eine Mine explodierte. Zuerst versteckten wir uns im Dorf Pintschuki, das einige Kilometer von Ksawerowka entfernt liegt, danach direkt in Ksawerowka. Wir wohnten im Gebäude des Gemeindehauses. Oft mussten wir die Bretter des Abstellraums aufreißen, um uns dort tagelang zu verstecken. Jeden Tag rechneten wir mit dem Tod. Wir mussten barfuß durch den Schnee laufen. Die Folgen davon spüre ich noch heute.

Nach der Befreiung durch die Rote Armee kehrten wir nach Kiew zurück.

Ich schreibe dies auf und überlege: Es ist so einfach auf dem Papier, und wie schwer war es im Leben!

An Ewfrosinia Trofimowna und Sofia Grigorjewna wurde 1997 die Auszeichnung »Gerechte unter den Völkern« verliehen.

Elena Gorodezkaja (geb. 1935)
»Wir wollen nicht sterben!«

Jede jüdische Familie, die den Holocaust überlebte, kann von ihrem Schicksal sagen: »Es war ein Wunder!« oder es war ein glücklicher Zufall, ein Schicksal, hilfsbereite Menschen standen einem zur Seite und vieles mehr. Als unsere Familie in einer riesigen Menge Juden unterwegs nach Babi Jar war, begegneten wir der uns entgegenrennenden Freundin meiner Mutter noch aus der Gymnasiumszeit. Dann geschah auch für uns jenes Wunder …

2. Bezirk (Rayon) Jagotin

Vor der Besatzung der Stadt Kiew durch die deutschen Truppen hörte man ständig im Radio: »Kiew bleibt sowjetisch! Kiew wird nicht besetzt!« Mein Opa sagte mir, dem sechsjährigen Kind, darauf: »Lena, schalte das Radio aus! Ich habe genug. Immer das gleiche!« Er überredete uns aufs Eindringlichste, uns nicht evakuieren zu lassen, und sagte zu meiner Mama: »Chana, erinnerst du dich nicht an die Deutschen im Jahr 1918 in Kiew? Das ist eine Kulturnation!«

Wir konnten auch deshalb nicht wegfahren, weil meine ältere Schwester Ljuba, die am 20. Juni ihr Medizinstudium abgeschlossen hatte, eine Stelle in einem Hospital antrat und nicht weg durfte. Vor dem Einmarsch der Deutschen wohnten wir eine Woche lang bei meinem Großvater im Luftschutzkeller.

Am Tag des Einmarsches der Deutschen in Kiew war mein Vater nicht zu Hause. Er arbeitete auf einem Postzug und war tagelang unterwegs. Wir wohnten am Stadtrand, in der Borschtschagowska-Straße in einem Eigentumshaus. In der Nachbarschaft lebten noch vier weitere jüdische Familien sowie Ukrainer, Polen und Russen.

Ich kann mich sehr genau erinnern, wie die Deutschen in Kiew einmarschierten: Es waren feierlich aufgestellte Kolonnen der Soldaten auf Motorrädern, sie hielten Fotoapparate in den Händen. Sie zogen vom Stalin-Platz über Kreschtschatik bis zur Schewtschenko-Allee. An der Stelle, wo früher das Lenin-Denkmal stand, begrüßten die »Botschafter« der Stadt die »Befreier« nach der ukrainischen Tradition mit Brot und Salz auf einem gestickten Handtuch. Sie zogen die Deutschen buchstäblich von den Motorrädern und küssten sie dreimal nach der christlichen Tradition.

Und dann begannen Raub und Plünderungen. Man bewarf die Schaufenster der Geschäfte mit Steinen und plünderte die Läden ...

Ich hatte immer eine Vorahnung, dass »Babi Jar« in der Ukraine passieren würde. Ich verstand, dass der Befehl, die Juden zu töten, von den Deutschen kommen würde, aber es spielte auch eine Rolle, dass in der Ukraine eine starke antisemitische Stimmung herrschte.

Ich möchte nicht allen Ukrainern und Russen einen Vorwurf machen. Unsere Nachbarn – Russen, Ukrainer und Polen – denunzierten uns nicht, sondern so gut sie konnten halfen sie uns, zwei Jahre lang im Versteck zu überleben. Aber es stimmt auch, dass an den Zäunen Flugblätter mit folgendem in russischer Sprache verfassten Inhalt hingen: »Tötet Juden, rette Russland!« Es war auch üblich, dass man die Deutschen auf »verdächtige« Personen mit dem Hinweis »Das ist ein Jude« aufmerksam machte. Mit eigenen Augen beobachtete ich die Erschießung gegenüber der Oper. Es gab jene gemeinen Denunzianten, die die Juden auslieferten und dann ihre Wohnungen besetzten.

Am 28. September 1941 hingen in Kiew überall Plakate: »Alle Juden der Stadt Kiew sind verpflichtet zu erscheinen ... Alle müssen ihre Papiere und Geld mitnehmen ... Wer sich dieser Anordnung widersetzt, wird erschossen ...«

Die Juden in unserer Nachbarschaft begannen mit den Vorbereitungen bereits am frühen Morgen. Man kochte ein Huhn, packte warme Sachen ein und bastelte an einer Kochgelegenheit. Man ging davon aus, dass man längere Zeit unterwegs sei und die Kinder versorgen müsse.

Manilow, ein Freund meines Vaters, zog seinen Tallit an und sprach zu den Menschen: »Juden, heute ist Jom Kippur. Gott ruft uns! Beeilt euch!« Der alte Opa Moschke war 80 Jahre alt. Er konnte nicht mehr gehen, und man bastelte für ihn einen Wagen. Dann lief Manilow zu meiner Mama: »Chana, warum packt ihr nicht? Alle sind schon fertig!« Meine Mama antwortete: »Izyk, ich gehe nicht ohne Wolodja (mein Vater). Ich will nicht, dass wir uns verlieren. Ich warte lieber auf ihn, und dann gehen wir zusammen.« Er gab meiner Mutter für meinen Vater ein schwarzes Seil mit Quasten an beiden Enden. Ein paar Monate später erhängte sich mein Vater mit diesem Seil – Mystik pur!

Alle gingen, nur wir blieben. Am nächsten Morgen meldete das Radio: »Wer den Juden Unterschlupf gewährt, wird erschossen!« Dann entschieden wir uns, auch zu gehen. Wir waren zu viert. Mama, meine zwei Schwestern Ljuba (23 Jahre alt), Lina (14 Jahre alt) und ich (sechs Jahre alt). Mit den Habseligkeiten im Arm machten wir uns auf den Weg …

Ein paar Straßen von Babi Jar entfernt hörten wir die Rufe: »Chana, Mädchen, wohin geht ihr? Dort rattern die Maschinengewehre, dort wird gemordet!« Es war Marussja Bantysch, eine gute Freundin meiner Mutter. Sie wohnte in der Nähe und war auf dem Weg zu uns, um uns zu warnen.

Ich erinnere mich, wie meine Schwestern in Tränen ausbrachen: »Mama, wir wollen nicht sterben!« Wir kehrten nach Hause zurück. In der Nacht kam mein Vater. Zehn Tage hatte er gebraucht, um Kiew zu erreichen. Sein Zug wurde zerbombt, und es war ein Wunder, dass er überlebte. Wir berichteten ihm alles, aber er konnte es nicht glauben. Er saß nur da, hielt sich den Kopf mit den Händen und flüsterte nur: »Das kann nicht sein. Das ist furchtbar!« Am Morgen ging er hin, um mehr darüber zu erfahren. Er kehrte nach fünf oder sechs Stunden zurück. Sein Blick war abwesend, seine Hände zitterten: »Ja, das stimmt.« Ab jenem Tag begann er, verrückt zu werden. Er wurde wahnsinnig vor Angst um uns. Ich erinnere mich, wie meine Eltern mit der Seilschlinge auf der Brust im Bett lagen. Mein Vater sagte: »Wenn sie kommen, wenn sie in der Nacht klopfen, ziehen wir die Schlinge zu.« Mama antwortete: »Und die Kinder?« Vater erwiderte daraufhin: »Sie sind rothaarig, sie werden überleben. Die Deutschen suchen dunkelhaarige, mit einer großen Nase. So ist ihre Vorstellung vom jüdischen Aussehen.«

In unserer Wohnung (wir wohnten im Erdgeschoss) schaufelten wir eine große Grube neben dem Ofen, legten darüber Bretter und versteckten uns dort tagsüber.

Die Nachbarn halfen uns zu überleben. Sie tauschten unsere Gegenstände gegen Lebensmittel. Die Milchfrau Ustina aus einem benachbarten Dorf brachte uns regelmäßig Milch. In unsere Wohnung zog ein Pole ein. Er wurde von Deutschen eingezogen und musste Arbeit auf Baustellen errichten. Er brachte uns von der Arbeit Suppe in einer Dose mit.

Während der Kontrollen, die die Deutschen und die Polizisten auf der Suche nach Juden von Haus zu Haus machten, saß Mama im Versteck. Meine Schwester Dina rieb sich die Wangen mit einer Bürste, sodass sie ganz rot waren, und lag stöhnend auf dem Bett. Ich sagte zu den Deutschen »Typhus, Typhus«, und sie zogen erschrocken ab.

Im März starb mein Großvater, und mein Vater brachte sich in der gleichen Nacht um. Sie wurden zusammen beerdigt. Zwei Särge wurden mit einem Pferdewagen auf den Friedhof gebracht. Nach Vaters Tod versuchte meine Mutter mehrmals sich umzubringen. Meine Schwester befreite sie buchstäblich aus der Schlinge.

Es war ein Wunder, dass wir überlebten. Als Kiew befreit wurde, musste sich meine Mutter eine Woche später beim NKWD melden und wurde mehrmals verhört. »Wie konntet ihr überleben?« Am Ende brach meine Mutter in Tränen aus: »Ich wartete auf Sie, wie auf Gott! Und Sie ...« Sie wurde entlassen. Nach einer schweren fünfjährigen Krankheit starb meine Mutter im Alter von 58 Jahren ...

Vereinigung ehemaliger Häftlinge von Konzentrationslagern und Ghettos der ehemaligen Sowjetunion (Hrsg.), Dies darf nicht in Vergessenheit geraten: Zeugnisse der Einwohner von Melbourne über den Holocaust, Melbourne 2003 [russ. und engl.], S. 76–79

Jakow Petrowitsch Jekel (geb. 1923)
»Vor meinen Augen wurden meine Mutter und Großmutter erschossen«

Am 28. September 1941 wurden in ganz Kiew Bekanntmachungen in ukrainischer, russischer und deutscher Sprache verbreitet, die besagten, dass alle Juden der Stadt Kiew verpflichtet seien, sich am 29. September in der Melnikowa-Straße, unweit des jüdischen Friedhofs Lukjanowska, mit der entsprechenden Ausrüstung für einen Transport einzufinden. In diesen Bekanntmachungen stand auch, dass man alle Wertsachen mitnehmen sollte. Dieser Aufforderung folgend, gingen mein Vater Petr Jakowlewitsch Jekel, meine Mutter Sima Efimowna Shuk, meine Großmutter Chaiasura Moschkowna Shuk und ich am 29. September 1941 zur Melnikowa-Straße. Am Ende dieser Straße wurde ein Schlagbaum aufgestellt. Wenn man hinter dem Schlagbaum war, konnte man nicht mehr zurück.

Nach Babi Jar gingen die Menschen in zwei Kolonnen und dachten, dass sie irgendwohin verschickt würden. Hinter dem Schlagbaum bog eine Kolonne in die Drohoshizkaja-Straße ab, während die andere Kolonne geradeaus ging. Als wir hinter dem Schlagbaum waren, sah ich eine Person in einer schwarzen SS-Uniform mit einem ukrainischen Dreizack auf der Mütze und einer gelb-blauen Armbinde mit der Aufschrift in gotischen Buchstaben »Polizei«.

Etwa 200 Meter weiter nahm man den Menschen die Wertsachen ab, und unter Prügeln trieb man sie weiter. Kurz darauf hörte man Schüsse und später sah man das furchtbare Bild der Erschießungen. Wir alle wurden nach unten in die Schlucht getrieben. und man schoss auf die unbewaffneten Menschen. Vor meinen Augen wurden meine Mutter und Großmutter erschossen.

Neben der großen Schlucht waren viele kleinere Schluchten, und meinem Vater und mir gelang es, uns in einer von ihnen zu verstecken. Dort blieben wir, bis es dunkel wurde. Dann krochen wir heraus und schmuggelten uns zum jüdischen Friedhof Lukjanowska. Dort blieben wir, bis sich in Babi Jar alles beruhigte hatte. Als wir uns versichert hatten, dass keine Patrouillen zu hören waren, gelangten wir bei Nacht zur Kyrill-Kirche und blieben dort bis zum Morgen.

Als es hell wurde und die Menschen auf den Straßen zu sehen waren, gingen mein Vater und ich nach Kurenewka und dort in die Mostizkaja-Straße zu Afanassij Antonowitsch Tschajka, einem Freund meines Vaters. Da er aber nicht zu Hause war, zogen wir weiter nach Stalinka und gingen schließlich in unsere Wohnung in der Frometowskij-Gasse (Haus Nr. 5, Wohnung Nr. 5). Von dort ging mein Vater zu seinem Freund Petr Kerest, der in der Bratskij-Gasse lebte. Am nächsten Tag fuhren wir mit zwei Pferdewagen zusammen mit Petr Kerest und seiner Tochter Maria in den Heimatort meines Vaters im Bezirk Polesski, Gebiet Kiew. Im Bezirk Polesski trennten wir uns von Kerest.

Zusammen mit meinem Vater erreichte ich das Dorf Jablonka, das etwa vier Kilometer von Polesskoje entfernt ist. Dort wohnte ein guter Freund meines Vaters, Petr Kislizkij, zusammen mit seiner Familie. Ich blieb bei Kislizkij und versteckte mich auf dem Dachboden seines Hauses, während mein Vater ins Dorf Osuschnju Rudnju ging, wo er auch sehr gute Freunde hatte. Im Dorf Osuschnju Rudnju wurde mein Vater von der Polizei festgenommen und zurück nach Polesskoje geschickt. Kurz darauf wurde er dort erschossen. Er ruht in einem Massengrab, das an der Stelle der Erschießung der Juden entstand. Nach dem Krieg wurde an diesem Grab ein Denkmal mit den Namen der Ermordeten – darunter auch mein Vater – errichtet.

Etwa zwei Wochen versteckte ich mich bei Kislizkij. Dann erfuhr er, was in Polesskoje geschehen war. Als ich vom Tod meines Vaters erfuhr, ging ich zu Fuß nach Kiew. Nach dem Krieg traf ich mich ein paar Mal mit Kislizkij.

Zurück in Kiew ging ich in die Mostizkaja-Straße zu Afanassij Antonowitsch Tschajka und verbrachte bei ihm ein paar Tage. Tschajka wohnte zusammen mit seiner Frau Darja und mit dem Sohn Wiktor. Später, als ich Kiew verließ, gab ich ihm zur Aufbewahrung zwei Goldringe, die ich von meinen Eltern bekommen hatte. Nach dem Krieg, als ich mich demobilisieren ließ und nach Kiew zurückkam, erhielt ich die Goldringe von Tschajka zurück. Ich war mit Afanassij Antonowitsch bis zu seinem Tod 1966 freundschaftlich verbunden.

Von Afanassij Antonowitsch Tschajka ging ich in die Frometowskij-Gasse in unsere Wohnung, in der bereits meine ehemalige Nachbarin Olga Tkatschenko wohnte, zurück. Ein paar Tage versteckte sie mich. Einige Nachbarn von Frau Tkatschenko wussten, dass ich bei ihr Unterschlupf fand, aber sie denunzierten mich nicht. Mit Olga Tkatschenko und ihrer Familie war ich bis zu ihrem Tod freundschaftlich verbunden.

Als mir klar wurde, dass ich nicht mehr in Kiew bleiben durfte, ging ich zu Fuß in südliche Richtung mit dem Ziel, die Frontlinie zu überqueren. Auf meinem Weg begegnete ich in Romodan, im Gebiet Poltawa, meinem ehemaligen Nachbarn aus Kiew, dem Juden Nezka Tawera. Er geriet in die Einkesselung, konnte sich aber für einen Ukrainer ausgeben und arbeitete in einer Zuckerfabrik. Nach dem Krieg trafen wir uns oft in Kiew, jetzt lebt er nicht mehr.

Ich ging durch die besetzten Gebiete und erreichte am 20. Januar 1942 die Stadt Taganrog im Gebiet Rostow. Bei Einbruch der Dunkelheit überquerte ich in der Gegend des Dorfes Semibalki das gefrorene Asowsche Meer und gelangte auf das Territorium, das von der Roten Armee kontrolliert wurde. Nachdem ich das sowjetisch kontrollierte Gebiet erreicht hatte, wurde ich in die Sondertruppe der 56. Armee nach Rostow geschickt. Nach der Überprüfung meiner Personalakte war ich eingezogen worden. Seit Mai 1944 diente ich in der NKWD-Truppe im Gebiet Woroschilowgrad.

Antonina Schikas (geb. 1936)
»Die Schüsse aus Babi Jar konnte man ständig hören«

Vor dem Krieg und zum Zeitpunkt des Kriegsausbruchs wohnten wir in Kiew, im Viertel Podol, in der Perez-Straße 11, Wohnung 13 (sie heißt jetzt Meshigorskaja-Straße). Unsere Familie bestand aus unserem Vater Wiktor Sidorowitsch Olifer, meiner Mutter Nadeshda Pawlowna, meiner jüngeren Schwester Olga und mir. Ich wurde am 26. Juli 1936 geboren und meine Schwester am 2. März 1939. Mein Vater arbeitete in der Miliz und meine Mutter beim Kiewpoligraf (Druckerei), wenn ich mich richtig erinnere. Meine Eltern heirateten 1935. 1937 ließen sie sich scheiden, aber sie wohnten beide weiterhin in der gleichen Wohnung.

Mit Kriegsausbruch ließ sich die Mehrheit unserer Nachbarn evakuieren. Wir aber blieben. Vater versprach uns, dass er uns schützen könnte. Damals arbeitete er schon beim NKWD. Ich weiß aber nicht, was zu seinen Aufgaben in Kiew gehörte. Ich glaube, dass auch meine Mutter es nicht wusste, denn ich habe nie gesehen, dass die beiden etwas ernsthaft besprochen haben.

In der Stadt gab es viele leere Wohnungen jüdischer Eigentümer. Mein Vater dachte, wenn eine Frau mit zwei kleinen Kindern sich in so einer Wohnung niederließe, niemand sie als Jüdin verdächtigen würde. Mutter war Jüdin und Vater Ukrainer. Wir zogen in die Konstantinowskaja-Str. 14, in ein Eckhaus, ich glaube, in die Wohnung Nummer 12. Jetzt gibt es dieses Haus nicht mehr. Wir wohnten in einer Zweizimmerwohnung im zweiten Stock. Unser Balkon ging auf die Konstantinowskaja-Straße. In der gleichen Wohnung, im zweiten Zimmer, zu dem die rechte Tür aus der Küche führte, wohnte eine alleinstehende Frau. Ich weiß nicht, was sie arbeitete. Wir wohnten in einem großen Zimmer, zu dem die linke Tür aus der Küche führte. Von Anfang an verschwand mein Vater. Im zweiten Stock wohnte in einer anderen Wohnung eine Frau, Shanna, mit Tochter und Sohn, die ungefähr in meinem Alter waren. In der dritten Wohnung wohnte Ljussja, eine junge Frau. Meine Mama unterhielt sich hauptsächlich mit ihr.

In der gleichen Wohnung wohnte auch die Familie eines Polizisten, der zwei Söhne ungefähr in meinem Alter hatte. Wir mochten diese Familie nicht und wir Kinder nutzten jede Möglichkeit, um ihnen einen kleinen Schaden zuzufügen. Von dem Polizisten erzählte man, dass er einen Riecher für Juden habe. Wir versuchten, möglichst selten von ihm gesehen zu werden, aber verpassten keine Möglichkeit, uns dafür zu rächen. Unser Vorteil bestand darin, dass die Kommandantur in unserer Wohnung einen freiwilligen deutschen Beamten untergebracht hatte. Er war Pole. Wir Kinder nannten ihn Onkel Kuba. Er war sehr kontaktfreudig, aber Mama versuchte, uns von ihm fernzuhalten. Später stellte sich heraus, dass er ein polnischer Spion war. Er versorgte uns aber oft mit Lebensmitteln. Die Deutschen kamen zu ihm zu Besuch und führten lebhafte Gespräche. Zwei oder drei Mal kamen zu ihm auch zwei junge Männer, die sehr geheimnisvoll aussahen, und ich spürte etwas Ernsthaftes, das man schlecht in Worte fassen kann. Besonders gut kann ich mich an einen von ihnen erinnern, an den Dunkelhaarigen. Er glich einer Sprungfeder, obwohl er im Flur sehr sicher stand und wartete, bis Onkel Kuba zu ihm hinausging.

Die Deutschen dominierten die Stadt. Es gab sehr oft Razzien und Personalkontrollen. Oft wurden Erwachsene und Kinder auf einen Platz getrieben, um anzusehen, wie Männer und Frauen mit dem Schild »Partisan« auf der Brust aufgehängt wurden. Dies geschah hauptsächlich in einem kleinen Park gegenüber einem Warenhaus im Stadtviertel Podol. Einmal beobachtete ich, wie ein Deutscher einen Jugendlichen aus der Straßenbahn hinauswarf und ihn vor den Augen aller erschoss. Der Jugendliche hatte versucht, etwas aus dem Korb einer älteren Frau zu stehlen.

Wir Schulkinder wurden in eine Liste eingetragen und zum Schulbesuch verpflichtet. Ich war damals sieben Jahre alt. Rechts von der ehemaligen Seefachschule im Viertel Podol steht ein Gebäude an der Ecke, das man vom Platz aus betrat. Dieses Gebäude war damals unsere Schule. Wir besuchten eine Vorschulklasse. Es herrschte eine eiserne Disziplin, aber unser Schulbesuch dauerte nicht lange. Ich weiß nicht, und kann mich nicht erinnern, warum. Ich kann mich nur daran erinnern, dass wir sehr oft in Reihen aufgestellt wurden und mit dem Gesicht zur Wand, an der ein riesiger Spiegel hing, standen. Vor uns, ich glaube auf den Treppen, standen Deutsche und unterhielten sich.

Einmal, nach einem Gang ins Dorf, wo man Gegenstände gegen Lebensmittel umtauschen konnte, erkrankte Mama schwer. Sie hatte sehr viele Wunden an den Füßen und sehr hohes Fieber. Sie weinte, denn sie hatte Angst, dass ihre Kinder Waisen werden würden. Onkel Kuba zeichnete ganz schnell meine Schwester, die mit irgendeinem Essen in der Hand auf dem Töpfchen in der Küche saß. Er wollte meine Mutter von ihren traurigen Gedanken ablenken. Dies gelang ihm, und Mama lachte.

Die Situation an der Front besserte sich für uns, und die Deutschen tobten immer mehr. Auf den Straßen konnte man keine Katzen mehr sehen. Einmal im Sommer ging ich mit meiner Schwester in die Jaroslawskaja-Straße. Ich weiß nicht mehr, warum wir hingingen. Ich erinnere mich nur, dass sie ihre Unterhose herunterzog und sich unter einen Baum setzte. Plötzlich bog ein riesiger Lastwagen, in dem viele deutsche Soldaten saßen, in unsere Richtung ab und fuhr direkt auf meine Schwester zu. Die Deutschen lachten laut. Ich fasste meine Schwester an der Hand und zog sie zu einem Haus. Wir drückten uns in ein Fenster der Kelleretage. Das rettete uns. Der Lastwagen kehrte um.

Es wurde immer gefährlicher in der Stadt, und Onkel Kuba riet meiner Mutter, in ein Dorf zu gehen, um uns dort zu verstecken. Am häufigsten ging Mama ins Dorf Kosarowitschi, um Gegenstände gegen Lebensmittel umzutauschen. Im Sommer nahm sie mich mit. Dort lernte sie Motrja Onikiewna Smolowik kennen. Vor dem Krieg war sie Vorarbeiterin auf dem Zuckerrübenfeld. Es war eine sehr gütige Frau, die höchste Selbstaufopferung praktizierte. Sie hatte zwei Töchter, Galina und Ljubow. Bei ihnen fanden wir am häufigsten Unterschlupf. Ich erinnere mich nicht wie, aber irgendwie erreichten wir diese Familie. Es war wahrscheinlich im Herbst 1942.

Die Deutschen waren auch in den Dörfern und durchsuchten alle Höfe. Wir saßen mit ihren Töchtern im Stall in einem Loch, das unter der Futterstelle der Kühe war. Ihre Nachbarn denunzierten uns nicht. Wir waren voller Läuse, hatten Entzündungen auf der Haut, und meine Schwester bekam im Genick tiefe Wunden vom ständigen Kämmen. Ein deutscher Feldscher gab meiner Mutter irgendeine Salbe und ein weiteres Mittel zur Behandlung.

Ende des Sommers 1943 wollte meine Mama unbedingt zurück nach Kiew. Man versuchte sie umzustimmen, aber sie bestand auf ihrem Wunsch. Auf irgendeine Art und Weise gelangten wir in unsere Wohnung in der Konstantinowskaja-Straße. Die Stadt war leer. Jene Menschen, die frei durch die Straßen gingen, besaßen eine Sondererlaubnis und eine entsprechende Armbinde. Diese wurden von den deutschen Machthabern ausgestellt. Unser Nachbar, der Polizist, lud seine Sachen auf einen Pferdewagen und fuhr zusammen mit seiner Frau und seinen Kindern weg. Die Deutschen jagten die Menschen in der Stadt, wo sie nur konnten.

Auch wir wurden festgenommen. Ich glaube, wir wurden denunziert. Wir alle wurden in einer Kolonne zum Lwowska-Platz getrieben. Es war ein riesiger Hof mit vielen großen Gebäuden ringsherum. Heute glaube ich, dass es das Gebäude des orthopädischen Instituts war. Die Erwachsenen erzählten sich, dass die Stadt bereits leer sei und man sich nur mit einer Sondererlaubnis im besetzten Stadtteil bewegen dürfe. Es waren sehr viele Menschen in diesem Hof. Manche Gruppen hatten einen Pferdewagen und ein Pferd dabei. Manche Menschen machten Lagerfeuer in der Mitte des Hofes, anderen gelang es dagegen, sich in den Fluren des Gebäudes niederzulassen. Die Deutschen kontrollierten abends alle und alles. Sie gingen gruppenweise mit Taschenlampen umher.

Wir hatten nichts dabei, nur die Kleider, die wir anhatten. Wir litten fürchterlich Hunger, meine Schwester weinte und bettelte um etwas Essen. Ein deutscher Offizier hatte Erbarmen mit uns und rief Mama in die Kantine, wo sie Kessel abwaschen sollte, in denen das Essen für die Deutschen gekocht wurde. Das Spülwasser brachte meine Mutter für uns. Ich weiß nicht, wie lange wir dort waren. Ich kann mich erinnern, dass wir dann in einer großen Kolonne zum Bahnhof getrieben wurden. Man erzählte sich, dass wir mit Zügen irgendwohin gebracht würden. Meine Mutter kam ab und zu ins Gespräch mit jenem deutschen Offizier.

In der Gegend um Ewbas (heute ist es der Platz des Sieges) wurde unsere Kolonne angehalten. Wir wurden von sehr vielen Menschen, die sich in dieser Gegend noch frei bewegen durften, umkreist. Es war eine große Menge, und die Wachmänner konnten nicht alle zurückdrängen. Wir sprangen aus der Menge und kauerten uns hinter einem Kiosk, in der Menschenmenge.

Ich erinnere mich an das Gespräch meiner Mutter mit dem Offizier am Vortag. Sie flehte ihn an, uns nicht zu verschleppen. Er sagte ihr, daran kann ich mich sehr gut erinnern, dass, wenn nicht heute, so morgen absolut alle erschossen würden und niemand am Leben bliebe. Mama flehte ihn an und gab ihm etwas aus einem Säckchen, das sie am Körper unter der Kleidung trug. Ich erinnere mich an ihre Worte: »Es ist besser, wenn wir in unserer Heimat sterben.« Die Menschen standen dicht aneinandergedrängt an jenem Kiosk, und jemand gab meiner Schwester ein Glas mit den Resten eingetrockneter Marmelade. Die Kolonne, aus der Rufe und Jammern noch lange zu vernehmen waren, zog weiter, angetrieben von den Befehlen »Schnell!« »Schnell!«.

In jener Kolonne lernte meine Mutter noch im Hof eine Frau und ihren Sohn meines Alters kennen. Während des Marsches landeten sie an verschiedenen Seiten der Kolonne und begegneten sich dann erst im befreiten Kiew. Sie erzählte, dass die Menschen in Güterwaggons geladen und diese dann verriegelt wurden. Nach einiger Zeit begannen die Deutschen in einem Wald mit der Erschießung der Menschen aus diesen Güterwaggons. Es gelang ihr, irgendwie die Tür etwas aufzuschieben, und sie zwängte sich zusammen mit ihrem Sohn durch den Spalt. Sie retteten sich. Ich erinnere mich, dass kurz nach der Befreiung der Stadt Kiew überall eindringliche Aufrufe erschienen, an die Stelle der Erschießung der Menschen aus jenem Güterzug zu kommen, um Verwandte oder Bekannte zu identifizieren.

Damals saßen wir hinter jenem Kiosk, bis sich alles beruhigte. An das, was danach geschah, erinnere ich mich nicht mehr. In meinem Gedächtnis tauchen nur irgendwelche Keller, Ställe und immer wieder Dunkelheit auf. Dann erinnere ich mich wieder sehr klar: Wir landeten im Viertel Kurenewka, in der Syrezkaja-Straße. Wir saßen in einem Gemüsekeller, in dem sehr viel Kohl, Karotten und Rüben gelagert wurden. Über all das Gemüse rannten zwei Hasen, ein weißer und ein grauer. In dieser Straße gab es noch andere Menschen, die dort Unterschlupf fanden. Nachts gingen sie in die Zuckerfabrik, um Zuckersirup zu holen, wenn ich mich richtig erinnere. Mama ging nicht, sie hatte Angst, uns alleine zu lassen. Sie briet uns Rüben und Karotten über dem Feuer, und wir freuten uns über die Hasen. Bei jeder Gefahr versuchten wir uns, wie die Hasen, in dem Gemüsehaufen zu verstecken.

Die deutsche Feldgendarmerie patrouillierte in den Straßen. Es waren große deutsche Männer, die grell-grüne Uniformen mit dem halbmondförmigen Schild und der Aufschrift »Feldgendarmerie« auf der Brust trugen.

Wir wurden erwischt. Es waren nur wenige Erwachsene bei uns, wir waren ein Häuflein Kinder. Es waren zwei Männer mit Maschinenpistolen vor der Brust und mit Helmen. Einer von ihnen fragte, wo die Erwachsenen seien. Man antwortete ihm, sie seien alle erschossen worden und die Kinder seien alleine geblieben. Die beiden wechselten ein paar Worte und zogen ab. Sie ließen uns damals in Ruhe. Aber die Schüsse aus Babi Jar konnte man ständig hören.

Ich weiß nicht, wie viele Tage seitdem vergangen waren. Man vernahm die Kanonade der sowjetischen Armee ganz nah, und unsere Truppen waren im Vormarsch. Unsere einzige Hoffnung war die Befreiung durch die sowjetischen Truppen.

Dann kamen SS-Männer mit Hunden und führten uns alle ab. Wir alle wurden direkt nach Babi Jar getrieben. Babi Jar war eine große Schlucht mit bewachsenen Hängen und Wasserquellen. Auf der oberen Ebene der Schlucht stand ein dichter Korridor der Deutschen. In der Schlucht selbst hörte man unaufhaltsam das Rattern der Maschinengewehre und das Rufen und Weinen der Menschen. Die Menschen liefen von einem Hang zum anderen. Wir dagegen schlüpften unter einen Strauch und deckten uns mit den Zweigen zu. Aus dem Graben beschossen die Deutschen in regelmäßigen Abständen die Hänge der Schlucht, einfach so. Natürlich wurden sehr viele Menschen ermordet.

Entschuldigen Sie bitte, ich kann nicht mehr das alles aufschreiben, woran ich mich erinnere. Schon wieder Hunde. Wir wurden getrennt: Die Frauen kamen auf eine Seite und die Kinder auf die andere. Schreie, Jaulen, Bellen der Hunde, Schüsse. Die Deutschen sind betrunken. Ich habe ein Erwachsenenjackett an und verstecke darunter meine kleine Schwester. Ich begann wegzurennen, aber ein Hund riss mich zu Boden, und ein Deutscher schlug mich mit dem Gewehrkolben. Dann landeten meine Mutter und wir Kinder in einem Haufen. Es wurde dunkel. Man stellte uns am Rand der Grube auf, in der schon viele Tote lagen. Die Deutschen schossen auf jene, die sich noch bewegten. Wir standen mit dem Gesicht zu unseren Mördern. Mama flüsterte uns zu, auf den Boden zu fallen, wenn sie uns am Ärmel zieht. Mama umarmte uns und verdeckte mit ihren Händen uns die Augen. Es war schon dunkel, obwohl ich glaube, dass es noch Tag war, was aber daran liegen kann, dass Scheinwerfer an waren. Man schoss von zwei Seiten auf uns. Wir winselten. Etwas Klebriges fiel mir ins Gesicht, und wir gingen zu Boden.

Dann kann ich mich nicht mehr an alles erinnern. Ich erinnere mich, dass ich von einem starken Schmerz aufwachte und man mir sofort die Hand auf den Mund drückte. Es stellte sich heraus, dass sowjetische Aufklärer in jener Nacht die einzige Möglichkeit hatten, durch Babi Jar in das besetzte Kiew zu gelangen. Sie krochen durch die Leichen. Der Kapitän der Aufklärergruppe war Iwan Iwanowitsch Efimowski. Dies erfuhr ich erst Ende der 70er-Jahre. Einen Soldaten schickte er zurück ins Hauptquartier der angreifenden Armee. Das Hauptquartier war in Swjatoschino.

Ich erinnere mich an ein zweistöckiges Gebäude. Wir sitzen in einer Ecke und halten einen Kessel mit irgendwelchem Essen, während Mama mit einem Offizier vor einer großen Landkarte steht und nach etwas gefragt wird. Es war im zweiten Stock. Ich erinnere mich an die deutschen Bomber, die wellenförmig unsere vorrückenden Truppen attackierten. Wir wurden bombardiert. Man schob uns unter die Treppe, unter die Tür im ersten Stock. Dann folgt ein Loch in meinem Gedächtnis. Ich erinnere mich, dass wir danach durch ein Feld gehen und neben uns an den Seiten noch nicht explodierte Bomben und Granaten liegen. Eine Frau mit einem Schussloch im Arm bittet um Hilfe, aber die Menschen sind wie Schatten, die nichts sehen und hören. Dann folgt ein Loch in meinem Gedächtnis. Dann erinnere ich mich, dass wir zusammen mit unseren Truppen von Kurenewka durch die Konstantinowskaja-Straße gehen. Mama schiebt eine Schubkarre mit Kohl, auf dem meine kleine Schwester und zwei Hasen, der graue und der weiße, sitzen. Es regnet und die Häschen sind nass und lustig. Die Menschen zeigen mit Fingern auf die Hasen. Ich gehe neben meiner Mutter und halte mich an der Schubkarre fest. Ich bin barfuß, mir ist kalt und ich weine. Es waren die ersten Novembertage 1943.

Georgi Sokolski (geb. 1934)
»Die gestohlene Kindheit«

Ich, Georgi Konstantinowitsch Sokolski, wurde am 7. November 1934 in der Stadt Kiew geboren. Meine Mama Anna Lwowna Sokolskaja (geborene Chana Leibowna Schwarzman) wurde 1910 geboren. Sie war Jüdin, und ihre Familie lebte seit Generationen in Kiew. Mein Vater Konstantin Alexandrowitsch Sokolski, geboren 1900, stammte aus Irkutsk. Mit 17 Jahren wurde er Soldat der Roten Armee. Er kämpfte für den sowjetischen Staat. In der Nähe von Konotop wurde er verwundet, und man schickte ihn zur Behandlung nach Kiew. Nach seiner Genesung blieb er in Kiew.

Vor dem Krieg lebten meine Eltern, mein Bruder Sascha, geboren 1930, meine Großeltern Lejba und Gissja und ich in einer kommunalen Wohnung in der Kreschtschatik-Str. 41. Papa arbeitete als Fahrer beim Verein »Dynamo«. Mama war Hausfrau. Meine Großeltern gingen in die Synagoge, sprachen Jiddisch und feierten alle jüdischen Feiertage. 1938 verstarb mein Großvater im Krankenhaus Darnizkaja und wurde auf dem alten jüdischen Friedhof beerdigt. Großmutter Gissja überlebte zusammen mit uns die entbehrungsreiche Kriegszeit und starb im Sommer 1945.

Mama hatte einen Bruder, Lasar Schwarzman, geboren 1918. Er kämpfte im sowjetisch-finnischen Krieg und am Chalkin Gol. Dort erkrankte er an Schizophrenie. Er wurde im Hospital in Leningrad behandelt und im Frühling 1941 in die Psychiatrie in Cherson zur Weiterbehandlung geschickt. Nach dem Krieg erhielten wir eine Benachrichtigung, in der stand, dass die Deutschen alle Kranken ermordet hätten.

Der Große Vaterländische Krieg überraschte uns in Kiew. Am 22. Juni 1941 ging mein Vater an die Front. Und wir – mein älterer Bruder Alexandr, damals 10 Jahre alt, ich, sechs Jahre alt, unsere alte Großmutter Gissja, wegen deren Krankheit wir uns nicht evakuieren lassen konnten, und meine Mutter – blieben in Kiew. Am 19. September 1941 marschierten die Deutschen in Kiew ein. Ein paar Tage später folgten die Sprengungen in der Kreschtschatik-Straße. Die deutschen Autos fuhren die Straße entlang, und man rief per Lautsprecher alle Einwohner der Straße auf, ihre Häuser sofort zu verlassen.

Mama nahm unbewusst ihre Nähmaschine, die uns in den Hungerjahren der deutschen Besatzung zu überleben half, sowie eine Nerzjacke und den Ledermantel meines Vaters mit. In der ganzen Hektik vergaß man alle Papiere, die dann zusammen mit dem Haus zu Feuer und Asche wurden.

Ein paar Tage hausten wir zusammen mit anderen Flüchtlingen auf dem Schewtschenko-Boulevard. Wir lebten einfach unter freiem Himmel. Mein Bruder und ich wickelten uns in die Nerzjacke und in den Ledermantel meines Vaters ein, denn die Nächte waren sehr kalt.

Danach fuhren die Wagen durch die Straßen und teilten per Lautsprecher den Befehl mit, der besagte, dass alle Juden der Stadt Kiew am Bahnhof Petrowka, von wo sie nach Palästina abfahren würden, erscheinen müssten. Zumindest verstanden wir es so.

Die Schwestern meiner Großmutter Rosa, Zilja und Manja, suchten uns auf, um zusammen nach Petrowka zu gehen. Meine Großmutter war aber zu schwach, und sie machten sich zu dritt auf den Weg, der ihr letzter war.

Mama suchte nach einer Möglichkeit, nach Petrowka zu kommen. Die einheimischen Fuhrmänner brachten die Juden für viel Geld oder für Wertsachen nach Syrez, zu der von den Deutschen bestimmten Sammelstelle. Mama fand einen Fuhrmann, der sich bereit erklärte, uns für die Nerzjacke dort hinzubringen. Als wir den Markt Senny erreichten, bot ihm eine andere jüdische Familie Gold an. Er setzte uns ab und fuhr jene Familie in die Hölle. Wir landeten auf der Straße und wussten nicht, wohin wir gehen und was wir machen sollten. Dann geschah ein Wunder: Der liebe Gott schickte uns den Vorkriegsfreund meines Vaters, den Schlosser Borodjanski, der ausgerechnet in jenem Augenblick durch jene Straße ging. Später erfuhren wir, dass er in Kiew blieb, um die Untergrundarbeit zu steuern. Als er erfuhr, wohin wir wollten, sagte er zu Mama: »Du kannst mit der Großmutter fahren, aber lass die Kinder bei mir. Ich werde sie für Kostja bewahren.« Natürlich willigte Mama nicht ein und blieb mit uns zusammen.

Borodjanski stellte sie einem Blockwart vor und dieser erlaubte, dass wir uns in einer verlassenen Wohnung niederließen. Die Wohnung war in einem großen Haus, es waren viele Möbel und andere Haushaltsgegenstände da. Die Möbel mussten wir später als Brennholz verwenden. Aus der alten Kleidung nähte meine Mutter Kindersachen. Schurik (mein älterer Bruder) tauschte diese gegen Lebensmittel. (Hauptsächlich bekam man einen Eimer Kartoffelschalen, Zwiebeln und Brot). Die Kindersachen waren sehr begehrt auf dem Markt. Wir hatten natürlich ein schlechtes Gewissen, fremdes Eigentum zu benutzen, aber meine Mama sagte, dass wir den Eigentümern für alles bezahlen würden, wenn wir überlebten.

Einige Zeit war es ruhig in der Stadt. Es gab fast keine Juden mehr in Kiew: Ein Teil hatte sich evakuieren lassen, die anderen waren in Babi Jar ermordet worden. Niemand achtete auf uns. Niemand interessierte sich für eine in Lumpen gekleidete Frau und zwei schmutzige, ebenfalls arm gekleidete Jungen.

Es war der kalte Winter 1941/42. Als Mama sich mit meinem elfjährigen Bruder Schurik auf die Suche nach Brennholz machte, begegnete sie zwei Mädchen im Alter von 13 bis 15 Jahren, die aus dem Zug, mit dem sie nach Deutschland verschleppt werden sollten, geflüchtet waren. Sie baten Mama, bei uns übernachten zu dürfen. Da sie noch so jung waren, verstanden sie nicht, dass wir Juden waren. Großmutter Gissja verboten wir zu sprechen, damit ihre unklare Aussprache von R- und L-Lauten und ihr Akzent uns nicht verrieten. Als die Mädchen erfuhren, dass Mama nähen konnte, luden sie uns in ihre Heimatstadt Jagotin (Stadt im Gebiet Kiew) ein. Es war sehr schwer, ohne Papiere und mit einer kranken Großmutter und zwei Kindern nach Jagotin zu gehen.

Nach einiger Zeit wurde es sehr gefährlich, in unserer Wohnung in Kiew zu bleiben. Die Blockwarte anderer Häuser warfen Stepan vor, Juden zu verstecken. In der ganzen Stadt waren die Bekanntmachungen verteilt, in denen die noch am Leben gebliebenen Juden aufgefordert wurden, sich in der Kommandantur zu melden. Später fanden Razzien statt. Der Blockwart bat uns, die Wohnung zu verlassen, weil er auch eine Familie, eine Frau und Kinder habe und diese auch erschossen werden könnten. Stepan bastelte einen großen Schlitten, auf den unsere Habseligkeiten, unsere Großmutter und ich gesetzt wurden. Borodjanski besorgte uns aus der Verwaltung eine Bescheinigung mit einem Dreizack, in der stand, dass Anna Lwowna Sokolskaja zusammen mit Mutter und Kindern von Kiew nach Jagotin fahren darf.

Mit diesem einzigen Papier verließen wir die Stadt Kiew. Mama und mein Bruder zogen den Schlitten. Wir machten uns am späten Abend auf den Weg. Wir übernachteten in einem kleinen Park, nicht weit von einer Brücke über den Dnjepr. Am frühen Morgen überquerten wir den Fluss.

In Lumpen gekleidet, schmutzig und durchfroren erregten wir keinen Verdacht. Die Deutschen und die Polizisten, die uns anhielten, lasen unsere Bescheinigung und ließen uns weiterziehen. An einem Tag bewältigten wir 10 bis 12 Kilometer. Wir waren mit unserem Schlitten über einen Monat lang unterwegs von einem Dorf zum anderen. Die Menschen ließen uns in ihren Häusern übernachten. Oft bekamen wir zu essen und Lebensmittel für unterwegs.

Ende Februar 1942 erreichten wir das Haus, das uns die Mädchen genannt hatten. Die Hausfrau Hanna Dsjuba erschrak, als sie uns Juden erblickte. Aber sie konnte uns den Unterschlupf nicht verweigern, da Mama ihren Kindern geholfen hatte. Sie hatte vier Kinder, und ihr Mann kämpfte an der Front.

Unsere Großmutter Gissja (in Jagotin nannte man sie Nadja) schickte Hanna Dsjuba zu ihrer behinderten Mutter in ein sehr kleines, entlegenes Dorf. Es lag sehr weit von neugierigen Augen entfernt. Mama nähte für die Bauern. Sie zahlten mit Lebensmitteln. Dann kam der Frühling. Schurik und ich weideten die Kühe.

Im Herbst 1942 wurde ein Polizist, ein Verwandter von Hanna Dsjuba, auf Mama aufmerksam. Wir mussten weg. In jener Zeit fuhr schon der Zug von Charkow nach Kiew über Jagotin. Hanna Dsjuba kaufte uns Fahrkarten nach Kiew. Unsere Großmutter blieb im Dorf.

Wir kamen in Kiew an und schauten uns nach einer Bleibe um. Wir fragten eine vorbeigehende Frau nach einer Wohnung. Sie zeigte auf ein kleines Haus, das in der Nähe der Molkerei in der Pankowski-Straße stand. Dort ließen wir uns nieder. Es war die Zeit der Hungersnot. Ohne Papiere bekamen wir nicht einmal Brotkarten.

Um zu überleben, stellte ich mich neben die Bäckerei in der Pankowski-Straße und bettelte bei den Menschen um Brot. In der Bäckerei konnte man Brot nur mit Brotkarten bekommen. Einige Menschen gaben mir Brotkrumen. Aber es fanden sich »nette Menschen«, die der Gestapo meldeten, dass ein jüdisches Kind neben der Bäckerei um Brot bettelte. Die Deutschen kamen mit Motorrädern und holten mich und meinen Bruder, der kam, um das von mir erbettelte Brot nach Hause zu bringen. Wir wurden in die Gestapo-Zentrale in der Korolenko-Straße 33 gebracht. Man behandelte uns sehr brutal. Wir weinten und behaupteten, dass wir Russen seien. Einer der Gestapo-Männer befahl uns, die Hosen herunterzulassen, weil er prüfen wollte, ob wir beschnitten seien. (Vor dem Krieg weigerten sich meine Eltern trotz der Bitten meines Großvaters, uns beschneiden zu lassen. Dies rettete uns das Leben.) Man trieb uns aus der Gestapo-Zentrale. Unsere Rückkehr nach Hause war nach unserer Rettung vor Babi Jar ein zweites Wunder.

Im November 1943 begann der Rückzug der Deutschen. Sie befahlen den Einwohnern von Kiew, die Stadt zu verlassen. Man ging zu Fuß nach Westen. Wir erreichten das Dorf Jankowitsch, Bezirk Wasilkowski. Wir wurden in einem Schulgebäude untergebracht. Hier erlebten wir den Einmarsch der Roten Armee. Dann kehrten wir zu Fuß nach Kiew zurück.

Die Besatzungszeit war zu Ende, aber unsere Leiden noch lange nicht. Wir hatten keinen Wohnraum, weil die alten Wohnungsbesitzer aus den Evakuierungsorten in ihre Wohnungen zurückkehrten. Meine Mutter wandte sich an das Kriegskomitee, aber als man dort erfuhr, dass eine jüdische Familie auf dem besetzten Gebiet überlebt hatte, drohte man meiner Mutter mit Sibirien und Kolyma. Ein einarmiger Kapitän des Kriegskomitees riet meiner Mutter, niemandem zu erzählen, dass wir im besetzten Kiew waren, um dem Vorwurf der Kollaboration mit den Deutschen zu entkommen. Wir sollten für einige Zeit Kiew verlassen.

Wir fuhren wieder nach Jagotin zu Hanna Dsjuba. Mama nähte wieder für die Bauern, und diese zahlten mit Lebensmitteln. Im Winter 1944 kam Vater nach Jagotin. Er bekam 10 Tage Urlaub, um uns zu finden. Vater brachte uns zurück nach Kiew. Im Kriegskomitee versprach man ihm, uns einen Wohnraum zur Verfügung zu stellen. Mein Vater musste abreisen, und wir bekamen keinen Wohnraum. Mama, mein Bruder und ich wohnten abwechselnd bei unseren Bekannten. Unsere Großmutter blieb weiterhin in einem Nachbardorf von Jagotin.

Einmal suchte uns der Cousin meiner Mutter Mark Dubowitzki auf. Onkel Mark kämpfte in Leningrad. Er war Kapitän. Seine ganze Brust war voller Orden. Er ging in die Bezirksverwaltung des Viertels Petscherski der Stadt Kiew. Der stellvertretende Vorsitzende der Bezirksverwaltung war ein Studienfreund von Onkel Mark. Dann geschah ein weiteres Wunder: Auf den Namen von Onkel Mark wurde ein Wohnberechtigungsschein für eine Einzimmerwohnung ausgestellt. Wir bekamen eine Wohnung in der Malopodwalnaja-Straße.

1945 kehrte mein Vater von der Front zurück. 1946 bekamen mein Bruder Schurik und ich einen kleinen Bruder Lenja Sokolski. Kurz darauf erkrankte Mama: Gebärmutterkrebs und eine Herz-Kreislauferkrankung. Sie starb 1976.

Wiktor Stadnik (geb. 1933)
»Gewidmet einer unbekannten Gerechten«

Ich, Wiktor (Wilja) Nikolajewitsch Stadnik, wurde am 2. Dezember 1933 in Kiew geboren.

Im September 1941 blieb ich in dem von Deutschen besetzten Kiew mit meiner Mutter Alexandra Benediktowna (Benzionowna) Stadnik, weil mein Vater, Nikolaj Frolowitsch Stadnik, der an der Verteidigung der Stadt Kiew teilnahm, der Meinung war, dass unsere Truppen eine stabile Position hätten und sich nicht zurückziehen müssten. Sollte es aber anders kommen, würde er uns mit dem Auto, das zu seiner Verfügung stand, aus der Stadt herausbringen. Zusammen mit uns blieb auch die Schwester meiner Mama, Polina Benzionowna Raison, mit ihrem zwölfjährigen Sohn Anatoli. Ihr Mann, ein Lette, hatte im Bürgerkrieg gekämpft und war als Invalide zurückgekehrt. 1937 wurde er Opfer von Repressalien, aber 1940 wieder entlassen. Ihm wurde aber nicht erlaubt, in Kiew zu wohnen. Ohne ihn wollte Tante Polja nicht wegfahren. Auch meine Großmutter Schura-Genja Faiwoschewna Bluwschtein, die wahrscheinlich 1870 geboren wurde, blieb bei uns.

Nach drei Tagen der Anarchie, Plünderungen und Raubzügen in Kiew marschierten am 19. September die Deutschen in Kiew ein. Am 24. September begannen sie die Hauptstraße Kreschtschatik zu sprengen. Am 28. September 1941 versammelten wir uns am Abend im Zimmer meiner Tante im Haus Nr. 75 in der Wladimirskaja-Straße. Aus dem Fenster sah man im Licht der Explosionen erleuchtete Häuser. Nach der grellen Explosionsflamme auf dem Tolstoi-Platz, der letzten, wie sich später herausstellte, kam der Befehl: »Saemtliche Juden der Stadt Kiew und Umgebung haben sich am Montag, dem 29. September 1941 bis 8 Uhr Ecke der Melnik- und Dokteriwski-Strasse (an den Friedhöfen) einzufinden. ...« Wir verabredeten uns für den 29. September.

Am 29. September 1941 kamen meine Tante mit Tolik und Großmutter zu uns in die Iwan-Franko-Straße 26. Die Erwachsenen diskutierten etwas, hauptsächlich auf Jiddisch, und mutmaßten, was uns erwarten könnte. Ab und zu fielen die Worte »Palästina« und »Ghetto«. Niemand von uns konnte sich vorstellen, dass uns die Erschießung bevorstand. Man glaubte den Gerüchten, dass man uns nach Palästina umsiedeln würde. (Israel wurde erst 1948 gegründet. Damals galt Palästina, das gegen England für die Unabhängigkeit kämpfte, als das »verheißene Land«.) Wir verließen das Haus um 13 Uhr, obwohl der Befehl verlangte, dass man sich bereits bis 8 Uhr

»Ecke Melnik- und Dokteriwski-Straße« einfinden müsse. Diese und weitere Verspätungen trugen zu meiner Rettung bei. Unsere Nachbarn im Haus, Familie Golubinski, meine Spielfreundin, die sechsjährige Raja, und ihr Bruder, der eineinhalbjährige Walerik, sowie ihre Mama und Großmutter verließen die Wohnung sehr früh. Sie verließen sie für immer. Als ich aufstand, waren sie nicht mehr da … Wir gingen aus dem Haus, überquerten den menschenleeren Hof und traten auf die helle Straße. In diesem Augenblick sagte meine Mutter: »Es wäre doch schön, wenn man uns nach Palästina umsiedeln würde! Dort ist es warm …«

Wir gingen durch die Franko-Straße und erreichten die Jaroslawow-Wal-Straße (der heutige Name). Am Ende dieser Straße neben dem heutigen Gebäude des Karpenko-Kary-Theaterinstituts, Haus Nr. 40, sah ich eine Truppe Soldaten, die sich auf Ukrainisch unterhielten. Über dem Haupteingang des Gebäudes hing eine große blau-gelbe Fahne. Über der Fahne, ganz oben, wurde ein Dreizack angebracht. Dass es ein Bukowiner Regiment (Bukovynskyj Kurin) war, konnte ich erst in den 90er-Jahren in der Zentrale der OUN in der gleichen Jaroslawow-Wal-Straße, im Haus Nr. 9, klären. Dort wurde ich sogar Frau Stezkiw, einer älteren freundlichen Dame, die Abgeordnete des ukrainischen Parlaments war, vorgestellt. Dem ukrainischen Regiment gegenüber war eine deutsche Truppe stationiert, und ich konnte bemerken, dass ein Wachmann mit Maschinengewehr – mir war aufgefallen, dass es einen aufklappbaren Kolben hatte – sehr genau diese Soldaten in ihrer blau-grünen Uniform beobachtete.

In dem Band »Na sow Kiewa« (Dem Ruf Kiews folgend), Verlag »Der neue Weg«, Toronto – New York 1985, der 1993 von dem Verlag »Dnipro« in Kiew neu aufgelegt wurde, steht auf der S. 142, dass die Deutschen »den Regimentern eine mit blauer Farbe umgefärbte sowjetische Militäruniform zur Verfügung stellten, und es war keine Rede von Waffen.«

Später, in der Artema-Straße etwas hinter der Kreuzung mit der Turgenew-Straße, sah ich, wie die Truppe dieser ukrainischen Soldaten jeweils drei Mann pro Reihe bewaffnet mit Gewehren Richtung Babi Jar marschierten …

Jene, die »dorthin« gingen, bekamen dann doch Waffen! Es widerspricht den Behauptungen von K. Radsewitsch, der auf S. 129 des oben erwähnten Bandes die »Unwahrheit, die von gewissen jüdischen Kreisen als ein Märchen verbreitet wird, dass die Ukrainer angeblich an den Erschießungen der jüdischen Bevölkerung von Kiew in Babi Jar teilgenommen hätten«, zu widerlegen versucht. Im Artikel »Das Bukowiner Regiment 1941« von Wasil Weriga wurde mit keinem Wort Babi Jar erwähnt. Auf S. 142 wurde dagegen betont: »In Kiew wurden mindestens 400 ukrainische Nationalisten des Bukowiner Regiments selbst Opfer jenes Terrors (Gestapo)« (Grube graben, selbst hineinfallen!!!) Auf S. 143 steht: »Dieses Regiment (Nr. 115) blieb in Kiew bis Herbst 1942 und wurde dann von den deutschen Befehlshabern zum Kampf gegen sowjetische Partisanen in Weißrussland abkommandiert«, wie auch das Regiment Nr. 109, das »in Weißrussland eine hohe Opferzahl verzeichnete« (S. 139).

Vor Kurzem wurde in Czernowitz ein Denkmal für die Soldaten des »Regiments« errichtet.

Wir gingen entlang der Hallen des Marktes Senny und erreichten die Artema-Straße. Neben uns hielt ein Pkw an. Ein Offizier stieg aus und fragte uns etwas auf Deutsch. Endlich verstanden

2. Bezirk (Rayon) Jagotin

Mama und Tante das Wort »Gold« und schüttelten sichtlich überrascht ihre Köpfe. Woher sollten sie Gold haben? Wir gingen weiter … Als wir an einem kleinen Park an der Ecke der Poltawskaja-Straße vorbeigingen, begegneten wir zwei Bäuerinnen, die uns relativ unfreundlich sagten: »Geht, geht! Dort warten schon leere Güterwaggons auf euch! Wir kommen gerade von dort«, und zeigten dabei in die Richtung des alten Güterbahnhofs in der Degtjarewskaja-Straße. Ihre Bemerkung bestätigte unsere Vermutung über unsere angebliche Umsiedlung. In den 60er-Jahren wurde dieser Bahnhof abgerissen, die Eisenbahngleise wurden entfernt, und eine neue Straßenbahnstrecke wurde durch die wieder aufgebaute Dowshenko-Straße verlegt.

In der Artema-Straße, als wir die Kreuzung mit der Turgenew-Straße passierten, erinnerte sich meine Tante, dass sie etwas zu Hause vergessen hatte. Wir blieben stehen und passten auf ihr Gepäck auf, während sie zusammen mit ihrem Sohn Tolik in die Wladimirskaja-Straße ging. Mindestens zwei Stunden warteten wir auf sie. In dieser Zeit kam aus dem Haus gegenüber eine Frau und sprach meine Mutter an. Mama erzählte ihr unsere Geschichte. Die Frau ging, wie ich später verstand, ihren Ausweis holen und kehrte zu uns zurück, als meine Tante zusammen mit ihrem Sohn wieder da war und wir uns auf den Weg machen wollten. »Geht nicht hin«, sagte sie zu uns und folgte uns.

Wir passierten den Lukjanowski-Markt, und als wir die Stelle erreichten, wo in der Melnikowa-Straße die Degtjarewskaja-Straße beginnt, stießen wir auf eine Postenkette der deutschen Soldaten, die die Melnikowa-Straße sperrte und einen Grenzübergang bildete. In jenem Augenblick sah ich, wie aus der gegenüberliegenden Richtung ein Mann an diesen Grenzübergang kam. Ein Offizier fragte ihn: »Jude?« Der Mann schüttelte den Kopf, zeigte seinen Ausweis und wurde auf unsere Seite durchgelassen. Die Frau sagte uns noch mal: »Geht nicht hin!« Meine Mutter antwortete: »Dann erschießt man uns!« Dass man »dort« auch erschießt, davon hatten wir keine Ahnung und passierten jenen Grenzübergang.

Nach etwa 200 Meter schaute ich zurück und war überrascht, als ich sah, dass uns einige deutsche Soldaten folgten. Ich bemerkte nicht, woher sie kamen. Aber unter ihnen fehlten jene zwei oder drei Soldaten mit den Metallabzeichen auf der Brust. Später erfuhr ich, dass es Feldgendarmen waren, die am Grenzübergang standen. »Unsere« Frau ging etwas weiter, auf der rechten Seite. Als wir einen kleinen Park, in dem jetzt das Kotljarewskij-Denkmal steht, erreichten, sah ich einen großen Haufen Gasmasken. Es wurde befohlen, alle Gasmasken (und die hatten alle Bewohner der Stadt) auf den zentralen Plätzen als eine Warnung für unsere Truppen abzulegen, für den Fall, dass diese Giftgas einsetzen wollten. Die Taschen von den Gasmasken wurden noch lange als Schulranzen und Tragetaschen im Haushalt verwendet.

Sehr langsam näherten wir uns der Kreuzung in der Owrutschskaja-Straße. Ich drehte mich um und sah, dass die Reihe der deutschen Soldaten nur fünf bis sechs Meter von uns entfernt war und uns mit den Rufen »Schnell, schnell!« antrieb. Hinter uns, etwa 100 Meter entfernt, sah ich eine weitere Reihe Deutscher. Hinter der Kreuzung war eine leere Fläche, weil dort noch keine Häuser standen. Erst nach dem Krieg wurden sie gebaut. Der Gedanke, dass es dort unmöglich wäre, sich aus der Menge zu schleichen, schoss mir durch den Kopf. Es ist möglich, dass ich diesen Gedanken erst später bekam, aber ich glaube, dass es doch in dem Augenblick war, als man mich wegführte. Links, in der Mitte des Parks, stand ein Gebäude, das dadurch auffiel, dass es ungewöhnlich schräg gegenüber der Kreuzung lag. Gerade nach dieser Orientierung konnte ich nach dem Krieg die Stelle bestimmen, bis zu der ich auf meinem Weg nach Babi Jar gegangen war.

Auf eine Bank hinter dem Bürgersteig setzten sich drei weinende Mädchen im Alter von 15 oder 16 Jahren und jammerten: »Wir gehen nicht mehr weiter!« Die Menschenkolonne blieb stehen, die Reihe der deutschen Soldaten löste sich auf, und die Deutschen mischten sich unter die Menge. Ich sah einige uniformierte deutsche Frauen neben der Bank. Der Soldat, der fünf, sechs Meter links, etwas hinter mir stand, schaute in jene Richtung. In dem Augenblick kam von der gegenüberliegenden, rechten Seite »unsere« Frau, und meine Mutter übergab meine Hand in die Hand der Frau. Sie ging mit mir schnell zurück. Tolik sah es und zog seine Mutter am Ärmel. Ich weiß nicht, was weiter war.

Die Frau führte mich mit ihrem Ausweis durch die Absperrung. Es wurde dunkel. Ich kann mich nicht mehr erinnern, ob es noch weitere Absperrungen gab. Als wir vor uns niemanden mehr sahen, erblickte ich meine Mutter, die uns ohne unser Gepäck nur mit einer kleinen Handtasche einholte. Wahrscheinlich konnte sie die Absperrung durch den Park umgehen. Auf der Lukjanowka-Straße war die große Absperrung weggeräumt. Als wir die Artema-Straße erreichten, blieb die Frau plötzlich vor dem Haupteingang eines Hauses stehen und sagte: »So, ich bin zu Hause. Weiter könnt ihr alleine gehen.« Es war absolut dunkel: Die Straßen waren nicht beleuchtet. Es gab keinen Strom, und es galt der »Verdunkelungsbefehl«, der keinen einzigen Funken erlaubte. Es galt auch eine »Ausgangssperre« …

Zu Hause wurden wir freundlich von unseren Nachbarn Lotozkije in unserer Kommunalwohnung begrüßt. Aber wir konnten nicht untätig zu Hause sitzen bleiben: Man musste Wasser aus dem Brunnen holen, der sich neben der Wladimirkathedrale befand, und auch die Toilette war im Hof. Die Hausmeisterin, die sich wie eine Polizistin bei allen Machthabern aufführte, war verpflichtet, die verbliebenen Juden zu melden. Von meiner Mutter wurde eine Erklärung verlangt, aus welchem Grund wir zurückgekehrt seien.

Anfang Oktober versuchte meine Mutter zusammen mit mir, sich in ein Dorf abzusetzen. Sie lernte eine Bäuerin kennen, und diese versprach, uns zu begleiten. Wir packten unsere Sachen und gingen. Ein Teil unseres Gepäcks trug die Bäuerin, die geschäftig vor uns her schritt. Als wir zwei Stadtviertel passiert hatten, kam meine Mutter auf den Gedanken, dass jene Bäuerin uns bei der Polizei denunzieren und sich unsere Sachen aneignen könnte. Meine Mutter nahm ihr unser Gepäck ab, und wir kehrten zurück. Diese Befürchtungen waren nicht grundlos, und es wäre gewiss sehr viel schwieriger gewesen, sich in einem Dorf, wo jeder jeden kennt, aufzuhalten.

Es gibt einen Entwurf des Antrags meiner Mutter an die Stadtverwaltung von Kiew, in dem sie um die Erlaubnis bat, am Leben zu bleiben. Dieser Antrag war gewiss an die falsche Institution gerichtet.

An einem Tag kamen 20 bis 25 Jüdinnen, die Ehefrauen von Ukrainern und Russen, zum Kommandanten der Stadt. Wie meine Mutter erzählte, kam der Kommandant von Kiew (wahrscheinlich war das Generalmajor Eberhard) und fragte: »Was wollt ihr?« »Wir wollen leben«, antworteten die Frauen. »Dann geht und lebt«, sagte der Kommandant. Man nahm es als eine offizielle Erlaubnis wahr, und meine Mutter übermittelte seine Worte an die Hausmeisterin und alle anderen.

Das Hauptkriterium dafür, ob man leben durfte oder nicht, war der Eintrag im Pass. Ein Ausweis meiner Mutter ist erhalten geblieben, in dem sie äußerst unprofessionell versuchte, das sowjetische Brandzeichen »Jüdin« auszuradieren. Stalin und seine Nationalpolitik führte in den Pässen die Angabe über die Nationalität ein, was bis zum Ende der Sowjetunion so blieb. Somit half er Hitler bei der Vernichtung von Millionen von Kindern, Frauen und Alten.

Am 7. Oktober kamen am Abend ein Deutscher und ein Einheimischer, dessen Gesicht mir bekannt vorkam, zu uns. Er war zivil gekleidet, aber vor der Besetzung sah ich ihn in einer blauen Militäruniform, die den politischen Leitern vorbehalten war. Sie wurden von der Hausmeisterin begleitet. Sie verlangten nach dem Ausweis. Anstatt des Ausweises zeigte meine Mutter eine Bescheinigung, die sie von der Hausverwaltung noch im August erhalten hatte, um sich im Notfall in den damals noch neuen Luftschutzkeller in der Leninstraße (heute Chmelnizki-Straße) begeben zu können. In der Bescheinigung waren alle Angaben außer der Nationalität. Meine Mutter behauptete, man habe ihr diese Bescheinigung anstatt des Passes, den sie neu beantragt habe, ausgestellt. Der Mann in Zivil schaute misstrauisch auf die Bescheinigung, sagte leise etwas zu dem Deutschen, zog dann schnell seine Pistole aus der Innentasche und richtete sie auf meine Mutter. Ich dachte, er würde schießen. Meine Mutter schrie laut auf. Er ohrfeigte meine Mutter, die weiterhin laut schrie. Dann öffnete er den Schrank, zog die Schubläden heraus und durchwühlte ihren Inhalt. Dabei untersuchte er aufmerksam selbst den Kasten mit meinem Spielzeug. Es sah wie eine Durchsuchung aus: Sie fanden einen Fotoapparat der Marke »Monokel« aus Pappe und mit einer kleinen Linse, den mir unsere Nachbarin, die sich evakuieren ließ, vor ihrer Abreise geschenkt hatte. Mir wurde ganz schlecht, denn Fotoapparate waren verboten. Der Deutsche zeigte aber kein Interesse, und der Einheimische beschränkte sich darauf, dass er die Pappe zerriss. Dann fand er ein Koppelschloss mit dem Stern, zeigte es dem Deutschen und sagte vieldeutig zum Deutschen: »Kommunist!« Aber der Deutsche winkte ab und das Koppelschloss blieb. Es war das Koppelschloss meines Vaters.

Ich beobachtete dies alles im Bett, da ich krank geworden war und die Nachbarin, Anna Fedorowna, uns geraten hatte, dass ich im Bett bliebe und mich nicht zeigte. Die »Gäste« öffneten den Koffer, den der Bruder meiner Mutter, Onkel Lenja, bevor er sich evakuieren ließ, bei uns gelassen hatte. Sie kontrollierten den Inhalt, fanden im Koffer Bettlaken und andere Wäschestücke und stellten den Koffer vor die Tür. Der Einheimische zog relativ oft seine Pistole heraus und tat so, als ob er meine Mutter erschießen wollte. Er schlug sie, und es gefiel ihm, wie sie sich immer wieder erschrak und schrie. Der Deutsche, ein schon betagter Mann, auf dessen Mütze und Ärmeln Totenköpfe aus weißem Metall waren (sie machten einen sehr unangenehmen Eindruck auf mich), zog auch viermal seine Pistole heraus (diese hatte eine beeindruckende Größe, und später erfuhr ich, dass es eine Parabellum war) und richtete sie auf meine Mutter, indem er, wie ich es vernahm, »Ue« zischte. Damals wusste ich nicht, dass es »Ruhe« hieß. Das Alter des Deutschen sowie seine

Parabellum und nicht eine »Walther« wie bei Offizieren ließen eine Vermutung zu, dass es ein Unteroffizier der SS-Totenkopf-Division war.

Wir dachten, dass wir nach der Durchsuchung abgeführt würden, aber sie nahmen nur einige unserer Gegenstände und den Koffer mit der Wäsche mit und machten sich auf den Weg. Der Deutsche schaute noch mal zurück und sah auf dem Schrank ein Cello, das ich in der Musikschule ausgeliehen hatte. Er holte es sich, nahm es mit, und sie zogen ab. Die Hausmeisterin dachte auch, dass es mit uns vorbei sei, und nahm sich unsere Lebensmittel, die in einem Schränkchen im Flur waren. Als meine Mutter am nächsten Tag zu ihr ging, bekam sie die Lebensmittel zurück. Der Verlust der Lebensmittel hätte für uns tödlich sein können, weil man Lebensmittel nur im Umtausch gegen Gegenstände, die man uns abgenommen hatte, bekam.

Es ist schwer, die Freude zu beschreiben, als ich am 15. Oktober 1941 im Flur die Stimme meines Vaters vernahm. Er kehrte aus der Gefangenschaft zurück. In der Besatzungszeitung »Ukrainisches Wort« wurde gemeldet, dass in der Nähe von Kiew 630 000 Soldaten gefangen genommen worden waren. (Nach Angaben der »Geschichte des Großen Vaterländischen Krieges« waren es 550 000.)

Wenn man berücksichtigt, dass die Bevölkerungszahl von Kiew vor dem Krieg etwa 900 000 Menschen betrug, dann kann man sich vorstellen, wie schwer es war, so eine Masse an Gefangenen zu bewachen und zu verpflegen. Da die Deutschen der Meinung waren, dass sie den Krieg schon gewonnen hätten, ließen sie in jener Zeit eine bestimmte Zahl der Einwohner aus Kiew und der umliegenden Landbevölkerung frei. Nach den Worten meines Vaters war es aber unglaublich schwierig, in diese Gruppe zu kommen.

Wie sehr die Deutschen von ihrem Sieg überzeugt waren, verstand ich bereits am 19. September 1941, als ich am Nachmittag an der Ecke Lenin-Straße und Franko-Straße drei Deutsche sah, die wahrscheinlich zur Aufklärungstruppe gehörten, und einer von ihnen im besten Russisch überzeugt von seinem Sieg zu den umherstehenden Bürgern der Stadt Kiew sprach und an seinen Fingern abzählte: »Kiew ist besetzt, Leningrad ist unser, wir stehen 60 Kilometer vor Moskau …« Die schnellen Siege der Deutschen am Anfang des Krieges kann man dadurch erklären, dass sehr viele, besonders die Bauern sich nach stattgefundenen Enteignungen, Hungersnot und Kollektivierung weigerten, den sowjetischen Staat zu verteidigen. Unser Opa Frol Parfentjewitsch wurde im betagten Alter für eine kritische Äußerung festgenommen und starb in der Verbannung, obwohl alle seine älteren Brüder aktiv an den Revolutionen ab 1905 teilgenommen hatten und mein Opa vor der Revolution bei sich zu Hause eine Schreibmaschine aufbewahrte – eine große Seltenheit der damaligen Zeit –, mit der die revolutionären Flugblätter vervielfältigt wurden. Deshalb kann man die Reaktion meines Vaters verstehen: »Ich bin nicht so dumm, Maschinengewehrschütze zu werden.« Dies sagte er einmal in unserer kommunalen Küche, wo sich die Nachbarn versammelten, um den Erzählungen meines Vaters über die Niederlage, die sie bei Kiew erlebt hatten, zu lauschen. (Nichtsdestotrotz beendete er den Krieg als Maschinengewehrschütze und wurde bei Königsberg verletzt).

Mein Vater erzählte, dass innerhalb von 18 Tagen, die er im Lager war, nur dreimal die Feldküche kam und eine Suppe aus Kartoffelschalen brachte. Da aber nur wenige Gefäße oder Konservendosen hatten, versuchten viele, die sich zur Feldküche durchgeschlagen hatten, das Essen in ihre Mützen zu bekommen. Die gefangenen Juden konnten nicht einmal ihren Kopf heben, damit das Wachpersonal nicht nach ihrem Aussehen ihre Nationalität feststellen konnte. Sie wären sofort getötet worden. Die Gefangenen schliefen in irgendwelchen Ställen, die so voll waren, dass man übereinander lag. Einmal kam mein Vater in die Gruppe, die zu einem Arbeitseinsatz gebracht wurde. Unterwegs konnten sie ein paar Kartoffeln im Feld ausgraben und in ihre Taschen stecken. Später rösteten sie diese Kartoffeln über einem Feuer. Dies half zu überleben.

Seine Soldatenstiefel tauschte mein Vater bei den Bauern gegen Hirse und Erbsen. In Halbschuhen ging er dann zur Arbeitsvermittlung auf der Suche nach einer Beschäftigung. Zum Glück fand er eine Stelle in einer Schlosserwerkstatt, und unser Leben konnte sich einigermaßen normalisieren. Mein Vater hoffte, dass man langsam meine Mutter vergessen würde … Am Vortag bekam ich Zahnschmerzen, und meine Mutter ging mit mir in die Klinik. Der Polizist in Zivil kam, als wir nicht zu Hause waren, und wartete auf uns in der Nachbarwohnung. Als wir hereinkamen, rief die Nachbarin Anna Fedorowna mich zu sich. Sie wusste, dass der Polizist auf uns wartete. Mein Vater war auf der Arbeit, und als er kam, war meine Mutter nicht mehr da. Sie wurde abgeführt. Er sagte, dass er zur Polizei gehen würde, um sie zu suchen, und zeigte mir, wo für den Notfall das Geld lag. Es könnte passieren, dass er von der Polizei nicht zurückkehren würde.

Aber alle Suche nach meiner Mutter war vergeblich. Mein Vater verbot mir, auf die Straße zu gehen. Unser Nachbar Wsewolod Illarionowitsch Lotozki, der Bücher liebte, versorgte mich mit Lektüre. In jener Phase des größten Antisemitismus gab er mir neben Gogol, Tolstoi, Lermontow auch die Geschichte »Der Junge Motl« von Scholem Alejchem. Es war eine Heldentat! Er konnte es nicht leiden, wenn zu seiner Tochter, einer hübschen, jungen Frau, die gerade ihr Medizinstudium abschloss, die deutschen Offiziere zu Besuch kamen und zur Grammophon-Musik tanzten. Oft ging er in seiner alten Weste durch das Zimmer, und die Gäste, die die Andeutung verstanden, verabschiedeten sich kurz darauf. Für uns war es eine Art Tarnung, denn im Alltagsleben waren nicht so sehr die Deutschen als vielmehr die einheimischen Denunzianten gefährlich, die bestrebt waren, sich vor den Deutschen aufzuspielen. Es wäre für sie nicht ratsam gewesen, den Bewohnern unserer kommunalen Wohnung Schwierigkeiten zu machen.

Es ist bekannt, dass am 22. Februar 1942 in Babi Jar Elena Teliga und der Chefredakteur der radikal antisemitischen Zeitung »Ukrainisches Wort« I. Rogatsch sowie andere Mitarbeiter der Redaktion erschossen wurden. Elena Teliga redigierte die Literaturzeitschrift »Litawri«. Es erschienen nur vier Hefte dieser Zeitschrift. Als ich sie mir vor Kurzem in der Nationalbibliothek in Kiew anschaute, fand ich dort nichts Antisemitisches. Dafür aber im »Ukrainischen Wort«! Ungefähr jeder zweite Artikel hetzte gegen die Juden und jüdische Bolschewiken. Im Heft, das am 3. Oktober erschien, als sich der Schock von Babi Jar in der ganzen Stadt breitmachte, erschien der Artikel »Juden sind die Feinde des ukrainischen Volkes«, der eine Art Plädoyer für die Gräueltaten der Nazis darstellte. Über die Erschießungen der Juden wurde nicht berichtet, obwohl alle, selbst die Kinder, davon wussten.

Mein Altersgenosse Jura fragte mich, als er mich sah, ganz direkt und emotionslos: »Warum wurdest du nicht ermordet?« Ich fühlte mich schuldig und wusste nicht, was ich ihm antworten sollte (wir waren gerade nach unserem missglückten Versuch, uns in ein Dorf abzusetzen, unterwegs nach Hause). Die Verbreitung der antisemitischen Parolen zählte zu den Hauptaufgaben der Zeitung. Ruhm und Lob für die Besatzer, für Hitler und Goebbels glichen dem Lob, das in unseren Zeitungen für Stalin verbreitet wurde. Am 7. Dezember 1941 erschien der Artikel »Die Juden sind schuldig« von Goebbels, am 13. Dezember wurde der Leitartikel »Der Jude – der größte Feind der Menschheit« gedruckt. Es war die letzte Ausgabe der Zeitung. Der Versuch, bei den neuen Machthabern auf Kosten der ermordeten Juden zu punkten, scheiterte. Am nächsten Tag erschien ein »Neues ukrainisches Wort«, in dem die frühere Redaktion gebrandmarkt wurde, obwohl wir nicht nachvollziehen konnten, wofür. Als mein Vater »… über die Säuberung der Redaktion von den verräterischen Elementen …« las, sagte er: »Wer andern eine Grube gräbt, fällt selbst hinein.«

Im Januar 1942 erschienen Meldungen von der bevorstehenden Volkszählung. Die Verhaftung meiner Mutter und anderer Juden war wahrscheinlich mit dieser Volkszählung verbunden. 1950, bevor die Schlucht zugeschüttet wurde, konnte man einen kleinen Platz über ihr sehen (ungefähr an der Stelle, wo jetzt ein Kreuz zu Ehren der Redaktionsmitglieder aufgestellt wurde). Zu diesem Platz führte der Graben von den Mauerresten des ehemaligen Konzentrationslagers. Ein Einheimischer, mit dem ich ins Gespräch kam, zeigte mir die Stelle, wo die Maschinengewehre aufgestellt waren und von wo jene erschossen wurden, die durch diesen Graben zum Platz getrieben wurden. Es stellte sich heraus, dass meine Mutter und andere Juden zum gleichen Zeitpunkt wie auch die Antisemiten aus der Redaktion des »Ukrainischen Wortes« erschossen wurden. Es ist auch wahrscheinlich, dass sie an der gleichen Stelle erschossen wurden. Es ist möglich, dass 1943 die Leichen der Ermordeten im gleichen Feuer verbrannt wurden.

Heute wird diese Tragödie Holocaust genannt. »Holo« klingt ähnlich wie das ukrainische Wort »kolo« (Kreis). Die griechischen Wurzeln dieses Wortes finden sich auch im Wort »Kollektiv«. Es ist anzunehmen, dass »caust« und das russische Wort »Kostjor« (Feuer) den gleichen Stamm haben … Ich bin der Meinung, dass selbst das Wort »Holocaust« vor Konflikten, vor allem mit einem fremdenfeindlichen Hintergrund, warnen soll. Die symbolischen Funken des Feuers in Babi Jar und der Krematorien in Auschwitz korrespondieren mit den Bränden in Dresden und in anderen deutschen Städten sowie mit dem Atomfeuer über Japan, in denen unschuldige Menschen umkamen.

Lange Zeit durfte ich überhaupt nicht mehr auf die Straße. Ich konnte mich nur auf dem Balkon aufhalten und nur so, dass man mich von unten nicht sehen konnte. Später erlaubte mir mein Vater, ihn von der Arbeit um 18.00 Uhr abzuholen. Wahrscheinlich hatten wir während der Besatzung die mitteleuropäische Zeit, denn es war sehr dunkel auf der Straße, und ich begegnete keiner einzigen Person. Ich ging zur Uhrmacherwerkstatt in der Lenin-Straße (damals Theaterstraße und jetzt Chmelnizki-Straße), wo ich dank der Uhren im Schaufenster der Uhrenwerkstatt, die gegenüber dem Eingang zum Gebäude der Ambulanz lag, erfuhr, wie spät es war, und ging zum Operntheater in der Theaterstraße. Ich wartete dort auf meinen Vater, und wir gingen dann zusammen nach Hause. Es war ein kleines Ritual, denn es gab keine Beleuchtung und es war unglaublich langweilig, alleine zu Hause in der Dunkelheit zu sitzen. Mein Vater machte Feuer in einem selbstgebauten provisorischen Ofen. Auch das Brennholz stellte ein Problem dar. Nur ganz kurz wurde Feuer gemacht.

Man war die ganze Zeit auf dem Sprung. Manchmal musste man in der Tat wegrennen. Später ging ich auch im Sommer auf die Straße, dann aber weit weg von unserem Wohnhaus, damit mich keine Nachbarn sahen. Mein Vater schärfte mir ein: »Wenn du jemandem auf der Straße begegnest und gefragt wirst, wo die Mutter sei, sag, dass sie im Krankenhaus gestorben sei.« Es war naiv, aber wer weiß, ob es nicht geholfen hätte …

Der glücklichste Tag war, als ich unsere Soldaten sah. Aber selbst danach befürchtete ich, dass die Deutschen zurückkommen könnten. Einmal erzählte ich meinem Vater von meinem Albtraum, in dem ich dies erlebte. Er beruhigte mich: »Wenn du es träumst, dann kehren sie nicht zurück.« Solche Albträume hatte ich noch sehr lange …

Jakow Stejuk (Schtein)
»Die Flucht«

Ich bin in der Stadt Czernowitz groß geworden. Bis 28. Juli 1940 gehörte die Stadt zum königlichen Rumänien. Ich gehörte zur Untergrundorganisation der jungen Kommunisten (Komsomol) Rumäniens und wurde von 1932 bis 1936 mehrmals verhaftet. Der Komsomol der 30er-Jahre gab uns das Wichtigste: bildete unseren Charakter und erweckte in uns den Hass gegen den Faschismus. 1935 wurde ich für die Teilnahme an einer Studentendemonstration von der Technischen Universität Bukarest exmatrikuliert und verhaftet.

Nach der Befreiung der Nordbukowina und ihrer Vereinigung mit der Ukrainischen Sozialistischen Sowjetrepublik kehrte ich nach Czernowitz zurück. Ich arbeitete als Betriebswirt in der Fabrik »Herkules« (heute Sockenfabrik Nr. 3). Ich war aktiv in der Jugendarbeit und engagierte mich in der politischen Agitation.

Ich wurde evakuiert, als die Nazis die Stadt besetzten. Ich erreichte Kamenez-Podolski und war auf von Feinden besetztem Gebiet. Die Situation in der Stadt war äußerst schwierig. Der Terror der Besatzer und der ukrainischen Nationalisten herrschte überall. Ende September 1941 erschossen die Besatzer die Mehrheit der jüdischen Bevölkerung der Stadt (ca. 30 000 Menschen), darunter auch die evakuierten Juden aus dem Gebiet Czernowitz. Am Leben blieben nur jene Juden, die der Aufforderung, sich auf den Sammelplätzen einzufinden, nicht folgten. Zu diesen gehörte auch ich.

Manche Juden aus Czernowitz versuchten, ihre jüdische Herkunft zu verschweigen, und präsentierten sich als Moldawier oder Rumänen. Auch ich tat so. Mein Nachname ist Schtein. Es gelang mir, einen zeitlich befristeten Ausweis auf den Namen Jakow Andrejewitsch Stejuk sowie ein Arbeitsbuch zu bekommen. In diesen Papieren stand, dass ich moldawischer Herkunft sei. Ich und A. Godjak (der ehemalige Vorsitzende der Untergrundgruppe Komsomol in der Bukowina) arbeiteten in der Raffinerie. Wir lernten den Chef der Raffinerie, Eckerhart Bingel aus Hamburg, etwas näher kennen. Er war dem Hitler-Regime gegenüber sehr kritisch und versuchte, so gut er konnte, sowjetischen Menschen zu helfen. In der Raffinerie gab er zwei am Leben gebliebenen

Juden aus Transkarpatien Unterschlupf (einer von ihnen hieß Soltan). Tagsüber arbeiteten sie in der Raffinerie und nachts gingen sie ins Ghetto. Einmal erzählte mir Bingel, dass er am Vorabend von einem Offizier im Restaurant erfahren habe, dass angeblich in der nächsten Nacht im Ghetto eine neue Gruppe Juden erschossen werden sollte. Er befahl mir und Godjak, wir sollten Soltan, seine Freunde und drei jüdische Frauen, die als Putzfrauen in der Raffinerie arbeiteten, warnen. Sie blieben über Nacht bei den einheimischen Ukrainern. In jener Nacht führten die Nazis eine Hinrichtung im Ghetto durch und erschossen 200 Menschen.

Ende 1942 erfuhr Bingel, dass er nach Kiew versetzt würde. Er schlug mir vor, zusammen mit ihm dorthin zu fahren. Am 18. August 1942 fuhr ich zusammen mit Bingel nach Kiew. Ich lebte dort bis zum 7. Juli 1943, bis ich von den »ukrainischen Polizisten« festgenommen und an den deutschen SD übergeben wurde.

So begann die schrecklichste Phase meines Lebens. Ich wurde in die Zelle Nr. 17 im Keller des Hauses untergebracht, in dem der SD stationiert war. Diese Zelle nannte man »Judenzelle«. Dort waren bereits ein paar Menschen, die verdächtigt wurden, jüdischer Herkunft zu sein. Von ihnen erinnere ich mich sehr gut an einen jungen Dorfburschen im Alter von ca. 16 Jahren, der nur Ukrainisch sprach. Seine Mutter war Ukrainerin, Mitglied in der Kolchose. An seinen Vater konnte er sich nicht erinnern, da dieser 1936 verstarb. Im Dorf erzählte man, dass er ein Jude sei. Es fanden sich Mitbürger, die die Deutschen von der »nichtarischen« Herkunft des Jungen informierten. So saß dieser in der Zelle und wartete auf seinen Tod.

Als Erinnerung an jene Tage blieben in meinem Gedächtnis die sogenannten »Konzertabende«. Es waren Abende, an denen die SS-Männer die Türen der Zellen öffneten und mit der Liste in der Hand die Namen jener aufriefen, die für die Erschießung oder für den Tod in den Gaskammern bestimmt waren. Ausgewählt wurden in erster Linie die zur körperlichen Arbeit »Unfähigen«.

Am 25. Juni 1943 wurden wir ins KZ Syrez gebracht. Das ist in der Nähe der Schlucht, die als Babi Jar bekannt ist. Dort waren etwa 2000 Häftlinge. Wir wurden in einer Erdhöhle untergebracht, in der ausschließlich Juden waren (ungefähr 80 Personen). Täglich wurden wir nach der Arbeit auf dem Platz aufgestellt. Beim Abendappell wurden oft Erschießungen großer Gruppen von Häftlingen durchgeführt. In der Zeit meines Aufenthaltes im Lager (ca. vier Monate) wurde ich Augenzeuge solcher Erschießungen. Ich erinnere mich auch an die Erschießung der Kranken und »Krepierenden« aus der Krankenhaus-Erdhöhle.

Am 18. August 1943 erschien beim Morgenappell eine große Gruppe Deutscher mit Hunden. Der Chef des Lagers suchte hundert Personen aus. Bei diesen Hundert war auch ich. Man führte uns nach Babi Jar. Ringsherum waren sehr viele SS-Männer mit Maschinenpistolen. Ein Deutscher und ein paar Häftlinge legten uns Fußfesseln an. Danach gab man uns Spaten, führte uns in die Schlucht und befahl uns zu graben. Für die Nacht wurden wir in die Erdhöhle zurückgebracht. Vor dem Eingang stand ein Wachturm mit einem Maschinengewehr bestückt.

Am nächsten Tag wurde uns wieder befohlen zu graben, und wir stießen auf Leichen. Aus den hergebrachten Steinplatten (Grabsteine), Eisenbahnschienen und Eisengittern wurden

Konstruktionen gebaut, die, wie sich später herausstellte, als Öfen gedacht waren. Sie wurden mit Holz gefüllt, auf die Gitter kamen die Leichen, die wir aus der Erde freischaufelten, und auf diese Leichen kam noch eine Schicht Brennholz (in der Breite waren es ungefähr sechs Meter). Über die Stapel aus 2000–3000 Leichen wurde Erdöl gegossen und angezündet.

Nach meinen Schätzungen wurden etwa 70 000 Leichen verbrannt. 45 000 davon waren jüdische Einwohner der Stadt Kiew, die im September 1941 erschossen worden waren. Die anderen 25 000 waren Kriegsgefangene und andere sowjetische Bürger, die während der zweijährigen Besatzung der Nazis ermordet worden waren.

Während unseres Aufenthalts in Babi Jar kamen dorthin fast täglich »Gaswagen« mit lebenden Menschen. Das Gas wurde eingeleitet. Aus dem Wagen hörte man zuerst Schreie und Klopfen. Nach einiger Zeit war alles still. Die Deutschen öffneten die Türen, und aus den Wagen fielen menschliche Leiber zu Boden. Wahrscheinlich waren unter ihnen noch Lebende. Auch sie wurden in den Öfen verbrannt. In Babi Jar fanden außerdem auch Erschießungen statt.

Anfang September 1943 wurde nach Babi Jar eine neue Gruppe Häftlinge gebracht. Unter ihnen war Fedor Jerschow, ein Mann im Alter von 40 Jahren, ehemaliger Mitarbeiter des NKWD. Er und ich lernten uns immer näher kennen. Dieser Mensch spielte eine entscheidende Rolle in der Vorbereitung unserer Gruppenflucht aus dem Lager.

Dies geschah am 29. September 1943.

Der Fluchtplan, der später realisiert wurde, bestand darin, dass die Gittertür zur Erdhöhle, die über Nacht mit einem Vorhängeschloss abgeschlossen wurde, aufgeschlossen würde. Dafür benötigten wir einen Schlüssel. Diesen Schlüssel beschaffte der Häftling Jakow Abramowitsch Kaper. Vor der Verbrennung wurde uns von den Nazis befohlen, jede Leiche gründlich zu untersuchen, ob sich Goldkronen, Ohrringe und Münzen fänden. Mit diesen Aufgaben war die Gruppe der »Goldsucher« beauftragt. Zu dieser Gruppe gehörte Sachar Trubakow. Für seine Arbeit bekam er eine Zange, die wir benutzten, um uns aus den Fesseln zu befreien.

In den Taschen der 1941 Erschossenen fanden sich verschiedene Gegenstände: Taschenmesser, Schraubenzieher und Schlüssel. Die Menschen dachten nicht, dass sie erschossen würden, und nahmen alles mit sich, was man im Leben gebrauchen konnte. Die gefundenen Schlüssel versteckten wir unauffällig während unserer Mittagspause. Dies machten Wladislaw Kuklja und Jakow Kaper. Sie wurden von Georgi Bashanow, David Budnik, Boris Jaroslawskij, Filipp Wilkis und anderen gedeckt. Einer der Schlüssel, die Jakow Kaper beschaffte, passte zum Hängeschloss am Tor der Erdhöhle. Es blieb uns, den richtigen Moment zu erwischen. Eine Nacht verging nach der anderen, aber der ersehnte Moment kam nicht. Ich unterhielt mich ab und zu mit dem Wachtmeister Fogt, und dieser erzählte mir, wenn unsere Arbeit hier zu Ende sei, wir zu einem gleichen Einsatz nach Shitomir verlegt würden. Darüber informierte ich Fedor Jerschow.

Am 28. September war ich in der Truppe der Häftlinge, die zum Ausgraben der Leichen auf dem Gelände der Psychiatrie Kirillowskij abkommandiert war. Dort hatten die Nazis 1941 einige Hundert Kranke erschossen. Unter den Wachmännern war auch Fogt. Auf dem Rückweg ging ich neben ihm, und er sagte mir leise: »Morgen kaputt.«

Als wir auf unserem Hauptsitz angekommen waren, stand dort ein neuer Ofen und war für die Verbrennung von Leichen vorbereitet. Als ich an den Aufsehern Topaide und Chinisch vorbeiging, vernahm ich zufällig Fetzen ihres Gespräches, aus dem hervorging, dieser Ofen sei für die »Figuren« vorgesehen. So nannten sie uns. Für sie waren wir keine Menschen, sondern nur Figuren wie Spielzeug. Von all dem berichtete ich Jerschow. Es wurde entschieden, dass wir nicht zögern sollten.

Als wir an jenem Abend in die Erdhöhle geschickt wurden, brachte man uns zwei Töpfe mit gekochten Kartoffeln. Jerschow verteilte die Aufgaben. Die schwierigste Aufgabe übernahm Wladislaw Kuklja: Er sollte die Hand durch das Gitter strecken und das Schloss öffnen. Wir sollten uns gegenseitig aus den Fesseln befreien. Ich war unter jenen, die die Wachmänner beobachten sollten (ich schlief neben der Tür).

Wir warteten auf die tiefe Nacht, und diese war auch sehr neblig. Gegen zwei Uhr nachts ging Kuklja vorsichtig ans Tor. Relativ lange – wie es uns schien – mühte er sich mit dem Schloss ab, aber es gelang ihm, es zu öffnen. Neben ihm stand David. Nach dem Befehl Jerschows begannen wir, uns aus den Fesseln zu befreien. Ich wurde von Kuklja befreit. Die Wachmänner hörten den Lärm und fragten, was los sei. Ich antwortete auf Deutsch: »Es gibt Streit wegen der Kartoffeln.« Sie lachten und beruhigten sich. Ruhig wurde es auch in der Erdhöhle.

Ich erinnere mich nicht, wie viele Minuten vergingen, bevor Filipp Wilkis das Tor öffnete. Von Jerschow kam der Befehl »Vorwärts!« oder »Los, Jungs!«, und in den engen Gang stießen entfesselte Häftlinge. Im ersten Augenblick waren die Deutschen wahrscheinlich verwirrt. Danach eröffneten sie das Feuer, und jemand wurde von den Hunden angefallen. Ich erinnere mich, wie Wilkis (das war ein großer Junge, der vor dem Krieg als Lastenträger arbeitete) einen der SS-Männer umstieß und danach der neben mir rennende Jerschow von einer Kugel getroffen zu Boden fiel. Nachdem ich den getarnten Zaun des Geländes hinter mir gelassen hatte, sprang ich in den Graben, der an der Straße war, die zu dem mir bekannten Krankenhaus nach Kirillowskij führte. Wir hörten, wie die Nazis mit der Leuchtpistole schossen. Neben mir rannten Dolinar, Wilkis, ein Junge namens Sascha (seinen Nachnamen kenne ich nicht) und andere, deren Namen ich nicht kenne. In den »Protokollen des Nürnberger Prozesses« (Bd. 3, Aufl. 1958) gibt es in der Rede des Anklägers der UdSSR L. N. Smirnow zwei Auszüge aus dem Protokoll des Verhörs über die Verbrennung der Leichen der sowjetischen Bürger in Babi Jar. Einer dieser Auszüge (S. 285) stammt aus dem Protokoll des Verhörs, in dem auch meine Aussagen und Aussagen der mit mir Geflüchteten festgehalten wurden. Der zweite Auszug (S. 311–312) stammte aus dem Protokoll des Verhörs des SS-Mannes Gerhard Adametz, dessen Truppe uns im Lager bewachte. In seinen Aussagen bestätigte er auf seine Art und Weise die von uns gemachten Aussagen, darunter auch unsere Flucht.

Während der Flucht wurde ein Teil unserer Freunde, darunter auch Fedor Jerschow, erschossen. Die Deutschen suchten mit Hunden nach uns. Ich rettete mich, in dem ich mich in einem Keller versteckte. Danach fand ich bei Bronislawa Adamtschuk in Kiew Unterschlupf. Mit ihr arbeitete ich früher bei Bingel. Ihre Wohnung war in der Polewajastraße 2. Drei Wochen nach meinem Unterschlüpfen kam in diese Wohnung Walentin Michailowitsch Swiderskij, Mitglied einer Untergrundorganisation, und schlug vor, in der zweiten Oktoberhälfte zu einer Partisanentruppe in Teterow hinzuzustoßen. Zusammen mit mir sollten noch fünf andere Personen dazukommen. Aber wir konnten die Partisanen nicht erreichen. Die Deutschen durchstreiften den Wald und den Ort Teterow.

In der gleichen Nacht kehrten wir nach Kiew zurück, und ich blieb bei Swiderskij bis zur Befreiung der Stadt am 6. November 1943. Am 20. November 1943 meldete ich mich bei der Musterungsstelle und wurde in die aktive Armee eingezogen. Ich kämpfte bei der Pioniertruppe im Schützen-Regiment 1123 der Division 333 der 27. Armee. Ende Februar 1944 erfuhr die Truppenführung während der Operation Korsun-Schewtschenkowski, dass ich Fremdsprachen beherrsche, und versetzte mich in die Erkundungstruppe der Stabdivision.

Nach dem Krieg diente ich in der Sonder-Inspektion der Kontrollkommission in Rumänien bis zu ihrer Auflösung am 15. September 1947. Nach der Demobilisierung arbeitete ich in Industriebetrieben und Hochschulinstituten in den Städten Kiew und Kaluga.

1966 erschienen in der Zeitung »Prawda Ukrainy« der Artikel »Die Nacht, die das Leben kostete (Ночь ценой в жизнь)« (die Geschichte einer Heldentat) und das Buch von A. Kusnezow »Babi Jar«. Dies führte zum Treffen mit den Kameraden, die die Flucht aus Babi Jar überlebt hatten. Gleichzeitig trafen wir uns mit den Menschen, mit denen wir in der Zeit der Besatzung zusammen waren: Patemskij, Wosny, Swiderskij und Satschkow. Adamtschuk war schon verstorben.

Die Nazis taten alles, um den Hass zwischen den Menschen verschiedener Nationalitäten zu vergrößern, um sie gegeneinander aufzuhetzen. Aber ehrliche und willensstarke Menschen blieben sich treu in schwierigsten Lebenssituationen und unter kritischsten Bedingungen. Ich begegnete diesen Menschen, und darin besteht mein größtes Glück. Zu ihnen zählen der Moldawier Godjak, der Deutsche Bingel, die ukrainische Mutter und Tochter Adamtschuk, die Russen Jerschow, Swiderskij und Satschkow.

Westnik [Bote] Nr. 1 des amerikanischen Forschungsinstituts »Holocaust und russisches Judentum«, New York, September 2006, S. 38–42

Sofija Tschepurkowskaja (geb. 1925)
»Im Angesicht der Lebensgefahr«

Ich, Sofija Wassiljewna Tschepurkowskaja, wurde am 15. Juni 1925 in der Stadt Radomyschl, Gebiet Shitomir, geboren. Meine Mutter (geborene Aisenberg) Natalja (Nachema) Pawlowna wurde 1887 geboren und war Jüdin. Mein Vater, Wassili Stepanowitsch Tschepurkowski, geboren 1893, war Jurist. Meine ältere Schwester Sinaida wurde 1922 und mein jüngerer Bruder Aleksej 1928 geboren. Meine Mutter stammte aus der alten jüdischen Familie Aisenberg, die damals in Kiew für viele ein Begriff war. Mein Großvater Pawel Grigorjewitsch und meine Großmutter Sara Moisejewna wohnten in Kiew in der Basseinaja-Str. 19. Es war eine kinderreiche Familie. Einige Kinder wanderten in die USA aus, einige sind geblieben. Meine Mutter war Deutschlehrerin in der Schule Nr. 20, mein

Vater war Jurist in der Fabrik »Krasny pachar« (Der rote Ackerbauer). Seit 1939 bewohnten wir eine Fabrikwohnung.

In den ersten Kriegstagen wurde mein Vater eingezogen und fiel an der Front. Meine Mutter blieb mit uns drei Kindern allein.

Ich erinnere mich, wie Kiew bombardiert wurde, wie der Rauch über Kiew und dem Fluss Dnjepr aufstieg, ich sah die ersten Toten und Verletzten, hörte faschistische Flieger und das Heulen der Sirenen, die aufforderten, sich in den Luftschutzkeller zu begeben. Wir waren schockiert, weil die furchtbare Tragödie des Krieges ganz plötzlich unser Leben überraschte. Viele Menschen ließen sich aus der Stadt evakuieren. Auch meine Mama versuchte es. Wir packten unsere Habseligkeiten, und Mama beantragte entsprechende Papiere. Wir waren schon zum Zug gegangen, aber konnten nicht wegfahren. Die Züge waren mit Menschen überfüllt. Man hörte faschistische Flieger und das Schreien der Menschen. Mama schaffte es nicht, mit uns drei Kindern in den Zug einzusteigen. Die mit Menschen überfüllten Züge wurden unterwegs von den Faschisten bombardiert.

Es war eine sehr schwere Zeit. Die Ungewissheit und Auswegslosigkeit machten uns Angst. Als Kiew besetzt wurde, lebten wir in Angst vor dem Tod, der von allen Seiten auf uns lauerte. Auch Hunger und Kälte setzten uns zu. Uns beherrschte Panik vor etwas Furchtbarem und Unvorhersehbarem.

Nachdem Mama von dem Terror der Deutschen gegenüber den Juden erfahren hatte, zog sie zusammen mit uns zu ihrer Freundin in die Nikolsk-Botanitscheskaja-Str. 29, Wohnung Nummer 2. Einige Zeit versteckte diese uns bei sich in der Wohnung und riskierte somit ihr Leben. Sie berichtete uns von Babi Jar. Tagsüber hielten wir uns in einem Anbau auf und versteckten uns dort in einem Keller. In der Nacht gingen wir kurz heraus. Uns kannte dort niemand. Wir verheimlichten unsere jüdische Herkunft, versteckten uns und vermieden jedes Gespräch. Meine ältere Schwester trug ein Kopftuch, um ihre schwarzen, lockigen Haare zu verstecken. Mama, mein Bruder und ich hatten helle Haare. Eine besondere Gefahr bestand darin, dass Mama die R- und L-Laute unsauber aussprach. Mamas Freundin brachte uns Lebensmittel, die sie gegen unsere Gegenstände eintauschte.

Der weitere Aufenthalt in Kiew war mit vielen Gefahren verbunden. Nach der Erschießung der Juden in Babi Jar am 29. September 1941 (Jom-Kippur-Fest) jagten Deutsche und Polizisten durch die ganze Stadt und suchten nach versteckten Juden. Es war sehr gefährlich, in Kiew zu bleiben. Wir entschieden uns, ins Dorf Stawischtsche in der Nähe von Kiew zu gehen, wo die Schwester meines Vaters lebte, obwohl auch dort die Nazis tobten.

Am frühen Morgen machten wir uns auf den Weg. Erschöpft und ausgehungert schleppten wir unsere Habseligkeiten und versuchten, die gefährlichen Plätze zu meiden. An der Stadtgrenze wurden wir von einer Polizeipatrouille angehalten. Sie fragten nach unseren Habseligkeiten und wohin wir gingen. Wir antworteten, dass wir unsere Gegenstände gegen Lebensmittel eintauschen würden. Gott sei Dank hat diese Ausrede gereicht, und man ließ uns weiterziehen. Wir waren Habenichtse, und es gab damals sehr viele wie wir.

Im Dorf Stawischtsche blieben wir bis zur Befreiung der Stadt Kiew. Wir arbeiteten auf dem Feld, unterhielten uns mit niemandem und verließen kaum das Haus. Das Haus stand am Dorfrand in der Nähe des Waldes, in dem man sich im Fall der Fälle verstecken konnte. Die Razzien der einheimischen Polizisten stellten für uns die größte Lebensgefahr dar. Aber meine Tante handelte mit dem Dorfältesten unsere Überlebenschance aus, indem sie ihm dafür einen großen Geldbetrag gab. Damit rettete sie uns vor Tod und Verschleppung nach Deutschland.

Zum Glück waren im Dorf ungarische und nicht deutsche Truppen stationiert. Sie interessierten sich wenig für die einheimische Bevölkerung. Wir versteckten uns und passten auf, dass wir von niemandem gesehen würden. Wenn meine Tante nach uns gefragt wurde, sagte sie, wir wohnten in Kiew und seien nur selten bei ihr zu Besuch. Die Nachbarn wussten, dass meine Tante den Flüchtlingen Unterschlupf gewährte, aber sie hielten uns nicht für Juden. Wir existierten im Angesicht der Lebensgefahr.

Es ist schwierig zu beschreiben, was wir in jener furchtbaren Zeit erlebten. Ich schreibe diese Erlebnisse auf und werde aufs Neue mit meiner grausamen Jugend konfrontiert. Meine Hände zittern und die Tränen rollen mir die Wangen herab. Anfang November 1943, während der Befreiung der Stadt Kiew, waren wir mehrmals in einer höchstgefährlichen Situation. Die Deutschen tobten auf ihrem Rückzug und rotteten das Leben aus.

Als wir nach Kiew zurückkehrten, wohnten wir bei unseren Bekannten. Wir mussten Hunger und Kälte erleiden. Wir halfen bei der Räumung der zerstörten Straßen und Häuser. 1943 nahm ich mein Pädagogikstudium an der Gorki-Hochschule in Kiew auf. Am 25. Januar 1945 heiratete ich den sowjetischen Offizier Alexandr Romanowitsch Stowbyr. 1946 beendete ich mein Studium und bekam eine Stelle in der Stadt Mukatschewo im Gebiet Sakarpatje. Im August 1949 zog ich in die Heimat meines Mannes, die Stadt Lubny, Gebiet Poltawa. Ich war als Lehrerin tätig und wurde 1982 pensioniert.

3. Bezirk (Rayon) Belaja Zerkow

(ukr. Bila Zerkwa, poln. Biała Cerkiev)

Ort: Belaja Zerkow

Vor 1941 war Belaja Zerkow[20] Bezirkshauptstadt im Gebiet Kiew der Ukrainischen Sozialistischen Sowjetrepublik, von 1941 bis 1944 Bezirks- und Gebietshauptstadt im Generalbezirk Kiew. Seit 1991 gehört die Stadt zum Gebiet Kiew in der Ukraine.

Vor Beginn der deutschen Invasion in der Sowjetunion lebten in Belaja Zerkow 9284 Juden. Belaja Zerkow wurde am 16. Juli 1941 von deutschen Truppen besetzt. Wegen der

---

20 Altman, Cholokost, S. 60; Encyclopedia of Camps and Ghettos, S. 1590; The Yad Vashem Encyclopedia, S. 31; Ernst Klee/Willi Dreßen/Volker Rieß, »Schöne Zeiten«. Judenmord aus der Sicht der Täter und Gaffer, Frankfurt a. M. 1988, S. 131–145.

nahen Eisenbahnlinie war es etwa der Hälfte der jüdischen Bevölkerung gelungen, vor dem Einmarsch der Wehrmacht zu fliehen.

Im August 1941 ordnete die Militärverwaltung an, dass alle Juden der Stadt und der Umgebung in ein Ghetto ziehen müssen. Das Ghetto bestand aus früheren Kasernen der Roten Armee und einer Ziegelei, ohne Licht und Wasser. Zwischen 2000 und 4000 Juden wurden registriert. Es wurde ein Judenrat gebildet, der die Juden zur Zwangsarbeit einteilen musste.

Die Verspottung und die Ermordung der Juden begannen bereits in den ersten Tagen der Okkupation. Ein deutscher Soldat, begleitet von örtlichen Polizisten, verhöhnte eine Gruppe Juden. Dann befahl er den Polizisten, fünf Juden, darunter eine Frau, zu erschießen. Im August 1941 wurden im Laufe von einigen Nächten in einem Wald im Vorort Saretschje Erschießungen von der Feldgendarmerie durchgeführt. Bei einer weiteren »Aktion« wurden ungefähr 30 Juden, Angehörige der Partei, erschossen, außerdem Juden aus anderen Orten sowie Militärangehörige, die aus der Gefangenschaft entflohen waren. Zwischen dem 8. und 19. August 1941 ermordete das Sonderkommando 4a ungefähr 500 Juden in der Nähe des Kriegsgefangenenlagers Stalag 334 und am 6. September 1941 weitere 3000 Juden.

Am Nachmittag des 22. August 1941 wurden 90 Kinder von der ukrainischen Miliz des Feldkommandanten in einem Waldstück an Gruben erschossen, die von der Wehrmacht ausgehoben worden waren. Die Ermordung der Kinder erfolgte mit Billigung des Generalfeldmarschalls Walter von Reichenau, Oberbefehlshaber der 6. Armee. Klee, Dreßen, Rieß schildern diesen Mord und die Vorgeschichte ausführlich in ihrem Buch »Schöne Zeiten«.[21]

»Belaja-Zerkow (Bialacerkie) ist ein ukrainischer Ort, 70 Kilometer von Kiew entfernt. Im August 1941 wendet sich der Feldkommandant von Belaja-Zerkow an das Sonderkommando (SK) 4a, die jüdischen Bewohner zu töten. Den Tötungsauftrag bekommt ein Teilkommando des SK 4a, das SS-Obersturmführer August Häfner befehligt. Das Kommando besteht aus Stammangehörigen des Sonderkommandos 4a und einem Zug der 3. Kompanie des SS-Bataillon z. b. V. (Waffen-SS) unter Führung des SS-Oberscharführer Jäger. Zwischen dem 8. und 19. August erschießt der Zug der Waffen-SS – mithilfe ukrainischer Miliz – mehrere Hundert Jüdische Männer und Frauen. Tatort: ein Schießplatz in der Nähe der Kaserne (siehe Zeugenaussage).

Die Kinder der Ermordeten sind zunächst in einem Gebäude am Ortsrand eingesperrt. Am Abend des 19. August wird ein Teil der Kinder mit drei vollbesetzten Lastkraftwagen abtransportiert und auf dem Schießplatz abgeknallt. Etwa 90 Kinder bleiben in erbärmlichen Umständen zurück. Am nächsten Tag, dem 20. August, sitzen der katholische Kriegspfarrer – so die damals übliche Bezeichnung – Ernst

---

21 Klee/Dreßen/Rieß, »Schöne Zeiten«, S. 131–145.

3. Bezirk (Rayon) Belaja Zerkow

Tewes und sein evangelischer Kollege Gerhard Wilczek im Kasino beim Mittagstisch. Beide sind Soldaten im Offiziersrang. Ein völlig verstörter Unteroffizier bittet Tewes (nach dem Kriege Weihbischof in München), Abhilfe zu schaffen.

Die Kriegspfarrer besuchen die Kinder (siehe Dokumente) und informieren die Divisionspfarrer der 295. Infanterie-Division (I.D.), die für ein paar Tage im Ort ist. Nun besichtigen der katholische Divisionspfarrer Dr. Reuß (nach dem Kriege Weihbischof in Mainz) und sein evangelischer Kollege Kornmann (für tot erklärt) zusammen mit Tewes und Wilczek das Elend. Am Nachmittag unterrichten die Divisionspfarrer Dr. Reuß und Kornmann den 1. Generalstabsoffizier der Division, Oberstleutnant Helmuth Groscurth (gefallen).

Der weitere Verlauf – die Verhandlungen der Wehrmacht bis zur einvernehmlichen Ermordung der Kinder am 22. August – ergibt sich aus den Dokumenten«.[22]

Die 90 Kinder waren im Alter von wenigen Monaten bis zu fünf, sechs oder sieben Jahren. Sie waren in zwei Räumen, in denen es kein Wasser gab, untergebracht und lagen in ihrem eigenen Unrat. Einige größere Kinder kratzten den Mörtel von der Wand und aßen ihn. Sie wurden von einem Posten der ukrainischen Miliz bewacht.

Bei der Diskussion zwischen Wehrmacht und SK 4a über die Durchführung der Erschießung betonte der Feldkommandant mehrfach, dass er die Ausrottung der jüdischen Frauen und Kinder für dringend erforderlich halte, gleichgültig in welcher Form diese erfolge.

Im Oktober 1941 wurde die Militärverwaltung durch eine Zivilverwaltung ersetzt und die Stadt in den Generalbezirk Kiew im Reichskommissariat Ukraine eingegliedert. Gebietskommissar in Belaja Zerkow war Regierungsrat Dr. Stelzer.

Mehrere Hundert Juden lebten noch im Ghetto, bewacht von ukrainischer Polizei und zur Zwangsarbeit eingesetzt. Im Januar 1942 ergriffen Angehörige der Gendarmerie und der ukrainischen Polizei 30 alte und kranke Juden, brachten sie in die Nähe des Kriegsgefangenenlagers und erschossen sie. Im Februar 1942 durchkämmten die Gendarmerie und die ukrainische Polizei den Bezirk und brachten mehrere Hundert Juden in die Stadt, wo sie in zwei Gefängnissen untergebracht wurden. Dann wurden 100 arbeitsunfähige Juden erschossen. Am 15. März 1942 ermordeten Gendarmerie und ukrainische Polizei 500 jüdische Männer, Frauen und Kinder in der Nähe von Stalag 334. Die letzte große Mordaktion fand Anfang Mai 1942 statt, als die Sicherheitspolizei aus Belaja Zerkow, Gendarmerie und ukrainische Polizei die letzten Juden des Ghettos ermordeten.[23]

Im September 1943 brachten die Deutschen Juden aus der Umgebung nach Belaja Zerkow und ermordeten sie.

Belaja Zerkow wurde am 4. Januar 1944 durch die Rote Armee befreit.

---

22 Ebenda, S. 132–143.
23 Encyclopedia of Camps and Ghettos, S. 1590.

Soja Gawrilowa (geb. 1936)
»Wir wurden von Einheimischen aufgenommen«

Ich wurde am 15. Oktober 1936 in der Stadt Woronesh geboren, wo unsere ganze Familie vor Kriegsausbruch wohnte.

Mein Vater wurde eingezogen.

Am 5. Juli 1942 wurde Woronesh von Deutschen besetzt. Die Stadt wurde bombardiert, und auch das Viertel in der Nähe des Bahnhofs, in dem wir wohnten, wurde sehr stark bombardiert. Die Stadt wurde zu 80 Prozent zerstört. Unsere Wohnung wurde von Deutschen konfisziert, und wir kamen bei unseren Nachbarn unter. Während der Bombardierungen versteckten wir uns im Keller.

Besonders große Angst hatten wir vor den SS-Männern. Sie setzten ihre Peitschen gegen Menschen, gegen Gegenstände und selbst gegen Lautsprecher ein. Vor ihnen versteckten sich alle im Keller. Meine Mutter und alle jüngeren Frauen schmierten sich Asche ins Gesicht und trugen Kopftücher, um älter und unattraktiv auszusehen.

Im August 1942 wurden wir aus der Stadt vertrieben. Wir nahmen mit, was wir tragen konnten. Ich war damals fünf Jahre alt. Ich trug einen Kessel mit Wasser und einen kleinen Korb mit Zwieback. Wir gingen ein paar Tage lang. Die Essensvorräte gingen aus, und meine Mutter tauschte ihren Goldring gegen ein Brot um. Dann gingen wir durch ein Feld mit Kohl. Über uns begann ein Luftkampf, und Mama deckte mich mit ihrem Körper. Einmal unterwegs tranken wir das Wasser aus einem Teich, als wir plötzlich Rufe hörten: »Trinkt es nicht, hier liegt eine Leiche.« So erreichten wir einen Bahnhof, in dem wir in Güterwaggons gepfercht und irgendwohin gefahren wurden.

Wir landeten in der Stadt Belaja Zerkow, Gebiet Kiew. Die Stadt war von Deutschen besetzt, und man trieb uns in ein leer stehendes Gebäude. Es gab sehr viele Flüchtlinge. Wir wurden von Einheimischen aufgenommen. Es waren sehr gütige Menschen: Nadja und Lenja Prozjuk und ihre drei Kinder. Sie wohnten in einem Zimmer und das andere stellten sie uns zur Verfügung. Wir waren drei Familien aus Woronesh. Jede Familie hatte eine Ecke bekommen. So wohnten wir von September 1942 bis März 1944. Es war in der Nähe des Friedhofs.

Einmal ließ sich ein Deutscher seine Schuhe putzen. Er erblickte meine Mama und rief ihr hinterher: »Juda, komm!« Meine Mutter tat so, als ob sie es nicht gehört hätte, und entfernte sich. Ein anderes Mal holte ein Polizist meine Mutter in die Kommandantur, um ihre Nationalität zu klären. Unterwegs konnte Mama ihn überzeugen, dass sie Tatarin war. Mama hatte einen Akzent, und das rettete nicht nur uns, sondern auch die zwei anderen Familien, die zusammen mit uns in einem Zimmer wohnten. Wir waren sehr mittellos und hungerten. An Unterernährung und Krankheiten starb mein Großvater.

In Belaja Zerkow arbeitete Mama im Wasserwerk. Zu jeder Jahreszeit musste sie Gräben ausheben, die 1,5 Meter tief und 0,5 Meter breit waren. Mit Axt und Schaufel musste sie auch das Eis an großen Wasserhähnen abschlagen.

Nach der Befreiung der Stadt Belaja Zerkow kam eine Nachbarin, die Ehefrau des Chefingenieurs des Wasserwerks, zu uns, gratulierte uns, dass wir überlebt hatten, und sagte: »Wir wussten, was eure Nationalität ist, aber wir schützten euch, so gut wir nur konnten.«

Im März 1944 kehrten wir nach Woronesh zurück. Mama arbeitete zuerst als Schuhputzerin. Dann kehrte mein Vater, der schwer verletzt war, zurück.

4. Bezirk (Rayon) Boguslaw
(ukr. Bohuslaw, poln. Bohusław)

Ort: Boguslaw

Vor 1941 war Boguslaw[24] Bezirkshauptstadt im Gebiet Kiew der Ukrainischen Sozialistischen Sowjetrepublik. Von 1941 bis 1943 gehörte Boguslaw zum Kreisgebiet Korsun, Generalbezirk Kiew, Reichskommissariat Ukraine. Seit 1991 gehört die Stadt zum Gebiet Kiew in der Ukraine.

1926 hatte die Stadt 12 140 Einwohner, davon waren 6432 Juden. In der Folgezeit ging die Zahl der jüdischen Bevölkerung stark zurück durch Abwanderung in andere Gebiete. 1939 lebten in Boguslaw 2230 Juden, 25 Prozent der Bevölkerung.

Am 26. (27.) Juli 1941 wurde die Stadt von der deutschen Wehrmacht besetzt. Nach der deutschen Invasion in der Sowjetunion wurden viele Juden zur Roten Armee eingezogen oder konnten evakuiert werden. Nur etwa 15 Prozent der jüdischen Bevölkerung blieben in der Stadt. Bereits am 28. und 29. Juli 1941 fanden von den Deutschen organisierte Pogrome statt, bei denen mehrere Dutzend Juden ermordet wurden.

Zunächst hatte eine Ortskommandantur die Herrschaft in der Stadt. Sie rekrutierte aus der örtlichen Bevölkerung Hilfspolizisten, die sich später aktiv an antijüdischen »Aktionen« beteiligten.

Ein Judenrat wurde eingerichtet, bei dem alle Juden registriert wurden. Juden wurden durch eine Armbinde gekennzeichnet und mussten Zwangsarbeit leisten.

Zwischen dem 15. und 20. August 1941 mussten alle Juden in die Prowaljana-Straße ziehen, die zum »Judenviertel« erklärt wurde.

Am 23. August 1941 wurden 45 Juden und Kommunisten erschossen.[25] Die systematische Misshandlung und Ermordung von Juden wurden die Norm. Polizisten ergriffen schöne Frauen und führten sie deutschen Offizieren zu. Im September 1941 erschossen deutsche Kräfte, vermutlich Angehörige des Einsatzkommandos 5, 49 Juden im Dorf Medwin I und mehr als 100 in Medwin II. Es begann die systematische Vernichtung der Juden, die sich versteckt hatten oder aus der Stadt geflohen waren. Sie wurden auf dem polnischen Friedhof oder in Schluchten und Gräben außerhalb der Stadt erschossen. Unter den Toten waren auch viele jüdische Flüchtlinge.

Das offene Ghetto wurde am 15. September 1941 »liquidiert«. In der Ereignismeldung UdSSR Nr. 119 vom 20. Oktober 1941 wird berichtet, am 15. September 1941 habe das Einsatz-

---

24 Altman, Cholokost, S. 94; Encyclopedia of Camps and Ghettos, S. 1590 f.
25 Kruglow, Enziklopedija Cholokosta, S. 87.

kommando 5 in Boguslaw erneut eine »Aktion« durchgeführt, da nach zuverlässigen Meldungen Partisanen und Fallschirmspringer durch Juden verpflegt worden seien. Durch die Exekution von 322 Juden und 13 kommunistischen Funktionären sei diese Stadt judenfrei.[26] Zur gleichen Zeit wurde eine Gruppe jüdischer Kriegsgefangener, die in einem örtlichen Krankenhaus behandelt wurden, ermordet.

Einige jüdische Handwerker sollen in Boguslaw geblieben sein. Die Deutschen erschossen sie im Juli 1943, kurz bevor sie sich zurückzogen.

Am 3. Februar 1944 wurde Boguslaw durch sowjetische Truppen befreit.

Einige jüdische Kinder überlebten, weil sie versteckt wurden. Ungefähr 10 Bewohner der Stadt sind als »Gerechte unter den Völkern« für die Rettung von Juden in Yad Vashem geehrt worden.

Emma Wassiljewa (geb. 1931)
»Im heimatlichen Boguslaw«

Mein Vater, Wassili Fomitsch Petrussenko, Ukrainer, geboren 1903, ging in den ersten Kriegstagen an die Front. Meine Mama, Elisaweta Michailowna Tridman, Jüdin, geboren 1905, war damals mit dem vierten Kind schwanger. Sie blieb in Boguslaw, Gebiet Kiew, mit drei Kindern: Emma, 10 Jahre alt, Sweta, sechs, und Tamara, eineinhalb Jahre alt. Wir wohnten im Elternhaus meines Vaters.

Am 26. Juli 1941 besetzten die Faschisten Boguslaw. Bereits im August begannen die Massenerschießungen der Juden. In ein paar Tagen wurden alle Verwandten meiner Mama bestialisch ermordet. Die Faschisten vernichteten alle: von kleinen Kindern bis zum pflegebedürftigen Alten. Unter den Ermordeten waren unsere Großmutter mütterlicherseits Rossja Tridman, Genja, die Schwester meiner Mama, und ihre Kinder Lisa und Petja (17 und 13 Jahre alt), Ljuba, die Frau des Bruders meiner Mama, und ihre Kinder Sonja, Roma und Isaak (neun, sechs und drei Jahre alt).

Wir lebten in der ständigen Angst, jeden Augenblick abgeführt und getötet zu werden. Es war an einem furchtbaren Sommertag. Ich werde diesen Tag nie vergessen. Man trieb uns durch die Straße: Meine schwangere Mama hielt die kleine Tamara im Arm, während Sweta und ich uns an beiden Seiten ihres Kleides festhielten. Unsere Verwandten und Nachbarn liefen hinter uns her. Alle weinten und baten, dass man uns freilässt. Meine Mutter schubste mich und flüsterte mir zu: »Versteck dich im Menschenhaufen.« Ich aber hatte Angst und hielt mich noch fester an meiner Mama. Wir sahen, dass unser Großvater Foma und eine junge Frau, Maria Staschewska, uns entgegenliefen. Unser Großvater väterlicherseits war Küster in der Kirche und genoss viel Respekt in Boguslaw. Mein Großvater schrie, dass es seine Tochter und seine Enkelkinder seien. Die Menschenmasse bestätigte seine Worte. Dieser Horror dauerte eine Ewigkeit.

Als wir an der Kirche vorbeigingen, fasste Maria mich und meine Schwester Sweta an den Armen und schleppte uns blitzschnell in die Kirche. Vor Angst konnte ich nichts sehen und hören.

---

26 Mallmann, »Die »Ereignismeldungen UdSSR«, S. 706.

Als ich zu mir kam, kniete ich und betete. Neben mir war Mama mit Tamara und Sweta. Mamas kastanienbraune Haare waren weiß. Wir verbrachten ein paar Tage in der Kirche. Heimlich brachte uns Maria Staschewska das Essen in die Kirche. Nach einiger Zeit begleiteten uns an einem späten Abend Maria und Großvater Foma in seinen Stall. Später versteckte uns Großvater Foma in einer Grube, die er am Rande seines Gartens zwischen Flieder und großen Steinen in der Nähe des Flusses Ros für uns ausgehoben hatte. Die Grube war dunkel und sehr feucht.

Aber Gott, unser Großvater Foma, Tante Lena Nishnik (die Schwester meines Vaters) und unsere lieben Nachbarn: Maria Iwanowna Turkewitsch und Fedor Fedossejewitsch, ihre Töchter Galja und Nadja, Ewgenija Konstantinowna Turkewitsch und ihre Tochter Galja retteten uns und halfen uns zu überleben. Nach einiger Zeit in jener feuchten Grube war unser ganzer Körper voll mit Eiterblasen, die Läuse fraßen uns auf, unsere Körper schwollen vor Hunger an, und wir hatten Angst zu erfrieren. Großvater Foma und Tante Lena holten uns, wenn es möglich war, ins Haus, wuschen uns und versorgten uns mit Essen. Es war sehr gefährlich. In unserer Straße war der Stab der Faschisten stationiert, und im Hof von Tante Lena war die Feldgendarmerie untergebracht. Dann halfen uns unsere lieben Nachbarn. Auf Kinder achteten die Faschisten weniger, deshalb schickten Maria Iwanowna und Ewgenija Konstantinowna ihre Töchter, um uns Essen zu bringen. Die Mädchen stahlen sich durch die Steine ins Gebüsch zum Flieder und ließen dort für uns ein Stück Brot, einen Zuckerwürfel, eine Kartoffel oder etwas Brei liegen. Sie gaben uns ein Zeichen und rannten weg. Galja passte auf der Straße auf, dass die Faschisten nicht auftauchten. Manchmal kam Nadja spät in der Nacht und holte eine von uns mit sich. Dann wurden wir von Tante Marijka gewaschen, gefüttert und im Warmen zum Schlafen gelegt. Am nächsten Morgen versteckte sie uns dann in einem Heuhaufen, im Stall oder auf dem Dachboden. Galja und Nadja Turkewitsch waren damals selbst noch Kinder. Trotz Gefahr und Angst riskierten sie ihr Leben und halfen, uns vor dem sicheren Tod zu retten.

Oft erfuhr Galja von geplanten Razzien und ging dann zum Haus meines Großvaters und bellte. Mein Großvater wusste, was dieses Zeichen bedeutete, und versteckte uns an einem anderen Ort. Manchmal holten uns Tante Marijka und Tante Shenja. Eines Abends holte Galja (Tochter von Tante Shenja) uns alle zu sich in ihren Stall. Am nächsten Morgen setzten Deutsche den Stall meines Großvaters, in dem wir uns zuvor versteckt hatten, in Brand. Dort verbrannten ein Kälbchen und ein Hund.

Zwei Jahre und sechs Monate mussten wir in Verstecken leben. Im Sommer konnten wir uns im Steinbruch und auf der Insel verstecken. Die Mädchen Nadja und beide Galjas brachten uns heimlich das Essen. Ganz furchtbar war es aber im Winter: Kälte, Hunger, Krankheiten.

Am 1. Januar 1942 bekam meine Mutter Wehen. In jenem Augenblick brachte uns Galja zu essen. Wir baten sie, ihre Mutter zu uns zu schicken. Tante Marijka kam gerannt. Tante Shenja holte uns Kinder zu sich und versteckte uns im Stall. Nachdem Tante Marijka und Galja Mama beim Entbinden geholfen hatten, holten sie Mama und das Baby heimlich zu sich und versteckten die beiden im Stall, im Heu. Wir wurden überall versteckt. Wir waren jetzt zu fünft. Wir wurden im Hof, unter dem Ofen, in einer Bauruine versteckt.

Die Nachbarn wussten, dass ihnen bei der kleinsten Hilfe für Juden die Erschießung drohte. Während der zweieinhalb Jahre langen faschistischen Besatzung halfen, versorgten uns mit Essen und versteckten uns vor den Razzien und Erschießungen unsere gütigen Verwandten Tante Lenja Nishnik, Großvater Foma, unsere Nachbarn Maria Iwanowna Turkewitsch, Fedor Fedossejewitsch, ihre Töchter Galja und Nadja, Ewgenija Konstantinowna Turkewitsch und ihre Tochter Galja und Maria Staschewska.

Wir verbeugen uns vor ihnen!

Jüdische Nachrichten. Beilage der Zeitung der Werchowna Rada der Ukraine, in: Stimme der Ukraine. Zeitung der jüdischen Kultusgemeinde der Ukraine, 2001, Nr. 3–4, S. 5

Elena Witenko (geb. 1942)
»Alle Verwandten meiner Mutter wurden von den Faschisten bestialisch ermordet«

Ich, Elena Wassiljewna Witenko, wurde am 1. Januar 1942 in der von den Faschisten besetzten Stadt Boguslaw, Gebiet Kiew, geboren. Meine Mama Elisaweta Michailowna Tridman war Jüdin, hatte drei Kinder und war mit mir schwanger. Mein Vater, Wassili Fomitsch Petrussenko, war Ukrainer und kämpfte seit Kriegsausbruch an der Front. Er kehrte im August 1945 von der Front zurück.

Ich kann mich an die Gräuel des Krieges selbst nicht erinnern, aber aus den Erzählungen meiner Mama und aus den Erinnerungen meiner älteren Schwestern weiß ich, wie viel Mama erleben und erleiden musste, nur weil sie Jüdin war.

Alle Verwandten meiner Mama, die in Boguslaw wohnten, wurden von den Faschisten bestialisch ermordet. Es waren meine Großmutter Rossja, Genja, die Schwester meiner Mama, und ihre Kinder Lisa und Petja, die Frau des Bruders meiner Mama, Rachmilja (der Bruder meiner Mutter war an der Front), Ljuba und ihre Kinder Sonja, neun Jahre alt, Roma, sechs Jahre alt, und Isaak, drei Jahre alt. Wir sind wie durch ein Wunder dank des Großvaters Foma, der Tante Lena und unserer Nachbarn am Leben geblieben.

Großvater Foma (der Vater meines Vaters) hob in seinem Garten unter der Fliederhecke eine Grube aus und versteckte dort meine Mama mit ihren Kindern. Die Grube war sehr feucht, kalt und dunkel. Es war sehr anstrengend, längere Zeit dort zu sitzen. Bei jeder Möglichkeit holten uns Großvater und Tante Lena (die Schwester meines Vaters) und versteckten uns in Kellern, auf dem Dachboden, in den Scheunen und bei Nachbarn. Meine Schwestern erinnern sich sehr gut, dass Mama mir das Gesicht mit einem Kissen zuhielt, damit man kein Kinderwimmern aus der Erde hörte. Sie musste es tun, um meine drei Schwestern zu retten.

Wir haben teilweise das Heft gerettet, in das Mama während des Krieges Notizen über die Grausamkeiten im Krieg machte. Sie wollte, dass ihre Kinder, Enkel, Urenkel und alle erfahren, was sie zusammen mit uns in jenem Krieg erleben musste.

5. Bezirk (Rayon) Perejaslaw-Chmelnizki

(ukr. Perejaslaw-Chmelnyzkyj)

Ort: Perejaslaw-Chmelnizki

Bis 1943 hießen die Stadt und der Bezirk Perejaslaw. Zu Ehren des Kosakenführers Bogdan Chmelnizki wurden Bezirk und Stadt in Perejaslaw-Chmelnizki[27] umbenannt. Bogdan Chmelnizki hatte 1654 in Perejaslaw einen großen Rat der ukrainischen Kosaken einberufen. Als Ergebnis der Beratungen wurde der Teil der Ukraine am linken Ufer des Dnjepr in das russische Reich eingegliedert.

1939 lebten in Perejaslaw 937 Juden, etwa elf Prozent der Bevölkerung.

Perejaslaw wurde am 17. September 1941 von deutschen Truppen besetzt. Während der Zeit der Besatzung gehörte Perejaslaw zum Reichskommissariat Ukraine, Generalbezirk Kiew. Von einem Vorkommando des Sonderkommandos 4a wurde am 4. Oktober 1941 in Perejaslaw mithilfe ukrainischer Vertrauensmänner eine Judenaktion durchgeführt. Es wurden insgesamt 537 Juden (Männer, Frauen und Jugendliche) erfasst und ermordet. Von der ukrainischen Bevölkerung und der Wehrmacht wurde diese Aktion mit Genugtuung aufgenommen.[28]

Perejaslaw wurde am 22. September 1943 befreit. Nach offiziellen Statistiken sind 609 Menschen während der Zeit der Okkupation umgekommen.

Michail Butnik (geb. 1941)
»Meine Mutter sah ich nie wieder«

Ich, Michail Aristarchowitsch Butnik, war auf dem besetzten Territorium in der Stadt Perejaslaw (heute Perejaslaw-Chmelnizki), Gebiet Kiew, vom September 1941 bis September 1943. Vor dem Krieg bestand unsere Familie aus fünf Personen: Mutter, Vater und drei Kinder. Mein Vater, Aristarch Jakowlewitsch Butnik, arbeitete als Fahrer bei der Feuerwehr. Er wurde zusammen mit seinen Feuerwehrkameraden bereits am ersten Tag nach dem Ausbruch des Krieges eingezogen und irgendwohin geschickt. Meinen Vater sah ich nie wieder. Nach dem Krieg wurde bekannt, dass er am 16. Februar 1945 im Ort Berwalde (heute ist es die Stadt Pieniężno, Woiwodschaft Elbląg in Polen) gefallen ist und in der Nähe von Berwalde beerdigt wurde. Meine Mutter, Jekaterina Michailowna Butnik (geb. Kupa Minajewna Ejdinowa), war Hausfrau und erzog drei Kinder. Mein Bruder, Butnik Swjatoslaw Aristarchowitsch, und meine Schwester, Butnik (nach der Heirat Maksimenko) Ljudmila Aristarchowna, wurden am 7. April 1940 in Perejaslaw geboren.

Mit dem Kriegsausbruch blieb meine Mutter mit den drei Kindern allein. Nach der Besetzung der Stadt Perejaslaw begannen im September 1941 die Erschießungen der Kommunisten und

---

27 Altman, Cholokost, S. 736.
28 Mallmann, Die »Ereignismeldungen UdSSR«, S. 706.

Juden. Deshalb versteckte sich Mama zusammen mit uns vor den neuen Machthabern bei einer Verwandten meines Vaters, Wera Wassiljewna Poltorazkaja, die am Stadtrand wohnte. Tagsüber hielten wir uns in einem Wäldchen auf, das unweit des Stadtrandes lag, und in der Nacht gingen wir ins Haus von Wera oder übernachteten in den Schützengräben, die nach dem Rückzug der Roten Armee geblieben waren.

Nach der ersten Welle der Massenerschießungen wollten wir in unser Haus zurückkehren, aber dort war bereits das Quartier einer kleinen Militärtruppe untergebracht. Wir wohnten, wo wir einen Platz finden konnten: Im Stall, im Keller oder in den Schützengräben. Nach dem Rückzug dieser Militärtruppe aus der Stadt konnten wir in unsere Wohnung zurückkehren. Mama ließ uns Kinder nicht aus der Wohnung und blieb auch selbst drin. Regelmäßig versteckte sie sich mit uns auch bei einer ukrainischen Familie, bei Grigori Iwanowitsch Ljubtschenko, dessen Haus gegenüber unserem lag.

Dieses »Leben« dauerte ziemlich lange. Später blieben nur rumänische Truppen und Polizisten in der Stadt. Meine Mutter konnte mit uns in ihrem Haus wohnen bleiben. Wir ernährten uns aus unserem Garten einschließlich von Gras und Unkraut.

Mit der Befreiung des Gebietes Kiew, das am linken Flussufer lag, an dem auch Perejaslaw lag, eskalierte die Verfolgung der Juden. Im Frühling 1943 wurden wir wahrscheinlich aufgrund einer Denunziation plötzlich von einem Deutschen und einem Polizisten heimgesucht, die Mama abführten. Mein Bruder Swjatoslaw klammerte sich ganz fest an Mama und biss den Deutschen in den Finger. Der Deutsche trat ihn mit dem Stiefel ans rechte Knie. Später war mein Bruder schwer krank, sein Knie wurde operiert, aber er blieb Invalide.

Nach der Verhaftung von Mama wurden wir drei Kinder bis zur Befreiung der Stadt von den Eltern meines Vaters, die schon betagt waren, betreut. Großmutter, die Mutter meines Vaters, wurde ein paar Mal zum Verhör in die Kommandantur gebracht. Jedes Mal weinte sie danach, aber wollte mir nichts erzählen. Später sagte sie, dass sie deshalb verhört worden sei, weil mein Vater in der Roten Armee diente.

Mama sah ich nie wieder. Am 14. Mai 1943 wurde sie zusammen mit den anderen Frauen, die auch Jüdinnen waren, in einem Graben am Rand des Friedhofs erschossen. Nach der Befreiung der Stadt Perejaslaw fand die Identifizierung der Leichen statt, bei der auch meine Mama identifiziert wurde. 1951 wurde sie in einem Massengrab am jüdischen Friedhof begraben. Auf der Tafel des Mahnmals ist ihr Name, Butnik E. M., der dritte von oben.

Nach der Befreiung der Stadt Perejaslaw stellte sich die Frage, wohin mit uns Waisenkindern. Wir mussten ins Kinderheim, da unsere Großeltern sich nicht um uns Kinder kümmern konnten.

Das ist aber eine andere Station meines tragischen Schicksals.

6. Bezirk (Rayon) Stawischtsche
(ukr. Stawyschtsche, poln. Stawiszcze)

Ort: Stawischtsche

1939 lebten in Stawischtsche[29] 319 Juden, sechs Prozent der Bevölkerung. Im gesamten Bezirk waren es 442 Juden.

Am 18. Juli 1941 wurde die Stadt von der deutschen Wehrmacht besetzt. Am 25. August 1941 wurden 60 jüdische Männer erschossen, darunter auch der Älteste des Judenrats. Im September wurden weitere 98 Juden erschossen. Im November/Dezember 1941 gingen die Verwaltungsaufgaben von der Militärverwaltung an die dem Reichsministerium für die besetzten Ostgebiete unterstellte »Zivilverwaltung«, den Gebietskommissar, über. Stawischtsche wurde dem Kreisgebiet Taraschtscha im Generalbezirk Kiew eingegliedert. Im November 1942 wurden die jüdischen Ärzte, die im Krankenhaus arbeiteten, und vier Frauen erschossen. Die letzten Erschießungen waren im Januar 1943, dabei wurden 10 Juden getötet.

Am 4. Januar 1944 wurde Stawischtsche durch die Rote Armee befreit.

Während der Zeit der Okkupation wurden mehr als 200 Juden ermordet.

Beila Kagan (Goldguberg) (geb. 1927)
»Und nur der Schmerz der Erinnerungen«

Ich, Beila Kagan (Goldguberg), wurde 1927 in der Familie des Sowchose-Arbeiters Chaim Gerschkowitsch und der Hausfrau Gnesja Naumowna geboren. In der Familie gab es schon zwei ältere Töchter: Fira aus der ersten Ehe meines Vaters und Tanja. Zu Hause feierten wir Pessach, Neujahr, Chanukka und buken selbst Mazzen. Vor dem Krieg beendete ich die 6. Klasse der Dorfschule. Da es in unserem Dorf nur zwei jüdische Familien gab, hatten wir keine jüdische Schule.

Als der Krieg ausbrach, war meine Schwester Fira bereits verheiratet, hatte vier Kinder und wohnte im Nachbardorf Buki. Ihr Mann war Kommunist und ging in den ersten Kriegstagen an die Front. Sie wollte sich mit den Kindern und den Verwandten ihres Mannes evakuieren lassen. Kaum erreichten sie mit ihrem Pferdewagen Swenigorodka, wurden sie von den Deutschen aufgehalten. Die Verwandten ihres Mannes und zwei ihrer Kinder wurden erschossen. Sie kehrte mit den beiden anderen Kindern nach Buki zurück, konnte sich aber nicht retten und wurde mit ihren Kindern ermordet.

Mama konnte sich mit mir und meiner Schwester (mein Vater starb vor dem Krieg) nicht evakuieren lassen, weil die Deutschen bereits am 20. Juli unser Dorf besetzten. Vor den Massenerschießungen wohnten wir in unserer Wohnung und danach mussten wir uns bei unseren Bekannten in den Nachbardörfern verstecken. Im April 1942 wurden wir von Polizisten festgenommen und in

---

29 Kruglow, Enziklopedija Cholokosta, S. 86 ff.; Altman, Cholokost, S. 933.

das Konzentrationslager getrieben, das im Nachbardorf Antonowka errichtet worden war. Unterwegs konnte meine Schwester Tanja fliehen.

Das Lager befand sich in dem Gebäude des ehemaligen Gemeindehauses. Es wurde mit Stacheldraht umzäunt und von Polizisten bewacht. Es war ein Arbeitslager, und wir mussten im Steinbruch arbeiten. Wir luden die gesprengten Steine auf und fuhren sie mit kleinen Wagen zum Bahnhof. Von dort wurden sie nach Deutschland abtransportiert. Die Steine wurden von Ukrainern gesprengt, aber wir konnten uns nur wenig mit ihnen unterhalten. Wenn wir Wertsachen hatten, konnten wir diese bei ihnen gegen Lebensmittel umtauschen. Im Lager bekamen wir nur eine Wassersuppe mit Hirse und ohne Salz. Kaum jemand hoffte zu überleben, die Kranken wurden nicht behandelt. Wer morgens nicht zur Arbeit aufstehen konnte, wurde abends nicht mehr in der Baracke vorgefunden.

In diesem Lager wurden nur die Juden aus den benachbarten Dörfern eingepfercht. Dort waren: Mischa Guchmacher mit der Tochter Manja, Olja Linezkaja aus Kuty, Bjalik Zalyk, Schlema Wischnewezki, Suchar Busja aus Buki, Bogdanow aus Marjanowka. Es sind nur jene, an die ich mich erinnern kann.

Die Wachmänner waren Gontschar Sergei, Djatschenko Andrei, Melnik; die Kommandanten Tscherwonjuk Alexei und später Choma Kislinski.

Die Befreiung kam plötzlich. In der Nacht zum 10. Oktober 1943 erschossen die Kowpak-Partisanen die Wachmänner und ließen die Häftlinge frei. Sie sagten uns, wir sollten uns verstecken, so gut, wie wir es könnten. Die Stärkeren von uns nahmen sie mit zu den Partisanen.

Nach der Befreiung versteckten sich Mama und ich tagsüber in den Heuhaufen und gingen nachts durch das Feld und sammelten die erfrorenen Rüben, von denen wir uns ernährten. So irrten wir von einem Dorf zum anderen, bis wir den Bezirk Stawischtsche erreichten. Dort kannte uns niemand. Wir gingen ins Dorf Rosumnizja und halfen im Haushalt reicher Leute. Wir nannten uns Flüchtlinge und hatten keine Papiere bei uns. Mama arbeitete bei Fjodor Chmelewski, der Chef der Scheune war. Ich arbeitete bei seiner Verwandten Elena Sagarija, die mit Zwirn handelte.

Uns rettete die Tatsache, dass wir vom Dorf stammten und die Landarbeit kannten. Außerdem waren weder unser Äußeres noch unsere Sprache jüdisch.

Dort begegneten wir Tanja, die das Schicksal noch 1942 in dieses Dorf verschlagen hatte, nachdem sie unterwegs geflohen war.

1944 befreite die Rote Armee das Dorf Rosumnizja, und wir kehrten im Sommer nach Kuty zurück. Von dort waren die Deutschen bereits verjagt. Unser Haus war aber zerstört, und wir mussten nach Rosumnizja zurückkehren. Dort bekam Tanja eine Stelle in der Schule und hatte eine Dienstwohnung. Wir wohnten bei ihr, bis sie heiratete. Dann kehrten wir nach Kuty zurück, wohnten bei fremden Menschen zur Untermiete und renovierten unser Haus.

Wir verheimlichten nicht, dass wir im Lager waren, weil wir aus unserem Dorf von den berittenen Polizisten verjagt wurden, zu Fuß gingen und alle Menschen zuschauten.

In Kuty arbeitete ich als Verkäuferin und wohnte bei meiner Mutter, die nach den schweren Schlägen und deren gesundheitlichen Folgen arbeitsunfähig geworden war. 1954 heiratete ich, aber meine Ehe hielt nicht lange. 1960 blieb ich alleine mit meiner kleinen Tochter und meiner kranken Mama. 1964 starb Mama. Meine Tochter absolvierte die Pädagogische Fachhochschule in Boguslaw und arbeitet als Musiklehrerin im Kindergarten in Stawischtsche. Auch ich zog nach Stawischtsche um. Dort wohnen wir jetzt. Der Mann meiner Tochter ist Lehrer, sie haben zwei Kinder: Der Sohn Jaroslaw studiert an der Kiewer Universität, die Tochter Natascha geht in die 10. Klasse. (Sie war schon mehrmals die Gewinnerin der von der Zeitung »Nadeshda« organisierten Intelligenzprüfungen.)

Tatjana Kagan (geb. 1924)
»Erinnerungen, die nicht vergessen werden dürfen«
Der Krieg begann für mich am nächsten Tag nach der Abitur-Feier. Unsere Familie konnte sich nicht evakuieren lassen.

Unterwegs, als alle Juden, die sich vor den Massenerschießungen verstecken konnten, ins Lager getrieben wurden, konnte ich fliehen. So trennte ich mich von meiner Mama und Schwester. Ich floh in das benachbarte Dorf Woronoje zu den Bekannten meiner Eltern, Olga und Fjodor Mogila. Bei ihnen versteckte ich mich etwa zwei Monate, bis ich von ihrem Verwandten aus einem anderen Dorf denunziert wurde. Danach hatten sie Angst, mich zu verstecken, und ich musste sie verlassen.

Ich ging von einem Dorf zum anderen, bis ich das Dorf Rosumnizja erreichte und dort bei Marfyna Schwez als Haushaltshilfe blieb. Ich sagte allen, ich sei ein Waisenkind aus dem Kinderheim in Solotonoscha. Da ich im Dorf fremd und alleine war, wurde ich immer als Erste geschickt, wenn man Jugendliche zur Arbeit nach Deutschland requirierte. Aber es gelang mir, aus dem Schulgebäude in Shashkowe, wo der Sammelpunkt war, zu fliehen. Die Männer banden ihre Gürtel zusammen, und wir kletterten auf diese Weise hinunter. Ich floh auch ein anderes Mal, als unsere Kolonne einen Halt machte. Und noch einmal floh ich schon aus dem Zug und kehrte ins Dorf zu Marfyna zurück, die mich sehr mochte. Insgesamt konnte ich acht Mal fliehen und bin so meiner Verschickung nach Deutschland entkommen.

Im Dorf Rosumnizja arbeitete ich auf der Tenne. Einmal hörte ich eine Frauenstimme zu mir sagen: »Schwarzhaarige, dreh dich um!« Ich drehte mich um und sah meine Mama. »Mama, wie bist du hierhergekommen?« »Pscht, nenne mich nicht Mama, wir müssen hier fremd sein, wir sind unter fremden Namen, auch Betja ist hier.«

Am Abend ging ich zu Elena Sagarija, bei der meine Schwester wohnte, unter dem Vorwand, Zwirn zu holen. Dort »lernte« ich ihre Untermieterin kennen und freundete mich mit ihr an.

Marfyna warf mir vor, ich sei mit diesem älteren Mädchen befreundet, ohne zu wissen, dass es meine Schwester war.

Als im Januar 1944 das Dorf von der Roten Armee befreit wurde, offenbarten wir noch nicht, dass wir Juden und eine Familie sind. Im Sommer sagte Mama, dass wir nach Hause zurückkehren würden. Ich sagte Marfyna, dass ich mit einer Freundin und deren Mutter nach Solotonoscha zurückkehren würde. Sie bat mich, nicht mit jenen alten Leuten zurückzukehren, sondern bei ihr zu bleiben, und weinte, um mich zu überzeugen. Erst dann offenbarte ich ihr, dass jene Alten meine Mutter und meine Schwester sind und dass wir Juden sind.

Nach dem Krieg blieb ich in Rosumnizja wohnen. Ich machte meine Ausbildung an der Pädagogischen Fachhochschule in Belozerkowsk. Danach arbeitete ich als Grundschullehrerin bis zu meiner Pensionierung. Dort im Dorf heiratete ich und bekam zwei Söhne, die jetzt ihre Familien haben. Mein älterer Sohn Anatoli wohnt in Stawischtsche, und mein jüngerer Sohn Wiktor wohnt mit seiner Familie in Kiew.

Es gibt Wunden, die nicht heilen. Und es gibt Erinnerungen, die nicht vergessen werden dürfen, auch wenn es sehr schwer ist, sie mit sich zu tragen.

Die Erinnerungen meiner Mutter und Tante notierte Mila Diwinskaja. Stawischtsche, Gebiet Kiew, in: Надежда [Nadeschda. Zeitung des Regionalverbandes der jüdischen Organisationen der Kleinstädte der Ukraine], Korsun-Schewtschenkowski, September 1998, Nr. 9, S. 7

Siehe auch den Zeitzeugenbericht von Sofija Tschepurkowskaja

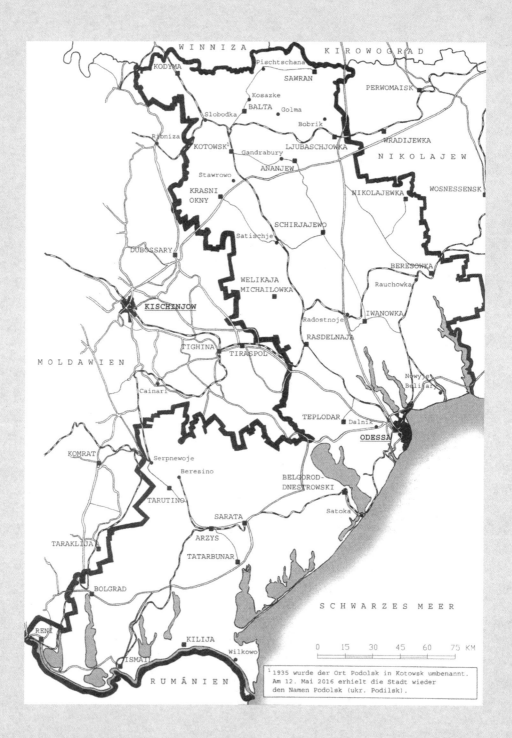

XI. Gebiet Odessa

XI. Gebiet (Oblast) Odessa
(ukr. Odesa)

1939 lebten im Gebiet Odessa[1] 233 155 Juden, 14 Prozent der Bevölkerung.

Durch die Vereinbarung von Tighina am 30. August 1941 zwischen Rumänien und dem Deutschen Reich wurde das Gebiet Transnistrien an Rumänien angeschlossen. Das Gebiet Odessa wurde einer der 13 Kreise (județ) von Transnistrien.[2] Odessa wurde am 7. Dezember 1941 zur Hauptstadt des Gebiets Transnistrien erklärt. Ungefähr 125 000 Juden sind im Gebiet Odessa umgekommen.[3]

1. Gebietshauptstadt Odessa

1939 lebten in Odessa[4] 200 962 Juden, 33 Prozent der Bevölkerung.

Am 5. August 1941 begann die Belagerung der Stadt durch deutsche und rumänische Truppen. Bis zum Beginn der Belagerung hatte mindestens die Hälfte der Juden aus der Stadt fliehen können. Währenddessen kamen Tausende jüdische Flüchtlinge aus Bessarabien und der südlichen Ukraine in die Stadt. Am 16. Oktober 1941 wurde die Stadt von rumänischen Truppen erobert. Die Zahl der jüdischen Bevölkerung betrug noch zwischen 80 000 und 90 000. Am 17. Oktober ordneten die rumänischen Behörden die Registrierung der jüdischen Bevölkerung an. Alle Männer im Alter von 15 bis 50 Jahren mussten sich registrieren lassen. Es gab mehrere Registrierstellen. Von dort wurde ein Teil der Männer zu den Galgen oder den Todesgräben geführt und der andere Teil ins Gefängnis gebracht. Nur eine Minderheit durfte in ihre ausgeraubten Wohnungen zurückkehren. In den ersten Tagen wurden 61 Ärzte mit ihren Familien umgebracht.[5] Gemeinsam mit einer Einsatzabteilung des rumänischen Nachrichtendienstes verübte das Sonderkommando 11b sofort an 8000 Einwohnern, hauptsächlich Juden, ein Massaker. Vom 18. Oktober 1941 bis Mitte März 1942 ermordete das rumänische Militär mit Unterstützung von Gendarmerie und Polizei bis zu 25 000 Juden und deportierte über 35 000 Juden.[6] Am 22. Oktober 1941 wurde das Hauptquartier des rumänischen Militärs, das im ehemaligen Hauptquartier der sowjetischen Geheimpolizei, des NKWD, untergebracht war, in die Luft gesprengt. Dabei wurden 16 rumänische Offiziere einschließlich des Militärbefehlshabers der Stadt, vier deutsche Marineoffiziere, 46 rumänische Soldaten und mehrere Zivilisten getötet. Drei Stunden später wurden Juden und

---

1 Altman, Cholokost, S. 677.
2 Benz, Holocaust an der Peripherie, S. 71, 243 ff.
3 Kruglow, Enziklopedija Cholokosta, S. 126, 134.
4 International Commission on the Holocaust in Romania, S. 150 ff.; Altman, Cholokost, S. 672–677; The Yad Vashem Encyclopedia, S. 540 f.
5 Grossmann, Das Schwarzbuch, S. 137.
6 International Commission on the Holocaust in Romania, S. 150.

Kommunisten im Stadtzentrum an Balkonen erhängt. Der rumänische Diktator Ion Antonescu ging in einem Befehl vom 23. Oktober davon aus, dass die »Aktion« vom 22. Oktober mit ziemlicher Sicherheit von den örtlichen Kommunisten geplant wurde. Um solchen »Aktionen« künftig vorzubeugen, ordnete er drastische Vergeltungsmaßnahmen an. Er befahl, noch am selben Tag für jeden rumänischen oder deutschen Offizier, der infolge der Explosion gestorben war, 200 Kommunisten hinzurichten; für jeden toten Soldaten jeweils 100 Kommunisten. In einem weiteren Befehl vom 24. Oktober 1941 ordnete Antonescu an:

»1. Alle aus Bessarabien nach Odessa geflüchteten Juden sind hinzurichten.
2. Alle Personen, die unter die Bestimmung des Befehls Nr. 3161 vom 23. Oktober 1941 fallen und noch nicht hingerichtet wurden, und alle, die aus sonstigen Gründen dazugenommen werden können, sollen in ein zuvor vermintes Gebäude gesteckt und in die Luft gejagt werden. Dies soll an dem Tag geschehen, an dem unsere Opfer beerdigt werden.
3. Dieser Befehl ist nach dem Lesen zu vernichten.«[7]

Als Sturmbannführer Bruno Müller, der das Sonderkommando 11b befehligte, am Abend des 22. Oktober 1941 erfuhr, dass die Rumänen mit Erschießungen begonnen hatten, handelte er ihnen etwa 300 Juden ab, die bereits gefangen waren. Er führte die Opfer zu einem stillgelegten Brunnen, wo er sie erschießen ließ. Die halb oder völlig entkleideten Leiber der Männer, Frauen und Kinder wurden in den Brunnen gestürzt. Dann warf man Handgranaten in den Brunnen, um die schwer verwundeten unter den Opfern auch noch zu »erledigen«.[8]

Am 23. Oktober 1941 wurden etwa 19 000 Juden zu einem Platz am Hafen gebracht und erschossen. Die Leichen wurden mit Benzin übergossen und verbrannt.[9] Mindestens 500 Männer, Frauen und Kinder fielen darüber hinaus dem zur Einsatzgruppe D gehörenden Sonderkommando 11b zum Opfer.[10] Am Nachmittag zogen die Rumänen weitere 25 000 Juden im Stadtgefängnis zusammen und trieben sie am folgenden Tag zur etwa 15 Kilometer westlich der Stadt gelegenen Kolchose Dalnik, wo man einige in Panzergräben erschoss. Da die Erschießung dem die Operation leitenden rumänischen Offizier zu langsam ging, wurden die restlichen etwa 22 000 Juden in neun große Speicher gepfercht und durch die Öffnungen in den Mauern mit einem Kugelhagel niedergemäht. Schließlich wurden acht Speicher in Brand gesetzt, der letzte wurde gesprengt, um einen ausdrücklichen Wunsch Antonescus zu erfüllen, der nach der Explosion des Rumänischen Armee Hauptquartiers gewünscht hatte, ein Gebäude, vollgepackt mit Juden, in die Luft zu jagen.[11]

---

7   VEJ 7, S. 782 ff., Dok. 299 und 300.
8   Hilberg, Täter, Opfer, Zuschauer, S. 66.
9   Kruglow, Chronika Cholokosta, S. 49.
10 Browning, Die Entfesselung der »Endlösung«, S. 426.
11 Hilberg, Die Vernichtung der europäischen Juden, S. 321; International Commission on the Holocaust in Romania, S. 152.

1. Gebietshauptstadt Odessa

Am 31. Oktober 1941 schrieb Sturmbannführer Bruno Müller, der das Sonderkommando 11b befehligte, an den rumänischen Stadtkommandanten von Odessa und schlug ihm detailliert für die Lösung der Judenfrage in Odessa geeignete Maßnahmen vor. Das Hauptgewicht seines Vorschlags lag auf der Errichtung eines Ghettos und der reibungslosen Umsiedlung der Juden in das Ghetto. Vor allen Dingen habe sofort nach Beginn der Umsiedlung eine scharfe Kontrolle der gesamten Ghettogrenzen sowie der Zu- und Ausgänge des Ghettos durch rumänische Truppen oder Polizeikräfte einzusetzen.

Der rumänische Stadtkommandant kam diesen Empfehlungen zunächst nach. Erst als der Gubernator Alexianu eine judenfreie Hauptstadt wünschte, begann die Deportation der Juden aus Odessa.[12]

Man verschleppte die in Odessa verbliebenen Juden in die Lager von Bogdanowka, Domanewka und Akmetschetka, wo sie im Dezember 1941 ermordet wurden.[13] Der 200 Kilometer lange Fußmarsch bis Bogdanowka dauerte zwei Wochen, meist bei Kälte und strömendem Regen. Sie erhielten keine Nahrung und kein Wasser. Die Nächte mussten sie auf schlammigen Feldern verbringen. Frauen und Mädchen wurden von den Gendarmen und der ukrainischen Miliz vergewaltigt, und Wertgegenstände wurden geraubt. Wer beim Marsch zurückblieb, wurde von den Gendarmen erschossen. Der Plan der Vertreibung war so berechnet, dass möglichst viele Leute »eines natürlichen Todes« sterben sollten. Ein Transport in den Kreis Beresowka wurde drei Tage bei Schnee und Sturm durch die Steppe geleitet, obwohl die Dörfer, die als Ghetto bestimmt waren, nur 18 Kilometer von der Bahnstation entfernt lagen.[14]

Zwischen dem 25. Oktober und dem 3. November 1941 wurden die verbliebenen 35 000 bis 40 000 Juden der Stadt in das Ghetto von Slobodka, einem Stadtteil von Odessa, getrieben. Dort mussten sie zehn Tage im Freien verbringen. Zahlreiche alte Menschen, Frauen und Kinder sind in dieser Zeit erfroren. Am 7. November 1941 durften alte Menschen, Frauen und Kinder in ihre Wohnungen zurückkehren. Die jüdischen Männer trieb man im Ortsgefängnis zusammen. Ihre Wertsachen wurden konfisziert. Viele Juden, die sich bei nichtjüdischen Einwohnern verstecken wollten, wurden ausgeliefert. Am 15. November 1941 fand in Odessa die letzte Massenerschießung statt. In der Gegend um Strelbischtschnoje Pole wurden etwa 1000 Menschen erschossen.

Am 10. Januar 1942 erließ der Kommandant von Odessa einen Befehl, dass alle Juden innerhalb von zwei Tagen erneut in den Stadtteil Slobodka ziehen müssten. Slobodka wurde ein Ghetto, und es war den Juden verboten, das Ghetto zu verlassen. Das Ghetto wurde mit Stacheldraht umzäunt und von Spezialeinheiten bewacht. Die Juden wurden gezwungen, wenn sie im Ghetto in Häusern lebten, die Nichtjuden gehörten, Miete zu bezahlen. Hunger und Typhus breiteten sich sehr schnell aus.

---

12 Angrick, Deutsche Besatzungsherrschaft in der UdSSR 1941–1945, S. 218–221.
13 Die Holocaustchronik, S. 290.
14 Grossman, Das Schwarzbuch, S. 137, 141 f.

Die Deportationen aus Odessa in verschiedene Lager Transnistriens begannen am 12. Januar 1942. In einem Zug wurden 856 Juden nach Beresowka deportiert. Jeder weitere Transport bestand aus 1000 bis 2000 zufällig ausgewählten Juden. Die Deportationen begannen bei −20°C und wurden auch bei Schneestürmen und −35°C fortgesetzt. Hunderte Juden erfroren. Bis zum 23. Februar 1942 wurden 19 582 Juden deportiert und Odessa wurde für »judenfrei« erklärt.[15] Deutsche Siedler hatten in der Zwischenzeit die meisten in der Region verbliebenen Juden ermordet. Andere verhungerten, erfroren oder starben an Krankheiten. Mehrere Tausend Juden wurden jedoch von ortsansässigen Russen und Ukrainern gerettet. Nach Abschluss der Deportationen wurden 54 Handwerker, größtenteils aus Rumänien, nach Odessa gebracht und in einem Gebäude zusammengepfercht. Dieses Haus nannte man »Facharbeiter-Ghetto«.

Am 10. April 1944 wurde Odessa durch die Rote Armee befreit. Nach offiziellen Berichten wurden insgesamt 99 000 Juden aus Odessa ermordet. 25 000 Juden wurden in Odessa selbst erschossen, erhängt oder bei lebendigem Leib verbrannt. 22 000 Leichen wurden in Dalnik exhumiert. Hinzu kommen die deportierten und in den Lagern und auf den Märschen ermordeten Juden.

Nach dem Krieg wurde Odessa wieder ein bedeutendes jüdisches Zentrum.

Efim Nilwa (geb. 1930)
»Unvergesslich«

> Der, der die gestrigen Opfer vergisst,
> könnte das morgige Opfer sein.
> Jewgeni Jewtuschenko

Es gibt im Leben Abschnitte, die nicht vergessen werden dürfen. Selbst nach Jahrzehnten sind ihre Spuren im Gedächtnis noch so tief, als sei alles erst gestern geschehen. Du trägst in der Seele eine schwere Last, von der Du Dich nicht befreien kannst. Und früher oder später beginnst Du zu spüren, dass Du sie nicht mehr länger in dir vergraben kannst. Du willst, dass so viele Menschen wie möglich, Deine Zeitgenossen und Nachfahren, erfahren, was Du gesehen und durchlebt hast.

Als der Krieg kam, war ich ein Kind. Wie durch ein Wunder habe ich überlebt. Und ich möchte von den schrecklichen Ereignissen erzählen, deren Zeuge ich geworden bin; von der Tragödie des jüdischen Volkes, und davon, wie ein kleiner jüdischer Junge, der die Mutter verloren hatte, in sich die Kraft und die Kühnheit gefunden hat, nicht nur selbst zu überleben, sondern auch geholfen hat, einen Freund zu retten.

---

15 Yahil, Die Shoah, S. 475; Ilja Altman, Opfer des Hasses, S. 105.

1. Gebietshauptstadt Odessa

Sorgenlose Kindheit

Ich wurde am 9. April 1930 in Odessa geboren. Mein Vater, Ilja Efimowitsch Nilwa (geb. 1875), kam vom Gut Chodorkow im Gebiet Shitomir, meine Mutter, Ida Osipowna Nilwa (geb. 1892), aus dem Dorf Sytschawka im Gebiet Odessa. Bei uns zu Hause wurden die jüdischen Traditionen nicht sonderlich streng befolgt. Als ich beschnitten werden sollte, widersprach meine Mutter. Ich war das dritte Kind in der Familie. Meine ältere Schwester Anna war damals zwölf, die zweite Schwester, Tasja, sechs Jahre alt. Vater freute sich sehr, dass ein Namensträger geboren worden war.

Vater und Mutter arbeiteten als Schneider. Vor der Revolution gehörte der erste Stock des linken Flügels im Haus Bebelstraße 54 meinem Vater. Dort befanden sich die Werkstatt und unsere Wohnung. Nach der Revolution wurde ihm alles weggenommen, nur ein Zimmer durfte er behalten. Aber das war dafür sehr groß – ungefähr 60 Quadratmeter. In der Mitte stand ein großer Eichentisch, rechts von ihm ein Flügel der Firma »Becker«. Links an der Wand stand ein großes, schönes Buffet, und am Ende des Zimmers standen ein Spiegelschrank und zwei vernickelte Betten.

Meine Erinnerungen reichen ungefähr bis ins Alter von fünf Jahren zurück, als ich mich einmal verlaufen hatte und einige Jungen mich nach Hause brachten. Ich war ein sehr flinkes Kind und spielte im Hof immer mit älteren Kindern. Ich wuchs schnell, denn ich fuhr jeden Sommer mit Mutter aufs Dorf, wo ich mich bei frischer Luft und gutem Essen erholte. Der Stolz unserer Familie war meine ältere Schwester Anna, die an der Historischen Fakultät des Pädagogischen Instituts studierte.

In Odessa lebten die drei Schwestern meiner Mutter, Betja, Rosa und Witja, sowie viele andere Verwandte. Aber aus irgendeinem Grunde war das Verhältnis zu ihnen nicht gut. Die Verwandten väterlicherseits kannte ich nicht, über sie kann ich nichts berichten. Vater arbeitete viel in der Werkstatt und zu Hause, denn die Familie war groß. Er war schwer krank. Wenn ich zu ihm auf die Arbeit kam, traf ich ihn oft liegend und mit einem nassen Tuch auf dem Kopf an. Mutter nähte hauptsächlich im Sommer, wenn wir nach Wradijewka, Jermolinzy, Grigoropol und andere Dörfer im Gebiet Odessa fuhren. Die Bauern bezahlten mit Butterschmalz, Honig, eingekochten Früchten und Konfekt. In einem Sommer verdiente Mutter so viele Lebensmittel, dass sie uns für den ganzen Winter reichten. Vater war ein stiller und ruhiger Mensch, Mutter aber liebte es, wenn es lebhaft war. Sie war eine kluge und gute Frau. Sie half vielen Mädchen vom Dorf, indem sie ihnen Stellen als Hausmädchen vermittelte. Einmal traf sie ein weinendes Mädchen auf der Straße und brachte es nach Hause. Sie gab ihm zu essen und einen Platz für die Nacht – und schon am nächsten Tag brachte sie es irgendwo unter. Ich erinnere mich gut, wie die entkulakisierte Familie Urdenko aus Wradijewka zu uns kam. Mama nahm sie auf und vermittelte ihnen dann Arbeit im Erholungsheim Nr. 5.

Unser Haus war international. Hier lebten Russen, Ukrainer, Juden und Bulgaren. Mir sind die Namen vieler Bewohner im Gedächtnis geblieben: Sebow, Nilwa, Orlik, Sworen, Winokurow, Kasanski, Gromikow, Boitschenko, Newdaschenko, Manulis, Kniga, Eidler, Wernik, Beri, Goldschtein, Grimberg, Zimerman, Primusnik, Liwschiz, Benderski, Umanski. Und trotzdem gab es keine Konflikte, die in den verschiedenen Nationalitäten begründet gewesen wären. Viele Hausbewohner hatten verantwortungsvolle Posten inne, aber sie prahlten nie damit. Auch unser Haus wurde von den Repressionen erfasst. Unser Nachbar, General Poljakow, wurde verhaftet, seine Familie nach Moldawanka umgesiedelt. Die Wohnung bekam die Familie eines Elektromaschinisten auf dem Motorschiff »Komsomolsk«.

Im Hof gab es viele Kinder. Der Stamm unseres Kollektivs bestand aus Borka Schilman, Grischa Sebow, Ljalja Ronskaja, Gala Gromikowa und Tamara Boitschenko. Ich war jünger als die anderen, aber sehr streitsüchtig und prügelte mich oft mit Kindern, die viel älter als ich waren. Jeder hatte einen Spitznamen. Beispielsweise wurde Grischa Sebow »Ritscha« genannt und ich »Fimka, der Kolchosbauer«. Wir waren mit den Kindern aus den Häusern 56 und 58 befreundet: Mit Tolja Chodorowski, Alik Bierman, Robka Golfarb und anderen. Die Hoferziehung trug ihre Früchte – Mut und Findigkeit. Wir spielten Räuber und Gendarm, Blinde Kuh, Verstecken, Fangen, »Feuer«, machten Ausflüge – nach Arkadija und zurück. Wir bastelten Roller, sammelten irgendwelche elektrischen Schaltpläne, kämpften mit anderen Straßen und Höfen. Im Winter liefen wir Schlittschuh und Ski, fuhren Schlitten. Ich war oft krank: Ich hatte Ruhr, Malaria und zwei Mal Pseudokrupp. Ich besuchte die Schule Nr. 71, die nicht weit von uns in der Shukowskij-Straße war. Während der großen Pausen lief ich oft nach Hause, um ein Stück Brot mit Honig zu essen. 1939 bekamen Grischa Sebow und ich Bibermäntel, und alle beneideten uns.

Anfang 1940 wurde Vater schwer krank. Er kam ins Krankenhaus, wo er am 15. Januar starb. Nach Vaters Tod wurde die materielle Lage unserer Familie sehr schlecht. Anna hatte die Hochschule abgeschlossen und arbeitete am Lehrstuhl für Geschichte des Medizinischen Instituts. Sie heiratete und wohnte nicht bei uns. Ich lernte nicht besonders gut, deswegen übernahmen Studenten des Instituts für Wasserwirtschaft eine Patenschaft über mich. Ich ging zum Nachhilfeunterricht in das Wohnheim im Stadtteil Slobodka, wo sie wohnten.

Mama und Tasja wollten für den Sommer nach Wradijewka fahren. Deswegen nahm mich nach Ende des Schuljahres Mutters Freundin, Tante Marusija, zu sich nach Sytschawka. Ich langweilte mich dort und beschloss, nach Hause zurückzukehren. Ich sparte mir ein Stück Brot auf und machte mich früh am Morgen zu Fuß auf den Weg in Richtung Odessa. Am Abend erreichte ich Lusanowki und von dort fuhr ich nach Hause. Zu Hause traf ich Anna, die absolut nicht begreifen konnte, wie ich es geschafft hatte, aus Sytschawka nach Hause zu kommen. Mutter war sehr unzufrieden mit mir und bat Anna, mich beim Musikzug der Infanterieschule einzuschreiben. Meine Schwester fuhr mit mir zu dieser Schule. Aber ich konnte auf keinem einzigen Instrument spielen und sagte das dem Kommandeur des Musikzuges. Auch gefielen mir die Umstände in der Schule nicht – Disziplin und Kasernenmief. Der Kommandeur des Musikzuges verstand, dass ich nicht dorthin passen würde.

Annas Mann, Kirillow, wurde Anfang 1941 aus der Artillerieschule Odessa in die Artillerieschule in der Stadt Tschkalow kommandiert. Anna fuhr mit ihm weg, und so blieben wir zu dritt zu Hause.

Das Frühjahr 1941 war alarmierend. Deutschland hatte die meisten europäischen Länder erobert. Wir wussten, was Faschismus war. Darüber wurde viel geschrieben und in den Kinos gezeigt. Besonders tiefen Eindruck hinterließen die Filme »Moorsoldaten« und »Professor Mamlock«. Damals wurde ich gerade 11. Ich hatte drei Klassen abgeschlossen und Tasja neun.

1. Gebietshauptstadt Odessa

Ich erinnere mich gut an den 21. Juni 1941. Abends war ich zusammen mit anderen Kindern aus dem Hof in den Schewtschenko-Park zu einem Boxkampf gegangen, an dem unser Nachbar Lenja Tschudnowski teilnahm. Am Morgen des 22. Juni trafen wir uns im Hof und begannen, die Resultate des Wettkampfes zu diskutieren. Plötzlich sahen wir, dass Leute zum Kindergarten liefen, wo große Lautsprecher aufgestellt waren. Es wurde eine wichtige Regierungserklärung erwartet. Um 12 Uhr ertönte die Stimme des Außenministers, Wjatscheslaw Michailowitsch Molotow. Er erklärte, dass uns das faschistische Deutschland ohne Kriegserklärung überfallen habe. Die Erklärung endete mit den Worten: »Der Feind wird zerschlagen werden, der Sieg wird unser sein!«

Krieg

Am Lautsprecher stehend, verstand ich, dass die sorgenfreie Kindheit zu Ende war und durch Unbekanntes, Schreckliches ersetzt würde. Jeden Tag hörten wir die Berichte. Sie waren unerfreulich. Viele Odessiten begannen, über die Evakuierung nachzudenken. Und schon Ende Juli war die Evakuierung aus Odessa in vollem Gang. Aus unserem Haus gingen ungefähr 20 Familien weg. Mutter ließ Tasja zusammen mit der Nachbarin Serebrenitschkaja in die Evakuierung gehen. Selbst wollte sie nicht wegfahren. Sie sagte, sie habe die Deutschen 1918 gesehen und es sei nichts Schlimmes passiert. Viele Juden teilten diese Meinung.

Die Bombardierungen Odessas begannen genau einen Monat nach Kriegsbeginn. In der Stadt brachen Feuer aus, eine Reihe von Häusern wurde zerstört. Ich erinnere mich, wie das Milchwerk auf der Puschkinstraße, Ecke Troizkaja-Straße, brannte. Aus dem ersten Stock ließen sich Leute an Bettlaken aus den Fenstern. Man begann, die Werke und Fabriken zu evakuieren, und die übrigen Unternehmen begannen, Waffen und Munition herzustellen. Anfang August wurden in der Stadt Barrikaden errichtet und Jagdbataillone sowie Feuerlöschbrigaden aufgestellt. Der Feind kontrollierte die Dörfer der Umgebung, deswegen gab es auf den Märkten fast nichts zu kaufen. Unser Nachbar Winokurow nahm mich einige Male mit auf eine Schweinefarm, die er leitete, und ich brachte Fleisch mit nach Hause.

Mitte August lud uns Agnessa Semenowna Rubzowa zu sich auf die Datscha ein, die sich auf der 10. Station von Bolschoj Fontan befand. Als wir nach ein paar Tagen zurückkehrten, bot sich uns ein schreckliches Bild dar. Es stellte sich heraus, dass eine schwere Bombe drei Flügel unseres Hauses und einen des Hauses Nr. 56 zerstört hatte. Unter den Trümmern unseres Hauses waren 15 Menschen begraben. Es waren sogar diejenigen umgekommen, die im Luftschutzkeller gesessen hatten.

Obwohl unser Flügel unzerstört geblieben war, konnte man dort nicht mehr wohnen. Wir bekamen ein Zimmer in einer Gemeinschaftswohnung in der Bebelstraße 49. Die meisten unserer Sachen wurden dorthin gebracht, das wertvollste aber in die Troizkajastraße 32, zu Agnessa Semenowna. In der Bebelstraße 49 blieben wir ungefähr zwei Monate, dann zogen wir in die Wohnung eines guten Bekannten von Onkel Lewa in der Meschtschanskajastraße 6/8. Das war ein typischer odessitischer Hof mit moldauischem Kolorit und einer bemerkenswerten Hauswartin, Tante Tasja. Onkel Lewa lebte mit zwei Töchtern, Rachil und Fasja.

Das Leben im Haus verlief ruhig. Niemand erwartete, dass das Elend schon vor der Tür stand: Besatzung, Verhaftungen, Erschießungen. Wir wussten, dass die Kämpfe mit den rumänischen Eroberern bei Odessa erfolgreich geführt wurden, und sahen neu ankommende Truppen. Aber Mitte Oktober erschienen plötzlich Anschläge an den Häuserwänden, die darüber informierten, dass aus strategischen Gründen Odessa zeitweilig aufgegeben werde. Die Stadt war schockiert. Die Leute lasen diese Anschläge wieder und wieder.

Am 14. und 15. Oktober herrschte in Odessa Gesetzlosigkeit. Die Leute drangen in Läden und Lager ein und deckten sich mit Lebensmitteln ein. Aus dem Lager auf dem Alexandrowskij-Prospekt trug ich einen Sack Zwieback nach Hause. Dann ging ich noch einmal und nahm zehn Konservendosen und einige Kilo Pistazien.

Besatzung

Der 16. Oktober 1941 war der tragischste Tag für die Odessiten und besonders für die Juden Odessas. In der zweiten Tageshälfte drangen rumänische Vorausabteilungen in die Stadt ein. Bei der Oper begrüßte eine Gruppe Odessiten die Kolonne mit Brot und Salz. Es wurde eine Kundgebung abgehalten. Sprecher dankten für die Befreiung von den Bolschewiki. Dann hielt ein rumänischer Offizier eine Rede, dass die neue Macht allen die Freiheit gewähre, die Schuldigen an diesem Krieg – Juden und Kommunisten – aber bestraft würden. Dafür applaudierte ihm der Haufen. Nach dieser Kundgebung kam ich niedergeschlagen nach Hause, weil ich klar verstanden hatte, dass von den Besatzern nichts Gutes zu erwarten war.

Schon am nächsten Tag wurden in den Räumen der Milizverbände des Bezirks Polizeireviere eingerichtet. Bald begannen dort Denunziationen einzutreffen, denen Verhaftungen folgten.

In der Nacht auf den 18. Oktober wurde das Haus in der Engelsstraße, in dem sich der rumänische Stab befand, gesprengt. Dabei kamen viele hohe Offiziere ums Leben. Es begann der Terror. Erst wurden alle Verhafteten umgebracht, dann ergriffen sie einfach Leute von der Straße. Der ganze Alexandrowskij-Park wurde mit Galgen vollgestellt, und die, für die der Platz an den Galgen nicht mehr reichte, ermordete man unter den Bäumen. Unter den Gehenkten sah ich unsere Nachbarin Anna, die Mutter aus Wradijewka nach Odessa gebracht hatte. Grischa Sebow rettete sich nur durch einen glücklichen Zufall. Vera Gromikowa sah, dass er verhaftet worden war, und sagte das schnell dem Vater Grischas, dem es gelang, die Freilassung seines Sohnes zu erreichen. Dieser Terror betraf alle, aber schon bald begannen die Besatzer spezielle antijüdische »Aktionen«. Sie trieben 25 000 Juden in den ehemaligen Pulvermagazinen (nicht weit vom heutigen Tolbuchinplatz) zusammen und verbrannten sie bei lebendigem Leibe. Mit den Juden zusammen wurden dort auch kriegsgefangene Marinesoldaten ermordet. Aber das war erst der Anfang.

Am 23. Oktober erging ein Befehl der Faschisten, der alle Juden verpflichtete, sich nach Dalnik zur Registrierung bringen zu lassen. Als Sammelpunkt wurde der Prochorowskij-Platz bestimmt. Es kamen etwa 10 000 Juden zusammen. Unterwegs wurden sie von odessitischen Marodeuren beraubt. In Dalnik kamen die Leute in Kuh- und Schweineställen unter. Am nächsten Tag wurden sie alle bei einem Panzergraben erschossen.

1. Gebietshauptstadt Odessa

Am 25. Oktober gab es einen neuen Befehl, der alle Juden verpflichtete, sich zum Abmarsch nach Dalnik am Prochorowski-Platz zu versammeln. Die Juden wurden aus ihren Häusern getrieben und gezwungen, zum Sammelpunkt zu gehen. Mama, Onkel Lewa, Rachil, Fasja und ich gingen auch zum Platz. Bis zum Mittag hatte sich eine vieltausendköpfige Menge dort eingefunden. Unter den Schreien der Faschisten »Hej, Shidy!« wurden wir nach Dalnik getrieben. An der Ecke Dalnizkajastraße/Stepowajastraße kam die Kolonne in ein Spalier aus Marodeuren, die den Juden die Sachen aus den Händen rissen. Die Bewachung schloss die Augen davor. Es war furchtbar, mit ansehen zu müssen, wie sich Odessiten am Raub beteiligten. Zur gleichen Zeit brachen andere Marodeure – einheimische und rumänische – die jüdischen Wohnungen auf und raubten sie aus.

Am Abend erreichte die Kolonne Dalnik. Natürlich fand keine Registrierung statt. Wir wurden in Scheunen, Schweine- und Kuhställen untergebracht. Wir schliefen buchstäblich auf nackter Erde. Am Morgen mussten wir antreten, und uns wurde erklärt, dass wir nach Domanewka gebracht würden. Dieses Dorf war 200 Kilometer von Odessa entfernt. Und so machte sich die vieltausendköpfige Kolonne unter den Rufen der Faschisten »Hej, Shidy!« auf den Weg.

Vielen Alten und Kindern fehlte die Kraft und sie blieben zurück. Nach einiger Zeit hatte sich die Kolonne sehr in die Länge gezogen. Anfangs machten die Wachsoldaten noch Pausen, um den Zurückgebliebenen das Aufschließen zu ermöglichen, dann hatten die Faschisten das aber satt und begannen die, die nicht schneller gehen konnten, zu erschießen. Die meisten Leute hatten nichts zu essen mit. Wir rissen aus den Feldern, an denen wir vorbeikamen, Rote Bete und Mohrrüben aus, befreiten sie mit Glasscherben von Erde und aßen sie. Viele fielen einfach auf die Straße und wurden von den Wachmannschaften ermordet.

Unser zweites Nachtquartier war auf der Station Wygoda. Wieder wurden wir in einer Kolchose in den Kuhställen untergebracht. Diesmal kamen allerdings Bauern und brachten etwas zu essen. Viele von ihnen brachten Lebensmittel aus Mitleid, andere gaben sie nur im Tausch.

Am Morgen wurden wir weitergetrieben. Mit jedem Kilometer ertönten mehr Schüsse. Am Nachmittag verließen mich die Kräfte und ich sagte meiner Mama: »Wir müssen etwas tun, sonst kommen wir hier auf der Straße um.« Mutter war von Kindheit an nicht furchtsam. Sie ging zu einem rumänischen Offizier und sagte, dass wir zufällig in diesem Zug gelandet seien, weil ihr zweiter Mann Jude war, ich aber vom ersten Mann stamme, der Russe gewesen sei. Der Offizier sprach gut Russisch. Der Offizier nahm mich beiseite, ließ mich die Hosen ausziehen und sah nach, ob ich beschnitten bin. Als er sah, dass »alles in Ordnung« ist, befahl er den Wachmannschaften, uns freizulassen. Am Abend erreichten wir Wygoda, wo wir um ein Nachtlager baten. Wir wurden gut verpflegt und legten uns in einer warmen Hütte schlafen. Am Morgen bekamen wir ein Frühstück und Brot und Käse für den Weg, so gingen wir weiter Richtung Odessa.

Vor uns bot sich ein grauenhaftes Bild: Die ganze breite Straße war mit den Leichen von Kindern, Alten und Frauen übersät. Ihre Schuld bestand nur darin, dass sie als Juden geboren worden waren. Diesen schrecklichen Weg kann ich nicht vergessen ... Wir wurden von einem Fuhrwerk mitgenommen. Später gesellte sich ein Rumäne dazu, der zu beweisen versuchte, dass die Ermordeten die Schuld am Krieg trügen. Am Abend kamen wir nach Odessa.

Wieder in Odessa

Wir übernachteten bei Bekannten in der Petropawlowskaja-Straße. Am Morgen wollten wir in die Wohnung in der Bebelstraße 49. Aber die Nachbarn ließen uns nicht herein, sie gaben uns nicht einmal unsere Sachen. Mutter nannte sie Räuber und schrie: »Sollt ihr doch zusammen mit unseren Sachen verbrennen!« Wir gingen in die Meschtschanskaja-Straße, in die Wohnung von Onkel Lewa. Die Hauswartin gab uns die Schlüssel und wir zogen ein.

Der November 1941 war sehr beunruhigend. Von Zeit zu Zeit wurden neue Befehle zur Vertreibung der Juden aus der Stadt ausgegeben. Aber Mutter und ich wussten, was jene erwartete, die solchen Befehlen Folge leisteten. Mutter ging Sachen gegen Lebensmittel tauschen, außerdem nähte sie bei einigen Bekannten zu Hause. Ich ging oft in die Bebelstraße 50, wo mir die früheren Nachbarn, die Sebows, Boitschenko und Gromikowa zu essen gaben. Auch andere Bekannte besuchte ich: Polja Grabowskaja, Anja Bobilowa, Dusja und Nonna Andrjusewitsch und Tante Motja aus Sytschawka. Sie alle meinten es gut mit mir. Wahr ist aber auch, dass einige Bekannte, besonders die Familie Urdenko, durch die Besatzer verschreckt, nicht wollten, dass ich zu ihnen kam. Möge Gott ihr Richter sein ... Der Hauswart aus der Bebelstraße 50 wollte mich festhalten und der Polizei übergeben, aber ich war gewarnt und vermied es, mit ihm zusammenzutreffen.

Die Faschisten versuchten, die Juden aus der Stadt zu locken, um sie außerhalb Odessas zu ermorden. Ihnen halfen Verräter, die Denunziationen schrieben. Täglich gab es Verhaftungen. Die Rumänen raubten jüdische Wohnungen aus und »wohlwollende« Nachbarn nahmen das an sich, was die Okkupanten nicht mitgenommen hatten. In der Stadt wurde es immer gefährlicher, man konnte jederzeit ums Leben kommen. Wir verstanden, dass der einzige Weg der Rettung sein würde, in irgendein Dorf zu gehen, wo man das Ende dieser Pest abwarten konnte. Aber das war damals unmöglich.

Im letzten Drittel des Novembers ging ich zusammen mit Tamara Boitschenko in die Bebelstraße 50. Da kam unerwartet unsere ehemalige Nachbarin Klawa aus dem Haus 49. Sie rief mir zu, ich solle Sachen mitnehmen. Ich hielt an und spürte, dass da eine Falle war. Schließlich war sie es, die uns noch vor Kurzem nicht in die Wohnung lassen wollte, behauptend, sie sei ausgeraubt worden und von den Sachen sei nichts geblieben ... Plötzlich kam aus der Eingangstür des Hauses Nr. 49 ein großer rumänischer Gendarm und Schrie: »Halt! Oder ich schieße!« Ich rannte los – zum Haus Nr. 55, denn ich wusste seit meiner frühen Kindheit, dass der Hof einen Ausgang zur Preobrashenskij-Straße hat. Nach einigen Minuten war ich an der Ecke Preobrashenskij-Straße/Ostrowidowa-Straße, wo ich mich verbarg und beobachten konnte, wie der Gendarm mit Gewehr im Anschlag, umgeben von einem Dutzend Jungen, das Gebiet Bebel-Straße, Preobrashenskij-Straße, Troizkaja-Straße, Owtschinnikowski-Gasse absuchte. So entging ich dem sicheren Tod.

Später erfuhr ich Folgendes: Am 15. November wurde das Haus Bebelstraße 49 angezündet. Im Keller des Hauses befand sich eine Zellulosewerkstatt, die brannte wie Zunder. Im Schlepptau der Feuerwehr kamen die Gendarmen. Unsere Nachbarn erinnerten sich an die Worte meiner Mutter: »Sollt ihr doch zusammen mit unseren Sachen verbrennen!« und berichteten den Gendarmen, dass wir die Brandstifter seien. Sie wussten nicht, wo wir wohnten, aber sie hatten gesehen, dass ich oft in das Haus gegenüber, die Nummer 50, ging. Um mich zu fangen wurde ein Gendarm abgestellt, der sich im Eingangsbereich der Nummer 50 versteckte, zusammen mit ihm hielt manchmal eine Nachbarin Wacht.

Nach dem Krieg traf ich Klawa wieder. Sie weinte und schwor, sie sei gezwungen worden, mich zu identifizieren und den Gendarmen als jüdischen Brandstifter auszuliefern. Ich habe ihr verziehen, möge Gott ihr Richter sein. Immer, wenn ich in der Gegend bin, danke ich in Gedanken dem Haus Jüdische Straße 55 für die Rettung.

Der Winter 1941 war sehr streng. Es begannen starke Fröste und zusammen mit ihnen verstärkte sich die Jagd auf die Juden. Die Besatzer arbeiteten folgenden Plan für ihre Deportation aus Odessa aus: Festgenommene wurden zum Rangierbahnhof gebracht, von dort weiter nach Beresowka. Viele Dörfer im Bezirk Beresowka verwandelten sich in Mini-Ghettos, wo die Juden verhungerten und erfroren.

Anfang Dezember bekamen wir eine Notiz mit der Bitte, in ein Haus auf der Moldawanka-Straße zu kommen. Wir haben lange geschwankt, aber dann bin ich doch zu dieser Adresse gegangen. Die Wohnung, in die ich kam, war klein wie ein Taubenschlag. Dort waren die Kinder von Onkel Lewa – Rachil und Fasja. Wir umarmten und küssten uns, weinten vor Freude. Rachil und Fasja erzählten, dass Onkel Lewa ums Leben gekommen war, sie sich dann als Bulgarinnen ausgegeben haben und nach Odessa zurückgekehrt waren. Man hatte ihnen provisorische Ausweise versprochen. Ich bin noch einmal zu ihnen gegangen, aber später verschwanden sie.

Wir blieben bis Mitte Dezember im Haus in der Meschtschanskaja-Straße, dann warnte uns die Hauswartin, wir müssten weg. So zogen wir in die Troizkaja-Straße 32 um, wo wir in einer Wohnung ein Zimmer belegten, das frei geworden war. Vorher hatte dort Agnessa Semenowna gewohnt. Aber um dort wohnen zu können, musste man provisorische Ausweise besitzen. Agnessa Semenowna verabredete mit dem Hausverwalter Karl Nowokowski, dass er uns helfen würde, solche Ausweise zu bekommen. Um die bei der Gendarmerie zu bekommen, musste man einen von drei Zeugen unterzeichneten Antrag vorlegen, die bestätigten, dass die Mutter Ukrainerin war.

Mutter gab Nowokowski alle nötigen Dokumente und er versprach, das Nötige in die Wege zu leiten. Das war kurz vor Neujahr 1942. Mutter und ich richteten das Zimmer, in dem wir uns niederließen, ein: Wir trugen Agnessa Semenownas Sachen rüber: Zwei vernickelte Betten, Stühle, einen kleinen Tisch und andere Einrichtungsgegenstände. Möglicherweise beeinflusste gerade dies unser weiteres Schicksal. Denn genau zu dieser Zeit heiratete Karl Nowokowski. Seine große Hochzeitsphotografie prangte in einer Vitrine des Photoateliers in der Preobrashenskij-Straße. Nowokowski war bei uns. Ihm gefiel die Wohnung und die Einrichtung. Offenbar entschied er da für sich, dass er mit seiner jungen Frau gut in dieser Wohnung leben könnte.

Dreimal verraten

Nowokowski verriet Mutter und mich. Gleich nach Neujahr kamen sie, uns festzunehmen. Ich war in der Schule, Mutter nähte im Haus eines deutschen Kolonisten. Ein Gendarm kam in meine Schule, um mich zu holen, aber mein Klassenkamerad Wadik Kuschnir rannte in die Klasse und schrie: »Fima, lauf weg, sie sind dich holen gekommen!« Ich sprang aus dem Fenster und lief nach Hause in die Troizkaja-Straße 32, aber im Eingang packte mich ein Gendarm. Er verfrachtete mich zur Polizei, von wo ich ins Ghetto gebracht wurde. Es befand sich im Stadtteil Slobodka, auf dem Campus des Hydroinstituts. Ich erblickte ein schreckliches Bild: In den überfüllten Zimmern saßen Juden auf dem Fußboden und jagten Läuse. Aus dem Ghetto herauszukommen, war nicht schwer. Gemeinsam mit einem anderen Jungen kletterte ich über den Zaun und ging in die Stadt. Ich ging in die Chutorskaja-Straße zu Tante Motja. Nach einigen Tagen fand Mutter mich dort. Sie erzählte, dass Filimon Tarassowitsch Jasko sie gewarnt hatte. Wir schliefen jede Nacht in einer anderen Wohnung: Bei Dusja Andrjusewitsch, Polja Grabowskaja, Anja Bobilowaja und bei Tante Motja. Manche unserer Bekannten nahmen uns nicht auf, weil sie sich fürchteten.

Viele Odessiten trugen Hakenkreuzarmbinden, junge Mädchen gingen Verhältnisse mit Deutschen und Rumänen ein. In den Vitrinen des Photoateliers hingen gemeinsame Aufnahmen von Odessiten und Besatzern. Viele junge Leute, besonders aus dem Kaukasus, dienten bei Polizei und Gendarmerie. Mama verstand, dass wir die Stadt verlassen müssten, aber dafür brauchten wir einen provisorischen Ausweis. Der Zufall half. Deutsche Kolonisten empfahlen ihr eine Rumänin, die als Sekretärin bei der Polizei arbeitete. Mutter verabredete mit ihr, dass diese uns als Arbeitslohn einen Ausweis anfertigen solle. Mama arbeitete von morgens bis abends, ich besuchte inzwischen Bekannte, zu ihr kam ich nur, um zu essen. Drei Tage wohnte ich im Gebäude des Jugendtheaters in der Kuibyschew-Straße. Auf Empfehlung unserer Bekannten beherbergte mich Onkel Mischa, der mit seiner Familie in diesem Haus wohnte und das Jugendtheater beaufsichtigte. Abends buken sie Brezeln und verkauften sie auf dem Basar. Bei ihnen war es gut und reichhaltig, niemand stellte unnötige Fragen. Im Jugendtheater fanden Tanzveranstaltungen statt, wo die odessitischen Schlampen mit Deutschen und Rumänen tanzten und sie küssten. Ich konnte die Psychologie dieser Mädchen nicht verstehen: Ihre Angehörigen kämpften doch an der Front gegen die Faschisten!

Als ich nach einigen Tagen Mama traf, strahlte sie vor Freude. Die Rumänin hatte gesagt, wir sollten uns für den Ausweis fotografieren lassen. Einen Tag später hielten wir die Dokumente in den Händen. Ich schlug vor, gleich ins Dorf zu fahren, aber Mutter sagte, sie müsse noch die Näharbeit bei dieser Rumänin beenden. Wir mieteten ein Zimmer in der Rasumowskij-Straße. Und dann teilte mir Mutter mit, dass sie noch einen Tag brauche, bis die Arbeit fertig sein würde. Aber unsere Freude war verfrüht. Am nächsten Tag wartete ich lange auf Mama. Abends klopfte es an die Tür. Auf der Schwelle stand ein gestriegelter junger Polizist. Er zog Mamas Ausweis aus der Tasche und fragte: »Ist das deine Mutter?« Ich bestätigte das, und er sagte: »Sie ist festgenommen, ich bin gekommen, um dich mitzunehmen.« Unterwegs erzählte er, dass Mutter sich bei der Rumänin verplappert, und diese sie angezeigt habe. Aber bei der Polizei wusste niemand, wo ich war. Im Ausweis stand die Adresse eines zerstörten Hauses in der Tiraspol-Straße. Mama gab einer Frau, die gesagt hatte, dass sie freigelassen werde, einen Zettel für mich. Aber es stellte sich heraus, dass diese eine Verräterin war. So kam ich zu Mama in die Zelle. Mama schimpfte sehr mit sich, dass sie Odessa nicht am Tag, an dem sie die Ausweise bekommen hatte, verlassen hatte.

1. Gebietshauptstadt Odessa

Gericht, Gefängnis

Am Morgen wurden wir auf die Polizeiwache gebracht, wo uns eröffnet wurde, dass wir wegen Nichtbefolgung von Befehlen der Besatzer und des Verbergens unserer Nationalität vor Gericht gestellt würden. Ein Gendarm brachte uns zum Militärtribunal, das sich in der Kanatnaja-Straße befand. Wir wurden in Abwesenheit verurteilt, während wir auf dem Korridor warteten. Der uns begleitende Gendarm erhielt das Urteil und brachte uns ins Zentralgefängnis. Als wir aus dem Hof des Tribunals geführt wurden, rief mich jemand. Ich sah, dass Rachil, die älteste Tochter von Onkel Lewa aus einer Zelle winkte. Ich sah sie zum letzten Mal.

Das Zentralgefängnis befand sich nicht weit vom Tribunal, in der Bebelstraße 13. Gegenüber, in Haus 12, war die Siguranza, die rumänische Sicherheitspolizei, untergebracht. Im Gefängnis wurden wir getrennt: Mich steckte man in eine Männerzelle, Mutter in eine Frauenzelle. Unsere Zelle befand sich nicht weit vom Tor. Sie war keilförmig, deswegen waren die letzten Fenster auf Bodenniveau. Links von uns war die Frauenzelle. Der Flügel hatte mehrere Etagen, hier saßen Partisanen und Untergrundkämpfer. Im Hof hielten mit Maschinengewehren bewaffnete Gendarmen Wache, auch beim Tor stand eine Wache. In der linken Ecke des Hofes befand sich die Kanzlei. Ich war elf Jahre und acht Monate alt – das einzige Kind in diesem Gefängnis.

Alle Insassen behaupteten, sie säßen wegen Spekulation. Natürlich sagte niemand die Wahrheit, weil alle Angst vor Verrätern hatten. Der Mechanismus der Vernichtung der Juden, Partisanen und Untergrundkämpfer war gut durchorganisiert. Jede Nacht wurden Gefangene zur Hinrichtung weggebracht. In einer Januarnacht wurde meine Mutter, die 49 Jahre alt war, weggebracht. Das erzählte mir am nächsten Morgen ihre Zellengenossin. Mutter ließ mir zum letzten Mal ein Stück Brot und fünf Mark übergeben. Ich kehrte in meine Zelle zurück und weinte bittere Tränen. Ich begriff, dass ich den mir teuersten Menschen nie wiedersehen würde.

Einige Tage später wurde uns allen nach dem Frühstück befohlen, uns anzuziehen und zum Antreten bereitzumachen. Bewaffnete Gendarmen waren mit Autos zum Gefängnis gefahren worden und hatten die gegenüberliegende Straßenseite besetzt. Zuerst wurden in Ketten gelegte Gefangene aus dem Gefängnishof geführt, dann die übrigen Männer. Die Frauen bildeten das Ende der Kolonne. Sie hatte die Form eines Rechtecks und wurde rundherum von Gendarmen begleitet, die mit einem gewissen Abstand voneinander gingen. Zunächst ging ein Flüstern durch die Kolonne, dass wir in ein anderes Gefängnis gebracht würden, aber schon bald wurde bekannt gegeben, dass wir in die Banja zur Entlausung gehen würden.

Wir gingen langsam. Die Kolonne gab ein gruseliges Erscheinungsbild ab. Das Stampfen der Soldatenstiefel wurde vom Klang der Ketten begleitet. Das alles wirkte nicht nur auf die Gefangenen bedrückend, sondern auch auf die Menge der Odessiten, die uns begleitete. Viele von ihnen erkannten in der Kolonne Bekannte, aber es war verboten, sich zu unterhalten, und einige der den Zug Begleitenden versuchten, etwas mit Gesten mitzuteilen. Aber es gab auch solche, die sagten: »Das haben sie verdient. Sie hätten sich an die Befehle halten sollen.« Mit diesem Schreckensmarsch durch die Straßen von Odessa wollten die Faschisten jene einschüchtern, die sich ihnen nicht unterwarfen – und gleichzeitig der fürchterlichen Verlausung im Gefängnis entgegenwirken.

Bald führte man uns tatsächlich in die Banja in der Komsomol-Straße, wo es eine Desinfektionskammer gab, und gegen Abend kehrten wir auf dem gleichen Weg zurück ins Gefängnis.

Am nächsten Tag wurde ich »zum Gespräch« in die Gefängniskanzlei beordert. Einer der Verräter tat, als tue ich ihm leid, und fragte: »Was sollen wir mit dir tun?« Ich schlug vor, mich in das Ghetto im Stadtteil Slobodka zu schicken. Diese Idee gefiel ihnen. Einen Tag später kam ein Fuhrwerk mit kleinen Kindern zum Gefängnis. Ich wurde herausgerufen, auf dieses Fuhrwerk gesetzt und ins Ghetto gefahren. Wir wurden die Bebelstraße entlang gefahren, da sah ich Grischa Sebow und sagte ihm, wohin ich gebracht werde. Vor den Ghettotoren hatte sich eine große Gruppe Frauen versammelt. Als sie mich sahen, versuchten sie den Wachen zu erklären, dass ich Russe und zufällig hierher geraten sei, aber die Rumänen waren unerbittlich. Die Gendarmen stießen die Frauen zurück und brachten uns ins Ghetto.

Das Ghetto von Odessa

Das Ghetto von Odessa war ein Sammelpunkt für Juden, die die Faschisten in der Stadt eingefangen hatten. Die Einrichtungen der Besatzer waren in den besten Gebäuden untergebracht, die anderen dienten dem Personal als Wohnstätten oder beherbergten das Krankenhaus, die Kantine und die »Wohnungen« der Ghettobewohner. Einige Gebäude waren für Juden reserviert, die von hier weiterverschickt werden sollten. Dauerhaft wurden im Ghetto Ärzte, Krankenschwestern, Sanitäter, auch Kantinenarbeiter und Arbeiter anderer Hilfsdienste festgehalten. Aus den übrigen Juden wurden von Zeit zu Zeit Transporte zusammengestellt, die in den Bezirk Beresowka zur Hinrichtung geschickt wurden.

Man kann sagen, dass es eigentlich keine Verpflegung gab. Die Klöße aus Maismehl, die die Kantine herstellte, reichten nicht für alle. Wie im Ghettokrankenhaus Menschen behandelt wurden, kann man leicht erraten: Jeden Morgen wurden aus dem Krankenhaus einige Fuhren mit Toten herausgebracht. Es wird davon ausgegangen, dass in diesem Ghetto etwa 5000 Menschen an Hunger und Krankheiten gestorben sind. Insgesamt haben die Faschisten im Gebiet Odessa mehr als 200 000 Menschen alleine deswegen umgebracht, weil sie Juden waren.

Nach und nach machte ich mich mit diesem Eckchen jüdischen Lebens in Odessa bekannt. Ich habe einige Bekannte gefunden: Tante Rosa, die in der »Küche« arbeitete, Rafik Golschtein, der eine Stelle als Heizer gefunden hatte, Abram Ekdyschman mit seiner Frau und Doktor Jakow Turner. Sie halfen mir und teilten mit mir das letzte Stück Brot.

Viele Odessiten brachten Essen und warme Kleidung herbei und reichten sie über den Zaun. Einmal in der Woche kamen unsere ehemaligen Nachbarn, Anja Sebowa und ihr Sohn Grischa, zu mir. Viele Ghettobewohner gingen zu Bekannten in die Stadt und bekamen dort zu essen. Auch ich ging von Zeit zu Zeit in die Chutorskaja-Straße zu Tante Mota. Normalerweise saß ich dort mehrere Tage, wenn der nächste Transport vorbereitet wurde. Von dem erfuhr ich durch Tante Rosa, weil die Kantine in solchen Situationen immer den Befehl bekam, viel Maisbrei zu kochen. Außerdem war ich immer bemüht, nicht dem Starosten und seinen Untergebenen unter die Augen zu kommen.

1. Gebietshauptstadt Odessa

Im Mai 1942 kam ich zu dem Schluss, dass es Zeit sei, das Ghetto endgültig zu verlassen. Zu dieser Zeit waren nur noch wenige Menschen hier verblieben. Ich entschloss mich, mit dem nächsten Transport wegzugehen und unterwegs mithilfe des Ausweises zu fliehen, den ich bei der Polizei und im Gefängnis hatte verbergen können. Ich wusste nicht alles, was man über einen Transport wissen sollte, aber mir half der Zufall. Mir wurde im Hof ein Junge gezeigt, über den es hieß, er sei schon mehrfach auf Transport gegangen und jedes Mal ins Ghetto zurückgekehrt. Wir machten uns miteinander bekannt. Er hieß Isja Rybakow und war ein Jahr jünger als ich. Isja war aus dem Ort Resina, wo er zur rumänischen Schule gegangen war. Deswegen sprach er gut Rumänisch. Seine Eltern waren in Bogdanowka umgekommen, er selbst war von dort geflohen. Seine mehrfache Rückkehr ins Ghetto erklärte er damit, dass er auf diese Weise für eine gewisse Zeit sein Leben verlängern konnte. Er wusste, wann man vom Transport flüchten konnte. Ich schlug vor, gemeinsam auf einen Transport zu gehen und von dort zu fliehen. Von meinem Ausweis sagte ich ihm nichts, wohl aber, dass ich nicht beschnitten war. Wir hatten vor, in Beresowka zu fliehen und Kurs auf Balta zu halten, wo man – Gerüchten zufolge – die Juden nicht umbrachte.

Noch an diesem Tag wurden wir auf ein Fuhrwerk gesetzt und zum Rangierbahnhof gebracht. Isja kannte die Wachen und bat sie, uns auf den Bahnsteig zu lassen. Alle anderen wurden in einem Güterwagen eingeschlossen, wir aber gingen mit den Rumänen zu deren Bekannten zum Mittagessen, wo wir gut verpflegt wurden. Gegen Abend setzte sich unser Zug in Bewegung. Isja und ich fuhren auf der Plattform bei den Rumänen mit. Im Morgengrauen kam der Zug in Beresowka an. Die Wachen nahmen uns mit ins Bahnhofsgebäude und einer von ihnen bot uns Brot und Speck an.

Am Morgen öffneten sie den Wagen und luden die unglücklichen Juden aus. Und plötzlich, ehe wir uns versahen, wechselte die Wache. So beschlossen wir, die Flucht aufzuschieben. Die neue Wache hatte Fuhrwerke herbeigebracht und bot Alten, Kindern und Kranken an, aufzusitzen. Isja warnte mich davor, sich darauf einzulassen, weil alle, die säßen, bald erschossen würden. Nach dem Antreten wurde unsere kleine Kolonne in Richtung Domanewka in Bewegung gesetzt. In Beresowka waren einheimische Polizisten zu unserer Wache gestoßen. Wir übernachteten im Dorf Sirotskoje. Am Abend aßen Isja und ich Brot und Speck, den uns die Rumänen gegeben hatten. Mehr Essen hatten wir nicht. Am Morgen wurde unsere Kolonne weitergetrieben. Gegen Mittag kamen wir zum großen Dorf Mostowoj. Am Dorfrand wurden wir in einem großen Park untergebracht. Isja und ich gingen einige Male zu einem Brunnen und brachten Leuten, die uns zu essen gegeben hatten, Wasser.

Der Brunnen befand sich am Ende des Parks. Nebenan verlief eine Straße. Ich schlug Isja vor, umgehend zu fliehen, da die Wachen sich gerade auf verschiedene Häuser verteilt hatten. Aber Isja lehnte ab, weil er meinte, am Tage würde man uns schnell fangen. Wir saßen nach einem der Gänge zum Brunnen im Gebüsch des Parks, als wir ganz unerwartet sahen, wie die Rumänen und einheimischen Polizisten ihre Patronen zählten, wohl um zu sehen, für wie viele sie reichen würden. Ich begann wieder auf sofortige Flucht zu drängen. Um ihn zu überzeugen, zeigte ich ihm meinen von den Rumänen ausgestellten Ausweis. Da war er einverstanden.

Flucht

Wir gingen die Straße entlang hinaus ins Feld, gingen in eine Niederung, wandten uns nach rechts und entfernten uns vom Dorf Mostowoj. Unterwegs dachten wir uns die Legende aus, dass wir aus einem Kinderheim seien und zu Verwandten nach Balta gingen. Bis zum Abend gingen wir durch die Felder, da sahen wir ein Feuer. Es war ein kleines Lagerfeuer, das bei einem Zigeunerlager brannte. Ein Zigeuner kam auf uns zu und fragte, wer wir seien und wohin wir gingen. Ich erzählte ihm unsere Legende und bat ihn um Brot. Weitere Zigeuner kamen hinzu. Einer von ihnen begann zu schreien, dass wir Shidy seien und dass sie selbst unseretwegen in Gefahr gerieten. Meine ruhige und sichere Erklärung ließ seinen Eifer ersterben und alle gingen auseinander. Der Zigeuner, den wir um Essen gebeten hatten, brachte uns ein Stück Brot und sagte: »Geht bitte weg, Kinder, bei uns sind viele schlechte Menschen.«

Wir gingen solange, bis das Lager außer Sicht war und übernachteten in einem Heuschober. Am Morgen gingen wir in die Richtung, aus der das Krähen von Hähnen zu hören war. Nach einiger Zeit kamen wir zu einem Dorf. Überall rauchten die Kamine und wir nahmen verlockende Gerüche wahr. Wir gingen zur ersten Hütte am Dorfrand und baten um etwas zu essen. Ein junges Paar bat uns zu Tisch. Wir aßen gut und erzählten unsere Legende. Diese guten Menschen gaben uns Lebensmittel mit und erklärten uns den Weg nach Balta.

Normalerweise übernachteten wir in Dörfern. Wir betraten sie nach Sonnenuntergang und gingen zum Starosten. Ihm zeigte ich meinen Ausweis und bat um ein Nachtlager. Der Starost befragte uns dann, woher wir kämen, wohin wir gingen, gab uns ein Papier, mit dem er uns zu einem wohlhabenden Bauern schickte. Dort wurden wir üblicherweise verpflegt und schlafen gelegt. Morgens bekamen wir dann ein gutes Frühstück und noch etwas mit auf den Weg.

Isja überzeugte mich, dass wir nicht in Dörfer gehen sollten, in denen deutsche Kolonisten wohnten. Einmal wären wir beinahe in so eine deutsche Kolonie geraten, aber als wir die faschistische Fahne über einer Hütte sahen, konnten wir noch rechtzeitig anhalten. Es war warm. Nachdem wir schnell etwas gegessen und Wasser aus einer Pfütze getrunken hatten, waren wir auf einer Wiese eingedöst. Wir wurden von einem Schrei geweckt: »Wer da? Papiere!« Neben uns stand ein deutscher Kolonist mit der faschistischen Armbinde am Ärmel, einige weitere Kolonisten saßen auf einem Fuhrwerk. Der Ausweis flößte offenbar Vertrauen ein, der Deutsche fragte nur wohin wir gingen und zeigte uns den Weg nach Balta.

Noch vor Balta schlug mir ein wohlhabender Bauer vor, bei ihm zu bleiben. Ich fragte, ob wir nicht beide bleiben könnten, und bekam zur Antwort: »Aber er ist doch ein Shid, ihn kann ich nicht bei mir behalten.« Da lehnte ich den verlockenden Vorschlag ab und wir machten uns wieder Richtung Balta auf den Weg. Das Ghetto in Balta umfasste zwei Straßen. Hier gab es eine jüdische Selbstverwaltung mit einem eigenen Starosten. Wir gingen zur Pforte und wurden sofort von einem jüdischen Polizisten angehalten. Als dieser hörte, dass wir aus Odessa waren, riet er uns, unverzüglich wegzugehen, da, wie er sich ausdrückte, Fremde hier nicht aufgenommen würden. Er drohte sogar, uns anderenfalls der Gendarmerie auszuliefern. Es blieb uns nichts anderes übrig, als das »gastfreundliche« Balta zu verlassen.

Wir gingen auf dem uns bereits bekannten Weg zurück. Wir wussten von dem Befehl der Besatzer, der besagte, obdachlose Kinder seien in den Kolchosen aufzunehmen. Im Dorf Seliwanowka gingen wir in die Verwaltung der Kolchose und baten, uns zur Arbeit dazubehalten. Aber wir bekamen eine Absage: Es hieß, bei ihnen gebe es nur arme Bauern. Außerdem wurde uns gesagt, nicht weit entfernt befinde sich das reiche moldawische Dorf Gandrabury. Uns wurde geraten, dorthin zu gehen.

Als wir nach Gandrabury kamen, wandten wir uns an den Starosten. Er nahm meinen Ausweis, verhörte uns und erlaubte uns im Dorf zu bleiben. Aber er verteilte uns auf unterschiedliche Kolchosen: Mich in die »Partisan«, Isja in die Woroschilow-Kolchose. So trennten wir uns. Was uns erwartete, wussten wir nicht, aber der Glaube, dass wir überleben würden, verließ uns nie.

Das Knechtsglück von Gandrabury

Das Dorf Gandrabury entstand in den 30er-Jahren des 18. Jahrhunderts. Hier lebten Moldawier, die von ihren bessarabischen Bojaren davongelaufen waren und herrenloses Land in Besitz nahmen. Der Name des Dorfes kam vom Namen eines wohlhabenden Moldawiers, der Gowdra geheißen hatte, später veränderte der Name seine Form und wurde Gandra. Da das Dorf groß war, hat man es dann in Gandrabury umbenannt. Vor dem Großen Vaterländischen Krieg zählte man in diesem Dorf zwölf Kolchosen. Während des Krieges lebten die Bewohner von Gandrabury nicht schlecht, da die Rumänen die Moldawier mit großzügigen Privilegien versahen.

Ich wurde von einem Jungen in die Kolchose »Partisan« geführt und dem Brigadier übergeben. Dieser brachte mich im Kontor der Kolchose unter. Ich war schmutzig, ungepflegt und hatte noch die Sachen aus dem Ghetto an. Durch den »Kolchosenfunk« wusste die ganze Umgebung, dass in der Verwaltung ein Waisenjunge wohnt. Viele kamen, einfach um mich anzusehen. Es kam auch Mosch Todori, ein Rumäne, der sich auf unserer Kolchose auskurierte. Er war ein guter Mensch und ich tat ihm leid. Mosch Todori schickte mich zum Friseur und bat Nachbarn, Wasser heiß zu machen. So konnte ich nach dem Haareschneiden baden. Er bat außerdem andere Nachbarn, bei denen eine Hochzeit stattfand, mich zu dieser einzuladen. Und so sitze ich an diesem großen Tisch auf der moldawischen Hochzeit und esse unbekannte Speisen. Leute sprachen mit mir, manches habe ich verstanden, anderes nicht. Ich war sehr froh, dass ich diesem Rumänen gefallen habe und auf diese Hochzeit geraten bin.

Am nächsten Tag ging meine »Brautschau« weiter und ein junges, kinderloses Paar nahm mich zum Kühehüten. Aber sie waren arm, weshalb ich mich zehn Tage später in der Kolchosenverwaltung wieder fand. Nach einiger Zeit kam ein energischer Mann zu mir und nach einem kurzen Gespräch schlug er vor, in seiner Familie zu leben. Dies war Timofei Jakowlewitsch Untilow. Sein Haus befand sich nicht weit von meiner »Wohnung«, die Familie bestand damals aus fünf Personen: Er, seine Frau Jekaterina und drei Kinder. Die älteste Tochter, Nina, war fünf Jahre alt, die zweite, Walja, drei und der Sohn Senja, eineinhalb. Timofei Jakowlewitsch war ein sehr gescheiter und guter Mann. Ihm war es nicht peinlich, dass sein Haus in Gandrabury das einzige war, in dem Russisch gesprochen wurde. Deswegen hatte er den Spitznamen Timofte Russu bekommen. Und so begann für mich ein neues Leben in einer fremden Familie, mit fremden Regeln, an die ich mich erst gewöhnen musste. Man kleidete mich neu ein, ich bekam eine Hose und ein Hemd aus nicht sehr grober Sackleinwand. Diese Kleidung machte man in Gandrabury aus Hanf. Ich ging barfuß, da meine Schuhe auseinandergefallen waren. So begann nach vielen Jahren mein alter Spitzname, Fimka der Kolchosbauer, der Realität zu entsprechen.

Mit jedem Tag wurde meine Arbeitsbelastung größer. Alles wurde im Voraus geplant, Erholung gab es nicht. Im Herbst erntete ich schon wie ein geborener Bauer Kartoffeln, Mais, Weintrauben und drosch sogar Weizen mit einer Kette. Die Wirtschaft war groß, es gab eine Kuh, einen Stier, Schafe, Schweine, Hühner und ein Pferd. All dieses Viehzeug musste ich im Wesentlichen beaufsichtigen. Ich lebte mich in die Rolle des Knechtes ein und tat alles Notwendige.

In diesen Erinnerungen möchte ich genauer schreiben, wie ich in Gandrabury lebte und über die Menschen, die mich umgaben. Sie päppelten mich auf und hatten Mitleid mit mir. Ungeachtet meiner rechtlosen Lage beleidigte mich niemand und mit vielen ergaben sich gute Beziehungen. Ich möchte mit guten Worten an alle nahen Angehörigen von Onkel Timoscha erinnern: Den Vater Jakow, die Stiefmutter Gaschika, die Schwester Marunja, den Bruder Aleksei und seine Frau Gratina. Ebenso an die Angehörigen von Tante Katja: Ihre Mutter Jefrosinija, die Brüder Stepan und Grigorija. Wir hatten gute Nachbarn, die Dobrowans, Wosians und viele andere, deren Namen ich bereits vergessen habe. Seit wir uns kennengelernt haben, sind mehr als 60 Jahre ins Land gegangen, viele weilen bereits nicht mehr unter uns, aber das Andenken an ihre Großherzigkeit werde ich immer in Ehren halten.

Immer, wenn ich an das Leben im Dorf Gandrabury zurückdenke, erinnere ich mich an die mir damals auferlegten Verpflichtungen und die Müdigkeit, die mich an den Abenden überfiel. Ich war schließlich erst zwölfeinhalb Jahre alt. Ich schlief auf einer breiten Bank, die beim Ofen stand. Im Herbst 1942 musste ich lernen, wie man mit einem Gespann Stierkälbern geht. Wir spannten sie mithilfe eines Jochs vor das Fuhrwerk und ich brachte ihnen die Kommandos bei, mit denen man solche Tiere führt: »zob-zebe«. Eines Tages während so eines »Unterrichts« kam ein Hund aus einem Hof gelaufen und erschreckte die Stierkälber. Sie liefen los und ich konnte die Zügel nicht halten. Das Fuhrwerk traf mich und fuhr über meine Füße. Zum Glück war es leer und auf dem Weg war sehr viel Staub, der den Druck auf die Füße abfederte. Außerdem war es ein Glück, dass Onkel Timoscha das Fuhrwerk mit Treckerrädern ausgestattet hatte, die recht weich waren. So war mir auch in diesem Fall das Schicksal gewogen: Ich hätte Invalide werden können!

Der Sommer 1942 ging zu Ende. Wir holten die Ernte ein, bereiteten Futter für die Tiere vor und stellten für die Heizung Ziegel aus Kuhdung und Stroh her. Es wurden einige Fässer Wein gemacht und Mais für den Winter eingelagert. Meine Beine waren mit einer Schmutzschicht bedeckt, sodass ich nicht gleich merkte, dass meine Haut sehr rissig geworden war. Oma Gaschika riet mir, die Beine mit Sauerrahm einzureiben, was ich auch tat. Es kamen die ersten Herbstfröste – ich aber verfügte nur über Sommerkleidung. Irgendwie wurde ich mit abgelegten Sachen eingekleidet, die sich irgendwo gefunden hatten, das einzige Neue, was ich hatte, waren die »Postoly«. Postoly, das sind Bundschuhe, die noch aus dem 15. Jahrhundert stammen. Sie wurden aus Leder von Schweinen, Kühen und Pferden hergestellt. Gute Postoly macht man aus gegerbtem Leder, denn wenn man sie aus rohem Leder macht, können sie sich bei starkem Frost zusammenziehen und einem von den Füßen fallen.

Neue Prüfungen

Ich hatte gedacht, im Winter würde ich nicht so viel Arbeit haben, aber das war falsch. Der Winter 1942–1943 wurde für mich zu einer neuen Prüfung, wie viel ich aushalten konnte. Es gab sehr viel Arbeit. So musste beispielsweise vor dem Frühstück der Mist bei den Tieren beseitigt und diese mussten anschließend getränkt und gefüttert werden. So verging beinahe der ganze Tag. Abends sortierte ich Tabak oder zupfte Schafwolle, die zum Garnspinnen vorbereitet werden musste. Das Leben in Gandrabury verlief, als sei Frieden. Wir wussten nicht, was an der Front passierte, darüber wurde zu Haus nicht gesprochen. Die Deutschen ließen fast alle gefangenen Moldawier frei, deswegen gab es in fast jedem Haus Männer im wehrfähigen Alter.

Oft dachte ich an die Menschen aus dem Ghetto, mit denen wir beim letzten Transport waren. Ich glaube, dass Mama sich gerettet haben musste, weil sie sehr aufgeweckt war. Ich dachte auch an Anna und Tasja – Annas Adresse behielt ich noch viele Jahre im Kopf. Oft dachte ich auch an die Bekannten aus Odessa, Agnessa Semenowna, Dusja Andrjusewitsch, Familie Sebow, Vera Grominkowa und ihre Tochter Gala. Ich dachte oft an Isja. Mit ihm hatte ich keinen Kontakt. Manchmal interessierten sich die »Dorfweisen« für meine Vergangenheit, aber die Legende, die wir uns ausgedacht hatten, funktionierte gut. Unter solchen Umständen verlief das Leben eines jüdischen Jungen – unter fremden Menschen, vor denen man seine Herkunft verbergen musste. Am Ende des Winters 1943 wollte Onkel Timoscha zusammen mit anderen Dorfbewohnern nach Odessa zum Basar fahren. Ich war sehr erschrocken, denn man hätte mich unterwegs erkennen und den Rumänen ausliefern können. Zum Glück reichte der Platz für mich auf dem Schlitten nicht mehr.

In Bezug auf die körperliche Belastung war das Jahr 1943 das schwerste für mich. Im Frühjahr nahm ich an der Aussaat teil: Ich setzte Kartoffeln und Zwiebeln, säte Tabak und Tomaten. Ich hütete das Vieh, von dem wir einiges auf unserem Hof hatten. Später hielt das Schicksal neue Prüfungen für mich bereit: Ich musste bei einem Programm für ehemalige Kriegsgefangene mitarbeiten. Die Sache war die, dass die freigelassenen Kriegsgefangenen zu verschiedensten Arbeiten herangezogen wurden. Ich geriet in diese Abteilungen, die nach Altersgruppen zusammengestellt worden waren. Ich war damals 13 Jahre alt, die übrigen Diensttuenden aber 30 Jahre und älter. Wo bin ich nicht überall hingeraten in diesem Jahr 1943?! Ich habe die Kuhställe der Gendarmerie ausgemistet, Straßenarbeiten in Baitaly gemacht (ich musste dort Gräben ausheben) und habe Ziegel und Sand nach Ananjew gefahren. Aber man muss fair sein gegenüber den Leuten, mit denen ich arbeiten musste. Sie verstanden, dass ich eine Waise war und nur Ersatzeltern in der Lage waren, ein Kind zu solchen Arbeiten zu schicken. Oft musste ich clever sein und mit den Rumänen über die Arbeit verhandeln. Ich hatte immer Glück, das Schicksal war mir geneigt. Den Mangel an Essen, das mir mitgegeben wurde, glichen die Leute aus, mit denen ich arbeitete. Jetzt, nach mehr als 60 Jahren, ist wahrscheinlich keiner mehr von ihnen am Leben. Aber ich denke immer mit dem Gefühl großer Dankbarkeit an diese einfachen Menschen zurück.

Im September 1943 kamen ein paar Leute zu uns, die aus einem Zug, der sie nach Deutschland bringen sollte, geflohen waren und um Aufnahme baten. Sie erzählten von der Situation an der Front, davon, dass die Deutschen flüchteten, und die Zeit, bis man sie aus den besetzten Gebieten vertreiben würde, nicht mehr lang sei. Diese Neuigkeiten gefielen manchen nicht, weil sie dachten, dass dieses »Paradies« ewig währen würde. Ungeachtet dieser Nachrichten ging alles seinen gewohnten Gang. Der Herbst kam, wir holten die Ernte ein. Ungefähr im Oktober bekam Onkel Timoscha die Aufforderung, den Rumänen ein Stierkalb zu bringen. Ich trieb das Tier nach Ananjew zur Annahmestelle und bekam eine Bescheinigung, dass die Familie von Timofei Jakowlewitsch Untilow ein Stierkalb abgeliefert habe. Eine Woche später kam die Aufforderung, ein Pferd abzuliefern. Und so ritt ich zum letzten Mal nach Ananjew, verabschiedete mich von Nustor (so hieß das Pferd) und ging zu Fuß nach Hause. Als ich zurückkehrte, sagte Onkel Timoscha, dass die Besatzer wohl bald vertrieben sein würden. In der Familie wurde darüber ohne Freude gesprochen, nur ich dachte mit Hoffnung daran. Wahrscheinlich verstanden alle, dass ich nach der Befreiung nicht mehr so gehorsam sein würde. Der Winter in jenem Jahr war streng. Es gab weniger Tiere im Haus, daher hatte ich weniger Arbeit. Im Dorf hatte sich nichts geändert. Die Dörfler feierten wochenlang, ohne daran zu denken, dass bald die Befreiung kommen würde und viele von ihnen wieder zur Armee gehen müssten.

Es kam das Jahr 1944. Auf den Straßen waren die ersten deutschen Einheiten auf dem Rückzug zu sehen, aber auch Verräter auf Fuhrwerken mit guten Pferden. Diese ganze Kavalkade zog über die zentrale Straße durch Gandrabury. All diese Verräter, an deren Händen viel jüdisches Blut klebte, flohen vor ihrer Strafe. Ich dachte daran, dass bald die Unsrigen kommen würden und ich Ruhe und Selbstsicherheit zurückgewinnen würde. Obwohl die Befreiung nicht mehr weit war, konnte man immer noch leicht umkommen. Ende Februar waren die Deutschen Tag und Nacht auf dem Rückzug. Die erwachsenen Männer, die die Verschleppung nach Deutschland fürchteten, versteckten sich, wie sie nur konnten. Auf dem Hof blieben nur die Frauen und Kinder zurück. Die Deutschen gingen von Haus zu Haus, baten um Essen, manchmal nahmen sie es sich auch selber. Zu uns kamen einmal zwei Männer in deutschen Uniformen und baten in gebrochenem Russisch um Essen. Tante Katja gab ihnen etwas, aber als sie gingen, sagte ich versehentlich etwas in ihre Richtung. Da sagte einer von ihnen in reinstem Russisch, dass man mich für solche Worte an die Wand stellen müsste. Ich war baff, ließ mir aber nichts anmerken.

Im März 1944 verlief die vorderste Kampflinie bereits durch unsere Felder. Die Kugeln pfiffen, aber ich ging, als sei nichts los, ich kam nicht einmal auf den Gedanken, dass es gefährlich sein könnte. Ein Fuhrwerk kam auf unseren Hof gefahren. Der Kutscher trug eine deutsche Uniform, sprach aber Russisch. Er bat um etwas zu essen und Tante Katja gab ihm etwas. Ich fragte ihn, was er täte. Der Kutscher antwortete, dass er in der Kampfzone tote Deutsche einsammle und in Massengräbern bestatte. Auf meine Frage, warum er nicht bleibe, entgegnete er, dass er Angst vor den Unsrigen habe, weil man ihn für den Dienst in deutscher Uniform erschießen könnte.

Im März 1944 herrschte graues Wetter, der Schlamm reichte bis zum Knie, deswegen blieben Autos und Panzerfahrzeuge der Deutschen auf den Straßen stecken. Die Deutschen kamen in die

Häuser und konfiszierten Ketten und Pferde. Einer von ihnen kam auch zu uns. Er nahm die Kette vom Brunnen und freute sich dann, als er das Pferd sah. Er erklärte mir, dass er es mitnehmen wolle. Ich spielte den Deppen und sagte: »Ich nix farschtejn.« Da zog der Deutsche seine Pistole. Ich verstand sofort, band das Pferd los und gab es ihm. Das war mein letzter Kontakt mit den Besatzern.

Befreiung

Ungefähr am 15. März erblickten wir unsere Soldaten. Sie gingen in Richtung Dolinskij und führten den verhafteten Polizeichef von Gandrabury Macha mit sich. Die aber, die er schikaniert hatte, kamen und schlugen ihn gleich auf der Straße. Der Verräter wurde außerhalb des Dorfes erschossen. Meine Freude kannte keine Grenzen.

Ende März wurden alle Männer im wehrfähigen Alter aus Gandrabury zur Armee eingezogen. Nur Frauen und Jugendliche blieben im Dorf. Auf unseren Feldern befand sich viel deutsches Kriegsgerät, das beim Rückzug aufgegeben worden war. Wir Kinder ließen das Öl aus den Fahrzeugen, um es bei der Mühle abzugeben, damit Mehl gemahlen werden konnte. Auch ich ging zur Mühle und traf dort den erwachsen gewordenen Isja. Wir freuten uns sehr über das Treffen. Denn es war ja unsere Findigkeit gewesen, mit der wir uns vor dem sicheren Tod gerettet hatten. Isja hatte vor, in Gandrabury zu bleiben, da er die Sprache gut gelernt hatte, ich aber sagte, dass ich nach Odessa fahren würde, sobald es befreit sei.

Die Frühlingsarbeiten begannen. Es musste viel getan werden, aber ich verzagte nicht. Am 10. April arbeitete ich auf dem Feld, als vorbeikommende Soldaten plötzlich erzählten, dass Odessa befreit sei. Die Freude kannte keine Grenzen. Ich schrieb zwei Briefe: Einen an Anja, den zweiten an Tante Vera Gromikowa nach Odessa. Aus Odessa kam bald die Antwort, aus der ich erfuhr, dass Mutter nach der Befreiung nicht aufgetaucht war. Vor mir stand das Dilemma, was zu tun war: Nach Odessa fahren oder im Dorf bleiben? Es gab niemanden, mit dem ich mich hätte beratschlagen können. Ich musste mich für die Abfahrt entscheiden, aber aus irgendeinem Grund schwankte ich. Ich maß nicht einmal der Tatsache Bedeutung bei, dass in der Wohnung in der Troizkaja-Straße viele Sachen von uns waren, die man jetzt gleich nach der Befreiung mitnehmen könnte. Aber wie es geschah, kam ich doch sehr schnell nach Odessa.

Mitte Mai 1944 war ich da. Ich war aufgeregt, wenn ich an all die bevorstehenden Begegnungen mit Menschen, die ich mehr als zwei Jahre nicht gesehen hatte, dachte. Als ich in das Haus in der Jewreiskaja-Straße 50 kam, wo Vera Gromikowa und Marusja Boitschenko wohnten, schlug mein Herz sehr stark. Die Begegnung ist nur schwer zu beschreiben. Obwohl so viel Zeit vergangen ist, bewahre ich die Freudentränen unserer so nahen Nachbarn bis heute in meiner Seele. Wir sprachen bis spät miteinander.

Am nächsten Tag machte ich mich auf den Weg in die Troizkaja-Straße 32, zu dem Haus, in dem wir bis zur Verhaftung gewohnt hatten. Die Nachbarn freuten sich sehr über mein Auftauchen. Ich erzählte ihnen, was mit Mama geschehen war und wie ich diese zwei Jahre gelebt habe. In unserer Wohnung wohnte irgendein Mitarbeiter des NKWD. Ich konnte nichts herausholen, da er alles zu einem Schleuderpreis gekauft hatte. Die Sache war, dass in dieser Wohnung Nowokowski gewohnt hatte, der uns verraten hatte. Er dachte, alles würde glatt laufen, aber es kam anders. Schon im Mai wurde Nowokowski verhaftet, weil er nicht nur uns verraten hatte, er hatte noch einige andere Sünden auf dem Gewissen. Agnessa Semenowna beharrte darauf, dass ich einen Antrag an den NKWD schreiben solle, was ich auch tat. Ich wurde vorgeladen, aber der Besuch dort war für mich eine einzige Beleidigung, weil die Ermittler mehr interessierte, warum ich nicht umgebracht worden war. Nowokowski bekam 25 Jahre, aber ich war nicht beim Prozess.

Meine Bekannten fragten mich, was ich weiter tun, wie ich weiter leben würde. Niemand hat mir angeboten, mich aufzunehmen, weil das Leben sehr schwer war. Mir wurde geraten, mich bei der Handwerkerschule Nr. 1 der Marine einzuschreiben. Dort wurde man ohne Prüfung, einfach nur unter Vorlage von Papieren, aufgenommen. Im Dorfsowjet von Gandrabury bekam ich meinen rettenden Ausweis zurück. In der Schule Nr. 71 bekam ich eine Bestätigung darüber, dass ich vor dem Krieg dort gelernt hatte, und auf dem Standesamt gab man mir eine Kopie meiner Geburtsurkunde. Ich durchlief die medizinische Kommission. Schon bald wurde ich in die Lehranstalt aufgenommen. Vor mir lagen noch viele Schwierigkeiten, vor mir lag ein ganzes Leben, aber das ist eine andere Geschichte. Nach Abschluss der Schule arbeitete ich als Schlosser in einem Schiffsreparaturwerk und diente fünf Jahre bei der Pazifikflotte. Ich schloss die Abendschule ab, dann das Hydroinstitut. Danach arbeitete ich in der Forschungsabteilung des Instituts. 1958 habe ich Bella Kaminskaja, einen bemerkenswerten Menschen, mit dem ich bis heute glücklich lebe, geheiratet. 1961 wurde unser Sohn Sascha geboren, 1989 gebar seine Braut Nina unseren Enkel Wowa.

Isja Rybakow hat die Schule in Gandrabury abgeschlossen, danach das Pädagogische Institut in Kischinau. Er hat als Lehrer gearbeitet und wurde Doktor der pädagogischen Wissenschaften. Er hat zwei Söhne und zwei Enkel. Unsere Freundschaft, die hinter den Mauern des Ghettos von Odessa begann, hält bis heute an. Während all dieser Jahre halte ich auch Kontakt zur Familie Untilow und den Bewohnern des Dorfes Gandrabury.

Seit den von mir beschriebenen Ereignissen sind mehr als sechzig Jahre vergangen. Aber ich habe immer mit tiefer Dankbarkeit jener Menschen gedacht, die Mama, mir und anderen Juden geholfen haben, die das letzte Stück Brot geteilt haben. Ich werde mich auch immer an die Bauern aus Gandrabury und den anderen Dörfern erinnern, die Mitleid hatten und mir in den schweren Tagen der Besatzung zu essen gaben.

Aber es gab auch andere Leute, die die Faschisten mit Brot und Salz begrüßten, die ihnen jüdische Nachbarn auslieferten und den Besatzern dienten. Oh weh, es stellte sich heraus, dass es ihrer nicht wenige gab. Auch die Verräter dürfen nicht vergessen werden.

Ljubow Pazula (geb. 1921)
»Wir fielen zu Boden und wurden von Leichen bedeckt«

Ich, Ljubow Josifowna Pazula, geborene Gintscherman, schreibe meine Erinnerungen an den Krieg und die faschistische Besatzung nur deshalb nieder, damit es irgendeine Spur des Leids und der unerträglichen Qualen der Menschen, die den Holocaust überlebt haben und mit Gottes Hilfe

1. Gebietshauptstadt Odessa

am Leben blieben, erhalten bleibt. Es ist schmerzlich und qualvoll, sich daran zu erinnern, denn meinen Zeilen gingen viele schlaflose Nächte und große Herzschmerzen voraus.

Vor dem Krieg lebte unsere Familie in Odessa, in der Dsershinski-Str. 51. Mein Vater, Iosif Naftulowitsch Gintscherman, geb. 1895, wurde im März 1938 vom NKWD festgenommen. Am 10. April wurde er von einer »Troika« (einem Drei-Mitglieder-Gericht) ohne Prozess und Anklage zu zehn Jahren Haft verurteilt, ohne Erlaubnis zum Briefwechsel. Wie es sich herausstellte, bedeutete es damals ein Todesurteil. Nie wieder sah ich meinen Vater. 1959 wurde er posthum aufgrund des fehlenden Verbrechens rehabilitiert. So blieb meine Mama mit mir und meiner Schwester Emma alleine.

Nach Kriegsausbruch konnte sich unsere Familie nicht evakuieren lassen, weil unser Vater ein »Volksfeind« war. So gerieten wir in die Vernichtungsmaschinerie.

In den ersten Besatzungstagen wurden wir Juden aus unseren Wohnungen herausgeworfen und zuerst im Gefängnis und später im Ghetto in Slobodka untergebracht. Slobodka ist ein geografisch abgetrennter Vorort Odessas. Wir blieben dort bis zum Januar 1942.

In einer dunklen Nacht wurden wir in Güterwaggons zusammengepfercht, sodass wir kaum stehen konnten: So viele waren in dem Waggon. An irgendeinem Bahnhof ließ man uns heraus und wir wurden zur Belustigung der Deutschen mit eiskaltem Wasser abgespritzt, dabei war schon stärkster Frost. Nach dieser eiskalten Dusche trieb man uns durch die Dörfer des Bezirks Beresowka. Dieser ganze Kreuzweg war von Leichen der Alten und Kinder gesäumt. Besonders grausam sahen die Leichen der Frauen aus, die nach unvorstellbaren Schändungen nackt und zerstückelt herumlagen.

Wir kamen ins Dorf Slobodka, wo im Pferdestall einer Kolchose ein Ghetto »errichtet« worden war: Der Pferdestall wurde mit Stacheldraht umzäunt und ein Wachmann aufgestellt. Dort lagen auf verfaultem Stroh in unvorstellbarer Kälte tote, kranke, verlauste und entkräftete Menschen. Natürlich bekamen wir kein Essen und nur gütige Menschen aus dem Dorf schoben uns durch den Stacheldraht etwas Essbares zu.

Im Dorf gab es keine Kommandantur. Sie war im Nachbardorf Guljajewka. Regelmäßig machten die betrunkenen Polizisten ihre Ausflüge in unser Ghetto und misshandelten uns, wie sie nur konnten. Besonders furchtbar war es, wenn der Kommandant mit dem Ruf: »Wie viele sind krepiert? Warum so wenige? Tötet die Kranken!« erschien.

Unsere Mama lernte Lidia Kondratjewna Kondarschewa kennen. Mit einer Geldsumme bestach diese einen Polizisten und wir konnten zu ihr gehen, um uns zu waschen. So blieben wir bei dieser hilfsbereiten Frau, die selbst sechs Kinder hatte. Sie half uns, wie sie nur konnte.

Aber dann kam der furchtbare Tag, der 29. März 1942 (es war Ostern), und ins Dorf kam ein »Sonderkommando«. Die betrunkenen Polizisten umstellten das Dorf und trieben alle aus dem Pferdestall hinaus. Sie durchkämmten alle Höfe und kontrollierten, ob irgendwo Juden versteckt waren. Unter Todesdrohung zwangen sie die Einheimischen, die Juden hinauszutreiben. Man jagte uns dann in eine Schlucht. Am Schluchtrand mussten wir uns alle entkleiden und Papiere und Wertsachen abgeben.

Mama wollte mich und meine Schwester zur Flucht animieren. Aber wir wollten sie nicht alleine lassen. Jetzt verstehe ich sie. Sie wollte nicht, dass wir den ganzen Horror sehen und wünschte uns eher den Tod auf der Flucht. Es gelang Mama, mich und meine Schwester einen Augenblick vor den Schüssen in die Schlucht hineinzuwerfen. Wir fielen zu Boden und wurden von Leichen bedeckt. Aber wir lebten. Ich weiß nicht, wie wir weiter leben konnten, nachdem unsere Mama und viele andere Menschen vor unseren Augen ermordet wurden, nachdem wir vom Blutstrom, von zerplatzten Hirnen und vom Gewicht der Leichen beinahe erstickt wurden. Irgendwie krochen wir heraus. Halb erfroren, mit steifem Körper und geistesabwesend schleppten wir uns ins Gebüsch. Als die Henker ihr Teufelswerk beendet und die Beute eingesammelt hatten, begossen sie die Leichen mit Benzin, zündeten sie an und fuhren ab. Dann kamen Dorfkinder, denn die Erwachsenen hatten Angst sich zu zeigen. Sie bemerkten uns, warfen ein Kleidungsstück über uns und führten uns ins Dorf.

Ein paar Tage wurden wir im Haus bei Lidia Kondraschewa behandelt und aufgepäppelt. Sie teilte mit uns alles, was sie hatte.

Sie hatte ja selbst nicht viel. Manchmal fanden wir vor der Tür eine Handvoll Sonnenblumenkerne, einen Kohl oder etwas Hirse. Es waren die Gaben der Nachbarn.

Man versteckte uns überall: auf dem Dachboden, in den Scheunen, im Weinberg, und als es etwas wärmer wurde, in der Schafherde. Wenn es besonders gefährlich wurde, schickte man uns in ein anderes Dorf, wo Lidia Verwandte hatte. Wir arbeiteten auf dem Feld, halfen den Menschen für eine Scheibe Brot, für eine Suppe, für irgendwelche Lumpen.

Jede Minute erschreckend, von jedem Hundebellen zusammenzuckend, Hunger, Kälte und viel Missachtung ertragend und in ständiger Angst, zogen wir von einem Dorf zum anderen und, wenn es besonders gefährlich wurde oder wir krank waren, fanden wir immer Unterschlupf bei Lidia Kondraschewa, obwohl sie sehr viel riskierte. Ich bin ihr und ihrer Familie unendlich dankbar. Es ist mir gelungen, dass alle meine Retter eine Yad Vashem-Auszeichnung erhielten. Lidia Kondraschewa, Nadeshda Kondraschewa, Marija Woiko und Grigori Bagno wurde der Titel »Gerechter unter den Völkern« verliehen. Für ihr Heldentum und ihre Menschlichkeit verneige ich mich tief vor ihnen.

Meine Schwester Emma starb sehr früh. Ich bin alt und krank, kann nachts kaum schlafen, denn alle diese Grausamkeiten sind noch heute vor meinen Augen und lassen mir keine Ruhe.

Im Feuer des Holocaust starben allein aus unserer Familie neun Personen, darunter drei Kinder. Es sind abgebrochene Leben, zerstörte Träume, nicht gewordene Wissenschaftler, Musiker, Ingenieure, Ärzte. Das alles ist die Katastrophe des jüdischen Volkes.

Sechs Millionen Leben, die der paranoide Verbrecher vernichtete, übrigens mit der stillschweigenden Zustimmung der ganzen Welt, was man weder vergessen noch verzeihen darf. Obwohl schon über ein halbes Jahrhundert vergangen ist, sind unsere Schmerzen und unsere Trauer nicht geringer geworden. Trotz meines Alters arbeite ich heute im Fonds »Erinnern an die Opfer des Faschismus«, in der Organisation der ehemaligen Ghetto- und KZ-Häftlinge.

Seit vielen Jahren sammeln wir die Informationen über die Hinrichtungs- und Beerdigungsorte der unschuldigen Opfer. Zurzeit kennen wir 720 Massenhinrichtungsorte und nicht überall sind sie mit einer entsprechenden Tafel ausgewiesen. Wir sind arm, unser Staat hat dafür keine Mittel, aber wir machen alles, um die Erinnerung zu erhalten.

Wohin ich mich auch wandte, hörte ich dieselbe Antwort: »Keine Mittel«. Mit eigenen Kräften und dank der Unterstützer meiner Retter und der Öffentlichkeit des Dorfes Sofijewka im Bezirk Beresowka, Gebiet Odessa wurde ein bescheidenes Mahnmal errichtet, um unsere Nachfahren an das schreckliche Verbrechen zu erinnern.

Wir haben am Spielberg-Projekt teilgenommen und ließen uns interviewen. Die ehemaligen Häftlinge sind alle alt und krank. Selbst die Jüngsten, die damals ein bis drei Jahre alt waren, sind aufgrund der erlebten Entbehrungen und Stresssituationen krank, viele chronisch krank, denn nichts geht an einem einfach vorüber.

Wir bekommen unsere Rente und wissen nicht, was wir als Erstes kaufen sollen: Brot oder Medikamente. Dank gütiger, hilfsbereiter Menschen auf der ganzen Welt, dank uneigennütziger, humanitärer Hilfe von »Eben Ezer« und »Joint« sterben wir nicht vor Hunger. Dafür sind wir ihnen sehr dankbar. Unsere Dankbarkeit ist grenzenlos und von ganzem Herzen.

Wir Überlebenden werden uns bis zu unserem Lebensende an das Erlebte erinnern und darüber berichten, auch wenn jede Erinnerung mit einem Herzschmerz verbunden ist. Aber die neue Generation soll von der Katastrophe wissen und sich daran erinnern.

Und die Menschheit soll etwas Ähnliches nie wieder zulassen!

Wiktor Ryklis (geb. 1937)
»Das Unvergessliche«

»Liebe Zilja!
Ich lese Deinen Brief und die Tränen stehen mir in den Augen, in meinem Hals steckt ein Kloß und ich kann kein Wort aussprechen. Du bist meine mutige Heldin. Auch Dir blieb das bittere Schicksal der faschistischen Gefangenschaft nicht erspart. Wie konntest Du so viele Qualen und so viel Leid überstehen, wie fandest Du die Kräfte und den Mut, um Dich und Deine Kinder vor dem sicheren Tod zu retten! Das konnte nur ein sehr willensstarker Mensch schaffen, nur eine Heldin, die Du ja bist … Dein Brief ruft dazu auf, noch mutiger gegen den Feind vorzugehen. Er ruft mich dazu auf, Dich und Deine Kinder und das Leiden Hunderttausender sowjetischer Menschen zu rächen …«

Das sind Zeilen aus dem Brief, den meine Mama Zilja Samsonowna Ryklis von ihrem an der Front kämpfenden Bruder Efim kurz nach ihrer Rückkehr aus dem Ghetto bekam.

Wir kehrten im Mai 1944 aus dem Ghetto nach Odessa zurück. Wir, das heißt ich und mein älterer Bruder Wadik. Wir kehrten ohne meine Mama zurück. Um uns kümmerte sich die Freundin meiner Mama, Tante Njunja (Chana Lasarewna Sosulja) mit ihrem Sohn Grischa. Ich war damals schon sieben Jahre alt, aber ich erinnere mich nur schlecht an die Einzelheiten unserer Rückkehr. Das

Einzige, was sich für immer in meinem Gedächtnis einprägte, war der unvorstellbar angenehme und verführerische Duft des Haferflockenbreis und die Freude darüber, unter sowjetischen Soldaten zu sein. Damit war auch die Hoffnung verbunden, sehr bald zu Hause zu sein und meine Mama wieder sehen zu können. Mama wurde zur Klärung unseres Aufenthaltes im Ghetto zur Sonderkommission SMERSCH (Tod den Spionen) gebracht. Dies erfuhr ich aber erst viel später. Damals wollte ich möglichst schnell nach Hause, nach Odessa zurückkehren, wo, wie man sagte, ein neues, glückliches Leben anfangen würde.

Endlich waren wir zu Hause und endlich war Mama bei uns. Die Überprüfung durch die Sonderkommission SMERSCH der militärischen Kriegsaufklärung ging für meine Mutter glimpflich aus. Aber sie erzählte uns nie, was sie dort gefragt wurde und was die Kriegsaufklärung von ihr erfahren wollte. Kurz darauf beschaffte sich meine Mutter einen Papierbogen, der ein ungewöhnlich großes Format hatte (damals mangelte es an Papier, sodass die Schüler auf den Rand alter Zeitungen schrieben), und beschrieb ihn abends mit ihrer breiten Handschrift. Es war ihr Bericht darüber, was wir während des Krieges und der Besetzung Odessas erlebt hatten und wie wir wie durch ein Wunder überlebt hatten. Diese Notizen reichte man von Hand zu Hand und sie gingen schließlich verloren. Ich erinnere mich sehr gut, dass diese Erinnerungen einen großen Erfolg hatten. Bald wurde es gefährlich, sich offen daran zu erinnern. In den Fragebögen bei der Anstellung und bei der Aufnahme des Studiums gab es die Frage: »Aufenthalt während des Krieges«. Die Menschen, die im besetzten Gebiet waren, wurden für minderwertig gehalten. Man verdächtigte sie unabhängig vom Alter der Kollaboration. Dann kamen die Jahre 1947/48, die Zeit des Kampfes gegen »herkunftslose Kosmopoliten« (dies warf man hauptsächlich den Juden vor), und dann 1952/53 der Ärzteprozess, den man als den Höhepunkt des sowjetischen Antisemitismus bezeichnen kann.

Wenn wir an Feiertagen Besuch hatten, kehrte Mama in ihren Erzählungen zum Erlebten zurück. Diese Erzählungen endeten in Tränen meiner Mutter und jener, die meiner Mutter zuhörten. Dies wiederholte sich sehr oft. Die Erinnerung an das Erlebte gruben sich tief in ihr Unterbewusstsein ein, sodass sie selbst vor ihrem Tod im März 1992 halluzinierte und mich aus dem Erinnern an jene Ereignisse bat: »Witja, geh und schau, ob der Pferdewagen gekommen ist! Hast du schon die Sachen gepackt?« Die Erzählungen und Erinnerungen meiner Mutter setzten sich auch in meinem Gedächtnis fest und manchmal denke ich, dass ich, damals ein fünfjähriger Junge, all jene Ereignisse sehr bewusst erlebte und dies alles aus eigener Erinnerung weiß.

Mein Leben begann in Moldawien, in der Stadt Tiraspol, der Hauptstadt der damaligen autonomen Sowjetrepublik Moldawien. Ich wurde dort 1937 geboren. Mein Leben begann viel versprechend. Mein Vater war stellvertretender Chefredakteur der republikanischen Zeitung »Sozialistisches Moldawien«. Mama unterrichtete in der Schule moldawische Sprache. Wir hatten eine schöne, große Wohnung in der Innenstadt.

Aber wie es damals üblich war, klopfte das Unglück ganz plötzlich an unsere Tür: Mein Vater wurde verhaftet und zum Volksfeind erklärt. Dies geschah am 28. März 1938. Vom Schicksal des Vaters wussten wir lange nichts. Er wurde 1956 rehabilitiert. Aber erst 1990 erfuhren wir, dass er einen Monat nach seiner Verhaftung aufgrund der Entscheidung einer sogenannten Drei-Mitglieder-Sonderkommision des NKWD erschossen wurde. Meine Mutter verstand sehr schnell, was uns drohte, wenn wir nicht sofort Tiraspol verlassen würden. So gingen wir nach Odessa, wo wir zuerst bei den Eltern meines Vaters in der Semskaja-Straße (jetzt Leutnant-Schmidt-Straße) und dann bei einem entfernten Verwandten in der Malaja-Arnautskaja-Straße wohnten, wo wir auch vom Krieg überrumpelt wurden. Ich war damals vier Jahre alt.

Darüber, was in der Stadt nach ihrer Besetzung am 16. Oktober 1941 geschah, wurde schon viel geschrieben. Es kamen furchtbare Tage, besonders für die Juden. Die Befehle der rumänischen Stadtverwaltung, die überall in der Stadt aushingen, jagten den Juden eine andauernde Angst ein. Die Faschisten realisierten Schritt für Schritt den Hitlerplan zur »Endlösung der Judenfrage«, das heißt, sie bereiteten unsere Vernichtung vor. Die Menschen waren der Angst und Ausweglosigkeit ausgeliefert. Dieses Gefühl ließ sich auch in meiner Seele für lange nieder. Als ich erwachsen wurde und mich an das Erlebte erinnerte, konnte ich nicht verstehen, wie wir überlebten, wie es Mama gelang, das Essen für mich und meinen Bruder zu beschaffen und dazu noch die Eltern meines Vaters, die schon über 70 waren, zu unterstützen.

Ich erinnere mich an eine Episode, die sich ereignete, als Mama sich mit mir und meinem Bruder auf Anordnung des rumänischen Kommandanten ins Gefängnis begeben musste. Ein Teil der Gegenstände, die man tragen konnte, nahmen wir mit, aber den größeren Teil unseres Eigentums ließ Mama bei unserer Nachbarin. Als wir unser Haus verließen, war es dunkel und es regnete. Unterwegs, an der Ecke der Puschkin- und Arnautskaja-Straße stießen wir auf etwas Unverständliches. Erst als wir uns entfernten, sahen wir in der Dunkelheit die Leiche eines Mannes, die an einem Galgen hing. Der Regen wurde stärker, aber wir setzten unseren Weg fort. In der Wodoprowodnaja-Straße stießen wir auf die rumänische Patrouille. Der rumänische Soldat fragte, wohin wir gingen. Als er erfuhr, dass wir ins Gefängnis gingen, sagte er zu Mama auf Rumänisch: »Geht jetzt nicht hin. Kehr mit deinen Kindern nach Hause zurück. Du kannst morgen früh hingehen.« Er gab Mama einen Zettel mit der Erlaubnis zurückzukehren. Als wir an das Tor unseres Wohnhauses kamen, war es abgeschlossen. Mama klopfte. Nach einiger Zeit kam unser Nachbar heraus. Er sagte: »Dieses Haus ist judenfrei, keiner wird euch hineinlassen.« Zum Glück war in der Nähe, beim Haus Nr. 24, ein rumänischer Patrouillensoldat. Mama ging zu ihm und zeigte ihm den Zettel, den sie unterwegs bekommen hatte und bat ihn, uns zu helfen, einen Schlafplatz für die Kinder in der eigenen Wohnung zu bekommen. Der Rumäne kam an das Tor und klopfte laut schimpfend mit dem Gewehrkolben. Auf diesen Lärm hin kamen die Menschen heraus, und kurz darauf konnten wir in unsre Wohnung.

Wir klopften an die Tür der Nachbarin, bei der Mama unsere Gegenstände untergestellt hatte. Sie ließ uns herein. Die Nachbarin war sichtlich enttäuscht, weil unsere Rückkehr sie gestört hatte, unsere Gegenstände zu sortieren. Wir erwischten sie bei dieser Arbeit.

Nach dem Aufenthalt im Gefängnis von Odessa, wohin wir uns am nächsten Tag begaben und wo wir etwa einen Monat waren, fanden wir Großvater nicht mehr lebend vor. Er wurde in Dalnik erschossen.

Um uns zu retten gab sich Mama als Moldawierin aus. Sie konnte perfekt Rumänisch und dies rettete uns ein paar Mal das Leben. Mamas Freundin, Daria Iwanowna Podgorodezkaja, gab Mama ihren Pass, die ihr Foto hinein klebte. Es war eine sehr mutige Tat von Daria. Nicht jeder hätte so gehandelt wie sie. Daria Iwanowna versteckte bei sich während der Besatzungszeit einen jüdischen Soldaten, der aus der Gefangenschaft geflohen war, und rettete ihm das Leben. Leider waren nicht alle so wie Daria. Man muss hervorheben, dass ein Teil der Stadtbevölkerung recht feindlich oder zumindest gleichgültig den Juden gegenüber war. Viele gaben ihrer Schadenfreude nach dem Motto Ausdruck: Ihr müsst jetzt für die Enteignung und andere bolschewistische Unterdrückungen des Volkes büßen. Sie waren der Meinung, die Juden seien an allem Schuld. In unserem Hof waren die ehemaligen Komsomolzen Shenja und Mitja besonders aktiv. Immer waren sie gerne bereit, bei den Razzien und Durchsuchungen Hinweise zu geben, wo sich Juden versteckt hatten. Einmal verwiesen sie einen rumänischen Offizier, der in Begleitung einer einheimischen Dame auf der Suche nach wertvollen Kleidungsstücken war, auf unsere Wohnung. Als diese Dame den Kleiderschrank öffnete und Mamas besten Mantel herausnahm, griff Mama mit beiden Händen nach ihm, um ihn zu behalten und zurück in den Schrank zu hängen. Der Offizier zog seine Pistole heraus und drohte meiner Mutter, er würde sie erschießen, wenn sie den Mantel nicht loslassen würde. Aber vermutlich überkam irgendein Mitgefühl die Begleiterin des rumänischen Offiziers. Sie ließ den Mantel los und sagte zu ihm: »Lass sie, lass uns gehen!« Und sie zogen ab. So ging die Geschichte, die uns allen das Leben hätte kosten können, glimpflich aus. Man kann Mama verstehen, die ihr Leben riskierte, um ihr Eigentum zu verteidigen, denn ohne Eigentum zu bleiben, war mit dem Tod gleichzusetzen. Außer seiner direkten Funktion diente das Eigentum zum Tausch gegen Lebensmittel.

Ins Ghetto in Slobodka kamen wir als Letzte. Auch hier half uns Mamas rumänische Sprache. Als die erwähnten Aktivisten erneut einen rumänischen Gendarmen auf uns aufmerksam machten, konnte Mama seine Erlaubnis für unseren Verbleib in der Wohnung erhalten. Der Grund dafür war, dass ich eine Brandwunde hatte, die ich von einem unvorsichtigen Hantieren meines Bruders mit der Ofenzange davontrug. Der Rumäne hatte Mitleid mit mir und wir kamen erst Ende Januar nach Slobodka. Unser Eigentum brachte unser Nachbar aus der zweiten Etage, Schmatow, dorthin. Das war ein großer, trübsinniger Mensch, der sich öfter dem Alkohol hingab. Warum ich mich an diesen Mann erinnere? Nach dem Krieg, als ich Student war, war ich oft Augenzeuge seiner »Auftritte«. Betrunken trat Schmatow auf den Balkon (unser Haus, wie auch die meisten Häuser in Odessa, hat über den Wohnungen des Erdgeschosses einen langen durchgehenden Balkon) und schrie mit aller Kraft: »Juden, ich kämpfte um Sewastopol, und ihr habt die Zeit in Taschkent abgesessen!« Aber ohne große Anstrengungen gelang es den Nachbarn, diesen »Kämpfer« für sechs Monate ins Gefängnis zu schicken. Danach hörte man ihn nicht mehr.

In Slobodka wohnten wir in einer Privatwohnung. Jeden Morgen lief Mama mit ein paar Habseligkeiten irgendwohin, während ich mit meinem Bruder und meiner Großmutter zu Hause blieb. Ungeduldig warteten wir auf ihre Rückkehr, denn sie brachte uns etwas Essbares.

Ende Februar 1942 beendeten die Besatzer die »Reinigung« der Stadt von Juden. Jetzt waren diese nur noch in Slobodka. Wenn Menschen in Todeslager verschickt wurden, veranstaltete man

Razzien und trieb die Menschen zu den Sammelpunkten. Einer dieser Sammelpunkte war die Tuchfabrik, wo Tausende Unglücklicher in Erwartung ihres weiteren Schicksals festgehalten wurden. Nach einer Razzia landete ich mit meiner Großmutter in der Tuchfabrik. Mein Bruder konnte fliehen, und Mama war wie gewöhnlich unterwegs auf der Suche nach Essbarem für uns. Sie kehrte erst am Abend zurück und als sie sah, dass wir nicht da waren, machte sie sich auf die Suche. Es gab sehr viele Sammelpunkte, und sie klapperte sie alle der Reihe nach ab in der Hoffnung, uns zu finden. Als sie die Tuchfabrik erreichte, war es schon dunkel. Ein rumänischer Wachmann, der am Tor stand, sagte zu ihr: »Ich lasse dich hinein, aber unabhängig davon, ob du die Deinen findest oder nicht, lasse ich dich nicht mehr heraus.« Mama riskierte es und ging hinein.

Im riesigen, kalten Gebäude, wo Hunderte Menschen zusammengepfercht waren, hörte man ein eintöniges Summen und von Weitem vernahm man, ein sehr leises Rufen: »Zilja, Zilja«. Mama orientierte sich nach diesem Rufen. In der Mitte der Menschenmasse, die eng aneinander gedrängt stand, während die anderen auf dem Zementboden lagen, erblickte sie plötzlich mich und meine Großmutter. Ich stand da mit Tränen überströmten Gesicht und hielt mich fest am Rock der armen, alten Frau, die pausenlos nach Zilja rief.

Am nächsten Tag wurden wir von den rumänischen Wachmännern im Fußmarsch zum Bahnhof Odessa-Sortirowotschnaja getrieben. Plötzlich gesellte sich unterwegs mein Bruder Wadik zu uns. Für die Nacht war er von einer Frau aufgelesen worden, als er durch Slobodka hin- und her irrte, ohne zu wissen, wohin er gehen sollte. Sie gab ihm zu essen, ließ ihn über Nacht bei sich und sagte dann am Morgen: »Junge, ich kann dich nicht bei mir lassen. Du musst deine Mama finden.« So gelang es Wadik, uns zu finden, und wir waren wieder alle zusammen.

Es war Anfang Februar. Es herrschte starker Frost. Am Bahnhof wurden wir in Viehwaggons verladen. Wir fuhren im Stehen, es war so ein Gedränge, dass es unmöglich war, sich umzudrehen. Am Bahnhof Beresowka wurden wir entladen. Der Bahndamm war anderthalb bis zwei Meter hoch. Besonders kranke und alte Menschen konnten nur mit Mühe und Not die Waggons verlassen. Viele von ihnen konnten nicht mehr weitergehen: Nach dem Fall vom Bahndamm konnten sie nicht mehr auf den Beinen stehen und wurden von rumänischen Wachmännern erschossen.

Wir wurden in einer Kolonne aufgestellt und mussten in Richtung Domanewka marschieren. Dieser Weg war sehr schwer und gefährlich, und vielleicht deshalb beharrte Mama bei jeder Erzählung darauf, dass wir über 200 Kilometer zu Fuß zurücklegten. Auf der Karte ist die Entfernung von Beresowka nach Domanewka nicht mehr als 60 Kilometer. Da dieser Weg aber so schwer war, empfand meine Mutter auch die zusätzlichen Kilometer. Den ganzen Weg legten wir zu Fuß zurück. Auch ich. Ausgerechnet in jenen Tagen wurde ich fünf Jahre alt. Bereits am Anfang des Marsches bat Mama einen Rumänen, mich auf den Pferdewagen, der unsere Kolonne begleitete, zu setzen. Aber ich wollte es nicht. Ich hielt mich fest an Mamas Hand und hatte Angst, sie loszulassen. So ging ich zu Fuß die ganze Strecke. Ich sah im Schnee die erfrorenen Kinder, die von ihren unglücklichen Müttern zurückgelassen wurden, weil sie keine Kräfte mehr hatten, allein zu gehen. Die Angst besetzte meine Kinderseele. Diese Angst und der Wunsch zu überleben halfen mir, die ganze Strecke allein zurückzulegen.

Wenn es dunkel wurde, ließen die Rumänen die Menschenkolonne allein zurück und gingen in die Bauernhäuser, wo sie übernachteten. Was mit uns geschehen würde, interessierte sie nicht. Sie wussten, dass wir nirgendwohin fliehen konnten und schliefen ruhig. Die Menschen standen eng aneinander gedrückt, um sich zu wärmen, und machten sich dann auf die Suche nach einem Schlafplatz. Ich erinnere mich, dass Mama uns in irgendeinen Kuhstall brachte. Wir saßen an beiden Seiten von ihr, und sie deckte uns mit ihrem Mantel zu. Am Morgen, als wir unseren Unterschlupf verließen, sahen wir an der Mauer des Kuhstalls die Leichen einer erfrorenen Frau und ihrer zwei kleinen Kinder. Viele von uns erreichten das Ziel nicht, aber dies gehörte wahrscheinlich zum Plan unserer Henker. Irgendwo in der Steppe blieb auch meine Großmutter, die unterwegs starb.

Ich erinnere mich sehr gut an den Halt im Dorf Mostowoje. Dort versuchte Mama irgendwelche Kleidungsstücke gegen Lebensmittel umzutauschen. Sie stand da und hielt in der Hand die Hose meines Vaters, als plötzlich ein Jugendlicher angerannt kam und ihr die Hose entriss. In der Nähe war aber ein Polizist, der dem vorbeilaufenden Dieb ein Bein stellte. Der Jugendliche landete im Schnee und die Hose war gerettet. Manchmal zeigten auch die Polizisten ihre Menschlichkeit.

In Domanewka wurden wir in einem großen, halb zerstörten Gebäude untergebracht. Wahrscheinlich war dort früher das Gemeindezentrum. Das Dach war kaputt und auf dem Boden lag Schnee. Die Menschen waren praktisch unter freiem Himmel. Der Anblick war erschreckend: Neben den Leichen ließen sich die Menschen nieder. Eine Frau krampfte in den Wehen. Hinter den Mauern hörte man ab und zu Schüsse. Hier wurden täglich Menschen erschossen. Es schien, dass unsere Tage gezählt seien. Aber offensichtlich wollte das Schicksal uns am Leben erhalten.

An einem schönen Märztag kam nach Domanewka der Vorsitzende der Kolchose namens Karl Marx aus dem Dorf Nikolajewka. Ich habe mich nicht versprochen. Es war der Vorsitzende der Kolchose. Selbst der Namen der Kolchose wurde von den Deutschen beibehalten, denn das Kolchosensystem passte sehr gut für die Organisation der Sklavenarbeit. Es war Frühling und es mangelte an fleißigen Händen für die Landwirtschaft. Die Menschen wurden aufgestellt und der Vorsitzende suchte sich die passenden, natürlich die jungen und gesunden aus. Außer diesen zwei Eigenschaften hatte Mama noch eine wertvolle Qualität: die hervorragende Kenntnis der rumänischen Sprache. Diese spielte eine entscheidende Rolle. So landeten wir in dem kleinen Dorf Nikolajewka.

In dem Lager, das die Rumänen im Dorf errichteten, waren 45 Menschen. Bis auf zwei, die eines natürlichen Todes starben, überlebten alle. Wir wurden in dem Gebäude des ehemaligen Gemeindehauses untergebracht. Auf dem Zementboden wurde Stroh ausgebreitet und die Schlafplätze wurden mit Backsteinen voneinander getrennt. Das Lager wurde ständig von einem Polizisten mit einer Peitsche bewacht. Dieser sorgte für Ordnung und war jederzeit bereit, jemanden, der nicht schnell genug zur Arbeit ging, mit der Peitsche anzutreiben. Die Tagesration war sehr bescheiden: 100 Gramm Mais, den wir dann am Lagerfeuer brieten, eine kleine Portion Mamaliga und manchmal ein paar gefrorene Kartoffeln. Das Hungergefühl ließ mich nie los. Kurz darauf schwollen meine Beine und Arme an. Es war ein Zeichen der Unterernährung.

Wie ich bereits schrieb, hatte Mama einen fremden Pass. Sie wurde im Lager Dascha genannt. Sie unterschied sich von den anderen, war gebildet und sehr energisch. Der Lebenshunger und der Wunsch, die Kinder zu retten, waren so stark, dass sie sogar in sehr kritischen Situationen nie verzweifelte und immer einen Ausweg fand. Viele, die zusammen mit uns im Lager waren, betonten später ihren großen Mut. Vor ein paar Jahren traf ich Ida Schulman (heute leider schon verstorben) und fragte sie, ob sie sich noch an meine Mama Zilja erinnerte. Sie sagte zu mir: »Hast du vergessen? Dort wurde sie doch Dascha genannt. Das war eine sehr tapfere Frau. Und wie sie sang! Ich glaube, wir verdanken ihr sehr, dass wir am Leben blieben.« Und sie erinnerte sich an ein paar Episoden aus unserem Lagerleben. Einmal kam in unser Dorf ein betrunkener rumänischer Gendarm. Er befahl uns allen, uns aufzustellen und sagte, er würde uns alle nach Bogdanowka schicken. Im Lager wusste man zu gut, was Bogdanowka bedeutete. Die Menschen gerieten in Panik. Mama verlor keinen einzigen Augenblick, rannte zum Vorsitzenden der Kolchose und bat ihn, die Gendarmerie in Domanewka anzurufen. Der Vorsitzende konnte kein Rumänisch und ließ Mama mit dem Chef der Gendarmerie sprechen. Meine Mama überredete ihn, die Menschen nicht zu verschicken. Wir wurden gerettet. Und wie oft konnte Mama die Menschen vor der Willkür der rumänischen Gendarmen und einheimischen Polizisten schützen! Diese schlugen auf die Menschen mit Peitschen und Knüppeln anstelle einer kurzen Bemerkung.

Trotz all der Schwierigkeiten unseres Alltags versammelten sich die Menschen abends, besonders im Sommer und begannen müde von der schweren Arbeit auf dem Feld zu singen. Die Vorsängerin war immer meine Mama. Sie hatte eine sehr schöne, starke Stimme. Sie kannte sehr viele russische, ukrainische, jüdische und moldawische Lieder. Das Singen half den Menschen, brachte Vergessen und Ablenkung von den schweren Gedanken, die sie mit sich herumtrugen.

Langsam »normalisierte« sich unser Leben im Lager. Aber aufgrund der unhygienischen Zustände, des Mangels an Seife und der fehlenden Möglichkeit sich zu waschen, wurden die Menschen von Läusen befallen, was eine Typhusepidemie mit sich brachte. Wir alle überstanden den Typhus. Aber von unserer Krankheit durften weder die Rumänen, noch die einheimischen Polizisten erfahren. Aus Angst vor der Verbreitung der Infektion hätten sie uns alle isoliert und vernichtet. Wenn ein Polizist unser Gebäude betrat, um zu kontrollieren, wer zur Arbeit ging, sprang meine Mutter mit hohem Fieber auf die Beine und tat so, als ob sie sich zur Arbeit fertig machte. Der Polizist ging hinaus, und sie fiel zu Boden aufs Stroh. Zum Glück konnte sie dank ihres kräftigen Körpers sehr schnell die Krankheit überstehen. Auch ich und mein Bruder überstanden den Typhus.

Wahrscheinlich ging durch unser Dorf eine Hauptstraße, weil ab und zu über diese Straße schwere deutsche Kriegstechnik und Soldaten zuerst nach Osten und Ende 1943 – Anfang 1944 in der umgekehrten Richtung transportiert wurden. Die laute deutsche Sprache weckte nicht nur bei uns, sondern auch bei den Dorfbewohnern große Angst. In solchen Fällen versteckte man sich, wo man nur konnte: in den Hühnerställen, in Erdhöhlen, an anderen Orten, Hauptsache man kam den Deutschen nicht unter die Augen. Ich erinnere mich an den letzten Besuch der Deutschen im Dorf, als auch einige aus unserem Lager die Soldaten und ihre Kleidung, die durch den Angriff unserer Soldaten verdreckt worden waren, reinigen mussten.

Ich möchte betonen, dass sowohl die Menschen aus unserem Dorf, als auch aus anderen Dörfern sehr gütig zu uns waren. Deshalb konnten mein älterer Bruder und seine Altersgenossen

Grischa Sosulja und Jascha Brisman, wenn sie betteln gingen, immer einiges mitbringen. Unsere Lage war etwas besser als die der anderen. Meine Mutter half manchmal den Bauern, deren Verwandte in rumänischer Gefangenschaft waren, Briefe auf Rumänisch zu schreiben, um einen Besuchstermin zu erhalten oder eine andere Angelegenheit zu regeln. Dafür bekam sie Lebensmittel, was uns zu überleben half. Wadik war damals 14 oder 15 Jahre alt und arbeitete im Pferdestall. Selbst ich, als sechsjähriger Junge bekam 1943 die Aufgabe, die Schweine zu weiden. Dazu bekam ich einen kleinen Esel.

Ich unterhielt mich mit den einheimischen Jungen, wir gingen zusammen im Fluss schwimmen, wo es sehr viele Blutegel gab, die, sobald man ins Wasser ging, sich an die Haut setzten. Ich sprach ausschließlich auf Ukrainisch und konnte selbst nach unserer Rückkehr nicht so schnell zum Russischen wechseln.

Die letzten Tage vor unserer Befreiung prägten sich mir für immer ein. Auf ihrem Rückzug setzten die Deutschen alles in Brand, was nur brennen konnte. Der Rauch zog durch das ganze Dorf. Die ganze Nacht verbrachten wir in Angst in irgendeinem Unterschlupf. Von der Straße hörte man ab und zu die herzzerreißenden Rufe: »Hilfe!« Aber keiner ging hinaus. Alle warteten auf den Sonnenaufgang. Am Tag erschienen im Dorf ein paar unserer Soldaten. Es waren Aufklärer. Einen Tag später sah ich zum ersten Mal in meinem Leben eine Feldküche und habe mich zum ersten Mal satt gegessen. Wir waren gerettet.

Leider dämpfte die Festnahme meiner Mama durch Kräfte der Truppe SMERSCH (Tod den Spionen) unsere Freude. Wahrscheinlich hatten sie den Verdacht, dass sie mit den Rumänen zusammenarbeitete. Aber alles ging gut aus, und wir waren in Odessa wieder alle zusammen. Als wir nach Odessa zurückkehrten, wurde die Stadt noch ab und zu bombardiert. Meine Altersgenossen sammelten fleißig die Bombensplitter, und wer die größte Sammlung hatte, war sehr angesehen.

Kurz darauf las Mama an einer Zeitungswand einen Bericht »Jubiläum« von Konstantin Simonow. Der Hauptheld dieses Berichtes, Oberst Efim Samsonowitsch Ryklis, würde in Sapoljarje kämpfen und dort mit Siegen über den Feind sein 20-jähriges Jubiläum in der Roten Armee feiern. Unsere Freude hatte kein Ende: Unser Onkel, Mamas Bruder, lebt und kämpft heldenhaft gegen den Feind. Mama erkundigte sich nach seiner Adresse und schrieb ihm einen Brief über unsere Erlebnisse. Kurz darauf kam von der Front von Oberst Ryklis ein Brief, aus dem ich am Anfang meiner Erinnerungen zitierte. Dieser Brief hat ein bemerkenswertes Schicksal: Er war 1996 in Deutschland. Ich schickte ihn an meinen Bruder, der nach Deutschland gezogen war, und dieser schickte ihn nach Frankfurt als einen direkten Beweis dafür, dass er sich als Kind in einem Ghetto aufgehalten hatte. Ich machte mir Sorgen um den Brief. Er kehrte zurück, aber leider durch den Locher eines deutschen Bürokraten verletzt. Seine Aufgabe konnte er dennoch erfüllen.

In der Schule lernten wir die Ballade von Konstantin Simonow »Der Sohn des Artilleristen«. Erst als ich erwachsen war, erfuhr ich aus seinem Buch »Die Notizen eines jungen Menschen«, dass einer der Helden dieser Ballade mein Onkel war (in der Ballade als Major Djejew). Die inhaltliche Grundlage dieser Ballade bildete die Geschichte, die mit Efim Samsonowitsch Ryklis und dem Sohn seines langjährigen Freundes passierte und die er später dem Autor der Ballade erzählte.

»Major Djejew hatte einen Freund, Major Petrow. Sie waren bereits seit dem Bürgerkrieg, seit den 20er-Jahren, befreundet. ›Nichts im Leben kann uns aus dem Sattel werfen.‹ Das war der Wahlspruch des Majors.«

Diese Zeilen kennen wahrscheinlich viele meiner Altersgenossen.

Diese Willensstärke und die Zielstrebigkeit hatte auch unsere Mutter. Deshalb konnten wir alle Gräuel überstehen und überleben.

Kurz darüber, wie sich unser Schicksal nach dem Krieg gestaltete: Mama kehrte in die Fabrik zurück, in der sie vor dem Krieg arbeitete, und war dort bis zu ihrer Pensionierung als Lagerleiterin tätig. Sie starb 1992. Mein Bruder Wadim beendete die Fachschule und arbeitete über 50 Jahre als Schlosser. Er war ein Fachmann seines Handwerkes. Seit 1995 lebt er in Deutschland. Der Oberst Efim Samsonowitsch Ryklis beendete den Krieg in Prag im Range des Befehlshabers eines Artilleriecorps. Nach dem Krieg diente er in Wladikawkas (damals Ordshonikidse). Er starb 1970. Ihm wurden zwei Lenin-Orden, drei Medaillen und viele andere Auszeichnungen verliehen.

1954 machte ich in Odessa meine Mittlere Reife mit Auszeichnungen. Dann studierte ich in Odessa Bauingenieurwesen und machte 1959 meinen Abschluss ebenfalls mit Auszeichnung. Nach dem Studium arbeitete ich auf den »Baustellen des Kommunismus« in Kriwoi Rog. Nach der Rückkehr nach Odessa arbeitete ich über 30 Jahre als leitender Ingenieur und später als Leiter eines Ingenieurbüros. In den 90er-Jahren legte ich einige Ingenieur-Entwürfe vor. Anfang dieses Jahrhunderts hatte ich großes Glück. Ich wurde in der Funktion des leitenden Ingenieurs in eine große Privatfirma eingeladen und leite zurzeit den Bau eines großen Industriekomplexes in Peresyp, ein Speicherkomplex für Getreide mit der Kapazität von 42 000 Tonnen.

Lidija Sliptschenko (geb. 1915)
»Die Wahrheit über das Unglaubliche«

Mehr als ein halbes Jahrhundert ist vergangen, aber die Erinnerungen lassen mich zu jenen unvergesslichen Tagen zurückkehren. Ich bin in Odessa, es ist Juni 1941. Mein Traum ging in Erfüllung, und ich stehe kurz vor dem Abschluss meines Medizinstudiums. Ich sitze in meinem winzigen Zimmer und lerne für meine letzte Prüfung in Geburtskunde.

Plötzlich wird diese Idylle vom furchtbaren Wort »Krieg« beendet. Der Rundfunk berichtet, dass die Deutschen um vier Uhr morgens Kiew bombardiert hätten. Am Anfang schien dies irreal, das Gehirn weigerte sich, das geschehene Horrorszenario wahrzunehmen. Aber am nächsten Tag hörten wir die Explosionen der Bomben. Ein paar Tage später wurden alle Hochschulabsolventen versammelt. Die Männer wurden eingezogen und die Frauen in die Gebiete verschickt, die kurz vor der feindlichen Besatzung waren. Ich sollte ins Dorf Tyschkowka, Gebiet Kirowograd.

In Tyschkowka blieb ich zwei Wochen und wurde dann vom lokalen Gesundheitsamt in die etwa 20 Kilometer entfernte Ortschaft verschickt, in der sich eine Evakuierungszentrale befand. Es gab Gerüchte, dass die Deutschen kurz vor Kirowograd waren, und man hörte deutsche Flugzeuge, die Flugblätter abwarfen, in denen sie die Bevölkerung aufriefen, sich ohne Widerstand zu ergeben. Zusammen mit einer Krankenschwester wurde ich einem Förster unterstellt und sollte einen Erste-Hilfe-Stützpunkt aufbauen. Der Förster stellte uns zu diesem Zweck einen Raum zur Verfügung und teilte uns mit, dass durch den Wald sehr viele Evakuierungswillige und Verwundete ziehen würden, denen wir erste Hilfe leisten müssten.

Die Ereignisse entwickelten sich rasant und es gab jeden Tag neue Mitteilungen über die Eroberungen der Deutschen. Schließlich mussten auch wir evakuiert werden. Der Förster stellte uns einen Pferdewagen zur Verfügung, ließ unsere Habseligkeiten dort verstauen und wir zogen langsam zum benachbarten Bahnhof. In der Nacht hörten wir in der Nähe von Kriwoi Rog das Brummen von Motorrädern und vernahmen deutsche Sprache. Es stellte sich heraus, dass ich zusammen mit der Krankenschwester Katja auf besetztem Gebiet gelandet war. Katja bot mir an, zu ihren Verwandten, die in irgendeinem Dorf in der Nähe wohnten, zu gehen. Damals wussten wir noch nicht, welches furchtbare Brandzeichen ich als Jüdin trug und in welche Gefahr sie sich begeben würde, indem sie versuchte, mir zu helfen.

Die Eltern von Katja nahmen mich sehr herzlich auf. Aber auf dem Land ist jeder neue Mensch nicht zu verbergen. Länger zu bleiben wurde gefährlich, denn im Dorf erschienen Rumänen und ukrainische Polizisten. Ich warf alle meine Papiere weg bis auf eines, in dem die Nationalität nicht angegeben war. Ich tauschte meine Gegenstände gegen Lebensmittel um und machte mich auf den Weg. In Kiew lebten meine Verwandten, die Ukrainer waren, aber ich wollte sie nicht gefährden. Mir blieb nur ein Weg, nach Odessa, wo ich mit einer Unterkunft rechnen konnte und einiges über meine Verwandten zu erfahren hoffte. Den ganzen Weg, ein paar Hundert Kilometer vom Gebiet Kirowograd nach Odessa bewältigte ich zu Fuß. Vor meinen Augen wurden die Menschen in Odessa erschossen, weil sie jüdisch aussahen. Ich konnte nur wie durch ein Wunder diesem Schicksal entkommen. Mein Äußeres war nicht jüdisch. Unterwegs ging ich zitternd in die Häuser, um meine Habseligkeiten gegen Nahrungsmittel einzutauschen. Ich bettelte. Ich begegnete öfter gutmütigen Menschen, die mir nicht nur zu essen gaben, sondern mich auch über Nacht bei sich ließen.

Ich war über drei Wochen unterwegs. Je näher ich an Odessa war, desto öfter hörte man die Kriegsmaschinerie und ich begegnete Lastwagen mit Soldaten. Meine Heimatstadt leistete mutigen Widerstand und weigerte sich, sich den Feinden zu ergeben. Es wurde immer gefährlicher, denn die Deutschen verlangten auf Schritt und Tritt Papiere und Passierscheine. Endlich wurde klar, dass ich keine Möglichkeit hatte, die Frontlinie zu überqueren.

Zusammen mit ein paar anderen Flüchtlingen ließ ich mich in einer Sowchose in der Nähe von Odessa nieder. Dort herrschte noch keine reguläre Kontrolle. Ich wurde von der Familie eines Sowchosenmitglieds aufgenommen. Wir Flüchtlinge versuchten unsere Existenz durch die Arbeit auf dem Feld zu rechtfertigen. Aber wir konnten mit den Einheimischen im Geschick und in der Arbeitsausdauer nicht konkurrieren. Wir litten sehr stark darunter. »Zu Hause« versuchte ich, wissend, dass ich mein Brot nicht verdient hatte, mich in eine Ecke zu drücken und mein Hungergefühl zu überwinden. An freien Tagen holte ich die Fotografien meiner Verwandten hervor und weinte bitterlich. In jenen zwei Wochen verbrauchte ich meinen ganzen Tränenvorrat und wurde wie versteinert, indem ich meine Fähigkeit zu weinen verlor.

1. Gebietshauptstadt Odessa

Die Zeit verging und mit jedem Tag hörten wir immer stärkeres Grollen der Kriegsmaschinerie in der Nähe von Odessa. Solange die Stadt sich wehrte, hatten wir noch die Hoffnung, dass der Feind unsere Stadt nicht eroberte. Da der Weg nach Odessa geöffnet wurde, zogen wir Flüchtlinge dorthin. Es war ein Weg in die Hölle! Von allen Seiten rollten Motorräder und Lastwagen mit deutschen, italienischen und rumänischen Soldaten. Über unseren Köpfen flogen wie Raubvögel Flugzeuge mit Hakenkreuzen. Ich erreichte Odessa aus der Richtung Peresyp.

Mit Mühe fand ich die Straße, in der meine guten Bekannten Bannikowy lebten. Sie schmiedeten sofort hoffnungsvolle Pläne für meine Zukunft: mich mit einem rumänischen Offizier verheiraten. Der Hausherr beruhigte mich: »Du bist jung, hübsch, siehst nicht jüdisch aus und bist eine Ärztin. Du kannst sagen, dass du deine Papiere verloren hast. Wir würden dich adoptieren und ein glückliches Leben haben. Odessa wird nicht mehr sowjetisch werden.« Wenn meine Bekannten gewusst hätten, welches Ausmaß der Genozid erreichen würde, hätten sie nie ihre Pläne für meine Zukunft geschmiedet.

Hitler wollte diese Region seinen rumänischen Verbündeten »schenken«. In der ausgestorbenen Stadt schaukelten in den Schaufenstern der Läden die Leichen der Erhängten, auf den Straßen lagen die Leichen mit Schildchen um den Hals. Die Aufschriften besagten: »So wird jeder bestraft, der gegen die rumänisch-deutschen Truppen Widerstand leistet.« Viele Befehle informierten: »Für jeden ermordeten Soldaten werden 100 Einwohner erschossen, für jeden Offizier 200.« In der Stadt gab es kein Wasser. Vom frühen Morgen an bildeten sich an den Brunnen lange Schlangen hungriger Stadtbewohner. Es gab keine Nahrungsmittel, die Läden waren zu.

Am 23. Oktober wurde das NKWD-Gebäude gesprengt. Acht rumänische Generäle waren getötet worden. Man verbreitete provozierende Gerüchte, die Juden der Stadt Odessa hätten das Gebäude gesprengt. Kurz darauf folgte der Befehl: Alle Juden – Männer, Frauen und Kinder – sollten im Dorf Dalnik zur Registrierung erscheinen. Tausende Juden packten das Notwendigste und zogen in Kolonnen zur Registrierung. Diese wurde in der Ziegelei beendet. Dort wurden sie alle in das Gebäude eingepfercht und verbrannt. Jene, denen es gelang sich aus dem Feuer zu retten, wurden von Maschinengewehren erschossen, die in weiser Voraussicht aufgestellt worden waren.

Denen, die in Dalnik ermordet wurden, blieb der Horror der Verfolgungen, Unterdrückungen, der Jagd und der hungrigen, tierischen, von Parasiten befallenen Existenz erspart. Wir Übrigen warteten noch auf dieses Schicksal.

Die Zeitungen waren überfüllt mit Artikeln über die Rassenreinheit, über die Gefahr der Juden, darüber, dass der jüdische Stamm ausgerottet werden sollte, weil die Juden die ganze Welt beherrschen wollten und die Kriegsanstifter seien.

Keiner hatte Illusionen, was den Angehörigen dieser Nation bevorstand. Die Juden wurden verfolgt wie Hunde. Sobald einer von ihnen auf der Straße erschien, gab es genug »Aktivisten«, die den Rumänen einen Hinweis gaben: »Da ist ein Jude!« Dies reichte aus, um eine Gewaltorgie, einen Raub oder einen Mord auszulösen. Für mich und meine Bekannte wurde klar, dass es für mich unmöglich war, illegal bei ihnen zu bleiben, weil mich jeder auf der Straße kannte.

Einmal hatte ich großes Glück. Ich begegnete Wolodja Glekler, dem Mann meiner verstorbenen Freundin. Seine Familie wohnte im Haus mit dem Schild »Volksdeutsche«. Dies bedeutete, dass die Einwohner unter dem besonderen Schutz des Staates standen. Als er erfuhr, in welcher Situation ich war, bot er mir an, zu seiner Familie umzuziehen. Ich hoffte, dass es mir gelingen würde, nach der stattgefundenen Welle der Judenverfolgung irgendwie in der allgemeinen Menschenmasse unterzugehen und am Leben zu bleiben. Aber mein Unterschlupf war nicht sicher genug. Sehr schnell wurde ich von dem Blockwart entdeckt. Dieser verlangte von Onkel Wolodja, dass die Jüdin innerhalb von 24 Stunden verschwinde, ansonsten würde er es entsprechend melden. Ich musste zu Bannikowy zurückkehren und mich meinem Schicksal ergeben.

Ein paar Tage später wurde der Termin für die Registrierung aller Einwohner Odessas festgelegt. Zusammen mit Bannikowy ging ich in die Kommandantur.

Wie ich schon erwähnte, hatte ich kein jüdisches Aussehen. Der Kommandant war sehr nett zu mir und behandelte mich äußerst freundlich, bis die Frage nach der Nationalität kam. Als ich sagte, ich sei Jüdin, drückte sein Gesicht einen unverblümten Eckel aus. Mit Gesten und in seinem gebrochenen Russisch versuchte er mir klar zu machen, dass sich als Jüdin zu bekennen, einem selbst unterschriebenen Todesurteil gleiche. Er wäre bereit gewesen mir gefälschte Papiere auszustellen, in denen ich als Russin aufgeführt wäre. Aber ich war nicht mehr fähig Widerstand zu leisten, war viel zu müde illegal zu bleiben, konnte nicht lügen und entschloss mich, das Schicksal meiner Glaubensgeschwister zu teilen. Der Kommandant zuckte enttäuscht mit den Achseln. Ich spürte, dass seine Hilfsbereitschaft ehrlich und uneigennützig war.

Im Dezember 1941 erging der Befehl über die Internierung aller Juden im Ghetto. Man erlaubte ihnen nur mitzunehmen, was sie am eigenen Leibe tragen konnten. Es gab überhaupt keine Ausnahmen: Sowohl Kranke, Behinderte und schwer Infizierte, Wöchnerinnen, als auch alle gesunden Juden mussten dem Befehl folgen. Und sie taten es sehr gehorsam. Die einen gingen alleine, die anderen wurden von ihren Verwandten gestützt, getragen oder in selbst gebastelten Karren gebracht. Wer nicht gehen wollte oder konnte, wurden von den »pflichtbewussten« Einwohnern vertrieben, in dem sie die Blockwarte und Polizisten alarmierten.

Ich ging zusammen mit den anderen. In meinem Rucksack hatte ich meine Habseligkeiten. Neben mir ging meine neue Freundin Bella. Ich lernte sie beim Ausheben der Schutzgräben kennen. Zusammen mit ihr waren ihre Mutter und ihre achtjährige Tochter Kirotschka. Der Weg nach Slobodka schien uns endlos. Wir alle waren physisch und psychisch erschöpft. Die Anwohner der Straßen, durch die wir gingen, standen an ihren Toren. Manche reichten uns zu trinken, andere dagegen versteckten sich misstrauisch in ihren Hinterhöfen. Es gab auch jene, die den Kindern ihre Pelzmäntelchen und Schuhe abnahmen, weil sie meinten, diese können auch nackt in den Tod geschickt werden.

Bereits am ersten Tag wurde den Juden klar, dass sie betrogen wurden. Es würde kein Ghetto geben und sie müssten alle Kreise der Hölle durchschreiten. Es mangelte an Unterkünften in Slobodka. Die Menschen ließen sich auf der Straße nieder, die Kranken fielen direkt in den Schnee, und am Abend waren die Straßen mit Leichen gesäumt.

1. Gebietshauptstadt Odessa

Zusammen mit Bella fand ich Unterschlupf bei einer einheimischen Frau. Im Gebäude der ehemaligen Schule, mit kaputten Fenstern und starkem Luftzug, ließen sich einige Hundert Menschen nieder. Sie hatten weder zu essen, noch zu trinken. Sie lagen eng aneinander auf dem Boden. Zwischen den Lebenden lagen Leichen. Wie wir später erfuhren, wurden bereits in der ersten Nacht viele Menschen in Kolonnen in unbekannte Richtung verschickt.

Bella und ich blieben etwa zwei Wochen in Slobodka. Dies habe ich der treuen Jelisaweta Afanasjewna Bannikowa zu verdanken, die großzügige Frau, bei der wir Unterschlupf gefunden hatten. Sie brachte uns jeden zweiten Tag warmes Essen.

Aber an einem der Tage kamen auch wir an die Reihe. Wir wurden an jenem frostigen Tag bei minus 40 Grad auf die Straße getrieben. Ich weiß nicht, wie lange wir unterwegs waren, bis wir die Selektionsstelle erreicht hatten. Vor dem Verladen in den Zug wurden wir, hilflose und erschöpfte Menschen, die in einer Hand die wenigen Habseligkeiten hielten und mit der anderen das Kind oder den hilflosen Alten stützten, von einer Gruppe Jugendlicher wie von Raubtieren überfallen. Die Räuber rissen uns die Kleider und die letzten Lebensmittel weg. Sie wussten zu gut, dass wir, Todgeweihte, nichts mehr benötigen würden.

Wir erfuhren, dass der uns vorausgegangene Zug die Menschen nur wenige Kilometer weit brachte und sie mitten in der Landschaft in den fest verschlossenen Waggons erfrieren ließ.

Wir wurden in den Waggon gestoßen. Drinnen konnte man nur eng aneinander gepresst stehen.

Der Zug rollte sehr langsam. Die Menschen erstarrten vor Kälte, wurden von Hunger und Durst gequält. Die Kinder weinten, bettelten um Essen und Wasser. Die Mütter konnten ihnen nicht helfen und litten darunter doppelt. Schließlich blieb der Zug stehen. Der Halt bedeutete aber nicht das Ende unseres Martyriums. Dieses begann erst.

Wir landeten in einer Schneewüste und stampften durch den Schnee. Menschen zogen mit letzter Kraft in die Dörfer, die für Ghettos vorgesehen worden waren. Unterwegs ließen sie ihre Habseligkeiten liegen, die sie nicht mehr schleppen konnten. Dann ließen sie ihre erfrierenden Kinder und Alten liegen. Einige Kilometer später sanken sie selbst in den Schnee.

Alle gingen sprachlos, man hatte keine Tränen, das Hungergefühl verdrängte man, nur der Durst beherrschte uns. Die Gendarmen hetzten die Entkräfteten und Erfrierenden mit Gummiknüppeln. Auch hier wurden die Einwohner der benachbarten Dörfer von den Rumänen ermuntert, uns zu überfallen, um die noch vorhandenen Habseligkeiten uns wegzunehmen sowie den Kindern und den Erwachsenen die Kleidung vom Leib zu reißen.

Nur einmal im Laufe des gesamten Marsches machten wir in irgendeinem Dorf eine Pause, weil die Rumänen Hunger bekamen.

Eine Bäuerin erlaubte mir und der Familie von Bella, uns kurz in ihrem Haus aufzuwärmen. Zusammen mit uns kehrte zu ihr auch der berühmte Neurologe Dr. Blank zusammen mit seiner alten Mutter ein. Dr. Blank verließ bis zum letzten Moment seine Kranken und seine Klinik nicht. Die Bäuerin hatte Mitleid mit dem kleinen Kind und der alten Frau und gab ihnen einen heißen Tee zu trinken. Ich schaute auf ihre kleine gemütliche Küche und sinnierte darüber, was für ein Glück es sei, Recht auf das Leben zu haben. Was hätte ich dafür gegeben, an Stelle dieser Bäuerin zu sein! Aber die Rumänen trieben uns gleich weiter.

Der ganze Weg vom Bahnhof bis zum Dorf Slatoustow wurde mit den Leichen der erfrorenen Alten, Frauen und Kinder gesäumt. Die Vernichtung der Juden sah vor, dass möglichst viele natürlichen Todes stürben. Deshalb wurden wir unter härtestem Frost aus unseren Häusern gejagt. Wir wurden stundenlang um den Bahnhof herum geführt, während das für das Ghetto vorgesehene Dorf nur 18 Kilometer entfernt war.

Wenn ich heute zurückblicke, bin ich überrascht darüber, dass trotz des ständigen Infernos ich einen unbeirrbaren Lebenswillen verspürte.

Es wäre doch sicherlich natürlich gewesen, mich meiner Schwäche zu beugen, die für mich charakteristisch ist, und in den Schnee zu sinken, zu erfrieren. Aber dieser Gedanke tauchte kein einziges Mal in meinem Kopf auf. Ich ging und ging und ging!

Spät in der Nacht erreichten wir das Dorf Matlaschewka. Es war eines der drei Dörfer, die für den vorübergehenden Aufenthalt der Juden vor ihrer Vernichtung vorgesehen worden war. (Es waren drei Dörfer: Matlaschewka, Slatoustow und Guljajewka.) Viele Familien wurden auseinandergerissen: Die Kinder waren an einem Ort, und die Eltern landeten an einem anderen. Für den Übergang aus einem Dorf ins andere drohte die Erschießung.

Wir wurden zu einem Stall gebracht, in dem schon die vor uns hierher Gebrachten untergebracht worden waren. Bella und ich versuchten einen Platz zu finden, um uns niederzulassen. Aber die »Alteingesessenen« ließen uns nicht auf ihr Gelände. Am frühen Morgen zogen wir los, um eine Unterkunft zu suchen. Manche Dorfbewohner nahmen Vertriebene auf: einige unentgeltlich und andere gegen Geld. Aber uns wollte niemand aufnehmen.

Im Gebäude des ehemaligen Gemeindehauses war ein »Vorsteher« der einwilligte, mich gegen Geld aufzunehmen. Ich hatte etwas Geld, das mir Bannikowa gegeben hatte. Nach einiger Zeit bekam ich die Gelegenheit, auch selbst für den Broterwerb zu sorgen. Es gelang mir, eine Dorfbewohnerin, die Lungenentzündung hatte, zu heilen. Immer mehr Menschen wandten sich an mich, sodass der Hungertod mich nicht mehr gefährdete.

Aber unser relativer Wohlstand konnte weder stabil noch nachhaltig bleiben. Man hatte uns keine Minute vergessen lassen, dass wir todgeweiht seien.

Rumänische Soldaten und Offiziere jagten regelrecht junge Frauen, Mädchen und oft Kinder. Jeden Abend kamen ins Ghetto Soldaten und führten ihre Opfer zu Vergewaltigung und Martyrium ab. Die Kommandanten Sandu und Lupesku schafften es, mehrere Frauen in einer Nacht zu vergewaltigen. Danach schickten sie viele von ihnen zur Erschießung, während sie selbst aus dem Fenster der Kommandantur die Durchführung des Befehls beobachteten …

Die Menschen wurden immer öfter in den Tod geschickt.

Sehr oft kamen ins Dorf Rumänen aus der Stadt Kortakajewo und holten die nächste Gruppe der Unglücklichen. Dies wurde folgender Weise organisiert: Das Dorf wurde von Rumänen umstellt und die ukrainischen Polizisten jagten die Juden auf den Dorfplatz. Dann wurden diese ein paar Kilometer zu den Gräben getrieben, wo sie erschossen wurden. Die ganze Erschießungsprozedur

1. Gebietshauptstadt Odessa

fand mit deutscher Genauigkeit statt. Man ließ die Juden sich entkleiden und sie verteilten die Kleider untereinander. Manchmal wurden die Menschen nicht erschossen, sondern in den Graben geworfen, mit Benzin übergossen und angezündet. Am Ende prüfte man, ob niemand überlebte, verlud die Trophäen in die Lastwagen (einschließlich der aus den Mündern ausgerissenen Goldkronen) und mit Gesang und Rufen »Heil Hitler!« fuhren sie in ihre Kolonien. Sehr selten kam es vor, dass jemand sich aus dem Leichenberg befreite und bei Nacht aus dem Graben herauskroch.

Einmal ging ich mit einer einheimischen Frau zu ihrer kranken Tochter, die am Dorfrand wohnte. Hinter dem Dorf sah man dunkle Rauchschwaden aufsteigen. Die Frau sagte absolut gleichgültig einen Satz, den ich mein ganzes Leben lang nicht vergessen werde: »Das macht nichts, da werden Shidy verbrannt.«

In meinen hoffnungslosen Alltag kam ein Sonnenstrahl. Ich begegnete einem Menschen, der eine entscheidende Rolle in meinem Leben spielen würde. Jeden zweiten, dritten Tag ging ich in den kleinen Wald, um Kleinholz zu holen. Es war sehr kalt, ich zitterte am ganzen Körper und konnte nur mit Mühe die vereisten Zweige unter dem Schnee herausholen. Plötzlich hörte ich eine freundliche Stimme: »Lassen Sie mich Ihnen helfen.« Vor mir stand eine große, schlanke Frau. Auf ihrem Rücken hatte sie einen großen Bund Kleinholz. Zuerst hatte ich sie nicht als Jüdin identifiziert. Sie war nicht vom Brandzeichen des »Todgeweiht Seins« und der Demut markiert. Dina, so hieß sie, erzählte mir, dass sie an der Front war und in Gefangenschaft geriet. Sie studierte auch Medizin, konnte ihr Studium vor dem Krieg aber noch nicht abschließen. Mit gefälschten Papieren gelangte sie nach Odessa und gab sich als eine Georgierin aus. Aber in Odessa wollte sie sich das gemeinsame Schicksal der Juden nicht ersparen und ließ sich zusammen mit ihrem Onkel als Jüdin registrieren. Sie machte den gleichen Weg wie ich durch und landete in Matlaschewka.

Sie glaubte an die Möglichkeit der Rettung, an den schnellen Angriff unserer Truppen und war voll Optimismus und Energie. Wir trafen uns oft und entschieden uns, nach einer gemeinsamen Unterkunft zu suchen. In jener Zeit wurden wir nach Guljajewka gebracht. Wir kamen bei sehr guten Menschen unter. Sie hießen Grischa und Nadja und gewährten uns Unterkunft gegen einen sehr moderaten Preis. Sie fühlten mit uns und versuchten uns zu helfen, so gut sie es konnten.

Trotz des zufälligen Verdienstes, litten wir ständig Hunger und unsere Kräfte schwanden mit jedem Tag. Die Zahl der Ghettoeinwohner reduzierte sich in jeder Minute. Die Menschen starben wie die Fliegen …

In den Dörfern verbreitete sich eine Flecktyphusepidemie und drohte auch auf die Rumänen überzuschwappen. Man musste dringend Maßnahmen ergreifen, aber niemand von den rumänischen Ärzten wollte sich in Gefahr bringen. Sandu und Lupesku wandten sich an die deutschen Kommandeure mit der Bitte, uns zu erlauben mitzuhelfen, ein Hospital für Typhuskranke zu organisieren. Die Kommandanten sagten uns unverblümt, dass sie uns unser Leben nicht schenken dürfen, aber sie könnten es uns »leihen«. Wir bekamen das Recht auf Leben, solange der Typhus tobte. Natürlich nahmen wir dieses Angebot an.

Das ehemalige Schulgebäude im Dorf Matlaschewka wurde in ein Hospital umfunktioniert. Die Kranken kamen sofort, weil die Rumänen eine kompromisslose Hospitalisierung aller Kranken verordnet hatten. Dina und ich arbeiteten als Ärzte, Krankenschwestern, Sanitäter und Friseure. Die Verpflegung übernahmen die Verwandten der Kranken. Es gab nicht genug Pritschen, und wir schliefen auf dem Boden in der Ecke des riesigen Raumes, bedeckt mit wattierten Decken, auf denen die Läuse krochen. Es war unmöglich, sie in den Griff zu bekommen, da wir keine Desinfektionsmittel hatten. Wie merkwürdig es auch erscheinen mag, erkrankten wir nicht, obwohl völlig entkräftet, erschöpft und hungrig.

Es gab sehr viele Kranke, wir arbeiteten ohne Pause und sanken abends der Reihe nach in unsere Ecke. Mit der Zeit nahm die Zahl der Kranken ab und unsere Seele bevölkerte immer größere Angst. Was kommt danach? Einmal kam eine der Liebhaberinnen des Kommandanten zu uns ins Hospital. Sie erzählte uns, dass im Dorf Petrowka, das durch ein Mündungsgebiet von unserem Dorf getrennt war, ein Kommandant sei, der, wenn nicht wohltätig, dann doch die Juden sehr tolerant behandle. Wenn ein Verfolgter irgendein Papier besitzt, »schließt« der Kommandant die Augen und erlaubt ihm, sich auf seinem Territorium aufzuhalten.

Ihre Worte spielten eine entscheidende Rolle in unserem Schicksal. Aber bis dahin verloren wir buchstäblich den Boden unter den Füßen. Wir entließen die letzten Patienten und neue Kranke blieben aus. Ins Dorf gehen durften wir nicht, weil wir nach den angenommenen Spielregeln schon längst im »Reich der Toten« sein sollten. Plötzlich bot uns unser Feldscher an, uns in seinem Keller zu verstecken, wo Gemüse, Konserven und verschiedenes Gerümpel aufbewahrt wurden. Es war eine sehr große Wohltat, für die er mit dem eigenen Leben bezahlen konnte. Ungefähr zwei Wochen versteckten wir uns dort, aber es konnte nicht ewig so gehen. Wir mussten verschwinden. In einer Nacht begleitete er uns an den Dorfrand, gab uns einige Lebensmittel für unterwegs mit und ließ uns alleine. Wir ließen uns im dichten Gebüsch nieder und berieten unsere Zukunft.

Langsam verbrauchten wir unsere Lebensmittel und der Hunger meldete sich immer stärker. Einige Male demonstrierten wir unseren Mut, indem wir Äpfel und Aprikosen in den Bauerngärten stahlen, aber es ging nicht lange. In einer Nacht hörten wir ein Pfeifen und erkannten später die Gestalt unseres Feldschers. Er brachte uns Lebensmittel und mit ihnen auch Leben. Seine Besuche wiederholten sich einige Male und er war absolut uneigennützig. Die Zeit verging und es war schon August. Es fing an zu regnen. Wir mussten irgendeine Entscheidung treffen.

Am nächsten Abend kam der Feldscher und erzählte, dass am Morgen die letzten Juden des Dorfes mit Maschinengewehren erschossen worden seien. Wir fragten unsern Freund nach dem Weg nach Petrowka und gaben ihm ein paar Mark, damit er uns Bauernkleidung besorgte. Ein paar Tage später brachte uns der selbstlose Feldscher Kopftücher, Röcke und kleine Säcke. Gemeinsam mit ihm überlegten wir unseren Fluchtplan.

Unser Plan bestand darin, dass wir am Abend zum Sonntag, wenn viele Bauern Lebensmittel nach Beresowka auf den Markt trugen, in den großen Menschenstrom stoßen …

Als wir am Dorfrand erschienen, kam aus der Dunkelheit eine rumänische Patrouille in Begleitung einiger Polizisten. Es schien, dass es keine Rettung für uns gäbe, weil wir, auf die Aufforderung unsere Papiere zu zeigen, nichts vorweisen konnten. Und plötzlich trat ein großer Mann vor uns, dessen Gesicht wir nicht sehen konnten. Mit ruhiger Stimme sagte er zum Dolmetscher Worte, die

1. Gebietshauptstadt Odessa

uns Hoffnung auf unsere Rettung machten: »Wieso kennt ihr diese Mädchen nicht? Das ist doch die Enkeltochter von Omeltschenko aus Slatoustow und ihre Freundin, die Tochter von Suprunenko!« Wer war dieser Mann? Als wir zu uns kamen, erinnerten wir uns an einen dankbaren Vater, dessen Sohn wir den Armen des Todes entrissen und vom Typhus geheilt hatten.

Der Weg stand uns weiter offen.

Vor uns lag ein Mündungsgebiet, das ein paar Kilometer breit war. Es war schon Ende August und die Nächte waren recht kalt. Wir traten ins kalte Wasser, das uns bis zum Bauch reichte. Mit jedem Schritt verwandelten sich unsere Fersen in blutende Wunden. Das Wasser schien uns eiskalt. Es war qualvoll, mit den verwundeten Füßen über den Seegrund zu waten und sich mit Kleidern im Wasser zu bewegen, während wir in einer Hand unsere Papiere über das Wasser hielten. Plötzlich wurde mir alles gleichgültig. Meine Kräfte verließen mich und ich träumte nur davon, auf den Seegrund zu sinken und nie wieder aufzustehen.

Endlich erblickten wir, ganz durchnässt und durchfroren, das Ufer. Als wir das Ufer hinauf krochen, wurde es schon hell. Zum Glück wurden wir von niemand gesehen.

Gegen 8 Uhr gingen wir zum Gebäude der Kommandantur. Der Kommandant fragte uns nach dem Grund unseres Kommens. Durcheinander erklärten wir ihm, dass wir in der Sowchose im Dorf Slatoustow gearbeitet hätten, aufgrund seiner Liquidierung arbeitslos geworden seien und um seine Erlaubnis bäten, in Petrowka zu bleiben, wo wir eine Arbeit zu finden hofften. Der Kommandant nahm unsere Papiere in die Hand und fragte leise und gütig: »Seid ihr Shidy?« Wir versuchten kräftig zu protestieren. Aber er winkte ab und sagte: »Lassa, lassa« (Es soll so sein). Dann stempelte er unsere Papiere ab und unterschrieb sie.

Ein Gendarm zeigte uns den Weg zur Farm, die die Armee mit Milchprodukten versorgte. Dort mangelte es an landwirtschaftlichen Arbeitern.

Wir wurden auf das Feld geschickt, wo schon andere Menschen arbeiteten. Wir waren hungrig, erschöpft und konnten kaum auf den Beinen stehen. Aber es spielte keine Rolle, denn wir bekamen das Recht auf Leben.

An jenem Tag arbeiteten wir bis zum Sonnenuntergang, fast ohne uns aufrecht zu stellen. Die Norm war sehr hoch und man konnte sich unmöglich erholen.

Das Wohnheim befand sich in einem kleinen einstöckigen Haus. Im Raum standen nur Eisenbetten ohne Matratzen und Holzschränkchen. Aber dies alles kam uns wie ein Paradies vor. In der Kantine war für uns noch kein Essen vorgesehen und wir blieben hungrig. Wir hatten Glück, auf dem Feld ein paar Karotten zu naschen. Wir hatten ein Bett für uns zwei und legten uns auf die blanken Bretter. Es war die erste ruhige Nacht nach so langer Zeit.

Jeden Tag standen wir mit dem Sonnenaufgang auf und arbeiteten bis zum Sonnenuntergang. Oft hungerten wir. Manchmal bekamen wir morgens zu Mamaliga auch Milch. Das Brot konnte man kaum in den Mund nehmen, weil es durch und durch aus Holzspänen bestand. Kartoffeln stellten eine Delikatesse dar. Für alle wurde es Feiertag, als wir zur Tomatenernte geschickt wurden. Aber solche Festlichkeiten fanden selten statt. Sehr oft arbeiteten wir bei der Rüben-, Kohl- oder Kartoffelernte. Oft mussten wir Heu ernten und es verstauen. Wir arbeiteten auch beim

Mähdreschen. An vieles andere kann ich mich nicht mehr erinnern. Als ich bei den Kälbern arbeiten musste, brach ich in Panik aus. Nur mit Mühe und Not bekämpfte ich den immer größer werdenden Misthaufen, mit aller Kraft schrubbte und wusch ich die Kälber.

Obwohl wir für einige Zeit das Recht auf Leben bekamen, war unsere Situation sehr kritisch. Wir waren hungrig und barfuß im buchstäblichen Sinne. Jeden Abend nach der Arbeit flickten wir unsere Kleider, die am nächsten Tag an einer neuen Stelle kaputt gingen.

Dann arbeitete ich in der Küche. Ich musste um vier Uhr morgens aufstehen, um den Ofen anzuheizen und bis zur Rückkehr der Arbeiter eine Suppe oder einen Brei zu kochen. Außerdem musste man mindestens 20 Eimer Wasser in das riesige Fass hineinkippen. Der Brunnen war sehr weit. Da mein rechter Arm krank war, konnte ich nur einen Eimer tragen und dies dauerte entsprechend viel länger. Schließlich passte ich mich an und kam mit meinen Verpflichtungen zurecht.

Im Frühling 1943 wurde den Arbeitern erlaubt, ein kleines Grundstück zu nutzen. Wir säten Weizen und Hirse aus und ernteten im Herbst jeweils einen Sack.

Dann kam das Jahr 1944. Die Welle der Nachrichten über die Siege der Roten Armee konnte man mit keinen, noch so strengen Polizeimaßnahmen stoppen. Je unbestrittener diese Nachrichten wurden, desto mehr tobten die Rumänen und ihre Handlanger bezüglich ihrer Feinde, die ihnen noch ausgeliefert waren.

In Petrowka verstärkte sich die Gegnerschaft zwischen denen, die an den Sieg der Roten Armee glaubten, und einer kleinen Gruppe derer, die ihre neuen Machthaber treu bedienten. Auch uns drohte große Gefahr, da viele vermuteten, dass wir dort mit falschen Papieren untergetaucht waren. Wir nahmen das Nötigste und begaben uns zu gütigen Menschen, die sich bereit erklärten, uns vorübergehend aufzunehmen. Es war Familie Krakowski. Plötzlich erkrankte Dina sehr schwer, bekam 40° Fieber und konnte kaum auf den Beinen stehen. Während dessen versuchte unsere ehemalige Wohltäterin, nachdem sie verstand, dass die Zeit der neuen Machthaber vorbei sei, alle Menschen los zu werden, die ihren Sohn, einen treuen Handlanger der neuen Machthaber, persönlich kannten. In der Nacht, als Dina halluzinierte, klopfte man laut an unsere Tür und wir vernahmen laute deutsche Rufe.

Mir wurde klar, dass wir zu lange mit unserer Flucht gezögert hatten und meine Knie wurden weich vor Angst. Zwei deutsche Soldaten traten ein. Sie hielten in der Hand ihre Gewehre und machten einen sehr aggressiven Eindruck. Als sie zwei Frauen erblickten, von denen eine schwer krank war, ließen sie ihre Gewehre sinken und fragten unsere Wirtsleute, warum diese bei sich fremde Menschen aufgenommen hätten. Die Wirtsleute, die kein Wort Deutsch verstanden, wurden aus Angst vor Konsequenzen ganz bleich und konnten keinen Laut herausbringen.

Und plötzlich geschah mit mir etwas Unerklärliches. Aus Verzweiflung, wissend, dass wir nichts mehr zu verlieren hatten und aus Verantwortung für Dina, fing ich an zu sprechen. Plötzlich stellte sich heraus, dass die deutsche Sprache, die von Kind an in meinem Unterbewusstsein gespeichert war, eine entscheidende Rolle spielte, als es um Leben und Tod ging. Ich sagte, dass meine Freundin schwer krank sei und die Menschen, die uns Unterschlupf gewährten, eine große Wohltat vollbracht hätten.

1. Gebietshauptstadt Odessa

Nachdem sie sich das Ganze angehört hatten, sagten sie, dass sie gezwungen seien, uns in unsere alte Wohnung zu begleiten. Mein Flehen, sich zu erbarmen und meine kranke Freundin in Ruhe zu lassen, bewirkte nichts. Den ganzen Weg zu unserer alten Wohnung legten wir wie Verurteilte zurück. Ich ging mit Dina vorne und die beiden mit den Gewehren hinter uns. Als wir das Zimmer betraten, legte ich Dina auf das Bett und deckte sie mit meinem Mantel zu. Sie zitterte am ganzen Körper und verlor in regelmäßigen Abständen das Bewusstsein. Ich selbst verschanzte mich wie ein gejagtes Tier in eine Ecke des Zimmers. Kurz darauf schlief der ältere Deutsche ein. Der Jüngere hatte nicht vor, sich zum Schlaf niederzulegen. Zwischen uns entstand ein ungezwungenes Gespräch, so als ob mit der Sprachbarriere auch die Barriere aufgehoben wurde, die die Menschen getrennt hatte.

Er erzählte, dass der Krieg alle seine Lebenspläne durchkreuzt hatte: Er träumte davon, Literatur zu studieren, rezitierte Gedichte seines Lieblingsdichters Heine und sagte, dass er den Faschismus nie unterstützt hätte. Er zog die Fotos seiner Mutter, Schwester und Braut heraus und schaute lange auf sie. Dann bat er mich, von mir zu erzählen, und fragte nach meinen Lieblingsdichtern. Ich vergaß, dass vor mir ein Feind, ein Deutscher, ein unfreiwilliger Mörder saß. Ich sah nur einen Menschen und seine edlen Charakterzüge, die sich mir öffneten.

Zurück in der Wirklichkeit zog er ein paar Konserven und Kekse aus seinem Rucksack und gab sie mir. Bevor die beiden abzogen, warnte er mich, dass ihnen die Henker folgten und wir uns möglichst schnell aus dem Staub machen sollten. Mein ehemaliger Feind sagte, dass er nicht wisse, ob er am Leben bliebe, und bat mich, ihn zu segnen.

Ungefähr 30 Minuten nachdem sich die Deutschen verabschiedet hatten, verließ ich mit Dina das Dorf. Wir gingen, ohne zu wissen in welche Richtung, versteckten uns in alten Schutzgräben und schliefen unterwegs.

Gegen Morgen erreichten wir ein großes Dorf. Wir traten in das erste leer stehende Haus und machten es uns dort gemütlich. Drei Tage lang herrschte im Dorf Todesstille. Am vierten Tag war es sehr trüb und es regnete. Ich kam an das Fenster und erblickte einen Rotarmisten. Ein paar Augenblicke später umarmten wir unseren lang ersehnten Befreier.

Das Dorf erwachte. Weitere Rotarmisten kamen dazu. Sie wurden von einer großen Menschengruppe über die Situation an der Front ausgefragt, man interessierte sich, ob sie den Verwandten, die an der Front kämpften, nicht begegnet seien. Viele weinten vor Freude. Ich kann nicht in Worte fassen, was ich damals fühlte. Ich konnte nicht mal träumen, dass ich so ein großes Glück erleben würde. Fast drei Tage lang hatte ich jeden Augenblick den Atem des Todes in meiner Nähe gespürt, hatte keine Rechte, wurde verfolgt, war todgeweiht und war dann plötzlich frei!

Manchmal denke ich, dass dies, was ich hier beschrieben habe, dem Leser längst bekannt sei und langweilig vorkommen könnte. Dann aber beruhige ich mich mit dem Gedanken, dass es in der Geschichte Themen gibt, die unvergesslich sind. Man muss sich immer wieder mit ihnen beschäftigen, damit das Geschehene sich nie wieder wiederholen kann. Man kehrt doch immer wieder zu dem Krieg zurück, bei dem auf dem Schlachtfeld Millionen Menschen starben. In meinem Fall gab es kein Schlachtfeld im buchstäblichen Sinne. Es war eher ein Schlachthof, etwas

Furchtbares und gleichzeitig Erniedrigendes, das sich für immer in meinem Gedächtnis und in meiner Seele eingeprägt hat. Ich glaube, dass ich, wenn ich es ausspreche und Zeugnis davon ablege, einen Teil von jenen furchtbaren Erinnerungen, die ich so viele Jahre mit mir herumtrug, loswerden kann und mich mindestens an meinem Lebensende davon teilweise befreien kann.

Der vollständige Text der Erinnerungen in: Lidija Sliptschenko, Die Wahrheit über das Unwahrscheinliche, Kiew 2000, 832 Seiten

2. Bezirk (Rayon) Balta
(poln. Bałta)

Bezirk Balta

1941 wurden 30 981 Juden aus Bessarabien und der Bukowina in den Bezirk Balta deportiert.[16] Im Winter 1941/42 brach in vielen Städten eine Typhusepidemie aus. Im Winter und Frühjahr 1942 starben im Landkreis Balta etwa 27 000 Juden, 15 232 waren noch am Leben.[17]

Ort: Balta

Vor dem Krieg lebten in Balta[18] 4711 Juden. Am 5. August 1941 besetzte die deutsche Wehrmacht die Stadt. Einer nicht bekannten Anzahl Juden gelang es, sich vor der Okkupation evakuieren zu lassen oder zu fliehen. Bereits am 8. August ermordeten die Deutschen in dem nahe gelegenen Dorf Kosazke 200 Juden, darunter etwa 60 Juden aus Balta, zusammen mit Flüchtlingen aus Bessarabien. Im September 1941 wurden hier weitere 80 Juden aus Balta erschossen.

Am 1. September 1941 wurde Balta ein Teil Transnistriens.

Am 3. September 1941 befahl Oberst Vasile Nica, der Prätor von Balta, allen Juden innerhalb von drei Tagen in das neu errichtete Ghetto zu ziehen. Juden im Alter zwischen 14 und 60 Jahren mussten Zwangsarbeit leisten. Alle Juden mussten eine Armbinde mit einem Davidstern tragen. Für die Nichtbefolgung der Verordnungen oder Widerstand drohte der Prätor Vasile Nica mit der Hinrichtung des Täters sowie weiteren 20 Juden.[19]

In den folgenden Monaten wurden Juden aus Bessarabien und der Bukowina nach Balta deportiert. Im Oktober 1941 waren ungefähr 4000 Juden im Ghetto von Balta zusammengepfercht. Das Ghetto bestand aus einigen beschädigten Häusern und vier öffentlichen Unterständen am Rande der Stadt. Das Ghetto war mit Stacheldraht umzäunt. Unter den Bewohnern des Ghettos waren ungefähr 1500 Juden aus Balta, etwa 1000 Juden aus dem Gebiet

---

16 International Commission on the Holocaust in Romania, S. 177.
17 Benz, Nationalsozialistische Zwangslager, S. 122.
18 Altman, Cholokost, S. 44; The Yad Vashem Encyclopedia, S. 15 f.
19 International Commission on the Holocaust in Romania, S. 144.

Odessa und 1500 aus Rumänien deportierte Juden. Im Juli 1942 kamen noch 200 Juden aus Obodowka dazu. Von den bessarabischen Juden überlebten bis 1. September 1943 nur 866, die anderen starben an Hunger und Krankheiten.

Es wurde ein Judenrat gebildet, dem ein aus Kischinjow deportierter Jude vorstand. Die aus Rumänien deportierten Juden dominierten den Judenrat, dessen Sitzungen auf Rumänisch abgehalten wurden. Der Rechtsanwalt Paul Moscovici, ein prominenter Kommunist aus Bukarest, der über das Lager Wapnjarka nach Balta gekommen war, war für den Arbeitseinsatz der Juden verantwortlich. Der Judenrat betrieb eine Reihe von Werkstätten. Hier bekamen die Juden für ihre Arbeit Lebensmittel. 590 Juden arbeiteten in örtlichen Fabriken. Sie erhielten zwei Mahlzeiten am Tag. Der Judenrat bemühte sich, die schlechten sanitären Bedingungen zu verbessern, um den Ausbruch einer Typhusepidemie zu verhindern. Mehrere jüdische Ärzte, die 1941 von Jassy nach Balta kamen, waren dabei eine große Hilfe.

Der Judenrat war dafür verantwortlich, jüdische Flüchtlinge aus anderen Orten daran zu hindern, ins Ghetto von Balta zu kommen. Er kam dieser Verpflichtung aber nicht immer nach. Der Judenrat war jedoch machtlos, die rumänischen Behörden daran zu hindern, Juden in Lager unter deutscher Kontrolle zu deportieren, wo die Lebensbedingungen viel schlechter waren als im Ghetto von Balta.

Vom 19. November bis 4. Dezember 1941 verließen mehrere Konvois mit Tausenden Juden Balta. Die meisten von ihnen kamen auf dem Weg oder in den Lagern um. Während der Deportationen ließen Juden ihre Kinder in der Obhut von Ukrainern zurück, damit sie getauft und so gerettet werden konnten.

1942 verbesserten sich die Verhältnisse im Ghetto durch die Unterstützung des jüdischen Hilfskomitees aus Bukarest. Ein Hospital mit 15 Betten und eine Apotheke konnten eingerichtet werden. Im Sommer kamen ein Badehaus und eine Desinfektionseinrichtung hinzu. Im Frühjahr 1943 konnte die Anzahl der Mahlzeiten in der öffentlichen Suppenküche erhöht werden. Später bekam das jüdische Hilfskomitee von den rumänischen Behörden die Erlaubnis, mehrere Hundert jüdische Waisenkinder im Bezirk Balta nach Jassy zu bringen und von dort zu jüdischen Familien in Bukarest.

Im Frühling 1943 wurden mehr als 800 arbeitsfähige Juden aus Balta zum Bau einer Brücke in der Gegend von Nikolajew an die Organisation Todt übergeben. Bereits unterwegs starben ungefähr 100 Juden, die Überlebenden wurden Ende 1943 nach Balta zurückgebracht.

Vor der Rettung der Kinder waren im Frühjahr 1943 im Ghetto Balta 2523 einheimische und deportierte Juden, 614 Männer, 1234 Frauen und 675 Kinder. Weitere 400 Juden aus Berschad und Obodowka arbeiteten in Balta in einer Filzfabrik. Im November 1943 wurden im Ghetto 83 Juden von der Gendarmerie erschossen, weil sie angeblich Partisanen waren. Am 25. Februar 1944 wurde eine Gruppe Partisanen, darunter sechs Juden aus Balta, festgenommen und exekutiert. Weitere 300 Juden wurden im März 1944 während des Rückzugs der Deutschen erschossen und 60 verbrannt. Unter ihnen waren Mitglieder der Untergrundgruppe.

Am 29. März 1944 wurde Balta befreit.

Ort: Perelety

Im Dorf Perelety[20] gab es von Dezember 1941 bis August 1942 ein jüdisches Arbeitslager. Ein paar Hundert Juden aus Balta wurden dorthin zum Bau eines Flughafens geschickt. Im Lager starben 10 Menschen an Entkräftung und Misshandlungen.

Ort: Pestschanaja

(ukr. Pischtschana

1939 lebten in Pestschanaja[21] 466 Juden, etwa acht Prozent der Bevölkerung. Im Sommer 1941 wurde der Ort von deutsch-rumänischen Truppen besetzt. Während der Besatzungszeit wurde ein Ghetto eingerichtet. Im Dezember 1941 wurden 500 Juden ins Ghetto Berschad deportiert. Mehr als die Hälfte von ihnen starben vor Hunger oder an Krankheiten.

Ende März 1944 wurde Pestschanaja befreit.

3. Bezirk (Rayon) Sawran

Ort: Sawran

In den 1920er-Jahren hatten in Sawran[22] 3400 Juden gelebt. Während des Bürgerkriegs in Russland (1918–1920) wurden viele Juden bei Pogromen ermordet. Vor dem Einmarsch der deutschen Wehrmacht in die Sowjetunion lebten etwa 1200 Juden in der Stadt.

Am 30. Juli 1941 wurde die Stadt von der Wehrmacht besetzt. Einer unbekannten Anzahl von Juden war es vorher gelungen, sich evakuieren zu lassen oder zu fliehen.

Anfang September 1941 kam Sawran unter rumänische Herrschaft und wurde ein Teil Transnistriens. Rumänische Truppen zerstörten das gut erhaltene Elektrizitätswerk und entwendeten Maschinenteile, sodass ein Wiederaufbau in absehbarer Zeit nicht möglich war.[23] Im November 1941 wurden die Juden der Stadt nach Obodowka im Gebiet Winniza deportiert. Hier kamen viele durch Hunger, Krankheit und Kälte ums Leben. Einigen der Überlebenden gelang es, das Ghetto in Berschad zu erreichen, wo sie überleben konnten.

Ende 1942 kehrten ungefähr 150 Juden, hauptsächlich Kinder, Frauen und alte Menschen nach Sawran zurück und wurden in einem Ghetto am Rande der Stadt untergebracht. Sie schufteten auf den nahe gelegenen Bauernhöfen, um etwas Nahrung zu bekommen. Die Handwerker arbeiteten in Genossenschaften und bekamen dort etwas Nahrung.

Im Mai 1943 wurden 127 rumänische jüdische Kommunisten aus Wapnjarka nach Sawran deportiert. Sie wurden in einem zweiten Ghetto untergebracht, das aus 15 oder

---

20   Altman, Cholokost, S. 734.
21   Ebenda, S. 739.
22   Ebenda, S. 885; The Yad Vashem Encyclopedia, S. 694 f.
23   Peter Klein (Hrsg.), Die Einsatzgruppen in der besetzten Sowjetunion 1941/42. Die Tätigkeits- und Lageberichte des Chefs der Sicherheitspolizei und des SD, Berlin 1997, S. 193.

20 Gebäuden bestand. Dieses Ghetto war im gleichen Stadtteil wie das Ghetto für die einheimischen Juden, aber es herrschten dort bessere Lebensbedingungen.

Im Dezember 1943 kehrten die meisten der deportierten Juden in ihre Heimat zurück. Als Sawran am 27. März 1943 befreit wurde, lebten nur noch wenige deportierte und einheimische Juden in der Stadt.

Sofja (Chaja) Bolschaja (geb. 1918)
»Ein furchtbares Leid kam auf uns zu«

1940 wurde ich nach dem Abschluss der Pädagogischen Hochschule in Odessa nach Balta geschickt, wo ich eine Stelle als Russischlehrerin an der pädagogischen Berufsschule bekam. Ich war jung und hatte viele Träume. Ich wohnte zur Untermiete bei Familie Gurfinkel. Ihr Sohn Grischa studierte Geschichte und war Vorsitzender der Komsomol-Organisation. Das erste Berufsjahr verlief sehr schnell.

Dann brach der Krieg aus. Am 22. Juli, genau einen Monat nach Kriegsausbruch, wurde Balta zum ersten Mal bombardiert. Unter den bei der Bombardierung Umgekommenen war auch eine Absolventin unserer Berufsschule, eine junge und sehr hübsche Frau. Wir versteckten uns bei der Bombardierung im Garten, in der Nähe unseres Hauses. Der Explosionsdruck riss eine Wand ein. Zum Glück wurde niemand verletzt. Wie auch andere konnte ich mich nicht evakuieren lassen. Zum einen war ich sehr eng mit dem Ehepaar Gurfinkel verbunden, zum anderen gab es auch keine Mittel dafür. Außerdem glaubte ich so sehr an die Kraft unseres Landes, insbesondere nach dem Film »Wenn morgen Krieg wäre«, dass ich nicht mal daran denken konnte, dass der Feind auf unserem Territorium auftauchen könnte.

Am nächsten Tag nahmen wir unsere Wertsachen und machten uns zu Fuß auf den Weg Richtung Osten. Auf Landstraßen erreichten wir das Dorf Jasinowal. Im Nachbardorf Bobrik wurden wir von Deutschen auf Motorrädern eingeholt. Wir gingen auf geheimen Wegen durch den Wald, während die Deutschen im Stadtzentrum ihren Sieg feierten. Sie feierten die Überquerung der Flüsse Pruth und Dnjestr. Wir waren verzweifelt. Alle, die mit uns unterwegs waren, entschieden sich, nach Balta zurückzukehren. Wir mussten durch die Reihen der Rumänen gehen, die uns ins Gesicht spuckten und »Shidy!« schrien. Der Sohn des Ehepaares Gurfinkel, der mit seiner Familie aus Kischinjow kam, um sich zusammen mit seinen Eltern evakuieren zu lassen, wurde von einem Rumänen mit »Izok« beschimpft. Er hieß in Wirklichkeit Isaak. Selbst in den kritischen Minuten des Lebens bewahrte er sein Gefühl für Humor und sagte: »Schaut, er kennt mich.« Natürlich war es nicht zum Lachen. Unsere Kolonne passierte die Reihen der Rumänen mehr oder weniger glimpflich. Wir wurden nur ausgeraubt. Jene Juden aus Balta, die auf ihrem Rückweg die Reihen der Deutschen passierten, mussten nicht nur Erniedrigungen und Beschimpfungen erdulden. Trotz »Rassenreinheit« vergewaltigten sie viele Frauen. Unter ihnen war auch die 75-jährige Ärztin Fischman, die danach starb. Auch das elfjährige Mädchen, die Tochter des Arztes Liberson, wurde vergewaltigt. Er war danach wie von Sinnen und die Deutschen schlugen ihn auf den Kopf und riefen:

»Doktor der Medizin!« Wir kehrten nach Balta zurück und trafen es fast leer vor. Unser Haus war zerstört und wir ließen uns bei der Nachbarin Beila Keiserman nieder.

Ein paar Tage später wurde die Stadt von Deutschen besetzt. Am 2. Tag nach der Besetzung der Stadt wurde befohlen, dass sich alle Männer versammeln sollten. Mit der Absicht, eine ethnische Provokation herbeizuführen, wurden die Juden und die Männer anderer Nationalitäten getrennt voneinander aufgestellt. Sie hofften, dass die Ukrainer und Moldawier auf die Juden losgingen. Dies war aber zum Glück nicht der Fall. Rumänische Soldaten suchten 80 jüdische Männer aus und trieben sie in eine unbekannte Richtung. Man erzählte sich später, dass sie in der Nähe des Dorfes Kasazkoje gezwungen wurden, einen Graben auszuheben und später dort erschossen und begraben wurden. Unter diesen Männern war auch der Lehrer der ukrainischen und deutschen Sprache unserer Berufsschule, Herr Schamschonowitsch.

Einige Zeit später wurden wir alle in einen riesigen Hof getrieben, der im Volksmund »Galantorhof« genannt wurde. Dort saßen wir und warteten, was mit uns weiter geschehen würde. Unter den Besatzern waren auch Ungarn. Sie sahen den unglücklichen, im Regen sitzenden, alten Menschen zu. Manche weinten. Ein Student unserer Berufsschule, Chlewljuk, kam zu mir und fragte, was er uns bringen könnte. Aber es war sehr gefährlich, uns etwas vorbeizubringen. Schließlich wurde ein Ghetto in drei Straßen errichtet. Um von einer Straße des Ghettos, der Degtjarnaja-Straße, in die andere, die Uwarskaja-Straße, hinüberzugehen, durften wir nur an bestimmten Stellen die Straßen überqueren. Man befahl uns, weiße Davidsterne auf der Brust und auf dem Rücken zu tragen. Im Ghetto wurde eine jüdische Gemeinde organisiert. Am Anfang war Jampolski, ein sehr netter und kluger Mann, der Vorsitzende. Nach seinem Tod erbte diesen Posten sein Schwiegersohn Rubinschtein.

Das Leben war sehr schwer. Das ewige Hungergefühl! Trotzdem verzweifelten die Menschen nicht und hegten Hoffnung auf bessere Zeiten. Im Ghetto entstand folgendes Lied:

Am frühen Morgen stehen wir auf
und gehen in die Gemeinde.
(Refrain: Lja- Lja- Lja- Lja- Lja- Lja)
Osinenko (Arbeitsleiter) kommt
und sucht die hübschesten aus.
(Refrain: …)
Von der Arbeit kehren wir zurück
und tragen ein Kilo Brot.
(Refrain: …)
Rubinschtein sitzt in seinem Zimmer
und träumt von einer neuen Frau.
(Refrain: …)
Aber wir sind zuversichtlich und wissen:
Bald werden wir auf unser Wohl trinken »Le Chaim«.

3. Bezirk (Rayon) Sawran

Zehn Kilometer von Balta entfernt, im Dorf Perelety, wo vor dem Krieg ein militärischer Flughafen war, wurde ein Konzentrationslager für Kriegsgefangene errichtet. Dorthin kamen auch die Juden, die während der Razzien von Polizisten festgenommen wurden. In dieses Konzentrationslager wurde auch Isaak, der Sohn der Eheleute Gurfinkel, verschickt. Wir haben ihn dort einmal besucht. Er war dreckig, zitterte am ganzen Körper, war aber bei Sinnen. Er erzählte, wie die Faschisten ihn misshandelten. Sie hätten das Stroh in den Schlamm geworfen und die Häftlinge dann gezwungen, jeden Strohhalm einzeln aufzulesen. Jene, die der Aufgabe nicht nachkamen, wurden verprügelt. Schließlich konnte Isaak fliehen und kam in einem furchtbaren Zustand ins Ghetto. Zum Glück wurde er nicht denunziert. Ich erinnere mich an Isaak Gurfinkel immer mit viel Respekt für seinen Optimismus und seine Hoffnung auf Rettung. Er war ein ausgebildeter Buchhalter. Sein Lieblingsausdruck war: »Die Rettung kommt bald, bald, bald.« Diese Worte wiederholte seine dreijährige Tochter Belotschka immer wieder. Die Menschen kamen zu uns, um es zu hören.

Dann kam ein furchtbares Leid. Als ob es nicht genug Hunger, Dreck und Typhusepidemien gegeben hätte. Man entschied, uns langsam zu vernichten. Man begann mit den Verschickungen in die Dörfer Gwosdowka, Obodowka und Balanowka in den Gebieten Odessa und Winniza. Ganze Kolonnen wurden dorthin verschleppt. Viele Menschen kamen unterwegs um, andere starben in den Schafskoppeln, wo sie zur Übernachtung eingepfercht wurden. Wieder andere erfroren, verhungerten, starben an Typhus oder wurden von einheimischen Banditen ermordet. Besonders gefährlich war es für jene, die noch irgendwelche Wertsachen besaßen. Man riss den Menschen die Goldfüllungen aus den Zähnen. Ich rechnete auch schon mit so einer Verschickung, aber dank der Tochter meiner Vermieter, Sonja, die als Wäscherin im deutschen Hospital arbeitete, gab es in der Familie eine entsprechende Bescheinigung. Auch die Ehefrau von Gurfinkel, Fanja, war eine Facharbeiterin und im Stadtkrankenhaus beschäftigt. Somit gab es zwei solche Bescheinigungen in der Familie. Dies ersparte mir die Verschickung, bei der ich sicherlich unterwegs umgekommen wäre. Nach einiger Zeit kehrten die Überlebenden zurück. Einmal in der Nacht klopfte der jüdische Polizist Fischl (ss gab eine solche Polizei im Ghetto), der von Haus zu Haus ging und bekannt gab, dass die Verschickungen ausgesetzt werden. Es war kurz bevor Rumänien die Beziehungen zu Deutschland abbrach und Deutschland den Krieg erklärte.

Das Ghetto von Balta existierte fast drei Jahre (von August 1941 bis Ende März 1944, als wir von der Roten Armee befreit wurden). In dieser Zeit blickten wir mehrmals dem Tod in die Augen und viele von uns erlebten die Befreiung nicht. Einmal gab es im Ghetto ein Gerücht, dass eine SS-Vernichtungseinheit auf dem Weg zu uns sei und wir uns auf das Schlimmste gefasst machen müssten. Diese SS-Einheiten vernichteten alle Juden in der Stadt Kodyma, Gebiet Odessa (die Heimat des Schauspielers Wassilija Lanowyj am Wachtang-Theater). Die Henker waren von einheimischen Ukrainern eingeladen worden, die gegenüber den Juden böse eingestellt waren. Die Juden hätten nicht gedacht, wer ihr Schicksal in den Händen hatte. Jene Juden, die zuvor in die Konzentrationslager verschickt worden waren und überlebt hatten, kehrten nach Kodyma zurück. Sie dachten, dass das Leid überwunden sei. Sie verlangten von den Nachbarn ihr geraubtes Eigentum zurück. Die Nachbarn fanden aber einen »guten Weg«, das zu vermeiden: Alle Juden wurden vernichtet.

Nur eine junge Frau konnte sich in der Nacht aus dem Haufen der Leichen befreien und gelangte über Dörfer ins Ghetto von Balta. Sie wurde von Schneer, dem ehemaligen jüdischen Polizisten, aufgenommen. Später heirateten sie sogar.

Ich erinnere mich an eine hübsche, junge Frau mit zwei Zöpfen. Ihr Freund wurde zum Denunzianten. Er diente bei der Gestapo, obwohl er ein Jude war. Er hat den Tod vieler Juden auf dem Gewissen, darunter auch den der Nichte des Lehrers Schamschonowitsch, Studentin der pädagogischen Hochschule von Odessa Schenja Schamschonowitsch. Sie und ihre Mutter wurden von der Gestapo als Geiseln festgenommen. Später, nach den Verhören, wurden beide bestialisch ermordet. Ihr Bruder Froika, der von den Nazis eingekreist wurde, warf ihnen eine Granate vor die Füße. Er starb, aber er riss auch einige Deutsche mit sich in den Tod. Dies geschah nach der Silvesterfeier 1944 bei der Familie Schamschonowitsch. Viele Jugendliche waren da. Unter den Gästen war auch der Kontaktmann zu den Partisanen Pawel Wassilkowski und der bereits oben genannte Denunziant. Auf seinen Hinweis hin war das Haus umstellt worden und die Mitglieder der Familie Schamschonowitsch wie oben beschrieben ermordet worden.

Aber zurück zur SS-Vernichtungseinheit, die nach der blutigen »Aktion« in Kodyma ihren Weg nach Balta fortsetzte. Unsere Juden machten alles, um die Einheit des Ghettos zu retten. Sie sammelten eine große Summe Geld für »Bakschisch« (Schmiergeld) und Schmuck und überreichten dies dem Kommandanten der Stadt, einem rumänischen Major. Dieser bewilligte die Vernichtungsaktion nicht. Es war unser Glück, dass es möglich war, dem Major Schmiergeld zu geben, denn wir verdanken ihm unser Leben. Im Ghetto wurden zwei Kinderheime für Waisen errichtet. Zu uns kamen nicht nur Erwachsene, sondern auch Waisenkinder aus Moldawien, Bessarabien, Perwomaisk (in der Nähe von Balta) und anderen Orten. Das Waisenkinderheim existierte, wie man hörte, auf Kosten der rumänischen Juden. Vermutlich sickerte auch Hilfe des amerikanischen Joint durch. Es war aber so, dass wir damals, um mit heutigen Begriffen zu operieren, eine humanitäre Hilfe bekamen. Man schickte uns Kleidung, die man unter den Juden verteilte. Zu Pessach gab es sogar Mazzen. Leider bekamen die Kinder nur einen Bruchteil davon. Wie immer, gab es auch damals in der Gemeinde Menschen, die ihren eigenen Profit aus der Allgemeinheit zogen. Zu uns kamen jüdische Ärzte aus Rumänien und sogar eine jüdische Sängergruppe. Sie sangen vom Schicksal des jüdischen Volkes. Mir blieben nur die Zeilen eines Liedes, eine Anrede an Gott (Adonai) in Erinnerung:

> Schau in den Himmel,
> schau auf deine Juden,
> stopp das Schlachten,
> lass ein Ende sein.

Ich arbeitete im Waisenkinderheim ab seiner Entstehung bis zu seiner Schließung. Von meinen Kollegen und Schutzbefohlenen blieben mir die besten, rührendsten und oft auch sehr tragische Eindrücke. Wir waren nicht nur Erzieherinnen. Ich betrachtete meine Schutzbefohlenen wie eigene Kinder. Oft wurden meine Stimmbänder aber so sehr strapaziert, dass ich an Kehlkopfentzündung erkrankte. Im Waisenkinderheim gab es keine Betten und die Kinder schliefen auf Pritschen, die mit Stoff bedeckt waren. Wir bügelten diesen Stoff und die ganze Kinderkleidung, um die Läuse zu bekämpfen. Unter diesen Bedingungen machten wir sogar Musikangebote und bereiteten Konzerte vor. Wir übersetzten ins Jiddische eine Episode aus »Nedorosl«, in der Mitrofanuschka zu Motel wurde und Nomen und Adjektiv zu »Funstantiv« und »Adektiv«. Es ist uns sogar gelungen, einen Eiskunstlauftanz zu zeigen. Es geschah unter der Regie der Ärztin Shenja Tokman. Unserem Gemeindevorsteher Rubinschtein war sie nicht gleichgültig. Dieser Tanz wurde zur Musik der Ouvertüre aus »Der Barbier von Sevilla« von Rossini aufgeführt. Unsere Kinder sangen und auch die rumänischen Ärzte (sie erschienen in Offiziersuniform), die zum Konzert eingeladen wurden, unterstützten uns beim Gesang.

Auf dem besetzten Gebiet, darunter auch im Ghetto entstand ein Lied zur Melodie des berühmten Liedes »Ein junger Mann in der Donsteppe«:

Mädchen, geht nicht mit Deutschen und Rumänen,
die lang ersehnte Zeit kommt, kommt bestimmt.

Leider gab es auch jüdische Frauen, die nicht nur mit den Deutschen spazieren gingen, sondern eine Beziehung mit ihnen eingingen, und auch mit den Rumänen. Wie zum Beispiel Tschudnowskaja, die in die jüdische Gemeinde mit einem Hakenkreuz auf dem Kopftuch kam und viele schöne Kleider hatte. Sie lebte zusammen mit einem rumänischen Popen und ihre Mutter war sogar stolz darauf. Als unsere Truppen kamen, wurden sie und solche wie sie bestraft, indem sie zum Aufbau der Metallurgie in den Donbass verschickt wurden. Dort soll sie sogar geheiratet haben. Dabei war sie keine Schönheit. Es gibt Menschen, früher wie auch heute, die sich an jede Lebenssituation anpassen können.

Anfang 1944 spürte man die Befreiung. Ein paar Monate vor der Befreiung Transnistriens wurde entschieden, dass die rumänischen Truppen aus jener Gegend zurückgezogen werden. Sie wurden von deutschen Soldaten ersetzt. Bevor die rumänischen Soldaten weggingen, kamen viele von ihnen ins Waisenkinderheim, um sich zu verabschieden und sagten sogar zu den kleinen Jungen: »Du bist mein Bruder!«. Mit guten Worten möchte ich auch die italienischen Soldaten erwähnen, die sich in der gesamten Zeit der Besatzung als sehr nette und zivilisierte Menschen zeigten. Auch nicht alle deutschen Soldaten waren Faschisten. Als wir ins Konzentrationslager verschickt wurden, hatten Ärzte und Patienten des benachbarten Hospitals sehr viel Mitleid mit den unglücklichen Juden. Dies kann man natürlich von SS-Männern nicht behaupten. Als die Rumänen abgezogen waren, blieb das Ghetto unter der Leitung einiger weniger deutscher Soldaten. An einem Abend kam ein deutscher Soldat zu uns ins Ghetto und sagte: »Ihr seid Juden und werdet morgen erschossen.« Aus dem zweiten Waisenkinderheim kam die Tochter der Erzieherin Gendelsman und erzählte, wie die Deutschen durch das Ghetto gegangen waren und die Juden getötet hatten. Zweimal kamen die SS-Männer zu uns. Zuerst trugen sie eine graue Uniform. Sie zerstörten unsere

Apotheke und verlangten von uns Reichsmark und Mädchen. Unsere Rettung bestand darin, dass eines unserer Schutzbefohlenen Besuch von seinem älteren Bruder bekam und es diesem gelang, die Deutschen »hinauszubitten«. Am nächsten Tag kamen die SS-Männer in der schwarzen Uniform und stellten uns alle mit dem Gesicht an die Wand. Jeder von uns nahm bereits Abschied von seinem Leben, aber wahrscheinlich schützten uns die Seelen der Ermordeten. Sie schossen über unsere Köpfe und zogen mit den Rufen »Eu-la-la« ab. Sie befahlen uns, im Kinderheim aufzuräumen. Sie drohten, dass sie uns, würden sie zurückkommen und Dreck vorfinden, erschießen würden. So schwebten wir zwischen Leben und Tod.

Die Deutschen zogen ab und sprengten alles in der Umgebung. Wir saßen auf dem Boden und als die Front heranrückte, sausten Granatsplitter über unsere Köpfe hinweg. An einem dieser furchtbaren Tage kamen Wlassow-Soldaten in der Begleitung des Gemeindemitgliedes Feller ins Waisenkinderheim und verlangten von uns junge Frauen zum Beladen der letzten deutschen Züge. Feller war ein rumänischer Jude. Mit Stolz sprach er, dass er ein Nazi sei. Wir hatten zwei junge Frauen: Schenja und Adel. Sie versteckten sich unter den Pritschen, aber Feller fand sie dort und zwang sie mitzugehen. Adel war der Inbegriff einer jüdischen Schönheit. Auch ich gehörte schon zu jenen, die mitkommen sollten. Mit meinen 25 Jahren sah ich mit kahlem Kopf ohne Haare wie ein Kind aus. Schon bei den Rumänen wurden wir geschoren. Bis heute kann ich nicht vergessen, dass ein Wlassow-Soldat mich damals rettete. Er stieß mich aus der Gruppe der »Auserwählten« und befahl mir, ins Waisenkinderheim zurückzukehren. Sonst wäre ich zusammen mit den anderen umgekommen, die nach dem Ende des Verladens der deutschen Züge auf den Bahnhof in Balta gebracht und dort in ein Haus eingesperrt wurden, das dann mit Molotowcocktails beworfen wurde. Manche von ihnen versuchten aus den Fenstern zu springen. Nur wenige konnten sich aus dem brennenden Haus retten. Die meisten, über 100 Menschen, verbrannten bei lebendigem Leib.

Als ich nach der Befreiung in die Wohnung meiner Vermieter zurückkehrte, waren die Bombenkrater auf dem Ghettogelände mit Leichen gefüllt, weil es damals niemanden gab, der sie beerdigt hätte. Es gab niemanden, der die Gräber geschaufelt hätte, und es gab keine Transportmittel. Am 29. März kam unser ehemaliger Zögling David Setscharnik, der vor ein paar Tagen zu den Partisanen gelangt war, zurück. Er kam zusammen mit sowjetischen Soldaten und gratulierte uns zur Befreiung. Nach drei Jahren der Besatzung sahen wir endlich unsere Soldaten wieder. Die letzten Tage waren an unserem Waisenkinderheim die Kolonnen der schmutzigen, verlausten Deutschen vorbeigezogen. Wir wussten dabei noch nicht, ob wir die Befreiung erleben würden, aber tief in unserer Seele freuten wir uns beim Anblick der »Sieger« auf dem Rückzug und hofften auf die Offensive unserer Befreier.

Isaak Goichman (geb. 1932)
»Überall lagen die Leichen der ermordeten Männer, Frauen und Kinder«

Langsam, Schritt für Schritt, begehen wir diese bis an die Schmerzgrenze vertrauten Ecken dieses uralten Hauses – als ob 60 Jahre seitdem nicht verstrichen wären. Es ist das tragisch-berühmte

3. Bezirk (Rayon) Sawran

Haus von Jakow Polissar. Vom Hof kommt man in den tiefen Keller. Es ist ein richtiges Verlies unter diesem Haus. Ich möchte sehr gerne noch mal hinabsteigen. Aber der Eingang ist zugemauert und mit einer schweren Eisenplatte versperrt. Vielleicht ist es ein Zeichen für das Vergessensein jenes unwiederbringlichen Zeitalters. Oder wollte man mit jener Eisenplatte die Erinnerung an das Leid von sechs Millionen Juden verhindern? Heute bin ich hier als Fremdenführer, und Lina ist meine dankbare, sehr beeindruckte Zuhörerin. Lina ist meine Frau. Sie wurde weit weg von hier, im Ural, in jenem Jahr 1944 geboren, als ich, ein zwölfjähriger Junge, mich in diesem Keller vor dem Tod versteckte.

Darüber weiß sie nur aus Filmen und Büchern wie »Schwerer Sand«, »Babi Jar« und anderen zeitlosen Meisterwerken. Heute spürt sie jenes Leid mit eigenem Herzen und lauscht mit Tränen in den Augen der Erzählung des Überlebenden.

Am 29. März 1944 schoss ich, ein zwölfjähriger Junge, zusammen mit meinen Leidensgenossen aus jenem Keller wie eine Kugel heraus. Dort hörte man laute Rufe: »Wer lebt, komme heraus! Die Deutschen sind weg!« Es waren die Stimmen der Rotarmisten, der jungen Männer mit dem Stern auf der Mütze und mit dem Gewehr vor der Brust. Dies kommt aber erst später. Zuerst standen uns lange zweieinhalb Jahre im Ghetto, im Konzentrationslager für Juden in Balta, bevor. Jene, die diese zweieinhalb Jahre überleben, werden sich so freuen: »Wir leben, wir leben! Hurra!« Balta war eines der größten Ghettos in der Ukraine. Hunderte und Tausende Juden aus den Städten und Dörfern der Gebiete Odessa, Winniza und anderen Gebieten wurden dort eingepfercht. Dort waren auch die Flüchtlinge aus Rumänien, Ungarn und anderen Ländern, denen es nicht gelang, nach Osten zu fliehen.

In einem der kleinen Zimmer im Haus von Polissar lebte ich zusammen mit meinen Eltern und meiner jüngeren Schwester Rosa über zweieinhalb Jahre: hungrige, kalte, qualvolle Jahre meiner Kindheit. Es war ein Wunder, dass wir überlebt haben, als ob wir von Moise (Moses) geführt worden wären. Moise hieß auch mein Vater, Moise Jakowlewitsch. Er war ein hübscher Mann mit grauen funkelnden Augen, die selbst in den schwersten Minuten ein Lächeln ausstrahlten. Meine Mama Leja Davidowna war auch eine sehr hübsche und kluge Frau. Sie heiratete meinen Vater, der verwitwet war und vier Kinder hatte. Wie sehr musste sie ihn geliebt haben! Als ich 1932 geboren wurde, waren sie beide 42 Jahre alt. Vorher wurde meine Schwester Raja geboren. Sie kam aber im Sommer 1941 während der ersten Kriegshandlungen um.

In jenem Juli 1941 versank Balta in einem bösen Abendrot, das durch die Bombenexplosionen entstand. Es war am 22. Juli, genau einen Monat nach dem Ausbruch des Krieges. Nach der Bombardierung der Roten Armee, die auf dem Rückzug über Balta war, bemerkte der Pilot auf seinem Rückweg unsere Familie, die aus dem Haus auf das Feld rannte, um sich dort im hohen Mais zu verstecken. Wahrscheinlich war es für ihn ein Spiel, uns zu verfolgen. Immer wieder, ganz tief, sodass ich sein böses Lächeln hinter der schwarzen Brille sehen konnte, drehte er seine Runden über uns und beschoss uns mit dem Maschinengewehr. Als er genug hatte, flog er nach Westen und ich mit Angstzuständen kämpfend, konnte mit meinem Kinderverstand noch lange nicht erfassen, warum er uns töten wollte.

Am gleichen Tag begaben wir uns mit unseren Habseligkeiten in unser Heimatdorf Golma, das etwa 18 Kilometer östlich von Balta liegt. Dort wurde ich geboren und in der ukrainischen Schule eingeschult.

Einen Tag vor meiner Einschulung stand ich auf der Außentreppe unseres Hauses und an mir gingen zwei große Männer in russischer Militäruniform mit den Abzeichen eines Kommandeurs vorbei. Einer von ihnen warf mir einen bösen Blick zu und sagte: »Das ist ein jüdischer Knabe, ein kleines Schwein.« Diese verkleideten deutschen Spione stolzierten in jenen Tagen ungestraft durch unsere Städte und informierten ihre Luftwaffe über die wichtigsten Militärobjekte der Roten Armee.

Sie gingen in unserem Lande umher und nannten uns verachtend Schweine. Wir, das Volk, aus dem Heinrich Heine, Lion Feuchtwanger, Albert Einstein und andere geniale deutsche Juden stammten, die Deutschland in der ganzen Welt rühmten und es dann fluchtartig verlassen mussten, wurden von Deutschen so verachtet.

Bis zur Errichtung des Ghettos blieben noch zwei Monate und bis zum ersten Tod in unserer Familie zwei Tage. Aber das alles kommt erst später. Davon wussten wir noch nichts und glaubten an jenem 22. Juli dem Nachrichtensprecher, der verkündete, der Feind würde bekämpft und wir würden siegen. Damals wussten wir auch noch nicht, dass meine drei älteren Brüder – Uscher, Iosif und Jakow –, die an der Front kämpften, nie wieder nach Hause zurückkehren würden. Zwei von ihnen waren in der Schlacht um Odessa gefallen und einer in der Schlacht um Moskau.

Einen Tag verbrachten wir in Golma. Am 24. Juli holte uns der Vorsitzende der Kolchose ab und nahm uns mit auf die Flucht nach Osten. Am Abend erreichten wir den Ort Kriwoje Osero, Gebiet Nikolajew.

Dort gerieten wir mitten in den Kampf zwischen deutschen Fallschirmjägern, die uns auf Motorrädern einholten, und den Kämpfern, freiwilligen Aktivisten, die den Ort verteidigten.

Wir gerieten in den Sumpf, ins Schilf. Hier explodierten Minen und sausten Kugeln. Hier wurde meine Schwester Raja getroffen und starb an ihren Verletzungen. Sie war erst 16 Jahre alt.

Am frühen Morgen wurden wir von sowjetischen Soldaten aufgelesen und in südöstliche Richtung mitgenommen. Unsere Kolonne bewegte sich langsam durch die Feuerallee: Entlang der Straße steckte man das nicht geerntete Getreide in Brand, damit die Deutschen davon nicht profitieren. Die deutsche Luftwaffe verfolgte uns vom frühen Morgen bis zum späten Abend bis zur Stadt Wosnessensk, Gebiet Nikolajew, wo wir Halt machten. Nach ein paar Stunden wurde Wosnessensk von Deutschen besetzt. Mit wilden Rufen fuhren sie auf ihren Motorrädern, auf denen Maschinengewehre aufgesetzt worden waren, in den Hof des Hauses, dessen gütige Besitzer uns aufgenommen hatten, schossen auf die Gänse und Hühner und schlachteten zwei Schweine, um ihr Siegesfestmahl zu feiern.

Am gleichen Tag wurden alle Einwohner der Stadt zu einer Bekanntmachung versammelt. Die Juden ließ man getrennt stehen. Es wurde langsam dunkel und wir nutzten den Augenblick, um uns aus dem Staub zu machen. Mein Vater sagte: »Wenn wir sterben sollten, dann in unserem Haus.«

Nachts versteckten wir uns im Gebüsch und Maisfeld und begaben uns langsam zurück ins Dorf Golma. Eines Tags wurden wir von rumänischen Soldaten entdeckt. Ein junger Soldat zielte auf meine Mutter und meinen Vater. Mama sagte zu ihm: »Du hast auch eine Mutter, denke an sie und schau mir in die Augen.« Er ließ sein Gewehr sinken und sie zogen ab.

Unterwegs erfuhren wir von den Bauern, dass Hunderte Juden aus den benachbarten Städten Ljubaschowka, Bobrik, Gwosdawki, Posnanki ermordet worden seien. Dort wurden auch der ältere Bruder meines Vaters Schmil und seine Familie umgebracht. 50 Jahre später werde ich ins Dorf Posnaki kommen, das alte Haus meines Onkels Schmil betreten und die Einzelheiten jener tragischen Tage erfahren. Die Leichen der Frauen, Kinder und Alten wurden übereinander gelegt und dann verbrannt.

Mit Mühe und Not erreichten wir Golma. Dort lebten meine Eltern bis 1940 und pflegten sehr herzliche Beziehungen zu den einheimischen Bauern. Meine Eltern waren sehr gute Schneider und nähten Kleidung auch für die benachbarten Dörfer. Ich erinnere mich, dass der alte Andrei Susanski, der täglich zu uns zu Besuch kam, meine Mutter mit »meine Schwester« anredete.

In Golma blieben wir bis zum Herbst 1941. Ende September kamen rumänische Gendarmen (das Territorium bis zum Südlichen Bug gehörte zur rumänischen Besatzungszone), um uns zu holen. Man setzte uns auf einen Pferdewagen und brachte uns ins Ghetto nach Balta. Unserem Pferdewagen folgten Hunderte Einwohner von Golma, die uns, noch Lebende, auf unserem letzten Weg das Geleit gaben. Der Gendarmenhauptmann, ein junger Mann mit einer grauen Pelzmütze, sagte zu meinem Vater in fließendem Jiddisch: »Michai, ich habe persönlich nichts gegen Sie, aber ich kann nichts machen. Befehl ist Befehl. Zu Hause in Bukarest waren Juden meine besten Freunde.«

So landeten wir im Haus von Polissar. Es lag in der Senjanski-Straße. Wir bekamen ein winziges Zimmer, das zweieinhalb mal drei Meter groß war. Mein Vater konnte seine »Singer« Nähmaschine aus Golma mitnehmen und er nähte im Ghetto Kleidung. Die Juden durften das Ghetto nicht verlassen, aber die Bauern aus den benachbarten Dörfern kamen zu uns und verkauften Kartoffeln, Mehl, Sonnenblumenöl und andere Lebensmittel. Den größten Teil der Lebensmittel gaben meine Eltern an das Waisenkinderheim.

Im Ghetto waren viele Waisenkinder, die aus Ghettos und Arbeitslagern in Winniza fliehen konnten. Die jüdischen Familien aus benachbarten Städten und Dörfern wurden laufend dorthin verschickt. Sie wurden dort in leeren kalten Kornkammern der Kolchosen untergebracht. Die Erwachsenen starben oft ohne Essen und medizinische Versorgung. Ihren Kindern gelang es nach Balta zu fliehen. Das Waisenkinderheim im Ghetto von Balta wurde vom Judenrat, an dessen Spitze Rubinschtein, ein reicher Jude aus Bukarest stand, initiiert. Auch die Synagoge, in der mein Vater für seine großzügige Unterstützung des Waisenkinderheims in der ersten Reihe sitzen durfte, wurde vom Judenrat organisiert. Selbst unter jenen Bedingungen war die Spendenbereitschaft eine gefragte Tugend.

Die Juden durften ihre Häuser nur mit einem gelben Stern auf dem Rücken und an der Brust verlassen. Täglich trieb die Polizei junge und alte Menschen zur Schwerstarbeit. Im Sommer 1942 wurde eine Gruppe Männer zum Bau eines Flughafens nach Nikolajew verschickt. Keiner von ihnen kehrte zurück. Es ist heute schwer zu erklären, wie man damals fast drei Jahre unter diesen Bedingungen überleben konnte und wie man Lebensmittel (es waren Essensreste) beschaffte. Wir hatten keine Heizung, keine Medikamente und keine medizinische Versorgung.

An jenen Märztagen zogen die deutschen und die Wlassow-Truppen auf ihrem Rückzug durch Balta. Sie zerbombten die ganze Innenstadt und vergewaltigten Mädchen und junge Frauen im Ghetto. Im März 1944 wurden Dutzende Männer zum Bahnhof Balta getrieben, um die Waggons der abziehenden Armee zu beladen. Am letzten Abend wurden sie in ein Lagerhaus eingepfercht und erschossen, dann wurde die Tür abgeschlossen und das Lagerhaus in Brand gesteckt. Nur wenige Jugendliche konnten sich vor dieser »Aktion« retten. Als Balta von sowjetischen Truppen befreit wurde, erkannten die geflohenen Jugendliche einen der Polizisten und erhängten ihn in einem kleinen Park in der Uwarow-Straße. In der Nähe lagen auch die aus dem Lagerhaus gebrachten Leichen der ermordeten Männer. Drei Tage lang hing der Polizist im Park und auf seiner Brust baumelte ein Schild »Tod den Verrätern!«.

Vor dem Rückzug der Deutschen umstellten die SS-Sonderkommandos das Ghetto, gingen von Haus zu Haus und erschossen alle Einwohner des Ghettos. Unsere Familie verließ das kleine Häuschen, wo wir fast zweieinhalb Jahre hausten, und ging in das entfernteste Haus des Ghettos. Aber auch dort fand man uns.

Noch heute kann ich die Psyche jenes SS-Feldwebels mit dem Totenkopf auf seinem Koppelschloss nicht begreifen! Wurden seine Arme von Hitler oder Himmler geführt, als er so präzise auf die Tefillin über der Stirn eines alten Juden und in die Augen seines erschrockenen Enkels, in dessen Nähe ich stand, zielte?! Noch heute höre ich die Stimme des Kindes »Onkel, schieß nicht!« und das Röcheln des sterbenden Alten »Warum das Kind?«

Ich knallte die Tür des Zimmers zu, in dem sich jenes Schlachten abgespielt hatte, riss das Fenster auf, und wir, meine Mama, meine Schwester und ich, flohen. Wir hörten die Kugeln hinter uns pfeifen, aber wir konnten uns im Gebüsch in einem Graben verstecken. Am Abend liefen wir in das Haus von Polissar. Dort herrschte eine unangenehme Stille. Wir gingen ins Zimmer, wo wir früher hausten, aber dort lagen überall nur Leichen. Ich schaute in den großen russischen Ofen: Auch dort waren Leichen. Ich lief in den Hof: Überall lagen die Leichen der ermordeten Männer, Frauen und Kinder.

Es gab nun weder Juden, noch Deutsche. Die Henker hatten die Hinrichtungen vollzogen und waren weg. Was sollte man tun? Wohin sollte man gehen? Meine Mutter sagte: »Lasst mich, ich kann nicht mehr. Rettet euch selbst!« Ich erblickte die halb offene Tür, die in den Keller führte und überlegte, ob wir nicht dorthinein konnten.

Wir stiegen in das tiefe Verlies unter dem Haus von Jakow Polissar. Es stellte sich heraus, dass dort etwa 20 bis 30 Menschen still saßen. Ohne warme Kleidung, ohne Essen und Wasser verbrachten wir dort zwei Tage. Am frühen Morgen des 29. März 1944 wurde Balta nach schweren Kämpfen von den Truppen der Roten Armee besetzt.

Wie eine Kugel schossen wir aus dem Keller …

Dann kam mein Vater. Er verbrachte jene Tage und Nächte zusammen mit anderen Männern auf dem Dachboden jenes »erschossenen« Hauses. Die SS-Männer dachten nicht daran, auf den Dachboden zu steigen, vielleicht hatten sie Angst. Oder sie hatten genug »Arbeit« in den drei Zimmern des Hauses, wo über 50 Menschen erschossen wurden.

Am nächsten Tag nahmen wir unsere Habseligkeiten und machten uns – nach fast drei Jahren – auf den Weg zu unserem Haus in der Kotowski-Straße, wo wir vor dem Krieg gewohnt hatten.

Aber auch dort, in unserem Haus, wurden wir bis zum Kriegsende von den Deutschen nicht in Ruhe gelassen. Ein Flieger warf eine Bombe auf das Nachbarhaus, meine Schulter wurde verletzt und mein Cousin Jascha Chaiter wurde an Ort und Stelle getötet. So tragisch endete unsere Befreiung. Natürlich freuten sich jene, die überlebten. Aber es war Freude mit Tränen in den Augen und Bitterkeit im Herzen.

Den Holocaust vor 60 Jahren wie die mittelalterlichen Kreuzzüge vor 600 Jahren kann man nicht vergessen. Im deutschen Dortmund sahen wir eine private Villa, an der eine große Fahne mit dem Hackenkreuz wehte. Man spielt dort Freiheit, Demokratie und Humanismus, während Neonazis ihre Häupter erheben und jüdische Friedhöfe schänden. Trotz vorhandener Möglichkeiten würden wir nie im Leben und für kein Geld nach Deutschland auswandern.

Noch heute kann ich nicht mal meinem Sohn, einem intelligenten und weitgereisten Mann – er war auch in Deutschland – zustimmen, dass die Bundesrepublik heute ein anderes Land sei, in dem eine neue humanistische Generation von Deutschen groß geworden sei. Ich sage ihm: »Diese Deutschen wurden doch von jenen Deutschen geboren und erzogen. Von jenen, die wie Sadisten und Psychopathen eine ganze Nation in den Gaskammern umbrachten und das als Endlösung der jüdischen Frage bezeichneten. Es sind jene, die sechs Millionen Häftlinge, zu denen auch ich zählte und deren einzige Schuld nur darin bestand, dass sie als Juden geboren wurden, ermordeten.«

»Die Erinnerung ist eine Gabe. Ohne Erinnerung würden die Jahre in Minuten zerfallen und der Mensch einem Nachtfalter gleichen. Vom Vergessen träumen entweder Geistesschwache oder Verbrecher. Wir bewahren unsere Erinnerung wie ein Schwert. Wir lassen nicht zu, dass Saxofonmusik oder Rhetoriker die Stimme der Toten auslöschen; wir wollen nicht, dass unsere Kinder in dreißig Jahren noch einmal einen 22. Juni erleben müssen.« Es sind Worte von Ilja Ehrenburg. Er formulierte dies im Juni 1945 (im Artikel »Mit Eisen geprüft«). Noch heute drücken sie sehr genau die Gedanken und Gefühle des wie durch ein Wunder überlebenden Ghettohäftlings aus Balta aus.

Menasche Karp (geb. 1936)
»Ich erinnere mich, wie sie uns zur Erschießung führten«

Ich, Menasche Schmilewitsch Karp, wurde am 28. Juli 1936 in der Stadt Balta im Gebiet Odessa geboren. Mein Vater, Schmil Nawtulowitsch Karp, Jahrgang 1910, arbeitete in einer Bekleidungsfabrik. Meine Mutter, Rachil Schmilewna, Jahrgang 1913, war Hausfrau und hatte drei Kinder geboren. Mein Bruder Grigori wurde 1937 und meine Schwester Masja wurde 1941 geboren.

1941, als der Krieg begann, wohnte meine Familie in der Kotowskij-Straße 117. Vater wurde zur Armee einberufen. Von der Front ist er nicht zurückgekehrt, er ist verschollen. Mutter blieb mit drei Kindern zurück.

Während der ersten Bombardierung wurde unser Haus zerstört, alles von Wert und alle Dokumente verbrannten. Mutter flüchtete in Panik mit den Kindern. Sie lief einfach der Nase nach. Wir kamen ins Dorf Peschtschannoje. Die Leute dort sagten, dass alle Wege von den Deutschen blockiert seien. Weiterzugehen war sinnlos, so waren wir gezwungen, zurück nach Balta zu gehen. Wir hatten keine Wohnung mehr und lebten in den Kellern zerstörter Häuser und in Scheunen.

Die Deutschen besetzten die Stadt und führten ihre Regeln ein. So wurde das Ghetto von Balta eingerichtet. Polizeichef war der Rumäne Kolja Parapan. Alle hatten große Angst vor ihm, er war grausam und verschlagen. Er schonte weder Kinder noch Alte, und schoss auf Menschen, als seien es Zielscheiben.

Wir haben dauernd gehungert. Mein Bruder Grischenka starb. Man erlaubte nicht einmal, ihn anständig zu beerdigen. Meine Schwester, Mutter und ich blieben wie durch ein Wunder am Leben.

Ich erinnere mich, wie sie uns zur Erschießung führten. Sie führten uns als Kolonne, etwa 45–50 Personen. Sie führten uns unter Bewachung mit Hunden. Zur Wache gehörten auch die Polizisten Kolja Parapan und Nikolai Poljakow. Meiner Mutter fiel mit meiner Schwester auf dem Arm (sie war sechs Monate alt) das Gehen schwer und ich hielt mich an Mutters Rock fest. Wir schleppten uns langsam als Letzte der Kolonne voran.

Mutter entschied sich, mit uns zu flüchten, komme was wolle. Zum Glück gelang die Flucht. Wir versteckten uns in Gebüschen und Strohschobern. Dann gingen wir zurück. Wir wurden wieder gefangen, man brachte uns in die Tkatschika-Straße und warf uns in ein Zimmer, in dem sich schon 18 Menschen befanden – alles Juden.

Als die Deutschen abzogen, hielt in der Nacht ein Panzer an. Ins Zimmer, in dem wir uns aufhielten, kam ein Deutscher und begann zu schießen. Es gelang Mutter, meine Schwester aufzunehmen und in ein anderes Zimmer zu laufen. Ich lag auf einem Bett, versteckte den Kopf unter einem Kissen. Nur wir drei und noch zwei Kinder, Dora und Manja, zwei Schwestern, blieben am Leben. Ihr Nachname war Mironow.

Ungefähr einen Tag später befreiten unsere Truppen Balta. Eine Woche später wurde die Stadt Zeuge der Hinrichtung von Kolja Parapan. Er wurde öffentlich, vor der ganzen Stadt gehängt.

Semen Raschkowski (geb. 1933)
»Von zehn Ghettohäftlingen überlebten nur zwei«

Ich, Semen Grigorewitsch Raschkowski, war im Alter von acht Jahren zusammen mit meiner Mama Leja Raschkowska, damals 29 Jahre alt, auf der Flucht aus der Stadt Rybniza, wo ich geboren wurde und wir vor dem Krieg wohnten. Unsere Flucht führte uns schließlich in die Stadt Balta, wo auf Befehl der Deutschen ein Ghetto errichtet wurde.

3. Bezirk (Rayon) Sawran

Aufgrund dieses Befehls mussten alle Juden, die zu jenem Zeitpunkt in der Stadt waren, auf der Brust und auf dem Rücken einen gelben Davidstern tragen und durften sich nur auf vier Straßen, die für das Ghetto vorgesehen waren, aufhalten. Bei einem Aufenthalt an einem anderen Ort drohte die Erschießung. Da meine Mama und ich keine Einwohner der Stadt Balta waren, landeten wir in dem sogenannten Galanter-Hof, wo wir einige Tage unter freiem Himmel verbrachten. Später wurden wir von unseren Landsleuten aufgenommen, die uns zufällig in der Sinjawski-Straße sahen. Vielleicht hieß sie auch Sinjanski-Straße. Ich weiß jetzt den Namen nicht mehr genau. In einem kleinen Zimmer, das ungefähr 13 oder 14 Quadratmeter groß war, fanden sechs Familien, Frauen und Kinder vom Säuglingsalter bis zum Alter von 16 Jahren, Unterschlupf. Dort verbrachten wir all jene Jahre bis zu unserer Befreiung. Im Zimmer standen nur Betten, in jedem Bett schliefen vier Personen. Drei von uns erkrankten an Typhus und zwei starben. Die »Isolation« von den Kranken bestand darin, dass man die Kinder mit dem Kopf in die andere Richtung legte.

Unsere Mütter mussten verschiedene Arbeiten verrichten: Getreide aufladen, Straßen kehren, zerstörte Straßen nach Bombardierungen aufräumen, im Straßenbau arbeiten etc. Und wir Kinder sammelten alles, was man essen oder womit man heizen konnte. Wir mussten auch Wasser schleppen. Ich erinnere mich an folgenden Zwischenfall: Einmal gingen wir zu viert (11 Jahre, 10 Jahre, 10 Jahre, acht Jahre) zum Galanter-Hof, wo ein Brunnen war. Der Zugang zu ihm war mit Leichen versperrt. Wir drehten sie um, um ihre Gesichter zu sehen und zu erkennen, wer die Menschen waren, um es später ihren Verwandten zu berichten. Dann holten wir das Wasser aus dem Brunnen. Wir hatten gerade drei Eimer geholt. Plötzlich quietschte der Griff, den ich in der Hand hatte, und auf diesen Lärm hin kamen Deutsche aus dem Gebäude heraus. Wir machten uns auf den Weg und die Deutschen schossen auf uns. Zum Glück wurde keiner von uns verletzt, aber die Kugeln trafen unsere Eimer an verschiedenen Stellen, sodass wir nur einen oder eineinhalb Liter Wasser nach Hause brachten.

Manchmal machten wir »Geschäfte«, um etwas Essbares kaufen zu können. Wir waren klein und sehr mager, deshalb konnten wir unter dem Stacheldraht, mit dem das Ghetto umzäunt war, hindurchkriechen. Wir gingen in die Läden in der Uwarowskaja-Straße, kauften dort Tabak und Zigaretten und verkauften sie später bei uns im Ghetto. Es war Teamwork. Einer von uns beobachtete die Straßen, um die Polizeiwache nicht zu verpassen, denn das hätte unseren Tod bedeutet. Ein anderer ging in den Laden und noch ein anderer verkaufte die Ware.

Nicht weit vom Ghetto lag ein deutsches Militärhospital. Die Stadt selbst war von den Rumänen besetzt. Manchmal sammelten wir die Essensreste auf, die die Küche wegwarf. Das war aber lebensgefährlich.

In einem Schulgebäude war eine italienische Truppe untergebracht. Die Soldaten kontrollierten den Abtransport des Getreides nach Italien. Die Italiener waren sehr freundlich und nett zu uns. Wir krochen unter dem Stacheldraht aus dem Ghetto hinaus und der italienische Wachmann öffnete uns während des Mittagessens das Schultor.

Wir, ein ganzes Häuflein schmutziger, hungriger und in Lumpen gekleideter Kinder, stürmten durch das Schultor. Jeder italienische Soldat ließ in seiner Schüssel etwas Essen für uns übrig und gab uns seinen Löffel. Nachdem wir die letzten Reste in der Schüssel ausgeleckt hatten, spülten wir das Geschirr. Manchmal gaben sie uns Brot und Galette und retteten uns damit vor dem Hungertod.

Dreimal wurde meine Mama zur Erschießung abgeführt, aber wahrscheinlich schützte sie der liebe Gott: Mal wurde jeder Dritte erschossen, während Mama die Zweite war; mal wurden »nur« die ersten Zehn ermordet, und sie war die Elfte …

Kurz vor Befreiung wurden ca. 300 Frauen und ältere Menschen für den Bau der Straßen für die deutschen Panzer ausgesucht. Als die Arbeit beendet war, teilten ihnen die Deutschen mit, dass sie in 10 Minuten erschossen würden. Sie stellten die Maschinengewehre auf und erlaubten ihnen, sich voneinander zu verabschieden. Dann tauchte plötzlich ein Vertreter der rumänischen Kommandantur auf und forderte, dass alle Menschen spätestens in einer halben Stunde zurück im Ghetto sein müssten.

Zwei oder drei Tage vor der Befreiung gingen drei deutsche Soldaten mit einem Schäferhund von einem Haus des Ghettos zum anderen und erschossen alle Insassen. Unser Haus stand an der Ecke, es wurde aus irgendeinem Grund ausgelassen und wir blieben am Leben. Als wir befreit wurden, hatten von je zehn Ghettohäftlingen nur zwei überlebt. Manche waren an Krankheiten und Hunger gestorben, viele waren erschossen worden und wieder andere nach Berschad ins Todeslager verschickt worden.

Ich erinnere mich sehr gut an den Tag unserer Befreiung. Am Morgen waren wir alle zu Hause und Mama beobachtete durch einen Spalt in der Wand den Lärm auf der Straße. Man führte den Lärm auf eine Erschießung zurück und dachte, dass auch wir bald abgeholt würden. Plötzlich sah Mama den Uhrmacher, der bei den Partisanen war. Er war nicht im Ghetto, seine ganze Familie war umgebracht worden. In der Stadt Balta gab es eine große Partisanentruppe, zu der auch einige Ghettoeinwohner gehörten, wie wir nach der Befreiung erfuhren.

Als Mama die rennenden bewaffneten Menschen mit diesem Uhrmacher an der Spitze sah, verstand sie, dass es unsere waren. Meine mutige Mama, die »die Älteste« in unserem Haus war, wurde ohnmächtig. Danach konnte sie einige Zeit nicht sprechen. Als Rybniza befreit wurde, kehrten wir nach Hause zurück. Wir trugen die Kleidung, die wir selbst aus Säcken genäht hatten.

Mama ging arbeiten und ich in die Schule.

Michail Pustilnik (geb. 1930)
»Meine Schwestern hielten die Kälte nicht aus«

Ich, Michail Petrowitsch Pustilnik, wurde am 15. März 1930 im Ort Sawran, Gebiet Odessa geboren. Im Juni 1941 brach der Krieg aus und im Juli 1941 wurde Sawran von deutschen und rumänischen Truppen besetzt. Ende Juli 1941 wurden alle Juden auf einer Straße (heute heißt sie Tschkalow-Straße) gesammelt und man teilte uns mit, dass dort ein jüdisches Ghetto errichtet würde. Wir durften diesen Sammelplatz nicht verlassen. In der Nacht gingen wir in unsere Wohnungen, um unsere Habseligkeiten zu holen. Wir lebten zusammen mit ein paar anderen Familien in einem

Haus. Viele Juden, Parteimitglieder und Aktivisten, hatten sich evakuieren lassen. Die lokale Behörde stellte ihnen Pferdewagen zur Verfügung und so konnten sie in der Nacht fliehen. Aber wir waren arm und es gab viele solcher wie uns. Wir hatten keine Möglichkeit zu fliehen. So lebten wir in diesem Ghetto bis November 1941.

Ende November 1941 wurden wir mit Pferdewagen von Sawran nach Obodowka im Gebiet Winniza gebracht. Wir wurden in einem Kuhstall untergebracht. Man zeigte uns, wo Stroh war und so schliefen wir auf dem Boden auf einer dünnen Strohschicht. Es war sehr starker Frost.

Unsere Familie bestand aus sechs Personen: meine Eltern, drei Schwestern und ich. Meine Schwestern hielten diesen Frost nicht aus. Sie waren noch sehr klein und starben in Obodowka. Ende Januar 1942 gingen meine Eltern und ich in der Nacht zu Fuß nach Berschad, Gebiet Winniza. Dort blieben wir etwa einen Monat lang. Leider kann ich mich nicht genauer erinnern. Dort wurden jeden Tag gestorbene oder erfrorene Juden mit Schlitten weggebracht. Ich sah aber nicht, wohin man sie brachte: auf den Friedhof oder einfach in die Müllgrube.

Mein Vater begegnete einem Bekannten aus dem Dorf Pestschanaja, Bezirk Balta. Mit dem Pferdewagen transportierte er Zuckerrüben nach Berschad in die Zuckerfabrik. Er nahm uns mit und auf seinem Pferdewagen erreichten wir das Dorf Pestschanaja. Auch in Pestschanaja war ein Ghetto. Wie auch andere Juden lebten wir dort in einer Straße. Wir waren drei Familien in einem Haus. So lebten wir dort bis März 1944. Ende März befreite die Rote Armee die Stadt Sawran, und wir machten uns zu Fuß auf den Weg dorthin. Unser Haus war von Rumänen abgerissen worden, und wir wohnten bei unseren Verwandten.

Im April 1944 wurde mein Vater in die Arbeitsarmee nach Kriwoi Rog eingezogen und musste auf einer Baustelle arbeiten. 1947 kehrte mein Vater zurück und kaufte ein kleines Haus. 1950 starb mein Vater. 1951 wurde ich zum Militärdienst eingezogen. 1955 kehrte ich zurück. Ich fand eine Einstellung in einem Hausmeisterbetrieb in Sawran. Jetzt bin ich in Rente.

Siehe auch den Zeitzeugenbericht von Efim Nilwa

4. Bezirk (Rayon) Beresowka

(ukr. Beresiwka, poln. Berezówka, rumän. Berezovka)
Nachdem am 1. September 1941 der Bezirk Beresowka zu Transnistrien gekommen war, wurde die Stadt Beresowka das Zentrum des gleichnamigen Kreises (Județ). Im Kreis Beresowka wurden 10 Ghettos errichtet.

Ort: Beresowka

1939 lebten in Beresowka[24] 1424 Juden, 16 Prozent der Bevölkerung. In den Dörfern des Bezirks lebten weitere 800 Juden.

---

24 Altman, Cholokost, S. 85; International Commission on the Holocaust in Romania, S. 158 ff.

Die Stadt wurde im Sommer 1941 von der Wehrmacht besetzt. Bald wurde ein Ghetto eingerichtet. Am 14. August 1941 erschoss das Sonderkommando 10a 41 Juden. Die verbliebenen 211 Gefangenen des Ghettos wurden im Herbst 1941 ermordet.

Beresowka war der Sammelpunkt von nahezu 20 000 Juden aus Odessa, die das Massaker der rumänischen Armee vom Oktober 1941 überlebt hatten. Im Januar/Februar 1942 kamen Eisenbahnzüge mit Juden aus Odessa in Beresowka an. Am 13. Februar 1942 berichtete Oberst Velcescu, dass 31 114 Juden von Odessa mit Zügen nach Beresowka deportiert worden seien. Diese Juden seien von deutschen Vernichtungseinheiten in Zusammenarbeit mit rumänischen Gendarmen erschossen worden und die Leichen seien von den Deutschen verbrannt worden.[25]

Während des Transports waren viele in den ungeheizten Zügen erfroren. 1058 wurden in der Nähe des Bahnhofs begraben. Der Bahnhof befand sich inmitten einer Ansammlung ukrainischer und volksdeutscher Siedlungen. Die Juden wurden aus den Zügen in Richtung Bug auf die umliegenden Felder getrieben und dort von dem in jenem Gebiet stationierten, aus Deutschstämmigen gebildeten Selbstschutz erschossen. Nach Mitteilung eines Beamten des Reichsaußenministeriums vom Mai 1942 wurden in den Dörfern 28 000 Juden »liquidiert«.[26]

Nachdem im Juni 1942 das Ghetto in Odessa offiziell geschlossen worden war, wurden die letzten 400 Juden am 23. Juni 1942 nach Beresowka abtransportiert. Ein Teil von ihnen wurde in der Gegend von Mostowoje erschossen, ein anderer Teil ins Lager Domanewka gebracht.

Wladimir Mendus (geb. 1926)
»Ich wurde ohnmächtig und fiel vor dem Schuss in die Grube«

Ich, Wladimir Grigorjewitsch Mendus, lebte zusammen mit meinen Eltern und Schwestern im Dorf Andre-Iwanowka, Bezirk Nikolajew, Gebiet Odessa. Mein Vater war Bäcker, und als der Krieg ausbrach, wurde er nicht eingezogen, sondern sollte Brot für die Armee backen. Wir blieben noch so lange da, bis die Anordnung erlassen wurde, sich evakuieren zu lassen.

In der Bäckerei, in der mein Vater arbeitete, gab es ein Pferd. Er spannte es ein, belud den Pferdewagen mit unseren Habseligkeiten und wir, meine Eltern, meine zwei Schwestern und ich, machten uns auf den Weg. In einem Tag erreichten wir den Bahnhof Beresowka. Dort lebten die Verwandten meiner Mutter. Wir wollten bei ihnen übernachten.

Am nächsten Morgen, als wir aufwachten, waren die Deutschen schon in Beresowka, sodass wir nicht mehr weiterfahren konnten. Mein Vater sagte, dass wir zurückkehren würden. Als wir zurückkamen, war unser Haus geplündert. Nach unserer Ankunft stellten wir fest, dass der einheimische Deutsche Hirsch von den Besatzern als Ortsvorsteher eingesetzt wurde. Er war unser

---

25 International Commission on the Holocaust in Romania, S. 155.
26 Hilberg, Die Vernichtung der europäischen Juden, S. 392.

Nachbar und mein Vater verstand sich gut mit ihm. Er verschaffte meinem Vater eine Stelle als Tischler und mein Vater hatte diese Stelle drei Monate lang inne. An einem Tag kam Hirsch zu meinem Vater und sagte, dass er uns nicht mehr in Schutz nehmen könnte, weil der Befehl ausgegeben wurde, alle Juden ins Konzentrationslager zu schicken.

Im Dorf Andre-Iwanowka gab es 220 jüdische Familien. Wir alle wurden in den Hof des Amtsgerichts eingepfercht und dort drei Tage lang festgehalten. Am vierten Tag kamen Pferdewagen und alle, die nicht mehr gehen konnten, vor allem die älteren Menschen, wurden auf die Wagen aufgeladen. Man trieb uns alle in einer Kolonne, bewacht von rumänischen Soldaten, in die Stadt Ananjew, Gebiet Odessa. Man ließ uns unterwegs in Schafsgattern übernachten. In Ananjew wurden wir an Polizisten übergeben.

Danach trieb man uns in einer Kolonne in die Dörfer Bobrik 1 und Bobrik 2. Wer nicht gehen konnte, wurde erschossen. Unterwegs übernachteten wir in Kuhställen. Es kam vor, dass die Polizisten in der Nacht die Türen der Ställe aufließen, die Männer aussortierten, sie in einer Reihe aufstellten, verprügelten und sie vor den Augen der Ehefrauen und Kinder erschossen. Dann trieb man uns weiter, zwang uns zu längeren Märschen, und wer nicht mitkam, wurde ermordet. Man ließ uns an den Orten Pausen machen, an denen es nur gefrorenes Wasser gab. Es war ja im Dezember 1942. Zu essen bekamen wir nichts. Als man uns durch die Steppe trieb, rissen die Menschen aus der Erde Reste von Kohl und Rüben. Das war unsere Nahrung.

Wenn man uns Verschnaufpausen gönnte, kamen zu uns Einheimische aus den benachbarten Dörfern. Dann konnten jene, die wertvolle Sachen dabeihatten, diese gegen Brot oder Kartoffeln tauschen. Manche Männer aus den Dörfern kamen mit langen Heugabeln. Sie kamen nahe an die entkräfteten Menschen heran, fassten sie mit diesen Heugabeln an den Beinen und zogen sie aus der Kolonne heraus. Sie nahmen ihnen ihre Kleidung und Schuhe ab. Man trieb uns weiter wie Vieh. Die zurückblieben wurden erschossen. Dies alles überwachten Polizisten, die unsere Kolonne ins Ghetto im Dorf Bogdanowka, Bezirk Domanewka, Gebiet Nikolajew trieben. Als wir unseren Stopp in der Nähe von Domanewka machten, zog meine Mutter ihr Wollkopftuch aus und tauschte es gegen fünf gekochte Kartoffeln.

Ich sagte meinen Eltern, dass ich versuchen würde zu fliehen. Meine Mutter weinte und sagte, dass sie mich töten könnten. Ich antwortete ihr, dass man mich auch so töten würde. Mein Vater sagte: »Flieh, mein Sohn! Vielleicht hilft Gott, und du bleibst am Leben.« Ich schaute mich um und merkte, dass die Polizisten nicht in meine Richtung schauten. Leise trat ich aus der Kolonne heraus und rannte in Richtung eines Hügels. Erst dann erblickten mich die Polizisten und schossen in meine Richtung. Aber ich war schon weit weg, und sie hörten auf, auf mich zu schießen und mich zu verfolgen.

Ich hatte einen Baumwollanzug an und trug Stiefel, die mir viel zu klein waren, ohne Socken. Unterwegs beggnete ich einem alten Mann und fragte ihn, wie weit es bis zum Dorf Andre-Iwanowka sei. Er antwortete: »18 Kilometer« und zeigte mir die Richtung. Aber ich hatte Angst, die Straße zu benutzen, weil man Polizisten begegnen konnte. Außerdem denunzierten auch die Einheimischen die Juden.

Das Dorf Andre-Iwanowka erreichte ich in der Nacht über den Fluss und durch das Schilf. Ich ging zu einer Bekannten meiner Eltern, zu Frau Tschernucha. Ich klopfte ans Fenster. Sie erkannte mich und öffnete mir die Tür mit den Worten: »Komm schnell herein, damit die Nachbarn dich nicht bemerken.« Ich kam rein und sagte, dass ich nicht ins Wohnzimmer eintreten möchte, weil ich ganz verlaust war. Sie zog mich aus, schnitt mir die Haare, machte Wasser heiß und badete mich. Ich blieb bei ihr vier Tage. Dann sagte sie, sie könne mich nicht länger bei sich behalten, weil sie von Nachbarn besucht würde, die mich denunzieren könnten. Ich machte mich auf den Weg ins Dorf Suchaja Greblja, fünf Kilometer vom Dorf Andre-Iwanowka entfernt.

Dort arbeitete mein Vater von 1929–1933 als Vorsitzender einer Kolchose. In diesem Dorf lebten gute Bekannte meines Vaters, Familie Kruser. Herr Kruser war an der Front und seine Frau und zwei Töchter blieben alleine. Maria nahm mich auf. Ich lebte in ihrem Haus drei Wochen. An einem Tag kam sie nach Hause und sagte, dass Polizisten aus dem Dorf Andre-Iwanowka kommen würden. Die Brüder Rjabtchinskije waren Polizisten und kannten meine Eltern und mich sehr gut. Maria packte mir etwas Essen ein und sagte, dass hinter dem Garten ein Heuhaufen sei, in dem ich mich verstecken könnte. »Wenn sie dich nicht finden und weg sind, dann komm zurück!« Ich hörte, wie sie kamen, wie sie Maria mit Erschießung drohten, wenn sie meinen Aufenthaltsort nicht verrate. Zum Schluss sagten sie: »Wir werden jeden Tag kommen und den Juden schnappen.« Nach dem Gehörten entschied ich mich, nicht mehr zu Maria zurückzukehren. Es war zu gefährlich. Am frühen Morgen verließ ich mein Versteck und ging ins Dorf Sherebkowo, zwei Kilometer von Andre-Iwanowka entfernt.

Dort lebte Maria Karausch, die früher zusammen mit meinem Vater in der Bäckerei arbeitete und mich gut kannte. Sie sagte mir aber, dass sie mich nicht aufnehmen könnte, weil ihr Mann Polizist sei. Sie gab mir einen Brief und schickte mich zu ihrem Bruder, damit er mich in seiner Familie aufnähme. Ich weiß nicht mehr, wie das Dorf hieß. Unterwegs bat ich hauptsächlich ältere Menschen, mich in ihren Häusern übernachten zu lassen. Sie hatten mehr Mitleid. Auf die Frage: »Wohin gehst du?« antwortete ich, dass meine Mutter einen Rumänen geheiratet und mich zum Onkel geschickt habe. Als ich zum Bruder von Maria Karausch kam, gab ich ihm den Brief. Nachdem er ihn gelesen hatte, sagte er, dass er mich nicht aufnehmen könne, weil er selbst vier Kinder habe. Aber er sagte: »Bleib zwei Wochen bei mir wohnen.«

Ich blieb bei ihm zwei Wochen und ging auf dem gleichen Weg zurück. Unterwegs übernachtete ich bei den gleichen Menschen, wie zuvor. Wenn sie fragten, warum ich zurückkehre, antwortete ich, dass der Onkel an der Front gefallen sei und die Tante mich nicht aufnehmen wolle.

Beim nächsten Dorf kam mir eine Kolonne Juden entgegen, die zur Erschießung geführt wurden. Als ich sie erblickte, versuchte ich in eine andere Richtung abzubiegen. Aber ein Polizist auf dem Pferd holte mich ein und sagte: »Du, Shid, geh in die Kolonne!«. Ich sagte, dass ich kein Shid sei. Er schrie: »In die Kolonne!« und zielte mit seinem Gewehr auf mich. Wir wurden in Reihen am Rand einer Grube aufgestellt. Es waren Frauen und Kinder. Die Mütter baten: »Tötet mich zuerst und dann meine Kinder.« Aber sie töteten zuerst die Kinder und dann die Mütter. Es waren ungefähr 40 Personen mit Kindern. Ich stand zur Erschießung in der ersten Reihe. Die Erschießung begann. Wahrscheinlich wurde ich bewusstlos und fiel vor dem Schuss in die Grube. Ich hörte und spürte, wie die Körper auf mich fielen, dann vernahm ich einzelne Schüsse. Man schoss auf jene, die sich noch bewegten.

Einige Zeit verstrich und ich kam wahrscheinlich endgültig wieder zu mir. Ich versuchte, mich aus der Masse der Menschenkörper zu befreien. Als ich aus der Grube herauskroch, vernahm ich Gesprächsfetzen. Jemand sagte, dass ein Bagger kommen solle. Die Antwort verstand ich nicht. Ich begann an der Grube entlang zu rennen, dann erreichte ich eine Waldlichtung. Ich lief dorthin und dann weiter, ohne zu wissen wohin. Ich hielt an, um mich auszuruhen. Während der Pause versuchte ich mich an den Weg zu erinnern, auf dem ich von den Polizisten in die Kolonne gezwungen wurde. In der Nacht erreichte ich jene Stelle und ging von dort zurück ins Dorf Sherebkowo zu Maria Karausch. Aber ich ging nicht auf der Straße, sondern durch das Feld. Ich ging hauptsächlich in der Nacht, weil ich Angst hatte, den Polizisten zu begegnen. Ich kam zu Maria. Sie brachte mich ins Dorf Alexejewka zu einem einheimischen Deutschen namens Briger.

Grigori Briger und seine Frau Maria nahmen mich bei sich auf. Der Deutsche war Schmied und ich wurde sein Helfer. In Alexejewka blieb ich bei ihm nur einen Monat lang, weil seine Familie ein Haus im Dorf Grigorjewka, Bezirk Mostowski, Gebiet Odessa kaufte. Dort baute Grigori eine Schmiede und ich wurde wieder sein Helfer. Ich arbeitete auch im Feld und im Hof. Er hatte drei Söhne: Grigori, Michail und Iwan. Michail war gefallen, Grigori war an der Front und kehrte als Kriegsinvalide zurück. Iwan lebte bei den Eltern, weil er 1928 geboren und nicht eingezogen wurde.

Neben dem Haus der Familie Briger lebte auch die Schwester von Hirsch, der Kommandant im Dorf Andre-Iwanowka war. Sie kannte mich. Einmal kam zu ihr ein Fotograf aus Andre-Iwanowka und sah mich auf dem Hof. Er meldete dem Kommandanten des Dorfes Lichtinfeld, dass Herr Briger aus dem Dorf Grigorjewka einen Juden aufgenommen hätte. Der Kommandant bestellte meine Wohltäter zu sich und sagte: »Mir wurde gemeldet, dass ihr einen Juden aufgenommen habt.« Briger antwortete, ich sei der Sohn seines Bruders, der in der Stadt Wosnessensk, Gebiet Nikolajew wohne. Diese Gegend am Bug wurde von Rumänen besetzt, wogegen in anderen Ortschaften die Deutschen tobten. Grigori Briger versprach dem Kommandanten, dass er mich nach Hause schicken würde. Grigori und Maria kamen nach Hause zurück und sagten, dass ich nicht mehr bei ihnen bleiben könne. Briger gab mir einen Brief mit und schickte mich zu Iwan Iwanowitsch Sheljasko, der zusammen mit seiner Frau Marfa und zwei Töchtern – Warja und Lisa – im Dorf Beresowka, Gebiet Odessa wohnte.

Ich gab ihm den Brief. Er las ihn und sagte, ich solle bei ihm bleiben. Sie waren Bulgaren. Vor dem Krieg arbeitete Iwan Iwanowitsch bei der Eisenbahn in Beresowka. Er wurde nicht eingezogen, weil er bulgarischer Staatsangehöriger war. Während der Besatzung hatte Sheljasko einen 10 Hektar großen Acker, und ich half bei den Feldarbeiten.

Später wurde die Anordnung erlassen, die Jugendlichen nach Deutschland zu verschicken. Ich hatte keine Geburtsurkunde. Die Polizisten gingen von Haus zu Haus und kontrollierten die Geburtsurkunde jedes Kindes. Ich musste mich einer medizinischen Untersuchung unterziehen, damit sie mein Alter bestimmten. Dann wurde mir eine Geburtsurkunde ausgestellt, in der stand, ich sei am 15. September 1928 geboren. In Wirklichkeit wurde ich am 8. Februar 1926 geboren. Ich wurde nicht nach Deutschland deportiert und konnte bei der Familie Sheljasko bleiben. Die Deutschen trieben mich oft zu Arbeitseinsätzen. Sie bauten eine Eisenbahnstrecke zum deutschen Militärflughafen im Dorf Rauchowka, drei Kilometer von Beresowka entfernt. Bei Sheljasko war ich von Dezember 1942 bis März 1944. Im März 1944 wurden wir von unseren Truppen befreit, und ich kehrte nach Andre-Iwanowka zurück. Dort traf ich meine Schwester Sina. Sie konnte auch aus dem Ghetto fliehen. Für einen Wollpullover kaufte sie einen fremden Ausweis und lebte nicht weit von meinem Bezirk. Sie arbeitete in einer Kolchose. Unsere ältere Schwester Sonja war an der Front und schickte einen Brief an unsere Nachbarn. Diese brachten ihn uns. Wir schrieben ihr, dass wir am Leben sind. Von meiner jüngsten Schwester Betja, die damals zusammen mit mir und Sina ins Ghetto vertrieben wurde, erzählte mir mein Freund Jascha Leiserowitsch, der auch fliehen konnte. Nachdem ich geflohen war, kamen zum Lager ein Mann und eine Frau mit einem Pferdewagen. Sie baten meine Eltern, ihnen meine Schwester Betja zu geben. Meine Eltern taten es nach einer kurzen Überlegung. Wir wissen nicht, wohin das Paar unsere Schwester brachte. Nach dem Krieg suchten wir nach ihr, veröffentlichten unsere Suchanfragen in der Presse, aber konnten nichts herausfinden. Sonja starb 1975 und Sina 1998.

Nach meiner Rückkehr nach Andre-Iwanowka arbeitete ich zuerst in der Kolchose. Im Mai 1945 wurde meine ältere Schwester aus der Armee demobilisiert und kam nach Odessa. Sie schrieb mir einen Brief und schlug vor, nach Odessa zu kommen und dort eine Seemannsschule zu besuchen. Ich tat es, beendete meine Seemannsausbildung und war oft im Ausland. Nach einiger Zeit wurden ich und andere junge Seeleute zum Leiter des Hafens bestellt und dieser teilte uns mit, dass wir aufgefordert würden, unseren Militärdienst zu leisten. Das Ministerium für Schwerindustrie habe sich an das Ministerium für Seefahrt gewandt mit der Bitte, Jungen mit abgeschlossener Ausbildung für den Aufbau der Metallindustrie zu schicken.

Als Lokomotivführer wurde ich nach Saporoshje geschickt. Ich bekam eine Schulung und wurde zum Kranfahrer ausgebildet. Ab 9. Oktober 1948 arbeitete ich dort als Kranfahrer, Meister und Abteilungsmeister. Ich wurde als Instruktor für Kranfahrer im Eisenbahnwerk »Saporoshski« pensioniert. 45 Jahre war ich in diesem Betrieb tätig. Ich wurde mit den Orden »Für den Aufbau der Schwerindustrie« und »Arbeitsveteran« ausgezeichnet. Zurzeit bin ich in Rente.

5. Bezirk (Rayon) Kodyma

(rumän. Codâma)

Ort: Kodyma

1939 lebten in Kodyma[27] 1671 Juden, 16,5 Prozent der Bevölkerung. Am 22. Juli 1941 wurde Kodyma von deutschen Truppen besetzt. Nur einige Juden waren zur Armee eingezogen

---

27 Altman, Cholokost, S. 431; The Yad Vashem Encyclopedia, S. 327 f.

worden oder hatten fliehen können. Zu der Zeit lebten zahlreiche Flüchtlinge aus Bessarabien in der Stadt. Die Bewegungsfreiheit der Juden wurde eingeschränkt, eine nächtliche Ausgangssperre verhängt und verboten, auf dem Markt einzukaufen.

Anfang August wurde den Flüchtlingen befohlen, sich mit ihrem Eigentum zur Registrierung zu melden unter der Vortäuschung, dass sie zur Arbeit verschickt würden. Stattdessen wurden die Juden, die der Aufforderung gefolgt waren, aus der Stadt herausgeführt und ermordet.

Am 1. August 1941 meldete eine ukrainische Bäuerin einem Hauptmann Krämer der geheimen Feldpolizei, sie habe am Abend zuvor eine Besprechung der ortsansässigen Juden und Bolschewiken mit 50 Teilnehmern belauscht. Es sei beschlossen worden, die deutsche Aufforderung zur Wiederaufnahme der Arbeit auf den Feldern zu sabotieren, die deutschen militärischen Dienststellen in Kodyma auszuspionieren und nach dem Zuzug gleichgesinnter Personen aus anderen Ortschaften die Dienststellen und Truppenteile zu überfallen. Das XXX. Armeekorps hat daraufhin sofort das im etwa 20 Kilometer entfernten Pestschanka befindliche Sonderkommando 10a verständigt und gebeten, sofort eine Abteilung nach Kodyma in Marsch zu setzen, um noch am gleichen Nachmittag durch eine umfassende »Aktion« im Judenviertel die Vorhaben der Juden und Bolschewiken zu verhindern. Ein Teilkommando des Sonderkommandos 10a durchkämmte mit Unterstützung der Wehrmacht, die 300 Wehrmachtsangehörige zur Verfügung gestellt hatte, den Stadtkern, um alle männlichen Personen über 15 Jahre festzunehmen. Es wurden zunächst 600 Personen erfasst, fast ausschließlich Juden, von denen 200 wegen zu hohen oder zu geringen Alters für eine Überprüfung ausschieden. Bei 98 habe es sich nachweislich um aktive Angehörige der Kommunistischen Partei gehandelt. Diese 98 wurden außerhalb des Ortes erschossen. Die Wehrmacht stellte ein Exekutionskommando in Stärke von 24 Mann, während das Exekutionskommando der Sicherheitspolizei aus 12 Mann bestand. 170 der restlichen Festgenommenen wurden als Geiseln zurückbehalten und dem Gefangenenlager der Wehrmacht überstellt. Am Morgen des 2. August 1941 wurden 120 bis 130 Greise und Kinder entlassen, während 40 als Geiseln festgehalten wurden. Das XXX. Armeekorps hatte seine »Abschreckungsmaßnahme« vollzogen, die Bevölkerung von Kodyma durfte nach Anordnung des Stadtkommandanten ihre Behausungen von 20.30 Uhr bis 4.00 Uhr nicht mehr verlassen. Wer dagegen verstoße, so hieß es, werde erschossen.[28]

Am 12. August 1941 erschossen die Deutschen 120 junge Juden in einer Schlucht außerhalb der Stadt. Am 1. September 1941 wurde Kodyma Teil Transnistriens. Sofort wurden die Juden in einem überfüllten Ghetto, bestehend aus zwei Straßen, zusammengepfercht. Sie durften das Ghetto nicht verlassen, konnten aber Gegenstände gegen Nahrung eintauschen. Am 1. Oktober 1941 wurde den Juden befohlen, sich auf dem Marktplatz zu versammeln.

---

28 Krausnick, Hitlers Einsatzgruppen, S. 174, 209–212; Angrick, Besatzungspolitik und Massenmord, S. 219 f.

Beim Versuch, sie in die von den Deutschen besetzte Zone abzuschieben, mussten sie von einem Dorf zum anderen marschieren. Viele Juden kamen bei diesen Märschen ums Leben. Als es nicht gelang, die Juden abzuschieben, erlaubten die Rumänen ihnen, nach Kodyma zurückzukehren. Etwa 300 Juden kehrten in die Stadt zurück. Im Dezember 1941 lebten in Kodyma laut Angaben der rumänischen Gendarmerie noch 150 Juden.

Am 12. Januar 1942 wurden die Juden in einer Herberge konzentriert, angeblich, um sie in ein Arbeitslager zu überführen. Sie wurden jedoch an den Rand der Stadt geführt und durch Mitglieder der rumänischen Polizei erschossen. Die Juden, denen es im Schutz der Nacht gelang, dem Massenmord zu entfliehen, versteckten sich in der Stadt. Einige wurden festgenommen und ermordet.

Im Sommer 1943 schickten die Rumänen mehrere Hundert Juden aus Rumänien nach Kodyma in das dort errichtete Arbeitslager.

Einige Dutzend Juden waren noch in Kodyma, als die Stadt am 23. März 1944 befreit wurde. Nach offiziellen Angaben wurden in Kodyma insgesamt 1107 Juden ermordet.

I. Gaissinskaja
»Der Polizist, der die Juden rettete«

An kalten Januartagen erinnere ich mich immer an die tragischen Ereignisse 1942 in Kodyma, Gebiet Odessa, von denen mir Mama erzählte. In jenem Januar fand in der Schlucht Kodyma die zweite Erschießung von Juden statt.

Nach der ersten Erschießung im August 1941 konnten einige aus Kodyma fliehen. Es waren hauptsächlich jüdische Handwerker, ältere Menschen, Frauen mit Kindern und Kinder, die ihre Eltern verloren hatten.

Die einheimischen Polizisten und Rumänen sammelten am 12. Januar 1942 insgesamt 200 Menschen, trieben sie in ein altes Hotel, nahmen ihnen dort alle Wertsachen, Geld und andere Habseligkeiten weg und führten sie dann zur Erschießung. Zuerst wurden die Menschen einzeln erschossen und dann begann eine chaotische Schießerei. Die Menschen fielen in den Graben tot, verletzt und manchmal sogar unversehrt.

Die Wintertage waren kurz und es wurde schnell dunkel. Außerdem tranken die Polizisten sich Mut an und beeilten sich, alles möglichst schnell zu Ende zu bringen. Den Graben schütteten sie nicht zu, stritten miteinander und zogen schließlich ab.

Bei jener Erschießung waren auch meine Eltern unter den Unglücklichen. Mein Vater und meine Mutter wurden verwundet und konnten unter den Leichen dem Tod entkommen. Außer ihnen blieben noch zehn weitere Menschen am Leben. Alle, die wie durch ein Wunder am Leben blieben, versuchten aus dem Graben herauszukriechen. Die Nacht war dunkel, es war sehr kalt, die Temperaturen erreichten in jenem Winter mehr als minus 30°. Aber jeder versuchte aus letzter Kraft, möglichst weit wegzukriechen und sich von dem furchtbaren Ort zu entfernen. Neben meiner Mutter war eine verwundete Frau, die im Graben ihr getötetes Kind zurückließ. Zu zweit gingen sie von Kodyma ins benachbarte Dorf Lysogorka. Kurz vor dem Dorf verblutete die Frau und starb in den Armen meiner Mutter.

In einem Haus am Dorfrand brannte ein Licht und Mama klopfte an die Tür. Es war warm im Haus und duftete nach frisch gebackenem Brot. Mama bat, sie übernachten zu lassen und versprach, bei Sonnenaufgang weg zu sein. Die Frau antwortete nichts und ging zu ihrem Mann. Dieser kehrte kurz darauf mit einem Polizisten zurück.

Der Polizist ging mit Mama durch das ganze Dorf, blieb plötzlich stehen und sagte: »Gott würde mich strafen, wenn ich dich in die Kommandantur brächte. Du bist heute die vierte, die ich vor dem Tod rette.« Und er brachte meine Mutter in ein kleines Häuschen, in dem eine alte, arme Frau mit einem großen Herzen wohnte. Sie nahm Mama auf, womit sie ihr eigenes Leben in Gefahr brachte. In jener Zeit tobten durch alle Dörfer des Bezirks Kodyma Polizisten, um für jeden denunzierten Juden eine deutsche Mark zu ergattern. In jenem Dorf blieb meine Mutter sechs Tage. Tagsüber versteckte sie sich in einer verlassenen Scheune, und in der Nacht ging sie in das kalte Haus. Die Söhne des Polizisten, damals noch kleine Jungen, Petja und Wasja, brachten ihr zu essen.

Nach einiger Zeit traf Mama auf meinen Vater im Dorf Pisarewka, wo sie beide geboren worden waren. Dort gab es auch gütige Menschen, die sie aufnahmen und ihnen dann halfen, in das Ghetto von Balta zu kommen.

Meine Eltern konnten überleben, sie wurden befreit und kehrten im April 1944 nach Kodyma zurück. Etwas später, im Sommer 1944 fand in Kodyma ein Gerichtsprozess gegen den Polizisten aus dem Dorf Lysogorka statt. Als meine Mutter davon erfuhr, ging sie in den Gerichtssaal, obwohl sie nicht bestellt worden war. Sie kannte weder den Namen noch den Nachnamen ihres Retters. In jener dunklen Nacht konnte sie auch sein Gesicht nicht sehen. Aber für ihr ganzes Leben blieb seine Stimme in ihrem Gedächtnis: »Gott würde mich strafen, wenn ich dich in die Kommandantur brächte.« Auch der Polizist kannte keine der vier in jener kalten Nacht geretteten Frauen.

Meine Mutter verteidigte jenen Mann. Sein Name ist Konstantin Zwigun. Zwischen meinen Eltern und seiner Familie entstand eine freundschaftliche Verbindung. Jetzt leben weder meine Eltern noch Konstantin, nicht mal mehr sein Sohn Petja.

Diese Geschichte erzählte mir meine Mutter sehr oft mit Tränen in den Augen.

Arkadi Schuchat
»Der ewige Ruf«

Kurz vor Ausbruch des Krieges zog unsere Familie aus dem Städtchen Kodyma, Gebiet Odessa, ins Dorf Grabowo, wo ungefähr dreißig jüdische Familien lebten. Man war hauptsächlich in der Landwirtschaft beschäftigt. Dort war auch ein großes Kalkwerk, sodass alle genug zu tun hatten. Diese Gegend ist wirklich sehr fruchtbar und schön. Viele Menschen aus den benachbarten Städten und Regionen kamen dorthin zur Erholung und Kur.

Der Krieg brach aus und stellte alles auf den Kopf. Dann begann die Evakuierung, die praktisch zu einer panischen Flucht wurde. Auch unsere Familie – meine Mama Brana, mein jüngerer Bruder

Chuna und ich – versuchte sich evakuieren zu lassen. Mein Vater wurde Anfang Juli eingezogen. Zusammen mit anderen Familien machten wir uns auf einem Pferdewagen nach Kirowograd auf den Weg. Bald trafen wir auf unsere Landsleute, die zurückkehrten, weil sie dort auf die Deutschen gestoßen waren. Auch wir mussten nach Kodyma zurückkehren. Dort tobten schon Deutsche, Rumänen und die einheimischen Polizisten. Die Deutschlehrerin Elsa verriet den Faschisten die Namen und Adressen der Juden.

Wir versteckten uns im Keller unserer Verwandten. Ende August rissen die Deutschen und Polizisten unsere Haustür auf und trieben uns auf die Straße und dann in die Schlucht Kodyma, die zu einem Massengrab für viele meiner Landsleute wurde. Wir wussten, dass die erste Gruppe der Unglücklichen dort bereits erschossen worden war. Als wir in der Kolonne dorthin getrieben wurden, nahm Ester Mednik, die neben uns ging, meine Mama an die Hand und schubste uns alle in ein offenstehendes Tor. Im Arm trug Ester ihre behinderte Tochter Fenja. Als es ganz dunkel wurde, führte sie uns zu ihren polnischen Bekannten in der Nähe der Kirche. Aber man nahm uns dort nicht auf, wir verabschiedeten uns von Ester und entschieden uns, ins Dorf Grabowo zu gehen. Dort kannten uns alle, und wir wollten die Not in unserem Heimatdorf aussitzen.

Das Haus, in dem wir wohnten, war leer. Alles war geplündert. Tagsüber brachte uns Mama in den Wald und ins Feld, und abends kehrten wir ins Haus zurück. Niemand aus unserem Dorf konnte sich evakuieren lassen und alle versteckten sich vor Deutschen, Rumänen und Polizisten so gut sie nur konnten. Sehr schnell war diese trügerische Ruhe vorbei. Im Dorf erschien der Dorfälteste mit Polizisten. Die größte und meist geachtete Familie im Dorf war Sowranski. Sehr viel Respekt genossen auch die Familien Schmila Kogan, Resnik, Mil, Duwidson und andere. Das erste Opfer wurde Kotljar, der Direktor des Kalkwerks in Grabowo. Er wurde an einen Pferdewagen festgebunden und so entlang des Flusses gezogen.

Ein paar Tage später wurden wir alle ins Haus von Iosif Sowranski getrieben. Die Deutschen, Rumänen und einheimische Polizisten verlangten von uns Wertsachen. Als ein Polizist das Kopftuch meiner Mutter abnehmen wollte, biss ich ihn an den Arm. Man fasste mich an Armen und Beinen, warf mich in den Hof und trat mich mit Stiefeln. Dann lud man uns auf Pferdewagen und brachte uns, halb nackte und völlig erschöpfte Menschen, nach Kodyma. Dort wurden wir im Gebäude des ehemaligen Hotels in der Nähe des Bahnhofs untergebracht. Bis zu jenem Zeitpunkt waren bereits ein Drittel der jüdischen Einwohner von Kodyma erschossen. Man ließ uns ein paar Tage ohne Essen und Wasser. Jemand versuchte in der Nacht das Fenster zu öffnen, um zu fliehen. Er wurde sofort erschossen. Dieser Fluchtversuch kostete auch zehn Geiseln das Leben. Besonders tobte Schtscherbina. Er war früher Kommissar in der Bezirksstaatsanwaltschaft. Mama versuchte ihr einziges Kopftuch gegen Brot zu tauschen. Schtscherbina schlug sie auf die Hände, riss ihr das Brot weg, holte die weglaufende Bäuerin und verprügelte sie. Mama stieß er zu Boden und trat sie mit den Stiefeln auf den Kopf. (Später wurde Schtscherbina zusammen mit zwei anderen Verrätern laut Beschluss des Kriegstribunals der 3. Ukrainischen Front am Bahnhofsplatz erhängt. Leider war es der einzige Gerichtsprozess, der den Verrätern in unserer Region gemacht wurde. (Anmerkung von Petr Efimow)

Am nächsten Morgen kamen deutsche Offiziere. Sie schauten sich uns voller Ekel an, lobten die Polizisten für ihren Dienst und befahlen, uns alle in die Richtung der Stadt Kotowsk zu führen. Man trieb uns in einer Kolonne, bewacht von Polizisten und Rumänen. Wer zurückblieb, wurde auf einen Pferdewagen gesetzt. Wie uns später bekannt wurde, fuhr und trieb man uns direkt zur Erschießung. Mama trug meinen Bruder auf ihrem Rücken, indem sie ihn mit einem Kopftuch festband. Mich hielt sie so fest an der Hand, dass ich vor Schmerz weinte. Genauso trug auch Ester Mednik ihre kranke Tochter und ging wieder neben uns.

Am Bahnhof Abomelnikowo war der erste Stopp. Wir wurden in einem ehemaligen Schweinestall untergebracht. Vor Erschöpfung fielen die Menschen direkt in diesen Dreck. In der Nacht rannten deutsche und rumänische Soldaten in den Stall, beleuchteten alle mit Taschenlampen, suchten sich junge Frauen aus und führten sie ab. Später erfuhren wir, dass sie vergewaltigt und erschossen wurden.

Der nächste Stopp war am Bahnhof Slobodka. Unterwegs versuchten manche Bauern, den Kindern in der Kolonne Brot oder Kartoffeln zu geben, aber die Wachmänner vertrieben sie mit Peitschen. Manche unserer Frauen versuchten bei Gelegenheit ihre Kinder am Straßenrand liegenzulassen, weil sie hofften, dass diese gefunden und gerettet würden. Wir wurden in einen Kuhstall getrieben. Dort war es trocken und es gab genug Stroh. In der Nacht wiederholte sich die gleiche Geschichte wie in der vergangenen Nacht: Junge Frauen wurden abgeführt und kamen nie wieder zurück.

Der letzte Abschnitt bis Kotowsk war der schwierigste. Die erschöpften Menschen konnten sich kaum noch bewegen. Um unterwegs nicht zurückzubleiben, ließ Mama unsere Lumpen, darunter einige warme Kleider, im Kuhstall, was sie später sehr bereute. Mama band sich meinen Bruder mit einem langen Handtuch auf den Rücken, stellte seine Füße mir auf die Schultern und befahl mir, sie mit der Hand zu halten. So bewegten wir uns. Um mich abzulenken sagte Mama, ich solle auf die Seiten schauen und vielleicht meinen Vater entdecken.

Bei dem nächsten Stopp belauschten die bessarabischen Flüchtlinge, es gab viele unter uns, das Gespräch der Rumänen und erfuhren, dass man uns weiter mit Pferdewagen transportieren würde. Dies bedeutete eindeutig den Tod. Man entschied sich zu fliehen. Es ist fürchterlich sich zu erinnern, wie wir flohen, auf den Boden fielen, wieder aufstanden und wieder flohen. Wohin? In die Ungewissheit! Am Morgen erreichten wir ein kleines Dorf und klopften an die Tür des ersten Hauses. Die Bäuerin ließ uns in die Diele, wo ein frisch geborenes Kalb lag, gab uns Brot und warme Kartoffeln und bat uns, möglichst schnell weiterzugehen, weil die Rumänen alle Häuser kontrollieren würden. Wir gingen wieder in den Wald. Dort ernährten wir uns von Beeren, Pilzen, Pflanzen und sammelten Reste von Mais, Sonnenblumen und Zuckerrüben im Feld.

Dort stieß zu uns wieder Ester mit ihrer Tochter. Wenn ich mich jetzt an die Vergangenheit erinnere und sie analysiere, wundere ich mich immer wieder, wie unsere Mütter Kräfte fanden, uns weiter zu schleppen, etwas Essbares zu beschaffen, die Angst zu überwinden und tapfer zu bleiben. Natürlich war es die Verzweiflung und der Wunsch, die Kinder zu retten. Woher hatten diese zierlichen und völlig erschöpften Frauen so viel Kraft?

Einmal wurden wir am Waldrand von rumänischen Gendarmen umstellt, die »puschkat« riefen, d. h. »Erschießung«. Sie brachten uns nach Balta in die Gendarmerie und wollten uns Kinder von den Müttern trennen. Die Mütter weigerten sich und wollten bei ihren Kindern bleiben. Die Gendarmen fassten Mama und schlugen sie mit dem Pistolenknauf auf den Kopf, bis sie ohnmächtig wurde. Man begoss sie mit kaltem Wasser und schlug sie weiter mit der Peitsche. Dann taten sie es mit Ester. Nachdem wir alle zusammengeschlagen worden waren, brachte man uns in ein halb zerstörtes Haus in der Senjanska-Straße 1. Es war das Ghetto von Balta.

Ende Dezember 1941 und Februar 1942 war die traurigste Zeit für uns. In der Baracke, wo man uns untergebracht hatte, gab es überhaupt keinen Platz. Um uns hinzusetzen, warteten wir, bis die Leichen weggeräumt wurden. Es wurde jeden Tag gestorben. Nach jenen furchtbaren Schlägen konnte meine Mutter nicht mehr aufstehen, sie halluzinierte die ganze Zeit. Am 31. Dezember machte sie mit dem Finger ein Zeichen und rief mich so zu sich. Sie holte zwei Zwiebäcke, die sie versteckt hatte, und gab sie mir. Dann küsste sie mich und meinen Bruder und starb am 1. Januar. Sie blieb noch ein paar Tage in der Baracke liegen, bis die Leichen abgeholt wurden. So wurden ich und mein kleiner Bruder Waisenkinder.

Hungertod und Typhus bedrohten uns. Als älterer Bruder musste ich etwas unternehmen. Ich erinnerte mich noch an die furchtbare Hungersnot 1933. Damals starb mein vierjähriger Bruder. Ich versuchte außerhalb des Ghettos zu gelangen, um etwas Essbares zu beschaffen. An einem Haus fand ich Kartoffelschalen, steckte sie mir in den Mund und schluckte sie gierig. Wie es sich später herausstellte, wurde ich von einer Frau auf der anderen Straßenseite beobachtet. Sie rief mich in den Hof und fragte mich, woher ich käme. Die ganze Zeit wiederholte sie: »Gott, bestrafe diese Faschisten-Bestien!« Sie gab mir heißen Borschtsch zu essen. Bis heute erinnere ich mich an seinen einmaligen Geschmack! Dann gab sie mir eine Tasche mit Brot und einem Glas mit Borschtsch und sagte: »Das ist für deinen Bruder und andere Kinder«. Es war die herzliche und gütige Ewdokija Jurkowa (Dusja), unsere Retterin. Sie wohnte in Balta in der Plotnizki-Straße 2. Ihr Sohn Wassili und ihre Schwiegertochter Efrosinja wurden für uns zu beschützenden Engeln. Am Abend des gleichen Tages kam sie zu uns ins Ghetto mit einer großen Tasche mit Essen. Muss ich sagen, wie wir uns alle über diese Gaben freuten?!

Tante Dusja vergaß nicht, dass ich Erfrierungen an den Füßen hatte. Sie legte auf meine schwarzen Zehen Gänsefett und verband meine Füße mit einem sauberen Stoff. Erst jetzt verstehe ich, dass der Besuch dieser einfachen Frau in der Baracke mit Typhuskranken, wo die Toten neben den Noch-Lebenden lagen, eine Heldentat war. Sie kam öfter zu uns, brachte uns Essen und beruhigte uns. Meinem Bruder ging es aber immer schlechter. Als Tante Dusja das nächste Mal kam, konnte er nicht mehr essen. Am 20. Januar 1942 starb er. Ich musste in die sogenannte Waisenkinderbaracke. Die Familie von Tante Dusja half uns nicht nur mit Lebensmitteln, sondern versteckte uns während der Razzien.

Die Waisenkinderbaracke war ein besonderes Territorium. Halbnackte, hungrige und kranke Kinder versuchten sich wie Erwachsene zu verhalten und einander zu helfen. Neben mir lag Abrascha Derman, der starke Erfrierungen an den Beinen hatte. Das kleine Mädchen Sonja aus Kodyma fütterten wir mit dem Löffel, weil sie an Händen und Armen Erfrierungen hatte. Sie erzählte, dass sie zusammen mit ihrem Vater geflüchtet war. Während eines Stopps schlief ihr Vater ein und erfror. Die vorbeifahrenden Bauern begruben ihren Vater und brachten das Mädchen ins Ghetto. Grischa Rabinowitsch war am ganzen Körper mit Furunkeln bedeckt. Auf seinem Bauch war eine riesige Wunde. Die älteren Kinder pflegten die jüngeren. Für einen echten Helden hielten wir alle Mischa Spektor. Seine Mutter wurde in der Kodyma Schlucht erschossen. Er floh und wurde gefasst. Bei seinem erneuten Fluchtversuch wurde er am Bein verletzt. Im Ghetto stellte er zusammen mit anderen älteren Kindern Verbindung zu Partisanen her und nahm mehrmals an den Angriffen gegen die Besatzer teil.

Oft rissen die Faschisten die Tür unserer Baracke auf, fassten ein paar Kinder und brachten sie zum Bahnhof, wo sie Waggons beladen mussten. Auch ich war einmal in so einer Gruppe. Unterwegs konnte ich fliehen. Die anderen Kinder wurden nach der Arbeit in einem Bauernhaus eingesperrt, das mit Benzin begossen und angezündet wurde. Alle verbrannten bei lebendigem Leibe. Später fand mein Freund Schunja in jenem verbrannten Haus die Reste des Kopftuchs seiner Schwester.

Ich muss noch die »Volontäre« aus dem Ghetto erwähnen, die uns betreuten. Sie halfen uns, so gut sie konnten. Ich erinnere mich an wunderbare Frauen: Dora Abramowna Mosches, Fira Wladimirowna Perelmuter, Sofja Naumowna, Ida Lwowna und andere. Sie waren unsere neuen Mütter, sehr liebevoll und herzlich. Wie hätten wir ohne sie überlebt? Man brachte uns zum Arbeitseinsatz in die Lederfabrik, wo Filzschuhe hergestellt wurden. Wir arbeiteten dort zwölf Stunden am Tag. Es war Sklavenarbeit. Von über 500 Kindern aus der Waisenkinderbaracke überlebten nicht mehr als 50.

Notiert von Petr Efimow, in: Jüdische Welt. Zeitung für russischsprachiges Amerika, 19. Februar 2006

Siehe auch den Zeitzeugenbericht von Chanzja Salganik

6. Bezirk (Rayon) Kotowsk

Ort: Kotowsk

1939 lebten in Kotowsk[29] 2735 Juden, etwa 16 Prozent der Stadtbevölkerung.

Nach dem Einmarsch der deutschen Truppen in die Sowjetunion gelang es einer unbekannten Zahl von Juden, sich evakuieren zu lassen oder nach Osten zu fliehen. Am 6. August 1941 besetzten deutsche Truppen die Stadt. Noch im gleichen Monat ermordeten Einheiten der Einsatzgruppe D zusammen mit Rumänen ungefähr 100 Juden. Es wurde ein Ghetto in

---

29 Altman, Cholokost, S. 469; The Yad Vashem Encyclopedia, S. 355 f.

Kotowsk eingerichtet. Am 1. September 1941 kam die Stadt unter rumänische Verwaltung und wurde ein Teil Transnistriens. Im November 1941 wurden die Juden der Stadt nach Dubossary deportiert. 50 Juden wurden bereits auf dem Weg ermordet, die übrigen 600 wurden in Dubossary von Angehörigen des Einsatzkommandos 12 ermordet.

Von September 1941 diente Kotowsk als Durchgangspunkt für deportierte Juden aus Rumänien. Anfang Oktober 1941 kamen Juden aus Bessarabien und der Bukowina nach Kotowsk und blieben einige Zeit in der Stadt. Sie wurden in einer früheren Schule am Stadtrand untergebracht, die in eine Art Ghetto umgewandelt worden war. Die harten Lebensbedingungen und die Überfüllung des Ghettos führten zum Ausbruch von Krankheiten. Nach einiger Zeit wurden die noch lebenden Juden in Lager in den Bezirken Golta und Balta deportiert, wo die meisten ums Leben kamen.

Im Sommer 1942 zogen die rumänischen Behörden 100 jüdische Handwerker im Ghetto von Kotowsk zusammen, um Werkstätten einzurichten. Es waren aus Bessarabien und der Bukowina deportierte Juden, die vorher in anderen Teilen Transnistriens waren.

Im Sommer und Herbst 1942 wurden weitere 150 deportierte Juden nach Kotowsk gebracht, um in den nahe gelegenen Wäldern Bäume zu fällen. Sie wurden in einem zerstörten Haus untergebracht und litten sehr unter Hunger.

Kotowsk wurde am 31. März 1944 durch die Rote Armee befreit.

Semen Bessarabski (geb. 1929)
»Es war ein Lager, in dem die Menschen weder zu essen noch zu trinken bekamen, aus dem nur die Toten weggeschafft wurden«

Ich, Semen Bessarabski, wurde 1929 im kleinen Städtchen Pestschanka, Gebiet Winniza geboren. 1935 zog unsere Familie (meine Eltern, mein älterer Bruder und ich) ins Dorf Dmitraschkowka, Bezirk Pestschanka, Gebiet Winniza um.

Mein Vater arbeitete als Tischler in der Sowchose, meine Mutter arbeitete in der Kolchose. Als 1941 der Krieg ausbrach, wurde mein Vater, Mordche Bessarabski, geboren 1898, eingezogen. Er fiel 1943 an der Front.

In unserem Dorf lebten vier jüdische Familien. Niemand ließ sich evakuieren, da man nicht verstanden hatte, was uns alles bevorstand. So blieben meine Mama, Gitlja Bessarabskaja, geboren 1900, mein Bruder Grigori, geboren 1925 und ich im Dorf. Unser Dorf wurde zuerst von deutschen und dann von rumänischen Truppen besetzt. Im September ging ich noch zur Schule. Im Religionsunterricht gab mir der Lehrer, ein Pfarrer, einen Zettel für meine Mutter mit. Darin stand, dass ich nicht mehr in die Schule kommen sollte. Somit wurden meine Schulbildung und die meines Bruders beendet.

Nach einiger Zeit gab es Gerüchte, dass die Juden versammelt und irgendwohin gebracht würden. Meine Mama ging in das Städtchen Pestschanka, in dem viele Juden wohnten, aber sie waren nicht mehr da. Ihre Häuser und Wohnungen waren geplündert. Als meine Mutter zurückkehrte, begann sie mit der Vorbereitung auf ungewisse Veränderungen. Der Dorfälteste war ein guter Bekannter meines Vaters, dessen Dienste als Tischler er oft in Anspruch genommen hatte. Nach einiger Zeit warnte der Dorfälteste meine Mutter, dass wir in zwei Tagen in ein Lager verschickt würden. In zwei Tagen bekam jede jüdische Familie einen Pferdewagen, um ihre Habseligkeiten an den »anderen Wohnort«, wie man uns sagte, bringen zu können. Wir bereiteten uns gründlich vor und packten das Nötigste.

Da wir im Dorf wohnten, hatten wir einen Bauernhof: eine Kuh, zwei Schweine und viele Hühner. Der Dorfälteste beruhigte uns, es sei nur vorübergehend und wir müssten durchhalten. Die Kuh brachte meine Mutter zu einer Nachbarin, ein Schwein wurde geschlachtet und unter den Nachbarn verteilt. Das andere, kleinere Schwein, brachte meine Mutter zu einem Nachbarn, dem Freund unserer Familie. Später war er Polizist.

Als wir den Pferdewagen bekommen hatten, verluden wir unsere Habseligkeiten und wurden in Begleitung von zwei Polizisten in die benachbarte Bezirksstadt gebracht. Dort kamen zwei jüdische Familien hinzu und man brachte uns nach Kotowsk, in ein riesiges Gemüselager, das am Rande von Kotowsk, etwa 80 Kilometer von uns entfernt, liegt.

Es war mit zwei Reihen Stacheldraht umzäunt und mit einer verstärkten Wache ausgestattet. Alle Lagerräume und unterirdischen Gänge waren schon mit Menschen überfüllt. Für uns gab es keinen Platz mehr, sodass wir auf einem Lastwagen unter einer Plane hausen mussten.

Als wir uns die Gegend näher angeschaut hatten, verstanden wir, dass es ein Lager war, in dem die Menschen weder zu essen noch zu trinken bekamen, aus dem nur die Toten weggeschafft wurden, wahrscheinlich über die Straße in den Wald. Meine Mama schätzte die Situation als sehr kritisch ein und überlegte, welcher Ausweg möglich sei. Auf das Gelände des Lagers durften die einheimischen Ukrainer, um Lebensmittel gegen Wertgegenstände zu tauschen. Die Juden gaben alles, was sie noch hatten. Da wir vom Dorf kamen und uns entsprechend kleideten, konnten die Soldaten uns von den einheimischen Dorfbewohnern nicht unterscheiden. Meine Mutter bereitete für jeden von uns einen Beutel vor und nach drei Tagen entschied sie sich, dass wir die Flucht wagen. Als Erster ging mein Bruder. Dann, nach einiger Zeit, ging ich los. Meine Mutter stand im Versteck und beobachtete uns. Dann folgte auch sie uns. Wir gingen sehr lange und schauten uns nur kurz nach einander um, um die Aufmerksamkeit der vorbeigehenden Bauern nicht auf uns zu ziehen. Dann bogen wir auf einen Pfad ab. Meine Mutter umarmte uns. Sie bekam einen hysterischen Anfall. Nachdem wir uns etwas ausgeruht hatten, zogen wir zusammen weiter.

Meine Mama überlegte sich die Geschichte, dass wir angeblich beim Großvater am Rande von Odessa zu Besuch waren, sein Haus zerbombt wurde und wir ohne Geld und Papiere jetzt zu Fuß auf dem Weg nach Hause seien. Wir gingen von Dorf zu Dorf, baten, uns über Nacht aufzunehmen, und hatten, Gott sei Dank, viel Glück dabei. Manche Menschen ließen uns bei sich für ein paar Tage bleiben und wir halfen ihnen im Garten. Ohne uns zu beeilen kamen wir nach Hause und versuchten unser Eigentum zurückzubekommen. Dort wohnten wir über einen Monat.

Dann wiederholte sich alles, und wir wurden mit einer Kolonne, deren Reihen unterwegs immer mehr Zuwachs bekamen, verschickt. Wir wurden in einem großen Schweinestall der ehemaligen Kolchose im Ort Borschtschi neben der Eisenbahnstrecke nach Odessa untergebracht. Der Schweinestall war weit weg vom Dorf im Feld. Die Bedingungen waren wie im Lager Kotowsk. Die Menschen starben genauso wie dort und wurden in einem Massengrab verscharrt, das zuvor ausgehoben worden war. Das Lager wurde von Polizisten bewacht. Diese feierten pausenlos ihre Besäufnisse und luden dazu junge Frauen und Mädchen ein. Ältere Menschen gruben einen Tunnel unter der Erde und eines nachts, während eines der Besäufnisse der Polizisten, konnten wir fliehen.

Nach altem Drehbuch erreichten wir unser Zuhause. Unterwegs wurden wir im Dorf Pisarewka von einer sehr herzlichen Frau aufgenommen, die uns anbot, längere Zeit bei ihr zu bleiben. Leider kenne ich weder ihren Namen noch den Namen des Dorfältesten und der anderen Menschen, die uns halfen. Sie schlug uns vor, eine Arbeit in der Zuckerfabrik zu finden, die nach Arbeitskräften suchte. Um dort aufgenommen zu werden, hätten wir uns in der Bezirksverwaltung registrieren und prüfen lassen müssen. Leider konnten wir uns diesem Verfahren nicht aussetzen. Nach einiger Zeit setzten wir unseren Heimweg fort. Unser Haus wurde von niemandem besetzt, da ein Nachbar sich darum gekümmert hatte. Natürlich war es zu Hause besser als im Lager. Nach einem Monat sagte der Dorfälteste meiner Mutter, dass sich die Situation geändert habe. Wenn früher in der Bezirksgendarmerie befohlen wurde, die Juden, die zurückgekehrt waren, woandershin zu verschicken, so hätte man jetzt entschieden, sie »an Ort und Stelle zu liquidieren«. Er gab uns einen Tag Zeit und sagte, dass in diesen und jenen Städten Juden wohnten und riet uns: »Versuchen Sie, dorthin zu kommen, denn was mit jenen passierte, wird euch hier auch passieren.«

Wir packten wieder. Meine Mutter ging zu dem Nachbarn, der unser zweites Schwein hatte und bat ihn, es zu schlachten, um uns die Hälfte zu geben. Er weigerte sich lange, willigte aber schließlich ein. Es war unser Nachbar, der Polizist geworden war. Seine »Liebe zu uns« äußerte er aber nicht offen. Meine Mama bereitete sich sehr intensiv vor und die Nacht reichte nicht aus, um alles zu erledigen. Wir gingen zu einer anderen Nachbarin. Leider kenne ich ihren Namen auch nicht. Sie versteckte uns in ihrem Keller. Am nächsten Morgen beauftragte der Dorfälteste unseren Nachbarn, den Polizisten, die Mission »an Ort und Stelle zu liquidieren« zu erfüllen. Als dieser uns zu Hause nicht vorfand, tobte er, rannte durch das Dorf, fragte jeden, ob man uns nicht gesehen habe, und schrie: »Ich hätte sie gleich mit ihren Welpen an Ort und Stelle umbringen sollen.« Man kann sich in die Nachbarin, die uns aufgenommen hatte, kaum hineinversetzen.

Nach zwei Tagen schickte sie uns zu ihrer Tochter, die in einem anderen, sehr kleinen Dorf wohnte, ungefähr vier Kilometer entfernt. Mama ließ uns dort und ging alleine auf die Suche nach den Städten, »wo die Juden wohnten«, wie der Dorfälteste gesagt hatte.

Über zwei Wochen dauerte es, bis Mama diesen Ort fand. Es war ein kleines Städtchen, Mjastkowka, heute Gorodkowka, Bezirk Kryshopol, Gebiet Winniza. Meine Mutter kehrte zurück, um uns zu holen, und wir machten uns auf den Weg dorthin, nicht ohne weitere Abenteuer.

Wie das Leben im Ghetto war, wissen Sie selbst. Im Ghetto musste mein Bruder Zwangsarbeit im Steinbruch in Trichaty, Gebiet Nikolajew leisten. Von dort kehrte er halb tot zurück.

Nach der Befreiung durch die sowjetischen Truppen 1944 wurde mein Bruder (geb. 1925) eingezogen. Er ist im April 1945 gefallen.

Als der Krieg zu Ende war und dem Dorfältesten der Prozess gemacht wurde, trat meine Mutter als Augenzeugin auf, aber ihre Aussagen wurden nicht berücksichtigt.

1944 ging ich zur Berufsschule im Dorf Sabolotnoje, Gebiet Winniza. Nach dem Abschluss der Ausbildung bekam ich eine Stelle im Werk »Artem« in Kiew. Ich hatte keine Papiere außer dem Zeugnis aus der Berufsschule. Ich musste alle meine Papiere neu beantragen. In der Stadtverwaltung ließ man mich meinen Lebenslauf aufschreiben. Ich schrieb alles genau auf und sparte nicht aus, dass ich auf dem besetzten Gebiet gewesen war. Die Sachbearbeiterin, eine Frau Oberleutnant, die meine Akte bearbeitete, las meinen Lebenslauf durch und befahl mir, ihn neu zu schreiben und die Wahrheit zu schreiben. Dies wiederholte sich dreimal. Ich weigerte mich, meinen Lebenslauf neu zu schreiben. Sie brachte mich in ein anderes Zimmer zu einem Major, und ließ ihn meinen Lebenslauf lesen. Dabei sagte sie: »Er sagt, dass er die Wahrheit schreibt.« Ihr Chef las meinen Text durch und erklärte ihr, dass manche überlebt hätten. Ich hoffte, dass Juden, die die Besatzung überlebt hatten, anders behandelt würden.

1952 wurde mir gekündigt, weil ich auf dem besetzten Gebiet gewesen war. Nach einiger Zeit bekam ich meine Stelle zurück und arbeitete dort 57 Jahre lang. Auf dem Posten eines Abteilungsleiters ging ich in Rente. Obwohl ich mich an die Namen der Menschen, die sich so aktiv an unserer Rettung beteiligt hatten, nicht erinnern kann, werde ich ihre lichten Gestalten nie vergessen.

7. Bezirk (Rayon) Krasni Okny

(russ. Krasnyje Okna)
Der Bezirk wurde am 19. Mai 2016 in Okny umbenannt.[30]

Ort: Krasni Okny

1939 lebten in Krasni Okny[31] 1285 Juden, etwa 27 Prozent der Bevölkerung.

Am 1. September 1941 wurde Krasni Okny ein Teil Transnistriens. Die rumänische Gendarmerie deportierte am 20. September 1942 mehr als 2000 Juden nach Dubossary, wo sie von einer Abteilung des Einsatzkommandos 12 mit Unterstützung der örtlichen Polizei erschossen wurden.

Am 3. April 1944 wurde Krasni Okny durch die Rote Armee befreit.

Fanja Kaschnizkaja (1927)
»Es ist so schwer, sich daran zu erinnern«

Ich, Fanja Iosipowna Kaschnizkaja, wurde am 17. Februar 1927 im Dorf Stawrowo, Bezirk Krasni Okny, Gebiet Odessa geboren. Wir waren nur zu zweit: Mama und ich. Mein Vater starb 1933, als in

---

30 https://de.wikipedia.org/wiki/Rajon_Okny [12.5.2019].
31 Altman, Cholokost, S. 476.

der Ukraine die große Hungersnot herrschte. 1941 wurde unsere Gegend von rumänischen Truppen, den Verbündeten des nazistischen Deutschland, besetzt. In einer Nacht kamen die rumänischen Faschisten auch zu uns und klopften an die Tür. Unsere Familie war die einzige jüdische Familie im Dorf und ich vermute, dass jemand aus dem Dorf uns denunziert hatte. In jener Nacht übernachtete bei uns eine meiner Freundinnen, aber wir konnten alle drei durch das Fenster fliehen. Wir kamen nicht mehr nach Hause zurück, sondern versteckten uns zwei Monate lang bei unseren Bekannten und Freunden.

Kurz darauf wurde eine Anordnung erlassen, die alle Juden verpflichtete, sich bei der Kommandantur zu melden. Mama ging hin. Mich ließ sie bei einem Polizisten zurück, der mich in seinem Haus ungefähr zwei Monate versteckte. Später brachte er mich auch in die Kommandantur. Mama landete in einem Konzentrationslager und nach einiger Zeit kam auch ich in dieses Lager. Dort waren wir von 1941 bis 1944, bis zu unserer Befreiung durch die Rote Armee. Es war Sklavenarbeit: Wir arbeiteten im Straßenbau, jeden Tag, unabhängig vom Wetter. Das, was wir zu essen bekamen, kann man sich kaum vorstellen. Ich hatte an Füßen und Beinen Erfrierungen, die tief bis auf die Knochen gingen. Seitdem kann ich mich nur mit dem Gehstock bewegen. Es ist sehr schwer, sich daran zu erinnern.

Meine Mama starb kurz nach dem Krieg. Ich bin schwer krank, habe nicht geheiratet, habe keine Kinder und Enkelkinder. Aber Gott sei Dank lebe ich bis heute.

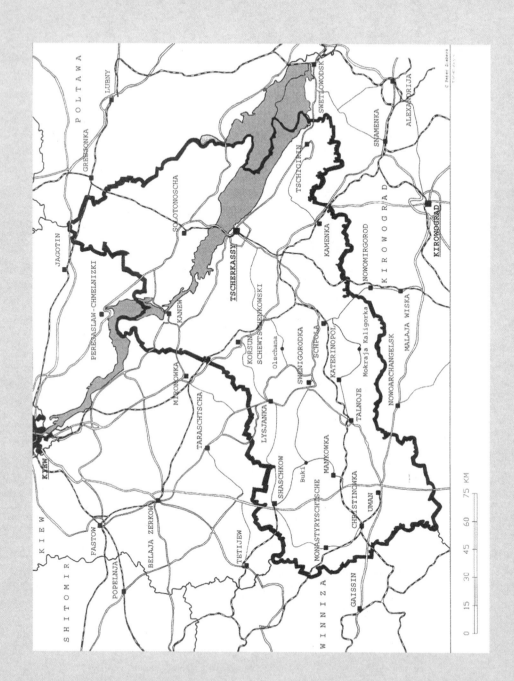

XII. Gebiet Tscherkassy

XII. Gebiet (Oblast) Tscherkassy
(ukr. Tscherkasy)

Die Oblast (das Gebiet) Tscherkassy[1] besteht seit 1954. Sie wurde gegründet aus verschiedenen Bezirken der Oblaste Kiew, Winniza, Kirowograd und Poltawa. Aus dem Gebiet Kiew waren es die Bezirke Korsun, Kanew, Smela, Tscherkassy, Swenigorodka, Schpola, Taraschtscha, Uman, Christinowka und Mankowka, aus dem Gebiet Winniza der Bezirk Monastyrischtsche, aus dem Gebiet Kirowograd die Bezirke Kamenka und Tschigirin und aus dem Gebiet Poltawa der Bezirk Solotonoscha.

1939 lebten auf dem Territorium des heutigen Gebiets Tscherkassy 40 000 Juden.

Im August/September 1941 wurde das Gebiet von der Wehrmacht besetzt und stand zunächst unter Militärverwaltung. Am 20. Oktober 1941 wurde der Generalbezirk Kiew im Reichskommissariat Ukraine gebildet. Der Rayon Tscherkassy wurde in das Kreisgebiet Smela eingegliedert. Es wurden Arbeitslager und Ghettos eingerichtet.

1. Bezirk (Rayon) Kamenka
(ukr. Kamjanka)

Am 15. November 1941 wurde im Reichskommissariat Ukraine der Generalbezirk Nikolajew gebildet. Der ukrainische Rayon Kamenka (früher Kamenka Schewtschenkowskaja) wurde in das Kreisgebiet Alexandrowka eingegliedert.[2] Im April 1942 trug die ukrainische Rayonverwaltung dem Dorfältesten von Stepanowka auf, am Ortsrand ein Ghetto einzurichten, wo die Juden bei Bedarf untergebracht werden können. Über die Umsetzung dieser Maßnahme war bis zum 18. April 1942 Bericht zu erstatten.[3]

Ort: Kamenka

Vor 1941 hieß der Ort Kamenka[4] Schewtschenkowskaja und war Bezirkszentrum im Gebiet Kirowograd der Ukrainischen Sozialistischen Sowjetrepublik. Von November 1941 bis Januar 1944 war Kamenka Verwaltungszentrum im Kreisgebiet Alexandrowka, Generalbezirk Nikolajew, Reichskommissariat Ukraine. Bis 1954 gehörte Kamenka zum Gebiet Kirowograd, dann zum neu gegründeten Gebiet Tscherkassy. Seit 1991 ist Kamenka Bezirkszentrum im Gebiet Tscherkassy, Ukraine.

1939 lebten in Kamenka 618 Juden, etwa acht Prozent der Bevölkerung und 737 Juden im gesamten Bezirk Kamenka. Im Sommer 1941 stieg die Zahl der jüdischen Bevölkerung durch jüdische Flüchtlinge aus Polen an.

1 Altman, Cholokost, S. 1058; http://www.territorial.de/ukra/kiew/kiew.htm [12. 5. 2019].
2 http://territorial.de/ukra/nikolaje/nikol.htm [12. 5. 2019].
3 VEJ 8, S. 244, Dok. 84.
4 Altman, Cholokost, S. 383; Encyclopedia of Camps and Ghettos, S. 1623 f.; The Yad Vashem Encyclopedia, S. 282.

Die Stadt wurde am 5. August 1941 (nach anderen Quellen am 9. August 1941) von der deutschen Wehrmacht besetzt. Ein Teil der Juden war zum Wehrdienst einberufen worden oder konnte nach Osten fliehen. Etwa 75 Prozent der jüdischen Bevölkerung waren in der Stadt geblieben. Im Sommer und Herbst 1941 wurde die Stadt von einer Ortskommandantur regiert. Sie setzte eine örtliche Verwaltung ein und rekrutierte aus der Bevölkerung eine ukrainische Hilfspolizei, die sich aktiv an allen antijüdischen Maßnahmen beteiligte. Der erste Chef der Polizei war der ehemalige zaristische Armee Offizier Gladkich. Ende 1941 wurde Gladkich Chef des Gefängnisses. Die ukrainische Polizei unterstand der deutschen Gendarmerie. Im November 1941 übernahm eine deutsche Zivilverwaltung die Herrschaft in der Stadt.

Die Verfolgung und Ermordung der Juden begann sofort, nachdem die Stadt besetzt war. Am 5. und 6. August 1941 töteten deutsche Soldaten mehrere Juden, darunter auch Kinder. Mehr als 200 Juden gelang es, sich zu verstecken oder in die umliegenden Dörfer zu fliehen. In den folgenden Tagen kehrten sie in die Stadt zurück.

Als der deutsche Fürst Friedrich Theodor zu Sayn und Wittgenstein im Spätsommer 1941 durch Kamenka reiste, überreichte ihm eine jüdische Abordnung folgende Note:

»Wir, die Alteingesessenen des Ortes Kamenka, des früheren Gutes Ihres Vorfahren, des durchlauchten Fürsten Wittgenstein, begrüßen im Namen der jüdischen Bevölkerung von Kamenka Ihre Ankunft, durchlauchtigster Fürst und Erbe Ihres Vorfahren, in dessen Schatten die Juden, unsere Vorfahren und wir im besten Wohlsein lebten. Wir wünschen auch Ihnen langjähriges Leben und Glück. Wir hoffen, dass die jüdische Bevölkerung in der Zukunft in Ihrem Gute Kamenka in Frieden und Ruhe unter Ihrem Schutze leben wird, indem Sie in Betracht ziehen die Sympathie, die die jüdische Bevölkerung Ihrer durchlauchtigsten Familie gegenüber hegt.«

Der Fürst blieb ungerührt. Die Juden, so erklärte er, seien »ein großes Übel« in Kamenka; und obwohl er keinerlei Befugnis hatte, über sein Begrüßungskomitee irgendwelche End- oder Zwischen-Lösungen zu verhängen, wies er den Bürgermeister des Ortes an, die Juden mit einem Stern zu kennzeichnen und ohne Entgelt bei Schwerstarbeiten einzusetzen.[5]

Auf Befehl der Militärverwaltung wurde ein Judenrat gebildet, der alle Juden erfassen musste. 268 Juden wurden in Kamenka registriert.

Die Juden wurden zur Zwangsarbeit eingesetzt, hauptsächlich zur Reparatur von Straßen und Gebäuden.

Nach dem 19. Oktober 1941 wurden zwei Ghettos eingerichtet. Ein Ghetto in der Pokrow Sowchose für Handwerker und ihre Familien. Alle anderen Juden wurden in das Ghetto auf dem Gelände des Bezirkskrankenhauses getrieben, einem hässlichen Ort am Rande des

---

5 Hilberg, Die Vernichtung der europäischen Juden, S. 329 f.

Ortes. Den Juden war es verboten, das Ghetto zu verlassen und Lebensmittel bei Ukrainern zu kaufen, was sehr schnell eine Hungersnot im Ghetto zur Folge hatte. Viele starben durch die harten Lebensbedingungen.

Am 10. Januar 1942 erließ der Chef der ukrainischen Polizei einen Befehl, dass Juden nur noch in der Zeit von 7 Uhr morgens bis 5 Uhr nachmittags auf der Straße sein durften. Ukrainern war es verboten, Juden in ihr Haus aufzunehmen oder mit ihnen zu sprechen. Juden, die diesen Befehl nicht befolgten, sollten erschossen werden, Ukrainern drohten 30 Tage Gefängnis und eine Geldstrafe.

Im Februar 1942 ermordeten die Deutschen die Juden im Ghetto auf dem Gelände des Bezirkskrankenhauses. Sie trieben die dort lebenden 280 Juden zusammen und erschossen sie.

Am 4. März 1942 führten die Deutschen eine zweite »Aktion« im Ghetto für die Handwerker durch. In der Nacht wurden auf Befehl des Gebietskommissars mehr als 100 Juden des Ghettos festgenommen und in den Pferdestall auf dem Gelände der Polizeistation gesperrt.

Der höhere Polizeiführer F. Zvirkun schildert diese Morde im Einzelnen. Am Abend seien 100 Juden aus dem Ghetto, darunter Frauen, Kinder und ältere Leute in den Hof der örtlichen Polizeistation in einen Stall gebracht worden. Gruppen von acht bis zehn Juden seien aus dem Stall geholt worden, sie mussten sich ausziehen und seien dann in den Keller gestoßen worden, wo sie erschossen wurden. Der Leiter des Gefängnisses, Gladkich, habe die Erschießung geleitet. Jeder Polizist erhielt vor den Erschießungen von Gebietskommissar Lange ein Glas Wodka. Die beiden Polizisten Orlik und Rewjakow, die die Aufgabe hatten, die Leichen zu entfernen, brachen den Toten mit Bajonetten die Goldzähne aus den Mündern.[6]

Insgesamt wurden im Februar und März 1942 mehr als 400 Juden in Kamenka ermordet.

Die ukrainischen Polizisten aus Kamenka nahmen auch an Erschießungen von Juden in nahe gelegenen Orten teil. Ende März 1942 erschossen sie zusammen mit deutschen Kräften und ukrainischen Polizisten aus Alexandrowka mehr als 300 Juden aus Alexandrowka in einem Graben in der Nähe von Iwangorod.

Am 9. Januar 1944 wurde Kamenka befreit.

Sosja Jablunowskaja
»Es macht mir Angst, an die Vergangenheit und an die Gegenwart zu denken«

Ich, Sosja Semenowna Jablunowskaja (verheiratete Raigorodezkaja), wurde in Kamenka, Gebiet Tscherkassy, geboren. Dort wohnte ich mit meinem Mann, meinen Eltern und Geschwistern. Kurz vor dem Kriegsausbruch bekam mein Mann den Direktorenposten in einer Spedition in Zybulew,

---

6 Grossman, Das Schwarzbuch, S. 1044.

Gebiet Kirowograd. Dort wohnten wir vor dem Krieg. Mein Mann und meine Familie sind Juden. In Zybulew wurden wir vom Krieg und den Deutschen überrascht.

Meinen Mann erledigten sie gleich. Sie warfen ihn noch lebend in einen Brunnen. Mich ließen sie noch in Ruhe. Ich blieb alleine mit zwei Kindern: meinem Sohn Walentin und meiner Tochter Rimma. Hilfe bekam ich von Adolf Genrichowitsch Kljain. Er war Mechaniker. Ich weiß nicht, ob er noch lebt. Ich weiß nur, dass er nach dem Krieg verurteilt wurde, weil er als Dolmetscher gearbeitet hatte. Der Kommandant Schtilman forderte Kljain auf, als Dolmetscher zu arbeiten, und drohte, dass er sonst mich und meine Kinder vernichten würde. Später zogen wir nach Egradkowka und wohnten dort, bis ich und meine Kinder vom Polizeichef Nushdenko aus Kamenka abgeholt wurden. Meine Kinder wurden von fremden Menschen versteckt. Ihre Namen kenne ich nicht. Wahrscheinlich sind sie nicht mehr am Leben: Entweder wurden sie ermordet oder sind schon gestorben.

Ich weiß, dass ich vom Kommissar Sakrewski verhört wurde. Ich weiß nicht, wo er jetzt ist. Meine Kinder kamen ins Kinderheim Gruschkowski. Dieses Kinderheim wurde von der Partisanentruppe Kuzenko kontrolliert. Ich hatte einen anderen Namen und auch einen fremden Pass. So konnten meine Kinder überleben und wohnen jetzt in Kriwoi Rog.

Ich wohne in Kamenka. Ich bin sehr krank, 77 Jahre alt und bettlägerig, kann sehr schlecht sehen und hören. Diesen Brief schrieb für mich meine Nachbarin. Es macht mir Angst, an die Vergangenheit und an die Gegenwart zu denken. In der Vergangenheit gab es viele Tote und Gräuel, und in der Gegenwart reicht meine Rente nicht mal für das Brot.

Meine Worte kann niemand bestätigen. Niemand überlebte. Deshalb habe ich keinen Anspruch auf Zuschüsse seitens des Staates.

Nuchim Wereschtschazki (geb. 1925)
»Es ist furchtbar, an die Qualen meiner Familie zu denken«

Ich, Nuchim Mordkowitsch Wereschtschazki, wurde 1925 in der Stadt Kamenka, Gebiet Tscherkassy geboren. Unsere Familie bestand aus sechs Personen: meine Mama Riwa, mein Vater Mark, mein älterer Bruder Jascha, mein jüngerer Bruder Sema, meine Schwester Bella und mir.

Kurz vor Kriegsausbruch hatte ich einen furchtbaren Albtraum: Mein Großvater Isaak, der Vater meiner Mama, sei wahnsinnig geworden und versuchte mich mit einem Eisenstock zu ermorden. Ich floh vor ihm und landete vor der Synagoge. Großvater holte mich ein, hob den Eisenstock über meinem Kopf und wollte mich schon schlagen, als plötzlich am Himmel ein Blitz erschien, dann donnerte es und ein Pferd mit Flügeln auf dem Rücken stieg herab und schützte mich mit seinem Körper. Vom Himmel hörte man eine Stimme: »Alter, hör auf! Es ist eine große Sünde, das Kind an so einem Ort umzubringen!« Ich rief meine Mama zu Hilfe. Sie hörte mich schreien und weckte mich. In Tränen und beherrscht von Angst erzählte ich ihr meinen Traum. Ich bin der Meinung, dass jener Traum mein weiteres Schicksal voraussagte.

Als der Krieg ausbrach, wurde mein Vater zur Roten Armee eingezogen. Unsere Untermieterin, die Schauspielerin eines Theaters, bot meiner Mama an, mich in die Evakuierung mitzunehmen.

1. Bezirk (Rayon) Kamenka

Mama packte schon meinen Koffer, als mein Großvater kam und meinte, ich sollte zu Hause bleiben. Ein paar Tage später wollten auch die jüdischen Ärzte, die sich in den Osten evakuieren ließen, mich mitnehmen. Und schon wieder verhinderte es mein Großvater. Er zog mich von dem Pferdewagen, auf dem ich schon abfahrbereit saß. Ich fing an zu weinen, machte ihm Vorwürfe und er schlug mich dafür mit einem Stock auf den Rücken.

Ein großer Teil unserer Verwandtschaft versuchte sich evakuieren zu lassen, aber nicht weit von Krementschug wurden wir von Deutschen eingeholt. Wir mussten nach Kamenka zurückkehren. Die Einheimischen warnten uns, dass ein Sonderkommando in Kamenka alle Juden ermordete. Wir mussten uns in den Dörfern bei unseren Freunden und Bekannten verstecken. Nichtsdestotrotz landeten wir später in einem Ghetto.

Die Deutschen organisierten eine Militärverwaltung, ernannten einen Bürgermeister und rekrutierten Polizisten unter den Einheimischen. Danach veröffentlichten sie den Befehl: »Alle Juden müssen sich anmelden und einen Davidstern an ihrer Kleidung tragen.« Jene, die sich nicht anmeldeten, wurden erschossen. Nach der Anmeldung sollten sich alle Juden mit ihren Habseligkeiten an einem bestimmten Ort versammeln. Danach trieb die Militärverwaltung der Stadt alle Juden ins Ghetto, hinter Stacheldraht. An Kälte, Hunger und Krankheiten starben dort täglich Dutzende Menschen. Es waren hauptsächlich Alte, Frauen und Kinder.

Ende Dezember wurde bekanntgegeben, dass ein Teil der Ghettohäftlinge in ein Lager umgesiedelt würde. Tatsächlich wurden sie aber von Polizisten mit Schlitten an den Stadtrand gebracht und dort erschossen. Die Menschen mussten sich vorher entkleiden und wurden in dem vorher selbst ausgehobenen Graben verscharrt. Unter den Erschossenen waren auch mein Großvater und der Bruder meiner Mutter mit seiner Familie. Von dieser Tragödie berichteten uns später die Einheimischen.

Die Frauen und Kinder, die im Ghetto geblieben waren, wurden unter Bewachung zum Schneeräumen und Beladen der Waggons mit Getreidesäcken, die nach Deutschland abtransportiert wurden, gezwungen. Unbemerkt schmuggelten wir in unseren Hosentaschen einige Getreidekörner ins Ghetto. Mama und andere Frauen kochten daraus etwas Essbares. Dies rettete uns vor dem Hungertod.

Im April 1942 erfuhr Mama von einem Dolmetscher, der in der Kommandantur arbeitete, dass unser Ghetto liquidiert und wir alle erschossen würden. Ich versuchte meine Kollegen, mit denen ich beim Beladen der Waggons am Bahnhof arbeitete, zu überzeugen, nicht mehr ins Ghetto zurückzukehren, aber sie hörten nicht auf mich.

Dann kam der Tag, an dem die Männer an einem Ort und die Frauen an einem anderen gesammelt wurden. Allen wurde klar, dass uns das Schlimmste bevorstand. Ein alter Mann sprach sein Abschiedsgebet und sagte dann: »Wenn jemand von uns überlebt, muss er der ganzen Welt von unserer Tragödie und all den Bestialitäten der SS-Männer und ihrer Handlanger aus der einheimischen Bevölkerung berichten.«

Ein Polizist, der früher zusammen mit der jüngeren Schwester meiner Mutter in einer Klasse war, erlaubte mir und meinem älteren Bruder Jascha, uns von Mama zu verabschieden. Sie lag auf dem Fußboden und war außer sich. Ich weinte, küsste sie und bat: »Mama, mach die Augen auf, lass dich von uns verabschieden, wir werden dich nie wiedersehen.« Mama kam zu sich, öffnete die Augen und begann zu schreien: »Kinder, flieht! Man schießt euch in den Rücken. Es wird ein leichter Tod sein!« Nachdem Jascha und ich Abschied von Mama genommen hatten, gingen wir in den Hof und schmuggelten uns in die Toilette. Wir rissen zwei Bretter aus der Wand heraus und liefen mit ihnen gegen den Stacheldraht zum Haus meines ehemaligen Klassenkameraden. An jenem Haus verabschiedete sich Jascha von mir und riet mir, die Stadt zu verlassen. Die Hausbesitzerin führte mich an eine Ikone heran, segnete mich, hängte mir ein Kreuz an den Hals und gab mir etwas Brot für unterwegs. Ich ging zum Dnjepr und wollte auf das andere Ufer übersetzen.

Es war sehr gefährlich, weil man mich jeden Augenblick aufhalten und mich erkennen konnte. Ich dachte mir für den Fall der Fälle Folgendes aus: Ich heiße Andrei Fedorowitsch Iwantschenko, machte meine Ausbildung in Korsun und bin jetzt unterwegs nach Hause ins Dorf Lubny, Gebiet Poltawa, wo mich meine Mutter erwartet. Meine Papiere habe ich unterwegs verloren.

In den Dörfern arbeitete ich als Tagelöhner. So verdiente ich 50 Mark. Ein Schuhmacher, dem ich im Garten half, reparierte meine Schuhe. Ein Lehrer schenkte mir ein Hemd. Meine Geschichte kaufte man mir ab. Damals war ich schon fast 16 Jahre alt. Ich konnte sehr gut Ukrainisch. Ich musste diese Rolle spielen, um zu überleben.

An einem Abend bat ich die Fischer, mich auf das andere Dnjepr-Ufer überzusetzen. Als sie erfuhren, dass ich keine Papiere hatte, weigerten sie sich. Aber eine Frau hatte Mitleid mit mir und überzeugte die Fischer, mich zusammen mit ihr ins Boot zu nehmen. Dafür gab ich ihnen mein Geld und mein Hemd.

Als ich das linke Dnjepr-Ufer erreichte, ging ich Richtung Osten, in den Ort Losowaja, wo nach Auskunft der Einheimischen die Frontlinie verlief. Unterwegs musste ich etwas Geld verdienen. Ich machte Stopp im Dorf Rjaskoje, im Süden des Gebiets Poltawa. Ich ging zum Dorfvorsteher, um nach Arbeit zu fragen. Auf seine Fragen erzählte ich, dass ich keine Papiere hätte, dass ich auf der Flucht vor den Verfolgern sei, weil mein Vater Jude und meine Mutter Ukrainerin seien. Vor so viel Offenheit wurde der Dorfvorsteher sprachlos. Ich flehte ihn an, mich zu schützen und mich wie seinen Sohn zu behandeln. Zum Glück war er ein guter Mensch. Er stellte mir neue Papiere aus und bat mich, meine Geschichte niemandem, nicht mal seiner Ehefrau, zu erzählen. Ich blieb bei ihm und half ihm im Garten und Hof. Bei ihm verbrachte ich den Herbst und den Winter 1942/43. Ich erinnere mich, dass beim Rückzug der Deutschen ins Dorf Rjaskoje ein Sonderkommando kam. Mein Wohltäter befahl seinem Sohn Alexej mich im Wald auf einer Insel zu verstecken. Wir mussten dafür den Fluss Oril mit einem Boot überqueren. Alexej riskierte sein eigenes Leben, aber er brachte mich in der Nacht mit dem Boot auf die Insel und zeigte mir, wo ich mich dort im Wald verstecken sollte. Hätten die Deutschen uns beide erwischt, hätten sie uns an Ort und Stelle als Partisanen erschossen. Aber alles ging glimpflich aus. Alexej brachte mir jeden dritten Tag Essen auf die Insel.

Im Frühling kam ins Dorf der deutsche Kommandant in der Begleitung einer Dolmetscherin. Zusammen mit ein paar Polizisten kamen sie zum Dorfvorsteher zum Mittagessen. Die Frau des

Dorfvorstehers bat mich, einige Konserven aus dem Keller zu holen. Der Kommandant fragte, wer ich sei. Der Dorfvorsteher antwortete, ich sei ein Zigeuner und arbeite bei ihm. Die Gäste befahlen mir, einen Zigeunertanz vorzuführen. Barfuß, nur mit einem Hemd bekleidet, tanzte ich zur Gitarre, die die Dolmetscherin spielte. Als ich den Tanz beendete, verbeugte ich mich und wollte schon weggehen. Aber der Kommandant reichte mir ein Glas Wodka. Ich freute mich, dass sie mich nicht als Juden identifizierten. Ich trank Wodka, ohne den Alkohol zu spüren. Im August 1943 wurde das Gebiet Tscherkassy von sowjetischen Truppen befreit. Ich fuhr nach Kamenka. Dort erzählte man mir vom tragischen Schicksal meiner Familie und aller Juden. Die Polizisten brachten über hundert Alte, Frauen und Kinder aus dem Ghetto in den Hof des Gebäudes, in dem die Polizei untergebracht war. Unter ihnen war auch meine Mutter mit meinem zwölfjährigen Bruder Sema und meiner sechsjährigen Schwester Bella. Sie wurden in einen Pferdestall gesperrt und dann in kleinen Gruppen von acht bis zehn Personen abgeführt, mussten sich entkleiden und wurden in den Keller des Gebäudes geworfen, während man ihnen in den Rücken schoss. Die Leichen der Erschossenen wurden später in einen tiefen Graben geworfen. Die Kinder warfen sie lebend in diesen Graben.

Mein Bruder Jascha versteckte sich in Kamenka bei unseren Bekannten. Einen Monat vor der Befreiung der Stadt wurde er von einem Polizisten erkannt und erschossen.

Es war furchtbar diesen Berichten zuzuhören und an die Qualen meiner Familie und meiner Verwandten zu denken. Für meine Rettung danke ich meinem Schicksal und allen lieben Menschen, denen ich begegnet war.

2. Bezirk (Rayon) Monastyrischtsche

(ukr. Monastyryschtsche)
Nach der Volkszählung von 1939 lebten im Bezirk Monastyrischtsche 2847 Juden. In der Stadt Monastyrischtsche selbst 1398 Juden, etwa 74 Prozent der Bevölkerung und weitere 1449 in den vier kleinen jüdischen Gemeinden, Sarni, Zibulew, Terliza und Lukaschowka.[7]

Das Dorf Nowe-Misto gehört zur Stadt Monastyrischtsche.

Ort: Monastyrischtsche

Vor 1941 war Monastyrischtsche[8] Bezirkszentrum im Gebiet Winniza der Ukrainischen Sozialistischen Sowjetrepublik. Von 1941 bis 1944 war Monastyrischtsche Bezirks- und Gebietszentrum im Generalbezirk Shitomir. Bis 1954 gehörte die Stadt zum Gebiet Winniza, dann zum neu gegründeten Gebiet Tscherkassy der Sowjetunion. Seit 1991 ist Monastyrischtsche Bezirkszentrum im Gebiet Tscherkassy, Ukraine.

Nach dem Überfall der deutschen Wehrmacht auf Polen erhöhte sich der Anteil der jüdischen Bevölkerung durch Flüchtlinge aus Polen. Nur ein kleiner Teil der Bevölkerung

---

7 Encyclopedia of Camps and Ghettos, S. 1546.
8 Altman, Cholokost, S. 617 f.; Encyclopedia of Camps and Ghettos, S. 1546 f.

konnte evakuiert werden, denn der Bahnhof lag acht Kilometer außerhalb der Stadt. Die Luftwaffe bombardierte die Stadt. Als deutsche Truppen am 22. Juli 1941 die Stadt besetzten, lebten dort noch über 1000 Juden. Von Juli bis Oktober 1941 kontrollierte die deutsche Ortskommandantur die Stadt. Sie richtete eine örtliche Verwaltung und eine ukrainische Hilfspolizei unter Leitung von Melnikow ein. Die ukrainische Polizei beteiligte sich aktiv an der Umsetzung aller »Aktionen« gegen die Juden und ihrer Ausraubung.

Der örtlichen Verwaltung wurde befohlen, die Juden zu registrieren und zu kennzeichnen. Juden mussten eine weiße Armbinde mit einem Davidstern tragen, ihre Häuser mit einem gelben Davidstern kennzeichnen und wurden täglich zu schwerer körperlicher Arbeit ohne oder nur gegen geringe Bezahlung eingesetzt. Ein Judenrat wurde gebildet. Er war eine zwischengeschaltete Stelle zwischen der Besatzungsmacht und der jüdischen Bevölkerung. Juden waren in ihrer Bewegungsfreiheit eingeschränkt. Wiederholt mussten Gold, Möbel und Lebensmittel als Kontributionen abgeliefert werden.

Im August 1941 organisierten die Deutschen eine erste »Aktion« gegen die Juden. Mindestens zehn Mitglieder der jüdischen Intelligenz wurden festgenommen und erschossen.

Etwa einen Monat nach dem Beginn der Okkupation mussten die verbliebenen Juden in ein offenes Ghetto ziehen, das in einigen wenigen Straßen eingerichtet worden war. Das Ghetto war völlig überfüllt. Bis zu zehn Personen mussten sich einen kleinen Raum teilen. Die ukrainischen Polizisten bewachten das Ghetto, griffen die Bewohner an und machten es sehr schwer, aus dem Ghetto zu fliehen. Es wurden keine Essensrationen ausgegeben und viele verhungerten. Die Juden versuchten, alles was sie hatten bei der ukrainischen Bevölkerung gegen Kartoffeln oder Rüben einzutauschen. Sie konnten dabei von der Polizei erschossen werden, wenn sie sich illegal außerhalb des Ghettos aufhielten. Wer außerhalb des Ghettos arbeitete, bekam gelegentlich etwas Brot von Ukrainern geschenkt. Aus Uman geflohene Juden und Juden aus den benachbarten Dörfern kamen ebenfalls nach Monastyrischtsche ins Ghetto. Trotz der schwierigen Bedingungen machten die Juden erhebliche Anstrengungen, die jüdischen Festtage zu feiern. Im Wissen um die Mordaktionen, die an anderen Orten schon stattgefunden hatten, bereiteten viele Familien Verstecke im Ghetto vor, in der Hoffnung, bei weiteren »Aktionen« der Deutschen wenigstens zeitweise überleben zu können.

Ukrainische Polizisten und Deutsche zwangen oft jüdische Mädchen, mit ihnen zu gehen, und vergewaltigten sie dann.

Ende Oktober 1941 übernahm eine deutsche Zivilverwaltung die Macht. Monastyrischtsche wurde Verwaltungszentrum des Gebiets. Gebietskommissar war SA-Oberführer Werder. Das Gebiet wurde in den Generalbezirk Shitomir im Reichskommissariat Ukraine eingegliedert.

Am 29. Mai 1942 drang am Morgen ein Kommando des SD mit Unterstützung ukrainischer Polizei in das Ghetto ein. Sie trieben die Juden auf dem Marktplatz zusammen, angeblich weil sie umgesiedelt werden sollten. Facharbeiter durften bleiben, aber ohne ihre

Frauen und Kinder. Die meisten Handwerker beschlossen, bei ihren Familien zu bleiben. Die Juden wurden zu einer Schlucht, drei Kilometer außerhalb der Stadt geführt, wo sie an drei vorbereiteten Gruben erschossen wurden. An diesem Tag wurden auch die Juden aus Sarni, Zibulew, Terliza und Lukaschowka erschossen. Insgesamt wurden 1600 Juden ermordet, davon 1000 aus Monastyrischtsche. Einige Juden überlebten in ihren Verstecken und konnten später aus dem Ghetto fliehen.

Die Handwerker und wieder eingefangene Juden, etwa 120 oder 140, wurden mit ihren Familien in ein spezielles Restghetto getrieben, insgesamt ungefähr 400 Menschen. Das Ghetto bestand aus fünf Häusern in einer Straße und wurde von der ukrainischen Polizei streng bewacht. Dennoch versuchten die Kinder aus dem Ghetto zu schleichen, um Gegenstände gegen Nahrung zu tauschen.

Im August oder September 1942 wurden hinter der Mühle die arbeitsunfähigen Juden erschossen. Im November 1942 wurden weitere Juden erschossen, als Vergeltung für die Flucht einiger Juden aus dem Ghetto.

Die verbliebenen 70 Juden wurden am Abend, bevor die Wehrmacht sich am 10. März 1944 aus Monastyrischtsche zurückzog, in einem der Häuser erschossen. Ihre Leichen wurden zusammen mit dem Haus verbrannt.

Insgesamt sind in Monastyrischtsche 4917 Juden ermordet worden, einschließlich der Juden aus den umliegenden Dörfern.

Am 10. März 1944 wurde Monastyrischtsche befreit.

Marija Lawrenjuk
»Hätte man mich gefunden, wäre die ganze Familie, die mich versteckt hatte, erschossen worden«

Als der Krieg ausbrach, lebte ich zusammen mit meinen Eltern und meinem jüngeren Bruder im Dorf Nowe-Misto, Bezirk Monastyrischtsche, Gebiet Tscherkassy. Mein Vater wurde eingezogen. Im August 1941 wurde unser Dorf von Deutschen besetzt. Mein Vater geriet in Gefangenschaft und kam dann nach Hause.

1942 wurden meine Mama, da sie Jüdin war, und mein Bruder erschossen. Als man sie holen kam, war ich nicht zu Hause. So blieb ich am Leben. Mich rettete eine entfernte Verwandte, die mich zu sich holte. Etwa zwei Jahre lebte ich bei ihr. Wo hat man mich bloß überall versteckt: im Stall (es gab dort ein Versteck), im Sommer im Schilf, im Winter unter dem Ofen. Die nächsten Nachbarn wussten von mir. Aber niemand denunzierte mich. Einige Male fanden im Dorf Razzien statt. Ich weiß nicht, wer gesucht wurde. Wir hatten aber unglaubliche Angst. Hätte man mich gefunden, wäre die ganze Familie, die mich versteckt hatte, erschossen worden.

Erst als die Deutschen sich zurückzogen, holte mich mein Vater zu sich.

3. Bezirk (Rayon) Solotonoscha

Ort: Solotonoscha

Vor 1941 gehörte Solotonoscha[9] zum Gebiet Poltawa der Ukrainischen Sozialistischen Sowjetrepublik. Im September 1942 wurde Solotonoscha Gebietszentrum im Generalbezirk Kiew, Reichskommissariat Ukraine. Bis 1954 gehörte Solotonoscha zum Gebiet Poltawa der Sowjetunion, nach 1991 zum Gebiet Tscherkassy der Ukraine.

1939 lebten in der Stadt 2087 Juden, 11 Prozent der Bevölkerung. Viele Juden konnten nach dem Überfall der Wehrmacht auf die Sowjetunion evakuiert werden oder wurden zur Roten Armee eingezogen, bevor die Wehrmacht die Stadt am 19. September 1941 besetzte.

Am 22. September 1941 wurden auf Befehl des deutschen Kommandanten beim »burjakopunkt« (Rübenlager) 300 Zivilisten erschossen, darunter viele Flüchtlinge aus dem westlichen Teil der Sowjetunion. Die meisten von ihnen waren Juden. Die Erschießungen wurden wahrscheinlich von einer Einheit des Sonderkommandos 4a durchgeführt. Die Leichen warf man in mit Wasser gefüllte Bombentrichter und in einen Brunnen. Die überlebenden Juden wurden in ein Ghetto getrieben und mussten Zwangsarbeit leisten.

Am 22. November 1941 wurden jüdische Männer gezwungen, in Strunkowka, etwa drei Kilometer nordwestlich von Solotonoscha entfernt, einen Graben auszuheben. Den Juden, die noch in der Stadt waren, wurde befohlen, am 23. November 1941 um 9 Uhr zum Gestapo-Gebäude zu kommen, um in die Stadt Krementschug umgesiedelt zu werden. Am Gestapo Gebäude wurden ihnen ihr Gepäck, Wertsachen und Geld abgenommen. Dann wurden sie unter strenger Bewachung zu dem Graben bei Strunkowka gebracht und dort erschossen. An dieser Mordaktion waren beteiligt: Kräfte des Höheren SS und Polizeiführers Russland Süd, namentlich das Polizeibataillon 303, Männer des Sonderkommandos 4a und Mitglieder der ukrainischen Polizei. Die genaue Zahl der Opfer ist nicht bekannt. Die Angaben schwanken zwischen 600 und 3500.[10]

In der Folgezeit bis Frühjahr 1942 wurden nach und nach mehrere Hundert Juden aus der Umgebung nach Solotonoscha gebracht und im Ghetto zusammengepfercht. Nach einem Bericht der Feldkommandantur 197 vom 18. Dezember 1941 lebten noch 600 Juden in der Stadt. Im Januar 1942 durchkämmten die Deutschen das Gebiet Poltawa nach Partisanen. Bei diesen »Aktionen« wurden auch in Solotonoscha zahlreiche Juden erschossen. Ende Juni 1942 wurden nach zwei vorangegangenen Erschießungen von Flüchtlingen und Einheimischen 600 Juden ermordet.[11] Am 17. März 1943 wurden in einem Pflegeheim weitere 63 Menschen ermordet.

Am 22. September 1943 wurde Solotonoscha durch die Rote Armee befreit.

---

9 Altman, Cholokost, S. 334; Encyclopedia of Camps and Ghettos, S. 1610.
10 Encyclopedia of Camps and Ghettos, S. 1610, Anm. 2.
11 Altman, Opfer des Hasses, S. 112.

Schifra Goldbaum (geb. 1919)
»Am 22. November begann für uns das Jüngste Gericht«

Ich, Schifra Zaljewna Goldbaum, wurde in einer Arbeiterfamilie geboren. Meine Mutter war Hausfrau. 1939 beendete ich die zehnte Klasse. Danach begann ich das Studium an der Hochschule für chemische Technologien in Moskau. Wegen meiner schlechten Gesundheit musste ich das Studium aufgeben und kehrte nach Hause zurück. 1940 besuchte ich den Leistungskurs für Physik und Mathematik an der Pädagogischen Hochschule Tscherkassy. Am 21. Juni 1941 feierten wir den Abschluss meines Vorstudiums. Am 22. Juni brach der Krieg aus. Mein Vater wurde eingezogen. Mein Bruder Mischa (er war damals 16 Jahre alt) ließ sich zusammen mit seiner Fachschule nach Kasachstan evakuieren, während mein zweiter Bruder Schapsel in Donezk landete. Kurz darauf wurde Donezk von den Faschisten besetzt. Schapsel kehrte nach Tscherkassy zurück und hoffte, meine Mutter und mich zu finden. Er wurde aber von Deutschen festgenommen und erschossen.

Meine Mama und ich konnten uns nicht evakuieren lassen. Es war ein sehr schwerwiegendes Versäumnis. Wir konnten gerade den Ort Solotonoscha, Gebiet Tscherkassy, erreichen und mussten einen eiligen Rückzug der sowjetischen Truppen erleben.

Trotz der Bitten meiner Mama zu bleiben beschloss ich, mich mit den abziehenden sowjetischen Truppen evakuieren zu lassen. Bei dem Abzug kam es aber zu einer sehr großen Schlacht am Fluss Orshiza. Unsere Truppen wurden von Deutschen umzingelt und nur wenige Zivilisten konnten fliehen. Unter diesen wenigen war auch ich.

Wir gelangten in ein Dorf, an dessen Namen ich mich nicht mehr erinnere. Am nächsten Tag setzten wir unseren Weg fort.

Wohin sollte man gehen? Im Ort waren keine Menschen und wir gingen, ohne zu wissen wohin. Kurz vor dem Dorf Krestitelewo wurden wir von Deutschen aufgehalten. Es stellte sich heraus, dass wir ins Lager für Kriegsgefangene gerieten. In der gleichen Nacht wurden wir auf den Platz getrieben und der Kommandant teilte uns über einen Dolmetscher Folgendes mit: »Alle Juden, Politruks und Kommissare, zwei Schritte vortreten!« Ich blieb aber stehen. Diese Unglücklichen wurden hinter den Stacheldraht gebracht und dort erschossen.

Ich kann nicht all das Furchtbare, was ich damals erleben musste, beschreiben. Jeden Tag wurden wir mitten in der Nacht auf den Appellplatz getrieben und mussten furchtbare Exekutionen überstehen. Ein paar Tage später wurden wir gruppenweise irgendwohin weggebracht. Es gab Gerüchte, dass die Menschen in die Grube Umanskaja geschafft würden. Es war ein furchtbares Lager. Unterwegs konnte ich im Dorf Shownino, Gebiet Poltawa fliehen. Zum Glück landete ich bei einer alten Frau Anastasija Chomenko. Sie war Witwe und ihre zwei Söhne waren an der Front. Sehr oft denke ich an Baba Nastja mit tiefer Dankbarkeit zurück. Es ist gut möglich, dass ich nur dank ihr überlebte.

Bei dieser Frau blieb ich ein paar Tage. Sie wusch mich, gab mir frische Kleidung, gewährte mir Obdach und versorgte mich mit Essen, obwohl sie dadurch ihr Leben riskierte. Hätte man mich bei ihr gefunden, hätte man sie sofort erschossen. Ich besuchte sie nach dem Krieg. Leider war sie nicht mehr am Leben. Auch ihre zwei Söhne sind an der Front gefallen.

Ich machte mich auf den Weg nach Solotonoscha und hoffte, meine Mama dort vorzufinden. Und in der Tat traf ich sie dort. Unser Leben war sehr schwer. Meine Mutter hatte im Dorf Schtscherbinowka gute Bekannte, Familie Drotschilo (Nastja und Iwan), die sie oft besuchte. Mama konnte sehr gut nähen und verdiente damit unser Brot. Einmal wurden wir von zwei Polizisten überfallen, die unser ganzes Hab und Gut mitgehen ließen. Mama versuchte Widerstand zu leisten und wurde deshalb sehr brutal verprügelt.

Wir wohnten in einem Haus zusammen mit zwei anderen jüdischen Familien. Eine Frau, Riwa, wohnte zusammen mit ihrer Tochter Ljussja und Mutter Dwojra. Eine andere Frau, Bassja, hatte einen Sohn, Jossja und Eltern, an deren Namen ich mich nicht mehr erinnere. Die Polizisten nahmen Bassja und Ljussa fest und wollten alle Frauen mitnehmen. Die Oma klammerte sich an Bassja, um zu verhindern, dass sie mitgenommen wird. Aber ein Deutscher, der die Polizisten begleitete, erschoss die alte Frau.

Wir, Mama und ich, wurden oft zum Arbeitseinsatz getrieben. Wir mussten stets einen Davidstern an unserer Kleidung tragen. Ich versuchte, bei den Polizisten nicht aufzufallen, aber sie stürmten unsere Wohnung und holten meine Mama zur Arbeit. Einmal wurde Mama von einem Deutschen, bei dem sie putzen musste, so brutal verprügelt, dass sie am ganzen Körper mit Blut beschmiert auf allen Vieren nach Hause gekrochen kam. Sie wurde nur deshalb so misshandelt, weil sie keinen Davidstern an ihrer Kleidung trug.

Am 22. November begann für uns Juden das Jüngste Gericht. Überall wurde ein Befehl des Kommandanten ausgehängt, der die Juden verpflichtete, mit allen Wertsachen beim Gebäude der Kommandantur zu erscheinen. Kranke und Alte sollten gefahren werden. Viele Juden versuchten zu fliehen. Jene, die auf ihrer Flucht festgenommen wurden, erschoss man an Ort und Stelle.

Dann begann etwas Furchtbares: Die verfluchten Faschisten stürmten die jüdischen Häuser und warfen die Einwohner auf die Straße. Dann trieben sie die Kolonnen der Juden zum Ort der Massenerschießung. Diese Gräueltaten wurden in kürzester Zeit in der ganzen Stadt bekannt. Als Mama dies erfuhr, zwang sie mich, zu verschwinden. Ich nahm Seife, Streichhölzer und ging. Ich überlegte mir, wenn ich unterwegs festgenommen würde, könnte ich behaupten, ich wollte ins Dorf, um diese Waren gegen Brot umzutauschen.

Wohin sollte ich gehen? Ich erinnerte mich an die Familie Drotschilo, die ich von früher kannte, und wollte zu diesen Leuten ins Dorf. Aber das gelang mir nicht. Unterwegs wurde ich von Polizisten festgenommen. Unter ihnen war auch ein Deutscher, der mich fragte, wohin und warum ich unterwegs sei.

Ich nannte als Namen Alexandra Antonowna Grigorjewa (unter diesem Namen lebte ich während der deutschen Besatzung). Er schlug mich mit der Peitsche und schrie: »Du, jüdisches Schwein!« Dann befahl er mir, auf den Pferdewagen zu steigen. Später stellte sich heraus, dass die Polizisten mit drei Pferdewagen unterwegs ins Dorf Welikaja Burimka waren, um die Juden, die dort in der Kolchose arbeiteten, zu verschleppen.

Leider gelang es mir nicht, mich zu verstecken. Wir wurden zum Gebäude der Kommandantur gebracht. Dort begegnete ich Mama. Wie furchtbar war dieses Treffen!!!

3. Bezirk (Rayon) Solotonoscha

Es ist schwer, sich vorzustellen, was dort passierte. Die ganze Nacht verbrachten wir draußen. Im Gebäude waren nur Frauen mit kleinen Kindern. Alle anderen mussten auf der Straße bleiben. Es ist schwierig sich vorzustellen, was für eine Nacht es war. In jener Nacht war außerdem sehr starker Frost.

Am 22. November mussten die Männer – man brachte sie mit Lastwagen weg – einen Graben ausheben. Am 23. November wurden zuerst diese Männer am Graben erschossen, und später folgten ihnen die Frauen und alte Menschen. Später trieb man Frauen mit kleinen Kindern zu diesem Graben. Ich erinnere mich an eine Frau, die fünf Kinder hatte. Eines von ihnen, ein Junge, war noch Säugling. Auf den Knien flehte sie die Henker an, zumindest dieses Kleinkind am Leben zu lassen. Aber die verfluchten Bestien fassten den kleinen Jungen, warfen ihn in den Graben und durchlöcherten seinen kleinen Körper mit dem Maschinengewehr. Der Mann dieser Frau war ein Jude und kämpfte an der Front. Die Frau selbst war Ukrainerin und blieb am Leben.

Vor der Erschießung mussten wir uns entkleiden. All die Gräueltaten passierten vor meinen Augen. Was da alles geschah! Menschen wurden wahnsinnig und rissen sich die Haare aus. Es ist sehr schwer, sich den Zustand jener Menschen vorzustellen. Ihre einzige Schuld bestand darin, dass sie Juden waren. Ich hatte noch ein unglaubliches Glück. Zum Erschießungsort begleiteten uns die Deutschen und die Polizisten. Als wir schon zum Graben schritten, sprach mich plötzlich ein Polizist an: »Schura, wie bist du unter den Juden gelandet?« Ich antwortete ihm: »Ich war gerade zu Besuch in einem jüdischen Haus und, obwohl ich versuchte zu beweisen, dass ich keine Jüdin bin, zwang man auch mich in die Kolonne.«

Er sagte etwas zu dem Deutschen, der neben ihm ging. Danach ließen sie mich aus den Reihen der Todgeweihten heraustreten und brachten mich an eine Stelle, ungefähr 200 Meter von dem Erschießungsort entfernt. Dort waren schon zwei Jugendliche, ein Junge und ein Mädchen sowie eine junge Frau, etwa 30 Jahre alt. Ich musste all die Gräueltaten den ganzen Tag mit ansehen. Nie in meinem Leben, bis zu meinem Tod, werde ich die Blicke meiner kleinen Schwester Bronetschka (sie war damals vier Jahre alt) und meiner Mama vergessen, mit denen sie mich damals begleiteten. Selbst die verfluchten Henker wurden müde, uns Todgeweihte zu erschießen und wechselten sich öfter ab. Ich glaube, dort wurden über 3000 Menschen erschossen. Nachdem sie dieses Verbrechen vollendet hatten, schütteten sie irgendwie jenen furchtbaren Graben zu. Dann beluden sie die Lastwagen mit der Kleidung und anderen Habseligkeiten der Ermordeten. Wir vier am Leben gebliebenen wurden von zwei Polizisten in ein Gefängnis gebracht.

Im Gefängnis saßen Kommunisten, die im Untergrund kämpften. Ich warf mich auf den Zementboden und sprach kein einziges Wort. In der Nacht warfen die Faschisten eine alte Frau und ein Mädchen ins Gefängnis. Am frühen Morgen wurden die beiden abgeholt und wahrscheinlich erschossen. Mitten in der Nacht riss ein Polizist das Tor des Gefängnisses auf und verkündete feierlich: »Bürger, freut euch! Unser Solotonoscha ist judenfrei!« Man kann sich vorstellen, wie mir zumute war.

Am nächsten Tag wurde ich zum Verhör abgeholt. Ich nannte mich Alexandra Antonowna Grigorjewa. Ich behauptete, ich sei als Krankenpflegerin an der Front gewesen, dann sei ich in die

Kriegsgefangenschaft geraten, konnte aber fliehen und nun sei ich auf dem Weg nach Hause nach Rostow.

Zum Glück wurde ich aus dem Gefängnis entlassen. Aber wohin sollte ich gehen? Ich machte mich auf den Weg ins Dorf Schtscherbinowka, wo wir eine befreundete Familie Drotschilo hatten. Iwan, der Mann von Nastja, wurde wegen seiner schlechten Sehfähigkeit nicht eingezogen. Sie nahmen mich auf. Nastja nahm mich zur Arbeit in die Kolchose mit. Dort war ich aber nur eine Woche, weil in der Nähe dieser Familie ein Polizist wohnte, der in Solotonoscha das Lager mit der geraubten warmen Kleidung bewachte. Dieses Lager war nicht weit von meinem Elternhaus und der Polizist hatte mich dort gesehen. Er kam zu Iwan und verlangte, dass sie mich sofort aus ihrem Haus vertrieben, sonst würde er dies der Polizei melden. An jenem Tag ging ich bereits am frühen Morgen zusammen mit Nastja in die Kolchose, um Mais zu ernten. Plötzlich kam Iwan zu uns auf das Feld und sagte, ich sollte sofort verschwinden. Er riet mir, durch welche Dörfer ich gehen sollte, gab mir 30 Rubel, Brot und ein Stück Speck für unterwegs. Die Deutschen begehrten unsere Währung, besonders große Scheine.

Ich wurde wieder obdachlos. Wo ich überall war: Ich war in Grebenka, in Pirjatin, in Lubny, in Chorol, in Priluki. Nach Priluki ging ich in der Hoffnung, dort meinen Onkel Susja zu treffen. Er wohnte dort vor dem Krieg. Aber ich konnte keine Verwandten vorfinden. Mein Onkel kämpfte an der Front und seine Familie ließ sich evakuieren. Damals wurden die Juden in Priluki noch nicht erschossen. Ich setzte mein Umherirren fort und lebte davon, was ich erbettelte.

Im Januar 1942 gelangte ich ins Dorf Semenowka. Ich klopfte an der Tür der Familie Tudor. Es war ein ukrainischer Feiertag. Ich bat sie um eine Scheibe Brot. Sie gaben mir viel und gut zu essen. Dann fragten sie mich, wohin und warum ich ging. Ich erzählte ihnen, dass ich aus der deutschen Kriegsgefangenschaft geflohen und auf dem Weg in meine Heimatstadt Rostow sei. Der Hausbesitzer riet mir, nicht nach Rostow zurückzukehren, sondern in Semenowka zu bleiben, weil dort eine Zuckerfabrik aufgebaut werden sollte. Er brachte mich zum Ingenieur Semen Michailowitsch. (Als ich nach der Befreiung in die Zuckerfabrik zurückkehrte, erfuhr ich, dass Semen Michailowitsch ein Jude war und nicht mehr lebte. Nachdem sowjetische Truppen das Dorf befreit hatten, zog er mit unseren Truppen und fiel an der Front.) Gleich erkannte er in mir eine Jüdin und ließ mich in der Zuckerfabrik arbeiten.

Im Mai 1943 wurde Grischa Lebed, ein guter Freund von mir, festgenommen. Er konnte mir mitteilen, dass ich mich sofort in Sicherheit bringen sollte. Ich musste mich schon wieder auf den Weg machen. Später stellte sich heraus, dass jemand mich gesehen hatte und er im Verhör nach mir gefragt wurde. In Semenowka lernte ich Alexandr Babitschew kennen. Er war Leiter des Untergrundkampfes in Semenowka. Manche seiner Aufträge konnte ich erfüllen. Als ich eine Warnung hörte, versteckte ich mich. Ich landete wieder im Bezirk Lubenski, im Dorf Wowtscha Dolina. Dort wurde ich von der Familie Guseminy beherbergt, bei der ich bereits im Winter 1941 einige Zeit Obdach gefunden hatte.

Der Familienvater Grischa kämpfte an der Front. Seine Frau riet mir zu versuchen, eine Arbeit acht Kilometer von Lubny entfernt in einer Forschungseinrichtung für Heilkräuter zu suchen. Dort arbeitete ich als Tagelöhnerin ungefähr einen Monat lang bis zur Befreiung durch unsere Truppen. Ich begab mich wieder nach Semenowka, um Menschen, die mir zu überleben halfen und mich retteten, wiederzusehen. Was war das für ein Treffen mit den Menschen, die ich so lieb gewonnen hatte! Danach fuhr ich nach Solotonoscha und besuchte das Massengrab, in dem die erschossenen Juden, darunter meine Mutter und meine kleine Schwester, ruhten. Nach der Befreiung der Stadt Tscherkassy fuhr ich mit dem ersten Zug dorthin. Dort arbeitete ich als Krankenpflegerin in Sosnowka. Dann bekam ich einen Brief von meinem Bruder Mischa und meinem Vater. Sie kämpften beide an der Front. Mein Vater war im Hospital. Endlich konnten wir uns wiedersehen. Mein Vater war Kriegsinvalide.

Ich bekam eine Anstellung im pädagogischen Bereich im Dorf Kumeiki, Gebiet Tscherkassy. 1957 beendete ich die pädagogische Hochschule in Tscherkassy. Ich arbeitete als Schulleiterin. 1977 wurde ich emeritiert. Zurzeit wohne ich im Dorf Heronimowka bei meinem Sohn Sascha. Trotz des Erlebten halte ich mich für einen glücklichen Menschen. In meinem Leben und Beruf versuchte ich immer, das Gute zu tun, und erntete dafür von den Menschen viel Dankbarkeit. Wenn es mir schwer ums Herz wird, und das kommt öfter vor, finde ich in der Kommunikation mit den Menschen Ablenkung und Aufmunterung.

Sehr geehrter Boris Michailowitsch Zabarko! Ich hielt mein Versprechen, meine Erinnerungen aufzuschreiben. Ich tat es, so gut ich konnte. Es war sehr schwer. Stellen Sie sich vor, wie schwer es war. Es war so, als ob ich alles noch mal erlebt hätte. Ich war sehr aufgeregt ...

Tamila Iwaschina (geb. 1935)
»Man stahl uns unsere Kindheit«

Sie haben keine Gräber. Niemand kommt und bringt Blumen, um ihrer zu gedenken, weil niemand weiß, wo sie ruhen. Genauer gesagt, wo ihre sterblichen Reste ruhen. Es geht um meine Verwandten: Iosif Meerowitsch Ljachowezki, seine Frau Ita Lwowna und ihre Tochter Faina. Ihr letzter Aufenthalt war das Gebiet Tscherkassy, wo sie lebten und arbeiteten und wo ihre drei Töchter Anna, Betja und Fanja geboren wurden. Vor dem Krieg arbeitete mein Großvater in der Zuckerfabrik in Tscherkassy. Auch Fanja arbeitete dort. Meine Großmutter war eine sehr gute Schneiderin und nähte für die ganze Nachbarschaft. Sie hatten ein Haus in der Ordshonikidse-Straße (früher hieß sie Sawodskaja-Straße), ein Grundstück mit Garten neben dem Haus und etwas Familienglück.

Ich habe diese Menschen nie gesehen. Sie konnten uns, den Kindern ihrer älteren Tochter Anna, weder ihre Traditionen, noch ihre Sprache und Kultur beibringen. Der Krieg und ihre fatale Entscheidung, sich nicht evakuieren zu lassen, zerstörte alles. Außerdem war es sehr schwirig, sich evakuieren zu lassen. Es fällt mir schwer zu beurteilen, was ihre Entscheidung, die so schicksalhaft wurde, beeinflusste.

Heute behaupten viele, dass die Juden in Tscherkassy nicht erschossen wurden, dass es dort nicht einmal die Begräbnisstätten gibt. Aber niemand beschäftigte sich mit diesem Thema, niemand untersuchte das Problem des »Babi Jar« von Tscherkassy. Alle waren bemüht, alles möglichst schnell zu vergessen, als ob nichts geschehen wäre. Die Regierung unterstützte sehr aktiv diesen Gedächtnisverlust. Im Stadtarchiv gibt es keine Akten über die Erschossenen, keine Listen und Zahlen der Erschossenen. Dabei wäre es sehr einfach, dies festzustellen: Sie wohnten dort vor dem Krieg und ließen sich nicht evakuieren. Wo sind sie, wo sind ihre Sterbeurkunden? Man muss feststellen, dass keiner daran interessiert ist. Die Verbrechen der Faschisten gegen die jüdische Bevölkerung passten irgendwie nicht in die Nachkriegspolitik der Partei und Regierung.

1944 kehrten unsere verwaiste Familie, meine Mutter und wir drei Kinder, an die Stelle des Elternhauses zurück. Die Nachbarn erzählten uns, wie alles geschah. Sie erzählten, wie meine Großeltern dem Befehl folgten und zum genannten Sammelpunkt gingen, wie sie noch versucht hatten, Fanja zu retten. Sie versteckten sie und ließen sie sogar taufen. Aber ein einheimischer Polizist fand sie, drohte den Menschen, die das jüdische Mädchen versteckten und brachte es schließlich dorthin, wo alle Juden waren und von wo niemand mehr zurückgekehrt war. Es gibt die Meinung, dass die Menschen, die auf dem besetzten Gebiet geblieben waren, sich hätten retten können. Aber wie? Wie kann man dann so eine hohe Zahl der Erschossenen erklären? Wie hätte man sich retten können, wenn selbst die Nachbarn einen denunzierten? Nicht alle waren hilfsbereit. Es gab auch solche, die es für eine Heldentat hielten, ein zu Tode erschrockenes jüdisches Kind an den Graben zu den anderen Todgeweihten zu zerren.

Später weihten uns die Kinder des Polizisten, der für seine Verbrechen im Gefängnis saß, in das Geheimnis unserer Herkunft ein. Sie lachten uns kleine Kinder aus, beschimpften, unterdrückten und schlugen uns. Dabei hätte es umgekehrt sein sollen. Im Alltag waren jüdische Kinder unterdrückt, wurden in der Schule schikaniert und auf der Straße ausgelacht. Der Minderwertigkeitskomplex nistete sich tief in unserer Psyche ein. Von niemandem konnten wir Schutz erwarten. Unsere Familie war wie durch ein Wunder dem Schicksal anderer Verwandter entkommen. Wir überlebten, vermutlich um Zeugnis abzulegen und zu berichten, wohin der Nationalismus, Chauvinismus, Antisemitismus, Faschismus und ihre Theorie des Menschenhasses und Rassismus führen.

Ich war sechs Jahre alt, als ich zum ersten Mal deutsche Soldaten sah. Sie waren mit Waffen behängt und rasten auf Motorrädern in unser Dorf. Sie benahmen sich wie Eroberer: durchsuchten unsere Schränke, nahmen alles Neue mit, schlachteten unsere Tiere und schossen auf die Hunde, die sie bei der »Arbeit« störten. Überall hörte man Schreie, das Rattern der Motoren, das Quieken der Schweine und das Jaulen der verwundeten Hunde sowie das laute Rufen: »Partisan, Kommunist!«, »Frau, Milch, Eier!«

Alle Menschen warfen sie aus ihren Häusern auf die Straßen und die Soldaten durchsuchten Häuser, Keller und Ställe. Die Menschen bekreuzigten sich und weinten. Hauptsächlich waren es alte Menschen, Frauen und Kinder.

Wir wohnten in jenem Dorf nur eine Woche nach unserer Evakuierung aus dem Gebiet Kirowograd, wo mein Vater als Agronom in einer Sowchose arbeitete. Er wurde nicht eingezogen, weil er Tuberkulose hatte. Mein Vater wurde beauftragt, die Sowchose zu evakuieren. Er musste sich um das Vieh, die Landmaschinen und die Ernte kümmern. Er konnte dies erfolgreich bewältigen, nur seine Familie konnte er nicht evakuieren lassen. Wir machten uns erst auf den Weg, als die Deutschen schon überall waren.

Wir gehörten zum Strom der Flüchtlinge und der sich zurückziehenden Armee und stampften unter den Bombardierungen auf unbefahrbaren Wegen (wir, das heißt mein dreiunddreißigjähriger Vater, meine dreißigjährige Mutter und wir drei Kinder: neun, sechs und drei Jahre alt). Wenn man am Himmel die feindlichen Bomber erblickte, rannten die Menschen aus der Kolonne in verschiedene Himmelsrichtungen, fielen zu Boden und drückten ihre Körper an die Erde. Wenn die Flieger weg waren, liefen die Mütter herum und suchten nach ihren verlorenen weinenden Kindern. Wir ernährten uns von dem, was wir auf den abgeernteten Feldern unterwegs finden konnten. Oft versteckten wir uns in Heuhaufen.

Diese Menschenmasse hätte kein Haus aufnehmen können. Niemand ließ uns ein, niemand bot uns eine Übernachtung an.

Mit Mühe und Not erreichten wir das Dorf Wilcha, Bezirk Solotonoscha, Gebiet Poltawa[12]. Dort wohnte die ukrainische Verwandtschaft meines Vaters. Wenn ich mich richtig erinnere, waren sie über unsere Ankunft nicht erfreut. Sie lebten selbst in Armut und offensichtlich waren sie mit der Wahl ihres Sohnes Iwan, der eine Jüdin geheiratet hatte, nicht glücklich. Nichtsdestotrotz wohnten wir einige Wochen in diesem Dorf. Es war von allen Seiten mit Kiefernwald umsäumt und die Deutschen blieben nicht lange dort. Die Einheimischen verrieten unseren Vater, der Kommunist war, und unsere Mutter, die Jüdin war, nicht. Sie versteckten und versorgten uns Kinder. Es waren die Familien von Marfa Lewtschenko, Tapotschka, Alexander Nor und Galja Mokrjak. Ich erinnere mich, dass für uns Kinder, die in einem Stall versteckt waren, die größte Leckerei Pellkartoffeln waren. Tante Marfa brachte einen Topf noch dampfender Kartoffeln für ihr Schwein. Vor dem Schwein machten wir uns über diese Kartoffeln her. Wir waren hungrig und unterschieden uns kaum von einem Schwein. Marfa hatte Angst um ihre zwei eigenen Kinder. Wir hatten große Augen und überhaupt keine Ähnlichkeit mit ihren Kindern.

Nach einiger Zeit kehrte der Mann der Schwester meines Vaters Dmitri Zygannik ins Dorf zurück. Es war ihm gelungen, sich aus der Einkesselung zu befreien. Er wurde Polizist und riet meinem Vater zu verschwinden. Er denunzierte uns nicht, er erschoss uns nicht, aber er half uns auch nicht. Mein Vater ging mit uns nach Solotonoscha. Es war etwa fünf Kilometer vom Dorf entfernt, und wir hatten große Schwierigkeiten, uns dort zu verstecken. Einige Dorfeinwohner interessierten sich: »Ist die Jüdin von Iwan noch nicht erschossen? Wo ist sie? Wo sind die Kinder?«

Es gab auch solche, die die Polizei entsprechend über uns informierten, denn die Polizisten verfolgten unsere Familie immer und ließen uns in Solotonoscha nicht in Ruhe. Meine armen Eltern, was mussten sie bloß durchmachen! In der Stadt Solotonoscha wurden sehr viele Juden erschossen. Auch wir hätten unter ihnen sein können. Wir kannten das Ghetto von Solotonoscha und sahen jene Menschen, die dem deutschen Befehl bezüglich der jüdischen Bevölkerung folgten.

12 Seit 1954 Gebiet Tscherkassy.

Unsere Mama ließ sich und uns Kinder im Kommissariat registrieren. Als sie fragte, ob die Kinder, deren Vater ein Ukrainer ist, auch registriert werden sollten, antwortete man ihr: »Wie die Mutter, so die Kinder!« Sie geriet in Panik, aber als die Juden zum Sammelpunkt gehen sollten, blieb sie mit uns zu Hause. Genauer gesagt, mein Vater ließ sie nicht gehen. Er vernichtete alle unsere Papiere, brachte uns aufs Land in Sicherheit und erklärte, meine Mutter sei wahnsinnig. Er versteckte sie und sich selbst in verschiedenen Wohnungen, denn sie hatten keine eigenen vier Wände.

Noch einmal zu den angeblich nicht vorhandenen Listen der Erschossenen. Es gab doch Registrierungen der Juden, Erstellung der Listen, laut denen sie aufgefordert wurden, am Sammelpunkt zu erscheinen, um dann erschossen zu werden!

Die Deutschen waren sehr stolz auf die Vernichtung der Juden und alle Listen wurden aufbewahrt. Sie waren ihr Beweis für die Erfüllung des Auftrags ihres Führers.

Über zwei Jahre irrten meine Eltern auf dem besetzten Gebiet umher, wechselten ständig ihren Aufenthaltsort, verheimlichten ihre Herkunft, hatten Angst vor jedem Klopfen an der Tür, vor jedem Blick, vor jeder Begegnung mit Bekannten. Mein Vater beruhigte meine Mutter mit dem Versprechen mitzukommen, wenn es passieren würde, dass sie und wir Kinder abgeholt würden. Man wusste damals, wohin man abgeholt wurde. Heute bekam ich ein Schreiben vom Ukrainischen Fond »Gegenseitiges Verständnis und Versöhnung« mit der Auskunft, dass kein Ghetto in Solotonoscha (Gebiet Poltawa) verzeichnet sei. In der Stadt Solotonoscha sei ein Lager für Zivilbevölkerung gewesen. Das ist es ja: »Zivilbevölkerung«, denn waren Juden und ihre Kinder keine Zivilbevölkerung in Ghettos und Konzentrationslagern?

Wofür wurden sie denn in Ghettos, Konzentrationslagern und Lagern für Zivilbevölkerung, wie das Ghetto in Solotonoscha genannt wird, vernichtet? Als ob diese Menschen nicht verfolgt worden wären. Man sollte in den Gerichtsakten der Polizisten, die gleich nach der Befreiung verurteilt wurden, nachschauen, wofür sie zur Hinrichtung durch Erhängen verurteilt worden waren. Die Antwort lautet: für Vaterlandsverrat und die Verfolgung der Zivilbevölkerung und der Juden. Zu dieser Strafe wurden der Polizist Petrenko aus Solotonoscha sowie einige Polizisten aus dem Dorf Wilcha, Bezirk Solotonoscha verurteilt. Ich versuchte diese Akten einzusehen. Ich weiß, dass es im Gerichtsprozess des erstgenannten Polizisten um unsere Familie geht. Aber das KGB (Komitee für Staatssicherheit) in Poltawa lehnte meinen Antrag auf die Durchsicht der Akten ab.

Vor dem Krieg vernahmen wir weder das Wort »Jude« noch das Wort »Shid«. Wie konnte es denn den Faschisten gelingen, in so einer kurzen Zeit bei so vielen Menschen den Hass gegen Juden zu wecken? Wie konnten sie so schnell so viele Handlanger finden?

Man stahl uns unsere Kindheit. Wir waren verängstigte, hungrige, zerlumpte Wesen, die weder Spielzeug kannten, noch ein Buch. Unsere Welt bestand nur aus Hunger, Läusen, Krätze und anderen Krankheiten, die durch unser Umherirren verursacht worden waren. Wir hatten keine Möglichkeit uns zu waschen, in einem warmen Raum zu schlafen, oder saubere Wäsche zu tragen. Wir Kinder erlebten die Entbehrungen, die Verwahrlosung und die existentielle Angst sehr früh. Aber um wie viel furchtbarer erging es unseren Eltern?!

Auch heute gibt es noch Terror, auch heute sterben Menschen, auch heute wird die Theorie des Menschenhasses aufgrund der nationalen Zugehörigkeit verbreitet.

Je weniger Menschen die Wahrheit kennen, desto einfacher wird es, sie für die Verbrechen einiger Politiker zu instrumentalisieren. Die Generationen sterben aus, mit ihnen auch die Wahrheit. Später wird es sehr leicht sein, das Geschehene nur noch ein Märchen sein zu lassen.

Mein Vater Iwan Andrejewitsch Lewtschenko starb kurz nach der Befreiung der Stadt Solotonoscha. Er war sehr schwer krank, aber fand in sich Kraft, um seine Frau Anna Iosifowna Ljachowezkaja und seine drei Kinder zu retten. Ihm wurde der Titel »Gerechter unter den Völkern« nicht verliehen, aber ich glaube, dass er diesen Titel verdient hatte. Nur dank seiner und der Hilfe der Menschen aus dem Dorf Wilcha konnten wir überleben, erfuhren vom Tod der Familie meiner Mutter, überstanden die sehr schwierige Nachkriegszeit und erleben die Zeit, in der wir von der Wahrheit berichten können.

Leider sind viele, die kämpften, die den Krieg überlebten, ihren Mut bewiesen und oft verraten wurden, nicht mehr am Leben.

4. Bezirk (Rayon) Swenigorodka

(ukr. Swenyhorodka)

Ort: Swenigorodka

Vor 1941 war Swenigorodka[13] Bezirkshauptstadt im Gebiet Kiew der Ukrainischen Sozialistischen Sowjetrepublik, von 1941 bis 1944 Bezirks- und Gebietszentrum im Generalbezirk Kiew, Reichskommissariat Ukraine. Seit 1991 ist Swenigorodka Bezirkszentrum im Gebiet Tscherkassy, Ukraine.

1939 lebten 1957 Juden, 14 Prozent der Bevölkerung in der Stadt.

Am 29. Juli 1941 besetzte die deutsche Wehrmacht die Stadt. In den fünf Wochen, die zwischen dem Überfall der Wehrmacht auf die Sowjetunion und dem Einmarsch in die Stadt lagen, konnten einige Hundert Juden evakuiert werden oder wurden zur Roten Armee eingezogen. Andere Juden blieben in der Stadt, weil sie glaubten, sie hätten von den Deutschen nichts zu befürchten, da sie nicht Mitglied in der Kommunistischen Partei waren. Ungefähr 1300 Juden waren in der Stadt geblieben, darunter Flüchtlinge aus der West Ukraine, die bei ihrer Flucht nach Osten in der Stadt festsaßen. Im Sommer und Herbst 1941 wurde die Stadt von einer deutschen Ortskommandantur verwaltet, die in der Stadt eine örtliche Verwaltung einrichtete und aus der Bevölkerung ukrainische Hilfspolizisten rekrutierte. Im Dezember 1941 wurde die Macht einer deutschen Zivilverwaltung übertragen. Swenigorodka wurde Verwaltungszentrum des Kreisgebiets Swenigorodka, das die ukrainischen

---

13 Altman, Cholokost, S. 329; Encyclopedia of Camps and Ghettos, S. 1611 f.; The Yad Vashem Encyclopedia, S. 992 f.

Rayone, Katerinopol, Mokraja Kaligorka, Olschana und Schpola umfasste. Oberbannführer Hannjo Becker wurde Gebietskommissar. Das Kreisgebiet wurde in den Generalbezirk Kiew im Reichskommissariat Ukraine eingegliedert. Ein Trupp deutscher Gendarmerie übernahm die Kontrolle über die örtliche ukrainische Polizei.

Kurz nach dem Beginn der Okkupation befahl der deutsche Ortskommandant der örtlichen Verwaltung, alle Juden zu registrieren, die eine weiße Armbinde mit einem Davidstern tragen mussten. Die Juden mussten schwere Zwangsarbeit bei der Reparatur der Straßen leisten. Dabei wurden sie oft geschlagen.

Am 16. August 1941 ermordeten die Deutschen eine Gruppe Juden in der Stadt.

Im September 1941 wurde auf Befehl des Ortskommandanten ein offenes Ghetto in der Kominternstraße, Gulkinastraße und einigen kleinen Straßen im nördlichen Teil der Stadt eingerichtet. In dieses Ghetto wurden auch Juden aus den umliegenden Dörfern gebracht. Mehrere Familien mussten sich ein Haus teilen. Obwohl das Ghetto nicht mit Stacheldraht eingezäunt war, durften die Juden das Gelände des Ghettos nicht verlassen oder Kontakte zur örtlichen Bevölkerung aufnehmen. Die Juden durften nur für eine kurze Zeit am Nachmittag den Markt besuchen. Die ukrainische Polizei achtete sorgfältig auf die Einhaltung der Vorschriften. Dennoch kamen einzelne Ukrainer ins Ghetto und tauschten Lebensmittel gegen Kleidung oder Möbel. Im Ghetto herrschte großer Mangel an Nahrung und Heizmaterial. Einige Ghettoinsassen verhungerten oder starben an Krankheiten.

Ukrainische Polizisten und deutsche Beamte gingen oft ins Ghetto und nahmen dort Kleidung, Geschirr, Schuhe und Wertsachen mit. Nachts kamen betrunkene Polizisten ins Ghetto, griffen die Juden an und beraubten sie in ihren Häusern. Auf Befehl der Deutschen wurde ein Judenrat gebildet, der insbesondere die Zwangsarbeit organisieren musste. Die im Ghetto bestehende kleine Klinik wurde nach kurzer Zeit von den Deutschen geschlossen.

Im September 1941 wurde eine Abteilung des Einsatzkommandos 5, kommandiert von SS-Obersturmführer Lehmann, in Swenigorodka stationiert. Ende September, Anfang Oktober 1941 führte eine mobile Einheit von Lehmanns Sicherheitspolizei eine erste »Aktion« in Swenigorodka durch. Sie ergriffen etwa 100 jüdische Männer und erschossen sie.

Anfang Mai 1942 überführten die deutschen Machthaber etwa 100 Juden aus dem Ghetto Olschana nach Swenigorodka. Während der Nacht wurden sie im Gefängnis untergebracht. Am nächsten Morgen wurden die arbeitsfähigen für ein Arbeitslager ausgewählt, die übrigen wurden ins Ghetto Swenigorodga gebracht. Am 5. Mai 1942 wurden die arbeitsfähigen Juden auf Befehl des Gebietskommissars von ukrainischer Polizei und deutscher Gendarmerie zum Einsatz beim Bau der Durchgangsstraße IV in ein Arbeitslager gebracht, das in Ställen im Dorf Nemorosh eingerichtet worden war. Am 17. Mai 1942 wurden 150 Juden aus dem Dorf Katerinopol nach Swenigorodka umgesiedelt. Dadurch stieg die Zahl der Ghettobewohner auf etwa 1500.

Am 18. Juni 1942 »liquidierten« die Deutschen das Ghetto. Vorher wurden 80 Handwerker mit ihren Familien ausgewählt. Die übrigen 1375 Juden wurden erschossen. Die

Erschießungen wurden von einer Einheit der Sicherheitspolizei und des SD organisiert, die dem Kommandeur der Sicherheitspolizei in Kiew unterstand. Sie wurden durch ukrainische Polizei und deutsche Gendarmerie unterstützt. Die 80 Handwerker mit ihren Familien blieben in der Stadt, sie wurden im August 1943 ermordet.

Am 28. Januar 1944 wurde Swenigorodka befreit.

Ort: Nemorosh

Im Dorf Nemorosh[14] war von Mai 1942 bis August 1943 ein jüdisches Zwangsarbeitslager. In das Lager wurden Juden aus Swenigorodka und Olschana deportiert und im Straßenbau eingesetzt. Sie waren in ehemaligen Schweineställen untergebracht. Deutsche und die ukrainische Polizei haben die Gefangenen systematisch misshandelt. Die Arbeit dauerte von morgens bis abends mit 30 Minuten Pause. Wer krank oder arbeitsunfähig war, wurde erschossen.

Im Mai 1942 wurden 150 Juden aus dem Lager in das Lager Smeltschinzy geschickt und 50 Juden im Herbst 1942 in das Lager Brodezki.

Nach der Ermordung von 100 Juden am 23. August 1943 wurde das Lager geschlossen. Lediglich fünf Juden gelang es zu entkommen.

Elisaweta Goldowskaja (geb. 1924)
»Die Einheimischen halfen uns«

Ich, Goldowskaja (geborene Bekker) Elisaweta Israilewna, wurde am 24. März 1924 geboren. Von Juli 1941 bis August 1943 war ich auf dem von Deutschen besetzten Territorium des damaligen Gebiets Kiew, des heutigen Gebiets Tscherkassy. Von Juli 1941 bis Mai 1942 war ich Häftling des Ghettos in Swenigorodka und später, von Mai 1942 bis 23. August 1943, in den Konzentrationslagern Nemorosh, Bradezkoje, Budischtsche, die in den Bezirken Swenigorodka und Lysjanka, Gebiet Tscherkassy, errichtet wurden.

Ende Juli 1941 wurde Swenigorodka von Deutschen besetzt. Sie waren in der Nacht in die Stadt einmarschiert. Die Menschen verließen ihre Häuser und versteckten sich auf dem Feld. Die Deutschen gingen in Kolonnen durch die Straßen, klopften an die Fenster und schlugen die Scheiben ein.

Im August/September 1941 wurde in Swenigorodka ein Ghetto errichtet. Zum Ghetto gehörten Prospekt Schewtschenko und folgende Straßen: Komintern-, Shdanow-, Pionerska-, Proletarska- und Karl-Liebknecht-Straße. Alle Juden, darunter auch meine Familie, wurden dort eingepfercht. In jedem Haus wurden drei oder vier Familien untergebracht. Während der Internierung im Ghetto mussten wir Schwerstarbeit verrichten. Es war sehr schwierig, Lebensmittel zu beschaffen, weil wir alle einen Davidstern an unserer Kleidung trugen und dies uns unmöglich machte, auf dem Markt einzukaufen. Man musste sich ständig etwas einfallen lassen.

14 Altman, Cholokost, S. 641.

Im Mai 1942 wurden junge und arbeitsfähige Ghettobewohner (es waren hauptsächlich junge Frauen) ins Konzentrationslager Nemorosh verschickt. Es lag nicht weit von Swenigorodka entfernt. Die meisten Männer kämpften an der Front (mein Bruder meldete sich freiwillig, meine zwei Cousins und zwei Onkel waren auch eingezogen). Die Alten (darunter auch meine Mama) und Kinder blieben im Ghetto.

Jeder von uns hatte in der Stadt seine Verwandten: Eltern, Großeltern, jüngere Brüder und Schwestern. Wir wurden gewaltsam voneinander getrennt.

Schweren Herzens verließen wir unsere Heimatstadt, denn wir wussten, was uns erwarten würde. Man trieb uns mit Kolbenschlägen auf dem Fußmarsch an. Über diesen Fußmarsch wurde später im Lager ein Lied gedichtet:

Gehab dich wohl, meine liebe Stadt,
gehab dich wohl, meine liebe Familie,
gehabt euch wohl, meine Verwandten,
man nimmt uns euch für immer weg.
Wir machen uns blind auf den Weg
nicht wissend, was uns erwartet.
Wir sind besorgt und fürchten,
der Tod steht uns bevor.
Im Tal sieht man auf dem Berg
die Häuser des Dorfes Nemorosh.
Unser Herz rast in der Brust,
die Tränen rollen die Wangen herunter …

Wir wurden in einem ehemaligen Schweinestall mit ausgeschlagenen Fensterscheiben untergebracht. Wir schliefen auf dem Lehmboden, der mit Mist und Stroh für die Schweine bedeckt war. Wir wurden ständig von Polizisten bewacht. Jeden Morgen wurden wir mit Sonnenaufgang für den Arbeitseinsatz zum Straßenbau abgeführt. Auf den Befehl des Polizisten »Aufstehen!« mussten wir alle aufspringen und sofort hinauslaufen, um uns zum Appell aufzustellen. Der Letzte bekam einen Kolbenschlag auf den Kopf.

Die Bedingungen waren unmenschlich. Sie waren nicht einmal für das Vieh erträglich. Die Menschen erkrankten. An einem Morgen konnten zwei junge Frauen nicht zum Arbeitseinsatz aufstehen, weil sie hohes Fieber hatten. Am Abend des gleichen Tages wurden wir alle in Reihen aufgestellt und vor unserer aller Augen wurde die Erschießung der beiden Unglücklichen »wegen Arbeitsverweigerung« durchgeführt. Sie wurden an Ort und Stelle begraben (andere Häftlinge mussten ein Grab ausheben). Als die im Ghetto Gebliebenen von der Erschießung im Lager erfuhren, kamen jene, die dazu in der Lage waren, ins Lager, um zu erfahren, ob es nicht ihre Kinder oder Verwandten waren. Auch meine Mama kam und wollte bei mir bleiben, um mein bitteres Schicksal mit mir zu teilen.

Ständig mussten wir die Misshandlungen der Deutschen und Polizisten ertragen. Ein Polizist mochte das Aussehen einer Frau nicht und wollte sie dafür bestrafen: Er band sie mit dem Arm an sein Fahrrad und sie musste den ganzen Weg bis nach Swenigorodka dem Fahrrad hinterherlaufen. Als sie zu Boden fiel, schleifte er sie über den Boden zur Kommandantur.

Jede Woche kamen Deutsche (Gendarmen) und führten Musterungen durch: Sie kontrollierten und zählten uns und sortierten die Arbeitsunfähigen aus. Während solcher Musterungen hatte ich sehr große Angst um meine Mama. Ich zog ihr ein Kopftuch an, ließ sie in der zweiten Reihe stehen und versuchte, sie mit meinem Rücken zu verdecken.

Kurz vor Herbstbeginn wurden 50 Menschen aus unserem Lager, darunter ich und Mama, ausgemustert und zu Fuß ins Konzentrationslager Brodezki verschickt, etwa 50 Kilometer von Nemorosh.

Wir wurden in dem Gebäude des ehemaligen Gemeindezentrums untergebracht. Dort wurden wir alle in einem kleinen Zimmer mit Pritschen eingepfercht. Dorthin wurde auch eine Gruppe rumänischer und moldawischer Juden vertrieben. Es herrschten ein unvorstellbares Gedränge, Dreck, Hunger und Kälte. Meine Mama lernte eine einheimische Frau kennen und diese ließ uns hin und wieder zu sich ins Haus, sodass wir uns waschen und bei ihr etwas essen konnten. Vielleicht erkrankten wir deshalb nicht an Typhus. Jeden Morgen schüttelte meine Mutter meine und ihre Kleidung aus, um die Läuse loszuwerden. Wir arbeiteten in einem Steinbruch und mussten vom frühen Morgen bis zum späten Abend Kieselsteine in Waggons verladen. Es war eine Knochenarbeit, die uns völlig erschöpfte.

Einmal befahl mir der Deutsche Wilhelm, ihm zur Erschießung einer Jüdin, die ihm missfallen hatte, zu folgen. Ich lehnte es ab. Er verprügelte mich und drohte, dass er morgen meine Mutter ermorden würde. Ich weinte die ganze Nacht, aber am nächsten Morgen vergaß er zum Glück seine Drohung.

Am 12. Dezember 1942 arbeiteten wir wie immer im Steinbruch, entlang der Eisenbahngleise. Es war sehr neblig. Aus dem Lager kamen einige Häftlinge und erzählten, dass viele Deutsche und Polizisten mit Pferdewagen auf dem Weg ins Lager seien. Da in unserem Lager viele Typhuskranke waren, entschlossen sich die Deutschen, es zu liquidieren. (Auf den Pferdewagen fuhren sie das geraubte Eigentum der Erschossenen ab.) Zuerst wollte ich ins Lager laufen, weil Mama dort als Putzfrau arbeiten musste. Aber ich wurde von anderen Frauen aufgehalten, die mir nahelegten, dass ich ihr in keiner Weise helfen könnte. Ich verstand, dass ich nicht ins Lager gelangen würde, da es von Deutschen umstellt war. Ich nutzte den starken Nebel und kroch unter dem Waggon auf die andere Seite des Eisenbahndamms. Dann lief ich entlang der Gärten zu den Häusern im Dorf. Neben einem Haus stand ein altes Ehepaar. Die Frau rief mir zu: »Kind! Versteck dich, zu euch ins Lager sind ganz viele Deutsche und Polizisten gefahren.« Sie versteckten mich auf dem Dachboden ihres Stalles und gaben mir zu essen. Dort blieb ich bis in der Nacht liegen und hörte das Rattern der Maschinengewehre. »Dort drüben werden alle in unserem Lager erschossen«, dachte ich. Und dort ist auch meine Mama geblieben. Die Tränen und der Schmerz würgten mich. Es war starker Frost, aber ich spürte keine Kälte. Um Mitternacht holten mich die Hausbesitzer ins Haus.

Ich verstand, dass Mama nicht mehr am Leben sein würde, aber ich konnte es nicht wahrhaben, deshalb ging ich am nächsten Morgen zu jener Frau, die uns ab und zu bei sich aufnahm, um zu erfahren, ob es Mama nicht doch gelungen war, sich bei ihr zu verstecken. Leider war die Antwort negativ. Sie ließ mich ins Haus herein, gab mir zu essen und Kleidung und beherbergte mich bei ihr die ganze Woche. Einmal kam eine Nachbarin zu ihr, die Verdacht geschöpft hatte, dass ihre Nachbarin jemand verstecken würde. Sie fragte sie aus. Ich konnte dem Gespräch zuhören und verließ, da ich mich und meine Wohltäterin nicht in Gefahr bringen wollte, ihr Haus bei Sonnenaufgang.

Von Haus zu Haus und von Dorf zu Dorf erreichte ich Swenigorodka. Ich kam in mein Elternhaus, in dem aber schon unser Nachbar Dr. Leskow und andere mir unbekannte Menschen wohnten, die unsere Haushaltsgegenstände frei benutzten. Bei Dr. Leskow blieb ich drei Tage. Seine Adoptivtochter Lida Bardygina arbeitete in der Kommandantur als Dolmetscherin.

Von Leskow aus landete ich im Dorf Budischtsche, Bezirk Lysjanka, im Lager, weil ich sonst nirgendwo hingehen konnte. Dort wiesen mir die Häftlinge einen Platz zu, der früher meiner vor Kurzem in diesem Lager erschossenen Tante Lisa gehörte.

Und wieder begann der Alltag: Schwerstarbeit im Straßenbau, Schneeräumen, Kälte, Hunger und Misshandlungen durch Deutsche und Polizisten. Wir erkannten die Ausweglosigkeit unserer Situation, aber die Hoffnung glühte noch in uns. Trotz aller Bemühungen konnten die Deutschen unseren Geist nicht besiegen. Selbst unter solchen unmenschlichen Bedingungen dichteten wir Lieder:

> Die Wolken verdichten sich über der Stadt,
> im Lager stinkt es nach Pferdeaas.
> Die Menschen streiten um Knochen,
> der Aufseher kommt mit der Peitsche.
> Er befiehlt uns Ruhe und
> treibt uns zur Essensausgabe.
> Danach legen wir uns zum Schlaf
> im unbeheizten Raum aufs Stroh.
> Der Kolbenschlag schreckt uns nicht ab
> und auch nicht die Peitsche.
> Wir sind bereit, alles zu erdulden.
> Wir wollen nur überleben.
> Es ist schwer zu überleben,
> all die Qualen zu ertragen.
> Aber in die kalte Erde
> will man so jung nicht.
> Die Hoffnung gibt uns Kraft.
> Die Hoffnung wärmt unser Herz.
> Die Adler stutzen den Fritzen die Flügel
> und wir werden glücklich erlöst.

Die Einheimischen halfen uns, so gut sie konnten, unter diesen Bedingungen zu überleben. Unter Todesgefahr teilten sie mit uns, was sie selbst hatten: ein Stück Brot, Eier, Kartoffeln, Kürbiskerne. Die Polizisten nahmen uns alles, was sie fanden, ab, warfen es weg, nur damit wir es nicht behielten. Im Lager bekamen wir nur Pferdeaas zu essen.

Im Lager Budischtsche blieb ich bis Frühling 1943. Dann kamen wir ins Konzentrationslager im Dorf Nemorosh, in das ich zum zweiten Mal kam. Und wieder schwerste Knochenarbeit im Straßenbau! Aber den Polizisten schien es nicht genug: Vor der Arbeit im Straßenbau schickten sie uns in die Kolchose, Unkraut auf den Rübenfeldern zu jäten. Besonders grausam war der Polizist Pritula. Er misshandelte die Menschen, wo er es nur konnte.

Am 23. August 1943 arbeiteten wir wie immer auf der Straße, die durch den Wald verlief. Wir sahen den Lastwagen mit den Deutschen und dem Dolmetscher Bolik, einem ehemaligen Schüler aus Swenigorodka, auf uns zukommen. Man befahl uns, uns in der Waldlichtung zu versammeln. Als wir hingingen, bemerkten wir, dass wir von Deutschen und Polizisten umstellt waren. Man führte uns zum Lager. Wir verstanden, dass uns die Erschießung bevorsteht.

Eine zweite Chance zu fliehen würden wir nicht mehr haben. Ich schlug meinen Arbeitskolleginnen vor, in verschiedene Richtungen zu rennen in der Hoffnung, dass sich jemand retten könnte. Eine Jugendliche aus dem Dorf Olschany sprang auf den Bahndamm und rannte hinunter. Ein Teil der Deutschen verfolgte sie, während wir fünf Personen – ich, Manja Chersonskaja, Polja Shiwotowskaja, eine Frau aus Olschany und ein Junge – in die entgegengesetzte Richtung rannten. Ein Teil der Polizisten verfolgte uns, aber sie hatten Angst, die Kolonne zu verlassen, weil sie befürchteten, dass auch die anderen fliehen könnten. Wir liefen entlang der Gärten. Sie riefen uns hinterher: »Kommt heraus!«, aber wir versteckten uns hinter den Bäumen und Sträuchern und konnten so die andere Straße erreichen. Zum Glück wurden wir nicht von Pritula verfolgt, der die Möglichkeit Juden zu erschießen, nicht verpasst hätte.

Wir gelangten ins benachbarte Dorf. Dort versteckten wir uns im Feld in einem Heuhaufen, in dem wir bis zum Einbruch der Nacht blieben. Wir teilten uns in drei Gruppen auf. Ich blieb bei Manja Chersonskaja. Zusammen mit ihr machte ich mich auf den Weg der angreifenden Roten Armee entgegen und war einen Monat durch die besetzten Gebiete unterwegs. Überall gab es Kämpfe und die Deutschen waren auf dem Rückzug. Wir bewegten uns von Haus zu Haus und von Dorf zu Dorf. Die Einheimischen halfen uns. Sie gaben uns Obdach und Essen.

Einmal, als wir bei einer älteren Frau eingekehrt waren, kamen von der Straße Wagen mit deutschen Soldaten. Sie besetzten das Haus und richteten sich für die Nacht ein. Ein Deutscher fragte die alte Frau: »Großmutter, sind es deine Töchter?« Die Alte antwortete: »Ja.« Ich wurde hellhörig und vernahm, wie ein Deutscher zum anderen sagte: »Sie sind Juden.« Zum Glück bekamen die Deutschen den Befehl abzuziehen. Wir waren für sie nicht mehr interessant.

Anfang Herbst erreichten wir die Stadt Solotonoscha und wandten uns an den Parteiausschuss. Dort bekamen wir Essenskarten. Auf Anweisung des Komsomolausschusses arbeitete ich ab November 1943 als Jugendgruppenleiterin in einer Schule in Solotonoscha. Im Dorf Buki, Gebiet Tscherkassy, erschossen die Deutschen meine Großmutter und meine Tante.

Tatjana Schnaider (Pilkina) (geb. 1925)
»Mit gelben Davidsternen«

Während der Besatzung der Ukraine durch die Faschisten war ich ab dem 19. Juli 1941 im Ghetto Olschany, Gebiet Winniza.

Die erste »Aktion« fand im Oktober 1941 statt. Damals wurden die Männer abgeholt. Wo sie begraben wurden, ist unbekannt.

Am 2. Mai 1942 wurden wir in einer Kolonne in die Stadt Swenigorodka verschickt, wo ein Ghetto für die Juden aus den benachbarten Städten und Dörfern errichtet wurde. Wir wurden zuerst im Gefängnis von Swenigorodka untergebracht und dort sortiert: Frauen mit Kindern, Alte und Kranke wurden im Ghetto eingesperrt, während andere (ab dem 12. Lebensjahr) ins Konzentrationslager im Dorf Nemorosh, Bezirk Swenigorodka (heute Gebiet Tscherkassy) kamen. Die Lebens- und Arbeitsbedingungen waren sehr schwer. Wir waren Menschen mit gelben Davidsternen, Todgeweihte. Wir wurden in alten schmutzigen Ställen untergebracht und mussten auf dem Boden oder auf dem Mist, der von Schweinen und Kühen übrig geblieben war, schlafen. Wir mussten die Straße von Swenigorodka nach Lysjanka reparieren und von Schnee räumen. Wir fällten Holz, denn die Straße verlief quer durch den Wald. Außerdem arbeiteten wir im Steinbruch, zimmerten Schneeschutzvorrichtungen, zerkleinerten Sandstein und zogen anstatt der Pferde die Walzen.

Solange das Ghetto in Swenigorodka war, hatten wir es leichter, weil die Ghettobewohner uns halfen. Aber das dauerte nicht lange. Vom 15. bis 17. Juli wurden sie von Faschisten und ukrainischen Nationalisten in den Wald Dibrowa gebracht und dort vernichtet. (Es gibt ein Massengrab und ein Denkmal, das dank der Spenden der jüdischen Bevölkerung errichtet wurde.)

Während unserer Lagerzeit wurden wir auf Anweisung der deutschen Kommandantur wie Vieh von einem Lager zum anderen transportiert. Dabei wurden die Kranken und Arbeitsunfähigen vernichtet.

Auf diese Art und Weise war ich in den Lagern Nemorosh, Smiltschanzy, Budyscha und landete im März 1943 wieder in Nemorosh. Wir mussten die zerstörte Straße reparieren. Diesmal wohnten wir nicht in den Ställen, sondern in der Ruine des ehemaligen Schulgebäudes.

Ein Teil der Menschen, die in Nemorosh geblieben waren, wurde am 2. November 1942 erschossen. (Das Denkmal an ihrem Massengrab trägt die Inschrift: »Von den Überlebenden«). Das Tauwetter im März zerstörte die Straße, die laufend von deutschen Truppen, die auf dem Rückzug waren, benutzt wurde. Wir mussten Steine im Steinbruch klopfen und die Straße befahrbar machen. So dauerte es bis zum 23. August. Jeden Augenblick rechneten wir damit, dass unser Lager vernichtet würde.

Am 23. August 1943 erfuhren wir, dass Charkow befreit wurde. Am Mittag kamen ein Pkw und ein Lkw mit vielen Polizisten, die mit Maschinengewehren bewaffnet waren, ins Lager. Im Pkw saß der Deutsche, den wir Max nannten. Er war für die Erschießungen zuständig. Als die Menschen hinausgetrieben wurden und die ersten Schüsse krachten, liefen die Polizisten, die uns bewachten, hin, und meine Freundin Sonja Pjatigorskaja und ich konnten unbemerkt aus dem Lager entkommen. Wir versteckten uns im Garten des Polizisten, der Kommandant des Lagers war.

Als wir flohen, wurden wir von einem einheimischen Mann gesehen. Nach Einbruch der Dunkelheit fand er uns, um uns zu helfen. Er kam zu uns in den Garten, brachte uns in die Scheune im Hof seiner Eltern und vernichtete alle Spuren, weil die Deutschen und Polizisten nach den Geflohenen mit Hunden suchten. Es war eine sehr ehrliche hilfsbereite Familie, Pawel Nikiforowitsch und seine Eltern, die ihr eigenes Leben riskierten, um zwei jüdische Frauen zu retten.

Danach wechselten wir mehrmals unseren Aufenthalt, versteckten uns in verschiedenen Löchern, übersetzten deutsche Papiere und schrieben Aufrufe an die einheimische Bevölkerung, verfluchten die Faschisten und halfen Pawel Nikiforowitsch Mykitenko, diese Flugblätter zu verteilen.

Als nach dem Angriff der sowjetischen Truppen die Nazis die Häuser in Brand setzten, um verbrannte Erde zu hinterlassen, wurden wir am 20. Januar 1944 in Strohrollen eingewickelt, auf einen Pferdewagen geladen und auf diese Weise bei Sonnenaufgang aus dem Dorf in den Wald gebracht, wo es nicht so gefährlich war. Kurz darauf wurden wir von den sowjetischen Panzern aufgelesen und in die befreiten Gebiete gebracht.

Vor ein paar Jahren wurde auf meinen Antrag hin an Pawel Nikiforowitsch Mykitenko von Yad Vashem in Jerusalem der Titel »Gerechter unter den Völkern« verliehen.

J. M. Ljachowizki, Die Überlebenden der Katastrophe: Gerettete, Retter, Kollaborateure. Berichte, Zeugnisse, Dokumente, Charkow 1996, S. 138 f.

Assja Selexon
»Das Gedächtnis des Herzens«

Weit weg vom Gebietszentrum Kiew und 20 Kilometer von der Eisenbahnstation Gorodischtsche entfernt liegt das große, schöne Dorf Olschana. Von vielen jüdischen Familien, die im 19. Jahrhundert aufgrund der Verordnung über die Ansiedlungsrajons in jener Urlandschaft landeten, lebten vor dem Kriegsausbruch dort noch etwa 100 Familien. Unter ihnen war auch unsere große Familie Umanski: mein Vater Lew Iosifowitsch, ehemals Lehrer an der jüdischen Schule, meine Mama Bronja, meine Schwester Nina, meine zwei Brüder Iljuscha und Arontschik und ich. Alle jüdischen Männer waren hauptsächlich Handwerker: Schneider, Schuhmacher, Schmiede, Friseure. Man lebte in bescheidenen Verhältnissen, in jeder Familie gab es drei bis fünf Kinder. Man nahm sich viel Zeit für die Kinder, kontrollierte ihre Hausaufgaben und versuchte ihnen eine gute Ausbildung zu ermöglichen. Meine ältere Schwester besuchte eine Technische Hochschule in Kiew, und ich machte gerade mein Abitur. Im Juni 1941 legte ich meine Prüfungen ab und bekam mein Abiturzeugnis mit Auszeichnung. Dies ermöglichte mir, das Studium an einer Universität meiner Wahl ohne Aufnahmeprüfungen zu beginnen. Was konnte man sich noch wünschen? Vor mir lagen zwei freie Monate, in denen ich mich erholen und neue Kräfte tanken sollte, um dann im September mit dem Studium zu beginnen.

Für den 22. Juni waren wir mit der ganzen Klasse verabredet, einen Ausflug ins Heimatdorf des großen ukrainischen Dichters Taras Hryhorowytsch Schewtschenko zu unternehmen. Wir wollten uns sein Geburtshaus und das ihm gewidmete Museum anschauen. Kaum waren wir versammelt, lauschten alle den beunruhigenden Radiomeldungen und der im Rundfunk übertragenen Rede von Molotow. Der Krieg brach aus … Die allgemeine Mobilisierung wurde ausgerufen …

Mit Mühe und Not kam meine Schwester aus Kiew zurück. Viele Familien ließen sich bereits evakuieren. Als unsere Familie zusammen war, machten auch wir uns auf den Weg. Irgendwie erreichten wir den Dnjepr in der Nähe von Tscherkassy, aber wir konnten den Fluss nicht mehr überqueren, weil wir eingekreist wurden. Zusammen mit uns waren noch andere Familien aus Olschany sowie aus den benachbarten Dörfern. Man nahm uns das ganze Gepäck ab und befahl uns, zu Fuß nach Hause zu gehen. Dort herrschten schon die Deutschen und Polizisten als ihre Handlanger. Sie führten eine neue Ordnung ein. Überall hingen Plakate: »Zutritt für Juden und Hunde verboten!« Ein Dorfältester wurde ernannt und erfüllte die Anordnungen der Deutschen und Polizisten, die ehemaligen Aktivisten, Parteimitglieder und Vorsitzenden der Kolchosen abzuholen. Sie wurden als Erste erschossen. Insgesamt sieben Personen, darunter auch mein Vater.

Dann kamen die Juden an die Reihe. Man versammelte alle Männer ab dem dreizehnten Lebensjahr auf dem Platz vor der Dorfverwaltung. Es gab Gerüchte, dass sie alle zum Arbeitseinsatz abtransportiert würden. Aber am Abend brachte man sie in eine unbekannte Richtung, woher sie nicht mehr zurückkehrten.

Alle anderen Juden wurden ins Ghetto gepfercht. Es waren vier Häuschen, die nebeneinander standen. Die Menschen schleppten aus ihren früheren Wohnungen alles, was sie konnten, dorthin, vor allem aber die Lebensmittel, um sich einige Zeit versorgen zu können, denn der Kontakt zu Einheimischen war verboten. In diesen Häuschen fanden etwa 100 Menschen Unterschlupf und wurden ständig von Polizisten bewacht. Jeden Morgen wurden alle gezählt. Wenn den Polizisten etwas von unseren Habseligkeiten gefiel, zum Beispiel Geschirr oder Kleidung, nahmen sie es uns sofort ab. Sie meinten, sie würden es wieder gutmachen. Manchmal wurden die jüngeren von uns zum Arbeitseinsatz abgeführt. Sie mussten an ihrem rechten Ärmel einen sechszackigen Stern tragen, denn wie hätten sie sonst die Menschen der »zweiten Klasse« von den Ukrainern unterscheiden können?!

Erschöpft, hungrig und halb nackt mussten wir die Straßen fegen, durch die jene stolzierten, mit denen wir noch gestern befreundet waren und die gleiche Schulbank gedrückt hatten. Es war ein Glück für uns, wenn wir in der Küche der Deutschen arbeiten mussten, denn dort bekamen wir ein paar Kartoffeln oder irgendwelche Essensreste.

So vergingen lange, kalte und hungrige Tage und Nächte im Winter 1941/42. Jeden Tag hielten wir für unseren letzten, aber wie viel Leid stand uns noch bevor!

Im Frühling 1942 kam unser Ghetto an die Reihe: Wir wurden auf den Platz neben der Schule getrieben. Dort standen schon Pferdewagen für kleine Kinder und kranke Alte bereit. Unter den herzzerreißenden Schreien der Mütter, die ganz außer sich waren, trieb man uns durch das ganze Dorf. Zuerst dachten wir, dass man uns am Dorfrand erschießen würde. Aber es gab keine Deutschen unter den Wachmännern, nur die Polizisten. Dies bedeutete, dass man uns zuerst an die Deutschen übergeben würde. Und wir gingen und gingen und gingen, bis wir am Abend das kleine Städtchen Swenigorodka erreichten. Man trieb uns alle in ein Gefängnis. Erschöpft und hungrig konnte kaum jemand von uns weinen, denn wir hatten einfach keine Kraft und wünschten nur eins: ein baldiges Ende.

Am frühen Morgen wurde das Tor des Gefängnisses geöffnet und die angekommenen SS-Männer fingen mit der Sortierung an: Die einen nach links, die anderen nach rechts. Nach links stieß man junge Frauen, denen man ihre Kinder wegriss. Wenn die Mütter sich weigerten, wurden sie, wie die meisten nach rechts sortiert. Damals sahen wir unsere Mama und unsere Brüder zum letzten Mal. Im Juni 1942 wurden sie zusammen mit anderen Juden, die aus den benachbarten Dörfern und Städtchen nach Swenigorodka getrieben wurden, erschossen.

Unter Bewachung wurden wir ins Dorf Nemorosh getrieben, acht Kilometer von Swenigorodka entfernt. In einem ehemaligen Pferdestall einer Kolchose errichteten die Deutschen ein Konzentrationslager. Ungefähr 200 Menschen waren dort bereits untergebracht und wurden von Polizisten strengstens bewacht. Kaum betrat unsere Kolonne das Gelände des Lagers, sahen wir drei Leichen und eine Überschrift: »Dies passiert jedem, der nicht zur Arbeit erscheint.«

Das Konzentrationslager war nicht weit von der Straße, auf der die deutschen Truppen nach Kiew zogen. Diese Straße wurde in einem perfekten Zustand gehalten, man achtete darauf, dass jedes kleinste Loch auf der Fahrbahn beseitigt wurde. Wir wurden als billige Arbeitskraft benutzt.

Nach dem Krieg hat es uns viel Mühe bereitet zu beweisen, dass es das Lager wirklich gab. Man rechnete nicht damit, dass jemand überleben würde. Erst viele Jahre später gelang es den lokalen Ämtern in einem Gerichtsverfahren diesen Fehler zu korrigieren und die Berichte ins Gebietsarchiv zu übergeben.

Im Lager bekamen wir unsere Arbeitswerkzeuge: Schaufeln, Pickel, Zangen, und man zeigte uns einen Platz auf dem Stroh im Pferdestall, wo wir schlafen sollten. Alle arbeiteten hauptsächlich im Straßenbau. Jene, die stärker waren, wurden in den Steinbruch geschickt, wo sie die Steine nach den Sprengungen aufladen sollten. Wir bekamen einmal am Tag eine Suppe und einmal in der Woche einen kleinen Laib Brot.

Zur Arbeit gingen wir 10 bis 12 Kilometer unter Bewachung der Polizisten. Wir arbeiteten vom frühen Morgen bis zum späten Abend und hatten nur 30 Minuten Pause. Vor und nach der Arbeit wurden wir kontrolliert: Man stellte uns in Reihen zu vier Personen auf, damit die Polizisten es beim Zählen bequemer hatten. Viele hielten die Erniedrigungen, Schläge, Hunger und Kälte nicht aus und unternahmen Fluchtversuche. Wenn man den Geflohenen nicht fasste, wurden zehn andere für ihn erschossen.

Wir hatten nur Lumpen an, und dabei näherte sich der Winter. Dann wurde eine neue »Aktion« durchgeführt: Bei einer Morgenkontrolle gingen die »Herren« durch die Reihen und zeigten mit dem Finger auf jene, die aus der Reihe hinaustreten sollten, als ob man sie mit einer anderen Arbeit beauftragen wollte. Aber von dieser Arbeit kehrte niemand mehr zurück. Man brachte nur einen Berg Kleidung und Schuhe, denn vor den Erschießungen befahl man den Menschen, sich zu entkleiden. Irgendwie bekamen die Überlebenden die Kleidung und die Schuhe. Für den Winter brachte man uns in dem heruntergekommenen Gemeindezentrum des Dorfes unter. Zur Arbeit gingen wir jeden Tag unabhängig vom Wetter. Wir befreiten die Straßen vom Schnee, zimmerten Holzsperren für die Straßen und markierten Straßen.

Es gab noch zwei weitere »Aktionen«, die die Selektion der Kranken und Schwachen zum Ziel hatten, sodass wir bis Mai 1943 nur noch 50 Personen geblieben waren. Obwohl wir in einer völligen Isolation lebten, verstanden wir, dass die Deutschen auf dem Rückzug waren, denn ihre Truppen bewegten sich immer öfter in der anderen Richtung und sie hatten nicht mehr die Stimmung wie vorher. Wie freuten wir uns, wenn die Flieger mit roten Sternen erschienen und bombardierten. Alle verstanden, dass die Tage unseres Lagers gezählt waren, aber wir wurden wie früher täglich zur Arbeit getrieben. Einmal, als wir wie üblich unweit voneinander auf der Straße standen und unsere Arbeit verrichteten, hörten wir laute Rufe: »Schwarze!«. Wir wussten, was »Schwarze« bedeutet und warum sie kamen. »Schwarze« wurden die Elitetruppen der SS genannt. Sie hatten eine schwarze Uniform.

Auf der einen Seite der Straße war Wald und auf der anderen Feld. Wir alle liefen in verschiedene Richtungen. Manche wurden sofort gefasst, andere auf ihrer Flucht erschossen und wieder anderen gelang es dann doch, ins Innere des Waldes zu fliehen. Dieses Glück hatten auch meine Schwester und ich. Wir versuchten immer zusammen zu bleiben. Wie viele dieses Glück hatten wie wir, erfuhren wir erst nach unserer Befreiung, als wir in unser Heimatdorf zurückkehrten.

Nach der Flucht hielten wir uns zwei Tage lang im Wald auf und, als die Schießerei aufhörte, gingen wir auf Menschen zu und suchten bei ihnen Zuflucht. Manche von uns wurden im Keller versteckt, andere auf dem Dachboden und wieder andere bei Verwandten und Bekannten in anderen Dörfern. Niemand denunzierte uns, niemand verriet uns. Es war schon eine ganz andere Zeit, die Befreiung war ganz nahe.

Unsere Region wurde am 5. Februar 1944, als die berühmte Korsun-Schewtschenkowskier Operation beendet wurde, befreit.

Alle am Leben Gebliebenen kehrten nach Hause zurück. Wir waren insgesamt 13 Personen. Dort warteten auf uns nur Ruinen. Wir hatten keine Papiere, keine Mittel, nur die Lumpen, die wir am Leibe trugen.

Jeder, an den wir uns wandten, versuchte uns zu helfen: der eine mit Lebensmitteln, der andere mit Kleidung. Später bekamen wir provisorische Papiere, Schulzeugnisse und begannen nach unseren Verwandten zu suchen. Jene Verwandte, die überlebten, meldeten sich gleich zurück und halfen uns. Viele von uns fuhren zu ihren Verwandten.

Im Frühling gingen wir nach Swenigorodka, um die Massengräber zu suchen. Die Einheimischen halfen uns. Wir fanden nicht ein Massengrab, sondern gleich drei. Das größte Grab war so groß wie ein großes Zimmer, die Erde setzte sich und bildete eine Vertiefung, überall lagen Haarbänder, Kämme, Schuhe … Es war ein furchtbares Bild. Wir entschieden uns, an alle unsere Bekannten in allen Ecken der Sowjetunion zu schreiben. Die Menschen kehrten aus der Evakuierung zurück, und wir begannen mit dem Sammeln der Gelder zur Errichtung des Denkmals für die Ermordeten. Aber bis zur Realisierung dieses Plans dauerte es noch lange, denn wir hatten mit vielen Hindernissen zu kämpfen.

Wir mussten unser Leben neu beginnen, von Anfang an.

Darüber, was die ehemaligen Lagerhäftlinge erlebt hatten, könnte man nicht nur einen kurzen Bericht, sondern ein dickes Buch schreiben. Beim Durchblättern dieses Buches könnte man sich jeden Tag, den wir erlebten und in jenen unmenschlichen Verhältnissen überstanden, schmerzhaft in Erinnerung holen. Von mir erzählte ich nur kurz, weil ich es für meine Pflicht halte, auch ein paar Zeilen über jene zu schreiben, die zusammen mit meiner Schwester und mir auf dem besetzten Gebiet waren und sich auch aus dieser Hölle retten konnten. Wie könnte ich mich nicht an all jene erinnern, die ich lieb habe und nie vergesse!

Mein ganzes Leben halte ich Kontakt zu den mir so nah gekommenen Schwestern Manja und Nina Komarnizkije. Ich erinnere mich sehr gut an ihre kleine Zweizimmerwohnung, an die Sauberkeit und Ordnung darin. Drei kleine Mädchen wurden von Kind an zur Arbeit erzogen. Wie sehr verehrten sie ihre Eltern, die sie liebevoll und zärtlich beschützten. Ihr Vater David stand trotz seiner schwachen Gesundheit den ganzen Tag an seinem Schneidertisch, um die Familie durchzufüttern. Ihre Mutter Rachil half in allem ihrem Mann und brachte ihren Töchtern jede Arbeit bei. Es war immer eine Freude, diese Familie zu besuchen. Die Mutter begrüßte die Freundinnen ihrer Töchter immer mit großer Freude. Die Jüngste von ihnen, Musja, konnte sich nicht retten. Ihre Anständigkeit und Hilfsbereitschaft bewahrte sich Familie Komarnizkije auch im Ghetto. Bis ans Lebensende, bis zur Massenerschießung teilten sie mit anderen den letzten Krümel, der auch für sie nicht übrig war. Dies alles erlebten meine Schwester und ich und erinnern uns bis heute daran.

Sehr gut erinnere ich mich an die große Familie Pipkiny. Mit Tanja Pipkina (Schnaider) war ich zusammen in der Schule und wir drückten zehn Jahre gemeinsam die gleiche Schulbank. Leider überlebten aus der ganzen Familie nur Tanja und ihr Bruder Lew. Er war 1941 eingezogen worden, wurde schwer verwundet, kehrte nach der Befreiung nach Olschana als Kriegsinvalide zurück und heiratete meine Schwester. Die Verletzungen und Krankheiten gingen nicht an ihm vorbei. Er starb 1988.

Im Konzentrationslager waren zusammen mit uns auch die Cousinen von Tanja: Rosa (sie starb 1975 an Krebs), Rajetschka Geschektor (Fridman, sie lebt heute in Israel) und Rachilka Olschanskaja (sie konnte leider nicht fliehen und wurde im August 1943 erschossen). Auch meine Cousine Manja Broniwezkaja überlebte. Sie starb sehr früh und hinterließ drei Kinder. Werotschka Galperina konnte sich auch retten und starb vor Kurzem nach einer langen und schweren Krankheit.

Ein mir und meiner Schwester sehr nahestehender Mensch war Basja (Polina) Tschudnowskaja. Sie wohnt jetzt in den USA in New York, Brooklyn, zusammen mit ihrer Tochter und Enkelin. Dort wohnt auch unser gemeinsamer Liebling Naumtschik. Ihn und seine Mutter versteckte die Ukrainerin Sofja Kostriza bei sich im Keller. Am Leben blieben auch Fulka Olschanski und seine wunderschöne Tochter Nina, die leider sehr früh an Diabetes starb.

Ich möchte noch kurz die Familie Nirenjerg, die Mutter Dora und ihre Töchter Sara und Busja erwähnen. Trotz der Armut waren sie sehr herzliche Menschen. Leider lebt Busja nicht mehr. Von Sara möchte ich ausführlicher erzählen. Mit ihren Fähigkeiten fiel sie schon in der Grundschule auf. Aber dies alles hat sie in ihrem späteren Leben noch mehr gebraucht. Im Lager zeichnete sie sich durch ihre Tapferkeit aus, sie war sehr mutig, entschlossen, ging oft das Risiko ein, ins Dorf zu schleichen, um ein Stück Brot zu erbetteln, wodurch sie ihre Schwester und Mutter vom Hungertod rettete. Fast alle Lieder, die wir damals im Lager sangen (das kam vor, denn wir waren jung), schrieb Sara. Nach der Flucht aus dem deutschen Konzentrationslager musste sie auch »die Vorzüge« des sowjetischen Gulag kennenlernen, denn man war damals der Meinung, dass ein Jude, der in der deutschen Besatzung überlebt hatte, ein Vaterlandsverräter war. In Freiheit entwickelte Sara ihre Talente mit neuer Kraft. In kürzester Zeit absolvierte sie das Fernstudium an der pädagogischen Hochschule, während sie in einer Schule als Russischlehrerin arbeitete. Aber sie war damit noch nicht zufrieden und nahm das Studium der englischen Sprache auf. Obwohl ihre Ehe unglücklich war, gelang es ihr, ihre vier Kinder großzuziehen und ihnen eine gute Ausbildung zu ermöglichen. Wie schaffte sie das?! Sie nähte, strickte, arbeitete im Garten, hatte Nutztiere, war ein Vorbild für ihre Kinder und gewöhnte sie an die Arbeit.

Man muss sagen, dass die Juden aus Olschana im Konzentrationslager eine große Familie waren, wir hielten zueinander wie eine große Landsmannschaft. Ich erwähnte nur jene, die überlebten, die all jene Gräuel, von denen ich am Anfang schrieb, überstanden haben. Wenn ich jemand vergessen habe, bitte ich um Verzeihung.

Mit den Frauen aus Swenigorodka, sie waren ja die Mehrheit im Lager, hatten wir auch gute Beziehungen. Warum ja auch nicht, denn wir hatten ja das gleiche Leid, die gleiche Not.

Erst nach der Befreiung, nach unseren regelmäßigen Besuchen und Begegnungen befreundeten wir uns besonders mit den Schwestern Chilkiwskije, Lisa und Grunja, mit Betja Medwed und anderen. Leider sehen wir uns jetzt nicht mehr so oft, viele leben nicht mehr und außerdem sind es jetzt verschiedene Republiken. Die Zeit tut das ihrige dazu.

Von den Frauen aus Swenigorodka möchte ich von Ljuba Krasilowskaja, von uns allen geliebt und verehrt, erzählen. Alle wundern sich, woher sie soviel Energie, soviel Kraft nimmt, um uns alle zu organisieren, unterzubringen und zu betreuen. Nur dank ihrer Initiative versammeln wir uns so oft in Swenigorodka, besuchen die Orte, wo die Konzentrationslager waren, gehen zu den Massengräbern in Selenaja Dubrowa. Was hat es sie gekostet, zu erreichen, dass endlich ein Denkmal an den Massengräbern errichtet werden durfte, denn die lokale Verwaltung war nicht immer entgegenkommend. Nur ihre Zielstrebigkeit und Liebe zu den Menschen überzeugte die lokale Verwaltung, dass dies im Namen der Gerechtigkeit notwendig sei. Die Krönung all ihrer Bemühungen war, dass es ihr im Gerichtssaal gelang zu beweisen, dass wir alle wirklich Häftlinge des Konzentrationslagers waren, obwohl weder deutsche noch ukrainische Archive über die entsprechenden Häftlingslisten verfügten. Endlich herrschte Gerechtigkeit, endlich bekamen wir unsere Bescheinigungen aus dem Archiv des Gebiets Tscherkassy und konnten unsere Rente als Holocaustopfer beziehen. Wir verneigen uns vor dir, liebe Ljuba. Ich bitte all jene um Verzeihung, die ich nicht erwähnte. Ich erinnere mich an alle mit großer Liebe.

Курьер [Kurier. Israelische Zeitung in russischer Sprache], 1990, Nr. 8 (31), S. 6

Siehe auch den Zeitzeugenbericht von Gertruda Gerenschtein-Mostowaja

5. Bezirk (Rayon) Uman

Ort: Uman

Vor 1941 war Uman[15] eine Stadt im Gebiet Kiew der Ukrainischen Sozialistischen Sowjetrepublik, von 1941 bis 1943 Bezirks- und Gebietszentrum im Generalbezirk Kiew. Bis 1954 gehörte Uman zum Gebiet Kiew, dann zum neu gegründeten Gebiet Tscherkassy der Sowjetunion. Seit 1991 ist Uman Verwaltungssitz des Bezirks Uman im Gebiet Tscherkassy, Ukraine.

1939 lebten in Uman 13 233 Juden, etwa 30 Prozent der Bevölkerung. Als die deutsche Wehrmacht am 31. Juli 1941 (1. August 1941) die Stadt besetzte, waren etwa 15 000 Juden in der Stadt einschließlich jüdischer Flüchtlinge.

Das Sonderkommando 4b unter dem Kommando von SS-Sturmbannführer Günther Herrmann erreichte kurz danach die Stadt und führte die ersten antijüdischen »Aktionen« durch. Unter dem Vorwand, »bestimmte Fragen« seien zu klären, wurde der jüdischen Intelligenz befohlen, bei der Stadtverwaltung zu erscheinen. Die 80 Männer die erschienen, wurden am 13. August 1941 festgenommen und dann getötet. Einige Tage später wurden sechs Ärzte öffentlich an einem markanten Platz gehängt.

Die Ortskommandantur I/839, die zu der Zeit die Stadt verwaltete, ernannte in der zweiten Augusthälfte 1941 einen Judenrat und ordnete an, dass alle Juden registriert wurden und eine weiße Armbinde mit einem Davidstern tragen mussten. Während der Registrierung wurden die Juden mit Stöcken und Gewehrkolben geschlagen. Deutsche Soldaten und ukrainische Polizisten raubten oft jüdische Häuser aus und töteten einzelne Juden.

Für den 22. und 23. September 1941 hatte das Einsatzkommando 5 der Einsatzgruppe C gegen die etwa 8000 Juden eine Großaktion geplant. Entgegen der Planung kam es jedoch am 21. September 1941 zu Ausschreitungen gegen die Juden durch Angehörige der ukrainischen Miliz unter Beteiligung zahlreicher deutscher Wehrmachtsangehöriger. Fast sämtliche jüdischen Wohnungen wurden demoliert und geplündert, hauptsächlich durch Angehörige der Wehrmacht. Mehr als 1000 Frauen und Kinder wurden in den Keller des Pionier Palastes in der Leninstraße getrieben. Dann wurden alle Fenster und Türen dicht verschlossen. Infolge der Überfüllung des Kellers erstickten viele Frauen und Kinder. Nach einer anderen Quelle wurden 3000 Frauen und Kinder in dem Keller gefangen gehalten und nur 300 überlebten.[16] Am nächsten Tag wurden die überlebenden Frauen und Kinder freigelassen. Aber die Männer, die man festgenommen und im Gefängnis festgehalten hatte, wurden vom Einsatzkommando 5 erschossen.

Durch diese planlosen Ausschreitungen waren die Juden gewarnt worden, und viele konnten aus der Stadt fliehen. Das Einsatzkommando 5 beklagte sich deshalb bei der

---

15 Altman, Cholokost, S. 1004; Encyclopedia of Camps and Ghettos, S. 1606 ff.; The Yad Vashem Encyclopedia, S. 861.
16 Ebenda.

Wehrmacht, dass sie am 22. und 23. September »nur« 1412 Männer außerhalb der Stadt erschießen konnten.[17]

Zwei Tage nach dieser Operation befahl die Ortskommandantur II/575 (V) den Juden, bis zum 1. Oktober 1941 in ein Ghetto in der Nähe des Marktplatzes zu ziehen. Das Ghetto war nicht umzäunt, es war den Juden jedoch bei Todesstrafe verboten, das Ghetto zu verlassen. Auf dem Weg ins Ghetto wurden viele Juden von Ukrainern ausgeraubt. Der Judenälteste Samburski und sein Vertreter Tabatschnik verwalteten das Ghetto. Sie wurden von drei jüdischen Polizisten unterstützt. Bei der jüdischen Polizei war eine Frau namens Ida, die berüchtigt war, die Juden brutal zu behandeln. Mit Unterstützung der jüdischen Polizei trieb der Judenälteste die von Zeit zu Zeit verhängten Kontributionen ein. Wenn Juden sich weigerten, ihr Gold oder ihre Wertsachen abzugeben, legten die jüdischen Polizisten sie mit dem Gesicht nach unten auf einen Bock und schlugen sie so lange auf den Rücken und das Gesäß, bis sie einwilligten, ihre Wertsachen abzugeben. Deutsche und ukrainische Polizisten gingen häufig in der Nacht ins Ghetto, um die Juden auszurauben und Frauen zu vergewaltigen.

Am 7. Oktober 1941 kam das 304. Polizei-Bataillon von Kirowograd nach Uman. Einen Tag später führte es mit Unterstützung ukrainischer Polizei eine umfangreiche »Aktion« in der Stadt durch.

Um 4 Uhr morgens wurden die Juden auf dem Marktplatz zusammengetrieben. Auf Anweisung der Deutschen wählte die ukrainische Polizei etwa 900 qualifizierte Handwerker und ihre Familien aus. Die übrigen Juden wurden ins Gefängnis gebracht und dort gezwungen, sich zu entkleiden und ihre Wertsachen und Papiere abzugeben. Vom Gefängnis aus wurden sie zu drei großen Gruben in Suchoi Jar, außerhalb der Stadt, gebracht und dort erschossen. Kranke, verkrüppelte Menschen und kleine Kinder wurden mit Lastwagen zu den Gräben gebracht und ermordet. Insgesamt ermordete das 304. Polizei-Bataillon 5400 jüdische Zivilisten der Stadt und 400 jüdische Kriegsgefangene. Andere Quellen nennen 6000 oder 9000 ermordete Juden.

Die ausgewählten Handwerker kehrten ins Ghetto zurück. Sie wurden nun in einer Straße des Ghettos zusammengepfercht. In den kommenden Wochen stieg die Zahl der Ghettobewohner durch einige Hundert, die im Versteck überlebt hatten, wieder auf 1800. Sie wurden täglich von ukrainischen Polizisten zu schweren Arbeiten aus dem Ghetto geführt.

Am 8. Januar 1942 mussten die Juden ihre Armbinden durch acht Zentimeter große gelbe Flecke vorne und hinten auf ihrer Kleidung ersetzen.

Von Zeit zu Zeit wurden Juden öffentlich gehängt.

Am 7. April 1942 trug der Gebietskommissar in Uman dem Bürgermeister und den Rayonchefs auf, von den Juden eine Kopfsteuer in Höhe von 10,00 RM = 100,00 Rubel ein-

---

17 Krausnick, Hitlers Einsatzgruppen, S. 203 f.; Mallmann, Die »Ereignismeldungen UdSSR«, S. 705 (Ereignismeldung Nr. 119 vom 20. 10. 1941).

zutreiben und an die Gebietskasse zu überweisen. Spätester Überweisungstermin war der 20. April 1942.[18]

Sicherheitspolizei und SD-Streitkräfte unter dem Kommando von SS-Sturmbannführer Xaver Schnöller, unterstützt von deutschen Gendarmen und litauischer und ukrainischer Hilfspolizei, »liquidierten« am 22. April 1942 das Ghetto. Arbeitsfähige Juden wurden ausgewählt und in ein Arbeitslager im Bezirk Gaissin deportiert. Die anderen Juden wurden in einem nahe gelegenen Wald erschossen. An der »Aktion« waren auch Mitglieder des 1. Zuges der 2. Kompanie der Polizeisicherungsabteilung an der Durchgangsstraße IV beteiligt. Nach Aussagen von Mitgliedern dieser Einheit hat SS-Brigadeführer Jürgen Stroop, verantwortlich für die Sicherheit an der Durchgangsstraße IV, die »Liquidierung« des Ghettos befohlen, um zu verhindern, dass Juden zu den Partisanen fliehen konnten. Das Ghetto wurde in der Morgendämmerung umstellt und die Juden wurden auf dem Marktplatz für eine Selektion zusammengetrieben. Einige Juden konnten sich verstecken. Bei der Durchsuchung des Ghettos wurde eine Anzahl Juden von den Deutschen und ihren Kollaborateuren erschossen. Insgesamt wurden mehr als 1500 Juden ermordet.[19] Etwa 50 oder 60 Handwerker blieben am Leben. Sie wurden 1943 erschossen.

Im Frühjahr 1942 wurde in Uman für Juden aus Bessarabien und der Bukowina ein Arbeitslager für den Straßenbau eingerichtet. Als Uman am 10. März 1944 befreit wurde, waren die meisten Insassen des Arbeitslagers tot.

Insgesamt wurden in Uman in den Jahren 1941–1942 10 000 Juden ermordet.

Gertruda Gerenschtein-Mostowaja (1929)
»Ihr seid hier zur Vernichtung«

Ich, Gertruda Abramowna Gerenschtein, nach der Heirat Mostowaja, wurde am 30. März 1929 in Chabarowsk geboren. Mein Vater, Abram Isaakowitsch Gerenschtein, wurde 1907 in der Stadt Uman geboren. 1937 wurde er in der Stadt Magadan, in der wir seit ihrer Gründung wohnten, zu einer Freiheitsstrafe verurteilt. Mein Vater hatte damals einen wichtigen Posten im Bereich des Verkehrs inne. Als mein Vater verurteilt wurde, musste meine Mama zusammen mit mir zu seinen Verwandten in die Stadt Uman zurückkehren. 1941 wurde mein Vater freigelassen. Er konnte aber nicht selbstständig, ohne fremde Hilfe nach Uman kommen. Nach vier Jahren Gefängnis war er sehr krank. Meine Mama fuhr nach Magadan, um ihn abzuholen. Ich blieb bei meinen Großeltern.

Aber dann brach der Krieg aus. Man durfte Magadan nicht verlassen. Uman wurde von Deutschen besetzt. Danach begannen Pogrome. Wir wohnten in einem Vorort von Swenigorodka. Eines Tages kam unsere Tante Manja zu uns und wollte sich bei uns verstecken. Sie hatte erfahren, dass die Polizisten alle Juden in das Gebäude des ehemaligen Jugendzentrums getrieben, die

---

18 VEJ 8, S. 246.
19 Kruglow, Chronika Cholokosta, S. 96.

Türen zugenagelt und Gas in den Raum eingeleitet hatten. Als Tante Manja und ich in den Hof dieses Gebäudes kamen, war niemand mehr zu sehen.

Ein Ungar sah meine weinende Tante Manja, fasste sie am Arm und zog sie in den Keller des Gebäudes. Sie wehrte sich und dann schubste der Ungar sie die Treppe hinunter, sodass sie mit dem Kopf voran hinunterrutschte. Als sie schrie, fassten der Ungar und noch ein Polizist sie an beiden Beinen und rissen ihr unter lautem Lachen der Deutschen die Beine auseinander.

Vor Schreck schrie ich auf. Mit lautem Schimpfen »Ah, noch ein Judenschwein!« trieb mich ein Polizist zu einem Lastwagen, auf dem schon einige Menschen saßen. Sie brachten uns ins Ghetto nicht weit vom Markt. Man warf uns in den Hof und schloss das Tor. Ich bat, mich freizulassen, aber der Polizist schlug mich mit der Hand auf den Kopf und trieb mich von dem Tor weg. Eine Frau, Chajussja, umarmte mich. Neben ihr standen zwei Jungen. Einer von ihnen war wahrscheinlich mein Jahrgang, der andere war etwas jünger. Der ältere, Mischa, versuchte mich zu beruhigen: »Weine nicht, wir fliehen!«

Wir schliefen auf dem Fußboden. Was wir aßen? Ich weiß es nicht. Ich erinnere mich an die Misshandlungen jener Bestien: Sie zwangen uns, vor den Polizisten im Schlamm auf die Knie zu fallen und um Gnade zu flehen. Was wir verbrochen hatten war unklar. Sie traten uns mit den Füßen, misshandelten junge Frauen und schrien – besonders in Anwesenheit der Deutschen – mit ihren betrunkenen Stimmen: »Ihr seid hier zur Vernichtung!«

Die Lastwagen holten die Menschen gruppenweise ab und brachten sie weg. Diese Menschen kehrten nie wieder zurück. Immer, wenn die Menschen in die Lastwagen getrieben wurden, war es sehr laut, man hörte die Peitschen, die Schreie der Polizisten, das Weinen der Menschen und das Bellen der Hunde. Dies alles sollte das Beladen der Lastwagen mit den Menschen beschleunigen.

An einem dieser furchtbaren Tage, in einem so schrecklichen Augenblick vernahm ich das Flüstern von Chajussja: »Flieht!« Mischa und ich krochen unter dem Stacheldraht in der Ecke gegenüber dem Tor hindurch. Wir hatten Glück. Über den Markt und die Höfe erreichte ich das Haus meiner Großeltern. Als meine Großmutter mich erblickte, freute sie sich sehr und dachte gleichzeitig an die Gefahr: »Was passiert, wenn die Nachbarin mich sieht und denunziert?«

Unser Nachbar Rodsijewski brachte mich und seine Tochter aufs Land, etwa 30 Kilometer von Uman entfernt. Nach zwei Wochen konnte ich es dort ohne meine Großmutter nicht mehr aushalten und ging zu Fuß, barfuß nach Uman. Kurz vor Uman sah ich eine lange Kolonne, die mir sehr langsam entgegenkam. Eine Frau aus der Kolonne erblickte mich und rief mich zu sich. Ohne lange nachzudenken ging ich zu ihr. Sie gab mir einen Zettel zum Weiterreichen. Ein Polizist sah dies, nahm mir den Zettel weg und schubste mich in die Kolonne. Ein anderer Polizist bestätigte meine Beteuerung, dass ich nicht zur Kolonne gehörte, sondern von der anderen Seite kam.

Man ließ mich frei. Meine Füße waren eine offene Wunde. Meine Großmutter war zur Hälfte gelähmt. Sie weinte, als sie mich sah. Ich versteckte mich, wo ich nur konnte. Ich saß im Keller und verließ ihn nur bei Dunkelheit, um etwas frische Luft zu schnappen.

Als Uman von Deutschen besetzt wurde, benötigten sie Krankenhäuser für ihre Verwundeten. Alle Wöchnerinnen wurden aus den Krankenhäusern hinausgeworfen, während die Neugeborenen wie Holzscheite auf die Lastwagen geworfen und dann in der Artema-Straße lebendig in einem Graben verscharrt wurden. Ich selbst sah diese mit den Neugeborenen beladenen Lastwagen. Sie fuhren an unserem Haus vorbei.

Verräter denunzierten bei den Deutschen die Jugend, die zu Untergrundorganisationen gehörte oder bei den Partisanen kämpfte. In der Lenin-Straße gegenüber dem Theater stehen Bäume. An jedem Baum hing damals ein Erhängter.

Ein riesiger Lautsprecher verkündete: »Für den der deutschen Regierung zugefügten Schaden werden durch Erhängen hingerichtet: Name, Vorname, Vatersname, 16 Jahre; Name, Vorname, Vatersname, 17 Jahre; …, 18 Jahre; …, 19 Jahre; …, 20 Jahre. Wenn jemand einen Erhängten abnimmt, wird er erschossen.« Es waren 10 bis 20 Personen.

1942 wurde ich von unserer Nachbarin gesehen. Um ihre Tochter vor der Verschleppung nach Deutschland zu retten, erstellte sie eine Liste aller Jugendlichen in unserer Umgebung und reichte diese Liste bei der Gestapo ein. Auch ich war auf dieser Liste. Die Polizisten veranstalteten eine Razzia. Sie stellten bei uns im Zimmer alles auf den Kopf. Schließlich fanden sie mich im Keller und brachten mich zur Gestapo.

Bei der Gestapo brachten sie mich in ein kleines Zimmer. Links am Fenster gegenüber der Tür saß ein Deutscher mit dem Hakenkreuz auf einer Armbinde und tat so, als ob er eine Zeitung lesen würde. Der Arzt deutete mir mit der Gestik an, den Oberkörper frei zu machen. Der Dolmetscher fragte nach meinem Alter. Ich sagte, ich sei 13 Jahre alt. Ich sah damals wie eine Sechzehnjährige aus. Der Deutsche machte eine Handbewegung, die bedeutete, dass ich passte. Man brachte mich mit zehn anderen Personen zum Bahnhof. Am Bahnhof war entlang eines Güterzuges ein kleines Gelände mit Stacheldraht umzäunt und eine Wache aufgestellt. Dieses Gelände war für uns vorbereitet und entsprechend präpariert, damit wir nicht fliehen konnten.

Drei Tage verbrachten wir auf diesem Gelände und warteten, bis sie genug Menschen für den ganzen Güterzug aufgetrieben hatten. Als der Güterzug bereitstand und wir einsteigen sollten, hörte ich plötzlich die Stimme meiner Großmutter: »Gera, Gera!« Man erlaubte mir nicht, den Waggon zu verlassen. Meine Großmutter schubsten die Deutschen mit dem Gewehrkolben zur Seite. Ich vernahm nur, wie meine Großmutter mir mit Tränen zurief, dass ich mich Sykowa und nicht Gerenschtein nennen sollte. Der Zug fuhr los, um uns nach Deutschland zu bringen.

Der erste Halt war in Przemyśl. Wir wurden in Kasernen untergebracht. Dort standen nur eiserne Hochbetten ohne Matratzen und Decken. Zuerst mussten wir uns entkleiden und unsere Kleidung in einen Wagen zum Desinfizieren abgeben. Wir mussten dann nackt in den zweiten Stock gehen. Im Treppenhaus standen zwei Polinnen und sortierten die Menschen nach ihrer Arbeitsfähigkeit. Links war eine Dusche. Ein Deutscher rief uns zu: »Seife! Läuse!« Wir wuschen uns.

Nach dieser Waschaktion wurden wir in einer Kolonne am frühen Morgen um fünf Uhr zum Bahnhof gebracht. Man brachte uns in die deutsche Stadt Halle auf einen Platz, wo auf uns schon die »Arbeitgeber« warteten. Wir sollten verkauft werden. Ein Übersetzer »riet« den Männern, sich für den Bergbau zu »entscheiden«. Die Männer weigerten sich. Dann zeigte der Dolmetscher mit dem Finger auf drei Männer: »Du, du und du …«. Aber diese Männer traten nicht nach vorne. Ein

Soldat schoss mit seiner Maschinenpistole auf die erste Reihe. Ohne weitere Fragen und Angebote nahmen sie zehn Männer und brachten sie mit Gewalt zu einem Lastwagen.

50 Frauen wurden für eine Nähfabrik aussortiert. Der Schneider Kurt Rylk brachte uns ins Dorf Schwarzhausen in Thüringen. In dieser Fabrik arbeiteten wir eineinhalb Jahre. Wir nähten Militärhosen. Die Frauen, die nähten, machten nur die obere Naht. Die untere Naht fehlte, sodass die Hosen beim Anziehen auseinanderfielen. Diese Hosen wurden direkt an die Front geschickt.

Dann kam eine Kommission. Sie überwachte den Fertigungsprozess. Als ein Deutscher hinter meinem Rücken stand und mich beobachtete, fiel eine Laus von meinem Kopf direkt unter meine Nadel. Der deutsche Kontrolleur schrie mich laut an. Dann fasste er mich am Kragen und schleppte mich zum Auto. Man brachte mich nach Gotha. Ich landete im Keller eines Polizeireviers. Dort saßen bereits zwei junge Frauen. Sie wurden auf ihrer Flucht aus einem Lager gefasst. Am nächsten Morgen wurde ich zu einem Verhör geholt. »Wer näht ohne die untere Naht?« Ich sagte, dass ich davon gar nichts wusste. Dann brachte man mich in einen anderen Raum, legte mich auf eine Bank und ich erhielt 12 Schläge mit einer Peitsche oder mit einem nassen Seil auf den Rücken. Dann wurde ich bewusstlos.

Im Keller kam ich zu Bewusstsein. Später erschien der Meister der Nähfabrik und brachte mich zurück nach Schwarzhausen. Eine Stunde nach meiner Rückkehr ins Lager wurden zwei junge Frauen aus unserer Gruppe in ein Konzentrationslager verschickt.

Später wurden wir in die Stadt Suhl gebracht. Dort arbeiteten wir in einer Waffenfabrik und wohnten in Baracken. Die Baracken waren auf dem Gelände der Fabrik. Das ganze Gelände war mit Stacheldraht umzäunt. Der Arbeitstag dauerte 12 Stunden und wir mussten Schicht arbeiten.

Ab dem ersten Tag wurde ich, ein 14-jähriges Mädchen gezwungen, schwere Kisten mit Metall zu schleppen. Dies überlastete meine Wirbelsäule und die Wirbel verschoben sich, was zu einer Hernie (Eingeweidebruch) führte. Die Probleme mit den verschobenen Wirbeln und der Hernie habe ich noch heute.

Dann musste ich an einer Schleifmaschine die Läufe von Gewehren schleifen. Da ich nie zuvor an einer Schleifmaschine gearbeitet und keine Erfahrung damit hatte, zerbrach ich vier Schleifmesser. Dafür schlug mich der Meister mit etwas Schwerem vier Mal auf den Rücken. Auf meiner rechten Seite bildete sich danach eine große Schwellung mit einem Bluterguss. Bis heute ist diese Schwellung geblieben. Im Prinzip bereitet sie mir keine Probleme, aber wenn ich sie berühre, tut es sehr weh.

Einmal ging ich ins Lagerhaus, um Schleifmesser zu holen. Der Lagerarbeiter befahl mir, ein paar Gewehrläufe aus der oberen Kiste zu holen. Ein Lauf fiel zu Boden. Der deutsche Lagerarbeiter schlug mir mit diesem Lauf auf die Beine. Vor Schmerz und Überraschung verlor ich das Gleichgewicht und rutschte von den aufgestapelten Kisten herunter. Dabei verletzte ich mir den linken Arm. Es tat unheimlich weh. Der Bluterguss am Bein verwandelte sich in ein Geschwür und mein Bein war über ein halbes Jahr ganz blau. Die Narbe tut noch heute weh.

Nach diesem Zwischenfall bekam ich eine neue Aufgabe: Ich sollte im Lagerhaus die fehlerhaften Gewehrläufe aussortieren. Dort war es sehr kalt. Ich erkältete mich. Der linke Arm, den ich mir damals verletzt hatte, wurde durch die Kälte sehr oft taub. Noch heute habe ich das Taubheitsgefühl in diesem Arm und spüre einige Finger nicht. Danach arbeitete ich am Fließband. Die Beine schwollen an, man durfte sich nicht mal hinsetzen. Zu essen bekamen wir Spinat mit Würmern und heißem Wasser. Über 30 Jahre konnte ich keine Nudeln essen. Täglich bekamen wir 150 Gramm Ersatzbrot. Manchmal bekamen wir »Leckereien«: Hundekuchen, die für Schäferhunde aus Knochenmehl hergestellt wurden. Dann bekam ich ein Magengeschwür. In Schwarzhausen erlaubte uns der Meister, nach der Arbeit andere Verdienstmöglichkeiten zu suchen. Ich sägte Brennholz für die Deutschen, schleppte Torf mit einer Karre, mähte und machte Heu, half bei der Ernte, schrubbte Fußböden, nähte Hausschuhe aus alten Hosen etc. Und das alles für eine Scheibe Brot.

Wir wurden von Amerikanern befreit.

Mit diesem ganzen Krankheitsstrauß kehrte ich 1945 nach Hause zurück. Ich war erst 16 Jahre, aber ich war bereits eine kranke Greisin mit zitternden Händen und ganz verlaust.

Alexandr Schkodnik
»Wer nicht arbeiten konnte, wurde vernichtet«

Ich wurde in der Stadt Uman, Gebiet Tscherkassy geboren und lebte dort vor dem Kriegsausbruch zusammen mit meinen Eltern. Ich war damals 12 Jahre alt. Nach der Besetzung der Städte durch deutsche Truppen begannen Juden-Pogrome. Vor vier Pogromen rettete uns Onkel Aljoscha Schuradski, der während der deutschen Besatzung Polizist war. Aber auf Dauer konnte er uns nicht helfen, weil man ihn schon damals verdächtigte und kontrollierte.

Wir versteckten uns in unserem Keller, wo außer mir, meiner kleineren Schwester und meinem kleineren Bruder noch 60 Menschen und zwei Säuglinge waren. Im Keller war es warm und dunkel. Die Kinder weinten. Um zu verhindern, von Nazis entdeckt zu werden, waren wir gezwungen, die Babys zu ersticken.

Am siebten Tag wurden wir von den Deutschen »dank« der Hilfe der Polizisten entdeckt. Wir alle wurden ins Konzentrationslager in die Stadt Uman deportiert. Das Lager lag am Ufer des Flusses Staschewka. Es war mit Stacheldraht umzäunt und wurde von Deutschen bewacht. Nach einer Woche kam der Befehl des Gebiet-Kommissars über die Absonderung der Fachhandwerker ins Ghetto. Ein Mann, dessen ganze Familie umgebracht worden war, nahm uns mit sich ins Ghetto.

Nach anderthalb Monaten wurden mein Bruder und ich ins Gefängnis von Uman gebracht und später von dort ins Konzentrationslager im Dorf Kusmina Greblja. Mein Bruder war damals sechs und ich zwölf Jahre alt. Mein Bruder wurde nicht zur Arbeit geschickt, ich dagegen musste im Steinbruch arbeiten. Die Arbeit war sehr schwer und erschöpfend. Wer nicht arbeiten konnte, wurde vernichtet. Jeden Tag rechnete man mit neuen Vernichtungsaktionen. Freitags kam immer ein SS-Offizier, ging durch das Lager, schaute sich um und suchte nach Schwachen und Arbeitsunfähigen. Vor ihnen warf er seine Mütze auf den Boden und befahl, diese aufzuheben. Dabei erschoss er das Opfer per Genickschuss. Jeder Besuch von ihm forderte das Leben von mindestens vierzig Menschen.

Jungs wie ich wurden gezwungen, die Leichen auf einer Bahre zur Grube zu tragen, die offen stand, bis sie ganz voll wurde. Einmal, als ich von der Arbeit ins Lager zurückkehrte, sagte man mir, dass mein kleiner Bruder zur Erschießung abgeführt worden sei. Ich weinte sehr, weil mir klar wurde, dass ich selbst morgen an der Reihe wäre.

Der Artikel »Sei gegrüßt, mein Bruder« in der Zeitung »Radjanska Bukowina« (vom 11. Januar 1978, Nr. 8 [8875]) berichtete vom Schicksal meines Bruders, der wie durch ein Wunder überleben konnte und den ich nach 35 Jahren traf.

Durch den Südlichen Bug verlief die Grenze zwischen den von Deutschen und Rumänen besetzten Regionen. Es gelang uns, diese Grenze zu überqueren, und wir kamen in die Stadt Berschad. Diese Stadt wurde von Rumänen besetzt. 1944 wurden wir von der Roten Armee befreit.

E. Steinbarg-Gesellschaft für jüdische Kultur/Verband der Gefangenen faschistischer Ghettos und Konzentrationslager/Staatsarchiv der Oblast Czernowitz (Hrsg.), Вестник [Westnik – Der Bote], 5 Hefte, hier Heft 3: Zeugnisse der Gefangenen der faschistischen Lager-Ghettos, Czernowitz 1994, S. 27

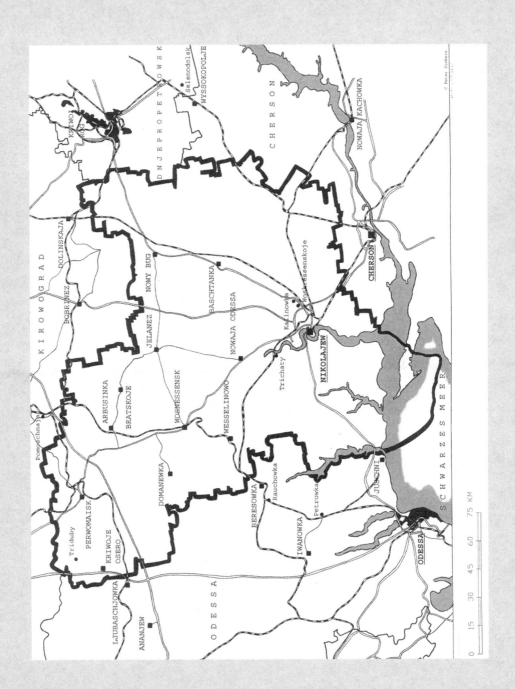

XIII. Gebiet Nikolajew

XIII. Gebiet (Oblast) Nikolajew
(ukr. Mykolajiw)

Die Angaben zum Gebiet Nikolajew[1] beziehen sich auf das Gebiet, wie es im Frühjahr 1941 vor der deutschen Invasion bestand. Teile davon gehören heute zum Gebiet Cherson.

1939 lebten im Gebiet Nikolajew 60 402 Juden, 5,5 Prozent der Bevölkerung. Davon 44 269 in den Städten.

In der Zeit von Ende August bis Anfang September 1941 richtete die deutsche Militärverwaltung im Generalbezirk Nikolajew die ersten Ghettos ein. Diese Ghettos dienten vor allem als Sammelpunkte, um die Vernichtung der Juden später im September zu erleichtern.[2] In vielen Orten wurden jedoch keine Ghettos eingerichtet.

Von Juni bis Dezember 1941 wurden im Gebiet Nikolajew insgesamt 31 100 Juden ermordet.

1942 gehörte das Gebiet Nikolajew zum Reichskommissariat Ukraine. Generalkommissar in Nikolajew war Ewald Oppermann aus Königsberg, Mitglied des Reichstags und Obergruppenführer des Nationalsozialistischen Fliegerkorps.[3]

Der Befehlshaber der Ordnungspolizei Ukraine erwähnte in seinem Lagebericht über das Frühjahr 1942 die Vergiftung von Juden im Generalbezirk Nikolajew: »Am 2. Februar 1942 wurden aus dem Ghetto des Ortes Slatopol […] 202 Männer, Frauen und Kinder auf Anordnung des Gebietskommissars von der Miliz durch Vergasung […] beseitigt. Die Beseitigung der Juden konnte ohne jede Störung, und ohne Aufsehen zu erregen, durchgeführt werden.« Eine zweite »Aktion« erfolgte in der Nacht vom 6. zum 7. Februar 1942 in Nowomirgorod. Es wurden 69 Juden beiderlei Geschlechts außerhalb der Stadt durch die ukrainische Miliz erschossen, weitere 250 Juden erschoss die ukrainische Hilfspolizei beim Dorf Martonosha. Vom 16. bis 18. Februar 1942 wurde im Gebiet Gaiworon eine Judenerfassung durchgeführt. Erfasst wurden – ausgenommen Handwerker – 1404 Juden.[4]

Im Jahr 1942 wurden 8700 Juden ermordet. Insgesamt wurden während der Besatzungszeit 39 893 Juden ermordet.[5] Der Generalkommissar von Nikolajew konnte bald berichten: »Seit dem 1. April 1942 gibt es keine Juden oder Halbjuden mehr im Generalbezirk Nikolajew.«[6] Die Ermordung der Juden wurde hauptsächlich durch die Einsatzgruppe D, Sonderkommando 11a unter Beteiligung ukrainischer Polizei durchgeführt.

---

1 Altman, Cholokost, S. 649.
2 Encyclopedia of Camps and Ghettos, S. 1614.
3 http://territorial.de/ukra/nikolaje/nikol.htm [12.5.2019].
4 VEJ 8, S. 235 f.
5 Kruglov, Jewish Losses in Ukraine, S. 278, 281, 287.
6 Pohl, The Murder of Ukraine's Jews, S. 48.

1. Gebietshauptstadt Nikolajew

Vor 1941 war Nikolajew[7] Gebietszentrum der Ukrainischen Sozialistischen Sowjetrepublik, von 1941 bis 1944 Hauptstadt von Gebiet und Generalbezirk Nikolajew. Seit 1991 ist die Stadt Gebietszentrum in der Ukraine.

1939 lebten in der Stadt Nikolajew 25 280 Juden, 15 Prozent der Bevölkerung.

Die Stadt wurde am 17. August 1941 von der Wehrmacht besetzt. Vor der Okkupation war es der Mehrheit der Juden gelungen, nach Osten zu fliehen. Wehrpflichtige Juden waren zur Roten Armee eingezogen worden. Mehr als 6000 Juden waren in der Stadt geblieben. Vom 18. August bis Oktober 1941 hatte die Feldkommandantur 193 das Regiment in der Stadt. Eine örtliche Zivilverwaltung wurde eingerichtet und 195 ukrainische Männer wurden als Hilfspolizisten rekrutiert.

Das Sonderkommando 11a der Einsatzgruppe D unter dem Kommando von SS-Sturmbannführer Paul Zapp erreichte am 17. und 18. August 1941 Nikolajew und machte es zu seinem Standort. Von Mitte September bis Ende Oktober 1941 war auch das Einsatzkommando 12 in Nikolajew aktiv. Das Einsatzkommando 5, angeführt von SS-Untersturmführer Hans Sandner, war von Anfang November 1941 in Nikolajew stationiert. Im Februar 1942 wurde ein Büro des Kommandeurs der Sicherheitspolizei und des SD für den gesamten Generalbezirk Nikolajew eingerichtet. Kommandeur war SS-Sturmbannführer Dr. Leopold Spann bis September 1943.

Als das Sonderkommando 11a in die Stadt eingerückt war, begann es mit der Überprüfung der Zivilisten, die von der Wehrmacht zu einem Sammelpunkt für Kriegsgefangene gebracht wurden. Etwa 4000 Menschen wurden ergriffen. Von ihnen wurden 227 erschossen, weil sie verdächtigt wurden, Juden oder politische Funktionäre zu sein. Auf Wunsch der Ortskommandantur wurden mehrere Plünderer zur Abschreckung öffentlich auf dem Marktplatz gehängt.[8] Unter Aufsicht des Sonderkommandos musste ein vom Sonderkommando eingerichteter Judenrat alle Juden registrieren. Danach hatten Juden im Alter von 16 bis 60 Jahren für verschiedene deutsche Einheiten in Zwangsarbeitskommandos zu arbeiten.

Ende August, Anfang September 1941 wurden die Juden in einem Ghetto in der Puschkin-Straße konzentriert, in dem der jüdische Ordnungsdienst die Kontrolle ausübte. Dieses Ghetto existierte nur etwas länger als zwei Wochen.

In einem Bericht an die 11. Armee berichtete der Führer des Sonderkommandos 11a Anfang September 1941, dass in Nikolajew »wegen Übermittlung von Feindnachrichten« 122 Juden hätten exekutiert werden müssen.

Am 14. September 1941 wurde den Juden befohlen, sich am 16. September um 10 Uhr mit ihrem Gepäck beim jüdischen Friedhof zu versammeln, weil sie an einen anderen

---

7   Altman, Cholokost, S. 648; Encyclopedia of Camps and Ghettos, S. 1627 ff.
8   Angrick, Besatzungspolitik und Massenmord, S. 242, 245 ff.; Angrick, Deutsche Besatzungsherrschaft in der UdSSR 1941–1945, S. 131 f., Tätigkeitsbericht Sonderkommando 11a an Einsatzgruppe D vom 8.9.1941 für die Zeit vom 18.–31. 8. 1941.

1. Gebietshauptstadt Nikolajew

Ort in der Ukraine umgesiedelt würden. Bis zum 18. September sammelten sich die Juden beim Friedhof. Am 21. September begann das Sonderkommando mit den Massenerschießungen.

Für den Abtransport standen acht bis zehn Lkw der Wehrmacht zur Verfügung. Da die Exekution aller Menschen an einem Tag kaum möglich gewesen wäre, wurden zunächst die Männer abtransportiert. Man spiegelte ihnen vor, sie müssten an einem anderen Ort in der Ukraine Aufbauarbeit leisten, damit die Familien nachkommen könnten. Man brachte die Männer zu einer Schlucht zwischen Woskresensk und Kalinowka, etwa 12 Kilometer von Nikolajew entfernt und ermordete sie durch Genickschuss. In den nächsten Tagen wurden auf die gleiche Art und Weise die Frauen und Kinder ermordet.[9] Vom 21. bis 23. September 1941 hat das Sonderkommando 11a in Nikolajew 7000 Juden erschossen.[10] Nach den Erschießungen sprengten die Deutschen die Ränder der Schlucht, sodass die Leichen mit Erde bedeckt wurden. Einwohner von Woskresensk und Kalinowka mussten ebenfalls die Gräber zuschaufeln. Die beste Kleidung der Juden wurde mit sechs Lkw nach Nikolajew transportiert. Die weniger gute Kleidung wurde an die Einwohner von Woskresensk und Kalinowka verteilt. Die örtlichen Einwohner beklagten sich, dass die Leichen der Juden das Trinkwasser verunreinigt hätten. Sie sagten: »Wir wollen nicht das Blut der Juden trinken.«

Ende September/Anfang Oktober 1941 berichtet die Einsatzgruppe D:

> »Standort Nikolajew. Die Freimachung des Gebietes durch die Kommandos von Juden und kommunistischen Elementen wurde fortgesetzt. Insbesondere wurden in der Berichtszeit die Städte Nikolajew und Cherson von Juden freigemacht und noch vorhandene Funktionäre entsprechend behandelt. Vom 16. 9. bis 30. 9. wurden 22 467 Juden und Kommunisten exekutiert.«[11]

Am 4. Oktober 1941 besuchte Reichsführer SS Heinrich Himmler die Einsatzgruppe D in Nikolajew und hielt vor den Angehörigen der Einsatzgruppe eine Rede. Sie sollten spüren, dass Himmler sie bei der Ausführung des größten Menschheitsverbrechens nicht alleine ließ.

Von Ende November 1943 bis Mitte Januar 1944 mussten 50 Gefangene die Leichen ausgraben und verbrennen. Mitarbeiter der deutschen Zivilverwaltung erinnern sich, dass tagelang in der Stadt ein fürchterlicher Gestank herrschte. Nach dem Verbrennen der Leichen wurden die 50 Gefangenen ermordet und ihre Leichen ebenfalls verbrannt.

Nikolajew wurde am 28. März 1944 befreit. Es gab nur sehr wenige überlebende Juden in der Stadt.

---

9   Angrick, Besatzungspolitik und Massenmord, S. 245 ff.
10 VEJ 7, S. 453, Anm. 5; Kruglow, Chronika Cholokosta, S. 38.
11 Mallmann, Die »Ereignismeldungen UdSSR«, S. 615 (Ereignismeldung vom 2. Oktober 1941).

SS-Sturmbannführer Paul Zapp, Leiter des Sonderkommandos 11a hatte nach 1945 unter dem Namen Friedrich Böhm gelebt. Am 26. Februar 1970 wurde er vom Landgericht München wegen Mordes in mindestens 13 444 Fällen zu lebenslanger Haft verurteilt.[12]

1. Bezirk (Rayon) Domanewka

(ukr. Domaniwka)
Domanewka gehörte zum Gebiet Odessa, heute zum Gebiet Nikolajew.
    1930 gab es im Bezirk fünf jüdische Kolchosen mit 1249 Kolchosenmitgliedern.
    1939 lebten in der Stadt Domanewka 369 Juden, im ganzen Bezirk 543 Juden.[13]

Ort: Domanewka

Domanewka[14] gehörte zum Distrikt Golta und kam am 1. September 1941 zu Transnistrien. Der Ort lag auf einer der Deportationsrouten. Im November 1941 verschleppten die Rumänen Zehntausende Juden aus Odessa in drei große Lager im Distrikt Golta, die der deutschen Besatzungszone am Südlichen Bug direkt gegenüber lagen, davon 8000 nach Domanewka.[15] Zwischen November 1941 und Januar 1942 wurden hier etwa 20 000 Juden untergebracht. Es waren ukrainische und aus Bessarabien geflohene Juden aus Odessa, die die Massaker der Einsatzgruppe D überlebt hatten. Sie wurden in der Stadt auf vier Lager verteilt. Das erste Lager befand sich in der Hauptstraße des Ortes. Hier wurden in zwei zerfallenen Ställen Juden untergebracht, die keine Fachkräfte waren. Das zweite Lager war in der Synagoge. Hier waren Juden gegen Bezahlung an die Soldaten untergebracht. Im dritten Lager waren willkürlich ausgewählte Juden, die der Gendarmerie und der ukrainischen Polizei zur Verfügung standen. Im vierten Lager hausten etwa 300 bis 400 Fachkräfte mit ihren Familien: Ärzte, Krankenschwestern, Schneider, Schuster und Klempner. Vier jüdische »Arbeitsleiter« organisierten die Zwangsarbeit. Sehr schnell verbreiteten sich Ruhr und Typhus.
    Um den 10. Januar 1942 begann die Vernichtung der Juden in Domanewka. Sie dauerte bis zum 18. März 1942. Jeden Abend wurden 300 bis 400 Opfer ausgewählt und in einen Raum eingeschlossen. Am nächsten Tag wurden sie in kleineren Gruppen zu 100 Personen in einen abgelegenen Wald transportiert und ermordet.[16] Etwa 18 000 Juden wurden ermordet. Ihre Leichen lagen unter freiem Himmel.
    Im Frühjahr 1942 erhielt eine Gruppe von 60 Juden die Aufgabe, die Opfer des großen Massakers zu verbrennen, um eine Epidemie zu vermeiden. Es dauerte zwei Monate, bis alle Leichen verbrannt waren. Eine Wacheinheit des Sonderkommandos R der Volksdeutschen

---

12 Klee, Das Personenlexikon, S. 690.
13 Altman, Cholokost, S. 278.
14 Enzyklopädie des Holocaust, S. 362; Altman, Cholokost, S. 278.
15 VEJ 7, S. 67.
16 Benz, Nationalsozialistische Zwangslager, S. 127.

Mittelstelle ermordete nach Rücksprache mit der rumänischen Gendarmerie weitere Hundert Juden. Ende 1942 waren noch etwa 1000 Juden in Domanewka, hauptsächlich Frauen. Ende 1943 wurden die meisten von ihnen in das Lager Akmetschetka überführt, wo sie ebenso ermordet wurden wie 250 Juden, darunter 50 Kinder, die zunächst vor der Deportation fliehen konnten, dann aber ergriffen wurden. Anfang März 1944 überquerte eine SS-Einheit den Bug und ermordete mehrere Dutzend ukrainische Juden.

Domanewka war eines der größten Umsiedlungslager, das 120 000 Menschen passierten.[17]

Am 28. März 1944 befreite die Rote Armee Domanewka. Etwa 500 Juden lebten noch, die meisten waren Vertriebene aus Rumänien.[18]

Ort: Akmetschetka

Am 6. Oktober 1941 befahl Marschall Antonescu, alle Juden, die sich in Transnistrien aufhalten, in den Lagern am Bug, die der Gouverneur von Transnistrien eingerichtet hatte, zu internieren. Die Lager wurden in Akmetschetka[19], Bogdanowka und Domanewka eingerichtet. Im November 1941 verschleppten die Rumänen 18 000 Juden aus Odessa nach Akmetschtka.[20]

Im März 1942 beschloss Isopescu, die noch lebenden alten, kranken Menschen und Kinder, die das Massaker in Domanewka überlebt hatten, in das Lager Akmetschetka zu bringen, wo sie »auf natürliche Weise« sterben sollten. Das Lager war eine Schweinefarm. 4000 Juden, darunter einige Hundert Waisenkinder wurden hier untergebracht. Die Schweineställe waren mit Stacheldraht umzäunt und wurden von ukrainischer Polizei bewacht. Die Versorgung mit Essen war nicht erlaubt. Die Häftlinge tauschten ihre Kleider bei rumänischen Gendarmen und sammelten Regenwasser, weil sie keinen Zugang zu Trinkwasser hatten. Die Menschen starben an Hunger, Durst und Entkräftung. Im Mai 1942 waren von den 4000 Juden nur noch einige Hundert am Leben. Die Zahl blieb etwa konstant, weil immer neu Transporte ins Lager kamen, nachdem Isopescu im April befohlen hatte, den »menschlichen Abfall« nach Akmetschetka zu senden.[21]

Im Oktober 1942 lebten nur noch 125 Personen in Akmetschetka. Als die am Leben gebliebenen Juden im benachbarten Domanewka von den Zuständen in Akmetschetka erfuhren, bestachen Mitglieder des Judenrats die ukrainischen Wachen und brachten samstags in der Nacht Verpflegung nach Akmetschetka. Trotz dieser Hilfe lebten Anfang 1943 nur noch 28 Waisenkinder im Lager. Als man sie endlich aus dem Lager herausschmuggeln konnte, lebten nur noch 16.

In Akmetschetka starben insgesamt zwischen 14 000 und 24 000 Juden.[22]

---

17 Staatskomitee der Archive der Ukraine, S. 123.
18 Enzyklopädie des Holocaust, S. 363.
19 Altman, Cholokost, S. 18.
20 VEJ 7, S. 780, 67.
21 International Commission on the Holocaust in Romania, S. 149 ff.
22 Benz, Nationalsozialistische Zwangslager, S. 127 f.

Ort: Bogdanowka
(ukr. Bohdaniwka)

Das Dorf Bogdanowka[23] gehörte zum Bezirk Domanewka, Gebiet Odessa, heute Gebiet Nikolajew.

Am 1. September 1941 kam es zu Transnistrien. Auf Befehl des Bezirkskommissars Oberst Modest Isopescu wurde im Oktober 1941 in der sowjetischen Sowchose Bogdanowka am Bug ein Vernichtungslager eingerichtet. Die Menschen wurden in den vorhandenen Ställen und Baracken untergebracht. Wegen des extremen Platzmangels schliefen viele unter freiem Himmel.

Die meisten der etwa 48 000 nach Bogdanowka deportierten Juden kamen aus Odessa und etwa 7000 aus Bessarabien. Der letzte Transport erreichte Bogdanowka am 1. Dezember 1941. Zu der Zeit lebten in Bogdanowka über 54 000 Juden. Sie lebten verstreut auf einer Fläche von drei Quadratkilometern. Der einheimischen Bevölkerung wurde verboten, Lebensmittel gegen Geld, Schmuck und Wertgegenstände bei Juden zu tauschen. Um auch an den letzten Besitz der Häftlinge zu kommen, ließen der Präfekt des Kreises Golta Isopescu und Prätor Bobei täglich etwa 500 Laib Brot backen, die sie gegen Gold tauschten. Nach einigen Tagen waren die Insassen mittellos, und der Brotverkauf wurde eingestellt. Für die inhaftierten Menschen bedeutete der Aufenthalt die Hölle: inhumane hygienische Verhältnisse, Hunger, extrem überfüllte Behausungen, Epidemien und Kälte. Zehntausende erkrankten bei Außentemperaturen von −30° bis −35° an Tuberkulose, Ruhr und Typhus. Jeden Tag starben zwischen 50 und 500 Juden.[24]

Als im Lager Typhus ausbrach, beschloss Isopescu nach Beratung mit Fleischer, dem deutschen Berater der rumänischen Bezirksverwaltung, die gesamte Lagerbevölkerung zu ermorden. An der Mordaktion nahmen rumänische Truppen, Gendarmerie, ukrainische Polizei, Zivilisten aus der Stadt Golta und einheimische Volksdeutsche teil. Das Massaker begann am 21. Dezember 1941. Zuerst wurden 4000 bis 5000 kranke und alte Menschen sowie Kinder in vier Ställen zusammengepfercht und Schichten aus benzingetränktem Stroh auf den Dächern angezündet, sodass alle bei lebendigem Leib verbrannten. Während die Ställe noch brannten, wurden etwa 43 000 Juden in Kolonnen von jeweils 300 bis 400 in einen nahe gelegenen Wald getrieben, wo sie sich bei Eiseskälte nackt ausziehen und am Rande eines Abhangs niederknien mussten, um erschossen zu werden. Während des vier Tage dauernden Massakers wurden 30 000 Juden ermordet. Die anderen ließ man in der Kälte liegen, wo sie während der Weihnachtsfeiertage erfroren. Am Weihnachtsabend wurde das Morden teilweise eingestellt, jedoch am 28. Dezember wieder aufgenommen. Am 31. Dezember waren die letzten 11 000 Juden ermordet. Die Gesamtzahl der Opfer liegt bei 54 000.

---

23 Enzyklopädie des Holocaust, S. 227 f.
24 Benz, Nationalsozialistische Zwangslager, S. 126.

Isopescu befahl, alle Spuren des Massakers zu beseitigen. 200 Juden waren im Januar und Februar 1942 damit beschäftigt, die Leichen auf Schichten aus Stroh und Holz aufzutürmen und die mit Benzin übergossenen Scheiterhaufen anzuzünden. 150 von ihnen starben an Kälte und Hunger oder wurden von den ukrainischen Wachen erschossen.

Rimma Galperina (geb. 1938)
»Alle im Ghetto sind zu erschießen«

Es gibt eine Welt und ein Menschengeschlecht.
Möge immer Friede auf Erden herrschen und die Familie –
das Teuerste, das der Mensch hat – immer zusammen sein.

Ich, Rimma Galperina, wurde 1938 in der kleinen Stadt Ananjew in der Nähe von Odessa geboren. In dieser Stadt lebten Ukrainer, Juden, Moldawier und Russen in Frieden und Freundschaft zusammen. Der wichtigste Ort dieser Eintracht war natürlich immer und überall die Familie. Ich muss sagen, dass mein Wissen nicht besonders weitreichend ist, aber dennoch möchte ich darstellen, was mir im Gedächtnis geblieben ist.

Mein Großvater, Jakow Steisel, wurde 1889 im Schtetl Balta geboren, meine Großmutter, Esfir Steisel, 1890 in Ananjew. Ihr Mädchenname war Bortnik, sie hatte einen Bruder, Nachem Bortnik und einen Cousin, Nikolai Bortnik. Er war Ukrainer. Damals gab es nur wenige gemischte Familien, aber es gab sie. In ihrer Familie gab es drei Kinder: der ältere Sohn Emil, meine Mutter, Ewa (geb. 1917) und ihr jüngerer Bruder Abram (geb. 1921).

Von Generation zu Generation zerreißt das Band der Generationen nicht. Und jetzt muss ich, durch dieses Prisma, einige charakteristische Ansichten darlegen. Sie mögen etwas subjektiv und vereinfacht sein, erklären aber das Leben und Verhalten der mir nahestehenden Menschen.

Das Leben in den jüdischen Städtchen und Schtetlech wies seine Eigenarten auf. Während vieler Jahrzehnte wurde das Volk immer aufs Neue von Schicksalsschlägen getroffen. Manchmal hatte man sich schon lange an diese Verhältnisse gewöhnt – dass man sich vor den Plünderungen der »eigenen« Truppen und den Pogromen der verschiedenen Besatzer in Acht nehmen musste. Die historischen Ereignisse in dieser Gegend waren mal erfreulich und mal bitter. Man erinnert sich, dass in lange zurückliegenden Zeiten die Kosaken des ukrainischen Hetmans Bogdan Chmelnizki ein blutiges Massaker an den ukrainischen Juden anrichteten. Hunderttausende starben durch die Gewalt der Kosaken. Schließlich konnte man Juden straflos berauben und töten. Die Juden mussten sich dann absurde Beschuldigungen anhören. Nicht selten wehrten sie sich gegen die Beschlagnahme von Eigentum, Vergewaltigungen und Morde.

Die Juden, die dauernd gezwungen waren, sich zu retten, passten sich an die permanente Gefahr an; sie wurde zu einer Form des alltäglichen Lebens. In ständiger Angst zu leben war für die Juden, die man nicht in die großen Städte ließ und denen man Begrenzungen bei der Berufswahl auferlegt hatte, unerträglich. Unter diesen Bedingungen träumten sie – wie alle Armen – von Veränderungen und lebten weiter ihr traditionelles Leben.

Was Ananjew betrifft, so war es ein gewöhnliches Provinzstädtchen. Es gab weder Fabriken noch Werke. Es gab viele Handwerker, die ihre Erzeugnisse auf dem Basar verkauften. An den Wochenenden konnte man viele Bewohner der umliegenden Dörfer sehen, die hier zum Handeln zusammenkamen.

In unserer Familie, so scheint es, war alles ganz gewöhnlich. Großvater war Schneider, Großmutter erzog die Kinder. Ihr ältester Sohn Emil war ein sehr begabter Junge, ihm wurde eine große Zukunft vorhergesagt. Aber die Hoffnungen wurden enttäuscht, Emil starb, noch keine 20 Jahre alt.

Mit der Revolution des Jahres 1917 kam endlich die lange erwartete Freiheit, viele der gegen Juden gerichteten Verbote wurden aufgehoben. Ruhiger aber wurde es nicht. Ich erinnere mich, dass Großvater erzählte, wie nach der Revolution nachts von allen Seiten Schreie und Gejammer zu hören waren. Die Reiter des Brigadekommandeurs Kotowsky verübten Überfälle auf jüdische Häuser. »Die Revolution, das ist eine gute Sache für gute Menschen. Aber gute Menschen töten nicht. Das heißt, die Revolution wird von guten und von schlechten Menschen gemacht; wie soll man verstehen, wo Revolution ist und wo Konterrevolution? Wo ist die süße Revolution?« (Isaak Babel)

Ananjew wurde Garnisonsstadt. Großvater arbeitete im Voentorg als Leiter der Schneiderwerkstatt. Er war ein guter Leiter und Schneider. Man mochte und achtete ihn. 1939 bekam Großmutter für Großvaters gute Arbeit einen Aufenthalt im Lermontow-Sanatorium in Odessa zugeteilt. Außerdem hatte Großvater zu Hause eine Singer-Nähmaschine und arbeitete zusätzlich zu Hause, wo er für die Bewohner umliegender Dörfer nähte, um uns Kindern Bildung finanzieren zu können. Mama hatte Buchhalterkurse besucht und arbeitete in einer Bank. Sie war sehr schön. Wenn ich, schon verheiratet, Großvater besuchte, sagten die alten Frauen: »Das ist doch Ewas Tochter, was war die schön! Wir sind immer in die Bank gegangen, um sie anzusehen.« Es ist so viel Zeit vergangen, aber an alles erinnert sich irgendjemand. Das ist ein gutes Gedenken.

Mama hatte viele Verehrer, sie wurde mit Anträgen bestürmt, aber sie wählte den armen jüdischen Jungen Abram Schteinberg aus, der aus einer kinderreichen Familie des Schtetls Kriwoje Osero kam. Er arbeitete als Spediteur im Bezirks-Handelszentrum. Sie heirateten 1936.

Am 22. Juni 1941 kam der Krieg zu uns. Die Ereignisse liefen so schnell ab, dass kaum jemand es schaffte, sich unter diesen Umständen rechtzeitig in Sicherheit zu bringen. Die Bahnlinie verlief weit von Ananjew entfernt. Großvater gelang es mit Mühe, ein Fuhrwerk und Pferde zu beschaffen, aber wir kamen nur bis zur Station Rasdjelnoje. Dort waren schon die Deutschen, so mussten wir nach Ananjew zurückkehren.

Wir hatten keine große Angst, weil Großvater sich daran erinnerte, dass die Deutschen sich 1918 während der Besatzung verhältnismäßig zivilisiert benommen hatten – und ja eine Kulturnation waren. Die Informationen über das Schicksal der Juden und die Judenverfolgungen in den von den Deutschen besetzten Ländern zu Beginn des Zweiten Weltkrieges waren nicht bis zum einfachen Volk gedrungen.

1. Bezirk (Rayon) Domanewka

Großvater war als Schneider allgemein bekannt. Schon am Morgen wurde er auf die deutsche Kommandantur gerufen. Dann wurden alle Juden auf Befehl des Kommandanten zu einer allgemeinen »Versammlung« zusammengetrieben. Es liefen Vorbereitungen für die Abreise aus der Stadt. Mama und Großmutter, die mich auf dem Arm trug, wurden auch dorthin getrieben. Als der mit uns bekannte Polizist Iswekow erfuhr, um was für eine »Versammlung« es sich handelte, suchte er Großvater auf. Das half. Es gelang Großvater, eine Notiz des Polizeikommandanten zu übergeben, in der festgelegt wurde, dass die Familie nicht anzurühren sei, solange sie für die Deutsche Armee arbeitet. Wir waren da schon ganz nahe an der Grube.

Wir blieben am Leben, alle anderen Juden kehrten nicht von der »Versammlung« zurück. Sie wurden getötet. Es muss angemerkt werden, dass es in der Ukraine, zum Beispiel in den Gebieten Odessa oder Nikolajew, keine solche Ghettos wie in Belarus gab. In der Ukraine wurden die Juden zu sogenannten Versammlungen getrieben, von denen niemand zurückkehrte. Später begann man die Juden als kostenlose Arbeitskraft auszunutzen. Da wurden Ghettos eingerichtet. Die Leute wurden provisorisch in verlassenen Baracken untergebracht, später wurden sie vernichtet.

Mama war 22 Jahre alt. Sie war jung und schön. Weil sie nicht wie eine Jüdin aussah, wurde ihr vorgeschlagen, wegzugehen und in den Dörfern der Umgebung unterzukommen. Sie lehnte ab. Aber zur Rettung des Kindes sollte der Versuch unternommen werden, den Verdacht abzulenken. Es gibt einen Gott für alle, daher war es nötig, das Kind christlich taufen zu lassen, dann würden die Faschisten es – vielleicht – nicht töten. So taufte mich der Pope von Ananjew und wurde mein Taufpate; die Freundin meiner Mutter wurde Taufpatin.

Unter diesen Umständen arbeitete Großvater, die Frauen halfen ihm. Einstweilen wurden wir nicht angerührt. Aber alle verstanden, dass das so nicht lange gehen würde. Sie trafen eine Entscheidung. Eines Nachts gingen wir weg und kamen in das nahe gelegene Dorf Bobrik. Dort versteckten wir uns nach und nach in verschiedenen Häusern. Wir gingen von Dorf zu Dorf. Großvater nähte für die Familien, unsere Gastgeber waren dankbar und wir – erhielten die Möglichkeit zu leben.

Wir gingen erst nach draußen, wenn es dunkel wurde. Mir ist in Erinnerung geblieben, wie uns Kinder hinterher schrien: »Guckt, da geht eine kleine Jüdin!« Ich verstand das Wort »kleine Jüdin« nicht, und antwortete: »Ich bin nicht ›kleine Jüdin‹, ich bin aus Ananjew.« Normalerweise versteckte man uns im Keller, wenn die Polizei Razzien unternahm. Einmal wurde ich in einer großen Kiste mit Mehl versteckt und die Leute hatten furchtbare Angst, dass ich weinen könnte. Das kleinste Geräusch – und wir alle und die Gastgeber würden erschossen werden. Großvater wurde damals völlig grau. Niemand wollte uns mehr verstecken.

Im September 1941 wurde im Dorf Domanewka in Kolchos-Pferdeställen ein Ghetto eingerichtet. Ich zitiere ein Archivdokument:

20.9.1999, Nr. 4–635
Wir teilen mit, dass in den zum Teil erhalten gebliebenen Dokumenten der Periode der zeitweiligen deutsch-faschistischen Besatzung des Gebietes in den Jahren 1941–1944 die Mitteilung für das Jahr 1943 über die Existenz des Ghettos für Personen mit jüdischer und

Zigeuner-Nationalität im Dorf Domanewka im Bereich der Gendarmerie von Domanewka auf dem Territorium der Präfektur des Kreises Golski vorhanden ist.
Grundlage: F.R-2178, op. 1, d. 77, 372–374.
Direktorin des Staatsarchivs L. I. Okorokowa
Archivar A. Asernizki

Dahin wurden wir geschickt. Dort war eine lange Baracke, in der zu beiden Seiten des Mittelgangs die Pferdeboxen für die Unterbringung von Menschen umgebaut worden waren. An allen Ein- und Ausgängen standen Wachen, rundherum – Stacheldraht.

Aber wohin hätte man flüchten sollen? Es gab keinen Wald, nur Steppe und noch mal Steppe ringsumher.

Alle Häftlinge wurden zur Arbeit in der Landwirtschaft eingesetzt, wenn sie aber nicht mehr gebraucht wurden oder erkrankten – erschoss man sie. Alle trugen links auf der Brust und der Schulter gelbe, sechszackige Sterne. Am Tag wurden 200 Gramm Brot und Ölkuchen (zusammengepresste Schalen von Samen), die man essen, mit denen man aber auch den Ofen heizen konnte, ausgegeben. Großvater organisierte unsere Familie zu einer kleinen Werkstatt, wir nähten Mäntel, Kittel und Hosen. Großmutter und Mama halfen, und sogar für mich fanden sie Arbeit. Es musste Linnen mit Seife eingerieben werden, um es geschmeidiger zu machen, und das konnte ich schon. Man war mit unserer Arbeit zufrieden, wir bekamen zu essen, und unsere Familie blieb am Leben. Unsere Namen wurden von Jahr zu Jahr in die neuen Listen übertragen.

Das geht aus einer Archivauskunft hervor, die ich hier anführen möchte:

Das Staatsarchiv der Oblast Nikolajew teilt mit, dass in den zum Teil erhalten gebliebenen Dokumenten der Periode der zeitweiligen deutsch-faschistischen Besatzung der Oblast 1941–1944 eine Information vorliegt, dass sich folgende Personen im Lager-Ghetto des Dorfes Domanewka auf dem Territorium des Uezd Goltci im Bereich der Gendarmerie von Domanewka aufgehalten haben:
Jakow Schteisel (Vatersname nicht angegeben), 54 Jahre, Esfir Schteisel (Vatersname nicht angegeben), 53 Jahre, Ewa Schteisel (Vatersname nicht angegeben), 24 Jahre, Rimma Schteisel (Vatersname nicht angegeben), 4 Jahre.
Die Dokumente sind undatiert, auf dem Aktendeckel steht das Datum 7. Juni – 22. August 1943. Dokumente für 1941, 1942 und 1943 sind nicht zur Aufbewahrung ins Staatsarchiv gelangt.
Grundlage: F. R-2178, op. 1, d. 31.
Stellvertretender Direktor des Staatsarchivs T. M. Poguza, Archivar S. A. Suchow

Die Wachen quälten und schikanierten Mama oft. Für den kleinsten Ungehorsam wurde sie barfuß in den Schnee getrieben. Sie erkrankte schwer. Schneider, und dazu gute, die in der Lage sind, Militärbekleidung zu nähen, waren nicht leicht zu finden. Unsere Arbeit war sehr gefragt, wir waren,

1. Bezirk (Rayon) Domanewka

gemessen an den Zeitumständen, satt und konnten sogar noch anderen Familien helfen. Großmutter gab Kindern zu essen, und selbst Verzicht übend, half sie Kranken und Schwachen. Unter diesen Umständen ermordeten die Deutschen einfach Schwache, wenn sie sie bemerkten. Für sie waren diese überflüssige Last und Bürde.

Die Ghettohäftlinge lebten in ständiger Angst und fristeten ein immer hungriges Dasein. Läuse und Krätze befielen alle. In den sogenannten Zimmern befanden sich jeweils zwei bis drei Familien. Nach Zapfenstreich hinauszugehen war gefährlich. Die Faschisten, die das Ghetto bewachten, soffen häufig und spielten Karten. Eine bestimmte Zahl an Juden im Spiel zu verlieren und gleich zur Abrechnung zu schreiten, das war für sie einer der besten Späße. Großvater erzählte, wie eines Tages spät abends ein Kind im Mittelgang auftauchte und zwei Wachen ein »Spiel« machten, wer ihm als Erstes in den Kopf schießt. Im Ergebnis wurde das Kind durch einen der Schüsse getötet. Danach durchlebten die Häftlinge noch größere Angst. Sie bemühten sich aus allen Kräften, die Nazis nicht sehen zu lassen, wenn jemand krank oder schwach war. Alle strengten sich an, einander zu unterstützen.

Trotz alledem möchte ich doch auch diese unbedeutende, aber für uns Hoffnung gebende Tatsache anführen, dass manche Deutsche sich den Menschen gegenüber normal verhielten. Nach Großvaters Worten gab es unter diesen »Unmenschen«, die ständig das Ghetto bewachten, einen jungen Soldaten. Wir kennen nicht einmal seinen Namen. Leider hat Großvater nur sehr selten über unser Leben im Ghetto erzählt, dabei hat er immer geweint, und wir haben uns bemüht, dieses Thema nicht zu berühren. Seine Tränen haben in uns einen schrecklichen Schmerz hervorgerufen. Dieser Soldat also hat, als er den schlimmen Zustand meiner Mutter gesehen hat, Mitleid bekommen. Und manchmal brachte er Mama Medikamente. Das half ihr, und wir begannen, Hoffnung auf ihre Genesung zu hegen. Sie hatte vor dem Krieg eine schwere Nierenerkrankung, und eine Niere musste sogar entfernt werden. So lebten wir auch von Hoffnungen und hofften weiter auf das Beste.

Wegen des Vorrückens der Roten Armee und der Möglichkeit der Befreiung der Ghettohäftlinge durch sie befahlen die Deutschen am 26. März 1944: Alle im Ghetto sind zu erschießen. Infolgedessen wurde ein Teil der Häftlinge zu Sonderarbeiten getrieben, von wo niemand zurückkehrte. Am nächsten Tag erwartete dieses Los auch uns. Gerade zu dieser Zeit begannen die Faschisten einen umfangreichen Rückzug und an ihre Stelle traten in unserem Rayon die Verbündeten Hitlers, die Rumänen. Möglicherweise spielte in dieser Situation der Befehl des rumänischen Marschalls Ion Antonescu, die Juden nicht anzurühren, eine Rolle. Die Überreste der rumänischen Formationen liefen vor den angreifenden Einheiten der Roten Armee in Panik auseinander. Und uns beherbergte zeitweilig eine ukrainische Familie.

Wir, die wir überlebt hatten, erwarteten nicht einmal in dieser Situation etwas Gutes. Ich erinnere mich gut, wie die Hausherrin spät abends in einem hölzernen Trog Hefeteig anrührte. Keiner von uns schlief, obwohl schon Nacht war. Die Frau formte »Lerchen«-Brötchen aus dem Teig. Dazu dreht man den Teig zu einem Flechtzopf und oben drauf bildet man das Köpfchen der Lerche. Plötzlich – ein Klopfen an der Tür, wir erschreckten. Man versteckte uns sofort im Keller, sind es jetzt die

Faschisten? Vor der Tür, Geschrei auf Deutsch, sie fordern, die Tür zu öffnen. Die Hausherrin öffnet die Tür – und was für ein Wunder! Unsere! Es waren Aufklärer. Wir leben.

Am 28. März 1944 wurde das Dorf Domanewka befreit.

Ich habe überlebt. Gott oder Großvater, seine »goldenen Hände«, vielleicht aber auch beides, retteten uns. Aber nicht alle hatten Glück. Im Todeslager Domanewka wurden 20 000 Menschen zu Tode gequält oder erschossen.

Die Nachkriegsjahre waren schwer – Hunger, Zerstörungen, aber das Allerwichtigste war für uns der FRIEDEN.

Efim Gelfond (geb. 1933)
»Die Deutschen verbrannten meine Großmutter und die Frau meines Bruders mit ihren beiden Töchtern bei lebendigem Leib in einem Kuhstall«

Ich, Efim Grigorjewitsch Gelfond, wurde am 3. Juni 1933 in der Stadt Perwomaisk, Gebiet Nikolajew, in einer Arbeiterfamilie geboren. Vor dem Kriegsausbruch wohnte unsere Familie in Perwomaisk. Nach dem Kriegsausbruch wurde mein Vater bereits am 26. Juni eingezogen. Wir wollten uns evakuieren lassen, weil die Frontlinie sehr schnell näher an unsere Stadt heranrückte. Mit dem Zug erreichten wir Dnjepropetrowsk, aber weiter konnten wir nicht fahren, weil die Eisenbahn bereits zerstört war. Der Zug kehrte zurück, aber nicht nach Perwomaisk. Wir waren sehr lange unterwegs, bis wir schließlich Odessa erreichten. Odessa erlebte seine letzten Tage im Frieden. In Odessa erlebte auch unsere Familie diese letzten Tage im Frieden.

Nachdem Odessa von Deutschen und Rumänen besetzt wurde, bekamen die Blockwarte die Anweisung, die Liste der Juden, Kommunisten und anderer Aktivisten der Umgebung zu erstellen. Auf dieser Liste stand auch unsere ganze Familie, insgesamt 13 Personen. An einem der Herbsttage warfen uns Deutsche und Rumänen aus dem Haus und vertrieben uns in einer langen Kolonne. Niemand wusste, wohin und warum man uns vertrieb. Wir hatten Durst und Hunger, aber leider nichts zu trinken und zu essen. Ich erinnere mich, dass unsere Kolonne ein Dorf passierte und die Einheimischen uns Lebensmittel zuwarfen.

Wie lange wir unterwegs waren, kann ich mich nicht mehr erinnern. Als unsere Kolonne das Dorf Bogdanowka erreichte, war es schon dunkel. Wir wurden in Baracken und Schweineställen untergebracht, aber viele mussten unter freiem Himmel bleiben, obwohl es damals sehr stark regnete. Die ersten Verluste verzeichnete unsere Familie ein paar Tage nach unserer Ankunft. Die Deutschen verbrannten meine Großmutter und die Frau meines Bruders mit ihren beiden Töchtern bei lebendigem Leib in einem Kuhstall. Dank der Polizisten, die, wie es sich später herausstellte, zu einer Untergrundorganisation gehörten, konnten unsere Familie sowie andere Familien aus Bogdanowka fliehen. Mein Großvater (der Vater meiner Mutter) ging mit seinen zwei Töchtern zu Fuß, während alle anderen auf einem Pferdewagen unter dem Heu lagen. Wir kamen nach Perwomaisk und versteckten uns dort bei einer ukrainischen Familie. Aber ihre Nachbarn bemerkten und denunzierten uns. Zum Glück konnten wir uns noch rechtzeitig in Sicherheit bringen, sonst wären sowohl wir als auch unsere Wohltäterin bestraft worden. Aber wir konnten nicht weit fliehen. Wir wurden von einer rumänischen Patrouille festgenommen und ins Ghetto geschickt.

Viele fragen erstaunt, wie wir so lange am Leben bleiben konnten. Vielleicht war es Schicksal, vielleicht half uns Gott. Dazu muss ich sagen, dass jene Gegend von Rumänen besetzt war und dort war es etwas einfacher als in den von Deutschen besetzten Gebieten. Zwei Jahre und sieben Monate waren wir auf dem besetzten Gebiet, zuerst im Konzentrationslager Bogdanowka, dann im Ghetto Perwomaisk und später im Ghetto Triduby. Vom Tod meines Großvaters und seiner zwei Töchter erfuhren wir erst nach Kriegsende.

Im April 1944 wurde die Stadt Perwomaisk befreit. Im gleichen Jahr wurde ich im Alter von 11 Jahren eingeschult. 1945 kehrte mein Vater als Kriegsinvalide von der Front zurück. Nach dem Abschluss der siebten Klasse begann ich meine Lehre als Dreher in der Maschinenbaufabrik Perwomaisk. Bis zu meinem Militärdienst 1952 arbeitete ich als Dreher in der Fabrik. Danach besuchte ich eine Flugschule. 1966 besuchte ich ein Abendgymnasium und holte mein Abitur nach. 1947 war ich Mitglied des Komsomol geworden und während des Militärdienstes sogar Sekretär dieser Organisation. 1968 wurde ich Mitglied der kommunistischen Partei der Sowjetunion. 1972 kam ich nach meinem Militärdienst nach Donezk und wohne noch heute hier. Von 1972 bis 2000 arbeitete ich in einer Brotfabrik in Donezk. Jetzt bin ich in Rente.

Mir wurden 24 Staatsauszeichnungen verliehen, darunter: die Medaille des Großen Vaterländischen Krieges, die Auszeichnung des Präsidenten der Ukraine »Für Tapferkeit«, die Jubiläumsmedaille Russlands und des Staates Israel. Im September 1991 wurde ich zum Vorsitzenden der Ukrainischen Organisation der Naziopfer in Donezk gewählt. Seit 1994 bin ich Vorstandsmitglied der gesamtukrainischen Organisation der Naziopfer.

David Tscherwinski
»Im Lager Akmetschetka«

Akmetschetka war ein großes Dorf im Bezirk Domanewka, Gebiet Nikolajew, am Ufer des Bug. Im Tal, etwa zwei Kilometer vom Dorf entfernt, waren vier große Schweineställe mit Strohdächern.

Im Frühling 1942 befahl der Leiter der jüdischen Lager, der Oberst der rumänischen Armee Modest Isopesku, alle Juden, die arbeitsunfähig waren, in den Schweineställen einzupferchen. Am 10. Mai 1942 wurden alte und kranke Juden, sowie Frauen und Kinder dorthin getrieben und so entstand das Lager Akmetschetka. Ringsherum wurde das Lager mit Stacheldraht umzäunt und mit einem tiefen Graben umschlossen. Die ukrainischen Polizisten bewachten das Lager. Tausende Häftlinge wurden dort ohne Essen und Wasser festgehalten.

Als die »in Freiheit« gebliebenen Juden von den Leiden ihrer Glaubensbrüder erfuhren, versuchten sie ihnen zu helfen. Wir, die Häftlinge des Ghettos Domanewka erhielten im Juli 1942 die Erlaubnis, Lebensmittel ins Lager Akmetschetka zu bringen. Obwohl wir selbst wenig zu essen hatten, fasteten wir einen Tag in der Woche, um diese Lebensmittel aus unseren bescheidenen Vorräten zu spenden. Man erzählte uns, dass die Häftlinge des Lagers zu Hunderten an Hunger starben. An einem Sonntag Anfang August kam ich an die Reihe, nach Akmetschetka zu fahren. Kurz vor dem Lager sah ich, wie sich die Menschen hinter dem Stacheldraht drängten und hörte ihre Schreie. Als ich näher kam, sah ich halb nackte, barfüßige Menschen: Männer und Frauen, Kinder und Jugendliche, deprimiert, dürr, schmutzig mit in alle Richtungen stehenden Haaren, wie bei Wilden. Manche krochen auf dem Boden auf ihrem vor Hunger aufgeblasenen Bauch, manche zupften dünne Gräser und kauten diese. Als sie den Wagen mit den Lebensmitteln erblickten, erhob sich ein glückliches Wimmern. Wir hatten Angst, dass sie uns überfallen würden.

Im Wagen waren 96 Brote, zehn Flaschen Öl und fünf Kilo Salz. Ich schnitt jedes Brot in Teile, damit jeder der 500 bis 600, von ursprünglich 5000, am Leben gebliebenen Menschen ein Stück bekam. Die Menschen waren so schwach, dass sie nicht einmal auf den Beinen stehen konnten. Nur in ihren Augen konnte man ein bisschen Leben erkennen. Unter ihnen erkannte ich auch manche, mit denen ich in der Kolonne von Kischinjow nach Transnistrien deportiert worden war. Ich erinnerte mich, wie gesund und kräftig sie waren. Jetzt waren sie so dürr und erschöpft, dass sie kaum die Hände heben konnten, um das Stück Brot entgegenzunehmen. Am gleichen Tag kauften wir vom Nachbarfeld einen Wagen Tomaten und brachten diese ins Lager. Aus jedem Käfig hörte ich Rufe: »Tscherwinski, erbarme dich, gib uns noch eine Tomate! Wir wollen leben, lass uns nicht verhungern.«

Aufgeregt und beunruhigt verließ ich jenen Ort, als ein Rumäne, der Chef der benachbarten Farm, der das Lager bewachte, kam und mich bat, alle zu versammeln und ihnen etwas Wichtiges mitzuteilen. Als alle versammelt waren, musste ich seine Worte übersetzen, da unter den Anwesenden auch ukrainische Juden waren, die kein Rumänisch verstanden. Der Verwalter sagte ihnen: »Bald kommt der Herbst und es wird regnen, dann schneien. Ihr braucht Öfen. Die »Stärksten« unter euch sollten Ziegelsteine und Brennholz für den Winter sammeln.« Auf diesen »humanen« Vorschlag antworteten sie alle mit einer Stimme: »Wenn ihr uns hier auch im Winter behalten wollt, dann ist es besser, dass ihr Maschinengewehre bringt und uns der Reihe nach erschießt. Es ist besser zu sterben, als sich unter solchen Bedingungen zu quälen.«

Mit Schmerzen in meinem Herzen verließ ich das Lager. Sie schauten mir verzweifelt nach. Aus der Ferne hörten ich und der Verwalter ihre Rufe: »Vergesst uns nicht, rettet unsere Seelen.«

Zum ersten Mal wurden diese Erinnerungen 1944 auf Hebräisch im Buch »Die Vernichtung der Juden Bessarabiens«, das von der Landsmannschaft der bessarabischen Juden herausgegeben wurde, veröffentlicht. Auf Englisch wurden diese Erinnerungen von Davids Sohn, Samuel Aroni (Tscherwinski), übersetzt und in der Anlage zu seinem Buch »Memories of the Holocaust: Kishinev 1941–1944« veröffentlicht.

Siehe auch den Zeitzeugenbericht von Wiktor Ryklis

2. Bezirk (Rayon) Kriwoje Osero
(ukr. Krywe Osero)

Ort: Kriwoje Osero

Kriwoje Osero[25] gehörte zum Gebiet Odessa, heute zu Nikolajew. 1939 lebten im Ort 1447 Juden, weniger als 20 Prozent der Bevölkerung. Obwohl viele junge Juden zur Roten Armee eingezogen wurden, blieben die meisten Juden in der Stadt, die am 2. August 1941 von der Wehrmacht besetzt wurde.

Im September 1941 wurde die Stadt Teil Transnistriens und kam unter rumänische Verwaltung. Am 5. September 1941 wurden 52 Juden der Stadt erschossen. Anfang Oktober 1941 wurden in der Umgebung von Kriwoje Osero mehrere Lager für die einheimischen Juden und Juden aus Bessarabien eingerichtet. Die Juden von Kriwoje Osero wurden in einem solchen Lager in der Nähe einer Kleinstadt mit 4000 Einwohnern gesammelt. Die Lebensbedingungen waren schlecht, täglich starben Dutzende oder Hunderte Juden. Im gleichen Monat wurden 300 Handwerker in das Lager Golta (heute Perwomaisk) deportiert. Sie wurden in einem gesonderten Gebäude untergebracht, das zum Ghetto erklärt wurde. Im Oktober 1941 wurde die Mehrheit der in der besetzten Stadt verbliebenen Juden in ein Lager nach Domanewka abtransportiert. Im November 1941 wurden etwa 1500 jüdische Überlebende von Kriwoje Osero nach Golta getrieben. 800 überlebten den Marsch, die anderen kamen auf dem Marsch um oder wurden ermordet. Ende 1941 wurde für die verbliebenen Juden, meist Handwerker, am Stadtrand in einer Landwirtschaftsschule ein Ghetto eingerichtet.

Am 1. Januar 1942 wurden 186 einheimische Juden auf dem städtischen Friedhof ermordet.[26]

Die lokalen Militärbehörden berichteten am 25. März 1943, dass in Kriwoje Osero ein Judenghetto mit 82 Personen (Männer, Frauen und Kinder) bestehe. Der Arbeitseinsatz der Juden mit fachlicher Ausbildung werde in Werkstätten für Herrenschneiderei, Damenschneiderei, Hutmacherwerkstatt, Seilerei, Schusterei, Klempnerei, Schreinerei in einem Gebäude neben der Präfektur organisiert. Im Krankenhaus sei eine Werkstatt für Zahntechniker. Die Unterbringung der Juden erfolge in Wohnungen neben den Werkstätten, wodurch ein Ghetto entstand. Die Versorgung mit Lebensmitteln gewährleiste die Prätur, wobei jedem Individuum täglich folgende Portion zugeteilt werde: 200 Gramm Brot, 300 Gramm Maismehl, 10 Gramm Öl, 100 Gramm Kartoffeln, 100 Gramm Kraut, 10 Gramm Salz. Die tägliche Arbeitszeit betrage 10 Stunden.[27]

Im September 1943, als aus dem Lager Wapnjarka Deportierte nach Kriwoje Osero kamen, lebten im Lager noch 40 einheimische Juden, 106 Juden aus Bessarabien und

---

25 The Yad Vashem Encyclopedia, S. 369 f.; Altman, Cholokost, S. 480.
26 Kruglow, Chronika Cholokosta, S. 72.
27 VEJ 7, S. 826, Dok. 328.

25 Juden aus dem rumänischen Altreich, die im Januar 1944 nach Rumänien zurückkehren konnten.

Kriwoje Osero wurde am 29. März 1944 befreit.

Anna Pobedennaja (geb. 1926)
»Wir machten alle Höllenquallen durch, aber wir überlebten«

Ich, Anna Samoilowna Pobedennaja, wurde 1926 im Dorf Kriwoje Osero, Gebiet Nikolajew, geboren.

Bereits in den ersten Kriegstagen wurden meine Schwester und ich in das Ghetto Kriwoje Osero vertrieben und dann ins Lager Domanewka deportiert. Unterwegs wurden wir im Dorf Beresky angehalten. Dort wurden Juden in einer Schlucht erschossen. Es gab sehr viele Menschen. Ich wollte fliehen, aber man schoss auf mich und verletzte mir das Bein. Ich fiel. Wahrscheinlich dachten sie, dass ich tot sei. In der Nacht erreichte ich mit Mühe und Not meine Kolonne. Die Menschen warteten auf ihr Schicksal. Ich fand meine Schwester, und wir beschlossen, uns nicht mehr zu trennen. Am nächsten Morgen trieb man uns nach Domanewka.

Wir machten alle Höllenquallen durch, aber wir überlebten. Mich daran erinnern kann und will ich nicht.

3. Bezirk (Rayon) Nowaja Odessa
(ukr. Nowa Odesa, jidd. Nay Odese)

Am 15. November 1941 wurde der Generalbezirk Nikolajew im Reichskommissariat Ukraine gebildet. Der Bezirk Nowaja Odessa wurde in das Kreisgebiet Nikolajew-Land eingegliedert.

Ort: Nowaja Odessa

Vor 1941 war die Stadt Nowaja Odessa[28] Bezirkszentrum im Gebiet Nikolajew der Ukrainischen Sozialistischen Sowjetrepublik. Während des Krieges gehörte sie zum Reichskommissariat Ukraine, Generalbezirk Nikolajew. Seit 1991 gehört Nowaja Odessa zum Gebiet Nikolajew, Ukraine. Seit 1923 war der Ort Zentrum des Bezirks. 1976 erhielt er den Status einer Stadt. Nach der Volkszählung von 1939 lebten in Nowaja Odessa 228 Juden.

Am 12. August 1941 besetzten deutsche Truppen den Ort. Ein Teil der Juden hatte vor der Okkupation nach Osten fliehen können oder war zur Roten Armee eingezogen worden. Etwa die Hälfte der jüdischen Bevölkerung blieb in Nowaja Odessa.

Von Ende August bis Anfang September 1941 richtete die deutsche Militärverwaltung im Gebiet Nikolajew die ersten Ghettos in den Städten Perwomaisk und Nowaja Odessa ein. Sie

---

28 Encyclopedia of Camps and Ghettos, S. 1629; The Yad Vashem Encyclopedia, S. 522.

dienten vor allem als Sammelpunkte, um die Vernichtung der Juden später im September zu erleichtern.²⁹

Kurz nach der Besetzung des Ortes befahl die deutsche Ortskommandantur die Registrierung der gesamten jüdischen Bevölkerung. Die Juden mussten in einige Gebäude in einem abgetrennten Bezirk in der Nähe der örtlichen Schule umziehen. Dieses Gebiet wurde mit Stacheldraht eingezäunt. Die Juden wurden gezwungen, einen gelben Davidstern zu tragen und Zwangsarbeit zu leisten. Bei Androhung der Todesstrafe war es ihnen verboten, das Gebiet zu verlassen.

Nach Erkenntnissen der Außerordentlichen Staatlichen Kommission »liquidierten« die Deutschen das Ghetto im September 1941. Sie nahmen 125 Juden aus dem Ghetto und erschossen sie. Nach Ermittlungen der Staatsanwaltschaft in München wurden die Erschießungen von einer Einheit des Sonderkommandos 10b ausgeführt. Unter den Opfern waren auch einige jüdische Flüchtlinge aus Bessarabien.

Mitte November 1941 ging die Verwaltung vom Militär an eine deutsche Zivilverwaltung über. Die Stadt wurde Bezirkszentrum im Gebiet Wosnessensk, Generalkommissariat Nikolajew. Ungefähr zu dieser Zeit wurde eine fünfköpfige jüdische Familie erschossen.

Die Gesamtzahl der zivilen Opfer von 1941 bis 1943 im Bezirk Nowaja Odessa beträgt 282, davon 125 Juden.³⁰

Arkadi Bykowski (geb. 1937)
»Der Widerhall jener Tage«

Ich wurde am 4. August 1937 in der Stadt Grossulowo (heute Welikaja Michailowka), Gebiet Odessa, in der Familie des Grenzsoldaten Nikolaj Lawrentjewitsch Bykowski (geboren 1917) und Klara Jakowlewna Rudnizkaja (geboren 1913) geboren. Mein Vater diente in Grossulowo bis April 1941. Dann bekam er den Posten des Stellvertretenden Grenzkapitäns im Ort Nurez, Gebiet Brest. Im Mai 1941 zogen wir dorthin. Die Mutter meines Vaters Marja Lawrentjewna Bykowskaja, geboren 1888, wohnte bei uns in Nurez.

Am Samstag, den 21. Juni 1941 fuhr meine Großmutter auf den Markt in die Stadt Belostok. Am Abend konnte ich lange nicht einschlafen, ich weinte und rief nach meinem Vater. Mama legte mir einen Anhänger mit dem Foto meines Vaters an einer Halskette um und ich konnte schnell einschlafen.

Das riesige Land Sowjetunion schlief noch, während uns um 3.30 Uhr der Schlaf vergangen war. Der Vater küsste mich und Mama und eilte nach dem Alarm zu seinem Dienstort. Er sagte meiner Mutter, sie sollte zusammen mit mir in ihre Heimat, ins Dorf Nowaja Odessa, Gebiet Nikolajew, fahren. Er würde uns dort finden. Unsere Fahrt nach Süden war umsäumt mit Leichen. Im Zug, mit

---

29 Encyclopedia of Camps and Ghettos, S. 1614.
30 Kruglow, Enziklopedija Cholokosta, S. 124.

dem wir nach Minsk fuhren, waren zwei Waggons mit Menschen, denen nur ihre Papiere und der Proviant für unterwegs geblieben waren. Viele von ihnen verloren alles. Aber das Schlimmste war der Verlust der Familie und der Verwandten. Uns begleiteten pausenlose Bombardierungen der Flugzeuge mit Hakenkreuzen und das Rattern der Maschinengewehre, die uns aus den fliegenden Maschinen verfolgten.

Nach Minsk erreichten wir Bobruisk und mussten zu Fuß weitergehen. Mit Mühe und Not erreichten wir die Eltern meiner Mama, Jakow Zudinowitsch Rudnizki und Maria Efimowna. Sie wohnten zusammen mit ihrer Tochter Rosa, die 1928 geboren wurde. Wir blieben bei ihnen bis Mitte August 1941.

Damals dachte man, dass die Deutschen den Süden nicht erobern würden, weil man sich sicher war, dass die Rote Armee die Deutschen viel früher besiegen würde. Dies war leider nicht der Fall. Die mausgrauen Uniformen kamen am 17. August 1941. Für uns begann der reine Horror. Alle Juden wurden registriert und verpflichtet, auf einem bestimmten Gelände, umzäunt mit Stacheldraht, in der Nähe der Schule zu wohnen. Es herrschte »eine neue Ordnung«. Es wurde verboten, das Gelände des Lagers zu verlassen, es wurde verboten, die Bürgersteige zu benutzen, es wurde verboten, ohne den Stern auf dem Rücken und auf der Brust auf die Straße zu gehen und so weiter. Bei kleinstem Vergehen drohte die Erschießung. Für alles drohte die Erschießung. Wir sollten die schwerste und dreckigste Arbeit verrichten. Mein Großvater sollte schwere Eisenkisten schweißen. In diesen Kisten schickten die Deutschen Speck und Fleisch nach Hause. Für kleinste Fehler bei der Arbeit wurde man brutal verprügelt oder erschossen.

Am 15. oder 16. November wurden alle kranken und alten Juden aussortiert und zur Erschießung abgeführt, während alle anderen bis zur nächsten Anweisung nach Hause geschickt wurden. Zwischen dem 20. und 23. November teilte eine Freundin von Rosa mit, dass das Lager liquidiert werden sollte. Mama, die schwanger war, entschloss sich, zusammen mit mir aus dem Lager zu fliehen. Die Eltern meiner Mutter baten, Rosa mitzunehmen. Sie selbst blieben im Lager. Langsam bewegten wir uns zum Fluss Südlicher Bug und hofften, dort am Ufer ein Boot vorzufinden, um das andere Ufer zu erreichen. Wir verirrten uns in der Steppe. Am Abend ließ uns kein Mensch ins Haus hinein. Jeder hatte Angst. Eine Frau sagte uns, dass die Deutschen überall Juden suchen und erschießen würden. Wir vergruben uns in der Steppe in einem Heuhaufen und wollten dort übernachten. Dabei sagte meine Mutter: »Es wäre schön, einzuschlafen und nicht mehr aufzuwachen.«

Der Widerhall jener Tage kam vor Kurzem zu mir. Im Jahr 2000 recherchierte ich über unseren Aufenthalt im Ghetto, ich besuchte Nowaja Odessa und ging die Partisanskaja-Straße auf und ab. Durch diese Straße trieben die Deutschen 1941 Juden zur Erschießung. Ich suchte nach den noch lebenden Augenzeugen jener Ereignisse und fand sie. Eine Frau erzählte, dass drei Tage nach der Massenerschießung die Deutschen einen Juden durch jene Straße abführten, den sie in irgendeinem Versteck gefunden hatten. Er war barfuß und hatte eine zerrissene Hose an. Man schubste ihn mit dem Kolben, aber als er die Menschen abseits erblickte, hob er stolz sein Haupt und sagte: »Sagt allen, die mich kennen, dass es mir blendend geht. Man führt mich zur Erschießung ab!« Vermutlich vernahmen diese Worte nur jene, die sie hören wollten.

Ungefähr zehn Tage und Nächte irrten wir in der Steppe umher, bis wir das Dorf Razewo (heute Trudowoje), Bezirk Wosnessensk, erreichten. Als der Dorfälteste uns sah, verstand er gleich, wer wir sind und bot uns eine Hütte mit einem Ofen und einem Fenster neben einem Pferdestall an. Dort verbrachten wir die ganze Zeit der Besatzung und versuchten möglichst selten im Dorf zu erscheinen. Meine Mutter und Rosa hatten Schuhe, ich dagegen hatte diesen Luxus nicht. Ab und zu gingen sie »arbeiten«, d.h. sie suchten Reste von Mais, Kartoffeln und Rüben im Feld. Manchmal bekam meine Mutter von den Pferdehirten deren Töpfe zum Abwaschen und kratzte die Essensreste aus. Ich blieb immer alleine zu Hause und verließ den Raum nur zur Notdurft und dies bei jedem Wetter barfuß. An einem Dezembertag fror ich an der Wand des Hauses fest, weinte laut und rief: Hilfe. Eine Frau kam und kratzte mich von der Wand frei.

Am 8. Januar 1942 gebar Mama ein Mädchen, Ljuda, meine Schwester. Viele Menschen halfen uns. Wir lösten die Maiskörner aus den Maiskolben und mahlten sie auf Steinen, die wir bei den benachbarten Bauern für ein Glas Maismehl ausgeliehen hatten, zu Mehl.

Durch dieses Dorf wurden oft Kolonnen von Kriegsgefangenen und anderer unglücklicher Menschen nach Westen getrieben. Sie wurden bei jedem Wetter, bei Hitze, bei Regen und Schnee vorbeigetrieben. Erst später erfuhr ich, dass es die Straße nach Domanewka, in die Fabrik des Todes, im Süden der Ukraine war. Ich hatte keine Kindheit. Ich ernährte mich manchmal aus dem Bombenkrater, in den Deutsche die Reste ihres Mittagessens wegwarfen. Dies geschah 1942 und 1943. Erst im März 1944 wurden wir befreit.

Anfang April 1944 kehrten wir nach Nowaja Odessa zurück. An der Stelle, wo früher das Haus meiner Eltern stand, erstreckte sich ein großer Bombenkrater. Wir kamen bei unseren Bekannten unter. Mama arbeitete in der Redaktion der lokalen Zeitung. 1944 konnte ich nicht in die Schule gehen, weil ich nichts zum Anziehen hatte. Meine Schwester Ljuda und ich kamen in den Kindergarten. Dort bekamen wir zu essen. Der Krieg ging langsam zu Ende.

In der zweiten Tageshälfte des 8. Mai 1945 besuchte uns irgendeine Frau. Als Mama diese Frau traf, stellte sich heraus, dass es unsere Großmutter war. Sie arbeitete den ganzen Krieg auf dem Markt im Ort ihrer Evakuierung. Sie arbeitete tags und nachts. Erst spät in der Nacht, gesättigt mit den Mitbringseln unserer Großmutter, gingen wir Kinder ins Bett. Aber um 2 oder 3 Uhr in der Nacht hörten wir auf der Straße Schüsse und Schreie. Wir wachten auf und verstanden, dass der Sieg gefeiert wurde. Alle Menschen auf der Straße weinten und freuten sich, es war Freude mit Tränen in den Augen. 1944 hatten wir die Nachricht über den Tod unseres Vaters erhalten.

Dann folgten Armut, Hunger, aber die Freude des Sieges war viel stärker. Wir überlebten, konnten studieren, haben nun Kinder und Enkelkinder. Dies alles verdanken wir unserer Mutter Klara Jakowlewna Rudnizkaja, unserem Vater Nikolaj Lawrentjewitsch Bykowski, unseren Großeltern und vielen anderen ehrlichen und herzlichen Menschen. Im Trubel des Krieges gingen zwei Gegenstände, der Anhänger mit dem Foto meines Vaters und meine Geburtsurkunde, verloren. Sie sind stumme Augenzeugen dessen, was mit uns geschah.

4. Bezirk (Rayon) Wosnessensk

Am 15. November 1941 wurde das Kreisgebiet Wosnessensk im Generalbezirk Nikolajew, Reichskommissariat Ukraine aus den Rayonen Arbusinka, Bratskoje, Jelanez und Wosnessensk gebildet.[31]

Die Gesamtzahl der zivilen Opfer von 1941 bis 1943 im Bezirk Wosnessensk betrug 3174, davon 3000 Juden.[32]

Ort: Wosnessensk

Bis 1939 gehörte Wosnessensk[33] zu Polen. Dann kam die Stadt zum Gebiet Odessa, heute gehört sie zu Nikolajew.

1939 lebten in der Stadt 2843 Juden, 12 Prozent der Bevölkerung.

Im September 1941 wurde die Stadt durch deutsche und rumänische Truppen besetzt. Im selben Monat wurden 255 Juden erschossen.[34]

Die rumänische Regierung hatte etwa 160 000 Juden aus Bessarabien, der Bukowina und Dorohoi nach Transnistrien abgeschoben, von denen 135 000 lebend das Ostufer des Dnjestr erreichten und auf mehr als hundert Städte, Dörfer und Kolchosen verteilt wurden. Die Rumänen dachten weiterhin daran, die Juden über die Ostgrenze Transnistriens in die deutsch besetzte Ukraine abzuschieben. Anfang Februar 1942 teilte das Ostministerium dem Auswärtigen Amt mit, dass die Rumänen in einer überraschenden »Aktion« im Gebiet von Wosnessensk 10 000 Juden über den Bug abgeschoben hätten und dass vermutlich weitere 60 000 folgen würden. Wegen akuter Typhusgefahr sollte die rumänische Regierung aufgefordert werden, von den Deportationen abzusehen. Nach schwierigen Verhandlungen konnte der Generalkommissar in Nikolajew melden, dass der Strom der Juden über die Grenze versiegt sei und dass alle, die die Grenze bereits überschritten hätten, per Schiff zur transnistrischen Hafenstadt Odessa zurückgeschickt würden.[35]

Obwohl die Wehrmacht sich im März 1944 zurückziehen musste, gelang es dem Sonderkommando 1005 B weiterhin, die bei Wosnessensk gelegenen Massengräber, in denen sich Leichen der durch das Sonderkommando R ermordeten Menschen befanden, zu »enterden«.[36]

---

31 http://www.territorial.de/ukra/nikolaje/wosnesse.htm [28.10.2014].
32 Kruglow, Enziklopedija Cholokosta, S. 124.
33 Altman, Cholokost, S. 172.
34 Kruglow, Enziklopedija Cholokosta, S. 122.
35 Hilberg, Die Vernichtung der europäischen Juden, S. 831 f.
36 Angrick, Besatzungspolitik und Massenmord, S. 685.

Ort: Jastrubinowo

Jastrubinowo[37] ist ein Dorf im Bezirk Wosnessensk. Am 28. Januar 1942[38], nach anderen Quellen im Februar oder März 1942, wurden 600 aus Odessa nach Jastrubinowo deportierte Juden ermordet, indem man sie in 40 bis 50 Meter tiefe Drainageschächte stürzte.

Ita Terlezkaja (geb. 1915)
»Anfang Sommer 1943 tobten die Deutschen in unserer Stadt«

Meine Erinnerungen schreibt meine Tochter auf, weil ich blind bin.

Ich, Ita Izko-Mejerowna Terlezkaja, wurde am 15. August 1915 in der Stadt Odessa geboren. Nach der Heirat hieß ich Mediberg. Vor dem Krieg wohnte ich zusammen mit meinen Eltern und Geschwistern in der Proviantski-Str. 3, und nach der Heirat 1935 in der Ostrovilowa-Straße.

Nach dem Kriegsausbruch wurde mein Mann Sergei Galaktionowitsch Terlezki beauftragt, die Auszubildenden einer Berufsschule samt der ganzen Fabrikausstattung in den Ural zu begleiten. Er durfte seine Familie, d.h. mich und unseren fünfjährigen Sohn Anatoli, der am 20. Februar 1936 in Odessa geboren wurde, mitnehmen. Ich war damals in den letzten Monaten meiner zweiten Schwangerschaft. Zusammen mit uns sollten sich auch die Verwandten meines Mannes (seine Schwägerin Faina mit ihren zwei Kindern Walja und Gena) evakuieren lassen.

Alle Waggons waren voll und unser Zug setzte sich in Bewegung Richtung Ural. Unterwegs wurde der Zug mehrmals bombardiert. Die Menschen wurden in die nicht beschädigten Waggons umgesetzt und unser Zug setzte seine Fahrt fort. Die Waggons waren überfüllt. Kurz vor Gorlowka wurde der Zug zerbombt. Ein Teil der Menschen war umgekommen und sehr viele waren verletzt. Die am Leben gebliebenen wurden auf Lastwagen und Pferdewagen verladen. Mein Mann musste sich um die Auszubildenden und die Fabrikausstattung kümmern und diese bis zum Endziel begleiten. Ich konnte die Fahrt aus gesundheitlichen Gründen nicht mehr fortsetzen.

Mit meinem Sohn und vielen anderen Flüchtlingen erreichte ich mit Müh und Not die Stadt Gorlowka, Gebiet Donezk. Wir gingen zu Fuß, übernachteten unter freiem Himmel am Straßenrand und versteckten uns im Wald, weil wir ständig bombardiert wurden.

In Gorlowka lebten sehr gute Freunde des Bruders meines Mannes, Familie Sosnowski. Bis Oktober 1941 hielten wir uns in ihrem Haus auf. Das Gebäude des Stadtkrankenhauses war halb zerstört. Dort arbeitete nur eine Krankenschwester. Am 12. Oktober 1941 brachte ich ein Mädchen, Natalja Sergejewna Terlezkaja, auf die Welt. Die Stadt wurde bombardiert und ich musste mit dem Neugeborenen im Arm und meinem kleinen Sohn an der Hand mehrere Kilometer zu Fuß laufen, um mich an einem See vor der Bombardierung zu verstecken. Da ich lange im kalten Wasser stehen musste, erkältete ich mich und hatte nach einer schweren Entzündung bis Ende 1941 keinen einzigen Zahn mehr in meinem Mund.

---

37 Altman, Cholokost, S. 1138.
38 Kruglow, Chronika Cholokosta, S. 78.

Ende Oktober 1941 wurde Gorlowka von deutschen Truppen besetzt. Kurz darauf hingen überall Plakate, die verkündeten, dass jene, die Juden versteckten, an Ort und Stelle erschossen würden. Die Familie Sosnowski versteckte uns im Keller eines Stalls. Der Junge Wassja brachte uns Wasser, Milch und Essen. Das Mädchen Anna brachte saubere Wäsche. Die Mutter und Großmutter dieser Familie teilten mit mir alles, was sie hatten.

Ich hatte keine Muttermilch und meine kleine Tochter weinte oft vor Hunger. Ihr Weinen konnte unseren Aufenthaltsort im Keller verraten. In einer Nacht brachte uns Sosnowski in eine verlassene Zeche und schmuggelte dorthin Essen und Wasser, um uns zu versorgen. Wir ernährten uns hauptsächlich von saurem Kohl und Salztomaten. In dieser Zeche waren auch andere Flüchtlinge und man half sich gegenseitig so gut es ging. Die Zeche verließen wir nur nachts und nur bei großer Notwendigkeit. Wir versteckten uns dort bis Sommer 1943.

Anfang Sommer 1943 tobten die Deutschen in unserer Stadt. Sie veranstalteten Erschießungen, warfen die Menschen aus ihren Wohnungen und vertrieben sie nach Westen, sprengten Behörden, Fabriken und Zechen. Wassja Sosnowski kam zu uns in die Zeche und teilte uns mit, dass seine Familie uns nicht mehr unterstützen könne und es sehr gefährlich sei, in der Zeche zu bleiben. Er riet uns wegzugehen. In der Nacht holte uns Familie Sosnowski. Wir verließen die Stadt zusammen mit anderen Flüchtlingen. Im Haus der Familie Sosnowski blieb nur die alte Großmutter Katja. Sie riet uns, in die Stadt Wosnessensk zu gehen und dort ihre guten Freunde, Familie Domusch, zu suchen.

Wir gingen nachts und versteckten uns tagsüber in Ställen, Kellern und im Wald. Manchmal ließen mich fremde Menschen mit meinen Kindern auf ihren Pferdewagen mitfahren. Unterwegs nahmen mich die Deutschen fest und schickten mich und meine Kinder nach Jastrubinowo, wo damals Erschießungen stattfanden. Unterwegs rettete uns ein deutscher Soldat.

Schließlich erreichten wir den Ort Bugski Chutory, der am Südlichen Bug in der Nähe der Stadt Wosnessensk lag. Im Bezirk Wosnessensk gab es viele Menschen, die Domusch hießen. Die Familie von Iwan Grigorjewitsch Domusch nahm uns auf. Auch jener Ort war von Deutschen besetzt, sodass Herr Domusch das Leben seiner Kinder Alexej, Maria, Anatolij und seiner Frau Ewdokija Romanowna riskierte.

Kurz darauf denunzierte uns jemand und ich landete in einem Lager in Wosnessensk. Das Lager war auf dem Gelände einer ehemaligen Schule. Vier Reihen Stacheldraht trennten uns von der Außenwelt. Die Menschen nannten jenen furchtbaren Ort »Folterkammer«. Die Deutschen brachten dorthin Kinder, die sie verhörten und dann erschossen. Iwan Grigorjewitsch gelang es, mich zu befreien. Er sagte, ich sei seine Schwester Lidija (Lidija war damals schon tot). Er brachte ein Huhn, Speck und Selbstgebrannten für die Wachmänner und sie ließen mich frei. Aber es war sehr gefährlich bei ihm zu bleiben, obwohl ich große blaue Augen, lange Zöpfe und kein typisches jüdisches Äußeres hatte.

Iwan Grigorjewitsch brachte mich und meine Kinder in die Inge Bosch-Straße, wo seine Brüder Wassili und Denis mit Familien wohnten. Dort wohnten wir in einem Stall. Sie brachten uns Kleidung, Wasser, Brot und Essen. Sie berichteten uns auch von der Situation in der Stadt. Beim kleinsten Verdacht fassten die Deutschen die Menschen direkt auf der Straße und brachten sie in die »Folterkammer«.

Es war sehr gefährlich in Wosnessensk zu bleiben. Iwan Grigorjewitsch Domusch gelang es, uns in der Nacht zu seinem Freund Iwan Tschebanko ins Dorf Natjagailowka zu bringen. Herr Tschebanko versteckte uns bis Februar 1944. Im Herbst 1943 verschleppten die Deutschen den Sohn von Iwan Grigorjewitsch, Alexej, nach Deutschland. Der Vater konnte seinem Sohn überhaupt nicht helfen. Ein für uns fremder Mensch, Tschebanko, gab uns seinen ganzen Reichtum – ein Pferd und einen Pferdewagen –, damit wir Natjagailowka verlassen konnten. Wir machten uns auf den Weg Richtung Odessa.

Kurz vor ihrem Rückzug nahmen sich die Deutschen die Kalmücken zu Hilfe. Die Kalmücken tobten noch schlimmer als die Deutschen. Neben dem Dorf Wolegozulowo, Gebiet Odessa warnten uns die Einheimischen, weil sie selbst auf der Flucht vor Kalmücken waren. Unweit war der Fluss Matka und die Menschen versteckten sich und ihre Habseligkeiten dort im Schilf. Manche verbrachten dort bis zu drei Tagen. Ringsherum brannten Dörfer und man hörte Schießerei. Als es etwas ruhiger wurde, zogen die Menschen langsam nach Hause.

Man war hauptsächlich nachts unterwegs. Wir erreichten Wolegozulowo. Die Menschen versteckten sich in den Schluchten, möglichst weit von der Straße. Unser Pferd war nach dem langen Stehen im Wasser ganz schwach und konnte unseren Pferdewagen nicht mehr ziehen. In diesem Ort blieben wir bis zu unserer Befreiung durch sowjetische Truppen.

Später wurde es etwas leichter, weil die Front auf der anderen Seite war und wir uns auf den Weg nach Odessa machen konnten.

Anfang April 1944 begegneten wir unterwegs einer Familie, die in einem Ghetto war und auch nach Odessa zurückkehrte. Der Familienvater Miron Israljewitsch Goldman, seine Frau Maria Natanowna und ihre Kinder Tamara und Wladimir waren am ganzen Körper angeschwollen vor Hunger und konnten sich nicht mehr bewegen. Wir setzten sie auf unseren Pferdewagen und am 14. April 1944 erreichten wir Odessa. Einige Tage wohnten wir bei dem Bruder meines Mannes in der Basarny-Straße. Danach zogen wir in die Staroinstitutskaja-Straße (heute Didrichsons-Straße) ins Haus Nr. 19. Dort wohnten wir bis zu unserem Umzug in die Krasnaja-Armija-Straße.

Mein Sohn sollte eingeschult werden, aber er hatte Angst, den Mund aufzumachen. Als meine Tochter zum ersten Mal eine Glühbirne sah, pustete sie auf diese und schrie: »Löscht das Feuer! Löscht das Feuer!« Von der Gesundheit meiner Kinder schweige ich lieber. Sie war einfach katastrophal.

Jetzt sind wir schon Rentner. Die Zeit verdrängte einige Namen und Details aus dem Gedächtnis, aber es ist unmöglich, das Erlebte zu vergessen.

Ich verbeuge mich vor allen Menschen, die ihr eigenes Leben riskierten und mir und meinen Kindern halfen und uns in jenem furchtbaren Krieg retteten.

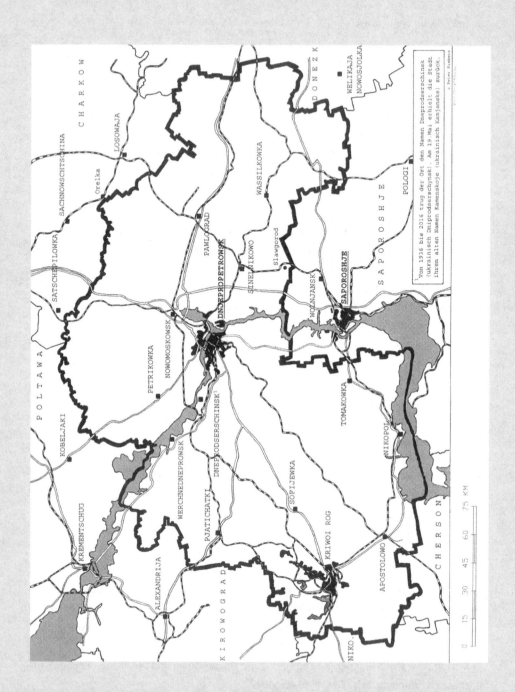

XIV. Gebiet Dnjepropetrowsk

XIV. Gebiet (Oblast) Dnjepropetrowsk
(ukr. Dnipropetrowsk)

1939 lebten im Gebiet Dnjepropetrowsk[1] 129 439 Juden, davon 116 786 in den Städten. Hinzu kam die Region Stalindorf, in der 1931 in 12 jüdischen Gemeinden 15 351 Juden lebten. Einem großen Teil der jüdischen Bevölkerung gelang es, vor der Okkupation zu fliehen.

In der Zeit von Anfang August bis Oktober 1941 wurde das Gebiet Dnjepropetrowsk von der Wehrmacht besetzt. Bereits Ende August begann die Ermordung der Juden, als in Kriwoi Rog vom Einsatzkommando 6 der Einsatzgruppe C unter dem Befehl von SS-Standartenführer Dr. Kroeger 39 Funktionäre, 11 Saboteure und Plünderer sowie 105 Juden erschossen wurden.[2] Im September 1941 wurde das Gebiet Dnjepropetrowsk als Generalbezirk Dnjepropetrowsk Teil des Reichskommissariats Ukraine. Es wurden mehr als zehn Arbeitslager und sieben Ghettos mit ungefähr 5000 Juden eingerichtet.

Bis zum 12. November 1941 erschoss das Einsatzkommando 6 von 1160 Geisteskranken der Anstalt Igrin bei Dnjepropetrowsk 800. In der Zeit vom 24. bis 30.11.1941 führte es 274 Erschießungen durch. In dieser Zahl sind eingeschlossen: 19 Politische Funktionäre, 29 Saboteure und Plünderer sowie 226 Juden.[3]

Im Dezember 1941 wurde ein Teil des Generalbezirks Dnjepropetrowsk offiziell einer Zivilverwaltung unterstellt, obwohl die Militärkommandanten weiterhin für mehrere Monate eine bedeutende Rolle in diesen Gebieten spielten. Im Generalbezirk Dnjepropetrowsk gab es vier Stadtkommissare (für Dnjepropetrowsk, Saporoshje, Kriwoi Rog und Kamenskoje) und 16 Gebietskommissare (für Berdjansk, Chortiza, Dnjepropetrowsk-Land, Halbstadt, Kamenka, Kriwoi Rog-Land, Nikopol, Nowo Moskowsk, Oreschow, Pawlograd, Petrikowka, Pjatichatki, Pokrowskoje, Pologi, Sinelnikowo und Werchnednjeprowsk).[4] Der östliche Teil des Generalkommissariats ging erst im Oktober 1942 an eine Zivilverwaltung über.

Im Generalbezirk waren 600 Beamte der Schutzpolizei und 400 Gendarmen für etwa 6000 ukrainische Hilfspolizisten verantwortlich. Kommandeur der Ordnungspolizei war Oberst Gotthilf Hoffmann.

1941 wurden im Gebiet Dnjepropetrowsk 24 000 Juden ermordet, 1942 weitere 10 000. Während der Zeit der Okkupation betrug die Zahl der zivilen Opfer im Gebiet Dnjepropetrowsk in sieben Städten und 21 Bezirken insgesamt 70 660 Zivilisten, davon 35 792 Juden.[5]

---

1   Altman, Cholokost, S. 274; Encyclopedia of Camps and Ghettos, S. 1615; Kruglow, Enziklopedija Cholokosta, S. 36–41.
2   Mallmann, Die »Ereignismeldungen UdSSR«, S. 477 (Ereignismeldung Nr. 86 vom 17.9.1941).
3   Klaus-Michael Mallmann/Jürgen Matthäus/Martin Cüppers/Andrej Angrick (Hrsg.), Deutsche Berichte aus dem Osten 1942–1943. Dokumente der Einsatzgruppen in der Sowjetunion III, Darmstadt 2014, S. 100.
4   http://de.academic.ru/dic.nsf/dewiki/1169455 [4.11.2014].
5   Kruglov, Jewish Losses in Ukraine, S. 272–290.

1. Gebietshauptstadt Dnjepropetrowsk

1939 lebten in Dnjepropetrowsk[6] 89 529 Juden, 18 Prozent der Bevölkerung.

Beim Vormarsch der Wehrmacht wurde die Stadt evakuiert. Etwa 60 000 Juden verließen die Stadt. Am 25. August 1941 wurde die Stadt von der Wehrmacht besetzt. In den ersten Tagen der Besatzung verhielt sich die ukrainische Bevölkerung gegenüber den Juden überaus feindselig, plünderte jüdisches Eigentum und verriet viele Juden an die Deutschen. Die Juden mussten einen blauen Davidstern auf weißem Untergrund als Kennzeichen tragen. Auf Befehl der Deutschen musste eine Gemeindeführung gewählt werden. Der erste Vorsitzende war ein Anwalt namens Gorenberg. Die Hausbesitzer mussten dem kommandierenden Hauptquartier eine Liste ihrer jüdischen Mieter vorlegen. Die Militärverwaltung bereitete die Errichtung eines Ghettos für die Juden von Dnjepropetrowsk vor.

Im September 1941 wurde die Stadt Teil des Reichskommissariats Ukraine.

Am 2. Oktober 1941 erließ der Kommandant von Dnjepropetrowsk eine Verordnung, in der es hieß: »Bis heute hat die jüdische Bevölkerung Raub in großem Maßstab durchgeführt. Als Strafe befehle ich Folgendes: Der jüdischen Bevölkerung von Dnjepropetrowsk wird eine Strafe von 3 Mill. Mark = 30 Mill. Rubel auferlegt.«[7] Die Strafe sollte in Raten am 12. und 20. Oktober und am 1. November bezahlt werden. Bevor das Geld eingesammelt war, begannen am 13. Oktober 1941 ohne Kenntnis der Feldkommandantur das Einsatzkommando 6 der Einsatzgruppe C und Einheiten des Höheren SS- und Polizeiführers Russland-Süd die Juden im Zentralen Warenhaus zusammenzutreiben. Sie waren angewiesen worden, ihre wertvollsten Sachen mitzunehmen. Von dort wurden sie in Gruppen zu einer nahe gelegenen Schlucht gebracht und ermordet.[8] Bei Einbruch der Dunkelheit wurde die Ermordung unterbrochen, und Männer von Jeckelns Stabskompanie und Angehörige des Polizeibataillons 314 sperrten die noch Lebenden über Nacht in einen Pferch, wo sie auf ihren Tod warten mussten.[9]

In einer Bekanntmachung des Stadtkommandanten vom 6. Dezember 1941 hieß es: »Am 2. Dezember 1941 wurde in Dnjepropetrowsk ein Attentat auf einen deutschen Offizier verübt. Als Sühnemaßnahme sind 100 Geiseln aus der Dnjepropetrowsker Einwohnerschaft erschossen worden. […]«[10]

Ende Dezember 1941 beorderte der Bürgermeister von Dnjepropetrowsk die Juden der Stadt zur Registrierung. Am 29. Dezember 1941 sollte eine Abstempelung aller jüdischen Pässe gegen eine Stempelgebühr von 50 Rubel für jeden Pass vorgenommen werden. Die Registrierung diente der Vorbereitung der Ermordung der Juden, die Angehörige des Sonderkommandos Plath im Winter 1941/42 durchführten. Diesem Massaker fielen etwa 6000

---

6   Altman, Cholokost, S. 272 ff.; Enzyklopädie des Holocaust, S. 355 f.
7   Altman, Opfer des Hasses, S. 174.
8   Krausnick, Hitlers Einsatzgruppen, S. 345, Anm. 521a.
9   VEJ 7, S. 38.
10 Sastawenko, Wehrmachtsverbrechen, S. 90, Dok. 27.

Juden zum Opfer. 900 Juden ließ man am Leben und sperrte sie in ein Arbeitslager. Am 13. Oktober 1941 waren bereits 10 000 Juden erschossen worden.[11]

In der Ereignismeldung UdSSR Nr. 173 vom 25. Februar 1942 meldete die Einsatzgruppe C: »In der Zeit vom 10.1. bis 6.2.1942 wurden in Dnjepropetrowsk 17 Berufsverbrecher, 105 kommunistische Funktionäre, 16 Partisanen und ca. 350 Juden standrechtlich erschossen. Außerdem wurden 400 Insassen der Irrenanstalt Igrin und 320 Insassen der Irrenanstalt Wasilkowska beseitigt.«[12] Im Februar 1942 lebten noch 702 Juden in der Stadt.[13]

Am 26. Juni 1942 wies der Stadtkommissar von Dnjepropetrowsk die ukrainische Hilfsverwaltung an, einen Panzergraben, der als Exekutionsstätte gedient hatte, unweit der Siedlung Wehrnij, zu beiden Seiten der Straße nach Saporoshje zuzuschütten, da dies nur in kleinem Umfang und nur sehr mangelhaft geschehen sei. Es waren teilweise noch Körperteile der dort beerdigten Menschen zu sehen. Diese wurden infolge der mangelhaften Zuschüttung immer wieder durch Hunde freigelegt. In diesem Panzergraben hatte das Sonderkommando Plath im Winter 1941/42 etwa 7000 Juden erschossen.[14]

Als am 25. Oktober 1943 Dnjepropetrowsk befreit wurde, lebten in der Stadt nur noch 15 Juden.

Moisei Greiman (geb. 1931)
»Ich sah alles und hörte alles und werde dies bis zu meinem Tod nicht vergessen«

Ich, Moisei Lwowitsch Greiman, bin einer der wenigen Augenzeugen der Massenerschießung der Juden in der Stadt Dnjepropetrowsk. Als der Krieg ausbrach, war ich zehn Jahre alt. Mein Vater war Fuhrmann und meine Mutter Hausfrau. Wir hatten eine Kuh, und meine Mutter verkaufte die Milch. Vor dem Krieg besuchte ich die Schule und spielte Klavier. Es ging uns sehr gut.

Am 25. August 1941 wurde Dnjepropetrowsk von deutschen faschistischen Truppen besetzt. Dies glich einer Lawine. Ein paar Wochen nach der Besetzung der Stadt fand die erste antijüdische »Aktion« statt. Auf dem Dachboden der kleinen Synagoge wurden sowjetische Waffen aufgestellt, und danach erlaubte man der jüdischen Gemeinde, zum Gebet zu erscheinen. Als in der Synagoge 50 bis 60 Menschen, hauptsächlich ältere, versammelt waren, kamen drei Autos und holten sie ab. Ich weiß nicht, was mit diesen Menschen geschah, aber ich glaube, dass sie vernichtet wurden, wie alle anderen auch.

Dann gab es Kontributionen: Die jüdische Bevölkerung der Stadt wurde verpflichtet, eine Million sowjetischer Rubel an die deutschen Machthaber zu zahlen.

Ich erinnere mich noch an Brot. Damals wurde in Geschäften Brot verkauft. Es wurde aus alten Getreidevorräten gebacken. Aber an »Shidy« wurde das Brot nicht verkauft. Nur Russen und

---

11 VEJ 8, S. 169.
12 Mallmann, Deutsche Berichte aus dem Osten 1942–1943, S. 180.
13 Hilberg, Die Vernichtung der europäischen Juden, S. 390.
14 VEJ 8, S. 311 f., Dok. 121.

Ukrainer durften das Brot kaufen. Unsere Nachbarn und Freunde kauften Brot für uns. Wir mussten nicht hungern. Außerdem erinnere ich mich sehr genau, wie meine Eltern mich zwangen, den Davidstern zu tragen. Ich wollte ihn nicht tragen. Ich trug ihn zu Hause, aber sobald ich auf der Straße war, riss ich diesen Magen Dawid von meiner Kleidung und steckte ihn in die Tasche. Alle Menschen sind Menschen, nur wir mussten irgendwelche komischen Sterne tragen.

Am 12. Oktober 1941 erschienen in der ganzen Stadt Aushänge mit dem folgenden Befehl: Alle Juden müssen zum Gebäude des Einkaufszentrums kommen, um an einen bestimmten Ort abtransportiert zu werden. Alle müssen gute Kleidung anhaben und Verpflegung für drei Tage mitnehmen.

Am 13. Oktober verließen wir am frühen Morgen unser Haus. Wir waren zu viert: meine Eltern, meine Großmutter und ich. Außer Kleidung und Verpflegung hatte jeder von uns auch Geld für den Fall, dass wir uns unterwegs verlieren würden. Unsere Familie gehörte zur zweiten Gruppe. Es waren jene, die etwas später kamen und entsprechend später vom Platz abgeholt wurden. Als etwa tausend Menschen auf dem Platz waren, befahl man uns, zu einer Schlucht zu gehen. Manche Menschen fragten, warum man uns nicht zum Bahnhof bringt. Man antwortete ihnen, dass wir von einem Nebengleis abfahren würden. Wir machten uns keine Gedanken, aber als wir die Steppe erreichten, wurden wir von einer verstärkten Wache umkreist. Wahrscheinlich verstanden damals viele, was uns bevorstand, aber es war schon zu spät, um etwas zu unternehmen.

Man brachte uns an den Stadtrand, wo das Wasserwerk stand (heute ist an dieser Stelle der Gagarin-Platz). Neben dem Wasserwerk wurde bereits ein Gelände präpariert. Wir alle wurden auf das Gelände getrieben. Es wurde mit einem hohen Zaun eingezäunt. Dort waren bereits sehr viele Juden (viele von ihnen waren schon tot). Auf dem Wasserwerk, das einen hervorragenden Ausblick bot, wurden Maschinengewehre aufgestellt.

An jenem Tag weinte selbst der Himmel. Dunkle Wolken bedeckten den Himmel, und es fiel Schneeregen. Viele hatten das Gefühl, es sei das Jüngste Gericht. Die Kinder schrien, die Greise beteten, die Erwachsenen zerrissen die Kleider an ihrem Körper. Man hörte Schüsse: Die bewaffneten Wachmänner jagten Flüchtlinge.

Die Erwachsenen verstanden natürlich, was geschah. Mama flüsterte mir die ganze Zeit zu: »Flieh, mein Sohn, flieh!« Ein paar Mal versuchte ich, unter dem Stacheldraht hinauszukriechen, bekam aber Angst vor den Wachmännern. Jede halbe Stunde öffnete sich der Eingang zum Gelände, und man holte jene, die in der Nähe standen. Den ganzen Tag versuchten wir, uns möglichst weit weg vom Eingang zu halten, aber am Abend waren wir sehr nahe dran. Ich hielt meinen Vater an der Hand. Als es nur noch 100 Schritte bis zur Schlucht waren, warf mein Vater mich ins Gebüsch. Er warf mich mit solcher Wucht, dass ich fünf oder zehn Meter weiter landete. Mir wurde klar, dass mein Vater mich vor etwas schützen wollte. Ich lief vielleicht 20 Minuten. Dann entschied ich mich, zur Schlucht zurückzukehren und auf meine Eltern zu warten. Aber ungefähr 50 Meter von der Schlucht entfernt vernahm ich das Rattern der Maschinengewehre. In jenem Augenblick verstand ich, was mit meinen Eltern passierte.

Ich sah alles und hörte alles und werde dies bis zu meinem Tod nicht vergessen. Es ist furchtbar, sich daran zu erinnern. Es war aber nicht genug, sich zu retten, man musste überleben.

Ich wusste nicht, wohin ich gehen sollte. Ich fühlte mich sehr einsam und ging in mein Elternhaus. Ich trat in unseren Hof ein. Dort sah ich unsere Haushaltshilfe Sanja und erzählte ihr, dass meine Eltern und alle Juden erschossen wurden. Sanja versteckte mich in einem Keller, dann brachte sie mich zu ihren Eltern ins Dorf Pschenitschnoje. Sie gab mir für unterwegs etwas zu essen und irgendwelche Kleidung.

Sanjas Eltern waren bereit, mich aufzunehmen. Später, als es sehr gefährlich wurde, musste ich das Dorf verlassen, aber dann kam ich zurück, weil ich nicht wusste, wohin mit mir.

In jener Zeit durchquerte ich fast die ganze Ukraine. Ich schlief in Heuhaufen und ernährte mich von dem, was ich unterwegs in den Dörfern erbettelte. Dann kam ein Lastwagen mit sechs Männern in Militäruniformen nach Pschenitschnoje. Die Menschen behaupteten, dass es unsere Soldaten seien, aber mich irritierten ihre Schulterklappen. Viele Menschen dachten, dass es verkleidete Deutsche seien. Aber später stellte sich heraus, dass es in der Tat unsere Soldaten waren. Die Menschen weinten und freuten sich. Die Soldaten umarmten und küssten mich, als ich ihnen meine Geschichte erzählte. Ich bekam viele Süßigkeiten, Schokolade und andere Leckereien.

Nach der Befreiung meiner Heimatstadt wollte ich schauen, was mit meinem Elternhaus geschah. Unsere Möbel waren weg, und im Keller fand ich unheimlich viele leere Weinflaschen.

Ich war Waisenkind und hatte keine Möglichkeit für eine Ausbildung. Liebe Menschen, die Freunde meines Vaters, brachten mir einen handwerklichen Beruf bei. In Dnjepropetrowsk arbeitete ich in einer Fabrik als Dreherlehrling. Es war eine Rüstungsfabrik, und ich arbeitete dort bis Mai 1945. Danach besuchte ich zwei Jahre eine Berufsfachschule und wurde Schmied. Später arbeitete ich 40 Jahre in diesem Beruf in der Leninfabrik.

Jedes Jahr findet am 13. Oktober an der Stelle der Massenerschießung der Juden eine Gedenkfeier für die Opfer statt. Sehr oft hielt ich Reden bei solchen Gedenkfeiern. Ich beteilige mich an der Entstehung des »Gedenkbuches der Opfer der Katastrophe«.

Nelli Zypina (Gordon) (geb. 1932)
»Am tragischen Punkt«

Ich, Nelli Lwowna Zypina, geborene Gordon, wurde 1932 geboren. Vor dem Kriegsausbruch wohnte ich in der Stadt Gorlowka, Gebiet Donezk, in der Stalinski-Straße 38. Mein Vater Lew Mendelewitsch Gordon, geboren 1906, war Ingenieur und arbeitete im Bergbau in einer Rettungstruppe. Meine Mutter Sinaida Borissowna, geboren 1911, war Hausfrau. Mein Bruder Emmanuil wurde 1935 geboren und ging noch nicht in die Schule. Nach meiner ersten Schulklasse verbrachte ich meine Sommerferien in Dnjepropetrowsk in der Familie meines Großvaters Frumin Boris Gerschkowitsch, geboren 1874, und bei meiner Tante Frumina Rosali Borissowna, geboren 1898. Beide Familien wohnten in der Dsershinski-Straße. Als der Krieg ausbrach, warteten mein Großvater und meine Tante, dass meine Eltern mich holen kommen. Aber dazu kam es nicht. Wie sich später herausstellte, wurde mein Vater gleich nach Kriegsausbruch eingezogen, und meine Mutter musste sich dringend mit meinem kleinen Bruder evakuieren lassen. Sie landeten in der Stadt Busuluk, Gebiet Tschkalow.

Wegen der raschen Offensive der deutschen Truppen auf Donezk wollten mein Großvater und meine Tante sich zusammen mit mir evakuieren lassen. Leider bekam meine Tante sehr lange keine Erlaubnis, weil sie Ärztin in der Bahnhofsklinik war. Als meine Tante endlich eine Erlaubnis hatte, herrschte in der ganzen Stadt eine unvorstellbare Panik. An einem jener furchtbaren Tage konnten wir schließlich in einen Zug steigen. Plötzlich wurde die Stadt bombardiert. Später stellte sich heraus, dass es eine der größten Bombardierungen der Stadt war. Unser Zug wurde getroffen, und wir konnten nicht wegfahren.

Mein Großvater bemühte sich weiterhin darum, dass wir die Stadt verlassen konnten. Deshalb zogen wir in die Wohnung unserer Verwandten in der Korolenkowski-Straße 25. Sie hatten sich zuvor evakuieren lassen, und mein Großvater hatte ihren Wohnungsschlüssel. Diese Wohnung war sehr nah beim Bahnhof. Mein Großvater ging jeden Tag zum Bahnhof. Dort herrschte ein unvorstellbares Chaos. Sehr eilig wurden Fabriken und Behörden evakuiert, aber die Zivilisten durften in diesen Zügen nicht mitfahren. Wir schafften es nicht, die Stadt Dnjepropetrowsk, die kurz darauf von deutschen Truppen besetzt wurde, zu verlassen. Wir blieben in der Korolenkowski-Straße.

Ab den ersten Tagen nach der Besatzung mussten alle Juden auf Befehl der deutschen Machthaber eine Armbinde mit dem Davidstern tragen. Am Abend des 11. Oktober 1941 teilte uns der Blockwart mit, dass wir uns am nächsten Morgen mit warmer Kleidung und Verpflegung an einem bestimmten Ort einfinden sollten. Am frühen Morgen machten wir uns auf den Weg in der vorgegebenen Richtung. An allen Straßen hingen Plakate der deutschen Kommandantur mit dem Befehl an alle Juden, sich an einem bestimmten Ort einzufinden. Für das Nichtbefolgen dieses Befehls drohte die Erschießung.

Im unteren Teil der Karl Marx-Straße bildete sich eine Kolonne, die von bewaffneten Polizisten mit Schäferhunden umkreist wurde. Die Kolonne setzte sich in Bewegung. Die Menschen spekulierten, wohin man uns bringen würde. Manche behaupteten, wir würden von einem Güterbahnhof aus nach Palästina abreisen.

Die Kolonne wurde vor einer tiefen Schlucht aufgehalten. Man befahl uns, das ganze Gepäck auf eine Seite zu stellen. Kurz darauf hörten wir von der anderen Seite der Schlucht das Rattern der Maschinengewehre. Die Menschen verstanden, was ihnen bevorstand. Mit Einbruch der Dunkelheit und dem Stopp der Erschießung versuchten die Menschen, die noch am Leben waren, in verschiedene Richtungen zu fliehen. Die Polizisten eröffneten das Kreuzfeuer, und die Menschen ließen sich instinktiv zu Boden fallen.

Es war eine kalte Herbstnacht. Die Menschen standen eng aneinander gedrückt, um sich gegenseitig zu wärmen. Manche hielten diesen Stress und Druck nicht aus und fielen tot um. Auf diese Leichen legte man Kinder, weil man sie sonst nirgendwo hinlegen konnte. Die Kinder weinten und baten ihre Eltern, sie nach Hause in ihre Betten zu bringen. Ältere Frauen brachen sich die Finger an den Händen und flüsterten: »Gotenju!« (Unser Gott). Manche Greise beteten.

1. Gebietshauptstadt Dnjepropetrowsk

Ich erinnere mich an einen Jugendlichen, der eine ältere Frau mit folgenden Worten beruhigte: »Hab keine Angst, an einer Kugel zu sterben; es ist nur ein Augenblick.«

Mit dem Sonnenaufgang nahmen die Maschinengewehre ihr Rattern wieder auf. Die Kolonne wurde immer kleiner. Im Laufe des Tages kamen Lastwagen und brachten immer neue Gruppen. Meine Tante Rose weinte und machte sich Vorwürfe, dass ich wegen ihr sterben würde, weil sie mich nicht rechtzeitig zu meinen Eltern zurückgebracht hatte. Ich hatte Mitleid mit meiner Tante, deshalb nahm ich sie und meinen Großvater an die Hand und ging mit den beiden an das Ende der Kolonne, um unseren Tod zu verzögern.

Am Ende des zweiten Tages waren wir am tragischen Punkt. Wahrscheinlich schützte mich mein Großvater im Augenblick der Erschießung mit seinem Körper und schubste mich in die Schlucht. Ich kam vor Kälte und durch die Last der Menschenkörper, die auf mir lagen, zu mir. Ich ging auf den Leichen und versuchte, auf den Rand der Schlucht zu klettern. Als ich den Rand der Schlucht erreichte, hörte ich einen Schrei: »Steh auf!« Vor mir stand ein deutscher Offizier, den ich zuvor schon an zwei Tagen am Ort der Erschießung gesehen hatte. Er konnte perfekt Russisch und übersetzte für ukrainische Polizisten die Befehle der SS-Männer. Seine Uniform war nicht schwarz. Ich war am ganzen Körper mit Blut und Dreck verschmiert. Ich zitterte am ganzen Körper, weinte und sagte, dass ich eine Russin sei, dass ich dort zufällig landete, dass ich in Dnjepropetrowsk zu Besuch war und mit diesen Menschen dorthin gebracht wurde. Ich hatte kein typisch jüdisches Aussehen. Der Offizier schaute mich aufmerksam an. Dann führte er mich an den riesigen Berg Kleidung heran, nahm eine große karierte Decke von diesem Berg und warf sie mir um die Schulter. Außerdem steckte er mir ein Brot in die Hände. Danach begleitete er mich durch den Korridor der Polizisten. Ich landete auf dem Feld und wusste nicht, wohin ich gehen sollte. In diesem Augenblick ging ein Polizist an mir vorbei, und ich bat ihn um Auskunft. Er antwortete mir ganz grob: »Quatsch nicht viel, folge mir!« Er ging sehr schnell, ich konnte ihm nicht folgen. Nach einiger Zeit verlor ich ihn aus den Augen. Ich nahm den Weg, auf dem wir zur Erschießung gingen. Ich überwand meine Übelkeit und Schmerzen und erreichte endlich den Hof unserer Wohnung in der Korolenkowski-Straße. Unsere Wohnung war abgeschlossen, und ich klopfte bei unserer Nachbarin, Tante Nastja, mit deren Kindern ich früher spielte. Tante Nastja ließ mich ein und brachte mich ins Bett. Erst nach einer Woche konnte ich aufstehen. In dieser Zeit erzählte Tante Nastja ihren kinderlosen Nachbarn Subkowy, dass ein russisches Mädchen aus Donbass, das ihre jüdischen Nachbarn besuchte, jetzt alleine geblieben war. Tante Nastja konnte mich nicht bei sich behalten, weil sie selbst zwei kleine Kinder hatte und hungerte. Das Ehepaar Subkowy kam zur Tante Nastja, sprach mit mir und erklärte sich bereit, mich zu adoptieren.

Meine Adoptivmutter Maria Fedorowna, geboren 1911, arbeitete vor dem Krieg als Blockwart. Der Adoptivvater Wassili Efimowitsch, geboren 1895, arbeitete im Pferdestall und hatte ein Pferd und einen Pferdewagen. Dies ermöglichte es unserer Familie, während der Besatzung einigermaßen zu existieren. Der Adoptivvater Wassili war von Anfang an sehr lieb und herzlich zu mir. Maria Fedorowna war auch ein herzlicher Mensch, aber sie war sehr ungeduldig. Sie konnte mich wegen jeder Kleinigkeit verprügeln, was sie dann sehr bereute. Ich hatte deshalb Angst vor meiner Adoptivmutter und war immer sehr angespannt. Langsam gewöhnte ich mich an meine neue Familie und ging sogar im Hof spazieren. Aber mich beunruhigte die Tatsache, dass die Jungen aus den Nachbarhäusern mich »Jüdin« nannten. Wahrscheinlich sahen sie mich früher zusammen mit meiner Tante und meinem Großvater. Meine Befürchtungen waren nicht unbegründet.

Zwei Monate später klopfte man laut an unsere Tür, und ein Offizier in Begleitung deutscher Soldaten trat in unsere Wohnung ein. Ihnen sei mitgeteilt worden, dass in der Familie Subkowy ein jüdisches Mädchen wohne. Für die Unterstützung von Juden erschossen die Nazis ganze Familien. Maria Fedorowna weinte sehr heftig und versuchte, den »Besuch« zu überzeugen, ich sei Russin, ein armes Waisenkind und sogar ihre entfernte Verwandte. Der Offizier schaute mich lange und aufmerksam an, konnte aber wahrscheinlich nichts Typisches in meinem Gesicht entdecken (ich hatte blaue Augen und helle glatte Haare) und bekam Mitleid mit uns. Er verlangte aber, dass entsprechende Papiere für mich ausgestellt sowie meine Adoption bei der Behörde verzeichnet würden. Bis alle Papiere vorlagen, nahm er mich fest. Meine Adoptivmutter musste sich jeden zweiten Tag im Kommissariat melden, und mein Adoptivvater wurde verpflichtet, entsprechende Papiere aus dem Dorf Schamschino, dem Geburtsort seiner Frau, vorzulegen. Dieses Dorf war ungefähr 60 Kilometer von Dnjepropetrowsk entfernt.

Etwa zwei Monate war ich im Gefängnis. Ich wurde regelmäßig verhört. Ein paar Mal wurde ich brutal verprügelt. Die Zelle, in der ich saß, war aus Zement und sehr nass. Ich zitterte die ganze Zeit vor Kälte und Angst. In den Verhören wiederholte ich immer wieder, dass ich Russin bin, ein Waisenkind, dessen Mutter an Typhus starb und dessen Vater im Bergbau umkam, und dass das Ehepaar Subkowy meine entfernten Verwandten sind. Meine Erzählungen waren sehr überzeugend, weil ich in der Gegend wohnte, die vom Bergbau geprägt war. Solche traurigen Geschichten hörte ich sehr oft, weil sie dort zum Alltag gehörten.

Mein Adoptivvater Wassili kehrte aus dem Dorf zurück und brachte die entsprechende Bescheinigung. Ich wurde aus dem Gefängnis freigelassen. Dank dieser Bescheinigung konnte das Ehepaar Subkowy mich in meiner Anwesenheit in der Stadtverwaltung offiziell adoptieren. Ich wurde Nelli Wassiljewna Subkowy. Nach einiger Zeit, nachdem ich mich etwas erholt hatte, wurde ich eingeschult, aber in einem anderen Vorort, weil die Jungen mich weiterhin beschimpften und ich Angst vor ihrer Verfolgung in der Schule hatte.

Erst nach dem Einmarsch der Roten Armee ging ich in die Schule in meinem Vorort. Kurz nach der Befreiung der Stadt Dnjepropetrowsk kehrten die jüdischen Familien aus der Evakuierung zurück. Manche Familien kehrten auch in unser Wohnhaus zurück. Ich weiß nicht mehr, von wem die Ärztin Tschegrinskaja von meinem Schicksal erfuhr. Sie versuchte, meine Verwandten zu finden. Sie erzählte ihren jüdischen Patienten von mir, von meinem Schicksal und bat sie, überall nach Menschen mit dem Namen Gordon zu fragen. Am 14. März 1945 war meine Cousine, die aus der Evakuierung zurückgekehrt war, bei ihr. Als sie erfuhr, dass ich am Leben war, erzählte sie es ihrer Mutter, meiner Tante Rachil. Zu zweit kam sie zu uns in den Hof. In jenem Augenblick war ich gerade mit meiner Adoptivmutter unterwegs zum Einkaufen. Tief in meiner Seele war ich sehr glücklich, meine Verwandten zu sehen, aber instinktiv zeigte ich meine Freude nicht, weil ich meine Retter, die ihr eigenes Leben meinetwegen riskiert hatten, nicht verletzen wollte. Einen Tag nach dem Telegramm meiner Tante Rachil kam aus der Stadt Krasny Lutsch mein Vater.

Kurz nachdem ich zu meinen Eltern nach Krasny Lutsch gefahren war, adoptierte das Ehepaar Subkowy einen Säugling, den sie Wassja nannten. Von ihm schrieb Maria Fedorowna in den Briefen an mich. Ich blieb mit meinen Rettern immer in Kontakt. Wir schrieben uns Briefe und besuchten uns regelmäßig.

1968 erkrankte mein Vater Wassili und war in einem sehr schlechten Zustand. Meine Mutter Maria berichtete mir davon, und ich fuhr ihn besuchen. In der Tat war es das letzte Mal, dass ich ihn sah, weil er kurz darauf starb. Meine Mutter Maria starb 1982 im Krankenhaus in Dnjepropetrowsk, wohin ich sie zur Behandlung brachte.

All das Erlebte hinterließ seine Spuren. Bis heute habe ich große Probleme mit meiner Psyche. Nach langen Erkältungen, an denen ich damals am Erschießungsort und später im Gefängnis erkrankt war, wurde mein Gehör beschädigt, und ich leide zurzeit an Rheuma und Arthritis. Bis heute verfolgt mich der Geruch der erschossenen Menschen. Ich kann kein Blut sehen und bestimmte Geräusche nicht hören. Ich kann auch keine Filme mit brutalen Inhalten und Morden sehen. Ich danke meinen Eltern, Verwandten und meinem Mann für so viel Verständnis, Liebe und Fürsorge.

Ich danke Gott für das geschenkte Leben!

2. Bezirk (Rayon) Nikopol

Ort: Nikopol

1939 lebten in Nikopol[15] 3767 Juden, etwa sieben Prozent der Bevölkerung.

Am 17. August 1941 besetzte die Wehrmacht Nikopol. Am 3. Oktober 1941 wurden 130 Juden von der Feldgendarmerie und Teilen der 1. SS-Brigade ermordet. Am 5. Oktober 1941 ermordete das 8. Regiment der 1. SS-Brigade weitere 570 Juden. Die letzten Juden aus Nikopol, mehrere Hundert, wurden am 25. März 1942 ermordet.[16]

Am 8. Februar 1944 wurde Nikopol durch die Rote Armee befreit.

Lidija Kusnezowa
»Die Erschießung der Juden begann im September«

Als der Große Vaterländische Krieg ausbrach, war ich sechs Jahre alt. Zusammen mit meiner Mama N. M. Davidenko und meiner älteren Schwester Galina (aus der ersten Ehe meiner Mama) wohnte ich in der Stadt Nikopol, Gebiet Dnjepropetrowsk. Mein Vater M. E. Rak (jüdisch) war an der Front.

---

15 Altman, Cholokost, S. 649.
16 Kruglow, Chronika Cholokosta, S. 90.

Die Deutschen besetzten die Stadt im August 1941. Die Erschießung der Juden begann im September jenes Jahres. Da meine Mutter und meine ältere Schwester Russinnen waren, ging meine Mutter zusammen mit mir nicht zu dem Platz, auf dem die Juden sich laut Befehl der deutschen Kommandantur versammeln sollten. Als bekannt wurde, dass Juden erschossen wurden, begann man, mich zu verstecken. Zuerst zu Hause in einem Keller, der unter unserem Flur war. Später auf dem Dachboden eines Stalls.

Meine Mama musste ein paar Mal in der Kommandantur erscheinen, wo sie verhört und genötigt wurde, den Aufenthaltsort ihrer jüdischen Tochter zu verraten. Mama behauptete, sie habe mich noch im Sommer nach Winniza zu meiner Großmutter (der Mutter meines Vaters) gebracht und ich sei dort wahrscheinlich mit der Familie ihres Mannes erschossen worden.

Im benachbarten Hof wurde die Feldküche der Deutschen eingerichtet. Da es dort keine Wasserleitung gab, kamen die Soldaten zu uns, um Wasser zu holen. Im Sommer wuschen sie sich in unserem Hof und kamen in unser Haus, wenn sie etwas benötigten. Deshalb war es für mich sehr gefährlich in unserem Haus, und meine Mutter vereinbarte mit ihren Freundinnen E. G. Nabokowa und A. N. Xensowa, dass sie mich bei sich beherbergten. Bei E. G. Nabokowa wurde ich in einem Keller versteckt und im Sommer auf dem Dachboden.

Im Sommer 1942 wurden alle Juden aufgespürt, die die erste Erschießung überlebt und sich versteckt hatten. Sie und jene, die sie versteckt hatten, wurden erschossen. Nach diesem Vorfall weigerten sich die Freundinnen meiner Mama, mich zu verstecken, und Mama war gezwungen, mich wieder in unser Haus zu holen. Da die Deutschen mehrmals am Tag kamen um Wasser zu holen, musste ich ständig im Keller sitzen, wo es dunkel war und ich Angst hatte. Ich weinte und selbst jetzt, viele Jahre danach habe ich panische Angst vor Dunkelheit.

Im Sommer 1943 brachte mich meine Mutter ins Dorf Kamenka zu unseren entfernten Verwandten. Auch dort musste man mich verstecken und ich durfte nur nach Einbruch der Dunkelheit frische Luft schnappen.

Während der zweieinhalb Jahre der deutschen Besatzung waren mein Leben sowie das Leben meiner Mama und meiner Schwester in ständiger Gefahr. Auch die Frauen, die mich versteckten und halfen, mein Leben zu retten, gingen ein Risiko für ihr Leben ein. Ich ging nicht in die Schule, musste auf den Kontakt mit anderen Kindern verzichten und war in meiner Entwicklung zurückgeblieben. Am Ende der Besatzung war meine Mutter (sie war 34 Jahre alt) ganz grau und hatte starke Herzprobleme.

Nach der Besatzung blieb in Nikopol kein einziger Jude. Von den Halbjuden überlebten nur zwei Kinder: ich und noch ein Junge (er war drei Jahre alt), der gleich nach der Besetzung aufs Land gebracht worden war.

3. Bezirk (Rayon) Pawlograd
(ukr. Pawlohrad)

Ort: Pawlograd
Am Beginn des 20. Jahrhunderts lebten in Pawlograd[17] ungefähr 4400 Juden, nahezu 30 Prozent der Bevölkerung. Während des russischen Bürgerkriegs (1918–1920) veranstaltete eine ukrainische Bande ein Pogrom und ermordete zahlreiche Juden. 1939 lebten in Pawlograd noch 2510 Juden, etwa sieben Prozent der Bevölkerung.

Vor 1941 war Pawlograd Bezirkszentrum im Gebiet Dnjepropetrowsk der Ukrainischen Sozialistischen Sowjetrepublik, von 1941 bis 1944 Gebietszentrum im Generalbezirk Dnjepropetrowsk. Seit 1991 ist Pawlograd Bezirkszentrum im Gebiet Dnjepropetrowsk, Ukraine.

In der Zeit zwischen dem Überfall der Wehrmacht auf die Sowjetunion und der Besetzung der Stadt gelang es einer erheblichen Anzahl von Juden, nach Osten zu fliehen, oder die Männer wurden zur Roten Armee eingezogen. Einheiten der 6. Armee besetzten die Stadt am 11. Oktober 1941. Von Mitte Oktober 1941 bis August 1942 kontrollierte die Ortskommandantur I/829 die Stadt. Der Ortskommandant richtete eine zivile örtliche Verwaltung ein und rekrutierte 158 Ukrainer als Hilfspolizisten. Alle Juden mussten sich registrieren lassen und am linken Arm eine Armbinde mit einem Davidstern tragen. Jeden Morgen mussten sie vor dem Hauptsitz der Verwaltung erscheinen, um zur Zwangsarbeit eingeteilt zu werden.

Im November 1941 wurden 670 jüdische Flüchtlinge aus Polen erschossen.

Im Frühjahr 1942 wurde auf dem Gelände der Fabrik Nr. 359 im Vorort Gorodischtsche ein Lager für Juden aus Pawlograd, den umliegenden Orten und wahrscheinlich auch für Flüchtlinge eingerichtet. Die Juden wurden zu schwerer Arbeit gezwungen. Wen die Kräfte verließen, wurde in Gruben in der Nähe des Dorfes Mawrino erschossen, ebenso wie zahlreiche Kinder. Das Lager wurde im Juni 1942 aufgelöst und alle Juden, insgesamt 2100, wurden erschossen.

Nach Angaben der Außerordentlichen Staatlichen Kommission wurden in Pawlograd zwischen November 1941 und Januar 1942 insgesamt 3672 Menschen durch Einheiten des HSSPF Russland-Süd getötet. Die letzten 2100 Juden wurden im Juni 1942 durch das Sonderkommando Plath erschossen.[18] Das Sonderkommando Plath war Ende 1941 aus Teilen der 7. Kompanie des SS-Infanterie-Regiments 5 und Schutzpolizisten gebildet worden und im Raum Dnjepropetrowsk eingesetzt.

Am 17. Februar 1943 wurde Pawlograd durch eine Partisaneneinheit befreit, aber nach fünf Tagen von der Wehrmacht zurückerobert. Endgültig wurde Pawlograd am 18. September 1943 befreit.

---

17 Altman, Cholokost, S. 717; Encyclopedia of Camps and Ghettos, S. 1632 f.; The Yad Vashem Encyclopedia, S. 578.
18 VEJ 7, S. 389, Anm. 8.

Leonid Winokurow (geb. 1931)
»Das Leben wurde zum Albtraum«

Ich bin einer, der zu den 6 000 000 Juden gehören sollte, die Opfer des Holocaust wurden. Nur Dank Gottes Gnade war es mir gegeben, alle Qualen durchzustehen und zu überleben.

Ich, Leonid Borissowitsch Winokurow, wurde am 6. August 1931 in der Stadt Pawlograd, Gebiet Dnjepropetrowsk, geboren. Meine Eltern waren Juden. Die Stadt Pawlograd gehörte in der Zarenzeit zum Ansiedlungsrajon. Dort durften Juden wohnen. Laut Volkszählung aus dem Jahr 1926 lebten in Pawlograd 16 317 Juden, fast 25 Prozent der gesamten Bevölkerung der Stadt.

Nach dem Krieg kehrten einige Hundert Juden aus ihren Evakuierungsorten in die Stadt zurück. Ich war wahrscheinlich der einzige Jude, der die deutsche Besatzung der Stadt überlebt hatte. Die Eltern meines Vaters, Winokurow, waren Nachbarn der Eltern meiner Mutter, Ingel. Sie wohnten am Stadtrand von Pawlograd und ihre Grundstücke grenzten aneinander. Das bis heute erhaltene Haus meines Großvaters Winokurow wurde nach der Revolution 1917 von Bolschewiken konfisziert. Mein Vater starb 1935 an den Folgen der furchtbaren Hungersnot 1933 in der Ukraine, die von Stalins Henkern barbarisch geplant worden war.

Die Familie meines Großvaters mütterlicherseits half uns dauerhaft, am Leben zu bleiben. Es ist ja bekannt, dass die jüdischen Familien sehr hilfsbereit sind.

Mein Großvater Ingel war ein mutiger Mann. Zumindest kenne ich ihn so aus Erzählungen. Im Zarenreich war er Soldat und diente an der südlichen Grenze des Russischen Reichs. Offiziere hatten ihn immer wieder in seiner Menschenwürde erniedrigt, und als er erneut geschlagen wurde, hielt er es nicht aus und schlug zurück. Da ihm dafür die Erschießung drohte, floh er in die Österreich-Ungarische Monarchie. Erst nach vielen Jahren kehrte er nach Russland in die Jüdische Gemeinde der Stadt Pawlograd zurück. Dort heiratete er meine Großmutter Kolomyer. Sie lebten in Armut. Sie hatten eine Lehmhütte mit Schilfdach und ein kleines Grundstück.

Der Krieg überrannte uns. Meine Mutter wollte sich nicht evakuieren lassen, weil sie sich um ihre alten Eltern sorgte. Die Großmutter hätte die Evakuierung nicht überlebt, weil sie schwer krank war. Ich blieb bei meiner Mutter.

Einige Tage nach der Besetzung der Stadt durch die Faschisten wurden alle Juden unter Androhung der Erschießung gezwungen, sich in der Kommandantur registrieren zu lassen. Deutsche Offiziere und Soldaten gingen zusammen mit Polizisten, die aus einheimischen Verrätern rekrutiert worden waren, von einem Haus der Juden zum anderen. Meine Mutter und ich wohnten damals bei meinen Großeltern. Sie kamen auch zu uns, fanden aber nichts, was sie mitnehmen wollten. An »Luxus« hatten wir nur zwei große, viereckige Glasvasen. Die Eindringlinge benahmen sich sehr frech. Mein Großvater versuchte ihnen zu widersprechen. Er konnte Deutsch und sprach auch Jiddisch. Der deutsche Offizier schlug meinen Großvater mit einem Stock ins Gesicht. Mein Großvater wollte zurückschlagen, aber Großmutter hielt ihn zurück. Der verärgerte Offizier zerbrach beide Vasen und vernichtete alles, was ihm unter die Finger kam. Dann zog er mit seinen Handlangern ab. Bevor er ging, schrieb er auf die Außenseite unseres Zaunes »Jude«.

Das Leben wurde zum Albtraum. Wir wussten bereits von Erschießungen der Juden. Jede Nacht wachten wir durch das Rattern eines Lastwagens auf und uns überkam Panik. Mein Großvater war sehr religiös, achtete den Sabbat und betete mehrere Stunden am Tag. An unserer Haustür waren Mesusen angebracht. Meine Mutter musste zum Arbeitseinsatz. Sie sollte die Fußböden in den Kasernen der deutschen Soldaten putzen. Sie ging sehr früh weg, kam spät zurück, war ganz müde und hungrig. Sie weinte und erzählte von den Erniedrigungen und Misshandlungen. Ich versteckte mich bei unserer Nachbarin Maria Iwanowna Samucha. Spät am Abend stahl ich mich trotzdem ins Haus meines Großvaters. Einmal überbrachte man mir die Nachricht, dass mein Großvater und meine Mama am jüdischen Friedhof erschossen worden waren. Obwohl unsere Nachbarin mich hindern wollte, entschloss ich mich, meine kranke Oma in unserem Haus zu besuchen.

Ich kletterte über den Zaun und stahl mich zu dem Anbau, wo ein unverglastes Fenster war. Mit grauen zerzausten Haaren, mit Platzwunden und am ganzen Körper mit Blut beschmiert stand meine Großmutter am Fenster. Wie viele Stunden stand dort diese heilige Frau auf ihren geschwollenen Beinen und wartete auf mich?! Das weiß nur Gott allein! Woher nahm sie ihre Kraft? Mit Mühe öffnete sie ihre aufgesprungenen Lippen und flüsterte: »Lewa, flieh!«

Ich weiß nicht, ob im Haus eine Falle war. Blitzschnell sprang ich über den Zaun.

Erst nach dem Krieg erfuhr ich von unseren Nachbarn, den Augenzeugen, was damals geschehen war: Meine Großmutter wurde brutal verprügelt, weil sie den Deutschen meinen Aufenthaltsort nicht verraten wollte. Sie schwieg nur. Ich war in jener Zeit schon weit weg von unserem Haus. Dann fassten die Polizisten die alte Frau, die sich nicht mehr bewegen konnte, und zogen sie an den Füßen durch die Straßen. Ihr Kopf schleifte über den Boden, die grauen Haare kamen durcheinander, ihr Kopftuch fanden die Nachbarn später einige Straßen weiter. Sie soll den Polizisten zugeschrien haben: »Ihr werdet noch Blut spucken!«. Es war ein furchtbares Bild. Noch Jahre danach weinten die Nachbarn, als sie davon berichteten.

In den namenlosen Gruben des jüdischen Friedhofs von Pawlograd ruhen Tausende gemarterte Juden. Unter ihnen sind viele meiner Verwandten: Ingel, Kolomyer, Isjumski, Brodski, Koreiski, Winokurow. Mögen sie in Frieden ruhen!

In Pawlograd zu bleiben, war nicht nur für mich, sondern auch für die Menschen, die mich versteckten, sehr gefährlich. Nach 10 Tagen bekam ich von den Untergrundkämpfern eine Adresse in der Stadt Sinelnikowo, Gebiet Dnjepropetrowsk. Dort sollte ich Zuflucht finden. Die Frau, die mich begleitete, ging 15 bis 20 Meter hinter mir und brachte mich zu der von bewaffneten Deutschen bewachten Autobrücke über den Fluss Woltschja.

Weiter musste ich alleine. So begann mein Leidensweg, der mit so vielen Hindernissen und Schwierigkeiten gesäumt war.

Ich erinnere mich an das Gefängnis in Dnjepropetrowsk Ende 1941. An jenem Tag kam einer der vielen Transporte mit Kriegsgefangenen. Viele hatten blutverschmierte Verbände an, so, als ob sie gerade noch ganz anderen Gefahren ausgeliefert waren, als ob sie vom Schlachtfeld, wo sie dem Tod entkamen, gekommen wären. Sie wurden in Reihen aufgestellt, mussten ihre Hose herunterlassen und ihre Jacken hochziehen. So standen diese Männer völlig entkräftet und erniedrigt in der Kälte. Ein Offizier mit einer Peitsche, Soldaten mit Helmen und Gewehren und ihre Handlanger, die Polizisten, alle warm angezogen, gingen, begleitet von bissigen Hunden, die sich augenblicklich von der Leine zu reißen drohten, langsam an den Reihen vorbei.

Pech hatte jeder Beschnittene, der keine kaukasischen oder asiatischen Gesichtszüge hatte oder jene Sprachen nicht beherrschte. Er wurde sogleich geohrfeigt und mit dem Ruf »Jude!« auf sein Geschlechtsteil geschlagen.

Mit Gummistöcken trieben Polizisten diese Todgeweihten auf die Seite. Kurz darauf wurden sie mit einem Lastwagen an den Stadtrand gebracht, wo sie in den Gräben des botanischen Gartens für immer liegen. Unzählige Familien werden umsonst auf die Rückkehr ihres Vaters, Bruders oder Sohnes warten. Auf diesen Knochen, den Knochen der Juden, der Einwohner der Stadt Dnjepropetrowsk und der Antifaschisten wurde der Campus der Universität Dnjepropetrowsk gebaut. Kein Mahnmal, keine einzige Tafel erinnert an die Opfer des Nazismus.

Es war in Winniza, in einem Sommer. Es war ein Kriegsgefangenenlager am Stadtrand, in ehemaligen Militäranlagen. In großen, ehemaligen Pferdeställen waren Pritschen in zwei, drei Etagen aufgestellt. Auch dort passierten die gleichen Erniedrigungen, die gleichen Misshandlungen, auch dort litten die Menschen Hunger und starben. Über das Lagergelände wurden über einen Holzsteg Menschen zur Erschießung am Stadtrand gebracht. Die Gräben waren ca. 150 bis 200 Meter hinter dem Lager von Kriegsgefangenen ausgehoben worden. Wir alle mussten dorthin zum Arbeitseinsatz. Ich, der Schwächste, durfte oft im Pferdestall bleiben und aufräumen. Die Kriegsgefangenen schützten mich, so gut sie es konnten. Durch das Lagergelände hindurch sollte der nächste Transport passieren. Man warnte uns vor, wir sollten im Pferdestall bleiben. Trotzdem schaute ich heimlich zu, was auf der Straße geschah.

Der Transport kommt näher. Zwei Lastwagen mit Planen. Noch ein Lastwagen mit deutschen Soldaten unter Helmen und mit Gewehren. Und zwei Pkw. Aus dem zweiten Lastwagen springt eine junge, schwarzhaarige Frau mit einem Säugling im Arm und fällt hin. Wahrscheinlich war es ihr irgendwie gelungen, das Seil, das die Plane hielt, durchzutrennen. Der Pkw, der hinter diesem Lastwagen fuhr, bremste scharf. Ein Offizier und zwei Soldaten stiegen aus. Auf ihr Zeichen hin sollte die ganze Kolonne halten. Die Soldaten schubsten die Frau mit dem Kind wieder in den Lastwagen. Sie widersetzte sich, weinte und schrie. Der Offizier holte seine Pistole und schoss auf sie.

Am nächsten Tag berichtete das »Lagerradio«, dass diese Frau eine Jüdin war, sich irgendwo versteckt hatte, aber denunziert wurde. Ein anderes Mal begannen die Menschen aus dem Transport in alle Himmelsrichtungen zu rennen und die Soldaten mussten sie einholen und erschießen. Die Toten und die Verletzten wurden in die Gräben geworfen. Zwei, drei Stunden danach befahl man uns, die Gegend abzusuchen und die Kleidungsstücke und das Gepäck der Ermordeten aufzulesen. Dabei war auch Kinderkleidung. Ich hatte Angst, dem Graben näher zu kommen. Ich hatte den Eindruck, die Körper würden sich noch im Todeskampf bewegen. Man erzählte sich, dass nicht nur die Deutschen bei den Erschießungen tätig waren, sondern auch die Polizisten, die aus den Einheimischen rekrutiert worden waren. Als Belohnung durften die Polizisten sich die persönlichen Dinge der Erschossenen nehmen. Vor der Erschießung mussten sich die Todgeweihten

3. Bezirk (Rayon) Pawlograd

entkleiden. Bei dem Verteilen der übriggebliebenen Habseligkeiten stritten sich die Polizisten und es kam des Öftern auch zu einer Prügelei. Oft wurde nach der Erschießung gleich am Graben eine Sauferei veranstaltet.

Die Schüsse und Schreie hörte man im Lager. Im Lager war auch ein Übersetzer, Jascha, ein Student aus Moskau. Er hatte Verbindungen zu den Untergrundkämpfern und Partisanen. Er half einigen Kriegsgefangenen bei der Flucht aus dem Lager und vermittelte Verbindungen zu den Partisanentruppen. Jascha wurde denunziert, auch von einem Studenten aus Moskau, der den Deutschen nahelegte, Jascha sei ein Jude. Jascha konnte rechtzeitig fliehen, wurde aber in der Nähe von Winniza festgenommen. In Handschellen sollte er von zwei Wachleuten in einem Zug zurückgebracht werden. An einer Steigung, als der Zug die Geschwindigkeit reduzierte, riss Jascha sich von seinem Sitz und zerbrach die Fensterscheibe mit seinem Rücken. Die Wachleute kamen kaum zu sich, als er schon die Steigung hinunterlief und sich im Gebüsch versteckte.

Aber das Schicksal war unbarmherzig zu ihm. Er wurde wieder gefasst. Die deutschen Kommissare wollten ihn im Lager haben. Sie hielten ihn hinter einem Gitter unter Verschluss im zweiten Stock des Verwaltungsgebäudes. Er sang Lieder wie zum Beispiel über drei Freunde, die festgenommen das Geheimnis dem Feind nicht verrieten.

Ich erinnere mich noch an sein Lied »Mama«:

Weißt du noch, Mutter, wie ich auf der Bühne auftrat,
wie ich das sowjetische Volk amüsierte.
Jetzt werde ich in Berlin gequält,
muss warten auf eine Brotration vor dem Tor.

Er sang auch von der deutschen Mama:

Du hast eine Dummheit gemacht,
hast Hitler geboren.
Es wäre besser, du hättest abgetrieben,
du deutsche Mama ...

Nach einiger Zeit wurde er erschossen.

In den 80er-Jahren schrieb ich an die Zeitung »Winnizkaja Prawda« und fragte wegen eines Mahnmals zur Erinnerung an die ermordeten Juden, Untergrundkämpfer und Partisanen. Man schrieb mir, dass es kein Mahnmal geben würde ...

Tkuma. Presseorgan des Wissenschafts- und Aufklärungszentrums »Tkuma«, Dnjepropetrowsk 2002, Nr. 3, S. 5

4. Bezirk (Rayon) Pjatichatki

(ukr. Pjatychatky)

Am 15. November 1941 wurde der Generalbezirk Dnjepropetrowsk im Reichskommissariat Ukraine gebildet. Zu den neuen Kreisgebieten gehörte Pjatichatki, gebildet aus den ukrainischen Rayons Friesendorf, Pjatichatka und Sofijewka.[19]

Im Mai 1942 wurden im Bezirk Pjatichatki etwa 500 Juden ermordet. Die Gesamtzahl der zivilen Opfer im Bezirk Pjatichatki während der Zeit der Okkupation betrug 546, davon ungefähr 500 Juden.[20]

Ort: Pjatichatki

1939 lebten in der Stadt Pjatichatki[21] 210 Juden, noch nicht einmal zwei Prozent der Bevölkerung. Die Stadt war vom 13. August 1941 bis 19. Oktober 1943 von deutschen Truppen besetzt.

Galina Stepanenko (geb. 1930)
»Die Menschen wurden lebend in den Schacht geworfen«

Ich, Galina Abramowna Stepanenko, geborene Rowinskaja, wurde am 29. März 1930 in der Stadt Pjatichatki, Gebiet Dnjepropetrowsk, geboren. Mein Vater hieß Abram Eremejewitsch Rowinski und meine Mutter Sofja Moisejewna. Sie starb 1937. Seit 1938 lebten mein Vater und ich bei seiner Freundin Maria Konstantinowna Sidorenko.

1941 blieb ich alleine mit meiner Stiefmutter auf dem von Deutschen besetzten Gebiet in der Stadt Pjatichatki. Kurz nach der Besatzung wurden alle Juden unserer Stadt im Bergwerk im Dorf Nerudstal vernichtet. Die Menschen wurden lebend in den Schacht geworfen, der dann gesprengt wurde. Mich rettete meine Stiefmutter Maria Konstantinowna. Sie versteckte mich bei ihren Bekannten in den Kellern und in Ställen. Nur nachts konnte ich kurz frische Luft schnappen, weil überall Denunzianten lauerten. Ich hungerte und hauste im Keller zusammen mit Ratten. Es ist unmöglich, das Erlebte zu beschreiben.

Im Oktober 1943 wurde Pjatichatki befreit. Ich arbeitete für ein Stück Brot am Tag in der Genossenschaft der Kriegsinvaliden. Dort wurde Brot für das Militär gebacken. Ich machte sauber und schippte Schnee. Ich war damals knapp 14 Jahre alt.

1951 heiratete ich einen netten Mann, mit dem ich schon 52 Jahre zusammen bin. Das ist Nikolai Alexandrowitsch Stepanenko, ein verdienter Hüttenarbeiter der UdSSR, ausgezeichnet mit vielen Orden. Wir haben zwei Kinder: Tochter Tatjana und Sohn Alexandr sowie unsere Enkelin Xenija und Urenkelin Darja. Meine Kinder und Enkelkinder wissen von den Schwierigkeiten und Entbehrungen, die ich in den Kriegsjahren erleben musste. Wir alle verneigen uns vor der einfachen ukrainischen

---

19 http://www.territorial.de/ukra/dnjeprop/dnje.htm [3.11.2014].
20 Kruglow, Enziklopedija Cholokosta, S. 38 f.
21 Altman, Cholokost, S. 825.

Frau Maria Konstantinowna Sidorenko, vor der Gerechten, die ihr eigenes Leben riskierte, um das Leben eines jüdischen Mädchens zu retten. Ich danke ihr, dass ich am Leben geblieben bin.

5. Bezirk (Rayon) Sofijewka
(ukr. Sofijiwka)

Ort: Stalindorf
Stalindorf[22] heißt heute Showtnewoje und gehört zum Bezirk Sofijewka im Gebiet Dnjepropetrowsk, Ukraine.

Im Gebiet Dnjepropetrowsk gab es eine Anzahl ländlicher jüdischer Siedlungen, vor allem im autonomen jüdischen Rayon Stalindorf. 1931 lebten dort 2143 Juden.[23]

Am 16. August 1941 wurde die Stadt von der Wehrmacht besetzt und in Friesendorf umbenannt. Seit dem 1. September 1941 gehörte Friesendorf (Stalindorf) zum Kreis Pjatichatka im Generalbezirk Dnjepropetrowsk, Reichskommissariat Ukraine. Am 20. Oktober 1941 berichtete die Feldkommandantur (V) 246, dass im Bezirk Stalindorf nur noch etwa 2500 Juden geblieben sind, verglichen mit der Zahl von mehr als 7000 registrierten Juden im Jahr 1939.[24]

Alle Juden der Gemeinde und der umliegenden Dörfer wurden in ein Arbeitslager gebracht und bei der Ernte und anderen Zwangsarbeiten eingesetzt. Im April oder Mai 1942 wurden alle Gefangenen des Lagers, etwa 2000, erschossen.[25]

Insgesamt sind in Stalindorf während der Zeit der Okkupation 3911 Juden ermordet worden.[26]

Slawa Krawtschinskaja (geb. 1925)
»Meine Eltern wurden bestialisch ermordet und ich konnte wie durch ein Wunder fliehen«

Als der Krieg ausbrach, wohnte ich zusammen mit meinen Eltern im Dorf Nowy Put, das zur Dorfverwaltung Nowossorjansk gehörte und im Bezirk Stalindorf, Gebiet Dnjepropetrowsk, lag. Das war ein jüdischer Bezirk. Er wurde in den 1930er-Jahren von der amerikanischen Korporation Agro-Joint gegründet.

Kurz nach der Besetzung unseres Dorfes trieben die Deutschen alle Juden, darunter auch meine Eltern und mich in das Konzentrationslager, das zwischen den Dörfern Repetino und

---

22 Altman, Cholokost, S. 936.
23 Kruglow, Enziklopedija Cholokosta, S. 36.
24 Encyclopedia of Camps and Ghettos, S. 1616.
25 Kruglow, Enziklopedija Cholokosta, S. 41, Anm. 23.
26 Ebenda, S. 39.

Grosser, Bezirk Stalindorf (heute Showtnewoje), Gebiet Dnjepropetrowsk, lag. Im Konzentrationslager wurden täglich Dutzende Juden getötet. Meine Eltern wurden bestialisch ermordet, und ich konnte wie durch ein Wunder fliehen. Ich versteckte mich in den Dörfern bei verschiedenen Menschen. Leider habe ich mir die Namen dieser Menschen nicht gemerkt. Es war sehr gefährlich, längere Zeit an einem Ort zu bleiben, deshalb wanderte ich von Dorf zu Dorf.

So ging es bis Anfang 1944. Dann erfuhr ich, dass mein Dorf befreit worden war, und ich kehrte sogleich dorthin zurück. Bis Oktober 1954 arbeitete ich in einer Kolchose. Dann zog ich nach Alexandrija, Gebiet Kirowograd, um.

1993 wandte ich mich an die Stadtverwaltung meines Heimatdorfs und bat, die Einwohner des Dorfs zu finden, die mich und meine Eltern gekannt haben und wissen, dass alle Juden im Konzentrationslager eingepfercht worden waren. Der Stadtverwaltung war es gelungen, Augenzeugen zu finden, die bestätigten, dass ich mich von 1941 bis 1944 auf dem von Nazideutschen besetzten Gebiet aufgehalten hatte.

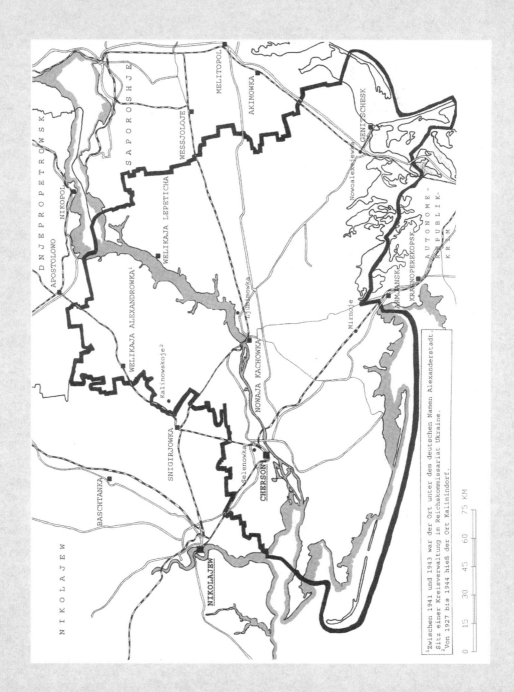

XV. Gebiet Cherson

XV. Gebiet (Oblast) Cherson

Das Gebiet Cherson[1] wurde am 30. März 1944 gebildet. Es ging aus dem schon seit 1937 bestehenden Gebiet Nikolajew hervor, das aus dem 1932 geschaffenen Gebiet Odessa abgetrennt wurde.

Im Gebiet Cherson lagen die autonomen Rayone Kalinindorf, Stalindorf und Nay Slatopol. Es gab jüdische Kolchosen, Nachfolger der jüdischen landwirtschaftlichen Siedlungen, die in der zweiten Hälfte des 19. Jahrhunderts gegründet worden waren. Vor Beginn des Zweiten Weltkriegs lebten in diesen drei Unterbezirken 35 000 Juden.[2]

Im Bezirk Kalinindorf wurden am 27. August 1941 im Dorf Krasnoje 150 Juden erschossen, darunter Flüchtlinge aus Bessarabien.[3] In der zweiten Hälfte des September 1941 wurden »Aktionen« durchgeführt, bei denen gruppenweise Juden mehrerer Kolchosen ermordet wurden. Im April 1942 wurden die arbeitsfähigen Juden in acht Arbeitslager zum Straßenbau gebracht. Sie sollten die Straße Dnjepropetrowsk–Saporoshje bauen. Die in den Kolchosen zurückgebliebenen alten Männer, Frauen und Kinder wurden am 29. Mai 1942 ermordet. Am 5. Dezember 1942 wurden alle Männer ins Lager Ljubimowka deportiert, wo sie ermordet wurden oder an den Folgen der schweren Arbeit starben. Am 15. November 1941 wurde Cherson Kreisgebiet im Generalbezirk Nikolajew des Reichskommissariats Ukraine. Vom August 1941 bis März 1942 ermordeten die Sonderkommandos 10, 10b und 11a ungefähr 18 000 Juden.

Das Gebiet um Cherson wurde Mitte März 1944 befreit. Als die überlebenden jüdischen Bauern zurückkehrten, waren ihre Höfe von Russen und Ukrainern besetzt. Bittgesuche bei den Behörden in Kiew, die jüdischen autonomen Rayone wiederherzustellen, wurden abgewiesen. Bei Kriegsende wurden sie offiziell abgeschafft.[4]

1. Gebietshauptstadt Cherson

Vor 1941 war Cherson[5] eine Stadt im Gebiet Nikolajew der Ukrainischen Sozialistischen Sowjetrepublik, von 1941 bis 1944 Zentrum des Kreisgebietes Cherson im Generalbezirk Nikolajew, Reichskommissariat Ukraine. Seit 1991 ist Cherson Hauptstadt des Gebietes Cherson, Ukraine.

1939 lebten in Cherson 16 145 Juden, 17 Prozent der Bevölkerung.

Am 19. August 1941 besetzte die motorisierte SS-Brigade »Leibstandarte Adolf Hitler« die Stadt. Etwa der Hälfte der Juden war es gelungen, nach Osten zu fliehen.

---

1 Altman, Cholokost, S. 1032; Enzyklopädie des Holocaust, S. 283 f.
2 Enzyklopädie des Holocaust, S. 283.
3 Kruglow, Chronika Cholokosta, S. 28.
4 Enzyklopädie des Holocaust, S. 283 f.
5 Altman, Cholokost, S. 1031; Enzyklopädie des Holocaust, S. 283; Encyclopedia of Camps and Ghettos, S. 1624 ff.; The Yad Vashem Encyclopedia, S. 305.

Mehr als 7000 waren in der Stadt geblieben und gerieten in die Hände der deutschen Besatzer.

Von August bis Oktober 1941 war die Stadt unter militärischer Verwaltung. Oberstleutnant von Rochow war verantwortlich bis 5. September 1941. Ihm folgte Oberstleutnant von Lepel bis zum 16. September und danach Hauptmann Barth. Die Militärverwaltung setzte einen Gemeinderat ein und rekrutierte Ukrainer als Hilfspolizisten. Die Polizeitruppe bestand aus 157 Männern.

Am 22. August 1941 traf in Cherson eine Einheit (15 Personen) des Sonderkommandos 11a ein. Der Militärgouverneur richtete einen Judenrat ein, ließ zwischen dem 24. und 27. August 1941 alle Juden registrieren und verordnete, dass die Juden auf Brust und Rücken einen gelben Davidstern tragen und Wertgegenstände und Geld der deutschen Verwaltung abgeben mussten. Jeden Tag wurden bis zu 1000 Juden zu Zwangsarbeiten herangezogen. Anstelle von Pferden mussten sie schwere Lastwagen ziehen.

Am 29. August 1941 ordnete der Stadtkommandant die Erschießung von 100 Juden und 10 Kommunisten als Vergeltungsmaßnahme an und am 6. September weiterer 100 Juden und 10 Jüdinnen wegen angeblicher Widerstandshandlungen.[6] Am 10. September 1941 ermordeten die Angehörigen des Sonderkommandos 11a 400 Juden und 10 Jüdinnen, kurze Zeit später weitere 17 Juden, weil sie den Davidstern nicht getragen hatten.[7] Am 29. August 1941 hatte der Standortkommandant von Cherson bekannt gegeben, dass in Zukunft für jeden neuen Sabotageakt 100 Personen, einschließlich 50 Frauen erschossen werden.[8] Angehörige der 72. Infanterie-Division hatten zuvor im Sammellager der Stadt 1600 Personen überprüft. Den Grundstock des »Geisellagers« bildeten schließlich »250 Mann, darunter 49 Kriegsgefangene und 153 Juden«.[9]

Am 7. September 1941 wurde in Cherson ein Ghetto eingerichtet. Es lag in einem abgelegenen Teil der Stadt in der Nähe der Kreuzung Frunse-Straße und Rabochnaja-Straße. Das Ghetto war mit Stacheldraht umzäunt und wurde von der Polizei mit Hunden bewacht. Die Aufsicht über das Ghetto hatte SS-Scharführer Baron Leo von der Recke vom Sonderkommando 11a.[10]

Es verbreitete sich das Gerücht, die Juden seien hier konzentriert worden, um nach Palästina deportiert zu werden. Abkömmlinge aus gemischten Ehen und Juden, die zum Christentum konvertiert hatten, wurden mit ihren Kindern im Ghetto gesammelt. Ihnen war es erlaubt, ihre nichtjüdischen Familienmitglieder zu treffen. Zum Judenrat gehörten auch zwei Ärzte, Baumgolts und Chasin, sowie der Rechtsanwalt Finkelstein, die vor der Revolution von 1917 Christen geworden waren. Im Ghetto gab es einen jüdischen Ordnungsdienst.

---

6 VEJ 7, S. 283, Dok. 76.
7 Mallmann, Die »Ereignismeldungen UdSSR«, S. 654 (Ereignismeldung Nr. 107 vom 8.10.1941).
8 Krausnick, Hitlers Einsatzgruppen, S. 344, Anm. 515.
9 Angrick, Besatzungspolitik und Massenmord, S. 228.
10 Encyclopedia of Camps and Ghettos, S. 1625.

1. Gebietshauptstadt Cherson

Vom 24.–25. September 1941 organisierte das Sonderkommando 11a die Liquidierung des Ghettos in Cherson. Vor der »Aktion« wurde den Juden gesagt, sie würden nach Palästina umgesiedelt. Am 23. September wurden die Juden gezwungen, sich auf dem Gelände des Gefängnisses zu versammeln. Ausgenommen waren die zum Christentum konvertierten Juden und die Abkömmlinge aus Mischehen. Auf Forderung der nichtjüdischen Ärzte erhielt Dr. Baumgolts die Erlaubnis, ohne seine Familie das Gefängnis zu verlassen, aber er lehnte das Angebot ab.

Die Juden wurden am 24. September 1941 zu Fuß zu einem Fabrikgelände am Rande der Stadt getrieben. Von dort wurden sie mit Lastwagen zu einem Panzergraben, etwa sieben Kilometer nordöstlich der Stadt in der Nähe des Ortes Selenowka gebracht. Die Juden wurden in Gruppen von 10 bis 12 Personen von zwei mit Gewehren ausgerüsteten Kommandos zur gleichen Zeit an zwei Gräben erschossen. Die wartenden Juden konnten die Schüsse hören. Sowjetische Gerichtsmediziner schätzen, dass mehr als 8000 Tote in den Massengräbern liegen. SS-Hauptscharführer Robert Barth sagte am 12. September 1947 als Zeuge vor Gericht aus, dass das Sonderkommando 11a mit Unterstützung durch das Sonderkommando 10b in Cherson ungefähr 5000 Juden erschossen habe.[11] An der Erschießung nahmen auch Soldaten der 72. Infanteriedivision teil.[12] Die mehrtägige brutale Mordaktion wurde von Hauptsturmführer Eberhard Heinze geleitet.[13]

Im September/Oktober 1941 bat der »Kommandant rückwärtiges Armeegebiet 553« um Maßnahmen gegen die desolate Lage der psychiatrischen Anstalt in Cherson. Am 20. Oktober 1941 wurden in zwei »Aktionen«, wobei auch Angehörige einer Stukaeinheit beteiligt waren, ungefähr 1000 Menschen ermordet.[14]

Im November 1941 errichteten die Deutschen eine Zivilverwaltung. Cherson wurde in den Generalbezirk Nikolajew, Reichskommissariat Ukraine eingegliedert. Bürgermeister Mattern wurde Stadtkommissar. Major Heinrich Hannibal von der Schutzpolizei wurde Kommandeur der SS- und Polizeistandortführer in der Stadt. Hauptmann Lang von der Schutzpolizei-Verwaltung in Wiesbaden wurde neuer Chef der Schutzpolizei. Ihm folgte später auf dieser Position Hauptmann Fischer.

Im Januar 1942 wurde ein weiterer Massenmord begangen. Die Opfer waren 400 Juden, die in gemischten Familien lebten und seit September 1941 gesondert untergebracht waren. Für diese Morde war wahrscheinlich das Einsatzkommando 12 verantwortlich.[15]

Cherson wurde am 13. März 1944 befreit.

---

11 Ebenda, S. 1617, Anm. 9.
12 VEJ 8, S. 194, Anm. 10.
13 Angrick, Besatzungspolitik und Massenmord, S. 251.
14 Pohl, Die Herrschaft der Wehrmacht, S. 275; Angrick, Besatzungspolitik und Massenmord, S. 252, Anm. 115.
15 VEJ 8, S. 194, Anm. 11.

Ljudmila Burlaka (geb. 1937)
»Ich wanderte von einer Familie zur anderen«

Als im Juni 1941 der Große Vaterländische Krieg ausbrach, war ich drei Jahre alt. Unsere Familie bestand aus vier Personen: meinem Vater Iwan Andrejewitsch Chodyrjew, meiner Mutter Dora Jakowlewna, meinem Bruder Anatoli und mir. Wir wohnten in der Stadt Cherson, in der Spartakowski-Gasse, im Haus Nr. 13. Gleich nach dem Kriegsausbruch wurde mein Vater eingezogen und musste an die Front, während wir Kinder zusammen mit unserer Mama in der Stadt blieben, die kurz darauf von Deutschen besetzt wurde. Wir hatten überhaupt kein Einkommen und wohnten in Armut. Unseren Hunger stillten wir ab und zu mit den Gaben unserer Nachbarn.

Im September 1941 wurden wir verhaftet und kamen ins Ghetto. Es waren furchtbare Tage: Hunger, Läuse, viele Kranke ringsherum und überfüllte Räume. Das Schreien und Stöhnen der Erwachsenen, das Weinen und Wimmern der Kinder gehörten dazu. Täglich wurden Menschen misshandelt und bestialisch ermordet. Dies prägte sich in meinem Gedächtnis für mein ganzes Leben ein. Dann wurden alle zur Erschießung abgeführt. Mit Maschinengewehren und Hunden bewachten die Deutschen unsere Kolonne und am Straßenrand standen die Einwohner der Stadt Cherson. Meine Mama hatte meinen kleinen Bruder im Arm und hielt mich an der Hand. Plötzlich schubste mich Mama in die Menschenmenge am Straßenrand. Schüsse wurden abgefeuert. Ich wurde in der Brust und am Bein verletzt. Alles war wie im Nebel. (Seitdem sehe ich sehr schlecht.) Irgendwelche Menschen hoben mich hoch, trugen mich weg und versteckten mich. Mama und mein neun Monate alter Bruder wurden erschossen (wie ich später erfuhr), mich versteckten Menschen die ganze Zeit vor den Deutschen. Während der ganzen Zeit Besatzung der Stadt Cherson bis zum Kriegsende wohnte ich in verschiedenen kinderreichen Familien. Ich wanderte von einer Familie zur anderen. Ich kenne weder Namen noch Adressen jener Menschen. Ich erinnere mich nur an sehr kleine Hütten, an irgendwelche Kellerräume und an sehr grauhaarige alte Frauen. Ich erinnere mich, dass eine grauhaarige Frau mich beruhigte und mich bat, nicht zu weinen, während ich wie am Spieß schrie. Jene Frau behandelte meine Wunden und sagte:»Ich versuche dich so zu heilen, dass keine Spur von deinen Verletzungen bleiben wird.« Leider sind diese Narben bis heute geblieben, und ich habe Schmerzen (ich bin Kriegsinvalide). Ich erinnere mich, dass es sehr kalt war und ich Hunger hatte. Die Erwachsenen brachten feuchtes gekeimtes Getreide aus dem Dnjepr (ein Getreidespeicher wurde gesprengt), und backten daraus Brot. Meistens gab es aber gar nichts zu essen.

Später erkrankte ich an Typhus. Ich hatte einen unerträglichen Hunger, aber es gab nichts zu essen. Danach erkrankte ich an Malaria, hatte viele Magenbeschwerden und sehr oft Erkältungen. Auch die Tuberkulose ging nicht an mir vorüber. Mit dieser Krankheit, wie auch mit vielen anderen, habe ich noch heute zu kämpfen.

Die ganze Zeit versorgten mich fremde Menschen, die ich nicht kannte, und retteten mein Leben. Ich bin ihnen sehr dankbar und würde mich gerne von ganzem Herzen bei den Menschen bedanken, die ihr eigenes Leben riskierten und mich retteten. Aber leider kenne ich sie nicht. Ich konnte damals, vor 60 Jahren, nicht wissen, dass ich irgendwann meine Erlebnisse aufschreiben würde.

Im März 1944 wurde Cherson befreit.

Im September 1944 wurde ich eingeschult. Ich musste lesen und schreiben lernen, aber ich konnte nicht sehen. Anstatt Buchstaben, selbst bei den dicken Zeitungsüberschriften, sah ich nur einen schwarzen Streifen. Ich verlor meine Sehfähigkeit, aber es wollte mir niemand glauben.

In der ersten Klasse verbrachte ich zwei Jahre. Später stellte sich heraus, dass meine Sehfähigkeit aufgrund des Stresses schwand. Nach einiger Zeit begann ich teilweise zu sehen.

Nach Kriegsende kehrte mein Vater als Kriegsinvalide zurück. Er erfuhr vom schrecklichen Schicksal, das unserer Familie widerfahren war. Nach langem Suchen gelang es ihm, irgendwie zu erfahren, wo ich mich aufhielt. Einige Zeit wohnte ich bei meinem Vater. Es war sehr schwer: Kälte, Hunger und Armut. Dann heiratete mein Vater, und ich musste mit meiner Stiefmutter auskommen, was kein leichtes Schicksal war.

Als ich Rentnerin wurde, musste ich um Ermäßigungen für die Nebenkosten kämpfen. Es ist unmöglich, von diesem Geld zu existieren, geschweige denn zu leben. Die Medikamente sind sehr teuer. Es ist unmöglich, sie zu kaufen, denn das Geld reicht nicht einmal für Grundnahrungsmittel.

Fanja Moisejenko (geb. 1914)
»Ich wurde von einer einheimischen Frau aufgenommen«

Ich, Fanja Iosifowna Moisejenko, geboren 1914, wohnte mit meinen Eltern und meinem Sohn Walentin in der Stadt Cherson. Am 19. August 1941 wurde unsere Stadt von Deutschen besetzt. Am nächsten Tag wurde der Befehl der deutschen Machthaber bekannt gegeben, der alle Juden verpflichtete, auf dem Rücken und auf der Brust ständig gelbe Davidsterne zu tragen. Ein paar Tage später wurde ich zusammen mit meinem Säugling – mein Sohn Walentin war damals sechs Monate alt – und meinen alten Eltern in einem Ghetto untergebracht.

Das Ghetto war in der Karl-Marx-Straße, Frunse-Straße, Poljakowa-Straße und in anderen kleineren Straßen. Die Bedingungen im Ghetto waren sehr schlecht. Wir bekamen nichts zu essen, jeder ernährte sich von den Resten, die man mitgenommen hatte. Die Deutschen verboten uns, das Gelände des Ghettos zu verlassen. Das Ghetto wurde mit Stacheldraht eingezäunt und von deutschen Soldaten mit Hunden sowie von Polizisten bewacht.

Im Ghetto wurden ich und andere Juden von deutschen Soldaten und Polizisten unterdrückt und misshandelt. In der zweiten Augusthälfte 1941, mitten in der Hitzewelle, wurde im Ghetto absichtlich das Wasser abgedreht. Neben Hunger mussten wir noch Durst leiden.

Manche russische Einwohner der Stadt Cherson kamen ins Ghetto und brachten uns Wasser und Essen. Damit riskierten sie ihr eigenes Leben, weil dies strengstens verboten war.

Im September 1941 kamen wir aus dem Ghetto ins Stadtgefängnis. Danach wurden die Juden gruppenweise in kleinen Lastwagen an den Stadtrand gebracht und dort erschossen. Der Erschießungsort befindet sich im heutigen Vorort Textilschtschiki. Dort wurde vor Kurzem ein Mahnmal zum Gedenken an die erschossenen Juden und andere Einwohner der Stadt Cherson errichtet. Dort wurden meine Eltern und meine Schwester Anna mit ihrem Mann und ihrer fünfzehnjährigen Tochter erschossen. Per Zufall konnte ich zusammen mit meinem sechsmonatigen Sohn der

Erschießung entkommen. Für einen kurzen Zeitraum wurde jüdischen Frauen, die Kleinkinder hatten und mit russischen Männern verheiratet waren, erlaubt, das Gefängnis zu verlassen.

Ich nutzte diese Möglichkeit und erreichte zu Fuß das Dorf Warwarowka, Gebiet Nikolajew. Zwei Wochen nach der Entlassung der jüdischen Frauen, die Kleinkinder hatten und mit russischen Männern verheiratet waren, suchte die Gestapo nach ihnen, um sie zu erschießen.

Auf dem besetzten Gebiet wurde ich im Dorf Warwarowka von der einheimischen Frau Mascha Sabolotnaja aufgenommen. Sie versteckte meinen Sohn und mich vor der Verfolgung durch die deutschen Soldaten und Polizisten bis zur Befreiung durch die Rote Armee 1944. Nach der Befreiung kehrte ich erschöpft und krank mit meinem Kind nach Cherson in mein Elternhaus zurück. Dort wohne ich auch heute noch.

2. Bezirk (Rayon) Welika Alexandrowka
(ukr. Welyka Olexandriwka)

Ort: Welika Alexandrowka
Ein älterer Name ist Bolschaja Alexandrowka.

Zwischen 1941 und 1943 war der Ort unter dem deutschen Namen Alexanderstadt Sitz einer Kreisverwaltung im Reichskommissariat Ukraine. Die Zahl der zivilen Opfer betrug im Bezirk 124. Es ist nicht bekannt, wie viele der Opfer Juden waren.[16]

Ort: Kalinindorf
Kalinindorf[17] war seit 1932 das Zentrum des autonomen jüdischen Bezirks Kalinindorf im Gebiet Nikolajew. 1944 wurde der Ort in Kalininskoje umbenannt und gehört seit dieser Zeit zum Bezirk Welika Alexandrowka im Gebiet Cherson.

1939 lebten im Ort Kalinindorf 1670 Juden, etwa 79 Prozent der Bevölkerung. Nur wenige konnten vor dem Einmarsch der Deutschen evakuiert werden oder fliehen. Kalinindorf wurde von den Deutschen am 27. August 1941 besetzt.

Am 17. September 1941 ermordete das Sonderkommando 10a in Kalinindorf 996 Juden (249 Männer, 310 Frauen und 437 Kinder). Im gesamten Bezirk wurden an diesem Tag 1423 Juden ermordet.[18] Am 20. Oktober 1941 wurden weitere 25 Juden in Kalinindorf erschossen, darunter 12 Flüchtlinge aus Bessarabien.

Während der Zeit der Okkupation gab es im Bezirk Kalinindorf 3469 zivile Opfer, darunter 3326 Juden.

Am 14. März 1944 wurde Kalinindorf durch sowjetische Truppen befreit.

---

16 Kruglow, Enziklopedija Cholokosta, S. 177.
17 Altman, Cholokost, S. 376.
18 Kruglow, Chronika Cholokosta, S. 36.

Tamara Turtschenjuk (Swerdlowskaja) (geb. 1938)
»Von der Bestialität der Faschisten wussten wir nicht nur vom Hörensagen«

Nach dem Tod meiner Mama Nadeshda Jakowlewna Swerdlowska 1940 brachte mein Vater Major Michailowitsch Swerdlowski, geboren 1904, mich, geboren 1938, und meinen Bruder Wladimir, geboren 1931, zu den Eltern meiner Mutter. Meine Großeltern Jakow Timofejewitsch und Maria Michailowna Lebed waren Ukrainer und wohnten im Dorf D-Brod, Bezirk Bolschaja Alexandrowka, Gebiet Cherson. Dort verbrachten wir den ganzen Krieg. Die Straße, in der wir wohnten, begann im Zentrum des Dorfes und erstreckte sich entlang des Flusses. In der Nähe waren Steppe und Feld sowie ein großer Obstgarten der lokalen Kolchose.

Mein Bruder versteckte sich oft in der Steppe und übernachtete dort. Zusammen mit den Dorfjungen weidete er das Vieh der Kolchose. Dort erniedrigten die Kinder meinen Bruder und lachten ihn aus: Sie zogen ihm die Unterwäsche aus und riefen: »Jude!« Meine Großmutter nahm mich mit sich ins Feld, damit ich dem Polizistenauge fern blieb. Ich sammelte Ähren und brachte den Menschen Wasser. Nachts versteckte man uns bei den Nachbarn, in den Ställen, in den Schutzgräben. Mein Großvater war Wachmann im Obstgarten der Kolchose und nahm mich und meinen Bruder oft mit. Besonders oft tat er das während der Razzien. Man versteckte uns auch in den Feldern und in den Hütten.

Der Bruder meines Vaters kehrte 1944 als Kriegsinvalide von der Front zurück und nahm meinen Bruder Wladimir zu sich nach Saporoshje. 1945 kam ich in ein Kinderheim in Bolschaja Alexandrowka. Dort wurde ich eingeschult und beendete die fünfte Klasse. 1950 holte mich mein Bruder aus dem Kinderheim zu sich nach Saporoschje, wo wir vor dem Krieg wohnten.

Mein Vater arbeitete als Fahrer in der Stadt. Als der Krieg ausbrach, wurde die Fabrik, bei der er angestellt war, evakuiert, und er konnte nicht an die Front gehen, weil die Stadt bereits von Deutschen besetzt war. Er versteckte sich, wurde aber denunziert und erschossen.

Von den Bestialitäten der Faschisten wissen wir nicht nur vom Hörensagen. 20 Kilometer von D-Brod entfernt war die jüdische Kolonie Kalinindorf. Dort wurden unsere Tante Rosa Michailowna Solosch und ihre ganze Familie erschossen. Außerdem vernichteten sie das ganze Dorf. Im Dorf, in dem ich und mein Bruder wohnten, wussten alle, dass wir jüdische Kinder waren. Aber meine Großeltern waren sehr geachtete Menschen. Sie hatten sechs Kinder und sie alle waren sehr fleißig und arbeitsam. Die Menschen hatten Mitleid mit uns Vollwaisen und halfen uns, so gut sie es konnten. Wir wurden nicht denunziert.

Nach dem Krieg war es sehr schwer in Saporoschje ohne Eltern, ohne Unterstützung. Mein Bruder arbeitete und machte seine Ausbildung. Ich verneige mich vor unseren Nachbarn, die mit uns eine Scheibe Brot und eine Schüssel Suppe teilten.

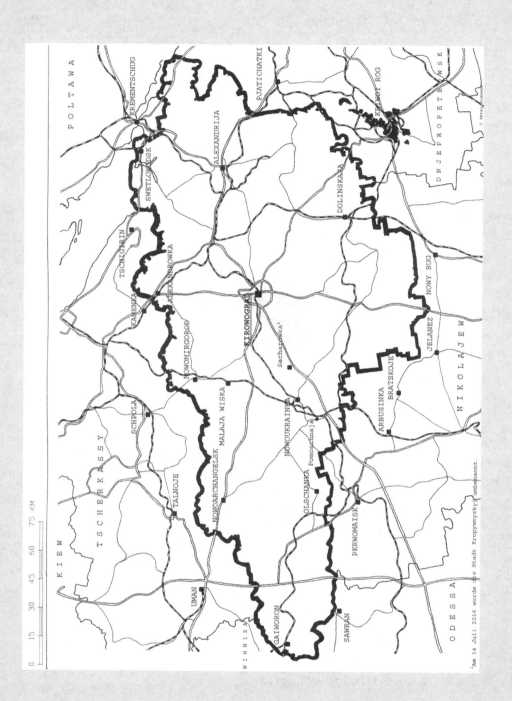

XVI. Gebiet Kirowograd

XVI. Gebiet (Oblast) Kirowograd
(ukr. Kirowohrad)

1939 lebten im Gebiet Kirowograd[19] 26 419 Juden, davon 20 546 in städtischen Siedlungen.

Vor der Besetzung des Gebiets durch die Wehrmacht im August 1941 konnte ein Teil der Juden nach Osten evakuiert werden. Zunächst stand das Gebiet unter Militärverwaltung. Ende Dezember 1941 wurde in Kamenka ein Ghetto eingerichtet, das bis Ende 1942 bestand. In dieser Zeit wurden dort über 400 Juden ermordet.[20] Am 15. November 1941 wurde das Gebiet Kirowograd in den neu gebildeten Generalbezirk Nikolajew im Reichskommissariat Ukraine eingegliedert. Damit unterstand das Gebiet nicht mehr der Militärverwaltung sondern der Zivilverwaltung.

Von August bis Dezember 1941 wurden 7850 Juden ermordet. Im Jahr 1942 weitere 3500.

Während der gesamten Zeit der Besetzung von 1941 bis 1943 wurden etwa 12 000 Juden ermordet, ungefähr 45 Prozent der vor dem Krieg hier lebenden Juden.[21]

Im Gebiet Kirowograd warnten orthodoxe Geistliche die Juden vor der Gefahr der Vernichtung und tauften sie massenhaft. M. M. Skirda, der Leiter einer Partisanenabteilung, nannte als Argumente: »Wer seine Kinder nicht taufen lässt, gilt als Jude und wird erschossen«. Seinen Angaben nach wurden jeden Tag 70 Personen getauft.[22]

1. Gebietshauptstadt Kirowograd

Kirowograd[23] hieß bis 1924 Jelisawetgrad, von 1924 bis 1934 Sinowjewsk, von 1934 bis 1939 Kirowo und von 1940 bis 2016 Kirowograd. Am 14. Juli 2016 wurde die Stadt in Kropywnyzkyj umbenannt.[24]

1939 lebten in Kirowograd 14 641 Juden. Bis zur Besetzung der Stadt durch deutsche Truppen am 14. August 1941 konnte ein großer Teil der Juden nach Osten evakuiert werden. Die Männer wurden in die Rote Armee eingezogen oder meldeten sich freiwillig. Etwa 40 Prozent der jüdischen Vorkriegsbevölkerung blieben in der Stadt. Die Stadt wurde durch die deutsche Militärkommandantur verwaltet, die eine örtliche Zivilverwaltung einrichtete und eine ukrainische Hilfspolizei aus der einheimischen Bevölkerung rekrutierte. Die ukrainische Hilfspolizei beteiligte sich aktiv an den antijüdischen »Aktionen«.

Schon bald begannen Erschießungen durch das Sonderkommando 4b der Einsatzgruppe C.

19 Altman, Cholokost, S. 413.
20 Staatskomitee der Archive der Ukraine, S. 93.
21 Kruglov, Jewish Losses in Ukraine, S. 272–290.
22 Altman, Opfer des Hasses, S. 496.
23 Altman, Cholokost, S. 412.
24 https://de.wikipedia.org/wiki/Kropywnyzkyjcite_ref-2 [12.5.2019].

Vom 23. August bis 5. September 1941 wurden 435 Juden erschossen. Vom 6. September bis 12. September 1941 weitere 290 Juden, hauptsächlich aus den Reihen der Intelligenz.

Am 19. September 1941 erschoss die 1. Motorisierte SS-Brigade eine unbekannte Anzahl jüdischer Männer. Das Polizei-Bataillon 304, vermutlich unter Beteiligung des Sonderkommandos 4b erschoss am 30. September 1941 4200 Juden einschließlich 600 jüdischer Kriegsgefangener.[25] Die Stadt stand zu der Zeit noch unter Militärverwaltung.

Anfang 1942 wurde in Kirowograd ein Hauptquartier eines Oberbauabschnitts der Durchgangsstraße (DG IV) eingerichtet.[26]

2. Bezirk (Rayon) Malaja Wiska
(ukr. Mala Wyska)

Im November 1941 wurde der Bezirk Malaja Wiska Teil des Generalbezirks Nikolajew im Reichskommissariat Ukraine.

Ort: Malaja Wiska

1939 lebten in der Stadt Malaja Wiska[27] 207 Juden. Weitere 101 Juden lebten in den Dörfern um Malaja Wiska.

Nach dem 22. Juni 1941 waren einige Juden aus der Stadt geflohen und es gelang ihnen nach Osten zu entkommen. Alle Männer, Juden und Nicht-Juden wurden zur Roten Armee eingezogen oder meldeten sich freiwillig.

Anfang August 1941 wurde die Stadt Malaja Wiska von der Wehrmacht besetzt. In der Stadt lebte nur noch etwa ein Viertel der jüdischen Vorkriegsbevölkerung.

Im Sommer und Herbst 1941 war die deutsche Ortskommandantur verantwortlich für die Verwaltung. Sie organisierte eine örtliche Verwaltung und richtete eine Einheit ukrainischer Hilfspolizei ein, die sie aus der einheimischen Bevölkerung rekrutierte. Die ukrainische Polizei nahm aktiv an antijüdischen Maßnahmen teil.

Kurz nach der Besetzung der Stadt ordnete die Ortskommandantur verschiedene antijüdische Maßnahmen an. Die jüdische Bevölkerung wurde gezwungen, sich registrieren zu lassen und eine Armbinde zu tragen, die sie als Juden identifizierte. Sie mussten schwere körperliche Arbeit leisten, für die sie nur geringe oder gar keine Bezahlung erhielten. Alle Juden mussten in einen bestimmten Teil der Stadt, ein offenes Ghetto, umsiedeln.

Am 19. September 1941 erschoss eine Abteilung des 8. SS-Regiments, in einer ersten »Aktion« gegen die Juden, 17 Juden aus Malaja Wiska und Umgebung. Nach einer Meldung der Ortskommandantur I/829 in Nowoukrainka vom 10. Oktober 1941 lebten in Malaja

---

25 Kruglow, Chronika Cholokosta, S. 40.
26 Angrick, Annihilation and Labor, S. 198.
27 Encyclopedia of Camps and Ghettos, S. 1626 f.; Altman, Cholokost, S. 563; Kruglow, Enziklopedija Cholokosta, S. 93.

Wiska noch 53 Juden. Verantwortlicher im Bezirk war der Deutsche Johann Sartisson. Chef der Ukrainischen Hilfspolizei war Jakob Chomitsch. Die meisten der noch lebenden Juden wurden zwischen Februar und März 1942 ermordet, als eine generelle »Aktion« gegen Juden im Bezirk Malaja Wiska stattfand. Während dieser »Aktion« wurden die noch arbeitsfähigen Juden ausgewählt und in das Zwangsarbeitslager für Juden in Malaja Wiska gebracht. Dort mussten sie in den Pferdeställen der Zuckerfabrik leben und wurden bei der Reparatur von Häusern und Straßen eingesetzt. Dieses Lager wurde 1943 geschlossen. Es wird davon ausgegangen, dass dabei alle Gefangenen getötet wurden.

Im November 1941 übernahm eine Zivilverwaltung die Verantwortung für die Stadt. Von 1941 bis 1944 war die Stadt Bezirks- und Gebietszentrum im Generalbezirk Nikolajew. 1943 wurde die Verwaltungsstruktur neu organisiert und Malaja Wiska wurde Bezirkszentrum im Gebiet Nowomirgorod.

3. Bezirk (Rayon) Nowoukrainka
(ukr. Nowoukrajinka)

Ort: Nowoukrainka
1939 lebten in der Stadt Nowoukrainka 802 Juden.

Nowoukrainka war Sitz eines Verwaltungszentrums für einen Bauabschnitt der Durchgangsstraße (DG IV). Vom 20. August bis 25. September 1941 hatte der Stab der Einsatzgruppe C seinen Standort in Nowoukrainka.

Galina Polinskaja (geb. 1934)
»Das ganze Dorf wusste, dass wir Juden sind, aber keiner hat uns verraten«
Ich, Galina Nikolajewna Polinskaja, wurde am 25. August 1934 in der Stadt Kirowograd geboren. Ich war 7 Jahre alt, als der Große Vaterländische Krieg begann.

Viele Ereignisse jener Tage sind noch in meinem Gedächtnis. Ich erinnere mich gut, wie unsere Stadt nach der Bombardierung durch die Deutschen in Flammen stand. Meine vierjährige Schwester und ich hatten große Angst und haben ständig geweint.

Nachdem unser Vater sofort zu Beginn des Krieges an die Front einberufen worden war, blieb unsere Mutter Jaroschewitsch Feiga-Mordko Jankelewna, geboren 1908, mit uns zwei Kindern und ihrem Vater im besetzten Gebiet in Kirowograd. Wir hatten es nicht geschafft zu flüchten und verpassten die Evakuierung.

Als die Deutschen kamen, versteckte Mutter uns und Großvater auf dem Dachboden. Wir waren dort ohne Nahrung und Wasser. Nachts verließ meine Mutter das Versteck, um etwas zu essen zu finden. Sie erzählte uns auch, was draußen passierte. Alles hat gebrannt, und die Deutschen und die Polizei suchten nach Juden.

Wir hatten kein Geld oder andere Sachen, um zu existieren. Großvater konnte das nicht ertragen und hat eines Tages das Versteck verlassen, um Essen zu organisieren. Es ist sehr viel Zeit vergangen, und er kam immer noch nicht zurück. Da ist Mutter losgegangen, um ihn zu suchen. Als sie zum Marktplatz kam, hat sie eine Kolonne Juden in Begleitung von Deutschen und Polizisten gesehen. Die Kolonne wurde zu ihrem Hinrichtungsplatz geführt. Ein Teil der Gefangenen wurde gezwungen, eine Grube auszuheben. Dann mussten sich die Juden an den Rand dieser Grube stellen, und die Erschießung begann. Mein Großvater wurde an diesem Tag getötet, und meine arme Mutter musste die Erschießung ihres eigenen Vaters mitansehen.

Das Leben wurde unerträglich. Alle hatten Angst vor den Deutschen und der Polizei. Unsere Nachbarin Jekaterina Medwedewa hat vorgeschlagen, uns im Haus ihrer Mutter im Dorf Sacharowka, im Bezirk Nowoukrainka, zu verstecken.

Unsere Mutter hat uns darauf vorbereitet, wir warteten auf den Schlitten, der uns in das Dorf bringen sollte. In diesem Moment hatte wieder die Jagd auf die Juden begonnen. Uns hat ein Zufall gerettet. Im Nachbarhaus hatte sich ein Mann erhängt, und seine Frau ist weinend schreiend auf die Straße gelaufen. Als die Deutschen und die Polizei das hörten, sind sie zu dem Haus gelaufen. Meine Mutter nutzte das entstandene Durcheinander, nahm meine Schwester und mich und rannte, so schnell wir konnten, zu dem Schlitten. Onkel Iwan, der Bruder unserer Nachbarin, hat uns dann zu seinem Dorf gebracht.

Wir haben uns in Kellern, auf Dachböden oder in Lauben versteckt. Nur in der Nacht hat uns unsere Mutter mit an die frische Luft genommen. Bei Nachbarn konnten wir uns waschen und haben Essen bekommen. Ich erinnere mich, wie einmal eine deutsche Patrouille kam, als wir bei Jelena Bargri waren. Sie hat sich dadurch nicht verwirren lassen und uns ganz schnell versteckt. Ich hatte durch die schlechte Luft und die Feuchtigkeit in den Verstecken viermal eine Lungenentzündung und konnte nur durch die Hilfe der Nachbarn geheilt werden.

Die mutigen und mitfühlenden Leute aus dem Dorf haben geholfen und sich dabei selbst in Gefahr gebracht. Das ganze Dorf wusste, dass wir Juden sind, aber keiner hat uns verraten.

Dank solcher Menschen wurden wir gerettet und haben überlebt. Viele dieser Menschen leben heute leider nicht mehr, es waren die Familien Medwedewy und Paniotowy, Helena Bagri, Alexandra Katrenko und sehr viele andere.

Ich erinnere mich oft an die Ereignisse jener Tage und werde nie die Herzlichkeit, die Güte, die Aufmerksamkeit und Sorge unserer Retter vergessen.

Übersetzt von Maria Habel

Walentin Schnaiderman (geb. 1937)
»Die Faschisten haben keine Rücksicht auf Alte und Kinder genommen«

Vor dem Krieg hat unsere Familie in der Stadt Malaja Wiska im Kreis Kirowograd gewohnt.

Zu Beginn des Krieges und als die Front sich unserer Stadt näherte, wurde mein Vater Solomon Jefimowitsch Schnaiderman in die Rote Armee eingezogen. Schon damals sprachen die Leute über die Gräueltaten der Nazis gegen die Juden.

Der Versuch unserer Mutter, sich mit mir und meinem kleinen Bruder evakuieren zu lassen, war erfolglos, und wir mussten zurück nach Malaja Wiska. Unsere Wohnung bei der Zuckerfabrik war in der Zwischenzeit schon geplündert worden. Wir haben dann mit meiner Mutter eine Unterkunft bei ihren Eltern gefunden, die ein eigenes Haus hatten.

Im August 1941 hatten die Deutschen die Stadt Malaja Wiska eingenommen. Damit hatte auch die Jagd auf die Juden begonnen. Die gefangenen Juden haben sie in Gruppen an den Stadtrand geführt und an einer Grube erschossen. Viele der Juden wurden auch bei lebendigem Leibe in verschiedene Brunnen geworfen. Die Faschisten haben dabei keine Rücksicht auf Alte oder Kinder genommen.

Viele wussten, dass wir eine jüdische Familie sind. Wie meine Mutter und Oma erzählt haben, wurde mehrmals von Antisemiten und Kollaborateuren gedroht, die jüdischen Kinder zu verraten. Mit jedem Tag wuchs die Angst, gefangen und getötet zu werden.

Unter Androhung von einer Erschießung war es verboten, Juden zu verstecken. Aber trotzdem haben sich gute Leute gefunden und haben trotz des Risikos Juden versteckt.

Mutter versteckte uns alle in einem Vorort der Stadt, in einem nahe gelegenen Dorf, überall, wo es möglich war, sich zu verstecken. Wir mussten uns unter sehr schwierigen Bedingungen verstecken, um zu überleben, bis im März 1944 die Rote Armee gekommen ist, um uns zu befreien.

Wenn ich gefragt werde, was in meinem Gedächtnis geblieben ist über diese schrecklichen Jahre des Krieges und der Okkupation, erinnere ich mich an die ständige Angst, die Bombardierungen, die brennenden Häuser und die Explosionen. Ich erinnere mich, dass Menschen aufgehängt wurden. Die Fabriken und Schulen wurden zerstört, der Kulturpalast, der erst vor dem Krieg gebaut worden war, und eine Eisenbahnbrücke. Die Leute sagten, das sei eine wahre Apokalypse.

Ich erinnere mich an Kinder und Schüler unserer Schule, die älter waren als ich, die durch die von den Deutschen hinterlassenen Minen und Bomben getötet worden sind.

Viele Jahre sind vergangen, aber es ist unmöglich zu vergessen.

Der Krieg sei verflucht! Das darf sich nicht wiederholen!

Übersetzt von Maria Habel

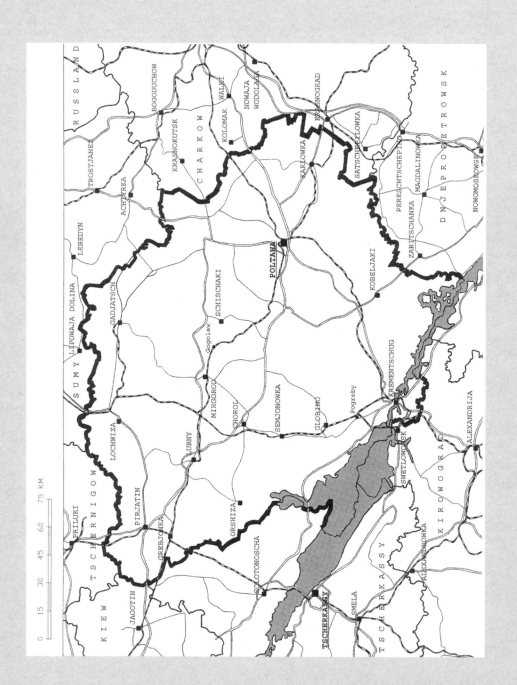

XVII. Gebiet Poltawa

XVII. Gebiet (Oblast) Poltawa

1939 lebten im Gebiet Poltawa[1] 46 928 Juden, etwa zwei Prozent der Bevölkerung, davon 32 740 in den Städten Poltawa und Krementschug. Sowjetische Notfallpläne sahen die Evakuierung der Industrie, von Spezialisten und Staatsfunktionären nach Osten vor. Eine große Anzahl Juden, die zu diesen Kategorien gehörten, konnten mit ihren Familien im Sommer und Frühherbst 1941 evakuiert werden. Es waren zwischen 50 und 70 Prozent der Juden im Gebiet Poltawa.

Während der deutschen Besetzung blieb das Gebiet zunächst in der Zuständigkeit der Militärverwaltung. Im September 1942 wurde es Teil des Generalbezirks Kiew im Reichskommissariat Ukraine.[2]

Die Zahl der ermordeten Juden betrug von September bis Dezember 1941 insgesamt 9000. Im Jahr 1942 waren es noch einmal 2500.[3]

1. Gebietshauptstadt Poltawa

1939 lebten in der Stadt Poltawa[4] 12 860 Juden, knapp zehn Prozent der Bevölkerung.

Am 18. September 1941 besetzte die Wehrmacht Poltawa. Zu diesem Zeitpunkt waren die meisten Juden entweder evakuiert worden oder waren aus der Stadt geflüchtet.

Am 23. November 1941 führte das Sonderkommando 4a der Einsatzgruppe C eine größere Judenaktion in Poltawa durch, nachdem am Tage zuvor durch Plakatanschlag die jüdische Bevölkerung zur Meldung aufgefordert worden war. Es wurden insgesamt 1538 Juden erschossen. Die angefallenen Kleidungsstücke wurden dem Bürgermeister von Poltawa überlassen, der bei der Verteilung die Volksdeutschen besonders berücksichtigte.[5]

Insgesamt wurden in der Stadt Poltawa etwa 2000 Juden ermordet.

Ein Wehrmachtsdeserteur informierte den Schweizer Nachrichtendienst am 28. Februar 1942 über Massaker an sowjetischen Juden in Shitomir, Dubno und Poltawa. Über die Morde in Poltawa führte er aus: »In Poltawa war das Herantreiben der Opfer besonders brutal. Die Leute (Männer, Frauen und Kinder) mussten sich, trotz der Kälte, bis aufs Hemd ausziehen, die Kleidungsstücke auf einen Haufen werfen und einen mehrere Kilometer langen Marsch zur Richtstätte machen, dabei noch durch einen Bach waten (die SD-Mannschaften benutzten den Steg!).«[6] Nach einer Meldung des Sonderkommandos 4b gab es in Poltawa eine 865 Insassen umfassende Psychiatrische Klinik, der ein 1200 Morgen großer

---

1 Altman, Cholokost, S. 776.
2 Encyclopedia of Camps and Ghettos, S. 1584.
3 Kruglov, Jewish Losses in Ukraine, S. 279 ff.
4 Altman, Cholokost, S. 776; Enzyklopädie des Holocaust, S. 1154.
5 Mallmann, Deutsche Berichte aus dem Osten 1942–1943, S. 98.
6 VEJ 7, S. 443.

landwirtschaftlicher Betrieb angegliedert war, dessen Erträge zur Ernährung der Geisteskranken und des Stammpersonals dienten. Im Hinblick auf die kritische Ernährungslage in der Stadt Poltawa trat der Kommandoführer des Sonderkommandos 4b im Einvernehmen mit dem Armeeoberkommando 6 und dem Ortskommandanten mit der leitenden Ärztin der Anstalt in Verbindung mit dem Ziel, eine Einigung über die Liquidierung wenigstens eines Teils der Geisteskranken herbeizuführen. Die leitende Ärztin brachte der Lösung volles Verständnis entgegen, machte jedoch den Einwand, dass eine derartige Maßnahme in der Bevölkerung Unruhe hervorrufen könne. Es wurde ein Ausweg in der Weise gefunden, dass die Liquidierung von 565 unheilbar Geisteskranken unter dem Vorwand der Überführung in eine andere, bessere Anstalt in Charkow erfolge. Mit der Entlassung der restlichen 300 Leichtkranken aus der Anstalt könne in Kürze gerechnet werden.[7]

Poltawa wurde am 23. September 1943 durch die Rote Armee befreit.

Soja Aisina (geb. 1941)
»So blieben wir am Leben«

Ich, Soja Weniaminowna Aisina (verheiratete Tschernenko), wurde am 8. Januar 1941 im Dorf Pogreby, Bezirk Globino, Gebiet Poltawa, geboren. Mein Vater, Weniamin Nisonowitsch Aisin, war stellvertretender Direktor des Verkehrsparks und Kapitän der Reserve. Mama war Leiterin eines Kindergartens. Ich hatte einen älteren Bruder, Waleri, geboren 1937.

Als der Krieg ausbrach, wurde mein Vater eingezogen. Mama mit uns zwei kleinen Kindern sollte mit einem Pferdewagen in die Stadt Poltawa gebracht werden, wo ihre Eltern wohnten. Die Straßen waren voller Flüchtlinge. Gleich am ersten Tag wurden wir bombardiert. Mama konnte nur uns Kinder greifen und lief ins Gebüsch. Als die Bomber abgezogen waren, kamen die Menschen langsam wieder auf die Straße. Unser Pferdewagen war nicht mehr da. Mama war mitten im Feld mit zwei kleinen Kindern, ohne Gepäck, ohne Verpflegung, ohne jegliche Existenzmittel. Es war sinnlos, ins Dorf zurückzukehren, denn wir hatten unsere vier Wände verloren.

Mama band mich auf ihren Rücken, nahm meinen Bruder an die Hand und machte sich im Flüchtlingsstrom auf den Weg nach Poltawa. Sie musste über 200 Kilometer bewältigen. Sie ging durch Felder und Wälder, ohne Brot, ohne warme Kleidung. Ich war noch ein Säugling, aber Mama konnte mich nicht mehr stillen, weil sie wegen einer Erkältung die Milch verlor. Meine Nahrung war ein Stück gekautes Brot, wenn wir es von jemand bekamen. Mama und mein Bruder suchten Ähren und Kartoffeln auf den Feldern und ernährten sich davon. Wir schliefen unter freiem Himmel, in Heuhaufen, unter den Bäumen im Wald. Manchmal ließen uns gütige Menschen in ihren Ställen übernachten oder spendeten uns sogar eine Tasse Milch. Mama erreichte Poltawa Ende August 1941. Mitte September wurde die Stadt von den Deutschen erobert. Meine Mama Xenija Sacharowna Pichulja kam ins Haus ihrer Eltern, die in der Nähe der Eisenbahn im Dorf Nowostrojenije,

---

7   Mallmann, Die »Ereignismeldungen UdSSR«, S. 817 (Ereignismeldung Nr. 135 vom 19.11.1941).

1. Gebietshauptstadt Poltawa

am Stadtrand von Poltawa, in der Grabinowski-Str. Nr. 53 wohnten. Mama war die Älteste der sieben Kinder in der Familie ihrer Eltern. Die Jüngsten waren Walentin, geb. 1937, und ihre Schwester Taisa, geb. 1935. Mein Großvater Sachar Petrowitsch Pichulja, geb. 1895, war Kriegsinvalide (ihm fehlte der linke Arm). Das Haus war voller Kinder, und wir hatten nichts zu essen.

Bis zum Wintereinbruch ging Mama auf die verlassenen Felder und sammelte dort das übrig gebliebene Gemüse, um uns irgendwie zu versorgen. Später ging sie in die weiter entfernten Dörfer und tauschte Gegenstände aus dem Haushalt meiner Großmutter gegen Lebensmittel. Alle Kinder blieben bei der Großmutter.

In dem Haus gegenüber wohnte ein gewisser Sutschkow mit seiner Frau und zwei Kindern. Er wurde Polizist und wollte sich beliebt machen, indem er Mama denunzierte und berichtete, dass ihr Mann ein Jude, Kommunist und Offizier sei. Als die Deutschen uns holen kamen, war Mama nicht zu Hause. Wir, alle Kinder, hielten uns am Rock meiner Großmutter fest. Die Deutschen fragten, wessen Kinder wir seien, und sie antwortete: »Meine!«

Die Deutschen und die Polizisten zogen ab, kamen aber später immer wieder. Um das Risiko zu verringern, mussten wir das Haus meiner Großeltern verlassen. Mich und meinen Bruder nahmen die Verwandten meiner Großmutter Pawel Lukjanowitsch Bashan und Darja Semenowna auf. Sie wohnten in der gleichen Straße ein paar Häuser weiter. Mama versteckte sich bei ihrer Schwester im Dorf Rogosna.

Olga hatte keine Kinder und musste im Eisenbahndepot der Stadt Poltawa arbeiten. Mama ging weiterhin durch die Felder und suchte die Reste der Ernte. Im Eisenbahndepot wurde bekannt gegeben, dass die Arbeiter eine Ration bekommen würden und Olga schlug Mama vor, zusammen mit ihr ins Depot zu gehen. Sie meinte, sie würde die Ration bekommen, sie meiner Mama geben und versuchen, sich noch mal anzustellen.

Mama war in der Nähe des Tores, als sie sah, dass das ganze Gelände des Eisenbahndepots von Soldaten mit Maschinengewehren umstellt war. Die Soldaten trieben die angekommenen Menschen auf das Gelände des Eisenbahndepots. Mama fiel auf die Knie, brach in Tränen aus und bat, sie freizulassen, weil sie Kinder habe. Ein Deutscher schubste sie aus dem Gelände, trat sie mit dem Stiefel in den Rücken und befahl ihr, zu verschwinden. Es stellte sich heraus, dass die Geschichte mit der Ration eine Lüge war, um die sich auf dem Gelände versammelnden Arbeiter in Güterwaggons zu verladen und sie nach Deutschland zu verschleppen. Vom Schicksal Olgas erfuhren wir erst Ende 1974. Sie kam in ein Konzentrationslager in Polen und wanderte nach der Befreiung nach England aus, wo sie in der Stadt Nottingham wohnte.

Im Herbst 1942 erlaubten die Deutschen, einige Schulklassen zu eröffnen. Über Bekannte bekam Mama Arbeit als Putzfrau und Nachtwache einer Schule im Dorf Dubljanschtschina (jetzt Schule Nr. 22). Sie konnte dort in einer Abstellkammer wohnen.

Wir wurden im Haus der Familie Bashan von Nachbarn gesehen. Deshalb musste Mama mich und meinen Bruder zu sich in die Abstellkammer holen. Ich schlief in einem Korb unter dem Tisch.

Die Deutschlehrerin der Schule denunzierte uns. Frau Tschernenko und ihr Mann Dublinski, denen das Schulgebäude gehörte, warnten Mama vor der Gefahr. Mama stand erneut vor der

Frage: Wohin? Ein technischer Arbeiter der Schule Wassili Sidorowitsch Tazi bot Mama an, uns Kinder zu sich zu nehmen. Sie sollte sich selbst eine Bleibe suchen. Bis zum Einbruch der Nacht versteckte sich Mama im Gebüsch am Fluss und in der Nacht fuhr Wassili Sidorowitsch meine Mutter in einem Boot über den Worskla Fluss. Durch den Wald erreichte Mama das Haus ihrer Schwester im Dorf Rogosna. Bei der Bombardierung wurde das Haus teilweise zerstört. Dort blieb Mama bis zur Befreiung der Stadt Poltawa am 23. September 1943.

Meinen Bruder und mich versteckte Familie W. S. Tazi in ihrem Haus in der Nisowa-Str. 22 in der Nähe der Schule.

Außer uns versteckten sich dort noch sechs weitere Menschen: die Tochter des Hausbesitzers Galina, geboren 1923, die Kinder der Nachbarn J. G. Sintschenko, geboren 1925 und N. G. Sintschenko, geboren 1923, E. S. Teterja, geboren 1921 und die Kinder der jüdischen Mieter der Familie, Vera und Nadeshda Redl, geboren 1932. Sie wohnten zuerst mit ihren Eltern im Haus der Familie von W. S. Tazi. Nach der deutschen Besetzung der Stadt war Familie Redl in die Stadt gezogen, weil dort viele Wohnungen leer standen. Aber in einer Nacht wurde der Familienvater bei einer Razzia festgenommen. Alle Festgenommenen wurden in das Gebäude des ehemaligen Kinos eingesperrt und getötet. Dann wurde der Raum aufgeschlossen und die Verwandten durften ihre Angehörigen abholen. Tante Raja erkannte ihren Mann und konnte ihn beerdigen. Danach ließ sie ihre Kinder im Haus der Familie Tazi verstecken, während sie sich selbst irgendwo in der Stadt aufhielt. Nach dem Krieg verließen sie die Stadt und ihr weiteres Schicksal ist mir unbekannt.

Unter dem Haus der Familie Tazi war ein riesiger Keller. Über der Luke war ein Haufen Kohlen, damit bei einer Durchsuchung der Hohlraum nicht festgestellt werden konnte. Der andere Eingang war aus dem Schlafzimmer und war mit einer Kommode getarnt. Außerdem war unter einem Teil des Kellers ein Hohlraum. Wassili Sidorowitsch verband diese Gänge und Räume so miteinander, dass wir uns bei einer Durchsuchung problemlos in den bereits kontrollierten Raum begeben konnten.

Nachts schliefen wir oft im Haus und hielten uns tagsüber im Keller auf. Mein Bruder und ich waren ganz klein. Die anderen versorgten uns und spielten mit uns, damit wir nicht weinten.

W. S. Tazi hatte ein Pferd und einen Pferdewagen. Er fuhr von Dorf zu Dorf und bot seine Dienste als Fuhrmann an, sodass niemand von den Versteckten vor Hunger starb.

Als die sowjetischen Truppen vor der Stadt standen, intensivierten die Deutschen ihre Razzien und führten diese tags und nachts durch. In jenen Tagen verließen wir den Keller nicht.

Beim Rückzug wollten die Deutschen W. S. Tazi mit seinem Pferd und Pferdewagen einziehen. Er versteckte sich im Keller und seine Frau blieb im Haus. Als die Deutschen kamen, zwangen sie seine Frau, den Pferdewagen und das Pferd abzugeben.

So blieben wir am Leben. Nach der Befreiung holte uns unsere Mama zu sich ins Dorf Rogosna. Im Kriegskomitee wartete auf sie die Sterbeurkunde unseres Vaters. Er war am 26. August 1943 in der Schlacht um Kursk gefallen.

2. Bezirk (Rayon) Lubny

Ort: Lubny

Lubny[8] ist eine kreisfreie Stadt im gleichnamigen Bezirk.

1939 lebten in Lubny 2883 Juden, etwa 11 Prozent der Bevölkerung. Im ganzen Bezirk Lubny waren es 2971 Juden.

Am 13. September 1941 wurde die Stadt von der Wehrmacht besetzt. Eine Volkszählung ergab, dass in der Stadt 1500 Juden lebten.

Am 10. Oktober 1941 wurde durch eine Bekanntmachung den Juden von Lubny und Umgebung befohlen, sich am 16. Oktober bis 9 Uhr zur Umsiedlung im Dorf Sassullja einzufinden. Warme Kleidung und Wertsachen sind mitzubringen. Wer dieser Aufforderung nicht Folge leistet, wird erschossen. Das Sonderkommando 4a ermordete 1865 Menschen.[9] Das zurückgelassene Eigentum der Ermordeten wurde von der Ortskommandantur beschlagnahmt. In der Ereignismeldung UdSSR Nr. 132 (handschriftlich geändert in 135) vom 12. November 1941 heißt es dazu: »Ein anderer Zug des Sonderkommandos 4a wurde in Lubny tätig und exekutierte störungslos 1865 Juden, Kommunisten und Partisanen, darunter 53 Kriegsgefangene und einige jüdische Flintenweiber.«[10]

In Lubny war ein Durchgangslager für Kriegsgefangene mit etwa 16 000 Gefangenen eingerichtet worden. Aus diesem Lager sollen Hunderte von Zivilinternierten und uniformierten Gefangenen an die Mordkommandos übergeben worden sein.[11] Wenn unter den Kriegsgefangenen Juden entdeckt wurden, wurden sie sofort erschossen.[12]

Am 24. November 1941 erschoss ein Teilkommando des Sonderkommandos 4a weitere 73 Juden.[13] Ende 1941 wurde von SS-Hauptsturmführer Plath ein zusätzliches Kommando gebildet.[14] Ostern 1942 ermordete das Sonderkommando Plath die letzten Juden von Lubny, darunter auch kriegsgefangene Juden, die aus dem Lager für Kriegsgefangene gebracht worden waren.

Insgesamt wurden 1941–1942 ungefähr 2000 Juden in Lubny ermordet.

Am 18. September 1943 wurde die Stadt durch die sowjetische Armee befreit.

Ort: Sassullja

1939 lebten im Dorf Sassullja 90 Juden. Im Herbst 1941 wurden die Juden, die im besetzten Gebiet geblieben waren, ermordet.

---

8   Altman, Cholokost, S. 538.
9   Kruglow, Chronika Cholokosta, S. 47 nennt als Datum den 17. Oktober 1941.
10 Mallmann, Die »Ereignismeldungen UdSSR«, S. 776.
11 Angrick, Besatzungspolitik und Massenmord, S. 464.
12 VEJ 7, S. 328, Dok. 100.
13 Kruglow, Chronika Cholokosta, S. 60.
14 Krausnick, Hitlers Einsatzgruppen, S. 168.

Donata Kaidasch (geb. 1929)
»Mein Bruder und ich wurden Waisenkinder«

Ich, Donata Wladimirowna Kaidasch, wurde am 22. April 1929 in der Stadt Lubny, Gebiet Poltawa geboren. Mein Vater Wladimir Petrowitsch Litowka, geboren 1905, war Ukrainer und diente beim Militär. 1937 wurde er Opfer der Repressalien. Als Volksfeind wurde er zu 10 Jahren Verbannung im Lager verurteilt, ohne Erlaubnis zur Korrespondenz. Meine Mutter Lija Samoilowna Litowka, geboren 1910, war Jüdin und Angestellte. Vor der Verhaftung meines Vaters war sie Direktorin des Heimatmuseums in Lubny. Nach seiner Verhaftung wurde ihr als Ehefrau eines Volksfeindes gekündigt. Mit Mühe und Not fand sie eine Anstellung als technische Mitarbeiterin in einer Kooperative.

Als 1941 der Krieg ausbrach, bestand unsere Familie aus sechs Personen: meiner Mama Lija Samoilowna, meinem jüngeren Bruder Igor, geboren 1937, den Eltern meines Vaters, mir und unserem Kindermädchen.

In Lubny, in der Schewtschenko-Straße, wohnten die Mutter meiner Mutter, meine Großmutter Paja Iosifowna Rubanowskaja und die Schwestern meiner Mutter Sofja Samoilowna Lewina und Rada Samoilowna Grimberg mit ihrer Tochter Dina. Der Ehemann von Rada Samoilowna Grimberg Lew Michailowitsch wurde 1936 Opfer der Repressalien.

Im September 1941 traf meine Mama alle Vorbereitungen, um sich zusammen mit meinem kleinen Bruder und mir evakuieren zu lassen. Dazu kam es aber nicht, weil alle technischen Mitarbeiter der Kooperative, in der sie arbeitete, zum Ausheben der Panzergräben um die Stadt gebraucht wurden. Unsere Koffer waren gepackt, aber an dem Tag der Abreise kam meine Mama am Abend von der Arbeit nicht zurück. Erst am frühen Morgen des nächsten Tages wurden die technischen Mitarbeiter zurückgebracht. Am gleichen Tag begannen die Kämpfe um Lubny.

Zum Abend besetzten die Deutschen die Stadt. Während der Kämpfe fing unser Haus Feuer und brannte ab. Wir hatten nichts mehr. So begann unser Leben auf dem besetzten Gebiet.

Am 12. Oktober hingen überall in der Stadt Bekanntmachungen, die alle Juden der Stadt verpflichteten, Wertsachen, warme Kleidung und Verpflegung für drei Tage mitzunehmen und sich auf der Wiese des Dorfes Sassullja zu versammeln. Wer diesen Befehl nicht befolge, würde erschossen. Die Bekanntmachung war zweisprachig: auf Russisch und Ukrainisch. Es handelte sich angeblich um eine Umsiedlung.

Am 14. Oktober 1941 begleiteten wir meine Mama nach Sassullja. Wir wohnten neben der Brücke. Um nach Sassullja zu gelangen, musste man die Brücke überqueren. Die Verwandten meiner Mama warteten auf uns am Ende der Brücke. Ich erinnere mich sehr gut an diese Menschenkolonne. Es waren sehr viele alte Leute, viele Kinder. Die Menschen trugen Körbe und Koffer. Ich sah meine Schulkameraden Tamara Palem mit ihren Eltern, Lew Gross mit seinem Großvater, Ljussja Rosenfeld mit ihrer Mutter und ihrem Bruder sowie unsere Nachbarn, Familie Siskiny mit ihren Kindern gehen.

Wir kamen zu jenem furchtbaren Ort, an dem sich die Menschen versammelten. Es war unmöglich, mich von meiner Mama loszureißen. Schura, eine Freundin meiner Mutter, und meine Großmuter begleiteten meine Mama dorthin. Sie redeten auf mich ein, aber das half nicht: Ich weinte und schrie und wollte bei meiner Mama bleiben. Aber wahrscheinlich war es mein Schicksal, am Leben zu bleiben. Ein Deutscher, der die Kolonne bewachte, schubste mich leicht mit dem Kolben seiner Maschinenpistole zu meiner Mama und sagte »Mutter!« Er wollte mir sagen »Geh mit deiner Mama«. In diesem Augenblick kamen ein Offizier und sein Dolmetscher geritten und meine Mama erzählte ihm, sie sei bei dem Gebietskommissariat gewesen. Schließlich befahl er, mich freizulassen. Mit Mühe und Not konnten mich meine Großmutter und die Freundin meiner Mutter von dort wegzerren.

So wurden mein Bruder und ich Waisenkinder. Unser Vater wurde, wie sich später herausstellte, bereits 1937 erschossen. Meine Mutter Lija, meine Großmutter Paja Rubanowskaja, meine Tanten Sofja Samoilowna Lewina und Rada Samoilowna Grimberg mit ihrer Tochter Dina wurden 1941 von Deutschen erschossen.

Das Leben auf dem besetzten Gebiet war furchtbar. Die Eltern hatten große Angst um mich und meinen Bruder Igor. Igor war klein, dreieinhalb Jahre alt, ich war zwölf Jahre alt und ein großes Mädchen. Dank meines unvergesslichen Kindermädchens Efrosinija Grigorjewna Tkalenko überlebte ich diese zwei Jahre auf dem besetzten Gebiet. Sehr schwierig war der Winter 1941/1942. Es gab sehr viel Schnee und es war sehr kalt. Mein Kindermädchen und ich wohnten in einem entfernten Dorf in der Nähe von Wilschanka. Wir ernährten uns von erfrorenen Kartoffeln und Rüben. Ich passte auf die Zwillinge einer Frau auf, die in der Kolchose arbeitete, während mein Kindermädchen in den Wald ging, um Holz zu sammeln und unsere Hütte zu heizen.

Im Frühling gingen wir in die Stadt Chorol und schlugen uns von Dorf zu Dorf durch. Wir weideten Ziegen, mein Kindermädchen half den Dorfbewohnern auf dem Feld. So verdienten wir uns ein Stück Brot. Im Winter 1942 kehrten wir nach Wilschanka zurück. Dort blieben wir bis Sommer 1943.

Dann kehrten wir in unsere Heimatstadt zurück. Niemand beachtete mich. Im September 1943 wurde die Stadt Lubny befreit.

Die Kinder gingen in die Schule, die in zwei kleinen Häusern untergebracht wurde. Anstatt Schultische hatten wir lange Bretter. Anstatt in Hefte schrieben wir auf den Seitenrändern alter Bücher.

Shanna Korshenko (geb. 1936)
»Man jagte uns Angst ein, man würde uns ermorden«

Ich, Shanna Alexandrowna Korshenko (Shanna Zalewna Browizkaja), und mein Bruder Wladimir wurden am 1. April 1936 geboren. Meine jüngere Schwester Ljudmila wurde am 27. Oktober 1939 und Swetlana am 18. Mai 1941 geboren. Wir alle wurden in der Stadt Lubny, Gebiet Poltawa, geboren und wohnten dort.

Als der Krieg ausbrach, wurde unser Vater Zalja Jakowlewitsch Browizki eingezogen und musste an die Front. Meine Mama blieb mit uns Kindern alleine in der Stadt. Kurz nach der Besetzung der Stadt durch die Deutschen begann die Verfolgung der Juden. Mit jedem Tag wurde unser Leben schwieriger und gefährlicher.

Als eines Nachts die Bombardierung begann, floh Mama mit uns Kindern in einen Luftschutzkeller. Von dort ging sie dann mit uns (zwei Kinder hielt sie im Arm und die beiden anderen hielten sich an ihrem Rock fest) zu ihrer Freundin, die am Stadtrand wohnte. Wir wohnten in der Stadtmitte, in der Nähe des Kriegskommissariats. In jenem Gebäude waren deutsche Machthaber stationiert. In der Familie der Freundin meiner Mutter gab es drei Kinder. Es wäre sehr schwer und gefährlich gewesen, wenn wir alle dort geblieben wären. Deshalb kamen ich und mein Bruder zur Cousine meiner Mutter. Sie wohnte an einem anderen Stadtrand und versteckte uns, so gut sie es konnte. Die schwierigsten Monate verbrachten wir unter grauenhaftesten Bedingungen: ohne Licht und Heizung, geplagt von Hunger und Kälte, in ständiger Angst.

Meine Mama kehrte noch einmal in unser Haus zurück, um einige Lebensmittel und Kleidung für uns Kinder zu holen. Als sie das zweite Mal zu unserem Haus ging, stand da eine Ruine. Unser Haus war von einer Bombe zerstört worden. Wir hatten unser ganzes Hab und Gut verloren!

Nach der Massenerschießung der Juden tobten die Deutschen weiter und das Leben in der Stadt war weiterhin schwer und gefährlich. Mama beschloss, zusammen mit uns zu ihrer Mutter aufs Land zu gehen. Sie brachte uns dorthin wie eine Katze ihre Jungtiere: der Reihe nach. Zuerst brachte sie die Kleinste von uns, Sweta. Sie ging mit dem Kind im Arm zu Fuß von Dorf zu Dorf, bat fremde Menschen, sie über Nacht ins Haus einzulassen, bettelte und wurde manchmal auf einem Pferdewagen mitgenommen. Auf diese Art und Weise brachte sie auch unsere zweite Schwester zur Oma und schließlich meinen Bruder und mich. Wir waren die Ältesten und konnten selbst gehen, aber als wir ermüdeten, trug uns unsere Mutter der Reihe nach auf ihrem Rücken.

Das Dorf war auch von Deutschen besetzt. Mama ließ uns in der Dorfverwaltung, die im benachbarten Dorf war, mit dem Vatersnamen Alexandrowny und nicht unter Zalewny eintragen. Deshalb trugen wir bis 1949, solange wir in jenem Dorf lebten, den Vatersnamen Alexandrowny. Der richtige Namen unseres Vaters wurde nirgendwo erwähnt. Auch als ich und mein Bruder 1944 eingeschult wurden, trugen wir diesen Vatersnamen, selbst als wir unsere Personalausweise bekamen.

Obwohl Mama unseren Vatersnamen geändert hatte, hatte sie trotzdem Angst um uns. Deshalb versuchte sie, uns von fremden Augen fern zu halten. Wir sollten nicht wie andere Kinder auf der Straße spielen, Freunde zu Hause besuchen oder uns an kindlichen Freuden beteiligen. Man jagte uns Angst ein, man würde uns ermorden. Und einmal wäre es beinahe passiert. Die Deutschen holten Mama, wie auch viele andere aus dem Dorf, zum Bau von Schutzvorrichtungen. Sie sollten Panzergräben ausheben und Deckungen bauen. Es war in der Nähe der Städte Tscherkassy und Korsun-Schewtschenkowski.

Die Menschen lebten dort in Lagern und durften monatelang nicht nach Hause. Mama erkrankte und kam nach Hause. Dies erfuhr irgendwie ein Polizist. An einem Morgen, als wir schliefen, kam er zu uns mit einem deutschen Soldaten und sagte: »Sie ist aus dem Lager geflohen und das hier sind jüdische Kinder.« Wir waren insgesamt sechs Kinder, denn es gab noch zwei andere Enkel meiner Großmutter. Der Deutsche hob den Stoff, mit dem wir bedeckt waren, ließ ihn fallen, drehte sich zum Polizisten um, schrie »Schwein« und schlug ihn so sehr, dass dieser zu Boden fiel und mit seinem Kopf die Tür öffnete. Von diesem Lärm wurden mein Bruder und ich wach. Wir sahen fremde Menschen mit Waffen, brachen in Tränen aus und rannten zu unserer Mama. Zu Tode erschrocken und selbst weinend versuchte sie, uns zu beruhigen. Dann musste sie wieder zum Arbeitseinsatz erscheinen.

Nach diesem Zwischenfall gab uns unsere Großmutter in fremde Familien. Meine zwei kleineren Schwestern Ljuda und Sweta kamen in ein anderes Dorf in verschiedene Familien, wo sie als eigene Kinder ausgegeben wurden. Mein Bruder und ich kamen auch in eine fremde Familie, die uns in einem getarnten Loch versteckte. Wir mussten wieder ohne Licht und Wärme auskommen. Den Nachbarn erzählte Großmutter, dass die Verwandten aus Lubny die Kinder zu sich geholt hätten. So existierten wir, bis die Deutschen das Dorf verließen.

Auch nach der Befreiung war es sehr schwer. Es gab nichts zu essen und keine Kleidung. Wir waren abgemagert, blass und krank. Zusammen mit anderen Dorffrauen ging meine Mutter ins Feld und sammelte gefrorene Kartoffeln und Rüben, um uns etwas zu essen zu bieten. Besonders schwer hatten es die Kleineren von uns. Sweta kannte nicht einmal Muttermilch und hat nur durch ein Wunder überlebt.

Schwierig waren nicht nur die Kriegsjahre, sondern auch die Nachkriegsjahre, der Hunger 1946–1947. Sehr früh erlebten wir Kinder Hunger und Angst. Dies alles zeigte sich später in unserem gesundheitlichen Zustand und unserer Psyche.

Nach der Befreiung unseres Dorfes arbeitete Mama in der Kolchose, um uns irgendwie zu ernähren. Von der Kolchose bekam Mama ein altes Haus, in dem wir dann auch wohnten.

Wir konnten nicht nach Lubny zurückkehren, weil unser Haus zerstört war. Von unserem Vater wussten wir nichts. Mama wusste nicht, ob er lebte, und er wusste nichts von uns. Nach der Demobilisierung fand mein Vater uns und kam zu uns ins Dorf. Nach einiger Zeit fuhr er allerdings in die Stadt und suchte dort Arbeit. Nachdem er etwas Geld gespart hatte, mietete er ein kleines Zimmer, und wir zogen zu ihm nach Lubny. Unsere Familie war wieder vereint.

3. Bezirk (Rayon) Pirjatin

(ukr. Pyrjatyn)

Ort: Pirjatin

Vor 1941 war die Stadt Pirjatin[15] Bezirkszentrum im Gebiet Poltawa der Sozialistischen Sowjetrepublik Ukraine. Von 1941 bis 1943 war Pirjatin anfänglich unter der Kontrolle des rückwärtigen Heeresgebietes Süd, anschließend von September 1942 das Zentrum des Gebietes Pirjatin im Generalbezirk Kiew, Reichskommissariat Ukraine. Seit 1991 gehört die Stadt zum Gebiet Poltawa, Ukraine.

---

15 Altman, Cholokost, S. 752; Encyclopedia of Camps and Ghettos, S. 1600 f.; The Yad Vashem Encyclopedia, S. 596 f.

1939 lebten in Pirjatin 1747 Juden, knapp 13 Prozent der Bevölkerung. Nach dem Überfall der Wehrmacht auf die Sowjetunion am 22. Juni 1941 und teilweise noch im August und September 1941 gelang es einer kleinen Anzahl Juden, sich evakuieren zu lassen. Ausgewählte Männer wurden als Freiwillige in die Rote Armee aufgenommen. Dennoch blieben mehr als 80 Prozent der jüdischen Bevölkerung in Pirjatin und kamen unter die deutsche Okkupation.

Einheiten der 6. Armee besetzten am 18. September 1941 die Stadt. Eine Ortskommandantur verwaltete die Stadt und den Bezirk bis September 1942. Eine örtliche Verwaltung und eine ukrainische Hilfspolizei unter dem Befehl der deutschen Besatzungskräfte wurden eingerichtet. Im September 1942 wurde die Macht einer deutschen Zivilverwaltung übergeben. Pirjatin wurde in den Generalbezirk Kiew eingegliedert und wurde Verwaltungszentrum des Kreisgebietes Pirjatin.

Unmittelbar nach der Besetzung der Stadt mussten sich alle Juden registrieren lassen und eine weiße Armbinde mit einem Davidstern tragen. Jüdisches Eigentum wurde konfisziert, Juden durften sich nicht auf öffentlichen Plätzen aufhalten und jüdische Männer mussten ohne Bezahlung Zwangsarbeit leisten.

Zwischen September 1941 und Jahresbeginn 1942 wurde ein geschlossenes Ghetto in drei Straßen eingerichtet. Ende März 1942 zählten die Deutschen 1530 Juden im Ghetto.

Am 6. April 1942, dem zweiten Ostertag, wurde die überwiegende Mehrheit der Ghettobewohner, 1500 Juden ermordet, hauptsächlich alte Männer, Frauen und Kinder. Die Juden wurden über den Grebenkowskaja-Weg aus der Stadt herausgeführt bis zur Pirogowski Weide, etwa drei Kilometer südlich der Stadt, wo mehrere Gruben vorbereitet worden waren. Die Juden mussten sich entkleiden. Die Deutschen und die ukrainischen Polizisten teilten sich die Sachen. Zu fünft wurden die Juden in die Gruben gejagt und mit Maschinenpistolen erschossen. Etwa 300 Bewohner von Pirjatin, die von den Deutschen herbeigetrieben worden waren, mussten die Gruben zuschütten, obwohl noch Schreie und Stöhnen zu hören waren.[16] Die Morde wurden von der SD-Einheit »Sonderkommando Plath« unter Leitung von SS-Hauptsturmführer Plath organisiert und ausgeführt.

Am 18. Mai 1942 wurden durch dasselbe Kommando 380 Kommunisten und Aktivisten, 25 Roma, die man in der Stadt aufgegriffen hatte, und 163 Juden ermordet.

Am 17. September 1943 wurde Pirjatin durch die Rote Armee befreit.

Leonid Brochin (geb. 1935)
»Wir wurden von Partisanen befreit«

Es fällt mir sehr schwer, mich an den Großen Vaterländischen Krieg zu erinnern. Der Krieg bedeutete Tod, Leid, Blutvergießen, Erschießungen unschuldiger Zivilisten und Kinder, insbesondere der

---

16 Grossman, Das Schwarzbuch, S. 109.

Juden. Ich schreibe hier meine eigenen Erinnerungen und die Erinnerungen meiner Mama nieder, die sie mir mit Tränen in den Augen diktiert hatte.

Zuerst über meine Eltern: Mein Vater Moisej Chaimowitsch Brochin, geb. 1897, wohnte im Gebiet Poltawa. Er arbeitete in der Stadt Lubny als Lastenträger in einer Milchfabrik, als Bäcker, als Tagelöhner bei einem Grundbesitzer. Nach der Oktoberrevolution wurde im Dorf Wily eine Landkommune organisiert. Mein Vater wurde Direktor dieser Kommune. Mama arbeitete auch dort als Köchin.

In jener Zeit wurde mein Vater Kommunist. Als guter Landwirt wurde er in die Stadt Pirjatin geschickt, wo er einen Posten als Direktor der Mühle bekam. Dort wurde Getreide gemahlen und Sonnenblumenöl hergestellt.

Mein Vater war ein Autodidakt. Später arbeitete er als Prokurist. 1939 wurde er in die Westukraine entsandt, wo er in der Stadt Deljatin als Politruk (politischer Leiter) angestellt wurde. Wir wohnten dort bis Kriegsausbruch. Sehr oft wurden sowjetische Angestellte wie z. B. Lehrer, Ärzte überfallen und sogar ermordet. Dies unternahmen ukrainische Nationalisten. Mein Vater und meine Mama bewachten nachts abwechselnd mit Waffen in der Hand unser Haus. In einer Nacht wurde in unseren Garten eine Granate geworfen. Zum Glück ging es glimpflich aus.

Am 23. Juni 1941 setzte man uns in Güterwaggons. Wir sollten möglichst weit von der Grenze weggebracht werden. Mein Vater war zuständig für diesen Transport. Unterwegs wurden wir beschossen und bombardiert. So erreichten wir die Stadt Pirjatin, Gebiet Poltawa. Das Komitee der Kommunistischen Partei beauftragte meinen Vater mit Aufgaben im feindlichen Hinterland. Er versteckte sich in Dörfern, Wäldern, Heuhaufen und wir sahen ihn ein halbes Jahr nicht.

Wir wurden von fremden Menschen im Dorf Lasorki (Gebiet Poltawa) aufgenommen. Eines Nachts wurde mein Vater gebracht. Er war krank und hatte eine Lungenentzündung. Zusammen mit ihm waren zwei andere Partisanen gekommen. Die Polizisten spürten sie auf und führten sie in der Nacht ab. Meinen Vater brachte man in die Gendarmerie, während die beiden Partisanen vor unseren Augen erschossen wurden. Vorher wurden sie gezwungen, ihr eigenes Grab auszuheben. Mama und ich versteckten uns in einem leeren Schweinestall der Kolchose.

Nach ein paar Tagen erfuhr Mama, dass die Polizisten mit Polizeichef Semen Bas an der Spitze meinen Vater in einen verlassenen Brunnen geworfen hatten. Dies geschah am 5. Dezember 1941. Im Gerichtsprozess, der gleich nach dem Krieg im Dorf Lasorki stattfand, wurde bewiesen, dass der Angeklagte Bas neun Juden erschossen hatte, als er Polizeichef war. Außerdem sagte Burkazkaja Folgendes aus: »Bas befahl, Brochin zu erschießen. Der schwer verletzte Brochin fiel in den Brunnen, über dem er erschossen wurde. Die Einwohner des Dorfes Lasorki hörten an jenem Tag das Stöhnen aus dem Brunnen und versorgten den Verletzten mit Essen, aber es gelang ihnen nicht, ihn zu retten. Als Bas erfuhr, dass seine Leute Brochin nicht getötet hatten, befahl er die Erschießung. Als auch nach der Explosion einiger Granaten, die in den Brunnen geworfen wurden, Brochin noch lebte, befahl Bas, den Brunnen zuzuschütten.« (»Stalinez«, Organ des Bezirkskomitees der Kommunistischen Partei und der Arbeiterdeputierten des Gebiets Poltawa, Nr. 15, 21. 2. 1946). So wurde mein Vater ermordet.

Im Dorf Lasorki führten Polizisten eine Razzia durch: Sie trieben alle Jugendlichen, ehemalige Mitarbeiter der sowjetischen Behörden, Kommunisten, Komsomolzen, Juden, darunter auch uns, zum Bahnhof. An der Spitze der Kolonne trug ein Polizist eine blau-gelbe Fahne. Aus einer Mistgabel bastelten sie einen Dreizack und stachen mit ihm jene, die zu langsam gingen. Im Bahnhof standen zwei Güterwaggons mit blau-gelben Fahnen und Plakaten: »Lasst uns dem lieben Deutschland helfen, die Juden zu erschlagen!«, »Stalin, sterbe!«, »Es lebe Adolf Hitler« und anderen Parolen.

Man pferchte uns in die Waggons und schloss die Türen ab. Über einen Tag saßen wir dort ohne frische Luft, ohne Essen und Wasser. Die Kinder weinten und schrien. In der zweiten Nacht wurden wir von Partisanen befreit. Meine Mama, Anna Sergejewna Brochina, führte uns in der Nacht durch die Felder, abseits der Straßen, nach Pirjatin. Wir sammelten auf dem Feld Ähren, lösten die Körner und aßen das feuchte Getreide. Wir tranken das Wasser aus den Pfützen und versteckten uns tagsüber in alten Heuhaufen. Es war sehr feucht und kalt.

In Pirjatin versteckten uns unsere Bekannten in einem verlassenen Stall am Stadtrand. In einer Nacht während einer Razzia fanden uns Polizisten und brachten uns ins Ghetto, das in der Nabereshnaja-Straße war. Es war die furchtbarste Zeit für uns. Wir alle mussten arbeiten. Es war die schwerste und dreckigste Arbeit. Wir Kinder weideten das Vieh, das bei den Bauern konfisziert worden war, schleppten Wasser, wuschen den Polizisten die Füße, machten Feuer in den Öfen. Für das kleinste Vergehen wurden wir geschlagen. Wir bekamen nichts zu essen, und viele Menschen schwollen vor Hunger an. Nachts gingen die Menschen in die Felder, suchten Kartoffeln und Rüben. Wenn sie von Polizisten erwischt wurden, wurden sie halb tot geprügelt. Wir vergaßen den Brotgeschmack. Die Kinder waren glücklich, wenn sie in den Abfallgruben Kartoffelschalen fanden. Im Ghetto gab es keine Hunde und Katzen. Sie wurden einfach gegessen. Die Menschen glichen Schatten: abgemagert, dreckig, mit verfilzten Haaren.

Anfang Mai konnten wir fliehen. Es waren sowjetische Menschen: W.P. Lugowa, M.I. Kriwochwist und G.W. Stezenko, die uns dabei halfen. Diese drei ehrlichen sowjetischen Menschen versteckten uns in Kellern, Ställen und auf Dachböden. Sie teilten mit uns das letzte Stück Brot, obwohl sie selbst hungerten. So existierten wir bis zur Befreiung durch die sowjetische Armee. Am 18. Mai 1942 wurden in der Schlucht in der Nähe von Pirjatin 1800 Juden, hauptsächlich Alte und Kinder, von Polizisten und Deutschen erschossen.

Dort wurde ein Denkmal aufgestellt.

XVIII. Gebiet Tschernigow

XVIII. Gebiet (Oblast) Tschernigow
(ukr. Tschernihiw)

1939 lebten im Gebiet Tschernigow[1] 31 887 Juden, knapp zwei Prozent der Bevölkerung. 29 083 Juden lebten in den Städten.[2] Mehr als die Hälfte der Juden konnte evakuiert werden oder wurden zur Roten Armee eingezogen. Das Gebiet wurde im September 1941 von der Wehrmacht besetzt. Es war geplant, Tschernigow als Generalbezirk in das Reichskommissariat Ukraine einzugliedern. Das Gebiet wurde aber nie einer Zivilverwaltung übergeben.

Im Gebiet Tschernigow wurden fünf offene Ghettos eingerichtet, in Borsna, Gorodnia, Korop, Semenowka und Schtschors. Schon vor der Ghettoisierung mussten die Juden Zwangsarbeit leisten, die vermutlich bis kurz vor die Mordaktionen fortgesetzt wurde.[3]

Am 10. April 1942 wurde SS-Sturmbannführer Christensen Kommandeur der Sicherheitspolizei und des SD für den Generalbezirk Tschernigow.[4] An der Ermordung der Juden waren die Sonderkommandos 7b und 4a, die 1. motorisierte SS-Brigade, ungarische Truppen und die örtliche Polizei beteiligt. Im September 1941 war zunächst das Sonderkommando 7b in Tschernigow eingerückt. Am 23. Oktober 1941 suchte ein Teilkommando des Sonderkommandos 4a die Stadt Tschernigow auf. Die Innenstadt soll vor dem Einzug der deutschen Truppen von Juden in Brand gesetzt worden sein. Das Kommando erschoss neben 8 Kommunisten und Partisanen, die ihm von dem Ortskommandanten übergeben worden waren, 116 Juden und am 24. Oktober 144. Als das Kommando am 28. Oktober erneut nach Tschernigow kam, wurden 49 Juden erschossen. Am gleichen Tag wurden auf Bitten des Leiters der Psychiatrischen Klinik 270 unheilbare Geisteskranke ermordet.[5]

Das Gebiet blieb unter deutscher Militärverwaltung.

1941 wurden 2150 Juden ermordet und 1942 noch einmal 1500.[6]

1. Bezirk (Rayon) Korop

1926 lebten im Bezirk Korop 826 Juden, davon 787 in der Stadt Korop.

Ort: Korop

Vor 1941 war Korop[7] Bezirkszentrum im Gebiet Tschernigow der Sozialistischen Sowjetrepublik Ukraine. Von 1941 bis 1943 wurde die Stadt von der Heeresgruppe »Rückwärtiges

---

1 Altman, Cholokost, S. 1061.
2 Kruglow, Enziklopedija Cholokosta, S. 189.
3 Encyclopedia of Camps and Ghettos, S. 1757.
4 Krausnick, Hitlers Einsatzgruppen, S. 169.
5 Mallmann, Die »Ereignismeldungen UdSSR, S. 816 (Ereignismeldung Nr. 135 vom 19.11.1941).
6 Kruglov, Jewish Losses in Ukraine, S. 279, 281.
7 Altman, Cholokost, S. 464; Encyclopedia of Camps and Ghettos, S. 1771.

Heeresgebiet Süd« verwaltet. Seit 1991 ist Korop das Zentrum des gleichnamigen Bezirks im Gebiet Tschernigow.

1939 lebten im Ort Korop 350 Juden, etwa sechs Prozent der Bevölkerung. Der Rückgang der jüdischen Bevölkerung seit 1926 um mehr als die Hälfte hängt mit der Abwanderung in andere Bezirke und der Hungerkatastrophe Holodomor der Jahre 1932/33 zusammen.

Der Ort wurde am 28. August 1941 von der Wehrmacht besetzt. In der Zeit zwischen dem 22. Juni und dem 28. August 1941 gelang es ungefähr zwei Drittel der Juden, nach Osten zu fliehen oder in die Rote Armee einzutreten.

Während der gesamten Zeit der Okkupation vom 28. August 1941 und dem 4. September 1943 stand die Stadt unter der Verwaltung einer deutschen Ortskommandantur, die eine örtliche ukrainische Polizei einrichtete. Kurz nach der Besetzung ordneten die örtlichen Behörden entsprechend den Vorgaben der Ortskommandantur an, dass sich alle Juden registrieren lassen, eine Armbinde tragen und Zwangsarbeit leisten mussten. Wahrscheinlich im November 1941 mussten die Juden der Stadt in ein offenes Ghetto umziehen, das aus einer Straße bestand. Anfang Dezember 1941 ermordete die ukrainische Polizei unter dem Befehl ihres Kommandeurs Schilo etwa 20 Juden der Stadt in dem nahe gelegenen Dorf Ponorniza. Schilo wurde am 2. Januar 1942 von seinem Posten entbunden und von der Feldkommandantur 197 unter Hausarrest gestellt, weil er Wertsachen der erschossenen Juden unterschlagen hatte.[8]

Am 9. Februar 1942 wurden alle 111 im Ort verbliebenen Juden von deutschen Kräften und der örtlichen ukrainischen Polizei in den Wäldern erschossen. Nur eine Jüdin, eine Zahnärztin, die überlebte, wurde am 4. November 1942 erschossen. In der zweiten Februarwoche 1942 erschoss die ukrainische Hilfspolizei 10 Juden in den umliegenden Dörfern Budenowka, Gorodischtsche, Obolonnia und Karylskoe.

Während der Okkupation wurden insgesamt 198 Bewohner der Stadt ermordet.

Am 5. September 1943 wurde Korop durch die Rote Armee befreit.

Ljudmila Ljaschenko (geb. 1938)
»Meine Kindheit wurde mir gestohlen …«

Ich wurde am Feiertag der Verklärung des Herrn geboren, und der Herr hat mich gerettet. Als der Große Vaterländische Krieg ausbrach, ging mein Vater an die Front, während ich mit meiner Mama Fenja Benzionowna Ljaschenko Kiew verließ und ins Dorf Sawenki, Bezirk Korop, Gebiet Tschernigow, zu den Verwandten meines Vaters fuhr. Er war Ukrainer. Mama beantragte Urlaub, nahm ihren Ausweis und eine Summe Geld mit. Dort begann sie, in einer Kolchose zu arbeiten. Später kam Mamas Schwester, Tante Riwa, zu uns, während meine Großmutter Golda Awrunowna und andere Verwandte in Kiew blieben, weil sie das Haus nicht verlassen wollten. Keiner rechnete damit, dass sie von Deutschen ermordet würden.

---

8 VEJ 7, S. 449, Anm. 10.

1. Bezirk (Rayon) Korop

Am 29. September 1941 wurden vier meiner Verwandten zusammen mit meiner Großmutter in Babi Jar erschossen. Die Wohnung wurde geplündert, und fremde Menschen zogen dort ein.

Meine Tante Riwa wurde 1942 in Korop erschossen. Sie fuhr aus dem Dorf Sawenki nach Korop. Dort wohnte sie bei fremden Menschen und arbeitete für die Deutschen. Sie bügelte ihre Wäsche und behandelte sie sogar, weil sie Ärztin war. Eines Tages wurde befohlen, sich an einem bestimmten Ort zu versammeln. Sie alle wurden in eine Schlucht neben dem Krankenhaus gebracht und wurden dort erschossen. Mama erfuhr dies alles erst später. Sie fühlte sich zum Teil am Tod ihrer Schwester schuldig.

Mein Großvater wollte, dass Mama mich bei ihm ließ, um zu versuchen, hinter die Frontlinie oder zu den Partisanen zu gelangen. Aber es war sehr gefährlich, sie konnte gefasst und erschossen werden.

Anfang März 1942 wurden wir denunziert. Mama und ich wurden festgenommen und unter Bewachung in die Stadt Korop zur Hinrichtung gebracht. Unsere Nachbarin sah, wie wir weggeschleppt wurden, und sagte zu meinem Großvater: »Korni, warum sitzt du so da? Fahr nach Korop und mach was! Sie werden gleich erschossen.« Kurz zuvor wurden die Polin Franja und ihre 18-jährige Tochter erschossen. Unterwegs sagte Franja zu den Polizisten, sie hätten kein Recht, sie festzunehmen. Sie waren keine Juden, aber sie war die Frau eines Kommunisten. Ein Polizist erschoss sie direkt am Dorfrand. Ihre Tochter wurde in Korop von einer Sondertruppe ermordet.

Wir wurden fast nackt aus dem Dorf in das etwa sieben Kilometer entfernte Korop gebracht. Mein Großvater brachte uns warme Kleidung. In Korop arbeitete in dem Gebäude, in dem sich Polizei, SS und SD befanden, eine entfernte Verwandte von uns, Efrosinija Dmitriewna Drobjasko. Sie war bei der Ausweisbehörde beschäftigt. Ende der 30er-Jahre wurde ihr Mann, der Bruder meines Vaters, erschossen, und sie war sehr unzufrieden mit dem sowjetischen Regime. Als Frau des Volksfeindes hatte sie es sehr schwer. Mein Großvater Korni Minowitsch fand sie und erzählte ihr, Mama und ich seien dorthin zur Erschießung gebracht worden.

Alle Juden wurden in dem Flur des Gebäudes, in dem das Sonderkommando war, erschossen. Mama unterhielt sich mit einem jüdischen Jüngling, der sehr hübsch war. Der Zug, mit dem er unterwegs war, wurde zerbombt, seine Eltern kamen ums Leben, während er und seine Schwester sich retten konnten, durch die Dörfer umherirrten, bis sie nun von der Polizei gefasst worden waren. Sie wurden nach Korop zur Erschießung gebracht. Seine Schwester versteckte sich zuerst in einer Toilette, dann in einem Heuhaufen, wurde schließlich entdeckt und auch nach Korop gebracht. Sie beide wurden erschossen. Dann brachte man Mama und mich in einen Raum, in dem drei Deutsche waren. Mama, die Deutsch verstand, hörte, dass wir ermordet werden sollten. Dann begann das Verhör. Der Dolmetscher fragte nach allen unseren Verwandten. Mama nannte ihm jüdische Namen und Vaternamen, und er gab sie sehr laut auf Russisch wieder: Anstatt Golda Awramowna sagte er Olga Adamowna usw. Wahrscheinlich hatte unsere Verwandte ihn darum gebeten. Dann kam folgende Frage: »Arbeitete Ihr Mann bei der Staatlichen Politischen Zentrale GPU?«.

»Nein, er ist der Bruder des Volksfeindes, er wurde von den Kommunisten erschossen«, antwortete Mama. »Wer kann das bestätigen?«, fragten die Deutschen. »Mein Schwiegervater«, antwortete Mama. Dann wurde mein Großvater hereingeführt, fiel vor dem Deutschen auf die Knie und beteuerte, dass Mama keine Jüdin sondern eine Polin sei. »Ich hätte meinem Sohn nie im Leben erlaubt, eine Jüdin zu heiraten«, sagte er. »Die Juden erschossen meinen Sohn«, und zeigte die Zeitung, in der von der Hinrichtung seines Sohnes ein Artikel veröffentlicht wurde. (Die Zeitung gab ihm Drobjasko.) Die Deutschen sahen einen echten Ukrainer. Ich war blond, und Mama hatte schwarze Haare, sah aber nicht jüdisch aus. Sie lispelte nur, aber vor den Deutschen sagte sie nichts, weil sie zu Tode erschrocken war. Die Deutschen glaubten meinem Großvater und ließen uns frei. Großvater brachte uns ins Dorf. Es war eine Sensation und man erzählte sich weit über die Dorfgrenze hinaus, dass eine Jüdin sich und ihr Kind vor der Erschießung rettete.

Zuerst war Mama wie im Schock. Drei Tage sagte sie nichts, aß nichts und wirkte wie verrückt. Vor unseren Augen waren zuvor Menschen erschossen worden und sie dachte, dass auch sie und ich erschossen würden.

Drei Tage später sagte Drobjasko, dass Mama zu ihr nach Korop kommen sollte. Als Mama kam, händigte Drobjasko ihr einen neuen Ausweis auf den Namen Feklja Borissowna Ljaschenko aus. In der Spalte Nationalität stand »Ukrainerin«. Trotzdem hatten wir während der gesamten Besatzungszeit Angst, denunziert zu werden.

Es gab Anzeigen, die Polizisten kamen zu uns ins Haus, aber wir konnten uns rechtzeitig verstecken. Einmal musste mein Großvater Mama sogar unter einem Brennholzhaufen »begraben«, um sie sicher zu verstecken. Von den bevorstehenden Razzien informierte uns Drobjasko. Sie sagte: »Versteckt euch, kommt nicht nach Hause!« Mama kehrte vom Feld nicht nach Hause zurück und mich versteckte man bei Wassili Juschtschenko. Er war Vorsitzender der Dorfverwaltung und ein sehr hilfsbereiter Mensch. Er warnte Mama vor Gefahren und hatte stets Mitleid mit ihr.

Einige Zeit hob Mama Schutzgräben aus, um nicht im Dorf, in dem sie alle kannten, zu bleiben. Vor dem Krieg war Mama Doktorandin an der Universität in Kiew. Die Dorfarbeit war ihr fremd und fiel ihr schwer. Trotzdem ließ sie alles über sich ergehen. Eine Frau aus einem anderen Dorf sagte einmal zu Mama: »Hast du gehört, dass eine Jüdin sich und ihr Kind vor der Erschießung rettete?« Mama antwortete ihr: »Ich kenne sie nicht.« Mama war eine sehr ehrliche Frau, in diesem Fall musste sie lügen, um zu überleben.

Die Deutschen und die Polizisten holten bei den Dorfbewohnern Hühner, Eier, Milch, Mehl, alles.

Die Hände waren voller Wunden und Geschwüre, man hatte Würmer, Krätze, Läuse. Als Kind machte ich alle Krankheiten durch. An Kleidung hatte ich nichts, keine Schuhe. Im Sommer lief ich barfuß. Meine erste Kleidung: ein Herbstmantel, den ich bekam, als mein Vater nach dem Kriegsende nach Hause kam. Aus seiner Jacke nähte man mir diesen Mantel. Es gab überhaupt kein Spielzeug. Meine Kindheit wurde mir gestohlen.

1945 kehrte ich nach Kiew zurück: Barfuß, kahlgeschoren, mit Geschwüren, Krätze und ganz abgemagert. Als ich zu Mama in die Universität gebracht wurde (sie fuhr bereits 1944 nach Kiew), musste sie weinen, als sie mich in diesem Zustand sah.

Mein Retter, Großvater Korni starb 1945. Unsere zweite Retterin Efrosinija Dmitriewna Drobjasko wurde von den sowjetischen Machthabern verhaftet, weil sie mit den Deutschen zusammengearbeitet hatte und angeblich den Sekretär des Kreisparteiausschusses denunziert hatte. Sie hatte es nicht getan. Zuerst wurde sie zu zehn Jahren Gefängnis verurteilt. Nach den Aussagen meiner Mutter bei Gericht (Mama bewies, dass Efrosinija Dmitriewna Drobjasko uns gerettet hatte), wurde ihre Freiheitsstrafe um drei Jahre reduziert. Sie musste sieben Jahre lang in Sibirien Holz fällen. Ihr ganzes Leben versicherte Mama, dass Pronja (Drobjasko) uns das Leben gerettet hatte. Unsere ganze Familie half ihr. Nach der Rehabilitierung starb sie 1995.

Nach dem Krieg wurde Mama laut Pass Jüdin, weil sie sich ihrer Nationalität und ihrer Eltern nicht schämte.

Nachts schrie Mama oft. Sie befürchtete, die Deutschen würden kommen und sie und mich erschießen. Ich kann heute die Entschädigung von der BRD nicht bekommen, da man behauptet, dass es in Korop keine Stätten des Zwangsaufenthaltes gab. Laut Archivmaterialien fanden dort Erschießungen statt. 121 Menschen (Juden) wurden im Bezirk Korop und weitere 111 in der Stadt Korop erschossen. Dies gibt die von A. Kruglow herausgegebene »Enzyklopädie des Holocaust« an. Ich bin Kriegsinvalide. Es gab keine Medikamente, keine Ärzte, keine Ruhe. Trotzdem bin ich meinem Schicksal dankbar, dass ich wie durch ein Wunder am Leben blieb. Und ich bin meinen »Gerechten unter den Völkern«, die mich vor dem sicheren Tod retteten, unendlich dankbar.

2. Bezirk (Rayon) Nowgorod-Sewerski
(ukr. Nowhorod-Siwerskyj)

Ort: Nowgorod-Sewerski
Nowgorod-Sewerski[9] ist das Zentrum des gleichnamigen Bezirks.

1939 wohnten in der Stadt 982 Juden, knapp sechs Prozent der Bevölkerung. Ein großer Teil von ihnen konnte evakuiert werden.

Am 26. August 1941 wurde die Stadt von der Wehrmacht besetzt.

Am 7. November 1941 wurde allen Juden befohlen, sich auf dem Marktplatz zu versammeln. 155 Juden kamen zum Sammelpunkt. Sie wurden vom motorisierten SS-Infanterie-Regiment 10 der 1. SS-Infanterie-Brigade mit Unterstützung durch ukrainische Polizei beim Ort Ostrouschki im Bezirk Schostka des Gebiets Sumy erschossen. Juden, die sich in ihren Häusern versteckt hatten, wurden am 8. November 1941 erschossen. An diesen beiden Tagen wurden alle 174 Juden, die nicht evakuiert worden waren, ermordet.[10]

Die Stadt wurde am 16. September 1943 befreit.

---

9   Altman, Cholokost, S. 653.
10 Kruglow, Enziklopedija Cholokosta, S. 190; Kruglow, Chronika Cholokosta, S. 54.

Jakow Sokolski (geb. 1935)
»Wie sehr wollten wir leben«

Viele Jahre nach der Katastrophe beginnt die neue Generation, die die Kriegsgräuel nicht selbst erlebte, die Frage des Holocaust zu überdenken. Leider gibt es in unserem Rechtsstaat auch Menschen, die die Lektion von Babi Jar und Treblinka vergessen zu haben scheinen. Sie behaupten, dass die Faschisten die physische Vernichtung des jüdischen Volkes nie beabsichtigt hätten und es nie den Holocaust, die Gaskammern und die Konzentrationslager gegeben hätte. Diese Behauptungen werden nicht nur in den Küchen verbreitet, sondern von Massenmedien in tausendfachen Auflagen in Umlauf gebracht.

Als einer, der die Katastrophe überlebte, der von den Opfern nicht nur vom Hörensagen weiß, sondern sie mit eigenen Augen gesehen hat, möchte ich mahnen:»Kehrt um! Hört dem Bericht über die Ereignisse jener Zeit zu, in der Weise, in der sie sich einem Kind eingeprägt haben!«

Ich war sechs Jahre alt, als der Krieg ausbrach. An den ersten Kriegstag erinnere ich mich nicht. Es ist ja auch nicht erstaunlich. Selbst die erwachsenen Einwohner des Dorfes Sloboda, das in der Urlandschaft der Region Tschernigow liegt, – dort verbrachte ich meine Kindheit – erinnern sich vermutlich nicht an die ersten Kriegstage. Es gab in unserem Dorf kein Radio, und die Zeitungen kamen mit großer Verspätung. Aber ich erinnere mich sehr gut an den Tag, an dem im Dorf die Mobilmachung ausgerufen wurde.

Es war ein sonniger Sommertag. Die Frauen, festlich gekleidet, saßen in kleinen Grüppchen vor ihren Häusern und diskutierten ihre ewigen Probleme. Zwei Lehrerinnen mit den Heften in der Hand kamen und riefen die Namen jener aus, die eingezogen werden sollten. Die Frauen liefen lamentierend nach Hause. Wir Kinder konnten dies alles nicht einordnen. In unserer Straße waren an jenem Tag keine Männer zu Hause. Sie waren am Fluss und fischten. Die älteren Kinder wurden geschickt, sie heimzuholen. Die Männer packten schnell ihre Sachen und eilten zur Dorfverwaltung. Ihre weinenden und jammernden Frauen rannten hinter ihnen her. Die Kinder folgten ebenso weinend ihren Müttern. Vor der Dorfverwaltung herrschte ein unvorstellbares Durcheinander. Es gab ungewöhnlich viele Pferdewagen und weinende Frauen. Menschen in Militäruniform und in Zivil rannten hin und her. Ich verstand, dass etwas Schlimmes passiert war und mein Vater weg musste. Ich verstand auch, dass mein Vater von den Männern in Militäruniform weggebracht wurde, deshalb setzte ich mich im Flur der Dorfverwaltung auf den Boden und weinte jedes Mal unglaublich laut, wenn jemand in Militäruniform im Flur auftauchte. Ich wollte dadurch auf mich aufmerksam machen und hoffte, nach dem Grund meines Weinens gefragt zu werden. Wenn sie den Grund erführen, würden sie meinen Vater nach Hause gehen lassen, – dachte ich mir. Stattdessen brachten mich die Männer in Militäruniform einfach aus dem Gebäude hinaus, ohne zu fragen, warum ich weine.

Am Nachmittag setzte sich die Kolonne, die aus Männern und Pferdewagen bestand, auf denen ihre Habseligkeiten verstaut waren, in Bewegung und zog in Richtung der Kreisstadt Cholmy. Die weinenden Frauen und Kinder folgten noch eine Weile der Kolonne. Jahre später fand ich in einem Archiv eine Bescheinigung, die besagte, dass die Mobilmachung in unserem Dorf am

12. Juli[11], einem christlichen Feiertag, Peter und Paul, stattfand. Später zogen sowjetische Truppen auf ihrem Rückzug durch das Dorf, durch die Straßen, die sich vom Regen in Schlamm verwandelten. Für immer prägten sich mir diese Gestalten in kaputter und dreckiger Kleidung ein, blutverschmiert und mit Verbänden um den Kopf und an den Armen. In allen Häusern kochte man Unmenge Kartoffeln und brachte sie dann in Eimern zu den Kolonnen der Soldaten. Die Bauern hatten nicht genug Brot, aber die Kartoffeln wurden gerne angenommen.

Genau drei Monate nach Kriegsausbruch, am 21. September kamen die Deutschen in unser Dorf. Sie waren genau so plötzlich weg, wie sie gekommen waren. Eine neue Verwaltung und Polizei wurden aufgestellt. Sie hatten ihren Sitz im Gebäude der ehemaligen Dorfverwaltung. Am Anfang blieb im Dorf alles beim Alten. Später erschienen im Dorf Deserteure und Soldaten, die aus der deutschen Gefangenschaft fliehen konnten. Sie erzählten Mama, dass mein Vater vermutlich am Meer umkam. Später konnten wir erfahren, dass mein Vater in der Tat über die Meerenge von Kertsch übersetzte, aber er war nicht umgekommen. Er lebte.

Im Herbst kamen zu uns immer öfter unsere Nachbarn und besprachen flüsternd etwas mit Mama. Einmal vernahm ich aus ihrem Gespräch, dass irgendwo Juden ermordet wurden. Ich verstand, dass auch uns dieses Los bevorstand. Seitdem beherrschte mich eine unbeschreibliche Angst vor dem Unvermeidlichen.

Im Dorf war unsere Familie die einzige, die mit Juden zu tun hatte. Mein Vater war Jude. Er kam Anfang der dreißiger Jahre in unser Dorf als Vorsitzender des Dorfrats. Er heiratete eine Ukrainerin. In der Familie war außer mir noch mein vierjähriger Bruder Sascha. Nach zehn Jahren auf diesem Posten konnte mein Vater 1939 die Parteisäuberungen nicht überstehen und verlor seinen Posten. Er hatte viele Freunde, aber auch viele Feinde.

Nach der Besetzung des Dorfes wurde es unruhig. Mit jedem Besuch der fremden Polizisten war irgendeine »Aktion« im Dorf verbunden. Mama konnte im Voraus von diesen Besuchen erfahren und brachte meinen Bruder und mich in ein anderes Dorf zu Elisaweta Akusok. Dies wiederholte sich einige Male.

Im Dezember kam eine Polizeitruppe ins Dorf, um Festnahmen durchzuführen und die Aktivisten ins Lager Nowgorod-Sewerski zu deportieren. Auch mich und meinen Bruder sollten sie festnehmen. Wie gewöhnlich ließ uns Mama in diesem Dorf verstecken. Die Festgenommenen wurden nach Nowgorod-Sewerski gebracht. Sie kehrten nie wieder nach Hause zurück.

Als man uns im Haus nicht vorfand, verprügelten die Polizisten Mama und zogen wieder ab. Am nächsten Tag kam sie, um uns nach Hause zu holen, und dann geschah das Unvermeidliche. Einige Polizisten, die vorher in unserem Dorf »tätig« waren, waren in einem Nachbardorf und blieben dort über Nacht. Als wir durch den tiefen Schnee auf dem Weg nach Hause waren, wurden wir von diesen Polizisten eingeholt. Sie wussten, wen sie verfolgten. Meinen Bruder und mich warfen sie auf den Schlitten und befahlen Mama, nach Hause zu gehen. Sie verließ uns nicht und folgte dem Pferdeschlitten durch den tiefen Schnee in Richtung Cholmy. Ein Polizist, der uns begleitete,

---

11 Nach dem Julianischen Kalender. Nach dem Gregorianischen Kalender der 29. Juni.

hatte Mitleid mit ihr und erlaubte ihr nach einiger Zeit, sich auf den Pferdeschlitten zu setzen. Er unterhielt sich lange mit ihr. Ich konnte nur verstehen, dass er sie zu überzeugen versuchte, die Kinder zu verlassen, denn sie würde sonst zusammen mit uns sterben. Meine Mutter weinte und wiederholte immer wieder, dass sie ihre Kinder nie verlassen würde.

Spät in der Nacht kamen wir nach Cholmy. Meinen Bruder und mich warf man in einen Keller. Mama durfte nicht zu uns. Im Keller war es sehr kalt und leer. Mein Bruder, der in seinem Alter noch nicht verstehen konnte, was geschehen war, jammerte und schrie, bis er vor Erschöpfung einschlief. Ich konnte nicht schlafen, meine Füße und Hände froren. Am nächsten Tag durfte unsere Mutter kurz zu uns in den Keller. Sie brachte uns zu essen und irgendwelche Kleidung, mit der wir uns vor der Kälte schützen konnten. Damals nannte man jenes Gebäude Gefängnis, aber es war kein Gefängnis. Es war das Gebäude einer Ziegelei und wurde noch vor dem Krieg als Zellen für die Untersuchungshaft genutzt. Meine Mutter konnte nur kurz bei uns bleiben und wurde dann abgeführt. Wir blieben über Nacht allein. Mein Bruder schrie aus voller Leibeskraft, und ich konnte nichts machen. Ich war selbst wie betäubt, denn mir war klar, dass wir in jener Zelle waren, um ermordet zu werden. Am nächsten Tag konnte Mama wieder kurz zu uns. Ein Nachbar aus unserem Dorf, Onkel Trofim, kam in die Stadt. Er brachte die Filzschuhe meines Vaters, eine warme Jacke und zu essen. Mama konnte über Nacht bei uns bleiben. Langsam verbesserte sich unser Alltag. Tagsüber musste Mama arbeiten. Sie putzte im Gefängnis und in anderen Gebäuden. Manchmal brachte sie uns eine Schüssel warmes Essen. Später stickte sie für einen der Polizisten ein Hemd. Sie war eine begnadete Künstlerin und stickte mehrere solcher Hemden. Die Auftraggeber waren offensichtlich sehr zufrieden mit ihrer Arbeit. Sie bekam ein gutes Verhältnis zu den Polizisten, und es gelang ihr, unsere Hinrichtung hinauszuzögern.

Nach einiger Zeit füllte sich unsere Zelle mit Menschen: Bärtige Männer, Frauen und Kinder. Im Raum herrschte Gedränge, die Menschen saßen eng aneinander auf dem Fußboden, und es war unmöglich, sich zu bewegen. Eines Tags trat ein sehr großer Mann, wie es mir damals schien, in Begleitung eines Polizisten in die Zelle. Die Menschen wurden nach einer Liste aufgerufen und abgeführt. An ihre Stelle kamen andere. Man erzählte sich, dass die Abgeführten erschossen würden. An einem Abend wurden die Menschen gleich im Hof an einer Mauer erschossen. Am nächsten Morgen beobachteten wir, wie die gefrorenen Leichen auf Schlitten verladen wurden.

Während unserer Inhaftierung in dieser Zelle fanden diese »Aktionen« mehrmals statt. Wenn die Menschen weggeführt werden sollten, schrien sie und krallten sich fest an ihre Nachbarn, wurden aber von allen wie die Pest weggestoßen. Auch diesmal blieben wir unversehrt.

Aus dem Dorf kamen mehrere Menschen, die sich für uns einsetzten und behaupteten, wir seien keine Juden. Sie brachten immer Selbstgebrannten und Speck, um die Polizisten zu bestechen. Auch Mama hatte in der Zelle immer Selbstgebrannten, deshalb holten die Polizisten sie öfter aus der Zelle und »bestellten«, was sie gerne haben wollten. Im Laufe der Zeit brachte sie aus dem Haus alles, um die Polizisten zu bestechen. Später erzählte Mama, sie habe erreicht, dass einer der Polizisten behauptete, er habe meinen Vater gekannt und würde bestätigen, dass jener keine Beziehung zu Juden hatte.

Eines Abends wurden wir in einen anderen Raum gebracht. Später betrat ein Deutscher, vermutlich ein Offizier, gekleidet in einen Ledermantel mit einem braunen Kragen und einer Mütze, dieses Zimmer. In der Hand hatte er einen Stock und hinkte. Wir wurden auf die Stühle gestellt und mussten unsere Hose herunterlassen. Dieser hochgestellte Mann untersuchte uns. Wie ich verstehe, wollte er die Spuren der Beschneidung sehen. Dieser Ritus wurde aber an uns nie ausgeführt.

Nach der Untersuchung wurden wir in die Zelle zurückgebracht. Kurz darauf kam Mama. Sie weinte und packte schnell unsere Sachen. Ich dachte, dass der Augenblick der Erschießung uns unmittelbar bevorstand, setzte mich in die Ecke und brach in Tränen aus. Mama sagte, dass wir nach Hause dürften, und redete auf mich ein, ihr zu folgen. Ich aber saß in der Ecke und sie konnte mich nur mit Gewalt hochreißen. Es war spät am Abend, aber Mama wartete nicht bis zum Morgen, weil sie uns möglichst schnell von diesem verfluchten Ort wegbringen wollte.

Es war Frühlingsanfang, der Schnee verwandelte sich in Matsch und die Filzschuhe wurden sehr schnell nass und schwer. Sie rutschten uns immer wieder von den Füßen. Sascha konnte überhaupt nicht gehen und Mama nahm ihn auf den Arm. Unser Gepäck ließ sie liegen. Es war sehr schwer zu gehen. Als wir den Stadtrand erreichten, bat sie an einer Haustür, uns über Nacht hereinzulassen. Man ließ uns herein, wir konnten uns aufwärmen und bis zum Morgen bleiben.

Meine Mutter ging aber in unser Dorf. Es war ziemlich weit, 20 Kilometer. Am nächsten Morgen kam sie mit Trofim und einem von Pferden gezogenen Schlitten. Wir fuhren aber nicht nach Hause, sondern in das kleine Dorf Annowka, Bezirk Semenowka. Den ganzen Tag waren wir unterwegs durch den Wald und erst am Abend erreichten wir das Haus des entfernten Verwandten Moisej Pomas. Er war ein älterer Mann und wohnte dort zusammen mit seiner Tochter Annja. Es war ein sehr kleines Dorf, 20 oder 25 Bauernhäuser. Es lag mitten im Wald, von allen Seiten mit Sumpf umgeben. Fremde kamen nur selten ins Dorf. Wir blieben im Dorf und meine Mutter fuhr nach Hause. Sie kam nur selten zu uns, um die Aufmerksamkeit der Dorfeinwohner nicht zu wecken. In jener Zeit hatten die Menschen Angst voreinander.

Im Dorf ging es uns nicht schlecht. Tagsüber streiften wir im Wald umher und abends kehrten wir nach Hause zurück. So verbrachten wir den ganzen Sommer 1942. Im Herbst, als man mit der Kartoffelernte begann, erschienen im Dorf ungarische Soldaten. Sie verbrannten alle Häuser. Damals verbrannte man alle Walddörfer, um so die Partisanen zu bekämpfen. So wurde unser sorgloses Leben beendet.

Nach einiger Zeit kam Mama. Sie besprach sich mit ihren Verwandten, was man machen sollte. Meine Mutter ging wieder nach Hause. Am nächsten Tag nahm Onkel Moisej sein Werkzeug und verließ den Hof. Nach zwei Tagen kehrte er mit Mama zurück. Sie holte uns und brachte uns in der Nacht in das kleine Dorf Parastowski, Bezirk Korjukowka. Am Vortag hatte Onkel Moisej im Hause von Elisaweta Akusok ein Versteck gebaut. Unter dem Fußboden wurde ein Loch ausgehoben, etwa eineinhalb Meter mal eineinhalb Meter breit und so tief, wie wir groß waren. Das Versteck entsprach allen Kriterien der Konspiration: Die Wände waren mit Brettern beschlagen, auch die Decke war mit Brettern geschützt. Der Eingang zu diesem Versteck war hinter dem Ofen.

Um Geräusche zu dämmen, legte man auf den Boden Stroh und darauf eine Schicht Erde. Später erwies sich diese Stroh-Erde-Mischung als Problem. Das Stroh begann unter der Erde zu faulen und im Versteck entstand ein unerträglicher Gestank. Da das Versteck sehr klein war, konnten wir uns darin nur in einer Embryohaltung aufhalten. Dort verbrachten wir den ganzen Herbst und den Winter 1942/43. Nur selten verließen wir nachts unser Gefängnis.

Mit der Zeit verstand Sascha, dass wir in Todesgefahr waren und uns verstecken mussten. Er wurde sehr gehorsam, weinte nicht und machte, was man ihm sagte. Wenn ein Fremder das Haus betrat, gab man uns ein Zeichen und wir saßen ganz still, ohne ein Geräusch von uns zu geben.

Im Frühling 1943, als es wärmer wurde, wurde es unmöglich, sich weiterhin in unserem Versteck aufzuhalten. Man brachte uns auf den Dachboden. Dort war viel mehr Platz. Damals verstanden wir noch nicht, dass bald eine Zeit kommen würde, in der wir uns nicht mehr zu verstecken brauchten. Meine Mutter wusste vermutlich, dass die Befreiung bevorstand. Sie bat uns, nur noch ein bisschen zu warten, versprach, dass wir bald alle wieder zusammen in unserem Haus wohnen würden und unser Vater zurückkäme.

Je näher die Front kam, desto aktiver wurden die Partisanen. Auf den Straßen wurden Minen verlegt und deutsche Autos gesprengt. Die Deutschen nahmen Geiseln und entführten diese aus dem Dorf. Sie warnten Dorfeinwohner, dass für jedes gesprengte Auto Geiseln genommen würden. Um kein Risiko einzugehen, verließen vor allem junge Leute ihre Häuser und versteckten sich im Wald. In jener Zeit holte uns Mama vom Dachboden und brachte uns in den Wald, wo wir uns mit anderen Menschen versteckten. Dort verbrachten wir fast einen Monat, bis das Dorf befreit wurde.

Sehr genau erinnere ich mich an den Tag der Befreiung. Obwohl es September war, schien die Sonne und es war trocken und warm, was auch gute Laune verbreitete. Gegen 10 Uhr morgens vernahm man eine wilde Schießerei und Explosionen aus dem Dorf. Die kundigen Männer diskutierten und versuchten, den Waffentyp zu bestimmen. Man einigte sich darauf, dass ein schwerer Kampf um das Dorf ausgebrochen war.

Die Menschen begaben sich in das Waldinnere, um nicht unter Beschuss zu geraten. Als wir die Straße überquerten, begegneten wir einer Kolonne sowjetischer Soldaten. Von ihnen erfuhren wir, dass die Deutschen bereits am frühen Morgen das Dorf verlassen hatten. Es stellte sich heraus, dass sich die Deutschen einen Trick überlegten. Sie brachten Autos, beladen mit Munition und Minen zur Schule und den benachbarten Gebäuden. Die Schule steckten sie in Brand und begannen ihren Rückzug. Mit dem Ausbreiten des Feuers von einem Gebäude zum anderen gerieten auch die Autos mit der Munition in Brand, was zu jenen Explosionen geführt hatte, die den ganzen Tag dauerten. Als die Menschen zurückkehrten, war ihr Dorf eine Ruine. Alles war geplündert und zerstört wie nach einem furchtbaren Wirbelsturm. Viele Häuser hatten die Deutschen vor ihrem Rückzug in Brand gesetzt.

Für uns waren zwei Jahre des Umherirrens und Versteckens vorbei, aber unsere Leiden waren noch lange nicht zu Ende. Mama hielt dem Leben stand, solange wir in einer extremen Gefahr waren. Als die Gefahr vorbei war, begann sie rapide abzubauen. Das Erlebte war nicht spurlos an ihr vorübergegangen. Sie wurde nervenkrank und litt unter Schlaflosigkeit. Manchmal versank sie so tief in ihre Gedanken, dass sie uns nicht erkannte. Dies alles wurde von furchtbaren nächtlichen Schreien ergänzt.

Wir waren kleine Kinder, und es ging an uns vorbei, wie sie lebte, als wir im Versteck saßen. Ich wurde 13 Jahre alt, aber meine Mutter war weiterhin sehr schwer krank. Es gab praktisch keine medizinische Versorgung. Man war auf sich selbst gestellt. Eines Tages bat sie mich, ihr den Rücken mit Fett einzucremen. Zum ersten Mal sah ich ihren Rücken, und mir wurde übel. Der ganze Rücken war mit schrecklichen langen lila und blauen Narben bedeckt. Dann erzählte sie mir, während wir in unserem Versteck saßen, wurde sie jedes Mal in die Kommandantur gebracht und verhört, um zu gestehen, wo sie uns versteckt habe. Sie behauptete die ganze Zeit, dass sie nicht wisse, wo wir seien. Sie wurde mit Putzstöcken übel zugerichtet. Wie viele Schläge es waren, wusste sie nicht. Sie wurde so lange geschlagen, bis sie ohnmächtig wurde. Wenn sie zu sich kam, wurde die Exekution fortgesetzt. Wir wussten das alles nicht. Als sie uns nach langer Zeit besuchen kam, war uns damals aufgefallen, dass ihre schönen braunen Haare ganz grau waren.

Nach dem Kriegsende normalisierte sich unser Leben. Wir hatten Glück: Unser Vater kam von der Front zurück. Wir gingen in die Schule. Das Erlebte suchte uns sehr oft in Albträumen heim. Wenn ich aufwachte und in meinem Kopf der Film des Erlebten lief, konnte ich nicht fassen, dass uns dies alles zugestoßen war.

Mein Bruder und ich studierten und machten Karriere. Jetzt haben wir Enkel und Urenkel. Aber Mama erlebte dies alles nicht mehr. Sie konnte sich an uns nicht erfreuen. Sie ging sehr früh von uns und nahm ihren grenzenlosen Schmerz und jene furchtbaren Narben mit ins Grab. Bis heute tut es mir leid, dass unsere Mutter, die ihr eigenes Leben für unsere Rettung opferte, nicht erleben konnte, wie wir ihr unsere Dankbarkeit zum Ausdruck brachten. Diese hatte sie mehr als verdient.

Zurzeit leben wir weit weg von unserer Heimat. Der alljährliche Frühlingsbesuch an ihrem Grab, Blumen und verstohlene Männertränen sind ein winziger Ausdruck unserer Liebe und Dankbarkeit für unsere tapfere Mutter.

3. Bezirk (Rayon) Priluki
(ukr. Pryluky)

Ort: Priluki
Vor 1941 war Priluki[12] Bezirkszentrum im Gebiet Tschernigow der Sozialistischen Sowjetrepublik Ukraine. Von 1941 bis 1943 wurde die Stadt von der Heeresgruppe »Rückwärtiges Heeresgebiet Süd« kontrolliert. Im Sommer 1942 wurde die Stadt das Zentrum des Gebiets Priluki im Generalbezirk Tschernigow des Reichskommissariats Ukraine. Seit 1991 ist Priluki das Zentrum des gleichnamigen Bezirks im Gebiet Tschernigow der Ukraine.

---

12 Altman, Cholokost, S. 810; Encyclopedia of Camps and Ghettos, S. 1772 f.; The Yad Vashem Encyclopedia, S. 612.

1939 lebten in der Stadt 6140 Juden, etwa 17 Prozent der Bevölkerung. Nach dem Überfall der Wehrmacht auf die Sowjetunion konnte ein großer Teil der Juden evakuiert werden und viele jüdische Männer wurden zur Roten Armee einberufen oder gingen freiwillig zur Armee. Als Einheiten der 6. Armee am 18. September 1941 die Stadt besetzten, waren nicht mehr als 20 Prozent der Juden in der Stadt geblieben.

Die Ortskommandantur I/317 übernahm die Verantwortung für die Verwaltung der Stadt und ihrer Umgebung. Sie richtete eine Stadtverwaltung und eine ukrainische Hilfspolizei ein, die Organe der Ortskommandantur wurden.

In den folgenden Tagen nach der Besetzung wurden die Juden registriert und mussten eine weiße Armbinde mit einem gelben Davidstern tragen. Ende September 1941 wurde ein Ghetto eingerichtet. Nach anderen Quellen wurde das Ghetto erst am 1. Januar 1942 eingerichtet. Das Ghetto bestand aus den zwei Gebäuden einer jüdischen und einer ukrainischen Schule in der Nähe des Marktes und war mit Stacheldraht umzäunt. Es waren heimlich Tunnels gegraben worden, damit Kinder aus dem Ghetto schleichen konnten, um Lebensmittel ins Ghetto zu schmuggeln. So retteten sie viele Menschen vor dem Hungertod.

Die Juden mussten täglich unter schwersten Bedingungen Zwangsarbeit leisten, hauptsächlich beim Straßenbau und dem Ausheben von Gräben für Kabel. Es war ihnen verboten auf den Markt oder in die Stadt zu gehen oder mit ihren nichtjüdischen Nachbarn zu sprechen.

Die harten Lebensbedingungen forderten viele Menschenleben.

Es existierte ein Judenrat, der für die Aufrechterhaltung der Ordnung im Ghetto verantwortlich war. Die Deutschen schlugen ihre Vorschriften für das Ghetto an Tafeln in den Schulhöfen an.

Juden, denen es gelang aus dem Ghetto zu entkommen, erhielten von der nichtjüdischen Bevölkerung Unterstützung. Juden aus gemischten Ehen hatten dabei größere Chancen.

Im Herbst 1941 wurde in Priluki die Gruppe 730 der Geheimen Feldpolizei stationiert, die im Dezember 1941 nach Jagotin verlegt wurde. Ein Trupp blieb in Priluki zurück. Anfang Februar 1942 wurde diese Einheit abgezogen und durch eine Einheit der Geheimen Feldpolizei-Gruppe 721 ersetzt. Da in Priluki weder SD noch deutsche Polizei stationiert waren, übernahm die Geheime Feldpolizei alle polizeilichen Aufgaben in der Stadt.

Am 15. Februar 1942 berichtete die Feldkommandantur 197, der die Ortskommandantur Priluki unterstand, dass in Priluki 1178 Juden in der Stadt seien und die Geheime Feldpolizei einige Juden in Priluki erschossen hätte. Am 20. April 1942 meldete die gleiche Feldkommandantur, dass in ihrem Jurisdiktionsbereich 1210 Juden lebten, die meisten davon in Priluki.

Am 20. Mai 1942 organisierten die deutschen Kräfte die »Liquidierung« des Ghettos. Die Juden wurden aus der Stadt in einer langen Kolonne, jeweils vier Personen nebeneinander, nach Osten getrieben. Sie wurden von Polizisten und anderen Bewaffneten eskortiert. In einer Schlucht hinter dem Gefängnis wurden 1290 Juden erschossen. Es waren die Juden aus dem Ghetto und aus den umliegenden Dörfern. Aus dem Dorf Ladan wurden ein Mann, sieben Frauen und sieben Kinder erschossen. Die Erschießungen wurden vom SD-Sonderkommando Plath unter dem Befehl des SS-Hauptsturmführers Karl Julius Plath mit Unterstützung durch ukrainische Polizei und deutsche Feldgendarmerie ausgeführt.

In zwei weiteren Operationen wurde das Ghetto am 10. Juli und 10. September 1942 leer gemordet.

Priluki wurde am 18. September 1943 befreit.

Josif Entin (geb. 1925)
»Das Schicksal meiner Familie war traurig und tragisch«

Ich wurde am 6. Januar 1925 geboren. Unsere Familie bestand aus meinem Vater Boris Entin, meiner Mutter Sura, meinem Bruder Abrascha und mir, Josif. Bis 1933 lebten wir gut, das heißt, wir hatten zu essen, denn dies war das Hauptkriterium des Lebens in jener Zeit, da in der Ukraine die große Hungersnot herrschte.

Kaum erholten wir uns von der Hungersnot, brach der Krieg aus. Meine Kindheit verging, aber der ungestillte Hunger blieb. So, wie ich mich an meine Kindheit erinnern kann, ich wollte immer essen.

1941 begann der Krieg.

Zwei Monate nach Kriegsausbruch wurde die Stadt Priluki von Deutschen besetzt. Wir versuchten, uns mit einem Pferdewagen evakuieren zu lassen, da die Eisenbahn nicht mehr intakt war. Mein Bruder wurde in die Rote Armee eingezogen. Meine Eltern und ich machten uns auf den Weg. Wir waren ungefähr 40 Kilometer von Priluki entfernt und gerieten in die Einkesselung bei Lokwizk. Auf schlammigen Straßen bewegten sich unter strömendem Regen die Pferdewagen der Soldaten und der Flüchtlinge. Überall standen Menschen, Autos, die feststeckten und nicht weiterkonnten. Die Soldaten versuchten, die Autos aus dem Schlamm zu befreien und an den Straßenlöchern vorbeizufahren. Man rannte hin und her, wodurch Panik ausbrach und Staus entstanden. In diesem Augenblick kamen deutsche Flugzeuge. Sie bombardierten die Straße, sodass der Schlamm zu einer Masse aus menschlichen Körperteilen und erschlagenen Pferden wurde.

Dies alles wiederholte sich am nächsten und übernächsten Tag. Die Menschen konnten sich über den neuen Morgen nicht freuen, da sie neue Bombardierungen befürchteten. Die Armeeführer machten sich aus dem Staub und die Soldaten ließen ihre Waffen liegen. Eine beunruhigende Stille konnte nichts Gutes verheißen.

Das Dorf Schewtschenko, in dem wir von den Faschisten überrascht wurden, war unser letzter Zufluchtsort. Sobald die Deutschen das Dorf betraten, plünderten die Einheimischen unsere Pferdewagen. Wir hatten nun nur noch das, was wir am Leibe trugen.

Die Deutschen führten die jüdischen Männer aus unserer Flüchtlingsgruppe, darunter auch meinen Vater, ab.

Meine Mama und ich kehrten in unsere Heimatstadt Priluki zurück. Die Juden der Stadt, die nach den Gesetzen des faschistischen Deutschland verfolgt und vernichtet werden sollten, wurden auf einer Straße zusammengepfercht, wodurch das sogenannte jüdische Ghetto entstand. Wir wurden zu Schwerstarbeit gezwungen. Die Juden wurden von Deutschen und Polizisten unter der Androhung von Schlägen geknechtet. Die Vernichtung und Ausrottung der Juden war ihr Hauptziel. Acht Monate verbrachte ich in dieser unerhörten Sklaverei ohne jegliche Versorgung, geschweige denn Heizung in den Wintermonaten. Das Ghetto in Priluki gab es von September 1941 bis zum 20. Mai 1942.

Das Babi Jar von Priluki

Es war kein Zufall, dass als Sammelpunkt zur sogenannten »Umsiedlung nach Palästina« die Brücke über das Flüsschen Pliskuniwka ausgesucht wurde. In unmittelbarer Nähe der Brücke war eine kleine, aber tiefe Schlucht, die von allen Seiten von sehr steilen Hügeln umgeben war. Im oberen Teil der Schlucht war eine eingangsartige Fläche, auf die man sogar mit einem Wagen hineinfahren konnte. Im unteren Teil war zwischen den steilen Wänden ein enger Gang, an dessen Ende eine Grube im Vorfeld ausgehoben worden war.

Die Deutschen ließen Polizisten aus allen benachbarten Dörfern kommen, um jenen unmenschlichen Mord zu begehen. In der Nacht zum 20. Mai 1942 schlief im Ghetto niemand, außer kleinen Kindern, die unruhig aus ihren letzten Träumen hin und wieder aufwachten. Am frühen Morgen zogen die Menschen vom Schulgebäude, dem Zentrum des jüdischen Ghettos, sowie von vielen umliegenden Straßen zur Lenin-Straße, der längsten Straße der Stadt, die zur Brücke über das Flüsschen Pliskuniwka führte. Die Alten gingen zu zweit, die Familien hielten zusammen, kleine Grüppchen bildeten sich. Man trug Kinder im Arm, man schleppte Hab und Gut in Bündeln.

Die Straßen waren voll mit Menschen. Sie schleppten sich mit letzten Kräften. Acht Monate im Ghetto verwandelten diese Menschen bis zur Unkenntlichkeit. Es war unerklärlich, woher sie noch Kraft hatten, sich zu bewegen. Es gab fast keine Männer in der Menge. Aus Angst vor Widerstand und Aufruhr hatten die Deutschen alle erwachsenen und gesunden Männer vernichtet. Die erschöpften Frauen gingen mit ihren Kindern. Ihre Männer, ihre Stütze und ihr Schutz, waren nicht mehr da. Das Wimmern und Weinen der hungrigen Kinder und die Gebete der Greise begleiteten den Weg der Unglücklichen. Man ging auf der Fahrbahn, während die Einheimischen auf dem Bürgersteig auf beiden Seiten standen und die traurige Prozession der Todgeweihten beobachteten.

Manche von ihnen glaubten oder wollten glauben, dass sie umgesiedelt werden, und gingen gefasst. Die Mehrheit wusste aber von ihrem letzten Weg und von dem, was sie am Ende des Weges erwartete. Sie ergaben sich ihrem Schicksal, da sie keine Kraft, weder physische noch psychische besaßen, um sich zu wehren. Die Alten, von denen wir aufgenommen worden waren, gingen zusammen und stützten einander. Der alte Mann war früher sehr kräftig. Jetzt konnte er seine kranken Beine in kaputten Filzschuhen und Gummigaloschen kaum bewegen. Seine Frau sah neben ihm sehr klein aus. Ihr Kopf reichte kaum bis zu seinen Schultern. Ihnen folgte Lasar. Er hielt seine Tochter im Arm. Seine Frau trug das Baby. Die ältere dreizehnjährige Tochter des Paares ging zwischen den Eltern und hielt beide an der Hand. Ihnen folgte meine Mama, die vor den anderen Nachbarn schritt. Eine dünne Decke, die sie anstatt eines Kopftuches benutzte, rutschte ihr herunter und hing an ihren zusammengefallenen Schultern. Auf dem unbedeckten Kopf sah man ihre vorzeitig ergrauten Haare, die ganz weiß waren. Sie ging und betete. Ihr Gesicht sah konzentriert aus. In ihrer inbrünstigen Hinwendung zum Allmächtigen flüsterte sie: »Herr, ich erbitte für mich nichts. Es soll geschehen, wie es dir recht ist. Nur um Eines bitte ich dich: Bewahre meinen Sohn. Führe ihn aus diesem Inferno hinaus, lasse meinen Sohn Josenka am Leben. Du bist allmächtig. In meinem letzten Gebet flehe ich dich an, mach es, wie ich dich bitte! Im Namen seines Lebens gebe ich dir mein Leben. Aber rette und bewahre ihn.«

Mit ihrer Decke und ihren offenen, weißen glänzenden Haaren, mit ihrer Mutterliebe, wie sie die Rettung ihres Sohnes erbettelte und nichts für sich wollte, war sie wahrhaft eine Heilige. In Sorge um ihren Sohn vergaß sie ihre rettende Decke und ging, ohne Angst zu haben.

Hinter der Brücke sperrten Deutsche und Polizisten die Straße. Die vorderen Reihen blieben stehen und die hinteren verwandelten sich in eine chaotische Menschenmasse. Dann begann das Furchtbarste. Die Polizisten trennten eine Gruppe von der Menschenmenge und trieben diese auf die grüne Wiese. Plötzlich griffen Kosaken, die sich in den Hängen hinter der Kreuzung versteckt hatten, die schutzlose Menschenmasse mit Schlagstöcken an. Sie verprügelten alle auf brutalste Art und Weise und befahlen, sich zu entkleiden.

Nackt wurden die Menschen in die Schlucht zum im Vorfeld ausgehobenen Graben geführt. Die Deutschen des Sonderkommandos begannen mit ihrer gewöhnlichen »Arbeit«. Die Polizisten dagegen zögerten. Als sie aber die Drohungen der Faschisten vernahmen, schossen auch sie auf Schutzlose.

Aus der Schlucht dröhnte chaotische Schießerei, hörte man herzzerreißende Schreie der Frauen und Kinder, das Stöhnen der Verwundeten und Sterbenden. Unter den Erschießungspolizisten gab es auch Jugendliche, halbe Kinder. Als sie das Inferno sahen, das sie sich nicht einmal vorstellen konnten, ließen sie ihre Gewehre sinken und weigerten sich zu schießen. Die Deutschen trieben sie an mit den Rufen: »Schießen, schießen, schnell!«. Die Jungs aber weigerten sich zu schießen. Einer von ihnen schaute direkt in die Augen des deutschen Offiziers und sagte: »Nein, ich kann es nicht, ich tue es nicht.« Der Offizier nahm ihnen die Waffen ab. Dafür bekamen sie Spaten und sollten sich damit ein Grab ausheben.

Als die erste Gruppe der Todgeweihten erledigt war, trieben die Polizisten die nächste Gruppe auf die verfluchte Wiese. Diese Massenvernichtung dauerte den ganzen Tag.

Wie die Faschisten versprochen hatten, bekamen alle Behinderten eine Hilfe: Sie wurden auf Lastwagen verladen, die so eingerichtet waren, dass die Abgase in das Innere der Wagen gelangten. Diese Gaswagen kamen von der oberen Schluchthälfte, um die Leichen loszuwerden. Die Jugendlichen und die Polizisten, die sich geweigert hatten zu schießen, wurden von Faschisten erschossen. Ihnen wurde insofern Ehre erwiesen, als dass sie sich nicht entkleiden mussten und sie in einem anderen Grab, separat von den Juden, verscharrt wurden. Sie hätten ihr Leben retten können, wenn sie die Grenze zwischen Mensch und Unmensch überschritten hätten. Aber sie konnten und wollten es nicht. Sie bevorzugten als Menschen zu sterben, anstatt mit dem Blut der Unschuldigen auf ihren Händen zu leben.

Sie zahlten mit ihrem Leben, um Mensch bleiben zu können. Sie bewahrten sich so ihre Würde und ihre Ehre. In den 50er-Jahren wurde ihr Grab dem Boden gleichgemacht mit der Begründung, dass dort Polizisten begraben seien. Vielleicht wollte jemand verschweigen, dass sie sich geweigert hatten, die Juden zu töten, oder man wollte die Tatsache der Judenermordung als solche vertuschen. In der Sowjetzeit stellte an den Gedenktagen trotz wachsamer Kontrolle der Machthaber eine unsichtbare Hand ein kleines Kreuz aus dünnen Baumzweigen an die Stelle, wo das Grab war.

Am 20. Mai 1942 vernichteten die Faschisten alle Juden der Stadt. Soviel ich weiß, wurden dort über 5000 Menschen erschossen. Meine Mutter ging mit allen anderen Juden von Priluki in die Ewigkeit. Aber ihr Leben setzt ihre Enkelin, meine Tochter Sonja, die ich nach ihr benannte, fort. Mein Sohn Boris trägt den Namen meines Vaters. Meine Eltern haben jetzt Urenkelkinder. Das Leben geht weiter.

Bis 1967 war das Massengrab namenlos. 25 Jahre gab es das inoffizielle Verbot, Denkmäler aufzustellen. Da ich keine Genehmigung der Stadtverwaltung erhielt, stellte ich zusammen mit Leonid Briskin, meinem Freund aus dem Ghetto, eine Gedenktafel auf, ohne eine Erlaubnis dafür zu haben. Die Inschrift entsprach den Vorstellungen der Machthaber, und es wurde mit keinem Wort erwähnt, dass im Grab Juden ruhten.

Einige Zeit nach der Aufstellung der Denkmäler auf den Gräbern der Menschen, die von Faschisten in der Nähe des Gefängnisses erschossen worden waren, erinnerte man sich auch an das Grab der Juden. Eine kleine Gedenktafel mit der Inschrift, die mit der Inschrift von der von uns aufgestellten Gedenktafel identisch ist, legte man ohne eine entsprechende Halterung auf den Boden. Die historischen Hintergründe erfuhr ich aus den Berichten der Augenzeugen jener Ereignisse. Sie wohnten in der Gegend um den Fluss Pliskuniwka, am Stadtrand von Priluki.

Das Schicksal meiner Familie war traurig und tragisch. Meine Eltern wurden von Faschisten erschossen, mein Bruder verlor im Krieg beide Beine und starb kurz nach dem Krieg an Tuberkulose. Ich selbst überlebte das Ghetto, das deutsche Lager für Kriegsgefangene, das sowjetische Lager der Sonderkontrolle und arbeitete im Bergbau.

Ich danke dem Allmächtigen für meine Frau, den treuesten Menschen und die Mutter unserer Kinder: einer Tochter und eines Sohnes. Ich danke ihm, dass er mich am Leben erhalten hatte und dass er uns in das versprochene Land Israel geführt hat. Dort lebe ich jetzt zusammen mit meinen Kindern und Enkelkindern. Meine Frau schied in eine andere Welt. Ich bin schon in betagtem Alter und wende mich an unsere Enkel und Urenkel: Ich bitte euch, nicht zu vergessen, was man den Faschisten nicht verzeihen kann.

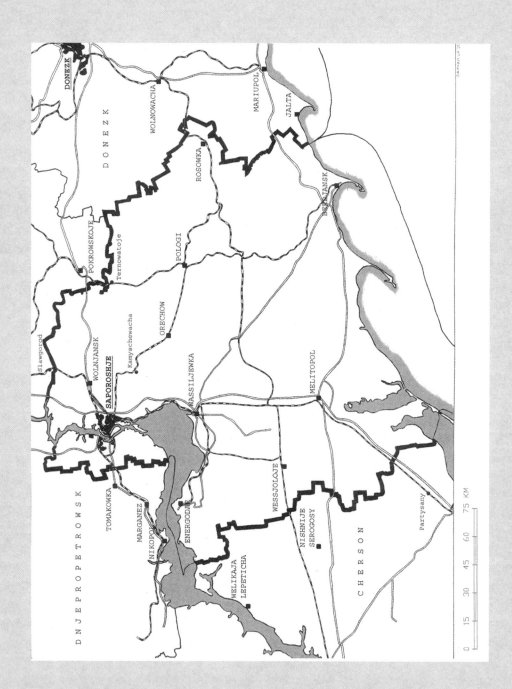

XIX. Gebiet Saporoshje

XIX. Gebiet (Oblast) Saporoshje
(ukr. Saporischschja)

1939 lebten im Gebiet Saporoshje[1] 43 321 Juden, knapp drei Prozent der Bevölkerung. 35 744 von ihnen lebten in den Städten.

Während der Okkupation gehörte das Gebiet zum Reichskommissariat Ukraine. Im Gebiet Saporoshje wurde nur in Nowoslatopol ein Ghetto eingerichtet.[2] Die Gesamtzahl der jüdischen Opfer beträgt 9900.[3] Eine Besonderheit der Vernichtung im Gebiet Saporoshje war die Ermordung von 3000 »halbjüdischen« Kindern im Herbst 1942 in Melitopol.[4]

1. Gebietshauptstadt Saporoshje

1939 lebten in Saporoshje[5] 22 631 Juden, etwa acht Prozent der Bevölkerung. Nach dem Überfall der Wehrmacht auf die Sowjetunion konnten die meisten Juden evakuiert werden. Als die Wehrmacht am 4. Oktober 1941 die Stadt besetzte, traf sie dort nur noch 4000 Juden an. Bis zum 23. Oktober verwaltete die Feldkommandantur 676 die Stadt, dann wurde sie durch die Feldkommandantur 679 ersetzt, die einen Bürgermeister ernannte und die ukrainische Polizei bildete. Am 1. April 1942 gab es in Saporoshje 450 ukrainische Polizisten. Die deutsche Militärverwaltung hielt es nicht für »angemessen«, die Juden in ein Ghetto umzusiedeln. Juden ab dem Alter von 13 Jahren mussten eine weiße Armbinde mit einem gelben Davidstern tragen. Täglich wurden die Juden in Gruppen zur Zwangsarbeit geführt.

Im November 1941 verlegte das Einsatzkommando 6 der Einsatzgruppe C seinen Standort von Dnjepropetrowsk über Saporoshje nach Stalino (heute Donezk). Zwischen dem 10. und 23. November 1941 hat das Einsatzkommando 6 in Saporoshje 166 Menschen erschossen, 108 Juden, 28 politische Funktionäre und 30 Saboteure. Am 3. Januar 1942 wurden 150 Juden erschossen, die angeblich zur Arbeit geführt werden sollten. Am 24. März 1942 wurde eine Massenaktion durchgeführt. Bereits am frühen Morgen trieb man alle Juden der Stadt zusammen. Sie sollten Kleidung und Lebensmittel für 20 Tage mitnehmen, da sie umgesiedelt würden. 3700 Juden wurden zu der außerhalb der Stadt gelegenen Sowchose Stalin geführt und dort erschossen, vermutlich vom Sonderkommando Plath und ukrainischer Polizei. Juden, denen es zunächst gelungen war zu entfliehen, wurden von litauischer Polizei erschossen. Nach dieser »Aktion« lebten in Saporoshje keine Juden mehr.

1 Altman, Cholokost, S. 325; Kruglow, Enziklopedija Cholokosta, S. 67 ff.
2 Encyclopedia of Camps and Ghettos, S. 1615.
3 Kruglov, Jewish Losses in Ukraine, S. 279, 281.
4 Altman, Opfer des Hasses, S. 355.
5 Altman, Cholokost, S. 326.

Am 1. September 1942 wurde Saporoshje in den Generalbezirk Dnjepropetrowsk im Reichskommissariat Ukraine eingegliedert.

Die Stadt wurde am 14. Oktober 1943 durch die Rote Armee befreit.

Ljudmila Andrjuschtschenko (geb. 1937)
»Mama wurde erschossen, weil sie unser Leben gerettet hat«

1941 brach der Krieg aus. Unser Vater Lew Jakowlewitsch Gorelik wurde in den ersten Kriegstagen durch das Kriegskommissariat Saporoshje eingezogen und hinterließ drei Kinder: die Zwillinge Ewgenija und Tatjana, geboren 1928, und mich, Ljudmila, geboren 1937.

Mein Vater war Jude, und Mama Uljana Matwejewna Schtschegula war Russin. Sie stammten beide aus Simferopol (Krim). 1937 kaufte mein Vater ein Haus in Saporoshje. In diesem Haus wohnten auch seine Eltern.

Nach der deutschen Besatzung der Stadt begann die Verfolgung der jüdischen Familien. Zuerst nahmen die Polizisten meinen Großvater fest. Er wurde geschlagen, verhört und gefoltert. Man verlangte von ihm Gold und andere Wertsachen. Halbtot kam er nach Hause und erhängte sich in seiner Wohnung. Nach diesem schrecklichen Erlebnis erkrankte meine Großmutter schwer und schied auch sehr bald aus dem Leben. Nun war unsere ganze Familie im Visier der Verfolger.

Mamas ältere Schwester kam von der Krim und holte mich zu sich ins Dorf Tarchan. Die gesamte Kriegszeit verbrachte ich bei ihr. Ich war damals vier Jahre alt. Aus Erzählungen weiß ich, dass in unser Haus ständig Polizisten kamen und Mama drängten, ihnen die jüdischen Kinder auszuliefern. Mama versteckte meine Schwestern auf Dachböden und in Kellern. Als die Polizisten erneut kamen und es keinen Strom in der Wohnung gab, versteckten sich meine 14-jährigen Schwestern hinter der Tür. Als die Polizisten das Haus betraten, konnten sie sich schnell in den Hof stehlen und in der Toilette unseres Nachbarn verstecken. Dort verbrachten sie die ganze Nacht. Nach diesem Zwischenfall entschied Mama, dass sie das Haus verlassen müssten, weil sie sonst erschossen werden könnten. Sie packte ihnen das Nötigste ein, und sie machten sich auf den Weg ins Dorf Orlowka, Bezirk Krasnoperekopsk, auf der Krim. Dort wohnte Mamas Schwester. Es ist sehr schwer, sich diesen Weg vorzustellen, aber es war wirklich so: Meine Schwestern gingen von Dorf zu Dorf, bettelten, passten auf Kinder auf und schlugen sich durch, so gut sie es konnten. Sehr oft schliefen sie in Heuhaufen im Feld und fuhren per Anhalter.

Als die Deutschen erneut in Mamas Haus kamen und nach den Kindern verlangten, sagte Mama, sie würde sie ihnen nie ausliefern. Sie holten Mama, schlugen und folterten sie, damit sie verriet, wo sie ihre Kinder versteckt hatte. Mama wurde erschossen, weil sie unser Leben gerettet hatte. Sie war eine jüdische Mame. Sie wurde in der Stadt Saporoshje erschossen und in einem Massengrab beerdigt.

Als meine Schwestern ins Dorf Orlowka, das damalige tatarische Dorf Bei-Balusch, kamen, erzählten sie meiner Tante von ihrem Umherirren. Tante Irina brach in Tränen aus und ging zum Dorfältesten, um mit ihm zu beraten, was zu machen wäre. Sie erklärte ihm, dass zwei Nichten aus

Saporoshje zu ihr gekommen waren. Man kannte uns im Dorf und wusste, dass unser Vater Jude war. Meine Tante sagte dem Dorfältesten, dass die Mädchen von den Deutschen erschossen werden könnten. Dieser antwortete ihr: »Wenn sie erschossen werden, dann werden sie eben erschossen.« Meine Tante weinte und überlegte, was sie machen sollte. Dann entschied sie, die Mädchen nach Simferopol zu schicken. Dort wurden sie geboren, und dort wohnte die Familie des Bruders meiner Mutter. Als sie nach Simferopol kamen, sagte die Frau meines Onkels, dass alle in der Stadt ihre Familie kennen würden und sie dann alle erschossen werden könnten. Daraufhin kehrten die Mädchen wieder nach Orlowka zurück.

Als sie zu unserer Tante kamen, sagte diese: »Gut, Kinder, was kommt, das kommt.« Sie versteckte meine Schwestern ständig im Keller und im Stall und versorgte sie mit Essen und Wasser. Wir alle lebten in ständiger Angst. Der Dorfälteste drohte, die Mädchen zu denunzieren und sie den Deutschen auszuliefern. Er schickte meine Schwestern zum Arbeitseinsatz in ein deutsches Lager. Dieses Lager war in Krasnoperekopsk. Dort war die Eisenbahnstrecke völlig zerstört. Meine Schwestern mussten verschiedene Arbeiten leisten: Schutzgräben ausheben, Tote beerdigen, Zerstörtes aufbauen. Sie arbeiteten für eine Essensration: ein Stück Brot und einen Teelöffel Zucker. Alle anderen Arbeiter wurden abgelöst, aber meine Schwestern mussten pausenlos arbeiten. Meine Tante besuchte sie immer und machte sich große Sorgen um die beiden. Meine Schwestern beruhigten sie, behaupteten, dass es ihnen gut gehe und sie es ruhiger hätten als bei ihr im Versteck. Dort arbeiteten sie unter Leitung der deutschen Machthaber bis 1944.

Unsere Eltern stammten beide aus kinderreichen Familien. Alle Verwandten meines Vaters wurden ermordet. Nach dem Krieg waren wir Kinder Vollwaisen. Unser Vater war an der Front gefallen, unsere Mutter war 1942 von den Deutschen erschossen worden. Ihre sterblichen Überreste ruhen in dem Massengrab »Opfer des Faschismus« in Saporoshje, wo 39 000 Menschen ihre letzte Ruhe fanden. Unser Haus wurde geplündert und einer Wohnungsgesellschaft übergeben. Nach dem Krieg kamen wir Kinder in unser Elternhaus und mussten erst über das Gericht unser Eigentum zurückfordern.

Jedes Jahr besuchen wir am 9. Mai, dem Tag des Sieges, das Massengrab. So gedenken wir unserer geliebten Mutter.

Alla Eremenko
»Damals wurden nur Juden ermordet«

Im Frühling 1942 ging meine Mama in die Stadt auf den Markt und begegnete einer Bekannten. Diese stellte meiner Mutter eine ganze Reihe von Fragen: »Warum lebst du? Warum wurdest du von den Deutschen nicht getötet? Wo ist deine Großmutter?« Mamas Großmutter wohnte in Kamyschewacha, Gebiet Saporoshje. Bei ihr wohnte meine Mama. Die Frau, der meine Mama begegnet war, war die Tochter der Nachbarn. Sie und meine Mama waren Altersgenossinnen.

Unsere Familie war kurz vor dem Krieg umgezogen, und unsere Nachbarn bekamen nicht viel von uns mit. Nur die Lehrer bekamen unseren Umzug mit. Als der Krieg ausbrach, verbrannte

Mama alle Papiere. Anfang 1941 wurde bei uns zu Hause eingebrochen, deshalb wunderte es niemanden, dass Mama keine Papiere hatte.

Nach dieser Begegnung mit der Bekannten erschrak Mama zu Tode: Auch wenn man alle Papiere verbrennt, findet sich trotzdem ein Mensch, der weiß, dass du Jüdin bist, und kann dich denunzieren. Wären die Juden von ihren nichtjüdischen Nachbarn im Krieg nicht denunziert worden, hätten sehr viele von ihnen überlebt. Mama kam völlig erschrocken nach Hause und warf voller Panik alles, was ihr vor die Augen kam, auf eine Schubkarre. Nahm mich an die Hand, und so verließen wir aus Angst, getötet zu werden, die Stadt. Damals wurden nur Juden ermordet.

Wir gingen mit unserer Schubkarre und versuchten dabei, die Dörfer nicht zu betreten. In einer Bezirksstadt wurden wir von einer Razzia erwischt. Unsere Habseligkeiten wurden uns weggenommen, und wir selbst kamen hinter Stacheldraht, wo wir relativ lange bleiben mussten. Wir saßen und schliefen auf dem Boden unter freiem Himmel. Dort waren sehr viele junge Mädchen. Sie weinten, schrien und baten, sie nach Hause zu lassen, weil ihre Eltern nicht wüssten, wo sie sind.

Eines Tages trieben die Deutschen mit den Rufen »Schnell, schnell!« und mit Schäferhunden die Menschen von dem Gelände vor das Tor. Mama trug immer ein Kopftuch, das sie ganz tief ins Gesicht zog, wie bei einer alten Oma. Man zog ihr das Kopftuch herunter, um zu kontrollieren, ob sie alt oder jung sei. Der Deutsche schrie:»Jude!« und markierte sie mit irgendeinem Zeichen. Alle Menschen wurden in Kolonnen aufgestellt. Mama dachte, dass sie zu einer Erschießung abgeführt würden.

Man brachte uns zum Bahnhof und ließ uns in Güterwaggons einsteigen. Der Zug setzte sich Richtung Deutschland in Bewegung. Ich weiß nicht, wie lange wir unterwegs waren und wo wir uns aufhielten. Was konnte ich mit meinen fünf oder sechs Jahren begreifen? Wäre der Zug doch gefahren und hätte er nicht so lange Pausen gemacht. Die Angriffe der Bomber, die den Bahnhof und unseren Zug bombardierten, die Schreie der Menschen, die in brennenden Waggons eingesperrt waren, werde ich nie vergessen. Die Nächte waren hell wie der Tag. Vermutlich nahm man irrtümlicher Weise an, dass es ein Militärzug war. In der Tat waren dort nur Arbeitskräfte für Deutschland eingepfercht. Ringsherum hörte man Explosionen und Schüsse. Mit einem Wort, es war ein Inferno. Unser Waggon fing Feuer. Die Menschen schrien und klopften an die Türen. Endlich gelang es jemand, die Tür zu entriegeln und die von Sinnen geratenen Menschen sprangen heraus. In Angst und Panik liefen sie, wohin ihre Augen sie führten. So fuhren wir Richtung Deutschland. Aber wir kamen nicht an. Es blieb uns erspart, nach Deutschland, in jene »duschegubka«[6] zu gelangen.

Obwohl hungrig, liefen wir Tag und Nacht. Wenn unsere Kräfte uns verließen, fielen wir zu Boden und blieben liegen. Dann standen wir wieder auf und liefen und liefen, möglichst weit weg von jenem Inferno. Wir versteckten uns im Wald und im Gebüsch. Dann sah Mama in der Ferne drei Häuser und noch weiter ein Dorf. Wir warteten, bis es dunkel wurde, und gingen zu den Häuschen. Auf unser Klopfen kam eine alte Oma heraus. Als sie vernahm, dass wir aus dem brennenden

---

6   Gemeint sind Gaskammern.

Zug kamen, brachte sie uns gleich ins Schilf, das in der Nähe der Häuschen war. In der Nähe war vor dem Krieg das Gut eines deutschen Großgrundbesitzers. Aber es wurde zerstört, sodass nicht einmal die Mauern erhalten waren. Es gab nur viel Schlamm und Schilf. Die alte Oma war früher Köchin bei dem Großgrundbesitzer und wusste, dass es einen großen Keller gab. Sie brachte uns dorthin. Wir entfernten den Schutt von der Treppe, brachten den Müll aus dem Keller und hatten endlich, wie die alte Oma sagte: »ein Dach über dem Kopf«. Sie erzählte uns außerdem, dass die Polizisten wie tollwütige Hunde nach den Geflüchteten aus dem zerbombten Zug suchen würden und alle, die sie finden würden, an Ort und Stelle töteten.

Diese gütigen Menschen retteten uns, versteckten uns in diesem Keller und versorgten uns später mit Essen und Wasser. Wir bekamen auch Kleider, denn wir waren praktisch nackt: Unsere Kleidung verbrannte an unseren Körpern. In dem Keller versteckten wir uns vom Sommer 1942 bis Herbst 1943. Wir brachten dorthin Heu und irgendwelche Lumpen, mit denen wir uns in den kalten Winternächten bedeckten. Mama half diesen gütigen Menschen so gut sie konnte. In diesem Keller versteckten sich auch die alte Oma und ihre Nachbarn, weil die Deutschen alle Menschen und das Vieh aus dem Dorf trieben und das Dorf in Brand setzten. Als das Dorf Ioganowka (oder Iwanowka) von den sowjetischen Truppen befreit wurde, kehrten wir nach Hause, nach Saporoshje zurück.

Das ist alles, woran ich mich erinnern kann. Einiges erfuhr ich von meiner Tante. Mama erinnerte sich nicht, sie wollte nicht davon reden. Sie war ein sehr nervöser Mensch und schrie nachts laut: »Rettet uns!«

Meine Mama, Nina Fedorowna Schljama, starb 1992.

Mein Vater, Petr Erofejewitsch Schljama, fiel am 29. September 1943 an der Front.

Meine Tante und ich wollten nach Israel auswandern, aber ich hatte keine Papiere. Im Februar 1997 wanderte meine Cousine mit ihrer Familie aus. Innerhalb des ganzen Jahres 1997 ließ ich meine Papiere ausfertigen und suchte nach entsprechenden Eintragungen in den Archiven von Kamyschewacha, Dnjepropetrowsk und Saporoshje. In keinem der Archive waren aber die alten Eintragungen erhalten geblieben, nur jene nach dem Krieg.

Am 7. Dezember 1998 wurde in einem Gerichtsverfahren versucht, die Nationalität meiner Mutter zu beweisen. In meiner alten Geburtsurkunde war meine Nationalität nicht angegeben. Ich erhielt eine neue Geburtsurkunde, in der stand, dass meine Mutter Jüdin war. Die Nationalität wurde per Gericht festgestellt, aber es stellte sich heraus, dass dies nicht ausreichte. Man benötigte alte Papiere. Diese aber hatte meine Mutter verbrannt. Meine Tante hatte solche Papiere, aber sie war an Angina pectoris erkrankt und konnte nicht nach Dnjepropetrowsk kommen. Ihr Gesundheitszustand verschlechterte sich ständig und sie starb am 6. Juli 2002. Zusammen mit ihr starb auch meine Hoffnung. Dabei träume ich so sehr davon, nach Jerusalem auszuwandern, wo meine Schwester mit ihrer Familie wohnt.

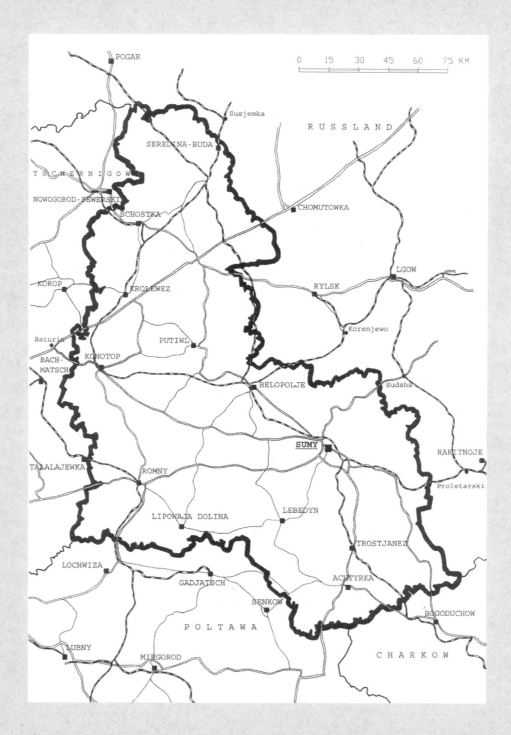

XX. Gebiet Sumy

XX. Gebiet (Oblast) Sumy

1939 lebten im Gebiet Sumy[1] 16 363 Juden.

Die Ermordung der Juden im Gebiet Sumy begann im November 1941. Am 1. November wurden in Konotop 153 Juden erschossen, am 3. November in Krolewze 73 Juden und am 10. November in Romny 1233 Juden.

Der Dorfälteste von Sobytschewo im Gebiet Sumy ordnete am 5. Dezember 1941 die Registrierung aller Kommunisten und Juden an. Alle Parteimitglieder und Kandidaten der VKP(b) mussten sich spätestens bis zum 8. Dezember 1941 mit allen verfügbaren Dokumenten zur Registrierung beim Dorfältesten im Büro der Kolchose »Iskra« einfinden. Die Juden mussten sich bis zum 7. Dezember 1941 registrieren lassen. Alle Personen, bei denen Juden wohnten, hatten dies dem Dorfältesten bis zum 7. Dezember zu melden. Auch die Juden im restlichen Gebiet sowie in der Gebietshauptstadt Sumy wurden ab dem 5. Dezember 1941 registriert.[2]

Unter der deutschen Versorgungspolitik war Sumy besonders schwer betroffen. Zeitweise wurden nur 100 bis 125 Gramm Brot täglich an die Bevölkerung ausgegeben. Im Januar 1942 gab es die ersten Hungertoten.[3]

In den Jahren 1941 und 1942 wurden ungefähr 3000 Juden ermordet. Das sind etwa 18 Prozent der jüdischen Bevölkerung von 1939.[4]

Im März 1943 erschoss das Sonderkommando 4a in Sumy 250 ungarische Juden, die zu einer Arbeitskompanie der ungarischen Armee gehörten[5].

1. Bezirk (Rayon) Achtyrka

(ukr. Ochtyrka)

Am 18. Januar 1942 hat das Polizeibataillon 303 bei Grun im Bezirk Achtyrka vier jüdische Familien erschossen.[6]

Ort: Achtyrka

Vor 1941 war die Stadt Achtyrka[7] Bezirkszentrum im Gebiet Sumy der Sozialistischen Sowjetrepublik Ukraine. Von 1941 bis 1943 wurde die Stadt von der Heeresgruppe »Rückwärtiges Heeresgebiet Süd« kontrolliert. Seit 1991 gehört Achtyrka zum Gebiet Sumy, Ukraine.

1939 lebten in der Stadt 277 Juden, etwa ein Prozent der Bevölkerung.

---

1 Kruglow, Enziklopedija Cholokosta, S. 153 ff.
2 VEJ 7, S. 387, Dok. 124.
3 Pohl, Die Herrschaft der Wehrmacht, S. 190.
4 Kruglov, Jewish Losses in Ukraine, S. 284.
5 Altman, Cholokost, S. 957.
6 Kruglow, Chronika Cholokosta, S. 75.
7 Encyclopedia of Camps and Ghettos, S. 1761.

Die Stadt wurde am 14. Oktober 1941 von deutschen Truppen besetzt. In den etwa 16 Wochen seit dem Überfall der Wehrmacht auf die Sowjetunion gelang es etwa 90 Prozent der Juden, aus der Stadt zu fliehen. Viele jüdische Männer wurden zur Roten Armee eingezogen oder gingen freiwillig zur Armee. Während der ganzen Zeit der deutschen Besetzung vom Oktober 1941 bis September 1943 war eine Ortskommandantur für die Verwaltung der Stadt verantwortlich. Sie richtete eine örtliche Verwaltung ein und rekrutierte Ukrainer der Stadt als Hilfspolizisten.

Kurze Zeit nach der Besetzung der Stadt ordnete die Ortskommandantur an, dass sich die Juden registrieren lassen und eine weiße Armbinde tragen mussten. Zusätzlich wurden sie zu schwerer körperlicher Arbeit gezwungen. Im November 1941 zählte die Feldkommandantur 198 in der Stadt 29 Juden. Im Dezember 1941 wurden alle Juden der Stadt an einem Platz zusammengetrieben und in eine Art Ghetto umgesiedelt. Am 31. Dezember 1941 berichtete die Feldkommandantur 198, dass drei Jüdinnen gestorben seien. Zwischen Ende Januar und Anfang Februar 1942 wurden alle Juden des Ghettos in einer Reihe Erschießungsaktionen ermordet.

Alexandr Kriwitski (geb. 1941)
»Mein Vater wurde abgeführt, und wir sahen ihn nie wieder«

Ich, Alexandr Aronowitsch Kriwitski, wurde am 10. August 1941 im Dorf Tschurachowka, Bezirk Achtyrka, Gebiet Sumy, geboren. Unsere Familie bestand aus meinem Vater, der im Bürgerkrieg schwere Verletzungen erlitten hatte, meiner Mutter, die Analphabetin war und ihr ganzes Leben als Magd arbeitete, und uns sechs Kindern. Mein Vater war ein guter Schweißer und Schmied. Er arbeitete in der Zuckerfabrik. Er hieß Aron Samoilowitsch Kriwitski, meine Mutter hieß Uljana Iwanowna Weter. Ich selbst kann mich an den Krieg nicht erinnern. Aus den Erzählungen meiner älteren Geschwister weiß ich aber, wie wir überlebt hatten.

Als der Krieg ausbrach, wurde mein Vater nicht eingezogen, weil er verwundet war. Die Deutschen besetzen unser Dorf im Oktober. Zuerst wurden wir in Ruhe gelassen, da die Zuckerfabrik aufgebaut werden musste. Sie wurde vor dem Krieg demontiert, und Deutsche suchten nach Facharbeitern. Ende Februar 1942 kamen zwei Polizisten und ein Deutscher zu uns. Sie führten meinen Vater ab, und wir sahen ihn nie wieder. Wir wissen bis heute nicht, wo er erschossen wurde.

Drei Wochen später kam zu uns ein Polizist, der unseren Vater kannte, und sagte zu meiner Mutter: »Wenn du leben willst, nimm deine kleinen Shidy und verschwinde, denn morgen sollt ihr abgeholt werden.« Wir packten warme Sachen und Lebensmittel ein und gingen ins Dorf Aleschino. Es war etwa 30 Kilometer von uns entfernt. Das entlegene Dorf war klein und in der Nähe des Waldes. Man kannte uns aber im Dorf, und niemand wollte uns hereinlassen, obwohl im Dorf keine Deutschen waren.

Am Ende des Dorfes fanden wir eine Bauruine. Dort war eine Grube, die wahrscheinlich zum Keller ausgebaut werden sollte. Wir überdachten die Grube, brachten Stroh dorthin und blieben bis Sommer. Im Sommer gingen wir ins Dorf Rosochowate. Dort wohnte der Onkel meiner Mutter. Er willigte ein, dass Mutter mit uns Zwillingen bei ihm blieb, während meine älteren Geschwister zu seinen Bekannten kamen: Nina und Galja ins Dorf Perelugi, das nicht weit von Rosochowate lag, und Nikolaj und Wolodja in ein anderes Dorf (an dessen Namen kann ich mich nicht erinnern). So lebten wir bis Sommer 1943.

Im Sommer wurden die Deutschen aus unserem Dorf verjagt. Meine Mutter sammelte uns alle, und wir kehrten in unser Dorf zurück. Unser Haus war zerstört. Wir wurden in einer Baracke am Dorfrand, nicht weit von der Zuckerfabrik untergebracht.

Das ist alles, woran ich mich anhand der Erzählungen meiner Geschwister erinnern kann.

2. Bezirk (Rayon) Belopolje
(ukr. Bilopillja)

Ort: Belopolje

Vor 1941 war Belopolje[8] Bezirkszentrum im Gebiet Sumy der Sozialistischen Sowjetrepublik Ukraine. Von 1941 bis 1943 wurde die Stadt von der Heeresgruppe »Rückwärtiges Heeresgebiet Süd« kontrolliert. Seit 1991 gehört Belopolje zum Gebiet Sumy, Ukraine.

1939 lebten in der Stadt Belopolje 125 Juden, noch nicht einmal ein Prozent der Bevölkerung.

Am 7. oder 8. Oktober 1941 wurde die Stadt von der Wehrmacht besetzt. Vorher war es einer Anzahl Juden gelungen, nach Osten zu entkommen, oder sie wurden zur Roten Armee eingezogen. Während der gesamten Zeit der deutschen Besetzung, von Oktober 1941 bis September 1943, kontrollierte die deutsche Ortskommandantur die Stadt. Im Herbst oder Winter 1941 wurden die Juden beim Torfstechen eingesetzt. Anschließend wurden sie nach Konotop gebracht und dort von Einheiten der 1. SS-Infanterie-Brigade oder anderen deutschen Besatzungskräften erschossen. Im Mai 1942 wurden 24 Juden in der Stadt aufgegriffen und zur Zwangsarbeit eingesetzt.[9] Ihre Unterbringung in einem unbewachten Gebäude und ihre Verpflichtung zur Zwangsarbeit können als eine Form des »offenen Ghettos« angesehen werden. Im Juni 1942 wurden diese 24 Juden ermordet. Später wurde unweit Belopolje ein großes jüdisches Arbeitslager für den Torfabbau eingerichtet.

Als die Stadt am 3. September 1943 befreit wurde, lebte dort kein Jude mehr.

---

8   Altman, Cholokost, S. 62; Encyclopedia of Camps and Ghettos, S. 1763 f.
9   Angrick, Annihilation and Labor, S. 204.

Wadim Diew (geb. 1938)
»In den Tagen der Besatzung«

Ich wurde 1938 in Solotonoscha, Gebiet Tscherkassy, geboren. Mein Vater arbeitete dort als Leiter eines Kinderheims. Mein Vater, Michail Grigorjewitsch Burschtein, geb. 1908, war Jude. Meine Mutter Maria Emeljanowna Burschtein (geb. Borschtsch) war Ukrainerin. Sie wurde 1916 in Belopolje, Gebiet Sumy, geboren. 1961 heiratete ich und nahm den Namen meiner Frau, Diew, an.

1939 wurde mein Vater zunächst Stellvertretender Direktor und später Direktor der Fachschule für angewandte Kunst in Kiew. Diese Fachschule war auf dem Gelände des Höhlenklosters Kiew-Petscherska, wir wohnten dort in einer Dienstwohnung. 1940 wurde meine Schwester Olga geboren. Nach dem Kriegsausbruch meldete sich mein Vater freiwillig an die Front. Meine Mama sollte sich zusammen mit den Kindern nach Selenodolsk am Wolgaufer evakuieren lassen.

Bei einem Halt des Zuges in der Nähe von Konotop entschied sich meine Mutter, auf eigene Faust zu ihren Eltern nach Belopolje zu gehen. Die Großfamilie wohnte in einem kleinen Zweizimmerhaus. Neben meinen Großeltern Emeljan Fedorowitsch und Ekaterina Artemowna wohnten im Haus die Schwestern meiner Mutter, Pascha und Nina, ihr Bruder Wanja sowie der Bruder meines Großvaters, Mitrofan Fedorowitsch, ein alter Junggeselle.

Die Deutschen besetzten Belopolje im Oktober 1941. Bis dahin arbeitete Mama in der Wäscherei eines Hospitals. Als die Besetzung der Stadt durch die Deutschen offensichtlich wurde und das Hospital kurz vor der Evakuierung stand, riet ein jüdischer Arzt meiner Mama, sich zusammen mit den Kindern so schnell wie möglich in den Osten zu begeben oder zumindest alle Papiere zu vernichten, den Namen ändern zu lassen und neue Papiere zu beantragen.

Mama traute es sich nicht zu, sich mit zwei kleinen Kindern auf den Weg zu machen. Außerdem konnte sie sich nicht zusammen mit dem Hospital evakuieren lassen. In jenem Durcheinander gelang es Mama auch nicht, neue Papiere zu beantragen. Sie vernichtete aber alle Papiere, die den Namen Burschtein trugen, und behielt nur ihre Geburtsurkunde, die auf den Namen Borschtsch ausgestellt worden war.

Wir wohnten in einem Vorort von Belopolje, in Muchowka. Durch diesen Vorort verlief die Straße, über die die deutschen Truppen zogen. Einige von ihnen blieben über Nacht im Ort. Bei uns schliefen sie auf dem Erdboden, auf den meine Großmutter Stroh streute.

Mir wurde verboten, auf die Straße zu gehen. Ich durfte nur in unserem Hof spielen. Einmal hörte ich auf dieses Verbot nicht und begab mich zu den Kindern, die mir, sobald sie mich erblickten, zuriefen: »Dreckiger Shid!« Meine Großmutter lief hinaus, schnappte mich und zog mich in den Hof. Im Sommer 1942 nahm meine Mutter mich mit, und wir fuhren nach Kiew, wo es ihr gelang, eine Bescheinigung auf den Namen Wadim Michailowitsch Grigorjew für mich zu besorgen.

Der Herbst 1942 war zu Ende. Als eines Tages die Deutschen nicht mehr bei uns waren, kam ein Polizeichef. Ich kenne seinen Namen, möchte diesen aber aus verständlichen Gründen nicht nennen. Er war Schulkamerad meiner Mutter. Er sagte: »Maria, wir erhielten eine schriftliche Anzeige, dass dein Mann ein Jude und Bolschewik sei und deine Kinder Juden seien. Geh von hier dorthin, wo man dich nicht kennt.« Meine Großmutter und Mama versuchten, ihn zu überzeugen, dass der erste Mann meiner Mutter, von dem sie sich scheiden ließ, ein Jude war, und wir, die Kinder, vom zweiten Mann Grigorjew seien, und zeigte ihm die Bescheinigung auf meinen Namen. Er wiederholte noch mal: »Geh weg von hier.«

Am späten Abend kamen mein Großvater und sein Bruder Mitrofan mit dem Schlitten, setzten meine Mutter mit meiner schlafenden Schwester im Arm und mich auf den Schlitten, luden die notwendigsten Habseligkeiten auf, und wir machten uns in stockdunkler Nacht auf den Weg. Man brachte uns nach Snishkiw, ein kleines Dorf, etwa 15 Kilometer von Muchowka entfernt. In diesem Dorf waren nur fünf Häuser, in denen ausschließlich alte Leute wohnten. Wir ließen uns bei der Cousine meines Großvaters, der verwitweten Großtante Krasnjanska, nieder. Mama kannte dort niemand. Manchmal kamen uns mein Großvater und sein Bruder Mitrofan besuchen und brachten uns Lebensmittel mit.

Die Deutschen zogen sich ohne Kämpfe im August 1943 zurück. Einige Tage später begrüßten wir die Soldaten der Roten Armee. Dann holten uns mein Großvater und sein Bruder Mitrofan zurück ins Dorf. Im Herbst 1943 erhielten wir einen Brief von meinem Vater aus dem Hospital in Dobrjanka, Gebiet Tschernigow. Mama fuhr hin, aber mein Vater war bereits in ein anderes Hospital im Hinterland verlegt worden.

Im Winter 1944 kehrte mein Vater als Kriegsinvalide nach Hause zurück. Meine Eltern fuhren nach Kiew. Meine Schwester und mich holten sie im Frühling 1945 zu sich nach Kiew. Anfang der 50er-Jahre starb eine Frau, die gegenüber dem Haus meiner Großmutter wohnte. Nach ihrem Tod erzählten die Nachbarn meiner Großmutter, dass sie damals die Anzeige bei der Polizei aufgegeben hatte.

Jüdische Nachrichten. Beilage zur Zeitung des Parlaments der Ukraine, in: Stimme der Ukraine. Zeitung der Gesellschaft für jüdische Kultur der Ukraine, 2001, Nr. 5–6, S. 5

3. Bezirk (Rayon) Konotop

Ort: Konotop

Die Stadt Konotop[10] ist das Zentrum des gleichnamigen Bezirks. 1939 lebten 3941 Juden in der Stadt, knapp neun Prozent der Bevölkerung. Vor dem Einmarsch der Wehrmacht am 7. September 1941 konnte ein großer Teil der Bevölkerung nach Osten evakuiert werden. Die wehrpflichtigen Männer wurden zur Roten Armee eingezogen oder meldeten sich freiwillig. Während der Okkupation blieben nur 25 Prozent der jüdischen Bevölkerung in der Stadt.

Die Militärverwaltung stellte eine ukrainische Polizei auf. Vom 24. Oktober bis zum 9. Dezember 1941 hatte der Stab der 1. motorisierten SS-Brigade seinen Standort in Konotop. Am 1. November 1941 erschoss eine Abteilung der Feldgendarmerie der SS-Brigade 153

---

10 Altman, Cholokost, S. 449.

Juden. Im Verlauf weiterer »Aktionen« hat die SS-Brigade mit Unterstützung der ukrainischen Polizei alle in Konotop verbliebenen Juden ermordet. In einem Bericht der 1. SS-Brigade vom 31. Oktober 1941 steht, dass während der Säuberung und Befriedung der Stadt Konotop von der Truppe der Feldgendarmerie 1350 Juden festgenommen und erschossen wurden. Bei ständigen Straßenkontrollen werden regelmäßig weitere Juden festgenommen und an die Feldgendarmerie zur Vollstreckung übergeben.

Nach Angaben der Außerordentlichen Staatlichen Kommission wurden in der Stadt 280 jüdische Familien, ungefähr 1000 Menschen, ermordet. Außerdem wurden am 1. Dezember 1941 von Einheiten der SS-Brigade 95 jüdische Kriegsgefangene erschossen.[11]

Die Stadt wurde am 6. September 1943 befreit.

Georgi Tetera (geb. 1930)
»Wir alle versteckten uns an verschiedenen Orten«

Als der Krieg ausbrach, wurde mein Vater eingezogen. Er war Ukrainer. Die Deutschen besetzten Konotop, Gebiet Sumy, aus Baturin kommend. Auf unserem Grundstück hoben wir eine Grube aus, und dort versteckten sich mein Bruder Ewgeni, geboren 1936, meine Mutter Elisaweta Segal und ich.

Die Deutschen verlangten, dass sich alle Juden auf der Polizeiwache registrieren ließen. Mama ließ sich nicht registrieren, und wir alle versteckten uns die ganze Zeit an verschiedenen Orten. In unserem Haus wohnten auch der Bruder meines Vaters und seine Familie. Sie alle schützten uns und halfen uns, so gut sie es konnten. In unserer Nachbarschaft wohnten der Dorfälteste Rymar und der Polizist Owerbin. Vermutlich denunzierten sie die Juden und lieferten sie an die Deutschen aus.

Als mein Bruder und ich nicht zu Hause waren, kamen die Deutschen zusammen mit einem Polizisten. Sie nahmen unsere Mutter fest und führten sie ab. Ab dem Zeitpunkt wurden mein Bruder und ich im Ort Sarnawschtschinja versteckt. Dort wohnte eine gute Freundin der Ehefrau meines Onkels.

Eines Tages brachte unsere Nachbarin Lena Schewko uns Kinder zum Keller, in dem unsere Mutter von Deutschen festgehalten worden war. Am nächsten Tag wurde sie erschossen. Wir kennen den Erschießungsort nicht. Man erzählte sich, dass es in der Nähe einer Ziegelei gewesen sein soll.

Wir wohnten danach bei unserem Onkel. Als mein Vater vor der Front zurückkehrte, heiratete er Lena Schewko, und sie holten uns zu sich.

---

11 Kruglow, Chronika Cholokosta, S. 62.

4. Bezirk (Rayon) Putiwl
(ukr. Putywl)

Ort: Putiwl

1939 lebten in der Stadt Putiwl 152 Juden,[12] etwas mehr als ein Prozent der Bevölkerung.

Als die Deutschen im September 1941 die Stadt besetzten, bildete sich in einem Waldgebiet bei Putiwl eine Partisaneneinheit, der auch Juden aus der Stadt angehörten. Am 4. November 1941 erschossen Einheiten des SS-Infanterie-Regiments 8 etwa 20 Juden, die in der Stadt geblieben waren.[13]

Ljubow Motschalowa (geb. 1938)
»Juden und Kriegsgefangene wurden erschossen«

Ich, Ljubow Matwejewna Motschalowa, geborene Milner, wurde am 24. Januar 1938 in der Stadt Konotop, Gebiet Sumy, geboren. Meine Eltern arbeiteten in einer Schuhwerkstatt.

Als der Krieg ausbrach, konnte sich unsere Familie nicht evakuieren lassen, weil ich mir zuvor das Bein verbrannt hatte. Wir blieben in Konotop.

Einige Zeit versteckte ein Nachbar meinen Vater in seinem Keller. Dann gingen sie ins Dorf Duchanowka, das ungefähr 35 Kilometer von Konotop entfernt war. Dort lebten Mamas Verwandten. Nach Mamas Erzählungen haben sie meinem Vater die Kleider meiner Mutter angezogen und so eines Nachts das Dorf erreicht. Dann brachte meine Großmutter meinen Vater in den Wald, und er ging an die Front. 1944 fiel er in der Nähe von Budapest. Wir erhielten eine Todesbescheinigung.

Ein ganzes Jahr versteckten verschiedene Menschen meine Schwester und mich. Mama erzählte, dass man im Fußboden ein Loch machte, es mit einem Stoff überzog und uns in dieses Versteck setzte. 1942 konnten die Polizisten uns schnappen. Mama, meine Schwester und ich wurden auf einem Pferdewagen in die Stadt Putiwl, Gebiet Sumy, ins Gefängnis gebracht. Dort waren wir sechs oder acht Wochen. Mamas Schwester war mit einem Polizisten befreundet, der sich bereit erklärte, vor den Deutschen zu behaupten, ich sei seine Tochter. Er kam zu uns in die Zelle, und ich kann mich sogar an ihn erinnern: ein großer Mann, in Schwarz gekleidet.

In den ersten Oktobertagen wurde meine zweijährige Schwester zusammen mit anderen Juden ermordet. Meine Großmutter, die sich regelmäßig in der Nähe des Gefängnisses aufhielt, konnte irgendwie erfahren, wo sie am Stadtrand erschossen würden. Es war auf dem Gelände der Leinenfabrik. In der Mitte des Hofes war ein Brunnen. Meine Großmutter versteckte sich in der Nähe und konnte sehen, dass die Menschen am Brunnen erschossen wurden. Der Brunnen war voll mit Leichen. Erschossen wurden Juden und Kriegsgefangene. Als das Auto mit den Henkern wegfuhr, versuchte meine Großmutter, meine Schwester zu holen, aber sie lag unter einem

---

12 Kruglow, Enziklopedija Cholokosta, S. 153.
13 Kruglow, Chronika Cholokosta, S. 53.

Haufen von Toten und Verletzten, die noch um Hilfe flehten. Meine Großmutter konnte meine Schwester nicht erreichen, weil sie einen Lkw mit neuer »Ladung« kommen hörte. Meine Großmutter musste fliehen, um sich zu retten. Als Tochter des Polizisten wurde ich an meine Großmutter ausgehändigt, und ich erinnere mich, wie sie mich durch ein Schneefeld auf dem Schlitten zog. Kurz darauf wurde Mama entlassen. Sie war Ukrainerin. Danach brachte mich meine Großmutter nach Konotop, und wir, meine Großmutter, Mama und ich, versteckten uns bei Kostylew. Wir durften nicht nach Hause zurückkehren. Wir blieben bei Wladimir Lawrentjewitsch bis zu unserer Befreiung durch die sowjetischen Truppen.

5. Bezirk (Rayon) Romny

Ort: Romny

Romny[14] ist das Zentrum des gleichnamigen Bezirks. 1939 lebten in der Stadt 3834 Juden, etwa 15 Prozent der Bevölkerung.

Am 10. September 1941 wurde die Stadt von der Wehrmacht besetzt. Etwa zwei Drittel der jüdischen Bevölkerung war es gelungen, sich evakuieren zu lassen oder zu fliehen. Von September 1941 bis September 1943 stand die Stadt unter Militärverwaltung. Es wurden ein Gemeinderat und die ukrainische Hilfspolizei geschaffen. Die Juden mussten sich registrieren lassen, eine weiße Armbinde tragen und wurden zur Zwangsarbeit verpflichtet. Ende Oktober 1941 wurde in der Woroschilow- und Dimitrowstraße ein Ghetto eingerichtet und mit Stacheldraht umzäunt.

Am 9. November 1941 befahl die ukrainische Polizei allen Juden der Stadt und des Dorfes Sassullja, sich zur Umsiedlung im Gebäude der Majakowski-Straße einzufinden. Das ehemalige Dorf Sassullja hinter dem Fluss Sula ist heute ein Stadtteil von Romny. Für die Nacht wurden die Juden im Gebäude der Kaserne untergebracht. Am nächsten Tag wählte man die gemischten Familien aus und brachte sie in das Gebäude der Bank. Die russischen und ukrainischen Familienangehörigen wurden nach einigen Stunden freigelassen. Die jüdischen Familienmitglieder trieb man zunächst in das Kriegsgefangenenlager im Stadion. Am nächsten Tag hat man auch sie freigelassen. Am Morgen des 10. November wurden die Juden aus der Kaserne zu einem Bauernhof, etwa zwei Kilometer außerhalb der Stadt gebracht. In drei Schluchten erschossen Einheiten der 1. SS-Brigade 1233 Juden.

Die Juden aus gemischten Familien wurden im Februar 1942 verhaftet und ins Gefängnis gebracht. Am 26. Juni 1942 wurden sie in einer Gipsgrube bei Sassullja vom Sonderkommando Plath erschossen. Nur wenigen Menschen gelang es zu entkommen.

Am 16. September 1943 wurde Romny durch die Rote Armee befreit.

---

14 Altman, Cholokost, S. 865.

Olga Kiritschenko (geb. 1912)
»Die lebendige Erinnerung«

Vor dem Ausbruch des Zweiten Weltkriegs wohnte ich in der Stadt Romny, in der Korshewskij-Straße. Ich arbeitete in der Schule im Dorf Sassullja. Dieses ehemalige Dorf hinter dem Fluß Sula ist heute einer der Stadtteile.

Mein Mann, Fedor Trifonowitsch Kiritschenko, unterrichtete Ukrainisch in der Schule und arbeitete als Reporter für eine lokale Zeitung. Gleich nach dem Kriegsausbruch, bereits am 22. Juni 1941, wurde mein Mann eingezogen. Ihm wurde eine Kompanie anvertraut, und sie gingen an die Front.

In der Schule Nr. 1 in Sassullja arbeiteten mein Bruder Fedor Petrowitsch Balaklizki und seine Frau Anna Samojlowna Balaklizkaja. Sie war Jüdin. Sie hatten drei Kinder: das Mädchen Neonila (Lina) und die Zwillingssöhne Wadim und Leonid.

Als die Frontlinie an Romny heranrückte, zogen sich die sowjetischen Truppen über die Brücke des Flusses Sula zurück. Viele Soldaten schwammen über den Fluss. Die Deutschen, die die Stadt besetzt hatten, schossen auf unsere Soldaten vom Hügel, auf dem die Stadt liegt. Es war ein furchtbares Bild.

Auf dem Rückzug war auch ich. Nachdem mein Mann an die Front gegangen war, zog ich mit meinen Kindern ins Dorf Sassullja zu meinen Eltern, wo wir alle in ihrem eigenen Haus wohnten. Ich hatte Angst, in Romny zu bleiben, denn man kannte mich als Ehefrau eines Kommunisten und Rotarmisten. Als ich an jenem Tag in der Stadt war, geriet ich in den Mittelpunkt der Geschehnisse, da ich, alle Vorsichtsmaßnahmen missachtend, möglichst schnell zu meinen Kindern gelangen wollte.

Ich erinnere mich, wie ich über die Brücke rannte und erst aufatmen konnte, als ich mich in einem Kiosk versteckt hatte, dann überquerte ich den Hof meiner Schule und rannte auf das Gelände der Konservenfabrik. Ich erblickte einen Keller und ging hinein. Im Keller waren Menschen, etwa 20 Personen.

Zwei oder drei Stunden lang hörte man Schüsse und Explosionen. Dann wurde es ruhig. Uns wurde klar, dass Romny und Sassullja von Deutschen besetzt worden waren. Es war der 9. September 1941.

Wir trauten uns nicht hinauszugehen und blieben im Keller. Dann hörten wir von draußen Schreie, die wir als Befehl hinauszugehen aufgenommen hatten. Das erste Wort, das ich damals von Deutschen hörte, war »Jude«. Wir verstanden, dass sie wissen wollten, ob es unter uns Juden gab. Da weder Soldaten noch Juden unter uns waren, wurden wir freigelassen.

Es war am Abend. Ich rannte gleich zu meinem Bruder, um ihn über das Gehörte zu informieren. Mein Bruder erzählte, dass er am Morgen jenes Tages bereits bei der Miliz gewesen sei und eine Erlaubnis zur Evakuierung beantragen wollte. Diese bekam er leider nicht. Viel schlimmer: Man warf ihm Panikmacherei vor, obwohl man in der Stadt Fahrzeuge mit Flüchtlingen sah, die der Okkupation entkommen wollten. Auch mein Bruder wollte wegfahren. Deshalb kaufte er zusammen mit einem befreundeten Lehrer einen Pferdewagen und packte das Nötigste. Während man versuchte, die Erlaubnisse zu beschaffen, brach die Schießerei aus. Wenn man es vorher gewusst hätte!

Ich bat Anja wegzugehen. Das Dorf Gerassimowka, unweit von uns, war noch nicht besetzt. Mit drei Kindern wäre es nicht möglich, aber alleine hätte sie es geschafft. Fedja war einverstanden, alleine mit den Kindern zu bleiben. Ich versprach zu helfen, so gut ich könnte. Aber Anja sagte: »Ich kann Fedja nicht alleine mit den Kindern lassen. Was anderen passiert, das soll auch mir geschehen.«

Damals konnten wir uns nicht einmal vorstellen, was alles auf uns zukommen würde!

Am 9. November 1941 um 16.00 oder 17.00 Uhr kam in die Wohnung meines Bruders in Sassullja ein Polizist und wollte ihn, seine Frau Anna Samojlowna und ihre Kinder verhaften. In der Wohnung waren die beiden fünfjährigen Jungen, während das Mädchen im Hof spielte. Sie wurde von unserem Vater, der zufällig auf dem Weg zu seinem Sohn war, mitgenommen und ins Haus gebracht, in dem auch ich mit meinen Kindern wohnte. Wie mein Bruder später erzählte, riet der Polizist ihnen allen, ihre beste Kleidung anzuziehen und alle Wertsachen mitzunehmen, weil sie angeblich an einen anderen Ort umgesiedelt würden. Sie sollten kein Essen mitnehmen, weil sie unterwegs verpflegt würden. Für das Packen hätten sie eine Stunde Zeit.

Ich lief zur Wohnung meines Bruders. Als Fedja, Anja und die Jungen herauskamen, wurden sie von ein paar Polizisten erwartet. Es regnete. Unter Bewachung wurden sie nach Romny abgeführt.

Unterwegs stießen zu unserer Prozession weitere Menschen, ebenso unter Bewachung. Als wir die Majakowski-Straße erreichten, waren es mehrere Gruppen, die sich, wie unsere, in die gleiche Richtung bewegten. Unter den Verhafteten waren Erwachsene, Kinder und Alte. Jene, die nicht mehr gehen konnten, wurden auf einen Pferdwagen gesetzt.

In der Majakowski-Straße wurden die Ankömmlinge in das Gebäude, das Wofrimejew-Kaserne hieß, getrieben. Es wurde dunkel. Die Verwandten, die die Verhafteten begleitet hatten, gingen nach Hause. Auch ich ging.

Die Erschießungen begannen am frühen Morgen. Ich sah es nicht. Ich erfuhr, dass die halb jüdischen Familien im Gebäude der ehemaligen Sparkasse, an der Ecke der Lenin-Straße und der Schewtschenko-Allee, untergebracht worden waren. Ich konnte meine Verwandten kaum erkennen. Das Gesicht meines Bruders war schwarz-blau.

Nach etwa drei bis vier Stunden wurden Ukrainer und Russen nach Hause entlassen, während die erschöpften und hungrigen Kinder aus gemischten Ehen und jene Elternteile, die sie für jüdisch hielten, im Regen ins Stadion getrieben wurden. Ich lief nach Hause und packte schnell etwas zu essen ein. Im Stadion wurden die Menschen den ganzen Tag festgehalten und dann in den Wohnungen in der Schewtschenko-Allee, hinter der Apotheke, wo noch vor zwei Tagen die erschossenen Juden wohnten, untergebracht. Überraschenderweise wurden Anja und ihre Söhne am Abend freigelassen.

Im Februar 1942 wurde Anja erneut zusammen mit den Kindern festgenommen. Wie viele Gesuche hatten wir eingereicht, bis es mir und meinem Bruder gelungen war, sie zu befreien?!

Fedja und Anja zogen aus Sassullja nach Romny in ihre Wohnung. Ihre Kinder blieben bei mir, und wir wohnten im Haus meiner Eltern in Sussullja. Aber der einheimische Polizist Petr Kondratjewitsch Serdjuk, der sich bei den Besatzern ins rechte Licht setzen wollte, kam mit dem Schlitten zu unserem Haus und holte die Jungen trotz all unserer Tränen, Bitten, Überredungen und Versuche, ihn davon abzuhalten. Dabei verprügelte er meine betagte Mutter und beschimpfte mich brutal. Der Polizist versäumte es nicht, auch in die Schule zu fahren, um Lina abzuholen, und brachte die Kinder zu ihrer Mutter ins Gefängnis.

Mein Bruder setzte sich buchstäblich jeden Tag für seine Familie ein und bat, bettelte und flehte P.H. Batjuk, I.D. Pesygolowez, F.M. Fedun, O.I. Schewtschenko und Ch.F. Jakimenko an, die in der deutschen Polizei dienten. Manche zuckten mit den Achseln, andere versprachen zu helfen. Es gab die Variante, der Familie eine Ausreiseerlaubnis aus Romny zu besorgen, aber praktisch konnte keiner helfen.

Ich ging jeden Tag ins Gefängnis und versorgte Anja und die Kinder mit Essen. Einmal, als ich mit der Tasche auf dem Weg zum Gefängnis war, begegnete mir ungefähr 300 bis 400 Meter vor dem Gefängnis ein großer rothaariger, magerer Mann. Er sagte, dass es möglich wäre, das Mädchen aus dem Gefängnis zu befreien. Ich würde sie bekommen, müsste aber dafür mutig durch das zweite Tor auf das Gefängnisgelände gelangen. Er warnte mich, dass es ein Risiko wäre, da schon viele Polizisten und Deutsche im Gefängnis auf mich aufmerksam geworden wären. Wenn es mir aber gelänge, müsste ich ihn übermorgen an der gleichen Stelle erwarten.

Ich machte alles, wie er es mir gesagt hatte. Ich war im Hof des Gefängnisses und holte Lina. Ich versuchte, mich so zu verhalten, wie jener Mann mir eingeschärft hatte: nicht aufzufallen und locker zu sein. Ich glaube, er war Mitarbeiter des Gefängnisses. Heute kann ich nicht in Worte fassen, wie ich damals zitterte und Angst hatte, nicht nur um mich.

Man sagte mir, zur ukrainischen Gendarmerie zu gehen, um dort den ukrainischen Chef Padalko zu treffen. Ich durfte auf keinen Fall einen Fehler machen und musste mich ausschließlich an Padalko wenden. Sollte im Raum ein anderer sein, dürfe ich nicht eintreten. Wenn ich schon im Raum wäre und ein anderer eintreten würde, sollte ich hinausgehen.

Padalko sagte mir, was ich weiter unternehmen sollte, um das Mädchen zu retten. Ich musste Papiere beschaffen, die aussagten, dass Anja die Adoptivmutter von Lina war, dass Lina die Tochter von Fedja und seiner Frau mit dem Namen Schewtschenko und somit eine Ukrainerin war.

Ich fand zwei Frauen, die sich bereit erklärten, die notwendigen Zeugenaussagen zu machen und vom Notar beglaubigen zu lassen. Die »Augenzeugen« gingen ein Risiko ein. So etwas war in der Besatzungszeit gleichbedeutend mit Partisanenaktivität, und dafür konnte man mit dem eigenen Leben bezahlen. Leider sind die Namen jener Frauen nicht mehr in meinem Gedächtnis abrufbar, aber ich bin ihnen herzlich dankbar für diese heroische Tat und Hilfe.

Die Urkunden brachte ich zu Padalko. Das Mädchen überlebte. Jetzt heißt sie Ninel Fedorowna Iljina und wohnt in Lemberg.

Ständig suchten wir nach Möglichkeiten, Anja aus dem Gefängnis zu befreien. Auf den Rat des Mannes, der mir vor dem Gefängnis begegnet war, seinen Namen kenne ich nicht, fanden wir Frauen, die aussagten, dass Anja die Tochter eines Ukrainers war, und diese Aussagen vom Notar beglaubigen ließen. Die Zeugenaussagen von Maria Wassiljewna Belezka und Jekaterina Antonowna Gorobez sind bei mir erhalten. Ich weiß, dass diese Frauen nicht mehr leben. Schon damals waren sie älter als ich. Aber es gibt doch ihre Verwandten: Söhne, Töchter, Enkelkinder. Wir verneigen uns vor diesen tapferen und furchtlosen Frauen wegen ihrer Selbstlosigkeit und danken für ihre mutige Tat.

Leider führten alle Versuche zu keinem Erfolg. Ich erinnere mich, dass ich am 26. Juni 1942 für Anja ein Paket brachte. Aber mir wurde gesagt, dass sie zusammen mit den Kindern an einen anderen Ort gebracht worden sei. Wie sich später herausstellte, war dieser andere Ort ein Steinbruch im Feld hinter dem Dorf Sassullja, wo am 26. Juni 1942 zusammen mit vielen anderen Märtyrern auch Anna Samojlowna Balaklizkaja und ihre Söhne Wadik und Ljonja erschossen wurden. Ein Zettel, den Anja aus dem Gefängnis schrieb, blieb mir erhalten. Sie hatte eine ganz schlimme Vorahnung, von der, wie es mir später erzählt wurde, sie verrückt wurde und laut sang, während ihre Kinder »Wir sind Russen!« schrien.

Gemäß der deutschen Genauigkeit wurden die Erschießungen dienstags und donnerstags durchgeführt. Zum Gefängnis kamen Lastwagen mit Planen und wurden voll mit Häftlingen beladen. Auf dem Weg zur Erschießungsstelle fanden die Dorfbewohner Kinderschuhe und andere Gegenstände, die die Todgeweihten als ein Zeichen von ihrem letzten Weg aus den Wagen warfen.

Mein Vater und ich gingen später zu diesem Steinbruch, aber die Wachmänner und Polizisten ließen niemanden heran.

Später wurde an jener Stelle ein Denkmal aufgestellt. Man erzählt, dass dieses aber abgerissen wurde. Sollte es so sein, dann ist es unverständlich. Dort waren Tausende Menschen erschossen worden. Das Gefängnis in der Bezirksstadt Romny war überfüllt, da die Menschen aus der ganzen Umgebung dorthin gebracht worden waren.

Im Zusammenhang mit dieser tragischen Geschichte möchte ich ergänzen, dass der oben erwähnte rothaarige, magere Mann mich in eine äußerst gefährliche Mitarbeit involviert hatte. An den von ihm genannten Tagen kam ich zur bestimmten Zeit zum zweiten, inneren Gefängnistor. Von dort kam ein Mann. Ich musste mich so benehmen, als ob ich mit ihm befreundet wäre. Mit ruhigem Schritt gingen wir über das Gelände des Gefängnisses, ca. 50 Meter weit, und bogen dann auf den Weg ab, der vom Gefängnis zur Schilfbewachsung am Fluss Sula führte. Der Mann verschwand im Schilf, und ich, am ganzen Körper zitternd, ging zur Brücke. Am meisten hatte ich Angst, den Polizisten zu begegnen. Mit den Deutschen wäre es weniger problematisch gewesen, denn nur wenige von ihnen konnten Russisch, geschweige denn Ukrainisch, und es wäre unwahrscheinlich gewesen, von ihnen verhört zu werden.

Auf diese Art und Weise führte ich neun Männer heraus. Wo sie sind und was mit ihnen passierte, weiß ich nicht. Als ich einmal an der Brücke über der Sula stand, völlig erschöpft nach einer langen und schweren Krankheit, kam ein Mann im Alter von 40 bis 50 Jahren zu mir. Er begann, über den Krieg, die Opfer und von dem bevorstehenden Sieg zu sprechen. Und dann sagte er: »Ich bin einer von jenen und weiß von ihnen.« Was er mit diesem »Ich bin einer von jenen« meinte, kann ich jetzt nicht sagen. Vielleicht meinte er, dass er einer von jenen neun war, oder einer von jenen Kämpfern im besetzten Hinterland. Ich begegnete ihm nie wieder.

XXI. Gebiet Donezk

XXI. Gebiet (Oblast) Donezk (früher Stalino)

Das Gebiet Donezk[1] wurde 1932 gebildet. Von 1938 bis 1961 trug es zu Ehren Stalins den Namen Stalino. Allerdings wurde unter deutscher Besatzung zwischen 1941 und 1943 der Name Jusowka verwendet.[2]

Am 7. April 2014 wurde ohne internationale Anerkennung die »Volksrepublik Donezk« auf Teilen der Oblast Donezk ausgerufen. Seitdem wird ein großer Teil des Gebietes nicht mehr von der ukrainischen Regierung kontrolliert. Das Verwaltungszentrum für die unter ukrainischer Kontrolle stehenden Teile der Oblast wurde am 13. Juni 2014 nach Mariupol und schließlich am 13. Oktober 2014 nach Kramatorsk verlegt. Vertreter der Volksrepubliken Donezk und Lugansk unterzeichneten am 24. Mai 2014 in Donezk ein Memorandum über eine Union beider Republiken zu »Neurussland«.[3]

1939 lebten auf dem Gebiet Donezk 65 556 Juden, etwa zwei Prozent der Bevölkerung. 64 089 Juden lebten in 121 städtischen Siedlungen.

Nach der Besetzung durch deutsche Truppen blieb das Gebiet unter Militärverwaltung. Zunächst unter dem Kommando »Rückwärtiges Heeresgebiet Süd« und 1942 und 1943 unter »Rückwärtiges Heeresgebiet B«. Im Gebiet Stalino wurden vier Ghettos eingerichtet. In Artemowsk[4] (über 1000 Juden), Kramatorsk (weniger als 150 Juden), Jenakijewo (etwa 500 Juden) und Stalino (bis zu 3000 Juden). Die meisten Ghettos existierten nur wenige Wochen bis zur schnellen Ermordung der Juden. Da das Gebiet erst im Oktober 1941 von der Wehrmacht besetzt wurde, konnte eine erhebliche Anzahl der jüdischen Bevölkerung evakuiert werden oder nach Osten fliehen. In dem Ende Oktober 1941 besetzten Gebiet wurden die Erschießungen der Juden erst nach einigen Monaten Besatzungsherrschaft durchgeführt. Von Ende Dezember 1941 bis Anfang Januar 1942 wurden die Juden in den drei Ortschaften Makejewka, Konstantinowka und Krasnoarmeisk[5] ermordet.[6] An der Ermordung der Juden im Gebiet Donezk waren das Sonderkommando 4b, das Einsatzkommando 6 und das Sonderkommando 10a beteiligt.

Die Gesamtzahl der zivilen Opfer im gesamten Gebiet Donezk betrug 126 342, davon 25 133 Juden.

---

1 Altman, Cholokost, S. 936; Encyclopedia of Camps and Ghettos, S. 1756 f.; Kruglow, Enziklopedija Cholokosta, S. 42 f.
2 https://de.wikipedia.org/wiki/Oblast_Donezk [12. 5. 2019].
3 https://de.wikipedia.org/wiki/Volksrepublik_Donezk [12. 5. 2019].
4 Im Februar 2016 wurde die Stadt in Bachmut umbenannt, https://de.wikipedia.org/wiki/Bachmut [30. 3. 2017].
5 Im Mai 2016 wurde die Stadt in Pokrowsk umbenannt, https://en.wikipedia.org/wiki/Pokrovsk,_Ukraine [12. 5. 2019].
6 Altman, Opfer des Hasses, S. 112.

1. Gebietshauptstadt Donezk (Stalino)

Die heutige Stadt Donezk[7] hieß ursprünglich Jusowka. 1924 wurde sie in Stalino umbenannt. Sie war die Gebietshauptstadt des Gebietes Stalino der Sozialistischen Sowjetrepublik Ukraine. Von 1941 bis 1943 unterstand sie dem Kommando »Rückwärtiges Heeresgebiet Süd«. Unter deutscher Besatzung von Oktober 1941 bis September 1943 wurde wieder der alte Namen Jusowka verwendet. 1961 erhielt sie den Namen Donezk und ist seit 1991 Gebietshauptstadt des Gebietes Donezk der Ukraine.

1939 betrug die Einwohnerzahl von Donezk 462 395, davon 24 991 Juden, etwas mehr als fünf Prozent der Bevölkerung.

Am 20. Oktober 1941 besetzten Einheiten der Armeegruppe Süd die Stadt. Die meisten jüdischen Bewohner waren evakuiert worden oder es war ihnen gelungen zu fliehen. Nur etwa 10 bis 12 Prozent der Juden waren in der Stadt geblieben. Die zurückgebliebenen Juden wurden zur Zwangsarbeit herangezogen, misshandelt und oft auch ermordet. Im November 1941 ordneten die Deutschen die Einrichtung eines Judenrats an, um Kontributionen von der jüdischen Gemeinschaft einzutreiben und die Zwangsarbeit zu organisieren. Die Kontribution wurde auf 3 Millionen Rubel festgesetzt und später auf 8 Millionen erhöht. Die Abgabefrist für die ersten 4 Millionen war der 20. Dezember 1941 und für die zweiten 4 Millionen der 1. Januar 1942.[8] Den Juden, die weder Geld noch Wertgegenstände besaßen, haben Polizisten sämtliche Möbel und Bekleidung abgenommen.[9]

Im November 1941 verlegte das Einsatzkommando 6 seinen Standort nach Donezk. Führer des Einsatzkommandos 6 war SS-Obersturmbannführer Robert Mohr.[10] Im gleichen Monat wurden etwa 450 Juden ermordet. Das Einsatzkommando 6 ermordete im Dezember Hunderte Juden und zwischen dem 10. Januar und 6. Februar 1942 weitere 150 Juden.

Anfang Dezember 1941 berichtete die Feldkommandantur 240, das jüdische Problem spiele bis jetzt keine größere Rolle in Jusowka. Die Zahl der zurückgebliebenen Juden werde auf 3000 geschätzt, da wie an anderen Orten die wohlhabenden Juden geflohen seien. Maßnahmen zur Evakuierung der Juden durch den SD hätten wegen der Wetterbedingungen bis jetzt noch nicht durchgeführt werden können.

Im Dezember 1941 wurde am Rand der Stadt, in einem Waldgebiet mit der Bezeichnung »Weiße Schlucht«, ein Ghetto für mehrere Tausend Juden eingerichtet. Da das Ghetto zu klein war, beließ man einen Teil der jüdischen Bevölkerung in der Stadt, hatte sie aber vorher registriert. Ab Dezember 1941 setzte nach und nach die Vernichtung der jüdischen Bevölkerung ein. Die zentrale Mordstätte war der sogenannte Schacht 4-4.[11] Nach einer anderen

---

7   Altman, Cholokost, S. 936; Encyclopedia of Camps and Ghettos, S. 1775f.; The Yad Vashem Encyclopedia, S. 748.
8   VEJ 7, S. 419.
9   Altman, Opfer des Hasses, S. 174.
10 Krausnick, Hitlers Einsatzgruppen, S. 167, 363.
11 Angrick, Besatzungspolitik und Massenmord, S. 322, Anm. 394.

1. Gebietshauptstadt Donezk (Stalino)

Quelle befahl Ende Februar 1942 das Einsatzkommando 6 dem Bürgermeister Petuschkow und seinem Vertreter Eichmann, ein Ghetto einzurichten. Als Ort für das Ghetto war die Siedlung Weiße Schlucht, früher ein Steinbruch, vorgesehen. Die Bewohner der Siedlung wurden innerhalb von zwei Tagen aus ihren Häusern vertrieben. Der Steinbruch wurde mit Stacheldraht eingezäunt, und Polizeiposten wurden aufgestellt. Die Polizeichefs der einzelnen Distrikte spielten eine wichtige Rolle bei der Identifizierung und Festnahme der Juden. Sie hatten für den SD Listen mit den Namen der Juden anfertigen müssen. Im März 1942 erhielten der Polizeichef und der Bürgermeister den Befehl, die Juden ins Ghetto umzusiedeln. Die Familien sollten ihre Wertsachen, die beste Kleidung und Nahrungsmittel für fünf oder sechs Tage mitnehmen. Die Schlüssel für die Häuser seien den Polizisten zu übergeben, die die Umsiedlung vornahmen. Die Polizisten trieben die Juden mit Peitschen und Gewehrkolbenschlägen ins Ghetto. Alle Wertsachen und das Eigentum wurden eingesammelt und dem SD übergeben. Die wenigen Häuser im Ghetto waren zerstört, ohne Fenster und Türen. Viele Juden mussten unter freiem Himmel in der Kälte ausharren. Es wurde keine Nahrung verteilt, sodass Kinder und alte Menschen vor Hunger starben.

Auch die übrige Bevölkerung litt unter großem Hunger, weil sowjetische Stellen alle Vorräte abtransportiert hatten. Erst im Juni 1942 ergriff die Militärverwaltung Maßnahmen, um die Zahl der Rationsbezieher zu erhöhen. Im November waren immer noch 77 000 der 248 000 Bewohner der Stadt ohne Bezugskarten. Zur Jahreswende 1942/43 waren es 25 000. Im Frühjahr 1943 kam zusätzlich eine Typhusepidemie dazu.[12]

Mehr als 300 Familien lebten im Ghetto, das sie nicht verlassen durften. Täglich wurden Männer und Frauen zur Zwangsarbeit geführt. Manche kehrten nicht zurück und verschwanden spurlos.[13] Im März 1942 waren deutschen Statistiken zufolge ungefähr 3000 Juden im Ghetto. Das Ghetto existierte weniger als zwei Monate. Am Ostermontag, 6. April 1942, begann der Massenmord an den Juden des Ghettos. Das Einsatzkommando 6 transportierte jüdische Männer, Frauen und Kinder in Gaswagen zu einem stillgelegten Schacht der Kohlegrube Kalinowka in den Außenbezirken der Stadt. Die Leichen wurden in den Schacht geworfen. In der Nacht vom 30. April zum 1. Mai 1942 erschienen gegen zwei Uhr Polizisten und Deutsche im Ghetto und forderten alle Juden auf, sich zu versammeln. Sie sollten gute Kleidung, Wertsachen und Nahrung für drei Tage mitnehmen, da sie an einen anderen Ort zum Arbeitseinsatz gebracht würden. Alle Juden des Ghettos, mehr als 3000, wurden erschossen oder in Gaswagen ermordet. Die Leichen wurden in den stillgelegten Schacht der Kohlegrube Kalinowka geworfen und die Häuser des Ghettos durch die Polizei zerstört.

Nach der Vernichtung der Juden von Donezk blieb der Schacht weiterhin der zentrale Exekutionsort der Region.

Am 8. September 1943 wurde die Stadt befreit.

---

12 Pohl, Die Herrschaft der Wehrmacht, S. 191.
13 Encyclopedia of Camps and Ghettos, S. 1775.

2. Kreisfreie Stadt Gorlowka

(ukr. Horliwka)

1939 lebten in Gorlowka[14] 2339 Juden, etwa zwei Prozent der Bevölkerung.

Am 29. Oktober 1941 wurde die Stadt von der Wehrmacht besetzt. Die überwiegende Mehrheit der Juden konnte nach Osten evakuiert werden. Etwa 12 Prozent der jüdischen Vorkriegsbevölkerung blieben in der Stadt. Bis zum Ende der Okkupation stand die Stadt unter deutscher Militärverwaltung. Bald nach der Besetzung organisierte die Ortskommandantur eine Stadtverwaltung und eine ukrainische Polizei, die eine aktive Rolle bei der Verfolgung und Vernichtung der Juden spielte. Alle Juden wurden registriert und mussten Zwangsarbeit leisten. Es wurde ein Befehl erlassen, dass erschossen werde, wer Juden verstecke.

Im Februar 1942 ermordete das Einsatzkommando 6 der Einsatzgruppe C alle Juden der Stadt, etwa 280 Menschen. Zur Ermordung wurde eine verlassene Zeche benutzt. Die Juden mussten sich trotz des starken Frostes entkleiden, wurden in Gruppen zu vier bis fünf Personen an den Rand der Grube geführt und durch Genickschuss getötet. Am 6. März 1942 wurden in der Ereignismeldung UdSSR Nr. 177 die Städte Gorlowka und Makejewka als »judenfrei« gemeldet.[15]

Im März 1942 scheint Gorlowka Hauptstandort des Sonderkommandos 4b geworden zu sein. Erst im Herbst 1942 wurde Rostow Standort des Sonderkommandos 4b. Am 5. und 6. Juni 1942 wurden in Gorlowka 480 aus Jenakijewo deportierte Juden ermordet. Das Armeeoberkommando 17 löste am 22. Juli 1942 das ihm unterstehende »Konzentrationslager Gorlowka« auf. Die Gefangenen wurden teils zum Arbeitseinsatz, teils in Kriegsgefangenenlager überstellt und »teils erledigt«. Allein 158 Insassen »liquidierte« das Wachpersonal, während man 23 Häftlinge dem Sonderkommando 4b übergab. In den Kerkerzellen der Geheimen Feldpolizei von Gorlowka töteten Angehörige der Geheimen Feldpolizei alle 13 Kommunisten, die sie dort noch in Haft hielten.[16]

Am 4. September 1943 wurde die Stadt befreit.

3. Kreisfreie Stadt Makejewka

(ukr. Makijiwka)

1939 lebten in Makejewka[17] 3074 Juden, etwa ein Prozent der Bevölkerung.

Die Stadt wurde am 22. Oktober 1941 von deutschen Truppen besetzt und stand bis zur Befreiung unter Militärverwaltung. Alle Juden wurden registriert und bei Zwangsarbeiten eingesetzt. Im Dezember 1941 erschossen Einheiten des Einsatzkommandos 6 in der

14 Altman, Cholokost, S. 228.
15 Krausnick, Hitlers Einsatzgruppen, S. 167, 325; VEJ 7, S. 447.
16 Angrick, Besatzungspolitik und Massenmord, S. 559.
17 Altman, Cholokost, S. 562.

Gegend der Zeche etwa 500 Juden. Weitere 100 Juden, die sich hatten verstecken können, hauptsächlich Frauen und Kinder, wurden im Januar 1942 etwa zwei Kilometer außerhalb der Stadt an der ehemaligen Kosaken Kaserne erschossen. Am 6. März 1942 wurde in der Ereignismeldung UdSSR Nr. 177 Makejewka als »judenfrei« gemeldet.

Makejewka wurde am 6. September 1943 durch die Rote Armee befreit.

Jakow Karlin (geb. 1931)
»Mein Bruder, meine Schwester und meine Großmutter wurden in den Schacht geworfen«

Meine Familie bestand aus sechs Personen. Mein Vater, Michail Grigorjewitsch Karlin, geb. 1906, war Friseur. Meine Mutter, Sura-Riwa Chaimowna Karlina (geb. Kriwizkaja), geb. 1910, war Hausfrau. Meine Großmutter, die Mutter meiner Mutter, Chana-Ruchl Jankelewna Kriwizkaja, wurde 1888 geboren. Ich wurde 1931, mein Bruder Semen 1934 und meine Schwester Alla 1938 geboren. Im Mai 1941 wurde mein Vater eingezogen.

Im August 1941, kurz vor der Besetzung der Stadt Donezk (Stalino) durch die Deutschen, fuhr unsere Familie mit einem Pferdewagen in die Evakuierung. Natürlich konnten wir nicht weit kommen. Die Deutschen stoppten uns unterwegs, und wir mussten nach Donezk zurückkehren.

Im Herbst 1941 und Winter 1942 wohnten wir in der Zehnten Linie, im Haus Nr. 101. Der Hauseigentümer, der Polizist Welitschko, warf uns hinaus, und wir gingen zu meinem Großvater (dem Vater meines Vaters), Grigori Berkowitsch Karlin, in die Achte Linie, Haus Nr. 75. Mein Großvater Grigori (Gerschl) war Rabbiner. Nachdem die Synagoge geschlossen worden war, arbeitete er im Bergbau, um seine Familie durchzubringen.

Wir lebten, wie es damals für die Juden auf den besetzten Gebieten üblich war.

Wir erlebten alles: den ständigen Hunger, den Judenstern an unserer Kleidung, die absolute Rechtlosigkeit in allen Lebensbereichen von der Fahrt mit der Straßenbahn (Sonderplätze) bis zur Möglichkeit, einen Eimer Wasser aus dem Brunnen zu schöpfen (die Juden waren die Letzten). Wenn die Ukrainer Lebensmittelkarten hatten, so hatten die Juden buchstäblich nichts, und jeder musste sich selbst etwas Essbares beschaffen.

Im Frühling 1942 brachten die Polizisten und Deutschen alle Juden ins Ghetto, das im »Weißen Steinbruch« errichtet wurde. Heute ist diese Stelle zugeschüttet, und dort wurde der Busbahnhof »Südlicher Busbahnhof« gebaut. Es gibt keine Gedenktafel an der Stelle des ehemaligen Ghettos. Und überhaupt unternehmen die Machthaber in der heutigen Ukraine alles, um die Verbrechen der ukrainischen Nationalisten und Deutschen in den Kriegsjahren aus dem Volksgedächtnis zu tilgen. Man spricht nicht darüber, und in den ersten Nachkriegsjahren war es sogar gefährlich zu erwähnen, dass man in den besetzten Gebieten gewesen war, denn man wurde für einen Verräter gehalten.

Als unsere Familie ins Ghetto deportiert wurde, war Mama nicht zu Hause. Als sie nach Hause zurückkehrte, erzählten ihr die Nachbarn, was geschehen war. Mama ging zu unserer Freundin

Xenia Nikolajewna Kolodko, die in der Zehnten Linie im Haus Nr. 105 wohnte. Die Familie von Xenia nahm sie auf, und Mama wohnte über einen Monat bei ihnen auf dem Dachboden. Wir waren im Ghetto, wussten nicht, wo Mama war, und dachten, sie sei ermordet worden.

Drei Wochen nach der Deportation ins Ghetto kam plötzlich an einem Abend meine Tante Tamara Petrowna Kriwizkaja (die Frau des Bruders meiner Mutter) ins Ghetto. Einer der Polizisten, der als Wachmann im Ghetto war, war ihr Nachbar. Sie vereinbarte mit ihm, dass sie mich am Tag seines Dienstes aus dem Ghetto entführen und nach Rutschenkowo (einer Kreisstadt) bringen würde, wo Mama auf mich wartete. Zusammen mit Mama ging ich nach Osten in Richtung Front.

Drei Tage nach meiner Entführung aus dem Ghetto wurden alle Ghetto-Insassen, darunter mein Bruder, meine Schwester und meine Großmutter, in den Schacht 4-4 geworfen und getötet. Insgesamt wurden über 100 000 Menschen, darunter 60 000 Juden, in die Schächte geworfen.

In jener Zeit streiften Tausende Einwohner der Stadt durch die Straßen und tauschten ihre Habseligkeiten gegen Lebensmittel. Alles, vom Hausrat bis zur Kleidung, tauschte man gegen etwas Essbares.

Mama und ich irrten durch die Gebiete Charkow und Kursk, die bis August 1943 von Deutschen besetzt waren. Hauptsächlich verließen wir unsere Verstecke, wenn es wärmer wurde. Manchmal arbeitete Mama bei Bauern auf dem Feld, goss die Pflanzen mit Wasser, das sie aus dem Brunnen herschleppte, oder strich die Häuser an. Sie nähte auch Kleidung, und ich weidete Gänse und Schafe. Das war aber sehr selten. Hauptsächlich bettelten wir und waren unendlich dankbar, wenn man uns Kartoffelschalen gab. Im Frühling kochten wir Brennnesselsuppe und gruben Kartoffeln aus, die über den Winter im Feld geblieben waren. Außer Hunger hatte ich im Vergleich zu anderen Kindern auch andere Leiden. Während der gesamten Zeit konnte ich mich in keinem Fluss oder einem anderen offenen Gewässer baden. Nur nachts rieb mich Mama mit einem nassen Lumpen ab, und auch das nur im Sommer. Hätte ich mich ausgezogen, hätte es meinen Tod bedeutet. Ich war beschnitten. Auf dem Lande badeten die Kinder in meinem Alter immer nackt. Wäre ich in einer Unterhose erschienen, hätte es gleich verdächtig gewirkt. Außerdem litt ich von Ende 1942 bis Anfang 1943 an einer Entzündung, die einen Finger an meiner rechten Hand befallen hatte. Diese Entzündung hieß im Volksmund »Wolos« (Haar) und bedeutete, dass mein Finger faulte. Dabei verbreitete sich ein unerträglicher Gestank, und ich hatte unbeschreibliche Schmerzen zu ertragen. Dies hatte zur Folge, dass ich über Nacht nicht in fremde Häuser eingelassen wurde, und ich übernachtete selbst im Winter in kalten Ställen und Heuhaufen. Eine russische Kräuterfrau heilte mich.

Einige Male waren wir kurz vor unserer Verhaftung und schließlich vor dem Tod. Ein Wunder alleine, wie ich es heute verstehe, rettete uns. Der Allmächtige ließ nicht zu, dass Mama und ich getötet wurden. Wir sollten Zeugen der Verbrechen werden, die Deutsche und ukrainische Nationalisten an den Juden verübten.

Als wir uns auf den Weg machten, nahmen wir nichts mit. Wir hatten nur die Kleider, die wir auf dem Leib trugen. Ich war barfuß und umwickelte meine Füße mit irgendwelchen Lumpen. Wir hatten auch keine Papiere. Das bereitete Mama mehr Sorgen als mir; ich dachte nur an das Essen. Jeder Polizist oder Dorfälteste konnte uns festnehmen.

In einem Dorf geschah dies auch. Wir wurden zum Dorfältesten gebracht. Mama erklärte, dass wir unterwegs waren, um unsere Habseligkeiten gegen Essbares umzutauschen, aber überfallen und bestohlen wurden. Man stahl uns selbst unsere Papiere. Er schaute uns an, ohne ein Wort zu sagen. Dann stellte er uns eine Bescheinigung mit Siegel aus, man habe uns alles, auch die Papiere gestohlen. Diese Bescheinigung zeigten wir jedes Mal, wenn Papiere kontrolliert wurden. Sie rettete uns.

Im Oktober 1943 kehrten wir nach Donezk zurück und erfuhren vom tragischen Schicksal meines Bruders, meiner Schwester und meiner Großmutter. Zusammen mit ihnen wurde die ganze Familie des Bruders meiner Mutter, Efim Michailowitsch Kriwizki, ermordet: seine Frau Betja Israljewna (geb. 1910) und die drei Töchter Ewa (geb. 1931), Marija (geb. 1935) und Serafima.

Es war ausgeschlossen, dass wir uns an die ukrainischen Machthaber wandten, um vom Schicksal unserer Verwandten zu erfahren. Alle, die auf den besetzten Gebieten geblieben waren, bekamen keinen Personalausweis und konnten deshalb keine Anstellung finden. Mit Mühe und Not erhielt Mama eine Meldebescheinigung, die teilweise den Personalausweis ersetzte, und konnte nach einer Arbeit suchen. Kurz darauf fand sie eine Stelle als Geschirrspülerin in einer Fabrikkantine.

Die ganze Zeit bis zur Perestroika wurde die Wahrheit über die Vernichtung der Juden in der Ukraine verschwiegen. Erst Anfang der 1990er-Jahre konnten wir im Museum »Der unbesiegbare Donbass« einen Ausstellungsraum zum Andenken an die Zehntausende im Donbass ermordeten Juden einrichten. In diesem Ausstellungsraum sind die Kartei der Ermordeten, die Fotos, darunter auch meiner Verwandten, Erschießungslisten und andere Materialien gesammelt …

Marija Kogan (geb. 1919) und Michail Kogan (geb. 1947)
»Das Ghetto Jusowskoje.
Die Angst vor dem Lebensende«

Ich wurde 1947, in jenem Hungerjahr, wie meine Mama sagte, geboren. Meine ersten Kindheitserinnerungen sind sehr chaotisch und fragmentarisch. Ich erinnere mich aber sehr gut an jenen Sonntagmorgen, an dem meine Mutter in unserem Badezimmer die Wäsche wusch und von ihren Wangen dicke Tränen herunterrollten. Ich fragte: »Was ist los, Mutti?« »Großvater Stalin ist gestorben«, sagte sie, und wir weinten zusammen. Erst viele, viele Jahre später erfuhren wir, dass in jenen Tagen, in denen das ganze Volk den Tod des Führers beweinte, auf den Nebengleisen unserer Bahnhöfe Güterwaggons standen, mit denen wir, alle Juden, in den fernen Osten deportiert werden sollten, um das zu vollenden, was Hitler nicht vollbracht hatte.

Viele Jahre sind seit jenem Märztag 1953 vergangen. Damals stand ich, ein fünfjähriger Junge, im Wind in der Straße Erste Linie, in der Nähe des Kreiskrankenhauses, und hörte fünf Minuten lang die Trauersirenen. Jetzt, wo ich erwachsen bin und zusammen mit mir auch meinem Land die Augen und Ohren geöffnet wurden, wünsche ich mir, jenen Tag zu erleben, an dem auch in meiner Heimatstadt Donezk Trauersirenen erklingen als Zeichen des Gedenkens an die Gemarterten und

Ermordeten des Zweiten Weltkriegs, in dem das Ungeheuerliche geschehen war, das in der ganzen Welt Holocaust, Katastrophe, Genozid genannt wird, also eine Vernichtung, die nur aufgrund der Tatsache geschah, dass man Jude war. Ich möchte die Geschichte meiner Mutter, des ehemaligen Häftlings des Ghettos Jusowskoje, erzählen. Sie verlor ihre ganze Familie und konnte sich als eine junge Frau, die beim Kriegsausbruch erst 22 Jahre alt war, nur durch ein Wunder retten.

In unserer Familie waren sechs Kinder: fünf Mädchen und ein Junge, Iossja. Er überlistete das Kriegskommissariat und ging mit 17 Jahren an die Front. Er war ein Panzerfahrer, kehrte von der Front nur mit einem Bein zurück und starb mit 35 Jahren. Wir wohnten in der Straße 8. Linie, Haus Nr. 46. Sonja, meine ältere Schwester, war in der Evakuierung, konnte überleben und starb vor ein paar Jahren. Die anderen – Papa, Mama, Zilja, Ida, Sima mit ihrem dreijährigen Sohn Wowa und ich, Marija Kashdan, wurden vom Krieg in Stalino überrascht.

Ich erinnere mich an die ersten Bombardierungen der Stadt, an das Geheul der Flieger, an die ersten Verwundeten und das erste Blut. Einige Tage vor der Besetzung der Stadt durch die Deutschen, am 18./19. Oktober 1941, packten drei Familien, darunter auch unsere, ihre Habseligkeiten und versuchten, sich aus dem von unseren Truppen verlassenen Stalino evakuieren zu lassen. Bei der Einfahrt nach Makejewka wurden wir von Deutschen überrascht. Unsere Kolonne wurde bombardiert, unser Auto geriet in den Straßengraben und kippte zur Seite. Alle blieben am Leben, nur ich brach mir ein Bein. Man brachte mich ins Krankenhaus, das direkt an der Einfahrt in die Stadt war. Ich wurde von einem wunderbaren Arzt Pantschewski und von einer sehr guten Chirurgieschwester, Marja Danilowna, behandelt. Sie war damals 50, ihren Mann Gordon sah ich kein einziges Mal, weil er wahrscheinlich an der Front war.

Mein Papa holte mich zusammen mit seinen Freunden ab und brachte mich am 27. oder 28. Oktober, als sowohl Stalino als auch Makejewka von Deutschen besetzt worden waren, auf einer Tragbare nach Hause. Dr. Pantschewski hatte mir bei meiner Entlassung eine Bescheinigung auf den Namen Klimenko ausgestellt. Unter diesem Namen lebte ich nach dem Tod meiner Verwandten vom Mai 1942 bis April 1944 und erlebte die Befreiung in Odessa.

Nachdem Papa mich nach Hause gebracht hatte, verbrannte er alle unsere Papiere, darunter auch meinen Personalausweis und meinen Mitgliedsausweis beim Komsomol. Die alten Fotos, die ich heute besitze, schenkte mir nach dem Krieg meine Tante. Ihre Familie ließ sich rechtzeitig evakuieren, sie alle blieben am Leben und kehrten nach dem Krieg zurück. Heute leben sie nicht mehr. Die zweite Familie, die damals zusammen mit uns auf dem Lastwagen war, Familie Benenson, war mein Onkel mit seiner Frau und zwei Kindern. Sie teilten ein paar Monate später das Schicksal unserer Familie. Dieses Schicksal traf auch die dritte Familie Chanuginy, die vor dem Krieg in der Straße 39. Linie wohnte. Alle vier kamen um.

Wir wohnten bei uns zu Hause bis Mitte Februar. Mein Bein heilte nur langsam und schlecht. Ich fuhr oft nach Makejewka zur Nachuntersuchung bei dem Arzt und übernachtete manchmal bei Marja Danilowna. Ich trug ein großes Kopftuch, es deckte meinen Davidstern ab, sodass deutsche Soldaten mich oft in ihren Wagen mitnahmen. Ende Februar wurden wir alle in Erdhütten im »Weißen Steinbruch« umgesiedelt. Dort war es furchtbar kalt, und wir hungerten. Ich war noch zu schwach, um das Lager zu verlassen und mich auf die Suche nach Essen und Arbeit zu machen. Ich ging nur nach Makejewka, obwohl es mich fast den ganzen Tag kostete. Ich sage »Lager« und nicht Ghetto, weil wir damals das Wort »Ghetto« nicht mal kannten. Übrigens wurde es nicht mal bewacht, es gab keine Wachmänner mit Hunden, wie es heute von manchen behauptet wird. Es gab nur einen Ein- und Ausgang. (Ich kann die Richtigkeit der Aussage meiner Mutter nicht beurteilen.)

Das Einzige, woran ich mich sehr genau erinnere, war die Angst, die sich in allen Zellen meines Körpers breitmachte, die Angst, aus dem Leben zu scheiden, gerade die Angst vor dem Ende des Lebens und nicht die Angst vor dem Tod. Dieses Gefühl hatten dort alle. Deshalb zog es mich so sehr zu Marja Danilowna nach Makejewka. Dort fühlte ich mich in Sicherheit.

Ich erinnere mich, dass Wowa, der Sohn von Sima, die ganze Zeit weinte. Er hatte Hunger und wollte essen. Sima versuchte, das Lager zu verlassen, um Essen zu beschaffen, aber das gelang ihr sehr selten. Bei einem dieser Versuche konnten sie und ihr Bekannter Jakow Golin nur durch ein Wunder dem Tod entkommen. Kurz gesagt: Das Todesgefühl schwebte in der Frühlingsluft. Meine Schwestern und ich waren jung, und wir freuten uns auf den Frühling, auf die Wärme, die dem kalten Winter folgte. Keinen einzigen Augenblick konnte ich mir vorstellen, dass ich am 30. April, als ich nach Makejewka ging, meine Familie zum letzten Mal sah.

Als ich am Abend des 1. Mai nichts ahnend nach Hause zurückkehrte, begegnete mir neben der Feuerwache eine russische Frau, die, glaube ich, wie ich Marija hieß. Vor dem Krieg arbeitete sie zusammen mit mir in einem Planungsbüro und kannte meine Familie sehr gut. »Wohin gehst du?«, fragte sie mich. »Du darfst nicht dorthin. Sie alle wurden in der Nacht weggebracht.«

Natürlich erschrak ich zu Tode. Die Angst überwog den Verlust. Die Tränen, die Trauer kamen später. Zuerst setzte mein Selbsterhaltungstrieb ein, und ich überlegte, wie ich mich retten könnte. Ich riss den Judenstern ab und ging zu meinen Bekannten, der Familie Glinkin, die in der Nähe des Bahnhofs wohnte. Die Tochter der Familie studierte zusammen mit meiner Schwester Zilja Geografie an der Pädagogischen Hochschule im dritten Studienjahr. Sie nahmen mich auf, ich erzählte ihnen vom Tod meiner Familie. Am Abend gab mir der Familienvater Glinkin etwas Geld und zwei Stück Seife, er arbeitete in der Seifenfabrik und sagte: »Geh, Kind, ich kann kein Risiko eingehen.«

Ich ging zuerst nach Dnjeprodsershinsk, dann war ich in Cherson und Nikolajew und noch fast zwei Jahre bis zu meiner Befreiung in Odessa. 1944 kehrte ich nach Stalino zurück. Fast einen ganzen Tag wurde ich von den Mitarbeitern des NKWD verhört. Zum Schluss begleitete mich der tief gerührte Kommissar bis an den Ausgang ...

In eine Liste von Zeugnissen für Yad Vashem trug Mama zehn ihrer Verwandten ein, die im Ghetto Jusowskoje waren und ihr Leben im Schacht 4–4 lassen mussten:

Vater: Semen Kashdan, geb. 1890.
Mutter: Rachil Kashdan, geb. 1882.
Schwester: Serafima Axelrod (Kashdan), geb. 1917.
Neffe: Wowotschka Axelrod, geb. 1938.
Schwester: Zilja Kashdan, geb. 1921.

Schwester: Ida Kashdan, geb. 1926.
Onkel: Michail Benenson, geb. 1901.
Tante: Rachil Benenson, geb. 1903.
Cousin: Boris Benenson, geb. 1924.
Cousine: Galina Benenson, geb. 1930.

Ihre Asche spüre ich in meinem Herzen, ewig werde ich ihrer gedenken. Die Erinnerung allein wird die Zeit überdauern. Wir müssen sie an unsere Nachfahren weitergeben.

Наша жизнь [Unser Leben. Zeitung der regionalen Jüdischen Gemeinde Donezk], Juli 2000, Nr. 9, S. 15

Siehe auch den Zeitzeugenbericht von Ita Terlezkaja

4. Kreisfreie Stadt Mariupol

Die Stadt Mariupol[18] hieß zwischen 1948 und 1989 Shdanow zu Ehren des sowjetischen Funktionärs Andrei Alexandrowitsch Shdanow.

1939 lebten in der Stadt 10 444 Juden, etwa fünf Prozent der Bevölkerung.

Am 8. Oktober 1941 besetzte eine motorisierte Brigade der SS-Leibstandarte Adolf Hitler die Stadt. Vorher konnte ein Teil der Juden nach Osten evakuiert werden, viele jüdische Männer waren freiwillig zur Armee gegangen. In der Stadt hielt sich zusätzlich eine Anzahl jüdischer Flüchtlinge aus der Umgebung auf. Bis zur Befreiung stand Mariupol unter Militärverwaltung. Schon am 8. Oktober wurden die Juden verpflichtet, als Erkennungszeichen einen weißen Davidstern auf der linken Brust zu tragen. Ohne ihn war es streng verboten, das Haus zu verlassen. Am 12. Oktober 1941 musste ein Judenrat, bestehend aus 30 Personen, gebildet werden. Die Juden mussten sich registrieren lassen. Etwa 9000 Juden ließen sich registrieren, die anderen hatten die Stadt verlassen oder hielten sich versteckt.

Am 17. Oktober 1941 wurde den Juden befohlen, sich am nächsten Tag mit allen Wertsachen in den Büros registrieren zu lassen. Nach der Registrierung am 18. Oktober mussten die Juden sich innerhalb von zwei Stunden mit warmer Kleidung und Verpflegung für vier Tage wieder bei der Sammelstelle einfinden, weil sie umgesiedelt werden sollten. Jüdinnen, die mit einem Russen oder Ukrainer verheiratet waren, durften mit ihren Kindern in der Stadt bleiben, wenn ihr Ehemann bei ihnen wohnte. Russische und ukrainische Frauen, die mit einem Juden verheiratet waren, konnten wählen, ob sie mit ihren Kindern in der Stadt bleiben oder mit ihrem Mann gehen wollten. Am Morgen des 20. Oktober 1941 wurden die Juden zu Fuß und auf Wagen zu einem Panzerabwehrgraben etwa neun bis zehn Kilometer

---

18 Ebenda, S. 567 f.; VEJ 7, S. 338 ff., Dok. 107, Tagebuch der Sara Gleijch.

außerhalb der Stadt bei der Kolchose Maxim Gorki gebracht. Hier wurden sie von Mitgliedern des Sonderkommandos 10a und der SS-Leibstandarte Adolf Hitler erschossen. Der Führer des Sonderkommandos 10a, SS-Sturmbannführer Seetzen, leitete die Mordaktion und beteiligte sich auch an den Erschießungen.[19]

Mehreren Juden, die nur verletzt waren, gelang es in der Nacht, aus der Grube zu fliehen. Einige suchten Zuflucht in einem Wehrmachtslazarett. Am 20. Oktober konnten nicht alle Juden erschossen werden. Etwa 1000 Menschen wurden für die Nacht in einen Schuppen getrieben und am Morgen des 21. Oktober erschossen. Insgesamt wurden mindestens 8000 Juden ermordet.[20]

Am 29. Oktober 1941 meldete der Ortskommandant von Mariupol an den Kommandeur des rückwärtigen Armeegebietes: »8000 Juden sind durch den SD exekutiert worden. Die geräumten jüdischen Wohnungen wurden von der Ortskommandantur übernommen. Die jüdische Kleidung, Wäsche etc. wurde von der Ortskommandantur gesammelt und wird nach Reinigung an das Militärlazarett, das Kriegsgefangenenlager und die Volksdeutschen verteilt.«[21]

Nach der Massenerschießung suchten Abteilungen des SD und der deutschen und ukrainischen Polizei systematisch nach versteckten Juden. Aufgespürte Juden wurden sofort erschossen. Später wurden auch die jüdischen Mitglieder gemischter Familien erschossen. Die Gesamtzahl der ermordeten Juden kann mit 9000 angegeben werden.

In der Ereignismeldung UdSSR Nr. 136 vom 21. Nov. 1941 wurde berichtet: »Die Städte Mariupol und Taganrog sind judenfrei.«[22]

Einigen Juden war es mithilfe und Unterstützung der einheimischen Bevölkerung gelungen, sich zu retten. Viele von ihnen gingen zu den Partisanen.

In einer am 19. Dezember 1942 in der Zeitung *Iswestija* veröffentlichten Erklärung zum Holocaust unter dem Titel »Die Ausführung des Plans zur Vernichtung der jüdischen Bevölkerung Europas durch die Hitlerverbrecher« wird ausgeführt, dass unter den 10 000 Opfern in Mariupol 3000 Kinder waren.[23]

Am 10. September 1943 wurde Mariupol befreit.

Elisaweta Kremer
»In den Nachkriegsjahren sollte man über das Erlebte nicht sprechen«

Ich wurde in Kiew geboren. Meine Mutter starb, als ich zehn und mein Bruder acht Jahre alt war. Vor dem Krieg wohnte ich mit meinem Vater und Bruder in der Glubotschizka-Straße 91, in der Wohnung 13.

---

19 Angrick, Besatzungspolitik und Massenmord, S. 312 ff.
20 Klein, Die Einsatzgruppen, S. 100.
21 Krausnick, Hitlers Einsatzgruppen, S. 240.
22 Mallmann, Die »Ereignismeldungen UdSSR«, S. 824.
23 Altman, Opfer des Hasses, S. 470.

Als der Krieg ausbrach, musste ich Schutzgräben ausheben. Als ich nach Hause kam, waren mein Vater und Bruder nicht mehr da. Sie wurden eingezogen. Man sagte mir: »Verlass Kiew! Die Deutschen werden die Stadt bald besetzen.«

Von Kiew kam ich nach Mariupol. Dorthin wurden die Menschen evakuiert. Nach einiger Zeit war aber auch Mariupol von Deutschen besetzt.

Die Juden mussten einen Davidstern tragen. Dann wurde die Anordnung bekannt gegeben, die besagte, dass sich alle Juden mit ihren Wertsachen und warmer Kleidung an einem Sammelpunkt einfinden sollten. Angeblich sollten wir zur Arbeit an einen anderen Ort gebracht werden.

Ich versuchte zu fliehen, aber die Stadt war mir fremd, und ich wurde zurückgebracht. Man schlug mich mit Putzstöcken. Das war im Oktober 1941, ich war erst 18 Jahre alt.

Dann begann die Erschießung der Juden und Menschen anderer Nationalität. Wir wurden an den Panzergräben erschossen. Auf beiden Seiten wurden Maschinengewehre aufgestellt. Ich weiß nicht, wie ich am Leben blieb. Wahrscheinlich fiel ich zu früh in den Graben und wurde nur an den Beinen verletzt. Ich lag im Graben, und die Menschen fielen auf mich. Kleinkinder wurden von ihren Müttern getrennt. Man stach ihnen die Augen aus und warf sie in den Graben. Ihre Mütter schrien: »Chawer Stalin, hilf!« Sie wurden ebenfalls erschossen. Mich überfiel eine große Angst, und ich schrie: »Tötet mich, ich lebe noch!« Ich wollte die Hand heben, um zu zeigen, wo ich lag. Aber ich konnte es nicht, weil ganz viele Leichen auf mir lagen. Die Maschinengewehre ratterten und ratterten. Als die Deutschen abgezogen waren, krochen die noch Lebenden aus dem Graben und versuchten zu fliehen.

Neben mir lag ein Mädchen, das noch lebte. Es hieß Shenja. Sie stammte aus Mariupol und bat mich, mit ihr zu gehen. Sie half mir, mich von den Leichen zu befreien. Ich versuchte, mich auf die Beine zu stellen, konnte es aber nicht. Ich hatte eine Schussverletzung in meinen Beinen. Das Mädchen floh alleine, kehrte aber nach einiger Zeit zurück und zwang mich, ihr zu folgen, sagte, wir müssten uns retten, sonst würde man mich lebend begraben. Nach all dem Geschehenen war mir alles egal. Ich wollte nicht gehen, aber Shenja überredete mich.

Wir kamen zu ihr nach Hause, und ihr Onkel Ilja holte uns zu sich. Seine Frau hieß Lisa. Sie gaben uns zu essen, wir konnten uns waschen, und dann brachten sie uns in den Keller. Am Abend kam irgendeine Frau, sprach mit uns, gab uns eine Adresse und einen Wohnungsschlüssel. Dort sollten wir übernachten. Am frühen Morgen verließen wir die Wohnung.

Ich weiß nicht, wie viele Kilometer wir gegangen waren. Wir kamen in einen Ort, der, wenn ich mich nicht irre, Mangusch hieß. Wir klopften an einer Tür und sagten, dass wir Panzergräben ausgehoben hätten und jetzt auf dem Weg nach Kiew seien. Man gab uns zu essen und ließ uns übernachten. Einige Zeit arbeiteten wir in einem Weinberg. Dann wurden wir getrennt, und ich kam in ein anderes Dorf. Einmal erzählte mir ein Polizist, dass jemand Shenja erkannt hatte, sie sei eine Jüdin, und wir wurden festgenommen. Man brachte uns in einen Keller, aber wir konnten die Tür öffnen und fliehen.

Es war sehr kalt, wir hatten keine Papiere, aber wir rannten, wohin das Auge fiel. Wir wussten nicht, wo wir waren. Wir merkten nur, dass jene Gegend von Rumänen besetzt war. Ich sagte, dass

4. Kreisfreie Stadt Mariupol

wir aus Kiew stammten, Schutzgräben ausgehoben hätten und wie durch ein Wunder am Leben geblieben seien.

Ende 1941 wurde Shenja nach Deutschland verschleppt.

Unter dem fremden Namen Elisaweta Iwanowna Sagoruiko irrte ich umher, versteckte mich und zitterte jede Minute aus Angst, denunziert zu werden.

1943 hielt ich mich im Gebiet Saporoshje auf. Ich wurde festgenommen und nach Deutschland verschleppt. Wir wurden von Ärzten untersucht. Man behielt mich in Dresden, und ich wurde behandelt. Dann kam ich nach Werdau. Dort war eine Weberei, in der Russen arbeiteten.

Im März 1944 wurden wir nach München verschickt und arbeiteten dort in einer Fabrik in Wolfratshausen. Nach ein paar Monaten wurde ich gegen eine Dolmetscherin ausgetauscht und kam in die Stadt Daun. Dort arbeitete ich zuerst in einem Hotel, später in einem Haushalt, putzte, versorgte das Vieh und schmuggelte das gestohlene Essen für die Kriegsgefangenen.

Es ist unmöglich, alles Erlebte zu beschreiben.

Im Frühling 1945 wurden wir befreit. Ich bin wie durch ein Wunder am Leben geblieben. Ich kann jenen Horror nicht mehr beschreiben.

1945 kam ich nach Kiew. Ich wurde gleich interviewt, wie ich am Leben geblieben war. In einer jüdischen Zeitung erschien darüber ein Artikel, der leider nicht erhalten blieb. Später sollte ein Buch herausgegeben werden, wurde aber vermutlich verboten. Erst später verstand ich es. Ich arbeitete in Kiew auf verschiedenen Baustellen und konnte vier Jahre lang den sowjetischen Ausweis nicht bekommen. Ich besaß nur einen Ausweis als Repatriierte. Dann schrieb ich einen Brief an Stalin. Ich fragte, ob es möglich sei, dass ich, nachdem ich das alles erlebt hatte, keinen Pass verdienen würde. Danach erhielt ich einen Pass. Es ist nicht alles, was ich erlebt hatte, aber es wäre unmöglich, alles Erlebte zu beschreiben. In den Nachkriegsjahren sollte man über das Erlebte nicht sprechen. Bis heute verfolgt mich jener Horror.

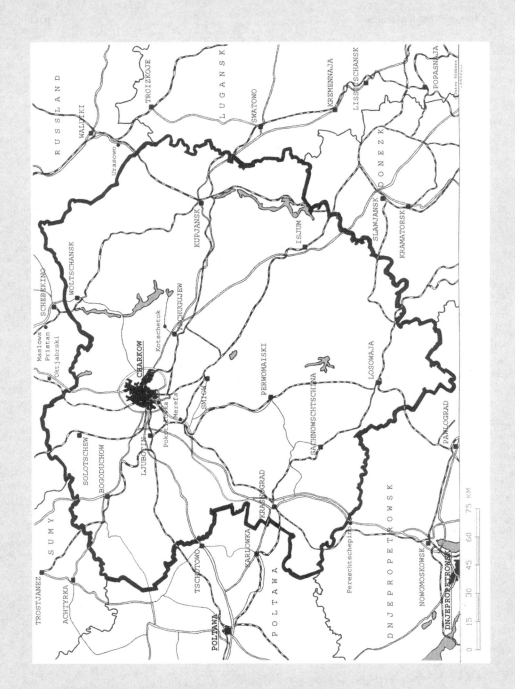

XXII. Gebiet Charkow

XXII. Gebiet (Oblast) Charkow
(ukr. Charkiw)

1939 lebten im Gebiet Charkow[1] 136 746 Juden, etwa 5 Prozent der Bevölkerung, einschließlich der 135 143 Juden, die in den Städten wohnten. Vor der Besetzung des Gebiets durch die Wehrmacht im Oktober 1941 konnten viele Juden evakuiert werden.

Das Gebiet blieb während der ganzen deutschen Besatzungszeit unter Militärverwaltung und gehörte nicht zum Reichskommissariat Ukraine.[2]

Im Gebiet Charkow wurden in mehr als 15 Orten Ghettos errichtet, u. a. in Bogoduchow, Woltschansk, Dmitrowka, Smijew, Solotschew, Krasnograd, Losowaja, Ljubotin, Merefa, Sachnowschtschina, Semenowka, Charkow und Tschugujew.

Im Gebiet Charkow wurden unter Mitwirkung der Wehrmacht und der örtlichen Polizei vom Sonderkommando 4a der Einsatzgruppe C unter Leitung von SS-Standartenführer Paul Blobel 12 500 Juden ermordet.

1. Gebietshauptstadt Charkow

Vor 1941 war Charkow[3] Gebietshauptstadt in der Ukrainischen Sozialistischen Sowjetrepublik. Von 1941 bis 1943 unterstand die Stadt der Armeegruppe »Rückwärtiges Heeresgebiet Süd«. Seit 1991 ist die Stadt das Verwaltungszentrum des Gebiets Charkow der Ukraine.

1939 lebten in der Stadt Charkow 130 250 Juden, etwa 15 Prozent der Bevölkerung.

Am 23. Oktober wurde die Stadt von deutschen Truppen der 6. Armee besetzt, die dort ihr Hauptquartier einrichtete. Die Mehrheit der Juden, etwa 90 Prozent, konnte vorher evakuiert werden. Die Stadt blieb während der ganzen deutschen Besatzungszeit unter Militärverwaltung. Im Vorgriff auf in der Stadt zu erwartende Sabotageakte hatte die 6. Armee bereits am 17. Oktober 1941 einen Befehl erlassen, Juden und Bolschewiken als Erste für kollektive Vergeltungsmaßnahmen zu ergreifen. Saboteure und Personen, die zum bewaffneten Widerstand aufriefen, sollten öffentlich gehenkt werden. In Übereinstimmung mit diesem Befehl hatte die 57. Infanterie-Division unter dem Befehl von Generalmajor Anton Dostler bis Ende Oktober 1941 drei zivile politische Kommissare erschossen und sieben Saboteure, darunter eine Frau, öffentlich gehenkt.

Am 3. November 1941 gab die Militärverwaltung die mageren Lebensmittelzuteilungen bekannt, die für Juden auf nur 40 Prozent reduziert wurden. Die tägliche Brotration wurde z. B. auf 150 Gramm festgelegt, aber Juden bekamen nur 60 Gramm. Im Januar 1942 starben mehr als 500 Menschen an Hunger. Ab April starben monatlich mehr als 2000 Bewohner der

---

1 Altman, Cholokost, S. 1030.
2 Enzyklopädie des Holocaust, S. 278.
3 Altman, Cholokost, S. 1027–1030; Enzyklopädie des Holocaust, S. 278 f.; Encyclopedia of Camps and Ghettos, S. 1767–1771; The Yad Vashem Encyclopedia, S. 304 f.

Stadt an Hunger. Bis Ende 1942 zählte die Stadtverwaltung offiziell fast 14 000 Verhungerte. In einem Kinderheim verhungerten 273 von 1301 der kleinen Insassen im Laufe des Jahres 1942.[4] Täglich wurden auf Anordnung des Befehlshabers des »Rückwärtigen Heeresgebiets Süd«, dem die Militärverwaltung unterstellt war, Geiseln genommen, darunter viele Juden. Sie wurden erschossen oder gehenkt. Am 5. November musste die jüdische Bevölkerung einen Judenrat wählen. Leiter des Judenrats wurde der 71 Jahre alte Dr. Efim Gurewitsch.

In der Nacht vom 13. zum 14. November 1941 wurden in der Stadt durch ferngezündete Minen mehrere Gebäude in der Stadt zerstört, in denen das Hauptquartier der 68. Infanterie-Division untergebracht war. Unter den Toten war der Kommandeur, Generalleutnant Georg Braun. Als Vergeltung wurden sofort 200 »Kommunisten« öffentlich erhängt und 1000 Geiseln genommen, drunter viele Juden. Sie wurden im Hotel International gefangen gehalten. Die 6. Armee hatte einen Befehl erlassen, Juden und sonstige Geiseln in öffentlichen Gebäuden unterzubringen, weil man den Verdacht hatte, dass einige dieser Gebäude vermint seien. Man erwartete, dass die mutmaßlichen Täter die Minenverstecke den Räumtrupps mitteilen würden.[5] Am 28. November wurden ungefähr 400 Geiseln, einschließlich etwa 300 Juden, am Hotel hingerichtet.

Am 22. November 1941 erließ die Stadtverwaltung eine Anordnung, dass Juden nicht mehr in öffentlichen Einrichtungen beschäftigt werden dürfen und in einen bestimmten Bezirk umziehen mussten.[6]

Am 26. November 1941 kam das Sonderkommando 4a unter SS-Standartenführer Paul Blobel nach Charkow. Blobel begann, die »Endlösung der Judenfrage« dadurch vorzubereiten, dass alle Juden der Stadt an einem Ort konzentriert werden sollten. Am 5. Dezember 1941 erließ die Stadtverwaltung eine Anordnung, am 6. Dezember die Juden in den einzelnen Stadtbezirken in separaten Listen zu erfassen. Insgesamt wurden 2739 Familien mit 10 271 Personen registriert, darunter 1959 Kinder unter 16 Jahren (960 Jungen und 999 Mädchen). Von den 8312 Juden über 16 Jahren waren 2907 Männer und 5405 Frauen. In einer Bekanntmachung des Stadtkommandanten Alfred von Puttkamer[7] vom 14. Dezember 1941 wurde den Juden befohlen, sich bis zum 16. Dezember auf dem Gelände des Traktorenwerks Nr. 10 zu versammeln, das 12 Kilometer von Charkow entfernt war. Juden, die sich am 16. Dezember nach 16 Uhr noch in der Stadt aufhalten, werden erschossen. Um die Juden einzuschüchtern, ermordete das Sonderkommando 4a 305 Juden unter dem Vorwand, sie hätten Gerüchte über die deutsche Armee verbreitet.

Auf dem Gelände des Traktorenwerkes standen 26 Baracken, die Anfang Dezember 1941 noch von 861 Menschen bewohnt wurden. Diese wurden am 12. und 13. Dezember umgesiedelt, um Platz für die etwa 12 000 Juden zu machen. Die Juden wurden trotz des sehr

---

4 Pohl, Die Herrschaft der Wehrmacht, S. 192.
5 Hilberg, Die Vernichtung der europäischen Juden, S. 317.
6 Encyclopedia of Camps and Ghettos, S. 1756.
7 VEJ 7, S. 37.

kalten Winters in den 26 völlig überfüllten, ungeheizten Baracken ohne Fenster und Türen untergebracht. Hunderte Juden wurden in Baracken gepfercht, die für 60 bis 70 Personen geplant waren. Die Juden durften sich weder Wasser aus einem Brunnen noch Nahrungsmittel besorgen und nachts die Schuppen nicht verlassen, obwohl es dort keine Sanitäreinrichtungen gab. Viele Juden starben in diesem mit Stacheldraht umzäunten Ghetto an Kälte, Krankheit und Hunger. Ihre Leichen mussten in den Schuppen bleiben. Auf dem Marsch und im Ghetto wurden die Juden von deutschen und ukrainischen Polizisten ausgeraubt. Die einheimische Bevölkerung plünderte die verlassenen Häuser der Juden. Das Ghetto existierte nur ungefähr drei Wochen, bis alle Juden erschossen wurden.[8]

Im Ghetto stellten die Deutschen täglich neue Forderungen an die Juden. Sie sollten warme Kleidung, Uhren oder andere Wertgegenstände abliefern. Konnten diese Forderungen nicht erfüllt werden, ergriffen die Deutschen, wahrscheinlich deutsche Polizisten, mehrere Juden aus den Baracken und erschossen sie.

Am 24. Dezember 1941 ermordete das Sonderkommando 4a 200 jüdische Patienten aus der Psychiatrie.[9] Es war gesagt worden, sie würden zur jüdischen Gemeinde gebracht.

Am 26. Dezember wurden »Freiwillige« zur Arbeit in Poltawa und Lubny gesucht. 800 Männer meldeten sich und wurden mit Lastwagen zur nahe gelegenen Schlucht Drobizki Jar gebracht und in bereits ausgehobenen Gruben ermordet. Am nächsten Tag wurden weitere 500 Juden in die gleiche Schlucht gebracht und ermordet. Dabei wurden auch Gaswagen eingesetzt. Die Morde wurden von Männern des Sonderkommandos 4a durchgeführt. Sie wurden vom deutschen Polizeibataillon 314 und Angehörigen der Waffen-SS unterstützt.[10]

Zwischen dem 2. und 8. Januar 1942 wurden alle noch lebenden Juden des Ghettos ermordet. Die Kranken wurden mit Lastwagen nach Drobizki Jar gebracht, während die anderen zu Fuß dorthin getrieben wurden. Über 9000 Menschen wurden erschossen. Etwa 400 Kranke und Alte, die nicht imstande waren, den Ort der Vernichtung zu erreichen, wurden in der Synagoge in der Meschtschanskaja-Straße versammelt und starben dort an Kälte und Hunger oder wurden erschossen.

Ende 1942 wurden noch einmal 64 Juden aufgegriffen und ermordet.

Insgesamt wurden in den Jahren 1941–1942 12 000 Juden in Charkow ermordet. Die Außerordentliche Staatliche Kommission (TschGK) stellte in einem Dokument vom 5. September 1943 fest, dass mehr als 15 000 Juden in Charkow ermordet wurden. Diese Zahl beruht auf der Schätzung der Anzahl von Leichen in zwei Massengräbern. Sie übersteigt die Zahl der in Charkow registrierten Juden um 5000. Es ist unwahrscheinlich, dass sich so viele Juden der Registrierung entziehen konnten. Vermutlich waren in den beiden Massengräbern auch Kriegsgefangene und nichtjüdische Bewohner der Stadt begraben.

---

8 Encyclopedia of Camps and Ghettos, S. 1757.
9 Kruglow, Chronika Cholokosta, S. 67; Kruglow, Enziklopedija Cholokosta, S. 173.
10 Klein, Die Einsatzgruppen, S. 77.

Hauptverantwortlich für die Ermordung der Juden war das Sonderkommando 4a der Einsatzgruppe C. Das amerikanische Militärtribunal in Nürnberg verurteilte den kommandierenden Offizier des Sonderkommandos 4a, SS-Standartenführer Paul Blobel, im Jahr 1948 zum Tode. Er wurde 1951 hingerichtet.

Generalmajor Anton Dostler, der am Ende des Krieges den Rang eines Infanteriegenerals hatte, wurde am 12. Oktober 1945 von einem amerikanischen Militärgericht in Rom zum Tode verurteilt und am 1. Dezember 1945 erschossen.

Das Sowjetische Militärtribunal in Berlin verurteilte 15 Polizisten des Dritten Zuges der Dritten Kompanie des Reserve-Polizei-Bataillons 9 zu je 25 Jahren Haft. Der Dritte Zug, kommandiert von Zugwachtmeister Tecklenburg, war bei der Ermordung der Juden in Charkow aktiv beteiligt.

Der frühere SS-Hauptsturmführer Heinz Hellenbroich, der von Oktober 1941 bis Februar 1942 im Sonderkommando 4a gedient hatte und einer der Organisatoren des Massenmordes an den Juden von Charkow war, wurde 1948 von einem französischen Militärtribunal exekutiert. In dem Verfahren vor dem Landgericht Darmstadt (Ks 1/67) wurden am 29. November 1968 mehrere Angehörige des Sonderkommandos 4a, unter anderem wegen Beteiligung an den Morden in Charkow, zu Haftstrafen verurteilt.

Charkow wurde am 16. Februar 1943 von der Roten Armee befreit, von den Deutschen aber zurückerobert. Am 23. August 1943 wurde Charkow endgültig befreit.

Nur wenige Juden, die sich mithilfe anderer Einwohner verstecken konnten, überlebten.

Olga Bondarewa (Mjadler)
»Für mich persönlich ist der Krieg nicht vorbei«

Ich bin des Jahrhunderts Augenblick,
des Menschen Schatten auf Erden,
ein Tropfen im starken Schauerregen,
und Gras auf vielen Wiesen.
Ich spüre keine Einsamkeit,
bis über den Rand füllt sie mich aus.
Meine Gebete landen in der Dunkelheit.
Ich danke meinem Schicksal!

Wie furchtbar ist es, im Krieg geboren und von ihm gezeichnet zu sein!

Für mich persönlich ist der Krieg nicht vorbei, er dauert an, und mit ihm werde ich auch sterben! Wie furchtbar sind das Gesicht des Krieges, sein Grinsen, seine Schmerzen und seine Krämpfe! Wie furchtbar ist die Erinnerung! Ausweglosigkeit, eine endlose Ausweglosigkeit, denn man kann sich vor ihr nirgendwo verstecken. Das Erlebte wohnt bei dir, in dir, und dein weiteres Leben wird

1. Gebietshauptstadt Charkow

von diesem Rhythmus geprägt. Dazu kommen die permanente Einsamkeit inmitten der Menschen, Leiden und die andauernden moralischen und physischen Schmerzen. Bis heute macht es mir zu schaffen, wenn ein feierliches Feuerwerk gezündet wird.

Ich war ein kleines Kind, als unsere Heimat von Nazis überfallen wurde. Einiges von dem, was ich nie vergessen werde ... Ich erinnere mich bei der Evakuierung an einen überfüllten, engen, schwülen Waggon, in dem Menschen laut schrien und weinten. Mama hielt mich im Arm, ich weinte, und es herrschte starkes Gedränge. Kurz darauf landeten meine Mama und ich auf dem Bahnsteig in Charkow. Ich freute mich. Wie konnte ich mir damals vorstellen, dass es für uns der Anfang einer langen, furchtbaren Höllenfahrt werden sollte. In jenem Augenblick passierte Folgendes: Meine Mama war Ukrainerin, mein Vater Jude. Auf der Liste waren außer uns noch zwei Schwestern meines Vaters eingetragen. Außerdem kam kurz vor der Abfahrt des Zuges noch seine dritte Schwester dazu. Als die Listen kontrolliert wurden, erklärten die Schwestern meines Vaters, dass meine Mama sich vermutlich auch so retten würde, denn sie sei Ukrainerin. So wurden wir aus dem Waggon herausgeworfen. Was sollte man machen. Meine Mutter ging nach Hause zurück, in die Potschtowyj-Gasse 4.

Eines Tages traten Deutsche trotz der Aufschriften »Pest«, »Cholera«, »Typhus« in die Häuser und schossen auf alle. Mama war nicht zu Hause. Ich wurde von unserem Schäferhund Nerka gerettet. Der Hund schubste mich unter das Bett. Am nächsten Tag kam mein Großvater und holte uns zu sich nach Shurawlewka, gegenüber der Fabrik »Krasnaja Nit« (»Der rote Faden«).

Es ist furchtbar, sich zu erinnern: Überall viele Deutsche, lautes Schreien, Schimpfwörter und Peitschen. Welche Angst hatte ich! Auf dem Berg des Technischen Instituts, wo später die hervorragende Sportanlage errichtet wurde, wurde eine Flugabwehrkanone aufgestellt. Regelmäßig, zweimal am Tag, beschoss sie die Gegend. Unser Haus geriet später unter Beschuss.

Auf der Brücke lagen die während des Rückzugs getöteten Soldaten, man wurde von den pausenlosen Flugangriffen terrorisiert, überall hörte man Schießen, Schreie und Weinen. Auf der anderen Flussseite (vom Tor unseres Hauses gesehen) war es furchtbar anzuschauen: An den Bäumen hingen ständig Erhängte.

Wenn ich mich daran erinnere, höre ich bis heute – wie in Wirklichkeit – das Heulen der schweren und tief fliegenden deutschen Flugzeuge, vollgeladen mit Bomben. Selbst jetzt, wenn die Sirenen zur technischen Kontrolle angeschaltet werden, klopft mein Herz wie verrückt, und ich muss mich überwinden, um meinen Kopf nicht unter ein Kissen zu stecken. Zumindest an diesen Verhaltensmustern kann man sehen, dass dieser Krieg für mich bis heute nicht zu Ende ist und nie zu Ende sein wird.

Bei uns zu Hause stand ein Klavier. Die Deutschen versuchten herauszufinden, wer spielt. Sie wollten, dass man für sie spielte. Alle schwiegen, aber jemand verriet, dass Mama spielte. Mama weigerte sich entschieden zu spielen. Sie wurde verprügelt, und am Abend, als sie schon schlief, mit Eiswasser übergossen. Danach konnte sie lange nicht sprechen. Etwas zerbrach in ihr, sodass sie nie wieder in ihrem Leben Klavier spielte, selbst wenn ich sie darum bat.

Die Deutschen versammelten uns Kinder und beauftragten uns, ihnen heißes Mittagessen von der Feldküche, die in der Nähe vom Babkina Gora war, zu holen. Aber das war ihnen noch nicht genug. Sie ließen uns in dem Zimmer, in dem sie aßen, an der Seite stehen und ihnen zuschauen. Eines Tages kam ein Deutscher zu mir mit seinem Teller, hielt ihn mir vor die Nase und ließ mich seine wunderbar duftende Hühnersuppe riechen. Von diesem Duft wurde mir schwindlig. Ich hatte nicht die Absicht, den Teller auf ihn zu kippen, aber ich musste mich mit meinem Arm vor diesem Duft schützen, um nicht ohnmächtig zu werden, und berührte dabei seinen Teller, aus dem die Suppe auf ihn floss. Ich wurde brutal geschlagen und für zwei Tage in einen Keller geworfen. Niemand durfte in meine Nähe kommen.

Nur an einen Deutschen kann ich mich wie an einen Menschen erinnern. Er hieß Heinrich und hatte Mitleid mit allen Russen. Als unsere Flugzeuge deutsche Objekte angriffen, zog er aus seiner Tasche ein Foto mit seiner Frau und seinen beiden Kindern und flüsterte den Wunsch, unsere Piloten mögen sich retten und lebendig wegfliegen. Dieser Deutsche gab uns ab und zu heimlich Schokolade oder ein Stück Zucker. Dabei schaute er sich immer um, ob er nicht von anderen Deutschen gesehen würde. Was für ein schreckliches Gefühl ist das Hungergefühl. Solange Mama irgendwelche Kleider hatte, ging sie zusammen mit anderen Frauen, um sie gegen Lebensmittel einzutauschen. Nach einiger Zeit hatte sie nichts mehr zum Tausch. Es gab Tage, an denen wir heißes Wasser in eine Schüssel taten, dazu eine Prise Salz und ein, zwei Tropfen Sonnenblumenöl. Diese Suppe aßen wir mit einer kleinen, trockenen Brotkruste. Ein Festmahl war bei uns, wenn es meinem Großvater gelang, irgendwo Kartoffelschalen aufzulesen. Dann gab es bei uns mein Lieblingsgericht: Kartoffelpfannkuchen.

Ich erinnere mich, wie Mama Silvester mit mir feierte. Sie schmückte unsere Zimmerpflanze mit ein paar selbstgebastelten Stoffkugeln, warf auf sie Wattebällchen, schnitt aus Papier ein paar Luftschlangen und flüsterte mir die ganze Zeit zu: »Wart ab, mein Töchterchen, sobald wir die ›Fritzen‹ vertrieben haben, bekommst du einen richtigen Weihnachtsbaum.«

Die furchtbarsten Erinnerungen beziehen sich auf Folgendes:

Noch bevor die Stadt von Deutschen besetzt worden war, verschwand mein Großvater. Erst später stellte sich heraus, dass er unseren Keller in die Tiefe ausgrub, weil er hoffte, dass wir alle uns dort bei den Luftangriffen verstecken könnten. Er tarnte den Eingang mit Brettern und Lehmbrocken, sodass man von außen nichts Verdächtiges erkennen konnte. Ich musste diesen Keller besonders gut kennenlernen. Als Tochter eines Juden wurde ich von unseren Nachbarn denunziert. Sie wurden von Deutschen als Geiseln genommen, nachdem jemand den Deutschen Brot geklaut hatte. Mein Großvater wurde von einer Nachbarin gewarnt und versteckte mich blitzschnell in jenem Keller.

An einiges erinnere ich mich trotz meines Alters, als ob es mir heute passieren würde. In Lehmbrocken waren »Sitze« eingemeißelt und auf dem »Tisch« lagen eine Dose mit Wachs und Docht, ein Stück trockenes Brot und meine Lieblingspuppe Katja. Ich hatte sehr große Angst. Grüne und braune Lehmspitzen ragten von allen Seiten in den Raum, als ob sie mich im nächsten Augenblick angreifen würden. Der schlimmste Augenblick war, als ich meinen Großvater weggehen sah. Nie werde ich passende Worte finden, um meine Panik zu schildern. Ich krallte mich mit meiner ganzen Kraft an meinen Großvater. Er versuchte, sich von meinen Händen zu befreien, um möglichst schnell zu verschwinden. Ich weinte und flehte ihn an, mich mitzunehmen. Die Tränen würgten mich, und wahrscheinlich wurde ich ohnmächtig, weil ich mich an nichts mehr erinnern kann.

Niemals in meinem Leben konnte ich diese Minuten der Angst überwinden. Mein größtes Problem und meine größte Schwäche bestanden darin, dass ich von Kindheit an nie wieder alleine bleiben konnte. Bis heute leide ich unter diesem Trauma. Es ist eine psychologische Barriere, die ich nicht überwinden kann, die mir bis heute keine Ruhe lässt.

In all den Tagen wurde Mama verrückt vor Schmerz, da sie mich für tot hielt. Sie ging während der Bombardierungen auf die Straßen der Stadt, um von einer der Bomben getötet zu werden. Mama wurde beobachtet, sodass es unmöglich war, sich an sie zu wenden.

So vergingen vier Tage. Eine Freundin meiner Mutter fand einen Pfarrer, der sich bereit erklärte, mich zu taufen, sollte ich überlebt haben. In einer Nacht zogen sie mich, aufgedunsen durch Tränen und Hunger, aus dem Keller. Selbst bei meiner Puppe lösten sich die Haare vor Feuchtigkeit. Plötzlich bemerkte Mama, dass ich atmete. Am frühen Morgen wurde ich getauft. Der Priester stellte ein Zeugnis aus, in dem stand, ich sei orthodox. Merkwürdigerweise wurde ich dank dieses Zeugnisses in Ruhe gelassen. Ich blieb am Leben, war aber keinen einzigen Tag mehr gesund. Als die Deutschen vertrieben wurden, wurde ich gleich in ein Kinderhaus in Shurawlewka gebracht, wo man bei mir eine Form Rheumatismus diagnostizierte.

Emotional kann ich diesen Krieg nicht überwinden. Ich leide unter endlosen Krankheiten und finanziellen Sorgen aufgrund dessen, dass ich nur halbtags arbeiten konnte, obwohl ich trotz meiner Erkrankungen 28 Jahre berufstätig war.

Und dann kam der Sieg! Wie sehr freuten sich alle, umarmten sich und ihre Befreier. Alle waren so glücklich, dass sie in den Umarmungen einander zu ersticken drohten.

Ich weiß nicht, ob es möglich ist, passende Worte zu finden, um zu beschreiben, was für eine Ungerechtigkeit der Krieg ist. Wie kann man die Menschen überzeugen, dass sie, die geboren sind, um zu lieben, das Gute zu tun und glücklich zu sein, nie in ihrem Leben Waffen in die Hand nehmen sollen. Friede, Liebe und Wohlstand sollen für alle sein. Dies sind nicht nur Worte, es ist der Schrei eines Menschen, der Vieles erlitten hat.

Ju. M. Ljachowizkij, Die Überlebenden der Katastrophe, Charkow/Jerusalem 1996, S. 48–51

Lidija Glusmanowa (geb. 1928)
»Wir wurden von Furcht ergriffen«

Ich, Lidija Naumowna Glusmanowa, wurde am 24. August 1928 in Charkow geboren. Mein Papa, Naum Grigorjewitsch, hatte eine Hochschulausbildung, war Angestellter und arbeitete als Agronom. Mama, Riwa Abramowna, beendete das Gymnasium, war Hausfrau und widmete sich meiner Erziehung. Meine Mama stammte aus einer kinderreichen Familie. Vor dem Krieg hatte sie drei Brüder und sechs Schwestern. Es war eine sehr nette und herzliche Familie. Meine Vorkriegskindheit war sehr glücklich. Ich besuchte die Schule Nr. 44.

Als der Große Vaterländische Krieg am 22. Juni 1941 ausbrach, war ich 12 Jahre alt. Mein Vater wurde eingezogen. Zwei Brüder und zwei Schwestern meiner Mutter konnten sich mit ihren Familien evakuieren lassen. Die übrigen Familienmitglieder blieben aus verschiedenen Gründen in dem von deutschen Truppen besetzten Charkow.

Ungefähr zwei Monate wohnten wir in einer kleinen Zwei-Zimmer-Wohnung ohne Strom und Heizung. Da wir nicht heizen konnten und die Lebensmittelversorgung sehr schlecht war, wurde entschieden, dass die ganze Familie, zehn Personen, sich zusammentut und in einer Wohnung bleibt. Als ich eines Tages zusammen mit meiner Cousine Ewa Breslawska auf die Straße ging, sah ich am Balkon eines Hauses zum ersten Mal einen Erhängten. Wir wurden von Furcht ergriffen und rannten laut schreiend in unsere Wohnung zurück.

Eines Tages kam ein deutscher Offizier, ein Arzt aus dem Hospital, das in dem ehemaligen Schulgebäude untergebracht worden war, zu uns in die Wohnung. Bei uns war es sehr sauber, und er äußerte seinen Wunsch, bei uns zu wohnen. Die Deutschen hatten panische Angst vor möglichen Infektionen. Dieser Offizier war ein sehr gebildeter und intelligenter Mensch. Er äußerte sich negativ über die Politik Hitlers. Er benahm sich sehr korrekt. Mein Onkel (der Mann meiner Tante) war ein österreichischer Jude und beherrschte fließend Deutsch. Er unterhielt sich sehr oft mit dem deutschen Offizier. Dieser warnte meinen Onkel, dass in Charkow eine »Aktion« gegen Juden stattfinden würde. Anfang November 1941 wurde in der Stadt das Gebäude des deutschen Stabes gesprengt. Nach dieser Explosion nahmen die Deutschen 1000 Geiseln. Unter den Geiseln war auch meine 19-jährige Cousine Ewa Breslawska. Sie war Medizinstudentin an der Universität Charkow. Ewa war eine sehr kluge, begabte, schöne und nette junge Frau. Sie wurde wie auch alle anderen Geiseln im Dorf Kotschetok brutal erschossen.

Mitte Dezember 1941 erschienen an vielen Häusern der Stadt Charkow Bekanntmachungen, die ungefähr folgenden Inhalt hatten: »Alle Juden der Stadt Charkow sind unabhängig von der Religionszugehörigkeit verpflichtet, sich auf dem Gelände der Traktorenfabrik und der Stankostroj-Fabrik zu versammeln. Das Nichtbefolgen dieses Befehls wird mit der Erschießung bestraft.«

Am 16. Dezember 1941 kamen aus allen Ecken der Stadt Menschen, die sich in die Richtung des Moskowskij-Prospekts bewegten. Die Juden der Stadt Charkow gingen mit ihren Familien oder einzeln, die Alten und Kinder wurden auf Schlitten gezogen, man stützte einander und half sich gegenseitig. Es war ein sehr trauriges Bild.

Es herrschten 40 Grad Frost.

Unsere ganze Familie, alle zehn Personen, gesellte sich zur langen Menschenkolonne. Wir machten uns am frühen Morgen auf den Weg. Auf beiden Seiten der Straße standen die Einwohner Charkows, die das Glück hatten, keine Juden zu sein.

Ein Teil dieser Menschen hatte Mitleid mit uns, aber viele waren uns gegenüber leider sehr feindlich. Sie lachten uns aus, misshandelten Alte und Kinder. Manche rissen den Menschen Mützen und Kopftücher weg, andere zogen ihnen Mäntel und andere warme Kleidung aus. Den ganzen Tag gingen wir auf unser Golgatha zu. Erst zum späten Abend erreichten wir die Baracken. Nicht alle konnten diese erreichen. Viele erfroren unterwegs, manche starben vor Furcht,

1. Gebietshauptstadt Charkow

Erniedrigung und Angst. In den Baracken wartete auf uns Eiseskälte. Es gab keine Fenster oder Türen. In jeder Baracke gab es ein paar Zimmer. In jedem Zimmer waren 30 bis 40 Menschen untergebracht. Die Menschen brachten Teppiche, Decken und Kissen mit.

Dies alles wurde benutzt, um die fehlenden Fenster und Türen zu ersetzen. So verbrachten wir unsere erste Nacht. Den Morgen erlebten wir starr vor Kälte. Wir bekamen kein Wasser und benutzten stattdessen den Schnee. Jegliche Versorgung fehlte. Die Menschen waren dem kalten und hungrigen Tod ausgeliefert.

Unter diesen unmenschlichen Bedingungen existierte unsere Familie zwei Wochen lang. Innerhalb dieser Zeit kamen täglich Deutsche und Polizisten in unsere Baracken und verlangten von uns Gold und andere Wertsachen. Wenn wir diese nicht hatten, begannen die Deutschen zu schießen, und in der Folge blieben fünf bis sechs Leichen in der Baracke liegen.

Besonders tobte ein Deutscher, dessen Augen vor Hass und Wut weiß wurden. Auf diese Art und Weise wurden meine beiden Tanten und beiden Onkel ermordet. Die am Leben Gebliebenen litten unter der Brutalität, hofften und warteten.

»Lasst, die ihr eintretet, alle Hoffnung fahren!« Man musste aber weiterleben. In der Nachbarbaracke war die Familie Luchowizki. Boris Efimowitsch, seine alte Mutter, seine Frau Elena Fedorowna (Russin) und ihre beiden Söhne Petr und Rewold. Sie waren erst seit fünf oder sieben Tagen in der Baracke. Elena Fedorowna entschloss sich, ihren Mann und ihre Kinder zu retten und zu fliehen. Die alte Mutter von Boris Efimowitsch weigerte sich mitzukommen. Sie sagte: »Was mit allen passiert, passiert auch mit mir!« Bevor die Familie Luchowizki jene Todesfabrik verließ, gab sie uns ihre Adresse in Charkow.

Dann kam der Tag, an dem uns bekannt gegeben wurde, dass wir zu einem Arbeitseinsatz nach Poltawa abtransportiert würden.

Es war eine Lüge. Man brachte uns in die Drobizki-Schlucht (Drobizki Jar), wo wir alle erschossen werden sollten. Neben unserer Baracke hielt ein Tscheche Wache. Er sagte meiner Mama, dass man uns zur Erschießung abführe. Er sagte ihr, er habe mit mir kleinem Kind Mitleid, und sie solle versuchen zu fliehen. Wir machten uns auf den Weg, begleitet von den Blicken meiner Großmutter, der Mutter meiner Mama, die unser Leben segnete. In der Toilette wurde ein Brett entfernt, und durch dieses Loch flohen wir. Wir landeten in einem Graben. An dieser Stelle ging eine Frau mit Wassereimern an einem Joch vorbei. Sie fragte uns: »Seid ihr von dort?« Wir antworteten: »Ja!« »Dann folgt mir!« Sie brachte uns in die Arbeitsbaracke. Sie wohnte dort mit ihren beiden Kindern und ihrem Schwiegervater. Sie gaben uns gebackene Kartoffeln zu essen und ließen uns in einem unbeheizten Zimmer übernachten, um uns vor fremden Augen zu schützen.

Nach der Erschießung in der Drobizki-Schlucht wurden in jener Nacht alle Behinderten, Alten, Kranken und Säuglinge in eine Baracke getragen, die dann in Brand gesetzt wurde. Die ganze Nacht hörte man herzzerreißende Schreie, man sah von Weitem die Flammen und nahm den furchtbaren Gestank der verbrannten Körper wahr.

Die ganze Nacht konnten weder wir noch unsere Retter die Augen schließen. Am Morgen war alles vorbei.

Noch viele Jahre nach diesem furchtbaren Verbrechen litt ich unter Gehörhalluzinationen und wachte nachts mit wildem Schreien auf.

Am Morgen kam der Schwiegervater unserer Retterin zu uns ins Zimmer und sagte, dass die Deutschen und Polizisten eine Razzia durchführten, um die geflohenen Juden festzunehmen.

Er begleitete uns zur Straße, die nach Charkow führte, gab uns ein paar gebackene Kartoffeln für unterwegs mit, bekreuzigte uns und sagte: »Gott sei mit euch!«, drehte sich um und weinte. Ab diesem Augenblick waren meine Mutter und ich rechtlos, obdachlos, dem Hunger und der Kälte ausgeliefert. Es waren 40 Grad Frost.

Unser Martyrium begann. Erst um 15 Uhr erreichten wir Charkow. Damals begann um 16 Uhr die Ausgangssperre und es war verboten, ohne einen Ausweis auf der Straße zu sein. Für die Verletzung dieser Anordnung drohte die Erschießung an Ort und Stelle.

Im Moskowskij-Prospekt Nr. 111 wohnte vor dem Krieg meine Tante, die sich evakuieren ließ. In diesem Haus wohnte auch deren Freundin, die uns über Nacht aufnahm. Wegen der schwierigen Situation in der Stadt hatte sie Mitleid mit uns, und wir durften noch einen Tag bei ihr bleiben.

Es war unmöglich, sich in der Stadt ohne Papiere zu bewegen. Diese gütige Frau, Maria Wassiljewna Lewkowitsch, gab meiner Mutter ihren Ausweis. Am frühen Morgen des 5. Februars 1942 gingen wir auf die Straße und begaben uns zu unserem Haus. Wir waren vor dem Tor unseres Hauses, als wir plötzlich Dr. Helmut begegneten, dem Deutschen, der in unserer Wohnung wohnte. Wir erschraken. Er lächelte uns an und sagte, dass er niemand und nichts gesehen habe, und ging an uns vorbei.

In unserem Haus wohnte der Hausmeister Filipp in einem winzigen Zimmer an der Ecke. Er war ein großer Trinker, erwies sich aber als ein sehr hilfsbereiter Mensch. Er nahm uns über Nacht in seiner Kammer auf und ging selbst zu seinem Freund. Am Morgen brachte er uns gebackene Kartoffeln, heißes Wasser und begleitete uns zum Haus in der Tschebotarskij-Straße, wo Michail Iwanowitsch Martynenko wohnte, ein sehr guter Freund meines Vaters. Er war unsere große Hoffnung, versteckt und versorgt zu werden. Leider war er mit einer Schauspielerin verheiratet, die sich sehr mit den Deutschen angefreundet hatte und ihn als ihren Bruder ausgab. Er machte uns die Tür auf, und wir vernahmen Musik und eine lockere Tischatmosphäre. Er war unfähig, uns aufzunehmen. Er brachte uns etwas Essen und Geld, brach in Tränen aus, entschuldigte sich und ging weg.

Wir waren wieder ohne ein Dach über dem Kopf. Es war kurz vor der Ausgangssperre, und wir gingen in die Artema-Straße 34. Es war die Adresse, die uns Familie Luchowizki hinterlassen hatte.

Wir klopften an der Tür. Lange öffnete man uns nicht. Dann machte Elena Fedorowna die Tür auf. Ohne nachzudenken, ließ sie uns herein. Sie war eine selbstlose, herzliche und intelligente Frau. Als wir das Zimmer betraten, sahen wir ein gemachtes Bett, in dem Boris Efimowitsch Luchowizki versteckt war. Die Söhne kamen aus einem anderen Zimmer, in dem sie sich vor Fremden versteckten. Trotz dieser angespannten Situation in der Wohnung blieben wir fast anderthalb Monate bei dieser Familie. Es war eine sehr hungrige Zeit. Elena Fedorowna ging mit einem der Söhne von Dorf zu Dorf und tauschte irgendwelche Gegenstände gegen Lebensmittel. Wir öffneten niemandem die Wohnungstür. Meine Mutter versteckte sich in einem Kellerraum und ich hinter einem Flügel. In der Nacht gingen wir kurz auf den Balkon, um frische Luft zu schnappen. So existierten wir bis März 1942.

Dann mussten wir Charkow verlassen. Boris Efimowitsch hatte keinen Ausweis und konnte die Stadt nicht verlassen, obwohl es dort zunehmend gefährlicher wurde. Eines Tages kamen zwei Gestapo-Männer zu uns in die Wohnung, um Telefonkabel, die von unserem Balkon herunterhingen, zu kontrollieren. Die Deutschen setzten sich auf das Bett, in dem Boris Efimowitsch versteckt war. Wir anderen saßen alle in unseren Verstecken. Sie blieben ungefähr 20 Minuten auf dem Bett sitzen, um sich aufzuwärmen. Als sie schließlich weggingen und wir Boris Efimowitsch aus dem Bett befreiten, zitterte er am ganzen Körper, da er Angst gehabt hatte zu atmen.

Meine Mama und ich irrten durch die Dörfer der Gebiete Charkow und Sumy umher. Eines Tages landeten wir im Dorf Tschernoglasowka, Bezirk Solotschew. Wir erreichten das Dorf am späten Abend. In einem Haus am Dorfrand ließ man uns herein.

Die Frau setzte sich hin und weinte. Sie erzählte uns ihre furchtbare Geschichte. Der Mann jener Frau wurde wegen der Verbindung mit den Partisanen von den Deutschen erhängt. Sie zeigte uns seinen Ausweis mit dem Foto. Wir kamen auf die Idee, sie zu bitten, uns diesen Ausweis für Boris Efimowitsch zu überlassen. Nach einem langen vertraulichen Gespräch beichtete meine Mama ihr unsere Geschichte. Jene gütige Frau gab uns den Ausweis ihres Mannes, und wir brachten ihn zu Boris Efimowitsch. Dank dieses Ausweises konnte er sich zusammen mit seiner Frau und seinen Kindern auf den Weg durch die Dörfer machen. Auf diese Art und Weise trennten sich unsere Wege für längere Zeit.

Mama und ich gingen von Dorf zu Dorf, ohne zu wissen, wo wir übernachten würden. Manchmal übernachteten wir in verlassenen Häusern, manchmal in Heuhaufen, ab und zu gewährten uns hilfsbereite Menschen Obdach. Die Zeit verging. Eines Tages kamen wir ins Dorf Kostschewka. Es war an einem großen Feiertag. Im Dorf war eine riesige Kirche. Zusammen mit anderen Bettlern standen wir vor dem Tor der Kirche und baten um Almosen.

Plötzlich erschienen Polizisten und nahmen Mama fest. Ich konnte fliehen. Einige Monate irrte ich alleine umher, ohne zu wissen, was mit meiner Mama war. Ich ging von Dorf zu Dorf und kam ins Gebiet Sumy. Im Dorf Grun begegnete ich vor einer Kirche meiner Mama. Endlich waren wir wieder zusammen. Wir gingen zusammen ins Dorf Wjasowoje, wo mich ein kinderloses Ehepaar Panteleimon Sacharowitsch und Palashka Nikiforowna Suk bei sich aufnahm. Bei deren Nachbarin Alexandra Siplywa fand Mama Obdach. Es war im Frühling 1942. Wir arbeiteten auf dem Feld und weideten Kühe. Unsere Wohltäter wussten nicht, dass wir Juden waren. Im März 1942 wurden im Dorf Grun die Listen mit Namen der »illegalen« Menschen bekannt gegeben. Auch wir standen auf dieser Liste. Mein Gastvater Panteleimon Sacharowitsch arbeitete im Sägewerk der Kommandantur und sah diese Listen. Von Grun nach Wjasowoje waren es ungefähr fünf Kilometer. In der Nacht kam er nach Hause und brachte uns zu seiner Schwester ins Dorf Budy. Dort versteckte man uns in einem Keller.

Nur dank der Hilfe unserer Wohltäter konnten wir gerettet werden.

Am 24. August 1943, an meinem Geburtstag, wurde das Dorf Wjasowoje befreit. Es war der glücklichste Tag, der Tag meiner zweiten Geburt.

Vor unserer Rückkehr nach Charkow zogen wir nach Grun, wo ich als Viehagentin arbeitete. Ich musste den Bauern das Vieh für die Rote Armee wegnehmen. Es war ja noch Krieg. Dann arbeitete ich bis Juli 1944 in der Personalausweisstelle des Dorfes Grun. Zurück in Charkow, arbeitete ich in der Typografie »Bolschewik Jushny« und besuchte die Abendschule.

1945 war der Krieg zu Ende. Mein Vater kehrte von der Front nach Hause zurück. Langsam nahm unser Leben einen neuen Lauf. Wir mussten bei Null anfangen. Wir mieteten eine Wohnung, denn unser Haus war zerstört. Langsam ging es bergauf.

Meine Eltern arbeiteten, und ich ging zur Schule.

1946 kehrte Petr, der ältere Sohn der Familie Luchowizki, von der Front zurück. Als 1943 Charkow befreit wurde, ging er an die Front. Unsere beiden Familien sahen sich wieder. Kurz darauf heiratete ich Petr. Wir sind seit 54 Jahren verheiratet. Wir haben einen Sohn und Enkelkinder. Mein Mann war Frauenarzt und ich Zahnärztin. Jetzt sind wir Rentner. Elena Fedorowna Luchowizkaja wurde der Titel »Gerechte unter den Völkern« verliehen. Es ist sehr schwierig, all jenes, was wir während der deutschen Besatzung erleben mussten, zu beschreiben. Nur jemand, der es selbst erlebt hat, kann es verstehen. Dies wünsche ich aber niemandem.

S. S. Kriworutschko
»Der letzte Tag des Ghettos von Charkow«

Ich bin Einwohner der Stadt Charkow. Ich bin Jude, mein Beruf ist Ingenieur. Wegen einer Krankheit konnte ich mich im Oktober 1941 nicht evakuieren lassen. Mit den ersten Stunden nach der Besetzung der Stadt durch die Deutschen bekamen die Juden das besondere Verhältnis der Deutschen ihnen gegenüber zu spüren. Es begann mit einzelnen Morden, mit der Zwangsräumung von Wohnungen, mit den immer öfter werdenden »Besuchen« in jüdischen Häusern, die ein allmähliches Ausräumen des Hausrates zum Ziel hatten. Außer diesem unorganisierten Raub gab es mit der Zeit auch einen geplanten, organisierten Raub. Zu diesem Zweck wurde ein jüdischer Ältester, der alte Dr. Gurewitsch, eingesetzt. Zu seinen Pflichten gehörte es, die Kontribution, die der jüdischen Bevölkerung auferlegt wurde, zu organisieren. Eine Kontribution folgte der anderen, und ihre Höhe stieg jedes Mal.

Am 14. Dezember 1941 wurden am frühen Morgen die Bekanntmachungen der deutschen Kommandantur in der ganzen Stadt ausgehängt. Sie verpflichteten alle Juden, sich innerhalb einer zweitägigen Frist auf das Gelände der ehemaligen Traktorenfabrik zu begeben. Personen, die nach dem 16. Dezember in der Stadt festgenommen würden, würden an Ort und Stelle erschossen.

Am Morgen des 15. Dezember zogen Kolonnen jüdischer Menschen durch die Stadt zum Stadtrand. Viele gingen zu Fuß mit Gepäck in den Armen, andere zogen kleine Handwagen mit ihren Habseligkeiten. Nur wenige waren mit Pferdewagen unterwegs. In der Eile dieser Umsiedlung ließen die meisten ihr ganzes Hab und Gut in ihren Wohnungen. Für viele Alte und Behinderte wurde

1. Gebietshauptstadt Charkow

der Weg von der Stadt zum Gelände der Traktorenfabrik zum letzten ihres Lebens. Mindestens dreißig Leichen blieben am Straßenrand liegen. Gegen Mittag begannen auf der Straße der Überfall auf die Menschenkolonne und das Ausrauben der Menschen. Dadurch gelangten viele Juden in die für sie vorbestimmten Baracken ohne jegliches Gepäck und ohne Lebensmittelvorräte. Dies bekamen sie gleich am nächsten Tag zu spüren.

Die Baracken, in denen wir uns niederlassen mussten, waren einstöckig, halb zerstört, mit kaputten Fenstern und Böden sowie durchlöchertem Dach. Die Fläche war 8- bis 10-mal kleiner, als laut hygienischen Normen pro Person vorgesehen. Das Zimmer, in dem ich landete, war bis zum Abend mit über 70 Menschen voll gestopft, während dort sonst nicht mehr als sechs oder acht Personen untergebracht wurden. Die Menschen konnten nur eng aneinander gedrückt stehen. Mit Mühe und Not konnten wir am nächsten Tag in unserem Zimmer zehn Eisenbetten, die wir auf einer Müllhalde gefunden hatten, unterbringen. Auf jedem Bett schliefen drei bis vier Personen. Trotz des kalten Wetters und der kaputten Fenster war es im Zimmer von den Ausdünstungen warm. Am dritten Tag wurden alle Baracken von deutschen Wachmännern umstellt. Diese hinderten uns, jeglichen Kontakt mit der Außenwelt aufzunehmen.

Es gab keine Versorgung. Die Menschen lebten von den Lebensmitteln, die sie mitgenommen hatten. Hunger brach aus. Aufgrund des Hungers starben täglich 20 bis 30 Personen. Wir litten auch unter Wassermangel. Von 12 bis 13 Uhr erlaubte man den Frauen, in begrenzter Zahl und unter Bewachung zu einem Brunnen zu gehen und Wasser, genauer gesagt eine dreckige, braune Brühe, zu schöpfen. Männer durften kein Wasser holen. Das Wasser wurde zu einer Mangelware und kostete bald 100 Rubel pro Flasche. Zum Glück schneite es bald, und wir benutzten Schnee anstelle von Wasser.

Aufgrund der furchtbaren Enge, des Hungers und des Wassermangels brachen Magen-Darm-Infektionen aus. Sie führten zu einer noch größeren hygienischen Krise. Aus den Baracken durften wir nur von 8 Uhr morgens bis 16 Uhr nachmittags in den Hof. Jeder, der den Hof zu einer anderen Zeit betrat, wurde an Ort und Stelle erschossen. Bis zum Morgen waren die Flure in den Baracken in unbeschreiblicher Weise verdreckt. Dann mussten wir die Flure mit den Händen reinigen, da wir keine Besen oder Schaufeln hatten und die Deutschen drohten, alle zu erschießen, wenn nicht innerhalb kürzester Zeit gereinigt würde. Am Morgen räumten wir auch die Leichen der Menschen, die in der Nacht gestorben waren, weg. Die Leichen wurden in die Panzergräben, die in der Nähe waren, geworfen. Innerhalb einer Woche waren diese Panzergräben gefüllt.

Raub und Mord wurden zum Alltag. Normalerweise rissen die Deutschen die Türen mit der Begründung auf, nach illegalen Waffen zu suchen, und raubten, was ihnen gefiel. Wenn jemand Widerstand leistete, wurde er in den Hof gezogen und erschossen. Kurz vor Weihnachten und Silvester verlangte man von uns, die Lebensmittel und das Geld für den Kauf des Alkohols für die Silvesterfeier des Wachpersonals zu besorgen. Hungrige, mittellose Menschen entrissen ihren Kindern den letzten Bissen Brot oder Zucker und spendeten ihn ihren Mördern für die Weihnachtsfeier. Und nicht nur das. Fast täglich verlangten die Nazi-Bestien, dass man ihnen mal Uhren, mal teure Stoffe zur Verfügung stellte. Diese Befehle wurden befolgt, da sie immer mit einer Drohung von Erschießungen begleitet wurden. Es wurden sehr viele ermordet, z. B. für den Wechsel von einer Baracke in die andere, für die Erledigung der Notdurft an der Mauer, für den Zweig, den man durch den Zaun heranzog. Täglich gab es 15 bis 20 Ermordungen von unschuldigen Menschen.

In Hunger, Kälte, Enge, Dreck und der absoluten Rechtlosigkeit sowie unter den wilden Ermordungen blieb ich dort bis zum 2. Januar 1942. Ungefähr fünf Tage zuvor gaben die Deutschen eine freiwillige Evakuierung nach Poltawa bekannt. Die Menschen waren noch so naiv, dass sie daran glaubten. Etwa 500 Menschen trugen sich in die Listen ein, wurden auf Lastwagen geladen und in eine unbekannte Richtung abtransportiert. Beim Aufladen wurde das Gepäck dieser Menschen in einen anderen Lastwagen verstaut. Als für den letzten Lastwagen nicht genug »Passagiere« da waren, wurden ihre Verwandten, die dabei waren, gefasst und mit dem Wagen abtransportiert.

Das Schicksal der »Evakuierten« ist klar: Sie wurden vernichtet. Am 2. Januar 1942 zerriss um 7 Uhr die Stimme des deutschen Wachmanns die Morgenstille. Dieser befahl uns allen, uns innerhalb von 10 Minuten mit dem Gepäck auf dem Hof zu versammeln. Ich packte meinen Rucksack, steckte sogenannte Brotfladen in die Taschen meiner Jacke und ging auf den Hof, wo schon 1000 bis 1200 Menschen aus anderen Baracken versammelt waren. Uns wurde befohlen, alle Rucksäcke und Koffer in die Mitte des Hofes zu stellen. Dann wurden wir von deutschen Wachleuten und Polizisten dicht umstellt und machten uns auf den Weg, da es angeblich eine Evakuierung nach Poltawa war. Wir erreichten die Hauptstraße Tschugujew-Charkow und gingen in die der Stadt entgegengesetzte Richtung. Dabei war der Weg nach Poltawa in die andere Richtung. Es war klar, dass man uns nicht nach Poltawa führte. Wohin wir marschierten, wusste niemand.

Unterwegs sahen wir viele Deutsche, die aus den Häusern kamen und uns mit ihrem Gelächter und Kichern begegneten. Ungefähr zwei Kilometer nach den letzten Häusern des Dorfes Traktorny mussten wir zu einer Schlucht abbiegen. Die ganze Schlucht war mit Lumpen und Kleidungsresten übersät. Es wurde klar, wozu wir hierhin gebracht worden waren. Die Schlucht war mit einer dichten Bewachung umstellt. Am Rande der Schlucht stand ein Lastwagen mit Maschinengewehren. Als die Menschen sahen, dass sie zum Abschlachten hierhergebracht worden waren, ereigneten sich fürchterliche Szenen. Wilde Schreie hallten durch die Landschaft. Manche Mütter erstickten ihre Kinder, um sie nicht in die Hände der Henker übergeben zu müssen. Viele wurden wahnsinnig. Es kam auch zu Selbstvergiftungen. Viele nahmen Abschied voneinander, umarmten und küssten sich, teilten miteinander ihre letzten Vorräte. Wieder andere holten aus den Taschen Wertsachen, zerstörten diese, traten sie mit den Füßen, zerrissen Geldscheine, zerschnitten mit dem Messer ihre Mäntel und Jacken, bloß damit diese nicht in die Hände der Mörder fielen.

Von der Kolonne trennten die Deutschen mit Stöcken jeweils Gruppen von 50 bis 70 Menschen ab und befahlen ihnen, sich zu entkleiden. Es herrschte Frost von 20 bis 25 Grad. Die Entkleideten wurden in die Schlucht hinuntergeführt, aus der ab und zu Explosionen und das Rattern der Maschinengewehre zu hören waren.

Ich war wie vollständig gelähmt und merkte nicht, dass hinter mir Schreie hallten und die Deutschen mit Stöcken die Gruppe, zu der ich gehörte, zum Entkleiden trieben. Ich schritt an der Spitze der Gruppe, bereit, in den nächsten Minuten zu sterben. Aber dann geschah Folgendes:

Die Alten und Behinderten wurden an den Ort der Hinrichtung mit Lastwagen gebracht. In diese Wagen wurden das Gepäck und die Kleidung der Ermordeten geladen und in die Stadt gebracht. Ich ging an so einem Wagen vorbei. Im Inneren des Lastwagens waren zwei junge Juden, die von den Deutschen zum Einladen der Kleidung ausgewählt worden waren. Blitzschnell sprang ich auf den Lastwagen und bat die Jungs, mich mit der Kleidung zu bedecken. Sie selbst versteckten sich später auch in der Kleidung. Als der Lastwagen voll war, fuhr ein deutscher Soldat mich und jene zwei Jungen aus der schrecklichen Schlucht heraus. Nach einer Stunde Fahrt landeten wir auf dem Hof der Gestapo, wo wir beim Entladen des Wagens gefunden wurden.

Im Hof wurde die Kleidung sortiert und in einem neu errichteten Lager gelagert. Später erfuhr ich, dass diese Kleidung nach Deutschland geschickt wurde.

Nach dem Entladen wurden wir in den Lastwagen geworfen und zurück zur Schlucht gebracht. Unterwegs konnten wir den kleinen Fensterrahmen im Lastwagen geräuschlos entfernen. Ich sprang als Erster vom Lastwagen und zog mir dabei sehr starke Prellungen zu, aber meine Knochen blieben ganz. Beim Herunterfallen wurde ich ohnmächtig, aber wahrscheinlich zog mich jemand von der Straße und brachte mich wieder zu Bewusstsein. Ich ging zu meiner Frau. Sie war keine Jüdin und blieb mit unserer Adoptivtochter in der Stadt. Sie versteckte mich bei ihrer Freundin, wo ich sechseinhalb Monate verbrachte. Danach irrte ich noch vier Monate mit einem gefälschten Pass durch Dörfer umher. Auf diese Art und Weise überlebte ich bis zum 16. Februar 1943, als Charkow das erste Mal durch die Rote Armee von den Besatzern befreit wurde.

Elena Schtscherbowa (geb. 1930)
»Für immer verband uns jener furchtbare Krieg«

> Oh, Drobizki Jar, wie eine Wunde schmerzest du,
> wenn ich mich an jene furchtbaren Tage erinnere,
> als Tausende in das Grab fielen,
> nur weil sie Juden waren.
> Oh nein, es waren nicht Soldaten, sondern Frauen, Kinder,
> Kranke und schwache Alte.
> Mit einem gelben Davidstern zeichnete sie Hitler,
> und ihr Martyrium war endlos.
> Sie litten Hunger im Ghetto,
> und wurden später wie Vieh zum Schlachten getrieben.
> Das Wort »Jude« wurde zum Todesurteil,
> blutvergießendem und schmerzendem.
>
> Olga Wolowitsch, Volontärin von Chesed in Charkow

Jahre und Jahrzehnte vergehen. Namen, Vornamen und Gesichter weichen aus dem Gedächtnis, aber wir werden nie vergessen, was im Dezember 1941 in der Drobizki-Schlucht und in den Baracken des Ghettos vor sich gegangen war. Nur wenige konnten sich retten und jenes Inferno überleben. Wie viel Leid brachte jener furchtbare Krieg allen Menschen! Wir dürfen nie vergessen, dass das Leben das Wertvollste auf dieser Erde ist. Man sollte sich über jeden Tag freuen und den Frieden auf der ganzen Welt bewahren.

Durch ein Wunder konnte ich mich retten, jenes Inferno überleben und den heutigen Tag erleben. Ich möchte berichten, woran ich mich heute noch erinnern kann.

Die junge Generation kann sich kaum vorstellen, was dort vor sich ging. Die Literaten, die jene Ereignisse schildern, bedienen sich professioneller Methoden, die Angst und Furcht auf den Leser ausüben können. Viele von uns sahen Filme mit den Aufnahmen von Erschießungen und Misshandlungen. Menschen mit schwachen Nerven schlossen die Augen oder verließen den Zuschauerraum. Menschen mit starken Nerven blieben und bereuten später, dass sie es taten. Aber das, was damals in der Wirklichkeit geschah, können nur die Augenzeugen berichten. Ein normaler Mensch kann sich nicht einmal vorstellen, wohin die menschliche Bestialität namens Faschismus führen kann.

Ich wurde in Charkow geboren. Dort verbrachte ich meine Kindheit, meine wunderschönen Schuljahre und die furchtbaren Kriegsjahre, die Besatzung und die kalte und hungrige Nachkriegszeit.

Ich wurde in einer wunderbaren jüdischen Familie geboren und möchte in erster Linie von meinen Eltern berichten. Mein Papa hieß Isai Grigorjewitsch Berkowitsch. Er wurde in der Drobizki-Schlucht ermordet. Er war damals 44 Jahre alt. Papa war ein wunderbarer Mensch: klug, intelligent, sensibel, hilfsbereit. In meinem späteren Leben fehlte er mir immerwährend. Mein Papa brachte mir und meiner jüngeren Schwester Irina in erster Linie Gerechtigkeit und Selbstdisziplin bei. Wenn ich von der Schule kam und mich über jemand beklagte, riet er mir immer, zuerst mein eigenes Verhalten zu reflektieren und zu überlegen, ob ich mich nicht umsonst über andere beschwere. Er half mir immer. Papa weckte in mir die Liebe zu den Büchern. Ich las sehr viel und hatte eine wunderschöne Handschrift, wie mein Vater. Wir hatten zu Hause eine große Bibliothek und mussten später, während der Besatzung, mit diesen Büchern den Ofen heizen, um nicht zu erfrieren. Papa schloss das Gymnasium mit der goldenen Medaille ab, sein Zeugnis war der Stolz unserer Familie. Später studierte er an zwei Universitäten Wirtschaft und Chemie und hatte eine hervorragende musikalische Ausbildung. Er wollte, dass ich und meine Schwester Irina eine gute Bildung erhielten.

Papa hatte eine große Verwandtschaft. In Charkow wohnten seine Mutter und seine Schwestern. Großmutter Fanja war sehr religiös, feierte den Sabbat und alle jüdischen Feiertage. Zu jüdischen Feiertagen versammelte sich unsere ganze Familie bei meiner Großmutter an einem wunderschön gedeckten Tisch. Wir Kinder mochten besonders Chanukka, weil wir kleine Geschenke und etwas Geld bekamen.

Meine Großmutter konnte sich evakuieren lassen. Als sie erfuhr, dass Papa im Ghetto ermordet wurde, veränderte sie sich sehr stark und trug bis zu ihrem Lebensende schwarze Trauerkleidung.

1. Gebietshauptstadt Charkow

Sie starb 1956. Wir holten etwas Erde aus der Drobizki-Schlucht und gaben sie in das Grab meiner Großmutter. Später ließen wir an ihrem Grabstein auch den Namen meines Vaters eingravieren.

Meine Mama Rosalija Borissowna Arenberg war eine einmalige Frau: bildhübsch, klug, bezaubernd und warmherzig. Man könnte noch viele andere Eigenschaften nennen, um sie zu beschreiben. Das Wichtigste war, dass sie die Menschen liebte und jedem in ihrer Nähe liebevoll begegnete.

Mama war Krankenschwester und arbeitete in Kinderkrippen und Kindergärten. Sie half der ganzen Belegschaft, den Kinderpflegerinnen und Erzieherinnen. Sie liebte die Kinder und kümmerte sich immer um sie: fütterte sie, las ihnen vor und so weiter. Mama wurde in Odessa, in einer großen jüdischen Familie geboren. Sie hatte sechs Schwestern und drei Brüder. Im Ghetto von Odessa starben zwei Schwestern meiner Mutter, Ewa und Zilja, und ihre Kinder Isja, Mira und Marussja. Ich liebte meine Odessaer Großmutter Sonja sehr. Ihr Mann, mein Großvater Boruch, starb 1929 kurz vor meiner Geburt. Zu Großmutter Sonja kamen im Sommer alle Enkelkinder und verbrachten dort ihre Ferien. Es war immer sehr schön. Meine Großmutter sprach Ukrainisch und Jiddisch und konnte sehr gut singen. Sie war eine sehr warmherzige, aber auch strenge Frau. Sie achtete auf Ordnung und brachte uns diese bei. Auch sie feierte den Sabbat. Sie starb vor dem Krieg und ist auf einem der Friedhöfe Odessas beerdigt. Wenn ich in Odessa bin, besuche ich ihr Grab und gehe zu dem Haus, in dem sie früher wohnte.

Ich kehre zu meinen wunderschönen Vorkriegsjahren und zum friedlichen Leben zurück. Wir wohnten in einem neuen Stadtteil von Charkow, wo alle Häuser einen Namen hatten, die für die sich entwickelnde Industrie der Stadt standen. So gab es das Chemikerhaus, das Tabakarbeiterhaus, das Facharbeiterhaus und andere. Unser Haus hieß das Profiarbeiterhaus. Wir hatten einen großen, grünen Innenhof. Es gab viele Kinder, und wir spielten Versteckspiele, Abzählspiele und verschiedene Spiele, von denen moderne Kinder keine Ahnung mehr haben.

Der am meisten geachtete Mensch in unserem Haus war der Hausmeister, Onkel Wasja. Er brachte den Müll mit einem Pferdewagen weg. Sein Pferd hieß Milka. Wir halfen ihm dabei, und manchmal ließ er uns auf dem Pferd sitzen. Onkel Wasja hatte eine Tochter, Wera, mit der ich befreundet war.

1938 wurde ich in die Schule Nr. 105 eingeschult. Ich war eine sehr gute Schülerin und bekam oft Auszeichnungen. Ich bekam zwei Auszeichnungen für die erste und zweite Schulklasse. Nicht weit von unserem Haus gab es das Pionierhaus, in dem wir viel Zeit verbrachten. Wir versuchten, unsere Freizeit durch die Teilnahme an verschiedenen Zirkeln, zum Beispiel Tanz, Chor, Zeichnen, auszufüllen. Einmal im Monat wurden für uns Kinder Kinobesuche organisiert. Noch heute erinnere ich mich an die damals gesehenen Filme »Der Junge aus unserem Hof« und »Drei Panzerfahrer«. Ich war ein sehr aktives Mädchen. Ich besuchte auch den Musikunterricht, aber ohne besondere Begeisterung.

Als ich eingeschult und meine Schwester Irina geboren wurde, bekamen wir eine Hausangestellte, Sina: Sinaida Andrejewna Logwinenko. Sie war ein Waisenkind, ihre ganze Verwandtschaft kam während der großen Hungersnot (Holodomor) um. Unsere Nachbarn brachten Sina zu uns. Meine Eltern arbeiteten, und für einen Haushalt mit zwei kleinen Kindern wurde sie zum Segen.

Jeden Sommer fuhr unsere Familie in den Ort Pokotilowka, wo meine Mutter als Krankenschwester arbeitete und ich meine Ferien verbrachte. Die Nachricht über den Kriegsausbruch erreichte uns in Pokotilowka. Es war am Sonntag, dem 22. Juni 1941. Unsere Familie und die Familie unseres Vermieters, M.I. Pacholkin, waren am Frühstückstisch versammelt. Wir erfuhren, dass Kiew und Minsk bombardiert wurden, dass Menschen starben und der Krieg nicht aufzuhalten war. Die Nachbarhäuser wurden leer, die Menschen ließen sich evakuieren.

Die ersten Kriegsmonate merkten wir Kinder noch keine Veränderungen. Wie früher spielten wir auf den Straßen und in den Höfen. Im September gingen wir in die Schule. Manchmal gab es Alarm, dann zogen wir uns Masken übers Gesicht und rannten in den Luftschutzkeller. Aber dies kam uns wie ein Spiel vor. Ich erinnere mich, wie ich eines Tages mit meiner kleinen Schwester und meinem Cousin Boris zu einem Geschäft ging. Es wurde bombardiert, und die Menschen plünderten den Laden. Wir brachten eine Handvoll Steine fürs Feuerzeug nach Hause und wurden dafür bestraft.

Im Oktober wurde unsere Stadt von Deutschen besetzt. Kurz zuvor kehrte mein Vater mit einem schweren Bruch am Oberschenkel, den er sich beim Ausheben der Panzergräben zuzog, zurück. In der gleichen Zeit kam Raja, die Schwester meiner Mutter, mit ihren Kindern zu uns, da sie sich vor den Deutschen, die Odessa bereits besetzt hatten, gerettet hatte. Unter solchen Umständen konnten wir uns nicht evakuieren lassen.

In der Stadt entstanden als Folge der Bombardierungen immer öfter Brände. Ständig hörte man Explosionen: mal da, mal dort. Unsere Truppen gaben Charkow auf. In den Wohnungen gab es weder Strom noch Gas, noch Wasser. So begannen auch wir Kinder, die durch den Krieg verursachte Not zu spüren. Dann kam der Herbst und mit ihm die Kälte. Wir mussten frieren.

Nicht weit von unserem Haus war in einem Kindergarten, in dem noch vor Kurzem Mama arbeitete, ein Ofen. Man heizte mit Büchern und konnte dann etwas kochen. Wie schwer fiel es uns, mit Büchern zu heizen! Wir hatten zu Hause eine hervorragende Bibliothek, viele Enzyklopädien und mussten sie alle verbrennen.

Einige Tage herrschte in der Stadt politisches Chaos. Eines Tages kam eines der Kinder zu uns und schrie: »Die Deutschen kommen!« Wir alle rannten bergab, ins Tal Passionarija.

Was wussten wir bis dahin von den Deutschen? Wir Kinder hatten nur ganz wenige Informationen. Noch vor dem Krieg erzählten die Erwachsenen, die Deutschen seien Tiere. Wir stellten sie uns wie Tiere vor. Und dann sahen wir sie. Sie kamen aus der Richtung Cholodna Gora in die Stadt. Es waren Soldaten und Kriegstechnik. Sie hatten viele Verwundete dabei. Die einheimische Bevölkerung ließen sie in Ruhe.

Ich kam ganz schockiert nach Hause. »Mama, wie kann es sein«, fragte ich verständnislos, »man sagte doch, sie seien Tiere, aber es sind Menschen!«

Dann begann für uns ein furchtbares Leben. Wir Kinder mussten zu Hause bleiben. Nicht weit von uns, im Hause der Tabakarbeiter, wurde die deutsche Kommandantur untergebracht. Immer öfter wurden Menschen auf den Platz getrieben. An den Balkonen der Häuser konnte man erhängte Menschen sehen. Die Deutschen kamen in die Wohnungen und holten sich Gegen-

1. Gebietshauptstadt Charkow

stände, an denen sie Gefallen fanden. Unsere Nachbarin schrieb an unsere Tür: Hier wohnen Juden. Viele Jahre zuvor wohnten wir friedlich nebeneinander. Ich war mit ihrer Tochter Ljuda in einer Klasse. Als sie erkrankte, behandelte Mama sie, gab ihr Spritzen und machte Massagen.

Eines Tages kamen Deutsche zu uns: ein Offizier und zwei Soldaten. Der Offizier sah auf dem Schreibtisch das original Richter-Reißzeug (Zirkelkasten) und fragte, wer es benutzen würde. Mein Papa konnte Deutsch und unterhielt sich mit dem Offizier. Er erzählte ihm, dass er ein Chemieingenieur sei und in den 30er-Jahren sogar auf einer Fortbildung in Deutschland war. Der Offizier fragte meinen Vater, ob er nicht wisse, was seine Familie als Juden erwarte und ob er zusammen mit der ganzen Familie nicht irgendwohin fahren könnte. Aber es war schon zu spät. Die Stadt war besetzt und mein Vater bettlägerig. Er hatte ein Gipsbein.

Mitte Dezember 1941 wurde der verfluchte Befehl der deutschen Machthaber veröffentlicht, mit dem alle Juden und ihre Verwandten verpflichtet wurden, sich in die Baracken der Traktorenfabrik zu begeben. Unsere ganze Familie befolgte den Befehl.

Es war sehr schwer. Wir gingen zu Fuß. Von beiden Seiten der langen Menschenkolonne standen Deutsche mit Hunden und Polizisten. Mama organisierte für unsere Familie einen Pferdewagen. Wir gingen zu Fuß, während Papa und meine jüngeren Schwestern Irina und Galja auf dem Pferdewagen saßen. Es war ein furchtbares Bild. Mein Cousin Boris und ich waren älter und verstanden, dass uns nichts Gutes bevorstand.

Wir erreichten die Baracken. Früher wohnten dort die Fabrikarbeiter. Die Deutschen »bereiteten« sich auf unsere Umsiedlung vor. In vielen Zimmern gab es keine Fensterscheiben, die Türen konnte man nicht abschließen, die Öfen waren kaputt, und man konnte überhaupt nicht heizen. In manchen Zimmern standen mehrere Betten, aber man schlief hauptsächlich auf dem Boden. Wir durften nicht hinausgehen. In jedem Zimmer waren 20 bis 30 Menschen untergebracht. Wasser war Luxus. Im Hof war ein Schwimmbad, das Wasser fror ein, und man schmolz schmutzige Eisbrocken. In den Baracken waren Kinder, Alte, Frauen und Männer mittleren Alters, die wegen Krankheiten nicht eingezogen worden waren. Nach einiger Zeit waren die Lebensmittel, die Mama mitgenommen hatte, aufgebraucht. Unsere einzige Rettung war unsere ehemalige Haushaltshilfe Sina. Sie bewahrte uns vor dem Hungertod.

In den Baracken begegnete Mama Jakow Kanewski. Vor dem Krieg hatte er seine zwei Töchter in den Kindergarten gebracht, in dem Mama arbeitete. Mama kannte seine Frau Marussja sehr gut. Sie war Russin. Das Ehepaar entschied sich, dass die Kinder bei ihr bleiben und nicht ins Ghetto gehen. Marussja besuchte Jascha, brachte ihm warme Kleidung und Lebensmittel. Er wurde nicht eingezogen, weil er sehr schlecht sehen konnte. Er war jung, groß und hübsch. Jascha wohnte in unserem Zimmer und wurde in unsere Familie aufgenommen.

Wir kamen am 16. Dezember in die Baracken. Da kam ein sehr starker Frost. Ungefähr 16 000 Juden wurden von den Deutschen in den Baracken zusammengepfercht. Die Krankheiten führten zum Massensterben. Außerdem starben die Menschen an Hunger, Kälte und vor Sehnsucht. Nach einer Woche teilten die Deutschen mit, dass Juden in kleinere Städte, wo sie normal leben und arbeiten könnten, umgesiedelt würden. Viele zweifelten an dieser Information, aber manche glaubten dies und begannen, Vorbereitungen für die Umsiedlung in die ausgesuchten Städte Poltawa, Mirgorod und andere zu treffen. Die Lastwagen kamen an die Baracken. Das Gepäck kam in einen Wagen, die Menschen kamen in den anderen. Zum ersten Mal wurden Gaswagen eingesetzt. In ihrer Verzweiflung wollten die Menschen nichts sehen und hören, sie missachteten alles und machten sich auf den Weg zum »besseren Leben«.

Wir waren am 2. oder 3. Januar 1942 an der Reihe. Kurz vor der Abfahrt kam Jascha und sagte: »Freunde, wir müssen uns retten! Wir werden nicht in andere Städte umgesiedelt, sondern alle erschossen.« Dank Jascha konnten wir unsere Baracke verlassen. Mama sagte zuerst, dass sie meinen Vater nicht alleine lassen würde. Wenn wir sterben, dann alle zusammen. Papa sagte zu ihr: »Rosa, du musst die Kinder retten.« Es waren die letzten Worte, die ich Papa sagen hörte. Mein Papa konnte nicht zusammen mit uns fliehen: Er hatte ein Gipsbein und konnte sich nur mit Krücken bewegen. Wir sahen ihn nie wieder. Jascha half auch der Schwester meiner Mutter, Raja, mit ihrem Sohn Boris und ihrer Tochter Galina, das Ghetto zu verlassen. Dann floh er selbst auch.

Viele Jahre später, als sie sich wiedersahen, nannte er Mama seine Schwester. Noch viele Jahre warteten wir auf Papa, hofften auf ein Wunder, aber Jascha erzählte uns, wie alles geschah, wie unser Vater erschossen wurde.

Es war ein sehr starker Frost. Mama hatte keine Papiere. Sie hatte nur Angst um unser Leben. Als sie beim Sonnenaufgang das Ghetto verließ, wusste sie zuerst nicht wohin, aber sie erinnerte sich an Papas letzte Worte. Unterwegs kehrten wir in ein Krankenhaus ein. Dort erholten wir uns etwas. Eine Krankenschwester schmierte meiner Schwester Irina mit Fett die Wangen und Füßchen, die etwas erfroren waren, ein. Wir mussten weitergehen. Aber wir durften nicht nach Hause.

Mama kehrte in ein fremdes Haus ein. Es war ein großes Risiko. Sie überlegte sich, dass sie sagen würde, sie sei auf dem Weg in das Kriegsgefangenenlager, um ihren Mann zu suchen, von dem sie eine Notiz bekommen habe. Mama bat, uns Kinder für kurze Zeit dort lassen zu dürfen. Sie sagte, dass sie uns auf dem Rückweg abholen würde. Die Frau des Hauses, eine junge Frau, hatte selbst zwei kleine Kinder, ließ uns aber bis zum Abend in ihrem Haus bleiben. Mama wusste nicht, was sie weiter machen sollte. Sie erinnerte sich aber an Onkel Kolja, Papas ehemaligen Kollegen, der uns oft besuchte. Er wohnte in der Klotschkowski-Straße, und Mama ging zu ihm. Sie nahm mehrere Umwege, ging durch kleine Gässchen, um keinen Polizisten und Bekannten zu begegnen. Mama übernachtete eine Nacht bei ihm, und am nächsten Morgen brachte er unsere ehemalige Nachbarin, Alexandra Belowa. Mama kannte die Familie Below sehr gut. Ich war mit ihrer Tochter Lilja befreundet, wir waren in einer Klasse. Alexandra nahm den Schlitten und ging uns holen. Mama erklärte ihr, wo wir waren. Sie brachte uns am späten Abend zu Onkel Kolja. Er hatte Angst, dass die Nachbarn uns sehen würden: Sie alle kannten meine Eltern. Wir konnten dort nicht lange bleiben.

So begann unser Umherirren. Mich brachte man zu den Verwandten von Alexandra. Sinaida Logwinenko holte meine Schwester Irina und brachte sie zu ihrer Freundin Alexandra Gladtschenko. Mama versteckte sich bei einer guten Bekannten, Katja, in Schatilowka. Vor dem Krieg arbeitete Katja als Köchin in dem Kindergarten, in dem auch Mama arbeitete.

1. Gebietshauptstadt Charkow

Ich war 11 Jahre alt. Ich wohnte bei fremden Menschen. Zu essen bekam ich einmal am Tag. Die Leute, bei denen ich wohnte, arbeiteten irgendwo und ließen mich den ganzen Tag alleine in der kalten Wohnung. Niemand von den Nachbarn durfte wissen, dass ich in dieser Wohnung versteckt wurde. Manchmal kam Belowa und brachte mir etwas zu essen. Ich wusste nichts von Mamas Schicksal, von Irina und von Tante Raja und ihren Kindern, geschweige denn von Papa. Manchmal durfte ich kurz auf der Veranda spazieren, aber es wurde mir strengstens verboten, in die Nähe des Fensters zu kommen. Einmal hielt ich mich nicht daran und schaute aus dem Fenster hinaus. Jemand musste mich gesehen haben, und ich wurde gleich denunziert. Ich musste diese Wohnung dringend verlassen.

Ich wurde von einer alten Frau, die vor dem Krieg mit meiner Großmutter Fanja befreundet war, aufgenommen. Sie war eine Deutsche, sprach Deutsch, und es schien, dass ich bei ihr sicher war. Aber auch dort wurde ich gesehen und denunziert.

In den ersten Besatzungstagen begegnete Mama ihrer ehemaligen Kollegin Galina Sergejewna Sosulewitsch auf der Straße. Ich nannte sie Tante Galja, sie war Erzieherin in einem Kindergarten. Ihr Mann war eingezogen worden, und sie blieb in der besetzten Stadt alleine mit zwei kleinen Kindern: dem fünfjährigen Pawlik und dem elfjährigen Igor. Sie sagte zu Mama, sie könne sich auf sie verlassen, wenn sie Hilfe brauchte. Damals war so ein Moment, und so landete ich bei Tante Galja. Sie wohnte im Schneiderhaus in einer großen, leeren Wohnung. Alle Nachbarn hatten sich evakuieren lassen, und alle Zimmer standen leer. Wir wohnten in der Küche. Es war der einzige bewohnbare Raum im ganzen Haus. Wir hatten nichts zu essen und waren drei Kinder. Wenn es wärmer wurde, ging Tante Galja immer wieder auf das in der Nähe liegende Feld, suchte und grub erfrorene Rüben aus. Sie zerkleinerte die Rüben mit dem Fleischwolf, vermengte sie mit Holzspänen und briet sie in Fischfett. Diese »Plätzchen« konnte ich nicht essen, mir wurde schon von ihrem Geruch übel. Dieser blieb mir für immer im Gedächtnis.

Jemand erfuhr, dass Sosulewitsch ein jüdisches Mädchen versteckte, aber Tante Galja wurde rechtzeitig vor der Razzia gewarnt. Man konnte mich aus dem Haus nicht wegbringen, da dieses schon beobachtet wurde. Deshalb versteckte man mich in einem Einbauschrank. Als die Polizisten kamen, verhörten sie den fünfjährigen Pawlik. Sie versprachen ihm Pralinen, wenn er sagen würde, wo ich sei. Er verriet mich nicht. Pawlik war sehr dünn, blass und hatte eine durchsichtige Haut. Nach einiger Zeit starb er an Unterernährung. Ich wanderte von einer Wohnung zur anderen. Nach wie vor wusste ich nichts vom Schicksal meiner Mama und meiner Schwester. Es war unmöglich, in Charkow zu bleiben, deshalb überlegten sich unsere Retter, wie sie Mama und mir helfen könnten. Alexandra Belowa und Galja Sosulewitsch besorgten Mama einen Ausweis auf einen fremden Namen. Mama hieß jetzt Xenia Borissowna Lopatinskaja und ich Olja. Nach langer Zeit der Trennung, nach all den Verstecken bei verschiedenen Menschen waren wir endlich zusammen und verließen die Stadt.

Unser Weg führte uns von einem Dorf ins andere. Wir waren stets hungrig und hatten Angst, unseren Bekannten zu begegnen. Ich erinnere mich, dass wir Achtyrka, Lebedin passierten und auf dem Weg durch viele kleine Dörfer waren. Oft übernachteten wir auf dem Feld unter freiem

Himmel, manchmal nahmen uns hilfsbereite Menschen auf, gaben uns zu essen und unterstützen uns, so gut sie es konnten.

Nach einiger Zeit landeten wir in einem kleinen Dorf, das abseits von allen großen Straßen war. Es war das Dorf Chorol, Gebiet Sumy. Dort verbrachten wir achtzehn Monate, bis zu unserer Befreiung. Jeder Tag, den wir überlebten, war voller Angst und Unruhe. Die erste Familie, die uns aufnahm und unterstützte, war die Familie des Dorfältesten Grigori Dudtschenko. Wenn Deutsche ins Dorf kamen – hauptsächlich, um Lebensmittel zu holen –, wusste Grigori von ihrer Ankunft im Vorhinein und gewährte Mama im Keller oder im Stall Unterschlupf, bis die Deutschen wieder weg waren.

Das Dorf war sehr entlegen, es gab keine guten Straßen, die Häuser waren sehr klein und niedrig. Es waren hauptsächlich Lehmhäuser, die mit Stroh oder Schilf bedeckt waren. Mama verdingte sich bei den Bauern und arbeitete im Feld, während ich auch nicht Däumchen drehte, sondern Schweine, Gänse und Kühe weidete. Durch diese Arbeit sicherten wir uns ein bescheidenes Auskommen und eine Bleibe. Es gab Bauern, die uns ausnutzten, aber die meisten waren hilfsbereit und freundlich. In dem Dorf wohnte auch die Familie Kwasenko. Ich befreundete mich mit dem Sohn der Familie, Kolja. Wir waren vom gleichen Jahrgang und hüteten zusammen Kühe. Die Dorfkinder nahmen mich sehr herzlich in ihre Gemeinschaft auf. Ich erzählte ihnen oft von unserer Schule, von unserem Pionierhaus und von anderen Kreisen. Diese Kinder hatten nie im Leben einen Zug oder ein Auto gesehen. Im Dorf gab es keine Elektrizität, und in der Schule hatten sie nur wenige Bücher. Sie hatten überhaupt kein Anschauungsmaterial, es mangelte an Heften und anderen Schreibwaren. Sie hörten mir immer mit offenem Munde zu. Wenn jemand mich beleidigte, schützte mich Kolja und half mir.

Über 60 Jahre sind seitdem vergangen, aber wir bleiben in Kontakt, besuchen uns leider immer seltener und erinnern uns daran, was wir erlebt haben. Kolja wohnt jetzt im Gebiet Iwano-Frankowsk, hat Kinder und Enkelkinder. Er ist jetzt Rentner, unterrichtete aber früher in der Schule Geschichte. Seine jüngere Tochter Galina studierte in Kiew. Die Mutter von Kolja, Orina Semenowna, und seine ältere Schwester, Uljana, vermuteten, dass Mama und ich Juden waren. Trotzdem ließen sie uns öfter bei sich übernachten, hatten Mitleid mit uns und waren stets freundlich und fürsorglich mir gegenüber. Orina Semenowna war nicht gebildet, aber sie hatte ein sehr großes Herz. Ihr Gesicht hatte immer einen liebevollen Ausdruck, ihre Stimme war immer freundlich. Es kam vor, dass Mama und ich uns wochenlang an verschiedenen Orten versteckten.

Als die Deutschen sich einmal sehr lange im Dorf aufhielten, schickte mich Orina Semenowna zu ihren Verwandten in das benachbarte Dorf Priduschino, damit ich mich nicht gefährde. Später kamen die Deutschen auch in jenes Dorf. Dann wagten Orina Semenowna und Uljana, mich auf einem Feld im Mais zu verstecken. Über eine Woche verbrachte ich alleine auf dem Feld. Mama saß am anderen Dorfrand in einer Grube. Nachts brachten mir Kolja und Uljana Wasser und Essen. Ich war damals 12 Jahre alt, hatte aber keine Angst und blieb nachts alleine im Feld.

Im Dorf wohnte eine Frau, die alle Gnatentschicha nannten. An ihren echten Namen erinnere ich mich nicht. Im Dorf mochte man sie nicht, und sie war mit niemandem befreundet. Sie wusste von Mama und mir und wartete wahrscheinlich einen günstigen Moment ab, um uns zu denunzieren. Dieser Moment kam, und das Dorf wurde von einem Polizeikommando überrascht. Später stellte sich heraus, dass sie uns angezeigt hatte. Sie stammte aus der Familie eines Großgrundbesitzers, hasste die sowjetische Regierung und erzählte allen, das Xenia Jüdin sei. Mama wurde festgenommen und in die benachbarte Bezirksstadt gebracht.

Alle Einwohner des Dorfes versammelten sich und machten sich Sorgen um sie. Die Dorfbewohner mochten meine Mama. Sie war Krankenschwester, behandelte auch die Einwohner der benachbarten Dörfer und war als eine gute Hebamme bekannt. Als Mama festgenommen wurde, weinte Orina Semenowna und sagte ihr, dass sie mich in ihre Familie aufnehmen würden, wenn ihr was Böses zustieße. Zum Glück kehrte Mama zurück, und wir alle erlebten den glücklichen Tag der Befreiung. Diese Menschen blieben für immer in meiner Erinnerung. Sie wussten, dass wir Juden waren, aber sie riskierten ihr Leben und das Leben ihrer Kinder, um uns zu helfen und zu retten. Nach dem Krieg, als ich ins Dorf kam, um sie zu besuchen, erzählten sie meinem Mann: »Wir wussten, dass sie nicht zu unserer Nationalität gehörten, wussten auch, welche Nationalität sie hatten, aber wir schwiegen, fragten nichts, weil wir sahen, wie schwer sie es hatten.«

Mit tiefer Dankbarkeit und Hochachtung erinnere ich mich an alle, die uns halfen zu überleben. Jene furchtbare Zeit, in der das Leben wie an einem Haar hing, brachte uns für immer näher. Jetzt sind viele von ihnen schon tot. Aber unsere Kinder und Enkelkinder sind befreundet und helfen sich gegenseitig.

Ich fahre öfter nach Chorol, wo noch heute Uljana Kwasenko wohnt. Sie ist meine treue Freundin und wie eine Schwester. Jedes Treffen mit ihr ist wie ein Feiertag.

Meine jüngere Schwester Irina wohnt zusammen mit ihrer Familie in Deutschland. Im Krieg war sie drei Jahre alt. Von mir und Mama weiß sie alles. Nach dem Krieg wohnte Sinaida Logwinenko in unserer Familie, passte auf die Kinder meiner Schwester auf, und diese nannten sie Oma. Sina war lange krank, und meine Schwester pflegte sie. Alle Menschen sagten zu Sina: »Was für eine fürsorgliche Tochter haben Sie!« Irina beerdigte Sina und ließ auf den Grabstein folgenden Satz eingravieren: »Du widmetest uns Dein Leben.« Sina hatte es sich so gewünscht.

1997 starb unsere Mama im Alter von 94 Jahren. Sie war eine sehr mutige Frau.

Unseren Rettern, Alexandra Belowa, Alexandra Gladtschenko und Sinaida Logwinenko, wurde von Yad Vashem die Auszeichnung »Gerechte unter den Völkern« verliehen. Zu ihren Ehren wurden in Jerusalem Bäume gepflanzt. Orina Kwasenko und Uljana Kwasenko wurde der Titel »Gerechte der Ukraine« verliehen.

**Erinnerungen von Uljana Filipowna Kwasenko,
die während der Besatzung die Familie von E. I. Schtscherbowa rettete**

In der furchtbaren Zeit der Besatzung kam in unser Dorf eine Frau mit einem Mädchen. Die Frau hieß Xenia und das Mädchen Olja. Ins Dorf kamen oft fremde Menschen. Sie kamen, übernachteten und gingen. Wir spürten, dass diese Menschen nirgendwo hingehen konnten. Sie suchten nach einer Bleibe. Wir verstanden, dass sie Juden waren, aber niemand fragte sie das.

Die Deutschen kamen oft ins Dorf, um Lebensmittel zu holen. Manchmal kamen auch Polizisten. Xenia verdingte sich bei den Bauern und half ihnen, das Feld zu bestellen. Olja weidete Kühe, Gänse und Schweine. An den Tagen, an denen Deutsche im Dorf waren, versteckte sich Xenia in den Kellern oder in den Ställen. Unsere Familie versteckte Olja oft. Wir alle, meine Mama Orina Semenowna, mein jüngerer Bruder Kolja und ich, hatten viel Mitleid mit Olja. Sie übernachtete oft bei uns. Wir mochten sie und versuchten, ihr mit Liebe und Fürsorge zu begegnen. Das Mädchen war getrennt von der Mutter, die sich wochenlang irgendwo verstecken musste.

Der Dorfälteste Grigori Dudtschenko, der von den Besuchen der Deutschen und Polizisten wusste, warnte Xenia und uns rechtzeitig. Es gab Tage, an denen wir Olja in die benachbarten Dörfer Priduschino und Golubiwschtschina brachten, wo unsere Verwandten wohnten. Einmal waren die Deutschen längere Zeit im Dorf. An jenen Tagen war Olja im Feld im Mais versteckt, und Xenia saß in einem Erdloch. Unsere Familie brachte ihnen in der Nacht Wasser und Essen.

Eines Tages wurde Xenia von einem Polizisten erwischt. Er nahm sie fest und brachte sie in die benachbarte Bezirksstadt. Das ganze Dorf machte sich Sorgen um sie, die Menschen weinten, denn Olja und ihre Mutter waren sehr nette und liebe Menschen. Xenia war Krankenschwester und behandelte oft Kranke und half bei der Entbindung. Sie konnte sich bei dem Polizisten mit einem Anzug freikaufen. Unsere Mutter Orina weinte und sagte, dass, wenn Xenia etwas passieren würde, unsere Familie Olja zu sich aufnähme. Zum Glück kehrte Xenia zurück, und wir alle erlebten den Tag der Befreiung.

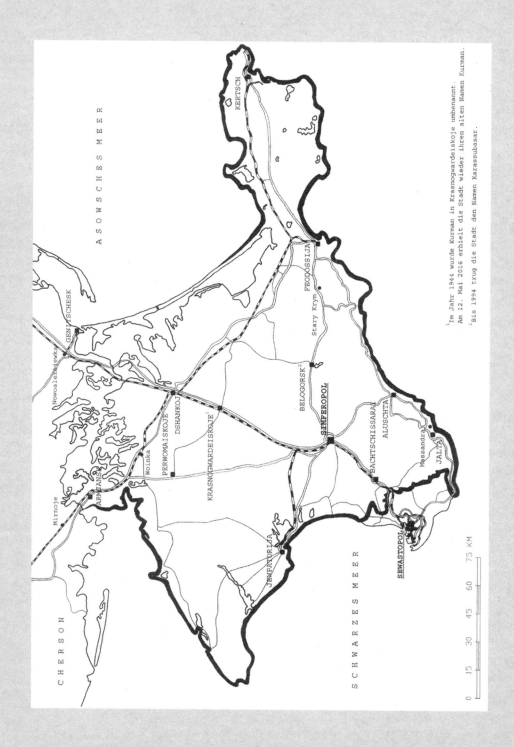

XXIII. Autonome Republik KRIM

XXIII. Autonome Republik Krim
(ukr. Krym)

Die Autonome Republik Krim[1] gehörte seit 1954 als Oblast (Gebiet) zur Ukraine. Nach der politischen Unsicherheit in der Ukraine kam es im Februar 2014 zum Wiederaufleben separatistischer Bestrebungen. Nachdem bewaffnete Kräfte Ende Februar das Regionalparlament besetzt hatten, bestimmten dort ausgewählte Abgeordnete unter Waffengewalt Sergej Aksjonow zum neuen Ministerpräsidenten und beschlossen die Durchführung eines Referendums über die Abspaltung der Krim von der Ukraine sowie die Gründung der Republik Krim. In dem am 16. März 2014 durchgeführten Referendum über den Status der Krim sprach sich eine Mehrheit für einen Anschluss an Russland aus. Am 18. März 2014 unterzeichnete der russische Präsident Wladimir Putin einen Beitrittsvertrag der Krim zu Russland. Am 21. März 2014 unterschrieb Putin das verfassungsändernde Gesetz zur Aufnahme der Krim als Föderationssubjekte Republik Krim und die Stadt föderalen Ranges Sewastopol in die Russische Föderation. In einer völkerrechtlich nicht bindenden Resolution vom 24. März 2014 bezeichnete eine absolute Mehrheit von 100 Staaten der UNO-Vollversammlung das Referendum auf der Krim als ungültig, während 58 Staaten sich enthielten, andere der Abstimmung fernblieben und elf dagegen stimmten.[2]

Etwa seit dem 8. Jahrhundert lebten Juden auf der Krim, darunter viele Karäer und Krimtschaken.

1939 lebten 65 452 Juden auf der Krim, davon 7000 Krimtschaken und 5000 Karäer. In den Städten lebten 47 387 Juden, 18 065 in den ländlichen Bezirken. Die Zentren jüdischen Lebens waren Jewpatorija (4249 Juden), Feodossija (2922 Juden), Jalta (2109 Juden), Kertsch (5573 Juden) und besonders Simferopol mit 22 791 jüdischen Einwohnern.[3]

Vor dem Einmarsch der Wehrmacht wurde ein großer Teil der Bevölkerung evakuiert oder es gelang ihnen die Flucht von der Krim in den Kaukasus, wo sie jedoch von den deutschen Einsatzgruppen eingeholt wurden. Nur etwa 20 000 Juden waren auf der Halbinsel geblieben. Hinzu kamen jedoch jüdische Flüchtlinge, vor allem aus dem Raum Odessa.

Am 16. November 1941 war die Halbinsel bis auf die Stadt Sewastopol von der Wehrmacht besetzt, und die Einsatzgruppe D unter SS-Gruppenführer Otto Ohlendorf mit den Kommandos 10b, 11a, 11b und 12 marschierten ein. Zuerst ermordeten sie die Juden in den großen Städten, dann auf den Kolchosen und in Sewastopol.

Im November und Dezember 1941 wurden vier Ghettos und provisorische Aufenthaltsorte mit über 4000 Bewohnern auf der Krim errichtet. Obwohl in deutschen Dokumenten diese Orte als Ghettos bezeichnet wurden, waren es lediglich provisorische Aufenthaltsorte,

---

1 Altman, Cholokost, S. 483; Enzyklopädie des Holocaust, S. 820; Encyclopedia of Camps and Ghettos, S. 1756–1759; Kruglow, Enziklopedija Cholokosta, S. 98.
2 https://de.wikipedia.org/wiki/KrimDie_Krim_als_Teil_der_unabh.C3.A4ngigen_Ukraine [12.5.2019].
3 VEJ 7, S. 455.

denn alle dort befindlichen Juden wurden kurze Zeit später ermordet.⁴ Nach einem längeren Briefwechsel zwischen der Einsatzgruppe D und den Reichsbehörden über die »rassische« Zugehörigkeit der Karäer und Krimtschaken wurde entschieden, die Krimtschaken zu ermorden und die Karäer am Leben zu lassen, weil sie als sowjetfeindliches Turkvolk eingeschätzt wurden. Ohlendorf wurde angewiesen, die Juden bis Weihnachten 1941 zu ermorden. Die Einsatzgruppe D führte die größten Massenerschießungen am 16. November in Feodossija, vom 20. bis 23. November in Jewpatorija und am 29. November in Kertsch durch. Der größte Teil der Juden von Simferopol wurde vom 13. bis 15. Dezember im Stadtpark erschossen, wo 10 000 bis 11 000 Menschen ihr Leben verloren. Nach deutschen Angaben wurden vom 16. November bis 15. Dezember 1941 insgesamt 17 645 Juden, 2503 Krimtschaken, 824 »Zigeuner« und 212 angebliche Kommunisten ermordet. Danach erfolgten Massenerschießungen in Jalta und Bachtschissarai.

Ab Januar 1942 wurden die Juden bei sogenannten Bandenkampfaktionen ermordet, die vor allem das Einsatzkommando 11b zusammen mit der Wehrmacht durchführte. Ab Frühjahr 1942 wurden besonders in Simferopol Gaswagen zur Ermordung der Juden eingesetzt. Am 18. Februar 1942 meldete die Einsatzgruppe D, dass in Simferopol inzwischen nahezu 10 000 Juden getötet worden seien, 300 mehr, als man überhaupt registriert hatte. Diese Differenz war das Signal zu einer systematischen Durchkämmung der gesamten Krim. Unterstützt wurde diese Treibjagd durch die örtliche Miliz, ein Netz von Agenten und eine Flut einheimischer Denunzianten. Die Wehrmacht leistete jede nur mögliche Hilfe.⁵

Am 16. April 1942 wurde die Krim als »judenfrei« gemeldet, wobei man noch zahlreiche Juden in Verstecken vermutete. Vom 1. bis 15. Juli 1942 wurden die Festnahme und Ermordung von 1029 Juden und 18 Krimtschaken gemeldet. Nach der Eroberung Sewastopols am 1. Juli 1942 wurden die Juden der Stadt vergast.

Die Gesamtzahl der jüdischen Opfer auf der Krim wird auf 40 000 geschätzt, davon 6000 Krimtschaken.

Im Operativbericht Nr. 150 (vom 2. Januar 1942) des SD und der Sicherheitspolizei hieß es: »Simforopol, Jewpatoria, Aluschka, Karasubasar, Kertsch und Feodossija, aber auch andere besiedelte Gebiete der Westkrim sind judenfrei. Vom 16. November – 25. Dezember (1941) wurden 17 646 Juden, 2604 Krimtschaken, 824 Zigeuner sowie 212 Kommunisten und Partisanen erschossen. Insgesamt sind 75 881 Personen hingerichtet worden.«⁶

Bei der Ermordung der Juden auf der Krim spielten die 11. Armee unter Generalfeldmarschall Erich von Manstein und die ihr nachgeordneten Einheiten und Dienststellen eine große Rolle. Die Ghettos wurden zum Teil bereits beim Einmarsch von den Ortskommandanturen eingerichtet, vereinzelt gaben Militärbehörden den Anstoß zu Massen-

---

4 Altman, Opfer des Hasses, S. 124.
5 Hilberg, Die Vernichtung der europäischen Juden, S. 391.
6 Zitiert nach: Grossman, Das Schwarzbuch, Anm. S. 450.

exekutionen. Die 11. Armee leistete materielle Hilfe bei den Massenerschießungen durch die Gestellung von Absperrungspersonal und Lkws. Es sind auch Fälle von Judenerschießungen durch Ortskommandanturen bekannt.

1. Bezirk (Rayon) Belogorsk (Karasubasar)

(ukr. Bilohirsk)

Bis 1944 trugen der Bezirk und die Stadt Belogorsk den Namen Karasubasar[7]. Die Stadt war eine große Tatarensiedlung.

1939 lebten im Bezirk unter den 33 000 Einwohnern 471 Juden und Krimtschaken, die bei der Volkszählung offenbar als Juden erfasst wurden. Annähernd 400 davon waren Krimtschaken und der Rest Juden im engeren Sinne.[8]

Ort: Belogorsk (Karasubasar)

Vor der Eroberung der Stadt am 3. November 1941 durch die 11. Armee konnten 250 Juden evakuiert werden. Nach der Eroberung lebten in der Stadt neben 8000 Tataren nur noch 76 Juden und einige Krimtschaken.[9]

In der Stadt übte eine rumänische Ortskommandantur die Macht aus, weil der deutsche Verbindungsführer deren Ablösung durch eine deutsche Ortskommandantur zunächst nicht für notwendig erachtete. In den ersten Tagen der Besatzung wurde ein jüdischer Bürgermeister ernannt, und die Bevölkerung der Stadt musste sich registrieren lassen. Es wurden 62 Juden und 468 Krimtschaken gezählt.

Anfang Dezember 1941 begann das Teilkommando des Sonderkommandos 11b, gegen die Juden von Karasubasar vorzugehen. Der Aufforderung des Bürgermeisteramtes folgend, sammelten sich am 10. Dezember 1941 47 jüdische Familien, insgesamt 76 jüdische Männer, Frauen und Kinder, und gaben ihre Wertsachen ab. Anschließend führte man sie aus der Stadt hinaus, wo sie in der Nähe einer Wegkreuzung an einem Panzergraben erschossen wurden. Am 14. Dezember berichtete die Ortskommandantur zynisch: »76 jüdische Männer, Weiber und Kinder, die einzigen Juden des Ortes, wurden vor 4 Tagen auf den Anger vor dem Ort geführt und sind bisher noch nicht zurückgekehrt.« Einige Tage später führten Angehörige des Teilkommandos unter den Patienten des in der Nähe von Karasubasar gelegenen psycho-neurologischen Krankenhauses von Alexandrowka eine Selektion aller jüdischen Patienten durch und erschossen die Betroffenen in einer unweit der Klinik gelegenen Kiesgrube. Die Opfer waren ausschließlich jüdische Männer und Frauen. Die übrigen Patienten wurden im März 1942 in Gaswagen ermordet.[10]

7   Altman, Cholokost, S. 387.
8   VEJ 7, S. 460.
9   Angrick, Besatzungspolitik und Massenmord, S. 345 ff.
10 Ebenda, S. 345 f., 512.

Am 17. Januar 1942 wurden alle Krimtschaken der Stadt von Angehörigen eines Teilkommandos des Sonderkommandos 11b zusammen mit dem örtlichen Tatarenbataillon aus ihren Häusern auf den zentralen Platz der Stadt getrieben. Dort wurden sie unter Schlägen in zwei Gaswagen gezwängt, die sie zu einem Panzergraben hinter der Sowchose »Marina« fuhr. Die Gaswagen fuhren mehrmals zwischen dem Panzergraben und der Stadt hin und her.[11] Insgesamt wurden 468 Krimtschaken in den Gaswagen ermordet.[12]

Am 13. April 1944 wurde die Stadt durch die Rote Armee befreit.

Moisei Berman (geb. 1928)
»Ich wurde verhört«

Ich, Moisei Solomonowitsch Berman, wurde am 1. November 1928 auf der Krim in der Stadt Karasubasar (Belogorsk)[13] geboren. 1935 zogen meine Eltern nach Feodossija um. 1936 wurde ich eingeschult und besuchte kurz vor der deutschen Besetzung die sechste Klasse. Mit dem Ausbruch des Krieges wurde mein Vater eingezogen.

Am 10. Dezember 1941 wurde in dem von deutschen Truppen besetzten Feodossija der Befehl veröffentlicht, der alle Krimtschaken verpflichtete, die für drei Tage notwendige Verpflegung mitzunehmen und am Sennaja-Platz zu erscheinen. Dies betraf auch uns. Uns wurde klar, dass uns die Erschießung bevorsteht.

Am 11. Dezember 1941 um 5 Uhr morgens verließ unsere Familie, meine Mutter mit vier Kindern, in aller Eile die Stadt Feodossija, und wir gingen nach Stary Krym. Den größten Teil gingen wir zu Fuß, manchmal wurden wir von einem Pferdewagen mitgenommen. So erreichten wir Belogorsk.

Wir ließen uns bei einer entfernten Verwandten meines Vaters nieder. Belogorsk war auch besetzt, aber die Krimtschaken ließ man noch in Ruhe. Später, nach ungefähr einer Woche, wurden an jedem Haus ein deutscher Wachmann und ein Polizist aufgestellt. Nach einiger Zeit brachte man zu unserem Hof ungefähr 40 bis 50 von Polizisten bewachte Krimtschaken. In den Hof kamen ein deutscher Offizier und ein Dolmetscher mit einem Notizbuch. Sie verlasen die Namen und brachten die genannten Menschen auf die Straße. Es waren 12 Menschen, die den Hof verlassen mussten.

Wir waren nicht auf dieser Liste. Der Dolmetscher fragte: »Wer seid ihr?« Mama antwortete, wir seien Russen und hießen Borodajewy. Die Polizisten bestätigten, dass es in der Tat ein russischer Name sei. In unserer Familie hatten alle helle Haare und sahen wie meine Mutter aus. Man erlaubte uns zu bleiben, verlangte aber, dass wir uns dringend registrieren ließen. Wir tarnten uns unter dem Namen Borodajewy. Gefälschte Papiere erhielten zuerst meine Mutter und dann auch wir Kinder dank eines Anwohners der Stadt Feodossija, Onkel Kolja, der bei der Arbeitsbehörde arbeitete.

---

11 Ebenda, S. 507.
12 Kruglow, Chronika Cholokosta, S. 75. Altman beziffert die Zahl der Opfer auf 2000, in: Altman, Opfer des Hasses, S. 349.
13 Bis 1944 trug die Stadt Belogorsk den Namen Karasubasar.

Im März 1943 wurde unsere Familie denunziert und verhaftet. Wir wurden vom Schulleiter der tatarischen Grundschule in Feodossija denunziert.

Wir Kinder wurden am Abend unserer Festnahme freigelassen und versteckten uns in einem Heuhaufen. Es war sehr kalt, und ich ging, um Mama ihr Kopftuch zu bringen. Der Polizist erlaubte mir nicht, das Kopftuch meiner Mutter zu übergeben, er führte mich in ein Zimmer, in dem sich deutsche Offiziere und ein Dolmetscher aufhielten. Ich wurde verhört. Ich behauptete, ich sei Russe, heiße Mischa und mein Name sei Borodajew. Meine Mutter wurde drei Tage lang verhört. Bei der Gegenüberstellung sagte unser Denunziant, er kenne meinen Vater Solomon Berman, der Schneider war, sehr gut, aber meine Mutter kenne er nicht. Danach wurde meine Mutter entlassen. Sofort wechselten wir unseren Aufenthaltsort. Ich wurde von einer Familie, die in der Sowchose wohnte, aufgenommen. Ich half dem Bauern bei der Arbeit: weidete Pferde, machte Heu, arbeitete auf dem Feld. Der Bauer war sehr zufrieden mit mir. Für meine Arbeit bekam ich von ihm einige Lebensmittel, sodass unsere Familie nicht so arg Hunger leiden musste. Am 13. April 1944 wurde Belogorsk befreit, und ich wurde Lehrling in der Lokomotive-Genossenschaft »Pischtscheprodukt«. 1945 kam unser Vater von der Front zurück und fand uns. Wir gingen alle wieder nach Feodossija.

2. Kreisfreie Stadt Feodossija

1939 lebten in Feodossija[14] 2922 Juden, ungefähr sechs Prozent der Bevölkerung.

Vor dem Einmarsch der Wehrmacht verließen 3880 Menschen die Stadt, darunter 1530 Juden. Am 3. November 1941 wurde die Stadt von der Wehrmacht besetzt. Bereits am 11. November 1941 befahl der Führer des Sonderkommandos 10b der Einsatzgruppe D den Juden, sich registrieren zu lassen und auf der Brust einen Davidstern zu tragen. Nach drei Tagen hatten sich 1052 Juden registrieren lassen. Die Krimtschaken, die sich nicht als Juden verstanden, waren der Aufforderung zur Registrierung nicht gefolgt und wurden später gesondert erfasst.[15] Nach der Registrierung wurden die Juden zu Zwangsarbeiten eingesetzt.

Am 27. November 1941 befahl der Führer des Sonderkommandos 10b allen Juden aus Feodossija und den benachbarten Ortschaften, sich am 1. Dezember 1941 am Sennuju-Platz Nr. 3 zur »Umsiedlung« einzufinden. Dieses »Gefängnis-Ghetto« existierte nur wenige Tage bis zur Ermordung der 800 dort festgehaltenen Juden.[16] Jeder Jude durfte ausschließlich Gepäck und Essen für 2 Tage mitnehmen. Alle übrigen Sachen sollten in den Wohnungen verbleiben. Bei Nichtbefolgung des Befehls drohte die Todesstrafe. Die Juden wurden mit Lkw zu einem Panzergraben gebracht und dort von Angehörigen des Sonderkommandos 10b

---

14 Altman, Cholokost, S. 1014 f.
15 Angrick, Besatzungspolitik und Massenmord, S. 353.
16 Encyclopedia of Camps and Ghettos, S. 1757.

unter Führung von Alois Persterer erschossen. Das Kommando wurde durch Angehörige der Ortskommandantur verstärkt, die darum gebeten hatten, sich aktiv an der Exekution beteiligen zu dürfen. Einige große, kräftige Juden bestimmte man dazu, die Getöteten »richtig« – das heißt eng aneinander liegend – zu schichten. Diese »Arbeitsjuden« wurden als Letzte getötet. Zur Ermordung der Kinder benutzte man ein starkes Gift, das den Kindern auf die Lippen geschmiert wurde. Bis zum Abend des 4. Dezember 1941 wurden etwa 800 Juden ermordet. Nach der Exekution veranstaltete das Kommando ein großes »Saufgelage«, zu dem Persterer die Wehrmachtsangehörigen herzlich einlud.[17]

Am 10. Dezember 1941 hatte die Stadtverwaltung von Feodossija 28 420 Bewohner, einschließlich 831 Juden und 449 Krimtschaken, registriert. Allem Anschein nach hatten sich viele Juden und Krimtschaken nicht registrieren lassen. Die Stadtverwaltung befahl den Krimtschaken, sich am 12. Dezember am Sennuju-Platz einzufinden, weil sie in einem abgesonderten Teil der Stadt angesiedelt werden sollten. Der Befehl war nicht von der Führung des Sonderkommandos 10b unterschrieben, damit nicht der Verdacht entstünde, die Krimtschaken erwarte das gleiche Schicksal wie die Juden am 4. Dezember. Am 12. Dezember 1941 ermordeten Angehörige des Sonderkommandos 10b 245 Krimtschaken in Feodossija.[18]

Am 29. Dezember 1941 wurde Feodossija für kurze Zeit durch die Rote Armee befreit. Am 17. Januar 1942 wurde die Stadt erneut von deutschen Truppen besetzt.

Bis zum 15. Februar 1942 wurden vom Sonderkommando 10b in Feodossija 36 Juden erschossen.

Im März 1942 führte das Sonderkommando 10b vier Razzien im Stadtgebiet Feodossija durch, an denen jeweils zwischen 350 und 380 Wehrmachtsangehörige teilnahmen. Am 5. März wurden 4 Juden und 3 Jüdinnen erschossen. Bei einer 2. Razzia am 9. März wurden 6 Juden und 3 Jüdinnen erschossen. Am 13. März fielen 3 Juden und 8 Jüdinnen und Kinder dem Sonderkommando 10b zum Opfer. Wie viele der Opfer Kinder waren, ist in den Berichten des Sonderkommandos 10b nicht vermerkt. In einer letzten Razzia am 20. März wurden 3 Juden erschossen.[19] Vom 6. bis 30. April 1942 wurden 22 Juden hingerichtet und vom 1. bis 13. Mai 1942 weitere 34 Juden.

In den Jahren 1941 und 1942 wurden insgesamt etwa 1300 Juden und Krimtschaken ermordet.

Am 13. April 1944 wurde Feodossija durch die Rote Armee befreit.

---

17 Angrick, Besatzungspolitik und Massenmord, S. 353 f.
18 Kruglow, Chronika Cholokosta, S. 65.
19 Angrick, Deutsche Besatzungsherrschaft in der UdSSR 1941–1945, S. 322 f.

Rachil Andrussenko (Lewi) (geb. 1922)
»Die Gefahr, erschossen zu werden«

Mein Mädchenname war Rachil Lewi. Ich wurde am 26. März 1922 in der Stadt Feodossija auf der Krim geboren. Mein Vater hieß Abram Iosifowitsch Lewi, meine Mutter hieß Esfir Abramowna und meine Brüder Iosif und Semen.

Als der Krieg ausbrach, wurde Feodossija bombardiert und Ende September 1941 von Deutschen besetzt. Wegen der Krankheit meines Bruders konnten wir uns nicht evakuieren lassen und wurden von Fluchtmöglichkeiten zu Wasser und Lande abgeschnitten. Unsere ganze Familie blieb auf dem besetzten Gebiet, und dies bedeutete die direkte Gefahr, erschossen zu werden. Die Deutschen befahlen den Juden, eine Armbinde mit dem Davidstern zu tragen, und verbreiteten dann die Bekanntmachungen, die alle Juden verpflichteten, mit ihren Wertsachen an einem Sammelpunkt zu erscheinen, um an einen anderen Wohnort umgesiedelt zu werden. Als dies bekannt wurde, bekamen meine Eltern Angst, da wir drei Kinder waren und alle sehr genau wussten, wohin die Juden umgesiedelt würden: die Gefahr der Erschießung. Auf Knien bat mein Vater unseren Nachbarn Iwan Shilow, unsere Familie zu retten. Ich musste ihn heiraten und wurde kirchlich mit dem Mann verheiratet, der uns seinen Namen, seine russische Nationalität gab und uns versteckte, wo er nur konnte: in Erdhöhlen, auf dem Friedhof, in Gruben.

Auf diese Art und Weise bekam ich den Namen Shilowa, hatte aber keine Heiratsurkunde, da die Kirche zur Sowjetzeit keine Rechte hatte und unsere Trauung heimlich stattfand.

Dann unternahmen meine Eltern einige Maßnahmen, um die Kinder zu retten. Zuerst teilten wir uns in zwei Gruppen auf: Papa, Mama und der ältere Bruder. In der zweiten Gruppe waren ich, mein jüngerer Bruder, meine Freundin Beba Nudelman und ihr Bruder Lenja. Meine Freundin Beba war ein wunderbarer Mensch und eine bildhübsche Frau. Nach einiger Zeit versteckte ich mich mit meinem Bruder getrennt von ihr und ihrem Bruder. Leider hatte sie wenig Glück. Sie wurde zusammen mit ihrem Bruder von Deutschen erwischt und erschossen. Meine Eltern und mein älterer Bruder wurden auch von Deutschen erwischt und in die Synagoge gesteckt. Dort wurden alle Juden festgehalten. Später wurden sie in ein Gefängnis eingepfercht. Ich erinnere mich sehr genau an folgenden Vorfall: Ich bin in Lumpen gekleidet, trage ein Kopftuch und habe einen Gehstock in der Hand, halte meinen kleinen Bruder an der anderen Hand. Zusammen mit Iwan Shilow kommen wir ans Gefängnis und werfen meinen Eltern Brotstücke zu. Später mussten wir uns im Straßengraben und auf dem Friedhof verstecken.

Ende Dezember 1941 tauchte in Feodossija ein sowjetisches Landungsschiff auf. Es kam zu Straßenkämpfen, und als Erstes wurde das Gefängnis, in dem damals meine Eltern und mein Bruder Iosif festgehalten wurden, befreit. Als die sowjetischen Truppen Feodossija befreiten, bekamen die Einwohner die Möglichkeit, die Stadt zu verlassen. Zusammen mit meinem jüngeren Bruder versteckte ich mich damals in einer Gruft auf dem Friedhof. Mein Mann kam zu uns und holte uns nach Hause, wo wir meine Eltern und meinen Bruder Iosif trafen, dessen Lungen von den Deutschen durch Schläge stark beschädigt worden waren. Die Landungstruppen blieben nur ganz kurz in der Stadt. Am 10. Januar 1942 machte sich unsere ganze Familie zu Fuß auf den Weg nach

Kertsch. Mein Mann Iwan war auch bei uns. Wir waren in Lumpen gekleidet, da wir nichts von unseren Sachen mitnehmen konnten. Es war 40 Grad Frost. Der Reihe nach trugen wir meinen im Sterben liegenden Bruder. Endlich erreichten wir Kertsch. Dort legten wir eine kurze Pause ein und ließen nach einer Woche meine Eltern und meine beiden Brüder mit einem Kutter nach Slawjansk, Gebiet Krasnodar, übersetzen. Zusammen mit Shilow und einigen Landungssoldaten wurde ich mit Booten auf einer Überfahrt, die zwei Tage dauerte, nach Slawjansk übergesetzt.

Dort traf ich meine Familie, und wir beerdigten meinen Bruder Iosif.

Lidija Sidelkina (geb. 1914)
»Im Dezember 1941 wurden alle Juden erschossen«

Vor dem Krieg lebte ich zusammen mit einem Juden. Unsere Ehe war nicht amtlich. Wir besuchten sehr oft seine Mutter, die im gleichen Haus mit der Familie Selixon wohnte. Es waren die Großeltern von Natascha. Ich grüßte diese Familie und kannte sie alle. Die Eltern von Natascha wohnten in Leningrad und brachten sie im Sommer 1941 zu den Großeltern nach Feodossija.

Dann brach der Krieg aus. Bereits Anfang November 1941 marschierten die deutschen Truppen in Feodossija ein. Die ersten Befehle der Deutschen galten den Juden: Sie mussten sich registrieren lassen und sich dann zu einer angeblichen Umsiedlung versammeln. Viele Juden verstanden, welche Umsiedlung ihnen bevorstand, aber es gab auch viele, die keinen Verdacht schöpften. Der Hauptbefehl hieß: »Für das Verstecken der Juden oder jüdischer Kinder wird die ganze Familie erschossen.«

Die Zeit verging, und die Juden versammelten sich hinter Stacheldraht und im Gebäude des Gefängnisses. Ich entschloss mich, hinzugehen und mich von den jüdischen Bekannten zu verabschieden. Das taten viele. Dort sah ich Natascha und ihre Großmutter. Ich hatte keine Zeit zum Nachdenken. Ich nahm Natascha einfach mit, und ihre kluge Großmutter steckte ihr ihre Geburtsurkunde in die Tasche.

Ich konnte Natascha nicht zu mir in die Wohnung bringen, da es die Wohnung eines Juden war. Ich brachte sie in die Schtschors-Straße 11 zu meiner Mama. Dort, im kleinen Haus, wohnte unsere große, hilfsbereite Familie. Natascha war nicht einmal fünf Jahre alt. Meine Schwester Awgusta nannte sie Mama und mich Tante Lidija.

Die Tat war vollbracht. Im Dezember 1941 wurden alle Juden erschossen. Im Sommer 1942 kamen Polizisten zu uns, um das Haus zu durchsuchen und das Kind abzuholen. Meine Schwester Awgusta war durcheinander, versuchte, sich zu rechtfertigen, aber einer der Polizisten kannte die Eltern des Kindes, die Juden waren. Dann kam ich aus dem Haus heraus. Ich kannte beide Polizisten. In einer schroffen Art machte ich den gestrigen Komsomolzen und heutigen Polizisten scharfe Vorwürfe. Ich sagte, dass ich ihnen das Kind nicht aushändigen würde, und bot ihnen Schmiergeld an. Sie wollten sich besprechen und gingen hinaus. Beide Polizisten mochten die Kleidung meines Mannes. Ich selbst packte seine Sachen, gab sie ihnen, und sie zogen ab. Sie kamen nie wieder zu uns, aber bei den Begegnungen erzählten sie, dass unsere Nachbarn uns dauernd denunzierten.

Es stellte sich heraus, dass diese Jungs, die Polizisten waren, absichtlich bei den Deutschen eingeschleust worden waren. Dies erfuhr ich nach dem Krieg bei einem Verhör bei der Miliz.

Unser Nachbar, der verstand, dass die Polizei uns in Ruhe ließ, denunzierte uns bei der deutschen Gendarmerie. 1943 kamen zwei Gendarmen zu uns. Erstens fragten sie uns, ob wir von dem Befehl der Deutschen wüssten, der besagte, dass für das Verstecken eines jüdischen Kindes die ganze Familie mit der Erschießung bestraft werde. Ich antwortete, dass wir es wissen. Blitzschnell zeigte ich ihnen die Geburtsurkunde von Natascha, in der stand, dass ihr Vater Ludwig Adolfowitsch Weller hieß. Ich erklärte, dass dies ein deutscher Name sei und Natascha auch eine Deutsche sei. Beide Gendarmen wollten dann das Kind sehen. Ich fasste meinen ganzen Mut zusammen und zerrte meine Nichte, die unter dem Bett lag, vor die Gendarmen. Der Altersunterschied zu Natascha war nur ein Jahr. Das Kind war erschrocken, in den Augen konnte man seine Angst ablesen, und natürlich stellten die Gendarmen keine Ähnlichkeiten mit Juden fest. Mit einem roten Stift schrieben sie etwas auf die Geburtsurkunde Nataschas, verabschiedeten sich und zogen ab. Mama bekam einen Herzanfall. Sie hatte Angst, dass ihre Enkelin Ira von den Deutschen abgeholt würde. Es war gut, dass ich dabei war.

Nach der Bombardierung 1942 hatte kein einziges Fenster in meiner Wohnung mehr Scheiben. Ich zog zu meiner Mutter. 1943 befahl die deutsche Kommandantur, dass alle Einwohner die Stadt Feodossija verlassen. Es gelang mir, einen Lastwagen zu organisieren, sodass unsere Familie in ein tatarisches Dorf 40 oder 50 Kilometer von Feodossija entfernt gebracht werden konnte. In Feodossija blieben nur meine Mama, meine elfjährige Nichte und ich. Meine Schwester Awgusta konnte den Tataren glaubhaft schildern, dass ihr Mann ein Grusiner war und Natascha dem Papa ähnlich sehe.

Im Frühling 1944 wurden wir von der Roten Armee befreit. Awgusta kehrte mit beiden Mädchen nach Feodossija zurück. Awgusta kümmerte sich um die Einschulung Nataschas, ging in die Kultusbehörde und wollte die Adoption Nataschas in die Wege leiten. Man riet ihr, zuerst festzustellen, ob die Eltern Nataschas am Leben seien. Man schickte zwei Anfragen nach Leningrad und nach Moskau. Aus Moskau kam gleich die Antwort, dass die Mama von Natascha, Faina Isaakowna Selikmann, in Moskau lebt. Es stellte sich heraus, dass der Vater von Natascha während der Leningradblockade umkam, während ihre Mama halb lebend nach Moskau gebracht werden konnte. Wir teilten Nataschas Mutter die Rettung ihrer Tochter mit. Man schickte sich Telegramme, Briefe, und immer wieder kamen ihre Bitten, ihr das Kind nicht wegzunehmen. Natascha selbst wollte nichts von Moskau hören. In drei Jahren gewöhnte sie sich an unsere Familie und mochte uns genauso wie wir sie. Damit Nataschas Mama nach Feodossija kommen konnte, mussten wir ihr eine offizielle Einladung schicken, da auf der Krim noch Krieg war. Natascha begegnete ihrer Mama sehr abweisend und sagte, dass sie bei uns in Feodossija bleiben möchte. Es war eine Tragödie. Alle weinten. Man überzeugte das Mädchen und versprach ihr, dass sie jedes Jahr den ganzen Sommer in Feodossija verbringen würde.

Während ihrer Schul- und Studienzeit kam sie jeden Sommer zu uns nach Feodossija. Später verbrachte sie bei uns ihren Urlaub. Natascha nennt meine Schwester Awgusta bis heute Mama.

Unsere Beziehung ist sehr familiär. Von unserer großen Familie sind heute nur meine Schwester, ich und jenes Mädchen, das ich den Gendarmen anstelle von Natascha vorführte, Zeugen von Nataschas Rettung.

3. Kreisfreie Stadt Jalta

Vor 1941 war Jalta[20] Bezirkshauptstadt in der Autonomen Sozialistischen Sowjetrepublik Krim in der Russischen Sozialistischen Föderativen Sowjetrepublik. Von 1941 bis 1944 gehörte Jalta zum rückwärtigen Heeresgebiet der 11. Armee, nach 1991 zur Autonomen Republik Krim der Ukraine.

Laut der Volkszählung von 1939 lebten in der Stadt Jalta 2109 Juden, etwa sechs Prozent der Bevölkerung, und in der Umgebung der Stadt 991 Juden.[21] Ende Oktober und Anfang November 1941 verließen beim Näherkommen der deutschen Truppen Juden spontan die Stadt. Vor dem Einmarsch der Wehrmacht am 8. November 1941 wurden durch organisierte Maßnahmen 1120 Juden aus der Stadt evakuiert, 140 aus der Umgebung von Jalta und 430 aus den Städten des Kreises Jalta, insgesamt 1690 Juden. Weitere 100 Juden wurden zur Roten Armee eingezogen oder meldeten sich freiwillig. Zur gleichen Zeit kamen zahlreiche jüdische Flüchtlinge aus Odessa und anderen Regionen der Krim nach Jalta.

Nach dem Einmarsch der Wehrmacht unterstand die Stadt dem rückwärtigen Heeresgebiet der 11. Armee. Die Stadt wurde durch die Ortskommandantur II/622 mit Hauptmann Kump an der Spitze verwaltet. In der Ortskommandantur arbeiteten 19 Personen einschließlich vier Offizieren und mehreren Beamten. Eine örtliche Stadtverwaltung wurde eingerichtet, und Bewohner der Stadt wurden als Polizisten rekrutiert. Die Wehrmacht war verantwortlich für eine Reihe antijüdischer Maßnahmen.

Am 9. oder 10. November 1941 kam ein Teil des Sonderkommandos 11a unter dem Kommando von SS-Hauptsturmführer Eberhard Heinze in Jalta an. Das gesamte Sonderkommando 11a stand unter dem Befehl von SS-Sturmbannführer Paul Zapp und war Teil der Einsatzgruppe D, die zu der Zeit von SS-Oberführer Otto Ohlendorf befehligt wurde.

Mitte November 1941 ernannte das Sonderkommando 11a einen Judenrat, der aus fünf oder sechs Mitgliedern bestand. Vorsitzender war Dr. Kozirinski. Er hatte seinen Sitz in einem Gebäude an der Ecke der Arnautskaja- und Morskajastraße. Die Juden wurden verpflichtet, einen Davidstern zu tragen. Alles Geld und alle Wertsachen mussten durch den Judenrat an die Deutschen abgegeben werden.

Am 21. November 1941 war die erste antijüdische »Aktion« in der Stadt. Die Feldgendarmerie umstellte das Haus Nr. 4 in der Sredne-Slobodskaja-Straße, verhaftete alle 17 jüdischen

---

20 Altman, Cholokost, S. 1130; Encyclopedia of Camps and Ghettos, S. 1777 ff.; The Yad Vashem Encyclopedia, S. 951.
21 Kruglow, Enziklopedija Cholokosta, S. 98.

Bewohner und erschoss sie am gleichen Tag, weil sie angeblich Kontakte zu Partisanen gehabt haben sollen.[22] Am 22. November kehrten zwei Juden aus dem Grab zurück, die während der Erschießung nur verwundet worden waren.

Am 28. November 1941 musste der Judenrat auf Befehl der Sicherheitspolizei und des SD eine Registrierung der Juden durchführen. Am 29. November befahl SS-Hauptsturmführer Eberhard Heinze allen noch in der Stadt lebenden Juden, bis zum 5. Dezember 1941 ins Ghetto umzuziehen. Das Ghetto wurde in der ehemaligen Arbeiterfakultät des Landwirtschaftlichen Instituts am Stadtrand von Jalta in der Nähe des Dorfes Massandra eingerichtet.[23] In einem Zimmer waren 18 bis 20 Personen untergebracht. Die Fenster hatten nur Papier oder Pappe zum Schutz vor der klirrenden Kälte. Ein Entkommen aus dem mit einer Mauer umgebenen Ghetto war nicht möglich. Die Bewohner des Ghettos litten sehr unter Hunger und den Verwüstungen, die von Angehörigen des Sonderkommandos 11a angerichtet wurden.

Der Judenrat war verpflichtet worden, Werkstätten, ein Hospital und eine Ghettopolizei zu organisieren. Sie bestand aus jungen Menschen, die eine weiße Armbinde mit einem blauen Davidstern trugen und am Ghettotor die Rückkehr der Juden ins Ghetto kontrollierten. Die Juden durften die Stadt nur zwischen 8 Uhr morgens und 2 Uhr nachmittags betreten.

Am 16. Dezember 1941 wurde das Ghetto geschlossen. Selbst den Juden, die in der Stadt arbeiteten, wurde nicht erlaubt, in die Stadt zu gehen.

Am 17. Dezember 1941 trieb das Sonderkommando 11a die jüdischen Männer aus dem Ghetto zu dem nahe gelegenen Nikitsker Garten in der Nähe der Orte Massandra und Magarach. Sie wurden gezwungen, auf dem Grund der Schlucht zwei tiefe Gruben auszuheben. Dann wurden sie in diesen Gruben erschossen.

Am 18. Dezember 1941 mussten die Mitglieder des Judenrats auf Befehl der Sicherheitspolizei und des SD den Transport der Juden zu der Mordstätte organisieren. Anhand der genauen Registrierungslisten wurde Familie um Familie auf Lastwagen geladen und zu den Gruben gefahren. Der letzte Lastwagen brachte die Mitglieder des Judenrats zu den Gruben. Frauen, Kinder, alte Menschen und die Mitglieder des Judenrats wurden zum Steilhang gebracht, wo sie sich entkleiden mussten. Mit Bajonetten trieb man sie zum Hang. Die Kinder wurden lebend in die Gruben geworfen und die Frauen und Männer mit Maschinengewehren erschossen. Insgesamt sind an diesen beiden Tagen etwa 1500 Menschen ermordet worden.[24]

Anfang Februar 1942 stieg in Jalta die Zahl der Todesfälle durch Verhungern auf 15 bis 17 Menschen täglich.[25]

22 Angrick, Besatzungspolitik und Massenmord, S. 333 f.
23 VEJ 7, S. 408, Anm. 6.
24 Grossman, Das Schwarzbuch, S. 435. Andere Quellen geben als Zeitpunkt für die Exekutionen die Woche zwischen Weihnachten und Neujahr an, vgl. Angrick, Besatzungspolitik und Massenmord, S. 349 f.
25 Pohl, Die Herrschaft der Wehrmacht, S. 193.

In der ersten Hälfte des Jahres 1942 wurden mehrere kleine Gruppen Juden, die aus dem Ghetto hatten fliehen können und entdeckt worden waren, erschossen.

Wegen der in der Umgebung von Jalta gesichteten starken Partisanenverbände erließ die 11. Armee am 13. Januar 1942 die Anordnung, die gesamte wehrfähige männliche Bevölkerung im Alter zwischen 16 und 50 Jahren in das Dulag Simferopol zu verschleppen, um sie dort zur Arbeit einzusetzen. In zwei Gruppen wurden einmal 2100 und noch einmal 600 Männer, die warme Kleidung und Decken mitführen mussten, auf den Weg geschickt. Einzig die Tataren durften zurückbleiben.[26]

Jalta wurde am 15. April 1944 durch die Rote Armee befreit.

Der frühere SS-Gruppenführer Otto Ohlendorf wurde im Einsatzgruppen-Prozess in Nürnberg am 10. April 1948 zum Tode verurteilt und am 8. Juni 1951 in Landsberg durch den Strang hingerichtet.[27]

Am 26. Februar 1970 verurteilte das Landgericht München den früheren SS-Obersturmbannführer Paul Zapp wegen Mordes in mindestens 13 444 Fällen zu lebenslanger Haft.[28]

Igor Tolmatsch (geb. 1930)
Der Polizist sagte: »Ich schicke diese Juden ins Gefängnis«

Unsere Familie – mein Vater Juri Isaakowitsch Tolmatsch, geboren 1904, Mama Natalia Dmitrijewna Frolowa, geboren 1909, und wir Kinder – wohnte vor dem Krieg und in den ersten Monaten der deutschen Besatzung in Jalta, in der Darsanowskaja-Str. 4. Mein Vater bekleidete vor dem Krieg verschiedene Leitungsposten. Er war ein angesehener Mann. Meine Mutter war Hausfrau. Nach der Heirat behielt sie ihren Mädchennamen bei.

Nach dem Befehl der deutschen Machthaber, sich registrieren zu lassen und gelbe Sterne zu tragen, spürte mein Vater, dass dies nichts Gutes versprach. Er ging in die Kommandantur und verfasste eine Erklärung, dass er kein Jude sei, und beteuerte, dass seine Eltern Ukrainer waren und aus der Region Kiew stammten. Ende November wurden wir alle in die Kommandantur bestellt. Wir wurden von Reke, dem SD-Chef von Jalta, höchstpersönlich vernommen. Er sagte zu meinem Vater: »Du bist Jude und musst den gelben Stern tragen. Ihr Russen könnt nach Hause gehen.« Meine Eltern ließen sich gleich darauf scheiden, und als mein Vater, sein Bruder Matwej Isaakowitsch und seine Schwester Rebekka Isaakowna Tolmatsch am 5. Dezember 1941 von ihrem Haus ins Ghetto abgeholt wurden, behauptete mein Vater, er sei geschieden. Matwej war querschnittsgelähmt und wurde auf der Trage ins Ghetto gebracht. Rebekka war geistig behindert. Sie beide hatten keine Familien. Am 18. Dezember wurden sie in der Nähe einer Erdölraffinerie erschossen.

---

26 Angrick, Besatzungspolitik und Massenmord, S. 501.
27 Klee, Das Personenlexikon, S. 443.
28 Ebenda, S. 690.

Meine Mutter konnte mithilfe von Maria Gerassimowna Frolowa, der Frau ihres Bruders Nikolai, für uns in der Stadtverwaltung gefälschte Bescheinigungen bekommen. Ich wurde unter dem Namen Igor Iwanowitsch Frolow und meine Schwester unter dem Namen Sofia Iwanowna Frolowa registriert. In der Bescheinigung stand, dass wir Russen waren. Anfang 1942 wurden in Jalta nach dem von Partisanen verübten Mord an Bitter, dem Kriegskommandanten der Stadt, auch die Kinder aus gemischten Ehen verfolgt. Wir Kinder wurden von Maria Frolowa aufgenommen, während sich unsere Mama bei Bekannten verstecken konnte. Die Gefahr verstärkte sich von einem Tag auf den anderen, und mithilfe von Maria Frolowa fuhren wir am 5. April 1942 ins Gebiet Kurman[29], wo ein entfernter Verwandter von ihr, Porfiri Jakowlewitsch Kulik, von den Deutschen als Verwalter eingesetzt worden war. Vor dem Krieg arbeitete er auf der Maschinen-Traktoren-Station (MTS), und da er Invalide war, wurde er nicht eingezogen. Porfiri Jakowlewitsch nahm uns sehr freundlich auf und stellte uns ein Zimmer mit einem Herd im Wohnheim zur Verfügung. In der Verwaltung von Kurman wurden wir als Russen, die aus Jalta eingereist waren, registriert. Mama bekam eine Putzstelle in einer Werkstatt und in der Verwaltung.

Uns Kindern befahl er, möglichst selten unter Menschen zu gehen, da wir ein sehr ausgeprägtes jüdisches Aussehen hatten. Mich nahm er zu sich nach Hause ins Dorf Zarekowitschi, etwa vier Kilometer entfernt. Zur Arbeit fuhr er mit einem einspännigen Pferdewagen. Bei ihm zu Hause weidete ich seine Schafe in der Steppe. Über das Wochenende brachte er mich zu Mama und meiner Schwester.

Als Kommandant der russischen Polizei wurde Miller-Pawlow aus Jalta im Ort Kurman eingesetzt. Wahrscheinlich ließ uns Miller-Pawlow beobachten, nachdem er erfahren hatte, dass wir aus Jalta waren, und erinnerte sich, dass er Mama zusammen mit meinem Vater in Jalta gesehen hatte.

Als ich Mitte Dezember 1942 über das Wochenende zu meiner Mama kam, rissen Miller-Pawlow und seine Stellvertreter Mogilez und Maslow und noch ein anderer Polizist am frühen Morgen die Tür unseres Zimmers auf. Sie durchsuchten das Zimmer, nahmen alle Wertsachen mit und brachten uns in die Kommandantur nach Kurman. Dort wurden wir von Miller-Pawlow und Maslow verhört. Miller-Pawlow schrie Mama an: »Ich weiß, dass du eine Jüdin aus Jalta bist.« Zu mir sagte Maslow: »Du wurdest doch in der Schule Isja genannt, wir wissen es, wir haben das Klassenbuch.« Da mich niemand in der Schule Isja nannte, wurde mir klar, dass sie von uns nichts wussten und nur versuchten, uns weichzubekommen. Sie behielten uns bis zum Abend in der Kommandantur und befahlen uns, den Ort nicht zu verlassen.

Am 5. Januar 1943 wurden wir am frühen Morgen von Miller-Pawlow und seinen beiden Handlangern wieder in die Kommandantur gebracht. Wir mussten alle unsere Papiere mitnehmen. Der Polizist sagte: »Ich schicke diese Juden nach Dshankoi ins Gefängnis. Dort wird man herausfinden, wer sie sind.« Wir wurden in einen Viehwaggon geladen. Ein deutscher Soldat begleitete uns. Im Gefängnis war nur ein Dolmetscher, ein Russe, dem der deutsche Soldat uns übergab. Der Dolmetscher bekam von dem Deutschen ein Packet mit Papieren, und ohne hineinzuschauen legte er

---

29 Im Jahr 1944 wurde Kurman in Krasnogwardeiskoje umbenannt. Am 12. Mai 2016 erhielt die Stadt wieder ihren alten Namen Kurman.

dieses unter den Aktendeckel, der auf dem Tisch lag. Uns befahl er, in die große Aufnahmezelle zu gehen. Es war eine große Halle, in der eng aneinander angelehnt über 250 Menschen eingepfercht waren. Man schlief auf dem Fußboden. Es war sehr eng. In dieser Zelle waren Menschen untergebracht, die am Bahnhof Dshankoi festgenommen wurden, weil sie auf dem Schwarzmarkt handelten, sowie jene, die keine Papiere oder Passierscheine hatten. Jeden Tag wurden immer neue Menschen gebracht, während die »Alteingesessenen« im Regelfall nach drei bis vier Wochen freigelassen wurden. Im Gefängnis waren noch zwei weitere Zellen. Eine davon war für Todgeweihte: für Partisanen und Kinder aus gemischten jüdischen Ehen sowie für Untergrundkämpfer. Während unseres Aufenthaltes wurden aus dieser Zelle dreimal jeweils 15 bis 20 Personen mit Lastwagen an den Stadtrand gebracht und dort erschossen. Auf den Lastwagen sah ich Polizisten mit Spaten, die in leeren Lastwagen zurückkehrten. Jeden Tag wurden wir zum Hofgang ausgeführt. Bei solch einem Hofgang erblickte meine Mutter Tante Frosja, eine Bekannte aus Jalta. Sie hatte auch auf dem Schwarzmarkt gehandelt und erzählte Mama, dass sie Miller-Pawlow noch aus Jalta kenne, da sie mit ihm früher in einem Malerbetrieb zusammenarbeitete. Er sei faul und ein Trinker gewesen, weshalb ihm öfter gekündigt wurde. Als Frosja nach einiger Zeit freikam, gab Mama ihr einen Zettel für Maria Frolowa mit. Auf diesem Zettel bat sie, Unterschriften der Einwohner in den Straßen Remeslennaja und Bijuk-Saraiskaja zu sammeln, um zu bestätigen, dass wir keine Juden seien.

Im Februar 1943 wurden keine Schwarzmarkthändler mehr in unsere Zelle geworfen, und alle Alteingesessenen wurden nach einigen Kontrollen freigelassen. Am 12. Februar waren nur noch fünf Personen in der Zelle: wir drei, ein alter Mann und eine junge Frau. Auch die Zelle der Todgeweihten stand leer. Am Abend des 12. Februar kam ein Mann, etwa 40 Jahre alt, in unsere Zelle. Er war sehr gesprächig und setzte sich zu uns. »Was für ein hübsches Mädchen!«, wandte er sich an Sweta. »Wie heißt du? Ich werde dir Milch bringen.« Mama antwortete: »Wir brauchen keine Milch, die Kinder sind sehr verängstigt, lassen Sie uns in Ruhe.« Er ging zur jungen Frau. Auch diese wollte nicht mit ihm reden. Dann setzte er sich zu dem alten Mann und redete die ganze Nacht mit ihm. Am frühen Morgen wurden wir alle im Hof aufgestellt. Unter dem Vordach des Gefängnisses erschien der Gestapo-Chef. Unser neuer Zellennachbar ging zu ihm und erzählte ihm halblaut etwas über den Dolmetscher. Der Gestapo-Mann winkte den alten Mann zu sich und schlug ihn mit der Faust ins Gesicht. Dieser fiel zu Boden und wurde dann in die Zelle der Todgeweihten gebracht. Die junge Frau wurde freigelassen. Dann waren wir an der Reihe. Mama wurde gefragt: »Weshalb seid ihr hier?« Mama antworte: »Ich weiß es nicht.« »Wo sind eure Papiere?«, fragte der Dolmetscher. Er ging ins Zimmer, kam zurück und sagte, dass es keine Papiere gebe. Ich erinnerte mich, dass der Dolmetscher damals das Paket mit unseren Papieren unter den Aktendeckel gelegt hatte, und sagte ihm, dass unsere Papiere vermutlich immer noch dort lägen. Er ging noch mal ins Zimmer und brachte dann unsere Papiere. In diesem Augenblick kam der Wachmann vom Eingangsturm zum Gestapo-Chef und flüsterte ihm etwas zu. Der Gestapo-Chef nickte mit dem Kopf. Ein Soldat kam nach einem Augenblick zusammen mit Maria Frolowa zu ihm. Sie kam aus Jalta und brachte die Unterschriften unserer Nachbarn sowie die kirchliche Geburtsurkunde meiner Mama. Der Gestapo-Chef befahl Mama und Maria Frolowa, ihm ins Büro zu folgen, während ich und Sweta zurück in die Zelle mussten. Sie wurden sehr lange verhört, sodass wir erst am Abend freigelassen wurden. Da aber keine Zuständigen mehr da waren, mussten wir am nächsten Morgen noch mal erscheinen, um unsere Freilassungspapiere zu erhalten.

Wir übernachteten bei fremden Menschen, die uns Unterkunft gewährten. Nachdem wir unsere Freilassungspapiere erhalten hatten, fuhren wir am frühen Morgen mit dem Zug nach Kurman. Ich kann mich noch sehr gut erinnern, wie ich durch das Fenster unserer Zelle beobachtete, wie die Menschen aus den Zellen der Todgeweihten abtransportiert worden waren. Der Polizist, der merkte, dass ich es beobachtete, öffnete die Tür unserer Zelle und trat mich mit seinem Fuß in den Bauch. Ich fiel zu Boden. Damals waren in unserer Zelle noch sehr viele Menschen, aber vor Angst schaute niemand aus dem Fenster.

Am Abend erreichten wir Kurman. Wir fuhren in einem Viehwaggon, in den wir von slowakischen Soldaten mitgenommen worden waren. Unser Zimmer war von Polizisten geplündert worden. Obdach fanden wir bei der Familie Lomanowy. Sie erwärmten Wasser, wir konnten uns waschen, und sie gaben uns frische Kleidung. Unsere von Läusen befallene Kleidung warfen sie weg. Nach einiger Beratung nahm Maria Frolowa meine Schwester Sweta mit sich nach Jalta. Sie fuhren am 15. Februar mit dem Auto, das sie dank Kulik bekamen, nach Simferopol. Ich blieb bei meiner Mama. Kulik erzählte uns, dass der betrunkene Miller-Pawlow prahlte, dass er die Juden sowieso erschießen würde, sodass Kulik mich wieder zu sich ins Dorf Zarekowitschi mitnahm, wo ich die Schafe weidete. Wir hatten auch kein Obdach. Die Fensterscheiben in unserem Zimmer waren kaputt. Mama wohnte bei den Nachbarn Wolkowy, Onkel Mischa und Tante Ana. Sie hatten ein siebenjähriges Mädchen, das an Knochentuberkulose litt. Tante Ana war schwanger.

Im März kam eine deutsche Truppe aus Kuban in unseren Ort. In unserem ehemaligen Zimmer wurde das Büro der Truppe eingerichtet, während in anderen Zimmern des Wohnheims die Soldaten, die die Zivilbevölkerung auffallend besser behandelten, untergebracht worden waren. Alles beruhigte sich, und am 20. April 1943 kam ich über das Wochenende zu Mama, um mich und meine Wäsche zu waschen. Tante Ana brachte einen Jungen zur Welt. In der Wohnung war es warm. Mama half Ana, die Wäsche zu waschen. Am Abend, so gegen 21 Uhr, brachen der betrunkene Miller-Pawlow mit dem Sadisten Maslow in die Wohnung der Familie Wolkowy ein. Als sie Mama und mich erblickten, befahlen sie uns: »Macht euch fertig, ihr kommt mit uns!« Mama sagte, dass sie in der Nacht nirgendwo hinfahren würde. Miller-Pawlow befahl Maslow: »Nimm sie fest!« Maslow fasste Mama am Arm, und sie schrie auf. Auch ich begann zu schreien. Die Kinder von Tante Ana und sie selbst brachen in Tränen aus. Auf dieses Geschrei kam der deutsche Feldwebel Bernhard, der an jenem Abend im Stab Dienst hatte. Es war ein älterer, sehr netter Deutscher. Mama wusch für ihn die Wäsche. Er gab ihr dafür Lebensmittel. Er fragte Miller-Pawlow, was die einheimische Polizei im betrunkenen Zustand und zu so später Stunde in der Nähe des Stabes der deutschen Truppe zu tun habe. Miller-Pawlow sagte, dass wir Juden seien und er schon lange nach uns suchen würde, da er den Befehl habe, uns zu erschießen, und dies am Geburtstag des Führers vollbringen wolle. Bernhard sagte: »Ich befehle Ihnen, den Raum sofort zu verlassen und der Erfüllung Ihrer Aufgaben als Polizist zur Tagesstunde nachzukommen!« Am nächsten Morgen kam ein russischer Polizist und befahl Mama und mir, ihm zu folgen. Am Abend zuvor sagte Bernhard zu meiner Mutter, dass, wenn wir am nächsten Morgen abgeholt würden, er mit uns zur Polizei gehen würde. Als Bernhard in die Kommandantur kam, bat er meine Mutter, auf der Straße zu warten, während er zu Miller-Pawlow ging. Er sagte zu Mama: »Machen Sie sich keine Sorgen, Madame!« Nach einiger Zeit kam ein Polizist heraus und sagte zu uns: »Ihr seid Russen, geht nach Hause.« Es war ziemlich weit nach Hause, aber wir gingen sehr schnell. Als Kulik uns sah, sagte er zu Mama: »Ein Auto von hier fährt nach Simferopol. Du kannst mitfahren, und ich hole Igor zu mir. Miller-Pawlow lässt euch nicht am Leben.« Mama fuhr sofort weg. Ich wartete, dass ich mit Kulik zu ihm ins Dorf Zarekowitschi fahren würde. Währenddessen ging ich zu den Jungs vom Wohnheim. Am Nachmittag warnten sie mich: »Lauf in den Pferdestall und versteck dich, denn ein Polizist ist gekommen und zu Wolkowy gegangen.« Bis zum Abend blieb ich in meinem Versteck im Pferdestall. Dann brachte mich Kulik mit seinem Pferd zu sich nach Hause. Bereits zuvor hatte Mogilez, der vor dem Krieg auf der Maschinen-Traktoren-Station arbeitete, gesagt: »Sie sollten fliehen, denn Miller-Pawlow wird sie umbringen.« Auf die Frage der Polizisten antwortete Kulik, das die Frau und die Kinder in eine unbekannte Richtung gefahren seien. Ich blieb ein paar Tage bei Kulik, bis meine Mutter mitteilte, dass sie für mich eine Unterkunft in Simferopol gefunden habe. Mit dem nächsten Auto, das aus unserem Ort nach Simferopol fuhr, machte ich mich auf den Weg dorthin.

Mama wohnte bei ihrer Schwester, hatte aber Angst, auch mich dort wohnen zu lassen. Ich hatte ein jüdisches Aussehen. Außerdem waren in der Familie meiner Tante Kinder, die sich verplappern könnten. Die Bekannten meines Vaters, ein Ehepaar, der Grieche Anton Artemis und seine Frau Lena, erklärten sich bereit, mich aufzunehmen. Sie hatten keine Kinder, und Artemis hatte guten Kontakt zur Stadtverwaltung von Simferopol. In der Stadtverwaltung arbeitete eine Bekannte meines Vaters, Pelipenko, die Artemis sehr gut kannte. Ich wohnte bei ihnen in der Krestjanskaja-Straße (heute: Trenewa-Straße), gegenüber dem Stadion »Avangard«. Zur Schule ging ich nicht, man ließ mich überhaupt nicht aus dem Haus. Im Keller wurde für mich ein Versteck eingerichtet, und im Falle einer Gefahr versteckte ich mich dort. Swetlana wohnte in Jalta bei Maria Frolowa.

Bei Artemis blieb ich bis zum 13. April 1944. Gleich nach der Befreiung der Krim fuhr Mama nach Jalta und kümmerte sich für mich und Swetlana um Papiere auf unsere richtigen Namen. Im Juni 1944 wurde das Ehepaar Artemis nach Zentralasien deportiert.

Nach April 1944 wurde Petr Jakowlewitsch Kulik wegen seiner Position als Chef durch den NKWD verhört. Mama trat als Zeugin auf und bewies, dass Kulik unsere Familie gerettet hatte, und Mogilez, obwohl er stellvertretender Kommandant der russischen Polizei gewesen war, Kulik rechtzeitig von den Vorhaben Miller-Pawlows informiert hatte. Mama fuhr zu ihnen nach Kurman (Krasnogwardejskoje) und bedankte sich bei ihnen für unsere Rettung. Mit Maria Frolowa haben wir noch heute sehr engen Kontakt.

Jüdische Wohltätigkeitsstiftung „Chesed Schimon" (Hrsg.), Wir danken euch für das Leben. Erinnerungen der im Zweiten Weltkrieg durch ihre Nachbarn geretteten Juden, Simferopol 2004., S. 54–57

4. Bezirk Perwomaiski
(ukr. Perwomajskyj)
Der Bezirk Perwomaiski[30] wurde 1935 gegründet und hieß bis 1944 Larindorf (ukr. Laryndorf). 1939 lebten im Bezirk 3492 Juden.

Ort: Perwomaiskoje
(ukr. Perwomajske)
Die Bezirkshauptstadt Perwomaiskoje trug bis 1944 den Namen Dshurtschi (ukr. Dshurtschy). 1939 lebten in der Stadt 140 Juden.

Das Sonderkommando 11b ermordete von November 1941 bis Februar 1942 in der Stadt und in 12 Dörfern des Bezirks 370 Juden.

Ort: Ostrowskoje
(ukr. Ostrowske)
Nach Angaben der Außerordentlichen Staatlichen Kommission zur Untersuchung der nationalsozialistischen Verbrechen der Republik Krim wurden Ende Februar 1942 im Dorf Ostrowskoje fünf Juden erschossen.

Alexandr Pismenny
»Anfang Winter 1942 kam ein Sonderkommando ins Dorf«

Meine Eltern wohnten seit 1928 im jüdischen Dorf Ostrowskoje, Bezirk Perwomaiski, Gebiet Krim. Dieses Dorf wurde mit finanzieller Unterstützung der Organisation Joint gegründet.

Mein Vater, Isaak Mojsejewitsch Pismenny, war Vorsitzender der Kolchose. Er kümmerte sich ständig um die Verbesserung der Lebensbedingungen der Kolchosearbeiter. Mein Vater las sehr viel und war bemüht, Innovationen zu übernehmen. Manchmal ging er dabei Risiken ein. In einem Winter kaufte er zum Beispiel auf Kosten der Kolchose für einen sehr niedrigen Preis eine Schafherde (über Tausend Schafe), deren Tiere allerdings schwer krank waren: Grind. Dann kaufte mein Vater Medikamente: Karbol und andere Desinfizierungsmittel. Unter seiner Leitung wurde jedes Schaf einzeln in eine Mischung dieser Arzneien eingetaucht. Es war schwierig und riskant. Aber zum Frühling waren alle Schafe gesund. Schafe bedeuten Reichtum. In jeder jüdischen Familie gab es seitdem Fleisch, Fett, Wolle und Leder für Winterjacken.

Zum Herbst verdoppelte sich die Schafherde. Aus den Erlösen kaufte die Kolchose drei Lastwagen, baute eine Elektrostation und eine Wasserleitung zu jedem Haus. Die Kolchose kaufte die Ausstattung für ein eigenes Kinotheater. Später wurde eine Sporthalle gebaut und entsprechende Ausrüstung gekauft: Barren, Ringe, Pauschenpferd und für das englische Spiel Kricket. Mein Vater lud fünf russische Fachleute – Gärtner, Schafhirten, Käsemacher – und ihre Familien in die Kolchose

---

30 Altman, Cholokost, S. 734; Kruglow, Enziklopedija Cholokosta, S. 98 ff.

ein. Auf die Anregung meines Vaters wurden in unserem Steppendorf neben jedem Haus Obst- und dekorative Bäume gepflanzt.

Im Juni 1941 brachen der Krieg und das große Chaos aus. Objektive Nachrichten erreichten uns nicht. Alle Männer wurden eingezogen.

Mein Vater wurde am 18. August 1941 eingezogen. Er war 45 Jahre alt. Es war der letzte Tag, an dem ich meinen Vater sah. Meine Mutter blieb mit fünf minderjährigen Kindern ganz alleine (das älteste Kind war 12 Jahre und das jüngste, meine Schwester Fanja, ein Jahr).

Kurz vor der Besetzung unseres Dorfes durch die Deutschen konnten sich die Einwohner des Dorfes noch evakuieren lassen. Praktisch waren sie geflüchtet. Mama konnte nicht mit fünf kleinen Kindern zu Fuß 200 Kilometer zum Bahnhof nach Kertsch gehen. Von dort wurden die Evakuierten in den Kaukasus gebracht. In den verlassenen Häusern wurden die Flüchtlinge aus der Region Cherson untergebracht.

Furchtbare Gerüchte gingen um. Wir mussten unser Judentum verstecken. Das Erste, was Mama tat, war, unsere jüdischen Namen durch russische zu ersetzen. Vor dem Krieg hieß ich David wie mein Großvater Mosche-David. Dann begann mich meine Mutter Alexandr zu nennen. Meinen Bruder Iosif nannte sie Petr und meine Schwester Fanja – Fene. Selbst unseren Hund Beiser (der Böse) nannten wir Scharik (kleine Kugel).

Die Deutschen besetzten unser Dorf im Spätherbst 1941. Anfang Winter 1942 kam ein Sonderkommando ins Dorf. Die im Dorf verbliebenen Juden wurden an den Dorfrand getrieben und dort erschossen. Ich erinnere mich an ihre Namen: der Jugendliche Ichil Boguslawski, Karnauch, Zirkin, das 80-jährige Ehepaar Ariki. Uns kannten nur die Frauen jener russischen Facharbeiter, die mein Vater in die Kolchose eingeladen hatte. Sie verrieten uns nicht.

Die schlimmste Zeit war für uns 1943, als unser Judentum kein Geheimnis mehr war. Unter meinen Altersgenossen wurde ich zum Ausgestoßenen. Oft wurde ich von ganzen Gruppen überfallen und verprügelt. Ich kam mit blauen Flecken und blutverschmiert nach Hause. Mama weinte. Sie konnte mich nicht schützen.

In unser Dorf kam der Sohn des ehemaligen Großgrundbesitzers, der 35-jährige Strjukow. Auch ihn erreichten die Gerüchte, dass wir Juden seien und wir praktisch illegal waren. Er entschied sich, uns zu vernichten, aber nicht mit eigenen Händen. Eines Abends kam er mit einem betrunkenen russischen Polizisten zu uns nach Hause. Sie misshandelten meine Mutter und mich. Sie schlugen mich brutal vor den Augen meiner Mama. Wenn ich zu Boden fiel, hoben sie mich mit ihren Stiefeln hoch. Dann wurden Mama und ich in das Polizeirevier gebracht und erneut misshandelt. Wir wurden lange und brutal geschlagen. Ich blutete am ganzen Körper. Am nächsten Morgen wurden wir entlassen, aber man drohte uns, unsere Familie in den benachbarten Bezirk zu bringen und dem deutschen Kommandanten zur Erschießung zu übergeben.

Wie sehr wollten wir leben! Ringsherum war die Steppe. Es war unmöglich, sich zu verstecken. Meine Mutter versuchte, zumindest meine dreijährige Schwester zu retten. Sie brachte das Kind zu einem kinderlosen griechischen Ehepaar. Sie wollten das Kind nicht aufnehmen. Wir schwebten zwischen Leben und Tod. Einige Tage später, um die Mittagszeit, kam Strjukow mit dem

Kommandanten und einem deutschen Soldaten zu uns. Meine Geschwister versuchten zu fliehen. Der Soldat fing alle meine Brüder, stellte sie in eine Reihe auf und befahl ihnen, die Hosen herunterzulassen. Beschnitten war aber nur ich, der Älteste. Mama und ich waren damals bei der Arbeit. Die drei holten mich nicht.

Anfang Winter 1944 wurde ich zusammen mit anderen Männern während einer Razzia festgenommen und in das Konzentrationslager im Ort Woinka gebracht. Die Minderjährigen wurden von den Deutschen aus dem Lager entlassen. Das Alter bestimmte man ganz einfach: Man sollte die Hose herunterlassen und zeigen, dass man noch nicht behaart war. Für mich war diese Methode tödlich: Ich war beschnitten.

Die Häftlinge des Konzentrationslagers mussten Panzergräben ausheben. Wir arbeiteten bei jedem Wetter, bei Regen und bei Schnee. Wir waren oft pitschnass. Wir schliefen in schnell zusammengenagelten Holzbaracken ohne Dach und ohne Boden auf dem nassen Grund in der Kleidung, die nie trocken wurde. Hinter dem Stacheldraht waren über 1000 Männer und etwa 700 Frauen.

Zwei Tage vor dem Einmarsch der sowjetischen Truppen wurde das Lager am frühen Morgen bombardiert. Die Bomben fielen auf die Lagergebäude und die Gebäude des Wachpersonals. Die Umzäunung wurde beschädigt. Die Häftlinge liefen davon.

Am 9. April 1944 kam ich hungrig und erschöpft in das Dorf zu meiner Mutter. Hinter unserem Haus war in einem Holzgebäude ein deutsches Munitionslager. Auf ihrem Rückzug setzten die Deutschen dieses Lager in Brand. Auch unser Haus fing Feuer. Die Fensterscheiben schmolzen. Die Bäume brannten. Meine Mutter und meine Geschwister konnten nur mit Müh und Not das Feuer an unserem Haus löschen, während das Munitionslager ausbrannte.

Am 10. April 1944 kamen sowjetische Truppen ins Dorf. Unsere Freude und unser Glück kannten keine Grenzen.

Zweieinhalb Jahre waren wir in ständiger Angst um unser Leben und litten furchtbaren Hunger. Unsere Verwandten konnten sich evakuieren lassen. Sie erreichten allerdings nur Kuban. Dort wurden unsere Tante und zwei Cousinen, Maja, zwölf Jahre alt, und Fanja, zehn Jahre alt, von Deutschen erschossen.

Unser Vater war an der Front in der Schlacht um Sewastopol gefallen.

5. Kreisfreie Stadt Simferopol

1939 lebten 22 791 Juden in der Stadt Simferopol,[31] etwa 16 Prozent der Gesamtbevölkerung. Im Bezirk Simferopol lebten weitere 728 Juden.

Am 1. (2.) November 1941 wurde die Stadt von der Wehrmacht besetzt. Vor der Eroberung der Stadt verließen 18 300 Menschen, darunter 11 260 Juden, die Stadt. Im Landkreis konnten 820 Personen evakuiert werden, darunter 390 Juden. Durch Flüchtlinge aus Cherson, Dnjepropetrowsk und aus den jüdischen Kolchosen in den Bezirken Larindorf und Fraidorf stieg

---

31 Altman, Cholokost, S. 902 ff.; Enzyklopädie des Holocaust, S. 1317.

die Zahl der Juden, die den Deutschen in die Hände fielen, auf annähernd 13 000. Hinzu kamen 1500 Krimtschaken in der Stadt, die größte jüdische Gemeinde dieser Art.

Am Tag nach der Besetzung wurden Bekanntmachungen angeschlagen, und die Juden wurden angewiesen, einen Judenrat zu bilden und sich zur Zwangsarbeit zu melden. In den folgenden Tagen wurde ihnen befohlen, sich registrieren zu lassen und einen sechszackigen Stern auf der Kleidung zu tragen. Ein Ghetto wurde nicht eingerichtet.

Bereits einen Monat vor der »Aktion« gegen die Juden ging von der Ortskommandantur I/853 in Simferopol die Meldung an den Kommandeur des rückwärtigen Armeegebiets, dass die im Ort verbliebenen 11 000 Juden durch den SD exekutiert werden würden.[32] Die 11. Armee entschied kurzerhand, dass die Erschießungen der Juden bis Weihnachten abgeschlossen zu sein hätten. Mithilfe von Soldaten, Fahrzeugen und Treibstoff der Wehrmacht gelang es der Einsatzgruppe D, die Tötungsmaßnahmen wunschgemäß abzuschließen, sodass die Truppe Weihnachten in einer »judenfreien« Stadt feiern konnte.[33]

Am 6. Dezember 1941 wurde ein Befehl ausgehängt, dass sich alle Juden und Krimtschaken an festgelegten Punkten mit Verpflegung für vier Tage einfinden müssen. Unter den Juden gab es Tumulte, Panik brach aus, weil alle damit rechneten, in die Ukraine deportiert zu werden. 9700 Juden und 1500 Krimtschaken wurden registriert. Am 9. Dezember 1941 wurden bei Simferopol zunächst 1500 Krimtschaken durch Angehörige des Sonderkommandos 11b der Einsatzgruppe D unter persönlicher Leitung von Otto Ohlendorf ermordet.[34]

In den Tagen vom 11. bis 13. Dezember 1941 wurden die Juden auf Lastwagen verladen, aus der Stadt gebracht und an einem von der Straße aus nicht einsehbaren Panzergraben erschossen. Unter Beteiligung der Wehrmacht und des 3. Bataillons der deutschen Ordnungspolizei ermordete das Sonderkommando 11b am 11. Dezember 3500 Juden, am 12. Dezember 3000 Juden und am 13. Dezember 3100, insgesamt an den drei Tagen 9600 Juden.[35] Die Kinder aus gemischten Ehen einschließlich der jüdischen Ehepartner wurden im Juli 1942 in Gaswagen ermordet.[36]

SS-Gruppenführer Otto Ohlendorf, der Führer der Einsatzgruppe D, inspizierte die Erschießungen in Simferopol persönlich. Nach Angaben seines Adjutanten Schubert achtete er unter anderem darauf, dass die Opfer auf »humane Weise« erschossen wurden, »da im Falle anderer Tötungsarten die seelische Belastung für das Exekutionskommando zu stark gewesen wäre«.[37]

---

32 Kaiser, Täter im Vernichtungskrieg, S. 64.
33 Hilberg, Die Vernichtung der europäischen Juden, S. 318.
34 VEJ 7, S. 393.
35 Kruglow, Chronika Cholokosta, S. 64 f., in: »Enzyklopädie des Holocaust« ist die Zahl der Opfer mit 12 500 angegeben, S. 1318. Pohl beziffert die Zahl der Opfer auf 13 000, vgl. Pohl, Die Herrschaft der Wehrmacht, S. 266.
36 Encyclopedia of Camps and Ghettos, S. 1757.
37 Hilberg, Die Vernichtung der europäischen Juden, S. 335.

Die Zusammenarbeit zwischen Heer und Sonderkommando war sehr eng. Auf Befehl des Armeeoberkommandos 11, Oberquartiermeisterabteilung, sollte am 12. Januar 1942 ein Unternehmen durch das Sonderkommando 11b durchgeführt werden, zur Erfassung unzuverlässiger Elemente (Partisanen, Saboteure, evtl. Feindgruppen, Fallschirmjäger in Zivil, Juden, führende Kommunisten usw.). Die Armee stellte dem Sonderkommando alle dem Stadtverteidigungskommandanten von Simferopol zur Verfügung stehenden Kräfte in Stärke von 2320 Mann sowie 55 Mann Feldgendarmerie und 20 Mann der Geheimen Feldpolizei für die »Aktion« zur Verfügung.[38]

Juden, die sich versteckt hatten und gefasst wurden, wurden zunächst im örtlichen Gefängnis festgehalten. Mitte Februar 1942 wurden 300 von ihnen in Gaswagen ermordet.

Simferopol wurde am 13. April 1944 durch die Rote Armee befreit.

Alexandr Schmajewski (geb. 1931)
»Das letzte Verhör bei der Gestapo«

Ich, Alexandr Efimowitsch Schmajewski, wurde am 8. Juli 1931 in Simferopol geboren. 1939 wurde ich eingeschult und besuchte die Schule bis Juni 1941. Während des Krieges besuchte ich keine Schule. Am 2. November 1941 wurde unsere Stadt von Deutschen besetzt, und für uns begann die furchtbare Zeit der Okkupation.

Mein Papa, Israil-Chaim Moisejewitsch Schmajewski, wurde am 23. August 1905 in einer armen jüdischen Familie in Simferopol geboren. Bis zur Revolution 1917 arbeitete er als Lastenträger. Im Juli 1941 wurde mein Vater eingezogen und kämpfte an der Front. Er wurde viermal verwundet. Meine Mama, Tina Nelsowna Schmajewskaja, wurde am 4. November 1904 in einer armen, kinderreichen jüdischen Familie in Simferopol geboren. Die Familien meiner Eltern wohnten in einem Hof in der Remeslennaja-Str. 12 in Simferopol. Dort lernten sie sich kennen und heirateten. Mama arbeitete vor der Revolution bei reichen Familien. Nach 1917 arbeitete sie in der Genossenschaft »Krim Textilien« in der Abteilung für Textilienfärbung. Dort arbeitete sie bis 1941. Während der deutschen Besetzung arbeitete Mama nicht. Sie versteckte sich in der Petrowska-Balka-Straße im Elternhaus ihrer Freundin Sina, mit der sie lange Zeit in der Genossenschaft »Krim Textilien« gearbeitet hatte.

Vor der Besatzung der Stadt Simferopol durch die Deutschen bat meine Mama unseren Nachbarn Grigori Grigorjewitsch Beresowski, der eine Abteilung in der Typografie leitete, ihr einen falschen Ausweis und mir eine neue Geburtsurkunde herzustellen und als Nationalität »russisch« anzugeben. Mama bekam einen Ausweis, der sie als eine Russin auswies und besagte, dass sie mit dem Russen Konstantin Fedorowitsch Nikolajew, geboren 1902, verheiratet war. Ich bekam auch eine gefälschte Geburtsurkunde mit der Nationalität »russisch« auf den Namen Semykin. Das war der Name ihrer Freundin. Begründet wurde es so, dass der angebliche Mann meiner Mutter,

---

38 Krausnick, Hitlers Einsatzgruppen, S. 235.

Nikolajew, der als Hilfsarbeiter in einer Konservenfabrik gearbeitet hatte, ein Alkoholiker war, meine Mutter oft verprügelte und sie nicht wollte, dass ihr Kind den Namen dieses Mannes trug. Auf diese Art und Weise wurde ich in allen Behörden als Alexander Efimowitsch Semykin geführt.

1941 wurde unsere Stadt von Deutschen besetzt. Kurz darauf kam ein Auto zu unserem Haus in der Remeslennaja-Str. Nr. 12, in dem vier Deutsche in der schwarzen Gestapouniform mit dem Totenkopf auf ihren Mützen saßen. Die Kommissare der Roten Armee trugen einen roten Stern auf ihren Mützen. Auf unserer Etage waren vier Zweizimmerwohnungen. Eine von ihnen war von der Miliz und der Hausverwaltung versiegelt. Jede Wohnung hatte ein Grundbuch, in dem festgehalten wurde, wer, welcher Nationalität, wie lange in der Wohnung wohnte. In unserem Grundbuch stand, dass meine Mama und ich russisch waren. Meine Mama und Grigori Grigorjewitsch Beresowski haben dies im Voraus eingerichtet. Die Gestapo-Männer rissen den Zettel von der Tür der versiegelten Wohnung ab und ließen ihr »Fräulein«, das mit ihnen mit dem Auto gekommen war, in diese Wohnung einziehen. Sie hieß Marija Andrejewna Tkatsch, geboren 1917. Sie arbeitete für die Deutschen und denunzierte sowjetische Menschen.

Die Gestapo-Männer amüsierten sich mit dieser Frau, tranken mit ihr und sangen laut ihre Lieder. Nach einem Monat zogen sie ab. Man sah sie nie wieder in unserem Haus. Wahrscheinlich waren sie gefallen.

M. A. Tkatsch wohnte in dieser Wohnung. Sie wurde ihr von den Deutschen geschenkt. Früher, vor dem Krieg, wohnte dort die Familie eines alten Bolschewiken, Michail Jakowlewitsch Riwkin. Er starb kurz vor Kriegsausbruch. Seine Familie ließ sich nach Swerdlowsk evakuieren. Meine Mama brachte noch vor der deutschen Besatzung alle wertvollen Gegenstände aus der Wohnung zu Tante Sina in der Petrowska-Balka-Straße, damit unsere Retter sie auf dem Schwarzmarkt gegen Lebensmittel tauschen konnten. Hätte Mama dies nicht getan, wären wir verhungert. Danach brachte Mama noch viele andere Gegenstände nach Nachalowka, wo ich mich bei Tante Nastja, einer Arbeitskollegin meiner Mama, versteckte. Sie wohnte dort in einem Privathaus am Stadtrand.

Tante Nastja sagte mir, was ich wissen und sagen sollte, wenn Polizisten oder SD-Männer bei einer Razzia in ihr Haus gekommen wären. Ich sei Russe, mein Vater sei an der Front und meine Mutter mit einer Schubkarre, beladen mit Gegenständen, unterwegs, um diese gegen Lebensmittel einzutauschen. Ich würde bei Tante Nastja, der Cousine meiner Mutter, wohnen, und mein Name sei Semykin. Tante Nastja sagte mir, ich sollte meinen echten Namen bis zur Befreiung der Stadt durch die Rote Armee vergessen.

Ich versteckte mich die ganze Zeit im Garten oder im Keller, wo es sehr viel Spinnengewebe und jeglichen Müll gab. Normalerweise durchsuchten die Deutschen und die Polizisten solche alten Gebäude nur sehr selten. Im Winter war es dort sehr kalt. Tante Nastja brachte mit einer Schubkarre Heu und Stroh, legte dies auf den Fußboden im Keller, wo ich schlief. Nachts verließ ich für zehn oder zwanzig Minuten mein Versteck, um frische Luft zu schnappen, und kehrte dann wieder in den Keller zurück.

Der Vater meines Vaters, Moisei Samoilowitsch Schmajewski, geb. 1865, starb 1940. Die Mutter meines Vaters, ihr Familienname war Rejsa (Rosalija) Perezowna Pisarskaja, wurde 1868 wie

5. Kreisfreie Stadt Simferopol

mein Großvater in Simferopol geboren. Meine Großmutter hatte sieben Töchter und drei Söhne. Der älteste Sohn meiner Großmutter emigrierte 1913 in die USA. Mein Onkel Petja, der mittlere Sohn meiner Großmutter, Tante Nastja, Tante Nadja, Tante Chaja, Tante Lisa, Tante Raja und Tante Betja wurden im Dezember 1941 an der Landstraße nach Feodossija beim Kilometerstein 11 in tiefen Gräben erschossen. Dieses Schicksal teilten auch die Kinder von Tante Nadja: Fanja, geb. 1925, und Irotschka, geb. 1938. Diese furchtbare Nachricht teilte mir meine Tante Dusja mit. Sie war die Schwester meiner Mama. Sie hatte auch gefälschte Papiere, auf den Namen Ewdokija Nikititschna Semykina, geb. 1902.

Durch die Stadt Simferopol schlichen Verräter und Handlanger der Faschisten. Sie jagten Juden, Partisanen, Bolschewiken, Untergrundkämpfer, NKWD-Mitarbeiter, Komsomolzen und Kommissare der Roten Armee, die sich bei ihren Bekannten und Verwandten versteckten. Meine Mama sagte mir, es sei sehr gefährlich, sich zu zweit zu verstecken, da die Deutschen die jüdische Familie und die Familie mit ihren Kindern und alten Eltern, die die Juden versteckte, erschießen würden. Die von Deutschen herausgegebene Zeitung »Die Stimme der Krim« berichtete oft von den Erschießungen der Menschen, die Juden versteckten und ihnen halfen. Deshalb versteckten wir uns getrennt voneinander und verließen unsere Verstecke nicht.

Meine Mama wurde Ende Oktober 1943 festgenommen, nachdem sie von M. A. Tkatsch, die Mama zufällig auf dem Schwarzmarkt gesehen hatte, denunziert worden war. Mama wurde zur Kriminalpolizei gebracht. Dort wurden die Häftlinge verprügelt und gefoltert. Wir wussten nichts von ihrer Festnahme.

Tante Dusja begegnete einer Bekannten, die im Gefängnis in der Küche arbeitete. Diese erzählte ihr, dass die Festgenommene aller Wahrscheinlichkeit nach die Schwester von Tante Dusja gewesen sei, weil sie sich als Walentina Semykina vorgestellt hatte. Dass Tante Dusja meiner Mutter ein paar Pellkartoffeln und ein Stück Brot ins Gefängnis bringen durfte, bezahlte sie dem Polizisten mit ihrem Ehering.

Partisanen setzten Ende Dezember 1943 das Haus der Bauern in Brand. Es war ein riesiges Gebäude. Die Partisanen legten Feuer an verschiedenen Seiten des Gebäudes, weil dort sehr viele Deutsche der SS-Division »Totenkopf« untergebracht waren, die aus Simferopol gekommen waren, um mit der Partisanenbewegung auf der Krim Schluss zu machen. Die Partisanen errichteten Hinterhalte auf der Landstraße von Aluschta nach Jalta, setzten deutsche Panzer und Wagen in Brand, vernichteten deutsche Soldaten, Offiziere und Vaterlandsverräter.

Alle deutschen Hospitäler waren überfüllt mit verwundeten deutschen Soldaten und Offizieren. Deshalb befahl der Befehlshaber auf der Krim, Generalfeldmarschall von Manstein, seinen Truppen, die Partisanen, die den Deutschen das Leben auf der Krim zur Hölle machten und viel Technik zerstörten, ein für alle Mal zu vernichten. Die Deutschen tobten. Die Feldgendarmerie durchkämmte mit Hunden, deutschen Schäferhunden, intensiv alle Häuser am Stadtrand auf der Suche nach Partisanen.

Tante Dusja, die es erfuhr, kam gleich nach Nachalowka zu Tante Nastja und erzählte, dass bei ihr auf dem Hof Deutsche stationiert waren und erzählten, Hitler habe von Manstein befohlen, ein für alle Mal die Partisanen zu vernichten, deshalb würden bald SS- und SD-Truppen die Gegend durchkämmen und an Ort und Stelle Partisanen und ihre Helfer töten. Tante Dusja sagte, dass in drei Tagen eine große Razzia stattfinden würde. Diese würde von der Feldgendarmerie mit ihren deutschen Schäferhunden durchgeführt, weil sie auf der Suche nach einem Kommissar der Roten Armee seien, der mit einem Fallschirm im Wald gelandet sei und sich in der Nähe von Nachalowka versteckt habe. Tante Dusja erfuhr dies von Tante Antonina, die in der Gefängnisküche arbeitete. Sie wollte mich zu sich nach Hause holen.

Am gleichen Abend verließ ich mein Versteck bei Tante Nastja und ging zu Tante Dusja. Sie hatte zwei kleine Zimmer, und in einem von ihnen wohnte ich. Tante Dusja nahm mich zu sich, um Tante Nastja und ihre Familie vor einem gewaltigen Risiko zu schützen. Diese hatte sehr viel für mich gemacht, mich sehr lange bei sich auf dem Hof versteckt und mich in die Berge begleitet, wo es früher Höhlen gab. Tante Nastja wohnte in der Nähe der Berge und des Waldes. Dort gab es sehr viel verschiedene Blumen: Kamille und Pfingstrosen. Sie brachte diese in die Stadt und verkaufte sie auf dem Markt. Meine Mama und ich halfen Tante Nastja und ihren beiden Töchtern nach dem Krieg, so gut wir es konnten.

Wenn Tante Dusja mich nicht von Tante Nastja zu sich nach Hause geholt hätte, wäre ich von den Deutschen gefunden und erschossen worden.

Dann kam das Jahr 1944. Ich wurde am 3. Januar 1944 festgenommen. Um ein Uhr nachts kam ein großer Polizist zu uns. Sein Name war Lapa, sein Vorname Leonid. Er war ein sehr böser Mensch und schlug die Menschen, die er verhörte, mit einem Gummischlauch. Dieser Gummischlauch lag immer in einem Fass mit Salzwasser. In der Zelle, in die mich Lapa schubste, waren 55 Menschen. Es waren alles erwachsene Männer, und der Raum war nicht einmal 13 Quadratmeter groß. Alle Menschen »schliefen« im Stehen, indem sie sich eng aneinander lehnten. Ich hatte sehr große Angst, weil an meinen Füßen Ratten herumliefen und pfiffen. Sie waren so groß wie eine Katze. Sie hatten keine Angst vor Menschen, zankten miteinander. Als es hell wurde, sah ich, dass in der Ecke ein Topf stand, den man als Klosett benutzte.

Alle Gefangenen wurden um 6.30 Uhr zum Arbeitseinsatz weggebracht, abends kehrten sie in die Zelle zurück. Am nächsten Tag wurde ich in die medizinische Abteilung gebracht, auf eine Liege gelegt, und man nahm mir am Arm über dem Ellbogen Blut ab. Später sagte mir eine russische Ärztin, dass ich die Blutgruppe 0 hätte und diese für alle Menschen passen würde. Am nächsten Tag nahm man mir Blut an allen Zehen und an allen Fingern ab. Der Arzt sagte mir, dass die Gestapo-Männer auf diese Art und Weise erfahren wollten, ob ich Russe oder Jude war.

Am nächsten Tag wurden mir die Haare am Kopf rasiert. Es war eine erneute Überprüfung, diesmal auf die Dichte der Haare, ob ich ein Russe oder ein Jude sei, erklärte mir eine russische Ärztin. Sie sagte mir auch, dass sie auf diese Weise nichts feststellen würden und ich keinen Grund zur Aufregung hätte.

Eine Woche später wurde ich wieder in die medizinische Abteilung gebracht. Dort lag ein deutscher Pilot. Man nahm mir Blut ab und gab es ihm. Dann brachte man mich in die Zelle und sagte, dass ich für zwei Stunden einen alten Mantel eines Rotarmisten bekäme und auf ihm schlafen könne, danach würde man ihn mir wieder wegnehmen. Zwei Stunden später kam ein Polizist und sagte, ich sollte zehn Minuten lang im Hof laufen, danach würde ich zum Arzt zum Fiebermessen gebracht.

In der Zelle des Gefängnisses gab es ein Fenster, aus dem man ein riesiges, selbstgezimmertes, mit Blech beschlagenes »Sofa« und ein großes Fass mit Salzwasser sehen konnte. In diesem Fass lag ein Gummischlauch, mit dem man früher wahrscheinlich die Gärten sprengte. Sehr oft sah ich aus dem Fenster, wie die Gestapo-Männer und die Polizisten Gefangene zu diesem »Sofa« brachten. Sie mussten sich entkleiden und sich mit der Brust auf dieses verfluchte »Sofa« legen. Die Füße und Hände wurden in Gummiringe gesteckt, die an diesem »Sofa« angebracht waren. Dann nahmen sie den Schlauch aus dem Fass und schlugen damit das Opfer auf den nackten Rücken. Die Menschen schrien so laut, dass mein ganzer Körper eine Gänsehaut bekam.

Diese Folterungen fanden fast täglich statt. Eines Tages Ende Januar 1944 stand ich zu nahe am Fenster und wurde von einem Polizisten gesehen. Er schloss die Zelle auf und trat mich mit seinen Schuhen, deren Sohlen mit Nägeln beschlagen waren. Alle Deutschen trugen solche Schuhe mit kurzen Gamaschen und Nagelsohlen. Als Absatz trugen sie kleine Hufeisen, damit sich die Schuhe nicht so schnell abnutzten. Ich war ganz mit Blut beschmiert. Der Polizist sagte zu mir: »Judensau, wenn ich noch einmal sehe, wie du aus dem Fenster beobachtest, wie wir mit Untergrundkämpfern und Partisanen arbeiten, lege ich dich auf dieses ›Sofa‹, und du wirst sehen, wie viel Spaß es macht, dort zu liegen.« Ich sah nie wieder aus dem Fenster, und ich sah diesen Polizisten auf dem Hof der Kriminalpolizei nie wieder, weil ich zu Verhören in die Zentralverwaltung der Gestapo musste. Jenes dreistöckige Gebäude wurde noch vor der Oktoberrevolution gebaut und hieß Europahotel. Vor ihrem Rückzug aus Simferopol wurde es von Gestapo-Männern vermint. Das Gebäude ging in die Luft, als unsere Truppen in die Stadt marschierten.

Aus dem Fenster der Zelle, in der ich saß, konnte man den ganzen Hof des Gefängnisses sehen. Als ich einmal aus dem Fenster durch das Gitter schaute, sah ich meine Mama, die von Polizisten gezwungen worden war, die Treppe und das Geländer zu putzen. Meine Mama sammelte mit dem Besen den Müll und das Eis, dann ging sie schnell zum Fenster, durch das ich in den Hof des Gefängnisses schaute. Mama sagte mir sehr schnell, dass man sie und mich am 30. April 1944 zum Verhör in die Zentralverwaltung der Gestapo bringen würde und wir dort eine Gegenüberstellung mit dem Menschen haben würden, der uns denunziert hatte. Mama wusste nicht, wer dieser Mensch war, ob es ein Mann oder eine Frau war. Sie sagte mir nur, dass ich das sagen sollte, was sie mir beigebracht hatte.

Am 30. März 1944 wurde ich zusammen mit Mama zum ersten Mal während unseres Gefängnisaufenthaltes zum Verhör in die Zentrale der Gestapo gebracht. Zuvor wurden meine Mama und ich einzeln verhört. Wir wurden in das Zimmer eines Oberst gebracht. So wurde er von Gestapomännern, die zu ihm ins Zimmer eintraten, genannt. Es war ein sehr großes Zimmer. Neben seinem Schreibtisch saßen zwei riesige Hunde. Ein Hund war ein deutscher Schäferhund, der andere eine Dogge: weißes Fell mit schwarzen Flecken am ganzen Körper. Der Schäferhund hatte einen schwarzen Rücken und einen braunen Bauch. Schäferhunde kannte ich. Diese Rasse war bei uns vertreten. In der Nachbarstraße unseres Hauses hatte ein Mann, Mischa, einen Schäferhund, der aber viel kleiner war. Eine Dogge hatte ich aber nie in der Stadt gesehen und wusste nicht mal, dass es diese Rasse gab. Diese Hunde waren so groß wie Esel, hatten ständig ihr Maul offen, atmeten schwer, und der Speichel tropfte ihnen aus dem Maul. Als wir das Zimmer des Oberst betraten, waren wir total überrascht, dort Dusja, die Schwester meiner Mutter, die vor dem Schreibtisch stand, und die neben dem Oberst im Sessel sitzende Nachbarin Marija Andrejewna Tkatsch zu sehen. Ihr Freund war der stellvertretende Chef der Kriminalpolizei, Wladimir Lomakin.

Es war unser letztes Verhör bei der Gestapo. Später erklärte mir Mama, dass es die Gegenüberstellung mit M. A. Tkatsch gewesen war, die uns zusammen mit Lomakin denunziert hatte, indem sie behaupteten, dass Mama, ich und die Schwester meiner Mama, Tante Dusja, Juden seien.

Neben dem Oberst stand eine Dolmetscherin, die Tamara hieß. Die erste Frage stellte sie an Tkatsch. »Herr Oberst fragt Sie, woher Sie Walentina Nikititschna Semykina (es war der angenommene falsche Name meiner Mama) kennen und wie lange Sie mit ihr bekannt sind.« Tkatsch antworte ihr, dass sie meine Mutter seit dem Zeitpunkt kenne, als sie zusammen mit den ehrwürdigen deutschen Truppen am 2. November 1941 nach Simferopol gekommen sei. Vorher habe sie meine Mutter nicht gekannt. Dann stellte man ihr die zweite Frage, woher sie wisse, dass Walentina Nikititschna Semykina, ihre Schwester und ihr Sohn Juden seien. M. A. Tkatsch antwortete ihr, dass sie es von einer Nachbarin aus dem Nachbarhaus erfahren habe. Über die Dolmetscherin stellte der Oberst die dritte Frage: »Wo befindet sich jetzt jene Frau, die Ihnen erzählt hatte, dass sie Juden seien?« Tkatsch antwortete, dass diese Frau irgendwohin gefahren sei. Dann stand der Oberst von seinem Sessel auf, schrie Tkatsch an und schimpfte laut auf Deutsch. Die Hunde wurden unruhig und bellten laut. Der Oberst beruhigte sie und stellte M. A. Tkatsch die vierte Frage: »Was wissen Sie noch über Walentina Nikititschna Semykina und ihren Sohn?« Tkatsch antwortete, dass eine Nachbarin ihr erzählt habe, dass Semykina einen Bruder Alexandr habe und dieser im August 1941 auf dem Rückzug der roten Seeflotte seine Mutter in der Stadt Simferopol besucht habe. Außerdem wollte sie von jener Frau erfahren haben, dass Alexandr ein Schiffskapitän sei und Deutsche nicht gefangen genommen, sondern an Ort und Stelle erschossen habe. Der Oberst fragte sie, wo diese Frau, die dies alles ihr erzählt haben solle, sei. Auf diese Frage antwortete Tkatsch, dass diese Frau erkrankte und zu ihren Eltern ins Dorf gefahren sei. Diese Antwort löste bei dem Oberst einen Wutanfall aus. Er schrie sie an, zündete sich eine Zigarre an und stellte ihr eine letzte Frage: »Was können Sie noch über Semykina sagen?« Tkatsch antwortete, dass Semykina auf dem Hof in der Anwesenheit anderer Nachbarn gesagt habe, sie wünsche sich, dass endlich die Rote Armee die Stadt befreie. Die Dolmetscherin Tamara übersetzte die Antwort von Tkatsch. Der Oberst fragte, ob es unter den Nachbarn jemanden gibt, der das von Tkatsch Gesagte bestätigen könne. Sie antwortete, dass die Nachbarn Angst hätten, ihre Worte zu bestätigen. Ihre Namen konnte sie nicht nennen. Der Oberst stand auf und warf Tkatsch schimpfend und schreiend aus seinem Zimmer hinaus.

Es stellte sich heraus, dass Tkatsch und ihr Freund mich, meine Mama und Tante Dusja denunziert hatten. In dieser Gegenüberstellung erfuhren wir endlich, wessen Hände im Spiel waren.

Der Oberst wandte sich dann in reinstem Russisch an meine Mama, mich und Tante Dusja und sagte, dass er gleich erkannt hatte, Tkatsch sei ein gemeiner Mensch und habe uns nur den Tod gewünscht. Außerdem sagte uns der Oberst, wenn jemand von uns dreien noch einmal zur Gestapo müsse, würden wir sie nicht mehr lebendig verlassen, weil wir alle drei potentielle Augenzeugen für Tkatsch seien und nicht am Leben bleiben dürften. Er riet uns, unsere Wohnung zu verlassen. »Und jetzt könnt ihr in eure Zelle gehen, eure Sachen packen. Ihr seid frei.« Wir sagten ihm, dass wir nichts zu packen hätten, und fragten, ob wir gleich nach Hause gehen dürften. Er sagte: »Ja, ihr seid frei.« Dann zog er aus der Schublade seines Tisches drei Tafeln Schokolade und reichte sie Mama für uns alle. Wir wollten sie nicht nehmen, aber er und die Dolmetscherin bestanden darauf, dass wir sie nahmen. Er sagte »Auf Wiedersehen!«, und wir konnten nicht fassen, was mit uns geschehen war.

Nachdem wir die Gestapo verlassen hatten, versteckten wir uns alle bei einer Bekannten meiner Mama, die hinter dem Bahnhofsgebäude wohnte. Wir blieben bei ihr bis zur Ankunft der Roten Armee.

Der 30. März 1944 wurde für uns alle zum zweiten Geburtstag. Auf der Straße ließen wir unseren Gefühlen freien Lauf und brachen in Tränen aus.

So war für uns alle der furchtbare Krieg, den wir nie vergessen werden, endlich zu Ende.

Nach der Befreiung der Stadt Simferopol von den Nazis arbeitete Mama als Krankenpflegerin in einem Kriegshospital in Simferopol. Später wurde sie Krankenschwester. Über 35 Jahre arbeitete sie im Militärhospital Nr. 386. Meine Mama starb am 11. Januar 1984.

Mein Vater kehrte im August 1945 von der Front zurück. Nach dem Krieg arbeitete er in einem Schuhlager und später als Techniker in der Weinfabrik »Massandra« in Jalta. Mein Vater starb am 13. November 1969 in Simferopol. Als mein Vater im August 1945 von der Front zurückkehrte und von unseren Qualen erfuhr, bedankte er sich ganz herzlich bei Tante Nastja, gab ihr viel Geld, Sacharin für den Tee, Konserven und Brot und half ihr bis zu ihrem Lebensende. Mein Vater deckte zusammen mit seinen Freunden das Dach ihres Hauses neu. Damals, 1946, gab es eine Hungersnot. Ein Laib Brot kostete in Simferopol 120 Rubel.

Tante Nastja starb 1949. Wenn sie die heutigen Tage erlebt hätte, hätte sie die Auszeichnung des Staates Israel »Gerechte unter den Völkern« und eine lebenslange Rente erhalten.

Siehe auch den Zeitzeugenbericht von Igor Tolmatsch

XXIV. Stadt Sewastopol

Die Stadt Sewastopol[1] besitzt innerhalb der Ukraine einen Sonderstatus. Sie ist als einzige Stadt direkt der ukrainischen Regierung in Kiew unterstellt und nicht der Regierung der Autonomen Republik Krim in Simferopol.

1939 lebten in Sewastopol 5988 Juden, nach anderen Angaben[2] 5640.

Am 1. (3.) Juli 1942 wurde Sewastopol durch deutsche und rumänische Truppen erobert. Vorher konnten etwa 79 000 Einwohner evakuiert werden, darunter 3000 Juden.

Nach der Einnahme der Stadt wurde ein Teilkommando des Sonderkommandos 11a hier stationiert. Am 6. Juli 1942 wurde ein Judenrat gebildet, die Juden mussten sich registrieren lassen und auf Brust und Rücken einen weißen Davidstern tragen. Am 12. Juli 1942 mussten sich alle Juden im von Gendarmen bewachten »Dinamo«-Stadion der Stadt versammeln. Die Männer wurden von den Frauen und Kindern getrennt und in Gruppen ins nahe gelegene Gefängnis abtransportiert. Hier wurden sie ausgeraubt, misshandelt und dann erschossen. Etwa 1500 Juden wurden in Panzergräben außerhalb der Stadt bei Balaklawa erschossen, andere in den Dörfern Staryje Schuli und Nowyje Schuli im Bezirk Balaklawa, im Dorf Balta-Tschokrak in der Nähe von Bachtschissarai und im Weiler »achte Haltestelle«.

Nach Angaben der Außerordentlichen Staatlichen Kommission wurden während der Okkupation in Sewastopol 18 463 Zivilisten getötet, darunter 4200 Juden.[3]

Am 9. Mai 1944 wurde Sewastopol durch die Rote Armee befreit.

Galina Sazjuk (Sluzkaja-Davidenko) (geb. 1927)
»Pass auf die Tochter auf!«

Am 22. Juni 1941 um vier Uhr warfen die Deutschen die ersten Bomben auf die Stadt Sewastopol. Die Explosionen beunruhigten uns, und am nächsten Tag erfuhren wir im Radio, dass der Große Vaterländische Krieg ausgebrochen war. Bei Bombardierungen versteckten wir uns in Kellern, Schutzgräben und anderen Verstecken. Vor der Kapitulation der Stadt am 4. Juli 1942 wurde die ganze Stadt mit Brandbomben überschüttet. Sewastopol stand in Flammen, nur etwa zehn Häuser blieben mit Dach unversehrt. Die Stadt lag in Schutt und Asche. Aus diesen Ruinen ragte unser unversehrtes Haus. Wie durch ein Wunder fielen die Bomben in der Nähe. Die Brandbomben löschten wir mit eigenen Kräften. Meine Mama hatte von einer Brandbombe am Rücken Feuer gefangen, aber wir retteten das Haus.

Am 4. Juli 1942 besetzten die Deutschen die Stadt. Acht Tage später begann die Registrierung der Juden, wir mussten Davidsterne tragen und am 12. Juli 1942 um 12 Uhr mit Gepäck im Stadion

---

1 Altman, Cholokost, S. 893.
2 Kruglow, Enziklopedija Cholokosta, S. 98.
3 Ebenda, S. 101.

»Dinamo« erscheinen. Mein Papa ging zusammen mit seinem Bruder und dessen Frau. Etwa 1500 Juden und ihre Familien waren im Stadion eingepfercht. Mein Papa ließ mich in der Kommandantur nicht registrieren, sondern wir vereinbarten, dass meine Mama und ich uns bald zu ihm gesellen würden, da man damals der Version glaubte, dass die Juden zum Arbeitseinsatz in der Nähe des Dorfes Schuli geschickt würden.

Das Stadion war umzingelt, die Polizisten standen mit gewissem Abstand nebeneinander. Im Stadion blieben die Menschen einen Tag. Mama und ich gingen immer wieder hin. Wir brachten Essen, Wasser und reichten dies durch ein Loch im Zaun meinem Papa. Am nächsten Tag war das ganze Gepäck an einer Seite des Stadions aufgestapelt. Wahrscheinlich begriffen die Menschen damals, was ihnen bevorstand. Papa kam an den Zaun und warf uns sein Portemonnaie mit Geld zu, da er wusste, dass er es nicht mehr brauchen würde. Er sagte nur zu Mama: »Pass auf die Tochter auf!« Blitzschnell versteckte Mama das Portemonnaie, aber der Polizist, der uns beobachtet hatte, verlangte das Portemonnaie, während er mich und Mama auf das Stadiongelände schubste. Mama erschrak und gab ihm das Portemonnaie. Er ließ uns gehen.

Wir gingen nicht nach Hause zurück, sondern beobachteten aus der Nähe, was im Stadion geschah. Wir waren die Einzigen, die die letzten Stunden jener Menschen erlebten. Die Lastwagen kamen und holten die Menschen gruppenweise. Später gab es Gerüchte, dass es Gaswagen waren. Die Menschen wurden nicht erschossen, sondern am Straßenrand, fünf Kilometer an der Landstraße entlang tot in die Gräben geworfen. Am Abend war das Stadion leer. Dann kamen Autos und holten das Gepäck.

Mein Vater, Lew Isaakowitsch Sluzki, geb. 1904, wurde zusammen mit anderen Juden, die im Stadion »Dinamo« (heute »Tschaika«) versammelt waren, am 12. Juli 1942 ermordet.

Ich und Mama blieben alleine in unserem Haus. Unsere Nachbarin hatte ihren eigenen Plan hinsichtlich unseres Hauses. Dafür musste sie mich loswerden.

Nach einer Woche kam eine Dolmetscherin, begleitet von Deutschen, und holte sich unser ganzes Eigentum. Innerhalb weniger Stunden war das ganze Haus leer.

Mama und ich zogen in das Gartenhaus, das in unserem Hof stand. Die Nachbarin informierte die Gestapo, dass in der Nähe ein jüdisches Kind zurückgeblieben sei. Wir mussten mit Razzien rechnen. Wir wussten es zu gut, nachdem ein Polizist mit dem Schreiben unserer Nachbarin zu uns kam, um mich zu holen. Mama bot ihm zwei Flakons Eau de Cologne, damit er das Schreiben zerriss. Das Schicksal war mir wohlgesonnen. Aber mein Leben war ständig in Gefahr. Sobald sich ein Deutscher oder Polizist unserem Haus näherte, verschwand ich hinter den Ruinen der Häuser und versteckte mich im Keller der Kirche, die in der Nähe unseres Hauses war. Das war mein sicheres Versteck.

Die Deutschen blieben ein Jahr und zehn Monate in Sewastopol. Die Befreiung begann am 7. Mai und dauerte bis zum 12. Mai 1944.

Wir konnten uns nicht mehr in den Kellern verstecken, da alle Gebäude zerstört waren, sondern mussten auf Schutzgräben und Erdlöcher ausweichen. Den ersten Soldaten der Befreiungsarmee, der uns aus einem Erdloch ans Tageslicht zog, küssten wir. Wir konnten unseren Augen nicht glauben und weinten, bis wir begriffen, dass es unsere russischen Befreier waren, während die Deutschen auf dem Rückzug durch die Bucht Kamyschewa Kasatschja sich über das Meer zu retten hofften. Die Soldaten verfolgten die Deutschen, und wir steckten ihnen Brotfladen und Wasser zu. Endlich konnten wir dreckig, hungrig und in Lumpen gekleidet nach Hause zurückkehren.

In der Stadt herrschte Hunger, und die Menschen zogen auf der Suche nach etwas Essbarem nur mit Mühe und Not ihre angeschwollenen Beine hinter sich her. Alle, auch Mama und ich, gingen von Dorf zu Dorf und hofften, das letzte Kleidungsstück gegen ein paar Kartoffelschalen eintauschen zu können.

Die schwersten Jahre waren 1944 bis 1946. Wir konnten keine Arbeit finden, weil wir auf dem besetzten Gebiet geblieben waren. 1947 besserte sich unsere Situation: Mama ging arbeiten und ich zur Schule. Meine Brüder kehrten von der Front zurück, unser Vater war tot. Unser bisher schweres und entbehrungsreiches Leben bekam eine Perspektive.

1947 traf ich mein Glück und heiratete. 1948 wurde meine Tochter geboren und fünf Jahre später mein Sohn. Mein Mann und ich arbeiteten und studierten. Ich bekam eine pädagogische Ausbildung und widmete mein Leben Kindern, die ich seit meiner Kindheit mochte. 30 Jahre arbeitete ich als stellvertretende Leiterin einer Kindertageseinrichtung. Mein Mann gehörte zur Besatzung des Forschungsschiffes »Akademik Knippowitsch« und besuchte innerhalb von 20 Jahren 22 Länder.

Meine Kinder erzog ich mithilfe meiner Mama. Meine beiden Kinder haben eine abgeschlossene Hochschulausbildung. Meine Tochter studierte Geschichte und arbeitet jetzt als Stadtführerin in Sewastopol. Mein Sohn hat eine leitende Stellung im Innenministerium. Wir haben Enkelkinder und konnten am 28. April 1997 unsere Goldene Hochzeit feiern. Wir haben eine glückliche Familie, wohlerzogene Kinder und Enkelkinder, was das Wichtigste im Leben ist.

Ich möchte betonen, dass der Sieg und die Befreiung Sewastopols nicht leicht fielen. Vertreter aller Nationalitäten der UdSSR beteiligten sich und opferten ihr Leben für die Befreiung Sewastopols. In ewigem Gedenken!

Zur Erinnerung an die gefallenen Söhne und Töchter des sowjetischen Volkes, die ihr Leben für die Ehre und Unabhängigkeit unserer Heimat während des Großen Vaterländischen Krieges 1941–1945 opferten, wurde das »Buch der Erinnerung« in fünf Bänden als Requiem an das Volksheldentum aufgelegt. Im ersten Band dieses Buches werden unsere von den Faschisten erschossenen Verwandten – meine drei Brüder und mein Vater Lew Isaakowitsch Sluzki – genannt. Sie und meine Schwägerin ruhen im Massengrab zusammen mit anderen Opfern des Faschismus. Wo dieses Grab ist, bleibt bis heute unbekannt, da die Deutschen alles dem Erdboden gleichgemacht hatten.

Am 12. Juli jedes Jahres versammeln sich auf dem Stadtfriedhof die Verwandten der Gefallenen und legen Blumen am Mahnmal nieder.

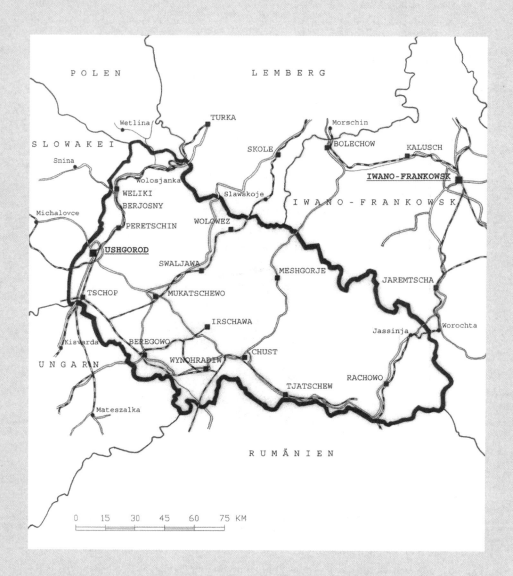

XXV. Gebiet Transkarpatien

XXV. Gebiet (Oblast) Transkarpatien
(ukr. Sakarpatska)

Vor dem Ersten Weltkrieg gehörte Transkarpatien[1] zu Ungarn. Danach wurde es Teil der Tschechoslowakei. Nach einem gescheiterten Versuch, die Unabhängigkeit zu erlangen, fiel das Gebiet im März 1939 wieder an Ungarn. In den fünf Monaten vor der ungarischen Okkupation war Transkarpatien eine autonome Region innerhalb des tschechoslowakischen Staates. Bei den lokalen Behörden gab es viele Nationalsozialisten, deren antijüdische Politik bei der ungarischen Bevölkerung jedoch keine Unterstützung fand. Nach dem Zweiten Weltkrieg wurde Transkarpatien von der Sowjetunion annektiert und Teil der Sozialistischen Sowjetrepublik Ukraine. Das Gebiet ist in 13 Bezirke (Rayone) unterteilt. Dazu kommen die fünf Städte Beregowo, Tschop, Chust, Mukatschewo und das Verwaltungszentrum Ushgorod, die direkt der Oblastverwaltung unterstellt sind.

Laut Volkszählung von 1930 lebten in Transkarpatien 102 542 Juden.

Als Ungarn 1939 das Gebiet militärisch besetzte, waren die Juden, deren Sympathien für die Tschechoslowakei bekannt waren, unter den ersten Opfern des neuen antisemitischen Regimes. Bis zur deutschen Besetzung Ungarns im März 1944 konnten die Juden Transkarpatiens jüdische Flüchtlinge aus der Tschechoslowakei und Polen aufnehmen, sodass die Zahl der Juden auf etwa 125 000 anstieg. Im Juli und August 1941 wurden »Juden fremder Nationalität« aus dem Gebiet ausgewiesen. Eine sehr große Zahl von Juden, die seit Generationen in Transkarpatien gelebt hatten, waren davon betroffen. Mitunter handelte es sich um ganze Gemeinden. Nicht weniger als 18 000 Juden wurden ausgewiesen. Die meisten wurden von der SS in Kamenez-Podolski und Kolomea, im von den Deutschen besetzten Ostgalizien, ermordet. Die Ermordung der Juden in Kamenez-Podolski begann am 26. August 1941. Am 26. August wurden 4200 jüdische Frauen, Kinder und Männer von Angehörigen des 320. Polizei-Bataillons ermordet, am 27. August 11 000 und am 28. August 7000.[2] Als Berichte von den Massakern nach Budapest drangen, intervenierten die dortigen Juden bei der ungarischen Zentralregierung, die daraufhin die Deportationen stoppte. Sieben Transporte, die auf dem Weg zur Grenze waren, wurden zurückgeschickt, und die Juden wurden freigelassen. Am 29. August meldete SS-Obergruppenführer Friedrich Jeckeln, HSSPF Russland-Süd, die Ermordung von 23 600 Juden in Kamenez-Podolski, darunter etwa 14 000 Juden aus Transkarpatien.[3] Viele Juden wurden in den ungarischen Arbeitsdienst der Armee eingezogen und sind dort umgekommen.

Als Ungarn am 19. März 1944 von der Wehrmacht besetzt wurde, erlegten die Deutschen vielen jüdischen Gemeinden hohe Kontributionszahlungen auf. In Ushgorod erhielt

---

1 Altman, Cholokost, S. 320; Enzyklopädie des Holocaust, S. 1419; Kruglow, Enziklopedija Cholokosta, S. 65 f.
2 Kruglow, Chronika Cholokosta, S. 28.
3 Mallmann, Die »Ereignismeldungen UdSSR«, S. 444; Pohl, The Murder of Ukraine's Jews, S. 31.

die jüdische Gemeinde die geforderte Kontribution von der griechisch-katholischen Kirche, deren dortiger Bischof für seine humane Haltung gegenüber den Juden bekannt war.

In Transkarpatien begannen die Deutschen sofort mit der Deportation der Juden. Die Juden aus den kleinen Ortschaften und Provinzstädtchen wurden zusammengetrieben, in die Bezirksstadt gebracht und von dort nach Osten deportiert. In 14 Lagern und Ghettos wurden ungefähr 98 500 Juden zusammengezogen und hauptsächlich nach Auschwitz deportiert. In den meisten Fällen wurden die Deportationen von der Gendarmerie und der ungarischen Polizei unter Beteiligung einiger deutscher Einheiten durchgeführt. Eine kleine Zahl von Juden konnte in die Berge fliehen oder sich verstecken. Nur 20 Prozent der Juden Transkarpatiens überlebten den Krieg.

Nach den Unterlagen der Außerordentlichen Staatlichen Kommission für die Feststellung und Untersuchung der Gräueltaten der deutsch-faschistischen Eindringlinge wurden in der Zeit der Okkupation 183 395 Menschen, einschließlich 104 177 Juden, verhaftet und deportiert. 114 982 Menschen sind umgekommen.

Als das Gebiet nach dem Krieg von der Sowjetunion annektiert wurde, entschieden sich die meisten überlebenden Juden, nach Israel oder in andere Länder auszuwandern.

1. Bezirk (Rayon) Beregowo

(ukr. Berehowe, deutsch. Bergsaß)

1930 lebten im Bezirk Beregowo 9427 Juden.[4] Nach der erneuten Eingliederung Beregowos 1938 in die ungarische Verwaltung kam es zur radikalen Verschlechterung der Situation der Juden. Die wehrpflichtigen Juden wurden in den ungarischen Arbeitsdienst der Armee eingezogen und an die Front geschickt, wo die meisten umkamen.

Ort: Beregowo

Beregowo ist eine kreisfreie Stadt.

Nach der Besetzung Ungarns durch deutsche Truppen im März 1944 wurden vom 16.–18. April 1944 alle Juden aus Beregowo in ein Ghetto gepfercht, das auf dem Gelände der Ziegelei in der Ortschaft Weissa errichtet worden war. Die Häuser wurden geplündert, die Wertsachen und das Geld wurden den Juden im Ghetto weggenommen. Einen Monat später, vom 15.–29. Mai, wurden alle Juden in vier Transporten nach Auschwitz und in andere Vernichtungslager deportiert. Die meisten wurden dort ermordet. Nach Angaben der Außerordentlichen Staatlichen Kommission wurden aus dem Bezirk Beregowo 13 703 Juden, darunter 12 000 Juden aus der Stadt Beregowo, deportiert. Nach anderen Angaben wurden 10 000 Juden aus Beregowo deportiert. Zurückgekehrt sind nur 100 Personen.

Am 26. Oktober 1944 wurde Beregowo durch die Rote Armee befreit.

---

4   Kruglow, Enziklopedija Cholokosta, S. 65.

Juli Richter (geb. 1928)
»Es war die Hölle auf Erden«

In Beregowo, wo ich 1928 während der tschechischen Herrschaft geboren wurde, kannten Juden weder Rassendiskriminierung noch religiöse Unterdrückung. Nach dem Zerfall der Tschechischen Republik 1939 wurden Beregowo und das gesamte Gebiet von Transkarpatien ungarisch. Da bekamen wir die in den Gesetzen enthaltene Diskriminierung zu spüren und wurden von den Verwaltungsorganen und einigen Gruppen der einheimischen Bevölkerung unterdrückt. Im vollen Ausmaße erlebten wir auch das Echo der antijüdischen Ereignisse in Nazideutschland (»Kristallnacht« sowie andere antisemitische »Aktionen«).

1944 marschierten die Deutschen in Ungarn nicht als Besatzer, sondern als Verbündete ein. Dies war der Anfang der Katastrophe für die Juden. Alle Juden waren ab sofort verpflichtet, einen auf der Brust aufgenähten gelben Davidstern zu tragen. Zuvor, 1941, verlangten die Ungarn von Juden Angaben über ihre Herkunft und Nationalität. Die Juden aus Beregowo konnten beweisen, dass sie einheimisch waren. Aber es gab in Beregowo viele Juden aus Polen, Galizien, Lemberg, Czernowitz und anderen Orten Rumäniens, die in unsere Gegend kamen, um sich vor Pogromen zu retten. Sie konnten keine Papiere vorweisen. Sie alle wurden gesammelt und in die Ukraine abtransportiert, wo sie in Kamenez-Podolski vernichtet wurden. Wir bekamen ein banges Herz, denn darunter waren unsere Freunde und unsere Nachbarn. Mit Tränen nahmen wir Abschied voneinander. Tief in unserer Seele hofften wir aber, dass dieses Schicksal uns nicht widerfahren würde. Wir dachten: Wir sind ungarische Juden, man wird uns nichts antun. Wir hatten keine Ahnung, dass wir die Nächsten in der Reihe der Massenvernichtungsmaschinerie waren.

Ereignisse des Jahres 1944 (März–Mai)

In Beregowo versammelten die Machthaber die jüdischen Intellektuellen der Stadt und der Region (sie galten als Geiseln) und organisierten einen Judenrat. Diesem wurde befohlen, eine Summe von 1 Million Pengő (ehemalige Währung Ungarns) abzuliefern. Der Befehl wurde erfüllt, aber ihm folgte die nächste Forderung, eine weitere Million Pengő sowie Juwelen, Gold- und Silberschmuck abzuliefern.

Gleichzeitig begann die Vertreibung der jüdischen Familien aus ihren Häusern. Jedem Vertriebenen wurde erlaubt, so viel vom Eigentum mitzunehmen, wie er in den Händen tragen konnte. Die Menschen wurden auf dem Gelände der Ziegelei untergebracht, wo ein Ghetto errichtet wurde. Im Ghetto von Beregowo waren etwa 8000 Menschen aus der Stadt, dem Bezirk und den benachbarten Ortschaften (Alte, Frauen und Kinder). Die militärdienstpflichtigen Männer waren im Laufe der vergangenen zwei Jahre eingezogen worden. Sie leisteten ihren Militärdienst in einem Arbeitsbataillon. Jeder von ihnen behielt seine Zivilkleidung und war gezwungen, eine gelbe Binde um den Arm zu tragen, eine weiße Binde trugen dagegen Christen, die nach dem Rassengesetz als Juden galten. Also, es gab im Ghetto keine militärdienstpflichtigen Männer.

Im Ghetto mussten wir nicht hungern. Wir aßen alle zusammen aus einem Topf Mehlspeisen oder Sauerkrautsuppe mit Bohnen. Aber es gab keine hygienischen Einrichtungen: Als Abort diente eine Grube, über die ein Holzbalken zum Sitzen gelegt worden war, das Wasser aus dem Brunnen reichte nur, um Hände und Gesicht zu waschen. Wir schliefen auf dem Boden auf den Kleidern, die wir mitbrachten.

Im Ghetto von Beregowo waren wir zusammen mit Wolko Schimonowitsch Godinger, Iosif Morowitsch Grinschpan, Bernat Morowitsch Grinschpan, Chano Chrinfeld und vielen anderen Verwandten und Freunden.

Als der Judenrat das Geld sammelte, wurde befohlen, eine genaue Liste aller Familienmitglieder zu erstellen, um angeblich für jedes Familienmitglied eine »Brotkarte« zu erhalten. Deshalb konnten die Machtinhaber bei der Vertreibung der Menschen aus den Häusern sehr genau alle Mitglieder der jüdischen Familien kontrollieren. Bei der Vertreibung kamen ein Polizist mit einem Gewehr und zwei Zivilisten, Vertreter des Bürgeramts, zu uns ins Haus. Sie verlangten von uns persische Teppiche, Gemälde (das alles besaßen wir natürlich nicht), Bargeld und Juwelen, die sie nach der Sammelaktion noch vermuteten. Sie kontrollierten die Anwesenheit aller Familienmitglieder nach der Liste und protokollierten unser ganzes Eigentum. Sie befahlen uns, möglichst viele Lebensmittel mitzunehmen. Die Wohnung wurde abgeschlossen und versiegelt. Man setzte uns auf einen Pferdewagen, wo schon eine Familie aus unserer Straße war, und brachte uns ins Ghetto.

Zuvor wurde schon die jüdische Dorfbevölkerung vertrieben. Ich erinnere mich, dass man zu ihrer vorübergehenden Unterbringung die Synagoge zur Verfügung stellen musste. An einem Sabbat mussten wir Werkzeug mitnehmen und Bänke, Stühle und Tische, die am Boden festgeschraubt waren, ausbauen. Für Juden ist es aber strengstens verboten, am Sabbat zu arbeiten. (»Der siebte Tag aber ist ein Ruhetag, dem Ewigen deinem Gott zu Ehren. Du sollst kein Handwerk verrichten, weder du selbst noch dein Sohn oder deine Tochter, dein Sklave, deine Sklavin, auch nicht durch dein Vieh oder durch einen Fremden, der sich in deinen Toren aufhält.« Exodus 20,10) Dieses Gebäude wurde in den 60er-Jahren des 20. Jahrhunderts in ein Kulturhaus verwandelt. Ich persönlich bin absichtlich nie dort gewesen, weil immer, wenn ich mich dem Gebäude nähere, ich das Schlagen der Hämmer, Äxte und Brecheisen jenes »unvergesslichen Sabbats« höre, als die Einrichtung der Synagoge ausgebaut wurde.

Die Vertreibung der Juden ins Ghetto fand an Pessach statt, am Tag, an dem der Befreiung der Juden aus der ägyptischen Sklaverei unter der Führung von Moses während der Herrschaft des Pharao Ramses gedacht wird. Vor 20 Jahrhunderten feierten dieses Fest die Apostel mit Jeschua aus Nazareth (d. h. mit Jesus Christus). Es war ein trauriger Zufall: die Feier der Freiheit und die neue Sklaverei.

Das Ghetto wurde von Polizisten bewacht. Die Menschen wurden aus dem Ghetto gruppenweise abtransportiert. Für den Transport war die Feldgendarmerie zuständig, die für ihre Brutalität allgemein berüchtigt war. Die Menschen wurden in Viehwaggons getrieben, auf denen in Druckschrift stand, dass sie für den Transport von 40 Personen oder 20 Pferden vorgesehen seien. Es war verboten, außer Lebensmitteln etwas mitzunehmen, d. h. jeder hatte die Kleidung, die er anhatte und ein paar Lebensmittel dabei. Die Gendarmen durchsuchten jeden und nahmen Papiere, Ausweise und Fotos weg, warfen sie auf einen Haufen und verbrannten sie. Bei der Durchsuchung wurden Frauen und besonders junge Frauen mit Verachtung behandelt. Sie wurden beschimpft: »Du, stinkende Judenhure, zeig, was du zwischen den Schenkeln versteckst?« Die Frauen weinten, während die Gendarmen laut grinsten.

In die Waggons wurden 80 und mehr Menschen hineingepfercht. Alle Familienmitglieder wollten zusammen in einem Waggon sein. In jeden Waggon wurde ein Fass mit Wasser gestellt. Unterwegs aßen wir, was wir mitgenommen hatten, und tranken das Wasser, das sehr stark nach Sauerkraut schmeckte. Davon bekamen wir noch mehr Durst und Probleme. Wir konnten nicht schlafen, weil es keinen Platz zum Liegen gab, wir konnten nur sitzen oder stehen. Im Waggon war es sehr schwül und stinkig. Besonders Kinder und Säuglinge litten unter diesen Umständen, sie weinten die ganze Zeit ohne Pause. Man musste sich entleeren und Wasser lassen. Im Waggon waren Männer und Frauen, aber es gab keinen dafür vorgesehenen Ort. Es vergingen zwei Tage, bis wir auf die Idee kamen, ein Brett im Boden herauszureißen. Die Menschen waren sehr nervös, laut, ungeduldig zueinander. Der vorbestimmte Älteste war bemüht, die Menschen zu beruhigen, aber es half nicht. Besonders beim Anhalten des Zuges spannte sich die Situation an. Wenn der Zug sich in Bewegung setzte, beruhigten sich die Menschen.

Wir wurden betrogen. Man versprach uns, uns nach Ungarn, nach Ketschkemet zur Obsternte zu bringen. Nach der Station Tschop erkannten die Erwachsenen durch ein winziges Fenster, dass wir nicht nach Ungarn, sondern in die Slowakei fuhren. Wir waren ungefähr eine Woche unterwegs. Als der Zug anhielt, wussten wir nicht, wo wir waren. Die Tür des Waggons wurde geöffnet: Vor Müdigkeit und Sauerstoffmangel (im Waggon gab es nur ein kleines Fenster mit Eisengitter) fielen die Menschen buchstäblich aus dem Waggon hinaus. Ich stieg aus dem Waggon und sah unter meinen Füßen religiöse Gegenstände (Tefillin), mit denen der ganze Platz übersät war. Wir wurden gezwungen, darauf zu treten. Es war die absichtliche moralische Demütigung der Juden. Nicht weit entfernt sah ich SS-Männer, bewaffnet mit Gewehren und dicken Stöcken. Bei diesem Anblick gerieten wir in panische Angst.

Als wir, die Männerkolonne, nach vorne gingen, sahen wir zwei voneinander getrennte Lagergelände. Auf einem Gelände waren Kinder (sie rannten, gingen umher, spielten) und auf dem anderen Zigeuner (ich glaube, Männer, Frauen und Kinder waren zusammen). Meine Intuition sagte mir, dass diese »Lebensbilder« eine falsche Ruhe vor dem bevorstehenden Sturm darstellten. Die Masse geriet davon nicht in Panik. Später stellte sich heraus, dass die Kinder, die wir sahen, Zwillinge waren, an denen medizinische, genetische Experimente gemacht wurden.

Auf uns kamen Männer in dunkler gestreifter Gefängnisuniform mit einer Nummer auf der Brust zu und teilten uns in Untergruppen ein. Leise sagten sie jedem: »Jung machen und arbeiten gehen.« Dabei rieten sie, dass die Familien zusammenbleiben. Die Neuangekommenen wurden in drei Kolonnen aufgeteilt: arbeitsfähige Männer, arbeitsfähige Frauen und eine Kolonne mit Alten und Kindern. Wir durften absolut nichts aus dem Waggon mitnehmen. Ich schaute umher: Es war ein großes Gelände, umzäunt von hohen Betonpfosten. Zwischen Betonpfosten war in zwei Reihen Stacheldraht gespannt. Auf den Pfosten waren Scheinwerfer montiert, und im Hintergrund konnte man hohe »Türme« sehen. Später stellte sich heraus, dass es SS-Wachposten waren.

Wir, die Männerkolonne, bewegten uns langsam nach vorne. Vor uns stand ein SS-Mann. Er zeigte mit dem Finger auf mich und fragte, wie alt ich sei. Ich sagte, ich sei 18 und möchte arbeiten. Mit einer Handbewegung schickte er mich auf die Seite, wo schon einige Männer standen. Später verstand ich, dass, wenn er auf die andere Seite gezeigt hätte, ich jetzt diesen Bericht nicht schreiben könnte, denn ich wäre vernichtet worden.

Man stellte Kolonnen auf, jeweils 5 Männer in einer Reihe, bis 100 Männer in einer Kolonne waren. Ab dem Zeitpunkt wurden wir ständig gezählt: morgens, mittags, abends, sogar nachts. Man nannte dieses Zählverfahren »Appell«. Die Zahl der Mitglieder einer Kolonne musste immer gleich bleiben. Sogar wenn einer der Männer gestorben war, wurde er gezählt und zu den Lebenden addiert. Das Zählverfahren führten die Häftlinge aus, die die Leitungsaufgaben im Lager übernommen hatten. Außerdem kontrollierten die SS-Männer alles.

Unsere Kolonne wurde in einen Block (eine Baracke) geführt, wo wir unsere ganze Kleidung ausziehen mussten und nur den Gürtel und die Schuhe behalten durften. Man rasierte uns alle Behaarungen am Körper. Vor dem Übergang in die nächste Sektion mussten wir uns unter Duschen waschen. In der zweiten Sektion wurden uns die Stellen des gewöhnlichen Haarwachstums mit irgendeiner Flüssigkeit eingeschmiert. In der dritten Sektion lag Kleidung auf einem langen Tisch. Jeder ging am Tisch vorbei und bekam ein Hemd, eine Jacke, eine Hose und eine Mütze. Alle Oberbekleidungsstücke waren gestreift wie bei Gefängnisinsassen.

Wir kleideten uns an und wurden wieder gezählt. Man führte uns in einen Block, wo Hochpritschen ohne Matratzen und Decken standen. Wir durften uns hinlegen. Vor dem Schlafengehen wurden wir wieder gezählt. Morgens herrschte das gleiche Zählverfahren. Danach führte man uns in den Waschblock. Wenn ich mich richtig erinnere, waren von beiden Seiten Wasserhähne, und in der Mitte des Blocks war eine Art Toiletten-Einrichtung: viele runde Löcher. Auf Befehl sollten wir uns waschen und auf die Toilette gehen. Man musste dies sehr schnell machen. Danach wurden alle wieder gezählt. So wechselte eine Hunderter-Kolonne die andere ab. Wir standen unter der Sonne, im Wind, im Regen. Und ständig wurden wir gezählt.

Ungefähr zwei Tage hatten wir nichts gegessen. Alle waren sehr hungrig. Endlich gab man uns Essen, das in Schüsseln verschiedener Größe war. Von der Größe der Schüssel hing die Zahl der Menschen ab, die davon essen sollten. Hungrige Menschen griffen das Essen mit den Händen, jeder, so viel er konnte. Es gab Fälle, in denen die Schüsseln runterfielen, das Essen landete auf dem Boden, und die Häftlinge aßen vom Boden, wofür sie noch bestraft wurden. Der Hunger verwandelte die Menschen im Lager zu Tieren. Ab und zu befahl man, dass Zwillinge, Tischler, Zahnärzte und Angehörige anderer Berufe aus der Reihe treten sollten. Diese Menschen wurden an andere Orte verschickt. Ich erinnere mich, dass man nachts im Block unrhythmisches Atmen, hysterische Schreie der Schlafenden, gemurmelte Gebete hören konnte. Durch das Fenster des Blocks sah man mal schwaches, mal stärkeres Licht vom Feuer aus den Schornsteinen der Krematorien. Schon damals wussten wir von anderen Häftlingen von Krematorien und Gaskammern. Es war die Hölle auf Erden. Ich weinte sehr leise, erinnerte mich an Vater und Mutter, wusste nicht, was mit ihnen passierte, und betete immer wieder das gleiche Gebet, das ich kannte: Schm'a Jisrael (Höre Israel).

Tagsüber, während des Appells, konnten wir sehen, wie die Kolonnen der Alten, Kinder und Frauen ständig gruppenweise in ein Gebäude hineingingen, aber keiner von ihnen das Gebäude verließ. Ab und zu brachten zwei oder drei weibliche Häftlinge Schubkarren voll mit Kleidung aus dem Gebäude.

Das Konzentrationslager, in dem unser Transport ankam und in dem das hier Beschriebene stattfand, hieß Auschwitz-Birkenau. Im Zentrum des Lagers war ein breites Band von Eisenbahngleisen, rechts und links von ihm standen Baracken. Die Abschnitte des Lagers waren mit einem Zaun aus Stacheldraht voneinander getrennt. Jeder Abschnitt hatte ein Eingangstor und eine Hauptstraße. Von beiden Seiten dieser Straße waren Reihen mit Baracken (Blocks). Ich erinnere mich nicht, wie viele Blocks es gab, ich weiß nur, dass jede Baracke nummeriert war. Die Lagerabschnitte waren alphabetisch mit A, B, C usw. benannt. Die Krematorien und Gaskammern waren links am Ende des Lagers. Das Lager, wohin wir nach dem Transport gebracht wurden, war rechts. Ich erinnere mich, dass aus dem Krematorium drei große, quadratische Schornsteine ragten. Auf dem Gelände des Lagers gab es keinen einzigen Baum, keinen einzigen Grashalm.

Nach ein paar Tagen wurden wir in Reihen aufgestellt und unter der Bewachung der SS-Männer mit Hunden zum Fußmarsch abgeführt. Als wir von Birkenau nach Auschwitz losgingen, spielte am Ausgang des Lagers ein Orchester aus weiblichen Häftlingen. Nach ein paar Stunden Fußmarsch erreichten wir das Männer-KZ Auschwitz. Über dem Eingang zum Lager war die Überschrift »Arbeit macht frei«.

Jeder neu angekommene Häftling wurde tätowiert. Ich bekam die Nummer A-4912.[5] Wir wurden von Häftlingen tätowiert, die schon im Lager waren. Für jeden Tätowierten füllten sie einen kleinen Zettel aus, Name, Vorname, Alter, Tätowierungsnummer. Ab diesem Tag existierte ich nur noch als eine Nummer. Diese Nummer war auf der linken Brustseite der Jacke und auf dem rechten Hosenbein aufgenäht. Vor der Nummer gab es ein Zeichen: Die Juden trugen den Davidstern, der aus einem gelben und einem roten Dreieck gebildet wurde.

Nach ein paar Tagen wurde eine Kolonne aufgestellt, und wir, ein paar Dutzend Männer, wurden auf Lkw unter Bewachung der SS-Männer in eine unbekannte Richtung abtransportiert. Wir kamen in ein kleines KZ, das aus drei Blöcken und einem Waschblock bestand. Wir bauten ein Elektrizitätswerk. Ich arbeitete als Maurer. Die Häftlinge wurden ständig gezählt. Die Gefangenen wurden unmenschlich behandelt. Nach ein paar Wochen wurde das Lager aufgelöst. Ich weiß nicht, aus welchen Gründen. Wir wurden wieder mit Lkw und unter Bewachung der SS-Männer an einen anderen Ort abtransportiert. Nach ein paar Stunden erreichten wir das Konzentrationslager Monowitz, wo ich bis Ende Januar 1945 blieb.

Im Lager Monowitz gab es sehr viele Blöcke und einen großen Appellplatz. Hier waren Tausende Menschen gefangen. Wir arbeiteten etwa eine Fußstunde vom Lager entfernt auf einer Bau-

5 Danuta Czech, Kalendarium der Ereignisse im Konzentrationslager Auschwitz-Birkenau 1939–1945, Hamburg 1989, S. 780. 22. Mai 1944: Die Nummern A-3103 bis A-5102 erhalten 2000 Juden, die aus den Transporten des RSHA aus Ungarn selektiert worden sind. Die übrigen Menschen werden in den Gaskammern getötet.

stelle in den Buna-Werken der IG-Farben (Chemische Anlagen zur Herstellung von künstlichem Kautschuk). Ich arbeitete als Maurer. In diesem Lager herrschten etwas bessere Lebensbedingungen. Regelmäßig fanden Selektionen statt. Bei dem Appell standen wir dann ganz nackt, und jene, die besonders abgemagert und erschöpft waren, man nannte sie »Muselmann«, wurden von anderen Häftlingen getrennt. Man achtete sehr streng darauf, dass sie sich nicht wieder unter die übrigen Gefangenen mischten. Diese Häftlinge bekamen dann kein Essen mehr und durften sich nicht ankleiden. Nach ein paar Stunden oder am nächsten Tag wurden sie weggebracht und in den Gaskammern vernichtet. So eine Hinrichtung drohte mir jederzeit, weil ich klein von Wuchs war.

Nie werde ich die Wörter »los, los« und »kaputt« vergessen. Es waren die gebräuchlichsten Wörter im Lager. Wir arbeiteten unter unmenschlichen Bedingungen, aber der Glaube, dass mit dem Sieg der Alliierten der Krieg bald zu Ende sein würde, gab uns Kraft. Wir rechneten mit dem Kriegsende von Monat zu Monat.

Einmal, Ende Januar, wurde nicht befohlen, zur Arbeit zu kommen. An jenem Tag wurden wir auf dem Platz gesammelt, und es wurde befohlen, die gesamte Kleidung und sogar die Decken mitzunehmen. Wir bekamen eine Tagesration, und man stellte uns in einer Kolonne auf, die aus Gruppen von je 100 Mann bestand. Wir verließen das Lager, und unter der Bewachung der SS-Männer begann unser Fußmarsch. Auf der Straße lag Schnee, und es war sehr kalt. Besonders schwer hatten es jene, die die Stoffschuhe mit den Holzsohlen trugen. Der Fußmarsch dauerte ein paar Stunden. Viele schwache und müde Häftlinge fielen zu Boden.

Unsere Gruppe war wahrscheinlich in der Mitte der Kolonne, denn auf dem Boden lagen schon Häftlinge. Je weiter wir gingen, desto mehr wurden es. Ich weiß nicht, was mit den Leichen geschah. Wir gingen auch nachts. Ich erinnere mich nicht, ob wir auch durch die Ortschaften gingen oder diese abseits liegen blieben. Nach einiger Zeit machten wir einen Stopp, wenn ich mich richtig erinnere, war es in Gleiwitz. Ich glaube, es war in einer Ziegelei. Man trieb uns auf das Gelände dieses Betriebes. Wir durften uns im Sitzen und im Stehen ausruhen. Es war sehr kalt. Wir drückten uns an einander und versuchten, uns so zu wärmen. Alle waren sehr hungrig.

Dann wurden wir in einen Zug gesetzt. Wie lange wir unterwegs waren, weiß ich nicht: Der Zug hielt oft an, fuhr dann wieder. Während der gesamten Fahrtzeit erhielten wir zweimal ein halbes Brot. Wasser bekamen wir nicht. Wir banden unsere Gürtel zusammen, an denen wir dann eine Schüssel befestigten und sie aus dem Zug hinauswarfen. Während der Fahrt sammelte sich in der Schüssel der Schnee, mit dem wir dann unseren Durst stillten. Viele tranken ihren eigenen Urin. Wir alle fuhren im Stehen. Die müden Häftlinge sanken zu Boden, und andere setzten sich auf sie. Oft führte das zum Tod der am Boden Sitzenden. Es war verboten, die Leichen aus dem Zug hinauszuwerfen. Die am Ziel Angekommenen hatten genug Platz zum Sitzen: Es waren sehr viele tote Häftlinge im Waggon.

Ungefähr nach einer Woche erreichten wir das Konzentrationslager Dora. In Dora erwarteten andere Häftlinge unseren Transport. Sie halfen uns, aus dem Waggon auszusteigen, und räumten die Leichen weg. Wieder wurden alle in Gruppen zu 100 Personen aufgestellt und gezählt. Es wurde befohlen, in den Lagerwaschraum zu gehen. Wir zogen uns aus, wuschen uns, ließen uns desinfizieren und erhielten neue Kleidung. Es war Zivilkleidung, am Rücken und an der Hose war aber mit Farbe ein dicker roter Streifen aufgetragen. Wir waren sehr erstaunt, dass man in diesem Lager keine gestreifte Kleidung wie in Auschwitz trug. Nur bei manchen war am Rücken ein Quadrat aus gestreiftem Stoff aufgenäht.

Nach der Kleidungsausgabe schickte man uns in den Block, wo in eine kleine Karte Name, Vorname, Alter und Tätowierungsnummer jedes Häftlings eingetragen wurden. Wir erhielten zusätzlich die Nummern dieses Lagers. Leider entschwand diese Nummer aus meinem Gedächtnis. Auf den Pritschen waren Matratzen und Decken. Die Blöcke wurden beheizt. Das Lager lag an einem Hang im Wald. Das Lager war mit einer doppelten Stacheldrahtreihe umzäunt. An den Seiten standen Türme, wie auch in anderen Lagern.

Am nächsten Morgen wurden wir auf dem großen Appellplatz zum Arbeitseinsatz verteilt. Ich landete bei einer Gruppe, die die Arbeit in einem Stollen verrichten sollte. Auf der einen Seite des KZ Dora wurde die »Wunderwaffe« V1 und auf der Tunnelseite des Lagers Ellrich (Nordhausen) die zigarrenähnliche Rakete V2 (»Vergeltungswaffe«) montiert. Die Raketenteile wurden an anderen Orten gefertigt und mit Güterzügen angeliefert.

Einige ältere, am Leben gebliebene Häftlinge berichteten von furchtbaren Arbeitsverhältnissen. Als die Stollen in den Felsen gebohrt wurden, kam eine sehr große Zahl der Häftlinge um. Ich wurde beauftragt, zwei kleine Teile mit einem Schweißgerät zusammenzuschweißen. Ich wurde gewarnt, meine Arbeit sehr gut zu erledigen, sonst könnte ich wegen Sabotage erschossen werden.

In einem Block waren russische Kriegsgefangene, die auch in den Stollen arbeiteten. Einige von ihnen wurden erwischt, als sie in die Farbe urinierten, mit der die V1 angestrichen wurde. Auf dem Appellplatz wurde ein breiter Galgen aufgestellt, und zwölf Kriegsgefangene wurden durch Erhängen hingerichtet. Ich glaube, man ließ sie dort zwei Tage lang hängen.

Bei der Montage der V2 wurde Glaswatte verwendet. Nur jüdische Häftlinge wurden mit diesen Arbeiten beauftragt. Sie litten sehr stark an Hautjucken. Nur in diesem Lager traf ich auf Häftlinge verschiedener Nationalitäten: Juden, Polen, Deutsche, Russen, hier waren auch Franzosen, Belgier, Griechen und Italiener. Der Lagerälteste war ein Deutscher, der Lagerschreiber war ein Belgier. Die Häftlinge erzählten, dass die Arbeits- und Lebensverhältnisse in Nordhausen (Ellrich) sehr schlecht seien.

Ich erinnere mich, dass wir Anfang April 1945 auf dem Appellplatz gezählt, aber nicht zur Arbeit geschickt wurden. Ein Güterzug kam an. Er hatte niedrige Seitenwände und eine hochgespannte Plane. Wir wurden in die Waggons getrieben. Im Waggon waren halbrunde Pfosten, was uns annehmen ließ, dass der Zug für den Transport von V2 bestimmt war. Auf diesen Pfosten konnten wir wenigstens sitzen. Ich weiß nicht, wie viele Tage wir unterwegs waren. Diese Phase habe ich sehr schlecht in Erinnerung, weil ich schwach und krank war. In meinem Gedächtnis tauchen nur fragmentarisch die Bilder jener Ereignisse auf.

Wir kamen im Konzentrationslager Bergen-Belsen an. Einmal in der Nacht hörten wir lautes Hupen der vorbeifahrenden Lkw oder Panzer. Wir wurden von englischen Truppen befreit. Alle waren sehr froh, dass sie überlebt hatten und befreit wurden. Wegen Krankheit kam ich ins Hospital der Stadt Celle. Der behandelnde Arzt war ein deutscher Offizier in Pilotenuniform ohne Rangabzeichen und Schulterklappen. Ihm half eine Krankenschwester, eine Nonne. Das Hospital war im Gebäude einer ehemaligen Schule. Man behandelte mich sehr gut. Wie ich medizinisch behandelt wurde, weiß ich nicht mehr, ich erinnere mich nur, dass ich Spargel-Kompott bekam.

Als ich aus dem Krankenhaus entlassen wurde, füllten englische Soldaten für jeden von uns einen Zettel (so groß wie eine Visitenkarte) aus. Sie fragten uns, welche Staatsangehörigkeit wir besaßen. Ich sagte, ich hätte die tschechoslowakische und nicht die ungarische Staatsangehörigkeit. Die Engländer waren bemüht, alle möglichst schnell in die Heimat zurückzuschicken. Ende Mai – Anfang Juni wurde eine Autokolonne organisiert, und man schickte uns nach Pilsen und dann weiter mit der Eisenbahn nach Prag. Dort wurden uns Häftlingsausweise ausgestellt, damit die dortige Regierung uns half, in die Heimat zu gelangen. Wir erhielten einen kleinen Geldbetrag und Nahrungsmittel. Auf diese Art und Weise war meine Zugfahrkarte gesichert. Meine Route war: Prag – Bratislava – Budapest – Tschop.

In Tschop erfuhr ich, das ich nicht in Podkarpatska Rus angekommen war, sondern in Transkarpatien, der Sowjetischen Ukraine. Auf dem Bahnhof der Heimatstadt holte mich nach tagelangem Warten endlich meine Mutter ab. Wie ich überlebte sie das Konzentrationslager und kehrte zurück. In Beregowo bekamen wir eine Wohnung. Zu essen bekamen wir in der Kantine für ehemalige Häftlinge und emigrierte Kommunisten. Diese Kantine wurde vom örtlichen Sozialzentrum organisiert. Ein Bekannter verschaffte mir eine Arbeitsstelle in dieser Kantine. Über Rumänien bekam diese das Geld vom Joint. Ich lernte lesen, schreiben und Russisch sprechen. Als Kind konnte ich Tschechisch.

Nach ein paar Monaten wurde ich zur Miliz gerufen. Man führte mich in einen Raum, in dem ein Offizier saß. Er fragte mich, ob ich einen Dolmetscher brauche. Ich sagte, dass ich keinen brauchte, da ich mich auf meine Sprachkenntnisse verließ. Ich wurde vom Kapitän der Staatssicherheit Alexandrow verhört. Ich sollte ihm Fragen beantworten und schildern, wie ich nach Deutschland kam, wie das Konzentrationslager hieß, was ich im Lager machte. Ich antwortete, dass ich dort als Maurer arbeitete. Er fragte, was die anderen Häftlingen machten, und ich antwortete, dass sie auch arbeiteten, wie ich. Ich erzählte ihm von der Überschrift am Eingang ins KZ Auschwitz »Arbeit macht frei!«. Er fragte auch, wer uns aus dem KZ befreite, und stellte andere Fragen. Am Ende entstand ein langes, mehrseitiges Protokoll mit einer Vielzahl von Fragen und Antworten. Ich unterschrieb das Protokoll, und er nahm meine Fingerabdrücke. In der gesamten Zeit der sowjetischen Regierung gab mir dieses Protokoll keinen Anlass zur Unruhe. Aber für den Antrag auf die Entschädigung von der Bundesrepublik benötigte ich eine Archivbescheinigung. Es stellte sich heraus, dass im Protokoll die Lager Auschwitz, Dora, Bergen-Belsen als Arbeitslager aufgelistet sind, wobei es geschichtlich allgemein bekannt ist, dass dies Konzentrationslager waren. Im Protokoll kommt aber das Wort »Konzentrationslager« als Bezeichnung nicht vor.

Gleich nach dem Krieg wurden die Listen der Rückkehrer gemacht. Es waren ca. 1100 Menschen. Die Listen sind nicht erhalten. Vielleicht wurden sie absichtlich vernichtet, solange die Grenzen noch offen waren. Während die Grenzen offen waren, blieben von 1100 Personen nur 600. Dann wurden die Grenzen dicht gemacht, Transkarpatien wurde Gebiet der sowjetischen Ukraine.

Heute gibt es in Beregowo nur sechs Juden, die in Transkarpatien geboren wurden und die Nazilager überlebt haben.

Ich denke oft über den Genozid und Holocaust nach. In der Geschichte der Menschheit kam es mehrmals zum Genozid aus verschiedenen Gründen: Rassentheorien, nationale, politische Motivationen, religiöse Überzeugungen und so weiter. In den letzten Jahrzehnten fanden Genozide in Kambodscha, auf dem Balkan und zwischen den Stämmen Hutu und Tutsi statt. In dieser Reihe der tragischen Ereignisse bekommt der Holocaust einen besonderen Platz. Die Besonderheit der Tragödie des Holocaust besteht in seinem Ausmaß, darin, dass er Mitte des 20. Jahrhunderts in Europa stattfand. Auch darin, dass er in dem Land ausgedacht, geplant und brutal durchgeführt wurde, das der Menschheit Namen wie Kant und Schiller, Röntgen, Robert Koch und Max Planck schenkte. Zum Opfer wurde das Volk, das der Menschheit die Bibel, Rabbiner und Lehrer (Moses und Jesus) schenkte.

Aufgeschrieben vom Dienstarzt Irina Iwanowna Fabrizi

2. Bezirk (Rayon) Mukatschewo

(ung. Munkács, tsch. Mukačevo, ukr. Mukatschewe, rumän. Munkács)

Ort: Mukatschewo[6]

Zur Zeit des Königreichs Ungarn gehörte die Stadt Munkács zum Komitat Béreg. Nach dem Ersten Weltkrieg wurde die Stadt 1919 der neu gegründeten Tschechoslowakei eingegliedert und trug nun den Namen Mukačevo. 1930 lebten in der Stadt 11 313 Juden, weitere 6317 Juden im heutigen Bezirk Mukatschewo.[7] Im November 1938 wurde die Stadt von der Tschechoslowakei wieder an Ungarn abgetreten. 1941 lebten in Munkács 13 488 Juden, etwa 43 Prozent der Gesamtbevölkerung.

Im Sommer 1941 wurden mehrere jüdische Familien, die ihre ungarische Staatsangehörigkeit nicht nachweisen konnten, in die von den Deutschen besetzte Ukraine deportiert. Am 27. und 28. August 1941 wurden sie in Kamenez-Podolski ermordet.

Nach der Besetzung Ungarns durch die Wehrmacht im März 1944 sollte Mukatschewo als eine der ersten Städte von Juden geräumt werden. Bis Juli 1944 wurde die gesamte jüdische Bevölkerung nach Auschwitz deportiert, wo über 80 Prozent der Juden ermordet wurden.

Ab April 1944 hatte Mukatschewo zwei Ghettos. Eines für die etwa 14 800 ortsansässigen Juden im jüdischen Viertel der Stadt. Die Juden der Stadt mussten bis zum 18. April 1944

---

6   Enzyklopädie des Holocaust, S. 970; The Yad Vashem Encyclopedia, S. 504 f.
7   Kruglow, Enziklopedija Cholokosta, S. 65.

ins Ghetto umsiedeln. An einem Sabbat zwangen die Deutschen die chassidischen Juden, ihre Jeschiwa zu zerstören und bei einer anderen Gelegenheit eine Synagoge niederzureißen. Ende April 1944 richtete der Judenrat eine Suppenküche ein, die täglich 11 000 Portionen verteilte. Ein zweites Ghetto wurde im Sajovitscher Ziegeleihof eingerichtet für die fast 14 000 Juden, die bis zum 15. April von den Landgemeinden des Verwaltungsbezirks Béreg einschließlich Bárdháza, Ilosva und Szolyva dorthin gebracht wurden. Die meisten Juden mussten in diesem Ghetto unter freiem Himmel leben. Beide Ghettos wurden durch einen Judenrat unter dem Vorsitz von Sándor Steiner verwaltet. Durch die schlechten Lebensbedingungen in den Ghettos brach am 23. April 1944 in einem der Lagerabschnitte eine Typhusepidemie aus.

Am 15. Mai 1944 wurden die Juden aus den Landgemeinden, einschließlich der Kranken, als Erste nach Auschwitz deportiert. Danach brachte man die Juden aus der Stadt in den Ziegeleihof und deportierte sie zwischen dem 19. und 24. Mai 1944 ebenfalls nach Auschwitz.

Am 16. Mai 1944 kamen drei Güterzüge auf dem Gleisanschluss in Auschwitz-Birkenau an. Es waren die ersten Transporte des RSHA, mit denen Juden aus Ungarn deportiert wurden. Jeder Zug bestand aus 40 bis 50 Güterwaggons mit je etwa 100 Personen. In der Folgezeit kamen Tag und Nacht Transporte aus Ungarn. Nach der Selektion wurden die Jungen und Gesunden, ohne dass sie in die Lagerregister aufgenommen wurden, als sogenannte Depot-Häftlinge ins Lager eingewiesen. Sie wurden anschließend in andere Konzentrationslager oder Nebenlager als Arbeitskräfte weitergeleitet. Die übrigen Menschen wurden in den Gaskammern ermordet. Aus jedem Transport wurden die Zwillinge ausgesucht und für die pseudomedizinischen Versuche von Dr. Mengele ins Lager aufgenommen. Am 25. Mai 1944 gab die Widerstandsbewegung im Lager Auschwitz-Birkenau in einem Bericht an, dass die Zahl der getöteten ungarischen Juden bereits über 100 000 Menschen betrage.[8]

Am 26. Oktober 1944 wurde die Stadt Mukatschewo durch die Rote Armee befreit. Nach dem Krieg fiel die Stadt an die Sowjetunion und wurde ein Teil der Ukrainischen Sozialistischen Sowjetrepublik. Seit 1991 gehört sie zur Ukraine.

Ernest Galpert (geb. 1923)
»Aber das Unvorhersehbare geschah«

Nachdem ich den ersten Band der Dokumentation »Nur wir haben überlebt« von Boris Zabarko gelesen hatte, beschloss ich, Ernest Galpert, ehemaliger Häftling faschistischer Konzentrationslager, den Lesern des zweiten Bandes von meinem Schicksal und dem Schicksal meiner Familie in jener furchtbaren Zeit des Zweiten Weltkrieges zu berichten.

Der Autor dieser Erinnerungen wurde in Mukatschewo, Gebiet Sakarpatje (Transkarpatien), am 20. Juli 1923 in einer gewöhnlichen jüdischen Familie geboren. Mein Name ist Aron, zu Hause

---

8 Czech, Kalendarium, S. 776 ff.

wurde ich Ari gerufen, in der tschechischen Schule nannte man mich Arnoscht, während der ungarischen Besetzung war ich Erne. Jetzt heiße ich Ernest Galpert.

Mein Vater Joschua hatte einen kleinen Getränkeladen. Mama Perl war Hausfrau und half meinem Vater im Laden. Unsere Familie bestand aus fünf Personen: Meine Eltern, meine zwei Schwestern und ich.

Bis November 1938 gehörte Mukatschewo zum autonomen Gebiet Podkarpatskaja Rus der Tschechoslowakischen Republik. Das Leben der Juden in unserer Region unterschied sich in vielem vom Leben der Juden in Russland. Das Gebiet Sakarpatje gehörte niemals zum russischen Reich, und das Leben der Juden war bis 1938, bis zur Besetzung des Gebietes durch den ungarischen Faschisten Horthy, relativ erträglich. Bis zum Ende des Ersten Weltkrieges gehörten das Gebiet Sakarpatje und die Stadt Mukatschewo zur österreichisch-ungarischen Monarchie, in der Juden an allen Lebensbereichen aktiv teilnahmen und sich frei fühlen konnten. Viele Juden aus den ärmeren Gebieten Galiziens zogen deshalb zu uns. Viele Juden hatten Namen, die sich auf ihre Geburtsorte bezogen, wie Stryer, Bolechower. Der Name meiner Mama war Kalusch, und mein Vater wurde aus dem russischen Galperin zu Galpert.

Mukatschewo gehörte nach dem Ersten Weltkrieg zur Tschechoslowakei. Die Juden hatten in diesem demokratischen Staat alle Bürgerrechte und konnten ein freies Leben nach jüdischen Traditionen und ihren religiösen Geboten gestalten. In Mukatschewo lebte der in der religiösen Welt berühmte Rabbi Chaim Elazar Shapiro. In der Stadt gab es Dutzende Synagogen und Gebetshäuser sowie die jüdische Straße Juda Galewi.

Ungefähr die Hälfte der Stadtbevölkerung (30 000) waren Juden. Dies zeigte sich im gesamten Bild der Stadt. Die Juden waren im Handel, in der Industrie, im Handwerk, aber auch in der Verwaltung tätig sowie als Ärzte, Rechtsanwälte und in anderen angesehenen Positionen anzutreffen. Ein großer Teil der Bevölkerung sprach Jiddisch. In der Jüdischen Straße (heute: Wallenbergstraße) standen die wichtigsten Objekte des jüdischen Lebens: Synagoge, Mikwe, Fischgeschäft, koschere Metzgerei und Geflügelschächterei sowie Mazzenbäckerei. Dort war auch die jüdische Schule Cheder »Talmud Thora«, dort wohnten die Soferim (Schreiber) und die Melamdim (Lehrer). In der Stadt gab es auch Geschäfte, in denen jüdische religiöse Utensilien – Tales, Tefillin, Kerzenständer, Gebetbücher und andere Gegenstände – verkauft wurden. Nicht umsonst nannte man Mukatschewo »Klein-Jerusalem« im Zentrum Europas. Die Mehrheit der jüdischen Bevölkerung der Stadt lebte arm, und es gab sogar sehr arme Menschen. Aber auch wohlhabende Menschen – Fabrikanten und Kaufleute, die fast die gesamten Finanzen der Stadt in ihrer Hand hatten – waren keine Seltenheit. In der Stadt lebten auch Ungarn, Russinen und Juden. Die Menschen lebten friedlich miteinander. Neben Jiddisch sprachen die Juden auch Ungarisch. (Die ältere Generation wurde noch zu Zeiten der österreichisch-ungarischen Monarchie sozialisiert.) Die Kinder wuchsen in der tschechoslowakischen Zeit auf und besuchten tschechische Schulen. Wir, jüdische Jungs, besuchten neben der Schule auch den Cheder und lernten dort die Gebete, Thora und Talmud auf Hebräisch sowie die Übersetzung in unsere Muttersprache Jiddisch. Das kulturelle Leben der Juden gruppierte sich um die religiösen chassidischen und nichtreligiösen zionistischen Organisationen.

Die Parteien Misrachi, Betar, Schomer und Zair versuchten, die jüdische Jugend von ihren neuen Ideen zu überzeugen. Man sang, tanzte, und die Jugend war in regem Austausch.

Nach der Schule hatte ich keine finanziellen Möglichkeiten, um auf das Gymnasium zu gehen, und ging arbeiten. Ich war 15 und lernte Mechaniker in einer Werkstatt, in der Fahrräder, Näh- und Schreibmaschinen sowie andere Haushaltsgeräte repariert wurden.

So frei lebten die Juden nur bis zum Zerfall der Tschechoslowakei 1938 und bis zur Besetzung der Stadt Mukatschewo durch das faschistische Ungarn. Die Jahre 1939 bis 1944 waren sehr unruhig. Die faschistischen Horthy-Truppen führten für die Juden ein streng reglementiertes Leben ein. Die Brutalität der Machthaber steigerte sich ständig. Immer neue Gesetze, die die Rechte der Juden einschränkten, wurden verabschiedet. Nach der Besetzung der Stadt Mukatschewo im März 1944 durch die Deutschen begann die vollständige Vernichtung der Juden.

1941 begann ich in der Papierfabrik »Rot« zu arbeiten. Ich war dort als Mechaniker beschäftigt. Wir bekamen zuerst Essenskarten, aber später waren sie für die Juden nicht mehr vorgesehen. Bis 1944 gingen wir frei, ohne Bewachung zur Arbeit. Es kam aber öfter vor, dass spontane Razzien stattfanden und Juden verprügelt wurden.

Mein Vater war Soldat im Ersten Weltkrieg. Er kämpfte in der österreichischen Armee und wurde von Russen gefangen genommen. Er erzählte uns vom Leben in Ungarn, und wir hofften am Anfang, dass es uns gut gehen würde. Mit der Zeit verstanden wir aber, dass es ein ganz anderes Land war.

Mein Vater musste in einer Arbeitstruppe Schutzgräben um Arpad ausheben. Ich wurde wie viele andere zwanzigjährige Juden in ein Arbeitslager in den kleinen Ort Ditro in Transsilvanien deportiert. Am gleichen Tag wurde in Mukatschewo mit der Errichtung des Ghettos begonnen. Es war im April 1944, nachdem die Deutschen Ungarn besetzt hatten.

Mein Schicksal unterscheidet sich in vielem vom Schicksal meiner Schwestern und meiner Eltern. Sie wurden im Ghetto eingepfercht und später ins Konzentrationslager Auschwitz deportiert. Über die Gräuel im Ghetto, den Transport und schließlich über das KZ Auschwitz selbst ist mittlerweile viel bekannt, sodass ich mich auf die furchtbare Tatsache, den Tod meiner Eltern, Verwandten und Freunde in den Gaskammern, beschränken werde. Nur meine beiden Schwestern Olga und Jona sowie meine Verlobte Tilda Akkerman konnten wie durch ein Wunder am Leben bleiben.

Ich wurde nicht nach Auschwitz deportiert. Jene furchtbare Zeit erlebte ich an anderen Orten und unter anderen furchtbaren Verhältnissen.

Wir jungen Juden aus Sakarpatje waren in den Arbeitslagern des faschistischen Ungarn, bevor wir ins Konzentrationslager kamen. Am Anfang arbeiteten wir für die deutsche Organisation »Todt« und mussten schwerste Arbeit in einem Steinbruch leisten. Unser Arbeitstag dauerte 12 Stunden. Wir arbeiteten barfuß, sodass unsere Füße, verletzt von Steinen, ständig blau und wund waren. Die Steine verluden wir auf Eisenbahnflachwagen bis zur angegebenen Höhe. Wenn wir die markierte Höhe erreichten, durften wir uns etwas ausruhen, bis der nächste Wagen kam.

Um unsere höllisch schwere Arbeit etwas zu erleichtern, überlegten wir uns eine Methode, unsere Bewacher zu betrügen. Wir bauten auf den Flachwagen sogenannte Öfen, das heißt, auf zwei große Steine legten wir den dritten so, dass ein hohler Raum, wie in einem Ofen, entstand. Dadurch gingen wir ein großes Risiko ein. Aber unter den Wehrmachtsoldaten waren auch anständige Menschen. Unser Wachmann tat so, als ob er nichts merken würde. Dadurch konnten wir kurze Verschnaufpausen machen.

Ein anderer Wachmann, ein Arbeiter aus Berlin, brachte uns bei, seine Gestik zu verstehen. Wenn sich ein Offizier näherte, hob er seinen Stock. Es bedeutete, dass wir etwas schneller arbeiten mussten; wenn er den Stock sinken ließ, konnten wir uns etwas ausruhen. Diese Deutschen verdienen es, sie mit einem guten Wort zu erwähnen, aber sie hatten Angst, uns ihre Namen zu verraten.

Als unsere »Methode« später beim Ausladen der Steine entdeckt wurde, wurden wir alle sehr streng dafür bestraft. Wir mussten stundenlang im eiskalten Flusswasser des Marosch stehen. Ich weiß nicht, wie wir es aushielten. Ich hatte sehr gute Freunde: Weimar Kroo, Filipp Aiserfer, Eni Gotesman, Scheli Rupp, Kune Robinson und andere.

Eine andere, scheinbar weniger schwere Arbeit bestand darin, dass wir Eisenbahnschienen auf unseren Rücken schleppen mussten. Da wir mit Peitschen getrieben wurden, konnten wir uns nicht unserer Größe nach aufstellen, deshalb mussten die Größeren das Gewicht für die Kleineren tragen, was unheimlich schwer war. Außerdem war es eine bergige Gegend, was das Ganze umso mehr erschwerte. Aber wir mussten unsere Lasten schleppen, denn wir arbeiteten unter Peitschenschlägen. Das Schlimmste war aber, dass wir die Eisenbahnschwellen, die mit Masut, einem zähflüssigen Erdölrückstand, getränkt waren, schleppen mussten. Es war im Sommer, und wir arbeiteten barfuß in Unterhosen. Unter der brennenden Sonne rannten Masutströme an unseren Körpern herunter. Unsere Körper brannten Tag und Nacht, weil wir keine Möglichkeit hatten, die Masutreste zu entfernen. Unsere Körper waren mit Brandwunden und Eiter bedeckt. Hilfe bekamen wir von einem anständigen Deutschen. Er brachte uns Benzin, und wir konnten die Masutreste von unseren Körpern entfernen und so unsere Schmerzen lindern.

Als in Jasin die ersten Truppen der Rotarmisten erschienen, wurden wir nach Szombathely verlegt. Dort wurden wir in den Kasernen zusammen mit sowjetischen Kriegsgefangenen untergebracht. In Szombathely herrschten die ungarischen Faschisten-Salaschisten. Sie waren sehr brutal. Viele von uns wurden zu Tode gequält. Dort mussten wir die Eisenbahnstrecke nach Bombardierungen räumen.

Mit dem Heranrücken der Roten Armee wurden wir nach Österreich ins Konzentrationslager Schachendorf verlegt. Dort mussten wir Schutzgräben ausheben. Die Polizisten und das Wachpersonal waren kroatische Freiwillige, Ustascha-Sympathisanten. Sie gingen mit uns noch brutaler um als die Deutschen. Dort mussten wir sehr tiefe Panzergräben ausheben. Die Erde mussten wir sehr hoch hinaufwerfen. Wer keine Kraft hatte, wurde halb tot geprügelt. Wir hatten nur Lumpen an und froren. Wir schliefen in den Ställen auf dreistöckigen Pritschen, wie Heringe in der Büchse. Man hatte fast aufgehört, uns irgendetwas zu essen zu geben. Im Frühling, Anfang März 1945, als der Schnee zu tauen begann und das Wasser in die Gräben floss, mussten wir bis weit über die Knie in diesem Matsch stehen und weiter die Gräben ausheben. Durch Kälte, Hunger und Schmutz brach eine Typhusepidemie aus. Von unserer Gruppe, die aus 100 Personen bestand, konnten am letzten Tag nur sechs Personen zur Arbeit gehen. Alle anderen waren krank und blieben im Stall des Lagers mit hohem Fieber. Auch ich war krank.

Des Weiteren kann ich mich nur daran erinnern, dass mein Cousin Ari Fried sich zu mir schlich und mir zuflüsterte, dass die Deutschen mit dem Heranrücken der Frontlinie das Lager nach Westen evakuieren wollten. Jene, die nicht imstande wären aufzustehen, würden zusammen mit dem Stall verbrannt werden. Ich war dermaßen schwach, dass ich nicht mal meine Augen öffnen konnte. Wir verabschiedeten uns, und er machte sich auf seinen Weg. Viele, die hinter der Kolonne zurückblieben, wurden am Straßenrand erschossen.

Dann erinnere ich mich, dass ich von den Schreien »Hier sind Russen!« geweckt wurde.

So blieb ich am Leben.

Es gab kein Wachpersonal mehr. Wir, die am Leben geblieben waren, wollten die Frontlinie überqueren. Wir hielten uns an den Händen fest und hatten keine Angst mehr. Wir erreichten Szombathely und wurden dort von einer sowjetischen Patrouille angehalten. Sie trieben uns zusammen mit den gefangen genommenen SS-Männern in ein Stadion. Wir hatten keine Papiere, die bewiesen, dass wir jüdische KZ-Häftlinge waren. Als wir in der Kolonne durch die Innenstadt gingen, entschieden wir vier Freunde, uns über einen Hof aus dem Staub zu machen. In einem leer stehenden Haus fanden wir später Grießbrei und aßen ihn, als ob es nichts Besseres auf der ganzen Welt gäbe. Wir ruhten uns etwas aus und machten uns weiter auf den Weg. Wir wurden von einem NKWD-Posten angehalten. Wir hatten ungarische Uniformen an, und dies machte uns bei dem Posten verdächtig. Wir wurden durchsucht und durften dann gehen.

Wir erreichten Budapest. Vor der Brücke wurden wir von einer Patrouille angehalten und landeten schon wieder in der Kommandantur. Dort half uns ein sowjetischer Offizier, der Jude war. Er zeigte uns ein Loch im Zaun, und wir machten uns aus dem Staub.

In Budapest war die jüdische Gemeinde sehr aktiv. Sie half uns sehr. Wir bekamen unsere Papiere und gingen nach Mukatschewo. Zu Hause wartete niemand auf uns. Es war im April 1945. Der Krieg war noch nicht zu Ende, und ich entschloss mich, mich als Freiwilliger zu melden, um an der Befreiung derer, die noch am Leben waren, teilzunehmen. Nur mit Müh und Not konnte ich in der Kommandantur erreichen, dass ich, völlig entkräftet und ausgemergelt, aufgenommen wurde. Aber es gelang mir. Ich kam in die Stadt Rabka in Polen, als der Krieg gerade zu Ende ging. Ich konnte nicht mehr an Kriegshandlungen teilnehmen. Wenn ich heute an all meine Leiden zurückdenke, frage ich mich, wie es mir gelang, dies alles zu überleben. Ich und andere überlebten, weil wir glaubten und hofften, dass wir unsere Verwandten wiedersehen würden. Leider ging diese Hoffnung nicht für alle in Erfüllung.

Während ich die Tragödie meines Volkes niederschreibe, erinnere ich mich daran, dass ein Schriftsteller aus Mukatschewo, Schlomo Moschkowitsch, in den 30er-Jahren des 20. Jahrhunderts das Buch »Die verschwindende Generation« auf Jiddisch vorgelegt hatte. Der Autor dachte dabei an die Generation der Juden in Sakarpatje. Er meinte dabei die Assimilation und nicht die physische Auslöschung der Juden. Aber das Unvorhersehbare geschah. Von 100 000 Juden aus Sakarpatje konnten nur ungefähr 7000 die Katastrophe überleben.

Als ich zusammen mit meiner Frau Tilda, die alle Gräuel des KZ Auschwitz überlebt hatte, in der Gedenkstätte in Auschwitz war, entzündeten wir Kerzen und gedachten unserer Eltern, Verwandten und Freunde. Nur ein winziger Teil der Juden aus Mukatschewo blieb am Leben. Es waren hauptsächlich junge, damals arbeitsfähige Menschen, die von den Nazis zur Schwerstarbeit gezwungen und aus zeitlichen Gründen nicht vernichtet wurden. So konnten ich, meine Frau und zwei meiner Schwestern überleben.

Unseren Kindern Petr und Jura konnten wir von unseren Erlebnissen erst berichten, als sie erwachsen waren, denn diese Erinnerungen fallen uns nicht leicht und sind tränenreich. Aber man muss davon berichten, besonders jetzt, wenn sich die Stimmen der Antisemiten, die den Holocaust verleugnen, schon wieder bemerkbar machen.

Tilda Galpert (geb. 1923)
»Holocaust in den Transkarpaten«

Ich gehöre zu jener Generation Juden, die die Hölle der faschistischen Konzentrationslager 1944–1945 durchlebten. Seitdem sind viele, sehr viele Jahre vergangen, aber der Schmerz über den Verlust der Familienmitglieder lässt sich nicht lindern.

Ich wurde 1923 in der Stadt Mukatschewo geboren. Unsere Stadt gehörte damals zur Tschechoslowakischen Republik. Sie war ein demokratischer Staat, in dem Juden ein normales Leben als gleichberechtigte Bürger führen durften. Meine Familie war eine für damalige Verhältnisse typische kinderreiche, jüdische Familie, in der alle jüdischen Traditionen geachtet wurden. Wir wohnten in der Jüdischen Straße (heute Wallenberg-Straße). Ich hatte fünf Brüder und zwei Schwestern. Mein Vater war Weinhändler und meine Mutter Hausfrau. Mein Großvater Wolf Akkerman und meine Großmutter Golda wohnten in einem Vorort von Mukatschewo, in Palenka. Dort betrieben sie einen Laden. Sie verkörperten eine patriarchale Welt, und unsere ganze Familie hielt an den jüdischen Traditionen fest. In Palenka wohnten Juden in der Nachbarschaft der Schwaben. In jener Zeit gab es keinen Antisemitismus. Die Juden hatten eine Synagoge, eine Mikwe und führten ein normales Leben.

Ich ging auf eine tschechische Schule, die auch von Kindern anderer Nationalitäten besucht wurde. Meine beiden Schwestern Margarita und Serena sowie mein Bruder Filipp absolvierten die Handelsschule. Andere Brüder arbeiteten und halfen, unsere große Familie finanziell über die Runden zu bringen. Nach dem Mord an unserem Vater hatten wir es sehr schwer. Er wurde von einem fanatischen Juden während des Gebetes in der Synagoge ermordet, weil meine Schwester Serena einen Goj (Nichtjuden) geheiratet hatte. Dies geschah 1937.

1938 wurde unsere Gegend vom faschistischen Ungarn besetzt, und es wurde zur Tragödie aller Juden. Wir wurden unterdrückt und hatten keine Rechte. Mein Bruder Filipp wanderte nach England aus, wo er während des Krieges in einer tschechischen Einheit kämpfte. Zwei andere Brüder, David und Gersch, kamen in ungarische Arbeitslager, wo sie an Entbehrungen und Misshandlungen starben. Mein Bruder Aron überquerte illegal die Grenze zur UdSSR, um sich vor den ungarischen Faschisten zu retten, aber er kam in den Gulag nach Kasachstan, wo er ums Leben kam. Meine Schwester Serena fuhr über Polen zu ihrem Ehemann in die UdSSR. Zu Hause blieben Mama, mein jüngerer Bruder Samuil, meine ältere Schwester Margarita und ihr neunjähriger Sohn Albert. Mit fünfzehn Jahren ging ich in die Fabrik arbeiten, damit unsere Familie nicht verhungerte. Mein Bruder Samuil lernte in einer Tischlerwerkstatt.

Mit dem Kriegsausbruch 1941 verschärfte sich die Verfolgung der Juden. Das Schlimmste geschah, als die Deutschen im April 1944 Ungarn besetzten. In Mukatschewo wurden zwei Ghettos errichtet. (Das erste war in der Judenstraße und in benachbarten Straßen, das zweite in der Duchnowitsch-Straße in der Nähe des Hauses des Rabbiners.) Dorthin wurde die ganze jüdische Bevölkerung der Stadt (ca. 15 000 Menschen) getrieben. Zusammen mit meiner Mama und meinem jüngeren Bruder kam ich in ein Ghetto, während meine Schwester Margarita zusammen mit der Familie meines Bruders David in dem anderen Ghetto landete. Wir konnten keinen Kontakt miteinander aufnehmen. An der Kleidung trugen wir gelbe, kreisförmige Flicken. Unsere Lebensmittelkarten wurden uns weggenommen. Wir litten dauernd Hunger und ernährten uns nur von Kartoffeln und Erbsen. Am Eingang des Ghettos war ein Tor mit einer Wache. Im Inneren des Ghettos wurde die Ordnung von den Mitgliedern des jüdischen Rates kontrolliert. Das Gedränge, der Hunger, die unhygienischen Verhältnisse wurden zu unserem Alltag. Im Ghetto herrschte eine sehr gedrückte Stimmung, alle waren sehr nachdenklich.

Dann wurde es noch schlimmer. Die ungarischen Gendarmen warfen uns aus den Häusern hinaus und trieben uns auf das Gelände von zwei Ziegeleien. Dort gab es nichts mehr, was verriet, dass wir Menschen sind. Ich blieb mit Mama und meinem Bruder. In der Ziegelei waren wir eine namenlose Menschenherde ohne Papiere. Einige Tage später wurden wir in Viehwaggons getrieben, und die Züge rollten in unbekannte Richtung. Unsere Familie, Mama, mein Bruder und meine Schwester mit ihrem Sohn, erreichte nur mit Mühe und Not das von den faschistischen Henkern für uns vorgesehene Endziel: Auschwitz.

Nach der Ankunft wurden wir gänzlich erschöpft von SS-Männern mit ihren Hunden aus den Waggons herausgetrieben und in zwei Gruppen eingeteilt. Meinen Bruder und mich trennte man von unserer Mama, unserer Schwester und ihrem Sohn. Sie kamen nach links, um angeblich mit einem Lastwagen weitertransportiert zu werden, während wir Jüngeren zu Fuß gehen sollten. In der Hoffnung, unsere Verwandten bald wiederzusehen, gingen wir gehorsam mit den anderen los. Dann wurden wir Frauen von den Männern getrennt und zum Duschen gebracht. Uns allen wurden die Haare abgeschnitten. Nachdem wir uns gewaschen hatten, erhielten wir irgendwelche Kleiderlumpen und alte Schuhe anstatt unserer Kleidung. Wir hatten weder Unterwäsche noch Socken. Wir sahen kaum wie Menschen aus. Dann brachte man uns in riesige Baracken mit drei Pritschen übereinander, wo auf einer Pritsche auf blanken Brettern die Menschen, manchmal zu zwölft, so eng aneinanderlagen, dass man sich nur gemeinsam mit anderen bewegen konnte. Als wir am nächsten Morgen einander sahen, konnten wir kaum fassen, dass wir es waren.

Die Älteste in der Baracke war eine in einen Seidenkittel gekleidete Frau Antscha. Sie gehörte zu den Juden, die schon 1942 nach Auschwitz deportiert worden waren. Als wir uns mit der Frage an sie wandten, wann wir unsere Verwandten wiedersehen würden, antwortete sie uns, ohne ihren Spott zu verbergen: »Seht ihr den Rauch aus dem Schornstein über dem Krematorium? Es ist der Rauch eurer Mütter ...« In den Jahren des Aufenthalts im Lager war sie zu einer Bestie geworden und ging mit uns um wie die SS-Leute.

Jeder Morgen begann mit der Aufstellung zwischen den Baracken zum Appell. In jeder Reihe waren fünf Menschen hintereinander, und die SS-Männer zählten uns durch. Es dauerte sehr lange, sodass Tausende Menschen dort stundenlang unter der Sonne oder im Regen stehen mussten. Gleich neben uns lagen Menschen, die an Entkräftung oder an Krankheiten gestorben waren. Die Leichen wurden nur einmal am Tag abgeholt. Der gleiche Appell fand auch am Abend statt. Morgens bekamen wir ein Stück schwarzes, verschimmeltes Brot aus Spänen und Wasser, das man Kaffee nannte. Mittags gab es Suppe aus Brennnesseln und Mehl. Es war unsere Tagesnorm. Manchmal bekamen wir zum Brot ein Stück Margarine. Wahrscheinlich gab man uns zum Essen Brom, da wir absolut lethargisch geworden waren. Sonst hätte alles, was wir durchmachten, uns wahnsinnig werden lassen. Wir hatten nur ein Problem: Hunger.

So verbrachten wir ohne Arbeit drei Monate. Jene, die entkräftet waren, wurden abgeholt und vernichtet. Zu diesem Zweck fanden die sogenannten Selektionen statt, während derer alle versuchten durchzuhalten, aber nicht alle schafften es.

Nach drei Monaten Aufenthalt in jenem Inferno wurde ich zusammen mit 150 anderen Frauen ins Arbeitslager »Reichenbach« gebracht. Dort hausten wir in etwas erträglicheren Verhältnissen. Erstens bekamen wir bessere Kleidung, da wir in der Fabrik »Gatschenuk« arbeiteten. Zweitens wurden wir besser ernährt. Unser Lager war am Stadtrand, und wir mussten morgens und abends ungefähr 40 Minuten unter Bewachung durch SS-Männer in unseren Holzschuhen hinmarschieren. Im Winter wurde es sehr schwierig. Es war sehr qualvoll in den Holzschuhen, die voll mit Schnee waren, durch den Schnee zu gehen. Vor allem angesichts der ständigen Rufe der SS-Männer: »Los, los, schneller!« In unseren Beton-Baracken wurde nicht geheizt, sodass wir nachts unter unseren dünnen Decken fast erfroren. Nichtsdestotrotz war es kein Todeslager, und es gab kein Krematorium.

Nur selten erfuhren wir von italienischen Kriegsgefangenen, die ebenfalls in der Fabrik arbeiteten, dass die Deutschen Richtung Westen vertrieben würden und wir wahrscheinlich im Frühling unsere Kanonen hören würden. Die Kämpfe fanden in unserer Nähe statt. Es wurde um Breslau gekämpft. Diese Kämpfe dauerten fast drei Monate.

Dann kam der Tag unserer Befreiung, von der wir nicht mal zu träumen gewagt hatten. Unsere SS-Wachmänner flohen Richtung Westen, um den Russen zu entkommen. Wir liefen aus dem Lager hinaus und sahen sowjetische Panzer. Es waren unvergessliche Tage. Wir ließen uns in den von den Nazis verlassenen Häusern nieder. Zwei Wochen später wurden wir vom tschechoslowakischen Roten Kreuz mit Lastwagen in die Tschechoslowakei gebracht. (Wir hielten uns für Bürger der Tschechoslowakei.) Man kümmerte sich um uns, wir bekamen eine sehr gute Ernährung und medizinische Behandlung. Dann begann unser Weg nach Hause, nach Mukatschewo. Dort war niemand von unseren Verwandten. Selbst unser Haus war wegen der Backsteine abgetragen worden. Von unserer Familie wurden in Auschwitz meine Mama, meine ältere Schwester mit ihrem Sohn, die Frau meines Bruders mit ihrem Sohn und mein jüngerer Bruder ermordet.

In Mukatschewo erfuhr ich, dass mein Verlobter Aron Galpert[9] lebte und sich als Freiwilliger bei der sowjetischen Armee gemeldet hatte, um sich für die ermordeten Juden, für seine Mutter und seinen Vater, die in Auschwitz umkamen, zu rächen. 1947 heirateten wir. Wir haben zwei Söhne, die ihre in Auschwitz ermordeten Großeltern nie kennenlernen konnten.

Möge das Leid, das wir erfuhren, nie wieder jemandem widerfahren.

---

9 Aron Galpert ist identisch mit Ernest Galpert.

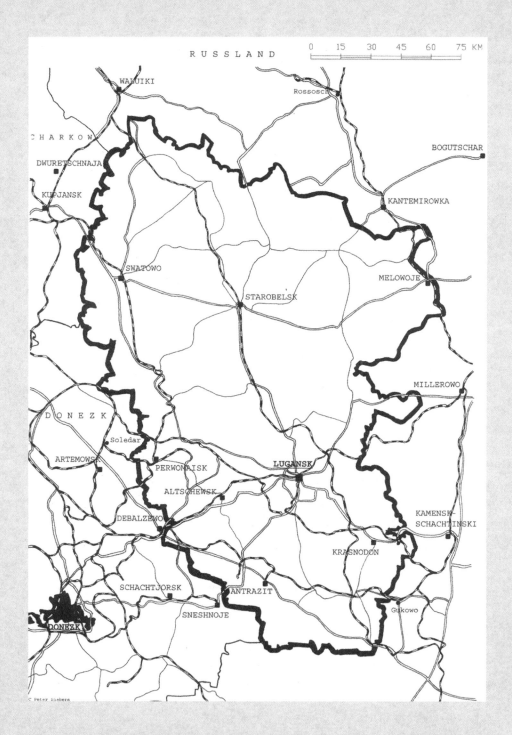

XXVI. Gebiet Lugansk

XXVI. Gebiet (Oblast) Lugansk (Woroschilowgrad)
(ukr. Luhansk)

Das Gebiet Lugansk[1] besteht seit 1938. Bis 1958 und von 1970 bis 1990 führte es den Namen Woroschilowgrad zu Ehren von Kliment Woroschilow. Das Gebiet ist in 18 Bezirke (Rayone) und 14 direkt der Gebietsverwaltung unterstehende Städte unterteilt. Zu diesen Städten gehört auch das Verwaltungszentrum Lugansk. Am 28. April 2014 wurde nach einem rechtswidrigen Referendum ohne internationale Anerkennung die »Volksrepublik Luhansk« ausgerufen. Aufgrund einer Volksbefragung vom 11. Mai 2014 erklärten die Separatisten am 12. Mai die »Volksrepublik Luhansk« für »unabhängig«. Vertreter der Volksrepubliken Luhansk und Donezk unterzeichneten am 24. Mai 2014 in Donezk ein Memorandum über eine Union beider Republiken zu »Neurussland«.[2]

Nach der Volkszählung von 1939 lebten auf dem Territorium des Gebiets Lugansk 19 949 Juden. Es war die letzte Region der UdSSR, die im Sommer 1942 von der Wehrmacht besetzt wurde. Dies ermöglichte es, die meisten Juden des Gebiets zu evakuieren. In der zweiten Hälfte des Jahres 1942 begann die Ermordung der Juden. Mindestens 1966 Juden wurden im Gebiet Lugansk (Woroschilowgrad) ermordet, darunter am 1. November 1942 1800 Juden aus Lugansk (Woroschilowgrad) durch das Sonderkommando 4b.[3]

1. Gebietshauptstadt Lugansk (Woroschilowgrad)

Die Stadt Lugansk[4] wurde am 5. November 1935 zu Ehren des Offiziers und Politikers Kliment Jefremowitsch Woroschilow in Woroschilowgrad umbenannt. Nachdem Chruschtschow 1958 verordnet hatte, dass Städte keine Namen von lebenden Personen tragen dürften, erhielt die Stadt wieder ihren einstigen Namen Lugansk. Nach Woroschilows Tod im Dezember 1969 wurde der Name am 5. Januar 1970 wiederum geändert. Am 4. Mai 1990 wurde der Stadt ihr ursprünglicher Name Lugansk durch Dekret des Obersten Sowjets der Ukraine zurückgegeben. 1939 lebten in der Stadt 1622 Juden, etwa 5 Prozent der Bevölkerung.

Die Stadt wurde am 17. Juli 1942 von der Wehrmacht besetzt. Den Juden wurde befohlen, sich registrieren zu lassen und einen gelben Davidstern zu tragen. Die deutschen Besatzungsbehörden haben 1038 Juden registriert. Alle erwachsenen Juden mussten Zwangsarbeit leisten. Am 1. November 1942 wurden 1800 Juden der Stadt durch das Sonderkommando 4b ermordet. Vermutlich waren darunter auch 100 Juden aus Altschewsk (Woroschilowsk). Sie hatten auf dem besetzten Gebiet weniger als vier Monate gelebt.

Lugansk (Woroschilowgrad) wurde am 14. Februar 1943 durch die Rote Armee befreit.

1   Altman Cholokost, S. 184; Kruglow, Enziklopedija Cholokosta, S. 104 f.
2   https://de.wikipedia.org/wiki/Volksrepublik_Lugansk [18.6.2016].
3   Kruglow, Chronika Cholokosta, S. 137.
4   Altman, Cholokost, S. 184.

Olga Silko (geb. 1938)
»Es gab viele gute Menschen«

Ich, Olga Lwowna Silko (geborene Tanchilewitsch), wurde am 20. März 1938 in Lugansk (früher Woroschilowgrad) als Jüdin geboren. Mein Vater, Lew Wulfowitsch Tanchilewitsch, geboren 1907 im Gouvernement Minsk (Weißrussland), fiel 1943 an der Front. Meine Mutter, Sarra Jakowlewna Tanchilewitsch, geboren 1909 in Weißrussland, starb 1996 in Lugansk. Meine Schwester Inna Lwowna Jegorowa, geborene Tanchilewitsch, wurde 1933 in Lugansk geboren und ist heute Rentnerin.

Vor dem Kriegsausbruch wohnte ich zusammen mit meinen Eltern und meiner Schwester in Lugansk, in der Wolodarski-Straße (an die Hausnummer erinnere ich mich nicht). Anfang 1941 wurde mein Vater zum Militärdienst einberufen. Er gehörte zur Flugabwehr und war am Tag des Kriegsausbruchs bei der Truppe. Als der Krieg ausbrach, kam er nach Hause, um sich von uns zu verabschieden, und ging dann an die Front. Wir zogen zu den Eltern meiner Mutter (Jakow Wladimirowitsch und Dina Markowna Smolkiny), die in der Schewtschenko-Straße 31 in Lugansk wohnten.

Wir ließen uns nicht evakuieren. Wir wohnten zusammen mit den Großeltern in einer Haushälfte, während ihre Schwiegertochter im gleichen Hof, aber sehr getrennt wohnte, um nicht mit einer jüdischen Familie unter einem Dach zu leben.

Im Juli 1942 wurde unsere Stadt von Deutschen besetzt. Allen Juden wurde befohlen, sich registrieren zu lassen und gelbe Davidsterne zu tragen. Meine Mutter und meine Großeltern gingen zur Arbeit bei der Gestapo. Mama musste Wasser schleppen, während meine Großeltern als Schneider beschäftigt waren. Wir wohnten in der Nähe der Gestapo.

Im August 1942 wurden wir aus unserer Wohnung auf die Straße gesetzt, da einer unserer Nachbarn Gefallen an unserer Wohnung gefunden hatte. (Später wurde er dafür verurteilt.) Wir standen im Hof mit ein paar Habseligkeiten, die wir mitnehmen durften, denn unser ganzes Eigentum nahmen sich andere. Niemand wollte uns aufnehmen. Ein Deutscher erlaubte es, dass wir uns im Keller eines Verwaltungsgebäudes in der Schewtschenko-Straße 35 niederließen. (Es war noch näher beim Gestapo-Gebäude.)

In diesem Gebäude blieben wir, bis wir erschossen werden sollten. Ich kann vieles darüber schreiben. Das Gedächtnis des Kindes behielt trotz seines Alters sehr viel, ich war damals vier Jahre alt. Ich wusste, dass man keine sowjetischen Lieder singen durfte, dass man nicht sagen durfte, dass der Papa an der Front war, dass man nicht bei Deutschen betteln durfte, dass man die Schokolade, mit der die Hunde gefüttert wurden, nicht auflesen durfte, wie es ein Junge tat, und dafür an den Füßen gefasst und mit dem Kopf an der Wand des Gebäudes totgeschlagen wurde und vieles andere. Ende September, Anfang Oktober 1942 wurde allen Juden befohlen, mit ihrem Gepäck zur Gestapo zu kommen und dann zum Stadion, das nach Woroschilow benannt war, zu gehen.

Am Abend, als alle Erwachsenen von der Arbeit zurück waren, lauschte ich dem Gespräch der Erwachsenen und erfuhr, dass Mama am nächsten Morgen nicht zum Stadion gehen sollte, sondern in die entgegengesetzte Richtung zu Fekla (Fekla Fedorowna Iwanowskaja), um sich dort zusammen mit uns zu verstecken. Mama willigte ein, da ein Deutscher meinem Großvater bei der Arbeit gesagt hatte, er solle sich zusammen mit seiner Familie in Sicherheit bringen, da die Juden

1. Gebietshauptstadt Lugansk (Woroschilowgrad)

erschossen würden. Ich erinnere mich, dass die Sonne am nächsten Morgen stark schien. Wahrscheinlich werde ich diesen Tag nie vergessen. Mama stand auf und sagte meinen Großeltern, dass sie nicht mit ihnen gehen würde, dass wir entweder alle hingehen würden oder niemand. Ich erinnere mich, wie mein Großvater mit Mama schimpfte und sie ihn zu überzeugen versuchte, mit uns zu gehen. Er versprach ihr, dass er nicht auf die Straße gehen würde und er, wenn sich alles beruhigt hätte, von Fekla abgeholt würde. (Fekla war unser Kindermädchen.) Als 1933 in der Ukraine die große Hungersnot (Holodomor) war, klopfte Fekla mit ihrem Baby im Arm an der Tür unseres Hauses und bettelte. Meine Mutter ließ sie herein, gab ihr zu essen, und seitdem sind sie befreundet. Wenn meine Eltern ausgingen, kam Fekla, um uns zu hüten. Fekla stammte aus dem Gebiet Winniza.

Wir verließen das Haus ohne jegliches Gepäck, um keine unnötige Aufmerksamkeit auf uns zu ziehen. Die Menschen versammelten sich. Mama hielt mich im Arm und Inna an der Hand. Meine Mutter sah mehr wie eine Weißrussin aus als wie eine Jüdin. Wir passierten die Gestapo und gingen weiter. Niemand wurde auf uns aufmerksam. Wir gingen zur Landstraße.

Drei Tage verbrachten wir bei Fekla. Wenn jemand kam, versteckten wir uns. Nach drei Tagen ging Fekla in unsere alte Wohnung in der Schewtschenko-Straße und fragte nach uns, als ob sie nichts von uns wüsste. Die Nachbarn sagten ihr, dass wir bei der Erschießung nicht dabei waren und wir uns wahrscheinlich bei ihr verstecken würden. Sie behauptete aber, dass wir nicht bei ihr seien und sie sich Sorgen um die Kinder mache. Man erzählte ihr, dass meine Großeltern nicht zur Erschießung gegangen waren, aber abgeholt und erschossen worden seien.

Dies alles erzählte uns Fekla, und Mama entschloss sich, von ihr wegzugehen. Im Dorf Nowoseliza lebte ein guter Freund meines Vaters. Ich erinnere mich nicht ganz genau an den Namen des Dorfes: entweder Weselenkoje oder Nowoseliza. Wir gingen zu ihm. Er war nicht eingezogen worden, weil er Tuberkulose hatte. Er war bei der Polizei (es war notwendig). Wir übernachteten bei ihm. Am nächsten Morgen gab er uns zwei Brote, eine Flasche Sonnenblumenöl und einen Korb und riet uns, von Dorf zu Dorf zu gehen und nirgendwo längere Zeit zu bleiben. Auf die Frage nach unseren Papieren sollten wir antworten, dass wir per Anhalter mit einem Rumänen unterwegs gewesen seien, dieser aber meine Mutter belästigt und ihr unsere Papiere weggenommen habe. Wir seien dann im Fahren vom Wagen gesprungen. Diese Version war sehr glaubhaft, da meine Mutter einen verletzten Arm hatte.

So begann unser Umherirren. Wir gingen von Dorf zu Dorf und bettelten. Manche ließen uns bei sich übernachten, manche vertrieben uns. Eines Nachts landeten wir bei einem alten Mann in der Stadt Millerowo. Die Stadt wurde bombardiert. Meine Mutter drückte uns an sich und betete, dass, wenn wir getötet würden, dann lieber von unserer Bombe. Dies zeigt, dass die Menschen in jenem Leid auf ganz absurde Ideen kamen.

In Lugansk bat eine beim Militär beschäftigte Frau meine Mama, mich bei ihr zu lassen. Sie hatte Mitleid mit dem kleinen Mädchen, das herumirren musste. Mama willigte ein, nahm mich aber am nächsten Morgen mit. Nach dem Krieg (es war 1946) erkannte mich diese Frau im Zug, als ich mit meinem Onkel unterwegs war. Sie ging zu meinem Onkel und fragte: »Wer ist dieses

Mädchen für Sie? Wo sind seine Mama und Schwester?« Sie erzählte ihm, wie wir während des Krieges bei ihr übernachteten und sie mich bei sich behalten wollte. Er sagte ihr, dass wir alle, Gott sei Dank, am Leben seien.

Als es sehr kalt wurde, erinnere ich mich, dass wir bei einem älteren Ehepaar übernachteten. Ihr Sohn war an der Front. Im Haus wohnte noch ihre Schwiegertochter. Sie gaben uns warme Kleidung, und der alte Opa nähte für mich sogar Stiefel. Es gab viele gute Menschen.

Am Vorabend des Neujahrs 1943 ließ uns niemand in seine Wohnung herein, und wir mussten unter freiem Himmel übernachten. Wir gingen durch das Feld und sahen ganz weit weg einen Wald und ein Licht im Wald. Wir gingen auf dieses Licht zu. Es war das Haus der Försterin, in dem sie mit ihren drei Kindern wohnte. Sie hatte einen Bauernhof, eine Kuh und andere Tiere. Sie freute sich sehr über uns und bat Mama, später auf ihre Kinder aufzupassen, da sie ihre Verwandte in einem Dorf besuchen wollte. Mama war natürlich einverstanden. Sie blieb eine ganze Woche weg, und Mama machte sich Sorgen, dass die Deutschen kämen. Meine Mama badete uns alle, auch ihre Kinder, und kochte für uns. Wir waren sehr glücklich: Es war warm, und wir waren satt. Nach einer Woche kam die Frau. Sie bat Mama, länger zu bleiben, aber Mama hatte Angst. Sie dachte an die Worte des Freundes meines Vaters, der ihr empfahl, nirgendwo länger zu bleiben und zur Frontlinie zu gehen. Als wir von jener Frau weggingen, begegneten wir den Flüchtlingen aus Stalingrad. Mama freundete sich mit einer Lehrerin an, die zu ihrer Schwiegermutter wollte. Sie trug mich im Arm, und wir erreichten das Dorf Portki. Dort blieben wir. Wir hatten keine Papiere. Sie bestätigte, dass wir aus Stalingrad waren, dass uns ein Rumäne unsere Papiere weggenommen hatte und dass unser Familienname Woronin war (wie es sich Mama ausgedacht hatte). Ab jenem Zeitpunkt hießen wir Woronin. In jenem Dorf herrschten Rumänen, und alle Flüchtlinge aus Stalingrad bekamen Essensrationen, Fleisch und Mehl. Auch wir bekamen Essensrationen. So landeten wir in einem völlig unbekannten Dorf.

An meinem Geburtstag befreite die Rote Armee dieses Dorf. Als unsere Soldaten kamen, erlaubte mir Mama, ein sowjetisches Lied zu singen. Als Geschenk bekam ich von den Soldaten 300 Rubel. Ich wurde 5 Jahre alt. Mama ging in den Stab und erzählte unsere wahre Geschichte. Man riet ihr dort, die Geschichte nicht weiterzuerzählen, weil es unsicher war, wie lange sie noch im Ort bleiben würden. Mama bekam im Stab eine Arbeit in der Bäckerei. Mama arbeitete, und bald erhielten wir einen Brief von meinem Vater. Wahrscheinlich half man in der Kommandantur, in der Mama arbeitete, ihn zu finden. Eine Überraschung war auch, dass Mamas Schwester uns finden konnte. Sie wohnte in der Stadt Frunse, wohin sie sich hatte evakuieren lassen. Von der Bezirksverwaltung Klimow des Gebiets Woroschilowgrad erhielt sie den Brief mit der Nachricht von der Erschießung meiner Großeltern. Dort stand auch, dass die Schwägerin mit dem Kind sowie die Schwester Sarra Tanchilewitsch mit Kindern, die jetzt aber Woronina heißt und im Bezirk Kriwoi Rog lebt, am Leben waren. Es ist ein Beispiel dafür, wie gut der Geheimdienst arbeitete. Die Kopie dieses Briefes bewahre ich auf.

Lugansk wurde im Februar 1943 befreit. Im Juli 1943 kehrten wir nach Hause zurück. Im Dezember 1943 fiel unser Vater.

2002 fuhr ich nach Lugansk und besuchte das Grab meiner Mama. In der Stadtverwaltung erhielt ich zwei Bücher: »Das Trauerbuch« und »Das Gedenkbuch«. Im »Trauerbuch« werden meine Mama, meine Schwester und ich wie auch unser Großvater unter den Erschossenen aufgelistet. Wir sind quasi Auferstandene. Mein Vater Lew Wulfowitsch Tanchilewitsch und mein Onkel Wiktor Jakowlewitsch Smolkin, der 1941 in Sewastopol gefallen war, sind im »Gedenkbuch« genannt.

Meine Mama halte ich für eine Heldin. Sie rettete uns vor der Erschießung und vor dem Hungertod. Mein Vater schrieb ihr einen Dankesbrief und war ihr sehr dankbar, dass sie uns hatte beschützen können. Er betonte, dass man ein Herz aus Stahl haben musste, um das alles, was sie erlebt hatte, aushalten zu können. Er war stolz auf unsere Mama. Leider konnten sie sich nicht mehr wiedersehen, da er gefallen war und den großen Tag des Sieges nicht erlebt hatte.

Wenn ich nach Lugansk komme, fahren meine Schwester und ich immer zum Ostruju-Grab, wo unsere Großeltern, die Schwestern meiner Großmutter mit ihrem Sohn und viele andere Juden, die von den Faschisten bestialisch ermordet worden waren, ruhen.

Man kann noch vieles darüber schreiben, aber es fällt sehr schwer.

2. Kreisfreie Stadt Altschewsk (Woroschilowsk, Kommunarsk)

1931 wurde die Stadt Altschewsk[5] in Woroschilowsk umbenannt. Diesen Namen behielt sie bis 1961. Danach hatte sie bis 1991 den Namen Kommunarsk. Nach der Auflösung der Sowjetunion wurde die Stadt wieder Altschewsk genannt.

1939 lebten in der Stadt 1363 Juden, zweieinhalb Prozent der Bevölkerung.

Die Stadt wurde am 13. Juli 1942 von der Wehrmacht besetzt. In der Stadt waren noch ungefähr 100 Juden geblieben. Sie wurden wahrscheinlich am 1. November 1942 in Lugansk (Woroschilowgrad) ermordet.

Am 2. September 1943 wurde die Stadt durch die Rote Armee befreit.

Wladimir Pinson (geb. 1935)
»Die Dankbarkeit für die Rettung der unschuldigen Menschen ist unermesslich«

Ich wurde 1935 im Dorf Nowo-Alexandrowka, Bezirk Priasowske, Gebiet Saporoshje, geboren. Mein Vater, Iosif Kalmanowitsch Pinson, wurde 1902 geboren. Sein letzter Arbeitsplatz war die Maschinen-Traktoren-Station (MTS) in der Stadt Pawlograd, Gebiet Dnjepropetrowsk. Dort bekleidete er den Posten des Direktors. 1937 wurde er Opfer der politischen Säuberungen. Im September desselben Jahres wurde er als Volksfeind erschossen. In den 60er-Jahren wurde er posthum rehabilitiert. Meine Mutter, Frieda Abramowna Pinson, wurde 1901 geboren. Nach dem Tod ihres Mannes konnte sie aus gesundheitlichen Gründen (zu hoher Blutdruck) nicht mehr arbeiten. Meine Schwester Sofija wurde 1925 geboren.

---

5 Altman, Cholokost, S. 184.

Nach der Verhaftung meines Vaters zogen wir von Pawlograd nach Guljaipole, Gebiet Saporoshje, wo die Eltern meiner Mutter sowie ihre Geschwister mit ihren Familien lebten. In Guljaipole machte meine Schwester die Erzieherinnenausbildung. Wir wohnten in Guljaipole, als 1941 der Krieg ausbrach. Tausende Juden ließen sich nicht evakuieren und blieben in Guljaipole. Sie hofften, in den besetzten Gebieten zu überleben.

Durch das Drängen des Bruders meiner Mutter, Aron, der an die Front ging, begann unsere große Familie, sich im August 1941 nach Osten evakuieren zu lassen. Gegen September 1941 erreichten wir die Stadt Altschewsk, Gebiet Lugansk. Dort teilte sich unsere große Familie in zwei Teile. Meine Großeltern mit ihren Kindern und Enkelkindern machten sich auf den Weg ins Gebiet Rostow. Sie waren insgesamt acht Personen. Der Sohn und der Schwiegersohn meines Großvaters waren schon an der Front. Sie erreichten das Gebiet Rostow, wohnten dort und konnten sich noch nicht einmal vorstellen, dass die Deutschen irgendwann Teile des Gebietes Rostow besetzen würden. Ich weiß ganz genau, dass sie erschossen werden sollten. Der Kommandant bestimmte sogar das Datum der Hinrichtung. Zum Glück kam an jenem Tag die Befreiung. Ich weiß jetzt nicht genau, wie lange sie auf dem besetzten Gebiet ausharren mussten.

Meine Mutter, meine Schwester und ich wohnten in Altschewsk von Herbst 1941 bis Frühling 1942, als das Gebiet Lugansk besetzt wurde. Dann machten wir uns zu dritt auf den Weg nach Osten und hofften, dass wir die Familie meines Großvaters treffen würden. Im Bezirk Nishne-Duwansk, Gebiet Lugansk (früher Woroschilowgrad), wurden wir von Elitetruppen der Deutschen aufgehalten und mussten in diesem Bezirk bleiben. Bekannte, die in einem der Dörfer des Bezirks wohnten, rieten uns, uns unter dem Namen Pintschuk an den Vorsitzenden des Dorfrates im Dorf Preobrashennoje im Bezirk Nishne-Duwansk zu wenden und um den Verbleib in jenem Dorf zu bitten. Wir taten es. Der Vorsitzende schickte uns gleich zur Tomatenernte auf das Feld. Dort stellte er uns einer Einwohnerin des Dorfes vor, bei der wir Unterkunft fanden und bei der wir bis zu unserer Befreiung wohnten.

Während dieser Zeit, in der wir in einer relativen Sicherheit waren, mussten wir natürlich hungern und wussten von der Vernichtung der Juden, selbst von Einzelpersonen, die von Deutschen oder Polizisten erwischt worden waren.

Mehrmals wurde ich kontrolliert, ob ich nicht beschnitten sei. Aber mein Vater war Kommunist und willigte in diesen religiösen Ritus nicht ein. Im Herbst 1942 wurde meine Schwester Sofija unter dem Namen Pintschuk als Ukrainerin zur Zwangsarbeit nach Deutschland verschleppt. Dort begegnete sie zufällig einer Bekannten, einer ehemaligen Kollegin aus der Schule in Altschewsk. (Meine Schwester war dort in der Jugendarbeit tätig.) Die ehemalige Kollegin denunzierte meine Schwester umgehend. Sofija wurde sofort ins Lager Auschwitz gebracht, wo täglich Tausende Juden verbrannt wurden. Wie konnte sie überleben … ?

Sie wurde 1945 befreit. Ende 1945 kehrte meine Schwester heim. Bis 1991 lebte Sofija in Saporoshje und wanderte 1991 zusammen mit ihrer Familie nach Israel aus.

Bis Herbst 1943 wohnte ich mit meiner Mutter im Dorf Preobrashennoje bei der für uns unvergesslichen Tante Dunja und ihrer Tochter Soja, die uns vor Tod und Hunger rettete.

Es sind schon viele Jahre vergangen. Viele von den hier erwähnten Menschen leben nicht mehr. Aber die Erinnerung an sie lebt, und die Dankbarkeit für die Rettung der unschuldigen Menschen ist unermesslich.

1943 trafen meine Mutter und ich unseren Großvater Abram, meine Cousinen und Cousins im Gebiet Rostow. Dort wartete nicht nur das Wiedersehen mit Verwandten auf uns, dort lauerte auch der große Hunger. Mit der ganzen Familie mussten wir mühsam ins Gebiet Saporoshje zurückkehren, wo wir, angeschwollen am ganzen Körper, nur knapp dem Tod entkommen waren. Das ist aber schon wieder eine andere Geschichte.

Anhang

Glossar

Aktion
Beschönigende und verharmlosende Umschreibung der Nationalsozialisten für Massaker an der Zivilbevölkerung, insbesondere an Juden.

Außerordentliche Staatliche Kommission
Vollständige Bezeichnung: »Außerordentliche Staatliche Kommission für die Feststellung und Untersuchung der Gräueltaten der deutsch-faschistischen Eindringlinge und ihrer Komplizen, und des Schadens, den sie den Bürgern, Kolchosen, öffentlichen Organisationen, staatlichen Betrieben und Einrichtungen der UdSSR zugefügt haben«; russisch: Чрезвычайная Государственная Комиссия – TschGK.
Die Kommission wurde am 2. November 1942 durch Erlass des Präsidiums des Obersten Sowjets gegründet.

Bandera, Stepan (auch Bendera), 1909–1959.
Ukrainischer Nationalistenführer. Kam trotz seiner Bereitschaft mit Hitler-Deutschland zusammenzuarbeiten im Juli 1941 ins KZ Sachsenhausen. Nach dem Krieg übernahm er die Führung der OUN (Organisazija Ukrainskich Nazionalistiw = Organisation ukrainischer Nationalisten) im Ausland. Wurde in München von dem sowjetischen Agenten Staschynski ermordet.

Banja
Dampfbad, Bad, Badestube.

Bürgerkrieg
Kampf der Arbeiter und Bauern in den Jahren 1918–1920 unter Führung der Kommunistischen Partei gegen innere und äußere Konterrevolutionäre, um die Sowjetunion zu erhalten.

Durchgangsstraße IV (DG IV)
Eine Fernverkehrsstraße, die in der Zeit von 1941 bis 1944 von Berlin über Lemberg, Ternopol, Winniza, Kirowograd, Dnjepropetrowsk, Stalino (Donezk) nach Rostow am Don führte und als »Rollbahn Süd« zu den wichtigsten Nachschubstrecken der Wehrmacht gehörte.

Endlösung
Das umfassende Programm der Nationalsozialisten, um die »Judenfrage« durch die Ermordung aller Juden Europas zu »lösen«.

Gerechter unter den Völkern
Ein in Israel nach der Staatsgründung 1948 eingeführter Ehrentitel für nichtjüdische Einzelpersonen, die unter nationalsozialistischer Herrschaft während des Zweiten Weltkriegs ihr Leben einsetzten, um Juden vor der Ermordung zu retten, ohne eine Gegenleistung für die gewährte Hilfeleistung zu verlangen.

Gestapo (Geheime Staatspolizei)

Wichtiges Instrument der Nationalsozialisten bei Unterdrückungs- und Vernichtungsmaßnahmen.

GK

Generalkommissar oder Generalkommissariat.

Holodomor

Wörtliche Übersetzung: Tötung durch Hunger. Eine Hungersnot in den Jahren 1932–1933, die auf dem Gebiet der Ukrainischen Sozialistischen Sowjetrepublik herrschte.

HSSPF

Höherer SS- und Polizeiführer.

Intelligenzija

Die intellektuelle Elite in sozialistischen Ländern. In der UdSSR bestand sie typischerweise aus Ingenieuren, Lehrern und anderen Akademikern, deren Lebensumstände mit denen der Arbeiterklasse vergleichbar oder wenig besser waren.

Jar

Tiefe Schlucht.

Judenrat

Eine von der Besatzungsmacht eingesetzte Verwaltungseinrichtung, deren Aufgabe in der Ausführung der Anordnungen der Besatzungsmacht bestand.

Karäer (Karaimen, Karaiten)

Nach einer Entscheidung der »Reichsstelle für Sippenforschung« vom 5. Januar 1939 galten die Karäer während der deutschen Besatzungszeit als tatarische Volksgruppe und waren daher von der NS-Rassenverfolgung ausgenommen. Im Sommer 1942 schickten deutsche Stellen Anfragen an jüdische Gelehrte in den Ghettos von Warschau, Vilnius und Lemberg, ob die Karäer Juden seien. Wider eigene Überzeugung, also um den Karäern das Schicksal der europäischen Juden zu ersparen, erklärten die Gelehrten sie zu nicht-jüdisch.

Kolchose

Kurzwort für Kollektivwirtschaft, genossenschaftlich organisierte landwirtschaftliche Betriebe in der Sowjetunion.

Komsomol

Kommunistischer Jugendverband der KPdSU, bestand von 1918 bis 1991. Er erfasste Jugendliche im Alter von 14 bis 28 Jahren.

Komsomolze

Mitglied des Komsomol.

Kontribution

Für den Unterhalt der Besatzungstruppen erhobener Beitrag (Geld und Gebrauchsgüter) in besetzten Gebieten.

Krimtschaken

Die Krimtschaken (Eigenbezeichnung ist *Qrymçak* oder auch *Krýmçak*) sind eine auf der Krim ansässige kleine Gruppe turksprachiger Juden. Der Leiter der Einsatzgruppe D, Ohlendorf, erbat 1941 beim RSHA eine Entscheidung, ob die auf der Krim lebenden ethnischen Gruppen der Karaiten und Krimtschaken als Juden zu betrachten und in die »Endlösung« einzubeziehen seien. Himmler entschied, dass die Krimtschaken einzubeziehen seien, nicht aber die Karaiten.

Mamaliga

Maiskuchen (Polenta), beliebtes rumänisches Gericht.

Neue Ordnung

So bezeichneten die Nationalsozialisten ihr Regime von Terror, Raub und Unterdrückung, das sie in allen eroberten Gebieten errichteten.

NKWD

Narodny **K**omissariat **W**nutrennich **D**el »Volkskommissariat für Innere Angelegenheiten«, 1934 gebildetes sowjetisches Unionsministerium, zuständig v. a. für politische Überwachung, Nachrichtendienst, politische Strafjustiz, Verwaltung der Straf- und Verbannungslager (GULAG) und Grenzschutz. Es war das Instrument des stalinistischen Terrors.

NSDAP

Nationalsozialistische Deutsche Arbeiterpartei. Staatspartei des Dritten Reiches.

Organisation Todt (OT)

Die Organisation Todt war eine nach militärischem Vorbild organisierte Bautruppe, die den Namen ihres Führers Fritz Todt trug. Die 1938 gegründete Organisation unterstand ab März 1940 dem Reichsminister für Bewaffnung und Munition (RMfBM) sowie dem Nachfolgeministerium. Sie wurde vor allem für Baumaßnahmen in den von Deutschland besetzten Gebieten eingesetzt.

OUN

Organisazija Ukrainskich Nazionalistiw = Organisation ukrainischer Nationalisten.

SD

Sicherheitsdienst, Nachrichtendienst der NSDAP, wichtige Institution bei der Durchführung der »Endlösung«.

Shid

Shid, Shidy (pl.), Schimpfwort. Die für Juden übliche Bezeichnung ist Ewrei.

Sowchose

Kurzwort für Sowjetwirtschaft, staatliche landwirtschaftliche Großbetriebe in der UdSSR. Im Gegensatz zur genossenschaftlichen Kolchose sind Boden und Inventar der Sowchose Staatseigentum und die dort Beschäftigten Lohnarbeiter.

SS (Schutzstaffel)

Hitlers Leibgarde, Polizeitruppe der NSDAP. Hauptinstrument bei der Ausübung von Terror und Massenmord.

UdSSR

Union der Sozialistischen Sowjetrepubliken.

Umsiedlung

Beschönigende und verharmlosende Umschreibung der Nationalsozialisten für die Vertreibung der Juden in Ghettos, Konzentrationslager oder zu Massenerschießungen.

UPA

Ukrainska Powstanska Armija, militärischer Arm des Bandera-Flügels der OUN.

Vergasungswagen

Im Dritten Reich konstruierter Lkw, auf dessen Fahrgestell sich ein luftdichter Aufbau befand, in dem durch Einleitung der Abgase Menschen ermordet wurden.

Wlassow-Armee

Der sowjetische General Andrei Andrejewitsch Wlassow kämpfte als Oberbefehlshaber der 20. Armee 1941 vor Moskau gegen die deutschen Truppen. Nach seiner Gefangennahme 1942 bot er den Deutschen Unterstützung im Krieg gegen die Sowjetunion an. 1944 begann er mit der Aufstellung einer aus russischen Kriegsgefangenen und Freiwilligen bestehenden »Russischen Befreiungsarmee« (sog. Wlassow-Armee).

Woiwodschaft

Polnischer Verwaltungsbezirk. Er entspricht in etwa einem Bundesland in Deutschland.

Literaturverzeichnis

Benutzte Quellen

Ainsztein, Reuben, Jüdischer Widerstand im deutschbesetzten Osteuropa während des Zweiten Weltkrieges, Oldenburg 1993.

Altman, I. A. (Hauptredakteur), Cholokost na territorii SSSR enziklopedija (Holocaust auf den Territorien der UdSSR Enzyklopädie), Moskau 2009.

Altman, Ilja, Opfer des Hasses. Der Holocaust in der UdSSR 1941–1945, Gleichen 2008.

Angrick, Andrej, Annihilation and Labor. Jews and Thoroughfare IV in Central Ukraine, in: Ray Brandon/Wendy Lower (Hrsg.), The Shoah in Ukraine. History, Testimony, Memorialization, Bloomington/Indianapolis 2008, S. 190–223.

- /Mallmann, Klaus-Michael/Matthäus, Jürgen/Cüppers, Martin (Hrsg.), Deutsche Besatzungsherrschaft in der UdSSR 1941–1945. Dokumente der Einsatzgruppen in der Sowjetunion II, Darmstadt 2013.

Bartov, Omer, White Spaces and Black Holes: Eastern Galicia's Past and Present, in: Brandon/Lower (Hrsg.), The Shoah in Ukraine, S. 318–353.

Beer, Frank/Benz, Wolfgang/Distel, Barbara (Hrsg), Nach dem Untergang. Die ersten Zeugnisse der Shoah in Polen 1944–1947. Berichte der Zentralen Jüdischen Historischen Kommission, Dachau/Berlin 2014.

Benz, Wolfgang (Hrsg.), Dimension des Völkermords. Die Zahl der jüdischen Opfer des Nationalsozialismus, München 1996.

- /Distel, Barbara/Königseder, Angelika (Hrsg.), Nationalsozialistische Zwangslager. Strukturen und Regionen – Täter und Opfer, Dachau 2011.

- /Mihok, Brigitte (Hrsg.), Holocaust an der Peripherie. Judenpolitik und Judenmord in Rumänien und Transnistrien 1940–1944, Berlin 2009.

- /Wetzel, Juliane (Hrsg.), Solidarität und Hilfe für Juden während der NS-Zeit. Regionalstudien 1, Polen, Rumänien, Griechenland, Luxemburg, Norwegen, Schweiz, Berlin 1996.

Berkhoff, Karel C., Dina Pronicheva's Story of Surviving the Babi Yar Massacre: German, Jewish, Soviet, Russian, and Ukrainian Records, in: Brandon/Lower (Hrsg.), The Shoah in Ukraine, S. 291–317.

Brandon, Ray/Lower, Wendy (Hrsg.), The Shoah in Ukraine. History, Testimony, Memorialization, Bloomington/Indianapolis 2008.

Browning, Christopher, Die Entfesselung der »Endlösung«. Nationalsozialistische Judenpolitik 1939–1942, München 2003.

Budnik, Dawid/Kaper, Jakow, Nitschto ne sabyto. Jewreiskije sudby w Kiewe; Nichts ist vergessen. Jüdische Schicksale in Kiew; Nothing is Forgotten, Jewish Fates in Kiew, 1941–1943, Konstanz, 1993.

Chandros, Boris, Местечко, которого нет, Чатъ I, Киев 2002.

– Местечко, которого нет, Чатъ II, Киев 2003.

Christ, Michaela, Die Dynamik des Tötens. Die Ermordung der Juden in Berditschew, Frankfurt a. M. 2011.

Coldewey, Gaby/Fiedler, Anja/Gehrke, Stefan/Halling, Axel/Hausleitner, Marianna/Johnson-Ablovatski, Eliza/Kreimeier, Nils/Ranner, Gertrud (Hrsg.), Zwischen Pruth und Jordan. Lebenserinnerungen Czernowitzer Juden, Köln/Weimar/Wien 2003.

Cüppers, Martin, »Befriedung«, »Partisanenbekämpfung«, Massenmord. Waffen-SS-Brigaden des Kommandostabes Reichsführer-SS in der ersten Phase des Rußlandfeldzuges. Wissenschaftliche Arbeit zur Erlangung des Grades Magister Artium (M. A.) im Fach Neuere und Neueste Geschichte am Institut für Geschichtswissenschaften der Philosophischen Fakultät I der Humboldt-Universität zu Berlin, Abgabedatum 20. Dezember 2000.

Czech, Danuta, Kalendarium der Ereignisse im Konzentrationslager Auschwitz-Birkenau 1939–1945, Hamburg 1989.

Dachauer Hefte, H. 5 (November 1989): Die vergessenen Lager.

Dean, Martin, Soviet Ethnic Germans and the Holocaust in the Reich Commissariat Ukraine, 1941–1944, in: Brandon/Lower (Hrsg.), The Shoah in Ukraine, S. 248–271.

Deletant, Dennis, Transnistria and the Romanian Solution to the »Jewish Problem«, in: Brandon/Lower (Hrsg.), The Shoah in Ukraine, S. 156–189.

Der Prozess gegen die Hauptkriegsverbrecher vor dem Internationalen Militärgerichtshof Nürnberg, 14. November 1945–1. Oktober 1946, Nürnberg 1948.

Die Holocaustchronik, München 2002.

Dittrich, Volker, Zwei Seiten der Erinnerung. Die Brüder Edgar und Manfred Hilsenrath, Berlin 2012.

Encyclopedia of Camps and Ghettos, 1933–1945, vol. II, The United States Holocaust Memorial Museum, Ghettos in German-Occupied Eastern Europe, Part A, Megargee, Geoffrey P. General Editor, Martin Dean Volume Editor, Bloomington USA 2012.

Enzyklopädie des Holocaust, Hauptherausgeber: Israel Gutman, Herausgeber der deutschen Ausgabe: Jäckel, Eberhard/Longerich, Peter/Schoeps, Julius H., 4 Bde., München/Zürich 1995.

Fruchtmann, Karl, Die Grube. Drehbuch zu einem Film, Bremen 1998.

Rimma Galperina, Как это Было… Выживание. Жизнь. Надежда. (Wie es war … Überleben. Leben. Hoffnung), Minsk 2012.

Gerlach, Christian, Kalkulierte Morde. Die deutsche Wirtschafts- und Vernichtungspolitik in Weißrußland 1941 bis 1944, Hamburg 1999.

Gilbert, Martin, Endlösung. Die Vertreibung und Vernichtung der Juden. Ein Atlas, Hamburg 1995.

Gottlieb, Rózsa, Die Kälte, der Hunger, die Finsternis. Das Wunder, wie wir mit unserem Kind das Lager von Mogiljow überlebten, Köln 2002.

Benutzte Quellen

Grossman, Wassili/Ehrenburg, Ilja (Hrsg.), Das Schwarzbuch. Der Genozid an den sowjetischen Juden, Hamburg 1994.

Gutman, Israel, Der Untergang der Juden in Kolomyja, Berlin 1958.

Hass, Gerhard, 23. August 1939. Der Hitler-Stalin-Pakt. Dokumentation, Berlin 1990.

Hausleitner, Marianne, Die Rumänisierung der Bukowina. Die Durchsetzung des nationalstaatlichen Anspruchs Groß Rumäniens 1918–1944, München 2001.

Hausner, Gideon, Die Vernichtung der Juden. Das größte Verbrechen der Geschichte, München 1979.

Heer, Hannes/Naumann, Klaus (Hrsg.), Vernichtungskrieg. Verbrechen der Wehrmacht 1941–1944, Hamburg 1995.

Heim, Susanne/Herbert, Ulrich/Hollmann, Michael/Möller, Horst/Pohl, Dieter/Walther, Simone/Wirsching, Andreas (Hrsg.), Die Verfolgung und Ermordung der europäischen Juden durch das nationalsozialistische Deutschland 1933–1945, Bd. 8 (VEJ 8), Sowjetunion mit annektierten Gebieten II, bearb. v. Bert Hoppe, Mitarbeit: Imke Hansen/Martin Holler, Berlin/Boston 2016.

- /Herbert, Ulrich/Kreikamp, Hans-Dieter/Möller, Horst/Pickhan, Gertrud/Pohl, Dieter/Weber, Hartmut (Hrsg.), Die Verfolgung und Ermordung der europäischen Juden durch das nationalsozialistische Deutschland 1933–1945, Bd. 7 (VEJ 7), Sowjetunion mit annektierten Gebieten I. Besetzte sowjetische Gebiete unter deutscher Militärverwaltung, Baltikum und Transnistrien, bearb. v. Bert Hoppe/Hildrun Glass, München 2011.

Heinen, F. A., »Gottlos, schamlos, gewissenlos«. Zum Osteinsatz der Ordensburg-Mannschaften, Düsseldorf 2007.

Herstig, David, Die Rettung. Ein zeitgeschichtlicher Bericht, Stuttgart 1967.

Hilberg, Raul, Die Vernichtung der europäischen Juden, 3 Bde., Frankfurt a. M. 1997.

Hirt-Manheimer (Hrsg.), Siegfried Jägendorf. Das Wunder von Moghilev. Die Rettung von zehntausend Juden vor dem rumänischen Holocaust, Berlin 2009.

Hofbauer, Ernst, Verwehte Spuren. Von Lemberg bis Czernowitz: Ein Trümmerfeld der Erinnerungen, Wien 1999.

Honigsman, Jakov, Janower Lager (Janower Zwangsarbeitslager für Juden in Lemberg), Lemberg 1996.

Honigsman, Jakob, Juden in der Westukraine. Jüdisches Leben und Leiden in Ostgalizien, Wolhynien, der Bukowina und Transkarpatien 1933–1945, Konstanz 2001.

Honigsman, Ya., The Catastrophy of Jewery in Lvov, Lvov 1997.

Huneke, Douglas K., In Deutschland unerwünscht. Hermann Gräbe. Biographie eines Judenretters, Lüneburg 2002.

International Commission on the Holocaust in Romania (București), Final Report/International Commission on the Holocaust in Romania; president of the commission, Elie Wiesel; ed. Tuvia Friling/Radu Ioanid/Mihail E. Ionescu, Iași 2004.

Kaiser, Wolf (Hrsg.), Täter im Vernichtungskrieg. Der Überfall auf die Sowjetunion und der Völkermord an den Juden, Berlin/München 2002.

Kenkmann, Alfons/Kohlhaas, Elisabeth/Wolters, Astrid, »Vor Tieren hatten wir keine Angst, nur vor Menschen«. Kinder über den Holocaust in Polen, Münster 2009.

Klee, Ernst, Das Personenlexikon zum Dritten Reich. Wer war was vor und nach 1945, 2. Aufl., Frankfurt a. M. 2007.

- /Dreßen, Willi, »Gott mit uns«. Der deutsche Vernichtungskrieg im Osten 1939–1945, Frankfurt a. M. 1989.

Klein, Peter (Hrsg.), Die Einsatzgruppen in der besetzten Sowjetunion 1941/42. Die Tätigkeits- und Lageberichte des Chefs der Sicherheitspolizei und des SD, Berlin 1997.

Krausnick, Helmut, Hitlers Einsatzgruppen. Die Truppe des Weltanschauungskrieges 1938–1942, Frankfurt a. M. 1993.

Kruglov, Alexander, Jewish Losses in Ukraine, 1941–1944, in: Brandon/Lower (Hrsg.), The Shoah in Ukraine, S. 272–290.

Kruglow, Alexandr Iosifowitsch, Enziklopedija Cholokosta (Enzyklopädie des Holocaust), Kiew 2000.

- Chronika Cholokosta W Ukraine 1941–1944, Dnjepropetrowsk/Saporoshje 2004.

- Unitschtoshenije jewreiskogo nasselenija Ukrainy w 1941–1944 gg. Chronika sobyti (Die Ermordung der jüdischen Bevölkerung der Ukraine in den Jahren 1941–1944. Chronik der Ereignisse), Mogiljow-Podolski 1997.

Longerich, Peter, Politik der Vernichtung. Eine Gesamtdarstellung der nationalsozialistischen Judenverfolgung, München 1998.

Lower, Wendy, »On Him Rests the Weight of Administration«: Nazi Civilian Rulers and the Holocaust in Zhytomyr, in: Brandon/Lower (Hrsg.), The Shoah in Ukraine, S. 224–247.

Malleyron, Jona, Mein Ghetto-Tagebuch, Heft 45 der Schriftenreihe Gegenwartsfragen, hrsg. vom Amt für staatsbürgerliche Bildung in Schleswig-Holstein, Mai 1982.

Mallmann, Klaus-Michael/Angrick, Andrej/Matthäus, Jürgen/Cüppers, Martin (Hrsg.), Die »Ereignismeldungen UdSSR« 1941. Dokumente der Einsatzgruppen in der Sowjetunion I, Darmstadt 2011.

- /Matthäus, Jürgen/Cüppers, Martin/Angrick, Andrej (Hrsg.), Deutsche Berichte aus dem Osten 1942–1943. Dokumente der Einsatzgruppen in der Sowjetunion III, Darmstadt 2014.

Musial, Bogdan, Deutsche Zivilverwaltung und Judenverfolgung im Generalgouvernement, Wiesbaden 1999.

Pohl, Dieter, Die Herrschaft der Wehrmacht. Deutsche Militärbesatzung und einheimische Bevölkerung in der Sowjetunion 1941–1944, München 2008.

- Nationalsozialistische Judenverfolgung in Ostgalizien 1941–1944. Organisation und Durchführung eines staatlichen Massenverbrechens, München 1996.

- The Murder of Ukraine's Jews under German Military Administration and in the Reich Commissariat Ukraine, in: Brandon/Lower (Hrsg.), The Shoah in Ukraine, S. 23–76.

Benutzte Quellen

Reitlinger, Gerald, Die Endlösung. Hitlers Versuch der Ausrottung der Juden Europas 1939–1945, Berlin 1992.

Rhodes, Richard, Die deutschen Mörder. Die SS-Einsatzgruppen und der Holocaust, Bergisch-Gladbach 2004.

Rieper, Felix/Brandl-Boven (Hrsg.), »Lasst mich Leben«. Stationen im Leben des Künstlers Arnold Daghani, Lüneburg 2002.

Sandkühler, Thomas, »Endlösung« in Galizien. Der Judenmord in Ostpolen und die Rettungsinitiativen von Berthold Beitz 1941–1944, Bonn 1996.

Sastawenko, G. F. (Hrsg.), Wehrmachtsverbrechen. Dokumente aus sowjetischen Archiven, Köln 1997.

Schenk, Dieter, Der Lemberger Professorenmord und der Holocaust in Ostgalizien, Bonn 2007.

Simon, Nathan, »… auf allen Vieren werdet ihr hinauskriechen!«. Ein Zeugenbericht aus dem KZ Wapniarka, Berlin 1994.

Snyder, Timothy, The Life and Death of Western Volhynian Jewry, 1921–1945, in: Brandon/Lower (Hrsg.), The Shoah in Ukraine, S. 77–113.

Spector, Shmuel, The Holocaust of Volhynian Jews 1941–1944, Jerusalem 1990.

Staatskomitee der Archive der Ukraine, Ukrainische Nationalstiftung »Verständigung und Aussöhnung« beim Ministerkabinett der Ukraine, Handbuch der Lager, Gefängnisse und Ghettos auf dem besetzten Territorium der Ukraine (1941–1944) (Ukrainisch und Deutsch), Kiew 2000.

Struve, Kai, Deutsche Herrschaft, ukrainischer Nationalismus, antijüdische Gewalt. Der Sommer 1941 in der Westukraine, Berlin/Boston 2015.

The Yad Vashem Encyclopedia of the Ghettos during the Holocaust, 2 Bde., Yad Vashem, Jerusalem 2009.

Trägerverein Begegnungsstätte Alte Synagoge Wuppertal e. V. (Hrsg.), Hier wohnte Frau Antonie Giese. Die Geschichte der Juden im Bergischen Land, Wuppertal 1997.

Umanskij, Semjon S., Jüdisches Glück. Bericht aus der Ukraine 1933–1944, Frankfurt a. M. 1998.

Wells, Leon Weliczker, Ein Sohn Hiobs. Mit 4 Karten, München 1979.

Wermuth, Ruta, Im Mahlstrom der Zeiten, Berlin 2005.

Wette, Wolfram (Hrsg.), Zivilcourage, Empörte, Helfer und Retter aus Wehrmacht, Polizei und SS, Frankfurt a. M., 2004.

Wiehn, Erhard Roy (Hrsg.), Die Schoáh von Babij Jar, Konstanz 1991.

Wiesenthal, Simon, Jeder Tag ein Gedenktag, Chronik jüdischen Leidens, Gerlingen 1989.

Wolkowicz, Shlomo, Das Grab bei Zloczow. Geschichte meines Überlebens. Galizien 1939–1945, Berlin 1996.

Yahil, Leni, Die Shoah. Überlebenskampf und Vernichtung der europäischen Juden, München 1998.

Zabarko, Boris, »Nur wir haben überlebt«. Holocaust in der Ukraine, Zeugnisse und Dokumente, Herausgeber der deutschen Ausgabe: Margret und Werner Müller, Köln 2004.

Auswahlbibliografie

Agmon, Pinchas, Sochranenije pamjati. Nekatoryje osobennosti audio- i wideosapisi swidetelei SCHOA/Katastrofy na Ukraine. Informazionny bjulleten Doma-Muzeja borzow getto Izchaka Kazenelsona. Spez. Wypusk, Kiew 1996.

Alexandre, Michel, Der Judenmord. Deutsche und Österreicher berichten, Köln 1998.

Altshuler, Mordechai, Escape and Evacuation of Soviet Jews at the Time oft he Nazi Invasion. Policies and Realities, in: Lucjan Dobroszycki/Jeffrey S. Gurock (Hrsg.), Holocaust in the Soviet Union, New York/London 1993, S. 77–104.

Aly, Götz, »Endlösung«. Völkerverschiebung und der Mord an den europäischen Juden, Frankfurt a. M. 1998.

- Hitlers Volksstaat. Raub, Rassenkrieg und nationaler Sozialismus, Frankfurt a. M. 2005.

Anderman, Pesach, Der Wille zu leben. Das Schicksal des Zeitzeugen Pesach Anderman, Düsseldorf 2006.

Angrick, Andrej, Besatzungspolitik und Massenmord. Die Einsatzgruppe D in der südlichen Sowjetunion 1941–1943, Hamburg 2003.

Arad, Izchak, Cholokaust. Katastrofa jewropeiskogo jewreistwa (1933–1945), sbornik statjej, Ijerusalim Yad Vashem 1990.

- Plunder of Jewish Property in the Nazi-Occupied Areas oft he Soviet Union, in: Yad Vashem Studies (2001) 29, S. 109–148.

- The Holocaust oft he Soviet Kewry in the Occupied Territories oft he Soviet Union, in: Yad Vashem Studies (1991) 21, S. 1–47.

Armstrong, Joh A., Ukrainian Nationalism 1939–1945, New York/London 1963.

Assmann, Aleida/Frevert, Ute, Geschichtsvergessenheit – Geschichtsversessenheit. Vom Umgang mit deutschen Vergangenheiten nach 1945, Stuttgart 1999.

Bacharach, Walter Zwi (Hrsg.), Dies sind meine letzten Worte ... Briefe aus der Shoah, Göttingen 2006.

Baratz, Barbara, Flucht vor dem Schicksal. Holocaust-Erinnerungen aus der Ukraine 1941–1944, Darmstadt 1984.

Bartov, Omer, Anatomy of a Genocide. The Life and Death of a Town Called Buczacz, New York 2018.

- Hitlers Wehrmacht. Soldaten, Fanatismus und Brutalisierung des Krieges, Reinbeck b. Hamburg 1995.

Below, G. A./Boltin, J. A. (Gesamtredaktion), Verbrecherische Ziele – verbrecherische Mittel! Dokumente der Okkupationspolitik des faschistischen Deutschlands auf dem Territorium der UdSSR (1941–1944), Moskau 1963.

Berkhoff, Karel C., »The Corpses in the Ravine were Women, Men, and Children«. Written Testimonies from 1941 on the Babi Yar Massacre. Holocaust and Genocide Studies, vol. 29, no. 2, 2015, pp. 251–274, Oxford University Press 2015.

Auswahlbibliografie

Braun, Helmut/Schultz, Deborah (Hrsg.), »Verfolgt – Gezeichnet«. Der Maler Arnold Daghani, Springe 2006.

Browning, Christopher R., Ganz normale Männer. Das Reserve-Polizeibataillon 101 und die »Endlösung« in Polen, Reinbeck 1996.

- Judenmord. NS-Politik, Zwangsarbeit und das Verhalten der Täter, Frankfurt a. M. 2001.

Dallin, Alexander, Deutsche Herrschaft in Rußland 1941–1945, Düsseldorf 1958.

Dean, Martin, Collaboration in the Holocaust. Crimes oft he Local Police in Belorussia and Ukraine, 1941–1944, Hampshire/London 2000.

Fiala, Josef, »Österreicher« in den SS-Einsatzgruppen und SS-Brigaden. Die Tötungsaktionen in der Sowjetunion 1941–1942, Hamburg 2010.

Fjodorow, Alexej, Das illegale Gebietskomitee arbeitet, 10. Aufl., Berlin 1962.

Friedländer, Saul, Das dritte Reich und die Juden. Verfolgung und Vernichtung, Bonn 2006.

Geldmacher, Thomas, »Wir als Wiener waren ja bei der Bevölkerung beliebt.« Österreichische Schutzpolizisten und die Judenvernichtung in Ostgalizien 1941–1944, Wien 2002.

Gerlach, Christian, Der Mord an den europäischen Juden. Ursachen, Ereignisse, Dimensionen, München 2017.

- Krieg, Ernährung, Völkermord. Deutsche Vernichtungspolitik im Zweiten Weltkrieg, Hamburg 1998.

Golczewski, Frank, Die Revision eines Klischees. Die Rettung von verfolgten Juden im Zweiten Weltkrieg durch Ukrainer, in: Wolfgang Benz/Juliana Wetzel (Hrsg.), Solidarität und Hilfe für Juden während der NS-Zeit, Regionalstudien 2, Berlin 1998, S. 9–82.

- Shades of Grey: Reflections on Jewish-Ukrainian and German-Ukrainian Relations in Galicia, in: Brandon/Lower (Hrsg.), The Shoah in Ukraine, S. 114–155.

Goldhagen, Daniel Jonah, Hitlers willige Vollstrecker. Ganz gewöhnliche Deutsche und der Holocaust, Berlin 1998.

Goschkis, Dawid, Nesagoena rana, Slawuta 1996.

Grilj, Benjamin M. (Hrsg), Schwarze Milch. Zurückgehaltene Briefe aus den Todeslagern Transnistriens, Innsbruck 2013.

Groscurth, Helmut, Tagebücher eines Abwehroffiziers, Stuttgart 1970.

Grossman, Wassili, Ukraina bez jewrejew, in: Na jewreiskije temy. Izbrannoje w dwuch tomach, Biblioteka–Alija, Jerusalem 1990.

Grynberg, Henryk, Drohobycz, Drohobycz. Zwölf Lebensbilder, Wien 2000.

Gutterman, Bella/Shalev, Avner (Hrsg.), To Bear Witness. Holocaust Remembrance at Yad Vashem, Yad Vashem/Jerusalem 2005.

Hamburger Institut für Sozialforschung (Hrsg.), Verbrechen der Wehrmacht. Dimensionen des Vernichtungskrieges 1941–1944. Ausstellungskatalog, Hamburg 2002.

- (Hrsg.), Vernichtungskrieg, Verbrechen der Wehrmacht 1941 bis 1944. Ausstellungskatalog, Hamburg 1996.

Headland, Ronald, Messages of murder: a study oft he reports oft he Einsatzgruppen of the Security Police and the Security Service, 1941–1943, London/Toronto 1992.

Heer, Hannes, Vom Verschwinden der Täter. Der Vernichtungskrieg fand statt, aber keiner war dabei, Berlin 2004.

- /Naumann, Klaus (Hrsg.), Vernichtungskrieg. Verbrechen der Wehrmacht 1941 bis 1944, Hamburg 1995.

Heistver, Alexey (Hrsg.), »Wer überlebt, der erzählt …«. Erinnerungen der letzten Zeugen, eine Dokumentation, Wismar 2015.

Hilberg, Raul, Täter, Opfer, Zuschauer. Die Vernichtung der Juden 1933–1945, Frankfurt 1992.

Hilsenrath, Edgar, Nacht, Berlin 2005.

Hoffmann, Jens, »Das kann man nicht erzählen«. »Aktion 1005« – Wie die Nazis die Spuren ihrer Massenmorde in Osteuropa beseitigten, Hamburg 2008.

Horowitz, Bernhard/Horowitz, Laura/Pomeranz, Edith, Stimmen der Nacht. Gedichte aus der Deportation in Transnistrien 1941–1944, Konstanz 2000.

Humburg, Martin, Das Gesicht des Krieges. Feldpostbriefe von Wehrmachtssoldaten aus der Sowjetunion 1941–1944, Opladen/Wiesbaden 1998.

Internationaler Militärgerichtshof Nürnberg, Der Nürnberger Prozess gegen die Hauptkriegsverbrecher vom 14. November 1945 – 1. Oktober 1946, Nürnberg 1947.

Jahn, Peter/Rürup, Reinhard (Hrsg.), Erobern und Vernichten. Der Krieg gegen die Sowjetunion 1941–1945. Essays, Berlin 1994.

Jelissawetski, S., Berditschewskaja tragedija, Kiew 1991.

- Polweka sabwenija, jewrei w dwishenii Soprotiwlenija I partisanskoi borbje w Ukraine (1941–1944), Kiew 1998.

Jewreiski genozid na Ukraine w period okkupacii w nemeckoi dokumentalistike, 1941–1944, Charkow 1995.

Jones, Elijachu, Jewrei Lwowa w gody Wtoroj mirowoi woiny i Katastrofy jewropeiskogo jewreistwa. 1939–1944, Moskwa 1999.

Judge, Edward H., Ostern in Kischinjow. Anatomie eines Pogroms, Mainz 1995.

Klee, Ernst/Dreßen, Willi/Rieß, Volker, »Schöne Zeiten«. Judenmord aus der Sicht der Täter und Gaffer; Frankfurt a. M. 1988.

Knopp, Guido, Holokaust, München 2000.

Kohl, Paul, Der Krieg der deutschen Wehrmacht und der Polizei 1941–1944. Sowjetische Überlebende berichten, Frankfurt a. M. 1995.

Kornis, Geza, Überlebt durch Solidarität. KZ Wapniarka, Ghetto Olgopol in Transnistrien, Arbeitslager in Rumänien. Ein Zeugenbericht, Konstanz 2004.

Kowal, M., Nazistski genozid schstschodo jewrejew ta ukrainske nasselennja (1941–1944), in: Ukrainski istoritschni shurnal (1992) 2.

Kruglow, A. I., Unitschtoshenije jewreiskogo nasselenija w Winnickoi oblasti w 1941–1944, Mogiljow-Podolski 1997.

Kruglow, Alexander, КАТАСТРОФА УКРАИНСКОГО ЕВРЕЙСТВА 1941–1944 гг. Энциклопедический справочник [Katastrophe des ukrainischen Judentums 1941–1944. Enzyklopädisches Verzeichnis], Charkow 2001.

Kühnl, Reinhard (Hrsg.), Vergangenheit, die nicht vergeht. Die Historiker-Debatte. Darstellung, Dokumentation, Kritik, Köln 1987.

Kusnezow, Anatoli A., Babij Jar, München/Zürich/Wien 1970.

Langenheim, Henning, Mordfelder. Orte der Vernichtung im Krieg gegen die Sowjetunion, Berlin 1999.

Lewitas, Feliks, Jewrei Ukraini w roki Drugi switowo woini, Kiew 1997.

Lewitas, I. M., (Awtor-sostawitel), Kniga pamjati. Babij Jar, Kiew 1999.

Lewitas, Ilja, Geroi i shertwy. Fakty is istorii jewreiskogo naroda, Kiew 1997.

Ljachowizki, J. M., Pereshiwschije Katastrofu: spasschijesja, spasiteli, kollaboranty. Swidetelstwa, fakty, dokumenty [Die Überlebenden der Katastrophe: Gerettete, Retter, Kollaborateure. Berichte, Zeugnisse, Dokumente], Charkow 1996.

- Poprannaja mesusa (»Kniga Drobizkogo Jara«), swidetelstwa, fakty, dokumenty o nazistskom genozide jewreiskogo nasselenija Charkowa w period okkupazii, 1941–1942, Charkow 1991.

- Sheltaja Kniga. Swidetelstwa, fakty, dokumenty o nazistskom genozide jewreiskogo nasselenija Charkowa w period okkupazii, 1941–1943, Charkow 1994.

Longerich, Peter (Hrsg.), Die Ermordung der europäischen Juden. Eine umfassende Dokumentation des Holocaust 1941–1945, München 1990.

Mallmann, Klaus-Michael, Der qualitative Sprung im Vernichtungsprozeß. Das Massaker von Kamenez-Podolsk Ende August 1941, in: Jahrbuch für Antisemitismusforschung 10 (2001), S. 239–264.

- /Rieß, Volker/Pyta, Wolfram (Hrsg.), Deutscher Osten 1939–1945. Der Weltanschauungskrieg in Photos und Texten, Darmstadt 2003.

Manoschek, Walter (Hrsg.), »Es gibt nur eines für das Judentum: Vernichtung«. Das Judenbild in deutschen Soldatenbriefen 1939–1944, Hamburg 1995.

- (Hrsg.), Die Wehrmacht im Rassenkrieg. Der Vernichtungskrieg hinter der Front, Wien 1996.

Margolina, Sonja, Das Ende der Lügen. Rußland und die Juden im 20. Jahrhundert, Berlin 1992.

Meerbaum-Eisinger, Selma, Du, weißt du, wie ein Rabe schreit?, Aachen 2013.

Müller, Werner, Aus dem Feuer gerissen. Die Geschichte des Pjotr Ruwinowitsch Rabzewitsch aus Pinsk, Köln 2001.

Neiswestnaja tschernaja kniga: swidetelstwa otschewidzew o Katastrofe sowetskich jewrejew (1941–1944), Ijerusalim/Moskwa, 1993.

Neitzel, Sönke, Abgehört. Deutsche Generäle in britischer Kriegsgefangenschaft 1942–1945, Berlin 2005.

Nemecko-faschistski okupacini reshim na Ukraini. Sbornik dokumentow i materialow, Kiew 1963.

Pohl, Dieter, Schauplatz Ukraine. Der Massenmord an den Juden im Militärverwaltungsgebiet und im Reichskommissariat Ukraine, in: Norbert Frey/Sybille Steinbacher/Bern C. Wagner (Hrsg.), Ausbeutung, Vernichtung, Öffentlichkeit. Neue Studien zur nationalsozialistischen Lagerpolitik, München 2000, S. 135–173.

– Ukrainische Hilfskräfte beim Mord an den Juden, in: Gerhard Paul (Hrsg.), Dachauer Symposien zur Zeitgeschichte: Die Täter der Shoah. Fanatische Nationalsozialisten oder ganz normale Deutsche?, Göttingen 2002, S. 205–234.

– Von der »Judenpolitik« zum Judenmord. Der Distrikt Lublin des Generalgouvernements 1939–1944, Frankfurt a. M. 1993.

Polischtschuk, S., Kupel na ploschtschadi: sapiski adwokata, Odessa 1995.

Prantl, Heribert (Hrsg.), Wehrmachtsverbrechen. Eine deutsche Kontroverse, Hamburg 1997.

Quinkert, Babette/Morré, Jörg (Hrsg.), Deutsche Besatzung in der Sowjetunion 1941–1944. Vernichtungskrieg/Reaktionen/Erinnerung, Paderborn 2014.

Regnier, Anatol, Damals in Bolechów. Eine jüdische Odyssee, München 1997.

Rogowski, Marian, Gewonnen gegen Hitler. Die abenteuerliche Rettung von Juden aus dem Ghetto von Lemberg, Frankfurt a. M./Berlin/Wien 1979.

Rosenstock, Wolf, Die Chronik von Dschurin. Aufzeichnungen aus einem rumänisch-deutschen Lager, in: Dauchauer Hefte 5 (1989), S. 40–86.

Rosh, Lea/Jäckel, Eberhard, »Der Tod ist ein Meister aus Deutschland«. Deportation und Ermordung der Juden Kollaboration und Verweigerung in Europa, Hamburg 1970.

Sandkühler, Thomas, »Das Zwangsarbeitslager Lemberg-Janowska 1941–1944«, in: Ulrich Herbert/Karin Orth/Christoph Dieckmann (Hrsg.), Die nationalsozialistischen Konzentrationslager, Entwicklung und Struktur, Frankfurt a. M. 2002.

Schlajen, A., Babi Jar. Kiew 1996.

Schmalhausen, Bernd, Berthold Beitz im Dritten Reich. Mensch in unmenschlicher Zeit, Essen 1991.

Schoenberner, Gerhard (Hrsg.), Zeugen sagen aus. Berichte und Dokumente über die Judenverfolgung im »Dritten Reich«, Berlin 1998.

Schulmejster, J., Gitlerism w istorii jewrejew, Kiew 1990.

Segev, Tom, Simon Wiesenthal. Biographie, München 2012.

Serke, Jürgen (Hrsg.), Selma Meerbaum-Eisinger, Ich bin in Sehnsucht eingehüllt. Gedichte eines jüdischen Mädchens an seinen Freund, Frankfurt a. M. 1992.

Snyder, Timothy, Black Earth. Der Holocaust und warum er sich wiederholen kann, Frankfurt a. M. 2017.

Sowjetskaja Ukraina w gody Welikoi Otetschestwennoi woiny. 1941–1945. W trech tomach, Kiew 1988.

Starodinski, David, Het getto van ODESSA. De vernietiging van de joodse gemeenschap in de Oekraïne, Amsterdam 1992.
- Odesskoje getto. Wospominanija, Odessa 1991.
Stiftung Denkmal für die ermordeten Juden Europas/Stiftung Topographie des Terrors (Hrsg.), Massenerschießungen. Der Holocaust zwischen Ostsee und Schwarzem Meer 1941–1944 (Ausstellungs Katalog Deutsch und Englisch), Berlin 2016.
Suschon, L., Transnistrija: jewrei w adu. Tschernaja kniga o Katastrofe w Sewernom Pritschernomorje (po wospominanijam i dokumentam), Odessa 1998.
Suslenski, J., Sprawshni geroi, Kiew 1993.
Synagogen-Gemeinde Köln/Landesverband der Jüdischen Gemeinden von Nordrhein/Landesverband der Jüdischen Gemeinden von Westfalen-Lippe (Hrsg.), zusammengestellt und bearbeitet vom NS-Dokumentationszentrum der Stadt Köln, aufgezeichnet von Ursula Reuter und Thomas Roth, mit Porträts von Anna C. Wagner, Lebenswege und Jahrhundertgeschichten. Erinnerungen jüdischer Zuwanderer aus der ehemaligen Sowjetunion in Nordrhein-Westfalen, Köln 2013.
Teich, Meir, The Jewish Self-Administration in Ghetto Shargorod (Transnistria), in: Yad Vashem Studies 2 (1958), S. 219–254.
Thiele, Hans-Günther (Hrsg.), Die Wehrmachtsausstellung. Dokumentation einer Kontroverse, Dokumentation der Fachtagung in Bremen am 26. Februar 1997 und der Bundestagsdebatte am 13. März und 24. April 1997, Bremen 1997.
Ueberschär, Gerd R./Wette, Wolfram (Hrsg.), Der deutsche Überfall auf die Sowjetunion. »Unternehmen Barbarossa« 1941, Frankfurt a. M. 2011.
Uroki Cholokosta i sowremennaja Rossija. Rossiskaja biblioteka Cholokosta: materialy kruglogo stola meshdunarodnogo simposiuma w Moskwe, 6–8 aprelja 1994, Moskwa 1995.
Wais, A., Otnoschenije nekotorych drugow ukrainskogo nazionalnogo dwishenija k jewrejam w period Wtoroi mirowoi woiny, in: Westnik Jewreiskogo uniwersiteta w Moskwe (1995) 2.
Wanukewitsch, Anatoli, Cholokost na Poltawschtschine, Poltawa 1999.
Weiß, Hermann (Hrsg.), Biographisches Lexikon zum Dritten Reich, Frankfurt a. M. 2002.
Weißglas, Isak, Steinbruch am Bug. Bericht einer Deportation nach Transnistrien, Berlin 1995.
Welzer, Harald, Täter. Wie aus ganz normalen Menschen Massenmörder werden, Frankfurt a. M. 2005.
Wette, Wolfram (Hrsg.), Retter in Uniform. Handlungsspielräume im Vernichtungskrieg der Wehrmacht, 3. Aufl., Frankfurt a. M. 2003.
- /Ueberschär, Gerd R. (Hrsg.), Kriegsverbrechen im 20. Jahrhundert, Darmstadt 2001.
Wiehn, Erhard Roy (Hrsg.), Babij Jar 1941, Das Massaker deutscher Exekutionskommandos an der jüdischen Bevölkerung von Kiew 60 Jahre danach zum Gedenken, Konstanz 2001.

- (Hrsg.), Budnik David/Kaper Yakow, Nitschto ne sabyto. Jewreiskije sudby w Kiewe. Nichts ist vergessen. Jüdische Schicksale in Kiew; Nothing is Forgotten, Jewish Fates in Kiew, 1941–1943, Konstanz 1993.
- (Hrsg.), Die Schoáh von Babij Jar. Das Massaker deutscher Sonderkommandos an der jüdischen Bevölkerung von Kiew 1941 fünfzig Jahre danach zum Gedenken, Konstanz 1991.
- /Schächter, Klara (Hrsg.), Woss ich hob durchgelebt. Was ich durchgemacht habe. Briefe einer Jüdin aus der Bukowina, verfasst in Transnistrien 1943, jiddisch und deutsch, Konstanz 1996.

Yones, Eliyahu, Die Straße nach Lemberg. Zwangsarbeit und Widerstand in Ostgalizien 1941–1944, Frankfurt a. M. 1999.

Zabarko, Boris, Die letzte Generation der Überlebenden und das Gedenken an den Holocaust in der Ukraine, in: Babette Quinkert/Jörg Morré (Hrsg.), Deutsche Besatzung in der Sowjetunion 1941–1944. Vernichtungskrieg/Reaktionen/Erinnerung, Paderborn 2014, S. 383–399.
- Die Ukraine zwischen Vergangenheit und Zukunft, in: Johannes Czwalina, Die Gegenwart bleibt, nur die Zeit vergeht. Durch die Aufarbeitung der Vergangenheit nachhaltig Frieden schaffen, Verlag unbekannt 2016, S. 145–158.
- Geschichte und Gedenken an den Holocaust in der Ukraine. Zur Bedeutung der Erinnerung und Zeugnisse der letzten Generation, die den Holocaust in der Ukraine überlebt hat, in: Alexey Heistver (Hrsg.), Wer überlebt, der erzählt. Erinnerungen der letzten Zeugen des Holocaust, Wismar 2015, S. 22–32.

Verzeichnis der Zeitzeugen

Bei mehreren Fundstellen ist die Seite, auf der der Erinnerungsbericht beginnt, fett markiert.

Abelis-Fridman, Rachil 356
Agres, Anatoli 651, **661**
Aisina, Soja 948
Alschteter, Wladimir 96
Andrjuschtschenko, Ljudmila 980
Andrussenko (Lewi), Rachil 1045
Aschkenase, David **182**, 196, 203
Atlasman, Michail **548**, 705

Bagautdinowa, Larissa 722
Bartaschnik, Grigori 480
Baru (Larskaja), Sofija 325
Baumwald, Edmund 79
Bekker, Nellja 632
Belfer, Fira 357
Berman, Moisei 1042
Bessarabski, Semen 478, **840**
Bilyk, Leonid 277
Bolschaja, Sofja (Chaja) 813
Bondarewa (Mjadler), Olga 1016
Brochin, Leonid 956
Brodskaja (Lipnizkaja), Mara 723
Bucharski, Boris 493
Budman (Heuchman), Sofija 619
Burlaka, Ljudmila 936
Butnik, Michail 759
Bykowski, Arkadi 905

Charbasch, Grigori 155
Chelmer, Jakow 567
Chramow (Raisberg), Alwian 266

Diew, Wadim 988
Dilman, Wladimir 465

Dodik, Semen 362
Dumer, Efim 529

Entin, Josif 973
Eremenko, Alla 981
Ermolowa, Fanja 421, **587**
Eshowa, Ewgenija 398

Feldman, Rosa **232**, 394
Filip, Rachel **214**, 582
Fleider (Herzenschtein), Klara 458
Fraiberg, Ijulija 707
Fridman, Iosif 455, **482**
Fridman, Sonja 450
Fux, Lew 476

Gaissinskaja, I. 834
Galperina, Rimma 895
Galpert, Ernest **1082**, 1090
Galpert, Tilda 1087
Ganijewa-Sandler, Manja 41, **424**, 705
Gawrilowa, Soja 754
Gelfond, Efim 900
Gelman, Alexandr 402
Gerasko, Lidija 495
Gerenschtein-Mostowaja, Gertruda 878, **881**
Gilbowskaja, Tsch. A. 284
Gitman, Ruwim **382**, 705
Glinez, Arkadi **495**, 705
Glusmanowa, Lidija 1019
Goichberg, Sonja 502
Goichman, Isaak 818
Goldbaum, Schifra 857

Goldowskaja, Elisaweta 867
Goldwug, Benzion 462, **636**
Golowatjuk, Bassja 459
Gorlatschewa (Schwarz), Klara 638
Gorodezkaja, Elena 724
Greiman, Moisei 915
Groisman, Leonid 591
Gru, Boris 503
Gurfinkel, Leonid 394, **532**

Haber, Henrich 230
Hecht, Wiktor 194
Hechtman, Fira 571
Hilsenrath, Manfred 505

Iwaschina, Tamila 861

Jablunowskaja, Sosja 849
Jakubowa, Sofija 295
Janowitsch, Pawlo 320
Jekel, Jakow Petrowitsch 727
Judtschak, David 595
Jurkowezki, Arkadi 623

Kagan (Goldguberg), Beila 761
Kagan, Tatjana 763
Kaidasch, Donata 952
Kaplan, Abram 502, **512**
Karlin, Jakow 1003
Karp, Menasche 823
Kaschnizkaja, Fanja 843
Kiritschenko, Olga 993
Kirmaier, Semen **217**, 417
Kogan, Marija und Michail 1005
Kononowa (Gerschoig), Swetlana 315
Korshenko, Shanna 953
Korytnaja, Ewa 316
Krachmalnikow, David 385
Krawtschinskaja, Slawa 929

Kremer, Elisaweta 1009
Krischtein, Abram 662
Kriwitski, Alexandr 986
Kriworutschko, S. S. 1024
Krupijewskaja, Maria 219
Krut, Anatoli 117
Krut, Marija 407
Kuperman, Abram 388
Kuris, Mark 710
Kusnezowa, Lidija 921

Lasutra, Alexandr 388
Lawrenjuk, Marija 855
Lewin, Alexandr 162
Ljaschenko, Ljudmila 962
Ljubman, Alexandr 408
Loschtschakow-Leiderman, Semen 683

Masur, Gita 462, 478, **643**
Matjuschina, Riwa 110
Mendus, Wladimir 828
Milschtein, Boris 519
Moisejenko, Fanja 937
Mortman, Beno (Ben-Zion) **220**, 526
Mostowoi, Michail **549**, 705, 714
Motschalowa, Ljubow 991
Murachowskaja, Polina 687

Nilwa, Efim **770**, 827

Orenboim, Boris 601
Ostaschewskaja (Ainbinder), Raissa 409
Owsjannikowa, Chaima **332**, 714

Pazula, Ljubow 788
Peleschok, Ewgenija 322
Pensjur-Wexler, Julija 413
Pinson, Wladimir 1097
Pismenny, Alexandr 1055

Verzeichnis der Zeitzeugen

Pobedennaja, Anna 904
Podlesny, Leonid **251**, 261
Polinskaja, Galina 943
Popowizkaja, Marija 143
Pusan, Elena **128**, 175
Pustilnik, Michail 826

Rabotskaja, Polina 337
Raschkowski, Semen 824
Rauchwerger, Iosif 462, **649**
Rewitsch, Olga 466
Rezeptor, Iosef 120
Richter, Juli 1073
Rosenblum, Grigory 573
Rubinschtein, Iosif **339**, 473, 582
Ruda, Ewgenija (Bogner Gisel) **86**, 103
Rudjuk, Jakow 300
Ryklis, Wiktor **791**, 902

Salganik, Chanzja **690**, 839
Satanowskaja (Krutowskaja), Ewgenija 456, **556**
Sazjuk (Sluzkaja-Davidenko), Galina 1067
Schafir, Michail 108
Schechtman, Lija 603
Schikas, Antonina 729
Schirman, Grigori 176
Schkodnik, Alexandr 885
Schkolnik, Iosif 460
Schmajewski, Alexandr 1059
Schnaider (Pilkina), Tatjana 872
Schnaiderman, Walentin 945
Schtschegolewa, Adelja 342
Schtscherbowa, Elena **1027**, 1035
Schuchat, Arkadi 835
Schuster, Arkadi 416
Schwardowskaja, Ewgenija 125
Schwarz, Alexandr 89

Schwarzburd-Prudki, Arkadi 467
Sdanowski, Wladimir 536
Seifman, Michail 691
Selexon, Assja 873
Seliwanowa (Tenzer), Rachil **346**, 604
Sidelkina, Lidija 1046
Silko, Olga 1094
Sirota, Grigori **561**, 651
Sirota-Wolditor, Chaika 578
Sliptschenko, Lidija 799
Sokolski, Georgi 733
Sokolski, Jakow 51, **966**
Spektor, Edit 692
Stadnik, Wiktor 737
Stejuk (Schtein), Jakow 261, **745**
Stepanenko, Galina 928
Stoljartschuk, Anna 244
Surmi, Andrei 252

Tabatschnikow, Georgi 477
Tarlow, Efrem **391**, 543
Tartakowski, Isaak 348
Terlezkaja, Ita **909**, 1008
Tetera, Georgi 990
Tiljatizkaja, Bronja 256
Tkatschenko (Faiketman), Anjuta 523
Tolmatsch, Igor **1050**, 1065
Trachtenberg, Alexandr **227**, 543
Tschepurkowskaja, Sofija **749**, 764
Tscherwinski, David 901
Turtschenjuk (Swerdlowskaja), Tamara 939

Wainberg, Juri 207
Wainer, Alexandr 228, **234**, 582
Wainerman (Worona), Ewgenija **287**, 323
Waldman, Wassili 158
Wassiljewa, Emma 756
Wassiltschenko, Bronislawa 289
Wdowina, Galina 264

Welinger, Semen **170**, 279
Wengrenowska (Schustirman), Tetjana 581
Wereschtschazki, Nuchim 850
Werzman, David **235**, 582
Winnik, Marija 447, 558, **606**
Winokurow, Leonid 350, **924**
Wischnewezki, Alexandr 652

Witenko, Elena 758
Woronzowa, Ada 626
Wugman, Leonid 88, **101**

Ziperfin, Igor 419
Zukerman, Sinowi 694
Zypina (Gordon), Nelli 917

Verzeichnis der Karten

Karte Reichskommissariat Ukraine	S. 56/57
Karte Transnistrien	S. 68
Karte Ukraine, politische Gliederung	S. 70/71
Karte I. Gebiet Lemberg	S. 72
Karte II. Gebiet Wolhynien	S. 104
Karte III. Gebiet Iwano-Frankowsk	S. 134
Karte IV. Gebiet ROWNO	S. 150
Karte V. Gebiet TERNOPOL	S. 178
Karte VI. Gebiet CZERNOWITZ	S. 210
Karte VII. Gebiet CHMELNIZKI	S. 238
Karte VIII. Gebiet SHITOMIR	S. 280
Karte IX, Gebiet WINNIZA	S. 328
Karte X. Gebiet KIEW	S. 716
Karte XI. Gebiet ODESSA	S. 766
Karte XII. Gebiet TSCHERKASSY	S. 846
Karte XIII. Gebiet NIKOLAJEW	S. 888
Karte XIV. Gebiet DNJEPROPETROWSK	S. 912
Karte XV. Gebiet CHERSON	S. 932
Karte XVI. Gebiet KIROWOGRAD	S. 940
Karte XVII. Gebiet POLTAWA	S. 946
Karte XVIII. Gebiet TSCHERNIGOW	S. 960
Karte XIX. Gebiet SAPOROSHJE	S. 978
Karte XX. Gebiet SUMY	S. 984
Karte XXI. Gebiet DONEZK	S. 998
Karte XXII. Gebiet CHARKOW	S. 1012
Karte XXIII. Autonome Republik KRIM und XXIV. Stadt SEWASTOPOL	S. 1038
Karte XXV. Gebiet TRANSKARPATIEN	S. 1070
Karte XXVI. Gebiet LUGANSK	S. 1092

Ortsverzeichnis

Bei Einträgen mit Nennung von Fakten über die Gebiete, Bezirke und Orte ist der Name jeweils mit dem Zusatz Gebiet, Bezirk oder Ort versehen, die Seitenzahlen sind fett gedruckt.

Abomelnikowo 837
Achtyrka 985 f., 1033
Achtyrka, Bezirk **985**
Achtyrka, Ort **985 f.**
Akmetschetka 769, 893, 901 f.
Akmetschetka, Ort **893**
Aleschino 986
Alewsk 126
Alexanderstadt siehe Welika Alexandrowka
Alexandrija 427, 930
Alexandriski 349
Alexandrowka 673, 847, 849, 1041
Alexejewka 831
Altschewsk 1093, 1097 f.
Altschewsk, Kreisfreie Stadt **1097**
Aluschka 1040
Aluschta 1061
Amsterdam 536
Ananjew 65, 329, 501, 785 f., 829, 895–897
Andre-Iwanowka 828–832
Andruschjowka 292, 313
Annopol 170, 172, 174, 273–275
Annopol Ort **274**
Annowka 969
Antoniny 278
Antonowka 762
Arbusinka 908
Arkadija 772
Arpad 1084
Artemowsk 999
Aschdod 543

Ataki 213, 215, 218, 224 f., 234 f., 486, 493, 507 f.
Auschwitz 18, 23, 31 f., 34–36, 39, 41, 64 f., 261, 278, 424, 519, 744, 1072, 1077, 1079–1082, 1084, 1087 f., 1090, 1098
Auschwitz-Birkenau 23, 30, 35, 38, 65, 78, 1077, 1082

Babi Jar 17, 19, 23 f., 29, 38–40, 45, 49, 51, 128, 261, 315, 336, 414, 416, 536, 580, 710, 712, 718–727, 729, 732 f., 735 f., 738, 740, 743 f., 746, 747–750, 819, 862, 963, 966, 974
Babi Jar, Ort **719–721**
Bachów 107
Bachtschissarai 1040, 1067
Baitaly 785
Balaklawa 1067
Balamutowka 324 f.
Balanowka 815
Balin 256
Balki 364, 371
Balta 65, 329, 395, 411, 648, 657, 781 f., 810–816, 818–827, 835, 838, 840, 895
Balta, Bezirk **810**
Balta, Ort **810 f.**
Bałta siehe Balta
Balta-Tschokrak 1067
Bar 239, 249, 261, 263, 350–353, 356–365, 367–371, 375–379, 381 f., 385–389, 391–394, 494, 526 f., 529 f., 596, 660
Baraniwka siehe Baranowka

Baranowka 281, 285–289, 292, 318 f.
Baranówka siehe Baranowka
Baranowka, Bezirk **285**
Baranowka, Ort **285 f.**
Baraschi 316
Bar, Bezirk **350 f.**
Bar, Ort **351–353**
Bárdháza 1082
Barnaul 518
Baturin 990
Bei-Balusch 980
Beit Lochamei HaGetaot 45
Belaja Zerkow 480 f., 603, 724, 751–754
Belaja Zerkow, Bezirk **751**
Belaja Zerkow, Ort **751–753**
Belendinka 422
Belgory 75
Belogorsk 1041–1043
Belogorsk, Bezirk **1041**
Belogorsk, Ort **1041 f.**
Belopolje 987 f.
Belopolje, Bezirk **987**
Belopolje, Ort **987**
Belostok 287, 905
Belousowska 668
Belozerkowsk 764
Belz 393
Belzec 30, 34 f., 62, 73, 77 f., 81 f., 85, 93, 95, 100, 137 f., 140 f., 143, 179, 181, 185, 196, 199, 203
Bełżec siehe Belzec
Belzy 702
Berditschew 28, 284, 292–298, 311, 318, 325, 466, 559 f.
Berditschew, Bezirk **292**
Berditschew, Ort **293 f.**
Berdjansk 913
Berdyczów siehe Berditschew
Berdytschiw siehe Berditschew

Béreg 1081, 1082
Beregowo 1071–1074, 1080 f.
Beregowo, Bezirk **1072**
Beregowo, Ort **1072**
Berehowe siehe Beregowo
Beresdow 273 f.
Beresiwka siehe Beresowka
Beresky 904
Beresowka 65, 329, 479, 513, 769, 770, 777, 780 f., 789, 791, 795, 806, 827 f., 831 f.
Beresowka, Bezirk **827**
Beresowka, Ort **827 f.**
Berezovka siehe Beresowka
Berezówka siehe Beresowka
Bergen-Belsen 1079 f.
Bergsaß siehe Beregowo
Berlin 52, 64, 175, 207, 293, 421, 505, 720, 927, 1016, 1085, 1103
Berşad siehe Berschad
Berschad 66, 218, 232, 235, 356, 394–396, 399–401, 403–405, 407–409, 411–413, 416, 485, 537, 548, 564, 613 f., 616, 811 f., 826 f., 886
Berschad, Bezirk **394**
Berschad, Ort **394–396**
Berszade siehe Berschad
Berwalde 759
Bessarabien 40 f., 66, 211, 222, 225 f., 234, 249, 262 f., 354–356, 364, 371–373, 375, 377, 385, 387, 389, 395 f., 398, 402, 407, 409, 411, 422–424, 434, 458, 473–475, 478, 486–491, 494, 502, 505, 517, 527 f., 530, 536–541, 545 f., 548, 555, 563 f., 566 f., 572, 576, 583, 586, 598, 613, 617, 622, 624, 630–632, 634, 637, 652, 654, 657 f., 678, 688, 706 f., 713, 767 f., 810, 816, 833, 840, 881, 892, 894, 903, 905, 908, 933, 938
Bialacerkie siehe Belaja Zerkow

Biała Cerkiev siehe Belaja Zerkow
Bialykamien 100
Bila Zerkwa siehe Belaja Zerkow
Bilohirsk siehe Belogorsk
Bilopillja siehe Belopolje
Bilska Wolja 176
Birkenau siehe Auschwitz-Birkenau
Bobrik 813, 821, 897
Bobrik 1 829
Bobrik 2 829
Bobrka 85
Bobruisk 906
Bogdanowka 769, 781, 797, 829, 893 f., 900 f.
Bogdanowka, Ort **894 f.**
Bogoduchow 1013
Bogun 283
Boguslaw 755 f., 758, 763
Boguslaw, Bezirk **755**
Boguslaw, Ort **755 f.**
Bohdaniwka siehe Bogdanowka
Bohuslaw siehe Boguslaw
Bohusław siehe Boguslaw
Bojarka 712
Bolschaja Alexandrowka siehe Welika Alexandrowka
Bolschowzy 135
Bonn 52
Borislaw 28, 63, 93
Borissowka 452 f.
Borki 110
Borowizk 471
Borowka 502, 513 f., 518, 521
Borschtschewka 174
Borschtschi 842
Borsna 961
Bortniki 433, 667, 673
Botoschany 494
Bracław siehe Brazlaw

Bradezkoje 867
Brailiw siehe Brailow
Brailow 463 f., 583–586, 590–596, 599 f., 602
Brailow, Ort **584–586**
Braiłów siehe Brailow
Bratislava 1080
Bratskoje 908
Braunschweig 292
Brazlaw 432, 498, 545–549, 553, 659, 672, 681
Brazlaw, Ort **546 f.**
Breslau 1089
Brest 111, 905
Brest-Litowsk 105, 151, 153, 239
Britschany 235
Brizkoje 481
Brodezki 867, 869
Brody 73, 85, 94–96
Brody, Bezirk **94**
Brody, Ort **94–96**
Brooklyn 447
Bsowo 102
Buchenwald 41, 424
Buczacz siehe Butschatsch
Budapest 49, 64, 485, 991, 1071, 1080, 1086
Budenowka 962
Budischtsche 867, 870 f.
Budki 600
Budy 1023
Budyscha 872
Bugakow 545, 553
Bugski Chutory 910
Bujaniw 114
Bujaniwski Wald 119
Bukarest 219, 221, 355, 395 f., 458, 474, 488, 505, 528 f., 539, 564, 584, 586, 630, 658, 700, 745, 811, 821
Bukatschjowzy 135
Buki 761 f., 871
Bukowina 17, 40, 66, 211, 213, 219, 222, 226,

229, 232, 249, 352, 354–356, 371, 382, 393, 395 f., 398, 404, 407, 411, 422, 424, 434 f., 441, 443, 445, 458, 473–475, 486–491, 494, 502, 505 f., 517, 519, 527 f., 545 f., 548 f., 555, 563 f., 566 f., 569, 572, 583, 586, 598, 601, 605 f., 613, 618, 627, 629, 630 f., 637, 650, 652, 654, 657 f., 678, 706 f., 713, 745, 810, 840, 881, 908
Burschtyn 135
Busuluk 918
Butki 173, 174
Butki Nishnije 173
Butschatsch 179–184, 186 f., 189–205
Butschatsch, Bezirk **179**
Butschatsch, Ort **180 f.**

Cameniţa siehe Kamenez-Podolski
Cariera de piatră 457
Celle 1080
Cernăuţi siehe Czernowitz
Chabarowsk 881
Chalkin Gol 734
Charkiw siehe Charkow
Charkow 53, 63, 96 f., 193, 227 f., 349, 357, 477, 518, 573, 595, 736, 872, 948, 1004, 1013–1017, 1019–1024, 1026–1030, 1033
Charkow, Gebiet **1012 f.**
Charkow, Gebietshauptstadt **1013–1016**
Chashino 293
Chelmno 35
Cherson 29, 555, 626, 734, 889, 891, 933–939, 1007, 1056 f.
Cherson, Gebiet **932 f.**
Cherson, Gebietshauptstadt **933–935**
Chinewsk 173
Chmelewo 102
Chmelnik 297, 417–421, 462–466, 587 f., 590 f.

Chmelnik, Bezirk **417**
Chmelnik, Ort **417–419**
Chmelnizk 465
Chmelnizki 170, 239–245, 248, 250–252, 261 f., 264–266, 270, 272–274, 276 f., 288, 348, 362, 398, 466
Chmelnizki, Gebiet **238 f.**
Chmelnyzkyj siehe Chmelnizki
Chmielnik siehe Chmelnik
Chmilnyk siehe Chmelnik
Chodorkow 771
Cholmy 966–968
Cholodna Gora 1030
Cholodowka 688
Cholon 201
Chorol 860, 953, 1034 f.
Chorolsk 349
Choroscheje 483
Chortiza 913
Chotin 226–228, 231, 234, 387, 494, 713
Chotin, Bezirk **226**
Chotin, Ort **226 f.**
Chotyn siehe Chotin
Christinowka 437, 443, 847
Chust 156, 1071
Codâma siehe Kodyma
Copaigorod siehe Kopaigorod
Cozmeni siehe Kizman
Craiowa 506
Crijopol siehe Kryshopol
Czerniowce siehe Czernowitz
Czernowitz 26, 28, 144, 211–217, 219 f., 222 f., 226, 230, 232, 234, 265, 289, 387, 400, 411, 434, 493 f., 505, 507, 509, 511, 522, 546 f., 583, 598, 627–629, 637, 640, 643, 647, 654, 738, 745, 1073
Czernowitz, Gebiet **210 f.**
Czernowitz, Gebietshauptstadt **211–214**

Ortsverzeichnis

Dachau 41, 424
Dalnik 768, 770, 774 f., 793, 801
Dankowka 433
Darmstadt 1016
Daschkowzy 345 f.
Daun 1011
D-Brod 939
Deljatin 957
Demidowka 585, 595
Demjankowzy 241
Demkowka 426
Derashnja 249, 251
Derbent 674
Derebtschinsk 346
Dibrowa 872
Distrikt Galizien 27, 46, 55, 58, 61 f., 73 f.,
    76, 94 f., 98, 135, 138, 142, 180, 195
Distrikt Galizien, Gebiet **61–63**
Ditro 1084
Dmitraschkowka 840
Dmitrowka 1013
Dnipropetrowsk siehe Dnjepropetrowsk
Dnjeprodsershinsk 1007
Dnjepropetrowsk 29, 55, 427, 545, 606,
    717, 900, 913–915, 917–921, 923–926,
    928–930, 933, 979 f., 983, 1057, 1097, 1103
Dnjepropetrowsk, Gebiet **912 f.**
Dnjepropetrowsk-Land 913
Dnjepropetrowsk, Gebietshauptstadt **914 f.**
Dobrjanka 989
Dolinskij 787
Domanewka 769, 775, 781, 795–797, 828 f.,
    892 f., 897 f., 900 f., 903 f., 907
Domanewka, Bezirk 829, **892**, 894, 897, 901
Domanewka, Ort **892 f.**
Domaniwka siehe Domanewka
Dombroweny 646
Donbass 30, 192, 348, 440, 817, 919, 1005
Dondjuschani 402 f., 405 f.

Donezk 63, 207, 254, 857, 901, 918, 979,
    999–1001, 1003, 1005, 1093, 1103
Donezk, Gebiet 477, 909, 917, **998 f.**, 1000
Donezk, Gebietshauptstadt **1000 f.**
Dora 1078–1080
Dorna-Watra 506
Dornești 505–507
Dorofijewka 208 f.
Dorohoi 488, 565, 629, 706, 908
Dresden 52, 744, 1011
Drobizki Jar 261, 1015, 1021, 1027
Drobizki-Schlucht siehe Drobizki-Jar
Drohobycz 28, 83
Drushkopole 105
Dsershinsk 298 f., 301 f., 313
Dserschinsk, Bezirk **298**
Dsershinsk, Ort **299**
Dshankoi 63, 1051 f.
Dshulin 413, 416
Dshulinka 396, 413, 422, 605
Dshulinka, Ort **396**
Dshulinka, Bezirk..396 f.
Dshulynka siehe Dshulinka
Dshurin 215, 235 f., 345 f., 486, 548, 565 f.,
    568–570, 581
Dshurin, Ort **565 f.**
Dshurtschi siehe Perwomaiskoje
Dshurtschy siehe Perwomaiskoje
Dshuryn siehe Dshurin
Dsygiwka siehe Dsygowka
Dsygowka 458, 636
Dsygowka, Ort **458**
Dubăsari 65
Dubina 647
Dubljanschtschina 949
Dubno 168, 349, 947
Dubossary 329, 840, 843
Duchanowka 991
Dunajewzy 239–241, 243–245, 263

Dunajewzy, Bezirk **240**, 251
Dunajewzy, Ort **240 f.**
Dunajiwzi siehe Dunajewzy
Dunajowce siehe Dunajewzy
Duniwits siehe Dunajewzy
Düsseldorf 52
Dziulinka siehe Dshulinka
Dżurin siehe Dshurin

Edinzy 231
Egradkowka 850
Elbląg 759
Ellrich 1079
Enakiewo 348
Erfurt 52
Essen 723

Fastow 378
Feodossija 53, 1039 f., 1042–1047, 1061
Feodossija, Kreisfreie Stadt **1043 f.**
Fraidorf 1057
Frampol 246
Frankfurt 34, 52, 798
Freiburg 52
Fridrichowka 250
Friesendorf 928 f.
Frunse 1096

Gaissin 41, 396 f., 421–424, 429, 436, 543 f., 550 f., 553, 604–606, 608–611, 614, 629, 654, 662, 681, 690, 881
Gaissin, Bezirk **421**, 436, 605, 881
Gaissin, Ort **421–423**
Gaiworon 409, 889
Galitsch 155
Galizien 28, 85, 89, 136, 179, 194–196, 207, 255, 302, 392, 472, 505, 1073, 1083
Gandrabury 783–788
Garmaki 392

Gebiet der Ukraine unter deutscher Militärverwaltung 63
Generalgouvernement 19, 40, 58, 61 f., 73 f., 76, 94, 98, 135, 138 f., 142, 180, 195
Gerassimowka 994
Gleiwitz 1078
Glinna-Nawaria 93
Globino 948
Gogolew 563
Golikowo 449
Golma 820, 821
Goloby 105, 108
Goloby Ort **108**
Golodki 372
Gologory 100
Golski 898
Golta 65, 329, 657, 840, 892, 894, 903
Golubiwschtschina 1036
Gomel 318
Gonoryno 316
Gora 272
Gorischkowka 678–683
Gorkaja Polonka 125
Gorlowka 477, 909 f., 917, 1002
Gorlowka, Kreisfreie Stadt **1002**
Gorodenka 139, 143
Gorodischtsche 873, 923, 962
Gorodkowka 474, 842
Gorodkowka, Ort **474**
Gorodnia 961
Gorodniza 155, 281
Gorodok 73, 242 f.
Gorodok, Bezirk 242, **247**, 251
Gotha 884
Grabowo 835 f.
Graz 690
Grebenka 860
Grigorjewka 831
Grigoropol 771

Grizew 272–274, 277 f.
Grizew Ort **272 f.**
Gródek siehe Gorodok
Gromiwka 537
Grosser 930
Grossulowo 905
Grun 985, 1023 f.
Guli 354
Guliwzy 467
Guljaipole 1098
Guljajewka 789, 804 f.
Guschtschinezk 466
Gwosdawki 821
Gwosdowka 815

Haissin siehe Gaissin
Halbstadt 913
Halle 52, 505, 883
Hamburg 52, 182 f., 745
Hannopil siehe Annopol
Harmaki 366, 382
Heronimowka 861
Herza 232
Hirka Polonka 113
Holoby siehe Goloby
Hołoby siehe Goloby
Holohori 100
Horliwka siehe Gorlowka
Horodkiwka siehe Gorodkowka
Horodok siehe Gorodok
Hotin siehe Chotin
Hryziw siehe Grizew
Hryzów siehe Grizew

Iankowo 527
Ignatowka 116 f.
Igrin 913, 915
Ilińce siehe Iljinzy
Iljinez 484

Iljinzy 448–453, 455, 479, 543, 560
Iljinzy, Bezirk **448**, 449, 556
Iljinzy, Ort **448 f.**
Illinzi siehe Iljinzy
Ilosva 1082
Ioganowka 983
Irkutsk 733
Iwangorod 441–443, 447, 849
Iwano-Frankiwsk siehe Iwano-Frankowsk
Iwano-Frankowsk 58, 61, 135, 138, 143, 149, 196, 215
Iwano-Frankowsk, Gebiet **134 f.**, 138, 1034
Iwano-Frankowsk, Gebietshauptstadt **135–138**
Iwanopil siehe Januschpol
Iwanowetski 353
Iwanowka 983
Iwanowzy 369 f., 382, 392
Iwantschizy 129
Iwaschkowzy 235
Izbica Lubelska 30

Jablonka 728
Jabłonów 139
Jagotin 721 f., 735 f., 972
Jagotin, Bezirk **721**
Jagotin, Ort **721 f.**
Jagustra 329, 457
Jahotyn siehe Jagotin
Jaktorow 95, 99
Jakuschinzy 353 f., 367, 375–377
Jalta 1039 f., 1048–1054, 1061, 1065
Jalta, Kreisfreie Stadt **1048–1050**
Jaltuschkiw siehe Jaltuschkow
Jaltuschkow 351–354, 385 f., 393, 401, 527, 529, 532
Jaltuschkow, Ort **353 f.**
Jampil siehe Jampol

Jampol 65, 404, 456–461, 489, 496, 501, 548, 619, 626, 629, 631, 636–638, 646, 647, 649–651, 658 f.
Jampol, Bezirk **456**, 458 f., 548
Jampol, Ort **456–458**
Jankowitsch 736
Janow 466
Janowa Dolina 153
Janowskalager 76–79, 90, 93, 100 f.
Januschpol 292, 294–297
Januschpol, Bezirk 295
Januschpol, Ort **294 f.**
Jarmolińce siehe Jarmolinzy
Jarmolinzy 241–243, 246, 248
Jarmolinzy, Bezirk **241**
Jarmolinzy, Ort **241–243**
Jarmolynzi siehe Jarmolinzy
Jaroschenka 599, 707, 710, 713
Jaroschenko 555
Jaroslaw 466
Jaruga 488–490, 502 f.
Jaruga, Ort **488–490**
Jarun 319 f., 322
Jarun, Ort **320**
Jaryschew 329, 350 f., 393, 502, 518
Jasenka 481
Jasin 1085
Jasinowal 813
Jassy 20, 569, 811
Jassy-Kischinjow 485
Jastrubinowo 909 f.
Jastrubinowo, Ort **909**
Jatki 293
Jawnoje 290
Jedinzy 493
Jedwabne 35
Jelanez 908
Jelechowice 100–102
Jelisawetgrad 941

Jemiltschino 320
Jenakijewo 999, 1002
Jermolinzy 771
Jerusalem 34, 554, 648, 656, 873, 983, 1035
Jewpatoria 1040
Jewpatorija 1039 f.
Jołtuszkow siehe Jaltuschkow
Juljaltol 547
Jurkowka 678, 680
Jurkowzy 516
Juschkow 596
Jusowka 999f
Jusowskoje 1005–1007
Jusyn 537

Kadobeschti 654
Kalinindorf 933, 938 f.
Kalinindorf, Ort **938**
Kaliningrad 413
Kalininsk 535
Kalininskoje siehe Kalinindorf
Kalinowka 462 f., 466 f., 891, 1001
Kalinówka siehe Kalinowka
Kalinowka, Bezirk **462**, 466
Kalinowka, Ort **462 f.**
Kaljus 362
Kalus 351, 528
Kałusz 137
Kalyniwka siehe Kalinowka
Kamenez-Podolski 28, 55, 64, 180, 239–241, 243 f., 247, 249–251, 254–258, 260 f., 263, 352 f., 361, 373, 385 f., 527, 599, 745, 1071, 1073, 1081
Kamenez-Podolski, Bezirk **254**, 257
Kamenez Podolski, Gebiet 240 f., 243, 250 f., 265, 270, 272–274, 599
Kamenez-Podolski, Ort **254–256**
Kamenka 40, 847–851, 853, 913, 922, 941
Kamenka, Bezirk **847**

Kamenka, **Ort 847–849**
Kamenka Schewtschenkowskaja 847
Kamenki 207
Kamennyi Brod 287, 314, 316 f.
Kamennyi Brod, Ort **314**
Kamenskoje 913
Kamieniec Podolski siehe
    Kamenez-Podolski
Kamjanez-Podilskyj siehe
    Kamenez-Podolski
Kamjanka siehe Kamenka
Kamniz siehe Kamenez-Podolski
Kamyschewacha 981, 983
Kanew 847
Karasubasar 1040–1042
Karasubasar, Bezirk **1041**
Karasubasar, Ort **1041 f.**
Karpato-Ukraine 17 f., 46, 63
Karpilowka 165
Karpowzy 310, 312
Karylskoe 962
Karyschkow 354, 382, 384
Karyschkow, Ort **354**
Kasachstan 112, 316, 522, 593, 857, 1088
Kasarin 346
Kasatin 378, 558–560, 562, 601
Kasazkoje 814
Kassel 52
Katerinopol 866
Katschanowka 419
Kaukasus 60, 207, 364, 542, 778, 1039, 1056
Kawkuly 415
Kelmenzi 234
Kertsch 967, 1039 f., 1046, 1056
Ketschkemet 1075
Kiblitsch 612
Kicmań siehe Kizman
Kiew 17, 19, 23–25, 27, 29, 38, 40 f., 45, 55,
    155, 227, 290 f., 315 f., 321 f., 336, 348,
    350, 374, 378, 401, 412 f., 421, 424, 456,
    461, 469 f., 482, 484, 501, 536 f., 556, 580,
    593, 603 f., 623 f., 627, 662, 690 f., 710,
    712, 717–720, 722, 724–738, 740, 742 f.,
    746–756, 758–761, 764, 799 f., 843, 847,
    856, 865–867, 873–875, 879, 933, 947,
    955 f., 962, 964, 988 f., 1009–1011, 1030,
    1034, 1050, 1067
Kiew, Gebiet **716 f.**, 728, 751, 754–756,
    758–760, 764, 865, 879
Kiew, Gebietshauptstadt **717–719**
Kikowo 288
Kilikiew 274
Kirnosowka 425
Kirowo 941
Kirowograd 207, 349, 410, 427 f., 799 f., 836,
    850, 880, 930, 941–943, 945, 1103
Kirowograd, Gebiet 409, 653, 799, 847, 850,
    862, 930, **940 f.**, 942–944
Kirowograd, Gebietshauptstadt **941 f.**
Kirowohrad siehe Kirowograd
Kischinau 788
Kischinew 568 f.
Kischinjow 227, 485, 811, 813, 902
Kitajgorod 256
Kiwerzi 115
Kizman 217 f., 229
Kizman, Bezirk **229**
Kizman, Ort **229**
Kleparów, 77
Klesow 266 f.
Klimow 1096
Klischkowzy 494
Klitenka 297
Klobuczyn 117
Kobylezkoje 707 f., 710
Kodyma 652, 690, 815 f., 832–836, 838 f.
Kodyma, Bezirk **832**
Kodyma, Ort **832–834**

Köln 26, 52
Kolodjanka 322
Kolomea 138–143, 146 f., 255, 505, 1071
Kolomea, Bezirk **138**
Kolomea, Ort **138–141**
Kolo-Michailowka 113, 499
Kolomyja siehe Kolomea
Kołomyja siehe Kolomea
Kolosowka 618
Kolyma 736
Kommunarsk siehe Altschewsk
Komsomolskoje 462
Konewaja 497, 518
Königsberg 55, 742, 889
Koniuszków 95
Konjewaja 502
Konotop 733, 985, 987–992
Konotop, Bezirk **989**
Konotop, Ort **989 f.**
Konstantinowka 999
Kopai 357, 384, 390
Kopaigorod 66, 235 f., 352, 354–357, 360, 372–376, 383, 387–391, 393, 460 f., 494, 534–537, 596
Kopaigorod, Bezirk 383, 536 f., 542
Kopaigorod, Ort **354 f.**
Kopatschowka 127 f.
Kopaygorod siehe Kopaigorod
Kopytschinzy 181, 187
Kordelewka 463
Korez 153–155
Korez, Bezirk **153**, 155
Korez, Ort **153 f.**
Korezki siehe Korez
Korjukowka 969
Kormylotsche 247
Korolówka 139
Korop 961–965
Korop, Bezirk **961**, 962, 965

Korop, Ort **961 f.**, 965
Kőrösmező 255
Korosten 269, 603
Korostyschew 313–317
Korostyschew, Bezirk 313, 316
Korostyschew, Ort **313 f.**
Korostyschiw siehe Korostyschew
Korsun 755, 847, 852
Korsun-Schewtschenkowski 749, 954
Korsun-Schewtschenkowskier 876
Kortakajewo 804
Korzec 271
Kosak 154 f.
Kosak, Ort **154**
Kosaki 94, 99
Kosarowitschi 730
Kosatschewka 593
Kosazke 810
Koscharinzy 232, 356
Koscharinzy, Ort **356**
Koseuzk 645 f.
Koslow 235
Kosow siehe Kossow
Kossiw siehe Kossow
Kossow 139–149
Kossow, Bezirk **141**, 144
Kossow, Ort **141–143**
Kostopol 153
Kostschewka 1023
Kotowsk 501, 837, 839–842
Kotowsk, Bezirk **839**
Kotowsk, Ort **839 f.**
Kotschetok 1020
Kowel 105–108, 110 f.
Kowel, Bezirk **105**, 108
Kowel-Land 105
Kowel, Ort **105–108**
Kowel-Stadt 105
Kozak siehe Kosak

Ortsverzeichnis

Krakau 23, 35, 61, 535
Kraków siehe Krakau
Kramatorsk 999
Kranaja Gora 294
Krasne 100
Krasnenki 451 f.
Krasnenkoje 557
Krasni Okny 843
Krasni Okny, Bezirk 843
Krasni Okny, Ort 843
Krasnjanka 712
Krasnoarmeisk 999
Krasnodar 1046
Krasnodon 639
Krasnograd 1013
Krasnoje 335 f., 555 f., 592 f., 707 f., 710–714, 933
Krasnoperekopsk 980 f.
Krasnoje, Ort **707**
Krasnopol 295
Krasnopolka 397, 436, 438, 447
Krasnoselka 398 f., 401
Krasnostaw 274
Krasnowka 712
Krasnyje Okna siehe Krasni Okny
Krasny Lutsch 921
Krementschug 349, 427, 710, 851, 856, 947
Krestitelewo 857
Krim 17, 28, 55, 60, 63, 980, 1039 f., 1042, 1045, 1047 f., 1054, 1055, 1061, 1105
Krim, Autonome Republik 63, **1038–1041**, 1044
Krishanowka 297
Kriwoi Rog 799 f., 827, 850, 913, 1096
Kriwoi Rog-Land 913
Kriwoje Osero 820, 896, 903 f.
Kriwoje Osero, Bezirk **903**
Kriwoje Osero, Ort **903 f.**
Krolewze 985

Kropywnyzkyj siehe Kirowograd
Kruglik 155
Krym siehe Krim
Kryshopil siehe Kryshopol
Kryshopol 473 f., 477, 647
Kryshopol, Bezirk **473**, 476, 496, 624, 842
Kryshopol, Ort **473 f.**
Krywe Osero siehe Kriwoje Osero
Krzyzopol siehe Kryshopol
Ksawerowka 724
Kuban 1053, 1057
Kudlai 554
Kuibyschew 393
Kuleschowa 559
Kulmhof siehe Chelmno
Kumeiki 861
Kupel 250
Kupzewo 102
Kurenewka 727, 733
Kurman 1051, 1053 f.
Kurniki Iwantschanskije 205
Kursk 478, 950, 1004
Kusbass 477
Kusmina Greblja 885
Kustanaja 522
Kuty 139 f., 143, 762
Kyjiw siehe Kiew

Labun 312
Lackie Wielkie 95, 99
Ladan 972
Ladyshin 422, 429 f., 461, 629, 637, 639, 661
Ladyshin, Ort **629**
Landsberg 1050
Larindorf 1055, 1057
Laryndorf siehe Perwomaiski
Lasorki 957, 958
Lebedin 1033
Leipzig 505

Lemberg 17, 26, 28, 58, 61–63, 73–76, 78–81, 83, 85–89, 95, 100 f., 103, 145, 155, 177, 205, 220, 254, 269, 317, 362, 505, 518, 545, 594, 672, 675, 681, 692, 995, 1073, 1103 f.
Lemberg, Gebiet 58, **72 f.**, 86, 94, 96, 98, 101
Lemberg, Gebietshauptstadt **74–79**
Leningrad 317, 393, 432, 662, 734, 737, 742, 1046 f.
Lenkowzy 234
Lesnewo 242, 244
Leszniów 95
Leticzew siehe Letitschew
Letitschew 248 f., 251, 262 f., 351, 353, 359, 391, 467
Letitschew, Bezirk **248**, 466
Letitschew, Ort **248 f.**
Letytschiw siehe Letitschew
Lewandiwka 75
Libiwne siehe Ljuboml
Lijepaja 244
Lipkany 236
Lipowez 448, 479–483, 543
Lipowez, Bezirk **479**, 481, 544
Lipowez, Ort **479 f.**
Litin 339–341, 345, 364, 417 f., 463–465, 584
Litin, Bezirk **463 f.**
Litin, Ort **464 f.**
Litinsk 392
Lityn siehe Litin
Ljubar 266, 274, 307
Ljubart 112 f., 122
Ljubaschowka 821
Ljubimowka 933
Ljuboml 109–111
Ljuboml, Bezirk **109**
Ljuboml, Ort **109 f.**
Ljubotin 1013

Lochwiza 470, 558
Lokwizk 973
London 141
Los Angeles 196
Losowaja 852, 1013
Lubenski 860
Lublin 61
Lubny 751, 852, 860, 951–953, 955, 957, 1015
Lubny, Bezirk **951**
Lubny, Ort **951**
Luchinets siehe Lutschinez
Luchynets siehe Lutschinez
Łuck siehe Luzk
Łuczyniec siehe Lutschinez
Lugansk 999, 1093–1097
Lugansk, Gebiet **1092 f.**, 1098
Lugansk, Gebietshauptstadt **1093**
Luhansk siehe Lugansk
Lujeni siehe Lushany
Lukaschowka 853, 855
Lusanowki 772
Lushani siehe Lushany
Lushany 229–231
Lushany, Ort **229**
Lutschinez 227 f., 393, 528–532, 537, 539, 542 f.
Lutschinez, Ort **528 f.**
Lutschintschik 537
Łużan siehe Lushany
Luzk 40, 58, 106 f., 111–115, 120–128
Luzk, Bezirk **111**, 114
Luzk, Ort **111–114**
Lwiw siehe Lemberg
Lwow siehe Lemberg
Lwów siehe Lemberg
Lyon 512
Lypowez siehe Lipowez
Łypowiec siehe Lipowez

Lysjanka 867, 870, 872
Lysogorka 835

Machnowka 462
Magadan 881
Magaliwzy 386
Magarach 1049
Mainz 52, 753
Majdanek 35, 41, 95, 424, 519
Majewka 518
Makejewka 999, 1002 f., 1006 f.
Makejewka, Kreisfreie Stadt **1002 f.**
Makijiwka siehe Makejewka
Malaja Shmerinka 602
Malaja Wiska 942 f., 945
Malaja Wiska, Bezirk **942**
Malaja Wiska, Ort **942 f.**
Mala Wyska siehe Malaja Wiska
Malin 155
Maltschewzy 373
Manewitschi 105
Mangusch 1010
Mankiwzy 393
Mankowka 399, 847
Marculesti 213
Mariupol 999, 1008–1010
Mariupol, Kreisfreie Stadt **1008 f.**
Marjanowka 116, 762
Markowka 612
Martonosha 889
Masada 33
Massandra 1049
Masurowka 420, 683
Matikowe 373–378, 381
Matlaschewka 804 f.
Mauthausen 41, 64, 261, 424
Mawrino 923
Mazejewo 105
Medshibosh 466

Medwin 755
Melitopol 55, 979
Melniza 108
Merefa 1013
Merkuleschta 218
Michailowka 242, 423, 439, 441, 447
Michailowka, Ort **423**
Michalpol 242 f.
Millerowo 1095
Minkowzy 240, 263
Minsk 623, 906, 1030, 1094
Mirgorod 563, 1032
Misjakowskije Chutora 344, 346
Misotsch 169 f., 172
Misotsch, Ort **169 f.**
Mitki 657
Mizocz siehe Misotsch
Mjastkowka 474, 624, 842
Mjastkowka, Ort **474**
Mlinowka 393
Mogiljow 41, 65, 224 f., 424, 505, 508 f., 512, 514 f., 517 f., **694**, 697, 701
Mogiljow-Podolski 40, 65–67, 215, 231, 235, 329, 346, 376, 378, 393, 485–495, 497–505, 512 f., 515, 517–519, 523, 537, 542, 564, 566, 599, 601, 626, 629, 654, 659, 660, 672, 681, 694, 696, 701, 707, 714
Mogiljow-Podolski, Bezirk 346, **485**, 519, 523
Mogiljow-Podolski, Ort **485–488**
Mogilno 409, 412
Mohyliw-Podilskyj siehe Mogiljow-Podolski
Mojewka 502
Mojewsk 522
Mokraja Kaligorka 866
Moldawanka 772
Moldawien 218, 234, 382, 389, 433, 512, 528, 614, 634, 637, 649, 654, 690, 694, 792, 816
Moldowa 549

Molotschki 313
Monastyrischtsche 448, 550, 847, 853–855
Monastyrischtsche, Bezirk **853**, 855
Monastyrischtsche, Ort **853–855**
Monastyriska 199
Monastyrski 360
Monastyryschtsche siehe
 Monastyrischtsche
Monowitz 1077
Morachwa siehe Murafa
Moschanez 234
Moskau 149, 220, 261, 337, 364, 394, 421, 535, 568, 578, 592, 599, 623, 662, 686, 707, 742, 820, 857, 927, 1047, 1106
Mostowoj 781 f.
Mostowoje 796, 828
Mostowski 831
Mosty 172 f.
Muchowka 988 f.
Mukačevo siehe Mukatschewo
Mukatschewe siehe Mukatschewo
Mukatschewo 751, 1071, 1081–1084, 1086–1090
Mukatschewo, Bezirk **1081**
Mukatschewo, Ort **1081 f.**
München 138, 753, 892, 905, 1011, 1050, 1103
Munkács siehe Mukatschewo
Münster 138
Murafa 215, 235, 342, 420, 500, 566 f., 571, 701, 705
Murafa, Ort **566 f.**
Murowani Kurilowzy 350 f., 353, 526–528, 533–535, 537
Murowani Kurilowzy, Bezirk 351, 391, **526**, 528
Murowani Kurilowzy, Ort **526–528**
Murowani-Kuryliwzi siehe Murowani Kurilowzy

Murowanyje-Kurilowzy siehe Murowani Kurilowzy
Mykolajiw siehe Nikolajew
Mytki 360, 373–375, 377 f.

Nachalowka 1061 f.
Nadwórna 137
Nadwornaja 135
Namangane 603
Napadowka 483
Natjagailowka 911
Nay Odese siehe Nowaja Odessa
Nay Slatopol 933
Nemertschi 542
Nemija 498, 501
Nemirow 163, 423, 479, 492, 499, 543–546, 548–554, 556, 596, 608, 703
Nemirow, Bezirk **543 f.**, 548, 550, 556
Nemirow, Ort **544 f.**
Nemorenzy 325
Nemorosh 866–869, 871 f., 875
Nemorosh, Ort **867**
Nemyriw siehe Nemirow
Nerudstal 928
Nesterwarka 354, 384, 433, 658, 664, 668, 678, 706
Nesterwarka, Ort **658**
Netreba 164 f.
New York 877
Niemirów siehe Nemirow
Nikiforowzy 554
Nikolajew 29, 55, 395, 458, 488, 503, 515, 555, 648, 652, 655 f., 717, 811, 822, 828, 847, 889–891, 897 f., 903–905, 908, 933, 935, 941–943, 1007
Nikolajew, Gebiet 503, **888 f.**, 892, 894, 898, 900 f., 904 f., 933, 938
Nikolajewka 796
Nikolajew, Gebietshauptstadt **890–892**

Nikopol 400, 913, 921 f.
Nikopol, Bezirk **921**
Nikopol, Ort **921**
Nishnaja Krapiwna 609
Nishne-Duwansk 1098
Nordbukowina 18, 41, 229, 424, 536 f., 576, 637, 745
Nordhausen 1079
Nordmoldau 66
Nossikowka 380, 581
Nottingham 949
Noua Suliță siehe Nowoseliza
Nowaja Odessa 904–907
Nowaja Odessa, Bezirk **904**, 905
Nowaja Odessa, Ort **904 f.**
Nowaja Rafalowka 176
Nowaja Uschiza siehe Nowa Uschiza
Nowa Odesa siehe Nowaja Odessa
Nowa Uschiza 261 f., 264, 350 f., 528
Nowa Uschiza, Bezirk **261**, 352, 362
Nowa Uschiza, Ort **261–264**
Nowa Uschyzja siehe Nowa Uschiza
Nowe-Misto 853, 855
Nowgorod-Sewerski 965, 967
Nowgorod-Sewerski, Bezirk **965**
Nowgorod-Sewerski, Ort **965**
Nowhorod-Siwerskyj siehe Nowgorod-Sewerski
Nowo-Alexandrowka 1097
Nowogo 158
Nowogorodski 276
Nowograd 321, 322
Nowograd-Wolynski 155, 283, 285–288, 318–320, 322
Nowograd-Wolynski, Bezirk **318**, 322
Nowograd-Wolynski, Ort **318 f.**
Nowogród Wołyński siehe Nowograd-Wolynski

Nowohrad-Wolynskyj siehe Nowograd-Wolynski
Nowolabun 265
Nowo Makejewka 357
Nowomirgorod 889, 943
Nowo Moskowsk 913
Nowoseliza 231 f., 493 f., 1095
Nowoseliza, Bezirk **231**
Nowoseliza, Ort **231 f.**
Nowoselyzja siehe Nowoseliza
Nowosibirsk 638
Nowosielica siehe Nowoseliza
Nowosielitza siehe Nowoseliza
Nowoslatopol 979
Nowossorjansk 929
Nowostrojenije 948
Nowoukrainka 427, 942 f.
Nowoukrainka, Bezirk **943**, 944
Nowoukrainka, Ort **943**
Nowoukrajinka siehe Nowoukrainka
Nowyje Schuli 1067
Nowy Put 929
Nurez 905
Nürnberg 1016, 1050

Obertyn 140
Obodowka 66, 401, 412, 630, 632, 636, 643, 647 f., 811 f., 815, 827
Obodowka, Ort **630**
Obolonnia 962
Oceacow 65, 329, 618
Ochotnykowe siehe Rokitno
Ochtyrka siehe Achtyrka
Odesa siehe Odessa
Odessa 20, 65 f., 88, 103, 329, 359 f., 362, 395, 411–413, 488, 496, 501, 523, 537, 555, 618, 661, 690, 712, 767–780, 782, 785, 787–789, 791–795, 798–801, 805, 811, 813, 815 f., 819 f., 823, 828, 832, 841 f., 892,

893–897, 900, 908 f., 911, 1006 f., 1029 f., 1039, 1048
Odessa, Gebiet 488, 515, 537, 690, **766 f.**, 771, 791, 815, 819, 823, 826, 828 f., 831, 834 f., 843, 892, 894, 903, 905, 908, 911, 933,
Odessa, Gebietshauptstadt **767–770**
Okny 843
Okopy 164 f.
Olisarka 176
Olschana 866 f., 873, 877 f.
Olschanka 475, 647
Olschanka, Ort **475**
Olschany 871 f., 874
Oradowka 444 f.
Oratow 483
Ordschonikidse 799
Ordshonikidsewski 723
Orepy 322 f.
Oreschow 913
Orinin 256
Orlowka 980 f.
Oroschany 229 f.
Oroschany, Ort **229**
Orshiza 349
Oryninsk 247
Osarinezk 516
Osarinzy 235, 490, 494, 497, 502–504, 518
Osarinzy, Ort **490**
Osero 553
Osheninsk 160
Ostgalizien 17, 19, 40, 77, 1071
Ostkaukasus 602
Ostrog 156 f., 158, 160, 312
Ostróg siehe Ostrog
Ostrog, Bezirk **156**, 158
Ostrog, Ort **156–158**
Ostroh siehe Ostrog
Ostropol 274, 277

Ostrouschki 965
Ostrowske siehe Ostrowskoje
Ostrowskoje 1055
Ostrowskoje, Ort **1055**
Osuschnju Rudnju 728
Osytschna 297
Otschakow 707
Ovidiopol 65, 329
Owrutsch 155

Palenka 1087
Parastowski 969
Paris 76
Pawelce 136
Pawliwsk 522
Pawlograd 913, 923–925, 1097 f.
Pawlograd, Bezirk **923**
Pawlograd, Ort **923**
Pawlohrad siehe Pawlograd
Pawlowka 475, 559, 561 f.
Pawlowka, Ort **475**
Peciora siehe Petschora
Peczara siehe Petschora
Penkowsk 710
Pensa 413
Perejaslaw 759 f.
Perejaslaw-Chmelnizki 759
Perejaslaw-Chmelnizki, Bezirk **759**
Perejaslaw-Chmelnizki, Ort **759**
Perejaslaw-Chmelnyzkyj siehe Perejaslaw-Chmelnizki
Perelety, Ort **812**
Perelugi 987
Peresyp 799, 801
Perwomaisk 329, 628, 657, 700, 816, 900 f., 903 f.
Perwomaiski 1055
Perwomaiski, Bezirk **1055**
Perwomaiskoje, Ort **1055**

Ortsverzeichnis 1141

Perwomajske siehe Perwomaiskoje
Perwomajskyj siehe Perwomaiski
Peschtschannoje 274, 824
Pestschanaja 812, 827
Pestschanaja, Ort **812**
Pestschanka 652, 833, 840
Petraschewka 673
Petrikowka 913
Petrowka 734, 806–808
Petschera siehe Petschora
Petschora 67, 376, 431–439, 447, 457, 461, 488, 498–500, 502, 515 f., 518, 546, 548, 564, 568, 603, 622, 629, 631, 639, 641 f., 657–661, 666–668, 671, 675, 677, 680 f., 683, 687–691, 693–695, 697 f., 700–702, 705
Petschora, Ort **659 f.**
Pidwolotschysk siehe Podwolotschisk
Pieniężno 759
Pikow 466–468
Pilsen 1080
Pinsk 40, 111
Pintschuki 724
Pirjatin 722, 860, 955–958
Pirjatin, Bezirk **955**
Pirjatin, Ort **955 f.**
Pirogowski 956
Pisarewka 835, 842
Pischtschana siehe Pestschanaja
Pjatichatka 928 f.
Pjatichatki 709, 913, 928
Pjatichatki, Bezirk **928**
Pjatichatki, Ort **928**
Pjatychatky siehe Pjatichatki
Pliskow 448, 544, 559–562
Pliskow, Ort **560 f.**
Pliskowez 483–485
Ploskoje 227 f., 393, 537
Pluhow 95, 99

Podkarpatska siehe Transkarpatien
Podkarpatska Rus 63, 1080
Podmoskowje 522
Podolien 109, 111, 114 f., 126, 152, 167, 169, 176, 239–241, 243, 248, 250, 254, 262, 265, 270, 272–274, 276, 350–353, 526 f., 595, 717
Podwołoczyska siehe Podwolotschisk
Podwolotschisk 206–208
Podwolotschisk, Bezirk **206**
Podwolotschisk, Ort **206 f.**
Pogrebischtsche 558–562
Pogrebischtsche, Bezirk **558**, 560, 562
Pogrebischtsche, Ort **558–560**
Pogreby 948
Pohrebyschtsche siehe Pogrebischtsche
Pohrebyszcze siehe Pogrebischtsche
Pokotilowka 1030
Pokotilowo 653
Pokrow 848
Pokrowskoje 913
Pokutano 236
Polesien 160
Polessie 318
Polessje 166
Polesski 728
Polesskoje 728
Poljanka 268
Pologi 913
Polonka 124
Polonne siehe Polonnoje
Połonne siehe Polonnoje
Polonnoje 265–268, 274, 277, 288
Polonnoje, Bezirk **265**
Polonnoje, Ort **265 f.**
Poltawa 349, 558, 847, 864, 947–950, 1015, 1021, 1026
Poltawa, Gebiet 558, 563, 717, 728, 751, **846 f.**, 848, 852, 856 f., 863 f., 946–948, 950, 952 f., 955, 957

Poltawa, Gebietshauptstadt **947 f.**, 950
Poninka 265–268, 286
Ponora 171, 275
Ponorniza 962
Popiwzi siehe Popowzy
Popowka 298
Popowo 533
Popowzy 235, 356, 370–372, 374, 376, 537
Popowzy, Ort **356**
Portki 1096
Posnanki 821
Potschtowa Wita 456
Potsdam 523
Prag 269, 799, 1080
Preobrashennoje 1098
Priasowske 1097
Priduschino 1034, 1036
Prikarpatski 556
Priluki 333, 860, 971–974, 976
Priluki, Bezik **971**
Priluki, Ort **971–973**
Prokopjewsk 477
Proskurow 239, 242, 248, 250, 252, 318, 581, 599
Pryluky siehe Priluki
Przemyśl 883
Pschenitschnoje 917
Pustelnik 683
Putiwl 991
Putiwl, Bezirk **991**
Putiwl, Ort **991**
Putywl siehe Putiwl
Pyrjatyn siehe Pirjatin

Rabka 1086
Râbnița 618
Rachny 498, 513, 551, 695
Radautz 507, 508

Radom 61
Radomyschl 281, 749
Rafaliwka siehe Rafalowka
Rafalowka 175–177
Rafałówka siehe Rafalowka
Rafalowka, Ort **175 f.**
Raigorod 296, 423, 547, 549, 553, 557, 606, 609 f.
Raigorod, Ort **547**
Raigorodok 295–297
Raigorodok, Ort **295**
Raihorod siehe Raigorod
Rakowez 646
Rasdjelnoje 896
Ratno 105
Rauchowka 832
Ravensbrück 41, 424, 723
Rawa Ruska 73, 468
Razewo 907
Reichenbach 1089
Reichskommissariat Ukraine 27, 40, 46, 55, 58, 60 f., 105, 151–153, 239, 314, 318, 448, 462, 479, 492, 543, 558, 604, 717, 753, 755, 759, 847, 854, 856, 865 f., 889, 904, 908, 913 f., 928, 929, 933, 935, 938, 941 f., 947, 955, 961, 971, 979 f., 1013
Reichskommissariat Ukraine, Gebiet **55–61**
Remagen 546
Remisiwzy 101
Repetino 929
Resina 781
Rîbnița 65
Riczka 142
Riehen 52
Ripna 254
Riwne siehe Rowno
Rjaskoje 852
Rogatin 135

Ortsverzeichnis

Rogatschew siehe Rogatschow
Rogatschiw siehe Rogatschow
Rogatschow 286–288, 319
Rogatschow, Ort **286 f.**
Rogosna 433, 547 f., 657, 660 f., 712, 949 f.
Rogosna, Ort **547 f.**
Rohaczów siehe Rogatschow
Rohisna siehe Rogosna
Rokitno 160–162, 164, 166
Rokitno, Bezirk **160**
Rokitnoje siehe Rokitno
Rokitno, Ort **160 f.**
Rokytne siehe Rokitno
Rom 1016
Romaniw siehe Romanow
Romanow 298 f.
Romanowo 207
Romny 340, 985, 992–996
Romny, Bezirk **992**
Romny, Ort **992**
Romodan 728
Roschtsch 321
Roshischtsche 126–129
Roshischtsche, Bezirk **126**
Roshischtsche, Ort **126–128**
Roshniw 146
Roshyschtsche siehe Roshischtsche
Rosochowate 987
Rostock 52
Rostow 728, 860, 1002, 1098 f.
Rosumnizja 762–764
Rotmistrowka 481
Równe siehe Rowno
Rowno 29, 55, 106, 114, 126, 129, 151–153 157, 160, 168 f., 173 f., 269, 312 f., 318, 349
Rowno, Gebiet 129, **150 f.**, 153, 155 f., 158, 160, 167–169, 176, 266, 301, 312, 349
Rowno, Gebietshauptstadt **151–153**
Rożyszcze siehe Roshischtsche

Rudka 251
Rus siehe Transkarpatien
Rusawa 649
Rushin 323–325, 449
Rushin, Bezirk **323**, 325
Rushin, Ort **323–325**
Rushyn siehe Rushin
Ruthenien siehe Transkarpatien
Rutschenkowo 1004
Rybniza 329, 824, 826

Sabolotje 105
Sabolotnoje 843
Saburowski 155
Sabushje 433, 465, 669 f., 673, 677
Sacharowka 944
Sachnowschtschina 1013
Sachsenhausen 41, 424, 519, 1103
Sadowaja 502
Sakarpatje siehe Transkarpatien
Sakarpatska siehe Transkarpatien
Sakulino 294
Saletitschewka 249
Samagory 144
Samgorodok 558, 562
Sandomir 205
Sapoljarje 798
Saporischschja siehe Saporoshje
Saporoshje 53, 292, 362, 687, 832, 913, 915, 933, 939, 979–981, 983
Saporoshje, Gebiet **978 f.**, 981, 1011, 1097, 1099
Saporoshje, Gebietshauptstadt **979 f.**
Sapushne 465
Saretschanka 256
Saretschje 752
Şargorod siehe Schargorod
Sarnawschtschinja 990
Sarni 853, 855

Sarny 160 f., 164, 176
Sarwanzy 343 f.
Sassow 99 f.
Sassullja 951 f., 992–994, 996
Sassullja, Ort **951**
Sastynka 645
Sataniw siehe Satanow
Satanow 242 f., 247 f., 252
Satanow, Ort **247 f.**
Satische 586
Satischje 598
Sawalje 410
Sawenki 962 f.
Sawran 411, 618, 812 f., 826 f.
Sawran, Bezirk **812**
Sawran, Ort **812 f.**
Sbarash 207
Sbarashskije Gai 187
Sbarashskije Tschajew 188
Sborow 205
Schabelniki 467, 469
Schachendorf 1085
Schalygino 346
Schamschino 920
Scharapanowka 461
Schargorod 23, 49, 66 f., 215, 235 f., 342, 393, 500, 514, 563–565, 573–580, 596, 601
Schargorod, Bezirk 236, 380, **563**
Schargorod, Ort **563–565**
Schargorodsk 512
Scharhorod siehe Schargorod
Schatawa 256
Schatilowka 1032
Schebeljan 484
Scheparowze 138, 140 f.
Schepetiwka siehe Schepetowka
Schepetowka 155, 265 f., 270–274, 311, 318, 711
Schepetowka, Bezirk **270**

Schepetowka, Ort **270 f.**
Schewderow 495
Schewtschenko 481, 973
Schewtschenkowe 537
Schirowzy 388
Schitnja 154
Schostka 965
Schpiklosy 101
Schpikow 432, 436, 498, 548, 660 f., 668, 676, 678 f., 692 f., 695, 712
Schpikow, Bezirk 513, 547 f., 659, 661 f., 666, 683
Schpikow, Ort **660 f.**
Schpola 847, 866
Schpykiw siehe Schpikow
Schtscherbinowka 858, 860
Schtschors 961
Schukai-Wody 444
Schuli 1068
Schura-Kopiewka 682
Schurokopijewka 679
Schwarzhausen 884 f.
Sdolbuniw siehe Sdolbunow
Sdolbunow 129, 156, 167–170, 173 f., 301, 312
Sdolbunow, Bezirk **167**, 168
Sdolbunow, Ort **167–169**
Secureni siehe Sokirjany
Sedlischtsche 105
Selena 191
Selenaja Dubrowa 878
Selenowka 935
Seliwanowka 783
Semaki 592
Semenowka 860 f., 961, 969, 1013
Semibalki 728
Serebriju 516
Sereth 505–507, 509, 511 f.
Sewastopol 413, 722, 794, 1039 f., 1057, 1067–1069, 1097

Sewastopol, Stadt **1067**
Shabokritsch 459, 475–477, 496
Shabokritsch, Ort **475 f.**
Shaschkowe 763
Shdanow siehe Mariupol
Sherebkowo 830, 831
Shitomir 40, 55, 59, 281–286, 289 f., 293 f., 299, 313 f., 318, 321, 323, 329 f., 332, 396 f., 412, 417, 421 f., 448 f., 462–464, 479, 492, 543 f., 558, 560, 584, 601, 604 f., 704, 717, 747, 853 f., 947
Shitomir, Gebiet 155, **280 f.**, 285–289, 292–296, 299, 307, 313, 315 f., 318, 320, 322 f., 325, 749, 771
Shitomir, Gebietshauptstadt **281–283**
Shmerinka 342, 348, 368, 376–378, 570, 582–586, 590 f., 594–596, 599–604, 695, 713
Shmerinka, Bezirk **582**, 591, 595
Shmerinka, Ort **582–584**
Shmerynka siehe Shmerinka
Shornischtsche 449 f., 556 f.
Shornischtsche, Ort **449 f.**
Shownino 857
Showtnewoje 929 f.
Shulin 342
Shurawlewka 384, 425, 674, 680, 1017, 1019
Shytomyr siehe Shitomir
Sibirien 112, 127, 184, 233, 308, 379, 645, 736, 965
Silnizy 688
Simferopol 980f-, 1039 f., 1050, 1053 f., 1057–1059, 1061, 1063–1065, 1067
Simferopol, Kreisfreie Stadt **1057–1059**
Simforopol 1040
Sinelnikowo 913, 925
Sinkow 243–246
Sinkow, Ort **243 f.**
Sinowjewsk 941

Sinzig 546
Sirotskoje 781
Sitkowzy 543, 549
Skalat 192, 205, 207
Skasinzy 486 f., 489–491, 497, 502, 518, 706 f.
Skasinzy, Ort **490**
Skiptsche 251
Sknilow 92
Slatopol 889
Slatoustow 804, 807
Slawjansk 254, 1046
Slawuta 171 f., 174, 273–275
Sławuta siehe Slawuta
Slawuta, Bezirk 170, **273**, 274
Slawuta, Ort **273 f.**
Sledy 502
Slidy 516, 518
Slobidka-Kultschiewezkaja 260
Sloboda 572, 966
Sloboda Jaryschewska 496
Sloboda-Kustowedka 297 f.
Slobodka 769, 789, 794 f., 802 f., 837
Slobodka Matikowska 379
Smela 847
Smeltschinzy 867
Smijew 1013
Smiltschanzy 872
Smodny 148
Smolensk 549
Smotritsch 251, 256
Sniatyń 139
Snishkiw 989
Snitkow 527
Snjatin 147
Sobibor 34 f., 78
Sobolewka 547
Sobytschewo 985
Sofijewka 115–117, 125 f., 791, 928

Sofijewka, Bezirk **929**
Sofijewka, Ort **115–117**
Sofijiwka siehe Sofijewka
Sofjówka siehe Sofijewka
Sokal 73, 95
Sokiriany siehe Sokirjany
Sokirjany 226 f., 231, 233–236
Sokirjany, Bezirk **233**
Sokirjany, Ort **233 f.**
Sokolez 433, 551, 699
Sokolezk 500
Sokoljanka 699
Sokolówka 95
Sokolowsk 477
Sokyrjany siehe Sokirjany
Solingen 168 f.
Solniki 111
Solobkowzy 240
Sologubowka 483 f.
Solonitschnik 241
Solotonoscha 763, 856–861, 863–865, 871, 988
Solotonoscha, Bezirk 847, **856**, 863
Solotonoscha, Ort **856**
Solotschew 58, 73 f., 86, 88, 94, 98–102, 1013
Solotschew, Bezirk **98**, 1023
Solotschew, Ort **98–100**
Solotschiw siehe Solotschew
Soroki 457, 643, 645 f.
Sosnowka 861
Sossenki 152
Sosy 85
Stadniki 158 f.
Stalindorf 913, 929 f., 933
Stalindorf, Ort **929**
Stalingrad 82, 91, 216, 322, 365, 374, 389, 413, 541, 656, 686, 1096
Stalinka 727

Stalino 63, 207, 979, 999 f., 1003, 1006 f., 1103
Stalino, Gebiet 63, **999**, 1000
Stalino, Gebietshauptstadt **1000 f.**
Stanislau 28, 61, 135–137, 139, 196, 215
Stanislau, Gebiet 58, 62, 135, 138, 141, 143
Stanislau, Gebietshauptstadt **135–138**
Stanisławczyk 95
Stanislawiw siehe Stanislau
Stanislawow siehe Stanislau
Stanisławów siehe Stanislau
Stanislawowka 244
Stanislawtschik 586, 595 f., 598–601
Stanislawtschik, Ort **586**
Stanislawtschyk siehe Stanislawtschik
Staraja Obodowka 632
Staraja Rafalowka 176
Staraja Sinjawa 277
Staraja Uschiza 256
Starokonstantinow 250, 272 f., 276–279
Starokonstantinow, Bezirk **275**
Starokonstantinow, Ort **276 f.**
Starokostjantyniw siehe Starokonstantinow
Staro-Milsk 168
Staromylskoje 129, 131
Staryje Schuli 1067
Stary Krym 1042
Stary Pikow 468 f.
Stawischtsche 750 f., 761, 763 f.
Stawischtsche, Bezirk **761**, 762
Stawischtsche, Ort **761**
Stawiszcze siehe Stawischtsche
Stawropolski Krai 723
Stawrowo 843
Stawyschtsche siehe Stawischtsche
Stepanky 681
Stepanowka 492, 847
Stetkowzy 295

Ortsverzeichnis

St. Germain 211
Storoshinez 232
St. Petersburg 247, 414
Strelbischtschnoje Pole 769
Strishawka 499
Stroinzy 709
Strojenzy 232
Strunkowka 856
Strutynki 483
Stryj 83
Stuttgart 90
Subriz 187, 189
Suchaja Greblja 830
Suchoi Jar 880
Suchowola 95, 154, 176
Sudilkow 271
Suhl 884
Sumy 63, 346, 985 f.
Sumy, Gebiet 346, 965, **984 f.**, 986–988, 990 f., 1023, 1034
Sutiski 339
Sutisok 711
Swatschiwka 711
Swenigorodka 761, 847, 865–872, 875 f., 878, 881
Swenigorodka, Bezirk **865**, 867, 872
Swenigorodka, Ort **865–867**
Swenyhorodka siehe Swenigorodka
Swerdlowsk 1060
Swjatoschin 290 f.
Swjatoschino 315, 733
Syrez 720, 734, 746
Sytschawka 771 f., 776
Szaliszcze 116
Szarogród siehe Schargorod
Szolyva 1082
Szombathely 1085 f.
Szpików siehe Schpikow

Taganrog 207, 728, 1009
Taikury 312
Tairow 662
Talalajewka 443 f., 446 f.
Talnoje 428
Talymyniwka 560
Taraschtscha 761, 847
Tarassiwka siehe Tarassowka
Tarassowka 423 f., 433, 610
Tarassowka, Ort **423 f.**
Tarchan 980
Târgu-Jiu 619
Tarnopol 40, 61, 73, 94, 98, 179 f.
Tarnorudy 252
Taschkent 794
Taurien 55, 717
Taushna 412
Teplik 41, 397, 423 f., 437, 604–606, 609 f., 612 f., 616
Teplik, Bezirk 422, **604**
Teplik, Ort **605 f.**
Teplyk siehe Teplik
Terebowlja 191
Terliza 853, 855
Terniwka siehe Ternowka
Ternopil siehe Ternopol
Ternopol 28, 58, 61, 85, 179–181, 192, 207 f.
Ternopol, Gebiet 62, 98, 173, **178 f.**, 180, 182 f., 194 f., 252
Ternowka 396–398, 413, 416
Ternowka, Ort **396–398**
Ternówka siehe Ternowka
Teterka 296
Textilschtschiki 937
Theresienstadt 261
Thüringen 884
Tiraspol 65, 329, 412, 584, 690, 792 f.
Tłumacz 137
Tłuste 181

Tokarowka 289
Tomaschpil siehe Tomaschpol
Tomaschpol 523, 548, 617, 619, 621–626
Tomaschpol, Bezirk **617**, 678, 682
Tomaschpol, Ort **617**
Tomsk 414
Toporów 95
Torczyn siehe Tortschin
Torgau 98
Torkaniwka 477
Torkow 432, 668, 673
Tortschin 114 f., 117–119
Tortschin, Ort **114 f.**
Tortschyn siehe Tortschin
Towste 28
Traktorny 1026
Transsilvanien 485, 1084
Transkarpatien 28, 55, 63–65, 156, 180, 746, 1071–1073, 1080–1082
Transkarpatien, Gebiet 28, **63–65, 1070–1072**
Transnistrien 21, 28, 40, 43, 46–48, 55, 65–67, 113, 213 f., 219, 227, 229, 231, 234, 264, 329, 352, 354–356, 389, 392, 394, 398, 419, 457 f., 473–475, 485–487, 489–491, 515, 517, 519, 528, 534, 537, 540, 546, 553, 563–565, 567, 575, 583, 586, 593, 598, 602, 612, 617 f., 629–631, 647, 651, 654, 656–660, 684, 699, 706 f., 767, 770, 810, 812, 817, 827, 833, 840, 843, 892–894, 902 f., 908
Transnistrien, Gebiet **65–68**
Treblinka 34 f., 41, 51, 278, 424, 966
Trichaty 356, 555, 566 f., 618, 842
Trichow 264
Trichowskoj 264
Triduby 901
Troizk 484
Troizkoje 484

Trostjanez 432, 436, 548, 629, 638–642, 649, 661 f.
Trostjanez, Bezirk **629**
Trostjanez, Ort **629**
Trostjantschik 457, 631, 649, 659
Trostjantschik, Ort **631**
Trudowoje 907
Tschagarin 596
Tschapajewka 218, 398
Tschemerowzy 256
Tschepeliwka 365
Tscherepaschinzy 466
Tscherkassy 315, 467, 683, 710, 847, 857, 861 f., 874, 954
Tscherkassy, Gebiet **846 f.**, 849 f., 853, 855–857, 861, 865, 867, 871 f., 878 f., 885, 988
Tscherkasy siehe Tscherkassy
Tschernewzy 490 f., 496 f., 502, 513, 519, 521 f.
Tschernewzy, Ort **490 f.**
Tschernigow 53, 662, 961, 966, 971
Tschernigow, Gebiet 63, **960 f.**, 962, 971, 989
Tschernihiw siehe Tschernigow
Tscherniwzi siehe Czernowitz
Tschernobyl 573
Tschernoglasowka 1023
Tschernowzy siehe Czernowitz
Tscherwonoarmeisk 296
Tschetschelnik 401, 651–656, 690
Tschetschelnik, Bezirk **651**
Tschetschelnik, Ort **651 f.**
Tschetschelnyk siehe Tschetschelnik
Tschetwertinowka 637
Tschigirin 847
Tschkalow 484, 772, 918
Tschop 1071, 1075, 1080
Tschorna Greblja 613

Ortsverzeichnis

Tschortkow 180 f., 184 f., 191, 200, 205
Tschudnow 281, 299, 310
Tschugujew 1013, 1026
Tschukow 553
Tschurachowka 986
Tübingen 52
Tulczyn siehe Tultschin
Tultschin 41, 65, 235, 329, 356, 384 f., 401, 424 f., 429 f., 432 f., 435 f., 438, 446 f., 498, 503, 512 f., 530, 546, 548, 622, 657–659, 662–667, 669, 674, 678, 681, 683 f., 687–689, 691, 701
Tultschin, Bezirk 354, 498, 515, 548, 617, **657**, 666, 688
Tultschin, Ort **657 f.**
Tulzschyn siehe Tultschin
Turbow 448
Turisk 105
Tyrlowka 413–415
Tyschkowka 799
Tywriw siehe Tywrow
Tywrow 336, 487, 490, 555, 592, 658, 706 f., 712 f.
Tywrow, Bezirk 490, 547, **706**, 707, 547
Tywrow, Ort **706 f.**

Uchosha 447
Udytsch 413
Ugrinowka 418
Ujarizy 714
Ukrainskoje 537
Ulanow 418, 462, 465 f.
Ulyga 662
Uman 41, 253, 347, 397, 407, 413, 423 f., 429, 437, 550 f., 553, 605, 608, 610 f., 674, 847, 854, 879–882, 885
Uman, Bezirk **879**
Uman, Ort **879–881**
Umanskaja 857

Usbekistan 603
Ushgorod 1071
Ustje 614

Wachnowka 480 f.
Wachnowka, Ort **480**
Wapnjarka 513, 570, 617–619, 627, 636 f., 647, 678 f., 683, 811 f., 903
Wapnjarka, Ort **617–619**
Warschau 23, 30, 34, 51, 61, 116, 683
Warwarowka 938
Wasilkow 724
Wasilkowska 915
Wasilkowski 736
Wasserburg am Inn 138
Wehrnij 915
Weissa 1072
Welika Alexandrowka, Bezirk **938**
Welika Alexandrowka, Ort **938**
Welikaja Burimka 858
Welikaja Michailowka 905
Welika Kosniza 459 f.
Weliki Bratalow 307, 310, 313
Welyka Olexandriwka siehe Welika Alexandrowka
Wenditschany 346, 491, 504, 523
Wenditschany, Ort **491**
Werbowez 147
Werchnednjeprowsk 913
Werchowina 148 f.
Werchowka 631, 641 f., 661
Werchowka, Ort **631**
Werchowskaja Dubina 633
Werdau 1011
Wertjushany 646
Weselenkoje 1095
Westwolhynien 17
Wielkie Soluds 176
Wien 144, 147, 196

Wiesbaden 935
Wilcha 863–865
Wileika 149
Wilnius 149
Wilschanka 953
Wily 957
Winkiwzi siehe Winkowzy
Winkowzy 240, 243, 245
Winkowzy, Bezirk **243**, 245
Winnica siehe Winniza
Winniza 29, 40, 53, 64, 113, 155 f., 207, 227, 232, 249, 255, 283, 318, 329–333, 335–337, 339 f., 342, 344–350, 355, 358, 362, 367–369, 373, 381, 385, 398, 423, 447, 450, 461, 463 f., 466, 468 f., 475, 480, 482, 484, 492, 494–496, 499, 513, 515, 522, 526, 533, 536 f., 545, 549, 551, 555, 558 f., 562, 585, 605, 609, 622 f., 653, 660, 666, 681, 686, 690, 703, 713, 815, 819, 821, 847, 922, 926 f., 1095
Winniza, Gebiet 49, 113, 218, 228, 232, 235 f., 239, 297 f., **328–330**, 338 f., 351, 353, 356 f., 359, 362, 379, 382, 385, 388, 391, 393, 396, 398, 403, 407, 412 f., 416 f., 419, 421, 432, 436, 448–450, 458–462, 464–467, 475–477, 479 f., 482, 484, 494–496, 498, 502 f., 512, 519, 523, 526, 528–530, 532–534, 536–538, 540, 544, 548, 556, 558, 560–562, 568, 571, 578, 583 f., 587 f., 590 f., 595, 601, 604–606, 619, 623, 632, 634, 636, 638, 643, 649, 652, 661 f., 666, 683 f., 687, 690, 692, 707, 710, 714, 812, 827, 840, 842 f., 847, 853, 872
Winniza, Gebietshauptstadt **330–332**
Winnyzja siehe Winniza
Winosh 537
Wishniza 144, 598
Witrjanki 537

Wjasowoje 1023, 1024
Wladikawkas 799
Wladimirez, Bezirk **175 f.**
Wladimir-Wolynsk 312
Wladimir-Wolynski 322
Włodzimierzec siehe Wladimirez
Woinka 1057
Woitowka 218, 398
Woitowka, Ort **398**
Woitowtsy 250
Woitowzy 307
Wolchowsk 149
Wolegozulowo 911
Wolfenbüttel 291
Wolfratshausen 1011
Wolhynien 55, 105, 109, 111, 114 f., 126, 151–153, 156, 160, 167, 169, 176, 239–241, 243, 248, 250, 254, 262, 265, 270, 272–274, 276, 350–353, 526 f., 717
Wolhynien, Gebiet **104–105**; 108, 110, 111, 114, 115, 125, 126, 129, 156, 175, 322,
Wolhynien-Podolien 27, 55, 105, 151, 153, 156, 160, 239
Wolkowinez 359
Wolkowinzy 539
Wolnjanka 127
Wolodymyrez siehe Wladimirez
Wolotschisk 250, 253 f., 348
Wolotschisk, Bezirk **250**
Wolotschisk, Ort **250**
Wolotschysk siehe Wolotschisk
Woltschansk 1013
Wolyn siehe Wolhynien
Wołyń siehe Wolhynien
Woronesh 166, 246, 754 f.
Woronoje 763
Woronowiza 491 f., 495, 543 f., 554, 681
Woronowiza, Ort **491 f.**
Woroschilowgrad 1093–1095, 1097 f.

Ortsverzeichnis

Woroschilowgrad, Gebiet 710, 728, **1093**, 1096
Woroschilowgrad, Gebietshauptstadt **1093**
Woroschilowka 335, 597
Woroschilowsk siehe Altschewsk
Woskresensk 891
Wosnessensk 820, 831, 905, 908, 910 f.
Wosnessensk, Bezirk 907, **908**, 909 f.
Wosnessensk, Ort **908**
Wowtscha Dolina 860
Wradijewka 771 f., 774
Wradiwka 690
Wrublewka 302
Wuppertal 52
Wyborg 468
Wygnanka 433
Wygoda 775
Wyschkowzy 433
Wyschnyzja 232

Yad Vashem 32, 34, 88, 100, 160, 214, 228, 254, 654, 790, 873, 1007, 1035

Żabie 139
Zabłotów 139 f.
Zamość 301, 312
Zarekowitschi 1051, 1053 f.
Zbąszyń 182 f.
Zborow 95
Zdołbunów siehe Sdolbunow
Zibulew 853, 855
Złoczów siehe Solotschew
Zmierzynka siehe Shmerinka
Zumanski 115
Zwiahel 318 f.
Zwiahel, Bezirk **318**
Zwiahel, Gebiet 285 f.
Zybulew 849 f.
Żytomierz siehe Shitomir

Zu den Herausgebern und Autoren

Werner Müller, geboren 1936, Jurist, und Margret Müller, geboren 1939. Seit 1994 zahlreiche persönliche und briefliche Kontakte zu polnischen Überlebenden der Konzentrationslager durch das Maximilian-Kolbe-Werk. Seit 1996 Begegnungen mit jüdischen Überlebenden der Konzentrationslager und Ghettos in Polen, Weißrussland und der Ukraine. Gleichzeitig Beginn einer systematischen Beschäftigung mit dem Holocaust in der Ukraine durch Werner Müller; Veröffentlichungen u. a.: Aus dem Feuer gerissen. Die Geschichte des Pjotr Ruwinowitsch Rabzewitsch aus dem Ghetto Pinsk (2001); Sonderführer Günther Krüll, in: Wolfram Wette (Hrsg.), Zivilcourage (2004). Gemeinsame Veröffentlichung: Nur wir haben überlebt. Holocaust in der Ukraine (2004).
Das Ehepaar Margret und Werner Müller lebt in Köln.

Boris Zabarko, Dr. phil., geboren 1935, lebt in Kiew, Überlebender des Ghettos Schargorod, Studium der Geschichte an der Universität Czernowitz, 1971 Promotion. Vorsitzender der Allukrainischen Vereinigung jüdischer ehemaliger Häftlinge der Ghettos und nationalsozialistischen Konzentrationslager. Leiter des Wissenschafts-und Bildungszentrums »Erinnerung an die Katastrophe«. Zahlreiche Veröffentlichungen, u. a. in russischen, deutschen und englischen Medien. Seit 1994 sieht er seine Hauptaufgabe darin, Berichte der Überlebenden des Holocaust in der Ukraine zu sammeln. Insgesamt hat er auf Russisch sechs Bände mit 640 Berichten herausgegeben.

Dieter Pohl, Prof. Dr. phil., geboren 1964. Seit 2010 Professor für Zeitgeschichte an der Alpen-Adria-Universität Klagenfurt, zahlreiche Veröffentlichungen zur NS-Besatzungspolitik und zum Holocaust, u. a. Nationalsozialistische Judenverfolgung in Ostgalizien 1941–1944 (1996); Mitherausgeber der Dokumentenedition »Die Verfolgung und Ermordung der europäischen Juden durch das nationalsozialistische Deutschland«, bisher 12 von 16 Bänden (seit 2008).